D1733989

Locher/Koeble/Frik
Kommentar zur HOAI

Kommentar zur HOAI

Mit einer Einführung in das Recht der Architekten und der Ingenieure

Von Prof. Dr. Horst Locher, Dr. Wolfgang Koeble, beide Rechtsanwälte in Reutlingen, Werner Frik, Freier Architekt BDA, Sachverständiger für allgemeinen Hochbau, Bauplanungs-, Bauwirtschafts- und Honorarfragen

Unter beratender Mitarbeit im Ingenieurteil von

Teil V
Städtebauliche Leistungen:
Dipl.-Ing. Ernst Frey
Freier Architekt
Architektur und Stadtplanung, Stuttgart

Teil VI
Landschaftsplanerische Leistungen:
Dipl.-Ing. (FH) Dieter Pfrommer
freier Garten- und Landschaftsarchitekt BDLA
ö. b. u. v. Sachverständiger, Stuttgart

Teil VII
Ingenieurbauwerke und Verkehrsanlagen:
Dipl.-Ing. Klaus Hettasch B. Sc. (Eng.)
Prüfingenieur für Baustatik VPI
Beratender Ing. VBI, Stuttgart

Abfallwirtschaft:
Dipl.-Ing. (TU) Dr.-Ing. Ulrike Schnappinger
München, und
Dipl.-Ing. Reinhard Kuchenmüller
Freier Architekt, München

Teil VIII
Tragwerksplanung:
Dipl.-Ing. Klaus Hettasch B. Sc. (Eng.)
(siehe Teil VII)

Teil IX
Technische Ausrüstung (außer Elektrotechnik):
Dipl.-Ing. (FH) Dieter Sentz
Leinfelden-Echterdingen
(Elektrotechnik):
Dipl.-Ing. (FH) Roland Gackstatter
ö. b. u. v. Sachverständiger, Stuttgart

Teil X
Thermische Bauphysik und
Teil XI
Schallschutz und Raumakustik:
Prof. Dr.-Ing. Hanno Ertel, Stuttgart

Teil XII
Bodenmechanik, Erd- und Grundbau:
Prof. Dr.-Ing. Edelbert Vees
ö. b. u. v. Sachverständiger
Leinfelden-Echterdingen

Teil XIII
Vermessungstechnische Leistungen:
Berat. Ing. (FH) Dieter Baral, Reutlingen

7., neubearbeitete und erweiterte Auflage

Werner-Verlag

1. Auflage 1977
2. Auflage 1978
3. Auflage 1983
4. Auflage 1985
5. Auflage 1989
6. Auflage 1991
7. Auflage 1996

Die Deutsche Bibliothek – CIP-Einheitsaufnahme

Locher, Horst
Kommentar zur HOAI : mit einer Einführung in das Recht der Architekten
und der Ingenieure / von Horst Locher ; Wolfgang Koeble ; Werner Frik.
Unter beratender Mitarb. im Ingenieurteil von Ernst Frey . . . –
7., neubearb. u. erw. Aufl. – Düsseldorf : Werner, 1996.
ISBN 3-8041-4091-2
NE: Koeble, Wolfgang:; Frik, Werner:

ISB N 3-8041-4091-2

DK 624/72
331.27 (083.133) (083.133.07)
→ 331.884 (087.4)
© Werner-Verlag GmbH · Düsseldorf 1996
Printed in Germany
Gesamtherstellung: Bercker Graphischer Betrieb GmbH, Kevelaer
Archiv-Nr.: 164/7–3.96
Bestell-Nr.: 3-8041-4091-2

Inhaltsübersicht

Inhaltsverzeichnis des Kommentars zur HOAI

Teil I: Allgemeine Vorschriften

Teil II: Leistungen bei Gebäuden, Freianlagen und raumbildenden Ausbauten

Teil III: Zusätzliche Leistungen

Teil IV: Gutachten und Wertermittlungen

Teil V: Städtebauliche Leistungen

Teil VI: Landschaftsplanerische Leistungen

Teil VII: Leistungen bei Ingenieurbauwerken und Verkehrsanlagen

Teil VIIa: Verkehrsplanerische Leistungen

Teil VIII: Leistungen bei der Tragwerksplanung

Teil IX: Leistungen bei der Technischen Ausrüstung

Teil XIV: Schluß- und Überleitungsvorschriften

Vorwort zur 7. Auflage

Seit dem Erscheinen der 6. Auflage im Jahre 1991 hat sich insbesondere die Rechtsprechung in beachtlicher Weise weiterentwickelt. Vor allem durch grundlegende Entscheidungen des VII. Zivilsenats des Bundesgerichtshofs, aber auch einzelner Oberlandesgerichte, wurden neue Eckpfeiler gesetzt. Diese Rechtsprechung, die Literatur und vor allem auch die zum 1. 1. 1996 in Kraft getretene 5. HOAI-Novelle werden eingehend in der vorliegenden Auflage behandelt.

Weite Teile des Kommentars wurden vollständig neu geschrieben. Den wichtigsten Vorschriften wurde eine detaillierte Gliederungsübersicht vorangestellt und – ebenfalls zu Zwecken der besseren Nutzung – das Stichwortverzeichnis in erheblichem Umfang erweitert. Mit der Kommentierung des neuen § 4 a betreffend die Honorarvereinbarung und des § 5 Abs. 4 a betreffend das Erfolgshonorar wurde Neuland betreten. Die Einleitung zum Kommentar wurde erheblich erweitert, so daß sie nicht nur eine bloße Einführung in das Recht der Architekten und der Ingenieure aus allen Fachbereichen darstellt.

Im Bewußtsein ihrer unabhängigen Stellung haben sich die Verfasser um sachgerechte Entscheidungen bemüht. Lösungen wurden von ihnen gemeinsam erarbeitet. Die redaktionelle Bearbeitung der einzelnen Teile wurde wie folgt vorgenommen:

– Prof. Dr. Locher: Einl. Rdn. 77–246; § 8 Rdn. 38–55; §§ 25–50; §§ 68–90
– Dr. Koeble: Einl. Rdn. 1–76; §§ 1–24; §§ 51–67; §§ 91–103

Reutlingen,
im Dezember 1995   *Horst Locher/Wolfgang Koeble/Werner Frik*

Vorwort zur 6. Auflage

In der 6. Auflage werden die seit dem 1. Januar 1991 geltenden Neuregelungen der 4. HOAI-Novelle eingearbeitet. Diese Novelle brachte in manchen Teilen erhebliche Änderungen mit sich. Wegen der zahlreichen Altfälle (Vertragsabschluß vor dem 1. Januar 1991) ist aber auch der alte Rechtszustand noch kommentiert. Rechtsprechung und Literatur sind bis Juni 1991 verwertet. Die Kommentierung wurde von den Autoren gemeinsam erarbeitet. Redaktionell bearbeitet wurden die einzelnen Teile wie folgt: Prof. Dr. Locher: Einl. Rdn. 11, 12, 21–39; §§ 25–50; §§ 68–90; Dr. Koeble: Einl. Rdn. 1–10 und 13–20; §§ 1–24; §§ 51–67; §§ 91–103.

Die Verfasser haben sich, wie auch in den Vorauflagen, um unabhängige, ausgewogene Entscheidungen bemüht.

Reutlingen, im Juni 1991 *Horst Locher/Wolfgang Koeble/Werner Frik*

Vorwort zur 5. Auflage

Mit der 5. Auflage wird nicht nur die seit 1985 ergangene Rechtsprechung und Literatur, sondern auch die Neuregelung durch die 3. Änderungsverordnung, die zum 1. 4. 1988 in Kraft trat, in den Kommentar eingearbeitet. Hervorzuheben aus der Rechtsprechung sind die Entscheidungen zur Honorarvereinbarung, vor allem zur Frage der Vereinbarung „bei Auftragserteilung", zu den anrechenbaren Kosten und der Fälligkeit sowie der Prüffähigkeit der Rechnung. Bearbeitet wurden die Neuregelungen durch die 3. Änderungsverordnung, die erhebliche praktische Bedeutung haben, so insbesondere die Neufassung des § 10 Abs. 4 mit der Einschränkung des Planungs- und Überwachungsbegriffs auf die fachliche Planung und Überwachung; die Neuregelung des § 10 Abs. 3a, wonach vorhandene Bausubstanz, die technisch oder gestalterisch mitverarbeitet wird, bei den anrechenbaren Kosten angemessen zu berücksichtigen ist, sowie die detaillierte Regelung bei den raumbildenden Ausbauten, den landschaftsplanerischen Leistungen unter besonderer Berücksichtigung des Umweltschutzes, den städtebaulichen Leistungen sowie bei den Ingenieurleistungen. Die Kommentierung bemüht sich, wie in den Vorauflagen, um ein unabhängiges Urteil und sucht bei Streitfragen eine praktikable, sachgemäße Lösung, die die Interessen sowohl der Auftraggeber wie der Architekten und Ingenieure berücksichtigt.

Reutlingen, im November 1988 *Horst Locher/Wolfgang Koeble/Werner Frik*

Vorwort zur 4. Auflage

Die 4. Auflage berücksichtigt die Änderungen, welche die beiden 1985 in Kraft getretenen Novellen zur HOAI gebracht haben. Dabei sind bei der Kommentierung sowohl diejenigen Bestimmungen der bisherigen HOAI berücksichtigt, die abgeändert oder ergänzt wurden, als auch die Vorschriften kommentiert, die als Ingenieurleistungen neu in den Regelungsbereich der HOAI aufgenommen wurden: die Leistungen bei Ingenieurbauwerken und Verkehrsanlagen, bei der Technischen Ausrüstung, für die Thermische Bauphysik, für Schallschutz und Raumakustik, für Bodenmechanik, Erd- und Grundbau und für die Vermessung.

Die neuen HOAI-Bestimmungen für Ingenieurleistungen wurden in Beratung und in Zusammenarbeit mit für die einzelnen Gebiete der Ingenieurleistungen kompetenten Ingenieuren erläutert. Bei der Kommentierung der allgemeinen Vorschriften wurden die Ingenieurleistungen berücksichtigt. Vielfältige Literatur und Rechtsprechung zur „alten" Honorarordnung haben die Verfasser eingearbeitet und unter Abwägung berechtigter Interessen der Vertragsparteien zu kommentieren versucht. Bei der Kommentierung des § 4 Abs. 2 HOAI ist die ebenfalls am 1. 1. 1985 in Kraft getretene Änderung des Gesetzes zur Verbesserung des Mietrechts und zur Begrenzung des Mietanstiegs sowie zur Regelung von Ingenieur- und Architektenleistungen vom 4. 11. 1971 berücksichtigt.

Die nunmehr vorliegende umfassende Regelung der Architektenleistungen – und der für die Errichtung von Bauwerken erforderlichen Ingenieurleistungen – stellt an die Verfasser eines Erläuterungswerks schon im Hinblick auf die breitgestreuten und komplizierten technischen Fragen erhebliche Anforderungen. Deshalb sind die Verfasser für Hinweise und Anregungen aus der Praxis besonders dankbar.

Die Bearbeitung entspricht dem Stand vom 1. 2. 1985.

Reutlingen, im Juli 1985   *Horst Locher/Wolfgang Koeble/Werner Frik*

Vorwort zur 3. Auflage

Nachdem die Ergänzungsnovelle zur Honorarordnung für Leistungen der Architekten und Ingenieure, welche die noch nicht geregelten Bauingenieurleistungen in die HOAI einbeziehen und einzelne Ungereimtheiten und Unklarheiten beseitigen soll, den Bundesrat bis jetzt nicht passieren konnte und es ungewiß ist, wann und in welcher Form diese verabschiedet wird, war es notwendig, unter Einarbeitung der umfangreichen Literatur und Judikatur eine Neuauflage vorzunehmen. Dabei wurden die wichtigen Teile der geplanten Novelle, soweit sie den bestehenden Text der HOAI betreffen, bei der Kommentierung mitberücksichtigt. Wesentliche Teile der 2. Auflage, so vor allem die §§ 4 und 15, wurden neu bearbeitet. Auf die vielen von der Praxis an die Verfasser in Vortrags-, Diskussions-, Seminarveranstaltungen und in der Beratungspraxis herangetragenen Honorarfragen wurde eine sach- und interessengerechte Antwort zu geben versucht.

Die Bearbeitung entspricht dem Stand vom 31. 7. 1982.

Reutlingen/Tübingen/Stuttgart,
im November 1982   *Horst Locher/Wolfgang Koeble/Werner Frik*

Vorwort zur 2. Auflage

Die Honorarordnung für Leistungen der Architekten und Ingenieure, die am 1. 1. 1977 in Kraft getreten ist, hat eine außergewöhnliche, umfangreiche Kommentierung gefunden. Dabei hat sich die Prognose des Vorworts zur 1. Auflage bestätigt, daß „nicht alle Streitfragen aus dem Bereich der GOA ausgeräumt" wurden und „auch neue gedankliche und formale Unklarheiten, Zweifel, ja Widersprüche nicht vermieden" worden sind. Diese Auslegungsschwierigkeiten spiegeln sich in dem zwischenzeitlich erschienenen Schrifttum zur Honorarordnung, mit dem sich die 2. Auflage auseinandersetzt. Dabei wurden von den Verfassern die jeweiligen eigenen Positionen neu überdacht und in einzelnen Fällen korrigiert, wo eine gerechte Abwägung der Interessen der Auftraggeber sowie der Architekten und Tragwerksingenieure dies erforderten.

Die Bearbeitung entspricht dem Stand vom 1. 3. 1978.

Reutlingen, im März 1978   *Horst Locher/Wolfgang Koeble/Werner Frik*

XVI

Vorwort zur 1. Auflage

Nach einem dornenvollen Weg ist die neue Honorarordnung für Leistungen der Architekten und Ingenieure am 1. 1. 1977 in Kraft getreten (BGBl. I, 1976, 2805). Der Verordnungsgeber hat damit die Ermächtigungsnormen der §§ 1 und 2 des Gesetzes zur Regelung von Ingenieur- und Architektenleistungen vom 4. 11. 1971 (BGBl. I, 1971, 1745) trotz der hiergegen geltend gemachten verfassungsrechtlichen Bedenken hinsichtlich der Honorare für Leistungen der Architekten und Ingenieure ausgefüllt. Obwohl die GOA noch im Jahre 1974 geändert wurde (VO v. 23. 7. 1974, BAnz. Nr. 134 v. 24. 7. 1974 S. 1), wurde nun doch durch die HOAI eine neue Gebührenordnung, nicht nur eine kosmetisch behandelte GOA, geschaffen, deren Grundlagen sich entscheidend von der GOA abheben (anrechenbare Kosten, Honorarzonen, Leistungsbild sowie Höchst- und Minderpreischarakter und Von-Bis-Sätze).

Umfangreiche Vorarbeiten für die neue Honorarordnung wurden von dem Battelle-Institut und vor allem durch das Gutachten von Pfarr/Arlt/Hobusch (sog. Pfarr-Gutachten) geleistet. Der Verordnungsgeber ist jedoch den Vorschlägen des Battelle-Instituts nicht gefolgt, das ein System „mit objektbezogener, aufwandabhängiger Honorarbemessung" vorsah. Wichtige Anregungen ergaben sich aus dem Pfarr-Gutachten; eine bausummenabhängige Bindung an Kennziffern und unmittelbare Koppelung an die Preisentwicklung wurde jedoch von der Honorarordnung nicht übernommen.

Der Umfang der Honorarordnung ist beträchtlich, die Regelungen sind außergewöhnlich detailliert. Die Sprache der VO wird von der technisch-betriebswirtschaftlichen Begriffswelt in solchem Maße geprägt, daß die Anwendung nicht nur dem Juristen, sondern auch dem Architekten und Statiker selbst sowie den Auftraggebern erhebliche Schwierigkeiten bereiten dürfte. Der Drang nach umfassender Normierung, nach Perfektionierung birgt die Gefahr einer Häufung von Gebührenstreitigkeiten, die weit aufgefächerten Leistungsbilder ein erhöhtes Haftungsrisiko des Architekten und Tragwerksingenieurs in sich.

Die HOAI hat eine Reihe von Architektenleistungen neu aufgenommen und umfassend geregelt, die in jüngerer Zeit das Berufsbild des Architekten erweitert haben (städtebauliche, landschaftsplanerische Leistungen, solche für den Entwurf und die Herstellung von Fertigteilen, Projektsteuerung, Rationalisierungsaufgaben). Die Verfasser dieses Kommentars haben deshalb versucht, auch diese Leistungen angemessen zu erläutern. Sie schulden Dank für wertvolle Hinweise zur Kommentierung der Leistungsbilder der landschaftsplanerischen Leistungen Herrn Oberregierungsrat Dipl.-Ing. Allgaier, Stuttgart.

Die VO macht von der Ermächtigung zur Regelung der Bauingenieurleistungen nur hinsichtlich der Tragwerksplanung Gebrauch und ersetzt insoweit die Bestimmungen der LHO und GOI. Eine eingehende Kommentierung der Leistungen der Tragwerksplaner, die zusammen mit den Rdn. 23 bis 30 der Einleitung einen Überblick über das Recht des Statikers gibt, war deshalb geboten.

Die Verfasser haben Herrn Dipl.-Ing. Peter, Reutlingen, für seinen fachmännischen Rat bei der Kommentierung des Leistungsbildes Tragwerksplanung zu danken.

Die neue Gebührenordnung wirft eine Fülle von Streitfragen auf. Trotz der erkennbaren Bemühungen des Verordnungsgebers, gerechte Lösungen zu finden, wurden nicht alle Streitfragen aus dem Bereich der GOA ausgeräumt und auch neue gedankliche und formale Unklarheiten, Zweifel, ja Widersprüche nicht vermieden. Die Verfasser des Kommentars waren insoweit bemüht, sowohl die berechtigten Interessen des Architekten und Tragwerksingenieurs als auch die Belange der Auftraggeber zu berücksichtigen und praktische Lösungen vorzuschlagen.

Der Kommentar wendet sich gleichermaßen an mit Honorarfragen befaßte Juristen sowie an Architekten und Tragwerksingenieure und Auftraggeber. Um die Brauchbarkeit für die Praxis zu erhöhen, wurde in der Einleitung ein Überblick über die Grundlagen des Architekten- und Statikerrechts vorangestellt.

Reutlingen, im Januar 1977   *Locher/Koeble/Frik*

XVIII

Abkürzungsverzeichnis

a. A.	anderer Ansicht
a. a. O.	am angegebenen Ort
Abs.	Absatz
AGB	Allgemeine Geschäftsbedingungen
AGB-Gesetz	Gesetz zur Regelung des Rechts der Allgemeinen Geschäftsbedingungen
AIT	Architektur, Innenarchitektur, Technischer Ausbau; Zeitschrift, Stuttgart
ARGE	Arbeitsgemeinschaft
ARGEBAU	Arbeitsgemeinschaft der Bauminister der Länder
ArtikelG	Gesetz zur Regelung von Architekten- und Ingenieurleistungen vom 4. 11. 1971 (MRVerbG)
BauNVO	Baunutzungsverordnung
BauR	Baurecht, Zeitschrift für das gesamte öffentliche und zivile Baurecht
BB	Der Betriebsberater
bestr.	bestritten
BGB	Bürgerliches Gesetzbuch
BGHZ	Entscheidungen des Bundesgerichtshofs in Zivilsachen
BlGBW	Blätter für Grundstücks-, Bau- und Wohnungsrecht
DAB	Deutsches Architektenblatt
d. h.	das heißt
DIN	Norm des Deutschen Instituts für Normung e. V.
DNotZ	Deutsche Notar-Zeitschrift
Einl.	Einleitung
ff.	folgende
FWW	Die freie Wohnungswirtschaft
GOA	Gebührenordnung für Architekten
GOI	Gebührenordnung für Ingenieure
h. A.	herrschende Ansicht
Halbs.	Halbsatz
HGB	Handelsgesetzbuch
h. L.	herrschende Lehre
h. M.	herrschende Meinung
HOAI	Honorarordnung für Architekten und Ingenieure
i. allg.	im allgemeinen
i. S.	im Sinne
i. V. m.	in Verbindung mit
JR	Juristische Rundschau
JW	Juristische Wochenschrift
JZ	Juristenzeitung
KG	Kammergericht
LBO	Landesbauordnung
LHO	Leistungs- und Honorarordnung der Ingenieure
LM	Lindenmaier/Möhring, Nachschlagewerk des Bundesgerichtshofs
MDR	Monatsschrift für Deutsches Recht
MRVerbG	siehe ArtikelG
MRVG	siehe ArtikelG
m. w. N.	mit weiteren Nachweisen
NatSchG	Naturschutzgesetz

n. F.	neue Fassung
NJW	Neue Juristische Wochenschrift
Nr.	Nummer
Rdn.	Randnote
Rspr.	Rechtsprechung
str.	streitig
UStG	Umsatzsteuergesetz
u. U.	unter Umständen
VE	Verrechnungseinheiten
VersR	Versicherungsrecht
v. H.	vom Hundert
VO	Verordnung
VOB	Verdingungsordnung für Bauleistungen
VOPr	Preisverordnung
Vorbem.	Vorbemerkung
WM	Wertpapier-Mitteilungen

Literaturverzeichnis

Beigel, Urheberrecht des Architekten, Erläuterungen anhand der Rechtsprechung (1984)

Cuypers, Instandhaltung und Änderung baulicher Anlagen, Baurechtliche Schriften Bd. 23, 1993

Enseleit/Osenbrück, HOAI-Praxis: Anrechenbare Kosten für Architekten und Tragwerksplaner, 2. Aufl., 1991

Franken, HOAI-Kommentar für Landschaftsarchitekten, 1992

Hartmann, Die neue Honorarordnung für Architekten und Ingenieure, Loseblattsammlung, 3 Bände

Hesse/Korbion/Mantscheff/Vygen, HOAI-Kommentar, 4. Aufl., 1992

Jochem, HOAI-Gesamtkommentar, 3. Aufl., 1991

Lauer, Die Haftung des Architekten bei Bausummenüberschreitung, Baurechtliche Schriften Nr. 28, 1993

Locher, U., Die Rechnung im Werkvertragsrecht, Baurechtliche Schriften, 1990

Löffelmann/Fleischmann, Architektenrecht, 3. Aufl., 1995

Miegel, Die Haftung des Architekten für höhere Baukosten sowie fehlerhafte und unterlassene Kostenermittlung, Baurechtliche Schriften Bd. 29, 1995

Morlock, Die HOAI in der Praxis, 1985

Motzke/Wolff, Praxis der HOAI, 1992

Neuenfeld/Baden/Dohna/Groscurth/Schmitz, Handbuch des Architektenrechts, Bd. 2 HOAI, Loseblattsammlung

Pott/Dahlhoff, Honorarordnung für Architekten und Ingenieure, Kommentar, 6. Aufl., 1992

Werner/Pastor, Der Bauprozeß, 8. Aufl., 1996

Winkler, Hochbaukosten, Flächen, Rauminhalte, Kommentar zur DIN 276 und DIN 277, 8. Aufl., 1993

Gesetz zur Verbesserung des Mietrechts und zur Begrenzung des Mietanstiegs sowie zur Regelung von Ingenieur- und Architektenleistungen

Vom 4. November 1971 (BGBl. I, 1745, 1749)
geändert durch Gesetz zur Änderung des Gesetzes zur Regelung von Ingenieur- und Architektenleistungen vom 12. November 1984 (BGBl. I, 1337)

– Auszug –

Der Bundestag hat mit Zustimmung des Bundesrates das folgende Gesetz beschlossen:

Artikel 10 Gesetz zur Regelung von Ingenieur- und Architektenleistungen

§ 1 Ermächtigung zum Erlaß einer Honorarordnung für Ingenieure

(1) Die Bundesregierung wird ermächtigt, durch Rechtsverordnung mit Zustimmung des Bundesrates eine Honorarordnung für Leistungen der Ingenieure zu erlassen. In der Honorarordnung sind Honorare für Leistungen bei der Beratung des Auftraggebers, bei der Planung und Ausführung von Bauwerken und technischen Anlagen, bei der Ausschreibung und Vergabe von Bauleistungen sowie bei der Vorbereitung, Planung und Durchführung von städtebaulichen und verkehrstechnischen Maßnahmen zu regeln.

(2) In der Honorarordnung sind Mindest- und Höchstsätze festzusetzen. Dabei ist den berechtigten Interessen der Ingenieure und der zur Zahlung der Honorare Verpflichteten Rechnung zu tragen. Die Honorarsätze sind an der Art und dem Umfang der Aufgabe sowie an der Leistung des Ingenieurs auszurichten. Für rationalisierungswirksame besondere Leistungen des Ingenieurs, die zu einer Senkung der Bau- und Nutzungskosten führen, können besondere Honorare festgesetzt werden.

(3) In der Honorarordnung ist vorzusehen, daß
1. die Mindestsätze durch schriftliche Vereinbarung in Ausnahmefällen unterschritten werden können;
2. die Höchstsätze nur bei außergewöhnlichen oder ungewöhnlich lange dauernden Leistungen überschritten werden dürfen;
3. die Mindestsätze als vereinbart gelten, sofern nicht bei Erteilung des Ingenieurauftrages etwas anderes schriftlich vereinbart ist.

§ 2 Ermächtigung zum Erlaß einer Honorarordnung für Architekten

(1) Die Bundesregierung wird ermächtigt, durch Rechtsverordnung mit Zustimmung des Bundesrates eine Honorarordnung für Leistungen der Archi-

tekten (einschließlich der Garten- und Landschaftsarchitekten) zu erlassen. In der Honorarordnung sind Honorare für Leistungen bei der Beratung des Auftraggebers, bei der Planung und Ausführung von Bauwerken und Anlagen, bei der Ausschreibung und Vergabe von Bauleistungen sowie bei der Vorbereitung, Planung und Durchführung von städtebaulichen Maßnahmen zu regeln.

(2) In der Honorarordnung sind Mindest- und Höchstsätze festzusetzen. Dabei ist den berechtigten Interessen der Architekten und der zur Zahlung der Honorare Verpflichteten Rechnung zu tragen. Die Honorarsätze sind an der Art und dem Umfang der Aufgabe sowie an der Leistung des Architekten auszurichten. Für rationalisierungswirksame besondere Leistungen des Architekten, die zu einer Senkung der Bau- und Nutzungskosten führen, können besondere Honorare festgesetzt werden.

(3) In der Honorarordnung ist vorzusehen, daß

1. die Mindestsätze durch schriftliche Vereinbarung in Ausnahmefällen unterschritten werden können;

2. die Höchstsätze nur bei außergewöhnlichen oder ungewöhnlich lange dauernden Leistungen überschritten werden dürfen;

3. die Mindestsätze als vereinbart gelten, sofern nicht bei Erteilung des Architektenauftrages etwas anderes schriftlich vereinbart ist.

§ 3 Unverbindlichkeit der Kopplung von Grundstückskaufverträgen mit Ingenieur- und Architektenverträgen

Eine Vereinbarung, durch die der Erwerber eines Grundstücks sich im Zusammenhang mit dem Erwerb verpflichtet, bei der Planung oder Ausführung eines Bauwerks auf dem Grundstück die Leistungen eines bestimmten Ingenieurs oder Architekten in Anspruch zu nehmen, ist unwirksam. Die Wirksamkeit des auf den Erwerb des Grundstücks gerichteten Vertrages bleibt unberührt.

Verordnung über die Honorare für Leistungen der Architekten und der Ingenieure (Honorarordnung für Architekten und Ingenieure)

Vom 17. September 1976 (BGBl. I S. 2805, 3616)
in der Fassung vom 21. September 1995 (BGBl. I S. 1174)

Inhaltsübersicht

Teil III: Zusätzliche Leistungen

Teil IV: Gutachten und Wertermittlungen

Teil V: Städtebauliche Leistungen

Teil VI: Landschaftsplanerische Leistungen

Teil IX: Leistungen bei der Technischen Ausrüstung

Teil X: Leistungen für Thermische Bauphysik

Teil XI: Leistungen für Schallschutz und Raumakustik

Teil XII: Leistungen für Bodenmechanik, Erd- und Grundbau

Teil XIII: Vermessungstechnische Leistungen

Teil XIV: Schluß- und Überleitungsvorschriften

Aufgrund der §§ 1 und 2 des Gesetzes zur Regelung von Ingenieur- und Architektenleistungen vom 4. November 1971 (BGBl. I S. 1745, 1749), die durch das Gesetz vom 12. November 1984 (BGBl. I S. 1337) geändert worden sind, verordnet die Bundesregierung:

Teil I: Allgemeine Vorschriften

§ 1 Anwendungsbereich

Die Bestimmungen dieser Verordnung gelten für die Berechnung der Entgelte für die Leistungen der Architeken und der Ingenieure (Auftragnehmer), soweit sie durch Leistungsbilder oder andere Bestimmungen dieser Verordnung erfaßt werden.

§ 2 Leistungen

(1) Soweit Leistungen in Leistungsbildern erfaßt sind, gliedern sich die Leistungen in Grundleistungen und Besondere Leistungen.

(2) Grundleistungen umfassen die Leistungen, die zur ordnungsgemäßen Erfüllung eines Auftrags im allgemeinen erforderlich sind. Sachlich zusammengehörige Grundleistungen sind zu jeweils in sich abgeschlossenen Leistungsphasen zusammengefaßt.

(3) Besondere Leistungen können zu den Grundleistungen hinzu – oder an deren Stelle treten, wenn besondere Anforderungen an die Ausführung des Auftrags gestellt werden, die über die allgemeinen Leistungen hinausgehen oder diese ändern. Sie sind in den Leistungsbildern nicht abschließend aufgeführt. Die Besonderen Leistungen eines Leistungsbildes können auch in anderen Leistungsbildern oder Leistungsphasen vereinbart werden, in denen sie nicht aufgeführt sind, soweit sie dort nicht Grundleistungen darstellen.

§ 3 Begriffsbestimmungen

Im Sinne dieser Verordnung gelten folgende Begriffsbestimmungen:

1. Objekte sind Gebäude, sonstige Bauwerke, Anlagen, Freianlagen und raumbildende Ausbauten.
2. Neubauten und Neuanlagen sind neu zu errichtende oder neu herzustellende Objekte.
3. Wiederaufbauten sind die Wiederherstellung zerstörter Objekte auf vorhandenen Bau- oder Anlageteilen. Sie gelten als Neubauten, sofern eine neue Planung erforderlich ist.
4. Erweiterungsbauten sind Ergänzungen eines vorhandenen Objekts, zum Beispiel durch Aufstockung oder Anbau.
5. Umbauten sind Umgestaltungen eines vorhandenen Objekts mit wesentlichen Eingriffen in Konstruktion oder Bestand.
6. Modernisierungen sind bauliche Maßnahmen zur nachhaltigen Erhöhung des Gebrauchswertes eines Objekts, soweit sie nicht unter die Nummern 4,

5 oder 10 fallen, jedoch einschließlich der durch diese Maßnahmen verursachten Instandsetzungen.

7. Raumbildende Ausbauten sind die innere Gestaltung oder Erstellung von Innenräumen ohne wesentliche Eingriffe in Bestand oder Konstruktion. Sie können im Zusammenhang mit Leistungen nach den Nummern 2 bis 6 anfallen.

8. Einrichtungsgegenstände sind nach Einzelplanung angefertigte nicht serienmäßig bezogene Gegenstände, die keine wesentlichen Bestandteile des Objekts sind.

9. Integrierte Werbeanlagen sind der Werbung an Bauwerken dienende Anlagen, die fest mit dem Bauwerk verbunden sind und es gestalterisch beeinflussen.

10. Instandsetzungen sind Maßnahmen zur Wiederherstellung des zum bestimmungsmäßigen Gebrauch geeigneten Zustandes (Soll-Zustandes) eines Objekts, soweit sie nicht unter Nummer 3 fallen oder durch Maßnahmen nach Nummer 6 verursacht sind.

11. Instandhaltungen sind Maßnahmen zur Erhaltung des Soll-Zustandes eines Objekts.

12. Freianlagen sind planerisch gestaltete Freiflächen und Freiräume sowie entsprechend gestaltete Anlagen in Verbindung mit Bauwerken oder in Bauwerken.

§ 4 Vereinbarung des Honorars

(1) Das Honorar richtet sich nach der schriftlichen Vereinbarung, die die Vertragsparteien bei Auftragserteilung im Rahmen der durch diese Verordnung festgesetzten Mindest- und Höchstsätze treffen.

(2) Die in dieser Verordnung festgesetzten Mindestsätze können durch schriftliche Vereinbarung in Ausnahmefällen unterschritten werden.

(3) Die in dieser Verordnung festgesetzten Höchstsätze dürfen nur bei außergewöhnlichen oder ungewöhnlich lange dauernden Leistungen durch schriftliche Vereinbarung überschritten werden. Dabei haben Umstände, soweit sie bereits für die Einordnung in Honorarzonen oder Schwierigkeitsstufen, für die Vereinbarung von Besonderen Leistungen oder für die Einordnung in den Rahmen der Mindest- und Höchstsätze mitbestimmend gewesen sind, außer Betracht zu bleiben.

(4) Sofern nicht bei Auftragserteilung etwas anderes schriftlich vereinbart worden ist, gelten die jeweiligen Mindestsätze als vereinbart.

§ 4a Abweichende Honorarermittlung

Die Vertragsparteien können abweichend von den in der Verordnung vorgeschriebenen Honorarermittlungen schriftlich bei Auftragserteilung vereinbaren, daß das Honorar auf der Grundlage einer nachprüfbaren Ermittlung der voraussichtlichen Herstellungskosten nach Kostenberechnung oder nach Kostenanschlag berechnet wird. Soweit auf Veranlassung des Auftraggebers Mehrleistungen des Auftragnehmers erforderlich werden, sind diese Mehrleistungen zusätzlich zu honorieren. Verlängert sich die Planungs- und Bauzeit wesentlich durch Umstände, die der Auftragnehmer nicht zu vertreten hat, kann für die dadurch verursachten Mehraufwendungen ein zusätzliches Honorar vereinbart werden.

§ 5 Berechnung des Honorars in besonderen Fällen

(1) Werden nicht alle Leistungsphasen eines Leistungsbildes übertragen, so dürfen nur die für die übertragenen Phasen vorgesehenen Teilhonorare berechnet werden.

(2) Werden nicht alle Grundleistungen einer Leistungsphase übertragen, so darf für die übertragenen Leistungen nur ein Honorar berechnet werden, das dem Anteil der übertragenen Leistungen an der gesamten Leistungsphase entspricht. Das gleiche gilt, wenn wesentliche Teile von Grundleistungen dem Auftragnehmer nicht übertragen werden. Ein zusätzlicher Koordinierungs- und Einarbeitungsaufwand ist zu berücksichtigen.

(3) Werden Grundleistungen im Einvernehmen mit dem Auftraggeber insgesamt oder teilweise von anderen an der Planung und Überwachung fachlich Beteiligten erbracht, so darf nur ein Honorar berechnet werden, das dem verminderten Leistungsumfang des Auftragnehmers entspricht. § 10 Abs. 4 bleibt unberührt.

(4) Für Besondere Leistungen, die zu den Grundleistungen hinzutreten, darf ein Honorar nur berechnet werden, wenn die Leistungen im Verhältnis zu den Grundleistungen einen nicht unwesentlichen Arbeits- und Zeitaufwand verursachen und das Honorar schriftlich vereinbart worden ist. Das Honorar ist in angemessenem Verhältnis zu dem Honorar für die Grundleistung zu berechnen, mit der die Besondere Leistung nach Art und Umfang vergleichbar ist. Ist die Besondere Leistung nicht mit einer Grundleistung vergleichbar, so ist das Honorar als Zeithonorar nach § 6 zu berechnen.

(4a) Für Besondere Leistungen, die unter Ausschöpfung der technisch-wirtschaftlichen Lösungsmöglichkeiten zu einer wesentlichen Kostensenkung ohne Verminderung des Standards führen, kann ein Erfolgshonorar zuvor schriftlich vereinbart werden, das bis zu 20 v. H. der vom Auftragnehmer durch seine Leistungen eingesparten Kosten betragen kann.

(5) Soweit Besondere Leistungen ganz oder teilweise an die Stelle von Grundleistungen treten, ist für sie ein Honorar zu berechnen, das dem Honorar für die ersetzten Grundleistungen entspricht.

§ 5 a Interpolation

Die zulässigen Mindest- und Höchstsätze für Zwischenstufen der in den Honorartafeln angegebenen anrechenbaren Kosten, Werte und Verrechnungseinheiten (VE) sind durch lineare Interpolation zu ermitteln.

§ 6 Zeithonorar

(1) Zeithonorare sind auf der Grundlage der Stundensätze nach Absatz 2 durch Vorausschätzung des Zeitbedarfs als Fest- oder Höchstbetrag zu be-

rechnen. Ist eine Vorausschätzung des Zeitbedarfs nicht möglich, so ist das Honorar nach dem nachgewiesenen Zeitbedarf auf der Grundlage der Stundensätze nach Absatz 2 zu berechnen.

(2) Werden Leistungen des Auftragnehmers oder seiner Mitarbeiter nach Zeitaufwand berechnet, so kann für jede Stunde folgender Betrag berechnet werden:

1. für den Auftragnehmer,	75 bis 160 DM,
2. für Mitarbeiter, die technische oder wirtschaftliche Aufgaben erfüllen, soweit sie nicht unter Nummer 3 fallen,	70 bis 115 DM,
3. für Technische Zeichner und sonstige Mitarbeiter mit vergleichbarer Qualifikation, die technische oder wirtschaftliche Aufgaben erfüllen,	60 bis 85 DM.

§ 7 Nebenkosten

(1) Die bei der Ausführung des Auftrages entstehenden Auslagen (Nebenkosten) des Auftragnehmers können, soweit sie erforderlich sind, abzüglich der nach § 15 Abs. 1 des Umsatzsteuergesetzes abziehbaren Vorsteuern neben den Honoraren dieser Verordnung berechnet werden. Die Vertragsparteien können bei Auftragserteilung schriftlich vereinbaren, daß abweichend von Satz 1 eine Erstattung ganz oder teilweise ausgeschlossen ist.

(2) Zu den Nebenkosten gehören insbesondere:

1. Post- und Fernmeldegebühren,
2. Kosten für Vervielfältigungen von Zeichnungen und von schriftlichen Unterlagen sowie Anfertigung von Filmen und Fotos,
3. Kosten für ein Baustellenbüro einschließlich der Einrichtung, Beleuchtung und Beheizung,
4. Fahrtkosten für Reisen, die über den Umkreis von mehr als 15 Kilometer vom Geschäftssitz des Auftragnehmers hinausgehen, in Höhe der steuerlich zulässigen Pauschalsätze, sofern nicht höhere Aufwendungen nachgewiesen werden,
5. Trennungsentschädigungen und Kosten für Familienheimfahrten nach den steuerlich zulässigen Pauschalsätzen, sofern nicht höhere Aufwendungen an Mitarbeiter des Auftragnehmers aufgrund von tariflichen Vereinbarungen bezahlt werden,
6. Entschädigungen für den sonstigen Aufwand bei längeren Reisen nach Nummer 4, sofern die Entschädigungen vor der Geschäftsreise schriftlich vereinbart worden sind,
7. Entgelte für nicht dem Auftragnehmer obliegende Leistungen, die von ihm im Einvernehmen mit dem Auftraggeber Dritten übertragen worden sind,
8. im Falle der Vereinbarung eines Zeithonorars nach § 6 die Kosten für Vermessungsfahrzeuge und andere Meßfahrzeuge, die mit umfangreichen Meßinstrumenten ausgerüstet sind, sowie für hochwertige Geräte, die für Vermessungsleistungen und für andere meßtechnische Leistungen verwandt werden.

(3) Nebenkosten können pauschal oder nach Einzelnachweis abgerechnet werden. Sie sind nach Einzelnachweis abzurechnen, sofern nicht bei Auftragserteilung eine pauschale Abrechnung schriftlich vereinbart worden ist.

§ 8 Zahlungen

(1) Das Honorar wird fällig, wenn die Leistung vertragsgemäß erbracht und eine prüffähige Honorarschlußrechnung überreicht worden ist.

(2) Abschlagszahlungen können in angemessenen zeitlichen Abständen für nachgewiesene Leistungen gefordert werden.

(3) Nebenkosten sind auf Nachweis fällig, sofern nicht bei Auftragserteilung etwas anderes schriftlich vereinbart worden ist.

(4) Andere Zahlungsweisen können schriftlich vereinbart werden.

§ 9 Umsatzsteuer

(1) Der Auftragnehmer hat Anspruch auf Ersatz der Umsatzsteuer, die auf sein nach dieser Verordnung berechnetes Honorar und auf die nach § 7 berechneten Nebenkosten entfällt, sofern sie nicht nach § 19 Abs. 1 des Umsatzsteuergesetzes unerhoben bleibt; dies gilt auch für Abschlagszahlungen gemäß § 8 Abs. 2. Die weiterberechneten Nebenkosten sind Teil des umsatzsteuerlichen Entgelts für eine einheitliche Leistung des Auftragnehmers.

(2) Die auf die Kosten von Objekten entfallende Umsatzsteuer ist nicht Bestandteil der anrechenbaren Kosten.

Teil II: Leistungen bei Gebäuden, Freianlagen und raumbildenden Ausbauten

§ 10 Grundlagen des Honorars

(1) Das Honorar für Grundleistungen bei Gebäuden, Freianlagen und raumbildenden Ausbauten richtet sich nach den anrechenbaren Kosten des Objekts, nach der Honorarzone, der das Objekt angehört, sowie bei Gebäuden und raumbildenden Ausbauten nach der Honorartafel in § 16 und bei Freianlagen nach der Honorartafel in § 17.

(2) Anrechenbare Kosten sind unter Zugrundelegung der Kostenermittlungsarten nach DIN 276 in der Fassung vom April 1981 (DIN 276*)) zu ermitteln
1. für die Leistungsphasen 1 bis 4 nach der Kostenberechnung, solange diese nicht vorliegt, nach der Kostenschätzung;
2. für die Leistungsphasen 5 bis 7 nach dem Kostenanschlag, solange dieser nicht vorliegt, nach der Kostenberechnung;

---

* Zu beziehen durch Beuth Verlag GmbH, 10787 Berlin und 50672 Köln.

3. für die Leistungsphasen 8 und 9 nach der Kostenfeststellung, solange diese nicht vorliegt, nach dem Kostenanschlag.

(3) Als anrechenbare Kosten nach Absatz 2 gelten die ortsüblichen Preise, wenn der Auftraggeber

1. selbst Lieferungen oder Leistungen übernimmt,
2. von bauausführenden Unternehmen oder von Lieferern sonst nicht übliche Vergünstigungen erhält,
3. Lieferungen oder Leistungen in Gegenrechnung ausführt oder
4. vorhandene oder vorbeschaffte Baustoffe oder Bauteile einbauen läßt.

(3 a) Vorhandene Bausubstanz, die technisch oder gestalterisch mitverarbeitet wird, ist bei den anrechenbaren Kosten angemessen zu berücksichtigen; der Umfang der Anrechnung bedarf der schriftlichen Vereinbarung.

(4) Anrechenbar sind für Grundleistungen bei Gebäuden und raumbildenden Ausbauten die Kosten für Installationen, zentrale Betriebstechnik und betriebliche Einbauten (DIN 276, Kostengruppen 3.2 bis 3.4 und 3.5.2 bis 3.5.4), die der Auftragnehmer fachlich nicht plant und deren Ausführung er fachlich auch nicht überwacht,

1. vollständig bis zu 25 v. H. der sonstigen anrechenbaren Kosten,
2. zur Hälfte mit dem 25 v. H. der sonstigen anrechenbaren Kosten übersteigenden Betrag.

Plant der Auftragnehmer die in Satz 1 genannten Gegenstände fachlich und/oder überwacht er fachlich deren Ausführung, so kann für diese Leistungen ein Honorar neben dem Honorar nach Satz 1 vereinbart werden.

(4 a) Zu den anrechenbaren Kosten für Grundleistungen bei Freianlagen rechnen insbesondere auch die Kosten für folgende Bauwerke und Anlagen, soweit sie der Auftragnehmer plant oder ihre Ausführung überwacht:

1. Einzelgewässer mit überwiegend ökologischen und landschaftsgestalterischen Elementen,
2. Teiche ohne Dämme,
3. flächenhafter Erdbau zur Geländegestaltung,
4. einfache Durchlässe und Uferbefestigungen als Mittel zur Geländegestaltung, soweit keine Leistungen nach Teil VIII erforderlich sind,
5. Lärmschutzwälle als Mittel zur Geländegestaltung,
6. Stützbauwerke und Geländeabstützungen ohne Verkehrsbelastung als Mittel zur Geländegestaltung, soweit keine Leistungen nach § 63 Abs. 1 Nr. 3 bis 5 erforderlich sind,
7. Stege und Brücken, soweit keine Leistungen nach Teil VIII erforderlich sind,
8. Wege ohne Eignung für den regelmäßigen Fahrverkehr mit einfachen Entwässerungsverhältnissen sowie andere Wege und befestigte Flächen, die als Gestaltungselement der Freianlagen geplant werden und für die Leistungen nach Teil VII nicht erforderlich sind.

(5) Nicht anrechenbar sind für Grundleistungen bei Gebäuden und raumbildenden Ausbauten die Kosten für:

1. das Baugrundstück einschließlich der Kosten des Erwerbs und des Freimachens (DIN 276, Kostengruppen 1.1 bis 1.3),
2. das Herrichten des Grundstücks (DIN 276, Kostengruppe 1.4), soweit der Auftragnehmer es weder plant noch seine Ausführung überwacht,

3. die öffentliche Erschließung und andere einmalige Abgaben (DIN 276, Kostengruppen 2.1 und 2.3),
4. die nichtöffentliche Erschließung (DIN 276, Kostengruppe 2.2) sowie die Abwasser- und Versorgungsanlagen und die Verkehrsanlagen (DIN 276, Kostengruppen 5.3 und 5.7), soweit der Auftragnehmer sie weder plant noch ihre Ausführung überwacht,
5. die Außenanlagen (DIN 276, Kostengruppe 5), soweit nicht unter Nummer 4 erfaßt,
6. Anlagen und Einrichtungen aller Art, die in DIN 276, Kostengruppen 4 oder 5.4 aufgeführt sind, sowie die nicht in DIN 276 aufgeführten, soweit der Auftragnehmer sie weder plant, noch bei ihrer Beschaffung mitwirkt, noch ihre Ausführung oder ihren Einbau überwacht,
7. Geräte und Wirtschaftsgegenstände, die nicht in DIN 276, Kostengruppen 4 und 5.4 aufgeführt sind, oder die der Auftraggeber ohne Mitwirkung des Auftragnehmers beschafft,
8. Kunstwerke, soweit sie nicht wesentliche Bestandteile des Objekts sind,
9. künstlerisch gestaltete Bauteile, soweit der Auftragnehmer sie weder plant noch ihre Ausführung überwacht,
10. die Kosten der Winterbauschutzvorkehrungen und sonstige zusätzliche Maßnahmen nach DIN 276, Kostengruppe 6; § 32 Abs. 4 bleibt unberührt,
11. Entschädigungen und Schadensersatzleistungen,
12. die Baunebenkosten (DIN 276, Kostengruppe 7),
13. fernmeldetechnische Einrichtungen und andere zentrale Einrichtungen der Fernmeldetechnik für Ortsvermittlungsstellen sowie Anlagen der Maschinentechnik, die nicht überwiegend der Ver- und Entsorgung des Gebäudes zu dienen bestimmt sind, soweit der Auftragnehmer diese fachlich nicht plant oder ihre Ausführung fachlich nicht überwacht; Absatz 4 bleibt unberührt.

(6) Nicht anrechenbar sind für Grundleistungen bei Freianlagen die Kosten für:
1. das Gebäude (DIN 276, Kostengruppe 3) sowie die in Absatz 5 Nr. 1 bis 4 und 6 bis 13 genannten Kosten,
2. den Unter- und Oberbau von Fußgängerbereichen nach § 14 Nr. 4, ausgenommen die Kosten für die Oberflächenbefestigung.

§ 11 Honorarzonen für Leistungen bei Gebäuden

(1) Die Honorarzone wird bei Gebäuden aufgrund folgender Bewertungsmerkmale ermittelt:
1. Honorarzone I: Gebäude mit sehr geringen Planungsanforderungen, das heißt mit
   – sehr geringen Anforderungen an die Einbindung in die Umgebung,
   – einem Funktionsbereich,
   – sehr geringen gestalterischen Anforderungen,
   – einfachsten Konstruktionen,
   – keiner oder einfacher Technischer Ausrüstung,
   – keinem oder einfachem Ausbau;

2. Honorarzone II: Gebäude mit geringen Planungsanforderungen, das heißt mit
- geringen Anforderungen an die Einbindung in die Umgebung,
- wenigen Funktionsbereichen,
- geringen gestalterischen Anforderungen,
- einfachen Konstruktionen,
- geringer Technischer Ausrüstung,
- geringem Ausbau;

3. Honorarzone III: Gebäude mit durchschnittlichen Planungsanforderungen, das heißt mit
- durchschnittlichen Anforderungen an die Einbindung in die Umgebung,
- mehreren einfachen Funktionsbereichen,
- durchschnittlichen gestalterischen Anforderungen,
- normalen oder gebräuchlichen Konstruktionen,
- durchschnittlicher Technischer Ausrüstung,
- durchschnittlichem normalem Ausbau;

4. Honorarzone IV: Gebäude mit überdurchschnittlichen Planungsanforderungen, das heißt mit
- überdurchschnittlichen Anforderungen an die Einbindung in die Umgebung,
- mehreren Funktionsbereichen mit vielfältigen Beziehungen,
- überdurchschnittlichen gestalterischen Anforderungen,
- überdurchschnittlichen konstruktiven Anforderungen,
- überdurchschnittlicher Technischer Ausrüstung,
- überdurchschnittlichem Ausbau;

5. Honorarzone V: Gebäude mit sehr hohen Planungsanforderungen, das heißt mit
- sehr hohen Anforderungen an die Einbindung in die Umgebung,
- einer Vielzahl von Funktionsbereichen mit umfassenden Beziehungen,
- sehr hohen gestalterischen Anforderungen,
- sehr hohen konstruktiven Ansprüchen,
- einer vielfältigen Technischen Ausrüstung mit hohen technischen Ansprüchen,
- umfangreichem qualitativ hervorragendem Ausbau.

(2) Sind für ein Gebäude Bewertungsmerkmale aus mehreren Honorarzonen anwendbar und bestehen deswegen Zweifel, welcher Honorarzone das Gebäude zugerechnet werden kann, so ist die Anzahl der Bewertungspunkte nach Absatz 3 zu ermitteln; das Gebäude ist nach der Summe der Bewertungspunkte folgenden Honorarzonen zuzurechnen:
1. Honorarzone I: Gebäude mit bis zu 10 Punkten,
2. Honorarzone II: Gebäude mit 11 bis 18 Punkten,
3. Honorarzone III: Gebäude mit 19 bis 26 Punkten,
4. Honorarzone IV: Gebäude mit 27 bis 34 Punkten,
5. Honorarzone V: Gebäude mit 35 bis 42 Punkten.

(3) Bei der Zurechnung eines Gebäudes in die Honorarzonen sind entsprechend dem Schwierigkeitsgrad der Planungsanforderungen die Bewertungsmerkmale Anforderungen an die Einbindung in die Umgebung, konstruktive

Anforderungen, Technische Ausrüstungen und Ausbau mit je bis zu sechs Punkten zu bewerten, die Bewertungsmerkmale Anzahl der Funktionsbereiche und gestalterische Anforderungen mit je bis zu neun Punkten.

§ 12 Objektliste für Gebäude

Nachstehende Gebäude werden nach Maßgabe der in § 11 genannten Merkmale in der Regel folgenden Honorarzonen zugerechnet:

1. Honorarzone I: Schlaf- und Unterkunftsbaracken und andere Behelfsbauten für vorübergehende Nutzung;
   Pausenhallen, Spielhallen, Liege- und Wandelhallen, Einstellhallen, Verbindungsgänge, Feldscheunen und andere einfache landwirtschaftliche Gebäude; Tribünenbauten, Wetterschutzhäuser;
2. Honorarzone II: Einfache Wohnbauten mit gemeinschaftlichen Sanitär- und Kücheneinrichtungen;
   Garagenbauten, Parkhäuser, Gewächshäuser;
   geschlossene, eingeschossige Hallen und Gebäude als selbständige Bauaufgabe, Kassengebäude, Bootshäuser; einfache Werkstätten ohne Kranbahnen;
   Verkaufslager, Unfall- und Sanitätswachen;
   Musikpavillons;
3. Honorarzone III: Wohnhäuser, Wohnheime und Heime mit durchschnittlicher Ausstattung;
   Kinderhorte, Kindergärten, Gemeinschaftsunterkünfte, Jugendherbergen, Grundschulen;
   Jugendfreizeitstätten, Jugendzentren, Bürgerhäuser, Studentenhäuser, Altentagesstätten und andere Betreuungseinrichtungen;
   Fertigungsgebäude der metallverarbeitenden Industrie, Druckereien, Kühlhäuser;
   Werkstätten, geschlossene Hallen und landwirtschaftliche Gebäude, soweit nicht in Honorarzone I, II oder IV erwähnt, Parkhäuser mit integrierten weiteren Nutzungsarten;
   Bürobauten mit durchschnittlicher Ausstattung, Ladenbauten, Einkaufszentren, Märkte und Großmärkte, Messehallen, Gaststätten, Kantinen, Mensen, Wirtschaftsgebäude, Feuerwachen, Rettungsstationen, Ambulatorien, Pflegeheime ohne medizinisch-technische Ausrüstung, Hilfskrankenhäuser;
   Ausstellungsgebäude, Lichtspielhäuser;
   Turn- und Sportgebäude sowie -anlagen, soweit nicht in Honorarzone II oder IV erwähnt;
4. Honorarzone IV: Wohnhäuser mit überdurchschnittlicher Ausstattung, Terrassen- und Hügelhäuser, planungsaufwendige Einfamilienhäuser mit entsprechendem Ausbau und Hausgruppen in planungsaufwendiger verdichteter Bauweise auf kleinen Grundstücken, Heime mit zusätzlichen medizinisch-technischen Einrichtungen;
   Zentralwerkstätten, Brauereien, Produktionsgebäude der Automobilindustrie, Kraftwerksgebäude;
   Schulen, ausgenommen Grundschulen; Bildungszentren, Volkshochschu-

len, Fachhochschulen, Hochschulen, Universitäten, Akademien, Hörsaalgebäude, Laborgebäude, Bibliotheken und Archive, Institutsgebäude für Lehre und Forschung, soweit nicht in Honorarzone V erwähnt;

landwirtschaftliche Gebäude mit überdurchschnittlicher Ausstattung, Großküchen, Hotels, Banken, Kaufhäuser, Rathäuser, Parlaments- und Gerichtsgebäude sowie sonstige Gebäude für die Verwaltung mit überdurchschnittlicher Ausstattung;

Krankenhäuser der Versorgungsstufe I und II, Fachkrankenhäuser, Krankenhäuser besonderer Zweckbestimmung, Therapie- und Rehabilitationseinrichtungen, Gebäude für Erholung, Kur und Genesung;

Kirchen, Konzerthallen, Museen, Studiobühnen, Mehrzweckhallen für religiöse, kulturelle oder sportliche Zwecke;

Hallenschwimmbäder, Sportleistungszentren, Großsportstätten;

5. Honorarzone V: Krankenhäuser der Versorgungsstufe III, Universitätskliniken;

Stahlwerksgebäude, Sintergebäude, Kokereien;

Studios für Rundfunk, Fernsehen und Theater, Konzertgebäude, Theaterbauten, Kulissengebäude, Gebäude für die wissenschaftliche Forschung (experimentelle Fachrichtungen).

§ 13 Honorarzonen für Leistungen bei Freianlagen

(1) Die Honorarzone wird bei Freianlagen aufgrund folgender Bewertungsmerkmale ermittelt:

1. Honorarzone I: Freianlagen mit sehr geringen Planungsanforderungen, das heißt mit
   - sehr geringen Anforderungen an die Einbindung in die Umgebung,
   - sehr geringen Anforderungen an Schutz, Pflege und Entwicklung von Natur und Landschaft,
   - einem Funktionsbereich,
   - sehr geringen gestalterischen Anforderungen,
   - keinen oder einfachsten Ver- und Entsorgungseinrichtungen;

2. Honorarzone II: Freianlagen mit geringen Planungsanforderungen, das heißt mit
   - geringen Anforderungen an die Einbindung in die Umgebung,
   - geringen Anforderungen an Schutz, Pflege und Entwicklung von Natur und Landschaft,
   - wenigen Funktionsbereichen,
   - geringen gestalterischen Anforderungen,
   - geringen Ansprüchen an Ver- und Entsorgung;

3. Honorarzone III: Freianlagen mit durchschnittlichen Planungsanforderungen, das heißt mit
   - durchschnittlichen Anforderungen an die Einbindung in die Umgebung,
   - durchschnittlichen Anforderungen an Schutz, Pflege und Entwicklung von Natur und Landschaft,
   - mehreren Funktionsbereichen mit einfachen Beziehungen,
   - durchschnittlichen gestalterischen Anforderungen,
   - normaler oder gebräuchlicher Ver- und Entsorgung;

4. Honorarzone IV: Freianlagen mit überdurchschnittlichen Planungsanforderungen, das heißt mit
   - überdurchschnittlichen Anforderungen an die Einbindung in die Umgebung,
   - überdurchschnittlichen Anforderungen an Schutz, Pflege und Entwicklung von Natur und Landschaft,
   - mehreren Funktionsbereichen mit vielfältigen Beziehungen,
   - überdurchschnittlichen gestalterischen Anforderungen,
   - einer über das Durchschnittliche hinausgehenden Ver- und Entsorgung;
5. Honorarzone V: Freianlagen mit sehr hohen Planungsanforderungen, das heißt mit
   - sehr hohen Anforderungen an die Einbindung in die Umgebung,
   - sehr hohen Anforderungen an Schutz, Pflege und Entwicklung von Natur und Landschaft,
   - einer Vielzahl von Funktionsbereichen mit umfassenden Beziehungen,
   - sehr hohen gestalterischen Anforderungen,
   - besonderen Anforderungen an die Ver- und Entsorgung aufgrund besonderer technischer Gegebenheiten.

(2) Sind für eine Freianlage Bewertungsmerkmale aus mehreren Honorarzonen anwendbar und bestehen deswegen Zweifel, welcher Honorarzone die Freianlage zugerechnet werden kann, so ist die Anzahl der Bewertungspunkte nach Absatz 3 zu ermitteln; die Freianlage ist nach der Summe der Bewertungspunkte folgenden Honorarzonen zuzurechnen:
1. Honorarzone I: Freianlagen mit bis zu 8 Punkten,
2. Honorarzone II: Freianlagen mit 9 bis 15 Punkten,
3. Honorarzone III: Freianlagen mit 16 bis 22 Punkten,
4. Honorarzone IV: Freianlagen mit 23 bis 29 Punkten,
5. Honorarzone V: Freianlagen mit 30 bis 36 Punkten.

(3) Bei der Zurechnung einer Freianlage in die Honorarzone sind entsprechend dem Schwierigkeitsgrad der Planungsanforderungen die Bewertungsmerkmale Anforderungen an die Einbindung in die Umgebung, an Schutz, Pflege und Entwicklung von Natur und Landschaft und der gestalterischen Anforderungen mit je bis zu acht Punkten, die Bewertungsmerkmale Anzahl der Funktionsbereiche sowie Ver- und Entsorgungseinrichtungen mit je bis zu sechs Punkten zu bewerten.

§ 14 Objektliste für Freianlagen

Nachstehende Freianlagen werden nach Maßgabe der in § 13 genannten Merkmale in der Regel folgenden Honorarzonen zugerechnet:
1. Honorarzone I:
   Geländegestaltungen mit Einsaaten in der freien Landschaft;
   Windschutzpflanzungen;
   Spielwiesen, Ski- und Rodelhänge ohne technische Einrichtungen;
2. Honorarzone II:
   Freiflächen mit einfachem Ausbau bei kleineren Siedlungen, bei Einzelbauwerken und bei landwirtschaftlichen Aussiedlungen;

Begleitgrün an Verkehrsanlagen, soweit nicht in Honorarzone I oder III erwähnt; Grünverbindungen ohne besondere Ausstattung; Ballspielplätze (Bolzplätze); Ski- und Rodelhänge mit technischen Einrichtungen; Sportplätze ohne Laufbahnen oder ohne sonstige technische Einrichtungen; Geländegestaltungen und Pflanzungen für Deponien, Halden und Entnahmestellen; Pflanzungen in der freien Landschaft, soweit nicht in Honorarzone I erwähnt; Ortsrandeingrünungen;

3. Honorarzone III:

Freiflächen bei privaten und öffentlichen Bauwerken, soweit nicht in Honorarzone II, IV oder V erwähnt;

Begleitgrün an Verkehrsanlagen mit erhöhten Anforderungen an Schutz, Pflege und Entwicklung von Natur und Landschaft;

Flächen für den Arten- und Biotopschutz, soweit nicht in Honorarzone IV oder V erwähnt;

Ehrenfriedhöfe, Ehrenmale; Kombinationsspielfelder, Sportanlagen Typ D und andere Sportanlagen, soweit nicht in Honorarzone II oder IV erwähnt; Camping-, Zelt- und Badeplätze, Kleingartenanlagen;

4. Honorarzone IV:

Freiflächen mit besonderen topographischen oder räumlichen Verhältnissen bei privaten und öffentlichen Bauwerken;

innerörtliche Grünzüge, Oberflächengestaltungen und Pflanzungen für Fußgängerbereiche; extensive Dachbegrünungen;

Flächen für den Arten- und Biotopschutz mit differenzierten Gestaltungsansprüchen oder mit Biotopverbundfunktionen;

Sportanlagen Typ A bis C, Spielplätze, Sportstadien, Freibäder, Golfplätze; Friedhöfe, Parkanlagen, Freilichtbühnen, Schulgärten, naturkundliche Lehrpfade und -gebiete;

5. Honorarzone V:

Hausgärten und Gartenhöfe für hohe Repräsentationsansprüche, Terrassen- und Dachgärten, intensive Dachbegrünungen;

Freiflächen im Zusammenhang mit historischen Anlagen; historische Parkanlagen, Gärten und Plätze;

botanische und zoologische Gärten;

Freiflächen mit besonderer Ausstattung für hohe Benutzungsansprüche, Garten- und Hallenschauen.

§ 14 a Honorarzonen für Leistungen bei raumbildenden Ausbauten

(1) Die Honorarzone wird bei raumbildenden Ausbauten aufgrund folgender Bewertungsmerkmale ermittelt:

1. Honorarzone I: Raumbildende Ausbauten mit sehr geringen Planungsanforderungen, das heißt mit
   – einem Funktionsbereich,
   – sehr geringen Anforderungen an die Lichtgestaltung,
   – sehr geringen Anforderungen an die Raum-Zuordnung und Raum-Proportionen,
   – keiner oder einfacher Technischer Ausrüstung,

– sehr geringen Anforderungen an Farb- und Materialgestaltung,
– sehr geringen Anforderungen an die konstruktive Detailgestaltung;
2. Honorarzone II: Raumbildende Ausbauten mit geringen Planungsanforderungen, das heißt mit
   – wenigen Funktionsbereichen,
   – geringen Anforderungen an die Lichtgestaltung,
   – geringen Anforderungen an die Raum-Zuordnung und Raum-Proportionen,
   – geringer Technischer Ausrüstung,
   – geringen Anforderungen an Farb- und Materialgestaltung,
   – geringen Anforderungen an die konstruktive Detailgestaltung;
3. Honorarzone III: Raumbildende Ausbauten mit durchschnittlichen Planungsanforderungen, das heißt mit
   – mehreren einfachen Funktionsbereichen,
   – durchschnittlichen Anforderungen an die Lichtgestaltung,
   – durchschnittlichen Anforderungen an die Raum-Zuordnung und Raum-Proportionen,
   – durchschnittlicher Technischer Ausrüstung,
   – durchschnittlichen Anforderungen an Farb- und Materialgestaltung,
   – durchschnittlichen Anforderungen an die konstruktive Detailgestaltung;
4. Honorarzone IV: Raumbildende Ausbauten mit überdurchschnittlichen Planungsanforderungen, das heißt mit
   – mehreren Funktionsbereichen mit vielfältigen Beziehungen,
   – überdurchschnittlichen Anforderungen an die Lichtgestaltung,
   – überdurchschnittlichen Anforderungen an die Raum-Zuordnung und Raum-Proportionen,
   – überdurchschnittlichen Anforderungen an die Technische Ausrüstung,
   – überdurchschnittlichen Anforderungen an die Farb- und Materialgestaltung,
   – überdurchschnittlichen Anforderungen an die konstruktive Detailgestaltung;
5. Honorarzone V: Raumbildende Ausbauten mit sehr hohen Planungsanforderungen, das heißt mit
   – einer Vielzahl von Funktionsbereichen mit umfassenden Beziehungen,
   – sehr hohen Anforderungen an die Lichtgestaltung,
   – sehr hohen Anforderungen an die Raum-Zuordnung und Raum-Proportionen,
   – einer vielfältigen Technischen Ausrüstung mit hohen technischen Ansprüchen,
   – sehr hohen Anforderungen an die Farb- und Materialgestaltung,
   – sehr hohen Anforderungen an die konstruktive Detailgestaltung.

(2) Sind für einen raumbildenden Ausbau Bewertungsmerkmale aus mehreren Honorarzonen anwendbar und bestehen deswegen Zweifel, welcher Honorarzone der raumbildende Ausbau zugerechnet werden kann, so ist die Anzahl der Bewertungspunkte nach Absatz 3 zu ermitteln; der raumbildende Ausbau ist nach der Summe der Bewertungspunkte folgenden Honorarzonen zuzurechnen:
1. Honorarzone I: Raumbildende Ausbauten mit bis zu 10 Punkten,
2. Honorarzone II: Raumbildende Ausbauten mit 11 bis 18 Punkten,

3. Honorarzone III: Raumbildende Ausbauten mit 19 bis 26 Punkten,
4. Honorarzone IV: Raumbildende Ausbauten mit 27 bis 34 Punkten,
5. Honorarzone V: Raumbildende Ausbauten mit 35 bis 42 Punkten.

(3) Bei der Zurechnung eines raumbildenden Ausbaus in die Honorarzonen sind entsprechend dem Schwierigkeitsgrad der Planungsanforderungen die Bewertungsmerkmale Anzahl der Funktionsbereiche, Anforderungen an die Lichtgestaltung, Anforderungen an die Raum-Zuordnung und Raum-Proportionen sowie Anforderungen an die Technische Ausrüstung mit je bis zu sechs Punkten zu bewerten, die Bewertungsmerkmale Farb- und Materialgestaltung sowie konstruktive Detailgestaltung mit je bis zu neun Punkten.

§ 14 b Objektliste für raumbildende Ausbauten

Nachstehende raumbildende Ausbauten werden nach Maßgabe der in § 14 a genannten Merkmale in der Regel folgenden Honorarzonen zugerechnet:
1. Honorarzone I: Innere Verkehrsflächen, offene Pausen-, Spiel- und Liege-hallen, einfachste Innenräume für vorübergehende Nutzung;
2. Honorarzone II: Einfache Wohn-, Aufenthalts- und Büroräume, Werkstätten; Verkaufslager, Nebenräume in Sportanlagen, einfache Verkaufskioske; Innenräume, die unter Verwendung von serienmäßig hergestellten Möbeln und Ausstattungsgegenständen einfacher Qualität gestaltet werden;
3. Honorarzone III: Aufenthalts-, Büro-, Freizeit-, Gaststätten-, Gruppen-, Wohn-, Sozial-, Versammlungs- und Verkaufsräume, Kantinen sowie Hotel-, Kranken-, Klassenzimmer und Bäder mit durchschnittlichem Ausbau, durchschnittlicher Ausstattung oder durchschnittlicher technischer Einrich-tung;
Messestände bei Verwendung von System- oder Modulbauteilen;
Innenräume mit durchschnittlicher Gestaltung, die zum überwiegenden Teil unter Verwendung von serienmäßig hergestellten Möbeln und Ausstattungs-gegenständen gestaltet werden;
4. Honorarzone IV: Wohn-, Aufenthalts-, Behandlungs-, Verkaufs-, Arbeits-, Bibliotheks-, Sitzungs-, Gesellschafts-, Gaststätten-, Vortragsräume, Hör-säle, Ausstellungen, Messestände, Fachgeschäfte, soweit nicht in Honorar-zone II oder III erwähnt;
Empfangs- und Schalterhallen mit überdurchschnittlichem Ausbau, geho-bener Ausstattung oder überdurchschnittlichen technischen Einrichtungen, zum Beispiel in Krankenhäusern, Hotels, Banken, Kaufhäusern, Einkaufs-zentren oder Rathäusern;
Parlaments- und Gerichtssäle, Mehrzweckhallen für religiöse, kulturelle oder sportliche Zwecke;
Raumbildende Ausbauten von Schwimmbädern und Wirtschaftsküchen; Kirchen;
Innenräume mit überdurchschnittlicher Gestaltung unter Mitverwendung von serienmäßig hergestellten Möbeln und Ausstattungsgegenständen geho-bener Qualität;
5. Honorarzone V: Konzert- und Theatersäle; Studioräume für Rundfunk, Fern-sehen und Theater;

Geschäfts- und Versammlungsräume mit anspruchsvollem Ausbau, aufwendiger Ausstattung oder sehr hohen technischen Ansprüchen;
Innenräume der Repräsentationsbereiche mit anspruchsvollem Ausbau, aufwendiger Ausstattung oder mit besonderen Anforderungen an die technischen Einrichtungen.

§ 15 Leistungsbild Objektplanung für Gebäude, Freianlagen und raumbildende Ausbauten

(1) Das Leistungsbild Objektplanung umfaßt die Leistungen der Auftragnehmer für Neubauten, Neuanlagen, Wiederaufbauten, Erweiterungsbauten, Umbauten, Modernisierungen, raumbildende Ausbauten, Instandhaltungen und Instandsetzungen. Die Grundleistungen sind in den in Absatz 2 aufgeführten Leistungsphasen 1 bis 9 zusammengefaßt. Sie sind in der folgenden Tabelle für Gebäude und raumbildende Ausbauten in Vomhundertsätzen der Honorare des § 16 und für Freianlagen in Vomhundertsätzen der Honorare des § 17 bewertet.

	Bewertung der Grundleistungen in v. H. der Honorare		
	Gebäude	Frei- anlagen	raumbildende Ausbauten
1. Grundlagenermittlung Ermitteln der Voraussetzungen zur Lösung der Bauaufgabe durch die Planung	3	3	3
2. Vorplanung (Projekt- und Planungsvorbereitung) Erarbeiten der wesentlichen Teile einer Lösung der Planungsaufgabe	7	10	7
3. Entwurfsplanung (System- und Integrationsplanung) Erarbeiten der endgültigen Lösung der Planungsaufgabe	11	15	14
4. Genehmigungsplanung Erarbeiten und Einreichen der Vorlagen für die erforderlichen Genehmigungen oder Zustimmungen	6	6	2
5. Ausführungsplanung Erarbeiten und Darstellen der ausführungsreifen Planungslösung	25	24	30
6. Vorbereitung der Vergabe Ermitteln der Mengen und Aufstellen von Leistungsverzeichnissen	10	7	7
7. Mitwirkung bei der Vergabe Ermitteln der Kosten und Mitwirkung bei der Auftragsvergabe	4	3	3

8. Objektüberwachung (Bauüberwachung)
Überwachen der Ausführung des Objekts   31   29   31

9. Objektbetreuung und Dokumentation
Überwachen der Beseitigung von Mängeln und Dokumentation des Gesamtergebnisses   3   3   3

(2) Das Leistungsbild setzt sich wie folgt zusammen:

Grundleistungen	Besondere Leistungen

1. Grundlagenermittlung

Grundleistungen	Besondere Leistungen
Klären der Aufgabenstellung	Bestandsaufnahme
Beraten zum gesamten Leistungsbedarf	Standortanalyse
Formulieren von Entscheidungshilfen für die Auswahl anderer an der Planung fachlich Beteiligter	Betriebsplanung
	Aufstellen eines Raumprogramms
	Aufstellen eines Funktionsprogramms
Zusammenfassen der Ergebnisse	Prüfen der Umwelterheblichkeit
	Prüfen der Umweltverträglichkeit

2. Vorplanung (Projekt- und Planungsvorbereitung)

Grundleistungen	Besondere Leistungen
Analyse der Grundlagen	Untersuchen von Lösungsmöglichkeiten nach grundsätzlich verschiedenen Anforderungen
Abstimmen der Zielvorstellungen (Randbedingungen, Zielkonflikte)	
Aufstellen eines planungsbezogenen Zielkatalogs (Programmziele)	Ergänzen der Vorplanungsunterlagen aufgrund besonderer Anforderungen
Erarbeiten eines Planungskonzepts einschließlich Untersuchung der alternativen Lösungsmöglichkeiten nach gleichen Anforderungen mit zeichnerischer Darstellung und Bewertung, zum Beispiel versuchsweise zeichnerische Darstellungen, Strichskizzen, gegebenenfalls mit erläuternden Angaben	Aufstellen eines Finanzierungsplanes
	Aufstellen einer Bauwerks- und Betriebs-Kosten-Nutzen-Analyse
	Mitwirken bei der Kreditbeschaffung
	Durchführen der Voranfrage (Bauanfrage)
Integrieren der Leistungen anderer an der Planung fachlich Beteiligter	Anfertigen von Darstellungen durch besondere Techniken, wie zum Beispiel Perspektiven, Muster, Modelle
Klären und Erläutern der wesentlichen städtebaulichen, gestalterischen, funktionalen, technischen, bauphysikalischen, wirtschaftlichen, energiewirtschaftlichen (zum Beispiel hinsichtlich rationeller Energieverwendung und der Verwendung er-	Aufstellen eines Zeit- und Organisationsplanes
	Ergänzen der Vorplanungsunterlagen hinsichtlich besonderer Maßnahmen zur Gebäude- und Bauteiloptimierung, die über das übliche Maß der Planungsleistungen hinausgehen, zur Verringerung des Energieverbrauchs sowie der Schadstoff- und

neuerbarer Energien) und landschaftsökologischen Zusammenhänge, Vorgänge und Bedingungen, sowie der Belastung und Empfindlichkeit der betroffenen Ökosysteme

Vorverhandlungen mit Behörden und anderen an der Planung fachlich Beteiligten über die Genehmigungsfähigkeit

Bei Freianlagen: Erfassen, Bewerten und Erläutern der ökosystemaren Strukturen und Zusammenhänge, zum Beispiel Boden, Wasser, Klima, Luft, Pflanzen- und Tierwelt, sowie Darstellen der räumlichen und gestalterischen Konzeption mit erläuternden Angaben, insbesondere zur Geländegestaltung, Biotopverbesserung und -vernetzung, vorhandenen Vegetation, Neupflanzung, Flächenverteilung der Grün-, Verkehrs-, Wasser-, Spiel- und Sportflächen; ferner Klären der Randgestaltung und der Anbindung an die Umgebung

Kostenschätzung nach DIN 276 oder nach dem wohnungsrechtlichen Berechnungsrecht

Zusammenstellen aller Vorplanungsergebnisse

CO$_2$-Emissionen und zur Nutzung erneuerbarer Energien in Abstimmung mit anderen an der Planung fachlich Beteiligten. Das übliche Maß ist für Maßnahmen zur Energieeinsparung durch die Erfüllung der Anforderungen gegeben, die sich aus Rechtsvorschriften und den allgemein anerkannten Regeln der Technik ergeben.

3. Entwurfsplanung (System- und Integrationsplanung)

Durcharbeiten des Planungskonzepts (stufenweise Erarbeitung einer zeichnerischen Lösung) unter Berücksichtigung städtebaulicher, gestalterischer, funktionaler, technischer, bauphysikalischer, wirtschaftlicher, energiewirtschaftlicher (zum Beispiel hinsichtlich rationeller Energieverwendung und der Verwendung erneuerbarer Energien) und landschaftsökologischer Anforderungen unter Verwendung der Beiträge anderer an der Planung fachlich Beteiligter bis zum vollständigen Entwurf

Integrieren der Leistungen anderer an der Planung fachlich Beteiligter

Objektbeschreibung mit Erläuterung von Ausgleichs- und Ersatzmaßnahmen nach Maßgabe der naturschutzrechtlichen Eingriffsregelung

Zeichnerische Darstellung des Gesamtentwurfs, zum Beispiel durchgearbeitete, vollständige Vorentwurfs- und/oder Entwurfs-

Analyse der Alternativen/Varianten und deren Wertung mit Kostenuntersuchung (Optimierung)

Wirtschaftlichkeitsberechnung

Kostenberechnung durch Aufstellen von Mengengerüsten oder Bauelementkatalog

Ausarbeiten besonderer Maßnahmen zur Gebäude- und Bauteiloptimierung, die über das übliche Maß der Planungsleistungen hinausgehen, zur Verringerung des Energieverbrauchs sowie der Schadstoff- und CO$_2$-Emissionen und zur Nutzung erneuerbarer Energien unter Verwendung der Beiträge anderer an der Planung fachlich Beteiligter. Das übliche Maß ist für Maßnahmen zur Energieeinsparung durch die Erfüllung der Anforderungen gegeben, die sich aus Rechtsvorschriften und den allgemein anerkannten Regeln der Technik ergeben.

zeichnungen (Maßstab nach Art und Größe des Bauvorhabens; bei Freianlagen: im Maßstab 1:500 bis 1:100, insbesondere mit Angaben zur Verbesserung der Biotopfunktion, zu Vermeidungs-, Schutz-, Pflege- und Entwicklungsmaßnahmen sowie zur differenzierten Bepflanzung; bei raumbildenden Ausbauten: im Maßstab 1 : 50 bis 1 : 20, insbesondere mit Einzelheiten der Wandabwicklungen, Farb-, Licht- und Materialgestaltung), gegebenenfalls auch Detailpläne mehrfach wiederkehrender Raumgruppen
Verhandlungen mit Behörden und anderen an der Planung fachlich Beteiligten über die Genehmigungsfähigkeit
Kostenberechnung nach DIN 276 oder nach dem wohnungsrechtlichen Berechnungsrecht
Kostenkontrolle durch Vergleich der Kostenberechnung mit der Kostenschätzung
Zusammenfassen aller Entwurfsunterlagen

4. Genehmigungsplanung

Erarbeiten der Vorlagen für die nach den öffentlich-rechtlichen Vorschriften erforderlichen Genehmigungen oder Zustimmungen einschließlich der Anträge auf Ausnahmen und Befreiungen unter Verwendung der Beiträge anderer an der Planung fachlich Beteiligter sowie noch notwendiger Verhandlungen mit Behörden
Einreichen dieser Unterlagen
Vervollständigen und Anpassen der Planungsunterlagen, Beschreibungen und Berechnungen unter Verwendung der Beiträge anderer an der Planung fachlich Beteiligter
Bei Freianlagen und raumbildenden Ausbauten: Prüfen auf notwendige Genehmigungen, Einholen von Zustimmungen und Genehmigungen

Mitwirken bei der Beschaffung der nachbarlichen Zustimmung
Erarbeiten von Unterlagen für besondere Prüfverfahren
Fachliche und organisatorische Unterstützung des Bauherrn im Widerspruchsverfahren, Klageverfahren oder ähnliches
Ändern der Genehmigungsunterlagen infolge von Umständen, die der Auftragnehmer nicht zu vertreten hat

5. Ausführungsplanung

Durcharbeiten der Ergebnisse der Leistungsphasen 3 und 4 (stufenweise Erar-

Aufstellen einer detaillierten Objektbeschreibung*) als Baubuch zur Grundlage

---

*) Diese Besondere Leistung wird bei Leistungsbeschreibung mit Leistungsprogramm ganz oder teilweise Grundleistung. In diesem Fall entfallen die entsprechenden Grundleistungen dieser Leistungsphase, soweit die Leistungsbeschreibung mit Leistungsprogramm angewandt wird.

beitung und Darstellung der Lösung) unter Berücksichtigung städtebaulicher, gestalterischer, funktionaler, technischer, bauphysikalischer, wirtschaftlicher, energiewirtschaftlicher (zum Beispiel hinsichtlich rationeller Energieverwendung und der Verwendung erneuerbarer Energien) und landschaftsökologischer Anforderungen unter Verwendung der Beiträge anderer an der Planung fachlich Beteiligter bis zur ausführungsreifen Lösung

Zeichnerische Darstellung des Objekts mit allen für die Ausführung notwendigen Einzelangaben, zum Beispiel endgültige, vollständige Ausführungs-, Detail- und Konstruktionszeichnungen im Maßstab 1 : 50 bis 1 : 1, bei Freianlagen je nach Art des Bauvorhabens im Maßstab 1 : 200 bis 1 : 50, insbesondere Bepflanzungspläne, mit den erforderlichen textlichen Ausführungen

Bei raumbildenden Ausbauten: Detaillierte Darstellung der Räume und Raumfolgen im Maßstab 1 : 25 bis 1 : 1, mit den erforderlichen textlichen Ausführungen; Materialbestimmung

Erarbeiten der Grundlagen für die anderen an der Planung fachlich Beteiligten und Integrierung ihrer Beiträge bis zur ausführungsreifen Lösung

Fortschreiben der Ausführungsplanung während der Objektausführung

der Leistungsbeschreibung mit Leistungsprogramm*)

Aufstellen einer detaillierten Objektbeschreibung als Raumbuch zur Grundlage der Leistungsbeschreibung mit Leistungsprogramm*)

Prüfen der vom bauausführenden Unternehmen aufgrund der Leistungsbeschreibung mit Leistungsprogramm ausgearbeiteten Ausführungspläne auf Übereinstimmung mit der Entwurfsplanung*)

Erarbeiten von Detailmodellen

Prüfen und Anerkennen von Plänen Dritter nicht an der Planung fachlich Beteiligter auf Übereinstimmung mit den Ausführungsplänen (zum Beispiel Werkstattzeichnungen von Unternehmen, Aufstellungs- und Fundamentpläne von Maschinenlieferanten), soweit die Leistungen Anlagen betreffen, die in den anrechenbaren Kosten nicht erfaßt sind

6. Vorbereitung der Vergabe

Ermitteln und Zusammenstellen von Mengen als Grundlage für das Aufstellen von Leistungsbeschreibungen unter Verwendung der Beiträge anderer an der Planung fachlich Beteiligter

Aufstellen von Leistungsbeschreibungen mit Leistungsverzeichnissen nach Leistungsbereichen

Abstimmen und Koordinieren der Leistungsbeschreibungen der an der Planung fachlich Beteiligten

Aufstellen von Leistungsbeschreibungen mit Leistungsprogramm unter Bezug auf Baubuch/Raumbuch*)

Aufstellen von alternativen Leistungsbeschreibungen für geschlossene Leistungsbereiche

Aufstellen von vergleichenden Kostenübersichten unter Auswertung der Beiträge anderer an der Planung fachlich Beteiligter

---

*) Diese Besondere Leistung wird bei Leistungsbeschreibung mit Leistungsprogramm ganz oder teilweise Grundleistung. In diesem Fall entfallen die entsprechenden Grundleistungen dieser Leistungsphase, soweit die Leistungsbeschreibung mit Leistungsprogramm angewandt wird.

7. Mitwirkung bei der Vergabe

Grundleistungen	Besondere Leistungen
Zusammenstellen der Verdingungsunterlagen für alle Leistungsbereiche Einholen von Angeboten Prüfen und Werten der Angebote einschließlich Aufstellen eines Preisspiegels nach Teilleistungen unter Mitwirkung aller während der Leistungsphasen 6 und 7 fachlich Beteiligten Abstimmen und Zusammenstellen der Leistungen der fachlich Beteiligten, die an der Vergabe mitwirken Verhandlung mit Bietern Kostenanschlag nach DIN 276 aus Einheits- oder Pauschalpreisen der Angebote Kostenkontrolle durch Vergleich des Kostenanschlags mit der Kostenberechnung Mitwirken bei der Auftragserteilung	Prüfen und Werten der Angebote aus Leistungsbeschreibung mit Leistungsprogramm einschließlich Preisspiegel*) Aufstellen, Prüfen und Werten von Preisspiegeln nach besonderen Anforderungen

8. Objektüberwachung (Bauüberwachung)

Grundleistungen	Besondere Leistungen
Überwachen der Ausführung des Objekts auf Übereinstimmung mit der Baugenehmigung oder Zustimmung, den Ausführungsplänen und den Leistungsbeschreibungen sowie mit den allgemein anerkannten Regeln der Technik und den einschlägigen Vorschriften Überwachen der Ausführung von Tragwerken nach § 63 Abs. 1 Nr. 1 und 2 auf Übereinstimmung mit dem Standsicherheitsnachweis Koordinieren der an der Objektüberwachung fachlich Beteiligten Überwachung und Detailkorrektur von Fertigteilen Aufstellen und Überwachen eines Zeitplanes (Balkendiagramm) Führen eines Bautagebuches Gemeinsames Aufmaß mit den bauausführenden Unternehmen Abnahme der Bauleistungen unter Mitwirkung anderer an der Planung und Objektüberwachung fachlich Beteiligter unter Feststellung von Mängeln Rechnungsprüfung	Aufstellen, Überwachen und Fortschreiben eines Zahlungsplanes Aufstellen, Überwachen und Fortschreiben von differenzierten Zeit-, Kosten- oder Kapazitätsplänen Tätigkeit als verantwortlicher Bauleiter, soweit diese Tätigkeit nach jeweiligem Landesrecht über die Grundleistungen der Leistungsphase 8 hinausgeht

---

*) Diese Besondere Leistung wird bei Leistungsbeschreibung mit Leistungsprogramm ganz oder teilweise Grundleistung. In diesem Fall entfallen die entsprechenden Grundleistungen dieser Leistungsphase, soweit die Leistungsbeschreibung mit Leistungsprogramm angewandt wird.

Kostenfeststellung nach DIN 276 oder nach dem wohnungsrechtlichen Berechnungsrecht

Antrag auf behördliche Abnahmen und Teilnahme daran

Übergabe des Objekts einschließlich Zusammenstellung und Übergabe der erforderlichen Unterlagen, zum Beispiel Bedienungsanleitungen, Prüfprotokolle

Auflisten der Gewährleistungsfristen

Überwachen der Beseitigung der bei der Abnahme der Bauleistungen festgestellten Mängel

Kostenkontrolle durch Überprüfen der Leistungsabrechnung der bauausführenden Unternehmen im Vergleich zu den Vertragspreisen und dem Kostenanschlag

9. Objektbetreuung und Dokumentation

Objektbegehung zur Mängelfeststellung vor Ablauf der Verjährungsfristen der Gewährleistungsansprüche gegenüber den bauausführenden Unternehmen

Überwachen der Beseitigung von Mängeln, die innerhalb der Verjährungsfristen der Gewährleistungsansprüche, längstens jedoch bis zum Ablauf von fünf Jahren seit Abnahme der Bauleistungen auftreten

Mitwirken bei der Freigabe von Sicherheitsleistungen

Systematische Zusammenstellung der zeichnerischen Darstellungen und rechnerischen Ergebnisse des Objekts

Erstellen von Bestandsplänen

Aufstellen von Ausrüstungs- und Inventarverzeichnissen

Erstellen von Wartungs- und Pflegeanweisungen

Objektbeobachtung

Objektverwaltung

Baubegehungen nach Übergabe

Überwachen der Wartungs- und Pflegeleistungen

Aufbereiten des Zahlenmaterials für eine Objektdatei

Ermittlung und Kostenfeststellung zu Kostenrichtwerten

Überprüfen der Bauwerks- und Betriebs-Kosten-Nutzen-Analyse

(3) Wird das Überwachen der Herstellung des Objekts hinsichtlich der Einzelheiten der Gestaltung an einen Auftragnehmer in Auftrag gegeben, dem Grundleistungen nach den Leistungsphasen 1 bis 7, jedoch nicht nach der Leistungsphase 8, übertragen wurden, so kann für diese Leistung ein besonderes Honorar schriftlich vereinbart werden.

(4) Bei Umbauten und Modernisierungen im Sinne des § 3 Nr. 5 und 6 können neben den in Absatz 2 erwähnten Besonderen Leistungen insbesondere die nachstehenden Besonderen Leistungen vereinbart werden:

maßliches, technisches und verformungsgerechtes Aufmaß

Schadenskartierung

Ermitteln von Schadensursachen

Planen und Überwachen von Maßnahmen zum Schutz von vorhandener Substanz

Organisation von Betreuungsmaßnahmen für Nutzer und andere Planungsbetroffene
Mitwirken an Betreuungsmaßnahmen für Nutzer und andere Planungsbetroffene
Wirkungskontrollen von Planungsansatz und Maßnahmen im Hinblick auf die Nutzer, zum Beispiel durch Befragen.

§ 16 Honorartafel für Grundleistungen bei Gebäuden und raumbildenden Ausbauten

(1) Die Mindest- und Höchstsätze der Honorare für die in § 15 aufgeführten Grundleistungen bei Gebäuden und raumbildenden Ausbauten sind in der nachfolgenden Honorartafel festgesetzt [siehe Seite 29].

(2) Das Honorar für Grundleistungen bei Gebäuden und raumbildenden Ausbauten, deren anrechenbare Kosten unter 50 000 Deutsche Mark liegen, kann als Pauschalhonorar oder als Zeithonorar nach § 6 berechnet werden, höchstens jedoch bis zu den in der Honorartafel nach Absatz 1 für anrechenbare Kosten von 50 000 Deutsche Mark festgesetzten Höchstsätzen. Als Mindestsätze gelten die Stundensätze nach § 6 Abs. 2, höchstens jedoch die in der Honorartafel nach Absatz 1 für anrechenbare Kosten von 50 000 Deutsche Mark festgesetzten Mindestsätze.

(3) Das Honorar für Gebäude und raumbildende Ausbauten, deren anrechenbare Kosten über 50 Millionen Deutsche Mark liegen, kann frei vereinbart werden.

§ 17 Honorartafel für Grundleistungen bei Freianlagen

(1) Die Mindest- und Höchstsätze der Honorare für die in § 15 aufgeführten Grundleistungen bei Freianlagen sind in der nachfolgenden Honorartafel festgesetzt [siehe Seite 30].

(2) § 16 Abs. 2 und 3 gilt sinngemäß.

(3) Werden Ingenieurbauwerke und Verkehrsanlagen, die innerhalb von Freianlagen liegen, von dem Auftragnehmer gestalterisch in die Umgebung eingebunden, dem Grundleistungen bei Freianlagen übertragen sind, so kann ein Honorar für diese Leistungen schriftlich vereinbart werden. Honoraransprüche nach Teil VII bleiben unberührt.

§ 18 Auftrag über Gebäude und Freianlagen

Honorare für Grundleistungen für Gebäude und für Grundleistungen für Freianlagen sind getrennt zu berechnen. Dies gilt nicht, wenn die getrennte Berechnung weniger als 15 000 DM anrechenbare Kosten zum Gegenstand hätte; § 10 Abs. 5 Nr. 5 und Abs. 6 findet insoweit keine Anwendung.

§ 19 Vorplanung, Entwurfsplanung und Objektüberwachung als Einzelleistung

(1) Wird die Anfertigung der Vorplanung (Leistungsphase 2 des § 15) oder der Entwurfsplanung (Leistungsphase 3 des § 15) bei Gebäuden als Einzellei-

Honorartafel zu § 16 Abs. 1

Anrechenbare Kosten DM	Zone I von DM	Zone I bis DM	Zone II von DM	Zone II bis DM	Zone III von DM	Zone III bis DM	Zone IV von DM	Zone IV bis DM	Zone V von DM	Zone V bis DM
50 000	3 880	4 720	4 720	5 850	5 850	7 540	7 540	8 670	8 670	9 510
60 000	4 650	5 650	5 650	6 990	6 990	8 990	8 990	10 330	10 330	11 330
70 000	5 440	6 600	6 600	8 150	8 150	10 470	10 470	12 020	12 020	13 180
80 000	6 200	7 520	7 520	9 290	9 290	11 930	11 930	13 700	13 700	15 020
90 000	6 990	8 470	8 470	10 440	10 440	13 400	13 400	15 370	15 370	16 850
100 000	7 760	9 390	9 390	11 550	11 550	14 810	14 810	16 970	16 970	18 600
200 000	15 510	18 550	18 550	22 610	22 610	28 700	28 700	32 760	32 760	35 800
300 000	23 270	27 490	27 490	33 120	33 120	41 570	41 570	47 200	47 200	51 420
400 000	31 020	36 200	36 200	43 100	43 100	53 450	53 450	60 350	60 350	65 530
500 000	38 770	44 720	44 720	52 650	52 650	64 540	64 540	72 470	72 470	78 420
600 000	44 770	51 750	51 750	61 060	61 060	75 010	75 010	84 320	84 320	91 300
700 000	49 790	57 930	57 930	68 790	68 790	85 070	85 070	95 930	95 930	104 070
800 000	54 100	63 400	63 400	75 810	75 810	94 420	94 420	106 830	106 830	116 130
900 000	57 720	68 200	68 200	82 160	82 160	103 120	103 120	117 080	117 080	127 560
1 000 000	60 630	72 260	72 260	87 770	87 770	111 030	111 030	126 540	126 540	138 170
2 000 000	110 340	130 760	130 760	157 990	157 990	198 840	198 840	226 070	226 070	246 490
3 000 000	160 090	189 300	189 300	228 240	228 400	286 660	286 660	325 600	325 600	354 810
4 000 000	209 760	247 750	247 750	298 400	298 400	374 380	374 380	425 030	425 030	463 020
5 000 000	259 440	306 230	306 230	368 610	368 610	462 180	462 180	524 560	524 560	571 340
6 000 000	311 320	363 970	363 970	434 160	434 160	539 450	539 450	609 640	609 640	662 290
7 000 000	363 210	421 710	421 710	499 720	499 720	616 730	616 730	694 740	694 740	753 240
8 000 000	415 100	479 460	479 460	565 280	565 280	694 000	694 000	779 820	779 820	844 180
9 000 000	466 980	537 200	537 200	630 830	630 830	771 280	771 280	864 910	864 910	935 130
10 000 000	518 870	594 950	594 950	696 390	696 390	848 560	848 560	950 000	950 000	1 026 080
20 000 000	1 037 740	1 179 410	1 179 410	1 368 300	1 368 300	1 651 640	1 651 640	1 840 530	1 840 530	1 982 200
30 000 000	1 556 610	1 753 370	1 753 370	2 015 720	2 015 720	2 409 250	2 409 250	2 671 600	2 671 600	2 868 360
40 000 000	2 075 480	2 316 840	2 316 840	2 638 660	2 638 660	3 121 380	3 121 380	3 443 200	3 443 200	3 684 560
50 000 000	2 594 350	2 882 940	2 882 940	3 267 720	3 267 720	3 844 890	3 844 890	4 229 670	4 229 670	4 518 250

Honorartafel zu § 17 Abs. 1

Anrechenbare Kosten DM	Zone I von DM	Zone I bis DM	Zone II von DM	Zone II bis DM	Zone III von DM	Zone III bis DM	Zone IV von DM	Zone IV bis DM	Zone V von DM	Zone V bis DM
40 000	4 650	5 700	5 700	7 090	7 090	9 180	9 180	10 570	10 570	11 620
50 000	5 790	7 090	7 090	8 820	8 820	11 410	11 410	13 140	13 140	14 440
60 000	6 900	8 450	8 450	10 510	10 510	13 600	13 600	15 660	15 660	17 200
70 000	8 010	9 800	9 800	12 190	12 190	15 760	15 760	18 150	18 150	19 940
80 000	9 110	11 140	11 140	13 850	13 850	17 900	17 900	20 610	20 610	22 640
90 000	10 190	12 460	12 460	15 480	15 480	20 010	20 010	23 030	23 030	25 300
100 000	11 260	13 760	13 760	17 090	17 090	22 080	22 080	25 410	25 410	27 910
200 000	21 300	25 920	25 920	32 070	32 070	41 310	41 310	47 460	47 460	52 080
300 000	30 080	36 440	36 440	44 920	44 920	57 640	57 640	66 120	66 120	72 480
400 000	37 680	45 400	45 400	55 680	55 680	71 120	71 120	81 400	81 400	89 120
500 000	44 020	52 720	52 720	64 320	64 320	81 730	81 730	93 330	93 330	102 030
600 000	52 820	62 600	62 600	75 630	75 630	95 190	95 190	108 220	108 220	118 000
700 000	61 630	72 270	72 270	86 460	86 460	107 740	107 740	121 930	121 930	132 570
800 000	70 430	81 730	81 730	96 790	96 790	119 390	119 390	134 450	134 450	145 750
900 000	79 240	90 950	90 950	106 560	106 560	129 970	129 970	145 580	145 580	157 290
1 000 000	88 030	99 940	99 940	115 820	115 820	139 650	139 650	155 530	155 530	167 440
2 000 000	176 070	194 470	194 470	219 000	219 000	255 800	255 800	280 330	280 330	298 730
3 000 000	264 100	290 280	290 280	325 190	325 190	377 560	377 560	412 470	412 470	438 650

stung in Auftrag gegeben, so können hierfür anstelle der in § 15 Abs. 1 festgesetzten Vomhundertsätze folgende Vomhundertsätze der Honorare nach § 16 vereinbart werden:

1. für die Vorplanung   bis zu 10 v. H.,
2. für die Entwurfsplanung bis zu 18 v. H.

(2) Wird die Anfertigung der Vorplanung (Leistungsphase 2 des § 15) oder der Entwurfsplanung (Leistungsphase 3 des § 15) bei Freianlagen als Einzelleistung in Auftrag gegeben, so können hierfür anstelle der in § 15 Abs. 1 festgesetzten Vomhundertsätze folgende Vomhundertsätze der Honorare nach § 17 vereinbart werden:

1. für die Vorplanung   bis zu 15 v. H.,
2. für die Entwurfsplanung bis zu 25 v. H.

(3) Wird die Anfertigung der Vorplanung (Leistungsphase 2 des § 15) oder der Entwurfsplanung (Leistungsphase 3 des § 15) bei raumbildenden Ausbauten als Einzelleistung in Auftrag gegeben, so können hierfür anstelle der in § 15 Abs. 1 festgesetzten Vomhundertsätze folgende Vomhundertsätze der Honorare nach § 16 vereinbart werden:

1. für die Vorplanung   bis zu 10 v. H.,
2. für die Entwurfsplanung bis zu 21 v. H.

(4) Wird die Objektüberwachung (Leistungsphase 8 des § 15) bei Gebäuden als Einzelleistung in Auftrag gegeben, so können hierfür anstelle der Mindestsätze nach den §§ 15 und 16 folgende Vomhundertsätze der anrechenbaren Kosten nach § 10 berechnet werden:

1. 2,1 v. H. bei Gebäuden der Honorarzone 2,
2. 2,3 v. H. bei Gebäuden der Honorarzone 3,
3. 2,5 v. H. bei Gebäuden der Honorarzone 4,
4. 2,7 v. H. bei Gebäuden der Honorarzone 5.

§ 20 Mehrere Vor- oder Entwurfsplanungen

Werden für dasselbe Gebäude auf Veranlassung des Auftraggebers mehrere Vor- oder Entwurfsplanungen nach grundsätzlich verschiedenen Anforderungen gefertigt, so können für die umfassendste Vor- oder Entwurfsplanung die vollen Vomhundertsätze dieser Leistungsphase nach § 15, außerdem für jede andere Vor- oder Entwurfsplanung die Hälfte dieser Vomhundertsätze berechnet werden. Satz 1 gilt entsprechend für Freianlagen und raumbildende Ausbauten.

§ 21 Zeitliche Trennung der Ausführung

Wird ein Auftrag, der ein oder mehrere Gebäude umfaßt, nicht einheitlich in einem Zuge, sondern abschnittsweise in größeren Zeitabständen ausgeführt, so ist für die das ganze Gebäude oder das ganze Bauvorhaben betreffenden, zusammenhängend durchgeführten Leistungen das anteilige Honorar zu berechnen, das sich nach den gesamten anrechenbaren Kosten ergibt. Das Honorar für die restlichen Leistungen ist jeweils nach den anrechenbaren Kosten der einzelnen Bauabschnitte zu berechnen. Die Sätze 1 und 2 gelten entsprechend für Freianlagen und raumbildende Ausbauten.

§ 22 Auftrag für mehrere Gebäude

(1) Umfaßt ein Auftrag mehrere Gebäude, so sind die Honorare vorbehaltlich der nachfolgenden Absätze für jedes Gebäude getrennt zu berechnen.

(2) Umfaßt ein Auftrag mehrere gleiche, spiegelgleiche oder im wesentlichen gleichartige Gebäude, die im zeitlichen oder örtlichen Zusammenhang und unter gleichen baulichen Verhältnissen errichtet werden sollen, oder Gebäude nach Typenplanung oder Serienbauten, so sind für die 1. bis 4. Wiederholung die Vomhundertsätze der Leistungsphasen 1 bis 7 in § 15 um 50 vom Hundert, von der 5. Wiederholung an um 60 vom Hundert zu mindern. Als gleich gelten Gebäude, die nach dem gleichen Entwurf ausgeführt werden. Als Serienbauten gelten Gebäude, die nach einem im wesentlichen gleichen Entwurf ausgeführt werden.

(3) Erteilen mehrere Auftraggeber einem Auftragnehmer Aufträge über Gebäude, die gleich, spiegelgleich oder im wesentlichen gleichartig sind und die im zeitlichen oder örtlichen Zusammenhang und unter gleichen baulichen Verhältnissen errichtet werden sollen, so findet Absatz 2 mit der Maßgabe entsprechende Anwendung, daß der Auftragnehmer die Honorarminderungen gleichmäßig auf alle Auftraggeber verteilt.

(4) Umfaßt ein Auftrag Leistungen, die bereits Gegenstand eines anderen Auftrags für ein Gebäude nach gleichem oder spiegelgleichem Entwurf zwischen den Vertragsparteien waren, so findet Absatz 2 auch dann entsprechende Anwendung, wenn die Leistungen nicht im zeitlichen oder örtlichen Zusammenhang erbracht werden sollen.

§ 23 Verschiedene Leistungen an einem Gebäude

(1) Werden Leistungen bei Wiederaufbauten, Erweiterungsbauten, Umbauten oder raumbildenden Ausbauten (§ 3 Nr. 3 bis 5 und 7) gleichzeitig durchgeführt, so sind die anrechenbaren Kosten für jede einzelne Leistung festzustellen und das Honorar danach getrennt zu berechnen. § 25 Abs. 1 bleibt unberührt.

(2) Soweit sich der Umfang jeder einzelnen Leistung durch die gleichzeitige Durchführung der Leistungen nach Absatz 1 mindert, ist dies bei der Berechnung des Honorars entsprechend zu berücksichtigen.

§ 24 Umbauten und Modernisierungen von Gebäuden

(1) Honorare für Leistungen bei Umbauten und Modernisierungen im Sinne des § 3 Nr. 5 und 6 sind nach den anrechenbaren Kosten nach § 10, der Honorarzone, der der Umbau oder die Modernisierung bei sinngemäßer Anwendung des § 11 zuzuordnen ist, den Leistungsphasen des § 15 und der Honorartafel des § 16 mit der Maßgabe zu ermitteln, daß eine Erhöhung der Honorare um einen Vomhundertsatz schriftlich zu vereinbaren ist. Bei der Vereinbarung der Höhe des Zuschlags ist insbesondere der Schwierigkeitsgrad der Leistungen zu berücksichtigen. Bei durchschnittlichem Schwierigkeitsgrad der Leistungen kann ein Zuschlag von 20 bis 33 vom Hundert

vereinbart werden. Sofern nicht etwas anderes schriftlich vereinbart ist, gilt ab durchschnittlichem Schwierigkeitsgrad ein Zuschlag von 20 vom Hundert als vereinbart.

(2) Werden bei Umbauten und Modernisierungen im Sinne des § 3 Nr. 5 und 6 erhöhte Anforderungen in der Leistungsphase 1 bei der Klärung der Maßnahmen und Erkundung der Substanz, oder in der Leistungsphase 2 bei der Beurteilung der vorhandenen Substanz auf ihre Eignung zur Übernahme in die Planung oder in der Leistungsphase 8 gestellt, so können die Vertragsparteien anstelle der Vereinbarung eines Zuschlags nach Absatz 1 schriftlich vereinbaren, daß die Grundleistungen für diese Leistungsphasen höher bewertet werden, als in § 15 Abs. 1 vorgeschrieben ist.

§ 25 Leistungen des raumbildenden Ausbaus

(1) Werden Leistungen des raumbildenden Ausbaus in Gebäuden, die neugebaut, wiederaufgebaut, erweitert oder umgebaut werden, einem Auftragnehmer übertragen, dem auch Grundleistungen für diese Gebäude nach § 15 übertragen werden, so kann für die Leistungen des raumbildenden Ausbaus ein besonderes Honorar nicht berechnet werden. Diese Leistungen sind bei der Vereinbarung des Honorars für die Grundleistungen für Gebäude im Rahmen der für diese Leistungen festgesetzten Mindest- und Höchstsätze zu berücksichtigen.

(2) Für Leistungen des raumbildenden Ausbaus in bestehenden Gebäuden ist eine Erhöhung der Honorare um einen Vomhundertsatz schriftlich zu vereinbaren. Bei der Vereinbarung der Höhe des Zuschlags ist insbesondere der Schwierigkeitsgrad der Leistungen zu berücksichtigen. Bei durchschnittlichem Schwierigkeitsgrad der Leistungen kann ein Zuschlag von 25 bis 50 vom Hundert vereinbart werden. Sofern nicht etwas anderes schriftlich vereinbart ist, gilt ab durchschnittlichem Schwierigkeitsgrad ein Zuschlag von 25 vom Hundert als vereinbart.

§ 26 Einrichtungsgegenstände und integrierte Werbeanlagen

Honorare für Leistungen bei Einrichtungsgegenständen und integrierten Werbeanlagen können als Pauschalhonorar frei vereinbart werden. Wird ein Pauschalhonorar nicht bei Auftragserteilung schriftlich vereinbart, so ist das Honorar als Zeithonorar nach § 6 zu berechnen.

§ 27 Instandhaltungen und Instandsetzungen

Honorare für Leistungen bei Instandhaltungen und Instandsetzungen sind nach den anrechenbaren Kosten nach § 10, der Honorarzone, der das Gebäude nach den §§ 11 und 12 zuzuordnen ist, den Leistungsphasen des § 15 und der Honorartafel des § 16 mit der Maßgabe zu ermitteln, daß eine Erhöhung des Vomhundertsatzes für die Bauüberwachung (Leistungsphase 8 des § 15) um bis zu 50 vom Hundert vereinbart werden kann.

Teil III: Zusätzliche Leistungen

§ 28 Entwicklung und Herstellung von Fertigteilen

(1) Fertigteile sind industriell in Serienfertigung hergestellte Konstruktionen oder Gegenstände im Bauwesen.

(2) Zu den Fertigteilen gehören insbesondere:
1. tragende Konstruktionen, wie Stützen, Unterzüge, Binder, Rahmenriegel,
2. Decken- und Dachkonstruktionen sowie Fassadenelemente,
3. Ausbaufertigteile, wie nichttragende Trennwände, Naßzellen und abgehängte Decken,
4. Einrichtungsfertigteile, wie Wandvertäfelungen, Möbel, Beleuchtungskörper.

(3) Das Honorar für Planungs- und Überwachungsleistungen bei der Entwicklung und Herstellung von Fertigteilen kann als Pauschalhonorar frei vereinbart werden. Wird ein Pauschalhonorar nicht bei Auftragserteilung schriftlich vereinbart, so ist das Honorar als Zeithonorar nach § 6 zu berechnen. Die Berechnung eines Honorars nach Satz 1 oder 2 ist ausgeschlossen, wenn die Leistungen im Rahmen der Objektplanung (§ 15) erbracht werden.

§ 29 Rationalisierungswirksame besondere Leistungen

(1) Rationalisierungswirksame besondere Leistungen sind zum ersten Mal erbrachte Leistungen, die durch herausragende technisch-wirtschaftliche Lösungen über den Rahmen einer wirtschaftlichen Planung oder über den allgemeinen Stand des Wissens wesentlich hinausgehen und dadurch zu einer Senkung der Bau- und Nutzungskosten des Objekts führen. Die vom Auftraggeber an das Objekt gestellten Anforderungen dürfen dabei nicht unterschritten werden.

(2) Honorare für rationalisierungswirksame besondere Leistungen dürfen nur berechnet werden, wenn sie vorher schriftlich vereinbart worden sind. Sie können als Erfolgshonorar nach dem Verhältnis der geplanten oder vorgegebenen Ergebnisse zu den erreichten Ergebnissen oder als Zeithonorar nach § 6 vereinbart werden.

§ 30

(weggefallen)

§ 31 Projektsteuerung

(1) Leistungen der Projektsteuerung werden von Auftragnehmern erbracht, wenn sie Funktionen des Auftraggebers bei der Steuerung von Projekten mit mehreren Fachbereichen übernehmen. Hierzu gehören insbesondere:
1. Klärung der Aufgabenstellung, Erstellung und Koordinierung des Programms für das Gesamtprojekt,
2. Klärung der Voraussetzungen für den Einsatz von Planern und anderen an der Planung fachlich Beteiligten (Projektbeteiligte),

3. Aufstellung und Überwachung von Organisations-, Termin- und Zahlungsplänen, bezogen auf Projekt und Projektbeteiligte,
4. Koordinierung und Kontrolle der Projektbeteiligten, mit Ausnahme der ausführenden Firmen,
5. Vorbereitung und Betreuung der Beteiligung von Planungsbetroffenen,
6. Fortschreibung der Planungsziele und Klärung von Zielkonflikten,
7. laufende Information des Auftraggebers über die Projektabwicklung und rechtzeitiges Herbeiführen von Entscheidungen des Auftraggebers,
8. Koordinierung und Kontrolle der Bearbeitung von Finanzierungs-, Förderungs- und Genehmigungsverfahren.

(2) Honorare für Leistungen bei der Projektsteuerung dürfen nur berechnet werden, wenn sie bei Auftragserteilung schriftlich vereinbart worden sind; sie können frei vereinbart werden.

§ 32 Winterbau

(1) Leistungen für den Winterbau sind Leistungen der Auftragnehmer zur Durchführung von Bauleistungen in der Zeit winterlicher Witterung.

(2) Hierzu rechnen insbesondere:
1. Untersuchung über Wirtschaftlichkeit der Bauausführung mit und ohne Winterbau, zum Beispiel in Form von Kosten-Nutzen-Berechnungen,
2. Untersuchungen über zweckmäßige Schutzvorkehrungen,
3. Untersuchungen über die für eine Bauausführung im Winter am besten geeigneten Baustoffe, Bauarten, Methoden und Konstruktionsdetails,
4. Vorbereitung der Vergabe und Mitwirkung bei der Vergabe von Winterbauschutzvorkehrungen.

(3) Das Honorar für Leistungen für den Winterbau kann als Pauschalhonorar frei vereinbart werden. Wird ein Pauschalhonorar nicht bei Auftragserteilung schriftlich vereinbart, so ist das Honorar als Zeithonorar nach § 6 zu berechnen.

(4) Werden von einem Auftragnehmer Leistungen nach Absatz 2 Nr. 4 erbracht, dem gleichzeitig Grundleistungen nach § 15 übertragen worden sind, so kann abweichend von Absatz 3 vereinbart werden, daß die Kosten der Winterbauschutzvorkehrungen den anrechenbaren Kosten nach § 10 zugerechnet werden.

Teil IV: Gutachten und Wertermittlungen

§ 33 Gutachten

Das Honorar für Gutachten über Leistungen, die in dieser Verordnung erfaßt sind, kann frei vereinbart werden. Wird ein Honorar nicht bei Auftragserteilung schriftlich vereinbart, so ist das Honorar als Zeithonorar nach § 6 zu berechnen. Die Sätze 1 und 2 sind nicht anzuwenden, soweit in den Vorschriften dieser Verordnung etwa anderes bestimmt ist.

§ 34 Wertermittlungen

(1) Die Mindest- und Höchstsätze der Honorare für die Ermittlung des Wertes von Grundstücken, Gebäuden und anderen Bauwerken oder von Rechten an Grundstücken sind in der nachfolgenden Honorartafel festgesetzt [siehe Seite 37].

(2) Das Honorar richtet sich nach dem Wert der Grundstücke, Gebäude, anderen Bauwerke oder Rechte, der nach dem Zweck der Ermittlung zum Zeitpunkt der Wertermittlung festgestellt wird; bei unbebauten Grundstücken ist der Bodenwert maßgebend. Sind im Rahmen einer Wertermittlung mehrere der in Absatz 1 genannten Objekte zu bewerten, so ist das Honorar nach der Summe der ermittelten Werte der einzelnen Objekte zu berechnen.

(3) § 16 Abs. 2 und 3 gilt sinngemäß.

(4) Wertermittlungen können nach Anzahl und Gewicht der Schwierigkeiten nach Absatz 5 der Schwierigkeitsstufe der Honorartafel nach Absatz 1 zugeordnet werden, wenn es bei Auftragserteilung schriftlich vereinbart worden ist. Die Honorare der Schwierigkeitsstufe können bei Schwierigkeiten nach Absatz 5 Nr. 3 überschritten werden.

(5) Schwierigkeiten können insbesondere vorliegen
1. bei Wertermittlungen
   – für Erbbaurechte, Nießbrauchs- und Wohnrechte sowie sonstige Rechte,
   – bei Umlegungen und Enteignungen,
   – bei steuerlichen Bewertungen,
   – für unterschiedliche Nutzungsarten auf einem Grundstück,
   – bei Berücksichtigung von Schadensgraden,
   – bei besonderen Unfallgefahren, starkem Staub oder Schmutz oder sonstigen nicht unerheblichen Erschwernissen bei der Durchführung des Auftrages;
2. bei Wertermittlungen, zu deren Durchführung der Auftragnehmer die erforderlichen Unterlagen beschaffen, überarbeiten oder anfertigen muß, zum Beispiel
   – Beschaffung und Ergänzung der Grundstücks-, Grundbuch- und Katasterangaben,
   – Feststellung der Roheinnahmen,
   – Feststellung der Bewirtschaftungskosten,
   – Örtliche Aufnahme der Bauten,
   – Anfertigung von Systemskizzen im Maßstab nach Wahl,
   – Ergänzung vorhandener Grundriß- und Schnittzeichnungen;
3. bei Wertermittlungen
   – für mehrere Stichtage,
   – die im Einzelfall eine Auseinandersetzung mit Grundsatzfragen der Wertermittlung und eine entsprechende schriftliche Begründung erfordern.

(6) Die nach den Absätzen 1, 2, 4 und 5 ermittelten Honorare mindern sich bei
– überschlägigen Wertermittlungen nach Vorlagen von Banken und Versicherungen um
30 v. H.,
– Verkehrswertermittlungen nur unter Heranziehung des Sachwerts oder Ertragswerts um
20 v. H.,

Honorartafel zu § 34 Abs. 1

Wert DM	Normalstufe von DM	Normalstufe bis DM	Schwierigkeitsstufe von DM	Schwierigkeitsstufe bis DM
50 000	440	570	550	850
100 000	640	780	760	1 060
150 000	870	1 070	1 030	1 460
200 000	1 080	1 320	1 280	1 810
250 000	1 270	1 550	1 500	2 110
300 000	1 440	1 750	1 700	2 390
350 000	1 510	1 850	1 800	2 520
400 000	1 720	2 100	2 030	2 860
450 000	1 840	2 240	2 170	3 060
500 000	1 930	2 360	2 290	3 220
600 000	2 120	2 580	2 500	3 520
700 000	2 270	2 760	2 680	3 770
800 000	2 380	2 920	2 810	3 970
900 000	2 500	3 050	2 940	4 150
1 000 000	2 600	3 180	3 080	4 340
1 500 000	3 090	3 780	3 650	5 160
2 000 000	3 510	4 310	4 160	5 860
2 500 000	3 920	4 780	4 620	6 510
3 000 000	4 280	5 230	5 040	7 120
3 500 000	4 670	5 700	5 510	7 760
4 000 000	4 960	6 050	5 840	8 230
4 500 000	5 290	6 430	6 240	8 790
5 000 000	5 670	6 930	6 720	9 450
6 000 000	6 240	7 620	7 370	10 400
7 000 000	6 840	8 310	8 090	11 450
8 000 000	7 390	9 070	8 740	12 390
9 000 000	8 130	10 020	9 640	13 650
10 000 000	8 610	10 500	10 190	14 390
15 000 000	11 340	13 860	13 440	18 900
20 000 000	14 070	17 010	16 380	23 310
25 000 000	16 590	20 270	19 740	27 830
30 000 000	18 590	22 680	21 740	30 560
35 000 000	21 000	25 410	24 680	34 550
40 000 000	22 260	27 300	26 460	37 380
45 000 000	24 570	30 240	29 300	41 160
50 000 000	26 780	33 080	32 030	45 150

- Umrechnungen von bereits festgestellten Wertermittlungen auf einen anderen Zeitpunkt um   20 v. H.

(7) Wird eine Wertermittlung um Feststellungen ergänzt und sind dabei lediglich Zugänge oder Abgänge beziehungsweise Zuschläge oder Abschläge zu berücksichtigen, so mindern sich die nach den vorstehenden Vorschriften ermittelten Honorare um 20 vom Hundert. Dasselbe gilt für andere Ergänzungen, deren Leistungsumfang nicht oder nur unwesentlich über den einer Wertermittlung nach Satz 1 hinausgeht.

Teil V: Städtebauliche Leistungen

§ 35 Anwendungsbereich

(1) Städtebauliche Leistungen umfassen die Vorbereitung, die Erstellung der für die Planarten nach Absatz 2 erforderlichen Ausarbeitungen und Planfassungen, die Mitwirkung beim Verfahren sowie sonstige städtebauliche Leistungen nach § 42.

(2) Die Bestimmungen dieses Teils gelten für folgende Planarten:
1. Flächennutzungspläne nach den §§ 5 bis 7 des Baugesetzbuchs,
2. Bebauungspläne nach den §§ 8 bis 13 des Baugesetzbuchs.

§ 36 Kosten von EDV-Leistungen

Kosten von EDV-Leistungen können bei städtebaulichen Leistungen als Nebenkosten im Sinne des § 7 Abs. 3 berechnet werden, wenn dies bei Auftragserteilung schriftlich vereinbart worden ist. Verringern EDV-Leistungen den Leistungsumfang von städtebaulichen Leistungen, so ist dies bei der Vereinbarung des Honorars zu berücksichtigen.

§ 36 a Honorarzonen für Leistungen bei Flächennutzungsplänen

(1) Die Honorarzone wird bei Flächennutzungsplänen aufgrund folgender Bewertungsmerkmale ermittelt:
1. Honorarzone I:
Flächennutzungspläne mit sehr geringen Planungsanforderungen, das heißt mit
- sehr geringen Anforderungen aus den topographischen Verhältnissen und geologischen Gegebenheiten,
- sehr geringen Anforderungen aus der baulichen und landschaftlichen Umgebung und Denkmalpflege,
- sehr geringen Anforderungen an die Nutzung, sehr geringe Dichte,
- sehr geringen gestalterischen Anforderungen,
- sehr geringen Anforderungen an die Erschließung,
- sehr geringen Anforderungen an die Umweltvorsorge sowie an die ökologischen Bedingungen;

2. Honorarzone II:
Flächennutzungspläne mit geringen Planungsanforderungen, das heißt mit
- geringen Anforderungen aus den topographischen Verhältnissen und geologischen Gegebenheiten,
- geringen Anforderungen aus der baulichen und landschaftlichen Umgebung und Denkmalpflege,
- geringen Anforderungen an die Nutzung, geringe Dichte,
- geringen gestalterischen Anforderungen,
- geringen Anforderungen an die Erschließung,
- geringen Anforderungen an die Umweltvorsorge sowie an die ökologischen Bedingungen;
3. Honorarzone III:
Flächennutzungspläne mit durchschnittlichen Planungsanforderungen, das heißt mit
- durchschnittlichen Anforderungen aus den topographischen Verhältnissen und geologischen Gegebenheiten,
- durchschnittlichen Anforderungen aus der baulichen und landschaftlichen Umgebung und Denkmalpflege,
- durchschnittlichen Anforderungen an die Nutzung, durchschnittliche Dichte,
- durchschnittlichen gestalterischen Anforderungen,
- durchschnittlichen Anforderungen an die Erschließung,
- durchschnittlichen Anforderungen an die Umweltvorsorge sowie an die ökologischen Bedingungen;
4. Honorarzone IV:
Flächennutzungspläne mit überdurchschnittlichen Planungsanforderungen, das heißt mit
- überdurchschnittlichen Anforderungen aus den topographischen Verhältnissen und geologischen Gegebenheiten,
- überdurchschnittlichen Anforderungen aus der baulichen und landschaftlichen Umgebung und Denkmalpflege,
- überdurchschnittlichen Anforderungen an die Nutzung, überdurchschnittliche Dichte,
- überdurchschnittlichen gestalterischen Anforderungen,
- überdurchschnittlichen Anforderungen an die Erschließung,
- überdurchschnittlichen Anforderungen an die Umweltvorsorge sowie an die ökologischen Bedingungen;
5. Honorarzone V:
Flächennutzungspläne mit sehr hohen Planungsanforderungen, das heißt mit
- sehr hohen Anforderungen aus den topographischen Verhältnissen und geologischen Gegebenheiten,
- sehr hohen Anforderungen aus der baulichen und landschaftlichen Umgebung und Denkmalpflege,
- sehr hohen Anforderungen an die Nutzung, sehr hohe Dichte,
- sehr hohen gestalterischen Anforderungen,
- sehr hohen Anforderungen an die Erschließung,

- sehr hohen Anforderungen an die Umweltvorsorge sowie an die ökologischen Bedingungen.

(2) Sind für einen Flächennutzungsplan Bewertungsmerkmale aus mehreren Honorarzonen anwendbar und bestehen deswegen Zweifel, welcher Honorarzone der Flächennutzungsplan zugerechnet werden kann, so ist die Anzahl der Bewertungspunkte nach Absatz 3 zu ermitteln; der Flächennutzungsplan ist nach der Summe der Bewertungspunkte folgenden Honorarzonen zuzurechnen:

1. Honorarzone I: Ansätze mit bis zu 9 Punkten,
2. Honorarzone II: Ansätze mit 10 bis 14 Punkten,
3. Honorarzone III: Ansätze mit 15 bis 19 Punkten,
4. Honorarzone IV: Ansätze mit 20 bis 24 Punkten,
5. Honorarzone V: Ansätze mit 25 bis 30 Punkten.

(3) Bei der Zurechnung eines Flächennutzungsplans in die Honorarzonen sind entsprechend dem Schwierigkeitsgrad der Planungsanforderungen die in Absatz 1 genannten Bewertungsmerkmale mit je bis zu 5 Punkten zu bewerten.

§ 37 Leistungsbild Flächennutzungsplan

(1) Die Grundleistungen bei Flächennutzungsplänen sind in den in Absatz 2 aufgeführten Leistungsphasen 1 bis 5 zusammengefaßt. Sie sind in der folgenden Tabelle in Vomhundertsätzen der Honorare des § 38 bewertet.

	Bewertung der Grundleistungen in v. H. der Honorare
1. Klären der Aufgabenstellung und Ermitteln des Leistungsumfangs Ermitteln der Voraussetzungen zur Lösung der Planungsaufgabe	1 bis 3
2. Ermitteln der Planungsvorgaben Bestandsaufnahme und Analyse des Zustands sowie Prognose der voraussichtlichen Entwicklung	10 bis 20
3. Vorentwurf Erarbeiten der wesentlichen Teile einer Lösung der Planungsaufgabe	40
4. Entwurf Erarbeiten der endgültigen Lösung der Planungsaufgabe als Grundlage für den Beschluß der Gemeinde	30
5. Genehmigungsfähige Planfassung Erarbeiten der Unterlagen zum Einreichen für die erforderliche Genehmigung	7

(2) Das Leistungsbild setzt sich wie folgt zusammen:

Grundleistungen	Besondere Leistungen

1. Klären der Aufgabenstellung und Ermitteln des Leistungsumfangs

Zusammenstellen einer Übersicht der vorgegebenen bestehenden und laufenden örtlichen und überörtlichen Planungen und Untersuchungen einschließlich solcher benachbarter Gemeinden
Zusammenstellen der verfügbaren Kartenunterlagen und Daten nach Umfang und Qualität
Festlegen ergänzender Fachleistungen und Formulieren von Entscheidungshilfen für die Auswahl anderer an der Planung fachlich Beteiligter, soweit notwendig
Werten des vorhandenen Grundlagenmaterials und der materiellen Ausstattung
Ermitteln des Leistungsumfangs
Ortsbesichtigungen

Ausarbeiten eines Leistungskatalogs

2. Ermitteln der Planungsvorgaben

a) Bestandsaufnahme
Erfassen und Darlegen der Ziele der Raumordnung und Landesplanung, der beabsichtigten Planungen und Maßnahmen der Gemeinde und der Träger öffentlicher Belange
Darstellen des Zustands unter Verwendung hierzu vorliegender Fachbeiträge, insbesondere im Hinblick auf Topographie, vorhandene Bebauung und ihre Nutzung, Freiflächen und ihre Nutzung, Verkehrs-, Ver- und Entsorgungsanlagen, Umweltverhältnisse, wasserwirtschaftliche Verhältnisse, Lagerstätten, Bevölkerung, gewerbliche Wirtschaft, land- und forstwirtschaftliche Struktur
Darstellen von Flächen, deren Böden erheblich mit umweltgefährdenden Stoffen belastet sind, soweit Angaben hierzu vorliegen
Kleinere Ergänzungen vorhandener Karten nach örtlichen Feststellungen unter Berücksichtigung aller Gegebenheiten, die auf die Planung von Einfluß sind
Beschreiben des Zustands mit statistischen Angaben im Text, in Zahlen sowie zeichnerischen oder graphischen

Geländemodelle
Geodätische Feldarbeit
Kartentechnische Ergänzungen
Erstellen von pausfähigen Bestandskarten
Erarbeiten einer Planungsgrundlage aus unterschiedlichem Kartenmaterial
Auswerten von Luftaufnahmen
Befragungsaktion für Primärstatistik unter Auswerten von sekundärstatistischem Material
Strukturanalysen
Statistische und örtliche Erhebungen sowie Bedarfsermittlungen, zum Beispiel Versorgung, Wirtschafts-, Sozial- und Baustruktur sowie soziokulturelle Struktur, soweit nicht in den Grundleistungen erfaßt
Differenzierte Erhebung des Nutzungsbestands

41

Darstellungen, die den letzten Stand der Entwicklung zeigen
Örtliche Erhebungen
Erfassen von vorliegenden Äußerungen der Einwohner

b) Analyse des in der Bestandsaufnahme ermittelten und beschriebenen Zustands

c) Zusammenstellen und Gewichten der vorliegenden Fachprognosen über die voraussichtliche Entwicklung der Bevölkerung, der sozialen und kulturellen Einrichtungen, der gewerblichen Wirtschaft, der Land- und Forstwirtschaft, des Verkehrs, der Ver- und Entsorgung und des Umweltschutzes in Abstimmung mit dem Auftraggeber sowie unter Berücksichtigung von Auswirkungen übergeordneter Planungen

d) Mitwirken beim Aufstellen von Zielen und Zwecken der Planung

3. Vorentwurf

Grundsätzliche Lösung der wesentlichen Teile der Aufgabe in zeichnerischer Darstellung mit textlichen Erläuterungen zur Begründung der städtebaulichen Konzeption unter Darstellung von sich wesentlich unterscheidenden Lösungen nach gleichen Anforderungen
Darlegen der Auswirkungen der Planung
Berücksichtigen von Fachplanungen
Mitwirken an der Beteiligung der Behörden und Stellen, die Träger öffentlicher Belange sind und von der Planung berührt werden können
Mitwirken an der Abstimmung mit den Nachbargemeinden
Mitwirken an der frühzeitigen Beteiligung der Bürger einschließlich Erörterung der Planung
Mitwirken bei der Auswahl einer sich wesentlich unterscheidenden Lösung zur weiteren Bearbeitung als Entwurfsgrundlage
Abstimmen des Vorentwurfs mit dem Auftraggeber

Mitwirken an der Öffentlichkeitsarbeit des Auftraggebers einschließlich Mitwirken an Informationsschriften und öffentlichen Diskussionen sowie Erstellen der dazu notwendigen Planungsunterlagen und Schriftsätze
Vorbereiten, Durchführen und Auswerten der Verfahren im Sinne des § 3 Abs. 1 des Baugesetzbuchs
Vorbereiten, Durchführen und Auswerten der Verfahren im Sinne des § 3 Abs. 2 des Baugesetzbuchs
Erstellen von Sitzungsvorlagen, Arbeitsheften und anderen Unterlagen
Durchführen der Beteiligung von Behörden und Stellen, die Träger öffentlicher Belange sind und von der Planung berührt werden können

4. Entwurf

Entwurf des Flächennutzungsplans für die öffentliche Auslegung in der vorgeschriebenen Fassung mit Erläuterungsbericht

Anfertigen von Beiplänen, zum Beispiel für Verkehr, Infrastruktureinrichtungen, Flurbereinigung sowie von Wege- und Gewäs-

Grundleistungen	Besondere Leistungen

Mitwirken bei der Abfassung der Stellungnahme der Gemeinde zu Bedenken und Anregungen
Abstimmen des Entwurfs mit dem Auftraggeber

serplänen, Grundbesitzkarten und Gütekarten unter Berücksichtigung der Pläne anderer an der Planung fachlich Beteiligter
Wesentliche Änderungen oder Neubearbeitung des Entwurfs, insbesondere nach Bedenken und Anregungen
Ausarbeiten der Beratungsunterlagen der Gemeinde zu Bedenken und Anregungen
Differenzierte Darstellung der Nutzung

5. Genehmigungsfähige Planfassung

Erstellen des Flächennutzungsplans in der durch Beschluß der Gemeinde aufgestellten Fassung für die Vorlage zur Genehmigung durch die höhere Verwaltungsbehörde in einer farbigen oder vervielfältigungsfähigen Schwarz-Weiß-Ausfertigung nach den Landesregelungen

Leistungen für die Drucklegung
Herstellen von zusätzlichen farbigen Ausfertigungen des Flächennutzungsplans
Überarbeiten von Planzeichnungen und von dem Erläuterungsbericht nach der Genehmigung

(3) Die Teilnahme an bis zu 10 Sitzungen von politischen Gremien des Auftraggebers oder Sitzungen im Rahmen der Bürgerbeteiligung, die bei Leistungen nach Absatz 1 anfallen, ist als Grundleistung mit dem Honorar nach § 38 abgegolten.

(4) Wird die Anfertigung des Vorentwurfs (Leistungsphase 3) oder des Entwurfs (Leistungsphase 4) als Einzelleistung in Auftrag gegeben, so können hierfür folgende Vomhundertsätze der Honorare nach § 38 vereinbart werden:
1. für den Vorentwurf bis zu 47 v. H.,
2. für den Entwurf bis zu 36 v. H.

(5) Sofern nicht vor Erbringung der Grundleistungen der Leistungsphasen 1 und 2 jeweils etwas anderes schriftlich vereinbart ist, sind die Leistungsphase 1 mit 1 vom Hundert und die Leistungsphase 2 mit 10 vom Hundert der Honorare nach § 38 zu bewerten.

§ 38 Honorartafel für Grundleistungen bei Flächennutzungsplänen

(1) Die Mindest- und Höchstsätze der Honorare für die in § 37 aufgeführten Grundleistungen bei Flächennutzungsplänen sind in der nachfolgenden Honorartafel festgesetzt [siehe Seite 45].

(2) Die Honorare sind nach Maßgabe der Ansätze nach Absatz 3 zu berechnen. Sie sind für die Einzelansätze der Nummern 1 bis 4 gemäß der Honorartafel des Absatzes 1 getrennt zu berechnen und zum Zwecke der Ermittlung des Gesamthonorars zu addieren. Dabei sind die Ansätze nach den Nummern 1 bis 3 gemeinsam einer Honorarzone nach § 36 a zuzuordnen; der Ansatz nach Nummer 4 ist gesondert einer Honorarzone zuzuordnen.

(3) Für die Ermittlung des Honorars ist von folgenden Ansätzen auszugehen:

1. nach der für den Planungszeitraum entsprechend den Zielen der Raumordnung und Landesplanung anzusetzenden Zahl der Einwohner
   je Einwohner   10 VE,
2. für die darzustellenden Bauflächen
   je Hektar Fläche   1800 VE,
3. für die darzustellenden Flächen nach § 5 Abs. 2 Nr. 4 des Baugesetzbuchs sowie nach § 5 Abs. 2 Nr. 5, 8 und 10 des Baugesetzbuchs, die nicht nach § 5 Abs. 4 des Baugesetzbuchs nur nachrichtlich übernommen werden sollen,
   je Hektar Fläche   1400 VE,
4. für darzustellende Flächen, die nicht unter die Nummern 2 oder 3 oder Absatz 4 fallen, zum Beispiel Flächen für Landwirtschaft und Wald nach § 5 Abs. 2 Nr. 9 des Baugesetzbuchs
   je Hektar Fläche   35 VE.

(4) Gemeindebedarfsflächen und Sonderbauflächen ohne nähere Darstellung der Art der Nutzung sind mit dem Hektaransatz nach Absatz 3 Nr. 2 anzusetzen.

(5) Liegt ein gültiger Landschaftsplan vor, der unverändert zu übernehmen ist, so ist ein Ansatz nach Absatz 3 Nr. 3 für Flächen mit Darstellungen nach § 5 Abs. 2 Nr. 10 des Baugesetzbuchs nicht zu berücksichtigen; diese Flächen sind den Flächen nach Absatz 3 Nr. 4 zuzurechnen.

(6) Das Gesamthonorar für Grundleistungen nach den Leistungsphasen 1 bis 5, das nach den Absätzen 1 bis 5 zu berechnen ist, beträgt mindestens 4500 Deutsche Mark. Die Vertragsparteien können abweichend von Satz 1 bei Auftragserteilung ein Zeithonorar nach § 6 schriftlich vereinbaren.

(7) Ist nach Absatz 3 ein Einzelansatz für die Nummern 1 bis 4 höher als 3 Millionen VE, so kann das Honorar frei vereinbart werden. Wird ein Honorar nicht bei Auftragserteilung schriftlich vereinbart, so ist das Honorar als Zeithonorar nach § 6 zu berechnen.

(8) Wird ein Auftrag über alle Leistungsphasen des § 37 nicht einheitlich in einem Zuge, sondern für die Leistungsphasen einzeln in größeren Zeitabständen ausgeführt, so kann für den damit verbundenen erhöhten Aufwand ein Pauschalhonorar frei vereinbart werden.

(9) Für Flächen von Flächennutzungsplänen nach Absatz 3 Nr. 2 bis 4, für die eine umfassende Umstrukturierung in baulicher, verkehrlicher, sozioökonomischer oder ökologischer Sicht vorgesehen ist, kann ein Zuschlag zum Honorar frei vereinbart werden.

(10) § 20 gilt sinngemäß.

§ 39 Planausschnitte

Werden Teilflächen bereits aufgestellter Flächennutzungspläne geändert oder überarbeitet (Planausschnitte), so sind bei der Berechnung des Honorars nur die Ansätze des zu bearbeitenden Planausschnitts anzusetzen. Anstelle eines Honorars nach Satz 1 kann ein Zeithonorar nach § 6 vereinbart werden.

44

Honorartafel zu § 38 Abs. 1

Ansätze VE	Zone I		Zone II		Zone III		Zone IV		Zone V	
	von DM	bis DM	von DM	bis DM	von DM	bis DM	von DM	bis DM	von DM	bis DM
5 000	1 850	2 080	2 080	2 320	2 320	2 550	2 550	2 790	2 790	3 020
10 000	3 710	4 170	4 170	4 630	4 630	5 100	5 100	5 560	5 560	6 020
20 000	5 930	6 670	6 670	7 410	7 410	8 160	8 160	8 900	8 900	9 640
40 000	10 380	11 680	11 680	12 980	12 980	14 270	14 270	15 570	15 570	16 870
60 000	14 090	15 850	15 850	17 610	17 610	19 360	19 360	21 120	21 120	22 880
80 000	17 400	19 580	19 580	21 750	21 750	23 930	23 930	26 100	26 100	28 280
100 000	20 250	22 780	22 780	25 320	25 320	27 850	27 850	30 390	30 390	32 920
150 000	26 680	30 020	30 020	33 350	33 350	36 690	36 690	40 020	40 020	43 360
200 000	32 120	36 140	36 140	40 150	40 150	44 170	44 170	48 180	48 180	52 200
250 000	37 060	41 690	41 690	46 330	46 330	50 960	50 960	55 600	55 600	60 230
300 000	42 250	47 530	47 530	52 810	52 810	58 090	58 090	63 370	63 370	68 650
350 000	47 560	53 510	53 510	59 450	59 450	65 400	65 400	71 340	71 340	77 290
400 000	51 390	57 810	57 810	64 230	64 230	70 660	70 660	77 080	77 080	83 500
450 000	54 470	61 280	61 280	68 090	68 090	74 910	74 910	81 720	81 720	88 530
500 000	58 050	65 310	65 310	72 570	72 570	79 820	79 820	87 080	87 080	94 340
600 000	63 740	71 710	71 710	79 680	79 680	87 640	87 640	95 610	95 610	103 580
700 000	67 450	75 880	75 880	84 310	84 310	92 750	92 750	101 180	101 180	109 610
800 000	71 160	80 050	80 050	88 940	88 940	97 840	97 840	106 730	106 730	115 620
900 000	73 370	82 540	82 540	91 720	91 720	100 890	100 890	110 070	110 070	119 240
1 000 000	76 590	86 160	86 160	95 740	95 740	105 310	105 310	114 890	114 890	124 460
1 500 000	85 230	95 880	95 880	106 540	106 540	117 190	117 190	127 850	127 850	138 500
2 000 000	88 940	100 060	100 060	111 180	111 180	122 290	122 290	133 410	133 410	144 530
3 000 000	96 350	108 390	108 390	120 440	120 440	132 480	132 480	144 530	144 530	156 570

§ 39 a Honorarzonen für Leistungen bei Bebauungsplänen

Für die Ermittlung der Honorarzone bei Bebauungsplänen gilt § 36 a sinngemäß mit der Maßgabe, daß der Bebauungsplan insgesamt einer Honorarzone zuzurechnen ist.

§ 40 Leistungsbild Bebauungsplan

(1) Die Grundleistungen bei Bebauungsplänen sind in den in Absatz 2 aufgeführten Leistungsphasen 1 bis 5 zusammengefaßt. Sie sind in der nachfolgenden Tabelle in Vomhundertsätzen der Honorare des § 41 bewertet. § 37 Abs. 3 bis 5 gilt sinngemäß.

	Bewertung der Grundleistungen in v. H. der Honorare
1. Klären der Aufgabenstellung und Ermitteln des Leistungsumfangs Ermitteln der Voraussetzungen zur Lösung der Planungsaufgabe	1 bis 3
2. Ermitteln der Planungsvorgaben Bestandsaufnahme und Analyse des Zustandes sowie Prognose der voraussichtlichen Entwicklung	10 bis 20
3. Vorentwurf Erarbeiten der wesentlichen Teile einer Lösung der Planungsaufgabe	40
4. Entwurf Erarbeiten der endgültigen Lösung der Planungsaufgabe als Grundlage für den Beschluß der Gemeinde	30
5. Planfassung für die Anzeige oder Genehmigung Erarbeiten der Unterlagen zum Einreichen für die Anzeige oder Genehmigung	7

(2) Das Leistungsbild setzt sich wie folgt zusammen:

Grundleistungen	Besondere Leistungen
1. Klären der Aufgabenstellung und Ermitteln des Leistungsumfangs	
Festlegen des räumlichen Geltungsbereichs und Zusammenstellung einer Übersicht der vorgegebenen bestehenden und laufenden örtlichen und überörtlichen Planungen und Untersuchungen	Feststellen der Art und des Umfangs weiterer notwendiger Voruntersuchungen, besonders bei Gebieten, die bereits überwiegend bebaut sind

Grundleistungen	Besondere Leistungen

Ermitteln des nach dem Baugesetzbuch erforderlichen Leistungsumfangs
Festlegen ergänzender Fachleistungen und Formulieren von Entscheidungshilfen für die Auswahl anderer an der Planung fachlich Beteiligter, soweit notwendig
Überprüfen, inwieweit der Bebauungsplan aus einem Flächennutzungsplan entwikkelt werden kann
Ortsbesichtigungen

Stellungnahme zu Einzelvorhaben während der Planaufstellung

2. Ermitteln der Planungsvorgaben

a) Bestandsaufnahme
Ermitteln des Planungsbestands, wie die bestehenden Planungen und Maßnahmen der Gemeinde und der Stellen, die Träger öffentlicher Belange sind
Ermitteln des Zustands des Planbereichs, wie Topographie, vorhandene Bebauung und Nutzung, Freiflächen und Nutzung einschließlich Bepflanzungen, Verkehrs-, Ver- und Entsorgungsanlagen, Umweltverhältnisse, Baugrund, wasserwirtschaftliche Verhältnisse, Denkmalschutz und Milieuwerte, Naturschutz, Baustrukturen, Gewässerflächen, Eigentümer, durch: Begehungen, zeichnerische Darstellungen, Beschreibungen unter Verwendung von Beiträgen anderer an der Planung fachlich Beteiligter. Die Ermittlungen sollen sich auf die Bestandsaufnahme gemäß Flächennutzungsplan und deren Fortschreibung und Ergänzung stützen beziehungsweise darauf aufbauen
Darstellen von Flächen, deren Böden erheblich mit umweltgefährdenden Stoffen belastet sind, soweit Angaben hierzu vorliegen
Örtliche Erhebungen
Erfassen von vorliegenden Äußerungen der Einwohner

b) Analyse des in der Bestandsaufnahme ermittelten und beschriebenen Zustands

c) Prognose der voraussichtlichen Entwicklung, insbesondere unter Berücksichtigung von Auswirkungen übergeordneter Planungen unter Verwendung von Beiträgen anderer an der Planung fachlich Beteiligter

d) Mitwirken beim Aufstellen von Zielen und Zwecken der Planung

Geodätische Einmessung
Primärerhebungen
(Befragungen, Objektaufnahme)
Ergänzende Untersuchungen bei nicht vorhandenem Flächennutzungsplan
Mitwirken bei der Ermittlung der Förderungsmöglichkeiten durch öffentliche Mittel
Stadtbildanalyse

3. Vorentwurf

| Grundsätzliche Lösung der wesentlichen Teile der Aufgabe in zeichnerischer Darstellung mit textlichen Erläuterungen zur Begründung der städtebaulichen Konzeption unter Darstellung von sich wesentlich unterscheidenden Lösungen nach gleichen Anforderungen | Modelle |

Grundsätzliche Lösung der wesentlichen Teile der Aufgabe in zeichnerischer Darstellung mit textlichen Erläuterungen zur Begründung der städtebaulichen Konzeption unter Darstellung von sich wesentlich unterscheidenden Lösungen nach gleichen Anforderungen

Darlegen der wesentlichen Auswirkungen der Planung

Berücksichtigen von Fachplanungen

Mitwirken an der Beteiligung der Behörden und Stellen, die Träger öffentlicher Belange sind und von der Planung berührt werden können

Mitwirken an der Abstimmung mit den Nachbargemeinden

Mitwirken an der frühzeitigen Beteiligung der Bürger einschließlich Erörterung der Planung

Überschlägige Kostenschätzung

Abstimmen des Vorentwurfs mit dem Auftraggeber und den Gremien der Gemeinden

Besondere Leistungen: Modelle

4. Entwurf

Entwurf des Bebauungsplans für die öffentliche Auslegung in der vorgeschriebenen Fassung mit Begründung

Mitwirken bei der überschlägigen Ermittlung der Kosten und, soweit erforderlich, Hinweise auf bodenordnende und sonstige Maßnahmen, für die der Bebauungsplan die Grundlage bilden soll

Mitwirken bei der Abfassung der Stellungnahme der Gemeinde zu Bedenken und Anregungen

Abstimmen des Entwurfs mit dem Auftraggeber

Besondere Leistungen: Berechnen und Darstellen der Umweltschutzmaßnahmen

5. Planfassung für die Anzeige oder Genehmigung

Erstellen des Bebauungsplans in der durch Beschluß der Gemeinde aufgestellten Fassung und seiner Begründung für die Anzeige oder Genehmigung in einer farbigen oder vervielfältigungsfähigen Schwarz-Weiß-Ausfertigung nach den Landesregelungen

Besondere Leistungen: Herstellen von zusätzlichen farbigen Ausfertigungen des Bebauungsplans

§ 41 Honorartafel für Grundleistungen bei Bebauungsplänen

(1) Die Mindest- und Höchstsätze der Honorare für die in § 40 aufgeführten Grundleistungen bei Bebauungsplänen sind nach der Fläche des Planbereichs in Hektar in der nachfolgenden Honorartafel [siehe Seite 50] festgesetzt.

(2) Das Honorar ist nach der Größe des Planbereichs zu berechnen, die dem Aufstellungsbeschluß zugrunde liegt. Wird die Größe des Planbereichs im förmlichen Verfahren geändert, so ist das Honorar für die Leistungsphasen, die bis zur Änderung der Größe des Planbereichs noch nicht erbracht sind, nach der geänderten Größe des Planbereichs zu berechnen; die Honorarzone ist entsprechend zu überprüfen.

(3) Für Bebauungspläne,
1. für die eine umfassende Umstrukturierung in baulicher, verkehrlicher, sozioökonomischer und ökologischer Sicht vorgesehen ist,
2. für die die Erhaltung des Bestands bei besonders komplexen Gegebenheiten zu sichern ist,
3. deren Planbereich insgesamt oder zum überwiegenden Teil als Sanierungsgebiet nach dem Baugesetzbuch festgelegt ist oder werden soll,
kann ein Zuschlag zum Honorar frei vereinbart werden.

(4) Das Honorar für die Grundleistungen nach den Leistungsphasen 1 bis 5 beträgt mindestens 4 500 Deutsche Mark. Die Vertragsparteien können abweichend von Satz 1 bei Auftragserteilung ein Zeithonorar nach § 6 schriftlich vereinbaren.

(5) Das Honorar für Bebauungspläne mit einer Gesamtfläche des Plangebiets von mehr als 100 ha kann frei vereinbart werden. Wird ein Honorar nicht bei Auftragserteilung schriftlich vereinbart, so ist das Honorar als Zeithonorar nach § 6 zu berechnen.

(6) Die §§ 20 und 38 Abs. 8 und § 39 gelten sinngemäß.

§ 42 Sonstige städtebauliche Leistungen

(1) Zu den sonstigen städtebaulichen Leistungen rechnen insbesondere:
1. Mitwirken bei der Ergänzung des Grundlagenmaterials für städtebauliche Pläne und Leistungen;
2. informelle Planungen, zum Beispiel Entwicklungs-, Struktur-, Rahmen- oder Gestaltpläne, die der Lösung und Veranschaulichung von Problemen dienen, die durch die formellen Planarten nicht oder nur unzureichend geklärt werden können. Sie können sich auf gesamte oder Teile von Gemeinden erstrecken;
3. Mitwirken bei der Durchführung des genehmigten Bebauungsplans, soweit nicht in § 41 erfaßt, zum Beispiel Programme zu Einzelmaßnahmen, Gutachten zu Baugesuchen, Beratung bei Gestaltungsfragen, städtebauliche Oberleitung, Überarbeitung der genehmigten Planfassung, Mitwirken am Sozialplan;
4. städtebauliche Sonderleistungen, zum Beispiel Gutachten zu Einzelfragen der Planung, besondere Plandarstellungen und Modelle, Grenzbeschreibun-

Honorartafel zu § 41 Abs. 1

Fläche ha	Zone I von DM	Zone I bis DM	Zone II von DM	Zone II bis DM	Zone III von DM	Zone III bis DM	Zone IV von DM	Zone IV bis DM	Zone V von DM	Zone V bis DM
0,5	840	2 830	2 830	6 250	6 250	9 670	9 670	13 090	13 090	15 080
1	1 690	5 170	5 170	11 140	11 140	17 120	17 120	23 090	23 090	26 570
2	3 370	9 010	9 010	18 690	18 690	28 360	28 360	38 040	38 040	43 680
3	5 050	12 510	12 510	25 300	25 300	38 100	38 100	50 890	50 890	58 350
4	6 740	15 670	15 670	30 970	30 970	46 270	46 270	61 570	61 570	70 500
5	8 420	18 810	18 810	36 630	36 630	54 450	54 450	72 270	72 270	82 660
6	10 110	21 550	21 550	41 170	41 170	60 790	60 790	80 410	80 410	91 850
7	11 600	23 940	23 940	45 090	45 090	66 250	66 250	87 400	87 400	99 740
8	12 710	26 040	26 040	48 900	48 900	71 760	71 760	94 620	94 620	107 950
9	13 830	28 070	28 070	52 480	52 480	76 880	76 880	101 290	101 290	115 530
10	14 940	30 080	30 080	56 040	56 040	82 010	82 010	107 970	107 970	123 110
11	16 040	32 020	32 020	59 410	59 410	86 800	86 800	114 190	114 190	130 170
12	17 160	33 820	33 820	62 380	62 380	90 950	90 950	119 510	119 510	136 170
13	18 280	35 620	35 620	65 350	65 350	95 090	95 090	124 820	124 820	142 160
14	19 260	37 530	37 530	68 850	68 850	100 170	100 170	131 490	131 490	149 760
15	20 180	39 490	39 490	72 600	72 600	105 720	105 720	138 830	138 830	158 140
16	21 110	41 470	41 470	76 370	76 370	111 260	111 260	146 160	146 160	166 520
17	22 040	43 440	43 440	80 120	80 120	116 790	116 790	153 470	153 470	174 870
18	22 970	45 410	45 410	83 880	83 880	122 350	122 350	160 820	160 820	183 260
19	23 900	47 380	47 380	87 630	87 630	127 890	127 890	168 140	168 140	191 620
20	24 820	49 350	49 350	91 390	91 390	133 430	133 430	175 470	175 470	200 000
21	25 750	51 220	51 220	94 890	94 890	138 570	138 570	182 240	182 240	207 710
22	26 680	53 110	53 110	98 420	98 420	143 720	143 720	189 030	189 030	215 460
23	27 580	54 970	54 970	101 920	101 920	148 880	148 880	195 830	195 830	223 220
24	28 510	56 850	56 850	105 440	105 440	154 020	154 020	202 610	202 610	230 950
25	29 460	58 750	58 750	108 970	108 970	159 180	159 180	209 400	209 400	238 690
30	33 420	67 800	67 800	126 750	126 750	185 690	185 690	244 640	244 640	279 020
35	37 020	76 510	76 510	144 210	144 210	211 920	211 920	279 620	279 620	319 110
40	40 650	84 950	84 950	160 900	160 900	236 860	236 860	312 810	312 810	357 110
45	44 270	92 940	92 940	176 370	176 370	259 790	259 790	343 220	343 220	391 890
50	47 900	100 640	100 640	191 050	191 050	281 450	281 450	371 860	371 860	424 600
60	53 560	113 970	113 970	217 530	217 530	321 080	321 080	424 640	424 640	485 050
70	58 490	125 590	125 590	240 610	240 610	355 630	355 630	470 650	470 650	537 750
80	63 330	137 140	137 140	263 660	263 660	390 180	390 180	516 700	516 700	590 510
90	67 920	148 730	148 730	287 260	287 260	425 780	425 780	564 310	564 310	645 120
100	72 430	160 830	160 830	312 380	312 380	463 930	463 930	615 480	615 480	703 880

gen sowie Eigentümer- und Grundstücksverzeichnisse, Beratungs- und Betreuungsleistungen, Teilnahme an Verhandlungen mit Behörden und an Sitzungen der Gemeindevertretungen nach Plangenehmigung;
5. städtebauliche Untersuchungen und Planungen im Zusammenhang mit der Vorbereitung oder Durchführung von Maßnahmen des besonderen Städtebaurechts;
6. Ausarbeiten von sonstigen städtebaulichen Satzungsentwürfen.

(2) Die Honorare für die in Absatz 1 genannten Leistungen können auf der Grundlage eines detaillierten Leistungskatalogs frei vereinbart werden. Wird ein Honorar nicht bei Auftragserteilung schriftlich vereinbart, so ist das Honorar als Zeithonorar nach § 6 zu berechnen.

Teil VI: Landschaftsplanerische Leistungen

§ 43 Anwendungsbereich

(1) Landschaftsplanerische Leistungen umfassen das Vorbereiten, das Erstellen der für die Pläne nach Absatz 2 erforderlichen Ausarbeitungen, das Mitwirken beim Verfahren sowie sonstige landschaftsplanerische Leistungen nach § 50.

(2) Die Bestimmungen dieses Teils gelten für folgende Pläne:
1. Landschafts- und Grünordnungspläne auf der Ebene der Bauleitpläne,
2. Landschaftsrahmenpläne,
3. Umweltverträglichkeitsstudien, Landschaftspflegerische Begleitpläne zu Vorhaben, die den Naturhaushalt, das Landschaftsbild oder den Zugang zur freien Natur beeinträchtigen können, Pflege- und Entwicklungspläne sowie sonstige landschaftsplanerische Leistungen.

§ 44 Anwendung von Vorschriften aus den Teilen II und V

Die §§ 20, 36, 38 Abs. 8 und § 39 gelten sinngemäß.

§ 45 Honorarzonen für Leistungen bei Landschaftsplänen

(1) Die Honorarzone wird bei Landschaftsplänen aufgrund folgender Bewertungsmerkmale ermittelt:
1. Honorarzone I:
Landschaftspläne mit geringem Schwierigkeitsgrad, insbesondere
– wenig bewegte topographische Verhältnisse,
– einheitliche Flächennutzung,
– wenig gegliedertes Landschaftsbild,
– geringe Anforderungen an Umweltsicherung und Umweltschutz,
– einfache ökologische Verhältnisse,
– geringe Bevölkerungsdichte;

2. Honorarzone II:
Landschaftspläne mit durchschnittlichem Schwierigkeitsgrad, insbesondere
- bewegte topographische Verhältnisse,
- differenzierte Flächennutzung,
- gegliedertes Landschaftsbild,
- durchschnittliche Anforderungen an Umweltsicherung und Umweltschutz,
- durchschnittliche ökologische Verhältnisse,
- durchschnittliche Bevölkerungsdichte;
3. Honorarzone III:
Landschaftspläne mit hohem Schwierigkeitsgrad, insbesondere
- stark bewegte topographische Verhältnisse,
- sehr differenzierte Flächennutzung,
- stark gegliedertes Landschaftsbild,
- hohe Anforderungen an Umweltsicherung und Umweltschutz,
- schwierige ökologische Verhältnisse,
- hohe Bevölkerungsdichte.

(2) Sind für einen Landschaftsplan Bewertungsmerkmale aus mehreren Honorarzonen anwendbar und bestehen deswegen Zweifel, welcher Honorarzone der Landschaftsplan zugerechnet werden kann, so ist die Anzahl der Bewertungspunkte nach Absatz 3 zu ermitteln; der Landschaftsplan ist nach der Summe der Bewertungspunkte folgenden Honorarzonen zuzurechnen:
1. Honorarzone I:
Landschaftspläne mit bis zu 16 Punkten,
2. Honorarzone II:
Landschaftspläne mit 17 bis 30 Punkten,
3. Honorarzone III:
Landschaftspläne mit 31 bis 42 Punkten.

(3) Bei der Zurechnung eines Landschaftsplans in die Honorarzonen sind entsprechend dem Schwierigkeitsgrad der Planungsanforderungen die Bewertungsmerkmale topographische Verhältnisse, Flächennutzung, Landschaftsbild und Bevölkerungsdichte mit je bis zu 6 Punkten, die Bewertungsmerkmale ökologische Verhältnisse sowie Umweltsicherung und Umweltschutz mit je bis zu 9 Punkten zu bewerten.

§ 45 a Leistungsbild Landschaftsplan

(1) Die Grundleistungen bei Landschaftsplänen sind in den in Absatz 2 aufgeführten Leistungsphasen 1 bis 5 zusammengefaßt. Sie sind in der nachfolgenden Tabelle in Vomhundertsätzen der Honorare des § 45 b bewertet.

	Bewertung der Grundleistungen in v. H. der Honorare
1. Klären der Aufgabenstellung und Ermitteln des Leistungsumfangs Ermitteln der Voraussetzungen zur Lösung der Planungsaufgabe	1 bis 3

2. Ermitteln der Planungsgrundlagen
   Bestandsaufnahme, Landschaftsbewertung und zusammenfassen-
   de Darstellung   20 bis 37
3. Vorläufige Planfassung (Vorentwurf)
   Erarbeiten der wesentlichen Teile
   einer Lösung der Planungsaufgabe   50
4. Entwurf
   Erarbeiten der endgültigen Lösung
   der Planungsaufgabe   10
5. Genehmigungsfähige Planfassung   –

(2) Das Leistungsbild setzt sich wie folgt zusammen:

Grundleistungen	Besondere Leistungen

**1. Klären der Aufgabenstellung und Er-
mitteln des Leistungsumfangs**

Grundleistungen	Besondere Leistungen
Zusammenstellen einer Übersicht der vor-gegebenen bestehenden und laufenden örtlichen und überörtlichen Planungen und Untersuchungen Abgrenzen des Planungsgebiets Zusammenstellen der verfügbaren Karten-unterlagen und Daten nach Umfang und Qualität Werten des vorhandenen Grundlagenma-terials Ermitteln des Leistungsumfangs und der Schwierigkeitsmerkmale Festlegen ergänzender Fachleistungen, soweit notwendig Ortsbesichtigungen	Antragsverfahren für Planungszuschüsse

2. Ermitteln der Planungsgrundlagen

Grundleistungen	Besondere Leistungen
a) Bestandsaufnahme einschließlich vor-aussehbarer Veränderungen von Natur und Landschaft Erfassen aufgrund vorhandener Unter-lagen und örtlicher Erhebungen, insbe-sondere – der größeren naturräumlichen Zu-sammenhänge und siedlungsge-schichtlichen Entwicklungen – des Naturhaushalts – der landschaftsökologischen Einhei-ten – des Landschaftsbildes – der Schutzgebiete und geschützten Landschaftsbestandteile	Einzeluntersuchungen natürlicher Grund-lagen Einzeluntersuchungen zu spezifischen Nutzungen

– der Erholungsgebiete und -flächen, ihrer Erschließung sowie Bedarfssituation
– von Kultur-, Bau- und Bodendenkmälern
– der Flächennutzung
– voraussichtlicher Änderungen aufgrund städtebaulicher Planungen, Fachplanungen und anderer Eingriffe in Natur und Landschaft
Erfassen von vorliegenden Äußerungen der Einwohner
b) Landschaftsbewertung nach den Zielen und Grundsätzen des Naturschutzes und der Landschaftspflege einschließlich der Erholungsvorsorge
Bewerten des Landschaftsbildes sowie der Leistungsfähigkeit des Zustands, der Faktoren und der Funktionen des Naturhaushalts, insbesondere hinsichtlich
– der Empfindlichkeit
– besonderer Flächen- und Nutzungsfunktionen
– nachteiliger Nutzungsauswirkungen
– geplanter Eingriffe in Natur und Landschaft
Feststellung von Nutzungs- und Zielkonflikten nach den Zielen und Grundsätzen von Naturschutz und Landschaftspflege
c) Zusammenfassende Darstellung der Bestandsaufnahme und der Landschaftsbewertung in Erläuterungstext und Karten

3. Vorläufige Planfassung (Vorentwurf)

Grundsätzliche Lösung der Aufgabe mit sich wesentlich unterscheidenden Lösungen nach gleichen Anforderungen und Erläuterungen in Text und Karte
a) Darlegen der Entwicklungsziele des Naturschutzes und der Landschaftspflege, insbesondere in bezug auf die Leistungsfähigkeit des Naturhaushalts, die Pflege natürlicher Ressourcen, das Landschaftsbild, die Erholungsvorsorge, den Biotop- und Artenschutz, den Boden-, Wasser- und Klimaschutz sowie Minimierung von Eingriffen (und deren Folgen) in Natur und Landschaft
b) Darlegen der im einzelnen angestrebten Flächenfunktionen einschließlich not-

wendiger Nutzungsänderungen, insbesondere für
- landschaftspflegerische Sanierungsgebiete
- Flächen für landschaftspflegerische
  Entwicklungsmaßnahmen
- Freiräume einschließlich Sport-,
  Spiel- und Erholungsflächen
- Vorrangflächen und -objekte des Naturschutzes und der Landschaftspflege, Flächen für Kultur-, Bau- und Bodendenkmäler, für besonders schutzwürdige Biotope oder Ökosysteme
  sowie für Erholungsvorsorge
- Flächen für landschaftspflegerische
  Maßnahmen in Verbindung mit sonstigen Nutzungen, Flächen für Aus-
  gleichs- und Ersatzmaßnahmen in
  bezug auf die oben genannten Eingriffe
c) Vorschläge für Inhalte, die für die Übernahme in andere Planungen, insbesondere in die Bauleitplanung, geeignet sind
d) Hinweise auf landschaftliche Folgeplanungen und -maßnahmen sowie kommunale Förderungsprogramme
   Beteiligung an der Mitwirkung von Verbänden nach § 29 des Bundesnaturschutzgesetzes
   Berücksichtigen von Fachplanungen
   Mitwirken an der Abstimmung des Vorentwurfs mit der für Naturschutz und
   Landschaftspflege zuständigen Behörde
   Abstimmen des Vorentwurfs mit dem
   Auftraggeber

4. Entwurf

Darstellen des Landschaftsplans in der
vorgeschriebenen Fassung in Text und
Karte mit Erläuterungsbericht

5. Genehmigungsfähige Planfassung

(3) Das Honorar für die genehmigungsfähige Planfassung kann als Pauschalhonorar frei vereinbart werden. Wird ein Pauschalhonorar nicht bei Auftragserteilung schriftlich vereinbart, so ist das Honorar als Zeithonorar nach § 6
zu berechnen.

(4) Wird die Anfertigung der Vorläufigen Planfassung (Leistungsphase 3) als
Einzelleistung in Auftrag gegeben, so können hierfür bis zu 60 vom Hundert
der Honorare nach § 45 b vereinbart werden.

(5) Sofern nicht vor Erbringung der Grundleistungen etwas anderes schriftlich vereinbart ist, sind die Leistungsphase 1 mit 1 vom Hundert und die Leistungsphase 2 mit 20 vom Hundert der Honorare nach § 45 b zu bewerten.

(6) Die Vertragsparteien können bei Auftragserteilung schriftlich vereinbaren, daß die Leistungsphase 2 abweichend von Absatz 1 mit mehr als bis 37 bis zu 60 v. H. bewertet wird, wenn in dieser Leistungsphase ein überdurchschnittlicher Aufwand für das Ermitteln der Planungsgrundlagen erforderlich wird. Ein überdurchschnittlicher Aufwand liegt vor, wenn

1. die Daten aus vorhandenen Unterlagen im einzelnen ermittelt und aufbereitet werden müssen oder

2. örtliche Erhebungen erforderlich werden, die nicht überwiegend der Kontrolle der aus Unterlagen erhobenen Daten dienen.

(7) Die Teilnahme an bis zu 6 Sitzungen von politischen Gremien des Auftraggebers oder Sitzungen im Rahmen der Bürgerbeteiligungen, die bei Leistungen nach Absatz 2 anfallen, ist als Grundleistung mit dem Honorar nach § 45 b abgegolten.

Honorartafel zu § 45 b Abs. 1

| Fläche | Zone I | | Zone II | | Zone III | |
ha	von DM	bis DM	von DM	bis DM	von DM	bis DM
1 000	22 460	26 950	26 950	31 450	31 450	35 940
1 300	27 240	32 690	32 690	38 140	38 140	43 590
1 600	32 460	38 950	38 950	45 430	45 430	51 920
1 900	36 920	44 310	44 310	51 690	51 690	59 080
2 200	41 080	49 300	49 300	57 510	57 510	65 730
2 500	44 920	53 900	53 900	62 890	62 890	71 870
3 000	50 840	61 010	61 010	71 170	71 170	81 340
3 500	56 510	67 810	67 810	79 110	79 110	90 410
4 000	61 940	74 330	74 330	86 720	86 720	99 110
4 500	67 140	80 570	80 570	93 990	93 990	107 420
5 000	72 100	86 520	86 520	100 930	100 930	115 350
5 500	76 800	92 160	92 160	107 520	107 520	122 880
6 000	81 280	97 540	97 540	113 790	113 790	130 050
6 500	85 520	102 630	102 630	119 730	119 730	136 840
7 000	89 530	107 430	107 430	125 330	125 330	143 230
7 500	93 360	112 030	112 030	130 700	130 700	149 370
8 000	97 030	116 440	116 440	135 840	135 840	155 250
8 500	100 550	120 660	120 660	140 770	140 770	160 880
9 000	103 910	124 690	124 690	145 460	145 460	166 240
9 500	107 100	128 520	128 520	149 940	149 940	171 360
10 000	110 140	132 170	132 170	154 190	154 190	176 220
11 000	115 890	139 070	139 070	162 250	162 250	185 430
12 000	121 500	145 790	145 790	170 090	170 090	194 380
13 000	126 920	152 310	152 310	177 690	177 690	203 080
14 000	132 200	158 640	158 640	185 080	185 080	211 520
15 000	137 310	164 770	164 770	192 240	192 240	219 700

§ 45 b Honorartafel für Grundleistungen bei Landschaftsplänen

(1) Die Mindest- und Höchstsätze der Honorare für die in § 45 a aufgeführten Grundleistungen bei Landschaftsplänen sind in der Honorartafel [siehe Seite 56] festgesetzt.

(2) Die Honorare sind nach der Gesamtfläche des Plangebiets in Hektar zu berechnen.

(3) Das Honorar für Grundleistungen bei Landschaftsplänen mit einer Gesamtfläche des Plangebiets in Hektar unter 1000 ha kann als Pauschalhonorar oder als Zeithonorar nach § 6 berechnet werden, höchstens jedoch bis zu den in der Honorartafel nach Absatz 1 für Flächen von 1000 ha festgesetzten Höchstsätzen. Als Mindestsätze gelten die Stundensätze nach § 6 Abs. 2, höchstens jedoch die in der Honorartafel nach Absatz 1 für Flächen von 1000 ha festgesetzten Mindestsätze.

(4) Das Honorar für Landschaftspläne mit einer Gesamtfläche des Plangebiets über 15 000 ha kann frei vereinbart werden. Wird ein Honorar nicht bei Auftragserteilung schriftlich vereinbart, so ist das Honorar als Zeithonorar nach § 6 zu berechnen.

§ 46 Leistungsbild Grünordnungsplan

(1) Die Grundleistungen bei Grünordnungsplänen sind in den in Absatz 2 aufgeführten Leistungsphasen 1 bis 5 zusammengefaßt. Sie sind in der nachfolgenden Tabelle in Vomhundertsätzen der Honorare des § 46 a bewertet.

	Bewertung der Grundleistungen in v. H. der Honorare
1. Klären der Aufgabenstellung und Ermitteln des Leistungsumfangs Ermitteln der Voraussetzungen zur Lösung der Planungsaufgabe	1 bis 3
2. Ermitteln der Planungsgrundlagen Bestandsaufnahme und Bewertung des Planungsbereichs	20 bis 37
3. Vorläufige Planfassung (Vorentwurf) Erarbeiten der wesentlichen Teile einer Lösung der Planungsaufgabe	50
4. Endgültige Planfassung (Entwurf) Erarbeiten der endgültigen Lösung der Planungsaufgabe	10
5. Genehmigungsfähige Planfassung	–

(2) Das Leistungsbild setzt sich wie folgt zusammen:

1. Klären der Aufgabenstellung und Ermitteln des Leistungsumfangs

Zusammenstellen einer Übersicht der vorgegebenen bestehenden und laufenden örtlichen und überörtlichen Planungen und Untersuchungen
Abgrenzen des Planungsbereichs
Zusammenstellen der verfügbaren Kartenunterlagen und Daten nach Umfang und Qualität
Werten des vorhandenen Grundlagenmaterials
Ermitteln des Leistungsumfangs und der Schwierigkeitsmerkmale
Festlegen ergänzender Fachleistungen, soweit notwendig
Ortsbesichtigungen

2. Ermitteln der Planungsgrundlagen

a) Bestandsaufnahme einschließlich voraussichtlicher Änderungen
   Erfassen aufgrund vorhandener Unterlagen eines Landschaftsplans und örtlicher Erhebungen, insbesondere
   - des Naturhaushalts als Wirkungsgefüge der Naturfaktoren
   - der Vorgaben des Artenschutzes, des Bodenschutzes und des Orts-/Landschaftsbildes
   - der siedlungsgeschichtlichen Entwicklung
   - der Schutzgebiete und geschützten Landschaftsbestandteile einschließlich der unter Denkmalschutz stehenden Objekte
   - der Flächennutzung unter besonderer Berücksichtigung der Flächenversiegelung, Größe, Nutzungsarten oder Ausstattung, Verteilung, Vernetzung von Frei- und Grünflächen sowie der Erschließungsflächen für Freizeit- und Erholungsanlagen
   - des Bedarfs an Erholungs- und Freizeiteinrichtungen sowie an sonstigen Grünflächen
   - der voraussichtlichen Änderungen aufgrund städtebaulicher Planungen, Fachplanungen und anderer Eingriffe in Natur und Landschaft

58

    – der Immissionen, Boden- und Ge-
       wässerbelastungen
    – der Eigentümer
    Erfassen von vorliegenden Äußerungen
    der Einwohner
b) Bewerten der Landschaft nach den Zie-
    len und Grundsätzen des Naturschut-
    zes und der Landschaftspflege ein-
    schließlich der Erholungsvorsorge
    Bewerten des Landschaftsbildes sowie
    der Leistungsfähigkeit, des Zustands,
    der Faktoren und Funktionen des Natur-
    haushalts, insbesondere hinsichtlich
    – der Empfindlichkeit des jeweiligen
       Ökosystems für bestimmte Nutzun-
       gen, seiner Größe, der räumlichen
       Lage und der Einbindung in Grünflä-
       chensysteme, der Beziehungen zum
       Außenraum sowie der Ausstattung
       und Beeinträchtigung der Grün- und
       Freiflächen
    – nachteiliger Nutzungsauswirkungen
c) Zusammenfassende Darstellung der
    Bestandsaufnahme und der Bewertung
    des Planungsbereichs in Erläuterungs-
    text und Karten

3. Vorläufige Planfassung (Vorentwurf)

Grundsätzliche Lösung der wesentlichen
Teile der Aufgabe mit sich wesentlich unterscheidenden Lösungen nach gleichen
Anforderungen in Text und Karten mit Begründung
a) Darlegen der Flächenfunktionen und
    räumlichen Strukturen nach ökologi-
    schen und gestalterischen Gesichts-
    punkten, insbesondere
    – Flächen mit Nutzungsbeschränkun-
       gen – einschließlich notwendiger
       Nutzungsänderungen zur Erhaltung
       oder Verbesserung des Naturhaus-
       halts oder des Landschafts-/Ortsbil-
       des
    – landschaftspflegerische Sanierungs-
       bereiche
    – Flächen für landschaftspflegerische
       Entwicklungs- und Gestaltungsmaß-
       nahmen
    – Flächen für Ausgleichs- und Ersatz-
       maßnahmen
    – Schutzgebiete und -objekte
    – Freiräume

- Flächen für landschaftspflegerische Maßnahmen in Verbindung mit sonstigen Nutzungen

b) Darlegen von Entwicklungs-, Schutz-, Gestaltungs- und Pflegemaßnahmen, insbesondere für
   - Grünflächen
   - Anpflanzung und Erhaltung von Grünbeständen
   - Sport-, Spiel- und Erholungsflächen
   - Fußwegesystemen
   - Gehölzanpflanzungen zur Einbindung baulicher Anlagen in die Umgebung
   - Ortseingänge und Siedlungsränder
   - pflanzliche Einbindung von öffentlichen Straßen und Plätzen
   - klimatisch wichtige Freiflächen
   - Immissionsschutzmaßnahmen

   Festlegen von Pflegemaßnahmen aus Gründen des Naturschutzes und der Landschaftspflege

   Erhaltung und Verbesserung der natürlichen Selbstreinigungskraft von Gewässern

   Erhaltung und Pflege von naturnahen Vegetationsbeständen

   bodenschützende   Maßnahmen   –
   Schutz vor Schadstoffeintrag

   Vorschläge für Gehölzarten der potentiell natürlichen Vegetation, für Leitarten bei Bepflanzungen, für Befestigungsarbeiten bei Wohnstraßen, Gehwegen, Plätzen, Parkplätzen, für Versickerungsflächen

   Festlegen der zeitlichen Folge von Maßnahmen

   Kostenschätzung für durchzuführende Maßnahmen

c) Hinweise auf weitere Aufgaben von Naturschutz und Landschaftspflege

   Vorschläge für Inhalte, die für die Übernahme in andere Planungen, insbesondere in die Bauleitplanung, geeignet sind

   Beteiligung an der Mitwirkung von Verbänden nach § 29 des Bundesnaturschutzgesetzes

   Berücksichtigen von Fachplanungen

   Mitwirken an der Abstimmung des Vorentwurfs mit der für Naturschutz und Landschaftspflege zuständigen Behörde

   Abstimmen des Vorentwurfs mit dem Auftraggeber

4. Endgültige Planfassung (Entwurf)

Darstellen des Grünordnungsplans in der vorgeschriebenen Fassung in Text und Karte mit Begründung

5. Genehmigungsfähige Planfassung

(3) Wird die Anfertigung der vorläufigen Planfassung (Leistungsphase 3) als Einzelleistung in Auftrag gegeben, so können hierfür bis zu 60 vom Hundert der Honorare nach § 46 a vereinbart werden.

(4) § 45a Abs. 3 und 5 bis 7 gilt sinngemäß.

§ 46 a Honorartafel für Grundleistungen bei Grünordnungsplänen

(1) Die Mindest- und Höchstsätze der Honorare für die in § 46 aufgeführten Grundleistungen bei Grünordnungsplänen sind in der nachfolgenden Honorartafel festgesetzt.

Honorartafel zu § 46 a Abs. 1

| Ansätze | Normalstufe | | Schwierigkeitsstufe | |
VE	von DM	bis DM	von DM	bis DM
1 500	3 370	4 210	4 210	5 050
5 000	11 230	14 040	14 040	16 850
10 000	18 640	23 310	23 310	27 970
20 000	31 000	38 750	38 750	46 490
40 000	50 310	62 890	62 890	75 460
60 000	63 330	79 170	79 170	95 000
80 000	75 460	94 330	94 330	113 200
100 000	85 350	106 690	106 690	128 020
150 000	117 920	147 400	147 400	176 870
200 000	148 230	185 290	185 290	222 350
250 000	179 680	224 600	224 600	269 510
300 000	208 870	261 100	261 100	313 320
350 000	235 820	294 780	294 780	353 740
400 000	260 530	325 670	325 670	390 800
450 000	282 990	353 740	353 740	424 480
500 000	303 200	379 010	379 010	454 810
600 000	343 630	429 540	429 540	515 450
700 000	385 190	481 480	481 480	577 770
800 000	431 220	539 030	539 030	646 830
900 000	475 020	593 780	593 780	712 530
1 000 000	516 570	645 710	645 710	774 850

(2) Die Honorare sind für die Summe der Einzelansätze des Absatzes 3 gemäß der Honorartafel des Absatzes 1 zu berechnen.

(3) Für die Ermittlung des Honorars ist von folgenden Ansätzen auszugehen:
1. für Flächen nach § 9 des Baugesetzbuchs mit Festsetzungen einer GFZ oder Baumassenzahl
   je Hektar Fläche   400 VE,
2. für Flächen nach § 9 des Baugesetzbuchs mit Festsetzungen einer GFZ oder Baumassenzahl und Pflanzbindungen oder Pflanzpflichten
   je Hektar Fläche   1150 VE,
3. für Grünflächen nach § 9 Abs. 1 Nr. 15 des Baugesetzbuchs, soweit nicht Bestand
   je Hektar Fläche   1000 VE,
4. für sonstige Grünflächen
   je Hektar Fläche   400 VE,
5. für Flächen mit besonderen Maßnahmen des Naturschutzes und der Landschaftspflege, die nicht bereits unter Nummer 2 angesetzt sind
   je Hektar Fläche   1200 VE,
6. für Flächen für Aufschüttungen, Abgrabungen oder für die Gewinnung von Steinen, Erden und anderen Bodenschätzen
   je Hektar Fläche   400 VE,
7. für Flächen für Landwirtschaft und Wald mit mäßigem Anteil an Maßnahmen für Naturschutz und Landschaftspflege
   je Hektar Fläche   400 VE,
8. für Flächen für Landwirtschaft und Wald ohne Maßnahmen für Naturschutz und Landschaftspflege oder flurbereinigte Flächen von Landwirtschaft und Wald
   je Hektar Fläche   100 VE,
9. für Wasserflächen mit Maßnahmen für Naturschutz und Landschaftspflege
   je Hektar Fläche   400 VE,
10. für Wasserflächen ohne Maßnahmen für Naturschutz und Landschaftspflege
    je Hektar Fläche   100 VE,
11. sonstige Flächen
    je Hektar Fläche   100 VE.

(4) Ist die Summe der Einzelansätze nach Absatz 3 höher als 1 Million VE, so kann das Honorar frei vereinbart werden.

(4 a) Die Honorare sind nach den Darstellungen der endgültigen Planfassung nach Leistungsphase 4 von § 46 zu berechnen. Kommt es nicht zur endgültigen Planfassung, so sind die Honorare nach den Festsetzungen der mit dem Auftraggeber abgestimmten Planfassung zu berechnen.

(5) Grünordnungspläne können nach Anzahl und Gewicht der Schwierigkeitsmerkmale der Schwierigkeitsstufe zugeordnet werden, wenn es bei Auftragserteilung schriftlich vereinbart worden ist. Schwierigkeitsmerkmale sind insbesondere:
1. schwierige ökologische oder topographische Verhältnisse oder sehr differenzierte Flächennutzungen,
2. erschwerte Planung durch besondere Maßnahmen auf den Gebieten Umweltschutz, Denkmalschutz, Naturschutz, Spielflächenleitplanung, Sportstättenplanung,

3. Änderungen oder Überarbeitungen von Teilgebieten vorliegender Grünordnungspläne mit einem erhöhten Arbeitsaufwand,
4. Grünordnungspläne in einem Entwicklungsbereich oder in einem Sanierungsgebiet.

§ 47 Leistungsbild Landschaftsrahmenplan

(1) Landschaftsrahmenpläne umfassen die Darstellungen von überörtlichen Erfordernissen und Maßnahmen zur Verwirklichung der Ziele des Naturschutzes und der Landschaftspflege.

(2) Die Grundleistungen bei Landschaftsrahmenplänen sind in den in Absatz 3 aufgeführten Leistungsphasen 1 bis 4 zusammengefaßt. Sie sind in der nachfolgenden Tabelle in Vomhundertsätzen der Honorare des § 47 a bewertet.

	Bewertung der Grundleistungen in v. H. der Honorare
1. Landschaftsanalyse	20
2. Landschaftsdiagnose	20
3. Entwurf	50
4. Endgültige Planfassung	10

(3) Das Leistungsbild setzt sich wie folgt zusammen:

Grundleistungen	Besondere Leistungen

1. Landschaftsanalyse

Erfassen und Darstellen in Text und Karten der
a) natürlichen Grundlagen
b) Landschaftsgliederung
 – Naturräume
 – Ökologische Raumeinheiten
c) Flächennutzung
d) Geschützten Flächen und Einzelbestandteile der Natur

2. Landschaftsdiagnose

Bewerten der ökologischen Raumeinheiten und Darstellen in Text und Karten hinsichtlich
a) Naturhaushalt
b) Landschaftsbild
 – naturbedingt
 – anthropogen
c) Nutzungsauswirkungen, insbesondere Schäden an Naturhaushalt und Landschaftsbild
d) Empfindlichkeit der Ökosysteme bezie-

hungsweise einzelner Landschaftsfaktoren

e) Zielkonflikte zwischen Belangen des Naturschutzes und der Landschaftspflege einerseits und raumbeanspruchenden Vorhaben andererseits

3. Entwurf

Darstellung der Erfordernisse und Maßnahmen zur Verwirklichung der Ziele des Naturschutzes und der Landschaftspflege in Text und Karten mit Begründung

a) Ziele der Landschaftsentwicklung nach Maßgabe der Empfindlichkeit des Naturhaushalts
   - Bereiche ohne Nutzung oder mit naturnaher Nutzung
   - Bereiche mit extensiver Nutzung
   - Bereiche mit intensiver landwirtschaftlicher Nutzung
   - Bereiche städtisch-industrieller Nutzung

b) Ziele des Arten- und Biotopschutzes

c) Ziele zum Schutz und zur Pflege abiotischer Landschaftsfaktoren

d) Sicherung und Pflege von Schutzgebieten und Einzelbestandteilen von Natur und Landschaft

e) Pflege-, Gestaltungs- und Entwicklungsmaßnahmen zur
   - Sicherung überörtlicher Grünzüge
   - Grünordnung im Siedlungsbereich
   - Landschaftspflege einschließlich des Arten- und Biotopschutzes sowie des Wasser-, Boden- und Klimaschutzes
   - Sanierung von Landschaftsschäden

f) Grundsätze einer landschaftsschonenden Landnutzung

g) Leitlinien für die Erholung in der freien Natur

h) Gebiete, für die detaillierte landschaftliche Planungen erforderlich sind:
   - Landschaftspläne
   - Grünordnungspläne
   - Landschaftspflegerische Begleitpläne

Abstimmung des Entwurfs mit dem Auftraggeber

4. Endgültige Planfassung

Mitwirkung bei der Einarbeitung von Zielen der Landschaftsentwicklung in Programme und Pläne im Sinne des § 5 Abs. 1 Satz 1 und 2 und Abs. 3 des Raumordnungsgesetzes

(4) Bei einer Fortschreibung des Landschaftsrahmenplans ermäßigt sich die Bewertung der Leistungsphase 1 des Absatzes 2 auf 5 vom Hundert der Honorare nach § 47 a.

(5) Die Vertragsparteien können bei Auftragserteilung schriftlich vereinbaren, daß die Leistungsphase 1 abweichend von Absatz 2 mit mehr als 20 bis zu 43 v. H. bewertet wird, wenn in dieser Leistungsphase ein überdurchschnittlicher Aufwand für die Landschaftsanalyse erforderlich wird. Ein überdurchschnittlicher Aufwand liegt vor, wenn

1. Daten aus vorhandenen Unterlagen im einzelnen ermittelt und aufbereitet werden müssen oder
2. örtliche Erhebungen erforderlich werden, die nicht überwiegend der Kontrolle der aus Unterlagen erhobenen Daten dienen.

§ 47 a Honorartafel für Grundleistungen bei Landschaftsrahmenplänen

(1) Die Mindest- und Höchstsätze der Honorare für die in § 47 aufgeführten Grundleistungen bei Landschaftsrahmenplänen sind in der nachfolgenden Honorartafel festgesetzt:

Honorartafel zu § 47 a Abs. 1

Fläche ha	Normalstufe		Schwierigkeitsstufe	
	von DM	bis DM	von DM	bis DM
5 000	57 610	72 010	72 010	86 410
6 000	66 230	82 790	82 790	99 350
7 000	74 360	92 950	92 950	111 540
8 000	82 020	102 530	102 530	123 030
9 000	88 940	111 180	111 180	133 410
10 000	95 170	118 970	118 970	142 770
12 000	106 690	133 360	133 360	160 020
14 000	116 810	146 020	146 020	175 220
16 000	126 490	158 120	158 120	189 740
18 000	135 430	169 290	169 290	203 150
20 000	144 970	181 220	181 220	217 460
25 000	168 730	210 920	210 920	253 100
30 000	188 660	235 830	235 830	282 990
35 000	205 560	256 960	256 960	308 350
40 000	220 100	275 130	275 130	330 150
45 000	231 890	289 870	289 870	347 840
50 000	245 370	306 720	306 720	368 060
60 000	270 070	337 590	337 590	405 110
70 000	292 420	365 530	365 530	438 630
80 000	309 940	387 430	387 430	464 910
90 000	327 460	409 330	409 330	491 190
100 000	345 880	432 350	432 350	518 810

(2) § 45 b Abs. 2 bis 4 gilt sinngemäß.

(3) Landschaftsrahmenpläne können nach Anzahl und Gewicht der Schwierigkeitsmerkmale der Schwierigkeitsstufe zugeordnet werden, wenn es bei Auftragserteilung schriftlich vereinbart worden ist. Schwierigkeitsmerkmale sind insbesondere:
1. schwierige ökologische Verhältnisse,
2. Verdichtungsräume,
3. Erholungsgebiete,
4. tiefgreifende Nutzungsansprüche wie großflächiger Abbau von Bodenbestandteilen,
5. erschwerte Planung durch besondere Maßnahmen der Umweltsicherung und des Umweltschutzes.

§ 48 Honorarzonen für Leistungen bei Umweltverträglichkeitsstudien

(1) Die Honorarzone wird bei Umweltverträglichkeitsstudien aufgrund folgender Bewertungsmerkmale ermittelt:
1. Honorarzone I:
Umweltverträglichkeitsstudien mit geringem Schwierigkeitsgrad, insbesondere bei einem Untersuchungsraum
   – mit geringer Ausstattung an ökologisch bedeutsamen Strukturen,
   – mit schwach gegliedertem Landschaftsbild,
   – mit schwach ausgeprägter Erholungsnutzung,
   – mit gering ausgeprägten und einheitlichen Nutzungsansprüchen,
   – mit geringer Empfindlichkeit gegenüber Umweltbelastungen und Beeinträchtigungen von Natur und Landschaft,
   und bei Vorhaben und Maßnahmen mit geringer potentieller Beeinträchtigungsintensität;
2. Honorarzone II:
Umweltverträglichkeitsstudien mit durchschnittlichem Schwierigkeitsgrad, insbesondere bei einem Untersuchungsraum
   – mit durchschnittlicher Ausstattung an ökologisch bedeutsamen Strukturen,
   – mit mäßig gegliedertem Landschaftsbild,
   – mit durchschnittlich ausgeprägter Erholungsnutzung,
   – mit differenzierten Nutzungsansprüchen,
   – mit durchschnittlicher Empfindlichkeit gegenüber Umweltbelastungen und Beeinträchtigungen von Natur und Landschaft,
   und bei Vorhaben und Maßnahmen mit durchschnittlicher potentieller Beeinträchtigungsintensität;
3. Honorarzone III:
Umweltverträglichkeitsstudien mit hohem Schwierigkeitsgrad, insbesondere bei einem Untersuchungsraum
   – mit umfangreicher und vielgestaltiger Ausstattung an ökologisch bedeutsamen Strukturen,
   – mit stark gegliedertem Landschaftsbild,
   – mit intensiv ausgeprägter Erholungsnutzung,
   – mit stark differenzierten oder kleinräumigen Nutzungsansprüchen,

– mit hoher Empfindlichkeit gegenüber Umweltbelastungen und Beeinträchtigungen von Natur und Landschaft,
und bei Vorhaben und Maßnahmen mit hoher potentieller Beeinträchtigungsintensität.

(2) Sind für eine Umweltverträglichkeitsstudie Bewertungsmerkmale aus mehreren Honorarzonen anwendbar und bestehen deswegen Zweifel, welcher Honorarzone die Umweltverträglichkeitsstudie zugerechnet werden kann, so ist die Anzahl der Bewertungspunkte nach Absatz 3 zu ermitteln; die Umweltverträglichkeitsstudie ist nach der Summe der Bewertungspunkte folgenden Honorarzonen zuzurechnen:

1. Honorarzone I
Umweltverträglichkeitsstudien mit bis zu 16 Punkten,
2. Honorarzone II
Umweltverträglichkeitsstudien mit 17 bis zu 30 Punkten,
3. Honorarzone III
Umweltverträglichkeitsstudien mit 31 bis zu 42 Punkten.

(3) Bei der Zurechnung einer Umweltverträglichkeitsstudie in die Honorarzonen sind entsprechend dem Schwierigkeitsgrad der Aufgabenstellung die Bewertungsmerkmale Ausstattung an ökologisch bedeutsamen Strukturen, Landschaftsbild, Erholungsnutzung sowie Nutzungsansprüche mit je bis zu sechs Punkten zu bewerten, die Bewertungsmerkmale Empfindlichkeit gegenüber Umweltbelastungen und Beeinträchtigungen von Natur und Landschaft sowie Vorhaben und Maßnahmen mit potentieller Beeinträchtigungsintensität mit je bis zu neun Punkten.

§ 48 a Leistungsbild Umweltverträglichkeitsstudie

(1) Die Grundleistungen bei Umweltverträglichkeitsstudien zur Standortfindung als Beitrag zur Umweltverträglichkeitprüfung sind in den in Absatz 2 aufgeführten Leistungsphasen 1 bis 5 zusammengefaßt. Sie sind in der nachfolgenden Tabelle in Vomhundertsätzen der Honorare des § 48 b bewertet.

	Bewertung der Grundleistungen in v. H. der Honorare
1. Klären der Aufgabenstellung und Ermitteln des Leistungsumfangs	3
2. Ermitteln und Bewerten der Planungsgrundlagen Bestandsaufnahme, Bestandsbewertung und zusammenfassende Darstellung	30
3. Konfliktanalyse und Alternativen	20
4. Vorläufige Fassung der Studie	40
5. Endgültige Fassung der Studie	7

(2) Das Leistungsbild setzt sich wie folgt zusammen:

Grundleistungen	Besondere Leistungen

1. Klären der Aufgabenstellung und Ermitteln des Leistungsumfangs

Abgrenzen des Untersuchungsbereichs
Zusammenstellen der verfügbaren planungsrelevanten Unterlagen, insbesondere
– örtliche und überörtliche Planungen und Untersuchungen
– thematische Karten, Luftbilder und sonstige Daten
Ermitteln des Leistungsumfangs und ergänzender Fachleistungen
Ortsbesichtigungen

2. Ermitteln und Bewerten der Planungsgrundlagen

a) Bestandsaufnahme
Erfassen auf der Grundlage vorhandener Unterlagen und örtlicher Erhebungen
– des Naturhaushalts in seinen Wirkungszusammenhängen, insbesondere durch Landschaftsfaktoren wie Relief, Geländegestalt, Gestein, Boden, oberirdische Gewässer, Grundwasser, Geländeklima sowie Tiere und Pflanzen und deren Lebensräume
– der Schutzgebiete, geschützten Landschaftsbestandteile und schützenswerten Lebensräume
– der vorhandenen Nutzungen, Beeinträchtigungen und Vorhaben
– des Landschaftsbildes und der -struktur
– der Sachgüter und des kulturellen Erbes
b) Bestandsbewertung
Bewerten der Leistungsfähigkeit und der Empfindlichkeit des Naturhaushalts und des Landschaftsbildes nach den Zielen und Grundsätzen des Naturschutzes und der Landschaftspflege
Bewerten der vorhandenen und vorhersehbaren Umweltbelastungen der Bevölkerung sowie Beeinträchtigungen (Vorbelastung) von Natur und Landschaft
c) Zusammenfassende Darstellung der Bestandsaufnahme und der -bewertung in Text und Karte

Besondere Leistungen:

Einzeluntersuchungen zu natürlichen Grundlagen, zur Vorbelastung und zu sozioökonomischen Fragestellungen
Sonderkartierungen
Prognosen
Ausbreitungsberechnungen
Beweissicherung
Aktualisierung der Planungsgrundlagen
Untersuchen von Sekundäreffekten außerhalb des Untersuchungsgebiets

3. Konfliktanalyse und Alternativen

Ermitteln der projektbedingten umwelterheblichen Wirkungen
Verknüpfen der ökologischen und nutzungsbezogenen Empfindlichkeit des Untersuchungsgebiets mit den projektbedingten umwelterheblichen Wirkungen und Beschreiben der Wechselwirkungen zwischen den betroffenen Faktoren
Ermitteln konfliktarmer Bereiche und Abgrenzen der vertieft zu untersuchenden Alternativen
Überprüfen der Abgrenzung des Untersuchungsbereichs
Abstimmen mit dem Auftraggeber
Zusammenfassende Darstellung in Text und Karte

4. Vorläufige Fassung der Studie

Erarbeiten der grundsätzlichen Lösung der wesentlichen Teile der Aufgabe in Text und Karte mit Alternativen
a) Ermitteln, Bewerten und Darstellen für jede sich wesentlich unterscheidende Lösung unter Berücksichtigung des Vermeidungs- und/oder Ausgleichsgebots
  – des ökologischen Risikos für den Naturhaushalt
  – der Beeinträchtigungen des Landschaftsbildes
  – der Auswirkungen auf den Menschen, die Nutzungsstruktur, die Sachgüter und das kulturelle Erbe
  Aufzeigen von Entwicklungstendenzen des Untersuchungsbereichs ohne das geplante Vorhaben (Status-quo-Prognose)
b) Ermitteln und Darstellen voraussichtlich nicht ausgleichbarer Beeinträchtigungen
c) Vergleichende Bewertung der sich wesentlich unterscheidenden Alternativen
  Abstimmen der vorläufigen Fassung der Studie mit dem Auftraggeber

Erstellen zusätzlicher Hilfsmittel der Darstellung
Vorstellen der Planung vor Dritten
Detailausarbeitungen in besonderen Maßstäben

5. Endgültige Fassung der Studie

Darstellen der Umweltverträglichkeitsstudie in der vorgeschriebenen Fassung in Text und Karte in der Regel im Maßstab 1:5000 einschließlich einer nichttechnischen Zusammenfassung

§ 48 b Honorartafel für Grundleistungen bei Umweltverträglichkeitsstudien

(1) Die Mindest- und Höchstsätze der Honorare für die in § 48 a aufgeführten Grundleistungen bei Umweltverträglichkeitsstudien sind in der nachfolgenden Honorartafel festgesetzt.

Honorartafel zu § 48 b Abs. 1

Fläche	Zone I		Zone II		Zone III	
ha	von DM	bis DM	von DM	bis DM	von DM	bis DM
50	13 480	16 460	16 460	19 430	19 430	22 410
100	17 970	21 940	21 940	25 900	25 900	29 870
250	29 200	36 090	36 090	42 970	42 970	49 860
500	45 200	56 560	56 560	67 920	67 920	79 280
750	59 100	74 600	74 600	90 110	90 110	105 610
1 000	71 870	91 410	91 410	110 950	110 950	130 490
1 250	83 520	106 680	106 680	129 840	129 840	153 000
1 500	94 330	121 280	121 280	148 230	148 230	175 180
1 750	106 120	136 260	136 260	166 390	166 390	196 530
2 000	116 790	149 730	149 730	182 670	182 670	215 610
2 500	136 160	174 530	174 530	212 900	212 900	251 270
3 000	154 970	197 080	197 080	239 190	239 190	281 300
3 500	170 970	216 820	216 820	262 680	262 680	308 530
4 000	186 410	235 070	235 070	283 740	283 740	332 400
4 500	199 610	251 830	251 830	304 050	304 050	356 270
5 000	213 370	268 580	268 580	323 800	323 800	379 010
5 500	228 530	285 140	285 140	341 760	341 760	398 370
6 000	242 560	300 960	300 960	359 350	359 350	417 750
6 500	255 480	316 310	316 310	377 130	377 130	437 960
7 000	267 270	331 280	331 280	395 290	395 290	459 300
7 500	282 150	349 530	349 530	416 910	416 910	484 290
8 000	296 470	366 840	366 840	437 210	437 210	507 580
8 500	310 220	384 990	384 990	459 770	459 770	534 540
9 000	323 420	402 590	402 590	481 760	481 760	560 930
9 500	336 050	420 510	420 510	504 960	504 960	589 420
10 000	348 120	437 960	437 960	527 800	527 800	617 640

(2) Die Honorare sind nach der Gesamtfläche des Untersuchungsraumes in Hektar zu berechnen.

(3) § 45 b Abs. 3 und 4 gilt sinngemäß.

§ 49 Honorarzonen für Leistungen bei Landschaftspflegerischen Begleitplänen

Für die Ermittlung der Honorarzone für Leistungen bei Landschaftspflegerischen Begleitplänen gilt § 48 sinngemäß.

§ 49 a Leistungsbild Landschaftspflegerischer Begleitplan

(1) Die Grundleistungen bei Landschaftspflegerischen Begleitplänen sind in den in Absatz 2 aufgeführten Leistungsphasen 1 bis 5 zusammengefaßt. Sie sind in der nachfolgenden Tabelle in Vomhundertsätzen der Honorare des Absatzes 3 bewertet.

	Bewertung der Grundleistungen in v. H. der Honorare
1. Klären der Aufgabenstellung und Ermitteln des Leistungsumfangs	1 bis 3
2. Ermitteln und Bewerten der Planungsgrundlagen Bestandsaufnahme, Bestandsbewertung und zusammenfassende Darstellung	15 bis 22
3. Ermitteln und Bewerten des Eingriffs Konfliktanalyse und -minderung der Beeinträchtigungen des Naturhaushalts und Landschaftsbildes	25
4. Vorläufige Planfassung Erarbeiten der wesentlichen Teile einer Lösung der Planungsaufgabe	40
5. Endgültige Planfassung	10

(2) Das Leistungsbild setzt sich wie folgt zusammen:

Grundleistungen	Besondere Leistungen

1. Klären der Aufgabenstellung und Ermitteln des Leistungsumfangs

Abgrenzen des Planungsbereichs
Zusammenstellen der verfügbaren planungsrelevanten Unterlagen, insbesondere
– örtliche und überörtliche Planungen und Untersuchungen
– thematische Karten, Luftbilder und sonstige Daten
Ermitteln des Leistungsumfangs und ergänzender Fachleistungen
Aufstellen eines verbindlichen Arbeitspapiers
Ortsbesichtigungen

2. Ermitteln und Bewerten der Planungsgrundlagen

a) Bestandsaufnahme
Erfassen aufgrund vorhandener Unterlagen und örtlicher Erhebungen
- des Naturhaushalts in seinen Wirkungszusammenhängen, insbesondere durch Landschaftsfaktoren wie Relief, Geländegestalt, Gestein, Boden, oberirdische Gewässer, Grundwasser, Geländeklima sowie Tiere und Pflanzen und deren Lebensräume
- der Schutzgebiete, geschützten Landschaftsbestandteile und schützenswerten Lebensräume
- der vorhandenen Nutzungen und Vorhaben
- des Landschaftsbildes und der -struktur
- der kulturgeschichtlich bedeutsamen Objekte
Erfassen der Eigentumsverhältnisse aufgrund vorhandener Unterlagen
b) Bestandsbewertung
Bewerten der Leistungsfähigkeit und Empfindlichkeit des Naturhaushalts und des Landschaftsbildes nach den Zielen und Grundsätzen des Naturschutzes und der Landschaftspflege
Bewerten der vorhandenen Beeinträchtigungen von Natur und Landschaft (Vorbelastung)
c) Zusammenfassende Darstellung der Bestandsaufnahme und der -bewertung in Text und Karte

3. Ermitteln und Bewerten des Eingriffs

a) Konfliktanalyse
Ermitteln und Bewerten der durch das Vorhaben zu erwartenden Beeinträchtigungen des Naturhaushalts und des Landschaftsbildes nach Art, Umfang, Ort und zeitlichem Ablauf
b) Konfliktminderung
Erarbeiten von Lösungen zur Vermeidung oder Verminderung von Beeinträchtigungen des Naturhaushalts und des Landschaftsbildes in Abstimmung

72

mit den an der Planung fachlich Beteiligten

c) Ermitteln der unvermeidbaren Beeinträchtigungen

d) Überprüfen der Abgrenzung des Untersuchungsbereichs

e) Abstimmen mit dem Auftraggeber
Zusammenfassende Darstellung der Ergebnisse von Konfliktanalyse und Konfliktminderung sowie der unvermeidbaren Beeinträchtigungen in Text und Karte

4. Vorläufige Planfassung

Erarbeiten der grundsätzlichen Lösung der wesentlichen Teile der Aufgabe in Text und Karte mit Alternativen

a) Darstellen und Begründen von Maßnahmen des Naturschutzes und der Landschaftspflege nach Art, Umfang, Lage und zeitlicher Abfolge einschließlich Biotopentwicklungs- und Pflegemaßnahmen, insbesondere Ausgleichs-, Ersatz-, Gestaltungs- und Schutzmaßnahmen sowie Maßnahmen nach § 3 Abs. 2 des Bundesnaturschutzgesetzes

b) Vergleichendes Gegenüberstellen von Beeinträchtigungen und Ausgleich einschließlich Darstellen verbleibender, nicht ausgleichbarer Beeinträchtigungen

c) Kostenschätzung

Abstimmen der vorläufigen Planfassung mit dem Auftraggeber und der für Naturschutz und Landschaftspflege zuständigen Behörde

5. Endgültige Planfassung

Darstellen des landschaftspflegerischen Begleitplans in der vorgeschriebenen Fassung in Text und Karte

(3) Die Honorare sind bei einer Planung im Maßstab des Flächennutzungsplans nach § 45 b, bei einer Planung im Maßstab des Bebauungsplans nach § 46 a zu berechnen. Anstelle eines Honorars nach Satz 1 kann ein Zeithonorar nach § 6 vereinbart werden.

§ 49 b Honorarzonen für Leistungen bei Pflege- und Entwicklungsplänen

(1) Die Honorarzone wird bei Pflege- und Entwicklungsplänen aufgrund folgender Bewertungsmerkmale ermittelt:
1. Honorarzone I:
   Pflege- und Entwicklungspläne mit geringem Schwierigkeitsgrad, insbesondere
   – gute fachliche Vorgaben,
   – geringe Differenziertheit des floristischen Inventars oder der Pflanzengesellschaften,
   – geringe Differenziertheit des faunistischen Inventars,
   – geringe Beeinträchtigungen oder Schädigungen von Naturhaushalt und Landschaftsbild,
   – geringer Aufwand für die Festlegung von Zielaussagen sowie Pflege- und Entwicklungsmaßnahmen;
2. Honorarzone II:
   Pflege- und Entwicklungspläne mit durchschnittlichem Schwierigkeitsgrad, insbesondere
   – durchschnittliche fachliche Vorgaben,
   – durchschnittliche Differenziertheit des floristischen Inventars oder der Pflanzengesellschaften,
   – durchschnittliche Differenziertheit des faunistischen Inventars,
   – durchschnittliche Beeinträchtigungen oder Schädigungen von Naturhaushalt und Landschaftsbild,
   – durchschnittlicher Aufwand für die Festlegung von Zielaussagen sowie Pflege- und Entwicklungsmaßnahmen;
3. Honorarzone III:
   Pflege- und Entwicklungspläne mit hohem Schwierigkeitsgrad, insbesondere
   – geringe fachliche Vorgaben,
   – starke Differenziertheit des floristischen Inventars oder der Pflanzengesellschaften,
   – starke Differenziertheit des faunistischen Inventars,
   – umfangreiche Beeinträchtigungen oder Schädigungen von Naturhaushalt und Landschaftsbild,
   – hoher Aufwand für die Festlegung von Zielaussagen sowie Pflege- und Entwicklungsmaßnahmen.

(2) Sind für einen Pflege- und Entwicklungsplan Bewertungsmerkmale aus mehreren Honorarzonen anwendbar und bestehen deswegen Zweifel, welcher Honorarzone der Pflege- und Entwicklungsplan zugerechnet werden kann, so ist die Anzahl der Bewertungspunkte nach Absatz 3 zu ermitteln; der Pflege- und Entwicklungsplan ist nach der Summe der Bewertungspunkte folgenden Honorarzonen zuzurechnen:
1. Honorarzone I:
   Pflege- und Entwicklungspläne bis zu 13 Punkten,
2. Honorarzone II:
   Pflege- und Entwicklungspläne mit 14 bis 24 Punkten,

3. Honorarzone III:
  Pflege- und Entwicklungspläne mit 25 bis 34 Punkten.

(3) Bei der Zurechnung eines Pflege- und Entwicklungsplans in die Honorarzonen ist entsprechend dem Schwierigkeitsgrad der Planungsanforderungen das Bewertungsmerkmal fachliche Vorgaben mit bis zu 4 Punkten, die Bewertungsmerkmale Beeinträchtigungen oder Schädigungen von Naturhaushalt und Landschaftsbild und Aufwand für die Festlegung von Zielaussagen sowie Pflege- und Entwicklungsmaßnahmen mit je bis zu 6 Punkten und die Bewertungsmerkmale Differenziertheit des floristischen Inventars oder der Pflanzengesellschaften sowie Differenziertheit des faunistischen Inventars mit je bis zu 9 Punkten zu bewerten.

§ 49 c Leistungsbild Pflege- und Entwicklungsplan

(1) Pflege- und Entwicklungspläne umfassen die weiteren Festlegungen von Pflege und Entwicklung (Biotopmanagement) von Schutzgebieten oder schützenswerten Landschaftsteilen.

(2) Die Grundleistungen bei Pflege- und Entwicklungsplänen sind in den in Absatz 3 aufgeführten Leistungsphasen 1 bis 4 zusammengefaßt. Sie sind in der nachfolgenden Tabelle in Vomhundertsätzen der Honorare des § 49 d bewertet.

	Bewertung der Grundleistungen in v. H. der Honorare
1. Zusammenstellen der Ausgangsbedingungen	1 bis 5
2. Ermitteln der Planungsgrundlagen	20 bis 50.
3. Konzept der Pflege- und Entwicklungsmaßnahmen	20 bis 40
4. Endgültige Planfassung	5

(3) Das Leistungsbild setzt sich wie folgt zusammen:

Grundleistungen	Besondere Leistungen

1. Zusammenstellen der Ausgangsbedingungen

Abgrenzen des Planungsbereichs
Zusammenstellen der planungsrelevanten Unterlagen, insbesondere
– ökologische und wissenschaftliche Bedeutung des Planungsbereichs
– Schutzzweck
– Schutzverordnungen
– Eigentümer

2. Ermitteln der Planungsgrundlagen

Erfassen und Beschreiben der natürlichen Grundlagen	Flächendeckende detaillierte Vegetations-kartierung
Ermitteln von Beeinträchtigungen des Planungsbereichs	Eingehende zoologische Erhebungen einzelner Arten oder Artengruppen

3. Konzept der Pflege- und Entwicklungsmaßnahmen

Erfassen und Darstellen von
- Flächen, auf denen eine Nutzung weiter betrieben werden soll
- Flächen, auf denen regelmäßig Pflegemaßnahmen durchzuführen sind
- Maßnahmen zur Verbesserung der ökologischen Standortverhältnisse
- Maßnahmen zur Änderung der Biotopstruktur

Vorschläge für
- gezielte Maßnahmen zur Förderung bestimmter Tier- und Pflanzenarten
- Maßnahmen zur Lenkung des Besucherverkehrs
- Maßnahmen zur Änderung der rechtlichen Vorschriften
- die Durchführung der Pflege- und Entwicklungsmaßnahmen

Hinweise für weitere wissenschaftliche Untersuchungen

Kostenschätzung der Pflege- und Entwicklungsmaßnahmen

Abstimmen der Konzepte mit dem Auftraggeber

4. Endgültige Planfassung

Darstellen des Pflege- und Entwicklungsplans in der vorgeschriebenen Fassung in Text und Karte

(4) Sofern nicht vor Erbringung der Grundleistungen etwas anderes schriftlich vereinbart ist, sind die Leistungsphase 1 mit 1 vom Hundert sowie die Leistungsphasen 2 und 3 mit jeweils 20 vom Hundert der Honorare des § 49 d zu bewerten.

§ 49 d Honorartafel für Grundleistungen bei Pflege- und Entwicklungsplänen

(1) Die Mindest- und Höchstsätze der Honorare für die in § 49 c aufgeführten Grundleistungen bei Pflege- und Entwicklungsplänen sind in der nachfolgenden Honorartafel festgesetzt:

Honorartafel zu § 49 d Abs. 1

Fläche ha	Zone I von DM	Zone I bis DM	Zone II von DM	Zone II bis DM	Zone III von DM	Zone III bis DM
5	4 580	9 150	9 150	13 730	13 730	18 300
10	5 760	11 510	11 510	17 250	17 250	23 000
15	6 600	13 200	13 200	19 800	19 800	26 400
20	7 260	14 510	14 510	21 760	21 760	29 010
30	8 420	16 850	16 850	25 290	25 290	33 720
40	9 470	18 950	18 950	28 420	28 420	37 900
50	10 390	20 780	20 780	31 160	31 160	41 550
75	12 340	24 690	24 690	37 050	37 050	49 400
100	13 990	27 970	27 970	41 960	41 960	55 940
150	16 610	33 200	33 200	49 800	49 800	66 390
200	18 550	37 110	37 110	55 670	55 670	74 230
300	21 170	42 340	42 340	63 510	63 510	84 680
400	23 130	46 260	46 260	69 400	69 400	92 530
500	24 710	49 410	49 410	74 100	74 100	98 800
1 000	31 240	62 470	62 470	93 710	93 710	124 940
2 500	46 920	93 830	93 830	140 750	140 750	187 660
5 000	66 520	133 040	133 040	199 550	199 550	266 070
10 000	92 660	185 310	185 310	277 970	277 970	370 620

(2) Die Honorare sind nach der Grundfläche des Planungsbereichs in Hektar zu berechnen.
(3) § 45 b Abs. 3 und 4 gilt sinngemäß.

§ 50 Sonstige landschaftsplanerische Leistungen

(1) Zu den sonstigen landschaftsplanerischen Leistungen rechnen insbesondere:
1. Gutachten zu Einzelfragen der Planung, ökologische Gutachten, Gutachten zu Baugesuchen,
2. Beratungen bei Gestaltungsfragen,
3. besondere Plandarstellungen und Modelle,
4. Ausarbeitungen von Satzungen, Teilnahme an Verhandlungen mit Behörden und an Sitzungen der Gemeindevertretungen nach Fertigstellung der Planung,
5. Beiträge zu Plänen und Programmen der Landes- oder Regionalplanung.
(2) Die Honorare für die in Absatz 1 genannten Leistungen können auf der Grundlage eines detaillierten Leistungskatalogs frei vereinbart werden. Wird das Honorar nicht bei Auftragserteilung schriftlich vereinbart, so ist es als Zeithonorar nach § 6 zu berechnen.

Teil VII: Leistungen bei Ingenieurbauwerken und Verkehrsanlagen

§ 51 Anwendungsbereich

(1) Ingenieurbauwerke umfassen:
1. Bauwerke und Anlagen der Wasserversorgung,
2. Bauwerke und Anlagen der Abwasserentsorgung,
3. Bauwerke und Anlagen des Wasserbaus, ausgenommen Freianlagen nach § 3 Nr. 12,
4. Bauwerke und Anlagen für Ver- und Entsorgung mit Gasen, Feststoffen einschließlich wassergefährdenden Flüssigkeiten, ausgenommen Anlagen nach § 68,
5. Bauwerke und Anlagen der Abfallentsorgung,
6. konstruktive Ingenieurbauwerke für Verkehrsanlagen,
7. sonstige Einzelbauwerke, ausgenommen Gebäude und Freileitungsmaste.

(2) Verkehrsanlagen umfassen:
1. Anlagen des Straßenverkehrs, ausgenommen Freianlagen nach § 3 Nr. 12,
2. Anlagen des Schienenverkehrs,
3. Anlagen des Flugverkehrs.

§ 52 Grundlagen des Honorars

(1) Das Honorar für Grundleistungen bei Ingenieurbauwerken und Verkehrsanlagen richtet sich nach den anrechenbaren Kosten des Objekts, nach der Honorarzone, der das Objekt angehört, sowie bei Ingenieurbauwerken nach der Honorartafel zu § 56 Abs. 1 und bei Verkehrsanlagen nach der Honorartafel zu § 56 Abs. 2.

(2) Anrechenbare Kosten sind die Herstellungskosten des Objekts. Sie sind zu ermitteln:
1. für die Leistungsphasen 1 bis 4 nach der Kostenberechnung, solange diese nicht vorliegt oder wenn die Vertragsparteien dies bei Auftragserteilung schriftlich vereinbaren, nach der Kostenschätzung;
2. für die Leistungsphasen 5 bis 9 nach der Kostenfeststellung, solange diese nicht vorliegt oder wenn die Vertragsparteien dies bei Auftragserteilung schriftlich vereinbaren, nach der Kostenberechnung.

(3) § 10 Abs. 3 bis 4 gilt sinngemäß.

(4) Anrechenbar sind für Grundleistungen der Leistungsphasen 1 bis 7 und 9 des § 55 bei Verkehrsanlagen:
1. die Kosten für Erdarbeiten einschließlich Felsarbeiten, soweit sie 40 vom Hundert der sonstigen anrechenbaren Kosten nach Absatz 2 nicht übersteigen;
2. 10 vom Hundert der Kosten für Ingenieurbauwerke, wenn dem Auftragnehmer nicht gleichzeitig Grundleistungen nach § 55 für diese Ingenieurbauwerke übertragen werden.

(5) Anrechenbar sind für Grundleistungen der Leistungsphasen 1 bis 7 und 9 des § 55 bei Straßen mit mehreren durchgehenden Fahrspuren, wenn diese eine gemeinsame Entwurfsachse und eine gemeinsame Entwurfsgradiente

haben, sowie bei Gleis- und Bahnsteiganlagen mit zwei Gleisen, wenn diese ein gemeinsames Planum haben, nur folgende Vomhundertsätze der nach den Absätzen 2 bis 4 ermittelten Kosten:

1. bei dreispurigen Straßen   85 v. H.,
2. bei vierspurigen Straßen   70 v. H.,
3. bei mehr als vierspurigen Straßen   60 v. H.,
4. bei Gleis- und Bahnsteiganlagen mit zwei Gleisen   90 v. H.

(6) Nicht anrechenbar sind für Grundleistungen die Kosten für:
1. das Baugrundstück einschließlich der Kosten des Erwerbs und des Freimachens,
2. andere einmalige Abgaben für Erschließung (DIN 276, Kostengruppe 2.3),
3. Vermessung und Vermarkung,
4. Kunstwerke, soweit sie nicht wesentliche Bestandteile des Objekts sind,
5. Winterbauschutzvorkehrungen und sonstige zusätzliche Maßnahmen bei der Erschließung, beim Bauwerk und bei den Außenanlagen für den Winterbau,
6. Entschädigungen und Schadensersatzleistungen,
7. die Baunebenkosten.

(7) Nicht anrechenbar sind neben den in Absatz 6 genannten Kosten, soweit der Auftragnehmer die Anlagen oder Maßnahmen weder plant noch ihre Ausführung überwacht, die Kosten für:
1. das Herrichten des Grundstücks (DIN 276, Kostengruppe 1.4),
2. die öffentliche Erschließung (DIN 276, Kostengruppe 2.1),
3. die nichtöffentliche Erschließung und die Außenanlagen (DIN 276, Kostengruppen 2.2 und 5),
4. verkehrsregelnde Maßnahmen während der Bauzeit,
5. das Umlegen und Verlegen von Leitungen,
6. Ausstattung und Nebenanlagen von Straßen sowie Ausrüstung und Nebenanlagen von Gleisanlagen,
7. Anlagen der Maschinentechnik, die der Zweckbestimmung des Ingenieurbauwerks dienen.

(8) Die §§ 20 bis 22 und 32 gelten sinngemäß; § 23 gilt sinngemäß für Ingenieurbauwerke nach § 51 Abs. 1 Nr. 1 bis 5.

(9) Das Honorar für Leistungen bei Deponien für unbelasteten Erdaushub, beim Ausräumen oder bei hydraulischer Sanierung von Altablagerungen und bei kontaminierten Standorten, bei selbständigen Geh- und Radwegen mit rechnerischer Festlegung nach Lage und Höhe, bei nachträglich an vorhandene Straßen angepaßten landwirtschaftlichen Wegen, Gehwegen und Radwegen sowie bei Gleis- und Bahnsteiganlagen mit mehr als zwei Gleisen kann frei vereinbart werden. Wird ein Honorar nicht bei Auftragserteilung schriftlich vereinbart, so ist das Honorar als Zeithonorar nach § 6 zu berechnen.

§ 53 Honorarzonen für Leistungen bei Ingenieurbauwerken und Verkehrsanlagen

(1) Ingenieurbauwerke und Verkehrsanlagen werden nach den in Absatz 2 genannten Bewertungsmerkmalen folgenden Honorarzonen zugerechnet:

1. Honorarzone I: Objekte mit sehr geringen Planungsanforderungen,
2. Honorarzone II: Objekte mit geringen Planungsanforderungen,
3. Honorarzone III: Objekte mit durchschnittlichen Planungsanforderungen,
4. Honorarzone IV: Objekte mit überdurchschnittlichen Planungsanforderungen,
5. Honorarzone V: Objekte mit sehr hohen Planungsanforderungen.

(2) Bewertungsmerkmale sind:
1. geologische und baugrundtechnische Gegebenheiten,
2. technische Ausrüstung oder Ausstattung,
3. Anforderungen an die Einbindung in die Umgebung oder das Objektumfeld,
4. Umfang der Funktionsbereiche oder der konstruktiven oder technischen Anforderungen,
5. fachspezifische Bedingungen.

(3) Sind für Ingenieurbauwerke oder Verkehrsanlagen Bewertungsmerkmale aus mehreren Honorarzonen anwendbar und bestehen deswegen Zweifel, welcher Honorarzone das Objekt zugerechnet werden kann, so ist die Anzahl der Bewertungspunkte nach Absatz 4 zu ermitteln. Das Objekt ist nach der Summe der Bewertungspunkte folgenden Honorarzonen zuzurechnen:
1. Honorarzone I: Objekte mit bis zu 10 Punkten,
2. Honorarzone II: Objekte mit 11 bis 17 Punkten,
3. Honorarzone III: Objekte mit 18 bis 25 Punkten,
4. Honorarzone IV: Objekte mit 26 bis 33 Punkten,
5. Honorarzone V: Objekte mit 34 bis 40 Punkten.

(4) Bei der Zurechnung eines Ingenieurbauwerks oder einer Verkehrsanlage in die Honorarzonen sind entsprechend dem Schwierigkeitsgrad der Planungsanforderungen die Bewertungsmerkmale mit bis zu folgenden Punkten zu bewerten:

	Ingenieurbauwerke nach § 51 Abs. 1	Verkehrsanlagen nach § 51 Abs. 2
1. Geologische und baugrundtechnische Gegebenheiten	5	5
2. Technische Ausrüstung oder Ausstattung	5	5
3. Anforderungen an die Einbindung in die Umgebung oder das Objektumfeld	5	15
4. Umfang der Funktionsbereiche oder konstruktiven oder technischen Anforderungen	10	10
5. Fachspezifische Bedingungen	15	5

§ 54 Objektliste für Ingenieurbauwerke und Verkehrsanlagen

(1) Nachstehende Ingenieurbauwerke werden nach Maßgabe der in § 53 genannten Merkmale in der Regel folgenden Honorarzonen zugerechnet:

1. Honorarzone I:
   a) Zisternen, Leitungen für Wasser ohne Zwangspunkte;
   b) Leitungen für Abwasser ohne Zwangspunkte;
   c) Einzelgewässer mit gleichförmigem ungegliedertem Querschnitt ohne Zwangspunkte, ausgenommen Einzelgewässer mit überwiegend ökologischen und landschaftsgestalterischen Elementen; Teiche bis 3 m Dammhöhe über Sohle ohne Hochwasserentlastung, ausgenommen Teiche ohne Dämme; Bootsanlegestellen an stehenden Gewässern; einfache Deich- und Dammbauten; einfacher, insbesondere flächenhafter Erdbau, ausgenommen flächenhafter Erdbau zur Geländegestaltung;
   d) Transportleitungen für wassergefährdende Flüssigkeiten und Gase ohne Zwangspunkte, handelsübliche Fertigbehälter für Tankanlagen;
   e) Zwischenlager, Sammelstellen und Umladestationen offener Bauart für Abfälle oder Wertstoffe ohne Zusatzeinrichtungen;
   f) Stege, soweit Leistungen nach Teil VIII erforderlich sind; einfache Durchlässe und Uferbefestigungen, ausgenommen einfache Durchlässe und Uferbefestigungen als Mittel zur Geländegestaltung, soweit keine Leistungen nach Teil VIII erforderlich sind; einfache Ufermauern; Lärmschutzwälle, ausgenommen Lärmschutzwälle als Mittel zur Geländegestaltung; Stützbauwerke und Geländeabstützungen ohne Verkehrsbelastung als Mittel zur Geländegestaltung, soweit Leistungen nach § 63 Abs. 1 Nr. 3 bis 5 erforderlich sind;
   g) einfache gemauerte Schornsteine, einfache Maste und Türme ohne Aufbauten; Versorgungsbauwerke und Schutzrohre in sehr einfachen Fällen ohne Zwangspunkte;

2. Honorarzone II:
   a) einfache Anlagen zur Gewinnung und Förderung von Wasser, zum Beispiel Quellfassungen, Schachtbrunnen; einfache Anlagen zur Speicherung von Wasser, zum Beispiel Behälter in Fertigbauweise, Feuerlöschbecken; Leitungen für Wasser mit geringen Verknüpfungen und wenigen Zwangspunkten, einfache Leitungsnetze für Wasser;
   b) industriell systematisierte Abwasserbehandlungsanlagen; Schlammabsetzanlagen, Schlammpolder, Erdbecken als Regenrückhaltebecken; Leitungen für Abwasser mit geringen Verknüpfungen und wenigen Zwangspunkten, einfache Leitungsnetze für Abwasser;
   c) einfache Pumpanlagen, Pumpwerke und Schöpfwerke; einfache feste Wehre, Düker mit wenigen Zwangspunkten, Einzelgewässer mit gleichförmigem gegliedertem Querschnitt und einigen Zwangspunkten, Teiche mit mehr als 3 m Dammhöhe über Sohle ohne Hochwasserentlastung, Teiche bis 3 m Dammhöhe über Sohle mit Hochwasserentlastung; Ufer- und Sohlensicherung an Wasserstraßen, einfache Schiffsanlege-, -lösch- und -ladestellen, Bootsanlegestellen an fließenden Gewässern, Deich- und Dammbauten, soweit nicht in Honorarzone I, III oder IV erwähnt; Berieselung und rohrlose Dränung, flächenhafter Erdbau mit unterschiedlichen Schütthöhen oder Materialien;

d) Transportleitungen für wassergefährdende Flüssigkeiten und Gase mit geringen Verknüpfungen und wenigen Zwangspunkten, industriell vorgefertigte einstufige Leichtflüssigkeitsabscheider;

e) Zwischenlager, Sammelstellen und Umladestationen offener Bauart für Abfälle oder Wertstoffe mit einfachen Zusatzeinrichtungen; einfache, einstufige Aufbereitungsanlagen für Wertstoffe, einfache Bauschuttaufbereitungsanlagen; Pflanzenabfall-Kompostierungsanlagen und Bauschuttdeponien ohne besondere Einrichtungen;

f) gerade Einfeldbrücken einfacher Bauart, Durchlässe, soweit nicht in Honorarzone I erwähnt; Stützbauwerke mit Verkehrsbelastungen, einfache Kaimauern und Piers, Schmalwände; Uferspundwände und Ufermauern, soweit nicht in Honorarzone I oder III erwähnt; einfache Lärmschutzanlagen, soweit Leistungen nach Teil VIII oder Teil XII erforderlich sind;

g) einfache Schornsteine, soweit nicht in Honorarzone I erwähnt; Maste und Türme ohne Aufbauten, soweit nicht in Honorarzone I erwähnt; Versorgungsbauwerke und Schutzrohre mit zugehörigen Schächten für Versorgungssysteme mit wenigen Zwangspunkten; flach gegründete, einzeln stehende Silos ohne Anbauten; einfache Werft-, Aufschlepp- und Helgenanlagen;

3. Honorarzone III:

a) Tiefbrunnen, Speicherbehälter; einfache Wasseraufbereitungsanlagen und Anlagen mit mechanischen Verfahren; Leitungen für Wasser mit zahlreichen Verknüpfungen und zahlreichen Zwangspunkten, Leitungsnetze mit mehreren Verknüpfungen und mehreren Zwangspunkten und mit einer Druckzone;

b) Abwasserbehandlungsanlagen mit gemeinsamer aerober Stabilisierung, Schlammabsetzanlagen mit mechanischen Einrichtungen; Leitungen für Abwasser mit zahlreichen Verknüpfungen und zahlreichen Zwangspunkten, Leitungsnetze für Abwasser mit mehreren Verknüpfungen und mehreren Zwangspunkten;

c) Pump- und Schöpfwerke, soweit nicht in Honorarzone II oder IV erwähnt; Kleinwasserkraftanlagen; feste Wehre, soweit nicht in Honorarzone II erwähnt; einfache bewegliche Wehre, Düker, soweit nicht in Honorarzone II oder IV erwähnt; Einzelgewässer mit ungleichförmigem ungegliedertem Querschnitt und einigen Zwangspunkten, Gewässersysteme mit einigen Zwangspunkten; Hochwasserrückhaltebecken und Talsperren bis 5 m Dammhöhe über Sohle oder bis 100 000 m³ Speicherraum; Schiffahrtskanäle, Schiffsanlege-, -lösch- und -ladestellen; Häfen, schwierige Deich- und Dammbauten; Siele, einfache Sperrwerke, Sperrtore, einfache Schiffsschleusen, Bootsschleusen, Regenbecken und Kanalstauräume mit geringen Verknüpfungen und wenigen Zwangspunkten, Beregnung und Rohrdränung;

d) Transportleitungen für wassergefährdende Flüssigkeiten und Gase mit geringen Verknüpfungen und wenigen Zwangspunkten; Anlagen zur Lagerung wassergefährdender Flüssigkeiten in einfachen Fällen, Pumpzentralen für Tankanlagen in Ortbetonbauweise; einstufige Leichtflüssigkeitsabscheider, soweit nicht in Honorarzone II erwähnt; Leerrohrnetze mit wenigen Verknüpfungen;

e) Zwischenlager, Sammelstellen und Umladestationen für Abfälle oder Wertstoffe, soweit nicht in Honorarzone I oder II erwähnt; Aufbereitungsanlagen für Wertstoffe, soweit nicht in Honorarzone II oder IV erwähnt; Bauschuttaufbereitungsanlagen, soweit nicht in Honorarzone II erwähnt; Biomüll-Kompostierungsanlagen; Pflanzenabfall-Kompostierungsanlagen, soweit nicht in Honorarzone II erwähnt; Bauschuttdeponien, soweit nicht in Honorarzone II erwähnt; Hausmüll- und Monodeponien, soweit nicht in Honorarzone IV erwähnt; Abdichtung von Altablagerungen und kontaminierten Standorten, soweit nicht in Honorarzone IV erwähnt;

f) Einfeldbrücken, soweit nicht in Honorarzone II oder IV erwähnt; einfache Mehrfeld- und Bogenbrücken, Stützbauwerke mit Verankerungen; Kaimauern und Piers, soweit nicht in Honorarzone II oder IV erwähnt; Schlitz- und Bohrpfahlwände, Trägerbohlwände, schwierige Uferspundwände und Ufermauern; Lärmschutzanlagen, soweit nicht in Honorarzone II oder IV erwähnt und soweit Leistungen nach Teil VIII oder Teil XII erforderlich sind; einfache Tunnel- und Trogbauwerke;

g) Schornsteine mittlerer Schwierigkeit, Maste und Türme mit Aufbauten, einfache Kühltürme; Versorgungsbauwerke mit zugehörigen Schächten für Versorgungssysteme unter beengten Verhältnissen; einzeln stehende Silos mit einfachen Anbauten; Werft-, Aufschlepp- und Helgenanlagen, soweit nicht in Honorarzone II oder IV erwähnt; einfache Docks; einfache, selbständige Tiefgaragen; einfache Schacht- und Kavernenbauwerke, einfache Stollenbauten, schwierige Bauwerke für Heizungsanlagen in Ortbetonbauweise, einfache Untergrundbahnhöfe;

4. Honorarzone IV:

a) Brunnengalerien und Horizontalbrunnen, Speicherbehälter in Turmbauweise, Wasseraufbereitungsanlagen mit physikalischen und chemischen Verfahren, einfache Grundwasserdekontaminierungsanlagen, Leitungsnetze für Wasser mit zahlreichen Verknüpfungen und zahlreichen Zwangspunkten;

b) Abwasserbehandlungsanlagen, soweit nicht in Honorarzone II, III oder V erwähnt; Schlammbehandlungsanlagen; Leitungsnetze für Abwasser mit zahlreichen Zwangspunkten;

c) schwierige Pump- und Schöpfwerke; Druckerhöhungsanlagen, Wasserkraftanlagen, bewegliche Wehre, soweit nicht in Honorarzone III erwähnt; mehrfunktionale Düker, Einzelgewässer mit ungleichförmigem gegliedertem Querschnitt und vielen Zwangspunkten, Gewässersysteme mit vielen Zwangspunkten, besonders schwieriger Gewässerausbau mit sehr hohen technischen Anforderungen und ökologischen Ausgleichsmaßnahmen; Hochwasserrückhaltebecken und Talsperren mit mehr als 100 000 m³ und weniger als 5 000 000 m³ Speicherraum; Schiffsanlege-, -lösch- und -ladestellen bei Tide- oder Hochwasserbeeinflussung; Schiffsschleusen, Häfen bei Tide- und Hochwasserbeeinflussung; besonders schwierige Deich- und Dammbauten; Sperrwerke, soweit nicht in Honorarzone III erwähnt; Regenbecken und Kanalstauräume mit zahlreichen Verknüpfungen und zahlreichen Zwangspunkten; kombinierte Regenwasserbewirtschaftungsanlagen; Beregnung und Rohrdränung bei ungleichmäßigen Boden- und schwierigen Geländeverhältnissen;

d) Transportleitungen für wassergefährdende Flüssigkeiten und Gase mit zahlreichen Verknüpfungen und zahlreichen Zwangspunkten; mehrstufige Leichtflüssigkeitsabscheider; Leerrohrnetze mit zahlreichen Verknüpfungen;

e) mehrstufige Aufbereitungsanlagen für Wertstoffe, Kompostwerke, Anlagen zur Konditionierung von Sonderabfällen, Hausmülldeponien und Monodeponien mit schwierigen technischen Anforderungen, Sonderabfalldeponien, Anlagen für Untertagedeponien, Behälterdeponien, Abdichtung von Altablagerungen und kontaminierten Standorten mit schwierigen technischen Anforderungen, Anlagen zur Behandlung kontaminierter Böden;

f) schwierige Einfeld-, Mehrfeld- und Bogenbrücken; schwierige Kaimauern und Piers; Lärmschutzanlagen in schwieriger städtebaulicher Situation, soweit Leistungen nach Teil VIII oder Teil XII erforderlich sind; schwierige Tunnel- und Trogbauwerke;

g) schwierige Schornsteine; Maste und Türme mit Aufbauten und Betriebsgeschoß; Kühltürme, soweit nicht in Honorarzone III oder V erwähnt; Versorgungskanäle mit zugehörigen Schächten in schwierigen Fällen für mehrere Medien, Silos mit zusammengefügten Zellenblöcken und Anbauten, schwierige Werft-, Aufschlepp- und Helgenanlagen, schwierige Docks; selbständige Tiefgaragen, soweit nicht in Honorarzone III erwähnt; schwierige Schacht- und Kavernenbauwerke, schwierige Stollenbauten; schwierige Untergrundbahnhöfe, soweit nicht in Honorarzone V erwähnt;

5. Honorarzone V:

a) Bauwerke und Anlagen mehrstufiger oder kombinierter Verfahren der Wasseraufbereitung; komplexe Grundwasserdekontaminierungsanlagen;

b) schwierige Abwasserbehandlungsanlagen, Bauwerke und Anlagen für mehrstufige oder kombinierte Verfahren der Schlammbehandlung;

c) schwierige Wasserkraftanlagen, zum Beispiel Pumpspeicherwerke oder Kavernenkraftwerke, Schiffshebewerke; Hochwasserrückhaltebecken und Talsperren mit mehr als 5 000 000 m³ Speicherraum;

d) –;

e) Verbrennungsanlagen, Pyrolyseanlagen;

f) besonders schwierige Brücken, besonders schwierige Tunnel- und Trogbauwerke;

g) besonders schwierige Schornsteine; Maste und Türme mit Aufbauten, Betriebsgeschoß und Publikumseinrichtungen; schwierige Kühltürme, besonders schwierige Schacht- und Kavernenbauwerke, Untergrund-Kreuzungsbahnhöfe, Offshore-Anlagen.

(2) Nachstehende Verkehrsanlagen werden nach Maßgabe der in § 53 genannten Merkmale in der Regel folgenden Honorarzonen zugerechnet:

1. Honorarzone I:
   a) Wege im ebenen oder wenig bewegten Gelände mit einfachen Entwässerungsverhältnissen, ausgenommen Wege ohne Eignung für den regelmäßigen Fahrverkehr mit einfachen Entwässerungsverhältnissen sowie andere Wege und befestigte Flächen, die als Gestaltungselement der Freianlage geplant werden und für die Leistungen nach Teil VII nicht erforderlich sind; einfache Verkehrsflächen, Parkplätze in Außenbereichen;
   b) Gleis- und Bahnsteiganlagen ohne Weichen und Kreuzungen, soweit nicht in den Honorarzonen II bis V erwähnt;
   c) –;
2. Honorarzone II:
   a) Wege im bewegten Gelände mit einfachen Baugrund- und Entwässerungsverhältnissen, ausgenommen Wege ohne Eignung für den regelmäßigen Fahrverkehr und mit einfachen Entwässerungsverhältnissen sowie andere Wege und befestigte Flächen, die als Gestaltungselement der Freianlage geplant werden und für die Leistungen nach Teil VII nicht erforderlich sind; außerörtliche Straßen ohne besondere Zwangspunkte oder im wenig bewegten Gelände; Tankstellen- und Rastanlagen einfacher Art; Anlieger- und Sammelstraßen in Neubaugebieten, innerörtliche Parkplätze, einfache höhengleiche Knotenpunkte;
   b) Gleisanlagen der freien Strecke ohne besondere Zwangspunkte, Gleisanlagen der freien Strecke im wenig bewegten Gelände, Gleis- und Bahnsteiganlagen der Bahnhöhe mit einfachen Spurplänen;
   c) einfache Verkehrsflächen für Landeplätze, Segelfluggelände;
3. Honorarzone III:
   a) Wege im bewegten Gelände mit schwierigen Baugrund- und Entwässerungsverhältnissen; außerörtliche Straßen mit besonderen Zwangspunkten oder im bewegten Gelände; schwierige Tankstellen- und Rastanlagen; innerörtliche Straßen und Plätze, soweit nicht in Honorarzone II, IV oder V erwähnt; verkehrsberuhigte Bereiche, ausgenommen Oberflächengestaltungen und Pflanzungen für Fußgängerbereiche nach § 14 Nr. 4; schwierige höhengleiche Knotenpunkte, einfache höhenungleiche Knotenpunkte, Verkehrsflächen für Güterumschlag Straße/Straße;
   b) innerörtliche Gleisanlagen, soweit nicht in Honorarzone IV erwähnt; Gleisanlagen der freien Strecke mit besonderen Zwangspunkten; Gleisanlagen der freien Strecke im bewegten Gelände; Gleis- und Bahnsteiganlagen der Bahnhöfe mit schwierigen Spurplänen;
   c) schwierige Verkehrsflächen für Landeplätze, einfache Verkehrsflächen für Flughäfen;
4. Honorarzone IV:
   a) außerörtliche Straßen mit einer Vielzahl besonderer Zwangspunkte oder im stark bewegten Gelände, soweit nicht in Honorarzone V erwähnt; innerörtliche Straßen und Plätze mit hohen verkehrstechnischen Anforderungen oder in schwieriger städtebaulicher Situation, sowie vergleichbare verkehrsberuhigte Bereiche, ausgenommen Oberflächengestaltungen und Pflanzungen für Fußgängerbereiche nach § 14 Nr. 4; sehr schwieri-

ge höhengleiche Knotenpunkte; schwierige höhenungleiche Knotenpunkte; Verkehrsflächen für Güterumschlag im kombinierten Ladeverkehr;
b) schwierige innerörtliche Gleisanlagen, Gleisanlagen der freien Strecke mit einer Vielzahl besonderer Zwangspunkte, Gleisanlagen der freien Strecke im stark bewegten Gelände; Gleis- und Bahnsteiganlagen der Bahnhöfe mit sehr schwierigen Spurplänen;
c) schwierige Verkehrsflächen für Flughäfen;
5. Honorarzone V:
a) schwierige Gebirgsstraßen, schwierige innerörtliche Straßen und Plätze mit sehr hohen verkehrstechnischen Anforderungen oder in sehr schwieriger städtebaulicher Situation; sehr schwierige höhenungleiche Knotenpunkte;
b) sehr schwierige innerörtliche Gleisanlagen;
c) —.

§ 55 Leistungsbild Objektplanung für Ingenieurbauwerke und Verkehrsanlagen

(1) Das Leistungsbild Objektplanung umfaßt die Leistungen der Auftragnehmer für Neubauten, Neuanlagen, Wiederaufbauten, Erweiterungsbauten, Umbauten, Modernisierungen, Instandhaltungen und Instandsetzungen. Die Grundleistungen sind in den in Absatz 2 aufgeführten Leistungsphasen 1 bis 9 zusammengefaßt und in der folgenden Tabelle für Ingenieurbauwerke in Vomhundertsätzen der Honorare des § 56 Abs. 1 und für Verkehrsanlagen in Vomhundertsätzen der Honorare des § 56 Abs. 2 bewertet.

	Bewertung der Grundleistungen in v. H. der Honorare
1. Grundlagenermittlung Ermitteln der Voraussetzungen zur Lösung der Aufgabe durch die Planung	2
2. Vorplanung (Projekt- und Planungsvorbereitung) Erarbeiten der wesentlichen Teile einer Lösung der Planungsaufgabe*)	15
3. Entwurfsplanung (System- und Integrationsplanung) Erarbeiten der endgültigen Lösung der Planungsaufgabe	30
4. Genehmigungsplanung Erarbeiten und Einreichen der Vorlagen für die erforderlichen öffentlich-rechtlichen Verfahren	5
5. Ausführungsplanung Erarbeiten und Darstellen der ausführungsreifen Planungslösung	15
6. Vorbereitung der Vergabe Ermitteln der Mengen und Aufstellen von Ausschreibungsunterlagen	10
7. Mitwirkung bei der Vergabe Einholen und Werten von Angeboten und Mitwirkung bei der Auftragsvergabe	5
8. Bauoberleitung Aufsicht über die örtliche Bauüberwachung Abnahme und Übergabe des Objekts	15
9. Objektbetreuung und Dokumentation Überwachen der Beseitigung von Mängeln und Dokumentation des Gesamtergebnisses	3

---

*) Bei Objekten nach § 51 Abs. 1 Nr. 6 und 7, die eine Tragwerksplanung erfordern, wird die Leistungsphase 2 mit 8 v. H. bewertet.

(2) Das Leistungsbild setzt sich wie folgt zusammen:

Grundleistungen	Besondere Leistungen

1. Grundlagenermittlung

Klären der Aufgabenstellung
Ermitteln der vorgegebenen Randbedingungen
Bei Objekten nach § 51 Abs. 1 Nr. 6 und 7, die eine Tragwerksplanung erfordern:
Klären der Aufgabenstellung auch auf dem Gebiet der Tragwerksplanung
Ortsbesichtigung
Zusammenstellen der die Aufgabe beeinflussenden Planungsabsichten
Zusammenstellen und Werten von Unterlagen
Erläutern von Planungsdaten
Ermitteln des Leistungsumfangs und der erforderlichen Vorarbeiten, zum Beispiel Baugrunduntersuchungen, Vermessungsleistungen, Immissionsschutz; ferner bei Verkehrsanlagen: Verkehrszählungen
Formulieren von Entscheidungshilfen für die Auswahl anderer an der Planung fachlich Beteiligter
Zusammenfassen der Ergebnisse

Auswahl und Besichtigen ähnlicher Objekte
Ermitteln besonderer, in den Normen nicht festgelegter Belastungen

2. Vorplanung (Projekt- und Planungsvorbereitung)

Analyse der Grundlagen
Abstimmen der Zielvorstellungen auf die Randbedingungen, die insbesondere durch Raumordnung, Landesplanung, Bauleitplanung, Rahmenplanung sowie örtliche und überörtliche Fachplanungen vorgegeben sind
Untersuchen von Lösungsmöglichkeiten mit ihren Einflüssen auf bauliche und konstruktive Gestaltung, Zweckmäßigkeit, Wirtschaftlichkeit unter Beachtung der Umweltverträglichkeit
Beschaffen und Auswerten amtlicher Karten
Erarbeiten eines Planungskonzepts einschließlich Untersuchung der alternativen Lösungsmöglichkeiten nach gleichen Anforderungen mit zeichnerischer Darstellung und Bewertung unter Einarbeitung der Beiträge anderer an der Planung fachlich Beteiligter

Anfertigen von Nutzen-Kosten-Untersuchungen
Anfertigen von topographischen und hydrologischen Unterlagen
Genaue Berechnung besonderer Bauteile
Koordinieren und Darstellen der Ausrüstung und Leitungen bei Gleisanlagen

Bei Verkehrsanlagen: Überschlägige verkehrstechnische Bemessung der Verkehrsanlage; Ermitteln der Schallimmissionen von der Verkehrsanlage an kritischen Stellen nach Tabellenwerten; Untersuchen der möglichen Schallschutzmaßnahmen, ausgenommen detaillierte schalltechnische Untersuchungen, insbesondere in komplexen Fällen

Klären und Erläutern der wesentlichen fachspezifischen Zusammenhänge, Vorgänge und Bedingungen

Vorverhandlungen mit Behörden und anderen an der Planung fachlich Beteiligten über die Genehmigungsfähigkeit, gegebenenfalls über die Bezuschussung und Kostenbeteiligung

Mitwirken beim Erläutern des Planungskonzepts gegenüber Bürgern und politischen Gremien

Überarbeiten des Planungskonzepts nach Bedenken und Anregungen

Bereitstellen von Unterlagen als Auszüge aus dem Vorentwurf zur Verwendung für ein Raumordnungsverfahren

Kostenschätzung

Zusammenstellung aller Vorplanungsergebnisse

3. Entwurfsplanung

Durcharbeiten des Planungskonzepts (stufenweise Erarbeitung einer zeichnerischen Lösung) unter Berücksichtigung aller fachspezifischer Anforderungen und unter Verwendung der Beiträge anderer an der Planung fachlich Beteiligter bis zum vollständigen Entwurf

Erläuterungsbericht

Fachspezifische Berechnungen, ausgenommen Berechnungen des Tragwerks

Zeichnerische Darstellung des Gesamtentwurfs

Finanzierungsplan; Bauzeiten- und Kostenplan; Ermitteln und Begründen der zuwendungsfähigen Kosten sowie Vorbereiten der Anträge auf Finanzierung; Mitwirken beim Erläutern des vorläufigen Entwurfs gegenüber Bürgern und politischen Gremien; Überarbeiten des vorläufigen Entwurfs aufgrund von Bedenken und Anregungen

Beschaffen von Auszügen aus Grundbuch, Kataster und anderen amtlichen Unterlagen

Fortschreiben von Nutzen-Kosten-Untersuchungen

Signaltechnische Berechnung

Mitwirken bei Verwaltungsvereinbarungen

Verhandlungen mit Behörden und anderen an der Planung fachlich Beteiligten über die Genehmigungsfähigkeit
Kostenberechnung
Kostenkontrolle durch Vergleich der Kostenberechnung mit der Kostenschätzung
Bei Verkehrsanlagen: Überschlägige Festlegung der Abmessungen von Ingenieurbauwerken; Zusammenfassen aller vorläufigen Entwurfsunterlagen; Weiterentwikkeln des vorläufigen Entwurfs zum endgültigen Entwurf; Ermitteln der Schallimmissionen von der Verkehrsanlage nach Tabellenwerten; Festlegen der erforderlichen Schallschutzmaßnahmen an der Verkehrsanlage, gegebenenfalls unter Einarbeitung der Ergebnisse detaillierter schalltechnischer Untersuchungen und Feststellen der Notwendigkeit von Schallschutzmaßnahmen an betroffenen Gebäuden; rechnerische Festlegung der Anlage in den Haupt- und Kleinpunkten; Darlegen der Auswirkungen auf Zwangspunkte; Nachweis der Lichtraumprofile; überschlägiges Ermitteln der wesentlichen Bauphasen unter Berücksichtigung der Verkehrslenkung während der Bauzeit
Zusammenfassen aller Entwurfsunterlagen

4. Genehmigungsplanung

Erarbeiten der Unterlagen für die erforderlichen öffentlich-rechtlichen Verfahren einschließlich der Anträge auf Ausnahmen und Befreiungen, Aufstellen des Bauwerksverzeichnisses unter Verwendung der Beiträge anderer an der Planung fachlich Beteiligter
Einreichen dieser Unterlagen
Grunderwerbsplan und Grunderwerbsverzeichnis
Bei Verkehrsanlagen: Einarbeiten der Ergebnisse der schalltechnischen Untersuchungen
Verhandlungen mit Behörden
Vervollständigen und Anpassen der Planungsunterlagen, Beschreibungen und Berechnungen unter Verwendung der Beiträge anderer an der Planung fachlich Beteiligter
Mitwirken beim Erläutern gegenüber Bürgern

Mitwirken beim Beschaffen der Zustimmung von Betroffenen
Herstellen der Unterlagen für Verbandsgründungen

Mitwirken im Planfeststellungsverfahren einschließlich der Teilnahme an Erörterungsterminen sowie Mitwirken bei der Abfassung der Stellungnahmen zu Bedenken und Anregungen

5. Ausführungsplanung

Durcharbeiten der Ergebnisse der Leistungsphasen 3 und 4 (stufenweise Erarbeitung und Darstellung der Lösung) unter Berücksichtigung aller fachspezifischen Anforderungen und Verwendung der Beiträge anderer an der Planung fachlich Beteiligter bis zur ausführungsreifen Lösung
Zeichnerische und rechnerische Darstellung des Objekts mit allen für die Ausführung notwendigen Einzelangaben einschließlich Detailzeichnungen in den erforderlichen Maßstäben
Erarbeiten der Grundlagen für die anderen an der Planung fachlich Beteiligten und Integrieren ihrer Beiträge bis zur ausführungsreifen Lösung
Fortschreiben der Ausführungsplanung während der Objektausführung

Aufstellen von Ablauf- und Netzplänen

6. Vorbereitung der Vergabe

Mengenermittlung und Aufgliederung nach Einzelpositionen unter Verwendung der Beiträge anderer an der Planung fachlich Beteiligter
Aufstellen der Verdingungsunterlagen, insbesondere Anfertigen der Leistungsbeschreibungen mit Leistungsverzeichnissen sowie der Besonderen Vertragsbedingungen
Abstimmen und Koordinieren der Verdingungsunterlagen der an der Planung fachlich Beteiligten
Festlegen der wesentlichen Ausführungsphasen

7. Mitwirkung bei der Vergabe

Zusammenstellen der Verdingungsunterlagen für alle Leistungsbereiche
Einholen von Angeboten
Prüfen und Werten der Angebote einschließlich Aufstellen eines Preisspiegels
Abstimmen und Zusammenstellen der Lei-

Prüfen und Werten von Nebenangeboten und Änderungsvorschlägen mit grundlegend anderen Konstruktionen im Hinblick auf die technische und funktionelle Durchführbarkeit

stungen der fachlich Beteiligten, die an der
Vergabe mitwirken
Mitwirken bei Verhandlungen mit Bietern
Fortschreiben der Kostenberechnung
Mitwirken bei der Auftragserteilung
Kostenkontrolle durch Vergleich der fortge-
schriebenen Kostenberechnung mit der
Kostenberechnung

8. Bauoberleitung

Aufsicht über die örtliche Bauüberwachung, soweit die Bauoberleitung und die
örtliche Bauüberwachung getrennt vergeben werden, Koordinieren der an der Objektüberwachung fachlich Beteiligten, insbesondere Prüfen auf Übereinstimmung
und Freigeben von Plänen Dritter
Aufstellen und Überwachen eines Zeitplans (Balkendiagramm)
Inverzugsetzen der ausführenden Unternehmen
Abnahme von Leistungen und Lieferungen
unter Mitwirkung der örtlichen Bauüberwachung und anderer an der Planung und
Objektüberwachung fachlich Beteiligter
unter Fertigung einer Niederschrift über
das Ergebnis der Abnahme
Antrag auf behördliche Abnahmen und
Teilnahme daran
Übergabe des Objekts einschließlich Zusammenstellung und Übergabe der erforderlichen Unterlagen, zum Beispiel Abnahmeniederschriften und Prüfungsprotokolle
Zusammenstellen von Wartungsvorschriften für das Objekt
Überwachen der Prüfungen der Funktionsfähigkeit der Anlagenteile und der Gesamtanlage
Auflisten der Verjährungsfristen der Gewährleistungsansprüche
Kostenfeststellung
Kostenkontrolle durch Überprüfen der Lei-
stungsabrechnung der bauausführenden
Unternehmen im Vergleich zu den Vertragspreisen und der fortgeschriebenen
Kostenberechnung

9. Objektbetreuung und Dokumen-
tation

Objektbegehung zur Mängelfeststellung   Erstellen eines Bauwerksbuchs
vor Ablauf der Verjährungsfristen der Ge-

währleistungsansprüche gegenüber den
ausführenden Unternehmen
Überwachen der Beseitigung von Mängeln, die innerhalb der Verjährungsfristen
der Gewährleistungsansprüche, längstens
jedoch bis zum Ablauf von 5 Jahren seit
Abnahme der Leistungen auftreten
Mitwirken bei der Freigabe von Sicherheitsleistungen
Systematische Zusammenstellung der
zeichnerischen Darstellungen und rechnerischen Ergebnisse des Objekts

(3) Die Teilnahme an bis zu 5 Erläuterungs- oder Erörterungsterminen mit
Bürgern oder politischen Gremien, die bei Leistungen nach Absatz 2 anfallen,
sind als Grundleistung mit den Honoraren nach § 56 abgegolten

(4) Die Vertragsparteien können bei Auftragserteilung schriftlich vereinbaren, daß die Leistungsphase 5 bei Ingenieurbauwerken nach § 51 Abs. 1 Nr. 1
bis 3 und 5 abweichend von Absatz 1 mit mehr als 15 bis zu 35 vom Hundert
bewertet wird, wenn in dieser Leistungsphase ein überdurchschnittlicher Aufwand an Ausführungszeichnungen erforderlich wird. Wird die Planung von
Anlagen der Verfahrens- und Prozeßtechnik für die in Satz 1 genannten Ingenieurbauwerke an den Auftragnehmer übertragen, dem auch Grundleistungen
für diese Ingenieurbauwerke in Auftrag gegeben sind, so kann für diese Leistungen ein Honorar frei vereinbart werden. Wird ein Honorar nach Satz 2 nicht
bei Auftragserteilung schriftlich vereinbart, so ist das Honorar als Zeithonorar
nach § 6 zu berechnen.

(5) Bei Umbauten und Modernisierungen im Sinne des § 3 Nr. 5 und 6 von
Ingenieurbauwerken können neben den in Absatz 2 erwähnten Besonderen
Leistungen insbesondere die nachstehenden Besonderen Leistungen verein-
bart werden:
– Ermitteln substanzbezogener Daten und Vorschriften
– Untersuchen und Abwickeln der notwendigen Sicherungsmaßnahmen
  von Bau- oder Betriebszuständen
– Örtliches Überprüfen von Planungsdetails an der vorgefundenen Sub-
  stanz und Überarbeiten der Planung bei Abweichen von den ursprüng-
  lichen Feststellungen
– Erarbeiten eines Vorschlags zur Behebung von Schäden oder Mängeln.
Satz 1 gilt sinngemäß für Verkehrsanlagen mit geringen Kosten für Erdarbeiten einschließlich Felsarbeiten sowie mit gebundener Gradiente oder bei
schwieriger Anpassung an vorhandene Randbebauung.

§ 56 Honorartafeln für Grundleistungen bei Ingenieurbauwerken und Verkehrsanlagen

(1) Die Mindest- und Höchstsätze der Honorare für die in § 55 aufgeführten Grundleistungen bei Ingenieurbauwerken sind in der nachfolgenden Honorartafel [siehe Seite 95] für den Anwendungsbereich des § 51 Abs. 1 festgesetzt.

(2) Die Mindest- und Höchstsätze der Honorare für die in § 55 aufgeführten Grundleistungen bei Verkehrsanlagen sind in der nachfolgenden Honorartafel [siehe Seite 96] für den Anwendungsbereich des § 51 Abs. 2 festgesetzt.

(3) § 16 Abs. 2 und 3 gilt sinngemäß.

§ 57 Örtliche Bauüberwachung

(1) Die örtliche Bauüberwachung bei Ingenieurbauwerken und Verkehrsanlagen umfaßt folgende Leistungen:
1. Überwachen der Ausführung des Objekts auf Übereinstimmung mit den zur Ausführung genehmigten Unterlagen, dem Bauvertrag sowie den allgemein anerkannten Regeln der Technik und den einschlägigen Vorschriften,
2. Hauptachsen für das Objekt von objektnahen Festpunkten abstecken sowie Höhenfestpunkte im Objektbereich herstellen, soweit die Leistungen nicht mit besonderen instrumentellen und vermessungstechnischen Verfahrensanforderungen erbracht werden müssen; Baugelände örtlich kennzeichnen,
3. Führen eines Bautagebuchs,
4. gemeinsames Aufmaß mit den ausführenden Unternehmen,
5. Mitwirken bei der Abnahme von Leistungen und Lieferungen,
6. Rechnungsprüfung,
7. Mitwirken bei behördlichen Abnahmen,
8. Mitwirken beim Überwachen der Prüfung der Funktionsfähigkeit der Anlagenteile und der Gesamtanlage,
9. Überwachen der Beseitigung der bei der Abnahme der Leistungen festgestellten Mängel,
10. bei Objekten nach § 51 Abs. 1: Überwachen der Ausführung von Tragwerken nach § 63 Abs. 1 Nr. 1 und 2 auf Übereinstimmung mit dem Standsicherheitsnachweis.

(2) Das Honorar für die örtliche Bauüberwachung kann mit 2,1 bis 3,2 vom Hundert der anrechenbaren Kosten nach § 52 Abs. 2, 3, 6 und 7 vereinbart werden. Die Vertragsparteien können abweichend von Satz 1 ein Honorar als Festbetrag unter Zugrundelegung der geschätzten Bauzeit vereinbaren. Wird ein Honorar nach Satz 1 oder Satz 2 nicht bei Auftragserteilung schriftlich vereinbart, so gilt ein Honorar in Höhe von 2,1 vom Hundert der anrechenbaren Kosten nach § 52 Abs. 2, 3, 6 und 7 als vereinbart. § 5 Abs. 2 und 3 gilt sinngemäß.

(3) Das Honorar für die örtliche Bauüberwachung bei Objekten nach § 52 Abs. 9 kann abweichend von Absatz 2 frei vereinbart werden.

Honorartafel zu § 56 Abs. 1 (Anwendungsbereich des § 51 Abs. 1)

Anrechenbare Kosten DM	Zone I von DM	Zone I bis DM	Zone II von DM	Zone II bis DM	Zone III von DM	Zone III bis DM	Zone IV von DM	Zone IV bis DM	Zone V von DM	Zone V bis DM
50 000	4 650	5 850	5 850	7 040	7 040	8 240	8 240	9 430	9 430	10 630
60 000	5 400	6 760	6 760	8 120	8 120	9 490	9 490	10 850	10 850	12 210
70 000	6 110	7 630	7 630	9 160	9 160	10 680	10 680	12 210	12 210	13 730
80 000	6 790	8 470	8 470	10 150	10 150	11 820	11 820	13 500	13 500	15 180
90 000	7 470	9 290	9 290	11 120	11 120	12 940	12 940	14 770	14 770	16 590
100 000	8 140	10 110	10 110	12 080	12 080	14 040	14 040	16 010	16 010	17 980
150 000	11 290	13 920	13 920	16 550	16 550	19 170	19 170	21 800	21 800	24 430
200 000	14 240	17 470	17 470	20 700	20 700	23 920	23 920	27 150	27 150	30 380
300 000	19 750	24 060	24 060	28 370	28 370	32 680	32 680	36 990	36 990	41 300
400 000	24 910	30 200	30 200	35 490	35 490	40 770	40 770	46 060	46 060	51 350
500 000	29 820	36 010	36 010	42 210	42 210	48 400	48 400	54 600	54 600	60 790
600 000	34 530	41 580	41 580	48 640	48 640	55 690	55 690	62 750	62 750	69 800
700 000	39 100	46 970	46 970	54 840	54 840	62 700	62 700	70 570	70 570	78 440
800 000	43 560	52 200	52 200	60 850	60 850	69 490	69 490	78 140	78 140	86 780
900 000	47 890	57 290	57 290	66 690	66 690	76 080	76 080	85 480	85 480	94 880
1 000 000	52 130	62 260	62 260	72 380	72 380	82 510	82 510	92 630	92 630	102 760
1 500 000	72 290	85 770	85 770	99 250	99 250	112 730	112 730	126 210	126 210	139 690
2 000 000	91 170	107 670	107 670	124 180	124 180	140 680	140 680	157 190	157 190	173 690
3 000 000	126 440	148 370	148 370	170 300	170 300	192 240	192 240	214 170	214 170	236 100
4 000 000	159 460	186 280	186 280	213 100	213 100	239 930	239 930	266 750	266 750	293 570
5 000 000	190 880	222 230	222 230	253 570	253 570	284 920	284 920	316 260	316 260	347 610
6 000 000	221 110	256 700	256 700	292 290	292 290	327 890	327 890	363 480	363 480	399 070
7 000 000	250 370	289 990	289 990	329 610	329 610	369 220	369 220	408 840	408 840	448 460
8 000 000	278 850	322 320	322 320	365 780	365 780	409 250	409 250	452 710	452 710	496 180
9 000 000	306 630	353 800	353 800	400 970	400 970	448 130	448 130	495 300	495 300	542 470
10 000 000	333 820	384 560	384 560	435 300	435 300	486 050	486 050	536 790	536 790	587 530
15 000 000	462 910	530 060	530 060	597 210	597 210	664 360	664 360	731 510	731 510	798 660
20 000 000	583 780	665 630	665 630	747 480	747 480	829 330	829 330	911 180	911 180	993 030
30 000 000	809 550	917 620	917 620	1 025 680	1 025 680	1 133 750	1 133 750	1 241 810	1 241 810	1 349 880
40 000 000	1 020 930	1 152 410	1 152 410	1 283 890	1 283 890	1 415 380	1 415 380	1 546 860	1 546 860	1 678 340
50 000 000	1 222 200	1 375 230	1 375 230	1 528 250	1 528 250	1 681 280	1 681 280	1 834 300	1 834 300	1 987 330

Honorartafel zu § 56 Abs. 2 (Anwendungsbereich des § 51 Abs. 2)

Anrechenbare Kosten DM	Zone I von DM	Zone I bis DM	Zone II von DM	Zone II bis DM	Zone III von DM	Zone III bis DM	Zone IV von DM	Zone IV bis DM	Zone V von DM	Zone V bis DM
50 000	5 110	6 420	6 420	7 730	7 730	9 050	9 050	10 360	10 360	11 670
60 000	5 920	7 410	7 410	8 900	8 900	10 390	10 390	11 880	11 880	13 370
70 000	6 700	8 370	8 370	10 030	10 030	11 700	11 700	13 360	13 360	15 030
80 000	7 440	9 270	9 270	11 110	11 110	12 940	12 940	14 780	14 780	16 610
90 000	8 180	10 170	10 170	12 170	12 170	14 160	14 160	16 160	16 160	18 150
100 000	8 890	11 040	11 040	13 190	13 190	15 340	15 340	17 490	17 490	19 640
150 000	12 270	15 130	15 130	17 990	17 990	20 860	20 860	23 720	23 720	26 580
200 000	15 420	18 920	18 920	22 420	22 420	25 910	25 910	29 410	29 410	32 910
300 000	21 220	25 850	25 850	30 470	30 470	35 100	35 100	39 720	39 720	44 350
400 000	26 500	32 130	32 130	37 760	37 760	43 400	43 400	49 030	49 030	54 660
500 000	31 450	37 990	37 990	44 530	44 530	51 060	51 060	57 600	57 600	64 140
600 000	36 110	43 480	43 480	50 860	50 860	58 230	58 230	65 610	65 610	72 980
700 000	40 530	48 680	48 680	56 830	56 830	64 970	64 970	73 120	73 120	81 270
800 000	44 720	53 600	53 600	62 480	62 480	71 350	71 350	80 230	80 230	89 110
900 000	48 720	58 280	58 280	67 840	67 840	77 400	77 400	86 960	86 960	96 520
1 000 000	52 560	62 770	62 770	72 980	72 980	83 180	83 180	93 390	93 390	103 600
1 500 000	69 480	82 440	82 440	95 390	95 390	108 350	108 350	121 300	121 300	134 260
2 000 000	83 360	98 450	98 450	113 540	113 540	128 620	128 620	143 710	143 710	158 800
3 000 000	115 610	135 660	135 660	155 710	155 710	175 770	175 770	195 820	195 820	215 870
4 000 000	145 790	170 310	170 310	194 830	194 830	219 360	219 360	243 880	243 880	268 400
5 000 000	174 520	203 180	203 180	231 840	231 840	260 500	260 500	289 160	289 160	317 820
6 000 000	202 160	234 700	234 700	267 240	267 240	299 780	299 780	332 320	332 320	364 860
7 000 000	228 920	265 140	265 140	301 360	301 360	337 580	337 580	373 800	373 800	410 020
8 000 000	254 960	294 700	294 700	334 440	334 440	374 170	374 170	413 910	413 910	453 650
9 000 000	280 340	323 470	323 470	366 600	366 600	409 720	409 720	452 850	452 850	495 980
10 000 000	305 200	351 590	351 590	397 980	397 980	444 380	444 380	490 770	490 770	537 160
15 000 000	423 240	484 630	484 630	546 020	546 020	607 420	607 420	668 810	668 810	730 200
20 000 000	533 740	608 570	608 570	683 400	683 400	758 240	758 240	833 070	833 070	907 900
30 000 000	740 160	838 960	838 960	937 760	937 760	1 036 570	1 036 570	1 135 370	1 135 370	1 234 170
40 000 000	933 410	1 053 620	1 053 620	1 173 830	1 173 830	1 294 050	1 294 050	1 414 260	1 414 260	1 534 470
50 000 000	1 117 440	1 257 350	1 257 350	1 397 250	1 397 250	1 537 160	1 537 160	1 677 060	1 677 060	1 816 970

§ 58 Vorplanung und Entwurfsplanung als Einzelleistung

Wird die Anfertigung der Vorplanung (Leistungsphase 2 des § 55) oder der Entwurfsplanung (Leistungsphase 3 des § 55) als Einzelleistung in Auftrag gegeben, so können hierfür anstelle der in § 55 festgesetzten Vomhundertsätze folgende Vomhundertsätze der Honorare nach § 56 vereinbart werden:

1. für die Vorplanung   bis zu 17 v. H.,
2. für die Entwurfsplanung   bis zu 45 v. H.

§ 59 Umbauten und Modernisierung von Ingenieurbauwerken und Verkehrsanlagen

(1) Honorare für Leistungen bei Umbauten und Modernisierungen im Sinne des § 3 Nr. 5 und 6 sind bei Ingenieurbauwerken nach den anrechenbaren Kosten nach § 52, der Honorarzone, der der Umbau oder die Modernisierung bei sinngemäßer Anwendung des § 53 zuzuordnen ist, den Leistungsphasen des § 55 und den Honorartafeln des § 56 mit der Maßgabe zu ermitteln, daß eine Erhöhung der Honorare für die Grundleistungen nach § 55 und für die örtliche Bauüberwachung nach § 57 um einen Vomhundertsatz schriftlich zu vereinbaren ist. Bei der Vereinbarung nach Satz 1 ist insbesondere der Schwierigkeitsgrad der Leistungen zu berücksichtigen. Bei durchschnittlichem Schwierigkeitsgrad der Leistungen nach Satz 1 kann ein Zuschlag von 20 bis 33 vom Hundert vereinbart werden. Sofern nicht etwas anderes schriftlich vereinbart ist, gilt ab durchschnittlichem Schwierigkeitsgrad ein Zuschlag von 20 vom Hundert als vereinbart.

(2) § 24 Abs. 2 gilt sinngemäß.

(3) Die Absätze 1 und 2 gelten sinngemäß bei Verkehrsanlagen mit geringen Kosten für Erdarbeiten einschließlich Felsarbeiten sowie mit gebundener Gradiente oder bei schwieriger Anpassung an vorhandene Bebauung.

§ 60 Instandhaltungen und Instandsetzungen

Honorare für Leistungen bei Instandhaltungen und Instandsetzungen sind nach den anrechenbaren Kosten nach § 52, der Honorarzone, der das Objekt nach den §§ 53 und 54 zuzuordnen ist, den Leistungsphasen des § 55 und den Honorartafeln des § 56 mit der Maßgabe zu ermitteln, daß eine Erhöhung des Vomhundertsatzes für die Bauoberleitung (Leistungsphase 8 des § 55) und des Betrages für die örtliche Bauüberwachung nach § 57 um bis zu 50 vom Hundert vereinbart werden kann.

§ 61 Bau- und landschaftsgestalterische Beratung

(1) Leistungen für bau- und landschaftsgestalterische Beratung werden erbracht, um Ingenieurbauwerke und Verkehrsanlagen bei besonderen städtebaulichen oder landschaftsgestalterischen Anforderungen planerisch in die Umgebung einzubinden.

(2) Zu den Leistungen für bau- und landschaftsgestalterische Beratung rechnen insbesondere:
1. Mitwirken beim Erarbeiten und Durcharbeiten der Vorplanung in gestalterischer Hinsicht,
2. Darstellung des Planungskonzepts unter Berücksichtigung städtebaulicher, gestalterischer, funktionaler, technischer und umweltbeeinflussender Zusammenhänge, Vorgänge und Bedingungen,
3. Mitwirken beim Werten von Angeboten einschließlich Sondervorschlägen unter gestalterischen Gesichtspunkten,
4. Mitwirken beim Überwachen der Ausführung des Objekts auf Übereinstimmung mit dem gestalterischen Konzept.

(3) Werden Leistungen für bau- und landschaftsgestalterische Beratung einem Auftragnehmer übertragen, dem auch gleichzeitig Grundleistungen nach § 55 für diese Ingenieurbauwerke oder Verkehrsanlagen übertragen werden, so kann für die Leistungen für bau- und landschaftsgestalterische Beratung ein besonderes Honorar nicht berechnet werden. Diese Leistungen sind bei der Vereinbarung des Honorars für die Grundleistungen im Rahmen der für diese Leistungen festgesetzten Mindest- und Höchstsätze zu berücksichtigen.

(4) Werden Leistungen für bau- und landschaftsgestalterische Beratung einem Auftragnehmer übertragen, dem nicht gleichzeitig Grundleistungen nach § 55 für diese Ingenieurbauwerke oder Verkehrsanlagen übertragen werden, so kann ein Honorar frei vereinbart werden. Wird ein Honorar nicht bei Auftragserteilung schriftlich vereinbart, so ist das Honorar als Zeithonorar nach § 6 zu berechnen.

(5) Die Absätze 1 bis 4 gelten sinngemäß, wenn Leistungen für verkehrsplanerische Beratungen bei der Planung von Freianlagen nach Teil II oder bei städtebaulichen Planungen nach Teil V erbracht werden.

Teil VII a: Verkehrsplanerische Leistungen

§ 61 a Honorar für verkehrsplanerische Leistungen

(1) Verkehrsplanerische Leistungen sind das Vorbereiten und Erstellen der für nachstehende Planarten erforderlichen Ausarbeitungen und Planfassungen:
1. Bearbeiten aller Verkehrssektoren im Gesamtverkehrsplan,
2. Bearbeiten einzelner Verkehrssektoren im Teilverkehrsplan sowie sonstige verkehrsplanerische Leistungen.

(2) Die verkehrsplanerischen Leistungen nach Absatz 1 Nr. 1 und 2 umfassen insbesondere folgende Leistungen:
1. Erarbeiten eines Zielkonzeptes,
2. Analyse des Zustandes und Feststellen von Mängeln,
3. Ausarbeiten eines Konzepts für eine Verkehrsmengenerhebung, Durchführen und Auswerten dieser Verkehrsmengenerhebung,
4. Beschreiben der zukünftigen Entwicklung,
5. Ausarbeiten von Planfällen,
6. Berechnen der zukünftigen Verkehrsnachfrage,
7. Abschätzen der Auswirkungen und Bewerten,
8. Erarbeiten von Planungsempfehlungen.

(3) Das Honorar für verkehrsplanerische Leistungen kann frei vereinbart werden. Wird ein Honorar nicht bei Auftragserteilung schriftlich vereinbart, so ist das Honorar als Zeithonorar nach § 6 zu berechnen.

Teil VIII: Leistungen bei der Tragwerksplanung

§ 62 Grundlagen des Honorars

(1) Das Honorar für Grundleistungen bei der Tragwerksplanung richtet sich nach den anrechenbaren Kosten des Objekts, nach der Honorarzone, der das Tragwerk angehört, sowie nach der Honorartafel in § 65.

(2) Anrechenbare Kosten sind, bei Gebäuden und zugehörigen baulichen Anlagen unter Zugrundelegung der Kostenermittlungsarten nach DIN 276, zu ermitteln:

1. bei Anwendung von Absatz 4
   a) für die Leistungsphasen 1 bis 3 nach der Kostenberechnung, solange diese nicht vorliegt, nach der Kostenschätzung;
   b) für die Leistungsphasen 4 bis 6 nach der Kostenfeststellung, solange diese nicht vorliegt, nach dem Kostenanschlag;
   die Vertragsparteien können bei Auftragserteilung abweichend von den Buchstaben a und b eine andere Zuordnung der Leistungsphasen schriftlich vereinbaren;
2. bei Anwendung von Absatz 5 oder 6 nach der Kostenfeststellung, solange diese nicht vorliegt oder wenn die Vertragsparteien dies bei der Auftragserteilung schriftlich vereinbaren, nach dem Kostenanschlag.

(3) § 10 Abs. 3 und 3 a sowie die §§ 21 und 32 gelten sinngemäß.

(4) Anrechenbare Kosten sind bei Gebäuden und zugehörigen baulichen Anlagen

- 55 v. H. der Kosten der Baukonstruktionen und besonderen Baukonstruktionen (DIN 276, Kostengruppen 3.1 und 3.5.1) und
- 20 v. H. der Kosten der Installationen und besonderen Installationen (DIN 276, Kostengruppen 3.2 und 3.5.2).

(5) Die Vertragsparteien können bei Gebäuden mit einem hohen Anteil an Kosten der Gründung und der Tragkonstruktionen (DIN 276, Kostengruppen 3.1.1 und 3.1.2) sowie bei Umbauten bei der Auftragserteilung schriftlich vereinbaren, daß die anrechenbaren Kosten abweichend von Absatz 4 nach Absatz 6 Nr. 1 bis 12 ermittelt werden.

(6) Anrechenbare Kosten sind bei Ingenieurbauwerken die vollständigen Kosten für:

1. Erdarbeiten,
2. Mauerarbeiten,
3. Beton- und Stahlbetonarbeiten,
4. Naturwerksteinarbeiten,
5. Betonwerksteinarbeiten,
6. Zimmer- und Holzbauarbeiten,
7. Stahlbauarbeiten,
8. Tragwerke und Tragwerksteile aus Stoffen, die anstelle der in den vorgenannten Leistungen enthaltenen Stoffe verwendet werden,
9. Abdichtungsarbeiten,
10. Dachdeckungs- und Dachabdichtungsarbeiten,
11. Klempnerarbeiten,

12. Metallbau- und Schlosserarbeiten für tragende Konstruktionen,
13. Bohrarbeiten, außer Bohrungen zur Baugrunderkundung,
14. Verbauarbeiten für Baugruben,
15. Rammarbeiten,
16. Wasserhaltungsarbeiten,
einschließlich der Kosten für Baustelleneinrichtungen. Absatz 7 bleibt unberührt.

(7) Nicht anrechenbar sind bei Anwendung von Absatz 5 oder 6 die Kosten für

1. das Herrichten des Baugrundstücks,
2. Oberbodenauftrag,
3. Mehrkosten für außergewöhnliche Ausschachtungsarbeiten,
4. Rohrgräben ohne statischen Nachweis,
5. nichttragendes Mauerwerk < 11,5 cm,
6. Bodenplatten ohne statischen Nachweis,
7. Mehrkosten für Sonderausführungen, zum Beispiel von Dächern, Sichtbeton oder Fassadenverkleidungen,
8. Winterbauschutzvorkehrungen und sonstige zusätzliche Maßnahmen für den Winterbau (bei Gebäuden und zugehörigen baulichen Anlagen: nach DIN 276, Kostengruppe 6),
9. Naturwerkstein-, Betonwerkstein-, Zimmer- und Holzbau-, Stahlbau- und Klempnerarbeiten, die in Verbindung mit dem Ausbau eines Gebäudes oder Ingenieurbauwerks ausgeführt werden,
10. die Baunebenkosten.

(8) Die Vertragsparteien können bei Ermittlung der anrechenbaren Kosten vereinbaren, daß Kosten von Arbeiten, die nicht in den Absätzen 4 bis 6 erfaßt sind, sowie die in Absatz 7 Nr. 7 und bei Gebäuden die in Absatz 6 Nr. 13 bis 16 genannten Kosten ganz oder teilweise zu den anrechenbaren Kosten gehören, wenn der Auftragnehmer wegen dieser Arbeiten Mehrleistungen für das Tragwerk nach § 64 erbringt.

§ 63 Honorarzonen für Leistungen bei der Tragwerksplanung

(1) Die Honorarzone wird bei der Tragwerksplanung nach dem statisch-konstruktiven Schwierigkeitsgrad aufgrund folgender Bewertungsmerkmale ermittelt:
1. Honorarzone I:
Tragwerke mit sehr geringem Schwierigkeitsgrad, insbesondere
  – einfache statisch bestimmte ebene Tragwerke aus Holz, Stahl, Stein oder unbewehrtem Beton mit ruhenden Lasten, ohne Nachweis horizontaler Aussteifung;
2. Honorarzone II:
Tragwerke mit geringem Schwierigkeitsgrad, insbesondere
  – statisch bestimmte ebene Tragwerke in gebräuchlichen Bauarten ohne Vorspann- und Verbundkonstruktionen, mit vorwiegend ruhenden Lasten,

- Deckenkonstruktionen mit vorwiegend ruhenden Flächenlasten, die sich mit gebräuchlichen Tabellen berechnen lassen,
- Mauerwerksbauten mit bis zur Gründung durchgehenden tragenden Wänden ohne Nachweis horizontaler Aussteifung,
- Flachgründungen und Stützwände einfacher Art;
3. Honorarzone III:
Tragwerke mit durchschnittlichem Schwierigkeitsgrad, insbesondere
- schwierige statisch bestimmte und statisch unbestimmte ebene Tragwerke in gebräuchlichen Bauarten ohne Vorspannkonstruktionen und ohne Stabilitätsuntersuchungen,
- einfache Verbundkonstruktionen des Hochbaus ohne Berücksichtigung des Einflusses von Kriechen und Schwinden,
- Tragwerke für Gebäude mit Abfangung der tragenden, beziehungsweise aussteifenden Wände,
- ausgesteifte Skelettbauten,
- ebene Pfahlrostgründungen,
- einfache Gewölbe,
- einfache Rahmentragwerke ohne Vorspannkonstruktionen und ohne Stabilitätsuntersuchungen,
- einfache Traggerüste und andere einfache Gerüste für Ingenieurbauwerke,
- einfache verankerte Stützwände;
4. Honorarzone IV:
Tragwerke mit überdurchschnittlichem Schwierigkeitsgrad, insbesondere
- statisch und konstruktiv schwierige Tragwerke in gebräuchlichen Bauarten und Tragwerke, für deren Standsicherheits- und Festigkeitsnachweis schwierig zu ermittelnde Einflüsse zu berücksichtigen sind,
- vielfach statisch unbestimmte Systeme,
- statisch bestimmte räumliche Fachwerke,
- einfache Faltwerke nach der Balkentheorie,
- statisch bestimmte Tragwerke, die Schnittgrößenbestimmungen nach der Theorie II. Ordnung erfordern,
- einfach berechnete, seilverspannte Konstruktionen,
- Tragwerke für schwierige Rahmen- und Skelettbauten sowie turmartige Bauten, bei denen der Nachweis der Stabilität und Aussteifung die Anwendung besonderer Berechnungsverfahren erfordert,
- Verbundkonstruktionen, soweit nicht in Honorarzone III oder V erwähnt,
- einfache Trägerroste und einfache orthotrope Platten,
- Tragwerke mit einfachen Schwingungsuntersuchungen,
- schwierige statisch unbestimmte Flachgründungen, schwierige ebene und räumliche Pfahlgründungen, besondere Gründungsverfahren, Unterfahrungen,
- schiefwinklige Einfeldplatten für Ingenieurbauwerke,
- schiefwinklig gelagerte oder gekrümmte Träger,
- schwierige Gewölbe und Gewölbereihen,
- Rahmentragwerke, soweit nicht in Honorarzone III oder V erwähnt,
- schwierige Traggerüste und andere schwierige Gerüste für Ingenieurbauwerke,

- schwierige, verankerte Stützwände,
- Konstruktionen mit Mauerwerk nach Eignungsprüfung (Ingenieurmauerwerk);
5. Honorarzone V:
Tragwerke mit sehr hohem Schwierigkeitsgrad, insbesondere
- statisch und konstruktiv ungewöhnlich schwierige Tragwerke,
- schwierige Tragwerke in neuen Bauarten,
- räumliche Stabwerke und statisch unbestimmte räumliche Fachwerke,
- schwierige Trägerroste und schwierige orthotrope Platten,
- Verbundträger mit Vorspannung durch Spannglieder oder andere Maßnahmen,
- Flächentragwerke (Platten, Scheiben, Faltwerke, Schalen), die die Anwendung der Elastizitätstheorie erfordern,
- statisch unbestimmte Tragwerke, die Schnittgrößenbestimmungen nach der Theorie II. Ordnung erfordern,
- Tragwerke mit Standsicherheitsnachweisen, die nur unter Zuhilfenahme modellstatischer Untersuchungen oder durch Berechnungen mit finiten Elementen beurteilt werden können,
- Tragwerke mit Schwingungsuntersuchungen, soweit nicht in Honorarzone IV erwähnt,
- seilverspannte Konstruktionen, soweit nicht in Honorarzone IV erwähnt,
- schiefwinklige Mehrfeldplatten,
- schiefwinklig gelagerte, gekrümmte Träger,
- schwierige Rahmentragwerke mit Vorspannkonstruktionen und Stabilitätsuntersuchungen,
- sehr schwierige Traggerüste und andere sehr schwierige Gerüste für Ingenieurbauwerke, zum Beispiel weit gespannte oder hohe Traggerüste,
- Tragwerke, bei denen die Nachgiebigkeit der Verbindungsmittel bei der Schnittkraftermittlung zu berücksichtigen ist.

(2) Sind für ein Tragwerk Bewertungsmerkmale aus mehreren Honorarzonen anwendbar und bestehen deswegen Zweifel, welcher Honorarzone das Tragwerk zugerechnet werden kann, so ist für die Zuordnung die Mehrzahl der in den jeweiligen Honorarzonen nach Absatz 1 aufgeführten Bewertungsmerkmale und ihre Bedeutung im Einzelfall maßgebend.

§ 64 Leistungsbild Tragwerksplanung

(1) Die Grundleistungen bei der Tragwerksplanung sind für Gebäude und zugehörige bauliche Anlagen sowie für Ingenieurbauwerke nach § 51 Abs. 1 Nr. 1 bis 5 in den in Absatz 3 aufgeführten Leistungsphasen 1 bis 6, für Ingenieurbauwerke nach § 51 Abs. 1 Nr. 6 und 7 in den in Absatz 3 aufgeführten Leistungsphasen 2 bis 6 zusammengefaßt. Sie sind in der folgenden Tabelle in Vomhundertsätzen der Honorare des § 65 bewertet.

	Bewertung der Grundleistungen in v. H. der Honorare
1. Grundlagenermittlung*) Klären der Aufgabenstellung	3
2. Vorplanung (Projekt- und Planungsvorbereitung) Erarbeiten des statisch-konstruktiven Konzepts des Tragwerks	10
3. Entwurfsplanung (System- und Integrationsplanung) Erarbeiten der Tragwerkslösung mit überschlägiger statischer Berechnung	12
4. Genehmigungsplanung Anfertigen und Zusammenstellen der statischen Berechnung mit Positionsplänen für die Prüfung	30
5. Ausführungsplanung Anfertigen der Tragwerksausführungszeichnungen	42
6. Vorbereitung der Vergabe Beitrag zur Mengenermittlung und zum Leistungsverzeichnis	3
7. Mitwirkung bei der Vergabe	–
8. Objektüberwachung	–
9. Objektbetreuung	–

(2) Die Leistungsphase 5 ist abweichend von Absatz 1 mit 26 vom Hundert der Honorare des § 65 zu bewerten:
1. im Stahlbetonbau, sofern keine Schalpläne in Auftrag gegeben werden,
2. im Stahlbau, sofern der Auftragnehmer die Werkstattzeichnungen nicht auf Übereinstimmung mit der Genehmigungsplanung und den Ausführungszeichnungen nach Absatz 3 Nr. 5 überprüft,
3. im Holzbau, sofern das Tragwerk in den Honorarzonen 1 oder 2 eingeordnet ist.

---

*) Die Grundleistungen dieser Leistungsphase für Ingenieurbauwerke nach § 51 Abs. 1 Nr. 6 und 7 sind im Leistungsbild der Objektplanung des § 55 enthalten.

(3) Das Leistungsbild setzt sich wie folgt zusammen:

Grundleistungen	Besondere Leistungen

1. Grundlagenermittlung

Klären der Aufgabenstellung auf dem Fachgebiet Tragwerksplanung im Benehmen mit dem Objektplaner

2. Vorplanung (Projekt- und Planungsvorbereitung)

Bei Ingenieurbauwerken nach § 51 Abs. 1 Nr. 6 und 7: Übernahme der Ergebnisse aus Leistungsphase 1 von § 55 Abs. 2
Beraten in statisch-konstruktiver Hinsicht unter Berücksichtigung der Belange der Standsicherheit, der Gebrauchsfähigkeit und der Wirtschaftlichkeit
Mitwirken bei dem Erarbeiten eines Planungskonzepts einschließlich Untersuchung der Lösungsmöglichkeiten des Tragwerks unter gleichen Objektbedingungen mit skizzenhafter Darstellung, Klärung und Angabe der für das Tragwerk wesentlichen konstruktiven Festlegungen für zum Beispiel Baustoffe, Bauarten und Herstellungsverfahren, Konstruktionsraster und Gründungsart
Mitwirken bei Vorverhandlungen mit Behörden und anderen an der Planung fachlich Beteiligten über die Genehmigungsfähigkeit
Mitwirken bei der Kostenschätzung nach DIN 276

Aufstellen von Vergleichsberechnungen für mehrere Lösungsmöglichkeiten unter verschiedenen Objektbedingungen
Aufstellen eines Lastenplanes, zum Beispiel als Grundlage für die Baugrundbeurteilung und Gründungsberatung
Vorläufige nachprüfbare Berechnung wesentlicher tragender Teile
Vorläufige nachprüfbare Berechnung der Gründung

3. Entwurfsplanung (System- und Integrationsplanung)

Erarbeiten der Tragwerkslösung unter Beachtung der durch die Objektplanung integrierten Fachplanungen bis zum konstruktiven Entwurf mit zeichnerischer Darstellung
Überschlägige statische Berechnung und Bemessung
Grundlegende Festlegungen der konstruktiven Details und Hauptabmessungen des Tragwerks für zum Beispiel Gestaltung der tragenden Querschnitte, Aussparungen und Fugen; Ausbildung der Auflager- und Knotenpunkte sowie der Verbindungsmittel
Mitwirken bei der Objektbeschreibung

Vorgezogene, prüfbare und für die Ausführung geeignete Berechnung wesentlich tragender Teile
Vorgezogene, prüfbare und für die Ausführung geeignete Berechnung der Gründung
Mehraufwand bei Sonderbauweisen oder Sonderkonstruktionen, zum Beispiel Klären von Konstruktionsdetails
Vorgezogene Stahl- oder Holzmengenermittlung des Tragwerks und der kraftübertragenden Verbindungsteile für eine Ausschreibung, die ohne Vorliegen von Ausführungsunterlagen durchgeführt wird
Nachweise der Erdbebensicherung

Mitwirken bei Verhandlungen mit Behörden und anderen an der Planung fachlich Beteiligten über die Genehmigungsfähigkeit
Mitwirken bei der Kostenberechnung, bei Gebäuden und zugehörigen baulichen Anlagen: nach DIN 276
Mitwirken bei der Kostenkontrolle durch Vergleich der Kostenberechnung mit der Kostenschätzung.

4. Genehmigungsplanung

Aufstellen der prüffähigen statischen Berechnungen für das Tragwerk unter Berücksichtigung der vorgegebenen bauphysikalischen Anforderungen
Bei Ingenieurbauwerken: Erfassen von normalen Bauzuständen
Anfertigen der Positionspläne für das Tragwerk oder Eintragen der statischen Positionen, der Tragwerksabmessungen, der Verkehrslasten, der Art und Güte der Baustoffe und der Besonderheiten der Konstruktionen in die Entwurfszeichnungen des Objektplaners (zum Beispiel in Transparentpausen)
Zusammenstellen der Unterlagen der Tragwerksplanung zur bauaufsichtlichen Genehmigung
Verhandlungen mit Prüfämtern und Prüfingenieuren
Vervollständigen und Berichtigen der Berechnungen und Pläne

Bauphysikalische Nachweise zum Brandschutz
Statische Berechnung und zeichnerische Darstellung für Bergschadenssicherungen und Bauzustände, soweit diese Leistungen über das Erfassen von normalen Bauzuständen hinausgehen
Zeichnungen mit statischen Positionen und den Tragwerksabmessungen, den Bewehrungs-Querschnitten, den Verkehrslasten und der Art und Güte der Baustoffe sowie Besonderheiten der Konstruktionen zur Vorlage bei der bauaufsichtlichen Prüfung anstelle von Positionsplänen
Aufstellen der Berechnungen nach militärischen Lastenklassen (MLC)
Erfassen von Bauzuständen bei Ingenieurbauwerken, in denen das statische System von dem des Endzustands abweicht

5. Ausführungsplanung

Durcharbeiten der Ergebnisse der Leistungsphasen 3 und 4 unter Beachtung der durch die Objektplanung integrierten Fachplanungen
Anfertigen der Schalpläne in Ergänzung der fertiggestellten Ausführungspläne des Objektplaners
Zeichnerische Darstellung der Konstruktionen mit Einbau- und Verlegeanweisungen, zum Beispiel Bewehrungspläne, Stahlbaupläne, Holzkonstruktionspläne (keine Werkstattzeichnungen)
Aufstellen detaillierter Stahl- oder Stücklisten als Ergänzung zur zeichnerischen Darstellung der Konstruktionen mit Stahlmengenermittlung

Werkstattzeichnungen im Stahl- und Holzbau einschließlich Stücklisten, Elementpläne für Stahlbetonfertigteile einschließlich Stahl- und Stücklisten
Berechnen der Dehnwege, Festlegen des Spannvorganges und Erstellen der Spannprotokolle im Spannbetonbau
Wesentliche Leistungen, die infolge Änderungen der Planung, die vom Auftragnehmer nicht zu vertreten sind, erforderlich werden
Rohbauzeichnungen im Stahlbetonbau, die auf der Baustelle nicht der Ergänzung durch die Pläne des Objektplaners bedürfen

6. Vorbereitung der Vergabe

Ermitteln der Betonstahlmengen im Stahlbetonbau, der Stahlmengen im Stahlbau
und der Holzmengen im Ingenieurholzbau
als Beitrag zur Mengenermittlung des Objektplaners
Überschlägliches Ermitteln der Mengen
der konstruktiven Stahlteile und statisch erforderlichen Verbindungs- und Befesti-
gungsmittel im Ingenieurholzbau
Aufstellen von Leistungsbeschreibungen
als Ergänzung zu den Mengenermittlungen
als Grundlage für das Leistungsverzeichnis
des Tragwerks

Beitrag zur Leistungsbeschreibung mit Lei-
stungsprogramm des Objektplaners*)
Beitrag zum Aufstellen von vergleichenden
Kostenübersichten des Objektplaners
Aufstellen des Leistungsverzeichnisses
des Tragwerks

7. Mitwirkung bei der Vergabe

Mitwirken bei der Prüfung und Wertung der
Angebote aus Leistungsbeschreibung mit
Leistungsprogramm
Mitwirken bei der Prüfung und Wertung
von Nebenangeboten
Beitrag zum Kostenanschlag nach DIN
276 aus Einheitspreisen oder Pauschalan-
geboten

8. Objektüberwachung
    (Bauüberwachung)

Ingenieurtechnische Kontrolle der Ausführung des Tragwerks auf Übereinstimmung
mit den geprüften statischen Unterlagen
Ingenieurtechnische Kontrolle der Baubehelfe, zum Beispiel Arbeits- und Lehrgerü-
ste, Kranbahnen, Baugrubensicherungen
Kontrolle der Betonherstellung und -verar-
beitung auf der Baustelle in besonderen
Fällen sowie statistische Auswertung der
Güteprüfung
Betontechnologische Beratung

9. Objektbetreuung und Dokumen-
    tation

Baubegehung zur Feststellung und Überwachung von die Standsicherheit betreffenden Einflüssen

---

*) Diese Besondere Leistung wird bei Leistungsbeschreibung mit Leistungsprogramm
Grundleistung. In diesem Fall entfallen die Grundleistungen dieser Leistungsphase.

107

(4) Bei Umbauten und Modernisierungen im Sinne des § 3 Nr. 5 und 6 kann neben den in Absatz 3 erwähnten Besonderen Leistungen insbesondere nachstehende Besondere Leistung vereinbart werden: Mitwirken bei der Überwachung der Ausführung der Tragwerkseingriffe.

§ 65 Honorartafel für Grundleistungen bei der Tragwerksplanung

(1) Die Mindest- und Höchstsätze der Honorare für die in § 64 aufgeführten Grundleistungen bei der Tragwerksplanung sind in der nachfolgenden Honorartafel [siehe Seite 109] festgesetzt.
(2) § 16 Abs. 2 und 3 gilt sinngemäß.

§ 66 Auftrag über mehrere Tragwerke und bei Umbauten

(1) Umfaßt ein Auftrag mehrere Gebäude oder Ingenieurbauwerke mit konstruktiv verschiedenen Tragwerken, so sind die Honorare für jedes Tragwerk getrennt zu berechnen.
(2) Umfaßt ein Auftrag mehrere Gebäude oder Ingenieurbauwerke mit konstruktiv weitgehend vergleichbaren Tragwerken derselben Honorarzone, so sind die anrechenbaren Kosten der Tragwerke einer Honorarzone zur Berechnung des Honorars zusammenzufassen; das Honorar ist nach der Summe der anrechenbaren Kosten zu berechnen.
(3) Umfaßt ein Auftrag mehrere Gebäude oder Ingenieurbauwerke mit konstruktiv gleichen Tragwerken, die sich durch geringfügige Änderungen der Tragwerksplanung unterscheiden und die einen wesentlichen Arbeitsaufwand verursachen, so sind für die 1. bis 4. Wiederholung die Vomhundertsätze der Leistungsphasen 1 bis 6 des § 64 um 50 vom Hundert, von der 5. Wiederholung an um 60 vom Hundert zu mindern.
(4) Umfaßt ein Auftrag mehrere Gebäude oder Ingenieurbauwerke mit konstruktiv gleichen Tragwerken, für die eine Änderung der Tragwerksplanung entweder nicht erforderlich ist oder nur einen unwesentlichen Arbeitsaufwand erfordert, so sind für jede Wiederholung
1. bei Gebäuden und Ingenieurbauwerken nach § 51 Abs. 1 Nr. 1 bis 5 die Vomhundertsätze der Leistungsphasen 1 bis 6 des § 64,
2. bei Ingenieurbauwerken nach § 51 Abs. 1 Nr. 6 und 7 die Vomhundertsätze der Leistungsphasen 2 bis 6 des § 64
um 90 vom Hundert zu mindern.
(5) Bei Umbauten nach § 3 Nr. 5 ist bei Gebäuden und Ingenieurbauwerken eine Erhöhung des nach § 65 ermittelten Honorars um einen Vomhundertsatz schriftlich zu vereinbaren. Bei der Vereinbarung nach Satz 1 ist insbesondere der Schwierigkeitsgrad der Leistungen zu berücksichtigen. Bei durchschnittlichem Schwierigkeitsgrad kann ein Zuschlag von 20 bis 50 vom Hundert vereinbart werden. Sofern nicht etwas anderes schriftlich vereinbart ist, gilt ab durchschnittlichem Schwierigkeitsgrad ein Zuschlag von 20 vom Hundert als vereinbart. Bei einer Vereinbarung nach Satz 1 können bei Gebäuden die Kosten für das Abbrechen von Bauwerksteilen (DIN 276, Kostengruppe 1.4.4) den anre-

Honorartafel zu § 65 Abs. 1

Anrechenbare Kosten DM	Zone I von DM	Zone I bis DM	Zone II von DM	Zone II bis DM	Zone III von DM	Zone III bis DM	Zone IV von DM	Zone IV bis DM	Zone V von DM	Zone V bis DM
20 000	1 990	2 320	2 320	3 130	3 130	4 100	4 100	4 920	4 920	5 240
30 000	2 790	3 230	3 230	4 320	4 320	5 630	5 630	6 720	6 720	7 160
40 000	3 530	4 070	4 070	5 430	5 430	7 050	7 050	8 410	8 410	8 950
50 000	4 230	4 870	4 870	6 470	6 470	8 390	8 390	9 990	9 990	10 630
60 000	4 920	5 650	5 650	7 480	7 480	9 680	9 680	11 510	11 510	12 240
70 000	5 590	6 410	6 410	8 460	8 460	10 910	10 910	12 960	12 960	13 780
80 000	6 220	7 130	7 130	9 390	9 390	12 120	12 120	14 380	14 380	15 290
90 000	6 870	7 860	7 860	10 330	10 330	13 290	13 290	15 760	15 760	16 750
100 000	7 480	8 550	8 550	11 220	11 220	14 420	14 420	17 090	17 090	18 160
150 000	10 440	11 880	11 880	15 480	15 480	19 800	19 800	23 400	23 400	24 840
200 000	13 210	14 990	14 990	19 440	19 440	24 790	24 790	29 240	29 240	31 020
300 000	18 420	20 820	20 820	26 820	26 820	34 030	34 030	40 030	40 030	42 430
400 000	23 320	26 290	26 290	33 700	33 700	42 600	42 600	50 010	50 010	52 980
500 000	27 990	31 490	31 490	40 230	40 230	50 710	50 710	59 450	59 450	62 950
600 000	32 520	36 520	36 520	46 510	46 510	58 490	58 490	68 480	68 480	72 480
700 000	36 890	41 370	41 370	52 550	52 550	65 980	65 980	77 170	77 170	81 640
800 000	41 170	46 100	46 100	58 440	58 440	73 240	73 240	85 580	85 580	90 510
900 000	45 350	50 730	50 730	64 170	64 170	80 310	80 310	93 750	93 750	99 130
1 000 000	49 440	55 250	55 250	69 780	69 780	87 210	87 210	101 730	101 730	107 540
1 500 000	68 930	76 750	76 750	96 290	96 290	119 750	119 750	139 290	139 290	147 110
2 000 000	87 260	96 910	96 910	121 020	121 020	149 950	149 950	174 070	174 070	183 710
3 000 000	121 700	134 660	134 660	167 050	167 050	205 930	205 930	238 320	238 320	251 280
4 000 000	154 060	170 040	170 040	209 970	209 970	257 900	257 900	297 840	297 840	313 810
5 000 000	185 000	203 790	203 790	250 750	250 750	307 110	307 110	354 070	354 070	372 860
6 000 000	214 840	236 280	236 280	289 880	289 880	354 200	354 200	407 800	407 800	429 240
7 000 000	243 780	267 760	267 760	327 690	327 690	399 620	399 620	459 560	459 560	483 530
8 000 000	272 000	298 410	298 410	364 420	364 420	443 650	443 650	509 660	509 660	536 070
9 000 000	299 570	328 330	328 330	400 210	400 210	486 480	486 480	558 370	558 370	587 120
10 000 000	326 600	357 630	357 630	435 210	435 210	528 300	528 300	605 880	605 880	636 910
15 000 000	455 420	497 000	497 000	600 940	600 940	725 670	725 670	829 610	829 610	871 190
20 000 000	576 590	627 730	627 730	755 580	755 580	909 000	909 000	1 036 850	1 036 850	1 087 990
30 000 000	804 000	872 420	872 420	1 043 460	1 043 460	1 248 710	1 248 710	1 419 750	1 419 750	1 488 170

chenbaren Kosten nach § 62 zugerechnet werden. Für Ingenieurbauwerke gilt Satz 5 sinngemäß.

(6) § 24 Abs. 2 gilt sinngemäß.

§ 67 Tragwerksplanung für Traggerüste bei Ingenieurbauwerken

(1) Das Honorar für Leistungen bei der Tragwerksplanung für Traggerüste bei Ingenieurbauwerken richtet sich nach den anrechenbaren Kosten nach Absatz 2, der Honorarzone, der diese Traggerüste nach § 63 zuzurechnen sind, nach den Leistungsphasen des § 64 und der Honorartafel des § 65.

(2) Anrechenbare Kosten sind die Herstellungskosten der Traggerüste. Bei mehrfach verwendeten Bauteilen von Traggerüsten ist jeweils der Neuwert anrechenbar. Im übrigen gilt § 62 sinngemäß.

(3) Die §§ 21 und 66 gelten sinngemäß.

(4) Das Honorar für Leistungen bei der Tragwerksplanung für verschiebbare Gerüste bei Ingenieurbauwerken kann frei vereinbart werden. Wird ein Honorar nicht bei Auftragserteilung schriftlich vereinbart, so ist das Honorar als Zeithonorar nach § 6 zu berechnen.

Teil IX: Leistungen bei der Technischen Ausrüstung

§ 68 Anwendungsbereich

Die Technische Ausrüstung umfaßt die Anlagen folgender Anlagengruppen von Gebäuden, soweit die Anlagen in DIN 276 erfaßt sind, und die entsprechenden Anlagen von Ingenieurbauwerken auf dem Gebiet der
1. Gas-, Wasser-, Abwasser- und Feuerlöschtechnik,
2. Wärmeversorgungs-, Brauchwassererwärmungs- und Raumlufttechnik,
3. Elektrotechnik,
4. Aufzug-, Förder- und Lagertechnik,
5. Küchen-, Wäscherei- und chemische Reinigungstechnik,
6. Medizin- und Labortechnik.
Werden Anlagen der nichtöffentlichen Erschließung sowie Abwasser- und Versorgungsanlagen in Außenanlagen (DIN 276, Kostengruppen 2.2 und 5.3) von Auftragnehmern im Zusammenhang mit Anlagen nach Satz 1 geplant, so können die Vertragsparteien das Honorar für diese Leistungen schriftlich bei Auftragserteilung frei vereinbaren. Wird ein Honorar nicht bei Auftragserteilung schriftlich vereinbart, so ist das Honorar für die in Satz 2 genannten Anlagen als Zeithonorar nach § 6 zu berechnen.

§ 69 Grundlagen des Honorars

(1) Das Honorar für Grundleistungen bei der Technischen Ausrüstung richtet sich nach den anrechenbaren Kosten der Anlagen einer Anlagengruppe nach

§ 68 Satz 1 Nr. 1 bis 6, nach der Honorarzone, der die Anlagen angehören, und nach der Honorartafel in § 74.

(2) Werden Anlagen einer Anlagengruppe verschiedenen Honorarzonen zugerechnet, so ergibt sich das Honorar nach Absatz 1 aus der Summe der Einzelhonorare. Ein Einzelhonorar wird jeweils für die Anlagen ermittelt, die einer Honorarzone zugerechnet werden. Für die Ermittlung des Einzelhonorars ist zunächst für die Anlagen jeder Honorarzone das Honorar zu berechnen, das sich ergeben würde, wenn die gesamten anrechenbaren Kosten der Anlagengruppe nur der Honorarzone zugerechnet würden, für die das Einzelhonorar berechnet wird. Das Einzelhonorar ist dann nach dem Verhältnis der Summe der anrechenbaren Kosten der Anlagen einer Honorarzone zu den gesamten anrechenbaren Kosten der Anlagengruppe zu ermitteln.

(3) Anrechenbare Kosten sind, bei Anlagen in Gebäuden unter Zugrundelegung der Kostenermittlungsarten nach DIN 276, zu ermitteln

1. für die Leistungsphasen 1 bis 4 nach der Kostenberechnung, solange diese nicht vorliegt, nach der Kostenschätzung;
2. für die Leistungsphasen 5 bis 7 nach dem Kostenanschlag, solange dieser nicht vorliegt, nach der Kostenberechnung;
3. für die Leistungsphasen 8 und 9 nach der Kostenfeststellung, solange diese nicht vorliegt, nach dem Kostenanschlag.

(4) § 10 Abs. 3 und 3 a gilt sinngemäß.

(5) Nicht anrechenbar sind für Grundleistungen bei der Technischen Ausrüstung die Kosten für

1. Winterbauschutzvorkehrungen und sonstige zusätzliche Maßnahmen nach DIN 276, Kostengruppe 6;
2. die Baunebenkosten (DIN 276, Kostengruppe 7).

(6) Werden Teile der Technischen Ausrüstung in Baukonstruktionen ausgeführt, die zur DIN 276, Kostengruppe 3.1 gehören, so können die Vertragsparteien vereinbaren, daß die Kosten hierfür ganz oder teilweise zu den anrechenbaren Kosten nach Absatz 3 gehören. Satz 1 gilt entsprechend für Bauteile der Kostengruppe Baukonstruktionen, deren Abmessung oder Konstruktion durch die Leistung der Technischen Ausrüstung wesentlich beeinflußt werden.

(7) Die §§ 20 bis 23, 27 und 32 gelten sinngemäß.

§ 70

(weggefallen)

§ 71 Honorarzonen für Leistungen bei der Technischen Ausrüstung

(1) Anlagen der Technischen Ausrüstung werden nach den in Absatz 2 genannten Bewertungsmerkmalen folgenden Honorarzonen zugerechnet:

1. Honorarzone I: Anlagen mit geringen Planungsanforderungen,
2. Honorarzone II: Anlagen mit durchschnittlichen Planungsanforderungen,
3. Honorarzone III: Anlagen mit hohen Planungsanforderungen.

(2) Bewertungsmerkmale sind:
1. Anzahl der Funktionsbereiche,
2. Integrationsansprüche,
3. technische Ausgestaltung,
4. Anforderungen an die Technik,
5. konstruktive Anforderungen.
(3) § 63 Abs. 2 gilt sinngemäß.

§ 72 Objektliste für Anlagen der Technischen Ausrüstung

Nachstehende Anlagen werden nach Maßgabe der in § 71 genannten Merkmale in der Regel folgenden Honorarzonen zugerechnet:
1. Honorarzone I:
   a) Gas-, Wasser-, Abwasser- und sanitärtechnische Anlagen mit kurzen einfachen Rohrnetzen;
   b) Heizungsanlagen mit direktbefeuerten Einzelgeräten und einfache Gebäudeheizungsanlagen ohne besondere Anforderung an die Regelung, Lüftungsanlagen einfacher Art;
   c) einfache Niederspannungs- und Fernmeldeinstallationen;
   d) Abwurfanlagen für Abfall oder Wäsche, einfache Einzelaufzüge, Regalanlagen, soweit nicht in Honorarzone II oder III erwähnt;
   e) chemische Reinigungsanlagen;
   f) medizinische und labortechnische Anlagen der Elektromedizin, Dentalmedizin, Medizinmechanik und Feinmechanik/Optik jeweils für Arztpraxen der Allgemeinmedizin;
2. Honorarzone II:
   a) Gas-, Wasser-, Abwasser- und sanitärtechnische Anlagen mit umfangreichen verzweigten Rohrnetzen, Hebeanlagen und Druckerhöhungsanlagen, manuelle Feuerlösch- und Brandschutzanlagen;
   b) Gebäudeheizungsanlagen mit besonderen Anforderungen an die Regelung, Fernheiz- und Kältenetze mit Übergabestationen, Lüftungsanlagen mit Anforderungen an Geräuschstärke, Zugfreiheit oder mit zusätzlicher Luftaufbereitung (außer geregelter Luftkühlung);
   c) Kompaktstationen, Niederspannungsleitungs- und Verteilungsanlagen, soweit nicht in Honorarzone I oder III erwähnt, kleine Fernmeldeanlagen und -netze, zum Beispiel kleine Wählanlagen nach Telekommunikationsordnung, Beleuchtungsanlagen nach der Wirkungsgrad-Berechnungsmethode, Blitzschutzanlagen;
   d) Hebebühnen, flurgesteuerte Krananlagen, Verfahr-, Einschub- und Umlaufregalanlagen, Fahrtreppen und Fahrsteige, Förderanlagen mit bis zu zwei Sende- und Empfangsstellen, schwierige Einzelaufzüge, einfache Aufzugsgruppen ohne besondere Anforderungen, technische Anlagen für Mittelbühnen;
   e) Küchen und Wäschereien mittlerer Größe;
   f) medizinische und labortechnische Anlagen der Elektromedizin, Dentalmedizin, Medizinmechanik und Feinmechanik/Optik sowie Röntgen- und Nuklearanlagen mit kleinen Strahlendosen jeweils für Facharzt- oder

Gruppenpraxen, Sanatorien, Altersheime und einfache Krankenhaus-fachabteilungen, Laboreinrichtungen, zum Beispiel für Schulen und Foto-labors;

3. Honorarzone III:
   a) Gaserzeugungsanlagen und Gasdruckreglerstationen einschließlich zu-gehöriger Rohrnetze, Anlagen zur Reinigung, Entgiftung und Neutralisa-tion von Abwasser, Anlagen zur biologischen, chemischen und physikali-schen Behandlung von Wasser; Wasser-, Abwasser- und sanitärtechni-sche Anlagen mit überdurchschnittlichen hygienischen Anforderungen; automatische Feuerlösch- und Brandschutzanlagen;
   b) Dampfanlagen, Heißwasseranlagen, schwierige Heizungssysteme neuer Technologien, Wärmepumpenanlagen, Zentralen für Fernwärme und Fernkälte, Kühlanlagen, Lüftungsanlagen mit geregelter Luftkühlung und Klimaanlagen einschließlich der zugehörigen Kälteerzeugungsanlagen;
   c) Hoch- und Mittelspannungsanlagen, Niederspannungsschaltanlagen, Ei-genstromerzeugungs- und Umformeranlagen, Niederspannungsleitungs- und Verteilungsanlagen mit Kurzschlußberechnungen, Beleuchtungsan-lagen nach der Punkt-für-Punkt-Berechnungsmethode, große Fernmelde-anlagen und -netze;
   d) Aufzugsgruppen mit besonderen Anforderungen, gesteuerte Förderanla-gen mit mehr als zwei Sende- und Empfangsstellen, Regalbediengeräte mit zugehörigen Regalanlagen, zentrale Entsorgungsanlagen für Wä-sche, Abfall oder Staub, technische Anlagen für Großbühnen, höhenver-stellbare Zwischenböden und Wellenerzeugungsanlagen in Schwimm-becken, automatisch betriebene Sonnenschutzanlagen;
   e) Großküchen und Großwäschereien;
   f) medizinische und labortechnische Anlagen für große Krankenhäuser mit ausgeprägten Untersuchungs- und Behandlungsräumen sowie für Klini-ken und Institute mit Lehr- und Forschungsaufgaben, Klimakammern und Anlagen für Klimakammern, Sondertemperaturräume und Reinräume, Vakuumanlagen, Medienver- und -entsorgungsanlagen, chemische und physikalische Einrichtungen für Großbetriebe, Forschung und Entwick-lung, Fertigung, Klinik und Lehre.

§ 73 Leistungsbild Technische Ausrüstung

(1) Das Leistungsbild Technische Ausrüstung umfaßt die Leistungen der Auftragnehmer für Neuanlagen, Wiederaufbauten, Erweiterungsbauten, Um-bauten, Modernisierungen, Instandhaltungen und Instandsetzungen. Die Grundleistungen sind in den in Absatz 3 aufgeführten Leistungsphasen 1 bis 9 zusammengefaßt und in der folgenden Tabelle in Vomhundertsätzen der Ho-norare des § 74 bewertet.

	Bewertung der Grundleistungen in v. H. der Honorare
1. Grundlagenermittlung Ermitteln der Voraussetzungen zur Lösung der technischen Aufgabe	3
2. Vorplanung (Projekt- und Planungsvorbereitung) Erarbeiten der wesentlichen Teile einer Lösung der Planungsaufgabe	11
3. Entwurfsplanung (System- und Integrationsplanung) Erarbeiten der endgültigen Lösung der Planungsaufgabe	15
4. Genehmigungsplanung Erarbeiten der Vorlagen für die erforderlichen Genehmigungen	6
5. Ausführungsplanung Erarbeiten und Darstellen der ausführungsreifen Planungslösung	18
6. Vorbereitung der Vergabe Ermitteln der Mengen und Aufstellen von Leistungsverzeichnissen	6
7. Mitwirkung bei der Vergabe Prüfen der Angebote und Mitwirkung bei der Auftragsvergabe	5
8. Objektüberwachung (Bauüberwachung) Überwachen der Ausführung des Objekts	33
9. Objektbetreuung und Dokumentation Überwachen der Beseitigung von Mängeln und Dokumentation des Gesamtergebnisses	3

(2) Die Leistungsphase 5 ist abweichend von Absatz 1, sofern das Anfertigen von Schlitz- und Durchbruchsplänen nicht in Auftrag gegeben wird, mit 14 vom Hundert der Honorare des § 74 zu bewerten.

(3) Das Leistungsbild setzt sich wie folgt zusammen:

Grundleistungen	Besondere Leistungen

1. Grundlagenermittlung

Klären der Aufgabenstellung der Technischen Ausrüstung im Benehmen mit dem Auftraggeber und dem Objektplaner, insbesondere in technischen und wirtschaftlichen Grundsatzfragen
Zusammenfassen der Ergebnisse

Systemanalyse (Klären der möglichen Systeme nach Nutzen, Aufwand, Wirtschaftlichkeit, Durchführbarkeit und Umweltverträglichkeit)
Datenerfassung, Analysen und Optimierungsprozesse für energiesparendes und umweltverträgliches Bauen

2. Vorplanung (Projekt- und Planungsvorbereitung)

Analyse der Grundlagen
Erarbeiten eines Planungskonzepts mit überschlägiger Auslegung der wichtigen Systeme und Anlagenteile einschließlich Untersuchung der alternativen Lösungsmöglichkeiten nach gleichen Anforderungen mit skizzenhafter Darstellung zur Integrierung in die Objektplanung einschließlich Wirtschaftlichkeitsvorbetrachtung
Aufstellen eines Funktionsschemas beziehungsweise Prinzipschaltbildes für jede Anlage
Klären und Erläutern der wesentlichen fachspezifischen Zusammenhänge, Vorgänge und Bedingungen
Mitwirken bei Vorverhandlungen mit Behörden und anderen an der Planung fachlich Beteiligten über die Genehmigungsfähigkeit
Mitwirken bei der Kostenschätzung, bei Anlagen in Gebäuden: nach DIN 276
Zusammenstellen der Vorplanungsergebnisse

Durchführen von Versuchen und Modellversuchen
Untersuchung zur Gebäude- und Anlagenoptimierung hinsichtlich Energieverbrauch und Schadstoffemission (z. B. SO_2, NOx)
Erarbeiten optimierter Energiekonzepte

3. Entwurfsplanung (System- und Integrationsplanung)

Durcharbeiten des Planungskonzepts (stufenweise Erarbeitung einer zeichnerischen Lösung) unter Berücksichtigung aller fachspezifischen Anforderungen sowie unter Beachtung der durch die Objektplanung integrierten Fachplanungen bis zum vollständigen Entwurf
Festlegen aller Systeme und Anlagenteile
Berechnung und Bemessung sowie zeichnerische Darstellung und Anlagenbeschreibung
Angabe und Abstimmung der für die Trag-

Erarbeiten von Daten für die Planung Dritter, zum Beispiel für die Zentrale Leittechnik
Detaillierter Wirtschaftlichkeitsnachweis
Detaillierter Vergleich von Schadstoffemissionen
Betriebskostenberechnungen
Schadstoffemissionsberechnungen
Erstellen des technischen Teils eines Raumbuchs als Beitrag zur Leistungsbeschreibung mit Leistungsprogrammen des Objektplaners

werksplanung notwendigen Durchführungen und Lastangaben (ohne Anfertigen von Schlitz- und Durchbruchsplänen)
Mitwirken bei Verhandlungen mit Behörden und anderen an der Planung fachlich Beteiligten über die Genehmigungsfähigkeit
Mitwirken bei der Kostenberechnung, bei Anlagen in Gebäuden: nach DIN 276
Mitwirken bei der Kostenkontrolle durch Vergleich der Kostenberechnung mit der Kostenschätzung

4. Genehmigungsplanung

Erarbeiten der Vorlagen für die nach den öffentlich-rechtlichen Vorschriften erforderlichen Genehmigungen oder Zustimmungen einschließlich der Anträge auf Ausnahmen und Befreiungen sowie noch notwendiger Verhandlungen mit Behörden
Zusammenstellen dieser Unterlagen
Vervollständigen und Anpassen der Planungsunterlagen, Beschreibungen und Berechnungen

5. Ausführungsplanung

Durcharbeiten der Ergebnisse der Leistungsphasen 3 und 4 (stufenweise Erarbeitung und Darstellung der Lösung) unter Berücksichtigung aller fachspezifischen Anforderungen sowie unter Beachtung der durch die Objektplanung integrierten Fachleistungen bis zur ausführungsreifen Lösung
Zeichnerische Darstellung der Anlagen mit Dimensionen (keine Montage- und Werkstattzeichnungen)
Anfertigen von Schlitz- und Durchbruchsplänen
Fortschreibung der Ausführungsplanung auf den Stand der Ausschreibungsergebnisse

Prüfen und Anerkennen von Schalplänen des Tragwerksplaners und von Montage- und Werkstattzeichnungen auf Übereinstimmung mit der Planung
Anfertigen von Plänen für Anschlüsse von beigestellten Betriebsmitteln und Maschinen
Anfertigen von Stromlaufplänen

6. Vorbereitung der Vergabe

Ermitteln von Mengen als Grundlage für das Aufstellen von Leistungsverzeichnissen in Abstimmung mit Beiträgen anderer an der Planung fachlich Beteiligter
Aufstellen von Leistungsbeschreibungen mit Leistungsverzeichnissen nach Leistungsbereichen

Anfertigen von Ausschreibungszeichnungen bei Leistungsbeschreibung mit Leistungsprogramm

7. Mitwirken bei der Vergabe

Prüfen und Werten der Angebote einschließlich Aufstellen eines Preisspiegels nach Teilleistungen
Mitwirken bei der Verhandlung mit Bietern und Erstellen eines Vergabevorschlages
Mitwirken beim Kostenanschlag aus Einheits- oder Pauschalpreisen der Angebote, bei Anlagen in Gebäuden: nach DIN 276
Mitwirken bei der Kostenkontrolle durch Vergleich des Kostenanschlags mit der Kostenberechnung
Mitwirken bei der Auftragserteilung

8. Objektüberwachung (Bauüberwachung)

Überwachen der Ausführung des Objekts auf Übereinstimmung mit der Baugenehmigung oder Zustimmung, den Ausführungsplänen, den Leistungsbeschreibungen oder Leistungsverzeichnissen sowie mit den allgemein anerkannten Regeln der Technik und den einschlägigen Vorschriften
Mitwirken bei dem Aufstellen und Überwachen eines Zeitplanes (Balkendiagramm)
Mitwirken bei dem Führen eines Bautagebuches
Mitwirken beim Aufmaß mit den ausführenden Unternehmen
Fachtechnische Abnahme der Leistungen und Feststellen der Mängel
Rechnungsprüfung
Mitwirken bei der Kostenfeststellung, bei Anlagen in Gebäuden: nach DIN 276
Antrag auf behördliche Abnahmen und Teilnahme daran
Zusammenstellen und Übergeben der Revisionsunterlagen, Bedienungsanleitungen und Prüfprotokolle
Mitwirken beim Auflisten der Verjährungsfristen der Gewährleistungsansprüche
Überwachen der Beseitigung der bei der Abnahme der Leistungen festgestellten Mängel
Mitwirken bei der Kostenkontrolle durch Überprüfen der Leistungsabrechnung der bauausführenden Unternehmen im Vergleich zu den Vertragspreisen und dem Kostenanschlag

Durchführen von Leistungs- und Funktionsmessungen
Ausbilden und Einweisen von Bedienungspersonal
Überwachen und Detailkorrektur beim Hersteller
Aufstellen, Fortschreiben und Überwachen von Ablaufplänen (Netzplantechnik für EDV)

Grundleistungen	Besondere Leistungen
9. Objektbetreuung und Dokumentation	Erarbeiten der Wartungsplanung und -organisation
Objektbegehung zur Mängelfeststellung vor Ablauf der Verjährungsfristen der Gewährleistungsansprüche gegenüber den ausführenden Unternehmen	Ingenieurtechnische Kontrolle des Energieverbrauchs und der Schadstoffemission
Überwachen der Beseitigung von Mängeln, die innerhalb der Verjährungsfristen der Gewährleistungsansprüche, längstens jedoch bis zum Ablauf von 5 Jahren seit Abnahme der Leistungen auftreten	
Mitwirken bei der Freigabe von Sicherheitsleistungen	
Mitwirken bei der systematischen Zusammenstellung der zeichnerischen Darstellungen und rechnerischen Ergebnisse des Objekts	

(4) Bei Umbauten und Modernisierungen im Sinne des § 3 Nr. 5 und 6 können neben den in Absatz 3 erwähnten Besonderen Leistungen insbesondere die nachstehenden Besonderen Leistungen vereinbart werden:
Durchführen von Verbrauchsmessungen
Endoskopische Untersuchungen.

§ 74 Honorartafel für Grundleistungen bei der Technischen Ausrüstung

(1) Die Mindest- und Höchstsätze der Honorare für die in § 73 aufgeführten Grundleistungen bei einzelnen Anlagen sind in der nachfolgenden Honorartafel [siehe Seite 119] festgesetzt.
(2) § 16 Abs. 2 und 3 gilt sinngemäß.
(3) Die Vertragsparteien können bei Auftragserteilung abweichend von § 73 Abs. 1 Nr. 8 ein Honorar als Festbetrag unter Zugrundelegung der geschätzten Bauzeit schriftlich vereinbaren.

§ 75 Vorplanung, Entwurfsplanung und Objektüberwachung als Einzelleistung

Wird die Anfertigung der Vorplanung (Leistungsphase 2 des § 73) oder der Entwurfsplanung (Leistungsphase 3 des § 73) oder wird die Objektüberwachung (Leistungsphase 8 des § 73) als Einzelleistung in Auftrag gegeben, so können hierfür anstelle der in § 73 festgesetzten Vomhundertsätze folgende Vomhundertsätze der Honorare nach § 74 vereinbart werden:
1. für die Vorplanung bis zu 14 v. H.,
2. für die Entwurfsplanung bis zu 26 v. H.,
3. für die Objektüberwachung bis zu 38 v. H.

Honorartafel zu § 74 Abs. 1

Anrechen-bare Kosten DM	Zone I von DM	bis DM	Zone II von DM	bis DM	Zone III von DM	bis DM
10 000	2 890	3 750	3 750	4 610	4 610	5 470
15 000	4 050	5 230	5 230	6 410	6 410	7 590
20 000	5 090	6 550	6 550	8 000	8 000	9 460
30 000	7 070	9 020	9 020	10 960	10 960	12 910
40 000	8 910	11 340	11 340	13 770	13 770	16 200
50 000	10 650	13 560	13 560	16 480	16 480	19 390
60 000	12 300	15 700	15 700	19 110	19 110	22 510
70 000	13 890	17 750	17 750	21 600	21 600	25 460
80 000	15 390	19 710	19 710	24 020	24 020	28 340
90 000	16 900	21 610	21 610	26 310	26 310	31 020
100 000	18 390	23 520	23 520	28 640	28 640	33 770
150 000	25 020	31 930	31 930	38 850	38 850	45 760
200 000	31 090	39 500	39 500	47 900	47 900	56 310
300 000	42 000	52 900	52 900	63 800	63 800	74 700
400 000	52 600	65 300	65 300	77 990	77 990	90 690
500 000	63 730	78 190	78 190	92 660	92 660	107 120
600 000	74 840	91 040	91 040	107 240	107 240	123 440
700 000	86 200	104 230	104 230	122 260	122 260	140 290
800 000	97 470	117 480	117 480	137 500	137 500	157 510
900 000	108 880	130 700	130 700	152 510	152 510	174 330
1 000 000	120 330	143 920	143 920	167 520	167 520	191 110
1 500 000	175 570	206 100	206 100	236 640	236 640	267 170
2 000 000	228 130	262 700	262 700	297 260	297 260	331 830
3 000 000	327 990	363 860	363 860	399 720	399 720	435 590
4 000 000	424 360	460 850	460 850	497 350	497 350	533 840
5 000 000	518 450	559 140	559 140	599 840	599 840	640 530
6 000 000	607 730	650 660	650 660	693 580	693 580	736 510
7 000 000	688 830	733 890	733 890	778 960	778 960	824 020
7 500 000	726 620	772 550	772 550	818 490	818 490	864 420

§ 76 Umbauten und Modernisierungen von Anlagen der Technischen Ausrüstung

(1) Honorare für Leistungen bei Umbauten und Modernisierungen im Sinne des § 3 Nr. 5 und 6 sind nach den anrechenbaren Kosten nach § 69, der Honorarzone, der der Umbau oder die Modernisierung bei sinngemäßer Anwendung des § 71 zuzurechnen ist, den Leistungsphasen des § 73 und der Honorartafel des § 74 mit der Maßgabe zu ermitteln, daß eine Erhöhung der Honorare um einen Vomhundertsatz schriftlich zu vereinbaren ist. Bei der Vereinbarung nach Satz 1 ist insbesondere der Schwierigkeitsgrad der Leistungen zu berücksichtigen. Bei durchschnittlichem Schwierigkeitsgrad der Leistungen nach Satz 1 kann ein Zuschlag von 20 bis 50 vom Hundert vereinbart werden. Sofern nicht etwas anderes schriftlich vereinbart ist, gilt ab durchschnittlichem Schwierigkeitsgrad ein Zuschlag von 20 vom Hundert als vereinbart.

(2) § 24 Abs. 2 gilt sinngemäß.

Teil X: Leistungen für Thermische Bauphysik

§ 77 Anwendungsbereich

(1) Leistungen für Thermische Bauphysik (Wärme- und Kondensatfeuchteschutz) werden erbracht, um thermodynamische Einflüsse und deren Wirkungen auf Gebäude und Ingenieurbauwerke sowie auf Menschen, Tiere und Pflanzen und auf die Raumhygiene zu erfassen und zu begrenzen.

(2) Zu den Leistungen für Thermische Bauphysik rechnen insbesondere:

1. Entwurf, Bemessung und Nachweis des Wärmeschutzes nach der Wärmeschutzverordnung und nach den bauordnungsrechtlichen Vorschriften,
2. Leistungen zum Begrenzen der Wärmeverluste und Kühllasten,
3. Leistungen zum Ermitteln der wirtschaftlich optimalen Wärmedämm-Maßnahmen, insbesondere durch Minimieren der Bau- und Nutzungskosten,
4. Leistungen zum Planen von Maßnahmen für den sommerlichen Wärmeschutz in besonderen Fällen,
5. Leistungen zum Begrenzen der dampfdiffusionsbedingten Wasserdampfkondensation auf und in den Konstruktionsquerschnitten,
6. Leistungen zum Begrenzen von thermisch bedingten Einwirkungen auf Bauteile durch Wärmeströme,
7. Leistungen zum Regulieren des Feuchte- und Wärmehaushaltes von belüfteten Fassaden- und Dachkonstruktionen.

(3) Bei den Leistungen nach Absatz 2 Nr. 2 bis 7 können zusätzlich bauphysikalische Messungen an Bauteilen und Baustoffen, zum Beispiel Temperatur- und Feuchtemessungen, Messungen zur Bestimmung der Sorptionsfähigkeit, Bestimmungen des Wärmedurchgangskoeffizienten am Bau oder der Luftgeschwindigkeit in Luftschichten anfallen.

§ 78 Wärmeschutz

(1) Leistungen für den Wärmeschutz nach § 77 Abs. 2 Nr. 1 umfassen folgende Leistungen:

	Bewertung in v. H. der Honorare
1. Erarbeiten des Planungskonzepts für den Wärmeschutz	20
2. Erarbeiten des Entwurfs einschließlich der überschlägigen Bemessung für den Wärmeschutz und Durcharbeiten konstruktiver Details der Wärmeschutzmaßnahmen	40
3. Aufstellen des prüffähigen Nachweises des Wärmeschutzes	25
4. Abstimmen des geplanten Wärmeschutzes mit der Ausführungsplanung und der Vergabe	15
5. Mitwirken bei der Ausführungsüberwachung	–

Honorartafel zu § 78 Abs. 3

Anrechenbare Kosten DM	Zone I von DM	Zone I bis DM	Zone II von DM	Zone II bis DM	Zone III von DM	Zone III bis DM	Zone IV von DM	Zone IV bis DM	Zone V von DM	Zone V bis DM
500 000	1 060	1 220	1 220	1 440	1 440	1 760	1 760	1 980	1 980	2 140
1 000 000	1 380	1 640	1 640	2 000	2 000	2 520	2 520	2 880	2 880	3 140
5 000 000	3 770	4 370	4 370	5 160	5 160	6 350	6 350	7 140	7 140	7 740
10 000 000	5 660	6 560	6 560	7 760	7 760	9 560	9 560	10 760	10 760	11 660
50 000 000	23 590	26 210	26 210	29 710	29 710	34 960	34 960	38 460	38 460	41 080

(2) Das Honorar für die Leistungen nach Absatz 1 richtet sich nach den anrechenbaren Kosten des Gebäudes nach § 10, der Honorarzone, der das Gebäude nach den §§ 11 und 12 zuzurechnen ist, und nach der Honorartafel in Absatz 3.

(3) Die Mindest- und Höchstsätze der Honorare für die in Absatz 1 aufgeführten Leistungen für den Wärmeschutz sind in der Honorartafel [siehe Seite 121] festgesetzt.

(4) § 5 Abs. 1 und 2, § 16 Abs. 2 und 3 sowie § 22 gelten sinngemäß.

§ 79 Sonstige Leistungen für Thermische Bauphysik

Für Leistungen nach § 77 Abs. 2 Nr. 2 bis 7 und Abs. 3 kann ein Honorar frei vereinbart werden; dabei kann bei den Leistungen nach § 77 Abs. 2 Nr. 2 bis 7 der § 78 Abs. 1 sinngemäß angewandt werden. Wird ein Honorar nicht bei Auftragserteilung schriftlich vereinbart, so ist das Honorar als Zeithonorar nach § 6 zu berechnen.

Teil XI: Leistungen für Schallschutz und Raumakustik

§ 80 Schallschutz

(1) Leistungen für Schallschutz werden erbracht, um
1. in Gebäuden und Innenräumen einen angemessenen Luft- und Trittschallschutz, Schutz gegen von außen eindringende Geräusche und gegen Geräusche von Anlagen der Technischen Ausrüstung nach § 68 und anderen technischen Anlagen und Einrichtungen zu erreichen (baulicher Schallschutz),
2. die Umgebung geräuscherzeugender Anlagen gegen schädliche Umwelteinwirkungen durch Lärm zu schützen (Schallimmissionsschutz).

(2) Zu den Leistungen für baulichen Schallschutz rechnen insbesondere:
1. Leistungen zur Planung und zum Nachweis der Erfüllung von Schallschutzanforderungen, soweit objektbezogene schalltechnische Berechnungen oder Untersuchungen erforderlich werden (Bauakustik),
2. schalltechnische Messungen, zum Beispiel zur Bestimmung von Luft- und Trittschalldämmung, der Geräusche von Anlagen der Technischen Ausrüstung und von Außengeräuschen.

(3) Zu den Leistungen für den Schallimmissionsschutz rechnen insbesondere:
1. schalltechnische Bestandsaufnahme,
2. Festlegen der schalltechnischen Anforderungen,
3. Entwerfen der Schallschutzmaßnahmen,
4. Mitwirken bei der Ausführungsplanung,
5. Abschlußmessungen.

§ 81 Bauakustik

(1) Leistungen für Bauakustik nach § 80 Abs. 2 Nr. 1 umfassen folgende Leistungen:

	Bewertung in v. H. der Honorare
1. Erarbeiten des Planungskonzepts Festlegen der Schallschutzanforderungen	10
2. Erarbeiten des Entwurfs einschließlich Aufstellen der Nachweise des Schallschutzes	35
3. Mitwirken bei der Ausführungsplanung	30
4. Mitwirken bei der Vorbereitung der Vergabe und bei der Vergabe	5
5. Mitwirken bei der Überwachung schalltechnisch wichtiger Ausführungsarbeiten	20

(2) Das Honorar für die Leistungen nach Absatz 1 richtet sich nach den anrechenbaren Kosten nach den Absätzen 3 bis 5, der Honorarzone, der das Objekt nach § 82 zuzurechnen ist, und nach der Honorartafel in § 83.

(3) Anrechenbare Kosten sind die Kosten für Baukonstruktionen, Installationen, zentrale Betriebstechnik und betriebliche Einbauten (DIN 276, Kostengruppen 3.1 bis 3.4).

(4) § 10 Abs. 2, 3 und 3 a gilt sinngemäß.

(5) Die Vertragsparteien können vereinbaren, daß die Kosten für besondere Bauausführungen (DIN 276, Kostengruppe 3.5) ganz oder teilweise zu den anrechenbaren Kosten gehören, wenn hierdurch dem Auftragnehmer ein erhöhter Arbeitsaufwand entsteht.

(6) Werden nicht sämtliche Leistungen nach Absatz 1 übertragen, so gilt § 5 Abs. 1 und 2 sinngemäß.

(7) § 22 gilt sinngemäß.

§ 82 Honorarzonen für Leistungen bei der Bauakustik

(1) Die Honorarzone wird bei der Bauakustik aufgrund folgender Bewertungsmerkmale ermittelt:

1. Honorarzone I:
Objekte mit geringen Planungsanforderungen an die Bauakustik, insbesondere
– Wohnhäuser, Heime, Schulen, Verwaltungsgebäude und Banken mit jeweils durchschnittlicher Technischer Ausrüstung und entsprechendem Ausbau;

2. Honorarzone II:
Objekte mit durchschnittlichen Planungsanforderungen an die Bauakustik, insbesondere
- Heime, Schulen, Verwaltungsgebäude mit jeweils überdurchschnittlicher Technischer Ausrüstung und entsprechendem Ausbau,
- Wohnhäuser mit versetzten Grundrissen,
- Wohnhäuser mit Außenlärmbelastungen,
- Hotels, soweit nicht in Honorarzone III erwähnt,
- Universitäten und Hochschulen,
- Krankenhäuser, soweit nicht in Honorarzone III erwähnt,
- Gebäude für Erholung, Kur und Genesung,
- Versammlungsstätten, soweit nicht in Honorarzone III erwähnt,
- Werkstätten mit schutzbedürftigen Räumen;
3. Honorarzone III:
Objekte mit überdurchschnittlichen Planungsanforderungen an die Bauakustik, insbesondere
- Hotels mit umfangreichen gastronomischen Einrichtungen,
- Gebäude mit gewerblicher und Wohnnutzung,
- Krankenhäuser in bauakustisch besonders ungünstigen Lagen oder mit ungünstiger Anordnung der Versorgungseinrichtungen,
- Theater-, Konzert- und Kongreßgebäude,
- Tonstudios und akustische Meßräume.
(2) § 63 Abs. 2 gilt sinngemäß.

§ 83 Honorartafel für Leistungen bei der Bauakustik

(1) Die Mindest- und Höchstsätze der Honorare für die in § 81 aufgeführten Leistungen für Bauakustik sind in der nachfolgenden Honorartafel [siehe Seite 125] festgesetzt.
(2) § 16 Abs. 2 und 3 gilt sinngemäß.

§ 84 Sonstige Leistungen für Schallschutz

Für Leistungen nach § 80 Abs. 2, soweit sie nicht in § 81 erfaßt sind, sowie für Leistungen nach § 80 Abs. 3 kann ein Honorar frei vereinbart werden. Wird ein Honorar nicht bei Auftragserteilung schriftlich vereinbart, so ist es als Zeithonorar nach § 6 zu berechnen.

§ 85 Raumakustik

(1) Leistungen für Raumakustik werden erbracht, um Räume mit besonderen Anforderungen an die Raumakustik durch Mitwirkung bei Formgebung, Material-auswahl und Ausstattung ihrem Verwendungszweck akustisch anzupassen.
(2) Zu den Leistungen für Raumakustik rechnen insbesondere:
1. raumakustische Planung und Überwachung,
2. akustische Messungen,
3. Modelluntersuchungen,
4. Beraten bei der Planung elektroakustischer Anlagen.

Honorartafel zu § 83 Abs. 1

Anrechen-bare Kosten DM	Zone I von DM	Zone I bis DM	Zone II von DM	Zone II bis DM	Zone III von DM	Zone III bis DM
500 000	3 140	3 600	3 600	4 140	4 140	4 770
600 000	3 500	4 020	4 020	4 630	4 630	5 340
700 000	3 850	4 420	4 420	5 090	5 090	5 870
800 000	4 190	4 800	4 800	5 540	5 540	6 380
900 000	4 520	5 180	5 180	5 970	5 970	6 870
1 000 000	4 810	5 520	5 520	6 370	6 370	7 350
1 500 000	6 250	7 170	7 170	8 270	8 270	9 530
2 000 000	7 530	8 630	8 630	9 950	9 950	11 470
3 000 000	9 810	11 250	11 250	12 980	12 980	14 960
4 000 000	11 850	13 590	13 590	15 680	15 680	18 070
5 000 000	13 730	15 750	15 750	18 170	18 170	20 950
6 000 000	15 490	17 770	17 770	20 490	20 490	23 620
7 000 000	17 150	19 670	19 670	22 690	22 690	26 150
8 000 000	18 740	21 490	21 490	24 790	24 790	28 570
9 000 000	20 260	23 240	23 240	26 800	26 800	30 890
10 000 000	21 720	24 910	24 910	28 740	28 740	33 130
15 000 000	28 430	32 610	32 610	37 610	37 610	43 350
20 000 000	34 420	39 480	39 480	45 530	45 530	52 490
30 000 000	45 080	51 710	51 710	59 640	59 640	68 750
40 000 000	54 590	62 620	62 620	72 220	72 220	83 260
50 000 000	63 340	72 650	72 650	83 790	83 790	96 590

§ 86 Raumakustische Planung und Überwachung

(1) Die raumakustische Planung und Überwachung nach § 85 Abs. 2 Nr. 1 umfaßt folgende Leistungen:

	Bewertung in v. H. der Honorare
1. Erarbeiten des raumakustischen Planungskonzepts, Festlegen der raumakustischen Anforderungen	20
2. Erarbeiten des raumakustischen Entwurfs	35
3. Mitwirken bei der Ausführungsplanung	25
4. Mitwirken bei der Vorbereitung der Vergabe und bei der Vergabe	5
5. Mitwirken bei der Überwachung raumakustisch wichtiger Ausführungsarbeiten	15

(2) Das Honorar für jeden Innenraum, für den Leistungen nach Absatz 1 erbracht werden, richtet sich nach den anrechenbaren Kosten nach den Absätzen 3 bis 5, der Honorarzone, der der Innenraum nach den §§ 87 und 88 zuzurechnen ist, sowie nach der Honorartafel in § 89. § 22 bleibt unberührt.

(3) Anrechenbare Kosten sind die Kosten für Baukonstruktionen (DIN 276, Kostengruppe 3.1), geteilt durch den Bruttorauminhalt des Gebäudes und multipliziert mit dem Rauminhalt des betreffenden Innenraumes, sowie die Kosten für betriebliche Einbauten, Möbel und Textilien (DIN 276, Kostengruppen 3.4, 4.2 und 4.3) des betreffenden Innenraumes.

(4) § 10 Abs. 2, 3 und 3 a gilt sinngemäß.

(5) Werden bei Innenräumen nicht sämtliche Leistungen nach Absatz 1 übertragen, so gilt § 5 Abs. 1 und 2 sinngemäß.

(6) Das Honorar für Leistungen nach Absatz 1 bei Freiräumen kann frei vereinbart werden. Wird ein Honorar nicht bei Auftragserteilung schriftlich vereinbart, so ist das Honorar als Zeithonorar nach § 6 zu berechnen.

§ 87 Honorarzonen für Leistungen bei der raumakustischen Planung und Überwachung

(1) Innenräume werden bei der raumakustischen Planung und Überwachung nach den in Absatz 2 genannten Bewertungsmerkmalen folgenden Honorarzonen zugerechnet:
1. Honorarzone I: Innenräume mit sehr geringen Planungsanforderungen;
2. Honorarzone II: Innenräume mit geringen Planungsanforderungen;
3. Honorarzone III: Innenräume mit durchschnittlichen Planungsanforderungen;
4. Honorarzone IV: Innenräume mit überdurchschnittlichen Planungsanforderungen;
5. Honorarzone V: Innenräume mit sehr hohen Planungsanforderungen.

(2) Bewertungsmerkmale sind:
1. Anforderungen an die Einhaltung der Nachhallzeit,
2. Einhalten eines bestimmten Frequenzganges der Nachhallzeit,
3. Anforderungen an die räumliche und zeitliche Schallverteilung,
4. akustische Nutzungsart des Innenraums,
5. Veränderbarkeit der akustischen Eigenschaften des Innenraums.

(3) § 63 Abs. 2 gilt sinngemäß.

§ 88 Objektliste für raumakustische Planung und Überwachung

Nachstehende Innenräume werden bei der raumakustischen Planung und Überwachung nach Maßgabe der in § 87 genannten Merkmale in der Regel folgenden Honorarzonen zugerechnet:
1. Honorarzone I: Pausenhallen, Spielhallen, Liege- und Wandelhallen;
2. Honorarzone II: Unterrichts-, Vortrags- und Sitzungsräume bis 500 m³, nicht teilbare Sporthallen, Filmtheater und Kirchen bis 1000 m³, Großraumbüros;

3. Honorarzone III: Unterrichts-, Vortrags- und Sitzungsräume über 500 bis 1500 m^3, Filmtheater und Kirchen über 1000 bis 3000 m^3, teilbare Turn- und Sporthallen bis 3000 m^3;
4. Honorarzone IV: Unterrichts-, Vortrags- und Sitzungsräume über 1500 m^3, Mehrzweckhallen bis 3000 m^3, Filmtheater und Kirchen über 3000 m^3;
5. Honorarzone V: Konzertsäle, Theater, Opernhäuser, Mehrzweckhallen über 3000 m^3, Tonaufnahmeräume, Innenräume mit veränderlichen akustischen Eigenschaften, akustische Meßräume.

§ 89 Honorartafel für Leistungen bei der raumakustischen Planung und Überwachung

(1) Die Mindest- und Höchstsätze der Honorare für die in § 86 aufgeführten Leistungen für raumakustische Planung und Überwachung bei Innenräumen sind in der nachfolgenden Honorartafel [siehe Seite 128] festgesetzt.

(2) § 16 Abs. 2 und 3 gilt sinngemäß.

§ 90 Sonstige Leistungen für Raumakustik

Für Leistungen nach § 85 Abs. 2, soweit sie nicht in § 86 erfaßt sind, kann ein Honorar frei vereinbart werden. Wird ein Honorar nicht bei Auftragserteilung schriftlich vereinbart, so ist das Honorar als Zeithonorar nach § 6 zu berechnen.

Teil XII: Leistungen für Bodenmechanik, Erd- und Grundbau

§ 91 Anwendungsbereich

(1) Leistungen für Bodenmechanik, Erd- und Grundbau werden erbracht, um die Wechselwirkung zwischen Baugrund und Bauwerk sowie seiner Umgebung zu erfassen und die für die Berechnungen erforderlichen Bodenkennwerte festzulegen.

(2) Zu den Leistungen für Bodenmechanik, Erd- und Grundbau rechnen insbesondere:
1. Baugrundbeurteilung und Gründungsberatung für Flächen- und Pfahlgründungen als Grundlage für die Bemessung der Gründung durch den Tragwerksplaner, soweit diese Leistungen nicht durch Anwendung von Tabellen oder anderen Angaben, zum Beispiel in den bauordnungsrechtlichen Vorschriften, erbracht werden können,
2. Ausschreiben und Überwachen der Aufschlußarbeiten,
3. Durchführen von Labor- und Feldversuchen,
4. Beraten bei der Sicherung von Nachbarbauwerken,

Honorartafel zu § 89 Abs. 1

Anrechenbare Kosten DM	Zone I von DM	Zone I bis DM	Zone II von DM	Zone II bis DM	Zone III von DM	Zone III bis DM	Zone IV von DM	Zone IV bis DM	Zone V von DM	Zone V bis DM
100 000	2 120	2 760	2 760	3 400	3 400	4 030	4 030	4 670	4 670	5 310
200 000	2 450	3 190	3 190	3 920	3 920	4 660	4 660	5 390	5 390	6 130
300 000	2 770	3 600	3 600	4 430	4 430	5 250	5 250	6 080	6 080	6 910
400 000	3 070	3 990	3 990	4 920	4 920	5 840	5 840	6 770	6 770	7 690
500 000	3 370	4 380	4 380	5 400	5 400	6 410	6 410	7 430	7 430	8 440
600 000	3 680	4 780	4 780	5 880	5 880	6 980	6 980	8 080	8 080	9 180
700 000	3 950	5 140	5 140	6 330	6 330	7 520	7 520	8 710	8 710	9 900
800 000	4 240	5 510	5 510	6 780	6 780	8 060	8 060	9 330	9 330	10 600
900 000	4 530	5 880	5 880	7 240	7 240	8 590	8 590	9 950	9 950	11 300
1 000 000	4 790	6 230	6 230	7 670	7 670	9 120	9 120	10 560	10 560	12 000
1 500 000	6 140	7 980	7 980	9 810	9 810	11 650	11 650	13 480	13 480	15 320
2 000 000	7 410	9 630	9 630	11 850	11 850	14 080	14 080	16 300	16 300	18 520
3 000 000	9 860	12 810	12 810	15 760	15 760	18 720	18 720	21 670	21 670	24 620
4 000 000	12 200	15 860	15 860	19 510	19 510	23 170	23 170	26 820	26 820	30 480
5 000 000	14 470	18 810	18 810	23 150	23 150	27 490	27 490	31 830	31 830	36 170
6 000 000	16 700	21 710	21 710	26 720	26 720	31 720	31 720	36 730	36 730	41 740
7 000 000	18 890	24 550	24 550	30 220	30 220	35 880	35 880	41 550	41 550	47 210
8 000 000	21 050	27 360	27 360	33 670	33 670	39 990	39 990	46 300	46 300	52 610
9 000 000	23 180	30 130	30 130	37 080	37 080	44 040	44 040	50 990	50 990	57 940
10 000 000	25 290	32 880	32 880	40 460	40 460	48 050	48 050	55 630	55 630	63 220
15 000 000	35 610	46 290	46 290	56 970	56 970	67 650	67 650	78 330	78 330	89 010

5. Aufstellen von Setzungs-, Grundbruch- und anderen erdstatischen Berechnungen, soweit diese Leistungen nicht in den Leistungen nach Nummer 1 oder in den Grundleistungen nach §§ 55 oder 64 erfaßt sind,
6. Untersuchungen zur Berücksichtigung dynamischer Beanspruchungen bei der Bemessung des Bauwerks oder seiner Gründung,
7. Beraten bei Baumaßnahmen im Fels,
8. Abnahme von Gründungssohlen und Aushubsohlen,
9. allgemeine Beurteilung der Tragfähigkeit des Baugrundes und der Gründungsmöglichkeiten, die sich nicht auf ein bestimmtes Gebäude oder Ingenieurbauwerk bezieht.

§ 92 Baugrundbeurteilung und Gründungsberatung

(1) Die Baugrundbeurteilung und Gründungsberatung nach § 91 Abs. 2 Nr. 1 umfaßt folgende Leistungen für Gebäude und Ingenieurbauwerke:

	Bewertung in v. H. der Honorare
1. Klären der Aufgabenstellung, Ermitteln der Baugrundverhältnisse aufgrund der vorhandenen Unterlagen, Festlegen und Darstellen der erforderlichen Baugrunderkundungen	15
2. Auswerten und Darstellen der Baugrunderkundungen sowie der Labor- und Feldversuche; Abschätzen des Schwankungsbereiches von Wasserständen im Boden; Baugrundbeurteilung; Festlegen der Bodenkennwerte	35
3. Vorschlag für die Gründung mit Angabe der zulässigen Bodenpressungen in Abhängigkeit von den Fundamentabmessungen, gegebenenfalls mit Angaben zur Bemessung der Pfahlgründung; Angabe der zu erwartenden Setzungen für die vom Tragwerksplaner im Rahmen der Entwurfsplanung nach § 64 zu erbringenden Grundleistungen; Hinweise zur Herstellung und Trockenhaltung der Baugrube und des Bauwerks sowie zur Auswirkung der Baumaßnahme auf Nachbarbauwerke	50

(2) Das Honorar für die Leistungen nach Absatz 1 richtet sich nach den anrechenbaren Kosten nach § 62 Abs. 3 bis 8, der Honorarzone, der die Gründung nach § 93 zuzurechnen ist, und nach der Honorartafel in § 94.

(3) Die anrechenbaren Kosten sind zu ermitteln nach der Kostenberechnung oder, wenn die Vertragsparteien dies bei Auftragserteilung schriftlich vereinbaren, nach einer anderen Kostenermittlungsart.

(4) Werden nicht sämtliche Leistungen nach Absatz 1 übertragen, so gilt § 5 Abs. 1 und 2 sinngemäß.

(5) Das Honorar für Ingenieurbauwerke mit großer Längenausdehnung (Linienbauwerke) kann frei vereinbart werden. Wird ein Honorar nicht bei Auftragserteilung schriftlich vereinbart, so ist das Honorar als Zeithonorar nach § 6 zu berechnen.

(6) § 66 Abs. 1, 2, 5 und 6 gilt sinngemäß.

§ 93 Honorarzonen für Leistungen bei der Baugrundbeurteilung und Gründungsberatung

(1) Die Honorarzone wird bei der Baugrundbeurteilung und Gründungsberatung aufgrund folgender Bewertungsmerkmale ermittelt:

1. Honorarzone I:

Gründungen mit sehr geringem Schwierigkeitsgrad, insbesondere
– gering setzungsempfindliche Bauwerke mit einheitlicher Gründungsart bei annähernd regelmäßigem Schichtenaufbau des Untergrundes mit einheitlicher Tragfähigkeit (Scherfestigkeit) und Setzungsfähigkeit innerhalb der Baufläche;

2. Honorarzone II:

Gründungen mit geringem Schwierigkeitsgrad, insbesondere
– setzungsempfindliche Bauwerke sowie gering setzungsempfindliche Bauwerke mit bereichsweise unterschiedlicher Gründungsart oder bereichsweise stark unterschiedlichen Lasten bei annähernd regelmäßigem Schichtenaufbau des Untergrundes mit einheitlicher Tragfähigkeit und Setzungsfähigkeit innerhalb der Baufläche,
– gering setzungsempfindliche Bauwerke mit einheitlicher Gründungsart bei unregelmäßigem Schichtenaufbau des Untergrundes mit unterschiedlicher Tragfähigkeit und Setzungsfähigkeit innerhalb der Baufläche;

3. Honorarzone III:

Gründungen mit durchschnittlichem Schwierigkeitsgrad, insbesondere
– stark setzungsempfindliche Bauwerke bei annähernd regelmäßigem Schichtenaufbau des Untergrundes mit einheitlicher Tragfähigkeit und Setzungsfähigkeit innerhalb der Baufläche,
– setzungsempfindliche Bauwerke sowie gering setzungsempfindliche Bauwerke mit bereichsweise unterschiedlicher Gründungsart oder bereichsweise stark unterschiedlichen Lasten bei unregelmäßigem Schichtenaufbau des Untergrundes mit unterschiedlicher Tragfähigkeit und Setzungsfähigkeit innerhalb der Baufläche,
– gering setzungsempfindliche Bauwerke mit einheitlicher Gründungsart bei unregelmäßigem Schichtenaufbau des Untergrundes mit stark unterschiedlicher Tragfähigkeit und Setzungsfähigkeit innerhalb der Baufläche;

4. Honorarzone IV:

Gründungen mit überdurchschnittlichem Schwierigkeitsgrad, insbesondere

- stark setzungsempfindliche Bauwerke bei unregelmäßigem Schichtenaufbau des Untergrundes mit unterschiedlicher Tragfähigkeit und Setzungsfähigkeit innerhalb der Baufläche,
- setzungsempfindliche Bauwerke sowie gering setzungsempfindliche Bauwerke mit bereichsweise unterschiedlicher Gründungsart oder bereichsweise stark unterschiedlichen Lasten bei unregelmäßigem Schichtenaufbau des Untergrundes mit stark unterschiedlicher Tragfähigkeit und Setzungsfähigkeit innerhalb der Baufläche;
5. Honorarzone V:
Gründungen mit sehr hohem Schwierigkeitsgrad, insbesondere
- stark setzungsempfindliche Bauwerke bei unregelmäßigem Schichtenaufbau des Untergrundes mit stark unterschiedlicher Tragfähigkeit und Setzungsfähigkeit innerhalb der Baufläche.

(2) § 63 Abs. 2 gilt sinngemäß.

§ 94 Honorartafel für Leistungen bei der Baugrundbeurteilung und Gründungsberatung

(1) Die Mindest- und Höchstsätze der Honorare für die in § 92 aufgeführten Leistungen für die Baugrundbeurteilung und Gründungsberatung sind in der nachfolgenden Honorartafel [siehe Seite 132] festgesetzt.

(2) § 16 Abs. 2 und 3 gilt sinngemäß.

§ 95 Sonstige Leistungen für Bodenmechanik, Erd- und Grundbau

Für Leistungen nach § 91 Abs. 2, soweit sie nicht in § 92 erfaßt sind, kann ein Honorar frei vereinbart werden. Wird ein Honorar nicht bei Auftragserteilung schriftlich vereinbart, so ist das Honorar als Zeithonorar nach § 6 zu berechnen.

Teil XIII: Vermessungstechnische Leistungen

§ 96 Anwendungsbereich

(1) Vermessungstechnische Leistungen sind das Erfassen ortsbezogener Daten über Bauwerke und Anlagen, Grundstücke und Topographie, das Erstellen von Plänen, das Übertragen von Planungen in die Örtlichkeit sowie das vermessungstechnische Überwachen der Bauausführung, soweit die Leistungen mit besonderen instrumentellen und vermessungstechnischen Verfahrensanforderungen erbracht werden müssen. Ausgenommen von Satz 1 sind Leistungen, die nach landesrechtlichen Vorschriften für Zwecke der Landesvermessung und des Liegenschaftskatasters durchgeführt werden.

(2) Zu den vermessungstechnischen Leistungen rechnen:
1. Entwurfsvermessung für die Planung und den Entwurf von Gebäuden, Ingenieurbauwerken und Verkehrsanlagen,

Honorartafel zu § 94 Abs. 1

Anrechenbare Kosten DM	Zone I von DM	Zone I bis DM	Zone II von DM	Zone II bis DM	Zone III von DM	Zone III bis DM	Zone IV von DM	Zone IV bis DM	Zone V von DM	Zone V bis DM
100 000	930	1 680	1 680	2 420	2 420	3 170	3 170	3 910	3 910	4 660
150 000	1 160	2 050	2 050	2 930	2 930	3 820	3 820	4 700	4 700	5 590
200 000	1 350	2 350	2 350	3 350	3 350	4 340	4 340	5 340	5 340	6 340
300 000	1 660	2 850	2 850	4 030	4 030	5 220	5 220	6 400	6 400	7 590
400 000	1 940	3 280	3 280	4 620	4 620	5 950	5 950	7 290	7 290	8 630
500 000	2 170	3 640	3 640	5 110	5 110	6 590	6 590	8 060	8 060	9 530
600 000	2 400	3 990	3 990	5 580	5 580	7 160	7 160	8 750	8 750	10 340
700 000	2 600	4 290	4 290	5 980	5 980	7 680	7 680	9 370	9 370	11 060
800 000	2 790	4 580	4 580	6 370	6 370	8 150	8 150	9 940	9 940	11 730
900 000	2 960	4 840	4 840	6 720	6 720	8 600	8 600	10 480	10 480	12 360
1 000 000	3 130	5 090	5 090	7 060	7 060	9 020	9 020	10 990	10 990	12 950
1 500 000	3 870	6 200	6 200	8 530	8 530	10 850	10 850	13 180	13 180	15 510
2 000 000	4 520	7 140	7 140	9 760	9 760	12 380	12 380	15 000	15 000	17 620
3 000 000	5 580	8 680	8 680	11 780	11 780	14 890	14 890	17 990	17 990	21 090
4 000 000	6 500	9 990	9 990	13 490	13 490	16 980	16 980	20 480	20 480	23 970
5 000 000	7 300	11 130	11 130	14 960	14 960	18 800	18 800	22 630	22 630	26 460
6 000 000	8 030	12 160	12 160	16 290	16 290	20 420	20 420	24 550	24 550	28 680
7 000 000	8 710	13 110	13 110	17 510	17 510	21 910	21 910	26 310	26 310	30 710
8 000 000	9 340	13 990	13 990	18 630	18 630	23 280	23 280	27 920	27 920	32 570
9 000 000	9 930	14 810	14 810	19 690	19 690	24 560	24 560	29 440	29 440	34 320
10 000 000	10 500	15 600	15 600	20 690	20 690	25 790	25 790	30 880	30 880	35 980
15 000 000	13 010	19 020	19 020	25 030	25 030	31 040	31 040	37 050	37 050	43 060
20 000 000	15 130	21 890	21 890	28 650	28 650	35 410	35 410	42 170	42 170	48 930
30 000 000	18 720	26 690	26 690	34 660	34 660	42 630	42 630	50 600	50 600	58 570
40 000 000	21 780	30 730	30 730	39 680	39 680	48 640	48 640	57 590	57 590	66 540
50 000 000	24 490	34 280	34 280	44 080	44 080	53 870	53 870	63 670	63 670	73 460

2. Bauvermessung für den Bau und die abschließende Bestandsdokumentation von Gebäuden, Ingenieurbauwerken und Verkehrsanlagen,
3. Vermessung an Objekten außerhalb der Entwurfs- und Bauphase, Leistungen für nicht objektgebundene Vermessungen, Fernerkundung und geographisch-geometrische Datenbasen sowie andere sonstige vermessungstechnische Leistungen.

§ 97 Grundlagen des Honorars bei der Entwurfsvermessung

(1) Das Honorar für Grundleistungen bei der Entwurfsvermessung richtet sich nach den anrechenbaren Kosten des Objekts, nach der Honorarzone, der die Entwurfsvermessung angehört, sowie nach der Honorartafel in § 99.

(2) Anrechenbare Kosten sind unter Zugrundelegung der Kostenermittlungsarten nach DIN 276 nach der Kostenberechnung zu ermitteln, solange diese nicht vorliegt oder wenn die Vertragsparteien dies bei Auftragserteilung schriftlich vereinbaren, nach der Kostenschätzung.

(3) Anrechenbare Kosten sind die Herstellungskosten des Objekts. Sie sind zu ermitteln:
1. bei Gebäuden nach § 10 Abs. 3, 4 und 5,
2. bei Ingenieurbauwerken nach § 52 Abs. 6 bis 8 und sinngemäß nach § 10 Abs. 4,
3. bei Verkehrsanlagen nach § 52 Abs. 4 bis 8 und sinngemäß nach § 10 Abs. 4.

(4) Anrechenbar sind bei Gebäuden und Ingenieurbauwerken nur folgende Vomhundertsätze der nach Absatz 3 ermittelten anrechenbaren Kosten, die wie folgt gestaffelt aufzusummieren sind:
1. bis zu 1 Mio. DM   40 v. H.,
2. über 1 Mio. bis zu 2 Mio. DM   35 v. H.,
3. über 2 Mio. bis zu 5 Mio. DM   30 v. H.,
4. über 5 Mio. DM   25 v. H.

(5) Die Absätze 1 bis 4 sowie die §§ 97 a und 97 b gelten nicht für vermessungstechnische Leistungen bei ober- und unterirdischen Leitungen, innerörtlichen Verkehrsanlagen mit überwiegend innerörtlichem Verkehr – ausgenommen Wasserstraßen –, Geh- und Radwegen sowie Gleis- und Bahnsteiganlagen. Das Honorar für die in Satz 1 genannten Objekte kann frei vereinbart werden. Wird ein Honorar nicht bei Auftragserteilung schriftlich vereinbart, so ist das Honorar als Zeithonorar nach § 6 zu berechnen.

(6) § 21 gilt sinngemäß.

(7) Umfaßt ein Auftrag Vermessungen für mehrere Objekte, so sind die Honorare für die Vermessung jedes Objekts getrennt zu berechnen. § 23 Abs. 2 gilt sinngemäß.

§ 97 a Honorarzonen für Leistungen bei der Entwurfsvermessung

(1) Die Honorarzone wird bei der Entwurfsvermessung aufgrund folgender Bewertungsmerkmale ermittelt:
1. Honorarzone I:
Vermessungen mit sehr geringen Anforderungen, das heißt mit

- sehr hoher Qualität der vorhandenen Kartenunterlagen,
- sehr geringen Anforderungen an die Genauigkeit,
- sehr hoher Qualität des vorhandenen Lage- und Höhenfestpunktfeldes,
- sehr geringen Beeinträchtigungen durch die Geländebeschaffenheit und bei der Begehbarkeit,
- sehr geringer Behinderung durch Bebauung und Bewuchs,
- sehr geringer Behinderung durch Verkehr,
- sehr geringer Topographiedichte;

2. Honorarzone II:
Vermessungen mit geringen Anforderungen, das heißt mit
- guter Qualität der vorhandenen Kartenunterlagen,
- geringen Anforderungen an die Genauigkeit,
- guter Qualität des vorhandenen Lage- und Höhenfestpunktfeldes,
- geringen Beeinträchtigungen durch die Geländebeschaffenheit und bei der Begehbarkeit,
- geringer Behinderung durch Bebauung und Bewuchs,
- geringer Behinderung durch Verkehr,
- geringer Topographiedichte;

3. Honorarzone III:
Vermessungen mit durchschnittlichen Anforderungen, das heißt mit
- befriedigender Qualität der vorhandenen Kartenunterlagen,
- durchschnittlichen Anforderungen an die Genauigkeit,
- befriedigender Qualität des vorhandenen Lage- und Höhenfestpunktfeldes,
- durchschnittlichen Beeinträchtigungen durch die Geländebeschaffenheit und bei der Begehbarkeit,
- durchschnittlicher Behinderung durch Bebauung und Bewuchs,
- durchschnittlicher Behinderung durch Verkehr,
- durchschnittlicher Topographiedichte;

4. Honorarzone IV:
Vermessungen mit überdurchschnittlichen Anforderungen, das heißt mit
- kaum ausreichender Qualität der vorhandenen Kartenunterlagen,
- überdurchschnittlichen Anforderungen an die Genauigkeit,
- kaum ausreichender Qualität des vorhandenen Lage- und Höhenfestpunktfeldes,
- überdurchschnittlichen Beeinträchtigungen durch die Geländebeschaffenheit und bei der Begehbarkeit,
- überdurchschnittlicher Behinderung durch Bebauung und Bewuchs,
- überdurchschnittlicher Behinderung durch Verkehr,
- überdurchschnittlicher Topographiedichte;

5. Honorarzone V:
Vermessungen mit sehr hohen Anforderungen, das heißt mit
- mangelhafter Qualität der vorhandenen Kartenunterlagen,
- sehr hohen Anforderungen an die Genauigkeit,
- mangelhafter Qualität des vorhandenen Lage- und Höhenfestpunktfeldes,
- sehr hohen Beeinträchtigungen durch die Geländebeschaffenheit und bei der Begehbarkeit,

- sehr hoher Behinderung durch Bebauung und Bewuchs,
- sehr hoher Behinderung durch Verkehr,
- sehr hoher Topographiedichte.

(2) Sind für eine Entwurfsvermessung Bewertungsmerkmale aus mehreren Honorarzonen anwendbar und bestehen deswegen Zweifel, welcher Honorarzone die Vermessung zugerechnet werden kann, so ist die Anzahl der Bewertungspunkte nach Absatz 3 zu ermitteln. Die Vermessung ist nach der Summe der Bewertungspunkte folgenden Honorarzonen zuzurechnen:

1. Honorarzone I:
Vermessungen mit bis zu 14 Punkten,
2. Honorarzone II:
Vermessungen mit 15 bis 25 Punkten,
3. Honorarzone III:
Vermessungen mit 26 bis 37 Punkten,
4. Honorarzone IV:
Vermessungen mit 38 bis 48 Punkten,
5. Honorarzone V:
Vermessungen mit 49 bis 60 Punkten.

(3) Bei der Zurechnung einer Entwurfsvermessung in die Honorarzonen sind entsprechend dem Schwierigkeitsgrad der Anforderungen an die Vermessung die Bewertungsmerkmale Qualität der vorhandenen Kartenunterlagen, Anforderungen an die Genauigkeit und Qualität des vorhandenen Lage- und Höhenfestpunktfeldes mit je bis zu 5 Punkten, die Bewertungsmerkmale Beeinträchtigungen durch die Geländebeschaffenheit und bei der Begehbarkeit, Behinderung durch Bebauung und Bewuchs sowie Behinderung durch Verkehr mit je bis zu 10 Punkten und das Bewertungsmerkmal Topographiedichte mit bis zu 15 Punkten zu bewerten.

§ 97 b Leistungsbild Entwurfsvermessung

(1) Das Leistungsbild Entwurfsvermessung umfaßt die terrestrischen und photogrammetrischen Vermessungsleistungen für die Planung und den Entwurf von Gebäuden, Ingenieurbauwerken und Verkehrsanlagen. Die Grundleistungen sind in den in Absatz 2 aufgeführten Leistungsphasen 1 bis 6 zusammengefaßt. Sie sind in der nachfolgenden Tabelle in Vomhundertsätzen der Honorare des § 99 bewertet.

	Bewertung der Grundleistungen in v. H. der Honorare
1. Grundlagenermittlung	3
2. Geodätisches Festpunktfeld	15
3. Vermessungstechnische Lage- und Höhenpläne	52
4. Absteckungsunterlagen	15
5. Absteckung für Entwurf	5
6. Geländeschnitte	10

(2) Das Leistungsbild setzt sich wie folgt zusammen:

Grundleistungen	Besondere Leistungen

1. Grundlagenermittlung

Einholen von Informationen und Beschaffen von Unterlagen über die Örtlichkeit und das geplante Objekt
Beschaffen vermessungstechnischer Unterlagen
Ortsbesichtigung
Ermitteln des Leistungsumfangs in Abhängigkeit von den Genauigkeitsanforderungen und dem Schwierigkeitsgrad

Schriftliches Einholen von Genehmigungen zum Betreten von Grundstücken, zum Befahren von Gewässern und für anordnungsbedürftige Verkehrssicherungsmaßnahmen

2. Geodätisches Festpunktfeld

Erkunden und Vermarken von Lage- und Höhenpunkten
Erstellen von Punktbeschreibungen und Einmessungsskizzen
Messungen zum Bestimmen der Fest- und Paßpunkte
Auswerten der Messungen und Erstellen des Koordinaten- und Höhenverzeichnisses

Netzanalyse und Meßprogramm für Grundnetze hoher Genauigkeit
Vermarken bei besonderen Anforderungen
Bau von Festpunkten und Signalen

3. Vermessungstechnische Lage- und Höhenpläne

Topographisch/Morphologische Geländeaufnahme (terrestrisch/photogrammetrisch) einschließlich Erfassen von Zwangspunkten
Auswerten der Messungen/Luftbilder
Erstellen von Plänen mit Darstellen der Situation im Planungsbereich einschließlich der Einarbeitung der Katasterinformation
Darstellen der Höhen in Punkt-, Raster- oder Schichtlinienform
Erstellen eines digitalen Geländemodells
Graphisches Übernehmen von Kanälen, Leitungen, Kabeln und unterirdischen Bauwerken aus vorhandenen Unterlagen
Eintragen der bestehenden öffentlich-rechtlichen Festsetzungen
Liefern aller Meßdaten in digitaler Form

Orten und Aufmessen des unterirdischen Bestandes
Vermessungsarbeiten unter Tage, unter Wasser oder bei Nacht
Maßnahmen für umfangreiche anordnungsbedürftige Verkehrssicherung
Detailliertes Aufnehmen bestehender Objekte und Anlagen außerhalb normaler topographischer Aufnahmen, wie zum Beispiel Fassaden und Innenräume von Gebäuden
Eintragen von Eigentümerangaben
Darstellen in verschiedenen Maßstäben
Aufnahmen über den Planungsbereich hinaus
Ausarbeiten der Lagepläne entsprechend der rechtlichen Bedingungen für behördliche Genehmigungsverfahren
Erfassen von Baumkronen

4. Absteckungsunterlagen

Berechnen der Detailgeometrie anhand des Entwurfes und Erstellen von Absteckungsunterlagen

Durchführen von Optimierungsberechnungen im Rahmen der Baugeometrie (Flächennutzung, Abstandflächen, Fahrbahndecken)

5. Absteckung für den Entwurf

Übertragen der Leitlinie linienhafter Objekte in die Örtlichkeit
Übertragen der Projektgeometrie in die Örtlichkeit für Erörterungsverfahren

6. Geländeschnitte

Ermitteln und Darstellen von Längs- und Querprofilen aus terrestrischen/photogrammetrischen Aufnahmen

§ 98 Grundlagen des Honorars bei der Bauvermessung

(1) Das Honorar für Grundleistungen bei der Bauvermessung richtet sich nach den anrechenbaren Kosten des Objekts, nach der Honorarzone, der die Bauvermessung angehört, sowie nach der Honorartafel in § 99.

(2) Anrechenbare Kosten sind unter Zugrundelegung der Kostenermittlungsarten nach DIN 276 nach der Kostenfeststellung zu ermitteln, solange diese nicht vorliegt oder wenn die Vertragsparteien dies bei Auftragserteilung schriftlich vereinbaren, nach der Kostenberechnung.

(3) Anrechenbar sind bei Ingenieurbauwerken 100 vom Hundert, bei Gebäuden und Verkehrsanlagen 80 vom Hundert der nach § 97 Abs. 3 ermittelten Kosten.

(4) Die Absätze 1 bis 3 sowie die §§ 98a und 98b gelten nicht für vermessungstechnische Leistungen bei ober- und unterirdischen Leitungen, Tunnel-, Stollen- und Kavernenbauwerken, innerörtlichen Verkehrsanlagen mit überwiegend innerörtlichem Verkehr – ausgenommen Wasserstraßen –, Geh- und Radwegen sowie Gleis- und Bahnsteiganlagen. Das Honorar für die in Satz 1 genannten Objekte kann frei vereinbart werden. Wird ein Honorar nicht bei Auftragserteilung schriftlich vereinbart, so ist das Honorar als Zeithonorar nach § 6 zu berechnen.

(5) Die §§ 21 und 97 Abs. 3 und 7 gelten sinngemäß.

§ 98 a Honorarzonen für Leistungen bei der Bauvermessung

(1) Die Honorarzone wird bei der Bauvermessung aufgrund folgender Bewertungsmerkmale ermittelt:
1. Honorarzone I:
Vermessungen mit sehr geringen Anforderungen, das heißt mit
– sehr geringen Beeinträchtigungen durch die Geländebeschaffenheit und bei der Begehbarkeit,
– sehr geringen Behinderungen durch Bebauung und Bewuchs,
– sehr geringer Behinderung durch den Verkehr,
– sehr geringen Anforderungen an die Genauigkeit,

- sehr geringen Anforderungen durch die Geometrie des Objekts,
- sehr geringer Behinderung durch den Baubetrieb;
2. Honorarzone II:
Vermessungen mit geringen Anforderungen, das heißt mit
- geringen Beeinträchtigungen durch die Geländebeschaffenheit und bei der Begehbarkeit,
- geringen Behinderungen durch Bebauung und Bewuchs,
- geringer Behinderung durch den Verkehr,
- geringen Anforderungen an die Genauigkeit,
- geringen Anforderungen durch die Geometrie des Objekts,
- geringer Behinderung durch den Baubetrieb;
3. Honorarzone III:
Vermessungen mit durchschnittlichen Anforderungen, das heißt mit
- durchschnittlichen Beeinträchtigungen durch die Geländebeschaffenheit und bei der Begehbarkeit,
- durchschnittlichen Behinderungen durch Bebauung und Bewuchs,
- durchschnittlicher Behinderung durch den Verkehr,
-, durchschnittlichen Anforderungen an die Genauigkeit,
- durchschnittlichen Anforderungen durch die Geometrie des Objekts,
- durchschnittlicher Behinderung durch den Baubetrieb;
4. Honorarzone IV:
Vermessungen mit überdurchschnittlichen Anforderungen, das heißt mit
- überdurchschnittlichen Beeinträchtigungen durch die Geländebeschaffenheit und bei der Begehbarkeit,
- überdurchschnittlichen Behinderungen durch Bebauung und Bewuchs,
- überdurchschnittlicher Behinderung durch den Verkehr,
- überdurchschnittlichen Anforderungen an die Genauigkeit,
- überdurchschnittlichen Anforderungen durch die Geometrie des Objekts,
- überdurchschnittlicher Behinderung durch den Baubetrieb;
5. Honorarzone V:
Vermessungen mit sehr hohen Anforderungen, das heißt mit
- sehr hohen Beeinträchtigungen durch die Geländebeschaffenheit und bei der Begehbarkeit,
- sehr hohen Behinderungen durch Bebauung und Bewuchs,
- sehr hoher Behinderung durch den Verkehr,
- sehr hohen Anforderungen an die Genauigkeit,
- sehr hohen Anforderungen durch die Geometrie des Objekts,
- sehr hoher Behinderung durch den Baubetrieb.
(2) § 97 a Abs. 2 gilt sinngemäß.
(3) Bei der Zurechnung einer Bauvermessung in die Honorarzonen ist entsprechend dem Schwierigkeitsgrad der Anforderungen an die Vermessung das Bewertungsmerkmal Beeinträchtigungen durch die Geländebeschaffenheit und bei der Begehbarkeit mit bis zu 5 Punkten, die Bewertungsmerkmale Behinderungen durch Bebauung und Bewuchs, Behinderung durch den Verkehr, Anforderungen an die Genauigkeit sowie Anforderungen durch die Geometrie des Objekts mit je bis zu 10 Punkten und das Bewertungsmerkmal Behinderung durch den Baubetrieb mit bis zu 15 Punkten zu bewerten.

§ 98 b Leistungsbild Bauvermessung

(1) Das Leistungsbild Bauvermessung umfaßt die terrestrischen und photogrammetrischen Vermessungsleistungen für den Bau und die abschließende Bestandsdokumentation von Gebäuden, Ingenieurbauwerken und Verkehrsanlagen. Die Grundleistungen sind in den in Absatz 2 aufgeführten Leistungsphasen 1 bis 4 zusammengefaßt. Sie sind in der nachfolgenden Tabelle in Vomhundertsätzen der Honorare des § 99 bewertet.

	Bewertung der Grundleistungen in v. H. der Honorare
1. Baugeometrische Beratung	2
2. Absteckung für die Bauausführung	14
3. Bauausführungsvermessung	66
4. Vermessungstechnische Überwachung der Bauausführung	18

(2) Das Leistungsbild setzt sich wie folgt zusammen:

Grundleistungen	Besondere Leistungen

1. Baugeometrische Beratung

Grundleistungen	Besondere Leistungen
Beraten bei der Planung insbesondere im Hinblick auf die erforderlichen Genauigkeiten Erstellen eines konzeptionellen Meßprogramms Festlegen eines für alle Beteiligten verbindlichen Maß-, Bezugs- und Benennungssystems Erstellen von Meßprogrammen für Bewegungs- und Deformationsmessungen, einschließlich Vorgaben für die Baustelleneinrichtung	Erstellen von vermessungstechnischen Leistungsbeschreibungen Erarbeiten von Organisationsvorschlägen über Zuständigkeiten, Verantwortlichkeit und Schnittstellen der Objektvermessung

2. Absteckung für Bauausführung

Grundleistungen	Besondere Leistungen
Übertragen der Projektgeometrie (Hauptpunkte) in die Örtlichkeit Übergabe der Lage- und Höhenfestpunkte, der Hauptpunkte und der Absteckungsunterlagen an das bauausführende Unternehmen	

3. Bauausführungsvermessung

Grundleistungen	Besondere Leistungen
Messungen zur Verdichtung des Lage- und Höhenfestpunktfeldes Messungen zur Überprüfung und Sicherung von Fest- und Achspunkten	Absteckung unter Berücksichtigung von belastungs- und fertigungstechnischen Verformungen Prüfen der Meßgenauigkeit von Fertigteilen

Grundleistungen	Besondere Leistungen
Baubegleitende Absteckungen der geometriebestimmenden Bauwerkspunkte nach Lage und Höhe Messungen zur Erfassung von Bewegungen und Deformationen des zu erstellenden Objekts an konstruktiv bedeutsamen Punkten (bei Wasserstraßen keine Grundleistung) Stichprobenartige Eigenüberwachungsmessungen Fortlaufende Bestandserfassung während der Bauausführung als Grundlage für den Bestandsplan	Aufmaß von Bauleistungen, soweit besondere vermessungstechnische Leistungen gegeben sind Herstellen von Bestandsplänen Ausgabe von Baustellenbestandsplänen während der Bauausführung Fortführen der vermessungstechnischen Bestandspläne nach Abschluß der Grundleistung

4. Vermessungstechnische Überwachung der Bauausführung

Grundleistungen	Besondere Leistungen
Kontrollieren der Bauausführung durch stichprobenartige Messungen an Schalungen und entstehenden Bauteilen Fertigen von Meßprotokollen Stichprobenartige Bewegungs- und Deformationsmessungen an konstruktiv bedeutsamen Punkten des zu erstellenden Objekts	Prüfen der Mengenermittlungen Einrichten eines geometrischen Objektinformationssystems Planen und Durchführen von langfristigen vermessungstechnischen Objektüberwachungen im Rahmen der Ausführungskontrolle baulicher Maßnahmen Vermessungen für die Abnahme von Bauleistungen, soweit besondere vermessungstechnische Anforderungen gegeben sind

(3) Die Leistungsphase 3 ist abweichend von Absatz 1 bei Gebäuden mit 45 bis 66 vom Hundert zu bewerten.

§ 99 Honorartafel für Grundleistungen bei der Vermessung

(1) Die Mindest- und Höchstsätze der Honorare für die in den §§ 97 b und 98 b aufgeführten Grundleistungen sind in der nachfolgenden Honorartafel [siehe Seite 141] festgesetzt.

(2) § 16 Abs. 2 und 3 gilt sinngemäß

§ 100 Sonstige vermessungstechnische Leistungen

(1) Zu den sonstigen vermessungstechnischen Leistungen rechnen:
1. Vermessungen an Objekten außerhalb der Entwurfs- oder Bauphase,
2. nicht objektgebundene Flächenvermessungen, die die Herstellung von Lage- und Höhenplänen zum Ziel haben und nicht unmittelbar mit der Realisierung eines Objekts in Verbindung stehen, sowie Vermessungslei-

Anrechenbare Kosten DM	Zone I von DM	Zone I bis DM	Zone II von DM	Zone II bis DM	Zone III von DM	Zone III bis DM	Zone IV von DM	Zone IV bis DM	Zone V von DM	Zone V bis DM
100 000	4 000	4 700	4 700	5 400	5 400	6 100	6 100	6 800	6 800	7 500
200 000	6 000	6 900	6 900	7 800	7 800	8 700	8 700	9 600	9 600	10 500
300 000	7 800	8 900	8 900	10 000	10 000	11 100	11 100	12 200	12 200	13 300
400 000	9 300	10 500	10 500	11 800	11 800	13 000	13 000	14 300	14 300	15 500
500 000	10 600	12 000	12 000	13 400	13 400	14 800	14 800	16 200	16 200	17 600
600 000	11 800	13 300	13 300	14 800	14 800	16 300	16 300	17 800	17 800	19 300
700 000	13 000	14 600	14 600	16 300	16 300	17 900	17 900	19 600	19 600	21 200
800 000	14 200	16 000	16 000	17 700	17 700	19 500	19 500	21 200	21 200	23 000
900 000	15 400	17 300	17 300	19 200	19 200	21 000	21 000	22 900	22 900	24 800
1 000 000	16 600	18 600	18 600	20 600	20 600	22 600	22 600	24 600	24 600	26 600
1 500 000	20 400	22 800	22 800	25 200	25 200	27 600	27 600	30 000	30 000	32 400
2 000 000	24 400	27 000	27 000	29 800	29 800	32 600	32 600	35 400	35 400	38 200
3 000 000	32 000	35 400	35 400	39 000	39 000	42 600	42 600	46 200	46 200	49 800
4 000 000	39 600	43 800	43 800	48 200	48 200	52 600	52 600	57 000	57 000	61 400
5 000 000	47 200	52 200	52 200	57 400	57 400	62 600	62 600	67 800	67 800	73 000
6 000 000	54 800	60 600	60 600	66 600	66 600	72 600	72 600	78 600	78 600	84 600
7 000 000	62 400	69 000	69 000	75 800	75 800	82 600	82 600	89 400	89 400	96 200
8 000 000	70 000	77 400	77 400	85 000	85 000	92 600	92 600	100 200	100 200	107 800
9 000 000	77 600	85 800	85 800	94 200	94 200	102 600	102 600	111 000	111 000	119 400
10 000 000	85 200	94 200	94 200	103 400	103 400	112 600	112 600	121 800	121 800	131 000
15 000 000	123 200	136 200	136 200	149 400	149 400	162 600	162 600	175 800	175 800	189 000
20 000 000	161 000	178 200	178 200	195 400	195 400	212 600	212 600	229 800	229 800	247 000

stungen für Freianlagen und im Zusammenhang mit städtebaulichen oder landschaftsplanerischen Leistungen,

3. Fernerkundungen, die das Aufnehmen, Auswerten und Interpretieren von Luftbildern und anderer raumbezogener Daten umfassen, die durch Aufzeichnung über eine große Distanz erfaßt sind, als Grundlage insbesondere für Zwecke der Raumordnung und des Umweltschutzes,

4. vermessungstechnische Leistungen zum Aufbau von geographisch-geometrischen Datenbasen für raumbezogene Informationssysteme,

5. Leistungen nach § 96, soweit sie nicht in den §§ 97 b und 98 b erfaßt sind.

(2) Für sonstige vermessungstechnische Leistungen kann ein Honorar frei vereinbart werden. Wird ein Honorar nicht bei Auftragserteilung schriftlich vereinbart, so ist das Honorar als Zeithonorar nach § 6 zu berechnen.

Teil XIV: Schluß- und Überleitungsvorschriften

§ 101 (Aufhebung von Vorschriften)

§ 102 Berlin-Klausel

(gegenstandslos)

§ 103 Inkrafttreten und Überleitungsvorschriften

(1) Diese Verordnung tritt am 1. Januar 1977 in Kraft. Sie gilt nicht für Leistungen von Auftragnehmern zur Erfüllung von Verträgen, die vor ihrem Inkrafttreten abgeschlossen worden sind; insoweit bleiben die bisherigen Vorschriften anwendbar.

(2) Die Vertragsparteien können vereinbaren, daß die Leistungen zur Erfüllung von Verträgen, die vor dem Inkrafttreten dieser Verordnung abgeschlossen worden sind, nach dieser Verordnung abgerechnet werden, soweit sie bis zum Tage des Inkrafttretens noch nicht erbracht worden sind.

(3) Absatz 1 Satz 2 und Absatz 2 gelten entsprechend für die Anwendbarkeit der am 1. Januar 1985 in Kraft tretenden Änderungen dieser Verordnung auf vor diesem Zeitpunkt abgeschlossene Verträge.

(4) Absatz 1 Satz 2 und Absatz 2 gelten entsprechend für die Anwendbarkeit der am 1. April 1988 in Kraft tretenden Änderungen dieser Verordnung auf vor diesem Zeitpunkt abgeschlossene Verträge.

(5) Absatz 1 Satz 2 und Absatz 2 gelten entsprechend für die Anwendbarkeit der am 1. Januar 1991 in Kraft tretenden Änderungen dieser Verordnung auf vor diesem Zeitpunkt abgeschlossene Verträge.

(6) Absatz 1 Satz 2 und Absatz 2 gelten entsprechend für die Anwendbarkeit der am 1. Januar 1996 in Kraft tretenden Änderungen dieser Verordnung auf vor diesem Zeitpunkt abgeschlossene Verträge.

Einleitung

Einführung in das Recht des Architekten und der Ingenieure

Die HOAI und ihre Rechtsgrundlage 1

Rechtsgrundlage der HOAI ist das Gesetz zur Verbesserung des Mietrechts und zur Begrenzung des Mietanstiegs sowie zur Regelung von Ingenieur- und Architektenleistungen (MRVG) vom 4. 11. 1971 (BGBl. I S. 1745). In Art. 10 MRVG ist das „Gesetz zur Regelung von Ingenieur- und Architektenleistungen" enthalten (vgl. die Kommentierung dieses Gesetzes unten S. 241 ff.). Dieses Gesetz enthält neben der Rechtsgrundlage für den Erlaß der HOAI auch die Vorschrift über das sog. Koppelungsverbot (Art. 10 § 3 MRVG; vgl. hierzu unten S. 244 ff.).

Das MRVG wurde geändert durch das Gesetz vom 12. 11. 1984 (BGBl. I S. 1337). In Art. 10 § 1 Abs. 3 Nr. 1 bzw. § 2 Abs. 3 Nr. 1 MRVG wurde eingefügt, daß die Mindestsätze „durch schriftliche Vereinbarung in Ausnahmefällen unterschritten werden können". Diese gesetzliche Regelung war erforderlich gewesen, nachdem das BVerfG (NJW 1982, 373 = BauR 1982, 74 = ZfBR 1982, 35) den § 4 Abs. 2 HOAI insoweit für unwirksam erklärt hatte, als die Mindestsätze nur „in Ausnahmefällen" unterschritten werden konnten. Nach Auffassung des BVerfG waren diese beiden Worte nicht von der Ermächtigungsvorschrift des Art. 10 §§ 1, 2 MRVG gedeckt gewesen (vgl. § 4 Rdn. 11). Nachdem der Gesetzgeber die beiden Worte in das MRVG eingefügt hatte, wurde auch die HOAI in § 4 Abs. 2 um die beiden Worte „in Ausnahmefällen" ergänzt (2. ÄndVO v. 10. 6. 1985, BGBl. I S. 961). Damit war der ursprünglich vom Verordnungsgeber gewollte Rechtszustand wirksam hergestellt.

Die 1. HOAI-Novelle 2

Die **HOAI selbst** stammt vom 17. 9. 1976 (BGBl. I S. 2805, 3616). Sie trat zum 1. 1. 1977 in Kraft. Die **1. ÄndVO** v. 17. 7. 1984 (BGBl. I S. 948) brachte mit Wirkung zum 1. 1. 1985 einige Veränderungen, u. a. in § 2 Abs. 3 HOAI und § 5 Abs. 2 S. 2 HOAI. Darüber hinaus wurde § 5a neu eingefügt, und es wurden die Stundensätze in § 6 HOAI erhöht. Bei § 7 Abs. 1 wurde der Hinweis auf das zum Zeitpunkt des Inkrafttretens der HOAI geltende Umsatzsteuergesetz gestrichen. Die Vorschrift des § 9 HOAI wurde neu gefaßt, und es wurde damit allen Auftragnehmern ein unmittelbarer Anspruch auf die Umsatzsteuer eingeräumt, unabhängig davon, ob eine (schriftliche) Vereinbarung hinsichtlich der Erstattung der Umsatzsteuer getroffen wurde. Außer dieser Änderung hatten die **Änderungen des Allgemeinen Teils** der HOAI im wesentlichen nur klarstellende Funktionen (vgl. i. e. Hesse BauR 1984, 449; Jochem DAB 1984, 1247; Locher NJW 1985, 367).

Die 1. ÄndVO brachte auch **Neuregelungen für die Architekten:** In § 10 3 Abs. 5 wurde eine neue Nr. 11 eingefügt, wonach Entschädigungen und Schadensersatzleistungen nicht zu den anrechenbaren Kosten gehören. Die Objektliste für Freianlagen (§ 14) wurde redaktionell überarbeitet, was zur Abgrenzung gegenüber dem neuen Teil VII Ingenieurbauwerke und Verkehrsanlagen dienen sollte. Eine wesentliche Ergänzung war bei § 15 erfolgt, wo das Leistungsbild für Raumbildende Ausbauten und die Bewertung der einzelnen Leistungsphasen aufgenommen worden waren. Die Vorschrift des § 25 für Raumbildende Ausbauten war vollständig neu gefaßt worden, und § 19 war um die Leistungen bei Innenräumen ergänzt und teilweise geändert worden. Bei § 22 Abs. 2 war die Leistungsphase 9 von der Honorarminderung bei Aufträgen für mehrere Gebäude ausgenommen worden. Die Vorschrift des § 33 ließ nun die freie Honorarvereinbarung für Gutachten zu. Bei den Wertermittlungen war eine Minderung für Formularschätzungen statt mit 10% nun mit 30% festgesetzt worden.

4   Wesentliche Neuregelungen brachte die 1. ÄndVO für alle bei Bauvorhaben jeder Art zu erbringenden **Ingenieurleistungen.** Diese Änderungen seit 1. 1. 1985 waren gravierend, da nunmehr neben der GOA und der bereits früher wieder aufgehobenen GOI auch die LHO gegenstandslos wurde. Für Aufträge an Ingenieure ab dem 1. 1. 1985 gilt die HOAI, und zwar für Bauvorhaben jeder Art, wie Hochbauten, Ingenieurbauten (Türme, Brücken, Dämme, Deiche usw.) und Verkehrsanlagen. Sie gilt für Ingenieurleistungen betreffend Wasser- und Abfallbeseitigung, die Technische Ausrüstung, Thermische Bauphysik, den Schallschutz und die Raumakustik, die Bodenmechanik, den Erd- und Grundbau sowie die Vermessung. Die Tragwerksplanung (Statik) für Gebäude war zwar bereits ab 1. 1. 1977 in die HOAI mit aufgenommen worden. Seit 1. 1. 1985 sind jedoch zusätzlich alle Leistungen bei der Tragwerksplanung für Objekte aller Art erfaßt (zu den Übergangsfällen vgl. § 103).

5   **Die 2. HOAI-Novelle**

Die 2. ÄndVO betraf die Anpassung des § 4 Abs. 2 (vgl. oben Rdn. 1). Es wurden die Worte „in Ausnahmefällen" wieder eingefügt. Diese Novelle stammt vom 12. 6. 1985 (BGBl. I S. 961) und gilt seit 14. 6. 1985 (zum Begriff in Ausnahmefällen vgl. § 4 Rdn. 85 ff.).

6   **Die 3. HOAI-Novelle**

Die 3. ÄndVO stammt vom 17. 3. 1988 (BGBl. I S. 359) und trat am 1. 4. 1988 in Kraft (vgl. hierzu Locher NJW 1988, 1574 und Friess DAB 1988, 691; zu den Übergangsfällen vgl. § 103).

Die Änderungen betrafen zunächst den **Allgemeinen Teil,** insbesondere hinsichtlich der Erhöhung der Stundensätze in § 6 HOAI. Des weiteren brachte die 3. ÄndVO **Neuregelungen für Architekten** bei Gebäuden, Freianlagen und raumbildenden Ausbauten, aber auch bei Städtebaulichen Leistungen und Landschaftsplanerischen Leistungen. Der seit 1. 1. 1988 geltende § 10 Abs. 4 (zur Übergangsregelung vgl. § 103) hat zur Folge, daß die Kosten für Installationen usw. immer zu mindern sind, soweit sie 25% der sonstigen anrechenbaren Kosten übersteigen und daß dem AN bei Fachplanung oder -überwachung dafür ein Honorar nach Teil IX der HOAI zusteht. Nach § 10 Abs. 3a HOAI ist vorhandene Bausubstanz, die technisch oder gestalterisch mitverarbeitet wird, bei den anrechenbaren Kosten angemessen zu berücksichtigen. Der Umfang der Anrechnung bedarf der schriftlichen Vereinbarung.

Die Regelung der **Raumbildenden Ausbauten** wurde detailliert und verfeinert. 7 Eine Aufgliederung der Arbeiten bei Raumbildenden Ausbauten in spezielle Honorarzonen einschließlich eines Bewertungspunktesystems analog § 11 Abs. 2 wurde ebenso wie eine Objektliste für Raumbildende Ausbauten in die HOAI aufgenommen. Die komplizierte und schlecht lesbare Regelung des § 25 (Leistungen des raumbildenden Ausbaus) wurde einfacher und verständlicher gefaßt.

Es erfolgte eine grundsätzliche **Neuordnung der Städtebaulichen** Leistungen 8 sowie der **Landschaftsplanerischen Leistungen** unter besonderer Berücksichtigung der Bedürfnisse des Umweltschutzes. Der Anwendungsbereich der HOAI wurde auf Landschaftsrahmenpläne, Umweltverträglichkeitsstudien, Pflege- und Entwicklungspläne erweitert. Auch die **Ingenieurleistungen** waren von der Neuregelung erfaßt: Es wurden die Honorare für die örtliche Bauüberwachung, für Ingenieurbauwerke und Verkehrsanlagen angehoben, in § 77 Abs. 2 bauphysikalische Messungen an Bauteilen und Baustoffen, z. B. Temperatur- und Feuchtigkeitsmessungen u. a., in die Leistungen für Thermische Bauphysik eingefügt und in § 78 eine Honorartafel für Wärmeschutz neu aufgenommen.

Die 4. HOAI-Novelle 9

Die 4. **HOAI-Novelle** trat zum 1. 1. 1991 in Kraft (BGBl. I 1990 S. 2707; einen Überblick geben Osenbrück NJW 1991, 1081 und Werner BauR 1991, 33). Die Neuregelungen gelten für alle Verträge, die nach dem 1. 1. 1991 abgeschlossen wurden (vgl. i. e. zu den Übergangsfällen § 103). Die wesentlichen Neuregelungen sind folgende:

Im **Teil I**, der für alle Auftragnehmer gilt, wurde in § 5 Abs. 4 S. 1 das Wort 10 „zuvor" gestrichen, so daß die Honorare für Besondere Leistungen auch zu einem späteren Zeitpunkt schriftlich vereinbart werden können. Das Zeithonorar wurde erhöht, und es wurden drei Gruppen von Zeithonoraren eingefügt (§ 6 HOAI). Fernsprechgebühren sind auch im Ortsnetz als Nebenkosten abrechenbar (§ 7 Abs. 2 Nr. 1), und bei Vereinbarung eines Zeithonorars ist der Einsatz bestimmter Geräte abrechenbar (§ 7 Abs. 2 Nr. 8). Auch im **Teil II** wurde einiges geändert. In § 10 Abs. 4a wurde eine Liste von anrechenbaren Kosten bei Freianlagen eingefügt, durch § 10 Abs. 5 Nr. 4 wurden die Verkehrsanlagen aus den anrechenbaren Kosten herausgenommen, soweit der Auftragnehmer sie nicht plant oder überwacht, und durch eine neue Nr. 13 wurde Fernmeldetechnik herausgenommen, soweit keine Fachplanung erbracht wird. Einzelne Änderungen sind auch in §§ 12 und 13 vorgenommen worden. Die Objektliste für Freianlagen (§ 14) wurde neu gefaßt. Auch in § 15 Abs. 2 wurden textliche Veränderungen vorgenommen. Wichtig war dabei die neue Grundleistung „Überwachen der Ausführung von Tragwerken nach § 63 Abs. 1 Nr. 1 und 2 auf Übereinstimmung mit dem Standsicherheitsnachweis", die

Festlegung eines Honorars für die künstlerische Oberleitung (§ 15 Abs. 3) und die Regelung des Honorars für das Planen und Bauen im Bestand, ebenfalls als Besondere Leistung (§ 15 Abs. 4). Die Mindest- und Höchstsätze der Honorartafeln des Teils II wurden linear um 10 % angehoben. In § 24 wurde die Regelung über den Umbauzuschlag grundlegend geändert und ab durchschnittlichem Schwierigkeitsgrad ein Mindestzuschlag eingeführt, der auch ohne ausdrückliche Vereinbarung abgerechnet werden kann. Eine entsprechende Anpassung erfolgte für Leistungen raumbildenden Ausbaus; hier beträgt der neue Mindestzuschlag 25 %.

11 Das Honorarsystem für Städtebauliche Leistungen nach **Teil V** wurde grundlegend verändert. Die Vorschriften wurden z. T. völlig neu gefaßt. Entsprechendes gilt für den **Teil VI**. Wesentliche Änderungen gibt es auch für den **Teil VII**, und es wurde ein neuer Teil VII a Verkehrsplanerische Leistungen eingefügt. Nicht so umfangreich sind die Änderungen in den Teilen VIII–XII. Dagegen wurde der Teil XIII Vermessungstechnische Leistungen völlig neu gestaltet. Die **Honorartafeln** für Gebäude (§ 16), Ingenieurbauwerke (§ 56 Abs. 1), Tragwerksplanung (§ 65), Bauakustik (§ 83), Raumakustik (§ 89) und Geotechnik (§ 94) wurden linear um 10 % angehoben im Mindest- und Höchstsatz. Die Honorartafeln für Verkehrsanlagen (§ 56 Abs. 2) und Technische Ausrüstung (§ 74) wurden linear um 15 % angehoben, die Honorartafel für Verkehrsanlagen zusätzlich bei anrechenbaren Kosten zwischen DM 50 000,– und DM 2 000 000,– um etwa 20 % degressiv.

12 Am 1. 1. 1996 trat die 5. HOAI-Novelle in Kraft. Die Bundesregierung hatte noch in der alten Legislaturperiode einen Entwurf beim Bundesrat eingebracht (Bundesrats-Drucksache 238/94). Dieser hatte den Entwurf jedoch abgelehnt. Auf Antrag verschiedener Länder wurde dann vom Bundesrat am 14. 7. 1995 (Bundesrats-Drucksache 399/95) eine geänderte Fassung der 5. HOAI-Novelle beschlossen. Das Bundeskabinett verabschiedete dann diese Fassung am 22. 8. 1995. Die Neuregelungen traten zum 1. 1. 1996 in Kraft. Sie gelten für alle Verträge, die seither abgeschlossen wurden (für Übergangsfälle vgl. § 103).

13 Die **wesentlichen Neuregelungen** durch die 5. HOAI-Novelle sind folgende (zu einem Überblick vgl. Locher NJW 1995, 2536):

– Die **Honorare** aus den Honorartafeln wurden um 5 % **angehoben.** Die Zeithonorarregelungen wurden sowohl beim Mindestsatz als auch beim Höchstsatz um DM 5,– erhöht (§ 6).

– In einem neuen § 4a wurde die **Möglichkeit** einer abweichenden **Honorarvereinbarung** vorgesehen: Die Parteien können „schriftlich bei Auftragserteilung vereinbaren, daß das Honorar auf der Grundlage einer nachprüfbaren Ermittlung der voraussichtlichen Herstellungskosten nach Kostenberechnung oder nach Kostenanschlag berechnet wird". Zusätzlich ist in dieser Vorschrift geregelt, daß der Auftragnehmer „Mehrleistungen" honoriert bekommt, wenn diese „auf Veranlassung des Auftraggebers ... erforderlich werden". Schließlich wurde ein weiterer Satz eingefügt, wonach bei wesentlicher Verlängerung der Planungs- und Bauzeit ein zusätzliches Honorar vereinbart werden kann. Voraussetzung ist, daß Umstände vorliegen, die der Auftragnehmer nicht zu vertreten hat, und daß ihm Mehraufwendungen entstanden sind.

- In § 5 Abs. 4a wird für alle Architekten und Ingenieure die Möglichkeit geschaffen, ein **Erfolgshonorar** zu vereinbaren. Voraussetzung ist, daß dieses „zuvor" schriftlich vereinbart wird und daß eine wesentliche Kostensenkung stattfindet.

- Für die **Honorarberechnung** wurde in § 10 Abs. 2 eine **dritte Stufe** eingeführt, und zwar sind die Leistungsphasen 5–7 nach dem Kostenanschlag und, solange dieser nicht vorliegt, nach der Kostenberechnung abzurechnen, während die Kostenfeststellung nur noch für die Leistungsphasen 8 und 9 maßgebend ist.

- In den Leistungsphasen 3, 7 und 8 des § 15 wird die **Kostenkontrolle** in spezifizierter Form eingefügt. Verlangt ist ein Kostenvergleich der jeweils neuen Kostenermittlung mit der letzten, bereits vorliegenden.

- Ebenfalls in § 15 wurde in den Leistungsphasen 2 und 3 eine **Besondere Leistung** betreffend die Verringerung des Energieverbrauchs und die Schadstoffreduzierung eingeführt.

- Änderungen wurden ferner in § 19 Abs. 4, § 41, § 45a, § 47 vorgenommen. Für **Ingenieurbauwerke** wurde der Kostenvergleich entsprechend demjenigen bei der Objektplanung in § 55 Abs. 2 eingefügt. Auch der **Tragwerksplaner** muß bei diesem Kostenvergleich mitwirken, was die Neufassung des § 64 festlegt. Für die **Technische Ausrüstung** sind Besondere Leistungen betreffend die Schadstoffverringerung und den Energieverbrauch eingeführt worden (§ 73 Abs. 3). Entsprechend der Dreiteilung der Kostenermittlung bei § 10 HOAI sind auch in § 69 Abs. 3 HOAI die anrechenbaren Kosten anders gefaßt worden. Änderungen gab es auch im Bereich der **vermessungstechnischen Leistungen.** Auf die entsprechenden Vorschriften und ihre Kommentierung wird im einzelnen verwiesen.

Überblick über die HOAI   14

Für einen ersten Überblick über die HOAI sind folgende Abschnitte hervorzuheben:

Der Teil I gilt für alle Auftragnehmer; es handelt sich um den Allgemeinen Teil der HOAI (§§ 1–9). In Teil II sind die Architektenleistungen bei Gebäuden, Freianlagen und Innenräumen behandelt (§§ 10–27). Der Teil III enthält Vorschriften über Zusätzliche Leistungen (§§ 28–32), der Teil IV über Gutachten und Wertermittlungen (§§ 34, 35), der Teil V für Städtebauliche Leistungen (§§ 35–42) und Teil VI die Landschaftsplanerischen Leistungen (§§ 43–50). Breiten Raum nehmen die Vorschriften des Teils VII ein, in dem die Leistungen für Ingenieurbauwerke und Verkehrsanlagen geregelt sind (§§ 51–61). Der Teil VIIa betrifft Verkehrsplanerische Leistungen. Der Teil VIII enthält die Leistungen bei der Tragwerksplanung (§§ 62–67). Von großer Bedeutung sind auch die Vorschriften des Teils IX Leistungen bei der Technischen Ausrüstung, wozu vor allem Ingenieurleistungen für Sanitär-, Heizungs-, Raumluft- und Elektrotechnik gehören (§§ 68–76). Der Teil X betrifft die Leistungen für Thermische Bauphysik (§§ 77–79). In Teil XI sind die Leistungen für Schallschutz und Raumakustik erfaßt (§§ 80–90). Mit dem Teil XII werden die Leistungen für Bodenmechanik, Erd- und Grundbau geregelt (§§ 91–95), und in Teil XIII sind Vermessungstechnische Leistungen behandelt (§§ 96–100). Der Teil XIV enthält Schluß- und Überleitungsvorschriften, die für alle Auftragnehmer gelten.

15 Die Rechtsnatur des Architektenvertrags und das Werk des Architekten

Das BGB kennt keine speziellen Regelungen für den Architektenvertrag. Für die rechtliche Einordnung kommen das Dienstvertragsrecht des BGB (§§ 661 ff. BGB) und das Werkvertragsrecht des BGB (§§ 631 ff. BGB) in Frage, weil ein Architektenvertrag, der die vollen Architektenleistungen zum Gegenstand hat, gleichermaßen werkvertragliche und dienstvertragliche Momente enthält: Die Planung ist ergebnisorientiert, Teile der Objektüberwachung dagegen nicht, d. h., für den Erfolg seiner Planung hat der Architekt selbst einzustehen; dafür, daß seine Tätigkeit, die der Verwirklichung dieses Planes dienen soll, zum Erfolg führt, dagegen nicht. Er hat die Überwachung und Betreuung des Objekts zwar mit aller Sorgfalt vorzunehmen; es besteht aber jederzeit die Möglichkeit, daß seine Anweisungen an der Baustelle nicht befolgt werden oder während seiner Abwesenheit Fehler unterlaufen.

16 Nach 50jährigem Streit über die rechtliche Einordnung des Architektenvertrags hat sich der BGH in einer Grundsatzentscheidung vom Jahre 1959 eindeutig für die werkvertragliche Qualifikation des Architektenvertrags ausgesprochen, soweit die gesamte Architektenleistung Vertragsgegenstand ist (BGHZ 31, 224 = NJW 1960, 431). Nach der Ansicht des BGH liegt bei Übertragung der Vollarchitektur der Schwerpunkt der Architektentätigkeit in der Planung; die weiteren vom Architekten geschuldeten Leistungen dienen dagegen nur der Verwirklichung des werkvertraglich qualifizierten Planes und sind untergeordnet.

17 In Weiterführung seiner Rechtsprechung hatte der BGH (BauR 1974, 211 = NJW 1974, 898) zunächst entschieden, daß auch dann Werkvertrag vorliegt, wenn einem Architekten zwar nicht der Vorentwurf, der Entwurf und die Bauvorlagen, jedoch die sonstigen Architektenleistungen nach der GOA in Auftrag gegeben waren. Für die HOAI konnte daraus gefolgert werden, daß bei Übertragung der Ausführungsplanung, Vorbereitung der Vergabe, Mitwirkung an der Vergabe, Objektüberwachung und Objektbetreuung Werkvertrag anzunehmen war. In konsequenter Weiterführung dieser Entscheidung hat der BGH sodann (BauR 1982, 79 = NJW 1982, 438) auch den Vertrag über die örtliche Bauaufsicht nach der GOA als Werkvertrag qualifiziert. Die Entscheidung betrifft jedoch nicht nur die örtliche Bauaufsicht, sondern auch die Objektüberwachung nach HOAI ausdrücklich.

Klargestellt durch die Rechtsprechung ist damit, daß die Planungsleistungen **18**
nach § 15 Leistungsphase 1–5 und die Objektüberwachung nach § 15 Nr. 8
werkvertraglich einzuordnen sind. Unter Zugrundelegung der Grundsätze der
letzten Entscheidung des BGH dürfte damit auch die Vorbereitung der Vergabe und die Mitwirkung bei der Vergabe (Leistungsphase 6, 7) dem Werkvertragsrecht zuzuordnen sein, da auch diese Leistungen auf den Erfolg – die
mangelfreie Errichtung des Bauwerks – gerichtet sind. Anders ist die Situation
dagegen bei der Objektbetreuung und Dokumentation (Leistungsphase 9). Die
dort aufgeführten Leistungen dienen nicht mehr der Errichtung des Objekts,
sondern der Beseitigung von Mängeln, die nach der Abnahme auftreten, und
der restlichen Abwicklung des Bauvorhabens.

Problematisch ist aber weiter, ob Teilleistungen aus dem Bereich der Objekt- **19**
überwachung nicht doch dienstvertraglich zu qualifizieren sind (vgl. OLG
Hamm NJW-RR 1995, 400 zur Beratung wegen Mängelrechten). Dies käme
vor allem für folgende Leistungen in Frage: Führen eines Bautagebuches;
gemeinsames Aufmaß mit dem bauausführenden Unternehmen; Rechnungsprüfung; Auflistung der Gewährleistungsfristen. Da aber auch diese Tätigkeiten in die ordnungsgemäße Erstellung des Bauvorhabens eingebunden sind,
auf der Grundlage der Entscheidung des BGH auch hier Werkvertragsrecht
zugrunde zu legen.

Der Architekt schuldet nicht das Bauwerk als körperliche Sache, sondern das **20**
Werk des Architekten setzt sich im Gegensatz zur Leistung des Bauunternehmers aus vielfältigen Einzelleistungen geistiger Art zusammen. Der Architekt
hat eine technisch und wirtschaftlich einwandfreie Planung mit einem Lei-
stungseinsatz zu erbringen, der unter Beachtung der im Verkehr erforderlichen
Sorgfalt und entsprechend dem Stand der Technik auf die Verwirklichung der
Planung in ein mangelfreies Bauwerk gerichtet ist. Wenn das Bauwerk selbst
geschuldet wäre, müßte der Architekt für Mängel einstehen, die er auch bei
sorgfältiger Überwachung nicht verhindern konnte.

Der Architektenvertrag, der Grundleistungen des § 15 zum Gegenstand hat, **21**
stellt keinen Geschäftsbesorgungsvertrag dar (vgl. BGHZ 45, 223). Der Architekt hat zwar auch die Vermögensinteressen des Auftraggebers zu wahren,
d. h. für ihn kostengünstig zu bauen und sich im Rahmen des ihm an die Hand
gegebenen Bauzuschnittes zu bewegen; er übt aber selbst keine selbständige,
vermögensnahe Tätigkeit für den Auftraggeber aus, soweit nicht entsprechende
„Besondere Leistungen" hinzukommen.

Form des Architektenvertrags **22**

Der Architektenvertrag selbst bedarf im Regelfall keiner bestimmten **Form**.
Er kann vielmehr schriftlich, mündlich oder auch durch schlüssiges Verhalten
zustande kommen. Dagegen bedarf jede **Honorarvereinbarung,** mit der von den
Mindestsätzen der HOAI abgewichen werden soll, der Schriftform (§ 4
Rdn. 26 ff.). In **Ausnahmefällen** ist aber auch für den Architektenvertrag selbst

eine bestimmte **Form vorgeschrieben.** In den **Gemeindeordnungen** der Länder gibt es unterschiedliche Regelungen über die Form der von Gemeinden abzuschließenden Verträge. Danach ist immer Schriftform, meist auch die Unterschrift des Bürgermeisters unter Beifügung seiner Amtsbezeichnung und des Dienstsiegels, z. T. zusätzlich die Unterschrift eines weiteren Mitgliedes des Gemeindevorstandes, erforderlich. Die Rechtsprechung sieht darin zwar keine gesetzliche Formvorschrift i. S. des § 125 BGB, weil es sich um landesrechtliche Bestimmungen handelt. Sie hält die Verträge aber für unwirksam nach § 177 BGB wegen Überschreitung der Vertretungsmacht (BGH NJW 1980, 117; BGH BauR 1994, 363 = NJW 1994, 1528 = ZfBR 1994, 123). Die Berufung auf diesen „Formmangel" verstößt aber gegen Treu und Glauben, wenn sie zu einem „schlechthin unerträglichen Ergebnis für den Vertragspartner" führen würde (BGH a. a. O.). Das ist anzunehmen, wenn nur die Angabe der Amtsbezeichnung oder das Dienstsiegel fehlt (vgl. OLG Frankfurt NJW-RR 1989, 1425) oder wenn bei mündlichem Vertrag die zuständigen Organe (Vergabe durch den Magistrat, Zustimmung der Stadtverordnetenversammlung) gehandelt haben (a. A. OLG Frankfurt NJW-RR 1989, 1505). Eine Berufung auf den Formverstoß ist ferner ausgeschlossen, wenn das nach der GO zuständige Organ den Abschluß des Verpflichtungsgeschäfts gebilligt hat (BGH BauR 1994, 363 = NJW 1994, 1528 = ZfBR 1994, 123) oder – erst recht – wenn es selbst gehandelt hat.

23 Ein weiterer Fall der besonderen Form ist die **Genehmigung der Bischöflichen Behörde** nach dem Vermögensverwaltungsgesetz v. 24. 7. 1924 (OLG Hamm BauR 1988, 742 = MDR 1988, 860 = NJW-RR 1988, 467). Weitere Formvorschriften finden sich z. B. im Genossenschaftsgesetz. Hier gelten die gleichen Grundsätze wie für die Formvorschriften der Gemeindeordnungen (vgl. oben Rdn. 22). Eine **Vollmacht** zum Abschluß eines Vertrages muß dagegen die Formerfordernisse nicht erfüllen (§ 167 Abs. 2 BGB). Der von einem Bevollmächtigten abgeschlossene Vertrag ist ebenfalls ohne Einhaltung der Form wirksam (OLG Rostock BauR 1993, 762 = NJW-RR 1993, 651; zum Umfang der Vertretungsmacht eines Bürgermeisters in den neuen Bundesländern vgl. OLG Naumburg ZfBR 1994, 133).

24 Ist ein **Vertrag** wegen Formverstoß **unwirksam,** dann sind meist Vergütungsansprüche und Gewährleistung nach den Regeln über die Geschäftsführung ohne Auftrag (§§ 683, 670 BGB) abzuwickeln (vgl. für einen entsprechenden Fall beim Bauvertrag BGH BauR 1994, 110 = NJW 1994, 3196 = LM H. 2/94 § 677 BGB Nr. 32 m. Anm. Koeble = ZfBR 1994, 15). Nur dann, wenn deren Grundsätze nicht anwendbar sind, muß auf die Vorschriften über die ungerechtfertigte Bereicherung zurückgegriffen werden (§§ 812 ff. BGB). Hinsichtlich des Honorars führt dies dazu, daß nur die Mindestsätze für die verwerteten Leistungen geltend gemacht werden können (BGH BauR 1994, 651 = ZfBR 1994, 220).

Zustandekommen des Architektenvertrags 25

Der Architektenvertrag kann durch **konkludentes Verhalten** zustande kommen. Dies ist immer der Fall, wenn der Architekt bestimmte Leistungen erbringt und der Auftraggeber durch ihre **Entgegennahme oder Verwertung** schlüssig zu erkennen gibt, daß diese Architektenleistungen seinem Willen entsprechen. Nicht ausreichend ist allerdings, daß dem Auftraggeber die Leistungen ohne seinen Willen übergeben oder zur Kenntnis gebracht werden (vgl. für die allerdings differenzierter zu betrachtende Maklertätigkeit: BGH NJW 1984, 232). Da der Architekt in der Regel entgeltlich tätig wird, liegt in der Entgegennahme einer Architektenleistung durch den Auftraggeber stillschweigend auch die Übernahme der Honorarzahlungspflicht (vgl. Bindhardt/Jagenburg § 2 Rdn. 10; Hesse/Korbion/Mantscheff/Vygen § 1 Rdn. 8; Koeble, Rechtshandbuch Immobilien 60 7 ff.; Locher, Das private Baurecht, Rdn. 214; Löffelmann/Fleischmann Rdn. 713; Werner/Pastor Rdn. 548 ff.). In der Praxis gibt es zahlreiche Beispiele für die Entgegennahme oder Verwertung von Architektenleistungen: die Unterschrift des Bauherrn auf Plänen, einer Bauvoranfrage, dem Baugesuch, auf Kostenermittlungen oder einer Vollmacht zur Verhandlung mit Behörden bzw. Nachbarn; das Vorbringen von Änderungswünschen. Eine Verwertung von Architektenleistungen liegt auch dann vor, wenn der Bauherr davon eine Entscheidung abhängig macht: Entschließt sich der Bauherr nach Vorliegen einer Kostenberechnung, das Objekt nicht zu bebauen oder nicht zu erwerben, so ist hinsichtlich der erbrachten Architektenleistungen ein Architektenvertrag zustande gekommen. Entsprechendes gilt auch dann, wenn sich der Bauherr auf der Basis einer Objektbeschreibung oder Kostenermittlung entschließt, billiger oder anders zu bauen. Auch die Verwendung einer Kostenermittlung des Architekten für Finanzierungszwecke (z. B. Verhandlungen mit den Banken oder zur Erlangung öffentlicher Mittel oder von Steuervorteilen) stellt eine Verwertung von Architektenleistungen dar. Gleiches gilt, wenn der Auftraggeber das Ergebnis einer Bauvoranfrage hinsichtlich der Art und des Maßes der baulichen Nutzung eines Grundstücks im Rahmen seiner Werbung für den Verkauf eines Grundstücks oder Objekts benutzt. Leistet der Auftraggeber Abschlagszahlungen an den Architekten oder nimmt er Ausführungspläne entgegen, mit denen gebaut werden soll, so dokumentiert er hiermit ebenfalls den Abschluß eines Architektenvertrages (BGH BauR 1985, 582 [583] = NJW-RR 1986, 18 = ZfBR 1985, 222 [223]). Auch die Weiterleitung einer Vorplanung durch den Bauherrn an Nachbarn, um deren Zustimmung zum Bauvorhaben herbeizuführen, ist Verwertung von Architektenleistungen (OLG Frankfurt NJW-RR 1987, 535).

Ein Architektenvertrag kommt allerdings noch nicht allein dadurch 26 zustande, daß ein Architekt von sich aus einer Stadtverwaltung einen Entwurf unterbreitet und diese auf seinen Wunsch hin mit ihm die Möglichkeit einer Realisierung erörtert (so mit Recht OLG Oldenburg NJW-RR 1987, 1166 = BauR 1988, 620). Anders ist es, wenn ein privater oder öffentlicher Auftraggeber einen Architekten ohne weitere Absprache einfach tätig werden läßt und die

Leistung dann tatsächlich in Anspruch nimmt oder auf andere Weise dokumentiert, daß er mit ihr einverstanden ist (LG Amberg SFH Nr. 14 zu § 632 BGB). Um eine ausdrückliche Beauftragung handelt es sich, wenn für den Auftragnehmer eine Vollmacht ausgestellt wird; hier bezieht sich der Auftrag zumindest auf die in der Vollmacht enthaltenen Aufgaben (KG BauR 1988, 624 = NJW-RR 1988, 21). Die **Grenze zwischen Auftrag und Akquisition** kann nicht generell festgelegt werden. Es bedarf im Einzelfall der Auslegung anhand der gesamten Umstände. Die standesrechtliche Pflicht, gegen Entgelt tätig zu werden, gibt keinen sicheren Anhalt, weil kostenlose Tätigkeit – wenn auch verbotenermaßen – doch gelegentlich vorkommt. Ein Auftrag wird meist anzunehmen sein, wenn der Architekt mit Willen des Bauherrn Leistungen der Entwurfsplanung (Leistungsphase 3) erbringt (vgl. OLG Hamm BauR 1990, 636 = NJW-RR 1990, 91). Dagegen muß dies bei lediglich vorbereitender Tätigkeit (Leistungsphase 1) in aller Regel verneint werden, zumal dann, wenn die Verwirklichung des Objekts noch nicht feststeht (KG BauR 1988, 621). Sind Leistungen der Vorplanung (Leistungsphase 2) erbracht worden, kommt es auf deren Umfang und die sonstigen Umstände an. Die Schwelle für die Annahme einer vergütungspflichtigen Leistung kann höher sein bei Freundschaft oder Verwandtschaft (vgl. OLG Oldenburg BauR 1984, 541) und Mitgliedschaft in einem Verein (vgl. OLG Köln OLGZ 1990, 233).

27   Der konkludente Abschluß eines Architektenvertrags ist allerdings zu verneinen, wenn ein Architekt Architektenleistungen als Angestellter oder Geschäftsführer eines **Bauträgers bzw. Generalunternehmers** erbringt und später gar kein Architektenvertrag, sondern ein Baubetreuungs-, Bauträger- oder Generalunternehmervertrag o. ä. abgeschlossen werden soll (ebenso OLG Hamm BB 1993, 1618 = NJW-RR 1993, 1368 = ZfBR 1993, 279 für Leistungen aus den Leistungsphasen 1 und 2; OLG Frankfurt BauR 1992, 798 für die Herstellung eines Wohnanlagenentwurfs zu Zwecken der Werbung; Werner/Pastor Rdn. 554; Hesse/Korbion/Mantscheff/Vygen § 1 Rdn. 9). Dies gilt auch für den Architekten, der baugewerblich tätig ist und neben seiner Tätigkeit für ein Wohnungsbauunternehmen oder ein gewerbliches Bauunternehmen noch ein eigenes Architekturbüro hat. In diesen Fällen muß der Architekt klarstellen, daß er „als Architekt" die Leistungen erbringt. Einer Klarstellung bedarf es nicht, wenn der Bauherr in diesen Fällen die Doppelstellung des Architekten kennt oder von vornherein dessen Architekturbüro in Anspruch nimmt. Fehlt es am klaren Auftrag für Architektenleistungen, dann gehören die Grundlagenermittlung und Vorplanung zur Akquisition (ebenso OLG Hamm a. a. O.). Geht die Architektentätigkeit in allen diesen Fällen jedoch über die Anfertigung von Strichskizzen oder Vorplanungsleistungen insgesamt hinaus, so ist auch beim Baubetreuer, Bauträger, Generalunternehmer oder baugewerblich tätigen Architekten ein Vergütungsanspruch zu bejahen, weil dann die Schwelle der Akquisition für den Bauherrn erkennbar überschritten ist. Aus den oben genannten Gründen kann z. B. ein **Bauunternehmer keinen Anspruch auf Planungshonorar** geltend machen, wenn er zwar Planungsleistungen erbringt, jedoch der Abschluß eines Bauvertrags vorgesehen war. Die Erstattung von Kosten für ein vergebliches Angebot scheidet aus (OLG Köln BauR 1992, 98; a. A. Hahn BauR 1989, 670 und Vygen, FS Korbion, S. 439). Das gilt auch für die planerische Gestaltung von Gaststätteninventar, wenn ein Angebot über die Einrichtung der Gaststätte verlangt war (OLG Düsseldorf BauR 1991, 613 = SFH Nr. 17 zu § 632 BGB) und für eine Bauvoranfrage einer Firma, die eigentlich als Makler tätig werden sollte (OLG Hamm NJW-RR 1992, 468). Problematisch sind Fälle, in denen die im Akquisitionsstadium gefertigten Pläne des Architekten oder eines Wohnungsbauunternehmens vom Bauherrn oder von einem Konkurrenzunternehmen **abgekupfert** und/oder **zum Bau verwendet** werden. Ansprüche aus Urheberrecht oder UWG sind hier meist nicht gegeben (vgl. aber OLG Karlsruhe WRP 1986, 623; zum Ganzen Nestler BauR 1994, 589; zur Verwendung von Angebotsunterlagen vgl. LG Stuttgart BauR 1994, 650). In aller Regel können hier aber **vertragliche Ansprüche** bejaht werden, weil mit der Verwertung der Pläne konkludent der Auftrag erteilt wird.

28 Schließlich ist der konkludente Abschluß eines Architektenvertrages auch dann zu verneinen, wenn ein Vereinsmitglied für den eigenen Verein Architektenleistungen erbringt. Hier bedarf es zum Beweis des Auftrags zusätzlicher Gesichtspunkte (OLG Köln OLGZ 1990, 233). Die Schwelle zur Vergütungspflicht beginnt allerdings auch hier spätestens mit der Realisierung des Projektes, in aller Regel aber schon mit der Einreichung eines Baugesuchs auf der Basis der Planung des Architekten.

29 Der Architektenvertrag kann auch durch sog. **kaufmännisches Bestätigungsschreiben** zustande kommen. Dies gilt jedoch nur dann, wenn der Auftraggeber Kaufmann im Sinne des Handelsrechts ist oder in erheblichem Umfang am Geschäftsleben teilnimmt (vgl. BGH BauR 1975, 67; OLG Köln OLGZ 1974, 8) und der Bestätigung des Architekten Vertragsverhandlungen vorausgegangen sind. Als solche Person, die in erheblichem Umfang am Geschäftsleben teilnimmt, ist auch der Architekt anzusehen (BGH a. a. O.), so daß auch kaufmännische Bestätigungsschreiben gegenüber dem Architekten verbindliche vertragliche Regelungen wiedergeben, soweit ihnen der Architekt nicht unverzüglich widerspricht. Beim Architekten- und Ingenieurvertrag hat das kaufmännische Bestätigungsschreiben jedoch nur Bedeutung für den Abschluß des Vertrages selbst und für sonstige Vereinbarungen, nicht jedoch für die Honorarvereinbarung, da hierfür Schriftform erforderlich ist (vgl. § 4 Rdn. 26 ff.). Auch ein Telefax kann kaufmännisches Bestätigungsschreiben sein (OLG Hamm BB 1994, 1107).

Der „unverbindliche" und der „kostenlose" Auftrag   30

Gelegentlich wird vom Auftraggeber behauptet, er habe den Architekten nur aufgefordert, ihm **„unverbindlich"** oder **„freibleibend"** einen Vorschlag über die Möglichkeiten der Bebauung und deren Kosten zu machen. Damit ist jedoch nicht auch gesagt, daß die Leistungen „kostenlos" sein sollen; „unverbindlich" ist in aller Regel nicht gleichzusetzen mit „kostenlos" (vgl. OLG Köln v. 5. 2.

1993 SFH Nr. 36 zu § 631 BGB für eine „unverbindliche Kostenschätzung"; OLG Düsseldorf BauR 1993, 108 = NJW-RR 1992, 1172; OLG Schleswig Schäfer/Finnern Z 3.01 Bl. 197; LG Dortmund MDR 1954, 293 = Schäfer/Finnern Z 3.01 Bl. 1; Hartmann § 1 Rdn. 6; Hesse/Korbion/Mantscheff/Vygen § 1 Rdn. 10). Unverbindlich bedeutet vielmehr im Regelfall, daß sich der Auftraggeber durch die Inanspruchnahme von Leistungen des Architekten noch nicht hinsichtlich der weiteren Architektenleistungen und im Hinblick auf die Durchführung des Bauvorhabens überhaupt endgültig binden will. In Ausnahmefällen allerdings kann unverbindlich auch einmal gleichzusetzen sein mit kostenlos, so in einem vom BGH (Schäfer/Finnern Z 3.01 Bl. 380) entschiedenen Fall: Hier hatte ein öffentlicher Auftraggeber den Architekten unverbindlich mit der Bebauungsplanung für ein Gebiet beauftragt. Eine zusätzliche, weitergehende Tätigkeit kam also nicht in Frage, so daß unverbindlich hier nur Kostenlosigkeit bedeuten konnte.

31 Behauptet der Auftraggeber, es habe Einigkeit darüber bestanden, daß die Architektenleistungen „unentgeltlich" oder „kostenlos" erbracht werden sollten, so trägt er hierfür die volle Beweislast (BGH BauR 1987, 454 = NJW 1987, 2742 = ZfBR 1987, 187; OLG Hamm BauR 1990, 636 = NJW-RR 1990, 91; OLG Stuttgart Schäfer/Finnern Z 3.01 Bl. 460). Der Auftragnehmer muß jedoch in allen diesen Fällen „den Auftrag" selbst darlegen und beweisen. Er kann dies, indem er Umstände für einen konkludenten Vertragsabschluß beweist (vgl. oben Rdn. 25 ff.). Gelingt ihm dies nicht, so muß er Umstände darlegen, nach denen die erbrachten Architektenleistungen nur gegen eine Vergütung zu erwarten sind (BGH a. a. O.). Dafür muß der Auftragnehmer die von ihm erbrachten Leistungen aufführen. Je weitergehender diese Architektenleistungen sind, desto eher ist die Üblichkeit einer Vergütung für diese Leistungen zu bejahen (ebenso Hesse/Korbion/Mantscheff/Vygen § 1 Rdn. 11). So hat der BGH (a. a. O.) mit Recht eine entgeltliche Tätigkeit bejaht, wenn vom Architekten Bestandspläne, ein Aufmaß des Gebäudes, Vorplanungsleistungen, eine Baukostenermittlung und eine Wirtschaftlichkeitsberechnung erstellt werden. Derartige Leistungen sind nicht so geringfügig, daß sie üblicherweise unentgeltlich erbracht werden. Ebenfalls „nicht so geringfügig" i. S. der Rechtsprechung des BGH ist die Erwirkung einer öffentlichen Zusage der Förderung einer Modernisierung und eine Kostenermittlung nach DIN 276 (KG BauR 1988, 624 = NJW-RR 1988, 21). Sicherlich können einzelne Vorplanungsleistungen noch zur Werbungsphase gehören (vgl. OLG Hamm NJW-RR 1986, 1280); ist jedoch bereits eine Kostenschätzung nach DIN 276 erbracht, so ist diese Leistung auch wegen des Stellenwerts der Kostenermittlung nach DIN 276 keine geringfügige Leistung mehr. Entsprechendes gilt auch für umfangreiche Vorplanungsleistungen, und zwar sogar dann, wenn der Auftraggeber sich auf ihrer Grundlage negativ entscheidet, d. h. vom Bauvorhaben etwa Abstand nimmt. Sind Leistungen der Entwurfsplanung erbracht, so gibt es keinen Zweifel daran, daß hier keine geringfügigen Leistungen mehr vorliegen (OLG Hamm BauR 1990, 636 = NJW-RR 1990, 91).

Die Vereinbarung der Kostenlosigkeit kann auch **mündlich** erfolgen. Gleiches **32** gilt auch für **Bedingungen** des Architektenvertrages insgesamt. Es war zwar zunächst umstritten, ob wegen § 4 HOAI nicht eine schriftliche Vereinbarung erforderlich ist (so OLG Stuttgart, Urt. v. 17. 12. 1980 – 1 U 93/80 –). Es wurde hier argumentiert, es handele sich bei der Vereinbarung kostenloser Architektenleistungen um die extremste Abweichung vom Mindestsatz, so daß auch hier nach § 4 Abs. 2 HOAI die Schriftform eingehalten werden müsse. Dem hat jedoch der BGH (BauR 1985, 467 = JZ 1985, 639 = ZfBR 1985, 181; ebenso OLG Karlsruhe BauR 1985, 236) widersprochen, für einen Fall, in dem der Auftraggeber behauptet hatte, der Architekt habe seine Planungsleistungen zunächst „**auf eigenes Risiko**" und damit kostenlos erbracht.

Bedingungen **33**

Der BGH hat zu Recht betont, daß **Bedingungen** für die Honorarpflicht auch mündlich vereinbart werden können. Auch der Erwerb des Grundstücks kann als Bedingung vereinbart sein (OLG Hamm BauR 1987, 582) oder auch eine Förderungszusage (KG BauR 1988, 624 = NJW-RR 1988, 21). Die **Beweislast für** das Fehlen und den Eintritt der aufschiebenden **Bedingung** trifft den Auftragnehmer! (Herrschende Meinung; vgl. LG Braunschweig v. 27. 7. 1987 – 4 O 108/86; BGH NJW 1985, 497; Palandt/Heinrichs Vorbem. 7 vor § 158 BGB.) Voraussetzung dafür, daß diese sog. Leugnungstheorie eingreift, ist jedoch ein substantiierter Vortrag des Auftraggebers über die Umstände und den Inhalt der Vereinbarung einer Bedingung. Insoweit gelten die gleichen Anforderungen wie bei der Behauptung eines Auftraggebers beim Bauvertrag, es sei eine Pauschale vereinbart worden (dazu zuletzt BGH BauR 1992, 505 = NJW-RR 1992, 848 = ZfBR 1992, 173).

Umfang des Vertrags; „Vorprellen" des Architekten **34**

In den Fällen des Vertragsabschlusses durch schlüssiges Verhalten stellt sich die Frage nach dem **Umfang dieses Vertrags** (zum Umfang der Verpflichtung aus einem Vorvertrag vgl. unten Rdn. 38). Das OLG Köln (BauR 1973, 251; ebenso Bindhardt/Jagenburg § 2 Rdn. 48 ff. m. w. N.) hat für den Bereich der GOA eine Vermutung für die Vollarchitektur bejaht (ebenso OLG Düsseldorf BauR 1979, 263). In dem entschiedenen Fall war zweifelhaft gewesen, ob nur ein Planungsauftrag erteilt oder ob zusätzlich die örtliche Bauaufsicht in Auftrag gegeben worden war. Letzteres bejahte das OLG Köln. Demgegenüber verneinte das OLG Düsseldorf (BauR 1979, 347) eine Vermutung für die Vollarchitektur in einem Fall, in dem unstreitig die Vorplanung vereinbart war, und führt aus, hier könne der Teilauftrag (anders als im Fall des OLG Köln) durchaus für sich allein Bestand haben, ohne daß ein weiterer Planungsauftrag vergeben werde, da dem Bauherrn in vielen Fällen daran gelegen sei, seine Bauabsichten schrittweise zu verwirklichen. Ebenso argumentierte das OLG Düsseldorf (VersR 1973, 1150) in einem anderen Fall, daß es durchaus sinnvolle Gründe für eine sukzessive Beauftragung gebe, nämlich etwa bestehende Zweifel an der Finanzierung oder der Erteilung der Baugenehmigung. Auch das OLG Hamm (BauR 1990, 636 = NJW-RR 1990, 91) verneinte die Vermutung für einen Fall, in dem Leistungsphase 3 erbracht war. Die Auffassung des OLG Köln, daß nach „allgemeiner Ansicht" eine Vermutung dafür bestehe, daß dem Architekten die gesamten Leistungen übertragen sind, ist in solcher Allgemeinheit nicht richtig. Der Auftraggeber kann durchaus verständliche Gründe dafür haben, zunächst durch schlüssiges Verhalten dem Architekten nur eine oder einzelne Leistungsphasen (etwa Grundlagenermittlung oder/und Vorplanung) zu übertragen und sich dann zu entscheiden, ob er den Architekten mit weiteren Leistungsphasen nach § 15 betrauen will (vgl. i. e. Locher, Lehrbuch des privaten Baurechts, Rdn. 215; Wussow BauR 1970, 66). In einem vom BGH (BauR 1980, 84 = NJW 1980, 122 = SFH Nr. 1 zu § 19 GOA = JR 1980, 197 m. Anm. Baumgärtel) entschiedenen Fall hatte der beklagte Auftraggeber eingeräumt, den Architekten mit der Fertigung von zwei Vorentwürfen beauftragt zu haben. Einen weitergehenden Auftrag konnte der Architekt nicht beweisen. Der BGH entschied, daß allein aus dem vom Beklagten zugestandenen Auftragsvolumen noch nicht auf einen umfassenden Architektenvertrag geschlossen werden könne. Dabei verneinte der BGH auch zu Recht einen typischen Geschehensablauf dahin, daß sämtliche im Leistungsbild enthaltenen Leistungen übertragen seien. Allerdings hätte es nahegelegen, die Frage zu prüfen, ob hier nicht zumindest ein Planungsauftrag (Leistungsphase 1–5 oder 1–4) konkludent erteilt war. Damit ist jedoch noch nichts über einen Auftrag hinsichtlich der Leistungen bezüglich der Vergabe (Leistungsphasen 6 und 7) bzw. Objektüberwachung (Leistungsphase 8) oder Objektbetreuung und Dokumentation (Leistungsphase 9) gesagt, da es sich hier um selbständige Leistungsblöcke handelt (gegen die konkludente Beauftragung mit solchen Leistungsblöcken: OLG Hamm BauR 1990, 636 = NJW-RR 1990, 91). Das OLG Düsseldorf (BauR 1980, 376) hat eine Begrenzung des Leistungsumfangs auf die Vorplanung angenommen in einem Fall, in dem der Auftraggeber das Grundstück noch nicht erworben hatte. Der Entscheidung ist nicht in allen Punkten zuzustimmen. Insbesondere kann der ausdrückliche Auftrag, den der Auftragnehmer unter Beweis gestellt hatte, auch ohne Klärung der Grundstückssituation weitergegangen sein als bis zur Vorplanung. Jedoch ist richtig, daß der Auftragnehmer nicht von einem weitergehenden Architektenvertrag ausgehen darf, wenn die Frage des Grundstückserwerbs noch nicht geklärt ist (vgl. hierzu S. 166, insbesondere das Urteil des OLG Hamm). In einer weiteren Entscheidung hat das OLG Stuttgart (Urt. v. 17. 12. 1980 – 1 U 93/80) eine Vermutung für die Übertragung der Vollarchitektur verneint und ausgeführt, daß von einem unbestimmten Auftrag für die Genehmigungsplanung noch nicht auf einen Auftrag für die Ausführungsplanung geschlossen werden könne. Dies ist für den Regelfall zutreffend, da das Bauvorhaben mit der Leistungsphase 5 in ein neues Stadium – Ausführung – tritt.

35   Ebenso entschied das OLG Düsseldorf (NJW 1982, 1541 = BauR 1982, 390) bei einem ähnlich gelagerten Sachverhalt. In einer weiteren Entscheidung hatte das OLG Düsseldorf (BauR 1982, 597) zu entscheiden, welche Leistungen honorarpflichtig sind, wenn der Architekt unstreitig „den Bauantrag zu erstellen" hatte. Das OLG hat hier eine Honorarpflicht zutreffend für die **Leistungsphase 1–4** bejaht (ebenso OLG Hamm NJW-RR 1990, 522). Zur Begründung weist es darauf hin, daß es die Leistungsphase 4 in § 19 nicht als Einzelleistung gebe. Die Entscheidung ist im Ergebnis zutreffend, da ohne Einschaltung eines anderen Architekten die Erstellung eines Bauantrags nur bei Erbringung der Leistungsphase 1–3 regelmäßig möglich ist. Dem Architekten ist auch dann noch kein Vollauftrag erteilt, wenn beide Parteien wissen, daß die Durchführung des Bauvorhabens insgesamt von der Klärung noch offener Fragen abhängt. Der Auftrag erstreckt sich hier zunächst nur auf die Klärung dieser offenen Fragen (OLG Hamm BauR 1987, 582).

Haben die Parteien einen schriftlichen **Vertrag** über die **gesamten Architektenleistungen** abgeschlossen, so stellt sich häufig die Frage, welche Ansprüche bei Nichtdurchführung des Objektes bestehen (zur **stufenweisen Beauftragung** vgl. unten Rdn. 124 und § 103 Rdn. 5 ff.). Waren keine Bedingungen vereinbart – was auch beim schriftlichen Vertrag mündlich möglich und wirksam wäre –, dann ist die Vertragsbeziehung über die Rechtsfolgen bei Kündigung abzuwickeln (vgl. dazu unten Rdn. 143 ff.). Im Hinblick auf das Honorar für die erbrachten Leistungen ist dann meist die Frage, ob die tatsächlich erbrachten Leistungen zum Zeitpunkt der Beendigung der Vertragsbeziehungen bereits erbracht sein mußten. Auch dafür spricht keine Vermutung. Im Gegenteil ist es so, daß auch bei bereits erteiltem Vollauftrag vom Architekten nur diejenigen Leistungsphasen oder Teilleistungen erbracht werden dürfen, die jeweils nach dem Stand der Planung des Bauvorhabens **erforderlich sind** (vgl. BGH Schäfer/Finnern Z 3.01 Bl. 385; OLG Düsseldorf BauR 1986, 469; LG Mannheim Schäfer/Finnern Z 3.01 Bl. 258; OLG Düsseldorf BauR 1994, 534 = NJW-RR 1994, 858). Ist z.B. die Erteilung einer Baugenehmigung zweifelhaft, dann ist der Architekt gehalten, in aller Regel eine Bauvoranfrage einzureichen, wenn damit die entscheidenden Fragen geklärt werden können (OLG Düsseldorf BauR 1986, 469; vgl. im einzelnen zur Genehmigungsfähigkeit unten § 15 Rdn. 87 f.). Desgleichen sind Leistungen aus den Bereichen der Ausführungsplanung oder der Vergabe in solchen Fällen nur dann honorarpflichtig, wenn der Bauherr sie in Kenntnis des Risikos abverlangt hat oder wenn aus anderen Gründen – z.B. zeitlichen Anforderungen – die Notwendigkeit der Erbringung solcher Leistungen bereits im voraus bestand (vgl. OLG Düsseldorf BauR 1994, 534 = NJW-RR 1994, 858 für Leistungen aus Leistungsphase 6, die noch vor Erteilung der Baugenehmigung erbracht wurden; vgl. ferner OLG Hamm BauR 1994, 795 für die Ausführungsplanung eines Statikers, bevor die Baugenehmigung erteilt ist). Probleme ergeben sich auch im Hinblick auf die **noch nicht erbrachten Leistungen** und das entsprechende Honorar nach § 649 Satz 2 BGB, wenn der Durchführung des Objekts noch bekannte Hinderungsgründe entgegenstanden, diese jedoch nicht als Bedingung vereinbart waren. Das OLG Hamm (BauR 1987, 582) will hier eine Aufklärungspflicht des Architekten annehmen, wonach diese auf das Risiko der vorzeitigen Erbringung von Architektenleistungen hinweisen müsse. Eine solche Aufklärungspflicht geht jedoch zu weit. Beide Parteien sind sich des Risikos bei Abschluß eines umfassenden Architektenvertrages bewußt und der Auftraggeber hat Möglichkeiten der Vereinbarung (z. B. Bedingungen), die er nutzen kann.

37 Kompensationsabrede

Von der HOAI nicht erfaßt sind sog. **Kompensationsabreden.** Es handelt sich hier um Vereinbarungen zwischen Architekten und/oder Ingenieuren, wonach diese sich gegenseitig Leistungen erbringen und dafür kein oder ein unter den Mindestsätzen der HOAI liegendes Honorar für eine Partei vereinbart wird. Nach einer Auffassung bedürfen derartige Honorarvereinbarungen der Schriftform (so OLG Hamm BauR 1987, 467 = ZfBR 1987, 154; ebenso Hesse/Korbion/Mantscheff/Vygen § 1 Rdn. 14 f.). Diese Auffassung verkennt jedoch, daß eine Kompensationsabrede im Grunde nichts anderes enthält als eine Vereinbarung beiderseitiger Kostenlosigkeit (vgl. dazu oben Rdn. 31 f.). Die HOAI regelt nicht die gegenseitigen Leistungspflichten, die sich aus dem BGB ergeben. Ebenso wie die Vereinbarung von Bedingungen und die Vereinbarung der Kostenlosigkeit formfrei möglich sind, können auch Kompensationsvereinbarungen in dieser Weise getroffen werden. Die HOAI füllt lediglich den Rahmen aus, wenn nach BGB eine Vergütungspflicht besteht.

38 Vorvertrag; Rahmenvertrag

Häufig sind sog. Verpflichtungserklärungen, mit denen sich ein Bauherr bindet, dem Architekten die Architektenleistungen für ein bestimmtes Bauvorhaben auf der Grundlage eines noch abzuschließenden Architektenvertrages zu übertragen. Hier handelt es sich um einen **Vorvertrag.** Der BGH (BauR 1988, 234 = NJW 1988, 1261) hat klargestellt, daß diese Vereinbarungen zwar verbindlich sind und Schadensersatzansprüche des Architekten auslösen, wenn sich der Bauherr nicht daran hält. Voraussetzung ist jedoch neben der Bestimmtheit eines solchen Vorvertrages, daß das Objekt überhaupt durchgeführt wird. Ist dies nicht der Fall, dann reicht die Verpflichtung aus einem solchen Vorvertrag nur bis zur Leistungsphase 4 Genehmigungsplanung. Insoweit kann der Architekt bei Nichtbeauftragung auch Schadensersatzansprüche geltend machen. Darüber hinausgehende Ansprüche stehen ihm nur zu, wenn der Bauherr das Objekt tatsächlich auch ohne seine Mitwirkung durchführt (BGH a. a. O.).

39 Verschiedentlich werden zwischen Architekten und Wohnungsbauunternehmen auch **Rahmenverträge** über die Durchführung mehrerer Bauvorhaben abgeschlossen. Soweit darin keine Verpflichtung für den Abschluß konkreter Architektenverträge enthalten ist, legen derartige Rahmenverträge nur die Bedingungen für später erteilte, ggf. mündliche Aufträge fest. Die Vereinbarung eines Architekten mit einem Generalübernehmer allerdings, wonach der

Architekt für mehrere Bauvorhaben Planungsleistungen auf eigenes Risiko erbringen soll, während sich der Generalübernehmer verpflichtet, bei Durchführung eines Bauvorhabens mit dem Architekten über den Abschluß eines Architektenvertrages zu einem nach HOAI zu berechnenden Pauschalhonorar zu verhandeln, führt dagegen zu einer Verpflichtung des Generalübernehmers, den Architekten hinzuzuziehen. Verhandelt der Generalübernehmer dann mit dem Architekten nicht und lehnt er den Abschluß eines Vertrages ohne sachlichen Grund ab, dann kann er zum Schadensersatz verpflichtet sein (BGH BauR 1992, 531 = NJW-RR 1992, 977 = ZfBR 1992, 215).

Probleme hinsichtlich der Vertragspartnerschaft 40

Vor allem im Hinblick darauf, daß auch Ehegatten als Zeugen in Frage kommen, soweit sie nicht **Vertragspartner** sind, ist für den Auftragnehmer wesentlich, wer seine Vertragspartner sind. Beim schriftlichen Vertrag sind Auftraggeber alle Personen, die den Vertrag unterschrieben haben bzw. für die der Unterzeichnende als Vertreter mitgehandelt hat. Beim mündlichen Vertrag muß der Auftragnehmer beweisen, daß alle diejenigen Personen Auftraggeber sind, die er als solche bezeichnet. Er kann nicht von vornherein davon ausgehen, daß auch die Ehegatten Auftraggeber sind. Andererseits ist es jedoch nicht erforderlich, daß beide Ehegatten die Verhandlungen mit ihm führen, wenn beide Ehegatten gemeinsam Grundstückseigentümer sind und der Ehemann zum Beispiel erklärt, der Auftragnehmer möge für ihn und seine Frau ein Haus planen (OLG Düsseldorf, Urt. v. 19. 9. 1980 – 22 U 107/80). Es ist nicht erforderlich, daß der Auftrag durch einen Ehegatten ausdrücklich im Namen des anderen mit erteilt wird. Vielmehr kann sich der Auftrag für den anderen Ehegatten auch aus den Umständen ergeben (§ 164 Abs. 1 Satz 2 BGB).

Mehrere Auftraggeber haften dem Architekten bzw. Ingenieur in der Regel 41 als **Gesamtschuldner** auf das volle Honorar (§ 427 BGB). Eine Ausnahme gilt allerdings bei **Bauherrenmodellen** zur Errichtung von Eigentumswohnungen. Nach ständiger Rechtsprechung des BGH haften die **Bauherren** hier nur nach ihren **Miteigentumsanteilen** (für sog. Aufbauschulden: z. B. BGH NJW 1959, 2160; BGH NJW 1977, 294; BGH NJW 1979, 2101; BGH NJW 1980, 992 und speziell für den Architektenvertrag LG Kiel NJW 1982, 390).

Wird bei Bauherrenmodellen die Bauherrengemeinschaft nicht geschlossen oder das **Bauvorhaben** aus sonstigen Gründen **nicht durchgeführt,** so ergibt sich für den Auftragnehmer die Frage, ob und gegen wen er einen Honoraranspruch richten kann. Da der Initiator oder Baubetreuer als vollmachtsloser Vertreter für noch nicht existierende Bauherren gehandelt hat, haftet er eigentlich nach § 179 Abs. 1 BGB auf das volle Honorar. Dem könnte allerdings Kenntnis des Architekten nach § 179 Abs. 3 BGB entgegenstehen. Der BGH (BauR 1989, 92 = NJW 1989, 894 = ZfBR 1989, 52) hat die Streitfrage entschieden: Der Auftragnehmer hat hier einen Anspruch gegen die Modellbeteiligten. Für die Kenntnis nach § 179 Abs. 3 BGB ist nicht die Kenntnis der Existenz der Bauherren maßgebend, sondern die Kenntnis, ob die Bauherrengemeinschaft in absehbarer Zeit zusammentreten kann. Sind dem Auftragnehmer Zweifel in letzterer Hinsicht bekannt, so kann sein Vergütungsanspruch ausgeschlossen sein.

42 Das Verschulden bei Vertragsschluß; Aufklärungs- und Beratungspflichten

Bereits im vorvertraglichen Stadium muß ein vertragsähnliches Vertrauensverhältnis zwischen Auftraggeber und Architekt angenommen werden, aus dem Sorgfalts-, Aufklärungs-, Beratungs- und Treuepflichten entstehen, die im Falle einer Verletzung eine Schadensersatzpflicht unter dem Gesichtspunkt des Verschuldens bei Vertragsschluß zur Folge haben können. In diesen Bereich gehört auch die **Aufklärung über fehlende Architekteneigenschaft** nach den Architektengesetzen der Länder (vgl. hierzu i. e. § 1 Rdn. 19). Es besteht dagegen in der Regel keine **Aufklärungspflicht** des Architekten über die **Höhe seines Honorars** (ebenso OLG Köln BauR 1994, 271 = ZfBR 1994, 88; Hesse/Korbion/Mantscheff/Vygen § 4 Rdn. 95; Knacke BauR 1990, 395). Dies gilt auch für Fälle, in denen etwa gemäß § 19 Erhöhungen für Entwurfsplanung und Objektüberwachung als Einzelleistung oder gemäß § 21 bei zeitlicher Trennung der Ausführung oder gemäß § 24 Umbauten und Modernisierungen vorgenommen werden können. Eine Aufklärungspflicht über die Höhe des Honorars besteht nur im **Ausnahmefall.** Zu bejahen ist dies, wenn der Auftraggeber den Auftragnehmer über die Honorarhöhe befragt, oder wenn der Auftraggeber erkennbar völlig falsche Vorstellungen über die Höhe des Honorars hat, oder wenn ihm ein Konkurrenzangebot vorliegt, das dem Auftragnehmer bekannt ist (ebenso OLG Köln BauR 1994, 271 = ZfBR 1994, 88). So hat das OLG Karlsruhe (BauR 1984, 538) zutreffend eine Aufklärungspflicht des Architekten bei folgenden Sachverhalten angenommen: Der Architekt war darüber informiert, daß die Bauherren von einem nicht in die Architektenrolle eingetragenen Planer ein Honorarangebot über die Hälfte des nach HOAI geschuldeten Mindesthonorars vorliegen hatten. Hier erklärte das OLG zu Recht, der Architekt hätte sich auf konkrete Frage nicht mit der Feststellung begnügen dürfen, er werde nach HOAI abrechnen. Das OLG gewährte nach dem damaligen Rechtszustand den Bauherren einen Schadensersatzanspruch aus Verschulden bei Vertragsabschluß, der dazu führte, daß der Architekt im Ergebnis nur das vom Planer angebotene Honorar verlangen konnte. Für den Rechtszustand seit 10. 6. 1985 ist diese Auffassung abzulehnen, weil der Architekt das Mindesthonorar nach § 4 Abs. 2 nur in Ausnahmefällen unterschreiten darf. Der Mindestpreischarakter der HOAI verbietet eine Unterschreitung und führt dazu, daß bei abweichender Vereinbarung immer der Mindestsatz beansprucht werden kann (vgl. § 4 Rdn. 79 ff.). Ein Schaden kann deshalb hier seitens des Bauherrn nur geltend gemacht werden, wenn er darlegen kann, daß ein anderer Auftragnehmer ohne Verstoß gegen § 4 Abs. 2 HOAI ein niedrigeres Honorar geltend gemacht hätte (vgl. für die entsprechende Situation bei unwirksamer Unterschreitung des Mindestsatzes durch Vereinbarung und davon abweichender späterer Abrechnung des Mindestsatzes: BGH BauR 1993,

239 = NJW 1993, 661 = LM H. 6/93 § 242 [Cd] BGB Nr. 325 m. Anm. Koeble = ZfBR 1993, 68 und unten § 4 Rdn. 79 ff.). Entsprechendes gilt nach der h. M. (vgl. § 1 Rdn. 12 ff.) auch für den Nichtarchitekten, da dieser sein Honorar nach HOAI berechnen kann und muß.

Das OLG Stuttgart (BauR 1989, 630 = NJW 1989, 1183; dazu Knacke BauR 1990, 395) hat eine Aufklärungspflicht über die Höhe des Honorars in einem Einzelfall bejaht. In dem entschiedenen Fall stand noch nicht fest, ob gebaut wird, und der Architekt wußte, daß der Auftraggeber zwei weitere Architekten um Vorschläge gebeten hatte. Das OLG nimmt hier angesichts der Höhe des Honorars von DM 5000,– bis DM 6000,– eine Aufklärungspflichtverletzung an und kommt zu einem Schadensersatzanspruch, weil der Auftraggeber bei Kenntnis der Honorarhöhe sofort Abstand von einer Beauftragung genommen hätte. Es bejaht allerdings ein Mitverschulden und halbiert das Honorar damit im Ergebnis. Die Entscheidung ist abzulehnen, weil damit die HOAI mit ihrem Mindestpreischarakter außer Kraft gesetzt werden könnte (vgl. ferner Knacke a. a. O.).

Von den während der Vertragsabwicklung auftretenden Aufklärungs- und Beratungspflichten (vgl. hierzu § 15 Rdn. 10) können verschiedene auch schon im vorvertraglichen Kontakt auftreten. Eine Aufklärungspflicht des Auftragnehmers über die **Anforderungen** an eine wirksame **Honorarvereinbarung** wird z. T. in der Literatur angenommen (vgl. dazu § 4 Rdn. 80). Auch der Auftraggeber kann zur Aufklärung verpflichtet sein, etwa bei völlig unzureichender Finanzierung oder ernsthafter Gefährdung derselben.

Haftung gegenüber Dritten 43

Eine **Haftung** des Architekten kommt auch **gegenüber Dritten,** die nicht Vertragspartner sind, in Frage (zur Haftung wegen unerlaubter Handlung vgl. unten Rdn. 52). Hier hat die Rechtsprechung vor allem bei **Gutachten** eines Architekten eine Haftung gegenüber Dritten bejaht, wenn diese erkennbar in den Schutzbereich mit einbezogen sind und für den Architekten die zu schützende Personengruppe objektiv abgrenzbar ist (BGH BauR 1984, 189 für ein Ertrags- und Verkehrswertgutachten, das für einen Veräußerer erstellt wurde, wo jedoch beim Ortstermin ein Vertreter des Erwerbers zugegen war; vgl. auch BGH DB 1985, 1464 und Döbereiner BauR 1982, 17 m. w. N.; vgl. ferner zur Haftung für ein Verkehrswertgutachten mit überhöhtem Wert auch gegenüber der finanzierenden Bank OLG Frankfurt NJW-RR 1989, 337). Die Haftung des Architekten wegen schuldhafter Verletzung eines Auskunftsvertrags gegenüber einer Bank wurde ebenfalls bejaht, wenn er seinem Bauherrn eine falsche Baufortschrittsanzeige vorlegt, deren Zwecke er kennt (OLG Hamm BauR 1987, 458 = NJW-RR 1987, 209 = ZfBR 1987, 42; OLG Köln NJW-RR 1988, 335), und wenn er eine unzutreffende Bescheinigung ausstellt, nach der bestimmte Bauarbeiten ordnungsgemäß ausgeführt seien (OLG Karlsruhe NJW-RR 1987, 912). Ursächlichkeit für den konkreten Schaden ist jedoch immer Voraussetzung. Deshalb haftet der Architekt für ein im Auftrag einer Bank erstelltes falsches Gutachten über den Bauzustand nicht auch den Bauherren, wenn diese sein Gutachten gar nicht kannten, sondern als Grundlage einen Prospekt zur Verfügung hatten (OLG Hamm NJW-RR 1989, 600). Im Ausnahmefall bestehen auch Ansprüche Dritter wegen sittenwidriger Schädigung durch ein fehlerhaftes Gutachten (BGH BauR 1992, 101 = NJW 1991, 3282).

44 Die Pflichten des Architekten

Die Leistungspflichten des Architekten ergeben sich „spiegelbildlich" aus den Leistungsbildern, wie etwa dem Leistungsbild Objektplanung des § 15. Die dort aufgeführten Leistungen müssen vom Architekten normalerweise einwandfrei erbracht werden, will er seinen Leistungspflichten nachkommen. Hiermit sind jedoch die Leistungspflichten des Architekten nicht erschöpfend beschrieben. Er hat darüber hinaus noch vielfältige Pflichten, die aus seiner Stellung als **Sachwalter** des Auftraggebers herrühren. Er hat vor allem während der gesamten Bauabwicklung mannigfache Koordinierungs- (vgl. z. B. BGH Schäfer/Finnern Z 3.01 Bl. 189) und Beratungspflichten, die sich auf die Auswahl der Bauunternehmer, die Baumethoden, die Kosten der Baumaßnahmen im einzelnen und die Verteuerung durch Sonderwünsche des Auftraggebers, auf steuerliche und sonstige Vergünstigungen, auf Nachbarrechtsverhältnisse, auf baurechtliche Fragen im privaten und öffentlich-rechtlichen Bereich beziehen können (vgl. i. e. § 15 Rdn. 27 ff.). Darüber hinaus hat er eine Verschwiegenheitpflicht (vgl. Locher, Das private Baurecht, Rdn. 303), Auskunftspflichten, Pflichten zur Einsichtgewährung in Bauakten, Verwahrungspflichten für die Unterlagen und eine allgemeine Treuepflicht und gegebenenfalls Verkehrssicherungspflichten (vgl. Schmalzl NJW 1977, 2041). Zu den **Pflichten und zur Haftung** vgl. i. e. § 15 Rdn. 27 ff.

45 Allgemeines zur Haftung des Architekten

Der Architekt hat die Verpflichtung, sein Werk so zu erbringen, daß es die zugesicherten **Eigenschaften** hat und nicht mit **Fehlern** behaftet ist, die den Wert oder die Tauglichkeit nach dem gewöhnlichen oder nach dem Vertrag vorausgesetzten Gebrauch aufheben oder mindern. Der Architekt muß außerdem die allgemein anerkannten **Regeln der Baukunst und Technik** beachten (vgl. dazu i. e. Ingenstau/Korbion B § 13 Rdn. 133 ff.; zur Haftung im einzelnen und zu den Leistungspflichten des Architekten vgl. i. e. § 15 Rdn. 27 ff.). Soll eine anerkannte Regel der Technik vorliegen, so muß diese sowohl in der Wissenschaft theoretisch wie auch in der Baupraxis als richtig anerkannt sein. Eine anerkannte Regel der Technik liegt vor, wenn es sich um eine Regel handelt, „die in der Wissenschaft als theoretisch richtig anerkannt worden ist und die sich in der Praxis bewährt hat, und zwar dadurch, daß sie von der Gesamtheit der für die Anwendung der Regel in Betracht kommenden Techniker, die für die Beurteilung der Regel die erforderliche Vorbildung besitzen, anerkannt und mit Erfolg praktisch angewandt worden ist" (Soergel). DIN-Normen, Normen überhaupt, etwa auch die VDE-Richtlinien, VDE-Bestimmungen, die einheitlichen technischen Baubestimmungen (ETB), aber auch Unfallverhütungsvorschriften können, müssen aber nicht anerkannte Regeln der Technik sein. Die den Regelwerken beigemessene Autorität beeinflußt zwar in hohem Maße ihre rechtliche Bedeutung, Identität braucht jedoch nicht vorzuliegen. Es kann einmal in ein Normenwerk eine Regel aufgenommen werden, deren theoretische Richtigkeit ungewiß ist, oder andererseits eine Regel, deren theoretische Richtigkeit zwar festgestellt werden kann, aber deren praktische Bewährung aussteht oder nicht feststellbar ist. Eine im Regelwerk kodifizierte Norm kann aber auch den Anforderungen nicht genügen, die an eine allgemeine Regel der Technik gestellt werden, wenn die Norm schon im Zeitpunkt ihrer Veröffentlichung in der Theorie anfechtbar ist oder aber wenn eine in der Wissenschaft als richtig anerkannte Regel sich in der Praxis nicht bewährt. Darüber hinaus können solche Normen überholt sein, etwa hinsichtlich der Wärme- und Schalldämmung. Normen sind schriftlich niedergelegte Erfahrungsregeln, die der richterlichen Nachprüfung unterliegen. Ihre Bedeutung liegt in der Beweiserleichterung. Die Anerkennung schriftlich kodifizierter Normen durch die Fachwelt rechtfertigt es, ihnen eine Beweisvermutung zukommen zu lassen, daß sie identisch sind mit den anerkannten Regeln der Technik. Diese Vermutung ist jedoch widerlegbar.

46 Der Architekt hat grundsätzlich verschuldensunabhängig dafür einzustehen, daß das Werk mangelfrei erbracht wird. Für Mängel, die ein sachkundiger Bauherr erkennt und bei denen dieser die Umplanung an sich zieht, ohne ihn hinzuzuziehen, haftet der planende Architekt nicht (BGH BauR 1989, 97 = NJW-RR 1989, 86 = ZfBR 1989, 24). Die werkvertragliche Einstandspflicht gilt auch für **Gutachten,** die der Architekt zur Sanierung von Bauwerksmängeln erstattet (BGH BauR 1987, 456 = NJW-RR 1987, 853 = ZfBR 1987, 189). Fehlerhafte Gutachten können auch zur Haftung gegenüber Dritten führen (vgl. oben Rdn. 43).

47 Streitig bleibt die Frage, auf welchen **Zeitpunkt für die Beurteilung der Mangelfreiheit** abgehoben werden soll. Der BGH (NJW 1968, 43) will eine „objektive Pflichtverletzung" annehmen, wenn der Architekt zum Zeitpunkt der Erbringung der Architektenleistungen die Regeln der Baukunst und Technik beachtet, es sich aber in Verbindung mit späteren Erkenntnissen herausstellt, daß Schäden am Bauwerk entstanden sind und objektiv die Architektenleistung zum Zeitpunkt ihrer Erbringung mangelhaft war (BGH BauR 1971, 58; zur Kritik Korbion BauR 1971, 559; Jagenburg NJW 1971, 1431; Schmalzl, Die Haftung des Architekten und Bauunternehmers, Rdn. 38; Locher BauR 1974, 299). Der BGH hat seine Auffassung mit den Entscheidungen zum Bauvertragsrecht bestätigt (vgl. hierzu BGH BauR 1985, 567 = ZfBR 1985, 276; BGH BauR 1987, 207 = ZfBR 1987, 71 und OLG Frankfurt NJW 1983, 486 = BauR 1983, 156 „Blasbachtalbrücken-Fall"; vgl. auch § 15 Rdn. 90). Verschulden des Architekten ist jedoch Voraussetzung. Dieses kann zu verneinen sein, wenn Erkenntnisse nur durch Spezialzeitschriften möglich wären (OLG Frankfurt v. 1. 2. 1989; SFH Nr. 65 zu § 635 BGB).

48   Grundsätzlich besteht nach der Rechtsprechung des BGH keine **Nachbesserungspflicht** des Architekten (BGH NJW 1967, 2260; NJW 1978, 1853). Es wird dabei darauf hingewiesen, daß der Mangel des Architektenwerks nach Vollendung des Bauwerks nicht mehr behoben werden könne. Werde etwa nach einem fehlerhaften Plan gebaut, so führe die bloße Änderung des Planes noch zu keinem positiven Ergebnis. Die Bauaufsicht könne nicht mehr nachgeholt werden. In dieser Allgemeinheit kann dieser Ansicht nicht zugestimmt werden. Es gibt durchaus Fälle, in denen eine Nachbesserung auch bei fehlerhafter Planung oder Bauleitung des Architekten möglich ist, etwa durch Ergänzung oder Änderung des Planes oder der Ausführungsbezeichnungen oder durch Überwachung von Reparatur- und Ausbesserungsarbeiten der Bauunternehmer (vgl. hierzu Kaiser NJW 1975, 1910). So hat das OLG Hamm (MDR 1978, 226) zutreffend entschieden, daß wegen eines Planungsfehlers, der der behördlichen Abnahme des Werkes entgegensteht, der Architekt nicht primär schadensersatzpflichtig ist, sondern der Bauherr in erster Linie zur Nachbesserung unter Fristsetzung mit Ablehnungsandrohung auffordern muß. Im entschiedenen Fall mußte der Architekt einen Dispens beantragen.

49   In diesem Zusammenhang erhebt sich dann die Frage, ob dem Architekten ein **Nachbesserungsrecht** zusteht. Dieses Recht muß dem Architekten nach Treu und Glauben zugebilligt werden, wenn er substantiiert darlegen kann, daß und warum er in der Lage ist, die Mängel auf eigene Kosten billiger einwandfrei beheben zu können. Die in Aussicht genommenen Maßnahmen müssen jedoch aufgezeigt werden und erfolgversprechend sein. Liegen solche Voraussetzungen vor, so kann dem Schadensersatzanspruch des Auftraggebers, wenn er dem Architekten keine Gelegenheit zur Nachbesserung gegeben hat, der Einwand des Mitverschuldens nach § 254 Abs. 2 BGB entgegengehalten werden (BGHZ 43, 233), oder er kann sogar ausgeschlossen sein (vgl. OLG Düsseldorf BauR 1988, 237). Dies gilt auch, wenn dem Vertrag die AVA zum Einheitsarchitektenvertrag zugrunde liegen, da hier dem Architekten nach § 5 Abs. 5 ein Recht zur Mängelbeseitigung eingeräumt ist (in der Neufassung des Architektenvertrags vgl. § 7 Abs. 3 Satz 1). Diese Klausel ist auch wirksam (OLG Hamm NJW-RR 1992, 467). Ein Nachbesserungsrecht hinsichtlich der Planung und Vergabe besteht auch, solange **noch nicht danach gebaut** ist (BGH BauR 1989, 97 [100] = NJW-RR 1989, 86 = ZfBR 1989, 24; BGH BauR 1974, 356 [357]; BGH BauR 1981, 395 [396] = ZfBR 1981, 173 [174]) und ferner bei nicht genehmigungsfähiger Planung (OLG Düsseldorf BauR 1986, 469; hierzu § 15 Rdn. 87) sowie schließlich bei falscher Baukostenermittlung (OLG Hamm BauR 1987, 464; OLG Düsseldorf BauR 1988, 237; OLG Düsseldorf BauR 1994, 133 = NJW-RR 1994, 18; vgl. unten Rdn. 70). Soweit ein Nachbesserungsrecht des Auftragnehmers besteht, bleibt dieses auch noch nach einer **Kündigung** erhalten (OLG Hamm BauR 1995, 413 = ZfBR 1995, 142).

50   Ein **Wandelungsrecht** des Auftraggebers läßt sich angesichts der Eigenart des Architektenvertrags sachlich jedenfalls dann kaum verwirklichen, wenn die Planung bereits zum Teil oder ganz realisiert ist (zur Wandelung im Planungsstadium vgl. i. e. Locher, Das private Baurecht, Rdn. 240 f.). Die Parteien hätten sich Zug um Zug zurückzugewähren, was sie gegenseitig zur Vertragserfüllung geleistet haben. Sind bereits Ausführungsplanung, Vorbereitung und Mitwirkung bei der Vergabe, Objektüberwachung erbracht oder hat der Architekt eine Beratungstätigkeit ausgeübt, dann müßte der Ausgleich so erfolgen, daß der Auftraggeber die geleistete Architektentätigkeit im Hinblick auf den Mangel anteilig honoriert. Ist das Bauwerk errichtet und hat die geistige Leistung des Architekten – wenn auch mangelhaft – ihre Verkörperung gefunden, so scheidet die Rückgewähr aus; denn das Bauwerk stellt nicht nur das Ergebnis der Tätigkeit des Architekten, sondern auch der Leistung der Bauausführenden dar.

Dagegen ist eine **Minderung** des Architektenhonorars möglich (zur Berech- **51** nung des Minderwerts und zum maßgebenden Zeitpunkt für die Berechnung vgl. Locher, Das private Baurecht, Rdn. 242 f.). Allerdings wirkt sich eine Bausummenüberschreitung auf die **anrechenbaren Kosten** bei der Honorarberechnung nicht aus. Zum Teil wird zwar vertreten, daß das Honorar aus Baukosten abzüglich des Schadens (so OLG Stuttgart v. 24. 6. 1980 – 6 U 111/79) oder aus der Kostenermittlung (so Lauer, a. a. O., S. 60) zu berechnen sei. Dies läßt sich jedoch mit dem Abrechnungssystem der HOAI und der Festlegung der anrechenbaren Kosten nach § 10 Abs. 2 HOAI nicht in Einklang bringen (vgl. unten Rdn. 75).

Beruht der Mangel, der dem Architektenwerk anhaftet, auf einem Verschulden des Architekten, so kann der Auftraggeber **Schadensersatz** wegen Nichterfüllung nach § 635 BGB verlangen, sofern der Architekt eine Haupt- oder Hauptleistungspflicht verletzt hat. Verletzt er lediglich eine Nebenpflicht schuldhaft, so können Schadensersatzansprüche unter dem Gesichtspunkt der positiven Forderungsverletzung gegeben sein. Schadensersatz nach § 635 BGB kann für Schäden verlangt werden, die dem Werk unmittelbar anhaften. Der Schadensersatz muß in solchen Fällen regelmäßig durch Geldausgleich und nur in Ausnahmefällen durch Naturalrestitution geleistet werden. Deswegen kommt in aller Regel kein Zurückbehaltungsrecht, sondern nur ein Aufrechnungsrecht des Bauherrn wegen Schadensersatzansprüche in Frage (vgl. OLG Köln NJW 1978, 429). Die Abgrenzung zwischen Schadensersatzansprüchen nach § 635 BGB und solchen aus positiver Forderungsverletzung ist schwierig. Die Folgeschäden sind nach dem Gesichtspunkt der positiven Forderungsverletzung zu behandeln; sie betreffen Schäden, die mit dem Bauwerkmangel unmittelbar nichts zu tun haben, also nicht allgemein und unmittelbar dem Werk anhaften, oder solche, die sich nicht als Vermögenseinbuße, sondern als Verletzung eines selbständigen Rechtsguts darstellen (vgl. hierzu BGHZ 37, 304; 58, 89; zur Haftung des Architekten im technischen Leistungsbereich i. e. vgl. § 15 Rdn. 27 ff.).

Neben vertraglichen Ansprüchen können dem Auftraggeber auch solche aus **52** **unerlaubter Handlung** zustehen (§§ 823 ff. BGB). Voraussetzung dafür ist entweder die Verletzung eines Schutzgesetzes oder eines nach § 823 Abs. 1 BGB geschützten Rechtsgutes. Ansprüche aus unerlaubter Handlung bestehen aber in der Regel neben vertraglichen Ansprüchen nicht, weil die mangelhafte Errichtung eines Bauwerks nach der Rechtsprechung des BGH noch keine Eigentumsverletzung darstellt. Anderes gilt für sonstiges Eigentum des Auftraggebers oder die Verletzung von Personen. Wegen solcher Sachverhalte können auch Dritte Ansprüche geltend machen, wie z. B. Mieter, deren Besitz oder Eigentum beschädigt wird (BGH BauR 1987, 116 = NJW 1987, 1013 = ZfBR 1987, 84; BGH BauR 1991, 111 = BB 1990, 2437 = ZfBR 1991, 17; OLG Köln NJW-RR 1994, 89 = ZfBR 1994, 22; Kniffka ZfBR 1991, 2; Werner/Pastor Rdn. 1590 ff.; Entsprechendes gilt auch für den Bauunternehmer: BGH BauR 1990, 501).

53   In selteneren Fällen kann auch eine Haftung aus **Garantie** in Frage kommen (zur Bausummengarantie vgl. unten Rdn. 55 ff.). Dies hat das OLG Stuttgart (NJW-RR 1989, 210) für einen Fachingenieur bejaht, der die ordnungsgemäße Durchführung einer Dachsanierung durch ein ihm bekanntes Unternehmen zugesichert hatte. Auf ein eigenes Verschulden des Auftragnehmers kommt es dann nicht an.

54   Zu Fragen der **Haftpflichtversicherung** vgl. Ruhkopf in Bindhardt/Jagenburg S. 587 ff.; Littbarski, Haftungs- und Versicherungsrecht im Bauwesen, 1986 und Schmalzl, Die Berufshaftpflichtversicherung des Architekten und des Bauunternehmers, 1989.

55 Die Haftung des Architekten im Kostenbereich (Bausummenüberschreitung)

§ 15 HOAI arbeitet die Kostenermittlung nach DIN 276 ein und verlangt in der Leistungsphase 2 (Vorplanung) eine Kostenschätzung, in der Leistungsphase 3 (Entwurfsplanung) eine Kostenberechnung, in der Leistungsphase 7 (Mitwirkung bei der Vergabe) einen Kostenanschlag, in der Leistungsphase 8 (Objektüberwachung) eine Kostenfeststellung sowie die Kostenkontrolle durch Kostenvergleich in den Leistungsphasen 3, 7 und 8. Die Kostenseite ist für die Erbringung einer einwandfreien Architektenleistung genauso wichtig wie die technische Seite. Die Haftungsprobleme im Kostenbereich sind dadurch noch verschärft, daß nach den Besonderen Bedingungen für die Haftpflichtversicherung von Architekten- und Bauingenieuren das Risiko der Haftung bei Überschreitung von Vor- und Kostenanschlägen gemäß Ziff. II 2 nicht gedeckt wird. Dies gilt sogar dann, wenn sich ein Fehler beim Kostenanschlag als Folge eines Fehlers in einer früheren Leistungsphase darstellt (BGH BauR 1986, 606 = VersR 1986, 857 = ZfBR 1986, 235). Die Grundsätze der Haftung für Bausummenüberschreitung gelten auch für alle Ingenieure (BGH BauR 1988, 734 = NJW-RR 1988, 1361 = ZfBR 1988, 261).

56   Ansprüche wegen Bausummenüberschreitung bestehen, wenn dem Architekten ein Fehler im Kostenbereich unterlaufen ist (dazu Rdn. 58), wenn die Kostenerhöhung einen Toleranzrahmen überschreitet (dazu Rdn. 59 f.), wenn dem Auftraggeber ferner ein Schaden entstanden ist (dazu Rdn. 63 ff.), dieser auf den Fehler des Architekten ursächlich zurückzuführen ist (dazu Rdn. 68) und den Architekten ein Verschulden (dazu Rdn. 69) an der Bausummenüberschreitung trifft. Neben dem Schadensersatzanspruch können auch andere Sanktionen wie Minderung des Honorars und Kündigung des Vertrages (dazu Rdn. 70) in Frage kommen. Schließlich ist fraglich, woraus bei Bausummenüberschreitung das Honorar zu berechnen ist (dazu Rdn. 75). Neben Ansprüchen wegen fehlerhafter Kostenermittlung können auch Ansprüche aus Garantie oder wegen Nichteinhaltung eines Kostenlimits bzw. -rahmens gegeben sein (dazu Rdn. 71 ff.).

Aus der neueren **Literatur** zur Haftung im Kostenbereich ist folgendes hervorzuheben: Bindhardt/Jagenburg, Die Haftung des Architekten, 8. Aufl., 1981, § 6 Rdn. 173 ff.; Lauer, Die Haftung des Architekten bei Bausummenüberschreitung, Baurechtliche Schriften Bd. 28, 1993; ders. BauR 1991, 401; Locher, Das private Baurecht, 5. Aufl., 1993, Rdn. 277 ff.; Miegel, Die Haftung des Architekten für höhere Baukosten u. a., Baurechtliche Schriften, Bd. 29, 1995; Werner/Pastor, Der Bauprozeß, 7. Aufl. 1993, Rdn. 1555 ff.; Werner, Die Haftung der Architekten und Ingenieure wegen Baukostenüberschreitung, Schriftenreihe der Deutschen Gesellschaft für Baurecht e. V., Bd. 20, S. 36 ff. **57**

Für eine Bausummenüberschreitung können verschiedene Gründe maßgebend sein: So kann z. B. die Kostenermittlung nicht sorgfältig vorgenommen worden sein; dem Auftragnehmer können Fehler bei der Berechnung der Mengen (Fläche, Kubatur) unterlaufen sein (vgl. zu einem solchen Fall OLG Köln NJW-RR 1994, 981); es können unerwartete Mehrkosten bei der Gründung oder durch eine unvollständige Ausschreibung mit der Notwendigkeit der Vergabe weiterer Arbeiten im Stundenlohn auftreten; es können aber auch einzelne Positionen übersehen worden sein oder verteuernde Sonderwünsche des Auftraggebers oder zwischenzeitlich gestiegene Lohn- und Materialpreise zu einer Kostenüberschreitung führen. Nicht in allen diesen Fällen haftet der Architekt wegen Bausummenüberschreitung. Vielmehr muß ein **Fehler (sog. objektive Pflichtverletzung)** vorliegen. So können z. B. verteuernde Sonderwünsche oder zusätzliche Leistungen nicht in die Berechnung der Kostenüberschreitung eingestellt werden. Der Architekt hat zwar insoweit auf die Mehrkosten hinzuweisen, begeht jedoch keine Pflichtverletzung, wenn der Auftraggeber die Leistung dennoch ausführen läßt und dadurch die ermittelten Kosten überschritten werden. Gleiches gilt für Lohn- und Materialpreiserhöhungen, die nach dem Zeitpunkt der Kostenermittlung eintreten und nicht vorhersehbar waren (ebenso für höhere Kosten durch späteren Baubeginn wegen Finanzierungsschwierigkeiten: OLG Hamm BauR 1991, 246). Die Richtigkeit der jeweiligen Kostenermittlung des Architekten ist nicht im Verhältnis zu den später entstehenden Kosten zu überprüfen, sondern in einem **Vergleich** der **ermittelten Kosten** zu den zum Zeitpunkt der Kostenermittlung **realistischen Kosten** (ebenso OLG Köln NJW-RR 1993, 986 = SFH Nr. 88 zu § 635 BGB; Hartmann BauR 1995, 151; Miegel, S. 98). Im Rahmen der Kostenkontrolle ist der **58**

Architekt allerdings verpflichtet, auf Kostensteigerungen gegenüber seiner Kostenermittlung hinzuweisen (zur Fortschreibungspflicht: § 15 Rdn. 29, 31). Dies bedeutet wiederum nicht, daß er bei lange dauernden Bauvorhaben immer wieder z. B. vollständig neue Kostenschätzungen nach DIN 276 vornehmen muß. Auch bei nennenswert verteuernden zusätzlichen Maßnahmen bzw. „Sonderwünschen" besteht eine Warnpflicht des Architekten nur dann, wenn sich die Verteuerung nicht aus den Gesamtumständen ergibt bzw. für den Auftraggeber nicht ohnedies einsehbar war (so mit Recht OLG Stuttgart BauR 1987, 462 = NJW-RR 1987, 913). Eine fehlerhafte Kostenermittlung führt dagegen zur Haftung, ebenso eine zu aufwendige Planung, die wirtschaftlich nicht tragbare Kosten verursacht (OLG Hamm Schäfer/Finnern Z 3.01 Bl. 296). Für das Vorliegen eines Fehlers trifft den Auftraggeber die Darlegungs- und Beweislast (BGH BauR 1988, 734 = NJW-RR 1988, 1361 = ZfBR 1988, 261).

59   Ein Fehler bzw. eine objektive Pflichtverletzung kann nicht in jeder Abweichung von den realistischen Kosten gesehen werden. Vielmehr ist dem Architekten hier ein **Toleranzrahmen** zuzubilligen (h. M.; vgl. BGH BauR 1994, 268 = NJW 1994, 856 = LM H. 7/94 Nr. 102 zu § 635 BGB m. Anm. Koeble; a. A. Hartmann BauR 1995, 151; einschränkend Miegel, S. 98 f.). Für die Überschreitung der Toleranz trägt der Auftraggeber die Darlegungs- und Beweislast (BGH a. a. O.). Je nach dem Grad der Verfeinerung der einzelnen Kostenermittlung kann dieser Toleranzrahmen anders anzusetzen sein. So wird bei der Kostenschätzung im Einzelfall durchaus ein Toleranzrahmen von bis zu 40% gegeben sein (Bindhardt/Jagenburg § 6 Rdn. 183: 30%; ebenso Schmalzl Rdn. 86; Hesse/Korbion/Mantscheff/Vygen § 15 Rdn. 71: 20%); nach OLG Zweibrücken v. 1. 2. 1993 – 7 U 166/91 können 35% bei einer frühen Kostenschätzung im Rahmen einer Altbausanierung zu Recht noch hinnehmbar sein, während bei der Kostenberechnung im allgemeinen von etwa 20–25% (Bindhardt/Jagenburg und Schmalzl: 20%) und beim Kostenanschlag von 10–15% (ebenso OLG Hamm [BauR 1991, 246] für 14,86%; Bindhardt/Jagenburg und Schmalzl: 10%) auszugehen sein wird. Vor einer generellen prozentualen Festlegung ist aber zu warnen, weil die tatsächlichen Gegebenheiten und der Bauzuschnitt im Einzelfall sehr verschieden sein können (gegen eine feste Fixierung mit Recht BGH a. a. O., Miegel a. a. O.; Motzke/Wolff, S. 17). So können z. B. bei Umbauten erhebliche Schwierigkeiten bei der Kostenschätzung und Kostenberechnung vorliegen, so daß der Toleranzrahmen erheblich erhöht werden muß. Für die Berechnung ist immer der in der Kostenermittlung angenommene Leistungsumfang maßgebend, so daß Änderungen, und zwar Erweiterungen sowie Minderungen, durch den Auftraggeber unberücksichtigt bleiben (vgl. LG Stuttgart NJW-RR 1987, 276). Probleme ergeben sich dann, wenn der Architekt keine bzw. keine richtige Kostenermittlung nach DIN 276 gemacht hat. Hier liegt im Unterlassen der Kostenermittlung eine Pflichtverletzung, die selbständig zur Haftung führt. Liegen andere Kostenangaben vor, die zeitlich mit der richtigen Kostenermittlung zusammenpassen, so sind diese Angaben für die Ermittlung der Toleranz heranzuziehen. Hierher gehören

z. B. Baukostenangaben für Finanzierungszwecke oder im Baugesuch, die als Kostenschätzung bzw. Kostenberechnung gelten müssen (vgl. auch OLG Hamm BauR 1987, 464 für Angaben in einer Bauvoranfrage und einem Darlehensantrag).

Für die GOA hatte sich die Rechtsprechung hinsichtlich der Kostenschät- **60** zung auf eine Grenze von etwa 30 % festgelegt. Der BGH (Schäfer/Finnern Z 3.01 Bl. 70) bezeichnete 27,7 % Überschreitung noch als hinnehmbar. Während das LG Freiburg (Schäfer/Finnern Z 3.01 Bl. 23) sogar 58 % noch als hinnehmbar ansah, erklärte das OLG Stuttgart (BauR 1979, 174) eine Überschreitung von 59 % als zu hoch. Ähnlich wie der BGH hielt das OLG Nürnberg (BauR 1980, 486 = DAB 1979, 835) 27 % Kostenüberschreitung noch für akzeptabel. Diese Prozentsätze werden nicht allgemein auf die HOAI übernommen werden können (vgl. im Hinblick auf 27 %: BGH BauR 1987, 225 = NJW-RR 1987, 337 = ZfBR 1987, 70), schon gar nicht die 5–10 %-Toleranz, die der BGH (BauR 1988, 734 = NJW-RR 1988, 1361 = ZfBR 1988, 261) einem Ingenieur für die Massenberechnung nach LHO zugebilligt hat.

Verletzt der Architekt seine Pflichten, so haftet er nach früher h. M. unter **61** dem Gesichtspunkt der positiven Forderungsverletzung (vgl. i. e. Dostmann BauR 1973, 160; Hrschuka DAB 1978, 1975; Schmalzl, Die Haftung, Rdn. 82). In Wirklichkeit handelt es sich jedoch um eine mangelhafte Leistung im Sinne der §§ 633 ff. BGB, da der Architekt eine Haupt- oder Hauptleistungspflicht verletzt. Die **Haftung** bemißt sich damit **nach § 633 ff. BGB** (so OLG Stuttgart BauR 1987, 462 = NJW-RR 1987, 913; Bindhardt/Jagenburg § 6 Rdn. 198; Koeble, FS Locher 1990, S. 117; Lauer, a. a. O., S. 7 ff. [16]; Locher, Das private Baurecht, Rdn. 276; Tempel, Vertragsschuldverhältnisse, S. 205). Damit gilt auch nicht die 30jährige **Verjährungsfrist**, sondern die 5jährige (§ 638 BGB), die mit der Abnahme bzw. bei Beendigung des Vertragsverhältnisses beginnt (OLG Stuttgart a. a. O.; Hesse/Korbion/Mantscheff/Vygen § 15 Rdn. 71; Lauer a. a. O.). Die Anwendung der §§ 633 ff. BGB hat ferner zur Folge, daß dem Architekten **Gelegenheit zur Nachbesserung** gegeben werden muß, soweit dies angesichts des Bauablaufs noch möglich ist. Der Bauherr kann Schadensersatz erst dann regelmäßig verlangen, wenn er zur Nachbesserung unter Fristsetzung mit Ablehnungsandrohung aufgefordert hat (ebenso OLG Hamm BauR 1987, 464; OLG Düsseldorf BauR 1988, 237; OLG Düsseldorf BauR 1994, 133 = NJW-RR 1994, 18; Werner a. a. O., S. 51). Behauptet der Bauherr, Nachbesserung sei nicht möglich gewesen, dann trifft ihn dafür die Darlegungs- und Beweislast (OLG Düsseldorf BauR 1994, 133 = NJW-RR 1994, 18).

Neben der Haftung nach § 635 BGB bzw. aus positiver Forderungsverlet- **62** zung kommt jedoch auch eine Haftung für **Fehleinschätzungen bei den vorvertraglichen Verhandlungen** in Frage (vgl. OLG Stuttgart BauR 1979, 174). Rechtsgrundlage ist hier die culpa in contrahendo.

Schwierige Fragen ergeben sich im Zusammenhang mit der Feststellung des **63** **Schadens** (vgl. eingehend Miegel, S. 64 ff.). Es gibt Bausummenüberschreitungen, bei denen die Fehlleistung des Architekten ausschließlich Nachteile für den Auftraggeber mit sich bringt („echte Bausummenüberschreitung"). Stehen jedoch den Nachteilen auch Vorteile gegenüber, so handelt es sich um eine „unechte Bausummenüberschreitung". Diese Vorteile können z. B. in größeren Nutzungsmöglichkeiten, einem höheren Ertrags- oder Verkehrswert liegen (vgl. KG SFH Nr. 20 zu § 635 BGB; zum Vorteilsausgleich im Wege der Verkehrswertermittlung vgl. Steinert BauR 1988, 552; vgl. ferner unten Rdn. 65).

64 Für die Wertberechnung ist der **Verkehrswert** des Grundstücks maßgebend. Bei eigengenutzten Gebäuden ist in der Regel der Sachwert maßgebend (vgl. BGH NJW 1970, 2018 = BauR 1970, 246 für ein überwiegend eigengenutztes Wohnhaus und BGH BauR 1979, 74 für ein eigengenutztes Betriebsgebäude). Bei einem gewerblich genutzten bzw. vermieteten Objekt wird dagegen auf den Ertragswert abzustellen sein (vgl. OLG Düsseldorf BauR 1974, 354; KG SFH Nr. 20 zu § 635 BGB). Für gemischt genutzte Objekte ist eine Mischung aus Sach- bzw. Ertragswert anzusetzen (OLG Hamm BauR 1993, 628 = NJW-RR 1994, 211). Bei Umbauten ist die erhöhte Nutzungsdauer zu berücksichtigen. Im Rahmen der Wertermittlung können Zuschläge erforderlich sein, wenn sich der Wert durch Umstände, die der Architekt nicht beeinflussen kann, vermindert hat: So zum Beispiel, wenn der Auftraggeber einen Gewerbebetrieb in dem Gebäude eingerichtet hat und dieser wegen schlechter Lage niedrig zu bewerten ist; ebenso dann, wenn der anspruchsvolle Zuschnitt des Gebäudes nicht der schlechten Lage oder ungünstigen Verkehrsverbindung des Grundstücks entspricht. In diesen Fällen hat der Auftraggeber eine Investition vorgenommen, deren Risiko dem Architekten nicht auferlegt werden kann (OLG Stuttgart v. 24. 6. 1980 – 6 U 111/79).

65 Stehen also bei der unechten Bausummenüberschreitung den Nachteilen auch **Vorteile** gegenüber, so erhebt sich die Frage, inwieweit der Auftraggeber gezwungen werden kann, die erlangten Vorteile auf seinen Schadensersatzanspruch anrechnen und sich einen Vermögenszuwachs aufdrängen zu lassen (vgl. Locher NJW 1965, 1696; Werner/Pastor, Der Bauprozeß, Rdn. 1267). Eine solche Ausgleichspflicht für Mehrwert liegt auch dann vor, wenn dieser noch nicht realisiert ist. Ist im Einzelfall nach Gegenüberstellung der Herstellungskosten und des Verkehrswerts ein Schaden nicht gegeben, so kann sich der Schaden des Auftraggebers aus einem **erhöhten Zinsdienst** (aber nur die Kosten der zusätzlichen Finanzierung, nicht der Tilgung; vgl. OLG Köln NJW-RR 1994, 981) oder – falls der Auftraggeber das Objekt nicht halten kann – in einem etwaigen Verlust bei **Veräußerung** im Wege der **Zwangsversteigerung** oder bei einem **Notverkauf** ergeben. Sowohl bei Geltendmachung eines Wertschadens als auch bei Verlangen der Zinsmehrkosten oder einer anderen Schadensberechnung muß sich der Bauherr eine **Vorteilsausgleichung gefallen lassen** (BGH BauR 1994, 268 = NJW 1994, 856 = LM H. 7/94 Nr. 102 zu § 635 BGB m. Anm. Koeble; a. A. Lauer a. a. O., S. 62 ff.). Zu den Vorteilen können steuerliche Vergünstigungen, aber auch höhere Mieteinnahmen gehören (BGH a. a. O.). Damit wird der Bauherr einen Schaden nur mit Darlegung einer Gesamtbilanz begründen können (Koeble a. a. O.).

174

Fraglich ist, welcher **Zeitpunkt** für die Bemessung des Werts des Bauwerks **66** maßgebend ist: der Zeitpunkt der Liquiditätsbeengung (so OLG Stuttgart v. 24. 6. 1980 – 6 U 111/79) – also der Fälligkeit der Rechnungen – oder derjenige der letzten mündlichen Tatsachenverhandlung (so OLG Köln NJW-RR 1993, 986 = SFH Nr. 88 zu § 635 BGB; vgl. hierzu Locher, Das private Baurecht, Rdn. 274; Lent DJ 1941, 772). Da es sich um ein Problem der sog. Vorteilsausgleichung handelt – der Zinsschaden entsteht gleichzeitig mit dem eventuellen Vermögenszuwachs (vgl. BGH NJW 1980, 2187 [2188]) – und da dem Schuldner auch eine Entwertung des Grundstücks bei der Wertermittlung angelastet wird, ist auf den Zeitpunkt der letzten mündlichen Tatsachenverhandlung abzustellen (vgl. BGH a. a. O.).

Problematisch ist auch, ob der Architekt bei Überschreitung der **Toleranz- 67 grenze** in vollem Umfang haften soll oder ob auch dem Architekten, der diese Grenze überschritten hat, eine **Haftungserleichterung** eingeräumt werden muß. Die Überschreitung der Toleranz ist Tatbestandsvoraussetzung für die Haftung („Nadelöhr") und hat mit den für die Schadensermittlung maßgebenden Faktoren nichts zu tun. Sie kann deshalb nicht abgezogen werden (so inzidenter OLG Stuttgart a. a. O. und wohl auch der VII. Zivilsenat des BGH, der die Revision nicht zuließ; a. A. Locher, Das private Baurecht, Rdn. 279). Der Schaden kann auch in einem verweigerten Zuschuß bestehen. Dieser muß aber mindestens durch Bescheid endgültig verweigert sein (BGH BauR 1988, 734 = NJW-RR 1988, 1361 = ZfBR 1988, 261).

Den Bauherrn trifft auch die Darlegungspflicht hinsichtlich der **Ursächlich- 68 keit** einer Pflichtverletzung für einen bestimmten Schaden. Sie kann darin liegen, daß nicht oder anders gebaut worden wäre. Die Ursächlichkeit entfällt jedoch, wenn der Bauherr trotz Kenntnis der Mehrkosten in gleichem Umfang weitergebaut hat oder hätte, obwohl Einschränkungen möglich waren (OLG Köln NJW-RR 1993, 986 = SFH Nr. 88 zu § 635 BGB).

In allen diesen Fällen haftet der Architekt nur, soweit ihn ein **Verschulden 69** trifft. Liegt allerdings eine Erhöhung der Baukosten über die Toleranzgrenze hinaus vor, so kehrt sich nach der Rechtsprechung des BGH die Beweislast um. Der Auftraggeber muß in diesem Fall lediglich die objektive Pflichtverletzung bzw. den Fehler des Architekten vortragen, der in der Erhöhung zum Ausdruck kommt. Der Architekt hat sich dann hinsichtlich seines Verschuldens zu entlasten (BGH WM 1970, 1139). In Frage kommt auch ein Mitverschulden des Bauherrn, wenn dieser trotz Kenntnis der Kostenentwicklung keine Einschränkungen vornimmt oder gar aufwendige Sonderwünsche in Auftrag gibt (vgl. OLG Stuttgart, Urt. v. 24. 6. 1980 – 6 U 111/79).

Neben und statt dem Schadensersatzanspruch hat der Auftraggeber sowohl **70** bei vorvertraglicher Fehlschätzung als auch bei falscher Kostenermittlung das Recht zur **Kündigung** des Vertrages aus wichtigem Grund (OLG Hamm BauR 1987, 464; OLG Düsseldorf BauR 1988, 237). Sofern eine Umplanung noch zu einer mangelfreien Leistung, also zu einer Kostenermittlung im vertretbaren Rahmen oder zur Einhaltung eines vereinbarten Limits, führen kann, muß der

Auftraggeber vor Kündigung Gelegenheit zur Mängelbeseitigung geben (vgl.
OLG Düsseldorf a. a. O.: Fristsetzung mit Ablehnungsandrohung vor Geltendmachung von Schadensersatz). Der Honoraranspruch beschränkt sich auf die
brauchbaren Leistungen (OLG Hamm a. a. O.; OLG Düsseldorf a. a. O. und
OLG Düsseldorf BauR 1994, 133 = NJW-RR 1994, 18).

71 Kostengarantie und -limit

Der Architekt kann aber auch ein **Garantieversprechen** hinsichtlich der Bau-
kosten abgeben, wobei das Wort „Garantie" nicht gebraucht werden muß (zum
Honorar vgl. § 2 Rdn. 9). Es genügt die ausdrückliche Zusicherung, daß die
Baukosten einen bestimmten Betrag nicht überschreiten werden, wenn ihr zu
entnehmen ist, daß der Architekt bei Überschreitung der Höchstgrenze den
Mehrbetrag übernehmen werde (BGH BauR 1987, 225 = NJW-RR 1987, 337
= ZfBR 1987, 70). Die bloße Angabe eines Kostenlimits oder -rahmens genügt
nicht (vgl. dazu BGH BauR 1991, 366 = NJW-RR 1991, 661 = ZfBR 1991,
104). Vielmehr muß zum Ausdruck kommen, daß der Architekt persönlich einstehen will, und es muß der Umfang der Bauleistungen feststehen (OLG Düsseldorf BauR 1993, 356 = NJW-RR 1993, 285). Die Garantie kann eine totale
oder eine beschränkte sein. Bei der totalen Bausummengarantie verpflichtet
sich der Architekt zur Einhaltung der genannten Bausumme selbst bei atypi-
schen Geschehensabläufen. Er trägt auch das Risiko möglicher Preissteigerun-
gen. Bei der beschränkten Bausummengarantie garantiert der Architekt die
Bausumme für typische Geschehensabläufe. Die Haftung aus dem Garantieversprechen erfolgt unabhängig von einem Verschulden. Dem Auftraggeber steht
in einem solchen Fall kein Schadensersatzanspruch, sondern ein Erfüllungsanspruch gegen den die Garantie Leistenden zu (BGH a. a. O., auch zur Beweislast). Bei grundlegender Änderung der Planung kann es zum Wegfall der
Garantie kommen (vgl. OLG Düsseldorf BauR 1995, 411).

72   Von erheblicher praktischer Bedeutung sind diejenigen Fälle, in denen der
Bauherr eine **Kostenobergrenze, ein Kostenlimit** oder einen **Kostenrahmen** vorgibt. Soweit der Architekt dies akzeptiert oder gar die Einhaltung dieser Baukosten zusichert, liegt zwar keine Garantie vor – auch dann nicht, wenn eine
bestimmte Bausumme im Architektenvertrag festgelegt ist (vgl. dazu OLG
Hamm BauR 1993, 628 = NJW-RR 1994, 211). Die Position des Bauherrn ist
jedoch gegenüber der normalen Haftung bei Bausummenüberschreitung mit
den erheblichen Toleranzen verschärft. Mit Fragen des vereinbarten oder zugesicherten Baukostenlimits und seiner rechtlichen Qualifizierung haben sich in
neuerer Zeit zahlreiche Entscheidungen befaßt (vgl. BGH BauR 1991, 366 =
NJW-RR 1991, 661 = ZfBR 1991, 104; BGH BauR 1994, 268 = NJW 1994,
856 = LM H. 7/94 Nr. 102 zu § 635 BGB m. Anm. Koeble; OLG Düsseldorf
BauR 1993, 356 = NJW-RR 1993, 285; OLG Düsseldorf BauR 1994, 133 =
NJW-RR 1994, 18; OLG Frankfurt BauR 1993, 626; OLG Hamm BauR 1993,
628 = NJW-RR 1994, 211; OLG Karlsruhe BauR 1993, 109; vgl. auch eingehend Miegel, S. 53 ff.).

Das OLG Hamm (a. a. O.) sieht in der Versicherung des Architekten, eine **73**
bestimmte Bausumme werde eingehalten, eine **zugesicherte Eigenschaft** mit der
Folge, daß bei Überschreitung dieser Bausumme ohne Toleranz gehaftet wird.
Demgegenüber behandelt der BGH – allerdings nicht ausdrücklich – diese Fälle
gleich wie diejenigen der Bausummenüberschreitung und gewährt auch bei
Überschreitung eines vereinbarten Limits einen Toleranzrahmen (BGH BauR
1994, 268 = NJW 1994, 856 = LM H. 7/94 Nr. 102 zu § 635 BGB m. Anm.
Koeble). Die Baukosten eines Objekts dürften nicht als Eigenschaft zu qualifizieren sein. Andererseits ist die Position bei Vereinbarung eines Limits für den
Bauherrn gegenüber der normalen Kostenermittlung verstärkt. Richtig ist es
deshalb, in diesen Fällen eine **Beschaffenheitsvereinbarung** i. S. § 633 BGB
anzunehmen und keine so umfassende Toleranz zu gewähren, wie sie bei Bausummenüberschreitung angenommen wird. Richtig dürfte sein, eine mangelhafte Leistung dann zu bejahen, wenn – entsprechend der Toleranzgrenzen
beim Kostenanschlag – die tatsächlichen Baukosten um 10 bis 15 % (in Ausnahmefällen, wie beim Umbau) höher liegen (Koeble a. a. O.). Ein Kostenlimit in
diesem Sinne kann jedoch noch nicht angenommen werden, wenn im Architektenvertrag die Herstellungskosten beziffert sind (OLG Düsseldorf BauR 1993,
356 = NJW-RR 1993, 285).

Rechtsgrundlage für Ansprüche wegen Nichteinhaltung eines Kostenlimits **74**
sind – wie bei Bausummenüberschreitung – die §§ 633 ff. BGB. Die Ansprüche
verjähren damit innerhalb von 5 Jahren ab der Abnahme (§ 638 BGB). Ebenso
wie bei Bausummenüberschreitung steht dem Architekten ein **Nachbesserungsrecht** zu; der Bauherr kann also nicht von vornherein Schadensersatz verlangen, wenn die Nachbesserung noch möglich ist (OLG Düsseldorf BauR 1994,
133 = NJW-RR 1994, 18; vgl. oben Rdn. 61). Er muß vielmehr auch hier den
Weg über die Fristsetzung mit Ablehnungsandrohung gehen. Bei der Schadensberechnung hat sich der Bauherr auch hier Vorteile anrechnen zu lassen (BGH
BauR 1994, 268 = NJW 1994, 856 = LM H. 7/94 Nr. 102 zu § 635 BGB m.
Anm. Koeble). Die Haftung kann ganz entfallen, wenn der Kostenrahmen aufgegeben wird. Das ist schon dann zu bejahen, wenn der Auftraggeber trotz
höherer Kostenausgaben das Objekt weiterverfolgt (OLG Karlsruhe BauR
1993, 109).

Die **Auswirkungen** von Fehlern bei der Kostenermittlung **auf die Honorarbe-** **75**
rechnung sind umstritten. Das OLG Stuttgart (Urt. v. 24. 6. 1980 – 6 U 111/79)
nahm an, daß die anrechenbaren Kosten um die Schadenssumme zu reduzieren
seien. Ein Teil der Literatur (Lauer a. a. O., S. 61; Werner/Pastor a. a. O.
Rdn. 1573) legt für die Abrechnung generell die fehlerhafte Kostenermittlung
zugrunde, weil der Architekt von der Kostensteigerung nicht profitieren dürfe.
Beide Auffassungen lassen sich aber mit dem System der HOAI nicht in Einklang bringen, die nach § 10 Abs. 2 eine Aufteilung der Honorarvermittlung
nach 2 Leistungsabschnitten vorschreibt. Der Hinweis von Lauer auf BGH
WM 1970, 1138 (1140 f.) verfängt i. ü. nicht, weil hier die GOA zugrunde lag
und danach die Herstellungskosten dann nicht maßgebend waren, wenn sie

durch Verschulden des Architekten höher wurden. Der Bauherr ist durch Minderungs- und Schadensersatzansprüche ausreichend geschützt.

76 Der unverbindliche Kostenanschlag

Der Auftraggeber kann nach § 650 BGB den Werkvertrag kündigen mit der Wirkung, daß dem Unternehmer ein der geleisteten Arbeit entsprechender Teil der Vergütung einschließlich der Auslagen zusteht. Eine solche Kündigung ist zulässig, wenn dem Vertrag ein Kostenanschlag zugrunde gelegt wurde, für dessen Richtigkeit der Unternehmer keine Gewähr übernommen hat und sich herausstellt, daß das Werk nicht ohne eine wesentliche Überschreitung des Anschlags ausgeführt werden kann. Nach § 650 Abs. 2 BGB hat der Unternehmer dem Besteller eine solche Überschreitung unverzüglich anzuzeigen. Unterläßt er dies, so macht er sich schadensersatzpflichtig. Der Auftraggeber muß so gestellt werden, wie er bei rechtzeitig erfolgter Aufklärung und Kündigung stehen würde. Diese Grundsätze des § 650 BGB dürfen jedoch nach Ansicht des BGH nicht auf den Kostenanschlag des Architekten angewendet werden (BGH Schäfer/Finnern Z 3.00 Bl. 234). Das Urteil wird damit begründet, daß sich der Kostenanschlag des Architekten auf fremde Leistungen beziehe, während eine wesentliche Überschreitung des Kostenanschlags, die eine Sonderregelung gemäß § 650 BGB rechtfertigt, für das eigene Werk des Bauunternehmers aus seinem eigenen Risiko stamme (zur Kritik: Ganten BauR 1974, 84). Für die Kostenermittlungen des Architekten und der Ingenieure hat § 650 BGB nach der Rechtsprechung damit keine Geltung. Dagegen steht dem Auftraggeber bei unzulässiger Bausummenüberschreitung neben einem Schadensersatzanspruch auch ein Recht zur Kündigung aus wichtigem Grund zu (vgl. oben Rdn. 70).

77 Die rechtsbesorgende Tätigkeit des Architekten

Der Architekt ist zwar kein „Bauanwalt" oder „Bautreuhänder", er wird aber durch das in der HOAI festgelegte Leistungsbild und die Rechtsprechung zu rechtsbesorgenden Tätigkeiten gedrängt. So hat er in der Leistungsphase 7 des § 15 HOAI die Vergabe vorzubereiten, in der Leistungsphase 8 Gewährleistungsfristen aufzulisten und Rechnungen zu prüfen. Daneben hat die Rechtsprechung im Bereich der Beratungspflicht dem Architekten rechtsbesorgende Pflichten auferlegt. So hat er laut BGH BauR 1973, 321 die Verpflichtung, seinen Auftraggeber auf das Erfordernis des Vertragsstrafenvorbehalts hinzuweisen, und zwar „durch nachdrückliche Hinweise an den Bauherrn sicherzustellen", daß der Vorbehalt nicht unterbleibe (zur Kritik: Locher Rdn. 301). Des weiteren hat der Architekt auf die Folgen voreiliger Selbsthilfe hinzuweisen, etwa wenn der „voreilige Auftraggeber" keine Frist zur Nachbesserung gem. § 13 Nr. 5 Abs. 2 VOB/B setzt (BGH NJW 1973, 1457). Über Vor- und Nachteile von Unternehmenseinsatzformen auch im rechtlichen Bereich hat er aufzuklären.

Der Architekt muß die einschlägigen öffentlich-rechtlichen Bestimmungen, **78** die Grundzüge des Werkvertragsrechts des BGB- und des VOB-Rechts ebenso kennen wie die einschlägigen nachbarrechtlichen Bestimmungen. Er muß seinen Auftraggeber hierüber aufklären. Er hat einen genehmigungsfähigen Plan zu erstellen. Insofern muß er das öffentliche Baurecht „kennen", nicht nur wie im BGB-Werkvertrags- und VOB-Recht die „Grundzüge". Er darf im Rahmen des Zusammenstellens der Verdingungsunterlagen die VOB den Bauverträgen zugrunde legen, muß aber seinen Auftraggeber über grundlegende Unterschiede zum BGB-Werkvertragsrecht, insbesondere die kürzere Gewährleistungsfrist, informieren. Auf besonders schwieriges Gebiet begibt er sich, wenn er den Verdingungsunterlagen Besondere und Zusätzliche Bedingungen hinzufügt bzw. die VOB-Regelung abändert. Hier kann AGB-rechtlich die Privilegierung der VOB verloren und die isolierte Inhaltskontrolle „eingehandelt" werden. Es fragt sich, ob zum **Zusammenstellen** der Verdingungsunterlagen (Leistungsphase 7 des § 15 HOAI) die **Ausarbeitung** der Verträge gehört. Kniffka (ZfBR 1994, 256) zählt zu den Leistungspflichten des Architekten nur einen „einfachen, an den Grundzügen des gesetzlichen Werkvertragsrechts oder der VOB/B orientierten Vertragsentwurf". Ein „selbständiger Entwurf" und ein Verhandeln rechtlich schwieriger Bauverträge fielen aus dem Aufgabenbereich des Architekten heraus. Hier müsse der Architekt Beratung unterlassen und auf die Notwendigkeit qualifizierter Rechtsberatung durch einen Anwalt verweisen. Die Grenzziehung ist außerordentlich schwierig und ungeklärt. Dem Architekten, dem die Leistungsphase 7 des § 15 HOAI übertragen ist, lediglich als Leistungspflicht aufzuerlegen, hinsichtlich der Materialmengen und der Leistungsbeschreibung „Verdingungsunterlagen zu erstellen", im übrigen aber nur zu „sammeln", zu „ordnen" (Pott/Dahlhoff § 15 Rdn. 22), dürfte zu weit gehen. Auf jeden Fall ist dem Architekten zu raten, den Bauverträgen die VOB ohne allzu große Einschnitte durch Besondere oder Zusätzliche Bedingungen zugrunde zu legen.

Der Architekt wird den Auftraggeber über die Möglichkeit und den Sinn **79** eines Vertragsstrafeversprechens aufklären müssen. Fraglich ist, ob er in dem Fall, daß der Auftraggeber die Vereinbarung einer Vertragsstrafe wünscht, das Vertragsstrafeversprechen in den Verdingungsunterlagen formulieren muß. Hierbei kann es gerade im AGB-Bereich zu Schwierigkeiten kommen, weil der Architekt die neuere Rechtsprechung zur summenmäßigen Begrenzung und Verschuldensabhängigkeit des Vertragsstrafeversprechens meist nicht kennt (vgl. BGH BauR 1979, 345; Bedenken bei Vygen BauR 1984, 245 und Löffelmann/Fleischmann 3. Aufl. Rdn. 347).

Der Architekt schuldet in der Leistungsphase 8 des § 15 HOAI das Auflisten **80** der Gewährleistungsfristen. Hier muß der Architekt, will er sachgerecht den Ablauf der Gewährleistungsfristen für die einzelnen Gewerke bezeichnen, den Abnahmezeitpunkt feststellen. Dies kann insbesondere bei VOB-Verträgen rechtlich außerordentlich schwierig sein (z. B. Problem der vereinbarten, aber vergessenen förmlichen Abnahme). Er wird auch in die Auflistung aufnehmen müssen, wenn und wie lange die Verjährung gehemmt ist, sowie zu berücksichtigen haben, wenn ihm bekannte Unterbrechungstatbestände vorliegen (vgl. i. e. Locher BauR 1991, 135).

81 Im Rahmen der Leistungsphase 8 des § 15 HOAI hat der Architekt die Rechnungen zu prüfen. Er hat also den Auftraggeber über die Höhe von Einbehalten, Zurückbehaltungsrechten, aber auch über die Freigabe von Sicherheitseinbehalten zu beraten. Er muß prüfen, ob die Rechnungen prüffähig sind, ob Fälligkeit eingetreten ist, ob die Voraussetzungen des Skontoabzugs vorliegen.

82 Daneben gibt es rechtsbesorgende Tätigkeiten des Architekten, die nicht ohne weiteres aus der HOAI ablesbar sind, wie die Beratung hinsichtlich Zusätzlicher und Besonderer Leistungen (§ 2 Nr. 3–8 VOB/B) und über die Sachdienlichkeit und den Nutzen eines selbständigen Beweisverfahrens.

83 Der Architekt ist nicht verpflichtet und berechtigt, rechtsgestaltende Erklärungen für den Auftraggeber abzugeben. Werden Mängel festgestellt, so hat der Architekt den Auftraggeber über Art und Beseitigungsmöglichkeit der Mängel zu beraten. Im Rahmen seiner Vollmacht muß er Mängel rügen, zur Beseitigung gegebenenfalls unter Fristsetzung auffordern. Er darf jedoch keine Erklärungen abgeben, die unmittelbar Rechtsfolgen auslösen. Insbesondere darf er nicht die Entziehung des Auftrags androhen oder/und Kündigungen aussprechen, es sei denn, er habe hierzu eine besondere Vollmacht. Die Grenze liegt da, wo der Architekt die Entscheidung über mehrere alternative Gewährleistungsrechte treffen und in die Rechte des Auftraggebers eingreifen würde (Löffelmann/Fleischmann Rdn. 452). Deshalb überschreitet der Architekt seine Vollmacht, wenn er bei BGB-Werkverträgen eine Ablehnungsandrohung mit der Mängelrüge verbindet, weil gem. § 634 Abs. 1 S. 3 BGB der Nachbesserungsanspruch infolge der Ablehnungsandrohung mit ergebnislosem Fristablauf erlischt.

84 Rechtsberatung und Rechtsberatungsgesetz

Es ist anerkannt, daß der Architekt im Rahmen seines vertraglich geschuldeten Leistungsprofils vom Anwendungsbereich des Rechtsberatungsgesetzes ausgenommen ist. Dies wird teilweise aus der Natur seiner Tätigkeit oder in analoger Anwendung des Art. 1 § 5 RBerG gefolgert (vgl. Kniffka ZfBR 1994, 254). Dies bedeutet jedoch keinen Freibrief für den Architekten. Soll er vom Anwendungsbereich des Rechtsberatungsgesetzes ausgenommen bleiben, so kann sich dies nur auf Tätigkeiten beziehen, die in engem unmittelbarem Zusammenhang mit seiner Leistungspflicht stehen. Auch hier sind die Grenzen flüssig. Nicht richtig ist es aber, wenn rechtsbesorgende Tätigkeit nur erlaubt sein soll, wenn ohne die Einbeziehung der Rechtsbesorgung eine ordnungsgemäße Erledigung der eigentlichen Aufgaben des Unternehmers nicht möglich ist (so Kniffka ZfBR 1994, 254 in Anlehnung an BayObLG NJW 1991, 1190). Wollte man z. B. nur einfache Verträge in die Leistungspflicht des Architekten „einbeziehen" oder den Hinweis auf eine mögliche Vertragsstrafe für ausreichend ansehen wollen, so kann man nicht dem Architekten, der einen schwierigeren Bauvertrag mit besonderen Bestimmungen verfaßt oder vorlegt oder einen solchen, der eine Vertragsstrafe ausformuliert, zum unerlaubten Rechtsbesorger stempeln. Nicht jede nicht notwendig mit der Leistungspflicht des Architekten verbundene Rechtsbesorgung ist eine unerlaubte Rechtsbesorgung. Nur dann, wenn die beanstandete Tätigkeit den engen und unmittelbaren Zusammenhang mit der geschuldeten Leistung verliert, liegt ein Verstoß gegen das Rechtsberatungsgesetz vor. Dies kann z. B. der Fall sein, wenn der Architekt den Bauherrn vor dem Verwaltungsgericht – auch im Genehmigungsverfahren – vertritt, wenn er Anspruchsschreiben gegenüber anderen Baubeteiligten verfaßt und Klage androht oder wenn er bei der Aufteilung von Wohnungseigentum tätig wird.

Die Abnahme

85

Die Abnahme, auch als „Dreh- und Angelpunkt des Bauvertrags" bezeichnet, bildet auch beim Architekten- und Ingenieurvertrag eine Zäsur zwischen Erfüllungs- und Gewährleistungsebene. Es ist nahezu unbestritten, daß Architekten- und Ingenieurleistungen abnahmefähig sind (vgl. z. B. BGH BauR 1987, 113 = ZfBR 1987, 40; Jagenburg BauR 1980, 406; Bindhardt/Jagenburg § 3 Rdn. 3; Wolfensberger/Moltrecht BauR 1984, 574 m. zahlr. Nachw. sowie allgemein: Cuypers BauR 1991, 141). Anstelle der billigenden körperlichen Übergabe tritt die Billigung des Werks als einer im wesentlichen vertragsgemäßen Leistung, die aber die vertragsgemäße Erbringung aller im Architektenvertrag vorgesehenen und vom Architekten geschuldeten Leistungen voraussetzt. Dies bedeutet nicht, daß das Architektenwerk ohne jeden Mangel vollendet sein müßte. Es genügt, wenn das Werk im großen und ganzen „in der Hauptsache" vertragsgemäß erstellt ist (Werner/Pastor Rdn. 836). Liegen die Voraussetzungen der Abnahmefähigkeit vor, so hat der Auftraggeber eine Verpflichtung zur Abnahme des Architektenwerks.

Voraussetzungen der Abnahme

86

Die Abnahme setzt die Vollendung des vertragsgemäß geschuldeten Architektenwerks voraus, es sei denn, die Parteien hätten eine „vorgezogene Abnahme" vereinbart. Der Zeitpunkt der Abnahmefähigkeit ist vom Inhalt und der Ausgestaltung des Architektenvertrags abhängig. Ist der Architekt lediglich mit der Planung für das Bauwerk beauftragt, so ist die Leistung des Architekten mit der Übergabe der Pläne erbracht. Übernimmt er darüber hinaus Aufgaben nach § 15 HOAI, so ist jeweils der Zeitpunkt für das vom Architekten zu erstellende Werk anders zu bestimmen, weil er nicht automatisch mit der Abnahme des Bauwerks zusammenfällt. So kann das Architektenwerk als abgenommen anzusehen sein, wenn das Bauwerk errichtet, der Auftraggeber die Rechnungsprüfung, die Kostenfeststellung sowie die Schlußrechnung des Architekten entgegengenommen hat (BGH BauR 1972, 251).

87   Zur Abnahmefähigkeit des Architektenwerks gehört, daß der Architekt, dem die Objektüberwachung übertragen ist, die Bauunternehmer zur Mangelbeseitigung auffordert, gegebenenfalls Frist zur Beseitigung setzt und die Mangelbeseitigung überwacht. Dies auch dann, wenn ihn an dem Mangel kein Verschulden trifft. Kommt allerdings der Bauunternehmer der Aufforderung des Architekten zur Mangelbeseitigung nicht nach, so darf sich der Architekt nicht in die Rolle des umfassenden Baurechtsgestalters drängen lassen und Gestaltungserklärungen wie Kündigung abgeben oder auch nur die Kündigung androhen. Er hat in solchen Fällen dem Auftraggeber von dem Vorgang Kenntnis zu geben, damit dieser seinerseits die entsprechenden rechtlichen Schritte ergreifen kann.

88   Treten nach Abnahme Mängel auf, die der Architekt zu vertreten hat, so gehört die Beaufsichtigung der Nachbesserungsarbeiten der Bauunternehmer zu den im Rahmen der Leistungsphase 8 vom Architekten geschuldeten Leistungen. Ein Anspruch auf Abnahme der Architektenleistungen nach Leistungsphase 8 entsteht deshalb erst dann, wenn die Mängelbeseitigungsarbeiten abgeschlossen und gegebenenfalls abgenommen sind. Das gleiche gilt auch für die Überwachung der Beseitigung von Mängeln, derentwegen sich der Auftraggeber bei Abnahme seine Rechte vorbehalten hat (Löffelmann/Fleischmann Rdn. 1436). Wird auch die Leistungsphase 9 mit übertragen, so gehört die Überwachung der erst nach Abnahme festgestellten Mängel, auch wenn der Architekt diese nicht zu vertreten hat, zu den geschuldeten Leistungen des Architekten. Bevor diese nicht abgeschlossen sind, ist das Werk des Architekten nicht abnahmefähig. Ein Architekt, dem die Leistungsphase 9 mitübertragen ist, kann ein abnahmefähiges Werk erst anbieten, wenn sämtliche Gewährleistungsfristen abgelaufen sind (OLG Köln BauR 1992, 803 = NJW-RR 1992, 1173 = ZfBR 1992, 130).

89 Folgen der Abnahme

Durch die Abnahme tritt eine Umkehr der Beweislast ein: Ab Abnahme hat der Auftraggeber die Beweislast für Mängel, vor Abnahme der Architekt für die Erfüllung seiner vertraglich geschuldeten Leistung. Die Gefahr des zufälligen Untergangs geht mit der Abnahme auf den Auftraggeber über. Eine Vertragsstrafe kann nicht mehr durchgesetzt werden, falls sie nicht bei Abnahme vorbehalten wird (§ 341 Abs. 3 BGB). Zwar ist die Fälligkeit der Vergütung des Architekten und Ingenieurs abweichend von § 641 BGB nicht von der Abnahme abhängig (BGH BauR 1986, 596), jedoch ist der Beginn der Gewährleistungsfrist an die Abnahme geknüpft (§ 638 BGB). Schließlich hat die Abnahme noch bei bekannten Mängeln den Verlust von Nachbesserung, Wandelung und Minderung – mit Ausnahme von Schadensersatz (vgl. BGH BauR 1980, 460 = BB 1980, 1124; a. A. Jagenburg BauR 1974, 361; ders. BauR 1980, 407 Fußn. 8; Peters NJW 1980, 750) – zur Folge (§ 640 Abs. 2 BGB).

90   Da unter Abnahme des Architektenwerks die **ausdrückliche oder stillschweigende Anerkennung als eine im wesentlichen vertragsgemäße Leistung** zu verstehen ist, muß grundsätzlich die geschuldete Leistung vollendet sein, es sei denn, die Architekten- oder Ingenieurleistung sei aufgrund der Vereinbarung der Parteien in Teilen abzunehmen, und die Vergütung wäre für die einzelnen Teile bestimmt (vgl. hierzu § 8 Rdn. 8). Eine Abnahme kommt damit frühestens dann in Betracht, wenn alle nach dem Vertrag geschuldeten Architekten- oder Ingenieurleistungen erbracht sind (BGH BauR 1987, 113 = ZfBR 1987, 40), also meist noch nicht mit der Inbenutzungnahme. In der vorbehaltlosen Zahlung des Architektenhonorars kann die Abnahme liegen (vgl. OLG München NJW-RR 1988, 86). Nach einer – insoweit falschen – Entscheidung des LG Nürnberg-Fürth (Schäfer/Finnern Z 3.008 Bl. 2) soll bereits im Bezug des Bauwerks eine Vermutung für die Abnahme begründet sein. Dieser Meinung ist nicht zuzustimmen, weil im allgemeinen zum Zeitpunkt des Bezugs noch keine Rechnungsprüfung vorliegt und damit die Leistungspflicht des Architekten noch nicht voll erfüllt ist (so auch OLG Stuttgart BB 1976, 1434; vgl. auch OLG Hamm MDR 1974, 313; BGH NJW 1964, 647; BGH BauR 1982, 185 = SFH Nr. 21 zu § 638 BGB). Allerdings kann im Bezug die Abnahme liegen, wenn der Auftraggeber keine Beanstandungen erhebt, sondern sich sogar zufrieden über die Leistungen des Architekten äußert (BGH BauR 1982, 290 [293] = NJW 1982, 1387 f.).

Teilabnahme 91

Dadurch, daß sich der Architekt verpflichtet hat, auch die Leistungsphase 9 des § 15 HOAI (Objektbetreuung und Dokumentation) zu übernehmen, kann sich die Vollendung der Architektenleistung und damit die Abnahmefähigkeit erheblich verzögern. Während bei Übertragung der Leistungsphasen 1–8 des § 15 HOAI die Tätigkeit des Architekten, soweit er nicht selbst für den Mangel verantwortlich ist, mit der Überwachung der Beseitigung der bei der Abnahme an der Bauleistung festgestellten Mängel abgeschlossen ist, ist der Architekt nach § 15 Abs. 1 Z. 9 HOAI verpflichtet, die Beseitigung der innerhalb der Gewährleistungsfrist für die Bauunternehmer auftretenden Mängel zu überwachen. Dies bedeutet, daß er seine Schlußrechnung nicht vor Ablauf der Gewährleistungsfristen, die für die Bauunternehmer vereinbart sind, fällig stellen kann. Dies bedeutet aber auch, daß die Gewährleistungsfrist des Architekten erst nach Erbringung der Leistungen nach Leistungsphase 9 des § 15 HOAI zu laufen beginnt. Zwar werden auf der Vergütungsseite durch das Abschlagszahlungsrecht des § 8 Abs. 2 HOAI diese Folgen gemindert. Es verbleibt aber die in der Praxis oft unangemessen lange Gewährleistungszeit. Diese Nachteile nimmt die Rechtsprechung bewußt in Kauf (BGH BauR 1994, 392; OLG Köln BauR 1991, 649). In diesem Zusammenhang wird ausdrücklich darauf hingewiesen, daß der Architekt es in der Hand habe, durch Vereinbarung einer Teilabnahmeverpflichtung des Bauherrn oder durch Abschluß eines gesonderten Objektbetreuungsvertrags die Verlängerung der Gewährleistungsfrist zu „umgehen".

Wird die Leistungsphase 9 hinsichtlich der Fälligkeit des Honorars abgekoppelt ("das Honorar für die Leistungsphasen 1–8 wird fällig, wenn der Architekt 92 die Leistung vertragsgemäß erbracht und eine prüffähige Honorarteilschlußrechnung für diese Leistung überreicht hat"), so bestehen hiergegen keine Bedenken. Wird jedoch eine formularmäßige Teilabnahme der Leistungsphasen 1–8 vereinbart, so ist dies zwar individualvertraglich ohne weiteres möglich, begegnet aber bei AGB in Rechtsprechung und Literatur teilweise Bedenken im Hinblick auf § 11 Nr. 10f AGBG, weil in der Vorverlegung des gesetzlichen Fristbeginns durch Teilabnahme eine mittelbare Fristverkürzung nach § 11 Nr. 10f AGBG vorliege (Werner/Pastor Rdn. 2094; OLG Düsseldorf OLGR Düsseldorf 1992, 255, 288).

93 Für das Vorliegen einer Teilabnahme trägt der Architekt die Beweislast (BGH BauR 1974, 215). In der Unterzeichnung von Baugesuchen liegt noch keine Teilabnahme der Baugenehmigungsplanung. Die Genehmigungsfähigkeit in der Planung kann der Bauherr im Zeitpunkt der Unterzeichnung und Einreichung der Bauvorlagen nicht beurteilen. Es liegt insofern dann auch keine Billigung vor (OLG Düsseldorf BauR 1986, 472).

94 **Abnahme bei vorzeitiger Beendigung des Vertrags**

Wird der Architektenvertrag vor Erbringung aller geschuldeten Architektenleistungen durch Kündigung beendet, so besteht kein Anspruch des Architekten auf Abnahme der bereits fertiggestellten Leistungen (OLG Düsseldorf BauR 1978, 404). Hat keine Abnahme der Architektenleistung stattgefunden, so beginnt die Verjährung ab dem Zeitpunkt, in dem der Bauherr das Werk des Architekten oder Ingenieurs und seine Abnahme endgültig ablehnt, also dem Zeitpunkt, in dem er den Architektenvertrag kündigt. Das Architektenwerk kann von da ab abschließend beurteilt werden. Das gleiche gilt, wenn der Architekt selbst die Arbeiten endgültig einstellt.

95 **Haftungsbeschränkungen und Kündigungsklauseln in AGB**
Die „Einheitsarchitektenverträge"

Alle Architektenvertragsformulare enthalten Abänderungen der BGB-Folgen zugunsten oder zuungunsten der Architekten. Die Zahl der im Verkehr befindlichen Muster ist groß. Die Bundesarchitektenkammer hat Formulare erarbeitet und die Verwendung der Vertragsmuster vom Bundeskartellamt genehmigt bekommen. Es handelt sich hierbei um den sog. Architekten-Vorplanungsvertrag und den Einheits-Architektenvertrag. Auch auf der Bauherrenseite haben Bund, Länder und Kommunen sowie Kirchen eigene Formularverträge geschaffen, die allerdings die berechtigten Belange der Architektenschaft nicht immer berücksichtigen. Die Bundesarchitektenkammer hat am 29. 7. 1994 beim Bundeskartellamt die Neufassung des Einheitsarchitektenvertrags mit allgemeinen Vertragsbestimmungen nach § 36 Abs. 2 Nr. 3 GWB angemeldet. Diese Empfehlung ist unverbindlich und löst die Empfehlung vom 21. 3. 1985 ab. Zur Literatur hierzu: Bartsch BauR 1994, 314; Löffelmann BauR 1994, 563; Locher DAB 1994, 2071; Quack BauR 1995, 143.

Auch sonstige ausgearbeitete Architektenverträge enthalten Abänderungen **96**
der BGB-Folgen überwiegend zugunsten der Architekten. Während die AGB
nach den Bestimmungen des Gesetzes zur Regelung des Rechts der Allgemeinen Geschäftsbedingungen (AGBG vom 9. 12. 1976, BGBl. I S. 3317) zu überprüfen sind, unterliegen Individualverträge der Überprüfung nach §§ 138, 242
BGB; auch sie dürfen keine Regelungen enthalten, die aufgrund einseitiger
Interessenwahrnehmung das Gerechtigkeitsgebot verletzen.

Der Anwendungsbereich des AGB-Gesetzes auf Architektenverträge   **97**

Das **AGB-Gesetz** führt bei Architekten-Formularverträgen zu tiefgreifenden
Änderungen (vgl. zum Ganzen außer den Kommentaren zum AGBG: Beigel
BauR 1986, 34; Jagenburg NJW 1987, 2977; Korbion/Locher, AGBG und Bauerrichtungsverträge, 2. Aufl. 1993; Knychalla, Inhaltskontrolle von Architektenformularverträgen, 1986). Es findet nach der Definition in § 1 Abs. 1 Satz 1
Anwendung auf „alle für eine Vielzahl von Verträgen vorformulierten Vertragsbedingungen, die eine Vertragspartei (Verwender) der anderen Vertragspartei bei Abschluß eines Vertrages stellt". Nach § 24 Nr. 1 und 2 gelten jedoch
die §§ 2, 10, 11 und 12 nicht bei Allgemeinen Geschäftsbedingungen, die gegenüber einem Kaufmann verwendet werden, wenn der Vertrag zum Betrieb seines
Handelsgewerbes gehört, und gegenüber einer juristischen Person des öffentlichen Rechts oder einem öffentlich-rechtlichen Sondervermögen. Nicht ausgenommen sind jedoch Geschäftsbedingungen, die diesem Personenkreis gegenüber verwendet werden, von der Überprüfung nach der Generalklausel des § 9,
wonach Bestimmungen in Allgemeinen Geschäftsbedingungen dann unwirksam
sind, wenn sie den Vertragspartner des Verwenders entgegen den Geboten von
Treu und Glauben unangemessen benachteiligen. Geschäftsbedingungen, die
juristische Personen des öffentlichen Rechts stellen, unterliegen der vollen
Inhaltskontrolle.

Schwierigkeiten bereitet die Abgrenzung zwischen Allgemeinen Geschäftsbe-   **98**
dingungen und individuell ausgehandelten Vertragsbedingungen. Letztere sind
nach der Begriffsbestimmung des § 1 Abs. 2, soweit sie im einzelnen ausgehandelt worden sind, vom Anwendungsbereich des AGB-Gesetzes ausgenommen.
Der BGH hat dazu festgestellt, daß es nicht genüge, wenn der Vertragspartner
des Verwenders nur Abschlußfreiheit habe, ob er den Vertrag zu den vom
anderen Teil vorformulierten Bedingungen abschließen könne oder darauf verzichten wolle. Erforderlich sei eine Gestaltungsfreiheit, also die Möglichkeit,
die inhaltliche Ausgestaltung der Vertragsbedingungen zu beeinflussen. Maßgebend sei jedoch nicht, daß Änderungen des Formulars tatsächlich herbeige-
führt würden (BGH NJW 1977, 624; NJW 1979, 367; NJW-RR 1988, 57). Die
Grenzlinie zwischen individuellem Aushandeln und Formularvertrag ist jedoch
für den Bereich des AGB-Gesetzes noch nicht endgültig gezogen. So verlangt
etwa Heinrichs (Palandt/Heinrichs § 1 AGBG Anm. 4), daß der Kunde auf den
Inhalt der Vertragsbedingungen tatsächlich Einfluß genommen hat, wenn eine
Individualvereinbarung vorliegen soll. Auch nach Loewe/v. Westphalen/Trink-

ner AGBG § 1 Rdn. 22 und Werner/Pastor Rdn. 1861 genügt nicht nur die Erörterung einzelner Vertragsbedingungen, sondern muß vielmehr die andere Vertragspartei auch auf die Gestaltung der Vertragsbedingungen Einfluß genommen haben. Vgl. i. e. Korbion/Locher, Rdn. 5, und Ulmer/Brandner/ Hensen § 1 Rdn. 43 ff. Aushandeln bedeutet auf jeden Fall mehr als Verhandeln, Belehrung über die Bedingungen allein genügt nicht (vgl. BGH NJW 1987, 2011). Der Verwender muß die Klausel inhaltlich zur Disposition stellen (BGH BauR 1987, 205).

99 Haftungsbeschränkungen

Besonders einschneidend ist das AGB-Gesetz hinsichtlich der **Haftungsbeschränkungsbestimmungen** von Formularverträgen. § 11 Nr. 7 AGBG erklärt einen formularmäßigen Ausschluß oder eine Begrenzung der Haftung für einen Schaden, der auf einer grob fahrlässigen Vertragsverletzung des Verwenders oder eines gesetzlichen Vertreters oder Erfüllungsgehilfen des Verwenders beruht, für unwirksam. Liegt *grobe Fahrlässigkeit* vor, so können bei AGB-Verträgen hiernach Haftungsausschluß und Haftungsbeschränkungsklauseln *keinen Bestand* haben. Das Klauselverbot erfaßt nicht nur Schadensersatzansprüche aus Gewährleistung, sondern auch solche aus positiver Forderungverletzung sowie aus Verschulden bei Vertragsschluß. Außervertragliche Ansprüche werden jedoch durch die Klausel des § 11 Nr. 7 AGBG nicht erfaßt.

100 § 11 Nr. 10a AGBG verbietet *Subsidiaritätsklauseln,* die die Haftung des Verwenders von einer vorherigen **gerichtlichen** Inanspruchnahme Dritter abhängig machen. Die in § 6 Nr. 1 Satz 5 AVA (alte Fassung) vorgesehene Subsidiaritätsklausel bei einem Bauaufsichtsverletzungsfehler des Architekten ist deshalb unwirksam. Es verstößt jedoch nicht gegen § 11 Nr. 10a, wenn eine Subsidiaritätsklausel dem Auftraggeber lediglich auferlegt, sich zunächst **außergerichtlich** gegen mithaftende Dritte zu wenden, bevor er gegen den Architekten vorgeht (zum Beginn der Verjährungsfrist bei einer Subsidiaritätsklausel vgl. unten Rdn. 111).

101 In Musterverträgen ist folgende Bestimmung anzutreffen: „Wird der Architekt für einen Schaden in Anspruch genommen, für den auch ein Dritter einzutreten hat, so haftet er nur in dem Umfang, in dem er im Verhältnis zu dem Dritten haftbar ist" *(Quotenhaftungsklausel).* Hierdurch wird die **gesamtschuldnerische Haftung** zwischen Architekt und Bauunternehmer, ein von der Rechtsprechung entwickeltes Grundprinzip des Architektenhaftungsrechts, berührt. Eine gesamtschuldnerische Haftung des Architekten mit dem Bauunternehmer ist zwar nicht völlig beseitigt; sie besteht jedoch nur dann, wenn der Architekt im Innenverhältnis für den Bauunternehmer einen Teil des Schadens zu tragen hat. Die Klausel führt in der Praxis dazu, daß sich der Auftraggeber im allgemeinen bei einem Aufsichtsverschulden des Architekten nicht mehr an diesen halten könnte (Gnad in: Schriftenreihe der Deutschen Gesellschaft für Baurecht, Bd. 11, S. 15). Diese Klausel ist nach § 11 Nr. 10a unzulässig (OLG München; Werner/Pastor Rdn. 1972; Löffelmann/Fleischmann, Rdn. 1686;

NJW-RR 1988, 336 = SFH Nr. 57 zu § 635 BGB). Darüber hinaus wird die Geltendmachung von Ansprüchen gegen die Architekten insoweit unangemessen erschwert, als der Anspruchsteller den Quotenanteil zwischen dem in Anspruch genommenen Architekten und dem gesamtschuldnerisch mithaftenden Dritten oft ohne Kenntnis der Verantwortlichkeit im Inneren bei vollem Prozeßrisiko festlegen müßte. Die Klausel ist deshalb auch nach § 9 unwirksam. Dagegen ist wohl auch in AGB eine Klausel wirksam, wonach der Geschädigte bei gesamtschuldnerischer Haftung sich zunächst außergerichtlich um die Durchsetzung seiner Nachbesserungs- und Gewährleistungsansprüche ernsthaft bemühen muß, auch wenn ihre Unklarheit diskutiert werden kann (§ 5 AGBG). Vgl. Korbion/Locher Rdn. 185 ff. und Hartmann, FS Locher, S. 344.

Durch die **Verschuldensklausel** („...haftet nur für nachweislich von ihm **102** *schuldhaft* verursachten Schaden...") wird die Haftung für verschuldensunabhängige Ansprüche ausgeschlossen und außerdem die Beweislast umgekehrt. Die Klausel verstößt gegen § 11 Nr. 8b, nach überwiegender Meinung gegen § 11 Nr. 10a sowie gegen § 11 Nr. 15a und § 9 Abs. 2 AGBG und ist unwirksam (BGH BauR 1990, 488 = NJW-RR 1990, 856 = ZfBR 1990, 192; OLG München NJW-RR 1990, 1358; Werner/Pastor Rdn. 1950).

Die **Beweislastklausel,** die in jedem Fall dem Auftraggeber die Beweislast für **103** das Verschulden des Architekten auferlegt, verstößt gegen § 11 Nr. 15a AGBG, wobei zu berücksichtigen ist, daß nach der Rechtsprechung dann eine Umkehr der Beweislast zu Lasten des Architekten angenommen wird, wenn die Schadensursache typischerweise aus dem Gefahrenkreis des Architekten stammt (vgl. hierzu und zur Kritik dieser Rechtsprechung Locher BauR 1974, 300). Ein Verstoß gegen § 11 Nr. 15a AGBG liegt nicht nur bei einer Beweislastumkehr, sondern schon beim Versuch, die Beweisposition des Vertragspartners zu verschlechtern, vor (OLG Düsseldorf BauR 1995, 739).

Bedenklich, weil unklar, ist eine Beschränkung der Haftung auf Schäden, die **104** der Architekt durch seine Haftpflichtversicherung „hätte decken können" (§ 5 AGBG). Unwirksam ist die Beschränkung auf eine „übliche Deckungssumme", die es nämlich nicht gibt. Die Beschränkung für nicht versicherbare Schäden auf die Honorarhöhe ist, wie Ulmer/Brandner/Hensen (Anh. §§ 9–11 Rdn. 115) zu Recht ausführen, unangemessen und verstößt gegen § 9 AGBG. Gerade bei Bausummenüberschreitungen kann der Schadensbetrag das Honorar bei weitem übersteigen.

In AVA 1985 5.3 wird, für den Fall, daß der Architekt keine Versicherung **105** abgeschlossen hat, die Haftung beschränkt auf bestimmte Deckungssummen, die sich nach den honorarfähigen Herstellungskosten richten. Bei anrechenbaren Kosten bis zu 1,5 Mill. DM soll eine Mindestsumme von DM 150 000,–, für anrechenbare Kosten über 1,5 Mill. DM hinaus eine solche von mindestens DM 300 000,– für sonstige Schäden vereinbart werden. Diese Staffelung des Haftungsumfangs nach der Bausumme ist nach § 9 AGBG zu prüfen. In der Literatur ist es streitig, ob diese Klausel die Inhaltskontrolle nach § 9 AGBG besteht (bejahend Beigel BauR 1986, 37; a.A. Hartmann, FS Locher, S. 341).

Insbesondere die Beschränkung auf DM 300 000,– für sonstige, auch sehr hohe Schäden bei großen Bausummen ist unangemessen (Beisp.: Bausumme 90 Mill. DM Haftungsbegrenzung DM 300 000,–). Zweifelnd auch Knychalla, Inhaltskontrolle von Architektenformularverträgen, Baurechtliche Schriften Bd. 8 1987, S. 50.

106   Der „neue" Einheitsarchitektenvertrag von 1994 beseitigt diese Staffelung. Er läßt die Haftungsbegrenzungssumme im Falle leichter Fahrlässigkeit offen, vermerkt aber, daß der Betrag angemessen sein müsse und die Deckungssumme der Haftpflichtversicherung hierzu eine Orientierungshilfe sein könne.

107   Im übrigen beseitigt er die in den bisherigen Einheitsarchitektenverträgen enthaltene differenzierte Behandlung der Haftungsbegrenzung je nachdem, ob es sich um versicherbare oder nicht versicherbare Schäden handelt. Damit wurde den Bedenken Rechnung getragen, die in Rechtsprechung und Literatur im Hinblick auf die wirksame Einbeziehung der Versicherungsbedingungen und die Verletzung des Transparenzgebots im Rahmen des § 9 AGBG erhoben wurden (OLG Stuttgart Urt. v. 10. 10. 1991/13 U 190/90; Locher in Festschrift Soergel, S. 181 ff.). Ebenso wurde die Trennung zwischen Vertragsteil und AVA aufgegeben, so daß nunmehr ein einheitlicher „Einheitsarchitektenvertrag" vorliegt.

108   Nicht in jedem Fall ist sichergestellt, daß der Ausschluß des Schadensersatzanspruchs und dessen Begrenzung bei Einhaltung der Voraussetzungen des § 11 10b AGBG der richterlichen Kontrolle standhält. Bei Verletzung der sog. „Kardinalspflichten", also Pflichten, die die ordnungsgemäße Durchführung des Vertrags überhaupt erst ermöglichen und bei deren Verletzung die Erreichung des Vertragszwecks gefährdet wird, kann der Ausschluß des Schadensersatzanspruchs unwirksam sein. Die Grenzziehung zwischen verkehrswesentlichen „Kardinalspflichten" und sonstigen Pflichten ist noch nicht befriedigend erfolgt. Die Grenzen sind flüssig.

109   In den meisten der vor Inkrafttreten des AGB-Gesetzes entworfenen Vertragsmuster wurde die **Verjährungsfrist für Gewährleistungsansprüche** gegen den Architekten auf zwei Jahre **abgekürzt,** während diese nach der Regelung des § 638 BGB fünf Jahre beträgt. Eine formularmäßige Abkürzung der 5-Jahres-Frist verstößt gegen das Klauselverbot des § 11 Nr. 10 f. Nach § 23 Abs. 2 Nr. 5 findet das Verbot der Abkürzung von Gewährleistungsfristen nicht Anwendung auf Leistungen, für die die VOB Vertragsgrundlage ist. Dies bedeutet, daß der Bauunternehmer und der Architekt, falls sie Geamtschuldner sind, verschieden lange für die Ansprüche des Auftraggebers aus Gewährleistung haften. Für den Bauunternehmer gilt dann die zweijährige Gewährleistungsfrist des § 13 Nr. 4 VOB (B), für den Architekten die fünfjährige Frist des § 638 BGB. Die VOB kann nicht den Architekten- und Ingenieurleistungen zugrunde gelegt werden.

110   Der Architekt ist deshalb davor zu warnen, in Vertragsmustern, die die Dauer der Verjährungsfrist im Formular nicht ausdrucken, jedoch auf die Regelung der VOB verweisen, durch Einfügen der Zahl „2" eine zweijährige

und damit unwirksame Gewährleistungsfrist zu vereinbaren. Das Einsetzen einer Ziffer „2" für die Frist in einem Formularvertrag genügt nämlich nicht (BGH BauR 1987, 113 = ZfBR 1987, 40; OLG München NJW-RR 1988, 86; OLG Düsseldorf BauR 1985, 341).

Die Verjährungsfrist kann formularmäßig auch nicht dadurch verkürzt wer- **111** den, daß von der BGB-Regelung abweichende Bestimmungen über den **früheren Beginn der Verjährungsfrist** vorgesehen werden (anders jedoch, wenn das AGBG nicht anwendbar ist; vgl. zum Begriff Ingebrauchnahme BGH BauR 1985, 200). Wird der vertragliche Verjährungsbeginn im Vergleich mit dem nach der gesetzlichen Regelung vorgesehenen Zeitpunkt vorverlegt, so werden die gesetzlichen Gewährleistungsfristen unzulässig verkürzt. Die Verjährung der Gewährleistungsfrist beginnt mit Abnahme des Werks, im vorliegenden Fall mit Abnahme des Architektenwerks. Dieser Zeitpunkt ist nicht identisch mit dem Zeitpunkt der Abnahme des Bauwerks (BGH BauR 1987, 113). So wird in der Regel die Rechnungsprüfung zum Zeitpunkt der Abnahme des Bauwerks noch nicht abgeschlossen sein, und Teile der Leistungsphase 8 und die Leistungsphase 9 des § 15 HOAI werden noch zu erbringen sein. Wird deshalb der Verjährungsbeginn formularmäßig an die Abnahme des Bauwerks geknüpft, so liegt auch hier ein Verstoß gegen § 11 Nr. 10 f AGBG vor. Bei Verwendung einer wirksamen Subsidiaritätsklausel im Vertrag beginnt die Verjährungsfrist erst zu laufen, wenn das Unvermögen der Unternehmer feststeht (BGH BauR 1987, 343 = NJW 1987, 2743).

In den Allgemeinen Vertragsbedingungen werden den Architekten *Schadens-* **112** *beseitigungsrechte* eingeräumt. Diese Klauseln verstoßen nicht gegen § 11 Nr. 10b AGBG (so aber Wolf/Horn/Lindacher § 23 Rdn. 311 und Hartmann, FS Locher, S. 343), weil es sich hierbei nicht um eine Nachbesserung des Architektenwerks, sondern um einen Schadensersatzanspruch im Wege der Naturalrestitution handelt, wie hier: OLG Hamm NJW-RR 1992, 467. Eine solche Klausel ist auch nicht unangemessen nach § 9 AGBG.

Kündigungsvoraussetzungsklauseln **113**

Die **Einschränkung der Kündigung** des Auftraggebers bei Vorliegen eines wichtigen Grundes und die Einräumung eines Kündigungsrechts aus wichtigem Grund für den Architekten ist AGB-konform und verstößt nicht gegen § 10 Nr. 3 AGBG (LG Aachen NJW-RR 1988, 364; Soergel MünchKomm. § 649 BGB Rdn. 1; Staudinger/Schlosser § 9 Rdn. 183; Löffelmann/Fleischmann Rdn. 1457; a.A. HansOLG Hamburg MDR 1992, 1059). Eine formularvertragliche Einräumung eines Kündigungsrechts aus wichtigem Grund für den Architekten gibt lediglich die wirkliche Rechtslage wieder, die eine Kündigung aus wichtigem Grund immer zuläßt.

114 Kündigungsfolgeklauseln

Die Musterverträge sehen häufig vor, daß der Architekt bei einer Kündigung des Auftraggebers aus Gründen, die der Architekt nicht zu vertreten hat, den Anspruch auf die vertragliche Vergütung unter Abzug pauschalierter, ersparter Aufwendungen in Höhe von *40 % des Honorars* für die noch nicht erbrachten Leistungen hat. Diese Bestimmung ist auf ihre Vereinbarkeit mit § 10 Nr. 7a zu überprüfen, wonach eine Regelung in Allgemeinen Geschäftsbedingungen unwirksam ist, die eine unangemessen hohe Vergütung für die Nutzung oder den Gebrauch einer Sache oder eines Rechts oder für erbrachte Leistungen vorsieht. Der Restvergütungsanspruch und die Pauschalierung der ersparten Aufwendungen betreffen jedoch nicht „erbrachte Leistungen". Gleichwohl will die h. M. (Ulmer/Brandner/Hensen Anh. §§ 9–11 Rdn. 116; Staudinger/Schlosser § 10 Nr. 7 Rdn. 6; a. A. Stein § 10 Nr. 7 Rdn. 53) diese Bestimmung ausdehnend auch auf solche Fälle anwenden und bezieht sich auf die Entstehungsgeschichte der Vorschrift. Eine derartig extensive Auslegung ist abzulehnen; aber auch wenn man der h. M. folgen wollte, wäre die Vergütung für nicht erbrachte Leistungen unter Abzug von 40 % ersparter Aufwendungen nicht „unangemessen hoch"; dabei ist auch die Neuproportionierung der Objektüberwachung mit 31 % zu berücksichtigen (so HansOLG Hamburg MDR 1992, 1059; Bunte, S. 316; Hesse/Korbion/Mantscheff/Vygen § 15 Rdn. 5; Werner/Pastor Rdn. 816 und vor Inkrafttreten des AGBG: BGH NJW 1969, 419; BGH NJW 1973, 1696; a. A. Wolf/Horn/Lindacher § 23 Rdn. 313; Ulmer/Brandner/Hensen Anh. §§ 9–11 Rdn. 116; Bindhardt/Jagenburg § 2 Rdn. 35). Vgl. i. e. Knychalla, Inhaltskontrolle von Architektenformularverträgen, S. 95; Korbion/Locher Rdn. 193.

115

Der Schutzzweck gebietet es, daß der Verwender von AGB sich nicht auf die Unwirksamkeit seiner eigenen AGB berufen kann. Die verschärfte Inhaltskontrolle nach §§ 9–11 AGBG dient ausschließlich dem Schutz der anderen Vertragspartei, nicht dagegen dem Schutz des Verwenders (OLG Stuttgart BauR 1989, 756; LG Frankfurt BauR 1989, 479).

116 Vertragsbestimmungen, die der Auftraggeber „stellt", insbesondere Bestimmungen in Architekten- und Ingenieurverträgen der öffentlichen Hand

In der Praxis sind häufig Klauseln anzutreffen, die AGB-rechtlich bedenklich sind und die die öffentliche Hand oder Wohnungsbau- und Bauträgergesellschaften, Architekten und Ingenieure „stellen". Zwar sind die Vorschriften der §§ 2, 10, 11 und 12 AGBG nicht anzuwenden gegenüber einer juristischen Person des öffentlichen Rechts. Diese ist also nicht geschützt. Der Vertragspartner einer juristischen Person des öffentlichen Rechts unterliegt jedoch voll dem Schutz des AGBG.

117

Bei Architekten- und Ingenieurverträgen der öffentlichen Hand sind zunächst die Einbeziehungsvoraussetzungen besonders sorgfältig zu prüfen, weil häufig bei Verträgen mit der öffentlichen Hand auf Dienstanweisungen,

Verwaltungsanweisungen, haushaltsrechtliche Bestimmungen und technische Richtlinien verwiesen wird, ohne daß diese dem Vertrag beiliegen (§ 2 AGBG).

Aus der Interessenlage ergibt sich, daß im allgemeinen in solchen Verträgen **118** die Gewährleistungsregelung nach dem BGB nicht eingeschränkt wird, weil diese sehr weitgehend den Auftraggeber schützt, daß jedoch Honorarminderungen gegenüber den Honorarermittlungsgrundlagen der HOAI vorgenommen werden, daß Kündigungsfolgeregelungen in Abweichung von der werkvertraglichen Regelung vorgesehen und die Urheberrechte des Architekten und Ingenieurs beschränkt werden.

Bauverträge der öffentlichen Hand sind weitgehend charakterisiert durch die **119** RBBau i. d. F. v. 10. 8. 1993. Die Richtlinien für die Durchführung von Bauaufgaben des Bundes im Zuständigkeitsbereich der Finanzbauverwaltungen – RBBau – wollen ein einheitliches Vorgehen bei Bauvorhaben des Bundes gewährleisten. Sie werden vom Bundesminister für Raumordnung, Bauwesen und Städtebau veröffentlicht. Neben allgemeinen Richtlinien enthält die RBBau auch Vertragsmuster, die in den Anhang aufgenommen sind, insbesondere für Architekten und Ingenieure. Hinzu kommen die „Hinweise" zu den Allgemeinen Vertragsbestimmungen. Wenn die Bauverwaltung als öffentlicher Auftraggeber einen Architekten- oder Ingenieurvertrag abschließt, so geschieht dies in der Regel nach den Vertragsmustern der RBBau. Die RBBau-Bestimmungen stellen zwar behördeninterne Dienstanweisungen dar, denen grundsätzlich keine Außenwirkung zukommt. Sie unterliegen erst durch Einbeziehung in den Vertrag richterlicher Kontrolle. Sowohl die Allgemeinen Vertragsbestimmungen wie auch das Vertragsmuster und die Hinweise unterliegen jedoch der Inhaltskontrolle nach dem AGBG, da sie vorformulierte Regelungen enthalten. Auch die **Hinweise** zum Vertragsmuster stellen vorformulierte Regelungen dar, die zur wiederholten Anwendung bei jedem Vertragsschluß vorgeschrieben sind. Daß es sich um echte Dienstanweisungen mit Anwendungsverpflichtung handelt, ergibt sich schon aus dem Wortlaut:
„1.1 Dabei ist das Vertragsmuster – Gebäude – zu verwenden … Die AVB dürfen nicht geändert werden.

1.2 Als Frist, in der weitere Leistungen übertragen werden, sollten in der Regel in 3.1 Abs. 4 ‚36' Monate eingesetzt werden.

2.2 Der Mindestsatz ist nur zu überschreiten…"

Die HOAI ist für die Honorierung der Architekten und der Ingenieure, **120** deren Leistungen in die HOAI aufgenommen worden sind, **Leitbild i. S. d. § 9 AGBG**. Jede gravierende Abweichung vom Honorarermittlungssystem der HOAI ist insofern eine unangemessene Regelung nach § 9 AGBG. Die HOAI wird Vertragsgegenstand, ohne daß diese ausdrücklich vereinbart sein muß (BGH NJW 1981, 2351).

Nach § 1.4 Abs. 3 der AVB haftet der Architekt auch dann in voller Höhe, **121** wenn der Auftraggeber die Richtigkeit und Vollständigkeit der Leistungen anerkennt und diesen zugestimmt hat. Eine solche Abbedingung des § 254 BGB verstößt gegen das Leitbild der gesetzlichen Regelung und damit gegen § 9 AGBG. Das gleiche gilt für eine Klausel, wonach der Verschuldenseinwand nur möglich sein soll, wenn der Schaden auf einer ausdrücklichen Weisung des Auftraggebers beruhe, die gegen den schriftlichen Vorschlag des Auftragnehmers erfolgt. Hierin liegt ein Verstoß gegen § 11 Nr. 7 AGBG (OLG Zweibrükken BauR 1989, 228).

122 Werden Abschlagszahlungen ausgeschlossen oder wird das Abschlagszahlungsrecht erheblich abweichend vom Leitbild der §§ 8 und 10 zu Lasten des Vertragspartners des Verwenders geregelt (vgl. § 7.1 AVB und § 6.2 des Vertragsmusters), so liegt eine unwirksame, unangemessene Regelung gemäß § 9 AGBG vor.

123 § 8.2 AVB gewährte für die Leistungen aus der Objektüberwachung lediglich den Ersatz für die nachgewiesenen notwendigen Aufwendungen im Falle der Kündigung des Vertrages. Diese Regelung widersprach dem Leitbild des § 649 BGB, wonach die vereinbarte Vergütung für die erbrachte Leistung voll, für den nicht erbrachten Teil abzüglich ersparter Aufwendungen und anderweitigem Erwerb zu entrichten ist. Die Klausel ist deshalb gemäß § 9 Abs. 2 Nr. 2 AGBG nichtig (Korbion/Locher Rdn. 206). In der Neufassung werden die ersparten Aufwendungen in zulässiger Weise mit 60 % pauschaliert.

124 Die stufenweise Beauftragung nach § 3.1 des Vertrages i. V. m. 1.2 der Hinweise führt zu einer Bindefrist von 24 bzw. 36 Monaten, innerhalb deren der Architekt an sein Angebot gebunden ist, weitere Vertragsleistungen zu erbringen. Er muß deshalb ohne Gewißheit, daß der Auftrag weiter erteilt wird, seine Leistung vorhalten. Die Klausel ist gemäß § 10 Nr. 1 AGBG unwirksam.

125 Auch dann, wenn die Mindestsätze der HOAI durch die konkrete Fallgestaltung nicht unterschritten werden, kann bei gravierendem Abweichen vom Leitbild der HOAI oder der gesetzlichen sonstigen Regelung ein Verstoß gegen § 9 AGB vorliegen. Dies insbesondere hinsichtlich Klauseln, wonach das endgültige Honorar für die Leistungen nach den anrechenbaren Kosten der **genehmigten** Kostenberechnung zu ermitteln ist. Somit wird dem Auftraggeber ein einseitiges Leistungsbestimmungsrecht eingeräumt, das zur Unwirksamkeit gemäß § 9 AGB führt (Locher BauR 1986, 644 für Ingenieurverträge; Korbion/ Locher, AGB-Gesetz und Bauerrichtungsverträge, Rdn. 202; Osenbrück, Die RBBau, Rdn. 174; Werner/Pastor Rdn. 748). Ein einseitiges Leistungsbestimmungsrecht wird auch eingeräumt, wenn die anrechenbaren Kosten nach den „anerkannten Bauplanungsunterlagen" bemessen werden sollen (KG BauR 1991, 251). In § 6 des Vertragsmusters wird der Kostenanschlag als Honorarermittlungsgrundlage nicht erwähnt. Auch hierin liegt ein zu § 9 AGBG führendes Abweichen vom Leitbild der gesetzlichen Regelung vor. Wenn die Kostenermittlungsart „Kostenanschlag" für die Leistungsphasen 5–9 entfällt, müßte nach der Kostenberechnung, hier nach der **„genehmigten"** Kostenberechnung, das Honorar ermittelt werden. Dieses kann erheblich geringer sein, als dies unter Einhaltung der HOAI-gemäßen Kostenermittlungsarten geschehen würde. Dasselbe gilt, wenn das Honorar von der „bestätigten Auftragssumme" abhängig gemacht wird. Unzulässig ist es auch, Honorarzahlungen von der Behebung von Baumängeln oder vom Eingang der amtlichen Gebrauchsabnahmebescheinigung abhängig zu machen. Sind die Baumängel nicht vom Architekten verschuldet, so hat dieser keine Einflußmöglichkeit.

In der Neufassung wird die Honorierung nach 6.11 an die „baufachlich **126** geprüfte Kostenberechnung" geknüpft. Da Ergebnis und Zeitpunkt der Prüfung von der Auftraggeberseite bestimmt werden kann, verstößt auch diese Klausel gegen § 9 AGB-Gesetz.

Urheberrechtsklauseln, die eine Erweiterung der Veränderungsmöglichkeit **127** und eine Beseitigung des Veränderungsverbots vorsehen oder die Nutzungsbefugnis des Auftraggebers unangemessen erweitern, verstoßen gegen § 9 AGBG (vgl. Korbion/Locher, AGB-Gesetz und Bauerrichtungsverträge, Rdn. 196).

Ähnliche den Vertragspartner des Verwenders unangemessen benachteiligende AGB-rechtliche Regelungen finden sich in **Ingenieurverträgen** der öffentlichen Hand, insbesondere in den RBBau-Vertragsmustern. Auch dort wird an die **genehmigte** Kostenberechnung angeknüpft, an die **genehmigte** Kostenfeststellung, an die **geprüfte** Kostenberechnung (6.2) oder an die „baufachliche Prüfung" (6.11 n. F.). Hier gilt das für die Architektenverträge der öffentlichen Hand Gesagte (vgl. i. e. Locher BauR 1986, 643; Osenbrück, Die RBBau – Baurechtliche Schriften, Werner-Verlag 1988, Rdn. 174). Auch ist eine Fülle von versteckten Mindestsatzunterschreitungen anzutreffen. So werden etwa in den Hinweisen zum Vertragsmuster Technische Ausrüstung 2.5 für die Lösung der Planungsaufgabe Entwurfsplanung 10% statt wie in der HOAI 15% eingesetzt. Vergleicht man das Leistungsprofil, das der öffentliche Auftraggeber verlangt, mit § 73 Ziff. 3 HOAI, so sind alle Grundleistungen abgefordert. Dazu kommen noch bestimmte Pläne und Darstellungen mit einem Beitrag zum Erläuterungsbericht. Ähnliche Unterproportionierungen sind auch bei der Genehmigungsplanung (3.3 des Vertragsmusters) anzutreffen. Gelegentlich werden Eigenleistungen scheinbar aus dem Leistungsumfang herausgenommen, die der Architekt im eigenen Interesse, um Haftung zu vermeiden oder seine Honorarforderung fälligstellen zu können, erbringen muß. Ein Honorarabzug dafür ist unzulässig und verstößt gegen den Mindestsatzcharakter und § 9 AGBG (Herausnahme der „Kostenkontrolle", der „Kostenberechnung"). Auch werden nicht konkretisierte Eigenleistungen, die zu Honorarminderungen führen, angeführt („im Hinblick auf die Mitwirkung", „und der Mitarbeit"). Ein Verstoß gegen § 9 Abs. 2 Nr. 1 AGBG liegt vor, wenn eine generelle Unterschreitung der Mindestsätze vorgenommen wird (OLG Zweibrücken BauR 1989, 227) oder wenn in Ingenieurverträgen der öffentlichen Hand, die AGB-Charakter haben, im Falle der Kündigung des Vertrags durch den Auftraggeber der Ingenieur nur die Vergütung für in sich abgeschlossene und nachgewiesene Einzelleistungen erhalten soll, im übrigen aber der Anspruch auf entgangenen Gewinn ihm abgeschnitten wird (OLG Zweibrücken, ebenda). **128**

129 Die Haftung des Architekten bei Verantwortlichkeit mehrerer Beteiligter

Haften sowohl **Bauunternehmer** als auch **Architekt** für eine mangelhafte Bauleistung, so besteht ein gesamtschuldnerisches Haftungsverhältnis gegenüber dem Auftraggeber. (Zur Abgrenzung zur Teilschuld: Diehl, Festschrift Heiermann, S. 37 ff.) Die notwendige Voraussetzung hierfür, eine planmäßige Zweckgemeinschaft zwischen Bauunternehmer und Architekt, hat der Große Zivilsenat des BGH (Z 43, 227) bejaht. Der Auftraggeber kann nach den Regeln der gesamtschuldnerischen Haftung wahlweise entweder den Bauunternehmer oder den Architekten auf den vollen Schaden in Anspruch nehmen. Der BGH (Z 51, 275) hat ein **Gesamtschuldverhältnis** auch dann bejaht, wenn dem Auftraggeber gegen den Bauunternehmer Nachbesserungs- und gegen den Architekten Schadensersatzansprüche zustehen (zur Gesamtschuld bei Aufteilungsproblemen vgl. BGH BauR 1995, 231 = ZfBR 1995, 82). Trotz der gesamtschuldnerischen Haftung kann der Bauunternehmer bei Inanspruchnahme durch den Auftraggeber den Einwand erheben, der Mangel beruhe gleichermaßen oder ausschließlich auf einer Pflichtverletzung des Architekten. Dies muß sich der Auftraggeber im Verhältnis zum Bauunternehmer dann entgegenhalten lassen, wenn und insoweit der Architekt sein Erfüllungsgehilfe ist, also eine Tätigkeit entfaltet, die im Verhältnis zum Bauunternehmer zu den Pflichten des Auftraggebers gehört (vgl. z. B. zur Planungs- und Koordinationstätigkeit OLG Düsseldorf VersR 1985, 246). In diesem Fall haftet der Bauunternehmer bei Planungsfehlern des Architekten gegenüber dem Auftraggeber nur auf eine Quote (z. B. BGH BauR 1978, 405 = NJW 1978, 2393; BGH BauR 1984, 395 [397]). Da der Auftraggeber dem Bauunternehmer gegenüber nicht zur Beaufsichtigung von dessen Tätigkeit verpflichtet ist, er also nicht Erfüllungsgehilfe ist, kann sich dieser nicht mit der Behauptung entlasten, der Architekt sei seiner Pflicht zur Objektüberwachung nicht nachgekommen (vgl. Locher, Das private Baurecht, Rdn. 289 m. Nachw.). Umgekehrt entlastet es den Architekten nicht, wenn eine Fach- oder Spezialfirma eine bestimmte Konstruktion vorschlägt. Hierauf darf er sich nicht blind verlassen. Er muß vielmehr selbst eine solche Konstruktion vorschlagen, die den Anforderungen standhält (OLG München NJW-RR 1988, 85 für Verbundglas als einbruchsicheres Schaufenster für einen Juwelier).

130 Das Gesamtschuldverhältnis besteht auch zwischen **Architekt und Sonderfachleuten.** Dies gilt auch für das Verhältnis des Architekten zum Innenarchitekten (vgl. Locher BauR 1971, 69), zum Statiker (Tragwerksingenieur) (OLG Frankfurt NJW-RR 1990, 1497; OLG Celle BauR 1985, 244), zum Vermessungsingenieur (BGH NJW 1961, 460) und auch für die gesamtschuldnerische Haftung von Architekt, Bauunternehmer und Statiker (BGH BauR 1971, 265). Entsprechendes gilt auch für die Haftung von Architekt, Geologe und Statiker. Zur gesamtschuldnerischen Haftung und Abgrenzung zum Bodengutachten: OLG Köln BauR 1992, 804; zur gesamtschuldnerischen Haftung des Architekten neben anderen Baubeteiligten vgl. allg. Kaiser ZfBR 1985, 101. Dies gilt auch für die Haftung zweier Architekten, von denen der eine die Planung und der andere die Überwachung in Auftrag hat. Wird im letzteren Fall der Planer in Anspruch genommen, so kann er sich nicht auf Fehler des Überwachers berufen (BGH BauR 1989, 97 = NJW-RR 1989, 86 = ZfBR 1989, 24). Erteilt der Auftraggeber Aufträge an Schwarzarbeiter, so sind diese Vertragsänderungen nach dem Schwarzarbeitergesetz unwirksam mit der Folge, daß keine Gewährleistungsansprüche gegen diese am Bau Beteiligten gegeben sind. Dies führt jedoch nicht dazu, daß der Architekt auf den vollen Schaden im Wege der gesamtschuldnerischen Haftung in Anspruch genommen werden kann. Es liegt nämlich kein Gesamtschuldverhältnis vor, da der betreffende Schwarzarbeiter nicht haftet. Der Architekt haftet in diesen Fällen gegenüber dem Auftraggeber also nur nach dem Verhältnis seiner Mitverantwortlichkeit an dem Mangel.

Wird der Architekt als Gesamtschuldner in Anspruch genommen, so kann **131** gegenüber den anderen Gesamtschuldnern ein *Ausgleichsanspruch* nach § 426 BGB gegeben sein (zur Geltendmachung des Anspruchs vgl. OLG Bremen BauR 1988, 744). Das Ausgleichsrecht des Architekten wird nicht dadurch berührt, daß die Werklohnforderung des Auftraggebers gegen den Auftragnehmer – etwa bei Vereinbarung der VOB im Verhältnis zwischen Auftragnehmer und Auftraggeber – verjährt ist (BGH VersR 1965, 804). Der **Ausgleichsanspruch unterliegt der 30jährigen Verjährung** (BGH BauR 1971, 60). Der Umfang der Ausgleichspflicht hängt von den Umständen des Einzelfalls nach dem Grad der Verantwortlichkeit des einzelnen Gesamtschuldners für den Baumangel ab (vgl. hierzu i. e. Soergel, Festschrift Heiermann, S. 309; Knacke BauR 1985, 270). Diese Abwägung kann dazu führen, daß im Innenverhältnis ein Gesamtschuldner den Schaden ausschließlich zu tragen hat oder daß der Schaden zwischen den Gesamtschuldnern aufzuteilen ist. Begeht der Architekt einen Planungsfehler, den der Bauunternehmer fahrlässigerweise nicht erkannt oder auf den er gemäß § 4 Nr. 3 VOB (B) nicht hingewiesen hat, so wird dem Architekten im Innenverhältnis der Schaden ausschließlich oder überwiegend zur Last fallen (OLG Stuttgart BauR 1992, 806). Ist der Baumangel entscheidend durch den Ausführungsfehler des Bauunternehmers verursacht, den der Architekt im Rahmen seiner Bauaufsicht infolge normaler Fahrlässigkeit nicht erkannt hat, so wird im Innenverhältnis allein oder überwiegend der Bauunternehmer belastet werden (zur Frage, ob Streitverkündung bei gesamtschuldnerischer Haftung zulässig ist, vgl. BGH BauR 1982, 514). Treffen Planungsfehler des Architekten mit Ausführungsfehlern des Unternehmers zusammen, so ist eine Abwägung vorzunehmen (vgl. OLG Frankfurt BauR 1987, 322 für Mängel eines Flachdachs).

Probleme ergeben sich beim *„hinkenden* Gesamtschuldausgleich". Architekten- und BGB- sowie VOB Verträge unterscheiden sich hinsichtlich der Haftung. Der Auftraggeber kann mit einem der Gesamtschuldner (Architekt oder Bauunternehmer) haftungserleichternde Abreden treffen. Es fragt sich dann, ob sich diese auf den gesamtschuldnerischen Haftungsausgleichsanspruch des nichtbegünstigten anderen Gesamtschuldners auswirkt. Dies wird vom BGH bejaht (BGHZ 58, 216 = BauR 1972, 246). Dagegen wird teilweise in der Literatur eine Lösung vertreten, wonach der Anspruch des Auftraggebers gegen den nicht privilegierten Gesamtschuldner sich um den Verantwortungsanteil des haftungsbegünstigten Gesamtschuldners mindern soll (Medicus JZ 1967, 398; Kaiser ZfBR 1985, 101 ff.; Werner/Pastor, Rdn. 1723; a. A. Ingenstau/ Korbion § 13/B Rdn. 40; MünchKomm.-Selb § 426 BGB Rdn. 20; Knacke BauR 1985, 270.) Nach h. M. haben Vergleiche mit **einem** Gesamtschuldner i. d. R. keine (auch nicht: beschränkte) Gesamtwirkung (z. B. BGH NJW 1972, 943; BGH NJW 1986, 1097). Der Bauherr kann deshalb bei einem Vergleich mit dem Bauunternehmer weitere Ansprüche gegen den Architekten geltend machen (OLG Hamm NJW-RR 1988, 1174; OLG Hamm BauR 1990, 638 = MDR 1990, 338), was wiederum zu Regreß gegen den Bauunternehmer führen kann. Anderer Ansicht OLG Köln BauR 1993, 744, wonach es auf die „interessengerechte Auslegung" des Vergleichs ankommen soll.

132 Die Verjährung der Gewährleistungsansprüche

Die Vorschriften der Verjährung dienen dem Rechtsfrieden. In Bausachen sind kurze Verjährungsfristen deshalb problematisch, weil ein Schaden häufig erst später erkannt wird. Die Gewährleistungsansprüche gegen den Architekten verjähren (Arbeiten bei Bauwerken) in 5 Jahren (BGHZ 37, 341). Unter den Begriff des Bauwerks fällt nicht nur der Bau als ganzer, sondern auch der Teil, den der Architekt hierzu beisteuert. Werden Nebenpflichten verletzt, so verjähren die Schadensersatzansprüche aus positiver Forderungsverletzung in 30 Jahren. Solche Ansprüche scheiden bei Architekten und Ingenieuren i. d. R. für die in den Leistungsbildern (z. B. § 15 HOAI) aufgeführten Leistungen aus, da diese in das Gesamtwerk einbezogen sind. Dies gilt nicht nur für Planung, Vergabe und Überwachung, sondern auch für Teilleistungen wie die Rechnungsprüfung (so zutr. LG Fulda MDR 1988, 965), die Kostenermittlungen, aber auch für Beratungs- und Aufklärungspflichten (vgl. i. e. Koeble, FS Locher, S. 117 und unten § 15 Rdn. 28).

133   Die Verjährung der Gewährleistungsansprüche beginnt mit der Abnahme, die die Vollendung des betreffenden Werks voraussetzt (vgl. oben Rdn. 86 ff.). Kommt es zu keiner Abnahme des Architektenwerks – etwa weil der Vertrag vorzeitig im beiderseitigen Einvernehmen aufgehoben oder gekündigt wurde –, so beginnt der Lauf der Verjährungsfrist ab dem Zeitpunkt, zu dem das Architektenwerk und die Abnahme endgültig abgelehnt wurden. Eine derartige Ablehnung liegt auch in einer Kündigung (BGH VersR 1963, 881).

134   Probleme wegen des Verjährungsbeginns ergeben sich dann, wenn der Architekt die Leistungsphase 9 des § 15 in Auftrag erhalten hat (vgl. Rdn. 88). Nach der Rechtsprechung des BGH beginnt die Gewährleistungsfrist nicht zu laufen, wenn der Architekt auf Frage des Auftraggebers nach der Verantwortlichkeit für einen Mangel seine eigenen Planungs- oder Überwachungsfehler nicht zugibt. Weitergehend hat der BGH in ständiger Rechtsprechung entschieden, daß der Architekt zur Offenbarung der eigenen Fehler verpflichtet sei (BGHZ 71, 144 = BauR 1978, 235 = NJW 1978, 1311; BGH BauR 1986, 112 =

NJW-RR 1986, 182; BGH BauR 1987, 343 = NJW 1987, 2743 auch zu den Ausnahmen). Geschieht dies nicht, so kann nach der Rechtsprechung des BGH der Architekt sich nicht auf den Verjährungseintritt hinsichtlich seines mangelhaften Architektenwerks berufen. Diese Auffassung ist nicht unbedenklich. (Vgl. i. e. Koeble, FS Locher, S. 117 [122 ff.]; OLG Köln BauR 1991, 649.)

Die Verjährungsfrist kann in AGB und Formularverträgen nicht wirksam **135** verkürzt werden (vgl. oben Rdn. 111). Eine Subsidiaritätsklausel kann auf den Verjährungsbeginn entscheidende Auswirkungen haben (zur Wirksamkeit der Klausel vgl. oben Rdn. 100). Nach BGH (BauR 1987, 343 = NJW 1987, 2743) beginnt die Frist erst zu laufen, wenn feststeht, daß Ansprüche gegen die am Bau Beteiligten nicht realisiert werden können (vgl. i. e. Koeble, FS Locher, a. a. O.).

Während sich der Architekt im Einvernehmen mit dem Auftraggeber bemüht **136** zu prüfen, ob ein von diesem behaupteter Mangel des Architektenwerks vorliegt oder einen Mangel mit Hilfe des Bauunternehmers zu beseitigen versucht, ist die *Verjährung* nach § 639 Abs. 2 BGB so lange *gehemmt*, bis er dem Auftraggeber das Ergebnis dieser Prüfung mitteilt, ihm gegenüber den Mangel für beseitigt erklärt oder aber sich weigert, die Beseitigung durchzuführen. Ein in der Praxis häufig vorkommender Fall der Hemmung liegt vor, wenn der Architekt eine Mängelanzeige zur weiteren Veranlassung seiner Haftpflichtversicherung weiterleitet und dies dem Auftraggeber mitteilt (BGH BB 1982, 149). Die Hemmung tritt hier ein mit der Information des Auftraggebers, nicht schon durch die bloße Weiterleitung ohne Nachricht (zur Hemmung und Unterbrechung i. e. Kaiser BauR 1990, 123).

Die Hemmung nach § 639 Abs. 2 BGB beginnt, wenn der Zeitpunkt der Einverständniserklärung des Werkunternehmers nicht feststellbar ist, mit dem ersten Mangelbeseitigungsversuch. Der bloßen tatsächlichen Beendigung von Mangelbeseitigungen kann, zumindest dann, wenn damit gerechnet werden muß, daß die Nachbesserungsversuche sich als erfolglos erweisen, nicht ohne weiteres die Erklärung entnommen werden, der Mangel sei beseitigt (OLG Düsseldorf BauR 1994, 146l).

Das BGB unterscheidet nicht zwischen „offenen" und „versteckten" Män- **137** geln. Werden jedoch Mängel arglistig verschwiegen, was voraussetzt, daß der Verschweigende die Mangelhaftigkeit seiner Leistung kennt, sich bewußt ist, daß dadurch die Bauleistung erheblich beeinträchtigt ist und doch den Mangel nicht offenbart, obwohl er nach den Umständen aus Treu und Glauben zur Mitteilung verpflichtet ist, so tritt die 30jährige Verjährungsfrist ein (§ 639 BGB). Nach der früheren Rechtsprechung, auch des BGH (BGH NJW 1974, 553), war als Erfüllungsgehilfe des Unternehmers bei der Offenbarungspflicht derjenige anzusehen, der mit der Ablieferung des Werks an den Auftraggeber betraut war oder daran mitwirkte. Nur dann war eine Hilfsperson des Unternehmers, die nicht mit der Ablieferung des Werks befaßt war, Erfüllungsgehilfe für die Offenbarungspflicht, wenn allein ihr Wissen und ihre Mitteilung an den Unternehmer diesen instand setzte, seine Offenbarungspflicht zu erfüllen. Bei

Organisationsmängeln, insbesondere bei arbeitsteilig hergestellten Bauwerken, aufgrund derer keine klare Zuständigkeit und kein kompetenter Erfüllungsgehilfe vorhanden war, fehlte es danach an der Voraussetzung einer arglistigen Verletzung einer Offenbarungspflicht. Seit BGH BauR 1992, 500 ist diesem Mangel abgeholfen. Der BGH nimmt einen solchen Organisationsmangel für den gesamten Herstellungsprozeß an. Der Unternehmer, also auch der Architekt, wird zwar nicht verpflichtet, organisatorische Maßnahmen zu treffen, die gewährleisten, daß Mängel der Ausführung vermieden werden. Er muß aber durch entsprechende Organisation gewährleisten, daß die organisatorischen Maßnahmen getroffen werden, die zur Erkennung und Offenbarung von Mängeln führen. Dabei kann fraglich sein, ob die neue Rechtsprechung nur für die selbst herbeigeführte Unkenntnis von **eklatanten** Mängeln gelten soll (Wirth BauR 1994, 37) oder auch bei fehlerhafter arbeitsteiliger Organisation bei der Produktion von Standardmängeln. Die Entscheidung des BGH BauR 1992, 500 bezieht sich zunächst auf sämtliche Mängel, ohne Unterscheidung, ob es sich um schwere, leicht erkennbare oder versteckte Mängel handelt. Lediglich bei der Frage der Beweislast wird ausgeführt, daß die Art und Intensität des Mangels ein überzeugendes Indiz für eine unrichtige Organisation sein kann. Der Architekt muß sich also darauf einrichten, daß er, will er eine 30jährige Haftung vermeiden, eine sachgerechte Organisation zu dokumentieren hat. Zu einer solchen Organisation gehört, daß der Bauleiter sorgfältig ausgewählt und kompetent ist, daß er genügend Zeit für die jeweilige Baustelle zur Verfügung bekommt. Auch die sonstigen Mitarbeiter des Architekten müssen für ihre Aufgabe kompetent, gegebenenfalls auch technisch und rechtlich geschult und weitergebildet sein. Die organisatorischen Maßnahmen müssen sicherstellen, daß beim Architekten kein Informationsdefizit auftritt, aufgrund dessen die Offenbarung vorhandener Mängel unvorsätzlich unterlassen wird (zur Organisationspflicht des Architekten: Kniffka ZfBR 1993, 255; Koeble LM § 638 Nr. 77 Anm. zu BGH; Portz, Festschrift Heiermann, S. 261; Rutkowsky NJW 1993, 1748 und umfassend Siegburg, Die dreißigjährige Haftung des Bauunternehmers aufgrund Organisationsverschuldens, Baurechtliche Schriften, Band 32, 1995).

138 Die Vollmacht des Architekten

Neben der ausdrücklich erteilten Vollmacht – deren Umfang durch Auslegung unter Berücksichtigung der Verkehrssitte ermittelt werden muß – kann eine Vollmacht auch stillschweigend erteilt sein, etwa dann, wenn einem Architekten mit Wissen des Auftraggebers ein Auftrag erteilt wird, der sich ohne Vertretungsbefugnis nicht sachgerecht durchführen läßt (vgl. OLG Düsseldorf BauR 1995, 257 = NJW-RR 1995, 592 für einen Verhandlungsauftrag). Daneben kann eine **Duldungsvollmacht** vorliegen, wenn der Architekt ohne ausdrückliche Vollmacht im Rechtsverkehr als Vertreter des Auftraggebers in Erscheinung tritt und dieser das Verhalten des Architekten kennt und duldet. Bei einer **Anscheinsvollmacht** muß der Auftraggeber zwar das Handeln des Ver-

treters in seinem Namen nicht gekannt haben, es aber bei Anwendung pflicht-
gemäßer Sorgfalt hätte erkennen und verhindern müssen. Vertraut in einem
solchen Fall der Geschäftsgegner auf das Bestehen der Vollmacht, so haftet der
Auftraggeber kraft Anscheinsvollmacht unter dem Gesichtspunkt der Vertrau-
enshaftung. Mit dem Schlagwort „originäre Vollmacht" ist gegenüber diesen
zivilrechtlich maßgebenden Formen der Vollmacht nichts gewonnen (so mit
Recht Quack BauR 1995, 441).

Der Umfang der Vollmacht 139

Die Rechtsprechung zum **Umfang der Vollmacht** des Architekten verläuft
nicht geradlinig (vgl. zur Rechtsprechung eingehend: Meissner BauR 1987,
497, auch zu Vollmachtsklauseln; Jagenburg BauR 1978, 180 ff. und ders.,
BauR 1980, 418 ff. sowie Kaiser ZfBR 1980, 263 und v. Craushaar BauR 1982,
421). Der Architekt ist grundsätzlich bevollmächtigt, das gemeinsame *Aufmaß*
mit bindender Wirkung für den Auftraggeber vorzunehmen (BGH NJW 1974,
646; OLG Hamm BauR 1992, 242; OLG Stuttgart BauR 1972, 318; zum
gemeinsamen Aufmaß vgl. § 15 Rdn. 186). Er hat jedoch aufgrund der normalen Vollmacht keine Berechtigung, Werklohnforderungen mit Wirkung für den
Auftraggeber anzuerkennen. Der Prüfvermerk des Architekten auf der Schlußrechnung bedeutet kein Schuldanerkenntnis (vgl. i. e. Hochstein BauR 1973,
341). Ebensowenig werden der Eingriff des Architekten in das bestehende Ver-
tragsgefüge und die Änderung der Modalitäten eines bestehenden Bauvertrags
von der Architektenvollmacht gedeckt (OLG Düsseldorf VersR 1982, 1147; LG
Bochum NJW-RR 1989, 1365); der Architekt darf also nicht ohne Genehmigung des Auftraggebers bei Vorliegen eines Einheitspreisvertrags Stundenlohnarbeiten billigen (BGH BauR 1994, 760 = ZfBR 1995, 15 auch zur Bedeutung
der Unterschrift), dem Bauunternehmer das Recht einräumen, Zuschläge zu
berechnen oder eine von Teil C abweichende, dem Auftragnehmer günstigere
Abrechnung oder Ausmessung zugestehen (vgl. LG Bochum BauR 1990, 636;
Locher, Das private Baurecht, Rdn. 324; teilweise a. A. Meissner a. a. O.) oder
Ausführungsfristen verlängern (BGH BauR 1978, 139). Der Architekt ist auch
nicht zur **rechtsgeschäftlichen** Abnahme der Bauleistung bevollmächtigt (OLG
Frankfurt SFH Nr. 13 zu § 638 BGB; Brandt BauR 1972, 71; Jagenburg BauR
1978, 180; Locher, Das private Baurecht, Rdn. 325; Meissner a. a. O.; Werner/
Pastor Rdn. 932; Schmalzl, Die Haftung, Rdn. 10; a. A. Korbion/Hochstein,
Der VOB-Vertrag, Rdn. 138; LG Essen NJW 1978, 108). Hierin läge eine
rechtsgeschäftliche Erklärung, eine Bestätigung, daß die Leistungen des Bauunternehmers als vertragsgerecht erfüllt anerkannt werden. Ein solches Anerkenntnis bleibt dem Auftraggeber vorbehalten. Dagegen hat der bauleitende
Architekt die Pflicht, die Bauleistungen **tatsächlich** entgegenzunehmen und eine
technische Abnahme durchzuführen (zum Ganzen § 15 Rdn. 186 f.). Der Architekt benötigt auch grundsätzlich eine spezielle Vollmacht, um den Vorbehalt
für eine verwirkte Vertragsstrafe geltend zu machen (Ingenstau/Korbion VOB
[B] § 11 Rdn. 49). Der Architekt dürfte jedoch verpflichtet sein, den Auftrag-

geber auf die Erforderlichkeit einer Vorbehaltserklärung hinzuweisen (BGH NJW 1979, 1499). Fraglich ist es, ob der Architekt befugt ist, Vorbehaltserklärungen nach § 16 Nr. 3 Abs. 2 VOB (B) (vorbehaltlose Annahme der Schlußzahlung) anzunehmen. Der vom Auftraggeber bestellte Architekt ist jedenfalls dann der richtige Empfänger für die Vorbehaltserklärung nach § 16 Nr. 3 Abs. 2 VOB (B), wenn er mit der Bauabrechnung befaßt ist und mit Wissen und Wollen des Auftraggebers oder zumindest unter dessen Duldung unmittelbar mit den Bauhandwerkern die Auseinandersetzung über deren Werklohnforderung führt (BGH BauR 1977, 356). Von der normalen Architektenvollmacht wird nicht die Berechtigung gedeckt, in Vertretung des Auftraggebers für diesen *Sonderfachleute* zu beauftragen (BGH Schäfer/Finnern Z 3.01 Bl. 376; a. A. OLG Koblenz Schäfer/Finnern Z 3.002 Bl. 2). Umstritten ist, inwieweit ein Architekt **Aufträge und Zusatzaufträge** mit bindender Wirkung für den Auftraggeber erteilen darf (vgl. hierzu v. Craushaar BauR 1982, 421; Meissner BauR 1987, 497). Nach einer Entscheidung des BGH (NJW 1960, 859) war der Architekt berechtigt, „einzelne Bauleistungen" zu vergeben. Das OLG Stuttgart (NJW 1966, 1462) hat insoweit einen großzügigen Standpunkt eingenommen und den Architekten für bevollmächtigt gehalten, die für einen Kanalanschluß erforderlichen Erd- und Mauerarbeiten im Namen des Auftraggebers zusätzlich zu vergeben. Die Rechtsprechung des BGH ist aber eher einschränkend. So hat der BGH (BauR 1975, 358) bei einem Pauschalpreisvertrag die Vollmacht des Architekten zur Vergabe von Zusatzaufträgen, die zu einer Verdoppelung des Werklohns führten, verneint. Bei Aufträgen kleineren Umfangs hat dagegen das OLG Köln (NJW 1973, 1798) die Vollmacht des Architekten bejaht: Im entschiedenen Fall hatte der Architekt an einen Schlosser einen Auftrag mit einem Volumen von 4000 DM erteilt, wohingegen das Gesamtbauvolumen 100 000 DM betrug. Das Gericht argumentierte, daß bei einer derartigen Einzelleistung, die nur bestimmte Teile des Gesamtbauvorhabens betreffe, kraft Anscheinsvollmacht der Architekt zu einer für den Auftraggeber verbindlichen Auftragserteilung als bevollmächtigt anzusehen sei. In einer Anmerkung zu diesem Urteil widerspricht Picker (a. a. O.) dieser Argumentation mit beachtenswerten Gründen. Er ist der Auffassung, daß der Architekt allenfalls berechtigt sei, kleinere Ergänzungen bereits erfolgter Aufträge vorzunehmen, daß aber im übrigen dem Bauunternehmer durchaus zugemutet werden müsse, sich Klarheit über die wirksame Beauftragung zu verschaffen. In einer weiteren Entscheidung hat das OLG Köln (BauR 1986, 443 = SFH Nr. 1 zu § 173 BGB) Vollmacht für kleinere Aufträge sogar bejaht, wenn der Auftraggeber diese im Innenverhältnis auf die Fälle beschränkt hatte, daß Gefahr im Verzug ist. Das OLG Stuttgart (MDR 1982, 1016) hat zu Recht entschieden, daß der Architekt bevollmächtigt ist, ganz untergeordnete Neben- und Nachtragsaufträge für den Bauherrn zu vergeben. Dies gilt aber dann nicht, wenn im Bauvertrag eine eindeutige Regelung enthalten ist, wonach Zusatzaufträge nur vom Bauherrn erteilt werden können (OLG Düsseldorf BauR 1985, 339; OLG Frankfurt v. 22. 6. 1989 SFH Nr. 6 zu § 179 BGB; LG Bochum BauR 1990, 636). Eine solche Klausel ist auch in AGB wirksam (BGH BauR 1994, 760 = ZfBR 1995, 15 für den „Bauleiter"). Ebensowenig besteht eine Vollmacht für Aufträge, mit denen Planungsfehler beseitigt werden sollen (vgl. OLG Hamm BauR 1987, 468; AG Marbach MDR 1986, 671). Eine Vollmacht zur Beauftragung des Statikers besteht nur im Ausnahmefall (OLG Köln BauR 1986, 717; Locher, Rdn. 327 und die dort angeführte Literatur).

Folgen vollmachtlosen Handelns

140

Wegen der **Folgen vollmachtlosen Handelns** ist es dem Architekten zu empfehlen, den Umfang der Vollmacht sorgfältig klarzustellen. Hätte er nämlich bei Anwendung der im Verkehr erforderlichen Sorgfalt sein vollmachtloses Handeln erkennen müssen, so haftet er dem auf seine Vollmacht Vertrauenden als Vertreter ohne Vertretungsmacht nach § 179 BGB (vgl. aber den Ausnahmefall, daß der Auftragnehmer das Fehlen der Vollmacht kannte; hierzu OLG Düsseldorf BauR 1985, 339; OLG Frankfurt SFH Nr. 6 zu § 179 BGB und LG Bochum BauR 1990, 636: In allen 3 Fällen konnte der Auftragnehmer wegen vertraglicher Regelungen erkennen, daß der Architekt nicht bevollmächtigt war, so daß wegen § 179 Abs. 3 BGB kein Anspruch gegen ihn gegeben war). Der auf die Vollmacht Vertrauende kann dann vom Architekten als vollmachtlosem Vertreter die Erfüllung des Vertrages verlangen (vgl. OLG Stuttgart BauR 1974, 423). Ersatzansprüche des vollmachtlos handelnden Architekten gegen den Bauherrn sind dagegen rechtlich sehr problematisch (vgl. i. e. Beigel BauR 1985, 40; v. Craushaar BauR 1982, 421; zu Bereicherungsansprüchen: Locher Rdn. 320; Ingenstau/Korbion VOB/B § 2 Rdn. 55).

Ein Auftraggeber, der einen Architekten mit der Einholung von Angeboten beauftragt, erweckt noch nicht den Anschein, daß der Architekt zur Auftragsvergabe bevollmächtigt sei (OLG Köln BauR 1993, 243). Die Vollmacht ist grundsätzlich eng auszulegen. Oft werden vertraglich Zusatz- und Nachtragsaufträge an das Schriftformerfordernis geknüpft. Insofern wird die Vollmacht wirksam beschränkt (OLG Stuttgart BauR 1994, 789; Locher, Festschrift Korbion, S. 283 ff.).

Für eine wirksame Vertretung ist neben der Vollmacht erforderlich, daß der **141** Architekt **„im Namen"** des Auftraggebers **„handelt".** Tut er dies nicht ausdrücklich, so kann dies schon wegen seiner Stellung aus „den Umständen" i. S. § 164 Abs. 1 Satz 2 BGB gefolgert werden (so mit Recht Meissner BauR 1987, 497).

Vollmachten werden meist mit **Verpflichtungserklärungen** bzw. **Vorverträgen** **142** kombiniert. Ist das Objekt hier hinreichend bestimmt und sind auch die Vertragsparteien sowie der Leistungsumfang klar, so besteht eine Verpflichtung zum Abschluß eines Hauptvertrages. Wird trotz der Verpflichtung zum Abschluß des Hauptvertrages ein solcher Vertrag nicht abgeschlossen, so ergibt sich die Frage, wie weit die Verpflichtung zur Auftragserteilung ging. Der BGH (BauR 1988, 234 = NJW 1988, 1261 = ZfBR 1988, 117) hat eine Bindungswirkung trotz entgegenstehender Formulierung und Erstreckung auch auf die Ausführungs- und Überwachungsleistungen nur bis zur Leistungsphase

4 des § 15 HOAI angenommen, wenn das Objekt nicht durchgeführt wird. Er hat jedoch auch entschieden, daß eine Bindung über Leistungsphase 4 hinaus besteht, wenn sich der Auftraggeber für die Durchführung entscheidet.

143 Die Beendigung des Architektenvertrags und ihre Folgen

Der Architektenvertrag kann, soweit keine abweichende Regelung getroffen ist – Vertragsmuster sehen häufig lediglich eine Kündigungsmöglichkeit für den Auftraggeber bei Vorliegen eines wichtigen Grundes vor –, gemäß § 649 BGB **jederzeit ohne besonderen Grund** durch den **Auftraggeber** gekündigt werden. Nach Abschluß des Architektenvertrages besteht ein Kündigungsrecht von seiten des Architekten nur bei Verletzung einer Mitwirkungspflicht des Auftraggebers (§ 642 BGB) und bei Vorliegen eines wichtigen Grundes. Macht der Auftraggeber beim Werkvertrag von seinem Kündigungsrecht nach § 649 BGB Gebrauch, so behält der Architekt den Anspruch auf **volle Vergütung** auch hinsichtlich der noch nicht ausgeführten Leistungen; er muß sich jedoch **ersparte Aufwendungen** anrechnen lassen, und zwar ohne daß sich der Auftraggeber darauf beruft (vgl. BGH BauR 1981, 198). Der Ausschluß dieses Vergütungsanspruchs aus § 649 Satz 2 BGB verstößt gegen § 9 AGBG (OLG Zweibrücken BauR 1989, 227). Über den Anspruch auf die Vergütung hinaus bestehen keine weitergehenden Rechte, z. B. auf Erstattung von Vorhaltekosten (BGH BauR 1988, 739 = NJW-RR 1988, 1295 = ZfBR 1988, 269). Vorfrage für die Berechnung der restlichen Vergütung ist immer der Umfang des erteilten Auftrags. (Für den Vorvertrag BGH BauR 1988, 234 = NJW 1988, 1261 = ZfBR 1988, 117.) Für den Anwendungsbereich der GOA wurden nach der Rechtsprechung des BGH die ersparten Aufwendungen im Regelfall pauschal mit 40 % der Vergütung angesetzt (BGH NJW 1969, 419; BGH Schäfer/Finnern Z 3.01 Bl. 351). Wollte der Auftraggeber – etwa hinsichtlich ersparter Aufwendungen bei der Bauaufsicht – einen höheren Betrag als 40 % für ersparte Aufwendungen berücksichtigt wissen, so hatte er hierfür die Beweislast. Für den Bereich der HOAI wird ebenfalls von dem Pauschalsatz von 40 % auszugehen sein (vgl. i. e. Frik DAB 1986, 1389). Die bessere Bewertung der Objektüberwachung gegenüber der GOA dürfte auch in diesem Bereich in der Regel dazu führen, daß nicht mehr als 40 % ersparte Aufwendungen berücksichtigt werden. Wenn ein Auftraggeber mehr als 40 % ersparte Aufwendungen geltend machen will, so hat er hierfür ebenso die Beweislast wie der Architekt, der seiner Gebührenrechnung einen geringeren Abzug ersparter Aufwendungen zugrunde legen will (BGH NJW-RR 1992, 1077). Die „40 %-Klauseln" in den Einheitsarchitektenverträgen (vgl. Rdn. 114) verstoßen weder gegen § 11 Nr. 7 noch gegen § 11 Nr. 5 oder § 9 AGBG (OLG Hamburg MDR 1992, 1059; OLG Köln SFH Nr. 69 zu § 635 BGB). Hesse/Korbion/Mantscheff/Vygen § 15 Rdn. 14; Locher Rdn. 318; Werner/Pastor Rdn. 816; a. A. Ulmer/Brandner/Hensen Anh. §§ 9–11 Rdn. 16; Wolf/Horn/Lindacher Rdn. 313.

144 Ist jedoch die vorzeitige Kündigung des Architektenvertrags auf ein vertragswidriges Verhalten des Architekten zurückzuführen, so beschränkt sich die

Vergütung auf die vom Architekten geleistete Tätigkeit (BGHZ 31, 224). Die Voraussetzungen für den vom Architekten zu vertretenden wichtigen Grund muß der Auftraggeber darlegen und beweisen (BGH BauR 1990, 632 = NJW-RR 1990, 1109 = ZfBR 1990, 227). Auch ohne vertragswidriges Verhalten des Architekten kann der Honoraranspruch ausnahmsweise beschränkt sein. Dies gilt vor allem dann, wenn Zweifel an der Erteilung der Baugenehmigung bestanden und der Architekt dennoch Leistungen über die Genehmigungsplanung hinaus erbracht hat. Hier steht ihm nur das Honorar für einzelne Leistungsphasen zu (vgl. OLG Düsseldorf VersR 1973, 1150). Auch dann, wenn die Finanzierung noch nicht gesichert ist, kann der Architekt nicht aufs Geratewohl Architektenleistungen erbringen. Liegt kein wichtiger Grund vor, so kommt zu dem Honorar für die erforderlichen Leistungen hinsichtlich der übrigen Leistungsphasen noch das Honorar abzüglich der ersparten Aufwendungen hinzu.

Der Architektenvertrag kann sowohl vom Auftraggeber wie vom Architekten **145** aus **wichtigem Grund** gekündigt werden. Ein wichtiger Grund liegt immer dann vor, wenn dem Kündigenden die Fortsetzung des Vertrages unter Berücksichtigung aller Umstände des Einzelfalles nicht mehr zugemutet werden kann. Ein Nachschieben von Gründen ist möglich (OLG Hamm BB 1986, 627 = NJW-RR 1986, 764). Auch wenn der Auftraggeber den Architektenvertrag aus wichtigem Grund gekündigt hat, kann der Architekt für seine schon erbrachten Leistungen Honorar verlangen, sofern diese nicht für den Auftraggeber unbrauchbar sind (BGH Schäfer/Finnern Z 3.007 Bl. 7; OLG Hamm BB 1986, 627 = NJW-RR 1986, 764; OLG Düsseldorf BauR 1988, 238).

Ein wichtiger Grund liegt für den Auftraggeber etwa vor, wenn die Durch- **146** führung des Bauvorhabens unmöglich ist, weil eine nicht voraussehbare Bebauungsplanänderung eintritt, eine schwere Erkrankung des Architekten die Weiterbearbeitung des Bauvorhabens ausschließt oder der Architekt ohne Zustimmung des Auftraggebers Provisionen von Bauhandwerkern entgegennimmt (BGH BauR 1977, 363 = Schäfer/Finnern Z 3.007 Bl. 9) oder wenn der Architekt seine Leistungen nur unter Verstoß gegen Standespflichten erbringen könnte (vgl. LG Dortmund v. 30. 4. 1980 – 1 S 282/79) oder wenn eine unzulässige Überschreitung der Bausumme erfolgt (vgl. oben Rdn. 55 ff.). Überempfindlichkeit ist dabei nicht am Platz. So wurde kein wichtiger Grund angenommen in einem Fall, in dem der Architekt auf einen „schlichten Hinweis" seines Auftraggebers den vertraglich vereinbarten Nachweis seiner Haftpflichtversicherung nicht erbracht hat (BGH BauR 1993, 755). Treten tiefgreifende Meinungsverschiedenheiten zwischen den Vertragsparteien auf, verlangt der Auftraggeber vom Architekten Leistungen, die dessen Ansehen schaden, oder will er ihn zu einer Bauausführung zwingen, die von den genehmigten Plänen abweicht, so kann ein wichtiger Grund zur Kündigung des Architektenvertrags für den Architekten gegeben sein. Das gleiche gilt, wenn sich der Auftraggeber beharrlich weigert, das vereinbarte Honorar oder angemessene Abschlagszahlungen gemäß § 8 HOAI zu bezahlen oder wenn er ehrverletzende Behauptun-

gen über den Architekten aufstellt. Ebenso dürfte ein wichtiger Grund vorliegen, wenn der Auftraggeber das Grundstück verkauft (a. A. LG Stuttgart, Urt.
v. 1. 4. 1982 – 21 O 368/81, das einen wichtigen Grund erst dann annimmt,
wenn feststeht, daß der Erwerber den Architekten nicht übernimmt). Nach
BGH (SFH Nr. 48 zu § 633 BGB) soll ein Baustellenverweis des Bevollmächtigten des Auftraggebers nicht genügen.

147 Kündigt der Architekt den Architektenvertrag aus wichtigem Grund, den der
Auftraggeber verschuldet hat, so hat er einen Schadensersatzanspruch aus posi-
tiver Forderungsverletzung. Sein Schaden besteht in der Regel in der Vergü-
tung für noch nicht erbrachte Leistungen abzüglich ersparter Aufwendungen
(BGH BauR 1989, 626 = NJW-RR 1989, 1248 = ZfBR 1989, 248; ebenso
OLG Nürnberg NJW-RR 1989, 407, das im entschiedenen Fall zum gleichen
Ergebnis bei Annahme einer Kündigung seitens der AG durch Beauftragung
eines GU hätte kommen können; zur unberechtigten Kündigung vgl.
B. Schmidt NJW 1995, 1313).

148 Bei der vorzeitigen Beendigung des Architektenvertrags trägt der Architekt
die Darlegungs- und Beweislast für die von ihm bis zur Beendigung als tatsächlich erbracht abgerechneten Leistungen (BGH BauR 1994, 655).

149 Wird der Architektenvertrag **im gegenseitigen Einvernehmen aufgehoben,** so
kann in der Regel nicht davon ausgegangen werden, daß der Architekt damit
auf seinen Honoraranspruch für nicht erbrachte Leistungsteile verzichtet. Eine
solche Beschränkung darf nur angenommen werden, wenn dies die Parteien
ausdrücklich bestimmt haben oder wenn sich aus den Umständen des Falles
eine entsprechende Einigung der Parteien ergibt (BGHZ 62, 208). Nach einver-
ständlicher Aufhebung besteht die Möglichkeit, noch einen wichtigen Grund
„nachzuschieben" mit der Folge, daß der Gebührenanspruch des Architekten
für nicht erbrachte Leistungsteile entfällt, wenn der Kündigungsgrund zum
Zeitpunkt der Vertragsbeendigung tatsächlich vorgelegen hat (BGH BauR
1976, 140).

150 Das Problem des sog. **unbeendeten Architektenvertrags** ist in Literatur und
Rechtsprechung bislang nicht gelöst. In vielen dieser Fälle ist die Lösung darin
zu sehen, daß eine **konkludente Kündigung** des Auftraggebers vorliegt. Immer
dann, wenn der Auftraggeber nach außen hin zum Ausdruck bringt, daß er das
Bauvorhaben nicht fortsetzen will oder mit dem Auftragnehmer nicht fortsetzen will, ist eine Kündigung gegeben. So liegt eine Kündigungserklärung etwa
darin, daß der Auftraggeber nach vorheriger Ankündigung die ausstehenden
Leistungen selbst ausführt und den Architekten nicht mehr zuzieht (vgl. BGH
WM 1972, 1025), oder darin, daß der Auftraggeber einen anderen Architekten
mit der Abwicklung des Bauvorhabens beauftragt (vgl. BGH BauR 1980, 84 =
NJW 1980, 122 = SFH Nr. 1 zu § 19 GOA), oder auch im Verkauf des Grundstücks, da wegen des Koppelungsverbots nicht von einer Beauftragung durch
den Erwerber ausgegangen werden kann und dies auch ein neuer Vertrag wäre.
Verweigert der Auftraggeber **endgültig und ernsthaft** die (weitere) Erfüllung des
Vertrages, so kann der Architekt aus wichtigem Grund kündigen, und es steht

ihm ein Schadensersatzanspruch aus positiver Vertragsverletzung entsprechend § 649 Satz 2 BGB zu (BGH BauR 1989, 626 = NJW-RR 1989, 1248 = ZfBR 1989, 248). Sonst bleibt dem Architekten nur die Möglichkeit, nach §§ 642, 643 BGB wegen Verletzung der Mitwirkungspflicht des Auftraggebers vorzugehen.

In der Kündigung des Architektenvertrags liegt auch die Ablehnung der **151** Abnahme der Architektenleistung. Nach der Kündigung beginnt dann der Lauf der Verjährungsfrist für Gewährleistungsansprüche (BGH VersR 1963, 881).

Streitig ist es, ob der *Tod* des Architekten das Vertragsverhältnis beendet (so **152** Bindhardt/Jagenburg § 12 Rdn. 15; Locher Rdn. 355); a. A. Löffelmann/ Fleischmann Rdn. 1486 (Tod als wichtiger Grund zur Kündigung). Wer sich einem Architekten als Sachwalter anvertraut, erwartet eine eigenpersönliche, „höchstpersönliche Leistung" und will nicht „automatisch" in ein Vertragsverhältnis mit einem Nachfolger eintreten. Deshalb hat der Architektenvertrag höchstpersönlichen Charakter. Anders dürfte es sein, wenn der Auftraggeber mit einer Gesellschaft von Architekten kontrahiert.

Die Sicherungshypothek des Architekten   **153**

Der „Unternehmer eines Bauwerks oder einzelner Teile eine Bauwerks" kann nach § 648 BGB für seine Forderungen aus dem Vertrag die Einräumung einer Sicherungshypothek an dem Baugrundstück des Bestellers verlangen. Als „Unternehmer eines Bauwerks" wird im Falle der Einordnung des Architektenvertrags als Werkvertrag auch der Architekt angesehen (BGHZ 51, 190). Die geistige Leistung des Architekten erhöht den Wert des Grundstücks. Hierbei entstehen keine Probleme, wenn sich das Werk des Architekten **im Bauwerk selbst realisiert** hat; wurde aber vom Architekten lediglich die Planung erbracht und wurde diese nicht zumindest teilweise ausgeführt, so wird ihm kein Anspruch auf Eintragung einer Sicherungshypothek zugebilligt (OLG Düsseldorf BauR 1972, 254; OLG München NJW 1973, 289; KG, OLGZ 1978, 449; LG Fulda NJW-RR 1991, 790 = BauR 1992, 110; Groß, Die Bauhandwerkersicherungshypothek, 1978, S. 23 ff.; a. A. Maser BauR 1975, 91 und Durchlaub BB 1982, 1392). Dies gilt auch dann, wenn dem Architekten lediglich die Objektüberwachung übertragen wird (Siegburg, Die Bauwerksicherungshypothek, S. 145 ff.).

Ist die Architektentätigkeit ausnahmsweise dienstvertraglich einzuordnen **154** (vgl. oben Rdn. 3), so besteht ebenfalls kein Anspruch auf Eintragung einer Sicherungshypothek. Wird ein Architektenvertrag, der sich auf die Vollarchitektur bezieht, vom Auftraggeber aus von ihm selbst zu vertretenden Gründen vorzeitig gekündigt, so bleibt der Anspruch auf eine Sicherungshypothek auch für Schadensersatzansprüche wegen entgangener Vergütung bestehen (BGHZ 51, 190).

Die Fälligkeit der Vergütung ist nicht Voraussetzung für die Eintragung **155** einer Sicherungshypothek. Wurde die **Werkleistung mangelhaft** erbracht, so stehen die Gewährleistungsrechte des Auftraggebers dem Anspruch des Architekten auf Bestellung einer Sicherungshypothek grundsätzlich nicht entgegen. Allerdings müssen Mängel insoweit berücksichtigt werden, als eine Sicherungshypothek nur für die Vergütung solcher Leistungen des Architekten eingetragen werden darf, die dem Grundstück einen Wertzuwachs zuführen. Solange das Werk des Architekten Mängel aufweist, hat dieser keine „Leistung" erbracht, die gemäß § 648 BGB sicherungsfähig wäre (BGH BauR 1977, 208 = NJW 1977, 947). Damit hat der BGH zu Recht die in Rechtsprechung und Literatur vertretenen Auffassungen abgelehnt, wonach entweder die Mängel keinen Einfluß haben, solange der Unternehmer noch nachbessern könne (vgl. OLG Düsseldorf BauR 1976, 211; Jagenburg BauR 1975, 216; Kapellmann BauR 1976, 323), oder daß wegen des dem Auftraggeber zustehenden Zurückbehaltungsrechts die Eintragung einer Vormerkung oder Hypothek Zug um Zug gegen ordnungsgemäße Nachbesserung zuzulassen sei (OLG Frankfurt Schäfer/Finnern Z 2.321 Bl. 20; differenzierend hinsichtlich Nachbesserung bzw. Minderung und Schadensersatz Peters NJW 1981, 2550). Vgl. zum Ganzen Groß, Die Bauhandwerker-Sicherungshypothek, 1978, insbesondere S. 48 ff., und Siegburg, Die Bauwerksicherungshypothek, Baurechtliche Schriften Bd. 16.

156   Nicht sicherungsfähig sind Nebenleistungen wie Finanzierung, Beratung und Geldbeschaffung, Ansprüche auf Vertragsstrafe und auf Kosten der Rechtsverfolgung.

157   Die Sicherungshypothek kann nach § 648 BGB nur auf dem Baugrundstück des Auftraggebers eingetragen werden. Der Auftraggeber muß in **rechtlicher** Hinsicht mit dem Eigentümer identisch sein; wirtschaftliche Übereinstimmung genügt regelmäßig nicht (BGH NJW 1988, 255 = BauR 1988, 88 = ZfBR 1988, 72). Die Berufung auf die Personenverschiedenheit kann jedoch gegen Treu und Glauben verstoßen (OLG Hamm BauR 1990, 366).

158   Die Klage auf Eintragung einer Sicherungshypothek ist in der Regel zu zeitraubend und birgt die Gefahr in sich, daß das Grundstück während des Prozesses belastet wird. In der Baupraxis hat sich deshalb die Sicherung durch eine **einstweilige Verfügung auf Eintragung einer Vormerkung** (§ 885 Abs. 1 Satz 1 BGB) als zweckmäßig erwiesen. Allerdings muß dabei berücksichtigt werden, daß die Eintragung der Vormerkung nur erfolgen darf, wenn der Antrag oder das gerichtliche Ersuchen innerhalb der Vollziehungsfrist des § 929 Abs. 2 ZPO eingegangen ist (vgl. hierzu LG Köln Schäfer/Finnern Z 2.321 Bl. 50).

159   Die Sicherungsfähigkeit gemäß § 648 BGB setzt voraus, daß die Honoraransprüche zumindest zum Teil entstanden sind. Zwar muß das Werk noch nicht vollendet sein, es muß aber mit der eigentlichen Werkleistung schon begonnen worden sein (LG Fulda NJW-RR 1991, 790 = BauR 1992, 110). Vorbereitende Maßnahmen genügen nicht. Zu ihnen gehört die Planung einschließlich der Baugenehmigung. Der vom Anspruchsteller zu erbringende Leistungsteil muß in Angriff genommen sein. Für den nur planenden Architekten bedeutet dies, daß zumindest mit den Ausschachtungsarbeiten begonnen sein muß (OLG Frankfurt BauR 1986, 343; Werner/Pastor Rdn. 222). Ist die Werkleistung noch nicht vollendet, so kann der Anspruchsteller nur für einen der geleisteten Arbeit entsprechenden Teil der Vergütung die Sicherungshypothek verlangen (§ 648 Abs. 1 Satz 2 BGB). Die Höhe der zu beanspruchenden Sicherungshypothek richtet sich deshalb nach dem jeweiligen Baufortschritt. Ein Sicherungsanspruch besteht deshalb für den Architekten nicht für denjenigen Teil seiner Vergütung, der dem nicht ausgeführten Teil seiner geschuldeten Leistung entspricht. Insoweit hat das Grundstück keine Werterhöhung durch Leistungen des Architekten erfahren.

Erhebt der Auftraggeber zu Recht die Einrede der Verjährung, so besteht ein **160** Sicherungsanspruch gemäß § 648 BGB nicht mehr (LG Aurich NJW-RR 1991, 1240).

Beschränkt sich die Aufgabe des **Innenarchitekten** auf die Planung von **161** Innenräumen, ohne in die Bausubstanz einzugreifen, so ist ein Anspruch gemäß § 648 BGB nicht gegeben. Das gleiche gilt, wenn der Innenarchitekt lediglich mit der Herstellung von Einrichtungsgegenständen betraut ist (Siegburg S. 149). Werden dem Innenarchitekten aber Aufgaben übertragen, die zu einem Eingriff in den Bestand oder die Baukonstruktion führen, so besteht ein Anspruch auf Eintragung einer Sicherungshypothek für die von ihm erbrachten Leistungen.

Durch eine individualvertragliche Vereinbarung kann der Anspruch auf eine **162** Sicherungshypothek ausgeschlossen werden. Dieser Ausschluß kann allerdings bei Arglist oder aufgrund einer wesentlichen Vermögensverschlechterung des Auftraggebers unwirksam sein (OLG Köln BauR 1974, 282; Werner/Pastor Rdn. 178). Ein Ausschluß des Anspruchs auf Einräumung einer Sicherungshypothek in AGB verstößt gegen § 9 AGBG und ist unwirksam (BGH BauR 1984, 413; Korbion/Locher, AGB-Gesetz und Bauerrichtungsverträge, Rdn. 143). Der Ausschluß ist nicht mit dem gesetzlichen Leitbild des Werkvertragsrechts zu vereinbaren, wonach die Sicherungshypothek ein Äquivalent für die Vorleistungspflicht des Werkunternehmers und für den Mehrwert, den das Grundstück des Auftraggebers durch die Leistung des Unternehmers erfahren hat, gewährt.

Bauhandwerkersicherungsgesetz und Gesetz über die Sicherung der Bauforderungen   **163**

§ 648a BGB gibt dem Unternehmer eines Bauwerks für die von ihm zu erbringenden Vorleistungen einen Sicherungsanspruch gegen den Auftraggeber. „Unternehmer" ist insofern auch der Architekt und Ingenieur, wenn er eine nach dem Bauvertrag notwendige geistige Leistung erbringt (Amtliche Begründung zum Entwurf BTDrucks. 12/1836 v. 13. 12. 1991 S. 8; Hofmann/Koppmann, Die neue Bauhandwerkersicherung, S. 25; Ingenstau/Korbion VOB § 16 Rdn. 419). Wurde lediglich die Planung übertragen und hat sich die planerische Leistung des Architekten- oder Ingenieurbauwerks im Bauwerk realisiert, ist die Anspruchsberechtigung ebenfalls zu bejahen. Anders ist es nur, wenn lediglich die Planung erbracht und diese nicht zumindest teilweise ausgeführt wurde (Parallele zur Sicherungshypothek des Architekten: vgl. Rdn. 153 ff.) wie hier Hofmann/Koppmann a. a. O. S. 19.

164 Nach § 648a BGB kann der Architekt oder Ingenieur von seinem Auftraggeber Sicherheit für die von ihm zu erbringenden Vorleistungen in der Weise verlangen, daß er dem Auftraggeber zur Leistung der Sicherheit eine angemessene Frist mit der Erklärung bestimmt, daß er nach dem Ablauf der Frist seine Leistung verweigere. Die Sicherheit kann auch durch eine Garantie oder ein sonstiges Zahlungsversprechen eines entsprechenden Kreditinstituts oder Kreditversicherers geleistet werden. Der Architekt oder der Ingenieur hat dann dem Besteller die üblichen Kosten der Sicherheitsleistung bis zu einem Höchstsatz von 2 % pro Jahr zu erstatten. Dies gilt nicht, soweit eine Sicherheit wegen Einwendungen des Auftraggebers gegen den Vergütungsanspruch des Architekten oder Ingenieurs aufrechterhalten werden muß und die Einwendungen sich als unbegründet erweisen. Soweit nach § 648a BGB Sicherheit geleistet wird, ist der Anspruch auf Einräumung einer Sicherungshypothek nach § 648 Abs. 1 BGB (vgl. Rdn. 153 ff.) ausgeschlossen. Wird die verlangte Sicherheit nicht fristgemäß geleistet, so kann der Architekt oder Ingenieur die Aufnahme der Arbeiten verweigern oder die Arbeit einstellen, wenn der Architekt oder Ingenieur die Sicherheitsleistung erst während der Ausführung beansprucht hat. Er hat aber auch ein Kündigungsrecht nach § 643 BGB und trägt das Risiko, wonach die Leistungs- und Vergütungsgefahr vorzeitig auf den Auftraggeber übergeht, wenn eine Teilleistung im Zeitpunkt der Vertragsauflösung erbracht und noch nicht von dem Auftraggeber abgenommen worden ist, diese aber untergegangen ist oder verschlechtert wurde (§ 645 BGB). Dabei ist die anteilige Vergütung für den erstellten Leistungsteil vom Auftraggeber zu bezahlen und sind dem Architekten oder Ingenieur die Auslagen zu ersetzen, die nicht in der Vergütung für die erbrachte Teilleistung enthalten sind (Ingenstau/Korbion § 16,6 Rdn. 436).

165 Bei Architekten- und Ingenieurverträgen macht die Festlegung des „voraussichtlichen Vergütungsanspruchs", der gesichert werden kann, Schwierigkeiten. Zum Zeitpunkt des Vertragsabschlusses ist nur eine ungefähre Abrechnungssumme bekannt, weil in der Regel zum Zeitpunkt die anrechenbaren Kosten noch nicht feststehen. Hierbei darf das Sicherungsinteresse nur so weit gehen, als es wegen seines Vergütungsanspruchs noch der Sicherheitsleistung bedarf (Ingenstau/Korbion VOB/B § 16,6 Rdn. 426). Soweit ein Vergütungsanspruch – etwa durch Abschlagszahlungen – schon erfüllt ist, besteht dieses Sicherungsinteresse nicht mehr. Daraus ergibt sich, daß wegen Verminderung des Sicherungsinteresses bei Leistung weiterer Abschlagszahlungen die Sicherheitsleistung angepaßt werden muß. Darüber hinaus ist es streitig, ob – wie es sich aus dem Wortlaut ergibt – in Höhe des voraussichtlichen Vergütungsanspruchs Sicherheit verlangt werden kann (so Ingenstau/Korbion VOB/B § 16,6 Rdn. 425; Palandt/Thomas § 648a Rdn. 10; Heiermann/Riedl/Rusam 7. Aufl. Rdn. 53) oder ob sich der Sicherungsanspruch des Architekten oder Ingenieurs grundsätzlich an seinem Vorleistungsrisiko zu orientieren hat, wobei das Recht auf zukünftige Abschlagszahlungen zu berücksichtigen ist (so Hofmann/ Koppmann S. 27 f.).

Das **Gesetz über die Sicherung der Bauforderungen** (GSB) stammt vom **166** 1. Juni 1909 (RGBl. I 1909, 449) und wurde zuletzt geändert durch Art. 74 EGStGB (BGBl. I 1974, 469, 545). Danach ist der Empfänger von Baugeld verpflichtet, das Baugeld zur Befriedigung solcher Personen, die an der Herstellung des Baues aufgrund eines Werkvertrags beteiligt sind, zu verwenden. Eine anderweitige Verwendung des Bauherrn ist nur bis zu dem Betrag statthaft, zu welchem der Empfänger aus anderen Mitteln Gläubiger der bezeichneten Art bereits befriedigt hat. Baugeld sind Geldbeträge, die zum Zweck der Bestreitung der Kosten eines Baues in der Weise gewährt werden, daß der Sicherung der Ansprüche des Geldgebers eine Hypothek oder Grundschuld an dem zu bebauenden Grundstück dient oder die Übertragung des Eigentums an dem Grundstück erst nach gänzlicher oder teilweiser Herstellung des Baues erfolgen soll. Zu den Baugläubigern zählen auch Architekten und Ingenieure, soweit deren Leistung eine so enge Beziehung zum Bauvorhaben aufweist, daß sich der Wert des Grundstücks erhöht hat (Hagenloch, Handbuch zum Gesetz über die Sicherung der Bauforderungen [GSB 1991] Rdn. 275).

Der Baugeldempfänger ist verpflichtet, das empfangene Baugeld zur Befrie-   **167** digung der Personen zu verwenden, die an der Herstellung des Baues beteiligt sind. Das Gesetz enthält die Verpflichtung der Baugewerbetreibenden oder Baugeldempfänger, über Neubauten und eingeschränkt für Umbauten ein Baubuch zu führen, um die gesetzmäßige Verpfändung von Baugeld zu dokumentieren (§ 2 GSB), sowie Strafvorschriften für den Fall, daß gegen diese Verpflichtung vorsätzlich verstoßen wurde und dadurch Baugläubiger ausfallen (§§ 5, 6 GSB). Die Verwendungsregelung des § 1 GSB ist ein Schutzgesetz i. S. d. § 823 Abs. 2 BGB. Verstöße gegen § 1 GSB sind deshalb unerlaubte Handlungen, die zum Schadensersatz verpflichten können. Die Baugläubiger haben das Recht zur Einsicht in das von dem Baugeldempfänger zu führende Baubuch (BGH NJW 1987, 1196).

Auch nach Einführung des BHSG (§ 648a BGB) behält das GSB seine Bedeu-   **168** tung für die Fälle, in denen die Sicherungsmöglichkeiten des § 648a BGB oder der Bauhandwerkersicherungshypothek nicht mehr zur Verfügung stehen, so etwa, wenn die Vorleistungspflicht und damit die Sicherungsmöglichkeit nach dem BHSG aufgrund der bereits vollständig erbrachten Werkleistungen entfallen ist, oder wenn der Auftraggeber während der Ausführungsphase in Insolvenz gerät, nachdem bereits Vorleistungen erbracht wurden und eine Sicherheit nach dem BHSG noch nicht erlangt ist.

In den Schutzbereich des Gesetzes fallen auf Planfertigung, Koordinierung   **169** und Objektüberwachung gerichtete Tätigkeiten von Architekten, auf Planung und Bauaufsicht gerichtete Ingenieurleistungen (vgl. BGH BauR 1991, 237) sowie die Tätigkeit selbständiger Bauleiter, die ihre Leistung erfolgsbezogen schulden, sowie Baubetreuer im technischen Leistungsbereich.

170 **Die Verjährung des Vergütungsanspruchs des Architekten und Ingenieurs**

Die **Verjährungsfrist** für den Honoraranspruch des Architekten beträgt seit der Entscheidung des BGH vom 6. 7. 1972 zwei Jahre (BGHZ 59, 163 = BauR 1972, 321 = NJW 1972, 1799; BGHZ 60, 98 = BauR 1973, 125 = NJW 1973, 364; BGH BauR 1977, 143 = NJW 1977, 375). Da die Rechtsprechung die Verjährungsfrist aus § 196 Nr. 7 BGB entnimmt, verjährt die Honorarforderung des Architekten auch dann in zwei Jahren, wenn die Leistung für „den Gewerbebetrieb" eines Kaufmanns erfolgt ist. Die vierjährige Verjährungsfrist nach § 196 Abs. 2 BGB kommt nicht zur Anwendung. Anders ist es allerdings dann, wenn eine unter § 196 Abs. 1 Nr. 1 BGB fallende Person (Kaufmann) Architektenleistungen erbringt. Hier gilt die vierjährige Verjährung nach § 196 Abs. 2 BGB, falls die Leistungen für den Gewerbebetrieb des Auftraggebers erbracht werden (BGH NJW 1980, 447 = ZfBR 1980, 21). Umgekehrt verjähren auch die Vergütungsansprüche gegen den Architekten in zwei Jahren, sofern der Anspruchsberechtigte unter § 196 Abs. 1 BGB fällt, da der Architekt regelmäßig kein Gewerbe betreibt (BGH SFH Nr. 2 zu § 196 BGB). Ausnahmen sind insofern möglich, wenn der Architekt als Kaufmann i. S. des § 196 Abs. 1 Nr. 1 BGB Architektenleistungen erbringt oder wenn der Architekt eine dauernde, auf Gewinnerzielung gerichtete Tätigkeit als privater Erschließungsträger ausübt (BGH a. a. O.). Diese Grundsätze gelten auch in vollem Umfang für den Ingenieur, auch für den Statiker (BGH NJW 1983, 870 = BauR 1983, 170).

171 Die Frage nach dem **Verjährungsbeginn** ist nach der Rechtsprechung des BGH heute einheitlich zu beantworten. Fest steht, daß die Verjährung am Ende des Jahres zu laufen beginnt, in dem der Honoraranspruch **fällig** wird. Auf die bloße Entstehung des Anspruchs kommt es also nicht an, sondern auf die Durchsetzbarkeit. Da der BGH § 8 HOAI für wirksam hält und auch bei vorzeitiger Beendigung des Vertrags heranzieht (BGH BauR 1986, 596 = NJW-RR 1986, 1279 = ZfBR 1986, 232), ist in allen Fällen die **Honorarschlußrechnung** maßgebend (vgl. i. e. vor allem zur Prüffähigkeit als Voraussetzung des Verjährungsbeginns: § 8 Rdn. 19).

172 Da die Verjährungsfrist mit dem Schluß des Jahres, in dem der Anspruch entstanden ist, zu laufen beginnt, also im Zeitpunkt der Fälligkeit, hätte es der Architekt in der Hand, die Fälligkeit und damit den Verjährungsbeginn hinauszuzögern, indem er keine prüffähige Schlußrechnung überreicht und im BGB-Bereich nicht die Möglichkeit besteht, anders als nach § 14 Nr. 4 VOB/B die Schlußrechnung selbst auf Kosten des Architekten aufstellen zu lassen. Nach der Entscheidung des BGH (BGH BauR 1986, 597) kann der Auftraggeber „einem mit der Schlußrechnung säumigen Architekten eine angemessene Frist zur Rechnungstellung setzen. Kommt dieser seiner Obliegenheit dann nicht alsbald nach, so kann dies dazu führen, daß er sich hinsichtlich der Verjährung seines Honoraranspruchs nach Treu und Glauben (§§ 162 Abs. 1, § 242 BGB) so behandeln lassen muß, als sei die Schlußrechnung innerhalb angemessener Frist erteilt worden" (vgl. i. e. § 8 Rdn. 35).

Verlangt der Architekt zu Recht Abschlagszahlungen, so beginnt die zwei- **173**
jährige Verjährungsfrist zu laufen (BGH BauR 1982, 185; OLG Celle BauR
1991, 371 und die h. M.; a. A.: Neuenfeld § 8 HOAI Rdn. 2; Jochem § 8 HOAI
Rdn. 7; Hartmann § 8 HOAI Rdn. 15). Ist die Abschlagsforderung verjährt, so
kann sie nicht mehr selbständig gerichtlich geltend gemacht werden, sofern der
Auftraggeber die Verjährungseinrede erhebt. Streitig ist es jedoch, ob der
Architekt nach wie vor berechtigt ist, diese Teilforderung in seine spätere
Schlußrechnung einzustellen, um sie mit dieser geltend zu machen (vgl. BGH
BauR 1982, 187; OLG Celle BauR 1991, 361; bejahend Lauer BauR 1989,
665 ff.; a. A.: Werner/Pastor Rdn. 851; Hesse/Korbion/Mantscheff/Vygen
§ 8 HOAI Rdn. 60, 61; vgl. i. e. § 8 Rdn. 67).

Eine Unterbrechung der Verjährung wird für die Honorarforderung in fol- **174**
genden Fällen praktisch werden:
Erhebung einer Klage
Zustellung eines Mahnbescheids
Geltendmachung der Aufrechnung im Prozeß und Streitverkündung in einem
Prozeß, von dessen Ausgang der Anspruch abhängt, sowie im Falle des Aner-
kenntnisses seitens des Auftraggebers (§§ 208 ff. BGB)
Ein derartiges Anerkenntnis muß weder ausdrücklich noch schriftlich erklärt
werden, vielmehr kann es sich aus rein tatsächlichem Verhalten des Auftraggebers ergeben. Es liegt z. B. dann vor, wenn der Auftraggeber um Stundung bit-
tet oder eine Abschlagszahlung leistet, Zinsen bezahlt oder eine Sicherheitsleistung verlangt. Dagegen wird die Verjährung nicht unterbrochen durch eine
– auch noch so eindringliche – Mahnung. Ebensowenig reichen Verhandlungen
zwischen den Parteien über die Höhe bzw. Berechtigung der Vergütungsforderung aus. Die Unterbrechung der Verjährung hat zur Folge, daß ab dem Eintritt des unterbrechenden Ereignisses eine neue zweijährige Verjährungsfrist zu
laufen beginnt.

In Frage kommt auch eine **Hemmung der Verjährungsfrist**. Praktisch wird **175**
dies für den Architektenvertrag vor allem dann, wenn der Auftragnehmer dem
Auftraggeber die Forderung stundet (vgl. im übrigen §§ 202–207 BGB). Die
Hemmung der Verjährung hat zur Folge, daß der Zeitraum, in dem die Hemmung eintritt, nicht in den Ablauf der Verjährungsfrist eingerechnet wird.

Schriftform, Zeitpunkt und Inhalt der Honorarvereinbarung **176**

Die HOAI drängt auf frühzeitige Klarstellung der Rechtsbeziehungen zwischen den Parteien. In vielen Fällen ist eine Honorarvereinbarung nur wirksam,
wenn sie **schriftlich** bei Auftragserteilung getroffen wurde. Dies gilt sowohl für
die Fälle, in denen ausdrücklich Schriftform vorgeschrieben ist (z. B. §§ 26, 28
Abs. 3, 32 Abs. 3 und 33), als auch für diejenigen Fälle, in denen ein Honorar
vereinbart werden soll, das von den Mindestsätzen abweicht. Zu den Mindestsätzen in diesem Sinne gehören nicht nur die in den Honorartafeln enthaltenen
Von-Sätze, sondern alle Fälle, in denen Von-bis-Vomhundertsätze angegeben

sind (z. B. §§ 37 Abs. 1, 40 Abs. 1) und auch die Von-bis-Erhöhungshonorare (z. B. §§ 19 Abs. 1, 19 Abs. 2, 24, 25 Abs. 3 Satz 3) zur Reichweite des Schriftformerfordernisses: Loritz BauR 1994, 38.

Fraglich, aber wohl ausreichend ist es, wenn die Ausfertigung der Honorarvereinbarung per Telefax mit Unterschrift übermittelt und der andere Vertragspartner das Telefax unterzeichnet und dieses ggf. per Telefax zurücksendet (Hesse/Korbion/Mantscheff/Vygen § 4 Rdn. 11; vgl. § 4 Rdn. 29).

177 Schriftform für die Honorarvereinbarung bedeutet jedoch keineswegs, daß auch der Architekten- oder Ingenieurvertrag schriftlich abgeschlossen werden müßte. Vielmehr reicht es aus, wenn bei mündlicher Auftragserteilung gleichzeitig das Honorar schriftlich fixiert wird (vgl. zur Schriftform im übrigen § 4 Rdn. 26 und zur Form des Vertrages oben Rdn. 22). Häufig muß die Honorarvereinbarung **bei Auftragserteilung** getroffen sein (vgl. § 4 Rdn. 34).

178 In der HOAI findet sich keine Bestimmung darüber, ob die abweichende Vereinbarung generell getroffen werden kann oder ob sie sich auf bestimmte Arbeiten beziehen muß oder ob z. B. eine allgemeine Vereinbarung der Höchstsätze ausreicht (vgl. zur Frage der Stundengebühren Hesse BauR 1975, 174 zu § 10 MRVG). Erforderlich ist in jedem Fall, daß sich die betreffende Honorarvereinbarung auf ein konkretes Objekt bezieht. Es genügt nicht, wenn etwa ganz allgemein für die Zusammenarbeit zwischen Auftraggeber und Auftragnehmer bestimmte Honorarsätze vereinbart werden. Allerdings muß es ausreichen, wenn eine Rahmenvereinbarung für bestimmte Arten von Bauvorhaben getroffen wird.

179 Auch die HOAI läßt die **Vereinbarung eines Pauschalhonorars** in schriftlicher Form zu. Die Grenze für eine wirksame Pauschalhonorarvereinbarung ist jedoch stets der nach der Vergleichsberechnung aus anrechenbaren Kosten (für die Objektplanung: § 10 Abs. 2), Honorarzone (für die Objektplanung: §§ 11, 12) und Vomhundertsatz der Leistungen nach dem Leistungsbild (für die Objektplanung: § 15) in Verbindung mit den Honorartafeln (für die Objektplanung: § 16) zu ermittelnde Höchstsatz und Mindestsatz (zur Honorarvereinbarung und zum Pauschalhonorar vgl. i. e. § 4 Rdn. 21).

180 Die Honorarvereinbarung muß hinreichend bestimmt, zumindest bestimmbar sein (vgl. z. B. OLG Düsseldorf BauR 1985, 234). Es genügt aber die Festlegung auf „20 % über Mindestsatz" oder „Mittelsatz".

181 Das Beratungshonorar

Erhält der Auftragnehmer keinen Auftrag für eine bestimmte Leistungsphase und übt er lediglich eine beratende Tätigkeit aus, oder gelingt ihm der Beweis für eine Auftragserteilung nicht, so steht ihm ein Beratungshonorar zu. Für den letzteren Fall hat dies das OLG Stuttgart (BauR 1973, 63) zutreffend entschieden. Danach ist der Auftragnehmer in jedem Fall berechtigt, vom Auftraggeber gemäß §§ 631, 632 BGB eine Gebühr für die beratende Tätigkeit zu verlangen. Eine rein beratende Tätigkeit kann z. B. darin liegen, wenn der Auftragnehmer den Auftraggeber über die Bebaubarkeit eines Grundstücks informiert oder ermittelt, welche Kosten die Bauaufsicht verursachen könnte, oder bei Gutachten, die nicht unter § 33 HOAI fallen. Während § 3 Abs. 2 GOA eine Subsidiärvorschrift enthielt, nach der auch Beratungen dieser Art berechnet werden konnten, fehlt eine entsprechende Bestimmung in der HOAI. Es muß deshalb davon ausgegangen werden, daß entgegen der Ermächtigungsnorm des § 2 Abs. 1 MRVG das Beratungshonorar des Architekten und des Ingenieurs nicht in der Verordnung geregelt ist, der Ermächtigungsrahmen des Artikelgesetzes also insoweit nicht ausgefüllt ist (vgl. § 1 Rdn. 3). Da auch ein Zeithonorar nach § 6 nur in den von der Verordnung genannten Fällen berechnet werden kann (vgl. § 6 Rdn. 2), muß das Beratungshonorar auch nicht als Zeithonorar berechnet werden. Das Honorar kann frei vereinbart werden, die preisrechtlichen Bestimmungen der HOAI gelten hierfür nicht. Löffelmann/ Fleischmann Rdn. 1097 halten bei Abrechnung nach Zeit einen Stundensatz von 280–300 DM zzgl. MWSt. für angemessen.

Es ist deshalb rechtlich zulässig, wenn der Auftragnehmer zunächst eine **182** Honorarvereinbarung für seine beratende Tätigkeit trifft (etwa die Prüfung der Bebaubarkeit des Grundstücks oder der Kosten für die Überprüfung der Leistungen eines anderen Auftragnehmers). Er ist dabei an die Höchstsätze der HOAI nicht gebunden. Diese Grundsätze gelten für alle Auftragnehmer.

Das Urheberrecht des Architekten **183**

Zu den nach § 2 Abs. 1 Ziff. 4 UrhG geschützten Werken gehören die Werke der bildenden Künste einschließlich der Werke der Baukunst und der angewandten Kunst und die Entwürfe solcher Werke, nach § 2 Abs. 1 Ziff. 7 UrhG die Darstellungen wissenschaftlicher oder technischer Art wie Zeichnungen, Pläne, Karten, Skizzen, Tabellen und plastische Darstellungen.

Der Urheberrechtsschutz gilt nicht dem künstlerischen Schaffensprozeß, **184** sondern dem geschaffenen Werk. Er wirkt nicht nur dem Vertragspartner gegenüber, sondern gegen jedermann. Geschützt werden nach § 2 Abs. 2 UrhG Werke, die persönliche geistige Schöpfungen darstellen.

Hieraus ergibt sich, daß nicht jedes vom Architekten gestaltete Bauwerk **185** urheberrechtlichen Schutz genießt, sondern nur Bauten, die auf einer besonderen künstlerischen Gestaltung beruhen, solche, die „persönliche und geistige Schöpfungen" darstellen. Verlangt wird also eine gewisse Gestaltungshöhe, Individualität, die „Handschrift" des Architekten, die in einer eigenpersönlichen Leistung im Bauwerk Gestalt gewonnen hat (vgl. i. e. Locher, Das private Baurecht, 5. Aufl. Rdn. 357 ff.).

Das Urheberrecht hat eine vermögensrechtliche und eine geistige Seite: das **186** **Urheberpersönlichkeitsrecht,** das die persönlichen Beziehungen des Urhebers zu seinem Werk schützt (Namensbenennung, Änderungs-, Plagiatverbot, Rückrufsrecht), und die **Verwertungsrechte** (Verbreitungs-, Vervielfältigungs-, Ausstellungsrecht).

187   Das Urheberrecht wird vom Urheber nur für die einmalige Errichtung eines Bauwerks zur Verfügung gestellt. Ein Nachbau durch den Auftraggeber ist nicht zulässig, es sei denn, der Entwurf des Architekten sei von vornherein für eine Serie von Bauwerken bestimmt. Dagegen darf der Architekt seine Planung auch anderweitig verwenden, es sei denn, aus der besonderen Art und Gestaltung des Bauwerks ergäbe sich ein Verbot des Nachbaus. Solche besonderen Umstände können in der räumlichen Nähe des Bauwerks, im besonderen Gebrauchszweck und darin liegen, daß ein berühmter Architekt sein in der Fachwelt diskutiertes Bauwerk für einen anderen Auftraggeber wiederholt.

188   Werden dem Architekten alle in § 15 HOAI aufgeführten Leistungen übertragen und führt er diese auch aus, so erhält er seine Vergütung gemäß §§ 15, 16 HOAI ohne zusätzliche Vergütung für die Nutzung der Planung durch den Auftraggeber. Er überträgt die urheberrechtlichen Befugnisse an seinen Plänen, soweit diese zur Errichtung des Bauwerks benötigt werden. Diese Leistung wird durch das Architektenhonorar abgegolten (OLG Nürnberg NJW-RR 1989, 407).

189   Anders verhält es sich, wenn dem Architekten lediglich die Vorplanung oder die Grundlagenermittlung und Vorplanung übertragen wurden. Damit ist es dem Auftraggeber noch nicht gestattet, das Bauwerk nach dieser Vorplanung ohne Mitwirkung des planenden Architekten von einem anderen Architekten ausführen zu lassen (BGHZ 42, 55; BGH NJW 1984, 2818). In der Regel kann auch bei Beauftragung mit Vorplanung und Entwurfsplanung allein noch nicht davon ausgegangen werden, daß ein Nachbaurecht eingeräumt wird. Anders ist es, wenn dem Architekten darüber hinaus auch die Erstellung der Genehmigungsplanung und deren Vorlage bei der Genehmigungsbehörde übertragen worden ist (v. Gamm BauR 1982, 113). Werden jedoch Vorplanung, Entwurfs- und Genehmigungsplanung übertragen, so ist das Verwertungsrecht mit übertragen.

190   Besondere Bedeutung für den Architekten hat das **Änderungsverbot**. Aus §§ 14, 23 und 29 UrhG ergibt sich, daß der Urheber grundsätzlich ein Recht auf Erhaltung der unveränderten Gestalt seines Werks hat. Das Änderungsverbot ist dem Urheberrecht „als einer Herrschaftsmacht des schöpferischen Menschen über sein Geisteswerk immanent" (BGH NJW 1970, 2247). Die „Handschrift", die als Kriterium für die Beurteilung des Werks eines Architekten gesehen wird, darf durch Änderungen nicht unbillig geschmälert werden. Andererseits darf das Urheberrecht des Architekten nicht dazu führen, Bauwerke vom technischen Fortschritt auszuschließen. Änderungen, die durch Gesetz, durch die technische Entwicklung (z. B. Heizung, Beleuchtung, Entlüftung) erforderlich sind, können, wenn sie „schonend" erfolgen, gerechtfertigt sein. Insbesondere bei Zweckbauten wird man funktionell notwendige Änderungen in der Regel zulassen müssen. Bestehen verschiedene zumutbare Gestaltungsmöglichkeiten, so ist dem Eigentümer grundsätzlich zuzumuten, diejenige zu wählen, die das Bauwerk am wenigsten berührt und in das Urheberrecht des Architekten am geringsten eingreift. In Zweifelsfällen ist eine Interessenbilanz

vorzunehmen, soweit keine Entstellung vorliegt (Neuenfeld, FS Locher, S. 409). Besitzt ein Bauwerk trotz urheberrechtlicher Schutzfähigkeit nur eine geringe künstlerische Gestaltungshöhe und sind die funktionalen Änderungsbedürfnisse zwingend, so wird bei der Interessenabwägung das Bedürfnis des Auftraggebers, eine Änderung vorzunehmen, stärker zu berücksichtigen sein als bei Werken besonderer schöpferischer eigenpersönlicher Ausprägung und geringer funktionaler Änderungsmöglichkeiten.

Muß ein Bauwerk instand gesetzt oder geändert werden, so fragt es sich, ob **191** der Auftraggeber ein Recht hat, zu der Durchführung dieser Maßnahmen herangezogen zu werden. Dies wird von Neuenfeld (BauR 1975, 373; ders., FS Locher, S. 410) in Anlehnung an Ulmer (Der Architekt 1969, 81) bejaht. Nach h. M. besteht jedoch kein Kontrahierungszwang des Auftraggebers gegenüber dem Erstarchitekten (Möhring/Nicolini 4b zu § 14 UrhG; Gerstenberg, Die Urheberrechte 1968, 79; Hesse BauR 1971, 209; Locher, Das private Baurecht, Rdn. 360). Der Erstarchitekt hat urheberrechtliche Ansprüche, wenn bei urheberrechtlich geschützten Werken Änderungen in extrem schlechter Gestaltungsweise durchgeführt werden. Der Auftraggeber kann aber ein wohlbegründetes Interesse – auch finanzieller Art – daran haben, einen anderen Architekten seines Vertrauens mit der Bauaufgabe zu betrauen. Der Erstarchitekt kann alt werden und dem Baufortschritt nicht mehr Rechnung tragen. Das Verhältnis zwischen ihm und dem Auftraggeber kann sich zwischenzeitlich getrübt haben.

Verletzt der Auftraggeber oder ein Dritter (z. B. ein Zweitarchitekt) das **192** Urheberrecht des Architekten, so kann dieser einen Unterlassungsanspruch geltend machen (§ 97 UrhG). Es genügen objektiv widerrechtliche Urheberrechtsverletzungen; ein Verschulden ist nicht Voraussetzung, jedoch eine Wiederholungsgefahr. Ist die Urheberrechtsverletzung schuldhaft begangen, so bestehen Schadensersatzansprüche. Die Schadensberechnung kann in dreifacher Weise geschehen:

1. Der Architekt kann den ihm durch die Verletzung seines Urheberrechts entgangenen Gewinn, das bei Beachtung seines Urheberrechts verdiente Architektenhonorar, verlangen.

2. Er kann auch – was aber bei Verletzung des Urheberrechts des Architekten selten vorkommt – die Herausgabe des durch die Urheberrechtsverletzung erzielten Gewinns verlangen.

3. Er kann statt dessen die Verletzung seines Rechts hinnehmen und eine angemessene **Lizenzgebühr** verlangen, also die Gebühr, die ihm bei Einigung über die Urheberrechtsnutzung zugestanden hätte.

Schwierigkeiten bereitet die Beantwortung der Frage, ob, in welchem **193** Umfang und gegen welches Entgelt der Auftraggeber den Architekten tatsächlich herangezogen hätte, wenn er dessen Urheberrechte beachtet hätte. Dies wird im Regelfall hinsichtlich der Planung und Teilen der Objektüberwachung zu geschehen haben. Bei Vollarchitektur wären 100 % abzüglich 40 % Eigenersparnis anzunehmen. Zwischen 45% und 60% dürfte der im Regelfall zugrunde zu legende Zwischenwert sein (Neuenfeld BauR 1975, 375). Sind die Pläne bis zur Genehmigungsplanung fertiggestellt und wird dann das UrhG verletzt, so sind die erbrachten Leistungen für die Leistungsphasen 1–4 voll und für die Leistungsphasen 5–8 mit 60% (Abzug für ersparte Aufwendung von 40%) zu vergüten (vgl. LG Hamburg BauR 1991, 645). Vgl. für die Berechnung auch Beigel, Urheberrecht des Architekten, Rdn. 167 ff.

194 Eine Urheberrechtsverletzung kann auch strafrechtliche Folgen nach sich ziehen (vgl. i. e. Weber, Der strafrechtliche Schutz des Urheberrechts, 1976). Es ist dem Architekten deshalb dringend zu empfehlen, sich über etwaige Urheberrechte von bereits hinsichtlich des Bauwerks tätigen Architekten zu unterrichten und diese zu beachten.

195 **Architekten und Ingenieure und unlauterer Wettbewerb**

Architekten und Ingenieure sind im wettbewerbsrechtlichen Sinne „Unternehmer" und treten zueinander in Leistungskonkurrenz. Sie unterliegen den Vorschriften des Gesetzes zur Bekämpfung unlauteren Wettbewerbs (UWG). Ihre Berufsbezeichnung ist geschützt. Es ist wettbewerbsfremd, wenn sich „Nichtarchitekten" als Architekten bezeichnen oder mit „Architektur" werben (OLG München GRUR 1992, 458, „Architektenhaus" als Produktbezeichnung; OLG Stuttgart WRP 1987, 510 „Ingenieurbüro" für „Architektur"; OLG Nürnberg BauR 1983, 290 „Archiplan"; LG Düsseldorf BauR 1992, 796 „Lichtarchitektur").

196 Wettbewerbswidrig sind Honorarangebote der Architekten und Ingenieure unter den Mindestsätzen der HOAI. Nach den Berufsordnungen der Architekten, die die wichtigsten Berufsgrundsätze enthalten, haben die Architekten ihre Leistungen auf der Grundlage der jeweils gültigen Honorarordnung zu vereinbaren und abzurechnen. Nur wenn ein Ausnahmefall und eine schriftliche Vereinbarung vorliegen, ist die Unterschreitung der Mindestsätze wirksam (vgl. § 4 Rdn. 34). Setzt sich ein Architekt oder Ingenieur über diese Mindestsatzregelung der HOAI ziel- und planmäßig hinweg, so verletzt er nicht nur Standesrecht, sondern verschafft sich auch einen ungerechtfertigten Wettbewerbsvorsprung (§ 1 UWG). An das Erfordernis der Planmäßigkeit dürfen keine allzu hohen Anforderungen gestellt werden. Ein auf mehrfache Verletzung gerichtetes zielbewußtes Verhalten ist hierfür nicht erforderlich. Auszuscheiden sind nur versehentliche oder auf bloßer Unachtsamkeit beruhende Verstöße (BGH BauR 1991, 641). Da der Architekt und Ingenieur seine Honorarordnung kennen muß, ist davon auszugehen, daß Unterschreitungen der Mindestsätze im allgemeinen vorsätzlich verwirklicht werden. Ein solcher vorsätzlicher Verstoß legt es nahe, daß der Architekt oder Ingenieur sich generell über die verletzten Vorschriften hinwegsetzt.

197 Wettbewerbsverstöße können auch durch Honoraranfragen und Ausschreibungen begangen werden, durch die Honorarangebote unter den Mindestsätzen angestrebt werden (BGH BauR 1991, 640; OLG Stuttgart WRP 1987, 510). Dies kann auch dadurch geschehen, daß von vornherein ein einheitliches Gliederungsschema für die Darlegung der Honorarforderung vorgegeben wird, das zur Unterschreitung der HOAI-Mindestsätze führen muß (BGH BauR 1991, 640). Häufig anzutreffen sind Pauschalangebote des Auftraggebers, die unter den Mindestsätzen liegen. Hierin liegt eine Anstiftung zu einem wettbewerbswidrigen Verhalten des Architekten oder Ingenieurs (LG Nürnberg-Fürth BauR 1993, 105). Derjenige, der ein unter den Mindestsätzen liegendes Honorarangebot als Auftraggeber unterbreitet, ist „Störer" im wettbewerbsrechtlichen Sinn (§ 1 UWG). „Störer" ist jeder Handelnde, wenn sein Verhalten für die Rechtsverletzung ursächlich ist, gleichviel wie sein Tatbeitrag geartet ist und welches Interesse er an der Verletzung besitzt. Eine Störerhandlung i. S. d. § 1 UWG liegt aber auch vor, wenn eine Honoraranfrage an Architekten gerichtet wird, ohne die zu erbringenden Leistungen so genau zu bezeichnen, daß dem angeschriebenen Architekten eine auch nur einigermaßen zuverlässige Ermittlung seiner Honoraransprüche auf der Grundlage der HOAI möglich ist. Wenn eine Honoraranfrage so vage abgefaßt ist, daß sie wahrscheinlich zu einer wettbewerbswidrigen Unterbietung der Mindestsätze führt, ist der Anfragende wettbewerbsrechtlich als „Störer" gemäß § 1004, 1 UWG anzusehen (LG Marburg BauR 1994, 271).

Da die HOAI Leitbildfunktion für die Honorierung der Architekten und **198** Ingenieure hat, können auch bei gravierenden Abweichungen vom Honorarermittlungssystem der HOAI Wettbewerbsverstöße vorliegen, ohne daß es im Ergebnis zu einer Mindestsatzunterschreitung kommt. So insbesondere, wenn seitens des Architekten oder Ingenieurs gerade damit geworben wird, daß zugunsten des Auftraggebers auf die Berechnung nach einer wesentlichen HOAI-Bestimmung verzichtet wird (vgl. Locher BauR 1995, 146 ff.).

Darüber hinaus können auch Standesverstöße, die keine Verstöße gegen die **199** HOAI darstellen, wettbewerbsfremd sein und Ansprüche nach § 1 UWG auslösen. Dies gilt zunächst für die in verschiedenen Berufsordnungen der Architekten enthaltenen Werberichtlinien, in denen sich – hierfür besteht eine Vermutung – die Auffassung aller „anständigen Berufsangehörigen" niederschlägt (Baumbach/Hefermehl § 1 UWG Rdn. 678). Aufdringliche Werbung ist standeswidrig. Verletzt der Architekt bewußt die Werberichtlinien, so versucht er sich einen ungerechtfertigten Wettbewerbsvorsprung vor berufsgerecht handelnden Kollegen zu verschaffen. Da diese Werberichtlinien teilweise außerordentlich detailliert sind, wird jedoch nicht jede Nichteinhaltung der Bestimmungen der Werberichtlinien einen Wettbewerbsverstoß zur Folge haben. Es muß sich um vorsätzliche und gravierende Verletzungen handeln.

Die Berufsordnungen verpflichten die Architekten, sich nur an solchen Wett- **200** bewerben zu beteiligen, deren Verfahrensregelung der GRW entspricht. Nicht jeder formale Verstoß gegen die Auslobungsbedingungen eines Wettbewerbsverstoßes, der auch fahrlässig erfolgen kann, stellt einen Wettbewerbsverstoß dar. Werden aber die Auslobungsbedingungen oder die Bestimmungen der

GRW zielbewußt und planmäßig verletzt, so handelt der Architekt insoweit wettbewerbswidrig. Dies gilt insbesondere bei irreführenden Angaben über Herkunft und Ursprung und hinsichtlich der Verfassererklärung. Der Architekt hat das geistige Eigentum und die geistige Leistung von Kollegen zu achten. Er darf nur Entwürfe und Bauvorlagen unterschreiben, die sein geistiges Eigentum sind und von ihm oder unter seiner Leitung verfaßt wurden. Danach sind Gefälligkeitsunterschriften eines Planvorlageberechtigten zugunsten eines Planverfassers, der die Planvorlageberechtigung nicht besitzt, standesrechtlich unzulässig und wettbewerbswidrig. Durch die Gefälligkeitsunterschrift wird auch der Wettbewerb bewußt beeinflußt. Andere planvorlageberechtigte Mitbewerber werden hierdurch verdrängt. Die Nutzung einer fremden Architektenplanung durch einen anderen („Zweitarchitekten") kann sowohl aus urheberwie wettbewerbsrechtlichen Gründen unzulässig sein. Liegt in der Planung des „Erstarchitekten" eine eigenpersönliche geistige Leistung, ist sie also schutzfähig, so kann die Ausnutzung dieser Leistung durch einen „Zweitarchitekten", der diese als eigene Leistung ausgibt, einerseits das Urheberrecht des „Erstarchitekten" verletzen, andererseits wettbewerbsfremd sein. Der „Zweitarchitekt" handelt zu Zwecken des Wettbewerbs sittenwidrig, indem er zu Lasten des „Erstarchitekten" Mühe, Kosten und Zeitaufwand spart und sich fremder geistiger Leistungen bemächtigt.

201 Das Verbot baugewerblicher Tätigkeit für freie Architekten will bewirken, daß der Auftraggeber sicher sein kann, daß er sich einem Architekten gegenübersieht, den er ausschließlich als seinen Sachwalter betrachten kann und der nicht selbst oder über nahe Angehörige eigene Vermögensinteressen verfolgt (Baustoffhandel, Bauträgergesellschaft). Diese standesrechtliche Verpflichtung schützt zunächst den Auftraggeber. Ein baugewerblich tätiger Architekt darf sich nicht als freier oder freischaffender Architekt bezeichnen, damit sein Vertragspartner schon aus der Firmierung erkennen kann, daß er sich nicht einem Architekten gegenübersieht, der sein ausschließlicher Sachwalter ist. Verwendet er trotzdem die Berufsbezeichnung im Rahmen seiner gewerblichen unternehmerischen Tätigkeit, so handelt er standeswidrig. Er verschafft sich aber auch einen unzulässigen Wettbewerbsvorsprung gegenüber den baugewerblich tätigen Architekten, die sich an die Bestimmungen der Berufsordnung halten und nicht vortäuschen, als seien sie freie Architekten. Er verletzt aber auch die Regeln fairen Wettbewerbs gegenüber den freien Architekten, die mit ihm in einem Wettbewerbsverhältnis stehen, indem er über das Honorar der HOAI hinaus Gewinne der Gesellschaft, an denen er unmittelbar oder mittelbar beteiligt ist, abschöpfen kann. Im Ergebnis kann es so zur Überschreitung der Höchstsätze kommen, weil Bauträger oder Totalübernehmer, insbesondere wenn sie zum Pauschalpreis abschließen, in der Regel nicht die Architektenhonorare getrennt ausweisen. Ein freier Architekt, der als solcher seinem Vertragspartner gegenüber auftritt, aber ohne dies diesem zu offenbaren, sich an Bauvorhaben, für die er als Architekt tätig ist, baugewerblich betätigt, handelt ebenfalls wettbewerbswidrig. Auch er verschafft sich einen Wettbewerbsvorsprung gegenüber berufsgerecht handelnden freien Architekten, die an die Höchst- und Mindestsatzregelung der HOAI gebunden sind, während er sich für den Auftraggeber unkontrollierbar zusätzliche und nicht transparent ausgewiesene Vergütungen verschaffen kann.

Europäisches und internationales Recht 202

Die Europäische Gemeinschaft hat Rechtsakte erlassen, die in das nationale Recht der Vergabe öffentlicher Aufträge sowie in die Gestaltung von Verbraucherverträgen, zu denen auch die Architektenverträge gehören, eingreifen. Dazu gehören die Richtlinie 92/50 EWG v. 24. 7. 1992 über die Koordinierung der Verfahren zur Vergabe öffentlicher Dienstleistungsaufträge sowie die Richtlinie 93/13 v. 15. 4. 1993 über mißbräuchliche Klauseln in Verbraucherverträgen.

Die Kommission betont im Hinblick auf den Vorwurf der Bürokratisierung 203 des Vergabewesens, das Gemeinschaftsrecht verfolge nicht das Ziel, sämtliche nationalen Vorschriften über öffentliche Aufträge zu harmonisieren (vgl. i. e. Hailbronner, FS Heiermann, S. 93). Die Richtlinie 92/50 EWG regelt die Anwendbarkeit des nationalen Rechts nicht näher. Sie besagt, daß die HOAI von der Dienstleistungsrichtlinie nicht berührt wird. In der Begründung führt die EG-Kommission aus, daß der Erlaß von preisrechtlichen Bestimmungen auf gesetzlicher Grundlage kein Hindernis auf dem Gebiet des Leistungsaustausches im EG-Binnenmarkt darstellt. Hiernach gilt die HOAI auch nach Vollendung des EG-Binnenmarkts fort (Jochem HOAI 3. Aufl. § 1 Rdn. 13).

Wie zu verfahren ist, wenn ein Architekt oder Ingenieur aus einem EG-Land 204 in der Bundesrepublik Deutschland Architekten- und Ingenieurleistungen erbringen will oder wenn deutsche Architekten und Ingenieure in anderen EG-Ländern tätig werden, regelt sich nach internationalem Privatrecht (vgl. § 1 Rdn. 37 ff.). Entscheidend ist, nach welchem nationalen Recht der Leistungsaustausch zwischen den Angehörigen unterschiedlicher EG-Staaten erfolgt. Nach Art. 27 Abs. 1 EGBGB können die Parteien in Fällen, in denen unterschiedliche Rechtsordnungen zur Anwendung kommen können, die Rechtsordnung eines bestimmten Staates wählen. Die Rechtswahl kann ausdrücklich oder durch stillschweigend artikulierten Parteiwillen erfolgen. Eine stillschweigende Rechtswahl ist etwa anzunehmen, wenn das Gewährleistungsrecht nach VOB vereinbart wird oder wenn Vertragsmuster, die nach dem am Niederlassungsort geltenden Recht ausgerichtet sind, zugrunde gelegt werden. Fehlt es an der Rechtswahl, so ist nach Art. 28 EGBGB die Anknüpfung vorzunehmen. Für vom Schuldstatut getrennte Anknüpfung der HOAI, die dazu führt, daß für Bauvorhaben im Inland die HOAI anzuwenden ist (außer §§ 4 und 8 HOAI): Wenner BauR 1993, 257. Der Vertrag unterliegt dem Recht desjenigen Staats, mit dem er die engsten Verbindungen aufweist. Dies wird in der Regel die Rechtsordnung des Staates sein, in dem die Partei, die leistungspflichtig ist, im Zeitpunkt des Vertragsabschlusses ihren gewöhnlichen Aufenthalt oder ihre Niederlassung hat. Ein Architekt aus dem EG-Ausland hat bei seiner Planung das nationale Baurecht zu beachten. Die charakteristische Leistung dieses Architekten knüpft dann an die Voraussetzungen deutschen Rechts an, wenn das Bauwerk in der Bundesrepublik Deutschland zu errichten ist. Ein Architekt oder Ingenieur, der in der Bundesrepublik Deutschland Leistungen übernimmt, unterliegt deshalb im Zweifel deutschem Recht und der HOAI (Jochem § 1 Rdn. 26; vgl. auch unten § 1 Rdn. 39).

205 Wird ein deutscher Architekt für einen Ausländer in seinem Heimatland tätig, unterwirft er sich den Regeln dieses Staates. Sind die Vertragspartner Deutsche und führen sie ein Bauvorhaben im Ausland durch, so wird dem hypothetischen Parteiwillen entsprechend das Recht des Staates Anwendung finden, dem sie angehören. Es finden also deutsches Recht und die HOAI Anwendung. Gehören die Vertragschließenden unterschiedlichen Nationen an und soll das Bauvorhaben in einem Drittstaat durchgeführt werden, so ist Anknüpfungspunkt der Ort des Bauvorhabens (vgl. i. e. § 1 Rdn. 37).

206 Die Richtlinie 93/13 EWG über mißbräuchliche Klauseln in Verbraucherverträgen hat auch Bedeutung für den Architektenvertrag. Durch die Richtlinie wird der „Verbraucher" vor Bedingungen eines „Gewerbetreibenden" geschützt. Der Architekt, der einen Architektenvertrag abschließen will, ist EG-rechtlich „Gewerbetreibender". „Stellt er also Bedingungen des Einheitsarchitektenvertrags" einer natürlichen Person und handelt diese nicht zum Zweck der gewerblichen oder beruflichen Tätigkeit, so greift die Inhaltskontrolle der EG-Richtlinie ein.

207 Inwieweit die Verbraucherschutzrichtlinie über die Rechtsprechung zum AGB-Gesetz hinaus den Vertragspartner des Verwenders schützt, wird sich durch die zukünftige Rechtsprechung erweisen. Grundsätzlich soll aber nach der Richtlinie der wirtschaftlich Unterlegene geschützt werden. Die Mißbräuchlichkeit soll sich nach Art. 4 Abs. 1 der Richtlinie nach Art, Güte oder Dienstleistung, die Gegenstand des Vertrages sind, sowie aller den Vertrag begleitenden Umstände sowie aller anderen Klauseln desselben Vertrags oder eines anderen Vertrags, von dem die Klausel abhängt, beurteilen, also auf einen individuellen Maßstab und das konkrete Kräfteverhältnis. Dabei wird der überindividuelle – generalisierende – Maßstab des AGBG verlassen (vgl. Locher BauR 1992, 293; ders. BauR 1993, 379; Jochem DAB 1992, 1787; Ulmer/Brandner/Hensen Einl. 76).

208 Darüber hinaus hat die Kommission eine allgemeine Dienstleistungshaftungsrichtlinie ausgearbeitet, die auf erheblichen Widerstand gestoßen ist (Brandner/Ulmer BB 1991, 706; Bunte, Festschrift Locher, S. 333; Locher BauR 1992, 296; ders., Festschrift Gernhuber, S. 295). Auch der Bundesrat hat gegen diesen Entwurf entschieden Stellung genommen (BRDrucks. S. 63/91 v. 26. 4. 1991). Der Entwurf enthält auch in seiner neuesten Form eine Beweislastumkehr. Der „Dienstleistende" muß sein Nichtverschulden beweisen. Eine Gewährleistungsfrist von grundsätzlich 3 Jahren ist vorgesehen, bei Bauwerken jedoch von 10 Jahren. Der Entwurf sieht bei Bauwerken eine Erlöschensfrist von 20 Jahren vor. Der Verjährungsbeginn knüpft an den Zeitpunkt der Kennt-

niserlangung des Schadens an, die Erlöschensfrist beginnt mit der Erbringung der Dienstleistung. Nach Art. 7 des Entwurfs ist eine Haftungsbegrenzung auch individualvertraglich nicht zulässig.

Diese Richtlinie ist nicht erlassen und aufgrund der lebhaften Kritik zunächst zurückgestellt. **209**

Die rechtliche Einordnung des Ingenieurvertrags **210**

Die in die HOAI aufgenommenen Ingenieurleistungen sind in der Regel werkvertraglich zu qualifizieren. Dies war bei Übertragung der planerischen Aufgabe allein, aber auch bei Übertragung der Planung zugleich mit der Oberleitung und der örtlichen Bauaufsicht h. M., schon bevor der BGH für das Architektenrecht die Übertragung der Bauaufsicht (Objektüberwachung) allein werkvertraglich qualifizierte (BGH NJW 1982, 438 = BauR 1982, 79; vgl. zur rechtlichen Qualifikation i. e. Bohl/Döbereiner/Keyserlingk, Die Haftung des Ingenieurs im Bauwesen, 1980; Herding/Schmalzl, Vertragsgestaltung und Haftung im Bauwesen, S. 414; Jebe/Vygen, Der Bauingenieur und seine rechtliche Verantwortung, 1981; Kromer/Fleischmann, Ingenieurrecht, 1957; Locher, Das private Baurecht, Rdn. 366 ff.). Dienstvertragsrecht kam nach weitverbreiteter Meinung in Betracht, sofern nur Aufgaben der Bauüberwachung (technische Oberleitung, örtliche Bauaufsicht) Gegenstand des Ingenieurvertrags waren oder lediglich eine beratende Tätigkeit in Frage kam. Nach der neuen Rechtsprechung des BGH dienen aber auch die Bauleitung, die Koordinationsleistung, die technische Beratung der Verwirklichung des Bauwerks. Der BGH sagt in seiner Entscheidung NJW 1982, 438 ausdrücklich, daß sowohl der Beitrag des bauleitenden Architekten als auch der des planenden Architekten, des Bauunternehmers und etwa eingesetzter Sonderfachleute die Erfolgsbezogenheit, nämlich das mangelfreie Bauwerk, bewirken sollten. Auch die Ausführungen des BGH über die Sachgerechtigkeit des Werkvertragsrechts im Vergleich mit dem Dienstvertragsrecht treffen für die Ingenieurverträge zu. Deshalb sind auch die Aufsichtätigkeiten, die Tätigkeiten für Gutachten, Messungen, Kostenuntersuchungen, Bewertungen für fachtechnische Abnahmen oder Funktionsprüfungen nach **Werkvertragsrecht** zu behandeln.

Werkvertragsrecht wurde angenommen neben dem Tragwerksplanervertrag **211** (vgl. Rdn. 228) für den Vertrag des **Vermessungsingenieurs** (BGH BauR 1972, 255; OLG Düsseldorf BauR 1975, 68; OLG Hamm BauR 1992, 78), des **Heizungsingenieurs** (BGH NJW 1979, 214; OLG München NJW 1974, 2238), des **Ingenieurs für Sanitär- und Elektroarbeiten** (Technische Ausrüstung) (OLG München NJW 1974, 2238 m. Anm. Ganten NJW 1975, 391) OLG Stuttgart BauR 1980, 82, für den *Bodengeologen* BGH NJW 1979, 214; OLG Hamm BauR 1990, 104.

Der Bauingenieurvertrag als Werkvertrag ist ein auf eine Bauleistung **212** – außerhalb des Architekten- und Tragwerksplanervertrags – gerichteter Vertrag, der Planungs- und Projektierungs-, Überwachungs- und Beratungsleistungen zum Gegenstand hat (Locher, Das private Baurecht, Rdn. 366). Die konstruktive Seite steht im Vordergrund, die gestalterische Seite tritt gegenüber dem Architektenvertrag zurück. Eine eigene Lieferung oder Aufbauleistung im Rahmen des Bauingenieurvertrags ist i. d. R. nicht zu erbringen.

213 Auch die Ingenieurverträge für die durch die Novellen in die HOAI aufgenommenen Leistungen unterliegen weitgehend Werkvertragsrecht. Dies gilt für die Leistungen bei **Ingenieurbauwerken** und **Verkehrsanlagen** gemäß § 51 (Teil VII und verkehrsplanerische Leistungen gemäß § 61a [Teil VIIa] der HOAI). Auch wenn die Bauoberleitung (Leistungsphase 8 des § 55) isoliert übertragen ist, so gilt diese dem Werkerfolg und ist werkvertraglich zu qualifizieren. Dasselbe gilt für die örtliche Bauüberwachung gemäß § 57. Ist dem Ingenieur jedoch lediglich die baukünstlerische Beratung nach § 61 übertragen, so handelt es sich um einen Dienstvertrag.

214 Die Ingenieurleistungen für die Technische Ausrüstung (§ 68) (Teil IX der HOAI) richten sich ebenfalls nach Werkvertragsrecht. Auch wenn der Ingenieur lediglich bei Vorverhandlungen mit Behörden und anderen an der Planung fachlich Beteiligten über die Genehmigungsfähigkeit mitwirkt oder dies bei der Kostenschätzung oder Kostenberechnung bei Anlagen und Gebäuden tut und diese Leistungen isoliert übertragen würden, wäre Werkvertragsrecht anzuwenden. Auch diese Leistungen dienen dem Erfolg: dem mangelfrei errichteten Bauwerk. Dasselbe gilt grundsätzlich für Leistungen für Thermische Bauphysik (§ 77) (Teil X der HOAI). So ist etwa das Aufstellen des prüffähigen Nachweises des Wärmeschutzes eine typisch erfolgsbezogene werkvertragliche Leistung. Dies gilt aber auch für das Abstimmen des geplanten **Wärmeschutzes** mit der Ausführungsplanung und der Vergabe. Auch die **Schallschutz- und raumakustischen Leistungen** sind in der Regel werkvertraglich zu qualifizieren. Vor allem gilt dies für Planungs- und Überwachungstätigkeiten, Messungen, Modelluntersuchungen. Reine Beratungstätigkeiten ohne Übertragung eigentlicher Planungsaufgaben können jedoch dienstvertraglichen Charakter haben.

215 Werkvertraglich sind in der Regel auch die Leistungen von **Bodenmechanik, Erd- und Grundbau** einzuordnen (§ 91 ff. Teil XII der HOAI; vgl. BGH NJW 1979, 214 = BauR 1979, 76; BGH NJW 1976, 1502 = BauR 1976, 354; Döbereiner BauR 1982, 11). Dies gilt für Gutachten, die erfolgsbezogen sind, aber auch für die Baugrundbeurteilung, das Ausschreiben und Überwachen der Anschlußarbeiten und das Aufstellen von Setzungs-, Grundbruch- und anderen erdstatischen Berechnungen. Wird der Ingenieur lediglich zur Beratung bei der Sicherung von Nachbarbauwerken hinzugezogen, so kann diese Tätigkeit dienstvertraglich beurteilt werden. Es ist jedoch immer zu prüfen, ob es sich um eine echte „Beratung" handelt oder um eine planerische Leistung. Abnahmen und Vorschläge für die Gründung sind nach Werkvertragsrecht zu beurteilen.

216 Schließlich ist Werkvertragsrecht auch für **Vermessungsleistungen** (§ 96 ff. Teil XIII der HOAI) anzuwenden, vor allem für Lage- und Höhenbestimmungen von Festpunkten, das Anfertigen von vermessungstechnischen Lageplänen, Höhenplänen, Profilen und Schnitten, das Herstellen von Absteckungsunterlagen, das Aufmaß, die Vermessung bestehender Objekte, das lage- und höhen-

mäßige Erfassen von Leitungen, Kanälen und sonstigen unterirdischen Leitungssystemen. Die beratende Tätigkeit nach der Fertigstellung von Objekten kann dienstvertraglich qualifiziert werden.

Die Beauftragung des Ingenieurs 217

Ein Ingenieur kann sowohl vom Auftraggeber selbst oder vom Architekten oder im Namen des Auftraggebers durch den Architekten beauftragt werden. Der Ingenieurvertrag bedarf nicht einer bestimmten Form, sondern kann schriftlich, mündlich oder durch schlüssiges Verhalten zustande kommen, individualvertraglich ausgehandelt oder ein Formularvertrag sein (vgl. hierzu die gleiche Situation beim Zustandekommen und Umfang des Architektenvertrags: Einl. 22 ff.; hinsichtlich der Bauhandwerkersicherungshypothek, der Verjährung des Vergütungsanspruchs, der Haftung, der Beendigung des Vertrags, der Abnahme und der Haftungsbeschränkungen gelten für alle Ingenieure die obigen Ausführungen bezüglich des Architekten entsprechend). Besteht ein Vertragsverhältnis zwischen Bauherr und Ingenieur, so ist dieser nicht Erfüllungsgehilfe des Architekten (Werner/Pastor, Der Bauprozeß, Rdn. 1224). Nicht einheitlich zu beantworten ist die Frage, inwieweit der Ingenieur Erfüllungsgehilfe des Auftraggebers wird (vgl. zum Tragwerksplaner Einl. 231). Bei größeren Bauvorhaben wird es zu den Pflichten des Auftraggebers gegenüber dem Architekten gehören, dem Architekten einwandfreie Ingenieurleistungen i. S. dieser VO zur Verfügung zu stellen. Inwieweit dies für mittlere und kleinere Bauvorhaben gilt, bedarf der Untersuchung im Einzelfall, wobei Bauzuschnitt, Schwierigkeit der spezifischen Ingenieurleistung und Bauanforderungen von Bedeutung sind. Dies ist dann der Fall, wenn der Architekt aufgrund normaler Architektenausbildung nicht in der Lage ist, Leistungen aus anderen Fachdisziplinen zu erbringen. So dürften etwa beim Bau einer Konzerthalle raumakustische Ingenieurleistungen vom Auftraggeber geschuldet sein, nicht unbedingt jedoch bei einem Schulraum, in dem gelegentlich musiziert wird. Die Aufnahme der Ingenieurleistungen in die HOAI deutet jedoch in verstärktem Maße als bisher darauf hin, daß die dort aufgeführten Ingenieurleistungen nicht zum geschuldeten Grundleistungsumfang des Architekten gehören. Für Erfüllungsgehilfenschaft des Statikers gegenüber Architekten: vgl. Rdn. 231 f.; zur Erfüllungsgehilfenschaft von Bodengutachtern: OLG Köln BauR 1993, 804; gegen die Erfüllungsgehilfenschaft des Ingenieurs gegenüber dem Architekten hinsichtlich der Zurverfügungstellung brauchbarer Unterlagen: Schmalzl, FS Locher, S. 231.

Allerdings bedeutet die Aufnahme dieser Ingenieurleistungen nicht, daß der 218 Architekt nicht im Rahmen seiner Grundleistungspflichten auch planerische und objektüberwachende Zusammenhänge aus dem Ingenieurleistungsbereich zu berücksichtigen hätte. Wenn er ein mangelfreies Werk nach dem Stand der Technik und eine Baugrundbeurteilung u. U. auch ohne Fachingenieur erbringen will, muß er zumindest die DIN-Normen für Schallschutz (DIN 4109), gegebenenfalls auch die Empfehlungen für einen erhöhten Schallschutz seiner

Planung zugrunde legen. Ebenso muß er dem Wärmeschutz im Zuge seiner Tätigkeit Beachtung schenken. Andererseits hat die Aufnahme der Aufstellung des prüffähigen Nachweises des Wärmeschutzes (§ 78) in dem Ingenieurteil klargestellt, daß es sich dabei nicht um Grundleistungen des Architekten handelt.

219 Hat der Architekt keine Vollmacht zur Beauftragung eines Sonderfachmanns, so haftet er im Falle seiner Beauftragung durch ihn als vollmachtsloser Vertreter. Zur Beauftragung des Tragwerkplaners durch den Architekten im eigenen Namen vgl. Rdn. 235.

220 **Allgemeines zur Haftung des Ingenieurs**

Hierfür kann weitgehend auf die Grundsätze, die zur Haftung des Architekten dargestellt sind, zurückgegriffen werden (Einl. 45 ff.). Vor der Abnahme der Leistung des Ingenieurs steht dem Auftraggeber ein Erfüllungsanspruch zu. Die Abnahme von Ingenieurleistungen liegt nicht schon in der Entgegennahme der vertraglich geschuldeten Leistung, Billigung ist erforderlich (i. e. Locher, Das private Baurecht, Rdn. 368). Hat der Ingenieur lediglich einen Planungsauftrag, so ist die vertraglich geschuldete Leistung mit der Vorlage der im wesentlich mangelfreien Pläne jedoch erbracht (BGH NJW 1975, 95 = BauR 1974, 67). Schwierigkeiten bereitet die Festlegung des Abnahmezeitpunkts bei Übertragung von Planungsarbeiten und Überwachungsleistungen oder reinen Überwachungsleistungen.

Beispiel (nach Bohl/Döbereiner/Keyserlingk S. 114): Einem Elektroingenieur wird die örtliche Bauleitung übertragen. Er hat die Bauaufsicht erst dann abnahmereif durchgeführt, wenn der letzte Handwerker die Baustelle verlassen hat. Auch nach Fertigstellung der baulichen Anlage können noch weitere Leistungen, wie Rechnungsprüfung oder die Feststellung der Gesamtherstellungskosten, vorzunehmen sein. Werden Planungs- und Bauleitungsaufgaben dem Ingenieur übertragen, sind die Leistungen des Ingenieurs dann abnahmereif, wenn das Bauwerk errichtet und abgenommen ist und der Auftraggeber die Rechnungsprüfung sowie die endgültige Kostenfeststellung des Ingenieurs und dessen Schlußrechnung entgegengenommen hat. Nach einer Entscheidung des OLG Köln (BauR 1991, 649) liegt eine konkludente Billigung (Abnahme) auch hinsichtlich der Objektüberwachung in der Bezahlung der Vergütung, die nach vertragsgerechter Erbringung der Leistung geschuldet ist.

221 Ein Nachbesserungsanspruch ist dann nicht gegeben, wenn die Ingenieurleistung insgesamt unverwertbar ist. In diesem Fall kann der Auftraggeber die nochmalige fehlerfreie Erbringung der geschuldeten Ingenieurleistung verlangen. Häufig ist die Ingenieurleistung nicht mehr nachbesserbar, wenn sich der Mangel der geistigen Leistung des Ingenieurs bereits im Bauwerk niedergeschlagen hat und die körperliche Beseitigung von Bauwerkmängeln nicht möglich ist. Es kann jedoch auch Fälle geben, in denen nach begonnener Bauausführung Nachbesserung verlangt werden kann, etwa dann, wenn die Planung aus rechtlichen Gründen mangelhaft ist und durch eine baurechtliche Befreiung, die der Ingenieur beantragt, nachträglich eine Genehmigung oder bauaufsichtsrechtliche Abnahme erreicht werden kann (OLG Hamm MDR 1978, 226).

Ist die Planung des Ingenieurs mangelhaft, so haftet er, wenn dieser Mangel **222** zu einem Mangel am Bauwerk führt – bei Vorliegen der übrigen Voraussetzungen –, auf Schadensersatz gemäß § 635 BGB. Ist der Mangel nicht korrigierbar, so entfällt die Fristsetzung (OLG Hamm BauR 1992, 76). Ein Wandelungsanspruch hat nur dann Bedeutung, wenn sich die fehlerhafte Planung noch nicht in einem Bauwerksmangel niedergeschlagen hat. Dann ist auch die Planung wandelungsfähig. Sind Einzelleistungen des Ingenieurs nicht oder nur unvollständig erbracht und führen diese mangelhaften Teilleistungen zu keinem Bauwerksmangel, so ist ein Minderungsanspruch nicht gegeben (Bohl/Döbereiner/Keyserlingk Rdn. 104 unter Anlehnung an BGH NJW 1966, 1713). Der Architekt und der Ingenieur können wegen desselben Bauwerksmangels gesamtschuldnerisch haften (BGH BauR 1971, 265). Eine Mitverantwortlichkeit des Architekten ist aber nur gegeben, wenn der Architekt nach der Sachlage begründete Zweifel haben mußte, ob der eingeschaltete Ingenieur die Aufgabenstellung bewältigen konnte oder bewältigt hat oder wenn der Architekt aufgrund seines Fachwissens mit nachteiligen Folgen hätte rechnen müssen. Mitverantwortung wird vor allem bei eklatantem Fehlverhalten des Ingenieurs anzunehmen sein (total falsche Wärmebedarfsberechnung). Grundsätzlich kann sich der Architekt auf das Spezialwissen des Fachingenieurs verlassen, so etwa, daß ihm ein Vermessungsingenieur korrekte Daten für die Plazierung des Bauwerks gibt oder das Schnurgerüst richtig einschneidet (LG Tübingen, Urt. v. 3. 11. 1973 – 2 O 66/72).

Eine Aufklärungspflicht des Ingenieurs zur Aufklärung auch über selbst zu **223** verantwortende Mängel (vgl. BGH BauR 1985, 97) besteht, wenn der Ingenieur mit Einzelleistungen beauftragt ist, nicht (OLG Köln BauR 1991, 649).

Der Sonderfachmann (Bauingenieur) ist im wesentlichen bezüglich seines **224** Pflichtenkreises und seiner Haftung dem Architekten gleichgestellt (BGH BauR 1988, 734). Auch er hat wirtschaftlich-finanzielle Gesichtspunkte seines Auftraggebers zu beachten. Er muß auf die bestehenden wirtschaftlichen Vorgaben Rücksicht nehmen, muß Mengen und Baukosten möglichst genau ermitteln. Der Bauingenieur hat als Sonderfachmann ebenfalls einen Toleranzrahmen zu beanspruchen, sofern er keine Garantie für die Richtigkeit der Baukosten abgegeben hat. Dies gilt auch für Straßenbaumaßnahmen eines Vermessungsingenieurs, wobei der Toleranzrahmen größer sein kann, weil die Leistungen auf eine konkrete landschaftliche Situation bezogen und nicht uneingeschränkt typisierbar sind.

Nach OLG Hamm (BauR 1990, 104) ist die Abnahme der wesentliche Zeit- **225** punkt, wenn unterschiedliche Fassungen anerkannter Regeln der Technik in Frage kommen. Dagegen hat der BGH (BauR 1985, 567) für die Planung eines Heizungsingenieurs, die mangelhaft war, ausgeführt, daß der Unternehmer die Entstehung eines mangelfreien zweckgerechten Werks zu gewährleisten habe und daß seine Leistung, sofern sie diesen Anforderungen nicht entspräche, fehlerhaft sei, unabhängig davon, ob die anerkannten Regeln der Technik eingehalten worden sind. Ausschlaggebend sei allein, daß der Leistungsmangel zwangsläufig den angestrebten Erfolg beeinträchtigt. Die von dem Heizungsingenieur gefertigte Planung mußte zwangsläufig zu Korrosionsschäden führen.

226 Die gegen den Bauingenieur geltend gemachten Ansprüche nach §§ 634 Abs. 1 und 635 BGB verjähren in 5 Jahren (BGH NJW 1967, 2259), unabhängig davon, ob der Ingenieur von Auftraggeber selbst oder vom Architekten in fremdem oder in eigenem Namen beauftragt wurde (OLG München NJW 1974, 2238 m. Anm. Ganten).

227 **Die Haftung für die in die HOAI aufgenommenen Ingenieurleistungen (mit Ausnahme der Statikerleistungen) im einzelnen**

Vermessungsingenieur:
Der Vermessungsingenieur haftet für richtiges Einmessen (BGH BauR 1972, 255; OLG Düsseldorf BauR 1975, 69). Die Einmessung einer 4 m von der Grundstücksgrenze geplanten, diesen Abstand aber deutlich unterschreitenden Lagerhalle ist unabhängig davon mangelhaft, ob der nach öffentlichem Recht einzuhaltende Grenzabstand 4 m oder 3 m betrug (OLG Düsseldorf BauR 1994, 174 L). In besonderen Fällen, in denen infolge von Höhenunterschieden die Sichtmöglichkeiten eingeschränkt sind, muß der Vermessungsingenieur erkennen, daß der diagonale Verlauf des Schnurgerüstes möglicherweise nicht erkannt wird. Er hätte deshalb den ausführenden Bauunternehmer darauf hinweisen müssen, daß ein Eckschnurgerüst nicht angebracht worden war (OLG Hamm BauR 1992, 78).

Elektroingenieur:
Der Elektroingenieur hat, will er Schadensersatzansprüche vermeiden, Beleuchtungskörper unmißverständlich und den anerkannten Regeln der Technik entsprechend auszuschreiben (OLG Hamm Bau 1990, 104; vgl. ferner BGH NJW 1979, 214).

Heizungsingenieur:
Die Projektierung einschließlich der Wärmebedarfsberechnung muß den Bedürfnissen des Auftraggebers angepaßt und den anerkannten Regeln der Technik entsprechen (vgl. OLG München NJW 1974, 2238 m. Anm. Ganten NJW 1975, 391; BGH BauR 1985, 567).

Bodengutachter:
Der Bodengutachter hat sich zureichend über die Wasserstände zu informieren und sich gegebenenfalls beim zuständigen Amt zu erkundigen, ob ein bereits 25 Jahre alter Grundwassergleichenplan noch den aktuellen Werten entspricht (OLG Köln BauR 1992, 804; vgl. BGH NJW 1979, 214). Für Hydrogeologen: BGH NJW-RR 1992, 1078.

Der Ingenieur für Siedlungswasserbau:
Der Ingenieur für Siedlungswasserbau, der mit Mengenberechnungen und Kostenanschlag, Ausführungsplanung, Oberleitung der Bauausführung und

örtlicher Bauleitung beauftragt ist, haftet nicht, wenn es an den Beckenlängswänden eines Regenüberlaufbeckens aufgrund von Temperaturunterschieden und des dadurch bedingten Belastungszustands zu Rissen gekommen ist, weil bei der statischen Konstruktion keine ausreichende Bewehrung vorgesehen wurde (OLG Nürnberg BauR 1990, 492).

Rechtsfragen der Tragwerksplanung   228
Der Vertrag über die Tragwerksplanung (Statikervertrag)

Der Tragwerksplaner hat konstruktive und rechnerische Aufgaben. Er muß im Rahmen der Architektenpläne die Konstruktionsart und -stärken der tragenden Teile berechnen und so festlegen, daß die Standsicherheit des Gebäudes gewahrt wird. Seine Konstruktion hat er im konstruktiven Entwurf, in den Schal-, Bewehrungs-, Stahlbau- und Holzkonstruktionsplänen niederzulegen, die mit den Berechnungsgrundlagen übereinstimmen müssen. Die Berechnungen des Tragwerksplaners sind übersichtlich und leicht prüfbar festzuhalten. Das gleiche gilt auch für die Aufstellung der Material- und Eignungsnachweise. Der Tragwerksplaner hat darauf zu achten, daß er die Genehmigung des von der Behörde bestellten Prüfstatikers erhält und die Statik bei späteren Überprüfungen frei von begründeten Beanstandungen bleibt (OLG Stuttgart BauR 1973, 64).

Der Vertrag über die Tragwerksplanung ist in der Regel als Werkvertrag zu   **229** qualifizieren (BGHZ 48, 257; BGH BauR 1972, 180; OLG Stuttgart VersR 1969, 431; OLG München MDR 1969, 48; OLG Frankfurt OLGZ 1979, 437; OLG Köln BauR 1991, 649; Neuenfeld, Handbuch des Architektenrechts 1975, I Ac 7; Locher, Das private Baurecht, Rdn. 373; Werner/Pastor Rdn. 1223; Siegburg, Die Bauhandwerkersicherungshypothek, S. 164 sowie die unter Rdn. 236 aufgeführten Entscheidungen, die Schadensersatzansprüche nach § 635 BGB bejahen). Ist der Tragwerksplaner jedoch nur beratend tätig, so findet Dienstvertragsrecht Anwendung (Herding/Schmalzl, Vertragsgestaltung und Haftung im Bauwesen, 2. Aufl. 1967, S. 30).

Die Sicherungshypothek des Tragwerksplaners   **230**

Aus der werkvertraglichen Qualifizierung ergibt sich, daß der Statiker „Unternehmer eines Bauwerks" ist, soweit seine geistige Leistung sich im Bauwerk oder in einem Teil desselben verkörpert. Er hat deshalb in diesen Fällen das Recht, zur Sicherung seines Vergütungsanspruchs die Eintragung einer Sicherungshypothek gemäß § 648 BGB oder einer entsprechenden Vormerkung zu verlangen (BGHZ 48, 257; für Bauingenieure: MünchKomm-Soergel § 648 Rdn. 8; Groß, Bauhandwerkersicherungshypothek, S. 31). Nach Motzke, Die Bauhandwerkersicherungshypothek, S. 185, ihm folgend Siegburg, Bauhandwerkersicherungshypothek, S. 165 und OLG München (OLGZ 1965, 143) soll beim Statiker, dem nur die Planung übertragen ist, das Unmittelbarkeitsmerkmal fehlen. Anderer Ansicht OLG Frankfurt OLGZ 1979, 437; Werner/Pastor Rdn. 200. Wie die Leistung des Architekten realisiert sich auch diejenige des Tragwerksplaners im Bauwerk, wenn dieses nach der Statik gebaut wird.

231 Die Beauftragung des Tragwerksplaners

Ein Tragwerksplaner kann vom Auftraggeber selbst oder vom Architekten oder im Namen des Auftraggebers durch den Architekten beauftragt werden. Schließt der Auftraggeber einen Vertrag mit einem Tragwerksplaner ab, dann wird dieser Erfüllungsgehilfe des Auftraggebers gegenüber dem Architekten, soweit die Erstellung des Bauwerks eine spezifische Leistung eines Tragwerksplaners erfordert. Es gehört in diesem Fall dann zu den Pflichten des Auftraggebers, dem Architekten eine einwandfreie Statik zur Verfügung zu stellen (OLG Düsseldorf NJW 1974, 704; OLG Oldenburg VersR 1981, 541 = BauR 1981, 399; OLG Köln BauR 1987, 460; OLG Köln BauR 1986, 714; OLG Celle BauR 1985, 244; OLG Frankfurt NJW-RR 1990, 1496 unter ausführlicher Auseinandersetzung mit Rechtsprechung und Literatur; vgl. aber hierzu auch Schmalzl, FS Locher, S. 231 ff., der mit beachtlichen Argumenten die Erfüllungsgehilfenschaft ablehnt).

232   Die moderne Entwicklung der Bautechnik führt dazu, daß es ganz allgemein zu den Pflichten des Auftraggebers gehört, dem Architekten eine einwandfreie Statik zur Verfügung zu stellen. Dies gilt mit Sicherheit für größere Bauvorhaben (OLG Düsseldorf a. a. O.; OLG Oldenburg a. a. O.), in der Regel aber auch für kleinere Bauvorhaben. Erbringt der Architekt die Statik selbst, so hat er einen über die Honorierung nach § 15 hinausgehenden Honoraranspruch; die Statik ist nicht in den Leistungskatalog des § 15 aufgenommen.

233   Beauftragt der Architekt einen Tragwerksplaner im Namen des Auftraggebers, so muß geprüft werden, ob diese Beauftragung durch die Architektenvollmacht gedeckt ist. Wurde keine ausdrückliche Vereinbarung getroffen, so ist im Regelfall die Beauftragung eines Statikers durch den Architekten nicht von der normalen Architektenvollmacht erfaßt (BGH Schäfer/Finnern Z 3.01 Bl. 376; Schmalzl, Die Haftung, Rdn. 10 Fn. 15; Neuenfeld, I Ac 8; Werner/Pastor Rdn. 1225; OLG Hamm BauR 1992, 260; a. A. Maßmann DAB 1969, 39; OLG Koblenz Schäfer/Finnern Z 3.002 Bl. 2, jedoch ohne jede Begründung). Beauftragt der Architekt im eigenen Namen einen Tragwerksplaner, ohne die Statik zu schulden, und ist diese mangelhaft, so entsteht die Schwierigkeit, ob der Bauherr (Auftraggeber) Schadensersatzansprüche gegenüber dem Statiker herleiten kann, mit dem er ja in keiner unmittelbaren vertraglichen Beziehung steht. Man wird in diesem Falle im Wege der Schadensliquidation im Drittinteresse dem Auftraggeber solche Ansprüche zubilligen müssen (Wilts, B + B 1966 Heft 9). Der Architekt wird in solchen Fällen Ersatz seiner Aufwendungen für die Statik und §§ 677, 683, 670 BGB verlangen können.

234   Von der Frage, ob die Vollmacht des Architekten für die Beauftragung eines Tragwerkplaners ausreicht, ist zu unterscheiden, ob der Architekt erkennbar in

Vertretung des Auftraggebers den Statikerauftrag erteilt. Geschieht dies nicht, so bleibt es bei der Regelung des § 164 Abs. 2 BGB. Der Architekt kann den Statiker im eigenen oder im Namen des Bauherrn beauftragen. Er kann auch durch schlüssiges Verhalten zum Ausdruck bringen, daß er in fremdem Namen handle. So kann er etwa den Statiker beauftragen, die Tragwerksplanung für ein bestimmtes gebietsmäßig bezeichnetes Bauvorhaben („Gewand Ringelbach") zu erstellen. Da nicht selten der Architekt als sog. Generalplaner auch die Ingenieurleistungen übernimmt und weiter vergibt, der Statiker also Subunternehmer des Architekten ist, soll es nach OLG Köln (BauR 1986, 717) keine Vermutung dafür geben, daß der Architekt bei Vergabe an den Statiker unmittelbare Beziehungen zwischen seinem Bauherrn und diesem herstellen wolle (vgl. auch Werner/Pastor Rdn. 923).

Ist die Beauftragung des Statikers nicht von der Vollmacht des Architekten **235** umfaßt, so haftet dieser als vollmachtloser Vertreter gemäß § 179 BGB seinem Auftraggeber, es sei denn, der Auftragnehmer habe den Mangel der Architektenvollmacht gekannt oder kennen müssen (§ 179 Abs. 3 BGB). Den Statiker trifft in solchen Fällen aber in aller Regel keine Erkundigungspflicht. Nur dann hat er sich über Grenzen und Umfang der Vollmacht des Architekten zu vergewissern, wenn sich ihm begründete Zweifel an dessen Bevollmächtigung aufdrängen mußten (BGH NJW-RR 1987, 307).

Die Haftung des Tragwerksplaners **236**

Eine statische Berechnung kann hinsichtlich der konstruktiven Lösung oder der Berechnung aber auch aus wirtschaftlichen Gründen fehlerhaft sein, etwa weil sie unnötig umfangreiche Fundamente vorsieht. Kann ein enger Zusammenhang zwischen den Mängeln der statischen Berechnung und den sich am Bauwerk niederschlagenden schädlichen Mängelfolgen, vor allem im konstruktiven Bereich, nachgewiesen werden, so haftet der Tragwerksplaner im Falle seines Verschuldens gemäß § 635 BGB, nicht jedoch nach den Regeln der positiven Forderungsverletzung (OLG Stuttgart BauR 1973, 259; vgl. zur Einstandspflicht der Haftpflichtversicherung in derartigen Fällen: BGH VersR 1981, 771). Dies gilt auch, wenn der Statiker es unterläßt, bei seinen Baukontrollen auf die Verletzung seiner Planungsvorgabe hinzuweisen (OLG Hamm NJW-RR 1990, 915). Hinweispflichten im Hinblick auf die Gebrauchsfähigkeit, soweit sie mit der Konstruktion zusammenhängen, dürfen jedoch nicht überzogen werden. Der Statiker ist nicht verpflichtet, darauf hinzuweisen, daß rißgefährdete Wände zu vermeiden sind (OLG Hamm NJW-RR 1992, 1302). Der Statiker hat jedoch die richtige Ausführung seiner Pläne zu überwachen (OLG Karlsruhe MDR 1971, 45; OLG München VersR 1977, 380), sofern die ihm nach der HOAI als Besondere Leistung eingestufte Objektüberwachung übertragen ist.

Beteiligt sich der Statiker am Entwurf der konstruktiven Verbindung nicht- **237** tragender mit tragenden Teilen (Kragplatten starr verbundener Fassadenteile), so muß er Wirkungen der Statik beachten (OLG Düsseldorf BauR 1994, 395).

238   Nach fehlerhafter Berechnung der Statik für einen Dachstuhl kann der zum Schadensersatz verpflichtete Statiker nicht verlangen, daß der Geschädigte auf einen Architekten und einen Prüfingenieur verzichtet und die nochmaligen Dienste des den Fehler verursachenden Statikers in Anspruch nimmt (OLG Hamm NJW-RR 1993, 1044).

239   Die **Haftungsabgrenzung zwischen Statiker und Architekt** bereitet in der Praxis erhebliche Schwierigkeiten. Der Architekt haftet grundsätzlich dem Auftraggeber nicht für die Richtigkeit der statischen Berechnung, sondern kann sich darauf verlassen, daß der Sonderfachmann ihn auf etwaige Bedenken hinweist, die in konstruktiver Hinsicht gegen die geplante Ausführung sprechen (BGH VersR 1967, 260). Der Architekt ist nicht verpflichtet, die Berechnungen des Tragwerksplaners im einzelnen nachzuprüfen, wie umgekehrt der Tragwerksplaner die Pläne des Architekten auch nicht überprüfen muß (OLG Köln BauR 1986, 714 = NJW-RR 1986, 183; OLG Köln BauR 1988, 241); er darf diesem aber auch nicht blindlings vertrauen. So muß er bei handgreiflichen Fehlern, die sich ihm aufdrängen müssen, eingreifen (OLG Stuttgart BauR 1975, 432). In jedem Fall muß der Architekt die statische Berechnung daraufhin überprüfen, ob der Tragwerksplaner von den örtlichen Gegebenheiten und der richtigen Bodenbeschaffenheit ausgegangen ist (hierzu i. e. Bindhardt/Jagenburg § 6 Rdn. 13 f.) und ob er auch die in den Leistungsbereich des Architekten fallenden Pläne seinen Berechnungen tatsächlich zugrunde gelegt hat (vgl. OLG Oldenburg VersR 1981, 541 und unten § 15 Rdn. 30). Umgekehrt muß der Tragwerksplaner aufgrund seines Spezialwissens den Architekten auf Bedenken bei der Ausführung hinweisen. Die korrekte Ausführung nach den Plänen des Tragwerksplaners ist sowohl vom Tragwerksplaner als auch vom Architekten zu überwachen (vgl. Locher, Das private Baurecht, Rdn. 374). Wird der Architekt mit der Objektüberwachung beauftragt, so kann er sich gewährleistungspflichtig machen, wenn er gebotene Maßnahmen hinsichtlich des Einsturzes einer Dachkonstruktion nicht ergriffen hat (BGH VersR 1964, 1250). Ihm kann auch die Verpflichtung obliegen, die Verankerung eines Daches zu prüfen, ungeachtet etwaiger von ihm nicht erkannter Fehler in der statischen Berechnung (BGH BauR 1970, 62). Er muß feststellen, ob die planerisch vorgesehene Bewehrung eingebracht ist, nicht jedoch prüfen, ob diese in statisch konstruktiver Hinsicht in Ordnung ist (zur Abnahme von Bewehrungen vgl. § 15 Rdn. 189).

240   Berührungspunkte zwischen den Aufgaben des Tragwerksplaners und denen des Architekten bestehen vor allem hinsichtlich der **Überprüfung von Bodenverhältnissen,** wobei hier primär der Architekt die Verantwortung trägt (vgl. § 15 Rdn. 91). Es hängt vom Einzelfall ab, ob der Tragwerksplaner sich darauf verlassen kann, daß der Architekt die Baugrundverhältnisse tatsächlich untersucht hat oder ob er besonderen Anlaß hat, von sich aus die Baugrundverhältnisse zu überprüfen (vgl. OLG München MDR 1969, 48; OLG Stuttgart BauR 1973, 124). Grundsätzlich wird man davon ausgehen müssen, daß es nicht Aufgabe des Statikers ist, die Bodenbeschaffenheit, die ihm vom Architekten mitgeteilt

wurde, zu überprüfen. Anderer Ansicht LG Aachen VersR 1986, 777. Es ist im
Einzelfall Tatfrage, ob der Statiker von sich aus Bodenuntersuchungen veranlassen muß (BGH BauR 1971, 265). Das OLG Nürnberg (MDR 1975, 930) verlangt, daß der Statiker die Pläne des Architekten, die nur allgemeine Vorstellungen über Gründung wiedergeben, in eigener Verantwortung prüft (vgl.
hierzu auch Bindhardt BauR 1974, 376).

Abgrenzungsschwierigkeiten hinsichtlich der Verantwortlichkeit zwischen **241**
Architekt und Tragwerksplaner, bei größeren Bauvorhaben aber auch zwischen
Architekt, Tragwerksplaner, Bodenmechaniker und Bauphysiker, ergeben sich
auch bei der Anlegung von **Dehnungsfugen.** In der Rechtsprechung und der
Literatur ist es streitig, ob der Architekt oder der Tragwerksplaner die Verant-
wortung für das Anlegen von Dehnungsfugen trägt. Primär für den Architek-
ten: OLG Karlsruhe MDR 1969, 49; Bindhardt/Jagenburg, Die Haftung des
Architekten, § 6 Rdn. 24. Nach Ansicht des BGH (BauR 1971, 267), des OLG
Stuttgart (BauR 1973, 41), des OLG Köln (BauR 1988, 245) sowie des OLG
Nürnberg (BauR 1990, 492 – für den Ingenieur) liegt die Verantwortung für
die Anlegung von Dehnungsfugen in erster Linie bei dem Tragwerksplaner.
Das OLG Düsseldorf (BauR 1973, 252) führt dagegen aus, daß es sich bei der
Planung von Dehnungsfugen nicht um ein Spezialwissen des Statikers allein
handele. Dies gehöre vielmehr auch zum Fachwissen eines jeden Architekten.
Das OLG Düsseldorf hält deshalb sowohl den Architekten wie den Statiker für
verpflichtet, die Notwendigkeit der Dehnungsfugen zu erkennen und diese
dann vorzusehen. Im einzelnen, insbesondere bei Großbauvorhaben, kann es
auch zu den Aufgaben des Bauphysikers oder Ingenieurgeologen gehören, für
die Anbringung von Dehnungsfugen zu sorgen. Der Bauingenieur haftet
ebenso wie der Architekt dafür, daß Mengen und Kosten möglichst genau
ermittelt werden (BGH NJW-RR 1988, 1362).

Wärmedämmaßnahmen bei tragenden Teilen sind vom Statiker, nicht vom **242**
Architekten vorzusehen (OLG Frankfurt BauR 1991, 785).

Sind sowohl der Tragwerksplaner wie der Architekt für einen Schaden ver- **243**
antwortlich, so haften beide als *Gesamtschuldner* gemäß § 426 BGB (BGH
BauR 1971, 269). Dies vor allem, wenn die Statikerpläne unrichtig sind und der
Architekt diese trotz offensichtlicher Mangelhaftigkeit nicht beanstandet hat
oder bei Übertragung der ingenieurtechnischen Überwachung an den Statiker
der Architekt offensichtliche Abweichungen von den Plänen nicht bemerkt hat
(OLG Celle, BauR 1985, 244). Dabei wird in der Regel beim gesamtschuldnerischen Haftungsausgleich zu berücksichtigen sein, daß der Tragwerksplaner im
Hinblick auf seine größere Schadensnähe und seine spezifische Berufserfah-
rung eine überwiegende Pflicht zur Tragung des Schadens hat. Der gesamtschuldnerische Haftungsausgleich hängt nicht davon ab, ob den Tragwerksplaner eine Nachbesserungspflicht trifft und der Architekt lediglich nach § 635
BGB haftet. Zur Schadensquotelung: OLG Celle BauR 1985, 244, 322; OLG
Frankfurt BauR 1987, 322.

244   Zur Verantwortlichkeit und Haftungsabgrenzung zwischen Statiker und pla-
       nendem Ingenieur: OLG Nürnberg BauR 1990, 492.

245   Der Fachingenieur kann auch aus Garantievertrag haften, wenn er die ord-
       nungsgemäße Durchführung einer Dachsanierung zugesagt hat (OLG Stuttgart
       NJW-RR 1989, 210).

246   **Der Prüfingenieur für Statik**

       Die Landesbauordnungen sehen vor, daß dem Antrag auf Erteilung der Bauge-
       nehmigung die statische Berechnung (Standsicherheitsnachweis) beigefügt werden
       muß. Der Bauaufsichtsbehörde obliegt die Prüfung der statischen Berechnung. Sie
       setzt hierfür Prüfingenieure für Baustatik ein. Im öffentlichen Interesse kontrolliert
       der Prüfingenieur die bei der Baurechtsbehörde eingereichten Pläne hinsichtlich
       ihrer statischen Sicherheit. Er übt also hoheitliche Gewalt aus. Die Baurechtsbe-
       hörde prüft die statische Berechnung durch den Prüfingenieur lediglich im Hinblick
       auf das öffentliche Interesse an der Gefahrenabwehr, nicht im Hinblick auf das Ver-
       mögensinteresse des Bauherrn. Ist die Prüfstatik deshalb fehlerhaft und entsteht
       hierdurch ein Schaden, so ergeben sich keine Ansprüche des Bauherrn gegen den
       Prüfstatiker nach §§ 633 ff. BGB. An die Stelle des Prüfingenieurs kann allenfalls
       nach Art. 34 Satz 1 GG die öffentlich-rechtliche Körperschaft als Trägerin der Bau-
       aufsicht treten. Dabei muß aber § 839 BB beachtet werden, d. h. eine dem Bauherrn
       gegenüber obliegende Amtspflicht verletzt sein. Stürzt ein Bauwerk infolge einer
       mangelhaften Prüfstatik ein und wird der Bauherr zwar in seinem Vermögen, nicht
       jedoch körperlich geschädigt, so liegt keine Verletzung der Amtspflicht gegenüber
       dem Bauherrn vor (BGH Schäfer/Finnern Z 3.00 Bl. 78; vgl. i. e. Schmalzl B + B
       1971, 77).

247   Die Honorierung des Prüfingenieurs ist in der HOAI nicht geregelt. Hierfür
       gelten die Verordnungen und Verwaltungsvorschriften der Länder (vgl. i. e.
       zum Prüfingenieur für Statik: Schmalzl, Der Prüfingenieur für Statik, seine
       Tätigkeit und seine Haftung, 2. Aufl. 1974; Trapp/Trapp BauR 1995, 57).

248   Der Vergütungsanspruch des Prüfstatikers verjährt in zwei Jahren gemäß
       § 196 Abs. 1 Nr. 15 BGB (VG Gelsenkirchen BauR 1993, 124 L; Trapp/Trapp
       BauR 1995, 57). Es bedarf einer Honorarschlußrechnung. Die Bauaufsichtsbe-
       hörde hat die Honorare für die Prüfung zu prüfen und dem Bauherrn zu über-
       mitteln. Erst die Zahlung an den Prüfingenieur läßt die Geldforderung an den
       Bauherrn entstehen.

Gesetz zur Verbesserung des Mietrechts und zur Begrenzung des Mietanstiegs sowie zur Regelung von Ingenieur- und Architektenleistungen (Artikelgesetz)

vom 4. November 1971 (BGBl. I, S. 1745, 1749)

geändert durch Gesetz zur Änderung des Gesetzes zur Regelung von Ingenieur- und Architektenleistungen vom 12. 11. 1984 (BGBl. I, S. 1337)

Auszug

Artikel 10 Gesetz zur Regelung von Ingenieur- und Architektenleistungen

§ 1
Ermächtigung zum Erlaß einer Honorarordnung für Ingenieure

(1) Die Bundesregierung wird ermächtigt, durch Rechtsverordnung mit Zustimmung des Bundesrates eine Honorarordnung für Leistungen der Ingenieure zu erlassen. In der Honorarordnung sind Honorare für Leistungen bei der Beratung des Auftraggebers, bei der Planung und Ausführung von Bauwerken und technischen Anlagen, bei der Ausschreibung und Vergabe von Bauleistungen sowie bei der Vorbereitung, Planung und Durchführung von städtebaulichen und verkehrstechnischen Maßnahmen zu regeln.

(2) In der Honorarordnung sind Mindest- und Höchstsätze festzusetzen. Dabei ist den berechtigten Interessen der Ingenieure und der zur Zahlung der Honorare Verpflichteten Rechnung zu tragen. Die Honorarsätze sind an der Art und dem Umfang der Aufgabe sowie an der Leistung des Ingenieurs auszurichten. Für rationalisierungswirksame besondere Leistungen des Ingenieurs, die zu einer Senkung der Bau- und Nutzungskosten führen, können besondere Honorare festgesetzt werden.

(3) In der Honorarordnung ist vorzusehen, daß

1. die Mindestsätze durch schriftliche Vereinbarung in Ausnahmefällen unterschritten werden können;

2. die Höchstsätze nur bei außergewöhnlichen oder ungewöhnlich lange dauernden Leistungen überschritten werden dürfen;

3. die Mindestsätze als vereinbart gelten, sofern nicht bei Erteilung des Ingenieurauftrages etwas anderes schriftlich vereinbart ist.

§ 2
Ermächtigung zum Erlaß einer Honorarordnung für Architekten

(1) Die Bundesregierung wird ermächtigt, durch Rechtsverordnung mit Zustimmung des Bundesrates eine Honorarordnung für Leistungen der Architek-

ten (einschließlich der Garten- und Landschaftsarchitekten) zu erlassen. In der Honorarordnung sind Honorare für Leistungen bei der Beratung des Auftraggebers, bei der Planung und Ausführung von Bauwerken und Anlagen, bei der Ausschreibung und Vergabe von Bauleistungen sowie bei der Vorbereitung, Planung und Durchführung von städtebaulichen Maßnahmen zu regeln.

(2) In der Honorarordnung sind Mindest- und Höchstsätze festzusetzen. Dabei ist den berechtigten Interessen der Architekten und der zur Zahlung der Honorare Verpflichteten Rechnung zu tragen. Die Honorarsätze sind an der Art und dem Umfang der Aufgabe sowie an der Leistung des Architekten auszurichten. Für rationalisierungswirksame besondere Leistungen des Architekten, die zu einer Senkung der Bau- und Nutzungskosten führen, können besondere Honorare festgesetzt werden.

(3) In der Honorarordnung ist vorzusehen, daß

1. die Mindestsätze durch schriftliche Vereinbarung in Ausnahmefällen unterschritten werden können;

2. die Höchstsätze nur bei außergewöhnlichen oder ungewöhnlich lange dauernden Leistungen überschritten werden dürfen;

3. die Mindestsätze als vereinbart gelten, sofern nicht bei Erteilung des Architektenauftrages etwas anderes schriftlich vereinbart ist.

1 §§ 1 und 2 des MRVG stellen die Rechtsgrundlage und die gesetzliche Ermächtigung für die HOAI dar. Gemäß der gesetzlichen Ermächtigung hat die neue Honorarordnung die Form einer Rechtsverordnung. Die Ermächtigungsnorm des Artikels 10 beschreibt zunächst, für welche Art von Leistungen von Architekten und Ingenieuren die Honorarordnung Vergütungen vorsehen darf. Sie legt dann Grundlagen der Honorarordnung fest, in deren Rahmen sich die Honorarordnung bewegen darf. Die wichtigsten Festlegungen sind:

a) die Festsetzung von Mindest- und Höchstsätzen,

b) die Bindung der Honorarsätze an Art und Umfang der Aufgabe des Architekten und des Ingenieurs,

c) die Geltung der Mindestsätze, sofern bei Erteilung des Auftrags nichts anderes schriftlich vereinbart ist,

d) die Möglichkeit der Überschreitung der Höchstsätze nur bei außergewöhnlichen und ungewöhnlich lange dauernden Leistungen,

e) die seit 10. 6. 1985 geltende Regelung, daß die Mindestsätze nur in Ausnahmefällen unterschritten werden können.

2 Gegen die Verfassungsmäßigkeit des MRVG wurden aufgrund von Art. 80 Abs. 1 Satz 2 GG Bedenken vorgebracht. Nach dieser Bestimmung müssen Inhalt, Zweck und Ausmaß der Ermächtigung im Erlaß einer Rechtsverordnung im Ermächtigungsgesetz eindeutig bestimmt sein. Was den Zweck der Ermächtigung anbetrifft, erheben sich dagegen keine ernsthaften Bedenken. „Vorbehalte können sich hinsichtlich der Bestimmtheit des Ausmaßes der Ermächtigung ergeben" (Hesse BauR 1975, 172). Die Festlegungen in der

Ermächtigungsnorm sind jedoch ausreichend, die Bindung der Honorarsätze an Art und Umfang der Aufgabe sowie die Leistung des Architekten und Ingenieurs in Verbindung mit der Regelung über die anrechenbaren Kosten bestimmt genug, um durch den Ermessensspielraum des Verordnungsgebers in verfassungsmäßig ordnungsgemäßer Weise ausgefüllt werden zu können (so BVerfG v. 20. 10. 1981 – 2 BvR 201/80 –, BGH BauR 1981, 582 m. Anm. Locher = NJW 1981, 2352 [2353]; a. A. Neuenfeld BauR 1975, 304).

Dagegen war § 4 Abs. 2 HOAI zum Teil („in Ausnahmefällen") nicht von der 3 Ermächtigung gedeckt (vgl. BVerfG a. a. O. und § 4 Rdn. 11). Die weitergehende Auffassung (so Schmitz NJW 1982, 1489), auch §§ 5 Abs. 4 und 7 Abs. 5 seien unwirksam, ist abzulehnen (hinsichtlich § 8 vgl. dort Rdn. 2). Mit der Neufassung von Art. 10 § 1 Abs. 3 Nr. 1 und § 2 Abs. 3 Nr. 1 MRVG durch die Gesetze zur Änderung des MRVG vom 12. 11. 1984 (BGBl. I S. 1337) wurde die Rechtsgrundlage für die Regelung in § 4 Abs. 2 HOAI geschaffen, wonach die Mindestsätze nur „in Ausnahmefällen" unterschritten werden können. Damit hat der Gesetzgeber der Entscheidung des BVerfG Rechnung getragen. Der Verordnungsgeber hat auf dieser Grundlage mit der 2. Verordnung zur Änderung der HOAI in § 4 Abs. 2 wieder die Worte „in Ausnahmefällen" eingefügt (2. ÄndVO v. 10. 6. 1985 – BGBl. I S. 961; vgl. Einl. Rdn. 1).

Die VO hat die gesetzliche Ermächtigung für den Bereich der Architektenlei- 4 stungen weitestgehend ausgenutzt. Auf dem Gebiet der Ingenieurleistungen war dagegen von ihr zunächst nur der Bereich Tragwerksplanung erfaßt. Mit der ersten VO zur Änderung der HOAI vom 17. 7. 1984 (BGBl. I S. 948) sind nun seit 1. 1. 1985 die Honorare für Leistungen nahezu aller am Bau beteiligten Ingenieure in der HOAI geregelt (vgl. Einl. Rdn. 1, 2 und § 1 Rdn. 1).

Zweifel können sich jedoch im einzelnen bei der Frage erheben, ob gewisse 5 in der Honorarordnung getroffene Regelungen durch die Ermächtigungsnormen des Artikels 10 Artikelgesetz gedeckt werden. Umstritten war, ob § 8 HOAI von §§ 1, 2 MRVG gedeckt ist. Der BGH hat dies zwar bejaht; in der Literatur und von den Instanzgerichten wird die Frage aber verschiedentlich verneint (vgl. § 8 Rdn. 4).

Bedenken bestehen außerdem, ob durch die Ermächtigungsnorm die Bestim- 6 mungen der §§ 33, 34 gedeckt werden. Nach Artikel 10 § 1 Abs. 1 können in der Honorarordnung zwar Honorare für Leistungen bei der Beratung des Auftraggebers geregelt werden (Beratungshonorare für Architekt und Statiker sind entgegen der Ermächtigung in der HOAI nicht vorgesehen, vgl. Einl. Rdn. 42 und § 1 Rdn. 3); ein Gutachten geht jedoch über die Erteilung eines Rates hinaus (vgl. die Kommentierung zu § 33 Rdn. 1). Der Verordnungsgeber hat – wohl um nicht von vornherein außerhalb der Ermächtigungsnorm zu liegen – die Regelung des § 33 nicht auf Bauleistungen allgemein, sondern nur auf Gutachten für Leistungen, die in der HOAI erfaßt sind, bezogen. Aber auch insoweit bleiben Bedenken bestehen, ob Gutachten und speziell Wertermittlungen durch die Ermächtigung gedeckt sind. Gerade die **Ermittlung des Wertes von Grundstücken** und hier besonders die von unbebauten Grundstükken kann nicht unter die Kriterien, die Artikel 10 § 1 Abs. 1 festlegt, gebracht werden.

§ 3
Unverbindlichkeit der Koppelung von Grundstückskaufverträgen mit Ingenieur- und Architektenverträgen

Eine Vereinbarung, durch die der Erwerber eines Grundstücks sich im Zusammenhang mit dem Erwerb verpflichtet, bei der Planung oder Ausführung eines Bauwerks auf dem Grundstück die Leistungen eines bestimmten Ingenieurs oder Architekten in Anspruch zu nehmen, ist unwirksam. Die Wirksamkeit des auf den Erwerb des Grundstücks gerichteten Vertrags bleibt unberührt.

1 Früherer Rechtszustand; rechtspolitischer Grund; Neuregelung

Bereits vor Inkrafttreten des § 3 MRVG wurde in Rechtsprechung und Literatur die Auffassung vertreten, daß Architekten- und Ingenieurverträge als Koppelungsgeschäft in Verbindung mit Grundstücksverträgen unwirksam seien (vgl. BGH BauR 1973, 117 = NJW 1973, 315; Hesse BauR 1977, 74; ders. BauR 1985, 30). Die Wirksamkeit des Architektenvertrages wurde damals unter dem Gesichtspunkt der Sittenwidrigkeit nach § 138 BGB diskutiert.

2 Ein ausdrückliches Verbot der Architekten- und Ingenieurbindung wurde dann durch Art. 10 § 3 des Gesetzes vom 4. 11. 1971 eingeführt. Der rechtspolitische Grundgedanke wurde in der Amtlichen Begründung wie folgt beschrieben: „Bei dem knappen Angebot an Baugrundstücken erwirbt ein Ingenieur bzw. Architekt, dem Grundstücke ‚anhand' gegeben sind, eine monopolartige Stellung, die nicht auf eigener beruflicher Leistung beruht." Damit wird für Architekten und Ingenieure der reine Leistungswettbewerb in den Vordergrund gestellt. Die Berechtigung dafür wird in der heutigen Zeit des öfteren und zu Recht in Frage gestellt. Die Vorschrift ist jedoch wirksam, und es gibt keinen Anlaß, rechtspolitische Gesichtspunkte bei der Auslegung des Koppelungsverbots zu berücksichtigen.

3 Während vor der Neuregelung durch Artikel 10 § 3 des Gesetzes vom 4. 11. 1971 zur Regelung von Ingenieur- und Architektenleistungen eine reiche und teilweise gegensätzliche Judikatur zu der Frage vorlag, ob Architektenbindungen gemäß § 138 BGB die Nichtigkeit des Architektenvertrags herbeiführen, ist nunmehr jede Vereinbarung unwirksam, die den Erwerber eines Grundstücks im Zusammenhang mit dem Erwerb verpflichtet, bei der Planung oder Durchführung eines Bauwerks auf dem Grundstück die Leistungen eines bestimmten Ingenieurs oder Architekten in Anspruch zu nehmen (zum Ganzen Hesse BauR 1977, 74; ders. BauR 1985, 30; Jagenburg BauR 1979, 91; Bindhardt/Jagenburg § 2 Rdn. 106 ff.; Weyer BauR 1984, 324; Doerry, Festschrift für Baumgärtel, 1990, S. 41 ff.). Dabei bleibt die Wirksamkeit des auf den Erwerb des Grundstücks gerichteten Vertrags selbst unberührt.

Geschützter Personenkreis 4

Unwirksam ist eine Verpflichtung, die der **Erwerber eines Grundstücks** im Hinblick auf die Inanspruchnahme der Leistungen eines bestimmten Architekten oder Ingenieurs eingeht. Unerheblich ist also, ob der Erwerber Privatmann, Kaufmann oder öffentlicher Auftraggeber ist. Es genügt, daß Identität zwischen dem Erwerber und demjenigen besteht, der sich zur Inanspruchnahme der Leistungen eines bestimmten Ingenieurs oder Architekten verpflichtet.

Erwerb eines Grundstücks 5

Erfaßt sind alle Verpflichtungsgeschäfte, die zum Erwerb eines Grundstücks führen können, also nicht nur Kaufverträge, sondern z. B. auch Tauschverträge oder Schenkungsverträge. Auf die schuldrechtliche Grundlage des Erwerbsvorgangs kommt es nicht an.

Nicht höchstrichterlich geklärt ist, ob der **Erwerb eines Erbbaurechts** gleich- 6 zustellen ist. Trotz der Formulierung des § 3 ist dies zu bejahen (ebenso KG NJW-RR 1992, 916 = ZfBR 1992, 70; Hesse/Korbion/Mantscheff/Vygen, Art. 10 § 3 MRVG Rdn. 11). Der Erwerber des Erbbaurechts erhält eine dingliche Stellung, die im Hinblick auf den Schutzzweck der Vorschrift derjenigen eines Grundstückserwerbers gleichzustellen ist. Entsprechendes gilt auch für andere dingliche Rechte, die den Erwerber in die Lage versetzen, auf dem Grundstück ein Gebäude zu errichten (so mit Recht Ingenstau/Korbion/Mantscheff/Vygen, a. a. O. Rdn. 12).

Verpflichtung zur Inanspruchnahme von Leistungen 7

Unwirksam ist eine Vereinbarung, die den Erwerber zur Inanspruchnahme der Leistungen eines bestimmten Architekten oder Ingenieurs verpflichtet. Die Vereinbarung und auch die Verpflichtung sind sowohl bei mündlicher als auch bei schriftlicher Form unwirksam, und § 3 MRVG greift auch dann ein, wenn sie in einem notariellen Vertrag enthalten sind. Derartige Verpflichtungen werden auch nicht dadurch wirksam, daß der Erwerber über das Koppelungsverbot aufgeklärt wird. Die Vorschrift des § 3 MRVG ist nicht disponibel.

8 Planung oder Ausführung eines Bauwerks

Die Begriffe **Planung** und **Ausführung** decken die gesamten Architekten- und Ingenieurleistungen ab, die in den Leistungsbildern der HOAI enthalten sind. Vereinbarungen, die auch nur Teilleistungen aus diesen Leistungsbildern zum Gegenstand haben, unterfallen ebenfalls dem Koppelungsverbot. Anderes gilt jedoch im Hinblick auf nicht von Leistungsbildern der HOAI erfaßte Gegenstände. Dazu gehören insbesondere die isolierten Besonderen Leistungen (vgl. § 1 Rdn. 3, § 2 Rdn. 17 und § 5 Rdn. 35). Ebensowenig gehört dazu die Beratungstätigkeit oder die Erstellung von Gutachten (vgl. § 1 Rdn. 3).

9 Als **Bauwerk** sind nicht nur Hochbauten gemeint, sondern alle Objekte i. S. § 3 HOAI. Es gehören damit auch alle Ingenieurbauwerke, Verkehrsanlagen, Tiefbauten usw. hierher (vgl. § 3 Rdn. 3). Dementsprechend sind Planungs- und Ausführungsleistungen nicht nur aus Teil II der HOAI, sondern aus allen Teilen der HOAI angesprochen, also auch z. B. Leistungen der Bauvermessung aus Teil XIII.

10 Die betroffenen Architekten und Ingenieure

Unzulässig ist auch die Bindung an einen **freischaffenden Architekten oder Ingenieur** als **Generalübernehmer** oder **Generalunternehmer** (BGH SFH Nr. 1 zu Art. 10 § 3 MRVG; OLG Köln BauR 1976, 288; a. A. LG Düsseldorf BauR 1984, 418). Gleiches gilt auch dann, wenn ein freiberuflich tätiger Architekt oder Ingenieur als **Bauträger** auftritt (BGH BauR 1991, 114 = ZfBR 1991, 14). Dagegen gilt das Koppelungsverbot nicht für einen Bauträger, Generalunternehmer oder -übernehmer **mit Planungsverpflichtung,** soweit auf einem dem Erwerber vorweg übertragenen Grundstück gebaut wird (BGH NJW 1984, 732 = BauR 1984, 192; BGH BauR 1989, 95 = NJW-RR 1989, 147 = ZfBR 1989, 29; OLG Düsseldorf NJW-RR 1993, 667 für die Vereinbarung eines Planungshonorars zwischen GU und Bauherr in Vorbereitung eines Grundstücksvertrags; a. A. OLG Hamm BB 1982, 764; HessVGH BauR 1985, 224 für den Fall, daß ein Wohnungsunternehmen nur Planungs- oder Betreuungsleistungen erbringt; vgl. zur Baubetreuung und Bauträgerschaft i. e. Locher/Koeble, Baubetreuungs- und Bauträgerrecht, 4. Aufl. 1985, Rdn. 64 ff.; Koeble BauR 1973, 25 [26 ff.]).

Der BGH sieht das Koppelungsverbot zu Recht **berufsstand-** und **nicht leistungsbezogen** (Koeble, a. a. O.). Er wendet es bei einem Baubetreuungsvertrag eines Wohnungsbauunternehmens auch dann nicht an, wenn zunächst nur Leistungsphasen 1 und 2 betroffen sind und der Baubetreuer das Grundstück anhand hat (BGH BauR 1993, 490 = ZfBR 1993, 186). Dies ist vom Grundsatz her richtig. Da aber auch den baugewerblich tätigen Architekten oder Ingenieuren die Erbringung von Architekten- bzw. Ingenieurleistungen erlaubt ist, können in solchen Fällen erhebliche Abgrenzungsprobleme auftreten. Ist der Architekt oder Ingenieur gleichzeitig Inhaber eines Wohnungsunternehmens, so muß das MRVG anwendbar sein, wenn er wie ein freischaffender Architekt

oder Ingenieur im Vorfeld zunächst Planungsleistungen erbringt und für diese
ein gesondertes Honorar entweder in einem gesonderten Vertrag oder als Rate
des später abzuschließenden Wohnungsbauvertrags erhält (Koeble a. a. O.;
ebenso OLG Hamm BauR 1993, 494 m. zust. Anm. Haß). Anderes gilt, wenn
der baugewerblich Tätige nicht speziell Architekten- oder Ingenieurleistungen
erbringt, sondern diese gleichsam im Paket mit den Bauleistungen angeboten
werden. Personen, die weder Architekten noch Ingenieure sind, fallen unstreitig
nicht unter das Koppelungsverbot; auch eine entsprechende Anwendung scheidet aus (vgl. BGH BauR 1984, 193 = NJW 1984, 732; BGH BauR 1989, 95 =
NJW-RR 1989, 147 = ZfBR 1989, 29; LG Köln BauR 1990, 634).

Inhalt der Vereinbarung; Zusammenhang mit dem Grundstückserwerb 11

Die Verpflichtung des Erwerbers zur Inanspruchnahme von Architektenleistungen muß im Zusammenhang mit dem Erwerb des Grundstücks stehen; dieser Fall liegt immer dann vor, wenn der Veräußerer den Verkauf des Grundstücks davon abhängig macht, daß der Erwerber einem bestimmten Architekten
den Auftrag zusagt (vgl. Custodis DNotZ 1973, 532). Die mißbilligte Verpflichtung kann sich aber auch aus den Umständen ergeben, und zwar sogar
dann, wenn der Architekt erklärt, das Grundstück werde ohne Bindung verkauft (BGH BauR 1981, 295 = NJW 1981, 1840), oder dann, wenn der Erwerb
an Auflagen geknüpft wird, die den Auftraggeber zum Abschluß eines Vertrages mit einem bestimmten Architekten oder Ingenieur zwingen (BGH BauR
1982, 183 = ZfBR 1982, 77). Ein Zusammenhang zwischen dem Veräußerer
und dem Architekten muß für die Unwirksamkeit der Verpflichtung des Erwerbers nicht gegeben sein. Entscheidend ist, daß dem Erwerber das Grundstück
nicht ohne seine Verpflichtung gegenüber dem Architekten von diesem vermittelt worden wäre (BGH BauR 1975, 290 = NJW 1975, 1218). Dabei bleibt es
gleichgültig, von wem die Initiative zu der Verpflichtung des Architekten ausgegangen war (OLG Hamm BauR 1974, 135). Ein Verstoß gegen das Koppelungsverbot liegt deshalb vor, wenn ein Erwerber gegenüber dem Veräußerer
die Verpflichtung eingeht, einen bereits abgeschlossenen Architektenvertrag
von diesem zu übernehmen (BGH BauR 1993, 104 = NJW-RR 1992, 1372 =
ZfBR 1993, 19). Es kommt auch nicht darauf an, ob der Architekt das Grundstück selbst an der Hand hatte. Es genügt, wenn das Grundstück der Frau des
Architekten bzw. Ingenieurs gehört (BGH SFH Nr. 1 zu Art. 10 § 3 MRVG).
Voraussetzung der Nichtigkeit ist auch nicht, daß der Grundstückserwerbsvertrag und der Architektenvertrag gleichzeitig abgeschlossen werden (BGH BauR
1975, 139). Nur dann, wenn der Erwerber das Grundstück ohne Übernahme
der Architektenleistung erwerben kann, fehlt es an der mißbilligten Koppelung.
Die zeitliche Abfolge kann hier entscheidende Hinweise geben.

Eine unzulässige Architekten- bzw. Ingenieurbindung ist zum Beispiel dann 12
zu verneinen, wenn der Verkäufer bereits einen Architektenvertrag mit einem
Architekten abgeschlossen hatte und nun im Kaufvertrag mit dem Erwerber
eine Abstandszahlung für das vom Veräußerer bereits bezahlte bzw. zu bezah-

lende Architektenhonorar vereinbart wird (BGH BauR 1978, 230; vgl. auch BGH BauR 1979, 530). Unzulässig soll es dagegen sein, daß der Veräußerer eines Grundstücks vom Erwerber entweder den Abschluß eines Architektenvertrags mit seinem bereits beauftragten Architekten oder die Zahlung einer Abstandssumme als Alternative verlangt (BGH NJW 1983, 227 = BauR 1983, 93). Gegen das Verbot verstoßen Abreden, wonach dem Auftragnehmer dafür eine Abstandszahlung geleistet werden muß, daß dieser keine Leistungen erbringen soll (OLG Köln SFH Art. 10 § 3 MRVG Nr. 22). Zulässig ist es dagegen, daß der Veräußerer im Zusammenhang mit dem Erwerb eines Baugrundstücks dem Erwerber Vorteile für den Fall verspricht, daß er – ohne Übernahme einer Verpflichtung hierzu – bei der Planung oder Ausführung des Bauwerks einen bestimmten Architekten beauftragt (BGH BauR 1979, 169 = SFH Nr. 5 zu Art. 10 § 3 MRVG = ZfBR 1979, 72).

Auch bei **öffentlichen Planungswettbewerben** gilt das Koppelungsverbot (KG NJW-RR 1992, 916 = ZfBR 1992, 70). Verweist eine Stadt nach Durchführung eines Wettbewerbs die Grundstückserwerber an den Preisträger, so liegt nach Auffassung des BGH (NJW 1982, 2189 = BauR 1982, 512) darin eine unzulässige Bindung (a. A. HessVGH BauR 1985, 224), auch dann und insoweit, als ein Bauwilliger nur zur Klärung der Bebauungsmöglichkeiten dem Architekten die Vorplanung in Auftrag gegeben hat. Das Verlangen einer Gemeinde, die Bebauung in einem Sanierungsgebiet nach der preisgekrönten Planung eines Architekten durchzuführen, begründet keinen Abschlußzwang, weshalb ein mit diesem abgeschlossener Architektenvertrag wirksam ist (vgl. OLG Köln NJW-RR 1990, 1110 = BauR 1991, 642).

13   Zweifel sind dagegen angebracht, ob eine verbotene Architekten- bzw. Ingenieurbindung auch dann vorliegt, wenn der Auftragnehmer bei Abschluß des Grundstücksvertrags darauf hinweist, daß keine Bindung an einen bestimmten Architekten oder Ingenieur bestehe und der Erwerber bauen könne, mit wem er wolle. Dies hat jedoch das OLG Düsseldorf (BauR 1980, 480) bejaht aufgrund der in diesem Fall gegebenen einflußreichen Vermittlerstellung des Auftragnehmers (vgl. auch BGH BauR 1981, 295, sogar in dem Fall, daß der Architekt ausdrücklich betont, das Grundstück werde ohne Bindung verkauft). Das OLG Hamm (BauR 1983, 482) hält sogar einen Gesellschaftsvertrag zwischen Architekt, Baubetreuer und Statiker für unwirksam, nach dem das Grundstück nach den Plänen des Architekten und Statikers bebaut und weiterverkauft werden soll. Das Gericht erstreckt dies sogar auf einen Vertrag über einen Fertigbausatz. Zwar falle dieser vom Grundsatz her nicht unter das Verbot, aber dann, wenn mit dem Bausatz Ingenieurleistungen angeboten würden, greife das Koppelungsverbot ein.

14   Eine unzulässige Architektenbindung liegt auch dann vor, wenn der Architekt zunächst Planungsleistungen für den Veräußerer erbracht hat, und zwar keine rechtliche Bindung an den Architekten beim Grunderwerb vorliegt, aber eine tatsächliche Bindung insoweit vorhanden ist, als der Erwerber einen Verzicht des Architekten auf seine Beauftragung hätte erwirken müssen (OLG Köln BauR 1976, 290 = Schäfer/Finnern Z 3.000 Bl. 10).

Auch dann, wenn ein Bauinteressent durch Inaussichtstellen eines Grund- 15
stückserwerbes zum Abschluß eines Architektenvertrags veranlaßt wird und der
Grundstückserwerbsvertrag nicht zustande kommt, kann der Architektenvertrag nichtig sein. Die Wirksamkeit hängt nicht von dem späteren Eintritt des
Grundstückserwerbs ab (OLG Düsseldorf BauR 1976, 74).

Folgen des Verstoßes   16

Ist der Vertrag wegen Verstoß gegen das Koppelungsverbot **unwirksam,** so
kann der Architekt bzw. Ingenieur nicht in jedem Fall die **Zahlung seines Honorars**
nach den Vorschriften über die ungerechtfertigte Bereicherung (§§ 812 ff. BGB)
verlangen. Zu prüfen ist, ob ihm **für die erbrachten** Leistungen ein Honorar aus
Geschäftsführung ohne Auftrag nach §§ 683, 670 BGB zusteht. Das dürfte in entsprechender Anwendung einer Entscheidung zur Unwirksamkeit eines Bauvertrags im Regelfall zu bejahen sein (vgl. BGH NJW 1993, 3196 = BauR 1994, 110
= LM H. 2/94 § 677 BGB Nr. 32 m. Anm. Koeble = ZfBR 1994, 15). Greifen
diese Grundsätze nicht ein, dann besteht für erbrachte Leistungen ein Bereicherungsanspruch in Höhe des Mindestsatzes nur dann, wenn der Auftraggeber die
Leistungen verwertet hat (vgl. BGH BauR 1994, 651 = ZfBR 1994, 220; OLG
Düsseldorf BauR 1993, 630 = NJW-RR 1993, 1173 für den insoweit gleichzu-
behandelnden Fall der Anfechtung; OLG Hamm BauR 1986, 710; OLG Hamm
BauR 1986, 711 = NJW-RR 1986, 449; vgl. BGH BauR 1982, 84 = NJW 1982,
879 für die gleichgelagerte Problematik bei der GOA; vgl. auch BGH NJW 1984,
1035 = SFH Nr. 5 zu § 19 GOA). Dies gilt auch, wenn der Auftraggeber Kosten
für den Einsatz eines anderen Auftragnehmers erspart hat. Wurden die Architektenleistungen dagegen **nicht verwertet** und ist dem Vermögen des Auftraggebers
kein Vorteil zugeflossen, so steht dem Architekten bzw. Ingenieur kein Bereicherungsanspruch zu (vgl. BGH BauR 1994, 651; Bultmann BauR 1995, 335). Er muß
dann seinerseits ein etwa bereits bezahltes Teilhonorar nach den Vorschriften
über die ungerechtfertigte Bereicherung (§§ 812 ff. BGB) zurückbezahlen. Hat
der Architekt bzw. Ingenieur in diesem Fall jedoch schon Leistungen erbracht und
Aufwendungen gehabt, so ist er in diesem Umfang nicht mehr bereichert. Die
Höhe der Aufwendungen ist also von dem bezahlten Teilhonorar abzusetzen,
und sie dürften mit 40 % des Honorars für die erbrachten Teilleistungen anzunehmen sein (vgl. OLG Düsseldorf BauR 1975, 141).

Ansprüche wegen Mängeln bzw. Fehlern des Architekten kann der Auftrag- 17
geber bei nichtigem Architektenvertrag ebenfalls nur über die Grundsätze der
GoA bzw. der ungerechtfertigten Bereicherung (§§ 812 ff. BGB) geltend
machen. Das bedeutet, daß er im Ergebnis allenfalls eine Minderung des
Honorars – ggf. Rückzahlung – verlangen kann (LG Mönchengladbach BauR
1988, 246).

Während der Grundstücksvertrag wirksam bleibt, sind andere mit dem 18
unwirksamen Vertrag verknüpfte Geschäfte ebenfalls ungültig (so für einen
Bauvertrag KG SFH Nr. 8 zu Art. 10 § 3 MRVG). Entsprechendes gilt auch für
einen zusätzlichen Baubetreuungsvertrag.

Teil I
Allgemeine Vorschriften

§ 1
Anwendungsbereich

Die Bestimmungen dieser Verordnung gelten für die Berechnung der Entgelte für die Leistungen der Architekten und der Ingenieure (Auftragnehmer), soweit sie durch Leistungsbilder oder andere Bestimmungen dieser Verordnung erfaßt werden.

Die Bestimmung des § 1 HOAI regelt den Anwendungsbereich der Verord- 1 nung. Erfaßt sind die Entgelte für Leistungen der Architekten und Ingenieure. Die HOAI trat in ihrer ursprünglichen Fassung von 1977 **anstelle der GOA** (Gebührenordnung für Architekten), der bereits im Jahre 1965 aufgehobenen **GOI** (Gebührenordnung für Ingenieure), der **LHO** (Leistungs- und Honorarordnung der Ingenieure) im Hinblick auf Leistungen bei der Tragwerksplanung für Gebäude und zugehörige bauliche Anlagen, der ebenfalls bereits aufgehobenen **GOGA** (Gebührenordnung für Gartenarchitekten) und des **LHV** (Leistungs- und Honorarverzeichnis für Garten- und Landschaftsarchitekten). Die seit 1. 1. 1985 geltende Regelung betrifft auch Leistungen bei Ingenieurbauwerken und Verkehrsanlagen (§§ 51–61), Leistungen bei der Technischen Ausrüstung (§§ 68–76), Leistungen für Thermische Bauphysik (§§ 77–79), Leistungen für Schallschutz und Raumakustik (§§ 80–90), Leistungen für Bodenmechanik, Erd- und Grundbau (§§ 91–95) und Vermessungstechnische Leistungen (§§ 96–100) und hat damit die **LHO** auch für alle anderen Ingenieurleistungen bei Bauvorhaben aller Art abgelöst (zur Neuregelung vgl. Einl. Rdn. 1, 2 und die Kommentierung bei den entsprechenden Paragraphen).

2 Ihrer Zielrichtung nach will die HOAI die Honorare für **alle Architekten- und Ingenieurleistungen** regeln, die **Bauwerke aller Art** betreffen. Dabei kann es sich um Objekte des Hochbaus, Tiefbaus und Ingenieurbaus handeln. Erfaßt sind damit außer Gebäuden und baulichen Anlagen z. B. auch Freianlagen, Straßen, Rohrleitungen, aber auch Türme, Brücken, Staudämme, Versorgungs- und Entsorgungsanlagen u. ä. mehr. Die Einschränkung des Regelungsbereichs der HOAI ergibt sich jedoch aus § 1 HOAI selbst: Die Honorare für die genannten Objekte sind nur geregelt, soweit die Architekten- bzw. Ingenieurleistungen „durch Leistungsbilder oder andere Bestimmungen dieser Verordnung erfaßt werden". Der Begriff **Leistungsbild** ist dabei unproblematisch (vgl. § 2 Rdn. 1). **Andere Bestimmungen** dieser Verordnung sind z. B. die Regelungen über Besondere Leistungen (§§ 2 Abs. 3; 5 Abs. 4, 5; vgl. hierzu § 2 Rdn. 16 ff.), Nebenkosten (§ 7), Umsatzsteuer (§ 9), Einrichtungsgegenstände und integrierte Werbeanlagen (§ 26), Zusätzliche Leistungen (§§ 28 ff.), Gutachten und Wertermittlungen (§§ 33 f.). Für isolierte Besondere Leistungen gilt die HOAI nicht, auch wenn hier eine „andere Bestimmung" einschlägig wäre (vgl. § 2 Rdn. 17 und § 5 Rdn. 37, 46).

3 Soweit weder ein Leistungsbild noch eine andere Bestimmung der HOAI die konkreten Leistungen erfaßt, ist die **HOAI nicht anwendbar,** und das Honorar kann frei vereinbart werden. Das trifft zum Beispiel auf die reine **Beratungstätigkeit** des Architekten oder des Ingenieurs zu (ebenso Hesse/Korbion/Mantscheff/Vygen § 1 Rdn. 46; vgl. § 2 MRVG Rdn. 6), ebenso auf **Gutachten,** die nicht unter § 33 fallen (vgl. § 33 Rdn. 8 ff.), ferner für den **Abbruch** von Gebäuden (vgl. § 10 Rdn. 127), aber auch auf die **Leistungen von Sonderingenieuren,** die nicht in der Verordnung erfaßt sind, wie z. B. die Planung von Leitsystemen für den Verkehr in Einkaufsmärkten, Krankenhäusern, Kongreßzentren, Flughafengebäuden, Bahnhofsgebäuden oder die Planung der Prozeßtechnik in Gebäuden sowie in Ingenieurbauwerken o. ä. mehr (ebenso Hesse/Korbion/Mantscheff/Vygen a. a. O.; vgl. auch § 51 Rdn. 2). Insoweit kann es sich um Besondere Leistungen handeln, soweit ein Architekt oder Ingenieur Grundleistungen aus einem der von der HOAI erfaßten Leistungsbereiche erbringt (vgl. § 2 Rdn. 4). Nicht erfaßt sind die Honorare des Prüfstatikers und für die Vermessung im öffentlichen Auftrag, soweit dafür landesrechtliche Regelungen existieren.

Eine weitere Einschränkung des Anwendungsbereichs der HOAI ergibt sich **4** aus den Leistungsbildern und anderen Bestimmungen: Sie gelten nur für bestimmte **Objekte**, der Teil II z. B. für Gebäude, Freianlagen und Innenräume. Die Definition des Begriffs „Objekte" enthält § 3 Nr. 1 HOAI. Nur für diese ist die HOAI maßgebend. Deshalb unterliegt z. B. ein Auftrag an eine Designerin, einen Zaun mit schmiedeeisernem Gartentor und Briefkasten, Sprechanlage sowie Tiefgaragentor zu entwerfen, nicht der HOAI (im Ergebnis richtig OLG Frankfurt NJW-RR 1993, 1305). Die Leistungsbilder und anderen Bestimmungen der HOAI erfassen ferner nicht alle **Leistungen**. Wird die Designerin im genannten Beispielsfall für eine Freianlage tätig, zu der das Gartentor gehört, dann ist ihre Tätigkeit dennoch nicht von der HOAI erfaßt. Erbringt ein **Designer** oder Künstler gestalterische Leistungen für ein Gebäude (z. B. für die Fassade oder das Dach), so steht ihm dafür die übliche Vergütung nach § 632 Abs. 2 BGB zu. Nur dann und insoweit, als er auch Planungsleistungen aus § 15 HOAI erfüllt, hat er einen Honoraranspruch auf der Grundlage des Teils II. Problematisch ist auch das Honorar für die **Fassadenplanung**. Hier hat sich ein spezieller Berufszweig herausgebildet, für den es noch kein eigenes Leistungsbild gibt. Im Einzelfall ist hier zu prüfen, ob Planungsleistungen aus Teil II für Teile eines Gebäudes erbracht wurden, was im Regelfall bejaht werden muß. Meist kommen jedoch auch Leistungen aus anderen Teilen der HOAI hinzu, wie z. B. aus dem Bereich der Tragwerksplanung (Teil VIII) oder aus der Bauphysik (Wärme- und Schallschutz aus Teil X und XI). Soweit der Fassadenplaner auch Beratungsleistungen übernimmt, die normalerweise der Fachunternehmer erbringt, steht ihm hierfür – bei schriftlicher Honorarvereinbarung (§ 5 Abs. 4 HOAI) – ein zusätzliches Honorar zu. Für seine Abrechnung aus Teil II der HOAI betreffend die Planung der Fassade hat der Fassadenplaner die Gesamtkosten des Objekts zugrunde zu legen (vgl. § 10 Rdn. 75). Der Anteil der Fassadenplanung an der gesamten Planungsleistung ist aus § 15 HOAI zu ermitteln.

Für alle diese von der HOAI nicht erfaßten Tätigkeiten steht dem Auftrag- **5** nehmer nach § 632 Abs. 2 BGB die **übliche Vergütung** zu, soweit nicht landesrechtliche Vorschriften gelten (vgl. Rdn. 3). Dies gilt sowohl im Hinblick auf die Art der Abrechnung als auch bezüglich der Höhe, z. B. von Stundensätzen.

Die Bestimmungen der HOAI sind nahezu ausschließlich **Preisrecht**. Zweifel- **6** haft ist dies lediglich für § 8, da diese Vorschrift in das Vertragsrecht des BGB (§ 631 ff.) eingreift. Der BGH (NJW 1981, 2351 [2354] = BauR 1981, 582 [588] m. Anm. Locher) hält § 8 HOAI aber für wirksam (vgl. i. e. § 8 Rdn. 4). Als Preisrecht legt die HOAI **verbindlich** sowohl den – richtig im System der HOAI berechneten – **Höchstsatz** als auch den ebenso ermittelten **Mindestsatz** fest. Von beidem kann nur bei Vorliegen der Voraussetzungen des § 4 HOAI abgewichen werden. Die HOAI ist auch **nicht abdingbar**. Die Vertragsparteien können also nicht wirksam vereinbaren, daß die HOAI in ihrem Vertragsverhältnis nicht gelten soll (z. B. „es gilt die LHO" oder „es gilt das BGB und nicht die HOAI"). Greift keine der Parteien eine derartige Vereinbarung später an, so bleibt es allerdings dabei. Der Verstoß gegen die HOAI zieht **keinerlei straf- oder bußgeldrechtliche Konsequenzen** nach sich, weshalb niemand von Amts wegen ermittelt. Beruft sich jedoch eine der Parteien im **Zivilprozeß** auf die HOAI, so muß das Gericht diese zugrunde legen. Stellen die Parteien aber eine nach dem System der HOAI unwirksame Honorarvereinbarung im Prozeß unstreitig, so kann das Gericht wegen des Verhandlungsgrundsatzes nicht von sich aus die Wirksamkeit der Vereinbarung nach HOAI überprüfen.

7 Der **persönliche Anwendungsbereich** der HOAI erstreckt sich auf Leistungen der Architekten und Ingenieure. Beide sind **Auftragnehmer** nach der Definition der HOAI. Auftragnehmer kann auch eine BGB-Gesellschaft oder eine GmbH von Architekten oder Ingenieuren sein. Der Vertragspartner wird in der HOAI **Auftraggeber** genannt.

8 Den **Begriff des Architekten** definiert die HOAI nicht. Unzweifelhaft fallen darunter alle diejenigen Personen, die nach den Architektengesetzen der Länder zur Führung der Berufsbezeichnung „Architekt" berechtigt sind (vgl. zu den Architektengesetzen der Länder Werner/Pastor Rdn. 541 Fußnote 6). Ein Bundesarchitektengesetz war vom Bundestag beschlossen, jedoch vom Bundespräsidenten wegen verfassungsrechtlicher Bedenken nicht in Kraft gesetzt worden. Für die neuen Bundesländer wird auf das Architektengesetz der DDR vom 19. 7. 1990 (DAB 1990, 1533) verwiesen, das mit seiner Veröffentlichung am 13. 8. 1990 in Kraft getreten war.

9 Die HOAI gilt zunächst für freiberuflich Tätige, sog. **Freie Architekten.** Sie gilt ferner für **angestellte Architekten** (OLG Düsseldorf NJW 1982, 1541 = BauR 1982, 390), **baugewerblich tätige Architekten** (ebenso Jochem § 1 Rdn. 3; Pott § 1 Rdn. 7) und für den **beamteten Architekten** (str.; a. A. OLG Karlsruhe Justiz 1969, 250; OLG Oldenburg BauR 1984, 541, das im entschiedenen Fall aufgrund der Gesamtumstände mit beachtlichen Gründen zu der Auffassung kam, daß nicht der Mindestsatz der HOAI geschuldet sein könne). Weder das MRVG noch die HOAI differenzieren danach, in welcher Stellung der jeweilige Architekt tätig ist, so daß eine derartige Differenzierung rechtlich nicht möglich ist. Auf das Dienstverhältnis oder Beamtenverhältnis selbst ist die HOAI aber nicht anwendbar (BGH BauR 1985, 582 = NJW-RR 1986, 18; vgl. unten). Die HOAI gilt auch für Architekten, die sich in einer BGB-Gesellschaft oder GmbH zusammengeschlossen haben und Architektenleistungen erbringen. Sie ist Bemessungsgrundlage für die Entgelte aller Architekten, Innenarchitekten (§§ 3, Ziff. 7; 25 f.), Garten- und Landschaftsarchitekten (§§ 3, Ziff. 12; 13–15; 17 f.), Rationalisierungsfachleute (§§ 29 f.), Projektsteuerer (§ 31), Gutachter (§§ 33 f.), Städteplaner (§§ 35–42) und Landschaftsplaner (§§ 43–50). Zur Frage, ob sich das Entgelt dieser Berufssparten auch dann nach der HOAI richtet, wenn sie in einem anderen Bereich tätig werden (z. B. Innenarchitekt plant Gebäude), vgl. unten Rdn. 24.

10 Die HOAI gilt auch dann, wenn ein **Generalunternehmer, Baubetreuer oder Bauträger** durch einen angestellten Architekten oder einen Vertragsarchitekten Architektenleistungen erbringt (vgl. Locher/Koeble, Baubetreuungs- und Bau-

trägerrecht, 4. Aufl., Rdn. 376). Hier gilt die HOAI jedoch nur, soweit ein spezieller Architekten- bzw. Ingenieurvertrag abgeschlossen wird. Wird dagegen lediglich ein Bau-, Massivhaus-, Baubetreuungs- oder Bauträgervertrag abgeschlossen, so ist davon auszugehen, daß die Architektenleistungen und auch ihre Honorierung darin enthalten bzw. abgegolten sind (ebenso OLG Stuttgart NJW-RR 1989, 917; Motzke/Wolff, S. 23 f.; a. A. Konrad BauR 1989, 653 [654]; Hesse/Korbion/Mantscheff/Vygen § 1 Rdn. 28; vgl. auch Einl. Rdn. 27). Hiervon sind zu unterscheiden die Fälle, in denen ein Architekt als Baubetreuer oder Bauträger tätig wird. Das Honorar für die technische Leistung bemißt sich hier nach §§ 10, 11, 12, 15 HOAI, während für den wirtschaftlichen Bereich ein Honoraranspruch unter den Voraussetzungen der §§ 2 Abs. 3, 5 Abs. 4, 5 HOAI besteht. Voraussetzung für die Anwendung der HOAI auf die Tätigkeit von Wohnungs- oder Bauunternehmen ist generell, daß diese entweder einen Architekten angestellt haben oder daß sie ihrerseits sich die Architektenleistungen aufgrund Vertrags mit einem Architekten erbringen lassen (a. A. OLG Frankfurt BauR 1992, 798). Andernfalls wird das Wohnungsunternehmen als Nichtarchitekt tätig (vgl. unten Rdn. 12 ff.). Erbringt ein Wohnungsunternehmen Planungsleistungen, dann ist schon fraglich, ob überhaupt ein Architektenauftrag erteilt ist (vgl. Einl. Rdn. 27).

Die HOAI ist auch auf **Verträge zwischen Architekten und/oder Ingenieuren** 11 über Leistungen, die von ihr erfaßt sind, anwendbar (BGH BauR 1985, 582 = NJW-RR 1986, 18; ebenso OLG Hamm BauR 1987, 467). Dies gilt sowohl dann, wenn ein Auftragnehmer einen anderen Auftragnehmer selbst mit der Erbringung von Teilleistungen beauftragt (z. B. Beauftragung eines Architektenkollegen mit der Objektüberwachung), als auch dann, wenn ein Architekt neben den Architektenleistungen vom Auftraggeber auch die Statik oder andere Ingenieurleistungen übertragen bekommt und diese weitervergibt. Ein Honoraranspruch nach HOAI besteht dagegen nicht, soweit ein Anstellungsverhältnis gegeben ist. Gleiches gilt auch für einen Vertrag mit einem freien Mitarbeiter, wenn dieser arbeitnehmerähnlich ausgestaltet ist, also insbesondere ein Weisungsrecht des Auftraggebers besteht. Für eine Kompensationsabrede zwischen Architekten oder Ingenieuren greift die HOAI nicht ein (a. A. OLG Hamm BauR 1987, 467 und Hesse/Korbion/Mantscheff/Vygen § 1 Rdn. 14 f., vgl. aber auch Rdn. 28; vgl. i. e. Einl. Rdn. 27).

Die Frage, ob die HOAI auch für **Nichtarchitekten** gilt, hat der Verord- 12 nungsgeber nicht geregelt. Sie war schon unter der Geltung der GOA stark umstritten. Auch für die HOAI werden gegensätzliche Auffassungen vertreten: Der überwiegende Teil der Literatur und die nahezu einhellige Rechtsprechung sind der Auffassung, die HOAI gelte auch für Leistungen berufsfremder Personen in vollem Umfang (so OLG Köln BauR 1985, 338; OLG Köln SFH Nr. 2 zu § 1 HOAI; OLG Düsseldorf BauR 1979, 352; OLG Düsseldorf BauR 1980, 490; OLG Düsseldorf NJW 1982, 154; OLG Düsseldorf BauR 1993, 630 = NJW-RR 1993, 1173; OLG Stuttgart v. 4. 2. 1981 – 1 U 67/80; OLG Stuttgart BauR 1981, 404; LG Hamburg DAB 1978, 833; LG Trier BauR 1991, 340

[343]; Hartmann § 1 Rdn. 9; Jochem § 1 Rdn. 1; Konrad BauR 1989, 653 [654]; Löffelmann/Fleischmann Rdn. 14; Neuenfeld § 1 Rdn. 12; Pott/Dahlhoff § 1 Rdn. 6 sowie trotz erheblicher Bedenken und nach Auseinandersetzung mit allen Gesichtspunkten Hesse/Korbion/Mantscheff/Vygen § 1 Rdn. 23 ff.). Der gegenteiligen Auffassung, wonach Architektenleistungen, die ausschließlich von berufsfremden Personen ausgeführt werden, nicht nach der HOAI zu honorieren sind, ist der Vorzug zu geben (ebenso Franken Anm. Ba; Jochem § 1 Rdn. 3, 1. Aufl., in 2. Aufl. Rdn. 1 wie h. M.; MünchKomm-Soergel § 631 Rdn. 249; vgl. auch OLG Oldenburg BauR 1984, 541; Bedenken gegen die h. M. bringen auch Werner/Pastor Rdn. 542 f. sowie Hesse/Korbion/Mantscheff/Vygen a. a. O.) vor.

13   Für die Anwendbarkeit der HOAI auf Nichtarchitekten wird angeführt, daß nach dem Wortlaut des § 1 die Betonung auf „Leistungen" liege und damit lediglich eine Architekten**leistung** notwendig sei, nicht aber, daß ein Architekt sie erbringe. Dies folge auch daraus, daß der Architektenvertrag Werkvertrag nach §§ 631 ff. BGB sei und die Vergütungspflicht sich automatisch aus § 631 Abs. 1 BGB ergebe, ohne daß es auf den Status oder die Berufsbezeichnung der leistenden Person ankäme (so Neuenfeld § 1 Rdn. 12). Hierzu ist zunächst zu sagen, daß die Formulierung „Entgelte für die Leistungen der Architekten" beide Sinngehalte haben und mit gleicher Berechtigung das Schwergewicht auf „Architekten" gelegt werden kann. Die Überschrift der HOAI lautet in Klammern „Honorarordnung für Architekten und Ingenieure"; von Leistungen ist hier nicht die Rede. Die Amtliche Begründung spricht von der „Berufsgruppe der Architekten". Der weitere Gesichtspunkt, der Werkvertragscharakter gebiete eine Honorierung aller entsprechenden Leistungen nach der HOAI, ist ebenfalls nicht durchschlagskräftig. Die Vergütungspflicht nach dem Werkvertragsrecht des BGB besagt noch nicht, daß die Vergütung dann auch nach einer Honorarordnung für Architekten erfolgen müsse. Auch die schon bisher vorgebrachte Überlegung, die HOAI müsse für Nichtarchitekten gelten, da diese sonst weder an die Höchstsätze noch an die Mindestsätze gebunden seien, ist nicht zwingend. Es ist dies der Versuch, mit Hilfe einer Honorarordnung einen, mit dieser keinesfalls bezweckten, Berufsschutz einzuführen. Dies wäre Aufgabe eines – etwa dem Rechtsberatungsgesetz entsprechenden – speziellen Gesetzes und nicht einer Honorarordnung. Hiergegen bestehen auch wegen Art. 12 GG Bedenken. Die Berufsausübungsfreiheit könnte nur durch oder aufgrund eines speziellen Berufsgesetzes eingeschränkt werden. Entscheidend gegen die generelle Anwendung der HOAI auf Nichtarchitekten spricht ferner die Ermächtigungsgrundlage: Die amtliche Überschrift zu § 2 MRVG betrifft ausdrücklich die „Ermächtigung zum Erlaß einer Honorarordnung für Architekten". Diesen personalen Rahmen kann die HOAI nicht überschreiten. Hinzu kommt als entscheidender Gesichtspunkt, daß die Rechtsprechung auch das Koppelungsverbot des Art. 10 § 3 MRVG nicht leistungsbezogen, sondern personal auslegt (vgl. oben § 3 MRVG Rdn. 2). Das MRVG (Art. 10 §§ 1, 2) ist immerhin die gesetzliche Grundlage der Rechtsverordnung HOAI. Wenn seine

Bestimmungen – für eine Differenzierung zwischen §§ 1, 2 einerseits und § 3 andererseits gibt es keine sachlichen Gründe – personenbezogen sind, so kann die HOAI nicht leistungsbezogen sein (darauf weisen Hesse/Korbion/Mantscheff/Vygen § 1 Rdn. 26 zutreffend hin, ohne allerdings die Konsequenzen daraus zu ziehen; vgl. auch Quack BauR 1995, 27 [29]). Der Gleichheitsgrundsatz (Art. 3 GG) gebietet keineswegs, daß die HOAI auch für Nichtarchitekten anwendbar sein müßte. Es handelt sich um nicht vergleichbare Sachverhalte. Die unterschiedlichen Voraussetzungen in der Leistungsfähigkeit und Ausbildung machen den Nichtarchitekten mit dem Architekten unvergleichbar. Gegen die hier vertretene Auffassung spricht auch nicht, daß damit die Architektengesetze der Länder über die Anwendung der HOAI entscheiden und hier unterschiedliche Voraussetzungen gelten würden (so Hesse/Korbion/Mantscheff/Vygen § 1 Rdn. 26). Materielle Unterschiede für die Eintragung in die Architektenliste bestehen heute nämlich nicht (vgl. ferner § 2 Rdn. 17).

14 Überwiegend vertreten wurden früher zur GOA differenzierende Lösungen. So wurde darauf abgestellt, ob das Berufsbild des Betreffenden dem des Architekten entspreche (vgl. Ludwigs/Ludwigs S. 263). Eine andere Auffassung stellte in den Vordergrund, ob die betreffende Person eine langjährige Erfahrung im Bereich der Architektentätigkeit hatte (so für den Fall eines Architekturstudenten OLG München MDR 1959, 757). Eine weitere Meinung hob in ähnlicher Weise darauf ab, ob der Betreffende nach seiner Ausbildung, praktischen Erfahrung und Leistung als Architekt gelten könne (OLG Braunschweig BB 1966, 181). Eine im Schrifttum vertretene Auffassung wollte allein auf die erbrachte Leistung abstellen und bei deren Mangelfreiheit die GOA anwenden (Fabricius/v. Nordenflycht/Bindhardt § 1 GOA Rdn. 7; Roth/Gaber S. 302).

15 Auch dieser Weg der analogen Anwendung der Gebührenordnung in bestimmten Fällen ist jedoch nicht gangbar. Gegen eine Analogie spricht, daß es sich um eine Verordnung mit preisrechtlichem Charakter handelt. Darüber hinaus sind die genannten Kriterien auch für eine Abgrenzung nicht geeignet. Die Auffassung, der Nichtarchitekt habe eine einwandfreie Leistung zu erbringen, erst dann habe er einen Honoraranspruch nach der HOAI, steht nicht in Einklang mit dem BGB-Werkvertragsrecht, nach dem der Vergütungsanspruch unabhängig von seiner Fälligkeit schon mit Vertragsabschluß entsteht und dem Besteller ein Zurückbehaltungsrecht bzw. Minderungs- oder Schadensersatzansprüche zustehen können. Ebenso stößt es auf Bedenken, die Anwendung von Kriterien, wie der langjährigen Erfahrung oder dem Berufsbild, abhängig zu machen. Abgesehen davon, daß die genannten Begriffe doch sehr verschieden ausgelegt werden können, sind Äußerlichkeiten, wie ein besonders extensives Studium oder der äußere Anschein der Architektenstellung, keine geeignete Analogiebasis.

16 Die HOAI ist demnach entgegen der bisherigen Rspr. und der h. M. **auf alle Nichtarchitekten unanwendbar.** Sie gilt auch nicht für diejenigen Nichtarchitekten, die nach den Landesbauordnungen der Länder zur Planvorlage befugt sind. Zwar werden diese Personen von den Landesbauordnungen hinsichtlich

des Planvorlagerechts für gewisse Bauvorhaben mit den Architekten gleichgestellt, sie werden jedoch durch diese Ausnahmen des Bauordnungsrechts nicht
zu „Architekten" im Sinne der Architektengesetze. Die HOAI gilt ebensowenig
für Makler, die Gutachten oder Wertermittlungen durchführen, und zwar auch
dann nicht, wenn es sich um öffentlich bestellte Sachverständige handelt.

17 Für alle Nichtarchitekten, die Architektenleistungen erbringen, gilt jedoch
folgendes: Haben der Auftraggeber und der Nichtarchitekt für die Leistung des
Nichtarchitekten keine bestimmte Honorarvereinbarung getroffen, so können
die Sätze der HOAI nicht als Bemessungsgrundlage für die Vergütung herangezogen werden. Die HOAI ist auch nicht über den Umweg des § 632 BGB als
übliche Vergütung anzusehen, da es eine übliche Vergütung für die Tätigkeit
von Nichtarchitekten nicht gibt (ebenso OLG Braunschweig BB 1966, 181).
Die **Vergütung** des Nichtarchitekten ist in diesen Fällen nach §§ 315, 316 BGB
zu bestimmen (vgl. auch OLG Braunschweig a. a. O. und OLG Oldenburg
BauR 1984, 541; ferner BGH BauR 1970, 188 zur Bestimmung des Honorars
nach §§ 315, 316 BGB durch einen Architekten, soweit es sich um Leistungen
handelt, die von der Gebührenordnung nicht erfaßt sind). Der Nichtarchitekt
ist berechtigt, nach § 316 BGB den Umfang seiner Vergütung zu bestimmen.
Die Bestimmung muß „nach billigem Ermessen" getroffen sein, und zwar durch
Erklärung gegenüber dem Auftraggeber. Der Auftraggeber hat die Möglichkeit, eine Bestimmung durch gerichtliches Urteil herbeizuführen (§ 315 BGB).
Für die Bemessung des Honorars in diesen Fällen werden Gesichtspunkte maßgebend sein wie der Umfang, die Schwierigkeit, die Dauer und die Art und
Weise der Durchführung der Aufgabe sowie die berufliche Ausbildung und
Stellung des Auftragnehmers. Der Nichtarchitekt kann jedoch im Regelfall
nicht die Mindestsätze nach der HOAI beanspruchen. Vielmehr wird die Vergütung erheblich unter diesen Mindestsätzen liegen müssen. Einen Anhaltspunkt liefern insoweit die Entscheidungen des OLG Braunschweig (a. a. O.)
und auch die Entscheidungen des OLG Karlsruhe (Justiz 1969, 250) bzw. OLG
Oldenburg (BauR 1984, 541), die für beamtete Architekten Abzüge von 30 %
bis 40 % für angemessen halten. Allerdings sind auch Fälle denkbar, in denen
die Mindestsätze anzunehmen sein können: z. B. bei Tätigkeit eines nicht in die
Architektenliste eingetragenen Professors an einer deutschen Hochschule oder
für ausländische Architekten, deren Berufsbild dem eines in der Architektenliste eingetragenen Architekten entspricht.

18 Die Auffassung, die HOAI sei auf Nichtarchitekten unanwendbar, hat ferner
zur Folge, daß Nichtarchitekten hinsichtlich der Vereinbarung ihrer Vergütung
an die Mindest- bzw. Höchstsätze der HOAI nicht gebunden sind. Sie können
Honorarvereinbarungen auch mündlich wirksam treffen. Eine Unterschreitung
der Mindestsätze ist möglich, auch ohne daß ein Ausnahmefall vorliegt. Die
HOAI ist keine Verordnung, die dem Schutz des Architekten- oder Ingenieur-
standes dient. Dafür hätte es eines dem Rechtsberatungsgesetz entsprechenden
Gesetzes bedurft. Allerdings kann die Werbung mit Niedrighonoraren wettbewerbswidrig sein (vgl. § 4 Rdn. 11). Die Gefahr, daß Nichtarchitekten nun-

mehr im Wege der Vereinbarung höhere Vergütungen erzielen können, ist nicht sehr groß. Auch der Nichtarchitekt ist nämlich schon bei den Vertragsverhandlungen verpflichtet, darauf **hinzuweisen, daß er die Architekteneigenschaft nicht besitzt.**

Die fehlende Architekteneigenschaft macht den Vertrag zwar nicht per se **19** unwirksam (OLG Köln SFH Nr. 2 zu § 1 HOAI). Der Vertrag ist aber anfechtbar. Eine **Anfechtung** des abgeschlossenen Werkvertrags **wegen arglistiger Täuschung** gemäß § 123 BGB ist nicht nur dann möglich, wenn der Auftragnehmer eine nicht vorhandene Architekteneigenschaft behauptet hat (vgl. hierzu OLG Stuttgart BauR 1979, 259), sondern auch dann, wenn er die **Aufklärung über das Fehlen der Architekteneigenschaft** unterlassen hat (OLG Düsseldorf BauR 1973, 329 ff.; OLG Köln BauR 1980, 372; OLG Köln SFH Nr. 2 zu § 1 HOAI; OLG Hamm BauR 1987, 582 [583]; OLG Düsseldorf BauR 1993, 630 = NJW-RR 1993, 1173; Weyer BauR 1987, 131 ff.). Letzteres ist z. B. zu bejahen, wenn der Nichtarchitekt einen Einheitsarchitektenvertrag zur Unterschrift vorlegt (vgl. LG Köln BauR 1990, 634). Die Aufklärungspflicht besteht auch dann, wenn der Auftragnehmer bereits zahlreiche andere Bauvorhaben durchgeführt hat, und auch dann, wenn dem Auftraggeber die fehlende Architekteneigenschaft bekannt war (OLG Düsseldorf a. a. O.) oder z. B. wegen der Firmierung bekannt sein konnte. Zweifelhaft ist, ob eine Aufklärungspflicht auch dann besteht, wenn der Auftragnehmer die Voraussetzungen für eine Eintragung in die Architektenliste besitzt und lediglich formell die Eintragung nicht vorgenommen ist und deshalb die Berufsbezeichnung Architekt nicht geführt werden darf. Die Auffassung des OLG Düsseldorf (BauR 1982, 86), wonach der Auftraggeber in diesen Fällen keine schützenswerten Interessen bezüglich der Aufklärung haben soll, ist unrichtig. Im Unterschied zu dem nicht in die Architektenliste Eingetragenen unterliegt der Architekt nach dem Standesrecht zahlreichen Verpflichtungen, die dem Schutz seines Auftraggebers dienen. Bei der Beauftragung eines „Architekten" geht der Auftraggeber davon aus, daß diese Standespflichten eingehalten werden müssen. Er hat insoweit ein erhebliches schutzwürdiges Interesse, weshalb auch derjenige aufklärungspflichtig ist, der ohne weiteres die Eintragung in die Architektenliste erlangen könnte (ebenso wohl OLG Köln BauR 1980, 372). Diese Aufklärungspflicht verhindert, daß der Auftraggeber vom Beauftragten etwa überrumpelt wird und höhere Sätze vereinbart werden, als dies bei Geltung der HOAI möglich wäre. Der Auftraggeber kann den Architektenvertrag auch **wegen Irrtum** über die Architekteneigenschaft **anfechten** (vgl. OLG München v. 23. 11. 1977, 3 U 2195/77; vgl. zur Anfechtung im ähnlichen Fall, daß ein Handwerker nicht in die Handwerksrolle eingetragen ist, OLG Nürnberg BauR 1985, 322; OLG Hamm NJW-RR 1990, 523 und zur Kündigung aus wichtigem Grund in einem solchen Fall OLG Hamm BauR 1988, 727).

Die Möglichkeit zur Anfechtung besteht allerdings nicht mehr, wenn die Lei- **20** stungen bereits voll erbracht sind (OLG Köln BauR 1985, 338). Zweifelhaft ist, ob der Nichtarchitekt auch verpflichtet ist, den Bauherrn über die Höhe eines einem Architekten nach der HOAI zustehenden Honorars aufzuklären. Eine solche Aufklärungspflicht ist jedoch zu verneinen, da dem Nichtarchitekten damit eine Kenntnis der Honorarordnung abverlangt würde, die er nicht haben muß, da sie auf ihn nicht anzuwenden ist. In Fällen gravierender Abweichung vom Höchstsatz der HOAI kann dem Auftraggeber § 138 Abs. 2 BGB zugute kommen. Ein Anhaltspunkt könnte es sein, wenn der Nichtarchitekt diesen um mehr als 30% überschreitet. Die Parallele zur Rechtsprechung bezüglich der §§ 4, 5 WiStG bietet sich in diesem Zusammenhang an. Dagegen ist § 134 BGB auf den Vertrag eines Nichtarchitekten nicht anzuwenden, da die Honorarordnung kein Verbotsgesetz im Sinne des § 134 BGB darstellt (vgl. oben OLG Köln SFH Nr. 2 zu § 1 HOAI).

21 Die Anfechtung führt zur Unwirksamkeit des Vertrags, und die **Folgen** sind die gleichen wie beim Verstoß gegen das Koppelungsverbot (vgl. oben § 3 MRVG Rdn. 16 ff.). Ansprüche aus Geschäftsführung ohne Auftrag (§§ 683, 670 BGB) dürften allerdings nur selten in Frage kommen, weil der Wille des Auftraggebers der Geschäftsführung meist entgegenstehen dürfte. Es bestehen damit Ansprüche nur aus sog. ungerechtfertigter Bereicherung (§ 812 BGB), wenn die Leistung auch tatsächlich verwertet wurde (vgl. BGH BauR 1994, 651 = ZfBR 1994, 220 für einen entsprechenden Sachverhalt; Bultmann BauR 1995, 335). Neben dem Recht zur Anfechtung steht dem Auftraggeber ein Schadensersatzanspruch aus **Verschulden bei Vertragsabschluß** zu. Der Auftraggeber kann verlangen, so gestellt zu werden, wie wenn der Architektenvertrag nicht abgeschlossen worden wäre (OLG Köln SFH Nr. 2 zu § 1 HOAI), so daß ihm allerdings auch kein entgangener Gewinn zusteht.

22 Die Frage, ob die HOAI auch dann anzuwenden ist, wenn Ingenieurleistungen von **Nichtingenieuren** erbracht werden, wird von der absolut h. M. wie bei Nichtarchitekten bejaht (vgl. Rdn. 4 ff.). Der **Begriff des Ingenieurs** ist deckungsgleich mit demjenigen des Ingenieurgesetzes vom 7. 7. 1965 (BGBl. I S. 601). Dieses Ingenieurgesetz wurde zwar vom Bundesverfassungsgericht für verfassungswidrig erklärt, die Länder haben jedoch nahezu gleichlautende Ingenieurgesetze erlassen. Die HOAI erfaßt alle diejenigen Personen, die nach den Landesingenieurgesetzen zur Führung der Berufsbezeichnung „Ingenieur" befugt sind. Es sind dies diejenigen Personen, die entweder das Studium einer überwiegend technisch-naturwissenschaftlichen Fachrichtung an einer deutschen wissenschaftlichen Hochschule oder an einer deutschen Fachschule oder das Studium an einer deutschen öffentlichen oder ihr hinsichtlich des Studienabschlusses rechtlich gleichgestellten deutschen privaten Ingenieurschule oder einen Betriebsführerlehrgang einer deutschen staatlich anerkannten Bergschule mit Erfolg abgeschlossen haben. Ferner gehören hierzu diejenigen Personen, die durch die zuständige Behörde das Recht verliehen bekommen haben, die Bezeichnung „Ingenieur (grad.)" zu führen (z. B. § 1 BWIngG). Im Hinblick auf ausländische Ingenieure und Personen, die vor Inkrafttreten der Ingenieurgesetze die Berufsbezeichnung „Ingenieur" geführt haben, vgl. die einzelnen Landesingenieurgesetze (z. B. §§ 2, 3 BWIngG). Erfaßt sind alle diejenigen

Berufsbezeichnungen, die das Wort „Ingenieur" auch in Wortverbindungen enthalten, wie z. B. Bauingenieur. Unerheblich ist, ob der Ingenieur selbständig, angestellt oder als Beamter tätig ist.

Alle anderen Personen als diejenigen, die zur Führung der Berufsbezeich- **23** nung „Ingenieur" befugt sind, sind nach der hier vertretenen Auffassung keine Ingenieure i. S. der HOAI (a. A. absolut h. M.; vgl. oben Rdn. 12 ff.). Leistet ein Nichtingenieur Ingenieurleistungen bei der Tragwerksplanung, so bemißt sich seine Vergütung nach §§ 315, 316 BGB. Im einzelnen gelten die gleichen Grundsätze wie für die Leistungen eines Nichtarchitekten (vgl. oben Rdn. 8). Der Nichtingenieur ist verpflichtet, den Auftraggeber über die fehlende Ingenieureigenschaft aufzuklären. Auch insoweit gelten die gleichen Grundsätze wie für die Tätigkeit eines Nichtarchitekten (vgl. oben Rdn. 19).

Nicht entschieden ist bisher auch die Frage, ob dem Architekten oder Inge- **24** nieur auch dann ein Honorar nach HOAI zusteht, wenn er in einem anderen Leistungsbereich aus der HOAI tätig wird (z. B. Architekt erbringt Leistungen bei der Tragwerksplanung). Es sind hier drei Lösungen denkbar: Dem Auftragnehmer steht das volle Honorar aus dem anderen Leistungsbereich der HOAI zu; der Auftragnehmer kann die andere Leistung als Besondere Leistung nach §§ 2 Abs. 3; 5 Abs. 4, 5 HOAI abrechnen; der Auftragnehmer kann das Honorar nach §§ 315, 316 BGB bestimmen. Nachdem die HOAI für beide Berufsgruppen konzipiert ist, ist der ersten Auffassung zu folgen. Den Architekten und Ingenieuren, die zur Führung der Berufsbezeichnung Architekt oder Ingenieur berechtigt sind, stehen damit die vollen Honorare aus jedem der einzelnen Leistungsbereiche der HOAI zu, wenn sie derartige Leistungen erbringen (ebenso Beigel DAB 1980, 217 f.; Hartmann § 1 Rdn. 9; Pott/Dahlhoff § 1 Rdn. 8). Da es sich um Grundleistungen handelt, kommen die anderen Lösungen nicht in Betracht.

Der **räumliche (örtliche) Anwendungsbereich** ist in der HOAI nicht ausdrück- **25** lich geregelt. Die HOAI gilt unzweifelhaft für Leistungen deutscher Architekten und Ingenieure im **Inland**. Für die Vertragsbeziehungen zwischen **ausländischen** Architekten bzw. Ingenieuren und inländischen Auftraggebern betreffend **Bauvorhaben im Inland** ist die Anwendung deutschen Rechts umstritten. Ausgangspunkt im Hinblick auf die **schuldrechtlichen Vertragsbeziehungen** ist Art. 28 EGBGB. Danach spricht eine Vermutung für die Anwendbarkeit des ausländischen Rechts (Art. 28 Abs. 2 Satz 2 EGBGB). Eine Ausnahme von dieser Vermutung gilt dann, wenn sich aus der Gesamtheit der Umstände ergibt, daß der Vertrag engere Verbindungen mit einem anderen Staat aufweist (Art. 28 Abs. 5 EGBGB). Für den Bauvertrag allgemein wird in der Literatur z. T. die Auffassung vertreten, daß das Recht des Baustellenlandes maßgebend sei, z. T. wird jedoch das Schwergewicht der Tätigkeit nicht am Ort des Bauvorhabens gesehen, weshalb es bei der Vermutung des Art. 28 Abs. 2 Satz 2 EGBGB verbleibt (so Thode ZfBR 1989, 43 [47]; Palandt/Heldrich, 53. Aufl., Art. 28 EGBGB Rdn. 14 jew. m. Nachw.). Für die Architektenleistung dürfte es richtig sein, in vertragsrechtlicher Hinsicht das Schwergewicht nicht am Ort des Bauvorhabens zu sehen, sondern am Bürositz des Architekten. Damit ist ausländisches Werkvertragsrecht anwendbar.

26 Damit ist jedoch noch nichts über die **Geltung der HOAI** gesagt. Diese enthält nämlich wegen des Höchst- und Mindestpreischarakters zwingendes Recht. Insoweit regelt die HOAI nicht schuldrechtliche Fragen, sondern es handelt sich um zwingendes öffentliches Recht (so mit Recht Wenner BauR 1993, 257; ders. DAB 1994, 1107; ebenso Neuenfeld/Groscurth, Handbuch des Architektenrechts, Bd. 1, I Rdn. 50). In derartigen Fällen ist nach Art. 34 EGBGB die Vorschrift des Art. 28 EGBGB und seine Vermutung nicht anwendbar. Richtig ist hier, falls eine ausdrückliche oder stillschweigende Rechtswahl nicht erfolgt ist, auf den Schwerpunkt und das hauptsächliche Gewicht der Architektenleistung abzustellen. Unzweifelhaft ist hier, daß das eigentliche Gepräge für die Architektenleistung das Bauobjekt darstellt. Aus diesem Grund findet die **HOAI** für ausländische Architekten und Ingenieure **in vollem Umfang Anwendung,** soweit diese nach ihrem jeweiligen Landesrecht zur Führung der Berufsbezeichnung befugt sind. Die früher vertretene, abweichende Auffassung wird aufgegeben. Nach der früher hier vertretenen Auffassung war die HOAI nicht anwendbar, es sei denn, der ausländische Architekt oder Ingenieur hätte sein Büro im Inland gehabt (so Hesse/Korbion/Mantscheff/Vygen § 1 Rdn. 39; Löffelmann/Fleischmann, Rdn. 10; Motzke/Wolff, S. 29). Abgesehen von der zwingenden Vorschrift des Art. 34 EGBGB, spricht gegen diese zuletzt genannte Auffassung auch die sachliche Vernunft. Der in der EU oder sonst als Architekt ausgebildete und berufstätige Selbständige kann nach deutschem Recht nicht anders behandelt werden als seine Fachkollegen. Damit ist nichts darüber gesagt, ob der ausländische Nichtarchitekt die HOAI für sich in Anspruch nehmen kann. Dies ist genauso wie beim deutschen Nichtarchitekten abzulehnen (vgl. oben Rdn. 12 ff.).

27 Nach dem **Einigungsvertrag** (BTDrucks. 11/7760 – Anl. I, Kap. V Sachgeb. A, Abschn. III Nr. 3) gilt die **HOAI** seit dem 3. 10. 1990 auch **in den neuen Bundesländern.** Allerdings enthielt Abschnitt III Ziff. 3 einige **Übergangsvorschriften,** die für Verträge mit Architekten und Ingenieuren galten, soweit diese vom 3. 10. 1990 bis 31. 12. 1992 abgeschlossen wurden. Sie betreffen jedoch nur **Auftragnehmer mit Geschäftssitz in den neuen Ländern.** In vollem Umfang galt also die HOAI für solche Auftragnehmer, deren Geschäftssitz sich im Gebiet der bisherigen Bundesrepublik Deutschland befand (ebenso Hesse/Korbion/Mantscheff/Vygen § 1 Rdn. 50). Ein Geschäftssitz setzt dabei voraus, daß alle Tätigkeiten und Funktionen eines Architektur- bzw. Ingenieurbüros ausgeübt werden können, während ein bloßes Baustellenbüro nicht ausreicht. Die Übergangsvorschriften waren im einzelnen folgende:

28 Abweichend von § 4 Abs. 1 und 4 HOAI, galten die Worte „**bei Auftragserteilung**" nicht. Honorarvereinbarungen konnten also auch noch zu einem späteren Zeitpunkt getroffen werden. Darüber hinaus konnten auch Honorarvereinbarungen, die die Parteien bereits bei Auftragserteilung oder danach getroffen hatten, noch abgeändert werden (vgl. zum Merkmal „bei Auftragserteilung" § 4

Rdn. 6). Da dieses Merkmal auch im MRVG (§ 1 Abs. 3 Nr. 3 und § 2 Abs. 3 Nr. 3) enthalten ist, wurde im Einigungsvertrag die Geltung dieses Merkmals ebenfalls bis zum 31. 12. 1992 ausgesetzt.

Die **Stundensätze** in § 6 Abs. 2 HOAI für **Zeithonorare** betrugen für Leistun- **29** gen von Auftragnehmern mit Geschäftssitz in den neuen Ländern im Hinblick auf Objekte in diesem Gebiet 45 DM bis 140 DM je Stunde für den Auftrag-nehmer und 35 DM bis 100 DM je Stunde für einen Mitarbeiter, der technische oder wirtschaftliche Aufgaben erfüllt (zu den Begriffen vgl. § 6 Rdn. 8 f.). Die **Mindestsätze** – nicht jedoch die Höchstsätze – in den Honorartafeln der Teile II, IV, VII bis XIII waren um 15 vom Hundert und die Mindestsätze aus den Honorartafeln der Teile V und VI um 25 vom Hundert herabgesetzt.

Eine Übergangsregelung galt für Verträge, die vor dem 3. 10. 1990 abge- **30** schlossen wurden. Hier konnten die Vertragsparteien die HOAI durch Verein-barung zugrunde legen, wenn und soweit Leistungen des Auftragnehmers bis zu diesem Tag noch nicht erbracht worden waren. Für Verträge, die zwischen dem 3. 10. 1990 und 31. 12. 1992 abgeschlossen werden, konnte die Geltung der HOAI – ohne die Übergangsregelungen – vereinbart werden, wenn und soweit am 31. 12. 1992 Leistungen noch nicht erbracht sind. Die Vereinbarung kann in allen diesen Fällen auch mündlich und damit auch konkludent erfolgen (vgl. die Anmerkungen zu § 103).

Zweifelhaft ist ferner, ob die HOAI auf **Leistungen** deutscher **Architekten** **31** **und Ingenieure im Ausland** anzuwenden ist. Voraussetzung dafür ist, daß über-haupt deutsches Recht anwendbar wäre. Haben Auftragnehmer und Auftragge-ber die Anwendbarkeit deutschen Rechts vereinbart, so ist die HOAI unbe-schränkt heranzuziehen. Diese Vereinbarung kann sowohl ausdrücklich als auch stillschweigend erfolgen. Eine stillschweigende Vereinbarung deutschen Rechts ist etwa dann anzunehmen, wenn die Parteien einen deutschen Gerichtsstand vereinbart haben (vgl. Palandt/Heldrich Vorbem. a vor Art. 12 EGBGB Anm. 2 a, bb; ebenso Hesse/Korbion/Mantscheff § 1 Rdn. 11; a. A. Pott/Dahlhoff § 1 Rdn. 13). Lassen sich keine Umstände in dieser Art ermit-teln, so ist auf den Vertrag zwischen einem deutschen Architekten oder Inge-nieur über ein Bauvorhaben im Ausland dennoch deutsches Recht und damit die HOAI anwendbar, weil auch insoweit die Neuregelung des Art. 28 Abs. 2 Satz 1 EGBGB eingreift (vgl. Palandt/Heldrich Art. 28 Rdn. 14; a. A. ohne nähere Begründung Hesse/Korbion/Mantscheff/Vygen § 1 Rdn. 39), es sei denn, daß der deutsche Architekt sein Büro im Ausland hat. Im letzteren Fall gilt ausländisches Recht, und die HOAI erlangt ohne ausdrückliche oder still-schweigende Vereinbarung keine Geltung (zum Gerichtsstand vgl. unten Rdn. 33). Die Anwendung der HOAI auf Auslandsfälle unter Deutschen bedeutet nicht, daß damit alle Vorschriften der HOAI gelten würden. Insbe-sondere die Regelungen über die anrechenbaren Kosten (z. B. § 10 HOAI) sind unanwendbar oder allenfalls sinngemäß heranzuziehen, weil die DIN 276 nur für Bauvorhaben im Bundesgebiet gilt. Extrem niedere oder hohe Baukosten im Ausland sind damit für die HOAI nicht maßgebend. Vielmehr ist hier der für

Bauvorhaben im Inland ortsübliche Preis im Rahmen einer Kostenermittlung nach DIN 276 zugrunde zu legen. Auch die Regelung des Art. 34 EGBGB führt nicht zu einem anderen Ergebnis, weil der zwingende Charakter des Mindest- und Höchstsatzes nur für das Inland gelten kann.

32 Der Begriff **Entgelt** ist der Oberbegriff für die in der HOAI verwendeten Begriffe Honorar, Nebenkosten (§ 7) und Umsatzsteuer (§ 9). Der Mindest- und Höchstpreischarakter betrifft ausschließlich das Honorar und nicht die sonstigen Bestandteile des Entgelts. Dies ergibt sich aus §§ 1 Abs. 2; 2 Abs. 2 MRVG sowie aus § 4 Abs. 1–3 HOAI. Nebenkosten können also ebenso wie die Umsatzsteuer zusätzlich zu den Mindest- bzw. Höchstsätzen verlangt werden.

33 Als **Gerichtsstand** für die **Honorarklage** steht dem Architekten und Ingenieur zunächst das Gericht am Wohnsitz des Auftraggebers zur Verfügung (§ 13 ZPO). Als weiterer Gerichtsstand für die Honorarklage ist ausnahmsweise der Gerichtsstand gegeben, an dem der Auftraggeber gegen den Auftragnehmer etwa wegen mangelhafter Leistung auf Schadensersatz geklagt hat (§ 33 ZPO). Dieser Gerichtsstand für die Widerklage gilt jedoch nur für den Kläger, nicht aber für Dritte (BGH BauR 1993, 635 = NJW 1993, 2120 = ZfBR 1993, 220). Hat also der Auftraggeber seine Schadensersatzansprüche abgetreten und klagt der Zessionar, dann kann Widerklage gegen den Auftraggeber nur beim gleichen Gericht erhoben werden, wenn dieses auch für den Honoraranspruch sachlich und örtlich zuständig ist. Entsprechendes gilt umgekehrt für die Widerklage des Auftraggebers, wenn der Architekt oder Ingenieur abgetreten hat.

34 Zweifelhaft war lange, ob der Auftragnehmer auch das für den **Ort des Bauvorhabens** zuständige Gericht anrufen kann. In Rechtsprechung und Schrifttum war hier für den Bauvertrag immer mehr die Meinung im Vordringen, daß gemeinsamer Erfüllungsort für alle Verpflichtungen der Ort des Bauvorhabens sei, weshalb hier auch die Vergütungsklage erhoben werden könne (vgl. z. B. BayObLG BauR 1983, 390 = MDR 1983, 583; Baumbach/Lauterbach/Albers/ Hartmann § 29 Anm. 3 B „Werkvertrag"; Duffek BauR 1980, 316). Die überwiegende Meinung war dem aber nicht gefolgt. Durch eine Entscheidung des BGH (BauR 1986, 241 = BB 1986, 350 = NJW 1986, 935) wurde dann aber für den Bauwerkvertrag klargestellt, daß Erfüllungsort für die beiderseitigen Verpflichtungen regelmäßig der Ort des Bauwerks ist. Es besteht kein Grund, weshalb diese Rechtsprechung nicht auch für den Architekten- und Ingenieurvertrag gelten sollte (ebenso Hesse/Korbion/Mantscheff/Vygen § 8 Rdn. 75). Damit können Architekt und Ingenieur ihre Honorarforderung auch am Ort des Bauvorhabens einklagen. Probleme ergaben sich nur noch dann, wenn das Objekt nicht gebaut wird oder wenn der Auftragnehmer nicht die Objektüberwachung in Auftrag hat. Im ersteren Fall ist der Ort des Bauvorhabens nicht Erfüllungsort, so daß hier am Wohnsitz des Auftraggebers geklagt werden muß (ebenso OLG Zweibrücken BauR 1990, 513). Im zweiten Fall ist entscheidend, ob die Architekten- oder Ingenieurleistung **im Bauwerk realisiert** wurde (ebenso Pott/Dahlhoff § 8 Rdn. 21; Werner/Pastor Rdn. 377; a. A. LG Tübingen

BauR 1991, 793 m. Anm. Bühler und OLG Köln SFH Nr. 2 zu § 269 BGB für Leistungsphase 5 sowie Hesse/Korbion/Mantscheff/Vygen § 8 Rdn. 75; zu den entsprechenden Problemen bei der Gewährleistung vgl. OLG Stuttgart BauR 1977, 72 m. Anm. Locher); dann kann am Ort des Bauvorhabens auf Honorar geklagt werden. Das gilt auch dann, wenn der planende Architekt nicht mit der Überwachung befaßt ist. Entscheidender Gesichtspunkt ist auch hier, ob sich die Planung – mit oder ohne seine Beteiligung – im Grundstück realisiert (vgl. OLG Stuttgart a. a. O. und OLG Nürnberg BauR 1977, 70).

Nicht abschließend geklärt ist, ob auch der **Bürositz des Auftragnehmers** 35 Erfüllungsort i. S. § 29 ZPO und damit Gerichtsstand sein kann. Das LG München I (NJW-RR 1993, 212) hat dies für einen Honoraranspruch aus Leistungsphasen 1 und 2 des § 15 HOAI bejaht, das OLG Köln (SFH Nr. 2 zu § 269 BGB) bei Leistungsphase 5 verneint. Der Schwerpunkt der Tätigkeit liegt in Leistungsphase 1–7 im Büro des Architekten bzw. Ingenieurs, so daß hier der Erfüllungsort ist. Auf die vom OLG Köln in den Vordergrund gestellte „intensive Zusammenarbeit" der Parteien kommt es dagegen nicht an.

Im Architekten- oder Ingenieurvertrag enthaltene **Gerichtsstandvereinbarun-** 36 **gen** sind unwirksam, soweit sie von den soeben genannten gesetzlichen Gerichtsständen abweichen und soweit nicht beide Vertragspartner Vollkaufleute sind (§§ 29 Abs. 2; 38 Abs. 1 ZPO). Architekten und Ingenieure sind keine Vollkaufleute, so daß von bzw. mit ihnen getroffene Gerichtsstandvereinbarungen – auch soweit es sich um Regelungen zu ihren Gunsten handelt – unwirksam sind (OLG Nürnberg BauR 1977, 70).

Zu unterscheiden von der Frage, welches Recht anzuwenden ist und ob dann 37 die HOAI gilt (vgl. oben Rdn. 25, 31), ist die Frage, welche **Gerichte** bei **grenzüberschreitenden Architekten- und Ingenieurverträgen zuständig** sind (vgl. i. e. Kartzke ZfBR 1994, 1, auch zu Art. 29 EGBGB). Erbringt z. B. ein deutscher Architekt oder Ingenieur Leistungen für einen EG-Ausländer, so kommt es nach Art. 5 Nr. 1 EuGVÜ darauf an, was als „Erfüllungsort" anzusehen ist. Der konkrete Erfüllungsort i. S. dieser Vorschrift richtet sich nach demjenigen Recht, das nach den Kollisionsnormen des mit dem Rechtsstreit befaßten Gerichts für die streitige Verpflichtung maßgeblich ist (OLG München BauR 1986, 242; LG Kaiserslautern NJW 1988, 652). Da sich das Büro des Architekten oder Ingenieurs in Deutschland befindet, gilt hierfür deutsches Recht (OLG München a. a. O.; LG Kaiserslautern a. a. O.). Soweit das Bauvorhaben im Inland ist, führt dies zur Zuständigkeit der deutschen Gerichte (LG Kaiserslautern a. a. O.), wenn nicht nur Planungsleistungen erbracht werden, sondern das Bauwerk auch errichtet wird. Werden dagegen lediglich Planungsleistungen erbracht, ohne daß das Objekt realisiert wird, so ist das ausländische Gericht, das für den Auftraggeber zuständig ist, anzurufen (LG Kaiserslautern a. a. O.; vgl. auch EuGH NJW 1987, 1131 m. Anm. Geimer).

Für die **Gewährleistungs- bzw. Schadensersatzklage des Auftraggebers** steht 38 dem Gericht am Wohnsitz des Auftragnehmers (§ 13 ZPO) auch der Gerichtsstand am Ort des Bauvorhabens zur Verfügung (§ 29 ZPO; BGH BauR 1986,

241 = BB 1986, 350 = NJW 1986, 935; OLG Stuttgart BauR 1977, 72
m. Anm. Locher; LG Baden-Baden BauR 1982, 606). Letzteres gilt jedenfalls
dann, wenn das Objekt ausgeführt wurde, und zwar auch dann, wenn der Auftragnehmer nicht die Objektüberwachung in Auftrag hatte (im Hinblick auf
letzteres a. A. LG Tübingen BauR 1991, 795 m. Anm. Bühler). In den anderen
Fällen steht dem Auftraggeber nur der Wohnsitz des Auftragnehmers als
Gerichtsstand offen. Für Ansprüche wegen fehlerhafter Kostenermittlung aus
Bausummenüberschreitung ist der Gerichtsstand des Bauvorhabens ebenfalls
nicht einschlägig, da sich die Ergebnisse der Kostenermittlung nicht im Bauwerk bzw. Grundstück niederschlagen (a. A. Werner/Pastor Rdn. 376).

39 Die HOAI ist EU-konform und wird deshalb von bisherigem EU-Recht
nicht eingeschränkt oder abgeändert. Die „Richtlinie des Rates der Europäischen Gemeinschaften über die Koordinierung der Verfahren zur Vergabe
öffentlicher Dienstleistungsaufträge" (Richtlinie 92/50/EWG des Rates vom
18. 6. 1992 – ABl. Nr. L 209 vom 24. 7. 1992) läßt die HOAI unberührt. Nach
Art. 36 Abs. 1 dieser sog. Dienstleistungsrichtlinie bleiben die für „die Vergütung von bestimmten Dienstleistungen geltenden einzelstaatlichen Rechts- und
Verwaltungsvorschriften" unberührt. Hinsichtlich des EU-Binnenmarktes gilt
ab 1. 1. 1993 die Dienstleistungsrichtlinie 85/384 EG vom 10. 6. 1985 (vgl.
DAB 1989, 925; DAB 1989, 1149; DAB [BW] 1989, 285; DAB 1991, 1029).

§ 2
Leistungen

(1) Soweit Leistungen in Leistungsbildern erfaßt sind, gliedern sich die Leistungen in Grundleistungen und Besondere Leistungen.

(2) Grundleistungen umfassen die Leistungen, die zur ordnungsgemäßen
Erfüllung eines Auftrags im allgemeinen erforderlich sind. Sachlich zusammengehörige Grundleistungen sind zu jeweils in sich abgeschlossenen Leistungsphasen
zusammengefaßt.

(3) Besondere Leistungen können zu den Grundleistungen hinzu – oder an
deren Stelle treten, wenn besondere Anforderungen an die Ausführung des Auftrags gestellt werden, die über die allgemeinen Leistungen hinausgehen oder diese
ändern. Sie sind in den Leistungsbildern nicht abschließend aufgeführt. Die
Besonderen Leistungen eines Leistungsbildes können auch in anderen Leistungsbildern oder Leistungsphasen vereinbart werden, in denen sie nicht aufgeführt
sind, soweit sie dort nicht Grundleistungen darstellen.

Absatz 1 gliedert die Leistungen in Grundleistungen und Besondere Leistun- **1**
gen. Die Unterscheidung hat Bedeutung im Rahmen der **Leistungsbilder**
Objektplanung für Gebäude, Freianlagen und raumbildende Ausbauten (§ 15),
Flächennutzungsplan (§ 37), Bebauungsplan (§ 40), Landschaftsplan (§ 45a),
Grünordnungsplan (§ 46), Landschaftsrahmenplan (§ 47), Umweltverträglich-
keitsstudie (§ 48a), Landschaftspflegerischer Begleitplan (§ 49a), Pflege- und
Entwicklungsplan (§ 49c), Ingenieurbauwerke und Verkehrsanlagen (§ 55),
Tragwerksplanung (§ 64), Technische Ausrüstung (§ 73), Entwurfsvermessung
(§ 97b) und Bauvermessung (§ 98b).

Leistungsbilder enthalten auch die Regelungen über die Thermische Bauphy- **2**
sik (§ 78), Bauakustik (§ 81), Raumakustik (§ 86), Baugrundbeurteilung und
Gründungsberatung (§ 92). Zwar ist hier nicht unterschieden in Grundleistungen und Besondere Leistungen. Es sind jedoch die einzelnen möglichen Ingenieurleistungen aufgelistet und mit einem bestimmten Prozentsatz der Gesamtleistung bewertet. Dies ist das Charakteristikum für ein Leistungsbild (ebenso
Hesse/Korbion/Mantscheff/Vygen § 2 Rdn. 2). Die gegenteilige Auffassung
(Pott/Dahlhoff § 2 Rdn. 2), die der Unsicherheit des Verordnungsgebers folgt,
würde es mit sich bringen, daß § 5 Abs. 1–3 nicht anwendbar wären, weil sie
nur für Leistungsbilder gelten.

Absatz 2 definiert die **Grundleistungen.** Die in den Leistungsbildern aufgeführ- **3**
ten Grundleistungen sind im allgemeinen erforderlich, um ein bestimmtes Planungsziel, z. B. den Neubau eines Gebäudes, zu verwirklichen. Einzelne Grundleistungen und Besonderen Leistungen sind in Leistungsphasen (Leistungsabschnitten) zusammengefaßt, die wiederum in ihrer Gesamtheit ein Leistungsbild
darstellen. Die einzelnen Grundleistungen sind in den Leistungsbildern abschließend aufgezählt (ebenso Weyer BauR 1995, 446 [448]). Zusätzliche Grundleistungen gibt es nicht. Werden nicht alle Grundleistungen übertragen bzw.
erbracht, so stellt sich die Frage, ob ein Abzug beim Honorar gemacht werden
muß (vgl. § 5 Abs. 1–3 und die Kommentierung § 5 Rdn. 3 ff.).

Absatz 3 definiert die **Besonderen Leistungen.** Sie sind im allgemeinen nicht **4**
zur ordnungsgemäßen Erfüllung des Auftrags erforderlich, können jedoch

dort, wo die Grundleistungen nicht ausreichen, einen vollständigen Auftrag zu erfüllen, notwendig werden. Das gilt z. B. für eine Bestandsaufnahme bei Umbau oder ergänzende Untersuchungen bei Leistungen für Bebauungspläne oder im Hinblick auf die Anfertigung von Beiplänen bei Flächennutzungsplänen (§ 37 Abs. 2), nicht dagegen bei Bebauungsplänen (§ 40 Rdn. 2). Besondere Leistungen sind zunächst einmal diejenigen Leistungen, die in der rechten Spalte der Leistungsbilder aufgeführt sind. Diese Aufzählungen sind jedoch nur beispielhaft und damit nicht abschließend (Abs. 3 Satz 2). Leistungen, die **nicht in den Grundleistungskatalogen aufgeführt** sind, können nach der Systematik der HOAI entweder nur Besondere Leistungen sein oder aber von der HOAI nicht erfaßt sein (ebenso Hesse/Korbion/Mantscheff/Vygen § 2 Rdn. 11; vgl. § 1 Rdn. 1). Dabei sind auch außerhalb der HOAI liegende Leistungen für einen Architekten oder Ingenieur Besondere Leistungen, wenn sie im Zusammenhang mit der Errichtung eines Objekts von ihm erbracht werden.

5   Außer den in § 2 Abs. 3 und § 5 Abs. 4, 5 genannten Anforderungen müssen für die Honorierung der Besonderen Leistungen keine weiteren Voraussetzungen vorliegen. Besondere Leistungen müssen **keineswegs typisch berufsbezogene Leistungen** des Architekten oder des Ingenieurs sein (ebenso OLG Düsseldorf BauR 1993, 758 = NJW-RR 1993, 476; OLG Hamm BauR 1993, 761 für Verwaltungsleistungen nach der II. BVO; Hesse/Korbion/Mantscheff/Vygen § 2 Rdn. 13; a. A. Beigel DAB 1980, 218). Nur solche Leistungen, die keine Beziehung zur Errichtung des Objekts haben, sind nicht erfaßt (OLG Düsseldorf a. a. O.). Hierzu gehören z. B. elektrotechnische Leistungen, die ausschließlich mit der Nutzung eines Objekts als Computerzentrum zu tun haben und nicht mit der Errichtung und Herstellung der Funktionsfähigkeit des Objekts selbst. Die gegenteilige Auffassung, wonach es sich um berufstypische Leistungen handeln muß, läßt sich nicht in Einklang mit der HOAI bringen: Es könnte z. B. der Architekt solche Besonderen Leistungen, die normalerweise einem Sonderfachmann obliegen und in dessen Leistungsbild aufgeführt sind, nicht als Besondere Leistungen selbst erbringen. Das steht jedoch in Widerspruch zu § 2 Abs. 3 Satz 3, wonach die Besonderen Leistungen eines Leistungsbildes, wie z. B. der Tragwerksplanung, auch in anderen Leistungsbildern, wie z. B. der Objektplanung durch den Architekten, als Besondere Leistung vereinbart werden können. Die gegenteilige Auffassung ist auch nicht in Einklang zu bringen mit der Aufzählung der Besonderen Leistungen in § 15 Abs. 2 rechte Spalte. Es ist nämlich keineswegs so, daß hier nur berufsbezogene oder berufstypische Leistungen aufgeführt sind. Entsprechendes gilt für alle anderen Leistungsbilder im übrigen auch. So ist z. B. die Wirtschaftlichkeitsberechnung (§ 15 Abs. 2 Nr. 3) keineswegs eine typische berufsbezogene Architektenleistung. Für die Annahme von Besonderen Leistungen genügt der **Zusammenhang** der Leistung **mit der Errichtung des Objekts.** Besteht dieser Zusammenhang, so ist die HOAI anwendbar, und es ist **keine freie Vereinbarung** über eine nicht von der HOAI erfaßte Leistung möglich (ebenso Hesse/Korbion/Mantscheff/Vygen § 2 Rdn. 13; Neuenfeld § 1 Rdn. 6 f.). Dies hat zur Folge, daß eine schriftliche

Honorarvereinbarung für Zusätzliche Besondere Leistungen getroffen sein muß (§ 5 Rdn. 9 ff.). Darüber hinaus muß bei solchen Besonderen Leistungen, die mit Grundleistungen vergleichbar sind, das Honorar in einem angemessenen Verhältnis zu deren Honorierung stehen (§ 5 Rdn. 10). Im übrigen sind die Honorare aber auch für Besondere Leistungen frei vereinbar. Besteht jedoch **kein Zusammenhang** mit Grundleistungen, dann handelt es sich um isolierte Besondere Leistungen, die von der HOAI nicht erfaßt sind (vgl. § 5 Rdn. 37, 46).

Als **zusätzliche,** nicht in den Leistungsbildern aufgeführte **Besondere Leistungen** bei der Objektplanung für Gebäude kommen z. B. in Frage die Hereinholung öffentlicher und privater Finanzierungsmittel, die Verwaltung von Finanzierungsmitteln (vgl. LG Köln BauR 1971, 280 = NJW 1972, 1302), die Mitwirkung bei der öffentlichen Erschließung, eine Tätigkeit im Hinblick auf die Nutzung des Objekts, etwa durch Mithilfe bei der Vermietung, Beratung beim Abschluß von Mietverträgen oder eines Verwaltervertrages. Dagegen ist dem Architekten oder Ingenieur die Vorbereitung und Abfassung von Verträgen mit Bewerbern oder mit dem Verwalter nach § 1 RBerG nicht erlaubt (BGH BauR 1978, 60 = NJW 1978, 322). Ebensowenig ist es dem Auftragnehmer erlaubt, seinen Auftraggeber in einem Bauprozeß oder in einem Verwaltungsverfahren zu vertreten (OVG Münster NJW 1979, 2165). Die Grenzziehung zur unerlaubten Rechtsbesorgung ist schwierig (vgl. i. e. Kniffka ZfBR 1994, 253 und ZfBR 1995, 10 sowie oben Einl. Rdn. 84). Die Mitwirkung in technischer Hinsicht ist im Rahmen eines Gewährleistungsprozesses jedoch selbstverständlich erlaubt (OLG Frankfurt NJW 1972, 216). Die Vertretung des Bauherrn in irgendeinem Verfahren geht jedoch zu weit. Dies gilt sowohl für den Architekten des Bauherrn als auch für den Architekten eines Nachbarn. Beide sind auf keinen Fall zur verfahrensmäßigen Abwicklung berechtigt. Sie dürfen jedoch die Beratung hinsichtlich der technischen Probleme insbesondere zur Unterstützung des Prozeßbevollmächtigten der jeweiligen Partei übernehmen (vgl. auch § 15 Rdn. 19). Berät der Architekt den Nachbarn eines Bauherrn in diesem Umfang, so erbringt er eine Leistung, die nicht nach HOAI zu honorieren ist. Da der Architekt hier auch keine Grundleistungen aus der HOAI in Auftrag hat, ist diese überhaupt nicht anwendbar: deshalb gelten weder die Mindest- bzw. Höchstsätze noch das Schriftformerfordernis für eine Honorarvereinbarung. Fehlt eine Honorarvereinbarung, so steht dem Architekten Anspruch auf die übliche Vergütung zu (§§ 612 Abs. 2; 632 Abs. 2 BGB). Der Auftragnehmer muß und darf auch nicht die Schriftsätze für den Auftraggeber in einem derartigen Verfahren fertigen (so mit Recht Beigel a. a. O.).

Besondere Leistungen können ferner bei der Schaffung von Wohnungseigentum anfallen. Das Ausrechnen der Baukostenanteile, die auf jeden Wohnungseigentümer entfallen, gehört nicht zu den Grundleistungen. Als Besondere Leistungen sind ferner die Mitwirkung bei der Aufstellung der Teilungserklärung und die Berechnung von Miteigentumsanteilen sowie die Anfertigung von Aufteilungsplänen zu nennen (vgl. § 15 Rdn. 117). Ebenso ist die wirtschaftliche

Baubetreuung eine Besondere Leistung (vgl. auch OLG Celle BauR 1970, 247), soweit sie in den Leistungsphasen nicht in Teilabschnitten enthalten ist. Auch wohnungswirtschaftliche Verwaltungsleistungen sind Besondere Leistungen (OLG Hamm BauR 1994, 797 = NJW-RR 1994, 985).

8 Besondere Leistungen treten vor allem auch bei Modernisierungs- oder Sanierungsaufgaben zu den Grundleistungen. Sie sind hier natürlich nicht mit den Zuschlägen nach § 24 HOAI abgedeckt. Als Besondere Leistungen in diesem Bereich kommen vor allem in Frage: eine Bestandsaufnahme mit Sonderverfahren zur maßlichen und technischen Erfassung der Altbausubstanz auch im Hinblick auf Mieterdaten, detaillierte Untersuchungen des konstruktiven Bestandes und deren Auswertung, die sich schrittweise durch mehrere Leistungsphasen erstrecken können, Kostenermittlungen nach Bauteilkatalog, Kosten-Nutzen-Berechnungen, das Aufstellen eines Zeit- und Organisationsplans zur Information der Mieter u. a. m. (vgl. zum Ganzen: Schlömilch DAB 1988, 365 sowie § 15 Rdn. 21, 239).

9 Auch die Übernahme einer Baukostengarantie durch den Architekten ist eine Besondere Leistung, da eine wesentlich umfangreichere Kostenermittlung und damit ein zusätzlicher Arbeits- und Zeitaufwand i. S. des § 5 Abs. 4 notwendig ist (a. A. Hartmann § 2 Rdn. 10; wie hier: Hesse/Korbion/Mantscheff/Vygen § 2 Rdn. 12; Morlock DAB [BW] 1985, 202; Motzke, Rdn. 271). Die Entscheidung des OLG Hamm (BauR 1979, 264) steht dem nicht entgegen. Das OLG hatte nur die Frage zu entscheiden, ob auch ohne ausdrückliche Vereinbarung eine „Zusatzvergütung" nach § 3 GOA zu honorieren sei. Dies hat das OLG zu Recht verneint (zur Haftung bei Überschreitung der Baukostengarantie vgl. Einl. Rdn. 71 ff.). Diskutiert wurden verschiedentlich die Fragen, ob der Nachweis nach der Wärmeschutzverordnung (vgl. § 15 Rdn. 108), die Bauleitertätigkeit (vgl. § 15 Rdn. 179) und die Entwässerungsplanung (vgl. § 15 Rdn. 114) Besondere Leistungen darstellen (vgl. auch unten Rdn. 14). Die künstlerische Oberleitung nach § 15 Abs. 3 stellt keine Besondere Leistung dar (vgl. § 15 Rdn. 235).

10 Als weitere Besondere Leistung kommt die Wohnflächen- oder Quadratmeterberechnung in Frage (vgl. § 15 Rdn. 116). Diese sind nicht generell Besondere Leistungen (vgl. aber OLG Düsseldorf BauR 1993, 758 = NJW-RR 1993, 476). Weitere Besondere Leistungen sind grundsätzlich die Beurteilung von Architektenleistungen eines Vorgängers oder bereits erbrachter Bauleistungen, die Prüfung von Architektenhonorarrechnungen oder die Aufstellung einer Schlußrechnung des Bauunternehmers nach § 14 Nr. 4 VOB (B) (so mit Recht OLG Düsseldorf a. a. O.). Eine wichtige Besondere Leistung ist auch die Bedarfsplanung (vgl. i. e. Kuchenmüller in Bauleitung und Projektmanagement für Architekten und Ingenieure, Teil 3 A sowie in DAB 12/92 und 1/93).

11 Eine Honorarvereinbarung über Besondere Leistungen ist jedoch nur dann wirksam, wenn die Voraussetzungen des Abs. 3 Satz 1 vorliegen, wenn also **„besondere Anforderungen an die Ausführung des Auftrags gestellt werden".** Dies ist ebenso **Anspruchsvoraussetzung** wie die Schriftform (vgl. § 5 Rdn. 37).

Als Beispiele für besondere Anforderungen nennt die Amtliche Begründung zu
§ 2 z. B. aufwandsbezogene Einflußgrößen, standortbezogene, herstellungsbezogene, zeitbezogene oder umweltbezogene Einflußgrößen.

Der Begriff „besondere Anforderungen" ist insoweit mißverständlich, als **12**
darunter qualitativ höherwertige Leistungen oder lang andauernde Leistungen
verstanden werden könnten. Unter „besonderen Anforderungen" ist jedoch
lediglich zu verstehen, daß es sich um gesonderte, zusätzliche Leistungen handeln muß, die über die Grundleistungen hinausgehen oder diese abändern. Das
unterscheidet die „Besonderen Leistungen" von den außergewöhnlichen oder
ungewöhnlich lange dauernden Leistungen des § 4 Abs. 3. Aus dem gleichen
Grund unterscheiden sich die Besonderen Leistungen in §§ 2, 5, 15 und anderen Bestimmungen gleichzeitig von den rationalisierungswirksamen Besonderen Leistungen in § 29, die zum ersten Male erbrachte, eigenschöpferische Leistungen sein müssen, die sich dazu noch durch herausragende technisch-wirtschaftliche Lösungen auszeichnen (vgl. Amtliche Begründung zu § 29). Es wäre
zu wünschen gewesen, daß die Verordnung einen einheitlichen Begriff der
Besonderen Leistungen verwendet hätte. Es muß deshalb ausdrücklich darauf
hingewiesen werden, daß die Besonderen Leistungen im Sinne des § 29 nicht
den Voraussetzungen der §§ 2 Abs. 3, 5 Abs. 4 und 5 unterliegen.

Grundleistungen aus der gleichen oder einer anderen Leistungsphase können **13**
niemals Besondere Leistungen sein. Grundleistungen und Besondere Leistungen
schließen sich nach der Definition des § 2 Abs. 2, Abs. 3 begrifflich aus. Eine
anderslautende Vereinbarung würde gegen den Höchstpreischarakter der Verordnung verstoßen und wäre nach § 134 BGB unwirksam. Dies führt allerdings
nicht zur Unwirksamkeit des ganzen Vertrags, sondern zu einer Ermäßigung
des Honorars auf den Höchstpreis (vgl. § 4 Rdn. 70). Hat der Auftraggeber
den höheren Preis bereits bezahlt, so steht ihm ein Rückforderungsrecht nach
§ 817 Satz 1 BGB zu, es sei denn, der Auftraggeber wußte von der Überschreitung (§ 817 Satz 2 BGB; vgl. § 4 Rdn. 71). Jedoch ist es möglich, Besondere
Leistungen, die im Leistungsbild einer bestimmten Leistungsphase als Besondere Leistungen aufgeführt sind, unter den Voraussetzungen des Abs. 3 Satz 1
auch in einer anderen Leistungsphase als Besondere Leistung zu vereinbaren.

Nicht als Besondere Leistung anzusehen sind diejenigen **Grundleistungen** **14**
eines Auftragnehmers, die er aus einem **anderen Teil der HOAI** erbringt. So
kann beispielsweise ein Ingenieur, der die Architekteneigenschaft nicht besitzt,
die Objektplanung nicht als Besondere Leistung vereinbaren. Umgekehrt kann
ein Architekt Leistungen bei der Tragwerksplanung nicht als Besondere Leistungen vereinbaren. Erbringt der Architekt bzw. Ingenieur **Grundleistungen**
aus Gebieten anderer Auftragnehmer (etwa für Akustik, Heizung, Lüftung oder
Versorgungsanlagen), so erhält er hierfür – auch ohne schriftliche Honorarvereinbarung – ein Honorar nach den Bestimmungen des betreffenden Teils der
HOAI (ebenso Hesse/Korbion/Mantscheff/Vygen § 2 Rdn. 14). Die Entwässerungsplanung (vgl. § 15 Rdn. 114) oder der Wärmeschutznachweis (vgl. oben
Rdn. 9) ist deshalb als Grundleistung abzurechnen (ebenso Weyer BauR 1995,

446 [448]). Für alle diese zusätzlichen Grundleistungen bedarf es keiner schriftlichen Honorarvereinbarung nach § 5 Abs. 4.

15 Ebensowenig wie Grundleistungen im Wege der Vereinbarung zu Besonderen Leistungen gemacht werden können, können Besondere Leistungen im Grundleistungskatalog zusätzlich aufgenommen werden. Es gibt zwar die Möglichkeit, Besondere Leistungen anstelle einzelner Grundleistungen zu vereinbaren, jedoch ist es ausgeschlossen, den vollständigen Grundleistungskatalog einer Leistungsphase um Besondere Leistungen zu erweitern. So muß es der Auftragnehmer nicht hinnehmen, wenn der Auftraggeber in der Leistungsphase 2 (Vorplanung) als Grundleistung auch Modelle verlangt, auch wenn es sich um „einfache" Modelle handelt, wie dies Vertragsmuster der öffentlichen Hand vorsehen. Darin läge ein Verstoß gegen den Mindestpreischarakter (ebenso Hesse/Korbion/Mantscheff/Vygen § 2 Rdn. 7; vgl. § 4 Rdn. 90).

16 Ein Honorar für Besondere Leistungen darf nur dann vereinbart werden, wenn diese zu den Grundleistungen **hinzutreten** (vgl. § 5 Abs. 4). Für diejenigen Besonderen Leistungen, die **anstelle** der Grundleistungen treten, kann kein besonderes Honorar beansprucht werden. Hier steht dem Auftragnehmer jedoch das volle Honorar aus der Leistungsphase zu, soweit einzelne Grundleistungen durch Besondere Leistungen ersetzt werden (vgl. § 5 Abs. 5). Für Besondere Leistungen, die zu den Grundleistungen hinzutreten, ist neben den Voraussetzungen des § 2 Abs. 3 weiter erforderlich, daß die Voraussetzungen des § 5 Abs. 4 vorliegen (vgl. im einzelnen unten § 5 Rdn. 35 und 39).

17 Besondere Leistungen sind nur dann nach §§ 2, Abs. 3, 5 Abs. 4, Abs. 5 zu honorieren, wenn gleichzeitig irgendeine Grundleistung übertragen ist (OLG Hamm BauR 1994, 797 = NJW-RR 1994, 985). Dies ergibt sich aus der Vorschrift des § 5 Abs. 4, Abs. 5, die eine Honorarbestimmung nur insoweit enthält, als Besondere Leistungen zu Grundleistungen hinzutreten oder anstelle einzelner Grundleistungen treten. Werden **Besondere Leistungen isoliert** in Auftrag gegeben (z. B. eine Wirtschaftlichkeitsberechnung oder eine Bauvoranfrage), so kann hierfür ein **Honorar frei vereinbart** werden. Diese Leistungen sind von der HOAI nicht erfaßt (absolut h. M.; z. B. OLG Hamm BauR 1994, 797 = NJW-RR 1994, 985; OLG Hamm BauR 1993, 761; Hesse/Korbion/Mantscheff/Vygen § 2 Rdn. 10; Löffelmann/Fleischmann Rdn. 31; Pott/Dahlhoff § 1 Rdn. 3; Werner/Pastor Rdn. 777; a. A. Weyer, FS Locher, S. 303 ff.). Die gegenteilige Ansicht läßt sich nicht mit § 1 HOAI („andere Bestimmungen") begründen, weil diese „anderen Bestimmungen" (§ 5 Abs. 4, 5) eindeutig sind. Auch rein sachlich besteht kein Anlaß, zufällig als Besondere Leistungen erwähnte, für den Architekten sonst atypische Leistungen (z. B. Wirtschaftlichkeitsberechnung, Prüfverfahren, Gestellen von Wartungs- und Pflegeanweisungen) auch dann der HOAI zu unterstellen, wenn diese sonst nicht anwendbar wäre. Würde man dann auch noch der Auffassung folgen, die HOAI gelte auch für Nichtarchitekten (vgl. § 1 Rdn. 12 ff.), dann hätte der Steuer- oder Wirtschaftsberater ggf. keinen Gebührenanspruch, wenn er die Voraussetzungen der HOAI nicht erfüllt. Zu den isolierten Besonderen Leistungen gehören auch

solche, die vor Beauftragung mit Grundleistungen verlangt und vergeben werden (z. B. Bestandsaufnahme vor Beauftragung mit einem Umbau; Bauvoranfrage vor Planungsauftrag).

Haben die Vertragspartner bei isolierten Besonderen Leistungen **keine Honorarvereinbarung getroffen**, so steht dem Auftragnehmer dennoch ein Honorar **18** zu. In diesem Fall, daß nämlich lediglich eine Besondere Leistung ohne Grundleistungen in Auftrag gegeben wurde, ist § 5 Abs. 4 nicht anwendbar, so daß eine schriftliche Honorarvereinbarung nicht getroffen werden muß. In § 2 Abs. 3 sind zwei Formen der Besonderen Leistungen angesprochen, nämlich diejenigen Besonderen Leistungen, die zu den Grundleistungen hinzutreten, und diejenigen Besonderen Leistungen, die anstelle von Grundleistungen treten. § 5 Abs. 4 regelt nur den ersten Fall, daß zu den Grundleistungen Besondere Leistungen hinzutreten. § 5 Abs. 5, der eine Regelung für die ersetzenden Besonderen Leistungen enthält, stellt das Erfordernis der schriftlichen Vereinbarung nicht auf (ebenso OLG Hamm BauR 1994, 797 = NJW-RR 1994, 985; LG Hildesheim, Urt. v. 22. 12. 1978 – 2 O 487/77; Beigel DAB 1980, 391; Hesse/Korbion/Mantscheff/Vygen a. a. O.; insoweit wie hier Weyer, FS Locher, S. 303 [314] und BauR 1995, 446 [450], der jedoch im übrigen die HOAI für anwendbar hält; vgl. dazu oben Rdn. 17). Dem Auftragnehmer steht in diesen Fällen nach § 632 Abs. 2 BGB die übliche Vergütung zu. Diese läßt sich z. B. im Falle der Bauvoranfrage danach bemessen, welche Leistungen für die Bauvoranfrage selbst erforderlich waren, wie z. B. Vorplanung oder gar Entwurfsplanung. Soweit jedoch eine übliche Vergütung für eine Besondere Leistung nicht gegeben ist, steht dem Auftragnehmer in entsprechender Anwendung des § 5 Abs. 4 Satz 3 ein Zeithonorar nach § 6 HOAI zu.

Fraglich ist, ob eine **Grundleistung** als Besondere Leistung honoriert werden **19** kann, wenn sie nicht in der vorgesehenen Leistungsphase, sondern **zeitlich vorher** erbracht werden soll. Vereinbaren die Parteien zum Beispiel, daß der Auftragnehmer den in Leistungsphase 7 vorgesehenen Kostenanschlag bereits in Leistungsphase 3 zu erbringen hat, oder wird vereinbart, daß die in Leistungsphase 3 vorgesehene Kostenberechnung bereits in Leistungsphase 2 erstellt wird, so bringt dies für den Auftragnehmer einen erheblich höheren Aufwand mit sich. Für diesen höheren Aufwand kann der Auftragnehmer jedoch kein zusätzliches Honorar nach §§ 2 Abs. 3; 5 Abs. 4, Abs. 5 vereinbaren, da eine Grundleistung in keinem Fall als Besondere Leistung honoriert werden kann, auch dann nicht, wenn sie zeitlich vorgezogen wird (a. A. Hartmann § 2 Rdn. 11; vgl. oben Rdn. 13). Die HOAI kennt hier zwar selbst Ausnahmen: wie die „genaue Berechnung besonderer Bauteile" in § 55 Leistungsphase 2, wobei es sich um vorgezogene Berechnungen aus den Phasen 3 und 4 handelt; ebenso die „vorgezogene … Berechnung" sowie die „vorgezogene Stahlmengenermittlung" in § 64 Leistungsphase 3. Es handelt sich dabei aber um – eigentlich stilwidrige – Ausnahmen. Der Auftragnehmer hat allerdings die Möglichkeit, den erhöhten Aufwand bei der Festlegung des Honorars im Rahmen der Mindest- und Höchstsätze geltend zu machen. Des weiteren kann der Auftragnehmer ein

Honorar für diejenigen Grundleistungen verlangen, die zur Erfüllung der vorgezogenen Leistung erforderlich sind, wie zum Beispiel Ausführungsplanung oder Teile derselben, Leistungsbeschreibungen u. a.

20 Durch die 1. Verordnung zur Änderung der HOAI (vgl. Einl. Rdn. 2) wurde in § 2 Abs. 3 ein neuer Satz 3 eingefügt. Diese Vorschrift brachte gegenüber der ursprünglichen Rechtslage nur eine Klarstellung und keine Neuerung (ebenso Hesse BauR 1984, 449 [451]; Jochem DAB 1984, 1247). Klargestellt wird zunächst, daß Besondere Leistungen eines Leistungsbildes auch in einer **anderen Leistungsphase** vereinbart und erbracht werden können als in derjenigen, in der sie ausdrücklich aufgeführt sind. So kann der Objektplaner eine Bauvoranfrage, die in § 15 Leistungsphase 2 als Besondere Leistung genannt ist, auch in der Leistungsphase 3 Entwurfsplanung vereinbaren und erbringen. Des weiteren ist durch die neue Vorschrift geregelt, daß der Auftragnehmer Besondere Leistungen auch aus **anderen Leistungsbildern** anderer Auftragnehmer vereinbaren und erbringen kann. Zum Beispiel kann der Architekt die bei der Tragwerksplanung in Leistungsphase 4 (§ 64 Abs. 3) aufgeführte Besondere Leistung des bauphysikalischen Nachweises zum Brandschutz als Besondere Leistung vereinbaren und erbringen, und zwar entweder zusätzlich zu seinen Grundleistungen oder als isolierte Besondere Leistung.

§ 3
Begriffsbestimmungen

Im Sinne dieser Verordnung gelten folgende Begriffsbestimmungen:

1. Objekte sind Gebäude, sonstige Bauwerke, Anlagen, Freianlagen und raumbildende Ausbauten.

2. Neubauten und Neuanlagen sind neu zu errichtende oder neu herzustellende Objekte.

3. Wiederaufbauten sind die Wiederherstellung zerstörter Objekte auf vorhandenen Bau- oder Anlageteilen. Sie gelten als Neubauten, sofern eine neue Planung erforderlich ist.

4. Erweiterungsbauten sind Ergänzungen eines vorhandenen Objekts, zum Beispiel durch Aufstockung oder Anbau.

5. Umbauten sind Umgestaltungen eines vorhandenen Objekts mit wesentlichen Eingriffen in Konstruktion oder Bestand.

6. Modernisierungen sind bauliche Maßnahmen zur nachhaltigen Erhöhung des Gebrauchswertes eines Objekts, soweit sie nicht unter die Nummern 4, 5 oder 10 fallen, jedoch einschließlich der durch diese Maßnahmen verursachten Instandsetzungen.

7. Raumbildende Ausbauten sind die innere Gestaltung oder Erstellung von Innenräumen ohne wesentliche Eingriffe in Bestand oder Konstruktion. Sie können im Zusammenhang mit Leistungen nach den Nummern 2 bis 6 anfallen.

8. Einrichtungsgegenstände sind nach Einzelplanung angefertigte nicht serienmäßig bezogene Gegenstände, die keine wesentlichen Bestandteile des Objekts sind.

9. Integrierte Werbeanlagen sind der Werbung an Bauwerken dienende Anlagen, die fest mit dem Bauwerk verbunden sind und es gestalterisch beeinflussen.

10. Instandsetzungen sind Maßnahmen zur Wiederherstellung des zum bestimmungsmäßigen Gebrauch geeigneten Zustandes (Soll-Zustandes) eines Objekts, soweit sie nicht unter Nummer 3 fallen oder durch Maßnahmen nach Nummer 6 verursacht sind.

11. Instandhaltungen sind Maßnahmen zur Erhaltung des Soll-Zustandes eines Objekts.

12. Freianlagen sind planerisch gestaltete Freiflächen und Freiräume sowie entsprechend gestaltete Anlagen in Verbindung mit Bauwerken oder in Bauwerken.

Der Begriff **Objekt** ist in § 3 Nr. 1 definiert als Oberbegriff für Tätigkeitsgebiete der im Anwendungsbereich der HOAI erwähnten Auftragnehmer, wie Architekten, Garten- und Landschaftsarchitekten, Innenarchitekten, Ingenieure. Er umfaßt Gebäude, sonstige Bauwerke, Anlagen, Freianlagen und raumbildende Ausbauten. Der Begriff „Objekt" dürfte sich mit dem Werkbegriff der GOA decken, der wiederum nicht identisch mit dem Begriff „Bauwerk" war. Das Wort „Werk" erschien in den §§ 5, 6, 8, 9, 10, 11 und 16 GOA; das Wort „Bauwerk" in §§ 12, 13, 14, 16, 18 und 19 GOA. Das Objekt faßt alle Baumaßnahmen zusammen, die von Architekten und Ingenieuren zu planen und durchzuführen sind. Es gehören deshalb außer Gebäuden aller Art auch sämtliche Ingenieurbauwerke des Teils VII dazu.

1

2   Während die GOA den Begriff **Gebäude** nur bei Schätzungen und Gebäudeaufnahmen verwendet, regelt die HOAI in § 11 die Honorarzonen für Leistungen bei Gebäuden, in § 12 die Objektliste für Gebäude, in § 15 das Leistungsbild Objektplanung für Gebäude, Freianlagen und raumbildende Ausbauten, in § 16 die Honorare für Grundleistungen bei Gebäuden und raumbildenden Ausbauten, in § 18 den Auftrag über Gebäude und Freianlagen. Der Begriff wird u. a. auch in §§ 20–25 und 27 verwendet. Das Wort Gebäude ist jedoch in der HOAI nicht definiert. Es handelt sich nicht um den gleichen Begriff wie in § 94 BGB (ebenso Neuenfeld § 3 Rdn. 3). Unter Gebäude sind vielmehr selbständig benutzbare, überdachte bauliche Anlagen, die von Menschen betreten werden können und geeignet sind, dem Schutz von Menschen, Tieren oder Sachen zu dienen, zu verstehen (vgl. § 2 Abs. 4 BWLBO). Darüber hinaus müssen – da Gebäude unter den Oberbegriff Bauwerke fallen – die begrifflichen Voraussetzungen für Bauwerke gegeben sein. Es muß sich demnach um „unbewegliche, durch Verwendung von Arbeit und Material in Verbindung mit dem Erdboden hergestellte Sachen" handeln (vgl. unten Rdn. 3). An der festen Verbindung mit dem Erdboden fehlt es z. B. bei Wohnwagen, in der Regel auch bei Zelten und Messeständen. Es kann sich hierbei zwar um bauliche Anlagen handeln (vgl. hierzu unten). Da jedoch die §§ 10–27 lediglich die Honorare für „Gebäude" regeln, fallen Leistungen für die genannten Objekte nicht unter die HOAI (ebenso Hesse/Korbion/Mantscheff/Vygen § 3 Rdn. 11). Es ist hier eine freie Honorarvereinbarung möglich. Der abweichenden Auffassung, wonach unter Gebäude nur diejenigen Objekte zu verstehen seien, die in der Objektliste des § 12 enthalten sind, kann nicht gefolgt werden. Diese Definition ist zu eng, da § 12 lediglich Regelbeispiele enthält und damit den Begriff Gebäude nicht abschließend definiert (ebenso Hesse/Korbion/Mantscheff/Vygen § 3 Rdn. 10).

3   Gebäude sind **Bauwerke**. Der Begriff Bauwerk ist jedoch umfassender. Unter Bauwerk versteht man „unbewegliche, durch Verwendung von Arbeit und Material in Verbindung mit dem Erdboden hergestellte Sachen" (BGHZ 57, 60). Es gehören damit auch alle Ingenieurbauwerke dazu. Bauwerke können u. a. sein: Brunnen, Gleisanlagen, Kanalisationen, Verkehrsanlagen, Staudämme, Wehre, Deiche, aber auch die Lieferung von Fertigbauteilen an einem Bauwerk, wenn der Unternehmer statische Berechnungen und einen individuellen Verlegungsplan mitliefert. Auch die Herstellung einzelner Teile des Bauwerks, wie Fenster, Dächer, Böden, kann genügen.

4   Auch der Begriff **Anlagen** ist nicht definiert. „Bauliche Anlagen" sind in den Landesbauordnungen als „mit dem Erdboden verbundene, aus Baustoffen und Bauteilen hergestellte Anlagen" definiert. Hiernach besteht auch eine Verbindung mit dem Erdboden, wenn die Anlage durch eigene Schwere auf dem Boden ruht oder auf ortsfesten Bahnen begrenzt beweglich ist oder wenn die Anlage nach ihrem Verwendungszweck dazu bestimmt ist, überwiegend ortsfest benutzt zu werden (§ 2 Abs. 1 BWLBO). Dieser Begriff der baulichen Anlagen dürfte mit den Anlagen i. S. des § 3 Nr. 1 HOAI identisch sein. Diese Begriffsbestimmung umfaßt auch die Zentrale Betriebstechnik (DIN 276

Kostengruppe 3.3.0.0), die Neutralisations-, Dekontaminations-, Entstörungs-, Hebe-, Wassergewinnungs-, Wasseraufbereitungs-, Hoch- und Mittelspannungsanlagen u. a. m. Die Abgrenzung zwischen Bauwerken und Anlagen ist schwierig. So kann z. B. eine größere Erdaufschüttung, wie etwa ein Hochwasserdamm, ein Bauwerk sein, dagegen die aufgeschüttete Erdterrasse von einem Wohngebäude eine Anlage. Dränungen zur Entwässerung von Bauwerken oder Anlagen zählen je nach Zugehörigkeit und Zweckbestimmung einmal zum Bauwerk i. S. der Besonderen Baukonstruktionen nach DIN 276 Kostengruppe 3.5.1.0 oder zu den Außenanlagen DIN 276 Kostengruppe 5.3.0.0. Nicht unter den Begriff Anlagen fallen die Freianlagen als selbständige Objekte, wie sie in § 3 Nr. 12 beschrieben sind. Dagegen können sie in Verbindung mit Bauwerken zu den Anlagen zählen. Da die HOAI in §§ 15, 64 unmittelbar auf die DIN 276 abstellt, wird die hier vorgenommene Auslegung in der Regel richtig sein.

Freianlagen können Außenanlagen i. S. von DIN 276 Kostengruppe 5 sein. 5
In diesem Fall sind sie in der Regel Gebäuden zugeordnet. Freianlagen können aber auch freie Flächen oder Räume in Bauwerken oder in Verbindung mit solchen sein. Freianlagen als selbständige Objekte werden beispielhaft in der Objektliste des § 14 aufgeführt (vgl. auch unten Rdn. 17 und § 10 Abs. 4a).

Neubauten und **Neuanlagen** sind Objekte, die nicht auf vorhandenen Bau- 6
oder Anlageteilen aufbauen. § 3 Nr. 3 Satz 2 stellt die Wiederaufbauten den Neubauten in gebührenrechtlicher Hinsicht gleich, sofern eine neue Planung erforderlich ist. Für die Neubauten wie auch für die Neuanlagen ist charakteristisch, daß die betreffenden Objekte neu geplant werden müssen. Eine Neuanlage liegt zum Beispiel vor, wenn die Planung und Einrichtung einer zentralen Heizungsanlage für ein bestehendes Gebäude erfolgt, das zuvor keine derartige Anlage hatte.

Die **Wiederherstellung** ist der Oberbegriff für Wiederaufbauten und Instand- 7
setzungen (vgl. § 3 Nr. 10). Bei **Wiederaufbauten** erhalten der Architekt und der Statiker die Honorarsätze nach der HOAI unter der Voraussetzung, daß eine neue, möglicherweise geänderte Planung erforderlich ist. Neben dieser Voraussetzung, daß eine vollständig neue Planung erfolgen muß, ist für den Wiederaufbau erforderlich, daß ein vorhandenes Objekt teilweise oder ganz zerstört ist. Die Bausubstanz muß erheblich beeinträchtigt und in ihrer Funktionsfähigkeit stark eingeschränkt sein. Ein Objekt ist nicht „zerstört", wenn etwa lediglich durch einen Sturm Teile der Dachbedeckung abgetragen sind oder durch einen Brand das Treppenhaus zerstört wurde. In diesen Fällen ist die Wiederherstellungsmaßnahme eine **Instandsetzung** (vgl. dazu Cuypers, Instandhaltung und Änderung baulicher Anlagen, Baurechtliche Schriften, Band 23, 1993). Sind von einem Objekt noch wesentliche Bauteile vorhanden, die benützt werden können, so wird es sich in der Regel um Instandsetzung handeln. Die Grenzen zwischen Wiederaufbau und Instandsetzung werden also im wesentlichen von dem Bestand des wiederherzustellenden Gebäudes bestimmt. Während beim Wiederaufbau von Gebäuden die Honorare nach §§ 10, 11, 12, 15 und 16 ermittelt werden und hier die wiederverwendeten, vorhandenen Bau-

und Anlagenteile nach § 10 Abs. 3a angemessen zu berücksichtigen sind, kann ein eventueller Mehraufwand, wenn es sich nicht um Umbau- oder Modernisierungsmaßnahmen handelt, als aufwandsbezogene Einflußgröße im Rahmen der Von-bis-Sätze berücksichtigt werden. Außerdem kann der Auftragnehmer bei Instandsetzungen nach § 27 ein bis zu 50 % über den Höchstsätzen liegendes Honorar für die Objektüberwachung (Leistungsphase 8 des § 15) vereinbaren. Mindestvoraussetzung für alle Wiederherstellungen ist, daß auf vorhandenen Bau- oder Anlageteilen aufgebaut wird. Damit sind körperlich vorhandene Bau- oder Anlageteile, nicht jedoch Pläne, Bauunterlagen, Genehmigungsurkunden o. ä. zu verstehen. Die Bau- oder Anlageteile, die im Rahmen der Wiederherstellung verwendet werden, dürfen nicht nur von untergeordneter Bedeutung für die Wiederherstellung sein (vgl. § 10 Abs. 3a). Häufig sind Wiederherstellungen gleichzeitig auch Umbau- oder/und Modernisierungsmaßnahmen (vgl. § 23).

8   **Erweiterungsbauten** sind ergänzende Anbauten an ein vorhandenes Objekt oder Aufstockungen eines solchen. Entscheidendes Kriterium ist die unmittelbare körperliche Verbindung mit einem bereits vorhandenen Objekt. Die – unglückliche – Unterscheidung des § 15 GOA zwischen Erweiterungen und Aufbauten ist weggefallen. Nach der Amtlichen Begründung sind unter dem Begriff Erweiterungsbauten die Erweiterungen und Aufbauten des § 15 Abs. 1 und 2 GOA zusammengefaßt. Erweiterungsbauten liegen vor, wenn nach bereits vorhandenen oder nach neuen Plänen gebaut wird. Die neue Formulierung des § 3 Nr. 4 ist insofern unscharf, als Ergänzungen eines vorhandenen Objekts nicht Erweiterungsbauten sein müssen. Eine „Ergänzung" muß zu keiner Erweiterung führen. Bei Erweiterungsbauten muß es also immer zu einer räumlichen Ausdehnung kommen. Die Honorierung von Erweiterungsbauten erfolgt nach § 15. Erfolgen Erweiterungsbauten auf vorhandener Bausubstanz, so ist hierfür in der Regel ein Eingriff in Konstruktion oder Bestand dieser Bausubstanz notwendig. In diesen Fällen kommt zusätzlich der Umbauzuschlag nach § 24 zum Tragen (ebenso jetzt Hesse/Korbion/Mantscheff/Vygen § 3 Rdn. 27). Außerdem sind die Kosten der vorhandenen, wiederverwendeten Bausubstanz nach § 10 Abs. 3a angemessen zu berücksichtigen.

9   **Umbauten** sind Umgestaltungen des Objekts mit wesentlichen Eingriffen in die Konstruktion oder den Bestand. Es kann dabei das statische Gefüge des Objekts verändert werden, wie tragende Wände, Stützen, Decken, Unterzüge, Dachkonstruktion, es kann aber auch ohne Eingriff in die Konstruktion, also in nicht tragende oder konstruktive Bauteile, so eingegriffen werden, daß der „Bestand" erheblich betroffen ist (Einbau von Treppen, Installationen, nicht tragende Zwischenwände). Umbauten mit wesentlichen Eingriffen in den Bestand können auch bei Innenräumen, Freianlagen oder Ingenieurbauwerken und Verkehrsanlagen sowie hinsichtlich der Technischen Ausrüstung vorliegen (zum Umbauzuschlag in diesen Fällen vgl. § 24 Rdn. 5, §§ 59, 66 und 76). Der Eingriff muß „wesentlich" sein. Das Abschlagen von Putz ist zwar ein Eingriff in den Bestand, jedoch kein wesentlicher (Roth/Gaber S. 426 und unten § 24

Rdn. 2), kann aber möglicherweise Teil einer Modernisierungsmaßnahme sein. Im Gegensatz zur Wiederherstellung (oben Rdn. 3) darf beim Umbau das Objekt nicht zerstört sein. Auch hier sind die Kosten der vorhandenen, mitverwendeten Bausubstanz nach § 10 Abs. 3a angemessen zu berücksichtigen (zum Begriff Umbau i. S. § 17 Abs. 1 Satz 2 des II. WoBauG vgl. BVerwG NJW-RR 1987, 1489).

Neu eingeführt ist der Begriff der **Modernisierung** (vgl. auch das Gesetz zur 10 Förderung der Modernisierung von Wohnungen [BGBl. 1976 I, S. 2429 und unten § 24 Rdn. 1] sowie zum Begriff Modernisierung i. S. des § 17 Abs. 1 Satz 2 des II. WoBauG vgl. BVerwG NJW-RR 1987, 1489). Unter Modernisierung sind bauliche Maßnahmen zu verstehen, die der nachhaltigen Erhöhung des Gebrauchswerts eines Objekts dienen, wie etwa Verbesserung der Wohnqualität durch bessere Raumausnutzung, Belichtung, Belüftung, bauliche Maßnahmen zur Verbesserung der Verkehrswege, wie Aufzüge, insbesondere verbessernde Maßnahmen für Behinderte oder ältere Menschen. Die nachhaltige Erhöhung des Gebrauchswertes bezieht sich jedoch nicht nur auf Wohnobjekte, sondern auch auf alle übrigen Objekte, wie zum Beispiel Grünanlagen oder raumbildende Ausbauten, Anlagen der Technischen Ausrüstung oder der Verbesserung des Wärme- und Schallschutzes. Wesentliche Voraussetzung der Modernisierung ist immer die nachhaltige Erhöhung des Gebrauchswertes des Objekts. Dies schließt also eine Erhöhung des reinen Verkaufs- oder Handelswertes des Objekts allein aus. Unter dem Gebrauchswert ist der Wert zu verstehen, der ein Objekt nach Nutzung, funktionellen Eigenschaften, Wirtschaftlichkeit und Anforderungen an den Stand der Erkenntnis und Technik qualifiziert. Auch gestalterisch-ästhetische Verbesserungen können als Teilmaßnahmen den Gebrauchswert erhöhen. Als alleinige Maßnahmen sind sie jedoch keine Modernisierung, sondern in der Regel Instandsetzung oder Instandhaltung. Modernisierungen können nach allgemeinem Sprachgebrauch auch Erweiterungsbauten (§ 3 Nr. 4), Umbauten (§ 3 Nr. 5) oder Instandsetzungen (§ 3 Nr. 10) sein. § 3 Nr. 6 legt jedoch fest, daß im Sinne der HOAI Modernisierungen nicht bei baulichen Maßnahmen zur nachhaltigen Erhöhung des Gebrauchswerts vorliegen, soweit sie Erweiterungsbauten, Umbauten und Instandsetzungen sind, „jedoch einschließlich der durch diese Maßnahmen verursachten Instandsetzungen".

Vermieden werden soll eine mehrfache Erhöhung des Honorars bei sich über- 11 schneidenden Maßnahmen. Modernisierung kann danach nur gegeben sein, wenn das Objekt als Ganzes besteht, aber nicht mehr heutigen Ansprüchen an Wohnqualität, Immissionen, Wärmeschutz u. a. genügt und hierbei kein wesentlicher Eingriff in Konstruktion oder Bestand vorgenommen wird. Ist letzteres jedoch der Fall, so handelt es sich um einen Umbau. Diese Unterscheidung ist allerdings nicht von großer praktischer Bedeutung, da § 24 Leistungen bei Umbauten und Modernisierungen honorarmäßig gleichstellt. Wird z. B. eine defekte Heizungsanlage wiederhergestellt, so handelt es sich um eine Instandsetzung nach Nr. 10, wenn nicht gleichzeitig die Heizungsanlage auf den neuesten

Stand der Technik gebracht wird, was eine Modernisierungsmaßnahme wäre. Wird statt einer noch intakten, jedoch energieunwirtschaftlichen Heizungsanlage eine wirtschaftliche eingebaut, so liegt mit Sicherheit ebenfalls eine Modernisierung mit nachhaltiger Erhöhung des Gebrauchswerts vor (vgl. § 76 Rdn. 1). Wird dagegen statt einer intakten Etagenheizung eine Zentralheizung eingebaut, so handelt es sich auf jeden Fall um eine Modernisierung. Daneben kann wegen der in solchen Fällen erheblichen Eingriffe in den Bestand auch ein Umbau vorliegen. Sogenannte Sanierungen von Objekten, die als Einzel- oder Sammelmaßnahmen im Bereich von Sanierungsgebieten oder auf Einzelinitiative durchgeführt werden, umfassen meist alle vorhandenen Leistungen, wie Umbauten, Modernisierungen und Instandsetzungen. Dennoch kann für Instandsetzungsarbeiten in diesen Fällen kein gesondertes Honorar in Ansatz gebracht werden. Der zweite Halbsatz der Ziff. 6 stellt klar, daß hier nur ein Honorar für Modernisierungen aus den erhöhten anrechenbaren Kosten berechnet werden darf. § 23 ist nicht anwendbar (zum Honorar für Modernisierungen und zur Fachliteratur vgl. § 24 Rdn. 1; zu Versicherungsmöglichkeiten und -fragen vgl. Schmitz DAB 1988, 1095). Im Zuge von Sanierungsarbeiten, die in der Regel eine Mischung aus Modernisierungs- und Umbaumaßnahmen einschließlich Instandsetzungsarbeiten umfassen, ist ebenfalls § 10 Abs. 3a zu beachten.

12   Der Begriff **Raumbildende Ausbauten** ist eine Neuschöpfung der HOAI und entspricht der Tendenz des Verordnungsgebers, möglichst alle vorkommenden Tätigkeiten, Tätigkeitsbereiche und Sonderfälle zu erfassen und darzustellen. Unter Raumbildenden Ausbauten wird nunmehr die innere Gestaltung oder Erstellung von Innenräumen (Wände, Decken, Boden, Einrichtungs- und Ausstattungsgegenstände) ohne wesentliche Eingriffe in Konstruktion oder Bestand verstanden. Leistungen für Raumbildenden Ausbau unterscheiden sich von Umbauten und Modernisierungen dadurch, daß sie ohne wesentliche konstruktive Baumaßnahmen – z. B. nach DIN 276 Kostengruppe 3.1.1 Gründung und 3.1.2 Tragkonstruktionen – durchgeführt werden können. Nach der Amtlichen Begründung fällt auch der Kiosk in einer Bahnhofshalle unter Raumbildenden Ausbau (vgl. auch § 25 Rdn. 1). § 3 Nr. 7 bezieht sich allgemein auf „Innenräume", die Honorarregelung in § 25 auf Raumbildende Ausbauten in Gebäuden. Raumbildender Ausbau kann mit allen Maßnahmen der Nummern 2 bis 6 zusammenfallen. Die Honorarzone für Raumbildende Aubauten wird nach § 14a und b ermittelt. Anrechenbare Kosten ergeben sich aus § 10.

13   **Einrichtungsgegenstände** werden als nach Einzelplanung angefertigte und nicht serienmäßig bezogene Gegenstände definiert, die jedoch keine wesentlichen Bestandteile des Objekts sein dürfen. Während § 18 Abs. 1 GOA als Abgrenzungsmerkmal die feste Verbindung mit dem Bauwerk vorsah, stellt Ziff. 8 auf die Eigenschaft als wesentlichen Bestandteil ab. Der Begriff „wesentlicher Bestandteil" ist in § 94 BGB definiert. Danach gehören zu den wesentlichen Bestandteilen eines Grundstücks „die mit dem Grund und Boden festverbundenen Sachen, insbesondere Gebäude". Wesentliche Bestandteile sind nach § 95 BGB nicht solche Sachen, die nur zu einem „vorübergehenden

Zwecke mit dem Grund und Boden verbunden sind". Nicht alle festverbundenen Sachen sind deshalb wesentliche Bestandteile, wie z. B. die nach Einzelplanung hergestellte Theke in einer Gaststätte. Diese ist zwar über Installationen
mit dem Gebäude verbunden, aber kein wesentlicher Bestandteil des Gebäudes.
Zu den Einrichtungsgegenständen gehören allgemeines Gerät, bewegliches
Mobiliar, Textilien, Arbeitsgerät, Beleuchtungskörper, Teppiche, Gardinen
und sonstiges Gerät (vgl. im einzelnen DIN 276, Kostengruppe 4) sowie Wirtschaftsgegenstände (vgl. DIN 276, Kostengruppe 5.4). Viele dieser Einrichtungsgegenstände sind jedoch meist serienmäßig hergestellt, wie z. B. Kostengruppe 4.1 allgemeines Gerät, 4.4 Arbeitsgerät, 4.5 Beleuchtung, 5.4 Wirtschaftsgegenstände, so daß aus diesem Grund keine Einrichtungsgegenstände
i. S. der §§ 3 Nr. 8, 26 vorliegen (vgl. auch § 10 Abs. 5 Nr. 6, 7). Dagegen können Beschriftungen, Schilder (Kostengruppe 4.1.2), zum Teil auch bewegliches
Mobiliar (Kostengruppe 4.2) und Textilien (Kostengruppe 4.3) nach Einzelplanung angefertigt werden, womit sie Einrichtungsgegenstände sein können (zum
Honorar vgl. im einzelnen § 26).

Integrierte Werbeanlagen sind der Werbung an Bauwerken dienende Anla- **14**
gen, die mit dem Objekt fest verbunden sind und einen gestalterischen Einfluß
darauf ausüben. Der Begriff Werbeanlagen ist neu in die VO aufgenommen.
Darunter sind nicht alle Werbe- und Reklameaufschriften zu verstehen, die
mehr oder weniger zufällig am Bauwerk angebracht sind. Sie müssen vielmehr
zu einer gestalterischen Beeinflussung führen. Es genügt nicht, wenn eine Werbeanlage nur lose an einem Bauwerk angebracht ist, wie z. B. an einer Stützmauer oder einer Tankstelle, da hier die Werbeanlage das Bauwerk nicht gestalterisch beeinflußt. Eine Werbeanlage, die keine bauliche Anlage ist, fällt in
der Regel nicht unter Ziff. 9, obwohl auch eine solche Werbeanlage von gestalterischer Wirkung im positiven wie negativen Sinne sein kann. Bei integrierten
Werbeanlagen muß es sich jedoch um solche handeln, die zum Bestandteil des
Gebäudes werden und damit von wesentlicher Aussagekraft sind.

Während § 16 GOA zwischen Wiederherstellungen, Instandsetzungen und **15**
Wiederaufbauten unterschied und die Grenze zwischen Wiederherstellungen und
Instandsetzungen kaum eindeutig zu bestimmen war, definiert § 3 Nr. 10 **Instandsetzungen** als Maßnahmen zur Wiederherstellung des zum bestimmungsmäßigen
Gebrauch geeigneten Zustandes (Soll-Zustandes) eines Objekts. Das Objekt muß
also Schaden erlitten haben, soll eine Instandsetzung vorliegen können. Der Schaden kann durch Witterungseinflüsse, altersbedingte Abnutzung, mechanische Einflüsse, wie Verkehrserschütterungen, chemische Einflüsse, wie Emissionen, oder
durch Elementargewalten, wie Erdbeben, Sturm, Wasser oder Feuer, eingetreten
sein. Ist die Zerstörung total, so liegt ein Wiederaufbau gemäß § 3 Nr. 3 vor.
Bestimmendes Kriterium ist die Herstellung zum bestimmungsmäßigen Gebrauch.
Wird der Soll-Zustand nicht nur erreicht, sondern überschritten, so daß eine Erhöhung des Gebrauchswerts vorliegt, so greift § 3 Nr. 6 ein. Instandsetzungen können z. B. sein: Umdecken eines schadhaften Daches, Erneuerung schadhafter
Wand-, Boden- und Deckenbeläge, Erneuerung schadhafter Bauteile außen oder

im Inneren, wie bei Restaurierungsarbeiten an denkmalgeschützten Objekten. Zum Honorar vgl. im einzelnen § 27.

16   Dagegen liegen **Instandhaltungen** vor, wenn noch keine Zerstörung oder Beeinträchtigung des Objekts vorliegt und vorbeugend der Soll-Zustand eines Objekts erhalten werden soll. Es handelt sich also um konservierende oder vorbeugende Maßnahmen.

17   **Freianlagen** sind sowohl **in Verbindung mit Bauwerken** geplante Anlagen (Außenanlagen), wie in DIN 276 Fassung April 1981 Kostengruppe 5.0.0.0 aufgeführt, als auch planerisch gestaltete Freiflächen und Freiräume in Verbindung mit Bauwerken oder in Bauwerken, z. B. Innenhöfe, Wintergärten, Fußgängerbereiche, ortsfeste oder bewegliche Bepflanzungen in Bauwerken oder Räumen, soweit sie nicht unter Einrichtungen fallen; Dachgärten, Begrünung von Ingenieurbauten, z. B. Stützmauern, Verkehrsbauten. Daneben sind Freianlagen jedoch auch selbständige, planerisch gestaltete Freiflächen oder Freiräume **ohne Bezug auf Bauwerke,** wie z. B. Spielplätze, Wanderwege, Rodelhänge, Sportplätze, Friedhöfe, Freibäder, Sportstadien, Parkanlagen usw. (vgl. § 14). Die Verbindung zum Bauwerk muß nach dem Wortlaut von § 3 Nr. 12 bei Freiflächen und Freiräumen nicht vorhanden sein ("sowie"). Der zweite Halbsatz von § 3 Nr. 12 ("entsprechend gestaltete Anlagen in Verbindung mit Bauwerken oder in Bauwerken") betrifft die Außenanlagen. Zu den Freianlagen – mit oder ohne Bezug zu Bauwerken – gehören auch Stützmauern, Mauern, Einfriedungen, Lärmschutzwälle zur Gebäudegestaltung und Wasserflächen (zu Ausnahmen vgl. § 54 Abs. 1 Nr. 1c).

18   Die **Abgrenzung** zwischen **Freianlagen und Verkehrsanlagen** ist von großer Bedeutung. Freianlagen sind im Teil II geregelt und Verkehrsanlagen im Teil VII. Ergeben sich bei der Abgrenzung Zweifel, so liegt nach der Fassung des § 51 Abs. 2 eine Freianlage vor (ebenso Hesse/Korbion/Mantscheff/Vygen § 3 Rdn. 58 und wohl auch Franken DAB 1989, 305; vgl. § 51 Rdn. 14). Die Grenze zwischen Verkehrsanlagen und Freianlagen kann nicht allein an der Objektliste für Verkehrsanlagen orientiert werden, da diese nur beispielhaften Charakter hat und vor allem einem anderen Zweck dient (Einordnung in eine Honorarzone, wenn feststeht, daß eine Verkehrsanlage vorliegt). Auch das Merkmal, ob das Objekt „in Verbindung mit Bauwerken" erstellt ist, kann nicht entscheidend sein, da auch eigenständige Objekte Freianlagen sein können. Das Abgrenzungsmerkmal dürfte die Intensität der planerischen Gestaltung sein. Während bei Verkehrsanlagen die Funktion im Vordergrund steht, hebt § 3 Nr. 12 für Freianlagen das Merkmal „planerisch gestaltete Anlagen" in den Vordergrund. Bestätigt wird dies durch die Unterschiede in den Leistungsbildern der §§ 15 und 55. Sind Planungsleistungen nach § 15 für eine Anlage erforderlich, so handelt es sich um eine Freianlage (vgl. auch § 14 Rdn. 1; ebenso Hesse/Korbion/Mantscheff/Vygen a. a. O.; Morlock DAB [BW] 1986, 156; Pfrommer/Viehoff DAB [BW] 1986, 299; a. A. für Wanderwege KG BauR 1991, 251).

Die hier vertretene Auffassung, wonach es auf die Intensität der Planungslei- 19
stung ankommt, wird durch verschiedenes bestätigt. Die Honorartafel des § 17
Abs. 2 für Freianlagen entstand auf der Basis einer statistischen Untersuchung
durch Herrn Prof. Dr. Pfarr, Berlin. Bei der Entwicklung dieser Honorartafel
wurden befestigte und ausgebaute Flächen sowie Vegetationsflächen mit berücksichtigt. Zum Zeitpunkt der Entstehung der HOAI gab es auch noch keine Regelung bzw. Objektliste und Honorartafel für Verkehrsanlagen. Diese wurde erst
zum 1. 1. 1985 (2. HOAI-Novelle; vgl. Einl. Rdn. 1, 2) eingefügt. Es ist sonach
auch sachgerecht, innerhalb von Freianlagen die Wege, Plätze, verkehrsberuhigten Zonen usw. mit zu den anrechenbaren Kosten zu rechnen. Hinzu kommt, daß
auch die DIN 276 in Kostengruppe 5 – Außenanlagen ausdrücklich die Vegetationsflächen und die befestigten sowie ausgebauten Flächen nennt. Soweit also
Wege, Plätze, verkehrsberuhigte Zonen usw. geplant werden sollen, ist hinsichtlich der Zuordnung innerhalb der HOAI festzustellen, ob diese zu Verkehrsanlagen – also Anlagen des Straßen-, Schienen- oder Luftverkehrs – zuzuordnen sind
(z. B. begleitende Radwege, Gehwege usw.) oder ob die Wege, Plätze, verkehrsberuhigten Zonen usw. als Teil von Freianlagen errichtet werden. Eine getrennte
Abrechnung von Freianlagen einerseits und dazugehörigen Fuß- oder Radwegen
o. ä. andererseits sieht die HOAI nicht vor.

Haben die Vertragsparteien einen Vertrag abgeschlossen, wonach Verkehrsan- 20
lagen vorliegen sollen, und stellt sich heraus, daß es sich um Freianlagen handelt,
so steht dem Auftragnehmer der Mindestsatz für die Planung von Freianlagen aus
Teil II zu, da sonst eine Unterschreitung des Mindestsatzes die Folge wäre.
Haben die Parteien umgekehrt einen Vertrag über eine Freianlage abgeschlossen
und liegt tatsächlich eine Verkehrsanlage vor, so ist die Vereinbarung umzudeuten. Es gilt dann der Höchstsatz aus VII (vgl. zum entsprechenden Problem § 4
Rdn. 9). Handelt es sich um einen Umbau, so ist anzunehmen, daß die Parteien
bei richtiger Einordnung des Objekts als Verkehrsanlage einen Umbauzuschlag
(Mindestzuschlag) nach § 59 HOAI vereinbart hätten.

§ 4
Vereinbarung des Honorars

(1) Das Honorar richtet sich nach der schriftlichen Vereinbarung, die die Vertragsparteien bei Auftragserteilung im Rahmen der durch diese Verordnung festgesetzten Mindest- und Höchstsätze treffen.

(2) Die in dieser Verordnung festgesetzten Mindestsätze können durch schriftliche Vereinbarung in Ausnahmefällen unterschritten werden.

(3) Die in dieser Verordnung festgesetzten Höchstsätze dürfen nur bei außergewöhnlichen oder ungewöhnlich lange dauernden Leistungen durch schriftliche
Vereinbarung überschritten werden. Dabei haben Umstände, soweit sie bereits für
die Einordnung in Honorarzonen oder Schwierigkeitsstufen, für die Vereinbarung von Besonderen Leistungen oder für die Einordnung in den Rahmen der

Mindest- und Höchstsätze mitbestimmend gewesen sind, außer Betracht zu bleiben.

(4) Sofern nicht bei Auftragserteilung etwas anderes schriftlich vereinbart worden ist, gelten die jeweiligen Mindestsätze als vereinbart.

1 Anwendungsbereich

Die Vorschrift gilt nur für die von der HOAI erfaßten Sachverhalte (vgl. § 1 Rdn. 2 ff. und § 2 Rdn. 4 ff.). Eine weitere Einschränkung ergibt sich daraus, daß die Bestimmung eine honorarrechtliche Regelung ist. Vereinbarungen über die Vergütungspflicht selbst sind von ihr nicht erfaßt. Insoweit handelt es sich um Regelungen über eine Hauptleistungspflicht nach § 631 BGB, die von der Verordnung nicht betroffen sind. Die HOAI greift nur ein, soweit nach bürgerlichem Recht eine Vergütungspflicht überhaupt besteht. Die Vorschrift des § 4 **gilt** damit insbesondere für folgende Sachverhalte **nicht:**

2 – Formlos und damit auch mündlich wirksam sind Vereinbarungen, wonach Architekten- und Ingenieurleistungen **„kostenlos"** sein sollen oder **„auf Risiko** des Auftragnehmers" erbracht werden sollen oder die Auftragserteilung ganz oder z. T. von einer **Bedingung** abhängig sein soll (vgl. i. e. Einl. Rdn. 32 f.).

3 – Ebensowenig gilt § 4 im Hinblick auf eine **Kompensationsabrede** zwischen Architekten und/oder Ingenieuren, da hier Kostenlosigkeit für die wechselseitig zu erbringenden Leistungen vereinbart ist (a. A. OLG Hamm BauR 1987, 467; Hesse/Korbion/Mantscheff/Vygen § 1 Rdn. 15; vgl. ferner Einl. Rdn. 37).

4 – Die Vorschrift findet auch dann keine Anwendung, wenn die HOAI die **freie Honorarvereinbarung** zuläßt. Dies gilt insbesondere für diejenigen Fälle, in denen anrechenbare Kosten außerhalb der Honorartafel des jeweiligen Teils der HOAI vorliegen (z. B. bei der Objektplanung höhere anrechenbare Kosten als 50 Mio. DM; vgl. § 16 Abs. 3 HOAI).

5 – Unanwendbar ist § 4 ferner, wenn die **HOAI andere Regeln** für Honorarvereinbarungen aufstellt (z. B. für Besondere Leistungen nach § 5 Abs. 4 HOAI).

6 – Schließlich findet die Vorschrift keine Anwendung, soweit zwischen Architekten und/oder Ingenieuren ein **Anstellungsverhältnis** vereinbart ist, soweit ferner die weisungsabhängige **freie Mitarbeit** Gegenstand der Vereinbarungen ist und auch dann, wenn zwischen den Architekten und/oder Ingenieuren eine **gesellschaftsvertragliche Beziehung** besteht oder ins Leben gerufen werden soll und im Vorgriff auf eine Partnerschaft oder Zusammenarbeit Architekten- und Ingenieurleistungen eines Teils erbracht werden (vgl. OLG Hamm BauR 1987, 467). Dies sind jedoch Ausnahmen.

Preisrecht 7

Der zwingende preisrechtliche Charakter der HOAI kommt insbesondere in § 4 und speziell in Abs. 2–4 zum Ausdruck. Die Regelung in § 4 ist als Preisrecht verbindlich und kann durch Vereinbarung nicht abbedungen werden (vgl. § 1 Rdn. 1). Preisrechtliche Regelungen enthält die HOAI in zwei Richtungen: im Hinblick auf den Höchstsatz und im Hinblick auf den Mindestsatz.

Höchstpreischarakter 8

Keine Besonderheit stellt es dar, daß die HOAI Höchstpreischarakter hat. Schon die GOA als Vorgängerin der HOAI hatte auf gesetzlicher Grundlage die gleiche Wirkung. Die Folge eines Verstoßes gegen den Höchstpreischarakter ist, daß die Honorarvereinbarung umzudeuten ist (vgl. unten Rdn. 70).

Mindestpreischarakter 9

Der Mindestpreischarakter bedeutet, daß jedem Architekten und Ingenieur vom Grundsatz her der richtig nach allen Faktoren der HOAI (vgl. Rdn. 77) berechnete Mindestsatz für die von ihm erbrachten Grundleistungen zusteht. Ist eine Honorarvereinbarung nicht in Einklang mit § 4 Abs. 2 HOAI getroffen worden, so ist die Folge, daß der Mindestsatz nach § 4 Abs. 4 abgerechnet werden kann. An Honorarvereinbarungen, die den richtig berechneten Mindestsatz nach HOAI unterschreiten, sind der Architekt und der Ingenieur also nicht gebunden (vgl. i. e. Rdn. 79). Anderes kann dann gelten, wenn die eigentlich unwirksame Honorarvereinbarung seitens des Architekten oder Ingenieurs in eine Honorarschlußrechnung einfließt. Die Bindungswirkung an die Honorarschlußrechnung kann nämlich auch dann bestehen, wenn durch die Rechnung im Ergebnis der Mindestsatz unzulässig unterschritten würde (BGH BauR 1993, 239 = NJW 1993, 661 = ZfBR 1993, 68 = LM H. 6/93 § 242 [Cd] BGB Nr. 325 m. Anm. Koeble; dazu auch Scholtissek BauR 1993, 394 und U. Locher BauR 1993, 492; vgl. zur Bindungswirkung § 8 Rdn. 38 ff.).

Inhalt der Vorschrift 10

Die Regelung des § 4 betrifft ihrer Überschrift nach zwar nur die Honorarvereinbarung. Wegen ihres konkreten Inhalts hat sie jedoch darüber hinaus erhebliche Bedeutung. Im einzelnen regelt sie

– die Grenzen und Voraussetzungen aller Arten von Honorarvereinbarungen in denjenigen Fällen, in denen die HOAI Mindest- und Höchstsätze festlegt,

– das Honorar bei Fehlen einer Honorarvereinbarung und auch bei – aus irgendwelchen Gründen – unwirksamer Honorarvereinbarung,

– wann und unter welchen Voraussetzungen die Höchstsätze überschritten werden dürfen,

– wann und unter welchen Voraussetzungen die Mindestsätze unterschritten werden dürfen,

– unter welchen Voraussetzungen ein Honorar zwischen Mindest- und Höchstsatz wirksam vereinbart werden kann.

11 **Möglichkeiten der Honorarvereinbarung**

Die HOAI schreibt keineswegs vor, daß der Auftragnehmer sein Honorar nach den Abrechnungsvorschriften der Teile II bis XII vereinbart. Zulässig sind vielmehr auch **Honorarvereinbarungen, die von den Abrechnungsgrundsätzen der HOAI abweichen** (ebenso Jochem § 4 Rdn. 7; Hesse/Korbion/Mantscheff/Vygen § 4 Rdn. 48; Morlock Rdn. 73; Neuenfeld § 4 Rdn. 30; Pott/Dahlhoff § 4 Rdn. 42; Werner/Pastor Rdn. 634). Jeder Auftragnehmer hat z. B. die Möglichkeit, ein Pauschalhonorar (vgl. unten Rdn. 21 ff.) zu vereinbaren. Er kann bei der Honorarvereinbarung aber auch an die Berechnungsweise der HOAI anknüpfen oder eine völlig andere Berechnungsbasis wählen als diejenige, die die HOAI für den konkreten Fall vorsieht: So kann ein Zeithonorar auch für Grundleistungen i. S. § 15 vereinbart werden. Möglich ist auch die Abänderung einzelner Berechnungsgrundlagen, die die HOAI zur Verfügung stellt: So kann der Leistungsumfang nach § 15 anders festgelegt werden, und die Prozentsätze für die einzelnen Leistungsphasen können abgeändert werden; es können auch die anrechenbaren Kosten anders als in § 10 Abs. 2 vorgesehen geregelt werden (vgl. OLG Düsseldorf BauR 1987, 590; OLG Hamm NJW-RR 1994, 984), oder die Honorarzone kann abweichend von der eigentlichen Regelung nach §§ 11, 12 festgelegt werden. Möglich ist es auch, daß die Parteien andere Honorartafeln als die für das konkrete Leistungsbild geltenden vereinbaren. Über die **Wirksamkeit** derartiger Honorarvereinbarungen ist damit noch nichts gesagt (vgl. unten Rdn. 13 ff.).

12 Das erste **Ziel der HOAI** ist es, eine **Berechnungsmethode** zur Verfügung zu stellen, wenn die Parteien keine Honorarvereinbarung getroffen haben. Das von der HOAI vorgeschriebene Berechnungsverfahren dient ferner dazu, jede Honorarvereinbarung auf die **Einhaltung des Höchstpreises** und des **Mindestsatzes** zu überprüfen.

13 **Wirksamkeitsvoraussetzungen der Honorarvereinbarung**

Alle Honorarvereinbarungen unterliegen bestimmten **Voraussetzungen bzw. Grenzen.** Diese ergeben sich zum Teil aus der HOAI. Im einzelnen handelt es sich um folgende Anforderungen:

14 – **Jede Honorarvereinbarung,** die von den Mindestsätzen der HOAI nach oben oder nach unten abweicht oder die Berechnungsgrundsätze der HOAI abändert, bedarf der **Schriftform** (vgl. unten Rdn. 26 ff.). Dies gilt auch, soweit z. B. von den anrechenbaren Kosten des jeweiligen Abschnitts der HOAI abgewichen werden soll (vgl. OLG Düsseldorf a. a. O.).

15 – **Grenze jeder Honorarvereinbarung** ist der nach HOAI zu ermittelnde **Höchstsatz.** Alle Honorarvereinbarungen müssen sich an einer fiktiven Honoraraufstellung unter Heranziehung der Grundsätze nach den Teilen II

bis XII messen lassen. Ein Verstoß gegen den Höchstpreischarakter der HOAI liegt aber nur dann vor, wenn das vereinbarte Honorar **im Ergebnis gesehen** den an sich zulässigen Höchstbetrag übersteigt, und nicht schon dann, wenn einzelne Berechnungsgrundlagen der HOAI zugunsten des Auftragnehmers verändert werden (vgl. unten Rdn. 61 f.).

– Darüber hinaus muß sich **jede Honorarvereinbarung** am richtig berechneten **16** Mindestsatz messen lassen (vgl. unten Rdn. 77 f.). Die Mindestsätze dürfen nicht, ohne daß die Voraussetzungen des § 4 Abs. 2 vorliegen, unterschritten werden. Die Ermittlung des Mindestsatzes erfolgt ebenso wie die Ermittlung des Höchstsatzes durch eine fiktive, nach den Grundsätzen der HOAI aufgestellte Vergleichsberechnung.

– Wirksamkeitsvoraussetzung für jede Honorarvereinbarung ist nach allgemei- **17** nem Schuldrecht die **Bestimmtheit** der Vereinbarung (vgl. OLG Düsseldorf BauR 1985, 234 zum Fall einer nicht genügend bestimmten Regelung; zum notwendigen Inhalt der Honorarvereinbarung für Besondere Leistungen vgl. § 5 Rdn. 37 ff.). Die Anforderungen an die Bestimmtheit dürfen allerdings nicht überspannt werden. Es muß keinesfalls von vornherein ein bestimmter Betrag vereinbart werden, da dies auch nach der HOAI wegen des Berechnungssystems des § 10 Abs. 2 gar nicht möglich wäre (ebenso Hesse/Korbion/Mantscheff/Vygen § 4 Rdn. 18). Es genügt, wenn das Honorar entsprechend den Vereinbarungen nach Erbringung der Architekten- bzw. Ingenieurleistungen zuverlässig ermittelt und überprüft werden kann. Eine Honorarvereinbarung, die nach den Berechnungsgrundsätzen der HOAI ergänzt werden kann, ist keinesfalls unbestimmt. So kann z. B. ein Honorar von 10 % über dem Mindestsatz vereinbart werden. Es ist dann eine Honorarberechnung auf der Basis der zutreffenden Honorarzone und nach den erbrachten Leistungen vorzunehmen. Gleiches gilt z. B. dann, wenn eine „Mittelgebühr aus Mindest- und Höchstsatz" vereinbart ist oder wenn ein „Abschlag von 5 % auf den Höchstsatz" oder „10 % unter dem Bis-Satz" vereinbart ist; unter dem „Bis-Satz" versteht die HOAI den Höchstsatz. Bestimmt ist auch die Vereinbarung von „20 % des Honorarrahmens".

– Ausreichend ist es ferner, wenn genaue Kriterien für eine spätere Festlegung **18** des Honorars im Vertrag enthalten sind, z. B. durch Vereinbarung eines Schiedsgutachtens (a. A. Hesse/Korbion/Mantscheff/Vygen § 4 Rdn. 19, die aber eine Honorarbestimmung nach §§ 315, 316 BGB für ausreichend halten, was einen gewissen Widerspruch darstellt, weil in beiden Fällen nach § 319 BGB eine Kontrolle auf grobe Unbilligkeit möglich ist). Zweifelhaft ist dagegen, ob es ausreicht, wenn dem Auftragnehmer ein Honorarbestimmungsrecht nach Maßgabe der §§ 315, 316 BGB eingeräumt wird (vgl. die von Motzke [BauR 1982, 319] vorgeschlagene Klausel: „... Einigkeit, daß der Architekt den Honorarsatz unter Berücksichtigung der für die Einordnung maßgeblichen Kriterien nach billigem Ermessen im Rahmen der Mindest- und Höchstsätze bestimmt"). Damit ist sicher „etwas anderes" (§ 4 Abs. 4) als der Mindestsatz vereinbart. Ob damit der Klarstellungs- und

Schutzfunktion des § 4 Genüge getan ist, ist allerdings fraglich. Könnte man doch argumentieren, für den Auftraggeber sei damit klar, daß das Honorar höher als der Mindestsatz ausfalle, so ist dies im Hinblick auf den Schutzgedanken nicht der Fall. Dennoch müssen Honorarvereinbarungen i. S. §§ 315, 316 BGB auch im Preisrecht zulässig sein, soweit dessen Grenzen eingehalten werden und sonstige rechtliche Regelungen (z. B. §§ 9–11 AGBG) nicht entgegenstehen (so mit Recht Motzke a. a. O.; ebenso Hesse/Korbion/Mantscheff/Vygen a. a. O.).

19 – Die HOAI verlangt in vielen Fällen, daß Honorarvereinbarungen bereits zu einem bestimmten **Zeitpunkt** getroffen werden. Die Vereinbarung eines Honorars für Grundleistungen, das zwischen dem Mindest- und Höchstsatz liegt, bedarf nicht nur der Schriftform. Eine derartige Vereinbarung muß vielmehr bereits „bei Auftragserteilung" getroffen sein (vgl. unten Rdn. 34 ff.). Ob dieses Merkmal auch für Vereinbarungen eines Honorars unterhalb der Mindestsätze (vgl. unten Rdn. 76) oder oberhalb der Höchstsätze (vgl. unten Rdn. 94) gilt, ist umstritten. Für Besondere Leistungen reicht auch eine spätere, schriftliche Vereinbarung (vgl. § 5 Rdn. 37), soweit die HOAI für diese Besonderen Leistungen überhaupt gilt (vgl. § 2 Rdn. 17 und § 5 Rdn. 37, 46).

20 – Soweit Honorarvereinbarungen in **AGB oder Formularverträgen** enthalten sind, müssen sie sich an den Bestimmungen des AGBG messen lassen (dazu i. e. § 8 Rdn. 68). Hier kommt es jeweils darauf an, wer Verwender des Vertrags ist. Zugunsten seines Vertragspartners gelten die Einbeziehungsvoraussetzungen und die sonstigen Regelungen sowie die Inhaltskontrolle nach dem AGBG. Der Auftraggeber und der Auftragnehmer können in Formularverträgen jedenfalls nicht zu weit von den Abrechnungsgrundsätzen sowie den Vorschriften über die anrechenbaren Kosten und über die Fälligkeiten abweichen (vgl. § 8 Rdn. 67 f.).

21 Pauschalhonorarvereinbarung

Möglich ist auch die Vereinbarung eines Pauschalhonorars. Die gegenteilige Auffassung wird heute nicht mehr vertreten. § 4 stellt nur ganz bestimmte Voraussetzungen für die einzelne Honorarvereinbarung auf und verlangt keineswegs, daß sich die Vertragsparteien dabei an den übrigen Abrechnungskriterien orientieren. Ein weitergehender Eingriff in die vertragliche Gestaltungsfreiheit ist durch Preisrecht im vorliegenden Sinne auch nicht möglich, sofern die preisrechtliche Zielsetzung des Höchstsatzes und Mindestsatzes durch die Vereinbarung nicht verletzt wird (ebenso BGH BauR 1988, 364; Hesse/Korbion/Mantscheff/Vygen § 4 Rdn. 49; Neuenfeld § 4 Rdn. 30; Pott/Dahlhoff § 4 Rdn. 42; Werner/Pastor Rdn. 656). Die Vereinbarung eines **Pauschalhonorars** ist **wirksam,** wenn die Schriftform eingehalten ist (vgl. Rdn. 26 ff.), **wenn** der Höchstsatz nicht überschritten sowie der Mindestsatz nicht unterschritten wird (Maßstab: Berechnung des richtigen Honorars nach den Grundlagen der HOAI; vgl. oben Rdn. 13 ff.) und wenn die Vereinbarung bestimmt ist (vgl.

oben Rdn. 17). Meist muß die Honorarvereinbarung auch schon „bei Auftragserteilung" getroffen sein (vgl. Rdn. 34 ff.). Pauschalhonorare werden aus
einem dieser Gesichtspunkte **meist unwirksam** vereinbart sein. Häufig führt die
Ermittlung des richtigen Mindestsatzes nach den Honorarberechnungskomponenten der HOAI (vgl. § 10 Rdn. 3 ff.) zu einer Unwirksamkeit der Pauschalvereinbarung wegen **Unterschreitung des Mindestsatzes** (vgl. z. B. BGH BauR
1993, 239 = NJW 1993, 661 = ZfBR 1993, 68 = LM H. 6/93 § 242 [C d] BGB
Nr. 325 m. Anm. Koeble). Die Folge davon ist im Regelfall nach Abs. 4 die
Geltung des Mindestsatzes (vgl. Rdn. 79 ff.). Einer Anpassung wegen Wegfall
der Geschäftsgrundlage bedarf es deshalb normalerweise nicht. Es genügt die
Darlegung der Unwirksamkeit (zur Darlegungs- und Beweislast vgl. unten
Rdn. 77 und Rdn. 99).

In der Regel hat die Vereinbarung eines Pauschalhonorars für beide Ver- **22**
tragsparteien **Bindungswirkung,** wenn die oben (Rdn. 21) genannten Voraussetzungen eingehalten sind (zum Inhalt und zur Anpassung der Pauschalvereinbarung vgl. eingehend Lenzen BauR 1991, 692). Nur in Ausnahmefällen kann
eine Anpassung des Honorars verlangt werden (zur Anpassung des Vertrags
selbst wegen fehlender Förderungswürdigkeit des Objekts vgl. BGH BauR
1990, 379 = NJW-RR 1990, 601). Rechtliche Grundlagen für eine derartige
Anpassung sind die von der Rechtsprechung entwickelten Grundsätze über den
„Wegfall der Geschäftsgrundlage" (vgl. hierzu eingehend Stahl BauR 1973,
279; Schmitz BauR 1982, 219 [223 f.]; Werner, FS Locher, S. 289 [302]). Eine
erste Orientierungsmarke stellt hier § 2 Nr. 7 VOB (B) und die hierzu ergangene Rechtsprechung dar. Eine Änderung des vertraglich vereinbarten Honorars ist nur dann möglich, wenn die eingetretenen Umstände bei Vertragsabschluß nicht vorhersehbar waren und derart schwerwiegend sind, daß der
betreffenden Vertragspartei ein Festhalten an der vereinbarten Pauschale unzumutbar ist, d. h. zu einem schlechthin untragbaren Ergebnis führen würde. Die
Veränderung gegenüber der Situation bei Vertragsabschluß kann auf Veränderungen bei der Gründung (a. A. zu Unrecht AG Kempten BB 1980, 179 für den
Statiker) oder auf Bedingungen bzw. Auflagen des Baugenehmigungsverfahrens oder schließlich auf Maßnahmen bzw. Zusatzwünschen des Auftraggebers
beruhen. Meist wird auch eine gravierende Änderung bei den **anrechenbaren
Kosten** – sei es durch Wegfall oder Hinzukommen von Bauleistungen oder
Änderungen des Zuschnitts bzw. Bauvolumens – zum Wegfall der Geschäftsgrundlage führen. In diesen Fällen wird eine **Anpassung** über die Geschäftsgrundlage **meist überflüssig sein,** weil der Mindestsatz unter- bzw. der Höchstsatz überschritten ist (vgl. oben Rdn. 21).

Keine Berechtigung zur Anpassung besteht dagegen auch bei **außergewöhnli- 23
chen Leistungen** oder Leistungen von **ungewöhnlich langer Dauer** i. S. des § 4
Abs. 3, da hierfür eine ausdrückliche schriftliche Honorarvereinbarung nötig
ist (vgl. hierzu i. e. Rdn. 92 ff.). Fehlt diese Vereinbarung, so kann der Auftragnehmer in der Regel nicht im nachhinein über den Wegfall der Geschäftsgrundlage den Anschluß einer Vereinbarung erzwingen (vgl. unten Rdn. 96). Keiner

Anpassung bedarf es dann, wenn durch einen der genannten Umstände ein **völlig anderes Objekt** errichtet werden soll, da die Pauschalhonorarvereinbarung nur für ein bestimmtes Objekt getroffen ist. Haben die Vertragsparteien zum Beispiel eine Honorarvereinbarung für Leistungen bei der Errichtung eines Einfamilienhauses mit Einliegerwohnung getroffen, so kann diese Vereinbarung nicht auf ein statt dessen zu errichtendes gewerbliches Objekt erstreckt werden. Der Auftragnehmer hat hier Anspruch auf das Honorar für die erbrachten Leistungen und die übrige Vergütung abzüglich der ersparten Aufwendungen unter Berücksichtigung der Pauschalvereinbarung. Hinsichtlich des aufgeführten Objekts richtet sich das Honorar nach den Regeln der HOAI.

24 Die **Schwelle** für den Wegfall der Geschäftsgrundlage kann nicht generell festgelegt werden. Sie ist aber noch nicht überschritten, wenn das Honorar bei richtiger Berechnung um etwa 12 % über dem Pauschalhonorar liegen würde (OLG Frankfurt BauR 1985, 585). Ein Wegfall der Geschäftsgrundlage scheidet auch dann aus, wenn bei gleichem Bauvolumen und -zuschnitt sich lediglich die Kosten erheblich verändert haben, etwa durch Teuerungen oder durch Inflation oder natürlich auch durch grobe Fehlschätzung des Auftragnehmers. Mit der Pauschalvereinbarung sollten nämlich gerade solche Kostensteigerungen honorarneutral gestaltet sein (so mit Recht OLG Düsseldorf BauR 1986, 719 [722]). Entsprechendes gilt auch insoweit, als die Kosten durch weggefallene Eigenleistungen höher wurden, da die Eigenleistungen schon im voraus nach § 10 Abs. 3 Nr. 1 hätten berücksichtigt werden können bzw. müssen (OLG Düsseldorf a. a. O.). In der Regel dürften Änderungen – Steigerungen oder Verringerungen – von weniger als 50 % weder bei den Baukosten noch beim Honorar selbst beachtlich sein.

25 Der Auftragnehmer muß nicht nur seine **Behauptung,** die Geschäftsgrundlage sei weggefallen, **substantiieren,** sondern auch eine genaue Behauptung hinsichtlich der Anpassung aufstellen: So muß er die für die Pauschalvereinbarung maßgebenden Bemessungsfaktoren und die Relation zum Mindestsatz nach HOAI darlegen und dieses Verhältnis auf die neue Situation übertragen (OLG Frankfurt a. a. O.; OLG Düsseldorf a. a. O.). Andernfalls ist seine Klage mangels Substantiierung als unbegründet abzuweisen. Entsprechendes gilt auch für den Auftraggeber, wenn er eine Herabsetzung der Pauschale verlangt.

26 Schriftform als Voraussetzung aller Honorarvereinbarungen

Für alle Honorarvereinbarungen, die vom Mindestsatz nach oben oder unten abweichen, ist **Schriftform** erforderlich (vgl. Rdn. 13 ff.). Dies gilt nicht nur für die Vereinbarung eines Honorars hinsichtlich der Grundleistungen, sondern auch für die Vereinbarung eines Honorars für Besondere Leistungen sowie für außergewöhnliche Leistungen. Die Schriftform muß im gesamten Geltungsbereich des § 4 eingehalten sein (vgl. oben Rdn. 1 ff.). Sie ist damit bei Honorarvereinbarungen aller Art einzuhalten, die eine Abweichung von den Mindestsätzen (vgl. unten Rdn. 77 f.) zum Inhalt haben, und ferner dann, wenn die HOAI sie sonst vorschreibt. Ein Beispiel für ersteres ist der erhöhte Umbauzuschlag nach § 24, ein Beispiel für letzteres die Nebenkostenpauschale nach § 7 Abs. 3 Satz 2 (dazu BGH BauR 1994, 131 = NJW-RR 1994, 280 = ZfBR 1994, 73). Das **Schriftformerfordernis** nach HOAI betrifft aber lediglich die Honorarvereinbarung, **nicht** aber den **Architekten- und Ingenieurvertrag selbst** (unstr., vgl. z. B. Groß BauR 1980, 9). Dieser kann aber aus anderen Gründen formbedürftig sein (vgl. Einl. Rdn. 24). Vereinbarungen über die Leistungspflicht selbst bedürfen ebenfalls nicht der Schriftform. Deshalb können Bedingungen für die Beauftragung (Einl. Rdn. 32), die Kostenlosigkeit (Einl. Rdn. 30) und auch Kompensationsabreden (Einl. Rdn. 37) formlos getroffen werden. Das Schriftformerfordernis für die Honorarvereinbarung ist verfassungsrechtlich unbedenklich (vgl. Beigel DAB 1980, 392; hiervon geht die Rechtsprechung stillschweigend aus).

Nach § 126 BGB ist die Schriftform gewahrt, wenn die Vertragsparteien die 27 Vereinbarung eigenhändig unterschrieben haben. Der Vertragstext selbst kann maschinell hergestellt oder geschrieben sein. Die Unterschriften können dabei räumlich getrennt sein und nacheinanderstehen (OLG Köln SFH Nr. 2 zu § 1 HOAI = BauR 1986, 467). Statt einer eigenhändigen Namensunterschrift kann auch durch notariell beglaubigtes Handzeichen unterzeichnet werden. Die Schriftform kann auch durch notarielle Beurkundung ersetzt werden (§ 126 Abs. 3 BGB). Sie ist auch eingehalten, wenn jede Partei die für die andere Partei bestimmte Vertragsurkunde unterzeichnet. Es muß also nicht eine Vertragsurkunde mit zwei Unterschriften vorliegen (vgl. § 126 Abs. 2 Satz 2 BGB).

Nicht ausreichend ist es, wenn eine Vertragspartei der anderen eine Bespre- 28 chung schriftlich bestätigt und die andere Partei nicht reagiert. Die einseitige **Auftragsbestätigung** und auch das **kaufmännische Bestätigungsschreiben** genügen nicht (BGH BauR 1989, 222 = NJW-RR 1989, 786 = ZfBR 1989, 104). Dagegen ist letzteres für den Abschluß des Architekten- oder Ingenieurvertrags selbst ausreichend (vgl. Einl. Rdn. 29). Die einseitige Zusage eines Auftraggebers genügt für die Honorarvereinbarung ebenfalls nicht (a. A. OLG Hamm BauR 1994, 398 [399] für die Schriftform nach § 5 Abs. 4; wie hier Weyer BauR 1995, 446 [447]; zur Berufung auf die Schriftform vgl. unten Rdn. 33). Zweifelhaft ist, ob es genügt, wenn eine Seite ein schriftliches Angebot macht und die andere Seite schriftlich bestätigt. Das hat der BGH (BauR 1994, 131 = NJW-RR 1994, 280 = ZfBR 1994, 73) für **wechselseitige schriftliche Bestätigungen** betreffend die Vereinbarung einer Nebenkostenpauschale verneint (ebenso schon LG Waldshut-Tiengen BauR 1981, 80 [83] und Hesse/Korbion/Mantscheff/Vygen § 4 Rdn. 21). Die Begründung, es liege keine einheitliche Vertragsurkunde vor, ist zwar richtig. § 126 Abs. 2 Satz 2 BGB greift hier auch nicht ein, da die Vorschrift voraussetzt, daß mehrere gleichlautende Urkunden aufgenommen werden. Dennoch dürfte hier einer der Ausnahmefälle vorliegen, in denen sich der Vertragspartner nicht auf die Unwirksamkeit berufen kann (vgl. Rdn. 33).

29 Ähnliche Fragen ergeben sich bei der Honorarvereinbarung per **Telefax**. Die Schriftform ist hier erfüllt, wenn eine Vertragspartei ein Angebot übermittelt und die andere das erhaltene Fax unterzeichnet und zurücksendet (so mit Recht Hesse/Korbion/Mantscheff/Vygen § 4 Rdn. 11). Wechseln die Parteien dagegen für Angebot und Annahme gesonderte Faxe, so ist dem Buchstaben des § 126 Abs. 2 Satz 2 BGB ebensowenig Rechnung getragen, wie im o. g. Fall (vgl. Rdn. 28). Jedoch dürfte auch hier Treu und Glauben dem Vertragspartner die Berufung auf den Formmangel verbieten (a. A. Hesse/Korbion/Mantscheff/Vygen a. a. O.).

30 Voraussetzung für die Wirksamkeit von Angebot und Annahme ist jeweils der **Zugang** dieser Erklärungen. Nimmt der eine Vertragspartner die ihm gegenüber schriftlich abgegebene Angebotserklärung des anderen erst später durch Unterschrift an, so wird ein schriftlicher Vertrag nur gültig, wenn auch diese Annahmeerklärung noch zugeht (so mit Recht OLG Stuttgart BauR 1991, 491). Ein stillschweigender Verzicht auf den Zugang der Annahme (§ 151 Satz 1 BGB) wird allein durch Übergabe eines unterschriebenen Vertragsexemplars noch nicht angenommen werden können. Problematisch ist der Nachweis des Zugangs auch bei **Telefax**. Während ein Senat des OLG München (NJW 1993, 2447); ebenso OLG Köln NJW 1995, 1228 und LG Darmstadt NJW 1993, 2448) das Sendeprotokoll noch nicht als Nachweis des Zugangs ausreichen ließ, spricht nach Auffassung eines anderen Senats des gleichen Gerichts (NJW 1994, 527) in solchen Fällen der Anscheinsbeweis für den Zugang (offengelassen von BGH NJW 1995, 665).

31 Nimmt der Vertragspartner bei einem schriftlichen Vertragsangebot des anderen Teils Änderungen vor und unterschreibt er dann den Vertrag, so gilt dies im Regelfall als Ablehnung des Angebots, verbunden mit einem neuen Antrag (§ 150 Abs. 2 BGB). Die Schriftform ist jedoch dann gewahrt, wenn beide Parteien mit den Änderungen einverstanden sind und dann der Vertrag in geänderter Form unterschrieben zurückgegeben wird. Einer erneuten Unterschrift bedarf es nicht, wenn sich die Parteien über die Änderungen und darüber einig sind, daß die Unterschriften auch für den veränderten Inhalt gelten sollen (OLG Karlsruhe [Freiburg] BauR 1993, 109 [111]). Das Schriftformerfordernis dürfte auch im Falle eines Schuldbeitritts eines Dritten gelten, da es selbstverständlich auch für die Honorarvereinbarung durch mehrere Beteiligte gilt.

32 Ist das Schriftformerfordernis nicht gewahrt, so ist die Honorarvereinbarung nach § 125 BGB nichtig. In Abweichung von §§ 125, 139 BGB bedeutet dies jedoch nicht, daß das gesamte Rechtsgeschäft unwirksam ist, vielmehr ist lediglich die **Honorarvereinbarung unwirksam**. Anstelle der unwirksamen Honorarvereinbarung tritt die Fiktion des Abs. 4, wonach die jeweiligen Mindestsätze als vereinbart gelten. Der **Vertrag bleibt** in allen übrigen Punkten **gültig**. Der Mindestsatz gilt sowohl dann, wenn die Vereinbarung den Zweck hatte, ein höheres Honorar als den Mindestsatz zu vereinbaren, als auch dann, wenn ein niedrigeres Honorar als der Mindestsatz vereinbart werden sollte (vgl. unten Rdn. 79 ff.).

Die Berufung auf die Formunwirksamkeit kann im Einzelfall gegen **Treu und** **33** **Glauben** verstoßen. Nach den Absichten des Verordnungsgebers, eine eindeutige Klarstellung der vertraglichen Beziehungen zu erreichen, kann dies nur bei einem schlechthin unerträglichen Ergebnis der Fall sein. Ein derartiger Ausnahmefall liegt vor, wenn eine Partei die andere arglistig von der Wahrung der Form abgehalten hat. Nicht ausreichend ist es, wenn die Parteien einverständlich auf das Schriftformerfordernis verzichtet haben und die Vereinbarung nach ihrer Auffassung auch ohne schriftliche Fixierung gültig sein sollte. Die Rechtsprechung wird sich bei der Frage der Schriftform an der zu § 313 BGB entwickelten orientieren (ebenso Hesse/Korbion/Mantscheff/Vygen § 4 Rdn. 22). Allerdings ist dabei zu berücksichtigen, daß die Schriftform in aller Regel eine Schutzbestimmung für den Auftraggeber darstellt (a. A. Hesse/Korbion/Mantscheff/Vygen a. a. O.). Bei wechselseitigen schriftlichen Bestätigungen dürfte die Berufung auf den Formmangel im Regelfall für beide Parteien ausgeschlossen sein (vgl. aber oben Rdn. 28), nicht allein aber die einseitige Zusage des Auftraggebers (ebenso Weyer BauR 1995, 446 [447]; a. A. OLG Hamm BauR 1994, 398 [399] für Besondere Leistungen nach § 5 Abs. 4).

Honorarvereinbarung „bei Auftragserteilung"   **34**

Die Vereinbarung eines höheren Honorars als des Mindestsatzes muß schriftlich bereits **bei Auftragserteilung** getroffen werden (§ 4 Abs. 1, 4). Dieses Merkmal galt bis 31. 12. 1992 nicht für Verträge mit Auftragnehmern, die ihren Geschäftssitz in den neuen Bundesländern haben, soweit sie Objekte in diesem Gebiet bearbeiteten (vgl. § 1 Rdn. 27). Umstritten ist, ob auch Honorare unterhalb des Mindestsatzes (§ 4 Abs. 2) und oberhalb des Höchstsatzes (§ 4 Abs. 3) bereits „bei Auftragserteilung" vereinbart werden müssen (vgl. hierzu unten Rdn. 76, 94).

Mit dem vom Verordnungsgeber gewählten untechnischen Begriff der Auf-   **35** tragserteilung ist der **Abschluß des Architekten- und Ingenieurvertrags** gemeint. Ein solcher Vertrag kommt zustande, wenn sich Auftraggeber und Auftragnehmer einig sind, daß der Auftragnehmer die Architekten- bzw. Ingenieurleistungen für ein bestimmtes Objekt erbringen soll. Erforderlich ist dabei, daß sich die Vertragsparteien über das Objekt selbst und über den Umfang der Leistungen des Auftragnehmers einig sind. Nicht erforderlich ist dagegen, daß auch eine Einigung über die Höhe des Honorars erfolgt ist, da in diesen Fällen die Honorarpflicht aus § 632 Abs. 2 BGB und die Höhe des Honorars aus § 4 Abs. 4 HOAI folgt. Da der Architekten- und Ingenieurvertrag auch mündlich wirksam abgeschlossen werden kann und nach Abschluß des Vertrags getroffene, auch schriftliche Honorarvereinbarungen unwirksam sind mit der Folge, daß die Mindestsätze gelten (§§ 4 Abs. 1, 4 HOAI; § 134 BGB), sind die Auslegung und die Tragweite des Merkmals „bei Auftragserteilung" von entscheidender Bedeutung. Das Merkmal dürfte auch für später unterschreibende Auftraggeber und für den Schuldbeitritt gelten.

36 Zunächst ist festzustellen, daß die zeitliche Beschränkung der Honorarvereinbarung auf die „Auftragserteilung" **wirksam** ist und § 4 auch insoweit vom MRVG gedeckt ist (so nahezu einhellige Meinung, inzidenter z. B. BGH BauR 1985, 582 = NJW-RR 1986, 18; BGH BauR 1987, 112 = NJW-RR 1987, 13; BGH BauR 1987, 706 = NJW-RR 1987, 1374 = ZfBR 1987, 284; BGH BauR 1988, 364; a. A. lediglich Neuenfeld § 1 Rdn. 4). Die rechtspolitischen Bedenken gegen diese Anforderungen an eine Honorarvereinbarung ändern daran nichts (vgl. die zutreffenden Ausführungen von Werner, FS Soergel, 1993, S. 291 ff.).

37 Die erste Frage ist, ob das Merkmal **eng auszulegen** ist oder ob schriftliche Honorarvereinbarungen auch dann noch möglich sind, wenn sie zwar nicht gleichzeitig mit dem Abschluß des Vertrags getroffen werden, jedoch noch „in engem zeitlichem Zusammenhang mit der Auftragserteilung" stehen. Die h. M. lehnt eine weite Auslegung des Merkmals ab und verlangt mit Recht den gleichzeitigen Abschluß der Honorarvereinbarung (so z. B. Groß BauR 1980, 9 [10 f.]; Hartmann § 4 Rdn. 5; Hesse/Korbion/Mantscheff/Vygen § 4 Rdn. 24, vgl. aber Rdn. 31, hierzu unten; Pott/Dahlhoff § 4 Rdn. 8; Vygen DAB 1989, 1469 und wohl auch Löffelmann/Fleischmann Rdn. 395; a. A. Werner/Pastor Rdn. 668). Die gegenteilige Meinung läßt sich nicht mit der preisrechtlichen Zielsetzung in Einklang bringen: Die Notwendigkeit der frühzeitigen Vereinbarung des Honorars hat Klarstellungsfunktion und Schutzfunktion zugunsten des Auftraggebers. Es sollen nachträgliche Streitigkeiten und damit eine Art Erpreßbarkeit des Auftraggebers vermieden werden. Gerade diese Situation könnte jedoch bei kurze Zeit nach Auftragserteilung getroffenen Vereinbarungen gegeben sein. Deshalb haben das OLG Düsseldorf (BauR 1988, 766) bei schriftlicher Honorarvereinbarung 7 Tage nach mündlicher Auftragserteilung und das OLG Schleswig (NJW-RR 1987, 535) für den klaren Fall der schriftlichen Vereinbarung kurz vor Einreichung des Baugesuchs zutreffend den Mindestsatz zugrunde gelegt.

38 Im Einzelfall ist jedoch immer sorgfältig zu prüfen, **ob und inwieweit der Auftrag** tatsächlich **erteilt** ist bzw. war. Hierbei muß berücksichtigt werden, daß es immer eine **Akquisitionsphase** gibt, in der die Art und die Rahmenbedingungen des Objekts festgelegt und während der Architekten- oder Ingenieurleistungen mindestens zum Teil erbracht werden müssen (ebenso OLG Karlsruhe [Freiburg] BauR 1993, 109 [111]; Werner, FS Soergel, 1993, S. 291 [293]). Die Grenze zwischen Akquisition einerseits und konkludentem Auftrag andererseits ist schwer zu ziehen (vgl. zur Frage der Kostenlosigkeit die Ausführungen des BGH BauR 1987, 454 = NJW 1987, 2742 = ZfBR 1987, 187 und oben Einl. Rdn. 25 ff.). Eine Auftragserteilung i. S. des § 4 wird frühestens dann anzunehmen sein, wenn die für eine Honorarvereinbarung mindestens erforderlichen Parameter feststehen und die Vereinbarung über das Honorar damit getroffen werden könnte: Die Art und der Umfang des Objekts, der für die Honorarzone maßgebende Zuschnitt und die zumindest zunächst zu erbringenden Leistungen des Architekten oder Ingenieurs müssen festliegen (ähnlich

Hartmann § 4 Rdn. 5, 8 und Hesse/Korbion/Mantscheff/Vygen § 4 Rdn. 28). Die Akquisitionsphase kann sich über die Leistungsphase 1 sogar in die Leistungsphase 2 erstrecken (Werner a. a. O.).

Eine **spätere Honorarvereinbarung** ist auf jeden Fall dann möglich, wenn sich **39** nach Auftragserteilung „**das Leistungsziel ändert**" (vgl. BGH BauR 1988, 364 = ZfBR 1988, 134; Hesse/Korbion/Mantscheff/Vygen § 4 Rdn. 31 ff.; Bindhardt/Jagenburg § 2 Rdn. 7; Werner/Pastor Rdn. 566). Eine derartige Änderung des Leistungsziels kann sich entweder im Hinblick auf die **Art und den Umfang des Objekts** selbst (z. B. anderes Gebäude; Umbau statt Anbau) oder auch im Hinblick auf die **Leistungen des Auftragnehmers** ergeben. Veränderungen des Bauobjekts können eintreten aufgrund nicht vorhergesehener Umstände (z. B. Gründungsprobleme, Auflagen der Behörden), aber auch infolge zusätzlicher Wünsche oder geänderter Vorstellungen des Auftraggebers. In letzterer Hinsicht ist z. B. an die Ausführung zusätzlicher Bauten oder Geschosse zu denken oder aber an den Fall, daß zunächst als Baumaßnahme z. B. eine Instandsetzung geplant war, später jedoch ein Umbau durchgeführt wird. In allen diesen Fällen kann der Auftragnehmer die Übernahme der neuen Leistungen oder des veränderten Auftrags von dem Abschluß einer neuen Honorarvereinbarung abhängig machen (Hesse/Korbion/Mantscheff/Vygen a. a. O.; Koeble BauR 1977, 372 [375]).

Das Leistungsziel ändert sich auch dann, wenn der **ursprüngliche Auftrag** des **40** Architekten oder Ingenieurs **lediglich Teilleistungen** zum Gegenstand hatte und zu einem späteren Zeitpunkt weitere Leistungen übertragen werden. Betrifft der ursprüngliche Auftrag z. B. nur die Planungsleistungen der Leistungsphase 1–4 und wird später die Ausführungsplanung und/oder Objektüberwachung zusätzlich vergeben, so kann bei Erteilung des Auftrags über diese Leistungen eine Honorarvereinbarung hierfür wirksam getroffen werden (ebenso LG Köln BauR 1990, 634, wonach zu Recht in die Vereinbarung das Honorar für die erbrachten Leistungen mit eingestellt werden kann). Dies gilt auch dann, wenn für die zuvor in Auftrag gegebenen Leistungen kein bestimmtes Honorar vereinbart war und der Mindestsatz nach § 4 Abs. 4 zugrunde lag (ebenso Hesse/ Korbion/Mantscheff/Vygen § 4 Rdn. 34; Groß BauR 1980, 9 [11]; Werner/ Pastor Rdn. 673). In diesen Fällen werden sich die Vertragsparteien meist darüber streiten, wie weit der ursprüngliche Auftrag ging. Hier wird – im Unterschied zur Parallelproblematik bei der Auftragserteilung überhaupt – der Auftraggeber ein Interesse daran haben, daß der Auftrag soweit wie möglich bereits abgesprochen war. Eine Vermutung besteht dafür allerdings nicht. Es trifft in diesem Fall den Auftraggeber die **Beweislast** für den von ihm behaupteten Umfang des ursprünglichen Auftrags (a. A. Löffelmann/Fleischmann Rdn. 806; Neuenfeld/Baden/Dohna/Groscurth Band 1 Teil II Rdn. 33). Die gegenteilige Meinung hätte zur Folge, daß für den gleichen Sachverhalt (Auftragserteilung oder nicht bzw. nicht vollständig) je nach Ausgangslage immer der Auftragnehmer beweispflichtig wäre.

41 Eine nachträgliche Honorarvereinbarung kann auch in den Fällen noch getroffen werden, in denen der ursprüngliche **Vertrag** aus irgendeinem Grund **unwirksam** oder **unbestimmt** war, was z. B. wegen anfänglichen Verstoßes gegen § 3 MRVG der Fall sein könnte. Die Vorschrift des § 4 Abs. 1, 4 ist dahin zu ergänzen, daß hier nur die **wirksame** Erteilung des Auftrags gemeint ist (ebenso OLG Hamm BauR 1995, 129 = ZfBR 1995, 33 für die zunächst mündliche unwirksame Beauftragung durch eine Gemeinde; vgl. dazu auch unten Rdn. 42).

42 Der **Architekten-** und **Ingenieurvertrag** selbst kann jedoch auch **mündlich** abgeschlossen werden. In diesem Fall müßte gleichzeitig mit mündlichem Abschluß des Vertrags eine schriftliche Honorarvereinbarung fixiert werden. Bringt der Auftragnehmer bei Vertragsabschluß zum Ausdruck, daß in jedem Fall **noch eine schriftliche Honorarvereinbarung getroffen werden muß,** und unterbleibt diese später, so liegt offener Dissens (§ 154 BGB) vor. In diesem Fall ist der Vertrag noch nicht wirksam abgeschlossen, so daß eine schriftliche Honorarvereinbarung nachgeholt werden kann (ebenso Groß BauR 1980, 9 [11 f.]; Hartmann § 4 Rdn. 5; Jochem § 4 Rdn. 6; Koeble BauR 1977, 376; einschränkend Weyer, Festschrift für Korbion, S. 489). Anders ist es aber dann, wenn die Honorarfrage überhaupt nicht erörtert wird. § 154 BGB gilt hier nicht (OLG Stuttgart BauR 1985, 346). Sind sich die Parteien darüber einig, daß die mündliche Vereinbarung schriftlich niedergelegt werden soll, so kann dies bedeuten, daß der Vertrag schon mündlich endgültig abgeschlossen sein soll und die Schriftform lediglich deklaratorischen Charakter hat oder daß ein mündlicher Vorvertrag abgeschlossen ist oder daß der **Vertrag erst mit schriftlicher Niederlegung** wirksam werden soll. Ersteres ist zu bejahen, wenn sich die Parteien über alles einig waren und nur die Absicht hatten, den Vertrag noch schriftlich zu formulieren (vgl. OLG München BauR 1991, 650 = SFH Nr. 2 zu § 22 HOAI). Hier kommt die spätere schriftliche Honorarvereinbarung zu spät. Im Zweifel ist die Vereinbarung der Parteien aber im letzten Sinne auszulegen (Larenz AT § 27 Ic). Dies gilt insbesondere für den Architekten- und Ingenieurvertrag mit Honorarvereinbarung, da anzunehmen ist, daß der Wille der Parteien auf die Einhaltung der gesetzlichen Form (§ 4 Abs. 4) gerichtet ist (vgl. auch Löffelmann/Fleischmann Rdn. 397; Neuenfeld/Groscurth II Rdn. 36). Besonders bei **öffentlichen Auftraggebern** muß unterstellt werden, daß diese die Formvorschriften als konstitutiv ansehen (so mit Recht OLG Hamm BauR 1995, 129 = ZfBR 1995, 33).

43 Waren sich die Parteien jedoch bei der Besprechung einig, daß kein schriftlicher Vertrag abgeschlossen werden solle, schließen sie dann dennoch später einen schriftlichen Vertrag ab, so kann eine spätere schriftliche Honorarvereinbarung nicht mehr wirksam werden. Soweit später solche Leistungen in Auftrag gegeben werden, die ursprünglich nicht vom mündlichen Auftrag erfaßt waren, kann zu diesem späteren Zeitpunkt eine schriftliche Honorarvereinbarung für die Zusatzleistungen getroffen werden. § 4 Abs. 4 kann nicht dadurch umgangen werden, daß bei Abschluß eines mündlichen Vertrags ohne Honorarverein-

barung später dieser mündliche Vertrag aufgehoben und ein schriftlicher Vertrag abgeschlossen wird. Sofern das Bauvorhaben identisch mit dem ursprünglich vereinbarten ist, ist die spätere Honorarvereinbarung als Umgehungsgeschäft unwirksam (ebenso OLG Stuttgart BauR 1985, 346).

Wird ein **schriftlicher Vorvertrag** abgeschlossen, so liegt darin noch nicht die **44** „Auftragserteilung" (vgl. BGH BauR 1988, 234 = NJW 1988, 1261). Die Vertragsparteien können also wirksam später noch eine Honorarvereinbarung treffen, die von den Mindestsätzen abweicht. Dies muß jedoch spätestens mit Abschluß des Hauptvertrags geschehen (ebenso Groß BauR 1980, 9 [11]; Hesse/Korbion/Mantscheff/Vygen § 4 Rdn. 36; Koeble BauR 1977, 375; Pott/Dahlhoff § 4 Rdn. 34). Gegen die hier vertretene Auffassung wird vorgebracht, daß aus dem Vorvertrag ein klagbarer Anspruch auf Abschluß des Hauptvertrags bestehe und dies die Bestimmbarkeit des Honorars voraussetze (Löffelmann/Fleischmann Rdn. 396). Beides ist zutreffend, hat aber nichts mit dem (einvernehmlichen) Abschluß des Hauptvertrags zu tun. Ein Vorvertrag liegt dann vor, wenn sich die Vertragsparteien zum späteren Abschluß eines Vertrags verpflichtet haben. Dafür ist nötig, daß sich beide mit dem Vorvertrag binden wollten (zum Umfang der Bindungswirkung eines Vorvertrags vgl. Einl. Rdn. 38). Ein wirksamer Vorvertrag liegt ferner nur dann vor, wenn sich die Vertragsparteien über alle wesentlichen Punkte geeinigt haben und der Inhalt des abzuschließenden Hauptvertrags zumindest bestimmbar ist (Palandt/Heinrichs Einl. vor § 145 Anm. 4b m. Nachw.). Dazu bedarf es in jedem Fall der Festlegung eines bestimmten Objekts im Hinblick auf Standort und Funktion sowie der Vereinbarung des wesentlichen Leistungsumfangs des Auftragnehmers. Auf Einzelleistungen aus den jeweiligen Leistungsphasen muß ebensowenig eingegangen werden wie auf die Frage Besonderer Leistungen, außergewöhnlicher oder ungewöhnlich lange dauernder Leistungen. Die Honorarfrage muß im Rahmen des Vorvertrags noch nicht einmal Gegenstand der Erörterung gewesen sein.

Von einer Auftragserteilung kann auch dann noch nicht gesprochen werden, **45** wenn die Vertragsparteien für mehrere Bauvorhaben einen **Rahmenvertrag** abgeschlossen haben (vgl. dazu BGH BauR 1992, 531 = NJW-RR 1992, 977 = ZfBR 1992, 215, wonach Schadensersatzansprüche bei Verweigerung der Einzelaufträge bestehen können; vgl. ferner Einl. Rdn. 39). Die Auftragserteilung i. S. des § 4 HOAI liegt hier erst vor, wenn der Auftrag für das konkrete Einzelobjekt erteilt ist. Es muß also noch nicht im Rahmenvertrag eine vom Mindestsatz abweichende Honorarvereinbarung getroffen werden. Geschieht dies jedoch, so ist die im Rahmenvertrag getroffene Honorarvereinbarung natürlich wirksam, obwohl sie ja bereits vor Auftragserteilung abgeschlossen wurde. Es genügt, wenn die Honorarvereinbarung „bis" zur Erteilung des konkreten Einzelauftrags zustande gekommen ist. Soweit die Vertragsmuster – z. B. das kommunale – eine **stufenweise Beauftragung** vorsehen, ist der Auftrag hinsichtlich der weiteren Leistungen erst mit „Abruf" erteilt (vgl. auch § 103 Rdn. 4). Entsprechendes gilt für die sog. **abschnittsweise** Beauftragung betreffend einzelne Gebäude oder Objekte. In beiden Fällen kann hier bei „Abruf" eine Honorarvereinbarung getroffen werden. Allerdings genügt es, wenn die Honorarvereinbarung bereits im früher geschlossenen Vertrag enthalten ist. Sie muß dann bei „Abruf" der weiteren Leistungen nicht wiederholt werden (a. A. Werner BauR 1992, 695 [698]; ders., FS Soergel, 1993, S. 291 [296]). Der Zielsetzung des Verordnungsgebers genügt es, wenn die Vereinbarung **spätestens** bei Auftragserteilung getroffen wird.

46 Fraglich ist, **ab wann** bei **Fehlen einer wirksamen Honorarvereinbarung** vom **Mindestsatz,** der nach § 4 Abs. 4 fingiert wird, **abgewichen werden kann.** Diese Frage ist zu unterscheiden von dem Problem der Abänderung einer wirksam getroffenen **Honorarvereinbarung** (vgl. hierzu unten Rdn. 49 ff.). Fest steht, daß die HOAI weder den **Verzicht** auf das Honorar noch den **Erlaß** des Honorars oder einen **Vergleich** ausschließen wollte (so einhellige Meinung: BGH BauR 1987, 112 = NJW-RR 1987, 13; OLG Stuttgart v. 14. 4. 1983 – 11 U 168/82; OLG Düsseldorf BauR 1987, 348; OLG Düsseldorf BauR 1987, 587; LG Ravensburg v. 28. 7. 1983 – 2 O 271/83). Der BGH hat erklärt, daß spätere Abänderungen des nach § 4 Abs. 4 fingierten Mindestsatzes erst „nach **Beendigung** der Architekten- oder Ingenieurtätigkeit" wirksam sind (BGH BauR 1985, 582 = NJW-RR 1986, 18; BGH BauR 1987, 112 = NJW-RR 1987, 13; BGH BauR 1987, 706 = NJW-RR 1987, 1374 = ZfBR 1987, 284; BGH BauR 1988, 364 = ZfBR 1988, 134). Diese Auffassung ist vom Ansatzpunkt her zutreffend und in diesem Kommentar noch nie bestritten worden (etwas anderes gilt im Hinblick auf die Abänderung wirksam getroffener Honorarvereinbarungen; vgl. hierzu unten Rdn. 49 ff.).

47 Das vom BGH verwendete Merkmal „Beendigung der Tätigkeit" ist jedoch ungeeignet (ebenso Hesse/Korbion/Mantscheff/Vygen § 4 Rdn. 29). Es ist im übrigen völlig neu: aus § 640 BGB ist die „Abnahme" bekannt, aus § 646 BGB die „Vollendung" der Leistung und aus § 8 Abs. 1 HOAI die „vertragsgemäße Erbringung der Leistungen". Es ist unklar, ob sich davon die Beendigung der Architektentätigkeit unterscheiden soll, und wenn ja, in welchem Umfang. Abgrenzungsfragen werden sich vor allem deshalb ergeben, weil nicht klar ist, ob eine rein tatsächliche, vertragswidrige Beendigung der Tätigkeit ausreicht oder ob eine wirksame Beendigung durch Kündigung bzw. vollständige und vertragsgemäße Erbringung der Leistungen notwendig ist.

48 Richtig dürfte es deshalb sein, auf die „vertragsgemäße Erbringung" der Leistungen entsprechend § 8 Abs. 1 HOAI abzustellen. Wird der Vertrag wirksam beendet oder gekündigt, so ist dieser Zeitpunkt maßgebend. Vergleichsweise Regelungen müssen darüber hinaus auch im Hinblick auf bereits erbrachte Leistungsphasen möglich sein. Es besteht keinerlei Schutzbedürfnis des Auftraggebers, wenn sich die Vertragsparteien im Hinblick auf angeforderte Abschlagszahlungen einigen. Im übrigen wollte der Verordnungsgeber nicht die Einschränkung der Vertragsfreiheit auf Dauer, sondern nur im Hinblick auf die weitere Abwicklung des Projekts. Es muß deshalb erlaubt sein, für bereits abgeschlossene Leistungsphasen und im Hinblick auf diese Leistungsphasen betreffende Abschlagszahlungen eine wirksame Regelung durch Vergleich zu treffen (ebenso Hesse/Korbion/Mantscheff/Vygen § 4 Rdn. 6).

Von der soeben erörterten Frage ist vollständig zu unterscheiden das Problem, ob eine schriftliche **wirksame Honorarvereinbarung,** die bei Auftragserteilung getroffen wurde, **später aufgehoben** oder **abgeändert** werden kann. Diese Frage wurde zwar vom BGH (BauR 1988, 364 = ZfBR 1988, 134) verneint; nach dieser Entscheidung können Vereinbarungen über das Honorar erst „nach Beendigung der Architekten- oder Ingenieurtätigkeit" getroffen werden. Das Problem ist jedoch mit dieser Entscheidung noch nicht endgültig geklärt. Sicher ist allerdings, daß in dem ersten denkbaren Fall, wenn nämlich die Architekten- oder Ingenieurleistungen vertragsgemäß erbracht sind oder wenn der Architektenvertrag einvernehmlich aufgehoben oder wirksam gekündigt wird, Vereinbarungen über das Honorar formlos, also auch mündlich, wirksam sind (vgl. BGH a. a. O.; OLG Düsseldorf BauR 1987, 587 und die zum Vergleich zitierte Rechtsprechung oben). **49**

In dem zweiten Fall, daß Leistungen des Auftragnehmers „noch nicht beendet" sind, seine Leistungen noch nicht vertragsgemäß erbracht oder abgenommen sind, ist streitig, ob eine Änderung der Honorarvereinbarung möglich ist. Vorweg ist zu betonen, daß eine Aufhebung des gesamten Vertrags natürlich auch hier möglich ist und dann wie im ersten Fall eine auch mündliche Vereinbarung über das noch zu zahlende Honorar wirksam ist. Unterschiedliche Meinungen gibt es für die Konstellation, daß die Vertragsbeziehungen weiterbestehen und noch weitere Leistungen erbracht werden müssen. **50**

– Ein Teil der Rechtsprechung und Literatur ist hier der Meinung, daß jegliche Änderung der Honorarvereinbarung ausgeschlossen ist (BGH a. a. O. m. w. N.; Hartmann § 4 Rdn. 2; Hesse/Korbion/Mantscheff/Vygen, 3. Aufl., § 4 Rdn. 27; Löffelmann/Fleischmann Rdn. 394; Sangenstedt BauR 1991, 292; Werner/Pastor Rdn. 672; Weyer, Festschrift für Korbion, S. 481 [490]). Der BGH will auch hier Änderungsvereinbarungen erst nach Beendigung der Tätigkeit zulassen (ähnlich OLG Düsseldorf BauR 1987, 348, wonach Änderungen „nach vollständiger Erbringung der Leistungen" formlos möglich sind). **51**

– Die zweite Meinung geht dahin, daß Änderungen zwar ausgeschlossen sind, die Vertragsparteien aber die Möglichkeit haben müssen, eine Honorarvereinbarung so zu modifizieren, daß der Mindestsatz gilt und damit der Fiktion des § 4 Abs. 4 Geltung verschafft wird (Hesse/Korbion/Mantscheff, 2. Aufl., § 4 Rdn. 6). **52**

– Eine dritte Meinung, die in diesem Kommentar vertreten wird, hält eine Änderung der wirksam getroffenen Honorarvereinbarung für möglich, auch wenn die Vertragsbeziehungen noch nicht abgewickelt sind und noch weitere Leistungen erbracht werden müssen (ebenso OLG Düsseldorf SFH Nr. 5 zu § 4 HOAI; Jochem § 4 Rdn. 6; Bindhardt/Jagenburg § 2 Rdn. 7 f.; Jagenburg BauR 1988, 155 [158 f.]; Koeble BauR 1977, 372 [376]; Groß BauR 1980, 9 [12 f.]; Motzke BauR 1982, 318 [319 f.]). Nach dieser Meinung stellt sich **53** dann nur noch die Frage, ob vor Beendigung der Tätigkeit bzw. vertragsgemäßer Erbringung der Leistungen oder Abnahme (vgl. hierzu oben) eine Änderungsvereinbarung schriftlich oder mündlich erfolgen muß. Da es sich um eine Honorarvereinbarung nach § 4 handelt, muß sie während der Laufzeit der Vertragsbeziehungen schriftlich getroffen werden (a. A. OLG Düsseldorf SFH Nr. 5 zu § 4 HOAI; dagegen OLG Düsseldorf BauR 1986, 719 mit Zusammenfassung des gesamten Streitstandes).

54 Die Argumente der ersten und zweiten genannten Meinung sind nicht überzeugend. Bei der zweiten Meinung kommt noch hinzu, daß es inkonsequent erscheint, wenn eine Aufhebung der Honorarvereinbarung mit dem Ziel des Mindestsatzes wirksam sein soll. Begründet werden diese Auffassungen damit, daß es dem Klarstellungs- und Schutzzweck widerspreche, wenn Vereinbarungen abgeändert werden könnten. Dies ist jedoch nicht richtig. Derjenige, der eine wirksame Honorarvereinbarung getroffen hat, weiß, daß er sich nicht auf eine Abänderung einlassen muß. Insoweit ist er im Hinblick auf Änderungen gerade nicht schutzwürdig. Der Klarstellungsfunktion ist dadurch Genüge getan, daß die ursprüngliche Vereinbarung rechtzeitig bei Auftragserteilung getroffen war. Gegen diese Auffassung des BGH spricht entscheidend der Wortlaut des § 4 Abs. 4. Die Parteien haben nämlich bei Auftragserteilung „etwas anderes" vereinbart, so daß die Fiktion des Abs. 4 gar nicht eingreift. Strenggenommen wäre ein Verzicht, Erlaß oder Vergleich über das Honorar nicht möglich. Auch ein gerichtlicher Vergleich im Prozeß über eine Abschlagszahlung oder vor Erbringung der Leistungsphase 9 des § 15 wäre damit unverbindlich! Dagegen hilft sich die Rechtsprechung mit der Einführung eines neuen Begriffs, der „Beendigung der Architekten- oder Ingenieurtätigkeit" (vgl. zur Kritik hierzu oben). Dieses Merkmal hilft jedoch bei Abschlagszahlungen und vor Erbringung der Leistungsphase 9 nicht weiter – oder sollen dieses Leistungen „nach Beendigung" der Architekten- oder Ingenieurtätigkeit sein? Gegen die erste und zweite Auffassung spricht entscheidend auch, daß die HOAI nicht die Vertragsfreiheit für alle Zeit und auch nicht während der gesamten Vertragsabwicklung ausschließen wollte. Im übrigen könnte kraft Vertragsfreiheit der gesamte Vertrag wirksam aufgehoben und ein neuer Vertrag mit Honorarvereinbarung abgeschlossen werden. Soweit hier kein unmittelbarer Zusammenhang, der eine Umgehung nahelegen würde, gegeben ist, wäre dies wirksam. Schließlich spricht entscheidend gegen die genannte Auffassung, daß damit die Vertragsparteien sich noch nicht einmal wirksam über die Höhe von Abschlagszahlungen mit Bindungswirkung einigen können.

55 Der hier vertretenen Auffassung, nach der wirksame Honorarvereinbarungen auch während der Vertragsabwicklung aufgehoben und abgeändert werden können, ist deshalb der Vorzug zu geben. Problematisch ist lediglich der Fall, daß die Vertragsparteien im Architekten- oder Ingenieurvertrag den Mindestsatz als Honorar vereinbart hatten. Aber auch hier ist es richtig, spätere Änderungen zuzulassen, da die Fiktion des Abs. 4 in diesen Fällen ebensowenig eingreift. Es besteht auch in diesen Fällen kein Schutzbedürfnis, da der

Auftraggeber sich klar über die getroffene und wirksame Honorarvereinbarung ist und deshalb keine Zwangssituation für ihn wegen etwaiger Verhandlungen über die Honorarhöhe auftreten kann. Die hier vertretene Auffassung läßt auch die Aufhebung einer Honorarvereinbarung zwanglos zu, was bei den anderen Auffassungen doch einen gewissen Widerspruch bedeutet (für die Zulässigkeit der Aufhebung einer Honorarvereinbarung: Hesse/Korbion/ Mantscheff/Vygen § 4 Rdn. 27). Schwierigkeiten hat die Gegenansicht auch bei späteren Änderungen (z. B. bei Auftragserteilung wurden 50 % des Honorarrahmens vereinbart, später auf 25 % reduziert): Gilt hier der ursprünglich vereinbarte Satz oder – wegen zumindest teilweiser Aufhebung – der Mindestsatz?

Im **Honorarprozeß** muß der Auftragnehmer substantiiert vortragen, daß die **56** über dem Mindestsatz liegende Honorarvereinbarung rechtzeitig bei Auftragserteilung abgeschlossen wurde. Ohne entsprechenden Tatsachenvortrag ist sein Vortrag zur Höhe des Honorars **unschlüssig,** und das Gericht kann ihm nur den Mindestsatz zusprechen, auch wenn der Auftraggeber zum Zeitpunkt der Honorarvereinbarung nichts vorträgt. Neben der **Darlegungslast** trifft den Auftragnehmer auch die **Beweislast,** wenn der Auftraggeber die Rechtzeitigkeit der Vereinbarung bestreitet (zum Auftragsumfang vgl. oben Rdn. 40).

Da nach Auffassung des BGH eine Änderung der Honorarvereinbarung erst **57** „nach Beendigung der Tätigkeit" möglich ist, scheiden auch spätere **stillschweigende Änderungen** oder **Bestätigungen** (§ 144 BGB) aus. Dies gilt auch, wenn der Auftraggeber **Abschlagszahlungen** leistet (vgl. Werner, FS Locher, S. 289 [290 f.]).

Die Begriffe Mindest- und Höchstsätze   58

Während die bisherigen Preisverordnungen (GOA und GOI) lediglich Höchstpreischarakter hatten, legt die HOAI auch Mindestsätze fest. Abs. 1 sieht vor, daß die Honorarvereinbarung **im Rahmen der Mindest- und Höchstsätze** zu treffen ist. Die Festsetzung von Mindest- und Höchstsätzen ist durch Art. 10 §§ 1 Abs. 2 Satz 1; 2 Abs. 2 Satz 1 MRVG vorgeschrieben. **Mindest- und Höchstsätze** in diesem Sinne sind z. B. (vgl. zum Ganzen Koeble BauR 1977, 372) die Sätze für Zeithonorare (§ 6), die Sätze aus den Honorartafeln (§§ 16 Abs. 1; 17 Abs. 1; 34 Abs. 1; 38 Abs. 1; 41 Abs. 1; 45b Abs. 1; 46a Abs. 1; 47a Abs. 1; 48b Abs. 1; 49d Abs. 1; 56 Abs. 1, 2; 65 Abs. 1; 74 Abs. 1; 78 Abs. 3; 83 Abs. 1; 89 Abs. 1; 94 Abs. 1 und 99 Abs. 1), die Von-Bis-Erhöhungshonorare (§§ 24, 25 Abs. 2 Satz 3; 66 Abs. 4), die Erhöhungshonorare der §§ 19 Abs. 1, Abs. 2; 27, die Fälle der §§ 16 Abs. 2; 34 Abs. 4; 55 Abs. 1 und die Regelung über Schwierigkeitsstufen (§§ 34 Abs. 6, Abs. 7; 38 Abs. 9; 44 Abs. 1). Nur für Mindest- und Höchstsätze gilt die Bestimmung des § 4 Abs. 1, Abs. 4, wonach eine Honorarvereinbarung „bei Auftragserteilung" getroffen sein muß. In allen anderen Fällen ist eine spätere Vereinbarung möglich, es sei denn, die HOAI schreibt auch dann eine bestimmte Form vor (vgl. z. B. § 5 Abs. 4 oder § 31). Die Folge der Einordnung als Mindestsatz bzw. -zuschlag ist, daß ohne wirksame Vereinbarung die Mindestsätze bzw. -zuschläge gelten (vgl. für den Mindestzuschlag beim Umbau § 24 Rdn. 3 ff. und bei Innenräumen § 25 Rdn. 6 ff.

59   Honorare zwischen Mindest- und Höchstsatz

Im Gegensatz zur GOA kann nach der HOAI das Honorar für die Grundleistungen unter Berücksichtigung der Honorarzone und des Leistungsbildes **bis zum Höchstsatz frei vereinbart** werden. Besondere Voraussetzungen für die Vereinbarung des Höchstsatzes müssen nicht vorliegen. Die Parteien sind in der Wahl des Honorars **im Rahmen von Mindest- und Höchstsatz** völlig frei. Bei der Verhandlung über das Honorar kann der Auftragnehmer verschiedene **Gesichtspunkte** geltend machen: besondere Umstände der einzelnen Aufgabe, der Schwierigkeit, der notwendige Arbeitsaufwand, der künstlerische Gehalt des Objekts, Einflußgrößen hinsichtlich der Zeit, der Umwelt, der Institutionen, der Nutzung oder der Herstellung oder sonstige für die Bewertung der Leistung wesentliche fachliche oder wirtschatliche Gesichtspunkte (vgl. Amtliche Begründung zu § 4; vgl. zum Ganzen auch detaillierte Darstellung von Frik DAB 1978, 927 und in Bauverwaltung H. 10, 1977, S. 404 ff.). Aufwandsbezogene Einflußgrößen können sein:

– standortbezogene Einflußgrößen betreffend das Grundstück (unebene Oberfläche des Grundstücks, mittleres Gefälle des Grundstücks, starkes Gefälle [Hanglage], schlechter Baugrund, Grundwasser, Wasserhaltung) und betreffend die Einordnung (Baulücke, Anbau, Integration alter Bausubstanz, Denkmalschutz);

– herstellungsbezogene Einflußgrößen (besondere Gründung, konventionelle Bauweise, Vorfertigung usw.);

– zeitbezogene Einflußgrößen (kurze oder lange Planungszeit, kurze oder lange Bauzeit, Bindung an Ablaufpläne, Festtermine usw.);

– ökonomische Aspekte (besondere Finanzierungsbedingungen, Festpreis, Kostenrichtwerte);

– Einflußgrößen aus Randbedingungen wie Institutionen (viele einzelne Unternehmer, Generalplaner, Generalunternehmer, Generalübernehmer, einmaliges Bauvorhaben des Bauherrn, wiederholte Bauvorhaben des Bauherrn, öffentliche Hand als Bauherr) oder betreffend den organisatorischen Ablauf (öffentliche Ausschreibung, beschränkte Ausschreibung, freihändige Vergabe, Leistungsbeschreibung mit Leistungsprogramm, Bauabschnitte) oder sonstiges, wie Winterbau usw.

60   Da die Vereinbarung eines Honorars zwischen Mindest- und Höchstsatz ohne irgendeine Begründung möglich ist, können als Begründung für die Einstufung auch Gesichtspunkte herangezogen werden, die bereits in anderem Zusammenhang von Bedeutung waren, wie z. B. die Bewertungsmerkmale nach § 11 (vgl. i. e. Frik DAB 1978, 927). Wichtig ist, daß der Mindestsatz keineswegs der Regelsatz ist (vgl. die Stellungnahme der Gemeindeprüfungsanstalt Baden-Württemberg DAB [BW] 1987, 235).

Der Höchstpreischarakter und die möglichen Verstöße 61

Ebenso wie die GOA und die ehemalige GOI hat die HOAI **Höchstpreischarakter.** Die Höchstsätze gelten für alle Arten der Honorarvereinbarungen, also auch für die Vereinbarung eines Pauschalhonorars (zu den Möglichkeiten der Honorarvereinbarung vgl. Rdn. 11 ff.). Höchstsätze sind dabei nicht nur die Höchstbeträge nach den Honorartafeln, sondern auch andere Festsetzungen der HOAI (vgl. Rdn. 61). Dagegen stellen die einzelnen Bemessungsgrundlagen, die die HOAI für die Berechnung eines bestimmten Honorars zur Verfügung stellt, keine absoluten Grenzen dar. So können die Vertragsparteien z. B. eine Vereinbarung treffen, wonach die anrechenbaren Kosten für die Abrechnung abweichend von § 10 Abs. 2 HOAI 500 000 DM betragen sollen. Diese Vereinbarung ist wirksam, wenn die tatsächlichen anrechenbaren Kosten z. B. 400 000 DM betragen und das insgesamt auf der Basis der 500 000 DM berechnete Honorar den Höchstsatz für 400 000 DM anrechenbare Kosten nicht überschreitet; letzteres ist bei Honorarzone III z. B. der Fall. Entsprechendes gilt natürlich bei der Wahl der Honorarzone sowie der übrigen Bemessungsgrundlagen. Die Honorarvereinbarung der Parteien ist damit nicht an einzelnen Bemessungsgrundlagen zu bewerten, sondern anhand einer fiktiven Berechnung des eigentlich zulässigen, nach den richtigen Faktoren der HOAI ermittelten Höchsthonorars.

In diese fiktive Berechnung des Höchsthonorars sind auch etwa vereinbarte 62 und erbrachte Besondere Leistungen einzubeziehen. Wurde z. B. ein Pauschalhonorar für alle Leistungen nach § 15 HOAI bei anrechenbaren Kosten von 300 000 DM und Honorarzone III in Höhe von 42 000 DM vereinbart, so muß die Berechnung des höchstzulässigen Honorars auch die zusätzliche Vergütung für eine Besondere Leistung Bauvoranfrage mit einbezogen werden, wenn der Auftragnehmer dies vereinbarungsgemäß erbracht hat.

Die **Darlegungs- und Beweislast** dafür, daß eine nach der HOAI formell 63 wirksame Honorarvereinbarung den Höchstpreischarakter verletzt, trifft den Auftraggeber. Da die HOAI die abweichende Honorarberechnung aufgrund einer Vereinbarung zuläßt und für die Honorarvereinbarung bestimmte formelle Anforderungen stellt, besteht die Vermutung, daß eine entsprechend diesen Anforderungen aufgestellte Vereinbarung auch wirksam ist. Kommt es zum Rechtsstreit über die Frage der Verletzung des Höchstpreischarakters, so muß der Auftragnehmer keineswegs die für die fiktive Honorarberechnung nach den Bemessungsgrundlagen der HOAI erforderlichen Voraussetzungen schaffen. Eine Überschreitung des Höchstsatzes muß das Gericht zwar von Amts wegen berücksichtigen. Es muß aber die Honorarvereinbarung nicht von sich aus überprüfen. Ebensowenig muß der Auftragnehmer die Einhaltung des Höchstsatzes substantiiert darlegen (so aber Lenzen BauR 1991, 692). Vielmehr muß der Auftraggeber die notwendigen Tatsachenbehauptungen (Angabe der anrechenbaren Kosten, Honorarzone u. a.) aufstellen und beweisen. Ergibt sich aus seinen Zahlenangaben nichts für eine Überschreitung des Höchstsatzes, dann muß das Gericht von der Wirksamkeit der Honorarvereinbarung aus-

gehen (OLG Köln BauR 1986, 467 = SFH Nr. 2 zu § 1 HOAI; Löffelmann/
Fleischmann Rdn. 419). Folgt man der Auffassung, daß auch Honorare über
dem Höchstsatz bereits bei Auftragserteilung vereinbart werden müssen (vgl.
Rdn. 94), dann muß der Auftragnehmer dazu substantiiert (vgl. Rdn. 56 a. E.)
vortragen (so mit Recht Löffelmann/Fleischmann a. a. O.).

64 Wird durch eine Honorarvereinbarung der höchstzulässige Satz überschritten, so ist es unerheblich, worin der eigentliche Fehler der Honorarvereinbarung besteht (ebenso OLG Hamm BauR 1995, 129 [131] = ZfBR 1995, 33
[34]). Haben die Vertragsparteien Bemessungsgrundlagen vereinbart, bei deren
Beachtung der zulässige Höchstsatz für das Gesamthonorar überschritten wird,
dann ist diese Honorarvereinbarung unwirksam (OLG Hamm a. a. O.). Verstöße gegen den Höchstpreischarakter können u. a. dadurch bedingt sein, daß
durch Vereinbarung eines Pauschalbetrags der zulässige Höchstsatz überschritten ist; daß ein Honorar für Besondere Leistungen vereinbart wird, ohne daß
die Voraussetzungen der §§ 2 Abs. 3; 5 Abs. 4, 5 vorliegen; daß ein Honorar
für außergewöhnliche oder ungewöhnlich lange dauernde Leistungen vereinbart wird, ohne daß die Voraussetzungen hierfür vorliegen (§ 4 Abs. 3); daß ein
höherer Stundensatz vereinbart wird, als nach § 6 zulässig ist (vgl. für die GOA
OLG Düsseldorf BauR 1973, 127); daß eine falsche Honorarzone vereinbart
ist; daß falsche anrechenbare Kosten (§ 10) zugrunde gelegt werden (ebenso
Weyer BauR 1982, 314); daß nicht übertragene oder nicht erbrachte zentrale
Leistungen (vgl. § 2 Rdn. 15) vergütet werden sollen; daß entgegen § 20 für
mehrere Vor- oder Entwurfsplanungen das volle Honorar vereinbart wird; daß
im Falle des § 22 Abs. 2–4 keine Honorarminderung vorgenommen wird; daß
zusätzliche Honorare nach §§ 23, 24 vereinbart werden, ohne daß die Voraussetzungen dieser Bestimmungen vorliegen. Dagegen stellt es keinen Verstoß
gegen den Höchstpreischarakter dar, wenn auch noch so einschneidende Haftungsbeschränkungen vereinbart werden (a. A. Hesse BauR 1970, 193; wie hier
jetzt auch Hesse/Korbion/Mantscheff/Vygen § 1 Rdn. 19 und § 4 Rdn. 5), da
hier eine Korrektur über die Wirksamkeitskontrolle nach dem AGBG stattfindet.

65 Ein Verstoß gegen den Höchstpreischarakter liegt aber dann vor, wenn sich
der Auftragnehmer für die Übertragung von **urheberrechtlichen Nutzungsrech-
ten** ein zusätzliches Honorar bezahlen läßt. Ist die Übertragung urheberrechtlicher Nutzungsrechte Bestandteil der architektenvertraglichen Leistungen, so
läge in der Vereinbarung und Bezahlung eines zusätzlichen Honorars ein Verstoß gegen den Höchstpreischarakter (ebenso OLG Nürnberg NJW-RR 1989,
407 [409]; Hesse/Korbion/Mantscheff/Vygen § 4 Rdn. 4; Jochem § 4 Rdn. 16;
Pott § 4 Rdn. 4; einschränkend Neuenfeld § 4 Rdn. 15 ff.). Soweit jedoch mit
der Erbringung der Architektenleistungen die Urheberrechte noch nicht übertragen sind, kann ein solches Honorar beansprucht werden, ohne daß der
Höchstpreischarakter verletzt wird (ähnlich Kroppen, Schriftenreihe der Deutschen Gesellschaft für Baurecht e. V., Band VII, S. 42).

Nach der grundlegenden Entscheidung des BGH (BauR 1975, 363 = NJW **66** 1975, 1165 = Schäfer/Finnern Z 9.1 Bl. 25; vgl. hierzu teilweise abweichend Ern ZfBR 1979, 136 und v. Gamm BauR 1982, 97 ff., auch zu anderen urheberrechtlichen Fragen) ergibt sich folgende Rechtslage: Ist der Architekt von vornherein nur mit der Planung beauftragt, oder wird der auf die Gesamtarchitektur gerichtete Vertrag nach Durchführung von Grundlagenermittlung und Vorplanung, Entwurfsplanung und gegebenenfalls Genehmigungsplanung vom Auftraggeber gekündigt, ohne daß der Architekt durch ein den Vertragszweck gefährdendes Verhalten die Kündigung veranlaßt hat, so ist ihm über das Honorar nach HOAI hinaus ein weiteres Entgelt für die Nutzung der Pläne nicht zuzubilligen (vgl. auch OLG München NJW-RR 1995, 474). Anders verhält es sich, wenn dem Architekten lediglich die Grundlagenermittlung und Vorplanung übertragen werden. Mit der Fertigung und Übergabe der Vorplanung an den Auftraggeber ist das Urheberrecht noch nicht übertragen. Verlangt der Auftragnehmer hierfür ein besonderes Entgelt, so wird der Höchstpreischarakter dadurch nicht berührt. Das gleiche gilt, wenn der Auftragnehmer dem Auftraggeber das Recht überträgt, seine Pläne für andere Bauten weiterzuverwenden.

Von der hier behandelten Honorarfrage ist die Frage zu unterscheiden, ob **67** der planende Architekt den Weiterbau durch den Auftraggeber bzw. einen von diesem beauftragten weiteren Auftragnehmer verhindern kann. Dies ist jedenfalls dann zu bejahen, wenn eine entsprechende vertragliche Regelung, etwa wie in § 9 Nr. 2 der AVA zum alten Einheits-Architektenvertrag, vorliegt (OLG Nürnberg BauR 1980, 486; zum **Urheberrecht** des Architekten vgl. **allgemein:** Beigel, Urheberrecht des Architekten, 1984; Dossmann, Die Urheberrechte des Architekten, DAB 1988, 243; Ern, Urheberrechtliche Ansprüche des Architekten wegen Verwendung seiner Planung, ZfBR 1979, 136; v. Gamm, Der Architekt und sein Werk, Möglichkeiten und Grenzen des Urheberrechts, BauR 1982, 97; Theis, Urheberrechtsschutz von Architektenleistungen, DAB 1985, 449; Walchshöfer, Der persönlichkeitsrechtliche Schutz der Architektenleistung, ZfBR 1988, 104; BGH BauR 1982, 178; BGH NJW 1982, 2553; BGH BauR 1984, 416 = SFH Nr. 1 zu § 16 UrhG = ZfBR 1984, 194; BGH BauR 1984, 423; BGH NJW 1985, 1631; BGH BauR 1988, 361; BGH BauR 1989, 348 = SFH Nr. 5 zu § 2 UrhG; BGH SFH Nr. 2 zu § 903 BGB; BGH BauR 1994, 784 = ZfBR 1994, 268; OLG Frankfurt BauR 1982, 295 = ZfBR 1982, 166; OLG Frankfurt OLGZ 1984, 118; OLG Hamm BauR 1984, 298; OLG Frankfurt BB 1986, 425; OLG Karlsruhe v. 23. 4. 1986 – 6 U 140/85; OLG Hamm NJW-RR 1986, 1280; OLG Celle BauR 1986, 601; OLG Hamm BauR 1987, 583; OLG Köln BauR 1991, 647; LG Hannover BauR 1987, 583; LG Hamburg BauR 1991, 645; zum Schutz nichturheberrechtsfähiger Bauzeichnungen vgl. Nestler BauR 1994, 589).

68 Ausnahmen vom Höchstpreischarakter

Die HOAI kennt einige **Ausnahmen,** in denen Höchstsätze nicht gelten oder überschritten werden können. Hierher gehören zunächst die Fälle, in denen eine freie Honorarvereinbarung zulässig ist. Es handelt sich um die Regelungen in §§ 16 Abs. 3; 28 Abs. 3; 29 Abs. 2; 34 Abs. 4, 5; 45a Abs. 3; 45b Abs. 4; 49a Abs. 3; 50 Abs. 2; 52 Abs. 8; 57 Abs. 3; 61 Abs. 4; 67 Abs. 4; 79; 84; 86 Abs. 6; 90; 92 Abs. 4; 95 und 100. Eine weitere Ausnahme stellt die Regelung für außergewöhnliche und ungewöhnlich lange dauernde Leistungen in Abs. 3 dar (hierzu Rdn. 92). Eine Sonderstellung nehmen auch die Besonderen Leistungen ein, für die die Höchstsätze aus den Honorartafeln nicht gelten. Die Frage, ob die Höchstsätze auch für Nichtarchitekten bzw. Nichtingenieure gelten, wenn diese Architekten- bzw. Statikerleistungen erbringen, entscheidet sich danach, ob die HOAI für diese Auftragnehmer überhaupt anwendbar ist (vgl. i. e. § 1 Rdn. 7 ff.). Höchstsätze beziehen sich darüber hinaus immer nur auf Honorare, nicht dagegen auf die weiteren zum Entgelt (vgl. § 1 Rdn. 32) gehörenden Bestandteile, wie Nebenkosten und Umsatzsteuer (vgl. hierzu § 9 Rdn. 2).

69 Die Rechtsfolgen von Verstößen gegen den Höchstpreischarakter

Die **Rechtsfolge eines Verstoßes gegen den Höchstpreischarakter** ist zunächst, daß die entsprechende Honorarvereinbarung unwirksam ist. Ein Auftragnehmer, der höhere Honorare als die Höchstsätze vereinbart, ohne daß einer der Ausnahmefälle vorliegt (vgl. Rdn. 68), verstößt gegen ein gesetzliches Verbot (§ 134 BGB). Dadurch wird jedoch entgegen § 139 BGB nicht der gesamte Architekten- bzw. Ingenieurvertrag unwirksam. Der Wille der Parteien geht dahin, daß der **Vertrag bestehenbleibt** und das Honorar zu ermäßigen ist (ebenso für die GOA BGH Schäfer/Finnern Z 2.320 Bl. 25; BGH BauR 1973, 189; OLG Düsseldorf BauR 1972, 188; OLG Düsseldorf BauR 1972, 323; OLG Düsseldorf BauR 1976, 287; OLG Nürnberg BauR 1972, 386; für die HOAI Groß BauR 1980, 9 [19]; Hartmann § 4 Rdn. 14; Hesse/Korbion/Mantscheff § 4 Rdn. 25; Jochem § 4 Rdn. 15; Neuenfeld § 4 Rdn. 3; Weyer BauR 1982, 316).

70 Fraglich ist in diesen Fällen, ob der Auftragnehmer bei Überschreitung die Höchstsätze oder nach § 4 Abs. 4 den Mindestsatz verlangen kann. Die Fiktion des § 4 Abs. 4 greift jedoch nicht ein, da die Honorarvereinbarung der Parteien in eine wirksame Honorarvereinbarung umzudeuten ist (§ 140 BGB). Die **Umdeutung** der unwirksamen Honorarvereinbarung ergibt, daß die Vertragsparteien zumindest die **Höchstsätze vereinbaren wollten.** Dieser Kern steckt in der unwirksamen Vereinbarung. Abs. 4 ist nicht unmittelbar anwendbar, da hier vorausgesetzt ist, daß eine formunwirksame Honorarvereinbarung getroffen wird, was hier nicht der Fall ist. Eine Umdeutung ist gegenüber der Analogie dogmatisch vorrangig, weshalb der Auftragnehmer den Höchstsatz beanspruchen kann (ebenso BGH BauR 1990, 239 = NJW-RR 1990, 276 = ZfBR 1990, 72; KG NJW-RR 1990, 91; Groß BauR 1980, 9 [19]; Hartmann § 4

Rdn. 14; Hesse/Korbion/Mantscheff/Vygen § 4 Rdn. 4, 114; Jochem § 4 Rdn. 15; Koeble BauR 1977, 377; Neuenfeld § 4 Rdn. 3; Pott/Dahlhoff § 4 Rdn. 36). Die gegenteilige Auffassung von Weyer (a. a. O.), wonach § 4 Abs. 4 eingreift und den Mindestsatz fingiert, berücksichtigt den Parteiwillen nicht ausreichend. Auch das Argument, der Auftragnehmer hätte den Auftraggeber aufklären müssen (so Weyer BauR 1987, 131 [140 f.]), greift nicht, da auch dann der Wille zur Vereinbarung des Höchstsatzes unterstellt werden müßte und im übrigen keine Aufklärungspflicht besteht (vgl. Einl. Rdn. 42 und unten Rdn. 80).

Ein besonderes Problem ergibt sich dann, wenn den Vertragschließenden der 71 Verstoß gegen den Höchstpreischarakter bekannt war und der Auftraggeber in Kenntnis dessen das überhöhte Honorar bezahlt hat. Hier stellt sich die Frage, ob er das überhöhte Honorar nach § 817 Satz 1 BGB zurückfordern kann oder ob dem Rückforderungsanspruch § 817 Satz 2 BGB entgegensteht. Letzteres ist zu bejahen (wie hier Werner, FS Locher, S. 299; vgl. allgemein BGH NJW 1953, 740). Dieses Ergebnis ist sachgerecht, da die Preisvorschrift nicht ausschließlich oder in erster Linie dem Schutz des Auftraggebers dient. Der Auftraggeber ist nicht generell der „wirtschaftlich Schwächere" (vgl. Palandt/Thomas § 817 Anm. 3c, aa). Die gegenteilige Meinung (Hesse/Korbion/Mantscheff/Vygen § 4 Rdn. 117) verkennt dies. Unstreitig ist, daß der Rückforderungsanspruch ausscheidet, wenn der Auftraggeber bei Zahlung weiß, daß er dazu nicht verpflichtet ist (§ 814 BGB).

Auch dann, wenn der Auftraggeber das vereinbarte, überhöhte Honorar 72 anerkennt, kann der Auftragnehmer nur den Höchstsatz nach der HOAI verlangen, da das Anerkenntnis nur die nach der HOAI berechtigte Forderung abdecken kann (vgl. BGH BauR 1974, 356 = BB 1974, 999).

Der Mindestpreischarakter; Voraussetzungen für die Vereinbarung eines Hono- 73
rars unterhalb der Mindestsätze; Folgen der unwirksamen Unterschreitung

Die HOAI hat auch **Mindestpreischarakter.** Dieser kommt zunächst dadurch zum Ausdruck, daß bei Fehlen einer Honorarvereinbarung nach Abs. 4 die Mindestsätze als vereinbart gelten. Er kommt ferner dadurch zum Ausdruck, daß auch bei Unwirksamkeit einer Honorarvereinbarung die Mindestsätze gelten (zu dem Sonderfall, daß durch formell wirksame Honorarvereinbarung die Höchstsätze überschritten sind, vgl. oben Rdn. 70). Allerdings kann es im Ausnahmefall unzulässig sein, daß sich der Auftragnehmer bei mündlicher Vereinbarung eines Honorars unterhalb der Mindestsätze später auf die Formvorschrift des § 4 Abs. 2 beruft (vgl. hierzu Rdn. 79 ff.). Schließlich kommt der Mindestpreischarakter dadurch zum Ausdruck, daß Honorare unterhalb des Mindestsatzes nur unter bestimmten Voraussetzungen wirksam vereinbart werden können (Abs. 2). Die HOAI ist auch **im Hinblick** auf den richtig berechneten **Mindestsatz Preisrecht** und damit nicht abdingbar (vgl. § 1 Rdn. 1).

74 Die Frage, ob der in Abs. 4 angegebene Mindestsatz als „**übliche Vergütung**" i. S. § 632 Abs. 2 BGB anzusehen ist, hat keine große praktische Bedeutung (zur Frage der Beweislast bei behaupteter Pauschalvereinbarung vgl. unten Rdn. 91). Sie ist zu verneinen. Zu Recht wird zum Teil darauf hingewiesen, daß die Fiktion der Vereinbarung einer „üblichen Vergütung" voraussetze, daß im konkreten Fall die Höhe der Vergütung nicht bestimmt ist. Nach § 4 Abs. 4 gelten jedoch die Mindestsätze als vereinbart, die Höhe der Vergütung ist also insoweit bestimmt, so daß es an einer tatbestandlichen Voraussetzung des § 632 Abs. 2 BGB fehlt. Die Mindestsätze nach der HOAI sind deshalb nicht als übliche Vergütung anzusehen (ebenso OLG Düsseldorf BauR 1981, 402; Hesse/Korbion/Mantscheff/Vygen § 1 Rdn. 2; a. A. Werner/Pastor Rdn. 578; vgl. auch die Stellungnahme der GPA Baden-Württemberg DAB [BW] 1987, 235).

75 Die Bestimmung des **Abs. 2** gilt, soweit der Regelungsbereich des § 4 reicht (vgl. oben Rdn. 1 ff.; zur Frage der Anwendbarkeit auf Gesellschaftsverträge und Kompensationsabreden unter Auftragnehmern vgl. OLG Hamm BauR 1987, 467 [468] und oben Rdn. 6). Sie gilt nur, soweit nicht Kostenlosigkeit oder Tätigkeit auf eigenes Risiko oder bedingte Honorarpflicht vereinbart ist (vgl. hierzu Einl. Rdn. 30 ff.).

76 Eine Unterschreitung der Mindestsätze ist nur wirksam, wenn eine **schriftliche Vereinbarung** vorliegt (vgl. oben Rdn. 26 ff.). Darüber hinaus darf der Mindestsatz nur **in Ausnahmefällen** unterschritten werden (vgl. unten Rdn. 85 ff.). In AGB des Auftraggebers ist die Unterschreitung des Mindestsatzes unwirksam (OLG Zweibrücken BauR 1989, 227, vgl. § 8 Rdn. 68). Umstritten ist, ob als weitere Voraussetzung das Merkmal „**bei Auftragserteilung**" gilt. Diese Auffassung vertritt der BGH (BGH BauR 1988, 364; vgl. auch BGH BauR 1985, 582 = NJW-RR 1986, 18; BGH BauR 1987, 112 = NJW-RR 1987, 13; BGH BauR 1987, 706 = NJW-RR 1987, 1374 = ZfBR 1987, 284, wonach § 4 Abs. 4 für alle Fälle gilt, in denen nicht bereits bei Auftragserteilung „eine nach § 4 Abs. 1–3 HOAI zulässige Honorarvereinbarung getroffen" wurde; ebenso Groß BauR 1980, 9 [19 f.]; Hesse/Korbion/Mantscheff/Vygen § 4 Rdn. 72 ff., wonach aber für den nachträglich auftretenden Ausnahmefall anderes gilt; Konrad BauR 1989, 653 [656]; Löffelmann/Fleischmann Rdn. 414; Werner/Pastor Rdn. 674). Diese Meinung wird aus Abs. 4 abgeleitet. Dabei wird jedoch verkannt, daß Abs. 4 keine selbständige Regelung enthält, sondern nur an den Fall des Abs. 1 und dessen Voraussetzungen anknüpft. Im Unterschied zu Abs. 2 und Abs. 3 enthält nämlich Abs. 1 das Merkmal „bei Auftragserteilung". Es gibt keinen anderen Grund, weshalb die Abs. 2 und 3 das Merkmal nicht nennen, als den, daß diese zeitliche Beschränkung nicht gegeben sein muß. Die gegenteilige Meinung ist deshalb zutreffend (wie hier Groß BauR 1980, 9, 16; Jochem § 4 Rdn. 12; Koeble BauR 1977, 376; Pott, 3. Aufl., § 4 Rdn. 2, jetzt anders in Pott/Dahlhoff § 4 Rdn. 19).

77 Ob der Mindestsatz unterschritten ist, ist immer an einer hypothetischen, nach HOAI **richtig aufgestellten Honorarabrechnung** zu überprüfen. Das Gericht muß den entsprechenden Behauptungen jedoch nur nachgehen, wenn der Auftragnehmer dies **substantiiert darlegt** und die dafür erforderlichen Tatsachenangaben hinsichtlich anrechenbarer Kosten, Honorarzone usw. macht. Die **Darlegungs- und Beweislast** für die Unterschreitung des Mindestsatzes trägt – auch beim Pauschalhonorar (dazu Lenzen BauR 1991, 692) – der Auftragnehmer.

Eine (unzulässige) Unterschreitung des Mindestsatzes kann in vielfältiger 78 Weise geschehen, so z. B. durch Einordnung in eine falsche Honorarzone, durch Vereinbarung zu niedriger anrechenbarer Kosten, durch Ansatz zu niedriger Prozentsätze aus den Leistungsbildern für die betreffenden Leistungsphasen (vgl. LG Nürnberg/Fürth BauR 1993, 105), durch Zusammenfassung eigentlich getrennt abzurechnender Objekte oder Tätigkeiten und anderes mehr (vgl. i. e. Geyer, Ingenieurblatt [BW] 1987, 44; Locher BauR 1986, 643 zu unzulässigen Honorarminderungen in Ingenieurverträgen der öffentlichen Hand; Konrad BauR 1989, 661 ff.). Die Zusammenfassung mehrerer Objekte, die Anwendbarkeit einer bestimmten Honorartafel und die Verleitung zum Angebot geringerer Prozentsätze als in einem Leistungsbild angegeben, hat der BGH (BauR 1991, 638) zu Recht als Verstoß gegen den Mindestpreischarakter angesehen (zur Wettbewerbswidrigkeit von Ausschreibungen vgl. unten Rdn. 89 f.). Das Angebot, Besondere Leistungen kostenlos zu erbringen oder keine Nebenkosten abzurechnen, genügt dagegen nach dieser Entscheidung nicht.

Ist die Vereinbarung eines Honorars unterhalb der Mindestsätze unwirksam, 79 weil Schriftform fehlt oder weil kein Ausnahmefall vorliegt oder weil (so h. M.) die Vereinbarung nicht bereits bei Auftragserteilung getroffen wurde, so bleibt der Architekten- und Ingenieurvertrag dennoch entgegen § 139 BGB wirksam (unstr.; so z. B. OLG Stuttgart BauR 1981, 404; OLG Stuttgart v. 17. 12. 1980 – 1 U 93/80; OLG Düsseldorf BauR 1980, 488; OLG Düsseldorf BauR 1982, 390 = NJW 1982, 1541; OLG Düsseldorf BauR 1982, 597; OLG Stuttgart ZfBR 1982, 172 m. Anm. Gerauer; vgl. auch oben Rdn. 26). Problematisch ist, welche **Folge eine unwirksame Vereinbarung** im Hinblick auf den Honoraranspruch des Auftragnehmers hat. Dem Auftragnehmer gesteht die absolut h. M. hier als Ausfluß des Mindestpreischarakters den **Mindestsatz nach HOAI** zu (so BGH BauR 1993, 239 = NJW 1993, 661 = ZfBR 1993, 68 = LM H. 6/93 § 242 [Cd] BGB Nr. 325 m. Anm. Koeble; BGH BauR 1995, 126 = NJW 1995, 401 = ZfBR 1995, 73 = LM H. 4/95 HOAI Nr. 28 m. Anm. Koeble; OLG Stuttgart a. a. O.; OLG Düsseldorf a. a. O.; OLG Düsseldorf BauR 1981, 484; OLG Hamm NJW-RR 1990, 522; LG Stuttgart v. 15. 12. 1983 – 21 = 352/83; Groß BauR 1980, 9 [19 f.]; Hesse/Korbion/Mantscheff/Vygen § 4 Rdn. 93; Jochem § 4 Rdn. 10; Konrad BauR 1989, 660; Lenzen BauR 1991, 692 [695]; Werner/Pastor Rdn. 625; vgl. für die Zeit, in der das Merkmal „in Ausnahmefällen" unwirksam war, unten Rdn. 85).

Die gegenteilige Auffassung hält den Auftragnehmer für schadensersatz- 80 pflichtig, weil er seiner **generellen Aufklärungs**pflicht im Hinblick auf die Wirksamkeit einer Honorarvereinbarung nicht nachgekommen sei (so Weyer BauR 1987, 131 [138 ff.]; ebenso z. T. Konrad a. a. O. und Loritz BauR 1994, 38). Eine solche Pflicht zur Aufklärung über die Wirksamkeitsvoraussetzungen für eine Honorarvereinbarung besteht aber nicht generell, sondern nur dann, wenn „besondere Umstände" vorliegen. Die gegenteilige Auffassung ist abzulehnen, weil mit diesem Argument im Ergebnis sämtliche Formvorschriften des BGB und anderer Gesetze ausgehebelt werden könnten (ebenso Hesse/Korbion/Mantscheff/Vygen § 4 Rdn. 95).

81 Vorstehende Grundsätze gelten auch für Pauschalhonorarvereinbarungen (vgl. Rdn. 21 ff.), wenn sie, ohne daß ein Ausnahmefall vorliegt, den Mindestsatz unterschreiten (BGH BauR 1993, 239 = NJW 1993, 661 = ZfBR 1993, 68 = LM H. 6/93 § 242 [Cd] BGB Nr. 325 m. Anm. Koeble). Neuerdings wird entsprechend der Zielsetzung der HOAI mit einleuchtenden Argumenten die Auffassung vertreten, auch mit dem Einwand der unzulässigen Rechtsausübung könne der Mindestpreischarakter nicht unterlaufen werden (so Werner, FS Locher, S. 289 [295]). Vom Ansatz her ist dies sicher richtig; Ausnahmen nach Treu und Glauben können aber nicht generell ausgeschlossen werden.

82 Wie bereits betont, können aber **Schadensersatzansprüche** des Auftraggebers **im Ausnahmefall** durchaus bestehen. Grundlage dafür kann jedoch nicht allein ein Verstoß gegen Treu und Glauben (widersprüchliches Verhalten) sein. Es genügt deshalb noch nicht, wenn der Auftragnehmer die Honorarvereinbarung vorgeschlagen hat (a. A. Lenzen BauR 1991, 692 [695]). Vielmehr bedarf es einer schuldhaften Pflichtverletzung des Auftragnehmers (vgl. BGH BauR 1993, 239 = NJW 1993, 661 = ZfBR 1993, 68 = LM H. 6/93 § 242 [Cd] BGB Nr. 325 m. Anm. Koeble; BGH BauR 1995, 126 = NJW 1995, 401 = ZfBR 1995, 73 = LM H. 4/95 HOAI Nr. 28 m. Anm. Koeble). Der Auftragnehmer haftet wegen Verschuldens bei Vertragsschluß, wenn er auf ausdrückliche Frage nach den Wirksamkeitsvoraussetzungen einer Honorarvereinbarung diese nicht nennt oder sogar den Auftraggeber vom Abschluß einer wirksamen schriftlichen Vereinbarung abhält (ebenso OLG Hamm NJW-RR 1990, 522). Schadensersatzansprüche können auch dann bestehen, wenn der Auftragnehmer von vornherein die Absicht hat, den Mindestsatz abzurechnen und dennoch eine mündliche, niedrigere Vereinbarung mit dem Auftraggeber eingeht. Verletzt der Auftragnehmer seine Aufklärungspflicht, so hat er den Auftraggeber so zu stellen, wie er im Falle der Aufklärung gestellt gewesen wäre (ebenso OLG Oldenburg BauR 1984, 541).

83 Schadensersatzansprüche bestehen jedoch nur dann, wenn der Auftraggeber substantiiert darlegt, daß er einen anderen Auftragnehmer an der Hand gehabt hat, der die Leistungen zu einem Honorar unterhalb der Mindestsätze angeboten hätte. Für die substantiierte Darlegung ist weiter Voraussetzung, daß ein Ausnahmefall i. S. v. Abs. 2 vorgelegen hat. Dafür genügt es nämlich nicht, daß der Auftraggeber einen Architekten oder Ingenieur benennt, der **unter Verstoß** gegen Standespflichten bzw. § 4 Abs. 2 den Mindestsatz unterschritten hätte. Der Schaden kann mit einem Verstoß eines anderen Auftragnehmers gegen die HOAI nicht begründet werden (ebenso BGH BauR 1993, 239 = NJW 1993, 661 = ZfBR 1993, 68 = LM H. 6/93 § 242 [Cd] BGB Nr. 325 m. Anm. Koeble; Hesse/Korbion/Mantscheff/Vygen § 4 Rdn. 96). Die Darlegung eines

Schadens ist eventuell noch dann möglich, wenn ein angestellter Architekt oder ein Generalunternehmer mit Planungsleistungen beauftragt worden wäre.

In Fällen der **arglistigen Täuschung** kann darüber hinaus der Geltendma- 84
chung des Mindestsatzes der Einwand der Arglist (§ 242 BGB) entgegenstehen (ebenso OLG Stuttgart a. a. O.; vgl. auch unten Rdn. 91). Hat der Auftragnehmer im übrigen bei mündlicher Honorarvereinbarung sein Honorar nach einer unwirksamen Vereinbarung abgerechnet, so kann er dennoch nicht nachträglich den Mindestsatz fordern, weil er an seine Honorarschlußrechnung gebunden ist (so mit Recht BGH BauR 1993, 239 = NJW 1993, 661 = ZfBR 1993, 68 = LM H. 6/93 § 242 [Cd] BGB Nr. 325 m. Anm. Koeble; OLG Düsseldorf BauR 1982, 390 = NJW 1982, 1541 für einen unwirksam vereinbarten Rabatt; vgl. zur Bindung an die Honorarschlußrechnung § 8 Rdn. 38 ff.).

Unterschreitung des Mindestsatzes „in Ausnahmefällen" 85

Die ursprüngliche Fassung des § 4 Abs. 2, wonach die Mindestsätze nur **in Ausnahmefällen** unterschritten werden konnten, war nach Auffassung des BVerfG (NJW 1982, 373 = BauR 1982, 74) unwirksam, da diese Einschränkung nicht von der Ermächtigungsvorschrift des Art. 10 §§ 1, 2 MRVG gedeckt war. Damit konnte der Mindestsatz auch dann unterschritten werden, wenn kein Ausnahmefall vorlag. Durch das Gesetz vom 12. 11. 1984 (BGBl. I S. 1337) wurde in das MRVG eingefügt, daß die Mindestsätze durch schriftliche Vereinbarung „in Ausnahmefällen" unterschritten werden können (vgl. Einl. 1). Hierdurch war die Rechtsgrundlage für die 2. ÄndVO zur HOAI gegeben, die ihrerseits wiederum in § 4 Abs. 2 die Worte „in Ausnahmefällen" mit Wirkung zum 14. 6. 1985 eingefügt hat (2. ÄndVO v. 10. 6. 1985 – BGBl. I S. 961).

Das Merkmal „in Ausnahmefällen" ist keineswegs nur in standesrechtlicher 86
Hinsicht von Bedeutung. Vielmehr kann bei Hinzutreten besonderer Umstände auch zur Sicherung des Leistungswettbewerbs der Architekten und Ingenieure die Einhaltung des Mindestpreischarakters der HOAI verlangt werden (vgl. OLG Hamm BauR 1988, 366 = NJW-RR 1988, 466; Lehmann BauR 1986, 512; vgl. unten). Liegt kein Ausnahmefall vor, so steht dem Auftragnehmer der Mindestsatz zu (vgl. hierzu und auch zu den Ausnahmefällen oben Rdn. 79).

Der Begriff **Ausnahmefall** wird subjektiv und objektiv zu fassen sein. Subjek 87
tiv erlangt er insofern Bedeutung, als der einzelne Auftragnehmer nicht generell unterschreiten darf, sondern nur in Ausnahmefällen. Die größere Bedeutung liegt jedoch in objektiver Hinsicht: Es müssen Umstände im **personellen oder sozialen Bereich** vorliegen, die ein Abweichen vom Mindestsatz nach unten rechtfertigen (vgl. zum Ganzen: Meyke BauR 1987, 513; Konrad BauR 1989, 653; Moser BauR 1986, 521; Osenbrück BauR 1987, 144; Schelle BauR 1986, 144). So können verwandtschaftliche, freundschaftliche oder enge persönliche Beziehungen ein Abweichen vom Mindestsatz nach unten rechtfertigen, ebenso die Mitgliedschaft des Auftragnehmers in einem Verein, für den er

Leistungen erbringen soll (zu eng Moser, der nur „Verwandtschaft" als Ausnahmefall anerkennen will (generell gegen Ausnahmen in diesen Fällen Konrad BauR 1989, 653 [658]). Im sozialen Bereich kann es gerechtfertigt sein, beim Wiederaufbau eines durch Naturkatastrophe zerstörten Hauses oder für einen durch höhere Gewalt geschädigten Auftraggeber, der dazuhin wirtschaftlich mitbelastet wurde, vom Mindestsatz nach unten abzuweichen. Die generelle wirtschaftliche Situation eines Auftraggebers darf dagegen keine Rolle spielen. Ebensowenig dürfen der Umfang und die Schwierigkeit der Leistung zu einem Honorar unterhalb der Mindestsätze führen. Deshalb ist es auch falsch, bei **außergewöhnlich geringem Aufwand** eine Unterschreitung zuzulassen (so aber Konrad a. a. O., S. 658; Lehmann a. a. O.; Löffelmann/Fleischmann Rdn. 413; Moser/Osenbrück a. a. O.; Werner/Pastor Rdn. 646; vgl. auch Hesse/Korbion/Mantscheff/Vygen § 4 Rdn. 85), und es genügt auch nicht, wenn dem Auftraggeber im Einzelfall nur geringe Bürokosten entstehen (so mit Recht OLG Hamm NJW-RR 1988, 466 = BauR 1988, 366 mit Anm. Sangenstedt). Die Auffassung von Schelle (a. a. O.), wonach eine Unterschreitung möglich ist, wenn der Auftragnehmer geringere Aufwendungen als üblich hat, ist ebenfalls abzulehnen (so mit Recht Neuenfeld § 4 Rdn. 5). Auch die mehrfache Verwendung von gleichen Plänen stellt keinen Ausnahmefall dar (a. A. Konrad BauR 1989, 653 [659]). Weitere Ausnahmefälle können sich aus Treu und Glauben ergeben.

88   Die Vertragsparteien müssen den Ausnahmefall nicht schriftlich fixieren. Es genügt, wenn der Ausnahmefall tatsächlich gegeben ist und später bewiesen werden kann. Die **Beweislast** für das Vorliegen trifft denjenigen, der den Ausnahmefall behauptet (ebenso Hesse/Korbion/Mantscheff/Vygen § 4 Rdn. 86). Folgt man der Auffassung, wonach auch der Mindestsatz wirksam nur durch Vereinbarung „bei Auftragserteilung" unterschritten werden kann (vgl. Rdn. 76), so muß der Auftraggeber auch diese Voraussetzung darlegen und beweisen (a. A. Löffelmann/Fleischmann Rdn. 420, die hier eine Vermutung für die Rechtzeitigkeit annehmen wollen – im Unterschied zur Vereinbarung eines Honorars oberhalb des Mindestsatzes, was widersprüchlich ist, a. a. O. Rdn. 405).

89   Inzwischen geklärt ist die Frage, ob die Unterschreitung des Mindestsatzes auch ohne Vorliegen eines Ausnahmefalls **wettbewerbswidrig** ist (vgl. Locher BauR 1995, 146). Richtig ist, daß § 4 Abs. 2 eine „wertneutrale Ordnungsvorschrift" enthält, deren Verletzung nur dann einen Wettbewerbsverstoß darstellt, wenn besondere wettbewerbliche Merkmale hinzutreten, die das Verhalten auch aus wettbewerbsrechtlicher Sicht als anstößig erscheinen lassen (OLG Hamm a. a. O.; LG Nürnberg/Fürth BauR 1993, 105; ebenso Hesse/Korbion/Mantscheff/Vygen § 4 Rdn. 92; Pott/Dahlhoff § 4 Rdn. 18). Dies wird mit Recht bejaht, wenn sich ein **Architekt oder Ingenieur** bewußt und planmäßig über die Vorschriften der HOAI hinwegsetzt und für ihn erkennbar ist, daß er sich auf diese Weise einen sachlich nicht gerechtfertigten Vorsprung vor seinen Mitbewerbern verschafft. Derartige Umstände können gefolgert werden aus

Angebotsschreiben, die die Bereitschaft zur Unterschreitung der Mindestsätze dokumentieren, aber auch durch entsprechende mündliche Erklärungen (vgl. OLG Hamm a. a. O.; LG Nürnberg/Fürth a. a. O.). Entsprechendes gilt, wenn der Architekt oder Ingenieur im Hinblick auf ein bereits vorliegendes Honorarangebot eines anderen Auftragnehmers, das sich im Rahmen der Mindest- und Höchstsätze hält, ein Angebot unterhalb der Mindestsätze abgibt. Klagebefugt wegen eines solchen Wettbewerbsverstoßes nach § 13 Abs. 1 UWG sind – neben den unmittelbaren Wettbewerbern – auch die Berufsverbände und Kammern; zu den Berufsverbänden rechnen auch die Interessenverbände (OLG Hamm a. a. O. m. Anm. Sangenstedt).

Wegen Verstoßes gegen den Mindestpreischarakter können auch **Ausschrei- 90 bungen von Auftraggebern** wettbewerbswidrig sein. So hat der BGH (BauR 1991, 638) mit Recht die Wettbewerbswidrigkeit eines Blanketts eines öffentlichen Auftraggebers bejaht, in dem Ingenieure als Anbieter dazu verleitet wurden, mehrere Objekte zu einem zusammenzufassen, wodurch natürlich infolge Degression der Honorartafel ein niedrigeres Honorar als der Mindestsatz vereinbart werden sollte. Entsprechendes wurde im Hinblick auf die vertragliche Zugrundelegung einer Honorartafel für mehrere Bauvorhaben bestätigt und auch im Hinblick auf das Verleiten eines Auftragnehmers zur Reduzierung der Prozentsätze aus den einzelnen Leistungskatalogen. Verneint hat der BGH in der Entscheidung einen Verstoß gegen den Mindestpreischarakter durch kostenloses Angebot von Besonderen Leistungen oder Nichtabrechnung von Nebenkosten. Das LG Marburg (BauR 1994, 271) hat die Anfrage eines (öffentlichen) Auftraggebers für ein „Bauvorhaben Parkierungsgebäude Uni-Gelände" ebenfalls beanstandet. Die Aufforderung ein Honorarangebot zu machen, ist dann wettbewerbswidrig, wenn die zu erbringenden Leistungen nicht genau bezeichnet sind, da es dann zu einer Unterschreitung des Mindestsatzes kommen kann (vgl. zum Ganzen auch Osenbrück DAB 1992, 83). Ebenso entschied das OLG Celle (BauR 1995, 266) für Ausschreibungen.

Beweislast für die Behauptung, es sei ein bestimmtes Honorar vereinbart 91

Der Mindestpreischarakter und vor allem das Schriftformerfordernis in Abs. 2 haben besondere Bedeutung für die Frage der **Beweislast** bei **behaupteter Pauschalhonorarvereinbarung** durch den Auftraggeber. Die bisherige Rechtsprechung geht dahin, daß der Auftraggeber für die Vereinbarung der kostenlosen Tätigkeit des Architekten beweispflichtig sei (OLG Stuttgart Schäfer/Finnern Z 3.01 Bl. 460; vgl. i. e. Einl. Rdn. 31). Behauptete jedoch der Auftraggeber, es sei eine geringere Vergütung als die nach der GOA vereinbart worden, so hatte der Auftragnehmer die Beweislast für das Gegenteil, wenn die Honorarvereinbarung substantiiert vom Auftraggeber behauptet worden war (z. B. BGH NJW 1980, 122 = BauR 1980, 84 = SFH Nr. 1 zu § 19 GOA; BauR 1983, 366 = SFH Nr. 12 zu § 632 BGB = ZfBR 1983, 186 zum Bauvertrag; Palandt/Thomas § 632 Anm. 4 m. w. N.). Nach der HOAI ist die Situation grundsätzlich anders. Fehlt eine schriftliche Vereinbarung, so können die

Mindestsätze nach Abs. 2 nicht wirksam unterschritten werden. Die Behauptung des Auftraggebers, es sei mündlich ein niedrigeres Honorar vereinbart worden, ist unschlüssig, da für die Vereinbarung eines niedrigeren Honorars Schriftform erforderlich ist (ebenso OLG Stuttgart, Urt. v. 4. 2. 1981 – 1 U 67/80, abgedruckt in DAB 1981, 907; Hesse/Korbion/Mantscheff § 4 Rdn. 9; ebenso im Ergebnis Jochem § 4 Rdn. 19). Allerdings wird auch hier – wie im Falle des § 313 BGB – ausnahmsweise eine Korrektur nach Treu und Glauben notwendig sein. Ein schlechthin unerträgliches Ergebnis liegt z. B. dann vor, wenn der Auftraggeber den Auftragnehmer arglistig von der Wahrung der Form abgehalten hat oder wenn der Auftraggeber vom Auftragnehmer auf ausdrückliches Befragen die falsche Antwort erhält, Schriftform sei für die Unterschreitung der Mindestsätze nicht erforderlich. Für solche Behauptungen trifft den Auftraggeber aber die Beweislast.

92 **Außergewöhnliche und ungewöhnlich lange dauernde Leistungen**

Die Höchstsätze der HOAI können nur in Ausnahmefällen überschritten werden (vgl. die Aufstellung oben Rdn. 68). Zwei dieser Fälle regelt **Abs. 3** der Bestimmung. Bei **außergewöhnlichen** oder **ungewöhnlich lange dauernden Leistungen** kann der Höchstsatz durch schriftliche Vereinbarung überschritten werden. Der Begriff **Schriftform** ist gleichbedeutend mit demjenigen in Abs. 1 (vgl. § 126 BGB und oben Rdn. 26 ff.). Im Falle einer lediglich mündlichen Vereinbarung hat der Auftragnehmer seine Leistungen zu den Sätzen der HOAI zu erbringen. Die HOAI fingiert hier einen Vertragsabschluß zu den in den Honorartafeln geregelten Sätzen. Aus dem eindeutigen Wortlaut der Bestimmung ergibt sich ferner, daß der Auftragnehmer keinen klagbaren Anspruch auf ein höheres Honorar hat. Er ist im Regelfall auf die entsprechende Bereitschaft des Auftraggebers angewiesen, eine von den Höchstsätzen nach oben abweichende Honorarvereinbarung zu treffen.

93 An den **Inhalt der Honorarvereinbarung** für außergewöhnliche oder ungewöhnlich lange dauernde Leistungen stellt Abs. 3 keine besonderen Anforderungen. Es genügt, wenn die Vereinbarung bestimmt ist. Ausreichend ist auch, daß ein Honorar über den Höchstsätzen vereinbart wird, ohne daß im Vertrag die Leistung als außergewöhnliche bezeichnet wird. Der Auftragnehmer ist nicht verpflichtet, seine Leistung als außergewöhnliche Leistung ausdrücklich hervorzuheben. Liegt also eine schriftliche Honorarvereinbarung vor, wonach die Höchstsätze überschritten sind, und wird durch Sachverständigengutachten festgestellt, daß es sich um eine außergewöhnliche Leistung handelt, so ist die Honorarvereinbarung wirksam. Hinsichtlich der Höhe des Honorars schreibt die HOAI keine Grenzen vor. Die Vereinbarung ist gültig, auch wenn ein Sachverständiger die Höhe nicht für angemessen hält, es sei denn, die Voraussetzungen des § 138 Abs. 2 BGB lägen vor.

94 Im Unterschied zu Abs. 1 muß die schriftliche **Vereinbarung** jedoch **nicht bei Auftragserteilung** getroffen werden (so die h. M.: Bindhardt/Jagenburg § 2 Rdn. 7; Groß BauR 1980, 9; Jochem § 4 Rdn. 12; Koeble BauR 1977, 372

[376]; Neuenfeld § 4 Rdn. 17; a. A. Hesse/Korbion/Mantscheff/Vygen § 4 Rdn. 105; Löffelmann/Fleischmann Rdn. 415 und Werner/Pastor Rdn. 653). Eine Vereinbarung kann auch später erfolgen. Dies ergibt sich bereits aus dem Charakter der in Abs. 3 aufgeführten Leistungen, da ungewöhnlich lange dauernde Leistungen zum Zeitpunkt des Vertragsschlusses meist noch nicht vorhersehbar sind. Im Gegensatz zum Honorar muß die Vereinbarung für Besondere Leistungen auch nicht „zuvor", d. h. vor Ausführung, getroffen sein, sondern es genügt, wenn sie vor Beendigung der Tätigkeit abgeschlossen wird (a. A. OLG Hamm BauR 1986, 718; LG Heidelberg BauR 1994, 802; und anscheinend auch BGH). Die gegenteilige Auffassung übersieht, daß Abs. 4 in Fällen des Abs. 3 nicht anwendbar ist, weil Abs. 4 an Abs. 1 anknüpft (vgl. zum entsprechenden Problem oben Rdn. 76). Ein Teil der Literatur (Hesse/Korbion/Mantscheff/Vygen a. a. O.) behilft sich damit, daß eine spätere Vereinbarung möglich ist, wenn der Charakter der Leistung erst nachträglich erkannt wird.

Während § 2 VOPr 66/50 eine Vereinbarung höherer Gebühren für außergewöhnliche Leistungen und Leistungen von ungewöhnlich langer Dauer nur dann zuließ, wenn diese der Architekt nicht zu vertreten hatte, sieht Abs. 3 diese Einschränkung nicht mehr vor. Abgesehen davon, daß ein Vertretenmüssen der außergewöhnlichen Leistungen ohnehin kaum in Betracht kommen dürfte, ist für die HOAI davon auszugehen, daß unabhängig von der Verantwortung für die außergewöhnlich lange Dauer die Vereinbarung eines Honorars wirksam ist. Dem Auftraggeber bleibt hier nur die Möglichkeit der Geltendmachung eines Verzugsschadens unter den Voraussetzungen der §§ 284 ff. BGB oder von Schadensersatzansprüchen nach § 635 BGB. **95**

Im Schrifttum zur GOA wurde zum Teil die Auffassung vertreten, daß in besonderen Fällen – auch ohne schriftliche Vereinbarung – eine **Anpassung des Honorars** unter dem Gesichtspunkt der **Veränderung der Geschäftsgrundlage** möglich sei (so Ludwigs/Ludwigs S. 259; vgl. zum ganzen Problem oben Rdn. 23). Grundsätzlich ist für den Bereich der HOAI, die dem Schriftformerfordernis besondere Bedeutung zumißt, daran festzuhalten, daß nur bei schriftlicher Vereinbarung unter Vorliegen der Voraussetzungen des § 4 Abs. 3 die Höchstsätze übersteigenden Vereinbarungen getroffen werden können. Bei außergewöhnlichen Leistungen kommt eine Anpassung unter dem Gesichtspunkt des Wegfalls der Geschäftsgrundlage nicht in Frage, weil es der Auftragnehmer hier in der Hand hat, rechtzeitig eine Vereinbarung zu treffen. Dagegen kann es bei Leistungen von ungewöhnlich langer Dauer so sein, daß eine erhebliche Überschreitung der Regelbauzeit bei Abschluß des Vertrags noch nicht vorhersehbar war. **96**

Hier kann unter engen Voraussetzungen in besonderen Fällen unverschuldeter, ungewöhnlich langer Leistungsdauer mit erheblichem zusätzlichem Arbeitseinsatz des Auftragnehmers eine Anpassung des Vertragsverhältnisses nach Treu und Glauben vorgenommen werden. Der Anpassung des Honorars nach den Grundsätzen über den Wegfall der Geschäftsgrundlage steht die Formvorschrift des § 4 Abs. 3 nicht entgegen (ebenso Hesse/Korbion/Man- **97** tscheff/Vygen § 4 Rdn. 107; a. A. OLG Hamm a. a. O.). Für den Wegfall der Geschäftsgrundlage genügt nicht die Bauzeit allein, auch nicht die Leistungsbereitschaft; vielmehr muß es sich um ungewöhnlich lange dauernde Leistungen handeln, die insbesondere dann, wenn die Verlängerung der Leistungszeit aus der Sphäre des Auftraggebers (etwa wegen Finanzierungsstopp) herrührt, einen unzumutbaren Arbeitsmehraufwand des Architekten verursachen (so im Ergebnis auch Neuenfeld § 4 Bem. 8). Die Beweislast dafür, daß die Voraussetzungen einer solchen Anpassung vorliegen, trifft den Auftragnehmer (wie hier für die GOA Ludwigs/Ludwigs S. 260; zweifelnd: Fabricius/v. Nordenflycht/ Bindhardt § 2 VOPr 66/50 Rdn. 9). Wird trotz Vorliegens der Voraussetzungen des § 4 Abs. 3 vom Auftraggeber eine Anpassung verweigert, so kann ein wichtiger Grund zur Kündigung des Architekten- und Ingenieurvertrags für den Auftragnehmer gegeben sein. Die hier vertretene Auffassung, daß in Ausnahmefällen im Wege des Wegfalls der Geschäftsgrundlage eine Anpassung vorgenommen werden kann, steht einer Kündigung aus wichtigem Grund nicht entgegen, da der Auftragnehmer in solchen Fällen im allgemeinen nicht gezwungen werden kann, einen vertrauensstörenden, langdauernden Prozeß gegen den Auftraggeber zu führen.

98 Hat der Auftragnehmer eine schriftliche Vereinbarung über außergewöhnliche Leistungen nicht getroffen, so steht ihm wegen dieser Leistungen auch kein Anspruch aus ungerechtfertigter Bereicherung (§§ 812 ff. BGB) zu. Ein solcher Anspruch ist auch dann nicht gegeben, wenn die Voraussetzungen des Abs. 3 im übrigen vorliegen und eine vom Auftraggeber „nachzuweisende Wertsteigerung des Bauwerks erfolgte" (so jedoch Ludwigs/Ludwigs S. 260). Die §§ 812 ff. BGB sind deshalb unanwendbar, weil der Auftragnehmer seine Leistungen nicht ohne Rechtsgrund, sondern mit Rücksicht auf die Verpflichtung erbracht hat.

99 Für das Bestehen einer Vereinbarung im Sinne des Abs. 3 ist der Auftragnehmer beweispflichtig. Beweist er, daß eine schriftliche Vereinbarung vorliegt, dann trägt der Auftraggeber die Beweislast für seine etwaige Behauptung, die Voraussetzungen von „außergewöhnlichen" oder ungewöhnlich lange dauernden Leistungen lägen nicht vor. Gelingt dem Auftraggeber dieser Beweis, so kann der Auftragnehmer aus der Vereinbarung insoweit keine Rechte herleiten, als die Höchstsätze der HOAI hierdurch überschritten werden. Dem Auftragnehmer nützt eine Honorarvereinbarung dann nichts, wenn gerichtlich festgestellt wird, daß die Voraussetzungen der Erhöhung nicht vorlagen. In diesem Fall verstößt die schriftliche Vereinbarung gegen den Höchstpreischarakter der HOAI.

100 Der **Begriff außergewöhnliche Leistungen** ist in der HOAI nicht definiert (vgl. zum Ganzen Kroppen, Schriftenreihe der Deutschen Gesellschaft für Baurecht, Bd. 7, S. 21 ff. und ders., Festschrift für Korbion, S. 227 ff.). In der Regierungsbegründung ist er in Übereinstimmung mit der Literatur zu § 2 VOPr 66/50 als überdurchschnittliche Leistung auf künstlerischem, technischem oder wirtschaftlichem Gebiet definiert. Derartige Leistungen liegen nur vor, wenn die Architekten- oder Ingenieurleistung überdurchschnittlich ist. Gegen die Gleichstellung von „außergewöhnlichen" mit „überdurchschnittlichen" Leistungen wendet sich Kroppen (a. a. O., S. 32). Nach seiner Auffassung liegen außergewöhnliche Leistungen nur dann vor, wenn sie „neu, außergewöhnlich, eigenschöpferisch, also originär, in gewissem Sinne genial sind und wenn es bisher kein Vorbild oder Entsprechendes gegeben hat". Dem ist insoweit zuzustimmen, als nicht jede auch nur in geringem Maße über dem Durchschnitt liegende Architekten- oder Ingenieurleistung schon dadurch zu einer außergewöhnlichen wird. Nicht erforderlich ist allerdings, daß es sich um Leistungen handeln muß, „von denen es bisher kein Vorbild und nichts Entsprechendes gibt". Überdurchschnittlich kann eine Leistung durchaus auch dann sein, wenn sie weder genial ist noch unbekanntes, ungewöhnliches, künstlerisches oder technisches Können freisetzt. Auch solche Leistungen, die sich an vorhandenen Vorbildern orientieren, können überdurchschnittlich sein. Im Einzelfall werden die Gerichte hier unter Beiziehung eines Sachverständigen entscheiden können. Allein die Größe eines Objekts oder der anrechenbaren Kosten reicht nicht aus, um eine „außergewöhnliche Leistung" anzunehmen. Ebensowenig genügt eine normale Ersparnis bei den Baukosten (Hesse/Korbion/Mantscheff/Vygen § 4 Rdn. 102). Sofern die Außergewöhnlichkeit der Leistung im künstlerischen Bereich liegen soll, ist in der Regel erforderlich, daß es sich um ein urheberrechtsschutzfähiges Werk handelt (so mit Recht Hesse/Korbion/Mantscheff/Vygen a. a. O.).

Ungewöhnlich lange dauernde Leistungen erfordern einen Zeitaufwand, der 101 erheblich über das Normale hinausgeht. Da genaue Maßstäbe und exakte Möglichkeiten zur Abgrenzung fehlen, ist es zweckmäßig, in die Architektenverträge eine Regelbauzeit aufzunehmen. Dabei sind zweckmäßigerweise auch die Folgen der Überschreitung der Regelbauzeit festzulegen. Es dürfte jedoch ausreichen, wenn die Regelbauzeit festgelegt ist und die Parteien eine Erhöhung gemäß § 4 Abs. 3 vorgesehen haben, ohne daß die Gebühr, um die sich die Sätze der Honorarordnung erhöhen, im einzelnen vereinbart ist (so für den Bereich der GOA Fabricius/v. Nordenflycht/Bindhardt § 2 VOPr Rdn. 6, 7 im Anschluß an eine Entscheidung des OLG Celle vom 12. 3. 1970 – 10 U 136/69 –).

Der BGH (Schäfer/Finnern Z 3.01 Bl. 311) hat in einem Einzelfall eine 102 Überschreitung der Regelbauzeit von 60–85 % als ungewöhnlich bezeichnet. Mit Recht weist Neuenfeld (§ 4 Bem. 7) darauf hin, daß damit nicht die Frage entschieden ist, ob eine Zeitüberschreitung von weniger als 60–85 % für die Möglichkeit einer erhöhten Honorierung wegen ungewöhnlich lange dauernder Leistungen ausreicht. Eine solche kann im Einzelfall durchaus bei einer geringeren zeitlichen Überschreitung angenommen werden.

Die **Höhe** der Mehrvergütung bei außergewöhnlichen und ungewöhnlich 103 lange dauernden Leistungen ist in der HOAI nicht festgelegt. Eine entsprechende Bestimmung, wie sie § 5 Abs. 4 für die Besonderen Leistungen vorsieht, fehlt. Eine bestimmte Relation zum Honorar für die Grundleistungen nennt

Abs. 3 nicht (vgl. zur Vereinbarung Groß BauR 1980, 9 [18 f.]). Dagegen bestimmt Abs. 3 Satz 2, daß diejenigen Umstände keine Berücksichtigung finden dürfen, die bereits für die Einordnung in Honorarzonen oder Schwierigkeitsstufen, für die Vereinbarung von Besonderen Leistungen und für die Einordnung in den Rahmen der Mindest- und Höchstsätze mitbestimmend gewesen sind. Damit soll die Überschreitung der Höchstsätze auf Ausnahmefälle beschränkt bleiben. Umstände, die bereits für eine anderweitige Bewertung der Leistung im Rahmen der Mindest- und Höchstsätze bestimmend gewesen sind, sollen nicht nochmals herangezogen werden können, um eine Überschreitung der Höchstsätze zu rechtfertigen. Dies bedeutet im einzelnen:

104 Die jeweiligen Honorarzonen werden nach **Bewertungsmerkmalen** ermittelt, so in §§ 11, 13, 14a, 36a, 39a, 45, 48, 49b, 53, 63, 71, 78, 82, 87, 93, 97a und 98a. Bei der Vereinbarung **Besonderer Leistungen** werden bewertet besondere Anforderungen durch aufwandsbezogene Einflußgrößen sowie standortbezogene, herstellungsbezogene, zeitbezogene oder umweltbezogene Einflußgrößen, sofern besondere Anforderungen über die allgemeinen Leistungen hinausgehen oder diese ändern.

105 Die Bewertungsmerkmale können sich bei der Einordnung in den Rahmen der Mindest- bzw. Höchstsätze, in die Honorarstufen, die Besonderen Leistungen und außergewöhnlichen Leistungen durchaus überschneiden. Ein Beispiel mag dies verdeutlichen:

106 Ein Architekt entwirft eine Kongreßhalle in einer Großstadt, die durchaus künstlerische Gestaltungshöhe und eigenpersönliche Handschrift aufweist. Fraglich ist, ob er nun eine wirksame Vereinbarung im Rahmen der Mindest- und Höchstsätze treffen kann, das Bauwerk in die Honorarzone V einstufen und eine schriftliche Vereinbarung über die Überschreitung der Höchstsätze wegen einer außergewöhnlichen Leistung wirksam vornehmen kann. Eine Alternative wäre, daß er die künstlerische Gestaltungshöhe lediglich bei der Einordnung Mindest- oder Höchstsatz oder bei der Einordnung in Honorarzone V oder bei der Vereinbarung eines erhöhten Honorars wegen einer außergewöhnlichen Leistung berücksichtigen kann. Die künstlerische Gestaltungshöhe kann zunächst mühelos die Stufe des Höchstsatzes rechtfertigen, die die Honorarzone V verlangt („sehr hohe gestalterische Anforderung"), und weiterhin, da es sich um ein qualitativ weit überdurchschnittliches Bauwerk singulären Charakters handelt, die Vereinbarung einer Gebühr über die Höchstsätze der HOAI hinaus rechtfertigen.

107 Die Fiktion des Abs. 4

Absatz 4 will die Parteien veranlassen, frühzeitig eine Einigung über die Honorarsätze herbeizuführen. Diese Vorschrift gilt nur für Honorarvereinbarungen **im Rahmen der Mindest- und Höchstsätze, nicht** jedoch für die **Unterschreitung von Mindestsätzen** (a. A. h. M., vgl. hierzu Rdn. 76) und die **Überschreitung der Höchstsätze** (umstritten, vgl. Rdn. 94). Wird die Vereinbarung nicht **bei Auftragserteilung** in Schriftform getroffen, so ist dieses Versäumnis nach Abschluß des Vertrags nur in Ausnahmefällen (vgl. Rdn. 39 ff.) korrigierbar, es sei denn, es läge eine außergewöhnliche oder ungewöhnlich lange dauernde Leistung vor (vgl. Rdn. 92 ff.). In diesen Fällen kann eine Erhöhung auch noch nach Vertragsabschluß wirksam werden, allerdings unter den Voraussetzungen des Abs. 3. Das Honorar nach Abs. 3 kann bis zur Beendigung der Leistungen wirksam vereinbart werden. Besondere Leistungen nach § 5 Abs. 4 dagegen müssen „zuvor schriftlich vereinbart" werden. Zuvor bedeutet in diesem Zusammenhang vor der Ausführung dieser Leistungen. Es genügt also für das die Besonderen Leistungen betreffende Honorar, wenn die Vereinbarung nicht bei Auftragserteilung getroffen wurde. Nicht geregelt in § 4 ist die Frage, ob die Mindestsätze nach Abs. 2 noch nach Auftragserteilung wirksam unterschritten werden können oder ob hier Abs. 4 ebenfalls die Mindestsätze als vereinbart fingiert. Sinn der Abs. 1 und 4 ist in erster Linie, eine nachträgliche Erhöhung der Mindestsätze auszuschließen. Obgleich die hier erörterten Fälle vom Wortlaut des Abs. 4 erfaßt wären, greift die Fiktion des Abs. 4 nicht ein. Die gegenteilige Auffassung hätte zur Folge, daß ein nachträglicher Verzicht bzw. Erlaß oder Vergleich nicht mehr möglich wäre (vgl. i. e. Rdn. 46).

§ 4a
Abweichende Honorarermittlung

Die Vertragsparteien können abweichend von den in der Verordnung vorgeschriebenen Honorarermittlungen schriftlich bei Auftragserteilung vereinbaren, daß das Honorar auf der Grundlage einer nachprüfbaren Ermittlung der voraussichtlichen Herstellungskosten nach Kostenberechnung oder nach Kostenanschlag berechnet wird. Soweit auf Veranlassung des Auftraggebers Mehrleistungen des Auftragnehmers erforderlich werden, sind diese Mehrleistungen zusätzlich zu honorieren. Verlängert sich die Planungs- und Bauzeit wesentlich durch Umstände, die der Auftragnehmer nicht zu vertreten hat, kann für die dadurch verursachten Mehraufwendungen ein zusätzliches Honorar vereinbart werden.

1 Die Vorschrift des § 4a wurde durch die 5. HOAI-Novelle (vgl. dazu Einl. Rdn. 12 f.) eingefügt. Sie gilt für alle Verträge, die seit dem 1. 1. 1996 abgeschlossen wurden (zu den Übergangsfällen vgl. § 103). Die Bestimmung wurde gleichzeitig mit der Neuregelung in § 5 Abs. 4a eingefügt. Beide Vorschriften sollen neue Möglichkeiten der Honorarvereinbarung eröffnen.

2 Ebenso wie die Neuregelung in § 5 Abs. 4a soll auch § 4a nach der Absicht des Verordnungsgebers dem „kostensparenden und wirtschaftlichen Bauen" dienen. Die Vertragsparteien sollen die Möglichkeit der Abkopplung des Honorars von den tatsächlichen Baukosten nach der Kostenfeststellung haben. Architekten und Ingenieure sollen so nach der Vorstellung des Verordnungsgebers das Interesse an hohen Baukosten verlieren.

3 Zweifel ergeben sich im Hinblick auf die **Verfassungsmäßigkeit der Vorschrift**. Nach §§ 1, 2 MRVG hat der Gesetzgeber die Festlegung von „Mindest- und Höchstsätzen" vorgeschrieben. In Abs. 3 der beiden Bestimmungen ist geregelt, daß die Mindestsätze „in Ausnahmefällen" unterschritten werden können und die Höchstsätze „nur bei außergewöhnlichen oder ungewöhnlich lange dauernden Leistungen" überschritten werden dürfen. Nach § 4a können im Ergebnis die Mindestsätze auch dann unterschritten werden, wenn ein solcher „Ausnahmefall" nicht vorliegt, und es können die Höchstsätze durch vertragliche Vereinbarung überschritten werden, auch wenn außergewöhnliche oder ungewöhnlich lange dauernde Leistungen nicht vorliegen. Der vom Gesetzgeber vorgegebene Regelungsspielraum dürfte damit verlassen sein.

4 Der **persönliche Anwendungsbereich** der Vorschrift ist wegen ihrer Stellung im Allgemeinen Teil der HOAI eindeutig: Alle Architekten und Ingenieure, die Leistungen aus den Teilen II bis XIII der HOAI erbringen, können eine Honorarvereinbarung nach § 4a treffen. Eine Einschränkung ergibt sich aus der Fassung des Satzes 1. Die Architekten- und Ingenieurleistungen aus der HOAI fallen nur dann und insoweit unter § 4a, als die Honorare von Kostenermittlungen – genauer: Kostenberechnung und Kostenanschlag – abhängig sind.

5 Vom **Gegenstand** her sind alle Arten von Honoraren erfaßt, die über anrechenbare Kosten (Kostenberechnung bzw. Kostenanschlag) ermittelt werden können. Die Amtliche Begründung spricht zwar von „Planungshonorar". Dazu gehören aber auch die Honorare für Vergabeleistungen, Objektüberwachung sowie Objektbetreuung und Dokumentation, also für die gesamten Leistungsbilder der HOAI. Dies ergibt sich auch daraus, daß die HOAI unter dem Ober-

begriff „Objektplanung" i. S. der Leistungsbilder auch die weiteren genannten Architekten- und Ingenieurleistungen erfaßt.

Mit der Anbindung der Honorarvereinbarung an die Kostenberechnung **6** oder an den Kostenanschlag ermöglicht die Regelung eine **Unterschreitung des Mindestsatzes**, wie er durch die Faktoren der Honorarberechnung vorgegeben wäre. Auch wenn eine Vergleichsberechnung nach den richtigen anrechenbaren Kosten einen höheren Mindestsatz ergeben würde, bleibt die Honorarvereinbarung auf der Basis der Kostenberechnung bzw. des Kostenanschlags nach § 4a Satz 1 wirksam. Eine weitere Folge der Vorschrift ist jedoch, daß auch bei Reduzierung der Baukosten gegenüber der maßgebenden Kostenermittlung die Vereinbarung wirksam bleibt. Es kann hier zu einer **Überschreitung des** fiktiv richtig nach HOAI berechneten **Höchstsatzes** kommen. Ob der Verordnungsgeber diese Folge bedacht oder gewollt hat, ist unklar. Sie ist jedenfalls mit der vorliegenden Bestimmung verknüpft. Das bedeutet, daß § 4a den preisrechtlichen Charakter der HOAI insgesamt aufhebt. Ob eine derartige Regelung verfassungsgemäß ist, darf bezweifelt werden (vgl. oben Rdn. 3).

Die **Voraussetzungen** für die **Wirksamkeit einer Honorarvereinbarung** nach **7** § 4a sind folgende:
– Die Vereinbarung muß **schriftlich** getroffen sein (vgl. Rdn. 26 ff.).
– Die Vereinbarung muß bereits **bei Auftragserteilung** getroffen sein (vgl. § 4 Rdn. 34 ff.).
– Basis der Honorarberechnung muß eine „**nachprüfbare Ermittlung** der voraussichtlichen **Herstellungskosten** nach Kostenberechnung oder nach Kostenanschlag" sein (vgl. Rdn. 8).

Obwohl die Vereinbarung bereits „bei Auftragserteilung" getroffen werden **8** muß, kann sie nur die später zu erstellenden Kostenermittlungen der **Kostenberechnung** bzw. des **Kostenanschlags** zum Gegenstand haben. Daraus ergeben sich erhebliche Probleme. Fest steht allerdings, daß wegen der eindeutigen Formulierung die Kostenschätzung und selbstverständlich auch die Kostenfeststellung nicht als Grundlage der Honorarvereinbarung genommen werden können. Entsprechendes gilt auch für eine überschlägige Kostenschätzung vor Auftragserteilung. Ebensowenig kann ein vereinbartes Kostenlimit Grundlage für die Honorarabrechnung werden. Anderes gilt allerdings für die Bausummengarantien (vgl. § 10 Rdn. 68). Eindeutig ist auch, daß die Kostenermittlung nach den jeweiligen Vorschriften der HOAI für den betreffenden Teil erstellt werden muß. Für die Architektenleistungen handelt es sich also um die Kostenermittlung nach **DIN 276**, für Ingenieurleistungen aus Teil VII um die Kostenermittlung nach den dortigen Vorschriften. Zweifelhaft ist aber schon, ob die Fassung der DIN 276 für die Objektplanung nach Teil II von April 1981 oder von Juni 1993 zugrunde gelegt werden kann. Angesichts dessen, daß die 5. HOAI-Novelle die DIN 276 von Juni 1993 noch nicht in die anrechenbaren Kosten nach § 10 HOAI eingearbeitet hat, kommt als Grundlage die in § 10

Abs. 2 HOAI genannte Fassung von April 1981 in Frage (vgl. § 10 Rdn. 28). Die Parteien können aber auch die Fassung von Juni 1993 vereinbaren, weil diese die Anforderungen an die Prüfbarkeit im vorliegenden Zusammenhang ebenfalls erfüllt.

9   Zweifelhaft ist, ob Grundlage für die Honorarvereinbarung auch eine **fremde Kostenermittlung** sein kann. Dies ist vom Grundsatz her zu bejahen. Die Vorschrift spricht nicht von einer eigenen Kostenermittlung des Auftragnehmers. Bedeutung hat dies vor allem dann, wenn der Auftragnehmer eine eigene Kostenermittlung nach seinem Leistungsbild nicht schuldet. Letzteres ist z. B. beim Tragwerksplaner (§ 64 Abs. 3) und bei der Thermischen Bauphysik (Teil X), beim Schallschutz (Teil XI) sowie bei den Vermessungstechnischen Leistungen (Teil XIII) der Fall. Hier sind maßgebend die für die Objektplanung bzw. für das Ingenieurbauwerk von dem Architekten bzw. Ingenieur ermittelten Kosten. Unwirksam sind dagegen Vereinbarungen, wonach eine vom Auftraggeber selbst erstellte Kostenermittlung Abrechnungsgrundlage sein soll. In AGB und Formularverträgen ist dies durch Rechtsprechung des BGH gesichert (vgl. § 8 Rdn. 68). Im Individualvertrag stellt dies einen klaren Verstoß gegen den Mindestpreischarakter des § 4 HOAI dar.

10   Zu klären ist, was dann gilt, wenn der Auftragnehmer die maßgebende **Kostenermittlung nicht erstellt,** obwohl die Voraussetzungen dafür gegeben sind. Eine Abrechnung auf der Basis des richtigen Mindestsatzes unter Berücksichtigung der zutreffenden Faktoren für die anrechenbaren Kosten, z. B. nach § 10 HOAI, scheidet aus. Der Auftragnehmer könnte sich andernfalls von der Honorarvereinbarung ohne Schwierigkeiten lösen. Es ist demnach die vereinbarte Kostenermittlung nachzuholen. Bis zu diesem Zeitpunkt wird der Honoraranspruch des Auftragnehmers nicht fällig. Die nachgeholte Kostenermittlung ist besonders sorgfältig darauf zu überprüfen, ob sie aus der damaligen Sicht die „voraussichtlichen Herstellungskosten" zutreffend wiedergibt (vgl. unten Rdn. 13).

11   Kommt es vor dem Stadium, in dem die maßgebende Kostenberechnung oder der vereinbarte Kostenanschlag erstellt werden kann, zu einer **Beendigung der Vertragsbeziehungen,** dann ist zweifelhaft, auf welcher Grundlage abgerechnet werden muß. Soweit die Erstellung der vereinbarten Kostenermittlung hier möglich ist, muß der Auftragnehmer sie fertigen. In allen anderen Fällen bleibt keine andere Möglichkeit, als auf die Kostenermittlungsarten der HOAI zurückzugreifen, im Falle der Objektplanung also nach § 10 Abs. 2 HOAI auf die Kostenschätzung bzw., falls der Kostenanschlag als maßgebende Grundlage vereinbart ist, auf die Kostenberechnung. Es ergeben sich dann die gleichen Probleme wie bei § 10 Abs. 2 HOAI (vgl. § 10 Rdn. 49 ff., 57).

12   Ungeklärt ist auch, auf welcher Basis der Auftragnehmer nach § 8 Abs. 2 HOAI **Abschlagszahlungen** geltend machen kann, bis die maßgebende Kostenberechnung bzw. der vereinbarte Kostenanschlag vorliegt. Es bleibt hier nichts anderes übrig, als auf die während des Planungsvorgangs zu erstellenden

Kostenermittlungen (Kostenschätzung und Kostenberechnung) zurückzugreifen. Durch eine Vereinbarung nach § 4a Satz 1 erübrigen sich nämlich nicht die im jeweiligen Leistungsbild vorgesehenen Kostenermittlungen. Diese dienen in erster Linie der Kostenkontrolle seitens des Auftraggebers und nicht der Honorarberechnung.

Die Vorschrift bringt die Gefahr mit sich, daß der Auftragnehmer die maß- **13** gebende Kostenermittlung an der oberen Grenze orientiert oder gar **überhöhte Kosten** festlegt. Schon wegen der Formulierung „nachprüfbare Ermittlung" besteht in solchen Fällen keine Bindungswirkung. Der Auftraggeber hat jederzeit die Möglichkeit, die Üblichkeit der Kostenermittlung zu bestreiten. Die Beweislast dafür, daß die Kostenberechnung sich nicht im üblichen Rahmen hält, sondern diesen überschreitet, trägt er jedoch selbst.

Ist die **Honorarvereinbarung** aus irgendeinem Grund **unwirksam** (vgl. oben **14** Rdn. 7), dann bleibt es bei der Abrechnung des richtigen Mindestsatzes nach § 4 Abs. 4. Die Situation ist dann besonders unerfreulich, wenn Unwirksamkeit nur wegen einer verspäteten Honorarvereinbarung (nicht bei Auftragserteilung) vorliegt. Dies hat der Verordnungsgeber jedoch in Kauf genommen.

In **Satz 2** ist eine **Anpassung** der Honorarvereinbarung bei **Mehrleistungen** **15** vorgesehen. Die Vorschrift bezieht sich eindeutig nur auf die Vereinbarung nach Satz 1 und nicht auf sonstige Fälle von Mehrleistungen oder Planungsänderungen (vgl. dazu § 20 Rdn. 1 ff.). Es handelt sich um eine Konkretisierung der Rechtsgrundsätze vom Wegfall der Geschäftsgrundlage. Eine Anpassung des nach Satz 1 vereinbarten Honorars ist schon nach den Voraussetzungen des Satzes 2 möglich. Unter Mehrleistungen sind dabei sowohl Änderungsleistungen als auch Erweiterungen zu verstehen. Mehrleistungen liegen nicht erst dann vor, wenn es sich um umfangreiche Arbeiten handelt. Die Schwelle kann jedoch nicht generell festgelegt werden. Sie ist im Einzelfall zu bestimmen.

Voraussetzung für die Erstattungsfähigkeit ist, daß die Mehrleistungen **auf** **16** **Veranlassung des Auftraggebers** notwendig wurden. Es scheiden damit vom Auftraggeber verursachte Mängelbeseitigungsmaßnahmen und Verzögerungen aus. Die Vorschrift gewährt dem Auftragnehmer einen **automatischen Anspruch** auf das Zusatzhonorar auch ohne ausdrückliche mündliche oder gar schriftliche Vereinbarung. Die Höhe des Honoraranspruchs ist nicht festgelegt. Soweit es sich um Grundleistungen handelt, kommt ein Zeithonorar nach § 6 HOAI jedoch nicht in Frage. Allerdings wäre eine Verweisung auf diese Vorschrift zweckmäßig gewesen, weil in dieser Weise Mehrleistungen am besten hätten dokumentiert werden können. Als Abrechnungsgrundlage bleibt demnach nur ein Prozentsatz aus den erbrachten Leistungen, ermittelt aus der vereinbarten Kostensumme. Die Berechnung wird dann in Anlehnung an die Berechnung bei Änderungsleistungen vorzunehmen sein (vgl. § 20 Rdn. 1 ff.).

In **Satz 3** ist ein Zusatzhonorar für Planungs- und Bauzeitverlängerung vor- **17** gesehen. Der Verordnungsgeber gewährt hier einen Anspruch auf dieses Honorar nur bei **Honorarvereinbarung.** Allerdings ist ein bestimmter Zeitpunkt für die Honorarvereinbarung nicht genannt. Derartige Honorarvereinbarungen sind auch mündlich möglich, weil es sich nicht um eine Honorarvereinbarung i. S. des § 4 handelt. Die Bestimmung des Satzes 1 betrifft eindeutig nur die Abweichung von § 4, und seine Wirksamkeitsvoraussetzungen gelten damit weder für Satz 2 noch für Satz 3.

18 Die Voraussetzungen für ein Zusatzhonorar nach Satz 3 sind nicht so eng wie bei § 4 Abs. 3. Ungewöhnlich lange dauernde Leistungen sind also nicht erforderlich. Nötig ist allerdings die schwer zu definierende „wesentliche Verlängerung der Planungs- und Bauzeit". Trotz der Formulierung („... und ...") wird es genügen, wenn entweder die Planungs- oder die Bauzeit wesentlich verlängert wurde. Dafür müssen allerdings Umstände verantwortlich sein, die der Auftragnehmer nicht zu vertreten hat. Diese können auch im Verzug der am Bau Beteiligten oder von Fachingenieuren liegen. Sie können aber auch sonst aus der Sphäre des Auftraggebers kommen (Verzögerungen im Genehmigungsverfahren oder bei der Finanzierung bzw. Suche nach Erwerbern).

19 Als Honorarvereinbarung genügt die Festlegung eines Honorars dem Grunde nach. Die Höhe des Honorars kann sich nicht allein an der durchschnittlichen Planungs- und Bauzeit für das konkrete Projekt in Relation zur tatsächlichen Zeit orientieren. Eine rein prozentuale Fortschreibung des vereinbarten Honorars nach dieser Relation kommt wegen der Formulierung „Mehraufwendungen" nicht in Betracht. Vielmehr ist entscheidender Faktor die tatsächliche Mehrleistung, die durch Zeitaufwand im Normalfall und beim konkreten Bauvorhaben dokumentiert werden muß. Obergrenze für das Honorar nach Satz 3 ist in jedem Fall der nach den richtigen Faktoren zu berechnende Höchstsatz, da darüber hinaus die strengen Voraussetzungen des § 4 Abs. 3 vorliegen müssen.

§ 5
Berechnung des Honorars in besonderen Fällen

(1) Werden nicht alle Leistungsphasen eines Leistungsbildes übertragen, so dürfen nur die für die übertragenen Phasen vorgesehenen Teilhonorare berechnet werden.

(2) Werden nicht alle Grundleistungen einer Leistungsphase übertragen, so darf für die übertragenen Leistungen nur ein Honorar berechnet werden, das dem Anteil der übertragenen Leistungen an der gesamten Leistungsphase entspricht. Das gleiche gilt, wenn wesentliche Teile von Grundleistungen dem Auftragnehmer nicht übertragen werden. Ein zusätzlicher Koordinierungs- und Einarbeitungsaufwand ist zu berücksichtigen.

(3) Werden Grundleistungen im Einvernehmen mit dem Auftraggeber insgesamt oder teilweise von anderen an der Planung und Überwachung fachlich Beteiligten erbracht, so darf nur ein Honorar berechnet werden, das dem verminderten Leistungsumfang des Auftragnehmers entspricht. § 10 Abs. 4 bleibt unberührt.

(4) Für Besondere Leistungen, die zu den Grundleistungen hinzutreten, darf ein Honorar nur berechnet werden, wenn die Leistungen im Verhältnis zu den Grundleistungen einen nicht unwesentlichen Arbeits- und Zeitaufwand verursachen und das Honorar schriftlich vereinbart worden ist. Das Honorar ist in angemessenem Verhältnis zu dem Honorar für die Grundleistung zu berechnen, mit der die Besondere Leistung nach Art und Umfang vergleichbar ist. Ist die Besondere Leistung nicht mit einer Grundleistung vergleichbar, so ist das Honorar als Zeithonorar nach § 6 zu berechnen.

„(4a) Für Besondere Leistungen, die unter Ausschöpfung der technisch-wirtschaftlichen Lösungsmöglichkeiten zu einer wesentlichen Kostensenkung ohne Verminderung des Standards führen, kann ein Erfolgshonorar zuvor schriftlich vereinbart werden, das bis zu 20 vom Hundert der vom Auftragnehmer durch seine Leistungen eingesparten Kosten betragen kann."

(5) Soweit Besondere Leistungen ganz oder teilweise an die Stelle von Grundleistungen treten, ist für sie ein Honorar zu berechnen, das dem Honorar für die ersetzten Grundleistungen entspricht.

1   Die HOAI kennt Leistungsbilder, Leistungsphasen und Teilleistungen. Ein Leistungsbild enthält z. B. § 15 hinsichtlich der Objektplanung für Gebäude, Freianlagen und raumbildende Ausbauten (vgl. i. e. § 1 Rdn. 1). Es ist zusammengefaßt in 9 Leistungsphasen. Innerhalb einer Leistungsphase gibt es eine Reihe von Teilleistungen, wie etwa bei der Grundlagenermittlung: „Klären der Aufgabenstellung, ..." usw.

2   Der Auftraggeber kann sämtliche oder nur einen Teil der Leistungsphasen dem Architekten übertragen. Er kann etwa die Ausführungsplanung oder die Objektüberwachung einem anderen Architekten übertragen als die Grundlagenermittlung, Vorplanung und Entwurfsplanung. In diesem Fall dürfen nach **Abs. 1** nur die für die übertragenen Leistungsphasen vorgesehenen Honorarsätze berechnet werden. Die Vereinbarung höherer Sätze verstößt gegen die preisrechtliche Bestimmung des Abs. 1. Der Aufteilung des Gesamthonorars entspricht die Festsetzung von Vomhundertsätzen des Gesamthonorars für die einzelnen Leistungsphasen (vgl. § 15). Eine Ausnahme von Abs. 1 enthält § 19 (zur künstlerischen Oberleitung vgl. unten Rdn. 3).

3   Durch die Vergabe einzelner Leistungsphasen an verschiedene Auftragnehmer entsteht für jeden der Auftragnehmer ein höherer Koordinierungsaufwand. Diesen erhöhten Koordinierungsaufwand hat der Verordnungsgeber – anders als im Fall des Abs. 2 – nicht berücksichtigt. Wird z. B. ein Auftragnehmer mit Leistungsphase 1–7 des § 15 beauftragt und ein anderer mit den Leistungsphasen 8 und 9, so erhöht sich das Honorar beider Auftragnehmer nicht automatisch. Diese haben jedoch die Möglichkeit, den erhöhten Koordinierungsaufwand bei der Festlegung des Honorars im Rahmen der Von-bis-Sätze zu berücksichtigen. Allerdings muß eine von den Von-Sätzen nach oben abweichende Honorarvereinbarung schriftlich bereits bei Auftragserteilung getroffen werden (§ 4 Abs. 1, 4). Aus Abs. 1 ergibt sich der **Grundsatz,** daß bei phasenweiser Aufteilung der Leistungen aus einem Leistungsbild auf zwei oder mehrere Auftragnehmer der Höchstsatz nicht überschritten werden darf. Davon kennt die HOAI aber Ausnahmen. Neben § 19 ist hier vor allem der seit 1. 1. 1991 geltende § 15 Abs. 3 betreffend die künstlerische Oberleitung durch einen nicht mit der Objektüberwachung beauftragten Architekten zu nennen.

Davon zu unterscheiden ist der Fall, daß zwar alle Leistungsphasen, **nicht** **4** **jedoch alle Grundleistungen** einer bestimmten Leistungsphase dem Architekten übertragen werden. In einem solchen Fall darf der Architekt nach **Abs. 2** nur ein Honorar berechnen, das dem Anteil der übertragenen Leistung an den gesamten Leistungen der Leistungsphase entspricht. Die Vertragsparteien haben dann die übertragenen und die nicht übertragenen Grundleistungen im Einzelfall selbst zu bewerten. Geschieht dies nicht sachgerecht in der Weise, daß trotz nur teilweiser Übertragung der Grundleistungen in einer Leistungsphase das volle oder ein zu hohes Honorar vereinbart wird, so liegt eine Verletzung des Höchstpreischarakters vor. Der geringere Leistungsaufwand in einer Leistungsphase wird in jedem Fall nur durch eine Minderung des Vomhundertsatzes nach § 15 berücksichtigt und nicht etwa durch eine Minderung der anrechenbaren Kosten nach § 10, und zwar auch dann, wenn die Tätigkeit lediglich Teilgewerke der Bauausführung betrifft (vgl. § 5 Rdn. 24 und § 10 Rdn. 75).

Eine Minderung ist in gleicher Weise vorzunehmen, wenn **Grundleistungen** **5** **nur zum Teil** übertragen werden (Beisp.: bei Vorbereitung der Vergabe nur die Teilleistung, Aufstellen von Leistungsbeschreibungen für die Rohbaugewerke). Dies stellt der seit 1. 1. 1985 (vgl. Einl. Rdn. 2) geltende Abs. 2 Satz 2 klar. Eine Honorarminderung ist aber nur dann nötig, wenn dem Auftragnehmer „wesentliche Teile" von Grundleistungen nicht übertragen werden. Bei der Frage, ob eine Teilleistung wesentlich ist oder nicht, muß auf den konkreten Einzelfall abgestellt werden. Für Leistungen, die objektiv im Einzelfall gar nicht erbracht werden müssen, kommt ein „Nichtübertragen" bzw. „Herausnehmen aus dem Leistungsumfang" überhaupt nicht in Frage. Sind also z. B. im Einzelfall energiewirtschaftliche, biologische oder ökologische Zusammenhänge nicht zu klären oder Vorverhandlungen mit Behörden nicht zu führen, so kann der Auftraggeber eine Honorarminderung nicht verlangen, da diese Leistungen im konkreten Einzelfall nicht wesentlich sind (ebenso Hesse/Korbion/Mantscheff/Vygen § 5 Rdn. 28). Diese Auffassung entspricht der Rechtsprechung des BGH (vgl. Rdn. 13 f.), wonach die Architekten- und Ingenieurleistungen erfolgsbezogen und ergebnisorientiert zu sehen sind; sie steht ferner im Einklang mit dem Wortlaut des § 2 Abs. 2 Satz 1, wonach die Leistungsbilder für Architekten- und Ingenieurleistungen diejenigen Grundleistungen aufführen, „die zur ordnungsgemäßen Erfüllung eines Auftrags **im allgemeinen** erforderlich sind". Mit dieser Formulierung wird nämlich deutlich, daß die Leistungsbilder nur die **möglichen** Architekten- und Ingenieurleistungen aufführen; jedoch ist keineswegs damit verknüpft, daß diese Leistungen auch in jedem Einzelfall auftreten müssen (im Ergebnis wie hier Jochem DAB 1984, 1247).

6   Steht fest, daß es sich um eine wesentliche Leistung handelt, die entfällt, so ist ein Abzug vorzunehmen. Die **Höhe des Abzugs** kann nicht generell festgelegt werden (vgl. zur entsprechenden Problematik unten Rdn. 23). Den Vertragsparteien steht dafür ein Bewertungsspielraum zur Verfügung (LG Nürnberg-Fürth BauR 1993, 105 [106]; Hesse/Korbion/Mantscheff/Vygen § 5 Rdn. 30; Pott/Dahlhoff § 5 Rdn. 3). Im übrigen ist hier ein zusätzlicher Koordinierungs- und Einarbeitungsaufwand zu berücksichtigen. Nicht jede Leistung, die vereinbarungsgemäß aus dem Leistungsumfang herausgenommen ist, führt also zu einer Minderung des Honorars. Wird z. B. die Grundleistung „Vorverhandlungen mit Behörden und anderen an der Planung fachlich Beteiligten über die Genehmigungsfähigkeit" aus Leistungsphase 2 herausgenommen, so ist hier nicht in jedem Fall ein Abzug gerechtfertigt. Fallen nämlich überhaupt keine Vorverhandlungen an, so ist die Leistung nicht wesentlich. Sind dagegen tatsächlich Verhandlungen zu führen, die dann der Auftraggeber selbst übernimmt, so ist das Honorar nach § 5 Abs. 3 HOAI zu kürzen (OLG Frankfurt BauR 1982, 600, das in einem derartigen Fall das Honorar der Leistungsphase 2 um 10 % auf 6,3 % gekürzt hat).

7   Abs. 2 Satz 3 legt fest, daß bei einer Aufteilung der Teilleistungen einer Leistungsphase ein zusätzlicher **Koordinierungs- und Einarbeitungsaufwand** zu berücksichtigen ist. Koordinierung ist hier nicht im gleichen Sinne wie in § 15 Leistungsphase 6 zu verstehen. Dort handelt es sich um die Koordinierung fremder Leistungen. Unter Koordinierungsaufwand im Sinne des Abs. 2 ist ein zusätzlicher Arbeitsaufwand oder eine Erschwernis bei der Erbringung von Teilleistungen zu verstehen, die wegen der Herausnahme einzelner Grundleistungen auftreten. Auch ein nur kleinerer zusätzlicher Arbeitsaufwand ist zu berücksichtigen. Davon, daß ein „nicht unwesentlicher Arbeits- oder Zeitaufwand" gegeben sein müßte, ist in Abs. 2 Satz 2 nicht die Rede. § 5 Abs. 4 gilt für Besondere Leistungen und ist auf Grundleistungen nicht übertragbar (ähnlich Neuenfeld § 5 Bem. 2, wonach Abs. 2 Satz 2 einen „Erschwerniszuschlag" gewährt; a. A. Hesse/Korbion/Mantscheff/Vygen § 5 Rdn. 37). Nach der Definition des Koordinierungsaufwandes kommt es nicht darauf an, ob die herausgenommene Leistung von einem anderen Auftragnehmer oder von dem Auftraggeber erbracht wird. Ebenso ist denkbar, daß ein zusätzlicher Arbeitsaufwand dann erforderlich wird, wenn eine Teilleistung ganz entfällt. Eine Koordinierungstätigkeit i. S. von Abs. 2 Satz 3 setzt nicht voraus, daß die Leistung anderer koordiniert werden.

Der Koordinierungsaufwand i. S. von Abs. 2 ist keine Besondere Leistung. **8**
Ein Koordinierungsaufwand fällt in der Regel in der jeweiligen Leistungsphase
an, er kann jedoch auch in anderen Leistungsphasen entstehen. Ob ein zusätzlicher Koordinierungsaufwand gegeben ist, muß im Einzelfall geprüft werden.
Die HOAI spricht hierfür zwar keine Vermutung aus, in der Regel wird jedoch
zusätzlicher Koordinierungsaufwand anfallen, da alle Grundleistungen für den
Planungs- und Überwachungsprozeß erforderlich sind und nicht aus dem Leistungsumfang herausgenommen werden können, ohne diesen empfindlich zu
stören (Pfarr, Handbuch der kostenbewußten Planung, S. 65). Der Koordinierungsaufwand kann im Einzelfall sehr verschieden sein, je nach den Schwierigkeiten, die sich durch die Herausnahme einzelner Grundleistungen im Pla-
nungs- oder Überwachungsprozeß ergeben. Es ist durchaus denkbar, daß der
volle Vomhundertsatz einer Leistungsphase in Ansatz gebracht werden kann,
obwohl nur Teilleistungen erbracht werden.

Der Koordinierungsaufwand ist nach Abs. 2 **automatisch** zu berücksichtigen. **9**
Einer speziellen Vereinbarung bedarf es nicht. War zusätzlicher Koordinie-
rungsaufwand erforderlich, so tritt die Minderung nach Abs. 2 Satz 1 entweder
nur teilweise oder überhaupt nicht ein. Der Auftragnehmer hat Anspruch auf
Berücksichtigung des Koordinierungsaufwands. Geschieht dies im Rahmen der
Honorarvereinbarung nicht, so verstößt sie gegen den Mindestsatzcharakter
der HOAI. Der Koordinierungsaufwand kann zusätzlich verlangt werden.
Dabei können die §§ 315, 316 BGB herangezogen werden (Hesse/Korbion/
Mantscheff/Vygen § 5 Rdn. 36), was bedeutet, daß der Auftragnehmer ihn ein-
seitig festlegen darf, der Auftraggeber dann eine Kontrolle auf Billigkeit der
Festlegung (§ 319 BGB) verlangen kann.

Von der Frage der Honorierung der einzelnen Leistungsphase bei herausge- **10**
nommenen, nach der vertraglichen Vereinbarung nicht zu erbringenden Teilleistungen ist zu unterscheiden das Problem der Bemessung der Vergütung in Fällen, in denen der Auftragnehmer **ganze Teilleistungen oder eine ganze Leistungsphase nicht oder nicht vollständig erbracht** hat, obwohl sie ihm **übertragen** war.
Diese Fälle sind in § 5 Abs. 2 nicht erfaßt, da die Vorschrift ausdrücklich nur
die Situation betrifft, daß nicht alle Grundleistungen einer Leistungsphase
„übertragen" sind, das heißt aufgrund vertraglicher Vereinbarungen nicht alle
Grundleistungen erbracht werden müssen. Die Frage der Honorierung von
Teilleistungen oder Leistungsphasen, die der Auftragnehmer zwar übertragen
erhalten hat, aber nicht erbringt, ist auch in anderen Vorschriften der HOAI
nicht geregelt (wie hier: Hartmann § 5 Rdn. 4; Jochem § 5 Rdn. 7; Neuenfeld
§ 5 Bem. 4; Pott/Dahlhoff § 5 Rdn. 12; Pott/Frieling Rdn. 268). Die gegenteilige Meinung (Hesse/Korbion/Mantscheff, 2. Aufl., § 5 Rdn. 3), die auch hier
eine Honorarminderung nach § 5 Abs. 2 vornehmen will, steht nicht im Einklang mit dem Wortlaut dieser Vorschrift (so jetzt auch Hesse/Korbion/Man-
tscheff/Vygen § 5 Rdn. 11 ff.). Im Grunde handelt es sich dabei um eine analoge Anwendung des § 5 Abs. 2, die jedoch wegen des preisrechtlichen Charakters nicht gerechtfertigt ist.

11 Für eine Auslegung des § 5 Abs. 2 dahin, daß auch der hier behandelte Fall erfaßt ist, besteht kein Anlaß, da diese Vorschrift nicht unklar ist. Sie ist in jeder Hinsicht eindeutig gefaßt: Einerseits betrifft sie die Übertragung von einzelnen Grundleistungen einer Leistungsphase, und andererseits betrifft sie die Übertragung von Teilen einzelner Grundleistungen. Für beide Sachverhalte können zahlreiche Beispiele angeführt werden: Der ersten Gruppe wäre zuzurechnen, wenn der Auftraggeber dem Auftragnehmer etwa die Kostenschätzung nach DIN 276 oder die notwendigen Vorverhandlungen mit der Genehmigungsbehörde oder die Objektbeschreibung oder das Aufstellen von Leistungsbeschreibungen oder das gemeinsame Aufmaß nicht überträgt. Der zweiten Gruppe wäre zuzurechnen, wenn der Auftraggeber dem Auftragnehmer etwa nur die Überwachung von Teilen des Objekts überträgt oder wenn er ihm nur das Aufstellen von Leistungsbeschreibungen für bestimmte Gewerke in Auftrag gibt. Die Frage der Nichterbringung von übertragenen Teilleistungen oder ganzen Leistungsphasen kann also nicht durch entsprechende Anwendung des § 5 Abs. 2 beantwortet werden. Ebensowenig betrifft § 5 Abs. 2 die Fälle, in denen Leistungen nicht erbracht werden, weil der Vertrag gekündigt oder angefochten wurde (so mit Recht Hartmann § 5 Rdn. 4). Diese Fragen beantwortet nicht die HOAI als Rechtsverordnung, sondern das Gesetz im Werkvertragsrecht des BGB (so mit Recht Hesse/Korbion/Mantscheff/Vygen, 3. Aufl., § 5 Rdn. 19).

12 Erbringt der Auftragnehmer eine **ganze Leistungsphase,** die nach dem Vertrag geschuldet ist, **überhaupt nicht,** so ist das Honorar nur aus den erbrachten Leistungsphasen zu berechnen, und zwar auch dann, wenn das Objekt mangelfrei errichtet wird (ebenso Beigel, Musterverträge, Rdn. 78, 115, 240; Hesse/Korbion/Mantscheff/Vygen § 5 Rdn. 22; Jochem § 5 Rdn. 3; Neuenfeld § 4 Rdn. 11 ff.; Pott/Dahlhoff § 5 Rdn. 12; Werner/Pastor Rdn. 700; a. A. Hartmann § 5 Rdn. 6 und Löffelmann/Fleischmann Rdn. 687, die auch hier das volle Honorar gewähren wollen). Diese Auffassung entspricht der des BGH (BGHZ 45, 376 = NJW 1966, 1713 = MDR 1966, 834 = BB 1966, 879 = JZ 1966, 690 = Schäfer/Finnern Z 3.01 Bl. 346) zu § 19 GOA: „Es mag berechtigt sein, einem Architekten, der eine im Vertrag oder in der GOA mit einem bestimmten Prozentsatz des Gesamthonorars bewertete Leistung überhaupt nicht erbringt, insoweit eine Vergütung auch dann zu versagen, wenn der Bau ohne Mängel errichtet wird." Es sei darauf hingewiesen, daß der BGH die Frage jedoch im gegebenen Fall nicht entscheiden mußte. Die hier vertretene Ansicht stützt sich nicht auf eine (unzulässige) entsprechende Anwendung von § 5 Abs. 1. Vielmehr beruht sie darauf, daß auch im Synallagma des Werkvertrags die Gegenleistung erbracht werden muß, wenn der Honoraranspruch in vollem Umfang bestehen soll (vgl. auch unten Rdn. 20).

13 Zu unterscheiden hiervon sind diejenigen Fälle, in denen der Auftragnehmer **nicht alle innerhalb einer Leistungsphase anfallenden Leistungen** erbringt, obwohl sie vertraglich geschuldet sind. Absatz 2 ist hier nicht unmittelbar anwendbar, da auch die nicht erbrachten Teilleistungen vertraglich vereinbart waren (vgl. oben Rdn. 10). **Fraglich ist, ob auch** in diesen Fällen eine **Kürzung des Honorars** vorzunehmen ist. Der BGH (a. a. O. und NJW 1969, 420 und BauR 1982, 290 = NJW 1982, 1387 für die örtliche Bauaufsicht nach GOA; ebenso OLG Frankfurt BauR 1978, 68) vertritt hier eine ergebnisorientierte Auffassung und betont den Werkvertragscharakter des Architektenvertrags (gleiches gilt für den Ingenieur): „Kein Bedürfnis besteht aber dafür, das Honorar auch dann zu kürzen, wenn der Architekt nicht alle innerhalb einer ,Leistungsphase' anfallenden Arbeiten vollständig erbringt. Dann ist es angemessen, gegebenenfalls die bei Werkmängeln gegebenen Rechtsbehelfe zu gewähren, das volle Honorar jedoch zuzubilligen, wenn das Werk frei von Mängeln ist."

Die **entschiedenen Fälle** betrafen einmal Teilleistungen aus den „Leistungsphasen" des § 19 GOA, wie Massen- und Kostenberechnungen, die für verschiedene Handwerkerarbeiten gar nicht oder für andere nur unvollständig erbracht waren, die künstlerische Oberleitung, die nach dem Vortrag des Auftraggebers gar nicht, und die technische Oberleitung, die angeblich nur zum Teil ausgeübt sei, zum anderen ebenfalls unzureichende Massen- und Kostenermittlung und zuletzt die örtliche Bauaufsicht (Bauführung). Vom Ergebnis her ist die Auffassung des BGH in den entschiedenen Fällen zutreffend. Die Orientierung am Ergebnis und insbesondere an der Frage der Mangelhaftigkeit oder -freiheit des Objekts kann jedoch für die Entstehung des Honoraranspruchs nicht maßgebend sein. Dies sieht auch der BGH, wenn er ausführt, daß dann die bei Werkmängeln gegebenen Rechtsbehelfe zu gewähren und das volle Honorar zuzubilligen sei, und es weiter heißt: „Durch die wegen solcher Mängel erwachsenden Gewährleistungsansprüche wird andererseits der Bauherr gegen Nachlässigkeit des Architekten schon weitgehend geschützt. Dagegen kann er sich auch mit anderen Rechtsbehelfen wehren." Die Entstehung des Honoraranspruchs kann nicht davon abhängig gemacht werden, ob die Leistungen mangelfrei erbracht sind. Vielmehr sind etwaige Mängel ausschließlich im Rahmen der Gewährleistung zu berücksichtigen. Die gegenteilige Auffassung hätte zur Folge, daß Mängel der Leistungen des Auftragnehmers doppelt berücksichtigt werden müßten. Für eine Kürzung der Vergütung besteht daher weder ein Bedürfnis noch ein rechtfertigender Grund (ebenso OLG Düsseldorf BauR 1972, 384 f.). Hat der Auftragnehmer beispielsweise jeweils nur ein Angebot eingeholt und ist das Bauvorhaben ohne die Einholung mehrerer Angebote zu Ende geführt worden und ist dem Bauherrn dadurch ein Schaden entstanden, so steht ihm ein Schadensersatzanspruch zu; hat der Auftragnehmer nur wenige Ausführungszeichnungen angefertigt und sind dadurch Mängel des Bauwerks entstanden, da die Ausführungszeichnungen für die Bauunternehmer bzw. Bauhandwerker nicht ausreichend waren, kann der Auftraggeber ebenfalls Schadensersatzansprüche geltend machen (OLG Düsseldorf a. a. O.).

Für die HOAI gibt es **drei Lösungsansätze**, mit denen das Problem der zwar übertragenen, aber dennoch nicht erbrachten Leistungen gelöst werden kann:

14

15

16 – **Honorabzug** für **jede einzelne** in einem Leistungsbild aufgeführte nicht erbrachte **Teilleistung** (so Gassmann/Seufert BWGZ 1981, 456, die alle Teilleistungen schematisch mit Prozentsätzen bewerten; Hesse/Korbion/Mantscheff, 2. Aufl., § 5 Rdn. 3). Diese Auffassung wird heute kaum noch vertreten.

17 – **keinerlei Honorarabzug** bei Weglassen von Teilleistungen und Lösung von Problemen allein über Mängelansprüche des Auftraggebers (so OLG Düsseldorf BauR 1982, 597; KG v. 14. 11. 1989 – 15 U 1391/89; DAB 1990, 1990, 754; LG Mannheim v. 25. 5. 1990 – 9 O 54/90; Jochem § 5 Rdn. 7; Löffelmann/Fleischmann Rdn. 685; ferner der Honorarsachverständige der Architektenkammer BW, Dipl.-Ing. Eich, BauR 1995, 31);

18 – in der Regel wegen der **Ergebnisorientierung** des Werkvertrags kein Abzug, jedoch dann, wenn **zentrale oder wesentliche Leistungen** nicht erbracht wurden (OLG Hamm NJW-RR 1990, 522 [Abzug von 0,8 % für die Kostenberechnung]; OLG Celle BauR 1991, 371; OLG Karlsruhe [Freiburg] BauR 1993, 109 [110] für die Kostenschätzung und Kostenberechnung; OLG Düsseldorf BauR 1994, 133 = NJW-RR 1994, 18; OLG Hamm BauR 1994, 793 = NJW-RR 1994, 982; im Ergebnis ebenso OLG Köln SFH Nr. 36 zu § 631 BGB, das jedoch die Darlegungslast beim Auftraggeber sieht; LG Stuttgart v. 10. 9. 1978 – 14 O 121/78; LG Regensburg v. 2. 7. 1987 – 6 O 919/83; Hesse/Korbion/Mantscheff/Vygen § 5 Rdn. 23; ferner der vorliegende Kommentar seit 1. Aufl. Motzke/Wolff, S. 57 f.; Oppler DAB 1994, 76 [78]; Preussner BauR 1991, 683; Pott/Dahlhoff § 5 Rdn. 13; Werner/Pastor Rdn. 699).

19 Die Auffassung, wonach jede einzelne Teilleistung mit Prozentpunkten zu bewerten und das Honorar bei Wegfall bzw. Nichterbringung der Leistung um diesen Prozentsatz zu mindern ist (Gassmann/Seufert BWGZ 1981, 456; Hesse/Korbion/Mantscheff, 2. Aufl., § 5 Rdn. 3) läßt sich weder mit der bisherigen Rechtsprechung in Einklang bringen, noch entspricht sie den Intentionen der HOAI. Zu Recht weist Neuenfeld (a. a. O.) darauf hin, daß die Auflistung der einzelnen Teilleistungen in § 15 nicht die in jedem Fall zu erbringenden Leistungen darstellt, sondern gemäß § 2 Abs. 2 nur diejenigen Leistungen enthält, die zur ordnungsgemäßen Erfüllung eines Auftrags „im allgemeinen erforderlich sind". Schon der Verordnungsgeber sieht also die Situation, daß nicht jede einzelne Grundleistung im konkreten Fall erforderlich und wesentlich sein muß. Dies hat der später eingefügte § 5 Abs. 2 Satz 2 bestätigt (vgl. oben Rdn. 5). Die gegenteilige Meinung (früher Hesse/Korbion/Mantscheff, 2. Aufl., § 5 Rdn. 3), nach der in jedem Fall bei Weglassen von Teilleistungen eine Minderung in entsprechender Anwendung von § 5 Abs. 2 zu erfolgen habe, ist zu weitgehend. Es können nicht wegen jeder Kleinigkeit Minderungen vorgenommen werden. Dies sieht die Gegenmeinung auch, wenn sie dem Auftraggeber, der die Nichterbringung einzelner Teilleistungen behauptet, die Darlegungs- und Beweislast für diese Behauptung im Prozeß auferlegt. Abgesehen davon, daß hier dogmatisch keine Grundlage für eine derartige Umkehr

der Darlegungs- und Beweislast vorhanden ist, dürfte es dem Auftraggeber unmöglich sein, den Nachweis zu führen, daß der Auftragnehmer bei der Durcharbeitung des Planungskonzepts (Leistungsphase 3) z. B. städtebauliche, gestalterische, funktionale, technische, biologische und ökologische Anforderungen nicht berücksichtigt hat. Im Ergebnis wird diese Auffassung prozessual deshalb darauf hinauslaufen, daß keine Minderung vorgenommen werden kann.

Nach der hier vertretenen Auffassung ist das **Honorar** aber **zu kürzen,** wenn der Auftragnehmer **zentrale Leistungen** aus den einzelnen Leistungsphasen nicht erbringt. Es sind dies Leistungen, die einen selbständigen Arbeitserfolg darstellen. Charakteristisch ist, daß diese Leistungen entweder notwendig sind, weil spätere Leistungen auf ihnen aufbauen, oder aber, daß sie gesonderte Arbeitserfolge darstellen, von denen eine Entscheidung des Auftraggebers abhängig ist. Diese Leistungen sind für sich gesehen ein **werkvertragliches Teilergebnis.** Neben diesen **allgemein** zentralen Leistungen (vgl. nächster Absatz) können im Einzelfall **spezielle zentrale Leistungen** hinzukommen, weil sie für die konkrete Bauaufgabe erforderlich sind. Hier trifft den Auftraggeber im Einzelfall die Darlegungs- und Beweislast, während bei den allgemein zentralen Leistungen der Auftragnehmer darlegen und beweisen muß, daß sie ausnahmsweise nicht erforderlich waren. Werden derartige Leistungen nicht erbracht, so ist das Honorar in der Regel zu mindern. Gegen die hier vertretene Auffassung wird vorgebracht, die HOAI gebe für eine Differenzierung in „zentrale" und andere (periphere) Leistungen nichts her. Dem ist jedoch entgegenzuhalten, daß es hier um die **Frage der Vergütung** nach § 632 BGB geht und nicht um ein Problem der Gewährleistung bzw. „Minderung" i. S. des § 634 BGB (ebenso Hesse/Korbion/Mantscheff/Vygen § 5 Rdn. 22 f.; das übersehen Löffelmann/Fleischmann Rdn. 359). Für das Werkvertragsrecht ist nicht zweifelhaft, daß ein **Vergütungsanspruch** insoweit nicht entsteht, als der Auftragnehmer **im Synallagma** wesentliche (zentrale) Teile der **Gegenleistung** nicht erbringt (vgl. auch Tempel, Materielles Recht im Zivilprozeß [JuS-Schriftenreihe], S. 171, der jedoch die zu weit gehende Auffassung vertritt, daß in jedem Fall eine Minderung vorzunehmen ist). Es ist nicht einzusehen, weshalb für den Vertrag mit Architekten oder Ingenieuren etwas anderes gelten soll. Auch sie haben ihre Leistungen zu erbringen, um Anspruch auf das volle Honorar zu haben (§§ 320 ff., 641 BGB). Die Richtigkeit dieses Ergebnisses bestätigen Abs. 1 und Abs. 2 des § 5. Wollte man keinen Honorarabzug vornehmen, dann wäre der faule oder nachlässige Auftragnehmer bessergestellt als derjenige, der von vornherein bestimmte Leistungen herausnimmt und dafür das Honorar reduzieren muß.

Überprüft man § 15 Abs. 2 daraufhin, **welche Leistungen allgemein zentral** sind, so ergibt sich folgendes: In Leistungsphase 1 ist keine zentrale Leistung enthalten, ohne die im Einzelfall das Architektenwerk nicht vollständig wäre. Dagegen gehören in Leistungsphase 2 das Erarbeiten eines Planungskonzepts mit Varianten und die Kostenschätzung nach DIN 276 (ebenso OLG Karlsruhe

[Freiburg] BauR 1993, 109) zu den zentralen Leistungen. Gleiches gilt bei Leistungsphase 3 für den Entwurf, die Objektbeschreibung (ebenso OLG Düsseldorf BauR 1994, 133 = NJW-RR 1994, 18, wonach aber zu Recht kein Abzug vorzunehmen ist, wenn statt dessen eine umfangreiche Bauteil-Kostenberechnung erstellt wurde) und die Kostenberechnung nach DIN 276 (ebenso OLG Karlsruhe a. a. O.; OLG Hamm NJW-RR 1990, 522; OLG Hamm BauR 1994, 793 = NJW-RR 1994, 982). In der Leistungsphase 4 ist entscheidend das Erarbeiten der Vorlagen. In Leistungsphase 5 ist die zeichnerische Darstellung des Objekts zentrale Leistung, und zwar als vollständige Planung der notwendigen Details (vgl. § 15 Rdn. 127 ff.). Die Leistungsphase 6 stellt einerseits das Ermitteln und Zusammenstellen von Mengen und andererseits das Aufstellen von Leistungsbeschreibungen als zentrale Leistungen in den Vordergrund. In Leistungsphase 7 ist zentral das Zusammenstellen der Verdingungsunterlagen, das Einholen von Angeboten, das Prüfen und Werten der Angebote einschließlich Aufstellen eines Preisspiegels und der Kostenanschlag nach DIN 276. Zentral in Leistungsphase 8 ist zunächst das Überwachen der Ausführung des Objekts (zur Intensität der Überwachung vgl. § 15 Rdn. 178 ff.; 204 ff.). Damit ist noch nicht gesagt, daß der Architekt zur ständigen Überwachung verpflichtet wäre. Nur dann, wenn der Architekt ganze Gewerke überhaupt nicht überwacht, kommt eine Honorarminderung in Frage. Dem Auftraggeber stehen bei Mängeln Gewährleistungsansprüche unter den Voraussetzungen der §§ 633 ff. BGB zur Verfügung, durch die er ausreichend geschützt ist (BGH BauR 1982, 290 = NJW 1982, 1387; OLG Hamm BauR 1986, 710). Ferner ist zentral die Rechnungsprüfung und die Kostenfeststellung nach DIN 276. Gleiches gilt für die mit der 5. HOAI-Novelle eingefügte Form der Kostenkontrolle durch schriftlichen Kostenvergleich (vgl. § 15 Rdn. 74, 165 und 199). Die übrigen in Leistungsphase 8 aufgelisteten Leistungen sind zwar zum Teil sehr wesentlich und auch haftungsträchtig. Weder das Aufstellen und Überwachen eines Zeitplanes noch das Führen eines Bautagebuches oder das gemeinsame Aufmaß – das zahlreiche Rechtsstreite über Aufmaßprobleme vermeiden könnte –, noch das Auflisten der Gewährleistungsfristen sind so zentral, daß die Architektenleistung in jedem Fall ohne ihre Erbringung nicht vollständig wäre. Bei Leistungsphase 9 ist zweifelhaft, ob hier überhaupt eine zentrale Leistung enthalten ist. Man könnte allenfalls bei der Objektbegehung zur Mängelfeststellung daran denken. Allerdings muß auch hier gesagt werden, daß es sich um keine Leistung handelt, bei deren Fehlen im Einzelfall davon ausgegangen werden muß, daß der Architekt seine Leistungspflichten nicht voll erfüllt hat. Vor allem dann, wenn es keinerlei Anhaltspunkte dafür gibt, daß irgendwelche Mängel vorliegen, kann nicht erwartet werden, daß das Honorar gemindert wird.

22 Daneben kommen im Einzelfall **spezielle zentrale Leistungen** hinzu. Denkbar ist dies z. B. für die Vorverhandlungen mit Behörden in Leistungsphase 2, die Verhandlungen mit Behörden in Leistungsphase 3 oder die oben erwähnten Leistungen aus Phase 8 (zur Frage der Fälligkeit bei Fehlen von Kostenermittlungen vgl. § 10 Rdn. 76).

Der **Umfang des Honorarabzugs** kann nicht allgemein für jede Teilleistung   23
im voraus festgelegt werden (ebenso Hesse/Korbion/Mantscheff/Vygen § 5
Rdn. 30; Pott/Dahlhoff § 5 Rdn. 13; DAB 1981, 907; Frik DAB [BW] 1981,
199 gegen Veröffentlichung in: Der Gemeindehaushalt 11/1980). Es ist nämlich durchaus denkbar, daß Teilleistungen je nach Zuschnitt des einzelnen Auftrags mehr oder weniger Gewicht haben. So kann im einen Fall die Kostenermittlung von zentraler Bedeutung sein, wenn nur bestimmte Mittel zur Verfügung stehen. Umgekehrt kann die Minderung geringfügig sein oder gar entfallen, wenn der Auftraggeber keinen Wert auf die Kostenermittlung gelegt hat
(zu einem solchen Fall vgl. LG Stuttgart a. a. O.) oder wenn ohnehin beabsichtigt ist, einen Generalunternehmer zu einem Pauschalpreis zu beauftragen. Es
muß deshalb davor gewarnt werden, bestimmte Prozentsätze für die einzelnen
Teilleistungen generell anzusetzen. Es ist nämlich zu berücksichtigen, daß § 15
Abs. 2 keineswegs die in jedem Fall erforderlichen Leistungen nennt, sondern
nur eine Palette der insgesamt möglichen Architektenleistungen aufführt. Daraus wird klar, daß die einzelnen Leistungen im Einzelfall gar nicht oder in
unterschiedlicher Intensität anfallen können. Unter diesem Vorbehalt sind **Beispiele** aus der Rechtsprechung zu sehen: Abzug von 0,7 % des Gesamthonorars
bzw. 10 % aus Leistungsphase 2 bei Wegfallen der Vorverhandlungen mit den
Behörden (OLG Frankfurt BauR 1982, 600); Kürzung um 0,8 % des Gesamthonorars, wenn die in Leistungsphase 3 erforderliche Kostenberechnung erst
nachträglich zur Honoraraufstellung gefertigt wurde (OLG Hamm NJW-RR
1990, 552), bei erheblicher Bedeutung der Kostenberechnung sogar bis zu 2 %
(OLG Hamm BauR 1994, 793 = NJW-RR 1994, 982). Kommt es zu keiner
Einigung über die Höhe des Abzugs, dann kann der Auftragnehmer diesen
nach billigem Ermessen festlegen, der Auftraggeber ihn gesetzlich überprüfen
lassen (§ 315 ff. BGB; so richtig Morlock Rdn. 69; Hesse/Korbion/Man-
tscheff/Vygen § 5 Rdn. 32).

Nach der Systematik der HOAI kann die **Minderung nicht so** erfolgen, **daß**   24
die anrechenbaren Kosten reduziert werden. Dies auch dann nicht, wenn der
Auftragnehmer mit einem ganzen Gewerk (Fliesenarbeiten beispielsweise)
nichts zu tun hat. Eine Reduzierung des Leistungsumfangs führt vielmehr zu
einer **Minderung bei den Vomhundertsätzen** des § 15 bzw. der entsprechenden
Leistungsbilder (so mit Recht LG Waldshut-Tiengen BauR 1981, 80 [82]; vgl.
i. e. § 10 Rdn. 75). Dies folgt aus § 5 Abs. 2 und 3.

Gleichzustellen mit den soeben behandelten Fällen sind diejenigen, in denen   25
eine **Teilleistung nur unvollständig** erbracht wird. Nach der hier vertretenen
Auffassung spielt es auch keine Rolle, ob eine **Teilleistung mangelhaft** erbracht
ist und dies zu einem Mangel am Werk führt oder nicht. Eine Minderung des
Honorars kann nur vorgenommen werden, sofern ein selbständiger Arbeitserfolg im soeben beschriebenen Sinn nicht erbracht wurde. Im übrigen ist der
Auftraggeber auf Gewährleistungsansprüche verwiesen.

Eine ganz andere Frage ist die, ob der Auftragnehmer bei vorzeitiger Kündi-   26
gung des Vertrags durch den Auftraggeber berechtigt ist, das Honorar für eine

ganze Leistungsphase zu beanspruchen, die er noch nicht vollständig erbracht hat. Soweit die Kündigung des Auftraggebers berechtigt ist, kann der Architekt hier ein Honorar lediglich für die bislang erbrachte Leistung verlangen (vgl. OLG Düsseldorf BauR 1971, 283; zu den anrechenbaren Kosten vgl. OLG Köln BauR 1992, 668 und unten § 10 Rdn. 75; zur Frage des Honorars bei Kündigung allgemein vgl. Einl. Rdn. 143 ff.).

27 **Absatz 3** enthält Bestimmungen für den Fall, daß **Grundleistungen,** die dem Auftragnehmer übertragen sind, **durch andere an der Planung und Überwachung fachlich Beteiligte** erbracht werden. Diese Vorschrift bringt Probleme für die Abgrenzung der Leistungsbereiche bei allen von der HOAI erfaßten Architekten- und Ingenieurleistungen. Um eine Doppelinanspruchnahme des Auftraggebers zu verhindern, darf grundsätzlich nur ein Honorar berechnet werden, das dem verminderten Leistungsumfang entspricht. Das Maß der dadurch erfolgten Entlastung und ihr gebührenmäßiger Niederschlag wird im Einzelfall schwer zu bestimmen sein. Wird trotz erheblicher arbeitsmäßiger Entlastung keine gebührenmäßige Entlastung vereinbart, so kann ein Verstoß gegen den Höchstpreischarakter der HOAI vorliegen. Umgekehrt kann der Mindestpreischarakter verletzt sein, wenn eine Honorarminderung vereinbart wird, ohne daß die Voraussetzungen des Abs. 3 gegeben sind und ohne daß ein Ausnahmefall i. S. des § 4 Abs. 2 (vgl. hierzu § 4 Rdn. 85) vorliegt.

28 Der Architekt kann z. B. durch eine Tätigkeit des **Innenarchitekten** (Architekt für den raumbildenden Ausbau) vor allem bei den Leistungsphasen 5, 6, 7 und 8 entlastet werden (vgl. zum Verhältnis Architekt und Innenarchitekt, insbesondere zu der Überschneidung bei der technischen Oberleitung nach der GOA: Locher BauR 1971, 69). Dieser kann etwa Mengen ermitteln und Leistungsverzeichnisse aufstellen, bei der Vergabe mitwirken, Kosten ermitteln und die innenarchitektonischen Leistungen überwachen; er kann auch bei der Leistungsphase 5 (Ausführungsplanung) mitwirken. § 25 Abs. 1 und Abs. 2 HOAI zeigt, daß es dem Verordnungsgeber darauf ankam, eine Doppelbelastung des Auftraggebers zu vermeiden. § 25 Abs. 2 verlangt die Prüfung, ob und inwieweit der Auftragnehmer durch die gesonderte Vergabe des raumbildenden Ausbaues entlastet wird und inwieweit § 5 Abs. 3 bei der Vereinbarung seines Honorars zu beachten ist.

29 Grundleistungen des Architekten können auch durch einen **Baubetreuer,** der an Planung und Überwachung beteiligt ist, erbracht werden. Dies wird insbesondere dann der Fall sein, wenn bei Übertragung der Vollarchitektur auf der einen Seite dem Baubetreuer auch die technische Betreuung übertragen ist oder wenn er bei Teilbetreuung an der Vergabe mitwirkt oder mit der Kostenermittlung befaßt ist.

30 Auch eine Entlastung durch den **Statiker** oder **andere Fachingenieure** ist denkbar. Soweit es sich um **Grundleistungen der anderen Ingenieure** bzw. des Statikers handelt, tritt in aller Regel keine Entlastung des Architekten ein (vgl. Frik DAB [BW] 1981, 199; Locher BWGZ 1982, 852; ebenso Hesse/Korbion/Mantscheff/Vygen § 5 Rdn. 46). Bei Grundleistungen der am Bau beteiligten

Ingenieure bzw. Sonderfachleute spricht eine Vermutung dafür, daß diese Grundleistungen typischerweise den Ingenieuren zugeordnet sind und damit nicht vom Architekten erbracht werden müssen, da die HOAI die spezifisch fachbezogenen Leistungen eines jeden am Bau beteiligten Sonderfachmannes regelt (ebenso Hesse/Korbion/Mantscheff/Vygen § 5 Rdn. 46). Es ist ausgeschlossen, daß eine Leistung, die z. B. typischerweise vom Statiker als Grundleistung verlangt wird, auch eine Grundleistung des Architekten oder eines anderen Fachmannes sein kann. Die hier vertretene Auffassung ist gedeckt durch § 2 Abs. 2, wonach nur diejenigen Leistungen Grundleistungen des Architekten bzw. Statikers sind, die „im allgemeinen" zur Erfüllung des Architekten- bzw. Statikerauftrags erforderlich sind.

Bei **Besonderen Leistungen** dieser Fachingenieure bzw. des Statikers kann, **31** muß jedoch keine Entlastung eintreten für den Architekten. So stellt die **Abnahme der Bewehrung** durch den Statiker bei Tragwerken ab Honorarzone III keine Erleichterung für den Architekten dar, da der Architekt insoweit keine Fachkenntnisse haben muß (vgl. § 15 Rdn. 189). Bei Bauvorhaben, in deren Rahmen Sonderfachleute üblicherweise hinzugezogen werden – meist keine kleineren Objekte –, tritt für den Architekten keine Entlastung ein, zumal auch die Haftung des Architekten hier unverändert bestehenbleibt. Grundsätzlich ist jedoch zu sagen, daß der Architekt nach § 15 Abs. 2 keine dem Leistungsbild des Statikers oder anderer Sonderfachleute zugeordnete Grundleistung schuldet. Damit kann durch Grundleistungen des Statikers im Rahmen der Leistungsphase 2–9 beim Architekten in der Regel keine Entlastung mit der Folge einer Honorarminderung eintreten. Dies gilt auch für den Fall, daß der Statiker Leistungsbeschreibungen in Ergänzung zu den Mengenermittlungen als Grundlage für das Leistungsverzeichnis des Tragwerks (§ 64 Abs. 3 Nr. 6) aufstellt (Frik a. a. O.; Locher a. a. O.; a. A. Seufert/Gassmann BWGZ 181, 465). Die gegenteilige Meinung würde vom Architekten die Erbringung von Grundleistungen anderer fachlich Beteiligter verlangen. Nur dann, wenn der Statiker als Besondere Leistung das „Aufstellen des Leistungsverzeichnisses des Tragwerks" übernimmt, findet eine Entlastung des Architekten statt (vgl. Jochem § 5 Rdn. 7, der ebenfalls danach unterscheidet, ob der Sonderfachmann Grundleistungen oder Besondere Leistungen erbringt). Bei derartigen Überschneidungen können komplizierte Haftungsfragen auftreten (vgl. zur Haftungsabgrenzung Architekt – Statiker i. e. Locher, Das private Baurecht, Rdn. 374 bis 376 und oben Einl. Rdn. 236 ff.). Nicht nur der Objektplaner kann durch den Tragwerksingenieur entlastet werden, sondern auch umgekehrt der Statiker durch den Architekten, etwa dann, wenn dem Statiker lediglich die Genehmigungsplanung (Leistungsphase 4 des § 64) übertragen ist, wenn er aber keinen Beitrag zur Mengenermittlung und zum Leistungsverzeichnis leistet und nur beschränkt oder keine Tragwerksausführungszeichnungen anfertigt. In diesem Falle sind die Gebühren des Statikers nach den Bestimmungen des § 5 Abs. 3 zu berechnen.

32   Auch für die seit 1. 1. 1985 in die HOAI aufgenommenen **Ingenieurleistungen** gilt der gleiche Grundsatz, daß im Regelfall keine Entlastung für sie eintritt, wenn ein anderer Ingenieur oder der Architekt die in seinem Leistungsbild
vorgeschriebenen Grundleistungen erbringt. So kann z. B. keine Honorarminderung erfolgen hinsichtlich des nach § 73 Abs. 2 Nr. 3 und 4 durch den Ingenieur zu fertigenden Entwässerungsplans bzw. -gesuchs wegen der Leistungen
des Objektplaners nach § 15 Abs. 2 Nr. 3 und 4 oder bezüglich des Nachweises
des Wärmeschutzes nach § 78 Abs. 1 Nr. 3 wegen der gleichen Leistungen des
Objektplaners.

33   § 5 Abs. 3 bestimmt, daß die Vorschrift des § 10 Abs. 4 unberührt bleibt,
d. h., daß für die Grundleistungen bei Gebäuden und Innenräumen die Kosten
für Installationen und betriebstechnische Anlagen und auch betriebliche Einbauten, die der Auftragnehmer nicht fachlich plant und auch nicht fachlich
überwacht, vollständig bis zu 25 v. H. der sonstigen anrechenbaren Kosten und
zur Hälfte mit dem 25 v. H. der sonstigen anrechenbaren Kosten übersteigenden Betrag anrechenbar bleiben.

34   Auch in den Fällen des Abs. 3 kann ein erhöhter **Koordinierungs- und Einarbeitungsaufwand** entstehen. Soweit dieser deshalb entsteht, weil gesonderte Leistungsphasen verschiedenen Auftragnehmern übertragen sind, kann er nur bei
Festlegung des Honorars im Rahmen der Von-bis-Sätze berücksichtigt werden
(vgl. oben Rdn. 3). Entsteht er dagegen in Fällen, in denen einzelne Teilleistungen aus Leistungsphasen verschiedenen Auftragnehmern übertragen sind, gilt
Abs. 2 Satz 2 unmittelbar (vgl. oben Rdn. 7 ff.). Dies kann dazu führen, daß
bei beiden Auftragnehmern der volle Vomhundertsatz für die Leistungsphase
eingesetzt werden muß bzw. nur eine teilweise Minderung vorzunehmen ist.

35   Das **Honorar für Besondere Leistungen,** die zu den Grundleistungen hinzutreten, regelt **Absatz 4.** Diese Bestimmung ist nur im Zusammenhang mit § 2
Abs. 3 richtig lesbar (vgl. § 2 Rdn. 4 ff.). Im einzelnen sind hinsichtlich der
Honorierung **3 Arten von Besonderen Leistungen** zu unterscheiden: solche, die
zu Grundleistungen **hinzutreten** (vgl. hierzu die folgenden Bem.); solche, die
anstelle von Grundleistungen treten (unten Rdn. 45 ff.); und solche, die isoliert,
ohne Grundleistungen, vergeben werden (sog. **isolierte Besondere Leistungen,**
vgl. § 2 Rdn. 17). Letztere fallen nicht unter Abs. 4 und 5. Für sie enthält die
HOAI überhaupt keine Honorarregelung, so daß die Vertragsparteien in ihrer
Vereinbarung völlig frei sind. Sie können z. B. auch ein Zeithonorar ohne Vorausschätzung des Zeitaufwandes vereinbaren. Fehlt eine Vereinbarung, so ist
die übliche Vergütung für eine derartige Besondere Leistung geschuldet (§ 632
Abs. 2 BGB). In aller Regel wird hier dann der Zeitaufwand zu vergüten sein,
wobei allerdings die Mindest- und Höchstsätze des § 6 nicht verbindlich sind.

36   Hinsichtlich solcher Besonderer Leistungen, die zu **Grundleistungen hinzutreten,** ist zunächst zu prüfen, ob eine Besondere Leistung überhaupt vorliegt.
Dies ist nur dann der Fall, wenn „besondere Anforderungen an die Ausführung
des Auftrags gestellt werden, die über die allgemeinen Leistungen hinausgehen
oder diese ändern" (§ 2 Abs. 3; vgl. die Kommentierung zu § 2 Rdn. 11). Ist

dies zu bejahen, so ist zu fragen, ob die Leistungen im Verhältnis zu den Grundleistungen einen nicht unwesentlichen Arbeits- und Zeitaufwand verursachen. Ist dies nicht der Fall, so können zwar Besondere Leistungen gemäß § 2 Abs. 3 vorliegen, eine besondere Vergütung kann jedoch zusätzlich zu den Grundleistungen nicht wirksam vereinbart werden.

Bei Verträgen, die bis 31. 12. 1990 abgeschlossen wurden, war erforderlich, daß das Honorar für eine Besondere Leistung **zuvor schriftlich** vereinbart worden ist. Seit 1. 1. 1991 ist das Merkmal „zuvor" weggefallen (vgl. 4. HOAI-Novelle; Einl. Rdn. 9). Davor mußte die Vereinbarung nicht bereits „bei Auftragserteilung" getroffen werden; es genügte, wenn sie vor Erbringung der Besonderen Leistung erfolgt war (unstr.; vgl. z. B. Hesse/Korbion/Mantscheff/Vygen § 5 Rdn. 64; Pott/Dahlhoff § 5 Rdn. 16). Das Schriftformerfordernis soll einen Schutz des Auftraggebers vor übereilter mündlicher oder konkludenter Auftragserweiterung bewirken. Die Vertragsparteien werden gezwungen, über den Umfang des Auftrags eine vertragliche, **schriftliche Vereinbarung** zu treffen (vgl. § 4 Rdn. 26 ff.). Diese ist **Anspruchsvoraussetzung** (BGH BauR 1989, 222 = NJW-RR 1989, 786 = ZfBR 1989, 101; OLG Hamm BauR 1993, 761 [763]; OLG Düsseldorf BauR 1993, 758 = NJW-RR 1993, 476; OLG Frankfurt NJW-RR 1993, 476; OLG Hamm BauR 1993, 633 = NJW-RR 1993, 1175; OLG Hamm BauR 1989, 351; OLG Celle BauR 1985, 591). Damit scheiden auch Ansprüche aus ungerechtfertigter Bereicherung sowie Geschäftsführung ohne Auftrag aus (ebenso Weyer BauR 1995, 446 [450] m. w. Nachw.). Ausnahmen können sich aus dem Gesichtspunkt von Treu und Glauben ergeben (vgl. Werner, FS Locher, S. 289 [300]). Die Schriftform ist entbehrlich bei isolierten und ersetzenden Besonderen Leistungen (vgl. Rdn. 45, 46). Für Grundleistungen, die im Rahmen von Besonderen Leistungen mit erbracht werden, gilt die Schriftform ebenfalls nicht (so mit Recht für die Bauvoranfrage Weyer BauR 1995, 446 [450]).

Nicht geregelt ist der notwendige **Inhalt der Honorarvereinbarung.** Eine allgemeine Regelung, wonach die Besondere Leistung honoriert werden soll, genügt nicht. Dagegen ist es ausreichend, wenn das **Honorar** aufgrund der Angaben in der Vereinbarung später ermittelt werden kann. So z. B., wenn es durch ein bestimmtes Verhältnis zu dem Honorar für die Grundleistung festgelegt ist. Ebenso genügt es, wenn vereinbart wurde, daß die Besondere Leistung wie eine bestimmte Grundleistung zu honorieren sei (a. A. Hesse/Korbion/Mantscheff § 5 Rdn. 10). Die notwendige Bestimmbarkeit (vgl. BGH BauR 1989, 222 = NJW-RR 1989, 786 = ZfBR 1989, 104) ist auch dann gegeben, wenn ein Zeithonorar vereinbart ist (a. A. Weyer, FS Locher, S. 303 [311], der hierin nur vorvertragliche Vereinbarungen sieht; vgl. auch unten, übernächster Absatz). Weitere Voraussetzung ist, daß die **betreffende** Besondere Leistung spezifiziert ist (ebenso OLG Hamm BauR 1993, 633 = NJW-RR 1993, 1175 = ZfBR 1993, 225). Es genügt also nicht eine generelle Regelung, wonach Besondere Leistungen in bestimmter Weise honoriert werden sollen. Andererseits können die Anforderungen aber auch nicht überspannt werden. Es muß des-

halb ausreichen, wenn für „wesentliche Planänderungen" ein Zeithonorar vereinbart ist (a. A. OLG Hamm a. a. O.). Zur Frage, ob der Auftragnehmer
Anspruch auf Abschluß einer Honorarvereinbarung hat, vgl. unten Rdn. 44.

39   Eine Honorarvereinbarung für Besondere Leistungen, die zu den Grundleistungen hinzutreten, ist nur dann wirksam, wenn die Besonderen Leistungen
einen nicht unwesentlichen Arbeits- und Zeitaufwand verursachen. Es ist also keineswegs so, daß eine Besondere Leistung nur dann honorarfähig ist, wenn sie
einen „wesentlichen Arbeits- und Zeitaufwand" verursacht. Vielmehr formuliert der Verordnungsgeber negativ und setzt die Schwelle für die Honorar-
fähigkeit damit tiefer an. Diese Auslegung entspricht der Amtlichen Begründung
zu § 5, wonach das Merkmal des Arbeits- und Zeitaufwands verhindern soll,
daß auch Bagatelleistungen als Besondere Leistungen in Ansatz gebracht werden (ebenso Jochem § 5 Rdn. 10; Neuenfeld § 5 Bem. 5; Pott/Dahlhoff § 5
Rdn. 15).

40   Damit ist zwar nicht jede kleine Einzeltätigkeit als Besondere Leistung anzusehen. Ein Anruf bei einem Finanzierungsinstitut gibt dem Auftraggeber z. B.
noch nicht die Berechtigung, eine zusätzliche Vergütung für die Besondere Leistung „Mitwirken bei der Kreditbeschaffung" zu vereinbaren. Ebensowenig ist
es ausreichend, wenn der Auftragnehmer ein einmaliges Gespräch mit einem
Anlieger führt. Im Regelfall besteht jedoch eine Vermutung, daß es sich um
einen nicht unwesentlichen Arbeits- und Zeitaufwand handelt, wenn der Auftragnehmer Besondere Leistungen im Sinne des § 15 erbringt (a. A. Weyer, FS
Locher, S. 303 [307 f.], der aber an die Darlegung keine hohen Anforderungen
stellen will). Das Ausfüllen von Formularen für die Kreditbeschaffung, die Prüfung der Umwelterheblichkeit und Umweltverträglichkeit und auch eine einfache Standortanalyse sind in der Regel als Besondere Leistungen mit nicht
unwesentlichem Arbeits- und Zeitaufwand verknüpft. Nach dem Wortlaut des
Abs. 4 dürfen Arbeits- „und" Zeitaufwand nicht unerheblich sein, was in aller
Regel gleichzeitig der Fall sein dürfte. Entgegen dem Wortlaut muß jedoch
auch ausreichen, wenn lediglich entweder ein nicht unerheblicher Arbeitsaufwand oder ein nicht unerheblicher Zeitaufwand gegeben ist (ebenso Hesse/
Korbion/Mantscheff § 5 Rdn. 9; Pott/Dahlhoff § 5 Rdn. 15). Auf den im konkreten Fall nötigen Aufwand kommt es aber nicht an, da sonst der beschlage-
nere Auftragnehmer benachteiligt würde. Entscheidend ist der objektiv übliche
Aufwand für eine derartige Leistung. Der Auftragnehmer muß sich auch nicht
den Einsatz moderner technischer Hilfsmittel (z. B. EDV und CAD) zu seinen
Ungunsten vorhalten lassen. Entscheidend ist der Arbeits- bzw. Zeitaufwand
bei herkömmlicher Bewältigung der Aufgabe.

41   Im **Prozeß** muß der Auftragnehmer **Tatsachen** vortragen, die einen nicht
unerheblichen Arbeits- und Zeitaufwand ergeben (BGH BauR 1989, 222 =
NJW-RR 1989, 786 = ZfBR 1989, 104). Dabei wird aber der Hinweis auf die
Anzahl der Stunden einer einzelnen Tätigkeit (z. B. bei Anfertigung eines
Modells) oder auf die konkrete Tätigkeit (z. B. Telefonate, Planungsleistun-
gen, Behördengänge und Verhandlungen bei einer Bauvoranfrage) genügen.

Ebenso schwierig wird es sein, das „angemessene Verhältnis" des Honorars   42
für die Besondere Leistung im Verhältnis zur Grundleistung festzustellen.
Maßstab ist hier in erster Linie das vereinbarte Honorar für die vergleichbare
Normalleistung, so daß z. B. keine Orientierung am Höchstsatz möglich ist,
wenn für die Grundleistung der Mindestsatz vereinbart wurde. Wird das angemessene Verhältnis verfehlt, so ist, ebenso wie bei der gesonderten Vereinbarung einer Vergütung bei nur unwesentlichem Arbeits- und Zeitmehraufwand,
eine Verletzung des Höchstpreischarakters der VO gegeben. Soll im Rahmen
des § 5 Abs. 4 ein Honorar für eine Besondere Leistung in ein angemessenes
Verhältnis zu dem Honorar für die Grundleistung gebracht werden, die mit der
Besonderen Leistung nach Art und Umfang vergleichbar sein soll, so muß die
Teilleistung einzeln bewertet werden. Wenn man etwa bei der Leistungsphase 3
des § 15 „Entwurfsplanung" die Besondere Leistung „Kostenberechnung durch
Aufstellen von Mengengerüsten" einer Teilleistung des Grundleistungskatalogs
zuordnen will, so kann man an die Kostenberechnung nach DIN 276 als
Anknüpfungspunkt denken. Fraglich ist, wie nun die Teilleistung innerhalb des
11 %-Satzes der Leistungsphase 3 bewertet werden soll. Angenommen, die
Kostenberechnung nach DIN 276 würde als $\frac{1}{11}$ der gesamten Grundleistung
angesehen und mit 1 % bewertet. Soll nun die Kostenberechnung durch Aufstellen von Mengengerüsten zur Berechnung weiterer Prozente berechtigen, da sie
umfangreicher, zeit- und arbeitsintensiver als die normale Kostenberechnung
nach DIN 276 ist? Die Frage wird zu bejahen sein.

Eine weitere Frage ist, ob eine Besondere Teilleistung über den Vomhundert-   43
satz der zugeordneten Leistungsphase hinausgehen kann. Auch dies dürfte zu
bejahen sein. Bestehen Zweifel über die Vergleichbarkeit, so ist Abs. 4 Satz 2
anzuwenden. Die durch Abs. 4 Satz 1 geschaffene Unsicherheit wird durch
Satz 2 korrigiert. Ebenso ist Satz 2 heranziehbar, wenn die Besondere Leistung
nicht mit einer Grundleistung aus der gleichen, sondern einer anderen Leistungsphase vergleichbar ist (a. A. Hesse/Korbion/Mantscheff/Vygen § 5
Rdn. 69). Sehr häufig wird es so sein, daß die Besondere Leistung nach Art und
Umfang nicht mit einer Grundleistung vergleichbar ist. So etwa bei der Lei-
stungsphase „Vorplanung", die Mitwirkung bei der Kreditbeschaffung, die
Aufstellung eines Zeit- und Organisationsplanes, eines Finanzierungsplanes,
einer Bauwerks- und Betriebs-Kosten-Nutzen-Analyse. In diesem Fall wird das
Honorar als Zeithonorar nach § 6 berechnet, was zumindest als „Probe" für die
Angemessenheit des Honorars bei einer Besonderen Leistung, die nach Art und
Umfang mit einer Grundleistung vergleichbar ist, zu empfehlen sein wird. Da
hier keine Relation zum Grundleistungshonorar gegeben sein muß, kann z. B.
der Höchstsatz für Zeithonorare vereinbart werden, auch wenn für Grundleistungen der Mindestsatz gilt.

Die HOAI gewährt dem Auftragnehmer **weder** einen **Anspruch auf geson-**   44
derte Honorierung einer Besonderen Leistung **noch** einen Anspruch gegenüber
dem Auftraggeber **auf Abschluß einer Zusatzvereinbarung** mit Honorarregelung
(allg. Meinung; vgl. z. B. Hesse/Korbion/Mantscheff § 5 Rdn. 10; Pott/Dahl-

hoff § 5 Rdn. 17; Werner/Pastor Rdn. 637 ff.; Weyer BauR 1995, 446; LG Weiden BauR 1979, 71 ist keineswegs anderer Ansicht, vgl. unten). Eine Besondere Leistung wird nur vergütet, soweit eine Honorarvereinbarung getroffen ist. Der Auftragnehmer muß jedoch eine Besondere Leistung nur dann erbringen, wenn er sich hierzu verpflichtet. Da die Besonderen Leistungen im Unterschied zu den Grundleistungen für die Durchführung des Objekts im allgemeinen nicht unerläßlich sind, kann der Auftragnehmer die Erbringung einer Besonderen Leistung vom vorherigen Abschluß einer Honorarvereinbarung abhängig machen. In diesem Fall macht sich der Auftragnehmer keiner Pflichtverletzung schuldig. Der Auftraggeber hat keine Möglichkeit, aus diesem Grund den Vertrag zu kündigen. Möglich ist allerdings eine Kündigung mit der Folge des § 649 BGB. Einen Anspruch auf Abschluß einer Honorarvereinbarung hat der Auftragnehmer nur dann, wenn dies vertraglich geregelt ist (vgl. LG Weiden BauR 1979, 71). Eine derartige Regelung kann allgemein bereits im Vertrag, bedingt für den Fall, daß die Besondere Leistung später verlangt wird, enthalten sein. Sie muß die Besondere Leistung aus Gründen der Bestimmtheit aber genau bezeichnen, da der Auftragnehmer sonst nicht auf eine Honorarvereinbarung klagen kann (§ 253 Abs. 2 Nr. 2 ZPO). Steht dem Auftragnehmer nach dem Vertrag ein Anspruch auf Abschluß einer Honorarvereinbarung zu, so ist nicht erforderlich, daß das eventuelle Honorar bereits in der Vereinbarung genannt war. Vielmehr ist hier nach §§ 315, 316 BGB ein Honorar vom Auftragnehmer zu bestimmen, das im Falle der Unbilligkeit durch das Gericht anders festgelegt werden kann. Entgegen Weyer (FS Locher, S. 303 [311]) handelt es sich dabei nicht lediglich um einen Vorvertrag, sondern um eine vertragliche Vereinbarung, die ausgefüllt werden kann.

45 **Absatz 5** regelt den Fall, daß **Besondere Leistungen ganz oder teilweise an die Stelle von Grundleistungen** treten, diese also ersetzen. Dies kann z. B. der Fall sein bei Leistungsphase 5 „Aufstellen einer detaillierten Objektbeschreibung als Baubuch zur Grundlage der Leistungsbeschreibung mit Leistungsprogramm", „Aufstellen einer detaillierten Objektbeschreibung als Raumbuch zur Grundlage der Leistungsbeschreibung mit Leistungsprogramm", ferner bei Leistungsphase 6 „Aufstellen von Leistungsbeschreibungen mit Leistungsprogramm unter Bezug auf Baubuch/Raumbuch" und bei Leistungsphase 7 „Prüfen und Werten der Angebote aus Leistungsbeschreibung mit Leistungsprogramm einschließlich Preisspiegel". Das Honorar für diese Besonderen Leistungen ist so zu berechnen, daß es dem Honorar für die ersetzten Grundleistungen „entspricht". Eine Berechnung auf Zeithonorarbasis ist bei diesen ersetzenden Besonderen Leistungen ausgeschlossen (vgl. auch § 6 Rdn. 2, 3). Vergrößert sich der Leistungsumfang durch die Besondere Leistung, die die Grundleistung ersetzt, so kann bis zum vollen Leistungsumfang der Grundleistung nach Abs. 5 ein Honorar berechnet werden, für die restlichen Leistungen nach Abs. 4 (ebenso Weyer, FS Locher, S. 303 [313]). Eine „Schwelle" („nicht unwesentlicher Arbeits- und Zeitaufwand") sieht Abs. 5 nicht vor. Die Bestimmung geht, wie in der Begründung der Bundesregierung hierzu ausgeführt wird,

davon aus, „daß die in Absatz 5 erwähnten Besonderen Leistungen regelmäßig ein bestimmtes Gewicht aufweisen, um die Funktion der Grundleistung auszuüben, die sie ersetzen". Einer schriftlichen Honorarvereinbarung für ersetzende Besondere Leistungen bedarf es nicht (ebenso z. B. Hesse/Korbion/ Mantscheff/Vygen § 5 Rdn. 75; Weyer, FS Locher, S. 303 [312]; ders. BauR 1995, 446 [450]).

Gleiches gilt für sog. **isolierte Besondere Leistungen,** die ohne Grundleistungen in Auftrag gegeben werden (vgl. hierzu § 2 Rdn. 17 und oben Rdn. 37). Auch in diesen Fällen muß eine schriftliche Honorarvereinbarung nicht getroffen sein. **46**

Die Vorschrift des **Absatzes 4a** wurde durch die 5. HOAI-Novelle (vgl. dazu Einl. Rdn. 12 f.) eingefügt. Sie gilt für alle Verträge, die seit dem 1. 1. 1996 abgeschlossen wurden (zu den Übergangsfällen vgl. § 103). Die Bestimmung wurde gleichzeitig mit der Neuregelung in § 4a eingefügt. Beide Vorschriften sollen neue Möglichkeiten der Honorarvereinbarung eröffnen. Ebenso wie für § 4a steht auch bei der Neuregelung des § 5 Abs. 4a die Absicht des Verordnungsgebers dahinter, Anreize zum „kostensparenden und wirtschaftlichen Bauen" zu geben. **47**

Der **Geltungsbereich** der Vorschrift ist wegen seiner Stellung im Allgemeinen Teil der HOAI klar. Alle in Teil II bis Teil XIII geregelten Architekten- und Ingenieurleistungen sind hier erfaßt. Der Begriff „planerische Leistungen" aus der Amtlichen Begründung ist weit zu fassen. Es fallen auch die Vergabe- und Überwachungsleistungen darunter (vgl. § 4a Rdn. 5). **48**

Mit der Einführung eines **Erfolgshonorars** ist der Rahmen der Besonderen Leistung verlassen. Die Anforderungen an das Vorliegen einer Besonderen Leistung dürfen wegen des allein ausschlaggebenden Ergebnisses nicht überspannt werden. Auf den „nicht unerheblichen Arbeits- und Zeitaufwand" nach Abs. 4 Satz 1 kommt es hier deshalb nicht an, sondern ausschließlich auf das Ergebnis. **49**

Als Besondere Leistungen i. S. des § 5 Abs. 4a kommen insbesondere folgende in Frage: **50**

– Untersuchen von Lösungsmöglichkeiten nach gleichen Anforderungen als Alternativen mit Vergleichskriterien;
– Untersuchen von verschiedenen konstruktiven Lösungen im Zusammenwirken mit dem Tragwerksplaner mit Kostenvergleich;
– Untersuchen von wirtschaftlichen Ausführungsmethoden mit Kosten- und Zeitvergleich;
– Untersuchen von Markteinflüssen auf Vergabemethoden;
– Untersuchen von herstellungsorientierten Zusammenfassungen (Leistungspaketen bei einzelnen oder mehreren Unternehmern oder auch bei Generalunternehmern);
– Untersuchen von verschiedenen Detaillösungen bei gleichem Standard mit Kostenvergleich;

– Aufstellen und Bewerten von Kosten-Nutzen-Analysen der Betriebskosten nach II. BV und DIN 18 960 Baunutzungskosten von Hochbauten.

51 Alle diese Untersuchungen können unter dem Begriff **Kostenoptimierung** zusammengefaßt werden. Es muß nochmals betont werden, daß die Aufzählung für Besondere Leistungen i. S. von Abs. 4a nicht vollständig ist und daß es im Ergebnis nicht auf die Einzeltätigkeit, sondern auf den Erfolg ankommt (vgl. oben Rdn. 49).

52 Die **Voraussetzungen für das Erfolgshonorar** sind folgende:

– Die schriftliche Vereinbarung (vgl. § 4 Rdn. 26 ff.), die jedoch nicht bei Auftragserteilung getroffen sein muß, sondern „zuvor", d. h., bevor die Besondere Leistung erbracht ist. Auch an den Zeitpunkt dürfen keine übertriebenen Anforderungen gestellt werden. Insbesondere wäre es auch nicht überprüfbar, wenn als Zeitpunkt der Beginn mit der Besonderen Leistung gewählt würde. Angesichts der Ergebnisorientierung ist das zeitliche Moment großzügig auszulegen.

– Weitere Voraussetzung ist eine wesentliche Kostensenkung (vgl. Rdn. 53 ff.).

53 Problematisch ist die **Bemessungsgrundlage** für die „wesentliche Kostensenkung". Diese ist in zweierlei Hinsicht von Bedeutung: Einmal ist sie der Anknüpfungspunkt dafür, daß das Honorar für die Besondere Leistung überhaupt entstehen kann (Anspruchsvoraussetzung). Zum anderen ist sie Bemessungsgrundlage für die Höhe des Honorars.

54 Ob eine „wesentliche Kostensenkung" vorliegt, ist von verschiedenen Faktoren abhängig. Die Frage kann also nicht allgemein gelöst werden. Eine Rolle spielen neben der Größe des Objekts auch der dem Auftragnehmer übertragene Leistungsumfang und vor allem die Marktsituation. Zu berücksichtigen ist ferner, daß bei dem Kostenvergleich alle objektbezogenen Kosten außer Betracht bleiben müssen. Nicht in die Vergleichsberechnung eingestellt werden damit z. B. nach DIN 276 (Fassung Juni 1993) die Kostengruppen 130 Freimachen, 210 Herrichten, 220 Öffentliche Erschließung, 230 Nichtöffentliche Erschließung, 240 Ausgleichsabgaben, 500 Außenanlagen, 600 Ausstattung und Kunstwerke teilweise, soweit sie nicht üblichem Standard entsprechen und 700 Baunebenkosten. Zum Vergleich heranzuziehen sind im Regelfall die Kostengruppen 300 Bauwerk – Baukonstruktionen und 400 Bauwerk – Technische Anlagen. Schon bei Kostengruppe 320 Gründungen können erhebliche Kostenunterschiede von Objekt zu Objekt in Abhängigkeit vom Baugrund und der Geländetopographie bestehen, die sonst bei der Vereinbarung berücksichtigt werden müßten. In der Amtlichen Begründung ist eine Kostenersparnis auch bei den Nutzungskosten angesprochen. Darunter sind die Baunutzungskosten von Hochbauten nach DIN 18 960 Teil 1 zu verstehen. Dies bezieht sich auf Kostengruppe 5 der DIN 276 (Fassung Juni 1993), also auf Kostengruppe 5.1 Gebäudereinigung, 5.2 Abwasser und Wasser, 5.3 Wärme und Kälte sowie 5.4 Strom. Als Beispiel für eine Kostensenkung sei zunächst die Entwurfsbearbeitung nach bauphysikalischen Grundsätzen unter Beachtung von Energieeinsparung und sodann die Ausnutzung von Tageslicht sowie Sonnenenergie genannt. Beispiele können aber auch intelligente Details, die keine fortlaufende Unterhaltung oder gar Bauschäden verursachen, und die Auswahl von pflegeleichten und dauerhaften Baustoffen und Materialien sein.

Den Vertragsparteien muß es überlassen sein, den Ausgangswert für die Vergleichsrechnung zu vereinbaren. Ein Anspruch auf das Erfolgshonorar besteht aber auch dann, wenn eine allgemeingehaltene, am Wortlaut des Abs. 4a orientierte Vereinbarung getroffen wurde, in der ein konkreter Prozentsatz festgelegt ist. **Vergleichsmaßstab** ansonsten sind die in einer prüfbaren Kostenschätzung, Kostenberechnung oder einem Kostenanschlag enthaltenen Kostenangaben. Diese müssen den üblichen oder anerkannten **Kostenrichtwerten** für das betreffende Projekt bzw. Gewerk entsprechen. Zuverlässige Aussagen dazu können z. B. die Kostenberatungsdienste der Architektenkammern der Bundesländer machen. Wann eine Kostensenkung „wesentlich" ist, läßt der Verordnungsgeber offen. Nimmt man die Relation zu den Gesamtkosten, dann kann dies auch bei Kostenersparnis von weniger als einem Prozent noch zu bejahen sein. Für einzelne Gewerke oder Bauteile müßte die Schwelle dagegen höher liegen. **55**

Das Honorar ist – was bisher weder für Grundleistungen noch für Besondere Leistungen möglich war – als **Erfolgshonorar** zu vereinbaren. Ohne konkrete Vereinbarung eines bestimmten Prozentsatzes entfällt das Honorar, weil Abs. 4a nur eine Obergrenze festlegt. Die Berechnung des Honorars erfolgt aus den Nettozahlen. Da es sich um einen Honoraranspruch handelt, steht dem Auftragnehmer zusätzlich ein Anspruch auf die Umsatzsteuer (§ 9 HOAI) zu. **56**

Das Erfolgshonorar nach Abs. 4a wird **fällig** mit Eintritt der Voraussetzungen, so daß die Kostenreduzierung feststehen muß. Dafür bedarf es der Vorlage von (geprüften) Schlußrechnungen der am Bau Beteiligten für die betreffenden Kosten. Nicht ist erforderlich, daß eine Kostenfeststellung vorliegt oder gar daß eine Schlußrechnung in prüfbarer Form hinsichtlich der Grundleistungen vorgelegt wird. **57**

Auch hier stellt sich die Frage, ob die DIN 276 in der Fassung von April 1981 und/oder Juni 1993 zugrunde zu legen ist. Nachdem es im vorliegenden Zusammenhang nicht auf die Überprüfung einer Kostenermittlung zum Zwecke der Honorarabrechnung ankommt (vgl. dazu § 10 Rdn. 28), können beide Fassungen als Basis herangezogen werden. Den Bedürfnissen des Abs. 4a ist bei beiden Varianten Rechnung getragen. **58**

§ 5a
Interpolation

Die zulässigen Mindest- und Höchstsätze für Zwischenstufen der in den Honorartafeln angegebenen anrechenbaren Kosten, Werte und Verrechnungseinheiten (VE) sind durch lineare Interpolation zu ermitteln.

1 Die Vorschrift wurde eingefügt durch die erste Verordnung zur Änderung der HOAI vom 17. 7. 1984 (BGBl. I S. 948; vgl. Einl. Rdn. 2), die zum 1. 1. 1985 in Kraft trat. Damit ist eindeutig festgelegt, daß bei allen Honorartafeln die Zwischenwerte zwischen den aufgeführten anrechenbaren Kosten durch **lineare Interpolation** zu ermitteln sind. Das gilt für alle Fälle, in denen nach der HOAI Zwischenwerte zu ermitteln sind, also nicht nur für die Honorartafeln, sondern auch für Werte und Verrechnungseinheiten.

2 Der Verordnungsgeber meinte, die **lineare** Interpolation festschreiben zu müssen, obwohl bereits vor Inkrafttreten der Änderungsverordnung in der Literatur völlig unstreitig war, daß linear zu interpolieren sei und keinesfalls degressiv oder progressiv oder nach anders festgelegten Kurven. Die Vorschrift des § 5a wurde neu aufgenommen, weil die Interpolation für alle Leistungsbereiche der Architekten und Ingenieure nach HOAI in Frage kommt. Die frühere Vorschrift des § 16 Abs. 2, die im Bereich der Objektplanung für Gebäude stand, wurde damit überflüssig.

3 Der Rechenvorgang bei der Interpolation ist nicht zwingend in die Schlußrechnung aufzunehmen. Ebensowenig ein Problem der **Fälligkeit** ist die richtige Interpolation. Dies ist eine Frage der Begründetheit des Honoraranspruchs.

4 Das Vorgehen bei der Interpolation soll an einem **Beispiel** erläutert werden: Die anrechenbaren Kosten eines Objekts der Honorarzone III betragen 240 000 DM; eine Honorarvereinbarung ist nicht getroffen, so daß die Mindestsätze zugrunde zu legen sind. Zunächst werden die Honorare für die nächsthöheren und nächstniedrigeren anrechenbaren Kosten aus der Honorartafel abgelesen. Für die anrechenbaren Kosten von 200 000 DM ergibt sich der Mindestsatz von 22 610 DM und für die anrechenbaren Kosten von 300 000 DM der Mindestsatz von 33 120 DM. Es wird sodann der Differenzbetrag aus den Honoraren ermittelt, also:

für 300 000 DM	33 120 DM	
für 200 000 DM	22 610 DM	
Differenz	10 510 DM	
Auf je 10 000 DM entfällt damit der Betrag von	1 051 DM	
Für 40 000 DM ergibt sich der Betrag von		
4 · 1051 DM =	4 204 DM	
Dem Mindestsatz für 200 000 DM		22 610 DM
ist sonach der Betrag von		4 204 DM
hinzuzurechnen, so daß sich ein Mindestsatz für die anrechenbaren Kosten von 240 000 DM in Höhe von		26 814 DM
ergibt.		

5 Für schwierigere Fälle empfiehlt es sich, folgende Formel zu verwenden:

$$a + \frac{b \cdot c}{d}$$

a = Honorar für die nächstniedrigere Stufe der anrechenbaren Kosten (im Beispiel: 22 610 DM)

b = Differenz zwischen tatsächlichen anrechenbaren Kosten und dem in der Honorartafel genannten nächstniedrigeren Betrag von anrechenbaren Kosten (im Beispiel: 40 000 DM)

c = Differenz der beiden Honorare für die nächsthöheren und nächstniedrigeren anrechenbaren Kosten (im Beispiel: 10 510 DM)

d = Differenz der in der Tabelle nacheinander genannten anrechenbaren Kosten (im Beispiel: 100 000 DM)

Die Honorartafeln der HOAI gelten nur im Rahmen ihres Anwendungs- **6** bereiches, also die Honorartafel für die Objektplanung bei Gebäuden nach § 16 Abs. 1 z. B. zwischen anrechenbaren Kosten von 50 000 DM und 50 Mio. DM. Eine **Extrapolation** – d. h. Fortschreibung der Honorartafel – bei Werten über 50 Mio. DM bzw. bei Werten unter 50 000 DM ist nicht möglich, da die HOAI für diese Fälle spezielle Vorschriften zur Verfügung hält (vgl. z. B. § 16 Abs. 2, 3 und die dortige Kommentierung). Die Parteien können allerdings – bei anrechenbaren Kosten über 50 Mio. DM sogar formlos – die **lineare Fortschreibung** der Honorartafel vereinfachen. Das bedeutet dann, daß der Prozentsatz aus dem letzten Tabellenwert und dem Honorar zugrunde zu legen ist.

§ 6
Zeithonorar

(1) Zeithonorare sind auf der Grundlage der Stundensätze nach Absatz 2 durch Vorausschätzung des Zeitbedarfs als Fest- oder Höchstbetrag zu berechnen. Ist eine Vorausschätzung des Zeitbedarfs nicht möglich, so ist das Honorar nach dem nachgewiesenen Zeitbedarf auf der Grundlage der Stundensätze nach Absatz 2 zu berechnen.

(2) Werden Leistungen des Auftragnehmers oder seiner Mitarbeiter nach Zeitaufwand berechnet, so kann für jede Stunde folgender Betrag berechnet werden:

1. für den Auftragnehmer   75 bis 160 DM,

2. für Mitarbeiter, die technische oder wirtschaftliche Aufgaben erfüllen, soweit sie nicht unter Nummer 3 fallen,   70 bis 115 DM,

3. für Technische Zeichner und sonstige Mitarbeiter mit vergleichbarer Qualifikation, die technische oder wirtschaftliche Aufgaben erfüllen,   60 bis 85 DM.

Die Neuregelung des § 6 gilt für Verträge, die seit 1. 1. 1996 abgeschlossen **1** wurden (vgl. Einl. Rdn. 12 zur 5. HOAI-Novelle). Für die Zeit vom 1. 4. 1988 bis 31. 12. 1990 galten die Sätze aus der 3. HOAI-Novelle, nämlich für die Stunde des Auftragnehmers 65 DM bis 140 DM und des Mitarbeiters 55 DM bis 100 DM (für Übergangsfälle vgl. § 103). Vom 1. 1. 1985 bis 31. 3. 1988 hatten die Sätze 55 DM bis 100 DM bzw. 45 DM bis 80 DM und davor 45 DM bis 70 DM bzw. 35 DM bis 60 DM betragen. Zwischen dem 1. 1. 1991 und dem

31. 12. 1995 lagen alle Mindest- und Höchstsätze um 5 DM unter den heutigen Sätzen. Für die **neuen Bundesländer** galten vom 3. 10. 1990 bis 31. 12. 1992 niedrigere Stundensätze (vgl. § 1 Rdn. 27).

2 Die Vorschrift des § 6 ist nur anwendbar, soweit die Abrechnung nach Zeithonorar überhaupt zulässig ist (unstr.; vgl. z. B. BGH BauR 1990, 236 = NJW-RR 1990, 277 = ZfBR 1990, 75 für den raumbildenden Ausbau). § 6 gibt damit nur den gebührenrechtlichen Rahmen für diejenigen Fälle ab, in denen eine Abrechnung nach Zeithonorar möglich ist. Die **Berechnung eines Zeithonorars ist nach der HOAI** bei Vorliegen einer der folgenden drei Fallgruppen möglich:

a) Zunächst sind diejenigen Fälle zu nennen, in denen das **Honorar frei vereinbart** werden kann. Hier haben es die Parteien in der Hand, auch ein Zeithonorar zu vereinbaren. Hierher gehören z. B. folgende Fälle: §§ 16 Abs. 3; 31 Abs. 2; 33; 34 Abs. 4; 38 Abs. 8, 9; 41 Abs. 3 Nr. 1–3; 42 Abs. 2; 45b Abs. 4; 48b Abs. 3; 50 Abs. 2; 55 Abs. 4; 57 Abs. 3; 61 Abs. 4; 61a Abs. 3; 67 Abs. 4; 79; 84; 86 Abs. 6; 90; 92 Abs. 5; 95; 97 Abs. 5; 98 Abs. 4; 100 Abs. 4.

b) Ferner sind diejenigen Fälle zu nennen, in denen die Vorschriften der HOAI die **Vereinbarung eines Zeithonorars ausdrücklich vorsehen:** §§ 29 Abs. 2; 39; 42 Abs. 2; 45b Abs. 4; 49 Abs. 2; 61 Abs. 4; 67 Abs. 4.

c) Schließlich gehören hierher auch diejenigen Fälle, in denen die HOAI die **Berechnung eines Zeithonorars zuläßt:** §§ 16 Abs. 2; 26; 28 Abs. 3; 32 Abs. 3; 33; 34 Abs. 4.

Dies sind alles Sonderfälle. Im **Normalfall** ist nach **anrechenbaren Kosten** abzurechnen. Die **praktisch wichtigsten Fälle** des Zeithonorars sind Objekte mit niedrigeren anrechenbaren Kosten als dem untersten, in den jeweiligen Honorartafeln aufgeführten Wert, und Honorare für Besondere Leistungen. Für den ersten Fall ermöglicht die HOAI (z. B. § 16 Abs. 2 und entsprechende Vorschriften) ausdrücklich die Abrechnung auf Zeithonorarbasis. Bei Besonderen Leistungen ist zu unterscheiden: Treten sie anstelle von Grundleistungen, scheidet ein Zeithonorar aus, da sie wie die Grundleistung honoriert werden. Werden sie zusätzlich zu Grundleistungen in Auftrag gegeben, kann Zeithonorar abgerechnet werden, ebenso wenn es sich um isolierte Besondere Leistungen handelt (vgl. § 2 Rdn. 17 ff. und § 5 Rdn. 37 ff.).

3 Die Abrechnung eines über dem Mindestsatz liegenden Zeithonorars ist nur dann möglich, wenn die Vereinbarung, daß ein bestimmtes Zeithonorar berechnet werden soll, **bei Vertragsabschluß** in **schriftlicher Form** getroffen wurde (vgl. i. e. § 4 Rdn. 26 ff., 34 ff.). Dies ergibt sich daraus, daß auch das Zeithonorar ein Honorar im Sinne des § 4 Abs. 1 ist. Bei Besonderen Leistungen ist die Vereinbarung eines über dem Mindestsatz liegenden Honorars noch später möglich, weil auch die Honorarvereinbarung selbst dem Grunde nach später getroffen werden kann (vgl. § 5 Rdn. 37). Ist lediglich eine **Vereinbarung** getroffen, wonach ein **Zeithonorar** abzurechnen sei, aber keine Vereinbarung über die Höhe getroffen, so fingiert § 4 Abs. 4 die Mindestsätze. Die Sätze des Abs. 2 stellen Mindest- bzw. Höchstsätze im Sinne des § 4 dar. Eine Vereinbarung eines höheren Satzes als 140 DM bzw. 100 DM verstößt wie bisher gegen den Höchstpreischarakter (vgl. OLG Düsseldorf BauR 1973, 127). Der Auftragnehmer kann hier nur den Höchstsatz abrechnen, muß sich andererseits aber nicht entgegenhalten lassen, der ganze Vertrag sei unwirksam, oder der Mindestsatz sei zu bezahlen (vgl. § 4 Rdn. 69).

Zweifelhaft ist, welchen Inhalt die Vereinbarung eines Zeithonorars haben muß, ob es ausreichend ist, wenn im Vertrag eine allgemeine Bestimmung für Zeithonorar getroffen ist, oder ob diese sich auf bestimmte Arbeiten beziehen muß. Für die VO vom 23. 7. 1974 war es ausreichend, wenn eine allgemeine Bestimmung über die Abrechnung nach Zeithonorar getroffen war (so zutreffend Hesse BauR 1975, 170). Die Bestimmung des Abs. 1 Satz 1 scheint dies für die HOAI auszuschließen, da für die Berechnung der Zeithonorare eine „Vorausschätzung des Zeitbedarfs" erforderlich ist. Man könnte argumentieren, eine Vorausschätzung des Zeitbedarfs sei nur dann möglich, wenn die Arbeiten von vornherein feststehen. Indessen muß die Vorausschätzung nicht bei Vertragsabschluß erfolgen, der Wortlaut der Bestimmung läßt es auch zu, daß die Vorausschätzung unmittelbar vor Ausführung der betreffenden Arbeiten erfolgt. Der Wortlaut des Abs. 1 Satz 1 steht sonach einer allgemeinen Vereinbarung eines Honorarsatzes im Vertrag nicht entgegen. Allerdings kann auch in diesen Fällen das Honorar nur abgerechnet werden, wenn eine Vorausschätzung des Zeitbedarfs vor Ausführung der Arbeiten erfolgt ist oder eine Vorausschätzung nach Abs. 1 Satz 2 nicht möglich war.

Nach **Abs. 1 Satz 1** sind Zeithonorare einmal auf der Grundlage der Stunden- **4** sätze nach Abs. 2 bzw. auf der Grundlage der Vereinbarung und zum anderen nach der **Vorausschätzung des Zeitbedarfs** zu bestimmen. Die Vorausschätzung des Zeitbedarfs muß zwar nicht bei Vertragsabschluß, jedoch vor Ausführung der Arbeiten, die nach Zeithonorar abgerechnet werden sollen, erstellt werden (ebenso Hesse/Korbion/Mantscheff/Vygen § 6 Rdn. 11), damit der Auftraggeber noch Abstand nehmen kann. Erweist sich die Vorausschätzung des Zeitbedarfs nach Ausführung der betreffenden Arbeiten als zu niedrig oder zu hoch, so stellt sich die Frage, ob der Auftragnehmer für die Abrechnung **an die Vorausschätzung gebunden** ist. Dies ist nach dem eindeutigen Wortlaut des Abs. 1 Satz 1 zu bejahen. Allerdings ist hier eine Einschränkung in dem Sinne zu machen, daß bei außergewöhnlicher Abweichung des tatsächlichen Zeitbedarfs von der Vorausschätzung sich nachträglich gegebenenfalls herausstellen kann, daß eine Vorausschätzung sinnvoll nicht möglich war und damit entsprechend der Bestimmung des Abs. 1 Satz 2 eine Abrechnung nach dem nachgewiesenen Zeitbedarf erfolgen kann (ebenso im Ergebnis Jochem § 4 Rdn. 2 und Hesse/Korbion/Mantscheff/Vygen § 6 Rdn. 12 und Pott/Dahlhoff § 6 Rdn. 4, die die Grundsätze des Wegfalls der Geschäftsgrundlage heranziehen). Dies wird allerdings nur in wenigen Ausnahmefällen angenommen werden können, z. B. dann, wenn sich beide Vertragspartner in erheblichem Maße über den Umfang der Leistung des Auftragnehmers geirrt haben (vgl. BGH VersR 1965, 803), wenn nachträglich eine erheblich veränderte Ausführung aus Gründen, die der Auftragnehmer nicht zu vertreten hat, notwendig wird (vgl. BGH BauR 1972, 118) oder wenn der Leistungsumfang nicht unerheblich reduziert wird (vgl. BGH BauR 1974, 416). Eine einseitige Fehlschätzung des Auftragnehmers zugunsten des Auftraggebers rechtfertigt dagegen keine Änderung der Pauschalvereinbarung (ebenso Jochem § 6 Rdn. 3). Hier hilft dem Auftragnehmer allenfalls die Irrtumsanfechtung (§ 119 BGB), wobei die Anfechtung wegen Kalkulationsirrtums nach der Rechtsprechung nur dann durchgreift, wenn die Kalkulationsgrundlage dem Auftraggeber bekanntgemacht wurde (Palandt/Heinrichs § 119 Anm. 3b m. Nachw.). Dagegen ist die Fehlkalkulation zu Lasten des Auftraggebers unter den obengenannten Voraussetzungen zu korrigieren, wenn die tatsächliche Ausführung erheblich von der Schätzung abweicht. Zur Frage der Abweichung von einem Höchstbetrag vgl. unten Rdn. 7.

Die Auffassung von Jochem (§ 6 Rdn. 3), die Parteien könnten einvernehmlich von einer Vorausschätzung Abstand nehmen und die Honorierung nach nachgewiesenem Zeitaufwand festlegen, ist unzutreffend. § 6 ist in vollem Umfang Preisrecht und damit nicht zur Disposition der Parteien gestellt. Auch das Merkmal der Vorausschätzung ist keineswegs dispositives Recht. Die Vorausschätzung dient nicht nur dem Schutz des Vertragspartners, sondern der preisrechtlichen Intention, das Honorar frühzeitig klarzustellen. Soweit eine Vorausschätzung möglich ist, ist diese auch erforderlich (ebenso Beigel Rdn. 6; Hartmann § 6 Rdn. 2; Hesse/Korbion/Mantscheff/Vygen § 6 Rdn. 17 f.; vgl. im übrigen Rdn. 6).

5 Nach **Abs. 1 Satz 2** tritt an die Stelle der Vorausschätzung die Abrechnung nach dem **nachgewiesenen Zeitbedarf**, wenn eine Vorausschätzung nicht möglich war. Nach der Anordnung von Satz 1 und Satz 2 ist die Unmöglichkeit der Vorausschätzung die Ausnahme. Soweit sich der Auftragnehmer auf Unmöglichkeit der Vorausschätzung beruft, hat er hierfür die Beweislast. Eine Vorausschätzung kann z. B. dann unmöglich sein, wenn äußere Einflüsse, wie z. B. die Bodenbeschaffenheit oder nicht vorhersehbare konstruktive Schwierigkeiten bei einem Umbau, von vornherein nicht eindeutig feststellbar sind. Es muß sich jedoch immer um eine objektive Unmöglichkeit handeln, die Unmöglichkeit darf nicht in der Sphäre des Auftragnehmers liegen. Der Auftragnehmer kann sich also nicht darauf berufen, daß ihm die technischen Hilfsmittel für eine Vorausschätzung nicht zur Verfügung stehen. Dem Fall der Unmöglichkeit einer Vorausschätzung ist es gleichzustellen, wenn sich die Vorausschätzung als außergewöhnlich hoch gegriffen oder zu niedrig veranschlagt erweist. Eine Irrtumsanfechtung in diesen Fällen nach § 119 BGB scheidet aus, da den Parteien von vornherein klar war, daß eine Schätzung Ungenauigkeiten zur Folge haben kann. „Nachweis" des Zeitbedarfs kann nicht so verstanden werden, daß der Auftragnehmer den Beweis durch Zeugen führen müßte. Es genügt vielmehr, wenn der von ihm substantiiert behauptete Aufwand später durch Sachverständigengutachten als angemessen bezeichnet wird (ebenso Hesse/Korbion/Mantscheff/Vygen § 6 Rdn. 19).

6 Fraglich ist ferner, ob auch in den Fällen nach dem nachgewiesenen Zeitaufwand abgerechnet werden kann, in denen eine **Vorausschätzung möglich** war,

jedoch aus irgendwelchen Gründen **nicht erfolgt** ist. Eine generelle Lösung für alle Fälle, in denen ein Zeithonorar abgerechnet werden kann, ist nicht möglich. Im einzelnen sind die oben (Rdn. 2) genannten Fälle zu unterscheiden:

a) Soweit die HOAI die freie Vereinbarung eines Honorars zuläßt, kann auch ein Zeithonorar frei vereinbart werden. Dies bedeutet, daß in den unter Rdn. 2a genannten Fällen eine Vorausschätzung nicht vorliegen muß. Hier ist der Auftragnehmer auch ohne Vorausschätzung berechtigt, das Zeithonorar nach dem nachgewiesenen Zeitbedarf zu berechnen.

b) Soweit die HOAI die „Vereinbarung" eines Zeithonorars ausdrücklich vorsieht – wie in §§ 29 Abs. 2; 39; 49 Abs. 2 –, müssen die Voraussetzungen des § 6 in vollem Umfang vorliegen. Der Auftragnehmer hätte hier also eine Vorausschätzung erbringen müssen. Da die Vorausschätzung jedoch nicht vorliegt, kann er sein Honorar nach dem nachgewiesenen Zeitbedarf berechnen. Allerdings begeht er eine Nebenpflichtverletzung, wenn er eine mögliche Vorausschätzung nicht erstellt. Der Auftraggeber kann dem Honoraranspruch des Auftragnehmers im Wege der Aufrechnung Schadensersatzansprüche wegen positiver Forderungsverletzung entgegenhalten. Für den Umfang des Schadens ist der Auftraggeber beweispflichtig. Er hat den Beweis dafür anzutreten und zu erbringen, daß eine Vorausschätzung zu einem geringeren Zeitbedarf geführt hätte. Die Vorausschätzung ist hier also keine Anspruchsvoraussetzung, sondern eine Nebenpflicht des Auftragnehmers, deren Verletzung Schadensersatzansprüche nach sich ziehen kann.

c) In vielen Fällen bestimmt die HOAI, daß „das Honorar als Zeithonorar nach § 6 zu **berechnen**" sei (vgl. Rdn. 2c). Aus der Formulierung („berechnen") kann man folgern, daß es sich hier lediglich um eine Rechtsfolgenverweisung auf § 6 handelt mit dem Ergebnis, daß eine Vorausschätzung nicht erforderlich sei und die Abrechnung des Zeithonorars nach dem nachgewiesenen Zeitbedarf erfolgen solle. Hierauf deuten vor allem auch die Formulierungen in §§ 26, 28 Abs. 3, 32 Abs. 3 und 33 hin: „Wird ein Pauschalhonorar nicht bei Auftragserteilung schriftlich vereinbart, so ist das Honorar als Zeithonorar nach § 6 zu berechnen." Die Formulierung legt nahe, daß die Berechnung eines Zeithonorars gerade in den Fällen möglich sein solle, in denen eine Vereinbarung über eine anderweitige Berechnung nicht getroffen ist. Damit ist das Erfordernis der Vorausschätzung aufgehoben.

Aus dem vorausgeschätzten Zeitbedarf und dem vereinbarten Stundensatz 7 bzw. dem Mindestsatz kann durch Multiplikation der **Festbetrag** des Honorars vereinbart werden. Die Vereinbarung eines Festbetrags hat zur Folge, daß spätere Abweichungen nach oben oder nach unten nur sehr eingeschränkt möglich sind (vgl. Rdn. 4). Haben die Parteien einen **Höchstbetrag** vereinbart, so bedeutet dies, daß der Auftragnehmer grundsätzlich nach dem tatsächlichen Aufwand abzurechnen hat. Diesen tatsächlichen Zeitaufwand hat er nachzuweisen (ebenso Jochem § 6 Rdn. 3; Neuenfeld § 6 Bem. 4). Liegt das Honorar höher als der vereinbarte Höchstbetrag, so kann der höhere Betrag nur in Ausnahmefällen beansprucht werden (vgl. Rdn. 4). Ergibt der nachgewiesene tatsächliche Zeitaufwand ein niedrigeres Honorar als den Höchstbetrag, so kann der Auftragnehmer nur diesen niedrigeren Betrag fordern.

8 **Absatz 2** der Bestimmung legt die Mindest- und Höchstsätze für das Zeithonorar fest. Es handelt sich um echte Mindestsätze im Sinne des § 4, so daß ein höheres Honorar als der Mindestsatz bereits bei Auftragserteilung vereinbart werden muß, da sonst § 4 Abs. 3 den Mindestsatz fingiert (vgl. zum Begriff „bei Auftragserteilung" § 4 Rdn. 34 ff.). Die bisherige Frage, ob auch angefangene Stunden als volle Stunden anzusetzen sind, hat sich weitgehend erledigt, da die Honorierung im Wege der Vorausschätzung zu bestimmen ist. Lediglich in den Fällen des Abs. 1 Satz 2 und in den gleichgestellten Fällen ist sie von Bedeutung. In diesen Fällen erhält der Auftragnehmer für die angefangene Stunde einen entsprechenden Teil des Stundensatzes, da Abs. 1 nur Sätze für jede volle Stunde zur Verfügung stellt (ebenso Hesse BauR 1975, 173 für die VO vom 23. 7. 1974). Eine Überschreitung der Höchststundensätze ist nach § 4 Abs. 3 möglich. Allerdings kommt beim Zeithonorar eine Überschreitung in der Regel nur bei außergewöhnlichen Leistungen in Frage, nicht jedoch bei ungewöhnlich langer Dauer, da die Dauer im Rahmen der Vorausschätzung des Zeitbedarfs mit berücksichtigt werden muß.

9 Die Vorschrift unterscheidet seit 1. 1. 1991 **drei Personengruppen**. Neben dem Auftragnehmer sind Mitarbeiter, die technische oder wirtschaftliche Aufgaben erfüllen, genannt. Hierzu gehören angestellte Architekten oder Ingenieure. Die dritte Gruppe bilden technische Zeichner und sonstige Mitarbeiter mit vergleichbarer Qualifikation, wozu auch Sekretärinnen und sonstige Hilfskräfte zu rechnen sind, soweit sie nicht unter Gruppe 2 fallen. Dagegen sind Auszubildende nicht als Mitarbeiter anzusehen. Bei Zweifeln kann die Definition des Tarifvertrags der IG Bau, Steine, Erden hilfreich sein.

§ 7

Nebenkosten

(1) Die bei der Ausführung des Auftrages entstehenden Auslagen (Nebenkosten) des Auftragnehmers können, soweit sie erforderlich sind, abzüglich der nach § 15 Abs. 1 des Umsatzsteuergesetzes abziehbaren Vorsteuern neben den Honoraren dieser Verordnung berechnet werden. Die Vertragsparteien können bei Auftragserteilung schriftlich vereinbaren, daß abweichend von Satz 1 eine Erstattung ganz oder teilweise ausgeschlossen ist.

(2) Zu den Nebenkosten gehören insbesondere:

1. Post- und Fernmeldegebühren,

2. Kosten für Vervielfältigungen von Zeichnungen und von schriftlichen Unterlagen sowie Anfertigung von Filmen und Fotos,

3. Kosten für ein Baustellenbüro einschließlich der Einrichtung, Beleuchtung und Beheizung,

4. Fahrtkosten für Reisen, die über den Umkreis von mehr als 15 Kilometer vom Geschäftssitz des Auftragnehmers hinausgehen, in Höhe der steuerlich zulässigen Pauschalsätze, sofern nicht höhere Aufwendungen nachgewiesen werden,

5. Trennungsentschädigungen und Kosten für Familienheimfahrten nach den steuerlich zulässigen Pauschalsätzen, sofern nicht höhere Aufwendungen an Mitarbeiter des Auftragnehmers aufgrund von tariflichen Vereinbarungen bezahlt werden,

6. Entschädigungen für den sonstigen Aufwand bei längeren Reisen nach Nummer 4, sofern die Entschädigungen vor der Geschäftsreise schriftlich vereinbart worden sind,

7. Entgelte für nicht dem Auftragnehmer obliegende Leistungen, die von ihm im Einvernehmen mit dem Auftraggeber Dritten übertragen worden sind,

8. im Falle der Vereinbarung eines Zeithonorars nach § 6 die Kosten für Vermessungsfahrzeuge und andere Meßfahrzeuge, die mit umfangreichen Meßinstrumenten ausgerüstet sind, sowie für hochwertige Geräte, die für Vermessungsleistungen und für andere meßtechnische Leistungen verwandt werden.

(3) Nebenkosten können pauschal oder nach Einzelnachweis abgerechnet werden. Sie sind nach Einzelnachweis abzurechnen, sofern nicht bei Auftragserteilung eine pauschale Abrechnung schriftlich vereinbart worden ist.

Der Oberbegriff für Honorar und Nebenkosten ist der des Entgelts (vgl. § 1 Rdn. 32). Der Höchstpreischarakter der HOAI betrifft allein das Honorar, nicht die Nebenkosten. Die Nebenkosten können demnach zusätzlich zu den Mindestsätzen nach § 4 Abs. 4 bzw. zusätzlich zum etwa vereinbarten Höchstsatz in Ansatz gebracht werden. **1**

Der Begriff Nebenkosten ist gleichbedeutend mit dem Begriff Auslagen. **2** Nebenkosten sind nur erstattungsfähig, „soweit sie **erforderlich** sind". Das setzt voraus, daß sie auch **tatsächlich entstanden** sind. Sie müssen durch die konkrete Aufgabe veranlaßt sein. Die Erforderlichkeit kann nur im Einzelfall beurteilt werden. Zu berücksichtigen ist aber generell, daß das Informationsbedürfnis des Auftraggebers die Erstattung von Auslagen im Regelfall rechtfertigen wird. Zu berücksichtigen ist auch, daß durch Einschaltung von Sonderfachleuten oder von Baubetreuern bzw. Projektsteuerern höhere Auslagen (z. B. zusätzliche Besprechungen und Fahrten, Kopien, Telefaxe, Aktennotizen usw.) anfallen werden. Im Streitfall kann die Erforderlichkeit nur durch Sachverständige zuverlässig beurteilt werden. Die Beweislast trifft den Auftragnehmer. Nach Auffassung des BGH (BauR 1990, 632 = NJW-RR 1990, 1109 = ZfBR 1990, 227) hängt die **Fälligkeit** der Nebenkostenforderung von einer geordneten Zusammenstellung der Auslagen und der Vorlage geordneter Belege ab. Letzteres ist jedoch unzutreffend. Die Prüfbarkeit und der Nachweis der Nebenkosten sind zu unterscheiden. Sonst wäre es strenggenommen nicht möglich, die Nebenkosten im Prozeß unstreitig zu stellen.

Der Begriff „soweit" bedeutet nicht nur, daß ein Nachweis hinsichtlich der Höhe erbracht werden muß, sondern auch ein Nachweis zum Grund des Nebenkostenanspruchs erfolgen muß. An den **Nachweis der Nebenkosten** dürfen keine übertriebenen Anforderungen gestellt werden. Es muß genügen, wenn der Auftragnehmer seine Aufzeichnungen und Unterlagen vorlegt, da sonst in aller Regel keine weiteren Beweise zur Verfügung stehen. Da z. B. Post- und Fernmeldegebühren nicht einzeln belegt werden können, muß dem Auftragnehmer die Abrechnung einer Pauschale gestattet sein, auch ohne daß Abs. 3 Satz 1 vorliegt (ebenso Hesse/Korbion/Mantscheff/Vygen § 7 Rdn. 12). Soweit der Auftragnehmer zum Vorsteuerabzug nach § 15 Abs. 1 UStG berechtigt ist, ist die Umsatzsteuer von den Nebenkosten abzusetzen. Satz 3 des Abs. 1 bestimmt, daß die Erstattung von Nebenkosten durch schriftliche Vereinbarung bei Auftragserteilung eingeschränkt oder ganz ausgeschlossen werden kann. Eine nachträgliche oder eine mündliche Vereinbarung ist demnach unwirksam.

3   Die Vorschrift des **Abs. 2** zählt die einzelnen Nebenkosten beispielhaft auf. Die Aufstellung ist jedoch nicht vollständig, was sich aus der Formulierung des Abs. 2 („insbesondere") ergibt. Etwa nicht in § 7 enthaltene Nebenkosten sind auch ohne ausdrücklichen Hinweis des Auftragnehmers erstattungsfähig (ebenso Neuenfeld § 7 Bem. 3). Dies gilt z. B. für EDV-Kosten bei Computerprogrammen etwa bezüglich der Kostenfortschreibung (Kostenübersichten). Die Vorschrift des § 36 HOAI steht dem nicht entgegen (a. A. Hesse/Korbion/Mantscheff/Vygen § 7 Rdn. 20).

4   Nach **Nr. 1** sind erstattungsfähig sämtliche **Post- und Fernmeldegebühren,** wie Porti, Fernsprech-, Fernschreib-, Teletex-, Telefax- und Telegrammgebühren. Dies gilt für Verträge seit 1. 1. 1991 auch für Gebühren im Ortsnetz des Geschäftssitzes des Auftragnehmers. Auch die Gebühren für sog. Konferenzschaltungen sind erstattungsfähig.

5   Nach **Nr. 2** kann der Auftragnehmer die Kosten für **Vervielfältigungen** von Zeichnungen und schriftlichen Unterlagen verlangen. Unter schriftlichen Unterlagen sind auch Leistungsverzeichnisse, Ausschreibungsunterlagen, Angebote, Preisspiegel, der gesamte Schriftverkehr sowie auch Unterlagen, die den Behörden vorgelegt werden müssen, zu verstehen. Für die Vervielfältigung derartiger Originalunterlagen kann der Auftragnehmer Erstattung seiner Unkosten verlangen. Dies gilt nicht für die Originalunterlagen selbst, die der Architekt zu fertigen hat, da die Anfertigung der Originalunterlagen mit dem Honorar selbst abgegolten ist. In welcher Weise die Vervielfältigung vorgenommen wird, ist unerheblich. Hinsichtlich der Höhe der zu erstattenden Nebenkosten kann eine allgemeine Angabe nicht erfolgen, da sich die Nebenkosten nach den tatsächlichen Aufwendungen des jeweiligen Auftragnehmers richten. Nr. 1 nennt auch die Anfertigung von **Filmen** und Fotos. Darunter sind auch fototechnische Vergrößerungen oder Verkleinerungen von Zeichnungen oder sonstigen Unterlagen zu verstehen. Soweit der Auftragnehmer die Vervielfältigungen selbst fertigt, die Filme und Fotos selbst herstellt, kann er die eigenen Auf-

wendungen, mindestens aber die sonst entstehenden üblichen Preise berechnen (ebenso Roth/Gaber S. 538). Die Kosten für Dokumentationen während der Bauzeit – z. B. für Leitungsführungen in Böden und Wänden – durch fotogrammetrische Aufnahmen sind ebenfalls erstattungsfähig.

Nach **Nr.** 3 sind auch die Kosten für ein **Baustellenbüro** einschließlich der **6** Kosten für die Einrichtung, Beleuchtung, Beheizung, den Unterhalt, die Instandsetzung und die Reinigung erstattungsfähig. Auch die Aufzählung in Nr. 3 ist nicht abschließend, so daß weitere Kosten für das Baustellenbüro hinzukommen können. Das Baustellenbüro ist regelmäßig Bestandteil der Baustelleneinrichtung nach DIN 276 Ziff. 3.1.9.9 (Fassung April 1981) oder der Baudurchführung nach DIN 276 Ziff. 7.3.4 (Fassung April 1981). Zur Einrichtung eines Baustellenbüros gehört üblicherweise auch eine Fernsprecheinrichtung. Die Größe des Baustellenbüros und die Art der Einrichtung bemessen sich nach den Erfordernissen des jeweiligen Falles.

Nach **Nr. 4** kann der Auftragnehmer die **Fahrtkosten** für Reisen in Ansatz **7** bringen, jedoch mit der Einschränkung, daß die Reisen über den Umkreis von 15 km vom Geschäftssitz des Auftragnehmers hinausgehen. Der Auftragnehmer kann hier in jedem Fall den Mindestsatz der steuerlich zulässigen Pauschalsätze, zur Zeit 0,42 DM je km, verlangen. Höhere Sätze können in Anrechnung gebracht werden, soweit die Aufwendungen nachgewiesen sind. Dabei ist vor allem an Aufwendungen betreffend die Benutzung anderer Verkehrsmittel, wie Bus, Bahn, Flugzeug oder Schiff, zu denken. In diesen Fällen ist davon auszugehen, daß den Kosten 1. Klasse bei Bahn, Flugzeug oder Schiff für den Auftragnehmer selbst und für die Mitarbeiter die Sätze nach den Reisekostenverordnungen des Bundes und der Länder zugrunde zu legen sind. Zu den Reisekosten gehören ferner Kosten für Schlafwagen und Gepäckbeförderung und alle sonstigen im Zusammenhang mit der Reise stehenden Auslagen, soweit sie nicht persönlicher Natur sind. Allerdings muß der Auftragnehmer in allen diesen Fällen die Notwendigkeit der Reise nachweisen. Benutzt er den eigenen Pkw und beansprucht er lediglich die steuerlich zulässigen Pauschalsätze, muß er die Höhe nicht nachweisen (ebenso Hesse/Korbion/Mantscheff/ Vygen § 7 Rdn. 36). In allen anderen Fällen müssen höhere Aufwendungen belegt werden. Der Nachweis höherer Kosten ist z. B. durch Anwendung gängiger Betriebskostentabellen (ADAC) möglich (ebenso Jochem § 7 Rdn. 36; a. A. Hesse/Korbion/Mantscheff/Vygen a. a. O.). Als Reisen im Sinne der Nr. 4 sind auch Fahrten zur Baustelle anzusehen. Die Kosten hierfür sind allerdings nur dann erstattungsfähig, wenn die Baustelle mehr als 15 km vom Geschäftssitz des Auftragnehmers entfernt liegt und die Fahrt erforderlich war. In allen Fällen der Ziff. 4 kann die gesamte Fahrtstrecke berechnet werden, soweit die Fahrt den Umkreis von mehr als 15 km vom Geschäftssitz des Auftragnehmers überschreitet. Die Fahrtkosten fallen nach Nr. 4 auch bei Fahrten innerhalb des Ortes an (ebenso Neuenfeld § 7 Bem. 4).

Nach **Nr. 5** sind **Trennungsentschädigungen** und Kosten für **Familienheim- 8 fahrten** neben den Fahrtkosten nach Nr. 4 zu ersetzen. Der Höhe nach können hier die steuerlich zulässigen Pauschalsätze berechnet werden, falls nicht höhere Aufwendungen aufgrund tariflicher Vereinbarungen an die Mitarbeiter des Auftragnehmers bezahlt werden.

9   Gemäß **Nr. 6** sind neben den Reisekosten nach Nr. 4 **Entschädigungen** erstattungsfähig, sofern eine entsprechende Vereinbarung vor Antritt der Geschäftsreise schriftlich getroffen wurde. Zu den Entschädigungen in diesem Sinn gehören Übernachtungskosten, Verpflegungsmehraufwand, Tagegeld, ggf. auch eine Entschädigung für die aufgewendete Zeit. Eine Vereinbarung nach Antritt der Geschäftsreise oder eine Vereinbarung, die lediglich mündlich getroffen wird, berechtigt den Auftragnehmer nicht zur Berechnung von Entschädigungen.

10   Nach **Nr. 7** sind **Entgelte** für Leistungen, die nicht dem Auftragnehmer obliegen und die er im Einvernehmen mit dem Auftraggeber an Dritte übertragen hat, erstattungsfähig. Hierzu gehören vor allem Aufträge an andere an der Planung fachlich Beteiligte, Aufträge zu Bodenuntersuchungen, Grundstücksvermessungen, zur Anfertigung von Lage- und Katasterplänen, Gutachten, Modellen und zur Aufgabe von Inseraten. Der Auffassung von Jochem (§ 7 Rdn. 12), die Nr. 7 sei ohne praktische Bedeutung, kann nicht zugestimmt werden. Es ist zwar richtig, daß der Auftragnehmer einen eigenen Vergütungsanspruch, gegebenenfalls nach § 632 BGB, hat, wenn er fremde Leistungen erbringt. Ebensowenig ist Nr. 7 anwendbar, wenn der Auftragnehmer fremde Leistungen namens und in Vollmacht des Auftraggebers vergibt. Hier kommt ein Vertrag zwischen Auftraggeber und Dritten zustande. In den Fällen allerdings, in denen der Auftragnehmer trotz Auftrags und Vollmacht nicht namens und in Vollmacht des Auftraggebers handelt, oder in den Fällen des § 164 Abs. 2 BGB stünde dem Auftragnehmer gegen den Auftraggeber kein Aufwendungsersatzanspruch nach § 670 BGB zu. Hier greift die Nr. 7 zugunsten des Auftragnehmers ein.

11   Die **Nr. 8** war durch die 3. ÄndVO (hierzu Einl. Rdn. 6 ff.) neu eingefügt worden. Sie wurde mit Wirkung ab 1. 1. 1991 neu gefaßt durch die 4. HOAI-Novelle (vgl. Einl. Rdn. 9 ff.). Sie betrifft speziell die Nebenkosten bei Vermessungsleistungen nach Teil XIII. Die Vorschrift gilt nur dann, wenn ein Zeithonorar vereinbart ist. In allen anderen Fällen sind die in der neuen Nr. 8 aufgeführten Kosten in die Honorare für die Leistungen nach Teil XIII im Rahmen der Honorartafel berücksichtigt (so die Amtliche Begründung zu § 7 Abs. 2 der 3. ÄndVO). Über die Höhe der erstattungsfähigen Kosten ist in der Neuregelung nichts gesagt. Sie richten sich danach, welche Geräte verwendet wurden. In der Praxis haben sich hier übliche Sätze herausgebildet. Die Höhe der Nebenkosten ist natürlich der Vereinbarung zugänglich.

12   **Absatz 3** der Bestimmung betrifft die Art und Weise der Abrechnung von Nebenkosten. Eine **Nebenkostenpauschale** bedarf der schriftlichen Vereinbarung (vgl. § 4 Rdn. 26 ff.). Diese Vereinbarung muß bereits bei Auftragserteilung getroffen werden (vgl. § 4 Rdn. 34 ff.). Fehlt eine schriftliche Vereinbarung oder wird die schriftliche Vereinbarung nach Auftragserteilung getroffen,

so ist gemäß Abs. 3 Satz 2 auf Einzelnachweis abzurechnen (BGH BauR 1990, 101 = ZfBR 1990, 64; BGH BauR 1994, 131 = NJW-RR 1994, 280 = ZfBR 1994, 73 auch zu den Anforderungen an die Schriftform; vgl. auch oben Rdn. 2). Das Vereinbaren einer Nebenkostenpauschale kann sich auf sämtliche Nebenkosten oder aber auf einzelne aus Abs. 2 beziehen. Die Bestimmung nennt weder eine Höchstgrenze für die Vereinbarung einer Nebenkostenpauschale, noch legt sie die Kriterien für eine der Höhe nach wirksame Pauschalvereinbarung fest. Eine Grenze für Pauschalvereinbarungen liegt dort, wo eine Pauschalvereinbarung in krassem Mißverhältnis zu den tatsächlich entstandenen Nebenkosten steht und die Wirksamkeit der Pauschalvereinbarung dazu führen würde, daß der Höchstpreischarakter der HOAI umgangen wird (ebenso OLG Düsseldorf BauR 1990, 640, das eine Pauschale von 10 % bei einem Bauvorhaben in unmittelbarer Nachbarschaft des Büros für überhöht hält). Soweit eine Pauschale wegen Verstoß gegen den Höchstpreischarakter unwirksam vereinbart ist, muß das Gericht wie in allen Fällen den Höchstpreisverstoß umdeuten (vgl. BGH BauR 1990, 239 = NJW-RR 1990, 276 = ZfBR 1990, 72; oben § 4 Rdn. 69) und auch hier den erlaubten Satz zugrunde legen (a. A. OLG Düsseldorf a. a. O., das hier zu Unrecht nur die Abrechnung auf Einzelnachweis zulassen will). Enthält die Vereinbarung keine Angaben, woraus die Nebenkostenpauschale zu berechnen ist, so ist vom Nettohonorar ohne Umsatzsteuer, jedoch mit allen Honorarkomponenten, wie z. B. Umbauzuschlag, Erhöhungshonorar für ungewöhnlich lange Dauer, Honorar für Besondere Leistungen usw., auszugehen (zur Ermittlung der Pauschale vgl. Frik DAB 1978, 745).

Inwieweit Auslagen nach § 7 umsatzsteuerpflichtig sind, bemißt sich nach 13 § 10 UStG. Danach gehören Beträge nicht zum Entgelt, die der Auftragnehmer im Namen und für Rechnung eines anderen vereinnahmt und verausgabt. Es handelt sich hierbei um die sogenannten durchlaufenden Posten. Hierzu gehören vor allem die in Abs. 2 Nr. 7 genannten Entgelte, die in Abs. 2 Nr. 2 genannten Vervielfältigungen, soweit der Auftragnehmer nicht nach dem Vertrag verpflichtet ist, neben den Originalunterlagen auch eine bestimmte Anzahl von Vervielfältigungen zu liefern.

§ 8
Zahlungen

(1) Das Honorar wird fällig, wenn die Leistung vertragsgemäß erbracht und eine prüffähige Honorarschlußrechnung überreicht worden ist.

(2) Abschlagszahlungen können in angemessenen zeitlichen Abständen für nachgewiesene Leistungen gefordert werden.

(3) Nebenkosten sind auf Nachweis fällig, sofern nicht bei Auftragserteilung etwas anderes schriftlich vereinbart worden ist.

(4) Andere Zahlungsweisen können schriftlich vereinbart werden.

Überblick über § 8

Die Vorschrift des § 8 regelt die Art und Weise der Zahlung von Honorar **1** und Nebenkosten. In Abs. 1 sind die Fälligkeitsvoraussetzungen für die Honorarschlußrechnung aufgeführt. Die Vorschrift des Abs. 2 betrifft die Abschlagszahlungen, der Abs. 3 regelt die Fälligkeit von Nebenkosten. In Abs. 4 ist festgelegt, daß die Vertragsparteien auch abweichende Fälligkeitsregelungen treffen können.

Geltungsbereich des § 8 und Verhältnis zu § 641 BGB

Die Vorschrift des § 8 ist konzipiert für die Honorare aller Auftragnehmer **2** betreffend Leistungen aus allen Teilen der HOAI. Erfaßt sind damit z. B. Honorare für Grundleistungen, für Besondere Leistungen, für Zusätzliche Leistungen, für Leistungen nach Zeit und insgesamt alle Honorare, die sich auf der Grundlage einer Vorschrift der HOAI ermitteln lassen.

Da die Verträge mit Architekten und Ingenieuren betreffend Bauvorhaben **3** aller Art regelmäßig Werkverträge sind, wäre hinsichtlich der Fälligkeit der Honorarrechnung § 641 BGB einschlägig. Nach dieser Vorschrift ist die Vergütung erst bei Abnahme des Werks zu entrichten, es sei denn, das Werk wäre in Teilen abzunehmen, und die Vergütung für die einzelnen Teile wäre bestimmt. Eine Teilabnahme muß jedoch im Verhältnis zwischen Auftraggeber und Auftragnehmer ausdrücklich vereinbart sein. Zwar sind die Leistungen der Architekten und Ingenieure an sich teilbar. Eine Teilabnahme i. S. § 641 BGB setzt jedoch voraus, daß ein dahin gehender Wille des Auftraggebers klar zum

Ausdruck gebracht wurde. Dieser Wille darf nicht unterstellt oder vermutet werden (BGH NJW 1974, 697 = BauR 1974, 215; a. A. zum Teil Jagenburg BauR 1980, 406 [408] für die Leistungsphasen 1–8 im Verhältnis zur Leistungsphase 9; vgl. hierzu unten Rdn. 12 ff.). Damit wären der Architekt und die Ingenieure in vollem Umfang vorleistungspflichtig, und sie hätten Anspruch auf Abschlagszahlungen nur bei entsprechender – allerdings auch stillschweigend möglicher – Vereinbarung.

4   Diese Regelung des § 641 BGB ändert § 8 ab. Die Bestimmung greift damit in das materielle Werkvertragsrecht ein. Es stellt sich deshalb die Frage, ob § 8 von der Ermächtigungsvorschrift des Art. 10 § 2 MRVG gedeckt ist. Die h. M. und der BGH bejahen dies, so daß § 8 **automatisch** und damit auch **ohne ausdrückliche** schriftliche **Vereinbarung** der Parteien gilt (BGH BauR 1981, 582 [588] m. Anm. Locher = NJW 1981, 2351 [2354]; Böggering BauR 1983, 402; Hartmann § 8 Rdn. 1; Jochem § 8 Rdn. 1 und Locher, Die Rechnung im Werkvertragsrecht, S. 56 ff.; Meißner FS Soergel, 1993, S. 205 [206]; Neuenfeld § 8 Rdn. 4; Pott/Dahlhoff § 8 Rdn. 2; Werner/Pastor Rdn. 832; Weyer BauR 1982, 309; ebenso ein Teil der Instanzgerichte: OLG Düsseldorf BauR 1980, 490; OLG Düsseldorf BauR 1982, 294; LG Münster BauR 1983, 582; OLG Hamm BauR 1986, 231). Der BGH folgert dies daraus, daß die Ermächtigungsvorschrift zum Erlaß einer Honorar**ordnung** ermächtige und damit zu mehr als der bloßen Festsetzung von Preisen, nämlich zur Regelung aller Honorarfragen. Bedeutung hat dies im Hinblick auf die Fälligkeitsvoraussetzungen des § 8 Abs. 1 sowie die Berechtigung zur Forderung von Abschlagszahlungen nach § 8 Abs. 2. Ein entscheidender Unterschied zur gegenteiligen Meinung ergibt sich auch im Hinblick auf den Verjährungsbeginn. Nach Auffassung des BGH ist der Verjährungsbeginn auch ohne ausdrückliche Vereinbarung des § 8 von der Erteilung einer Honorarschlußrechnung abhängig (vgl. unten Rdn. 33 ff.). Eine weitere Folge der Entscheidung des BGH ist es, daß abweichende Vereinbarungen über die Fälligkeit des Resthonorars oder von Abschlagszahlungen zwar möglich sind, jedoch an der Leitbildfunktion des § 8 sowie anderer Fälligkeitsregelungen der HOAI zu messen sind (vgl. hierzu Rdn. 19).

5   Die Auffassung des BGH ist für die Rechtspraxis zugrunde zu legen. Sie überzeugt jedoch nicht (wie hier gegen die Auffassung des BGH: Beigel, Musterverträge, Rdn. 24, 85; Hesse, BauR 1984, 449 [452]; Hesse/Korbion/Mantscheff/Vygen § 8 Rdn. 3 ff.; Meiski BauR 1993, 23 mit eingehender Begründung; Schmitz DAB 1981, 373 [374]; Schmitz NJW 1982, 1489 [1491]; Quambusch BauR 1986, 141 und noch nach der Entscheidung des BGH das LG Kiel BauR 1983, 580 und das LG Waldshut-Tiengen v. 16. 5. 1989 – 2 O 328/88). Auch die Tatsache, daß zum Erlaß einer Honorar**ordnung** ermächtigt wurde, rechtfertigt es nicht, dem Gesetzgeber den Willen zur abweichenden Regelung gegenüber § 641 BGB zu unterstellen. Derartiges hätte ausdrücklich in der Ermächtigungsvorschrift des Art. 10 § 1, 2 MRVG geregelt werden müssen. Es fehlt damit an der Bestimmtheit der Ermächtigungsvorschrift. Die soeben angesprochenen Folgen aus der BGH-Entscheidung sind damit abweichend zu entscheiden.

Bedeutung der Fälligkeit

Ein Anspruch kann nur dann fällig werden, wenn er bereits entstanden ist. **6** Nach § 631 BGB entsteht der Honoraranspruch des Architekten und des Ingenieurs bereits mit Abschluß des Vertrages. Er wird fällig unter den Voraussetzungen des § 641 BGB bzw. des § 8 (vgl. oben Rdn. 2 ff.). Die Fälligkeit ist ihrerseits Voraussetzung für den Leistungsverzug des Auftraggebers (§ 284 Abs. 1 BGB) und damit für die Zinspflicht und für den Ersatz von Verzugsschäden (§§ 286, 288 BGB). Die Fälligkeit des Honoraranspruchs ist darüber hinaus von Bedeutung für den Beginn der Verjährung dieser Forderung (zur Verjährungsfrist vgl. Einl. Rdn. 170 ff.; zum Verjährungsbeginn vgl. unten Rdn. 33 ff.; zu den prozessualen Folgen bei fehlender Fälligkeit vgl. § 10 Rdn. 76 f.).

Voraussetzungen für die Fälligkeit der Honorarforderung

Nach Abs. 1 ist die Fälligkeit des Honoraranspruchs für die Schlußrechnung **7** an **drei Voraussetzungen** geknüpft: die vertragsgemäße Erbringung der Leistungen (vgl. Rdn. 8 ff.), die Erstellung einer prüffähigen Honorarschlußrechnung (vgl. Rdn. 15 ff.) und die Überreichung der prüffähigen Honorarschlußrechnung (vgl. Rdn. 56).

Die „vertragsgemäße Erbringung der Leistung"

Die **vertragsgemäße Erbringung der Leistung** setzt in jedem Fall die Fertig- **8** stellung der übertragenen Arbeiten voraus. Der Auftragnehmer muß die ihm nach seinem speziellen Vertrag obliegenden Leistungen erbracht haben. Eine **Abnahme** seiner Leistungen ist dagegen nicht erforderlich (ebenso BGH BauR 1986, 596 = NJW-RR 1986, 1279 = ZfBR 1986, 232). Erforderlich ist allerdings, daß die Leistung **abnahmefähig** ist (ebenso Neuenfeld § 8 Rdn. 1; Werner/Pastor Rdn. 836; vgl. auch BGH NJW 1974, 697 = BauR 1974, 215). Dies bedeutet jedoch nicht, daß die Leistungen des Auftragnehmers und das Bauwerk völlig mängelfrei sein müssen. Im einzelnen sind zur Beantwortung der Frage, wann der Auftragnehmer seine Leistung vertragsgemäß erbracht hat, obwohl am Bauwerk **Mängel** vorliegen, drei Fallgruppen zu unterscheiden (vgl. zum Ganzen Meißner, FS Soergel, 1993, S. 205 [209 f.]).

Geringfügige, **unerhebliche Mängel** können die Fälligkeit des Honorar- **9** anspruchs des Auftragnehmers nicht hindern (Mängelbeseitigungskosten etwa 2000 DM). Dem Auftraggeber stehen hier ggf. Gewährleistungsansprüche, insbesondere Minderungsansprüche hinsichtlich des Honorars, oder Schadensersatzansprüche zur Verfügung (ebenso Werner/Pastor a. a. O.).

10   Liegen dagegen **gravierende Mängel** vor, die der **Auftragnehmer** weder verursacht noch verschuldet hat, so treffen ihn folgende **Tätigkeitspflichten:** Im Rahmen der Objektüberwachung (Leistungsphase 8) muß der Auftragnehmer mindestens einmal, wenn nicht zweimal zur Beseitigung der Mängel auffordern. Bleibt seine Aufforderung gegenüber den am Bau Beteiligten erfolglos, so muß er diesen Sachverhalt dem Auftraggeber mitteilen und hat damit seiner Verpflichtung Genüge getan. Die notwendigen Maßnahmen – insbesondere auch eine Fristsetzung mit Ablehnungsandrohung – hat der Auftraggeber selbst zu ergreifen. Der Auftragnehmer muß hier nicht die tatsächliche Durchsetzung der Mängelansprüche und die spätere Mängelbeseitigung abwarten. Hierauf hat er keinen Einfluß. Sein Honorar wird in diesem Fall also fällig, wenn er die Mitteilung an den Auftraggeber gemacht hat. Wenn dagegen der am Bau Beteiligte die Mängelbeseitigung nach der Aufforderung vornimmt, so hat der Auftragnehmer diese zu überwachen. Erst nach Abschluß der Überwachungstätigkeit hat er dann seine Leistung vertragsgemäß erbracht. Dabei muß die Beseitigung der bis zur Abnahme aufgetretenen Mängel überwacht werden, wenn der Auftragnehmer die Objektüberwachung in Auftrag hat. Sind ihm zusätzlich die Objektbetreuung und Dokumentation (Leistungsphase 9) übertragen, so hat er auch die Beseitigung der nach der Abnahme aufgetretenen Mängel zu überprüfen (vgl. dazu ferner unten Rdn. 12).

11   Hat der Auftragnehmer schließlich **wesentliche Mängel selbst verursacht** oder mit verursacht und mit verschuldet, so ist zu unterscheiden, ob eine Mängelbeseitigung durch den Auftragnehmer in Frage kommt oder nicht. Lassen sich die Planungs- oder Vergabeleistungen noch „nachbessern", so wird der Honoraranspruch erst nach Ausführung der Nachbesserungsarbeiten fällig (ebenso Hesse/Korbion/Mantscheff/Vygen § 8 Rdn. 24; Maurer, FS Locher, S. 191; Werner/Pastor a. a. O.). Entsprechendes gilt auch, wenn der Auftragnehmer ausnahmsweise berechtigt ist, Mängel des Bauwerks zu beseitigen (vgl. hierzu Locher, Das private Baurecht, Rdn. 237 ff. und oben Einl. Rdn. 49). Kommt dagegen eine Nachbesserung der Leistung des Auftragnehmers oder ein Nachbesserungsrecht des Auftragnehmers hinsichtlich Mängeln des Bauwerks selbst nicht in Frage, so wird der Honoraranspruch dennoch sofort fällig, da insoweit dem Auftraggeber Schadensersatzansprüche zustehen. Zur vertragsgemäßen Erbringung der Leistungen i. S. des § 8 Abs. 1 gehört es nicht, daß der Auftragnehmer wegen Planungs- oder Überwachungsfehlern geschuldeten Schadensersatz geleistet hat. Etwaige Schadensersatzansprüche hindern die Fälligkeit des Honoraranspruchs also nicht (BGH BauR 1974, 137 = BB 1974, 158; OLG Oldenburg SFH Nr. 10 zu § 8 HOAI; Hesse/Korbion/Mantscheff/Vygen a. a. O.; Neuenfeld § 8 Rdn. 5 ff.; Pott/Dahlhoff § 8 Rdn. 5; Werner/Pastor a. a. O.; zur Pflicht, auf eigene Fehler hinzuweisen, vgl. BGHZ 71, 144 = NJW 1978, 1311 und oben Einl. Rdn. 134).

12   Problematisch ist, inwieweit die Fälligkeit der Honorarforderung von der „vertragsgemäßen Erbringung" der **Teilleistungen aus der Leistungsphase 9** des § 15 (Objektbetreuung und Dokumentation) abhängig ist. Der Auftragnehmer

kann hier nämlich mit der Überwachung der Mängelbeseitigung noch bis zum Ablauf der 5jährigen Gewährleistungsfrist nach § 638 BGB befaßt sein. Im übrigen ist der Zeitpunkt der Begehung zur Feststellung der Mangelhaftigkeit kurz vor Ablauf der Gewährleistungsfristen ebenfalls sehr spät.

Die Frage, ob die Fälligkeit der Schlußzahlung von der letzten, in Leistungs- **13** phase 9 zu erbringenden Leistung abhängt, war umstritten (zum Streitstand vgl. Meißner, FS Soergel, 1993, S. 205 [209 ff.]; ferner die Vorauflage § 8 Rdn. 6 jew. m. Nachw.). Für die entsprechende Frage der Abnahme der Architektenleistung und den Gewährleistungsbeginn hatte der BGH (BauR 1992, 794 = NJW 1992, 2759 = ZfBR 1992, 275) die Frage zunächst offengelassen. Er entschied jedoch dann mit der h. M., daß die Abnahme erst nach Erbringung der Leistungen aus Leistungsphase 9 erfolgen könne (BGH BauR 1994, 392 = NJW 1994, 1276 = ZfBR 1994, 131 = LM Heft 6/94 HOAI Nr. 24 m. Anm. Koeble). Für die Fälligkeit der Schlußrechnung ist zwar nicht die Abnahme, sondern die „vertragsgemäße Erbringung der Leistungen" erforderlich. Auch dafür sind jedoch die gleichen Tätigkeitspflichten von zentraler Bedeutung (Koeble a. a. O.; vgl. auch OLG Frankfurt BauR 1985, 469). Dies gilt sowohl für die Leistungen betreffend Mängel, die nach den Abnahmen der Leistungen der am Bau Beteiligten auftreten, als auch dann, wenn solche Mängel nicht auftreten und lediglich die Objektbegehung vor Ablauf der Gewährleistungspflicht im Verhältnis zu den am Bau Beteiligten erforderlich ist. Die Konsequenz ist damit, daß auch die Honorarschlußrechnung erst zu diesem späteren Zeitpunkt fällig wird (ebenso OLG Stuttgart BauR 1995, 414; OLG Köln BauR 1992, 803 = NJW-RR 1992, 1173 = SFH Nr. 54 zu § 638 BGB; OLG Düsseldorf NJW-RR 1992, 1174; OLG Hamm NJW-RR 1992, 1049).

Allerdings kann der Auftragnehmer die **Abschlagszahlungen** bis einschließlich **14** Leistungsphase 8 und ggf. auch für Teile der Leistungsphase 9 – wenn z. B. die nach den Abnahmen aufgetretenen Mängel beseitigt sind – geltend machen. Erteilt er in solchen Fällen eine Schlußrechnung, dann stellt sich die Frage, ob die Vergütungsforderung insgesamt nicht fällig ist oder ob damit zumindest eine Abschlagszahlungsforderung von 97 % geltend gemacht werden kann. Letzteres ist zu bejahen, da die prüfbare Schlußrechnung zumindest zur Geltendmachung einer Abschlagszahlungsforderung in Höhe von 97 % des Gesamthonorars berechtigt. Wurde auf der Basis einer Schlußrechnung geklagt, so muß es ausreichen, daß im Rechtsstreit erklärt wird, es werde nur eine Abschlagszahlungsforderung daraus in Höhe von 97 % geltend gemacht. Die Aufstellung einer neuen Abschlagszahlungsrechnung ist nicht erforderlich. Die Umstellung im Rechtsstreit stellt auch keine Klageänderung i. S. von § 263 ZPO dar, weil der Streitgegenstand nicht ausgewechselt wird (OLG Köln ZfBR 1994, 20; Koeble a. a. O.).

Die prüffähige Honorarschlußrechnung

15 Folgt man der Auffassung des BGH, wonach § 8 wirksam ist und automatisch für jeden Vertrag mit Auftragnehmern nach HOAI gilt (vgl. oben Rdn. 4 f.), so ist weitere Voraussetzung für die Fälligkeit der Honorarforderung neben der vertragsgemäßen Erbringung der Leistung die Überreichung einer **prüffähigen Honorarschlußrechnung.** Folgt man dieser Auffassung nicht, so wird die Honorarforderung nach § 641 BGB auch ohne Erteilung einer Schlußrechnung fällig (so für § 641 BGB ständige Rechtsprechung des BGH, vgl. i. e. Grimme NJW 1987, 468).

16 Nicht höchstrichterlich geklärt ist, ob dem Auftraggeber ein **Anspruch** auf **Erteilung einer Rechnung** zusteht (verneinend U. Locher, Die Rechnung im Werkvertragsrecht, S. 62). Aus § 14 UStG ergibt sich jedenfalls, daß zumindest eine – nicht den Prüfungsanforderungen der HOAI entsprechende – Rechnung vorgelegt werden muß, wenn der Auftraggeber Unternehmer ist. In diesem Fall hat er auch Anspruch auf gesonderten Ausweis der Umsatzsteuer (BGH BauR 1989, 83 = ZfBR 1989, 65).

17 Haben die Vertragsparteien ein **Pauschalhonorar** vereinbart, so bedarf es keiner detaillierten Schlußrechnung. Notwendig ist aber auch hier die Anforderung des vereinbarten Pauschalbetrags unter Angabe etwaiger Abschlagszahlungen (im Ergebnis allgemeine Meinung, wenn auch z. T. formuliert wird, daß eine Schlußrechnung mit geringeren Anforderungen an die Prüfbarkeit vorzulegen sei; vgl. OLG Köln NJW-RR 1990, 1171; OLG Stuttgart BauR 1991, 491; OLG Hamm BauR 1993, 633 = NJW-RR 1993, 1175; BGH BauR 1989, 87 für den VOB-Vertrag). Bei **Kündigung** oder vorzeitiger Beendigung des Vertragsverhältnisses muß die Rechnung jedoch erkennen lassen, welche Leistungen erbracht sein sollen und welche anteilige Pauschale dafür beansprucht wird (OLG Hamm a. a. O.). Dafür genügt die Angabe von Prozentsätzen aus den Leistungsphasen. Auch bei **unwirksamer Pauschalvereinbarung** (vgl. § 4 Rdn. 21) gilt nichts anderes (so mit Recht OLG Hamm NJW-RR 1994, 1433). Nur wenn eine der Parteien die Honorarvereinbarung angreift, muß sie die Anforderungen der HOAI z. B. bezüglich der anrechenbaren Kosten dartun (OLG Düsseldorf BauR 1993, 630 = NJW-RR 1993, 1173).

18 Fälligkeitsvoraussetzung ist, daß es sich um eine **Honorarschlußrechnung** des Auftragnehmers handelt, was auch im Hinblick auf die Bindungswirkung von Bedeutung ist (vgl. hierzu unten Rdn. 38 ff.). Hierfür ist nicht erforderlich, daß die Rechnung ausdrücklich als Schlußrechnung bezeichnet wurde. Es muß sich aber aus der Sicht des Auftraggebers (Empfängerhorizont) eindeutig um eine abschließende Rechnung handeln. Das ist z. B. der Fall, wenn eine Rechnung „für die Leistungen beim Bauvorhaben X" erteilt wird oder wenn sonst aus der Rechnung hervorgeht, daß die gesamten Leistungen abgerechnet werden sollen. Um eine Schlußrechnung mit Bindungswirkung kann es sich auch bei einer Abschlagszahlungsrechnung handeln, wenn nämlich schriftlich erklärt wird, daß keine zusätzlichen Forderungen geltend gemacht werden (so mit Recht Pott/Dahlhoff

§ 8 Rdn. 6 unter Hinweis auf BGH BauR 1975, 282 zur VOB [B]). Ein Vorbehalt von Nachforderungen oder hinsichtlich der Nachberechnung bei den anrechenbaren Kosten (z. B. bei der Kostenfeststellung) beseitigt den Charakter als Schlußrechnung nicht (a. A. Pott/Dahlhoff a. a. O.). Vielmehr ergibt sich hier nur die Frage, ob eine Bindungswirkung bei derartigen Vorbehalten eintritt (vgl. hierzu unten Rdn. 51 ff., ebenso zur Frage, ob eine „Teilschlußrechnung" Bindungswirkung hat).

Gegenüber den früheren Gebührenordnungen verlangt die HOAI **Prüffähig**- **19** **keit** der Honorarschlußrechnung. Das gilt auch bei Kündigung (BGH BauR 1994, 655 = NJW-RR 1994, 1238 = ZfBR 1994, 219). Hinsichtlich der Prüfbarkeit sind die gleichen Anforderungen wie bei §§ 14, 16 Nr. 1 VOB/B zu stellen. Erforderlich ist damit eine übersichtliche Aufstellung der erbrachten Leistungen und der zugrunde gelegten Berechnungsfaktoren, damit dem Auftraggeber eine sichere Beurteilung der Leistungen möglich ist. Die Frage der Prüffähigkeit kann nicht generell entschieden werden. Vielmehr ist hier auf die Prüfungmöglichkeiten des konkreten **Empfängers** abzustellen. Je nach der **Sachkunde** des Empfängers im Einzelfall können die Anforderungen niedriger sein, insbesondere dann, wenn der Auftraggeber selbst im Baugewerbe tätig ist oder bereits mehrere Bauvorhaben durchgeführt hat (so vom Grundsatz her richtig OLG Hamm NJW-RR 1988, 727, das jedoch – zu weitgehend – auf die Angabe der HOAI-Vorschriften, der Leistungsbilder, Leistungsphasen und Prozentsätze gegenüber der Ehefrau eines Heizungsbauers verzichten will).

Prüffähigkeit ist auch nicht gleichzusetzen mit **sachlicher Richtigkeit** oder **20** Berechtigung der Forderung selbst. Berechnet der Auftragnehmer zuviel, verrechnet er sich zu seinen Gunsten; setzt er die erbrachten Leistungsanteile zu hoch an oder stuft er das Objekt in eine zu hohe Honorarzone ein, so sind dies Fragen der Richtigkeit der Rechnung und nicht der Prüfbarkeit. Entsprechendes gilt, wenn die falschen Vorschriften der HOAI für die Abrechnung angewendet werden (OLG Hamm NJW-RR 1990, 522 für einen Statiker, der ohne schriftliche Vereinbarung 55 % der Gesamtkosten nach § 62 Abs. 5 abrechnet). Ebenfalls kein Problem der Prüfbarkeit ist die sachliche und rechnerische Richtigkeit der Kostenermittlung oder ihre korrekte Übernahme in die Rechnung (OLG Frankfurt BauR 1994, 657 = NJW-RR 1994, 1502). Auch eine falsche Berechnung (z. B. der anrechenbaren Kosten) schließt die Prüfbarkeit der Rechnung nicht aus (OLG Köln BauR 1992, 668).

Zur **Prüffähigkeit** gehört **im einzelnen** folgendes (vgl. zum Ganzen ausführ- **21** lich Maurer, FS Locher, S. 189 [192 ff.]; Schmitz BauR 1982, 219; Pöschl DAB 1988, 125; Steckel/Becker ZfBR 1989, 85):

– Der erste Grundsatz für die Abrechnung ist, daß diese im **System der HOAI** **22** erfolgen muß (§ 10 Abs. 1). Danach sind im Regelfall die **4 Komponenten** für die Honorarberechnung maßgebend: die anrechenbaren Kosten, die Honorarzone, die Honorartafel und die erbrachten Leistungen sowie ihre Bewertung nach Prozentsätzen. Dieses Abrechnungsschema ist auch bei Teilleistungen, bei Beauftragung mit Teilobjekten und bei Kündigung immer einzuhalten (vgl. § 10 Rdn. 75). Ausnahmen gibt es nur dort, wo die HOAI ausdrücklich eine Abrechnung nach Zeithonorar oder eine freie Honorarvereinbarung zuläßt oder vorschreibt (vgl. z. B. BGH BauR 1990, 236 = NJW-RR 1990, 227 = ZfBR 1990, 75).

23 – Der zweite Grundsatz für die Abrechnung ist, daß eine **Aufteilung der Rechnung** in Leistungsphase 1–4 einerseits und Leistungsphase 5–9 andererseits erfolgen muß (vgl. für § 10 Abs. 2 HOAI z. B. OLG Rostock BauR 1993, 762 = NJW-RR 1994, 651; gegen den Wortlaut dieser Vorschrift Maurer, FS Locher, S. 189 [192]). Für Verträge seit dem 1. 1. 1996 muß die Rechnung in **drei Teile** gegliedert sein (vgl. § 10 Rdn. 54, 57).

24 – Der dritte Grundsatz ist, daß für die jeweiligen Leistungsphasen die **richtige Kostenermittlung** zugrunde gelegt werden muß. Dies ist im Regelfall für die Leistungsphasen 1–4 die Kostenberechnung und für die Leistungsphasen 5–7 der Kostenanschlag sowie für die Leistungsphasen 8–9 die Kostenfeststellung (vgl. für die Objektplanung § 10 Abs. 2).

25 – Die **Kostenermittlung** muß ferner – und dies ist der vierte Grundsatz – die von der HOAI vorgeschriebene **Form** einhalten. Die HOAI schreibt hierzu im Regelfall vor, daß die **Kostenermittlung nach DIN 276** erfolgen muß (vgl. dazu § 10 Rdn. 12). Darüber hinaus verlangt sie, daß eine bestimmte **Fassung der DIN 276** zugrunde gelegt wird, nämlich diejenige, die in der jeweiligen Vorschrift über die anrechenbaren Kosten maßgebend ist (vgl. für die Objektplanung § 10 Abs. 2–6; hierzu die Kommentierung § 10 Rdn. 11 ff.).

26 – Neben den anrechenbaren Kosten muß auch die **Honorarzone** (bei der Objektplanung §§ 12, 11) angegeben sein (OLG Hamm NJW-RR 1991, 1430 für die Tragwerksplanung). Ist die Honorarzone durch Punktbewertung nach § 11 Abs. 2, 3 ermittelt worden, so sind die einzelnen Bewertungsmerkmale anzugeben. Verwiesen werden muß auch auf die herangezogene **Honorartafel** (bei der Objektplanung § 16). Dagegen bedarf es keines Hinweises auf eine etwaige Interpolation oder die Formel dafür.

27 – In der Rechnung selbst müssen ebenfalls **die erbrachten Leistungen** aus dem jeweiligen Leistungsbild aufgeführt sein. Dabei genügt es nicht, auf die einzelnen Ziffern der Leistungsphasen zu verweisen. Vielmehr ist die genaue Benennung der Leistungsphasen selbst und die Angabe von in der HOAI vorgesehenen Prozentsätzen einerseits sowie der angeblich erbrachten Leistungen in Prozenten andererseits erforderlich (OLG Hamm BauR 1987, 582; LG Bamberg NJW-RR 1988, 984 für den Tragwerksplaner). Bei Erbringung aller Leistungen aus einer Leistungsphase müssen die Teilleistungen nicht angegeben werden (so mit Recht OLG Frankfurt BauR 1982, 600 [601]). Ein Teil der Rechtsprechung ist der Auffassung, daß bei Erbringung von Teilleistungen angegeben werden muß, weshalb und in welchem Umfang diese Leistungen z. T. erbracht wurden (so OLG Stuttgart BauR 1985, 587; OLG Rostock BauR 1993, 762 = NJW-RR 1994, 661). Dies dürfte im Hinblick auf die Prüfbarkeit jedoch zu weitgehend sein.

– Neben den Grundleistungen sind auch die sonstigen, abgerechneten Leistungen anzugeben, insbesondere Honorare für **Besondere Leistungen** oder für außergewöhnliche oder ungewöhnlich lange dauernde Leistungen. Beansprucht der Auftragnehmer einen Umbauzuschlag nach § 24 HOAI oder eine Erhöhung nach § 20 HOAI, so ist dies ebenfalls anzugeben (BGH BauR 1994, 655 = NJW-RR 1994, 1238 = SFH Nr. 23 zu § 649 BGB = ZfBR 1994, 219; OLG Stuttgart BauR 1985, 587). Entsprechendes gilt auch für Leistungen nach §§ 25–27, bei Zusätzlichen Leistungen (§§ 28–32) und bei Besonderheiten nach allen Teilen der HOAI.   **28**

– Umstritten ist, ob in der Honorarrechnung auch die **Paragraphen der HOAI**   **29** angegeben sein müssen, die für die Honorarberechnung zugrunde gelegt werden. Die h. M. bejaht dies für den Regelfall (Ausnahme: sachkundiger Bauherr; hierzu oben Rdn. 19) mit Recht (OLG Düsseldorf BauR 1982, 294; OLG Hamm NJW-RR 1991, 1430; OLG Bamberg NJW-RR 1988, 984 = BauR 1988, 638 [L] für den Statiker; a. A. KG BauR 1988, 624 [628] = NJW-RR 1988, 21; OLG Hamm BauR 1994, 536). Ohne Angaben der Paragraphen der HOAI ist es dem durchschnittlichen Bauherrn nicht möglich, zu überprüfen, ob die anrechenbaren Kosten (z. B. § 10) zutreffend zugrunde gelegt sind und ob die richtige Honorarzone (§§ 11, 12) angewandt wurde. Dem Wohnungsbauunternehmen oder dem fachkundigen öffentlichen Auftraggeber als Vertragspartner müssen diese Angaben dagegen nicht gemacht werden (vgl. oben Rdn. 19).

– Eine Rechnung ist nur dann prüfbar, wenn auch die bereits **geleisteten**   **30** **Abschlagszahlungen** aufgeführt sind und ein Restbetrag ausgewiesen wird (BGH BauR 1994, 655 = NJW-RR 1994, 1238 = SFH Nr. 23 zu § 649 BGB = ZfBR 1994, 219).

Diese Anforderungen an die Prüfbarkeit gelten in allen Fällen, in denen   **31** Honorarschlußrechnungen erteilt werden und zwar sowohl dann, wenn das Vertragsverhältnis ordnungsgemäß abgewickelt wird als auch dann, wenn es vorzeitig beendet wird (BGH BauR 1986, 596 = NJW-RR 1986, 1279 = ZfBR 1986, 232; BGH BauR 1994, 655 = NJW-RR 1994, 1238 = SFH Nr. 23 zu § 649 BGB = ZfBR 1994, 219). Die Darlegungs- und Beweislast für die bis zur Beendigung erbrachten Leistungen trägt im übrigen der Auftragnehmer (BGH a. a. O.; zur Kündigung vgl. ferner Einl. Rdn. 36).

Die Anforderungen an die Prüffähigkeit dürfen zwar nicht überspannt werden   **32** (für minimale Voraussetzungen Maurer a. a. O.). Es ist auch nochmals darauf hinzuweisen, daß die **Stellung des Empfängers** die Anforderungen bestimmt (vgl. oben Rdn. 19). Jedoch ist es so, daß die Gerichte die Voraussetzungen der Prüfbarkeit selbst beurteilen müssen und nicht durch **Einholung von Sachverständigengutachten** sich dieser Frage entledigen dürfen. Für die Tätigkeit von Sachverständigen ist insoweit nur Raum, als es um die Begründetheit der formell nach HOAI ordnungsgemäß aufgestellten Honorarrechnung geht. Denkbar ist ferner noch, daß Sachverständige mit der Überprüfung von Kostenermittlungen auf die Anforderungen der DIN 276 beauftragt werden können. Daneben kommt der Einsatz von Sachverständigen im wesentlichen in folgenden Fällen zum Tragen: bei der Frage der richtigen Honorarzone; bei der Frage, ob und welche Teilleistungen nach § 15 HOAI erbracht sind – wobei die Frage des Gewichts und einer etwaigen Honorarminderung jedoch eine Rechtsfrage ist (vgl. hierzu § 5 Rdn. 10 ff.); bei der Frage, ob „außergewöhnliche" Leistungen vorliegen; bei der Frage, ob „dasselbe Gebäude" und „grundsätzlich verschiedene Anforderungen" i. S. § 20 vorliegen; bei der Frage, ob „gleiche, spiegelgleiche oder im wesentlichen gleichartige Gebäude" i. S. § 22 gegeben sind, und bei ähnlichen Problemstellungen.

Verjährung der Honorarforderung

33   Die Verjährungsfrist für die Honorarforderung der Auftragnehmer beträgt regelmäßig 2 Jahre. Nur im Ausnahmefall kommt die 4jährige Frist (§ 196 Abs. 2 BGB) zur Anwendung, wenn der Auftragnehmer eine GmbH ist. Sie beginnt zu laufen am Ende des Jahres, in dem Durchsetzbarkeit gegeben ist, in dem die Forderung also fällig geworden ist (vgl. Einl. Rdn. 170 ff.).

34   Nach der Rechtsprechung des BGH hängt der **Verjährungsbeginn** heute einheitlich von der Überreichung der prüffähigen Honorarschlußrechnung ab, da § 8 gültig ist und unmittelbar zur Anwendung kommt (vgl. oben Rdn. 2 ff.). Auf die bloße Möglichkeit zur Erstellung der Honorarschlußrechnung kommt es deshalb nicht an.

35   Im Ergebnis kann der Auftragnehmer den Verjährungsbeginn damit beliebig hinauszögern, indem er die Schlußrechnung nicht überreicht. Er wird sich zwar dadurch im Regelfall nur selbst schaden. Vorteile können ihm allerdings daraus erwachsen, daß Gewährleistungsansprüche des Auftraggebers verjähren und auch die Voraussetzungen für eine Mängeleinrede bzw. für die Aufrechnung (§§ 639, 478 BGB) nicht mehr vorliegen. Nicht nur in diesen Fällen kann der Auftraggeber ein berechtigtes Interesse daran haben, Klarheit über die Höhe der Honorarforderung zu erhalten und den Beginn der Verjährung herbeizuführen. Man denke nur an Gesellschaftsauseinandersetzungen, an die Frage, ob Konkursantrag gestellt werden muß oder ob eine Erbschaft ausgeschlagen werden soll. Theoretisch könnte der Auftragnehmer 10 Jahre ab Fertigstellung seine Honorarrechnung dem Auftraggeber vorenthalten und erst danach seinen Honoraranspruch geltend machen. Im Einzelfall kann hier zwar der Verwirkungseinwand erhoben werden, wenn nämlich neben dem Zeitablauf aus dem Verhalten des Auftragnehmers der Eindruck gewonnen werden konnte, daß dieser mit seiner Honorarrechnung nicht mehr auf den Auftraggeber zukommt. Denkbar wäre auch, dem Auftraggeber über § 14 UStG einen klagbaren Anspruch auf die Erstellung einer Honorarschlußrechnung mit offenem Steuerausweis zu geben (vgl. i. e. Locher, Das private Baurecht, Rdn. 349; vgl. oben Rdn. 16).

36   Nach der Rechtsprechung des BGH zum vorzeitig beendeten Architektenvertrag kann der Auftraggeber dem Auftragnehmer eine angemessene **Frist zur**

Rechnungsstellung setzen; erteilt der Auftragnehmer die Rechnung dann nicht innerhalb dieser Frist, so muß er sich nach Treu und Glauben (§§ 162 Abs. 1, 242 BGB) so behandeln lassen, als sei die Honorarschlußrechnung innerhalb angemessener Frist erteilt worden (BGH BauR 1986, 596 = NJW-RR 1986, 1279 = ZfBR 1986, 232; zustimmend U. Locher, Die Rechnung im Werkvertragsrecht, S. 62 ff.). Diese Rechtsprechung ist allgemeingehalten und damit auf alle Auftragnehmer übertragbar. Sie gilt darüber hinaus nicht nur für den Fall der **vorzeitigen Beendigung,** sondern auch für die **ordnungsgemäße Abwicklung** des Vertragsverhältnisses. Es ist kein Grund ersichtlich, weshalb hier differenziert werden müßte (vgl. zum Fall der vorzeitigen Beendigung unten Rdn. 57 ff.). Damit ist zwar für einen Einzelfall ein im übrigen beschwerlicher Weg für den Auftraggeber aufgezeigt worden. Eine generelle Lösung – wie sie nach der hier vertretenen Auffassung über die Abnahme gegeben ist – ist jedoch nicht in Sicht. Insbesondere wurde mit der Entscheidung praktisch die Möglichkeit abgelehnt, entsprechend § 14 Nr. 4 VOB (B) eine Rechnung durch den Auftraggeber erstellen zu lassen.

Fraglich ist, ob die Verjährung auch dann zu laufen beginnt, wenn der Auftragnehmer eine **nicht prüfbare Rechnung** erstellt hat. Nach der genannten Entscheidung des BGH, in der das Problem aber nicht ausdrücklich angesprochen und entschieden wurde, war schon davon auszugehen, daß für den Verjährungsbeginn eine prüfbare Rechnung erforderlich ist (so mit eingehender Begründung U. Locher, Die Rechnung im Werkvertragsrecht, S. 64; ferner BGH BauR 1990, 605 = NJW-RR 1990, 1170 = ZfBR 1990, 226 für § 16 VOB [B]). In einer späteren Entscheidung hat der BGH (BauR 1991, 489 = ZfBR 1991, 159) die Verjährung dann ausdrücklich von der „ordnungsgemäßen Rechnungsstellung" abhängig gemacht, wozu nach seiner Meinung die Kostenermittlung nach DIN 276 wegen § 10 Abs. 2 gehört. Diese Auffassung ist aber abzulehnen. Der Verjährungsbeginn kann nicht von der Prüfbarkeit einer Rechnung abhängen, zumal diese noch je nach Auftraggeber unterschiedliche Anforderungen haben kann. Es ist zwar nicht zu verkennen, daß keine Fälligkeit gegeben ist und damit die Durchsetzbarkeit fehlt. Andererseits muß sich der Auftragnehmer jedoch nach Treu und Glauben so behandeln lassen, als ob seine Honorarschlußrechnung prüfbar wäre, da er sich sonst zu seinem eigenen Verhalten in Widerspruch setzen würde. Die falsche Rechnung würde sonst auch noch belohnt. Der Verjährungsbeginn ist also nicht abhängig von der Prüfbarkeit, sondern nur von der Erteilung einer Honorarschlußrechnung (ebenso Lauer BauR 1989, 665; vgl. zur Frage der Bindungswirkung an eine nicht prüfbare Rechnung unten Rdn. 42).

37

Bindung an die Honorarschlußrechnung

Eine Bindung von Steuerberatern und Wirtschaftsprüfern, Ärzten und Rechtsanwälten (BGH NJW 1987, 2302) an die Honorarschlußrechnung wurde von der höchstrichterlichen Rechtsprechung bisher nicht angenommen. Auch für den VOB-Bauvertrag wurde die Bindung verneint (BGH BauR 1988, 217 =

38

NJW 1988, 910 = ZfBR 1988, 120; für den BGB-Bauvertrag von OLG Frankfurt NJW-RR 1993, 340 bejaht). Dagegen wurde für Architekten und Ingenieure eine gesteigerte Bindung an die jeweiligen Schlußrechnungen bejaht (BGH BauR 1985, 582 = NJW-RR 1986, 18). Dieser Rechtsprechung des BGH ist auch die obergerichtliche Rechtsprechung gefolgt (OLG Düsseldorf BauR 1989, 283; OLG Hamm NJW-RR 1988, 727 = BauR 1989, 145; OLG Köln BauR 1992, 108). Zur Begründung wurde angeführt, daß der Auftraggeber im Regelfall damit rechnen könne und sich darauf verlassen dürfe, daß der Auftragnehmer die in seiner Schlußrechnung enthaltene Erklärung einhält und keine zusätzlichen Ansprüche geltend macht. Diese Rechtsprechung ist in der Literatur bekämpft worden (vgl. Jagenburg BauR 1976, 319; Rieble BauR 1989, 145; Günther BauR 1991, 555; Schibel BB 1991, 2089).

39   Der BGH hat dann in zwei Urteilen (BGHZ 120, 133 = BauR 1993, 236 = NJW 1993, 659 = ZfBR 1993, 66 und BGH BauR 1993, 239 = NJW 1993, 661 = ZfBR 1993, 68 = LM H. 6/93 § 242 [Cd] BGB Nr. 324 und 325 beide m. Anm. Koeble) die noch im Urteil BauR 1990, 382 verfestigte strenge Bindungswirkungsrechtsprechung gelockert. Er hat zwar auch für den Bereich der HOAI daran festgehalten, daß der Architekt nach Treu und Glauben an seine Schlußrechnung, die er in Kenntnis der für die Honorarberechnung maßgebenden Umstände erteilt hat, grundsätzlich gebunden ist, weil er damit ein schutzwürdiges Vertrauen des Auftraggebers begründet habe. Er könne jedoch gute Gründe für eine nachträgliche Änderung haben. Nicht jede Schlußrechnung des Architekten begründe Vertrauen, und nicht jedes erweckte Vertrauen sei schutzwürdig. Im Einzelfall müssen die Interessen des Architekten und seines Auftraggebers umfassend gegeneinander abgewogen werden. Die Schutzwürdigkeit des Auftraggebers könne sich daraus ergeben, daß er auf eine abschließende Berechnung des Honorars vertrauen durfte und sich darauf in einer Weise eingerichtet habe, daß ihm eine Nachforderung nach Treu und Glauben nicht mehr zugemutet werden könne. Allerdings werde sich der Auftraggeber im Regelfall nicht auf Vertrauen berufen können, wenn er selbst alsbald die mangelnde Prüffähigkeit der Schlußrechnung gerügt habe.

40   Ein Vertrauensschutz ist nicht möglich, wenn die Rechnung an einen falschen Adressaten versandt oder übergeben wurde. Hier fehlt es an der Bindungswirkung. Anderes gilt, wenn der richtige Adressat die Rechnung dennoch erhält. Die Bindungswirkung ist vom Gericht nicht von Amts wegen zu berücksichtigen (a. A.: Löffelmann/Fleischmann Rdn. 428). Nach der neueren BGH-Rechtsprechung kann nicht davon ausgegangen werden, daß fehlendes Vertrauen als Ausnahmesachverhalt zugrunde zu legen sei.

41   Die Bindungswirkung setzt voraus, daß der Auftragnehmer eine Honorarschlußrechnung erstellt hat. Dafür kann im Ausnahmefall sogar eine Abschlagszahlungsrechnung ausreichen. Erstellt der Auftragnehmer eine Teilschlußrechnung, so kann er auch hieran gebunden sein. Hier muß zunächst geprüft werden, ob nicht eine Abschlagszahlungsrechnung vorliegt (vgl. BGH NJW-RR 1992, 278 = BauR 1992, 205). Wenn dies zu verneinen ist, dann wird

sich nach Abwägung der Umstände im Regelfall ergeben, daß eine Bindungswirkung besteht. Die Erteilung einer Teilschlußrechnung spricht dafür, daß der Auftraggeber im Einzelfall eine abschließende Berechnung der bis zu einem bestimmten Zeitpunkt erbrachten Leistung verlangt und der Auftragnehmer dem nachkommt (LM § 242 [Cd] BGB Nr. 325 m. Anm. Koeble).

Zweifelhaft kann es sein, ob der Auftragnehmer an eine nicht prüfbare Rechnung gebunden sein kann. Dies ist zu bejahen (ebenso OLG Hamm NJW-RR 1988, 727 = BauR 1989, 351; Hesse/Korbion/Mantscheff/Vygen § 8 Rdn. 33; a. A.: Rieble BauR 1989, 145). Die Situation ist genau so, wie sie der BGH zur Frage der Schlußzahlung nach § 16 Nr. 3 VOB/B entschieden hat. Auch gegenüber einer nicht prüfbaren Rechnung des Unternehmens kann eine Schlußzahlung erfolgen. Der Grund liegt darin, daß der Auftragnehmer sich mit seinem eigenen Verhalten in Widerspruch setzen würde, wenn er hinterher behauptet, es läge keine Schlußzahlung vor (vgl. zu § 16 Nr. 3 VOB/B: BGH BauR 1987, 329 = NJW 1987, 2582). Entsprechendes gilt auch für die Auftragnehmer nach HOAI. Nicht die Prüffähigkeit ist Anknüpfungspunkt für die Bindungswirkung, sondern ausschließlich die Erweckung von Vertrauen und das sich darauf Einrichten des Vertragspartners. **42**

Wichtig ist, daß die Rechtsprechung des BGH bei der Vertrauensgrundlage (Vertrauensposition) ansetzt, die der Architekt oder Ingenieur durch die Überreichung der Schlußrechnung schafft. Die vor der Lockerung der Rechtsprechung durch den BGH grundsätzlich von ihm und den Obergerichten vertretene Ansicht, daß die Erteilung der Schlußrechnung jedes Nachforderungsrecht ausschließe, weil dies ein treuwidriges Verhalten (venire contra factum proprium) darstelle, ist jedoch unrichtig und zu Recht aufgegeben worden. Nicht jedes selbstwidersprüchliche Verhalten läßt schutzwürdiges Vertrauen entstehen und führt zu einer entsprechenden Vertrauensposition. Es kann gute Gründe für eine Änderung oder Korrektur des Verhaltens des Auftragnehmers geben, es kann auch so sein, daß die ursprüngliche Vertrauensposition von vornherein so schwach ist, daß sich hierauf vernünftigerweise Dispositionen nicht aufbauen lassen. Außerdem können sich Umstände, die zu einer bestimmten Verhaltensweise geführt haben, mit oder ohne Verschulden eines Beteiligten geändert haben. Deshalb läßt es der BGH nunmehr nicht genügen, daß ein objektiver Tatbestand geschaffen wurde, der Grundlage für ein schutzwürdiges Vertrauen sein kann. Im Regelfall muß der Auftraggeber auch auf diese Vertrauenslage reagiert, „sich eingerichtet" haben, um dem Änderungsverlangen berechtigterweise entgegentreten zu können. Hat er die objektiv vorhandene Vertrauensposition nicht zum Gegenstand seines Verhaltens gemacht, so etwa wenn er alsbald die Prüffähigkeit der Rechnung gerügt hat oder die Rechnung überhaupt nicht beachtet und abgelegt hat, so liegt kein selbstwidersprüchliches Verhalten vor, das einen besonderen Vertrauensschutz rechtfertigen würde. „Vertrauen muß nicht nur gewährt, es muß auch in Anspruch genommen werden." **43**

44 Aus dieser Rechtsprechung ergeben sich für die Praxis beachtliche Folgen:

45 – Keinen Vertrauensschutz genießt der Auftraggeber, wenn der Architekt die Kosten nicht oder nicht vollständig ermitteln kann und auf Anfrage beim Auftraggeber keine oder eine falsche Antwort erhält.

46 – Unabhängig von einer etwaigen Anfechtung entfaltet die Rechnung keine Bindungswirkung, wenn sie offensichtliche Fehler enthält, die der Auftraggeber entweder erkannt hat oder hätte erkennen müssen. So etwa bei erkennbar falscher Berechnung der Mehrwertsteuer (BGH BauR 1986, 593). Solche offensichtlichen Fehler können Rechenfehler, Schreibfehler, Übertragungsfehler (z. B. falsche anrechenbare Kosten oder falscher Honorarbetrag aus der Honorartafel) oder auch sonstige eindeutige Versehen sein. Dabei kommt es auf den Empfängerhorizont und damit auch auf die Sachkunde des Auftraggebers an. So kann z. B. keine Bindung bestehen, wenn der Auftragnehmer eine völlig falsche Kostenermittlung zugrunde legt und dies dem Auftraggeber als Wohnungsbauunternehmen klar erkennbar ist oder dem vom Auftraggeber eingesetzten Baubetreuer oder Projektsteuerer deutlich zu Tage liegt. Die Rechnung kann auch dann noch korrigiert werden, wenn Gründe für eine Anfechtung wegen Irrtums vorliegen (OLG Düsseldorf BauR 1985, 234). Ganz allgemein müssen Nachforderungen auch dann noch möglich sein, wenn ein wichtiger Grund hierfür gegeben ist, weil dann der Vertrauensschutz (§ 242 BGB) nicht eingreifen kann (zweifelnd: Weyer, Festschrift für Korbion, S. 481).

47 – Die Bindungswirkung entfällt auch mangels schützenswerten Vertrauens, wenn der Architekt erkennbar eine Abrechnung übermittelt, ohne daß er seine Leistung bereits voll erbracht hat. Der Auftraggeber kann dann ersehen, daß er für die weiteren Leistungen noch Honorarforderungen ausgesetzt ist. Hier fehlt es am Charakter der Schlußrechnung.

48 – Leugnet der Auftraggeber das Bestehen eines Architektenvertrags und weist er deshalb die Bezahlung zurück, so liegt ebenfalls keine schützenswerte Vertrauensgrundlage vor. Dasselbe muß gelten, wenn er jede Entgeltlichkeit bestreitet und behauptet, die Architektenleistung sei eine „Serviceleistung" (vgl. Locher, Festschrift für Heiermann, S. 246).

49 – Werden Leistungen außerhalb der HOAI abgerufen und erbracht, so vor allem im wirtschaftlichen Bereich (Grundstücksbeschaffung, Mitwirkung bei der Teilungserklärung oder Erstvermietung), oder werden Gutachten verlangt und erstattet, so bezieht sich die Abrechnung des Architekten zunächst auf die HOAI-Leistungen, sofern nicht aus der Abrechnung etwas anderes hervorgeht oder die Umstände eine andere Beurteilung erfordern. Der Auftraggeber kann nicht darauf vertrauen, keinen weiteren Forderungen des Architekten ausgesetzt zu sein.

50 – Allein dadurch, daß der Architekt in seiner Schlußrechnung die Mindestsätze der HOAI unterschreitet und eine solche Vereinbarung nichtig ist, entfällt nicht grundsätzlich ein schutzwürdiges Vertrauen des Auftraggebers in die

Richtigkeit der Schlußrechnung (BGH BauR 1993, 239). Der Architekt muß seine Honorarordnung kennen und erkennen, daß die Mindestsatzunterschreitung gegebenenfalls unwirksam ist. Es wäre ein unbefriedigendes Ergebnis, wenn der Architekt, der seine Honorarordnung nicht kennt oder nicht kennen will, nachfordern könnte, während der berufsgerecht handelnde Architekt, der seine Honorarordnung kennt, benachteiligt würde. Eine Bindungswirkung kann jedoch bei einer unzulässigen Mindestsatzunterschreitung dann entfallen, wenn ein sachkundiger Bauherr die Unwirksamkeit der Honorarvereinbarung erkannt hat (man hat etwa vor Abschluß der Vereinbarung darüber diskutiert) oder hätte erkennen müssen (bei Vergaben durch die öffentliche Hand). Gerade dann, wenn der Auftraggeber bewußt versucht, den Architekten unter die Mindestsätze zu drücken (etwa dadurch, daß Leistungen herausgenommen und überproportioniert werden oder die Bindung der anrechenbaren Kosten an die genehmigte Kostenermittlung vorgenommen wird), ist kein schutzwürdiges Vertrauen in die aufgrund der nichtigen Vereinbarung erstellte Honorarrechnung erweckt.

– Eine Bindungswirkung tritt in der Regel dann nicht ein, wenn sich der Architekt die Erhöhung der Rechnung ausdrücklich vorbehalten hat. Nach der vor der Wende in der BGH-Rechtsprechung im Jahre 1993 veröffentlichen Entscheidung (BGH BauR 1990, 382) zerstörte ein Vorbehalt die Bindungswirkung nur dann, wenn er eine Festlegung enthielt, aus welchem Rechtsgrund, für welche Leistung und in welcher Höhe der Architekt eine zusätzliche Honorarforderung gegebenenfalls verlangen will. Nach der neuen Rechtsprechung dürfte eine schutzwürdige Vertrauensposition aber auch dann noch nicht aufgebaut worden sein, wenn grundsätzlich auf Mehrleistungen hingewiesen wird und, ohne sie im einzelnen zu nennen, hieran der Vorbehalt geknüpft wird oder wenn ohne nähere Darlegung die Berechnung einer höheren Honorarzone vorbehalten wird oder bei der Formulierung „unter Vorbehaltung der Nachberechnung der anrechenbaren Kosten" (so Locher, Festschrift für Heiermann, S. 246; Koeble Anm. zu LM § 242 [Cd] BGB Nr. 325: „Nachdem es nicht mehr ausschließlich auf den Empfängerhorizont, sondern auf die Gesamtumstände ankommt, wird auch insoweit die Treuwidrigkeit viel eher zu verneinen sein"). Im übrigen bestehen Zweifel, ob in diesen Fällen überhaupt eine „Schlußrechnung" vorliegt. **51**

– Für die Praxis ergibt es sich, daß bei dem „erheblichen Gewicht", das die Schlußrechnung beim Auftraggeber erweckt, sorgfältig die Reaktion des Auftraggebers im Rahmen einer Einzelfallabwägung beachtet werden muß. Es ist also zu prüfen: Durfte er vertrauen, und hat er sich auf dieses Vertrauen eingerichtet. Hat sich der Auftraggeber überhaupt nicht erkennbar auf die Schlußrechnung eingerichtet und sie einfach ohne Prüfung und Stellungnahme liegenlassen, möglicherweise in der Hoffnung, der Architekt lasse seine Forderung verjähren, und trifft er also keine Vermögensdisposition, so fehlt es schon an der Erweckung von Vertrauen. Eine Bindungswirkung tritt nicht ein. Anders kann es sein, wenn er auf die Rechnung eingeht. **52**

Richtet er seine Finanzierung hiernach aus, bildet er in der Erwartung, er sei keinen weiteren Honorarforderungen ausgesetzt, keine Rücklagen, die er sonst gebildet hätte, oder investiert er im Vertrauen auf die abschließende Wirkung der Rechnung anderweitig in den Bau, was er sonst nicht getan hätte, so ist eine Bindungswirkung in der Regel zu bejahen. Eine Vermögensdisposition, die eine Bindungswirkung zur Folge hat, kann auch vorliegen, wenn der Auftraggeber aufgrund der Rechnungsstellung und der ihm günstig erscheinenden Honorarabrechnung darauf verzichtet, Aufrechnungs- oder Zurückbehaltungsrechte wegen Gewährleistungsansprüchen geltend zu machen, also seine prozessuale Situation verschlechtert. Bezahlt der Auftraggeber nicht unbesehen, vertraut er aber auf die Richtigkeit der Rechnung ohne detaillierte Prüfung und bezahlt, so wird im Regelfall die Bindungswirkung zu bejahen sein. Rügt der Auftraggeber die Rechnung insgesamt oder detailliert in engem zeitlichem Zusammenhang mit dem Zugang der Rechnung, insbesondere aber die Prüffähigkeit der Rechnung, so tritt keine Bindungswirkung ein, er bringt zum Ausdruck, daß er kein Vertrauen in die Richtigkeit der Rechnung hat (BGH BauR 1993, 239). Die Rüge mangelnder Prüffähigkeit der Schlußrechnung schließt aber nicht schlechthin ein Vertrauen des Auftraggebers in den Bestand der Schlußrechnung aus. Es ist auf den Zeitpunkt und die Umstände der Rüge abzustellen (OLG Düsseldorf BauR 1994, 146).

53 Fraglich kann es sein, ob der Auftragnehmer gegenüber Schadensersatzansprüchen des Auftraggebers mit einer überschüssigen Honorarforderung **aufrechnen** kann. Dies ist in entsprechender Anwendung der Grundsätze des § 390 Satz 2 BGB und der Rechtsprechung zur Schlußzahlung nach § 16 Nr. 3 VOB/B (vgl. dazu BGH NJW 1982, 2250 und BGHZ 86, 135 = NJW 1983, 817) zu bejahen. Es handelt sich hierbei um keine rechtsvernichtende Einwendung, sondern um eine Einrede (Anm. Koeble LM § 242 [Cd] BGB Nr. 324).

54 Der Auftragnehmer ist also, wenn im Rahmen der Einzelfallabwägung schutzwürdiges Vertrauen und Vertrauensdisposition bejaht wird, in vielen Einzelfällen an seine Honorarschlußrechnung gebunden: Hat er z. B. aus einem bestimmten Betrag von anrechenbaren Kosten seine Abrechnung erteilt, so kann er später nicht aufgrund eines etwa tatsächlich entstandenen höheren Betrags abrechnen (BGH NJW 1974, 945 = BauR 1974, 213; BGH BauR 1978, 64). Ebensowenig ist ein Nachschieben weiterer Rechnungspositionen, die der Auftragnehmer bereits in die Honorarschlußrechnung hätte aufnehmen können, dann zulässig (vgl. OLG Düsseldorf BB 1968, 1162 = MDR 1968, 321; OLG Düsseldorf BauR 1971, 140; OLG Düsseldorf BauR 1971, 279; OLG Zweibrücken BauR 1980, 482). Rechnet der Auftragnehmer die Baumaßnahme als Gesamtobjekt ab, obwohl eine Abrechnung nach Einzelobjekten möglich gewesen wäre (vgl. § 22 HOAI), so ist er daran gebunden. Vergißt er die Abrechnung einzelner Teilleistungen aus den Grundleistungen, so kann er ebenfalls nicht nachfordern (OLG Düsseldorf BauR 1971, 141 f.). Vergißt er bei der Schlußrechnung zusätzlich erbrachte Planungsalternativen, so kann er diese nicht zusätzlich mehr abrechnen (BGH NJW 1978, 319 = BauR 1978, 64 = SFH Nr. 1 zu § 21 GOA; OLG Zweibrücken BauR 1980, 482). Vergißt der Auftragnehmer die Abrechnung von Besonderen Leistungen, so steht ihm dafür kein Honorar mehr zu (OLG Zweibrücken a. a. O.). Entsprechendes gilt z. B. für eine bei der Abrechnung vergessene Wärmebedarfsberechnung (BGH BauR 1990, 382). Erstellt der Auftragnehmer eine fehlerhafte Kostenberechnung oder Kostenfeststellung und kommt er damit für seine Honorarrechnung zu falschen anrechenbaren Kosten, so ist er auch hieran gebunden (vgl. BGH NJW 1974, 945 = BauR 1974, 213; BGH NJW 1978, 319 = BauR 1978, 64 = SFH Nr. 1 zu § 21 GOA; LG Waldshut-Tiengen BauR 1981, 80 [83]).

Schließlich stellt sich die Frage, ob sich die Bindung über den Rechnungs- **55** endbetrag hinaus auf die abgerechneten oder nicht abgerechneten Einzelpositionen erstreckt sowie auf die Leistungen, die der Architekt nicht ausgeführt hat, aber hätte in die Rechnung aufnehmen können. Bisher hat die Rechtsprechung dieses Frage bejaht (BGH BauR 1990, 382; BGH BauR 1978, 64; OLG Köln BauR 1991, 116; OLG Düsseldorf BauR 1982, 393). Diese Auffassung ist in der Vergangenheit heftig kritisiert worden (Jagenburg BauR 1976, 319; Pott/Dahlhoff 6. Aufl. § 8 Rdn. 15 d). Löffelmann/Fleischmann (Architektenrecht 2. Aufl. Rdn. 1420) treten der Kritik bei und meinen, daß die Lockerung der Schlußrechnungsbindung in den neuen Entscheidungen des BGH zu einer Änderung der Rechtsprechung führen würde. Auch hier sind aber Einzelfallbetrachtung und -abwägung notwendig. Aus einer Schlußrechnung kann sich eine schützenswerte Vertrauensposition auch hinsichtlich der einzelnen Rechnungspositionen ergeben. Der Auftraggeber hat auch nicht nur ein Interesse daran, daß der Rechnungsendbetrag nicht durch Nachforderungen erhöht wird. Es werden auch durchaus Dispositionen aufgrund von Festlegungen von Einzelpositionen vom Auftraggeber vorgenommen, die auch in einem Unterlassen bestehen können. Durch spätere „Auffütterungen" kann sich die Beweislage für den Auftraggeber u. U. entscheiden verschlechtern. Oft ist es kaum erklärbar, welche Ausführungszeichnungen tatsächlich zu welchem Zeitpunkt gefertigt wurden. Voraussetzung für die Bindungswirkung hinsichtlich der Einzelpositionen ist jedoch wiederum, daß die Vertrauensposition durch die Erteilung der Schlußrechnung geschaffen wurde und daß dieser eine entsprechende Vertrauensdisposition korrespondiert. Weil es sich bei der Bindungswirkung von Einzelpositionen weitgehend um die Ermittlung innerer Tatsachen handelt, werden die Voraussetzungen der Bindungswirkung von Einzelpositionen in nicht allzu häufigen Fällen festzustellen sein.

Überreichung der Schlußrechnung

Weitere Voraussetzung für die Fälligkeit ist, daß die prüffähige Schlußrech- **56** nung **überreicht** worden ist. Überreichung ist gleichzusetzen mit Zugang i. S. d. § 130 BGB. Nicht notwendig ist danach, daß der Auftragnehmer die Schlußrechnung dem Auftraggeber aushändigt. Vielmehr genügt es, wenn die Honorarschlußrechnung in den Einwirkungsbereich des Auftraggebers gelangt. Hierfür trägt allerdings der Auftragnehmer die Beweislast. Es ist deshalb zu empfehlen, daß die Honorarschlußrechnung mit Einschreiben-Rückschein an den Auftraggeber gesandt oder im Beisein von Zeugen übergeben wird. Die Übergabe einer Rechnung bzw. die Anforderung des Resthonorars ist auch bei Vereinbarung eines Pauschalhonorars nötig (zur Prüffähigkeit vgl. oben Rdn. 19 ff.). Nicht ausreichend ist es, wenn der Auftragnehmer die Rechnung nur dem Gericht übergibt.

Fälligkeit und Verjährung bei vorzeitiger Beendigung des Vertragsverhältnisses

57 Wird das **Vertragsverhältnis** zwischen den Parteien durch Kündigung oder einvernehmliche Aufhebung **vorzeitig beendet**, so ist nach Auffassung des BGH ebenfalls § 8 Abs. 1 anwendbar; dies führt zu dem einheitlichen Ergebnis, daß auch bei vorzeitiger Beendigung des Vertragsverhältnisses wie bei dessen ordnungsgemäßer Abwicklung für die Fälligkeit und für den Verjährungsbeginn die Erteilung der **Schlußrechnung** maßgebend ist (BGH BauR 1986, 596 = NJW-RR 1986, 1279 = ZfBR 1986, 232; ebenso Meißner, FS Soergel, 1993, S. 205 [209]). Diese Auffassung führt zwar für die Praxis zu einer klaren Linie. Sie ist jedoch in zweierlei Hinsicht unzutreffend: § 8 ist ohnehin nicht automatisch anwendbar, da diese Vorschrift nicht von der Ermächtigungsnorm gedeckt ist (vgl. oben Rdn. 2 f.). Aber auch wenn man § 8 heranzieht, so ist jedenfalls Absatz 1 nicht auf den Fall der vorzeitigen Vertragsbeendigung anwendbar, da in diesen Fällen keine Leistungen mehr „vertragsgemäß erbracht" werden, sondern die Leistungsbeziehung beendet wird (ebenso gegen die Auffassung des BGH: OLG Düsseldorf BauR 1980, 488; OLG Hamm BauR 1986, 231; OLG Düsseldorf BauR 1987, 227; LG Münster BauR 1983, 582 und eingehend Quambusch BauR 1987, 265). Nach der hier vertretenen Auffassung tritt im Falle der Beendigung des Vertrages Fälligkeit sofort mit der Beendigung ein. Das macht natürlich die Übergabe einer prüffähigen Schlußrechnung nicht entbehrlich. Für den Verjährungsbeginn ist die Honorarschlußrechnung aber ebensowenig wie bei der Abnahme maßgebend. Hier kommt es ausschließlich auf den Zeitpunkt der Beendigung des Vertragsverhältnisses an (ebenso OLG Düsseldorf, OLG Hamm und LG Münster a. a. O.).

Nach der Auffassung des BGH ergibt sich die mißliche Folge, daß der Auftragnehmer den Beginn der Verjährungsfrist durch Verzögerung der Rechnung hinausschieben kann. Das Problem ist insgesamt nicht gelöst (vgl. oben Rdn. 35 f.). In der genannten Entscheidung hat der BGH jedoch ausgeführt, daß der Auftraggeber eine Honorarschlußrechnung innerhalb angemessener Frist verlangen könne. Erstellt der Auftragnehmer dann diese Rechnung nicht, so muß er sich im Hinblick auf den Verjährungsbeginn so behandeln lassen, als hätte er sie innerhalb angemessener Frist erstellt (vgl. oben Rdn. 35 f.).

Bei vorzeitiger Beendigung des Vertrages muß der Auftragnehmer nicht warten, bis die Leistungen etwa durch einen anderen Auftragnehmer vollständig erbracht sind. Er kann vielmehr seine Honorarschlußrechnung erstellen (OLG Stuttgart, Urt. v. 30. 8. 1978 – 7 U 67/78 –; OLG Düsseldorf BauR 1980, 448;

Hesse/Korbion/Mantscheff/Vygen § 8 Rdn. 4). Voraussetzung ist aber die rechtliche Beendigung des Vertragsverhältnisses und nicht nur die tatsächliche Beendigung der Leistungen (vgl. BGH Schäfer/Finnern Z 3.010 Bl. 20; vgl. für den Beginn der Gewährleistungsfrist auch OLG Hamm NJW 1974, 2290 = MDR 1974, 313). Neben der rechtlichen Beendigung des Vertragsverhältnisses bedarf es für die Fälligkeit nicht der Abnahme der Leistungen.

Abschlagszahlungen

Abs. 2 regelt das Recht des Auftragnehmers, **Abschlagszahlungen** verlangen **58** zu können. Die Vorschrift gilt nach h. M. ebenso wie die des Abs. 1 unabhängig davon, ob die Vertragsparteien eine entsprechende Vereinbarung getroffen haben oder nicht (BGH NJW 1981, 2351 [2354] = BauR 1981, 582 [587] m. Anm. Locher; vgl. i. e. oben Rdn. 2 ff.). Die **Bedeutung von Abschlagszahlungen** auf unwirksame Honorarvereinbarungen ist noch nicht abschließend geklärt (vgl. auch § 4 Rdn. 46 ff.). Folgt man dem BGH, wonach eine Änderung des Honorars nach Auftragserteilung generell ausgeschlossen ist, so sind Abschlagszahlungen ohne Bedeutung (Werner, FS Locher, S. 289 [298 f.]).

Abschlagszahlungen können nach Abs. 2 nur für **nachgewiesene Leistungen** **59** verlangt werden. Durch dieses Merkmal unterscheiden sich Abschlagszahlungen von Vorauszahlungen oder Vorschüssen. Die Berechtigung besteht nicht nur bei vollständiger Erbringung von Leistungsphasen oder Teilleistungen. Vielmehr können auch Teile von einzelnen Grundleistungen abgerechnet werden (z. B. einzelne Ausführungspläne).

Die Voraussetzung „nachgewiesene" Leistungen bedeutet, daß eine **prüfbare** **60** **Rechnung"** wie bei der Schlußrechnung vorgelegt werden muß. Deshalb müssen Angaben über die anrechenbaren Kosten (derzeit vorliegende Kostenermittlung), die Honorarzone, die erbrachten Leistungen usw. gemacht sein (vgl. i. e. oben Rdn. 19 ff.).

Die Berechtigung zur Anforderung einer Abschlagszahlung besteht nur **61** dann, wenn auch die „nachgewiesenen Leistungen" **vertragsgemäß erbracht** sind. Es gelten hier die gleichen Anforderungen wie bei der Fälligkeit des Gesamthonorars (vgl. oben Rdn. 8). Es kommt demnach nicht darauf an, ob hinsichtlich der nachgewiesenen Leistungen eine Teilabnahme stattgefunden hat oder nicht, vielmehr genügt es, wenn die Teilleistungen „abnahmefähig" sind (BGH BauR 1974, 215 = NJW 1974, 697 = BB 1974, 857 = Betr. 1974, 674 = Schäfer/Finnern Z 3.010 Bl. 7).

Die Abschlagszahlungen müssen in angemessenen zeitlichen Abständen **62** angefordert werden. Diese Bestimmung trägt der Tatsache Rechnung, daß es für den Auftraggeber unzumutbar werden kann, wenn der Auftragnehmer ständig kleine Raten mit der Begründung anfordert, der Stand der Leistung rechtfertige dies. Hier gibt es keine generelle Lösung für die Angemessenheit. Es kommt entscheidend auf den Einzelfall an, und zwar sowohl auf die Dauer der Baumaßnahme als auch auf die Größe und den Zuschnitt des Objekts.

63 Die Fälligkeit der Abschlagszahlungen kann nach der eindeutigen Formulierung des Abs. 2 erst und nur dann eintreten, wenn sie tatsächlich gefordert werden. Eine gegenteilige Auffassung würde dazu führen, daß ständig neue Fälligkeiten und Verjährungsfristen gegeben sind für mögliche Abschlagszahlungen. Die Rechtsprechung hat deshalb Fälligkeit erst angenommen, wenn die entsprechenden Leistungen erbracht waren **und** wenn deren Bezahlung verlangt wurde (BGH BauR 1974, 215 = NJW 1974, 697).

Verjährung der Abschlagszahlungsforderungen

64 Die Frage, ob Abschlagszahlungsforderungen selbständig verjähren, wird nicht einheitlich beantwortet. Ein Teil der Literatur argumentiert, es laufe deshalb keine gesonderte Verjährungsfrist, weil es sich nur um Vorschüsse und keine Teilhonorare handle und weil Verjährung erst eintreten könne, wenn die Fälligkeit der Honorarforderung selbst eingetreten sei (so OLG Zweibrücken BauR 1980, 482; Beigel, Musterverträge, Rdn. 86, 193, 231; Hartmann § 8 Rdn. 15; Jochem § 8 Rdn. 7; Neuenfeld § 8 Rdn. 2). Diese Auffassung ist jedoch unzutreffend. Mit der Fälligkeit auch der Abschlagszahlungen beginnt automatisch am Ende des Jahres, in dem die Abschlagszahlung angefordert wird, die Verjährungsfrist zu laufen. Beides kann nicht voneinander abgekoppelt werden. Abschlagszahlungen sind im übrigen gerade keine Vorschüsse, da sie nur nachgewiesene Leistungen betreffen. Im übrigen ist es auch berechtigt, die Verjährungsfrist für jede Abschlagszahlungsanforderung laufen zu lassen, da der Auftragnehmer Fälligkeit seines Anspruchs behauptet. Die Rechtsprechung hat deshalb eine gesonderte Verjährung der Abschlagszahlungsforderungen angenommen (BGH BauR 1974, 213 = NJW 1974, 945; BGH BauR 1982, 187 = ZfBR 1982, 59; OLG Köln ZfBR 1994, 20; ebenso Löffelmann/Fleischmann Rdn. 489; Pott/Dahlhoff § 8 Rdn. 19; Werner/Pastor Rdn. 702; Schmitz DAB 1981, 374).

Wird jedoch eine Schlußrechnung zu einem Zeitpunkt erstellt, in dem die Abschlagszahlungsforderung noch nicht verjährt ist, dann stellt sich der Anspruch aus der Schlußrechnung als einheitliche Forderung dar, für die die Verjährungsfrist einheitlich zu laufen beginnt (so mit Recht OLG Celle BauR 1991, 371). Dies folgt daraus, daß die Abschlagszahlung ab Erstellung der Schlußrechnung überhaupt nicht mehr eingeklagt werden kann (vgl. Rdn. 65). Eine dritte Meinung will zwar die Abschlagszahlungsforderung selbständig der Verjährung unterwerfen, es aber zulassen, daß der Anspruch in der Schlußrechnung wieder aufgegriffen wird (Hesse/Korbion/Mantscheff/Vygen § 8 Rdn. 60 f.). Das erscheint jedoch widersprüchlich, weil es sich um ein und denselben Anspruch handelt.

Unzulässigkeit der Abschlagszahlungsklage

Fraglich ist, **wie lange** ein Anspruch auf Abschlagszahlungen besteht. Unpro- **65** blematisch ist dabei der Fall, daß das Vertragsverhältnis nicht beendet ist und die Leistungen des Auftragnehmers noch nicht vollständig erbracht sind. Die Berechtigung zur Anforderung weiterer Abschlagszahlungen hindert den Auftragnehmer nicht, auch frühere Abschlagszahlungen geltend zu machen und im Gerichtswege durchzusetzen. Die Klage auf eine frühere Abschlagszahlung ist in diesen Fällen weder unzulässig noch zur Zeit unbegründet. Wird dagegen das Vertragsverhältnis beendet oder hat der Auftragnehmer seine Leistungen vollständig erbracht, so wäre er in der Lage, eine Honorarschlußrechnung im Sinne des Abs. 1 zu erstellen.

Grundsätzlich ist davon auszugehen, daß Abschlagszahlungen nach Abs. 2 oder kraft besonderer Vereinbarung im Vertrag nur bis zur Beendigung des Vertragsverhältnisses verlangt werden können (OLG Köln BauR 1973, 324 m. Anm. Hochstein; ebenso für die Beendigung des Bauvertrags BGH BauR 1985, 456; BGH BauR 1987, 453; anders für Teilrechnungen über die gesamten bis zur Kündigung erbrachten Bauleistungen OLG Köln ZfBR 1993, 27). Eine nachträgliche Klage auf Abschlagszahlung ist nicht etwa zur Zeit unbegründet, da eine Abschlagszahlung nachträglich niemals mehr begründet sein kann. Die Klage ist jedoch unzulässig (vgl. im einzelnen Hochstein BauR 1971, 7 ff.; ders., BauR 1973, 326 ff.). Allerdings kann die Geltendmachung von Abschlagszahlungen nach Vertragsbeendigung auch als Geltendmachung der Schlußzahlung auszulegen sein (vgl. hierzu OLG Köln a. a. O.). Ferner kann der Auftragnehmer eine anerkannte Abschlagszahlungsforderung auch noch nach Erteilung der Schlußrechnung geltend machen (OLG Köln NJW-RR 1992, 1438). Im Einzelfall kann eine Klage auf Abschlagszahlung auch in eine Teilklage aus einer Schlußrechnung umgedeutet werden (vgl. OLG Hamm NJW-RR 1994, 1433).

Fälligkeit von Nebenkosten

Nach **Abs. 3** sind die Nebenkosten des § 7 auf Nachweis fällig, soweit keine **66** anderweitige schriftliche Vereinbarung bei Auftragserteilung getroffen wurde (vgl. hierzu § 4 Rdn. 26 ff., 34 ff.). Der Auftragnehmer muß die Nebenleistungen im einzelnen belegen. Auch hier ist nach § 242 BGB zu verlangen, daß der Auftragnehmer die Nebenkosten nicht in zahlreichen Kleinbeträgen geltend macht, sondern die aufgelaufenen Nebenkosten zusammenfaßt. Haben die Vertragsparteien eine Nebenkostenpauschale vereinbart, so können auch insoweit Abschlagszahlungen auf Pauschale verlangt werden. § 8 Abs. 3 gilt hier entsprechend (ebenso Hesse/Korbion/Mantscheff/Vygen § 8 Rdn. 63).

Abweichende Zahlungsweisen, Vorschüsse, Vorauszahlungen

67   Abs. 4 läßt die Vereinbarung anderer Zahlungsweisen zu. Die Vereinbarung
muß allerdings schriftlich geschlossen werden (vgl. § 4 Rdn. 26 ff.). Auch dieser Absatz des § 8 und erst recht das Schriftformerfordernis sind jedoch
unwirksam, weil sie nach der hier vertretenen Auffassung nicht von der
Ermächtigungsgrundlage des MRVG gedeckt sind (vgl. oben Rdn. 2 ff.). In
den Fällen des Abs. 1 und 2 kann die schriftliche Vereinbarung auch noch nach
Auftragserteilung getroffen werden. Die Vereinbarung muß jedoch vor Ausführung der betreffenden Arbeiten abgeschlossen sein. Die Parteien haben es
auch in der Hand, statt Abschlagszahlungen im Sinne des § 8 eine Vereinbarung über Vorschüsse oder Vorauszahlungen zu treffen. In diesen Fällen ist ein
spezieller Nachweis hinsichtlich erbrachter Leistungen nicht notwendig. Möglich ist auch eine Vereinbarung über Teilschlußrechnungen (zur Bindungswirkung vgl. oben Rdn. 38 ff.). Die Bestimmung des Abs. 4 ist Folge dessen, daß
§ 8 keine preisrechtliche Vorschrift ist und die Parteien jederzeit eine abweichende Vereinbarung treffen können.

Kontrolle nach dem AGBG

68   Formularmäßige Honorarvereinbarungen unterliegen der **Kontrolle nach
dem AGBG** (vgl. § 4 Rdn. 20, 76). Je nachdem, wer Verwender der Bedingungen ist, kann dabei zugunsten bzw. zu Lasten des Auftragnehmers bzw. Auftraggebers überprüft werden. Allgemeine Grenze ist die Regelung des § 9
AGBG. Hiergegen verstößt z. B. eine Regelung, die dem Auftragnehmer 10 %
seiner Gesamtvergütung nach Erbringung der Leistungen aus den Leistungsphasen 1 bis 8 des § 15 vorenthält (BGH NJW 1981, 2351 [2354] = BauR 1981,
582 [588] m. Anm. Locher). Ebensowenig ist es zulässig, die Schlußzahlung
vom Eingang der amtlichen Gebrauchsabnahmebescheinigung abhängig zu
machen, oder davon, daß die bei der Objektübergabe festgestellten Baumängel
vollständig beseitigt und etwaige Restarbeiten erledigt sind (BGH a. a. O.).
Ebensowenig ist es mit § 9 AGBG vereinbar, wenn ein Auftraggeber in AGB
oder einem Formularvertrag sich ausbedingt, die anrechenbaren Kosten, nach
denen die Abrechnung zu erfolgen hat, selbst bestimmen zu können (BGH
a. a. O.). Ferner hält auch eine Klausel, wonach die Festlegung der anrechenbaren Kosten durch die Bewilligungsbehörde erfolgen soll, der Inhaltskontrolle
nicht stand (OLG Düsseldorf BauR 1987, 590 und LG Düsseldorf BauR 1986,
733 [L] als Vorinstanz). Das gilt auch für eine Klausel, wonach „für Leistungsphasen 2–4 ... die vom Senator der Finanzen anerkannten Kosten zugrunde
gelegt werden" (KG BauR 1991, 251 m. Anm. Locher). Eine Unterschreitung
der Mindestsätze verstößt im Formularvertrag ebenfalls gegen § 9 AGBG
(OLG Zweibrücken BauR 1989, 227).

Rückforderung von Honoraren

In verschiedenen Fällen ist es möglich, daß der Auftraggeber eine **Überzah-** **69**
lung geleistet hat. Hierher gehören vor allem diejenigen Fälle, in denen zu hohe
Abschlagszahlungen geleistet wurden oder aufgrund von Fehlern in der Honorarschlußrechnung ein zu hohes Honorar bezahlt wurde, nicht jedoch Minde-
rungs- oder Schadensersatzansprüche wegen Mängeln. Letztere kann der Auftraggeber unter den Voraussetzungen der §§ 634, 635 BGB geltend machen und
gegebenenfalls gegenüber dem Honoraranspruch des Auftragnehmers zur Aufrechnung stellen. Hat der Auftraggeber eine Überzahlung vorgenommen, so
steht ihm grundsätzlich ein **Rückforderungsanspruch** aus ungerechtfertigter
Bereicherung (§ 812 Abs. 1 Satz 1 BGB) zu, da das zu hohe Honorar vertraglich nicht abgedeckt ist (zur Rückforderung vgl. BGH ZfBR 1992, 161; BGH
BauR 1992, 761 = ZfBR 1992, 269; zur Beweislast für den Rechtsgrund vgl.
BGH BauR 1991, 223 = ZfBR 1991, 97; zur Verzinsung vgl. Hahn BauR
1989, 143). Dieser Rückforderungsanspruch verjährt in 30 Jahren. Er ist ausgeschlossen, wenn der Auftraggeber bei der Zahlung die Nichtschuld gekannt hat
(§ 814 BGB). Ein Rückforderungsanspruch des Bauherrn wegen Überschreitung des Höchstpreises im Wege der Vereinbarung nach § 817 Satz 1 BGB
kann bei Kenntnis des Verstoßes gegen den Höchstpreischarakter seitens des
Auftraggebers ebenfalls ausgeschlossen sein (vgl. im einzelnen § 4 Rdn. 71).
Schließlich kann der Auftragnehmer in Ausnahmefällen auch Entreicherung
einwenden (§§ 818 Abs. 3, 819 BGB). Ob dieser Einwand durch AGB – wie in
§ 7 Abs. 3 der AVA zum Kommunalen Vertragsmuster – ausgeschlossen werden kann, ist zweifelhaft.

In Ausnahmefällen kann der Rückforderungsanspruch auch **verwirkt** sein, **70**
und zwar auch dann, wenn Auftraggeber die öffentliche Hand ist (vgl. LG München I NJW-RR 1989, 852). Hierfür genügt es jedoch nicht, wenn zwischen Zahlung und Rückforderung erhebliche Zeit verstrichen ist. Vielmehr ist der Rückforderungsanspruch nur dann verwirkt, wenn der Auftragnehmer aufgrund eines
Verhaltens des Auftraggebers der Auffassung sein durfte, der Auftraggeber
werde den Rückzahlungsanspruch nicht mehr geltend machen (zur Frage der
Verwirkung des Rückzahlungsanspruchs vgl. die umfangreichen Nachweise bei
Ingenstau/Korbion B § 16 Rdn. 49–52). Auch der Rückzahlungsanspruch eines
öffentlichen Auftraggebers kann verwirkt sein. Wegen der Prüfungspraxis der
Rechnungshöfe kommt eine Verwirkung allerdings nur nach Ablauf längerer Fristen in Frage. Von Bedeutung ist auch, ob dem Auftragnehmer die Tatsache der
Überprüfung durch die Rechnungshöfe bekannt war. Das OLG Köln (Schäfer/
Finnern Z 3.022 Bl. 6) hat in einem Fall den Rückforderungsanspruch als verwirkt angesehen, in dem zwischen dem Zeitpunkt der Erteilung der Schlußrechnung und der Erhebung einer Rückforderungsklage etwa 6 Jahre vergangen
waren. Nach der zutreffenden Auffassung des OLG Köln durfte sich der Auftragnehmer darauf verlassen, daß der Auftraggeber keinen Rückforderungsanspruch geltend machen werde, weil der Auftraggeber ihm die später beanstandete
Rohbausumme bekanntgegeben hatte, aufgrund derer dann die Abrechnung

erstellt worden war. Nach einer – nicht rechtskräftigen – Entscheidung des LG Köln v. 24. 3. 1977 (SFH Nr. 4 zu § 242 BGB) ist der Rückforderungsanspruch nach mehr als 7 Jahren verwirkt, wenn die Überprüfung für den öffentlichen Auftraggeber keine besonders hohen Anforderungen stellte und die angebliche Überzahlung gering war. Das OLG Köln (BauR 1979, 252 = SFH Nr. 4 zu § 242 BGB) hat die Entscheidung des LG Köln bestätigt. Einen Zeitraum von etwas über 6 Jahren hat der BGH (BauR 1980, 180 = NJW 1980, 880 = SFH Nr. 12 zu § 242 BGB) nicht ausreichen lassen, um das bei der Verwirkung zusätzlich erforderliche „Zeitmoment" zu bejahen, ebensowenig einen solchen von 7 Jahren das OLG München (BauR 1982, 603).

71   Die Rückzahlungsverpflichtung erstreckt sich natürlich nicht nur auf die Hauptforderung, sondern auch auf Nebenforderungen und die Mehrwertsteuer (OLG Nürnberg Betr. 1979, 834). In AGB kann für den Rückzahlungsanspruch keine Verzinsung der Überzahlung ab Empfang des Geldes vereinbart werden (so für die ZVB der Bundesrepublik Deutschland BGH BauR 1988, 92 = NJW 1988, 258 = ZfBR 1988, 30; vgl. auch Hahn BauR 1989, 143).

72   Ein Rückzahlungsanspruch kann auch **ohne Überzahlung** bestehen. Dies gilt vor allem dann, wenn die bezahlte Rechnung nicht prüfbar war. Legt der Auftragnehmer in einem solchen Fall keine prüfbare Rechnung vor, dann wird der Rückzahlungsklage stattgegeben, weil Abschlagszahlungen nach Leistungserbringung nicht mehr maßgebend sind (OLG Düsseldorf BauR 1994, 272).

§ 9
Umsatzsteuer

(1) Der Auftragnehmer hat Anspruch auf Ersatz der Umsatzsteuer, die auf sein nach dieser Verordnung berechnetes Honorar und auf die nach § 7 berechneten Nebenkosten entfällt, sofern sie nicht nach § 19 Abs. 1 des Umsatzsteuergesetzes unerhoben bleibt; dies gilt auch für Abschlagszahlungen gemäß § 8 Abs. 2. Die weiterberechneten Nebenkosten sind Teil des umsatzsteuerlichen Entgelts für eine einheitliche Leistung des Auftragnehmers.

(2) Die auf die Kosten von Objekten entfallende Umsatzsteuer ist nicht Bestandteil der anrechenbaren Kosten.

1   Für Architekten- und Statikerverträge, die **zwischen dem 1. 1. 1977 und dem 31. 12. 1984** abgeschlossen wurden, konnte die Mehrwertsteuer zusätzlich vereinbart werden. Es war zwar umstritten, welche Voraussetzungen dafür einzuhalten waren. Der BGH hatte verlangt, daß die Vereinbarung schriftlich und bereits bei Auftragserteilung erfolgt war (BGH BauR 1989, 222 = NJW-RR 1989, 786 = ZfBR 1989, 104; BGH BauR 1990, 101 = ZfBR 1990, 64).

2   Seit dem 1. 1. 1985 hat der Auftragnehmer **auch ohne ausdrückliche Vereinbarung** Anspruch auf zusätzliche Erstattung der jeweils gültigen Umsatzsteuer. Voraussetzung ist allerdings, daß diese Umsatzsteuer im Einzelfall auch von ihm erhoben wird. Mit dieser Regelung ist auch die Frage geklärt, ob der Auf-

tragnehmer bei **Kündigung** nach § 649 BGB hinsichtlich der restlichen Vergütung für die nicht erbrachten Leistungen (abzüglich der ersparten Aufwendungen) zusätzlich die Umsatzsteuer in Anrechnung bringen kann. Da hinsichtlich der nicht erbrachten Leistungen kein umsatzsteuerrechtliches Austauschgeschäft vorliegt, muß er die Umsatzsteuer nicht abführen, weshalb ihm auch kein Anspruch auf Erstattung vom Vertragspartner zusteht (BGH BauR 1981, 198 [199]; BGH BauR 1986, 577 = NJW-RR 1986, 1026 = ZfBR 1986, 220; BGH NJW 1987, 3123 = ZfBR 1987, 234; BGH BauR 1992, 231 = ZfBR 1992, 69).

Probleme können sich jedoch noch in den Fällen ergeben, in denen ein 3 Architektenvertrag vor dem 1. 1. 1985 abgeschlossen wurde. Nach § 103 Abs. 1 richtet sich die Mehrwertsteuer in diesen Fällen nach der alten Regelung, so daß sie nicht zusätzlich beansprucht werden kann. Lediglich dann und insoweit, als eine Vereinbarung über zum 1. 1. 1985 noch nicht erbrachte Leistungsteile getroffen wird und hier der Ansatz der Mehrwertsteuer geregelt wird, kann die Umsatzsteuer auch für **Abschlagszahlungen** nach § 8 Abs. 2 beansprucht werden. Auch hier gilt jedoch die Einschränkung, daß die Umsatzsteuer beim Auftragnehmer tatsächlich erhoben wird. Neu ist ferner die Vorschrift des Abs. 1 Satz 2, nach der der Auftragnehmer auch die Fremdkosten mit Mehrwertsteuer weiterverrechnen kann.

Bis zum 31. 12. 1977 galt für den Auftragnehmer der ermäßigte Steuersatz 4 von 5,5%. In der Folgezeit wurden die Sätze verschiedentlich geändert: in der Zeit vom 1. 1. 1978 bis 30. 6. 1979: 6%; vom 1. 7. 1979 bis 31. 12. 1981: 6,5%; vom 1. 1. 1982 bis 30. 6. 1983: 13%; vom 1. 7. 1983 bis 31. 12. 1992: 14%; seit 1. 1. 1993: 15%. Probleme ergaben sich hinsichtlich der Übergangsfälle, wenn also Teilleistungen vor Inkrafttreten der neuen Umsatzsteuerregelung und Teile nach Inkrafttreten erbracht wurden (vgl. hierzu die 4. Aufl. dieses Kommentars, § 9 Rdn. 5 ff.). Von dieser steuerrechtlichen Problematik bei den Übergangsfällen ist zu unterscheiden, ob der Auftragnehmer Anspruch auf **Anpassung** des Steuersatzes im Verhältnis zu seinem Auftraggeber hat. Dies ist nur dann zu bejahen, wenn im Vertrag eine ausdrückliche Vereinbarung enthalten ist, wonach die jeweils gültige Mehrwertsteuer in Anrechnung gebracht werden kann oder wonach eine Anpassung bei Änderung der Mehrwertsteuer verlangt werden kann.

Die Regelung des Abs. 2 wurde durch die 1. ÄndVO (vgl. Einl. Rdn. 2) neu 5 aufgenommen. Zu **beachten** ist allerdings, daß die **Kostenermittlungen** nach DIN 276 die **Umsatzsteuer mit enthalten** müssen. Es ist dem Auftragnehmer ohnehin zu empfehlen, daß er die Umsatzsteuer gesondert hinzusetzt, damit hier nicht Probleme hinsichtlich der Bausummenüberschreitung und der dabei bestehenden Toleranzschwelle auftreten. Für die anrechenbaren Kosten muß der Auftragnehmer dann jedoch wieder die Umsatzsteuer aus den Kostenermittlungen nach DIN 276 herausrechnen.

Teil II
Leistungen bei Gebäuden, Freianlagen und raumbildenden Ausbauten

§ 10
Grundlagen des Honorars

(1) Das Honorar für Grundleistungen bei Gebäuden, Freianlagen und raumbildenden Ausbauten richtet sich nach den anrechenbaren Kosten des Objekts, nach der Honorarzone, der das Objekt angehört, sowie bei Gebäuden und raumbildenden Ausbauten nach der Honorartafel in § 16 und bei Freianlagen nach der Honorartafel in § 17.

(2) Anrechenbare Kosten sind unter Zugrundelegung der Kostenermittlungsarten nach DIN 276 in der Fassung vom April 1981 (DIN 276)*) zu ermitteln

1. für die Leistungsphasen 1 bis 4 nach der Kostenberechnung, solange diese nicht vorliegt, nach der Kostenschätzung;

2. für die Leistungsphasen 5 bis 7 nach dem Kostenanschlag, solange dieser nicht vorliegt, nach der Kostenberechnung;

3. für die Leistungsphasen 8 und 9 nach der Kostenfeststellung, solange diese nicht vorliegt, nach dem Kostenanschlag.

(3) Als anrechenbare Kosten nach Absatz 2 gelten die ortsüblichen Preise, wenn der Auftraggeber

1. selbst Lieferungen oder Leistungen übernimmt,

2. von bauausführenden Unternehmen oder von Lieferern sonst nicht übliche Vergünstigungen erhält,

3. Lieferungen oder Leistungen in Gegenrechnung ausführt oder

4. vorhandene oder vorbeschaffte Baustoffe oder Bauteile einbauen läßt.

(3a) Vorhandene Bausubstanz, die technisch oder gestalterisch mitverarbeitet wird, ist bei den anrechenbaren Kosten angemessen zu berücksichtigen; der Umfang der Anrechnung bedarf der schriftlichen Vereinbarung.

(4) Anrechenbar sind für Grundleistungen bei Gebäuden und raumbildenden Ausbauten die Kosten für Installationen, zentrale Betriebstechnik und betriebliche Einbauten (DIN 276, Kostengruppen 3.2 bis 3.4 und 3.5.2 bis 3.5.4), die der Auftraggeber fachlich nicht plant und deren Ausführung er fachlich auch nicht überwacht,

1. vollständig bis zu 25 v. H. der sonstigen anrechenbaren Kosten,

2. zur Hälfte mit dem 25 v. H. der sonstigen anrechenbaren Kosten übersteigenden Betrag.

Plant der Auftragnehmer die in Satz 1 genannten Gegenstände fachlich und/oder überwacht er fachlich deren Ausführung, so kann für diese Leistungen ein Honorar neben dem Honorar nach Satz 1 vereinbart werden.

---

*) Zu beziehen durch Beuth Verlag GmbH, 10787 Berlin.

(4a) Zu den anrechenbaren Kosten für Grundleistungen bei Freianlagen rechnen insbesondere auch die Kosten für folgende Bauwerke und Anlagen, soweit sie der Auftragnehmer plant oder ihre Ausführung überwacht:

1. Einzelgewässer mit überwiegend ökologischen und landschaftsgestalterischen Elementen,

2. Teiche ohne Dämme,

3. flächenhafter Erdbau zur Geländegestaltung,

4. einfache Durchlässe und Uferbefestigungen als Mittel zur Geländegestaltung, soweit keine Leistungen nach Teil VIII erforderlich sind,

5. Lärmschutzwälle als Mittel zur Geländegestaltung,

6. Stützbauwerke und Geländeabstützungen ohne Verkehrsbelastung als Mittel zur Geländegestaltung, soweit keine Leistungen nach § 63 Abs. 1 Nr. 3 bis 5 erforderlich sind,

7. Stege und Brücken, soweit keine Leistungen nach Teil VIII erforderlich sind,

8. Wege ohne Eignung für den regelmäßigen Fahrverkehr mit einfachen Entwässerungsverhältnissen sowie andere Wege und befestigte Flächen, die als Gestaltungselement der Freianlagen geplant werden und für die Leistungen nach Teil VII nicht erforderlich sind.

(5) Nicht anrechenbar sind für Grundleistungen bei Gebäuden und raumbildenden Ausbauten die Kosten für:

1. das Baugrundstück einschließlich der Kosten des Erwerbs und des Freimachens (DIN 276, Kostengruppen 1.1 bis 1.3),

2. das Herrichten des Grundstücks (DIN 276, Kostengruppe 1.4), soweit der Auftragnehmer es weder plant noch seine Ausführung überwacht,

3. die öffentliche Erschließung und andere einmalige Abgaben (DIN 276, Kostengruppen 2.1 und 2.3),

4. die nichtöffentliche Erschließung (DIN 276, Kostengruppe 2.2) sowie die Abwasser- und Versorgungsanlagen und die Verkehrsanlagen (DIN 276, Kostengruppen 5.3 und 5.7), soweit der Auftragnehmer sie weder plant noch ihre Ausführung überwacht,

5. die Außenanlagen (DIN 276, Kostengruppe 5), soweit nicht unter Nummer 4 erfaßt,

6. Anlagen und Einrichtungen aller Art, die in DIN 276, Kostengruppen 4 oder 5.4 aufgeführt sind, sowie die nicht in DIN 276 aufgeführten, soweit der Auftragnehmer sie weder plant, noch bei ihrer Beschaffung mitwirkt, noch ihre Ausführung oder ihren Einbau überwacht,

7. Geräte und Wirtschaftsgegenstände, die nicht in DIN 276, Kostengruppen 4 und 5.4 aufgeführt sind, oder die der Auftraggeber ohne Mitwirkung des Auftragnehmers beschafft,

8. Kunstwerke, soweit sie nicht wesentliche Bestandteile des Objekts sind,

9. künstlerisch gestaltete Bauteile, soweit der Auftragnehmer sie weder plant noch ihre Ausführung überwacht,

10. die Kosten der Winterbauschutzvorkehrungen und sonstige zusätzliche Maßnahmen nach DIN 276, Kostengruppe 6; § 32 Abs. 4 bleibt unberührt,

11. Entschädigungen und Schadensersatzleistungen,

12. die Baunebenkosten (DIN 276, Kostengruppe 7),

13. fernmeldetechnische Einrichtungen und andere zentrale Einrichtungen der Fernmeldetechnik für Ortsvermittlungsstellen sowie Anlagen der Maschinentechnik, die nicht überwiegend der Ver- und Entsorgung des Gebäudes zu dienen bestimmt sind, soweit der Auftragnehmer diese fachlich nicht plant oder ihre Ausführung fachlich nicht überwacht; Absatz 4 bleibt unberührt.

(6) Nicht anrechenbar sind für Grundleistungen bei Freianlagen die Kosten für:

1. das Gebäude (DIN 276, Kostengruppe 3) sowie die in Absatz 5 Nr. 1 bis 4 und 6 bis 13 genannten Kosten,

2. den Unter- und Oberbau von Fußgängerbereichen nach § 14 Nr. 4, ausgenommen die Kosten für die Oberflächenbefestigung.

Anwendungsbereich des Teils II 1

Voraussetzung für die Anwendung des Teils II ist zunächst, daß die HOAI überhaupt gilt (vgl. § 1). Die Abrechnungsvorschriften der §§ 10–27 gelten darüber hinaus nur, wenn es sich um ein Objekt handelt, das in eine der Objektlisten (für Gebäude: § 12; für Freianlagen: § 13; für raumbildende Ausbauten: § 14b) paßt. Darüber hinaus muß es sich um Grundleistungen eines Architekten i. S. § 15 handeln. Andernfalls liegen Besondere Leistungen vor oder solche Leistungen, die außerhalb der HOAI stehen (vgl. § 1 Rdn. 2 ff.).

Neben den Bestimmungen der §§ 10–27 sind die Allgemeinen Vorschriften 2 der §§ 1–9 anzuwenden. Die §§ 10–27 enthalten Sondervorschriften für Gebäude, Freianlagen und den raumbildenden Ausbauten. Sie gelten damit für Architekten, Innenarchitekten sowie Garten- und Landschaftsarchitekten, soweit sie aus einem dieser Bereiche Leistungen erbringen (zur Frage der Anwendbarkeit auf Nichtarchitekten vgl. § 1 Rdn. 7 ff.).

Grundzüge der Honorarberechnung (System HOAI) 3

Treffen die Vertragsparteien keine wirksame Honorarvereinbarung oder wird eine Honorarvereinbarung auf Einhaltung des Höchst- oder Mindestsatzes überprüft (vgl. i. e. § 4 Rdn. 8 f., 79), so sind für die **Berechnung des Honorars** die folgenden Schritte zweckmäßig (zur Prüfbarkeit der Rechnung und den insoweit für die anrechenbaren Kosten notwendigen Voraussetzungen vgl. § 8 Rdn. 15 ff.):

– Zunächst sind die **anrechenbaren Kosten** nach § 10 zu ermitteln. Die anrechenba- 4 ren Kosten ist derjenige Betrag, aus dem das Honorar nach Ermittlung der Honorarzone zu bestimmen ist. Die linke Spalte der Honorartafel zu § 16 enthält die anrechenbaren Kosten bei Gebäuden und raumbildenden Ausbauten, diejenige der Honorartafel zu § 17 die anrechenbaren Kosten bei Freianlagen. Der Auftragnehmer muß **bei Aufträgen bis 31. 12. 1995** dann **zwei Honorarberechnungen** vornehmen, da Abs. 2 für die Leistungsphasen 1–4 einerseits bzw. 5–9 andererseits des § 15 eine andere Kostenermittlung vorsieht. Es sind also zunächst die anrechenbaren Kosten aus den Phasen 1–4 zu ermitteln, sodann diejenigen aus den Phasen 5–9 (vgl. Rdn. 49 ff., 54, 57). Für **Aufträge seit dem 1. 1. 1996** sind **drei Honorarberechnungen** nötig, da die 5. HOAI-Novelle (vgl. Einl. Rdn. 12) für Leistungsphase 5–7 den Kostenanschlag als maßgebend erkläre.

– Die zweite Komponente für die Honorarbestimmung ist die **Honorarzone** 5 **des Objekts.** Bei Gebäuden ist die Einordnung in eine bestimmte Honorarzone nach §§ 11, 12, bei Freianlagen nach §§ 13, 14 und bei raumbildenden Ausbauten nach §§ 14a, b vorzunehmen.

6 – Stehen die anrechenbaren Kosten und die Honorarzone fest, so läßt sich aus den **Honorartafeln** der §§ 16, 17 der Mindest- und Höchstsatz für das Honorar ablesen. Damit ist der Honorarrahmen jedoch noch nicht bestimmt.

7 – Der Auftragnehmer muß bei **Aufträgen bis 31. 12. 1995** sodann **zwei verschiedene Berechnungen für die Leistungsphasen 1–4 bzw. 5–9** des § 15 vornehmen (nahezu allg. Meinung; vgl. z. B. Arlt DAB 1978, 1068; Beigel DAB 1980, 389; Hesse/Korbion/Mantscheff/Vygen § 10 Rdn. 4 ff.; a. A. lediglich Maurer, FS Locher, S. 189 [192] mit ausführlicher Begründung). Die Berechnung für die Phasen 1–4 erfolgt in der Weise, daß zunächst die in § 15 angegebenen Prozentsätze für die erbrachten Phasen addiert werden. Sind alle Leistungen aus Phase 1–4 erbracht, so ergibt dies für Leistungen bei Gebäuden 27 %, bei Leistungen für Freianlagen 34 % und bei Leistungen für raumbildende Ausbauten 26 %. Hat der Auftragnehmer bei Auftragserteilung keine schriftliche Vereinbarung getroffen, so ist er lediglich berechtigt, die Mindestsätze für die Leistungsphasen 1–4 als Honorar zu verlangen (§ 4 Abs. 4). Bei Auftragserteilung kann der Auftragnehmer eine Honorarvereinbarung bis zum Höchstsatz treffen, ohne daß für die Abweichung vom Mindestsatz besondere Voraussetzungen vorliegen müßten. In gleicher Weise erfolgt die Ermittlung des Honorars für die Leistungsphasen 5–9. Erbringt der Auftragnehmer nur Teilleistungen aus diesen Leistungsphasen 1–4 bzw. 5–9, so verändert sich der Prozentsatz aufgrund der Bewertung in § 15 Abs. 1 (vgl. § 5 Abs. 2). Für **Aufträge seit dem 1. 1. 1996** muß die **Honorarrechnung 3 Teile** haben, weil die 5. HOAI-Novelle (vgl. Einl. Rdn. 12 und oben Rdn. 4) für Leistungsphase 5–7 den Kostenanschlag als maßgebend erklärt hat.

8 Das vorstehende Schema, das **System HOAI,** ist einzuhalten. Es ist einer der Grundsätze der HOAI für die **Prüfbarkeit** der Honorarrechnung (vgl. § 8 Rdn. 21 ff.). Es gibt nur wenige **Ausnahmen** davon (vgl. unten Rdn. 68 ff.). Die Abrechnung auf Zeithonorarbasis ist selten möglich (BGH BauR 1990, 236 = NJW-RR 1990, 277 = ZfBR 1990, 75; vgl. i. e. § 6 Rdn. 2). Andere Regeln für die Abrechnung gelten außerhalb des Anwendungsbereichs der HOAI (vgl. § 1 Rdn. 3 ff.).

9 **Kostenermittlung nach DIN 276; Inhalt der Kostenermittlungen**

Der **Absatz 2** der Bestimmung stellt die Grundlage für die **anrechenbaren Kosten** dar. Das ist die erste, für die Honorarberechnung maßgebende Komponente (vgl. oben Rdn. 3 ff.). Als anrechenbare Kosten legt die HOAI die sog. **Kostenermittlungen** zugrunde. Als solche sind in Abs. 2 die Kostenschätzung, die Kostenberechnung, der Kostenanschlag und die Kostenfeststellung genannt. Die bereits in der GOA verwendeten Begriffe Kostenschätzung und Kostenanschlag sind jedoch nicht mit denen nach der HOAI identisch. Vielmehr sind die **Begriffe der DIN 276** (Abdruck im Anhang zu diesem Kommentar) entnommen. Soweit im Leistungsbild des § 15 keine Abweichung von den DIN-Bestimmungen enthalten ist, decken sich die Begriffe mit denen aus der

DIN. Bis April 1981 galt DIN 276 in der Ausgabe von September 1971. Die derzeit gültige Fassung der DIN 276 stammt vom April 1981 (vgl. i. e. im **Anhang** zu diesem Kommentar sowie die Erläuterungen bei Winkler, Hochbaukosten, Flächen, Rauminhalte, Kommentar zur DIN 276 und DIN 277).

Die DIN 276 galt anfangs in der Fassung von **September 1971**. Ab **April 1981** **10** wurde sie durch eine Neufassung ersetzt, und dies war in der HOAI auch umgesetzt worden. Seit **Juni 1993** gibt es nun eine Neufassung. Diese wurde jedoch in die HOAI noch nicht umgesetzt. Nach wie vor bestimmt § 10 Abs. 2, daß die **Fassung von April 1981** für die Honorarermittlung (anrechenbare Kosten) **maßgebend** sei. Durch die 5. HOAI-Novelle tritt insoweit keine Änderung ein.

Die Regelung in Abs. 2, wonach die Fassung April 1981 für die anrechenba- **11** ren Kosten maßgebend ist, bedeutet zunächst, daß der Auftragnehmer diese Fassung **zugrunde legen darf**. Zweifelhaft ist jedoch, ob er sie auch **zugrunde legen muß** oder ob es ausreichend ist, wenn die Kostenermittlung in der Fassung von Juni 1993 vorgelegt wurde. Zu überlegen ist auch, ob angesichts der Neufassung der DIN eine Verpflichtung besteht, die Kostenermittlung in dieser Form vorzunehmen. Eine entsprechende Problematik gab es schon beim Übergang von der Fassung September 1971 zur Fassung von April 1981. Die Änderungen bei diesem Übergang waren jedoch nicht gravierend. Dagegen bringt die Fassung von Juni 1993 in einigen Bereichen eine grundlegende Umgestaltung mit sich. Während für den früheren Übergang berechtigtermaßen die Auffassung vertreten werden konnte, daß die Einhaltung der alten Fassung eine Förmelei sei (so die Vorauflage § 10 Rdn. 3), erscheint dies angesichts der erheblichen Umgestaltung und der neuen Bezifferung in weiten Bereichen der DIN 276 Fassung Juni 1993 nicht mehr sachgerecht. Der Auftraggeber ist nur bei Vorliegen der DIN-Fassung April 1981 in der Lage, anhand der Vorschriften der Absätze 4 und 5 zu prüfen, ob aus den Kostenermittlungen die richtigen anrechenbaren Kosten übernommen wurden.

Die **Prüfbarkeit** der Abrechnung ist damit zwingend von der Verwendung der **12** Fassung April 1981 abhängig. Daran ändert es auch nichts, daß der Auftragnehmer die neuesten Regeln der Technik einzuhalten hat. Die Neufassung der DIN 276 von Juni 1993 stellt keine Regel dar, die wegen des technischen Fortschritts neu gefaßt wurde. Vielmehr wurde nur eine andere – sicherlich vernünftigere – Aufgliederung und Einordnung der Kostengruppen vorgenommen. Auch zur Einhaltung der Regeln der Technik bedarf es deshalb seitens des Auftragnehmers nicht zweier Kostenermittlungen in der alten und in der neuen Fassung. Es genügt die Verwendung der in der HOAI vorgeschriebenen Fassung April 1981 (zur Honorierung als Besondere Leistung vgl. § 15 Rdn. 46, 84). Angesichts der erheblichen Änderungen der Neufassung ist die Rechnung dagegen nicht prüfbar, wenn der Auftragnehmer ausschließlich die Fassung Juni 1993 ohne Hinweis auf die Kostengruppen aus der alten Fassung zugrunde gelegt hat.

Eine andere Frage ist die, ob die Kostenermittlung nur dann ordnungsgemäß **13** ist, wenn das **Formular nach DIN 276** verwendet wird. Fest steht, daß es dabei nicht auf die Verwendung eines **Formblattes** nach Anhang 1 zu DIN 276 Teil 3 ankommt. Problematisch ist aber, ob der Architekt die einzelnen **Kostengruppen** 1–7 nach DIN 276 aufführen und die **Gliederung nach DIN 276** beibehalten muß. Die Anforderungen an die Form dürfen nicht überspannt werden. Liefert der Architekt eine **sachlich gleichwertige** oder sogar eine **bessere** Kostenermittlung, so hindert dies die Fälligkeit seiner Honorarforderung nicht (OLG Stuttgart BauR 1991, 491 (494); vgl. aber OLG Düsseldorf BauR 1985, 234 [235]; OLG Düsseldorf BauR 1985, 345; Löffelmann/Fleischmann Rdn. 1142; Werner/Pastor Rdn. 843; Pott/Dahlhoff § 10 Rdn. 2a). Die gegenteilige Auffassung verlangt streng die Einhaltung der im Formblatt nach DIN 276 aufgeführten Einzelheiten. Dies kann jedoch nicht richtig sein. Erbringt der Architekt für seinen Auftraggeber eine plausiblere, etwa noch detailliertere Kostenermittlung, so erfüllt er erst recht seine Leistungspflichten und natürlich auch die Anforderungen an die Prüfbarkeit. Dem Einwand des Auftraggebers steht in diesen Fällen mindestens der Grundsatz von Treu und Glauben entgegen. Vor allem bei Umbauten kann es durchaus sinnvoll sein, eine gegenüber dem Formblatt nach DIN 276 verfeinerte Kostenermittlung vorzulegen. Allgemein ist es dem Architekten erlaubt, anders zu gliedern, wenn davon für § 10 Abs. 3–6 keine anderen Ergebnisse abhängen.

14   Notwendig ist allerdings, daß die **7 Kostengruppen der DIN 276 aufgeführt** sind und vor allem auch diejenigen Kostengruppen Angaben enthalten, die das Bauwerk selbst nicht betreffen. Dem Auftraggeber muß eine **Checkliste** zur Verfügung gestellt werden, aus der ihm klar wird, welche Kosten neben dem Bauwerk für Grundstück, öffentliche Erschließung, nichtöffentliche Erschließung usw. anfallen können. Dabei ist es nicht Aufgabe des Architekten, alle Kostengruppen auch auszufüllen. Es genügt, wenn er diejenigen Gliederungspunkte bearbeitet, mit denen er oder die beteiligten Sonderfachleute unmittelbar befaßt sind. Der **Umfang der Kostenangaben** sieht demnach wie folgt aus: Bei Kostengruppe 1 sind regelmäßig Angaben nur zum Herrichten des Grundstücks erforderlich, während die übrigen Gliederungspunkte als Checkliste für den Bauherrn dienen. In Kostengruppe 2 werden Angaben zur nichtöffentlichen Erschließung, in Kostengruppe 3 bis 6 zu allen Punkten erforderlich sein, wenn sie für die konkreten Bauvorhaben eine Rolle spielen, in Kostengruppe 7 sind meist die Kosten der Finanzierung und die allgemeinen Baukosten entbehrlich.

15   Die DIN 276 ist nicht Selbstzweck. Im Rahmen der HOAI dient sie der Ermittlung der anrechenbaren Kosten. Soweit die HOAI in § 10 Abs. 3–6 nicht nach Einzelheiten der Kostengruppen differenziert, schadet es auch nichts, wenn der Architekt anders aufgliedert (vgl. oben Rdn. 13). So kann er z. B. in Kostengruppe 3.1 eine andere Unterteilung als die kaum praktikable der DIN verwenden (Gründung tragende Teile, nicht tragende Teile), weil dies für die Rechnungsstellung keine Rolle spielt. Zudem ist dem Bauherrn z. B. mit Zahlen für bestimmte Gewerke mehr gedient.

16   Die **Kostenermittlung nach DIN 276** Fassung April 1981 Teil 3 (vgl. i. e. Anhang zu diesem Kommentar) gliedert sich in folgende **Abschnitte:**

1. Kostenschätzung   (Teil 3, Anhang A, S. 3–5)
2. Kostenberechnung   (Teil 3, Anhang B, S. 6–17)
3. Kostenanschlag   (Teil 3, Anhang C, S. 18–34)
4. Kostenfeststellung   (Teil 3, Anhang C, S. 18–34)

Die einzelnen Phasen oder Abschnitte der Kostenermittlung sind in ihrer Genau- **17** igkeit abhängig von den zur Verfügung stehenden Angaben und vom jeweiligen Stand der Planung bzw. von den vorliegenden Abrechnungsunterlagen. Als Hilfsmittel für die Kostenermittlung dient die Kostengliederung nach Teil 2. Die Kostengliederung ist in vier Spalten (senkrecht) von Kostengruppen (waagerecht) aufgeschlüsselt, die mit Ordnungsziffern in horizontaler und vertikaler Richtung versehen sind und eine eindeutige Zuordnung ermöglichen. Die horizontale Bezifferung und Aufteilung ergibt den Grad der Verfeinerung je nach Anforderung bzw. nach der Genauigkeit der Planung und Berechnungsunterlagen. Auf diese Verfeinerung der Kostenermittlung geht die HOAI in ihrem Leistungsbild § 15 ein und stellt die in Leistungsphasen enthaltenen Grundleistungen für die Kostenermittlung auf den jeweiligen Stand der Planung bzw. der Abrechnungsunterlagen ab.

Die **Kostenschätzung** für Kostengruppe 3 Bauwerk kann in der Regel nach **18** Rauminhalt und/oder Flächen- und/oder Nutzungseinheiten in Verbindung mit Erfahrungs- oder Kostenrichtwerten aufgestellt werden. Bei Verwendung von mehreren Berechnungsarten kann der Mittelwert genommen werden (vgl. zum Ganzen: Winkler, Hochbaukosten, Flächen, Rauminhalte, Kommentar zur DIN 276 und DIN 277; Enseleit/Osenbrück, Anrechenbare Kosten für Architekten und Tragwerksplaner, 1989). Die Kosten der im Formblatt Kostenschätzung aufgeführten Kostengruppen 1 Baugrundstück, 2 Erschließung, 3 Bauwerk, 4 Gerät, 5 Außenanlagen, 6 Zusätzliche Maßnahmen und 7 Baunebenkosten können sowohl aus Einzelbeträgen gesondert als auch aus Pauschalen aufgrund von Erfahrungs- oder Kostenrichtwerten ermittelt werden. Der **Genauigkeitsgrad** ergibt sich **in der Regel aus Spalte 1** der Kostengruppen DIN 276 Teil 2; im Einzelfall kann jedoch nach Art des Bauvorhabens die Spalte 2 der Kostengliederung erforderlich sein (im Ergebnis ebenso Hesse/Korbion/Mantscheff/Vygen § 10 Rdn. 16; vgl. auch § 15 Rdn. 44). Dies ist Sachverständigenfrage. Die Kostenschätzung ist die Kostenermittlung mit dem weitesten Toleranzrahmen. Nicht jede Überschreitung der Kostenschätzung stellt eine Pflichtverletzung dar. Der Auftragnehmer dürfte hier einen Toleranzrahmen haben (vgl. Einl. 59).

Die **Kostenberechnung** dient zur Ermittlung der angenäherten Gesamt- **19** kosten. Sie ist Voraussetzung für die Entscheidung, ob das Bauvorhaben wie geplant durchgeführt werden soll. Sie ist auch Grundlage für die erforderliche Finanzierung. Die Kostenberechnung ist damit die wichtigste Kostenermittlung des Architekten überhaupt. Die Grundlage der Kostenberechnung ist die Entwurfsplanung aus der Leistungsphase 3 des § 15. Es liegen also in diesem Stadium durchgearbeitete vollständige Entwürfe vor. Der zweite Pfeiler der Kostenberechnung ist die absolut notwendige Objektbeschreibung, mit der detailliert die Ausstattung und der Standard beschrieben werden müssen.

20   Die Kostenberechnung **soll in der Regel nach Spalte 3** der Kostengliederung der DIN 276 Teil 2 aufgestellt werden. Welcher Grad der Verfeinerung im Einzelfall notwendig ist, ist Sachverständigenfrage. Es kann durchaus auch die **Spalte 2** genügen. Das gilt z. B. bei einfachen Werkstattgebäuden und Fabrikationshallen sowie für Wohngebäude mit durchschnittlicher Ausstattung, für die in der Regel Erfahrungssätze vorliegen (z. B. bei den Baukostenberatungsdiensten der Länderarchitektenkammern wie Baden-Württemberg). Eine gegenüber Spalte 3 detailliertere Aufgliederung ist im Regelfall als Grundleistung nicht geschuldet (a. A. für einen Umbau OLG Stuttgart BauR 1985, 587 m. abl. Anm. Beigel). Maßgebend ist in jedem Fall das Muster in DIN 276 Teil 3 Anhang B (vgl. das im Anhang zu diesem Kommentar abgedruckte Muster). In der Kostenberechnung sollen die Kosten, soweit nicht Erfahrungssätze oder pauschalierte Angaben vorliegen, aus Mengen- und Kostenansatz summarisch ermittelt werden. Für die Kostengruppe 3.1 Baukonstruktionen bedeutet dies in Spalte 3 z. B. eine Aufgliederung in 3.1.1 Gründung, 3.1.2 Tragkonstruktionen, 3.1.3 Nichttragende Konstruktionen und 3.1.9 Sonstige Konstruktionen. Entsprechendes gilt für andere Kostengruppen. Die Kostengruppe 3.2 Installationen ist aufzugliedern in 3.2.1 Abwasser, 3.2.2 Wasser, 3.2.3 Heizung und 3.2.4 Gase usw. Ergänzende Berechnungen sind beizufügen. Für Sonderfälle ist eine Variante zum Muster Kostenberechnung für die Kostengruppen 3.2 Installationen und 3.3 Zentrale Betriebstechnik vorgesehen, die beide Kostengruppen vereinfachend zusammenfaßt. Als Sonderfall kommt ein einfaches Gebäude mit geringer oder durchschnittlicher technischer Ausrüstung in Frage. Als weiteres Beispiel für die Aufgliederung und Verfeinerung sei die Kostengruppe 4 Gerät aufgeführt. Die Aufgliederung in Spalte 2 enthält folgendes: 4.1 Allgemeines Gerät, 4.2 Möbel, 4.3 Textilien, 4.4 Arbeitsgerät, 4.5 Beleuchtung und 4.9 Sonstiges Gerät. In Spalte 3 wird weiter aufgegliedert, z. B. 4.1 Allgemeines Gerät, 4.1.1 Schutzgerät, 4.1.2 Beschriftung und Schilder, 4.1.3 Hygienegerät. Bei der Kostengruppe 5 Außenanlagen ist in Spalte 3 eine sehr differenzierte Aufgliederung vorgesehen. Anders als für Kostengruppe 3 gibt es dafür aber noch keine Baupreistabellen oder Kostendaten. Der Architekt ist hier deshalb in der Regel auf seine Erfahrungswerte oder Kostenermittlungen angewiesen.

21   Es muß dem Auftragnehmer überlassen bleiben, ob er die Kostenwerte **summarisch nach Mengen- und Kostenansatz** oder nach **Erfahrungswerten** oder **pauschalierten Angaben** ermittelt. Soweit jedoch Mengenermittlungen mit Einzelpreisangaben nach Spalte 4 der Kostengliederung verlangt werden, übersteigt diese Leistung die in Leistungsphase 3 des § 15 zu erbringende Grundleistung Kostenberechnung nach DIN 276. Es handelt sich dann um eine vorgezogene Grundleistung aus Leistungsphasen 6 und 7, vergleichbar mit dem Kostenanschlag DIN 276 nach ortsüblichen oder aus Erfahrung gewonnenen Preisen gemäß DIN 276 Teil 3 Ziff. 3 in Leistungsphase 7. Dem Architekten steht hier ein Honoraranspruch aus Leistungsphasen 6 und 7 zu. Soweit dabei Leistungen aus Phase 5 erforderlich sind, kommt auch daraus ein Honoraranteil zum Ansatz (vgl. auch § 2 Rdn. 19). Dieses Honorar kann entsprechend der Situa-

tion bei Änderungen und Ergänzungen zusätzlich in Ansatz gebracht werden (vgl. § 20 Rdn. 1).

Fehler bei der Kostenberechnung führen zur Haftung wegen Bausummen- **22** überschreitung (vgl. Einl. 55 ff.). Der Toleranzrahmen, den die Rechtsprechung dem Architekten zubilligt, ist hier geringer als bei der Kostenschätzung. Nach der Systematik des Leistungsbildes des § 15 kann die Kostenberechnung sinnvoll erst dann erbracht werden, wenn die in Leistungsphase 3 erarbeiteten Grundlagen vorliegen. Fordert der Auftraggeber etwa in Leistungsphase 2 eine Kostenberechnung, so rechtfertigt dies ein höheres Honorar als den Mindestsatz, da die Voraussetzungen der Leistungsphase 3 geschaffen werden müssen. Richtig wird es auch sein, an eine vorgezogene Kostenermittlung nicht die gleichen Haftungsmaßstäbe anzulegen, wie dies für die im Leistungsablauf zutreffende Kostenermittlung gilt (vgl. § 2 Rdn. 19).

Der **Kostenanschlag** dient zur genauen Ermittlung der tatsächlich zu erwar- **23** tenden Kosten durch die Zusammenstellung von Auftragnehmerangeboten, Eigenberechnungen, Honorar- und Gebührenberechnungen sowie anderer für das Baugrundstück, die Erschließung und die vorausgehende Planung bereits entstandener Kosten. Der Kostenanschlag kann auch ein Hilfsmittel zur Kostenkontrolle werden, um nach Abschluß der Ausführungsplanung die Übereinstimmung der veranschlagten Kosten mit den in der vorausgegangenen Kostenberechnung ermittelten Kosten zu prüfen. Grundlagen für den Kostenanschlag sind die Ausführungsplanung bis zur ausführungsreifen Lösung und die in die Ausführungsplanung eingeflossenen Beiträge anderer an der Planung fachlich Beteiligter nach Leistungsphase 5 des § 15 Abs. 2, ferner die genauen Bedarfsberechnungen für die Standsicherheit (Konstruktion), den Wärmeschutz, die Installationen, für betriebstechnische Anlagen und Einbauten, Gerät, Außenanlagen, zusätzliche Maßnahmen und Baunebenkosten.

Der Kostenanschlag wird zusammengestellt nach den aufgrund von Massen- **24** berechnungen und Leistungsbeschreibungen (Leistungsverzeichnissen) eingeholten Auftragnehmerangeboten nach Leistungsphasen 6 und 7 des § 15 Abs. 2. Hierbei sind die Kostengruppen gemäß DIN 276 Teil 2 **Spalte 4** nach Gewerken entsprechend den Allgemeinen Technischen Vertragsbedingungen (ATV) zu VOB Teil C oder nach den in der Spalte „Anmerkung" genannten Bauteilen/ Bauelementen oder anderen geeigneten Abschnitten zu unterteilen. Hierzu dient das Muster Kostenanschlag Anhang C DIN 276 Teil 3 S. 18–34 mit Varianten zur Kostengruppe 3.2 und 3.3. Pfarr (Handbuch der kostenbewußten Planung, S. 219) schreibt zutreffend: „Die prozentuale Aufgliederung der Bauwerkskosten nach Gewerken und damit die Darstellung in absoluten Beträgen hat für die Vergabepraxis nach wie vor eine gewisse Bedeutung." Gegenüber Kostenschätzung und Kostenberechnung ist der Toleranzrahmen für den Auftragnehmer beim Kostenanschlag am engsten (vgl. Einl. 59). Der Kostenanschlag nach DIN 276 aus Einheits- oder Pauschalpreisen der Angebote in Leistungsphase 7 setzt das Einholen der Angebote voraus. Wird ein Kostenanschlag nicht, wie in der Leistungsphase 7 beschrieben, aufgrund von Angeboten verlangt, sondern vor dem Einholen der Angebote, und ist hierzu das Einsetzen ortsüblicher oder aus Erfahrung gewonnener Preise erforderlich, so handelt es sich um eine wiederholte Grundleistung, die wie eine Änderung oder Ergänzung doppelt zu honorieren ist (vgl. § 20 Rdn. 1). Jedoch kann der Mehraufwand auch im Rahmen der Von-bis-Sätze im Wege der Honorarvereinbarung berücksichtigt werden.

25 Die **Kostenfeststellung** dient zum Nachweis der tatsächlich entstandenen Kosten und ist Voraussetzung für Vergleiche und Dokumentation. Grundlage hierfür sind die geprüften Schlußrechnungen, Kostenbelege und Eigenleistungen nach Leistungsphase 8 und die fortgeschriebene Ausführungsplanung nach Leistungsphase 5 des § 15 Abs. 2. Die Kostenfeststellung erfolgt nach der gleichen Systematik wie beim Kostenanschlag, wobei das Formblatt DIN 276 Teil 3 Anhang C (Kostenanschlag) zugrunde zu legen ist. Die Kostenfeststellung ist eine Grundleistung der Leistungsphase 8 des § 15 Abs. 2.

26 Zweifelhaft war, ob bei der Kostenfeststellung im Rahmen des § 10 Abs. 2 Ziff. 2 rein schematisch die Beträge aus den Schlußrechnungen usw. zugrunde zu legen oder ob diese Beträge um etwaige Minderungs- oder Schadensersatzansprüche, die der Auftraggeber gegen einen Bauunternehmer hat, zu verringern sind. Dies ist zu verneinen (vgl. § 10 Abs. 5 Nr. 11). Nach Ziff. 4 Teil 3 DIN 276 sind Grundlagen der Kostenfeststellung u. a. die **geprüften Schlußrechnungen und Kostenbelege**. Nach dieser eindeutigen Bestimmung ist sonach von den Summen aus den Schlußrechnungen auszugehen, unabhängig davon, ob diese noch wegen Mängeln gemindert werden (vgl. i. e. Koeble BauR 1983, 325). Allerdings muß es sich um „geprüfte" Schlußrechnungen handeln, so daß etwaige Aufmaßfehler bei der Kostenfeststellung zu berücksichtigen sind. Ein zu hohes Aufmaß wird der Architekt im Rahmen der Kostenfeststellung kürzen und die Schlußrechnung auf den dann in der Kostenfeststellung zugrundeliegenden Betrag ermäßigen. Grundlage ist damit die Schlußrechnung in der richtig geprüften Form. Dabei spielen aber Rechtsfragen keine Rolle. Der Architekt kann deshalb auch Kosten für Nachträge ansetzen, bei denen noch nicht feststeht, ob sie z. B. wegen § 2 Nr. 6 VOB (B) bezahlt werden müssen. Die bei der Abrechnung zugrundeliegende Kostenfeststellung ist auch nicht um einen etwaigen Sicherheitseinbehalt des Bauherrn oder um einen Vertragsstrafanspruch zu mindern, den der Bauherr gegen den Unternehmer geltend macht (ebenso Koeble a. a. O.; Kromik DAB 1979, 1048; Neuenfeld § 10 Rdn. 17). Auch dies folgt daraus, daß für die Kostenfeststellung nach der DIN 276 die geprüften Schlußrechnungen maßgebend sind. Darauf, ob die am Bau Beteiligten die Endsumme aus den geprüften Schlußrechnungen durchsetzen können, kommt es nicht an. Abzuziehen sind aber eventuell Angebote und Rabatte, nicht dagegen Skonti (vgl. unten Rdn. 15).

27 **Alle Kostenermittlungsverfahren** müssen nach DIN 276 Teil 1 Z. 1 die **Umsatzsteuer enthalten.** Für die **Honorarberechnung** ist die Umsatzsteuer herauszurechnen (vgl. § 9 Abs. 2).

Die DIN 276 von Juni 1993 (nicht anwendbar für § 10 HOAI 1996) 28

Die in der HOAI 1996 noch nicht übernommene Fassung der DIN 276 von Juni 1993 **Kosten im Hochbau** bringt einige wesentliche Änderungen gegenüber der alten Fassung April 1981 (zur Weitergeltung dieser Fassung vgl. oben Rdn. 10 ff.). Mit der Änderung des Titels – die alte DIN 04/81 hieß „Kosten von Hochbauten" – soll zum Ausdruck gebracht werden, daß die über die eigentlichen Kosten der Hochbauten hinausgehenden Kosten, z. B. für das Grundstück, die Erschließung, die Außenanlagen und Baunebenkosten, ebenfalls Gegenstand der Norm sind. Die Norm ist auf den Hochbau abgestellt, auf Ingenieurbauwerke, Verkehrsanlagen und Außenanlagen nur insoweit, als deren Kosten im direkten Zusammenhang mit Kosten des Hochbaues stehen (im einzelnen Ruf „Kostenplanung 1–6" Deutsches Architektenblatt 9/93–8/94).

Ziff. 1 Anwendungsbereich führt diesen als Ermittlung und Gliederung von 29 Kosten für Maßnahmen zur Herstellung, zum **Umbau** und zur **Modernisierung** der Bauwerke sowie die damit zusammenhängenden Aufwendungen (Investitionskosten) auf. Die Begriffe und Unterscheidungsmerkmale der Norm dienen als Voraussetzung für Vergleichbarkeit der Ergebnisse von Kostenermittlungen, die auf der Grundlage von Bauplanungen durchgeführt werden. Insoweit unterscheidet sich der Anwendungsbereich nicht wesentlich von der Fassung 04/81, nur daß er klarer gefaßt ist und ausdrücklich auch **Umbau- und Modernisierungsmaßnahmen** beinhaltet und damit noch stärker in die HOAI eingebunden ist. Der oft geäußerte Vorbehalt, man könne keine Kosten für Umbau- und Modernisierungsmaßnahmen nach DIN 276 ermitteln, ist tatsächlich gegenstandslos. Bei der Ermittlung von Kosten derartiger Baumaßnahmen steht die Frage nach der Genauigkeit der Kostenaussage im Vordergrund. Stehen keine ausreichend gesicherten Kostenkennwerte zur Verfügung, was i. d. R. der Fall ist, führt nur eine Erfassung der Kosten nach Kostengliederung, Mengengerüsten und Einzelpreisen zu einem brauchbaren Ergebnis. Sollten hierbei Leistungen anfallen, die über den geforderten Rahmen der Grundleistungen hinausgehen, sind diese gem. § 5 (4) HOAI schriftlich zu vereinbaren.

Neu aufgenommen sind **Baunutzungskosten gem. DIN 18 960 Teil 1.** Zweck 30 dieser Norm ist, Baunutzungskosten nach einheitlichen Kriterien zu ermitteln. Die Kostengliederung sieht 6 Kostengruppen vor, wobei Kostengruppe 6 „Bauunterhaltungskosten" mit § 27 HOAI **Instandhaltungen und Instandsetzungen** korrespondiert. Unter Bauunterhaltungskosten sind alle Aufwendungen für Maßnahmen zur Wiederherstellung des zum bestimmungsmäßigen Gebrauch geeigneten Zustandes = Soll-Zustandes, also Instandsetzungen gem. § 3 Ziff. 10 HOAI, eines Objektes und für Maßnahmen zur Erhaltung des Soll-Zustandes gem. § 3 Ziff. 11 HOAI zu verstehen.

Kostenermittlungen **vor** der eigentlichen **Bauplanung,** die aufgrund von 31 Bedarfsangaben ermittelt werden sollen, z. B. als **Kostenrahmen** für Finanzierungsüberlegungen, fallen nicht unter die Kostenermittlungsarten der

DIN 276. Kostenermittlungen nach DIN 276 setzen immer eine tatsächliche Bauplanung voraus.

32 In **Ziff. 2** sind **Begriffe** aufgeführt und definiert. Die stark vereinfachte neue Fassung sieht auch keine Formblätter mehr vor, sondern nur noch eine Darstellung der Kostengliederung unter Ziffer 4.3 in Form von Tabelle 1 nach Kostengruppen in drei Ebenen und unter Ziff. 4.4 Tabelle 2 nach Leistungsbereichen entsprechend dem Standard-Leistungsbuch für das Bauwesen (StLB) oder Standardleistungskatalog (StLK) oder anderen ausführungs- bzw. gewerkeorientierten Strukturen. Tabelle 3 enthält eine Gegenüberstellung der Kostengruppen und Kostengliederung der alten und neuen Fassung (siehe Abdruck im Anhang). Mit der vereinfachten Fassung soll dem Stand der Technik und der Entwicklung der Kostenplanung im Hinblick auf die Anwendung der EDV Rechnung getragen werden.

33 **Ziff. 2.1 Kosten im Hochbau** sind Aufwendungen für Güter, Leistungen und Angaben, die für Planung und Ausführung von Baumaßnahmen erforderlich sind.

34 **Ziff. 2.2 Kostenplanung,** als Begriff neu eingeführt, umfaßt die Gesamtheit aller Maßnahmen der Kostenermittlung, der Kostenkontrolle und der Kostensteuerung in kontinuierlicher Begleitung aller Phasen der Baumaßnahme bis zur systematischen Erfassung mit Ursachen und Auswirkungen der Kosten. Wesentlich erscheint, daß der Planungsbegriff im Sinne der Leistungsbilder der HOAI die o. a. Maßnahmen umfaßt und damit zu einer Klarstellung führt (siehe auch § 15 Leistungsphase 8, Rdn. 199).

35 **Ziff. 2.3 Kostenermittlung** enthält die vier Arten dieser, nämlich Kostenschätzung, Kostenberechnung, Kostenanschlag und Kostenfeststellung. Sie unterscheidet sich damit nicht von der alten Fassung. **Ziff. 2.4 Kostenkontrolle** ist als Begriff neu eingeführt und dient als Vergleich einer aktuellen mit einer früheren Kostenermittlung. **Ziff. 2.5 Kostensteuerung,** ebenfalls neu aufgenommen, stellt das gezielte Eingreifen in die Entwicklung der Kosten dar, insbesondere bei Abweichungen, die bei der Kostenkontrolle festgestellt werden. **Ziff. 2.6 Kostenkennwert** als Wert, der das Verhältnis von Kosten zu einer Bezugseinheit, z. B. Grundflächen oder Rauminhalte, nach DIN 277 darstellt. **Ziff. 2.7 Kostengliederung** ist die Ordnungsstruktur, nach der die Gesamtkosten unterteilt werden. **Ziff. 2.8 Kostengruppe** ist die Zusammenfassung einzelner Kosten nach Kriterien der Planung und ausführungsbedingter Zusammenhänge. Beide letztgenannten Begriffe unterscheiden sich nur in der Systematik von der alten Fassung.

36 **Ziff. 3 Kostenermittlung.** Hier werden die Grundsätze, Zweck, Darstellung und Art der Kostenermittlungen erläutert. Neu aufgenommen ist unter **Ziff. 3.1.5 die Kostenermittlung bei Bauabschnitten.** Bei mehreren zeitlich oder räumlich getrennten Abschnitten einer Baumaßnahme sollen die Kosten für jeden Abschnitt getrennt ermittelt werden. **Ziff. 3.1.6 Kostenstand,** stellt klar, daß die Kostenermittlung auf den Zeitpunkt des jeweiligen Kostenerkenntnisstandes abzustellen ist und dieser Zeitpunkt dokumentiert werden muß. Sollten

Kosten auf den Zeitpunkt der Fertigstellung prognostiziert werden, sind diese gesondert auszuweisen. **Ziff. 3.1.8 Besondere Kosten** umfassen alle die Kosten, die durch außergewöhnliche oder objektspezifische Umstände verursacht werden, und sind gesondert auszuweisen, z. B. Standort, Baugrund, Umgebung, Umweltbedingungen u. a. **Ziff. 3.1.9 Wiederverwendete Teile, Eigenleistungen** sollen bei den betreffenden Kostengruppen gesondert ausgewiesen werden. Eigenleistungen des Auftraggebers sollen als die Kosten ausgewiesen werden, die für entsprechende Unternehmerleistungen entstehen würden. Auch hierbei fällt die enge Verzahnung zur HOAI § 10 (3) und (3a) auf.

3.1.10 Umsatzsteuer kann wie folgt berücksichtigt werden

37

– In den Kostenangaben ist die Umsatzsteuer enthalten („Brutto-Angabe"),
– in den Kostenangaben ist die Umsatzsteuer nicht enthalten („Netto-Angabe"),
– nur bei einzelnen Kostenangaben (z. B. bei übergeordneten Kostengruppen) ist die Umsatzsteuer ausgewiesen.

Wichtig ist, daß diese Angaben zwingend erfolgen müssen, schon im Hinblick auf die anrechenbaren Kosten des Auftragnehmers gem. § 9 HOAI.

3.2 Arten der Kostenermittlung

38

Wie schon in Ziff. 2.3 aufgeführt, handelt es sich um die gleichen Arten wie in der alten Fassung. Sie unterscheiden sich in der Zielsetzung nur unwesentlich. Neu ist der Wegfall der Spalten 1–4 der Kostengliederung, an deren Stelle treten 3 Ebenen der Kostengliederung.

3.2.1 Kostenschätzung

39

Sie dient als eine Grundlage für die Entscheidung über die **Vorplanung.** Die Grundlagen für die Kostenschätzung sind fast die gleichen. Entfallen sind die Nutzeinheiten, hinzugekommen sind Angaben zum Baugrundstück und zur Erschließung. Die Gesamtkosten sollen mindestens bis zur 1. Ebene der Kostengliederung ermittelt werden. Diese umfaßt folgende Kostengruppen mit zum Teil anderem Inhalt gegenüber der Fassung 04/81:

100 Grundstück
200 Herrichten und Erschließen
300 Bauwerk – Baukonstruktionen
400 Bauwerk – Technische Anlagen
500 Außenanlagen
600 Ausstattung und Kunstwerke
700 Baunebenkosten

40 **3.2.2 Kostenberechnung**

Die Kostenberechnung dient als eine Grundlage für die Entscheidung über die Entwurfsplanung. Grundlagen sind wie bisher
– Planungsunterlagen, z. B. durchgearbeitete, vollständige Vorentwurfs- und/oder Entwurfszeichnungen (Maßstab nach Art und Größe des Bauvorhabens), gegebenenfalls auch Detailpläne mehrfach wiederkehrender Raumgruppen,
neu aufgenommen sind
– Berechnung der Mengen von Bezugseinheiten der Kostengruppen,
ähnlich wie in der alten Fassung
– Erläuterungen, z. B. Beschreibung der Einzelheiten in der Systematik der Kostengliederung, die aus den Zeichnungen und den Berechnungsunterlagen nicht zu ersehen, aber für die Berechnung und die Beurteilung der Kosten von Bedeutung sind.

Die Gesamtkosten sollen nach Kostengruppen mindestens bis zur 2. Ebene der Kostengliederung ermittelt werden. Die 2. Ebene umfaßt z. B. in der Kostengruppe 300 Bauwerk – Baukonstruktionen folgende Kostengliederung
310 Baugrube
320 Gründung
330 Außenwände
340 Innenwände
350 Decken
360 Dächer
370 Baukonstruktive Einbauten
390 Sonstige Maßnahmen für Baukonstruktionen

41 **3.2.3 Kostenanschlag**

Der Kostenanschlag dient als eine Grundlage für die Entscheidung über die Ausführungsplanung und die Vorbereitung der Vergabe. Die Grundlagen hierfür sind neu gefaßt, es sind folgende
– Planungsunterlagen, z. B. endgültige, vollständige Ausführungs-, Detail- und Konstruktionszeichnungen,
– Berechnungen, z. B. für Standsicherheit, Wärmeschutz, technische Anlagen,
– Berechnung der Mengen von Bezugseinheiten der Kostengruppen,
– Erläuterungen zur Bauausführung, z. B. Leistungsbeschreibungen,
– Zusammenstellungen von Angeboten, Aufträgen und bereits entstandenen Kosten.

Der Kostenanschlag soll die Gesamtkosten nach Kostengruppen bis mindestens Ebene 3 der Kostengliederung ausweisen. Er setzt voraus, daß die endgültige Ausführungsplanung vorliegt, die Berechnungen für Standsicherheit, Wärmeschutz und technische Anlagen. Ferner sind Leistungsbeschreibungen und Angebote, etwa schon erteilte Aufträge und bereits entstandene Kosten als Grundlage heranzuziehen. Der Kostenanschlag ist mindestens bis zur 3. Ebene der Kostengliederung aufzustellen. Diese umfaßt beispielhaft für Kostengruppe 320 Gründung folgende Gliederung unter Berücksichtigung der Anmerkungen

320 Gründung	Die Kostengruppen enthalten die zugehörigen Erdarbeiten und Sauberkeitsschichten.
321 Baugrund- verbesserung	Bodenaustausch, Verdichtung, Einpressung
322 Flachgründungen	Einzel-, Streifenfundamente, Fundamentplatten
323 Tiefgründungen	Pfahlgründung einschließlich Roste, Brunnengründungen; Verankerungen
324 Unterböden und Bodenplatten	Unterböden und Bodenplatten, die nicht der Fundamentierung dienen
325 Bodenbeläge	Beläge auf Boden- und Fundamentplatten, z. B. Estriche, Dichtungs-, Dämm-, Schutz-, Nutzschichten
326 Bauwerks- abdichtungen	Abdichtungen des Bauwerks einschließlich Filter-, Trenn- und Schutzschichten
327 Dränagen	Leitungen, Schächte, Packungen
329 Gründung, Sonstiges	

3.2.4 Kostenfeststellung ist der Nachweis der entstandenen Kosten, gegebenenfalls zu Vergleichen und Dokumentationen. Grundlagen hierfür sind

– geprüfte Abrechnungsbelege, z. B. Schlußrechnungen, Nachweise der Eigenleistungen,
– Planungsunterlagen, z. B. Abrechnungszeichnungen,
– Erläuterungen.

In der Kostenfeststellung sollen die Gesamtkosten nach Kostengruppen bis zur 2. Ebene der Kostengliederung unterteilt werden, für Vergleiche und Auswertungen, z. B. Kostenkennwerte, sollte mindestens in die 3. Ebene gegangen werden. Hierbei erhebt sich die Frage, zu was der Auftragnehmer im Regelfall verpflichtet ist. Handelt es sich um eine konventionelle Ausschreibung, Auftragsvergabe und Ausführung nach einzelnen Gewerken für die Einzelrechnungen vorliegen, bereitet die Unterteilung bis zur 3. Ebene keine Schwierigkeiten. Dagegen können diese bei pauschalierten Aufträgen, Generalunternehmerausschreibungen oder Ausschreibungen nach Leistungsprogramm auftreten bzw. eine Untergliederung bis zur 2. Ebene, geschweige bis zur 3. Ebene unmöglich machen. Diese Schwierigkeiten bestanden aber auch bei der alten Fassung der DIN 276 und treten nicht neu auf. Angezeigt sind rechtzeitige vertragliche Vereinbarungen, um spätere strittige Auslegungen zu vermeiden.

43 **4. Kostengliederung**

4.1 Aufbau der Kostengliederung

Der Aufbau der Kostengliederung erfolgt in 3 Ebenen. In der 1. Ebene werden die Gesamtkosten in 7 Kostengruppen ähnlich der alten Fassung ausgewiesen. Es sind dies

100 Grundstück
200 Herrichten und Erschließen
300 Bauwerk – Baukonstruktionen
400 Bauwerk – Technische Anlagen
500 Außenanlagen
600 Ausstattung und Kunstwerke
700 Baunebenkosten

Je nach Kostenermittlungsart und Bedarf werden diese Kostengruppen bis zur 2. und 3. Ebene unterteilt. Darüber hinaus können die Kosten entsprechend den **technischen Merkmalen** oder den **herstellungsmäßigen Gesichtspunkten** oder **nach der Lage im Bauwerk** bzw. auf dem Grundstück weiter untergliedert werden. Außerdem sollten die Kosten in Vergabeeinheiten geordnet werden, damit die projektspezifischen Angebote, Aufträge und Abrechnungen mit den Kostenvorgaben verglichen werden können. Die Darstellung und Aufgliederung der Kosten ist also nicht mehr an formale Vorgaben gebunden, sondern kann relativ frei unter Berücksichtigung ausführungsorientierter Belange gewählt werden. Einzuhalten ist jedoch stets die Unterteilung in die 7 Kostengruppen der 1. Ebene.

44 **4.2 Ausführungsorientierte Gliederung der Kosten**

Diese ist schon weiter oben unter Ziff. 4 angesprochen. Die neue Norm läßt in formaler Hinsicht die Freiheit, wie sie technische und ausführungsmäßige Belange erfordern. Der Text in Ziff. 4.2 soll wegen seiner Bedeutung hier wiedergegeben werden.

Soweit es die Umstände des Einzelfalls zulassen (z. B. im Wohnungsbau) oder erfordern (z. B. bei Modernisierungen), können die Kosten vorrangig ausführungsorientiert gegliedert werden, indem bereits die Kostengruppen der ersten Ebene der Kostengliederung nach herstellungsmäßigen Gesichtspunkten unterteilt werden.

Hierfür kann die Gliederung in Leistungsbereiche entsprechend dem Standardleistungsbuch für das Bauwesen (StLB) – wie in Abschnitt 4.4 wiedergegeben – oder Standardleistungskatalog (StLK) oder eine Gliederung entsprechend anderen ausführungs- bzw. gewerkeorientierten Strukturen (z. B. Verdingungsordnung für Bauleistungen VOB Teil C) verwendet werden. Dies entspricht formal der 2. Ebene der Kostengliederung.

Im Falle einer solchen ausführungsorientierten Gliederung der Kosten ist eine weitere Unterteilung, z. B. in Teilleistungen, erforderlich, damit die Leistungen hinsichtlich Inhalt, Eigenschaften und Menge beschrieben und erfaßt werden können. Dies entspricht formal der 3. Ebene der Kostengliederung.

Auch bei einer ausführungsorientierten Gliederung sollten die Kosten in Vergabeeinheiten geordnet werden, damit die projektspezifischen Angebote, Aufträge und Abrechnungen mit den Kostenvorgaben verglichen werden können (siehe Abschnitt 4.1, Anmerkung).

4.3 Darstellung der Kostengliederung 45

Die neue Fassung bringt eine teilweise neue Abgrenzung der sieben Kostengruppen und teilweise neue Begriffe. So wird die alte Kostengruppe 3 Bauwerk aufgeteilt in 300 Bauwerk – Baukonstruktionen und Kostengruppe 400 Bauwerk – Technische Anlagen. Die alte Kostengruppe 4 Gerät ist in Kostengruppe 600 Ausstattung und Kunstwerke oder wie die Beleuchtung Kostengruppe 4.5 in die neue Kostengruppe 440 Starkstromanlagen der 2. Ebene bzw. 445 Beleuchtungsanlagen der 3. Ebene eingeflossen. Die seitherige Kostengruppe 6 Zusätzliche Maßnahmen besteht nicht mehr, die seitherigen Kostenstellen sind jeweils unter Kostengruppe 390 und 490 als Sonstige Maßnahmen eingegliedert. Im einzelnen siehe Tabelle 3 im Anhang und Ruf, Deutsches Architektenblatt, S. 73 und a. a. O. Insgesamt bedeutet die neue Gliederung der Kostengruppen eine Straffung, bessere Ausgewogenheit im Kostengewicht und durch die Verringerung der Stellenzahl der Kostengliederung eine EDV-gerechtere Codierung. Auch für die Darstellung der Architekten- und Ingenieurhonorare ergeben sich wesentliche Vereinfachungen. Bisher mußten diese in der Spalte 3 der Kostengliederung noch nach Grundlagenermittlung, Planung und Durchführung (Objektüberwachung) aufgeteilt werden, die neue Fassung enthält in Kostengruppe 730 Architekten- und Ingenieurleistungen nur eine Aufteilung nach Leistungsbereichen der HOAI, z. B. Gebäude, Freianlagen, Tragwerksplanung u. a.

Die nachfolgende **Gegenüberstellung** soll den **Vergleich von DIN 276, Fassung 04/81**, mit **Fassung 06/93** erleichtern. 46

DIN 276 04/81	DIN 276 06/93
1 Baugrundstück	100 Grundstück
1.1 Wert 1.2 Erwerb 1.3 Freimachen 1.4 Herrichten	110 Grundstückswert 120 Grundstücksnebenkosten 130 Freimachen
2 Erschließung	200 Herrichten und Erschließen
2.1 Öffentliche Erschließung 2.2 Nichtöffentliche Erschließung 2.3 Andere einmalige Abgaben	210 Herrichten 220 Öffentliche Erschließung 230 Nichtöffentliche Erschließung 240 Ausgleichsabgaben

DIN 276 04/81	DIN 276 06/93
3 Bauwerk	300 Bauwerk – Baukonstruktionen
3.1 Baukonstruktionen	
3.2 Installationen	
3.3 Zentrale Betriebstechnik	
3.4 Betriebliche Einbauten	
3.5 Besondere Bauausführungen	
4 Gerät	400 Bauwerk – Technische Anlagen
4.1 Allgemeines Gerät	
4.2 Möbel	
4.3 Textilien	
4.4 Arbeitsgerät	
4.5 Beleuchtung	
4.9 Sonstiges Gerät	
5 Außenanlagen	500 Außenanlagen
5.1 Einfriedungen	510 Geländeflächen
5.2 Geländebearbeitung und -gestaltung	520 Befestigte Flächen
5.3 Abwasser- und Versorgungsanlagen	530 Baukonstruktionen in Außenanlagen
5.4 Wirtschaftsgegenstände	540 Technische Anlagen in Außenanlagen
5.5 Kunstwerke und künstlerisch gestaltete Bauteile im Freien	550 Einbauten in Außenanlagen
5.6 Anlagen für Sonderzwecke	
5.7 Verkehrsanlagen	
5.8 Grünflächen	
5.9 Sonstige Außenanlagen	
6 Zusätzliche Maßnahmen	600 Ausstattung und Kunstwerke
	610 Ausstattung
	620 Kunstwerke
7 Baunebenkosten	700 Baunebenkosten
7.1 Vorbereitung von Bauvorhaben	710 Bauherrenaufgaben
7.2 Planung von Baumaßnahmen	720 Vorbereitung der Objektplanung
7.3 Durchführung von Baumaßnahmen	730 Architekten- und Ingenieurleistungen
7.4 Finanzierung	740 Gutachten und Beratung
7.5 Allgemeine Baunebenkosten	

47   Die Gegenüberstellung zeigt deutlich die Straffung und Vereinfachung der neuen Kostengliederung, insbesondere im Bereich der Kostengruppe 3 Bau-

werk bzw. 300 Bauwerk – Baukonstruktionen und 400 Bauwerk – Technische Anlagen.

4.4 Gliederung in Leistungsbereiche 48

Die Leistungsbereiche sind nach dem Standard-Leistungsbuch für das Bauwesen (StLB) geordnet. Sie läßt eine ausführungsorientierte Kostenermittlung zu und bleibt für Ergänzungen des StLB offen (siehe Anhang).

Die maßgebende Kostenermittlung für Leistungsphase 1–4 des § 15 49

Für die Leistungsphasen 1–4 des § 15 ist nach Abs. 2 Nr. 1 die **Kostenberechnung** maßgebende Honorarermittlungsgrundlage. Nach der Formulierung der Bestimmung tritt die Kostenschätzung an die Stelle der Kostenberechnung, „solange diese nicht vorliegt". Die **Kostenschätzung** ist unstreitig maßgebend, wenn der Architekt nur einen Auftrag für Leistungsphasen 1 und 2 gehabt hat oder die Vertragsbeziehungen in einem Stadium wirksam beendet werden, indem die Kostenberechnung in Leistungsphase 3 **noch nicht erbracht werden mußte** (vgl. z. B. OLG München BauR 1991, 650 = SFH Nr. 2 zu § 22 HOAI; Börner BauR 1995, 331 [333] m. w. Nachw.). Ist ausnahmsweise eine **Kostenschätzung nicht formgerecht möglich,** dann kann kein Zeithonorar abgerechnet werden, weil § 6 HOAI nicht anwendbar ist (vgl. § 6 Rdn. 2 und unten Rdn. 70). Der Architekt kann hier eine „überschlägige" Kostenschätzung vornehmen, die nicht an der DIN 276 orientiert ist (Börner a. a. O., Jochem § 10 Rdn. 5; Hesse/Korbion/Mantscheff/Vygen § 10 Rdn. 7; a. A. Hartmann § 10 Rdn. 7 und Löffelmann/Fleischmann Rdn. 1162).

Wird die Kostenberechnung vom Architekten nicht erstellt, obwohl sie **nach** 50 **dem Vertrag geschuldet** und der entsprechende Leistungsstand auch erreicht ist, so stellt sich die Frage, ob auch die Anforderung einer Abschlagszahlung oder der Schlußzahlung auf der Basis der Kostenschätzung erfolgen kann. Dies ist zu verneinen. Die **Kostenberechnung** muß hier vielmehr **nachgeholt** werden (unstr.; z. B. OLG Düsseldorf BauR 1994, 133 = NJW-RR 1994, 18; OLG Köln NJW-RR 1992, 667; Börner BauR 1995, 331 [334]; ferner OLG Düsseldorf BauR 1983, 283; OLG Frankfurt BauR 1985, 344; OLG Celle BauR 1985, 591; OLG Düsseldorf BauR 1986, 244 für den Fall der vorzeitigen Vertragsbeendigung. Sinn und Zweck des § 10 Abs. 2 ist es nämlich, je nach Baufortschritt genauere und zuverlässigere Grundlagen für die Honorarberechnung zugrunde zu legen. Damit müssen fehlende Kostenermittlungen nachgeholt werden. Geschieht dies nicht, so ist die Klage abzuweisen (vgl. unten Rdn. 76 ff.). Steht fest, daß die **nachzuholende Kostenberechnung** ein **höheres** Ergebnis als die in der Honorarschlußrechnung zugrunde gelegte Kostenschätzung bringt, bedarf es dennoch der Vorlage einer Kostenberechnung. Die gegenteilige Auffassung (OLG Köln NJW-RR 1992, 667) sieht darin nur eine Förmelei. Angesichts dessen, daß der Auftraggeber aber z. B. anhand der Vorschrift des § 10 Abs. 5 überprüfen können muß, welche Teile aus der Kostenberechnung überhaupt anrechenbar sind, kann davon keine Rede sein. Die Prüfbarkeit der Rechnung kann auch dann noch eine Rolle spielen, wenn der Höhe nach Bindungswirkung über die Schlußrechnung besteht.

51 Problematisch ist in den Fällen der **nachgeholten Kostenberechnung** zunächst, ob für die Honorarberechnung eine **höhere Kostensumme** aus der nachgebrachten Kostenberechnung zugrunde gelegt werden kann. Sicher ist, daß eine Bindung der Höhe nach besteht, wenn eine falsche Kostenermittlung in die Honorarschlußrechnung eingegangen ist (vgl. § 8 Rdn. 54 f.). Wird die Kostenberechnung nachgeholt, bevor die Schlußrechnung erteilt wird, so könnte der Architekt sein Honorar für Leistungsphase 1–4 nachträglich durch eine übertrieben hohe Kostenberechnung erheblich verbessern. Um dies zu verhindern, wird zum Teil vertreten, daß eine Bindung der Höhe nach an die Kostenschätzung besteht, und zwar auch dann, wenn Änderungen oder Sonderwünsche zwischen der Vorplanung und der Entwurfsplanung hinzugekommen sind (so OLG Frankfurt BauR 1985, 344). Für Änderungen und Ergänzungen ist diese Auffassung jedoch ganz sicher nicht gerechtfertigt. Soweit aber zwischen Vorplanung und Entwurfsplanung keine wesentlichen Änderungen oder Erweiterungen erfolgt sind, sind die Kostenangaben zugrunde zu legen, die in dem Zeitpunkt vorlagen, als die Kostenberechnung erstellt werden hätte müssen. Das wird meist die Kostenschätzung sein. Fehlt auch diese, so sind die Angaben aus dem Bauantrag maßgebend, weil dort ausdrücklich Angaben nach DIN 276 gemacht werden müssen und es sich im Stadium der Genehmigungsplanung damit nur um die Kostenberechnung handeln kann.

52 Die zweite Frage bei der nachgeholten Kostenberechnung ist, ob hierfür noch ein Honorar beansprucht werden kann. Dies ist zu verneinen, soweit die nachgebrachte Kostenermittlung lediglich dazu dient, um den Honoraranspruch des Architekten fällig zu machen (ebenso Weyer BauR 1982, 314; vgl. i. e. zum Honorarabzug § 5 Rdn. 21, 23).

53 Fraglich ist, ob und wann der Auftraggeber eine **Reduzierung** der sich aus der Kostenberechnung ergebenden anrechenbaren Kosten verlangen kann. Die Aufteilung der Rechnung in Leistungsphase 1–4 bzw. 5–7 und 8–9 bringt es mit sich, daß die Kostenberechnung nicht einfach nach dem Kostenanschlag bzw. nach der Kostenfeststellung korrigiert werden darf. Sinn der Aufteilung ist es, den Architekten nicht dafür zu bestrafen, daß er bei der Kostenberechnung realistisch und ggf. mit Toleranz nach oben geschätzt hat. Vielmehr soll es gerade für den Fall, daß niedrigere Baukosten entstehen, bei der Basis der Kostenberechnung verbleiben (z. B. OLG Hamm BauR 1995, 415 = ZfBR 1995, 135). Anderes gilt nur dann, wenn die Kostenberechnung vom Architekten schuldhaft erheblich zu hoch angesetzt wurde (OLG Düsseldorf BauR 1987, 708 = SFH Nr. 1 zu § 6 HOAI; Hesse/ Korbion/Mantscheff/Vygen § 10 Rdn. 15; Neuenfeld § 10 Rdn. 9). Es muß sich dabei um eine grobe Fehlschätzung handeln, weil auch insoweit dem Architekten nach oben eine Toleranz eingeräumt werden muß. Diese wird sich ähnlich wie im umgekehrten Fall bei der Bausummenüberschreitung bemessen (vgl. hierzu Einl. Rdn. 55). Eine schuldhafte Fehlschätzung des Architekten liegt auf gar keinen Fall

schon dann vor, wenn der Auftraggeber durch eigene Verhandlungen oder Schwarzarbeit niedrigere Preise erzielt (OLG Düsseldorf a. a. O.).

Die maßgebende Kostenermittlung für Leistungsphase 5–7 des § 15 54

Durch die 5. HOAI-Novelle (vgl. Einl. Rdn. 12) wurde eine **Dreiteilung der Honorarberechnung** eingeführt. Während bisher die Leistungsphasen 5–9 nach der Kostenfeststellung abzurechnen waren, ist nach **Abs. 2 Nr. 2** der Kostenanschlag bei den Leistungsphasen 5–7 für Aufträge seit dem 1. 1. 1996 maßgebend. Solange der Kostenanschlag nicht vorliegt, kann auf die Kostenberechnung zurückgegriffen werden. Dieser Rückgriff ist dann ausgeschlossen, wenn ein Leistungsstand erreicht ist, der die Erstellung eines Kostenanschlags zuläßt. Die Bedeutung des „solange" liegt damit einmal bei der Anforderung von Abschlagszahlungen und zum anderen dort, wo das Projekt vor Einholung aller Angebote der am Bau Beteiligten abgebrochen wird. In allen anderen Fällen ist der Kostenanschlag nachzuholen (vgl. die entsprechende Problematik bei Leistungsphase 1–4 oben Rdn. 49 ff.).

Die Fragen des **nachgeholten Kostenanschlags** sind entsprechend denjenigen 55 bei der nachgeholten Kostenberechnung zu lösen (vgl. oben Rdn. 50 ff.). Eine spätere Reduzierung des Kostenanschlags im Hinblick auf erheblich niedrigere tatsächliche Kosten ist nur bei groben Fehlern der Kostenermittlung möglich. Die Toleranz dürfte hier aber geringer sein als bei der Kostenberechnung (vgl. oben Rdn. 53).

Sinn der Neuregelung durch die 5. HOAI-Novelle war es, die Honorare noch 56 weiter von den endgültigen **Herstellungskosten abzukoppeln.** Dies bringt jedoch für die Praxis erhebliche Schwierigkeiten mit sich. Die HOAI geht von einer Totalausschreibung vor Baubeginn aus, was sich jedoch in vielen Fällen in der Praxis nicht durchführen läßt. In solchen Fällen kann – z. B. für Abschlagszahlungen – vom Auftragnehmer die Erstellung eines Kostenanschlags als Fälligkeitsvoraussetzung nicht generell von vornherein verlangt werden. Vielmehr ist auf die Umstände des Einzelfalls abzustellen und **im Zweifel die Kostenberechnung** als Basis für Abschlagszahlungen oder bei Abbruch des Projekts zugrunde zu legen.

Die maßgebende Kostenermittlung für Leistungsphase 8–9 des § 15 57

Nach **Abs. 2 Nr. 3** ist für die Leistungsphasen 8–9 des § 15 als Kostenermittlungsgrundlage in erster Linie die Kostenfeststellung, die im Rahmen der Objektüberwachung (Phase 8 des § 15) zu erbringen ist, maßgebend. Liegt die Kostenfeststellung noch nicht vor, weil das Vertragsverhältnis zwischen Auftraggeber und Auftragnehmer nach Abschluß der **Phase 7 beendet** wird, oder war von vornherein nur eine Tätigkeit des Auftragnehmers bis einschließlich Phase 7 geschuldet, so tritt an die Stelle der Kostenfeststellung der Kostenanschlag aus Phase 7 des § 15 (Mitwirkung bei der Vergabe). Da in diesen Fällen keine Kostenfeststellung geschuldet ist, ist der Architekt berechtigt, sein Honorar endgültig nach dem Kostenanschlag zu berechnen.

58   Fraglich ist, was als Ermittlungsgrundlage heranzuziehen ist, wenn das Bauvorhaben **von einem anderen Architekten fortgeführt** wird und dieser die
Kostenfeststellung erbringt, bevor der Auftragnehmer seine Honorarrechnung
erstellt hat. Nach dem Wortlaut des Abs. 2 ist in diesen Fällen eindeutig die
Kostenfeststellung zugrunde zu legen, da nicht entscheidend ist, von welchem
Architekten die Kostenfeststellung stammt, und Abs. 2 nicht verlangt, daß es
die eigene des Auftragnehmers sein müsse. Hat der Auftragnehmer bei Vertragsbeendigung die Leistungen aus Phase 8 des § 15 einschließlich der Rechnungsprüfung erbracht, so hat er die Kostenfeststellung ebenfalls zu erbringen,
damit er die Voraussetzungen für den Honoraranspruch und die Fälligkeit seines Honoraranspruchs erfüllt (vgl. im einzelnen zur parallelen Problematik im
Verhältnis Kostenschätzung zu Kostenberechnung oben Rdn. 49 ff.).

59   Erbringt ein Auftragnehmer einen Teil der Objektüberwachung und ein anderer
vertragsgemäß den Rest einschließlich Kostenfeststellung für das gleiche Objekt, so
ist das Honorar des zweiten Architekten mit Sicherheit aus der Kostenfeststellung
zu berechnen. Auch das Honorar des ersten Architekten ist aber nach der Kostenfeststellung und nicht nach dem Kostenanschlag zu berechnen. Dies folgt daraus,
daß in derartigen Fällen von vornherein feststeht, daß eine Kostenfeststellung als
Bemessungsgrundlage für die Leistungsphasen 5–9 vorgenommen werden wird.
Die gegenteilige Auffassung für die entsprechende Problematik nach HOAI 1991
(Börner BauR 1995, 331 [335]; Jochem § 10 Rdn. 5; Löffelmann/Fleischmann
Rdn. 473) ist nicht in Einklang zu bringen mit dem Wortlaut des Abs. 2 Nr. 3,
wonach der Kostenanschlag nur maßgeblich ist, „solange" die Kostenfeststellung
nicht vorliegt. Die Kostenfeststellung ist auch dann als Grundlage für die Leistungen des ersten Architekten heranzuziehen, wenn diese wegen Zeitablaufs oder zwi-
schenzeitlicher Stillegung des Bauvorhabens höhere Baukosten beinhalten. Auch
die vermittelnde Auffassung (Werner/Pastor Rdn. 738), wonach der Architekt hier
zwischen (seinem) Kostenanschlag und der (fremden) Kostenfeststellung wählen
kann, ist nicht mit dem Wortlaut und Sinn des § 10 Abs. 2 in Einklang zu bringen.

60   In diesem Beispielsfall, wenn der eine Auftragnehmer einen Teil der Überwachung und der andere den Rest erbringt, kann sich ein weiteres Problem ergeben. Hat der Architekt A ein bestimmtes Objekt geplant und die Leistungen bei
der Vergabe hierzu erbracht sowie teilweise überwacht, wird aber durch den
Bauherrn im Rahmen der Objektüberwachung durch den Architekten B das
Objekt seinem Umfang nach reduziert (Beispiel: ein Sprachlabor entfällt; ein
Schwimmbad oder technische Einrichtungen werden weggelassen), so fragt
sich, welche Kostenermittlung für die Berechnung des Honorars des Architekten A zugrunde zu legen ist. Die Lösung ergibt sich daraus, daß der Architekt A eine **fremde Kostenermittlung** nur dann zugrunde legen muß, wenn diese
das gleiche Objekt betrifft. Im Rahmen der Objektüberwachung ist daher die
Kostenfeststellung des Architekten B für seine Leistung nicht maßgebend. Die
Leistungsphasen 5–8 müssen demnach aus dem Kostenanschlag des Architekten A abgerechnet werden. Gleiches gilt bei Erweiterungen des Objekts im
Rahmen der Leistungsphase 8. Hat der Architekt A nur die Leistungspha-

sen 1–5 in Auftrag gehabt, wurde aber danach die Änderung vorgenommen, so ist auch die Leistungsphase 5 – wie die Leistungsphasen 1–4 – auf der Basis der Kostenberechnung abzurechnen (entsprechend dem unter Rdn. 62 behandelten Fall), da die für die Leistungsphasen 5–7 an sich maßgebliche Kostenermittlung nicht das gleiche Objekt betrifft.

Weitere Probleme ergeben sich bei **Änderungen des Leistungsumfangs** in der **61** Ausführungsplanung oder während der Vergabestationen. Grundsätzlich bleibt es hinsichtlich der Leistungsphasen 1–4 bei der Abrechnung auf der Basis der Kostenberechnung, wenn vom Architekten keine Änderungen der Vor-, Entwurfs- oder Genehmigungsplanung verlangt werden. Änderungen der Ausführungsplanung oder im Stadium der Vergabe führen zu einer veränderten Kostenfeststellung. Soweit dies nicht der Fall ist, kann dem Architekten ein gesondertes Honorar zustehen (vgl. § 20 Rdn. 1 ff.).

Liegt weder eine Kostenfeststellung noch ein Kostenanschlag vor, da das **Bau-** **62** **vorhaben nach Phase 6** zum Beispiel **abgebrochen** oder die Kostenermittlungsgrundlagen vom Auftragnehmer entgegen seiner Verpflichtung nicht erstellt werden, so ist fraglich, ob die Kostenberechnung bzw. Kostenschätzung als Basis für die Leistungsphasen 5–9 herangezogen werden kann. Ein derartiger Rückgriff auf die Bemessungsgrundlagen der Nr. 1 – Kostenberechnung oder Kostenschätzung – ist jedoch nicht ohne weiteres möglich. Dies würde nämlich dem Sinn der Aufspaltung in Abs. 2, genauere Grundlagen für die Honorarbemessung zu finden, nicht gerecht werden. Eine generelle Lösung der Frage gibt es nicht. Es sind im einzelnen folgende Fälle zu unterscheiden: Soweit Phase 6 abgeschlossen und Phase 7 bis auf den Kostenanschlag ebenfalls erbracht ist, muß der Auftragnehmer einen Kostenanschlag erstellen, um seine Forderung schlüssig zu begründen und Fälligkeit herbeizuführen. Das ist jedoch nur möglich, wenn bereits vollständig ausgeschrieben ist und für alle Gewerke Angebote vorliegen. Wird die Tätigkeit vorher beendet, so muß auf die Kostenermittlungsgrundlage aus Nr. 1, die Kostenberechnung, zurückgegriffen werden (ebenso OLG Frankfurt BauR 1994, 657 = NJW-RR 1994, 1502; OLG Düsseldorf BauR 1982, 597 und KG DAB 1990, 754, beide für Leistungsphase 5; OLG Düsseldorf BauR 1987, 227 [228]; Börner BauR 1995, 331 [334]; Hesse/Korbion/Mantscheff/Vygen § 10 Rdn. 7; Werner/Pastor Rdn. 736; Weyer BauR 1982, 312). In diesem Fall darf allerdings nicht auf die Kostenschätzung zurückgegriffen werden, auch wenn eine Kostenberechnung nicht erstellt wurde. Vielmehr ist dann nachträglich eine Kostenberechnung zu fertigen (ebenso Börner a. a. O.). Die Auffassung, der Architekt müsse hier einen Kostenanschlag nach Eigenberechnungen erstellen, ist abzulehnen. Wird die Tätigkeit nach Phase 7, jedoch vor Erstellung der Kostenfeststellung, beendet, ist es dem Auftragnehmer nicht zuzumuten, die Kostenfeststellung zum Zwecke der Honorarberechnung zu fertigen, da er ansonsten zur Mitwirkung beim Aufmaß, bei der Abnahme der Bauleistung und zur Rechnungsprüfung gezwungen wäre. In diesem Fall muß auf den Kostenanschlag zurückgegriffen werden. Wird die Kostenfeststellung nicht erbracht, obwohl sie nach der Leistungsphase geschuldet ist, und ist der Vertrag nicht gekündigt, könnte man an einen Rückgriff auf den Kostenanschlag denken. Die Frage ist jedoch für die HOAI aus den gleichen Gründen wie die entsprechende bei Ziff. 1, ob dann ein Rückgriff auf die Kostenschätzung möglich ist, zu verneinen (vgl. im einzelnen oben Rdn. 49 f.).

63 In allen Fällen, in denen der Auftragnehmer nach der Kostenfeststellung abzurechnen hat, die Kostenfeststellung jedoch nicht zu einem Leistungsumfang gehört, ist er darauf angewiesen, daß ihm der **Auftraggeber die Kostenfeststellung** zur Verfügung stellt. Dem Auftragnehmer steht hier ein **Auskunftsanspruch** zu (ebenso OLG Frankfurt BauR 1993, 497; OLG Köln BauR 1991, 116 m. zust. Anm. Sangenstedt; Hesse/Korbion/Mantscheff/Vygen § 10 Rdn. 11; Jochem § 10 Rdn. 5; Werner/Pastor Rdn. 749). Dies gilt nicht nur für diejenigen Fälle, in denen lediglich vereinbarungsgemäß die Leistungsphasen 5 und 6 in Auftrag gegeben sind, sondern auch für die Fälle, in denen der Auftragnehmer mit den Leistungsphasen 5–8 befaßt ist, jedoch die Kostenfeststellung aus dem Leistungsumfang herausgenommen ist (so beim Vertragsmuster des Bundes), und auch dann, wenn der Auftraggeber dem Architekten die Rechnungen der am Bau Beteiligten nicht herausgibt.

64 Neben dem gerichtlich durchsetzbaren Auskunftsanspruch steht dem Architekten auch ein Anspruch auf **Einsichtnahme in die Unterlagen** zu. Von verschiedenen Gerichten wird zu Recht sogar ein Anspruch auf **Herausgabe der Originalbelege** bejaht (OLG Stuttgart BauR 1992, 539; KG NJW-RR 1995, 536). Ein Angebot auf Einsichtnahme seitens des Bauherrn genügt nicht. Vielmehr kann er die Herausgabe nur aus wichtigem Grund verweigern. Ob die Belege allerdings geordnet sein müssen (so KG a. a. O.), erscheint zweifelhaft.

65 Ob der Architekt jedoch den Weg über die Auskunfts- bzw. Herausgabeklage gehen **muß**, war umstritten. Verschiedene Oberlandesgerichte hatten eine **Schätzung der Kosten** ausreichen lassen (Rechtsgedanke des § 162 BGB; vgl. OLG Düsseldorf, BauR 1987, 465; OLG Hamm, BauR 1992, 260 = NJW-RR 1991, 1430). Dem hat sich der BGH zur Recht angeschlossen (BGH BauR 1995, 126 = NJW 1995, 401 = LM H. 4/95, HOAI Nr. 28 m. Anm. Koeble = ZfBR 1995, 73). Danach kann der Architekt die Kostenfeststellung mit den ihm zur Verfügung stehenden Mitteln aufstellen. Zum Teil können dies geprüfte Rechnungen sein, z. T. Angaben aus einem früheren Kostenanschlag und z. T. äußerstenfalls auch Schätzungen bzw. Hochrechnungen der tatsächlich entstandenen Kosten.

66 Die **Berechtigung** zur Schätzung bzw. **näherungsweisen Kostenfeststellung** besteht in zahlreichen Fällen. Zunächst ist derjenige Fall zu nennen, daß ein Architekt einen anderen Architekten mit der Objektüberwachung allerdings ohne Rechnungsprüfung beauftragt hat und dieser abrechnen will. Eine entsprechende Problematik ergibt sich auch für den Tragwerksplaner, da dieser nach § 62 HOAI die Werte aus der Kostenfeststellung zugrunde zu legen hat, jedoch selbst keine Kostenermittlung schuldet. Schließlich sind erfaßt diejenigen Fälle, in denen der Architekt aus irgendwelchen Gründen keine Baurechnungen mehr bekommt und die Kostenfeststellung deshalb nicht anfertigen kann.

Noch nicht abschließend geklärt ist die Frage, ob der Architekt in diesen Fäl- 67
len den Bauherrn vor Aufstellung einer „näherungsweisen Kostenfeststellung"
zur Auskunft oder Herausgabe aufgefordert haben muß. Dies ist zu verneinen.
Aus prozessualen Gründen ist dem Auftraggeber die Behauptung verwehrt, die
Rechnung sei nicht prüfbar, wenn er selbst die entsprechenden Zahlen als einzi-
ger besitzt. Ein substantiiertes Bestreiten im Rechtsstreit setzt voraus, daß der
Bauherr die richtigen Zahlen vorträgt (OLG Hamm a. a. O.; BGH a. a. O.).
Damit bedarf es als Konsequenz aus dieser rechtlichen Situation keiner vorherigen außergerichtlichen Aufforderung zur Auskunftserteilung bzw. Heraus-
gabe der Unterlagen.

Ausnahmen von der Kostenermittlung nach DIN 276 68

Nur in Ausnahmefällen sind die Kostenermittlungsgrundlagen nach Nr. 1
nicht zugrunde zu legen, wenn nämlich der Auftragnehmer eine Baukostengarantie abgegeben hat und diese niedriger liegt als die später von ihm erstellte
Kostenschätzung bzw. Kostenberechnung. In diesem Fall muß sich der Auftragnehmer auch für die Honorarberechnung an seiner Baukostengarantie
orientieren und diese als anrechenbare Kosten zugrunde legen (vgl. BGH
VersR 1970, 930 [932] = BB 1970, 1684 = WM 1970, 1139; Hesse/Korbion/
Mantscheff/Vygen § 10 Rdn. 27; Neuenfeld § 10 Rdn. 11; Hartmann § 10
Rdn. 9; Pott/Dahlhoff § 10 Rdn. 11a). Die bloße Zusicherung einer niedrige-
ren Bausumme reicht dafür aber nicht aus (OLG Hamm BauR 1995, 415 =
ZfBR 1995, 135).

Ein weiterer Ausnahmefall liegt dann vor, wenn die Vertragsparteien eine 69
Honorarvereinbarung getroffen haben, die sich nicht an den anrechenbaren
Kosten nach § 10 orientiert (ebenso Hesse/Korbion/Mantscheff/Vygen a. a. O.;
Neuenfeld a. a. O.; vgl. auch unten Rdn. 70). Solche Vereinbarungen sind zwar
möglich. Sie müssen sich – wenn die davon benachteiligte Partei es will – am rich-
tig nach HOAI berechneten Höchst- und Mindestsatz messen lassen (vgl. § 4
Rdn. 13 ff.). Wirksam sind auch Honorarvereinbarungen nach § 4a (vgl. dort).

Auch bei Honorarvereinbarungen in Form des Pauschalhonorars müssen die 70
Kostenermittlungen des § 10 Abs. 2 zur Berechnung nicht vorgelegt werden,
zumal die Vereinbarung des Pauschalhonorars wirksam ist, soweit der Höchstsatz nicht überschritten (hierzu § 4 Rdn. 15 und 61) und der Mindestsatz nicht
unterschritten wurde (hierzu § 4 Rdn. 77 f.). Eine weitere Ausnahme muß dann
gelten, wenn der Auftragnehmer nur Leistungsphase 1 isoliert oder aber nur
eine Teilleistung aus Leistungsphase 2 vertragsgemäß erbringen soll, jedoch
gerade nicht die Kostenschätzung. Hier kann der Auftragnehmer nicht verpflichtet sein, kostenlos die Kostenschätzung zu erbringen, allein deshalb,
damit er sein Honorar berechnen kann. Vielmehr muß ihm in diesem Fall eine
von § 10 Abs. 2 Nr. 1 abweichende Abrechnung möglich sein. Da ein Fall des
Zeithonorars nicht vorliegt, kann der Auftragnehmer eine „überschlägige
Kostenschätzung" zugrunde legen (vgl. oben Rdn. 49). Sind dem Auftragnehmer weitergehende Leistungen als die Vorplanung übertragen, jedoch mit Aus-

nahme der Kostenermittlungen, so fragt sich, wie er sein Honorar hier berechnen kann. Da der Architekt nicht verpflichtet ist, die Kostenermittlung vorzunehmen, kann man ihn aus gebührenrechtlichen Gründen hierzu mittelbar auch nicht zwingen. Andererseits hat der Auftraggeber in aller Regel keine Kostenermittlung erbracht, so daß ein Auskunfts- oder Herausgabeanspruch ins Leere geht. Hier muß es deshalb ebenfalls genügen, wenn der Architekt statt der vollständigen Kostenberechnung eine überschlägige Kostenschätzung vorlegt (ebenso OLG Stuttgart v. 5. 12. 1984 – 3 U 279/83; Jochem § 10 Rdn. 5).

71   Weitere **Ausnahmen** können sich aus dem **Gesichtspunkt von Treu und Glauben** ergeben (BGH BauR 1990, 97 = NJW-RR 1990, 90 = ZfBR 1990, 19; BGH BauR 1990, 379 = ZfBR 1990, 173; zu weitgehend aber Maurer, FS Locher, S. 189 [192 ff.]). In dem ersten vom BGH entschiedenen Fall war zwischen den Parteien eine unwirksame Honorarvereinbarung getroffen worden, später der Vertrag gekündigt und das Bauvorhaben mit einem anderen Architekten zum Pauschalpreis fertiggestellt worden. Dem Bauherrn war hier zu Recht der Einwand fehlender Kostenermittlung abgeschnitten (vgl. zu solchen Fällen auch unten Rdn. 9). Im zweiten Fall entschied der BGH, daß eine Kostenberechnung nicht nachgeholt werden müsse, „wenn die nachträgliche Rekonstruktion der Kostensätze aufgrund der besonderen Umstände des Einzelfalles praktisch nicht möglich oder unzumutbar" sei. Das wurde bejaht, weil das Objekt nicht gebaut bzw. weitergeführt wurde und weil wegen der unterschiedlichen Planungskonzepte eine Kostenberechnung einen erheblichen Aufwand und Kosten verursacht hätte, ohne daß damit eine größere Genauigkeit erzielt worden wäre.

72   Die Kostenermittlungen nach § 10 Abs. 2 werden keinesfalls schon dadurch entbehrlich, daß die Absicht besteht, einen **Generalunter-** bzw. **-übernehmervertrag** mit **Pauschalpreis** abzuschließen (ebenso LG Tübingen, Urt. v. 11. 9. 1981 – 2 O 259/81). Erst dann, wenn der Vertrag abgeschlossen ist, bedarf es keiner **weiteren** Kostenermittlung mehr während des Bauablaufs. Das gilt z. B. dann, wenn nach der Genehmigung ein Fertighaus- oder Generalunternehmervertrag abgeschlossen wird und auch noch die Leistungsphasen 5–7 erbracht werden. Für die Abrechnung der Leistungsphasen 5–7 kann aber ein Kostenanschlag nötig sein, wenn sich der Pauschalpreis infolge von Mehr- oder Minderleistungen verändert.

73   Ein weiterer Ausnahmefall, in dem die anrechenbaren Kosten nicht vorliegen müssen, ist dann gegeben, wenn die HOAI die Möglichkeit zur **Abrechnung eines Zeithonorars** zuläßt oder diese Abrechnung vorschreibt, was vor allem bei Besonderen Leistungen und bei anrechenbaren Kosten unter 50 000 DM der Fall ist (vgl. § 6 Rdn. 2). Eine wichtige Ausnahme gilt ferner dann, wenn der Auftraggeber die anrechenbaren Kosten selbst zu ermitteln hat. So kann z. B. der Architekt, der einen anderen Anftragnehmer mit Teilleistungen beauftragt, nicht einwenden, es müsse die Kostenermittlung gefertigt werden, wenn dies zu seinem Aufgabegebiet gehört oder nur er die dafür maßgebenden Grundlagen hat (OLG Stuttgart v. 30. 9. 1986 – 12 U 116/86; Hesse/Korbion/Mantscheff/

Vygen § 10 Rdn. 28; vgl. auch oben Rdn. 63 ff. und zum entsprechenden Problem beim Statiker § 62 Rdn. 8).

Die Vorschrift des Abs. 2 Nr. 1 berücksichtigt nicht, daß § 15 Abs. 2 statt der **74** Kostenschätzung nach DIN 276 auch alle Kostenermittlungen nach dem wohnungsrechtlichen Berechnungsrecht zuläßt, ebenso wie § 15 Abs. 2 Nr. 3 dies statt der Kostenberechnung nach DIN 276 ermöglicht. Hat der Auftragnehmer die **wohnungswirtschaftlichen Ermittlungsgrundlagen** zugrunde zu legen, so kann von ihm nicht verlangt werden, daß er daneben noch die Kostenschätzung bzw. Kostenberechnung erstellt. Vielmehr kann er dann sein Honorar auf der entsprechenden wohnungswirtschaftlichen Kostenermittlungsgrundlage berechnen. Es handelt sich insoweit bei der Fassung des § 10 um ein eindeutiges redaktionelles Versehen (ebenso Jochem § 10 Rdn. 2). Die gegenteilige Auffassung (Hartmann § 10 Rdn. 4; Hesse/Korbion/Mantscheff/Vygen § 10 Rdn. 13; Löffelmann/Fleischmann Rdn. 1163; Pott/Dahlhoff § 10 Rdn. 7; Weyer BauR 1982, 314) hätte zur Folge, daß der Architekt zwei Kostenermittlungen vorlegen muß, was § 15 gerade nicht von ihm verlangt. Die gegenteilige Meinung berücksichtigt auch nicht, daß die Kostenermittlung nach den wohnungswirtschaftlichen Grundlagen gleichwertig ist mit der Kostenermittlung nach DIN 276 und hier bei den Anforderungen für die Honorarberechnung nicht verlangt werden kann, daß der Auftragnehmer eine geringwertigere Kostenermittlung erstellt.

Gesamtkostenermittlung auch bei Teilleistungen und bei Kündigung   75

Bei den **vollen anrechenbaren Kosten** verbleibt es auch dann, wenn der **Auftragnehmer mit einzelnen Gewerken nichts zu tun hat** oder wenn er **nur Teilleistungen erbringt** (so mit Recht LG Waldshut-Tiengen BauR 1981, 80 [82]). Eine Korrektur findet hier nur über die Vomhundertsätze nach § 15 statt. Der Auftragnehmer hat dann eben nicht alle Einzelleistungen bzw. nicht alle Einzelleistungen vollständig erbracht, so daß das Honorar vom Prozentsatz her zu mindern ist. Gleiches gilt bei Kündigung, wenn der Auftragnehmer einzelne Gewerke dann nicht mehr zu betreuen hat. Auch hier bleibt es bei den vollen anrechenbaren Kosten als Abrechnungsbasis (ebenso OLG Köln BauR 1992, 668; vgl. auch Börner BauR 1995, 331; zur Minderung vgl. auch § 5 Rdn. 15 ff.). Der Grund liegt darin, daß die HOAI hinsichtlich der anrechenbaren Kosten auf die DIN 276 verweist und diese nur die **Gesamtkostenermittlung** für das ganze Objekt kennt. Würde man eine Reduzierung bei den anrechenbaren Kosten vornehmen und die Prozentsätze aus § 15 voll berücksichtigen, so hätte dies im übrigen höhere Honorare zur Folge, weil die Honorartafeln degressiv sind. Etwas anderes gilt natürlich für Aufträge über verschiedene Einzelobjekte (vgl. BGH BauR 1994, 787 = NJW-RR 1994, 1295 = ZfBR 1994, 280 für die Heizungsplanung bei mehreren Gebäuden). Bei der Ermittlung der tatsächlichen Prozentsätze für Teilleistungen kommt es auf den Wert der erbrachten Leistung an; die Höhe der anrechenbaren Kosten (z. B. dann, wenn der Architekt nur mit dem Rohbau befaßt war) kann dabei als Indiz herangezogen werden.

76 Bedeutung der Kostenermittlung für den Honoraranspruch (Fälligkeit)

Stellt der Architekt seine Honorarrechnung nicht getrennt nach Leistungsphase 1–4 sowie 5–7 und 8–9 (vgl. Rdn. 4), fehlt die Kostenberechnung (vgl. Rdn. 49), erfüllt sie nicht die Anforderungen nach DIN 276 (vgl. Rdn. 10 ff.) oder ist die Rechnung aus anderen Gründen nicht prüfbar (vgl. § 8 Rdn. 21 ff.), so kann der Architekt zumindest derzeit kein Honorar beanspruchen. Umstritten war lediglich, ob die genannten Punkte die **Fälligkeit des Honoraranspruchs** oder die **Begründetheit der Klage** betreffen und ob auch bei Klageabweisung noch Honoraransprüche geltend gemacht werden können. Ein Teil von Rechtsprechung und Literatur hatte die Auffassung vertreten, die richtige Kostenermittlung sei Anspruchsvoraussetzung, und ein substantiierter Vortrag im Prozeß erfordere die Vorlage der richtigen Kostenermittlung. Konsequenz daraus war, daß die Klage als endgültig unbegründet abzuweisen war, wenn die Anforderungen nicht erfüllt waren (so zuletzt OLG Düsseldorf BauR 1992, 96). Der BGH hat sich der gegenteiligen Meinung angeschlossen, wonach es sich um ein **Fälligkeitsproblem handelt** und bei Nichtvorliegen der richtigen Kostenermittlung oder sonstigen Fälligkeitsvoraussetzungen die **Klage als derzeit unbegründet** abzuweisen ist (BGH BauR 1995, 126 = NJW 1995, 401 = LM H. 4/95 HOAI Nr. 28 m. Anm. Koeble = ZfBR 1995, 73). Die Entscheidung des BGH ist zu begrüßen.

77 Bei Abweisung der Klage als derzeit unbegründet kann der Architekt jederzeit eine **neue Rechnung** in prüfbarer Form erstellen unter Verwendung der richtigen Kostenermittlungen und sodann auf dieser Basis neu klagen. Die Rechtskraft des früheren Urteils steht dem nicht entgegen. Die Möglichkeit der Berufung besteht jedoch ebenfalls. Soweit die Rechnung nach Schluß der letzten mündlichen Verhandlung auf der Basis einer neuen Kostenermittlung erstellt wurde, kann der neue Vortrag in der Berufungsinstanz nicht als verspätet zurückgewiesen werden (OLG Stuttgart BauR 1985, 587).

78 Hinsichtlich der anrechenbaren Kosten ergeben sich auch **prozessuale Fragen.** Im Normalfall genügt es für die Schlüssigkeit der Klage, auf die Daten und Ergebnisse der Kostenermittlungen (in der Regel: Kostenberechnung und Kostenfeststellung) hinzuweisen (OLG Hamm NJW-RR 1992, 979). Erst dann, wenn der Bauherr die Einzelansätze der Kostenermittlung mit konkreten Zahlen als zu hoch bestreitet, sind eine Spezifizierung der Ansätze und auch ein Beweisantritt für die Richtigkeit der zugrunde gelegten Kosten nötig (BGH BauR 1992, 265 = NJW-RR 1992, 278 = ZfBR 1992, 66; OLG Hamm, a. a. O.).

79 Eine weitere Frage ist, ob der Architekt **mit der Klage** alle maßgebenden Kostenermittlungen **vorlegen** muß. Dies dürfte zu verneinen sein (a. A. OLG Rostock BauR 1993, 762; anscheinend auch OLG Hamm NJW-RR 1992, 979). Das Gericht hat die anrechenbaren Kosten nicht von Amts wegen zu überprüfen. Vielmehr können die Parteien diese unstreitig stellen. Prüfbarkeitsvoraussetzung ist allerdings, daß der Auftraggeber die Kostenermittlung während der

Abwicklung des Bauvorhabens bekommen hat, andernfalls muß sie natürlich noch übergeben werden. Angesichts dessen, daß es bei der Übergabe der Kostenermittlungen um die Prüfbarkeit geht, bedarf es jedoch einer generellen Vorlage bei Gericht nicht. Über die Frage der Prüfbarkeit kann der Auftraggeber disponieren.

Die Regelung des Abs. 3   80

Der Begriff „ortsübliche" Preise ist gleichbedeutend mit dem in § 15 Ziff. 1 Abs. 2 VOB (B); (Hesse/Korbion/Mantscheff/Vygen § 10 Rdn. 29; Kromik DAB 1979, 1047; Neuenfeld § 10 Rdn. 13). Maßgebend sind somit die Sätze, wie sie für das betreffende Gewerk zur Zeit der Bauleistung an dem Ort ihrer Ausführung oder in dessen engerem Bereich allgemein und daher üblicherweise bezahlt werden (Ingenstau/Korbion, B § 15 Rdn. 15). Bei Vorhaben im Ausland kommt es auf die in der Bundesrepublik Deutschland gültigen Preise an, da die HOAI das Honorar in Relation zu den hier üblichen Preisen festlegt.

Nr. 1 erfaßt neben den **Eigenleistungen** des Auftraggebers auch – wie bisher –   81 Leistungen durch Dritte, die in persönlicher Beziehung zum Auftraggeber stehen oder die Leistung aus irgendwelchen Gründen für den Auftraggeber günstiger als für die übliche Vergütung oder kostenlos erbringen. Dies ergibt sich aus dem Wortlaut, wonach die ortsüblichen Preise einzusetzen sind für Leistungen, die der Auftraggeber „übernimmt". Es ist also nicht erforderlich, daß es sich um eine eigenhändige Ausführung durch den Auftraggeber handelt (ebenso Jochem § 10 Rdn. 8; Hesse/Korbion/Mantscheff/Vygen § 10 Rdn. 30; Kromik DAB 1979, 1047). Die ortsüblichen Preise gelten somit auch dann, wenn z. B. die Anlieferung von einzubauendem Erdmaterial kostenlos oder gegen zusätzliche Zahlung eines Lieferanten erfolgt, der seinerseits das Material gegen Gebühr und mit höheren Kosten auf eine Deponie verbringen müßte. Sie gelten ferner dann, wenn der Unternehmer für die Abfuhr keine Kosten verrechnet, weil er ausnahmsweise günstiger lagern oder wiederverwenden kann, oder wenn er eine eigene Erddeponie hat.

Bei **Nr. 2** stellt sich die Frage, ob bei jeglicher – also auch geringfügiger –   82 Abweichung von der ortsüblichen Vergütung die ortsüblichen Preise einzusetzen sind. Die Nr. 2 spricht jedoch nicht von Abweichungen von der üblichen Vergütung, sondern von „sonst nicht üblichen **Vergünstigungen**". Dies bedeutet, daß eine Abweichung von den ortsüblichen Preisen hingenommen werden muß, sofern die Abweichung nicht absolut unüblich ist. Maßstab ist also nicht die Abweichung von der üblichen Vergütung, sondern eine unübliche, außergewöhnlich hohe Abweichung durch eine Vergünstigung (ebenso Kromik DAB 1979, 1047). Die ortsübliche Vergütung ist auch dann zugrunde zu legen, wenn der Auftraggeber einem Unternehmer hohe Vorauszahlungen gewährt und dafür einen Nachlaß in unüblicher Höhe erhält. Anderes kann hinsichtlich Vorauszahlungen auf Material gelten, da diese Praxis fast schon gebräuchlich geworden ist.

83   Als Vergünstigungen im Sinne der Nr. 2 sind auf jeden Fall **Rabatte** jeder Art, **Boni** und **Provisionen** anzusehen (vgl. i. e. Koeble BauR 1983, 323). Nicht hierher gehört das sog. **Abgebot** auf einen ursprünglichen Angebotspreis. Hier handelt es sich um keine Vergünstigung. Vielmehr kommt der ursprüngliche Vertrag zu dem niedrigeren Preis zustande. Dieser niedrigere Preis ist dann auch bei den anrechenbaren Kosten zugrunde zu legen, soweit er in die Schlußrechnung des betreffenden Unternehmers eingegangen ist. Zweifelhaft ist, ob auch **Skonti** als Vergünstigung anzusehen sind. Dies bejahen Jochem (§ 10 Rdn. 9) und Neuenfeld (§ 10 Rdn. 16), der allerdings Skonti nicht für üblich hält und damit zu dem Ergebnis gelangt, daß Skonti von den anrechenbaren Kosten nicht abzusetzen sind. Die Berechtigung zum Skontoabzug stellt jedoch keine Vergünstigung im Sinne des Abs. 3 dar. Vergünstigungen in diesem Sinne sind nur die vertraglich von vornherein feststehenden Nachlässe, nicht jedoch Vorteile, deren Entstehung noch ungewiß ist. Es widerspricht dem Sinn des § 10, die anrechenbaren Kosten so klar wie möglich zu umreißen, daß die Höhe der anrechenbaren Kosten von einem Vorteil abhängen soll, den der Auftraggeber durch baldige Zahlung in Anspruch nehmen kann oder nicht. Vergünstigungen im Sinne der Nr. 3 müssen in der Sache selbst begründet liegen, sie können nicht allein in der Art und Weise der Zahlung begründet sein. Damit sind Skonti nicht von den anrechenbaren Kosten abzuziehen (im Ergebnis ebenso Hesse/Korbion/Mantscheff/Vygen § 10 Rdn. 31; Koeble BauR 1983, 323; Kromik DAB 1979, 1048; Löffelmann/Fleischmann Rdn. 1172; Neuenfeld § 10 Rdn. 16, die den Skonto nicht für „üblich" halten). Gleiches gilt auch für Schadensersatzleistungen (vgl. § 10 Abs. 5 Nr. 11) und Vertragsstrafenansprüche (vgl. i. e. Koeble a. a. O.).

84   In **Nr. 3** sind vor allem Tauschgeschäfte angesprochen, bei denen die **Gegenleistung** nicht in Geld, sondern ebenfalls in einer Leistung oder in der Lieferung einer Ware besteht. Wird nur ein Teil der Leistung durch ein Gegengeschäft verrechnet, so ist für den restlichen Teil der vereinbarte Preis bei den anrechenbaren Kosten anzusetzen. Hier kommt es dann zu verschiedenen Kostenansätzen bei der Erbringung einer einheitlichen Leistung (Hesse/Korbion/Mantscheff/Vygen § 10 Rdn. 32; Kromik DAB 1979, 1048).

85   In **Nr. 4** sind die „**vorhandenen oder vorbeschafften Baustoffe oder Bauteile**" aufgeführt. Hierher gehören auch unstreitig geschenkte oder gestiftete Baustoffe bzw. Bauteile, da diese ja ebenfalls aus der Sicht der am Bau Beteiligten und des Architekten vorhanden sind. Die Nr. 4 ist anwendbar auf Wiederaufbauten, bei denen verwendete Bauteile zu den im Zeitpunkt des Wiederaufbaus geltenden ortsüblichen Preisen anzusetzen sind (ebenso Jochem § 10 Rdn. 11), aber auch auf Erweiterungsbauten, Modernisierungen, Instandsetzungen und schließlich auch auf Umbauten (vgl. hierzu BGH BauR 1986, 593 = NJW-RR 1986, 1214 = ZfBR 1986, 233 und unten Rdn. 88). Dies gilt nach wie vor trotz des seit 1. 4. 1988 geltenden Abs. 3a, da dieser nur einen Ausschnitt des Abs. 3 Nr. 4 betrifft, nämlich die „vorhandene Bausubstanz" (vgl. auch unten Rdn. 88 ff.).

Die Begriffe „Baustoffe" und „Bauteile" sind gleichbedeutend mit den in **86** § 1 VOB (A) verwendeten (ebenso Hesse/Korbion/Mantscheff/Vygen § 10 Rdn. 33; Kromik DAB 1979, 1048; Löffelmann/Fleischmann Rdn. 1179). Damit gehören zu den Baustoffen die einzelnen Arten des Materials, die für die Errichtung des Bauwerks be- und verarbeitet werden, wie z. B. Holz, Sand, Zement, Farbe, Bausteine, Erdmaterial, Humus, Steine usw. Daneben gehören aber auch die Hilfsmittel für die Be- oder Verarbeitung dazu, wie z. B. Wasser, Strom usw. (Ingenstau/Korbion A § 1 Rdn. 53; Hesse/Korbion/Mantscheff/ Vygen a. a. O.; Kromik a. a. O.). Bauteile sind Sachen, die bereits aus Baustoffen im angeführten Sinn gebildet worden sind, wie z. B. Stahlträger, Heizkörper, Türen, Fenster usw. (Hesse/Korbion/Mantscheff/Vygen a. a. O.; Kromik a. a. O.).

Bei der Ermittlung der anrechenbaren Kosten für **Freianlagen** (§ 3 Nr. 12) **87** erhebt sich die Frage, ob vorhandener oder beschaffter Humus oder sonstiges Bodenmaterial für Erdbaumaßnahmen als anrechenbare Kosten mit ortsüblichen Preisen anzusetzen sind. Humus oder sonstiges Bodenmaterial gehört bei Freianlagen zu den anrechenbaren Kosten (Abs. 6 Nr. 1). Dagegen ist der Einbau von geliefertem Humus oder Bodenmaterial bei der Objektplanung für Gebäude nicht zu berücksichtigen, auch nicht, wenn der Auftragnehmer dies plant, bei der Vorbereitung mitwirkt, bei der Vergabe tätig ist und den Einbau des gelieferten Humus überwacht (Abs. 5 Nr. 5). Die Kosten für Abheben, Transporte, Lagern, Sichern und Wiederverwenden von Humus gehören in jedem Fall zu den anrechenbaren Kosten.

In einer grundlegenden Entscheidung hatte der BGH (a. a. O.) folgendes **88** entschieden: „Eine Unterscheidung danach, ob mit dem Grundstück festverbundene Bauteile bei einem Wiederaufbau oder bei einem Umbau verwendet werden, ist sachlich nicht gerechtfertigt. Von Belang ist nur, ob der Architekt diese Bauteile **planerisch und baukonstruktiv in seine Leistung einbeziehen,** die alte Bausubstanz also in den Wiederaufbau oder in den Umbau eingliedern muß." In diesen Fällen war und ist für Verträge bis zum 31. 3. 1988 vorhandene Bausubstanz oder vorhandene Bauteile bei den anrechenbaren Kosten nach § 10 Nr. 3 mit dem ortsüblichen Preis anzusetzen, der im Zeitpunkt der Durchführung der Baumaßnahme gilt (BGH a. a. O.). Der Verordnungsgeber hat auf diese Entscheidung wie ein Interessenvertreter umgehend reagiert und durch die 3. HOAI-Novelle den neuen § 10 Abs. 3a eingeführt (vgl. Rdn. 89 ff.).

Die Regelung des Abs. 3a **89**

Durch die 3. HOAI-Novelle (vgl. Einl. Rdn. 6) wurde die Vorschrift des § 10 Abs. 3a neu eingeführt (vgl. auch oben Rdn. 85, 88). Mit dieser Vorschrift wurde die dem Architekten günstige Rechtsprechung des BGH (BauR 1986, 593 = NJW-RR 1986, 1214 = ZfBR 1986, 233) sofort durch den Verordnungsgeber wieder korrigiert. Wollte man die Formulierung überspannen, dann wäre die „vorhandene Bausubstanz" dann jedenfalls nicht anrechenbar, wenn eine **schriftliche Vereinbarung** über den Umfang der Anrechnung fehlt.

Die Bestimmung des Abs. 3a unterscheidet sich von der alten Regelung und Rechtsprechung ferner dadurch, daß nicht die „ortsübliche Vergütung" im Zeitpunkt der Ausführung der Baumaßnahme zugrunde zu legen ist, sondern die Höhe der mit zu berücksichtigenden Kosten allein der Vereinbarung zwischen den Parteien überlassen ist. Der Maßstab, den der Verordnungsgeber meint, ist die „Angemessenheit".

90   Das Problem der Neuregelung besteht darin, was dann gelten soll, wenn der Auftraggeber sich weigert, die vorhandene Bausubstanz angemessen zu berücksichtigen oder wenn die Vertragsparteien die Berücksichtigung einfach vergessen. Nach dem Wortlaut des zweiten Halbsatzes könnte man meinen, daß dann eine Anrechnung überhaupt nicht möglich sein soll, weil der Umfang der Anrechnung „der schriftlichen Vereinbarung bedarf". Diese Regelung ist jedoch unklar. Es ist nicht eindeutig bestimmt, daß auch der **Ansatz** der vorhandenen Bausubstanz **überhaupt** schriftlich niedergelegt sein muß, sondern nur der **Umfang**. Damit kann die vorhandene Bausubstanz, soweit sie technisch oder gestalterisch mitverarbeitet wird, nach wie vor auch dann berücksichtigt werden, wenn dies vertraglich nicht festgelegt ist. Die Angemessenheit – über die sich die Vertragsparteien nicht geeinigt haben – kann der Auftragnehmer zunächst festlegen und der Auftraggeber gerichtlich überprüfen lassen (§§ 315 ff., 319 BGB). Wollte man die Bestimmung anders verstehen, so wäre sie von der Ermächtigungsgrundlage zur HOAI nicht gedeckt. Das **Schriftformerfordernis** hat sonach lediglich **Klarstellungsfunktion**. Es ist **keine Anspruchsvoraussetzung;** ebenso Enseleit/Osenbrück Rdn. 239; Hesse/Korbion/ Mantscheff/Vygen § 10 Rdn. 34; Löffelmann/Fleischmann Rdn. 1183; Pott/ Dahlhoff § 10 Rdn. 20; a. A. ohne Begründung Neuenfeld/Baden/Dohna/ Groscurth/Schmitz § 10 Rdn. 19c; unklar Hartmann § 10 Rdn. 14). Die schriftliche Vereinbarung wäre im übrigen auch nicht bereits „bei Auftragserteilung" zu treffen. Insoweit ist die Vorschrift des § 4 nämlich nicht einschlägig (a. A. Neuenfeld a. a. O.). Die **Vereinbarung** über den Umfang ist **jederzeit möglich** (ebenso Enseleit/Osenbrück a. a. O.; Hesse/Korbion/Mantscheff/Vygen a. a. O.; Löffelmann/Fleischmann a. a. O.; Hartmann a. a. O.; nach Werner, FS Soergel, 1993, S. 291 [298] handelt es sich um eine Abweichung vom Mindestsatz).

91   Der Begriff **Bausubstanz** ist nicht identisch mit den in Abs. 3 Nr. 4 verwendeten Begriffen „Bauteilen" bzw. „Baustoffen". Aus diesem Grund gilt der Grundsatz des Abs. 3 Nr. 4 auch seit der Einfügung des Abs. 3a (ab 1. 4. 1988) unverändert weiter: Bauteile sind in vollem Umfang mit den heute üblichen Preisen anrechenbar, wenn sie planerisch oder baukonstruktiv mitverwendet wurden (BGH; vgl. oben Rdn. 88). Der Begriff Bauteile ist der umfassendere. Bausubstanz entsteht durch materielle Verarbeitung von Baustoffen und/oder Bauteilen in Form von Gebäuden, sonstigen Bauwerken, Anlagen, Freianlagen und raumbildenden Ausbauten oder von Teilen davon (Frik DAB 1988, Heft 10; ders. BauR 1991, 37; ders. DAB 1991, 367). Baustoffe und Bauteile stellen, lösgelöst vom Objekt, noch keine Bausubstanz dar. Nötig ist immer,

daß es sich um bereits **eingebaute oder verarbeitete Baustoffe und/oder Bauteile** handelt, die entsprechend ihrer funktionellen Bestimmung mit konstruktiven, bauphysikalischen oder gestalterischen Merkmalen das Bauwerk oder die Anlagen in Teilen oder im gesamten bilden. Vorhandene Bausubstanz kann es entsprechend der Systematik der HOAI auch in anderen Teilen als dem Teil II geben, und zwar ist die Vorschrift entsprechend anwendbar bei Teil VII Leistungen bei Ingenieurbauwerken und Verkehrsanlagen, Teil VIII Leistungen bei der Tragwerksplanung, Teil IX Leistungen bei der Technischen Ausrüstung, Teil X Leistungen für Thermische Bauphysik und Teil XI Leistungen für Schallschutz und Raumakustik.

Zur vorhandenen Bausubstanz können nach DIN 276 folgende Kostengruppen gehören: 3.1 Baukonstruktionen, 3.2 Installationen, 3.3 Zentrale Betriebstechnik, 3.4 Betriebliche Einbauten, 3.5 Besondere Bauausführungen, 4 Gerät und 5 Außenanlagen. Im Unterschied zu „Bauteilen" muß Bausubstanz fest mit dem Bauwerk verbunden sein, so daß z. B. Erdmaterial zwar von Abs. 3 Nr. 4, nicht aber von Abs. 3a erfaßt ist (Frik a. a. O.; Hesse/Korbion/Mantscheff/Vygen § 10 Rdn. 34; Pott/Dahlhoff § 10 Rdn. 18a). **92**

Mit der Formulierung „**technisch oder gestalterisch mitverarbeitet**" ist die anrechenbare Bausubstanz abgegrenzt von zwar vorhandener, aber nicht in die Konstruktion oder die gestalterischen Überlegungen der Planung und Bauausführung einbezogener Substanz. Die technische Verarbeitung bezieht sich sowohl auf die statisch-konstruktiv verwendeten Bauteile als auch auf solche Bauteile oder Konstruktionen, die ohne statischen Nachweis mitverarbeitet werden, wie z. B. nichttragende Konstruktionen und Bauelemente. Der Begriff „mitverarbeitet" bedeutet, daß die Teile mit in die Planung einbezogen sein müssen. Dies kann in rein konstruktiver Hinsicht der Fall sein, aber auch im Hinblick auf gestalterische Fragen wie Grundriß- und Fassadenlösungen. Technisches oder gestalterisches Mitverarbeiten verlangt eine weite Auslegung, vor allem im Hinblick auf die gestalterische Komponente (Frik a. a. O.; Löffelmann/Fleischmann Rdn. 1148; Pott/Dahlhoff § 10 Rdn. 19). Die Grenze, bei der kein Mitverarbeiten stattfindet, wird dort liegen, wo sich der Auftragnehmer weder in technisch-konstruktiver noch in gestalterischer Hinsicht im Rahmen seiner Grundleistungen bei der Planung und/oder Überwachung mit vorhandener Bausubstanz befassen muß. Allein die zeichnerische Darstellung vorhandener Bausubstanz nach vorhandenen Planunterlagen oder eine Bauaufnahme oder planerische Tätigkeit reicht für die Anwendung der Bestimmung nicht aus. Die Bauaufnahme ist eine Besondere Leistung und muß unabhängig von technischem und gestalterischem Mitverarbeiten gesehen und honoriert werden. Unter Mitverarbeiten wird man im weitesten Sinne das Einbinden von vorhandener Substanz in den Planungsprozeß in technischer oder gestalterischer Hinsicht verstehen müssen (Frik a. a. O.). Wird die Bausubstanz eingebaut, so ist § 10 Abs. 3 Nr. 4 anwendbar. **Einbau** setzt voraus, daß ein alter Bauteil herausgelöst und an anderer Stelle wieder eingebaut wird. **93**

94 Der Umfang der Anrechenbarkeit ist **angemessen zu berücksichtigen,** d. h., der anzulegende Maßstab ist die Angemessenheit. Hierbei wird einmal der Wertfaktor als der dem effektiven Erhaltungszustand der vorhandenen Bausubstanz entsprechende Wert maßgebend sein und der Leistungsfaktor, der entsprechend der Amtlichen Begründung zu § 10 Abs. 3a von den beim Mitverarbeiten erforderlichen planerischen oder überwachenden Leistungen abhängt (s. a. Enseleit/Osenbrück a. a. O.; Frik a. a. O.; Bredenbeck/Schmidt BauR 1994, 67). Der Leistungsfaktor kann innerhalb der Leistungsphasen eines Leistungsbildes differieren. Die Schwierigkeit liegt in seiner sachgerechten Bewertung (zur Angemesenheit eingehend Frik a. a. O.).

95 In der Praxis wurden verschiedene Verfahren zur Ermittlung der Angemessenheit entwickelt (vgl. die Beispiele bei Frik a. a. O.). Eine weitere, nachvollziehbare Methode zur Ermittlung vorhandener, mitverarbeiteter Bausubstanz orientiert sich an der Kostenermittlung nach Grobelementen (Gebäudeelementen), z. B. Gründung, Tragkonstruktionen (z. B. tragende Außenwände, Innenwände, Decken, Treppen, Dachstühle) und nichttragende Konstruktionen (z. B. Trennwände, Türen, Fenster oder Wandelemente, Bodenbeläge, Dachbeläge). Die Spalte 4 der Kostengliederung nach DIN 276 kann hier als Anhalt dienen. Die Grobelemente können geschoßweise entsprechend der Mitverarbeitung in den Plänen dargestellt und nach ihrem effektiven Erhaltungswert und/oder Nutzwert angemessen bewertet werden. Diese Methode erfordert zwar einen relativ hohen Arbeitsaufwand, bringt zugleich aber ein sehr genaues Ergebnis, da man die einzelnen Grob- oder Gebäudeelemente sehr differenziert erfassen und bewerten kann. Die Methode wurde vorgeschlagen von Dipl.-Ing. Rainer Eich (Architektenkammer Baden-Württemberg). Die Kostenermittlung nach DIN 276 Fassung Juni 1993 mit Gebäudeelementen wird eine wesentliche Rolle spielen, so daß Kostendaten hierfür schon heute und in Zukunft zur Verfügung stehen, sei es aus eigener Kostendatei oder Kostendateien wie z. B. derjenigen des Kostenberatungsdienstes der Architektenkammern.

96 **Beispiele** für Ermittlung vorhandener Bausubstanz, die technisch oder gestalterisch mitverarbeitet wird.

97 1. Ein Wohnblock Baujahr 1950 soll modernisiert werden. Aus den 3-Zimmer-Wohnungen nach damaligem Zuschnitt und Standard sollen Wohneinheiten verschiedener Größen nach heutigen Anforderungen an Wohnqualität und Standard unter gleichzeitiger Anpassung an Wärme- und Schallschutz entstehen. Wiederverwendet werden nur folgende Bauteile nach DIN 276, 4/81:
   – 3.1.1 Gründung
   – 3.1.2 Tragkonstruktionen
   Alle übrigen Bauteile wie
   – 2.2 Nichtöffentliche Erschließung
   – 3.2 Installationen
   – 3.3 Zentrale Betriebstechnik

sollen durch Neuanlagen ersetzt werden. Bei 5000 m³ Bruttorauminhalt betragen die Kostenanteile nach heutigem Bauindex wie folgt, bezogen auf Bruttorauminhalt

– Gründung	22 DM*) · 5000 =	110 000 DM
– Tragkonstruktionen	128 DM*) · 5000 =	640 000 DM
		750 000 DM

Während die Tragkonstruktion noch heutigen Anforderungen in statischer Hinsicht entspricht, trifft dies für die bauphysikalischen Anforderungen an Wärme- und Schallschutz nicht zu. Für Alterung und nicht ausreichende bauphysikalische Anforderungen und einen Teil durch Abbruch entfallende Tragkonstruktion wird eine Minderung entsprechend dem effektiven Erhaltungszustand von 50 % vorgenommen. **98**

Anrechenbare vorhandene Bausubstanz **99**

750 000 DM · 0,5 =   375 000 DM

abzüglich der gültigen Mehrwertsteuer

Der Auftrag umfaßt die Leistungsphasen 1–9 § 15 HOAI. Die ermittelten Kosten der mitverarbeiteten vorhandenen Bausubstanz können jeder Honorarabrechnungsphase gem. § 10 (2) HOAI voll zugeschlagen werden. Die gleichen anrechenbaren Kosten der mitverarbeiteten Bausubstanz ergeben sich beim Honorar für die Tragwerksplanung, da das Tragwerk auf heutige statische Anforderungen geprüft und überrechnet werden muß. Bei den Leistungen der Technischen Ausrüstung kämen anrechenbare Kosten für mitverarbeitete Bausubstanz nur in Frage, insoweit z. B. Grundleitungen für Abwasser wiederverwendet würden, da alle übrigen Anlagen neu erstellt werden. **100**

Die zuvor beschriebene Ermittlungsmethode reicht i. d. R. aus, wenn sich die Bauteile und Baukonstruktionen wie o. a. kostenmäßig über Kosten-Kennwerte erfassen lassen oder wenn bei Gebäuden Abrechnungsunterlagen vorhanden sind, auf die man indexbezogen zurückgreifen kann. **101**

2. Schwieriger wird die Erfassung der anrechenbaren Kosten, z. B. bei historischer Bausubstanz. Die vor der 3. Veränderungsverordnung z. T. vertretene Auffassung, auch diese wäre nach ortsüblichen Preisen anzusetzen, ist mit der nunmehrigen Fassung des § 10 (3a) gegenstandslos. Auch historische Bausubstanz kann im Fall technischer oder gestalterischer Mitverarbeitung nur **angemessen** berücksichtigt werden. Hierbei wird man von der Überlegung ausgehen, welche Konstruktion könnte die tragende Funktion eines historischen Werksteinmauerwerks heute übernehmen, z. B. ein Bauteil in Ziegelmauerwerk oder Beton. Der Begriff **angemessen** wird bestimmt vom effektiven Erhaltungszustand der vorhandenen Bausubstanz und dem Umfang der technischen oder gestalterischen Mitverarbeitung. Kriterien hierfür können z. B. sein **102**

---

*) Nach BKB (Baukostenberatung Architektenkammer Baden-Württemberg) Index II/95.

103   – Aufwand für Sanierungsmaßnahmen in konstruktiver und/oder bauphysikalischer Hinsicht (die Kosten hierfür gehen voll in die sonstigen anrechenbaren Kosten ein)

104   – Planungsforderungen in technischer oder gestalterischer Hinsicht, z. B. alte, nicht mehr gebräuchliche Konstruktionen, Befassen mit kunsthistorischer Materie

105   Hierzu folgendes Beispiel aus der Praxis: Ein unter Denkmalschutz stehendes Gebäude aus dem Mittelalter soll umgebaut und modernisiert werden. Das Gebäude ist an die einstige Stadtmauer mit 3 Geschossen auf einer Seite angebaut, die übrigen tragenden Außen- und Innenwände, Decken und Dachstuhl bestehen aus Holzkonstruktion. Das Gebäude steht in seiner Gesamtheit auf einem Gewölbe aus bearbeitetem Naturstein.

Der Bruttorauminhalt beträgt wie folgt:

Gewölbekeller	900 m³
EG + 1. OG + 2. OG	2 000 m³
DG	400 m³

106   Der Gewölbekeller wird vom Architekten weder technisch noch gestalterisch mitverarbeitet, da er nicht in die Modernisierung einbezogen wird. Dagegen muß der Tragwerksplaner seine Beschaffenheit und seine Tragfähigkeit untersuchen. Die Stadtmauer in zweischaligem Natursteinmauerwerk mit staufischen Buckel- und Eckquadern, Schießscharten und dergleichen wird zwar technisch mitverarbeitet, an der Gestaltung darf aus denkmalpflegerischen Gründen nichts geändert werden. Die tragende Konstruktion des Holzfachwerkes und der Holzdecken muß saniert werden, das DG mit dem Dachstuhl wird neu erstellt. Die gesamte nichttragende Konstruktion Kostengruppe 3.1.3 und Installationen Kostengruppe 3.2 und Zentrale Betriebstechnik Kostengruppe 3.3 wird neu erstellt.

107   Unter Annahme von heutigen Kosten für

Kostengruppe 3.1.1 Gründung	22 DM/m³
Kostengruppe 3.1.2 Tragkonstruktionen	128 DM/m³
ergeben sich	150 DM/m³

Unter Berücksichtigung der erforderlichen Sanierungsmaßnahmen wird für den Architekten ein effektiver Erhaltungszustand von 35 % angenommen.

EG, 1. und 2. OG   2000 m³ · 128 DM · 0,35 =   89 600 DM
abzüglich der gültigen Mehrwertsteuer

Für den Tragwerksplaner

Gewölbekeller und Gründung bei einem effektiven Erhaltungszustand von 80 %

$$900 \text{ m}^3 \cdot 150 \text{ DM} \cdot 0{,}80 = 108\,000 \text{ DM}$$

EG, 1. und 2. OG wie Architekt	89 600 DM
Gesamte anrechenbare Kosten Tragwerksplaner	197 600 DM

3. Weitere Möglichkeiten für die sachgemäße Ermittlung anrechenbarer **108**
Kosten für mitverarbeitete Bausubstanz ergibt die Kostenermittlung nach
der Elementmethode. Wie schon oben ausgeführt (siehe Rdn. 16), erfordert
sie einen größeren Arbeitsaufwand, bietet jedoch relativ hohe Genauigkeit.
Es wird vom Einzelfall abhängen, nach welcher Methode zu verfahren ist.
Für die Elementmethode nach Dipl.-Ing. Rainer Eich folgendes Beispiel bei
Umbau- und Modernisierungsmaßnahmen an einem Einfamilienwohnhaus.

In allen Grundrissen, Schnitten und Ansichten werden die technisch und/ **109**
oder gestalterisch mitverarbeiteten Bauteile in Form von Grobelementen
erfaßt und in verschiedenen Farben gekennzeichnet, und zwar nach

AUSSENWÄNDEN
INNENWÄNDEN
BODENFLÄCHEN
DECKENFLÄCHEN

Diese Flächen werden zuerst in Form einer Baubeschreibung so genau wie **110**
möglich beschrieben, dann mengenmäßig exakt erfaßt und mit einem
Kostenansatz multipliziert. Kosten für Grobelemente sind, wenn vorhanden,

aus büroeigenen Daten
aus den „Gelben Büchern" der BKB AK BW
aus einem Recherchenauftrag über die Baukostenberatung
der AK BW

zu erhalten.

EG: Außenwände

Nr.	Bezeichnung	m	×	m	=	m²	·	DM	=	DM
1	Garagenseite	4,50	×	3,00	=	13,50				
2	Wohnraum	5,00	×	3,00	=	15,00				
3	Gartenzimmer	6,00	×	3,00	=	18,00				
SUMME						46,50	·	500,–	=	23 250

EG: Innenwände

Nr.	Bezeichnung	m	×	m	=	m²	·	DM	=	DM
1	Kinderzimmer	3,00	×	2,50	=	7,50				
2	Wohnraum	4,00	×	2,50	=	10,00				
3	Gartenzimmer	3,00	×	2,50	=	7,50				
ZWISCHENSUMME						25,00	·	300,–	=	7 500
GESAMTSUMME										30 750

EG: Bodenflächen
im Prinzip wie vor.

EG: Deckenflächen
im Prinzip wie vor.

Die hiernach ermittelten Kosten sind gem. dem effektiven Erhaltungszustand zu bewerten und um die gültige Mehrwertsteuer zu entlasten.

111 **Die Regelung des Abs. 4 bis 31. 3. 1988**

Der Abs. 4 wurde durch die 3. ÄndVO (vgl. Einl. Rdn. 6) mit Wirkung ab 1. 4. 1988 geändert. Für Verträge, die bis zum 31. 3. 1988 abgeschlossen wurden, gilt also noch die alte Regelung (vgl. auch § 103).

112 In der ursprünglichen und heutigen Fassung enthält Abs. 4 eine Einschränkung hinsichtlich der anrechenbaren Kosten. Die Einschränkung ist heute allerdings erheblich weitergehend. Sinn der Beschränkung ist es, den Auftraggeber in den Fällen zu entlasten, in denen die Kostenanteile der Kostengruppen 3.2 bis 3.4 und 3.5.2 bis 3.5.4 nach DIN 276 ein bestimmtes Maß übersteigen und die Grundleistungen hierfür von anderen an der Planung fachlich Beteiligten erbracht werden. Die Einschränkung betrifft lediglich die Kosten für Installationen, Zentrale Betriebstechnik und Betriebliche Einbauten und Besondere Bauausführungen (vgl. DIN 276 im Anhang).

113 Nach der **ursprünglichen Fassung** des Abs. 4 für Verträge bis 31. 3. 1988 galt die Einschränkung nur dann, wenn der Auftragnehmer hinsichtlich der betreffenden Technischen Ausrüstung weder mit der Planung noch mit der Überwachung befaßt war. War der Auftragnehmer entweder mit der Planung oder aber mit der Überwachung betraut, so war insgesamt keine Minderung vorzunehmen. Die Richtigkeit dieser Auffassung ergibt sich daraus, daß Abs. 4 lediglich eine – enggefaßte – Ausnahme von den Ermittlungsgrundlagen nach Abs. 2 enthält. Nur im Rahmen des Anwendungsbereiches des Abs. 4 sind die anrechenbaren Kosten dennoch zu mindern.

114 Unter **Planung** im Sinne des alten Abs. 4 sind auch Maßnahmen des Architekten zu verstehen, die lediglich auf die Einbindung bzw. Einordnung der Technischen Ausrüstung in die Gesamtkonzeption des Objekts dienen. Es ist also nicht erforderlich, daß es sich um die Fachplanung handelt (ebenso LG Stuttgart v. 28. 11. 1986 – 8 O 179/84; LG Kiel v. 5. 7. 1988 – 4 O 104/85; LG Mannheim v. 25. 5. 1990 – 9 O 54/90; OLG München v. 20. 12. 1990 – 28 U 3542/90, DAB 1991, 1392 m. zust. Anm. Pöschl). Entsprechendes galt auch für die Überwachung (zu den Einzelheiten vgl. 6. Aufl. dieses Kommentars § 10 Rdn. 18).

115 **Die Regelung des Abs. 4 seit 1. 4. 1988**

Durch die 3. ÄndVO (vgl. Einl. Rdn. 6) wurde der Abs. 4 neu gefaßt. Zunächst wurde in Satz 1 zweimal das Wort „fachlich" eingefügt. Der Satz 2 ist ganz neu. Nach der Neuregelung werden die anrechenbaren Kosten **in jedem Fall gemindert,** egal, ob der Auftragnehmer auch fachlich plant bzw. überwacht. Wird er hinsichtlich der Technischen Ausrüstung nach § 73 planend oder überwachend tätig, dann erhält er dafür ein Honorar aus Teil IX. Das ist die Bedeutung des neuen Satzes 2. Der Umkehrschluß, daß bei Fachplanung die anrechenbaren Kosten voll, ohne Minderung, anzusetzen sind, ist wegen der Spezialregelung des Satzes 2 nicht mehr zulässig. Sonst wäre im übrigen der Auftragnehmer bevorzugt, dem sowohl aus Teil II als auch aus Teil IX der

HOAI Leistungen in Auftrag gegeben werden. Dafür gibt es keinen sachlichen Grund (wie hier: Enseleit/Osenbrück Rdn. 270; Hartmann § 10 Rdn. 15; Neuenfeld u. a. § 10 Rdn. 27a; Pott/Dahlhoff § 10 Rdn. 17; a. A. Hesse/Korbion/Mantscheff/Vygen § 10 Rdn. 37).

Die Fassung von **Satz 2** ist mißglückt. Es läge der Umkehrschluß nahe, daß **116** bei Fehlen einer Vereinbarung dem Auftragnehmer für die Fachplanung oder Fachüberwachung kein Honorar zusteht. Diese Auffassung ist jedoch nicht zutreffend. Satz 2 schafft **keine zusätzliche Anspruchsvoraussetzung,** er will lediglich darlegen, daß ein zusätzliches Honorar für die fachliche Leistung beansprucht werden kann (ebenso Hesse/Korbion/Mantscheff/Vygen a. a. O.). Da es sich hierbei um Grundleistungen aus dem Teil IX handelt, steht dem Auftragnehmer hierfür automatisch der Mindestsatz zu, wenn keine Vereinbarung getroffen wurde. Die gegenteilige Auffassung würde zu dem Ergebnis führen, daß der als Generalplaner Beauftragte lediglich ein Honorar für seine Leistungen nach Teil II abrechnen könnte und bei Vergabe der Fachplanung aus Teil IX selbst keinen Anspruch insoweit hätte! Eine derartige Auslegung des Satzes 2 wäre verfassungswidrig, da diese Vorschrift in das materielle Recht des BGB eingreift und die Vergütungspflicht aus dem Werkvertrag von einer zusätzlichen Vereinbarung abhängig machen würde. Diese Regelung ist nicht durch die Ermächtigungsvorschrift des MRVG gedeckt. Eine Honorarordnung kann nicht für ganze Grundleistungen aus einem Abschnitt die gesamte Vergütungspflicht von einer Vereinbarung abhängig machen, ohne daß dies gesetzlich und in Abänderung von § 631 BGB geregelt wird.

Die Regelung soll durch folgende **Beispiele** verdeutlicht werden: **117**
1. Ein Auftragnehmer erhält den Auftrag, ein Geschäftshaus zu planen. Der Kostenanteil der Installationen, der zentralen Betriebstechnik und der betrieblichen Einbauten beträgt 23 % der sonstigen anrechenbaren Kosten. Es tritt keine Minderung der anrechenbaren Kosten ein, der Auftragnehmer für die Gebäudeplanung nach Teil II erhält das volle Honorar. Der Auftragnehmer für die Leistungen nach Teil IX Technische Ausrüstung erhält das nach diesen Bestimmungen zulässige Honorar.

In Zahlen:

Sonstige anrechenbare Kosten nach § 10 Abs. 1–3 und 5	10 000 000 DM
Kosten der Installation, der zentralen Betriebstechnik und der betrieblichen Einbauten Kostengruppe 3.2–3.4 und 3.5.2–3.5.4 DIN 276	2 300 000 DM
gesamte anrechenbare Kosten	12 300 000 DM

§ 10 Abs. 4 HOAI kommt nicht zur Anwendung.

2. Bei diesem Beispiel wird in dem Geschäftshaus eine Klimaanlage geplant und **118** ausgeführt. Nachdem die anrechenbaren Kosten für die Installation usw. 25 % der sonstigen Kosten übersteigen, tritt die Minderung gemäß § 10 Abs. 4 ein, da der Auftragnehmer weder fachlich geplant noch überwacht hat.

Sonstige anrechenbare Kosten	10 000 000 DM
nach § 10 Abs. 1–3 und 5	
Kosten der Installation, der zentralen Betriebstechnik	
und der betrieblichen Einbauten	
Kostengruppe 3.2–3.4 und	
3.5.2–3.5.4 DIN 276	3 600 000 DM
25 % aus den sonstigen anrechenbaren Kosten	2 500 000 DM
50 % des 25 % übersteigenden Betrages der sonstigen	
anrechenbaren Kosten	

$$3\,600\,000 \text{ DM} - 2\,500\,000 \text{ DM} = \frac{1\,100\,000}{2} = \underline{550\,000 \text{ DM}}$$

Gesamte anrechenbare Kosten	13 050 000 DM

119 3. Bei diesem Beispiel plant der Auftragnehmer für die Leistungen nach Teil II auch Leistungen nach Teil IX, z. B. die elektrische Installation.

Sonstige anrechenbare Kosten nach § 10 Abs. 1–3 und 5		10 000 000 DM
Kosten der elektrischen Installation 600 000 DM		
Kosten der übrigen Kosten aus		
Kostengruppe 3.2–3.4 usw.	3 000 000 DM	
zusammen	3 600 000 DM	
Gesamte anrechenbare Kosten für Leistungen nach Teil II		
wie Beispiel 2		13 050 000 DM
Anrechenbare Kosten für Leistungen nach		
Teil IX aus		600 000 DM

120 4. Bei diesem Beispiel wird der Auftragnehmer noch mit Planungs- und Überwachungsleistungen für Leistungen des raumbildenden Ausbaus gemäß § 25 HOAI, z. B. Ladeneinbauten, beauftragt.

Sonstige anrechenbare Kosten		10 000 000 DM
Kosten der Kostengruppe 3.2–3.4 von	3 600 000 DM	
ohne Kosten der Ladeneinbauten mit	400 000 DM	
25 % aus den sonstigen anrechenbaren Kosten		2 500 000 DM
50 % des 25 % übersteigenden Betrages der sonstigen		
anrechenbaren Kosten		

$$3\,600\,000 \text{ DM} - 2\,500\,000 \text{ DM} = \frac{1\,100\,000 \text{ DM}}{2} \qquad 550\,000 \text{ DM}$$

Kosten der Ladeneinbauten gemäß Kostengruppe 3.4	
betriebliche Einbauten	400 000 DM
Gesamte anrechenbare Kosten	13 450 000 DM

121 5. In diesem Beispiel wird neben dem Auftragnehmer für die Gebäudeplanung noch ein Auftragnehmer für raumbildenden Ausbau beauftragt.

Die gesamten anrechenbaren Kosten für den Auftragnehmer der Planung für das Gebäude errechnen sich wie folgt:

Sonstige anrechenbare Kosten nach § 10 Abs. 1–3 und 5   10 000 000 DM
Kosten der Installation, der zentralen Betriebstechnik
und der betrieblichen Einbauten
Kostengruppe 3.2–3.4 und
3.5.2–3.5.4 DIN 276   3 600 000 DM
25 % aus den sonstigen anrechenbaren Kosten   2 500 000 DM
50 % des 25 % übersteigenden Betrages der sonstigen
anrechenbaren Kosten

$$3\,600\,000\,\text{DM} - 2\,500\,000\,\text{DM} = \frac{1\,100\,000\,\text{DM}}{2} \qquad \underline{550\,000\ \text{DM}}$$

Gesamte anrechenbare Kosten   13 050 000 DM

Die anrechenbaren Kosten für den Auftragnehmer des raumbildenden Ausbaues betragen in voller Anrechnung, obwohl es sich um Kosten aus Kostengruppe 3.4 DIN 276 „Betriebliche Einbauten" handelt   400 000 DM

Nach dem Wortlaut des § 10 Abs. 4 ergeben sich hier für den
Gebäudeplaner folgende anrechenbare Kosten:

Sonstige anrechenbare Kosten   10 000 000 DM
Kosten der Kostengruppe 3.2–3.4 usw., also mit Kosten
der betrieblichen Einbauten von   4 000 000 DM
25 % aus den sonstigen anrechenbaren Kosten   2 500 000 DM
50 % des 25 % übersteigenden Betrages der sonstigen
anrechenbaren Kosten

$$4\,000\,000 - 2\,500\,000 = \frac{1\,500\,000}{2} = \qquad \underline{750\,000\ \text{DM}}$$

Gesamte anrechenbare Kosten für den Auftragnehmer
des raumbildenden Ausbaus   13 250 000 DM

Die Regelung des Abs. 4a   **122**

Für Verträge, die seit dem 1. 1. 1991 abgeschlossen wurden, bringt der Abs. 4a eine Regelung betreffend die anrechenbaren Kosten für Freianlagen (für Übergangsfälle vgl. § 103). Die Vorschrift betrifft ausschließlich die anrechenbaren Kosten. Sie regelt nicht, welche Objekte **Freianlagen oder Verkehrsanlagen** sind. Diese Frage entscheidet § 3 Nr. 12 (vgl. i. e. § 3 Rdn. 17). Auch die einzelnen Ziffern bedeuten nicht, daß andere Teile Verkehrsanlagen sind. § 10 Abs. 4a Nr. 8 sagt z. B. nur, daß bei nach § 3 Nr. 12 als Freianlage anzusehenden Objekten die Wege ohne Eignung für den regelmäßigen Fahrverkehr zu den anrechenbaren Kosten gehören. Lediglich insoweit, als in Abs. 4a aufgeführte Objekte aus der Objektliste des § 54 ausgenommen sind, trägt die Vorschrift auch zur Abgrenzung bei. Insoweit handelt es sich unzweifelhaft um Freianlagen. Ein Umkehrschluß ist dagegen nicht erlaubt. Alle anderen Objekte müssen im einzelnen überprüft werden.

Die in Nr. 1 bis 8 aufgeführten Bauwerke bzw. Anlagen sind anrechenbar,   **123** wenn Planungsleistungen oder die Überwachung nach Teil II erfolgt. Eine

Fachplanung ist nicht erforderlich. Unter Planung sind auch solche Maßnahmen zu verstehen, die lediglich auf die Einbindung bzw. Einordnung in die Gesamtkonzeption des Objekts dienen (vgl. oben Rdn. 114). Entsprechendes gilt auch für die Überwachung. Die Aufzählung ist nicht abschließend. Es können weitere Bauwerke und Anlagen hinzukommen.

124　　Bei Abs. 4a **Nr.** 4 dürften als Planungsleistungen aus § 64 HOAI die Grundlagenermittlung und Vorplanung noch nicht genügen. Nur dann, wenn die Entwurfs- oder Genehmigungsplanung des Tragwerks erforderlich ist, sind Durchlässe und Uferbefestigungen nicht anrechenbar. Bei Abs. 4a **Nr.** 6 ist nicht auf VIII bzw. auf § 64, sondern auf § 63 und damit auf bestimmte Tragwerke verwiesen. Hinsichtlich **Nr.** 7 gilt Entsprechendes wie bei Nr. 4. Serienfertigteile gehören zu den anrechenbaren Kosten, auch wenn sie im Werk berechnet wurden. Nach **Nr.** 8 sind sowohl solche Wege anrechenbar, die für den regelmäßigen Fahrverkehr nicht geeignet sind, als auch andere Wege – mit Eignung für den Fahrverkehr – und befestigte Flächen, die „als Gestaltungselement der Freianlagen" geplant werden. Hierbei kommt es wesentlich auf die gestalterische Einbindung und die planerische Leistung an (vgl. § 3 Rdn. 17). Soweit Leistungen aus Teil VII erforderlich sind, scheidet allerdings eine Anrechnung aus. In diesen Fällen wird aber die Fachplanung nach VII erbracht und abgerechnet. Der Begriff „Wege ohne Eignung für den regelmäßigen Fahrverkehr" ist nicht definiert. Zur Eignung gehört dazu, daß der Weg mit Fahrzeugen aller Art, z. B. auch Feuerwehrfahrzeuge, befahren werden kann. Im übrigen dürften Wege ab Honorarzone III des § 54 nicht anrechenbar sein. Die Vorschrift ist zugunsten des Auftragnehmers für Freianlagen auszulegen, weil er sonst gegenüber dem Objektplaner schlechterstehen würde, für den die Wege zu den anrechenbaren Kosten gehören.

125　　Zu beachten ist, daß für Freianlagen auch die Regelungen des Abs. 3, hier insbesondere auch der Nr. 4 und auch des Abs. 3a, gelten. Die neue Vorschrift des Abs. 4a tritt nun ergänzend hinzu.

126　**Die Regelung des Abs. 5**

Die Vorschrift des Abs. 5 enthält eine Aufzählung der **nichtanrechenbaren** Kosten. Außer den hier aufgeführten Positionen ist noch die **Umsatzsteuer** abzuziehen (§ 9 Abs. 2). Die Kostenermittlung nach DIN 276 muß zwar einschließlich Umsatzsteuer aufgestellt werden. Für die Honorarberechnung muß sie jedoch wieder abgesetzt werden. Ebensowenig gehört **Unvorhergesehenes** zu den anrechenbaren Kosten, sofern es nicht konkret einer der Kostengruppen zugeordnet ist, die anrechenbar sind.

127　　Nach **Nr.** 1 ist das Baugrundstück (Kostengruppe 1.1 bis 1.3) nicht anrechenbar. Dagegen sind die Kosten für das Herrichten nach **Nr.** 2 anrechenbar, soweit der Auftragnehmer **planend oder überwachend** tätig wird (vgl. Rdn. 114). Die bloße Koordinierungstätigkeit reicht hierfür nicht aus. Die Planungstätigkeit dürfte hier im Unterschied zu Abs. 4 intensiver sein. Ob jedoch konkrete Fachplanung nötig ist, erscheint zweifelhaft (so aber OLG Hamm BauR 1995, 415 = ZfBR 1995, 135). Im Vorplanungsstadium kommt es nicht auf die tatsächliche Planung an, sondern darauf, ob diese Planung im Ablauf in Betracht gekommen wäre (OLG Düsseldorf NJW-RR 1992, 1172). Hierher gehören auch die Kosten des **Abbruchs** eines alten Gebäudes oder von Teilen davon (Kostengruppe 1.4.4). Wird der Auftragnehmer ausschließlich oder vor Beauftragung mit Grundleistungen für das Gebäude beim Abbruch tätig, so kann er ein Honorar außerhalb der HOAI abrechnen, da der Abbruch kein Objekt i. S. d. § 3 ist. Es handelt sich um eine sog. Besondere Leistung, für deren Honorierung es wegen isolierten Auftrags keiner schriftlichen Honorarvereinbarung bedarf (vgl. § 2 Rdn. 17 und § 5 Rdn. 37). Die Kosten für die **Entsorgung von Altlasten** fallen nicht unter Nr. 2. Sie gehören insgesamt nicht zu Abs. 5. Als besondere Gründungsmaßnahmen kommen sie voll zu den anrechenbaren Kosten. Dies ergibt sich aus DIN 276 Kostengruppe 3.1.1 für das Bauwerk und Kostengruppe 5.2 für Außenanlagen. Gerechtfertigt ist dies, weil bei kontaminierten Böden auch die Tätigkeit des Architekten umfangreicher und verantwortungsvoller ist. Nicht anrechenbar sind nach **Nr. 3** die öffentliche Erschließung und andere einmalige Abgaben (Kostengruppe 2.1 und 2.3). Dagegen sind nach **Nr. 4** der Aufwand bei der nichtöffentlichen Erschließung sowie die Abwasser- und Versorgungsanlagen und seit 1. 1. 1991 auch die Verkehrsanlagen anrechenbar, soweit der Auftragnehmer sie entweder plant oder ihre Ausführung überwacht (vgl. oben und Rdn. 114). Die Verkehrsanlagen sind darüber hinaus nach Abs. 4a Nr. 8 bei den Freianlagen anrechenbar (vgl. oben Rdn. 124).

Teile der **Außenanlagen** sind trotz **Nr. 5** anrechenbar, wenn sie zur Erschließung nach **Nr. 4** gehören. Soweit sie Freianlagen (vgl. § 3 Rdn. 5) sind, gilt eine Ausnahme von Nr. 5. Bis zu 15 000 DM sind Freianlagen zu den anrechenbaren Kosten des Objekts zu rechnen (§ 18 Satz 2). Liegen die anrechenbaren Kosten über 15 000 DM, so sind die Freianlagen gesondert abzurechnen (§ 18 Satz 1). **128**

Nach **Nr. 6** sind **Gerät** und **Wirtschaftsgegenstände** anrechenbar, wenn sie der Auftragnehmer entweder plant oder ihren Einbau überwacht oder bei ihrer Beschaffung mitwirkt. Zum Gerät (Kostengruppe 4) gehören u. a. Bodenbeläge (Textilien). Diese Bodenbeläge sind nicht identisch mit den unter Kostengruppe 3.1.3.3 aufgeführten nichttragenden Konstruktionen der Decken, Treppen und zugehörigen Baukonstruktionen. Dort sind die Fußbodenbeläge erfaßt, die selbstverständlich auch aus Textilien bestehen können. In der Kostengruppe 4.3.3 dagegen sind nicht befestigte, sondern aufgelegte Teppiche u. ä. erfaßt, die der Auftraggeber ohne Mitwirkung des Architekten beschafft. Zur Beleuchtung (Kostengruppe 4.5) gehören Leuchten und Lampen der Erstausstattung. In der Regel plant der Architekt – ggf. auch in Zusammenarbeit mit dem Fachingenieur für elektrische Installationen – die Anordnung der Beleuchtung, z. B. direkte oder indirekte Beleuchtung, Einbauleuchten in einer Rasterdecke u. a., und überwacht deren Ausführung oder Einbau, d. h., daß **129** die Beleuchtungskörper zu den anrechenbaren Kosten zählen. Auch anderes Gerät und andere Wirtschaftsgegenstände, die nicht in Kostengruppe 4 und 5.4 aufgeführt sind, können nach **Nr. 7** anrechenbar sein, wenn der Auftragnehmer bei der Beschaffung mitwirkt. Die Abgrenzung zwischen **Gerät** und **Technischer Ausrüstung** kann im Einzelfall schwierig sein. Der maßgebende Gesichtspunkt ergibt sich aus der DIN 276: die Art der Verankerung im Gebäude. Technische Ausrüstung ist in aller Regel so fest und untrennbar mit dem Gebäude verbunden, daß bei Herausnahme das eine oder andere beschädigt würde (wesentlicher Bestandteil i. S. § 92 BGB). Die Auffassung des BGH (BauR 1994, 654 = NJW-RR 1994, 1043 = ZfBR 1994, 208; vgl. auch Neuenfeld BauR 1993, 271), wonach die technische Einrichtung einer Ortsvermittlungsstelle der Telekom zum Gerät gehört, dürfte deshalb nicht zutreffen.

130 Die Kosten für Kunstwerke sind nach **Nr. 8** anrechenbar, wenn sie wesentlicher Bestandteil des Objekts werden. Dafür ist eine feste Verbindung erforderlich. Künstlerisch gestaltete Bauteile sind nach **Nr. 9** anrechenbar, wenn der Auftragnehmer sie entweder plant oder ihre Ausführung überwacht (vgl. Rdn. 127). Trotz **Nr. 10** können die Kosten der Winterbauschutzvorkehrungen nach § 32 Abs. 4 anrechenbar sein, wenn dem Auftragnehmer gleichzeitig Grundleistungen nach § 15 übertragen worden sind. In entsprechender Anwendung dieser Bestimmung können auch zusätzliche Maßnahmen nach Kostengruppe 6 den anrechenbaren Kosten hinzugerechnet werden, wenn der Auftragnehmer die Vergabe dafür vorbereitet, bei der Vergabe mitwirkt, die Maßnahme außerdem geplant und überwacht hat. Dies gilt insbesondere dann, wenn derartige zusätzliche Maßnahmen mit den Einheitspreisen der Angebote oder mit der Preiskalkulation insgesamt abgegolten sind. Die Kosten für Schuttbeseitigung sind nicht anrechenbar, weil die Schuttbeseitigung Nebenleistung des Unternehmers nach den ATV ist. Die Grundreinigung nach Beendigung der Bauleistungen gehört dagegen zur Kostengruppe 6.2.6.0 Zusätzliche Maßnahmen. Diese Kosten können in entsprechender Anwendung des § 32 Abs. 4 zu den anrechenbaren Kosten gerechnet werden. In Frage kommt auch ein Honorar für eine nicht unter die HOAI fallende Leistung (vgl. Pöschl DAB 1991, 81). Entschädigungen und Schadensersatzleistungen sind nach **Nr. 11** nicht anrechenbar, also nicht abzusetzen. Die Baunebenkosten kann der Auftragnehmer nach **Nr. 12** ebenfalls nicht anrechnen. Die zum 1. 1. 1991 neu eingefügte **Nr. 13** schließt die Anrechnung fernmeldetechnischer Einrichtungen usw. aus. Soweit die Fachplanung erbracht wird, kann hierfür allerdings ein Honorar berechnet werden (vgl. Rdn. 114 und 127). Von Nr. 13 sind auch Anlagen der Maschinentechnik erfaßt. Sie gehören zur nicht Technischen Ausrüstung, so daß hier Abs. 4 unanwendbar ist (zur Maschinentechnik vgl. § 51 Rdn. 22).

131 Im Gegensatz zu Abs. 4 sieht Abs. 5 **keine Minderung** der anrechenbaren Kosten vor. Vielmehr sind die betreffenden Kosten entweder in vollem Umfang oder aber überhaupt nicht als anrechenbare Kosten zugrunde zu legen. Die Verweisung auf § 10 Abs. 4 betrifft nur Abs. 4 Satz 2, denn Abs. 5 Nr. 13 tritt an die Stelle der Regelung des Abs. 4 Satz 1. Soweit die Nr. 1 bis 13 auf die DIN 276 Bezug nehmen, kann auf den Anhang verwiesen werden.

Die Regelung des Abs. 6

Die Vorschrift des **Abs.** 6 enthält eine Sonderregelung für die anrechenbaren Kosten bei Freianlagen. Neben der auf die Kosten des Objekts entfallende Umsatzsteuer sind auch die Kosten für das Gebäude nicht anrechenbar. Im übrigen verweist Abs. 6 auf Nr. 1 bis 4 und 6 bis 11 des Abs. 5. Die Nr. 2 wurde durch die 3. ÄndVO neu aufgenommen (vgl. Einl. Rdn. 6). Zu den Fußgängerbereichen gehören Fußgängerzonen, nicht dagegen Bürgersteige oder selbständige Fußwege. Nur die Kosten der Oberflächengestaltung des Oberbaus von Fußgängerbereichen, wie z. B. die Kosten des Pflasters, sind anrechenbare Kosten für Grundleistungen von diesen Freianlagen nach Teil II. Soweit der Auftragnehmer dieser Freianlagen auch den Unter- oder Oberbau plant, hat er für diese Leistungen einen Anspruch auf ein Honorar nach Teil VII. Diese Kosten sind jedoch nicht anrechenbar bei der Berechnung des Honorars nach Teil II (vgl. Amtliche Begründung).

§ 11
Honorarzonen für Leistungen bei Gebäuden

(1) Die Honorarzone wird bei Gebäuden aufgrund folgender Bewertungsmerkmale ermittelt:

1. Honorarzone I: Gebäude mit sehr geringen Planungsanforderungen, das heißt mit
   - sehr geringen Anforderungen an die Einbindung in die Umgebung,
   - einem Funktionsbereich,
   - sehr geringen gestalterischen Anforderungen,
   - einfachsten Konstruktionen,
   - keiner oder einfacher Technischer Ausrüstung,
   - keinem oder einfachem Ausbau;

2. Honorarzone II: Gebäude mit geringen Planungsanforderungen, das heißt mit
   - geringen Anforderungen an die Einbindung in die Umgebung,
   - wenigen Funktionsbereichen,
   - geringen gestalterischen Anforderungen,
   - einfachen Konstruktionen,
   - geringer Technischer Ausrüstung,
   - geringem Ausbau;

3. Honorarzone III: Gebäude mit durchschnittlichen Planungsanforderungen, das heißt mit
   - durchschnittlichen Anforderungen an die Einbindung in die Umgebung,
   - mehreren einfachen Funktionsbereichen,
   - durchschnittlichen gestalterischen Anforderungen,
   - normalen oder gebräuchlichen Konstruktionen,
   - durchschnittlicher Technischer Ausrüstung,
   - durchschnittlichem normalem Ausbau;

4. Honorarzone IV: Gebäude mit überdurchschnittlichen Planungsanforderungen, das heißt mit
   - überdurchschnittlichen Anforderungen an die Einbindung in die Umgebung,
   - mehreren Funktionsbereichen mit vielfältigen Beziehungen,
   - überdurchschnittlichen gestalterischen Anforderungen,
   - überdurchschnittlichen konstruktiven Anforderungen,
   - überdurchschnittlicher Technischer Ausrüstung,
   - überdurchschnittlichem Ausbau;

5. Honorarzone V: Gebäude mit sehr hohen Planungsanforderungen, das heißt mit
   - sehr hohen Anforderungen an die Einbindung in die Umgebung,
   - einer Vielzahl von Funktionsbereichen mit umfassenden Beziehungen,
   - sehr hohen gestalterischen Anforderungen,
   - sehr hohen konstruktiven Ansprüchen,
   - einer vielfältigen Technischen Ausrüstung mit hohen technischen Ansprüchen,
   - umfangreichem qualitativ hervorragendem Ausbau.

(2) Sind für ein Gebäude Bewertungsmerkmale aus mehreren Honorarzonen anwendbar und bestehen deswegen Zweifel, welcher Honorarzone das Gebäude zugerechnet werden kann, so ist die Anzahl der Bewertungspunkte nach Absatz 3 zu ermitteln; das Gebäude ist nach der Summe der Bewertungspunkte folgenden Honorarzonen zuzurechnen:

1. Honorarzone I: Gebäude mit bis zu 10 Punkten,
2. Honorarzone II: Gebäude mit 11 bis 18 Punkten,
3. Honorarzone III: Gebäude mit 19 bis 26 Punkten,
4. Honorarzone IV: Gebäude mit 27 bis 34 Punkten,
5. Honorarzone V: Gebäude mit 35 bis 42 Punkten.

(3) Bei der Zurechnung eines Gebäudes in die Honorarzonen sind entsprechend dem Schwierigkeitsgrad der Planungsanforderungen die Bewertungsmerkmale Anforderungen an die Einbindung in die Umgebung, konstruktive Anforderungen, Technische Ausrüstungen und Ausbau mit je bis zu sechs Punkten zu bewerten, die Bewertungsmerkmale Anzahl der Funktionsbereiche und gestalterische Anforderungen mit je bis zu neun Punkten.

1 Die Honorarzone (früher: Bauklasse) ist eine der vier Honorarberechnungskomponenten (vgl. § 10 Rdn. 3 ff.). Die Grundlagen für ihre Ermittlung bei **Gebäuden** enthalten §§ 11 und 12. Zweckmäßigerweise ist der **erste Schritt** der, die **Regelbeispiele des § 12** daraufhin zu überprüfen, ob das Objekt typischerweise in eine der fünf Honorarzonen eingeordnet ist – wobei es auf das Gesamtobjekt ankommt und nicht auf einzelne Teile. Trifft dies zu, so ist zu prüfen, ob die Merkmale des Objekts denen der Honorarzone nach § 11 Abs. 1 entsprechen. Sind diese Merkmale gegeben, so ist die Honorarzone bestimmt. Die Von-bis-Sätze sind dann aus der Honorartafel zu § 16 ablesbar. Eine Punktbewertung nach Abs. 2 und 3 ist dann nicht erforderlich (vgl. OLG Frankfurt BauR 1982, 602). Die **Beweislast** dafür, daß die aus §§ 12, 11 Abs. 1 ermittelte Honorarzone nicht vorliege, trifft denjenigen, der Abweichendes

behauptet, also bei angeblich höherer Honorarzone den Architekten und bei angeblich niedrigerer Honorarzone den Auftraggeber (ebenso OLG Köln SFH Nr. 36 zu § 631 BGB; Jochem § 11 Rdn. 2; Werner/Pastor Rdn. 721; a. A. Hesse/Korbion/Mantscheff/Vygen §§ 11, 12 Rdn. 5). Entsprechendes gilt auch dann, wenn ein Regelbeispiel aus § 12 vorliegt, die Einzelmerkmale aus § 11 Abs. 1 aber zweifelhaft sind. Wer gegenüber der Einordnung nach § 12 Abweichendes behauptet, muß dies darlegen und beweisen (ebenso OLG Köln a. a. O.).

Ist das Objekt dagegen in der Honorarzone des § 12 nicht verzeichnet — was ja selten vorkommen wird —, so ist die Bestimmung der Honorarzone ausschließlich nach § 11 vorzunehmen. In diesen Fällen ist das Objekt zunächst unter die Bewertungsmerkmale des Absatzes zu subsumieren. Liegen die Bewertungsmerkmale nur einer Honorarzone vor, so steht die Honorarzone damit fest. Eine Bewertung nach Abs. 3 ist dann weder möglich noch erforderlich, da Abs. 3 ausschließlich in den Fällen anwendbar ist, in denen die Bewertungsmerkmale mehrerer Honorarzonen vorliegen. Dies ergibt sich aus dem eindeutigen sprachlichen und sachlichen Bezug des Abs. 3 auf Abs. 2, da eine Punktbewertung nur nach Abs. 2 vorgesehen und Abs. 2 lediglich dann anzuwenden ist, wenn Bewertungsmerkmale aus mehreren Honorarzonen gegeben sind, und es ergibt sich ebenfalls aus dem Verweis des Abs. 2 auf Abs. 3. **2**

Ist das Objekt dagegen zwar ein Regelbeispiel einer Honorarzone aus § 12, liegen jedoch ausschließlich die Bewertungsmerkmale aus einer anderen Honorarzone nach Abs. 1 vor, so ist die Bewertung nach Abs. 1 maßgebend, da § 12 lediglich Regelbeispiele nennt und die Einordnung bei Vorliegen eines Regelfalls noch nicht endgültig ist, das Objekt ausnahmsweise also durchaus nach den Maßstäben des Abs. 1 in eine andere Honorarzone passen kann (ebenso Neuenfeld § 11 Bem. 3; Pott/Dahlhoff § 12 Rdn. 3; Werner/Pastor Rdn. 716). Da es sich hierbei jedoch um die Ausnahme handelt, muß derjenige, der sich auf das Vorliegen einer anderen Honorarzone beruft — dies kann bei einer höheren Honorarzone nach Abs. 1 der Auftragnehmer, bei einer niedrigeren der Auftraggeber sein —, die Voraussetzungen der von ihm behaupteten Zone beweisen. Die Einordnung nach § 12 ist damit nicht zwingend. Ausschlaggebend sind stets die Bewertungsmerkmale nach Abs. 1 (ebenso Hesse/Korbion/Mantscheff/Vygen §§ 11, 12 Rdn. 5; Neuenfeld a. a. O.; Pott/Dahlhoff a. a. O.; Werner/Pastor a. a. O.). Nach § 12 gehören z. B. Musikpavillons in die Honorarzone II. Stellt ein solcher Musikpavillon nur sehr geringe Anforderungen an die Einbindung in die Umgebung und in gestalterischer Hinsicht, hat er nur einen Funktionsbereich und ist er von einfacher Konstruktion, so fällt er nach § 11 Abs. 1 Ziff. 1 in die Honorarzone I. Allerdings kann ein Musikpavillon auch so hohe Anforderungen an die städtebauliche Einordnung oder in gestalterischer und auch künstlerischer Hinsicht stellen, daß eine Einstufung durchaus in die höhere Honorarzone III angemessen sein kann. **3**

4   Sind einzelne Bewertungsmerkmale aus verschiedenen Honorarzonen des Abs. 1 gegeben – gleichgültig, ob das Objekt ein Regelbeispiel im Sinne des § 12 ist oder nicht –, so ist die Einordnung nach **Abs. 2** und **Abs. 3** vorzunehmen. **Abs.** 2 bestimmt zunächst, daß in diesem Fall die Anzahl der Bewertungspunkte nach Abs. 3 zu ermitteln ist. Nach Abs. 3 haben die Vertragsparteien für das konkrete Gebäude die einzelnen Bewertungsmerkmale mit Punkten zu bewerten. Mit jeweils bis zu sechs Punkten sind zu bewerten die Einbindung in die Umgebung, konstruktive Anforderungen, technische Gebäudeausrüstungen und der Ausbau. Bei der „Einbindung in die Umgebung" können städtebauliche, topographische, denkmalpflegerische, landschaftliche und auch Landschaftsschutz-Gesichtspunkte eine Rolle spielen. „Konstruktive Anforderungen" können sich aus nutzungsbedingten Vorgaben der gewählten Konstruktionsart selbst ergeben oder durch lokale Gegebenheiten bedingt sein. Bei der „Technischen Ausrüstung" (Teil IX der HOAI) handelt es sich in erster Linie um Installationen, Heizungs-, Lüftungs- und Klimaanlagen, Aufzüge und Förderungsanlagen (vgl. im einzelnen DIN 276 Kostengruppe 3.2 bis 3.4 und 3.5.2 bis 3.5.4 bzw. Kostengruppe 400 nach DIN 276 Fassung 6/93). Zum „Ausbau" gehören alle Lieferungen und Leistungen, die nicht zu den Kostengruppen 3.1.1 und 3.1.2, sondern zu 3.1.3 Nichttragende Konstruktionen gehören.

5   Mit bis zu neun Punkten sind zu bewerten die Anzahl der Funktionsbereiche und die gestalterischen Anforderungen. Als verschiedene „Funktionsbereiche" kommen z. B. in Betracht: Wohnen, Arbeiten, Lagern, Versammlung, Heilen, Sport usw. Unter „gestalterischen Anforderungen" ist die funktionelle und baukünstlerische Durcharbeitung und Ausformung zu verstehen, die die konkrete Bauaufgabe unter Berücksichtigung der Wünsche des Auftraggebers und der umweltgestaltenden Faktoren verlangt. Gemäß Abs. 2 ist das Gebäude nach der Summe dieser Bewertungspunkte in die Honorarzonen einzuordnen. Wird im Honorarprozeß die Honorarzone streitig, so muß der Architekt zu den Bewertungsmerkmalen substantiiert vortragen (BGH BauR 1990, 632 = NJW-RR 1990, 1109 = ZfBR 1990, 227). Die Anforderungen dürfen hier aber nicht übertrieben werden. So muß es genügen, wenn der Architekt dem Sachverständigengutachten mit dem nachfolgend abgebildeten Schema die Punktbewertung vorlegt.

Beispiel:

Eine einfache Werkstätte für einen Handwerksbetrieb wird eingeschossig mit Teilunterkellerung als Mauerwerksbau mit Dachkonstruktion in Holz als Nebengebäude im Kerngebiet errichtet. Es liegt in unmittelbarer Nachbarschaft eines unter Denkmalschutz stehenden Gebäudes. Im Hinblick hierauf werden besondere Anforderungen an die Einbringung und Gestaltung gestellt.

Die Einordnung erfolgt zunächst nach § 12 in Honorarzone II. Es liegen jedoch aufgrund der Planungsanforderungen Bewertungsmerkmale aus verschiedenen Honorarzonen des § 11 vor.

Bewertungsmerkmale des Abs. 3	Bewertung	Punkte
Anforderungen an die Einbindung in die Umgebung	überdurchschnittlich IV	5
Funktionsbereich	wenig II	3
gestalterische Anforderungen	überdurchschnittlich IV	7
konstruktive Anforderungen	einfach II	2
technische Gebäudeausrüstung	gering II	2
Ausbau	durchschnittlich III	3
Summe		22

Ergebnis:

Nach § 11 Abs. 2 und 3 ist das Objekt in Honorarzone III (19 bis 26 Punkte) einzuordnen.

Beispiel:

Ein Einfamilienhaus wird mit Arztpraxis, Therapieräumen und Schwimmbad in einer Hanglage mit Rutschgelände (Knollenmergel) errichtet. Es ist nach § 12 in Honorarzone IV einzuordnen. Nach § 11 liegen jedoch verschiedene Bewertungsmerkmale vor.

Bewertungsmerkmale des Abs. 3	Bewertung	Punkte
Anforderungen an die Einbindung in die Umgebung	überdurchschnittlich IV	5
Funktionsbereich	mehrere, mit vielfältigen Beziehungen IV	8
gestalterische Anforderungen	überdurchschnittlich IV	7
konstruktive Anforderungen	sehr hohe V	6
technische Gebäudeausrüstung	überdurchschnittlich IV	5

Bewertungsmerkmale des Abs. 3	Bewertung	Punkte
Ausbau	umfangreich, qualitativ hervorragend V	6
Summe		37

Ergebnis:

Nach § 11 Abs. 2 und 3 ist das Objekt in Honorarzone V (35 bis 42 Punkte) einzuordnen.

In der Literatur ist die Punktbewertung ausgiebig behandelt. Die Schwierigkeit ergibt sich aus der Zahl von 5 Honorarzonen und 6 Bewertungsmerkmalen, deren Höchstpunktzahl nicht durch 5 teilbar ist. Als praktikabel erwiesen und durchgesetzt hat sich folgendes Schema (siehe auch Hesse/Korbion/Mantscheff § 11 Rdn. 5; Klocke/Arlt § 11 Ziff. 1.4.1; Jochem §§ 11, 12 Rdn. 10; differenzierter Höbel § 11 Abs. 3).

Honorarzone:		I	II	III	IV	V
Planungs-anforderungen:		sehr gering	gering	durch-schnitt-lich	über-durch-schnitt-lich	sehr hoch
Bewertungsmerkmale:						
1	Einbindung in die Umgebung	1	2	3–4	5	6
2	Anzahl der Funktions-bereiche	1–2	3–4	5–6	7–8	9
3	Gestalterische Anforderungen	1–2	3–4	5–6	7–8	9
4	Konstruktive Anforderungen	1	2	3–4	5	6
5	Techn. Gebäude-ausrüstung	1	2	3–4	5	6
6	Ausbau	1	2	3–4	5	6
Summe der Punkte		bis 10	11–18	19–26	27–34	35–42

Dieses Bewertungsschema hat sich bisher in der Praxis durchgesetzt und bewährt. Die Tatsache, daß die Summe der Bewertungsmerkmale einer Honorarzone höher liegen kann als die für diese Honorarzone zulässige Punktzahl, ändert an der Brauchbarkeit nichts. Nur so ist das volle Spektrum auszuloten. Andere Schemata nehmen eine abweichende Bewertung vor, was zu divergierenden Ergebnissen führen kann, vgl. folgendes Schema von Motzke/Wolf, S. 95:

Honorarzone Merkmale/Punkte		I	II	III	IV	V
Planungs-anforderungen		sehr gering	gering	durch-schnitt-lich	über-durch-schnitt-lich	sehr hoch
1	Einbindung in die Umgebung	1	2–3	4	5	6
2	Anzahl der Funktions-bereiche	1–2	3	4–5	6–7	8–9
3	Gestalterische Anforderungen	1–2	3	4–5	6–7	8–9
4	Konstruktive Anforderungen	1–2	3	4	5	6
5	Technische Gebäude-ausrüstung	1	2–3	4	5	6
6	Ausbau	1–2	3	4	5	6
Maximalpunktezahl		10	18	26	34	42

Oft wird eine genauere, nachvollziehbare Punktbewertung erforderlich. Sie soll an folgendem Beispiel erläutert werden:

Beispiel: Das Objekt ist eine Werkstätte für körperlich und geistig Behinderte; es sind Zweifel über die zutreffende Honorarzone aufgetreten.

Bei Zweifeln hinsichtlich der Einordnung des Objekts empfiehlt sich zunächst eine Grobbewertung, um festzustellen, ob Bewertungsmerkmale aus mehreren Honorarzonen anwendbar sind. Ist dies der Fall, dann wird in einer Feinbewertung die richtige Honorarzone mit der Punktbewertung ermittelt.

Nach der Objektliste § 12 HOAI läßt sich das Objekt der Honorarzone III „Werkstätten" zuordnen, in Honorarzone IV ist der Begriff „Zentralwerkstätten" enthalten. Beide Begriffe entsprechen nicht dem vorgegebenen Planungsziel einer „Behindertenwerkstätte". Es ist also § 11 HOAI heranzuziehen. Das Ergebnis, das Bewertungsmerkmale aus mehreren Honorarzonen ergibt, zwingt zur Punktbewertung gemäß § 11 (2) und (3) HOAI.

Grobbewertung

	Honorarzonen				
	I	II	III	IV	V
	Punktbewertung				
Planungsanforderungen	≤ 10	11-18	19-26	27-34	35-42
	sehr geringe	geringe	durchschnittliche	überdurchschnittliche	sehr hohe

Bewertungsmerkmale		I	II	III	IV	V
≤ 6	Einbindung in die Umgebung			•		
≤ 9	Anzahl der Funktionen				•	
≤ 9	Gestaltung				•	
≤ 6	Konstruktion			•		
≤ 6	Technische Gebäudeausrüstung			•		
≤ 6	Ausbau				•	

Feinbewertung

Einbindung in die Umgebung (nach obiger Tabelle)

Das schmale und kleine Grundstück verlangt bei dem geforderten Bauprogramm konzentrierte Baumassen. Die kleingliedrige Randbebauung wird also immer im Gegensatz zu der Baumasse des projektierten Objekts stehen. Es wird vom Einfühlungsvermögen und Können des Planers abhängen, diesen Gegensatz zu harmonisieren, um eine städtebaulich tragbare Lösung zu erreichen. Der Zuschnitt des Grundstücks zusammen mit der vorhandenen Bebauung ergibt Planungsanforderungen, die zumindest im durchschnittlichen Bereich liegen und mit 4 Punkten zu bewerten sind.

Anzahl der Funktionen

Das Raumprogramm und die dargestellte Zielsetzung zeigen eine Verflechtung von mehreren Funktionsbereichen.

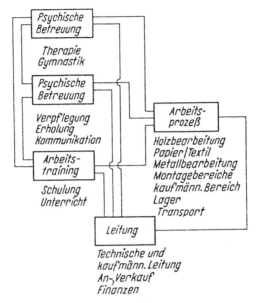

Bei 5 Hauptfunktionsbereichen ergeben sich schon 10 Beziehungen untereinander, siehe Bild.

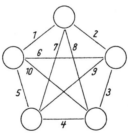

Nimmt man die Unterbereiche der Hauptfunktionsbereiche hinzu, ergibt sich ein Netz von umfassenden Beziehungen, die zueinander und in sich in wirtschaftlicher und technisch richtiger Zuordnung stehen müssen. Hierbei läßt sich unschwer erkennen, daß dieses Objekt niemals mit dem Begriff „Werkstätten" aus der Objektliste § 12 HOAI identisch sein kann.

Die Bewertung kann nur im überdurchschnittlichen Bereich an der oberen Grenze liegen und wird mit   7 Punkten
festgelegt.

Gestaltung

Der Gestaltung kommt durch die städteähnliche Situation besonderes Gewicht zu.

Das heißt, der Planer wird versuchen müssen, die durch das Raumprogramm bedingte große Baumasse gestalterisch so zu lösen, daß unter dem Gebot der Wirtschaftlichkeit eine optimale Lösung entsteht. Einerseits die Bindungen an die Wirtschaftlichkeit, andererseits die gestalterische Notwendigkeit, durch Gliederung und Materialwahl die Baumasse zu harmonisieren, ergeben überdurchschnittliche Planungsanforderungen an die Gestaltung.

Hierbei ist aber nicht nur an die äußere Architektur zu denken, sondern der gestalterische Leitgedanke für ein Gebäude, das körperlich und geistig Behinderten als Arbeitsstätte, für Schulung, Unterricht und Kommunikation dient, erfordert überdurchschnittliches gestalterisches Können und Einfühlungsvermögen. Eine Gesamtbewertung der Planungsanforderungen an die Gestaltung ist mit 7 Punkten angemessen bewertet.

Konstruktion

Die konstruktiven Planungsanforderungen sind aufgrund des Werkstattbetriebes vor allem im Hinblick auf die gebotene Wirtschaftlichkeit, den Schallschutz innerhalb des Gebäudes und hinsichtlich der Emissionen nach außen beträchtlich. Flexibilität für spätere Entwicklungen dürfte hier nicht nur geboten, sondern sicher gefordert sein. Die Planungsanforderungen an die Konstruktion werden durchschnittlich mit 4 Punkten bewertet.

Technische Gebäudeausrüstung

Die Planungsanforderungen an die technische Gebäudeausrüstung sind aufgrund der Vielzahl von Funktionsbereichen und hierbei wiederum bei den unterschiedlichen Werkstätten wesentlich, dies vor allem im Hinblick auf den gebotenen wirtschaftlichen Energiebedarf, man denke z. B. an Be- und Entlüftungsanlagen, Absaugungen, Wärmerückgewinnung u. a. Sie liegen im durchschnittlichen Bereich und werden mit 4,0 Punkten bewertet.

Ausbau

Hierbei werden sich die Planungsanforderungen weniger auf die Wertigkeit des Ausbaues zu richten haben als vielmehr auf die Nutzung durch Behinderte. Dies bedingt eine optimale Verschleißfestigkeit unter größtmöglicher Ausnützung gestalterischer Aspekte. Man denke an die Wahl der Baustoffe, an das Zusammenwirken der Materialien, an die Lichtführung und Farbgestaltung, wie sie die Erkenntnisse psychologischer Farbwirkung beeinflussen. Die Arbeitsstätten dürften nicht nur reiner Zweckbestimmung der Produktionsabläufe dienen, sie müssen die körperlich und geistig Behinderten für ihre Tätigkeiten und den vorgesehenen Eingliederungsprozeß motivierend beeinflussen. Diese Aufgabe ist ungleich schwieriger, als Räume für nichtbehinderte, normale und gesunde Benutzer zu gestalten und auszubauen. Die Planungsanforderungen sind vergleichbar, z. B. für psychosomatische Einrichtungen, Sanatorien, Krankenhäuser der Versorgungsstufe I und II, Therapie- und Rehabilitationseinrichtungen. Sie können nur im überdurchschnittlichen Bereich eingereiht werden und sind mit $\qquad$ 5 Punkten zu bewerten.

Faßt man die vorausgehenden Einzelergebnisse der Bewertung zusammen, so ergibt sich folgendes Bild:

	Honorarzonen				
	I	II	III	IV	V
	Punktbewertung				
	≤ 10	11-18	19-26	27-34	35-42
Planungsanforderungen	sehr geringe	geringe	durchschnittliche	überdurchschnittliche	sehr hohe
Bewertungsmerkmale					
≤ 6 Einbindung in die Umgebung			4		
≤ 9 Anzahl der Funktionen				7	
≤ 9 Gestaltung				7	
≤ 6 Konstruktion			4		
≤ 6 Technische Gebäudeausrüstung			4		
≤ 6 Ausbau				5	
Summe				31	

Mit 31 Punkten liegt das Objekt eindeutig in Honorarzone IV.

Die Absätze 2 und 3 haben für die Vereinbarung des Honorars innerhalb der **6** Mindest- und Höchstsätze der Honorartafel zu § 16 nur im Zusammenhang mit anderen Kriterien Bedeutung (vgl. § 4 Rdn. 77 f.). Allerdings muß darauf hingewiesen werden, daß die Vereinbarung eines über dem Mindestsatz liegenden Honorars zur Wirksamkeit keiner speziellen Begründung bedarf.

Bei Erweiterungsbauten, Wiederaufbauten, Instandsetzungen, Modernisie- **7** rungen und Umbauten kann zweifelhaft sein, welcher Honorarzone das Objekt zuzuordnen ist. Ausgangspunkt ist bei **Erweiterung, Wiederaufbau** und **Instand-**

setzung in der Regel das bestehende Objekt (ebenso VG Karlsruhe DAB [BW] 1987, 55; Hesse/Korbion/Mantscheff/Vygen §§ 11, 12 Rdn. 6; Jochem §§ 11, 12 Rdn. 1). Ergibt sich allerdings, daß durch die Maßnahme selbst der Charakter des Objekts verändert wird und das Objekt danach in eine andere Honorarzone eingeordnet werden muß, so ist diese Honorarzone für die Berechnung zugrunde zu legen. Bei der Ermittlung der Honorarzone sind jedoch die Schwierigkeiten der konkreten Baumaßnahme, also z. B. des Umbaus, durchaus zu berücksichtigen. Vor allem bei der Festlegung der Bewertungsmerkmale für die notwendigen Funktionsbereiche, die gestalterischen Anforderungen, die konstruktiven Anforderungen, die technische Gebäudeausrüstung und den Ausbau müssen die Art der Baumaßnahme und ihre konkreten Probleme berücksichtigt werden. Seit der 4. HOAI-Novelle ist beim **Umbau** und bei der **Modernisierung** die Honorarzone dieser Maßnahme und nicht diejenige des alten Bestandes maßgebend (§ 24 Abs. 1).

Ergibt die Ermittlung der Honorarzone, daß die Parteien eine **Honorarvereinbarung** mit einer **höheren Honorarzone** getroffen haben, so ist diese Vereinbarung noch nicht wirksam. Nur durch genaue Ermittlung des möglichen Höchsthonorars nach den richtigen Bemessungsgrundlagen insgesamt kann der Höchstsatz ermittelt werden (vgl. i. e. § 4 Rdn. 8; Werner/Pastor Rdn. 719). Entsprechendes gilt auch dann, wenn die Parteien eine **niedrigere Honorarzone** vereinbart haben, als tatsächlich richtig wäre. Hier steht dem Auftragnehmer das richtig nach HOAI berechnete Mindesthonorar aus der zutreffenden Honorarzone zu (vgl. i. e. § 4 Rdn. 79).

Die Gerichte sind nicht in allen Fällen genötigt, Sachverständigengutachten hinsichtlich der Einordnung in eine bestimmte Honorarzone einzuholen. Vor allem dann, wenn es sich z. B. bei einer Squash-Anlage mit 12 Plätzen, sanitären Nebenzonen, Sauna und eventuellem Schwimmbad, Bar, Klubraum, Restaurant sowie den erforderlichen Nebenanlagen für Kraftfahrzeugabstellplätze aus § 12 ergibt, daß Honorarzone IV (Sportleistungszentren) anzuwenden ist und auch die Merkmale nach § 11 Abs. 1 gegeben sind (so mit Recht OLG Frankfurt BauR 1982, 602). Die Tätigkeit des Sachverständigen ist dagegen erforderlich, um die Honorarzone in den Fällen des § 11 Abs. 2 und 3 festzulegen.

§ 12
Objektliste für Gebäude

Nachstehende Gebäude werden nach Maßgabe der in § 11 genannten Merkmale in der Regel folgenden Honorarzonen zugerechnet:

1. Honorarzone I: Schlaf- und Unterkunftsbaracken und andere Behelfsbauten für vorübergehende Nutzung;
   Pausenhallen, Spielhallen, Liege- und Wandelhallen, Einstellhallen, Verbindungsgänge, Feldscheunen und andere einfache landwirtschaftliche Gebäude;
   Tribünenbauten, Wetterschutzhäuser;

2. Honorarzone II: Einfache Wohnbauten mit gemeinschaftlichen Sanitär- und Kücheneinrichtungen;
Garagenbauten, Parkhäuser, Gewächshäuser;
geschlossene, eingeschossige Hallen und Gebäude als selbständige Bauaufgabe, Kassengebäude, Bootshäuser; einfache Werkstätten ohne Kranbahnen; Verkaufslager, Unfall- und Sanitätswachen;
Musikpavillons;

3. Honorarzone III: Wohnhäuser, Wohnheime und Heime mit durchschnittlicher Ausstattung;
Kinderhorte, Kindergärten, Gemeinschaftsunterkünfte, Jugendherbergen; Grundschulen,
Jugendfreizeitstätten, Jugendzentren, Bürgerhäuser, Studentenhäuser, Altentagesstätten und andere Betreuungseinrichtungen;
Fertigungsgebäude der metallverarbeitenden Industrie, Druckereien, Kühlhäuser;
Werkstätten, geschlossene Hallen und landwirtschaftliche Gebäude, soweit nicht in Honorarzone I, II oder IV erwähnt, Parkhäuser mit integrierten weiteren Nutzungsarten;
Bürobauten mit durchschnittlicher Ausstattung, Ladenbauten, Einkaufszentren, Märkte und Großmärkte, Messehallen, Gaststätten, Kantinen, Mensen, Wirtschaftsgebäude, Feuerwachen, Rettungsstationen, Ambulatorien, Pflegeheime ohne medizinisch-technische Ausrüstung, Hilfskrankenhäuser;
Ausstellungsgebäude, Lichtspielhäuser;
Turn- und Sportgebäude sowie -anlagen, soweit nicht in Honorarzone II oder IV erwähnt;

4. Honorarzone IV: Wohnhäuser mit überdurchschnittlicher Ausstattung, Terrassen- und Hügelhäuser, planungsaufwendige Einfamilienhäuser mit entsprechendem Ausbau und Hausgruppen in planungsaufwendiger verdichteter Bauweise auf kleinen Grundstücken, Heime mit zusätzlichen medizinisch-technischen Einrichtungen;
Zentralwerkstätten, Brauereien, Produktionsgebäude der Automobilindustrie, Kraftwerksgebäude;
Schulen, ausgenommen Grundschulen; Bildungszentren, Volkshochschulen, Fachhochschulen, Hochschulen, Universitäten, Akademien, Hörsaalgebäude, Laborgebäude, Bibliotheken und Archive, Institutsgebäude für Lehre und Forschung, soweit nicht in Honorarzone V erwähnt;
landwirtschaftliche Gebäude mit überdurchschnittlicher Ausstattung, Großküchen, Hotels, Banken, Kaufhäuser, Rathäuser, Parlaments- und Gerichtsgebäude sowie sonstige Gebäude für die Verwaltung mit überdurchschnittlicher Ausstattung;
Krankenhäuser der Versorgungsstufe I und II, Fachkrankenhäuser, Krankenhäuser besonderer Zweckbestimmung, Therapie- und Rehabilitationseinrichtungen, Gebäude für Erholung, Kur und Genesung;

Kirchen, Konzerthallen, Museen, Studiobühnen, Mehrzweckhallen für religiöse, kulturelle oder sportliche Zwecke;
Hallenschwimmbäder, Sportleistungszentren, Großsportstätten;

5. Honorarzone V: Krankenhäuser der Versorgungsstufe III, Universitätskliniken;
Stahlwerksgebäude, Sintergebäude, Kokereien;
Studios für Rundfunk, Fernsehen und Theater, Konzertgebäude, Theaterbauten, Kulissengebäude, Gebäude für die wissenschaftliche Forschung (experimentelle Fachrichtungen).

1   Die Vorschrift stellt nur Regelbeispiele auf, die für die Einordnung des konkreten Objekts nur dann bindend sind, wenn gleichzeitig die Bewertungsmerkmale der gleichen Honorarzone aus § 11 ausschließlich vorliegen. Ergibt sich bei Anwendung von §§ 12, 11 eine Differenz, so ist die – eindeutige – Einordnung nach § 11 maßgebend. Liegt zwar ein Regelbeispiel einer Honorarzone aus § 12 vor, sind jedoch die Bewertungsmerkmale zweier oder mehrerer Honorarzonen nach § 11 Abs. 1 gegeben, ist die Einordnung ausschließlich nach § 11 Abs. 2, Abs. 3 vorzunehmen (vgl. im einzelnen § 11 Rdn. 1–4).

2   Zum Begriff „Gebäude" vgl. § 3 Rdn. 2. In Honorarzone II sind neu aufgenommen die Parkhäuser. Da in Honorarzone III Parkhäuser mit integrierten Nutzungsarten enthalten sind, kann es sich in Zone II nur um reine Parkhäuser ohne jede andere Nutzung handeln. Tiefgaragen fallen in der Regel unter Teil VII Ingenieurbauwerke.

§ 13

Honorarzonen für Leistungen bei Freianlagen

(1) Die Honorarzone wird bei Freianlagen aufgrund folgender Bewertungsmerkmale ermittelt:

1. Honorarzone I: Freianlagen mit sehr geringen Planungsanforderungen, das heißt mit
   – sehr geringen Anforderungen an die Einbindung in die Umgebung,
   – sehr geringen Anforderungen an Schutz, Pflege und Entwicklung von Natur und Landschaft,
   – einem Funktionsbereich,
   – sehr geringen gestalterischen Anforderungen,
   – keinen oder einfachsten Ver- und Entsorgungseinrichtungen;

2. Honorarzone II: Freianlagen mit geringen Planungsanforderungen, das heißt mit
   – geringen Anforderungen an die Einbindung in die Umgebung,
   – geringen Anforderungen an Schutz, Pflege und Entwicklung von Natur und Landschaft,
   – wenigen Funktionsbereichen,

- geringen gestalterischen Anforderungen,
- geringen Ansprüchen an Ver- und Entsorgung;

3. Honorarzone III: Freianlagen mit durchschnittlichen Planungsanforderungen, das heißt mit
   - durchschnittlichen Anforderungen an die Einbindung in die Umgebung,
   - durchschnittlichen Anforderungen an Schutz, Pflege und Entwicklung von Natur und Landschaft,
   - mehreren Funktionsbereichen mit einfachen Beziehungen,
   - durchschnittlichen gestalterischen Anforderungen,
   - normaler oder gebräuchlicher Ver- und Entsorgung;

4. Honorarzone IV: Freianlagen mit überdurchschnittlichen Planungsanforderungen, das heißt mit
   - überdurchschnittlichen Anforderungen an die Einbindung in die Umgebung,
   - überdurchschnittlichen Anforderungen an Schutz, Pflege und Entwicklung von Natur und Landschaft,
   - mehreren Funktionsbereichen mit vielfältigen Beziehungen,
   - überdurchschnittlichen gestalterischen Anforderungen,
   - einer über das Durchschnittliche hinausgehenden Ver- und Entsorgung;

5. Honorarzone V: Freianlagen mit sehr hohen Planungsanforderungen, das heißt mit
   - sehr hohen Anforderungen an die Einbindung in die Umgebung,
   - sehr hohen Anforderungen an Schutz, Pflege und Entwicklung von Natur und Landschaft,
   - einer Vielzahl von Funktionsbereichen mit umfassenden Beziehungen,
   - sehr hohen gestalterischen Anforderungen,
   - besonderen Anforderungen an die Ver- und Entsorgung aufgrund besonderer technischer Gegebenheiten.

(2) Sind für eine Freianlage Bewertungsmerkmale aus mehreren Honorarzonen anwendbar und bestehen deswegen Zweifel, welcher Honorarzone die Freianlage zugerechnet werden kann, so ist die Anzahl der Bewertungspunkte nach Absatz 3 zu ermitteln; die Freianlage ist nach der Summe der Bewertungspunkte folgenden Honorarzonen zuzurechnen:

1. Honorarzone I: Freianlagen mit bis zu 8 Punkten,
2. Honorarzone II: Freianlagen mit 9 bis 15 Punkten,
3. Honorarzone III: Freianlagen mit 16 bis 22 Punkten,
4. Honorarzone IV: Freianlagen mit 23 bis 29 Punkten,
5. Honorarzone V: Freianlagen mit 30 bis 36 Punkten.

(3) Bei der Zurechnung einer Freianlage in die Honorarzone sind entsprechend dem Schwierigkeitsgrad der Planungsanforderungen die Bewertungsmerkmale Anforderungen an die Einbindung in die Umgebung, an Schutz, Pflege und Entwicklung von Natur und Landschaft und der gestalterischen Anforderungen mit je bis zu acht Punkten, die Bewertungsmerkmale Anzahl der Funktionsbereiche sowie Ver- und Entsorgungseinrichtungen mit je bis zu sechs Punkten zu bewerten.

1   Die Honorierung für Leistungen bei Freianlagen war früher in der GOA geregelt. Zum Begriff Freianlagen vgl. oben § 3 Rdn. 5, zur Abgrenzung Freianlagen und Verkehrsanlagen vgl. § 3 Rdn. 17 und § 51 Rdn. 14. Die anrechenbaren Kosten sind in § 10 geregelt (vgl. § 10 Rdn. 122). Das Leistungsbild enthält § 15.

2   Die Vorschrift des § 13 entspricht weitgehend der des § 11 für Gebäude. Hinsichtlich der Rechtsfragen kann auf eine Kommentierung zu § 11 verwiesen werden. Gegenüber dieser Vorschrift treten in § 13 entsprechend den Planungsanforderungen bei Freianlagen andere Bewertungsmerkmale. Durch die 4. HOAI-Novelle (vgl. Einl. Rdn. 5) wurde das Merkmal „Ökologische Anforderungen" ersetzt durch „Anforderungen an Schutz, Pflege und Entwicklung von Natur und Landschaft". Dabei stehen Schutz- und Pflegemaßnahmen im Vordergrund, aber auch vorausschauende Maßnahmen und Untersuchungen für die Entwicklung. „Funktionsbereiche" umfassen alle dem Nutzungszweck vorgegebenen Planungsziele, z. B. Nutzgärten, Freizeitbereiche für Spielen, Sport und Erholung, Biotope, spezielle Anforderungen an Grünanlagen gegen Sicht, Verkehrslärm u. a. „Gestalterische Anforderungen" betreffen ähnlich wie bei § 11 die gestalterischen Planungsziele. Zu den „Versorgungseinrichtungen" gehören Wasser, Strom, Gas und Telefon. Zu den „Entsorgungseinrichtungen" gehören Kanalisation, Abwasser- und Kläranlagen.

3   Für Abs. 2 und 3 gelten die gleichen Gesichtspunkte wie bei § 11 Abs. 2 und 3 (zum Planungshonorar für Freianlagen bei vorhandenem Baumbestand vgl. Franken DAB 1988, 1587).

4   Die Bewertung nach Planungsanforderungen und Punktzahl bringt in § 13 die gleichen Schwierigkeiten wie bei § 11. Anstelle der dort vorgesehenen 6 Bewertungsmerkmale sind es in § 13 nur 5 zu bewertende Planungsanforderungen, nämlich
1. Einbindung in die Umgebung
2. Anforderungen an Schutz, Pflege und Entwicklung von Natur und Landschaft
3. Anzahl der Funktionsbereiche
4. Gestaltung
5. Anforderungen an die Ver- und Entsorgung.
Hierbei werden die Planungsanforderungen für Ziff. 1, 2 und 4 mit je bis zu 8 Punkten, für Ziffern 3 und 5 mit je bis zu 6 Punkten, insgesamt also mit bis zu 36 Punkten in HZV bewertet.

Um zu verhindern, daß eine angenommene Punktaufteilung in einer Honorarzone zu einer nicht zulässigen Überschreitung der für diese Honorarzone zulässigen max. Punktzahl führt, ließe sich nachfolgend dargestellte Punktaufteilung denken:

Nr.	Honorarzone	I	II	III	IV	V
	Planungsanforderungen	sehr gering	gering	durch-schnitt-lich	über-durch-schnitt-lich	sehr hoch
1	Einbindung in die Umgebung	1,6	3,2	4,8	6,4	8
2	Anforderungen an Schutz, Pflege und Ent-wicklung von Natur und Landschaft	1,6	3,2	4,8	6,4	8
3	Anzahl der Funktions-bereiche	1,2	2,4	3,6	4,8	6
4	Gestalterische Anforderungen	1,6	3,2	4,8	6,4	8
5	Ver- und Entsorgungs-einrichtungen	1,2	2,4	3,6	4,8	6
	Punktanzahl Summe	7,2	14,4	21,6	28,8	36
	Punktanzahl zulässig	bis 8	9–15	16–22	23–29	30–36

Diese rechnerische Punktaufteilung kann jedoch nur als Anhalt dienen, der Einzelbewertung mit Punkten und höchstens halben Punkten ist im Einzelfall stets der Vorzug zu geben.

§ 14
Objektliste für Freianlagen

Nachstehende Freianlagen werden nach Maßgabe der in § 13 genannten Merkmale in der Regel folgenden Honorarzonen zugerechnet:
1. Honorarzone I:
Geländegestaltungen mit Einsaaten in der freien Landschaft; Windschutzpflanzungen; Spielwiesen, Ski- und Rodelhänge ohne technische Einrichtungen;
2. Honorarzone II:
Freiflächen mit einfachem Ausbau bei kleineren Siedlungen, bei Einzelbauwerken und bei landwirtschaftlichen Aussiedlungen; Begleitgrün an Verkehrsanlagen, soweit nicht in Honorarzone I oder III erwähnt; Grünverbindungen ohne besondere Ausstattung; Ballspielplätze (Bolzplätze); Ski- und Rodelhänge mit technischen Einrichtungen; Sportplätze ohne Laufbahnen oder ohne sonstige technische Einrichtungen; Geländegestal-

tungen und Pflanzungen für Deponien, Halden und Entnahmestellen; Pflanzungen in der freien Landschaft, soweit nicht in Honorarzone I erwähnt; Ortsrandeingrünungen;

3. Honorarzone III:
Freiflächen bei privaten und öffentlichen Bauwerken, soweit nicht in Honorarzone II, IV oder V erwähnt;
Begleitgrün an Verkehrsanlagen mit erhöhten Anforderungen an Schutz, Pflege und Entwicklung von Natur und Landschaft;
Flächen für den Arten- und Biotopschutz, soweit nicht in Honorarzone IV oder V erwähnt;
Ehrenfriedhöfe, Ehrenmale; Kombinationsspielfelder, Sportanlagen Typ D und andere Sportanlagen, soweit nicht in Honorarzone II oder IV erwähnt;
Camping-, Zelt- und Badeplätze, Kleingartenanlagen;

4. Honorarzone IV:
Freiflächen mit besonderen topographischen oder räumlichen Verhältnissen bei privaten und öffentlichen Bauwerken;
innerörtliche Grünzüge, Oberflächengestaltungen und Pflanzungen für Fußgängerbereiche; extensive Dachbegrünungen;
Flächen für den Arten- und Biotopschutz mit differenzierten Gestaltungsansprüchen oder mit Biotopverbundfunktionen;
Sportanlagen Typ A bis C, Spielplätze, Sportstadien, Freibäder, Golfplätze;
Friedhöfe, Parkanlagen, Freilichtbühnen, Schulgärten, naturkundliche Lehrpfade und -gebiete;

5. Honorarzone V:
Hausgärten und Gartenhöfe für hohe Repräsentationsansprüche, Terrassen- und Dachgärten, intensive Dachbegrünungen;
Freiflächen im Zusammenhang mit historischen Anlagen; historische Parkanlagen, Gärten und Plätze;
botanische und zoologische Gärten;
Freiflächen mit besonderer Ausstattung für hohe Benutzungsansprüche, Garten- und Hallenschauen.

Hinsichtlich der allgemeinen Kommentierung kann auf § 12 verwiesen werden. Die dortigen Ausführungen sind entsprechend anwendbar (vgl. § 12 Rdn. 1). § 14 gilt seit 1. 1. 1985 in etwas veränderter Form (zur Änderungsnovelle vgl. Einl. Rdn. 1, 2). Die wichtigsten Änderungen gegenüber der alten Fassung sind folgende: Botanische und Zoologische Gärten sind von Honorarzone IV in Honorarzone V umgruppiert worden, und die Wanderwege in Honorarzone II und III wurden gestrichen, damit keine Überschneidung mit der Objektliste des § 54 Ingenieurbauwerke und Verkehrsanlagen eintritt. Sie gehören also nach der Neuregelung der HOAI zu den Verkehrsanlagen und sind nach den Vorschriften der §§ 51 ff. zu honorieren (ebenso KG BauR 1991, 251). Die Abgrenzung zwischen Freianlagen und Verkehrsanlagen ergibt sich aus der notwendigen planerischen Intensität (vgl. § 3 Rdn. 17 ff.).

Die Objektliste hat die gleiche Funktion wie diejenige für Gebäude in § 12. Auf die dortigen Ausführungen kann deshalb verwiesen werden. Sie wurde in den HOAI-Novellen vom 1. 1. 1985 und 1. 4. 1988 geändert. Durch die 4. HOAI-Novelle wurden nochmals eine Änderung und Erweiterung vorgenommen.

So wurden in **Honorarzone II** Ortsrandeingrünungen eingefügt. In **Honorarzone III** wurden die Freiflächen bei privaten und öffentlichen Bauvorhaben untergebracht, soweit sie nicht in Honorarzone II, IV oder V erwähnt sind. Des weiteren wurden Begleitgrün an Verkehrsanlagen mit erhöhten Anforderungen an Schutz, Pflege und Entwicklung von Natur und Landschaft sowie Flächen für Arten- und Biotopenschutz, soweit nicht in Honorarzone IV oder V erwähnt, neu in die Honorarzone III aufgenommen. Kombinationsspielfelder, Sportanlagen Typ D und andere Sportanlagen, soweit sie nicht in Honorarzone II oder IV erwähnt sind, fallen ebenfalls in die Honorarzone III.

In **Honorarzone IV** gehören Freiflächen mit besonderen topographischen oder räumlichen Verhältnissen bei privaten und öffentlichen Bauwerken. Ferner gehören dazu innerörtliche Grünzüge, extensive Dachbegrünungen, Flächen für den Arten- und Biotopschutz mit differenzierten Gestaltungsansprüchen oder mit Biotopverbundfunktionen, Sportanlagen Typ A bis C, Golfplätze, Schulgärten, naturkundliche Lehrpfade und -gebiete. In **Honorarzone V** fallen Hausgärten und Gartenhöfe für hohe Repräsentationsansprüche, intensive Dachbegrünungen, was nicht mit Dachgärten gleichgesetzt werden darf, sowie Freiflächen im Zusammenhang mit historischen Anlagen, historische Parkanlagen und Freiflächen mit besonderer Ausstattung.

Die **Verkehrsanlagen** sind gemäß der neuen Bestimmung des § 54 Abs. 2 dort aufgeführt und nicht mehr in § 14 enthalten. In § 10 Abs. 4a sind die anrechenbaren Kosten für Freianlagen behandelt, und es sind dort auch Objekte aufgeführt, die eigentlich zu den Verkehrsanlagen gehören (vgl. § 10 Rdn. 122). Die **Abgrenzung** zwischen **Freianlagen und Verkehrsanlagen** ergibt sich aus der im Einzelfall erforderlichen planerischen Intensität (vgl. § 3 Rdn. 17).

Nachfolgend ein Beispiel für die Bewertung nach Abs. 2 und Abs. 3:

Wasserspiele in einer Gartenschau

Bewertungsmerkmale des Abs. 3	Bewertung	Punkte
Einbindung in die Umgebung	sehr hohe Anforderungen V	6
Anforderungen an Schutz, Pflege und Entwicklung von Natur und Landschaft	durchschnittliche ökologische Anforderungen III	4
Funktionsbereiche	wenig Funktionsbereiche II	2,5

Bewertungsmerkmale des Abs. 3	Bewertung	Punkte
gestalterische Anforderungen	sehr hohe gestalterische Anforderungen V	8
Ver- und Entsorgung	eine über das Durch-schnittliche hinausgehende Ver- und Entsorgung IV	4,5
	Summe	25

Damit fällt das Objekt in die Honorarzone IV.

§ 14a
Honorarzonen für Leistungen bei raumbildenden Ausbauten

(1) Die Honorarzone wird bei raumbildenden Ausbauten aufgrund folgender Bewertungsmerkmale ermittelt:

1. Honorarzone I: Raumbildende Ausbauten mit sehr geringen Planungsanforderungen, das heißt mit
   – einem Funktionsbereich,
   – sehr geringen Anforderungen an die Lichtgestaltung,
   – sehr geringen Anforderungen an die Raum-Zuordnung und Raum-Proportionen,
   – keiner oder einfacher Technischer Ausrüstung,
   – sehr geringen Anforderungen an Farb- und Materialgestaltung,
   – sehr geringen Anforderungen an die konstruktive Detailgestaltung;

2. Honorarzone II: Raumbildende Ausbauten mit geringen Planungsanforderungen, das heißt mit
   – wenigen Funktionsbereichen,
   – geringen Anforderungen an die Lichtgestaltung,
   – geringen Anforderungen an die Raum-Zuordnung und Raum-Proportionen,
   – geringer Technischer Ausrüstung,
   – geringen Anforderungen an Farb- und Materialgestaltung,
   – geringen Anforderungen an die konstruktive Detailgestaltung;

3. Honorarzone III: Raumbildende Ausbauten mit durchschnittlichen Planungsanforderungen, das heißt mit
   – mehreren einfachen Funktionsbereichen,
   – durchschnittlichen Anforderungen an die Lichtgestaltung,
   – durchschnittlichen Anforderungen an die Raum-Zuordnung und Raum-Proportionen,
   – durchschnittlicher Technischer Ausrüstung,
   – durchschnittlichen Anforderungen an Farb- und Materialgestaltung,
   – durchschnittlichen Anforderungen an die konstruktive Detailgestaltung;

4. Honorarzone IV: Raumbildende Ausbauten mit überdurchschnittlichen Planungsanforderungen, das heißt mit
   - mehreren Funktionsbereichen mit vielfältigen Beziehungen,
   - überdurchschnittlichen Anforderungen an die Lichtgestaltung,
   - überdurchschnittlichen Anforderungen an die Raum-Zuordnung und Raum-Proportionen,
   - überdurchschnittlichen Anforderungen an die Technische Ausrüstung,
   - überdurchschnittlichen Anforderungen an die Farb- und Materialgestaltung,
   - überdurchschnittlichen Anforderungen an die konstruktive Detailgestaltung;

5. Honorarzone V: Raumbildende Ausbauten mit sehr hohen Planungsanforderungen, das heißt mit
   - einer Vielzahl von Funktionsbereichen mit umfassenden Beziehungen,
   - sehr hohen Anforderungen an die Lichtgestaltung,
   - sehr hohen Anforderungen an die Raum-Zuordnung und Raum-Proportionen,
   - einer vielfältigen Technischen Ausrüstung mit hohen technischen Ansprüchen,
   - sehr hohen Anforderungen an die Farb- und Materialgestaltung,
   - sehr hohen Anforderungen an die konstruktive Detailgestaltung.

(2) Sind für einen raumbildenden Ausbau Bewertungsmerkmale aus mehreren Honorarzonen anwendbar und bestehen deswegen Zweifel, welcher Honorarzone der raumbildende Ausbau zugerechnet werden kann, so ist die Anzahl der Bewertungspunkte nach Absatz 3 zu ermitteln; der raumbildende Ausbau ist nach der Summe der Bewertungspunkte folgenden Honorarzonen zuzurechnen:

1. Honorarzone I: Raumbildende Ausbauten mit bis zu 10 Punkten,
2. Honorarzone II: Raumbildende Ausbauten mit 11 bis 18 Punkten,
3. Honorarzone III: Raumbildende Ausbauten mit 19 bis 26 Punkten,
4. Honorarzone IV: Raumbildende Ausbauten mit 27 bis 34 Punkten,
5. Honorarzone V: Raumbildende Ausbauten mit 35 bis 42 Punkten.

(3) Bei der Zurechnung eines raumbildenden Ausbaus in die Honorarzonen sind entsprechend dem Schwierigkeitsgrad der Planungsanforderungen die Bewertungsmerkmale Anzahl der Funktionsbereiche, Anforderungen an die Lichtgestaltung, Anforderungen an die Raum-Zuordnung und Raum-Proportionen sowie Anforderungen an die Technische Ausrüstung mit je bis zu sechs Punkten zu bewerten, die Bewertungsmerkmale Farb- und Materialgestaltung sowie konstruktive Detailgestaltung mit je bis zu neun Punkten.

Durch die 3. HOAI-Novelle (vgl. Einl. 6) wurden die Vorschriften der §§ 14a und b eingefügt. Sie enthalten die Honorarzonen für Leistungen bei raumbildenden Ausbauten bzw. die entsprechende Objektliste. Beide Bestimmungen sind entsprechend der Objektliste des § 12 und der Regelung über die Honorarzonen für Leistungen bei Gebäuden nach § 11 gestaltet. Wegen der gleichen Systematik ergeben sich entsprechende Fragen wie bei §§ 11, 12. Insoweit kann auf die dortige Kommentierung verwiesen werden. **1**

2 In § 14a wird in Abs. 1 anstelle der nur summarisch aufgeführten Kriterien des früheren § 25 Abs. 4 eine detaillierte Gliederung der Kriterien für die Einzonung entsprechend § 11 (Leistungen bei Gebäuden) gegeben.

In § 14a Abs. 3 in Verbindung mit Abs. 2 wird entsprechend § 11 Abs. 3 eine Gewichtung der Wertungskriterien zum Zwecke der Einzonung vorgenommen.

Vgl. zu den Bewertungskriterien im einzelnen die Kommentierung zu § 25 Rdn. 8.

§ 14b
Objektliste für raumbildende Ausbauten

Nachstehende raumbildende Ausbauten werden nach Maßgabe der in § 14a genannten Merkmale in der Regel folgenden Honorarzonen zugerechnet:

1. Honorarzone I: Innere Verkehrsflächen, offene Pausen-, Spiel- und Liegehallen, einfachste Innenräume für vorübergehende Nutzung;
2. Honorarzone II: Einfache Wohn-, Aufenthalts- und Büroräume, Werkstätten; Verkaufslager, Nebenräume in Sportanlagen, einfache Verkaufskioske; Innenräume, die unter Verwendung von serienmäßig hergestellten Möbeln und Ausstattungsgegenständen einfacher Qualität gestaltet werden;
3. Honorarzone III: Aufenthalts-, Büro-, Freizeit-, Gaststätten-, Gruppen-, Wohn-, Sozial-, Versammlungs- und Verkaufsräume, Kantinen sowie Hotel-, Kranken-, Klassenzimmer und Bäder mit durchschnittlichem Ausbau, durchschnittlicher Ausstattung oder durchschnittlicher technischer Einrichtung; Messestände bei Verwendung von System- oder Modulbauteilen; Innenräume mit durchschnittlicher Gestaltung, die zum überwiegenden Teil unter Verwendung von serienmäßig hergestellten Möbeln und Ausstattungsgegenständen gestaltet werden;
4. Honorarzone IV: Wohn-, Aufenthalts-, Behandlungs-, Verkaufs-, Arbeits-, Bibliotheks-, Sitzungs-, Gesellschafts-, Gaststätten-, Vortragsräume, Hörsäle, Ausstellungen, Messestände, Fachgeschäfte, soweit nicht in Honorarzone II oder III erwähnt; Empfangs- und Schalterhallen mit überdurchschnittlichem Ausbau, gehobener Ausstattung oder überdurchschnittlichen technischen Einrichtungen, zum Beispiel in Krankenhäusern, Hotels, Banken, Kaufhäusern, Einkaufszentren oder Rathäusern; Parlaments- und Gerichtssäle, Mehrzweckhallen für religiöse, kulturelle oder sportliche Zwecke; Raumbildende Ausbauten von Schwimmbädern und Wirtschaftsküchen; Kirchen; Innenräume mit überdurchschnittlicher Gestaltung unter Mitverwendung von serienmäßig hergestellten Möbeln und Ausstattungsgegenständen gehobener Qualität;
5. Honorarzone V: Konzert- und Theatersäle, Studioräume für Rundfunk, Fernsehen und Theater; Geschäfts- und Versammlungsräume mit anspruchsvollem Ausbau, aufwendiger Ausstattung oder sehr hohen technischen Ansprüchen;

Innenräume der Repräsentationsbereiche mit anspruchsvollem Ausbau, aufwendiger Ausstattung oder mit besonderen Anforderungen an die technischen Einrichtungen.

Die Vorschrift des § 14b wurde durch die 3. ÄndVO zur HOAI eingefügt **1** (vgl. § 14a). Ihr Aufbau entspricht systematisch dem § 12 (Objektliste für Gebäude). Die Objektliste zeigt an, welche Objekte normalerweise den jeweiligen Honorarzonen zugerechnet werden können.

Die Objektliste ist wie die des § 12 exemplarisch und enthält Lücken. Wie **2** Haible (AIT 5/1988 S. 73) zu Recht betont, betrifft dies vor allem die Honorarzone IV, wo Innenräume mit überdurchschnittlichen Anforderungen in Krankenhäusern, Hotels, Banken, Kaufhäusern, Einkaufszentren oder Rathäusern auf Beispiele von Empfangs- und Schalterhallen beschränkt sind. Bei einer eigenständigen Innenraumplanung für Hotels, Krankenhäuser, Kaufhäuser, Rathäuser ist aber eine Gesamtbetrachtung für die Einzonung erforderlich. Es kann nicht jeder einzelne Raum gesondert eingezont werden. Vgl. ferner die Kommentierung zu § 25 Rdn. 1 ff.

§ 15
Leistungsbild Objektplanung für Gebäude, Freianlagen und raumbildende Ausbauten

(1) Das Leistungsbild Objektplanung umfaßt die Leistungen der Auftragnehmer für Neubauten, Neuanlagen, Wiederaufbauten, Erweiterungsbauten, Umbauten, Modernisierungen, raumbildende Ausbauten, Instandhaltungen und Instandsetzungen. Die Grundleistungen sind in den in Absatz 2 aufgeführten Leistungsphasen 1 bis 9 zusammengefaßt. Sie sind in der folgenden Tabelle für Gebäude und raumbildende Ausbauten in Vomhundertsätzen der Honorare des § 16 und für Freianlagen in Vomhundertsätzen der Honorare des § 17 bewertet.

	Bewertung der Grundleistungen in v. H. der Honorare		
	Gebäude	Frei-anlagen	raumbildende Ausbauten
1. Grundlagenermittlung Ermitteln der Voraussetzungen zur Lösung der Bauaufgabe durch die Planung	3	3	3
2. Vorplanung (Projekt- und Planungsvorbereitung) Erarbeiten der wesentlichen Teile einer Lösung der Planungsaufgabe	7	10	7

	Bewertung der Grundleistungen in v. H. der Honorare		
	Gebäude	Frei-anlagen	raumbildende Ausbauten
3. Entwurfsplanung (System- und Integrationsplanung) Erarbeiten der endgültigen Lösung der Planungsaufgabe	11	15	14
4. Genehmigungsplanung Erarbeiten und Einreichen der Vorlagen für die erforderlichen Genehmigungen oder Zustimmungen	6	6	2
5. Ausführungsplanung Erarbeiten und Darstellen der ausführungsreifen Planungslösung	25	24	30
6. Vorbereitung der Vergabe Ermitteln der Mengen und Aufstellen von Leistungsverzeichnissen	10	7	7
7. Mitwirkung bei der Vergabe Ermitteln der Kosten und Mitwirkung bei der Auftragsvergabe	4	3	3
8. Objektüberwachung (Bauüberwachung) Überwachen der Ausführung des Objekts	31	29	31
9. Objektbetreuung und Dokumentation Überwachen der Beseitigung von Mängeln und Dokumentation des Gesamtergebnisses	3	3	3

(2) Das Leistungsbild setzt sich wie folgt zusammen:

Grundleistungen	Besondere Leistungen
1. Grundlagenermittlung	
Klären der Aufgabenstellung	Bestandsaufnahme
Beraten zum gesamten Leistungsbedarf	Standortanalyse
Formulieren von Entscheidungshilfen für die Auswahl anderer an der Planung fachlich Beteiligter	Betriebsplanung
	Aufstellen eines Raumprogramms
Zusammenfassen der Ergebnisse	Aufstellen eines Funktionsprogramms
	Prüfen der Umwelterheblichkeit
	Prüfen der Umweltverträglichkeit

Grundleistungen	Besondere Leistungen

2. Vorplanung
(Projekt- und Planungsvorbereitung)
Analyse der Grundlagen
Abstimmen der Zielvorstellungen
(Randbedingungen, Zielkonflikte)
Aufstellen eines planungsbezogenen Zielkatalogs (Programmziele)
Erarbeiten eines Planungskonzepts einschließlich Untersuchung der alternativen Lösungsmöglichkeiten nach gleichen Anforderungen mit zeichnerischer Darstellung und Bewertung, zum Beispiel versuchsweise zeichnerische Darstellungen, Strichskizzen, gegebenenfalls mit erläuternden Angaben
Integrieren der Leistungen anderer an der Planung fachlich Beteiligter
Klären und Erläutern der wesentlichen städtebaulichen, gestalterischen, funktionalen, technischen, bauphysikalischen, wirtschaftlichen, energiewirtschaftlichen (zum Beispiel hinsichtlich rationeller Energieverwendung und der Verwendung erneuerbarer Energien) und landschaftsökologischen Zusammenhänge, Vorgänge und Bedingungen sowie der Belastung und Empfindlichkeit der betroffenen Ökosysteme
Vorverhandlungen mit Behörden und anderen an der Planung fachlich Beteiligten über die Genehmigungsfähigkeit
Bei Freianlagen: Erfassen, Bewerten und Erläutern der ökosystemaren Strukturen und Zusammenhänge, zum Beispiel Boden, Wasser, Klima, Luft, Pflanzen- und Tierwelt, sowie Darstellen der räumlichen und gestalterischen Konzeption mit erläuternden Angaben, insbesondere zur Geländegestaltung, Biotopverbesserung und -vernetzung, vorhandenen Vegetation, Neupflanzung, Flächenverteilung der Grün-, Verkehrs-, Wasser-, Spiel- und Sportflächen; ferner Klären der Randgestaltung und der Anbindung an die Umgebung
Kostenschätzung nach DIN 276 oder nach dem wohnungsrechtlichen Berechnungsrecht
Zusammenstellen aller Vorplanungsergebnisse

Untersuchen von Lösungsmöglichkeiten nach grundsätzlich verschiedenen Anforderungen
Ergänzen der Vorplanungsunterlagen aufgrund besonderer Anforderungen
Aufstellen eines Finanzierungsplanes
Aufstellen einer Bauwerks- und Betriebs-Kosten-Nutzen-Analyse
Mitwirken bei der Kreditbeschaffung
Durchführen der Voranfrage (Bauanfrage)
Anfertigen von Darstellungen durch besondere Techniken, wie zum Beispiel Perspektiven, Muster, Modelle
Aufstellen eines Zeit- und Organisationsplanes
Ergänzen der Vorplanungsunterlagen hinsichtlich besonderer Maßnahmen zur Gebäude- und Bauteiloptimierung, die über das übliche Maß der Planungsleistungen hinausgehen, zur Verringerung des Energieverbrauchs sowie der Schadstoff- und CO_2-Emissionen und zur Nutzung erneuerbarer Energien in Abstimmung mit anderen an der Planung fachlich Beteiligten. Das übliche Maß ist für Maßnahmen zur Energieeinsparung durch die Erfüllung der Anforderungen gegeben, die sich aus Rechtsvorschriften und den allgemein anerkannten Regeln der Technik ergeben.

Grundleistungen | Besondere Leistungen

3. Entwurfsplanung (System- und
   Integrationsplanung)

Durcharbeiten des Planungskonzepts (stufenweise Erarbeitung einer zeichnerischen Lösung) unter Berücksichtigung städtebaulicher, gestalterischer, funktionaler, technischer, bauphysikalischer, wirtschaftlicher, energiewirtschaftlicher (zum Beispiel hinsichtlich rationeller Energieverwendung und der Verwendung erneuerbarer Energien) und landschaftsökologischer Anforderungen unter Verwendung der Beiträge anderer an der Planung fachlich Beteiligter bis zum vollständigen Entwurf

Integrieren der Leistungen anderer an der Planung fachlich Beteiligter

Objektbeschreibung mit Erläuterung von Ausgleichs- und Ersatzmaßnahmen nach Maßgabe der naturschutzrechtlichen Eingriffsregelung

Zeichnerische Darstellung des Gesamtentwurfs, zum Beispiel durchgearbeitete, vollständige Vorentwurfs- und/oder Entwurfszeichnungen (Maßstab nach Art und Größe des Bauvorhabens; bei Freianlagen: im Maßstab 1 : 500 bis 1 : 100, insbesondere mit Angaben zur Verbesserung der Biotopfunktion, zu Vermeidungs-, Schutz-, Pflege- und Entwicklungsmaßnahmen sowie zur differenzierten Bepflanzung; bei raumbildenden Ausbauten: im Maßstab 1 : 50 bis 1 : 20, insbesondere mit Einzelheiten der Wandabwicklungen, Farb-, Licht- und Materialgestaltung), gegebenenfalls auch Detailpläne mehrfach wiederkehrender Raumgruppen

Verhandlungen mit Behörden und anderen an der Planung fachlich Beteiligten über die Genehmigungsfähigkeit

Kostenberechnung nach DIN 276 oder nach dem wohnungsrechtlichen Berechnungsrecht

Kostenkontrolle durch Vergleich der Kostenberechnung mit der Kostenschätzung

Zusammenfassen aller Entwurfsunterlagen

Besondere Leistungen:

Analyse der Alternativen/Varianten und deren Wertung mit Kostenuntersuchung (Optimierung)

Wirtschaftlichkeitsberechnung

Kostenberechnung durch Aufstellen von Mengengerüsten oder Bauelementkatalog

Ausarbeiten besonderer Maßnahmen zur Gebäude- und Bauteiloptimierung, die über das übliche Maß der Planungsleistungen hinausgehen, zur Verringerung des Energieverbrauchs sowie der Schadstoff- und CO_2-Emissionen und zur Nutzung erneuerbarer Energien unter Verwendung der Beiträge anderer an der Planung fachlich Beteiligter. Das übliche Maß ist für Maßnahmen zur Energieeinsparung durch die Erfüllung der Anforderungen gegeben, die sich aus Rechtsvorschriften und den allgemein anerkannten Regeln der Technik ergeben.

Grundleistungen	Besondere Leistungen

4. Genehmigungsplanung

Erarbeiten der Vorlagen für die nach den öffentlich-rechtlichen Vorschriften erforderlichen Genehmigungen oder Zustimmungen einschließlich der Anträge auf Ausnahmen und Befreiungen unter Verwendung der Beiträge anderer an der Planung fachlich Beteiligter sowie noch notwendiger Verhandlungen mit Behörden

Einreichen dieser Unterlagen

Vervollständigen und Anpassen der Planungsunterlagen, Beschreibungen und Berechnungen unter Verwendung der Beiträge anderer an der Planung fachlich Beteiligter

Bei Freianlagen und raumbildenden Ausbauten: Prüfen auf notwendige Genehmigungen, Einholen von Zustimmungen und Genehmigungen

Besondere Leistungen:

Mitwirken bei der Beschaffung der nachbarlichen Zustimmung

Erarbeiten von Unterlagen für besondere Prüfverfahren

Fachliche und organisatorische Unterstützung des Bauherrn im Widerspruchsverfahren, Klageverfahren oder ähnliches

Ändern der Genehmigungsunterlagen infolge von Umständen, die der Auftragnehmer nicht zu vertreten hat

5. Ausführungsplanung

Durcharbeiten der Ergebnisse der Leistungsphasen 3 und 4 (stufenweise Erarbeitung und Darstellung der Lösung) unter Berücksichtigung städtebaulicher, gestalterischer, funktionaler, technischer, bauphysikalischer, wirtschaftlicher, energiewirtschaftlicher (zum Beispiel hinsichtlich rationeller Energieverwendung und der Verwendung erneuerbarer Energien) und landschaftsökologischer Anforderungen unter Verwendung der Beiträge anderer an der Planung fachlich Beteiligter bis zur ausführungsreifen Lösung

Zeichnerische Darstellung des Objekts mit allen für die Ausführung notwendigen Einzelangaben, zum Beispiel endgültige, vollständige Ausführungs-, Detail- und Konstruktionszeichnungen im Maßstab 1:50 bis 1:1, bei Freianlagen je nach Art des Bauvorhabens im Maßstab 1:200 bis 1:50, insbesondere Bepflanzungspläne, mit den erforderlichen textlichen Ausführungen

Besondere Leistungen:

Aufstellen einer detaillierten Objektbeschreibung als Baubuch zur Grundlage der Leistungsbeschreibung mit Leistungsprogramm*)

Aufstellen einer detaillierten Objektbeschreibung als Raumbuch zur Grundlage der Leistungsbeschreibung mit Leistungsprogramm*)

Prüfen der vom bauausführenden Unternehmen aufgrund der Leistungsbeschreibung mit Leistungsprogramm ausgearbeiteten Ausführungspläne auf Übereinstimmung mit der Entwurfsplanung*)

Erarbeiten von Detailmodellen

Prüfen und Anerkennen von Plänen Dritter nicht an der Planung fachlich Beteiligter auf Übereinstimmung mit den Ausführungsplänen (zum Beispiel Werkstattzeichnungen von Unternehmen, Aufstellungs- und Fundamentpläne von Maschinenlieferanten), soweit die Leistungen Anlagen betreffen, die in den anrechenbaren Kosten nicht erfaßt sind

---

*) Diese Besondere Leistung wird bei Leistungsbeschreibung mit Leistungsprogramm ganz oder teilweise Grundleistung. In diesem Fall entfallen die entsprechenden Grundleistungen dieser Leistungsphase, soweit die Leistungsbeschreibung mit Leistungsprogramm angewandt wird.

Grundleistungen	Besondere Leistungen
Bei raumbildenden Ausbauten: Detaillierte Darstellung der Räume und Raumfolgen im Maßstab 1:25 bis 1:1, mit den erforderlichen textlichen Ausführungen; Materialbestimmung	
Erarbeiten der Grundlagen für die anderen an der Planung fachlich Beteiligten und Integrierung ihrer Beiträge bis zur ausführungsreifen Lösung	
Fortschreiben der Ausführungsplanung während der Objektausführung	

6. Vorbereitung der Vergabe

Grundleistungen	Besondere Leistungen
Ermitteln und Zusammenstellen von Mengen als Grundlage für das Aufstellen von Leistungsbeschreibungen unter Verwendung der Beiträge anderer an der Planung fachlich Beteiligter	Aufstellen von Leistungsbeschreibungen mit Leistungsprogramm unter Bezug auf Baubuch/Raumbuch*)
Aufstellen von Leistungsbeschreibungen mit Leistungsverzeichnissen nach Leistungsbereichen	Aufstellen von alternativen Leistungsbeschreibungen für geschlossene Leistungsbereiche
Abstimmen und Koordinieren der Leistungsbeschreibungen der an der Planung fachlich Beteiligten	Aufstellen von vergleichenden Kostenübersichten unter Auswertung der Beiträge anderer an der Planung fachlich Beteiligter

7. Mitwirkung bei der Vergabe

Grundleistungen	Besondere Leistungen
Zusammenstellen der Verdingungsunterlagen für alle Leistungsbereiche	Prüfen und Werten der Angebote aus Leistungsbeschreibung mit Leistungsprogramm einschließlich Preisspiegel*)
Einholen von Angeboten	Aufstellen, Prüfen und Werten von Preisspiegeln nach besonderen Anforderungen
Prüfen und Werten der Angebote einschließlich Aufstellen eines Preisspiegels nach Teilleistungen unter Mitwirkung aller während der Leistungsphasen 6 und 7 fachlich Beteiligten	
Abstimmen und Zusammenstellen der Leistungen der fachlich Beteiligten, die an der Vergabe mitwirken	
Verhandlung mit Bietern	
Kostenanschlag nach DIN 276 aus Einheits- oder Pauschalpreisen der Angebote	
Kostenkontrolle durch Vergleich des Kostenanschlags mit der Kostenberechnung	
Mitwirken bei der Auftragserteilung	

---

*) Diese Besondere Leistung wird bei Leistungsbeschreibung mit Leistungsprogramm ganz oder teilweise Grundleistung. In diesem Fall entfallen die entsprechenden Grundleistungen dieser Leistungsphase, soweit die Leistungsbeschreibung mit Leistungsprogramm angewandt wird.

8. Objektüberwachung (Bauüberwachung)

Grundleistungen	Besondere Leistungen
Überwachen der Ausführung des Objekts auf Übereinstimmung mit der Baugenehmigung oder Zustimmung, den Ausführungsplänen und den Leistungsbeschreibungen sowie mit den allgemein anerkannten Regeln der Technik und den einschlägigen Vorschriften	Aufstellen, Überwachen und Fortschreiben eines Zahlungsplanes
	Aufstellen, Überwachen und Fortschreiben von differenzierten Zeit-, Kosten- oder Kapazitätsplänen
Überwachen der Ausführung von Tragwerken nach § 63 Abs. 1 Nr. 1 und 2 auf Übereinstimmung mit dem Standsicherheitsnachweis	Tätigkeit als verantwortlicher Bauleiter, soweit diese Tätigkeit nach jeweiligem Landesrecht über die Grundleistungen der Leistungsphase 8 hinausgeht

Koordinieren der an der Objektüberwachung fachlich Beteiligten

Überwachung und Detailkorrektur von Fertigteilen

Aufstellen und Überwachen eines Zeitplanes (Balkendiagramm)

Führen eines Bautagebuches

Gemeinsames Aufmaß mit den bauausführenden Unternehmen

Abnahme der Bauleistungen unter Mitwirkung anderer an der Planung und Objektüberwachung fachlich Beteiligter unter Feststellung von Mängeln

Rechnungsprüfung

Kostenfeststellung nach DIN 276 oder nach dem wohnungsrechtlichen Berechnungsrecht

Antrag auf behördliche Abnahmen und Teilnahme daran

Übergabe des Objekts einschließlich Zusammenstellung und Übergabe der erforderlichen Unterlagen, zum Beispiel Bedienungsanleitungen, Prüfprotokolle

Auflisten der Gewährleistungsfristen

Überwachen der Beseitigung der bei der Abnahme der Bauleistungen festgestellten Mängel

Kostenkontrolle durch Überprüfen der Leistungsabrechnung der bauausführenden Unternehmen im Vergleich zu den Vertragspreisen und dem Kostenanschlag

Grundleistungen	Besondere Leistungen

9. Objektbetreuung und Dokumentation

Objektbegehung zur Mängelfeststellung vor Ablauf der Verjährungsfristen der Gewährleistungsansprüche gegenüber den bauausführenden Unternehmen	Erstellen von Bestandsplänen
	Aufstellen von Ausrüstungs- und Inventarverzeichnissen
Überwachen der Beseitigung von Mängeln, die innerhalb der Verjährungsfristen der Gewährleistungsansprüche, längstens jedoch bis zum Ablauf von fünf Jahren seit Abnahme der Bauleistungen auftreten	Erstellen von Wartungs- und Pflegeanweisungen
	Objektbeobachtung
	Objektverwaltung
Mitwirken bei der Freigabe von Sicherheitsleistungen	Baubegehungen nach Übergabe
	Überwachen der Wartungs- und Pflegeleistungen
Systematische Zusammenstellung der zeichnerischen Darstellungen und rechnerischen Ergebnisse des Objekts	Aufbereiten des Zahlenmaterials für eine Objektdatei
	Ermittlung und Kostenfeststellung zu Kostenrichtwerten
	Überprüfen der Bauwerks- und Betriebs-Kosten-Nutzen-Analyse

(3) Wird das Überwachen der Herstellung des Objekts hinsichtlich der Einzelheiten der Gestaltung an einen Auftragnehmer in Auftrag gegeben, dem Grundleistungen nach den Leistungsphasen 1 bis 7, jedoch nicht nach der Leistungsphase 8, übertragen wurden, so kann für diese Leistung ein besonderes Honorar schriftlich vereinbart werden.

(4) Bei Umbauten und Modernisierungen im Sinne des § 3 Nr. 5 und 6 können neben den in Absatz 2 erwähnten Besonderen Leistungen insbesondere die nachstehenden Besonderen Leistungen vereinbart werden:

maßliches, technisches und verformungsgerechtes Aufmaß
Schadenskartierung
Ermitteln von Schadensursachen
Planen und Überwachen von Maßnahmen zum Schutz von vorhandener Substanz
Organisation von Betreuungsmaßnahmen für Nutzer und andere Planungsbetroffene
Mitwirken an Betreuungsmaßnahmen für Nutzer und andere Planungsbetroffene
Wirkungskontrollen von Planungsansatz und Maßnahmen im Hinblick auf die Nutzer, zum Beispiel durch Befragen.

1 Allgemeines zur Honorarberechnung

Für die **Honorarberechnung** ist § 15 eine zentrale Bestimmung. Sind die anrechenbaren Kosten (§ 10) und die Honorarzone (§§ 11, 12 bei Gebäuden; §§ 13, 14 bei Freianlagen und für raumbildende Ausbauten nach §§ 14a, b ermittelt, so ist nach § 15 festzustellen, welche Leistungsphasen bzw. Teilleistungen erbracht sind und welcher Prozentsatz des Gesamthonorars aus der Honorartafel des § 16 bzw. 17 berechnet werden darf. Dabei ist auch an dieser Stelle zu betonen, daß eine getrennte Honorarberechnung für die Leistungsphase 1 bis 4 bzw. 5 bis 7 und 8 bis 9 vorgenommen werden muß, weil § 10 Abs. 2 für die beiden Leistungsbereiche unterschiedliche Kostenermittlungsgrundlagen verlangt (vgl. i. e. § 10 Rdn. 4).

2 Sachlicher Anwendungsbereich des § 15

In § 15 wird der sachliche **Anwendungsbereich** der Vorschrift festgelegt. Die Wahl des Begriffs „Objektplanung" für alle Architektenleistungen ist unglücklich, da die Leistungsphasen 8 (Objektüberwachung) und 9 (Objektbetreuung und Dokumentation) nichts mit Planung i. e. S. zu tun haben. Die in Abs. 1 verwendeten Begriffe „Neubauten", „Neuanlagen", „Wiederaufbauten", „Erweiterungsbauten", „Umbauten", „Modernisierungen", „raumbildende Ausbauten", „Instandhaltungen" und „Instandsetzungen" sind in § 3 Nr. 2 bis 7, 10 und 11 definiert. Besonderheiten bei der Honorierung für Umbauten und Modernisierungen (§ 24), raumbildende Ausbauten (§ 25) sowie für Instandhaltungen und Instandsetzungen (§ 27) sind in speziellen Vorschriften der HOAI geregelt. Weitere Spezialregelungen gegenüber § 15 enthalten die Vorschriften § 19 betreffend Vorplanung, Entwurfsplanung und Objektüberwachung als Einzelleistung, § 20 mehrere Vor- oder Entwurfsplanungen, § 21 zeitliche Trennung der Ausführung, § 22 Auftrag für mehrere Gebäude und § 23 verschiedene Leistungen an einem Gebäude.

3 Änderungen durch die 1. und 4. HOAI-Novelle

Neu aufgenommen durch die 1. ÄndVO zur HOAI (vgl. Einl. Rdn. 2) wurde die Bewertung der Grundleistungen des Leistungsbildes raumbildende Ausbauten. Damit wurde der Besonderheit von Architektenleistungen bei raumbildenden Ausbauten – ähnlich wie vorher schon bei den Freianlagen – Rechnung getragen. Durch die 4. HOAI-Novelle (vgl. Einl. Rdn. 9) wurde mit Wirkung vom 1. 1. 1991 auch § 15 geändert. Im wesentlichen handelt es sich um Klarstellungen und Anpassungen in Abs. 2 aus Gründen des Naturschutzes und der Landschaftspflege. In Leistungsphase 8 wurde klargestellt, wann die Abnahme der Bewehrung Aufgabe des Objektplaners ist (vgl. Rdn. 189). Durch den neuen Abs. 3 wurde die Möglichkeit für den planenden Auftragnehmer geschaffen, ein zusätzliches Honorar für die künstlerische Oberleitung – ohne Objektüberwachung – zu vereinbaren (vgl. Rdn. 235). Schließlich brachte der neue Abs. 4 eine Honorarregelung für das Bauen im Bestand (vgl. Rdn. 239).

Änderungen durch die 5. HOAI-Novelle 4

Die 5. HOAI-Novelle (vgl. Einl. Rdn. 12) brachte für Leistungsphase 2 eine neue Besondere Leistung betreffend den Energieverbrauch und Schadstoffemissionen (vgl. Rdn. 58). Ferner wurde in die Leistungsphase 3 eine weitere Grundleistung Kostenkontrolle durch Vergleich der Kostenberechnung mit der Kostenschätzung eingefügt (vgl. Rdn. 74, 102). Ebenfalls in Leistungsphase 3 wurde eine neue Besondere Leistung betreffend den Energieverbrauch und Schadstoffemissionen aufgenommen (vgl. Rdn. 85). Des weiteren erfuhr die Leistungsphase 7 eine Ergänzung ähnlich der Leistungsphase 3 durch die Kostenkontrolle mittels Vergleichs von Kostenanschlag und Kostenberechnung (vgl. Rdn. 165, 176). Um den Kostenvergleich der Baurechnungen mit dem Kostenanschlag wurde schließlich die Leistungsphase 8 ergänzt (vgl. Rdn. 199, 221).

Überblick über die Regelung des § 15; 5
Einteilung in Grundleistungen und Besondere Leistungen

Die Vorschrift des § 15 gliedert die Architektenleistungen in 9 Leistungsphasen und bewertet diese mit einem Prozentsatz aus der Gesamtleistung. Innerhalb der einzelnen Leistungsphasen gibt es jeweils Teilleistungen (vgl. auch § 5 Rdn. 1 ff.). Die einzelnen Leistungsphasen mit ihren Teilleistungen sind in § 15 Abs. 2 niedergelegt. In der linken Spalte sind die Grundleistungen aufgeführt, in der rechten Spalte sind Besondere Leistungen genannt (zu den Begriffen und den rechtlichen Folgen vgl. i. e. § 2 Rdn. 3 ff.). Die Aufzählung der Besonderen Leistungen in § 15 ist nicht abschließend, vielmehr können andere Besondere Leistungen hinzukommen (vgl. § 2 Rdn. 6 ff.). Für die Erbringung von Grundleistungen steht dem Architekten auch ohne schriftliche Vereinbarung ein Honorar zu (§ 4 Abs. 1, 4). Dagegen ist für die Honorierung von Besonderen Leistungen eine schriftliche Vereinbarung erforderlich, wenn sie zu Grundleistungen hinzutreten (vgl. i. e. § 5 Rdn. 37 ff. und § 2 Rdn. 17).

Honorar für Teilleistungen und in besonderen Fällen 6

Dem Architekten müssen keineswegs alle Leistungsphasen oder auch alle Teilleistungen aus den einzelnen Leistungsphasen übertragen werden. Wird nur ein **Vertrag über** eine einzelne Teilleistung oder mehrere **Teilleistungen** abgeschlossen, so steht dem Architekten nur ein Teilhonorar zu (vgl. § 5 Abs. 1 bis 3 und die Kommentierung hierzu oben § 5 Rdn. 4 ff.). Hiervon zu unterscheiden ist der Fall, daß der Auftragnehmer – obwohl ihm **alle Leistungen übertragen** wurden – Teilleistungen oder ganze Leistungsphasen **nicht erfüllt** hat. Hier ist § 5 nicht unmittelbar anwendbar. Dennoch kann im Einzelfall eine Honorarminderung in Frage kommen, soweit es sich um eine „zentrale Leistung" handelt, die nicht erbracht wurde (vgl. i. e. § 5 Rdn. 10 ff.). Hat der Auftragnehmer Teilleistungen erbracht und wurde der Vertrag vorzeitig gekündigt oder einvernehmlich beendet, so kann dennoch ein Anspruch auf das volle Honorar unter Abzug der ersparten Aufwendungen hinsichtlich des nicht erbrachten Teils bestehen (hierzu i. e. Einl. Rdn. 143 ff.).

7 **Bedeutung des Leistungsbildes nach § 15 über das Honorarrecht hinaus für die Leistungspflichten des Architekten und seine Haftung?**

Die Vorschrift des § 15 ist Bestandteil einer Honorarordnung und kann damit keine unmittelbaren Leistungspflichten begründen. Die Leistungspflichten des Architekten sind jedoch im Rahmen des Werkvertragsrechts (§§ 631 ff. BGB) nicht speziell geregelt. Obwohl die HOAI eine Verordnung ist und das Honorar betrifft, muß sie für die Frage des Umfangs der **Leistungspflichten** und bei der Frage der Haftung mit herangezogen werden. Das wird von der Rechtsprechung bestätigt (z. B. BGH BauR 1994, 392 = NJW 1994, 1276 = ZfBR 1994, 131 = LM H. 6/94 HOAI Nr. 24 m. Anm. Koeble; zur Haftung vgl. unten bei den jeweiligen Leistungsphasen sowie **Einl.** Rdn. 45 ff.). Dabei wird jedoch folgendes zu beachten sein:

8 Die Architektenleistung ist in § 15 HOAI sehr stark aufgefächert. Es sind Einzelleistungen aufgeführt, die nicht in jedem Fall zur ordnungsgemäßen Erfüllung der Architektenaufgabe erforderlich sind. Vielmehr handelt es sich um diejenigen Architektenleistungen, die „im allgemeinen" zur ordnungsgemäßen Erfüllung eines Auftrags erforderlich sind (§ 2 Abs. 2). Da sämtliche einzelnen Teilleistungen somit noch nicht einmal für die volle Honorierung der jeweiligen Leistungsphase erforderlich sind (vgl. § 5 Rdn. 10 ff.), kann vom Auftragnehmer im Rahmen seiner Leistungspflichten nach §§ 631 ff. BGB bzw. im Hinblick auf seine Haftung ebensowenig verlangt werden, daß er jede einzelne in § 15 aufgelistete Teilleistung erbringt. Für die Frage, welche Teilleistung erfüllt werden muß, ist einmal auf das Ergebnis – die mangelfreie Leistung – abzustellen und zum anderen auf die Umstände des Einzelfalls. So können z. B. die Kostenermittlung (Kostenschätzung in Leistungsphase 2; Kostenberechnung in Leistungsphase 3; Kostenanschlag in Leistungsphase 7; Kostenfeststellung in Leistungsphase 8) und die Kostenkontrolle von zentraler Bedeutung für den betreffenden Auftragnehmer sein. Umgekehrt treten diese Leistungspflichten jedoch u. U. in den Hintergrund, wenn beispielsweise ein Generalunternehmervertrag mit Pauschalpreis abgeschlossen wird bzw. werden soll.

9 Der Katalog des § 15 ist auch umgekehrt hinsichtlich der Leistungspflichten **keineswegs abschließend.** Im Zusammenhang mit neuen Technologien können sich beispielsweise neue Beratungs-, Planungs- oder Überwachungstätigkeiten ergeben.

Erbringt der Architekt im Einzelfall notwendige Teilleistungen nicht oder **10** mangelhaft, so stehen dem Auftraggeber neben den Gewährleistungsansprüchen – vor allem Minderung bzw. Schadensersatz – die allgemeinen Rechte bei Verzug (vgl. §§ 284 ff.; 326; 636 BGB) und in Ausnahmefällen das Recht zur Kündigung aus wichtigem Grund zu.

Systematik der Leistungsphasen und Ergebnisorientierung **11**

Die einzelnen Leistungsphasen knüpfen systematisch aneinander an und bauen aufeinander auf (vgl. § 5 Rdn. 1 f.). Jede Leistungsphase führt zu einem Ergebnis. Die einzelnen Leistungen sind insoweit ergebnisorientiert. Nach der Amtlichen Begründung (BRDrucks. 270/76) zu § 15 enthält das Leistungsbild „alle wesentlichen planerischen Grundleistungen der Auftragnehmer für die Objektplanung nach dem gegenwärtigen Stand der Technik". Die in § 2 Abs. 2 verwendete Formulierung „die zur ordnungsgemäßen Erfüllung eines Auftrags im allgemeinen erforderlich sind" läßt erkennen, daß die erforderlichen Leistungen objekt- und fachbezogen sein können. Es wird also vom Einzelfall abhängen, welche Grundleistungen zur ordnungsgemäßen Erfüllung des Auftrags erforderlich sind (vgl. hierzu i. e. § 5 Rdn. 5 und § 5 Rdn. 10).

In der Regel stellt jede vollständige Leistungsphase eine Entscheidungshilfe **12** für den Auftraggeber dar. So ist nach Vorliegen der Leistungsphase 3 Entwurfsplanung dem Auftraggeber nicht zuletzt durch Vorliegen der Kostenberechnung nach DIN 276 die Möglichkeit zur Entscheidung gegeben, ob das Bauvorhaben wie geplant durchgeführt werden soll. Die einzelnen Leistungsphasen sind damit nicht nur ergebnisorientiert, sondern auch zum großen Teil entscheidungsorientiert.

Umgekehrt ergibt sich aus dem Gesagten, daß das Herausnehmen von ein- **13** zelnen Grundleistungen aus einer Leistungsphase oder das Vorziehen einzelner Grundleistungen aus einer anderen Leistungsphase den Ablauf der Tätigkeiten des Auftragnehmers empfindlich stören oder aber die Leistung nur mit wesentlichem Mehraufwand erbracht werden kann. So ist es dem Architekten im Stadium der Entwurfsplanung (Leistungsphase 3) noch nicht möglich, den Kostenanschlag nach DIN 276 zu erstellen, da hierfür die Angebote eingeholt sein müssen. Systematisch findet sich der Kostenanschlag auch in Leistungsphase 7 Mitwirkung bei der Vergabe. Es stellt sich die Frage, ob dem Architekten bei dieser Fallkonstellation für die Erstellung des Kostenanschlags ein höheres Honorar zusteht. Dies wird zu verneinen sein, da keine Besondere Leistung vorliegt, sondern eben eine Grundleistung, jedoch aus einer anderen Leistungsphase (vgl. § 2 Rdn. 19). Allerdings hat der Architekt Anspruch auf das Honorar für diejenigen Leistungen, die als Vorleistung für die zu erbringende Leistung erforderlich sind. Im Beispiel kann dies bedeuten, daß der Architekt die Leistungsphasen 5, 6 und 7 voll honoriert bekommen muß, wenn er deren Voraussetzungen für die Erstellung des Konzernabschlusses bereits im Zeitpunkt der Leistungsphase 3 notwendigerweise erfüllen muß.

14   Neben der Honorarfrage stellt sich die Frage der Haftung, wenn das Leistungsgefüge der HOAI durch Vertrag verändert wird. Stehen dem Auftragnehmer nicht alle Grundlagen zur Verfügung, die er bei systemgerechtem Ablauf vorliegen hätte, so können nicht die gleichen Haftungsanforderungen gestellt werden, vielmehr ist insoweit auf die zum Zeitpunkt der Erbringung der vorgezogenen Leistung vorhandene Basis abzustellen.

15   Die Grundleistungen aus Leistungsphase 1 Grundlagenermittlung

Die Leistungsphase 1 Grundlagenermittlung ist im Unterschied zu den projektorientierten Leistungsphasen 2–9 „problemorientiert". In ihr sollen die Probleme, die sich aus der Bauaufgabe, den Planungsanforderungen und den Zielvorstellungen ergeben, mit Hilfe der Grundleistungen und gegebenenfalls der Besonderen Leistungen untersucht, analysiert und geklärt werden (vgl. Pfarr, Handbuch der kostenbewußten Bauplanung, Z 3.1.1). Die Leistungen liegen im Vorfeld der eigentlichen Planungsleistungen. Die Grundlagenermittlung war früher im wesentlichen eine dem Aufgabenbereich des Auftraggebers zugeordnete Leistung. Da der Auftraggeber jedoch nicht mehr in der Lage war, den immer komplexer werdenden Planungs- und Bauprozeß selbst zu übersehen, wurde diese Leistung früher vom Architekten zusätzlich ohne oder ohne gesonderte Honorierung übernommen. Die HOAI brachte mit der Aufnahme der Leistungsphase 1 eine Anpassung an die jetzigen tatsächlichen Verhältnisse. Ist die Leistungsphase 1 dem Architekten nicht übertragen, muß er sie aber dennoch erbringen; weil der Auftraggeber die Ergebnisse nicht zur Verfügung stellt, so kann dem Architekten ein Honoraranspruch wegen konkludenter Beauftragung zustehen (hierzu Einl. Rdn. 25), ebenso kann der Mindestpreischarakter verletzt sein (vgl. § 4 Rdn. 77 f.). Das ist regelmäßig zu bejahen, weil dem Architekten die Einarbeitung in das Projekt niemand ablehnen kann und z. B. die Beratung trotzdem nötig wird (ebenso Eich DAB 1992, 217).

16   Zum **Klären der Aufgabenstellung** gehört das Abfragen und Besprechen der Wünsche, Vorstellungen und Forderungen des Auftraggebers. Soweit bereits ein Programm vorliegt oder vom Auftraggeber entwickelt worden ist (zur Bedarfsplanung vgl. § 2 Rdn. 10), wird dieses umrissen, abgegrenzt und konkretisiert. Im Rahmen dieser Teilleistung hat der Architekt ferner die finanziellen Möglichkeiten des Auftraggebers auszuloten (ebenso BGH BauR 1991, 366 = NJW-RR 1991, 661 = ZfBR 1991, 104), einen Kostenrahmen für seine Bauabsichten und einen groben Zeitplan für Planung und Bauausführung aufzustellen. Zur Klärung der Aufgabenstellung gehört ferner die Beratung über ein etwa vorhandenes Grundstück oder die Beratung wegen des Grundstückserwerbs. Insoweit ist eine Prüfung und Beratung hinsichtlich der möglichen finanziellen Belastung durch ungünstige Bodenverhältnisse, Einflüsse aus der Umgebung, Umweltbedingungen, der Erschließung, der städtebaulichen Gegebenheiten, der Festsetzungen in einem Bebauungsplan, der Genehmigungsfä-

higkeit und des Zeit- bzw. Organisationsablaufs erforderlich. Geologische Untersuchungen sind hier jedoch nicht erforderlich. Ebensowenig gehört es zu den Grundleistungen, wenn der Auftragnehmer bei der Beschaffung des Baugrundstücks mitwirken oder mit dem Veräußerer verhandeln oder mehrere Grundstücksangebote oder Bebauungsmöglichkeiten bewerten soll. Derartige Leistungen sind Besondere Leistungen.

Im Rahmen der Teilleistung **Beraten zum gesamten Leistungsbedarf** hat der Architekt darzutun, wer beteiligt werden muß, damit das Bauprogramm verwirklicht werden kann. Die Beratungspflicht erstreckt sich darauf, welche Institutionen und Ämter – u. a. die Baugenehmigungsbehörde, das Landschafts- oder Denkmalschutzamt – und welche Handwerker bzw. Unternehmer beteiligt werden müssen, welche andere an der Planung fachlich Beteiligten einzuschalten sind, wie z. B. die Sonderfachleute für Tragwerksplanung, Bodenuntersuchung, bauphysikalische Beratung, Technische Ausrüstung, wie z. B. Wasser-, Abwasser-, Wärmeversorgungs-, Raumluft-, Elektro- und Fördertechnik, und für Freianlagen, welche Gutachten erforderlich sind. Die Beratungspflicht erstreckt sich daneben auch auf den Umfang der eigenen Planungsleistungen des Architekten, und zwar sowohl hinsichtlich der Grundleistungen als auch hinsichtlich der Besonderen Leistungen, wie Bestandsaufnahme, Nutzen-Kosten-Analysen, Aufstellen von Zeit- und Organisationsplänen usw.

Die Grundleistung **Formulieren von Entscheidungshilfen für die Auswahl anderer an der Planung fachlich Beteiligter** ist eng mit der Grundleistung Beraten zum gesamten Leistungsbedarf verknüpft. Hierbei handelt es sich um die Beratung hinsichtlich der Auswahl der erforderlichen Sonderfachleute. Der Architekt soll dem in der Regel hinsichtlich der Auswahl der Sonderfachleute unerfahrenen Auftraggeber Entscheidungshilfen geben. Diese Entscheidungshilfen beziehen sich nicht nur auf die Person und die Leistungsfähigkeit der erforderlichen Sonderfachleute, sondern auch auf den voraussichtlichen Umfang von deren Leistungen und das für die Leistung anfallende Honorar. Entscheidungshilfen muß der Architekt auch hinsichtlich der Verträge geben, die mit den Sonderfachleuten abgeschlossen werden sollen. Dabei muß er deren Aufgabenbereiche abgrenzen und abstimmen. Als Sonderfachleute kommen diejenigen in Frage, auf deren Einsatz bereits im Rahmen der Teilleistung Beraten zum gesamten Leistungsbedarf hingewiesen wurde.

Durch das **Zusammenfassen der Ergebnisse** sollen dem Auftraggeber vor Planungsbeginn nochmals eindeutig die Grundlagen der baulichen Konzeption vor Augen geführt werden. Eine bestimmte Form für die Zusammenfassung ist nicht vorgeschrieben. Sie kann sowohl mündlich als auch schriftlich erfolgen. Der schriftlichen Zusammenfassung ist vor allem bei größeren und differenzierteren Bauwerken der Vorzug zu geben. Der Auffassung von Jochem (§ 15 Rdn. 27), daß sich auch eine mündliche Zusammenfassung häufig erübrige, weil „die Grundlagenermittlung im allgemeinen ein enges Zusammenwirken zwischen Bauherrn und Architekten erfordere", ist nicht zuzustimmen. Liegen die Ergebnisse der Leistungsphase 1 jedoch klar fest, so kann auf eine Zusam-

17

18

19

menfassung verzichtet werden (ähnlich Hesse/Korbion/Mantscheff, § 15 Rdn. 9).

20   **Die Besonderen Leistungen aus Leistungsphase 1 Grundlagenermittlung**

Ob und in welchem Umfang Besondere Leistungen erforderlich werden, hängt von den konkreten Planungsanforderungen des Objekts und/oder den Forderungen des Auftraggebers ab.

21   Eine **Bestandsaufnahme** ist vor allem bei Modernisierungsmaßnahmen, Umbauten oder Erweiterungsbauten, also beim Bauen im Bestand, erforderlich. Werden vom Auftraggeber Pläne oder Unterlagen zur Verfügung gestellt, dann sind diese auf ihre Brauchbarkeit zu überprüfen. Der Architekt hat erforderlichenfalls eine Bestandsaufnahme anzuregen (vgl. dazu auch Abs. 4). Gegenstand einer Bestandsaufnahme können sein vorhandene Gebäude, Bauteile, deren Gründung, tragende und nichttragende Konstruktionen, die Technische Ausrüstung, Ver- und Entsorgungsanlagen und Außen- und Freianlagen, wie z. B. Baumbestand und Umgebung. Die Bestandsaufnahme kann sich aber auch auf die Erschließung und die vorhandenen bzw. geplanten Verkehrsanlagen beziehen, wenn dies für die Zielsetzungen in Durchführung einer bestimmten Planungsaufgabe notwendig ist. Von der Zweckrichtung her kann eine Bestandsaufnahme sinnvoll bzw. erforderlich sein zur Beurteilung konstruktiver Anlagen, zur Entscheidung technischer und wirtschaftlicher Fragen, Zeit- und Organisationsfragen, zur Klärung von Funktionsabläufen und Gestaltungsfragen. Bei Modernisierungs- oder Sanierungsaufgaben ist die exakte und umfassende Bestandsaufnahme von entscheidender Bedeutung (vgl. hierzu u. a. Blumers/Hieber/Werner, Modernisierung in der Praxis, Stuttgart, S. 100 ff.; Empfehlungen für Bauaufnahmen des Landesdenkmalamts Baden-Württemberg, 1986; Fleischmann, Sanierung und Modernisierung, DAB 1980, Heft 5; Gibbins, Sanierung und Modernisierung, DAB 1980, Heft 3; Wiechmann, Modernisierungshandbuch; vgl. ferner § 24 Rdn. 3 ff.). Eine Ergänzung und Konkretisierung dieser Leistung ist durch Abs. 4 ab 1. 1. 1991 erfolgt (vgl. zur 4. HOAI-Novelle Einl. Rdn. 9). Beide Regelungen treten nebeneinander (vgl. unten Rdn. 239).

22   Die **Standortanalyse** kann in zweierlei Art erfolgen. Sie kann einmal eine speziell auf die Zielsetzung einer bestimmten Bauaufgabe analytisch durchgeführte Untersuchung eines vorgesehenen Standorts sein, und sie kann zum anderen der Standortwahl dienen. Die zu untersuchenden Einflüsse können sich ergeben aus der Art des Grundstücks, aus der Umgebung (z. B. Nähe zu einem denkmalgeschützten Bauwerk) und aus der Umwelt. Es kann sich handeln um klimatische Einflüsse, Einwirkungen, die sich durch den Verkehr (Verkehrsdichte, Fußgängerströme, Besucherfrequenzen, Anschlüsse an öffentliche Verkehrsbetriebe, wie Omnibus, Post-, Bahn-, Gleisanschlüsse und Flugbetrieb), durch Bevölkerung, deren Dichte und Zusammensetzung, Gewerbebetriebe, Emissionen ergeben, aber auch um wirtschaftliche Gesichtspunkte, die dabei berücksichtigt werden müssen.

Die **Betriebsplanung** ist keine typische Architektenleistung. Sie wird in der 23
Regel von einem Sonderfachmann erbracht, der die betrieblichen Abläufe und
Bedürfnisse im Hinblick auf die Planungsnotwendigkeiten analysiert.

Raumprogramm und **Funktionsprogramm** werden in der Regel aufgrund 24
einer Bedarfsplanung vom Auftraggeber dem Architekten zur Verfügung
gestellt, der diese seiner Gebäudeplanung zugrunde zu legen hat. Sie sind als
Grundlage zur Klärung der Aufgabenstellung des Architekten erforderlich und
können weitere Besondere Leistungen als Entscheidungshilfen für den Auftraggeber zur Folge haben, hier etwa die Finanzbedarfsberechnung. Stellt der Auftraggeber diese Programme nicht zur Verfügung oder ist er hierzu nicht in der
Lage, so muß der Architekt im Rahmen seiner Beratungspflicht aus Leistungsphase 1 auf das Fehlen dieser für die Planung unerläßlichen Voraussetzung
aufmerksam machen und die Besondere Leistung vorschlagen. Neben dieser
Art des Raum- und Funktionsprogramms gibt es eine weitere Form des Raum-
und Funktionsprogramms, nämlich die genormte Festlegung von Programm
und Größen und funktionalen Zusammenhängen, wie sie z. B. unter OZ 200
Gebäudeplanung im DIN-Normenwerk Bauwesen „Führer durch die Baunor-
mung" enthalten sind.

Das **Prüfen der Umwelterheblichkeit und Umweltverträglichkeit** betrifft die 25
Stellung des Objekts in seiner Umwelt und die Einflüsse der Umwelt auf das
Objekt. Ein **Prüfen der Umweltverträglichkeit** bezieht sich auf das Umwelt-
schutzrecht. Hierbei sind die Grundsätze für die Prüfung der Umweltverträglichkeit öffentlicher Maßnahmen des Bundes (Bekanntmachung des Bundes-
innenministeriums vom 12. 9. 1975, GMBl. 1975, 717) zu beachten, deren
Abs. 2 wie folgt lautet:

„(1) Zweck der Prüfung der Umweltverträglichkeit ist es, bei öffentlichen
   Maßnahmen des Bundes Menschen sowie Tiere, Pflanzen und schutzwürdige Sachgüter vor schädlichen Umwelteinwirkungen zu schützen und
   durch Umweltvorsorge darauf hinzuwirken, daß dem Entstehen schädli-
   cher Umwelteinwirkungen vorgebeugt wird.

(2) Schädliche Umwelteinwirkungen sind insbesondere Einwirkungen des
   Menschen auf den Naturhaushalt und die Naturgüter Boden, Wasser,
   Luft und Klima, die nach Art, Ausmaß und Dauer geeignet sind, erhebli-
   che Nachteile für die Allgemeinheit herbeizuführen.

(3) Umweltbelange, andere öffentliche sowie private Belange sind gegeneinander und untereinander abzuwägen."

Diese Besondere Leistung geht wesentlich über die Grundleistung in Lei- 26
stungsphase 2 „Klären und Erläutern landschaftsökologischer Zusammenhänge sowie der Belastung und Empfindlichkeit der betroffenen Ökosysteme" hinaus.

27 **Fragen der Haftung bei Leistungsphase 1 Grundlagenermittlung**

Im Rahmen der Leistungsphase 1 Grundlagenermittlung steht die **Beratungs- und Aufklärungstätigkeit** des Architekten im Vordergrund. Besonders die Teilleistungen „Beraten zum gesamten Leistungsbedarf" und „Formulieren von Entscheidungshilfen für die Auswahl anderer an der Planung fachlich Beteiligter" weisen auf die umfangreichen Beratungspflichten des Architekten hin. Derartige Beratungspflichten bestehen allerdings nicht nur in Leistungsphase 1, sondern sie ergeben sich im Zuge der gesamten Bauabwicklung und in allen Leistungsphasen (vgl. Rdn. 17 sowie Einl. Rdn. 42 und 77 ff., § 1 Rdn. 19 ff. und § 4 Rdn. 70).

28 Die Frage der rechtlichen Einordnung der Beratungspflichten ist bisher vom BGH nicht ausdrücklich entschieden. In der Regel wurden die Beratungspflichten von der Rechtsprechung früher als Nebenpflichten behandelt. Ihre schuldhafte Verletzung führte nach dieser Auffassung zu Schadensersatzansprüchen wegen positiver Forderungsverletzung. Richtig ist es jedoch, solche Beratungspflichten, deren Erfüllung Voraussetzung für die technisch und wirtschaftlich einwandfreie Errichtung des Bauwerks ist, als **Hauptpflichten oder Nebenleistungspflichten** zu behandeln, einzelne Beratungspflichten jedoch, die nur an der Randzone der auf die technisch einwandfreie und kostengerechte Verwirklichung der mangelhaften Planung gerichteten Architektentätigkeit angesiedelt sind, als bloße Nebenpflichten anzusehen (vgl. OLG München NJW-RR 1988, 55; Bindhardt/Jagenburg § 1 Rdn. 30 ff.; Ganten BauR 1974, 85; Hesse/Korbion/Mantscheff § 15 Rdn. 11; Koeble, FS Locher, S. 117 [120]; Löffelmann/Fleischmann Rdn. 29 f.; Morlock DAB 1990, 945; Locher, Das private Baurecht, Rdn. 302). Die Folge davon ist, daß der Auftragnehmer nicht nach den Grundsätzen der positiven Vertragsverletzung 30 Jahre, sondern nach Werkvertragsrecht 5 Jahre (§ 638 BGB) haftet (vgl. i. e. zur Abgrenzung Koeble, FS Locher, a. a. O.).

29 Im Rahmen seiner Beratungstätigkeit in Leistungsphase 1 muß der Architekt die vom Auftraggeber geäußerten Wünsche aufnehmen, sie hinsichtlich ihrer Zweckmäßigkeit und der anfallenden Kosten prüfen und gegebenenfalls auf Vor- und Nachteile hinweisen, die mit der Ausführung des Wunsches des Auftraggebers verbunden sein können. Bereits in diesem Stadium muß der Architekt auf ein mögliches **Risiko** bei der **Verwendung neuartiger, nicht erprobter Baustoffe** hinweisen (BGH Schäfer/Finnern Z 3.01 Bl. 469 = VersR 1971, 958; BGH BauR 1976, 66 = BB 1976, 146 = Schäfer/Finnern Z 3.001 Bl. 2).

30 In der zuletzt genannten Entscheidung hat der BGH in überzeugender Weise den Umfang der Prüfungs- und Beratungspflicht bei der **Verwendung neuer Konstruktionen** bzw. neuer Baustoffe behandelt. Danach hat der Architekt bei neuen Werkstoffen mit erhöhter Sorgfalt zu prüfen, ob er sich mit seiner Empfehlung auf das Gebiet der riskanten Planung begibt. Ist das für ihn erkennbar, so trifft ihn eine entsprechende Belehrungspflicht. Gleiches gilt auch bei unüblichen oder außergewöhnlichen Konstruktionen; der Architekt muß den sicheren Weg wählen (vgl.

OLG Celle BauR 1990, 759 m. Anm. Reim). Bei neuen Baumaterialien muß mit besonderer Sorgfalt die Eignung für den konkreten Zweck untersucht werden. Dazu gehört auch die fachgerechte Verarbeitungstechnik (OLG Köln SFH Nr. 67 zu § 635 BGB hinsichtlich der Eignung eines vorgesehenen Klebers für eine Schwimmbadplattierung; vgl. die Entscheidung auch bezüglich des Schadens bei Kündigung des Bauvertrages: Ersatz der Kosten, die an den Handwerker bezahlt werden müssen durch den Architekten).

Die Prüfungspflicht findet jedoch dort ihre Grenze, wo von dem Architekten **31** eigene Sachkenntnis nicht mehr erwartet werden kann. Er kann sich dann mit den Äußerungen solcher Personen oder Institute begnügen, die er nach ihrer Qualifikation als sachverständig ansehen darf. Stimmen diese Äußerungen im wesentlichen mit dem überein, was der Produzent oder Lieferer in seinem Prospekt oder auf andere Weise anpreist, oder sprechen weitere gewichtige Gründe für die Richtigkeit dieser Angaben, so kann sich der Architekt in der Regel hierauf verlassen. Es kann dann nicht verlangt werden, daß er das Material selbst noch überprüft (vgl. zum Ganzen auch Bindhardt/Jagenburg § 6 Rdn. 53 ff.; Neuenfeld DAB 1982, 203; Reim DAB 1982, 1369; Zimmermann DAB 1983, 1051). Die Prüfungs- und Beratungspflicht hinsichtlich der Verwendung neuer Konstruktionen oder Materialien besteht auch dann, wenn dem Auftragnehmer die Leistungsphase 1 nicht in Auftrag gegeben ist, da diese Verpflichtung ebenso im Vorplanungs- und Planungsstadium besteht.

Die Beratung erstreckt sich auch auf die **Auswahl von Sonderfachleuten.** **32** Dabei kann der Architekt haften, wenn er die Einschaltung eines (noch) nicht erforderlichen Ingenieurs empfiehlt oder davon abrät (Morlock DAB 1990, 945). Häufiger wird aber der umgekehrte Fehler sein, daß die Hinzuziehung eines notwendigen Fachmanns unterbleibt bzw. der Hinweis unterlassen wird.

Die Grundleistungen aus Leistungsphase 2 Vorplanung   **33**
(Projekt- und Planungsvorbereitung)

Die Leistungsphase 2 entspricht im wesentlichen dem Vorentwurf nach § 19 Abs. 1a GOA, wenn auch der Leistungsumfang erweitert ist. Unter der Teilleistung **Analyse der Grundlagen** ist zu verstehen die Erfassung, Zergliederung und Einordnung aller in Leistungsphase 1 erarbeiteten oder durch den Auftraggeber vorgegebenen Ergebnisse dieser Leistungsphase.

Unter **Abstimmen der Zielvorstellungen** ist das Erfassen, Abwägen und gege- **34** benenfalls schwerpunktmäßige Bewerten aller Zielvorstellungen zu verstehen, also etwa der Zielvorstellungen des Auftraggebers in wirtschaftlicher Hinsicht, der Baubehörden, des Nutzens für seine Bedürfnisse sowie auch die Zielvorstellungen in bezug auf Gestaltung, Konstruktion und Zeit. Zielkonflikte, die sich hierbei ergeben, sind entsprechend ihrer Gewichtung und den Randbedingungen zu berücksichtigen. Derartige Zielkonflikte können z. B. zwischen den Erfordernissen der wirtschaftlichen Nutzung und gestalterischen Überlegungen entstehen, also auch zwischen Auftraggeber und Auftragnehmer. Sie können ferner zwischen Auftraggeber und Nutzer entstehen. Hier ist es die Aufgabe des Architekten, die Probleme aufzuzeigen und dem Auftraggeber Entscheidungshilfen zu geben. Als Randbedingungen, die die Zielvorstellungen beeinflussen können, kommen Zeit, Umwelt, Marktlage, Zinspolitik, Angebot und Nachfrage usw. in Betracht. Zu klären hat der Architekt auch den wirtschaftlichen Rahmen (Erfragen der Finanzierungsmöglichkeiten; vgl. BGH BauR 1991, 367 = NJW-RR 1991, 661 = ZfBR 1991, 104).

35 Alle Zielvorstellungen werden dann in einem **planungsbezogenen Zielkatalog** als dem Ausgangspunkt des projektorientierten Planungsprozesses zusammengefaßt und mit dem Auftraggeber abgestimmt. In welcher Form das Erstellen eines planungsbezogenen Zielkatalogs zu geschehen hat, ist dem Architekten freigestellt. Im Einzelfall können es die Anforderungen an die Planungsaufgabe oder der Umfang des Projekts verlangen, daß der Zielkatalog textlich fixiert wird. In der Regel, zumindest bei kleineren Bauvorhaben, wird diese Grundleistung durch den Dialog zwischen Auftraggeber und Auftragnehmer erfüllt.

36 Zentrale Leistung im Rahmen der Vorplanung ist das **Erarbeiten eines Planungskonzepts** einschließlich der Untersuchung der alternativen Lösungsmöglichkeiten nach gleichen Anforderungen mit zeichnerischer Darstellung. Die zeichnerische Darstellung des Planungskonzepts und der alternativen Lösungsmöglichkeiten in skizzenhafter Form soll dem Auftraggeber eine Bewertung der entwickelten Lösungen ermöglichen. Der Objektplaner soll dem Auftraggeber frühzeitige Entscheidungen ermöglichen und hierzu alternative Lösungsmöglichkeiten nach gleichen Anforderungen zur Verfügung stellen.

37 Unter Alternativen nach gleichen Anforderungen sind **Varianten,** also Abweichungen, Abwandlungen zu verstehen. Die begriffliche Abgrenzung zu § 20 HOAI wäre klarer gewesen, wenn der Verordnungsgeber in § 15 Abs. 2 Nr. 2 den Begriff „alternative" Lösungsmöglichkeiten nicht verwendet hätte. Eine Anpassung an den tatsächlichen Sprachgebrauch wäre zweckmäßig gewesen. Danach liegt eine „Alternative" vor, wenn grundsätzlich verschiedene Anforderungen gegeben sind, dagegen handelt es sich um eine „Variante", wenn die Anforderungen gleich oder nur geringfügig anders sind. Um Alternativen handelt es sich immer dann, wenn wesentliche Abweichungen im Raumprogramm oder Funktionsprogramm vorliegen oder wenn sich das Bauvolumen durch andere Anforderungen des Auftraggebers in erheblichem Umfang vergrößern wird bzw. verkleinert. Derartige Alternativen schuldet der Architekt nicht (ebenso Hesse/Korbion/Mantscheff/Vygen § 15 Rdn. 47; Jochem § 15 Rdn. 19; Löffelmann/Fleischmann Rdn. 42; Neuenfeld § 15 Rdn. 23; Pott/ Dahlhoff § 15 Rdn. 9). Das folgt auch aus der Fassung der entsprechenden Besonderen Leistung (vgl. unten Rdn. 49). Eine Variante wird in der Regel gestalterische, konstruktive, funktionale oder wirtschaftliche Merkmale aufweisen, nicht dagegen wesentliche Änderungen des Volumens nach Rauminhalt oder Fläche, des Programms oder anderer Grundstücksverhältnisse, die i. allg. zu Alternativen mit grundsätzlich verschiedenen Anforderungen gehören und unter § 20 fallen (vgl. auch unten § 20 Rdn. 24 f.). Die Frage, ob es sich um

eine wesentliche Abweichung handelt, dürfte in der Regel nur durch Sachverständigengutachten zu klären sein. Während der Architekt auch schon unter der Geltung der GOA in der Regel im Rahmen des Planungsprozesses nach Varianten gesucht hat, ohne diese in jedem Fall dem Auftraggeber darlegen bzw. erläutern zu müssen, ist er nunmehr regelmäßig dazu verpflichtet. Ausnahmsweise bedarf es keiner Varianten, wenn überhaupt nur eine Lösung möglich ist oder der Auftraggeber nur eine Lösung verlangt (ebenso Hesse/Korbion/Mantscheff/Vygen a. a. O.). Liegt keine Variante, sondern eine Alternative vor, so steht dem Architekten entweder nach § 20 oder unter den Voraussetzungen der Honorierung einer Besonderen Leistung ein zusätzliches Honorar zu (vgl. zum Honorar für Änderungen und Ergänzungen § 20 Rdn. 1 ff.).

Die Planungsleistung kann eine **versuchsweise zeichnerische Darstellung** sein, worunter im allgemeinen Skizzen zu verstehen sind. Bestimmt wird die Darstellung vom Umfang und von der Bedeutung sowie von der Art der Bauaufgabe und ist dem Architekten in der Regel freigestellt. Skizzen müssen nicht maßstäblich sein, weshalb auch ein bestimmter Maßstab natürlich nicht verlangt werden kann. In der Praxis wird die maßstäbliche Darstellung dennoch die Regel sein. Die Vermaßung kann aber regelmäßig auf die wesentlichen Hauptmaße beschränkt werden, die zur Festlegung der Kostenschätzung nach DIN 276 nach Raum- oder Flächeninhalten erforderlich sind. Die Art der Darstellung muß es dem Auftraggeber ermöglichen, die wesentlichen Elemente des Planungskonzepts abzulesen (so auch Hesse/Korbion/Mantscheff/Vygen § 15 Rdn. 46). Er muß sich auch als Laie eine Vorstellung von der vorgeschlagenen Lösung der Aufgabe machen können. Erforderlich sind deshalb im allgemeinen die Grundrisse der Hauptgeschosse, die Baukörper- und Fassadengestaltung, eine oder erforderlichenfalls mehrere Schnittsituationen und die Einbindung in die Umgebung mit der Lage im Grundstück. Diese Teilleistung im Rahmen der Vorplanung stellt die eigentlich kreative und planerische Leistung des Architekten dar und hat zentrale Bedeutung. Art und Umfang der **erläuternden Angaben** werden von der Planungsaufgabe bestimmt. 38

Bei den Bauaufgaben, für die schon im Stadium der Vorplanung Sonderfachleute hinzugezogen werden müssen, was bei größeren und komplexen Bauaufgaben immer der Fall ist, hat der Architekt diese Leistungen, die sich aus beratender oder zeichnerischer Tätigkeit ergeben, in das Planungskonzept einfließen zu lassen und zu verarbeiten. Diese Tätigkeit umschreibt die Leistungsphase 2 mit **Integrieren der Leistungen anderer an der Planung fachlich Beteiligter.** 39

Das **Klären und Erläutern der wesentlichen Zusammenhänge, Vorgänge und Bedingungen** umfaßt alle Einflüsse und Zusammenhänge, die bei der Planung zu berücksichtigen sind, wie städtebauliche, gestalterische, funktionale, technische, bauphysikalische, wirtschaftliche und energiewirtschaftliche Bedingungen (vgl. die Neufassung der beiden Grundleistungen seit 1. 1. 1991 durch die 4. HOAI-Novelle). Bei Leistungen für Innenräume wird es i. d. R. keine städtebaulichen Zusammenhänge, vielmehr Probleme der Farb- und Materialwahl, der Zuordnung, Lichtführung u. a. geben. Unter wirtschaftlichen Zusammen- 40 hängen wird man die auf die Wirtschaftlichkeit eines Objekts gerichteten Ziele verstehen müssen. Bei der Klärung energiewirtschaftlicher Fragen sind die Regelungen zur Energieeinsparung (EnEG i. d. F. v. 20. 6. 1980 – BGBl. I S. 701) und der Wärmeschutzverordnung (vom 16. 8. 1994 – BGBl. I S. 2121; zu den zivilrechtlichen Fragen vgl. Langen/Kus BauR 1995, 161) zu berücksichtigen. Bauphysikalische Bedingungen beziehen sich auf die Konstruktion und betreffen vor allem Wärme-, Schalldämmungs- und Feuchtigkeitsisolierung.

41 Über die **Form der Erläuterung** ist nichts bestimmt. Nach dem Wortlaut der HOAI ist zwar Schriftform nicht zwingend erforderlich. Im Hinblick auf den umfangreichen Katalog der nach der HOAI nunmehr hierfür geforderten Erläuterungen wird jedoch meist Schriftform angezeigt sein (weitergehend Hesse/Korbion/Mantscheff/Vygen § 15 Rdn. 54, die „grundsätzlich" Schriftform verlangen; vgl. auch Neuenfeld § 15 Bem. 23, der den mündlichen Erläuterungsbericht grundsätzlich ausreichen läßt; ebenso Löffelmann/Fleischmann Rdn. 46). Inhalt des Erläuterungsberichts müssen nicht etwa alle aufgeführten Zusammenhänge sein. Die HOAI listet nur die im Einzelfall möglichen Zusammenhänge auf. Der konkrete Inhalt des Erläuterungsberichts bestimmt sich nach den Anforderungen des speziellen Bauvorhabens (ebenso Hesse/Korbion/Mantscheff/Vygen § 15 Rdn. 53; Klocke/Arlt, S. 141; Neuenfeld § 15 Bem. 23). Die Erläuterung kann nicht einfach mit der Begründung unterbleiben, daß die wesentlichen Zusammenhänge, Vorgänge und Bedingungen ihren Niederschlag in der zeichnerischen Darstellung gefunden hätten.

42 Die **Vorverhandlungen mit Behörden über die Genehmigungsfähigkeit** haben nur eine Vorabklärung der Genehmigungsprobleme zum Gegenstand. Die eigentlichen Verhandlungen gehören in Leistungsphase 3. Andererseits müssen in diesem Stadium jedoch bereits **Vorverhandlungen mit anderen an der Planung fachlich Beteiligten** geführt werden. Gegenstand dieser Vorverhandlungen können z. B. statisch-konstruktive oder Fragen, die den technischen Ausbau des Objektes betreffen, der Ver- und Entsorgung und anderes sein. Ist in den Vorverhandlungen die Genehmigungsfähigkeit nicht ohne weiteres zu klären oder sind berechtigte Einwendungen von dritter Seite zu erwarten, so wird der Architekt dem Auftraggeber die Durchführung der Besonderen Leistung „Bauvoranfrage" vorschlagen, wenn sie von der Behörde nicht ohnedies verlangt wird. Die Vorverhandlungen mit Behörden haben auch wegen der Baugenehmigungsfreistellung Bedeutung (vgl. unten Rdn. 106).

43 Die **Kostenschätzung** nach DIN 276 ist eine Grundleistung von zentraler Bedeutung (vgl. hierzu § 10 Rdn. 18). Das Ziel der Kostenschätzung nach DIN 276 ist die überschlägige Ermittlung der Gesamtkosten und die vorläufige Grundlage zu allen weiteren Finanzierungsüberlegungen (vgl. DIN 276 Teil 3 Anlage 1). Dem gleichen Ziel dient die Kostenschätzung nach dem wohnungsrechtlichen Berechnungsrecht (2. Berechnungsverordnung in der Fassung vom 22. 6. 1979). Die Kostenschätzung ist deshalb von großer Bedeutung, weil sie die Auftraggeberentscheidung hinsichtlich Finanzierung und Umfang der Bau-

maßnahme maßgeblich mitbestimmt und weil sie Grundlage für alle weiteren Kostenermittlungsverfahren ist. Fehler im Rahmen der Kostenschätzung können schwerwiegende Haftungsfolgen nach sich ziehen (vgl. unten Rdn. 65 und Einl. Rdn. 55 ff.).

In der Regel genügt die Genauigkeit nach Spalte 1 der DIN 276. Dies bedeutet, **44** daß 7 Kostengruppen mit 7 Kostengliedern aufzustellen sind, wobei der Wert des Baugrundstücks meist in die Zuständigkeit des Auftraggebers fällt. Dagegen sind die Kosten für das Herrichten des Baugrundstücks ebenso vom Architekten zu ermitteln wie die Kosten der nichtöffentlichen Erschließung. Weitere Angaben können erforderlich werden hinsichtlich Ablösungen für Pkw-Abstellplätze, hinsichtlich der Kosten des Geräts, der Außenanlagen, der zusätzlichen Maßnahmen und der Baunebenkosten. Diese Positionen sind für das Gesamtergebnis der Kostenschätzung wesentlich und dürfen nicht unberücksichtigt bleiben. Der Auftraggeber kann jedoch auch den Genauigkeitsgrad nach Spalte 2 der Kostengruppen wünschen. Dies wird immer dann der Fall sein, wenn der Auftraggeber auf die Kostenermittlung erhöhten Wert legt. Bei der Kostenermittlung nach Spalte 2 der Kostengruppen handelt es sich um 35 Kostenglieder, die aber nur bei Bedarf oder Anfall im Einzelfall zu ermitteln sind. Wenn bei Umbauten oder Modernisierungsmaßnahmen weitergehende Kostenermittlungen erforderlich werden, weil eine Kostenschätzung nach Flächen- oder Rauminhalt nicht zuverlässig genug ist oder keine Erfahrungswerte hierfür zur Verfügung stehen, kann auch eine Kostenermittlung nach Bauteilen oder Bauelementen der Spalte 3 oder 4 in Frage kommen. Eine derartige Kostenermittlung ist jedoch eine Besondere Leistung, wobei vor Erbringung eine Honorarvereinbarung getroffen sein muß (§ 5 Abs. 4). Bei beiden Kostenermittlungsverfahren tut der Architekt gut daran, wenn er die hierfür vorgesehenen Formblätter verwendet (vgl. hierzu auch § 10 Rdn. 13). Bei Verwendung der Formblätter hat der Auftraggeber einen Überblick darüber, welche Kostengruppen der Architekt ermittelt hat. Im Rahmen der Kostengruppen kann der Architekt Erfahrungs- oder Kostenrichtwerte, aber auch Einzelbeträge oder Pauschalen ansetzen.

Wird der Architekt mit einer Kostenschätzung gem. DIN 276 06/93 beauf- **45** tragt, dann gilt folgendes: Diese ist gem. Ziff. 3.2.1 mindestens bis zur 1. Ebene der Kostengliederung zu erbringen. Die 1. Ebene unterscheidet sich von der Spalte 1 DIN 276 04/81 in der Kostengliederung wie folgt:

DIN 276 04/81 Spalte 1	DIN 276 06/93 1. Ebene
1 Baugrundstück	100 Grundstück
2 Erschließung	200 Herrichten und Erschließen
3 Bauwerk	300 Bauwerk – Baukonstruktionen
4 Gerät	400 Bauwerk – Technische Anlagen
5 Außenanlagen	500 Außenanlagen
6 Zusätzliche Maßnahmen	600 Ausstattung und Kunstwerke
7 Baunebenkosten	700 Baunebenkosten

46   Der wesentliche Unterschied besteht darin, daß das Bauwerk bei DIN 276 06/93 in 2 Kostengliedern, nämlich in Baukonstruktionen und Technische Anlagen, aufzugliedern ist. Es kann dahingestellt bleiben, ob seit Einführung der DIN 276 06/93 schon genügend Kostendaten für diese Aufteilung vorliegen. Es kann jedoch angenommen werden, daß eine Aufteilung in die o. a. Kostengliederung aufgrund von Erfahrungswerten möglich ist und daß in nächster Zukunft Kostendaten zur DIN 276 06/93, z. B. beim Baukostenberatungsdienst AK BW, zur Verfügung stehen werden. Ein wesentlicher Mehraufwand für die Anwendung DIN 276 06/93 entsteht für Ebene 1 nicht. Eine Grundleistung im Sinne von § 15 ist die Kostenschätzung nach der neuen DIN 276 jedoch bis zu einer entsprechenden Novelle der HOAI nicht. Vielmehr handelt es sich um eine Besondere Leistung, die der Architekt ohne Honorarvereinbarung nicht erbringen muß (vgl. § 10 Rdn. 11 f.).

47   Neu eingefügt durch die 4. HOAI-Novelle (vgl. Einl. Rdn. 9) ist **bei Freianlagen** das **Erfassen, Bewerten, Erläutern und Klären** aller hier wesentlichen Umstände und Zusammenhänge.

48   Das **Zusammenstellen aller Vorplanungsergebnisse** stellt den Abschluß der Grundleistungen aus Leistungsphase 2 dar. Dem Auftraggeber soll dadurch die Übersicht über die Ergebnisse der bisher erbrachten Leistungen vermittelt werden. Er soll dadurch eine wichtige Entscheidungshilfe haben. Eine schriftliche Zusammenfassung ist zu empfehlen, jedoch nach dem Wortlaut der HOAI nicht erforderlich.

49   Die Besonderen Leistungen aus Leistungsphase 2 Vorplanung

Als Besondere Leistung ist zunächst aufgeführt das **Untersuchen von Lösungsmöglichkeiten nach grundsätzlich verschiedenen Anforderungen.** Im Unterschied zu der Grundleistung in Leistungsphase 2 „Erarbeiten eines Planungskonzepts einschließlich Untersuchung der alternativen Lösungsmöglichkeiten" handelt es sich hier um Lösungsmöglichkeiten nach **grundsätzlich verschiedenen Anforderungen.** Diese liegen vor, wenn der Auftraggeber wesentlich andere Zielvorstellungen nennt, insbesondere wenn sich das Raum- oder Funktionsprogramm wesentlich ändert, wenn sich das Bauprogramm wesentlich ändert oder bei einem anderen Baugelände (vgl. i. e. oben Rdn. 37 und § 20 Rdn. 24 f.). Während die Honorierung nach § 20 voraussetzt, daß es sich um vollständige Vor- oder Entwurfsplanungen handelt, stellt das Untersuchen von Lösungsmöglichkeiten nach grundsätzlich verschiedenen Anforderungen lediglich eine Teilleistung dar (ebenso Hesse/Korbion/Mantscheff/Vygen § 15 Rdn. 59).

50   Diese Besondere Leistung tritt keinesfalls an die Stelle der Grundleistung Erarbeiten eines Planungskonzepts einschließlich Untersuchung der alternativen Lösungsmöglichkeiten nach gleichen Anforderungen. Die gegenteilige Meinung übersieht, daß diese Besondere Leistung auf einem vollständigen Planungskonzept nach Leistungsphase 2 aufbaut, das schon unter Berücksichtigung von Varianten nach gleichen Anforderungen entstanden ist. Für die Besondere Leistung Untersuchen von Lösungsmöglichkeiten nach grundsätzlich verschiedenen Anforderungen muß ein gesonderter Antrag erteilt sein. Die Honorarvereinbarung muß schriftlich getroffen sein, wenn die Besondere Leistung nicht isoliert oder anstelle von Grundleistungen, sondern zusätzlich erbracht wird (vgl. i. e. § 5 Rdn. 37 ff.). Im Hinblick auf die Höhe des zu vereinbarenden Honorars ist zu berücksichtigen, daß dieses nicht über dem Höchstsatz für die nach § 20 zu berechnende Teilleistung liegen darf. Der Auftragnehmer, der Teilleistungen i. S. des § 20 aus Vorplanung bzw. Entwurfsplanung erbringen würde, wäre sonst bessergestellt, als wenn ihm eine gesamte Alternative Vor- bzw. Entwurfsplanung übertragen wäre. Der Unterschied zwischen dieser Besonderen Leistung und mehreren Vor- und Entwurfsplanungen gemäß § 20 besteht darin, daß es sich bei letzteren um die vollständige Erfüllung der Grundleistungen des § 15 Leistungsphase 2 oder 3 handeln muß, während diese Besondere Leistung nur das Erarbeiten des Planungskonzepts mit zeichnerischer Lösung umfaßt.

51 Voraussetzung für die weitere Besondere Leistung **Ergänzen der Vorplanungsunterlagen aufgrund besonderer Anforderungen** ist, daß es sich um Anforderungen handelt, die üblicherweise nicht mit den Grundleistungen der Leistungsphase 2 abgedeckt sind. Da es hier um ein „Ergänzen" der Vorplanungsunterlagen geht, muß bereits ein Planungskonzept vorliegen. Besondere Anforderungen können im Zuge neuer Überlegungen oder Einflüsse auftreten, etwa veranlaßt durch Auflagen baurechtlicher und/oder umweltschutzbedingter Art oder Änderungen des Raumbedarfs oder aufgrund des Funktionsablaufs oder anderer, z. B. wirtschaftlicher, Ergänzungen. Besondere planerische oder statische Maßnahmen können etwa dadurch erforderlich sein, daß eine neue Ausstattung mit technischen Anlagen vorgesehen wird.

52 Das **Aufstellen eines Finanzierungsplans** gehört eigentlich zu den wirtschaftlichen Betreuungsleistungen des Baubetreuers. Es ist keine Grundleistung für den Architekten. Ein Finanzierungsplan dürfte in der Regel nur auf der Basis einer Kostenermittlung nach DIN 276 oder nach dem wohnungsrechtlichen Berechnungsrecht aufgestellt werden können. Soweit als Vorarbeiten demnach Grundleistungen aus Leistungsphase 2 erbracht werden müssen, besteht ein Honoraranspruch auch ohne ausdrückliche schriftliche Vereinbarung (§ 4 Abs. 1, 4). Sinn des Finanzierungsplans ist es, einmal die Frage der Finanzierbarkeit des konkreten Objekts zu prüfen, und zum anderen, einen Überblick zu vermitteln, wann und in welcher Höhe Zahlungen geleistet werden müssen und wie und von welchen Institutionen diese bereitgestellt werden können.

53 Das **Aufstellen einer Bauwerks- und Betriebs-Kosten-Nutzen-Analyse** erfordert in der Regel die Mitwirkung anderer an der Planung fachlich Beteiligter zur Berechnung der Betriebskosten für Heizung, Klimaanlagen und anderer technischer Anlagen, zur Ermittlung der Kosten für die Unterhaltung, Instandsetzung und Reinigung eines Bauwerks oder zur Ermittlung der Belastungen durch die Finanzierung, durch Steuern und Abgaben. Die Baunutzungskosten sind in DIN 18 960 erläutert und zusammengefaßt. Diese Norm ergänzt die DIN 276 „Kosten von Hochbauten" in der Weise, daß sich Wirtschaftlichkeitsberechnungen auf die gesamte Nutzungszeit von baulichen Anlagen ausdehnen lassen. Hierher gehören auch Ertragsberechnungen aus Vermietung, Verpachtung und Vergleichsberechnungen. Im allgemeinen sind für die Aufstellung der Analyse betriebswirtschaftliche Erfahrungen und Kenntnisse des Kapitalmarkts, der Finanzierungs- und Abschreibungsmöglichkeiten erforderlich.

54   Nicht jedes **Mitwirken bei der Kreditbeschaffung** stellt eine Besondere Leistung des Architekten dar. Es muß sich vielmehr um Leistungen von einiger Bedeutung oder einigem Aufwand handeln. Die Beratung bei der Ausfüllung einfacher Formulare für Kreditinstitute, ein klärendes Ferngespräch mit einem Finanzierungsinstitut u. ä. dürften noch zu den Grundleistungen des Architekten gehören (ebenso Hesse/Korbion/Mantscheff/Vygen § 15 Rdn. 62). Ist mit der Tätigkeit allerdings ein nicht unwesentlicher Arbeits- bzw. Zeitaufwand verknüpft, so handelt es sich um eine Besondere Leistung, auch wenn die Tätigkeit nicht sehr anspruchsvoll ist (so mit Recht Neuenfeld § 15 Rdn. 33 unter Hinweis auf § 5 Abs. 4).

55   Eine wesentliche Besondere Leistung ist das **Durchführen der Voranfrage** bzw. Bauvoranfrage oder Bauanfrage nach dem jeweiligen Landesbaurecht. In vielen Fällen muß der Architekt den Auftraggeber darauf hinweisen, daß zur Klärung öffentlich-rechtlicher Fragen eine Bauvoranfrage zweckmäßig erscheint. Wird die Voranfrage als isolierte Besondere Leistung, ohne daß gleichzeitig Grundleistungen erbracht werden, ausgeführt, so bedarf es für die Honorierung keiner schriftlichen Vereinbarung (vgl. i. e. § 5 Rdn. 37 ff. und § 2 Rdn. 17). Erbringt der Architekt als Voraussetzung bzw. Grundlage der Voranfrage Grundleistungen aus Leistungsphase 2 oder 3, indem er eine Vorplanung bzw. Entwurfsplanung oder zusätzlich eine Kostenermittlung vorlegt, so steht ihm insoweit ein Honorar auch dann zu, wenn eine schriftliche Vereinbarung nicht getroffen wurde (ebenso Weyer BauR 1995, 446 [450 f.]). Das Honorar errechnet sich dann nach den anrechenbaren Kosten unter Zugrundelegung der Honorarzone aus dem betreffenden Vomhundertsatz nach § 15 Abs. 1 Nr. 2 bzw. 3. Die Voranfrage selbst ist als Besondere Leistung zu den in Auftrag gegebenen Grundleistungen nur dann zu honorieren, wenn eine schriftliche Vereinbarung getroffen wurde (vgl. i. e. § 5 Rdn. 37 ff.). Die Voranfrage ist nach den jeweiligen Vorschriften der Landesbauordnungen durchzuführen. Eine „nicht förmliche" Voranfrage löst das Honorar für die Besondere Leistung nicht aus.

56   Das **Anfertigen von Darstellungen durch besondere Techniken,** wie z. B. Perspektiven, Muster, Modelle, bezieht sich auf Schaubilder, Zeichnungen für Prospekte und Veröffentlichungen aller Art, statistische Übersichten und Gegenüberstellungen, aber auch Modelle, soweit sie nicht unter Nebenkosten des § 7 Abs. 2 Nr. 7 fallen, sowie auf Material- und Farbzusammenstellungen.

57   Das **Aufstellen eines Zeit- und Organisationsplanes** kann für den Auftragnehmer als Entscheidungshilfe von Bedeutung sein. Der Plan umfaßt in der Regel

alle sich aus dem Planungsablauf, dem Genehmigungsverfahren und dem Bau-
durchführungsprozeß ergebenden Zeiten und Zeitabhängigkeiten, Entscheidungsschritte und sonstigen Einflüsse (Ablaufplanung). Der Zeit- und Organi-
sationsplan kann sich auch auf die spätere Nutzung des Objekts erstrecken. Er
dient als Grundlage für Balkendiagramme und Netzpläne bzw. wird in diese
umgesetzt. Seine Genauigkeit wird durch die Anforderungen des Auftraggebers bestimmt.

Durch die 5. HOAI-Novelle (vgl. Einl. Rdn. 12) wurde eine neue Besondere   58
Leistung betreffend **Energieeinsparung** und **Schadstoffverringerung** eingefügt.
Als Grundleistung ist dasjenige zu leisten, was nach den anerkannten Regeln
der Technik oder aufgrund gesetzlicher Regelungen vor allem des Landesbau-
rechts geschuldet ist. Alle weitergehenden Leistungen sind Besondere Leistungen. Nach dem Wortlaut ist dafür nicht erforderlich, daß sie „wesentlich" über
Grundleistungen hinausgehen (anders die Amtliche Begründung). Vielmehr
genügt es, wenn die Voraussetzungen des § 5 Abs. 4 erfüllt sind. Gegenstand
der Besonderen Leistung kann folgendes sein (Amtliche Begründung):
- Anwendung passiver solarer Bauprinzipien bei der Planung und für die Einbeziehung neuartiger Materialien und Bauteile bei der Konstruktion der
  Außenbauteile zur Minimierung des Energieverbrauchs auf ein Niveau
  unterhalb der Anforderungen von Rechtsvorschriften, z. B. der Wärmeschutzverordnung, oder
- Optimierung der Bau- und Beheizungsweise zur Absenkung des Energieverbrauchs sowie der Schadstoff- und CO_2-Emissionen auf ein Niveau unterhalb der Anforderungen von Rechtsvorschriften, oder
- besondere Integration von Solaranlagen in den Baukörper, oder
- Planung des Einsatzes von Windgeneratoren zur Stromgewinnung oder von
  geothermischen Energien angesichts der damit verbundenen besonderen
  Anforderungen, oder
- über das übliche Maß hinausgehende detaillierte Planungen über Wirkungen
  und Einsatz von Biomasse, Sonnenkollektoren, Wärmepumpen und Photo-
  voltaikanlagen

Fragen der Haftung bei Leistungsphase 2 Vorplanung   59

Gegenüber der Leistungsphase 1 Grundlagenermittlung sind die Haftungsrisiken des Architekten im Stadium der Vorplanung erheblich größer. Die Bera-
tungs- und Aufklärungstätigkeit des Architekten ist in Leistungsphase 2 konkretisiert und im Zusammenhang mit den Grundleistungen zu sehen. Neben der Beratungspflicht ist bereits in Leistungsphase 2 die **Koordinierungspflicht** hervorzuheben. Diese wird in der Regel im Zusammenhang mit der Objektüberwachung
gesehen. Die Koordinierungstätigkeit des Architekten setzt jedoch in Wirklichkeit viel früher, nämlich bereits bei der Leistungsphase 2, ein. Der Architekt hat
nicht nur das Zusammenwirken der am Bau Beteiligten und der Sonderfachleute
zu überwachen, sondern das gesamte Bauvorhaben einschließlich des Planungs-
ablaufs zu koordinieren (vgl. auch Rdn. 181, 188, 215).

60   Ferner hat der Architekt im Rahmen der Leistungsphase 2 die wesentlichen städtebaulichen, gestalterischen, funktionalen, technischen, bauphysikalischen, wirtschaftlichen, energiewirtschaftlichen, biologischen und ökologischen Zusammenhänge, Vorgänge und Bedingungen zu klären und zu erläutern. Diese Erläuterung weist ebenfalls auf die umfassende Beratungspflicht des Architekten als „Sachwalter" des Auftraggebers hin. Hierbei sind gleichrangig gestalterische, technische und wirtschaftliche Gesichtspunkte zu berücksichtigen.

61   Von besonderer Bedeutung in dieser Leistungsphase ist die **Beratungspflicht hinsichtlich der Kosten.** Der Architekt ist verpflichtet, den Auftraggeber auf kostenauslösende Maßnahmen hinzuweisen, über eine nicht vorhergesehene Entwicklung der Kosten aufzuklären, Kostenermittlungen fortzuschreiben und Vor- und Nachteile kostensenkender Maßnahmen darzulegen. Er hat ferner auf verteuernde Sonderwünsche hinzuweisen (vgl. auch zur Kostenkontrolle unten Rdn. 199, 221). Die technisch einwandfrei bewirkte Leistung des Architekten kann mangelhaft sein, wenn sie nicht kostensparend ist. Hat der Architekt z. B. Konstruktionen oder Materialien gewählt, die zwar technisch einwandfrei sind, aber dem Zweck und Nutzen des Objekts hinsichtlich ihres Aufwandes nicht entsprechen, so liegt zwar kein technischer, aber ein Mangel in wirtschaftlicher Hinsicht vor. Im Zusammenhang mit dem Klären der Zielvorstellungen (vgl. Rdn. 34) muß der Architekt auch den Kostenrahmen des Auftraggebers abklären (vgl. BGH BauR 1991, 366 = NJW-RR 1991, 661 = ZfBR 1991, 104).

62   Die Berücksichtigung **steuerlicher Gesichtspunkte** und die Beratung bei der Finanzierung gehört an sich nicht zu den Grundleistungen des Architekten. In gewissem Umfang kann sich jedoch eine Beratungspflicht auch auf diesem Gebiet ergeben. Der Architekt braucht zwar grundsätzlich nicht von sich aus mit dem Auftraggeber zu erörtern, ob und welche steuerlichen Vergünstigungen in Anspruch genommen werden sollen. Er muß auch nicht ohne besondere Anhaltspunkte seine Planung hierauf abstellen. Bringt der Auftraggeber jedoch zum Ausdruck, daß er bestimmte steuerliche Vergünstigungen in Anspruch nehmen will, so muß der Architekt dafür sorgen, daß die Voraussetzungen hierfür geschaffen werden. Gleiches gilt dann, wenn sich dem Architekten nach den Umständen des gesamten Falles die Erkenntnis aufdrängen muß, daß dem Auftraggeber daran gelegen ist, steuerliche Vergünstigungen zu erreichen. Weiß der Architekt zum Beispiel, daß der Bauherr Grunderwerbsteuerfreiheit anstrebt, und läßt sich diese nur bei Einhaltung bestimmter Wohnflächen-Höchstgrenzen erreichen, so muß der Architekt dafür sorgen, daß die Höchstgrenze nicht überschritten wird (OLG Köln BauR 1993, 756 = NJW-RR 1993, 1493; BGHZ 60, 1 [3] = NJW 1973, 237; zu den Grenzen der Beratungspflicht in diesem Zusammenhang vgl. OLG Düsseldorf BauR 1990, 493 = NJW-RR 1991, 90). Der Architekt haftet hier bei Fehlern auch gegenüber einem Steuerberater als Bauherrn in vollem Umfang (OLG Köln a. a. O.).

Ebensowenig muß der Architekt von vornherein die **Vermögensinteressen** des   63
Bauherrn in jedem Falle wahrnehmen und unter Ausnutzung aller in Betracht
kommenden Vorteile „so kostengünstig wie möglich" bauen. Ergeben sich
jedoch für ihn Gesichtspunkte, daß der Auftraggeber ein Renditeobjekt errichten will, so muß der Architekt bereits im Vorplanungsstadium diesem Sachverhalt gerecht werden und auf Bedenken und Möglichkeiten der günstigsten Bauweise und Nutzung hinweisen (BGH NJW 1975, 1657; BGH NJW 1981, 2182
[2183]). Der Architekt ist allerdings nicht verpflichtet, sich schwierige steuerliche Kenntnisse anzueignen. Er kann in solchen Fällen darauf verweisen, daß
der Auftraggeber oder sein Steuerberater ihm die entsprechenden steuerrechtlichen Unterlagen zur Verfügung stellen. Meist genügt es hier aber, wenn der
Architekt dem Auftraggeber einen Hinweis auf die Hinzuziehung eines Steuer-
beraters bzw. Finanzierungsfachmanns gibt (vgl. zum Ganzen Bindhardt/
Jagenburg § 5 Rdn. 13 ff.; Pott/Frieling Rdn. 482).

Wird der Architekt bei Fragen der Finanzierung hinzugezogen, liefert er   64
Berechnungen für Kreditinstitute oder Schätzungen, so haftet er bei schuldhaft
falscher Beratung. Er ist zwar im Rahmen seiner Grundleistungen nicht verpflichtet, bei der Finanzierung mitzuwirken. Tut er dies jedoch, so muß seine Beratung
richtig und sachgerecht sein. Der Architekt muß auch nicht von sich aus über
Möglichkeiten von **Zuschüssen** oder von Förderung (z. B. im Sanierungsgebiet)
hinweisen. Ohne ausdrückliche Vereinbarung muß er die Voraussetzungen für
die Bewilligung eines Zuschusses nicht schaffen (BGH BauR 1988, 734 =
NJW-RR 1988, 1361 = ZfBR 1988, 261; vgl. hierzu ferner Einl. 55 ff.).

Zu den Pflichten des Architekten in Leistungsphase 2 gehört auch die   65
Kostenschätzung nach DIN 276 oder nach dem wohnungsrechtlichen Berechnungsrecht (zu Inhalt und Form der Kostenschätzung vgl. oben Rdn. 43 ff.
sowie § 10 Rdn. 49 ff.). Die Kostenschätzung muß sorgfältig vorgenommen
werden, da der Auftraggeber häufig seine Entscheidung über die Durchführung der Planungs- bzw. Baumaßnahmen davon abhängig macht. Eine fehlerhafte Kostenschätzung kann zu erheblichen Schadensersatzansprüchen gegen
den Architekten führen (vgl. i. e. Einl. Rdn. 55 ff.).

Der Architekt darf nur die Leistungen gegen Honorar erbringen, die nach   66
dem Stand der Planung erforderlich sind. Gegebenenfalls muß er eine Bauvoranfrage einreichen, bevor er einen Entwurf fertigt (BGH Schäfer/Finnern
Z 3.01 Bl. 385; vgl. auch unten Rdn. 89 und Einl. Rdn. 36).

Die Grundleistungen aus Leistungsphase 3 Entwurfsplanung   67
(System- und Integrationsplanung)

Während sich aus der Vorplanung nur Ansätze zur Realisierung baulicher
Strukturen ergeben, wie Funktionsschemata, Raumzuordnungen, Verteilung
von Mengen und Flächen, mögliche Fertigungs- und Konstruktionsverfahren,
soll die Entwurfsplanung die Lösung der Aufgabe nach Systemen, z. B. gestalterischem System oder Prinzip, Konstruktionssystem, Heizungssystem, Ferti-

gungssystem und Ausbausystem zeigen. Außerdem sollen die einzelnen Systeme aufeinander abgestimmt, integriert werden. Hieraus leitet sich der Begriff System- und Integrationsplanung ab.

68 Die Leistungsphase 3 stellt in der Planungssystematik der HOAI die wichtigste und umfassendste Planungsphase im gesamten Planungsprozeß dar. Der Untertitel System- und Integrationsplanung zeigt deutlich, daß in dieser Leistungsphase alle wichtigen Entscheidungen, die die Gestaltung, die Konstruktion, die technischen Anlagen und den Standard des Ausbaus betreffen, getroffen werden müssen. Es gehört zur Beratungspflicht des Auftragnehmers, dem Auftraggeber entsprechende Vorschläge zu machen.

69 Das **Durcharbeiten des Planungskonzepts** baut auf den Ergebnissen der Leistungsphase 2 auf. Es liegt in der Natur eines jeden Planungsprozesses, daß eine zeichnerische Lösung stufenweise erarbeitet wird. Hierbei sind die städtebaulichen, gestalterischen, funktionalen, technischen, bauphysikalischen, wirtschaftlichen, energiewirtschaftlichen und landschaftsökologischen Anforderungen zu berücksichtigen. Hierzu sind die Sonderfachleute zu beteiligen. Der Architekt wird dabei nicht nur koordinierend tätig sein können. Vielmehr wird er auch die Belange und Wünsche des Auftraggebers mit den anderen an der Planung fachlich Beteiligten in wirtschaftlicher, technischer und energiewirtschaftlicher Art abstimmen und auf die Kostenentwicklung achten müssen. Die einzelnen Faktoren müssen exakter bearbeitet werden als im Rahmen der Vorplanung. Das Planungskonzept muß alle endgültigen Angaben enthalten, damit die zur Ausführung notwendigen Pläne ohne grundsätzliche Änderung angefertigt werden können. Es muß ferner als Voraussetzung für die Kostenberechnung nach DIN 276 dienen können und einen abschließenden Vergleich mit den Anforderungen des Zielkatalogs ermöglichen. Hierbei stellt die Koordinierung der Leistungen der anderen an der Planung fachlich Beteiligten eine für das Bauvorhaben entscheidende Leistung dar. Während der Durcharbeitung muß der Auftraggeber vom Architekten ständig informiert werden. Der Architekt muß ferner rechtzeitig Entscheidungshilfen geben, damit der Auftraggeber in der Lage ist, das endgültige Planungskonzept festzulegen.

70 Zentrale Leistung im Rahmen der Leistungsphase 3 ist die **Objektbeschreibung**. Die Novellierung hat richtigerweise auf den Hinweis nach DIN 276 verzichtet, da es dort keine Objektbeschreibung gibt, sondern nur Kostengruppen mit entsprechenden Gliederungen. Trotzdem wird eine Objektbeschreibung alle wesentlichen Merkmale, die letztlich die Baukosten umfassen oder bestimmen, zu enthalten haben. Dies kann sein: Konstruktionen, Materialien, technische Gebäudeausrüstung, Ausbau u. a. Entsprechend der Bauaufgabe wird die Objektbeschreibung städtegestalterische, funktionale und wirtschaftliche Faktoren einbeziehen. Hierzu gehören auch die energiewirtschaftlichen Bedingungen nach dem EnEG v. 20. 6. 1980 unter Mitwirkung der Sonderfachleute. Seit der 4. HOAI-Novelle sind auch Ausgleichs- und Ersatzmaßnahmen nach Maßgabe der naturschutzrechtlichen Eingriffsregelung zu erläutern. Dies ist nur im Zusammenwirken mit dem oder den Sonderfachleuten möglich. Inhaltlich kann es sich dabei um Vorschläge für Anpflanzungen, Dachbegrünungen und ähnliche Maßnahmen handeln. Die Erläuterung kann in dieser Phase nur in der Bauleitplanung angesprochene Ausgleichs- und Ersatzmaßnahmen betreffen und somit nur den Hinweis für den Bauherrn hinsichtlich der Notwendigkeit derartiger Maßnahmen zum Gegenstand haben. Die Objektbeschreibung muß so umfassend sein, daß sich der Auftraggeber von der zeichnerischen Darstellung einen Gesamteindruck von dem Objekt verschaffen kann. Fehlt die Objektbeschreibung, so kann im Einzelfall eine – allerdings geringfügige – Minderung des Honorars gerechtfertigt sein, da es sich um eine zentrale Leistung handelt (ebenso OLG Düsseldorf BauR 1994, 133 = NJW-RR 1994, 18, das im entschiedenen Fall aber zu Recht keine Minderung vornahm, weil der Architekt eine mindestens ebenbürtige Leistung durch Erstellung einer Bauteilkostenberechnung erbracht hatte; vgl. i. e. § 5 Rdn. 20 ff.).

Die **zeichnerische Darstellung des Gesamtentwurfs** ist das Ergebnis aller bisherigen Grundleistungen. Der Maßstab des Entwurfs richtet sich nach Art und Größe des Objekts. Normalerweise wird der Entwurf im Maßstab 1:100, bei größeren Objekten 1:200, bei Innenräumen 1:50 bis 1:20 gefertigt. Für Freianlagen wurde durch die 4. HOAI-Novelle der Maßstab 1:500 bis 1:100 vorgesehen. Ebenso wurde ergänzt, daß Angaben zur Verbesserung des Naturschutzes gemacht werden sollen. Für raumbildende Ausbauten wurden daneben Einzelangaben eingeführt. Der Architekt kann jedoch auch bereits die Ausführungspläne im Maßstab 1:50 vorlegen, ohne daß dadurch eine Minderung des Honorars für Leistungsphase 3 gerechtfertigt wäre. Der Entwurf selbst muß nur die Hauptmaße enthalten, da er noch keine baureife Zeichnung darstellt (ebenso Jochem § 15 Rdn. 30; Hesse/Korbion/Mantscheff/Vygen § 15 Rdn. 82). Er muß alle erforderlichen Grundrisse, Schnitte und Ansichten aufweisen. In Einzelfällen sind auch die umgebenden Gebäude darzustellen. Die Einbindung in das vorhandene Gelände ist vor allem bei Hanglage stets darzustellen, ebenso das geplante, künftige Gelände im Anschluß an das Gebäude. Bei raumbildenden Ausbauten sind Einzelheiten wie Farb-, Licht- und Materialgestaltung anzugeben, in die Objektbeschreibung aufzunehmen und gegebenenfalls durch Farb- und Materialmuster zu belegen. Soweit bei Innenräumen Wandabwicklungen von Bedeutung sind, müssen diese dargestellt werden. Detailpläne größeren Maßstabs sollen wiederkehrende Raumgruppen darstellen. Dies können z. B. sein Krankenzimmer in einem Krankenhaus, Naßzellen einzelner Wohngruppen, Küchen, Anlagen der Ver- und Entsorgung. Über die Art der zeichnerischen Darstellung ist keine Aussage gemacht. Für Bauzeichnungen gilt DIN 1356. Diese Norm gilt für alle Zeichnungen, die dem Entwurf und der Bauvorlage, der Herstellung und der Aufnahme von baulichen Anlagen dienen.

Zu den **Verhandlungen mit den Behörden** über die Genehmigungsfähigkeit des Objekts treten noch die **Verhandlungen mit anderen an der Planung fachlich Beteiligten über die Genehmigungsfähigkeit** wie hinsichtlich der Vorverhandlungen in Leistungsphase 2. Die frühere Vorentwurfsleistung nach § 19 Abs. 1a GOA „Verhandlungen mit Behörden" ist in dieser erweiterten und damit auch

71

72

verpflichtenden Fassung Leistungsphase 3 übernommen. Mit dieser Erweiterung wird nicht nur die Leistungsanforderung, sondern auch die Verantwortung hinsichtlich der Integration und Koordination anderer an der Planung fachlich Beteiligter (Fachingenieure) angesprochen. Da es sich im Gegensatz zur Leistungsphase 2 hier um den vollständigen Entwurf handelt, der die Grundlage für die Genehmigungsplanung in Leistungsphase 4 und insbesondere für die Ausführungsplanung in Leistungsphase 5 bildet, ist diese Leistungsanforderung größer.

73   Die **Kostenberechnung** nach DIN 276 ist im Unterschied zur Kostenschätzung eine verbindliche Kostenermittlung, die als Grundlage für die Entscheidung dient, ob das Bauvorhaben wie geplant durchgeführt werden soll (DIN 276 Teil 3 Seite 2). Mit ihr soll unter Anwendung von Erfahrungs- und Kostenrichtwerten aufgrund von ausführlicheren Unterlagen als in der Vorplanung eine verbindliche Kostenermittlung vorgelegt werden. Sie ist gegenüber der Kostenschätzung verfeinert, und zwar mindestens in Spalte 2 der Kostengruppen. Es wird im Einzelfall von der geforderten oder gebotenen Genauigkeit abhängen, in welchem Umfang auch die Verfeinerung der Spalte 3 herangezogen werden muß (vgl. hierzu die gleiche Problematik bei der Kostenschätzung, oben Rdn. 43 f.). Dies gilt für alle Kostengruppen, also nicht nur für Kostengruppe 3 „Bauwerk". Jedoch handelt es sich immer um summarische Ermittlungen. Eine Kostenberechnung mit Mengengerüsten nach Bauteilen/ Bauelementen oder Mengenermittlungen mit Einheitspreisen der ATV nach Spalte 4 der Kostengruppen ist in jedem Fall eine Besondere Leistung. Die Verwendung des Formblattes DIN 276 Teil 3 Anhang B erscheint im Hinblick auf die 35 Kostenglieder in Spalte 2 bzw. 199 Kostenglieder in Spalte 3 nach DIN 276 als Checkliste unerläßlich (zum Inhalt der Kostenberechnung vgl. im übrigen § 10 Rdn. 19 ff. und zur Haftung Einl. Rdn. 8).

74   Durch die 5. HOAI-Novelle (vgl. Einl. Rdn. 12) wurde die **Kostenkontrolle durch Vergleich der Kostenberechnung mit der Kostenschätzung** eingefügt (vgl. auch für Leistungsphase 7 unten Rdn. 176). Die Kostenkontrolle war zwar bisher nur in Leistungsphase 8 genannt. Es war jedoch klar, daß sie während der gesamten Planungs- und Ausführungsphase geschuldet war. Insoweit hat sich nichts geändert. Neu ist aber, daß ein Vergleich vorzunehmen ist. Dies kann nur in schriftlicher Form und durch Gegenüberstellung der betreffenden Zahlen aus allen Kostengruppen geschehen.

75   Das **Zusammenfassen aller Entwurfsunterlagen** hat ähnliche Bedeutung wie in Leistungsphase 2, nur ist diese Zusammenfassung entsprechend dem vergrößerten Inhalt umfangreicher als in Leistungsphase 2. Die Entwurfsunterlagen stellen in ihrer Gesamtheit die wichtigste Entscheidung für den Auftraggeber dar, nämlich ob entsprechend der Planung gebaut wird.

76   Die Fertigung eines Entwurfs setzt – soweit nicht von anderer Hand eine Vorplanung vorliegt, die durchgearbeitet wird und im wesentlichen übernommen werden kann – eine Vorplanung, also die Erbringung der Leistungsphase 2 voraus.

Die Besonderen Leistungen aus Leistungsphase 3 Entwurfsplanung   77

Als Besondere Leistung ist zunächst die **Analyse der Alternativen/Varianten und deren Wertung mit Kostenuntersuchung (Optimierung)** genannt. Bei der Vielfalt der angebotenen Konstruktionssysteme, Baustoffe, Bauteile und -elemente ist die Auswahl nach wirtschaftlichen Gesichtspunkten oft entscheidend. Diese Wahl hängt wesentlich von der Integrationsfähigkeit der Systeme ab und ist nicht ohne weiteres schlüssig festzulegen. Hierzu dienen die Analyse und der Vergleich von verschiedenen Alternativlösungen. Dadurch wird die wirtschaftlichste und der Aufgabenstellung entsprechend optimale Lösung gefunden. Dies bedeutet Optimierung. In der Regel bedarf es hier der Mitwirkung der Fachplaner.

Die **Wirtschaftlichkeitsberechnung** ist eine exakte Berechnung des zu erwar-   78
tenden Nutzens. Sie baut auf der Kosten-Nutzen-Analyse auf, ist aber in ihrer Aussagekraft wesentlich genauer. Sie setzt sich auf der Kostenseite in der Regel zusammen aus Kapitalkosten (Fremdkapital, Eigenkapital), Abschreibungen, Verwaltungskosten, Steuern, Betriebskosten und Bau-Unterhaltungskosten (vgl. zum Ganzen Pfarr, Handbuch der kostenbewußten Planung, S. 122 ff.). Der Kostenseite wird die Ertragsseite des Objekts gegenübergestellt, wobei die marktbeeinflussenden Faktoren zu berücksichtigen sind.

Die **Kostenberechnung durch Aufstellen von Mengengerüsten** oder Bauele-   79
mentkatalog ist eine weitere Verfeinerung gegenüber der Kostenberechnung nach DIN 276 gemäß den Kostengruppen in Spalte 3. Im Gegensatz zum Kostenanschlag nach DIN 276, der in der Regel in Spalte 4 der Kostengruppen nach Einzelgewerken gemäß ATV (VOB Teil C Allgemeine Technische Vertragsbedingungen für Bauleistungen) mit Mengenangaben erstellt wird, ist diese Kostenermittlung mit Einheitspreisen von Gebäudeunterelementen durchzuführen. Gebäudeunterelemente sind funktional und geometrisch abgrenzbare Teile eines Gebäudes. Sie umfassen alle Leistungen und deren Kosten, die mit der Erstellung des Elementes zusammenhängen (Kostenverursachungsprinzip). Unter dem Gebäudeelement „Bodenbeläge" werden z. B. alle Leistungen im Zusammenhang mit der Herstellung von Bodenbelägen des Bauwerks zusammengefaßt. Die Kosten je Mengeneinheit des Gebäudeunterelements sind damit mittlere Kosten aus allen auftretenden Bodenbelägen, und die Menge des Gebäudeunterelements ist die Menge aller auftretenden Bodenbeläge. Dies sei an einem **Beispiel** verdeutlicht:

Industrieparkett	200 m²	à 50,— DM	10 000 DM
Teppichboden	100 m²	à 30,— DM	3 000 DM
Plattenbelag, Steinzeug	50 m²	à 100,— DM	5 000 DM
Gebäudeelement Bodenbeläge	350 m²	à 51,43 DM	18 000 DM

Ein Gebäudeunterelement stellt somit keine baubare Lösung dar, sondern   80
repräsentiert ein spezifisches Gemenge von einzelnen Ausführungen von Gebäudeelementen. Wenn also von Qualität gesprochen wird, ist sowohl die Art der einzelnen Ausführungen als auch das Mischungsverhältnis der Ausfüh-

rungen im Gebäudeunterelement gemeint. Die Auswahl von Einheitspreisen zu den einzelnen Gebäudeunterelementen erfolgt unter Berücksichtigung des oben genannten Qualitätsbegriffs (vgl. zum Ganzen Baukostenhandbuch der Architektenkammer Baden-Württemberg, S. 71 ff., „Kostenberechnung mit Einheitspreisen von Gebäudeunterelementen als Besondere Leistung nach HOAI"). Die einzelnen Bauteile/Bauelemente werden also unterteilt nach Gebäudeelementen bzw. Gebäudeunterelementen, für die nach besonderen Meßvorschriften die Mengen ermittelt werden. Mengen sind nach allgemeiner Auffassung meßbare Größen nach Längen, Flächen oder Rauminhalten. Eine Kostenberechnung nach Mengengerüsten enthält also Mengenansätze mit Einzelkosten (Einheitspreisen), aggregierten Einzelkosten oder aufgrund von Einzelkosten ermittelten Mischkosten.

81 Verlangt ein AG eine Kostenberechnung gem. DIN 276 06/93, ist zu prüfen, ob diese noch nach Form und Inhalt der Fassung DIN 276 04/81 entspricht. Nach DIN 276 06/93 S. 3 OZ 9.2.2 wird eine Aufgliederung mindestens bis zur 2. Ebene der Kostengliederung gefordert. Bei der Kostenberechnung nach DIN 276 04/81 sollen die Leistungen innerhalb der Kostengruppen bis zur Spalte 3 der Kostengliederung erfaßt werden. Vergleicht man die Gliederungen beider DIN 276 Fassungen, ergibt sich folgendes Bild:

82 Kostengliederung bei

DIN 276 04/81	DIN 276 06/93
Spalte 1	Ebene 1
3 Bauwerk	300 Bauwerk – Baukonstruktionen
Spalte 2	Ebene 2
3.1 Baukonstruktionen	310 Baugruben
	320 Gründung
	330 Außenwände
	340 Innenwände
	350 Decken
	360 Dächer
	370 Baukonstruktive Einbauten
	390 Sonstige Maßnahmen für Baukonstruktionen
Spalte 3	Ebene 3*)
3.1.1 Gründung	330 Außenwände
3.1.2 Tragkonstruktionen	331 Tragende Außenwände
3.1.3 Nichttragende Konstruktionen	332 Nichttragende Außenwände
3.1.9 Sonstige Konstruktionen	333 Außenstützen
	334 Außentüren und -fenster
	335 Außenwandbekleidungen

*) Nur beispielhaft für 330 Außenwände.

Die Gegenüberstellung der für die Kostenberechnung in Spalte 3 DIN 276 **83**
04/81 und in Ebene 2 DIN 276 06/93 geforderten Aufgliederung zeigt deutlich, daß die Kostengliederungen nicht identisch sind. In Spalte 3 werden für
Baukonstruktionen 3 Konstruktionselemente (ohne 3.1.9 Sonstige Konstruktionen) abgefragt, während in der 2. Ebene der DIN 276 06/93 7 Konstruktionselemente (ohne 390 Sonstige Maßnahmen für Baukonstruktionen) aufgegliedert werden müssen. Können die Kostenglieder in Spalte 3 DIN 276 04/81
ohne weiteres noch nach Erfahrungswerten pauschaliert werden, geht die
Kostengliederung in Ebene 2 DIN 276 06/93 der Ermittlung von Mengen,
Mengengerüsten und Einzelpreisen voraus. Damit wird das Ergebnis der
Kostenberechnung nach DIN 276 06/93 nicht nur genauer, sondern es lassen
sich auch die Kosten infolge der in Ebene 2 verlangten Entgliederung und
Transparenz genauer kontrollieren. Das dürfte auch die Absicht der neuen
DIN-Fassung sein, die sich zugleich mit der **ausführungsorientierten** Kosten-
gliederung den wirtschaftlichen Bedürfnissen des Marktes anpaßt.

Solange die Kostenermittlungen nach DIN 276 06/93 – hier die Kostenbe- **84**
rechnung – als Grundleistungen unter Berücksichtigung des Mehraufwandes
nicht in einer Novelle gefordert werden, kann die Forderung eines AG für eine
Kostenberechnung nach DIN 276 06/93 nur ab **Besondere Leistung** mit entsprechender Vereinbarung gesehen werden. Die vorangestellten Ausführungen
zeigen deutlich, daß es sich hierbei nicht um eine Grundleistung handeln kann.

Durch die 5. HOAI-Novelle (vgl. Einl. Rdn. 12) wurde auch in Leistungs- **85**
phase 3 eine neue Besondere Leistung betreffend die **Energieeinsparung** und
Schadstoffverringerung eingefügt. Die Abgrenzung zu den Grundleistungen
sowie der Gegenstand der Tätigkeit ist der gleiche wie in der Leistungsphase 2
(vgl. oben Rdn. 58). Im Unterschied dazu ist hier jedoch die Weiterentwicklung der konzeptionellen Überlegungen geschuldet. Die konstruktiven und
kostenmäßigen Auswirkungen sind im einzelnen darzulegen, damit beides für
Baubeschreibung, Kostenberechnung und Dimensionierung der technischen
Ausrüstung als Grundlage verwertet werden kann.

Fragen der Haftung bei Leistungsphase 3 Entwurfsplanung **86**

In der Leistungsphase Entwurfsplanung wird die Plankonzeption bis zum
vollständigen Entwurf entwickelt. Werden dabei nicht in angemessener Weise
städtebauliche, gestalterische, funktionale, technische, bauphysikalische, wirtschaftliche, energiewirtschaftliche und landschaftsökologische Anforderungen
berücksichtigt, so kann die Entwurfsplanung mangelhaft sein (vgl. i. e. Morlock DAB 1990, 945).

Der Architekt schuldet einen **genehmigungsfähigen Entwurf.** Dieser muß sich **87**
im Rahmen der bauordnungsrechtlichen und bauplanungsrechtlichen Vorschriften bewegen. Die Planung ist mangelhaft, wenn sie nicht genehmigungsfähig ist. Sie muß in Einklang mit den Regelungen des Bauordnungs- und Bau-
planungsrechts stehen (OLG Düsseldorf BauR 1986, 469; OLG München

BauR 1992, 534 = NJW-RR 1992, 788). Die (rechtswidrige) Erteilung einer Baugenehmigung befreit den Architekten nicht; vielmehr haftet er auch in diesem Fall bei späterer Aufhebung (BGH LM Nr. 51 zu § 839 BGB m. Anm. Koeble; OLG München a. a. O.). Sie ist auch dann mangelhaft, wenn die Baugenehmigung nur nach grundlegender Umplanung des Baukörpers oder so weitgehender Änderungen erreicht werden kann, daß ein Einverständnis des Auftraggebers nicht erwartet werden kann (OLG Düsseldorf Schäfer/Finnern Z 3.01 Bl. 125; OLG Düsseldorf BauR 1986, 469; Morlock DAB 1990, 945). Ist es dem Architekten möglich nachzuweisen, daß ein Dispens bewilligt worden wäre, so liegt kein mangelhafter Plan vor (a. A. Bindhardt/Jagenburg § 6 Rdn. 68).

88 Besteht die Möglichkeit, daß die Baugenehmigung bzw. eine beantragte Ausnahmebewilligung nicht erteilt wird, so muß der Architekt den Auftraggeber darauf hinweisen. Bei nicht genehmigungsfähiger Planung steht dem Architekten ein Recht zur **Nachbesserung** zu (vgl. allg. Einl. Rdn. 48 f.). Die Grenzen dafür liegen in der Zumutbarkeit von Änderungen für den Auftraggeber (vgl. OLG Düsseldorf BauR 1986, 469). Deshalb hat das OLG München (a. a. O.) ein Nachbesserungsrecht zutreffend abgelehnt, wenn Änderungen praktisch ein anderes Gebäude zur Folge hätten. Die Beweislast dafür, daß der Auftraggeber bewußt die Risiken der Genehmigungsfähigkeit in Kauf genommen hat, trägt der Architekt (OLG Düsseldorf BauR 1986, 469). Besondere Schwierigkeiten entstehen dann, wenn die Baugenehmigung zu Unrecht versagt wird, der Auftraggeber aber dennoch keine Rechtsbehelfe gegen die Ablehnung des Baugesuchs eingelegt hat (hierzu Bindhardt/Jagenburg § 6 Rdn. 76 ff.; Locher, Das private Baurecht, Rdn. 250).

89 Der Architekt darf in jeder Leistungsphase **nur diejenigen Leistungen** erbringen, die jeweils **nach dem Stand** der Planung und des Bauvorhabens **erforderlich** sind. So muß er zunächst bei der zuständigen Baubehörde die Fragen der Bebauungsmöglichkeit klären, bevor er zur Anfertigung des Entwurfs schreitet. Gegebenenfalls muß er, bevor die Entwurfsplanung durchgeführt wird, zunächst nur die Vorplanung vornehmen und eine Bauvoranfrage einreichen (vgl. BGH Schäfer/Finnern Z 3.01 Bl. 385; OLG Düsseldorf BauR 1986, 469; OLG München BauR 1993, 358). Der Architekt darf hier nur die Tätigkeit entfalten, die erforderlich ist, um die Baurechtsbehörde zu einer entsprechenden Entscheidung zu veranlassen (LG Mannheim Schäfer/Finnern Z 3.01 Bl. 258). Das Honorar für Leistungsphasen 1 und 2 sowie für die Besondere Leistung Bauvoranfrage steht ihm dann auch zu, wenn die Baugenehmigung nicht erteilt wird (OLG Düsseldorf BauR 1986, 469).

90 Für die Beurteilung der Mangelhaftigkeit der Entwurfsplanung ist nicht der Zeitpunkt der Abnahme des Architektenwerks maßgebend. Der Architekt hat seine Leistungspflicht auch verletzt, wenn die Planung zum Zeitpunkt der Abnahme zwar dem Stand der Technik entsprach, rückwirkend bis zum Ablauf der Gewährleistungspflicht jedoch aufgrund **neuerer Erkenntnisse der Technik** ihre Fehlerhaftigkeit objektiv nachgewiesen werden kann (so BGH BauR 1971,

58 und OLG Frankfurt BauR 1983, 156 für „Fehler" bei einem VOB-Vertrag
– Revision vom BGH nicht angenommen –; a. A.: Jagenburg NJW 1971, 1431;
Korbion BauR 1971, 59; Locher BauR 1974, 299; Schmalzl Rdn. 46; Werner/
Pastor Rdn. 1019 ff., 1027; vgl. ferner Einl. Rdn. 47).

Bei erkennbar ungünstigen, wohl auch bei unbekannten **Bodenverhältnissen** 91
ist der Architekt verpflichtet, Bodenuntersuchungen, Baugrundbeurteilungen
und Gründungsberatungen nach § 92 HOAI anzuregen (BGH ZfBR 1980, 287;
OLG Hamm Schäfer/Finnern Z 2.414 Bl. 37; OLG Oldenburg BauR 1981, 399
= VersR 1981, 541, auch zum Haftungsverhältnis zwischen Architekt und Statiker und zum Mitverschuldenseinwand des Architekten gegenüber dem Auftraggeber wegen Fehlers des Statikers). Er ist verpflichtet, die Grundwasser-
und Bodenverhältnisse zu klären (OLG Celle BauR 1983, 483; OLG Düsseldorf BauR 1985, 341) und dem Statiker ausreichende Unterlagen für die Beurteilung der Boden- und Wasserverhältnisse zu übermitteln (zum Haftungsverhältnis zwischen Architekt und Statiker vgl. Einl. Rdn. 239). Dagegen genügt
der Architekt seinen Pflichten, wenn er ein bei seiner Einschaltung bereits vorliegendes Bodengutachten der Prüfung auf „offenkundige Fehler" unterzieht
(vgl. OLG Düsseldorf BauR 1989, 344 für den gleichgelagerten Fall der technischen Baubetreuung).

Die **Entwässerung** hat er in der Regel sorgfältig zu planen und zu überwa- 92
chen, soweit nicht ein Sonderfachmann für die Entwässerungsplanung (Teil
IX) eingesetzt wird (vgl. hierzu unten Rdn. 114 und BGH Schäfer/Finnern
Z 3.01 Bl. 153). Unterläßt der Architekt die Planung einer Dränage, obwohl
dies nach den Regeln der Technik erforderlich wäre, so ist seine Planung mangelhaft (OLG Frankfurt MDR 1970, 924, abgedruckt allerdings ohne Sachverhalt; vgl. aber die letzten Sätze der Entscheidung). Architekt und Bodengutachter haften als Gesamtschuldner, wenn beide nicht berücksichtigen, daß nach
Beendigung von Wasserhaltung auf einem Nachbargrundstück das Grundwasser ansteigt und deshalb die Kellersohle hätte höher angeordnet werden müssen (OLG Köln SFH Nr. 55 zu § 635 BGB). Im hochwassergefährdeten Gebiet
muß der Architekt die Grundwasserverhältnisse berücksichtigen (OLG Köln
BauR 1993, 756 = NJW-RR 1993, 1493). Ebenso gehören die Grundwasserverhältnisse in einem Gebiet mit relativ hohem Grundwasserstand zu den zentralen Aufgaben des planenden Architekten, auch dann, wenn er die Leistungsphase 1 nicht in Auftrag hat (OLG Düsseldorf NJW-RR 1992, 156). Entsprechendes gilt für die Tieferlegung eines Gartenhofs im grundwassergefährdeten
Bereich (OLG Düsseldorf BauR 1991, 791). Für ein fehlerhaftes Gutachten
hinsichtlich der Grundwasserstände ist der Architekt nicht neben dem Bodengutachter haftbar (OLG Köln BauR 1992, 804 = NJW-RR 1992, 1500).

Der Architekt ist ebenso gehalten, für eine einwandfreie **Schall- und Wärme-** 93
dämmung zu sorgen (zur Schalldämmung vgl. i. e. Weiß, Rechtliche Probleme
des Schallschutzes, 2. Aufl., 1993; OLG Stuttgart BauR 1977, 279; OLG
Frankfurt BauR 1980, 361; OLG Köln BauR 1981, 475; OLG Hamm BB 1981,
1975; OLG Hamm BauR 1988, 340; LG Tübingen SFH Nr. 6 zu § 634 BGB;

OLG Düsseldorf BauR 1993, 622 = NJW-RR 1994, 88; OLG Hamm BauR 1994, 246; zum „Nachweis" vgl. unten Rdn. 108 f.; zur Wärmedämmung: OLG Köln BauR 1986, 714; OLG Köln BauR 1987, 460 = SFH Nr. 7 zu § 278 BGB auch zur Verantwortung des Statikers).

94   Der Architekt muß ferner für einwandfreie Fundamente des Bauwerks sorgen (BGH Schäfer/Finnern Z 3.01 Bl. 230; BGH Schäfer/Finnern Z 2.400 Bl. 44). Ferner muß er genügend ausgebildete Dehn- und Trennfugen vorsehen (vgl. OLG Karlsruhe MDR 1969, 49; OLG Düsseldorf BauR 1973, 252; vgl. auch Einl. Rdn. 239 f.). Auch die Nichtplanung des Architekten, etwa hinsichtlich der Gestaltung eines Flachdaches, kann einen Planungsfehler darstellen, der zu Gewährleistungsansprüchen führt (BGH BauR 1974, 125).

95   Nach einer Entscheidung des OLG Hamm (BauR 1989, 501 = BB 1989, 1081 = NJW-RR 1989, 470) kann die **Planung** mangelhaft sein, wenn sie **nicht mehr sachgerecht** ist. Dafür genügt es aber nicht, wenn die Planung nicht die bestmögliche Lösung darstellt. Vielmehr müssen zusätzliche Umstände hinzukommen. Das OLG hat dies in einem Fall bejaht, in dem ein als Repräsentationsgebäude geplantes Objekt „ohne Not" 35 cm in das Gelände eingebettet wurde.

96   Der Architekt muß bei seiner Planung die **nachbarrechtlichen Verhältnisse** berücksichtigen und seinen Auftraggeber hierüber aufklären (vgl. Bindhardt BauR 1983, 422).

97   Zwar braucht die Entwurfsplanung des Architekten nicht optimal zu sein. Sie muß aber dem **Stand der Technik** entsprechen und entsprechend den Wünschen des Auftraggebers eine brauchbare Leistung darstellen. Die Verwendung neuer und in der Praxis noch nicht ausreichend bewährter Baustoffe ist nicht grundsätzlich ausgeschlossen (vgl. hierzu oben Rdn. 29 und BGH NJW 1981, 2243 = SFH Nr. 29 zu § 635 BGB).

98   Bei Planungsfehlern stellt sich nicht selten die Frage, ob der **sachkundige Bauherr** verpflichtet ist, die Pläne und Zeichnungen des Architekten sachlich zu prüfen, oder ob ein mitwirkendes Verschulden des sachkundigen Bauherrn vorliegt, wenn er die Arbeiten des Architekten nicht überprüft und Bauvorlagen des Architekten unterzeichnet (vgl. OLG München BauR 1973, 122; Heinz BauR 1974, 306). Der BGH hat es als ein Mitverschulden des Auftraggebers angesehen, daß dieser es unterlassen hat, einen 21 Seiten umfassenden Kostenanschlag durchzuprüfen (BGH Schäfer/Finnern Z 3.00 Bl. 3). Im technischen Bereich wird ein mitwirkendes Verschulden des fachkundigen Bauherrn nur dann anzunehmen sein, wenn der Planungsfehler offensichtlich ist und sich dem Auftraggeber aufdrängen muß. Ein völliger Ausschluß der Haftung käme nur bei ausdrücklicher Einwilligung in eine fehlerhafte Planung unter Übernahme des Risikos in Frage (BGH BauR 1994, 533 = NJW-RR 1994, 906 = ZfBR 1994, 207).

99   Die Planung hat auch **wirtschaftliche Gesichtspunkte** gleichrangig wie technische zu berücksichtigen. Der Architekt muß im Rahmen des ihm bekanntgegebenen Baukostenzuschnitts planen. Ein Entwurf, der an der vom Auftraggeber

genannten Bausumme „vorbeiplant", ist mangelhaft, eine zu aufwendige Planung eine fehlerhafte Planung (vgl. OLG Hamm Schäfer/Finnern Z 3.01 Bl. 296). Lautet etwa der Auftrag dahin, für ein vorgesehenes Grundstück ein zweckentsprechendes, rentables Mehrfamilienhaus zu entwerfen, und entspricht der Entwurf diesem Ziel nicht, so ist das Werk des Architekten mit Mängeln behaftet (OLG Hamm MDR 1966, 758).

In der Leistungsphase Entwurfsplanung ist die **Koordinierungspflicht** wiederum von besonderer Bedeutung. Die Koordinierungspflicht findet jedoch ihre Grenze, wo es sich um die Abstimmung der Leistungen von Sonderfachleuten handelt, deren Fachgebiet der Architekt nicht zu beherrschen vermag (BGH BauR 1976, 138). 100

Zur Leistungsphase Entwurfsplanung gehört auch die **Kostenberechnung** nach DIN 276. Wie bereits dargelegt (vgl. oben Rdn. 73), ist die Kostenberechnung Voraussetzung für die Entscheidung, ob das Bauvorhaben wie geplant durchgeführt werden soll, sowie Grundlage für die erforderliche Finanzierung. Der Architekt ist verpflichtet, diese Kostenberechnung sorgfältig zu erstellen und dem Auftraggeber eine klare Entscheidung hinsichtlich der Ausführung des Bauvorhabens und seiner Finanzierung zu ermöglichen. Ist die Kostenberechnung fahrlässig falsch, so können Schadensersatzansprüche entstehen. Dies kann etwa der Fall sein, wenn Leistungspositionen vergessen oder zu niedrige Preise eingesetzt werden. In diesem Fall bestehen Ansprüche gemäß § 635 BGB, nicht unter dem Gesichtspunkt der positiven Forderungsverletzung (vgl. zur Frage der Haftung wegen Bausummenüberschreitung Einl. Rdn. 55). Stellt sich die Kostenschätzung oder die Kostenberechnung nachträglich als unrichtig heraus und entstehen höhere Kosten, so hat der Architekt eine Fortschreibungspflicht. Er macht sich schadensersatzpflichtig, wenn er nicht die Kostenschätzung oder Kostenberechnung einer Korrektur auf ihre Richtigkeit unterzieht und diese dem Auftraggeber mitteilt (LG Tübingen Schäfer/Finnern Z 3.005 Bl. 3). 101

Die Grundleistung **Kostenkontrolle** durch Vergleich der Kostenberechnung mit der Kostenschätzung bringt gegenüber der bisherigen Haftungssituation keine Besonderheiten. Die Kostenkontrolle war schon bisher in allen Leistungsphasen nötig (vgl. unten Rdn. 199, 221). Verstößt der Architekt gegen diese Pflicht, so können dem Auftraggeber Ansprüche wegen Bausummenüberschreitung zustehen, wenn deren Voraussetzungen vorliegen (vgl. Einl. Rdn. 55). 102

Als Besondere Leistung ist in der Leistungsphase 3 die **Wirtschaftlichkeitsberechnung** aufgeführt. Ist diese fehlerhaft und läßt sich das vom Architekten geplante Bauvorhaben deshalb nicht verwirklichen, so macht sich der Architekt schadensersatzpflichtig. Die Aufforderung zur Mängelbeseitigung innerhalb einer bestimmten Frist kann in solchen Fällen entbehrlich sein, wenn sie nur eine nutzlose Förmlichkeit wäre (BGH BauR 1976, 285). 103

Im sozialen und steuerlich begünstigten Wohnungsbau ist eine besondere Berechnung aufzustellen, die die Grundstücks- und Gebäudebeschreibung, die 104

Berechnung der Gesamtkosten des Bauvorhabens, den Finanzierungsplan und die Gegenüberstellung der laufenden Anwendungen und Erträge für das Gebäude oder eine Wirtschaftseinheit nach der Regelung der II. BV vom 17. 10. 1957 (BGBl. I, S. 1719), i. d. F. v. 8. 5. 1977 (BGBl. I, S. 750) enthält.

105   Die Grundleistungen aus Leistungsphase 4 Genehmigungsplanung

Zentrale Grundleistung in Leistungsphase 4 ist das **Erarbeiten der Vorlagen** für die nach den öffentlich-rechtlichen Vorschriften erforderlichen Genehmigungen oder Zustimmungen einschließlich der Anträge auf Ausnahmen und Befreiungen unter Verwendung der Beiträge anderer an der Planung fachlich Beteiligter sowie noch notwendiger Verhandlungen mit Behörden.

106   Ebenfalls landesrechtlich geregelt ist die **Baugenehmigungsfreistellung** (zur Verfassungsgemäßheit vgl. Schulte BauR 1995, 174). Auch dann, wenn dieser Weg gewählt wird, muß die Planung des Architekten genehmigungsfähig sein (vgl. oben Rdn. 87). Das Haftungsrisiko für den Architekten ist in solchen Fällen sehr groß (vgl. auch unten Rdn. 124). Ein Honoraranspruch für Leistungsphase 4 entsteht auch hier, weil die Grundleistungen ebenfalls im Ergebnis erfüllt werden.

107   Welche Vorhaben **genehmigungspflichtig** sind, wird in den **Landesbauordnungen** geregelt. Soweit nicht durch Bestimmungen ausgenommen, fallen Errichtung, Abbruch und Änderungen von baulichen Anlagen und anderen Anlagen und Einrichtungen unter die Genehmigungspflicht. Die Voraussetzungen, die für die Prüfung und Genehmigung derartiger Maßnahmen erfüllt sein müssen, sind in den Landesbauordnungen geregelt. Die Bauvorlagenverordnungen regeln im einzelnen, welche Unterlagen dem Bauantrag beigefügt sein müssen. Dies sind insbesondere Lageplan, Bauzeichnungen, Baubeschreibung, Standsicherheitsnachweis, die Darstellung der Grundstücksentwässerungen und die übrigen bautechnischen Nachweise. Damit ist noch nichts darüber gesagt, ob der Architekt diese Leistungen auch in vollem Umfang als Grundleistungen selbst erbringen muß.

108   Neben den als Grundleistung zu erbringenden Bauzeichnungen hat der Architekt dafür zu sorgen, daß alle für die baurechtliche Genehmigung oder Zustimmung erforderlichen Unterlagen **erbracht werden**. Dies können sein: Lagepläne, statische Berechnungen für die Tragwerke (§ 64 [3] 4), bauphysikalische Nachweise zum Brandschutz (§ 64 [3] 4), Nachweis des Wärmeschutzes (§ 80 [2] 1) oder Vorlagen für die Genehmigung von technischen Gebäudeausrüstungen und Anlagen der Ver- und Entsorgung (§ 73 [3] 4), meteorologische Gutachten u. a.

109   Der Architekt hat diese Unterlagen zusammenzustellen und soweit erforderlich auch Anträge auf Ausnahmen und Befreiungen zu stellen sowie noch notwendige Verhandlungen mit den Behörden zu führen.

110   Die Tatsache, daß der Architekt für die Erbringung aller für die Genehmigung oder Zustimmung erforderlichen Unterlagen verantwortlich ist, bedeutet nicht, daß er diese Leistungen **selbst ausführen muß.** Er muß jedoch den Auftraggeber auf die Notwendigkeit derartiger Leistungen und gegebenenfalls auf die Beauftragung von Sonderfachleuten hinweisen. Der Architekt hat darauf hinzuwirken, daß die über seine Grundleistung hinausgehenden Leistungen von den anderen an der Planung fachlich Beteiligten erbracht werden. Soweit der Architekt in der Lage ist, diese Leistungen ganz oder teilweise selbst zu erbringen, steht ihm hierfür ein Honorar zu.

Die Leistungsphase 4 verlangt vom Architekten auch das **Einreichen dieser** **111** **Unterlagen.** Hinzu kommt ferner das Vervollständigen und Anpassen der Planungsunterlagen, Beschreibungen und Berechnungen unter Verwendung der Beiträge anderer an der Planung fachlich Beteiligter.

Im Laufe des Baugenehmigungsverfahrens kann es zu behördlichen Auflagen **112** für weitere Unterlagen kommen und damit zum Vervollständigen und Anpassen der Planungsunterlagen und Beschreibungen. Der Architekt hat nicht nur seine eigenen Unterlagen zu vervollständigen und anzupassen, sondern er hat auch die anderen an der Planung fachlich Beteiligten hierzu zu veranlassen und deren Beiträge zu verwenden.

Die Fertigung eines **Nachtragsbaugesuches** dagegen gehört nicht zu den **113** Grundleistungen in Leistungsphase 4, soweit Änderungswünsche des Auftraggebers dafür die Ursache sind (ebenso Jochem § 15 Rdn. 38; Hesse/Korbion/ Mantscheff § 15 Rdn. 18). Liegt keine Honorarvereinbarung vor – möglich wäre eine Vereinbarung, wonach das Nachtragsbaugesuch auf Zeithonorarbasis abgerechnet werden soll –, so ist für die Änderungsplanung eine vollständige Neuberechnung nach §§ 10, 11 und 12 sowie 15 unter Berücksichtigung der Honorarminderung für Leistungsphase 1–3 nach § 20 HOAI erforderlich (vgl. auch unten Rdn. 122 und § 20 Rdn. 1 ff.).

Zweifelhaft war, ob auch die **Entwässerungsplanung** eine Besondere Leistung **114** darstellt oder ob der Architekt sie im Rahmen seiner Grundleistungen zu erbringen hat. Die Frage hat sich jedoch mit der Aufnahme der Technischen Ausrüstung in Teil IX der HOAI erledigt. Der Architekt erbringt Grundleistungen aus § 73 und hat dafür einen Honoraranspruch (siehe auch § 2 Rdn. 9). Da es sich bei dieser Leistung um keine Besondere Leistung handelt, ist eine schriftliche Vereinbarung nicht erforderlich.

Zu den **öffentlich-rechtlichen Vorschriften,** die bei der Genehmigungsplanung **115** zu beachten sind, gehören insbesondere planungsrechtliche Vorschriften nach BauGB, StBauFG, BauNVO und Bebauungspläne; bauordnungsrechtliche Vorschriften, wie LBO, AVO und sonstige materiell-rechtliche Vorschriften; öffentlich-rechtliche Vorschriften mit baurechtlichem Einfluß: z. B. Naturschutzrecht, Denkmalschutzrecht, Gewerberecht, Straßen- und Wasserrecht, Immissionsschutzrecht. Die Leistung Genehmigungsplanung ist als erbracht anzusehen, wenn dem Auftraggeber die Baugenehmigung erteilt wird (OLG Düsseldorf BauR 1981, 401).

116   Ungeklärt ist bisher, ob auch die Grundflächenberechnung oder die **Wohnflächenberechnung** nach DIN 283 bzw. DIN 277 oder nach der II. BV zu den
Grundleistungen der Leistungsphase 4 gehört. Dies ist zu bejahen, soweit diese
Unterlagen nach dem Bauvorlagenrecht (Bauvorlagenverordnungen; vgl. z. B.
§ 2 Abs. 8 Nr. 6 BW BVVO) der einzelnen Länder notwendig sind. Nur dann
gehören sie zu den „Vorlagen für die nach den öffentlich-rechtlichen Vorschriften erforderlichen" Genehmigungen oder Zustimmungen. Andernfalls
handelt es sich um Besondere Leistungen, für die ein zusätzliches Honorar vereinbart werden kann (vgl. § 2 Rdn. 10).

117   Im Zusammenhang mit der Bildung von **Wohnungseigentum** fallen verschiedene Leistungen an, bei denen unklar ist, ob es sich um Grundleistungen oder
Besondere Leistungen handelt. Die **Aufteilungspläne** sind Änderungen der Mut-
terpausen, und zwar werden der Lageplan, die Grundrisse und in manchen Fällen auch Ansichten und Schnitte geändert. Es werden die Einheiten eingetragen
mit Nummern der Wohnungen, und eine Beschriftung mit Flächenangaben
wird vorgenommen. Diese Pläne sind eine Besondere Leistung, da sie für die
nach den öffentlich-rechtlichen Vorschriften erforderlichen Genehmigungen
oder Zustimmungen nicht zwingend notwendig sind. Das Honorar für diese
Leistungen muß jedoch zusätzlich vereinbart werden (vgl. § 5 Abs. 3–5). Entsprechendes gilt für die zusätzliche **Berechnung der Miteigentumsanteile,** die
häufig zusätzlich zur Wohnflächenberechnung gemacht wird (vgl. § 2 Rdn. 7).

118   Auffallend ist die wesentlich vom Honorarsatz der Genehmigungsplanung
für Gebäude und Freianlagen abweichende Bewertung mit 2 % bei **Innenräumen.** Diese Bewertung läßt den Schluß zu, daß der Verordnungsgeber keine
oder keine vollständige Genehmigungsplanung für Innenräume für erforderlich
hielt. Dies dürfte i. d. R. der Fall sein. Es kann jedoch der Fall eintreten, daß
Nutzungsänderungen oder sonstige Maßnahmen ein baurechtliches Genehmigungsverfahren mit entsprechenden Vorlagen erfordern. Damit stellt sich die
Frage, ob eine derartige Leistung mit dem auf 2 % verminderten Honorar abgegolten ist. Handelt es sich um Leistungen für Innenräume, die gleichzeitig Leistungen des raumbildenden Ausbaues betreffen, so gelten die Bestimmungen
des § 25. Keinesfalls kann eine Genehmigungsplanung als Besondere Leistung
vereinbart werden, es sei denn, es handele sich um besondere Prüfverfahren.

119   **Die Besonderen Leistungen aus Leistungsphase 4 Genehmigungsplanung**

   Als Besondere Leistung ist zunächst das **Mitwirken bei der Beschaffung der
nachbarlichen Zustimmung** genannt. Hierbei wird es auf den Aufwand und den
Umfang der Tätigkeit des Auftragnehmers ankommen. Der Architekt kann
nicht jede Beratung des Auftraggebers hinsichtlich der baurechtlichen Bestimmungen, den Festsetzungen eines Bebauungsplans oder des Nachbarrechts
unter Hinweis auf den Charakter als Besondere Leistung vergütet verlangen.
Die „Mitwirkung" muß schon – soll sie eine Besondere Leistung darstellen –
ein gewisses Maß von Intensität erreichen. Dabei kann es sich der Sache nach
allerdings nur um eine unterstützende Tätigkeit in fachlicher und technischer

Hinsicht handeln, nicht um die Beratung bzw. Tätigkeit in Rechtsangelegenheiten (vgl. Einl. 77 ff. und unten Rdn. 121, 126).

Eine Besondere Leistung stellt auch das **Erarbeiten von Unterlagen für besondere Prüfverfahren** dar. Diese können erforderlich werden für Konstruktionen, einzelne Bauteile, Anlagen und Einrichtungen, Bau- und Fertigungssysteme, Baustoffe und Materialien, Immissionen und andere Einflüsse. Besondere Prüfverfahren nach immissionsschutzrechtlichen, gewerberechtlichen oder sonstigen planungsrechtlichen Vorschriften fallen hierunter. 120

Unter **fachlicher und organisatorischer Unterstützung des Bauherrn** im Widerspruchsverfahren, Klageverfahren oder ähnliches ist vor allem die Beratung, die Bereitstellung von Aktenmaterial, Plänen und Beweismitteln zu verstehen. Eine organisatorische Unterstützung kann die Empfehlung zur Hinzuziehung von Sachverständigen, Sonderfachleuten sowie die Einschaltung von Spezialinstituten sein. In jedem Fall muß die Grenze zum Rechtsberatungsmißbrauch eingehalten werden (vgl. unten Rdn. 126). 121

Weitere Besondere Leistung ist das **Ändern der Genehmigungsunterlagen** infolge von Umständen, die der Auftragnehmer nicht zu vertreten hat. In diesem Zusammenhang ist vor allem die Nachtragsgenehmigung anzusprechen. Soweit es sich um kein vollständiges Baugesuch handelt und die Leistungen der Leistungsphase 4 nicht nochmals erbracht werden, ist hier eine Besondere Leistung gegeben. Soweit jedoch die Leistungsphase 4 in ihren Grundleistungen nochmals ganz oder auch teilweise zu erbringen ist, sind diese Leistungen als Grundleistungen nach den Vorschriften der §§ 10, 11 und 12 sowie 15 unter Ansatz der entsprechenden Teilhonorare abzurechnen (vgl. auch oben Rdn. 113). Liegen Teilleistungen nicht vor, so handelt es sich um eine Besondere Leistung. Voraussetzung für die Honorierung ist in diesem Fall die schriftliche Vereinbarung eines Honorars. Der Architekt kann die Erbringung der Besonderen Leistung verweigern, wenn der Auftraggeber nicht zum Abschluß einer schriftlichen Vereinbarung bereit ist (zu Honoraren für Änderungen allgemein vgl. § 20 Rdn. 1 ff.). 122

Besondere Leistungen können im Zusammenhang mit der Schaffung von Wohnungs- oder Teileigentum anfallen (vgl. oben Rdn. 117), und auch die Nutzflächenberechnung oder die Wohnflächenberechnung nach DIN 283 kann eine Besondere Leistung darstellen (vgl. oben Rdn. 117). 123

Fragen der Haftung bei Leistungsphase 4 Genehmigungsplanung 124

Der Architekt muß nicht nur die nach den öffentlich-rechtlichen Vorschriften erforderlichen Genehmigungen einschließlich der Anträge auf Ausnahmen und Befreiungen erarbeiten und einreichen, sondern auch dann Sorge für die Einholung der erforderlichen Genehmigungen tragen, wenn Sonderfachleute an der Planung beteiligt sind (vgl. BGH BauR 1975, 67). Ebenso wie im Rahmen der Entwurfsplanung muß der Architekt auch im Rahmen der Genehmigungsplanung die baurechtlichen Bestimmungen einhalten. Bei Zweifeln über die Genehmigungsfähigkeit des Bauvorhabens muß der Architekt den Auftragnehmer rechtzeitig unterrichten (vgl. i. e. zur **Genehmigungsfähigkeit** oben Rdn. 42, 87 ff.). Der Architekt muß die einschlägigen baurechtlichen Vorschriften kennen und beachten, die Nutzungsvorschriften berücksichtigen und in eigener Verantwortung prüfen, welche Grenzabstände einzuhalten sind (OLG Düsseldorf VersR 1976, 784). Er muß den für den Auftraggeber sicheren Weg gehen und gegebenenfalls raten, eine Bauvoranfrage einzuholen, für deren Bearbeitung er jedoch ein zusätzliches Honorar als Besondere Leistung vereinbaren kann (vgl. oben Rdn. 55).

125 Der Architekt muß die Unterlagen bei der Baubehörde einreichen. Für den Eingang der Unterlagen bei der Genehmigungsbehörde ist er verantwortlich. Mit der Genehmigung des Baugesuchs ist keineswegs die Haftung des Architekten wegen Planungsmängeln beseitigt. Die Baurechtsbehörde prüft die Planung nämlich allein darauf, ob sie den im öffentlichen Interesse ergangenen Vorschriften genügt. Ihre Entscheidung besagt dagegen nichts darüber, ob das Bauwerk mangelfrei geplant ist und ausgeführt wird (BGH VersR 1964, 340). Auch dann, wenn die Baurechtsbehörde amtspflichtig eine Falschauskunft erteilt, wie z. B. über die zulässige Geschoßzahl eines Wohngebäudes, oder wenn in fehlerhafter Weise eine insoweit den planungsrechtlichen Festsetzungen widersprechende Baugenehmigung erteilt wird, kann der Architekt für Schäden verantwortlich sein, die daraus entstehen (vgl. BGH NJW 1980, 2576 = VersR 1980, 765). Entsprechendes gilt bei kleinerer Wohnfläche oder niedrigerer Deckenhöhe (vgl. OLG Hamm BauR 1993, 729).

126 Hinsichtlich der Besonderen Leistung „Unterstützung des Bauherrn im Widerspruchsverfahren, Klageverfahren oder ähnliches" ist darauf hinzuweisen, daß der Architekt die Grenzen der verbotenen Rechtsberatung beachten muß (§ 1 RBerG). Auf keinen Fall darf er sich in die Rolle des umfassenden Baurechtsgestalters und Baurechtsberaters drängen lassen. Er muß die Baurechtsfragen nicht lösen, sondern lediglich den Auftraggeber auf Gefahren hinweisen und einen Denkanstoß geben, der gegebenenfalls durch kompetenten Rechtsrat der dazu Berufenen zu ergänzen ist (vgl. Einl. Rdn. 77 ff. und Kniffka ZfBR 1994, 253 und 1995, 10; Ganten BauR 1974, 85; BGH BauR 1973, 321 m. abl. Anm. Locher; Bindhardt/Jagenburg § 1 Rdn. 4; § 2 Rdn. 102 ff.; § 3 Rdn. 58 ff.; Pott/Frieling Rdn. 207, 486).

127 **Die Grundleistungen aus Leistungsphase 5 Ausführungsplanung**

Als erste Grundleistung ist genannt das **Durcharbeiten der Ergebnisse der Leistungsphasen 3 und 4 (stufenweise Erarbeitung und Darstellung der Lösung)** unter Berücksichtigung der verschiedenen Anforderungen und unter Verwendung der Beiträge anderer an der Planung fachlich Beteiligter **bis zur ausführungsreifen Lösung.** Diese Planungsphase wird vor allem fertigungsorientiert sein, wobei die Koordinierungstätigkeit ein wesentlicher Bestandteil ist. Rechtzeitige und umfassende Koordinierung aller anderen an der Planung fachlich Beteiligten durch den Architekten ist Voraussetzung für einen reibungslosen

Planungsablauf. Insbesondere bei differenzierten oder sehr komplexen Bauaufgaben kann der Planungsablauf sehr störungsanfällig sein, wenn die verschiedenen Fachdisziplinen nicht aufeinander abgestimmt und durch laufende Informationen vom jeweiligen Planungsstand unterrichtet werden. Die Koordinierungstätigkeit bezieht sich einmal auf die terminliche Abstimmung zwischen Architekt und Sonderfachleuten und zum anderen auf die Integration der Beiträge in die jeweilige Planung. Der Architekt wird in der Regel einen Planungsablauf für die Ausführungsplanung aufstellen müssen, wenn dies nicht schon im Rahmen vorhergehender Leistungsphasen erfolgt ist. Die Abstimmung erfolgt für alle Leistungsphasen nach Maßgabe der Zielvorstellungen des Auftraggebers.

Zur **zeichnerischen Darstellung des Objekts** mit allen für die Ausführung notwendigen Einzelangaben (Details) gehören Konstruktionspläne, Übersichtspläne und Einzelzeichnungen im Maßstab 1:50 bis 1:1, bei Freianlagen je nach Art des Bauvorhabens im Maßstab 1:200 bis 1:50, insbesondere Bepflanzungspläne mit den erforderlichen textlichen Ausführungen. Letzteres und die Regelung für raumbildende Ausbauten sind durch die 4. HOAI-Novelle eingefügt worden. Die Angabe dieser Maßstäbe ist beispielhaft und für den Einzelfall nicht verbindlich. Der Maßstab hängt von der jeweiligen Bauaufgabe selbst ab, u. a. von der Größe des Objekts oder den Problemen im Einzelfall. Ziel ist eine hohe Planungsintensität und Übersichtlichkeit. Aus Gründen der Übersichtlichkeit kann deshalb auch der Maßstab 1:100 bei bestimmten Objekten für Übersichts- und Ausführungspläne angebracht sein. Die Planung wird dadurch keineswegs mangelhaft (a. A. Hesse/Korbion/Mantscheff § 15 Rdn. 21, die einen kleineren Maßstab als 1:50 nicht mehr als ordnungsgemäße Ausführungsplanung ansehen, was jedoch bei Bauvorhaben größerer Dimensionierung u. U. zur Unübersichtlichkeit führen könnte). **128**

Wesentlich für die Ausführungsplanung ist, daß die **erforderlichen textlichen Ausführungen** gemacht werden. Im Unterschied zur GOA, die lediglich von „erforderlichen Angaben und Anweisungen" sprach, wird nunmehr nach der HOAI eine **vollständige Niederlegung in den Plänen** verlangt („... mit allen ... notwendigen Einzelangaben ..."). Hierfür ist Schriftform notwendig. Die textlichen Angaben umfassen alle Hinweise von Konstruktionen, Materialien, Bauelementen und Bauteilen, die für die Ausführung notwendig sind, z. B. Fußbodenhöhen und -aufbau, Angaben über Wärme- und Feuchtigkeitsisolierungen, Behandlung von Bauteilen u. a. Die textlichen Angaben können als Legenden in den betreffenden Ausführungs- und Konstruktionsplänen enthalten oder aber in Form von Listen, Raumblättern oder Raumbüchern erfaßt sein. Übereinstimmung mit der Leistungsbeschreibung in Leistungsphase 6 ist selbstverständlich erforderlich. Wenn bei Innenräumen der Maßstab 1:25 bis 1:1 angegeben ist, so bedeutet das nicht, daß im Einzelfall Zeichnungen im Maßstab 1:50 nicht verwendet werden dürften. Besonderes Augenmerk ist dabei auf die Materialbestimmung zu richten. **129**

130   Das **Erarbeiten der Grundlagen für die anderen an der Planung fachlich Beteiligten** (Fachingenieure und Sonderfachleute) verlangt ebenfalls Koordinierung (vgl. oben Rdn. 127). Der Architekt muß eng und termingemäß mit den anderen an der Planung fachlich Beteiligten zusammenarbeiten und die Grundlagen für deren Planungen rechtzeitig und umfassend zur Verfügung stellen. Insoweit handelt es sich ebenfalls um eine Koordinierungstätigkeit. Als Grundlagen kommen Konzepte der Ausführungspläne oder die Ausführungspläne selbst in Betracht, die Lösung von Detailpunkten, Angaben über technische Anlagen, Anforderungen in konstruktiver Hinsicht, wie z. B. Belastungsannahmen, Grundwasser- und Bodenverhältnisse. Das Integrieren der Beiträge der anderen an der Planung fachlich Beteiligten ist ein wichtiger Teil der Koordinierungspflicht und der Fortführung der Ausführungsplanung bis zur ausführungsreifen Lösung. Hierher gehören alle Angaben für die Baukonstruktion (3.1), Installation (3.2), Zentrale Betriebstechnik (3.3), Betriebliche Einbauten (3.4) und Besonderen Bauausführungen (3.5). Das Erarbeiten der Grundlagen für andere an der Planung fachlich Beteiligte wird also zeitlich vor dem Integrieren oder Einarbeiten ihrer Beiträge liegen. So muß erstere Leistung ganz am Anfang der Ausführungsplanung stehen und ist eine wichtige Zäsur im Ablauf der Ausführungsplanung.

131   Das **Fortschreiben der Ausführungsplanung während der Objektausführung** erstreckt sich auf alle erforderlichen Ergänzungen und Änderungen. Die Frage, was unter „Fortschreibung" zu verstehen ist, ist vor allem dann sehr wesentlich, wenn Planung und Überwachung an verschiedene Auftragnehmer vergeben werden. Sie ist aber auch insoweit von Bedeutung, als Änderungen verlangt oder erforderlich werden. Problematisch ist in allen diesen Fällen, ob der Architekt im Rahmen der Grundleistungen verpflichtet ist, ohne besonderes Honorar Änderungen in seine Ausführungsplanung mit einzubeziehen. Eine **Fortschreibung** im Sinne der Leistungsphase 5 setzt voraus, daß die **bisherigen Planungsziele erhalten** bleiben. Ändern sich diese, ohne daß es der Architekt zu vertreten hat, so kann nicht mehr von Fortschreibung gesprochen werden, vielmehr handelt es sich um eine Neuplanung, die bei Erbringung von allen Grundleistungen in Leistungsphase 5 bzw. von Teilleistungen aus Leistungsphase 5 nach den Grundsätzen der §§ 10, 11 und 12 sowie 15 HOAI zu honorieren ist (zum Honorar für Planungsänderungen vgl. § 20 Rdn. 1 ff.). Ähnlich wie hier stellen Hesse/Korbion/Mantscheff/Vygen § 15 Rdn. 113 das Planungsziel als maßgebendes Kriterium heraus: „... dergestalt fortzuschreiben ..., daß sowohl insgesamt als auch insbesondere in jedem Detail eine Lösung gefunden wird, die ohne weiteres die vorgesehene sachgerechte, das Planungsziel voll erreichende Ausführung ermöglicht." Neuenfeld (§ 15 Rdn. 49) kommt zum gleichen Ergebnis: „Dies ist mit Fortschreiben gemeint, das immer nur auf Bestehendem aufbauen kann, so daß umfängliche Änderungen nicht unter diesen Tatbestand einzureihen sind."

132   Wesentlich ist dabei, daß es sich um Änderungen der Planung handelt, daß also Planungsarbeiten überhaupt erforderlich sind und nicht die reine Angabe

an Ort und Stelle genügt. Letzteres gehört in den Bereich der Objektüberwachung (ebenso Neuenfeld a. a. O.). Zusammenfassend kann damit gesagt werden, daß unter Fortschreibung **Ergänzungen und kleinere Änderungen** der Ausführungsplanung zu verstehen sind, die im Rahmen der Planung notwendig werden, um das Objekt entsprechend der Zielrichtung aus Leistungsphase 1–4 in gestalterischer und konstruktionstechnischer Hinsicht entstehen zu lassen. Daneben gehören diejenigen Änderungen der Ausführungsplanung in den vorliegenden Zusammenhang, die deshalb erforderlich werden, weil der Architekt fehlerhaft geplant hat. Alle übrigen Änderungen sind als Änderungsleistungen zu honorieren (vgl. § 20 Rdn. 14 ff.).

133 Der Verordnungsgeber läßt völlig offen, wie bei getrennter Vergabe von Planungs- bzw. Überwachungsleistungen der erhöhte Aufwand beider Auftragnehmer zu honorieren ist. Nach der derzeitigen Fassung der HOAI besteht außerhalb des Anwendungsbereichs von § 15 Abs. 3 und 4 nur die Möglichkeit, diesen Aufwand als „aufwandsbezogene Einflußgröße" im Rahmen der Vereinbarung des Honorars zwischen Mindest- und Höchstsatz zu berücksichtigen. Besondere Probleme der Abgrenzung ergeben sich bei der Planung von Fertigteilen. Ebenfalls bei Vergabe von Planung und Überwachung ist hier einerseits das „Fortschreiben der Ausführungsplanung" und andererseits die „Überwachung und Detailkorrektur von Fertigteilen" (Leistungsphase 8) voneinander abzugrenzen. Auch hier dürfte das Planungsziel maßgebend sein. Eine Detailkorrektur der Fertigteilplanung liegt vor, wenn die Pläne geändert oder berichtigt werden müssen, weil sie von den Ausführungsplänen abweichen oder zur Erzielung eines funktionsgerechten Ergebnisses nach der Ausführungsplanung erforderlich sind (vgl. auch unten Rdn. 140).

Die Besonderen Leistungen aus Leistungsphase 5 Ausführungsplanung **134**

Die mit der **Leistungsbeschreibung mit Leistungsprogramm** zusammenhängenden Arbeiten sind auf § 9 Nr. 10 ff. VOB (A) abgestellt. Mit ihr hat sich eine besondere Form der Leistungsbeschreibung als Ausnahmetyp herausgebildet. Es bedarf jeweils sorgfältiger Überlegungen des Auftraggebers, wenn er eine derartige Ausschreibung durchführen will. Da in diesem Verfahren in der Regel auch Planungsleistungen mit anzubieten sind, können Verschiebungen in den Verantwortungsbereichen zwischen dem Architekten als unabhängigem Planer und dem Bauunternehmer eintreten. Es empfiehlt sich deshalb, die Verantwortungsbereiche bei Auftragserteilung klar abzugrenzen.

135 Bei der Leistungsbeschreibung mit Leistungsprogramm wird das für die Ausführungsplanung sonst üblicherweise zeichnerisch fixierte Raumprogramm mit allen die Konstruktion, die technischen Anlagen und den Ausbau bestimmenden Qualitätsmerkmalen verbal beschrieben. Dies kann z. B. aufgrund einer Vorplanung (Projekt- und Planungsvorbereitung) und einer Beschreibung aller technischen, wirtschaftlichen, gestalterischen und funktionsbedingten Anforderungen erfolgen, zu denen gegebenenfalls noch Raumbücher, Musterleistungsverzeichnisse, planerische Vorgaben von Detailpunkten treten können. Die Leistung wird i. d. R. nicht mehr von den einzeln zu erbringenden Teilen der Leistung bezeichnet, sondern vom Ergebnis, von der fertigen baulichen Anlage her.

136 Als Anhalt mag das unter 3.2.3.1 Teil A § 9 Vergabehandbuch für die Durchführung von Bauaufgaben des Bundes im Zuständigkeitsbereich der Finanzbauverwaltung aufgestellte Schema dienen:

„Angaben des Auftraggebers für die Ausführung:
Beschreibung des Bauwerks/der Teile des Bauwerks;
allgemeine Beschreibung des Gegenstandes der Leistungen nach Art, Zweck und Lage;
Beschreibung der örtlichen Gegebenheiten, wie z. B. Klimazone, Baugrund, Zufahrtswege, Anschlüsse, Versorgungseinrichtungen;
Beschreibung der Anforderungen an die Leistung;
Flächen- und Raumprogramm, z. B. Größenangaben, Nutz- und Nebenflächen, Zuordnungen, Orientierung;
Art der Nutzung, z. B. Funktion, Betriebsabläufe, Beanspruchung;
Konstruktion: ggf. bestimmte grundsätzliche Forderungen, z. B. Stahl- oder Stahlbeton, statisches System.

Einzelangaben zur Ausführung, z. B.:
Rastermaße, zulässige Toleranzen, Flexibilität;
Tragfähigkeit, Belastbarkeit;
Akustik (Schallerzeugung, -dämmung, -dämpfung);
Klima (Wärmedämmung, Heizung, Lüftungs- und Klimatechnik);
Licht- und Installationstechnik, Aufzüge;
hygienische Anforderungen;
allgemeine physikalische Eigenschaften (Elastizität, Rutschfestigkeit, elektrostatisches Verhalten).

Sonstige Eigenschaften und Qualitätsmerkmale:
vorgeschriebene Baustoffe und Bauteile;
Anforderungen an die Gestaltung, z. B. Dachform, Fassadengestaltung, Farbgebung, Formgebung;
Abgrenzung zu Vor- und Folgeleistungen;
Normen oder etwaige Richtlinien des Nutznießers, die zusätzlich zu beachten sind;
öffentlich-rechtliche Anforderungen, z. B. spezielle planungsrechtliche, bauordnungsrechtliche, wasser- oder gewerberechtliche Bestimmungen oder Auflagen."

137 Das **Aufstellen einer detaillierten Objektbeschreibung als Baubuch** zur Grundlage der Leistungsbeschreibung mit Leistungsprogramm oder das Aufstellen einer detaillierten Objektbeschreibung als Raumbuch zur Grundlage der Leistungsbeschreibung mit Leistungsprogramm als Grundlagen für die in Leistungsphase 6 enthaltene Besondere Leistung **Aufstellen von Leistungsbeschreibungen** setzt eine besondere Qualifikation des Architekten voraus. Das Aufstellen einer detaillierten Objektbeschreibung als Raumbuch ist die weitergehende, ausführlichere und verfeinerte Leistung gegenüber dem Baubuch. In ihr sind sämtliche Räume mit allen Merkmalen, wie Materialien, technischen Anlagen und Ausstattung, erschöpfend zu beschreiben. Für die Prüfung der vom bauausführenden Unternehmer aufgrund der Leistungsbeschreibung mit Leistungsprogramm ausgearbeiteten Ausführungspläne auf Übereinstimmung mit der Entwurfsplanung ist davon auszugehen, daß dem Bieter die konstruktive weitere Durcharbeitung überlassen wird, er also Planungsleistungen tatsächlich zu erbringen hat. Die Prüfung der Ausführungsplanung wird sich in der Regel nicht nur auf Übereinstimmung mit der Entwurfs- oder Vorplanung erstrecken, sondern auch auf die in der Objekt- und Leistungsbeschreibung vorgegebenen Qualitätsmerkmale, Materialien, technischen Anlagen.

Die Leistung Aufstellen eines detaillierten Bau- oder Raumbuches stellt hohe **138** Anforderungen an den Auftragnehmer. Während das Baubuch das Gesamtbauvorhaben mit allen Kostengruppen gemäß DIN 276 betrifft, enthält das Raumbuch nur die Beschreibung für Ausbau und Ausstattung der Räume, soweit wie vom Auftraggeber erwünscht. Diese Leistungen können anstelle der Grundleistungen der Leistungsphase 5 treten. Hinsichtlich der Honorierung ist § 5 Abs. 5 anzuwenden. Sollte hierbei der Aufwand für die anstelle der Grundleistungen tretenden Besonderen Leistungen größer sein als der übliche Aufwand für die entfallenden Grundleistungen, so hat der Architekt einen Anspruch auf eine höhere Vergütung, die er allerdings vor Ausführung der Besonderen Leistung vereinbaren muß.

Unter **Erarbeiten von Detailmodellen** sind nicht Modelle im Sinne von § 7 **139** Abs. 2 Nr. 7 zu verstehen, sondern Leistungen für das Zustandekommen von Detailmodellen. Detailmodelle können z. B. sein: Fassadenausschnitte M. 1:1, Treppen- und Geländerausschnitte, Aufbau wiederkehrender Raumgruppen, Decken- und Wandsysteme, Boden- und Wandbeläge, aber auch Putzstrukturen, Anstrichtechniken und Farbmuster. Leistungen für das Zustandekommen von Detailmodellen können u. a. sein: Herstellen von Planunterlagen für die Erstellung von Detailmodellen, Verhandlungen mit dem Hersteller von Detailmodellen und das Überwachen der Herstellung.

Prüfen und Anerkennen von Plänen Dritter nicht an der Planung fachlich **140** **Beteiligter** auf Übereinstimmung mit den Ausführungsplänen werden als Besondere Leistung ausgewiesen, soweit die Anlagen Leistungen betreffen, die in den anrechenbaren Kosten nach § 10 nicht erfaßt sind. Gehören die Anlagen dagegen zu den anrechenbaren Kosten nach § 10, so ist das Prüfen und Anerkennen der Pläne Grundleistung der Leistungsphase 5 (ebenso BGH BauR 1985, 584 bezüglich der Überprüfung von Elementplänen für Fertigbetonteile auf ihre Übereinstimmung mit den Ausführungsplänen). Prüfen und Anerkennen bedeutet aber nicht, daß auch Änderungen oder Korrekturen vorgenommen werden müssen. Der Architekt erfüllt seine Leistungspflichten, wenn er die Pläne zur Änderung an den Planhersteller zurückschickt. Die Korrektur stellt aber bei den **Fertigteilen** eine Grundleistung im Rahmen der Leistungsphase 8 dar. Liefert z. B. ein am Bau Beteiligter serienmäßig hergestellte Türen (Fertigteile) und die dafür erforderlichen Werkstattzeichnungen, so hat der Architekt diese Zeichnungen zu prüfen. Stimmen sie mit seiner Planung überein, so kann er sie anerkennen. Stimmen sie damit nicht überein, so hat er sie zu korrigieren, wenn ihm auch die Leistungsphase 8 („Detailkorrektur von Fertigteilen") übertragen ist (zu den weiteren Leistungspflichten in diesem Fall vgl. § 15 Rdn. 182). Hat er die Objektüberwachung nicht in Auftrag, so ist er zur Korrektur nicht verpflichtet. Verlangt der Auftraggeber die Korrektur dennoch, so steht dem Architekten ein Honorar für eine Teilleistung aus Leistungsphase 8 – auch ohne ausdrücklichen schriftlichen Auftrag – zu (§ 5 Abs. 2).

141 Fragen der Haftung bei Leistungsphase 5 Ausführungsplanung

Von Bedeutung für die Haftung ist es, daß die Ausführungsplanung **vollständig,** d. h. mit allen für die Ausführung notwendigen Einzelangaben, insbesondere auch mit den erforderlichen textlichen Ausführungen, sein muß. Es genügt damit grundsätzlich nicht mehr, daß Angaben und Anweisungen auf der Baustelle gegeben werden. Für Fehler, die aus der Unvollständigkeit der Ausführungsplanung entstehen, haftet der Architekt (vgl. z. B. hinsichtlich des Fehlens einer Unterspannbahn bei der Dachdeckung, wenn ein Dachausbau geplant ist oder ausgeführt wird – OLG Stuttgart v. 17. 7. 1980 – 7 U 64/80). **Fehlen Pläne** für auszuführende Leistungen **ganz,** so ist die Planung mangelhaft (OLG Bamberg SFH Nr. 59 zu § 635 BGB). Wichtige Details der Ausführung erfordern eine entsprechende Detailplanung (so für die Hinterlüftung von Fassadenelementen, die Entwässerung eines Balkonoberbelags und die wirksame Ausbildung des unteren Abschlusses einer Schweißbahn: BGH NJW-RR 1988, 275). Bei Ausführung einer Fußbodenheizung ist ein Fugenplan für den Estrich und den Oberbelag erforderlich, um Risse zu vermeiden. Wird hier ein Fachplaner eingesetzt, so obliegt diesem die Planung der Fugen in Einklang mit der DIN 4109 oder anderen Regeln der Technik sowie den Herstellervorschriften.

142 Entsteht durch die **nicht rechtzeitige** Vorlage der zeichnerischen Darstellung aller für die Ausführung notwendigen Einzelangaben eine Bauverzögerung, so haftet der Architekt für Nachteile, die dem Auftraggeber daraus entstehen. Sind die Ausführungszeichnungen unvollständig oder unbrauchbar, so ist ein Minderungsrecht gegeben, wenn die Voraussetzungen der §§ 633, 634 BGB vorliegen. Bei Verschulden können Schadensersatzansprüche nach § 635 BGB gegeben sein.

143 Zu beachten ist die Koordinierungsverpflichtung hinsichtlich der Beiträge der anderen an der Planung fachlich Beteiligten und die Erarbeitung der Grundlagen für deren Tätigkeit. Insbesondere dem Statiker und dem Ingenieur für technische Gebäudeausrüstung hat der Architekt einwandfreie planerische Unterlagen und Ausführungszeichnungen zur Verfügung zu stellen. Der Architekt trägt dem Auftraggeber gegenüber die Verantwortung, auch wenn er vertraglich dem Bauunternehmer zusätzlich eine Nachprüfung der Angaben seiner Ausführungszeichnungen überträgt (BGH WM 1971, 101). Die Ausführungsplanung muß dem Stand der Technik genügen. Es kann aber der Bauzuschnitt allgemein (Luxusvilla) oder besondere Wünsche des Auftraggebers (erhöht

Schallschutz wegen Lärmempfindlichkeit) eine Leistungspflicht begründen, die über Normwerte hinausgeht.

Die **Grenze** zwischen **Ausführungsplanung und Objektüberwachung** ist 144 schwer zu ziehen. Sind diese Leistungen an gesonderte Architekten vergeben, liegt kein Planungsfehler vor, wenn es sich um Selbstverständlichkeiten handelt, die an Ort und Stelle angewiesen werden können. Das ist jedoch die Ausnahme. Deshalb stellt es einen Planungsfehler dar, wenn Detailpläne für den Aufbau einer Dachterrasse fehlen (a. A. OLG Köln SFH Nr. 84 zu § 635 BGB; vgl. aber OLG Bamberg SFH Nr. 59 zu § 635 BGB). Die Winterfestigkeit eines Objekts bei frostgefährdetem Boden ist Planungssache (vgl. OLG Hamm BauR 1991, 788). Entsprechendes gilt für den Bestandsschutz eines Gebäudes bei Abbrucharbeiten (vgl. OLG Oldenburg BauR 1992, 258 = NJW-RR 1992, 409). Die Haftung des Objektüberwachers bleibt davon unberührt.

Die Grundleistungen aus Leistungsphase 6 Vorbereitung der Vergabe 145

Der Vergabevorgang ist in zwei Phasen aufgespalten: die Vorbereitung der Vergabe und die Mitwirkung bei der Vergabe. Die Aufgaben des Architekten bei der Vergabe sind eingehend beschrieben. Die Vorbereitung sowie die Mitwirkung bei der Vergabe machen ein Ausschreibungsverfahren zur Pflicht. Durch die mit der Novellierung vom 17. 7. 1984 aufgenommenen Fachbereiche, z. B. Leistungen für Teil IX: Technische Ausrüstung; Teil X: Thermische Bauphysik; Teil XI: Schallschutz und Raumakustik usw. ist klargestellt, daß die in den Leistungsbildern dieser Fachbereiche enthaltenen Grundleistungen keine Grundleistungen des § 15 sind. Bereitet der Architekt entsprechend diesen Leistungsbildern z. B. für Gasverbrauchs-, Wasserverbrauchs- und Abwasseranlagen die Vergabe vor durch Ermitteln von Mengen und Aufstellen von Leistungsverzeichnissen, so steht ihm das entsprechende Honorar nach diesen Teilen der HOAI zu.

Die erste Grundleistung ist das **Ermitteln und Zusammenstellen von Mengen** 146 aus den Planungsunterlagen nach der Leistungsphase 5. Hierbei sind auch die Beiträge an der Planung fachlich Beteiligter zu berücksichtigen, etwa die Beiträge für die Tragwerksplanung (wie Mengenangaben über Betonstahl, Stahl oder Holz nach § 54 HOAI, Leistungsphase 6 Grundleistungen oder Beiträge für die Planung der Kostengruppen nach DIN 276, 3.2 bis 3.4, wie Kesselfundamente, Installationskanäle, -schächte, Schlitze, Öffnungen), also Beiträge für Leistungen, die über den Leistungsbereich dieser Fachplaner hinausgehen. Die erforderliche Genauigkeit dieser Mengenermittlung ist einmal aus DIN 276 Teil 3 „Der Kostenanschlag dient zur genauen Ermittlung der tatsächlich zu erwartenden Kosten" und aus den Bestimmungen des § 2 Nr. 3 VOB (B) abzuleiten.

Auch die Grundleistung Aufstellen von **Leistungsbeschreibungen mit Lei-** 147 **stungsverzeichnissen** ist an bestimmte Voraussetzungen geknüpft. In § 9 VOB (A) ist die Leistungsbeschreibung im einzelnen definiert. Die Leistung ist nach

§ 9 Nr. 1 VOB (A) eindeutig und so erschöpfend zu beschreiben, daß alle Bewerber die Beschreibung im gleichen Sinne verstehen müssen und ihre Preise sicher und ohne umfangreiche Vorarbeiten berechnen können. Nach Nr. 6 soll die Leistung in der Regel durch eine allgemeine Darstellung der Bauaufgabe und ein in Teilleistungen gegliedertes Leistungsverzeichnis beschrieben werden. Nach Nr. 3 sind alle sie beeinflussenden Umstände festzustellen und in den Verdingungsunterlagen anzugeben. In Nr. 7 heißt es: Erforderlichenfalls ist die Leistung auch zeichnerisch oder durch Probestücke darzustellen oder anders zu erklären, z. B. durch Hinweise auf ähnliche Leistungen, durch Mengen- oder statische Berechnungen. Zeichnungen und Proben, die für die Ausführung maßgebend sein sollen, sind eindeutig zu bezeichnen. Weiter heißt es in Nr. 3: Erforderlichenfalls sind auch der Zweck und die vorgesehene Beanspruchung der fertigen Leistung anzugeben. Endlich sind auch Boden- und Wasserverhältnisse so zu beschreiben, daß der Auftragnehmer den Baugrund und seine Tragfähigkeit, die Grundwasserverhältnisse oder Einflüsse benachbarter Gewässer auf die baulichen Anlagen und die Bauausführung hinreichend beurteilen kann. In § 9 VOB (A) sind weitere Anforderungen an die Leistungsbeschreibung mit Leistungsverzeichnis im einzelnen aufgeführt. Es wird auf die Kommentierung von Ingenstau/Korbion, Heiermann/Riedl/Schwaab/Rusam und Daub/Piel/Soergel/Steffani zu § 9 VOB (A) im einzelnen verwiesen.

148   Die einwandfreie Erfüllung dieser Teilleistungen erfordert umfassende Kenntnisse der Allgemeinen Technischen Vertragsbedingungen für Bauleistungen (VOB Teil C), aller einschlägigen DIN-Bestimmungen und Ausführungsbestimmungen sowie der Rechtsvorschriften der Landesbauordnungen, insgesamt der Regeln der Bautechnik.

149   Das Standardleistungsbuch ist in der Regel bei Bauvorhaben des Bundes und der Länder zur Anwendung vorgeschrieben. Die Auffassungen über die Anwendung des Standardleistungsbuchs sind geteilt. Unumstritten ist der Effekt zur Vereinheitlichung von Leistungsbeschreibungen und Ausschreibungsverfahren. Gleichzeitig bedeutet seine Anwendung einen Schritt hin zur elektronischen Datenverarbeitung. Für viele Auftragnehmer bedeutet die Anwendung des Standardleistungsbuchs eine Umstellung. Sie erfordert die Bereitschaft zur Anwendung der Automation, wobei sich diese auf 3 Bearbeitungsstufen erstreckt:

1. Ermitteln der Mengen und Aufstellen der Leistungsbeschreibungen mit Leistungsverzeichnis nach Standardleistungsbuch;
2. Prüfen und Werten der Angebote und Erstellen von Preisspiegeln, Kostenanschlag nach DIN 276;
3. Aufmaß der Bauleistungen mit dem bauausführenden Unternehmer, Rechnungsprüfung und Kostenfeststellung nach DIN 276.

150   In den Architektenverträgen des Bundes und der Länder werden für einen Teil der Leistungen, die der Auftraggeber mit seinen Rechenanlagen bei diesen 3 Bearbeitungsstufen übernimmt, Abzüge am Honorar des Auftragnehmers vorgenommen. Hierbei dürfte eine echte Verlagerung von Leistungen vom Architekten auf den Auftraggeber eintreten. Dem steht die Umstellung des Architekten von der konventionellen Ausschreibungsmethode auf die Automation gegenüber. Gesicherte Werte über die Entlastung bzw. mögliche Belastung durch die Automation liegen bisher noch nicht vor. Der Trend zur Automation ist durch die Vorgaben der Bauverwaltungen von Bund und Ländern und anderen öffentlichen Auftraggebern unverkennbar, so daß zu erwarten ist, daß gesicherte Werte in absehbarer Zeit vorliegen werden.

Schließlich verlangen die Grundleistungen der Leistungsphase 6 das **Abstimmen und Koordinieren der Leistungsbeschreibungen** der an der Planung fachlich Beteiligten. Hier wird sich der Architekt mit den Leistungsverzeichnissen der Fachingenieure und Sonderfachleute befassen und sie gegenseitig abstimmen und koordinieren müssen. Zur Koordination gehört auch, daß die Leistungsbeschreibungen der anderen an der Planung fachlich Beteiligten mit den Wünschen und finanziellen Möglichkeiten des Auftraggebers abgestimmt sind. Der Architekt wird ferner darauf achten müssen, daß es bei den Leistungsbeschreibungen und Mengenermittlungen bei den verschiedenen Fachdisziplinen zu keinen Fehl- oder Mehrfachansätzen kommen kann. Er muß dann Überschneidungen abstimmen und prüfen, ob die Mengen- und Leistungsbeschreibungen nach den Kostengruppen und ATV gemäß DIN 276 aufgestellt sind. So müssen z. B. Leistungen, die unter den Leistungsbereich der elektrischen Installation fallen, jedoch im Leistungsbereich der Heizungsinstallation erforderlich sind, bei der Leistungsbeschreibung der elektrischen Installation aufgeführt werden. Im Rahmen seiner Koordinierungspflicht ist es Aufgabe des Architekten, die Beiträge der anderen an der Planung fachlich Beteiligten rechtzeitig anzufordern und für deren Lieferung besorgt zu sein. Das bedeutet, daß im Planungsablauf auch für diese Beiträge der anderen an der Planung fachlich Beteiligten Termine abgestimmt, vereinbart und überwacht werden müssen.

Die Besonderen Leistungen aus Leistungsphase 6 Vorbereitung der Vergabe

Das **Aufstellen von Leistungsbeschreibungen mit Leistungsprogramm unter Bezug auf Baubuch/Raumbuch** ist die konsequente Weiterführung der Besonderen Leistung „Aufstellen einer detaillierten Objektbeschreibung als Baubuch/Raumbuch" in Leistungsphase 5 Ausführungsplanung. Für diese Leistungsbeschreibungen ist nach § 9 Nr. 10 ff. VOB (A) Voraussetzung, daß sie eine genaue wettbewerbsmäßige Preisermittlung ermöglichen und daß die Leistungsbeschreibung keine Schwachstellen oder Unklarheiten enthält, bei denen Auslegungsschwierigkeiten oder Mißverständnisse für die Ausführung entstehen können, sowie daß das Verfahren insgesamt transparent bleibt. Vor allem bei Bauvorhaben, bei denen öffentliche Mittel angesetzt werden, ist dies von Auftraggeber und Auftragnehmer besonders zu beachten. Auch diese Besondere Leistung kann anstelle der entsprechenden Grundleistung treten, soweit diese vollständig ersetzt wird. Wird nur ein Teil der Bauleistungen mit Leistungsprogramm nach Baubuch/Raumbuch beschrieben, so ist der Anteil der

151

152

zu erbringenden Grundleistung im Verhältnis zum Anteil der Besonderen Leistung abzuwägen, damit man zu einer angemessenen Honorierung nach § 5 Abs. 4 und 5 kommt (vgl. hierzu auch oben Rdn. 70).

153   Das **Aufstellen von alternativen Leistungsbeschreibungen für geschlossene Leistungbereiche** gilt für alle Gewerke nach ATV oder für Bauteile/Bauelemente der Kostengliederung nach Kostengruppe Spalte 4. Alternative Leistungsbeschreibungen kommen in Frage für die Leistungsbereiche: Baukonstruktionen nach DIN 276 Teil 2, 3.1; Installationen nach DIN 276 Teil 2, 3.2; Zentrale Betriebstechnik nach DIN 276 Teil 2, 3.3; Betriebliche Einbauten nach DIN 276 Teil 2, 3.4. Wird also z. B. vom Auftraggeber eine alternative Ausschreibung der Fenster in Holz- und Leichtmetallausführung gewünscht, um den jeweils günstigsten Marktpreis zu erfahren, so handelt es sich hierbei um einen geschlossenen Leistungsbereich im Sinne der Honorarverordnung.

154   Das Aufstellen von **vergleichenden Kostenübersichten** unter Auswertung der Beiträge anderer an der Planung fachlich Beteiligter dient dem Auffinden der wirtschaftlichsten Lösung der Bauaufgabe oder von Teilbereichen derselben. Man kann diese Leistungen unter dem Begriff **Optimierung** einordnen (vgl. hierzu Pfarr, Handbuch der kostenbewußten Planung, S. 165: „Schaffung von Alternativen und Optimierungsversuchen müssen also unabhängig von der Grundleistung möglich sein. Sie müssen gesondert erfaßt und honoriert werden, da sie entweder von anderen Institutionen oder anderen Fachbereichen im Büro angefertigt werden sollten. Das schließt nicht aus, daß unter Grundleistung selbstverständlich die Schaffung von Alternativen zu Teilproblemen und Einzeltätigkeiten innerhalb eines Tätigkeitsbündels zu verstehen ist"). Diese Leistungen können daher auch nicht Grundleistungen ersetzen oder in Grundleistungen enthalten sein. Ihr Umfang richtet sich vor allem nach den Planungsanforderungen des Objekts, nach marktwirtschaftlichen Gesichtspunkten und nach den Kostenschwerpunkten der Bauaufgabe. Sie sind die folgerichtige Weiterführung der Besonderen Leistungen, Analyse der Alternativen/Varianten und deren Wertung mit Kostenuntersuchung in Leistungsphase 3. Diese Besondere Leistung ist als selbständige Leistung anzusehen, die nicht auf die seitherigen Kostenermittlungen, z. B. der Kostenberechnung nach DIN 276 in Leistungsphase 3, aufbauen muß, sondern in der Regel dazu dient, die wirtschaftlichste Lösung für die Leistungsbeschreibung mit Leistungsverzeichnis oder mit Leistungsprogramm zu finden. Sie kann auch in den Leistungsphasen 3, 5 bzw. 7 erforderlich oder verlangt werden. Es muß dabei dem Architekten freigestellt sein, wie er die Einzelkosten für die Kostenübersichten oder Kostenvergleiche ermittelt, so kann er sie aufgrund von Richtpreisangeboten, Erfahrungswerten oder Angeboten einsetzen.

155   **Fragen der Haftung bei Leistungsphase 6 Vorbereitung der Vergabe**

Die Mengenermittlung als Grundlage für die Aufstellung von Leistungsbeschreibungen muß der Architekt besonders sorgfältig vornehmen, da sich Unklarheiten und Fehler in das Vergabeverfahren einschleichen können. Das

Leistungsverzeichnis hat die Bauleistung eindeutig und so erschöpfend zu beschreiben, daß alle Bewerber die Beschreibung im gleichen Sinne verstehen müssen und ihre Preise sicher und ohne umfangreiche Vorarbeiten berechnen können (§ 9 Nr. 1 VOB [A]). Die Gesichtspunkte der §§ 24, 25 VOB (A) können Anhaltspunkte für die Wertung und Beratung des Auftraggebers durch den Architekten sein. Der Architekt haftet, wenn durch unvollständige oder unrichtige Leistungsbeschreibungen später verteuernde Stundenlohnarbeiten oder Nachtragsaufträge (vgl. BGH NJW 1981, 2182 [2183]; LG Aachen NJW-RR 1988, 1364) notwendig werden. Zwar trifft den Unternehmer nach §§ 4 Nr. 3, 13 Nr. 3 VOB (B) bzw. nach § 242 BGB eine Prüfungs- und Hinweispflicht, wenn der Leistungsbeschrieb unvollständig oder falsch ist (vgl. hierzu die Kommentare zur VOB [B]). Die Verantwortlichkeit des Architekten bleibt dennoch erhalten. Im Verhältnis zum Unternehmer haftet er als Erfüllungsgehilfe des Auftraggebers nach § 278 BGB (vgl. auch Einl. Rdn. 129 ff.). Die Leistungspflichten in Leistungsphase 6 stellen keine Nebenpflichten, sondern Hauptpflichten dar. Zur Haftung kann es auch führen, wenn der Architekt Arbeiten im Stundenlohn ausschreibt, die bei Akkord billiger gewesen wären.

Die Grundleistungen aus Leistungsphase 7 Mitwirkung bei der Vergabe   156

Die Leistungsphase 7 enthält die Leistungen, die die eigentliche Ausschreibung und die Vergabe i. S. der §§ 2 ff. VOB (A) betreffen. Eine Trennung des Leistungskomplexes Ausschreibung in die Vorbereitung der Vergabe und Mitwirkung bei der Vergabe geht wohl auf die Praxis und die Vorstellung der öffentlichen Hand zurück.

Der Architekt hat die **Verdingungsunterlagen für alle Leistungsbereiche** 157 **zusammenzustellen.** Die Verdingungsunterlagen sind in der VOB nicht definiert. In ihnen ist nach § 10 Nr. 1 VOB (A) vorzuschreiben, daß die Allgemeinen Vertragsbedingungen für die Ausführung von Bauleistungen (VOB [B]) und die Allgemeinen Technischen Vertragsbedingungen für Bauleistungen (VOB [C]) Bestandteile des Vertrages werden. Dasselbe gilt auch für etwaige Zusätzliche Vertragsbedingungen und etwaige Zusätzliche Technische Vertragsbedingungen. Kernstück der Verdingungsunterlagen ist die Leistungsbeschreibung, die als Leistungsverzeichnis oder als Leistungsprogramm möglich ist. Obwohl weder die Besonderen Vertragsbedingungen noch die Ergänzungen und Änderungen des Leistungsverzeichnisses in § 10 Nr. 1 VOB (A) erwähnt sind, gehören sie doch zu den Verdingungsunterlagen (vgl. i. e. Ingenstau/Korbion A § 10 Rdn. 1 ff.). Die Zusätzlichen Vertragsbedingungen lassen nur in Ausnahmefällen einen Eingriff in den Inhalt der Allgemeinen Vertragsbedingungen des Teils B zu, soweit sie diesen nicht widersprechen. Die Besonderen Vertragsbedingungen, die speziell auf den Einzelfall abgestellt sind, können generelle Regelungen der Allgemeinen und Zusätzlichen Vertragsbedingungen verdrängen und ersetzen.

Der Begriff „**Verdingungsunterlagen**" ist in der Fassung der VOB von 1973 158 weggefallen. Nunmehr lautet der neue Oberbegriff „**Vergabeunterlagen**". Beide

Begriffe sind gleichbedeutend. Gemeint ist damit „die Gesamtheit aller Schriftstücke, mit denen der Auftraggeber, soweit über die VOB hinaus oder in deren zulässiger Abänderung erforderlich, Inhalt und Ablauf des Vergabeverfahrens sowie den technischen, wirtschaftlichen und rechtlichen Inhalt des von ihm gewünschten Vertrags festlegt". Die Bestimmungen der §§ 3 bis 8 VOB (A) sind zu beachten, soweit die VOB Grundlage der Ausschreibung ist.

159   Dem Architekten obliegt nunmehr das **Einholen der Angebote.** Nach der jetzigen Fassung der HOAI muß der Architekt Angebote **aller Leistungsbereiche** einholen. Er muß also – je nach der vereinbarten Art der Vergabe (Öffentliche Ausschreibung, Beschränkte Ausschreibung, Freihändige Vergabe) – Unternehmer zur Abgabe eines Angebots auffordern. Der Architekt hat auch dann Angebote einzuholen, wenn Sonderfachleute ein Leistungsverzeichnis erstellt haben. Allerdings ist er nicht verpflichtet, in solchen Fällen diese Angebote zu prüfen und zu werten.

160   **Prüfen und Werten der Angebote** hat unter Mitwirkung aller während der Leistungsphasen 6 und 7 fachlich Beteiligten zu erfolgen. Das Prüfen der Angebote umfaßt die Kontrolle auf Vollständigkeit, richtiges Ausfüllen der Angebote und ihren rechnerischen Inhalt. Die Wertung der Angebote bezieht sich in erster Linie auf die Einzelpreise, ihre Vergleichbarkeit mit anderen Angeboten und sonstige Preisansätze, wobei festzustellen ist, ob diese in einem vernünftigen und günstigen Verhältnis zur geforderten Leistung stehen.

161   Der Architekt hat ferner einen **Preisspiegel** nach **Teilleistungen** unter Mitwirkung der während der Leistungsphasen 6 und 7 fachlich Beteiligten aufzustellen, also eine vergleichende Übersicht der rechnerischen Ergebnisse der Angebote vorzulegen. Unter Teilleistungen sind die wesentlichen Leistungen eines Leistungsbereichs zu verstehen, die für die Erbringung der Gesamtleistung eines Leistungsbereichs erforderlich sind und die den Schwerpunkt der Preisbildung eines Angebots bilden. Entsprechend den Leistungsbildern für die Fachingenieurbereiche umfaßt die Mitwirkung anderer fachlich Beteiligter das Prüfen und Werten der Angebote einschließlich Aufstellen eines Preisspiegels nach Leistungsbereichen.

162   Das **Abstimmen und Zusammenstellen der Leistungen der fachlich Beteiligten** erfordert ähnlich wie in Leistungsphase 6 Grundleistungen eine koordinierende, kontrollierende, vergleichende und erfassende Tätigkeit des Architekten unter Mitwirkung der fachlich Beteiligten. Diese kann sich z. B. auf die Terminplanung der Bauausführung richten oder auf die Kostenplanung und Kostenermittlung beziehen.

163   Die **Verhandlungen mit Bietern** sind, zumindest soweit die VOB Vertragsbestandteil der Bauverträge ist, unter Berücksichtigung der VOB (A) § 24 zu führen. Fachingenieure und Sonderfachleute haben in ihren Leistungsbereichen mitzuwirken (vgl. auch unten Rdn. 170).

164   Im **Kostenanschlag** nach DIN 276 werden die bisherigen Kostenrichtwerte durch die in Leistungsphasen 6 und 7 ermittelten tatsächlichen Kosten ersetzt. Der Kostenanschlag wird zur letztmöglichen Entscheidungshilfe für den Auftraggeber vor Beginn der Baudurchführung und dient während derselben als Grundlage für die Kostenkontrolle (Leistungsphase 8). In diesen Kostenanschlag fließen alle Kostenermittlungsverfahren, Kostenoptimierungen und Wirtschaftlichkeitsanalysen ein; seine Bedeutung für den Planungs- und Bauprozeß ist erheblich (vgl. i. e. die Kommentierung zu § 10 Rdn. 23 f., 54 ff.). Nach dem Wortlaut des § 15 soll der Kostenanschlag „nach DIN 276 aus Einheits- oder Pauschalpreisen der Angebote" aufgestellt werden. Damit ist jedoch keine Einschränkung gegenüber den Möglichkeiten, die die DIN 276 eröffnet, verknüpft. Vielmehr ist der Kostenanschlag nach DIN 276 Teil 3 Seite 2 anhand der ortsüblich aus der Erfahrung gewonnenen Preise aufzustellen, wenn Angebote im Stadium dieser Kostenermittlung noch nicht eingeholt sind (ebenso Jochem § 15 Rdn. 56; Hesse/Korbion/Mantscheff/Vygen § 15 Rdn. 144). Gemäß DIN 276 Teil 3 soll das Formblatt 3 Anhang 3 zugrunde gelegt werden. Zur Haftung vgl. Einl. Rdn. 55.

Durch die 5. HOAI-Novelle (vgl. Einl. Rdn. 12) wurde die **Kostenkontrolle** **165** **durch Vergleich des Kostenanschlags mit der Kostenberechnung** eingefügt. Für diese Grundleistung gilt Entsprechendes wie bei der korrespondierenden in Leistungsphase 3 (vgl. oben Rdn. 74).

Unter **Mitwirken bei der Auftragserteilung** ist die Vorbereitung und Anpas- **166** sung der Verträge, nicht jedoch der Abschluß der Verträge selbst zu verstehen. Dieser gehört nicht zum Pflichtenkreis des Architekten. Zum Zustandekommen des Architektenvertrags und der architektenvertraglichen Vollmacht vgl. Einl. Rdn. 25 ff. und 138 ff.

Die Besonderen Leistungen aus Leistungsphase 7 Mitwirkung bei der Vergabe 167

Prüfen und Werten der Angebote aus Leistungsbeschreibung mit Leistungsprogramm einschließlich Preisspiegel ist die konsequente Fortschreibung der Besonderen Leistungen in Leistungsphase 6 „Aufstellen von Leistungsbeschreibungen mit Leistungsprogramm" und Leistungsphase 5 „Baubuch als Grundlage der Leistungsbeschreibung mit Leistungsprogramm". Diese Besondere Leistung kann ebenfalls wie in den Leistungsphasen 5 und 6 zur Grundleistung werden, wenn die Leistungsbeschreibung mit Leistungsprogramm Grundlage der Ausschreibung wird. Das Aufstellen eines Preisspiegels schließt diese Leistung ein, wobei die Mitwirkung aller während der Leistungsphasen 6 und 7 fachlich Beteiligten vorauszusetzen ist. Aufstellen, Prüfen und Werten von Preisspiegeln nach **besonderen Anforderungen** können sein das Herausarbeiten von Vergleichswerten nach funktionalen, konstruktiven, bauphysikalischen, wirtschaftlichen, energiewirtschaftlichen, biologischen und ökologischen (bei Freianlagen) Wertmaßstäben.

Fragen der Haftung bei Leistungsphase 7 Mitwirkung bei der Vergabe 168

Dem Auftraggeber können Schadensersatzansprüche zustehen, wenn der Architekt die Verdingungsunterlagen nicht vollständig oder nicht richtig zusammenstellt. Gleiches gilt, wenn der Architekt nur ein Angebot einholt und der Auftraggeber nachweisen kann, daß bei Einholung mehrerer Angebote eine günstigere Vergabe möglich gewesen wäre. Der Architekt ist nämlich in der Regel verpflichtet, nicht nur ein Angebot, sondern **mehrere Angebote** einzuholen (OLG Düsseldorf Schäfer/Finnern Z 3.01 Bl. 73). Dabei sind die Wünsche des Auftraggebers zu berücksichtigen. Die eingehenden Angebote hat der Architekt sorgfältig in technischer und wirtschaftlicher Hinsicht zu prüfen und zu werten sowie einen Preisspiegel nach Teilleistungen unter Mitwirkung aller an den Leistungsphasen 6 und 7 fachlich Beteiligten aufzustellen.

169 Der Architekt ist zwar **nicht allgemein** dazu verpflichtet, in jeder Hinsicht die **Vermögensinteressen des Bauherrn** wahrzunehmen und unter Ausnutzung aller in Betracht kommenden Vorteile „so kostengünstig wie möglich" zu bauen. Im Rahmen der Vergabe besteht jedoch die Verpflichtung, die Angebote sorgfältig zu überprüfen und Bedenken seinem Auftraggeber mitzuteilen. Gleiches gilt erst recht bei Nachtragsangeboten, die vor allem darauf überprüft werden müssen, ob die angebotene Leistung nicht bereits im Hauptvertrag enthalten ist (vgl. zum Ganzen BGH BauR 1981, 482 = NJW 1981, 2182). Zwar betraf die Entscheidung des BGH einen Sachverhalt, der nach der GOA und nach speziellen vertraglichen Vereinbarungen zu beurteilen war. Die im entschiedenen Fall vertraglich vereinbarte Prüfungspflicht ist nunmehr jedoch in § 15 Leistungsphase 7 aufgenommen worden. Damit hat die Entscheidung unmittelbare Bedeutung für die HOAI.

170 Zusätzlich gegenüber den Leistungspflichten nach der GOA ist der Architekt verpflichtet, **mit den Bietern zu verhandeln.** Dies ist jedoch nicht so zu verstehen, daß in jedem Fall ohne besonderen Anlaß über ein Angebot oder über eine sonstige Preisreduzierung mit den Bietern gesprochen werden müßte. Vielmehr ist nur auf ausdrücklichen Wunsch des Auftraggebers eine Verhandlung erforderlich.

171 Obwohl in § 15 die „Vorbereitung der erforderlichen Verträge" nicht ausdrücklich erwähnt ist, ist diese Teilleistung vom Architekten immer zu erbringen. Sie gehört zum „Zusammenstellen der Verdingungsunterlagen für alle Leistungsbereiche". Dazu gehören auch die **Vertragsbedingungen,** die vom Architekten vorbereitet werden müssen (ebenso Beigel DAB 1979, 903; Hesse/Korbion/Mantscheff/Vygen § 15 Rdn. 137; Jochem § 15 Rdn. 54; Neuenfeld § 15 Bem. 58). Bei Unklarheit der vom Architekten vorbereiteten Verträge kann er nach § 635 BGB schadensersatzpflichtig werden (BGH BauR 1983, 168). Der Architekt kann den Abschluß eines Bauvertrags anregen, er kann aber auch Zusätzliche oder Besondere Bedingungen zum Leistungsverzeichnis vorschlagen. Häufig wird auch beides geschehen. Der Architekt ist berechtigt, die VOB den Bauverträgen zugrunde zu legen, auch wenn die VOB für den Auftraggeber nachteilige Regelungen – wie z. B. hinsichtlich der Verjährungsfrist – enthält. Er ist also nicht verpflichtet, die vertragliche Regelung weitestgehend den Interessen des Auftraggebers anzupassen. Seinen Pflichten genügt er auch, wenn er im Buchhandel gängige Bauvertragsformulare zum Abschluß vorlegt, sofern diese auf die Position des Bauherrn abgestellt sind. Er hat seinen Auftraggeber jedoch zu beraten im Hinblick auf die Besonderheiten der vertraglichen Regelung und muß dazu natürlich die Bestimmungen des BGB und der VOB kennen (vgl. i. e. Beigel DAB 1979, 903 ff.). Die Beratung muß sich auf die in Formularverträgen offengelassenen oder nicht enthaltenen Punkte beziehen: z. B. auf Fristen, Vertragsstrafe, Zahlungsmodalitäten wie Skonto, Abgebot u. ä., auf Gewährleistungsfristen und Sicherheitseinbehalte. Die Beratungstätigkeit bei der Vorbereitung der Verträge kann sich nicht auf spezielle Rechtsfragen beziehen. Vielmehr ist der Architekt nur berechtigt und verpflichtet, dem Auftraggeber allgemeine Hinweise zu geben. Im übrigen kann der Architekt den Auftraggeber auf die Unzulässigkeit der konkreten Rechtsberatung hinweisen (vgl. i. e. Einl. Rdn. 77 ff.).

Besonders haftungsträchtig ist die **Aufstellung von Besonderen Vertragsbedingungen**. In aller Regel handelt es sich hierbei um AGB, so daß die Vorschriften des AGBG und die hierzu ergangene Rechtsprechung berücksichtigt werden muß (vgl. z. B. Korbion/Locher, AGBG und Bauerrichtungsverträge, 2. Aufl., 1994). Haftungsprobleme für den Architekten können sich vor allem ergeben, wenn er Vertragsstrafenregelungen vorschlägt und dabei die Rechtsprechung nicht berücksichtigt (vgl. z. B. zur Begrenzung der Vertragsstrafe nach oben BGH BauR 1988, 86; BGH BauR 1989, 327; BGH BauR 1989, 459). Der Architekt muß ferner wissen, daß die Bestimmungen der VOB (B) AGB enthalten und die einzelnen Vorschriften der VOB (B) der Inhaltskontrolle unterliegen, wenn die VOB nicht „als Ganzes, ohne ins Gewicht fallende Einschränkung gilt" (BGH NJW 1990, 1365; BGH NJW 1988, 55 = BauR 1987, 694 = ZfBR 1988, 22; OLG Frankfurt BauR 1986, 225; OLG München NJW-RR 1987, 598). So kann auch die Regelung des § 16 Nr. 3 VOB (B) über die Schlußzahlung unwirksam sein, wenn die VOB (B) nur eingeschränkt gelten soll (BGH a. a. O.). Der Architekt sollte gerade wegen der Rechtsprechung des BGH zur Privilegierung der VOB nach § 23 Abs. 2 Nr. 5 AGBG durch eigene Vertragsbedingungen die VOB (B) nicht abändern. Ein „Weniger" an Besonderen oder Zusätzlichen Bedingungen bietet ein „Mehr" an Sicherheit.

Gefahren für den Architekten bei Verwendung von AGB ergeben sich auch deshalb, weil er in jedem Fall Empfehler i. S. § 13 AGBG ist und damit selbst wegen AGB-widriger Vertragsbedingungen verklagt werden kann (OLG Karlsruhe BB 1983, 725). Der Architekt ist nicht nur Empfehler, sondern auch Verwender von AGB, wenn er von den Klauseln mittelbar selbst betroffen ist, z. B. hinsichtlich der vertraglichen Regelung, daß der Unternehmer die örtlichen Verhältnisse kenne (OLG Frankfurt BB 1985, 2009 = NJW-RR 1986, 245). Anders als bei eigener Aufstellung von Besonderen Vertragsbedingungen ist die Situation dann, wenn der Architekt **im Buchhandel gängige** Bauvertragsformulare verwendet. Soweit hier Klauseln des gedruckten Textes unwirksam sind, wird in aller Regel eine Haftung des Architekten ausscheiden, da er keine Rechtsberatung schuldet.

Der **Abschluß der Verträge** selbst gehört nicht zur Leistungspflicht des Architekten (OLG Düsseldorf Schäfer/Finnern Z 3.01 Bl. 159). Der Architekt ist auch nicht verpflichtet, die Verträge in Vertretung des Auftraggebers abzuschließen. Erteilt er Aufträge, für die er keine Vollmacht hat, und hat der Auftraggeber kraft Anscheinsvollmacht im Außenverhältnis dafür einzustehen, so haftet der Architekt (vgl. Einl. Rdn. 15). Dies gilt auch dann, wenn der Architekt vor der Vergabe nicht für eine klare Regelung über die Kostentragung bei mehreren möglichen Auftraggebern sorgt und dadurch sein Auftraggeber in Anspruch genommen werden kann (so mit Recht OLG Stuttgart v. 4. 5. 1984 – 2 U 79/83). Der Architekt ist nicht verpflichtet, dem Auftraggeber bestimmte Bauunternehmer vorzuschlagen. Bestehen jedoch Bedenken gegen Unternehmer, so muß der Architekt darauf hinweisen (zur Frage der gesteigerten Überwachungspflicht in diesen Fällen vgl. unten Rdn. 207, 210).

175 Der Architekt hat die Angebote auf die Richtigkeit der in ihnen aufgeführten Preise und Mengen sorgfältig zu überprüfen. Es soll sichergestellt sein, daß nicht nachträglich Arbeiten vergeben werden müssen, die vorhersehbar sind. Die Einholung späterer Nachtragsangebote bzw. das Erfordernis teurerer Stundenlohnarbeiten soll vermieden werden (vgl. BGH Schäfer/Finnern Z 3.00 Bl. 134; BGH BauR 1982, 185). Bestellt der Architekt in Abweichung von der Leistungsbeschreibung später eine qualitativ schlechtere Leistung, so haftet er (OLG Hamm NJW-RR 1988, 1174 für eine andere Verglasung).

176 Der Kostenanschlag in Leistungsphase 7 ist zentrale Leistung. Fehler bei der Kostenermittlung führen zur Haftung, wenn eine bestimmte Toleranzschwelle überschritten ist und die Überschreitung der Bausumme schuldhaft vom Architekten verursacht wurde (vgl. i. e. Einl. Rdn. 55). Für die **Kostenkontrolle** gilt Entsprechendes wie bei Leistungsphase 3 (vgl. oben Rdn. 102 und unten Rdn. 199).

177 **Die Grundleistungen aus Leistungsphase 8 Objektüberwachung (Bauüberwachung)**

Die Frage, ob derjenige Architekt, dem ausschließlich die Planungsleistungen übertragen sind, ein Mitwirkungsrecht im Rahmen der Bauausführung hat, ist in der HOAI offengelassen worden. Im Rahmen einer Honorarordnung mußte zu dieser auch urheberrechtlich relevanten Frage keine Regelung aufgenommen werden. Eine andere Frage ist die, ob dem Architekten, der Planungsleistungen in Auftrag bekommen hat, ein zusätzliches Honorar zusteht, wenn er im Rahmen der Objektüberwachung die künstlerische Gestaltung mit überwachen muß. Für Verträge **seit dem 1. 1. 1991** ermöglicht nun der **neue Absatz 3** die zusätzliche Vereinbarung eines Honorars für die künstlerische Oberleitung (vgl. unten Rdn. 236; für die Rechtslage vor dem 1. 1. 1991 vgl. die 5. Auflage, S. 437 f.).

178 Eine zentrale Grundleistung im Rahmen der Leistungsphase 8 (vgl. hierzu § 5 Rdn. 20 ff.) ist das **Überwachen der Ausführung des Objekts.** Dabei muß auf die Übereinstimmung mit der Baugenehmigung, den Ausführungsplänen und den Leistungsbeschreibungen geachtet werden. Die Ausführung muß übereinstimmen mit den allgemein anerkannten Regeln der Technik und den einschlägigen Vorschriften. Die allgemein anerkannten Regeln der Technik sind teils schriftlich nie-

dergelegt, wie in den DIN-Vorschriften, in den einheitlichen Technischen Baubestimmungen des ETB-Ausschusses oder in den technischen Richtlinien einzelner
Bauverbände. Zu den Regeln der Technik gehören jedoch auch teilweise unge-
schriebene Erfahrungssätze, die sogar von bestehenden DIN-Vorschriften abweichen können (Beispiel: Schallschutz; vgl. hierzu oben Rdn. 90; vgl. allgemein
hierzu Ingenstau/Korbion, B § 4 Rdn. 141 ff.). Die **Fachbauleitung** nach den Landesbauordnungen (z. B. § 102 BW LBO) muß der Architekt nicht erbringen. Dies
folgt schon daraus, daß die Fachbauleitung sogar für den Tragwerkplaner eine
Besondere Leistung darstellt (§ 64 Abs. 3 Nr. 8; zu Umfang und Intensität der
Überwachungstätigkeit vgl. unten Rdn. 204 ff.).

Von der Objektüberwachung zu unterscheiden ist ferner die **Tätigkeit als** 179
verantwortlicher Bauleiter nach den Landesbauordnungen. Diese Tätigkeit enthält Rechte und Pflichten gegenüber der Öffentlichkeit und der Baurechtsbehörde. Der verantwortliche Bauleiter hat die ordnungsgemäße und den genehmigten Bauvorlagen entsprechende Bauausführung zu überwachen und darauf
zu achten, daß die Arbeiten der Baubeteiligten ohne gegenseitige Gefährdung
und ohne Gefährdung Dritter durchgeführt werden können (zu den Pflichten
vgl. i. e. Rabe BauR 1981, 332 und unten Rdn. 204 ff.). Die Frage ist, ob dem
Architekten, der Leistungsphase 8 zu erbringen hat, ein besonderes Honorar
zusteht, wenn er die Bauleitertätigkeit erbringt. Für § 19 Abs. 4 GOA hat dies
der BGH (NJW 1977, 898 = BauR 1977, 428 und nochmals bestätigend NJW
1980, 1101 = BauR 1980, 189 = SFH Nr. 1 zu § 3 GOA) verneint. Der BGH
stellt darauf ab, daß der mit der Bauführung beauftragte Architekt durch die
verantwortliche Bauleitung keine über das Leistungsbild des § 19 Abs. 4 GOA
hinausgehende Verantwortung übernimmt. Er führt aus, daß die vertrags- und
deliktsrechtlichen Pflichten des Bauführers, aber auch die strafrechtliche Verantwortlichkeit des bauführenden Architekten, weitgehend mit der des verantwortlichen Bauleiters identisch seien. Die Übertragung der verantwortlichen
Bauleitung erweitere die mit der Bauführung übernommenen Risiken und
Pflichten nicht bzw. nur unwesentlich. Es bleibe nur übrig, daß der Architekt
mit seiner Bestellung zum verantwortlichen Bauleiter der Bauaufsichtsbehörde
gegenüber ordnungspflichtig werde. Dieser Umstand allein rechtfertige keine
andere Beurteilung. Auch der bauführende Architekt sei dem Bauherrn gegenüber für die Einhaltung des von diesem zu beachtenden Bauordnungsrechts
verantwortlich. Verletze er diese Pflicht, so habe er diesem Schadensersatz zu
leisten. Das Haftungsrisiko bleibe letztlich gleich. Es sei lediglich noch zusätzlich öffentlich-rechtlich geregelt. Damit ist noch nicht entschieden, ob die Bauleitertätigkeit auch unter der Geltung des § 15 Abs. 2 Nr. 8 zu den Grundleistungen gehört oder zu den Besonderen Leistungen.

Legt man die Maßstäbe an, die der BGH unter der Geltung der GOA 180
zugrunde gelegt hat, so kommt man auch für die HOAI zu dem Ergebnis, daß
die Bauleitertätigkeit keine Besondere Leistung ist, da der Tätigkeitsbereich
nicht über den im Rahmen der Objektüberwachung geschuldeten hinausgeht
(ebenso Beigel DAB 1977, 567; Jochem § 15 Rdn. 78; Neuenfeld § 15

Bem. 82 ff.; abweichend Hesse/Korbion/Mantscheff/Vygen § 15 Rdn. 185, die nach den geltenden Landesbauordnungen einen über § 15 Abs. 2 Nr. 8 Grundleistungen hinausgehenden Leistungsumfang für möglich halten). Die in Leistungsphase 8 aufgeführte Besondere Leistung (vgl. unten Rdn. 202) hat somit derzeit keine praktische Bedeutung. Aus der Entscheidung des BGH und der Einordnung der Bauleitertätigkeit ergibt sich ferner zweierlei: Der als verantwortlicher Bauleiter tätige Architekt hat kein größeres Haftungsrisiko zu tragen als der objektüberwachende Architekt. Wird der Architekt nicht mit der Objektüberwachung, sondern nur mit der Bauleitertätigkeit beauftragt, so erbringt er eine Teilleistung aus Leistungsphase 8, weshalb ihm für diese Grundleistung ein Honoraranspruch zusteht, und zwar auch ohne schriftliche Honorarvereinbarung.

181   Gegenüber der GOA neu war eine weitere Leistungspflicht, nämlich das **Koordinieren der an der Objektüberwachung fachlich Beteiligten.** Diese Leistung stellt keine zentrale Leistung in dem Sinne dar, daß eine Honorarminderung gerechtfertigt wäre, wenn sie im Einzelfall nicht oder nicht in voller Intensität erbracht werden muß (vgl. hierzu § 5 Rdn. 20 ff.). Die in Leistungsphase 8 genannte Koordinierungstätigkeit ist ein Ausschnitt der allgemeinen Koordinierungspflicht. Sie umfaßt alle von der Bauausführung betroffenen Leistungsbereiche, auch diejenigen, für die besondere Fachbauleiter eingesetzt sind. Unter der Koordinierungstätigkeit ist eine ordnende, den planungs- und termingerechten Ablauf aller Leistungsbereiche überwachende Tätigkeit zu sehen. Die Grenzen der Koordinierungstätigkeit ergeben sich aus dem Leistungsbild der zusätzlichen Leistungen nach § 31 „Projektsteuerung". Vor allem bei größeren Objekten kann die zusätzliche Leistung „Projektsteuerung" die sich aus dem Bauprozeß ergebenden erhöhten Anforderungen an die Objektüberwachung abdecken.

182   Als nächste ist genannt die Grundleistung **Überwachung und Detailkorrektur von Fertigteilen.** Die Leistungspflicht erstreckt sich nicht nur auf die Überwachung an der Baustelle, sondern umfaßt auch die Überwachung der Herstellung im Fertigungsbetrieb (ebenso Hesse/Korbion/Mantscheff/Vygen § 15 Rdn. 173; Neuenfeld BauR 1981, 437; a. A. OLG Stuttgart BauR 1990, 384 = NJW-RR 1989, 1428 m. krit. Anm. Morlock DAB 1989, 1668). Allerdings bedeutet dies nicht, daß der Architekt während der gesamten Produktion anwesend sein muß. Vielmehr hat eine Überwachung im Werk bzw. eine Kontrolle nur dann zu erfolgen, wenn denkbare Fehler auf der Baustelle nicht mehr festzustellen wären oder das Fertigteil erstmals produziert wird und der Architekt nicht weiß, wie das Ergebnis sein wird (Neuenfeld a. a. O.). Allerdings müssen auch in diesen Fällen Stichproben genügen. Zu dieser Grundleistung gehört es auch, daß der Architekt überprüft, ob von ihm angegebene Korrekturen bei der Herstellung berücksichtigt wurden (zu den Pflichten des Architekten im Rahmen der Ausführungsplanung vgl. oben Rdn. 131). Die Auffassung des OLG Stuttgart, wonach dem Architekten auch Stichproben nicht zugemutet werden können, geht vor allem dann zu weit, wenn Fehler an der Baustelle nicht mehr festgestellt werden könnten. Richtig ist allerdings, daß der Architekt – weder im Werk noch an der Baustelle – Betonfertigteilplatten nicht mit einem Bewehrungssuchgerät auf ordnungsgemäße Einbringung der Betonstahlmatten untersuchen muß.

Das **Aufstellen und Überwachen eines Zeitplanes** in Form eines Balkendiagramms ist eine Grundleistung, während der Zahlungsplan eine Besondere Leistung darstellt. Der Zeitplan mit Balkendiagramm ist vor allem bei größeren Bauvorhaben von Bedeutung, weil er die ineinandergreifende Abwicklung der Bauarbeiten ermöglicht und die Leistungen der an der Objektüberwachung fachlich Beteiligten koordiniert. Dabei wirken die anderen fachlich Beteiligten für ihre Fachbereiche (z. B. Technische Ausrüstung) an der Aufstellung und Überwachung des Zeitplans mit. Die im Balkendiagramm eingetragenen Termine bestimmen die Fälligkeit der Leistungen und sind damit von besonderer Bedeutung für Ansprüche wegen Verzugs. Sind die im Balkendiagramm eingetragenen Termine mit den am Bau Beteiligten fest vereinbart, so bedarf es für den Verzugseintritt keiner besonderen Mahnung (§ 284 Abs. 2 BGB). Das Aufstellen von differenzierten Zeitplänen (Netzplänen) ist dagegen eine Besondere Leistung. Bei größeren Objekten wird vom Auftragnehmer mitunter anstelle eines Zeitplanes nach Balkendiagramm die Mithilfe beim Aufstellen eines Netzplanes durch einen anderen an der Planung fachlich Beteiligten gefordert. Eine Entlastung des Auftragnehmers, die eine Honorarermittlung rechtfertigen würde, tritt dadurch allerdings nicht ein. Im Gegenteil ist es so, daß die Mithilfe bei der Fortschreibung eines Netzplanes, der nicht vom objektüberwachenden Architekten gesteuert wird, in der Regel einen größeren Aufwand als die Überwachung und Fortschreibung eines eigenen Balkendiagrammes erfordert. **183**

Aufgeführt ist ferner das **Führen eines Bautagebuchs.** Eine zentrale Leistung in dem Sinne, daß in jedem Falle eine Honorarminderung gerechtfertigt wäre, wenn das Bautagebuch fehlt, liegt sicherlich nicht vor (vgl. i. e. § 5 Rdn. 20 ff.). Dennoch kann das Bautagebuch von erheblicher Bedeutung sein und auch ein erhebliches Haftungsrisiko für den Architekten mit sich bringen. Da es vor allem in Bauprozessen – nicht zuletzt im Vertragsstrafen- oder Schadensersatzverfahren wegen Verzugs – eine erhebliche Rolle spielt, sollte es die Leistungen der Baubeteiligten, die Lieferungen, die Witterungsbedingungen und gegebenenfalls auch die Anwesenheit der Baubeteiligten festhalten. Durch das Bautagebuch selbst werden die Aufsichtspflichten des Architekten noch nicht erweitert. Er muß deshalb nicht täglich auf der Baustelle anwesend sein, weil er Eintragungen ins Bautagebuch vornehmen muß (ebenso Neuenfeld BauR 1981, 437). Das Bautagebuch muß eben dann und insoweit geführt werden, als überhaupt eine Überwachungstätigkeit geschuldet ist (vgl. i. e. Rdn. 204 ff.). Bedenklich ist es dagegen, das Bautagebuch auch von anderen Personen führen zu lassen (a. A. Neuenfeld a. a. O., der es für zulässig hält, wenn das Bautagebuch ausnahmsweise auch vom Bauunternehmer geführt und vom Architekten dann geprüft und gegengezeichnet wird). **184**

185 Über die **Form des Bautagebuchs** enthält die HOAI keine Bestimmung. Natürlich muß es in Schriftform geführt werden. Öffentliche Auftraggeber schreiben zum Teil vor, daß ihre eigenen Muster verwendet werden. Ohne vertragliche Vereinbarung ist der Architekt jedoch nicht verpflichtet, bestimmte Muster zu verwenden. Das Bautagebuch muß dem Auftraggeber nicht herausgegeben werden, weil es sich um eine Unterlage handelt, die zur eigenen Gedächtnisstütze für den Architekten dient. Nach Treu und Glauben wird dem Auftraggeber aber ein Einsichtsrecht zustehen, wenn er Informationen im Rahmen der Auseinandersetzung mit Baubeteiligten – außer dem Architekten – benötigt.

186 Wichtig ist als Grundleistung das **Gemeinsame Aufmaß mit den bauausführenden Unternehmen.** Für § 19 Abs. 4 GOA war es ausreichend, wenn der Architekt das Aufmaß kontrollierte. Nach der HOAI ist er im Verhältnis zu seinem Auftraggeber verpflichtet, ein gemeinsames Aufmaß mit den am Bau Beteiligten vorzunehmen. Dies gilt ebenso für andere fachlich Beteiligte, z. B. bei der Technischen Ausrüstung. Dabei können Schwierigkeiten auftreten, wenn den Verträgen mit den am Bau Beteiligten die VOB zugrunde liegt und keine ausdrückliche Vereinbarung getroffen ist, daß ein gemeinsames Aufmaß durchzuführen ist. Nach § 14 Nr. 2 VOB (B) ist das gemeinsame Aufmaß nämlich nicht zwingend, sondern lediglich empfohlen. Der Unternehmer hat jedoch in der Regel ebenfalls ein Interesse daran, daß ein gemeinsames Aufmaß genommen wird, da dieses gemeinsame Aufmaß – auch bei Beteiligung des Architekten – für den Auftraggeber und auch für den Unternehmer bindend ist (vgl. BGH NJW 1974, 646 = BauR 1974, 210; Ingenstau/Korbion, § 14 Rdn. 27 ff.; Locher, Das private Baurecht, Rdn. 196; Werner/Pastor, Rdn. 1745 ff.; vgl. auch Einl. Rdn. 139). Verweigert der Unternehmer die Mitwirkung beim gemeinsamen Aufmaß, so hat der Architekt natürlich keine Möglichkeit, ihn dazu zu zwingen, wenn eine entsprechende vertragliche Regelung fehlt. Dem Architekten können hieraus keine Nachteile entstehen. Auch dann, wenn der Unternehmer an sich bereit wäre, ein gemeinsames Aufmaß vorzunehmen, kann das Honorar des Architekten nicht gemindert werden, wenn ein gemeinsames Aufmaß unterbleibt. Es handelt sich hier um keine zentrale Leistung, die in jedem Fall erforderlich ist, um die Architektenleistung in vollem Umfang zu erbringen (vgl. i. e. § 5 Rdn. 20 ff.; ebenso Neuenfeld BauR 1981, 438). Dagegen können Schadensersatzansprüche bestehen, wenn der Architekt das gemeinsame Aufmaß pflichtwidrig unterläßt und dadurch wirtschaftliche Nachteile für den Bauherrn eintreten (ebenso Neuenfeld a. a. O.). Ist ein Aufmaß deshalb nicht erforderlich, weil ein Pauschalpreisvertrag abgeschlossen ist, so kommt natürlich ebenfalls eine Minderung des Honorars nicht in Betracht (so richtig Hesse/Korbion/Mantscheff/Vygen § 15 Rdn. 174; Jochem § 15 Rdn. 67).

187 Als weitere Grundleistung ist aufgeführt die **Abnahme der Bauleistungen** unter Mitwirkung anderer an der Planung und Objektüberwachung fachlich Beteiligter unter Feststellung von Mängeln. Hierbei ist die fachtechnische

Abnahme der Leistungen und Feststellung der Mängel eine Grundleistung in Leistungsphase 8 des Leistungsbilds § 73 Technische Ausrüstung. Die Mitwirkung des Architekten beschränkt sich auf die im nächsten Absatz erläuterte Koordinierung. Dabei handelt es sich **nicht** um die **rechtsgeschäftliche Abnahme,** die Sache des Bauherrn ist, sondern um die rein **tatsächliche, technische Abnahme,** d. h. die Überprüfung der Bauarbeiten und Baustoffe auf Mängel bzw. Fehler (ebenso Hartmann § 15 Rdn. 97; Hesse/Korbion/Mantscheff/Vygen § 15 Rdn. 175; Jochem § 15 Rdn. 68; Koeble DAB 1990, 83; Neuenfeld § 15 Bem. 74). Zur rechtsgeschäftlichen Abnahme ist der Architekt im übrigen aufgrund der normalen Architektenvollmacht auch nicht befugt (hierzu i. e. Einl. Rdn. 139; zu den Pflichten im Hinblick auf die rechtsgeschäftliche Abnahme vgl. unten Rdn. 218).

Neben der technischen Entgegennahme der Bauleistungen trifft den Architekten die weitere Verpflichtung, im Rahmen seiner **Koordinierungspflicht** und im Rahmen der Überwachung des Zeitplans die Abnahme oder auch Teilabnahme, z. B. von technischen Anlagen wie Heizung, Lüftung, Sanitär- und Elektroinstallation, entsprechend dem Baufortschritt zu koordinieren und gegebenenfalls durch Fachingenieure zu veranlassen. Auch insoweit ist der Architekt jedoch nicht zur rechtsgeschäftlichen Abnahme verpflichtet, sondern lediglich dazu, die technische Abnahme durch die Fachingenieure herbeizuführen. **188**

In der Praxis hat sich das Problem ergeben, inwieweit der Architekt hinsichtlich der **Abnahme der Bewehrung** tätig werden muß. Der Architekt hat die erforderliche Bewehrung als Leistung für den Auftraggeber entgegenzunehmen. Dies gehört zu seiner technischen Abnahmepflicht. Soweit der Architekt dabei etwaige Mängel von seiner Sachkunde her erkennen kann, wird und muß er sie feststellen. Dagegen ist er nicht verpflichtet, im Rahmen seiner Grundleistungen eine Abnahme im öffentlich-rechtlichen Sinn vorzunehmen, aus der die Standfestigkeit der Konstruktion abgeleitet werden kann (ebenso AG Landau v. 12. 4. 1989 – C 580/88; Bindhardt/Jagenburg § 18 Rdn. 1; Koeble DAB 1990, 83; Hartmann DAB 1988, 1213; Ohlshausen BauR 1987, 365; Saar/Böhm, S. 158; vgl. auch eingehend Motzke BauR 1988, 534 und Glück/Matheis/Witsch BauR 1988, 550). Die Grundleistungen des Architekten im Rahmen der Leistungsphase 8 erfassen nicht die ingenieurtechnische Kontrolle. Diese Kontrolle setzt nämlich die speziellen Kenntnisse und Erfahrungen des Tragwerksplaners voraus (so mit Recht Ohlshausen a. a. O.; Saar/Böhm, a. a. O.). Probleme treten dann auf, wenn der Tragwerksplaner aber nicht an der Objektüberwachung beteiligt ist. Nach der HOAI ist dies sogar der Regelfall, da die Objektüberwachung für den Tragwerksplaner eine Besondere Leistung darstellt (§ 64 Abs. 3 Nr. 8). Der Architekt ist dann verpflichtet, den Auftraggeber – schon im Rahmen seiner Beratungspflichten nach § 15 Abs. 2 Nr. 1, Leistungsphase Grundlagenermittlung – darauf hinzuweisen, daß er selbst die fachtechnische Abnahme der Bewehrung in konstruktiver Hinsicht nicht durchführen kann. Er muß auf die Notwendigkeit der Bestellung eines dazu befähig- **189** ten Fachmannes hinweisen. Diese Beratungspflicht entfällt, wenn der ausführende Unternehmer selbst einen Fachbauleiter stellt, der die Anforderungen für die Abnahme im öffentlich-rechtlichen Sinne erfüllt. Soweit der Auftraggeber für die Abnahme der Bewehrung einen Statiker beauftragt, kommt eine Minderung des Honorars für den Architekten nicht in Betracht (vgl. § 5 Rdn. 30 f.). Für Verträge **seit dem 1. 1. 1991** gibt es die neue Grundleistung **Überwachen der Ausführung von Tragwerken nach § 63 Abs. 1 Nr. 1 und 2** auf Übereinstimmung mit dem Standsicherheitsnachweis. Damit ist eine Klarstellung erfolgt. Hinsichtlich schwieriger Tragwerke bleibt es bei dem oben Gesagten.

190   Weitere Grundleistung ist die **Rechnungsprüfung.** Hierbei handelt es sich um eine zentrale Leistung (vgl. i. e. § 5 Rdn. 20 ff.). Unter Rechnungsprüfung ist die fachtechnische und rechnerische Überprüfung aller Rechnungen von Bauunternehmern und Lieferanten aus dem Leistungsbereich des Architekten auf ihre Richtigkeit und Vertragsgemäßheit zu verstehen. Dagegen haben die anderen **fachlich Beteiligten** die **Rechnungen aus ihren Fachbereichen** (z. B. Technische Ausrüstung) in eigener Verantwortung zu prüfen. Unter Rechnungen sind hier sowohl Abschlagsrechnungen als auch Schlußrechnungen oder Teilschlußrechnungen zu verstehen. Zu prüfen sind auch die **Rechnungen** der beteiligten **Sonderfachleute,** soweit sie der Auftraggeber dem Architekten übergibt; eine Pflicht, sie anzufordern, besteht nicht. Das **Ergebnis der Prüfung** muß der Architekt nicht nur für sich selbst festhalten, sondern er muß die Unterlagen nach Prüfung an den Auftraggeber weiterleiten und die Einzelpositionen entweder bestätigen oder korrigieren (ebenso Hesse/Korbion/Mantscheff/Vygen § 15 Rdn. 176; Neuenfeld § 15 Bem. 75).

191   Der Architekt versieht die Rechnungen mit seinem **Prüfungsvermerk.** Dieser Prüfungsvermerk stellt jedoch kein Anerkenntnis des Bauherrn im Verhältnis zum Unternehmer dar, er ist vielmehr lediglich eine Empfehlung für den Bauherrn (vgl. i. e. BGH NJW 1964, 647; Hesse/Korbion/Mantscheff/Vygen § 15 Rdn. 176; Jochem § 15 Rdn. 70; Locher, Das private Baurecht, Rdn. 323; Neuenfeld § 15 Bem. 75; Werner/Pastor Rdn. 1742 ff. und eingehend Hochstein BauR 1973, 333).

192   Die Frage ist, ob der Architekt die Rechnung auch zugunsten der am Bau Beteiligten, also zu Lasten seines Auftraggebers zu prüfen hat. Eine entsprechende Verpflichtung ist zu verneinen. Dies ergibt sich einmal aus der Stellung des Architekten, der Sachwalter seines Bauherrn ist. Zum anderen ergibt sich dies daraus, daß die am Bau Beteiligten nach der Rechtsprechung jedenfalls beim BGB-Bauvertrag an ihre Schlußrechnungen gebunden sind und weder nachfordern noch ihre Schlußrechnungen mit vergessenen Positionen auffüllen können (vgl. BGH NJW 1978, 994 = BauR 1978, 145; OLG Stuttgart v. 13. 10. 1978 – 10 U 26/78; Lenzen BauR 1982, 23 m. w. N., anders für den VOB-Bauvertrag BGH BauR 1988, 217 = NJW 1988, 910). Der Architekt ist weder verpflichtet noch berechtigt, dem Unternehmer zu Lasten seines Auftraggebers dazu zu verhelfen, daß er Beträge erhält, die ihm nach der Rechtsprechung nicht mehr zustehen. Im Rahmen der Rechnungsprüfung muß der

Architekt Angebote, Rabatte u. ä. berücksichtigen. Die Prüfung hat so schnell zu erfolgen, daß dem Auftraggeber die Möglichkeit zum Skontoabzug verbleibt.

Eine zentrale Leistung stellt die **Kostenfeststellung nach DIN 276** oder nach dem wohnungsrechtlichen Berechnungsrecht dar (vgl. i. e. § 5 Rdn. 20 ff.), so daß eine Honorarminderung vorzunehmen ist, wenn sie nicht erbracht wird bzw. erbracht werden muß. Die Kostenfeststellung ist nach DIN 276 Teil 3 Anh. C vorzunehmen (zu den Einzelheiten vgl. § 10 Rdn. 25 f., 42, 57 ff.). Sie ist der Maßstab dafür, ob die vorherigen Kostenermittlungen (Kostenschätzung, Kostenberechnung und Kostenanschlag) eingehalten oder überschritten wurden (zur Haftung wegen Kostenüberschreitung vgl. i. e. Einl. Rdn. 55 ff.). **193**

Eine weitere Teilleistung ist der **Antrag auf behördliche Abnahmen und Teilnahme daran.** Es handelt sich hierbei um die nach den Landesbauordnungen notwendigen Abnahmen, wie in der Regel Rohbauabnahme, Gebrauchsabnahme und Schlußabnahme. Diese Abnahmen haben keine zivilrechtlichen Folgen für die Abnahme der Leistungen der am Bau Beteiligten. Der Architekt hat die Abnahmen als Vertreter des Bauherrn herbeizuführen und evtl. daran teilzunehmen. Die Anträge müssen rechtzeitig gestellt werden, da sonst Finanzierungsnachteile eintreten können, wenn Finanzierungsinstitute ihre Zusagen bzw. Auszahlungen vom Vorliegen bestimmter Abnahmebescheinigungen abhängig machen. Der Antrag auf behördliche Abnahme von Anlagen der Technischen Ausrüstung und Teilnahme daran ist eine Grundleistung der betreffenden Fachingenieure. Beim Architekten bleibt insoweit die Koordinierungspflicht. **194**

Ebenfalls neu ist die Leistung **Übergabe des Objekts** einschließlich Zusammenstellung und Übergabe der erforderlichen Unterlagen, etwa von Bedienungsanleitungen, Prüfprotokollen u. a. Es handelt sich dabei um Unterlagen für alle Leistungsbereiche, die sich im Laufe des Bauvorhabens angesammelt haben, also auch um Unterlagen für Installationen und technische Gebäudeausrüstungen, betriebstechnische Anlagen, um Verlegepläne für Bewehrungen in Stahlbeton, für Entwässerungen, für Dränagen u. a. Hierzu gehören auch Abnahmeprotokolle und -bescheinigungen, z. B. des TÜV für Öl- und Gaslagerungen, für Hochdruckanlagen, für Aufzüge und sonstige Fördereinrichtungen sowie die sog. Revisionspläne. Im Ergebnis handelt es sich richtigerweise um die Unterlagen, die zur ordnungsgemäßen Benutzung erforderlich sind und die gebraucht werden, um bei der späteren Nutzung über den Aufbau und Verlauf wichtiger Konstruktionen und Anlagen orientiert zu sein (Hesse/Korbion/Mantscheff/Vygen § 15 Rdn. 179). Dabei kann die Mitwirkung anderer an der Planung und Objektüberwachung Beteiligter erforderlich sein. Die Unterlagen müssen keineswegs vom Architekten erstellt werden. Im Rahmen seiner Koordinierungspflicht hat der Architekt die Mitwirkung der Sonderfachleute zu veranlassen. **195**

Der Begriff „Übergabe" ist nicht identisch mit dem Begriff „Abnahme" (ebenso Hesse/Korbion/Mantscheff/Vygen § 15 Rdn. 179; vgl. jetzt auch **196**

Neuenfeld § 15 Bem. 78). Der Zeitpunkt der Übergabe des Objekts fällt also nicht mit der Abnahme des Architektenwerks oder der Abnahme der Leistungen der am Bau Beteiligten zusammen. Die Übergabe wird in der Regel vor Beendigung der Architektenleistung erfolgen, insbesondere bei einheitlichem Architektenvertrag und bei noch ausstehenden Leistungen aus den Leistungsphasen 8 und 9, wie etwa Auflisten der Gewährleistungsansprüche, Überwachen der Beseitigung der bei der Abnahme festgestellten Mängel, Kostenkontrolle, Objektbegehung zur Mängelfeststellung vor Ablauf der Gewährleistungsfristen usw. Der Architekt ist aber zur Übergabe des Objekts auch vor Erbringung der noch ausstehenden Teilleistungen aus Leistungsphasen 8 und 9 verpflichtet. Diese Verpflichtung ist unabhängig davon, ob eine Abnahme oder Teilabnahme einer Leistung erfolgt (a. A. anscheinend Jochem § 15 Rdn. 73; wie hier Hesse/Korbion/Mantscheff/Vygen § 15 Rdn. 179). Aus dem Wortlaut der Bestimmung ergibt sich nicht, wie die Übergabe stattfinden soll. Eine körperliche Übergabe ist nicht möglich. Man wird davon ausgehen müssen, daß der Architekt die Fertigstellung mitteilen und die erforderlichen Unterlagen, Bedienungsanleitungen sowie Prüfprotokolle übergeben muß. Wünscht der Auftraggeber allerdings eine Begehung des Objekts, so hat der Architekt sie mit ihm vorzunehmen.

197 Das **Auflisten der Gewährleistungsfristen** – eine zusätzliche Leistung, die im Leistungsbild der GOA nicht enthalten war – ist eine äußerst risikoträchtige Leistung (vgl. unten Rdn. 220). Der Architekt muß sich dazu die Verträge mit den anderen Baubeteiligten vorlegen lassen, prüfen, ob die VOB Vertragsbestandteil ist oder ob ein BGB-Werkvertrag oder ein Dienstvertrag vorliegt, um festzustellen, ob eine förmliche, eine fiktive Abnahme oder eine solche durch schlüssiges Verhalten vorliegt. Der Architekt hat zu prüfen, ob und wann die Verjährung unterbrochen bzw. gehemmt wurde, ob eine Teilabnahme vorliegt, um dann festzulegen, wann die Gewährleistungsfristen ablaufen. Es ist sehr weitgehend, was hier vom Architekten verlangt wird, und rechtspolitisch zweifelhaft, ob der Architekt derart in die Rolle eines Baurechtsberaters gedrängt werden darf. Nachdem die HOAI diese Auflistung der Gewährleistungsansprüche verlangt, muß sich der Architekt notfalls rechtlich orientieren, um seine Leistungspflichten voll zu erfüllen.

198 Das **Überwachen der Beseitigung der bei der Abnahme der Bauleistungen festgestellten Mängel** ist Grundleistung des Architekten. Die Beratung des Auftraggebers im Hinblick auf sein Verhalten bei der Abnahme bezieht sich nicht nur auf die Geltendmachung von Mängeln, sondern auch etwa auf die Geltendmachung von Vertragsstrafenansprüchen (vgl. hierzu unten Rdn. 218). Werden bei der Abnahme Mängel festgestellt, so ist der Architekt nicht verpflichtet, für den Auftraggeber rechtsgestaltende Erklärungen abzugeben, etwa des Inhalts, daß er Ablehnungsandrohungen oder Kündigungen ausspricht (ebenso Hesse/Korbion/Mantscheff/Vygen § 15 Rdn. 181; Koeble DAB 1990, 83; vgl. auch unten Rdn. 31). Es ist jedoch erforderlich, daß der Architekt die betroffenen am Bau Beteiligten zur Mängelbeseitigung auffordert (zu den Tätigkeitspflichten bei Mängeln vgl. i. e. § 8 Rdn. 6 und Jagenburg BauR 1980, 406). In der Regel ist die Mitwirkung der Fachingenieure erforderlich, soweit es sich um Mängel aus deren Leistungsbereichen handelt. Die Teilleistung Überwachen der Mängelbeseitigung in Leistungsphase 8 unterscheidet sich von der gleichen Teilleistung in Leistungsphase 9 dadurch, daß im Rahmen der Objektüberwachung nur diejenigen Mängel angesprochen sind, die bis zur Abnahme aufgetreten sind. Dagegen betrifft die Teilleistung in Leistungsphase 9 diejenigen **Mängel, die nach der Abnahme** aufgetreten sind (vgl. hierzu unten Rdn. 224).

Eine neue Teilleistung ist die **Kostenkontrolle** durch Überprüfen der Leistungsabrechnung der bauausführenden Unternehmen im Vergleich zu den Vertragspreisen und dem Kostenanschlag. Diese Leistung wurde durch die 5. HOAI-Novelle eingeführt (vgl. Einl. Rdn. 12; zu den Ergänzungen in Leistungsphasen 3 und 7 vgl. oben Rdn. 74, 102, 165 und 176). Sie ist nur eine konkrete Ausgestaltung der **allgemeinen Pflicht** zu Kostenkontrolle, welche nach wie vor besteht. Diese allgemeine Kostenkontrolle war früher in Leistungsphase 8 angesiedelt. Ihr kam jedoch im Rahmen des gesamten Leistungsbildes erhöhte Bedeutung zu. Die Kostenkontrolle dient dazu, die von der HOAI in den Vordergrund gestellte Kostenermittlung nach DIN 276 durch Kostenschätzung, Kostenberechnung, Kostenanschlag und Kostenfeststellung zu unterstützen und im Bauablauf zu korrigieren bzw. zu berichtigen. Die Kostenkontrolle soll den Verlauf von Ist- und Soll-Kosten unter Kontrolle halten, um dem Auftraggeber die Möglichkeit zu geben, bei drohender Überschreitung der Soll-Kosten entsprechende Entscheidungen zu treffen. **199**

Nicht erwähnt ist die ebenfalls bestehende Pflicht zur **Kostenfortschreibung.** Während die Kostenkontrolle den Vergleich mit den eigenen Kostenermittlungen bei gleichbleibendem Objekt betrifft, erfaßt die Fortschreibung Änderungen und Ergänzungen. **200**

Die Besonderen Leistungen aus Leistungsphase 8 Objektüberwachung (Bauüberwachung) **201**

Unter **Aufstellen, Überwachen und Fortschreiben von differenzierten Zeit-, Kosten- oder Kapazitätsplänen** ist in erster Linie die Netzplantechnik oder über EDV gesteuerte Ablauf- und Kostenpläne zu verstehen.

Die **Tätigkeit als verantwortlicher Bauleiter** wird durch das Recht der einzelnen Landesbauordnungen geregelt. Diese Tätigkeit enthält Rechte und Pflichten gegenüber der Öffentlichkeit und der Baurechtsbehörde. Nach derzeitiger Rechtsprechung und den Regelungen in den Landesbauordnungen handelt es sich um keine Besondere Leistung (vgl. oben Rdn. 179 ff.). **202**

Fragen der Haftung bei Leistungsphase 8 Objektüberwachung (Bauüberwachung) **203**

In der Leistungsphase Objektüberwachung obliegen dem Architekten mannigfache Leistungspflichten, deren Verletzung Gewährleistungsansprüche auslösen können. Diese Ansprüche beruhen auf § 635 BGB. Abgrenzungsfragen ergeben sich, wenn ein Architekt mit der Planung und ein anderer mit der Überwachung beauftragt ist (vgl. Einl. Rdn. 130). In solchen Fällen kann auch der überwachende Architekt besonders gefordert sein (vgl. die Fälle des Winterbaus: OLG Hamm BauR 1991, 788, des Bestandsschutzes eines Gebäudes: OLG Oldenburg BauR 1992, 258 = NJW-RR 1992, 409 und der Bestandssicherung bei Abbruch OLG Köln SFH Nr. 84 zu § 635 BGB).

204 Der **Umfang und die Intensität der Überwachungstätigkeit** hängen von den Anforderungen der Baumaßnahme und den jeweiligen Umständen ab (BGH SFH Nr. 48 zu § 633 BGB). Grundsätzlich ist zu sagen, daß der Architekt nicht ständig die Baustelle besuchen muß und der Auftraggeber daraus auch keine Honorarminderung herleiten kann. Vor allem nach der Entscheidung des BGH (NJW 1982, 438 = BauR 1982, 79; vgl. hierzu Einl. Rdn. 17 und § 5 Rdn. 13 ff.), wonach auch die örtliche Bauaufsicht werkvertraglich einzuordnen ist, ist auf das Ergebnis und den Erfolg abzustellen. Treten deshalb Mängel auf, weil der Architekt nicht ausreichend überwacht hat, so stehen dem Auftraggeber Gewährleistungsansprüche zu (vgl. auch § 5 Rdn. 13).

205 Umgekehrt stehen dem Architekten bei **besonders intensiver Überwachungstätigkeit** über das normale Honorar für die Grundleistung Objektüberwachung keine weiteren Ansprüche zu, und zwar auch dann nicht, wenn ein am Bau Beteiligter besonders mangelhaft arbeitet oder die Mängelbeseitigung erheblich verzögert (Locher/Löffelmann NJW 1982, 970; a. A. LG Freiburg BauR 1980, 467).

206 Nicht überwachen muß der Architekt **einfache, gängige Arbeiten,** von denen er annehmen darf, daß sie auch ohne Überwachung fachlich ordnungsgemäß erledigt werden. Er muß keineswegs ständig auf der Baustelle sein, um die Bauarbeiten zu kontrollieren. Hier hat er sich aber von der Ordnungsgemäßheit der Arbeiten nach deren Fertigstellung zu überzeugen (BGH BauR 1971, 131; OLG Braunschweig VersR 1974, 436; LG Köln VersR 1981, 1191; Neuenfeld BauR 1981, 441). Zu diesen einfachen Arbeiten gehören z. B. die Malerarbeiten, das Aufbringen von Dachpappe (BGH VersR 1969, 473), die Errichtung einer Klärgrube (OLG Braunschweig a. a. O.), das Verlegen von Fußböden oder Platten (BGH a. a. O.) und das Auftragen des Innenputzes (LG Köln a. a. O.).

207 **Erhöhte Aufmerksamkeit** ist aber dann geboten, wenn sich bei der Ausführung dieser einfacheren Arbeiten bereits **Mängel zeigen** (BGH BauR 1994, 392 = NJW 1994, 1276 = ZfBR 1994, 131 = LM H. 6/94 HOAI Nr. 24 m. Anm. Koeble; LG Köln a. a. O.). Erhebt z. B. der Fliesenleger Bedenken wegen Rissen im Estrich, dann muß der Architekt diesen genauer untersuchen lassen (BGH a. a. O.). Der Architekt hat jedoch den **wichtigen und kritischen Bauabschnitten** seine **besondere Aufmerksamkeit** zuzuwenden (BGH a. a. O.). **Typische Gefahrenquellen** müssen den Architekten zu besonders sorgfältiger Überwachungstätigkeit veranlassen.

208 Als Bauabschnitte bzw. Bauleistungen, die **besondere Gefahrenquellen** mit sich bringen und damit eine verstärkte Wahrnehmungs- und Überwachungstä-

tigkeit des Architekten erfordern, sind z. B. folgende zu nennen: allgemein die Abdichtungs- und Isolierungsarbeiten (vgl. OLG Hamm BauR 1990, 638 = MDR 1990, 338 für die Abdichtungsfolie, die der Kaminbauer im Bereich der Bodenplatte verlegt); die Abdichtung von Balkonen (OLG Düsseldorf Schäfer/ Finnern Z 2.01 Bl. 218); die Betongüte, soweit der Beton nicht wie heute üblich aus dem Werk angeliefert wird (BGH BauR 1974, 66); die Bewehrung mit Stahlmatten; die Dachkonstruktion und ihre Verankerung (BGH Schäfer/Finnern Z 3.01 Bl. 416; OLG München Schäfer/Finnern Z 2.211 Bl. 3); eine ausreichende Schall- und Wärmeisolierung (vgl. zur DIN-Norm 4109 und dem Stand der Technik vgl. oben Rdn. 90); Ausschachtungsarbeiten, Unterfangarbeiten, das Gießen der Decken. Hinsichtlich der Fundamente muß der Architekt darauf achten, daß diese in einer der DIN 1054 entsprechenden Einbindetiefe in den gewachsenen Boden eingebracht werden (OLG Düsseldorf NJW-RR 1995, 532). Ihn treffen auch Pflichten bezüglich der Standfestigkeit bei einem Baugrubenaushub (OLG Köln NJW-RR 1994, 89 = ZfBR 1994, 22), der Winterfestigkeit eines Rohbaus (OLG Hamm BauR 1991, 788) und des Bestandsschutzes beim Umbau (OLG Oldenburg BauR 1992, 258 = NJW-RR 1992, 409). Auch bei Sanierungsarbeiten ist erhöhte Aufmerksamkeit geboten (vgl. OLG Hamm NJW-RR 1990, 915 = ZfBR 1991, 26 für eine Fachwerksanierung, bei der die Verblendungen fehlerhaft hergestellt werden).

209 Eine Haftung wegen Überwachungsfehlern ist in den Fällen zu verneinen, in denen **Bauteile,** wie z. B. die Fenster oder die Türen, **in kurzer Zeit eingebaut** werden und die Mängel erst nach dem Einbau vom Architekten festgestellt werden können (so mit Recht Neuenfeld BauR 1981, 442).

210 Die Intensität der Überwachung hängt auch von der **Qualität und Leistungsfähigkeit des jeweiligen Unternehmers** bzw. Handwerkers ab. Ein als zuverlässig bekannter am Bau Beteiligter muß nicht mit der gleichen Intensität überwacht werden wie ein anderer (vgl. OLG Braunschweig VersR 1974, 436). In diesen Fällen kann sich der Architekt auf eine **stichprobenartige Überprüfung** beschränken (vgl. BGH NJW 1977, 898 = BauR 1977, 428; Bindhardt/Jagenburg § 6 Rdn. 126 m. Nachw.). Erkennt der Architekt dagegen, daß der Handwerker ungeeignet ist, so trifft ihn eine gesteigerte Sorgfaltspflicht. Er kann sich dann nicht damit begnügen, gegenüber dem Auftraggeber auf die Unzuverlässigkeit bzw. Ungeeignetheit hinzuweisen. Er muß dann zusätzlich intensiver überwachen (BGH NJW 1978, 322 = BauR 1978, 60). Erhöhte Aufmerksamkeit ist auch erforderlich, wenn Streit zwischen einem Handwerker und dem Bauherrn besteht (BGH SFH Nr. 48 zu § 633 BGB). Werden Schwarzarbeiter eingesetzt, so kann der Architekt dem Auftraggeber erklären, eine ordnungsgemäße Bauaufsicht sei ihm für den betreffenden Leistungsbereich unmöglich. Gegebenenfalls kann der Architekt bei Einsatz von Schwarzarbeitern seine öffentlich-rechtliche Bauleitererklärung zurückziehen und äußerstenfalls den Architektenvertrag aus wichtigem Grund kündigen (ebenso Bindhardt/Jagenburg § 6 Rdn. 127; Hesse/Korbion/Mantscheff/Vygen § 15 Rdn. 191; Locher, Das private Baurecht, Rdn. 259).

211 Diese Grundsätze gelten nicht nur dann, wenn die Objektüberwachung dem Architekten ausdrücklich übertragen ist, vielmehr gibt es Fälle, in denen sich der Architekt in die Rolle des „**faktischen Bauüberwachers**" begibt. Erteilt er nämlich Anweisungen oder greift er in das Baugeschehen ein, ohne daß die Überwachungstätigkeit ihm übertragen wurde, so kann er dennoch wegen Überwachungsfehler haften (vgl. BGH VersR 1959, 904; OLG Hamm Schäfer/Finnern Z 2.414 Bl. 37).

212 Die **Grenzen der Überwachungstätigkeit** des Architekten ergeben sich aus seinem ordnungsgemäßen Wissensstand. Kenntnisse von Sonderfachleuten muß der Architekt nicht haben (vgl. i. e. Bindhardt/Jagenburg § 6 Rdn. 130 ff.). Grenzen ergeben sich aber auch insoweit, als für die spezielle Bauleistung Spezialkenntnisse des am Bau beteiligten Handwerkers bzw. Unternehmers bestimmend sind. In diesem Zusammenhang sind die Plattenarbeiten (BGH NJW 1956, 787), die Ausführung der Klima-, Belüftungs- und Entlüftungsanlagen (BGH Schäfer/Finnern Z 2.400 Bl. 6), die Holzarbeiten (BGH NJW 1962, 1569), die Schaufensterarbeiten (BGH Schäfer/Finnern Z 2.414 Bl. 113) und die Stahlbetonarbeiten (BGH VersR 1965, 800) zu nennen. Der planende Architekt haftet auch nicht für Mängel, die ein fachkundiger Bauherr erkennt und bei denen er die Umplanung an sich zieht (BGH BauR 1989, 87 = NJW-RR 1989, 86 = ZfBR 1989, 24).

213 Im Rahmen seiner Überwachungspflicht obliegt dem Architekten neben dem primär verkehrssicherungspflichtigen Auftraggeber eine **Pflicht zur Gefahrenvorsorge**. Der Architekt kann „sekundär" verkehrssicherungspflichtig werden (vgl. i. e. Bindhardt/Jagenburg § 6 Rdn. 136 ff.; Locher, Das private Baurecht, Rdn. 452; Schmalzl Rdn. 96). So muß der Architekt etwa für die Markierung einer schwer wahrnehmbaren Glasfläche sorgen oder die Abdeckung eines Kanalschachts, der sich auf einem engen Zufahrtsweg befindet, veranlassen (BGH Schäfer/Finnern Z 2.20 Bl. 17). Grundsätzlich ist der Architekt nur sicherungspflichtig hinsichtlich erkannter oder erkennbarer baustellentechnischer Gefahren. Primäre Verkehrssicherungspflichten treffen ihn aber dann, wenn er selbst Maßnahmen an der Baustelle veranlaßt (z. B. die Änderung eines Gerüsts – BGH SFH Nr. 14 zu § 823 BGB). Eine Haftung wegen Verletzung der Verkehrssicherungspflicht kann auch gegenüber Dritten, z. B. den Mietern, gegeben sein (vgl. BGH BauR 1987, 116 = NJW 1987, 1013 = ZfBR 1987, 74 und oben Einl. Rdn. 43). Von der Verkehrssicherungspflicht ist zu unterscheiden die Haftung des Architekten als verantwortlicher Bauleiter nach den Landesbauordnungen (vgl. hierzu z. B. OLG Koblenz BauR 1979, 176; Rabe BauR 1981, 332). Zur Frage der Haftung des Architekten wegen Zahlungsunfähigkeit des Bauherrn vgl. Bindhardt BauR 1981, 326.

214 Liegen Mängel vor, obwohl der Architekt seiner Überwachungspflicht sorgfältig nachgekommen ist, so muß der Architekt den Auftraggeber zunächst über das Vorliegen der Mängel aufklären. Dabei muß der Architekt auch auf Mängel seiner eigenen Leistung hinweisen (BGH SFH Nr. 11 zu § 633 BGB; BGH NJW 1985, 328 = BauR 1985, 97; BGH BauR 1985, 232; zu weiteren

Entscheidungen und zu den Folgen dieser Rechtsprechung vgl. Einl. Rdn. 132 und Koeble, FS Locher, S. 117 [122 ff.]). Des weiteren hat er die Mängelbeseitigung zu überwachen. Damit sind seine **Tätigkeitspflichten bei Mängeln** jedoch noch nicht erschöpft (vgl. i. e. Koeble DAB 1990, 83). Er ist vielmehr verpflichtet, den betreffenden am Bau Beteiligten, der den Mangel verursacht hat, zur Mängelbeseitigung aufzufordern. Wird diese Aufforderung nicht beachtet, so muß der Architekt Rücksprache mit seinem Auftraggeber halten und ihn umfassend über die technischen Gegebenheiten und Möglichkeiten unterrichten. Es ist jedoch nicht Aufgabe des Architekten, die rechtlichen Möglichkeiten vorzuschlagen oder gar selbst rechtsgeschäftliche Erklärungen gegenüber den am Bau Beteiligten abzugeben, etwa eine Fristsetzung mit Ablehnungsandrohung vorzunehmen oder Kündigungserklärungen auszusprechen (vgl. zu den Tätigkeitspflichten i. e. § 8 Rdn. 6 und Locher BauR 1973, 321; Ingenstau/ Korbion B § 13 Rdn. 530; Hesse/Korbion/Mantscheff/Vygen § 15 Rdn. 175; Koeble DAB 1990, 83 und oben Rdn. 198). Ebensowenig darf er Aufträge an andere Handwerker bzw. Unternehmer erteilen.

Auch die **Koordinierungstätigkeit** kann Schadensersatzansprüche des Auftraggebers auslösen. Es handelt sich hier um Ansprüche nach § 635 BGB und nicht um solche aus positiver Vertragsverletzung. Neben der als Grundleistung angesprochenen Koordinierung der an der Objektüberwachung fachlich Beteiligten steht die allgemeine Koordinierungspflicht hinsichtlich der übrigen am Bau Beteiligten. Gerade in der Leistungsphase 8 kommt dieser allgemeinen Koordinierungspflicht erhöhte Bedeutung zu (vgl. auch oben Rdn. 181). Der Architekt darf z. B. keine Estricharbeiten zur Ausführung freigeben, bevor auf dem Boden verlegte Installationsrohre die erforderliche Ummantelung erhalten haben (OLG Köln SFH Nr. 9 zu § 635 BGB). Die Koordinierungstätigkeit bezieht sich sowohl auf das reibungslose Zusammenwirken zwischen den Unternehmen bzw. Handwerkern als auch auf das reibungslose Zusammenwirken zwischen Unternehmern und Sonderfachleuten. Aufgabe des Architekten ist es, Sonderleistungen bei der Bauaufsicht einzuordnen und die technischen Vorschläge und Ausarbeitungen in dem von ihm als Gesamtwerk verantworteten Werk zu koordinieren (Bindhardt/Jagenburg § 6 Rdn. 102 ff.; Schmalzl Rdn. 51). Die Koordinierungspflicht besteht auch im Hinblick auf den Baubeginn. Den Architekten kann eine Mitverantwortung treffen, wenn mit dem Bau begonnen wird, obwohl eine Auflage in der Baugenehmigung unklar oder widersprüchlich ist (vgl. BGH NJW 1985, 1692). Die Koordinierungstätigkeit gehört zum Planungsbereich und ist Bauherrenaufgabe im Verhältnis zu den am Bau Beteiligten, was Auswirkungen hinsichtlich der gesamtschuldnerischen Haftung haben kann (BGH BauR 1972, 112; BGH BauR 1977, 428 [430] = NJW 1977, 898 m. w. Nachw.).

Die **Führung eines Bautagebuchs** ist nach der HOAI Leistungspflicht des Architekten. Diese Verpflichtung wurde wohl aus den Verträgen mit öffentlichen Auftraggebern übernommen und dient vor allem zu Beweiszwecken, um die mannigfachen Bauvorgänge beweisbar festzuhalten. Verletzt der Architekt

215

216

seine Pflicht zur sorgfältigen Führung eines Bautagebuchs und bleibt dadurch sein Auftraggeber in einem Prozeß beweisfällig, so kann der Architekt gewährleistungspflichtig sein. Dem Auftraggeber können Schadensersatzansprüche nach § 635 BGB zustehen.

217 Neu ist die Verpflichtung, ein **gemeinsames Aufmaß** mit den bauausführenden Unternehmern durchzuführen. Unterläßt der Architekt ein gemeinsames Aufmaß und überprüft er lediglich das Aufmaß des Unternehmers, so haftet er nach § 635 BGB für Fehler des Aufmaßes des Unternehmers. Wird dagegen ein gemeinschaftliches Aufmaß genommen, so sind diese Feststellungen für Auftraggeber und Auftragnehmer bindend (vgl. oben Rdn. 186). Stellt eine Partei dann fest, daß die Aufmaßberechnung fehlerhaft ist, so kann eine Anfechtung wegen Irrtums nach § 119 BGB erfolgreich sein. Kann sich der Auftraggeber mit einer Anfechtung nicht vom gemeinsamen Aufmaß lösen und ist an Fehler des gemeinsamen Aufmaßes im Verhältnis zum Unternehmer gebunden, so kann ihm ein Schadensersatzanspruch gegen den Architekten zustehen. Im Rahmen des gemeinsamen Aufmaßes ist der Architekt zwar zur Anerkennung des Aufmaßes berechtigt, nicht jedoch zum Abschluß eines Vegleichs. Dies gilt jedenfalls hinsichtlich der normalen Architektenvollmacht (OLG Stuttgart BauR 1972, 318).

218 Im Rahmen der Teilleistung **Abnahme der Bauleistungen** ist der Architekt zwar nicht zur rechtsgeschäftlichen Abnahme verpflichtet (vgl. oben Rdn. 187). Er ist hier zur Prüfung der Leistung auf Mangelhaftigkeit bzw. der gelieferten Baustoffe auf Fehlerhaftigkeit verpflichtet (BGH Schäfer/Finnern Z 3.01 Bl. 156). Letzteres bedeutet natürlich nicht, daß der überwachende Architekt jede Materialanlieferung überprüfen muß. Vor allem bei ihm als zuverlässig und sachkundig bekannten Bauunternehmen bzw. Lieferanten kann sich der Architekt auf Stichproben beschränken (vgl. oben Rdn. 204 ff.). Der Architekt muß beispielsweise zerkratzte Thermopanescheiben zurückweisen oder schadhafte Natursteinplatten beanstanden. Er muß jedoch nicht von einer renommierten Firma gelieferten Kleber ohne besondere Veranlassung überprüfen oder die Feuchte des Holzes, das für eine Dachkonstruktion verwendet wird, mit Geräten untersuchen, die nur Spezialinstituten zur Verfügung stehen. Neben dieser tatsächlichen Abnahmepflicht treffen den Architekten aber auch **Pflichten im Hinblick auf die rechtsgeschäftliche Abnahme** (vgl. i. e. Koeble DAB 1990, 83). Der Architekt muß den Bauherrn zunächst darüber beraten, wann die Abnahmewirkung nach den Vereinbarungen mit den am Bau Beteiligten im konkreten Fall eintritt. Des weiteren muß der Architekt den Bauherrn über die Folgen der Abnahme aufklären. Er hat dem Bauherrn mitzuteilen, daß dieser bereits vor der Abnahme aufgetretene und bekannte Mängel bei der Abnahme vorbehalten muß. Gleiches gilt hinsichtlich einer etwa verwirkten Vertragsstrafe. Der Architekt ist zwar nicht verpflichtet, die Vertragsstrafe selbst vorzubehalten. So weit reicht seine normale Vollmacht auch nicht. Er muß dem Bauherrn jedoch mitteilen, daß der Vertragsstrafenvorbehalt bei der Abnahme geleistet werden muß und sonst Vertragsstrafeansprüche verwirkt sind (BGH NJW 1979, 1499 = BauR 1979, 345 = SFH Nr. 3 zu § 341 BGB).

Dem bauüberwachenden Architekten obliegt die Verpflichtung zur **Rechnungs-** 219
prüfung. Er muß feststellen, ob die Leistungen rechnerisch, vertragsgemäß und
fachtechnisch einwandfrei erbracht sind. Übersieht der Architekt zu Lasten des
Auftraggebers Fehler und bezahlt der Auftraggeber dadurch an den Bauunternehmer zuviel, so kann ein Schadensersatzanspruch nach § 635 BGB gegen den Architekten bestehen. Dieser Anspruch kann sich auf die zuviel bezahlten Beträge und
auch auf die Kosten eines vom Auftraggeber zur Überprüfung der Rechnung eingesetzten Sachverständigen erstrecken (Ludwigs/Ludwigs, S. 350). Die Rechnungs-
prüfungspflicht erstreckt sich auch auf Abschlagszahlungen. Empfiehlt der Architekt aufgrund unzureichender oder falscher Prüfung oder weil eine prüfungsfähige
Aufstellung des Unternehmers nicht vorliegt, dem Auftraggeber Abschlagszahlungen in nicht gerechtfertigter Höhe, so kann eine Schadensersatzpflicht des Architekten bestehen, wenn ein Rückforderungsanspruch des Bauherrn gegen den
Unternehmer nicht realisiert werden kann. Fehler bei der Rechnungsprüfung liegen auch dann vor, wenn zusätzlich andere Pflichten verletzt wurden. So hat der
Architekt seine Verpflichtung zur ordnungsgemäßen Überprüfung der Rechnungen verletzt, wenn er zuvor wegen einer bereits im Leistungsumfang enthaltenen
Leistung ein Nachtragsangebot eingeholt hatte und nun im Rahmen der Rechnungsprüfung nicht feststellt, daß die zusätzliche Vergütung nicht gerechtfertigt ist
(BGH BauR 1972, 185). Von Bedeutung ist dies vor allem im Hinblick auf die Frage
des Verjährungsbeginns. Die Verjährungsfrist beginnt in diesen Fällen nicht mit
der Abnahme des Architektenwerks, sondern mit der evtl. späteren Übergabe der
geprüften Schlußrechnung an den Bauherrn zu laufen (BGH a. a. O.). Eine Haftung kommt auch bei zu langsamer Prüfung oder dann in Frage, wenn Abgebote
o. ä. nicht berücksichtigt werden (vgl. oben Rdn. 190 ff.). Dagegen muß der Architekt den Bauherrn nicht auf die Möglichkeit, selbst eine Rechnung nach § 14 Nr. 4
VOB(B) aufzustellen, hinweisen – geschweige denn diese selbst aufstellen.

Haftungsrisiken birgt auch die Leistung **Auflisten der Gewährleistungsfristen.** 220
Erbringt der Architekt diese Leistung nicht und übersieht der Auftraggeber
deshalb eine Gewährleistungsfrist, so kann der Architekt schadensersatzpflichtig sein (vgl. i. e. Locher BauR 1991, 135). Zum Auflisten der Gewährleistungsansprüche gehört nicht nur das Aufschreiben der Fristdauer. Vielmehr dürfte es
erforderlich sein, daß der Objektüberwacher den Zeitpunkt des Ablaufs der
Gewährleistungsfristen in einer Liste datummäßig fixiert (wie hier: Hartmann
§ 15 Rdn. 65). Er muß deshalb den Abnahmezeitpunkt der Bauleistung festhalten. Ist dies im Einzelfall schwierig und erfordert es besondere Rechtskennt-
nisse, so ist der Objektüberwacher keineswegs verpflichtet, eine schwierige
rechtliche Prüfung dieser Frage vorzunehmen oder von einem von ihm beauftragten Juristen vornehmen zu lassen. Er muß aber den Auftraggeber auf die
Zweifel hinsichtlich des Verjährungsbeginns und des Verjährungsablaufs hinweisen (zur Prüfung von Unterbrechung und Hemmung: Bindhardt/Jagenburg
§ 6 Rdn. 144). Die Teilleistung Auflisten der Gewährleistungsfristen verlangt
also besondere rechtliche Kenntnisse vom Architekten. Er wird durch diese
Bestimmung wiederum in die Richtung des „Baurechtsgestalters" gedrängt.

221 Eine Pflicht zur **Kostenkontrolle** trifft den Architekten auch ohne die Regelung in der HOAI. Sie besteht in allen Leistungsphasen (vgl. Rdn. 199). Verletzt der Architekt diese Pflicht, dann stellt dies einen Ansatz für die Haftung wegen Bausummenüberschreitung dar. Deren Voraussetzungen (Toleranzüberschreitung, Ursächlichkeit, Gesamtschaden) müssen für die Schadensersatzpflicht vorliegen (vgl. Einl. Rdn. 55 ff.). Die Verletzung der in Leistungsphase 3, 7 und 8 vorgeschriebenen Form führt dabei zu keiner zusätzlichen Haftung. Die **Kostenfortschreibung** kann ebenfalls einen selbständigen Ansatz zur Haftung wegen Bausummenüberschreitung darstellen. Dabei ist aber auch die Kostenkontrollpflicht und Kostenfortschreibung der Fachingenieure, insbesondere bei Leistungen für Anlagen der Technischen Ausrüstung, zu beachten.

222 **Die Grundleistungen aus Leistungsphase 9**
Objektbetreuung und Dokumentation

Die Leistungsphase 9 soll dem Auftraggeber über die eigentliche Planungs- und Ausführungsphase des Objekts hinaus die Leistungen des Architekten sichern. In erster Linie geht die Tätigkeit in Leistungsphase 9 dahin, Ansprüche des Auftraggebers während der Gewährleistungsfrist gegenüber den Unternehmern festzustellen und bei Vorliegen von Mängeln deren Beseitigung zu veranlassen und zu überwachen. Die Leistungsphase 9 bringt Schwierigkeiten vor allem im Hinblick auf die Fälligkeit des Honorars des Architekten (vgl. hierzu i. e. § 8 Rdn. 13) und für den Beginn der Gewährleistungsfrist (vgl. hierzu Einl. Rdn. 133 und § 8 Rdn. 13) mit sich.

223 Zunächst ist als Grundleistung die **Objektbegehung zur Mängelfeststellung vor Ablauf der Verjährungsfristen der Gewährleistungsansprüche gegenüber den bauausführenden Unternehmen** genannt. Da der Architekt im Rahmen der Leistungsphase 8 die Gewährleistungsfristen aufgelistet hat, ist es ihm möglich, den Ablauf der Gewährleistungsfristen rechtzeitig festzustellen. Er muß dann so rechtzeitig das Objekt begehen, daß Gewährleistungsansprüche wegen Mängeln, die zwischen Abnahme und Begehung auftreten, noch geltend gemacht werden können. Bei der Objektbegehung muß das Werk einer Prüfung unterzogen werden. Diese Prüfung darf nicht allein eine Besichtigung sein. Es müssen vielmehr die einzelnen Funktionen der eingebauten Gegenstände auch überprüft werden. Dagegen sind genauere Untersuchungen mit bestimmten Untersuchungsgeräten oder -methoden oder unter Einschaltung von Sonderfachleuten in der Regel nicht erforderlich, sondern nur dann, wenn Anhaltspunkte für Mängel vorliegen (ebenso Hesse/Korbion/Mantscheff/Vygen § 15 Rdn. 196). Eine mehrfache Begehung ist im Rahmen dieser Teilleistung nicht erforderlich. Allerdings kann sich im Zuge der Mängelbeseitigung nach Leistungsphase 8 ein mehrfaches Begehen zur Überprüfung der Nachbesserungsarbeiten ergeben, ebenso wie im Rahmen der Überwachungstätigkeit bei Leistungsphase 9.

224 Die Teilleistung **Überwachen der Beseitigung der innerhalb der Verjährungsfristen der Gewährleistungsansprüche auftretenden Mängel,** längstens bis zum

Ablauf von 5 Jahren seit Abnahme der Bauleistungen, ist von der entsprechenden Leistung in Leistungsphase 8 klar abgrenzbar. In den Bereich der Objektüberwachung fallen nur diejenigen Mängel, die bei der Abnahme festgestellt wurden. Alle danach auftretenden Mängel gehören in den Bereich der Objektbetreuung und Dokumentation. Derjenige Architekt, der Leistungsphase 9 nicht in Auftrag erhalten hat, muß die Beseitigung der Mängel, die nach der Abnahme aufgetreten sind, nicht überwachen. Verlangt der Auftraggeber dies und überwacht der Architekt die Mängelbeseitigung, so steht ihm auch ohne schriftliche Vereinbarung ein Teilhonorar aus der Leistungsphase 9 unter Berücksichtigung des Mindestsatzes nach § 16 zu. Die HOAI zieht die Grenze bei den „festgestellten" Mängeln. Es werden jedoch noch die Mängel hinzuzurechnen sein, die bei der Abnahme zwar bekannt waren, jedoch vergessen wurden. Versteckte Mängel allerdings, die zwar vor der Abnahme vorlagen, jedoch erst nach der Abnahme zum Vorschein kamen, fallen nicht in die Leistungsphase 8. Mit diesen Mängeln hat sich nur derjenige Architekt zu befassen, der die Leistungsphase 9 übernommen hat (vgl. auch Bindhardt/Jagenburg § 6 Rdn. 156 ff.; Neuenfeld BauR 1981, 439). In der Literatur wurde die Frage aufgeworfen, ob der Architekt auch dann im Rahmen der Leistungsphase 9 zu honorieren ist, wenn er die entsprechenden Mängel selbst verschuldet oder aber zum Teil mitverschuldet hat. Die h. M. geht davon aus, daß ein Honorar in Leistungsphase 9 nur bei denjenigen Mängeln anfällt, die vom Architekten nicht zu vertreten sind (Hesse/Korbion/Mantscheff/Vygen § 15 Rdn. 200; Neuenfeld BauR 1981, 439). Diese Auffassung ist jedoch nicht zutreffend. Derjenige Architekt, der mit Leistungsphase 9 beauftragt ist, hat auch dann einen Honoraranspruch, wenn gar keine Mängel vorliegen. Die Überwachungstätigkeit ist keine zentrale Leistung, die es in jedem Fall rechtfertigen würde, einen Abzug vorzunehmen, wenn sie im Einzelfall nicht erforderlich ist (vgl. i. e. § 5 Rdn. 20 ff.).

225 Demnach kann das Honorar des Architekten auch nicht gemindert werden, wenn Mängel vorliegen, die mit auf seine Leistung zurückzuführen sind. Richtig ist jedoch, daß derjenige Architekt, der Leistungsphase 9 nicht in Auftrag hat, bei der Mängelbeseitigung jedenfalls dann mitwirken muß, wenn er die Mängel ausschließlich oder mit zu vertreten hat. Dies hat jedoch mit der Frage der Honorierung bei Leistungsphase 9 nichts zu tun.

226 Vorausgehen muß der Überwachungstätigkeit allerdings eine Aufforderung zur Mängelbeseitigung. Der Architekt ist im Rahmen der Leistungsphase 9 verpflichtet, die am Bau Beteiligten zur Nachbesserung aufzufordern (ebenso Hesse/Korbion/Mantscheff/Vygen § 15 Rdn. 199). Die Überwachungstätigkeit ist zeitlich seit Inkrafttreten der Novelle auf 5 Jahre seit Abnahme der Bauleistung beschränkt. Neben der Pflicht zur Überwachung besteht eine **nachvertragliche Betreuungspflicht** des Architekten. Er muß bei der Untersuchung und Behebung von Mängeln beratend tätig werden und darauf achten, daß dem Auftraggeber nicht Schäden infolge falscher Maßnahmen entstehen (BGH BauR 1985, 97; BGH BauR 1985, 232). Es handelt sich hier nach Auffassung des BGH um eine Nebenpflicht, so daß Ansprüche aus positiver Vertragsverletzung bestehen, die erst in 30 Jahren verjähren.

227 Das **Mitwirken bei der Freigabe von Sicherheitsleistungen** setzt ebenfalls eine Prüfung des Werks auf Mangelhaftigkeit voraus. Diese Teilleistung hängt somit eng mit der Objektbegehung vor Ablauf der Gewährleistungsfristen zusammen. Der Architekt muß den Bauherrn beraten, ob die Sicherheit nach den Vereinbarungen des Bauvertrags bzw. nach § 17 Nr. 8 VOB (B) zurückzugeben ist. Der Architekt ist nicht berechtigt, die Sicherheitsleistung selbst freizugeben. Dies ist Sache des Auftraggebers.

228 Die **systematische Zusammenstellung der zeichnerischen Darstellungen und rechnerischen Ergebnisse des Objekts** hat das Erfassen, Ordnen und Aufbereiten aller bei der Planung und Baudurchführung angefallenen Daten als Ausgangspunkt für eine bessere Durchdringung und Lösung zukünftiger Planungsaufgaben sowohl für den Planer als auch für den Bauherrn zum Gegenstand (Pfarr, Handbuch zur kostenbewußten Bauplanung, S. 238). Es handelt sich im Rahmen dieser Leistungsphase nur um eine **Dokumentation,** da die Leistungen bereits erbracht sind. Soweit Unterlagen bereits während der Durchführung des Bauvorhabens übergeben wurden, muß dies natürlich nicht wiederholt werden (ebenso mit Recht Neuenfeld § 15 Bem. 85; ders. BauR 1981, 440).

229 **Die Besonderen Leistungen in Leistungsphase 9**
Objektbetreuung und Dokumentation

Eine wichtige Besondere Leistung ist das **Erstellen von Bestandsplänen.** In den Bestandsplänen sollen die wichtigsten Maßangaben, Angaben über technische Anlagen, zulässige Lastannahmen und über Materialien enthalten sein. Mit der Bestandsaufnahme in Leistungsphase 1 Besondere Leistungen ist die Leistung Erstellen von Bestandsplänen nicht zu verwechseln. Die Bestandsaufnahme betrifft die Feststellung der baulichen Substanz eines vorhandenen Objekts. Der Bestandsplan wird in der Regel im Maßstab 1:100 gefertigt. Es können hierzu aber auch die fortgeschriebenen und ergänzten Pläne der Ausführungsplanung im Maßstab 1:50 verwendet werden. Bestandspläne sind auch zu unterscheiden von Leistungen bei Umbauten und Modernisierungen, also von den Besonderen Leistungen beim Bauen im Bestand (hierzu unten Rdn. 36).

230 Weitere Besondere Leistungen sind das **Aufstellen von Ausrüstungs- und Inventarverzeichnissen** sowie das **Erstellen von Wartungs- und Pflegeanweisungen.** Hierbei handelt es sich um Besondere Leistungen, da sie eigentlich in die Sphäre des Auftraggebers gehören.

231 Die **Objektbeobachtung** kann sich auf technische oder auch auf wirtschaftliche Fragen beziehen. Auch die **Objektverwaltung** ist eine Bauherrenleistung.

232 Eine **Baubegehung nach der Übergabe** kann etwa zum Zwecke einer Umschuldung oder im Hinblick auf Beleihung oder Verkauf in Frage kommen.

Weitere Besondere Leistungen sind die Überwachung der **Wartungs- und Pflegeleistungen**, das **Aufbereiten des Zahlenmaterials für eine Objektdatei**, die **Ermittlung und Kostenfeststellung zu Kostenrichtwerten**, z. B. nach Vorgaben des Auftraggebers, und das **Überprüfen der Bauwerks- und Betriebs-Kosten-Nutzen-Analyse** (vgl. zur Betriebs-Kosten-Nutzen-Analyse oben Rdn. 53).   **233**

Fragen der Haftung bei Leistungsphase 9   **234**
Objektbetreuung und Dokumentation

Auch die in Leistungsphase 9 aufgeführten Leistungen sind Hauptleistungen (Hesse/Korbion/Mantscheff/Vygen § 15 Rdn. 36) und führen bei Fehlern zu Ansprüchen nach §§ 633 ff. BGB und nicht zu Ansprüchen wegen positiver Forderungsverletzung (vgl. aber für die nachvertragliche Betreuungspflicht oben Rdn. 226). Dies gilt auch für die Teilleistung Mitwirken bei der Freigabe von Sicherheitsleistungen (a. A. Neuenfeld BauR 1981, 440). Sie haben Folgen für die **Fälligkeit des Honorars** und den **Beginn der Gewährleistungsfrist** (vgl. § 8 Rdn. 13).

Ein erhebliches Risiko stellt die Teilleistung Objektbegehung zur Mängelfeststellung vor Ablauf der Gewährleistungsfristen dar. Unterläßt der Architekt die Objektbegehung und verjähren deshalb Gewährleistungsansprüche des Auftraggebers, so kann eine Schadensersatzpflicht nach § 635 BGB gegeben sein. Gleiches gilt dann, wenn bei der Objektbegehung die Überprüfung auf Mangelhaftigkeit nicht sorgfältig genug vorgenommen wird. Probleme für den Architekten ergeben sich daraus, daß unterschiedliche Gewährleistungsfristen laufen können. Mit Haftungsrisiko verknüpft ist auch die Mitwirkung bei der Freigabe von Sicherheitsleistungen. Empfiehlt der Architekt dem Auftraggeber, Sicherheiten freizugeben, obwohl Gewährleistungsansprüche noch nicht erledigt sind, so kann er sich gegenüber dem Auftraggeber schadensersatzpflichtig machen. Auch dann, wenn er dem Auftraggeber zu Unrecht empfiehlt, die Sicherheiten einzubehalten, kann der Architekt haften.   **235**

Künstlerische Oberleitung (Abs. 3)   **236**

Der Abs. 3 ist durch die 4. HOAI-Novelle für Verträge, die ab dem 1. 1. 1991 abgeschlossen sind, eingefügt worden (vgl. Einl. Rdn. 9). Die Vorschrift ermöglicht es, daß derjenige Auftragnehmer ein zusätzliches Honorar für die **künstlerische Oberleitung** vereinbaren kann, dem nicht gleichzeitig auch die Leistungsphase 8 übertragen ist. Das zusätzliche Honorar kann auch dann vereinbart werden, wenn dem Auftragnehmer nur **Teile aus den Leistungsphasen 1–7** in Auftrag gegeben wurden. Die vollständige Übertragung dieser gesamten Leistungsphasen ist nicht erforderlich. Umgekehrt schließt jedoch auch die bloße Übertragung von **Teilleistungen aus Leistungsphase 8** die Vereinbarung eines zusätzlichen Honorars für die künstlerische Oberleitung aus.

Der neue Abs. 3 enthält **keine Besondere Leistung**. Die künstlerische Oberleitung stellt vielmehr eine Grundleistung dar, die in verschiedenen Leistungspha-   **237** sen aufgenommen ist, insbesondere in Leistungsphase 8. Grundleistungen können niemals gleichzeitig Besondere Leistungen sein (§ 2 Rdn. 13). Dementsprechend ist in Abs. 3 auch nicht von einer „Besonderen Leistung" die Rede. Die einzelnen Voraussetzungen für die Honorierung von Besonderen Leistungen (§ 5 Abs. 2, 3) müssen deshalb nicht gegeben sein. Der Abs. 3 ermöglicht nur die Vereinbarung eines „besonderen Honorars" über den Höchstsatz hinaus, weil nämlich auch bei Einsatz verschiedener Auftragnehmer der Grundsatz gilt, daß insgesamt der Höchstsatz nach HOAI nicht überschritten werden darf (vgl. § 5 Rdn. 2 ff.). Von letzterem Grundsatz ist Abs. 3 eine Ausnahme.

238 Voraussetzung für die Honorierung ist eine **schriftliche Vereinbarung** (vgl. § 4 Rdn. 26). Ein bestimmter Zeitpunkt für die Vereinbarung muß nicht eingehalten werden. Sie kann auch nach Erbringung der Leistungen getroffen werden, da § 4 HOAI nicht einschlägig ist. Die **Höhe des Honorars** ist nicht vorgeschrieben. Sie ist von der Leistung und vom Umfang der Tätigkeit abhängig. Eine Honorarminderung für den Auftragnehmer, der die Objektüberwachung erbringt, ist nicht zulässig.

239 Da es sich um keine eigentliche Überwachungstätigkeit handelt, ist eine **Haftung** für den mit der künstlerischen Oberleitung beauftragten Architekten kaum denkbar. Er kann allenfalls unter den Gesichtspunkten herangezogen werden, nach denen ein „faktischer Bauleiter" haften würde (vgl. hierzu BGH VersR 1959, 904; OLG Hamm Schäfer/Finnern Z 2.414 Bl. 37 und oben Rdn. 211).

240 Bauen im Bestand (Abs. 4)

Der Verordnungsgeber hat sich nicht entschließen können, ein Leistungsbild (Grundleistungen) für das Bauen im Bestand aufzustellen. Angesichts der Verzweigtheit der Regelungen in der HOAI wird dies in Zukunft notwendig sein. Vorläufig ist in Abs. 4 eine zusätzliche Regelung aufgenommen, nach der ein Honorar für **Besondere Leistungen** vereinbart werden kann. Diese Besonderen Leistungen treten neben die in Leistungsphase 1 aufgeführte Besondere Leistung „Bestandsaufnahme" (vgl. oben Rdn. 21). Abzugrenzen ist die Besondere Leistung auch von Grundleistungen aus Teil XIII: Soweit es sich um reine Vermessungsleistungen im Sinne dieses Teils handelt, kann ein Honorar für Grundleistungen nach § 96 ff. beansprucht werden.

241 Während im letzteren Fall eine Honorarvereinbarung nicht erforderlich ist, sondern auch bei mündlicher Beauftragung das Mindesthonorar aus Teil XIII abgerechnet werden kann, bedarf es für die in Abs. 4 vorgesehene Besondere Leistung einer schriftlichen Honorarvereinbarung (zur Schriftform vgl. § 4 Rdn. 26). Die Vereinbarung muß nicht bei Auftragserteilung getroffen sein. Sie kann auch noch nach Erbringung der Besonderen Leistung erfolgen (vgl. die Neufassung des § 5 Abs. 4 seit 1. 1. 1991). Das Honorar kann als Zeithonorar oder als Pauschalhonorar oder nach Mengen (z. B. m³ Rauminhalt, m² Wohn- und Nutzflächen) und entsprechenden Einzelpreisen vereinbart werden. In

jedem Fall empfiehlt sich, ein Leistungsbild entsprechend den Anforderungen an die Bestandsaufnahme zu vereinbaren.

So kann z. B. eine Bestandsaufnahme nur dem Zwecke dienen, eine Vorplanung für die Verwendungsfähigkeit eines Objekts zu erstellen. Sie wird sich in der Regel auf die Hauptmaße, die wesentlichen Konstruktionsmerkmale und den allgemeinen Zustand des Objekts beschränken. Diese grobgerasterte Bestandsaufnahme ist somit auf die Erfüllung der Leistungsphase 2 Vorplanung gerichtet. Für weitere Planungsschritte, z. B. Entwurfsplanung oder Ausführungsplanung, bedarf es dann einer weitergehenden maßlichen und konstruktiven Bestandsaufnahme, wobei gegebenenfalls auch nicht sichtbare Bauteile (z. B. Fundamente, tragende Decken-, Wand- und Dachkonstruktionen) freigelegt werden müssen. **242**

Die Vorschrift gilt dem Wortlaut nach nur bei **Umbauten und Modernisierungen.** Da es sich aber um eine Regelung für Besondere Leistungen handelt, können diese auch bei anderen Maßnahmen hinzutreten, wie z. B. bei Erweiterungsbauten, Instandhaltungen, Instandsetzungen und Wiederaufbauten. **243**

Hinsichtlich der **Haftung** gelten die allgemeinen Grundsätze. Zusätzlich ist zu betonen, daß der Architekt im Rahmen seiner Beratungspflicht auf die unabdingbare Notwendigkeit einer exakten und umfassenden, maßlichen und technischen Bestandsaufnahme ggf. unter Einsatz technischer Hilfsmittel wie Endoskopiegerät, Fotogrammetrie, Thermovision u. a. hinweisen muß. Außerdem ist die Einschaltung der Fachingenieure je nach Art des Objektes und der Zielvorstellung rechtzeitig in Gang zu setzen, z. B. für Vermessung, Tragwerksplanung und Technische Ausrüstung. Ferner sind alle Baumängel oder -schäden insbesondere an tragenden Bauteilen zu untersuchen und zu beschreiben. Zu den Genauigkeitsstufen, Planungsinhalten und dem Kalkulationsrahmen kann auf die „Empfehlungen für Bauaufnahmen", verfaßt von Eckstein/Kromer, Landesdenkmalamt Baden-Württemberg, verwiesen werden (umfassende Dokumentation der erschienenen Literatur). Folgende Literatur ist hervorzuheben: Arlt, Planungsleistungen für das Bauen im Bestand, DAB 1989, 1861; Meisel, Checkliste – ein Hilfsmittel zur Gebäudebeurteilung, DAB 1988, 1417; Schmitz, Abriß oder Erneuerung, DAB 1988, 1203; Naumann, Tragwerksprobleme bei der Modernisierung, DAB 1988, 707; Frik, Vorhandene Bausubstanz als anrechenbare Kosten nach § 10 Abs. 3a HOAI, DAB 1988, 1405; Jochem, Honorarberechnungen für Leistungen „Modernisierung", DAB 1988, 365; Schiffer/Blume, Das verformungsgerechte Aufmaß Methoden/Durchführung, DAB 1989, 725; Schmitz/Meisel/Fleischmann, Althausmodernisierung – Praxisbezogene Anleitung, Band 3.019/II, 1981; Wiechmann, Modernisierungshandbuch für Architekten, 1981; BAK-Schrift, Modernisierung als Architektenleistung, 3. Aufl. **244**

§ 16
Honorartafel für Grundleistungen bei Gebäuden und raumbildenden Ausbauten

(1) Die Mindest- und Höchstsätze der Honorare für die in § 15 aufgeführten Grundleistungen bei Gebäuden und raumbildenden Ausbauten sind in der Honorartafel festgesetzt [siehe Seite 29].

(2) Das Honorar für Grundleistungen bei Gebäuden und raumbildenden Ausbauten, deren anrechenbare Kosten unter 50 000 Deutsche Mark liegen, kann als Pauschalhonorar oder als Zeithonorar nach § 6 berechnet werden, höchstens jedoch bis zu den in der Honorartafel nach Absatz 1 für anrechenbare Kosten von 50 000 Deutsche Mark festgesetzten Höchstsätzen. Als Mindestsätze gelten die Stundensätze nach § 6 Abs. 2, höchstens jedoch die in der Honorartafel nach Absatz 1 für anrechenbare Kosten von 50 000 Deutsche Mark festgesetzten Mindestsätze.

(3) Das Honorar für Gebäude und raumbildende Ausbauten, deren anrechenbare Kosten über 50 Millionen Deutsche Mark liegen, kann frei vereinbart werden.

1 Sind die anrechenbaren Kosten nach § 10 und die Honorarzone nach §§ 11, 12 ermittelt, dann lassen sich die Mindest- bzw. Höchstsätze aus der Honorartafel zu Abs. 1 (vgl. die Honorartafel auf S. 29) ablesen. Dabei ist allerdings zu berücksichtigen, daß die Ermittlung der Von-bis-Sätze getrennt für die Leistungsphasen 1–4, 5–7 und 8–9 des § 15 erfolgen muß, wenn die anrechenbaren Kosten nach § 10 Abs. 2 für diese Leistungsphasen unterschiedlich sind (vgl. § 10 Rdn. 4). Zur Bedeutung der Begriffe Mindest- bzw. Höchstsätze vgl. im einzelnen die Kommentierung zu § 4.

2 Die Honorartafel ist nur für die in § 15 aufgeführten Grundleistungen maßgebend. Etwa erbrachte Besondere Leistungen sind nach §§ 2 Abs. 3; 5 Abs. 4, Abs. 5 zu honorieren. Für außergewöhnliche oder ungewöhnlich lange dauernde Leistungen kann unter den Voraussetzungen des § 4 Abs. 3 ein über dem Höchstsatz liegendes Honorar vereinbart werden.

3 Das Honorar kann **bis zum Höchstsatz frei vereinbart** werden, ohne daß besondere Voraussetzungen hierfür vorliegen müßten und ohne daß der Auftragnehmer eine Begründung für den erhöhten Honorarsatz abgeben müßte. Allerdings muß eine vom Mindestsatz nach oben abweichende Honorarvereinbarung bei Auftragserteilung schriftlich getroffen werden (§ 4 Abs. 1, Abs. 4).

4 Für Verträge, die **vor dem 1. 1. 1991** abgeschlossen wurden, galt die seit 1977 unverändert gebliebene Honorartafel. Für Verträge, die zwischen dem 1. 1. 1991 und dem 31. 12. 1995 abgeschlossen wurden, brachte die **4. HOAI-Novelle** (vgl. Einl. Rdn. 9) eine Anhebung der Mindest- und Höchstsätze um 10 %. Im Gebiet der **neuen Bundesländer** galt bis 31. 12. 1992 eine Spezialregelung (vgl. § 1 Rdn. 27 ff.). Nunmehr wurde durch die **5. HOAI-Novelle** (vgl. Einl. Rdn. 12) eine neue, um 5 % erhöhte Honorartafel eingeführt. Diese gilt für seit dem 1. 1. 1996 abgeschlossene Verträge (zu den Übergangsfällen vgl. § 103).

Die Honorarsätze erhöhen sich je nach Honorarzone. Innerhalb der einzelnen Honorarzonen sind die Sätze degressiv, d. h., bei steigenden anrechenbaren Kosten verringert sich die Zuwachsrate im Verhältnis zu den Sätzen bei niedrigeren anrechenbaren Kosten. Die Honorartafel weist Honorare von 50 000 DM bis 50 000 000 DM anrechenbare Kosten aus. **5**

Bei anrechenbaren Kosten, die zwischen zwei in der Honorartafel enthaltenen Werten liegen, ist das Honorar durch **lineare Interpolation** zu ermitteln (vgl. § 5a). Eine Erweiterung der Honorartafel nach oben oder nach unten – also bei anrechenbaren Kosten über 50 000 000 DM bzw. unter 50 000 DM – durch Fortschreibung der Honorartafel (**Extrapolation**) ist nicht möglich (vgl. Rdn. 8, 13). **6**

Nach **Absatz 2** kann zunächst das Honorar bei Gebäuden mit **anrechenbaren Kosten von weniger als 50 000 DM** frei vereinbart werden bis zur Höhe der anrechenbaren Kosten von 50 000 DM vorgesehenen Honorare. Die Höchstsätze für alle anrechenbaren Kosten bis zu 50 000 DM sind damit aus der Gruppe 50 000 DM zu entnehmen. Als Mindestsätze sind die Stundensätze nach § 6 Abs. 2, höchstens jedoch die Mindestsätze für anrechenbare Kosten von 50 000 DM zugrunde zu legen. **7**

Für die Honorarvereinbarung schreibt Absatz 2 vor, daß ein **Pauschalhonorar** vereinbart werden muß. Die Vereinbarung muß schriftlich bei Auftragserteilung erfolgen, da es sich um eine Abweichung vom Mindestsatz nach oben handelt (ebenso Hesse/Korbion/Mantscheff/Vygen § 15 Rdn. 4; Jochem § 15 Rdn. 2). Kennzeichnend für ein Pauschalhonorar ist, daß es unabhängig vom Umfang der Einzelleistung, vom Zeitaufwand, von der Schwierigkeit und Intensität der Leistungsanforderung ist. Nicht erforderlich ist allerdings, daß die Parteien einen bestimmten Betrag als Honorar ausweisen. Das Pauschalhonorar kann sich auch aus anderen von der Leistungsanforderung unabhängigen Faktoren ergeben. Möglich ist z. B. die Vereinbarung eines bestimmten Prozentsatzes aus der Bausumme. Sind die Anforderungen an eine Pauschalvereinbarung nicht gegeben, so ist das Zeithonorar nach Abs. 2 Satz 2 als Mindesthonorar zugrunde zu legen (OLG Düsseldorf BauR 1987, 708; Hesse/Korbion/Mantscheff/Vygen § 16 Rdn. 6). Eine **Extrapolation** der Honorartafel scheidet aus, da in Abs. 2 Satz 2 eine ausdrückliche Regelung enthalten ist. **8**

Die Vertragsparteien haben in den Fällen des Absatzes 2 auch die Möglichkeit, ein Zeithonorar nach § 6 zu vereinbaren. Auch insoweit stellen die Höchstsätze aus der Honorartafel für anrechenbare Kosten von 50 000 DM den Höchstsatz dar. Die Vereinbarung eines Zeithonorars unterliegt ferner den Voraussetzungen des § 6. Es ist also eine Vorausschätzung des Zeitaufwandes vorzunehmen. **9**

Schwierigkeiten können auftreten, wenn die Kostenberechnung auf 52 000 DM lautet und die Parteien z. B. einen Mittelsatz aus Honorarzone III als Honorar vereinbart haben. Liegt die Kostenfeststellung hier bei 42 000 DM, so ist folgendermaßen abzurechnen: Hinsichtlich Leistungsphase 1–4 verbleibt es bei der Honorarvereinbarung auf der Basis der anrechenbaren Kosten von **10**

52 000 DM, da die Kostenberechnung nach § 10 Abs. 2 Nr. 1 für die Leistungsphasen 1–4 abschließend zugrunde zu legen ist (vgl. § 10 Rdn. 49). Für die Leistungsphasen 5–9 stellt die getroffene Honorarvereinbarung einen Verstoß gegen den Höchstpreischarakter dar. Zulässig wäre lediglich die Vereinbarung von anrechenbaren Kosten in Höhe von 50 000 DM gewesen. Die unwirksame Honorarvereinbarung ist dahin umzudeuten, daß die Höchstsätze aus anrechenbaren Kosten von 50 000 DM für die Leistungsphasen 5–9 verlangt werden können (vgl. i. e. § 4 Rdn. 69 ff.).

11 Bei **anrechenbaren Kosten von mehr als 50 000 000 DM** kann das Honorar frei vereinbart werden. Es besteht demnach weder eine Bindung an die Höchst- und Mindestsätze bei anrechenbaren Kosten von 50 000 000 DM noch an die Einordnung in die einzelnen Honorarzonen. Das Honorar könnte z. B. auch als Zeithonorar vereinbart werden. Es dürfen dann auch die Stundensätze nach § 6 überschritten werden.

12 Die Vereinbarung eines Honorars bei anrechenbaren Kosten über 50 000 000 DM kann auch **mündlich** erfolgen. § 4 Abs. 1, Abs. 4 ist nicht anwendbar, da es sich um keine Abweichung von Mindestsätzen handelt (Koeble BauR 1977, 375). Der Mindest- und Höchstpreischarakter der HOAI sowie ihre **Formvorschriften** gelten hier nicht. Die Honorarvereinbarung könnte z. B. eine **lineare Fortschreibung** der Honorartafel beinhalten. Dann ist der Prozentsatz für das Honorar aus dem letzten Tabellenwert zu ermitteln.

13 Haben die Parteien jedoch **keine Honorarvereinbarung** getroffen, oder kann der Auftragnehmer die behauptete Honorarvereinbarung nicht beweisen, ist zweifelhaft, welches Honorar er beanspruchen kann. Eine **Extrapolation** – Fortschreibung der Honorartafel über den Honorarrahmen hinaus – kommt nicht in Frage, da die Honorartafel des § 16 Abs. 1 in sich abgeschlossen ist (ebenso KG DAB 1990, 754; Neuenfeld § 16 Bem. 1; Schaetzell § 16 Erl. 2; Koeble BauR 1977, 374; a. A. Hesse/Korbion/Mantscheff/Vygen § 16 Rdn. 9; Jochem § 16 Rdn. 3, die über § 632 Abs. 2 BGB den durch lineare Extrapolation zu ermittelnden Betrag als übliche Vergütung zugrunde legen wollen). Da die HOAI nicht gilt, ist die übliche Vergütung nach § 632 Abs. 2 BGB zu ermitteln, und es können nicht die Mindest- oder Höchstsätze für 50 000 000 DM zugrunde gelegt werden. Falls eine übliche Vergütung nicht feststellbar ist, muß das Honorar zunächst vom Auftragnehmer festgelegt werden (§ 315 f. BGB). Der Auftraggeber kann es auf „Billigkeit" überprüfen lassen (§ 319 BGB).

14 Haben die Vertragsparteien während der Verhandlungen unterschiedliche Interpolationskurven für Werte über 50 000 000 DM vorgelegt, ist eine Einigung aber nicht erfolgt, so gilt – als Minimalkonsens – der niedrigere Wert (so mit Recht KG DAB 1990, 754).

15 Liegen die anrechenbaren Kosten nach der **Kostenberechnung innerhalb** des Rahmens der Honorartafel und diejenigen nach der **Kostenfeststellung** dagegen **über 50 000 000 DM,** dann ist die Abrechnung für Leistungsphase 1–4 nach der Honorartafel vorzunehmen, während für die Leistungsphasen 5–9 die HOAI nicht gilt. Haben die Parteien eine Honorarvereinbarung hinsichtlich des über 50 000 000 DM hinausgehenden Leistungsteils getroffen, so ist diese wirksam. Andernfalls gelten die obigen Ausführungen zur üblichen Vergütung bzw. zur Festlegung des Honorars entsprechend.

Ob der **Rahmen der Honorartafel verlassen** ist, entscheidet sich nach den Kriterien, die die HOAI aufstellt. Mehrere Gebäude i. S. Abs. 3 und § 22 Abs. 1 können dabei nicht zusammengerechnet werden, vielmehr ist für sie jeweils einzeln ein Honorar anzusetzen. Die Frage, ob ein einheitliches Gebäude oder mehrere einzelne Gebäude vorliegen, entscheidet sich nach den gleichen Kriterien wie zu § 22 Abs. 1 (vgl. dort Rdn. 1 ff.). Die gegenteilige Auffassung würde dazu führen, daß sich die Parteien durch Zusammenrechnung der anrechenbaren Kosten von verschiedenen Gebäuden der Höchst- und Mindestpreisbindung nach der HOAI entziehen könnten. Dies wäre unzulässig (vgl. BGH BauR 1991, 638; zu den Faktoren für die Bemessung des richtigen Mindestsatzes vgl. § 4 Rdn. 77 f.). **16**

§ 17
Honorartafel für Grundleistungen bei Freianlagen

(1) Die Mindest- und Höchstsätze der Honorare für die in § 15 aufgeführten Grundleistungen bei Freianlagen sind in der Honorartafel festgesetzt [siehe Seite 30].

(2) § 16 Abs. 2 und 3 gilt sinngemäß.

(3) Werden Ingenieurbauwerke und Verkehrsanlagen, die innerhalb von Freianlagen liegen, von dem Auftragnehmer gestalterisch in die Umgebung eingebunden, dem Grundleistungen bei Freianlagen übertragen sind, so kann ein Honorar für diese Leistungen schriftlich vereinbart werden. Honoraransprüche nach Teil VII bleiben unberührt.

Die Vorschrift des **Abs. 3** wurde durch die 4. HOAI-Novelle (vgl. Einl. Rdn. 9) eingefügt. Sie gilt für alle Verträge, die nach dem 1. 1. 1991 abgeschlossen wurden (für Übergangsfälle vgl. § 103). Durch die **5. HOAI-Novelle** (vgl. Einl. Rdn. 12) wurde eine neue Honorartafel für Verträge seit dem 1. 1. 1996 eingefügt (vgl. die entsprechenden Anmerkungen bei § 16 Rdn. 4). **1**

Voraussetzung für die Anwendbarkeit des Abs. 3 ist, daß der Auftragnehmer **Grundleistungen bei Freianlagen** erbringt. Dafür genügt es, wenn einzelne Leistungsphasen des § 15 oder einzelne Teilleistungen aus Leistungsphasen des § 15 erbracht werden. Die Vorschrift ist dagegen nicht anwendbar, soweit der Auftragnehmer nur Grundleistungen für Ingenieurbauwerke und Verkehrsanlagen nach Teil VII zu erbringen hat. **2**

In Abs. 3 ist keine Regelung über die anrechenbaren Kosten getroffen. Die Vorschrift schließt also nicht aus, daß Ingenieurbauwerke und Verkehrsanlagen unter den Voraussetzungen des § 10 Abs. 4a Nr. 2–8 zu den anrechenbaren **3**

Kosten bei Freianlagen gehören können. Voraussetzung dafür wäre, daß der Auftragnehmer für Freianlagen auch diese Bauwerke und Anlagen entweder plant oder ihre Ausführung überwacht (vgl. § 10 Rdn. 122 ff.). § 17 Abs. 3 greift eine Schwelle tiefer ein, wenn nämlich der Auftragnehmer keine Planung oder Überwachung zu erbringen hat, sondern Ingenieurbauwerke und Verkehrsanlagen nur **gestalterisch in die Umgebung einzubinden** hat. Eine Honorarvereinbarung nach Abs. 3 ist aber auch bei darüber hinausgehenden Planungsleistungen möglich. Abs. 3 will dies nicht ausschließen, sondern als Mindesterfordernis für die Honorarvereinbarung die gestalterische Einbindung in die Umgebung zugrunde legen. Eine Honorarvereinbarung nach Abs. 3 ist auch dann möglich, wenn es sich um nicht in § 10 Abs. 4a erfaßte Anlagen und Bauwerke handelt, der Auftragnehmer aber Planungsleistungen hierfür erbringen muß. Hat der Auftragnehmer zusätzlich Leistungen für die Ingenieurbauwerke oder Verkehrsanlagen zu erbringen, so steht ihm ein zusätzliches Honorar nach Teil VII zu (Abs. 3 Satz 2).

4 Die Honorarvereinbarung muß **schriftlich** erfolgen. Insoweit entspricht die Regelung denjenigen für Besondere Leistungen (vgl. §§ 2 Abs. 3; 5 Abs. 4, 5). Die Honorarvereinbarung muß auch nicht bereits „bei Auftragserteilung" getroffen werden, da kein Fall der Abweichung vom Mindest- bzw. Höchstsatz i. S. von § 4 vorliegt. Die Vereinbarung muß auch nicht vor Erbringung der Leistungen erfolgen. Eine schriftliche Honorarvereinbarung ist aber – ebenso wie bei Besonderen Leistungen – Anspruchsvoraussetzung für die Honorierung.

5 Die **Höhe des Honorares** ist nicht geregelt. Hier sind die Parteien frei. Die HOAI will mit Abs. 3 nur deutlich machen, daß die hier genannte Leistung nicht mit dem sonstigen Honorar für die Grundleistungen abgegolten ist. Möglich wäre auch gewesen, eine Besondere Leistung anzunehmen. Damit wäre in der Regel eine Zeithonorarabrechnung zulässig gewesen. Der Verordnungsgeber hat sich aber gegen eine Besondere Leistung entschieden. Wenn sich die Parteien über das Honorar nicht oder nicht wirksam der Höhe nach einigen, dürfte über § 632 Abs. 2 BGB ebenfalls eine Abrechnung nach Zeithonorar (nicht nach den Sätzen des § 6) zum Zuge kommen.

6 Zu unterscheiden ist § 17 Abs. 3 auch von § 61. Diese Vorschrift geht davon aus, daß für die Planung von Ingenieurbauwerken und Verkehrsanlagen selbst eine gestalterische Beratung (z. B. für die Gestaltfindung des gesamten Bauwerkes) für dessen Einbindung in die Umgebung honoriert werden kann. Demgegenüber geht es bei Abs. 3 nicht um die Gestaltung des Ingenieurbauwerkes oder der Verkehrsanlagen.

§ 18
Auftrag über Gebäude und Freianlagen

Honorare für Grundleistungen für Gebäude und für Grundleistungen für Freianlagen sind getrennt zu berechnen. Dies gilt nicht, wenn die getrennte Berechnung weniger als 15 000 Deutsche Mark anrechenbare Kosten zum Gegenstand hätte; § 10 Abs. 5 Nr. 5 und Abs. 6 findet insoweit keine Anwendung.

Die HOAI unterscheidet in Leistungen bei Gebäuden (§§ 10, 11, 12, 15, 16) **1** und Leistungen bei Freianlagen (§§ 10, 13, 14, 17). Zu dem Begriff Gebäude vgl. § 3 Ziff. 1 und die Kommentierung zu § 3 Rdn. 2; zu dem Begriff Freianlagen vgl. § 3 Ziff. 12 und die Kommentierung zu § 3 Rdn. 5. Durch diese gesonderte Regelung steht fest, daß bei Leistungen aus einem dieser Bereiche selbständige Honorare nach den genannten Vorschriften zu ermitteln sind. § 18 stellt nun zunächst klar, daß auch bei Leistungen aus beiden Bereichen zwei gesonderte Honorare zu berechnen sind, unabhängig davon, wo der Schwerpunkt der Tätigkeit des Auftragnehmers liegt. Die Bestimmung schließt damit eine Honorierung der „untergeordneten" Tätigkeit als Besondere Leistung aus.

Nach Satz 2 scheidet eine gesonderte Honorierung bei kleineren hinzutre- **2** tenden Leistungen aus, wenn die anrechenbaren Kosten für diese Leistungen weniger als 15 000 DM betragen. In diesen Fällen, deren praktische Bedeutung vor allem bei der Planung von Gebäuden mit Gartenanlagen liegt, ist die andere Tätigkeit mit dem Honorar für die „übergeordnete" Tätigkeit abgegolten. Der Auftragnehmer hat auch nicht die Möglichkeit, die andere Tätigkeit als Besondere Leistung zu vereinbaren. Allerdings sind die anrechenbaren Kosten nach § 10 aus der Summe der beiden Bereiche zu berechnen. Diese Bedeutung hat der zweite Halbsatz des Satzes 2.

§ 19
Vorplanung, Entwurfsplanung und Objektüberwachung als Einzelleistung

(1) Wird die Anfertigung der Vorplanung (Leistungsphase 2 des § 15) oder der Entwurfsplanung (Leistungsphase 3 des § 15) bei Gebäuden als Einzelleistung in Auftrag gegeben, so können hierfür anstelle der in § 15 Abs. 1 festgesetzten Vomhundertsätze folgende Vomhundertsätze der Honorare nach § 16 vereinbart werden:

1. für die Vorplanung   bis zu 10 v. H.,
2. für die Entwurfsplanung   bis zu 18 v. H.

(2) Wird die Anfertigung der Vorplanung (Leistungsphase 2 des § 15) oder der Entwurfsplanung (Leistungsphase 3 des § 15) bei Freianlagen als Einzelleistung in Auftrag gegeben, so können hierfür anstelle der in § 15 Abs. 1 festgesetzten Vomhundertsätze folgende Vomhundertsätze der Honorare nach § 17 vereinbart werden:

1. für die Vorplanung   bis zu 15 v. H.,
2. für die Entwurfsplanung   bis zu 25 v. H.

(3) Wird die Anfertigung der Vorplanung (Leistungsphase 2 des § 15) oder der Entwurfsplanung (Leistungsphase 3 des § 15) bei raumbildenden Ausbauten als Einzelleistung in Auftrag gegeben, so können hierfür anstelle der in § 15 Abs. 1

festgesetzten Vomhundertsätze folgende Vomhundertsätze der Honorare nach
§ 16 vereinbart werden:
1. für die Vorplanung   bis zu 10 v. H.,
2. für die Entwurfsplanung   bis zu 21 v. H.

(4) Wird die Objektüberwachung (Leistungsphase 8 des § 15) bei Gebäuden
als Einzelleistung in Auftrag gegeben, so können hierfür anstelle der Mindestsätze nach den §§ 15 und 16 folgende Vomhundertsätze der anrechenbaren
Kosten nach § 10 berechnet werden:
1. 2,1 v. H. bei Gebäuden der Honorarzone 2,
2. 2,3 v. H. bei Gebäuden der Honorarzone 3,
3. 2,5 v. H. bei Gebäuden der Honorarzone 4,
4. 2,7 v. H. bei Gebäuden der Honorarzone 5.

1   Bereits durch die 1. HOAI-Novelle war die Vorschrift geändert worden (vgl.
dazu die 5. Auflage). Die 5. HOAI-Novelle brachte nun für Verträge seit dem
1. 1. 1996 eine Erhöhung der Prozentsätze in Abs. 4 (für Übergangsfälle vgl.
§ 103).

2   Dem Auftragnehmer gibt die Vorschrift die Möglichkeit, ein gegenüber den
Vomhundertsätzen des § 15 Abs. 1 höheres Honorar zu vereinbaren, wenn
lediglich Einzelleistungen – Leistungsphase 2 oder 3 oder 8 – in Auftrag gegeben werden. Die Vereinbarung muß schriftlich (vgl. § 4 Rdn. 26 ff.) und bereits
bei Auftragserteilung (vgl. § 4 Rdn. 34 ff.) getroffen werden. Nach Abs. 1 bis 3
bedeuten nämlich die erhöhten Sätze eine Abweichung von den Mindestsätzen
für die betreffende Leistungsphase (ebenso OLG Düsseldorf BauR 1993, 108
= NJW-RR 1992, 1172; Beigel DAB 1980, 722; Franken, S. 64; Hesse/
Korbion/Mantscheff/Vygen § 19 Rdn. 4; Koeble BauR 1977, 372; Pott/
Dahlhoff § 19 Rdn. 4; Werner/Pastor Rdn. 626; a. A. Hartmann § 19 Rdn. 4;
Jochem § 19 Rdn. 2 und Neuenfeld § 19 Bem. 2). Die gegenteilige Auffassung,
nach der eine spätere mündliche Vereinbarung noch ausreichend ist, übersieht,
daß die Erhöhungshonorare nach § 19 Abs. 1 bis 3 Abweichungen von den
Mindestsätzen darstellen.

3   Anders verhält es sich bei dem erhöhten Honorar nach Absatz 4. Für die
Objektüberwachung kann ein **erhöhtes Honorar** auch dann verlangt werden,
wenn es **zuvor nicht vereinbart** war. Während nämlich in Absatz 1 bis 3 von
einer ausdrücklichen Vereinbarung die Rede ist, bestimmt Absatz 4 lediglich,
daß für die Einzelleistung Objektüberwachung ein höheres Honorar „berechnet“ werden könne. Damit ist klargestellt, daß es insoweit **keiner** schriftlichen
Vereinbarung bei Auftragserteilung bedarf (ebenso Hartmann § 19 Rdn. 8;
Hesse/Korbion/Mantscheff/Vygen § 19 Rdn. 5; Jochem § 19 Rdn. 5; Neuenfeld § 19 Bem. 4; Pott/Dahlhoff § 19 Rdn. 7). Das Honorar nach Absatz 4
stellt somit den Regelsatz für die Einzelleistung Objektüberwachung dar.

4   **Absatz 1** regelt die Honorierung der Einzelleistung Vorplanung oder Entwurfsplanung bei Gebäuden. Während die Vorplanung im Leistungsbild des
§ 15 Abs. 1 bei Gebäuden mit 7 % der Gesamtleistung bewertet ist, läßt Absatz 1

Ziffer 1 die Vereinbarung einer Erhöhung bis 10 % zu. Sind dem Auftragnehmer neben der Vorplanung oder der Entwurfsplanung zusätzlich die Leistungen der Grundlagenermittlung nach Leistungsphase 1 des § 15 übertragen, so kann das Erhöhungshonorar nach § 19 Abs. 1 nicht mehr beansprucht werden, da es sich um keine Einzelleistung handelt.

Unter **Vorplanung** im Sinne des Absatzes 1 ist die gesamte Leistungsphase 2   5 des § 15 zu verstehen. Es ist also nicht ausreichend, wenn nur einzelne Leistungen aus dieser Leistungsphase vereinbart und erbracht werden. Umgekehrt muß es aber genügen, wenn die Leistungsphase im wesentlichen übertragen ist. Der Leistungsumfang ergibt sich aus § 15 Abs. 2 Ziffer 2. Auch der Begriff **Entwurfsplanung** umfaßt die gesamten Leistungen der Leistungsphase 3 des § 15. Der genaue Leistungsumfang ergibt sich aus § 15 Abs. 2 Ziffer 3. Die Leistungen aus der Leistungsphase 2 (Vorplanung) müssen vom Auftragnehmer nicht erbracht werden, wenn lediglich Auftrag für die Entwurfsplanung erteilt wurde. Das erhöhte Honorar steht dem Auftragnehmer auch dann zu, wenn ihm eine fremde Vorplanung zur Ausgestaltung für seine Entwurfsplanung übergeben wird.

Erhält der Auftragnehmer den Auftrag für **mehrere** Vorplanungen oder Ent-   6 wurfsplanungen, so ist es fraglich, ob die erhöhte Gebühr Grundlage für die Honorarberechnung der weiteren Vor- oder Entwurfsplanung nach § 20 ist. Dies ist zu bejahen (ebenso Hesse/Korbion/Mantscheff/Vygen § 19 Rdn. 8). Die gegenteilige Auffassung hätte zur Folge, daß der Auftragnehmer für zwei Vorplanungen lediglich 10,5 % (7 % + 3,5 %) beanspruchen könnte, während er für eine einzelne Vorplanung nach Absatz 1 bereits 10 % in Anrechnung bringen kann. Der Mehraufwand wäre damit in keiner Weise honoriert.

Erhält der Architekt den Auftrag, „einen Bauplan" zu fertigen, so ist fraglich,   7 ob hierunter die Vorplanung oder die Entwurfsplanung zu verstehen ist. Der Auftragnehmer kann hier nicht ohne weiteres das Honorar für einen etwa gefertigten Entwurf beanspruchen. Vielmehr muß er aufgrund seiner Aufklärungspflicht zunächst feststellen, ob der Auftraggeber von ihm eine Vorplanung oder bereits eine Entwurfsplanung verlangt. Erbringt er, ohne die Zweifelsfrage zu klären, die Entwurfsplanung, so steht ihm dennoch nur ein Honorar für die Vorplanung zu, wenn die Vorplanung ausreichend gewesen wäre (LG Koblenz BlGBW 1957, 79; Fabricius/v. Nordenflycht/Bindhardt § 20 Rdn. 11; Hesse/Korbion/Mantscheff/Vygen § 19 Rdn. 9). Der Auftragnehmer hätte es hier aufgrund seiner Sachkenntnis in der Hand gehabt, die Begriffe eindeutig klarzustellen.

Die Vorschrift des **Absatzes 2** enthält die entsprechenden Regelungen für   8 Einzelleistungen bei Freianlagen. Gegenüber den in § 15 Abs. 1 für die Vorplanung vorgesehenen 10 % kann der Auftragnehmer für die Einzelleistung Freianlagen ein Honorar bis zu 15 % vereinbaren. Für die Entwurfsplanung steht statt eines Satzes von 15 % ein solcher bis zu 25 % zur Verfügung. Wird zusätzlich zur Vorplanung oder Entwurfsplanung die Grundlagenermittlung aus Leistungsphase 1 des § 15 in Auftrag gegeben, so handelt es sich um keine Einzelleistung mehr.

9 Der **Absatz 3** ermöglicht es, daß bei Einzelleistungen für Innenräume ebenfalls erhöhte Honorare vereinbart werden können. Selbständige Bedeutung kann Absatz 3 nur in den Fällen des § 25 Abs. 2 und Abs. 3 haben. Im Fall des § 25 Abs. 1 sind dagegen die Vorschriften des § 19 Abs. 1 und 4 unmittelbar anwendbar. Hinsichtlich ihres Regelungsinhalts bringt die Bestimmung des Absatzes 3 gegenüber Absatz 1 und 2 keine Besonderheiten, so daß auf die entsprechende Kommentierung verwiesen werden kann.

10 Nach **Absatz 4** kann für die **Objektüberwachung** bei Gebäuden – nicht jedoch bei Freianlagen und Leistungen bei Innenräumen nach § 25 Abs. 2 und 3 – ein höheres Honorar als der Mindestsatz nach §§ 15, 16 berechnet werden, ohne daß hierfür besondere Voraussetzungen vorliegen müßten. Die Regelung des Absatzes 4 greift nur dann ein, wenn die Parteien keine bzw. eine unwirksame Honorarvereinbarung über die Einzelleistung Objektüberwachung getroffen haben. Der Auftragnehmer kann dann statt der Mindestsätze je nach Honorarzone den in Ziffer 1 bis 4 bestimmten Prozentsatz aus den anrechenbaren Kosten als Honorar verlangen. Er muß dies jedoch nicht. Er kann vielmehr auch dann die Mindestsätze nach §§ 15, 16 beanspruchen, wenn diese ein höheres Honorar als die Berechnung nach Absatz 3 gewähren (ebenso Jochem § 19 Rdn. 5; Neuenfeld § 19 Bem. 4). Die Berechnung nach Absatz 4 bringt erst ab einer gewissen Schwelle Vorteile gegenüber der normalen Berechnung.

11 Das erhöhte Honorar nach **Absatz 1 bis 3** kann der Auftragnehmer nur dann vereinbaren, wenn **entweder** die Vorplanung **oder** die Entwurfsplanung in Auftrag gegeben ist. Hat der Auftragnehmer sowohl die Vorplanung als auch die Entwurfsplanung zu erbringen, ist § 19 nicht anwendbar. Der Vomhundertsatz ist dann § 15 Abs. 1 zu entnehmen. Gleiches gilt, wenn ein weitergehender Auftrag erteilt wurde. Der Auftragnehmer kann die Vorschrift des § 19 und damit den Höchstpreischarakter der Verordnung auch nicht dadurch umgehen, daß er sich **stufenweise** Aufträge über Einzelleistungen erteilen läßt, so beispielsweise zunächst für die Vorplanung und sodann für die Entwurfsplanung. Auch in diesem Fall bemißt sich der Vomhundertsatz nach § 15 Abs. 1 (ebenso Hesse/Korbion/Mantscheff/Vygen § 15 Rdn. 13 f.).

§ 20
Mehrere Vor- oder Entwurfsplanungen

Werden für dasselbe Gebäude auf Veranlassung des Auftraggebers mehrere Vor- oder Entwurfsplanungen nach grundsätzlich verschiedenen Anforderungen gefertigt, so können für die umfassendste Vor- oder Entwurfsplanung die vollen Vomhundertsätze dieser Leistungsphasen nach § 15, außerdem für jede andere Vor- oder Entwurfsplanung die Hälfte dieser Vomhundertsätze berechnet werden. Satz 1 gilt entsprechend für Freianlagen und raumbildende Ausbauten.

Die Bestimmung des § 20 regelt einen Ausschnitt des von der HOAI nicht **1** generell behandelten Problems der **Änderungen** bzw. **Ergänzungen** der Leistungen des Architekten. Die Frage, ob und ggf. welches Honorar dem Architekten in diesen Fällen zusteht, kann nicht einheitlich beantwortet werden (vgl. zum Ganzen: Frik DAB 1986, 1201). Der § 20 enthält keine materiell-rechtliche Ermächtigung für den Architekten, in beliebiger Weise mehrere Vorplanungen und Entwurfsplanungen zu erbringen sowie abzurechnen. Andererseits gibt die Vorschrift dem Auftraggeber ebensowenig einen Anspruch, in beliebiger Weise mehrere oder verschiedene Vorplanungen, Entwürfe u. a. zu verlangen (vgl. hierzu unten Rdn. 17).

Die Vorschrift bringt im Ergebnis eine Honorarminderung mit sich, und **2** zwar für die Fälle, in denen mehrere Planungen für dasselbe Gebäude vom Auftraggeber nach grundsätzlich verschiedenen Anforderungen veranlaßt werden (ebenso Hesse/Korbion/Mantscheff/Vygen § 20 Rdn. 1). Hinter der Vorschrift steht also der **Grundsatz**, daß dem Architekten bei **mehrfach erbrachten Architektenleistungen** das **volle Honorar** für die neue Leistung zusteht.

Für die Honorierung von Planungsänderungen sind verschiedene Sachver- **3** halte zu unterscheiden. Dem wird in Literatur und Rechtsprechung verschiedentlich nicht genug Rechnung getragen. Die Unterscheidung ist jedoch wichtig, weil die HOAI nicht für alle Planungsänderungen eine ausdrückliche Vorschrift über die Honorierung enthält. Im einzelnen ist folgendes zu unterscheiden:

4 – Wird dem Architekten ein Auftrag für ein **anderes Gebäude** erteilt, so steht dieser Auftrag völlig eigenständig neben dem ursprünglichen Auftrag, und die Honorierung erfolgt für beide Bauvorhaben völlig gesondert (§ 22 Abs. 1). Auch die Vorschrift des § 20 findet keine Anwendung, weil hier Voraussetzung ist, daß es sich um „dasselbe Gebäude" handelt. Dieser Rahmen ist z. B. verlassen, wenn statt des ursprünglichen Bürogebäudes nunmehr ein Hotel geplant und gebaut werden soll (so mit Recht OLG Düsseldorf BauR 1994, 534 = NJW-RR 1994, 858; zu weiteren Beispielen vgl. unten Rdn. 19).

5 – Wird der Architekt zwar mit einer Planung für dasselbe Gebäude, jedoch nach **grundsätzlich verschiedenen Anforderungen** beauftragt, so regelt das Honorar die Vorschrift des § 20 betreffend die Vor- und Entwurfsplanung, und hinsichtlich aller weiteren Leistungen gilt der hinter § 20 stehende Grundsatz (vgl. oben Rdn. 2).

6 – Neben diesen beiden Fällen sind ständiges Thema in der Praxis Änderungen, die **dasselbe Gebäude** betreffen, jedoch **keine grundsätzlich verschiedenen Anforderungen** zum Gegenstand haben. Das Honorar für solche Fälle ist in der HOAI überhaupt nicht geregelt. Dabei tauchen sie in der Praxis sehr häufig auf (der Auftraggeber wünscht eine andere Gestaltung des Eingangsbereichs, eine andere Anordnung der Funktionsräume oder eine Vergrößerung bzw. Erweiterung des Objekts). Die Grundfrage, wie im Zusammenhang damit stehende Leistungen des Architekten honoriert werden sollen, entscheidet sich danach, ob man Änderungsleistungen als Grundleistungen oder als Besondere Leistungen ansieht. Beides wird in Rechtsprechung und Literatur vertreten. Sieht man darin wiederholt erbrachte Grundleistungen, so besteht ein Honoraranspruch auch ohne schriftliche Honorarvereinbarung. Anders ist dies wegen § 5 Abs. 4, wenn man Änderungen als Besondere Leistungen einstuft.

7 Voraussetzung für die Honorierung von Änderungsleistungen für „dasselbe Gebäude" ohne „grundsätzlich verschiedene Anforderungen" ist in jedem Fall, daß der Architekt einen entsprechenden, **entgeltlichen Auftrag** erhalten hat. Dieser kann zwar auch konkludent erteilt werden. Ein entsprechender Wille des Auftraggebers ist jedoch dann nicht anzunehmen, wenn es sich um Nachbesserung von Fehlern, Nachholung früher bereits zu erbringender Architektenleistungen oder um kleinere Änderungen handelt, die im üblichen Rahmen liegen. Auch dann, wenn der Architekt vorgeprellt ist und vor einer Entscheidung des Auftraggebers Leistungen erbracht hat, die später wieder geändert werden müssen, dürfte in aller Regel ein konkludenter Auftrag für eine Änderungsleistung zu verneinen sein.

8 Voraussetzung für die Vergütungspflicht dieser Änderungsleistung ist ferner, daß **vertraglich** die **Vergütungspflicht nicht ausgeschlossen** ist. Zu verneinen ist eine gesonderte Vergütungspflicht, z. B. beim (wirksamen) Pauschalhonorar, soweit es sich nicht um zusätzliche, bisher nicht im Leistungsumfang enthaltene

Aufgaben handelt. Zu verneinen ist eine Vergütungspflicht auch dann, wenn z. B. schriftliche Vereinbarungen als Anspruchsvoraussetzung im Vertrag festgelegt sind. Im Individualvertrag sind solche Regelungen sicher wirksam. Beim Formularvertrag sind sie nach § 9 Abs. 2 AGBG zu überprüfen.

Soweit die eben genannten Voraussetzungen vorliegen, bleibt fraglich, ob **9** Änderungsleistungen als Grundleistungen oder als Besondere Leistungen anzusehen sind. Der Streitstand ist folgender:

– Ein Teil der Rechtsprechung und Literatur sehen Änderungsleistungen als **10** Besondere Leistungen an, so daß eine Vergütungspflicht nur besteht, wenn die schriftliche Honorarvereinbarung nach § 5 Abs. 4 vorliegt (so OLG Hamm BauR 1994, 398; OLG Köln BauR 1995, 576; Hesse/Korbion/Mantscheff/Vygen, § 15 Rdn. 111; Löffelmann/Fleischmann Rdn. 865; Pott/Dahlhoff § 15 Rdn. 18; Weyer BauR 1995, 446 [449]).

– Die gegenteilige Meinung sieht Änderungsleistungen vom Grundsatz her als **11** „wiederholte Grundleistungen" (so OLG Hamm BauR 1993, 633 = NJW-RR 1993, 1175 = ZfBR 1993, 225; OLG Hamm BauR 1994, 535; Frik DAB 1986, 1201; Motzke BauR 1994, 570; Neuenfeld § 4 Rdn. 52). Die Frage wurde offengelassen vom BGH (NJW-RR 1991, 981), der im entscheidenden Fall nur darauf hinweisen mußte, daß jedenfalls die Darlegungs- und Beweislast für in Auftrag gegebene Änderungsleistungen und die tatsächlichen Änderungen den Auftragnehmer trifft.

Die richtige Lösung ergibt sich daraus, daß Planungsleistungen auch als **12** Änderungen **Grundleistungen** darstellen. Die HOAI nimmt jedoch an verschiedenen Stellen Einschränkungen für die zusätzliche Honorarpflicht solcher Änderungsleistungen vor. Im einzelnen ist zur Begründung und Differenzierung folgendes zu sagen (ähnlich Motzke a. a. O.):

Änderungen und Ergänzungen von Grundleistungen stellen niemals Beson- **13** dere Leistungen dar. Nach der Systematik der HOAI können Grundleistungen niemals Besondere Leistungen sein (vgl. § 2 Rdn. 13). Grundleistungen i. S. eines Leistungsbildes der HOAI sind nach der HOAI zu honorieren und stehen nicht außerhalb der Bindung durch den Höchst- und Mindestsatz. Für jede Änderung oder Ergänzung von Grundleistungen ist das Honorar damit auf der Basis der HOAI nach den gleichen Grundsätzen zu berechnen wie für die ursprüngliche Leistung. Für die wiederholt erbrachte Grundleistung ergibt sich keine Besonderheit (Frik a. a. O.).

Damit sind für Veränderungen und Ergänzungen **unabhängig davon, ob sie** **14** **nach grundsätzlich verschiedenen Voraussetzungen** erbracht werden, die eigenen anrechenbaren Kosten für die Maßnahme nach § 10, die eigene Honorarzone, der eigene aus § 15 Abs. 1 zu ermittelnde Leistungsanteil und die Honorartafel nach § 16 zugrunde zu legen. Bezüglich der anrechenbaren Kosten ist wichtig, daß nicht diejenigen für die Änderung selbst zugrunde zu legen sind, da die DIN 276 anrechenbare Kosten nur für die Gesamtmaßnahme kennt (§ 10 Abs. 2; a. A. OLG Hamm BauR 1993, 633 = NJW-RR 1993, 1175 = ZfBR

1993, 225; das aber vom Grundsatz her der Abrechnung nach Schema HOAI folgt; vgl. § 10 Rdn. 3 ff.). Hinsichtlich des Honorars für die Ergänzungen und Änderungen ergeben sich aber bei der Ermittlung der erbrachten Leistungen nach § 15 Abs. 1 Abzüge, da weitgehend auf die vorher erbrachte Leistung zurückgegriffen werden kann. Aus § 20 ergibt sich nichts Gegenteiliges. Insbesondere ist kein Umkehrschluß aus dieser Vorschrift zulässig, wonach Änderungen bei gleichen Anforderungen kostenlos wären. Aus einer speziellen Ausnahmeregelung (vgl. oben) können für andersgelagerte Sachverhalte keine Grundsätze hergeleitet werden. Die Vorschrift bedeutet lediglich, daß bei echten Alternativen für bestimmte Planungsleistungen (auch) ein bestimmter Prozentsatz abgezogen werden muß. Sie gibt darüber hinaus allenfalls Anhaltspunkte, wie das Änderungshonorar für Leistungen bei gleichen Anforderungen anzusetzen ist. Der Abzug wird hier in der Regel für Leistungsphasen 2 und 3 größer sein müssen.

15 **Einschränkungen** von diesem Grundsatz der vollen **Honorierung aller Änderungsleistungen** bei **Berücksichtigung** der wiederverwendeten **Vorleistung** ergeben sich ferner aus folgendem: Zunächst ist zu beachten, daß im Rahmen der Vorplanung Varianten nach gleichen Voraussetzungen kostenlos erbracht werden müssen (vgl. § 15 Rdn. 37). Darüber hinaus sind Änderungen der Genehmigungsplanung wie Deckblätter oder Nachtragsbaugesuche nach § 15 Abs. 2 Nr. 4 als Besondere Leistung abzurechnen (vgl. § 15 Rdn. 113). Hierbei handelt es sich zwar um einen Stilbruch der HOAI, weil ansonsten Grundleistungen niemals Besondere Leistungen sein können. Die Regelung in § 15 Abs. 2 Nr. 4 ist jedoch eindeutig, so daß hier nur ein Honorar beansprucht werden kann, wenn eine schriftliche Vereinbarung getroffen wurde. Eine weitere Ausnahme enthält schließlich § 15 Abs. 2 Nr. 5 hinsichtlich der Fortschreibung der Ausführungsplanung während der Objektausführung. Hier fällt kein zusätzliches Honorar an. Die letzte Ausnahme enthält schließlich § 20 selbst, der eine Honorarminderung bei grundsätzlich verschiedenen Anforderungen für die Leistungsphasen 2 Vorplanung und 3 Entwurfsplanung vorsieht.

16 Für Verträge seit dem 1. 1. 1996 gilt § 4a. Diese mit der 5. HOAI-Novelle (vgl. Einl. Rdn. 12) eingefügte Vorschrift betrifft jedoch nicht Änderungsleistungen, sondern Mehrleistungen bei Honorarvereinbarungen.

17 Die Frage der Honorierung verschiedener Vor- und Entwurfsplanungen ist zu unterscheiden von dem Problem, **inwieweit der Architekt** im Rahmen seines Auftrags **verpflichtet** ist, mehrere Planungs- oder Vergabeleistungen zu erbringen (vgl. hierzu und zu den Begriffen „Alternative" sowie „Variante" § 15 Rdn. 37, 49 f., 77). Dieses Problem ist nicht abschließend gelöst. Werden die Anforderungen des Auftraggebers, etwa das von ihm genannte Bauprogramm, seine Wünsche und der Bauzuschnitt angemessen berücksichtigt, so ist der Architekt im Rahmen des bestehenden Architektenvertrages nicht verpflichtet, mehrere Entwürfe, Genehmigungsplanungen, Ausführungsplanungen und Vergabeleistungen zu erbringen. In der Vorplanungsphase ist er dagegen nach Treu und Glauben gehalten, gewisse vom Auftraggeber gewünschte Varianten

auch bei geringfügig verschiedenen Anforderungen zu bieten. Er kann dem Auftraggeber nicht nur einen Vorentwurf unterbreiten und jede Änderung aufgrund anderer Anforderungen ablehnen. Die Grenzen sind im Einzelfall fließend. Der Architekt muß Änderungswünschen des Auftraggebers hinsichtlich der Ausstattung großzügiger nachkommen als Änderungswünschen konstruktiver Natur. Gewisse Varianten im Bauprogramm hat er hinzunehmen. Es wird in diesem Zusammenhang auch eine Rolle spielen, ob eine zwingende Notwendigkeit zur Änderung gegeben ist (behördliche Maßnahmen; wirtschaftliche Gründe).

Leistet der Architekt die Vor- oder Entwurfsplanung mehrfach, so ist er **18** lediglich berechtigt, **einmal die volle Gebühr** und für die weiteren Entwürfe bzw. Vorentwürfe **je die halbe Gebühr** zu berechnen. Der Ansatz einer höheren Gebühr verstößt gegen den Höchstpreischarakter der HOAI. Ein Anspruch auf die volle Honorierung der ursprünglichen Planung besteht ohnehin nur dann, wenn sie objektiv mangelfrei war und die rechtzeitig geäußerten Wünsche des Auftraggebers in zufriedenstellender Weise berücksichtigt wurden.

Die Vorschrift gilt für Gebäude, Freianlagen und raumbildende Ausbauten **19** (Satz 2). Voraussetzung ist, daß **dasselbe** Objekt betroffen ist. Fraglich ist, ob die Wiederholungsgebühr nach § 20 auch dann zu berechnen ist, wenn die Änderung der Planung nur einen Teil der ursprünglichen Planung betrifft (Bsp.: Bei der ersten Planung sollte ein denkmalgeschützter Teil eines Gebäudes erhalten bleiben, während bei der zweiten Planung dieser Teil abgerissen und das Grundstück insgesamt neu bebaut werden sollte). Betrifft die Planung ein **anderes Grundstück** oder bezieht sie ein **zusätzliches Grundstück** mit ein, so kann sicher nicht mehr von demselben Gebäude gesprochen werden. Aber auch bei erheblichen **Änderungen des Gebäudekörpers** für das **gleiche Grundstück** dürfte nicht mehr dasselbe Gebäude vorliegen. Im Beispiel ist die Änderung erheblich. Problematisch ist, ob bei **Änderungen der Funktion** oder der **Nutzung** noch „dasselbe" Objekt vorliegt (verneinend Hesse/Korbion/Mantscheff/ Vygen § 20 Rdn. 8; Jochem § 20 Rdn. 3). Davon kann jedenfalls dann nicht mehr ausgegangen werden, wenn die Nutzungsänderung Auswirkungen auf die technische Ausrüstung oder gar auf die Konstruktion hat, und auch, wenn sich die Gestaltung wesentlich ändert. Damit ist § 20 bei Nutzungsänderungen in der Regel unanwendbar, so daß meist ein Wiederholungs- oder Neuplanungshonorar geltend gemacht werden kann (vgl. auch Rdn. 4).

Voraussetzung des § 20 ist immer ein ausdrückliches, der Fertigung vorausgehendes **Verlangen des Auftraggebers**. Eine Folgerung des Einverständnisses aus schlüssigem Verhalten reicht nicht aus (ebenso Hesse/Korbion/Mantscheff/Vygen § 20 Rdn. 9; Jochem § 20 Rdn. 4). Die gegenteilige Auffassung von Neuenfeld (§ 20 Bem. 4), nach der in bestimmten Fällen auch schlüssiges Verhalten des Auftraggebers ausreichen soll, läßt sich mit dem Wortlaut des § 20 („Veranlassung") nicht vereinbaren. Der Architekt kann also die Honorierung nach § 20 dann nicht verlangen, wenn er von sich aus Varianten fertigt, etwa um dem Auftraggeber eine ihm besser erscheinende Lösung nahezubringen, oder dann, wenn er seinen Vorentwurf oder Entwurf nachträglich verbessern will. Nachdem eine stillschweigende Einwilligung des Auftraggebers nicht mehr ausreicht, erledigt sich auch in diesem Punkt die Streitfrage, ob eine Aufklärungspflicht des Architekten insoweit besteht, als er mehr als eine Gebühr verlangt (ablehnend für die GOA Ludwigs/Ludwigs, S. 302). Eine Aufklärungspflicht darüber, daß bei Veranlassung eines weiteren Vorentwurfs oder Entwurfs nach grundsätzlich verschiedenen Anforderungen eine Mehrgebühr entsteht, ist abzulehnen. Der Auftraggeber, der trotz zufriedenstellender Lösung seiner Bauwünsche nach anderen Anforderungen mehrere Vor- oder Entwurfsplanungen veranlaßt, muß mit Mehrkosten rechnen. Er ist insoweit nicht schutzbedürftig (ebenso Jochem § 20 Rdn. 4; Neuenfeld § 20 Bem. 4; vgl. auch Einl. Rdn. 25).

21 Die Regelung des § 20 bezieht sich **nur auf die Vor- und Entwurfsplanung,** also nicht auf die Leistungsphasen 1 und 4–9 des § 15. Wird also vom Auftraggeber das gesamte Bauprogramm bei Übertragung der Vollarchitektur an den Architekten umgeworfen, so kann dieser – unabhängig von der Regelung des § 20 – für die Leistungsphasen Grundlagenermittlung, Genehmigungsplanung, Ausführungsplanung, Vorbereitung der Vergabe, Mitwirkung bei der Vergabe, Objektüberwachung und Objektbetreuung und Dokumentation sowohl für das erste wie auch für die weiteren Bauprogramme jeweils volle Liquidation verlangen (ebenso Neuenfeld § 20 Bem. 2). Dies gilt auch für mehrere Ausführungspläne usw. (Hesse/Korbion/Mantscheff/Vygen § 20 Rdn. 2; Jochem § 20 Rdn. 7; Neuenfeld § 20 Bem. 6). Handelt es sich dagegen bei den zusätzlichen Architektenleistungen um solche nach gleichen Anforderungen, so ist eine Minderung bei den erbrachten Leistungen nach § 15 Abs. 1 vorzunehmen (vgl. oben Rdn. 14).

22 Die Honorarminderung nach § 20 greift auch dann ein, wenn sowohl mehrere Vor- als auch mehrere Entwurfsplanungen in Auftrag gegeben werden. Die Vorschrift kann nicht so verstanden werden, daß die Minderung nur dann gelten soll, wenn mehrere Vor- oder Entwurfsplanungen als Einzelleistung in Auftrag gegeben werden. Damit gilt § 20 auch dann, wenn weitere Leistungsphasen gleichzeitig in Auftrag gegeben wurden. Für die Vor- oder/und Entwurfsplanung tritt dann eine Minderung ein, während die übrigen Leistungsphasen voll zu honorieren sind (ebenso Hesse/Korbion/Mantscheff/Vygen § 20 Rdn. 2).

23 Fraglich ist, ob die Honorarminderung nach § 20 auch dann eingreift, wenn nur mehrere Teilleistungen aus Leistungsphase 2 bzw. 3 in Auftrag gegeben werden (Bsp.: mehrere Kostenschätzungen nach grundsätzlich verschiedenen Anforderungen). Dies ist zu verneinen, da § 20 vollständige Vor- bzw. Entwurfsplanungen voraussetzt.

24 Die Minderung nach § 20 greift nur dann ein, wenn mehrere Vor- oder Entwurfsplanungen nach „**grundsätzlich verschiedenen Anforderungen** gefertigt" werden; sonst ist die Minderung anhand der erbrachten Leistungen über die Prozentsätze des § 15 Abs. 1 zu ermitteln (vgl. oben Rdn. 14). Die Pläne müssen also nicht nur voneinander abweichen; sie müssen **wesentliche** Unterschiede aufweisen und dürfen nicht nur geringe Verschiebungen zum Gegenstand haben (vgl. für die GOA Roth/Gaber, S. 376). Zur Abgrenzung zwischen den hier verlangten Alternativen und den im Rahmen der Vorplanung zu leistenden Varianten vgl. § 15 Rdn. 37. Zur Abgrenzung mit der Besonderen Leistung „Untersuchen von Lösungsmöglichkeiten nach grundsätzlich verschiedenen Anforderungen" in Leistungsphase 2 des § 15 vgl. § 15 Rdn. 49 und oben Rdn. 15.

„Grundsätzlich verschiedene Anforderungen" liegen nicht vor, wenn der   **25** Auftraggeber ein bestimmtes Raumprogramm bekanntgibt und der Architekt die Anordnung der Räume in einem weiteren Entwurf ändert, weil die ursprüngliche Anordnung nicht sachgerecht war. Eine wesentliche Erweiterung oder Verringerung des Raumprogramms durch den Auftraggeber führt in der Regel zu grundsätzlich verschiedenen Anforderungen an den Entwurf (vgl. OLG Düsseldorf Schäfer/Finnern Z 3.01 Bl. 127). Strukturelle Änderungen, etwa durch nachträgliche Änderungswünsche hinsichtlich der Baukonstruktion, der Baumethoden, die auch andere statische Berechnungen notwendig machen, setzen in der Regel Entwürfe nach „grundsätzlich verschiedenen Anforderungen" voraus.

Liegen im übrigen die Voraussetzungen des § 20 vor, so sind **für die umfas-**   **26** **sendste Vor- oder Entwurfsplanung** die vollen Vomhundertsätze der Leistungsphasen nach § 15 zu berechnen und außerdem für jede andere Vor- oder Entwurfsplanung die Hälfte dieser Vomhundertsätze. Der „umfassendste" Vorentwurf oder Entwurf ist derjenige, der die **höchste Bausumme** zum Gegenstand hat. Diese ist nach den jeweils vorliegenden bzw. noch zu erstellenden Kostenermittlungen zu bestimmen. Die m^3-Zahl umbauten Raums spielt hierbei keine Rolle (ebenso Hartmann § 20 Rdn. 6; Hesse/Korbion/Mantscheff/Vygen § 20 Rdn. 14; Neuenfeld § 20 Bem. 5; Pott/Dahlhoff § 20 Rdn. 7). Der gegenteiligen Auffassung von Jochem (§ 20 Rdn. 6), wonach als umfassendste Planung diejenige anzusehen sein soll, die die größte Baumasse bewältigt, kann nicht gefolgt werden. Diese Auffassung steht nicht in Einklang mit dem Wortlaut des § 20, wonach es auf die umfassendste „Planung" und nicht auf das umfassendste Bauprogramm ankommt. Allerdings wird die Auffassung von Jochem in der Regel zum gleichen Ergebnis wie die hier vertretene führen, da diejenige Planung mit den größten Baumassen meist auch die höchste Bausumme zum Gegenstand haben dürfte. Die zu § 11 GOA vertretene Auffassung von Ludwigs/Ludwigs (S. 303), wonach als umfassendster Vorentwurf oder Entwurf derjenige anzusehen ist, „der am eingehendsten und vollständigsten durchgearbeitet und angefertigt wurde, ohne daß die Herstellungs- oder Kostenanschlagsumme hierbei eine Rolle spielen kann", verdient ebenfalls keine Zustimmung. Im Einzelfall wird es meist nicht möglich sein, den am meisten durchgearbeiteten Entwurf herauszufinden. Eine Differenzierung nach diesem Gesichtspunkt ist deshalb nicht praktikabel.

27 Ebensowenig hat die VO in ihrer Formulierung klargestellt, ob § 20 nur dann anzuwenden ist, wenn **mehrere Vor- oder Entwurfsplanungen innerhalb desselben Architektenauftrags** gefertigt werden, oder auch dann, wenn nach Erledigung eines nicht zur Ausführung gelangten Auftrags später ein neuer Auftrag (Werkvertrag) für dasselbe Bauvorhaben erteilt wird (vgl. Fabricius/ v. Nordenflycht/Bindhardt § 11 Rdn. 7). Der Sinn der Regelung des § 20 – die Privilegierung des Auftraggebers wegen der Entlastung des Architekten bei Fertigung mehrerer Vor- oder Entwurfsplanungen – könnte eine entsprechende Anwendung des § 20 auch im Rahmen mehrerer Architektenverträge rechtfertigen, soweit diese in enger zeitlicher Folge zu Architektenleistungen oder Entwurfsplanung führen. Es ist aber davon auszugehen, daß die VO alle Arbeitsaufwand und Entlastungsfaktoren berücksichtigenden Privilegien zugunsten des Auftraggebers und des Architekten nur im Rahmen **eines** einheitlichen, rechtsgültigen Architektenvertrages festlegen will. Damit scheidet eine Honorarminderung nach § 20 auch dann aus, wenn ein neuer Auftrag noch in engem zeitlichem Zusammenhang zum früheren steht (ebenso Hesse/Korbion/Mantscheff/Vygen § 20 Rdn. 3; Jochem § 20 Rdn. 1).

28 Das Honorar bemißt sich auch dann nach § 20, wenn eine entsprechende Vereinbarung nicht getroffen wurde. Dies ergibt sich daraus, daß § 20 keine Erhöhung, sondern eine Beschränkung des Honorars zum Gegenstand hat (vgl. oben Rdn. 2). Einer schriftlichen Vereinbarung bei Auftragserteilung, wie dies § 4 Abs. 1 und 4 vorsieht, bedarf es damit nicht.

29 Werden mehrere Vor- oder Entwurfsplanungen als Einzelleistungen in Auftrag gegeben, so können die §§ 20 und 19 zusammentreffen (vgl. § 19 Rdn. 6). Das erhöhte Honorar nach § 19 Abs. 1–3 bedarf allerdings der schriftlichen Vereinbarung bei Auftragserteilung (§ 19 Rdn. 2).

30 Die Bestimmung des § 20 galt für Verträge bis zum 31. 12. 1988 lediglich für Leistungen bei der Objektplanung von Gebäuden, nicht jedoch für **Leistungen bei Freianlagen** und **für Leistungen beim raumbildenden Ausbau**. Seither ist dies durch den Satz 2 anders.

§ 21
Zeitliche Trennung der Ausführung

Wird ein Auftrag, der ein oder mehrere Gebäude umfaßt, nicht einheitlich in einem Zuge, sondern abschnittsweise in größeren Zeitabständen ausgeführt, so ist für die das ganze Gebäude oder das ganze Bauvorhaben betreffenden, zusammenhängend durchgeführten Leistungen das anteilige Honorar zu berechnen, das sich nach den gesamten anrechenbaren Kosten ergibt. Das Honorar für die restlichen Leistungen ist jeweils nach den anrechenbaren Kosten der einzelnen Bauabschnitte zu berechnen. Die Sätze 1 und 2 gelten entsprechend für Freianlagen und raumbildende Ausbauten.

Wenn das Bauvorhaben in größeren Zeitabschnitten abschnittsweise ausge- **1**
führt wird, so ist eine Erhöhung des Honorars gerechtfertigt, weil dem Architekten durch die Bereithaltung seiner Arbeitskräfte und seiner sachlichen Mittel
Mehrkosten entstehen. Die Gründe für die abschnittsweise Durchführung des
Bauvorhabens können verschieden sein, sei es, daß die Finanzierung noch nicht
gesichert oder das Grundstück noch nicht erworben ist. Die Erhöhung des
Honorars nach § 21 setzt nicht voraus, daß die Durchführung in einzelnen
Bauabschnitten von vornherein vorgesehen war. Es genügt auch, wenn sie sich
nach Abschluß des Architektenvertrags aus den Umständen ergibt (ebenso
Hesse/Korbion/Mantscheff/Vygen § 21 Rdn. 1; Jochem § 21 Rdn. 2; Neuenfeld § 21 Bem. 3; Borgmann BauR 1994, 707). Eine Erhöhung nach § 21 kann
nicht beansprucht werden, wenn der Architekt eine Verzögerung und dadurch
bedingte abschnittsweise Ausführung zu vertreten hat (so zu Recht Neuenfeld
§ 21 Bem. 3).

Ebensowenig ist es entscheidend, ob sich die abschnittsweise Ausführung auf **2**
ein Bauwerk bezieht (etwa Rohbau – Innenausbau) oder auf **mehrere** Bauwerke, die getrennt ausgeführt werden (Feriendorf in einzelnen Bauabschnitten
mit einem in einem letzten Bauabschnitt errichteten zentralen Tagungsraum).
Da sowohl § 21 als auch § 22 den Auftrag über „mehrere Gebäude" betreffen,
ist der Anwendungsbereich beider Vorschriften zu klären. Hat ein Architekt
den Auftrag, mehrere Gebäude zu errichten, die nicht gleich, spiegelgleich oder
im wesentlichen gleich sind, so sind die Honorare nach § 22 Abs. 1 für jedes
Gebäude getrennt zu berechnen. Weil § 22 Abs. 2–4 nicht eingreift, ist das
Honorar nicht zu mindern. Werden nun einzelne Gebäude nicht in einem Zuge
mit den anderen ausgeführt, so bestätigt § 21 Satz 1 hinsichtlich der getrennten
Ausführung nur § 22 Abs. 1, er enthält jedoch keine Aussage für die Honorar-
verrechnung bei den in einem Zuge ausgeführten Gebäuden. Ein Umkehrschluß des Inhalts, daß diese zusammen abgerechnet und die anrechenbaren
Kosten addiert werden müssen, ist nicht zulässig, da § 22 Abs. 1 für diesen Fall
eine Spezialregelung enthält. Im übrigen wäre durch eine Anwendung des § 21
dessen Sinn – Erhöhung des Honorars – ins Gegenteil verkehrt (darauf weist
auch Jochem § 21 Rdn. 2 hin), da sich dadurch das Honorar mindern würde
(vgl. zum Ganzen auch ausführlich Schlömilch DAB 1978, 1329 und Weyer,
BauR 1982, 519 [520]; wie hier auch Hesse/Korbion/Mantscheff/Vygen § 21
Rdn. 2; a. A. lediglich Pott/Dahlhoff § 21 Rdn. 2).

Immer ist Voraussetzung für die Anwendung des § 21, daß ein **einheitlicher** **3**
Architektenvertrag über die gesamten Leistungen vorliegt. Wird der Architekt nur
jeweils mit den Leistungen für einzelne Bauabschnitte betraut, findet § 21 keine
Anwendung, selbst dann, wenn von vornherein die Beauftragung des Architekten
mit weiteren Bauabschnitten vorgesehen war. Entscheidend ist vielmehr, ob der
Architektenvertrag auf die einzelnen Leistungsabschnitte oder das gesamte Bau-
vorhaben gerichtet ist (ebenso Jochem § 21 Rdn. 2; Hesse/Korbion/Mantscheff/
Vygen § 21 Rdn. 2; Pott/Dahlhoff § 21 Rdn. 2). § 21 findet deshalb auch keine
Anwendung, wenn dem Architekten in einem einheitlichen Architektenvertrag

die Leistungsphasen bis zur Entwurfsplanung und die Ausführungsplanung übertragen werden, nicht jedoch die weiteren Leistungsphasen, und wenn die übertragenen Leistungsphasen in einzelnen Abschnitten durchgeführt werden. In einem solchen Fall können nicht „die das gesamte Bauvorhaben betreffenden, zusammenhängend durchgeführten Leistungen anteilig berechnet werden". Bei stufenweiser Beauftragung ist § 21 ebensowenig anwendbar wie bei abschnittsweiser Beauftragung (ebenso Borgmann BauR 1994, 707, [708]).

4 Ein Ausgleich für die Mehrleistung des Architekten wird dadurch gewährt, daß er für die bis zur ersten Einstellung der Bauarbeiten durchgeführten Leistungen, also insbesondere für die Vor- und Entwurfsplanung, das Honorar anteilig berechnen kann, das sich aus den gesamten anrechenbaren Kosten für das Gebäude ergibt. Hat der Architekt bereits Leistungen aus späteren Leistungsphasen erbracht, so ist für die Abrechnung nicht mehr die Kostenberechnung, sondern die nach § 10 Abs. 2 einschlägige Kostenermittlung zugrunde zu legen. Für die übrigen, später durchgeführten Leistungen, also vor allem die Ausführungsplanung, die Vorbereitung der Vergabe, die Mitwirkung bei der Vergabe und die Objektüberwachung, Objektbetreuung und Dokumentation, kann der Architekt dann jeweils nach Fertigstellung dieser Abschnitte nach den Kosten der einzelnen Bauabschnitte das Honorar berechnen. Für die Kosten sind wiederum die jeweils anrechenbaren Kosten der einzelnen Bauabschnitte zugrunde zu legen.

5 Die Streitfrage, was unter „Gesamtkosten" zu verstehen sei (vgl. für die GOA Fabricius/v. Nordenflycht/Bindhardt § 13 Rdn. 3; Roth/Gaber § 13 S. 417), ist nunmehr durch die Bezugnahme auf die „anrechenbaren Kosten" in zufriedenstellender Weise bereinigt. Diese sind nach § 10 zu ermitteln.

6 Ob größere Zeitabstände vorliegen, hängt vom Einzelfall und vom Bauzuschnitt ab. Zumindest werden nicht unerhebliche zeitliche Zwischenräume verlangt werden müssen. Es ist Ludwigs/Ludwigs (S. 307) zuzustimmen, wenn sie in der Regel zumindest eine Zwischenzeit von über 6 Monaten verlangen (ebenso Hesse/Korbion/Mantscheff/Vygen § 21 Rdn. 3 ff.; Jochem § 21 Rdn. 3; Neuenfeld § 21 Bem. 4). Unterbrechungen während des Winters oder während der Bauferien dürfen im allgemeinen nicht ausreichen, ebensowenig kürzere Verzögerungen des Bauablaufs durch Verzug eines am Bau Beteiligten, es sei denn, daß die Vertragsparteien sich aus diesem Anlaß für eine abschnittsweise Ausführung entscheiden (a. A. Borgmann BauR 1994, 707 [709]). Umstritten ist, ob § 21 nur dann zum Zug kommt, wenn die Unterbrechung nach Beginn der Bauarbeiten (regelmäßig: Freimachen des Grundstücks) eintritt, also nur bei Leistungsphasen 8 und 9 (so Neuenfeld § 21 Bem. 2). Dies ist zu verneinen. Im Unterschied zu § 13 GOA betrifft § 21 auch ausdrücklich den „Auftrag" des Architekten und die von ihm „durchgeführten Leistungen", so daß auch bei Unterbrechungen im Planungsstadium das erhöhte Honorar verlangt werden kann (ebenso Hesse/Korbion/Mantscheff/Vygen a. a. O.; Jochem § 21 Rdn. 1). § 21 Satz 2 steht dem nicht entgegen, da die Planungs- und Vergabephase als „Bauabschnitte" anzusehen sind.

Steht nicht bei Abschluß des Architektenvertrags bereits fest, daß der Auf- **7**
trag nicht einheitlich in einem Zuge, sondern abschnittsweise in größeren Zeitabständen ausgeführt wird, so fragt sich, wie das Verhältnis von § 21 zu § 642
BGB zu bestimmen ist. Nach § 642 BGB kann der Architekt eine angemessene
Entschädigung verlangen, wenn zur Herstellung seines Werks eine Handlung
des Auftraggebers erforderlich ist und dieser durch Unterlassung der Handlung in Annahmeverzug gerät. Eine solche Unterlassung kann z. B. die Vergabe
für einen weiteren Bauabschnitt oder eine Vertragsgestaltung sein, die keinen
zügigen Baubeginn oder keine entsprechende Bauabwicklung vorsieht. Liegen
die Voraussetzungen des § 21 vor, so kann der Architekt für seine Mehrleistung, ohne den Höchstpreischarakter der VO zu verletzen, nur seine Gebühren nach § 21 berechnen, nicht jedoch zusätzlich eine Entschädigung nach
§ 642 BGB verlangen (ebenso Pott/Dahlhoff § 21 Rdn. 7). Letzteres ist jedoch
dann möglich, wenn die Voraussetzungen des § 642 BGB vorliegen, ohne daß
der Bau abschnittsweise in größeren Zeitabständen durchgeführt wird, also
kein entsprechend großer Abschnitt erreicht ist (vgl. für § 13 GOA: Fabricius/
v. Nordenflycht/Bindhardt, § 13 Rdn. 4; vgl. hierzu im einzelnen Jochem BauR
1976, 392). Liegen die Voraussetzungen des § 642 BGB neben denen des § 21
vor, so beschränkt sich der Ausgleich nach § 642 BGB in der Regel auf das nach
§ 21 erhöhte Honorar (ebenso Hesse/Korbion/Mantscheff/Vygen § 21
Rdn. 8; (a. A. Borgmann BauR 1994, 707).

Das erhöhte Honorar nach § 21 kann auch dann in Anspruch genommen **8**
werden, wenn dies zwischen den Parteien nicht ausdrücklich vereinbart war
(ebenso Hesse/Korbion/Mantscheff/Vygen § 21 Rdn. 1). Eine entsprechende
Anwendung des § 4 Abs. 1 und 4 ist nicht möglich, da bei Auftragserteilung die
Voraussetzungen des § 21 noch nicht absehbar sind. Das erhöhte Honorar
nach § 21 muß auch nicht schriftlich vereinbart sein.

Ebensowenig wie § 20 galt bis 31. 3. 1988 auch § 21 für Leistungen bei Frei- **9**
anlagen und Leistungen bei Innenräumen. Die Vorschrift war ausdrücklich auf
die Objektplanung beschränkt (ebenso Hesse/Korbion/Mantscheff, 2. Aufl.,
§ 21 Rdn. 1; a. A. Jochem § 21 Rdn. 1, der die Vorschrift entsprechend anwenden wollte, was jedoch gegen den ausdrücklichen Wortlaut nicht möglich war;
vgl. § 20 Rdn. 30). Für Verträge ab dem 1. 4. 1988 gilt der **Satz 2**.

Die Möglichkeit, nach § 4 Abs. 3 ein erhöhtes Honorar zu vereinbaren, wird
von § 21 nicht berührt; beide Sachverhalte können nebeneinander vorliegen (so
mit Recht Hesse/Korbion/Mantscheff/Vygen § 21 Rdn. 10).

Die Vorschrift des § 21 gilt dann nicht, wenn der Architektenvertrag beendet
wird und ein anderer Architekt oder Unternehmer mit der Durchführung des
Objekts beauftragt wird (OLG Nürnberg NJW-RR 1989, 407 [408 f.]; zu den
anrechenbaren Kosten in einem solchen Fall vgl. § 10 Rdn. 58 f.).

§ 22
Auftrag für mehrere Gebäude

(1) Umfaßt ein Auftrag mehrere Gebäude, so sind die Honorare vorbehaltlich der nachfolgenden Absätze für jedes Gebäude getrennt zu berechnen.

(2) Umfaßt ein Auftrag mehrere gleiche, spiegelgleiche oder im wesentlichen gleichartige Gebäude, die im zeitlichen oder örtlichen Zusammenhang und unter gleichen baulichen Verhältnissen errichtet werden sollen, oder Gebäude nach Typenplanung oder Serienbauten, so sind für die 1. bis 4. Wiederholung die Vomhundertsätze der Leistungsphasen 1 bis 7 in § 15 um 50 vom Hundert, von der 5. Wiederholung an um 60 vom Hundert zu mindern. Als gleich gelten Gebäude, die nach dem gleichen Entwurf ausgeführt werden. Als Serienbauten gelten Gebäude, die nach einem im wesentlichen gleichen Entwurf ausgeführt werden.

(3) Erteilen mehrere Auftraggeber einem Auftragnehmer Aufträge über Gebäude, die gleich, spiegelgleich oder im wesentlichen gleichartig sind und die im zeitlichen oder örtlichen Zusammenhang und unter gleichen baulichen Verhältnissen errichtet werden sollen, so findet Absatz 2 mit der Maßgabe entsprechende Anwendung, daß der Auftragnehmer die Honorarminderungen gleichmäßig auf alle Auftraggeber verteilt.

(4) Umfaßt ein Auftrag Leistungen, die bereits Gegenstand eines anderen Auftrags für ein Gebäude nach gleichem oder spiegelgleichem Entwurf zwischen den Vertragsparteien waren, so findet Absatz 2 auch dann entsprechende Anwendung, wenn die Leistungen nicht im zeitlichen oder örtlichen Zusammenhang erbracht werden sollen.

1 Während § 20 diejenigen Fälle regelt, in denen mehrere Vor- oder Entwurfsplanungen für ein Gebäude erbracht werden, betrifft § 22 Leistungen für mehrere Gebäude. §§ 20 und 22 können nebeneinander anwendbar sein, wenn für mehrere Gebäude mehrere Planungsleistungen erbracht werden. § 22 gilt nur für Gebäude, nicht für **Freianlagen** und Leistungen bei **Innenräumen**. Werden Leistungen für mehrere Freianlagen oder Innenräume erbracht, so kann der Auftragnehmer in allen Fällen getrennte Honorare in Ansatz bringen, auch wenn die Voraussetzungen der Absätze 2–4 des § 22 im übrigten vorliegen würden (ebenso Jochem § 22 Rdn. 1; Hesse/Korbion/Mantscheff/Vygen § 22 Rdn. 1; Neuenfeld § 22 Bem. 1; Pott/Dahlhoff § 22 Rdn. 1; Schlömilch DAB 1978, 1336; Weyer BauR 1982, 519, der jedoch dann Zweifel hat, wenn ein Auftrag mehrere Freianlagen oder Innenräume betrifft). Die Honorarminderung des § 22 greift nur im Hinblick auf Grundleistungen nach § 15 ein, nicht jedoch bei Besonderen Leistungen. Die Honorarminderung für Wiederholungen galt nach der ursprünglichen Fassung des § 22 Abs. 2 auch für die Leistungsphase 9 Objektbetreuung und Dokumentation. Seit 1. 1. 1985 muß hier jedoch ebensowenig wie für die Objektüberwachung (Leistungsphase 8) eine Minderung vorgenommen werden (zum Verhältnis zwischen § 21 und § 22 vgl. § 21 Rdn. 2).

Hinsichtlich der Anzahl von Auftraggebern, Aufträgen und Gebäuden sind   2
folgende Fälle zu unterscheiden:

a) Erteilt **ein** Auftraggeber **einen** Auftrag betreffend mehrerer Gebäude, so ist
zunächst zu prüfen, ob die Voraussetzungen des Absatzes 2 oder 4 vorliegen. Sind diese Voraussetzungen gegeben, tritt eine Honorarminderung
nach Absatz 2 ein. Liegen die Voraussetzungen dieser Abschnitte nicht
vor, so kann nach Absatz 1 eine getrennte Honorierung nach den jeweils
anrechenbaren Kosten und der betreffenden Honorarzone verlangt
werden.

b) Werden **mehrere** Aufträge von **einem** Auftraggeber bezüglich mehrerer
Gebäude erteilt, so ist zu prüfen, ob die Voraussetzungen des Absatzes 4
vorliegen. Bejahendenfalls ist das Honorar nach Absatz 2 zu mindern.
Anderenfalls kann der Auftragnehmer getrennte Honorare berechnen. Die
Absätze 2 und 1 sind nicht anwendbar, da hierfür Voraussetzung wäre, daß
lediglich **ein** Auftrag erteilt worden ist. Obwohl Absatz 1 nicht heranzuziehen ist, kann der Auftragnehmer hier getrennte Honorare in Rechnung stellen, da er verschiedene selbständige Aufträge erhalten hat (ebenso mit
zutreffender Begründung Weyer BauR 1982, 519 [520 f.]).

c) Erhält der Auftragnehmer **einen** Auftrag von **mehreren** Auftraggebern, so
steht ihm lediglich das einfache Honorar zu. Haben sich die mehreren Auftraggeber vertraglich verpflichtet, so haften sie als Gesamtschuldner auf die
volle Honorarsumme (§ 427 BGB). Eine besondere Regelung für diese Fälle
war in der Verordnung nicht erforderlich, da es sich lediglich um einen Auftrag handelt, weshalb die unter a genannten Grundsätze gelten, wenn der
Auftrag mehrere Gebäude betrifft.

d) Werden dagegen **mehrere** Aufträge von **mehreren** Auftraggebern über mehrere Gebäude erteilt, so ist zu prüfen, ob die Voraussetzungen des Absatzes 3 vorliegen. Bejahendenfalls tritt eine Honorarminderung nach Absatz 2
ein. Ansonsten kann der Auftragnehmer getrennte Honorare für jeden einzelnen der Aufträge beanspruchen.

Absatz 1 der Bestimmung stellt den Grundsatz auf, daß bei einem Auftrag   3
für mehrere Gebäude ein Honorar für jedes Gebäude getrennt berechnet werden kann. Die Absätze 2 bis 4 stellen demgegenüber Ausnahmeregelungen dar.
Liegen die Voraussetzungen der Absätze 2 bis 4 bei mehreren Gebäuden nicht
vor, so kann der Auftragnehmer stets ein getrenntes Honorar in Ansatz bringen. Nach der gesetzlichen Bestimmung ist die getrennte Honorierung sonach
die Regel, eine Minderung nach Absatz 2 bis 4 die Ausnahme. Dies bedeutet,
daß der Auftraggeber die Beweislast für das Vorliegen nach Absatz 2 bis 4 hat,
sofern er sich auf diese Vorschriften stützt (ebenso Weyer BauR 1982, 519
[520 f.], mit etwas abweichender Begründung und dem beachtlichen Argument,
daß Absatz 3 und 4 die Ausnahme des in Absatz 1 nicht geregelten Grundsatzes
darstellen, nach dem für mehrere selbständige Aufträge die Honorare selbständig zu berechnen sind).

4   Gegenüber § 12 Abs. 1 GOA verlangt § 22 Abs. 1 für die getrennte Honorierung nicht mehr, daß die mehreren Gebäude auch „wesentlich verschiedenartig" sein müssen. Es bleibt jedoch die Abgrenzungsfrage, wann von **mehreren
Gebäuden** gesprochen werden kann und wann es sich noch um ein einheitliches
Gebäude handelt, mit der Folge, daß ein Honorar aus den gesamten anrechenbaren Kosten zu berechnen wäre. Sind die zu errichtenden Gebäude durch
einen Zwischenraum getrennt, so liegen mit Sicherheit mehrere Gebäude vor
(ebenso OLG München BauR 1991, 650 = SFH Nr. 2 zu § 22 HOAI; Hesse/
Korbion/Mantscheff/Vygen § 22 Rdn. 5); Jochem § 22 Rdn. 3; Neuenfeld § 22
Bem. 2; Pott/Dahlhoff § 22 Rdn. 2). Umgekehrt macht eine gemeinsame Wand
die Objekte noch nicht zu einem Gebäude. Vielmehr deutet gerade das Vor-
handensein von Brandmauern darauf hin, daß es sich um mehrere Gebäude
handelt. Ausgangspunkt für die Abgrenzung ist, ob selbständige Funktionseinheiten vorliegen (ebenso OLG München a. a. O.; OLG Hamm NJW-RR 1990,
522 und zu § 12 GOA OLG Düsseldorf BauR 1978, 67, das allerdings zusätzlich darauf abstellt, ob die Gebäude voneinander getrennt werden können; ähnlich Neuenfeld § 22 Bem. 2, der darauf abstellt, ob jedes Gebäude die Merkmale einer selbständigen Einheit besitzt). In diesem Zusammenhang ist zu
berücksichtigen, ob gemeinsame Versorgungsanlagen, über die gemeinsame
Trennwand hinausgehende gemeinschaftliche Bauteile oder eine konstruktive
Verbundenheit usw. vorliegt. So sprechen z. B. gemeinsame sanitäre Anlagen
oder Versorgungsanlagen für das Vorliegen eines Gebäudes (Neuenfeld § 22
Bem. 2; Hesse/Korbion/Mantscheff/Vygen § 22 Rdn. 5 ist allerdings recht zu
geben, daß dieses Merkmal nicht ausschlaggebend sein kann). So hat das OLG
Hamm (NJW-RR 1990, 522) in der Gesamtschau zutreffend nur ein Gebäude
angenommen, wenn keine gesonderten Haustrennwände vorhanden sind und
neben der konstruktiven auch die funktionelle Selbständigkeit fehlt, weil nur
eine Heizung, eine Schornsteinanlage und ein übergreifender Bodenraum da
sind. Einen Anhaltspunkt liefert es auch, wenn getrennte Grundbücher vorhanden sind. Allein ausschlaggebend für die Annahme mehrerer Gebäude kann
dies jedoch nicht sein, da grundbuchrechtlich lediglich Grundstücke erfaßt
werden und ein einheitliches Gebäude sich auf mehreren Grundstücken befinden kann. Umgekehrt ist es denkbar, daß auf einem Grundstück mehrere selbständige Gebäude errichtet werden. Ohne Bedeutung für die Abgrenzung ist
es, ob mehrere Entwurfsplanungen notwendig sind. Die Absätze 2 bis 4 betreffen gerade auch diejenigen Fälle, in denen mehrere Gebäude aufgrund der gleichen Entwurfsplanung ausgeführt werden. Treffen verschiedene Merkmale
zusammen, wie Verbindung der einzelnen Etagen über ein Treppenhaus und
gemeinsame Heizung sowie Strom- und Wasseranlage, so spricht dies für ein
Gebäude (OLG Köln, BauR 1980, 282 = SFH Nr. 1 zu § 12 GOA).

Als Beispiele für mehrere Gebäude seien genannt:

ein Schulkomplex, der in mehrere Einzelgebäude aufgegliedert ist, wie z. B.
Turnhalle, Gebäude für Hausmeister und Einzelgebäude mit Klassenräumen;
eine Fabrikanlage, die z. B. aus Fabrikhallen und Verwaltungsgebäude besteht;

eine Gebäudegruppe aus zwei mehrgeschossigen Klassentrakten mit dazwischenliegendem Verbindungsbau, und zwar unabhängig davon, ob die Klassentrakte jeweils nur über den Verbindungsbau zu erreichen sind (a. A. Roth/Gaber, S. 384).

Ohne Bedeutung für die Abgrenzung ist der von Roth/Gaber (a. a. O., **5** S. 384; ebenso Jochem § 22 Rdn. 3) genannte Gesichtspunkt, ob die „mehreren Bauwerke" voneinander getrennt werden können, ohne daß das stehenbleibende Gebäude zum Teil mit zerstört oder in seinem Wesen verändert würde. Es kann sich nämlich durchaus um mehrere selbständige Funktionseinheiten handeln, auch wenn eine gemeinsame Trennwand oder ein gemeinsamer Zugang vorhanden ist (a. A. Neuenfeld § 22 Bem. 2, der damit jedoch den Begriff der selbständigen Einheit überspannt). Für mehrere Gebäude spricht es dagegen, wenn verschiedene Nutzungsarten gegeben sind, wie Wohnräume im einen Teil und gewerbliche Räume im anderen Teil (ebenso Beigel DAB 1980, 722; Schlömilch DAB 1978, 1329; Hesse/Korbion/Mantscheff/Vygen § 22 Rdn. 6). Im Rahmen des § 12 GOA war fraglich, ob Garagen, insbesondere Tiefgaragen, selbständige „Bauwerke" darstellen. Diese Frage tritt bei § 22 nicht mehr auf, da hier der Begriff Gebäude verwendet ist. In das Gebäude einbezogene Garagen oder Tiefgaragen, die in konstruktivem Zusammenhang mit dem Gebäude stehen oder Teil des Gebäudes sind, gehören somit zum Gebäude.

Absatz 2 legt fest, daß für eine „Wiederholung" lediglich ein vermindertes **6** Honorar beansprucht werden kann. Das Wiederholungshonorar kann auch beansprucht werden, wenn der Architekt nur einen Haustyp plant, der mehrfach gebaut wird. Für die Anwendung des § 22 Abs. 2 kommt es nämlich nicht darauf an, welche Anzahl von Plänen geliefert wird, sondern daß im Einzelfall verschiedene Typenplanungen für mehrere Gebäude innerhalb eines Auftrags in örtlichem Zusammenhang unter gleichen baulichen Verhältnissen entwickelt wurden (so mit Recht OLG Stuttgart v. 14. 4. 1983, 11 U 168/82). Satz 1 nennt die Voraussetzungen, unter denen lediglich ein Wiederholungshonorar beansprucht werden kann, Satz 2 umschreibt, was als „gleiche Gebäude" anzusehen ist, und Satz 3 definiert die „Serienbauten".

Ein vermindertes Wiederholungshonorar steht dem Auftragnehmer in fol- **7** genden Fällen zu:
1. bei „Gebäuden nach Typenplanung" und „Serienbauten",
2. bei „gleichen" oder „spiegelgleichen" oder „im wesentlichen gleichartigen" Gebäuden, unter den weiteren Voraussetzungen, daß die Gebäude sowohl a) im zeitlichen oder örtlichen Zusammenhang als auch b) unter gleichen baulichen Verhältnissen errichtet werden sollen.

Nicht notwendig ist, daß die Gebäude tatsächlich errichtet werden. Durch **8** den Begriff „sollen" sind die Zweifel insoweit beseitigt. Von der Honorarminderung sind nicht betroffen die Leistungsphasen 8 (Objektüberwachung) und 9 (Objektbetreuung und Dokumentation), da auch bei Wiederholungen insoweit vom Auftragnehmer die gleichen Leistungen erbracht werden müssen. Hier kann der Auftragnehmer das volle Honorar beanspruchen, und zwar auch dann, wenn ihm die übrigen Leistungsphasen zusätzlich übertragen sind (ebenso Hesse/Korbion/Mantscheff/Vygen § 22 Rdn. 11; Neuenfeld § 22 Bem. 8; Pott/Dahlhoff § 22 Rdn. 1).

9   Unter **gleichen** Gebäuden sind solche zu verstehen, die nach dem gleichen Entwurf ausgeführt werden (Abs. 2 Satz 2). Ein **spiegelgleiches** Gebäude ist das seiten- oder höhenverkehrte visuelle Bild eines Gebäudes gleicher Art und Größe, das man durch Spiegelung erhält (Amtliche Begründung zu § 22). Bei der Frage, ob Gebäude **im wesentlichen gleichartig** sind, ist darauf abzustellen, ob Grundriß und Tragwerk in der Planung wesentlich voneinander verschieden sind (ebenso Hesse/Korbion/Mantscheff/Vygen § 22 Rdn. 9; Jochem § 22 Rdn. 4; Neuenfeld § 22 Bem. 4). „Im wesentlichen gleichartige Gebäude" liegen nur bei ganz nebensächlichen und für die Konstruktion sowie die sonstige bauliche Gestaltung unerheblichen Veränderungen vor (OLG Düsseldorf BauR 1983, 283 [284] = MDR 1982, 858; Hesse/Korbion/Mantscheff/Vygen § 22 Rdn. 9; Weyer BauR 1982, 519 [522 f.]). Die Amtliche Begründung, nach der die Gebäude im wesentlichen gleichartig sein sollen, „wenn Grundriß und Tragwerk nicht wesentlich geändert sind", ist für die Auslegung nicht maßgebend (so überzeugend: Weyer a. a. O.). Schon aus dem Zusammenhang mit den Begriffen gleichen Gebäuden und spiegelgleichen Gebäuden ergibt sich, daß der Begriff im wesentlichen gleichartig eng auszulegen ist (OLG Düsseldorf a. a. O.; Weyer a. a. O. mit weiteren wesentlichen Argumenten). Die Gebäude sind nicht mehr im wesentlichen gleichartig, wenn ein Gebäude mit einem Vorbau (Erker) versehen ist, dessen Grundfläche 2 m × 4 m beträgt und dieser vom Keller bis zum Dach durch sämtliche Geschosse geht (OLG Celle MDR 1961, 319 für § 12 Abs. 3 GOA; Weyer a. a. O.). Ebensowenig sind zwei Gebäude im wesentlichen gleichartig, wenn sie im Kellergeschoß und im Erdgeschoß spiegelgleich sind, im Dachgeschoß dagegen im einen Gebäude eine Wohnung, im anderen dagegen zwei Wohnungen geplant sind, wobei letzteres wegen der zusätzlichen sanitären Einrichtungen die Räume unterschiedlich ausfallen läßt (OLG Düsseldorf a. a. O.; Weyer a. a. O.).

10   Das Gebäude muß nicht auf dem gleichen oder benachbarten Baugelände ausgeführt werden, es reicht vielmehr ein **örtlicher oder zeitlicher Zusammenhang**. Ein örtlicher Zusammenhang ist gegeben, wenn die betreffenden Gebäude in der näheren Umgebung errichtet werden sollen (ebenso OLG Düsseldorf BauR 1982, 599; Hesse/Korbion/Mantscheff/Vygen § 22 Rdn. 10; ähnlich Neuenfeld § 22 Bem. 4; a. A. Jochem § 22 Rdn. 5, der ein benachbartes Grundstück verlangt). Der örtliche Zusammenhang muß jedoch nicht in allen Fällen vorliegen, vielmehr genügt es, daß entweder ein örtlicher Zusammenhang **oder** aber ein zeitlicher Zusammenhang besteht (OLG Düsseldorf BauR 1982, 697 [699]). Zeitlicher Zusammenhang ist damit nicht gleichbedeutend mit der gleichzeitigen Errichtung. Vielmehr ist ein zeitlicher Zusammenhang auch

dann gegeben, wenn sich die Ausführungszeit lediglich teilweise überschneidet (ebenso Jochem § 22 Rdn. 4; Schlömilch DAB 1978, 1329).

Der Begriff **gleiche bauliche Verhältnisse** ist unbestimmt. Aus der Formulie- **11** rung in Abs. 2 Satz 1 („unter gleichen baulichen Verhältnissen errichtet werden sollen") ergibt sich, daß hier nur Umstände zu berücksichtigen sind, die die Planungsleistungen des Auftragnehmers berühren, und nicht Umstände, die die Ausführung betreffen, wie etwa, ob eines der Gebäude im Sommer und das andere im Winter errichtet wird (vgl. Amtliche Begründung zu § 22 Abs. 2; ebenso für die GOA Fabricius/v. Nordenflycht/Bindhardt § 12 Rdn. 7; Lud-wigs/Ludwigs, S. 305; a. A. Roth/Gaber, S. 386; ebenso für die HOAI Hesse/Korbion/Mantscheff/Vygen § 22 Rdn. 11; Jochem § 22 Rdn. 5). Ungleiche bauliche Verhältnisse liegen z. B. vor bei verschiedenartigen Grün-dungen infolge voneinander abweichender Bodenverhältnisse (ebenso Hart-mann § 22 Rdn. 3). Die unterschiedliche Anordnung von Giebelfenstern und der Garage bei zwei Gebäuden und zusätzliche Sonderwünsche eines Bauherrn hinsichtlich einer Fußbodenheizung und eines Kamins genügen jedoch nicht (OLG Düsseldorf BauR 1982, 597 [600]).

Bei **Serienbauten** tritt die Honorarminderung ein, ohne daß die Gebäude im **12** zeitlichen oder örtlichen Zusammenhang und unter gleichen baulichen Verhält-nissen errichtet werden müßten. Abs. 2 Satz 3 definiert Serienbauten als Gebäude, die nach einem im wesentlichen gleichen Entwurf ausgeführt werden. Grundgedanke für die Honorarminderung bei Serienbauten und bei **Gebäuden nach Typenplanung** ist der, daß die Leistungen des Auftragnehmers in diesen Fällen ihrer Natur nach auf vielfache Verwendung durch den Auftraggeber gerichtet sind. Der Unterschied zwischen Serienbauten und Typenbauten besteht darin, daß bei letzteren ein bis ins einzelne identisches Gebäude erstellt wird, während bei Serienbauten gewisse geringfügige Abweichungen gegeben sind. Die Unterscheidung ist jedoch von geringer praktischer Bedeutung. Wesentlicher ist die Abgrenzung der Serienbauten zu individuellen Gebäuden. Ob eine wesentliche oder unwesentliche Abweichung vorliegt, ist Einzelfrage. Ein im wesentlichen gleiches Gebäude liegt z. B. dann vor, wenn weder der Grundriß noch das Tragwerk des Gebäudes oder die Feuerungsanlagen in irgendeiner Form geändert sind. Eine wesentliche Abweichung liegt z. B. dann vor, wenn völlig unterschiedliche Baustoffe verwendet werden, da insoweit eine geänderte Planung notwendig ist (ebenso Roth/Gaber, S. 388; Schlömilch DAB 1978, 1330).

Liegen die Voraussetzungen des Absatzes 2 vor, so ist das Honorar für die **13** erste bis vierte Wiederholung im Hinblick auf die Leistungsphasen 1 bis 7 und 9 des § 15 um 50% zu mindern. Von der fünften Wiederholung an tritt eine Minderung von 60% ein. Die Berechnung des Honorars kann sich in diesen Fällen recht schwierig gestalten. Nachfolgend ein **Beispiel:**

Der Architekt erhält den Auftrag, für 6 gleiche Gebäude sämtliche Leistun-gen aus den Leistungsphasen 1 bis 9 des § 15 zu erbringen; die anrechenbaren Kosten nach § 10 Abs. 2 Ziffer 1 und 2 betragen jeweils 200 000 DM; das

Objekt fällt in die Honorarzone III; die 6 Gebäude sollen in zeitlichem Zusammenhang an verschiedenen Orten, jedoch unter im wesentlichen gleichen baulichen Verhältnissen geführt werden. Das Honorar in diesen Fällen berechnet sich wie folgt:

1. Honorar für das erste Gebäude (ohne Honorarvereinbarung) 22 610,— DM
2. Honorar für das zweite bis fünfte Gebäude
   a) volles Honorar für Leistungsphase 8 und 9:
   34 % aus 22610 DM = 7 687,40 DM · 4 Gebäude   30 749,60 DM
   b) 50 % des Honorars für Phase 1 bis 7 = 50 % aus
   14 922,60 DM (66 % aus 22 610,– DM)
   = 7 461,30 DM · 4 Gebäude   29 846,20 DM
3. Honorar für das sechste Gebäude
   a) volles Honorar für Leistungsphase 8 und 9:
   34 % aus 22 610,– DM   7 687,40 DM
   b) 40 % des Honorars für Phase 1 bis 7 = 40 % aus
   14 922,60 DM (66 % aus 22 610,– DM)   <u>5 969,04 DM</u>

   Gesamthonorar   <u>96 862,24 DM</u>

Das Honorar ist im vorliegenden Beispiel auf der Basis der Mindestsätze errechnet. Der Höchstsatz kann in der Weise ermittelt werden, daß statt des Betrages von 22610 DM der in der Honorartafel zu § 16 Abs. 1 für anrechenbare Kosten in Höhe von 200000 DM in der Honorarzone III vorgesehene Betrag von 28700 DM eingesetzt wird. Ein höherer als der Mindestsatz muß allerdings bei Auftragserteilung schriftlich vereinbart werden (vgl. § 4 Abs. 1 und 4).

14   Die HOAI unterscheidet in § 22 nicht in „Bauwerke" und „Wohnbauten". Vielmehr gelten die Absätze des § 22 für sämtliche Gebäude. Damit ist die Streitfrage, ob auch für spiegelgleiche Wohnbauten lediglich eine verminderte Gebühr in Ansatz gebracht werden kann (so OLG Nürnberg, BauR 1972, 386; OLG Düsseldorf BauR 1974, 427; a. A. OLG Celle BauR 1970, 247), nach der HOAI zu bejahen.

15   Die Regelung des **Absatzes 3** erweitert Absatz 2 für den Fall, daß mehrere Auftraggeber Aufträge über mehrere gleiche, spiegelgleiche oder im wesentlichen gleichartige Gebäude erteilen und diese Gebäude im zeitlichen oder örtlichen Zusammenhang und unter gleichen baulichen Verhältnissen errichtet werden sollen. Liegen die drei Voraussetzungen des Absatzes 3 nicht vor, können getrennte Honorare in vollem Umfang berechnet werden. Die Begriffe des Absatzes 3 sind inhaltlich gleich mit denen des Absatzes 2. Meist werden die mehreren Auftraggeber im Sinne des Absatzes 3 in rechtlicher oder wirtschaftlicher Verbindung stehen. So ist etwa an diejenigen Fälle zu denken, in denen ein Baubetreuer namens und in Vollmacht einer „Bauherrengemeinschaft" oder mehrerer Bauherren den Auftrag erteilt.

Die entsprechende Anwendung des Absatzes 2 hätte zur Folge, daß der erste Bauherr das volle Honorar, der zweite bis fünfte Bauherr 50 % des Honorars und alle weiteren Bauherren 40 % des Honorars zu tragen hätten. Da dies unbillig wäre, ordnet Absatz 3 an, daß die Honorarminderungen jedem der Auftraggeber gleichmäßig zugute kommen. In dem oben (Rdn. 13) genannten Beispiel wirkt sich dies so aus, daß von dem Gesamthonorar von 96 862,24 DM jeder Auftraggeber ⅙, also 16 143,71 DM, zu tragen hätte. Hat einer der Auftragnehmer bereits voll bezahlt, so muß sich der Architekt nicht die gesamte Honorarminderung beim nächsten Bauherrn gefallen lassen, da dies dem Sinn des Absatzes 3 widersprechen würde (ebenso Weyer BauR 1982, 519 [523]). Der erste Bauherr kann das überzahlte Honorar wegen Verstoßes gegen den Höchstpreischarakter zurückverlangen. Die Frage, ob sich der Auftragnehmer wegen der vollen Honorarforderung an jeden einzelnen der Auftraggeber halten kann, ist in Absatz 3 nicht geregelt. Dies wäre im Rahmen einer Gebührenordnung auch nicht möglich. Ob die verschiedenen Auftraggeber als Gesamtschuldner haften, richtet sich allein nach § 427 BGB. Haben die Auftraggeber sich vertraglich gemeinsam verpflichtet, so haftet jeder einzelne auf den vollen Betrag. Ansonsten ist ein Gesamtschuldverhältnis zu verneinen (vgl. auch OLG Celle BauR 1970, 247). Ein Gesamtschuldverhältnis ist auch dann zu verneinen, wenn z. B. ein Baubetreuungsunternehmen namens und in Vollmacht aller Bauherren einen Gesamtarchitektenvertrag abgeschlossen hat. Die Voraussetzungen des § 427 BGB liegen hier nicht vor (vgl. BGH NJW 1977, 294 = BauR 1977, 58; BGH BauR 1980, 262 = NJW 1980, 992; vgl. i. e. Koeble, Rechtshandbuch Immobilien, Kap. 16 Rdn. 157 ff.).

Die Berechnung der Mindest- und Höchstsätze ist entsprechend dem oben **16** genannten Beispiel (Rdn. 13) vorzunehmen. Anstelle von Gebäuden ist die Anzahl der Auftraggeber einzusetzen. Eine Honorarminderung nach Absatz 3 kommt nur für diejenigen Auftraggeber in Betracht, deren Objekt durchgeführt und fertiggestellt wird.

Auch die Bestimmung des **Absatzes 4** hat klarstellende Funktion. Unter Ver- **17** zicht auf die Voraussetzung des Absatzes 2 „zeitlicher oder örtlicher Zusammenhang" ordnet die Bestimmung des Absatzes 4 eine Honorarminderung auch bei Anschlußaufträgen an. Die Begriffe „gleich" und „spiegelgleich" haben den gleichen Inhalt wie diejenigen in Absatz 2. Keine Honorarminderung ist vorzunehmen, wenn lediglich „im wesentlichen gleichartige" Entwürfe oder Serienbauten oder Typenbauten errichtet werden sollen. Absatz 4 gilt nur für Aufträge **eines** Auftraggebers. Mit Recht weist Jochem (§ 22 Rdn. 9) darauf hin, daß die Regelung des Absatzes 4 mißglückt ist. Bei Wiederholungen im Rahmen eines Auftrages wäre das Honorar nicht zu mindern, wenn der örtliche oder zeitliche Zusammenhang fehlt, dagegen soll die Minderung bei erneutem Auftrag auch ohne örtlichen und zeitlichen Zusammenhang eingreifen. Die Bestimmung ist zwar entgegen Jochem wirksam, sollte jedoch korrigiert werden.

Die Berechnungsgrundsätze der Absätze 2 bis 4 können im Wege der **Verein-** **18** **barung** – auch **Pauschalvereinbarung** – nicht ausgeschaltet werden. Eine entsprechende Vereinbarung würde gegen den Höchstpreischarakter der Verordnung verstoßen (vgl. für § 12 GOA OLG Düsseldorf BauR 1974, 427). Zweifelhaft ist jedoch, ob eine Vereinbarung, die etwa gegen die Minderungsanordnung des Absatzes 2 verstößt, jedoch ein Honorar ergibt, das noch unter den an sich zulässigen Höchstsätzen liegt, wirksam sein kann. Dies ist zu bejahen, da die Minderungsbestimmungen stets im Zusammenhang mit den Höchstsätzen aus den Honorartafeln zu sehen sind. Der Höchstpreischarakter ist gerade an den Höchstsätzen ausgerichtet. Die übrigen Honorarregelungen, wie etwa in den Absätzen 2 bis 4 des § 22, können sonach nicht isoliert beurteilt werden. Auch für die Wirksamkeit in diesen Fällen ist jedoch Voraussetzung, daß die (Pauschal-)Vereinbarung bei Auftragserteilung schriftlich erfolgt (§ 4 Abs. 1 und 4).

Eine Regelung in Allgemeinen Geschäftsbedingungen, mit der Absatz 1 abbedungen wird und der Verwender die einzelnen Gebäude nach den insgesamt anfallenden anrechenbaren Kosten zusammen abrechnen kann, verstößt gegen § 9 AGBG und ist unwirksam (BGH NJW 1981, 2351 [2353] = BauR 1981, 582 [587]). Gleiches gilt von einer Bestimmung, die eine Honorarminderung nach Absatz 2 vorsieht, obwohl die Gebäude nicht im zeitlichen oder örtlichen Zusammenhang und unter gleichen baulichen Verhältnissen errichtet werden (BGH a. a. O.).

<h2 style="text-align:center">§ 23
Verschiedene Leistungen an einem Gebäude</h2>

(1) Werden Leistungen bei Wiederaufbauten, Erweiterungsbauten, Umbauten oder raumbildenden Ausbauten (§ 3 Nr. 3 bis 5 und 7) gleichzeitig durchgeführt, so sind die anrechenbaren Kosten für jede einzelne Leistung festzustellen und das Honorar danach getrennt zu berechnen. § 25 Abs. 1 bleibt unberührt.

(2) Soweit sich der Umfang jeder einzelnen Leistung durch die gleichzeitige Durchführung der Leistungen nach Absatz 1 mindert, ist dies bei der Berechnung des Honorars entsprechend zu berücksichtigen.

1 Die Bestimmung tritt an die Stelle des § 17 GOA. Ebenso wie diese Bestimmung enthält § 23 eine Regelung für die Fälle, in denen verschiedene Leistungen an einem Objekt zusammentreffen. Die Vorschrift des § 23 gilt ebenfalls für Erweiterungsbauten (Erweiterungen), Wiederaufbauten (Wiederherstellungen) und Umbauten. Im Gegensatz zu § 17 GOA kann nach der HOAI für Instandsetzungen kein getrenntes Honorar berechnet werden. Die Berechnung erfolgt vielmehr nach § 27. Die Unterscheidung zwischen Erweiterungsbauten und Aufbauten ist gegenüber der GOA weggefallen. Aufbauten gehören nach der HOAI zu den Erweiterungsbauten (vgl. § 3 Rdn. 4). In § 23 sind zusätzlich die raumbildenden Ausbauten genannt.

2 Zu den Begriffen Wiederaufbauten, Erweiterungsbauten, Umbauten und raumbildenden Ausbauten vgl. im einzelnen § 3 Ziff. 3 bis 5 sowie die Kommentierung § 3 Rdn. 7 bis 9 und 12. **Absatz 1 der Vorschrift legt fest, daß bei**

gleichzeitiger Erbringung dieser Leistungen für jede der Maßnahmen ein getrenntes Honorar nach den jeweiligen anrechenbaren Kosten in Ansatz gebracht werden kann. Für Umbauten bedeutet dies, daß hier auch die erhöhten Honorare nach § 24 berechnet werden können (vgl. i. ü. § 24 Rdn. 15). Satz 2 der Bestimmung stellt klar, daß die Berechnung des Honorars für raumbildende Ausbauten nach § 25 vorzunehmen ist. Vor allem die Bestimmung des § 25 Abs. 2 bleibt durch die Regelung des § 23 unberührt.

Werden Leistungen im Sinne des Absatzes 1 der Bestimmung zeitlich nacheinander ausgeführt, können ebenfalls die getrennten Honorare nach den jeweiligen anrechenbaren Kosten berechnet werden. Absatz 1 will lediglich klarstellen, daß auch bei gleichzeitiger Durchführung von Leistungen im Sinne dieser Bestimmungen ebenfalls eine getrennte Berechnung erfolgen kann. Ebenso betrifft Absatz 1 lediglich Leistungen an einem Gebäude. Werden Leistungen im Sinne des Absatzes 1 an verschiedenen Gebäuden ausgeführt, kann von vornherein kein Zweifel an der gesonderten Honorierung bestehen. Aber auch bei Erbringung verschiedener Leistungen an einem Objekt (z. B. Anbau und Umbau) ist im Grundsatz getrennt abzurechnen. Voraussetzung ist, daß die Leistungen trennbar sind. Dies kann aber nicht schon deshalb verneint werden, weil sie „ineinandergreifen" (a. A. OLG Düsseldorf BauR 1987, 708; Hesse/Korbion/Mantscheff/Vygen § 23 Rdn. 4). **3**

Die Vorschrift des **Absatzes 2** schreibt eine Minderung vor, soweit der Auftragnehmer bei der gleichzeitigen Durchführung der Leistungen nach Absatz 1 einen geringeren Aufwand hat. Nach der gesetzlichen Regelung stellt Absatz 2 die Ausnahme gegenüber der Regel des Absatzes 1 dar. Den Auftraggeber, der sich auf das Vorliegen des Absatzes 2 beruft, trifft die Beweislast für die Voraussetzungen des Absatzes 2 (ebenso Hesse/Korbion/Mantscheff/Vygen § 23 Rdn. 7; Neuenfeld § 23 Bem. 4). Die Bestimmung des Absatzes 2 ist sehr unglücklich gefaßt, da zweifelhaft bleiben muß, was eine „entsprechende" Minderung des Honorars bedeuten soll. In erster Linie werden hier ersparte Aufwendungen oder Arbeitsersparnis infolge gemeinsamer Einreichung von Genehmigungsunterlagen oder gemeinsamer Baustellenbesuche zu berücksichtigen sein. Untere Grenze für eine Minderung ist das Honorar, das sich ergibt, wenn das Objekt nach einer einheitlichen Honorargrundlage bewertet wird (so mit Recht Neuenfeld § 23 Bem. 4). Für die Durchführung der Minderung käme zunächst eine Orientierung am Verhältnis der einzelnen anrechenbaren Kosten zu den Gesamtkosten und eine Umsetzung des Verhältnisses auf die Honorartafel des § 16 in Frage (vgl. Hesse/Korbion/Mantscheff/Vygen § 23 Rdn. 7); Jochem § 23 Rdn. 3; Schlömilch DAB 1979, 153). Derartiges ist jedoch der HOAI fremd (vgl. § 5 Rdn. 5 und § 10 Rdn. 7). Die HOAI kennt eben nur die Kostenermittlung nach DIN 276, und diese bezieht sich auf die Gesamtkosten. Eine etwaige Minderung ist vielmehr nach den jeweils erbrachten Leistungen gemäß § 15 vorzunehmen unter Abzug eines bestimmten Vomhundertsatzes. **4**

§ 24
Umbauten und Modernisierungen von Gebäuden

(1) Honorare für Leistungen bei Umbauten und Modernisierungen im Sinne des § 3 Nr. 5 und 6 sind nach den anrechenbaren Kosten nach § 10, der Honorarzone, der der Umbau oder die Modernisierung bei sinngemäßer Anwendung des § 11 zuzuordnen ist, den Leistungsphasen des § 15 und der Honorartafel des § 16 mit der Maßgabe zu ermitteln, daß eine Erhöhung der Honorare um einen Vomhundertsatz schriftlich zu vereinbaren ist. Bei der Vereinbarung der Höhe des Zuschlags ist insbesondere der Schwierigkeitsgrad der Leistungen zu berücksichtigen. Bei durchschnittlichem Schwierigkeitsgrad der Leistungen kann ein Zuschlag von 20 bis 33 vom Hundert vereinbart werden. Sofern nicht etwas anderes schriftlich vereinbart ist, gilt ab durchschnittlichem Schwierigkeitsgrad ein Zuschlag von 20 vom Hundert als vereinbart.

(2) Werden bei Umbauten und Modernisierungen im Sinne des § 3 Nr. 5 und 6 erhöhte Anforderungen in der Leistungsphase 1 bei der Klärung der Maßnahmen und Erkundung der Substanz oder in der Leistungsphase 2 bei der Beurteilung der vorhandenen Substanz auf ihre Eignung zur Übernahme in die Planung oder in der Leistungsphase 8 gestellt, so können die Vertragsparteien anstelle der Vereinbarung eines Zuschlags nach Absatz 1 schriftlich vereinbaren, daß die Grundleistungen für diese Leistungsphasen höher bewertet werden, als in § 15 Abs. 1 vorgeschrieben ist.

1   § 24 definiert den Begriff der „Umbauten" nicht selbst. Er ergibt sich aus der Begriffsbestimmung des § 3 Nr. 5. Danach sind **„Umbauten"** „Umgestaltungen eines vorhandenen Objekts mit wesentlichen Eingriffen in Konstruktion oder Bestand". Nach wie vor bleiben erhebliche Abgrenzungsschwierigkeiten zu Wiederaufbauten (§ 3 Nr. 3), Erweiterungsbauten (§ 3 Nr. 4), Instandsetzungen (§ 3 Nr. 10). Vgl. hierzu i. e. die Kommentierung zu § 3 Rdn. 7 f., 15.

2   Neben den Umbauten betrifft § 24 auch die **Modernisierungen**. Auch dieser Begriff ist in § 3 Nr. 6 definiert. Danach sind Modernisierungen „bauliche Maßnahmen zur nachhaltigen Erhöhung des Gebrauchswertes eines Objekts, soweit sie nicht unter die Nummern 4, 5 oder 10 fallen, jedoch einschließlich der durch diese Maßnahmen verursachten Instandsetzungen". Zur **praktischen Durchführung** der Umbauten und Modernisierungen gibt es umfangreiches **Schrifttum** (vgl. § 15 Rdn. 21 und 244).

3   Es muß sich um wesentliche Eingriffe in Konstruktion und Bestand handeln, sollen Umbauten vorliegen, die den Architekten zur Erhöhung des Honorars berechtigen. Ein solcher Umbau kann nicht nur vorliegen, wenn in das konstruktive Gefüge eingegriffen wird und statische Berechnungen verändert werden, sondern auch dann, wenn ohne Eingriff in die Konstruktion der „Bestand" wesentlich beeinträchtigt wird. So können wesentliche Bauteile herausgerissen und neu bzw. anders eingefügt werden, ohne daß dies konstruktive und statische Folgen hat (vgl. § 3 Rdn. 9).

Es liegt also nur eine Umbaumaßnahme vor, wenn diese mit wesentlichen **4** Eingriffen in Konstruktion oder Bestand verbunden ist. Der Begriff **Konstruktion** läßt sich aus DIN 276 ableiten, nachdem diese Norm in Teil II, VII, VIII und IX eingebunden und fester Bestandteil dieser Leistungsbereiche ist. Eine Definition für den Begriff **Bestand** hat der Verordnungsgeber nicht gegeben. Es liegt auf der Hand, daß dieser Begriff aus § 14 ganz übernommen worden ist, ohne Rücksicht auf die Begriffsbestimmungen der DIN 276, die zum Bestandteil der HOAI geworden ist. Spätestens mit der Erweiterung der HOAI im Teil VII Leistungen für Ingenieurbauwerke und Verkehrsanlagen und Teil IX Leistungen bei der Technischen Ausrüstung hätte eine Begriffsbestimmung im Sinne der DIN 276 erfolgen müssen. Zum Bestand zählen vorhandene Bausubstanz (§ 10 Abs. 3a), Anlagen in Teil VII (§ 51 Abs. 1, 2) und Anlagen in Teil IX (§ 68 Nr. 1–6).

Bei der Konstruktion handelt es sich also nur um Bauteile gem. DIN 276 **5** 04/81 Kostengruppe 3.1 „Baukonstruktionen" und Kostengruppe 3.5.1 „Besondere Baukonstruktionen" bzw. gem. DIN 276 06/93 Kostengruppe 300 „Bauwerk – Baukonstruktionen".

Zum Bestand müssen demnach alle Bauteile zählen, die nicht unter die **6** Begriffe DIN 276 04/81 Baukonstruktionen bzw. DIN 276 06/93 Bauwerk – Baukonstruktionen fallen. Dies sind im einzelnen gem. DIN 276 04/81 Kostengruppe 3.2 „Installationen", Kostengruppe 3.3 „Zentrale Betriebstechnik", Kostengruppe 3.4 „Betriebliche Einbauten" und die entsprechenden Kostengruppen 3.5.2 bis 3.5.4 „Besondere Installationen, Besondere zentrale Betriebstechnik und Besondere betriebliche Einbauten". Nach DIN 276 04/81 können Anlagen der Kostengruppe 4.5 Beleuchtung ebenfalls unter den Begriff Bestand fallen, während die Beleuchtung in DIN 276 06/93 unter Kostengruppe 4.4.5 Beleuchtungsanlagen enthalten ist.

Der Begriff Umbauten gem. § 3 Abs. 5 gilt entsprechend auch für Teil VII **7** Leistungen bei Ingenieurbauwerken und Verkehrsanlagen gem. § 59, Teil VIII Leistungen bei der Tragwerksplanung § 65 (5) und (6) und Teil IX Leistungen bei der Technischen Ausrüstung § 76. Bei diesen Leistungsbereichen kann zum Bestand auch gem. DIN 276 04/81 die Kostengruppe 5 „Außenanlagen" einbezogen werden.

Umbauten und Modernisierungen bringen meist für den Architekten eine **8** Mehrbelastung mit sich. Es ergeben sich nicht selten besonders schwierige statische Probleme, die oftmals bei Baubeginn nicht vorausgesehen werden können. Eine intensivere Bauaufsicht ist erforderlich; häufig treten besondere technische Schwierigkeiten auf, die spezifisch mit dem Umbau verbunden sind. Oft sind Sofortmaßnahmen erforderlich. Die Koordinierung der Arbeiten bietet erhöhte Schwierigkeiten. Die Anforderungen an die Verkehrssicherungspflicht sind oftmals gesteigert. Kostenschätzungen und Kostenberechnung bieten besondere Probleme. Das Haftungsrisiko ist in technischer und wirtschaftlicher Hinsicht größer. Diesen Gesichtspunkten trägt § 24 Rechnung.

9   Bis 31. 12. 1990 gültige Fassung des § 24

Für Verträge, die bis 31. 12. 1990 abgeschlossen wurden, galt die alte Fassung des § 24 (für Übergangsfälle vgl. § 103; zur Neuregelung vgl. unten Rdn. 6). Im einzelnen bedeutet dies folgendes:

10   a) Vereinbart der Architekt mit dem Auftraggeber bei Umbauten und Modernisierungen einen höheren Zuschlag als 33 %, so verletzt er dadurch den Höchstpreischarakter der VO. Dieser Verstoß führt allerdings nicht zur Unwirksamkeit des Architektenvertrages, sondern lediglich dazu, daß der Zuschlag zu ermäßigen ist. Der Wille der Parteien geht dahin, daß der Vertrag im übrigen bestehenbleibt (vgl. im einzelnen § 4 Rdn. 70). Zugrunde zu legen ist in diesem Fall der Höchstzuschlag von 33 %, nicht der Mindestzuschlag von 20 % (vgl. § 4 Rdn. 70; ebenso OLG Düsseldorf NJW 1982, 1541 = BauR 1982, 390; Hesse/Korbion/Mantscheff, 2. Aufl., § 24 Rdn. 2; Jochem § 24 Rdn. 2).

11   b) Die Vereinbarung eines höheren Zuschlags als 20 % unterliegt den Voraussetzungen des § 4 Abs. 1 und Abs. 4. Dies folgt daraus, daß der 20 %-Zuschlag den Mindestsatz darstellt. Erforderlich ist sonach für die Vereinbarung eines höheren Zuschlags, daß eine Vereinbarung **bei Auftragserteilung** in **schriftlicher Form** erfolgt (h. M.; z. B. Hesse/Korbion/Mantscheff/Vygen § 24 Rdn. 5; Jochem § 24 Rdn. 2; a. A. Neuenfeld § 24 Bem. 4; zur Schriftform vgl. § 4 Rdn. 26 ff., zum Begriff „bei Auftragserteilung" vgl. § 4 Rdn. 34 ff.). Durch diese Regelung, die der Klarstellung der Rechtsbeziehungen zwischen den Parteien dient und den Auftraggeber vor Überraschungen sichern soll, ist die Diskussion über die Aufklärungspflicht des Architekten bei Erhöhungen im Zuge von Umbau- und Modernisierungsarbeiten hinfällig geworden (vgl. Ludwigs/Ludwigs, S. 309).

12   c) Liegt eine Honorarvereinbarung zwischen den Parteien nicht vor, so fragt sich, ob der Architekt den Mindestzuschlag von 20 % verlangen kann. Diese Auffassung hatte die veröffentlichte Rechtsprechung (OLG Düsseldorf NJW 1982, 1541 = BauR 1982, 390) und die h. M. in der Literatur (neben den Vorauflagen dieses Kommentars: Hesse/Korbion/Mantscheff, 2. Aufl., § 24 Rdn. 2; Jochem § 24 Rdn. 1; Koeble BauR 1977, 322 f.; Neuenfeld § 24 Bem. 4; Schlömilch DAB 1979, 153) vertreten. Der BGH (BauR 1983, 281 = DB 1983, 1055 = SFH Nr. 2 zu § 24 HOAI und BauR 1987, 706 = NJW-RR 1987, 1374 = ZfBR 1987, 284; BGH BauR 1990, 236 = NJW-RR 1990, 277 = ZfBR 1990, 75) hat sich der gegenteiligen Meinung (Miller § 24 Rdn. 3; Schätzell § 24 Anm. 2) angeschlossen. Damit hat der Architekt **ohne** ausdrückliche schriftliche **Vereinbarung** bei Auftragserteilung **keinen Anspruch** auf den Mindestzuschlag von 20 %. Die Auffassung des BGH war für die Praxis hinzunehmen (zur Kritik vgl. die Vorauflagen dieses Kommentars).

13   d) Die Vereinbarung eines niedrigeren Zuschlags als 20 % ist zwar durch § 24 nicht ausgeschlossen, eine entsprechende Vereinbarung ist jedoch nur unter den Voraussetzungen des § 4 Abs. 2 wirksam. Dies bedeutet, daß die Vereinbarung schriftlich getroffen werden muß (vgl. § 4 Rdn. 26) und nur in Ausnahmefällen (vgl. § 4 Rdn. 85) wirksam ist. Für die Behauptung, es sei ein niedrigerer Zuschlag als 20% vereinbart, trifft den Auftraggeber die Beweislast (vgl. § 4 Rdn. 88).

Umbauten können auch Modernisierungen, also bauliche Maßnahmen zur 14 nachhaltigen Erhöhung des Gebrauchswertes eines Objekts sein, sie müssen es jedoch nicht. Stellen Umbauten zugleich Modernisierungen dar, so gibt § 24 nur die Möglichkeit einer einmaligen Erhöhung des Honorars um 20 bis 33%.

Wird ein Umbau gleichzeitig mit Wiederaufbau, Erweiterungsbau oder 15 raumbildendem Ausbau ausgeführt, so ist das Honorar für jede Leistung getrennt zu berechnen (§ 23 Abs. 1). Der Zuschlag für den Umbau kann auch dann vereinbart werden (OLG Düsseldorf BauR 1987, 708). Werden ein Neubau und ein Umbau gleichzeitig ausgeführt, so gilt § 23 nicht in jedem Fall. Hier ist zu unterscheiden: Wird der Neubau getrennt durchgeführt, so sind beide Leistungen getrennt abzurechnen. Werden beide Leistungen am gleichen Objekt ausgeführt, dann handelt es sich um keinen Neubau, sondern um einen Erweiterungsbau (§ 3 Nr. 4), so daß § 23 anwendbar ist. Für **Freianlagen** kommt ein Umbauzuschlag nicht in Frage, da Umbaumaßnahmen nur Gebäude betreffen können, was auch durch die Inbezugnahme der Vorschriften der §§ 10, 11, 12, 15 und 16 in § 24 klargestellt ist. Dagegen kommt für den raumbildenden Ausbau ein Umbauzuschlag in Frage (vgl. § 25).

Die seit dem 1. 1. 1991 gültige Fassung 16

Der neue § 24 gilt für alle seit 1. 1. 1991 abgeschlossenen Verträge (zur 4. HOAI-Novelle vgl. Einl. Rdn. 9; für Übergangsfälle vgl. § 103). Er enthält inzwischen 2 Absätze. In sprachlicher Hinsicht ist dabei Abs. 1 Satz 1 völlig mißglückt („... mit der Maßgabe zu ermitteln, daß eine Erhöhung der Honorare ... schriftlich zu vereinbaren ist.").

Der neue Absatz 1 befaßt sich mit einem Zuschlag auf das Gesamthonorar, 17 und der neue Absatz 2 ermöglicht den Vertragsparteien statt dessen eine Vereinbarung, wonach die Grundleistungen für die Leistungsphasen 1, 2 und 8 höher als die in § 15 vorgesehenen Prozentsätze bewertet werden. In Abs. 1 Satz 1 ist der Grundsatz enthalten, welche Faktoren bei der Ermittlung für Honorare bei Umbauten und Modernisierungen zugrunde zu legen sind. Dabei ist zusätzlich niedergelegt, daß jede Vereinbarung schriftlich zu erfolgen hat. Hiervon macht Abs. 1 Satz 4 eine Ausnahme, indem ab durchschnittlichem Schwierigkeitsgrad ein **Mindestzuschlag** von 20% als vereinbart gilt.

Eine erste Änderung gegenüber dem früheren Rechtszustand brachte Abs. 1 18 Satz 1, wonach für die **Honorarzone** nicht mehr diejenige des bisherigen Gebäudes maßgebend ist, sondern diejenige **des Umbaus oder der Modernisierung**. Damit kann auch bei Gebäuden, die eigentlich in Honorarzone V einzuordnen wären, für die Umbau- oder Modernisierungsmaßnahme im Extremfall sogar Honorarzone II zugrunde zu legen sein. Entsprechendes gilt natürlich auch umgekehrt. Eine weitere Änderung bestand darin, daß die Honorarzone bei **sinngemäßer Anwendung des § 11** zu ermitteln ist. Dies bedeutet einmal, daß nicht mehr auf § 12 zurückgegriffen werden darf bzw. muß. Die sinngemäße Anwendung bedeutet zum anderen, daß nur diejenigen Kriterien aus § 11 zum Ansatz kommen können, die überhaupt vorliegen. Sowohl bei der Grobbewertung als auch bei der Feinbewertung kommen damit beispielsweise die gestalterischen Anforderungen in Wegfall, wenn die Gestalt des bisherigen Objektes völlig übernommen wird. Es kann in diesem Fall also nicht der Ansatz von 0 Punkten erfolgen. Vielmehr bleibt das Bewertungsmerkmal völlig außer Ansatz, und die Gesamtpunktzahl verringert sich.

19 Hierzu ein Beispiel: In einem Krankenhaus der Versorgungsstufe III gem. § 12 Honorarzone V sollen Teile des Untergeschosses für Versorgungseinrichtungen und Therapieräume umgebaut werden. Gem. Abs. 1 ist § 11 sinngemäß anzuwenden. Eine Grobbewertung (siehe § 11 Rdn. 5 ff.) ergibt folgendes Ergebnis:

Planungsanforderungen	Bewertungsmerkmale	Honorarzonen				
		I	II	III	IV	V
		Punktbewertung				
		≤ 10	11-18	19-26	27-34	35-42
		sehr geringe	geringe	durchschnittliche	überdurchschnittliche	sehr hohe
≤ 6	Einbindung in die Umgebung					
≤ 9	Anzahl der Funktionen			•		
≤ 9	Gestaltung			•		
≤ 6	Konstruktion				•	
≤ 6	Technische Gebäudeausrüstung				•	
≤ 6	Ausbau		•			

Es liegen Bewertungsmerkmale aus verschiedenen Honorarzonen vor. Die Feinbewertung nach Bewertungsmerkmalen ergibt folgende Bewertung:

Planungsanforderungen*)	Bewertungs- punkte
1 Einbindung in die Umgebung	–
2 Andere einfache Funktionsbereiche	5
3 durchschnittliche gestalterische Anforderungen	4
4 überdurchschnittliche konstruktive Anforderungen	5
5 überdurchschnittliche technische Ausrüstung	5
6 durchschnittlicher normaler Ausbau	4
	23

Die Umbaumaßnahme fällt in Honorarzone III mit 19–26 Bewertungspunkten und durchschnittlichem Schwierigkeitsgrad. Eine Vereinbarung eines Zuschlages von 20–33 v. H. liegt damit im Rahmen der Bestimmungen Abs. 1.

Aus Absatz 1 ergeben sich für die **Möglichkeiten des Zuschlages** drei Stufen. **20** Ausdrücklich geregelt ist die Stufe für den „durchschnittlichen **Schwierigkeits-grad** der Leistung". Hier schreibt Abs. 1 Satz 3 vor, daß ein Rahmen von 20–33% gelten soll. Abs. 1 Satz 4 regelt, daß ein Mindestzuschlag von 20% als vereinbart gilt, wenn eine Vereinbarung nicht getroffen wurde. Der zweite Fall ist der, daß der **Schwierigkeitsgrad über dem Durchschnitt** liegt. Hierfür regelt Abs. 1 Satz 4 zunächst, daß ein Mindestzuschlag von 20% zugrunde zu legen ist, wenn eine Vereinbarung fehlt ([ab] durchschnittlichem Schwierigkeitsgrad). Darüber hinaus läßt der neue Absatz 1 auch ohne weiteres die Vereinbarung eines **höheren Zuschlages** als 33% zu. Der dritte Fall ist der **unter dem Durch-schnitt** liegende Schwierigkeitsgrad. Hier kann zwar ebenfalls ein Zuschlag vereinbart werden; ohne Vereinbarung gibt es aber keinen Mindestzuschlag. Der Höhe nach ist – wegen des Höchstpreischarakters der HOAI – der Zuschlag auch bei unter dem Durchschnitt liegendem Schwierigkeitsgrad auf 33% beschränkt (a. A. Löffelmann/Fleischmann Rdn. 971, die 1–20% annehmen).

Soweit eine Vereinbarung nötig ist, muß sie **schriftlich** geschehen (zur **21** Schriftform vgl. § 4 Rdn. 26). Fehlt die schriftliche Vereinbarung, so gibt es nur ab durchschnittlichem Schwierigkeitsgrad den Mindestzuschlag aus Abs. 1 Satz 4 in Höhe von 20%.

Über den **Zeitpunkt** der Vereinbarung eines Zuschlages ist in Absatz 1 nichts **22** geregelt. Es ist deshalb davon auszugehen, daß eine Vereinbarung auch später als „bei Auftragserteilung" noch nachgeholt bzw. getroffen werden kann (ebenso Amtliche Begründung zu § 24 Abs. 1 Satz 1; Pott/Dahlhoff § 24 Rdn. 9; Werner, FS Soergel, 1993, S. 291 [295]).

Als **durchschnittlicher Schwierigkeitsgrad** ist in § 11 Abs. 1 Nr. 3 die Hono-**23** rarzone III definiert. Die Einzelheiten ergeben sich also aus dieser Vorschrift. Wichtig ist, daß sich der durchschnittliche Schwierigkeitsgrad nicht nur aus

---

*) Es empfiehlt sich, die Bewertung der einzelnen Planungsanforderungen zu begründen, z. B. für Ziff. 4 Unterfangung von Bauteilen, Einziehen von Abfangkonstruktionen, verbunden mit Änderungen am Tragwerk.

§ 11 Abs. 1, sondern auch über die Feinbewertung § 11 Abs. 2 und 3 (Punkt-bewertung) ergeben kann.

24   Der **neue Absatz 2** ermöglicht den Vertragsparteien anstelle eines Zuschlages nach Absatz 1 die Vereinbarung eines höheren Ansatzes für die Grundleistungen aus § 15 Abs. 1. Auch hier ist eine schriftliche Vereinbarung erforderlich (§ 4 Rdn. 26 ff.). Diese Vereinbarung muß nicht bei Auftragserteilung (§ 4 Rdn. 34 ff.) getroffen werden. Hier geht es nämlich nicht um einen Mindest- und Höchstzuschlag. Im übrigen können sich die erhöhten Anforderungen bei Leistungsphase 8 erst im Laufe der Baumaßnahme herausstellen. Über die Höhe des Honorars ist keine Regelung in Absatz 2 enthalten. Auch hier gilt jedoch der Höchstpreischarakter der HOAI. Der Höchstsatz ist allerdings schwer einzugrenzen. Bedeutung werden insoweit der tatsächliche Zeitaufwand und das Verhältnis zum üblichen Zeitaufwand haben.

25   Der Umbauzuschlag erfolgt völlig unabhängig von den **anrechenbaren Kosten** (vgl. BGH BauR 1986, 593 = NJW-RR 1986, 1214 = ZfBR 1986, 233). Das gilt auch dann, wenn die anrechenbaren Kosten unter Berücksichtigung des § 10 Abs. 3 oder Abs. 3a zu ermitteln sind.

§ 25
Leistungen des raumbildenden Ausbaus

(1) Werden Leistungen des raumbildenden Ausbaus in Gebäuden, die neuge-baut, wiederaufgebaut, erweitert oder umgebaut werden, einem Auftragnehmer übertragen, dem auch Grundleistungen für diese Gebäude nach § 15 übertragen werden, so kann für die Leistungen des raumbildenden Ausbaus ein besonderes Honorar nicht berechnet werden. Diese Leistungen sind bei der Vereinbarung des Honorars für die Grundleistungen für Gebäude im Rahmen der für diese Lei-stungen festgesetzten Mindest- und Höchstsätze zu berücksichtigen.

(2) Für Leistungen des raumbildenden Ausbaus in bestehenden Gebäuden ist eine Erhöhung der Honorare um einen Vomhundertsatz schriftlich zu vereinbaren. Bei der Vereinbarung der Höhe des Zuschlags ist insbesondere der Schwierigkeits-grad der Leistungen zu berücksichtigen. Bei durchschnittlichem Schwierigkeits-grad der Leistungen kann ein Zuschlag von 25 bis 50 vom Hundert vereinbart wer-den. Sofern nicht etwas anderes schriftlich vereinbart ist, gilt ab durchschnittli-chem Schwierigkeitsgrad ein Zuschlag von 25 vom Hundert als vereinbart.

1   § 25 hat die innenarchitektonischen Leistungen, soweit sie sich in raumbil-denden Ausbauten manifestieren, in die Honorarordnung einbezogen. Damit ist eine neue Honorarregelung für das Hauptaufgabengebiet des Innenarchi-tekten, die Gestaltung oder Erstellung von Innenräumen ohne wesentliche Ein-griffe in Bestand oder Konstruktion, getroffen. Die Novelle 1985 hat die bisher außerordentlich unübersichtliche Bestimmung des § 25 HOAI neu gefaßt. Eine Neufassung der Absätze 2–4 war erforderlich wegen der Erweiterung des § 15 durch die Einfügung der Leistungen bei Innenräumen. Die Bestimmungen des

§ 25 mußten deshalb im Zusammenhang mit der neugefaßten Regelung der Architektenleistungen für Innenräume der §§ 15, 16, 19 gesehen werden. Durch die 3. Änderungsnovelle wurden in § 14a Honorarzonen für Leistungen bei raumbildenden Ausbauten (§ 14a Rdn. 1–3) und in § 14b (§ 12 Objektliste für Gebäude) eine Objektliste für raumbildende Ausbauten geschaffen (vgl. § 14b Rdn. 1–2). § 10 wurde mehrfach redaktionell im Hinblick auf die Einbeziehung der Leistungen des raumbildenden Ausbaus geändert und in Abs. 3 Nr. 4 das Wort „Mitverarbeiten" durch „Einbauen" ersetzt. In § 10 (5) Nr. 6 wurde durch Einschieben des Halbsatzes festgestellt, daß Anlagen und Einrichtungen (z. B. Möblierungs-, Ausstattungs- und Einrichtungsgegenstände), sofern sie unter Mitwirkung des Planers beschafft wurden, zu den anrechenbaren Kosten zählen. Die Novelle versuchte, die Deckungsunschärfe zwischen „Innenräumen" und „raumbildendem Ausbau" dadurch zu beseitigen, daß das Wort „Innenräume" grundsätzlich durch den Begriff „raumbildende Ausbauten" ersetzt wurde (zur Kritik des Sprachgebrauchs der VO Haible AIT 5/88, 71). Die vierte Novelle paßt die Honorierung an die geänderte Vergütung von Leistungen bei Umbauten und Modernisierungen an. Es ist bei Leistungen des raumbildenden Ausbaus ein Zuschlag zu vereinbaren. Unterbleibt eine schriftliche Vereinbarung, so gilt ein Zuschlag von 25 v. H. als vereinbart.

Aus der Entwicklung der HOAI und ihrer Änderungen hat es sich ergeben, **2** daß es für die Leistungen des raumbildenden Ausbaus keine zusammenhängende Textfolge gibt, sondern daß die Bestimmungen hierfür in den §§ 10, 14a, 14b, 15 und 25 aufgeführt sind. Um das Zurechtfinden des Benutzers dieses Kommentars zu erleichtern, der sich einen Überblick über die Honorierung von Leistungen des raumbildenden Ausbaus machen will, wird hier versucht, die Bestimmungen des raumbildenden Ausbaus unter § 25 zusammenzufassen. Es wird deshalb bei § 14a, 14b und § 15 auf die folgende zusammenfassende Darstellung in § 25 verwiesen.

Rechtsnatur und Anwendungsbereich   3

Der Innenarchitektenvertrag ist in der Regel ein Werkvertrag (vgl. für den Bereich der GOA Locher BauR 1971, 69 ff.). Architekt und Innenarchitekt haben in der Regel gleichrangige Gestaltungsaufgaben, ohne daß ein Über- oder Unterordnungsverhältnis bestünde. Innenarchitekt und Architekt haften dem Auftraggeber, wenn ihm durch schuldhafte Pflichtverletzung ein Schaden zugefügt wird. Es kann eine gesamtschuldnerische Haftung in Frage kommen (vgl. i. e. Locher BauR 1971, 69 ff.). Die Vorschriften des § 25 finden auch auf „Hochbauarchitekten" („Architekten") Anwendung, die Leistungen für raumbildenden Ausbau erbringen.

Unter raumbildenden Ausbauten ist nach § 3 Nr. 7 die innere Gestaltung **4** oder Erstellung von Innenräumen ohne wesentliche Eingriffe in Bestand oder Konstruktion zu verstehen. Die innere Gestaltung bezieht sich auf die Anzahl der Funktionsbereiche, die Anforderungen an die Lichtgestaltung, an die Raumzuordnung und Raumproportionen sowie an die technische Ausrüstung, die Farb- und Materialgestaltung sowie die konstruktive Detailgestaltung. Zu den Leistungen des raumbildenden Ausbaus gehören ferner die Planung für Textilien, wie Fenster- und Wandbehänge, Bodenbeläge, Beleuchtungskörper, Serienmöbel im Rahmen eines Gesamtkonzepts. Hinzu kann die Gestaltung von mobilen und eingebauten Einrichtungsgegenständen treten (vgl. § 3 Rdn. 3). Wird bei der Gestaltung und Erstellung von Innenräumen in Konstruktion oder Bestand eingegriffen, so liegt nach der Definition des § 3 Nr. 7 kein raumbildender Ausbau vor. Eine Honorierung nach § 25 scheidet dann aus. Es können jedoch Umbauten nach § 3 Nr. 5 vorliegen. Die Honorierung erfolgt dann nach dem Leistungsbild des § 15 für Gebäude i. V. m. § 24, der für Umbauten und Modernisierungen, die auch nach § 3 Nr. 6 vorliegen können, bei durchschnittlichem Schwierigkeitsgrad der Leistungen die Vereinbarung eines Zuschlags von 20 bis 33 v. H. vorsieht. Bei den anrechenbaren Kosten ist zu berücksichtigen, daß im Falle der Anwendung von § 24 nach § 10 (3a) vorhandene Bausubstanz, die technisch oder gestalterisch mitverarbeitet wird, angemessen zu berücksichtigen ist und daß Anlagen und Einrichtungen gemäß § 10 Abs. 5 Nr. 6 den anrechenbaren Kosten zugeschlagen werden dürfen, wenn sie vom Architekten mitgeplant oder ihre Ausführung oder ihr Einbau überwacht wird oder der Architekt bei der Beschaffung mitwirkt.

Beispiel:

Einem Auftragnehmer wird die Umgestaltung und funktionelle Neuordnung der Innenräume eines Bürohauses übertragen, am Äußeren des Gebäudes finden keine Veränderungen statt. Es ist kein wesentlicher Eingriff in den Bestand oder die Konstruktion erforderlich, vielmehr handelt es sich um die Gestaltung von Innenräumen in einem vorhandenen Gebäude. Gleichzeitig soll der Auftragnehmer noch den Einbau eines Personenaufzugs planen und überwachen, wobei ein wesentlicher Eingriff in Bestand und Konstruktion erforderlich ist. Letztere Maßnahme fällt unter § 24. Infolge des beträchtlichen Umfangs dieser Maßnahme und ihrer Planungsanforderungen überwiegt sie gegenüber der Maßnahme des raumbildenden Ausbaus.

Eine getrennte Honorierung scheidet nach Absatz 1 aus; sie fällt insgesamt unter § 24 i. V. m. § 15. Der Auftragnehmer kann im Hinblick auf den nicht unwesentlichen Anteil des raumbildenden Ausbaus einen entsprechenden Honorarsatz im Rahmen der Mindest- und Höchstsätze vereinbaren. Außerdem können Vereinbarungen über die Erhöhung des Honorars von 20 v. H. bis 33 v. H. gemäß § 24 Abs. 1 und 2 als Zuschlag zu dem Honorar der Grundleistungen getroffen werden, sofern die Voraussetzungen für die Anwendung gemäß Absatz 2 vorliegen. Ebenso können Leistungen des raumbildenden Ausbaus mit solchen des § 27 (Instandhaltungen und Instandsetzungen) zusammentreffen.

Beispiel:

Ein schadhafter, nicht mehr benutzbarer Fußboden in einem Saal wird durch einen vom Architekten entworfenen Parkettboden mit Einlegearbeiten ersetzt.

Käme § 27 zur Anwendung, so könnte die Erhöhung bis zu 50 % nur für die Bauüberwachung wirksam vorgenommen werden. Da der Schwerpunkt der

Architektentätigkeit hier auf der inneren Gestaltung des Raumes liegt, ist die Honorierung des Architekten nach § 25 vorzunehmen. Es wäre nicht sachgerecht, die Honorierungsmöglichkeit des Architekten, der Leistungen des raumbildenden Ausbaus erbringt, zu begrenzen, weil neben der inneren Gestaltung von Räumen zugleich die Wiederherstellung des zum bestimmungsgemäßen Gebrauch geeigneten Zustands bewirkt wird.

Vermeidung der Doppelhonorierung bei gleichzeitiger Übertragung von Leistungen im Zusammenhang mit Grundleistungen nach § 15 Abs. 1 für Gebäude 5

§ 25 Abs. 1 regelt den Fall, daß raumbildende Ausbauten dem Innenarchitekten übertragen werden, der zugleich bei einem Neubau, Wiederaufbau, Erweiterungs- oder Umbau Grundleistungen des § 15 „Objektplanung für Gebäude, Freianlagen und raumbildende Ausbauten" vertragsgemäß zu erbringen hat. In diesen Fällen ist er nicht berechtigt, ein besonderes Honorar für die Leistungen des raumbildenden Ausbaus zu berechnen. Durch diese Vorschrift soll eine Doppelhonorierung vermieden werden. Die Kosten des raumbildenden Ausbaus werden zu den anrechenbaren Kosten des Gebäudes hinzugerechnet. Auf diese Weise werden die gesamten honorarfähigen Kosten errechnet und das Gesamthonorar anhand der Tabelle nach Einordnung in die Honorarzone ermittelt. Der raumbildende Ausbau kann also in den Fällen des § 25 Abs. 1 in dreifacher Weise für die Berechnung des Honorars von Bedeutung sein:

a) durch Erhöhung der anrechenbaren Kosten durch Hinzuzählen der anrechenbaren Kosten für den raumbildenden Ausbau

b) durch Beeinflussung der Einordnung in die Honorarzone nach § 14a

c) hinsichtlich der Einordnung in die Von-bis-Sätze

Vor Inkrafttreten der 3. Änderungsnovelle griff diese Einschränkung des § 25 Abs. 1 nur Platz bei **gleichzeitiger** Übertragung der Grundleistungen. Durch die Novelle 1988 wurde das Wort „gleichzeitig" im ersten Halbsatz gestrichen. Danach soll es nicht auf den Zeitpunkt des Vertragsabschlusses ankommen, sondern auf die Zeit der Ausführung der betreffenden Leistungen. Werden Leistungen des raumbildenden Ausbaus *zur gleichen Zeit* oder unmittelbar nach Leistungen der Objektplanung von einem Auftragnehmer ausgeführt, so darf nach Abs. 1 für die Leistungen des raumbildenden Ausbaus kein besonderes Honorar berechnet werden (Amtliche Begründung). Sinn der Regelung des § 25 Abs. 1 ist es, eine Doppelhonorierung zu vermeiden für im wesentlichen gleiche Leistung für vergleichbare Leistungen. Werden dem Auftragnehmer aber nicht sachlich parallele Grundleistungen des raumbildenden Ausbaus und für neuaufgebaute, wiederaufgebaute erweiterte oder umgebaute Gebäude übertragen, so greift die Honorareinschränkung nicht ein, weil die übertragenen Grundleistungen nicht nach den Leistungsphasen mit den Leistungen des raumbildenden Ausbaus korrespondieren.

Beispiel:

Dem Innenarchitekten wird die Vor- und Entwurfsplanung gemäß § 15 Abs. 1 Nr. 2 und 3 übertragen. Er erhält jedoch keinen Auftrag für weitere Leistungsphasen des § 15. Der Innenarchitekt hat jedoch hinsichtlich des raumbildenden Ausbaus die Ausführungsplanung und die Objektüberwachung übertragen erhalten.

Nach dem Sinn der Regelung des § 25 Abs. 1 tritt in solchen Fällen keine Doppelbelastung des Auftraggebers ein, wenn für nicht korrespondierende Leistungsphasen getrennt abgerechnet wird (Hesse/Korbion/Mantscheff/Vygen § 25 Rdn. 3; Hartmann § 25 Rdn. 3; Neuenfeld § 25 Bem. 4). Nach dem Wortlaut des § 25 Abs. 1 genügt es, wenn eine der Leistungskategorie des § 3 neben dem raumbildenden Ausbau vorliegt. Es handelt sich um Alternativvoraussetzungen (Hesse/Korbion/Mantscheff/Vygen § 25 Rdn. 2).

6 Honorarvereinbarung

Schwer verständlich ist § 25 Abs. 1 Satz 2. Die Formulierung „sind bei der Vereinbarung des Honorars für die Grundleistungen für Gebäude im Rahmen der für diese Leistungen festgesetzten Mindest- und Höchstsätze zu berücksichtigen" darf nicht zu dem Schluß verleiten, daß ohne schriftliche Vereinbarung bei Auftragserteilung auch bei Vorliegen der Voraussetzungen des Absatzes 1 ein Honorar berechnet werden kann, das über die Mindestsätze hinausgeht. Auch in diesen Fällen muß der die Mindestsätze überschreitende Honorarsatz **bei Auftragserteilung schriftlich** vereinbart werden (vgl. § 4 Rdn. 4, 6); wie hier Hesse/Korbion/Mantscheff/Vygen § 25 Rdn. 4; Jochem § 25 Rdn. 2; Hartmann § 25 Rdn. 4.

7 Separate Beauftragung mit raumbildendem Ausbau

§ 25 Abs. 2 regelte den Fall, daß Leistungen des raumbildenden Ausbaus in Gebäuden, die neu gebaut, wieder aufgebaut, erweitert oder umgebaut werden, von einem Innen- oder sonstigen Architekten erbracht werden, dem nicht Grundleistungen nach § 15 für diese Gebäude übertragen worden sind. Im Zusammenhang mit der Ermittlung der Honorarzone nach § 15 Abs. 4 ergab sich ein äußerst kompliziertes Berechnungsschema. Die Novelle 1985 bewirkte eine wesentliche Vereinfachung, indem das Honorar nunmehr folgerichtig analog dem Objektplanungshonorar für Gebäude berechnet wurde. Unmittelbar in § 15 wurden die Leistungen des raumbildenden Ausbaus erfaßt. Die 3. Änderungsnovelle brachte eine weitere Angleichung an den Berechnungsmodus für Objektplanungshonorare für Gebäude, indem die Leistungsbilder des raumbildenden Ausbaus in § 15 erfaßt und die Einzonung für raumbildende Ausbauten abweichend von der für Gebäude vorgenommen wurde. Schließlich hat die Vierte Änderungsnovelle § 25 Abs. 2 der geänderten Honorierung für Leistungen bei Umbauten und Modernisierungen angepaßt. Für Leistungen des raumbildenden Ausbaus ist ein Zuschlag schriftlich zu vereinbaren. Damit folgt die Novelle der Rechtsprechung des BGH (BGH BauR 1990, 236, 238), der in dieser Entscheidung davon ausgeht, daß die Vereinbarung eines Zuschlags Voraussetzung der zusätzlichen Honorierung ist. Danach können Leistungen des raumbildenden Ausbaus sehr wohl mehr Aufwand erfordern als die Objektplanung von Gebäuden; sie müssen es jedoch nicht. Die **Vereinbarung muß nicht bei Auftragserteilung** getroffen werden. Sie kann auch zu einem späteren Termin erfolgen.

Die Höhe des Zuschlags und die Schwierigkeitsgrade 8

Bei der Vereinbarung der Höhe des Zuschlags ist der **Schwierigkeitsgrad** der Leistungen für den raumbildenden Ausbau zu berücksichtigen. Bei durchschnittlichem Schwierigkeitsgrad der Leistungen kann ein Zuschlag von 25 bis 50 v. H. vereinbart werden, ohne daß der Höchstpreischarakter der VO tangiert würde. Der Höchstpreischarakter ist also nur für „durchschnittliche" Leistungen angesprochen. Dies bedeutet, daß bei unterdurchschnittlichen Leistungen für raumbildenden Ausbau ebenfalls ein Zuschlag vereinbart werden kann. Als Umkehrschluß aus § 25 Abs. 2 Satz 3 ist jedoch festzuhalten, daß dieser nur bis zu 50 v. H. gehen darf. Da § 25 Abs. 2 Satz 2 nur von der „Höhe des Zuschlags" spricht und § 25 Abs. 2 Satz 3 lediglich Leistungen mit einem durchschnittlichen Schwierigkeitsgrad anspricht, ist aus der Festlegung des Zuschlags von 25 bis 50 v. H. nicht der Umkehrschluß zu ziehen, daß bei unterdurchschnittlichen Leistungen für den raumbildenden Ausbau kein Platz für einen Zuschlag sei. Die Fiktion des § 25 Abs. 2 Satz 4 bezieht sich lediglich auf Leistungen **ab** durchschnittlichem Schwierigkeitsgrad, also für Leistungen durchschnittlicher und überdurchschnittlicher Art. Will also für unterdurchschnittliche Leistungen für raumbildenden Ausbau ein Zuschlag verlangt werden, so muß eine schriftliche Vereinbarung getroffen sein. Aus Absatz 2 ergeben sich also, ebenso wie bei § 24 Abs. 1, für den Zuschlag drei mögliche Stufen (vgl. die Kommentierung zu § 24 Rdn. 10 ff.). Ausdrücklich geregelt ist die Stufe für den „**durchschnittlichen Schwierigkeitsgrad** der Leistungen". Hier schreibt Abs. 2 Satz 3 vor, daß ein Rahmen von 25 bis 50% zu gelten hat. Abs. 2 Satz 4 regelt, daß ein Mindestzuschlag von 25% als vereinbart gilt, wenn eine Vereinbarung nicht getroffen wurde. Der zweite Fall ist der, daß der Schwierigkeitsgrad **über dem Durchschnitt** liegt. Hier regelt Abs. 2 Satz 4 zunächst, daß ein Mindestzuschlag von 25% zugrunde zu legen ist, wenn eine Vereinbarung fehlt (ab durchschnittlichem Schwierigkeitsgrad). Darüber hinaus ist bei überdurchschnittlichem Schwierigkeitsgrad auch ohne weiteres ein höherer Zuschlag als 50% zulässig. Der dritte Fall ist der **unter dem Durchschnitt** liegende Schwierigkeitsgrad. Hier kann zwar ebenfalls ein Zuschlag vereinbart werden. Ohne Vereinbarung gibt es aber keinen Mindestzuschlag. Der Höhe nach ist – wegen des Höchstpreischarakters der HOAI – der Zuschlag auch bei unter dem Durchschnitt liegendem Schwierigkeitsgrad auf 50% beschränkt.

Dabei orientieren sich durchschnittliche Leistungsanforderungen an § 14a 9 Abs. 1 Ziff. 3. Die sechs Bewertungskriterien sind dort aufgeführt. Nach der Grobeinordnung gemäß § 14b Ziff. 3 (Objektliste) ist eine Prüfung der einzelnen Bewertungskriterien des § 14a im Hinblick auf ihren durchschnittlichen

Charakter vorzunehmen. Weichen einzelne Bewertungskriterien ab, indem sie unter- oder überdurchschnittlich sind, ist in das Bewertungspunktesystem des § 14a Abs. 2 und 3 einzutreten.

10 Wenn § 25 Abs. 2 die Vereinbarung eines Zuschlags vor allem in Abhängigkeit vom **Schwierigkeitsgrad der Leistungen** vorsieht, ist nur scheinbar mit dem Begriff des „Schwierigkeitsgrads" ein neues Bewertungskriterium in § 25 eingeführt. In Wirklichkeit handelt es sich um den Schwierigkeitsgrad der Planungsanforderungen, wie bereits in §§ 11, 13 und 14a in Teil II aufgeführt und bewertet. Allerdings führt § 25 Abs. 2 nur ein Bewertungskriterium an, nämlich den „durchschnittlichen Schwierigkeitsgrad" der Leistungen. Da die Leistungen jedoch von den Planungsanforderungen unmittelbar abhängen, kann es sich nur um den durchschnittlichen Bereich der Planungsanforderungen in der Honorarzone III (§ 14 Abs. 1 Z. 3) handeln. Liegt die Honorarzone also im durchschnittlichen Schwierigkeitsgradsbereich, so müssen die Planungsanforderungen oder der Schwierigkeitsgrad der Leistungen in Honorarzone I und II unterhalb dem Durchschnittlichen und für die Honorarzone IV und V oberhalb des Durchschnittlichen liegen.

11 Bei der Honorarermittlung bei Leistungen des raumbildenden Ausbaus, bei dem dem Innenarchitekten keine Grundleistungen für die Gebäude nach § 15 übertragen werden, ist also wie folgt vorzugehen: Zunächst sind die anrechenbaren Kosten zu ermitteln, wobei vorhandene Bausubstanz, die technisch oder gestalterisch mitverarbeitet wird, angemessen zu berücksichtigen ist (§ 10, 3a; vgl. § 10 Rdn. 89 ff.). Der Innenarchitekt wird immer wieder mit unveränderbaren vorhandenen Bauteilen und Einrichtungsgegenständen konfrontiert (z. B. Stützen und Wandteile, Einbauten, Installationen). Sie müssen in die Planung integriert werden. Des weiteren ist § 10 Abs. 4 in der neuen Fassung zu berücksichtigen. Danach sind bei den anrechenbaren Kosten dann, wenn für die in § 10 Abs. 4 genannten Kostengruppen von Sonderfachleuten oder Spezialfirmen Teilleistungen aus dem Planungs- oder Überwachungsbereich erbracht werden, die Kosten für diese Gewerke nur im Rahmen des § 10 Abs. 4 anrechenbar. Sodann ist die Honorarzone nach der gleichen Systematik wie bei §§ 11, 12 zu ermitteln. Findet sich das betreffende Objekt nicht in der Objektliste des § 14b, oder sind Bewertungsmerkmale aus mehreren Honorarzonen anwendbar und bestehen deswegen Zweifel, so ist das Punktbewertungssystem des § 14a anzuwenden.

12 Die Bewertungsmerkmale für den raumbildenden Ausbau umfassen folgende Planungsanforderungen:

Anzahl der Funktionsbereiche

Während die in § 11 als Bewertungsmerkmal aufgeführte Anzahl der Funktionsbereiche sich auf die Funktionsbereiche des gesamten Gebäudes beziehen und in diesem Sinne auch für den raumbildenden Ausbau gelten, können die Bewertungsmerkmale im Einzelfall auch nur für einzelne Räume oder Raumgruppen im raumbildenden Ausbau gelten. Maßgebend ist die Wertigkeit von Raum in bezug auf Nutzung, Größe und Zahl und ihre funktionalen Beziehungen untereinander. Als Beispiel mag dienen, daß ein Innenarchitekt den Auftrag erhält, in einem bestehenden Gebäude einen Versammlungsraum mit zugeordneten Nebenräumen zu planen. Der Versammlungsraum soll durch bewegliche Wände für verschiedene Zwecke nutzbar und die Nebenräume für Bewirtschaftung, Garderoben, Medieneinsatz brauchbar sein. Hierbei können sich mehrere Funktionsbereiche mit vielfältigen Beziehungen ergeben, die eine Einordnung in die Honorarzone IV für den raumbildenden Ausbau ergeben, während diese bei den Bewertungsmerkmalen für das Gebäude nur zu einer Einordnung in die Honorarzone III führen würden.

Lichtgestaltung

Hierunter ist Lichtplanung und Lichtführung sowohl für Tages- als auch für Kunstlicht zu verstehen. Es gehören dazu Überlegungen über Lichteinfall, Lichtstreuung, Beleuchtungen und Lichteffekte. Die Lichtführung in einem Gebäude oder in einer Raumgruppe wird als Lichtsystem eine dem speziellen Zweck der Räume dienende wichtige Planungsaufgabe sein. Hierzu gehört auch die Abstimmung zwischen Tages- und Kunstlicht, entsprechend der vorgesehenen Nutzung, etwa in Ausstellungsräumen, Museen, Verkaufsräumen, Kaufhäusern, Restaurants. Bei der Lichtgestaltung kann die Mitwirkung eines Sonderfachmanns für Elektrotechnik erforderlich werden, sofern es sich um Kunstlicht handelt. Zur Lichtgestaltung gehören auch Vorschläge und die Auswahl von Beleuchtungskörpern.

Raumzuordnung und Raumproportionen

Die Raumzuordnung wird beeinflußt von der Zahl der Funktionsbereiche und ihren Beziehungen untereinander sowie von Art und Umfang der Nutzung. Wirtschaftliche und bauphysikalische Zusammenhänge können dabei von Bedeutung werden. Raumproportionen berühren in der Regel gestalterische Fragen, wie nach dem Nutzungszweck der Räume werfen aber auch raumakustische Fragen und Fragen der Lichtgestaltung auf.

Technische Ausrüstung

Diese kann beim raumbildenden Ausbau eine wesentliche Rolle spielen, insbesondere bei bestehenden Gebäuden, bei denen Anlagen der Raumlufttechnik berücksichtigt werden müssen. Aber auch andere Anlagen der Anlagengruppen nach § 68 können die Planungsanforderungen in bauphysikalischer, wirtschaftlicher und energiewirtschaftlicher Hinsicht beeinflussen. Während bei Neubauten die Planungsleistungen für Gebäudeplanung und Technische Ausrüstung meist synchron verlaufen, ist dies beim raumbildenden Ausbau in bestehenden Gebäuden nicht die Regel, es sei denn, der Architekt für raumbildenden Ausbau würde frühzeitig zur Mitwirkung eingeschaltet.

Farb- und Materialgestaltung

Zu den Leistungen des raumbildenden Ausbaus gehört auch die Aufstellung eines umfassenden und durchgehenden Farb- und Materialkonzepts. Hierunter fallen alle Materialzusammenstellungen für die Gestaltung von Wänden, Böden und Decken, Textilien, Anlagen und Einrichtungen, Einrichtungsgegenstände und Möblierungen. Die hohe Punktbewertung unterstreicht die Bedeutung dieser Planungsanforderungen für die Durchsetzung der Entwurfsideen.

Konstruktive Detailgestaltung

Während beim Gebäude die konstruktiven Planungsanforderungen im Gesamten Bewertungsmerkmal sind, tritt beim raumbildenden Ausbau die konstruktive Detailgestaltung in den Vordergrund. Im Zusammenhang mit dem Leistungsbild des § 15 handelt es sich hier um Detailausbildung für die in der Regel handwerklich ausgeführten Konstruktionen bis in alle Einzelheiten, ggf. im Maßstab 1:1. Die konstruktive Detailgestaltung setzt Kenntnisse von handwerklichen und industriellen Fertigungsmethoden voraus sowie umfassende Materialkenntnisse. Beim Bauen im Bestand, besonders bei denkmalgeschützten Objekten, können Kenntnisse historischer Gestaltungs-, Material- und Herstellungsfragen von besonderer Bedeutung sein.

13   Die Bewertung nach Planungsanforderungen der einzelnen Bewertungsmerkmale erfolgt für den raumbildenden Ausbau unabhängig von der Bewertung für das Gebäude. Sie muß die spezifischen Umstände, Schwierigkeiten und Nutzungsmöglichkeiten berücksichtigen.

Beispiele:

1. Ein bestehendes Fabrikgebäude soll umgenutzt werden. Das Gebäude fällt in die Honorarzone III. Durch Umnutzung in ein Altenwohnheim werden die Planungsanforderungen insgesamt überdurchschnittlich, so daß für den raumbildenden Ausbau die Honorarzone IV anzusetzen ist.

2. Ein unter Denkmalschutz stehendes Gebäude soll saniert werden. Das nur noch aus dem Traggerüst bestehende Gebäude soll für Repräsentationszwecke um- und ausgebaut werden. Während sich für das Gebäude eine Zuordnung in die Honorarzone III ergibt, kann für den raumbildenden Ausbau die Honorarzone V angemessen sein. Insbesondere die Schwierigkeiten und Planungsanforderungen, die sich aus den denkmalpflegerischen Belangen ergeben, gebieten eine Erhöhung des Honorars gemäß § 25 Abs. 2 um den Höchstsatz von 50 v. H.

14   Für die Praxis dürfte sich sich folgender Punkteschlüssel empfehlen.

Planungsanforderungen	Sehr gering	Gering	Durch-schnittlich	Über-durch-schnittlich	Sehr hoch
Honorarzone	I	II	III	IV	V
Bewertungsmerkmale		Punktbewertung			
1 Anzahl der Funk-tionsbereiche	1	2–3	4	5	6
2 Lichtgestaltung	1–2	3	4	5	6
3 Raumzuordnung u. Raumproportionen	1–2	3	4	5	6
4 Technische Ausrüstung	1	2–3	4	5	6
5 Farb- und Material-gestaltung	1–2	3	4–5	6–7	8–9
6 Konstruktive Detailgestaltung	1–2	3	4–5	6–7	8–9
zulässige Punktzahl	bis 10	11–18	19–26	27–34	35–42

Leistungsbild bei raumbildendem Ausbau   15

Schließlich ist nach dem Leistungsbild für raumbildende Ausbauten in § 15 die jeweils „zulässige" Punktzahl zu ermitteln und der Abrechnung zugrunde zu legen.

Die 3. Änderungsnovelle hat die verschiedene Proportionierung für die Grundleistungen des raumbildenden Ausbaus gegenüber denen für Gebäude und Freianlagen beibehalten.

Nr.	Leistungsphasen	Raumbildender Ausbau	Gebäude
1	Grundlagenermittlung	3	3
2	Vorplanung	7	7
3	Entwurfsplanung	14	11
4	Genehmigungsplanung	2	6
5	Ausführungsplanung	30	25
6	Vorbereitung der Vergabe	7	10
7	Mitwirkung bei der Vergabe	3	4
8	Objektüberwachung	31	31
9	Objektbetreuung	3	3

Die Leistungsphasen 1 und 2 sind bei Objektplanung Gebäude und raumbildendem Ausbau identisch. In der Leistungsphase 1 spielt die Bestandsaufnahme als Besondere Leistung eine wichtige Rolle im Hinblick auf § 25 Abs. 2 bei raumbildendem Ausbau in bestehenden Gebäuden. Unterschiedlich sind die Leistungsanforderungen bei der Leistungsphase 3 Entwurfsplanung aufgrund der vermehrten zeichnerischen Darstellung in größerem Maßstab 1:50 – 1:20 und der besonderen Heraushebung von Farb-Licht- und Materialgestaltung. Es hängt vom Einzelfall ab, ob und in welchem Umfang eine Genehmigungsplanung in Leistungsphase 4 baurechtlich erforderlich ist. Dies hat der Auftragnehmer zu prüfen und erforderliche Zustimmungen und Genehmigungen einzuholen. Beispiele für Prüfungspflichten können sein: gewerbeaufsichtsamtliche Genehmigungen, Einhalten der Arbeitsstättenrichtlinien im Zusammenhang mit den jeweiligen Landesbauordnungen, Brandschutzmaßnahmen, Maßnahmen der Verkehrssicherheit, Immissions- und Emissionsschutzmaßnahmen, Denkmalschutz. Die Erstellung von Unterlagen für besondere Prüfverfahren fallen unter Besondere Leistungen, das Erarbeiten und Beschaffen solcher Unterlagen ist gem. § 5 Abs. 4 zu honorieren. Deutlich wird der unterschiedliche Leistungsanteil bei der Leistungsphase 5 Ausführungsplanung, da diese eine umfangreiche Detailplanung in größeren Maßstäben mit Materialbestimmung und textlichen Ausführungen voraussetzt. Die Darstellung der Räume umfaßt in der Regel neben den Grundrissen und -schnitten Wandabwicklungen und Deckengestaltungspläne. Bei der Vorbereitung der Vergabe (Leistungsphase 6) und Mitwirkung bei der Vergabe (Leistungsphase 7) handelt es sich i. d. R. neben der Gebäudeplanung um Einzelgewerke, deren Mengen zu ermitteln und deren Leistungen zu beschreiben sind. Auch dürfte der Anteil der Koordinierungsleistung geringer sein. Bei den Objektüberwachungsleistungen für den raumbildenden Ausbau ist im Hinblick auf die detailbeschwerte Ausführung der Bauleistungen und die damit verbundene vermehrte Überwachungstätigkeit keine Entlastung gegenüber der Gebäudeplanung festzustellen.

16 Beispiel für die Berechnung des Honorars bei raumbildendem Ausbau in Gebäuden, wobei dem Innenarchitekten keine Grundleistungen für diese Gebäude nach § 15 übertragen werden:

Grobbewertung

Bewertungsmerkmale	Honorarzonen				
	I	II	III	IV	V
	Punktbewertung				
	≤ 10	11-18	19-26	27-34	35-42
Planungsanforderungen →	sehr geringe	geringe	durchschnittliche	überdurchschnittliche	sehr hohe
≤ Anzahl der Funktionsbereiche				●	
≤ Lichtgestaltung					●
≤ Raum-Zuordnung und Raumproportionen			●		
≤ Technische Ausrüstung				●	
≤ Farb- und Materialgestaltung					●
≤ Konstruktive Detailgestaltung				●	

Der Auftrag für den AN des raumbildenden Ausbaus umfaßt die Neugestaltung eines unter **Denkmalschutz stehenden Konzertsaales für kulturelle und gesellschaftliche Zwecke.** Die Leistungen für den Um- und Erweiterungsbau des Gebäudes sind einem anderen AN übertragen. Für den AN des raumbildenden Ausbaus liegt kein wesentlicher Eingriff in Konstruktion oder Bestand vor, d. h., es sind die Bestimmungen des § 25 (2) anzuwenden.

Da nach einer Grobbewertung (siehe Bild) Bewertungsmerkmale für mehrere Honorarzonen anwendbar sind, ist die Anzahl der Bewertungspunkte gemäß § 14a zu ermitteln.

Feinbewertung

Bewertungsmerkmale	Honorarzonen / Planungsanforderungen				
	I ≤ 10 sehr geringe	II 11-18 geringe	III 19-26 durchschnittliche	IV 27-34 überdurchschnittliche	V 35-42 sehr hohe
≦ Anzahl der Funktionsbereiche				5	
≦ Lichtgestaltung					6
≦ Raum-Zuordnung und Raumproportionen			4		
≦ Technische Ausrüstung				5	
≦ Farb- und Materialgestaltung					9
≦ Konstruktive Detailgestaltung				7	
					36

Feinbewertung

1. Die **Funktionsbereiche** müssen entsprechend dem Verwendungszweck neben kulturellen auch für gesellschaftliche Veranstaltungen z. T. neu geordnet werden, das gilt vor allem für den gastronomischen Teil.
   Bewertung überdurchschnittlich   5 Punkte

2. Die **Lichtgestaltung** erfordert im Hinblick auf den denkmalgeschützten Bestand und die verschiedenen Verwendungszwecke sehr hohe Planungs-anforderungen.
   Bewertung   6 Punkte

3. **Raumzuordnung** und **Raumproportionen** sind z. T. vorgegeben, müssen aber im gastronomischen Teil im Hinblick auf die Funktionen neu gestaltet werden. Die Planungsanforderungen sind als durchschnittlich einzustufen.
                                                                     4 Punkte

4. Die **Technische Ausrüstung** erfordert überdurchschnittliche Planungsanforderungen, da die Unterbringung der gesamten Installation und Anlagen mit großen Schwierigkeiten verbunden ist.
   Bewertung   5 Punkte

5. Die **Material- und Farbgestaltung** erfordert allein im Hinblick auf die Anforderungen der Denkmalpflege ein äußerst differenziertes Einfühlungsvermögen, das sehr hohe Planungsanforderungen auslöst.
Bewertung   9 Punkte

6. Die **konstruktive Detailgestaltung** für das Behandeln und Nachvollziehen vorhandener Konstruktion und Ausführungstechniken, die konstruktive Bewältigung der Technischen Ausrüstung und die erforderliche Detailplanung bis in die letzten Einzelteile im M. 1:1 erfordert überdurchschnittlich Planungsanforderungen im oberen Bereich mit   7 Punkten
Gesamtpunktzahl   36 Punkte

Das Objekt ist der Honorarzone V mit 35–42 Punkten zuzuordnen. Es werden Viertelsätze ohne Leistungsphase 4 vereinbart. Da es sich um ein bestehendes Gebäude handelt, wird gemäß § 25 (2) eine Erhöhung des Honorars nach § 16 um 40 vom Hundert vereinbart. Als angemessene Berücksichtigung der vorhandenen Bausubstanz, die technisch oder gestalterisch mitverarbeitet wird, wie z. B. Treppen, Galerien mit Balustraden, Stuckornamente, Türen und Türeinfassungen, wird gemäß detaillierter Aufstellung die Anrechnung von 300 000 DM gemäß § 10 (3a) HOAI vereinbart.

Berechnungsbeispiel für die Honorarermittlung gem. § 10 (2) HOAI in 3 Phasen § 25 HOAI

1. Anrechenbare Kosten nach der Kostenberechnung unter Beachtung der Bestimmungen von § 10 (4) und (5)

	1 800 000 DM
Anrechnung der vorhandenen Bausubstanz	300 000 DM
Gesamte anrechenbare Kosten	2 100 000 DM

Honorar HZ V ¼ Satz		
gem. § 16 HOAI	= 241 348,— DM	
Erhöhung gemäß § 25 (2) 40 %	96 539,20 DM	
Gesamthonorar	337 887,20 DM	
Erfüllt Leistungsphase	1 = 3 %	
Erfüllt Leistungsphase	2 = 7 %	
Erfüllt Leistungsphase	3 = 14 %	
	= 24 %	= 81 092,93 DM

2. Anrechenbare Kosten nach Kostenanschlag unter Beachtung der Bestimmungen von § 10 (4) und (5)

	2 000 000 DM
Anrechnung der vorhandenen Bausubstanz	300 000 DM
Gesamte anrechenbare Kosten	2 300 000 DM

Honorar HZ V ¼ Satz	261 693,— DM
Erhöhung gemäß § 25 (2) 40 %	104 677,20 DM
Gesamthonorar	366 370,20 DM

Erfüllt Leistungsphase 5 = 30 %
Erfüllt Leistungsphase 6 = 7 %
Erfüllt Leistungsphase 7 = 3 %

= 40 % = 146 548,08 DM

3. Anrechenbare Kosten nach Kostenfeststellung unter Beachtung der Bestimmungen von § 10 (4) und (5)

	1 900 000 DM
Anrechnung der vorhandenen Bausubstanz	300 000 DM
Gesamte anrechenbare Kosten	2 200 000 DM

Honorar HZ V ¼ Satz = 251 521,— DM
Erhöhung gemäß § 25 (2) 40 % = 100 608,40 DM
Gesamthonorar 352 129,40 DM

Erfüllt Leistungsphase 8 = 31 % = 109 160,10 DM

Zusammenstellung
Honorar für Leistungsphase 1–3 81 092,93 DM
Honorar für Leistungsphase 5–7 146 548,08 DM
Honorar für Leistungsphase 8 109 160,10 DM

336 801,11 DM

Zuzüglich Nebenkosten und Mehrwertsteuer gemäß §§ 7 und 9.

§ 26

Einrichtungsgegenstände und integrierte Werbeanlagen

Honorare für Leistungen bei Einrichtungsgegenständen und integrierten Werbeanlagen können als Pauschalhonorar frei vereinbart werden. Wird ein Pauschalhonorar nicht bei Auftragserteilung schriftlich vereinbart, so ist das Honorar als Zeithonorar nach § 6 zu berechnen.

1 Zur Begriffsbestimmung vgl. die Kommentierung zu § 3 Rdn. 3 und 4. Die Honorierung für serienmäßig bezogene Gegenstände, die der Innenarchitekt etwa für die Bestuhlung eines Konzertsaals vorschlägt und die nicht seiner Planung unterliegen, erfolgt außerhalb der VO (so auch Hesse/Korbion/Mantscheff/Vygen § 26). Das gleiche gilt für vom Innenarchitekten oder mit dessen Mithilfe vom Auftraggeber ausgesuchte Möbel, Beleuchtungskörper, Vorhänge, Teppiche, Gardinen. Fehlt in diesen Fällen eine Honorarvereinbarung – die im übrigen keiner Beschränkung unterliegen würde –, so kann bei Ermittlung der üblichen Vergütung über eine entsprechende Anwendung des § 5 Abs. 4 (mit Grundleistungen vergleichbare Besondere Leistungen), § 25 Abs. 3 und damit das Leistungsbild des § 15 (passend sind die Leistungsphasen 1–3 bei Anfertigung von Möblierungsplänen und 6–8) vereinbart werden. § 26 ist nur dann anwendbar, wenn Planungsleistungen für diese Einrichtungsgegenstände erbracht werden. Während die GOA zur Abgrenzung auf die feste Verbindung mit dem Bauwerk abstellte, kommt es nunmehr hierauf nicht mehr an. Einrich-

tungsgegenstände sind nach § 3 Ziff. 8 solche, die nicht wesentliche Bestandteile des Gebäudes werden. Es handelt sich demnach um solche Gegenstände, die nicht mit dem Grund und Boden fest verbunden sind. Treffen Leistungen nach § 26 mit solchen der Objektplanung zusammen, scheidet eine gesonderte Honorierung aus, wenn es sich um Einrichtungen nach § 10 Abs. 5 Nr. 6 handelt; ein gesondertes Honorar kann jedoch dann berechnet werden, wenn Einrichtungsgegenstände nach § 3 Nr. 8 vorliegen (Hartmann § 6 Rdn. 2; Beigel DAB 1980, 721).

Liegen Einrichtungsgegenstände oder integrierte Werbeanlagen vor, so erfolgt die Honorierung durch ein Pauschalhonorar, sofern dies bei Auftragserteilung **schriftlich** vereinbart ist, ansonsten als Zeithonorar nach § 6. Ein Pauschalhonorar liegt vor, wenn das Honorar unabhängig vom Umfang der Einzelleistungen, also des Zeitaufwands, der Schwierigkeit und Intensität der Leistungsanforderung berechnet wird. Nicht erforderlich ist, daß ein fester Betrag ausgeworfen wird. Das Pauschalhonorar kann sich auch aus anderen, von der Leistungsanforderung unabhängigen Faktoren ergeben (etwa Teil der Bausumme). Angesichts des klaren Wortlauts des § 26 muß aber das Honorar als Zeithonorar nach § 6 berechnet werden, wenn eine andere Vereinbarung als eine Pauschalvereinbarung getroffen wird. Anderenfalls kann eine Verletzung des Höchstpreischarakters der VO vorliegen (a. A. Jochem § 26 Bem. 2; Hesse/Korbion/Mantscheff/Vygen § 26). Die Formulierung „können" bedeutet nicht eine beispielhafte Aufzählung von Möglichkeiten. Sonst wäre der Bezug auf ein Pauschalhonorar in Satz 2 nicht verständlich (wie hier Hartmann § 26 Rdn. 3).

Werden Einrichtungsgegenstände vom Auftragnehmer mit Einverständnis des Auftraggebers nur beschafft, also nicht im einzelnen geplant, so erfolgt die Honorierung außerhalb des § 26. Da § 26 keinen Grundleistungskatalog enthält und auch keinem Grundleistungskatalog zugeordnet ist, handelt es sich dabei nicht um eine Besondere Leistung (so Jochem § 26 Bem. 3). Der Innenarchitekt kann also in einem solchen Fall auch ein Honorar verlangen, ohne daß dies gemäß § 5 Abs. 4 HOAI zuvor schriftlich vereinbart wurde. Soweit keine Planungsleistungen bei Einrichtungsgegenständen erbracht werden, sind ihre Kosten auch nicht den anrechenbaren Kosten zuzurechnen. Nach § 10 Abs. 5 Ziff. 6 sind Anlagen und Einrichtungen nach Kostengruppen 4.0.0.0 oder 5.4.0.0 der DIN 276 nicht anrechenbar, soweit der Auftragnehmer sie weder plant noch ihre Ausführung oder ihren Einbau überwacht. Dabei ist darauf hinzuweisen, daß der Begriff der Einrichtungen, in DIN 276 (etwa 4.2 ff.), nicht identisch ist mit dem Begriff der Einrichtungsgegenstände in §§ 3 Ziff. 8 und 26. Einrichtungsgegenstände müssen nach DIN 276 nicht nach Einzelplanung angefertigt sein.

Soweit irgendeine Planungs- und Überwachungsleistung beim Einbau durch den Auftragnehmer erbracht wird, sind die in den Kostengruppen der DIN 276 aufgeführten Einrichtungsgegenstände voll zu den anrechenbaren Kosten zu zählen. Dabei darf der Begriff Planung und Überwachung nicht zu eng in dem

Sinne ausgelegt werden, daß sämtliche Planungs- oder Überwachungsleistungen erbracht sein müssen. Es genügt, wenn die Einbindung in die Umgebung oder in den Raum geplant wird.

5 Plant der Innenarchitekt die Einrichtungsgegenstände im einzelnen und treffen die Parteien keine Vereinbarung über ein Pauschalhonorar, so ist das Honorar als Zeithonorar nach § 6 HOAI zu berechnen, wobei grundsätzlich der vermutliche Zeitbedarf vorausgeschätzt werden muß (vgl. die Kommentierung zu § 6). Nur dann darf nach nachgewiesenem Zeitaufwand abgerechnet werden, wenn eine Vorausschätzung nicht möglich ist. Jochem (§ 26 Bem. 3) und Hesse/Korbion/Mantscheff/Vygen (§ 26 Rdn. 3) schließen aus dem „Sinn der Regelung", daß die Honorierung von einer Vorausschätzung des Zeitbedarfs nicht abhängig gemacht werden könne, weil dies entsprechende Vertragsgespräche voraussetze. Dieser Ansicht ist nicht zu folgen. § 26 verweist vollinhaltlich auf § 6, also auch auf die Notwendigkeit der Vorausschätzung des Zeitbedarfs, soweit dies möglich ist. Die Voraussetzungen des § 26 Satz 2 sind auch dann gegeben, wenn Vertragsgespräche zwar geführt werden, aber ein Pauschalhonorar nicht wirksam vereinbart wird (vgl. hierzu § 16 Rdn. 8).

6 Der Architekt ist für den Zeitaufwand darlegungs- und beweispflichtig, wenn er nach Zeithonorar abrechnet. Es kann für ihn ratsam sein, Stundenlohnnachweise unterzeichnen zu lassen.

§ 27
Instandhaltungen und Instandsetzungen

Honorare für Leistungen bei Instandhaltungen und Instandsetzungen sind nach den anrechenbaren Kosten nach § 10, der Honorarzone, der das Gebäude nach den §§ 11 und 12 zuzuordnen ist, den Leistungsphasen des § 15 und der Honorartafel des § 16 mit der Maßgabe zu ermitteln, daß eine Erhöhung des Vomhundertsatzes für die Bauüberwachung (Leistungsphase 8 des § 15) um bis zu 50 vom Hundert vereinbart werden kann.

1 Die Begriffe Instandhaltungen und Instandsetzungen sind in § 3 Ziff. 10 bzw. Ziff. 11 definiert (vgl. die Kommentierung § 3 Rdn. 15 und 16). Die Vorschrift ermöglicht die Vereinbarung eines erhöhten Vomhundertsatzes für die Objektüberwachung (Leistungsphase 8 des § 15) um bis zu 50 vom Hundert. § 27 gilt nur für Gebäude, nicht für Freianlagen (Hesse/Korbion/Mantscheff/Vygen § 27 Rdn. 2). Eine entsprechende Honorarvereinbarung muß nach § 4 Abs. 1 und 4 bereits „bei Auftragserteilung" „schriftlich" getroffen werden (so auch Hesse/Korbion/Mantscheff/Vygen § 27 Rdn. 2; Neuenfeld/Baden/Dohna/Groscurth/Schmitz § 27 Rdn. 3; Pott/Dahlhoff § 27; a. A. Hartmann § 27 Rdn. 2). Dies deshalb, weil auch § 27 eine Abweichung von den Mindestsätzen darstellt und jede rechtswirksame Abweichung von den Mindestsätzen den Voraussetzungen des § 4 Abs. 1 und 4 entsprechen muß. Zum Schriftformerfordernis vgl. § 4 Rdn. 26 ff. Zu dem Begriff „Auftragserteilung" vgl. § 4

Rdn. 34 ff. Nach Auftragserteilung ist auch eine schriftliche Erhöhung des Honorars unwirksam, selbst wenn sie sich im Rahmen des § 27 hält.

In § 15 Abs. 1 ist die Objektüberwachung mit einem Satz von 31 vom Hundert bewertet. Nach § 27 ist eine Erhöhung bis zu 46,5 vom Hundert möglich. Eine Begründung für die Erhöhung des Honorars muß nicht gegeben werden, ebensowenig müssen zusätzliche Voraussetzungen für die Vereinbarung eines erhöhten Honorars vorliegen (vgl. zum ganzen auch: Schlömilch DAB 1979, 154 [2]). Die Honorarerhöhung nach § 27 ist nicht vom vereinbarten Honorarsatz im Rahmen der Mindest- und Höchstsätze abhängig. Es ist zulässig, die nach § 27 mögliche Erhöhung auf die Höchstsätze zu vereinbaren.

2

Teil III
Zusätzliche Leistungen

Vorbemerkung:

Die Vorschriften der §§ 28 bis 32 gelten für alle Auftragnehmer, also für Architekten und Ingenieure. Der Oberbegriff „Zusätzliche Leistungen" ist in der HOAI nicht definiert. Es handelt sich um Leistungen, die nicht in den Leistungsbildern der §§ 15, 37, 40, 45, 47 und 54 enthalten sind, also eine zufällige Sammlung übriggebliebener Leistungen (Hartmann § 28 Rdn. 1). Die zusätzlichen Leistungen im Sinne der §§ 28 bis 32 sind auch nicht Besondere Leistungen, so daß die Voraussetzungen der §§ 2 Abs. 3; 5 Abs. 4, Abs. 5 nicht vorliegen müssen (ebenso Neuenfeld/Baden/Dohna/Groscurth/Schmitz, Vorbem. vor § 28). Zusätzliche Leistungen sind auch keine Grundleistungen. Sie müssen auch keineswegs mit irgendwelchen Grundleistungen aus den Leistungsbildern der HOAI zusammentreffen. Vielmehr können Zusätzliche Leistungen isoliert in Auftrag gegeben werden (so mit Recht Neuenfeld/Baden/Dohna/Groscurth/Schmitz Vorbem. vor § 28). Der Verordnungsgeber hätte deshalb besser den Begriff „sonstige Leistungen" und nicht den Begriff „Zusätzliche Leistungen" verwenden sollen.

§ 28
Entwicklung und Herstellung von Fertigteilen

(1) Fertigteile sind industriell in Serienfertigung hergestellte Konstruktionen oder Gegenstände im Bauwesen.

(2) Zu den Fertigteilen gehören insbesondere:

1. tragende Konstruktionen, wie Stützen, Unterzüge, Binder, Rahmenriegel,

2. Decken- und Dachkonstruktionen sowie Fassadenelemente,

3. Ausbaufertigteile, wie nichttragende Trennwände, Naßzellen und abgehängte Decken,

4. Einrichtungsfertigteile, wie Wandvertäfelungen, Möbel, Beleuchtungskörper.

(3) Das Honorar für Planungs- und Überwachungsleistungen bei der Entwicklung und Herstellung von Fertigteilen kann als Pauschalhonorar frei vereinbart werden. Wird ein Pauschalhonorar nicht bei Auftragserteilung schriftlich vereinbart, so ist das Honorar als Zeithonorar nach § 6 zu berechnen. Die Berechnung eines Honorars nach Satz 1 oder 2 ist ausgeschlossen, wenn die Leistungen im Rahmen der Objektplanung (§ 15) erbracht werden.

Die Vorschrift regelt das Honorar für Planungs- und Überwachungsleistungen bei der Entwicklung und Herstellung von Fertigteilen. **Absatz 1** definiert den Begriff „Fertigteile". Entscheidendes Merkmal ist die industrielle Serienfertigung. Charakteristisch für eine Serie ist, daß eine vielfach wiederholte Ver-

1

wendung der Bauteile geplant ist. Ohne Bedeutung für den Begriff des Fertigteils ist, ob dann die betreffenden Bauteile auch tatsächlich verwendet werden
oder bei mehreren Objekten Verwendung finden. Daß es auf die tatsächliche
Verwendung nicht ankommen kann, ergibt sich aus Absatz 3, der für Planungsleistungen ein Honorar vorsieht. Dieses Honorar kann nicht davon abhängen,
ob das geplante Fertigteil überhaupt angefertigt oder verwendet wird (so
zutreffend Neuenfeld/Baden/Dohna/Groscurth/Schmitz § 28 Bem. 1; Hartmann § 28 Rdn. 2). Nicht entscheidend für den Begriff des Fertigteils ist, ob
eine weitere Bearbeitung oder Behandlung stattfindet. Neben den Fertigteilen,
die ohne weitere Bearbeitung oder Behandlung Verwendung finden können,
wie z. B. Konstruktionsteile, Fensterelemente und Fassadenteile, gibt es auch
Fertigteile, die am Bau noch weiterer Bearbeitung bedürfen, wie z. B. Decken-
platten, die zwar keine Schalung mehr benötigen, bei denen jedoch noch eine
Betondruckschicht aufgebracht werden muß, oder vorgefertigte Mauerteil-
stücke, die erst in der Zusammensetzung eine Mauer ergeben, oder vorgefertigte Installationsstränge oder -teile, die an der Baustelle zusammengesetzt, eingebaut und angeschlossen werden müssen.

2   Serienanfertigung kann auch dann vorliegen, wenn die Bauteile für ein und
dasselbe Objekt verwendet werden sollen. Es gibt Fertigteile, die speziell für
ein bestimmtes Objekt entworfen und hergestellt werden, z. B. Konstruktionsteile nach Abs. 2 Nr. 1, und auch Fertigteile, die generell für bestimmte Objekte
verwendbar sind, wie Fenster-, Decken- und Fassadenelemente (ebenso Höbel,
S. 50). Deshalb können vorgehängte Fassadenelemente unter § 28 fallen. Der
Begriff „industriell" ist weit auszulegen. Ein Fertigteil kann durchaus auch im
eher handwerklich organisierten Betrieb hergestellt werden. Es kommt lediglich auf die Art und Weise der Fertigung an, nicht auf die Art und Weise des
Betriebes selbst (Hartmann § 28 Rdn. 2). Ähnlich wie hier: Hesse/Korbion/
Mantscheff/Vygen § 28 Rdn. 2. Fertigteile müssen nicht in besonderen Fabri-
kationsstätten hergestellt werden (Hesse/Korbion/Mantscheff/Vygen § 28
Rdn. 2).

3   **Absatz 2** zählt wichtige Beispiele von Fertigteilen auf. Es handelt sich jedoch
um keinen abschließenden Katalog. **Tragende Konstruktionsteile** werden im
allgemeinen in Stahlbeton ausgeführt, können aber auch aus Stahl oder Holz
bestehen. **Decken- und Dachkonstruktionen** bestehen aus den gleichen Werkstoffen. **Fassadenelemente** können aus einem oder mehreren Werkstoffen hergestellt werden. Für Fassadenteile ist charakteristisch, daß sie ohne weitere
Bearbeitung durch einfache Halterungen zu einer Fassade zusammengefügt
oder montiert werden können. **Ausbaufertigteile** sind nichttragende Wand-,
Decken- und Bodensysteme, vorgefertigte Installationszellen und fertige Instal-
lationsbauteile, Fensterelemente u. ä. Entscheidendes Merkmal für diese Fertigteile ist, daß sie im Rohbau ohne weitere Bearbeitung eingebaut oder montiert
werden können. Zu den **Einrichtungsfertigteilen** gehören Schranksysteme, Ein-
bauküchen und sonstige Einbausysteme, auch Beleuchtungskörper, Wandvertäfelungen und Möbel.

Nach **Absatz** 3 kann das Honorar für die Planung oder Überwachung bei 4
Fertigteilen frei vereinbart werden. Darüber hinaus können nach § 7 Nebenkosten berechnet werden, sofern ihre Erstattung nicht vertraglich ausgeschlossen
wird. Bei der Bemessung des Honorars wird die Bedeutung des Fertigteils in
technischer, wirtschaftlicher und gestalterischer Hinsicht eine Rolle spielen.
Ein bestimmtes Verhältnis zur Bedeutung oder zum Wert des Fertigteils
schreibt Absatz 3 jedoch nicht vor. Die Vereinbarung eines Pauschalhonorars
ist jedoch nur dann wirksam, wenn sie bei Auftragserteilung und in schriftlicher Form getroffen wird (vgl. zu diesen Begriffen § 4 Rdn. 26 und 34) – so
auch Hesse/Korbion/Mantscheff/Vygen § 28 Rdn. 6; Jochem § 28 Rdn. 3;
Neuenfeld/Baden/Dohna/Groscurth/Schmitz § 28 Rdn. 4; Hartmann § 28
Rdn. 6). Dies ergibt sich aus Abs. 3 Satz 2 (Umkehrschluß). Unwirksam ist eine
Vereinbarung auch dann, wenn sie zwar in schriftlicher Form, jedoch **nach** Auftragserteilung getroffen wird. Treffen die Parteien keine Pauschalhonorarvereinbarung oder ist die Vereinbarung unwirksam, so schreibt Abs. 3 Satz 2 vor,
daß das Honorar als Zeithonorar nach § 6 zu berechnen ist. Voraussetzung für
die Berechnung eines Zeithonorars ist, daß der Auftragnehmer eine Vorausschätzung des Zeitbedarfs vornimmt. Unterbleibt die Vorausschätzung oder ist
sie unmöglich, so kann dennoch ein Zeithonorar nach dem nachgewiesenen
Zeitbedarf in Betracht kommen (vgl. im einzelnen § 6 Rdn. 3 ff.).

Die gesonderte Berechnung eines Honorars ist *ausgeschlossen,* wenn die Leistun- 5
gen nach § 28 im *Rahmen der Objektplanung erbracht werden.* Betrachtet man den
u. U. sehr wesentlichen Mehraufwand für Entwurf und Entwicklung von Fertig-
len, so ist diese Einschränkung des Verordnungsgebers zunächst unverständlich.
Jedoch hat der Auftragnehmer die Möglichkeit, den Mehraufwand durch den
Schwierigkeitsgrad der Planungsanforderungen oder als aufwandsbezogene Einflußgröße „Vorfertigung" bei der Einordnung im Rahmen der Höchst- und Mindestsätze und bei der Zuordnung in die Honorarzonen zu berücksichtigen. Darüber hinaus bleibt es dem Auftragnehmer unbenommen, eine Lizenzgebühr mit
dem Hersteller zu vereinbaren. Ferner besteht unter den Voraussetzungen des § 29
die Möglichkeit, ein Honorar für rationalisierungswirksame Leistungen als
Erfolgs- oder Zeithonorar zu berechnen. Ebenso Neuenfeld/Baden/Dohna/Gros-
curth/Schmitz § 28 Rdn. 5; Hesse/Korbion/Mantscheff/Vygen § 28 Rdn. 10.

Die Honorarvereinbarung nach Abs. 3 Satz 1 ist nur dann wirksam, wenn ein 6
Pauschalhonorar vereinbart wurde. Zu den Anforderungen an eine Pauschalvereinbarung vgl. § 16 Rdn. 8.

§ 29
Rationalisierungswirksame besondere Leistungen

**(1) Rationalisierungswirksame besondere Leistungen sind zum ersten Mal
erbrachte Leistungen, die durch herausragende technisch-wirtschaftliche Lösungen über den Rahmen einer wirtschaftlichen Planung oder über den allgemeinen
Stand des Wissens wesentlich hinausgehen und dadurch zu einer Senkung der**

Bau- und Nutzungskosten des Objekts führen. Die vom Auftraggeber an das Objekt gestellten Anforderungen dürfen dabei nicht unterschritten werden.

(2) Honorare für rationalisierungswirksame besondere Leistungen dürfen nur berechnet werden, wenn sie vorher schriftlich vereinbart worden sind. Sie können als Erfolgshonorar nach dem Verhältnis der geplanten oder vorgegebenen Ergebnisse zu den erreichten Ergebnissen oder als Zeithonorar nach § 6 vereinbart werden.

1   Honorare für rationalisierungswirksame besondere Leistungen sind in der Ermächtigungsgrundlage des Artikels 10 § 1 Abs. 2 Satz 3; § 2 Abs. 2 Satz 3 des Gesetzes zur Regelung von Ingenieur- und Architektenleistungen vorgesehen. Pfarr (Honorarfindung nach HOAI – aber wie?, 1978, S. 102) bezeichnet § 29 als „Ergebenheitsadresse" an das MRVG. Über die in der Ermächtigungsnorm genannte Voraussetzung der Senkung der Bau- und Nutzungskosten hinaus stellt § 29 zusätzliche Voraussetzungen für ein Honorar auf. Die Vorschrift gilt für alle Auftragnehmer, also Architekten und Ingenieure. Das Honorar kann zu den Honoraren nach §§ 10 ff. bzw. 51 ff. hinzukommen (vgl. im einzelnen Vorbemerkung vor § 28).

2   Absatz 1 nennt die Voraussetzungen, unter denen ein Honorar für rationalisierungswirksame Besondere Leistungen beansprucht werden kann. Gleichzeitig definiert die Bestimmung den Begriff rationalisierungswirksame besondere Leistungen. Zunächst ist notwendig, daß es sich um **zum ersten Mal erbrachte Leistungen** handelt. Im Unterschied zu den besonderen Leistungen der §§ 2 Abs. 3, 5 Abs. 4 und 5 muß es sich hier um eigenschöpferische Leistungen handeln (vgl. § 2 Rdn. 12). Es genügt sonach nicht, wenn lediglich Erkenntnisse des derzeitigen technischen Standes verwertet werden und dadurch eine Kostensenkung erzielt wird. Der Begriff „zum ersten Mal erbrachte Leistungen" darf jedoch nicht zu eng gefaßt werden. Es ist vielmehr ausreichend, wenn die Leistung auf bereits vorhandenen Erkenntnissen aufbaut und diese in entscheidender Weise fortentwickelt. Eine Leistung ist auch dann zum ersten Mal erbracht, wenn Teilleistungen bereits in Wissenschaft, Forschung oder Praxis bekannt waren. Die Leistung ist nur „verbraucht", wenn sie bereits einmal verwirklicht worden ist (Neuenfeld/Baden/Dohna/Groscurth/Schmitz § 28 Rdn. 2). Die Leistung selbst ist nicht auf eine reine Bauleistung beschränkt, eine rationalisierungswirksame Leistung kann auf allen Gebieten der Planung und Überwachung gegeben sein. Unter Leistungen in diesem Sinn sind alle Maßnahmen zu verstehen, die geeignet sind, gegenüber früheren Zuständen einen vergleichsweise geringeren Raum-, Zeit-, Stoffe-, Kräfte- und Produkteinsatz herbeizuführen (vgl. Pfarr, S. 44). Rationalisierung ist in zweierlei Hinsicht denkbar: die Erzielung der größtmöglichen Leistung mit den gegebenen Mitteln (**Optimierungsprinzip**) und das Erreichen einer angestrebten Leistung mit möglichst geringen Mitteln (**Sparprinzip**). Die Leistungen nach § 29 können bei allen Objekten im Sinne des § 3 Ziff. 1 erbracht werden.

Es muß sich ferner um **herausragende technisch-wirtschaftliche Lösungen** han- **3** deln. Es genügt also nicht, daß die Leistung originell ist, vielmehr muß es sich um eine qualitativ sehr hochstehende Lösung handeln. Ferner muß die Lösung entweder **über den Rahmen einer wirtschaftlichen Planung** oder **über den allgemeinen Stand des Wissens wesentlich hinausgehen.** Der Auftragnehmer ist ohnehin zur wirtschaftlichen Planung verpflichtet. Eine Leistung im Sinn des § 29 Abs. 1 muß diese erheblich übertreffen. Sie muß schließlich zu einer **Senkung der Bau- und Nutzungskosten** des Objekts führen. Eine Kostensenkung in diesem Sinne liegt nicht nur dann vor, wenn die angestrebte Leistung mit möglichst geringen Mitteln erreicht wird, sondern auch dann, wenn mit vorhandenen Mitteln eine optimale Leistung erzielt wird.

Die rationalisierungswirksame besondere Leistung darf nicht dazu führen, **4** daß die **Anforderungen des Auftraggebers an das Objekt** unterschritten werden. Es darf also keine qualitative Minderung eintreten. Eine Leistung im Sinne des § 29 kann z. B. in der Entwicklung eines neuen Einbaudeckensystems mit Einbauteilen für Beleuchtung, Belüftung und Schallschutz liegen, sofern dieses System hinsichtlich Herstellung und Unterhaltung erhebliche Zeit-, Kosten- oder Arbeitsaufwandseinsparungen mit sich bringt.

Nach **Absatz 2** kann ein Honorar für rationalisierungswirksame besondere **5** Leistungen nur dann verlangt werden, wenn dies vorher schriftlich vereinbart wurde. Die **Schriftform** ist damit zwingende Voraussetzung für die Wirksamkeit einer Honorarvereinbarung. Die Vereinbarung muß zwar **zuvor,** jedoch nicht bereits „bei Auftragserteilung" getroffen werden (so auch Hesse/Korbion/Mantscheff/Vygen § 29 Rdn. 15 und Hartmann § 29 Rdn. 5; Neuenfeld/Baden/Dohna/Groscurth/Schmitz § 29 Rdn. 8; Pott/Dahlhoff § 28 Rdn. 6). Es genügt, wenn die Vereinbarung vor Erbringung der rationalisierungswirksamen besonderen Leistungen erfolgt. Insoweit deckt sich die Regelung mit derjenigen für die Besonderen Leistungen nach § 5 Abs. 4 (vgl. § 4 Rdn. 5).

Das Honorar kann entweder als **Erfolgshonorar** oder als **Zeithonorar** verein- **6** bart werden. Ein Erfolgshonorar nach Absatz 2 ist sowohl hinsichtlich der Entstehung des Honoraranspruchs überhaupt als auch hinsichtlich der Höhe des Honorars vom erreichten Ergebnis abhängig. Die Regelung eines Erfolgshonorars ist zwar von der Zielrichtung her gerade bei rationalisierungswirksamen besonderen Leistungen zu begrüßen, jedoch wirft diese Regelung einige Zweifelsfragen auf. Fraglich ist zunächst, ob das „Verhältnis der geplanten oder vorgegebenen Ergebnisse zu den erreichten Ergebnissen" bereits in die Honorarvereinbarung eingehen muß oder ob eine nachträgliche Korrektur entsprechend diesem Verhältnis möglich ist. Nach der Fassung des Abs. 2 Satz 2 müssen die Vertragsparteien das Honorar bereits nach diesem Verhältnis vereinbaren. Unterbleibt dies, so ist die Honorarvereinbarung nicht unwirksam, vielmehr kann sie nach dem angesprochenen Verhältnis korrigiert werden (ebenso Neuenfeld/Baden/Dohna/Groscurth/Schmitz § 29 Rdn. 8). Hesse/Korbion/Mantscheff/Vygen (§ 29 Rdn. 16) halten es für erforderlich, daß die Vereinbarung bereits die Parameter benennt, nach denen sich das Honorar richten soll.

Da der Erfolg zuvor nicht immer feststeht, liegt aber eine wirksame Vereinbarung auch dann vor, wenn nur auf das in Abs. 2 Satz 2 bezeichnete Verhältnis verwiesen wird. Allerdings wird es für die Gerichte hier sehr schwer sein, konkrete Maßstäbe zu finden. Allgemeine Richtlinien gibt es nicht. Bei der Feststellung des Verhältnisses wird einmal die Höhe der anrechenbaren Kosten eine Rolle spielen, zum anderen die Differenz zwischen den üblicherweise entstehenden anrechenbaren Kosten und den tatsächlich entstandenen anrechenbaren Kosten. Ferner muß – obwohl dies in der Verordnung nicht ausdrücklich vorgesehen ist – ein angemessenes Verhältnis zu dem Honorar für die sonstigen Leistungen bestehen. Zweifelnd allerdings: Hesse/Korbion/Mantscheff/Vygen § 29 Rdn. 16. Die Berechnung eines Zeithonorars setzt grundsätzlich eine Vorausschätzung nach § 6 Abs. 1 voraus. Ist eine Vorausschätzung nicht vorgenommen worden, so ist nach dem nachgewiesenen Zeitaufwand abzurechnen (vgl. im einzelnen § 6 Rdn. 3 ff.).

7   Das Honorar nach § 29 kann nur bei der erstmaligen Erbringung der Leistung vereinbart werden.

8   Zum Verhältnis rationalisierungswirksamer besonderer Leistungen zu gewerblichen Schutzrechten: Hesse BauR 1979, 28.

§ 30
(weggefallen)

§ 31
Projektsteuerung

(1) Leistungen der Projektsteuerung werden von Auftragnehmern erbracht, wenn sie Funktionen des Auftraggebers bei der Steuerung von Projekten mit mehreren Fachbereichen übernehmen. Hierzu gehören insbesondere:

1. Klärung der Aufgabenstellung, Erstellung und Koordinierung des Programms für das Gesamtprojekt,

2. Klärung der Voraussetzungen für den Einsatz von Planern und anderen an der Planung fachlich Beteiligten (Projektbeteiligte),

3. Aufstellung und Überwachung von Organisations-, Termin- und Zahlungsplänen, bezogen auf Projekt und Projektbeteiligte,

4. Koordinierung und Kontrolle der Projektbeteiligten, mit Ausnahme der ausführenden Firmen,

5. Vorbereitung und Betreuung der Beteiligung von Planungsbetroffenen,

6. Fortschreibung der Planungsziele und Klärung von Zielkonflikten,

7. laufende Information des Auftraggebers über die Projektabwicklung und rechtzeitiges Herbeiführen von Entscheidungen des Auftraggebers,

8. Koordinierung und Kontrolle der Bearbeitung von Finanzierungs-, Förderungs- und Genehmigungsverfahren.

(2) Honorare für Leistungen bei der Projektsteuerung dürfen nur berechnet werden, wenn sie bei Auftragserteilung schriftlich vereinbart worden sind; sie können frei vereinbart werden.

I Die Aufgabe der Projektsteuerung 1

Der Vorschrift des § 31 liegt folgender Gedanke zugrunde:

„Mit steigendem Bauvolumen wachsen die Anforderungen an den Auftraggeber, seine Vorstellungen von der Bauaufgabe in die Praxis umzusetzen, wobei er die Geschehensabläufe in technischer, rechtlicher und wirtschaftlicher Hinsicht zu koordinieren, zu steuern und zu überwachen hat. Diese Tätigkeiten sind originäre Aufgaben des Auftraggebers und von den Leistungen des Architekten und Ingenieurs zu trennen. Infolge der zunehmenden Kompliziertheit der Geschehensabläufe, insbesondere durch Einschaltung von anderen an der Planung fachlich Beteiligten, sind Auftraggeber ab einer bestimmten Größenordnung des Projekts nicht immer in der Lage, sämtliche Steuerungsleistungen selbst zu übernehmen. In der Praxis werden in diesen Fällen Aufträge für Leistungen bei der Projektsteuerung erteilt. Die Aufträge umfassen insbesondere Beratungs-, Koordinations-, Informations- und Kontrolleistungen. Da keine repräsentativen Untersuchungen für eine angemessene Honorierung vorliegen, beschränkt sich die Verordnung darauf, die Leistungen der Projektsteuerung zu umschreiben und hinsichtlich der Honorierung die freie Vereinbarung zuzulassen" (Amtliche Begründung).

II Abgrenzungsfragen 2

Die Leistungen der Projektsteuerung nach § 31 beziehen sich auf beratende Tätigkeiten, die Funktionen des **Auftraggebers** wahrnehmen, soweit diese von diesem delegierbar sind. Damit sollen vor allem bei größeren Projekten Kosten- und Terminüberschreitungen durch Kontrolle, Koordination, Organisation und Information vermieden werden. Es gibt aber unverzichtbare Auftraggeberaufgaben, die der Projektsteuerung nicht unterliegen, so insbesondere das Setzen der obersten Projektziele und die Mittelbereitstellung. Schwierig und umstritten ist die *Abgrenzung zu den dem Planer,* insbesondere dem Architekten, übertragenen Aufgaben. Dementsprechend unterliegt auch in der Literatur die Projektsteuerung sehr verschiedener Beurteilung. Während Jochem (§ 31 Rdn. 11) und Pott/Dahlhoff § 31 Rdn. 6 eine weitgehende Überschneidung mit Planerleistungen feststellt, will Heinrich (BauR 1986, 524) und ders. (Der Baucontrolling-Vertrag, Baurechtliche Schriften, Bd. 10, 1987) den Anwendungsbereich des § 31 auf den Fall beschränken, in dem ein Bauherr einem Planer das volle Leistungsbild des § 15 übertragen hat und diesem ein oder mehrere Auftragnehmer in gleicher Weise untergeordnet sind. Andererseits ist Will (in seinen Veröffentlichungen BauR 1984, 333; Bauwirtschaft,

35. Jahrgang 1981, S. 220; 1983, S. 217; BauR 1987, 370) für eine extensivere Anwendung des § 31 eingetreten und hat versucht, den trotz des Einsatzes des Planers verbleibenden Raum für die Tätigkeit des Projektsteuerers näher zu bestimmen. In engem Zusammenhang mit der Frage der Abgrenzung der Tätigkeitsbereiche des Planers und des Projektsteuerers und der Bestimmung der Aufgaben des Projektsteuerers steht die Frage, ob die Leistungen nach § 31 Architekten und Ingenieuren nur selbständig, oder auch zusätzlich zu den Leistungen des § 15 und gegebenenfalls anderer Ingenieurleistungen, übertragen werden können. Dies wäre vor allem dann zweifelhaft, wenn kein Abgrenzungskriterium zwischen den delegierbaren Bauherrenleistungen (Projektsteuerungsleistungen) und den Leistungen des Planers gefunden werden könnte. Will (v. a. BauR 1984, 333) trennt die Architekten- und Projektsteuerungsleistungen dadurch, daß das Bauwerk als „Objekt" dem „Projekt" gegenübergestellt wird. Auf das „Projekt" ziele die Absicht und das Bemühen des Bauherrn oder einzelner Leistungsträger, „die für die Errichtung des Bauwerks (Objekt) erforderlichen direkten und/oder mittelbaren Leistungen zu erbringen". Die Abgrenzungsproblematik stellt Will am Beispiel der Zeitplanung dar. Zu den Grundleistungen nach § 15 Abs. 2 Nr. 8 gehört das Aufstellen und Überwachen eines Zeitplanes (Balkendiagramm). Zu den besonderen Leistungen zählen: „Aufstellen, Überwachen und Fortschreiben von differenzierten Zeit-, Kosten- oder Kapazitätsplänen". Zu den Projektsteuerungsleistungen nach § 31 Abs. 1 Satz 3 gehören die Aufstellung und Überwachung von Organisations-, Termin- und Zahlungsplänen, bezogen auf Projekt und Projektbeteiligte. Der Zeitplan nach § 15 Abs. 2 verlangt eine „prinzipielle und weniger detaillierte Zeitplanung", die sich lediglich auf den materiellen Prozeß der Bauwerksentwicklung in Leistungsphase 8 bezieht. Der Terminplan des § 31 Abs. 1 Satz 3 im Rahmen der Projektsteuerung bezieht sich auf den Gesamtprozeß der Bauwerksentwicklung und ist zeitlich und inhaltlich weit umfangreicher als der Zeit- und Leistungsbereich des Architekten nach § 15 Abs. 2 HOAI. Die Zeitplanung des Projektsteuerers geht auch inhaltlich über die des Architekten hinaus. Er disponiert nach Will die prinzipielle Leistungsbereitschaft der für Bauwerksentwicklung erforderlichen Leistungsträger.

3   Richtig hieran ist, daß etwa die Klärung der Aufgabenstellung, Erstellung und Koordinierung des Programms für das Gesamtprojekt (§ 31 Abs. 1 Nr. 1) über die Leistungspflichten des planenden Architekten hinausgehen können, daß die Koordinierungspflichten für das Gesamtobjekt umfassender sein können als die, die der Architekt zu erbringen hat. Ebenso können die Anforderungen an Terminpläne nach Detaillierung und Dauer der darin einbezogenen Termine umfassender sein. Außerdem sind in den beispielhaft angeführten Grundleistungen des § 31 Leistungen enthalten, die der Architekt nicht zu erbringen hat (Projektprogramm für das Gesamtprojekt, Überwachung von Organisations-, Termin- und Zahlungsplänen, Betreuung der Beteiligung von Planungsbetroffenen, laufende Information des Auftraggebers über die Pro-

jektabwicklung, Koordinierung und Kontrolle der Bearbeitung von Finanzie-
rungs-, Förderungs- und Genehmigungsverfahren). Diese Leistungen des § 31
decken sich also nicht mit denjenigen aus den Leistungsbildern des § 15, weil
die Leistungen bei der Projektsteuerung im wesentlichen zu den Funktionen
des Auftraggebers gehören. Die Koordinierung der Geschehensabläufe in technischer, rechtlicher und wirtschaftlicher Hinsicht obliegt dem Auftraggeber
auch dann, wenn er Architekten und Ingenieure heranzieht. Die daneben bestehenden Koordinierungspflichten der Auftragnehmer ändern hieran nichts.
Umgekehrt hat § 31 nicht zur Folge, daß die schon bisher bestehenden Koordinierungspflichten der Auftragnehmer beseitigt werden. Es wird also für die
Abgrenzung im wesentlichen auf die funktionelle Zuordnung der Auftraggeberaufgaben im jeweiligen Projektsteuerungsvertrag ankommen (ähnlich
Jochem § 31 Rdn. 2; Neuenfeld/Baden/Dohna/Groscurth § 31 Rdn. 2).

Andererseits ist aber zu beachten, daß die Klärung der Aufgabenstellung oder
das Aufstellen eines planungsbezogenen Zielkatalogs durch den Architekten
ebenfalls der Projektverwirklichung dient und eine zweckgerichtete Bemühung
hierzu darstellt. Die umfassende Sachwalterpflicht des Architekten bezieht sich
auch auf die Steuerung und Beratung der Entscheidungsschritte des Auftraggebers. Auch § 15 Abs. 2 Leistungsphase 2 spricht vom Aufstellen eines planungsbezogenen Zielkatalogs („Programmziele"). In der Unterscheidung von Projekt
und Objekt ist zwar tendenziell die Richtung der Abgrenzung bestimmt, im Einzelfall sind jedoch Überschneidungen nicht auszuschließen (so auch Pott/Dahl-
hoff § 31 Rdn. 2). Dies liegt auch in der Formulierung des Verordnungsgebers
begründet. So hat sowohl der Architekt wie der Bauherr Zielkonflikte zu klären.
Der Architekt hat den Auftraggeber laufend zu informieren. Es wird in der Praxis
kaum möglich sein, die Steuerungs- und Überwachungsfunktionen der Architekten und Ingenieure eindeutig von denen des Bauherrn zu trennen. Es ist auch zu
beachten, daß das Leistungsbild des Architekten nicht durch Bauherrenleistungen
verfremdet wird. Häufig wird bei der Bestimmung der Projektsteuerungsleistungen die typische Auftragnehmerpflicht des planenden Architekten verkannt, die
Leistungen anderer an der Planung fachlich Beteiligter zu integrieren (§ 15 Abs. 2
Leistungsphase 2, Leistungsphase 3) sowie die Grundlagen für die anderen an der
Planung fachlich Beteiligten zu erarbeiten und ihre Beiträge bis zur ausführungsreifen Lösung zu integrieren (Leistungsphase 5).

Die Formulierungen in § 31 sind von betriebswirtschaftlicher Terminologie **4**
geprägt („Projekt", „Objekt", „Steuerung"). Der Platz für Projektsteuerung
neben der Tätigkeit des planenden Architekten wird um so größer sein, das
„Projekt" umfassendere Leistungen erfordern als das „Objekt", wenn es sich
um Großbauvorhaben, Gesamtprojekte handelt, wo eine übergreifende Steuerung erforderlich ist und eine Koordination hinsichtlich des Projekts notwendig wird, die über die bauwerkbezogene Koordination des Architekten hinausgeht. Dabei wird man nicht so weit gehen dürfen, daß grundsätzlich Voraussetzung für den Einsatz des Projektsteuerers ist, daß es sich um die Errichtung
mehrerer Objekte zugleich handelt (so Heinrich, Der Baucontrolling-Vertrag,

S. 482). Es kann durchaus **ein** größeres Projekt vorliegen, das den Einsatz eines umfassend bevollmächtigten Projektmanagers erforderlich macht. Die Komplexität des Bauvorhabens hängt nicht unbedingt davon ab, ob mehrere Objekte zugleich errichtet werden.

5 § 31 Abs. 1 setzt an sich voraus, daß der Projektsteuerer **Funktionen des Auftraggebers** wahrnimmt. Dies ist aber im Leistungsbild des § 31 nicht durchgehalten. So verlangt § 31 Abs. 1 Nr. 7 die laufende Information des Auftraggebers – also gewiß keine Auftraggeberaufgabe – und § 31 Abs. 1 Nr. 6 die Klärung von Zielkonflikten, was eine Aufgabe des Architekten als Grundleistung des § 15 Abs. 1 Leistungsphase 2 ist. Trotz dieser Abgrenzungsschwierigkeiten und möglichen Überschneidungen kann nicht davon ausgegangen werden, daß es nach § 31 rechtlich unmöglich wäre, daß dem planenden Architekten auch die Projektsteuerung übertragen wird (so Neuenfeld/Baden/Dohna/Groscurth § 31 Rdn. 2; Hartmann § 31 Rdn. 8, wie hier: Hesse/Korbion/Mantscheff/ Vygen § 31 Rdn. 1; Jochem § 31 Rdn. 12). Es kann allerdings von einer wirksamen Kontrolle dann nicht die Rede sein, wenn die an der Entwicklung des Bauwerks vertraglich beteiligten Leistungsträger sich selbst kontrollieren.

Beispiel:

Die Ausschreibung des planenden Architekten ist lückenhaft, oder der Zeitplan mit Balkendiagramm ist falsch; der Architekt als Projektsteuerer berichtigt diesen Fehler nicht.

6 Überträgt aber der Auftraggeber typische Bauherrenaufgaben einem Projektsteuerer, so wird der Projektsteuerungsvertrag nicht dadurch oder insoweit nichtig, daß sich ein Teil dieser Leistungen mit den Leistungspflichten überschneidet, die der Projektsteuerer als Architekt zu erbringen hat. Der Projektsteuerer haftet für die Erfüllung seiner Projektsteuerungsleistungen unabhängig von seiner Haftung als Architekt, wie wenn er diese Projektsteuerungsleistungen gegenüber einem fremden planenden Architekten zu erfüllen hätte. Es ist auch kein schutzwürdiges Interesse des Auftraggebers anzuerkennen, vor einer teilweisen Doppelhonorierung geschützt zu werden, wenn er diese Unschärfe der Abgrenzung und Überschneidung hinnimmt. Diese ist besonders bei öffentlichen Auftraggebern festzustellen, die nicht selten auch zur haushaltsrechtlichen „Deckung" und zur bequemeren Abwicklung Projektsteuerer beauftragen und ein sehr unscharf abgegrenztes Leistungsbild für die Projektsteuerung vereinbaren oder sich ein solches durch Projektsteuerer aufdrängen lassen. Dabei ist gelegentlich festzustellen, daß dieses vom Projektsteuerer vorgeschlagene Leistungsbild mehr in den Bereich der „Rechts- und Honorarlyrik" gehört, als daß es in faßbarer und klarer juristischer Terminologie vom Leistungsbild der Architekten und Ingenieure abgrenzbar wäre.

7 Auch der Projektsteuerer muß nach der hier vertretenen und von der h.M. abweichenden Meinung, soll er unter § 31 fallen, Architekt oder Ingenieur im Sinne des § 1 sein (vgl. zum Streitstand § 1 Rdn. 12). Die Leistungen nach § 31 sind keine besonderen Leistungen im Sinne der §§ 2 Abs. 2; 5 Abs. 4 und 5.

Weitere Voraussetzung für die Honorierung von Leistungen bei der Projekt- **8**
steuerung ist es, daß das Projekt **mehrere Fachbereiche** aufweist. Es muß sich
entweder mindestens um zwei verschiedene Fachdisziplinen oder um mehrere
verschiedene Planungsinhalte handeln.

Der Projektsteuerer muß nicht sämtliche Leistungen nach Abs. 1 Satz 2 **9**
erbringen, vielmehr ist es durchaus möglich, den Leistungsumfang auf einzelne
Teilleistungen, wie z. B. die Terminüberwachung oder die Kostenüberwa-
chung, zu beschränken. Die Leistungen des Projektsteuerers sind beispielhaft
aufgeführt. Die Projektsteuerungsverträge enthalten in der Praxis eine Vielzahl
anderer Kontroll-, Koordinierungs- und Beratungsleistungen. Dabei können
unter Anlehnung an Will (BauR 1984, 343) die an den Projektsteuerer delegier-
baren Bauherrenaufgaben wie folgt bezeichnet werden:
Festlegung der Projektziele,
Klärung der Standortfrage,
Überprüfung der Bebauungspläne auf Dispensfähig- und Abänderbarkeit,
Anfertigung einer Durchführbarkeitsstudie,
Vertreten der Projektbelange gegenüber Behörden und der Öffentlichkeit,
Vorbereiten und Durchführen von Maßnahmen der Präsentation des Projekts,
Mitwirkung bei der Beantwortung von Anfragen von Revisionsinstanzen,
Erreichen von Qualitäts-, Zeit- und Kostenzielen,
Aufstellen eines Bedarfsprogramms mit Funktions- und Raumbedarfsangaben
sowie Abstimmen desselben mit Nutzern, Finanzmittelgebern,
Festlegen des qualitativen Standards,
Koordinierung von Projektbeteiligten und Kontrolle ihrer Arbeitsergebnisse
auf Einhaltung von Qualitätsvorgaben,
Veranlassen notwendiger Korrekturen der Qualität zur Einhaltung von Quali-
täts-, Zeit- und Kostenvorgaben,
abschließende Kontrolle von Leistungen,
Beratung zur Verfolgung von Gewährleistungsansprüchen,
Festlegen des zeitlichen Rahmens bezüglich der Planung, Realisierung und
Inbetriebnahme,
Entwickeln differenzierter Zeitvorgaben für den weiteren Projektverlauf,
Koordinieren der Fachbereiche und sonstigen Projektbeteiligten mit Ausnahme
der bauausführenden Firmen,
laufende Kontrolle des Projektfortschritts,
Festlegen des Rahmens der Kosten des Projekts und seiner Folgekosten,
Koordinierung der Projektbeteiligten im Hinblick auf die Einhaltung des
Kostenrahmens,
Zusammenstellung von Sollkostenwerten für die Vergabe,
Kontrolle der Vergabe von Bau- und Lieferleistungen entsprechend den Vor-
gaben der Kostenplanung,
Feststellen der Gesamtkosten des Projekts,
Finanzierung und buchhalterische Abwicklung, Organisation, Dokumentation
des Projekts,

Aufstellen eines Finanzierungsrahmens,

Entwickeln und Führen einer Projektbuchhaltung,

Erstellen, Kontrollieren und Fortschreiben des Budgets,

Beschaffung der Finanzmittel,

Liquiditätssicherung, Rechnungskontrolle und Zahlungsfreigabe für das Projekt,

Zusammenstellen von Verwendungsnachweisen und Vorlage derselben bei Prüfinstanzen,

Aufstellen eines Organisationskonzeptes, Durchführung von Planungswettbewerben,

Kontrolle und gegebenenfalls Revision organisatorischer Regelungen,

Schaffen der organisatorischen Grundlagen für die spätere Bewirtschaftung des Bauwerkes,

Entwickeln eines Projektinformationssystems,

Zusammenstellen und Veröffentlichen von Materialien für Repräsentationszwecke,

systematische Zusammenstellung und Archivierung von Projektunterlagen.

10   Ein Honorar für Leistungen bei der Projektsteuerung darf nur berechnet werden, wenn dies bei Auftragserteilung schriftlich vereinbart wurde (Pott/Dahlhoff § 31 Rdn. 3; Hartmann § 31 Rdn. 28). Schriftform ist also Wirksamkeitsvoraussetzung. Zur Schriftform vgl. § 4 Rdn. 26; zum Begriff **bei Auftragserteilung** vgl. § 4 Rdn. 34. Haben die Parteien eine entsprechende Honorarvereinbarung nicht getroffen, so steht dem Projektsteuerer kein Honorar zu. Dieses Ergebnis ist nach der Bestimmung des Absatzes 2 zwingend, bedürfte jedoch der Korrektur. Für das geltende Recht ist jedoch eine Analogie zu §§ 26 Satz 2; 32 Abs. 3 Satz 2; 33 Satz 2 mit dem Ergebnis, daß das Honorar als Zeithonorar nach § 6 zu berechnen wäre, nicht möglich. Der Verordnungsgeber hätte dies ausdrücklich anordnen müssen. Der **Höhe** nach kann das Honorar frei vereinbart werden. Eine bestimmte Relation zu den anrechenbaren Kosten oder zu den Honoraren für die Leistungen des § 15 muß nicht gegeben sein.

11   **Entwurf einer Honorarordnung für die Projektsteuerung durch eine Arbeitsgruppe des Deutschen Verbandes der Projektsteuerer e. V.**

Das Leistungsbild des § 31 ist nicht vollständig. Es sind beispielhaft einzelne Projektsteuerungsleistungen aufgeführt. Eine zwischenzeitlich gegründete Fachgruppe „Projektsteuerung" des AHO (Ausschuß für die Honorarordnung der Ingenieurkammern und Verbände) hat diesen Entwurf überarbeitet und eingehende Regelungsvorschläge für eine umfassende Honorarverordnung für Projektsteuerungsleistungen gemacht. Diese entwickelt ein vollständiges Leistungsbild, bindet die Projektsteuerungsleistungen auch hinsichtlich der anrechenbaren Kosten in das Gesamtsystem der HOAI ein und stuft die Projektsteuerungen in fünf Honorarzonen je nach den Projektsteuerungsanforderungen ein. Ein detailliertes Leistungsbild enthält der § 204 des Entwurfs, das ausdrücklich darauf bezogen wird, daß die Projektsteuerung Leistungen von Auftragnehmern umfaßt, die Funktionen des Auftraggebers bei der Steuerung von Projekt mit mehreren Fachbereichen übernehmen. Die Grundleistungen sind in den Projektstufen 1–5 zusammengefaßt. Diese werden jeweils für die Erbringung von vier Handlungsbereichen (A–D) bewertet.

A – Organisation, Information, Koordination und Dokumentation
B – Qualitäten und Quantitäten
C – Kosten
D – Termine

Im Anschluß an die HOAI enthält § 205 eine Honorartafel, § 206 regelt die Honorierung von Teilleistungen der Projektsteuerung als Einzelleistung, § 207 wiederholt die Projektsteuerungsleistungen, § 208 die zeitliche Trennung der Leistungen und § 209 den Auftrag für mehrere Projekte. § 210 regelt Umbauten und Modernisierung, § 211 Instandhaltungen und Instandsetzungen.

Es bleibt abzuwarten, inwieweit sich dieser Entwurf durchsetzt, inwieweit er zukünftig in die HOAI Eingang findet. Auf jeden Fall stellt er einen Beitrag zur Klärung der oft diffusen Terminologie und zur Abgrenzung von Projektsteuerungs- zu anderen Leistungen von Objektplanern dar, wobei allerdings berufsständische Interessen nicht verkannt werden dürfen (vgl. etwa § 206).

Entwurf der Arbeitsgruppe des Deutschen Verbandes der Projektsteuerer e.V. 12
Leistungsbild und Honorarordnung Projektsteuerung.

Die nachfolgend mit § 201 beginnenden Regelungsvorschläge sollen vollinhaltlich den bestehenden § 31 der HOAI „Projektsteuerung" durch ein vollständiges Leistungsbild und eine vollständige Honorarordnung für Projektsteuerung ersetzen. Bei Aufnahme in die HOAI sind die vorläufigen Nummern der Paragraphen durch endgültige Paragraphen-Nr. zu ersetzen. Das Leistungsbild gemäß § 204 Abs. 2 entspricht dem Stand in der AHO-Fachkommission vom 10. 3. 1995, die übrigen Paragraphen entsprechen dem Stand in der DVP-Arbeitsgruppe vom 25. 10. 1991.

§ 201 Projektsteuerung

(1) Leistungen der Projektsteuerung werden von Auftragnehmern erbracht, wenn sie Funktionen des Auftraggebers bei der Steuerung von Projekten mit mehreren Fachbereichen übernehmen.

(2) Honorare für Leistungen bei der Projektsteuerung dürfen nur berechnet werden, wenn sie bei Auftragerteilung schriftlich vereinbart worden sind.

§ 202 Grundlagen des Honorars

(1) Das Honorar für Grundleistungen richtet sich nach den anrechenbaren Kosten des Projekts gem. DIN 276 (Juni 1993) mit den Kostengruppen 100 bis 700 ohne 110, 710 und 760, nach der Honorarzone, der das Projekt angehört, sowie nach der Honorartafel in § 205.

(2) Die anrechenbaren Kosten richten sich

1. für die Projektstufen 1 bis 2 nach der Kostenberechnung, solange diese nicht vorliegt, nach der Kostenschätzung;

2. für die Projektstufen 3 bis 5 nach der Kostenfeststellung, solange diese nicht vorliegt, nach dem Kostenanschlag.

§ 203 Honorarzonen für Leistungen der Projektsteuerung

(1) Bei Leistungen der Projektsteuerung werden fünf Honorarzonen unterschieden:

1. Honorarzone I:
Projekte mit sehr geringen Projektsteuerungsanforderungen

2. Honorarzone II:
Projekte mit geringen Projektsteuerungsanforderungen

3. Honorarzone III:
Projekte mit durchschnittlichen Projektsteuerungsanforderungen

4. Honorarzone IV:
Projekte mit überdurchschnittlichen Projektsteuerungsanforderungen

5. Honorarzone V:
Projekte mit sehr hohen Projektsteuerungsanforderungen.

(2) Bewertungsmerkmale hinsichtlich der projektspezifischen Projektsteuerungsanforderungen sind:

	Bewertungsmerkmale	I	II	III	IV	V
1	Komplexität der Projektorganisation	−	−	O	+	+ +
2	Spezifische Projektroutine des Auftraggebers	+ +	+	O	−	− −
3	Besonderheiten der Projektinhalte	− −	−	O	+	+ +
4	Risiko der Projektrealisierung	− −	−	O	+	+ +
5	Terminvorgaben	− −	−	O	+	+ +
6	Kostenvorgaben	− −	−	O	+	+ +
Legende: sehr gering: − − gering: − durchschnittlich: O überdurchschn.: + sehr hoch: + +						

(3) Bei der Zurechnung eines Projektes zu einer Honorarzone sind entsprechend dem Schwierigkeitsgrad der Projektsteuerungsanforderungen die vorstehenden Bewertungsmerkmale Nr. 1 bis 4 mit je bis zu 10 Punkten zu bewerten, die Nr. 5 und 6 mit je bis zu 5 Punkten. Das Projekt ist dann nach der Summe der Bewertungspunkte folgenden Honorarzonen zuzurechnen:

Bewertungsmerkmale	I	II	III	IV	V
max. Punkte	10	20	30	40	50

§ 204 Leistungsbild Projektsteuerung

(1) Das Leistungsbild der Projektsteuerung umfaßt Leistungen von Auftragnehmern, die Funktionen des Auftraggebers bei der Steuerung von Projekten mit mehreren Fachbereichen übernehmen. Die Grundleistungen sind in den in Abs. 2 aufgeführten Projektstufen 1 bis 5 zusammengefaßt. Sie sind in der folgenden Tabelle für die Erbringung aller vier Handlungsbereiche

A – Organisation, Information, Koordination und Dokumentation
B – Qualitäten und Quantitäten
C – Kosten und
D – Termine

nach Projektstufen in Vomhundertsätzen der Honorare des § 205 bewertet.

Projektstufen		Bewertung der Grundleistungen in v. H. des Honorars
1	Projektvorbereitung (Projektentwicklung u. Grundlagenermittlung)	26
2	Planung (Vor-, Entwurfs- u. Genehmigungsplanung)	21
3	Ausführungsvorbereitung (Ausführungsplanung, Vorbereiten der Vergabe und Mitwirken bei der Vergabe)	19
4	Ausführung (Projektüberwachung)	26
5	Projektabschluß (Projektbetreuung, Dokumentation)	8
	Summe	100

(2) Das Leistungsbild setzt sich wie folgt zusammen:
Hinweise zum Leistungsbild:
1. Aufstellen, Abstimmen und Fortschreiben i. S. des Leistungsbildes beinhaltet

- die Vorgabe der Solldaten (Planen/Ermitteln)
- die Kontrolle (Überprüfen und Soll-/Ist-Vergleich) sowie
- die Steuerung (Abweichanalyse, Anpassen, Aktualisieren)

2. Mitwirken im Sinne des Leistungsbildes heißt stets, daß der beauftragte Projektsteuerer die genannten Teilleistungen in Zusammenarbeit mit den anderen Projektbeteiligten inhaltlich abschließend zusammenfaßt und dem Auftraggeber zur Entscheidung vorlegt.

3. Sämtliche Ergebnisse der Projektsteuerungsleistungen erfordern vor Freigabe und Umsetzung die vorherige Abstimmung mit dem Auftraggeber.

Grundleistungen	Besondere Leistungen

1. Projektvorbereitung (Projektentwicklung und Grundlagenermittlung)

A Organisation, Information, Koordination und Dokumentation

Grundleistungen	Besondere Leistungen
1. Entwickeln, Vorschlagen und Festlegen der Projektziele und der Projektorganisation durch ein projektspezifisch zu erstellendes Organisationshandbuch	1. Mitwirken bei der betriebswirtschaftlich-organisatorischen Beratung des Auftraggebers zur Bedarfsanalyse, Projektentwicklung und Grundlagenermittlung
2. Auswahl der zu Beteiligenden und Führen von Verhandlungen	2. Besondere Abstimmungen zwischen Projektbeteiligten zur Projektorganisation
3. Vorbereitung der Beauftragung der zu Beteiligenden	3. Unterstützen der Koordination innerhalb der Gremien des Auftraggebers
4. Laufende Information und Abstimmung mit dem Auftraggeber	4. Besondere Berichterstattung in Auftraggeber- oder sonstigen Gremien
5. Einholen der erforderlichen Zustimmungen des Auftraggebers	

B Qualitäten und Quantitäten

Grundleistungen	Besondere Leistungen
1. Mitwirken bei der Erstellung der Programmgrundlagen für das Gesamtprojekt hinsichtlich Bedarf nach Art und Umfang (Nutzerbedarfsprogramm NBP)	1. Mitwirken bei Grundstücks- und Erschließungsangelegenheiten
2. Mitwirken beim Ermitteln des Raum-, Flächen- oder Anlagenbedarfs und der Anforderungen an Standard und Ausstattung durch das Bau- und Funktionsprogramm	2. Erarbeiten der erforderlichen Unterlagen, Abwickeln und/oder Prüfen von Ideen-, Programm- und Realisierungswettbewerben
3. Mitwirken beim Klären der Standortfragen, Beschaffen der standortrelevanten Unterlagen, der Grundstücksbeurteilung hinsichtlich Nutzung in privatrechtlicher und öffentlichrechtlicher Hinsicht	3. Erarbeiten von Leit- und Musterbeschreibungen, z.B. für Gutachten, Wettbewerbe usw.
	4. Prüfen der Umwelterheblichkeit und der Umweltverträglichkeit

Grundleistungen	Besondere Leistungen
C Kosten und Finanzierung	
1. Mitwirken beim Festlegen des Rahmens für Investitionen und Baunutzungskosten	1. Überprüfen von Wertermittlungen für bebaute und unbebaute Grundstücke
2. Mitwirken beim Ermitteln und Beantragen von Investitionsmitteln	2. Festlegen des Rahmens der Personal- und Sachkosten des Betriebs
3. Prüfen und Freigeben von Rechnungen zur Zahlung	3. Einrichten der Projektbuchhaltung für den Mittelzufluß und die Anlagenkonten
4. Einrichten der Projektbuchhaltung für den Mittelabfluß	

D Termine und Kapazitäten

1. Entwickeln, Vorschlagen und Festlegen des Terminrahmens und Ableiten des Kapazitätsrahmens

2. Aufstellen und Abstimmen der Generalablaufplanung

2. Planung (Vor-, Entwurfs- und Genehmigungsplanung)

A Organisation, Information, Koordination und Dokumentation

Grundleistungen	Besondere Leistungen
1. Fortschreiben des Organisationshandbuches	1. Veranlassen besonderer Abstimmungsverfahren zur Sicherung der Produktziele
2. Dokumentation der wesentlichen projektbezogenen Plandaten in einem Projekthandbuch	2. Vertreten der Planungskonzeption gegenüber der Öffentlichkeit unter besonderen Anforderungen und Zielsetzungen sowie bei mehr als 5 Erläuterungs- oder Erörterungsterminen
3. Mitwirken beim Durchsetzen von Vertragspflichten gegenüber den Beteiligten	3. Unterstützen beim Bearbeiten von besonderen Planungsrechtsangelegenheiten
4. Mitwirken beim Vertreten der Planungskonzeption mit bis zu 5 Erläuterungs- und Erörterungsterminen	4. Risikoanalyse
5. Mitwirken bei Genehmigungsverfahren	5. Besondere Berichterstattung in Auftraggeber- oder sonstigen Gremien
6. Laufende Information und Abstimmung mit dem Auftraggeber	
7. Einholen der erforderlichen Zustimmungen des Auftraggebers	

B Qualitäten und Quantitäten

Grundleistungen	Besondere Leistungen
1. Überprüfen der Planungsergebnisse auf Konformität mit den vorgegebenen Projektzielen	1. Vorbereiten, Abwickeln oder Prüfen von Wettbewerben zur künstlerischen Ausgestaltung
	2. Überprüfen der Planungsergebnisse durch besondere Wirtschaftlichkeitsuntersuchungen

Grundleistungen	Besondere Leistungen
	3. Festlegen der Qualitätsstandards ohne/ mit Mengen oder ohne/mit Kosten in einem Gebäude- und Raumbuch bzw. Pflichtenheft
	4. Veranlassen oder Durchführen von Sonderkontrollen der Planung

C Kosten und Finanzierung

Grundleistungen	Besondere Leistungen
1. Überprüfen der Kostenschätzungen und -berechnungen der Objekt- und Fachplaner sowie Veranlassen erforderlicher Anpassungsmaßnahmen	1. Kostenermittlung und -steuerung unter besonderen Anforderungen (z. B. Baunutzungskosten)
2. Zusammenstellen der voraussichtlichen Baunutzungskosten	2. Fortschreiben der Projektbuchhaltung für den Mittelzufluß und die Anlagenkonten
3. Planung von Mittelbedarf und Mittelabfluß	
4. Prüfen und Freigeben der Rechnungen zur Zahlung	
5. Fortschreiben der Projektbuchhaltung für den Mittelabfluß	

D Termine und Kapazitäten

Grundleistungen	Besondere Leistungen
1. Aufstellen und Abstimmen der Grob- und Detailablaufplanung für die Planung	1. Ablaufsteuerung unter besonderen Anforderungen und Zielsetzungen
2. Aufstellen und Abstimmen der Grobablaufplanung für die Ausführung	
3. Ablaufsteuerung der Planung	
4. Fortschreiben der General- und Grobablaufplanung für Planung und Ausführung sowie der Detailablaufplanung für die Planung	
5. Führen und Protokollieren von Ablaufbesprechungen der Planung sowie Vorschlagen und Abstimmen von erforderlichen Anpassungsmaßnahmen	

3. Ausführungsvorbereitung
(Ausführungsplanung, Vorbereitung und Mitwirkung bei der Vergabe)

A Organisation, Information, Koordination, Dokumentation

Grundleistungen	Besondere Leistungen
1. Fortschreiben des Organisationshandbuches	1. Veranlassen besonderer Abstimmungsverfahren zur Sicherung der Projektziele

Grundleistungen	Besondere Leistungen

2. Fortschreiben des Projekthandbuches

3. Mitwirken beim Durchsetzen von Vertragspflichten gegenüber den Beteiligten

4. Laufende Information und Abstimmung mit dem Auftraggeber

5. Einholen der erforderlichen Zustimmungen des Auftraggebers

2. Durchführen der Submissionen

3. Besondere Berichterstattung in Auftraggeber- oder sonstigen Gremien

B Qualitäten und Quantitäten

1. Überprüfen der Planungsergebnisse inkl. evtl. Planungsänderungen auf Konformität mit den vorgegebenen Projektzielen

2. Mitwirken beim Freigeben der Firmenliste für Ausschreibungen

3. Herbeiführen der erforderlichen Entscheidungen des Auftraggebers zur Ausführungsplanung

4. Überprüfen der Verdingungsunterlagen für die Vergabeeinheiten und Anerkennen der Versandfertigkeit

5. Überprüfen der Angebotsauswertungen in technisch-wirtschaftlicher Hinsicht

6. Beurteilen der unmittelbaren und mittelbaren Auswirkungen von Alternativangeboten auf Konformität mit den vorgegebenen Projektzielen

7. Mitwirken bei den Vergabeverhandlungen bis zur Unterschriftsreife

1. Überprüfen der Planungsergebnisse durch besondere Wirtschaftlichkeitsuntersuchungen

2. Fortschreiben des Gebäude- und Raumbuches unter Einbeziehung der Ergebnisse der Ausführungsplanung

3. Veranlassen oder Durchführen von Sonderkontrollen der Ausführungsvorbereitung

4. Versand der Ausschreibungsunterlagen

C Kosten und Finanzierung

1. Vorgabe der Soll-Werte für Vergabeeinheiten auf der Basis der aktuellen Kostenberechnung

2. Überprüfen der vorliegenden Angebote im Hinblick auf die vorgegebenen Kostenziele und Beurteilung der Angemessenheit der Preise

3. Vorgabe der Deckungsbestätigung für Aufträge

4. Überprüfen der Kostenanschläge der Objekt- und Fachplaner sowie Veranlassen erf. Anpassungsmaßnahmen

1. Kostenermittlung und -steuerung unter besonderen Anforderungen (z. B. Baunutzungskosten)

2. Fortschreiben der Projektbuchhaltung für den Mittelzufluß und die Anlagenkonten

Grundleistungen	Besondere Leistungen

5. Zusammenstellen der aktualisierten Baunutzungskosten

6. Fortschreiben der Mittelbewirtschaftung

7. Prüfen und Freigeben der Rechnungen zur Zahlung

8. Fortschreiben der Projektbuchhaltung für den Mittelabfluß

D Termine und Kapazitäten

1. Aufstellen und Abstimmen der Detailablaufplanung für die Ausführung

2. Fortschreiben der General- und Grobablaufplanung für Planung und Ausführung sowie der Detailablaufplanung für die Planung

3. Vorgabe der Vertragstermine und -fristen für die Besonderen Vertragsbedingungen (BVB) der Ausführungs- und Lieferleistungen

4. Überprüfen der vorliegenden Angebote im Hinblick auf vorgegebene Terminziele

5. Führen und Protokollieren von Ablaufbesprechungen der Ausführungsvorbereitung sowie Vorschlagen und Abstimmen von erforderlichen Anpassungsmaßnahmen

1. Ermitteln von Ablaufdaten zur Bieterbeurteilung (erforderlicher Personal-, Maschinen- und Geräteeinsatz nach Art, Umfang und zeitlicher Verteilung)

2. Ablaufsteuerung unter besonderen Anforderungen und Zielsetzungen

4. Ausführung (Objektüberwachung)

A Organisation, Information, Koordination, Dokumentation

1. Fortschreiben des Organisationshandbuches

2. Fortschreiben des Projekthandbuches

3. Mitwirken beim Durchsetzen von Vertragspflichten gegenüber den Beteiligten

4. Laufende Information und Abstimmung mit dem Auftraggeber

5. Einholen der erforderlichen Zustimmungen des Auftraggebers

1. Veranlassen besonderer Abstimmungsverfahren zur Sicherung der Projektziele

2. Unterstützung des Auftraggebers bei Krisensituationen (z. B. bei außergewöhnlichen Ereignissen wie Naturkatastrophen, Ausscheiden von Beteiligten)

3. Unterstützung des Auftraggebers beim Einleiten von Beweissicherungsverfahren

4. Unterstützung des Auftraggebers beim Abwenden unberechtigter Drittforderungen

5. Besondere Berichterstattung in Auftraggeber- oder sonstigen Gremien

Grundleistungen	Besondere Leistungen

B Qualitäten und Quantitäten

1. Prüfen von Ausführungsänderungen, ggf. Revision von Qualitätsstandards nach Art und Umfang

2. Mitwirken bei der Abnahme der Ausführungsleistungen

1. Mitwirken beim Herbeiführen besonderer Ausführungsentscheidungen des Auftraggebers

2. Veranlassen oder Durchführen von Sonderkontrollen bei der Ausführung, z. B. durch Einschalten von Sachverständigen und Prüfbehörden

C Kosten und Finanzierung

1. Kostensteuerung zur Einhaltung der Kostenziele

2. Freigabe der Rechnungen zur Zahlung

3. Beurteilen der Nachtragsprüfungen

4. Vorgabe von Deckungsbestätigungen für Nachträge

5. Fortschreiben der Mittelbewirtschaftung

6. Fortschreiben der Projektbuchhaltung für den Mittelabfluß

1. Kontrolle der Rechnungsprüfung der Objektüberwachung

2. Kostensteuerung unter besonderen Anforderungen

3. Fortschreiben der Projektbuchhaltung für den Mittelzufluß und die Anlagenkonten

D Termine

1. Überprüfen der Übereinstimmung der Zeitpläne des Objektplaners und der ausführenden Firmen mit den Detailablaufplänen der Ausführung des Projektsteuerers, ggf. Anpassen der Detailablaufplanung der Ausführung

2. Ablaufsteuerung der Ausführung zur Einhaltung der Terminziele

3. Führen und Protokollieren von Ablaufbesprechungen der Ausführung sowie Vorschlagen und Abstimmen von erforderlichen Anpassungsmaßnahmen

1. Ablaufsteuerung unter besonderen Anforderungen an Zielsetzungen

5. Projektabschluß (Objektbetreuung und Dokumentation)

A Organisation, Information, Koordination und Dokumentation

1. Mitwirken bei der organisatorischen und administrativen Konzeption und bei der Durchführung der Übergabe/Übernahme bzw. Inbetriebnahme/Nutzung

1. Mitwirken beim Einweisen des Bedienungs- und Wartungspersonals für betriebstechnische Anlagen

2. Prüfen der Projektdokumentation der fachlich Beteiligten

Grundleistungen	Besondere Leistungen
2. Mitwirken beim systematischen Zusammenstellen und Archivieren der Bauakten inkl. Projekt- und Organisationshandbuch	3. Mitwirken bei der Überleitung des Bauwerks in die Bauunterhaltung
3. Laufende Information und Abstimmung mit dem Auftraggeber	4. Mitwirken bei der betrieblichen und baufachlichen Beratung des Auftraggebers zur Übergabe/Übernahme bzw. Inbetriebnahme/Nutzung
4. Einholen der erforderlichen Zustimmungen des Auftraggebers	5. Unterstützung des Auftraggebers beim Prüfen von Wartungs- und Energielieferungsverträgen
	6. Mitwirken bei der Übergabe/Übernahme schlüsselfertiger Bauten
	7. Organisatorisches und baufachliches Unterstützen bei Gerichtsverfahren
	8. Baufachliches Unterstützen bei Sonderprüfungen
	9. Besondere Berichterstattung beim Auftraggeber zum Projektabschluß

B Qualitäten und Quantitäten

1. Veranlassen der erforderlichen behördlichen Abnahmen, Endkontrollen und/oder Funktionsprüfungen	1. Mitwirken bei der abschließenden Aktualisierung des Gebäude- und Raumbuches zum Bestands-, Gebäude- und -raumbuch bzw. -pflichtenheft
2. Mitwirken bei der rechtsgeschäftlichen Abnahme der Planungsleistungen	2. Überwachen von Mängelbeseitigungsleistungen außerhalb der Gewährleistungsfristen
3. Prüfen der Gewährleistungsverzeichnisse	

C Kosten und Finanzierung

1. Überprüfen der Kostenfeststellungen der Objekt- und Fachplaner	1. Abschließende Aktualisierung der Baunutzungskosten
2. Freigabe der Rechnungen	2. Abschluß der Projektbuchhaltung für den Mittelzufluß und die Anlagenkonten inkl. Verwendungsnachweis
3. Veranlassen der abschließenden Aktualisierung der Baunutzungskosten	
4. Freigabe von Schlußabrechnungen sowie Mitwirken bei der Freigabe von Sicherheitsleistungen	
5. Abschluß der Projektbuchhaltung für den Mittelabfluß	

Grundleistungen	Besondere Leistungen

D Termine und Kapazitäten

1. Veranlassen der Ablaufplanung und -steuerung zur Übergabe und Inbetriebnahme

1. Ablaufplanung zur Übergabe/Übernahme und Inbetriebnahme/Nutzung

§ 205 Honorartafel für Grundleistungen der Projektsteuerung

(1) Die Honorarsätze für die in § 204 Abs. 2 aufgeführten Grundleistungen der Projektsteuerung sind in der nachfolgenden Honorartafel festgesetzt.

(2) Das Honorar für Grundleistungen der Projektsteuerung bei anrechenbaren Kosten unter 1,0 Mio. DM kann als Pauschalhonorar oder als Zeithonorar nach § 6 HOAI berechnet werden, höchstens jedoch bis zu den in der Honorartafel nach Abs. 1 für anrechenbare Kosten von 1,0 Mio. DM festgesetzten Sätzen. Als Mindestsätze gelten die Stundensätze nach § 6 Abs. 2 HOAI.

(3) Das Honorar für Grundleistungen der Projektsteuerung bei anrechenbaren Kosten über 100 Mio. DM kann frei vereinbart werden.

§ 206 Teilleistungen der Projektsteuerung als Einzelleistung

(1) Grundsätzlich sind die Grundleistungen der Projektsteuerung mit allen Handlungsbereichen und Projektstufen zu beauftragen.

(2) Werden ausnahmsweise einzelne Projektstufen nicht beauftragt, so erhöht sich das Honorar für die verbleibenden Projektstufen um 60 v. H. des Honorars der nicht beauftragten Projektstufen.

(3) Werden ausnahmsweise nur die Handlungsbereiche Kosten und Termine in Auftrag gegeben, so können die Honorare gem. § 205 Abs. 1 um max. bis zu 25 v. H. gekürzt werden.

(4) Wird ausnahmsweise nur der Handlungsbereich Kosten oder nur der Handlungsbereich Termine beauftragt, so können die Honorare gem. § 205 Abs. 1 um max. bis zu 40 v. H. gekürzt werden.

§ 207 Wiederholte Projektsteuerungsleistungen

Werden für dasselbe Projekt auf Veranlassung des Auftraggebers wiederholte Projektsteuerungsleistungen nach grundsätzlich verschiedenen Anforderungen erbracht, so können für die erbrachten Leistungsphasen die vollen Vomhundertsätze nach § 205 Abs. 1, außerdem für die sich wiederholenden Leistungsphasen jeweils nochmals die Hälfte der entsprechenden Vomhundertsätze berechnet werden.

§ 208 Zeitliche Trennung der Leistungen

Wird ein Auftrag, der ein oder mehrere Planungs- und Bauabschnitte umfaßt, nicht einheitlich in einem Zuge, sondern abschnittweise in größeren Zeitabständen ausgeführt, so ist für die das Gesamtprojekt betreffenden, zusammenhängend durchgeführten Leistungen das anteilige Honorar zu berechnen, das sich nach den gesamten anrechenbaren Kosten ergibt. Das Honorar für die restlichen Leistungen ist jeweils nach den anrechenbaren Kosten der einzelnen Planungs- und Bauabschnitte zu berechnen.

§ 209 Auftrag für mehrere Projekte

(1) Umfaßt ein Auftrag mehrere Projekte, so sind die Honorare vorbehaltlich des nachfolgenden Absatzes für jedes Projekt getrennt zu berechnen.

(2) Umfaßt ein Auftrag mehrere gleiche oder im wesentlichen gleichartige Projekte, die im zeitlichen oder örtlichen Zusammenhang und unter gleichen baulichen Verhältnissen errichtet werden sollen oder Gebäude nach Typenplanung oder Serienbauten, so können für die erste bis vierte Wiederholung die Vomhundertsätze der Projektstufen 1 bis 3 in § 205 Abs. 1 um 30 v. H., von der fünften Wiederholung an um 50 v. H. gemindert werden.

§ 210 Umbauten und Modernisierungen

Honorare für Leistungen bei Umbauten und Modernisierungen sind nach den anrechenbaren Kosten nach § 202, der Honorarzone, der das Projekt nach § 203 zuzuordnen ist, den Projektstufen des § 204 und der Honorartafel des § 205 mit der Maßgabe zu ermitteln, daß eine Erhöhung der Honorare um 20 bis 33 v. H. vereinbart werden kann.

§ 211 Instandhaltungen und Instandsetzungen

Honorare für Leistungen bei Instandhaltungen und Instandsetzungen sind nach den anrechenbaren Kosten nach § 202, der Honorarzone, der das Projekt nach § 203 zuzuordnen ist, den Projektstufen des § 204 und der Honorartafel des § 205 mit der Maßgabe zu ermitteln, daß eine Erhöhung des Vomhundertsatzes für die Projektstufe Ausführung (Projektüberwachung) um bis zu 50 v. H. vereinbart werden kann.

Honorartafel für Grundleistungen der Projektsteuerung zu § 205 Abs. 1 (Teil 1)

Anrechenbare Kosten DM	Zone I von DM	Zone I bis DM	Zone II von DM	Zone II bis DM	Zone III von DM	Zone III bis DM	Zone IV von DM	Zone IV bis DM	Zone V von DM	Zone V bis DM
1 000 000	29 100	35 700	35 700	45 500	45 500	54 700	54 700	61 400	61 400	71 000
2 000 000	52 239	63 914	63 914	81 435	81 435	97 755	97 755	109 789	109 789	126 889
3 000 000	73 128	89 302	89 302	113 759	113 759	136 415	136 415	153 219	153 219	177 075
4 000 000	92 556	112 856	112 856	143 738	143 738	172 221	172 221	193 475	193 475	223 558
5 000 000	110 897	135 045	135 045	171 974	171 974	205 904	205 904	231 356	231 356	267 286
6 000 000	128 373	156 147	156 147	198 821	198 821	237 895	237 895	267 345	267 345	308 819
7 000 000	145 128	176 345	176 345	224 513	224 513	268 480	268 480	301 759	301 759	348 527
8 000 000	161 267	195 768	195 768	249 215	249 215	297 862	297 862	334 826	334 826	386 673
9 000 000	176 867	214 515	214 515	273 052	273 052	326 190	326 190	366 715	366 715	423 452
10 000 000	191 989	232 660	232 660	296 122	296 122	353 583	353 583	397 557	397 557	459 018
11 000 000	206 680	250 265	250 265	318 500	318 500	380 134	380 134	427 458	427 458	493 492
12 000 000	220 979	267 378	267 378	340 250	340 250	405 921	405 921	456 503	456 503	526 974
13 000 000	234 919	284 041	284 041	361 424	361 424	431 008	431 008	484 763	484 763	559 547
14 000 000	248 529	300 287	300 287	382 067	382 067	455 447	455 447	512 300	512 300	591 280
15 000 000	261 831	316 148	316 148	402 217	402 217	479 286	479 286	539 165	539 165	622 234
16 000 000	274 846	331 648	331 648	421 906	421 906	502 564	502 564	565 403	565 403	652 461
17 000 000	287 592	346 811	346 811	441 164	441 164	525 317	525 317	591 053	591 053	682 006
18 000 000	300 085	361 656	361 656	460 016	460 016	547 576	547 576	616 149	616 149	710 909
19 000 000	312 339	376 201	376 201	478 484	478 484	569 368	569 368	640 723	640 723	739 207
20 000 000	324 367	390 461	390 461	496 589	496 589	590 717	590 717	664 802	664 802	766 930
21 000 000	336 180	404 451	404 451	514 349	514 349	611 646	611 646	688 411	688 411	794 109
22 000 000	347 787	418 184	418 184	531 780	531 780	632 175	632 175	711 572	711 572	820 768
23 000 000	359 200	431 672	431 672	548 897	548 897	652 323	652 323	734 306	734 306	846 932
24 000 000	370 425	444 924	444 924	565 714	565 714	672 104	672 104	756 631	756 631	872 621
25 000 000	381 471	457 952	457 952	582 244	582 244	691 536	691 536	778 564	778 564	897 856

Honorartafel für Grundleistungen der Projektsteuerung zu § 205 Abs. 1 (Teil 1)

Anrechenbare Kosten DM	Zone I von DM	Zone I bis DM	Zone II von DM	Zone II bis DM	Zone III von DM	Zone III bis DM	Zone IV von DM	Zone IV bis DM	Zone V von DM	Zone V bis DM
26 000 000	392 345	470 763	470 763	598 497	598 497	710 632	710 632	800 121	800 121	922 655
27 000 000	403 053	483 367	483 367	614 486	614 486	729 404	729 404	821 317	821 317	947 035
28 000 000	413 603	495 771	495 771	630 218	630 218	747 865	747 865	842 164	842 164	971 011
29 000 000	423 998	507 981	507 981	645 704	645 704	766 027	766 027	862 675	862 675	994 598
30 000 000	434 246	520 006	520 006	660 952	660 952	783 898	783 898	882 862	882 862	1 017 808
31 000 000	444 350	531 851	531 851	675 970	675 970	801 490	801 490	902 736	902 736	1 040 656
32 000 000	454 315	543 521	543 521	690 766	690 766	818 810	818 810	922 307	922 307	1 063 151
33 000 000	464 146	555 022	555 022	705 345	705 345	835 868	835 868	941 583	941 583	1 085 306
34 000 000	473 846	566 360	566 360	719 716	719 716	852 671	852 671	960 575	960 575	1 107 131
35 000 000	483 420	577 539	577 539	733 883	733 883	869 228	869 228	979 290	979 290	1 128 635
36 000 000	492 871	588 564	588 564	747 854	747 854	885 544	885 544	997 737	997 737	1 149 827
37 000 000	502 203	599 439	599 439	761 633	761 633	901 627	901 627	1 015 923	1 015 923	1 170 717
38 000 000	511 418	610 167	610 167	775 225	775 225	917 482	917 482	1 033 854	1 033 854	1 191 312
39 000 000	520 521	620 754	620 754	788 636	788 636	933 117	933 117	1 051 538	1 051 538	1 211 620
40 000 000	529 513	631 202	631 202	801 869	801 869	948 537	948 537	1 068 981	1 068 981	1 231 649
41 000 000	538 397	641 515	641 515	814 930	814 930	963 746	963 746	1 086 189	1 086 189	1 251 405
42 000 000	547 177	651 697	651 697	827 823	827 823	978 750	978 750	1 103 168	1 103 168	1 270 895
43 000 000	555 854	661 749	661 749	840 552	840 552	993 555	993 555	1 119 923	1 119 923	1 290 126
44 000 000	564 431	671 677	671 677	853 120	853 120	1 008 164	1 008 164	1 136 459	1 136 459	1 309 103
45 000 000	572 911	681 481	681 481	865 531	865 531	1 022 582	1 022 582	1 152 782	1 152 782	1 327 832
46 000 000	581 295	691 165	691 165	877 789	877 789	1 036 813	1 036 813	1 168 895	1 168 895	1 346 319
47 000 000	589 585	700 733	700 733	889 897	889 897	1 050 862	1 050 862	1 184 805	1 184 805	1 364 569
48 000 000	597 784	710 185	710 185	901 858	901 858	1 064 732	1 064 732	1 200 514	1 200 514	1 382 588
49 000 000	605 893	719 524	719 524	913 676	913 676	1 078 427	1 078 427	1 216 028	1 216 028	1 400 379
50 000 000	613 915	728 754	728 754	925 352	925 352	1 091 950	1 091 950	1 231 349	1 231 349	1 417 947

Honorartafel für Grundleistungen der Projektsteuerung zu § 205 Abs. 1 (Teil 2)

Anrechen-bare Kosten DM	Zone I von DM	Zone I bis	Zone II von DM	Zone II bis	Zone III von DM	Zone III bis	Zone IV von DM	Zone IV bis	Zone V von DM	Zone V bis
51 000 000	621 851	737 875	737 875	936 891	936 891	1 105 306	1 105 306	1 246 483	1 246 483	1 435 298
52 000 000	639 702	740 891	746 891	948 294	948 294	1 116 497	1 116 497	1 261 432	1 261 432	1 452 435
53 000 000	637 470	755 802	755 802	959 564	959 564	1 131 526	1 131 526	1 276 201	1 276 201	1 469 362
54 000 000	645 158	764 612	764 612	970 705	970 705	1 144 397	1 144 397	1 290 792	1 290 792	1 486 084
55 000 000	652 766	773 322	773 322	981 717	981 717	1 157 112	1 157 112	1 305 209	1 305 209	1 502 604
56 000 000	660 295	781 934	781 934	992 604	992 604	1 169 675	1 169 675	1 319 455	1 319 455	1 518 925
57 000 000	667 748	790 449	790 449	1 003 368	1 003 368	1 182 087	1 182 087	1 333 533	1 333 533	1 535 052
58 000 000	675 128	798 869	798 869	1 014 011	1 014 011	1 194 352	1 194 352	1 347 446	1 347 446	1 550 988
59 000 000	682 429	807 197	807 197	1 024 535	1 024 535	1 206 472	1 206 472	1 361 198	1 361 198	1 566 736
60 000 000	689 659	815 432	815 432	1 034 941	1 034 941	1 218 450	1 218 450	1 374 790	1 374 790	1 582 299
61 000 000	696 818	823 578	823 578	1 045 233	1 045 233	1 230 288	1 230 288	1 388 225	1 388 225	1 597 680
62 000 000	703 908	831 635	831 635	1 055 412	1 055 412	1 241 988	1 241 988	1 401 506	1 401 506	1 612 883
63 000 000	710 925	839 606	839 606	1 065 479	1 065 479	1 253 553	1 253 553	1 414 636	1 414 636	1 627 909
64 000 000	717 875	847 490	847 490	1 075 437	1 075 437	1 264 984	1 264 984	1 427 616	1 427 616	1 642 763
65 000 000	724 759	855 290	855 290	1 085 287	1 085 287	1 276 285	1 276 285	1 440 449	1 440 449	1 657 447
66 000 000	731 576	863 007	863 007	1 095 031	1 095 031	1 287 455	1 287 455	1 453 138	1 453 138	1 671 962
67 000 000	738 328	870 642	870 642	1 104 671	1 104 671	1 298 499	1 298 499	1 465 685	1 465 685	1 686 313
68 000 000	745 016	878 197	878 197	1 114 207	1 114 207	1 309 417	1 309 417	1 478 091	1 478 091	1 700 501
69 000 000	751 641	885 672	885 672	1 123 642	1 123 642	1 320 212	1 320 212	1 490 359	1 490 359	1 714 528
70 000 000	758 203	893 069	893 069	1 132 977	1 132 977	1 330 885	1 330 885	1 502 490	1 502 490	1 728 398
71 000 000	764 704	900 389	900 389	1 142 213	1 142 213	1 341 438	1 341 438	1 514 487	1 514 487	1 742 112
72 000 000	771 144	907 632	907 632	1 151 352	1 151 352	1 351 872	1 351 872	1 526 352	1 526 352	1 755 672
73 000 000	777 525	914 801	914 801	1 160 396	1 160 396	1 362 190	1 362 190	1 538 087	1 538 087	1 769 081
74 000 000	783 845	921 896	921 896	1 169 344	1 169 344	1 372 393	1 372 393	1 549 692	1 549 692	1 782 341
75 000 000	790 110	928 917	928 917	1 178 200	1 178 200	1 382 482	1 382 482	1 561 171	1 561 171	1 795 453

Honorartafel für Grundleistungen der Projektsteuerung zu § 205 Abs. 1 (Teil 2)

Anrechen-bare Kosten DM	Zone I von DM	Zone I bis	Zone II von DM	Zone II bis	Zone III von DM	Zone III bis	Zone IV von DM	Zone IV bis	Zone V von DM	Zone V bis
76 000 000	796 316	935 867	935 867	1 186 963	1 186 963	1 392 460	1 392 460	1 572 524	1 572 524	1 808 421
77 000 000	802 466	942 746	942 746	1 195 636	1 195 636	1 402 327	1 402 327	1 583 754	1 583 754	1 821 244
78 000 000	808 560	949 554	949 554	1 204 219	1 204 219	1 412 084	1 412 084	1 594 861	1 594 861	1 833 926
79 000 000	814 599	956 294	956 294	1 212 714	1 212 714	1 421 734	1 421 734	1 605 848	1 605 848	1 846 468
80 000 000	820 583	962 964	962 964	1 221 121	1 221 121	1 431 278	1 431 278	1 616 716	1 616 716	1 858 873
81 000 000	826 513	969 568	969 568	1 229 442	1 229 442	1 440 717	1 440 717	1 627 466	1 627 466	1 871 141
82 000 000	832 391	976 105	976 105	1 237 678	1 237 678	1 450 052	1 450 052	1 638 101	1 638 101	1 883 274
83 000 000	838 216	982 576	982 576	1 245 830	1 245 830	1 459 284	1 459 284	1 648 621	1 648 621	1 895 275
84 000 000	843 989	988 982	988 982	1 253 899	1 253 899	1 468 416	1 468 416	1 659 027	1 659 027	1 907 144
85 000 000	849 711	995 323	995 323	1 261 885	1 261 885	1 477 447	1 477 447	1 669 322	1 669 322	1 918 884
86 000 000	855 382	1 001 601	1 001 601	1 269 790	1 269 790	1 486 380	1 486 380	1 679 506	1 679 506	1 930 495
87 000 000	861 004	1 007 816	1 007 816	1 277 615	1 277 615	1 495 214	1 495 214	1 689 580	1 689 580	1 941 979
88 000 000	866 576	1 013 970	1 013 970	1 285 361	1 285 361	1 503 953	1 503 953	1 699 547	1 699 547	1 953 339
89 000 000	872 099	1 020 061	1 020 061	1 293 028	1 293 028	1 512 595	1 512 595	1 709 407	1 709 407	1 964 574
90 000 000	877 574	1 026 093	1 026 093	1 300 618	1 300 618	1 521 144	1 521 144	1 719 161	1 719 161	1 975 687
91 000 000	883 001	1 032 064	1 032 064	1 308 131	1 308 131	1 529 599	1 529 599	1 728 811	1 728 811	1 986 678
92 000 000	888 380	1 037 975	1 037 975	1 315 569	1 315 569	1 537 962	1 537 962	1 738 357	1 738 357	1 997 550
93 000 000	893 713	1 043 829	1 043 829	1 322 931	1 322 931	1 546 233	1 546 233	1 747 802	1 747 802	2 008 304
94 000 000	899 000	1 049 624	1 049 624	1 330 219	1 330 219	1 554 414	1 554 414	1 757 145	1 757 145	2 018 940
95 000 000	904 241	1 055 361	1 055 361	1 337 434	1 337 434	1 562 506	1 562 506	1 766 388	1 766 388	2 029 460
96 000 000	909 437	1 061 042	1 061 042	1 344 576	1 344 576	1 570 510	1 570 510	1 775 532	1 775 532	2 039 866
97 000 000	914 588	1 066 666	1 066 666	1 351 646	1 351 646	1 578 425	1 578 425	1 784 579	1 784 579	2 050 158
98 000 000	919 695	1 072 235	1 072 235	1 358 645	1 358 645	1 586 255	1 586 255	1 793 528	1 793 528	2 060 338
99 000 000	924 757	1 077 749	1 077 749	1 365 574	1 365 574	1 593 998	1 593 998	1 802 381	1 802 381	2 070 406
100 000 000	929 777	1 083 208	1 083 208	1 372 433	1 372 433	1 601 657	1 601 657	1 811 140	1 811 140	2 080 364

Rechtsnatur 13

Noch nicht durch die Rechtsprechung geklärt ist die Rechtsnatur des Projektsteuerungsvertrags. Auch die einzige bisher veröffentlichte Entscheidung des BGH zur Projektsteuerung (BGH BauR 1995, 572) bringt insoweit keine Klarheit. Daß aus der Vereinbarung eines Erfolgshonorars noch nicht auf die rechtliche Qualifikation eines Vertrags als Werk- oder Dienstvertrag geschlossen werden kann, ist eine Binsenwahrheit. Im übrigen weist der BGH in dieser Entscheidung auf die Parallele zum Architektenhonorarrecht hin und verlangt für die Einordnung als Werkvertrag den Nachweis der Vereinbarung werkvertraglicher Erfolgsverpflichtungen. In dem vom BGH entschiedenen Fall war das Leistungsbild des § 31 HOAI übertragen. Dabei ging es also nicht nur um Beratungs- und Informationspflichten, sondern auch um **Erstellung** und Koordinierung des Programms für das Gesamtprojekt, die **Aufstellung** von Organisations- und Zahlungsplänen bezogen auf das Projekt und Projektbeteiligte, Koordinierung und **Kontrolle** der Projektbeteiligten, Fortschreiben der Planungsziele und die Koordinierung und **Kontrolle** der Bearbeitung von Finanzierungs-, Förderungs- und Genehmigungsverfahren. Geht man vom Leistungsbild des Entwurfs des DVP aus, so schuldet bei Vollübertragung der Projektsteuerungsleistungen der Projektsteuerer die Projektvorbereitung, die Planungssteuerung, die Ausführungsvorbereitung, die Ausführungssteuerung und den Projektabschluß. Dies alles sind umfassende Tätigkeiten mit dem geschuldeten Werkerfolg der optimalen Verwirklichung des Bauprojekts. Ebensowenig wie der Architekt schuldet der Projektsteuerer das mangelfreie Bauwerk als körperliche Sache. Die Erstellung der Programme, der Organisations- und Terminpläne, die Kontrolle der Projektbeteiligten, die Fortschreibung der Planungs- und die Klärung von Zielkonflikten, dies sind alles Tätigkeiten, die dafür sorgen sollen, daß das Bauwerk plangerecht entsteht. Nach § 204 Abs. 2 des Entwurfs gehört zum Aufstellen, Abstimmen und Fortschreiben des Leistungsbilds die Vorgabe der Solldaten, die Kontrolle und die Steuerung, also Leistungen, die der mangelfreien Erstellung des Bauwerks dienen. Eine andere als werkvertragliche Beurteilung ist gerechtfertigt, wenn nicht projektplanerische Leistungen und solche der Kontrolle mit der Befugnis der Erteilung von Anweisungen übertragen sind sondern lediglich Beratungs-, Informations- und gegebenenfalls Koordinationsleistungen. In solchen Fällen ist Dienstvertragsrecht anzuwenden.

Auf jeden Fall ist bei voller Übertragung der Leistungen gem. § 31 oder nach 14 dem Entwurf des DVP davon auszugehen, daß der Projektsteuerer eine vermögensnahe Tätigkeit ausübt, so daß § 675 BGB anzuwenden ist. Ob Dienst- oder Werkvertrag, der Projektsteuerer übt bei voller Übertragung der Leistungen eine geschäftsbesorgende Tätigkeit aus. Hieran ändert nichts, daß § 675 BGB auf § 670 BGB verweist. Dadurch, daß Auslagenersatz nach § 670 BGB verlangt werden kann, entfällt nicht die werkvertragliche Vergütungspflicht und ändert sich nichts daran, daß der Projektsteuerer eine selbständige Tätigkeit wirtschaftlicher Art ausübt (a.A. Neuenfeld/Baden/Dohna/Groscurth/Schmitz § 31 Rdn. 15).

15   Im übrigen ist die Beurteilung des Projektsteuerungsvertrags in der Literatur streitig. Hartmann (§ 31 Rdn. 30 ordnet den Projektsteuerungsvertrag als Geschäftsbesorgungsvertrag nach § 675 ein und weist auf die Vergleichbarkeit mit Rechtsanwalts-, Sachverständigen-, Steuerberater- und Wirtschaftsprüferverträge hin. Ob der Projektsteuerungsvertrag dienst- oder werkvertraglichen Charakter hat, bemißt sich nach ihm nach dem Inhalt der Projektsteuerung. Sind sämtliche Leistungen nach § 31 oder Kontrolleistungen und/oder ergänzende Leistungen übertragen, so handelt es sich nach ihm um einen Werkvertrag mit Geschäftsbesorgungscharakter. Sind nur Koordinations- und Informationsleistungen übertragen, so ist Dienstvertragsrecht anzuwenden. Neuenfeld/Baden/Dohna/Groscurth (§ 31 Rdn. 15) wenden grundsätzlich Werkvertragsrecht an. Sie weisen auf die Rechtsprechung des BGH (BauR 1982, 79) hin, wonach Werkvertragsrecht auch für isoliert übertragene Objektüberwachungsleistungen nach § 15 Nr. 8 HOAI anzuwenden ist. Auch Koordinations- und Informationsleistungen dienten der Verwirklichung des Bauwerks. Jochem (§ 31 Rdn. 1) ordnet den Projektsteuerervertrag grundsätzlich als Dienstvertrag ein mit der Begründung, der Projektsteuerer schulde dem Bauherrn Dienst- und Beratungsleistungen, nicht jedoch einen Werkerfolg. Diese Ansicht wird geteilt von Hesse/Korbion/Mantscheff/Vygen § 31 Rdn. 1; a.A. Heinrich, Der Baucontrollingvertrag, S. 183. Für die Praxis ergeben sich erhebliche Unterschiede je nachdem, ob der Projektsteuerervertrag als Werk- oder Dienstvertrag eingeordnet wird. Die Gewährleistungsfrist beträgt dienstvertraglich 30 Jahre, werkvertraglich gem. § 638 BGB 5 Jahre. Verschuldensunabhängige Gewährleistungsansprüche bestehen nur bei Annahme von Werkvertragsrecht. Bei werkvertraglicher Einordnung ist ein Nachbesserungsrecht und eine Nachbesserungspflicht anzunehmen. Kündigungsvoraussetzungen und Kündigungsfolgen unterscheiden sich erheblich (vgl. § 649 Abs. 2 BGB).

16   Wie bereits ausgeführt kann es Überlappungen infolge unscharfer Abgrenzung von Projektmanagement-, Projektsteuerungs- und objektplanerischer Leistungen kommen. Es können insofern Doppelbeauftragungen vorliegen (Beispiel: Bauzeitenplan des Architekten ist falsch; die Überwachung des Terminplans durch den Projektsteuerer erfolgt nicht; falsche Kostenermittlung durch den Architekten; unrichtige Überprüfung der Kostenanschläge; fahrlässige Freigabe der Rechnungen zur Zahlung durch den Projektsteuerer). In diesen Fällen kann es bei Vorliegen eines Pflichtverstoßes des Architekten und des Projektsteuerers zu einer Haftung beider kommen. Im Hinblick darauf, daß der Projektsteuerer typische Auftraggeberaufgaben wahrzunehmen hat (Amtliche Begründung: „Diese Tätigkeiten sind originäre Aufgaben des Auftraggebers und von den Leistungen des Architekten und des Ingenieurs zu trennen"), liegt keine objektive Zweckgemeinschaft vor und scheidet eine gesamtschuldnerische Haftung aus.

Der Projektsteuerer im Rahmen der Haftung von Auftraggeber, Architekten 17
und Bauunternehmern

Ist der Projektsteuerersteuerungsvertrag ein Werkvertrag, so richtet sich die
Haftung des Projektsteuerers nach §§ 633 ff. BGB. Ist die Projektsteuerungsleistung mangelhaft, so ist der Projektsteuerer zunächst zur Nachbesserung
aufzufordern (§ 633 Abs. 2 BGB). Insoweit besteht ein Nachbesserungsrecht
und eine Nachbesserungspflicht. Erst wenn der Projektsteuerer mit der Beseitigung des Mangels in Verzug ist, kann der Auftraggeber den Mangel selbst
beseitigen und Ersatz der erforderlichen Aufwendungen verlangen. Setzt der
Auftraggeber eine angemessene Frist mit Ablehnungsandrohung, so kann nach
Ablauf der Frist der Auftraggeber Wandelung oder Minderung geltend
machen, bei Verschulden Schadensersatz. Die Gewährleistungsfrist des § 638
BGB beginnt mit der Abnahme. Der Abnahmezeitpunkt der Projektsteuererlei-
stung ist nicht immer leicht feststellbar. Sie setzt Vollendung der Projektsteuerungsleistungen und deren billigende Entgegennahme voraus. Letztere ist
zumindest dann anzuwenden, wenn rügelos die Rechnung des Projektsteuerers
bezahlt wird. Da der Projektsteuerer typische Auftraggeberfunktionen erfüllt,
ist er insofern auch *Erfüllungsgehilfe* des Auftraggebers gegenüber anderen Baubeteiligten (Architekten, sonstige Sonderfachleute, Bauunternehmer). Dies
bedeutet, daß der Auftraggeber sich das Mitverschulden durch den Projektsteuerer insoweit anrechnen lassen muß, als er sich des Projektsteuerers zur
Erfüllung einer Verbindlichkeit bedient. Dies wird vor allem bei Planungs- und
Koordinationsverschulden des Projektsteuerers in Frage kommen. Nicht
jedoch können Architekten oder sonstige Baubeteiligte ein Verschulden durch
den Projektsteuerer infolge mangelnder Kontrolle, ungenügender Prüfung und
Überwachung geltend machen. Fraglich ist es, inwieweit der von seinem Auftraggeber wegen mangelhafter Erbringung der Projektsteuerungsleistung in
Anspruch genommene Projektsteuerer sich auf das Mitverschulden des Auftraggebers durch das Verhalten dessen Architekten berufen kann. Dies hängt
davon ab, inwieweit das Verhalten des Architekten eine Pflicht des Auftraggebers dem Projektsteuerer gegenüber verletzt. Wo der Auftraggeber dem Projektsteuerer gegenüber keine Pflicht zu einem bestimmten Verhalten hat, kann
auch § 254 BGB nicht zur Anwendung kommen. Setzt der Auftraggeber den
Projektsteuerer zu an sich dem Auftraggeber obliegenden oder seiner Sicherheit
dienenden Kontrollen ein wie „Überprüfen der Kostenschätzung" (2. Leistungsphase C DVP) oder zum „Prüfen der Rechnungen zur Zahlung" (Leistungsphase 2 C DVP) oder zum „Überprüfen der Planungsergebnisse" (Leistungsphase 3 B DVP), so besteht insofern keine Verpflichtung des Auftraggebers dem Architekten gegenüber. Anders ist es, wenn der Projektsteuerer den
Terminrahmen „festlegt" (Leistungsphase 1 D DVP), die Ablaufplanung „aufstellt" und „abstimmt" (Leistungsphase 2 D DVP) oder Deckungsbestätigungen
für Aufträge vorgibt (Leistungsphase 3 C DVP). Hier ist also im Einzelfall
nach der jeweils geschuldeten Tätigkeit zu differenzieren. Der Verordnungsgeber hat sich im übrigen auch insoweit – bewußt oder unbewußt – zurückgehal-

ten, indem er in § 31 Abs. 1 von den „Funktionen" des Auftraggebers spricht und es offen läßt, ob es sich um Rechtsverpflichtungen oder Obliegenheiten handelt.

18 Rechtsberatende Tätigkeit des Projektsteuerers?

Während § 31 HOAI nur andeutungsweise die rechtliche Beratung anspricht, wurde in dem DVP-Entwurf deutlicher die rechtliche Steuerung angesprochen, insbesondere das Vertragsmanagement und das Management zur Abwehr von Nachtragsforderungen. Es muß deshalb auch hier im Einzelfall der Projektsteuerungsvertrag durchleuchtet und die Bestimmungen des Vertrages daraufhin überprüft werden, ob die wirtschaftlichen, technischen und organisatorischen Aufgaben im Vordergrund stehen, oder ob das sog. Vertragsmanagement so im Vordergrund steht, daß die Grenze zum Rechtsberatungsgesetz überschritten wird. Auch der Entwurf DVP war in einzelnen Punkten bedenklich, so wenn das Mitwirken beim Durchsetzen von Vertragspflichten, die Vorgabe einheitlicher Verdingungsunterlagen für alle Leistungsbereiche und gar die Mitwirkung bei der Wahrnehmung der Rechte des Auftraggebers bei Vergleichen, Konkursen, Pfändungen und Abtretungen angesprochen wurde (vgl. i. e. Kniffka ZfBR 1995, 13). Diesen Bedenken hat die Fassung des Leistungsbilds v. 10. 3. 1995 weitgehend Rechnung getragen. Eindeutig die Grenze zur Rechtsberatung überschreiten Bestimmungen in Projektsteuerungsvorträgen mit Bezeichnungen wie Vertragsdatei, Vertragsanalyse, Vertragsnetz, Nachforderungsmanagement.

19 Ein Honorar für Leistungen bei der Projektsteuerung darf nur berechnet werden, wenn dies bei Auftragserteilung schriftlich vereinbart wurde (Pott/ Dahlhoff § 31 Rdn. 7; Hartmann § 31 Rdn. 28; Neuenfeld/Baden/Dohna/ Groscurth § 31 Rdn. 11; Hesse/Korbion/Mantscheff/Vygen § 31 Rdn. 11). Die Schriftform ist also Wirksamkeitsvoraussetzung. Zur Schriftform vgl. § 4 Rdn. 26; zum Begriff „Bei Auftragserteilung" vgl. § 4 Rdn. 34. Haben die Parteien eine entsprechende Honorarvereinbarung nicht getroffen, so steht dem Projektsteuerer ein Honorar zu. Dieses Ergebnis ist nach der Bestimmung des Abs. 2 zwingend, bedürfte jedoch dringend der Korrektur. Für das geltende Recht ist jedoch eine Analogie zu § 26 S. 2; § 32 Abs. 3 S. 2; § 33 S. 2 mit dem Ergebnis, daß das Honorar als Zeithonorar nach § 6 zu berechnen wäre nicht möglich. Der Verordnungsgeber hätte dies ausdrücklich anordnen müssen. **Der Höhe nach** kann das Honorar frei vereinbart werden. Eine bestimmte Relation zu den anrechenbaren Kosten oder zu den Honoraren für die Leistung des § 15 muß nicht gegeben sein.

20 Zur Verfassungsmäßigkeit der Regelung des § 31 HOAI

In der Literatur wurden von Anfang an Zweifel geäußert, ob § 31 auf einer ausreichenden gesetzlichen Ermächtigung i. S. d. Art. 80 GG beruhe. So wiesen Neuenfeld/Baden/Dohna/Groscurth/Schmitz (§ 31 Rdn. 2) darauf hin, daß von der HOAI und der Ermächtigungsnorm nur die Regelungen von Leistungen auf der Auftragnehmerseite erfaßt seien. Auftraggeberleistungen seien hierdurch nicht berührt. Jochem (§ 31 Rdn. 12) differenziert danach, ob dem Projektsteuerer auch weitere Leistungen nach HOAI übertragen seien. Geschehe dies nicht, so könne eine honorarrechtliche Festlegung wegen fehlender Ermächtigungsgrundlage nicht gegeben sein. Diese Kritik wurde zusammengefaßt und verstärkt durch Quack, „Projektsteuerung, ein Berufsbild ohne Rechtsgrundlage", BauR 1995, 27. Quack meint, es fehle sowohl an einer gesetzlichen Ermächtigung als auch an der erforderlichen Bestimmtheit. Die Regelung verstoße gegen das Rechtstaatprinzip sowie gegen den Grundsatz der Verhältnismäßigkeit und gegen den Gleichheitsgrundsatz des Art. 3 GG.

Wenn auch zuzugeben ist, daß § 31 HOAI auf keiner gesicherten verfassungsrechtlichen Grundlage beruht und eine Ergänzung der Verordnungsermächtigung oder die Einführung eines Mindest-Höchstsatzmodells erwägenswert wäre, ist im Ergebnis die Bestimmung mit dem Grundgesetz noch vereinbar. **21**

§ 31 HOAI greift in das Grundrecht der Berufsfreiheit ein. Der Rahmen der gesetzlichen Ermächtigung wird jedoch durch die Verordnung nicht überschritten. Der Eingriff ist gedeckt, wenn er durch Gesetz oder auf Grund eines solchen erfolgt und durch vernünftige Erwägungen des Gemeinwohls gedeckt ist. Gegen die Verfassungsmäßigkeit des Ermächtigungsgesetzes gibt es kaum Bedenken. Das Gesetz zur Verbesserung des Mietrechts und zur Begrenzung des Mietanstiegs sowie zur Regelung von Ingenieur- und Architektenleistungen hat das Bundesverfassungsgericht bereits 1981 als mit dem Grundgesetz vereinbar angesehen (BVerfG BauR 1982, 74 ff.). § 1 und § 2 des Gesetzes zur Regelung von Ingenieur- und Architektenleistungen ermächtigen die Bundesregierung zur Regelung von Honoraren, wobei Mindest- und Höchstsätze festgesetzt werden müssen. Neben der Möglichkeit, die Mindestsätze kraft schriftlicher Vereinbarung ausnahmsweise zu unter- und in bestimmten Fällen auch zu überschreiten, ist vorgesehen, daß in Ermangelung anderer Vereinbarung die Mindestsätze als vereinbart gelten. Danach darf eine auf der Ermächtigungsnorm beruhende Verordnung ausschließlich die Höhe von Architekten- und Ingenieurhonoraren zum Gegenstand haben. Dagegen bringt Quack vor, daß § 31 HOAI nicht die Höhe der Honorare regle sondern allein die Formbedürftigkeit einer Preisvereinbarung vorsehe. Die Bestimmung sei damit keine Preis- sondern eine reine Formvorschrift. Indem § 31 Abs. 2 HOAI aber vorschreibt, daß Honorare bei schriftlicher Vereinbarung frei festgesetzt werden können und in Ermangelung schriftlicher Vereinbarung keine Honorare gefordert werden können, stellt dies eine Honorarvorschrift dar. Zwar fehlt der Höchstpreis, aber der Mindestpreis ist bei Fehlen schriftlicher Vereinbarung auf Null festgelegt. Die für die Projektsteuerung gegebenen Vorgaben sind zwar nur teilweise umgesetzt worden, was aber nicht bedeutet, daß § 31 HOAI gegen die Ermächtigungsnorm verstößt. Auch das Argument Neuenfelds, das Gesetz gestatte nur die Regelung von Auftragnehmerleistungen, die Projektsteuerung sei aber **22** ihrem Wesen nach Auftraggeberleistung, überzeugt nicht. Angesprochen sind delegierbare Auftraggeberfunktionen. Wenn die Projektsteuerung eine Funktion (keine Pflicht) des Auftraggebers ist und wenn dieser einen Projektsteuerungsvertrag abschließt, so wird die Projektsteuerung zu einer Pflicht des Vertragspartners (Projektsteuerers). Des weiteren stellt sich die Frage, ob der durch Art. 12 I GG bewirkte Eingriff in die Berufsfreiheit noch dem Gebot der **Verhältnismäßigkeit** entspricht. Der Formzwang dient nach der Amtlichen Begründung der Rechtsklarheit. Das Berufs- und Leistungsbild des Projektsteuerers ist verhältnismäßig jung. Es ist für den Laien als Auftraggeber oft schwer durchschaubar und nicht immer von den Tätigkeiten der Objektplaner abgrenzbar. Projektsteuerungsverträge können auch durch schlüssiges Verhalten zustandekommen. Unschwer kann ein Auftraggeber in eine Projektsteuerung „hineinschlittern" und entsprechende Kostenfolgen zu tragen haben. Insofern bedeutet das Formerfordernis für den Auftraggeber Schutz vor Übereilung. Man wird dagegen einwenden können, daß eine unerträgliche rechtliche Situation eintreten würde, wenn etwa ein Auftraggeber sich die Leistungen eines Projektsteuerers bei einem komplexen Bauvorhaben über Jahre hinweg gefallen läßt und schließlich kurz vor Beendigung dieser Tätigkeit einwendet, es läge ja keine schriftliche Vereinbarung bei Auftragserteilung vor. Ebenfalls unbillig erscheint es, wenn kurz nach Beginn der Projektsteuerungstätigkeit bei einer Jahre in Anspruch nehmenden Projektsteuerungstätigkeit der Auftraggeber jede Vergütungspflicht leugnet, den Projektsteuerer aber veranlassen will, seine Leistungen ungeschmälert zu erbringen. Hierbei muß beachtet werden, daß der Projektsteuerungsvertrag in aller Regel ein Dauerschuldverhältnis darstellt und daß ein wichtiger Grund zur Kündigung gegeben sein dürfte, wenn der Auftraggeber sich darauf beruft, mangels rechtzeitiger Vereinbarung nichts bezahlen zu müssen. Hat aber der Projektsteuerer seine Leistungen ganz oder überwiegend erbracht, so besteht zumindest ein Anspruch auf Aufwendungsersatz nach § 670 BGB aus dem Gesichtspunkt des Geschäftsbesorgungscharakters des Vertrages (§ 675 BGB). Damit erhält allerdings der Projektsteuerer kein Äquivalent für das entfallende Honorar. Daneben ist aber auch an einen Bereicherungsanspruch gem. § 812 I 2. Alt. 2 BGB zu denken. Es kann davon ausgegangen werden, daß die Vertragsparteien bei Abschluß des Vertrages davon ausgegangen sind, daß die Projektsteuerungsleistungen gegen ein Honorar zu erbringen sind. Normalerweise wird durch den Abschluß eines Projektsteuerungsvertrags der Auftraggeber die Erwartung des Leistenden kennen und durch die Annahme zu verstehen geben, daß er die Zweckbestimmung – der **entgeltlichen** – Projektsteuerungsleistung billigt. Es liegt also eine tatsächliche Willensübereinstimmung der Beteiligten über den verfolgten Zweck vor (vgl. BGH NJW 1984, 233). Nur dann, wenn der Auftraggeber den Projektsteuerer von vornherein „hereinlegen" hätte wollen und ihm der Schriftformerfordernis und seine Folgen bekannt war, wäre der Bereicherungsanspruch ausgeschlossen.

23 Eine Verletzung des **Gleichheitsgrundsatzes** läge vor, wenn die Anwendung einer Norm zu einer sachwidrigen willkürlichen Differenzierung zwischen

Architekten und Ingenieuren einerseits und den sonstigen Projektsteuerern auf der anderen Seite führen würde. Folgt man der leistungsbezogenen Anwendung der HOAI mit der h. L., so ist dies unproblematisch. Beschränkt man jedoch die Anwendung des § 31 HOAI auf Architekten und Ingenieure im statusrechtlichen Sinne (vgl. § 1 Rdn. 12), so wären u. U. Architekten und Ingenieure, die die Voraussetzung des § 31 Abs. 1 HOAI nicht erfüllen, erheblich benachteiligt gegenüber Projektsteuernden, die nicht Architekt und Ingenieur sind, also den Fesseln des § 31 Abs. 2 HOAI nicht unterliegen und eine übliche Vergütung nach § 632 Abs. 2 BGB verlangen können. Das vorher erwähnte Kündigungsrecht aus wichtigem Grund, der Aufwendungsersatzanspruch nach § 670 BGB und gegebenenfalls der Bereicherungsanspruch gem. § 812 I 2. Alt. 2 BGB mindern die unterschiedlichen Folgen, die sich hieraus ergeben. Die Amtliche Begründung gibt als Grund für das Erfordernis einer schriftlichen Honorarvereinbarung bei Auftragserteilung an, daß diese der „Rechtsklarheit" und „Rechtssicherheit" diene. Da die Abgrenzung zwischen Projektsteuerungsleistungen, insbesondere auch im Bereich der Besonderen Leistungen zu den objektplanerischen und objektüberwachenden Leistungen des Architekten im Einzelfall sehr problematisch sein kann, könnten manche Architekten oder Ingenieure versucht sein, durch Deklarierung von Leistungen als solcher der Projektsteuerung den Fesseln der Höchst- und Mindestsatzregelung zu entgehen. Die Schriftformklausel beugt dem vor und dient der Zielsetzung der Kostendämpfung durch Senkung der Kostenbelastung für Mieter. Da die Disproportionalität erheblich sein muß, um einen Verstoß gegen Art. 3 GG zu bejahen, gewissermaßen Willkürlichkeit voraussetzt, dürfte auch bei Zugrundelegung der Statustheorie ein Verstoß gegen Art. 12 nicht vorliegen.

§ 31 HOAI genügt den Anforderungen an den **Bestimmtheitsgrundsatz**. Das **24** Bestimmtheitserfordernis ist nicht dann schon verletzt, wenn der Gesetzgeber auslegungsbedürftige Begriffe verwendet, die nicht allgemeingültig umschrieben werden können (vgl. BVerfGE 11, 234). § 31 Abs. 1 HOAI konkretisiert mit Nrn. 1–8, was – u. a. – nach dem Willen des Ordnungsgebers unter dem Begriff „Übernahme und Funktion des Auftraggebers bei der Steuerung von Projekten mit mehreren Fachbereichen" fallen soll und was „Leistungen der Projektsteuerung" sind. Verbleibende Abgrenzungsschwierigkeiten und Unsicherheiten müssen hier, wie auch sonst, durch die Rechtsprechung beseitigt werden, die sich mit gleich oder noch weniger bestimmten Rechtsbegriffen (vgl. § 242 BGB) zu beschäftigen hat.

Ebensowenig liegt ein Verstoß gegen das **Rechtsstaatsprinzip** vor. Es läßt sich **25** nicht nachvollziehen, wenn behauptet wird, mit § 31 HOAI werde nur „eine Definition ohne Rechtsfolge in den Ring geworfen" (Quack a. a. O. S. 31). Eine deutliche Rechtsfolge tritt ja tatsächlich ein. Aus „vermeintlichen Hintergedanken" des Verordnungsgebers, „die Projektsteuerung sozusagen als Thema in die HOAI zu bringen", läßt sich ein Verstoß gegen das Rechtsstaatprinzip nicht begründen. Das Leistungsbild der Projektsteuerungsleistungen ist in § 31 Abs. 1 Nr. 1–8 HOAI in Grundzügen umrissen. Eine Regelung mit Rechtsfolgen ist als die Voraussetzung der Honorierung getroffen.

§ 32
Winterbau

(1) Leistungen für den Winterbau sind Leistungen der Auftragnehmer zur Durchführung von Bauleistungen in der Zeit winterlicher Witterung.

(2) Hierzu rechnen insbesondere:

1. Untersuchung über Wirtschaftlichkeit der Bauausführung mit und ohne Winterbau, zum Beispiel in Form von Kosten-Nutzen-Berechnungen,

2. Untersuchungen über zweckmäßige Schutzvorkehrungen,

3. Untersuchungen über die für eine Bauausführung im Winter am besten geeigneten Baustoffe, Bauarten, Methoden und Konstruktionsdetails,

4. Vorbereitung der Vergabe und Mitwirkung bei der Vergabe von Winterbauschutzvorkehrungen.

(3) Das Honorar für Leistungen für den Winterbau kann als Pauschalhonorar frei vereinbart werden. Wird ein Pauschalhonorar nicht bei Auftragserteilung schriftlich vereinbart, so ist das Honorar als Zeithonorar nach § 6 zu berechnen.

(4) Werden von einem Auftragnehmer Leistungen nach Absatz 2 Nr. 4 erbracht, dem gleichzeitig Grundleistungen nach § 15 übertragen worden sind, so kann abweichend von Absatz 3 vereinbart werden, daß die Kosten der Winterbauschutzvorkehrungen den anrechenbaren Kosten nach § 10 zugerechnet werden.

1 § 32 gewährt ein honorarmäßiges Äquivalent für einen zusätzlichen Arbeitsaufwand des Architekten oder Ingenieurs bei Winterbaumaßnahmen. Die Vorschrift soll einen wirtschaftlichen Anreiz für Baumaßnahmen zur Winterzeit bieten und den zusätzlich anfallenden Arbeitsaufwand honorarmäßig ausgleichen. Die Vorschrift betrifft alle planerischen Leistungen, die geeignet sind, einen Baustellenbetrieb auch in witterungsmäßig ungünstigen Zeiten voll oder teilweise aufrecht zu erhalten. Sie führt beispielhaft solche Zusätzlichen Leistungen auf, die jedoch, sollen sie unter die Honorierung des § 32 fallen, über den Rahmen der normalen Leistungspflicht des Architekten oder Ingenieurs hinausgehen müssen.

2 Unter Winterbau versteht man die Durchführung von Bauarbeiten während der Winterbauzeit mit Hilfe von Winterbauschutzmaßnahmen. Nach § 2 Nr. 3 VOB/A ist anzustreben, die Aufträge so zu erteilen, daß die ganzjährige Bautätigkeit gefördert wird. Das Arbeitsförderungsgesetz (AFG) v. 25. 6. 1969 (BGBl. I S. 582) enthält in § 74 ff. Bestimmungen zur produktiven Winterbauförderung. Das Gesetz wurde mehrfach geändert, zuletzt durch Gesetz vom 20. 9. 1994. Danach ist das Wintergeld auf die Zeit vom 1. 12. bis 31. 3. beschränkt, das Schlechtwettergeld bei witterungsbedingtem Arbeitsausfall auf die Zeit vom 1. 11. bis 31. 3., befristet bis 31. 12. 1995. Die Gewährung dieser Leistungen erfolgt im Rahmen des AFG auf Antrag durch den Arbeitgeber, der für die Förderung in Frage kommenden Baubetriebe. Voraussetzung ist, daß

überwiegend Bauleistungen auf witterungsabhängigen Arbeitsplätzen erbracht werden. Für § 32 bedeutet dies, daß die Winterbauförderung nur noch in diesem Rahmen Wintergeld und Schlechtwettergeld umfaßt und eine rein betriebliche Angelegenheit ist, auf die der Architekt oder Ingenieur keinen unmittelbaren Einfluß hat. Honorarfähige Winter- und Schlechtwettermaßnahmen des Architekten und Ingenieurs können auch vorliegen, wenn der Auftraggeber keine Wintergeldzuschüsse erhält oder wenn er diese überhaupt nicht beantragt. Er kann trotzdem Untersuchungen über die Wirtschaftlichkeit, über zweckmäßige Schutzvorkehrungen, über am besten geeignete Baustoffe, Bauarten, Methoden und Konstruktionsdetails anstellen lassen oder die Vorbereitung der Vergabe oder eine Mitwirkung bei einer Vergabe in Auftrag geben.

Unter Winterbauschutz versteht man die Maßnahmen, die in der Winterbauzeit entsprechend den Witterungsverhältnissen und den technischen Bedingungen die Fortführung der Bauarbeiten gewährleisten. In Absatz 2 ist beispielhaft eine Reihe derartiger Leistungen aufgeführt. Die Maßnahmen dienen dem Schutz des Bauwerks oder eines Teiles desselben, der Baustelleneinrichtung, des Baumaterials und der sonstigen witterungsempfindlichen, für die Baudurchführung notwendigen Anlagen und Geräte sowie der Arbeiter. Sie richten sich nach Art und Lage des Bauwerkes, der Art der auszuführenden Arbeiten, den besonderen Gegebenheiten der Baustelle und der Entscheidung, bis zu welcher untersten Witterungsgrenze die Ausführung der Arbeiten technisch möglich und wirtschaftlich vertretbar ist. Unter Winterschutzbaueinrichtung versteht man die Ausstattung der Baustelle mit Zelten, Abdeckungen, Verkleidungen, zusätzlicher Beleuchtung, besonderer Heiz- und Warmwassergeräte usw. Winterbauschutzvorhaltung umfaßt das Verhalten der erforderlichen Geräte und Einrichtungen, die für den Winterbauschutz vereinbart sind. Man unterscheidet den **Voll-, Teil- und Einzelschutz.** Unter **Vollschutz** sind Winterbaumaßnahmen zu verstehen, die das Bauwerk oder Teile des Bauwerks vollständig umhüllen oder gegebenenfalls bei Bauwerken, die in offener Baugrube ausgeführt werden, durch eine Abdeckung und durch Querstützen in der Baugrube einen beheizbaren Arbeitsraum schaffen. *Winterbauteilschutz* liegt vor, wenn die Außenwandöffnungen des Rohbaus abgedichtet werden oder das Dach oder die oberste Geschoßdecke abgedeckt wird. Dabei sind die Innenräume zu beheizen, so daß sämtliche Innenausbauten in der Winterzeit ausgeführt werden können. Ferner müssen dadurch Teile der Bauleistung getrennt vom Bauwerk oder außerhalb der Baustelle hergestellt werden können. Unter **Einzelschutz** sind Winterbauschutzmaßnahmen kleineren Umfangs zu verstehen, durch die Arbeitsplätze, Materiallager, Aufbereitungs- und andere Anlagen so geschützt werden, daß die Arbeiten fortgeführt werden können.

Durch die spezielle Regelung in § 32 ist der Winterbau aus dem Bereich der „Besonderen Leistungen" herausgenommen. Es kann also nicht neben der Vergütung gemäß § 32 eine solche nach § 15 – Besondere Leistungen – verlangt werden. Die Herausnahme aus dem Bereich der Besonderen Leistungen führt dazu, daß das Honorar unter weniger strengen Voraussetzungen berechnet

werden kann. Die gegenteilige Auffassung von Neuenfeld/Baden/Dohna/
Groscurth/Schmitz § 32 Rdn. 7, wonach Winterbaumaßnahmen im Rahmen
der Vorplanung eine Besondere Leistung („Untersuchen von Lösungsmöglichkeiten nach grundsätzlich verschiedenen Anforderungen") darstellen können,
ist nicht zutreffend. Wie hier: Pott/Dahlhoff § 32 Rdn. 3. Die HOAI unterscheidet streng zwischen Besonderen Leistungen und Zusätzlichen Leistungen.
Überschneidungen sind nicht möglich. Diese Auffassung verkennt ferner, daß
Leistungen für den Winterbau auch im Vorplanungsstadium als zusätzliche Leistung hinzukommen können. Sie sind dann nach § 32 zu honorieren. Im Unterschied zum Honorar für Besondere Leistungen hat der Auftragnehmer einen
Honoraranspruch auch dann, wenn keine schriftliche Vereinbarung getroffen
war. Allerdings kann er dann kein Pauschalhonorar geltend machen, vielmehr
steht ihm dann ein Zeithonorar nach Abs. 3 Satz 2 zu.

5 Absatz 3 ermöglicht den Vertragsparteien die Vereinbarung eines Pauschalhonorars. Werden Winterbaumaßnahmen vom Architekten beratend, vorberei-
tend und überwachend begleitet, so kann das Honorar für Leistungen beim
Winterbau als Pauschalhonorar frei vereinbart werden. Höchstpreise schreibt
die HOAI hier nicht vor. Ein Pauschalhonorar kann jedoch nur dann berechnet werden, wenn dies bei Auftragserteilung (vgl. § 4 Rdn. 26) schriftlich (vgl.
§ 4 Rdn. 34) vereinbart war. Das Merkmal „Pauschalhonorar" ist zwingende
Voraussetzung für die Wirksamkeit der Honorarvereinbarung (vgl. § 16
Rdn. 8). Als Auftragserteilung kann nicht die Erteilung des Hauptauftrages
angesehen werden, sondern nur der Auftrag speziell für Winterbauleistungen
(so mit Recht Neuenfeld/Baden/Dohna/Groscurth/Schmitz § 32 Rdn. 7).
Wird ein Pauschalhonorar überhaupt nicht oder nicht bei Auftragserteilung
schriftlich vereinbart, so kann das Honorar als Zeithonorar nach § 6 berechnet
werden. In der Bestimmung des § 3 Abs. 3 ist nicht nur eine Rechtsfolgenverweisung zu sehen mit dem Ergebnis, daß eine Vorausschätzung nicht erforderlich ist (vgl. die Kommentierung zu § 6 Rdn. 4). Ist eine Vorausschätzung des
Zeitbedarfs möglich und erfolgt eine solche nicht, so kann zwar nach dem
nachgewiesenen Zeitbedarf auf der Grundlage der Stundensätze des § 6 Abs. 2
abgerechnet werden. Der Architekt verletzt aber eine vertragliche Nebenver-
pflichtung und macht sich gegebenenfalls schadensersatzpflichtig (vgl. die
Kommentierung zu § 6 Rdn. 4 ff.).

6 Absatz 4 enthält eine Sondervorschrift zur Honorierung von Leistungen
nach Abs. 2 Nr. 4. Hat der Architekt auch die Vorbereitung und Mitwirkung
bei der Vergabe von Grundleistungen zu erbringen, bereitet er die Vergabe von
Winterbauschutzvorkehrungen vor und wirkt er bei dieser mit, so kann er statt
den in Absatz 3 vorgesehenen Berechnungsmöglichkeiten (freie Vereinbarung
eines Pauschalhonorars bei Auftragserteilung oder Berechnung nach Zeithonorar gemäß § 6) wahlweise – und ohne daß besondere Voraussetzungen hierfür
vorliegen müßten – vereinbaren, daß die Kosten der Winterbauschutzvorkehrungen den anrechenbaren Kosten nach § 10 zugerechnet werden. Für diese
Vereinbarung ist keine Schriftform erforderlich. Sie kann auch noch nach

Beginn der Winterbaumaßnahmen erfolgen (so auch Hartmann § 32 Rdn. 4; Jochem § 32 Rdn. 8). Anhaltspunkte für die Honorarberechnung finden sich bei Schmitz BdB 1977, Heft 8, S. 17; vgl. auch Kranz DAB 1977, 723; Walter DAB 1977, 849; Brandenburger, Rationeller bauen, September 1976, S. 31; Klocke/Arlt, S. 180.

Erweisen sich Winterbaumaßnahmen als rationalisierungswirksam, so erfolgt 7 die Honorierung nach § 29 als speziellere Regelung (so auch Hesse/Korbion/ Mantscheff/Vygen § 32 Rdn. 7). Eine Doppelhonorierung nach § 29 und § 32 ist ausgeschlossen.

Winterbaumaßnahmen können auch in anderen Leistungsbereichen vorkom- 8 men, so in Teil VII bei Ingenieurbauwerken und Verkehrsanlagen (§ 52 Abs. 8), Teil VIII Tragwerksplanung (§ 62 Abs. 3), Teil IX Leistungen bei der Technischen Ausrüstung (§ 69 Abs. 7).

Teil IV
Gutachten und Wertermittlungen

§ 33
Gutachten

Das Honorar für Gutachten über Leistungen, die in dieser Verordnung erfaßt sind, kann frei vereinbart werden. Wird ein Honorar nicht bei Auftragserteilung schriftlich vereinbart, so ist das Honorar als Zeithonorar nach § 6 zu berechnen. Die Sätze 1 und 2 sind nicht anzuwenden, soweit in den Vorschriften dieser Verordnung etwas anderes bestimmt ist.

Während der **Rat** nicht begründet werden muß oder allenfalls kurz begründet **1** wird, erfordert ein **Gutachten** eine geordnete Darstellung des zu beurteilenden Sachverhalts, die Herausstellung und Behandlung der Probleme, die Stellungnahme zu den aufgeworfenen Fragen und die Auseinandersetzung mit den im Schrifttum dargelegten Meinungen sowie schließlich die eigene Würdigung unter Berücksichtigung der Auseinandersetzung mit den in Schrifttum und Praxis vertretenen Auffassungen. Während beim Rat die Mitteilung der Empfehlung ausreicht, muß das Gutachten die Erwägungen, die zu dem Urteil geführt haben, darlegen; es muß so abgefaßt sein, daß es dem Auftraggeber möglich ist, das Gutachten in tatsächlicher und rechtlicher Beziehung nachzuprüfen und nachprüfen zu lassen. Das Gutachten wird in aller Regel schriftlich zu erstatten sein.

Es kann sich in Baufragen auf technische, künstlerische und wirtschaftliche **2** Angelegenheiten beziehen. Eine Gutachtertätigkeit kann die Beurteilung von Grundstücken und Gebäuden, städtebaulichen Leistungen und Leistungen für Grünanlagen umfassen, sie kann sowohl Konstruktionen, Baumaterialien, die Feststellung der technischen und wirtschaftlichen Leistungsfähigkeit einer Anlage als auch Ertrags- und Rentabilitätsberechnungen betreffen. Die Hauptbedeutung der Gutachtertätigkeit liegt im privaten Baurecht bei der gutachterlichen Beurteilung von Mängeln an einem Bauwerk.

Der Gutachtervertrag ist in aller Regel ein Werkvertrag (BGHZ 42, 313). **3** Der Gutachter schuldet also insofern den „Erfolg", als er – will er sein „Werk" einwandfrei erbringen – die gestellte Frage unter Auseinandersetzung mit sonst vertretenen Meinungen zu beantworten hat. Dies kann gegebenenfalls auch in der Weise geschehen, daß er die Nichtbeantwortbarkeit feststellt.

Das Gutachten muß objektiv und fachlich richtig sein und darf nicht einsei- **4** tig die Interessen des Auftraggebers wiedergeben. Erstattet der Gutachter ein „Gefälligkeitsgutachten", so kann er sich gewährleistungspflichtig machen (Weimar VersR 1955, 264). Das Gutachten kann auch wenn der Gutachterauftrag so beschränkt ist, nur die dem Auftraggeber günstigen Momente herausstellen (Werner/Pastor Rdn. 140). Ein Gutachten kann nachbesserungsfähig sein, der Besteller kann dann die Beseitigung des Mangels gemäß § 633 Abs. 2 BGB verlangen.

5   Ein Gutachter kann auch als **Schiedsgutachter** tätig werden. Der Schiedsgutachtervertrag ist vom **Schiedsvertrag** zu unterscheiden. Der BGH hat in NJW 1952, 1296 die Kriterien für die Abgrenzung überzeugend dargelegt: Ein Schiedsvertrag hat die Entscheidung des Rechtsstreits zum Ziel, während die Schiedsgutachterabrede auf die Feststellung von Tatbestandselementen gerichtet ist. Im Schiedsvertrag wird dem Schiedsgericht eine Tätigkeit übertragen, die im ordentlichen Rechtsweg der staatlich bestellte Richter dadurch vornimmt, daß er das Urteil fällt. Der Schiedsgutachtervertrag dagegen hat einen die Parteien und das Gericht bindenden Ausspruch über eine Frage zum Ziel, die im gerichtlichen Verfahren gegebenenfalls als Tatbestandselement auftauchen kann, ohne daß der Schiedsgutachter die abschließende Folgerung zieht, die sich aus der von ihm gegebenen Beantwortung für die endgültige Entscheidung ergibt. Entscheidend für die Abgrenzung ist, ob Dritte für die Parteien subjektives Recht setzen oder anstelle des ordentlichen Gerichts die Leistung mit endgültig bindender Kraft bestimmen soll. Im ersteren Fall haben die Parteien die Möglichkeit, die Festsetzung vor dem ordentlichen Richter anzugreifen, wenn sie offenbar unbillig und daher unverbindlich ist, während im zweiten Fall die Parteien eine solche Möglichkeit für die inhaltliche Nachprüfung nicht haben, weil hier die Festsetzung von einer die Stelle eines ordentlichen Gerichts einnehmenden Instanz durch urteilsgleichen Schiedsspruch vorgenommen wird. Da das Schiedsgericht für die Streitentscheidung zwischen den Parteien die Stelle des staatlichen Gerichts einnimmt, ist die sachliche Richtigkeit des Schiedsspruchs grundsätzlich nicht angreifbar, während beim Schiedsgutachten eine sachliche Nachprüfung durch das ordentliche Gericht möglich bleibt, wenn das Gutachten offenbar unbillig ist (§ 319 Abs. 1 Satz 2 BGB; vgl. auch BGHZ 48, 30; BGH NJW-RR 1988, 506). Auch der Schiedsgutachtervertrag ist Werkvertrag. Dem Schiedsgutachter kann auch die Aufgabe rechtlicher Bewertung übertragen sein. Nach § 319 BGB ist davon auszugehen, daß der nach § 242 BGB zu ermittelnde Wille der Vertragsparteien eine Haftung des Gutachters nur bei offenbarer Unrichtigkeit des Gutachtens eintreten läßt (BGHZ 43, 374). Vgl. zur Abgrenzung von Schieds- und Schiedsgutachtervertrag auch Werner/Pastor, Der Bauprozeß, 7. Aufl., Rdn. 483 ff.

6   Die Regelung des § 33 betrifft **Privatgutachten sowie Schiedsgutachten,** nicht jedoch Gutachten in schiedsgerichtlichen Verfahren, soweit es sich nicht um Privatgutachten handelt. Nach der hier vertretenen personalen Auffassung (vgl. § 1 Rdn. 12 ff.) gelten die Bestimmungen der §§ 33, 34 nur für Gutachten von Architekten und Ingenieuren (a. A. Hesse/Korbion/Mantscheff/Vygen § 33 Rdn. 2; Hartmann § 33 Rdn. 1, die aber ebenfalls den Gegenstand der Gutachten nach § 33 auf Leistungen beschränken, die die HOAI regelt Pott/Dahlhoff § 33 Rdn. 2; vgl. hierzu Rdn. 10).

7   Die Bestimmungen des § 33 **gelten nicht für gerichtliche Sachverständige,** die Gutachten zu erstatten haben (vgl. hierzu u. a. Aurnhammer B + B 1966, 173; Jessnitzer BauR 1975, 73; Müller Betr. 1972, 1809 und OLG Stuttgart Die Justiz 1978, 73 sowie unten Rdn. 10). Gerichtliche Sachverständige sind Personen, die vom Gericht als dessen Gehilfen zur Entscheidung eines gerichtlichen Bauprozesses herangezogen werden. Die Leistungen des gerichtlichen Sachverständigen werden nach dem Zeugen- und Sachverständigenentschädigungsgesetz (ZuSEG) i. d. F. vom 1. 10. 1969 (BGBl. I S. 1756, zuletzt geändert am 1. 7. 1994 [BGBl. I S. 1325]) vergütet. Die Beziehungen zwischen dem gerichtlichen Sachverständigen und dem Gericht sind öffentlich-rechtlicher Natur. Der gerichtliche Sachverständige übt aber keine hoheitliche Gewalt aus. Nach BGH NJW 1968, 787 und BGHZ 62, 54 = NJW 1974, 312 haftet er für die Folgen eines fahrlässig unrichtig erstatteten Gutachtens den Prozeßparteien grundsätzlich nicht. Dies gilt aber nicht bei grober Fahrlässigkeit des Sachverständigen, sofern dadurch eine aus § 823 Abs. 1 BGB folgende Haftung wegen Verletzung des verfassungsmäßig geschützten Rechts der persönlichen Freiheit eingeschränkt würde (BVerfG NJW 1979, 305) und bei sittenwidriger Schädigung nach § 826 BGB (OLG Hamm BB 1986, 1397). Vgl. zur Haftung des Sachverständigen auch: Döbereiner BauR 1979, 282; Ingenstau/Korbion VOB (A), § 7 Rdn. 48 ff.

Die Kosten des Privatgutachtens können dann erstattungsfähig sein, wenn **8** sie – etwa zur Feststellung von Mängeln – in Erwartung eines zukünftigen Rechtsstreits eingeholt werden und zur Beeinflussung der Entscheidung, ob ein Rechtsstreit begonnen werden soll oder des Rechtsstreits selbst zugunsten des Erstattungsberechtigten, erforderlich und geeignet gewesen sind (vgl. hierzu Werner/Pastor, 7. Aufl., Rdn. 146 ff.). Dies ist insbesondere der Fall, wenn eine fachkundige Partei einer sachverständigen Partei gegenübersteht oder wenn der Prozeß maßgeblich von dem vorgelegten Gutachten beeinflußt worden ist. Die angefallenen Kosten für das Privatgutachten müssen jedoch in unmittelbarer Beziehung zu dem zu erwartenden Rechtsstreit stehen und zur ordnungsgemäßen Führung des Rechtsstreits zugunsten des Erstattungsberechtigten erforderlich und geeignet sein. Derartige Kosten sind Aufwendungen, die den unmittelbaren Schaden am Bauwerk betreffen. Sie sind also nicht unter dem Gesichtspunkt der positiven Forderungsverletzung geltend zu machen. Unter der oben genannten Voraussetzung können die Kosten für ein Privatgutachten dann, wenn es nicht zu einem Bauprozeß wegen Baumängel kommt, im Rahmen der Leistungsklage geltend gemacht werden.

Ist der Gutachtervertrag ein Werkvertrag und ist keine Vergütung vereinbart, **9** so richtet sich diese gemäß § 632 Abs. 2 BGB im Zeifel nach der üblichen Vergütung.

§ 33 betrifft eine Honorarregelung für **Gutachten über Leistungen, „die in** **10** **dieser Verordnung erfaßt sind“.** Für solche Leistungen bleibt für eine Honorarbemessung nach § 632 Abs. 2 BGB kein Raum. Die Regelung des § 33 bezieht sich also nicht auf Bauleistungen allgemein. Gutachten, die ein Architekt oder Ingenieur über Bauleistungen von Werkunternehmern erstattet, bei denen eine Architekten- oder Ingenieurhaftung nicht in Frage steht, unterfallen nach dem eindeutigen Wortlaut des § 33 nicht dieser Bestimmung (so auch AG St. Blasien BauR 1979, 73). Ebensowenig fallen unter § 33 Gutachten über die Zustandsfeststellung und Beurteilung von Objekten (Hesse/Korbion/Mantscheff/Vygen § 33 Rdn. 3). Gutachten über derartige Fragen werden gemäß § 632 Abs. 2 honoriert. Die Einordnung der Gutachtertätigkeit in den Bereich des § 33 oder ihre Beurteilung nach § 632 Abs. 2 BGB ist in mehrfacher Hinsicht von Bedeutung:

a) Die Berechnung von Zeithonorar kommt nur dann nicht in Frage, wenn ein Honorar bei Auftragserteilung schriftlich vereinbart wird. Außerhalb des Bereichs des § 33 genügt jede – auch mündliche – Vereinbarung eines Honorars.

b) Liegt eine Vereinbarung nicht oder nicht im Sinne des § 33 vor, so ist im Rahmen der Beurteilung nach § 33 das Zeithonorar nach § 6 zu ermitteln, während es außerhalb des § 33 als übliche Vergütung für die Gutachterleistung festzustellen ist. Außerhalb des § 33 können also auch höhere Zeithonorare oder Tagessätze wirksam vereinbart werden.

c) Richtet sich die Honorierung nach § 33, so besteht Anspruch auf Erstattung der Nebenkosten (§ 7), der Umsatzsteuer (§ 8) und auf Abschlagszahlungen (§ 8 Abs. 2).

11   Greift § 33 nicht ein – weil etwa der Architekt Bauwerksmängel des Bauunternehmers als Gutachter zu beurteilen hat –, so ist die übliche Vergütung nicht nach den in den Bereich des § 33 fallenden Bauleistungen zu bemessen und gleich zu bewerten. Zwar ist die Feststellung von Baumängeln häufig gleich schwierig, unabhängig davon, ob sie in den Leistungsbereich des Architekten oder des Ingenieurs einerseits oder des Bauunternehmers andererseits fallen. Der Mindestsatz der Von-bis-Sätze kann aber nicht ohne weiteres als übliche Vergütung unterstellt werden. Hierbei sind die vielfältigen freien Gebührenvereinbarungen, die für Gutachten über Bauleistungen getroffen werden, zu berücksichtigen, die nicht selten erheblich über den Mindest- oder auch Höchstsätzen liegen (vgl. hierzu: OLG Stuttgart, Beschl. v. 25. 2. 1970 [II O 83/69; II O 416/88; II O 177/67] und Beschl. v. 30. 11. 1977 [17 U 183/76]: „jedoch sind auch die jetzigen Höchstsätze noch weit von einer echten üblichen leistungsgerechten Vergütung entfernt" [OLG Stuttgart, Die Justiz 1978, 73]). Im Hinblick auf die Unsicherheit der Bemessung der üblichen Vergütung ist dem Gutachter dringend anzuraten, rechtzeitig eine Gebührenvereinbarung zu treffen (vgl. ferner hierzu: Aurnhammer, Der Bausachverständige 1970, 3; ders., B + B 1977, 173 ff.; Karwat, Das Honorar des Sachverständigen, 1977).

12   Unter Leistungen i. S. des § 33 sind Grundleistungen und Besondere Leistungen sowie auch Zusätzliche Leistungen zu verstehen. Auch Besondere Leistungen, die nicht in der VO aufgezählt sind, jedoch zum Leistungsbild des Architekten oder Ingenieurs gehören, werden durch § 33 erfaßt (Neuenfeld/Baden/Dohna/Groscurth/Schmitz § 33 Rdn. 1; Hartmann § 33 Rdn. 2). Der Begriff „in dieser Verordnung erfaßt", ist weiter als „in dieser Verordnung aufgezählt". Das Gutachten eines Architekten über die urheberrechtliche Schutzfähigkeit eines Architektenwerks ist nach § 33 zu honorieren. Der Gutachter muß in einem solchen Falle die Qualität eines Entwurfs beurteilen.

Häufig hat der Gutachter von Baumängeln „gemischte Leistungen" zu beur- **13** teilen, also Baumängel, für die sowohl ein Architekt und Ingenieur, aber auch ein Bauunternehmer oder sonstiger am Bau Beteiligter verantwortlich sein kann. Die Beurteilung der Leistungen von Bauunternehmern oder anderen Baubeteiligten, sofern sie nicht Architekten und Ingenieure sind, fällt aus dem Regelungsbereich des § 33 heraus und wäre nach der üblichen Vergütung des § 632 Abs. 2 BGB zu honorieren. Diese Aufspaltung bringt für die Praxis erhebliche Probleme, vor allem im Hinblick auf die Abgrenzung. Für die Lösung dieser Frage bieten sich drei Möglichkeiten an:

1. Auch in diesen Fällen ist das Gutachterhonorar nach § 33 zu berechnen (so Neuenfeld/Baden/Dohna/Groscurth/Schmitz § 33 Rdn. 2 mit der Begründung, daß hierfür praktische und preisrechtliche Erwägungen sprächen). 2. Aufspaltung. 3. Schwerpunktmethode. Die Beurteilung dieser Frage ist entgegen Neuenfeld/Baden/Dohna/Groscurth/Schmitz , § 33 Rdn. 2 von erheblicher praktischer Bedeutung, weil es nicht richtig sein kann, daß die übliche Vergütung für den nicht von § 33 umfaßten Teil nach § 632 Abs. 2 BGB zur entsprechenden Anwendung des § 33 führt. Wird keine schriftliche Vereinbarung, auch nicht hinsichtlich der Zeithonorarsätze, getroffen, so ist der Gutachter auf die Mindestsätze für § 6 verwiesen. Die übliche Vergütung für Gutachterleistungen, insbesondere für solche, die nicht in der VO geregelt sind, liegt jedoch höher. Für die Beurteilung ist auch zu berücksichtigen, daß die Beschränkung des § 33 auf das Honorar für Gutachten über Leistungen, die in dieser Vorschrift erfaßt sind, im Hinblick auf die Ermächtigungsgrundlage des Art. 10 § 1 Abs. 1 (vgl. hierzu Artikelgesetz Rdn. 5) erfolgt ist. Honorare für Gutachten über Bauunternehmerleistungen können also durch diese VO nicht rechtswirksam geregelt werden. Es bleibt deshalb trotz aller praktischen Bedenken nichts anderes übrig, als in Fällen, in denen sich das Gutachten sowohl auf Architekten- und Ingenieurleistungen einerseits und Bauunternehmerleistungen oder Leistungen anderer Baubeteiligter andererseits erstreckt, eine Aufspaltung vorzunehmen (wie hier: Hartmann § 33 Rdn. 2 und Pott/Dahlhoff § 33 Rdn. 3). Dem Gutachter ist aber dringend anzuraten, hier bei Auftragserteilung eine Klärung herbeizuführen. Will der Gutachter aus dem Regelungsbereich des § 33 ausscheiden, so kann er zunächst zu erreichen versuchen, daß der Auftrag auf die Feststellung von Baumängeln von Bauunternehmern und anderen Baubeteiligten beschränkt wird. Hierfür kann er eine freie Vereinbarung oder die übliche Vergütung verlangen. Wird dann ein zweiter Auftrag für die Prüfung der Verantwortlichkeit eines Architekten oder Ingenieurs erteilt, so hat der Gutachter sein Honorar insoweit nach § 33 HOAI zu berechnen. Darauf hinzuweisen ist, daß die Beratung nicht in der HOAI geregelt ist. Der Verordnungsgeber hat insofern die Ermächtigungsnorm nicht ausgefüllt. Ein Beratungshonorar kann deshalb frei vereinbart werden. Hesse/Korbion/Mantscheff/Vygen § 33 Rdn. 3, 6 unterscheiden bei „gemischten" Gutachterleistungen und bejahen die Anwendbarkeit des § 33, wenn der Auftrag zunächst auf Architekten- und Ingenieurleistungen ausgerichtet war und später im Vollzug der Begutachtung Bauausführungsfehler durch den Gutachter festgestellt werden.

Maßgebend soll sein die ursprüngliche Auftragsbestimmung. § 33 verlangt jedoch eine objektive Zuordnung. Subjektive Manipulierbarkeit (bewußt falsche Auftragsrichtung mit Richtungsänderung) muß verhindert werden.

14 Grundsätzlich kann das Honorar für Gutachten über Leistungen, die in dieser Verordnung erfaßt sind, als Honorar frei vereinbart werden. Geschieht dies aber nicht schriftlich bei Auftragserteilung (vgl. zum Begriff bei Auftragserteilung § 4 Rdn. 34), so ist das Honorar als Zeithonorar nach § 6 zu berechnen. Wird ein Honorar vor, bei oder nach Auftragserteilung mündlich vereinbart, so ist der Auftraggeber grundsätzlich an diese Vereinbarung nicht gebunden; er kann eine Abrechnung nach Zeithonorar verlangen.

15 Wird keine schriftliche Vereinbarung getroffen, können nur die Mindeststundensätze des § 6 Abs. 2 abgerechnet werden (§ 4 Abs. 4). Die Parteien können jedoch eine schriftliche Vereinbarung über die Höchststundensätze treffen, sofern nach § 6 Abs. 1 kein Fest- oder Höchstbetrag durch Vorausschätzung des Zeitbedarfs berechnet werden kann. In der Regel wird bei Gutachten eine Vorausschätzung des Zeitbedarfs nicht möglich sein. Die Intensität der Auseinandersetzung mit den zu den Problemen des Gutachtens vertretenen Meinungen in der Literatur, der Umfang der vorzunehmenden Untersuchungen wird häufig bei Auftragserteilung noch nicht feststehen.

16 Soweit in den Vorschriften der HOAI über die Honorierung von Gutachten von § 33 Abweichendes festgelegt ist, kommt § 33 nicht zur Anwendung. Insoweit gehen die speziellen Vorschriften vor. Dabei handelt es sich um Vorschriften des § 42 Abs. 1 Nr. 3 (Gutachten zu Baugesuchen in den Städtebaulichen Leistungen).

§ 34
Wertermittlungen

(1) Die Mindest- und Höchstsätze der Honorare für die Ermittlung des Wertes von Grundstücken, Gebäuden und anderen Bauwerken oder von Rechten an Grundstücken sind in der nachfolgenden Honorartafel festgesetzt [siehe Seite 634].

(2) Das Honorar richtet sich nach dem Wert der Grundstücke, Gebäude, anderen Bauwerke oder Rechte, der nach dem Zweck der Ermittlung zum Zeitpunkt der Wertermittlung festgestellt wird; bei unbebauten Grundstücken ist der Bodenwert maßgebend. Sind im Rahmen einer Wertermittlung mehrere der in Absatz 1 genannten Objekte zu bewerten, so ist das Honorar nach der Summe der ermittelten Werte der einzelnen Objekte zu berechnen.

(3) § 16 Abs. 2 und 3 gilt sinngemäß.

(4) Wertermittlungen können nach Anzahl und Gewicht der Schwierigkeiten nach Absatz 5 der Schwierigkeitsstufe der Honorartafel nach Absatz 1 zugeordnet werden, wenn es bei Auftragserteilung schriftlich vereinbart worden ist. Die Honorare der Schwierigkeitsstufe können bei Schwierigkeiten nach Absatz 5 Nr. 3 überschritten werden.

(5) Schwierigkeiten können insbesondere vorliegen

1. bei Wertermittlungen
   - für Erbbaurechte, Nießbrauchs- und Wohnrechte sowie sonstige Rechte,
   - bei Umlegungen und Enteignungen,
   - bei steuerlichen Bewertungen,
   - für unterschiedliche Nutzungsarten auf einem Grundstück,
   - bei Berücksichtigung von Schadensgraden,
   - bei besonderen Unfallgefahren, starkem Staub oder Schmutz oder sonstigen nicht unerheblichen Erschwernissen bei der Durchführung des Auftrages;

2. bei Wertermittlungen, zu deren Durchführung der Auftragnehmer die erforderlichen Unterlagen beschaffen, überarbeiten oder anfertigen muß, zum Beispiel
   - Beschaffung und Ergänzung der Grundstücks-, Grundbuch- und Katasterangaben,
   - Feststellung der Roheinnahmen,
   - Feststellung der Bewirtschaftungskosten,
   - Örtliche Aufnahme der Bauten,
   - Anfertigung von Systemskizzen im Maßstab nach Wahl,
   - Ergänzung vorhandener Grundriß- und Schnittzeichnungen;

3. bei Wertermittlungen
   - für mehrere Stichtage,
   - die im Einzelfall eine Auseinandersetzung mit Grundsatzfragen der Wertermittlung und eine entsprechende schriftliche Begründung erfordern.

(6) Die nach den Absätzen 1, 2, 4 und 5 ermittelten Honorare mindern sich bei
- überschlägigen Wertermittlungen nach Vorlagen von Banken und Versicherungen um   30 v. H.,
- Verkehrswertermittlungen nur unter Heranziehung des Sachwerts oder Ertragswerts um   20 v. H.,
- Umrechnungen von bereits festgestellten Wertermittlungen auf einen anderen Zeitpunkt um   20 v. H.

(7) Wird eine Wertermittlung um Feststellungen ergänzt und sind dabei lediglich Zugänge oder Abgänge beziehungsweise Zuschläge oder Abschläge zu berücksichtigen, so mindern sich die nach den vorstehenden Vorschriften ermittelten Honorare um 20 vom Hundert. Dasselbe gilt für andere Ergänzungen, deren Leistungsumfang nicht oder nur unwesentlich über den einer Wertermittlung nach Satz 1 hinausgeht.

Honorartafel zu § 34 Abs. 1

Wert	Normalstufe		Schwierigkeitsstufe	
	von	bis	von	bis
DM	DM		DM	
50 000	440	570	550	850
100 000	640	780	760	1 060
150 000	870	1 070	1 030	1 460
200 000	1 080	1 320	1 280	1 810
250 000	1 270	1 550	1 500	2 110
300 000	1 440	1 750	1 700	2 390
350 000	1 510	1 850	1 800	2 520
400 000	1 720	2 100	2 030	2 860
450 000	1 840	2 240	2 170	3 060
500 000	1 930	2 360	2 290	3 220
600 000	2 120	2 580	2 500	3 520
700 000	2 270	2 760	2 680	3 770
800 000	2 380	2 920	2 810	3 970
900 000	2 500	3 050	2 940	4 150
1 000 000	2 600	3 180	3 080	4 340
1 500 000	3 090	3 780	3 650	5 160
2 000 000	3 510	4 310	4 160	5 860
2 500 000	3 920	4 780	4 620	6 510
3 000 000	4 280	5 230	5 040	7 120
3 500 000	4 670	5 700	5 510	7 760
4 000 000	4 960	6 050	5 840	8 230
4 500 000	5 290	6 430	6 240	8 790
5 000 000	5 670	6 930	6 720	9 450
6 000 000	6 240	7 620	7 370	10 400
7 000 000	6 840	8 310	8 090	11 450
8 000 000	7 390	9 070	8 740	12 390
9 000 000	8 130	10 020	9 640	13 650
10 000 000	8 610	10 500	10 190	14 390
15 000 000	11 340	13 860	13 440	18 900
20 000 000	14 070	17 010	16 380	23 310
25 000 000	16 590	20 270	19 740	27 830
30 000 000	18 590	22 680	21 740	30 560
35 000 000	21 000	25 410	24 680	34 550
40 000 000	22 260	27 300	26 460	37 380
45 000 000	24 570	30 240	29 300	41 160
50 000 000	26 780	33 080	32 030	45 150

1 Allgemeine Erläuterung

§ 34 ist gegenüber § 23 GOA erheblich verändert. Die GOA kannte nur einen zu interpolierenden Grundwert für Schätzungen. In der Honorartafel des § 34 sind dagegen Mindest- und Höchstsätze für Wertermittlungen festgelegt, die außerdem eine Normalstufe und eine Schwierigkeitsstufe enthalten. Während in § 23 GOA auf den „Schätzungswert" (Summe des Bodenwerts und des Neuherstellungswerts eines Gebäudes) abgehoben wurde, ist nach § 34 HOAI der Verkehrswert, also der Wert zu ermitteln, „der nach dem Zweck der Ermittlung zum Zeitpunkt der Wertermittlung festgestellt wird". Außerdem nennt § 34 besondere Schwierigkeitsstufen, die beispielhaft in Absatz 6 aufgeführt sind.

Sachlicher Anwendungsbereich   2

Während § 23 GOA auf Grundstücke und Gebäude Anwendung fand (vgl. Fabricius/v. Nordenflycht/Bindhardt, S. 171), gilt § 34 für die Ermittlung des Wertes von Grundstücken, Gebäuden und anderen Bauwerken oder von Rechten an Grundstücken. Nicht unter § 34 fallen also Freianlagen und städtebauliche Leistungen sowie Mietwertermittlungen. Anderer Ansicht Pott/Dahlhoff § 34 Rdn. 2a, die über § 3 Nr. 1 – dem Wortlaut des § 34 Abs. 1 zuwider – alle „Objekte" erfaßt wissen wollen, vgl. hierzu auch Neuenfeld/Baden/Dohna/ Groscurth/Schmitz § 34 Rdn. 2. Die Honorarvorschrift des § 34 findet jedoch auch Anwendung auf Bauwerke. Zum Begriff des Bauwerks vgl. die Kommentierung zu § 3 Rdn. 3. Es können demnach auch Wertermittlungen für Brunnen, Gleisanlagen und Kanalisationen, Tiefgaragen, Brücken nach § 34 abgerechnet werden.

Zeitpunkt der Honorarermittlung   3

Die Höhe der Honorarsätze richtet sich nach dem Wert der Grundstücke, Gebäude, anderen Bauwerke oder Rechte, „der nach dem Zweck der Ermittlung zum Zeitpunkt der Wertermittlung festgestellt wird" (vgl. zur Honorarermittlung grundlegend Klocke DAB 1985, 1329). Dabei wird trotz praktischer Bedenken (Hesse/Korbion/Mantscheff/Vygen § 34 Rdn. 11; Jochem § 34 Rdn. 2) nach Wortlaut und Entstehungsgeschichte der Honorarberechnung der Zeitpunkt, in dem die Wertermittlung durchgeführt wird zugrunde zu legen sein (Hartmann § 34 Rdn. 12). Treten jedoch besondere Schwierigkeiten erst nach Annahme des Auftrags auf, so besteht keine Bindung an das vereinbarte Honorar.

Bei der Ermittlung des Verkehrswerts darf auch der private Gutachter nicht   4 im „freien Raum" schätzen. Er wird die Verordnung über die Grundsätze für die Ermittlung des Verkehrswerts von Grundstücken (Wertermittlungsverordnung – WertV – vom 7. 8. 1961 (BGBl. I S. 1183) i. d. F. v. 6. 12. 1988 (BGBl. I S. 2253) und die Vorschriften des Bewertungsgesetzes v. 30. 5. 1985 (BGBl. I S. 845 geändert am 3. 5. 1990, BGBl. I S. 2775) berücksichtigen müssen. Das Wertermittlungsverfahren kann nach dem **Vergleichs-, Sach- und Ertragswertverfahren** durchgeführt werden. Der dadurch ermittelte Verkehrswert wird in § 9 Abs. 2 Bewertungsgesetz definiert als „durch den Preis bestimmt, der im gewöhnlichen Geschäftsverkehr nach der Beschaffenheit des Wirtschaftsgutes bei einer Veräußerung zu erzielen wäre".

5 Persönlicher Geltungsbereich

Die Frage, ob § 34 für Wertermittlungsgutachten nur gilt, wenn sie von einem Architekten oder Ingenieur erstellt werden, richtet sich danach, ob angenommen wird, daß die HOAI insgesamt und damit auch für § 34 berufsbildbezogen oder tätigkeitsbezogen anzuwenden ist (vgl. § 1 Rdn. 12). Bejaht man mit der h. M. die tätigkeitsbezogene Auffassung, so ist es unerheblich, wer eine in § 34 geregelte Wertermittlung durchführt, ob ein Makler oder Versicherungskaufmann oder sonstige Berufsfremde oder eben ein Architekt oder ein Ingenieur. § 34 findet keine Anwendung für gerichtlich bestellte Sachverständige, die im Rahmen eines Prozesses oder eines selbständigen Beweisverfahrens tätig werden. Für sie gilt ausschließlich das ZuSEG. § 34 ist auch nicht anwendbar auf die von Gutachterausschüssen wie i. S. v. §§ 192 ff. BauGB erstatteten Gutachten. Für deren Leistungen werden Gebühren erhoben, die in Rechtsverordnungen der Länder geregelt sind.

6 Wertermittlung für mehrere Objekte

Bei Beauftragung von Wertermittlungen für mehrere Objekte ist das Honorar nach der Summe der ermittelten Werte der einzelnen Objekte zu berechnen (§ 34 Abs. 2 Satz 2), soweit ein einheitlicher Auftrag vorliegt (OLG Hamm NJW-RR 1989, 1297 = BauR 1989, 758). Entscheidend hierfür ist die Beauftragung „im Rahmen einer Wertermittlung". Es kommt also nicht darauf an, ob die zu bewertenden Objekte am gleichen Ort liegen oder ob sie gleichartig sind; ausschlaggebend ist lediglich, ob **eine Wertermittlung** vorliegt. Es muß also ein einheitlicher Auftrag vorliegen. Wird zunächst Auftrag für die Bewertung des Objekts A erteilt und später, etwa nach Erstattung des Gutachtens, die Begutachtung des Objekts B verlangt, so erfolgt die Begutachtung nicht „im Rahmen einer Wertermittlung". Diese Bestimmung des § 34 Abs. 2 Satz 2 soll nach der Amtlichen Begründung gewährleisten, daß die in der Honorartafel zum Ausdruck kommende Degression nicht außer Kraft gesetzt wird. Sie bezieht sich nach dem Wortlaut auf die in Absatz 1 genannten „Objekte". Der Begriff „Objekt" ist für die VO in § 3 Nr. 1 definiert. Grundstücke fallen nicht unter diese Definition. Wenn also § 34 Abs. 2 Satz 2 auf die „in Absatz 1 genannten Objekte" verweist, so fällt unter diese Einschränkung die Ermittlung von Grundstückswerten und Rechten am Grundstück nicht. Angesichts der klaren Definition des „Objektbegriffs" ist eine andere Auslegung für unbebaute Grundstücke auch dann nicht möglich, wenn der Verordnungsgeber nach dem Sinn des § 34 Abs. 1 Satz 2 auch die unbebauten Grundstücke in die Einschränkung des § 34 Abs. 2 Satz 2 hätte einbezogen wissen wollen (a. A. unter Berufung auf die unpräzise Ausdrucksweise des Verordnungsgebers und in der Annahme, daß dieser mit den in Absatz 1 genannten Objekten alle dort aufgeführten „Wertobjekte" gemeint habe: Hesse/Korbion/Mantscheff/Vygen § 34 Rdn. 11; Jochem § 34 Rdn. 10; wie hier Hartmann § 34 Rdn. 14).

Honorare für Werte unter 50 000 DM können als Pauschal- oder Zeithonorare **7**
nach § 6 berechnet werden, höchstens jedoch bis zu den in der Honorartafel nach
Absatz 1 für Werte von 50 000 DM festgesetzten Höchstsätzen, ohne besondere
Schwierigkeiten bis 570 DM. Wird kein Pauschalhonorar vereinbart, so kann im
Normalfall des Auftragnehmers bis 440 DM, im Fall mit Schwierigkeiten bis
570 DM berechnen. Der Verweis auf § 6 ergibt, daß die Stundensätze bei Auftragserteilung schriftlich zu vereinbaren sind; geschieht dies nicht, so können
nach § 4 Abs. 4 nur die Mindestsätze des § 6 berechnet werden.

Für höhere Werte als 50 000 000 DM ist eine freie Honorarvereinbarung vorge- **8**
sehen, die auch mündlich erfolgen kann (vgl. § 16 Rdn. 11). Eine solche ist dringend zu empfehlen; praktikabel ist es, als Ausgangspunkt den auf Prozent umge-
rechneten Honorarsatz von 50 Mio. zu wählen. Fehlt eine Vereinbarung, so ist
die übliche Vergütung nach § 632 Abs. 2 BGB zugrunde zu legen (vgl. § 16
Rdn. 13). Hesse/Korbion/Mantscheff/Vygen § 34 Rdn. 13 (§ 632 Abs. 2 BGB);
Jochem § 34 Rdn. 17. Anderer Ansicht Neuenfeld/Baden/Dohna/Groscurth/
Schmitz § 34 Rdn. 7 (Mindestsätze für Werte bis 50 Mio.).

Sowohl für die Berechnung der über die Mindestsätze für Stundensätze hin- **9**
ausgehenden Gebühren als auch für die Vereinbarung der für die erhöhte
Gebührenberechnung bei Schwierigkeiten vorgesehenen Sätze ist es erforderlich, daß eine Absprache schriftlich bei Auftragserteilung getroffen wird. Die
Schwierigkeit, eine schriftliche Vereinbarung bei Auftragserteilung zu treffen,
liegt darin, daß häufig bei Auftragserteilung die Werte für das Objekt oder
Grundstück noch nicht festliegen. Es ist deshalb dem Gutachter anzuraten, sich
vor Abschluß des Gutachtervertrags („bei Auftragserteilung") mit der gestellten
Aufgabe und dem Objekt bzw. unbebauten Grundstück eingehend zu befassen
und gewissermaßen eine Vorprüfung vorzunehmen.

Abs. 4 Satz 1 stellt klar, daß die Honorare bei Wertermittlungen mit Schwie- **10**
rigkeiten nach Absatz 5 nach Schwierigkeitsstufen berechnet werden können.
Voraussetzung ist, daß dies bei Auftragserteilung schriftlich vereinbart wurde.
Es können in dieser schriftlichen Vereinbarung wirksam die in Absatz 5 aufgeführten Schwierigkeiten dadurch berücksichtigt werden, daß die Von-bis-Sätze
der Schwierigkeitsstufen nach Absatz 1 entsprechend diesen Schwierigkeiten
festgelegt und der Honorarberechnung der Parteien zugrunde gelegt werden.
Bei Vorliegen von Schwierigkeiten nach Abs. 5 Nr. 3 können sogar die Höchstsätze der Schwierigkeitsstufe überschritten werden. Auch dies bedarf der
schriftlichen Vereinbarung bei Auftragserteilung. Die in Absatz 5 aufgeführten
Schwierigkeiten sind beispielhaft; sie können durch weitere ergänzt werden.
Schwierigkeiten können auch räumliche Entfernungen von Schätzobjekten
sein, für die Wertermittlungen ausgeführt werden. Auch die zeitliche Trennung
im Rahmen einer Wertermittlung kann eine Schwierigkeit bedeuten. Erfolgt die
Bewertung nach Anzahl und Gewicht der Schwierigkeit nach Absatz 5 unrichtig und wird die Schwierigkeitsstufe der Honorartafel nicht sachgerecht zugeordnet, so kann auch bei schriftlicher Vereinbarung bei Auftragserteilung ein
Verstoß gegen den Höchstpreischarakter der VO vorliegen.

11 Nicht unter die Schwierigkeiten des Absatzes 5 einzuordnen sind zusätzliche Leistungen des Gutachters, wie die Untersuchung von Objekten auf ihre konstruktive, bauphysikalische, energiewirtschaftliche oder statische Beschaffenheit, Bodenuntersuchungen bei bebauten oder unbebauten Grundstücken, Untersuchung von Umwelteinflüssen, klimatischen, biologischen, ökologischen Bedingungen und Untersuchungen bei Gebäuden in gestalterischer, städtebaulicher oder funktionaler Hinsicht. Solche Untersuchungen sind zwar für die Wertermittlung von entscheidender Bedeutung, sie sind jedoch zusätzlich nach § 6 zu honorieren.

12 Nicht in den Honorarsätzen enthalten sind die Nebenkosten nach § 7 und die Umsatzsteuer nach § 9. Über die pauschale Vereinbarung von Nebenkosten ist eine schriftliche Vereinbarung bei Auftragserteilung erforderlich; sonst ist auf Nachweis abzurechnen.

13 Absatz 6 schränkt die Honorare bei den in der Honorartafel enthaltenen Werten für überschlägige Wertermittlungen nach Vorlagen von Banken und Versicherungen, Verkehrswertermittlungen, nur unter Heranziehung des Sachwerts oder Ertragswerts und Umrechnungen von bereits festgestellten Wertermittlungen auf einen anderen Zeitpunkt um 20–30 v. H. ein, weil unter diesen Umständen die an das Gutachten gestellten Anforderungen quantitativ unterdurchschnittlich sind. Alle drei Anwendungsfälle können kumulativ zusammentreffen.

14 Bei bestimmten geringfügigen Ergänzungen fordert Absatz 7 eine Honorarminderung von 20 v. H., da hierfür ein geringerer Arbeitsaufwand erforderlich und die volle Berechnung des Honorars nicht gerechtfertigt ist. Die Honorarminderung um 20 % bezieht sich auf das nach Absatz 1, 2, 4 und 5 aufgrund des ermittelten Wertes berechnete Honorar.

15 Der Wertermittlungsgutachter sieht sich, will er sich nicht Schadensersatzansprüchen aus positiver Forderungsverletzung aussetzen, umfangreichen Pflichten ausgesetzt (zum Leistungsbild: vgl. Klocke DAB 1978, 155 und DAB 1985, 1329). Wer im Vertrauen auf die Richtigkeit der Wertermittlung Vermögensschäden erleidet, wie etwa eine beleihende Bank aufgrund eines unrichtigen Wertgutachtens, kann gegen den Gutachter Schadensersatzansprüche geltend machen, wenn der Gutachter damit rechnen mußte, daß sein Gutachten Vertrauensgrundlage für Vermögensdispositionen sein soll (vgl. OLG Frankfurt NJW-RR 1989, 337). Ansprüche auf Ersatz von Mangelfolgeschäden einer fehlerhaften Grundstücksbewertung verjähren in 30 Jahren (BGH NJW 1976, 1502 = BauR 1976, 354 = Schäfer/Finnern Z 3.004 Bl. 1).

Teil V
Städtebauliche Leistungen

§ 35
Anwendungsbereich

(1) Städtebauliche Leistungen umfassen die Vorbereitung, die Erstellung der für die Planarten nach Absatz 2 erforderlichen Ausarbeitungen und Planfassungen, die Mitwirkung beim Verfahren sowie sonstige städtebauliche Leistungen nach § 42.

(2) Die Bestimmungen dieses Teils gelten für folgende Planarten:
1. Flächennutzungspläne nach den §§ 5 bis 7 des Baugesetzbuchs,
2. Bebauungspläne nach den §§ 8 bis 13 des Baugesetzbuchs.

Grundzüge der Regelung   1

§ 35 HOAI definiert den Begriff der städtebaulichen Leistungen und bestimmt auf welche Planarten Teil V der HOAI Anwendung findet. Im Vordergrund stehen die Leistungen für die **Bauleitplanung,** die im ersten Teil des BauGB geregelt ist. Hierbei ist zu unterscheiden die vorbereitende Bauleitplanung, deren Ergebnis der Flächennutzungsplan ist und die verbindliche Bauleitplanung, die zum Bebauungsplan führt. Das BauGB fixiert die Leitlinien der Bauplanung. Aufgabe der Bauleitplanung ist die Vorbereitung und Leitung der baulichen und sonstigen Nutzung der Grundstücke in einer Gemeinde und Sicherung einer geordneten, den Belangen der Allgemeinheit unter angemessener Berücksichtigung privater Interessen Rechnung tragenden städtebaulichen Entwicklung (§ 1 Abs. 6 BauGB).

Durch die 4. ÄndVO wurde Teil V (städtebauliche Leistungen) neu gefaßt. Die   2 Leistungsbilder wurden an die inhaltlichen und verfahrensmäßigen Veränderungen der Bauleitplanung angepaßt. So müssen durch die frühzeitige Bürgerbeteiligung sich wesentlich unterscheidende Lösungen erarbeitet und voraussichtliche Auswirkungen der Planung dargestellt werden. Außerdem müssen Fragen des Umweltschutzes stärker berücksichtigt werden (Verkehrslärm, Gewerbelärm, Luft- und Bodenverunreinigung). Im Rahmen des Abwägungsgebotes oder im Verfahren über die Berücksichtigung von Einwendungen werden erhöhte Anforderungen gestellt. Der Abstimmungsbedarf mit Stellen, die Träger öffentlicher Belange sind, hat sich erhöht. Durch die Novelle der BauNVO v. 23. 1. 1990 (BGBl. I S. 132) wurden die Bestimmungen der Baunutzung neu gefaßt. Das Baugesetzbuch (BauGB), das am 1. 7. 1987 an die Stelle des Bundesbaugesetzes getreten ist, enthält zusätzliche Anforderungen an die Bauleitplanung, so Verpflichtungen, die natürlichen Lebensgrundlagen zu entwickeln, mit Grund und Boden sparsam und schonend umzugehen und Altlasten zu kennzeichnen.

Das Investitionserleichterungs- und Wohnbaulandgesetz vom 22. 4. 1993 hat zu Änderungen im BauGB geführt (z. B. Erschließungsvertrag – § 124; städtebauliche Entwicklungsmaßnahmen – § 165). Des weiteren wurden dadurch das Wohnungsbauerleichterungsgesetz (z. B. städtebaulicher Vertrag, Vorhaben und Erschließungsplan) und das Bundesnaturschutzgesetz, insbesondere § 8 a (Verhältnis zum Baurecht), geändert.

3 Vertragspartnerschaft

Nach § 2 Abs. 1 S. 1 BauGB sind die Bauleitpläne von der Gemeinde in eigener Verantwortung aufzustellen. Benachbarte Gemeinden haben Bebauungspläne aufeinander abzustimmen. Jede Gemeinde ist für ihren Bereich Träger der Planungshoheit. Die Träger der Planungshoheit können die Bauleitpläne durch eigene Dienststellen ausarbeiten lassen, sie können sich jedoch auch der Hilfe von Architekten, Stadtplanern und Ingenieuren bedienen. Der Auftragnehmer kann auch Subunternehmeraufträge, gegebenenfalls mit Zustimmung seines Auftraggebers vergeben. Im Verhältnis zwischen Haupt- und Subunternehmer sind die Vorschriften der §§ 35–42 anwendbar (Hesse/Korbion/Mantscheff/Vygen Vorbem. § 35 Rdn. 4). Auch wenn sich das Planungsgeschehen auf öffentlich-rechtlicher Basis abspielt, ist das Auftragsverhältnis stets zivilrechtlich zu charakterisieren, auch wenn es sich auf die Ausarbeitung der Leitplanung bezieht. Der Auftragnehmer wird durch die Beauftragung nicht zum Träger der Planungshoheit. Nach § 35 Abs. 2 Z. 1 gelten die Bestimmungen des Teils V für Flächennutzungspläne nach den §§ 5–7 des BauGB. Damit ist nicht angesprochen die Tätigkeit für einen öffentlichen Planungsträger, der ohne die Planungshoheit für den Flächennutzungsplan zu besitzen nach § 4 Abs. 1 beteiligt ist und seine Planungen mit dem Flächennutzungsplan in Einklang zu bringen hat. Wenn hierfür Tätigkeiten von Architekten, Stadtplanern und Ingenieuren in Anspruch genommen werden, so werden diese Leistungen von §§ 35–42 nicht erfaßt. Auch das Leistungsbild des § 37 führt weder unter den Grundleistungen noch unter den Besonderen Leistungen solche auf, die nicht im Interesse und auf Anweisung des Planungsträgers erbracht werden. Jedoch ist eine Honorierung nach anderen Vorschriften der HOAI möglich (Hesse/Korbion/Mantscheff/Vygen § 35 Rdn. 2; Pott/Dahlhoff § 35 Rdn. 3; a. A. Jochem § 35 Rdn. 4).

4 Schema der Honorarberechnung

Die Honorarberechnung vollzieht sich bei Flächennutzungs- und Bebauungsplänen verschieden. *Beim Flächennutzungsplan* vollzieht sich die Honorarberechnung in folgenden Stufen:

a) Einordnung in die Honorarzone getrennt danach, ob es sich nach Flächen gemäß § 38 Abs. 3 Ziff. 1 bis 3 oder um solche des § 38 Abs. 3 Ziff. 4 handelt.

b) Ermitteln der Verrechnungseinheiten (VE). Auch hier ist zu trennen, je nachdem, ob es sich um Ansätze nach § 38 Abs. 3 Ziff. 1, 2, 3 oder um solche nach § 38 Abs. 3 Ziff. 4 handelt.

c) Sodann lassen sich die Von-bis-Sätze getrennt nach den zuvor ermittelten Verrechnungseinheiten der Honorartafel zu § 38 Abs. 1 ablesen. Diese sind dann zum Gesamthonorar zu addieren.

d) Schließlich ist eine Bewertung der Leistungen nach den **Vomhundertsätzen** des § 37 für Flächennutzungspläne vorzunehmen.

Je nachdem, welche Leistungsphasen aus § 37 erbracht werden, ergibt sich ein bestimmter Vomhundertsatz, aus dem die Mindest- bzw. Höchstsätze für das betreffende Objekt zu ermitteln sind.

Schema der Honorarberechnung FNP (Flächennutzungsplan)

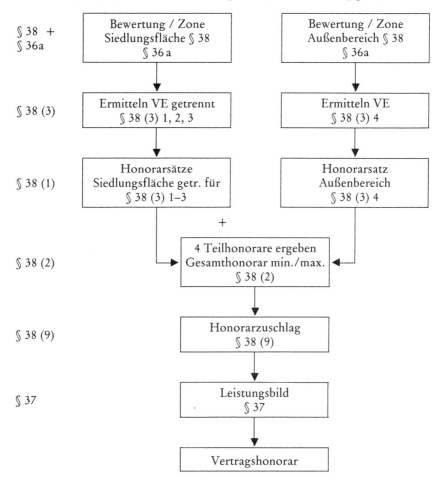

§ 38 +
§ 36a

| Bewertung / Zone Siedlungsfläche § 38 § 36 a | Bewertung / Zone Außenbereich § 38 § 36a |

§ 38 (3)

| Ermitteln VE getrennt § 38 (3) 1, 2, 3 | Ermitteln VE § 38 (3) 4 |

§ 38 (1)

| Honorarsätze Siedlungsfläche getr. für § 38 (3) 1–3 | Honorarsatz Außenbereich § 38 (3) 4 |

+

§ 38 (2)

4 Teilhonorare ergeben Gesamthonorar min./max. § 38 (2)

§ 38 (9)

Honorarzuschlag § 38 (9)

§ 37

Leistungsbild § 37

Vertragshonorar

Bei Bebauungsplänen vollzieht sich die Honorarberechnung in folgenden Stufen:

a) Zunächst ist die Honorarzone ggf. unter Einbeziehung des Bewertungspunktesystems festzulegen (§ 39 a i. V. m. § 36a).

b) Sodann ist das Honorar nach der Größe des Planbereichs zu berechnen, die dem Aufstellungsbeschluß zugrunde liegt (§ 41 Abs. 2).

c) Dann ist der Honorarsatz im Rahmen der Von-bis-Sätze festzulegen (§ 41 Abs. 1).

d) Schließlich ist eine Bewertung der Leistungen nach den Vomhundertsätzen des § 40 Abs. 1 vorzunehmen.

Schema der Honorarberechnung BPL (Bebauungsplan)

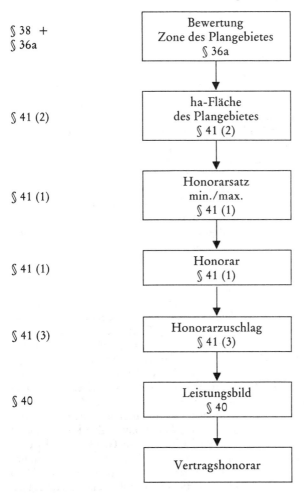

§ 38 + § 36a	Bewertung Zone des Plangebietes § 36a
§ 41 (2)	ha-Fläche des Plangebietes § 41 (2)
§ 41 (1)	Honorarsatz min./max. § 41 (1)
§ 41 (1)	Honorar § 41 (1)
§ 41 (3)	Honorarzuschlag § 41 (3)
§ 40	Leistungsbild § 40
	Vertragshonorar

Der Begriff Städtebauliche Leistungen ist der Oberbegriff für alle Leistungen **5** bei der Planerstellung der in Absatz 2 genannten Planungsarten und für die sonstigen städtebaulichen Leistungen nach § 42.

§§ 35–42 beziehen sich nicht auf Architektenleistungen, die im Rahmen **6** anderer Verfahren nach dem BauGB erbracht werden, wie Beratungen hinsichtlich einer Veränderungssperre, eines Umlegungsverfahrens, der Ausübung eines Vorkaufsrechts (Hesse/Korbion/Mantscheff/Vygen § 35 Rdn. 5).

7 Besondere Leistungen, die zur Erarbeitung von Flächennutzungs- und Bebauungsplänen hinzutreten, sind unter Beachtung von § 5 Abs. 4 zu berechnen. Werden sie gesondert in Auftrag gegeben, so besteht die Möglichkeit freier Vereinbarung.

8 Der **Flächennutzungsplan** ist ein Teil der Bauleitplanung als vorbereitender Bauleitplan (§ 1 Abs. 2 BauGB) im Gegensatz zum verbindlichen Bauleitplan, dem Bebauungsplan. Es gelten die §§ 1, 2, 3, 4 des BauGB und die besonderen Bestimmungen für den Flächennutzungsplan §§ 5–7 BauGB. In der Regel geht der Flächennutzungsplan dem Bebauungsplan zeitlich voran. Nach § 2 Abs. 2 BauGB ist ein Flächennutzungsplan nicht erforderlich, wenn der Bebauungsplan ausreicht, um die städtebauliche Entwicklung zu ordnen. Die Verpflichtung, einen Flächennutzungsplan aufzustellen, verpflichtet alle Gemeinden; dieser ist den Zielen der Raumordnung und Landesplanung anzupassen. Seine Geltungsdauer wird von den Gemeinden bestimmt: „Aufstellung oder Änderung soll erfolgen, sobald und soweit es für die städtebauliche Entwicklung und Ordnung erforderlich ist." Im BauGB ist nur ein Teil der Bauleitplanung geregelt, nämlich das förmliche Verfahren zur Aufstellung der Bauleitpläne, nicht die „schöpferische Entwurfstätigkeit". Gegenstand eines Flächennutzungsplanes ist es, für das ganze Gemeindegebiet die beabsichtigte Art der Bodennutzung nach den voraussehbaren Bedürfnissen der Gemeinde in Grundzügen darzustellen (§ 5 Abs. 1 BauGB). Dargestellt werden soll dabei vor allem die unterschiedliche Nutzungsart der einzelnen Flächen für bauliche Nutzung, für Versorgung mit Gütern und Dienstleistungen des öffentlichen und privaten Bereiches, für Gemeindebedarf wie Schulen, Kirchen, für soziale, gesundheitliche und kulturelle Zwecke, Verkehr, Versorgung, Grünflächen, Land-, Forst- und Wasserwirtschaft, Flächen für Nutzungsbeschränkungen und zum Schutz gegen schädliche Umwelteinwirkungen. Ein Erläuterungsbericht ist gemäß § 5 (7) Bestandteil des Flächennutzungsplanes. Die Bedeutung der Flächennutzungspläne besteht einmal in der Bindungswirkung für den öffentlichen Planungsträger unter bestimmten Voraussetzungen (§ 7 BauGB) und zum anderen darin, daß die Bebauungspläne (verbindliche Bauleitpläne) aus ihnen zu entwickeln sind (§ 8 Abs. 2 Satz 1 BauGB). Der Flächennutzungsplan kommt durch Beschluß der Gemeinde zustande und wird wirksam mit Genehmigung durch die höhere Verwaltungsbehörde, wobei im einzelnen besondere Voraussetzungen betreffend der Auslegung usw. zu beachten sind (vgl. im einzelnen §§ 2, 6 BauGB). In zunehmendem Umfang wird die Planungsleistung „Flächennutzungsplan" von Fachplanungen begleitet oder durch diese berührt. So durch Landschaftspläne, Entwicklungskonzepte, Verkehrsgutachten. Soweit diese Eingang in den Flächennutzungsplan finden, schlägt sich dies im Honorarsatz und im Leistungsbild nieder. Dem Flächennutzungsplan sollte der Landschaftsplan vorgeschaltet sein. Die Feststellungen eines Landschaftsplans können mit bindender Wirkung für den Flächennutzungs- und auch für den Bebauungs-

plan übernommen werden. Die Einordnung des Landschafts- und Grünordnungsplanes in die Bestimmungen der HOAI ergibt sich ebenso wie ihre Zuordnung zum Flächennutzungsplan aus § 43 (1) und (2) HOAI.

Auch der **Bebauungsplan** ist eine Form der Bauleitplanung, und zwar der ver- 9 bindliche Bauleitplan (§ 1 Abs. 2 BauGB). Für ihn gelten ebenso die allgemeinen Vorschriften der §§ 1 bis 4 BauGB und darüber hinaus die besonderen Bestimmungen der §§ 8 bis 13 BauGB. Der Bebauungsplan enthält die rechtsverbindlichen Festsetzungen für die städtebauliche Ordnung (§ 8 Abs. 1 Satz 1 BauGB). Die Festsetzungen betreffen das Bauland, die Grundstücke, die von der Bebauung freizuhalten sind, die Verkehrsflächen, Versorgungsflächen (§ 9 Abs. 1 BauGB). Die Festsetzungen eines wirksamen, qualifizierten Bebauungsplanes sind grundsätzlich verbindlich (§ 30 BauGB), jedoch sind Ausnahmen und Befreiungen von den Festsetzungen möglich (§ 31 BauGB). Der Bebauungsplan kommt durch Satzungsbeschluß der Gemeinde zustande (§ 10 BauGB) und wird wirksam mit Genehmigung durch die höhere Verwaltungsbehörde (§ 11 BauGB). Eine Überprüfung der Planinhalte soll erfolgen, wenn die Planinhalte über einen längeren Zeitraum nicht vollzogen sind und sich neue Inhalte ergeben.

Der Bebauungsplan ist im Gegensatz zu Gestaltungs- oder Rahmenplänen 10 ein Rechtsplan. Sein Inhalt wird bestimmt durch die Regelungen des § 9 BauGB, seine Darstellung durch die PlanzV. Dem Bebauungsplan ist eine schriftliche Begründung beizufügen (§ 9 Abs. 8 BauGB). Nach § 13 BauGB kann ein vereinfachtes Verfahren durchgeführt werden unter der Voraussetzung, daß die Grundzüge der Planung erhalten bleiben, daß die Nutzung nur unerheblich betroffen wird und daß die Eigentümer und beteiligten Behörden zustimmen. Weitere Fachplanungen oder Fachleistungen können sowohl bei Flächennutzungsplänen wie auch besonders bei Bebauungsplänen hinzukommen, ohne daß diese unter die Honorarregelungen der §§ 35 ff. fallen, so z. B. vermessungstechnische Leistungen für das Liegenschaftskataster, Bodenordnungsverfahren, Verkehrsuntersuchungen.

Der Auftragnehmer kann aus Rechtsgründen nur Aufgaben übernehmen, die 11 nicht das förmliche Verfahren betreffen und für die nicht die Inhaberschaft der Planhoheit erforderlich ist (Hesse/Korbion/Mantscheff/Vygen § 35 Rdn. 4). Nach der HOAI sind also lediglich die Leistungen abzurechnen, die der Auftragnehmer bei der Ausarbeitung der Bebauungspläne erbringt. Nicht zu den nach der HOAI abzurechnenden Leistungen gehören solche, die für die Aufsichtsbehörde im Genehmigungsverfahren erbracht werden. Planungen und Darstellungen, die über die zweite Dimension hinausgehen, sind nicht mit den Honoraren für den Bebauungsplan abgegolten.

Sonstige städtebauliche Leistungen sind nicht Teil der Bauleitplanung i. S. d. 12 § 1 Abs. 2 BauGB. Gleichwohl sind sie arbeitstechnisch an die Bauleitplanung gekoppelt, meist sogar Voraussetzung, um die Bauleitplanung durchzuführen. Diese Leistungen können sowohl im Vorfeld wie auch zeitlich parallel, aber auch nach Abschluß der Bauleitplanungsleistungen notwendig werden. § 42

Abs. 1 bezeichnet die wichtigsten, für die Praxis bedeutsamen sonstigen städtebaulichen Leistungen. Dabei ist der Vorhaben- und Erschließungsplan (§ 7 des Investitionserleichterungs- und Wohnbaulandgesetzes v. 22. 4. 1993) der Teil der verbindlichen Bauleitplanung sein kann, zu beachten.

§ 36
Kosten von EDV-Leistungen

Kosten von EDV-Leistungen können bei städtebaulichen Leistungen als Nebenkosten im Sinne des § 7 Abs. 3 berechnet werden, wenn dies bei Auftragserteilung schriftlich vereinbart worden ist. Verringern EDV-Leistungen den Leistungsumfang von städtebaulichen Leistungen, so ist dies bei der Vereinbarung des Honorars zu berücksichtigen.

1 **Allgemeines zu den EDV-Leistungen**

Unter EDV-Leistungen sind Leistungen zu verstehen, die durch Einsatz von elektronischen Datenverarbeitungsanlagen sowie zur Vorbereitung dieses Einsatzes zur Lösung der dem Auftragnehmer übertragenen städtebaulichen Aufgaben dienen. Häufig verfügt der Auftragnehmer nicht selbst über eine eigene Datenverarbeitungsanlage. § 36 bezieht sich dann auf Auslagen, die der Auftragnehmer an Datenverarbeiter zu entrichten hat. Für die städtebaulichen Leistungen kommen drei Anwendungsgebiete der Datenverarbeitungsanlagen in Frage: kommerzielle, technisch-wissenschaftliche und nichtnumerische Anwendung (zu den Anwendungsgebieten i. e.: vgl. Hesse/Korbion/Mantscheff/Vygen § 36 Rdn. 1).

Im städtebaulichen Bereich kann nach dem derzeitigen Stand der Technik insbesondere folgende EDV-Leistung sinnvoll sein:

– Übernahme oder Erhebung und Speicherung planungsrelevanter sozioökonomischer oder Umweltdaten oder Bestandsdaten im Zusammenhang mit Flächennutzungsplanungen oder Entwicklungsplanungen oder Planungsleistungen im Sanierungsgebiet.

In der Regel werden diese Daten vom Auftraggeber zur Verfügung gestellt, und zwar jeweils auftragsbezogen. Eine Speicherung (zur späteren Weiterverwendung oder Fortschreibung) findet selten statt. Durch eine Bereitstellung entsprechender Daten reduziert sich das Leistungsbild der Grundleistungen nicht.

– Übernahme, Speicherung und Weiterverwertung vermessungstechnischer Grunddaten für CAD-Leistungen. Diese arbeitstechnische Erleichterung steckt zwar noch in den Anfängen, nimmt jedoch an Bedeutung zu.

– Listenerstellung in Zusammenhang mit Bodenordnungsverfahren (Eigentümer, Zuteilungsflächen). Dies sind zwar „EDV-Leistungen". Sie unterscheiden sich jedoch nicht grundsätzlich vom alltäglichen Schriftverkehr, der zunehmend über „speicherfähige Schreibgeräte" (Schreibmaschine, PC usw.) abgewickelt wird.

Keine entsprechende Anwendung auf andere Leistungen 2

Es fällt auf, daß § 36 nur im Bereich der städtebaulichen Leistung Eingang gefunden hat. Der Verordnungsgeber hat lediglich in § 44 Abs. 1 die Vorschriften des § 36 analog für die landschaftsplanerischen Leistungen für anwendbar erklärt. Hieraus ergibt sich der Umkehrschluß, daß in den Leistungsbereichen der Teile II, III, IV, VII, VIII, IX, X, XI, XII und XIII – also in den objektbezogenen Aufgabenbereichen – die Erstattungsfähigkeit der EDV-Leistungen ausgeschlossen sein soll, obwohl hier EDV-CAD-Leistungen zunehmend an Bedeutung gewinnen (so auch Hesse/Korbion/Mantscheff/Vygen § 36 Rdn. 3 und Hartmann § 36 Rdn. 2).

Die Bestimmung enthält eine Sonderregelung für den Ansatz von Nebenkosten im Bereich der städtebaulichen Leistungen. Außer den in § 7 genannten Nebenkosten kann der Auftragnehmer bei städtebaulichen Leistungen auch Kosten von EDV-Leistungen in Ansatz bringen. Ein zusätzliches Honorar kommt nicht nur dann in Frage, wenn der Auftragnehmer auf eigene gespeicherte Daten zurückgreift (Primärdaten), sondern auch dann, wenn er sich solcher Daten bedient, die in einer Datenbank gespeichert sind (Sekundärdaten) (so mit Recht Meinel, S. 71). Voraussetzung hierzu ist jedoch, daß dies bei **Auftragserteilung schriftlich** vereinbart wurde. Unter Auftragserteilung ist hier ebenso wie bei § 4 Abs. 1 und 4 der wirksame Vertragsabschluß zu verstehen. Nach Auftragserteilung ist – auch eine schriftliche – Vereinbarung nicht mehr möglich (vgl. im einzelnen § 4 Rdn. 37; wie hier: Hesse/Korbion/Mantscheff/Vygen § 36 Rdn. 4; a. A. Jochem § 36 Rdn. 1). Ist der Vertrag mündlich abgeschlossen worden, so können EDV-Leistungen nicht gesondert als Nebenkosten berechnet werden, es sei denn, die Parteien haben hierüber eine spezielle schriftliche Vereinbarung getroffen. Zur Schriftform vgl. im einzelnen § 4 Rdn. 34. 3

Im Laufe der Entwicklung der Datenverarbeitung und Datenspeicherung können ganze Programme zur Lösung bestimmter städtebaulicher Aufgaben entwickelt und eingesetzt werden. Solche Programmierungsleistungen sind, soweit sie von einem Auftragnehmer städtebaulicher Leistungen erbracht werden, gesondert zu honorieren. Eine derartige Leistung fällt weder unter § 7 Nebenkosten, noch ist sie eine Besondere Leistung, die gemäß § 5 (4) zu vereinbaren und zu honorieren wäre. Das bedeutet, daß derartige Leistungen frei vereinbart werden können und nicht unter die Bestimmungen der HOAI fallen. In jedem Fall einer EDV-bezogenen Leistung empfiehlt sich, eine bis in das Detail gehende Klärung möglichst in einem Leistungskatalog herbeizuführen (siehe Meinel, S. 71, § 36). 4

Die Art und Weise der Berechnung dieser Nebenkosten bemißt sich nach § 7 Abs. 3. Will der Auftragnehmer eine Nebenkostenpauschale auch hinsichtlich der EDV-Leistungen berechnen, so muß er dies schriftlich bei Auftragserteilung vereinbart haben. Fehlt eine schriftliche Vereinbarung oder wird sie nach Auftragserteilung getroffen, so ist nach § 7 Abs. 3 Satz 2 auf Einzelnachweis abzurechnen. 5

6   Eine *Verringerung des Leistungsumfangs* durch EDV-Leistungen ist lediglich bei der Vereinbarung des Honorars zu berücksichtigen. Fehlt eine entsprechende Vereinbarung, so muß sich der Auftragnehmer bei der Abrechnung nicht darauf verweisen lassen, daß sich sein Leistungsumfang infolge EDV-Leistungen verringert habe. Dies ergibt sich aus dem Umkehrschluß des VO-Textes: „bei der Vereinbarung" (wie hier: Neuenfeld/Baden/Dohna/Groscurth/Schmitz § 36 Rdn. 10; Pott/ Dahlhoff § 36 Rdn. 4; a. A. Jochem § 36 Rdn. 4; Hesse/Korbion/Mantscheff/Vygen § 36 Rdn. 8). Dieses Ergebnis ist auch nicht ungerecht, wie Hesse/ Korbion/Mantscheff/Vygen a. a. O. meinen. Nur der Auftraggeber, der rechtzeitig das Einverständnis seines Vertragspartners herbeiführt, soll in den Genuß einer Honorarsenkung kommen. Nach der Amtlichen Begründung kann eine Verringerung des Leistungsumfangs, z. B. bei Datenerhebungen, im Bereich von Bestandsaufnahmen und Analysen auftreten (Amtliche Begründung zu § 36).

§ 36a
Honorarzonen für Leistungen bei Flächennutzungsplänen

(1) Die Honorarzone wird bei Flächennutzungsplänen aufgrund folgender Bewertungsmerkmale ermittelt:

1. Honorarzone I:
Flächennutzungspläne mit sehr geringen Planungsanforderungen, das heißt mit
   – sehr geringen Anforderungen aus den topographischen Verhältnissen und geologischen Gegebenheiten,
   – sehr geringen Anforderungen aus der baulichen und landschaftlichen Umgebung und Denkmalpflege,
   – sehr geringen Anforderungen an die Nutzung, sehr geringe Dichte,
   – sehr geringen gestalterischen Anforderungen,
   – sehr geringen Anforderungen an die Erschließung,
   – sehr geringen Anforderungen an die Umweltvorsorge sowie an die ökologischen Bedingungen;

2. Honorarzone II:
Flächennutzungspläne mit geringen Planungsanforderungen, das heißt mit
   – geringen Anforderungen aus den topographischen Verhältnissen und geologischen Gegebenheiten,
   – geringen Anforderungen aus der baulichen und landschaftlichen Umgebung und Denkmalpflege,
   – geringen Anforderungen an die Nutzung, geringe Dichte,
   – geringen gestalterischen Anforderungen,
   – geringen Anforderungen an die Erschließung,
   – geringen Anforderungen an die Umweltvorsorge sowie an die ökologischen Bedingungen;

3. Honorarzone III:
Flächennutzungspläne mit durchschnittlichen Planungsanforderungen, das heißt mit

- durchschnittlichen Anforderungen aus den topographischen Verhältnissen und geologischen Gegebenheiten,
- durchschnittlichen Anforderungen aus der baulichen und landschaftlichen Umgebung und Denkmalpflege,
- durchschnittlichen Anforderungen an die Nutzung, durchschnittliche Dichte,
- durchschnittlichen gestalterischen Anforderungen,
- durchschnittlichen Anforderungen an die Erschließung,
- durchschnittlichen Anforderungen an die Umweltvorsorge sowie an die ökologischen Bedingungen;

4. Honorarzone IV:
Flächennutzungspläne mit überdurchschnittlichen Planungsanforderungen, das heißt mit
- überdurchschnittlichen Anforderungen aus den topographischen Verhältnissen und geologischen Gegebenheiten,
- überdurchschnittlichen Anforderungen aus der baulichen und landschaftlichen Umgebung und Denkmalpflege,
- überdurchschnittlichen Anforderungen an die Nutzung, überdurchschnittliche Dichte,
- überdurchschnittlichen gestalterischen Anforderungen,
- überdurchschnittlichen Anforderungen an die Erschließung,
- überdurchschnittlichen Anforderungen an die Umweltvorsorge sowie an die ökologischen Bedingungen;

5. Honorarzone V:
Flächennutzungspläne mit sehr hohen Planungsanforderungen, das heißt mit
- sehr hohen Anforderungen aus den topographischen Verhältnissen und geologischen Gegebenheiten,
- sehr hohen Anforderungen aus der baulichen und landschaftlichen Umgebung und Denkmalpflege,
- sehr hohen Anforderungen an die Nutzung, sehr hohe Dichte,
- sehr hohen gestalterischen Anforderungen,
- sehr hohen Anforderungen an die Erschließung,
- sehr hohen Anforderungen an die Umweltvorsorge sowie an die ökologischen Bedingungen.

(2) Sind für einen Flächennutzungsplan Bewertungsmerkmale aus mehreren Honorarzonen anwendbar und bestehen deswegen Zweifel, welcher Honorarzone der Flächennutzungsplan zugerechnet werden kann, so ist die Anzahl der Bewertungspunkte nach Absatz 3 zu ermitteln; der Flächennutzungsplan ist nach der Summe der Bewertungspunkte folgenden Honorarzonen zuzurechnen:

1. Honorarzone I: Ansätze mit bis zu 9 Punkten,
2. Honorarzone II: Ansätze mit 10 bis 14 Punkten,
3. Honorarzone III: Ansätze mit 15 bis 19 Punkten,
4. Honorarzone IV: Ansätze mit 20 bis 24 Punkten,
5. Honorarzone V: Ansätze mit 25 bis 30 Punkten.

(3) Bei der Zurechnung eines Flächennutzungsplans in die Honorarzonen sind entsprechend dem Schwierigkeitsgrad der Planungsanforderungen die in Absatz 1 genannten Bewertungsmerkmale mit je bis zu 5 Punkten zu bewerten.

1 Die 4. ÄndVO hat auch für Leistungen bei Flächennutzungsplänen eine Einteilung nach 1 bis 5 Honorarzonen vorgenommen, und zwar nach folgenden Merkmalen:

a) topographische Verhältnisse und geologische Gegebenheiten
b) bauliche und landschaftliche Umgebungs- und Denkmalspflege
c) Nutzung
d) gestalterische Anforderungen
e) Erschließung
f) Umweltvorsorge sowie ökologische Bedingungen

§ 36a enthält in Anlehnung an § 11 Abs. 2 und 3 ein Bewertungspunktesystem unter besonderer Brücksichtigung städtebaulicher Erfordernisse. Die Einordnung in die Honorarzonen hat getrennt für die Flächen nach § 38 Abs. 3 Ziff. 1, 2, 3 und denen nach § 38 Abs. 3 Ziff. 4 zu erfolgen, soweit es sich um Leistungen für Flächennutzungspläne handelt.

2 Zu den einzelnen Merkmalen:

a) Topographische Verhältnisse, geologische Gegebenheiten

Dabei spielen Form und Neigung des Geländes eine erhebliche Rolle (ebenes – geneigtes – mehrfach geneigtes Gelände, wechselndes Gefälle, Steilhang). Von Bedeutung sind Baugrundbeschaffenheit und Bodenklassen, Oberflächenwasser – Grundwasser – Hangwasser. Bei überdurchschnittlichen und höheren Anforderungen an geologische Gegebenheiten sind in der Regel Fachplanungen zum Flächennutzungsplan oder Bebauungsplan zweckmäßig.

b) Bauliche und landschaftliche Umgebungs- und Denkmalspflege

Die Anforderungen sind gering, wenn keine bauliche Umgebung vorhanden ist. Ein Neubau kann neue Maßstäbe setzen. Die bauliche Umgebung kann im Einzelfall keine Rücksichtnahme erfordern. Der Neubau kann sich mit dem Bestand auseinandersetzen. Er kann negieren oder dominieren. Der Neubau kann sich in den Bestand einordnen oder sich diesem unterordnen. Ein Neubau oder Anbau kann neben einem baulichen Kulturdenkmal errichtet werden, so daß die Anforderungen an die bauliche und landschaftliche Umgebungs- und Denkmalpflege sehr hoch sein können. Die landschaftliche Umgebung kann überhaupt fehlen, da es sich um einen bebauten Innenbereich handelt. Der landschaftliche Bestand braucht keine Rücksichtnahme zu erfordern (brache Baulücke). Er kann teilweise erhalten und muß integriert werden. Schließlich kann der landschaftliche Bestand Schutzgebiet sein und besondere bauliche Einschränkungen erfordern.

c) Nutzung, Dichte

Es kann sich um eine homogene Nutzung mit nur einer Baufläche handeln, ein Nutzungsgemenge kann vorhanden oder angestrebt sein. Die Gemengelage kann vorhanden sein, Bestandsicherungsmaßnahmen können notwendig werden. Die bauliche Dichte nimmt nach steigender Grundflächenzahl oder Geschoßflächenzahl zu. Die Anforderungen steigen im Maß der Versiegelung einer Freifläche.

d) Gestalterische Anforderungen

Planbereiche mit keiner oder geringer baulicher Nutzung (Sportanlagen, Gartenhausgebiete) stellen geringere Anforderungen. Planbereiche brauchen keine landschaftlichen Anforderungen zu stellen. Die gestalterischen Anforderungen steigen in der Regel entsprechend der baulichen und landschaftlichen Umgebung.

e) Anforderungen an Erschließung

Keine oder geringe oder private Erschließungsanlagen können erforderlich sein. Es kann sich um grundstücks- oder nur bereichsbezogene Erschließungen handeln. Maßnahmen mit äußerer Erschließung (außerhalb des Planbereiches, z. B. Regenüberlaufbecken oder Linksabbiegespur als Voraussetzung für die innere Erschließung) müssen gegebenenfalls getroffen werden. Es kann sich um eine Erschließung mit mehreren Erschließungs- und Ver-/Entsorgungsträgern (Landes-/Kreisstraßen, Energieunternehmen, Abfallwirtschaft) handeln. Überörtliche – regionale – überregionale Erschließungsanlagen können in zeitlichem, finanziellem oder technischem Zusammenhang stehen (Umgehungsstraße, Fernleitungsstraße).

f) Anforderungen Umweltvorsorge, ökologische Bedingungen

Der Umweltvorsorge kommt durch § 8 a BNatSchG eine erhöhte Bedeutung zu, die sich auf den Umfang der geforderten Leistungen (Festlegung von Ausgleichs- und Ersatzmaßnahmen) auswirken kann. Nicht immer werden Schutzmaßnahmen erforderlich sein (Immissionsschutz gegen Verkehrslärm – Industriegebiet – Aussiedlerhof), jedoch können einzelne Schutzmaßnahmen notwendig werden (Lärmschutzwand oder Schutzpflanzungen oder bauliche Maßnahmen am Gebäude) oder auch eine Mehrzahl von Schutzmaßnahmen. Es brauchen keine ökologischen Maßnahmen notwendig zu werden (keine Wasser-, Natur-, Landschafts-, Wallschutzgebiete sind vorgesehen, keine Beschränkungen sind im Bebauungsplan notwendig). Einzelne Schutzmaßnahmen können erforderlich werden (Pflanzbindung, Pflanzgebot, Regelung der Versiegelung, Fassadenbegrünung). Mehrere Schutzmaßnahmen können getroffen werden müssen. Bei überdurchschnittlichen und höheren Anforderungen sind in der Regel Fachplanungen notwendig.

3   Diese Bewertungsmerkmale werden nun nach § 36 a (3) je nach Schwierigkeitsgrad mit 1–5 Punkten bewertet. Die Summe der Punkte ergibt die anzuwendende Honorarzone nach § 36 a (2).

Gewichtung der Bewertungsmerkmale zur Bestimmung der Honorarzone

Bewertungsmerkmale	Anforderungen				
	sehr gering, sehr einfach	gering	durch-schnitt-lich	über-durch-schnitt-lich	sehr hoch
a) topographische Verhältnisse, geologische Gegebenheiten	1	2	3	4	5
b) bauliche und landschaftliche Umgebung, Denkmalpflege	1	2	3	4	5
c) Nutzungen, Dichte	1	2	3	4	5
d) Gestaltung	1	2	3	4	5
e) Erschließung	1	2	3	4	5
f) Umweltvorsorge, ökologische Bedingungen	1	2	3	4	5

Rechnerische Summe (bei gleichen Anforderungen in allen Merkmalen)	6	12	18	24	30
Punkte (Punktespreizung bei gemischten Anforderungen der Merkmale)	6–9	10–14	15–19	20–24	25–30
ergibt Zuordnung zu Honorarzone	I	II	III	IV	V

Logischerweise werden die Merkmale b, c, d, e im Siedlungsbereich höhere
Anforderungen stellen als im Außenbereich. Umgekehrt werden die Merkmale
a und f im Außenbereich ein stärkeres Gewicht haben.

4   Beispiele der Zuordnung von **Siedlungsbereichen** (§ 38 [3] 1–3) im Flächennutzungsplan zu den Honorarzonen (nicht abschließende Aufzählung)

HZ I – Teilflächen Flächennutzungsplan

HZ II – Gering besiedelte Fläche
– Bestandsicherungsplanungen

HZ III – Mehrere Siedlungsflächen im ländlichen Raum mit Bestand und
Neuplanung

HZ IV – Mehrere Siedlungsflächen in den Randzonen der Ballungsräume
bzw. Orte mittlerer Zentralität mit Wohnbauflächen, Mischbauflä-
chen, Gewerbeflächen, Gemeinbedarf Bestand und Neuplanung

HZ V – Mehrere Siedlungsflächen im Ballungsraum bzw. Oberzentren mit
Wohnen W, M, G, Gemeinbedarf, Verkehrsanlagen, Bestand und
Neuplanung

Beispiele der Zuordnung von **Außenbereichen** (§ 38 [3] 4) im Flächennutzungsplan zu den Honorarzonen (nicht abschließende Aufzählung)

HZ I   – Teilflächen Flächennutzungsplan

HZ II – Hoher Anteil Landwirtschaft und Wald ohne Schutzflächen
       – Topographie und Geologie homogen

HZ III – Außenflächen in ländlichem Raum, jedoch ohne besondere Anforderungen

HZ IV – Außenflächen in den Randzonen der Ballungsräume bzw. Orte mittlerer Zentralität in landschaftlicher Vielfalt

HZ V   – Außenflächen im Ballungsraum bzw. Oberzentren in landschaftlicher Vielfalt und mehreren Schutzflächen sowie Nutzungsbeschränkungen

§ 37
Leistungsbild Flächennutzungsplan

(1) Die Grundleistungen bei Flächennutzungsplänen sind in den in Absatz 2 aufgeführten Leistungsphasen 1 bis 5 zusammengefaßt. Sie sind in der folgenden Tabelle in Vomhundertsätzen der Honorare des § 38 bewertet.

	Bewertung der Grundleistungen in v. H. der Honorare
1. Klären der Aufgabenstellung und Ermitteln des Leistungsumfangs Ermitteln der Voraussetzungen zur Lösung der Planungsaufgabe	1 bis 3
2. Ermitteln der Planungsvorgaben Bestandsaufnahme und Analyse des Zustands sowie Prognose der voraussichtlichen Entwicklung	10 bis 20
3. Vorentwurf Erarbeiten der wesentlichen Teile einer Lösung der Planungsaufgabe	40
4. Entwurf Erarbeiten der endgültigen Lösung der Planungsaufgabe als Grundlage für den Beschluß der Gemeinde	30
5. Genehmigungsfähige Planfassung Erarbeiten der Unterlagen zum Einreichen für die erforderliche Genehmigung	7

(2) Das Leistungsbild setzt sich wie folgt zusammen:

Grundleistungen	Besondere Leistungen

1. Klären der Aufgabenstellung und Ermitteln des Leistungsumfangs

Zusammenstellen einer Übersicht der vorgegebenen bestehenden und laufenden örtlichen und überörtlichen Planungen und Untersuchungen einschließlich solcher benachbarter Gemeinden	Ausarbeiten eines Leistungskatalogs
Zusammenstellen der verfügbaren Kartenunterlagen und Daten nach Umfang und Qualität	
Festlegen ergänzender Fachleistungen und Formulieren von Entscheidungshilfen für die Auswahl anderer an der Planung fachlich Beteiligter, soweit notwendig	
Werten des vorhandenen Grundlagenmaterials und der materiellen Ausstattung	
Ermitteln des Leistungsumfangs	
Ortsbesichtigungen	

2. Ermitteln der Planungsvorgaben

a) Bestandsaufnahme

Erfassen und Darlegen der Ziele der Raumordnung und Landesplanung, der beabsichtigten Planungen und Maßnahmen der Gemeinde und der Träger öffentlicher Belange	Geländemodelle
	Geodätische Feldarbeit
	Kartentechnische Ergänzungen
	Erstellen von pausfähigen Bestandskarten
Darstellen des Zustands unter Verwendung hierzu vorliegender Fachbeiträge, insbesondere im Hinblick auf Topographie, vorhandene Bebauung und ihre Nutzung, Freiflächen und ihre Nutzung, Verkehrs-, Ver- und Entsorgungsanlagen, Umweltverhältnisse, wasserwirtschaftliche Verhältnisse, Lagerstätten, Bevölkerung, gewerbliche Wirtschaft, land- und forstwirtschaftliche Struktur	Erarbeiten einer Planungsgrundlage aus unterschiedlichem Kartenmaterial
	Auswerten von Luftaufnahmen
	Befragungsaktion für Primärstatistik unter Auswertung von sekundärstatistischem Material
	Strukturanalysen
Darstellen von Flächen, deren Böden erheblich mit umweltgefährdenden Stoffen belastet sind, soweit Angaben hierzu vorliegen	Statistische und örtliche Erhebungen sowie Bedarfsermittlungen, zum Beispiel Versorgung, Wirtschafts-, Sozial- und Baustruktur sowie soziokulturelle Struktur, soweit nicht in den Grundleistungen erfaßt
Kleinere Ergänzungen vorhandener Karten nach örtlichen Feststellungen	Differenzierte Erhebung des Nutzungsbestands

Grundleistungen	Besondere Leistungen

unter Berücksichtigung aller Gegebenheiten, die auf die Planung von Einfluß sind

Beschreiben des Zustands mit statistischen Angaben im Text, in Zahlen sowie zeichnerischen oder graphischen Darstellungen, die den letzten Stand der Entwicklung zeigen

Örtliche Erhebungen

Erfassen von vorliegenden Äußerungen der Einwohner

b) Analyse des in der Bestandsaufnahme ermittelten und beschriebenen Zustands

c) Zusammenstellen und Gewichten der vorliegenden Fachprognosen über die voraussichtliche Entwicklung der Bevölkerung, der sozialen und kulturellen Einrichtungen, der gewerblichen Wirtschaft, der Land- und Forstwirtschaft, des Verkehrs, der Ver- und Entsorgung und des Umweltschutzes in Abstimmung mit dem Auftraggeber sowie unter Berücksichtigung von Auswirkungen übergeordneter Planungen

d) Mitwirken beim Aufstellen von Zielen und Zwecken der Planung

3. Vorentwurf

Grundsätzliche Lösung der wesentlichen Teile der Aufgabe in zeichnerischer Darstellung mit textlichen Erläuterungen zur Begründung der städtebaulichen Konzeption unter Darstellung von sich wesentlich unterscheidenden Lösungen nach gleichen Anforderungen

Darlegen der Auswirkungen der Planung

Berücksichtigen von Fachplanungen

Mitwirken an der Beteiligung der Behörden und Stellen, die Träger öffentlicher Belange sind und von der Planung berührt werden können

Mitwirken an der Abstimmung mit den Nachbargemeinden

Mitwirken an der frühzeitigen Beteiligung der Bürger einschließlich Erörterung der Planung

Besondere Leistungen:

Mitwirken an der Öffentlichkeitsarbeit des Auftraggebers einschließlich Mitwirken an Informationsschriften und öffentlichen Diskussionen sowie Erstellen der dazu notwendigen Planungsunterlagen und Schriftsätze

Vorbereiten, Durchführen und Auswerten der Verfahren im Sinne des § 3 Abs. 1 des Baugesetzbuchs

Vorbereiten, Durchführen und Auswerten der Verfahren im Sinne des § 3 Abs. 2 des Baugesetzbuchs

Erstellen von Sitzungsvorlagen, Arbeitsheften und anderen Unterlagen

Durchführen der Beteiligung von Behörden und Stellen, die Träger öffentlicher Belange sind und von der Planung berührt werden können

Grundleistungen	Besondere Leistungen

Mitwirken bei der Auswahl einer sich wesentlich unterscheidenden Lösung zur weiteren Bearbeitung als Entwurfsgrundlage

Abstimmen des Vorentwurfs mit dem Auftraggeber

4. Entwurf

Grundleistungen	Besondere Leistungen
Entwurf des Flächennutzungsplans für die öffentliche Auslegung in der vorgeschriebenen Fassung mit Erläuterungsbericht	Anfertigen von Beiplänen, zum Beispiel für Verkehr, Infrastruktureinrichtungen, Flurbereinigung sowie von Wege- und Gewässerplänen, Grundbesitzkarten und Gütekarten unter Berücksichtigung der Pläne anderer an der Planung fachlich Beteiligter
Mitwirken bei der Abfassung der Stellungnahme der Gemeinde zu Bedenken und Anregungen	
Abstimmen des Entwurfs mit dem Auftraggeber	Wesentliche Änderungen oder Neubearbeitung des Entwurfs, insbesondere nach Bedenken und Anregungen
	Ausarbeiten der Beratungsunterlagen der Gemeinde zu Bedenken und Anregungen
	Differenzierte Darstellung der Nutzung

5. Genehmigungsfähige Planfassung

Grundleistungen	Besondere Leistungen
Erstellen des Flächennutzungsplans in der durch Beschluß der Gemeinde aufgestellten Fassung für die Vorlage zur Genehmigung durch die höhere Verwaltungsbehörde in einer farbigen oder vervielfältigungsfähigen Schwarz-Weiß-Ausfertigung nach den Landesregelungen	Leistungen für die Drucklegung
	Herstellen von zusätzlichen farbigen Ausfertigungen des Flächennutzungsplans
	Überarbeiten von Planzeichnungen und von dem Erläuterungsbericht nach der Genehmigung

(3) Die Teilnahme an bis zu 10 Sitzungen von politischen Gremien des Auftraggebers oder Sitzungen im Rahmen der Bürgerbeteiligung, die bei Leistungen nach Absatz 1 anfallen, ist als Grundleistung mit dem Honorar nach § 38 abgegolten.

(4) Wird die Anfertigung des Vorentwurfs (Leistungsphase 3) oder des Entwurfs (Leistungsphase 4) als Einzelleistung in Auftrag gegeben, so können hierfür folgende Vomhundertsätze der Honorare nach § 38 vereinbart werden:

1. für den Vorentwurf bis zu 47 v. H.,

2. für den Entwurf bis zu 36 v. H.

(5) Sofern nicht vor Erbringung der Grundleistungen der Leistungsphasen 1 und 2 jeweils etwas anderes schriftlich vereinbart ist, sind die Leistungsphase 1 mit 1 vom Hundert und die Leistungsphase 2 mit 10 vom Hundert der Honorare nach § 38 zu bewerten.

Allgemeines: 1

Das Leistungsbild Flächennutzungsplan enthält die Leistungen des Auftragnehmers, die im allgemeinen erforderlich sind, für die Vorbereitung, die Erstellung der für den Flächennutzungsplan erforderlichen Ausarbeitungen und Planerfassungen, sowie die Mitwirkung beim Verfahren. Das Leistungsbild Flächennutzungsplan und die Teilleistungssätze sind aus dem vor Erlaß der HOAI gültigen ARGEBAU-Merkblatt entstanden. Die 4. ÄndVO hat die Grundleistungen ergänzt und neu bewertet. Das Schwergewicht der Tätigkeit des Auftragnehmers liegt mit 40 % der Sätze des § 38 in der Leistungsphase 3 (Herstellung des Vorentwurfs). Die Vorschrift definiert in Absatz 1 den Begriff der städtebaulichen Leistungen und bestimmt in Absatz 2, auf welche Planarten Teil V der VO anzuwenden ist. Die Grundleistungen der städtebaulichen Leistungen sind in Leistungsbildern der §§ 37 und 40 zusammengefaßt. Abs. 2 enthält angelehnt an das ARGEBAU-Merkblatt die detaillierte Aufgliederung der Leistungsphasen. Abs. 3–5 betreffen Regelungen für Einzelfragen, Abs. 3 die Honorierung von Sitzungsteilnahmen, Abs. 4 die Möglichkeit der Erhöhung des Honorars, falls einzelne Leistungsphasen als Einzelleistungen in Auftrag gegeben werden. Abs. 5 betrifft Bestimmungen darüber, wie das Honorar der Leistungsphasen 1 und 2 zu bestimmen ist, falls nichts Abweichendes schriftlich vereinbart ist. Ebenso wie § 15 enthält § 37 die Beschreibung des Leistungsbildes. Die Leistungen werden aufgegliedert in 5 Leistungsphasen, die jeweils mit einem bestimmten Prozentsatz aus der Gesamtleistung bewertet werden. In den einzelnen Leistungsphasen ist unterschieden zwischen Grundleistungen und Besonderen Leistungen. Es handelt sich dabei um Besondere Leistungen im Sinne der §§ 2, 5. Die Aufzählung der Besonderen Leistungen in § 37 ist nicht abschließend, vielmehr können andere Besondere Leistungen hinzukommen (vgl. § 2 Rdn. 4). Erbringt der Auftragnehmer vereinbarungsgemäß nur einzelne Leistungsphasen oder nicht alle Grundleistungen aus den Leistungsphasen, so steht ihm nur ein Teilhonorar zu (vgl. § 5 Abs. 1–3 und die dortige Kommentierung: § 5 Rdn. 5). Hiervon zu unterscheiden ist die Frage der Honorierung in denjenigen Fällen, in denen einzelne Teilleistungen entgegen der vertraglichen Vereinbarung nicht oder mangelhaft erbracht werden (vgl. hierzu § 5 Rdn. 10). Auch im Falle der Kündigung oder einvernehmlichen Beendigung des Vertragsverhältnisses kann dem Auftragnehmer gegebenenfalls ein Anspruch auf das volle Honorar zustehen (vgl. im einzelnen § 5 Rdn. 25). Eine Spezialregelung gegenüber § 37 enthält die Vorschrift des § 39.

Absatz 1 enthält eine Bewertung der einzelnen Leistungen in Vomhundert- 2 sätzen der Honorare nach § 38. Im Unterschied zu § 15 sind in den Leistungsphasen 1 und 2 keine festen Vomhundertsätze genannt, sondern Von-bis-Sätze. Aus Absatz 5 ergibt sich, daß auch diese Von-bis-Sätze als Mindest- und Höchstsätze anzusehen sind (vgl. im einzelnen unten Rdn. 7).

Absatz 2 enthält eine detaillierte Beschreibung des Leistungsbildes und der 3 Teilleistungen in den einzelnen Leistungsphasen. Obwohl § 37 ebensowenig wie § 15 unmittelbar Leistungspflichten begründen kann, wird sich die Recht-

sprechung bei der Frage des Inhalts des Leistungsumfangs an dem Leistungsbild des § 37 orientieren. Zur ordnungsgemäßen Erbringung der Leistungen
des Auftragnehmers gehört es, daß dieser die Teil-Grundleistungen nach § 37
mangelfrei erfüllt. Die Festlegung der Grundleistungen in Absatz 2 hat demnach auch für die Frage der Haftung des Auftragnehmers erhebliche Bedeutung.

4 Rechtsnatur des Vertrags über städtebauliche Leistungen

Der Vertrag über städtebauliche Leistungen ist als Werkvertrag zu qualifizieren. Die Haftung des Auftragnehmers richtet sich nach den §§ 633 ff. BGB.
Die Planungsleistungen zur Vorbereitung eines Flächennutzungs- oder auch
eines Bebauungsplanes sind erfolgsbezogen auf das Ziel der Erstellung eines
rechtlich bestandskräftigen Flächennutzungs- oder Bebauungsplans. Auch
wenn die Aufstellung des Flächennutzungs- oder Bebauungsplans in das
hoheitliche Aufgabengebiet des Planungsträgers fällt, ist eine einheitliche
Betrachtung aller hierzu erforderlichen Leistungen des Auftragnehmers schon
wegen der Ergebnisorientierung des Leistungsbilds geboten (wie hier nunmehr
Jochem § 37 Rdn. 2). Es stellt sich jedoch auch hier die Frage, ob der Teil V
tätigkeits- oder berufsbezogen zu verstehen ist (vgl. 12).

5 Leistungsphase 1 Klären der Aufgabenstellung

Die Klärung der Aufgabenstellung und das Ermitteln des Leistungsumfangs
gehören nicht grundsätzlich zur Aufgabe des Auftraggebers. Im Rahmen der
Aufstellung der Flächennutzungspläne kommt dem Auftragnehmer infolge der
Komplexität der Aufgaben und dem Einsatz von Fachplanern eine umfassende
Beratungstätigkeit zu, die die Qualität der Gesamtleistung erheblich beeinflußt.

6 Als erste Grundleistung nennt deshalb die Leistungsphase 1 das **Zusammenstellen einer Übersicht** der vorgegebenen bestehenden und laufenden örtlichen
und überörtlichen Planungen und Untersuchungen einschließlich solcher
benachbarter Gemeinden. Als überörtliche Planungen kommen in Frage die
Landesplanung, Regionalplanung sowie Fachplanungen von Bund und Ländern, wie z. B. Verkehrs-, Schul- und Sportstättenplanung. Die örtlichen Planungen bestehen aus Flächennutzungs-, Bebauungs- und Landschaftsplänen,
außerdem Generalverkehrs-, Kultur-, Sport- oder Haushaltsplänen. **Zusammenstellen** dieser Übersicht bedeutet nicht etwa Herstellung der Karten oder
Beschaffung der Planungsunterlagen. Vielmehr reicht es aus, daß der Auftragnehmer eine Auflistung der vorgegebenen bestehenden und laufenden örtlichen
und überörtlichen Planungen vornimmt (ähnlich Neuenfeld/Baden/Dohna/
Groscurth/Schmitz § 37 Bem. 10). Die Herstellung, Analyse und Auswertung
gehören nicht dazu (Hesse/Korbion/Mantscheff/Vygen § 37 Rdn. 7). Diese
Grundleistung ist sehr wichtig, da die Zusammenstellung Grundlage aller weiteren Planungen ist.

Gleiches gilt für das **Zusammenstellen der verfügbaren Kartenunterlagen und** 7
Daten nach Umfang und Qualität. Kartenunterlagen können sein z. B.
Karten Maßstab 1 : 100 000 bis Maßstab 1 : 5000, qualifiziertes Kartenmaterial, herausgegeben von den Staatlichen Vermessungsämtern oder dem Landesvermes-
sungsamt, Maßstab 1 : 10 000 bis Maßstab 1 : 2500. Befliegungspläne müssen
von einem Staatlichen Vermessungsamt als qualifizierte Unterlage anerkannt
sein. Als Daten kommen in Frage statistische Unterlagen des Landes, der
Region, des Kreises, der Gemeinde bzw. der benachbarten Gemeinden. Zusammenstellen bedeutet auch hier nicht Beschaffen, sondern lediglich Auflisten dieser Unterlagen, Sichten und Ordnen (ebenso Meinel, S. 74 f.). Nach anderer
Auffassung (Neuenfeld/Baden/Dohna/Groscurth/Schmitz § 37 Rdn. 11) soll
sich das Zusammenstellen der verfügbaren Kartenunterlagen und Daten nicht
im reinen Auflisten erschöpfen. Ein konkreter weitergehender Leistungsumfang wird jedoch nicht angegeben. Diese Auffassung kann schon deshalb nicht
richtig sein, weil innerhalb der gleichen Bestimmung der Begriff „Zusammenstellen" nicht unterschiedliche Bedeutungen haben kann. Nachdem die Leistung „Zusammenstellen einer Übersicht" unstreitig keine weitergehende Leistungen verlangt (vgl. Neuenfeld/Baden/Dohna/Groscurth/Schmitz § 37
Rdn. 10), kann dies auch für das Zusammenstellen der verfügbaren Kartenunterlagen und Daten nicht anders sein (etwas weitergehend, aber gegen eine
materiell beurteilende Tätigkeit: Hesse/Korbion/Mantscheff/Vygen § 37
Rdn. 7). Der Auftragnehmer muß allerdings die Beschaffung etwa fehlender
Unterlagen anregen.

Zum **Festlegen ergänzender Fachleistungen und zum Formulieren von Ent-** 8
scheidungshilfen für die Auswahl anderer an der Planung fachlich Beteiligter
gehört es, daß der Auftragnehmer prüft, ob ergänzende Fachleistungen, wie
z. B. die Erstellung eines Landschaftsplanes oder Gesamtverkehrsplanes, aber
auch die Erstellung von Gutachten betreffend Umweltschutz, Lärm usw. (vgl.
Meinel, S. 75; Neuenfeld/Baden/Dohna/Groscurth/Schmitz § 37 Rdn. 13)
notwendig sind. Vergleichbar ist diese Leistung mit der Grundleistung „Beraten
zum gesamten Leistungsbedarf und Formulieren von Entscheidungshilfen für
die Auswahl anderer an der Planung fachlich Beteiligter" in § 15, Leistungsphase 1. Die Beauftragung anderer an der Planung fachlich Beteiligter ist
jedoch Sache des Auftraggebers. Der Auftragnehmer muß dem Auftraggeber
insoweit Entscheidungshilfen an die Hand geben. Dies sollte frühzeitig geschehen. Im Rahmen der Teilleistung **Werten des vorhandenen Grundlagenmaterials**
und der materiellen Ausstattung hat der Auftragnehmer die Aufgabe, etwa beim
Planungsträger bereits vorhandenes Daten- und Planmaterial zu sichten und
auf seine Eignung für den Flächennutzungsplan zu überprüfen. Dabei kann es
sich um Daten- und Planmaterial handeln, das aus anderen Anlässen bereits
erarbeitet wurde. Unter materieller Ausstattung ist die materielle Verwendungsfähigkeit zu verstehen (Amtliche Begründung zu § 37).

Zur Leistungsphase 1 gehört ferner das **Ermitteln des Leistungsumfangs.** Im 9
Rahmen dieser Teilleistung hat der Auftragnehmer aufgrund der zusammenge-

stellten Unterlagen und Daten den Leistungsumfang zu formulieren. Zu dieser Teilleistung gehört ferner, daß der Auftragnehmer bei **Ortsbesichtigungen** zugegen ist. Ortsbesichtigungen können notwendig sein, um gegebenenfalls mit dem Auftraggeber zusammen die Qualität und Vollständigkeit der Planunterlagen und Daten festzustellen, zu verwerten, zu ergänzen oder um ergänzende Fachleistungen festzulegen. Mit dem Honorar für Leistungsphase 1 sind die Nebenkosten aus Anlaß der Ortsbesichtigungen nicht abgegolten. Vielmehr hat der Auftragnehmer Anspruch auf Ersatz der Nebenkosten nach § 7 Abs. 2 Ziff. 2–6.

10 Als Besondere Leistung nennt die Leistungsphase 1 das **Ausarbeiten eines Leistungskatalogs.** Während mit den Grundleistungen der Leistungsphase 1 die Voraussetzungen zur Planung dargelegt und ermittelt werden, sollen diese im Leistungskatalog so zusammengefaßt werden, daß abgelesen werden kann, von wem, zu welcher Zeit, in welcher Weise und überhaupt welche Leistungen erbracht werden sollen.

11 Dem Leistungskatalog kommt nach den bisherigen Ausführungen, insbesondere im Hinblick auf die erweiterten Anforderungen nach Inkrafttreten des BauGB, erhöhte Bedeutung zu. Er ist immer dann erforderlich, wenn es sich um eine umfangreiche differenzierte und mit Besonderen Leistungen stark angereicherte Gesamtleistung handelt. Schwierigkeiten sehen Hesse/Korbion/Mantscheff/Vygen § 37 Rdn. 8 in der Abgrenzung zur Grundleistung „Ermitteln des Leistungsumfangs". Aus dem Begriff „Leistungskatalog" geht jedoch schon der Umfang und die Art der Besonderen Leistung hervor: Ein Katalog enthält detaillierte schriftlich niedergelegte Angaben und ist umfassender als nur das reine Ermitteln des Leistungsumfanges und wird sich insbesondere mit der Begründung der geforderten Honorierung befassen müssen.

12 **Leistungsphase 2   Ermitteln der Planungsvorgaben**

Die Leistungsphase 2 enthält die Bestandsaufnahme und Analyse des Zustandes sowie die Prognose der voraussichtlichen Entwicklung. Darüber hinaus ist das Mitwirken beim Aufstellen von Zielen und Zwecken der Planung als Grundleistung vorgesehen.

13 Bestandaufnahme ist die Darstellung des bestehenden Zustandes im Rahmen der nach Leistungsphase 1 ermittelten Aufgabenstellung. Hierbei ist es möglich, daß bestimmte Sachbereiche erst beim Durcharbeiten oder Vertiefen in der Leistungsphase 3 oder 4 einer Bestandsanalyse unterzogen werden. So kann es z. B. notwendig sein, die vorhandene Bebauung und Nutzung näher zu untersuchen und eine detailliertere Abgrenzung vorzunehmen, als dies normalerweise beim Ermitteln der Planungsvorgaben erforderlich ist. Das **Erfassen und Darlegen der Ziele der Raumordnung und Landesplanung** erfordert in der Regel die zeichnerische Darstellung durch Pläne in verschiedenen Maßstäben, Planzeichen, Graphiken, Diagrammen und Texten. Das Wort „Kartieren" entfiel durch die 3. ÄndV, weil sich die Tätigkeit des Stadtplaners fortentwickelt hat

und sich nicht auf das „Kartieren" verbaler Aussagen beschränkt. Im Rahmen der Bestandsaufnahme sind ferner **kleinere Ergänzungen** vorhandener Bestandskarten vorzunehmen. Es kann sich in diesem Rahmen allerdings nur um geringfügige Ergänzungen der von den Vermessungsämtern zur Verfügung zu stellenden Bestandskarten handeln. Die Amtliche Begründung nennt den Fall, daß z. B. vorhandene Gebäude nachgetragen werden müssen, da solche Tätigkeiten normalerweise vom Vermessungsamt nicht erbracht werden. Kleinere Ergänzungen in diesem Sinne können ferner sein die Aufnahmen und Ergänzungen noch nicht aufgenommener neuer Straßenzüge, Verkehrsbauwerke u. a. Es handelt sich jedoch immer nur um Einzelheiten, da weitere kartentechnische Ergänzungen zu den Besonderen Leistungen gehören. Auch das Darstellen des Zustandes kann unter Verwendung hierzu vorliegender Fachbeiträge sowohl zeichnerisch wie textlich erfolgen. Diese Grundleistungen, wie Beschreiben, Erfassen, Darstellen, Ergänzen, sind Teile von Leistungen zur *Planerstellung* und betreffen nicht das **Planverfahren.** Unter **örtlichen Erhebungen** sind Ergänzungen und Feststellungen vor Ort zu verstehen, soweit sie zur Beschreibung und Darstellung des Zustandes notwendig werden. Erfassen von **Äußerungen der Einwohner** betrifft nicht etwa Umfragen oder Erhebungen (dies sind Besondere Leistungen), sondern das Verarbeiten und Auswerten von zur Verfügung gestellten Aussagen, Meinungen und Ansichten der Einwohner oder Öffentlichkeit (ebenso Meinel, S. 79 f.; Neuenfeld § 37 Rdn. 20; Hesse/Korbion/Mantscheff/Vygen § 37 Rdn. 9).

14 In die zweite Grundleistung des § 37 (2) 2a ist auch die Darstellung der **Umweltverhältnisse** aufgenommen worden. Die HOAI folgt dem Baugesetzbuch, das die Darstellung entsprechender Flächen vorsieht. Nach § 5 Abs. 3 Nr. 3 BauGB sollen im Flächennutzungsplan für bauliche Nutzungen vorgesehene Flächen, deren Böden erheblich mit umweltgefährdenden Stoffen belastet sind, gekennzeichnet werden.

15 Dem entspricht nunmehr die dritte Grundleistung des § 37 (2) 2a. Die **Analyse** stellt die Untersuchung des in der Bestandsaufnahme ermittelten Zustandes dar (Diagnose). Zwar ist hier die Schriftform nicht vorgesehen, sie ist aber von der Sache her unerläßlich. Während die Analyse eine kritische Untersuchung des Zustandes nach der Bestandsaufnahme verlangt, bezieht sich die **Prognose** auf die voraussichtliche Entwicklung. Im Rahmen dieser Tätigkeit ist eine kritische Beurteilung des Zustandes notwendig sowie das Zusammenstellen und Gewichten von Fachprognosen. In größeren Städten oder Gebietskörperschaften wird sich die Tätigkeit hinsichtlich Analyse und Prognose im wesentlichen auf eine zusammenfassende Auswertung gesondert in Auftrag gegebener spezieller Untersuchungen erstrecken. Sollte eine Prognose oder Unterlagen von übergeordneten Stellen vorliegen, so wird die Prognose des Auftragnehmers in Abstimmung oder Ergänzung damit erstellt werden müssen, sie tritt jedoch nicht an deren Stelle. Liegt z. B. eine Bevölkerungsprognose auf Regional- oder Kreisebene vor und ergeben sich daraus Werte für den Auftraggeber selbst, so muß die Arbeit des Auftragnehmers mit diesen Werten abgestimmt oder ergänzt werden. Sind jedoch bestimmte politische Planungsaspekte oder andere kommunale Voraussetzungen aus der Sicht des Auftraggebers erkennbar, so muß im Zusammenhang mit der Vorgabe der übergeordneten Prognose u. U. ein grundsätzlich anderer Ansatz gefunden werden. Diese Tätigkeit gehört jedoch nicht mehr zu den Grundleistungen, vielmehr handelt es sich um eine Besondere Leistung, für die ein gesondertes Honorar vereinbart werden kann.

16 **Mitwirken** beim Aufstellen von Zielen und Zwecken der Planung bedeutet, daß das Aufstellen der Ziele und Zwecke der Planung grundsätzlich durch den Auftraggeber erfolgt, daß der Auftragnehmer jedoch beim Erarbeiten und Formulieren der Ziele und Zwecke der Planung mithilft. Sollte der Auftragnehmer mit der Erarbeitung des konkreten Planungsprogramms allein beauftragt werden, so handelt es sich um eine gesondert zu honorierende Besondere Leistung (ebenso Meinel, S. 81; Neuenfeld § 37 Rdn. 23).

17 Die **Besonderen Leistungen** im Rahmen der Leistungsphase 2 umfassen zunächst das Erarbeiten von **Geländemodellen**. Hierzu gehören auch Arbeitsmodelle, Modellstudien und ähnliches in verschiedenen Maßstäben. Zur **geodätischen Feldarbeit** gehören auch Höhenaufnahmen, Vermessung von nicht planmäßig erfaßten Gebäuden, Straßen usw. Im Gegensatz zu den Ergänzungen von Einzelheiten handelt es sich hier um kartentechnische Ergänzungen größeren Stils. Erarbeiten von **Planungsgrundlagen aus unterschiedlichem Kartenmaterial** kann durch Umzeichnung von verschiedenen Maßstäben, aber auch durch Fototechniken erfolgen. Eine Besondere Leistung stellt die Auswertung von Luftbildern dar. Eine weitere Besondere Leistung kann das Erstellen von **Strukturanalysen** sein. Diese Besondere Leistung wird ebenso wie das Erarbeiten von Geländemodellen in der Praxis häufig auftreten. Deshalb hat die 4. ÄndV die Besondere Leistung Strukturanalyse ergänzt durch weitere Fachbeiträge wie Erhebungen und Bedarfsermittlungen. Strukturanalysen setzen sich vorwiegend mit sozioökonomischen Bereichen im Rahmen der Stadtplanung auseinander, erheben Daten, analysieren und prognostizieren. Eine Strukturanalyse sowie Erhebungen, Bedarfsermittlungen, z. B. Versorgung, Wirtschafts-, Sozial- und Baustruktur, werden als Besondere Leistung häufig dann vereinbart, wenn der Regionalplan mit seinem zeichnerischen und verbalen Inhalt noch nicht vorliegt oder nicht auf den neuesten Stand fortgeschrieben ist (Amtliche Begründung zu § 37). Eine **differenzierte Erhebung des Nutzungsbestands** kann sich als Rückkopplungseffekt aus den Grundleistungen ergeben, die eine genauere Untersuchung einzelner Fachbereiche erforderlich machen können.

18 **Leistungsphase 3 Vorentwurf**

Der Vorentwurf ist der erste planerische Schritt von ausschlaggebender Bedeutung für die grundsätzliche Lösung. Während die Leistungsphase 1 und 2 nur zur Vorbereitung der Planung dienen, beginnt mit Leistungsphase 3 die eigentliche Planung und mit ihr die grundsätzliche Entscheidung für alle weiteren Planungsschritte bis zur Detailplanung (Meinel, § 38 Leistungsphase 3, S. 84). Im allgemeinen ist kein Maßstab vorgeschrieben, er richtet sich nach der Größe der Aufgabe. Er liegt überlicherweise bei 1 : 5000. Innerhalb einer Planungsaufgabe soll er einheitlich sein. Die Planzeichen sollen der Planzeichenverordnung v. 30. 7. 1981 i. d. F. v. 18. 12. 1990 (BGBl. 1991, I S. 58) entsprechen. Dies ist zwar nicht ausdrücklich vorgeschrieben, aber sinnvoll und zweckmäßig, vor allem im Hinblick auf die weitere Entwicklung der Planung (Neuenfeld/Baden/Dohna/Groscurth/Schmitz § 37 Rdn. 25). Wichtig sind die textlichen Erläuterungen zur Begründung der städtebaulichen Konzeption. Dieser Begriff tritt neu auf, er wird als Aussagerahmen gemäß den Bestimmungen des BauGB zu verstehen sein.

In dieser Leistungsphase, die mit 40 v. H. am höchsten bewertet ist, werden **19** die wesentlichen Teile einer Lösung der Planungsaufgabe erarbeitet, d. h., es erfolgt die Herstellung des Planes mit Darstellung sich wesentlich unterscheidender Alternativen unter gleicher Anforderung. Durch die 3. ÄndV wurde klargestellt, daß eine alternative Planvorlage Grundleistung ist. Alternativen sind immer erforderlich, wenn bereits bei der Planaufstellung erkennbar ist, daß die Entwicklungsrichtung nicht eindeutig bestimmbar ist, so daß eine Gemeinde prüfen muß, ob unter unterschiedlichen Voraussetzungen gleichartige oder nur alternative Entwicklungen möglich sind. Die Anforderungen müssen jedoch beibehalten werden, die planerischen Lösungen müssen sich wesentlich unterscheiden. Sind die Anforderungen grundsätzlich verschieden, so liegt eine Besondere Leistung vor (h. M., entgegen Amtl. Begründung für „weitere Grundleistung": Neuenfeld/Baden/Dohna/Groscurth/Schmitz § 37 Rdn. 26). Die Darstellung von sich wesentlich unterscheidenden Lösungen nach gleichen Anforderungen kann sowohl verbal unter Aufzeigen der möglichen Alternativen geschehen als auch in Form von Handskizzen, wie sie bei Vorentwurfsüberlegungen ohnedies anfallen. Bei der Ausarbeitung einer Alternative nach grundsätzlich verschiedenen Anforderungen sind §§ 20 und 21 HOAI zu beachten.

Der Vorentwurf ist Grundlage für die Anhörung der Träger öffentlicher **20** Belange und für die Billigung durch die Gemeinde. Die zeichnerische Darstellung ist nicht streng an die PlanzV gebunden. Vielmehr ist es dem Auftragnehmer freigestellt, den Vorentwurf oder Teile desselben sowohl nach den Voraussetzungen der PlanzV oder in sinngemäßer Anlehnung an diese darzustellen. Die textlichen Erläuterungen umfassen die Beschreibung der Planungskonstruktion und des Planungsinhalts. Sie sind nicht im Sinne eines Erläuterungsberichtes zu verstehen. Der übliche Maßstab für den Vorentwurf ist 1 : 5000 (vgl. für den Entwurf unten Rdn. 24).

Darlegen der Auswirkungen der Planung **21**

Diese Bestimmung ist aus § 3 Abs. 1 BauGB übernommen. Der Träger ist über die Auswirkungen der Planung zu unterrichten. Dies gilt sowohl für innerörtliche Auswirkungen als auch für solche außerhalb des Gemeindegebiets

(z. B., es soll ein verkehrsberuhigter Ortskern geschaffen werden). Dazuhin ist als Grundleistung aufgenommen **Berücksichtigen von Fachplanungen,** die die Ergebnisse des eigenen Entwurfs beeinflussen. Das **Mitwirken an der Beteiligung der Behörden und Stellen, die Träger öffentlicher Belange** sind und von der Planung berührt werden können, betrifft die einmalige Unterrichtung der Bürger in einer Bürgerversammlung über die Planung gemäß § 3 Abs. 1 BauGB. Diese Leistung ist nunmehr zur Grundleistung geworden; sie war bis zur 3. ÄndV eine Besondere Leistung. Jedes weitere Mitwirken an der Öffentlichkeitsarbeit des Auftraggebers gehört zu den Besonderen Leistungen, soweit dieses über die Unterrichtung der Bürger in einer Bürgerversammlung hinausgeht. Eine Besondere Leistung stellt auch das Mitwirken an Informationsschriften und öffentlichen Diskussionen dar.

22   **Mitwirken bei der Auswahl einer sich wesentlich unterscheidenden Lösung zur weiteren Bearbeitung als Entwurfsgrundlage.** Diese Leistung beschränkt sich auf die Begründung einer Lösung, nicht auf ein etwaiges Auswahlverfahren selbst. **Abstimmen des Vorentwurfs mit dem Auftraggeber.** Dieses kann Änderungen und Ergänzungen kleineren Umfangs mit sich bringen. Für zusätzlichen Arbeitsaufwand bei solchen geringfügigen Änderungen und Abweichungen kann der Auftragnehmer kein zusätzliches Honorar in Ansatz bringen. Wird dagegen eine **wesentliche Änderung** oder **Neubearbeitung** des Vorentwurfs notwendig, so stellt dies eine Besondere Leistung dar. Der Umfang des Mitwirkens an der Öffentlichkeitsarbeit wurde durch die 4. ÄndV erweitert und konkretisiert auf die Vorbereitung, Durchführung und Auswertung der Verfahren. Weitere Besondere Leistungen sind denkbar, so die Anfertigung einer Schallpegelkarte, einer Bodengütekarte, die Durchführung einer Verkehrsuntersuchung. Die Eintragung der Ergebnisse solcher Untersuchungen in den Flächennutzungsplan ist mit dem Honorar für die Grundleistungen abgegolten. Gleiches gilt auch hinsichtlich Flächen für Nutzungsbeschränkungen oder für Vorkehrungen gegen schädliche Umwelteinwirkungen (§ 38 Abs. 3 und 4).

23   Leistungsphase 4   Entwurf

Der Entwurf ist Grundlage für den Satzungsbeschluß der Gemeinde und für die öffentliche Auslegung. Als Planunterlage für den Flächennutzungsplan ist eine Karte zu verwenden (§ 1 Abs. 1 Satz 1 PlanzV). Die Karte muß den vorhandenen Zustand so genau und vollständig erkennen lassen, daß dies für den Planinhalt ausreicht. Der Maßstab für den Flächennutzungsplan ist so zu wählen, daß der Inhalt eindeutig dargestellt oder festgesetzt werden kann (§ 1 Abs. 1 Satz 2 PlanzV). Für den Flächennutzungsplan ist in der Regel der Maßstab 1 : 5000 (Maßstab der Deutschen Grundkarte), häufig auch der Maßstab 1 : 10 000 geeignet. Kleinere Maßstäbe bis zum Maßstab 1 : 25 000 können im Einzelfall noch verwendet werden. Ein größerer Maßstab, wie z. B. 1 : 2500 oder 1 : 1000, ist rechtlich jederzeit möglich (Brügelmann/Förster BBauG, § 1 PlanzV, Anm. 3b). Für den Flächennutzungsplan muß ein einheitlicher Maßstab verwendet werden. Jedoch ist es in Ausnahmefällen möglich, daß Teilbereiche eines Planes durch Nebenzeichnungen größeren Maßstabes ergänzt oder verdeutlicht werden (Brügelmann/Förster a. a. O., Anm. 2b). Die Planzeichen für Bauleitpläne und damit auch für den Flächennutzungsplan sind in der Anlage zu der Planzeichenverordnung (Verordnung über die Ausarbeitung der Bauleitpläne sowie über die Darstellung des Planinhaltes vom 18. 12. 1990 (BGBl. I Nr. 3 v. 22. 1. 1991) festgelegt. Der Entwurf muß den Anforderungen des § 5 BauGB entsprechen und die Bestimmungen der Baunutzungsverordnung i. d. F. der Bekanntmachung vom 23. 1. 1990 (BGBl. I S. 132) berücksichtigen.

Der **Erläuterungsbericht** hat u. a. zu enthalten die Planungskonzeption, ein- **24** zelne planerische Sachbereiche, wie Landwirtschaft, Besiedlung, Bevölkerung, Verkehr-, Ver- und Entsorgung, Umweltprobleme, klimatologische Einflüsse. **Mitwirken bei der Abfassung der Stellungnahme der Gemeinde** zu Bedenken und Anregungen umfaßt die Bereitstellung von mündlichen oder schriftlichen Informationen aus dem Planungsherstellungsprozeß, insbesondere aus der öffentlichen Auslegung für die Stellungnahme der Gemeinde, die verpflichtet ist, fristgemäß vorgebrachte Bedenken und Anregungen zu prüfen, und das Ergebnis mitzuteilen (§ 3 Abs. 2 BauGB). Über das Mitwirken hinaus geht das Ausarbeiten der Beratungsunterlagen der Gemeinde zu Bedenken und Anregungen. Diese Aufgabe ist als Besondere Leistung zu honorieren. Die Stellungnahme selbst muß auch in diesem Falle vom Gemeinderat beschlossen werden. Im Verfahren sind vielfach mehrere Auslegungen erforderlich, so daß diese Leistungsphase sehr kostenaufwendig werden kann. Oft sind zusätzliche Beipläne zu fertigen, die beispielhaft, aber nicht vollständig als Besondere Leistung in dieser Leistungsphase aufgeführt sind. Beipläne können auch in den Leistungsphasen 2, 3 und 5 erforderlich werden. Auch dann ist ein gesondertes Honorar für die Besondere Leistung zu vereinbaren. Dagegen ist der Auftragnehmer nicht verpflichtet, einen förmlichen Bescheid für die betreffenden Personen auszuarbeiten (so auch Hesse/Korbion/Mantscheff/Vygen § 37 Rdn. 13. Vielmehr genügt es, daß er der Gemeinde Entscheidungshilfen zur Verfügung stellt (ebenso Meinel, S. 90). Die Leistung **Abstimmen des Entwurfs mit dem Auftraggeber** kann Änderungen oder Ergänzungen kleineren Umfangs mit sich bringen. Für einen etwaigen zusätzlichen Arbeitsaufwand bei geringfügigen Änderungen oder Ergänzungen kann der Auftragnehmer kein zusätzliches Honorar in Ansatz bringen. Wird dagegen eine wesentliche Änderung oder gar eine Neufassung der Planung verlangt, so hat der Auftragnehmer einen gesonderten Honoraranspruch (so zutreffend Neuenfeld/Baden/Dohna/Groscurth/Schmitz § 37 Rdn. 35; Hartmann § 37 Rdn. 23).

Änderungen sind wesentlich, wenn der Plan aus verfahrenstechnischen **25** Gründen erneut ausgelegt werden muß. Die differenzierte Darstellung der Nutzung als Besondere Leistung kann sich beziehen auf andere Maßstäbe, den Inhalt von Bebauungsplänen, Umstrukturierungen aufgrund von Entwicklungsprogrammen oder detaillierte Angaben über Art und Maß der Nutzung, insbesondere bei Gewerbe- und Industrienutzungen, gemischten Nutzungen. Der Verordnungsgeber führt einmal in der HOAI – auch in anderen Teilen –

genannte Besondere Leistungen nicht ein zweites Mal auf. Jederzeit können in anderen Teilen der HOAI – z. B. in Teil II, VI, VII, IX, XI – erwähnte Besondere Leistungen für Teil V erforderlich werden. Außerdem sind auch diese Aufzählungen nicht vollständig, sondern nur beispielhaft.

26 **Leistungsphase 5   Genehmigungsfähige Planfassung**

Die Leistungsphase 5 umfaßt die Erstellung der genehmigungsfähigen Fassung des Flächennutzungsplanes aufgrund des Beschlusses der Gemeinde. Mindestens eine Fertigung ist farbig nach der Planzeichenverordnung oder in vervielfältigungsfähiger Schwarzweißausfertigung herzustellen. Damit wird auf die unterschiedliche Regelung der Länder eingegangen. Weitere farbige Fertigungen sind als Besondere Leistungen zu honorieren. Da aber schon zwischen der Schwarzweißdarstellung und der farbigen erhebliche Unterschiede im Aufwand bestehen, sollte die vom Auftraggeber geforderte Darstellung in Leistungsphase 1 geklärt werden.

27 Hinsichtlich der **Teilnahme an Sitzungen von politischen Gremien** oder Sitzungen **im Rahmen der Bürgerbeteiligung** bestimmt **Absatz 3**, daß eine besondere Honorierung nur bei Teilnahme an mehr als 10 Sitzungen in Frage kommt. Eine gegen Absatz 3 verstoßende Vereinbarung ist unwirksam, da hierdurch der Höchstpreischarakter der Verordnung verletzt wird. Dem Auftragnehmer ist es unbenommen, für die 11. und weitere Sitzungen ein Honorar für Besondere Leistungen zu vereinbaren. Als politische Gremien im Sinne des Absatzes 3 kommen in Frage der Ortschaftsrat, Bezirksbeirat, Gemeinderat und auch die Fraktionen. Weder bei Leistungsphase 3 noch bei Leistungsphase 4 kann der Auftragnehmer ein zusätzliches Honorar für diejenigen Besprechungen verlangen, die zur Abstimmung der Planung mit dem Auftraggeber erforderlich sind (Amtliche Begründung). Das schließt allerdings nicht aus, daß im Einzelfall die Mindestzahl der Sitzungsteilnahmen schon in den Leistungsphasen 3 und 4 überschritten wird und jede weitere Teilnahme an einer Sitzung in obigem Sinne als Besondere Leistung honoriert werden kann. Eine genaue Unterscheidung zwischen Teilnahme an Sitzungen politischer Gremien und an Besprechungen, die der Erörterung von Einzelfragen dienen oder die mit dem Auftraggeber oder Fachbehörden geführt werden, erscheint zwingend (ähnlich Hesse/Korbion/Mantscheff/Vygen § 37 Rdn. 17). Bei Aufträgen, bei denen nach § 38 Abs. 6 als Mindesthonorar 4500 DM berechnet werden können, können 10 Sitzungen mit An- und Abfahrtskosten bereits weit über die Hälfte des Honorars an Kostenaufwand ausmachen.

28 **Absatz 4** enthält eine ähnliche Regelung wie § 19. Ein erhöhtes Honorar nach dieser Bestimmung kann jedoch nur dann vereinbart werden, wenn entweder die Leistungsphase 3 oder die Leistungsphase 4 als isolierte Einzelleistung in Auftrag gegeben wird. Treffen beide Leistungsphasen zusammen, so verbleibt es bei den Vomhundertsätzen des Absatzes 1. Eine Honorarvereinbarung für die Einzelleistung Vorentwurf (Leistungsphase 3) muß sich im Rahmen von 40 v. H. bis 47 v. H. halten. Für den Entwurf (Leistungsphase 4) kann ein

Honorar zwischen 30 v. H. und 36 v. H. vereinbart werden. Da die erhöhten Sätze eine Abweichung von den Mindestsätzen für die betreffende Leistungsphase darstellen, muß eine Vereinbarung nach Absatz 4 in **schriftlicher Form** (vgl. § 4 Rdn. 26) **bei Auftragserteilung** (vgl. § 4 Rdn. 34 ff.) getroffen werden. Liegen diese Voraussetzungen nicht vor, so ist der Mindestsatz nach Absatz 1 zugrunde zu legen wie hier: Hesse/Korbion/Mantscheff/Vygen § 37 Rdn. 5; Pott/Dahlhoff § 37 Rdn. 36; a. A. Hartmann § 37 Rdn. 29. Vereinbaren die Parteien ein höheres Honorar für eine Einzelleistung, als in Absatz 4 vorgesehen, oder vereinbaren sie die Sätze nach Absatz 4, obwohl weitere Leistungen in Auftrag gegeben sind, so ist eine entsprechende Vereinbarung unwirksam. Dies führt jedoch nicht zur Unwirksamkeit des ganzen Vertrages, sondern lediglich dazu, daß das Honorar auf die Honorarsätze nach Absatz 1 reduziert wird (vgl. im einzelnen § 4 Rdn. 7).

Absatz 5 stellt klar, daß die in Absatz 1 für die Leistungsphasen 1 und 2 **29** genannten Von-bis-Vomhundertsätze als Mindest- und Höchstsätze im Sinne der VO anzusehen sind. Gegenüber § 4 Abs. 1 und 4 enthält Absatz 5 jedoch die Abweichung, daß eine Vereinbarung nicht bereits bei Auftragserteilung, sondern vor Erbringung der Grundleistungen der jeweiligen Leistungsphasen 1 und 2 vereinbart sein muß (Pott/Dahlhoff § 37 Rdn. 4). Die Vereinbarung über die Bewertung der Leistungsphase 2 kann auch noch nach Erbringung der Leistungsphase 1 rechtswirksam vorgenommen werden (Hesse/Korbion/Mantscheff/Vygen § 37 Rdn. 3; Jochem § 37 Rdn. 4). Der Begriff „vor Erbringung" bedeutet dabei nicht etwa, daß eine Vereinbarung noch bis kurz vor Abschluß der Grundleistungen zulässig wäre. Vielmehr bedeutet diese Formulierung, daß die Vereinbarung vor Beginn der Leistungen getroffen sein muß. Zur Schriftform vgl. § 4 Rdn. 61. Für die Leistungsphase 1 gilt als Mindestsatz 1%, für die Leistungsphase 2 gelten 10%.

§ 38
Honorartafel für Grundleistungen bei Flächennutzungsplänen

(1) Die Mindest- und Höchstsätze der Honorare für die in § 37 aufgeführten Grundleistungen bei Flächennutzungsplänen sind in der nachfolgenden Honorartafel festgesetzt [siehe Seite 669].

(2) Die Honorare sind nach Maßgabe der Ansätze nach Absatz 3 zu berechnen. Sie sind für die Einzelansätze der Nummern 1 bis 4 gemäß der Honorartafel des Absatzes 1 getrennt zu berechnen und zum Zwecke der Ermittlung des Gesamthonorars zu addieren. Dabei sind die Ansätze nach den Nummern 1 bis 3 gemeinsam einer Honorarzone nach § 36 a zuzuordnen; der Ansatz nach Nummer 4 ist gesondert einer Honorarzone zuzuordnen.

(3) Für die Ermittlung des Honorars ist von folgenden Ansätzen auszugehen:

1. nach der für den Planungszeitraum entsprechend den Zielen der Raumordnung und Landesplanung anzusetzenden Zahl der Einwohner
je Einwohner   10 VE,

2. für die darzustellenden Bauflächen
je Hektar Fläche   1800 VE,

3. für die darzustellenden Flächen nach § 5 Abs. 2 Nr. 4 des Baugesetzbuchs
sowie nach § 5 Abs. 2 Nr. 5, 8 und 10 des Baugesetzbuchs, die nicht nach § 5
Abs. 4 des Baugesetzbuchs nur nachrichtlich übernommen werden sollen,
je Hektar Fläche   1400 VE,

4. für darzustellende Flächen, die nicht unter die Nummern 2 oder 3 oder Absatz
4 fallen, zum Beispiel Flächen für Landwirtschaft und Wald nach § 5 Abs. 2
Nr. 9 des Baugesetzbuchs
je Hektar Fläche   35 VE.

(4) Gemeindebedarfsflächen und Sonderbauflächen ohne nähere Darstellung
der Art der Nutzung sind mit dem Hektaransatz nach Absatz 3 Nr. 2 anzusetzen.

(5) Liegt ein gültiger Landschaftsplan vor, der unverändert zu übernehmen ist,
so ist ein Ansatz nach Absatz 3 Nr. 3 für Flächen mit Darstellungen nach § 5
Abs. 2 Nr. 10 des Baugesetzbuchs nicht zu berücksichtigen; diese Flächen sind
den Flächen nach Absatz 3 Nr. 4 zuzurechnen.

(6) Das Gesamthonorar für Grundleistungen nach den Leistungsphasen 1 bis
5, das nach den Absätzen 1 bis 5 zu berechnen ist, beträgt mindestens 4500 Deutsche Mark. Die Vertragsparteien können abweichend von Satz 1 bei Auftragserteilung ein Zeithonorar nach § 6 schriftlich vereinbaren.

(7) Ist nach Absatz 3 ein Einzelansatz für die Nummern 1 bis 4 höher als
3 Millionen VE, so kann das Honorar frei vereinbart werden. Wird ein Honorar
nicht bei Auftragserteilung schriftlich vereinbart, so ist das Honorar als Zeithonorar nach § 6 zu berechnen.

(8) Wird ein Auftrag über alle Leistungsphasen des § 37 nicht einheitlich in
einem Zuge, sondern für die Leistungsphasen einzeln in größeren Zeitabständen
ausgeführt, so kann für den damit verbundenen erhöhten Aufwand ein Pauschalhonorar frei vereinbart werden.

(9) Für Flächen von Flächennutzungsplänen nach Absatz 3 Nr. 2 bis 4, für die
eine umfassende Umstrukturierung in baulicher, verkehrlicher, sozioökonomischer oder ökologischer Sicht vorgesehen ist, kann ein Zuschlag zum Honorar
frei vereinbart werden.

(10) § 20 gilt sinngemäß.

Honorartafel zu § 38 Abs. 1

Ansätze VE	Zone I von DM	bis	Zone II von DM	bis	Zone III von DM	bis	Zone IV von DM	bis	Zone V von DM	bis
5 000	1 850	2 080	2 080	2 320	2 320	2 550	2 550	2 790	2 790	3 020
10 000	3 710	4 170	4 170	4 630	4 630	5 100	5 100	5 560	5 560	6 020
20 000	5 930	6 670	6 670	7 410	7 410	8 160	8 160	8 900	8 900	9 640
40 000	10 380	11 680	11 680	12 980	12 980	14 270	14 270	15 570	15 570	16 870
60 000	14 090	15 850	15 850	17 610	17 610	19 360	19 360	21 120	21 120	22 880
80 000	17 400	19 580	19 580	21 750	21 750	23 930	23 930	26 100	26 100	28 280
100 000	20 250	22 780	22 780	25 320	25 320	27 850	27 850	30 390	30 390	32 920
150 000	26 680	30 020	30 020	33 350	33 350	36 690	36 690	40 020	40 020	43 360
200 000	32 120	36 140	36 140	40 150	40 150	44 170	44 170	48 180	48 180	52 200
250 000	37 060	41 690	41 690	46 330	46 330	50 960	50 960	55 600	55 600	60 230
300 000	42 250	47 530	47 530	52 810	52 810	58 090	58 090	63 370	63 370	68 650
350 000	47 560	53 510	53 510	59 450	59 450	65 400	65 400	71 340	71 340	77 290
400 000	51 390	57 810	57 810	64 230	64 230	70 660	70 660	77 080	77 080	83 500
450 000	54 470	61 280	61 280	68 090	68 090	74 910	74 910	81 720	81 720	88 530
500 000	58 050	65 310	65 310	72 570	72 570	79 820	79 820	87 080	87 080	94 340
600 000	63 740	71 710	71 710	79 680	79 680	87 640	87 640	95 610	95 610	103 580
700 000	67 450	75 880	75 880	84 310	84 310	92 750	92 750	101 180	101 180	109 610
800 000	71 160	80 050	80 050	88 940	88 940	97 840	97 840	106 730	106 730	115 620
900 000	73 370	82 540	82 540	91 720	91 720	100 890	100 890	110 070	110 070	119 240
1 000 000	76 590	86 160	86 160	95 740	95 740	105 310	105 310	114 890	114 890	124 460
1 500 000	85 230	95 880	95 880	106 540	106 540	117 190	117 190	127 850	127 850	138 500
2 000 000	88 940	100 060	100 060	111 180	111 180	122 290	122 290	133 410	133 410	144 530
3 000 000	96 350	108 390	108 390	120 440	120 440	132 480	132 480	144 530	144 530	156 570

1 **Aufbau der Bestimmung**

Die Honorierung der Leistungen bei Flächennutzungsplänen weicht systematisch von der Objektplanung in Teil II und Teil VII und von der Tragwerksplanung ab. Sie knüpft nicht an anrechenbare Kosten an, sondern an Verrechnungseinheiten (VE). Der Grund liegt darin, daß Flächennutzungspläne künftige Entwicklungen der baulichen und sonstigen Nutzung betreffen und deshalb zu dem für die Honorarermittlung maßgeblichen Zeitpunkt keinen konkreten Bezug zu Baukosten besitzen. Deshalb sind die Bezugsgrößen Einwohnerzahlen und darzustellende Flächen in ha. § 38 Abs. 1 enthält die Honorartafel, § 38 Abs. 2 beschreibt den Gang der Honorarberechnung. Aus § 38 Abs. 3 ergibt sich der Ansatz der VE. § 38 Abs. 4 und 5 betreffen Sonderregelungen, § 38 Abs. 6 das Mindesthonorar. § 38 Abs. 9 sieht Honorarzuschläge bei Erschwerung der Planung durch umfassende Umstrukturierungen vor.

2 Während die HOAI bisher bei der Berechnung der Honorare für Grundleistungen bei Flächennutzungsplänen vorsah, daß zunächst die Feststellung der Verrechnungseinheiten erfolgte, danach zu prüfen war, ob das Objekt in die Normal- oder Schwierigkeitsstufe gehörte und sich sodann die Vom-bis-Sätze aus der Honorartafel des Absatzes 1 ermitteln ließen, verlangt die 4. ÄndV, daß zunächst Einzelansätze des § 38 Nr. 1 bis 4 nach der Honorartafel des Absatzes 1 getrennt zu berechnen und zum Zwecke der Ermittlung des Gesamthonorars zu addieren sind. Dabei sind die Ansätze des § 38 Abs. 3 Nr. 1 bis 3 sowie die Ansätze des § 38 Abs. 3 Nr. 4 jeweils getrennt einer Honorarzone zuzuordnen und die Honoraransätze aus der Addition der so getrennt ermittelten Verrechnungseinheiten zu ermitteln. § 38 Abs. 3 Nr. 2 führt die Verrechnungseinheiten für Wohnbau, gemischte und gewerbliche Bauflächen nicht getrennt, sondern einheitlich für Bauflächen auf. § 38 Abs. 5 bezieht sich auf einen **gültigen** Landschaftsplan, der unverändert zu übernehmen ist. § 38 Abs. 6 gewährt den Vertragsparteien das Recht, bei Auftragserteilung ein Zeithonorar nach § 6 schriftlich zu vereinbaren. § 38 Abs. 7 sieht vor, daß dann, wenn das Honorar nicht bei Auftragserteilung schriftlich vereinbart ist, das Honorar als Zeithonorar nach § 6 zu berechnen ist. Der bisherige Absatz 8 entfällt völlig. Statt dessen regelt § 38 Abs. 8 n. F. die Honorierung für den Fall, daß der Auftrag über alle Leistungsphasen nicht einheitlich in einem Zuge, sondern in größeren Zeitabständen ausgeführt werden muß, und ermöglicht die Vereinbarung eines Pauschalhonorars zur Abgeltung des damit verbundenen erhöhten Aufwands. Der bisherige Absatz 9 entfällt. Die Berücksichtigung der Schwierigkeitsmerkmale erfolgt nunmehr durch die Einordnung in die Honorarzonen entsprechend den Planungsanforderungen. § 38 Abs. 9 n. F. berücksichtigt darüber hinaus besondere Anforderungen, die im Hinblick auf eine umfassende Umstrukturierung in baulicher, verkehrlicher, sozioökonomischer oder ökologischer Sicht entstehen können. Insoweit kann zum Honorar ein Zuschlag frei vereinbart werden. In § 38 Abs. 10 n. F. ist nur noch auf § 20, nicht mehr auch auf § 21 verwiesen. § 38 Abs. 8 nimmt die Regelung des § 21 in sich auf.

Rechengang 3

Die Honorare für Flächennutzungspläne berechnen sich nach folgendem Schema: Die Bereiche des Abs. 3 Ziff. 1 bis 3 einerseits und der Ziff. 4 sind getrennt zu bewerten und können verschiedenen Honorarzonen zugeordnet werden. Zum *Siedlungsbereich* gehören Nr. 1, 2 und 3. Diese entsprechen § 5 Abs. 2 BauGB:

1. Bauflächen, Sonderbauflächen
2. öffentliche und private Versorgungseinrichtungen, Gemeinbedarf
3. Verkehrsflächen
4. Versorgungs- und Entsorgungsanlagen
5. Grünflächen
8. Aufschüttungen, Abgrabungen
10. Natur- und Landschaftsschutzflächen

Zum *Außenbereich* nach § 38 Abs. 3 Ziff. 4 sind entsprechend § 5 Abs. 2 BauGB zu zählen:

Ziff. 6 Flächen für Nutzungsbeschränkungen
Ziff. 7 Wasserflächen
Ziff. 9 Landwirtschaft und Wald
Ziff. 10 Natur- und Landschaftsschutzflächen (wenn ein gültiger Landschaftsplan vorliegt, ansonsten zum Siedlungsbereich gehörend)

Die Begriffe „Siedlungsbereich" und „Außenbereich" sind dabei Arbeitstitel, die nicht in der HOAI und im BauGB aufgenommen sind. Es handelt sich um Begriffe, die in der städtebaulichen Praxis verwendet werden.

Sind Siedlungs- und Außenbereich getrennt bewertet, so hat die Einordnung in die jeweiligen Honorarzonen zu erfolgen (§ 38 Abs. 2). Das Gesamthonorar muß sich aus einer oder aus verschiedenen Honorarzonen ergeben. Zur Zuordnung der Honorarzone nennt der § 36a sechs gleichrangige Bewertungsmerkmale:

– topographische Verhältnisse
– geologische Gegebenheiten
– bauliche und landschaftliche Umgebung, Denkmalpflege
– Nutzung, Dichte
– Gestaltung
– Erschließung
– Umweltvorsorge, ökologische Bedingungen (vgl. i. e.)

Zur Frage der Zuordnung von Siedlungs- und Außenbereichen zu den 4 Honorarzonen im Flächennutzungsplan wird auf die Kommentierung zu § 36a Rdn. 4 verwiesen.

Es sind dann die Verrechnungseinheiten (VE) zu ermitteln. Dies hat für die 5 Einzelansätze getrennt zu erfolgen.

Siedlungsbereich nach HOAI § 38 (3) 1, 2, 3 (4) entspricht § 5 BauGB
Zielplanung Einwohner (Bestand und Planung) 10 VE/EW

§ 5 (2)	1. BauGB Bauflächen, Sonderbauflächen	1800 VE/ha
	2. öffentliche und private Versorgungseinrichtungen, Gemeinbedarf	1800 VE/ha
	3. Verkehrsflächen	1800 VE/ha
	4. Versorgungs- und Entsorgungsanlagen	1400 VE/ha
	5. Grünflächen	1400 VE/ha
	8. Aufschüttungen, Abgrabungen	1400 VE/ha
	10. Natur- und Landschaftsschutzflächen	1400 VE/ha

Außenbereich nach HOAI § 38 (3) (4) entspricht BauGB § 5

§ 5 (2)	6. Flächen für Nutzungsbeschränkungen	35 VE/ha
	7. Wasserflächen	35 VE/ha
	9. Landwirtschaft und Wald	35 VE/ha
	10. Natur- und Landschaftsschutzflächen (wenn ein gültiger Landschaftsplan vorliegt)	35 VE/ha

6   Die Honorarteilsummen der Einzelansätze ergeben das Gesamthonorar. Es ist dann die Frage der Berechnung von Zuschlägen zu prüfen. Zuschläge können vereinbart werden, wenn die Leistung nicht in einem Zug, sondern mit zeitlichen Unterbrechungen anfällt (§ 38 Abs. 8). Dann kann eine Pauschale frei vereinbart werden. Zuschläge sind aber auch möglich, wenn umfassende Umstrukturierungen nach § 38 Abs. 9 in baulicher, verkehrlicher, sozioökonomischer oder ökologischer Sicht verlangt werden. Aus der Bewertung der Einzelleistung ergibt sich dann das Vertragshonorar.

7   **Absatz 1** legt die Mindest- und Höchstsätze der Honorare für Leistungen bei Flächennutzungsplänen fest. Es handelt sich um **Mindest- und Höchstsätze** im Sinne des § 4 (ebenso Hesse/Korbion/Mantscheff/Vygen § 38 Rdn. 16; Neuenfeld/Baden/Dohna/Groscurth/Schmitz § 38 Rdn. 1). Dies bedeutet zunächst, daß dem Auftragnehmer nur dann ein Honorar als Höchstsatz zusteht, wenn die entsprechende Vereinbarung in **schriftlicher Form** (§ 4 Rdn. 26) **bei Auftragserteilung** (§ 4 Rdn. 34 ff.) getroffen wurde (Pott/Dahlhoff § 38 Rdn. 4). Dies hat ferner zur Folge, daß eine Überschreitung der Höchstsätze nur unter den Voraussetzungen des § 4 Abs. 3 möglich ist (vgl. im einzelnen § 4 Rdn. 92 ff.). Ein Verstoß gegen den Höchstpreischarakter führt zur Unwirksamkeit der entsprechenden Vereinbarung, nicht etwa dazu, daß der gesamte Vertrag unwirksam ist. Das Honorar reduziert sich in diesen Fällen auf den Höchstsatz (vgl. § 4 Rdn. 69 ff.). Der Mindestsatz gilt immer dann, wenn keine schriftliche Vereinbarung bei Auftragserteilung getroffen wurde. Eine Unterschreitung der Mindestsätze ist nur unter den Voraussetzungen des § 4 Abs. 2 möglich (vgl. § 4 Rdn. 85 ff.). Merkmale für die Abweichung vom Mindestsatz nach oben können sein:

- Koordination mit mehreren Fachplanungen oder mehreren Gemeinden/Verwaltungsgemeinschaften
- Planbereiche oder Teilbereiche, die trotz ihres geringen Umfangs denselben Grundaufwand (Abstimmungsaufwand, Verfahren usw.) sowie große Planbereiche haben

– Erfordernis von Varianten, soweit nicht durch § 20 HOAI abgedeckt
– erhöhter Öffentlichkeitsaufwand

Die **Honorartafel** enthält keine Promillesätze, sondern konkrete DM-   **8**
Beträge. Bis 5000 VE gibt die Honorartafel einen Festsatz an, über 3 000 000
VE ist keine Extrapolation notwendig. In diesen Fällen kann das Honorar frei
vereinbart werden (Absatz 7). Die Honorartafel enthält Von-bis-Sätze für die
Honorarzonen I–V, jedoch keine Normal- und Schwierigkeitsstufen. Zu
berücksichtigen ist ferner die Sonderregelung des Absatzes 7 (vgl. unten
Rdn. 19).

Sofern die Honorare nicht nach Honorartafeln mit Zwischenstufen für die   **9**
VE-Ansätze und zwischen Von- und Bis-Sätzen liegenden Honorarsätzen
ermittelt werden, sind sie durch Interpolation festzustellen. Dies bedeutet, daß
bis 5000 VE keine Interpolation stattfindet, sondern die Sätze für 5000 VE
zugrunde zu legen sind. Bei der Interpolation empfiehlt es sich, folgende Formel zu verwenden (vgl. z. B. Meinel, S. 97; Neuenfeld/Baden/Dohna/Gros-
curth/Schmitz § 38 Rdn. 6):

$$\frac{a + b \cdot c}{d}$$

a = Honorar für die nächstniedrigere Stufe der anrechenbaren Kosten
b = Differenz zwischen den tatsächlichen VE und den in der Honorartafel
   genannten nächstniedrigeren VE
c = Differenz der beiden Honorare für die nächsthöheren und nächstniedri-
   geren VE
d = Differenz der in der Tabelle nacheinander genannten VE

Eine andere Formel (nach Meinel, S. 97) führt zum gleichen Ergebnis.

Absatz 2 enthält die Anleitung für die Ermittlung des Honorars nach Ab-   **10**
satz 3. Von entscheidender Bedeutung ist dabei, daß die VE für die Ziffern 1–4
des Absatzes 3 **jeweils getrennt** zu berechnen sind. Für die Einzelansätze aus
Absatz 3 Ziff. 1–4 ist jeweils getrennt das Honorar nach Absatz 1 abzulesen.
Erst danach ist eine Addition der Honorare vorzunehmen. Es darf keine Addition **der VE** stattfinden. Dies würde deshalb zu falschen Ergebnissen führen,
weil die Sätze in der Honorartafel des Absatzes 1 degressiv sind, d. h., bei steigenden VE verringert sich die Zuwachsrate im Verhältnis zu den Sätzen bei
niedrigeren VE (wie hier zutreffend Neuenfeld/Baden/Dohna/Groscurth/
Schmitz § 38 Rdn. 5; a. A. anscheinend Meinel, S. 98, wobei es sich jedoch um
einen offensichtlichen Fehler handeln dürfte).

Absatz 3 ist die Grundlage für die Ermittlung der VE. Grundlage für den   **11**
Einzelansatz der VE nach Ziffer 1 ist die **Einwohnerzahl**. Es handelt sich hier
um die Einwohnerzahl im Rahmen des Geltungsbereiches des Flächennutzungsplanes. Maßgebend ist nicht die Einwohnerzahl in dem Zeitpunkt, in dem
der Auftragnehmer seine Leistung erbringt, maßgebend ist vielmehr diejenige
Einwohnerzahl, die nach den Zielen der Raumordnung und der Landesplanung
vorgesehen ist (ebenso Neuenfeld/Baden/Dohna/Groscurth/Schmitz § 38

Rdn. 8). Nicht entscheidend ist auch eine höhere Einwohnerzahl nach dem Flächennutzungsplan (so zutreffend Neuenfeld/Baden/Dohna/Groscurth/Schmitz § 38 Rdn. 8).

12 Grundlage für die Ermittlung der VE nach Ziffer 2 sind die Bauflächen nach § 5 (2) 1 BauGB die Wohnbauflächen, die gemischten Bauflächen und die gewerblichen Bauflächen und die Sonderbauflächen. Die Begriffe sind der Verordnung über die bauliche Nutzung der Grundstücke (BauNVO) i. d. F. vom 23. 1. 1990 entnommen. Zu den **Wohnbauflächen** gehören Kleinsiedlungsgebiete, reine Wohngebiete und allgemeine Wohngebiete (§ 1 Abs. 1, Abs. 2 BauNVO). Kleinsiedlungsgebiete dienen vorwiegend der Unterbringung von Kleinsiedlungen und landwirtschaftlichen Nebenerwerbsstellen (§ 2 Abs. 1 BauNVO). Reine Wohngebiete dienen ausschließlich dem Wohnen. Zulässig sind grundsätzlich nur Wohngebäude, ausnahmsweise auch Läden (§ 3 BauNVO). Allgemeine Wohngebiete dienen demgegenüber lediglich vorwiegend dem Wohnen. Neben Wohngebäuden sind auch die der Versorgung des Gebietes dienenden Läden, Schank- und Speisewirtschaften, nicht störende Handwerksbetriebe und Anlagen für kirchliche, kulturelle, soziale, gesundheitliche und sportliche Zwecke zulässig (§ 4 BauNVO). Zu den **gemischten Bauflächen** gehören die Dorfgebiete, Mischgebiete und Kerngebiete. Dorfgebiete dienen vorwiegend der Unterbringung der Wirtschaftsstellen land- und forstwirtschaftlicher Betriebe und dem Wohnen (§ 5 BauNVO). Mischgebiete dienen dem Wohnen und der Unterbringung von Gewerbebetrieben, die das Wohnen nicht wesentlich stören (§ 6 BauNVO), Kerngebiete vorwiegend der Unterbringung von Handelsbetrieben sowie der zentralen Einrichtungen der Wirtschaft, der Verwaltung und der Kultur (§ 7 BauNVO). Unter die **gewerblichen Bauflächen** fallen die Gewerbegebiete und die Industriegebiete. Gewerbegebiete dienen vorwiegend der Unterbringung von nicht erheblich belästigenden Gewerbebetrieben (§ 8 BauNVO), Industriegebiete ausschließlich der Unterbringung von Gewerbebetrieben, und zwar vorwiegend solcher Betriebe, die in anderen Baugebieten unzulässig sind (§ 9 BauNVO). Zu den Sonderbauflächen zählen Sondergebiete, die der Erholung dienen (Wochenendhausgebiete, Ferienhausgebiete, Campingplatzgebiete) sowie sonstige Sondergebiete (öffentliche und private Versorgungseinrichtungen).

13 Eine Ergänzung des Abs. 3 Ziff. 2 enthält Absatz 4 (vgl. unten Rdn. 16). Die Einzelansätze für Wohnbauflächen, gemischte Bauflächen und gewerbliche Bauflächen sind zu addieren. Danach ist für die Summe dieser VE das Honorar aus der Honorartafel des Absatzes 1 abzulesen.

14 Die VE nach Ziffer 3 sind entsprechend Abs. 3 Ziff. 2 zunächst aus der Summe der Hektarflächen des § 5 Abs. 2 Ziff. 4 BauGB zu ermitteln. Es handelt sich hier um die Flächen für Versorgungsanlagen, für die Verwertung oder Beseitigung von Abwasser und festen Abfallstoffen sowie für Hauptversorgungs- und Hauptabwasserleitungen (§ 5 Abs. 2 Ziff. 4). Dann sind die VE aus der Summe aus Grünflächen, wie Parkanlagen, Dauerkleingärten, Sport-, Spiel-, Zelt- und Badeplätze, Friedhöfe (§ 5 Abs. 2 Ziff. 5 BauGB) und der Flä-

chen für Aufschüttungen, Abgrabungen oder für die Gewinnung von Steinen, Erden und anderen Bodenschätzen (§ 5 Abs. 2 Ziff. 8 BauGB) sowie die Flächen für Maßnahmen zum Schutz, zur Pflege und zur Entwicklung von Natur und Landschaft zu errechnen. Sind diese Flächen jedoch nur **nachrichtlich** in den Flächennutzungsplan zu übernehmen, so bleiben sie für die Berechnung der VE außer Ansatz. Eine nachrichtliche Übernahme in den Flächennutzungsplan kommt dann in Frage, wenn Planungen und Nutzungsregelungen in anderer Weise als durch Bauleitplanung festgesetzt sind (§ 5 Abs. 4 BauGB). Es handelt sich hierbei vor allem um die in § 38 BauGB aufgeführten bundes- und landesrechtlichen Vorschriften, z. B. des Bundesfernstraßengesetzes, Bundesbahngesetzes, Telegrafenwegegesetzes, Luftverkehrsgesetzes, Personenbeförderungsgesetzes und Abfallgesetzes sowie des Gesetzes über den Bau und den Betrieb von Versuchsanlagen zur Erprobung von Techniken für den spurgeführten Verkehr. Gleiches gilt für die Planfeststellungsverfahren betreffend überörtliche Planungen auf den Gebieten des Verkehrs-, Wege- und Wasserrechts nach landesrechtlichen Vorschriften. Eine Ausnahme gegenüber Ziffer 3 enthält Absatz 5 (vgl. unten Rdn. 17).

Grundlage für die Ermittlung der VE nach Ziffer 4 sind diejenigen darzustellenden Flächen, die nicht unter Abs. 3 Nr. 2 oder 3 oder Absatz 4 fallen. Hierher gehören vor allem Flächen für Landwirtschaft und Wald (§ 5 Abs. 2 Ziff. 9 BauGB) sowie Flächen für Nutzungsbeschränkungen oder Vorkehrungen zum Schutz gegen schädliche Umwelteinwirkungen (§ 5 Abs. 2 Nr. 6 BauGB). Soweit hier Leistungen anfallen, die mit großem Aufwand verbunden sind, kann ein erhöhtes Honorar unter den Voraussetzungen des § 4 Abs. 3 vereinbart werden. Möglich sind auch im Rahmen des § 5 Abs. 2 Nr. 6 BauGB Besondere Leistungen. Ergänzt wird Ziffer 4 durch Absatz 5 (vgl. Rdn. 17). Ergeben sich nach Ziffer 1–4 VE, die nicht in der Honorartafel des Absatzes 1 erfaßt sind, so sind die Honorare durch Interpolation zu ermitteln. Den Ziffern 1–4 ist gemeinsam, daß die zugrunde zu legenden Flächen vom Auftragnehmer „darzustellende" sein müssen. Flächen, die lediglich aus anderen Planungen übernommen werden, sind ohne Einfluß auf die VE. **15**

Absatz 4 enthält eine Ergänzung des Abs. 3 Nr. 2. Die Formulierung des Absatzes 4 („… sind mit dem Hektaransatz nach Absatz 3 Nr. 2 anzusetzen") ist zwar nicht eindeutig und könnte auch in der Weise ausgelegt werden, daß nach Absatz 4 ein getrennter Einzelansatz zu den Hektaransätzen des Absatzes 3 hinzukommen solle. Dies scheint der sprachliche Unterschied zu Absatz 5 („zuzurechnen") zu bestätigen. Indessen bestimmt Absatz 2 eindeutig, daß die Honorare nach Maßgabe der Ansätze des Absatzes 3 zu berechnen sind. Die Ansätze nach Absatz 4 sind damit den Ansätzen nach Abs. 3 Ziff. 2 hinzuzurechnen (ebenso Neuenfeld/Baden/Dohna/Groscurth/Schmitz § 38 Rdn. 8). Dabei sind diejenigen Hektaransätze des Abs. 3 Nr. 2 zugrunde zu legen, die den erwartenden Festsetzungen entsprechen. Gemeinbedarfsflächen sind diejenigen Flächen, auf denen der Allgemeinheit dienende bauliche Anlagen und Einrichtungen errichtet werden, wie z. B. Kirchen, Schulen, kirchliche, kultu- **16**

relle und sonstige öffentliche Gebäude und Einrichtungen (§ 5 Abs. 2 Ziff. 2 BauGB). Zu den **Sonderbauflächen** gehören die Sondergebiete, die der Erholung dienen (§ 10 BauNVO) und sonstige Sondergebiete (§ 11 BauNVO).

17   **Absatz 5** enthält eine Sonderregelung gegenüber Abs. 3 Ziff. 3 und 4. Liegt bei der Erarbeitung des Flächennutzungsplans bereits ein Landschaftsplan vor, so können die Fachplanungen aus dem Landschaftsplan übernommen werden. Wegen des verringerten Leistungsumfangs ist ein Ansatz für Flächen nach Abs. 3 Nr. 3 nicht zulässig. Absatz 5 ordnet an, daß diese Flächen den Flächen nach Absatz 3 Nr. 4 hinzuzurechnen sind, die mit einem sehr geringen Ansatz berechnet werden. Die frühere Ausnahme für Flächen nach § 5 Abs. 2 Nr. 4 der BBauG ist durch deren Aufnahme in Abs. 3 Ziff. 3 hinfällig geworden.

18   **Absatz 6** gewährt dem Auftragnehmer ein Mindesthonorar von 4500 DM. Das Mindesthonorar des Absatzes 6 betrifft lediglich das Gesamthonorar, nicht die Einzelhonorare, die aus den Einzelansätzen nach Abs. 3 Ziff. 1–4 ermittelt wurden. Das Honorar des Absatzes 6 ermäßigt sich jedoch, soweit der Auftragnehmer lediglich Teilleistungen aus dem Leistungsfeld des § 37 erbringt. In diesen Fällen ermäßigt sich das Honorar entsprechend der Bewertung der Grundleistungen in § 37 Abs. 1.

19   **Absatz 7** ermöglicht die freie Vereinbarung eines Honorars, soweit die Einzelansätze nach Abs. 3 Ziff. 1–4 höher als 3 000 000 VE liegen. Es ist demnach nicht erforderlich, daß die Summe der VE 3 000 000 VE beträgt. Es kann dann nicht nur hinsichtlich des betreffenden Einzelansatzes eine freie Vereinbarung getroffen werden, die Preisbindung endet also für sämtliche Einzelansätze (wie hier: Hesse/Korbion/Mantscheff/Vygen § 38 Rdn. 22; Jochem § 38 Rdn. 10; so jetzt auch Neuenfeld/Baden/Dohna/Groscurth/Schmitz § 38 Rdn. 11). Spezielle Vorschriften über die Form der freien Honorarvereinbarung gibt es nicht. § 4 Abs. 1 und 4 sind nicht anwendbar, da es sich um keine Abweichung von den Mindest- bzw. Höchstsätzen handelt. Die Vereinbarung nach Absatz 7 kann demnach auch mündlich getroffen werden. Allerdings ist aus Beweisgründen die Einhaltung der Schriftform zu empfehlen.

20   Ebenfalls nicht geregelt ist der Fall, daß z. B. aus Abs. 3 Ziff. 1 ein Ansatz von 4 000 000 VE errechnet wird, jedoch keine bestimmte Honorarvereinbarung getroffen ist. Denkbar sind hier zwei Lösungen: einmal die Extrapolation, also die Fortsetzung der Tabelle auch über 3 000 000 VE hinaus, zum anderen die Anwendung der für 3 000 000 VE genannten Von-bis-Sätze. Da die Honorartafel des Absatzes 1 in sich abgeschlossen ist, kann eine Extrapolation nicht erfolgen. Vielmehr ist hier das Honorar für den Ansatz 3 000 000 VE zugrunde zu legen. Es kann auch nicht davon ausgegangen werden, daß in diesen Fällen die Höchstsätze aus der Honorartafel ohne weiteres zugrunde zu legen sind. Vielmehr muß auch hier den Voraussetzungen der Absätze 1 und 4 des § 4 Genüge getan werden. Haben die Parteien bei Auftragserteilung eine schriftliche Vereinbarung getroffen, so sind auch dann die Mindestsätze für 3 000 000 VE zugrunde zu legen, wenn die tatsächlichen VE höher liegen (vgl. die gleiche Problematik bei § 16 und § 34).

Absatz 8 regelt den Fall, daß nicht alle Leistungsphasen einheitlich in einem 21
Zug – das heißt ohne größere zeitliche Unterbrechung – erbracht werden können oder sollen. Mit dem Erbringen der einzelnen Leistungsphasen in größeren
zeitlichen Abständen kann ein erhöhter Aufwand verbunden sein, z. B. Änderungen überörtlicher Planungen, Änderungen von Zielen und Prognosen,
zusätzliche Fachplanungen. Der erhöhte Aufwand kann kaum im voraus
geschätzt werden, er ist vielmehr zum Zeitpunkt des Änderungsfalls zu bestimmen. Er sollte als Pauschale vereinbart werden.

Absatz 9 ermöglicht einen Zuschlag zum Honorar, wenn Flächen nach 22
Abs. 3 Nr. 2–4 in baulicher, verkehrlicher, sozioökonomischer oder ökologischer Sicht weitgehend umstrukturiert werden sollen. Dies kann der Fall sein
bei:

- Ausweisung neuer Siedlungsschwerpunkte oder Siedlungsauflösung wegen
  Bergbauabsichten
- Ausweisung neuer überörtlicher Verkehrsanlagen oder Renaturierung be-
  stehender Anlagen
- Ausweisung neuer Schutzflächen oder Flächen mit Nutzungsbeschränkun-
  gen oder Renaturierung vorhandener Bauflächen
- Flächen der Flurbereinigung

Die Zuschläge beziehen sich zweckmäßigerweise auf die Teilhonorare der
Einzelansätze.

Neu eingefügt ist Absatz 10: „§ 20 gilt sinngemäß.“ Die Bindung ist be- 23
sonders im Hinblick auf entfallene Besondere Leistungen, wie z. B. „sich
wesentlich unterscheidende Lösungen nach verschiedenen Anforderungen“,
„Neubearbeitung des Entwurfes nach Bedenken und Anregungen“ zu beachten.

Berechnungsbeispiele:

Beispiel A 24

Gemeindezweckverband, bestehend aus 3 Gemeinden mit zusammen
15 Ortsteilen, mit 15 000 EW, Entwicklungsziel: 18 000 EW Lage im ländlichen Bereich, 1 Gemeinde als Erholungsort in landschaftlich reizvoller
Umgebung, 1 Gemeinde mit förmlich festgelegtem Sanierungsgebiet, 5 Ortsteile mit DE-Maßnahmen; 2 Ortsteile mit Flurbereinigung, Umgehungsstraße
(Landesstraße), gemeinsames Sportzentrum sowie gemeinsame Kläranlage
beabsichtigt.

§ 38 +
§ 36a **Bewertung und Honorarzone**

Siedlungsfläche:	19 Punkte	= HZ III
Außenbereichsfläche:	21 Punkte	= HZ IV

§ 38 (3) **Verrechnungseinheiten**			Teilhonorare HZ III
(3) 1. 18 000 EW	· 10 VE	= 180 000 VE	37 430 bis 41 178
(3) 2. 400 ha Siedlungsfläche	· 1800 VE	= 720 000 VE	85 236 bis 93 768
(3) 3. 10 ha Siedlungsfläche	· 1400 VE	= 14 000 VE	
(3) 3. 10 ha Außenbereich mit Landschafts- und Naturschutz vorgesehen	· 1400 VE	= 14 000 VE	9 638 bis 10 604
	Zwischensumme		132 304 bis 145 550

Abweichung vom Mindestsatz wegen
– Punktebewertung
– Koordinierung mehrerer Fachplanungen
  und mehrerer Gemeinden
  deshalb Mittelsatz   138 927 DM

			Teilhonorar HZ IV
(3) 4. 800 ha Außenbereich	· 35 VE	= 28 000 VE	10 604 bis 11 568

Abweichung vom Mindestsatz wegen
– Koordinierung mehrerer Fachplanungen
  und mehrerer Gemeinden
– erhöhter Öffentlichkeitsaufwand
  deshalb Dreiviertelsatz   11 327 DM

Gesamthonorar: 138 927 + 11 327	150 254 DM
kein Honorarzuschlag nach § 38 (9)	–
volles Leistungsbild nach § 37*	–
Vertragshonorar netto Beispiel A	150 254 DM

* Abhängig vom Stand der Planverfahren zur Umgehungsstraße, DE und Sanierungsgebiet, könnten bei der Beratung der Flächennutzungsplan-Grundleistungen 1–3 Punkte abgezogen werden, da unter Umständen eine Überschneidung eintritt.

Beispiel B

Gemeinde mit 15 000 EW, Entwicklungsziel: 18 000 EW
Lage im Ballungsraum und Entwicklungsachse, Ausweisung eines Wohnbauschwerpunktes, Ortskern mit förmlich festgelegtem Sanierungsgebiet. Entwicklungskonzept liegt vor.

§ 38 +
§ 36a   **Bewertung / Honorarzone**

Siedlungsfläche:	22 Punkte = HZ IV
Außenbereich:	16 Punkte = HZ III

§ 38 (3) **Verrechnungseinheiten**			Teilhonorare HZ IV
(3) 1. 18 000 EW	· 10 VE	= 180 000 VE	41 178 bis 44 916
(3) 2. 300 ha Siedlungsfläche	· 1800 VE	= 540 000 VE	82 948 bis 90 492
(3) 3. 10 ha Siedlungsfläche	· 1400 VE	= 14 000 VE	6 324 bis 6 896
	Zwischensumme		130 450 bis 142 304

Abweichung vom Mindestsatz wegen
– Siedlungsschwerpunkt, Koordination mehrerer
Fachplanungen
– mehrere städtebauliche Fördergebiete in einer
Gemeinde
deshalb Viertelsatz   133 413,50 DM

		Teilhonorar HZ III
(3) 4. 600 ha Außenbereich · 35 VE = 21 000 VE		7 689 bis 8 466
Keine Abweichung vom Mindestsatz 7 689 DM		

Gesamthonorar:
133 413,50 + 7 689   = 141 102,50 DM
kein Honorarzuschlag nach § 38 (9)   –
Leistungsbild ohne Leistungsphase 1,
Leistungsphase 2
zur Hälfte = 87 %
da Entwicklungskonzept vorliegt
                 13 % ./. 18 343,33 DM

Vertragshonorar netto Beispiel B   122 759,17 DM

Sollten nach Aufstellung dieses FNP im Zuge der Ausweisung des Wohnbauschwerpunktes Teilflächen geändert werden müssen (Planausschnitte § 39 HOAI), so könnten diese mit einem Zuschlag gemäß § 38 (9) berechnet werden.

§ 39
Planausschnitte

Werden Teilflächen bereits aufgestellter Flächennutzungspläne geändert oder überarbeitet (Planausschnitte), so sind bei der Berechnung des Honorars nur die Ansätze des zu bearbeitenden Planausschnitts anzusetzen. Anstelle eines Honorars nach Satz 1 kann ein Zeithonorar nach § 6 vereinbart werden.

Die Bestimmung enthält eine Spezialregelung für Änderungen oder Überarbeitungen bei bereits aufgestellten Flächennutzungsplänen (so auch Hesse/Korbion/Mantscheff/Vygen § 39 Rdn. 1; Jochem § 39 Rdn. 1). Sie greift nur ein, soweit **Teilflächen** geändert oder überarbeitet werden. Betrifft die Änderung oder Überarbeitung den ganzen Flächennutzungsplan, so ergeben sich die Honorare unmittelbar aus §§ 37, 38. Die Vorschrift ist weiter nur insofern anwendbar, als bereits **aufgestellte** Flächennutzungspläne geändert oder überarbeitet werden. Aufgestellt ist ein Flächennutzungsplan im Sinne des § 39 erst nach Abschluß sämtlicher Leistungsphasen des § 37. Das Erstellen des Flächennutzungsplanes in der durch den Beschluß der Gemeinde aufgestellten Fassung für die Vorlage zur Genehmigung durch die höhere Verwaltungsbehörde kann demnach keine Änderung oder Überarbeitung des gefertigten Entwurfes darstellen, vielmehr handelt es sich um eine Leistung, die nicht nach § 39, sondern nach § 37 Abs. 1 mit 7 v. H. zu bewerten ist. 1

2 Satz 1 bestimmt, daß für die Änderung oder Überarbeitung dieser Teilflächen das Honorar aus den teilweisen Ansätzen des § 38 Abs. 3 zu berechnen ist. Satz 2 eröffnet auch die Möglichkeit, ein Zeithonorar zu vereinbaren. Hierzu bedarf es allerdings der Vorausschätzung des Zeitbedarfs, soweit dies möglich ist.

3 Das Mindesthonorar nach § 38 Abs. 6 gilt nur für Aufträge für die gesamten Leistungsphasen 1–5 nach § 38, nicht jedoch für Planausschnitte nach § 39 (so mit Recht Neuenfeld § 39 Bem. 1; a. A. Meinel, S. 104; Hartmann § 39 Rdn. 2). Das Zeithonorar muß nicht schriftlich bei Auftragserteilung vereinbart werden. Es fehlt in § 39 jeder Bezug auf § 4 Abs. 1 (wie hier: Neuenfeld/Baden/Dohna/Groscurth/Schmitz § 39 Rdn. 3; Jochem § 39 Rdn. 2; a. A. Hesse/Korbion/Mantscheff/Vygen § 39 Rdn. 3).

§ 39 a
Honorarzonen für Leistungen bei Bebauungsplänen

Für die Ermittlung der Honorarzone bei Bebauungsplänen gilt § 36a sinngemäß mit der Maßgabe, daß der Bebauungsplan insgesamt einer Honorarzone zuzurechnen ist.

1 Für die Ermittlung der Honorarzone bei Bebauungsplänen gelten die Bestimmungen des § 36a, für die Honorarzone bei Flächennutzungsplänen sinngemäß. Der Bebauungsplan ist jedoch insgesamt *einer Honorarzone* zuzurechnen. Eine Trennung, je nachdem ob es sich um Siedlungs- oder Außenbereiche handelt, findet insoweit nicht statt. Für die Einordnung in die Honorarzone sind dieselben sechs Bewertungsmerkmale wie beim FNP maßgebend. Diese werden nach dem Schwierigkeitsgrad mit 1 bis 5 Punkten gewichtet. Die Summe der Punkte ergibt die anzuwendende Honorarzone. Beispiele der Zuordnung von Planbereichen zu Honorarzonen:

HZ I – einfache Spiel- und Sportanlage mit zweckgebundenen Bauten
– einfache öffentliche und private Grünanlagen
– Versorgungs- und Entsorgungsanlagen, Schutzflächen
– Erschließungsmaßnahmen ohne Bauflächen

HZ II – Grünanlagen mit landschaftspflegerischen Maßnahmen oder bauliche Anlagen für Sport/Freizeit, Deponien
– Spielwiesen, Bolzplätze
– Gartenhaus-/Wochenendhausgebiete
– bestimmte Siedlungsgebiete mit einfacher Struktur („Gartenstadt", „Zeilenbauten") als Bestandssicherung
– einfache Gewerbegebiete in ebenem Gelände
– Erschließungsmaßnahmen mit Anbaumöglichkeiten
– Gebiete, in denen überwiegend nur der bauordnungsrechtliche Teil neu festgelegt wird

HZ III – Landschaft- oder Bauflächenrenaturierung, Biotopverbundsysteme
- innerstädtische Grünanlagen
- Sportanlagen mit Nutzungsbeschränkungen, Schutzflächen
- bauliche Bestandsgebiete ohne wesentliche Änderungen, z. B. Mischdorfgebiet, Wohngebiet, Mischgebiet
- neuer Wohnbau-/Gewerbebaufläche reines Wohngebiet, allgemeines Wohngebiet, Mischgebiet, Gewerbegebiet mit Erschließung

HZ IV – landschaftliche Ausgleichsmaßnahmen, Schaugelände, Vergnügungsparks; innerstädtische Parkanlagen / Freiflächen
- Wohnbau-/Gewerbebaufläche für bestehende und zusätzliche Einrichtungen wie Arrondierungen, Baulücken
- Gewerbegebiete – Industriegebiete mit hohen Auflagen
- Bauflächen mit notwendigen Schutzmaßnahmen
- Teilflächen aus dem örtlichen Entwicklungskonzept bzw. dem städtebaulichen Entwurf für ein Sanierungsgebiet

HZ V – bauliche Gemengelagen mit Bestand und Neuplanung
- städtebauliche Fördergebiete Dorfentwicklung, Sanierungsmaßnahme § 142 BauGB
- Bereiche gleichzeitig Gesamtanlagen
  § 172 BauGB
  Gestaltungssatzungen
  Häufung Kulturdenkmale
- Bereiche mit Festsetzungen für verschiedene Geschosse

§ 40
Leistungsbild Bebauungsplan

(1) Die Grundleistungen bei Bebauungsplänen sind in den in Absatz 2 aufgeführten Leistungsphasen 1 bis 5 zusammengefaßt. Sie sind in der nachfolgenden Tabelle in Vomhundertsätzen der Honorare des § 41 bewertet. § 37 Abs. 3 bis 5 gilt sinngemäß.

	Bewertung der Grundleistungen in v. H. der Honorare
1. Klären der Aufgabenstellung und Ermitteln des Leistungsumfangs Ermitteln der Voraussetzungen zur Lösung der Planungsaufgabe	1 bis 3
2. Ermitteln der Planungsvorgaben Bestandsaufnahme und Analyse des Zustands sowie Prognose der voraussichtlichen Entwicklung	10 bis 20
3. Vorentwurf Erarbeiten der wesentlichen Teile einer Lösung der Planungsaufgabe	40
4. Entwurf Erarbeiten der endgültigen Lösung der Planungsaufgabe als Grundlage für den Beschluß der Gemeinde	30
5. Planfassung für die Anzeige oder Genehmigung Erarbeiten der Unterlagen zum Einreichen für die Anzeige oder Genehmigung	7

(2) Das Leistungsbild setzt sich wie folgt zusammen:

Grundleistungen	Besondere Leistungen
1. Klären der Aufgabenstellung und Ermitteln des Leistungsumfangs	
Festlegen des räumlichen Geltungsbereichs und Zusammenstellung einer Übersicht der vorgegebenen bestehenden und laufenden örtlichen und überörtlichen Planungen und Untersuchungen	Feststellen der Art und des Umfangs weiterer notwendiger Voruntersuchungen, besonders bei Gebieten, die bereits überwiegend bebaut sind
Ermitteln des nach dem Baugesetzbuch erforderlichen Leistungsumfangs	Stellungnahme zu Einzelvorhaben während der Planaufstellung
Festlegen ergänzender Fachleistungen und Formulieren von Entscheidungshilfen für die Auswahl anderer an der Planung fachlich Beteiligter, soweit notwendig	
Überprüfen, inwieweit der Bebauungsplan aus einem Flächennutzungsplan entwickelt werden kann	
Ortsbesichtigungen	

Grundleistungen	Besondere Leistungen

2. Ermitteln der Planungsvorgaben

a) Bestandsaufnahme

Ermitteln des Planungsbestands, wie die bestehenden Planungen und Maßnahmen der Gemeinde und der Stellen, die Träger öffentlicher Belange sind

Ermitteln des Zustands des Planbereichs, wie Topographie, vorhandene Bebauung und Nutzung, Freiflächen und Nutzung einschließlich Bepflanzungen, Verkehrs-, Ver- und Entsorgungsanlagen, Umweltverhältnisse, Baugrund, wasserwirtschaftliche Verhältnisse, Denkmalschutz und Milieuwerte, Naturschutz, Baustrukturen, Gewässerflächen, Eigentümer, durch: Begehungen, zeichnerische Darstellungen, Beschreibungen unter Verwendung von Beiträgen anderer an der Planung fachlich Beteiligter. Die Ermittlungen sollen sich auf die Bestandaufnahme gemäß Flächennutzungsplan und deren Fortschreibung und Ergänzung stützen beziehungsweise darauf aufbauen

Geodätische Einmessung

Primärerhebungen (Befragungen, Objektaufnahme)

Ergänzende Untersuchungen bei nicht vorhandenem Flächennutzungsplan

Mitwirken bei der Ermittlung der Förderungsmöglichkeiten durch öffentliche Mittel

Stadtbildanalyse

Darstellen von Flächen, deren Böden erheblich mit umweltgefährdenden Stoffen belastet sind, soweit Angaben hierzu vorliegen

Örtliche Erhebungen

Erfassen von vorliegenden Äußerungen der Einwohner

b) Analyse des in der Bestandsaufnahme ermittelten und beschriebenen Zustands

c) Prognose der voraussichtlichen Entwicklung, insbesondere unter Berücksichtigung von Auswirkungen übergeordneter Planungen unter Verwendung von Beiträgen anderer an der Planung fachlich Beteiligter

d) Mitwirken beim Aufstellen von Zielen und Zwecken der Planung

3. Vorentwurf

Grundsätzliche Lösung der wesentlichen Teile der Aufgabe in zeichnerischer Darstellung mit textlichen Erläuterungen zur

Modelle

Grundleistungen	Besondere Leistungen

Begründung der städtebaulichen Konzeption unter Darstellung von sich wesentlich unterscheidenden Lösungen nach gleichen Anforderungen

Darlegen der wesentlichen Auswirkungen der Planung

Berücksichtigen von Fachplanungen

Mitwirken an der Beteiligung der Behörden und Stellen, die Träger öffentlicher Belange sind und von der Planung berührt werden können

Mitwirken an der Abstimmung mit den Nachbargemeinden

Mitwirken an der frühzeitigen Beteiligung der Bürger einschließlich Erörterung der Planung

Überschlägige Kostenschätzung

Abstimmen des Vorentwurfs mit dem Auftraggeber und den Gremien der Gemeinden

4. Entwurf

Entwurf des Bebauungsplans für die öffentliche Auslegung in der vorgeschriebenen Fassung mit Begründung	Berechnen und Darstellen der Umweltschutzmaßnahmen

Mitwirken bei der überschlägigen Ermittlung der Kosten und, soweit erforderlich, Hinweise auf bodenordnende und sonstige Maßnahmen, für die der Bebauungsplan die Grundlage bilden soll

Mitwirken bei der Abfassung der Stellungnahme der Gemeinde zu Bedenken und Anregungen

Abstimmen des Entwurfs mit dem Auftraggeber

5. Planfassung für die Anzeige oder Genehmigung

Erstellen des Bebauungsplans in der durch Beschluß der Gemeinde aufgestellten Fassung und seiner Begründung für die Anzeige oder Genehmigung in einer farbigen oder vervielfältigungsfähigen Schwarz-Weiß-Ausfertigung nach den Landesregelungen	Herstellen von zusätzlichen farbigen Ausfertigungen des Bebauungsplans

Allgemeines 1

§ 40 beschreibt das „Leistungsbild Bebauungsplan". Diese Vorschrift ist dem Leistungsbild Flächennutzungsplan (§ 37) nachgebildet. Die Beschreibung des Leistungsbildes ist nicht nur von Bedeutung für die Ermittlung des Honorars. Sie gibt auch einen Anhaltspunkt für die Leistungspflichten des mit der Erstellung eines Bebauungsplans werkvertraglich Befaßten. Die Leistungen werden aufgegliedert in fünf Leistungsphasen, die jeweils mit einem bestimmten Prozentsatz aus der Gesamtleistung bewertet werden. Die beiden ersten Phasen betreffen die Vorbereitung der Planerstellung. Hierfür sind die Prozentsätze variabel. Für die folgenden drei Leistungsphasen (Vorentwurf, Entwurf, Planfassung für die Anzeige oder Genehmigung), also die Phasen der Planerstellung, sind die Prozentsätze fest. Der Grund für die variable Gestaltung für die ersten beiden Leistungsphasen liegt darin, daß es sich um Leistungen handelt, die im Vorfeld der eigentlichen Planung erbracht werden, bei denen das Leistungsvolumen im Einzelfall in Abhängigkeit von den Vorarbeiten des Auftraggebers steht und außerordentlich verschieden sein kann.

Der Katalog, der zu den jeweiligen Leistungsphasen gehörenden Grundleistungen, ist abschließend, die Aufzählung der Besonderen Leistungen ist beispielhaft. Durch die 4. ÄndVO ist das Honorarberechnungssystem umgestellt worden. Die Bezugsgröße der Verrechnungseinheiten (VE) wurde durch die Größe des dargestellten Planbereichs, der in ha gemessen wird, ersetzt. Die Einordnung in die Normal- oder Schwierigkeitsstufe wurde durch die Zuordnung zu den Honorarzonen nach Maßgabe der in § 36 a getroffenen Neuregelung ersetzt. Diese Regelung gilt zunächst für Flächennutzungspläne, ist jedoch gem. § 39 a auch auf Bebauungspläne anwendbar. In der 4. ÄndVO wurden zahlreiche Besondere Leistungen in den Leistungsphasen 1–5 gestrichen. Es handelt sich um rechtsförmliche, nicht um materielle Änderungen. Die weggefallenen Besonderen Leistungen können nach § 2 Abs. 3 S. 3 weiterhin in allen Leistungsphasen des § 40 und auch bei anderen Leistungsbildern vereinbart werden. In den einzelnen Leistungsphasen ist unterschieden zwischen Grundleistungen und Besonderen Leistungen. Es handelt sich hierbei um Besondere Leistungen im Sinne der §§ 2, 5. Die Aufzählung der Besonderen Leistungen in § 40 ist nicht abschließend, vielmehr können andere Besondere Leistungen hinzukommen. Der Bebauungsplan ist im Gegensatz zu Gestaltungs-, Entwicklungs- und Rahmenplänen ein Plan, dessen Inhalt verbindliche Rechtsgültigkeit erlangt (Rechtsplan). Die Planinhalte sind durch die §§ 8–13 BauGB bestimmt. Bebauungspläne nach § 8 Abs. 2 Satz 2 und Abs. 4 BauGB bedürfen der Genehmigung der höheren Verwaltungsbehörde; andere Bebauungspläne sind der höheren Verwaltungsbehörde anzuzeigen (§ 11 BauGB). 2

Die Aufstellung des Bebauungsplanes erfolgt in 3 Stufen: 3

1. Vorentwurf – Leistungsphase 3 zur Vorstellung des Planes in der Öffentlichkeit gemäß § 3 (1) BauGB und beim Auftraggeber aufgrund des Aufstellungsbeschlusses der Gemeinde.

2. Entwurf – Leistungsphase 4 zur Verabschiedung des Planes durch den Auftraggeber, als Satzungsentwurf und zur öffentlichen Auslegung gemäß § 3 (2) BauGB.

3. Planfassung für die Anzeige oder Genehmigung – Leistungsphase 5 zur Erhebung zur Satzung und Genehmigung durch die Aufsichtsbehörde oder Anzeige bei der Aufsichtsbehörde.

4 Zur Entwicklung und Erstellung dieser Planfassungen werden in der Regel fachspezifische Voruntersuchungen und städtebauliche Entwurfsplanungen erforderlich. Diese fachspezifischen Leistungen können sich auf die Entwicklung von Nutzungs- und Gestaltungsabsichten von Gebäuden und Freianlagen, von Straßen und Wegen, Grundstücksparzellierungen, Lärmschutzanlagen, Begrünungen u. a. erstrecken. Aus der Art, dem Umfang und den Planungsanforderungen der gestellten Planungsaufgabe ergibt sich, daß informelle Planleistungen nicht nur in Leistungsphase 4 anfallen, sondern daß sie die Planungsphase 3–5 entsprechend dem jeweiligen Planungsstand begleiten müssen.

5 Erbringt der Auftragnehmer vereinbarungsgemäß nur einzelne Leistungsphasen oder nicht alle Grundleistungen aus den Leistungsphasen, so steht ihm nur ein Teilhonorar zu (vgl. § 5 Abs. 1–3 und die dortige Kommentierung: § 5 Rdn. 5). Hiervon zu unterscheiden ist die Frage der Honorierung in denjenigen Fällen, in denen einzelne Teilleistungen entgegen der vertraglichen Vereinbarung nicht oder mangelhaft erbracht werden (vgl. hierzu § 5 Rdn. 10). Voraussetzung für die Entstehung eines Honoraranspruchs ist neben der Erfüllung der Leistungspflichten der Abschluß eines auf die betreffenden Leistungen gerichteten Vertrages bzw. die nachträgliche Billigung oder Verwertung der Leistungen durch den Auftraggeber. Auch im Falle der Kündigung oder einvernehmlichen Beendigung des Vertragsverhältnisses kann der Auftragnehmer gegebenenfalls einen Anspruch auf das volle Honorar haben (vgl. im einzelnen Einl. Rdn. 16 und § 5 Rdn. 26).

6 **Absatz 1** enthält eine Bewertung der einzelnen Leistungen in Vomhundertsätzen der Honorare nach § 41. Im Unterschied zu § 15 ist in den Leistungsphasen 1 und 2 kein fester Vomhundertsatz genannt, sondern Von-bis-Sätze. Aus der Verweisung in Abs. 1 Satz 3 auf § 37 Abs. 3–5 ergibt sich, daß auch diese Von-bis-Sätze als Mindest- und Höchstsätze anzusehen sind.

7 **Absatz 2** enthält eine detaillierte Beschreibung des Leistungsbildes und der Teilleistungen in den einzelnen Leistungsphasen.

8 **Leistungsphase 1   Klären der Aufgabenstellung und Ermitteln des Leistungsumfangs**

Die Leistungen in Leistungsphase 1 entsprechen weitgehend denen bei Flächennutzungsplänen (§ 37 Abs. 2 Ziff. 1). Es kann insoweit auf die dortige Kommentierung verwiesen werden (§ 37 Rdn. 5 ff.). Das **Festlegen des räumlichen Geltungsbereichs** ist eine zentrale Grundleistung in dieser Leistungsphase.

Der Bebauungsplan setzt gemäß § 9 Abs. 7 BauGB die Grenzen seines räumlichen Geltungsbereiches fest. Da ein Bebauungsplan nicht das ganze Gemeindegebiet umfaßt, sondern in der Regel nur Teilgebiete, ist eine Festsetzung des räumlichen Geltungsbereichs aufgrund einwandfreier vermessungstechnischer Unterlagen erforderlich. Damit ist der räumliche Geltungsbereich nicht nur Inhalt des Aufstellungsbeschlusses durch die Gemeinde gemäß § 2 BauGB, sondern auch Grundlage für die vorläufige Honorarberechnung bei Aufstellungsbeschluß und die endgültige Honorarberechnung bei Satzungsbeschluß. Der räumliche Geltungsbereich ist somit Inhalt des Beschlusses der Gemeinde und eine Aufgabe des Auftraggebers. Dem Auftragnehmer fällt jedoch die Aufgabe zu, die Gemeinde z. B. hinsichtlich der Abgrenzung zum Flächennutzungsplan, zu topographischen Gegebenheiten, zu Verkehrsfragen und Fragen infrastruktureller Einrichtungen zu beraten (Hesse/Korbion/Mantscheff/Vygen § 40 Rdn. 6; ähnlich: Jochem § 40 Rdn. 5). Insofern handelt es sich um eine planerische Tätigkeit (Neuenfeld/Baden/Dohna/Groscurth/Schmitz § 40 Rdn. 7). Das Zusammenstellen einer Übersicht umfaßt die überörtlichen Planungen, wie Landesplanung, Regionalplanung sowie Fachplanungen von Bund und Ländern, z. B. Verkehrs-, Schul- und Sportstättenplanung. Die örtlichen Planungen bestehen aus Flächennutzungs-, Bebauungs- und Landschaftsplänen, gegebenenfalls auch Generalverkehrs-, Kultur-, Sport- oder Haushaltsplänen. Des weiteren muß die Übersicht auch evtl. vorhandene oder laufende Planungen der Randgebiete des betreffenden Geltungsbereiches enthalten. Diese Zusammenstellung ist Grundlage für alle weiteren Planungen. Gegenüber § 37 ist ferner als zusätzliche Grundleistung genannt das **Ermitteln des nach dem Baugesetzbuch erforderlichen Leistungsumfangs.** § 9 BauGB beschreibt den Inhalt des Bebauungsplanes, z. B. Art und Maß der baulichen Nutzung, die Bauweise, die überbaubaren und nicht überbaubaren Grundstücksflächen sowie Stellung der baulichen Anlagen, die Verkehrsflächen, die Versorgungsflächen. Hinsichtlich des **Festlegens ergänzender Fachleistungen** kann auf die Kommentierung zu § 37 Rdn. 8 verwiesen werden. **Überprüfen,** inwieweit der Bebauungsplan aus einem Flächennutzungsplan entwickelt werden kann, setzt die Feststellung voraus, ob ein Flächennutzungsplan überhaupt vorhanden ist. Ist kein Flächennutzungsplan vorhanden, aus dem der Bebauungsplan entwickelt werden kann, so ist in der Regel ein Schwierigkeitszuschlag gerechtfertigt. Anderer Ansicht Neuenfeld/Baden/Dohna/Groscurth/Schmitz § 40 Rdn. 9.

Zu den **Besonderen Leistungen** gehört das Feststellen der Art und des **9** Umfangs weiterer notwendiger Voruntersuchungen. Diese Voruntersuchungen werden überwiegend hinsichtlich bereits bebauter Gebiete erforderlich. Es kann sich hierbei u. a. um Bestandsaufnahmen oder Ergänzungen vorhandenen, aber noch nicht kartierten Baubestandes, von Straßen und Versorgungseinrichtungen handeln. Ausarbeiten eines Leistungskatalogs ist in § 37 Rdn. 5 schon erwähnt und ist deshalb bei § 40 nicht ein zweites Mal aufgeführt. Die Stellungnahme zu Einzelvorhaben während der Planaufstellung betrifft Fälle, die § 30 BauGB entsprechen.

10   Leistungsphase 2   Ermitteln der Planungsvorgaben

Die Einfügungen der 3. Novelle entsprechen weitgehend denen, die § 37 erfuhr, und waren notwendig, weil im Bereich der Bebauungspläne in stärkerem Maße die Ergebnisse der beteiligten Fachplaner zu berücksichtigen sind (Fachplanungen aus Verkehr, Landschafts- und Grünordnungsplanung). Die Leistungsphase 2 ähnelt derjenigen des § 37. Das Ermitteln des Planungsbestandes ist in § 37 allerdings der Leistungsphase 1 zugeordnet. Die übrigen Grundleistungen der Bestandsaufnahme und Analyse entsprechen denjenigen des § 37 (vgl. § 37 Rdn. 14).

11   Die **Bestandsaufnahme** gliedert sich in drei Teile:
Planungsbestand
Zustand des Planbereichs
Äußerungen der Einwohner

Zum **Planungsbestand** gehört in der Regel das Ermitteln und Erfassen der vorhandenen Unterlagen, die der Auftraggeber zur Verfügung stellt, und ihre Prüfung auf die Verwendbarkeit und auf ihre Auswirkungen und Bindungen auf den Bebauungsplan. Was zum **Zustand des Planbereichs** gehört, ist detailliert beschrieben und gegenüber den Planungsvorgaben vor den Flächennutzungsplan wesentlich verfeinert. Hierbei spielt auch der Maßstab, in der Regel 1 : 500, jedoch auch 1 : 1000 und 1 : 200, eine Rolle. Der Weg, wie der Zustand des Planbereichs ermittelt werden soll, ist vorgegeben durch Begehungen, zeichnerische Darstellungen und Beschreibungen. Dabei sind auch die Beiträge anderer an der Planung fachlich Beteiligter zu verwenden. Die Ermittlungen müssen sich eingehend und umfassend mit den vorhandenen Gegebenheiten befassen und diese berücksichtigen, so auch mit der Art und dem Maß der Nutzung eines Gebäudes, seiner Gestaltung und Substanz (Meinel, § 40, S. 108). Andere Feststellungen können sein: Fotodokumentationen, Publikationen, Untersuchungen anderer Stellen. Mit der sehr umfassenden Grundleistung sollen alle Zusammenhänge und Bestandsmomente, die für die weitere Bearbeitung von Bedeutung sind, dargestellt werden. Die Erfassung von **Äußerungen der Einwohner** ist schon unter § 37 Rdn. 13 kommentiert.

12   Während die **Analyse** (vgl. § 37 Rdn. 15) beim Flächennutzungsplan noch sehr grobmaschig sein kann, wird sie beim Bebauungsplan entsprechend seiner Zielsetzung als Rechtsnorm wesentlich verfeinert sein müssen, da unmittelbare Folgerungen zur Planbearbeitung hieraus zu ziehen sind. Die **Prognose** der voraussichtlichen Entwicklung ist ähnlich zu sehen wie unter § 37 Rdn. 15 dargestellt, jedoch insbesondere unter Berücksichtigung von Auswirkungen übergeordneter Planungen, wie sie unter der Bestandsaufnahme ermittelt worden sind. Auch hier sind Beiträge anderer an der Planung fachlich Beteiligter zu berücksichtigen. **Mitwirken beim Aufstellen** von Zielen und Zwecken der Planung ist noch keine Planungstätigkeit, also keine ergebnisorientierte, sondern eine davorliegende prozeßorientierte Leistung, und bedeutet, daß das Aufstellen der Ziele und Zwecke der Planung durch den Auftraggeber erfolgt, daß jedoch der Auftragnehmer beim Erarbeiten mitwirkt. Siehe auch § 37 Rdn. 16.

Soweit die Besonderen Leistungen denjenigen des § 37 und anderen Teilen   13
der HOAI entsprechen, sind sie nicht mehr erwähnt. Ausnahmen bilden: **Ergän**
zende Untersuchungen bei nicht vorhandenem Flächennutzungsplan. § 8 (2)
BauGB weist darauf hin, daß Bebauungspläne aus dem Flächennutzungsplan
zu entwickeln sind, daß aber zwingende Gründe die Aufstellung eines Bebauungsplanes vor dem Flächennutzungsplan erfordern können. Die **Stadtbild**
analyse bezieht sich auf Fragen zur Stadtgestaltung. Hierbei handelt es sich um
eine Bestandsaufnahme stadtbildprägender Elemente, wie sie sich insbesondere
in der Auswirkung auf Stadtbewohner und Stadtbenutzer darstellt. Die Stadtbildanalyse kann sich auch auf optische Auswirkungen beziehen. Sie wird in
der Regel von vorhandener Bebauung, Eingriffen in diese Bebauung oder
Änderungen der Bebauung, aber auch von dem zukünftigen Stadtbild auszugehen haben. Mitwirken bei der Ermittlung der Förderungsmöglichkeiten durch
öffentliche Mittel bedeutet in erster Linie Erarbeitung fachtechnischer Unterlagen für das Erstellen entsprechender Anträge auf Gewährung öffentlicher
Zuwendungen.

Leistungsphase 3   Vorentwurf   14

Die Leistungsphase 3 umfaßt den Vorentwurf zur Leistungsphase 4 Entwurf.
Die Grundleistungen beziehen sich wie bei § 35 HOAI ausschließlich auf Planinhalte nach den Bestimmungen des BauGB ohne ergänzende gestalterische
Aussagen. Falls gestalterische Aussagen erforderlich oder gewünscht werden,
sind diese nach § 42 HOAI zu vereinbaren. Gestalterische Aussagen betreffen
die Nutzungs- und Gestaltungsplanung für Gebäude und Freiflächen, z. B.
Baukörpergestaltung, Dachvorstellungen, Straßen- und Platzabwicklungen und
Schnittdarstellungen. Die Grundleistungen des § 40 Abs. 2 Ziff. 3 sind etwa
deckungsgleich mit denen der Leistungsphase 3 des § 37 (vgl. insoweit § 37
Rdn. 18). Die zeichnerische Darstellung beschränkt sich auf die Darstellung im
Lageplan. In der Regel ist neben einem in den Besonderen Leistungen aufgeführten Modell der dazu identische Lageplan herzustellen. Modell und Lageplan können die vorläufige Fassung der in den Besonderen Leistungen § 37 der
Leistungsphase 4 erwähnten für die Leistungsphase 3 vereinfachten Beipläne
darstellen. Der Begriff städtebauliche Konzeption beschränkt sich wie bei § 37
HOAI auf den im BauGB geforderten Aussagerahmen. Die 3. ÄndV brachte
für die Leistungsphase 3 klarstellende Änderungen. So heißt es im Abs. 1
Ziff. 3 „mit textlichen Erläuterungen zur Begründung der städtebaulichen Konzeption" statt „unter Darstellung möglicher Alternativen" nunmehr „unter Darstellung von sich wesentlich unterscheidenden Lösungen nach gleichen Anforderungen". Neu eingefügt wurde das **„Darlegen der wesentlichen Auswirkungen**
der Planung" und das – an sich selbstverständliche – **Berücksichtigen von Fach**
planungen. Klarstellend heißt es dann, daß eine Grundleistung ist das „Mitwirken an der Beteiligung der Behörden und Stellen, die Träger öffentlicher
Belange sind und von der Planung berührt werden können". Eingefügt ist das
„Mitwirken an der Abstimmung mit den Nachbargemeinden" und das „Mitwir-

ken an der frühzeitigen Beteiligung der Bürger einschließlich Erörterung der Planung". Diese Erweiterungen sind zurückzuführen auf § 3 Abs. 1 BauGB (Beteiligung der Bürger), der § 2a BBauG ersetzt hat. Waren früher Leistungen für § 2a BBauG Besondere Leistungen, so ist Mitwirkung an der frühzeitigen Beteiligung der Bürger nach der 3. Änderungsverordnung eine Grundleistung geworden. Eine Besondere Leistung bleibt jedoch – entsprechend § 37 Abs. 2 Nr. 3 – das Mitwirken an der Öffentlichkeitsarbeit des Auftraggebers.

15 Ebenso neu eingefügt ist **„Berücksichtigen von Fachplanungen".** Dies zeigt, daß Fachplanungen immer häufiger zur Aufstellung von Bebauungsplänen erforderlich werden und daß sich der Planer über ihre Inhalte nicht einfach hinwegsetzen kann. Gegenüber § 37 ist als zusätzliche Grundleistung die **überschlägige Kostenschätzung** genannt. Es kann sich hierbei nicht um die Kostenschätzung nach DIN 276 handeln (so auch Hesse/Korbion/Mantscheff/Vygen § 40 Rdn. 10). Die Kostenschätzung nach § 40 basiert vielmehr auf Erfahrungswerten und Angaben von Trägern öffentlicher Belange. Sie enthält die Kosten des Grunderwerbs, der Erschließung, Versorgung und Entsorgung, Maßnahmen zum Umweltschutz, z. B. Schallschutz im Städtebau (so Meinel § 40, S. 112/113), aber auch die Auswirkungen aus dem Sozialplan, wie er sich bei Umstrukturierungen, Abbruch und Modernisierungsgeboten ergibt (BauGB § 180 f.). Nicht enthalten als Grundleistung ist das Mitwirken bei der Auswahl einer Alternative zur weiteren Bearbeitung als Entwurfsgrundlage wie in Leistungsphase 3 § 37 HOAI, also bei der Festlegung von Planungszielen nach grundsätzlich verschiedenen Voraussetzungen. Sollte diese Leistung jedoch erforderlich werden, dann ist sie als Besondere Leistung zu vereinbaren (Hesse/Korbion/Mantscheff/Vygen § 37 Rdn. 10). Zu **Abstimmen des Vorentwurfs** siehe § 37 Rdn. 22.

16 Auch die **Besonderen Leistungen** entsprechen im wesentlichen denjenigen nach § 37 (vgl. insoweit § 37 Rdn. 7). Zusätzlich sind genannt die **Modelle.** Hierbei handelt es sich um präzise ausgearbeitete Schaumodelle, in der Regel von einem Modellbauer angefertigt, die den u. U. für einen Laien schwer verständlichen Plan der Öffentlichkeit plastisch vertraut machen sollen (Amtliche Begründung zu § 40).

17 Leistungsphase 4 Entwurf

Der Entwurf ist Grundlage für den Satzungsbeschluß der Gemeinde und für die öffentliche **Auslegung.** Der Entwurf enthält unter Beteiligung der Stellen, die Träger öffentlicher Belange sind, detailliert ausgearbeitete Lösungen mit allen erforderlichen Angaben für die rechtsverbindlichen Festsetzungen. In ihm ist ferner eine **Begründung** enthalten mit Angabe der überschlägig ermittelten Kosten, die der Gemeinde durch die vorgesehenen städtebaulichen Maßnahmen voraussichtlich entstehen. Bei der überschlägigen Kostenermittlung hat der Auftragnehmer mitzuwirken. Im übrigen kann hinsichtlich der Grundleistungen auf § 37 Leistungsphase 4 und die Kommentierung § 37 Rdn. 23 verwiesen werden. Für den Bebauungsplan wird als geeigneter Maßstab i. d. Regel

1 : 500 verwendet. Möglich sind jedoch auch kleinere Maßstäbe (etwa 1 : 1000 oder größere Maßstäbe 1 : 200) in Einzelfällen. Hinsichtlich der zu verwendenden Planzeichen vgl. die PlanzV vom 18. 12. 1990 (BGBl. I Nr. 3 v. 22. 1. 1991).

Mitwirken bei der überschlägigen Ermittlung der Kosten bedeutet, daß der **18** Auftragnehmer durch Information und Zurverfügungstellung von Planmaterial bei der überschlägigen Ermittlung der Kosten, die der Gemeinde durch die vorgesehenen städtebaulichen Maßnahmen voraussichtlich entstehen, behilflich sein soll. Im Gegensatz zu § 9 Abs. 8 BBauG spricht § 9 Abs. 8 nicht mehr von „Kosten", sondern nur noch von „wesentlichen Auswirkungen". Hinweise auf bodenordnende oder sonstige Maßnahmen können sich auf Umlegungsverfahren beziehen. Die Mitwirkung hierbei ist gesondert zu honorieren. Die Bodenordnung selbst ist nicht eine Leistung, die in der HOAI verankert sein kann, da sie mit Vermessungen für das Liegenschaftskataster verbunden ist (s. § 96) und grundbuchrechtliche Eintragungen erfordert.

Besondere Leistungen sind das **Berechnen und Darstellen der Umweltschutz-** **19** **maßnahmen.** Nach § 9 Abs. 1 Nr. 23 und 24 BauGB gehört die Darstellung der Umweltschutzmaßnahmen zum Inhalt des Bebauungsplans und damit eigentlich zur Grundleistung „Entwurf des Bebauungsplans". Dies kann aber nur bei nachrichtlicher Übernahme von Umweltschutzmaßnahmen gelten (so auch Hesse/Korbion/Mantscheff/Vygen § 40 Rdn. 13; Neuenfeld/Baden/Dohna/ Groscurth/Schmitz § 40 Rdn. 24). Werden Umweltschutz- und Vorsorgemaßnahmen jedoch neu entwickelt, berechnet und oft auch dreidimensional dargestellt, so ist dies entsprechend anderer Fachplanungen eine Besondere Leistung, wenn nicht Teil einer Grundleistung oder Besonderen Leistung, z. B. aus Teil VI, VII, X oder XI der HOAI. Betreffen solche Umweltschutzmaßnahmen Schallschutzmaßnahmen, so ist eine Berechnung des Schalldrucks, der technischen Maßnahmen bei einer Minderung sowie eine Einordnung dieser Maßnahmen, etwa als Dämme oder Pflanzungen, in den Bebauungsplan erforderlich. Diese Leistungen werden meist in Zusammenarbeit zwischen Auftragnehmer und Fachingenieur erbracht (Amtliche Begründung zu § 40). Werden Höhenangaben für Straßen erforderlich, so wird i. d. R. eine Vorplanung oder eine Entwurfsplanung für das Straßenprojekt nach § 55 notwendig sein.

Leistungsphase 5 Planfassung für die Anzeige oder Genehmigung **20**

Diese Leistungsphase umfaßt die Darstellung des Bebauungsplans zur Einreichung für die erforderliche Anzeige oder gemäß § 11 BauGB zur Genehmigung. Es sind hier gegebenenfalls noch kleinere Korrekturen gegenüber dem Entwurf gemäß dem Satzungsbeschluß der Gemeinde anzubringen.

Nach Abs. 1 Satz 3 gelten die Absätze 3–5 des § 37 sinngemäß. Es kann hier **21** auf die Kommentierung zu § 37 Rdn. 27–29 verwiesen werden.

§ 41
Honorartafel für Grundleistungen bei Bebauungsplänen

(1) Die Mindest- und Höchstsätze der Honorare für die in § 40 aufgeführten Grundleistungen bei Bebauungsplänen sind nach der Fläche des Planbereichs in Hektar in der nachfolgenden Honorartafel [siehe Seite 693] festgesetzt.

(2) Das Honorar ist nach der Größe des Planbereichs zu berechnen, die dem Aufstellungsbeschluß zugrunde liegt. Wird die Größe des Planbereichs im förmlichen Verfahren geändert, so ist das Honorar für die Leistungsphasen, die bis zur Änderung der Größe des Planbereichs noch nicht erbracht sind, nach der geänderten Größe des Planbereichs zu berechnen; die Honorarzone ist entsprechend zu überprüfen.

(3) Für Bebauungspläne,

1. für die eine umfassende Umstrukturierung in baulicher, verkehrlicher, sozioökonomischer und ökologischer Sicht vorgesehen ist,

2. für die die Erhaltung des Bestands bei besonders komplexen Gegebenheiten zu sichern ist,

3. deren Planbereich insgesamt oder zum überwiegenden Teil als Sanierungsgebiet nach dem Baugesetzbuch festgelegt ist oder werden soll,

kann ein Zuschlag zum Honorar frei vereinbart werden.

(4) Das Honorar für die Grundleistungen nach den Leistungsphasen 1 bis 5 beträgt mindestens 4 500 Deutsche Mark. Die Vertragsparteien können abweichend von Satz 1 bei Auftragserteilung ein Zeithonorar nach § 6 schriftlich vereinbaren.

(5) Das Honorar für Bebauungspläne mit einer Gesamtfläche des Plangebiets von mehr als 100 ha kann frei vereinbart werden. Wird ein Honorar nicht bei Auftragserteilung schriftlich vereinbart, so ist das Honorar als Zeithonorar nach § 6 zu berechnen.

Die §§ 20, 38 Abs. 8 und § 39 gelten sinngemäß.

1   Die Honorarberechnung vollzieht sich wie beim Flächennutzungsplan mit der Maßgabe, daß das Plangebiet nur einer Honorarzone zuzuordnen ist (siehe Berechnungsschema in Kommentierung zu § 35).

2   Nach der Einstufung in die Honorarzone ist die Größe des Planbereichs zu bestimmen, weil ja die Honorartafel für Grundleistungen bei Bebauungsplänen nicht auf Verrechnungseinheiten, sondern auf Hektarflächen beruht. Die Größe des Planbereichs wird bestimmt durch den Geltungsbereich des Bebauungsplans, wie er im Aufstellungsbeschluß festgelegt ist. Sie wird in ha ermittelt. Zwischengrößen werden linear interpoliert.

3   Liegen die Honorarzone und der Planbereich in ha fest, so ist der Honorarsatz zu bestimmen. Der Honorarrahmen ist durch Mindest- und Höchstsätze bestimmt, und für die Einordnung in Mindest- und Höchstsätze sind fachliche Anforderungen und die Bewertungspunkte zu berücksichtigen. Für die Honorare nach § 41 gelten ferner die Bestimmungen der §§ 1–9. Verwiesen sei insbe-

Honorartafel zu § 41 Abs. 1

Fläche ha	Zone I von DM	Zone I bis DM	Zone II von DM	Zone II bis DM	Zone III von DM	Zone III bis DM	Zone IV von DM	Zone IV bis DM	Zone V von DM	Zone V bis DM
0,5	840	2 830	2 830	6 250	6 250	9 670	9 670	13 090	13 090	15 080
1	1 690	5 170	5 170	11 140	11 140	17 120	17 120	23 090	23 090	26 570
2	3 370	9 010	9 010	18 690	18 690	28 360	28 360	38 040	38 040	43 680
3	5 050	12 510	12 510	25 300	25 300	38 100	38 100	50 890	50 890	58 350
4	6 740	15 670	15 670	30 970	30 970	46 270	46 270	61 570	61 570	70 500
5	8 420	18 810	18 810	36 630	36 630	54 450	54 450	72 270	72 270	82 660
6	10 110	21 550	21 550	41 170	41 170	60 790	60 790	80 410	80 410	91 850
7	11 600	23 940	23 940	45 090	45 090	66 250	66 250	87 400	87 400	99 740
8	12 710	26 040	26 040	48 900	48 900	71 760	71 760	94 620	94 620	107 950
9	13 830	28 070	28 070	52 480	52 480	76 880	76 880	101 290	101 290	115 530
10	14 940	30 080	30 080	56 040	56 040	82 010	82 010	107 970	107 970	123 110
11	16 040	32 020	32 020	59 410	59 410	86 800	86 800	114 190	114 190	130 170
12	17 160	33 820	33 820	62 380	62 380	90 950	90 950	119 510	119 510	136 170
13	18 280	35 620	35 620	65 350	65 350	95 090	95 090	124 820	124 820	142 160
14	19 260	37 530	37 530	68 850	68 850	100 170	100 170	131 490	131 490	149 760
15	20 180	39 490	39 490	72 600	72 600	105 720	105 720	138 830	138 830	158 140
16	21 110	41 470	41 470	76 370	76 370	111 260	111 260	146 160	146 160	166 520
17	22 040	43 440	43 440	80 120	80 120	116 790	116 790	153 470	153 470	174 870
18	22 970	45 410	45 410	83 880	83 880	122 350	122 350	160 820	160 820	183 260
19	23 900	47 380	47 380	87 630	87 630	127 890	127 890	168 140	168 140	191 620
20	24 820	49 350	49 350	91 390	91 390	133 430	133 430	175 470	175 470	200 000
21	25 750	51 220	51 220	94 890	94 890	138 570	138 570	182 240	182 240	207 710
22	26 680	53 110	53 110	98 420	98 420	143 720	143 720	189 030	189 030	215 460
23	27 580	54 970	54 970	101 920	101 920	148 880	148 880	195 830	195 830	223 220
24	28 510	56 850	56 850	105 440	105 440	154 020	154 020	202 610	202 610	230 950
25	29 460	58 750	58 750	108 970	108 970	159 180	159 180	209 400	209 400	238 690
30	33 420	67 800	67 800	126 750	126 750	185 690	185 690	244 640	244 640	279 020
35	37 020	76 510	76 510	144 210	144 210	211 920	211 920	279 620	279 620	319 110
40	40 650	84 950	84 950	160 900	160 900	236 860	236 860	312 810	312 810	357 110
45	44 270	92 940	92 940	176 370	176 370	259 790	259 790	343 220	343 220	391 890
50	47 900	100 640	100 640	191 050	191 050	281 450	281 450	371 860	371 860	424 600
60	53 490	113 970	113 970	217 530	217 530	321 080	321 080	424 640	424 640	485 050
70	58 490	125 590	125 590	240 610	240 610	355 630	355 630	470 650	470 650	537 750
80	63 330	137 140	137 140	263 660	263 660	390 180	390 180	516 700	516 700	590 510
90	67 920	148 730	148 730	287 260	287 260	425 780	425 780	564 310	564 310	645 120
100	72 430	160 830	160 830	312 380	312 380	463 930	463 930	615 480	615 480	703 880

sondere auf §§ 2, 4, 5, auf die Nebenkostenregelung in § 7, auf die Bestimmungen hinsichtlich der Fälligkeit in § 8 und auf § 9 betreffend die Umsatzsteuer.

4   Absatz 1 legt die Mindest- und Höchstsätze der Honorare für Grundleistungen bei Bebauungsplänen fest. Es handelt sich um **Mindest- und Höchstsätze** im Sinne des § 4.

5   Absatz 2 regelt den Fall, daß sich im Zuge des Verfahrens das Plangebiet ändert. Dies kann der Fall sein, wenn sich der Geltungsbereich durch entsprechende Beschlüsse vergrößert oder verkleinert. Dies kann aber auch zutreffen, wenn zunächst ein größeres Plangebiet bis zum Leistungsstand Vorentwurf/ Entwurf bearbeitet wird und nur ein Teilbereich daraus im Verfahren weitergeht. Das Honorar erhält damit einen gewissen „vorläufigen Charakter". Mit der Planbereichänderung kann eine Änderung in der Honorarzone einerhergehen, diese wäre deshalb zu überprüfen.

6   Nach § 41 **Abs.** 3 sind Zuschläge möglich. Abs. 3 **Nr.** 1 erfaßt z. B. Plangebiete im Bestand mit umfangreichen Neubaumaßnahmen oder zusätzliche Erschließungsanlagen oder Verlagerung von Wohn- und Arbeitsplätzen oder umfangreiche ökologische Maßnahmen im Zusammenhang mit städtebaulichen Entwicklungen oder Renaturierungen. Fälle des § 3 Abs. 2 Nr. 2 sind die Bestandsicherung von Gemengelagen oder Festsetzungen hochwertigen Gebäudebestandes oder geschoßweise Festsetzungen von Nutzung oder nicht förmlich festgelegte Sanierungsgebiete nach BauGB, vergleichbarer Struktur wie Gebiete mit Erhaltungssatzung (§ 172 BauGB). Unter Abs. 3 Ziff. 3 fallen vor allem förmlich festgelegte oder festzulegende Sanierungsgebiete nach § 141 (vorbereitende Untersuchungen) und § 142 (Sanierungssatzung). Die Vereinbarung über die Höhe des Zuschlages bedarf keiner Form. Sie muß auch nicht vor Auftragserteilung getroffen werden; wie hier: Hesse/Korbion/Mantscheff/ Vygen § 41 Rdn. 6.

7   **Nach Absatz 4 gilt sinngemäß:**

    § 20 (Honorierung mehrerer Vor- oder Entwurfsplanungen), § 38 Abs. 6 (Mindesthonorar 4500 DM; abweichende Möglichkeit, bei Auftragserteilung ein Zeithonorar schriftlich zu vereinbaren), § 38 Abs. 7 (freie Vereinbarung bei Einzelansätzen über 3 000 000 VE). § 38 Abs. 8 (bei nichteinheitlicher Durchführung: freie Vereinbarkeit eines Pauschalhonorars; Vereinbarkeit eines Zeithonorars, wenn Teilflächen bereits aufgestellter Flächennutzungspläne geändert oder überarbeitet werden). § 39 (bei Planausschnitten flächenanteiliges oder Zeithonorar).

8   Nicht klar ist, was die Verweisung auf § 38 Abs. 6 und 7 in § 41 Abs. 4 bedeutet. Soll durch die Verweisung auf § 38 Abs. 6 unabhängig von der Honorartafel für Bebauungspläne ein Mindesthonorar von 4500 DM festgelegt werden, oder soll die sinngemäße Verweisung sich lediglich auf die schriftliche Vereinbarung eines Zeithonorars bei Auftragserteilung beziehen? Bei § 36 Abs. 7 stellt sich die Frage, ob eine Verweisung lediglich auf § 38 Abs. 7 zweiter Satz erfolgt, weil ja die Honorierung von Bebauungsplänen nicht von Verrech-

nungseinheiten ausgeht. Die Regelung des § 38 Abs. 6 ist spezieller als der Ausweis der Honorartafel. Deshalb ist von einer Verweisung im umfassendem Sinn auszugehen (Hesse/Korbion/Mantscheff/Vygen § 41 Rdn. 5; Jochem § 41 Rdn. 5). Während bei § 38 Abs. 6 die Honorartafel durch den Mindestbetrag von 4500 DM korrigiert wird, wird man bei § 38 Abs. 7 anstelle von 3 000 000 VE 100 ha ansetzen müssen und ab dieser Schwelle die Möglichkeit der freien Vereinbarung des Honorars einräumen müssen.

Folgende **Beispiele** sollen die **Honorarberechnung für Bebauungspläne** verdeutlichen:

Beispiel A

Der Planbereich umfaßt eine städtebauliche Ortsrandabrundung mit 0,9 ha Fläche. Zwei bestehende Gebäude werden erfaßt, die übrige Fläche als Mischdorfgebiet MD mit neuer Erschließung ausgewiesen.   9

1. Bewertung/Honorarzone
   22 Punkte = Honorarzone IV

2. ha-Fläche: 0,9

3. Honorarrahmen: 15 630 DM bis 21 090 DM
   Aufgrund des kleinen Plangebietes wird wegen des relativ hohen Grundaufwandes die Abweichung vom Mindestsatz gewählt.
   Mittelsatzhonorar: 18 360 DM

4. Merkmale für einen Honorarzuschlag liegen nicht vor

5. Vertragshonorar = 18 360 DM netto

Beispiel B

Der Planbereich umfaßt ein Gartenhausgebiet sowie Spiel- und Sportanlagen je mit einem Vereinsgebäude. Ausweisung als § 5 (2) 5 BauGB mit 7 ha Plangebiet.

1. Bewertung/Honorarzone
   10 Punkte = Honorarzone II

2. ha-Fläche: 7,0

3. Honorarrahmen: 23 940 DM bis 45 090 DM
   Aufgrund der Punktebewertung zur Honorarzone II wird ein Abweichen vom Mindestsatz nicht für erforderlich erachtet.
   Mindesthonorar: 23 940 DM

4. Merkmale für einen Honorarzuschlag liegen nicht vor

5. Vertragshonorar = 23 940 DM netto

Beispiel C

Der Planbereich umfaßt ein neues Ein- und Zweifamilien-Wohngebiet in Hanglage für „gehobenes" Wohnen (entsprechend detaillierte planungs- und bauordnungsrechtliche Festsetzungen). Planbereich 5 ha.

1. Bewertung/Honorarzone
   18 Punkte = Honorarzone III
2. ha-Fläche: 5,0
3. Honorarrahmen: 36 630 DM bis 54 450 DM
   Aufgrund der Punktebewertung zur Honorarzone III wird ein Abweichen vom Mindestsatz gewährt.
   ¾-Satz: 49 995 DM
4. Merkmale für einen Honorarzuschlag liegen nicht vor
5. Vertragshonorar: 49 995 DM netto

Beispiel D

Der Planbereich umfaßt ein förmlich festgelegtes Sanierungsgebiet nach § 142 BauGB. Modernisierung und Instandsetzung sowie Neubauten mit Tiefgaragen und neuen Erschließungsanlagen sind als Mischgebiet vorgesehen. Planfläche 1,5 ha.

1. Bewertung/Honorarzone
   26 Punkte = Honorarzone V
2. ha-Fläche: 1,5
3. Honorarrahmen: 30 565 DM bis 35 125 DM
   Aufgrund der Punktebewertung zur Honorarzone V sowie wegen des hohen Koordinationsaufwandes mit Sanierungsträger, Verkehrsplanern, Denkmalamt wird ein Abweichen vom Mindestsatz gewählt.
   Mittelsatzhonorar: 32 845 DM
4. Honorarzuschlag
   Aufgrund § 41 (3) 3 (Sanierungsgebiet) wird ein Zuschlag vereinbart. Der mittlere Zuschlag beträgt entsprechend dem Honorarmittelsatz 26,5% (analog § 24 HOAI).
5. Vertragshonorar 32 845 DM + 26,5% = 41 548,90 DM

§ 42
Sonstige städtebauliche Leistungen

(1) Zu den sonstigen städtebaulichen Leistungen rechnen insbesondere:

1. Mitwirken bei der Ergänzung des Grundlagenmaterials für städtebauliche Pläne und Leistungen;
2. informelle Planungen, zum Beispiel Entwicklungs-, Struktur-, Rahmen- oder Gestaltpläne, die der Lösung und Veranschaulichung von Problemen dienen, die durch die formellen Planarten nicht oder nur unzureichend geklärt werden können. Sie können sich auf gesamte oder Teile von Gemeinden erstrecken;
3. Mitwirken bei der Durchführung des genehmigten Bebauungsplans, soweit nicht in § 41 erfaßt, zum Beispiel Programme zu Einzelmaßnahmen, Gutachten zu Baugesuchen, Beratung bei Gestaltungsfragen, städtebauliche Oberleitung, Überarbeitung der genehmigten Planfassung, Mitwirken am Sozialplan;

4. städtebauliche Sonderleistungen, zum Beispiel Gutachten zu Einzelfragen der Planung, besondere Plandarstellungen und Modelle, Grenzbeschreibungen sowie Eigentümer- und Grundstücksverzeichnisse, Beratungs- und Betreuungsleistungen, Teilnahme an Verhandlungen mit Behörden und an Sitzungen der Gemeindevertretungen nach Plangenehmigung;

5. städtebauliche Untersuchungen und Planungen im Zusammenhang mit der Vorbereitung oder Durchführung von Maßnahmen des besonderen Städtebaurechts;

6. Ausarbeiten von sonstigen städtebaulichen Satzungsentwürfen.

(2) Die Honorare für die in Absatz 1 genannten Leistungen können auf der Grundlage eines detaillierten Leistungskatalogs frei vereinbart werden. Wird ein Honorar nicht bei Auftragserteilung schriftlich vereinbart, so ist das Honorar als Zeithonorar nach § 6 zu berechnen.

In § 42 sind Leistungen erfaßt, die nicht Teil der Bauleitplanung i. S. d. § 1 **1** Abs. 2 BauGB und die nicht in den Leistungsbildern der §§ 37, 40 enthalten sind. Sie sind aber arbeitstechnisch an die Bauleitplanung gekoppelt, meist sogar Voraussetzung, um die Bauleitplanung durchführen zu können. Für eine sachgerechte Honorierung ist die exakte Bestimmung des Leistungsumfangs Voraussetzung. Der Katalog dieser Leistungen ist nicht abgeschlossen. Vielmehr sind weitere städtebauliche Leistungen möglich, die ebenfalls nicht unter die Leistungsbilder der §§ 37, 40 fallen und damit nach Absatz 2 zu honorieren sind (Hesse/Korbion/Mantscheff/Vygen § 42 Rdn. 1; Neuenfeld/Baden/ Dohna/Groscurth/Schmitz § 42 Rdn. 1; Hartmann § 42 Rdn. 1). Teils handelt es sich bei den in § 42 aufgeführten Leistungen um solche, die im Vorfeld der Bauleitplanung zu erbringen sind, und die dem Auftraggeber erst das Material für die Bauleitplanung zur Verfügung stellen sollen. Dies gilt für die Mitwirkung bei der Ergänzung des Grundlagenmaterials der Bauleitpläne, die städtebaulichen Untersuchungen und Planungen im Zusammenhang mit der Vorbereitung oder Durchführung von Maßnahmen des besonderen Städtebaurechts. Teils finden sich in § 42 die Bauleitungsplanung begleitende Leistungen, insbesondere die des Mitwirkens bei der Durchführung des genehmigten Bebauungsplans und der städtebaulichen Sonderleistungen (Gutachten, besondere Plandarstellungen, Grenzbeschreibungen, Beratungs- und Betreuungsleistungen, Teilnahme an Verhandlungen mit Behörden und an Sitzungen). Schließlich enthält § 42 auch Leistungen, die unmittelbar bei der Bauleitplanung erbracht werden (§ 42 Abs. 1 Nr. 2).

Die 4. ÄndV hat das Leistungsbild neu gefaßt, insbesondere im Hinblick auf **2** § 42 Abs. 1 Nr. 2: „Informelle Planungen, zum Beispiel Entwicklungs-, Struktur-, Rahmen- oder Gestaltpläne, die der Lösung und Veranschaulichung von Problemen dienen, die durch die formellen Planarten nicht oder nur unzureichend geklärt werden können. Sie können sich auf gesamte oder Teile von Gemeinden erstrecken."

3 Im einzelnen sind die in § 42 beispielhaft aufgeführten Leistungen zu ergänzen. So fällt unter Abs. 1 Ziff. 1 auch die Aktualisierung des Grundplanes, das Eigentümerverzeichnis, die Liste der Träger öffentlicher Belange.

Zu Abs. 1 Ziff. 2: der städtebauliche Wettbewerb.

Zu Abs. 1 Ziff. 3: das Mitwirken an der Umlegung als Sachverständiger

Zuteilungsentwürfe für eine Umlegung

Zu Abs. 1 Ziff. 4: Beratungs- und Betreuungsleistungen, auch i. S. v. § 157 BauGB (Sanierungsträger und andere Beauftragte)

Farbleitpläne

Fotodokumentationen

Zu Abs. 1 Ziff. 5: Grobanalyse als Bestandteil eines Förderantrags

Neukonzeptionen mit gestalterischer Alternative und Variante auf der Basis von Erhebungen und Befragungen im Rahmen der vorbereitenden Untersuchungen nach § 141 BauGB

Beratungs- und Betreuungsleistungen, auch i. S. v. § 157 BauGB (Sanierungsträger und andere Beauftragte)

Zu Abs. 1 Ziff. 6: Gestaltungssatzungen nach § 172 BauGB

Eine verantwortliche Bauleitplanung benötigt einen konzeptionellen planerischen Vorlauf. Die **informelle** Planung findet sich auch im BauGB an verschiedenen Stellen unter unterschiedlichen Bezeichnungen (§ 3 Abs. 1 Nr. 3; § 33 Abs. 2; § 8 Abs. 3; § 140). In der Regel sind städtebauliche Planungen auch schon vor der förmlichen Bauleitplanung erforderlich. Informelle Planungen fördern die förmliche Planaufstellung. Bei Vorliegen informeller Planungen und entsprechenden Beschlüssen des Planungsträgers kann im Einzelfall auf einzelne förmliche Planungsschritte verzichtet werden oder ein Vorgriff auf noch ausstehende Entscheidungen erfolgen. Der informelle Plan kann verschiedene Bezeichnungen tragen (Rahmenplan, städtebaulicher Gestaltungsplan oder städtebaulicher Entwurf, Entwicklungsplan). Entscheidend ist nicht die Etikettierung, sondern das Erarbeiten einer städtebaulichen Konzeption, ihre Erörterung, Überprüfung und Anpassung. Die informellen Planungen sollen eine städtebauliche Leitidee für Städte, Dörfer oder Teilbereiche daraus wie Ortskerne, Neubaugebiete, Randzonen, ihre Erhaltung und Entwicklung aufzeigen (vgl. hierzu Rist BWVB 11/94, S. 245 ff.; Heft 12/94 S. 271 ff.).

4 Absatz 2 läßt die freie Vereinbarung eines Honorars zu. Allerdings muß zuvor ein detaillierter Leistungskatalog oder ein Verzeichnis der zu erbringenden Leistungen, worin in größtmöglicher Aufgliederung die Einzeltätigkeiten aufgeführt sind, aufgestellt werden. Wird die Honorarvereinbarung nicht schriftlich bei Auftragserteilung getroffen oder erfolgt sie ohne einen detaillierten Leistungskatalog, so ist das Honorar als Zeithonorar nach § 6 zu berechnen. Dies bedeutet, daß also auch eine mündliche Vereinbarung, allerdings mit entsprechenden Folgen für den Auftragnehmer, wirksam ist. Nicht geregelt ist der Fall, daß überhaupt eine Honorarvereinbarung unterbleibt. Werden dann sonstige städtebauliche Leistungen in Anspruch genommen, so ist nach der üblichen Vergütung (§ 632 Abs. 2 BGB) abzurechnen.

Vorhaben- und Erschließungsplan 5

Das Investitionserleichterungs- und Wohnbaulandgesetz vom 22. 4. 1993, in Kraft seit dem 1. 5. 1993, in das das Wohnungsbau-Erleichterungsgesetz v. 17. 5. 1990 eingegangen ist, ließ eine neue „Planart" entstehen. Der Vorhaben- und Erschließungsplan (VEP) ist Teil einer Satzung, die eng an das Verfahren und auch hinsichtlich der Darstellung an den Bebauungsplan nach §§ 8–13 BauGB angelehnt ist. Der Verfahrensaufwand (Bürger- und Trägeranhörung, Fristen, Genehmigung) wird im Einzelfall bestimmt und ist damit je nach Vorhaben verschieden. Inhalt und Form des Planes sind nicht ausdrücklich geregelt. Ein erheblicher Bezug zum Bebauungsplan ergibt sich zwangsläufig. Der Plan stellt die rechtliche und tatsächliche Verbindung zwischen Vertrags- und Satzungsteil dar. § 7 Abs. 1 Z. 1 BauGB-MaßnahmenG spricht von einem „mit der Gemeinde abgestimmten Plan". Der Plan muß das vereinbarte Bauvorhaben in einer Form darstellen, die die Erfordernisse der Satzungsfähigkeit erfüllt. Der VEP muß deshalb die Qualität des einfachen oder qualifizierten Bebauungsplans aufweisen.

Der VEP-Planteil ist im Kern eine städtebauliche Leistung. Eine Ergänzung 6 durch Leistungen aus der Objektplanung Gebäude, Freianlagen, Verkehrsanlagen, Landschaftsplanung sowie vermessungstechnischer Leistungen kann notwendig werden. Die Kernleistung ist damit durch § 40 HOAI – unter Berücksichtigung gegebenenfalls geringerer Bewertungspunkte bei geringerem Verfahrensaufwand – abgedeckt. Das Honorar ermittelt sich dann nach § 41 HOAI. Die Notwendigkeit sonstiger städtebaulicher Leistungen (informelle Planung) nach § 42 HOAI bzw. ergänzender Planungen ist von der Art des Vorhabens abhängig. Sind solche ergänzenden Leistungen notwendig, so sind die jeweils zu treffenden Bewertungs- und damit Vergütungsanteile (i. d. R. bis zur Genehmigungsplanung) hinzuzurechnen.

Der in der Vorauflage veröffentlichte Städtebauliche Entwurf der Architek- 7 tenkammer Baden-Württemberg wurde durch Beschluß des Landesvorstandes der Architektenkammer Baden-Württemberg vom 28. 1. 1994 weiterentwickelt. Der Arbeitskreis Stadtplanung und Landschaftspflege bei der Architektenkammer Baden-Württemberg hat hierzu einen Entwurf gefertigt, in den die gesammelten Erfahrungen eingearbeitet wurden.

Städtebaulicher Entwurf als informelle Planung nach § 42 HOAI

1. Inhalt und Zweck des städtebaulichen Entwurfs
Der städtebauliche Entwurf umfaßt Leistungen von Architekten und Landschaftsarchitekten zur Bearbeitung von städtebaulichen Einzelaufgaben und zur Neuplanung, Änderung und Erweiterung von städtebaulichen Anlagen als Werk der Architektur und des Städtebaus.

2. Anwendungsbereich

Der städtebauliche Entwurf gehört zu den informellen Planungen, „die der Lösung und Veranschaulichung von Problemen dienen, die durch die formellen Planarten nicht oder nur unzureichend geklärt werden können. Sie können sich auf gesamte oder Teile von Gemeinden erstrecken" (§ 42 [1] Nr. 2 HOAI).

- Der städtebauliche Entwurf ist die städtebauliche Konzeption, deren Aussagen in einem Bauleitplanverfahren zur Begründung heranzuziehen sind (§ 9 [8] BauGB + § 40 [2] Nr. 3 Satz 1 HOAI).

- Er ist die geeignete, für Bürger verständliche planerische Grundlage, mit der eine öffentliche Unterrichtung und Erörterung bei der frühzeitigen Bürgerbeteiligung (§ 3 [1] BauGB) sinnvoll durchgeführt werden kann.

- Der städtebauliche Entwurf ist u. a. eine wichtige Grundlage zur Vorbereitung von Eingriffsregelungen nach § 8 a BNatSchG.

- Städtebauliche Wettbewerbe haben in der Regel wesentliche Teile des Leistungsbildes eines städtebaulichen Entwurfs zum Inhalt.

- Der Städtebauliche Entwurf ist eine Entscheidungshilfe zur Beurteilung der „Eigenart einer näheren Umgebung" nach § 34 BauGB.

3. Vereinbarung

Auf der Grundlage eines detaillierten Leistungskataloges kann das Honorar frei vereinbart werden (§ 42 [2] HOAI). Seine Vereinbarung erfolgt schriftlich bei Auftragserteilung, andernfalls ist es nach § 6 HOAI als Zeithonorar zu berechnen.

Die vorliegende Ausarbeitung soll als Arbeitshilfe für Auftraggeber und Planer zur Klärung der Aufgabenstellung in bezug auf den Ablauf, den Inhalt und den Umfang der Leistungen sowie ihrer Vergütung dienen.

4. Beschreibung der Leistungen

4.1 Beratung zum Leistungsbedarf
- Festlegen des Planungsgebiets
- Ausarbeiten der Leistungsbeschreibung
- Festlegen ergänzender Fachleistungen und ggf. notwendiger Voruntersuchungen

4.2 Bestandsaufnahme
- Sichtung und Auswertung vorhandener Planungen, insbesondere kommunale Entwicklungsplanung, Flächennutzungsplan, Planungen der Träger öffentlicher Belange, sonstige Fachplanungen und Gutachten
- Zustand des Untersuchungsgebiets, vor allem in bezug auf Topographie, Baustruktur und Nutzung, Bevölkerungs- und Wirtschaftsstruktur, Erschließung, ökologische Zusammenhänge, Denkmalschutz, Belange der Eigentümer und Nutzer

4.3 Analyse des Zustands, Formulierung der Planungsziele und des Planungsprogramms

4.4 Planung
Erarbeitung der Planungskonzeption mit alternativen Lösungsmöglichkeiten als Grundlage für die Aufstellung von Bauleitplänen und für die Begründung der städtebaulichen Konzeption nach dem BauGB sowie als Grundlage sonstiger kommunaler Planungen und Maßnahmen mit folgendem Inhalt:

4.4.1 Räumliches Konzept   Bewertung
Darstellung der Baukörper, ihrer Höhenentwicklung und Dachgestaltung, wichtiger Raumkanten, Einteilung der Grundstücke und deren Erschließung mit Zugang, Zufahrt, Andienung und Freibereichsorientierung. Berücksichtigung spezieller Hausformen für ein energie- und flächensparendes Bauen

4.4.2 Freiflächenkonzept
Gestaltung der öffentlichen Flächen und Raumfolgen sowie grundsätzliche Vorschläge für die Gestaltung privater Flächen. Gestaltung von Aufschüttungen und Abgrabungen, von Immissionsschutzmaßnahmen. Darstellung von Ausgleichsflächen nach dem BNatSchG.   65 v. H.

4.4.3 Verkehrskonzept
Darstellung der Fahrbahnen, Geh- und Radwege, der gemischten Verkehrsflächen, der öffentlichen und privaten Parkierung, Gestaltung der Verkehrsflächen. Berücksichtigung der Ver- und Entsorgungsmöglichkeit sowie notwendiger Immissionsschutzmaßnahmen

4.4.4 Erläuterungsbericht
ggf. mit erläuternden Skizzen, Übersichtsplänen u. dgl.

4.4.5 Nutzungsnachweis
Ermittlung der Flächennutzung mit rechnerischem Nachweis, Darstellung von Art und Maß der baulichen Nutzung und von differenzierten Gebäudenutzungen, soweit erforderlich   15 v. H.

4.4.6 Maßnahmenkatalog
Darstellung von Erschließungs- und Bauabschnitten, Hinweise zur Durchführung von planungs-, baurechtlichen und bodenordnenden Maßnahmen und Verfahren   10 v. H.

4.4.7 Kostenermittlung
Kostenaussage für die von der Gemeinde durchzuführenden Maßnahmen   5 v. H.

4.4.8 Abstimmen der Planung
mit den Ämtern des Auftraggebers und den Trägern
öffentlicher Belange, soweit erforderlich   5 v. H.

4.4.9 Mitwirken bei der frühzeitigen Bürgerbeteiligung sowie
bei Stellungnahmen zu Bauvorhaben und bei Veröffentlichungen   bes. Vereinb.

4.4.10 Herstellung von Modellen   bes. Vereinb.

Die Ausarbeitung des städtebaulichen Entwurfs erfolgt in der Regel in Plänen
M. 1:1000 oder 1:500 auf Unterlagen, die vom Auftraggeber zu stellen sind.

5. Honorar

5.1 Die Leistungen der
Ziff. 4.1   Beratung zum Leistungsbedarf
Ziff. 4.2   Bestandsaufnahme
Ziff. 4.3   Analyse und Planungszielformulierung sowie
Ziff. 4.4.9 Mitwirkung bei Bürgerbeteiligung, Stellungnahmen und Veröf-
             fentlichungen
werden nach dem vorausgeschätzten Zeitaufwand als Pauschalhonorar ver-
einbart oder nach dem nachzuweisenden Zeitaufwand abgerechnet (§ 6
HOAI).

5.2 Das Honorar für die Leistungen der Ziff. 4.4 (ausgen. 4.4.9) wird durch
Multiplikation des Einzelsatzes aus der Tabelle der Nutzungsdichtezonen
mit der Fläche des gesamten Plangebiets ermittelt. Zwischenwerte werden
interpoliert.

Bei der Berechnung einer durchschnittlichen GFZ wird das im Planungser-
gebnis erreichte Nettobauland zugrunde gelegt oder, vor Planungsbeginn,
im Benehmen mit dem Auftraggeber geschätzt. Ändert sich danach die
Bemessungsgrundlage in wesentlichem Umfang, wird das Honorar nach
der vom Auftraggeber angenommenen Planfassung berechnet.

5.3 Werden Teilleistungen der Ziff. 4.4 nicht in Auftrag gegeben, so ermäßigt
sich das Honorar um die in der Bewertung genannten Anteile.

5.4 Städtebauliche Wettbewerbe haben in der Regel Leistungen der Ziff. 4.4.1 bis
4.4.4 zum Inhalt (Räumliches Konzept, Freiflächen- und Verkehrskonzept,
Erläuterungsbericht). Der entsprechende Anteil am Gesamthonorar wird als
Basishonorar zur Ermittlung der Preis- und Ankaufsumme (GRW 6.2, 6.3)
angesetzt. Die Überarbeitung eines mit einem Preis ausgezeichneten städtebaulichen Entwurfs erfordert eine gesonderte Vereinbarung.

5.5 Der höhere Planungsaufwand bei höherer Nutzungsdichte ist in den
sechs Zonen der Tabelle für die Einzelsätze Ziff. 5.7 berücksichtigt. Die
durchschnittliche Nutzungsdichte im Nettobauland ergibt die Einordnung
in diese Zonen:

GFZ   bis   0,2 Zone I
GFZ zwischen 0,21 und 0,5 Zone II
GFZ zwischen 0,51 und 1,0 Zone III
GFZ zwischen 1,1 und 1,5 Zone IV
GFZ zwischen 1,6 und 2,0 Zone V
GFZ ab   2,1 Zone VI

5.6 Für städtebauliche Entwürfe,
  1. für die eine umfassende Umstrukturierung in baulicher, verkehrlicher, sozioökonomischer und ökologischer Sicht vorgesehen ist,
  2. für die die Erhaltung des Bestands bei besonders komplexen Gegebenheiten zu sichern ist,
  3. deren Planbereich insgesamt oder zum überwiegenden Teil als Sanierungsgebiet nach dem Baugesetzbuch festgelegt ist oder werden soll,
kann ein Zuschlag zum Honorar frei vereinbart werden.

5.7 Tabelle der Einzelsätze in DM, je Hektar Gesamtgebiet*)
Zwischenwerte werden interpoliert
Das Honorar für Plangebiete über 100 ha ist frei zu vereinbaren

Fläche Plangebiet	Zone I		Zone II		Zone III		Zone IV		Zone V		Zone VI	
	von	bis	von	bis	von	bis	von	bis	von	bis	von	bis
bis 3 ha	3 700	5 200	5 300	8 600	8 700	13 700	13 800	19 200	19 300	24 200	24 300	30 500
5 ha	3 300	4 500	4 600	7 900	8 000	13 000	13 100	18 000	18 100	22 700	22 800	28 500
10 ha	2 900	4 000	4 100	7 200	7 300	12 000	12 100	16 200	16 300	20 100	20 200	24 600
15 ha	2 700	3 800	3 900	6 900	7 000	11 200	11 300	14 900	15 000	17 900	18 000	21 400
20 ha	2 500	3 700	3 800	6 600	6 700	10 600	10 700	13 700	13 750	16 000	16 100	18 600
30 ha	2 300	3 500	3 600	6 200	6 300	9 600	9 650	11 600	11 650	13 000	13 100	14 700
50 ha	2 100	3 300	3 400	5 600	5 700	7 700	7 750	8 800	8 900	9 500	9 550	10 100
100 ha	1 900	2 900	3 000	4 300	4 400	5 150	5 200	5 550	5 600	5 800	5 900	6 000

*) Auf der Grundlage der Untersuchung der Kommunalentwicklung (KE) Baden-Württemberg August 1989 mit Fortschreibung auf der Grundlage Baukostenberatungsdienst (BKB) der Architektenkammer.

5.8 Nebenkosten
Die Teilnahme an erforderlichen Sitzungen und Besprechungen im Zusammenhang mit den Planungsleistungen der Ziff. 4.4.1 bis 4.4.8 ist im Honorar nach Ziff. 5.6 enthalten. § 7 HOAI bleibt unberührt.

5.9 Mehrwertsteuer
Die gesetzliche Mehrwertsteuer ist dem Honorar und den Nebenkosten hinzuzurechnen.

Beispiel 1: 8

Ermittlung des Honorars für einen städtebaulichen Entwurf (informelle Planung)

Aufgabe:

Städtebauliche / gestalterische Konzeption als Grundlage für einen Rechtsplan gemäß § 40 HOAI.

Notwendige Leistungen und deren Bewertung:

Planung mit alternativen Lösungen, M. 1:500 für Plangebiet 15 ha, Ø GFZ 0,8, angenommenes Nettobauland 12 ha.

– Räumlichkeitskonzept	
– Freiflächenkonzept	
– Verkehrskonzept	65 %
– Erläuterungsbericht	
– Nutzungsnachweis	15 %
– Aufnahmekatalog	10 %
– Kostenermittlung	5 %
– Abstimmen der Planung	5 %
Volles Leistungsbild	100 %
– Mitwirken Bürgerbeteiligung	bes. Vereinbarung
– Herstellen von Modellen	bes. Vereinbarung

Honorar:

GFZ 0,8 entspricht Zone III
Von-Satz: DM 7 000 · 12 ha = DM 84 000
Bis-Satz: DM 11 200 · 12 ha = DM 134 400
= Nettohonorare, zuzüglich Nebenkosten und MWSt.

Beispiel 2: 9

Ermittlung der Preis- und Ankaufsumme eines städtebaulichen Ideenwettbewerbs

§ 42, 9

Aufgabe:

Städtebauliche Konzeption als Grundlage für § 34-Entscheidungen oder eines künftigen Rechtsplanes für ein Baugebiet

Notwendige Leistungen:

a) Strukturkonzept, M. 1 : 2500 für Plangebiet und angrenzende Umgebung
b) Konzeption, M. 1 : 500 für Plangebiet 13 ha, etwa 10 ha Nettobauland; $\varnothing$ GFZ 0,8
 – räumliches Konzept
 – Freiflächenkonzept
 – Verkehrskonzept   65 %
 – Erläuterungen
c) städtebauliches Modell

Beabsichtigte weitere Beauftragung*)

 – städtebauliche Leistungen nach § 42 HOAI
 – Rechtsplan § 40 HOAI

Basishonorar nach Tabelle Arbeitspapier 28. 1. 1994

für a + b 10 ha · DM 9 650 (Mitte-Wert) · 65 %	=	DM 63 000
für c Herstellungsaufwand geschätzt	=	DM 7 000
Summe Basishonorar		DM 70 000*)

Preis und Ankaufsumme nach GRW

Tabelle 1 (Gebäude) Zone III zuzüglich Mehrwertsteuer   DM 115 000

---

*) Falls keine weitere Beauftragung beabsichtigt, erhöht sich das Basishonorar um 10–30 %.

Teil VI
Landschaftsplanerische Leistungen

§ 43
Anwendungsbereich

(1) Landschaftsplanerische Leistungen umfassen das Vorbereiten, das Erstellen der für die Pläne nach Absatz 2 erforderlichen Ausarbeitungen, das Mitwirken beim Verfahren sowie sonstige landschaftsplanerische Leistungen nach § 50.

(2) Die Bestimmungen dieses Teils gelten für folgende Pläne:

1. Landschafts- und Grünordnungspläne auf der Ebene der Bauleitpläne,
2. Landschaftsrahmenpläne,
3. Umweltverträglichkeitsstudien, Landschaftspflegerische Begleitpläne zu Vorhaben, die den Naturhaushalt, das Landschaftsbild oder den Zugang zur freien Natur beeinträchtigen können, Pflege- und Entwicklungspläne, sowie sonstige landschaftsplanerische Leistungen.

Im BNatSchG i. d. F. v. 12. 3. 1987 (BGBl. I S. 889) sind die planerischen **1** Mittel zur Verwirklichung der Ziele und Grundsätze des Naturschutzes und der Landschaftspflege als landschaftsplanerische Leistungen ausgewiesen. Rechtsgrundlagen für die landschaftsplanerischen Leistungen sind das BNatSchG, die Landschaftspflege- bzw. Naturschutzgesetze der Bundesländer, das Gesetz über die Umweltverträglichkeitsprüfung (UVPG), das Baugesetzbuch (BauGB) und die vertiefenden Fachgesetze des Bundes und der Länder wie FlurBG, FSDRG, AbfG, BImSchG (vgl. hierzu ausführlich: Franken § 43 Rdn. 3). Zu den landschaftsplanerischen Leistungen gehören nicht Leistungen bei der Planung von Freianlagen. Bei landschaftsplanerischen Leistungen muß es sich um solche handeln, die sich auf „Veränderungen der Landschaft" (Amtliche Begründung, BRDrucks. 270/76 S. 57) handelt. Beziehen sich die Leistungen auf kleine Flächeneinheiten, die eine solche Änderung nicht bewirken, so handelt es sich nicht um landschaftsplanerische Leistungen (Hesse/Korbion/Mantscheff/Vygen Vorb. § 43 Rdn. 3).

Die Bestimmungen der §§ 43–50 wurden mit der 3. ÄndVO zum 1. 4. 1988 **2** neu gefaßt. Damit wurde den Anforderungen des BNatSchG v. 20. 12. 1976 und den aufgrund dieses Gesetzes ergangenen landesrechtlichen Vorschriften Rechnung getragen. Im Vergleich zu den vorher bestehenden Leistungsbildern wurden die Anforderungen an die veränderten Voraussetzungen für landschaftsplanerische Leistungen und an den erhöhten Anspruch des Naturschutzes und der Landschaftspflege angepaßt. Mit der 4. ÄndVO v. 1. 1. 1991 wurde die Novelle zum BNatSchG und das Gesetz über die Umweltverträglichkeitsprüfung (UVPG) eingebunden. Die 5. ÄndVO ermöglicht es den Vertragsparteien in § 45a Abs. 6, ein leistungsgerechtes Honorar zu vereinbaren, um über den bisherigen Honorarrahmen in Leistungsphase 2 hinaus Honorarvereinbarungen zu treffen. Die Anzahl der Sitzungen, für deren Teilnahme das Honorar als Grundleistung abgegolten ist, wurde in § 45 a Abs. 7 reduziert. Die Honorare wurden in der Honorartafel des § 45 b erhöht. In § 46 Abs. 4 wurden die Abs. 6 und 7 von § 45 a für sinngemäß anwendbar erklärt, in § 46 a die Honorare erhöht und in § 47 Abs. 5 den in Leistungsphase 2 gestiegenen Anforderungen bei Landschaftsrahmenplänen Rechnung getragen. Auch in der Honorartafel des § 47 a erfolgte eine Erhöhung der Honorare, ebenso in der Honorartafel des § 48 b und 49 d.

3 Ermächtigungsgrundlage

Es kann zweifelhaft sein, ob die Bestimmungen des Art. 10 Abs. 2 MRVG eine ausreichende Ermächtigungsgrundlage für §§ 43–50 darstellen. Dort sind „städtebauliche Maßnahmen" nicht erwähnt. Die landschaftsplanerischen Leistungen, die in der HOAI geregelt sind, stehen jedoch in einem engen sachlichen Zusammenhang mit den in der HOAI genannten städtebaulichen Leistungen. Auch bezieht § 2 Abs. 1 ArtG ausdrücklich die Leistungen von Landschaftsarchitekten ein, und in § 2 Abs. 1 S. 1 MRVG ist von Leistungen der Architekten, einschließlich der Garten- und Landschaftsarchitekten die Rede. Die h. M. hat deshalb die Verfassungsmäßigkeit des Teils VI der HOAI bejaht (Hesse/Korbion/Mantscheff/Vygen Vorb. § 43 Rdn. 2; Franken § 43 Anm. A; Pott/Dahlhoff Vorb. § 43 Rdn. 5).

4 Grundzüge der Regelung

Die Regelung des Teils VI lehnt sich an die des Teiles V an. § 44 bestimmt die entsprechende Anwendbarkeit einzelner Vorschriften aus den Teilen II und V: Bestimmungen über die Kosten von EDV-Leistungen (§ 36), über die Ausführung in größeren Zeitabschnitten (§ 38 Abs. 8), über Planausschnitte (§ 39) sind auf alle Planarten des Teils VI anwendbar, während die Leistungsbilder der §§ 45 a und 47 durch Besondere Leistungen aus den §§ 37 und 40 ergänzt werden (Hesse/Korbion/Mantscheff/Vygen § 43 Rdn. 4). § 45 a umreißt das Leistungsbild Landschaftsplan, § 46 das des Grünordnungsplans. § 47 enthält Regelungen für Landschaftsrahmenpläne. Die Vorschriften über die Honorarermittlung nach Flächen bzw. Verrechnungseinheiten anhand der Honorartafel sind in § 45 b für Landschaftspläne, in § 46 a für Grünordnungspläne, in § 47 a für Landschaftsrahmenpläne sowie in § 48 a für Umweltverträglichkeitsstudien enthalten. Für landschaftspflegerische Begleitpläne, Pflege- und Entwicklungspläne sowie sonstige landschaftsplanerische Leistungen sind die Leistungsbilder in § 49 a (landschaftspflegerische Begleitpläne), § 49 c (Pflege- und Entwicklungspläne) und in § 50 (Sonstige landschaftsplanerische Leistungen) festgelegt.

5 Mit den Leistungsbildern Landschaftsplan und Grünordnungsplan wird einschränkend „auf der Ebene der Bauleitplanung" ein unmittelbarer Bezug zum Flächennutzungsplan und Bebauungsplan bekräftigt. Die Leistungsbilder Landschaftsrahmenplan, Umweltverträglichkeitsstudie zur Standortfindung, landschaftspflegerischer Begleitplan zu Vorhaben, die den Naturhaushalt, das Landschaftsbild und den Zugang zur freien Natur beeinträchtigen können, Pflege- und Entwicklungsplan, sowie „sonstige landschaftsplanerische Leistungen" umschreiben das Spektrum aller weiteren landschaftsplanerischen Leistungen.

Zu den sonstigen landschaftsplanerischen Leistungen des § 50 gehören alle **6** auf Landschaftsveränderung abzielenden Planungsleistungen, soweit sie nicht unter die übrigen in § 43 Abs. 2 aufgeführten Planungsarten fallen. Die Aufgabenentwicklung der letzten Jahre hat, insbesondere auch aufgrund der unterschiedlichen landesrechtlichen Regelungen, immer neue Aufgaben mit sich gebracht. Diese sind, sofern sie nicht eine Vergütung nach § 5 Abs. 5 als Besondere Leistungen anstelle von Grundleistungen erfordern, nach § 50 zu vergüten.

Im Gegensatz zu den Objektplanungen, die auch bereits im Planungsstadium **7** auf die Durchführung eines Bauvorhabens bis zur endgültigen Fertigstellung gerichtet sind, sind landschaftsplanerische Leistungen ebenso wie städtebauliche Leistungen Planungsmaßnahmen, die Ziele und Entwicklungen untersuchen und eingrenzen, mögliche Belastungen erfassen und minimieren und für notwendigen Ausgleich oder Ersatz sorgen. Die im Anschluß an die landschaftsplanerischen Planungsebenen möglicherweise nachfolgende konkretisierende Gestaltungsplanung ist nach Teil II zu vergüten. Landschaftsplanerische Leistungen und die Leistungen für Objektplanungen stehen nebeneinander und sind in der Regel jeweils mit vollem Leistungsbild erforderlich, um die Leistungen ordnungsgemäß zu erbringen. Die für Planungen des Straßen- und Brückenbaus übliche, an den landschaftspflegerischen Begleitplan anschließende Objektplanung von landschaftspflegerischen Maßnahmen wird zwar „Landschaftspflegerischer Ausführungsplan" genannt. Es handelt sich hierbei jedoch um den vollen Leistungsumfang des § 15 und nicht nur um die dortige Leistungsphase 5.

Der geschuldete Erfolg
8

Mit dem werkvertraglichen Charakter der landschaftsplanerischen Leistungen stellt sich die Frage nach dem geschuldeten Erfolg. Während in der Objektplanung ein mangelfrei errichtetes Bauwerk als werkvertraglich geschuldeter Erfolg klar umschrieben ist, kann aus dem Leistungsspektrum der landschaftsplanerischen Leistungen wie auch dem der städtebaulichen Leistungen ein solches Planungsziel nur schwer definiert werden. Angesichts der jeweiligen Leistung, die in den meisten Fällen als Fachbeitrag innerhalb eines öffentlich-rechtlichen Planungsverfahrens angesehen wird, ist die „Genehmigungsfähigkeit" der erbrachten landschaftsplanerischen Leistungen letztlich als Erfolg des Werks maßgeblich. Der Erfolg ist aber nicht immer abhängig von der „Erteilung" oder „Versagung" der „Genehmigung" in einem planungsrechtlichen Verfahren, da die landschaftsplanerischen Leistungen nur einen Teil der

Genehmigungsunterlagen darstellen und der Eintritt des Erfolgs nicht von den landschaftsplanerischen Leistungen allein abhängt. Viele landschaftsplanerische Leistungen werden aufgrund von Hindernissen über längere Zeiträume bearbeitet oder gehen mit Zeitverzug nach der Fertigstellung ins Genehmigungsverfahren mit der Folge, daß zwischenzeitlich ergangene Gesetzesänderungen und Standardentwicklungen nicht enthalten sind. Hier muß der Landschaftsplaner seine Interessen durch die Vereinbarung eines Redaktionsschlusses in jeder Leistungsphase sichern oder nachweisen, daß seine Leistungen zum Zeitpunkt der Fertigstellung „genehmigungsfähig" gewesen wären. Aufgrund der immer wieder auftretenden Meinungsverschiedenheiten der Fachbehörden über Inhalte und Formerfordernisse ist der Planer in vielen Fällen nicht in der Lage, allen Vorstellungen zu entsprechen. Für die Versagung der Erteilung von „Sichtvermerken" oder für Genehmigungen kommen deshalb in Einzelfällen auch Kriterien in Betracht, die nicht vom Planer zu vertreten sind. In solchen Fällen wird darauf abzustellen sein, ob der Planer seinen fachlichen Ansatz und die Konfliktsituation gegenüber dem Auftraggeber problematisiert hat oder sein Werk sich in einer mit seinem Auftraggeber abgestimmten Form befunden hat. Nacharbeiten ordnungsgemäß erbrachter Leistungen oder das Überarbeiten solcher Planungen sind entweder als besondere Leistungen oder gemäß § 20 zu vergüten.

9   Die Weiterentwicklung des Standards landschaftsplanerischer Planungsanforderungen führte in den letzten Jahren zu zunehmenden Problemen hinsichtlich des Erfordernisses von und der Haftung für Besondere Leistungen: Mit dem Inkrafttreten der Investitionserleichterungs- und Wohnbaulandgesetzes im Jahr 1993 hat der Bundesgesetzgeber das Verhältnis der Vorschriften der naturschutzrechtlichen Eingriffsregelung gemäß § 8 BNatSchG zu den Vorschriften über die Bauleitplanung nach §§ 1 ff. BauGB mit den §§ 8 a bis 8 c BNatSchG speziell geregelt. In den von den einzelnen Bundesländern erarbeiteten Richtlinien und Hinweisen zur „Abarbeitung der Eingriffsregelung" im Bauleitplanungsverfahren sind Festlegungen getroffen, wie sich die Träger der Bauleitplanung dieser Fragestellung stellen sollen. Mit diesem „Handlungsrahmen" werden die landschaftsplanerischen Leistungen nach Teil VI in ihren Leistungsbildern nicht unerheblich erweitert, weil Besondere Leistungen wie Kompensationsbilanzen, förmliche Bemessungen für die Festlegung von Ausgleich und Ersatz, unabdingbar sind. Für Bestandsaufnahmen werden floristische oder faunistische Einzeluntersuchungen oder auch Biotoptypenkartierungen gefordert, die stets als Besondere Leistungen zu vergüten sind. Für die Bearbeitung des Landschaftsbildes als ästhetisches Kriterium werden Besondere Leistungen wie Fotomontagen, Entwicklungsszenarien (Optimal- und Pessimalentwicklungen) zur Visualisierung des Planungszieles eingesetzt.

10   Absatz 1 stellt fest, daß „landschaftsplanerische Leistungen" den Oberbegriff für die in Absatz 2 aufgezählten Leistungsbilder sowie sonstige landschaftsplanerische Leistungen nach § 50 darstellen. Der Hinweis, daß die Leistungen „in der **Vorbereitung,** der **Erstellung** der für die Pläne erforderlichen Ausarbei-

tungen sowie der Mitwirkung beim Verfahren" bestehen, ist als übergeordnete, erläuternde Zusammenfassung der in den §§ 45–50 im einzelnen aufgelisteten Leistungsbilder zu verstehen.

Absatz 2 regelt, für welche Pläne die Bestimmungen Gültigkeit haben: **11**

Landschaftspläne und Grünordnungspläne
auf der Ebene der Bauleitpläne § 43 Abs. 2 Ziff. 1

Ebenso wie das übergeordnete Landschaftsprogramm und der übergeordnete Landschaftsrahmenplan umfassen die Landschafts- und Grünordnungspläne die Zielsetzungen und Maßnahmen zur Verwirklichung der Grundsätze des Naturschutzes, der Landschaftspflege und der Erholungsvorsorge (vgl. §§ 2, 5 ff. BNatSchG). Die Begriffsbestimmung der Landschaftspläne findet sich in § 6 BNatSchG. Danach sind in Landschaftsplänen „die örtlichen Erfordernisse und Maßnahmen zur Verwirklichung der Ziele des Naturschutzes und der Landschaftspflege" darzustellen. Der Inhalt der Landschaftspläne ist geregelt in § 6 Abs. 2 BNatSchG. Soweit in den Ländern Berlin, Bremen und Hamburg die Erfordernisse und Maßnahmen des Naturschutzes und der Landschaftspflege für den Bereich des Landes in Landschaftsplänen dargestellt werden, ersetzen diese die Landschaftsprogramme und Landschaftsrahmenpläne (§ 5 Abs. 3 BNatSchG). Den Begriff **Grünordnungsplan** kennt das BNatSchG nicht. Dagegen sehen einige Naturschutzgesetze der Länder Grünordnungspläne vor (vgl. z. B. §§ 7, 9 NatSchG BW).

Gegenstand der **Landschaftspläne** ist die Darstellung **12**

des vorhandenen Zustandes von Natur und Landschaft und seine Bewertung nach den im BNatSchG festgelegten Zielen (Schutz, Pflege und Entwicklung von Natur und Landschaft im besiedelten und unbesiedelten Bereich). In diesem Planungsstadium sind besondere Aussagen zu sämtlichen Landschaftsfaktoren Relief, Geologie, Boden, Wasser, Luft, Flora/Vegetation und Fauna sowie zu den aktuellen Flächennutzungen erforderlich, des angestrebten Zustandes von Natur und Landschaft sowie der erforderlichen Maßnahmen. In diesem Planungsstadium erfolgen Aussagen über: Allgemeine Schutz-, Pflege- und Entwicklungsmaßnahmen, die im Zusammenhang mit Eingriffen in Natur und Landschaft stehen (z. B. Maßnahmen im Zuge von Planungen im Straßenbau, Gewässerbau, Flurbereinigung, Städtebau), Maßnahmen zum Schutz, zur Pflege und Entwicklung bestimmter Teile von Natur und Landschaft (z. B. im Zuge der Ausweisung von Nationalparks, Naturschutz- und Landschaftsschutzgebieten, Naturparks, Naturdenkmalen und geschützten Landschaftsbestandteilen) sowie Maßnahmen zum Schutz und zur Pflege wildlebender Tier- und Pflanzenarten (z. B. Winterquartiere für Fledermäuse) sowie Aussagen zum Schutz wertvoller Biotope (z. B. Moore, Gewässer, Trockenrasen, Wacholderheiden, Dünen und Wattflächen).

Der **Grünordnungsplan** soll aus dem Landschaftsplan entwickelt werden und **13** die Maßnahme im einzelnen konkretisieren. **Landschaftspläne** umfassen in der Regel die Gesamtfläche oder die Teilflächen des Flächennutzungsplanes und werden daher im Maßstab 1 : 5000, gegebenenfalls im Maßstab 1 : 10 000 oder in größeren Maßstäben wie z. B. 1 : 2500 bearbeitet. Grünordnungspläne umfassen in der Regel die Gesamtfläche oder Teilflächen des Bebauungsplanes, sind damit räumlich wesentlich begrenzter und aufgrund des Maßstabes 1 : 1000 oder 1 : 500, in Einzelfällen in größeren Maßstäben, erheblich detaillierter. Hinsichtlich der zu verwendenden Planzeichen vgl. die PlanzV (PlanzV 1990). Landschaftsplan und Grünordnungsplan werden in den meisten Bundesländern von den Trägern der Bauleitplanung ausgearbeitet (vgl. § 9 NatSchG BW). Nach § 2 Abs. 1 BauGB sind dies die Gemeinden (auch Verwaltungsgemeinschaften oder Nachbarschaftsverbände kommen in Frage). Die Bauleitplanung ist geregelt in § 5 ff. BauGB und umfaßt die Flächennutzungs- sowie die Bebauungspläne. Mit dem Hinweis auf „die Ebene der Bauleitpläne" wird deutlich, daß die Honorarregelung sich nur auf solche Landschaftspläne und Grünordnungspläne bezieht, die auf der Ebene der Bauleitpläne erstellt werden; gemeint ist also der Landschaftsplan auf der Ebene mit dem Flächennutzungsplan sowie der Grünordnungsplan auf der Ebene mit dem Bebauungsplan. Auf die Bundesländer, in denen die Landschaftsplanung nicht unmittelbar auf der Ebene der Bauleitplanung angesiedelt ist (Berlin, Bremen, Hamburg, Nordrhein-Westfalen), kann aufgrund des Leistungsbildes die Honorarregelung weitgehend übertragen werden. Nach den Richtlinien für die Landschaftspläne des Bundeslandes Bayern muß der Planverfasser ein Landschaftsarchitekt oder ein Planungsbüro sein, das Landschaftsarchitekten als Mitarbeiter hierzu beschäftigt.

14 Landschaftsrahmenpläne § 43 Abs. 2 Ziff. 2

Die über den Geltungsbereich der Landschaftspläne und Grünordnungspläne hinausgehenden „überörtlichen Erfordernisse und Maßnahmen zur Verwirklichung der Ziele des Naturschutzes und der Landschaftspflege" werden in den **Landschaftsprogrammen** und in den **Landschaftsrahmenplänen** unter Beachtung der Grundsätze und Ziele der Raumordnung und Landesplanung dargestellt (§ 5 Abs. 1 BNatSchG). Das Landschaftsprogramm für den Bereich eines Landes wird im allgemeinen von der Landesregierung (vgl. § 8 Abs. 1 NatSchG BW), die Landschaftsrahmenpläne werden für Teile des Landes als erste Konkretisierungsstufe des Landschaftsprogramms aufgestellt. In einzelnen Ländern ist dies Aufgabe der Regionalverbände (vgl. § 8 Abs. 2 NatSchG BW), in anderen Bundesländern werden hierfür entsprechende Fachplaner zur Erstellung des Landschaftsrahmenplans beauftragt. Bis zur 3. ÄndVO konnten Honorare für Landschaftsrahmenpläne unabhängig von Höchst- und Mindestgrenzen frei vereinbart werden. Seither werden sie anhand konkreter Leistungsbilder und Honorarrahmen festgelegt.

15 Umweltverträglichkeitsstudien § 43 Abs. 2 Ziff. 3

Mit der Richtlinie des Rates der Europäischen Gemeinschaften vom 27. 6. 1985 über die **Umweltverträglichkeitsprüfung** wurden die Mitgliedstaaten verpflichtet, die erforderlichen Maßnahmen zu treffen, um dieser Richtlinie innerhalb von 3 Jahren nach ihrer Bekanntgabe (3. 7. 1985) nachzukommen. Innerhalb der Bundesrepublik Deutschland ist das Gesetz über die Umweltverträglichkeitsprüfung (UVPG) am 12. 2. 1990 in Kraft getreten. Die Genehmigung für öffentliche und private Projekte, bei denen mit erheblichen Auswirkungen auf die Umwelt zu rechnen ist, wird damit erst nach vorheriger Beurteilung der möglichen erheblichen Auswirkungen dieser Projekte erteilt. Diese Beurteilung hat von seiten des Projektträgers anhand sachgerechter Angaben zu erfolgen, die gegebenenfalls von den Behörden und der Öffentlichkeit, die von dem Projekt betroffen sind, ergänzt werden können. Zweck der Umweltverträglichkeitsprüfung ist es also, sicherzustellen, daß nach fachlichen Grundsätzen die Auswirkungen von Vorhaben auf die Umwelt frühzeitig und umfassend ermittelt, beschrieben und bewertet werden, die Ergebnisse der Umweltverträglichkeitsstudie so früh wie möglich bei allen behördlichen Entscheidungen über die Zulässigkeit von Vorhaben berücksichtigt werden, die erforderlichen Maßnahmen zur Umweltvorsorge getroffen werden können. Nach § 2 UVPG ist die Umweltverträglichkeitsprüfung ein unselbständiger Teil des verwaltungsbehördlichen Verfahrens und insoweit ihm vorgelagert, als es der Entscheidung über die Zulässigkeit von Vorhaben dient. Sie wird unter Beteiligung der Öffentlichkeit durchgeführt und umfaßt die Ermittlung, Beschreibung und Bewertung der Auswirkungen eines Vorhabens auf

1. Menschen, Tiere und Pflanzen, Boden, Wasser, Luft, Klima und Landschaft einschl. der jeweiligen Wechselwirkungen,

2. Kultur- und sonstige Sachgüter.

Mit der Umweltverträglichkeitsprüfung ist ein umfassendes Planungsinstrument konkretisiert, das bereits in der Phase der Voruntersuchung Angaben liefert, die zur Entscheidungsfindung, wo und wie ein Projekt durchgeführt werden soll, notwendig sind. Im Zuge der 3. ÄndVO der HOAI wurde dem mit der Aufnahme des Leistungsbildes der Umweltverträglichkeitsstudie Rechnung getragen. Hierbei wird die Umweltverträglichkeitsstudie als wesentliche Informationsgrundlage des behördlichen Verfahrens der Umweltverträglichkeitsprüfung verstanden.

Landschaftspflegerischer Begleitplan. Zu Vorhaben, die den Naturhaushalt, **16** das Landschaftsbild oder den Zugang zur freien Natur beeinträchtigen können (§ 43 Abs. 2 Ziff. 3). Der landschaftspflegerische Begleitplan als Planungsinstrument entstand, um Planungsmaßnahmen, die aufgrund besonderer gesetzlicher Regelung außerhalb bauleitplanerischer Verfahren liegen, eine entsprechende Fachplanung im Sinne des Natur- und Landschaftsschutzes beizuordnen. Alle diesbezüglichen gesetzlichen Regelungen verweisen auf die Erforderlichkeit der Planfeststellung mit „zuständigen Behörden" bzw. dem direkten Hinweis auf § 8 Abs. 6, § 8 Abs. 2–5 BNatSchG, so z. B. § 7 Abfallgesetz, § 36 Abs. 1 Bundesbahngesetz, § 96 Atomgesetz, § 17 Abs. 1 Bundesfernstraßengesetz und § 14 Bundeswasserstraßengesetz. Im Flurbereinigungsgesetz wird im § 41 Abs. 1 ein Wege- und Gewässerplan mit landschaftspflegerischem Begleitplan ausdrücklich gefordert. Die Prüfung der Frage, inwieweit Vorhaben den Naturhaushalt, das Landschaftsbild oder den Zugang zur freien Natur beeinträchtigen, erübrigt sich meist, weil in der Praxis durch die Planfeststellungsbehörden hinsichtlich der Erforderlichkeit des landschaftspflegerischen Begleitplanes im Vorfeld konkrete Forderungen gestellt werden. Hierzu gehören etwa landschaftspflegerische Maßnahmen im Zusammenhang mit Abbaugebieten und Naturparks, Maßnahmen des Wind-, Frost- und Erosionsschutzes, der Grünplanung bei Flurbereinigung und Umlegung, des Wasserbaus und des Landschaftsbaus bei Verkehrsanlagen (Franken § 43 Anm. B 2b). Entscheidender Teil des landschaftspflegerischen Begleitplanes ist die Planung der Maßnahmen des Naturschutzes und der Landschaftspflege, die zum Ausgleich eines Eingriffs in die Natur und Landschaft erforderlich sind (§ 8 Abs. 1 BNatSchG). Der landschaftspflegerische Begleitplan ist in aller Regel Bestandteil des Fachplanes und wird deshalb mit dem Genehmigungsverfahren des Fachplanes rechtsverbindlich. Soweit Fachplanungen in Bereiche der Bauleitplanung fallen, sind hier die landschaftsplanerischen bzw. grünordnungsplanerischen Aussagen, soweit sie vorhanden sind, mit den Aussagen des landschaftspflegerischen Begleitplanes entsprechend zu koordinieren.

17 **Pflege- und Entwicklungspläne § 43 Abs. 2 Ziff. 3**

Für Gebiete, die aus Gründen des Naturschutzes und der Landschaftspflege bedeutsam sind und nicht sich selbst überlassen werden können, werden Pläne für Pflege- und Entwicklungsmaßnahmen durchgeführt. Dies gilt sowohl für das „Biotop-Management" von Schutzgebieten oder schützenswerten Landschaftsteilen als auch für im Bestand zu erhaltende oder denkmalgeschützte Landschaftsgärten, Parks und Gartenanlagen. Bis zur 3. ÄndVO fielen Pflege- und Entwicklungspläne in den Bereich der sonstigen landschaftsplanerischen Leistungen und wurden hier nach freier Honorarvereinbarung honoriert.

18 **Sonstige landschaftsplanerische Leistungen § 43 Abs. 2 Ziff. 3**

Alle landschaftsplanerischen Leistungen, die nicht in den vorgenannten Leistungsbereichen enthalten oder zusammengefaßt sind, werden weiterhin im § 50 geregelt. Die dort getroffene Aufzählung sonstiger landschaftsplanerischer Leistungen ist nicht abschließend, so daß der Regelungsbereich darüber hinaus offenbleibt und damit ein relativ weiter Rahmen für die Anwendung des § 50 gegeben ist. § 50 Abs. 1 Nr. 2 schafft mit der „Beratung bei Gestaltungsfragen" eine Parallele zu § 42 und verbindet so zur Gestaltungsplanung im Teil II und zu den Leistungen der Teile V und VII.

§ 44
Anwendung von Vorschriften aus den Teilen II und V

Die §§ 20, 36, 38 Abs. 8 und § 39 gelten sinngemäß.

Die Vorschrift ordnet die entsprechende Anwendbarkeit einiger Bestimmun- **1**
gen des Teiles II und V an. Wie beim Flächennutzungsplan (§ 38 Abs. 10
HOAI) und beim Bebauungsplan (§ 41 Abs. 4 HOAI) wird § 20 HOAI für alle
landschaftsplanerischen Leistungen anwendbar (vgl. im einzelnen die Kommentierung zu §§ 38 und 41). Wenn auch eine sinngemäße Anwendung des § 20
keine grundlegenden Anwendungsprobleme bringt, stellt sich hier doch die
Frage, inwieweit mehrere Vor- und Entwurfsplanungen nach grundsätzlich verschiedenen Anforderungen gefertigt worden sind, da die Anforderungen an
landschaftsplanerische Leistungen klar geregelt sind und demnach nur in selte-
nen Fällen die Vorgabe nach grundsätzlich verschiedenen Anforderungen gegeben sein kann; so z. B. bei Pflege- und Entwicklungsplänen. Denkbar ist hier
ebenso, daß im Rahmen eines landschaftspflegerischen Begleitplanes mehrere
Varianten möglicher Ausgleichsmaßnahmen planerisch untersucht werden
sollen, die jeweils grundsätzlich verschiedene Planinhalte mit sich bringen
würden.

Die entsprechende Anwendung des § 36 hat zur Folge, daß unter den Vor- **2**
aussetzungen dieser Bestimmung **EDV-Leistungen** als Nebenkosten in Ansatz
gebracht werden können. Zu den Voraussetzungen vgl. im einzelnen die Kommentierung zu § 36. Im Bereich der landschaftsplanerischen Leistungen kommt
der EDV als Planungsinstrument zunehmende Bedeutung zu. Zur Bestandsaufnahme (Leistungsphase 2) werden teilweise vorhandene Kartierungen und
Bestandsaufnahmen der naturräumlichen Vorgaben als Planungsgrundlagen
beigezogen und in Datenverarbeitungssystemen der Planer bearbeitet und verwendet. Hierzu gehören beispielsweise Biotopkartierungen und Landschaftsda-
ten aus amtlichen Datenbänken. Diese Zurverfügungstellung von Karten- und
Datenunterlagen kann aber nur in Ausnahmefällen eine Verringerung des Leistungsumfanges der Leistungsphase 2 mit sich bringen, da vorhandene Erhebungen stets vom Auftraggeber zugänglich gemacht werden müssen. Denkbar
sind solche Verringerungen des Leistungsumfanges, soweit die zu erfassenden
Faktoren bereits in qualifizierter und aktueller Form als Bestandsbewertung im
Sinne der Planungsaufgabe gespeichert sind und zur Verfügung stehen. Führt
der Planer eigene Erhebungen oder Digitalisierungen von konventionellen
Plan- und Datenunterlagen mit eigener oder fremder EDV-Einrichtung durch,
handelt es sich um Besondere Leistungen, die gesondert zu honorieren sind
und die keine Verringerung des Leistungsumfanges mit sich bringen.

Bis zur 4. ÄndVO wurde für den Teil VI auch die sinngemäße Anwendung **3**
des § 21 festgelegt. Dies sollte eine Honorarregelung bei Unterbrechung des
Planungsprozesses durch größere Zeitabstände mit sich bringen, wie dies bei
bauleitplanerischen Verfahren, Planfeststellungsverfahren aufgrund der hier

oft anhängig werdenden Streitigkeiten nicht selten vorkommt. Die Anwendung des § 21 in sinngemäßer Form auf die Honorarregeln des Teiles VI war jedoch aufgrund der grundsätzlichen Verschiedenheit der Honorarermittlungsformen der Teile II und VI unklar. Diese Unklarheit wurde mit der Einführung des § 38 Abs. 8 und dessen sinngemäßer Anwendung für die landschaftsplanerischen Leistungen behoben.

4 Hinsichtlich der Bearbeitung von Planausschnitten ist § 39 entsprechend anwendbar. Dies bedeutet, daß bei der Berechnung des Honorars nur die Ansätze des zu bearbeitenden Planausschnittes anzusetzen sind, wenn der Auftragnehmer nur Teilflächen von bereits aufgestellten Landschaftsplänen und Grünordnungsplänen ändert oder überarbeitet. Anstelle des Teilhonorars kann auch ein Zeithonorar vereinbart werden (s. § 39 Satz 2). Hierzu bedarf es jedoch der Vorausschätzung des Zeitbedarfs nach § 6 (vgl. im einzelnen § 6 Rdn. 6).

§ 45 Honorarzonen für Leistungen bei Landschaftsplänen

(1) Die Honorarzone wird bei Landschaftsplänen aufgrund folgender Bewertungsmerkmale ermittelt:

1. Honorarzone I:
Landschaftspläne mit geringem Schwierigkeitsgrad, insbesondere
   - wenig bewegte topographische Verhältnisse,
   - einheitliche Flächennutzung,
   - wenig gegliedertes Landschaftsbild,
   - geringe Anforderungen an Umweltsicherung und Umweltschutz,
   - einfache ökologische Verhältnisse,
   - geringe Bevölkerungsdichte;

2. Honorarzone II:
Landschaftspläne mit durchschnittlichem Schwierigkeitsgrad, insbesondere
   - bewegte topographische Verhältnisse,
   - differenzierte Flächennutzung,
   - gegliedertes Landschaftsbild,
   - durchschnittliche Anforderungen an Umweltsicherung und Umweltschutz,
   - durchschnittliche ökologische Verhältnisse,
   - durchschnittliche Bevölkerungsdichte;

3. Honorarzone III:
Landschaftspläne mit hohem Schwierigkeitsgrad, insbesondere
   - stark bewegte topographische Verhältnisse,
   - sehr differenzierte Flächennutzung,
   - stark gegliedertes Landschaftsbild,
   - hohe Anforderungen an Umweltsicherung und Umweltschutz,
   - schwierige ökologische Verhältnisse,
   - hohe Bevölkerungsdichte.

(2) Sind für einen Landschaftsplan Bewertungsmerkmale aus mehreren Honorarzonen anwendbar und bestehen deswegen Zweifel, welcher Honorarzone der Landschaftsplan zugerechnet werden kann, so ist die Anzahl der Bewertungspunkte nach Absatz 3 zu ermitteln; der Landschaftsplan ist nach der Summe der Bewertungspunkte folgenden Honorarzonen zuzurechnen:

1. Honorarzone I:
   Landschaftspläne mit bis zu 16 Punkten,

2. Honorarzone II:
   Landschaftspläne mit 17 bis 30 Punkten,

3. Honorarzone III:
   Landschaftspläne mit 31 bis 42 Punkten.

(3) Bei der Zurechnung eines Landschaftsplans in die Honorarzonen sind entsprechend dem Schwierigkeitsgrad der Planungsanforderungen die Bewertungsmerkmale topographische Verhältnisse, Flächennutzung, Landschaftsbild und Bevölkerungsdichte mit je bis zu 6 Punkten, die Bewertungsmerkmale ökologische Verhältnisse sowie Umweltsicherung und Umweltschutz mit je bis zu 9 Punkten zu bewerten.

Nachdem sich die Anforderungen an Landschaftspläne nach Inkrafttreten **1** der Naturschutzgesetze in Bund und Ländern wesentlich verändert haben, wurde mit der 3. ÄndVO das Honorarberechnungssystem nach Verrechnungseinheiten und Zuordnung in Normal- und Schwierigkeitsstufen aufgegeben und ersetzt durch eine Honorarermittlung, die sich auf den Flächenansatz des Plangebiets bezieht. Die zu bearbeitenden Flächen des Plangebiets werden als Hektarwerte herangezogen und anhand der im Plangebiet vorhandenen Vorgaben in drei Honorarzonen gegliedert. Die Festlegung der Honorarzone erfolgt anhand des Schwierigkeitsgrades der Bewertungsmerkmale. Die sechs in Absatz 1 für die Zuordnung eines Landschaftsplanes maßgeblichen Bewertungsmerkmale hängen in der Regel sehr eng zusammen. So werden oft Situationen angetroffen, bei denen im Planungsgebiet bewegte **topographische Verhältnisse** durch vielgestaltiges Geländerelief und gegliedertes Landschaftsbild gegeben sind und eine hohe Bevölkerungsdichte viele Infrastruktureinrichtungen (z. B. Straßen, Bahnlinien, Hochspannungsleitungen) und eine differenzierte Flächennutzung (z. B. Baugebiete, Sportplätze, Freizeitanlagen) bedingt. Dagegen führt eine einheitliche landwirtschaftliche **Flächennutzung**, wie sie z. B. in den Bördelandschaften gegeben ist, oft auch zu einem einheitlichen **Landschaftsbild**. Schwierige ökologische Verhältnisse stellen meist hohe Anforderungen an Umweltsicherung und Umweltschutz.

Unter **ökologischen Verhältnissen** ist der Zustand des Naturhaushaltes insge- **2** samt und der der einzelnen Landschaftsfaktoren, wie Boden, Wasser, Klima oder Tier- und Pflanzenwelt, zu verstehen. Bei **Umweltsicherung und Umweltschutz** geht es um Nutzungsauswirkungen auf den Menschen, z. B. durch Immissionen von Lärm oder Abgasen. Diesen Anforderungen wird durch

Offenhaltung von Frischluftbahnen, Lärmschutzpflanzungen, Ausweisung von sogenannten Verkehrsgrün- oder Sichtschutzpflanzungen gegenüber Industrieanlagen entsprochen. Auch die Verbesserung eines wenig gegliederten (strukturlosen) Landschaftsbildes, wie sie z. B. mit der Biotopvernetzung, Durchgrünung von ausgeräumten Agrarlandschaften erfolgt, dient der Umweltsicherung und dem Umweltschutz. Es ist jedoch auch bei der Honorarzone I davon auszugehen, daß es sich um Problemgebiete handelt, da Landschaftspläne nicht für jedes Gebiet, sondern nur auszuarbeiten sind, „soweit dies aus Gründen des Naturschutzes und der Landschaftspflege erforderlich ist" (§ 6 Abs. 1 BNatSchG). Dies bedeutet, daß unter „einfachen ökologischen Verhältnissen" oder unter „geringen Anforderungen an Umweltsicherung und Umweltschutz" immerhin Verhältnisse zu verstehen sind, die eine Landschaftsplanung erforderlich machen, weil die örtlichen Erfordernisse und Maßnahmen des Naturschutzes und der Landschaftspflege im Sinne von § 6 Abs. 2 des BNatSchG bzw. entsprechender Bestimmungen in den einzelnen Naturschutzgesetzen der Länder darzustellen sind.

3   Absatz 2 regelt, welcher Honorarzone der Landschaftsplan in Zweifelsfällen zuzurechnen ist. In solchen Fällen ist die Summe der Bewertungspunkte maßgebend. Die einzelnen Bewertungsmerkmale sind nach Maßgabe von Absatz 3 zu bewerten. Mit der Anzahl der Bewertungspunkte wird jedoch noch nicht ein Honorar innerhalb der Mindest- und Höchstsätze einer Honorarzone bestimmt. Die Anzahl der Bewertungspunkte ist bei der Vereinbarung des Honorars im Rahmen der Honorarspanne lediglich ein Kriterium, das neben mehreren anderen bei der Höhe des Honorars berücksichtigt werden kann.

4   Absatz 3 enthält die Vorschrift, mit wieviel Punkten entsprechend dem Schwierigkeitsgrad die einzelnen Bewertungsmerkmale zu bewerten sind. Zur Aufteilung ist folgende Punkteskala vorstellbar:

Schwierigkeitsgrad	gering	durchschnittlich	hoch
Honorarzone	I	II	III
Bewertungsmerkmale		Punktbewertung	
1 Topographische Verhältnisse	2	4	6
2 Flächennutzung	2	4	6
3 Landschaftsbild	2	4	6
4 Bevölkerungsdichte	2	4	6
5 Ökologische Verhältnisse	3	6	9
6 Umweltsicherung und Umweltschutz	3	6	9
Gesamtpunktzahl	bis 16	17–30	31–42

Die 4. ÄndVO hat die Gewichtung der Bewertungsmerkmale für die Einzonung verändert, indem sie die Bedeutung ökologischer Verhältnisse, der Umweltsicherung und des Umweltschutzes hervorgehoben und stärker bewertet, die Bevölkerungsdichte jedoch niedriger eingestuft hat.

§ 45 a

Leistungsbild Landschaftsplan

(1) Die Grundleistungen bei Landschaftsplänen sind in den in Absatz 2 aufgeführten Leistungsphasen 1 bis 5 zusammengefaßt. Sie sind in der nachfolgenden Tabelle in Vomhundertsätzen der Honorare des § 45b bewertet.

	Bewertung der Grundleistungen in v. H. der Honorare
1. Klären der Aufgabenstellung und Ermitteln des Leistungsumfangs Ermitteln der Voraussetzungen zur Lösung der Planungsaufgabe	1 bis 3
2. Ermitteln der Planungsgrundlagen Bestandsaufnahme, Landschaftsbewertung und zusammenfassende Darstellung	20 bis 37
3. Vorläufige Planfassung (Vorentwurf) Erarbeiten der wesentlichen Teile einer Lösung der Planungsaufgabe	50

Bewertung der
Grundleistungen in v. H.
der Honorare

4. Entwurf
Erarbeiten der endgültigen Lösung der Planungsaufgabe 10

5. Genehmigungsfähige Planfassung —

(2) Das Leistungsbild setzt sich wie folgt zusammen:

Grundleistungen	Besondere Leistungen

1. Klären der Aufgabenstellung und
   Ermitteln des Leistungsumfangs

Zusammenstellen einer Übersicht der vorgegebenen bestehenden und laufenden örtlichen und überörtlichen Planungen und
Untersuchungen

Antragsverfahren für Planungszuschüsse

Abgrenzen des Planungsgebiets

Zusammenstellen der verfügbaren Kartenunterlagen und Daten nach Umfang und
Qualität

Werten des vorhandenen Grundlagenmaterials

Ermitteln des Leistungsumfangs und der
Schwierigkeitsmerkmale

Festlegen ergänzender Fachleistungen, soweit notwendig

Ortsbesichtigungen

2. Ermitteln der Planungsgrundlagen

a) Bestandsaufnahme einschließlich voraus-
   sehbarer Veränderungen von Natur und
   Landschaft

   Einzeluntersuchungen natürlicher Grundlagen

   Einzeluntersuchungen zu spezifischen Nutzungen

   Erfassen aufgrund vorhandener Unterlagen und örtlicher Erhebungen, insbesondere

   - der größeren naturräumlichen Zusam-
     menhänge und siedlungsgeschichtli-
     chen Entwicklungen
   - des Naturhaushalts
   - der landschaftsökologischen Einheiten
   - des Landschaftsbildes
   - der Schutzgebiete und geschützten
     Landschaftsbestandteile

Grundleistungen	Besondere Leistungen

- der Erholungsgebiete und -flächen, ihrer Erschließung sowie Bedarfssituation
- von Kultur-, Bau- und Bodendenkmälern
- der Flächennutzung
- voraussichtlicher Änderungen aufgrund städtebaulicher Planungen, Fachplanungen und anderer Eingriffe in Natur und Landschaft

Erfassen von vorliegenden Äußerungen der Einwohner

b) Landschaftsbewertung nach den Zielen und Grundsätzen des Naturschutzes und der Landschaftspflege einschließlich der Erholungsvorsorge

Bewerten des Landschaftsbildes sowie der Leistungsfähigkeit des Zustands, der Faktoren und der Funktionen des Naturhaushalts, insbesondere hinsichtlich
- der Empfindlichkeit
- besonderer Flächen- und Nutzungsfunktionen
- nachteiliger Nutzungsauswirkungen
- geplanter Eingriffe in Natur und Landschaft

Feststellung von Nutzungs- und Zielkonflikten nach den Zielen und Grundsätzen von Naturschutz und Landschaftspflege

c) Zusammenfassende Darstellung der Bestandsaufnahme und der Landschaftsbewertung in Erläuterungstext und Karten

3. Vorläufige Planfassung (Vorentwurf)

Grundsätzliche Lösung der Aufgabe mit sich wesentlich unterscheidenden Lösungen nach gleichen Anforderungen und Erläuterungen in Text und Karte

a) Darlegen der Entwicklungsziele des Naturschutzes und der Landschaftspflege, insbesondere in bezug auf die Leistungsfähigkeit des Naturhaushalts, die Pflege natürlicher Ressourcen, das Landschaftsbild, die Erholungsvorsorge,

den Biotop- und Artenschutz, den
Boden-, Wasser- und Klimaschutz sowie
Minimierung von Eingriffen (und deren
Folgen) in Natur und Landschaft

b) Darlegen der im einzelnen angestrebten
Flächenfunktionen einschließlich notwendiger Nutzungsänderungen, insbesondere für
- landschaftspflegerische Sanierungsgebiete
- Flächen für landschaftspflegerische
Entwicklungsmaßnahmen
- Freiräume einschließlich Sport-, Spiel-
und Erholungsflächen
- Vorrangflächen und -objekte des
Naturschutzes und der Landschaftspflege, Flächen für Kultur-, Bau- und
Bodendenkmäler, für besonders
schutzwürdige Biotope oder Ökosysteme sowie für Erholungsvorsorge
- Flächen für landschaftspflegerische
Maßnahmen in Verbindung mit sonstigen Nutzungen, Flächen für Ausgleichs-
und Ersatzmaßnahmen in bezug auf die
oben genannten Eingriffe

c) Vorschläge für Inhalte, die für die Übernahme in andere Planungen, insbesondere in die Bauleitplanung, geeignet sind

d) Hinweise auf landschaftliche Folgeplanungen und -maßnahmen sowie kommunale Förderungsprogramme

Beteiligung an der Mitwirkung von Verbänden nach § 29 des Bundesnaturschutzgesetzes

Berücksichtigen von Fachplanungen

Mitwirken an der Abstimmung des Vorentwurfs mit der für Naturschutz und
Landschaftspflege zuständigen Behörde

Abstimmen des Vorentwurfs mit dem
Auftraggeber

4. Entwurf

Darstellen des Landschaftsplans in der vorgeschriebenen Fassung in Text und Karte
mit Erläuterungsbericht

5. Genehmigungsfähige Planfassung

(3) Das Honorar für die genehmigungsfähige Planfassung kann als Pauschalhonorar frei vereinbart werden. Wird ein Pauschalhonorar nicht bei Auftragserteilung schriftlich vereinbart, so ist das Honorar als Zeithonorar nach § 6 zu berechnen.

(4) Wird die Anfertigung der Vorläufigen Planfassung (Leistungsphase 3) als Einzelleistung in Auftrag gegeben, so können hierfür bis zu 60 vom Hundert der Honorare nach § 45 b vereinbart werden.

(5) Sofern nicht vor Erbringung der Grundleistungen etwas anderes schriftlich vereinbart ist, sind die Leistungsphase 1 mit 1 vom Hundert und die Leistungsphase 2 mit 20 vom Hundert der Honorare nach § 45 b zu bewerten.

(6) Die Vertragsparteien können bei Auftragserteilung schriftlich vereinbaren, daß die Leistungsphase 2 abweichend von Absatz 1 mit mehr als bis 37 bis zu 60 v. H. bewertet wird, wenn in dieser Leistungsphase ein überdurchschnittlicher Aufwand für das Ermitteln der Planungsgrundlagen erforderlich wird. Ein überdurchschnittlicher Aufwand liegt vor, wenn

1. die Daten aus vorhandenen Unterlagen im einzelnen ermittelt und aufbereitet werden müssen oder

2. örtliche Erhebungen erforderlich werden, die nicht überwiegend der Kontrolle der aus Unterlagen erhobenen Daten dienen.

(7) Die Teilnahme an bis zu 6 Sitzungen von politischen Gremien des Auftraggebers oder Sitzungen im Rahmen der Bürgerbeteiligungen, die bei Leistungen nach Absatz 2 anfallen, ist als Grundleistung mit dem Honorar nach § 45 b abgegolten.

Sind die Flächen des Planungsgebietes für eine Zuordnung in § 45 b Abs. 1 **1** sowie die Honorarzone des Objekts (§ 45 Abs. 1) und die Von-bis-Sätze aus der Honorartafel des § 45 b ermittelt, so ist nach § 45 a Abs. 1 der Vomhundertsatz zu bestimmen, aus dem sich das Honorar nach der Honorartafel berechnen läßt. Ebenso wie die §§ 15 und 37 enthält § 45 a die Beschreibung des Leistungsbildes. Die Leistungen werden aufgegliedert in fünf Leistungsphasen, von denen die Leistungsphasen I–IV jeweils mit einem bestimmten Vomhundertsatz aus der Gesamtleistung bewertet werden. Die Leistungsphase V bleibt hiervon ausgenommen, sie wird gemäß § 45 a Abs. 3 bewertet. In den einzelnen Leistungsphasen ist unterschieden zwischen Grundleistungen und Besonderen Leistungen. Es handelt sich um Besondere Leistungen im Sinne der §§ 2, 5. Die Aufzählung der Besonderen Leistungen ist damit nicht abschließend; es können andere Besondere Leistungen hinzukommen. Nach § 3 Abs. 3 Satz 3 können auch weitere Besondere Leistungen aus anderen Leistungsbildern (soweit nicht Grundleistungen der landschaftsplanerischen Leistung) hinzukommen. So insbesondere:

– Ausarbeiten eines Leistungskatalogs
– Stellungnahme zu Einzelvorhaben während der Planaufstellung
– Mitwirken bei der Ermittlung der Fördermöglichkeiten durch öffentliche Mittel

- Antragsverfahren für Planungszuschüsse
- Aufstellen eines Zeit- und Organisationsplans
- Stellungnahmen zu Einzelvorhaben während der Planaufstellung
- Modelle
- geodätische Feldarbeit/Einmessung
- kartentechnische Ergänzungen
- Erstellen von pausfähigen Bestandskarten
- Erarbeiten einer Planungsgrundlage aus unterschiedlichem Kartenmaterial
- Aktualisierung der Plangrundlagen
- Auswerten von Luftaufnahmen
- Landschaftsbildanalyse/Stadtbildanalyse
- Einzeluntersuchungen natürlicher Grundlagen
- Einzeluntersuchungen zu spezifischen Nutzungen
- Einzeluntersuchungen zur Vorbelastung
- Einzeluntersuchungen zu sozioökonomischen Fragestellungen
- Prognosen
- Ausbreitungsberechnungen
- Beweissicherung
- Erstellen zusätzlicher Hilfsmittel der Darstellung, z. B. Fotomontagen, Videoaufnahmen des Bestands
- Detailaussagen in besonderen Maßstäben
- Mitwirken an der Öffentlichkeitsarbeit des Auftraggebers einschließlich Mitwirken an Informationsschriften und öffentlichen Diskussionen
- Anfertigen von Beiplänen, z. B. Grundbesitzkarten
- Wesentliche Änderungen und Neubearbeitung des Entwurfs, insbesondere nach Bedenken und Anregungen
- Leistungen für die Drucklegung
- Herstellen von zusätzlichen farbigen Ausfertigungen
- Überarbeitung von Planzeichen und des Erläuterungsberichts nach der Genehmigung

Erbringt der Auftragnehmer vereinbarungsgemäß nur einzelne Leistungsphasen oder nicht alle Grundleistungen aus den Leistungsphasen, so steht ihm nur ein Teilhonorar zu (vgl. § 5 Abs. 1–3 und die dortige Kommentierung). Hiervon zu unterscheiden ist die Frage der Honorierung in denjenigen Fällen, in denen einzelne Teilleistungen entgegen der vertraglichen Vereinbarung nicht oder mangelhaft erbracht werden (vgl. hierzu § 5 Rdn. 4 und 5).

2   Absatz 1 enthält eine Bewertung der einzelnen Leistungen in Vomhundertsätzen der Honorare nach § 45 b. Zum Unterschied zu § 15, jedoch ebenso wie in §§ 37 und 40, ist für die Leistungsphasen 1 und 2 kein fester Vomhundertsatz genannt, sondern sind Von-bis-Sätze festgelegt. Aus Absatz 5 ergibt sich, daß auch diese Von-bis-Sätze als Mindest- und Höchstsätze anzusehen sind. Die Gliederung in 5 Leistungsphasen entspricht den tatsächlich zu leistenden Arbeitsabschnitten. Die Bewertung der einzelnen Leistungsphasen basiert auf der langjährigen Erfahrung der Landschaftsarchitekten bei der Landschaftsplanung. Dabei wurde deutlich, daß die beiden ersten Leistungsphasen einen sehr unterschiedlichen Leistungsumfang annehmen können. Während in einzelnen Gemeinden, insbesondere in den verdichteten Räumen und in größeren Städten, die Aufgabenstellung des Landschaftsplanes vielfach schon weitgehend geklärt sein kann, bestehen oft in kleineren Gemeinden bzw. im ländlichen Raum unklare Vorstellungen über die vielfältigen Aufgaben der Landschaftsplanung, im Rahmen derer alle Fachplanungen und übergeordneten Zielsetzungen koordiniert werden müssen. Dadurch kann der Leistungsaufwand der Leistungsphase I unterschiedlich groß sein und muß entsprechend dem Von-bis-Satz eingestuft werden. Der Honorarrahmen von Leistungsphase 2 wird in der Regel dann voll auszuschöpfen sein, wenn der Landschaftsplan als Grundlage für den Flächennutzungsplan oder als eigenständiger Plan neu oder erstmals erstellt wird. Eine geringere Bewertung als mit 37 v. H. des Honorars kann in Frage kommen, wenn

– aufgrund von vorliegenden Daten und Informationen wesentliche Teile der Bestandsaufnahme in aktueller und planungsverwendbarer Form und Qualität zur Verfügung stehen,
– EDV-Leistungen die Bestandsaufnahme wesentlich vereinfachen und deren Kosten als Nebenkosten abgerechnet werden.

Für die Leistungsphase 2 wird eine Bewertung zwischen 20 und 37 v. H. dann eine Rolle spielen, wenn es um die Fortschreibung des Landschaftsplanes geht. Bei einer solchen Fortschreibung oder bei Vorliegen wesentlicher Teile der Bestandsaufnahme ist die Aktualisierung oder Vervollständigung der Bestandsaufnahme mit mindestens 20 v. H. der Gesamtleistung zu veranschlagen. Ohne ausdrückliche Vereinbarung ist für die Leistungsphasen 1 und 2 der Von-Satz der Honorarspanne zugrunde zu legen (§ 45 a Abs. 5).

Absatz 2 enthält eine detaillierte Beschreibung des Leistungsbildes und der **3**
Teilleistungen in den einzelnen Leistungsphasen. Obwohl § 45 a ebensowenig wie §§ 15 und 37 unmittelbare Leistungspflichten begründen kann, wird sich die Rechtsprechung bei der Frage des Inhalts des Leistungsumfangs an dem Leistungsbild des § 45 a orientieren. Zur ordnungsgemäßen Erbringung der Leistungen des Auftragnehmers gehört es, daß dieser die Teil- bzw. Grundleistungen nach § 45 a mangelfrei erfüllt. Die Auflistung der Leistungen in Absatz 2 hat demnach auch für die Frage der Haftung des Auftragnehmers erhebliche Bedeutung.

Leistungsphase 1 Klären der Aufgabenstellung **4**
und Ermitteln des Leistungsumfangs

Als erste Grundleistung nennt die Leistungsphase 1 das **Zusammenstellen einer Übersicht der vorgegebenen bestehenden und laufenden örtlichen und überörtlichen Planungen und Untersuchungen.** Hierzu gehören die Fach- und Raumplanungen sowie die entsprechenden Fach- und Raumuntersuchungen, soweit sie für den Landschaftsplan von Bedeutung sind und dem Auftragnehmer vom Auftraggeber selbst oder mit seiner Hilfe zur Verfügung gestellt werden. Diese Grundleistung sowie das **Abgrenzen des Planungsgebiets** kann vom Landschaftsarchitekten als Auftragnehmer nicht selbständig, sondern nur mit Hilfe des Auftraggebers erbracht werden. Gleiches gilt auch für das **Zusammenstellen der verfügbaren Kartenunterlagen und Daten.**

Als Kartenmaterial kommen in Frage: topographische Karten und Pläne, Luftbilder und Luftbildpläne, Bodenkarten, Karten über Erosionsschäden, hydrologische Karten, Übersichten über die Bodennutzung und Übersichten über die Besitzverhältnisse, Verkehrslinien, Verkehrsdichte oder Landschaftspflegebereiche. Als Datenmaterial kommen in Frage: Flächenstatistiken, Bewohner- und Verkehrsstatistiken sowie von den Fachbehörden erfaßte Datenbänke und Statistiken in Form von Tabellenwerken, EDV-Daten. Das **vorhandene Grundlagenmaterial** soll entsprechend seiner Bedeutung und Aussagekraft für landschaftsplanerische Zwecke geprüft und gewertet werden. Nach dieser Zusammenstellung des greifbaren Materials obliegt dem Auftragnehmer das **Ermitteln des Leistungsumfangs und der Schwierigkeitsmerkmale.** Die Erstellung eines Leistungskatalogs hingegen gehört nach wie vor zu den Besonderen Leistungen (vgl. hierzu § 37 Flächennutzungsplan). Nach diesen ersten Erhebungen und deren Durchsicht muß der Auftragnehmer etwa **notwendige ergänzende Fachleistungen festlegen.** Derartige Fachleistungen können sein: geologische, hydrologische, bodenkundliche, vegetationskundliche, pflanzensoziologische, klimatische, faunistische, land- und forstwirtschaftliche, wasserwirtschaftliche und andere fachliche Untersuchungen und Planungen. Spätestens im Zusammenhang mit dieser Festlegung, aber im allgemeinen sicherlich auch als Vorgabe für die anderen aufgezählten Grundleistungen, ist eine **Ortsbesichtigung** unabdingbar. Nur unter dem Eindruck der Örtlichkeit ist eine fachkundige Klärung der Aufgabenstellung möglich. Bei den **Besonderen Leistungen** ist das Antragsverfahren für Planungszuschüsse besonders erwähnt. Aufgrund der täglichen Konfrontation mit bauleitplanerischen Belangen ist der Auftragnehmer oft über Zuschußbelange der Planungen besser informiert als der erstmalig mit der Landschaftsplanung konfrontierte Auftraggeber. Insofern ist es oft naheliegend und sinnvoll, den Auftragnehmer mit den Leistungen zum Antragsverfahren für Planungszuschüsse zu betrauen. Zu weiteren Besonderen Leistungen siehe die Kommentierung in § 45 a Rdn. 1.

5   **Leistungsphase 2   Ermitteln der Planungsgrundlagen**

Der Landschaftsplan erstrebt den Ausgleich zwischen dem biologisch-ökologischen Potential der freien und besiedelten Landschaft und den örtlichen, meist flächenmäßigen Ansprüchen der Gesellschaft. Um für einen derartigen Ausgleich zwischen dem natürlichen Leistungsvermögen der Umwelt und den konkurrierenden Flächenansprüchen optimale Planungsvorschläge erarbeiten zu können, ist eine umfassende **Bestandsaufnahme** der Naturgüter, wie Gestein, Boden, Wasser, Luft, Klima, Tier- und Pflanzenwelt sowie eine zusammenfassende Bewertung und Darstellung erforderlich. Dies ist auch in den Naturschutzgesetzen der Länder mit den Begriffen Landschaftsanalyse und Landschaftsdiagnose erfaßt. Diese **Bestandsaufnahme, Landschaftsbewertung** und die **zusammenfassende Darstellung** stehen bislang nur in wenigen Planungsbereichen zur Verfügung. Vielfach liegen jedoch Teilbereiche der erforderlichen Planungsgrundlage bei den im Baugesetzbuch genannten Trägern öffentlicher Belange (§ 4 BauGB) bereits vor bzw. stehen kurz vor der Fertigstellung und können von dort bezogen werden.

Die Bestandsaufnahme erstreckt sich auf das Zusammentragen der Planungs- **6** grundlagen und deren für ihre Eignung erforderliche Kontrolle und Ergänzung im Gelände sowie die Auswertung und zusammenfassende Darstellung des zur Verfügung gestellten Grundlagenmaterials. Diese Erfassung vorhandener Unterlagen und örtlicher Erhebungen umfaßt insbesondere die:

1. der größeren naturräumlichen Zusammenhänge und siedlungsgeschichtlichen Entwicklungen. Hierunter werden zusammenhängende Landschaftselemente sowie planungsrelevante Besiedlungsschritte der Landschaft festgehalten (so z.B. ehemalige Gewässerlinien, trockengelegte Altarme von Flüssen, alte, offengelassene Industriestandorte und Bauflächen, Bereiche mit Landschaftseinwirkungen durch historisch belegten Untertagebau).

2. des Naturhaushalts.
Er ist als Wirkungsgefüge der Naturfaktoren, der Strukturen und Zusammenhänge von natürlichen bzw. naturnahen und anthropogenen Ökosystemen zu verstehen. Zu den Naturfaktoren zählen die abiotischen Faktoren, wie geologische Gegebenheiten, Boden, Klima oder Wasser, und die biotischen, wie Pflanzen- (potentielle natürliche sowie reale Vegetation) und Tierwelt.

3. der landschaftsökologischen Einheiten.
Hier sind Bereiche erfaßt, die aufgrund ihrer spezifischen Ausprägung als ökologische Einheit zu verstehen sind, so z.B. Auenwälder, Feuchtgebiete, Heiden, Felsfluren.

4. des Landschaftsbildes, also der Ausprägung des landschaftlichen Erscheinungsbildes.

5. der Schutzgebiete und geschützten Landschaftsbestandteile gemäß dem Bundesnaturschutzgesetz und den Landschaftsgesetzen der Länder.

6. der Erholungsgebiete und -flächen, ihrer Erschließung sowie Bedarfssituation. Hierzu gehören zum einen die aufgrund kommunaler Entwicklung ausgewiesenen Flächen für Freizeit und Erholung als auch überregionale Gebietszusammenschlüsse, wie Naturparks usw.

7. der Kultur-, Bau- und Bodendenkmäler.
Nach § 2 Nr. 13 Bundesnaturschutzgesetz ist auch die Umgebung geschützter und schützenswerter Kultur-, Bau- und Bodendenkmäler, sofern dies für die Erhaltung der Eigenart oder Schönheit des Denkmals erforderlich ist, zu erhalten.

8. der Flächennutzung innerhalb des Planungsbereiches.

Hierzu gehören die Erfassung landbaulicher Nutzungen, wie landwirtschaftliche bzw. forstwirtschaftliche Flächen, sowie Obst- und Weinanbaugebiete, öffentliche Grünflächen, wie Sportanlagen, Freibäder, Kleingärten, Friedhöfe, Campingplätze usw., sowie sonstige Flächennutzungen, wie Verkehrsflächen und Bauflächen.

9. voraussichtlichen Änderungen aufgrund städtebaulicher Planungen, Fachplanungen und anderer Eingriffe in Natur und Landschaft. Soweit planerische Aussagen aus diesen Bereichen in der Entstehung oder vorhanden sind, ist der Ansatz für voraussichtliche Änderungen gegeben, deren Eingriffe in Natur und Landschaft im Zuge landschaftsplanerischer Arbeit erfaßt und bewertet werden muß.

7 Auch die **Erfassung von vorliegenden Äußerungen der Einwohner** als letzte Grundleistung der Bestandsaufnahme bezieht sich grundsätzlich auf bereits vorhandene Unterlagen und Erhebungen. Soweit solche Daten und Unterlagen nicht vorliegen und vom Auftragnehmer als Einzeluntersuchungen der natürlichen Grundlagen oder spezifischen Nutzungen beschafft oder aufgestellt werden sollen, können diese Leistungen als Besondere Leistungen abgerechnet werden. Der wesentlichste Teil der Leistung des Auftragnehmers in dieser Leistungsphase besteht daher in der Überprüfung der Übereinstimmung zwischen vorhandenen, von seiten des Auftraggebers oder Dritter übergebenen Unterlagen und Daten und der örtlichen Wirklichkeit.

8 Die **Landschaftsbewertung** als darauffolgender Teil der Leistungsphase 2 zieht aus den zusammengetragenen ökologischen Planungsgrundlagen die fachlichen Ergebnisse zusammen.

Die Bewertung bezieht sich auf:

1. die Empfindlichkeit der Landschaft. Hierbei wird herausgearbeitet, welche Stabilität bzw. Belastbarkeit den vorhandenen Naturfaktoren des Bereiches zukommt und welcher Grad der Belastung bereits erreicht ist.

2. die besonderen Flächen- und Nutzungsfunktionen. Hierzu zählen insbesondere Natur-, Biotop-, Boden-, Klima- und Wasserschutz sowie Erholungsvorsorge.

3. nachteilige Nutzungsauswirkungen. Hierzu gehören Gebiete, die aufgrund vorhandener oder früherer Nutzungen nachteilige Auswirkungen erkennen lassen oder solche Auswirkungen absehbar sind.

4. geplante Eingriffe in Natur und Landschaft. Mit der Erkenntnis aus der Bestandsaufnahme werden die Dimension und Folgewirkung vorhandener Fachplanungen, die Eingriffe in die Natur und Landschaft mit sich bringen, erkennbar.

9 Die **Feststellung von Nutzungs- und Zielkonflikten** nach den Zielen und Grundsätzen von Naturschutz und Landschaftspflege ist wesentlicher Leistungsinhalt und zusammenfassendes Ereignis dieser Leistungsphase. Alle Grundleistungen dieser Leistungsphase werden als Ergebnis in Text und Karte zusammenfassend dargestellt.

Leistungsphase 3   Vorläufige Planfassung (Vorentwurf)   10

Die Leistungsphase 3 enthält den größten Arbeitsaufwand des Landschaftsplans. Dem entspricht die Bewertung der Leistungsphase 3 mit 50 v. H. Der Vorentwurf besteht im allgemeinen aus einer vereinfachten, meist nicht pausfähigen farbigen Darstellung und einem stichwortartigen Textteil. Er enthält flächendekkende und punktuelle Maßnahmen als Konkretisierung landschaftsplanerischer Lösungsvorschläge aufgrund der Bestandsaufnahme und Bewertung. Mit der Neuformulierung dieser Leistungsphase im Zuge der 3. ÄndVO wurde festgelegt, daß eine grundsätzliche Lösung der Aufgabe im Sinne der Entwicklung und Abwägung planerischer Alternativen – sich wesentlich unterscheidender Lösungen nach gleichen Anforderungen – gesucht werden muß. Dies kann jedoch nicht heißen, daß vom Auftragnehmer mehrere alternative Vorentwürfe in Text und Karte erarbeitet werden müssen, sondern verlangt, daß jede getroffene Teillösung aus der Abwägung sich wesentlich unterscheidender Lösungen gezogen wird. Wichtig ist hierbei, daß dieser planerische Entscheidungsprozeß, der grundätzliches Element jeder Planung ist, für Außenstehende transparent und verständlich wird. Mehrere alternative Vorentwürfe sind hierunter jedoch nicht zu verstehen, da vom Auftragnehmer die grundsätzliche Lösung der Aufgabe im Sinne einer planerischen Entscheidung gefordert wird.

Die Darlegung der **Entwicklungsziele des Naturschutzes** und der **Landschafts**   11
pflege als Basis der getroffenen planerischen Entscheidungen werden hierbei vorangestellt. Hierdurch wird für den Außenstehenden der Zusammenhang zwischen vorgefundenem Bestand und dessen Leistungsfähigkeit und der geplanten Entwicklungsziele erkennbar und verständlich.

Mit dem **Darlegen der im einzelnen angestrebten Flächenfunktionen** sowie not   12
wendiger Nutzungsänderungen wird deutlich, daß sich die vorläufige Planfassung nicht ausschließlich an den Gegebenheiten orientiert, sondern auch die planungsveranlassenden bzw. im Zuge der Erfassung absehbaren Änderungen aufgrund städtebaulicher Planungen, Fachplanungen und anderer Einrichtungen in Natur und Landschaft umfaßt, die Änderungen des Landschaftsbildes und der Landschaftsnutzung mit sich bringen. Hierbei handelt es sich insbesondere um:

1. landschaftspflegerische Sanierungsgebiete. Dies sind Gebiete, die Landschaftsschäden aufweisen und in denen daher Maßnahmen zur Beseitigung oder zum Ausgleich von Beeinträchtigungen von Natur und Landschaft oder zum Schutz des Bodens durchzuführen sind.

2. Flächen für landschaftspflegerische Entwicklungsmaßnahmen. Sie dienen der Förderung heimischer Tier- und Pflanzenarten oder zur Erschließung und Gestaltung der Erholung.

3. Freiräume einschließlich Sport-, Spiel- und Erholungsflächen. Hierunter fallen auch öffentliche Grünflächen, wie Freibäder, Friedhöfe, Campingplätze und andere öffentliche Grünflächen.

4. Vorrangflächen und -objekte des Naturschutzes und der Landschaftspflege, Flächen für Kultur-, Bau- und Bodendenkmäler, für besonders schutzwür-

dige Biotope oder Ökosysteme sowie für Erholungsvorsorge. Hierzu gehören unter anderem die Natur- und Landschaftsschutzgebiete, die Umgebungen geschützter und schützenswerter Kultur-, Bau- und Bodendenkmäler, Ensemble mit solchen, schutzwürdige Teilbereiche der Landschaft mit hoher ökologischer Bedeutung, wie Feuchtgebiete, wertvolle pflanzensoziologische Gemeinschaften, Standorte mit geschützten Pflanzen, Alleen, landschaftstypische Uferpartien, Felsabhänge.

5. Flächen für landschaftspflegerische Maßnahmen in Verbindung mit sonstigen Nutzungen und Flächen für Ausgleichs- und Ersatzmaßnahmen in bezug auf die obengenannten Eingriffe. Hier sind alle Flächen sicherzustellen, die aufgrund von Eingriffen in den Naturhaushalt oder das Landschaftsbild, wie sie mit Nutzungen aller Art, z. B. in Wohn- und Kerngebieten, Gewerbe- und Industriegebieten, Verkehrsflächen, Abbau- und Ablagerungsflächen sowie auf land-, forst- und wasserwirtschaftlichen Nutzungsflächen vorkommen.

13 Diese Grundleistung der vorläufigen Planfassung beschränkt sich nicht auf zeichnerische und textliche Darstellung solcher Flächen, sondern schließt die Übernahme und Einarbeitung der Ziele und Entwicklungsbereiche übergeordneter Überlegungen, wie Gemeinde- bzw. Stadtentwicklung, Klimaverbindungen, Grün- bzw. Freiflächensysteme, struktureller Übergang vom Baugebiet zum Umland, Schutz vor Immissionen, mit ein. Die Erarbeitung dieser übergeordneten Überlegungen gehört nicht zu den Grund-, sondern zu den Besonderen Leistungen. Der zu erstellende Textteil zeigt alle im Planteil dargestellten Maßnahmen und begründet diese. Soweit im Zuge dieser Leistungsphase erkennbar wird, daß planerische Aussagen inhaltlich so einzustufen sind, daß eine Übernahme in andere Planungen, insbesondere in die Bauleitplanung, naheliegend erscheint, hat der Auftragnehmer entsprechende Vorschläge vorzulegen. Er hat diese Vorschläge so darzustellen, daß sie in die anderen Planungen aufgenommen werden können; die Planzeichen der Bauleitplanung (PlanzV 1990) sowie weitere spezielle Planzeichen, die sinngemäß aus den vorgegebenen Planzeichnungen entwickelt worden sind, sind zu beachten. Nachdem mit der Genehmigung eines Landschaftsplanes ein breites Spektrum daraus ableitbarer Folgen auf den Auftraggeber zukommt, ist der Auftragnehmer gehalten, auf diese landschaftlichen Folgeplanungen und -maßnahmen entsprechend hinzuweisen. Vor allem die aus landschaftsplanerischer Sicht erforderlich erscheinende Vertiefung und detailliertere Untersuchung von Teilbereichen (etwa in Form des Grünordnungsplanes) sowie das Erfordernis landschaftspflegerischer Begleitpläne, Pflege- und Entwicklungspläne, Regelungen von Duldungs- und Pflegepflichten, bodenordnende oder enteignende Maßnahmen oder für Landschaftsteile, die unter Schutz zu stellen sind, werden hier in Form eines Hinweises dokumentiert.

14 Soweit landschaftsplanerische Ziele mit dem Instrument der Subventionierung bzw. Förderung durch die Kommune erreicht werden können, ist hier vom Auftragnehmer auf die Aufstellung eines oder mehrerer Förderprogramme hinzuweisen. Hierzu gehört ebenfalls der Hinweis auf bestehende staatliche

Förderprogramme, z. B. Flächenstillegungsprogramm usw. Weitere Grundleistung ist die Beteiligung an der Mitwirkung von Verbänden nach § 29 BNatSchG. Der Auftragnehmer ist hierbei am Mitwirkungsverfahren zu beteiligen, hat jedoch nicht in alleiniger Verantwortung, sondern in Abstimmung und unter Federführung des Auftraggebers zu handeln. Alle im Planungsbereich vorliegenden und in der Entstehung befindlichen Fachplanungen sind bei der vorläufigen Planfassung zu berücksichtigen. Nach der Abstimmung des Vorentwurfs mit der für Naturschutz und Landschaftspflege zuständigen Behörde (in der Regel höhere und untere Naturschutzbehörden), bei der der Auftragnehmer mitzuwirken hat, und der Abstimmung des Vorentwurfs mit dem Auftraggeber ist die Leistungsphase 4 abgeschlossen. Eine Abstimmung mit sonstigen Behörden oder den übrigen Trägern öffentlicher Belange ist nicht vorgesehen; soweit der Auftragnehmer hier Leistungen erbringt, handelt es sich um Besondere Leistungen. Auch in der Leistungsphase 3 werden nur wenige Leistungen als Besondere Leistungen im Leistungsbild erwähnt. Zu weiteren Besonderen Leistungen siehe die Kommentierung in § 45 a Rdn. 1.

Leistungsphase 4   Entwurf   15

Mit dem Entwurf bringt der Auftragnehmer den Vorentwurf in die mit dem Auftraggeber abgestimmte Form. Einige Grundleistungen der Leistungsphase 4 entsprechen Grundleistungen der Leistungsphase 4 der Flächennutzungsplanung § 37 Abs. 2; siehe hierzu die dortige Kommentierung. Im Vergleich wird deutlich, daß beim Landschaftsplan die Mitwirkung bei der Abfassung von Stellungnahmen der Gemeinde zu Bedenken und Anregungen nicht zu den Grundleistungen dieser Leistungsphase gehört. Ebenso ist festzustellen, daß ein erneutes Abstimmen des Entwurfes mit dem Auftraggeber nicht mehr für erforderlich angesehen wird, zumal der Vorentwurf bereits diese Abstimmung erfahren hat. Die Leistungsphase 4 stellt demnach eine abschließende Planungsstufe dar, die als Zusammenfassung und Ergebnis der vorhergehenden Leistungen verstanden wird (Reinfassung). Eine erneute weitere Änderung oder Korrektur von Aussagen in Text und Karte der fertiggestellten Leistungsphase 4 kann nicht mehr als Grundleistung angesehen werden. Der Entwurf ist nur dann die letzte gültige Planfassung, wenn der Landschaftsplan als Fachplan (Gutachten) erstellt wird. Soll dieser Fachplan Verbindlichkeit erlangen und daher als eigenständiger Plan oder als Bestandteil eines sogenannten Gesamtplanes (Flächennutzungsplan) einem förmlichen Verfahren unterzogen werden, wird nach der Leistungsphase 4 die Leistungsphase 5 „Genehmigungsfähige Planfassung" erforderlich.

Leistungsphase 5   Genehmigungsfähige Planfassung   16

Die genehmigungsfähige Planfassung wird im Leistungsbild aufgrund unterschiedlicher Landesregelungen nicht weitergehend beschrieben. Auftraggeber und Auftragnehmer sind hier verpflichtet, im Zuge der Vertragsvereinbarungen eine entsprechende Konkretisierung herbeizuführen. Es ist jedoch eine Nähe zu den Grundleistungen und Besonderen Leistungen des § 37 Abs. 2 gegeben, so daß auch auf die dortige Kommentierung verwiesen werden kann.

17   Absatz 3: Die genehmigungsfähige Planfassung ist für solche Landschaftspläne erforderlich, die Rechtscharakter bekommen sollen. Nachdem in den einzelnen Bundesländern keine einheitlichen Regelungen bestehen, wurde diese Grundleistung in ihrer Honorarhöhe nicht festgelegt. Statt dessen kann hier ein Pauschalhonorar vereinbart werden. Soweit dies nicht bei Auftragserteilung schriftlich vereinbart wird, kann dieser Leistungsumfang nur noch als Zeithonorar nach § 6 abgerechnet werden.

18   Die Regelung in Absatz 4 entspricht derjenigen des § 19 für die Objektplanung und ermöglicht dem Auftragnehmer, einen erhöhten Satz bis zu 60 v. H. der Honorare zu vereinbaren. Unter Vereinbarung ist gemäß § 4 Abs. 1 und 4 eine schriftliche Vereinbarung zu verstehen. Diese Vereinbarung muß bei Auftragserteilung getroffen werden (vgl. im einzelnen § 4 Rdn. 26 und 34 ff.).

19   Absatz 5 regelt die Anwendung der Von-Sätze der Bewertung der Leistungsphasen 1 und 2, soweit keine andere Honorarsatzerhöhung schriftlich vereinbart worden ist. Allerdings wird hier nicht abgestellt auf den Zeitpunkt „bei Auftragserteilung", sondern insofern erleichtert auf „vor Erbringung der Grundleistungen".

20   Als Abs. 6 wurde in § 45a eine Regelung eingefügt, wonach die Parteien bei der Auftragserteilung schriftlich vereinbaren können, daß die Leistungsphase 2, abweichend von Abs. 1, mit mehr als 37–60 v. H. bewertet wird, sofern in dieser Leistungsphase ein überdurchschnittlicher Aufwand für das Ermitteln der Planungsgrundlagen erforderlich wird. Ein solcher überdurchschnittlicher Aufwand liegt vor, wenn die Daten aus vorhandenen Unterlagen im einzelnen ermittelt und aufbereitet werden müssen oder örtliche Erhebungen erforderlich werden, die nicht überwiegend der Kontrolle der aus Unterlagen erhobenen Daten dienen.

21   § 45a Abs. 7 betrifft die Honorare für Teilnahme an Sitzungen von politischen Gremien des Auftraggebers oder Sitzungen im Rahmen der Bürgerbeteiligungen, die im Rahmen der zu erbringenden Leistungen nach Abs. 2 anfallen (vgl. i. e. § 37 Rdn. 27). Eine gegen Abs. 7 verstoßende Vereinbarung ist unwirksam. Hierdurch kann der Höchstpreischarakter der HOAI verletzt werden. Ein besonderes Honorar kommt in Frage, wenn der Auftragnehmer an mehr als den in Abs. 7 genannten Sitzungen oder an anderen, nicht in Abs. 7 festgeschriebenen Sitzungen teilnehmen muß. Die Meinung, daß unter „Sitzung" auch jede Veranstaltung zu verstehen sei, an der der Auftragnehmer teilnimmt und die jeweils nicht länger als einen Tag dauert, ist mit dem Wortlaut des Abs. 7 nicht vereinbar (so aber Jochem § 45a Rdn. 26). Bei dieser Auslegung könnte, insbesondere bei kleinen Landschaftsplänen, bis zur Hälfte des Vollhonorars für Sitzungen gebunden sein. Die Regelung des § 45a Abs. 7 ist auch gültig, wenn nur Teile der Grundleistungen beauftragt werden (a. A.: Jochem § 45a Rdn. 26). In solchen Fällen kann mit der Vereinbarung des reduzierten Leistungsumfangs auch eine Reduzierung der mit dem Honorar abgegoltenen Sitzungen vereinbart werden.

§ 45b
Honorartafel für Grundleistungen bei Landschaftsplänen

(1) Die Mindest- und Höchstsätze der Honorare für die in § 45a aufgeführten Grundleistungen bei Landschaftsplänen sind in der nachfolgenden Honorartafel festgesetzt.

Honorartafel zu § 45b Abs. 1

Fläche	Zone I		Zone II		Zone III	
	von	bis	von	bis	von	bis
ha	DM		DM		DM	
1 000	22 460	26 950	26 950	31 450	31 450	35 940
1 300	27 240	32 690	32 690	38 140	38 140	43 590
1 600	32 460	38 950	38 950	45 430	45 430	51 920
1 900	36 920	44 310	44 310	51 690	51 690	59 080
2 200	41 080	49 300	49 300	57 510	57 510	65 730
2 500	44 920	53 900	53 900	62 890	62 890	71 870
3 000	50 840	61 010	61 010	71 170	71 170	81 340
3 500	56 510	67 810	67 810	79 110	79 110	90 410
4 000	61 940	74 330	74 330	86 720	86 720	99 110
4 500	67 140	80 570	80 570	93 990	93 990	107 420
5 000	72 100	86 520	86 520	100 930	100 930	115 350
5 500	76 800	92 160	92 160	107 520	107 520	122 880
6 000	81 280	97 540	97 540	113 790	113 790	130 050
6 500	85 520	102 630	102 630	119 730	119 730	136 840
7 000	89 530	107 430	107 430	125 330	125 330	143 230
7 500	93 360	112 030	112 030	130 700	130 700	149 370
8 000	97 030	116 440	116 440	135 840	135 840	155 250
8 500	100 550	120 660	120 660	140 770	140 770	160 880
9 000	103 910	124 690	124 690	145 460	145 460	166 240
9 500	107 100	128 520	128 520	149 940	149 940	171 360
10 000	110 140	132 170	132 170	154 190	154 190	176 220
11 000	115 890	139 070	139 070	162 250	162 250	185 430
12 000	121 500	145 790	145 790	170 090	170 090	194 380
13 000	126 920	152 310	152 310	177 690	177 690	203 080
14 000	132 200	158 640	158 640	185 080	185 080	211 520
15 000	137 310	164 770	164 770	192 240	192 240	219 700

(2) Die Honorare sind nach der Gesamtfläche des Plangebiets in Hektar zu berechnen.

(3) Das Honorar für Grundleistungen bei Landschaftsplänen mit einer Gesamtfläche des Plangebiets in Hektar unter 1000 ha kann als Pauschalhonorar oder als Zeithonorar nach § 6 berechnet werden, höchstens jedoch bis zu den in der Honorartafel nach Absatz 1 für Flächen von 1000 ha festgesetzten Höchstsätzen. Als Mindestsätze gelten die Stundensätze nach § 6 Abs. 2, höchstens jedoch die in der Honorartafel nach Absatz 1 für Flächen von 1000 ha festgesetzten Mindestsätze.

(4) Das Honorar für Landschaftspläne mit einer Gesamtfläche des Plangebiets über 15 000 ha kann frei vereinbart werden. Wird ein Honorar nicht bei Auftragserteilung schriftlich vereinbart, so ist das Honorar als Zeithonorar nach § 6 zu berechnen.

1 Die 4. ÄndVO hat die Honorartafel für Grundleistungen bei Landschaftsplänen neu gefaßt. Die Tabellenhöchstwerte wurden von 30 000 ha auf 15 000 ha reduziert. Mit diesen Änderungen werden die Möglichkeiten zur freien Vereinbarung eines Honorars erweitert. In Absatz 4 ist die Änderung in Satz 1 eine Folge der Neufassung der Honorartafel in Absatz 1. Satz 2 hat, um die Regelungsproblematik bei Überschreiten der Flächenhöchstwerte der Honorartafel nicht offenzulassen, festgelegt, daß ein Nichteinhalten des Formerfordernisses (schriftlich bei „Auftragserteilung") dazu führt, daß das Honorar als Zeithonorar nach § 6 zu berechnen ist. Die 5. ÄndVO hat diese Honorare angehoben. Die Tabelle ist für Grundleistungen bei Landschaftsplänen, aber auch anwendbar für landschaftspflegerische Begleitpläne, soweit sie im Maßstab des Flächennutzungsplanes erstellt werden (§ 49a Abs. 3).

2 Die Honorarberechnung für den Landschaftsplan vollzieht sich in 4 Stufen, die nachfolgend kurz skizziert werden sollen:

a) Zunächst sind die Flächenwerte (ha) des Planungsbereiches festzustellen.

b) Danach ist zu ermitteln, welcher Honorarzone die Planung zuzuordnen ist. Grundlage hierfür ist § 45 Abs. 1–3.

c) Sodann lassen sich die Von-bis-Sätze aus der Honorartafel des Absatzes 1 ablesen.

d) Schließlich ist die Bewertung der Leistungen nach den Vomhundertsätzen des § 45 a Abs. 1 vorzunehmen. Je nachdem, welche Leistungsphasen aus § 45 a erbracht werden, ergibt sich ein bestimmter Vomhundertsatz, aus dem Mindest- bzw. Höchstsätze für die betreffende Planung zu ermitteln sind.

Für die Honorare nach § 45 b gelten ferner die Bestimmungen der §§ 1–9. § 45 b gilt nur für Honorare betreffend die Grundleistungen, die Honorare für Besondere Leistungen bemessen sich nach §§ 2 Abs. 3, 5 Abs. 4 und Absatz 5.

3 Absatz 2 regelt, daß die Honorare nach der Gesamtfläche des Plangebiets zu berechnen sind. Die Ermittlung der Gesamtfläche des Planungsgebiets erfolgt durch Zugriff auf Flächenstatistiken bzw. Abgreifen der Flächendaten aus den Planunterlagen. Bei „Gesamtfläche" ist die tatsächliche Flächenausdehnung in der Örtlichkeit gemeint. Diese Fläche kann aus Kartenunterlagen oder Flächenstatistiken abgeleitet werden und ist gegebenenfalls mit einem Neigungszuschlag (z. B. Gebirgslagen oder stark reliefierte Landschaft) zu versehen.

4 Absatz 3 regelt, wie die Grundleistungen von Landschaftsplänen mit einer Gesamtfläche in Hektar unter 1000 ha zu berechnen sind. Vgl. hierzu die entsprechenden Regelungen bei anderen Leistungsbildern der HOAI (§ 37 Flächennutzungsplan).

Absatz 4 regelt, wie die Grundleistungen von Landschaftsplänen mit einer 5
Gesamtfläche in Hektar über 15 000 ha berechnet werden. Die hier mögliche
freie Vereinbarung kann analog Absatz 3 jedoch nicht so verstanden werden,
daß die Höchstwerte der Honorartafel laut Absatz 1 nun unterschritten werden
könnten.

Folgendes Beispiel soll die Honorarberechnung für einen Landschaftsplan
verdeutlichen:

1. Situation

6

Ein Verwaltungsverband initiiert die Planung eines Landschaftsplans. Die
Fläche des Planungsbereichs umfaßt 5200 ha. Ein hoher Schwierigkeitsgrad der
Planung führt zur Einstufung in Honorarzone II. Es liegt bisher noch kein
Landschaftsplan für den Planungsraum vor.

Alle Grundleistungen des § 45 a (Leistungsphase 1 bis 5) sollen voll erbracht
werden. Hinsichtlich Leistungsphase 1 und 2 ist vereinbart, die vollen Vomhundertsätze zu berechnen. Hinsichtlich Leistungsphase 5 ist vereinbart, daß die
genehmigungsfähige Planfassung auf Nachweis zusätzlich vergütet wird.

Es sind besondere Leistungen erforderlich: Nach den landesrechtlichen Vorschriften ist für Teilflächen von 2400 ha eine Biotoptypenkartierung erforderlich, die aufgrund der landschaftlichen Vielfalt und dem bestehenden Artenspektrum mit einem Honorar von netto DM 32,00/ha vergütet wird. Für
Abstimmungsgespräche mit betroffenen Behörden und der Träger öffentlicher
Belange vor Planungsbeginn, für Zwischenberichte an diese Behörden sowie
für zusätzliche Sitzungen neben den und über die in § 45 a Abs. 6 HOAI einbezogenen Sitzungen erfolgt die Vergütung auf Nachweis.

Es ist der Von-Satz vereinbart.

Die Nebenkosten sind wie folgt zu vergüten:
– allgemeine Nebenkosten für
  die Erstellung des Landschaftsrahmenplans in 1 Fertigung
  Pläne in Farbe   als Nettopauschale von   DM 15 000,00
  sowie
– für die Vorlage digitaler, auf die
  DV-Programme des Verwaltungsverbands abgestimmte
  Dateien für die Text- und
  Planfassungen   als Nettopauschale von   DM 15 000,00
– für Mehrfertigungen erfolgt
  eine Vergütung   auf Nachweis der entstandenen Kosten

2. HOAI-Tabellenwert

bei einem Planungsbereich von 5200 ha und einer Zuordnung zu Honorarzone III Von-Satz ergibt sich nach § 45 b Abs. 1 HOAI .... DM 103 290,88

3. Honorarermittlung

3.1 Leistungsphasen/Grundleistungen

Leistungsphase 1	Klären der Aufgabenstellung und Ermitteln des Leistungsumfangs	3 v. H.	DM	3 098,73
Leistungsphase 2	Ermitteln der Planungsgrundlagen	37 v. H.	DM	38 217,63
Leistungsphase 3	Vorläufige Planfassung	50 v. H.	DM	51 645,44
Leistungsphase 4	Entwurf	10 v. H.	DM	10 329,09
Leistungsphase 5	Genehmigungsfähige Planfassung			
Nachweis Zeitaufwand				
Auftragnehmer		20 Std. · DM 140,00	DM	2 800,00
Mitarbeiter § 6 Abs. 2 Nr. 2		45 Std. · DM 100,00	DM	4 500,00
Mitarbeiter § 6 Abs. 2 Nr. 3		55 Std. · DM 75,00	DM	4 125,00

3.2 Besondere Leistungen

3.2.1 Biotoptypenkartierung in artenreichen und vielfältigen Landschaftsteilen 2400 ha · DM 32,00 ...... DM 76 800,00

3.2.2 Abstimmungsgespräche mit Dritten vor Planungsbeginn, für Zwischenberichte an Dritte sowie Sitzungen außerhalb des Rahmens des § 46 Abs. 4 i.V.m. § 45 a Abs. 6 HOAI Nachweis Zeitaufwand

Auftragnehmer	20 Std. · DM 140,00	DM	2 800,00
Mitarbeiter § 6 Abs. 2 Nr. 2	30 Std. · DM 100,00	DM	3 000,00
Mitarbeiter § 6 Abs. 2 Nr. 3	entfällt		

3.3 Nebenkosten

3.3.1 Allgemeine Nebenkosten vereinbarte Nettopauschale von .... DM 15 000,00

3.3.2 Vorlage von DV-Dateien für alle Text- und Planfassungen vereinbarte Nettopauschale von 10 v. H. des HOAI-Tabellenwerts .... DM 10 329,09

3.3.3 Erstellung von 3 Mehrfertigungen auf Nachweis der Unkosten (Farbkopien, Pläne und Textteil) .... DM 4 358,45

Honorar und Nebenkosten netto	**DM 227 003,43**

zuzügl. gesetzl. MwSt.

§ 46
Leistungsbild Grünordnungsplan

(1) Die Grundleistungen bei Grünordnungsplänen sind in den in Absatz 2 aufgeführten Leistungsphasen 1 bis 5 zusammengefaßt. Sie sind in der nachfolgenden Tabelle in Vomhundertsätzen der Honorare des § 46 a bewertet.

	Bewertung der Grundleistungen in v. H. der Honorare
1. Klären der Aufgabenstellung und Ermitteln des Leistungsumfangs Ermitteln der Voraussetzungen zur Lösung der Planungsaufgabe	1 bis 3
2. Ermitteln der Planungsgrundlagen Bestandsaufnahme und Bewertung des Planungsbereichs	20 bis 37
3. Vorläufige Planfassung (Vorentwurf) Erarbeiten der wesentlichen Teile einer Lösung der Planungsaufgabe	50
4. Endgültige Planfassung (Entwurf) Erarbeiten der endgültigen Lösung der Planungsaufgabe	10
5. Genehmigungsfähige Planfassung	—

(2) Das Leistungsbild setzt sich wie folgt zusammen:

Grundleistungen	Besondere Leistungen
1. Klären der Aufgabenstellung und Ermitteln des Leistungsumfangs	

Zusammenstellen einer Übersicht der vorgegebenen bestehenden und laufenden örtlichen und überörtlichen Planungen und Untersuchungen

Abgrenzen des Planungsbereichs

Zusammenstellen der verfügbaren Kartenunterlagen und Daten nach Umfang und Qualität

Werten des vorhandenen Grundlagenmaterials

Ermitteln des Leistungsumfangs und der Schwierigkeitsmerkmale

Grundleistungen	Besondere Leistungen

Festlegen ergänzender Fachleistungen, soweit notwendig

Ortsbesichtigungen

2. Ermitteln der Planungsgrundlagen

a) Bestandsaufnahme einschließlich voraussichtlicher Änderungen

Erfassen aufgrund vorhandener Unterlagen eines Landschaftsplans und örtlicher Erhebungen, insbesondere
- des Naturhaushalts als Wirkungsgefüge der Naturfaktoren
- der Vorgaben des Artenschutzes, des Bodenschutzes und des Orts-/Landschaftsbildes
- der siedlungsgeschichtlichen Entwicklung
- der Schutzgebiete und geschützten Landschaftsbestandteile einschließlich der unter Denkmalschutz stehenden Objekte
- der Flächennutzung unter besonderer Berücksichtigung der Flächenversiegelung, Größe, Nutzungsarten oder Ausstattung, Verteilung, Vernetzung von Frei- und Grünflächen sowie der Erschließungsflächen für Freizeit- und Erholungsanlagen
- des Bedarfs an Erholungs- und Freizeiteinrichtungen sowie an sonstigen Grünflächen
- der voraussichtlichen Änderungen aufgrund städtebaulicher Planungen, Fachplanungen und anderer Eingriffe in Natur und Landschaft
- der Immissionen, Boden- und Gewässerbelastungen
- der Eigentümer

Erfassen von vorliegenden Äußerungen der Einwohner

b) Bewerten der Landschaft nach den Zielen und Grundsätzen des Naturschutzes und der Landschaftspflege einschließlich der Erholungsvorsorge

Bewerten des Landschaftsbildes sowie der Leistungsfähigkeit, des Zustands, der

Faktoren und Funktionen des Naturhaushalts, insbesondere hinsichtlich
- der Empfindlichkeit des jeweiligen
  Ökosystems für bestimmte Nutzungen, seiner Größe, der räumlichen
  Lage und der Einbindung in Grünflä-
  chensysteme, der Beziehungen zum
  Außenraum sowie der Ausstattung
  und Beeinträchtigung der Grün- und
  Freiflächen
- nachteiliger Nutzungsauswirkungen

c) Zusammenfassende Darstellung der
   Bestandsaufnahme und der Bewertung
   des Planungsbereichs in Erläuterungstext und Karten

3. Vorläufige Planfassung (Vorentwurf)

Grundsätzliche Lösung der wesentlichen
Teile der Aufgabe mit sich wesentlich unterscheidenden Lösungen nach gleichen Anforderungen in Text und Karten mit Begründung

a) Darlegen der Flächenfunktionen und
   räumlichen Strukturen nach ökologi-
   schen und gestalterischen Gesichtspunk-
   ten, insbesondere
   - Flächen mit Nutzungsbeschränkun-
     gen – einschließlich notwendiger Nut-
     zungsänderungen zur Erhaltung oder
     Verbesserung des Naturhaushalts
     oder des Landschafts-/Ortsbildes
   - landschaftspflegerische Sanierungsbe-
     reiche
   - Flächen für landschaftspflegerische
     Entwicklungs- und Gestaltungsmaß-
     nahmen
   - Flächen für Ausgleichs- und Ersatz-
     maßnahmen
   - Schutzgebiete und -objekte
   - Freiräume
   - Flächen für landschaftspflegerische
     Maßnahmen in Verbindung mit son-
     stigen Nutzungen

b) Darlegen von Entwicklungs-, Schutz-,
   Gestaltungs- und Pflegemaßnahmen,
   insbesondere für
   - Grünflächen

- Anpflanzung und Erhaltung von Grünbeständen
- Sport-, Spiel- und Erholungsflächen
- Fußwegesystemen
- Gehölzanpflanzungen zur Einbindung baulicher Anlagen in die Umgebung
- Ortseingänge und Siedlungsränder
- pflanzliche Einbindung von öffentlichen Straßen und Plätzen
- klimatisch wichtige Freiflächen
- Immissionsschutzmaßnahmen

Festlegen von Pflegemaßnahmen aus Gründen des Naturschutzes und der Landschaftspflege

Erhaltung und Verbesserung der natürlichen Selbstreinigungskraft von Gewässern

Erhaltung und Pflege von naturnahen Vegetationsbeständen

bodenschützende Maßnahmen – Schutz vor Schadstoffeintrag

Vorschläge für Gehölzarten der potentiell natürlichen Vegetation, für Leitarten bei Bepflanzungen, für Befestigungsarbeiten bei Wohnstraßen, Gehwegen, Plätzen, Parkplätzen, für Versickerungsflächen

Festlegen der zeitlichen Folge von Maßnahmen

Kostenschätzung für durchzuführende Maßnahmen

c) Hinweise auf weitere Aufgaben von Naturschutz und Landschaftspflege

Vorschläge für Inhalte, die für die Übernahme in andere Planungen, insbesondere in die Bauleitplanung, geeignet sind

Beteiligung an der Mitwirkung von Verbänden nach § 29 des Bundesnaturschutzgesetzes

Berücksichtigen von Fachplanungen

Mitwirken an der Abstimmung des Vorentwurfs mit der für Naturschutz und Landschaftspflege zuständigen Behörde

Abstimmen des Vorentwurfs mit dem Auftraggeber

Grundleistungen   Besondere Leistungen

4. Endgültige Planfassung (Entwurf)

Darstellen des Grünordnungsplans in der
vorgeschriebenen Fassung in Text und
Karte mit Begründung

5. Genehmigungsfähige Planfassung

(3) Wird die Anfertigung der vorläufigen Planfassung (Leistungsphase 3) als
Einzelleistung in Auftrag gegeben, so können hierfür bis zu 60 vom Hundert der
Honorare nach § 46 a vereinbart werden.

(4) § 45 a Abs. 3 und 5 bis 7 gilt sinngemäß.

Mit geringfügigen Formulierungsunterschieden ist das Leistungsbild wie **1**
auch die Bewertung der Grundleistungen des Grünordnungsplans identisch mit
dem des Landschaftsplans § 45 a.

Absatz 1 enthält eine Bewertung der einzelnen Leistungsphasen in Vomhundertsätzen der Honorare nach § 46 a. Die Gliederung in 5 Leistungsphasen entspricht den tatsächlich zu leistenden Arbeitsabschnitten. Im Unterschied zu
§ 15, jedoch ebenso wie in §§ 37, 40, 45 a, ist für die Leistungsphasen 1 und 2
kein fester Vomhundertsatz genannt, sondern es sind Von-bis-Sätze festgelegt.
Aus § 46 Abs. 4 i.V.m. § 45 a Abs. 5 ergibt sich, daß auch diese Von-bis-Sätze
als Mindest- und Höchstsätze anzusehen sind.

Der Leistungsaufwand der Leistungsphase 1 kann unterschiedlich hoch sein **2**
und muß entsprechend eingestuft werden. Eine geringere Bewertung als mit
3 v. H. kann dann gegeben sein, wenn die Aufgabenstellung und die Kenntnis
der Rahmenbedingungen für den Planer aufgrund seiner vorher bereits erfolgten Bearbeitung des Landschaftsplans desselben Raumes eine Erleichterung mit
sich bringt. Der Honorarrahmen der Leistungsphase 2 wird in der Regel dann
voll auszuschöpfen sein, wenn der Planer aufgrund der planungsrechtlichen
Rahmenbedingungen oder zeitlicher Abstände nur noch bedingt oder mangels
eines solchen gar nicht auf Erkenntnisse und Arbeitsergebnisse des Landschaftsplans zurückgreifen kann. Eine geringere Bewertung als mit 37 v. H. des
Honorars kann in Frage kommen, wenn
– aufgrund von vorliegenden Daten und Informationen wesentliche Teile der
  Bestandsaufnahme in aktueller und planungsverwendbarer Form und Qualität zur Verfügung stehen
– EDV-Leistungen die Bestandsaufnahme wesentlich vereinfachen und deren
  Kosten als Nebenkosten abgerechnet werden.

Ohne ausdrückliche Vereinbarung ist für die Leistungsphasen 1 und 2 der
Von-Satz der Honorarspanne zugrunde zu legen (§ 46 Abs. 4 i.V.m. § 45 a
Abs. 5).

Die Weiterentwicklung des Standards landschaftsplanerischer Planungsan- **3**
forderungen führte in den letzten Jahren zu zunehmenden Konflikten bei der

Haftungsfrage, insbesondere auch hinsichtlich des Erfordernisses von Besonderen Leistungen für den geschuldeten „genehmigungsfähigen" Plan (siehe hierzu auch § 43 Rdn. 9): Mit dem Inkrafttreten des Investitionserleichterungs- und Wohnbaulandgesetzes im Jahr 1993 hat der Bundesgesetzgeber das Verhältnis der Vorschriften der naturschutzrechtlichen Eingriffsregelung gemäß § 8 BNatSchG zu den Vorschriften über die Bauleitplanung nach §§ 1 ff. BauGB mit den §§ 8 a bis 8 c BNatSchG speziell geregelt. In den von den einzelnen Bundesländern erarbeiteten Richtlinien und Hinweisen zur „Abarbeitung der Eingriffsregelung" im Bauleitplanungsverfahren sind Festlegungen getroffen, wie sich die Träger der Bauleitplanung der Problematik stellen sollen. Mit diesem „Handlungsrahmen" werden die landschaftsplanerischen Leistungen nach Teil VI in ihren Leistungsbildern nicht unerheblich tangiert. Während im Landschaftsplan als „vorbereitende Ebene" Eingriffe gemäß § 8 BNatSchG und notwendige Minimierungs-, Ausgleichs- oder Ersatzmaßnahmen noch nicht konkret bemessen werden können, ist der Grünordnungsplan und Bebauungsplan die entscheidende Ebene, auf der die vertiefenden Fragen der Eingriffsregelung als Grundlage für die Abwägung bearbeitet werden müssen. Die Zusammenhänge und Bezüge von Bebauungs- und Grünordnungsplan können, ohne auf landesspezifische Besonderheiten näher einzugehen, mit nachfolgendem Diagramm veranschaulicht werden.

Bebauungsplan   Grünordnungsplan

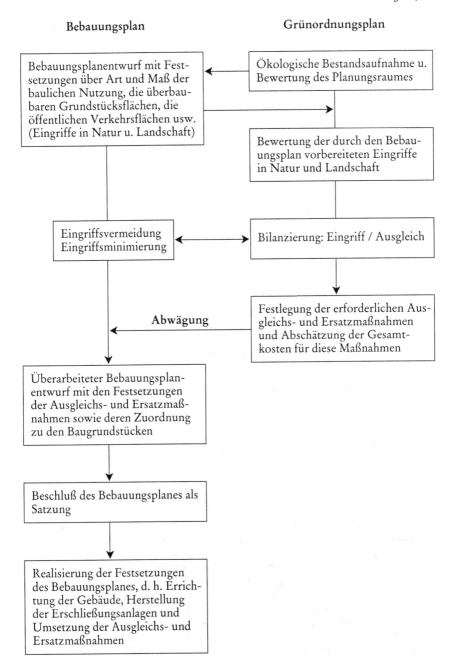

Mit der notwendigen „Abarbeitung" der Eingriffsregelung nach § 8 a
BNatSchG und anhand der Hinweise und Richtlinien der Bundesländer sind
Leistungen verbunden, die nicht dem Grundleistungsbild des § 46 angehören.
Angesichts der landesspezifischen Anforderungen läßt sich feststellen, daß
Grünordnungspläne in vielen Fällen nur dann genehmigungsfähig werden kön-
nen, wenn Besondere Leistungen erbracht werden. So sind z. B. keine Grund-
leistungen gegeben, die zu einer Qualifizierung und Quantifizierung der Ein-
griffsgröße und erst recht nicht zu der Qualifizierung und Quantifizierung von
Ausgleichs- und Ersatzmaßnahmen führen. Eine formelmäßige (mathematisch-
numerische) Kompensationsberechnung von Eingriff und Ausgleich, in verschiedenen Bundesländern geübte Praxis, aber auch eine verbal-argumentative
Darlegung der Problematik und damit verbundene verbal-argumentative
Ermittlung von Ausgleich und Ersatz mit Kompensationsbilanz ist nicht im
Grundleistungskatalog enthalten.

4   Absatz 2 enthält eine detaillierte Beschreibung des Leistungsbildes und der
Teilleistungen in den einzelnen Leistungsphasen. Auch hier begründet der
Inhalt des Leistungsumfangs keine unmittelbare Leistungspflicht, jedoch wird
der Rechtsprechung eine Orientierung zur Beurteilung des Inhalts eines Grünordnungsplanes gegeben. An sich erfordert eine ordnungsgemäße Erbringung
der Leistungen die mangelfreie Erfüllung dieser Teil- bzw. Grundleistungen
nach § 46 Abs. 2. Gleichzeitig stellt diese Auflistung eine Klärung zur Haftung
zwischen Auftraggeber und Auftragnehmer dar.

5   **Leistungsphase 1   Klären der Aufgabenstellung
              und Ermitteln des Leistungsumfanges**

Diese Leistungsphase ist identisch mit der des Landschaftsplanes im § 45 a
Abs. 2 Nr. 1, so daß auf die dortige Kommentierung verwiesen werden kann
(§ 45 a Rdn. 4).

6   **Leistungsphase 2   Ermitteln der Planungsgrundlagen**

Wie auch beim Landschaftsplan besteht die Leistungsphase 2 des Grünordnungsplanes aus drei Teilen: der Bestandsaufnahme, dem Bewerten sowie der
zusammenfassenden Darstellung.

7   Die **Bestandsaufnahme einschließlich voraussichtlicher Änderungen** im Planungsbereich des Grünordnungsplanes entspricht weitgehend der Bestandsaufnahme des Landschaftsplanes. Es kann somit weitgehend auf die dortige Kommentierung verwiesen werden. Mit dem Hinweis auf das **Erfassen aufgrund vorhandener Unterlagen eines Landschaftsplans** wird deutlich, daß die Vorgabe eines
Landschaftsplanes bei der Bestandsaufnahme zum Grünordnungsplan vorausgesetzt wird. Soweit dies nicht der Fall ist, also eine Bestandsaufnahme ohne den
Rückgriff auf vorhandene Unterlagen eines Landschaftsplanes durchgeführt
werden soll, wird der Leistungsumfang Grundleistungen der Leistungsphase 2
überschritten. In solchen Fällen sind über die Grundleistungen hinausgehende
Besondere Leistungen vonnöten, deren Honorare nach §§ 2, 5 zuvor schriftlich

zu vereinbaren sind. Soweit ein Landschaftsplan vorhanden ist, dieser jedoch aufgrund weit zurückliegender Entstehungszeit oder zwischenzeitlich eingetretener gravierender Änderungen so veraltet ist, daß er für die Bestandsaufnahme des Grünordnungsplans nur noch untergeordnete Bedeutung hat, wäre hier ebenso ein Grund gegeben, die zusätzlichen, nicht aus den vorhandenen Unterlagen des Landschaftsplanes entnehmbaren Erhebungen als Besondere Leistungen einzustufen. Sind solche seit der Entstehung des Landschaftsplanes eingetretene Änderungen, die der Auftragnehmer im Zuge der Prüfung spätestens bei der örtlichen Erhebung erkennt, jedoch unbedeutend, liegt hier ein normales Leistungsbild der Grundleistung vor. Bis auf die folgenden Teilleistungen entspricht die Beschreibung der Leistungsphase 2 der des Landschaftsplanes § 45 a (siehe deshalb auch die dortige Kommentierung § 45 a Rdn. 5).

Beim Erfassen der Vorgaben des **Artenschutzes**, des **Bodenschutzes** und des **8** Orts-/Landschaftsbildes wird eine Vertiefung im Vergleich zum Landschaftsplan gesucht. Aufgrund des detaillierten Maßstabes des Planes ist es möglich, den schützenswerten Bestand konkreter herauszuarbeiten. Beim Erfassen des Orts-/Landschaftsbildes ist auch auf natürliche und kulturbedingte Strukturen einzugehen. Die Bestandsaufnahme der **Flächennutzung** läßt ebenfalls einen erheblich höheren Genauigkeitsgrad zu, so daß Flächenversiegelungen, Größe, Nutzungsarten oder Ausstattung, Verteilung, Vernetzung von **Frei- und Grünflächen** sowie die Erschließungsflächen für **Freizeit- und Erholungsanlagen** in präziser Form möglich sind.

Das Erfassen der **Immissionen, Boden-** und **Gewässerbelastungen** erfolgt im **9** Rückgriff auf dem Auftraggeber vorliegende Gutachten und Gütekarten; soweit in diesem speziellen Bereich gefordert wird, daß zusätzliche Untersuchungen erforderlich sind, handelt es sich hierbei um Besondere Leistungen.

Auch das **Erfassen der Eigentümer** als letzte Grundleistung der Bestandsauf- **10** nahme bezieht sich grundsätzlich auf bereits vorhandene Unterlagen und Erhebungen. Soweit solche Daten und Unterlagen nicht vorliegen und vom Auftragnehmer als Einzeluntersuchung unter natürlichen Grundlagen oder spezifischen Nutzungen beschafft oder aufgestellt werden sollen, können diese Leistungen als Besondere Leistungen abgerechnet werden. Der wesentlichste Teil der Leistung des Auftragnehmers in dieser Leistungsphase besteht in der Überprüfung der Übereinstimmung zwischen vorhandenen, von seiten des Auftraggebers oder Dritter übergebener Unterlagen und Daten und der örtlichen Wirklichkeit.

Das Bewerten der Landschaft als darauffolgender Teil der Leistungsphase 2 **11** zieht aus den zusammengetragenen Planungsgrundlagen und der Bestandsaufnahme die fachlichen Ergebnisse zusammen. Ebenfalls entspricht die Bewertung weitgehend der Landschaftsbewertung des Landschaftsplanes; es wird auf die dortige Kommentierung verwiesen (vgl. § 45 a Rdn. 5 ff.). Darüber hinaus sind aufgrund des Maßstabes des Planes jedoch genauere Aussagen möglich. Zusammenhänge, Vernetzungen, Ausstattungen und Beeinträchtigungen des Grüns können konkreter bewertet werden. Alle Grundleistungen dieser Leistungsphase werden als Ergebnis in Erläuterungstext und Karten zusammenfassend dargestellt. Zu den möglicherweise hinzukommenden Besonderen Leistungen vgl. die Kommentierung zu § 45 a Rdn. 1.

12 **Leistungsphase 3 Vorläufige Planfassung (Vorentwurf)**

Die Leistungsphase 3 enthält den größten Arbeitsaufwand des Grünordnungsplans. Dem entspricht die Bewertung der Leistungsphase 3 mit 50 v. H. Der Vorentwurf besteht im allgemeinen aus einer vereinfachten, meist nicht pausfähigen farbigen Darstellung und einem stichwortartigen Textteil. Mit der Definition des Leistungsbilds dieser Leistungsphase wird festgelegt, daß eine grundsätzliche Lösung der Aufgabe im Sinne der Entwicklung und Abwägung planerischer Alternativen – sich wesentlich unterscheidende Lösungen nach gleichen Anforderungen – gesucht werden muß. Dies kann jedoch nicht heißen, daß vom Auftragnehmer mehrere alternative Vorentwürfe in Text und Karten erarbeitet werden müssen, sondern verlangt, daß dieser planerische Entscheidungsprozeß, der grundsätzliches Element jeder Planung ist, für Außenstehende transparent und verständlich wird. Mehrere alternative Vorentwürfe sind hierunter jedoch nicht zu verstehen, da vom Auftragnehmer die grundsätzliche Lösung der Aufgabe im Sinne einer planerischen Entscheidung gefordert wird.

13 Das Darlegen der Flächenfunktionen und räumlichen Strukturen nach **ökologischen und gestalterischen Gesichtspunkten** macht deutlich, daß sich die vorläufige Planfassung nicht ausschließlich an den Gegebenheiten orientiert, sondern auch die planungsveranlassenden bzw. im Zuge der Erfassung absehbarer Änderungen aufgrund städtebaulicher Planungen, Fachplanungen und anderer Einrichtungen in Natur und Landschaft umfaßt, die Änderungen des Landschaftsbildes und der Landschaftsnutzung mit sich bringen. Vor allem wird in diesem Planungsmaßstab möglich, gestalterische Kriterien neben ökologischen in die Überlegungen einzubeziehen; der Grünordnungsplan stellt damit eine konkretisierende Verbindung von der Bauleitplanung zur Objektplanung her.

14 Insgesamt treten in der Leistungsphase 3 des Grünordnungsplanes **Gestaltungsmaßnahmen** stärker in den Vordergrund als beim Landschaftsplan (landschaftspflegerische Gestaltungsmaßnahmen, Gestaltungsmaßnahmen für Grünflächen, Sport-, Spiel- und Erholungsflächen, Fußwegesysteme u. a.). Als Gestaltungsplan im traditionellen Sinn jedoch kann der Grünordnungsplan nicht verstanden werden. Ein Großteil der aufgezählten Grundleistungen folgt dem Leistungsbild des Landschaftsplanes; es kann auf die dortige Kommentierung verwiesen werden. Darüber hinaus sind weitere Grundleistungen gegeben, die entsprechend der nach Maßstab der Grünordnungsplanung möglichen Darstellung konkretere und detailliertere Aussagen zulassen. Aufgrund der unmißverständlichen Formulierungen kann sich die Kommentierung hier auf einzelne beschränken:

15 Das Festlegen von **Pflegemaßnahmen** aus Gründen des Naturschutzes und der Landschaftspflege erscheint vor allem für solche Bereiche erforderlich, die noch nicht aufgrund landesgesetzlicher Festlegungen als Schutzgebiet feststehen und dementsprechend gepflegt werden, deren Potential jedoch aus fachlicher Sicht als schützenswert bzw. pflege- und entwicklungsbedürftig anzusehen ist. Das Festlegen der zeitlichen Folge von Maßnahmen entspricht einer Prioritätenliste, die anhand der örtlichen Gegebenheiten im Interesse von Naturschutz und Landschaftspflege erforderlich scheint.

Für alle durchzuführenden Maßnahmen ist vom Auftragnehmer eine **Kosten-** 16 **schätzung** vorzulegen. Die Konkretisierung und Präzisionsstufe der Kostenschätzung lehnt sich an die Regelung in der DIN 276 an, ohne daß deren Formerfordernisse erfüllt sein müßten. Es handelt es sich hier um einen ersten groben Kostenrahmen, der anhand des Maßstabs des Planes möglich ist.

In der Leistungsphase 3 werden keine Leistungen als Besondere Leistungen 17 im Leistungsbild erwähnt. Nach § 2 Abs. 3 können die in den übrigen Leistungsbildern aufgezählten und darüber hinaus weiteren Besonderen Leistungen auch hier zutreffen. Vgl. hierzu die Kommentierung § 45 a Rdn. 1.

Leistungsphase 4 Endgültige Planfassung (Entwurf) 18

Die Leistungsphase 4 ist wiederum identisch mit der des Landschaftsplanes im § 45 a Abs. 2 Nr. 4, so daß auf die dortige Kommentierung verwiesen werden kann (§ 45 a Rdn. 15).

Leistungsphase 5 Genehmigungsfähige Planfassung 19

Aufgrund unterschiedlicher Landesregelungen wird der Leistungsumfang der Leistungsphase 5 nicht näher beschrieben. Auftraggeber und Auftragnehmer obliegt es, im Zuge der Vertragsvereinbarungen eine entsprechende Konkretisierung herbeizuführen. Geschieht dies nicht hinsichtlich des Honorars durch schriftliche Vereinbarung bei Auftragserteilung, so ist das Honorar als Zeithonorar nach § 6 zu berechnen.

Absatz 3 regelt, wie auch § 45 a Abs. 4 sowie § 19 für die Objektplanung, daß 20 bei Anfertigung der vorläufigen Planfassung (Leistungsphase 3) als Einzelleistung ein erhöhter Satz bis zu 60 v. H. der Honorare vereinbart werden kann. Auch hier ist unter Vereinbarung eine schriftliche Vereinbarung zu verstehen, § 4 Abs. 1 und 4, die bei Auftragserteilung getroffen werden muß.

Absatz 4 macht die Regelungen im § 45 a Abs. 3, 5 und 7 sinngemäß anwend- 21 bar. Auf die dortigen Kommentierungen kann hier verwiesen werden.

Folgendes Beispiel soll die Honorarberechnung für einen Grünordnungsplan verdeutlichen:

1. Situation

Eine Stadtverwaltung beauftragt die Erstellung eines Grünordnungsplans für ein geplantes Gewerbegebiet. Der Planungsbereich enthält auch einen bereits bestehenden steinverarbeitenden Betrieb mit eigenem Steinbruch, der erweitert werden soll, ökologisch wertvolle Sekundärbiotope sowie Ackerland und Kleingartengebiete. Die Fläche des Planungsbereichs umfaßt 30,7 ha. Für den Planungsraum liegt ein Landschaftsplan als Grundlage für den Grünordnungsplan vor.

Aufgrund sehr differenzierter Flächennutzungen und schwieriger ökologischer Verhältnisse wird die Planung der Schwierigkeitsstufe zugeordnet.

Alle Grundleistungen des § 46 a (Leistungsphase 1 bis 5) sollen erbracht werden. Es ist vereinbart, daß die Leistungsphase 1 mit dem vollen Vomhundertsatz, die Leistungsphase 2 aufgrund einer vollständig vorliegenden und qualifizierten Bestandsaufnahme mit 20 v. H. berechnet wird. Hinsichtlich Leistungsphase 5 ist vereinbart, daß die genehmigungsfähige Planfassung auf Nachweis zusätzlich vergütet wird.

Es sind besondere Leistungen erforderlich: Hinsichtlich der Abarbeitung der Eingriffsregelung nach den landesgesetzlichen Regelungen ist eine Eingriffs-Ausgleichs-Bilanz und eine nachvollziehbare Minimierung der Eingriffe und Kompensationsbemessung von Ausgleichs- und Ersatzmaßnahmen mit einer Honorarpauschale von DM 420,00/ha vereinbart. Für Abstimmungsgespräche mit betroffenen Behörden und der Träger öffentlicher Belange vor Planungsbeginn sowie für zusätzliche Sitzungen neben den und über die in § 46 Abs. 4 i. V. m. 45 a Abs. 6 HOAI einbezogenen Sitzungen erfolgt die Vergütung auf Nachweis.

Es ist der Von-Satz vereinbart.

Die Nebenkosten sind wie folgt zu vergüten:
- allgemeine Nebenkosten
  für die Erstellung des
  Grünordnungsplans in 1
  Fertigung
  Pläne in Farbe   als Nettopauschale von   10 % des Nettohonorars
                                 aus Grundleistungen und Besonderen Leistungen
- für die Vorlage digitaler,
  auf die DV-Programme
  des Verwaltungsverbands
  abgestimmte Dateien
  für die Text- und Plan-
  fassungen   als Nettopauschale von   13 % des HOAI-
- für Mehrfertigungen   Tabellenwerts
  erfolgt eine Vergütung   auf Nachweis der entstandenen Kosten

2. Einzelansätze und HOAI-Tabellenwert

2.1 für Flächen nach § 9 BauGB mit Festsetzungen einer
    GFZ oder Baumassenzahl (bestehendes Werksgelände
    des steinverarbeitenden Betriebs)
    3,5 ha · 400 VE   1 400 VE,

2.2 für Flächen nach § 9 BauGB mit Festsetzungen einer
    GFZ oder Baumassenzahl und Pflanzbindungen oder
    Pflanzpflichten (neue Gewerbebauflächen mit Festset-
    zungen wie Pflanzgebote, Festsetzungen zu Fassaden-
    oder Dachbegrünung)
    20,8 ha · 1 150 VE   23 920 VE,

2.3	für Grünflächen nach § 9 Abs. 1 Nr. 15 BauGB, soweit nicht Bestand (öffentliche Grünflächen, begrünte Straßen und Bahndämme), 2,5 ha · 1 000 VE	2 500 VE,
2.4	für sonstige Grünflächen (bestehendes Grün im vorhandenen Werksgelände) 1 ha · 400 VE	400 VE,
2.5	für Flächen mit besonderen Maßnahmen des Naturschutzes und der Landschaftspflege, die nicht bereits unter 2.2 angesetzt sind (bestehendes ökologisch wertvolles und zu erhaltendes Grün im Werksgelände des steinverarbeitenden Betriebs, Rekultivierungsflächen im Steinbruch, Flächen für Ausgleichs- und Ersatzmaßnahmen, naturnahe Uferzonen von Wasserflächen) 4,5 ha · 1 200 VE	5 400 VE,
2.6	für Flächen für Aufschüttungen, Abgrabungen oder für die Gewinnung von Steinen, Erden und anderen Bodenschätzen (gesamtes Steinbruchgelände mit Erweiterungsbereich) 5,5 ha · 400 VE	2 200 VE,
2.7	für Flächen für Landwirtschaft und Wald mit mäßigem Anteil an Maßnahmen für Naturschutz und Landschaftspflege	entfällt,
2.8	für Flächen für Landwirtschaft und Wald ohne Maßnahmen für Naturschutz und Landschaftspflege oder flurbereinigte Flächen von Landwirtschaft und Wald	entfällt,
2.9	für Wasserflächen mit Maßnahmen für Naturschutz und Landschaftspflege (ökologisch wertvolle bestehende Wasserflächen und neue Wasserflächen als Ausgleichs- oder Ersatzmaßnahmen) 2,2 ha · 400 VE	880 VE,
2.10	für Wasserflächen ohne Maßnahmen für Naturschutz und Landschaftspflege	entfällt,
2.11	für sonstige Flächen (Verkehrsflächen und Parkplätze ohne Begrünung) 2,2 ha · 100 VE	220 VE.

Summe der Einzelansätze	36 920 VE.
Bei 36 920 VE und einer Zuordnung zu Schwierigkeitsstufe Von-Satz ergibt sich ein HOAI-Tabellenwert nach § 46 a Abs. 1 von	59 011,68 DM

3. Honorarermittlung

3.1 Leistungsphasen/Grundleistungen

Leistungsphase 1	Klären der Aufgabenstellung und Ermitteln des Leistungsumfangs	3 v. H.	DM	1 770,35
Leistungsphase 2	Ermitteln der Planungsgrundlagen	20 v. H.	DM	11 802,34
Leistungsphase 3	Vorläufige Planfassung	50 v. H.	DM	29 505,84
Leistungsphase 4	Endgültige Planfassung	10 v. H.	DM	5 901,17
Leistungsphase 5	Genehmigungsfähige Planfassung			

Nachweis Zeitaufwand

Auftragnehmer	22 Std. · DM 140,00	DM	3 080,00
Mitarbeiter § 6 Abs. 2 Nr. 2	45 Std. · DM 100,00	DM	4 500,00
Mitarbeiter § 6 Abs. 2 Nr. 3	55 Std. · DM 75,00	DM	4 125,00

3.2 Besondere Leistungen

3.2.1 Eingriffs-Ausgleichs-Bilanz, quantitativer und qualitativer Nachweis der Eingriffs-Minimierung und Bemessung von Ausgleichs- und Ersatzmaßnahmen
30,7 ha · DM 420,00   DM   12 894,00

3.2.2 Abstimmungsgespräche mit Dritten vor Planungsbeginn sowie Sitzungen außerhalb des Rahmens des § 46 Abs. 4 i. V. m. § 45 a Abs. 6 HOAI
Nachweis Zeitaufwand

Auftragnehmer	20 Std. · DM 140,00	DM	2 800,00
Mitarbeiter § 6 Abs. 2 Nr. 2	30 Std. · DM 100,00	DM	3 000,00
Mitarbeiter § 6 Abs. 2 Nr. 3	entfällt		

3.3 Nebenkosten

3.3.1 Allgemeine Nebenkosten
vereinbarte Nettopauschale von 10 % des Nettohonorars aus Grundleistungen und Besonderen Leistungen
(DM 79 378,70)   DM   7 937,87

3.3.2 Vorlage von DV-Dateien für alle Text- und Planfassungen
vereinbarte Nettopauschale von 10 v. H. des HOAI-Tabellenwerts   DM   7 671,52

3.3.3 Erstellung von 3 Mehrfertigungen auf Nachweis der Unkosten (Farbkopien, Pläne und Textteil)   DM   1 358,45

Honorar und Nebenkosten netto   **DM   96 346,54**
zuzügl. gesetzl. MwSt.

§ 46 a
Honorartafel für Grundleistungen bei Grünordnungsplänen

(1) Die Mindest- und Höchstsätze der Honorare für die in § 46 aufgeführten Grundleistungen bei Grünordnungsplänen sind in der nachfolgenden Honorartafel festgesetzt.

Honorartafel zu § 46 a Abs. 1

Ansätze	Normalstufe		Schwierigkeitsstufe	
	von	bis	von	bis
VE	DM		DM	
1 500	3 370	4 210	4 210	5 050
5 000	11 230	14 040	14 040	16 850
10 000	18 640	23 310	23 310	27 970
20 000	31 000	38 750	38 750	46 490
40 000	50 310	62 890	62 890	75 460
60 000	63 330	79 170	79 170	95 000
80 000	75 460	94 330	94 330	113 200
100 000	85 350	106 690	106 690	128 020
150 000	117 920	147 400	147 400	176 870
200 000	148 230	185 290	185 290	222 350
250 000	179 680	224 600	224 600	269 510
300 000	208 870	261 100	261 100	313 320
350 000	235 820	294 780	294 780	353 740
400 000	260 530	325 670	325 670	390 800
450 000	282 990	353 740	353 740	424 480
500 000	303 200	379 010	379 010	454 810
600 000	343 630	429 540	429 540	515 450
700 000	385 190	481 480	481 480	577 770
800 000	431 220	539 030	539 030	646 830
900 000	475 020	593 780	593 780	712 530
1 000 000	516 570	645 710	645 710	774 850

(2) Die Honorare sind für die Summe der Einzelansätze des Absatzes 3 gemäß der Honorartafel des Absatzes 1 zu berechnen.

(3) Für die Ermittlung des Honorars ist von folgenden Ansätzen auszugehen:

1. für Flächen nach § 9 des Baugesetzbuchs mit Festsetzungen einer GFZ oder Baumassenzahl
je Hektar Fläche   400 VE,

2. für Flächen nach § 9 des Baugesetzbuchs mit Festsetzungen einer GFZ oder Baumassenzahl und Pflanzbindungen oder Pflanzpflichten
je Hektar Fläche   1150 VE,

3. für Grünflächen nach § 9 Abs. 1 Nr. 15 des Baugesetzbuchs, soweit nicht Bestand
je Hektar Fläche   1000 VE,

4. für sonstige Grünflächen
je Hektar Fläche   400 VE,

5. für Flächen mit besonderen Maßnahmen des Naturschutzes und
der Landschaftspflege, die nicht bereits unter Nummer 2 angesetzt
sind
je Hektar Fläche   1200 VE,

6. für Flächen für Aufschüttungen, Abgrabungen oder für die
Gewinnung von Steinen, Erden und anderen Bodenschätzen
je Hektar Fläche   400 VE,

7. für Flächen für Landwirtschaft und Wald mit mäßigem Anteil an
Maßnahmen für Naturschutz und Landschaftspflege
je Hektar Fläche   400 VE,

8. für Flächen für Landwirtschaft und Wald ohne Maßnahmen für
Naturschutz und Landschaftspflege oder flurbereinigte Flächen
von Landwirtschaft und Wald
je Hektar Fläche   100 VE,

9. für Wasserflächen mit Maßnahmen für Naturschutz und Landschaftspflege
je Hektar Fläche   400 VE,

10. für Wasserflächen ohne Maßnahmen für Naturschutz und Landschaftspflege
je Hektar Fläche   100 VE,

11. sonstige Flächen
je Hektar Fläche   100 VE.

(4) Ist die Summe der Einzelansätze nach Absatz 3 höher als 1 Million VE, so
kann das Honorar frei vereinbart werden.

(4a) Die Honorare sind nach den Darstellungen der endgültigen Planfassung
nach Leistungsphase 4 von § 46 zu berechnen. Kommt es nicht zur endgültigen
Planfassung, so sind die Honorare nach den Festsetzungen der mit dem Auftraggeber abgestimmten Planfassung zu berechnen.

(5) Grünordnungspläne können nach Anzahl und Gewicht der Schwierigkeitsmerkmale der Schwierigkeitsstufe zugeordnet werden, wenn es bei Auftragserteilung schriftlich vereinbart worden ist. Schwierigkeitsmerkmale sind insbesondere:

1. schwierige ökologische oder topographische Verhältnisse oder sehr differenzierte Flächennutzungen,

2. erschwerte Planung durch besondere Maßnahmen auf den Gebieten Umweltschutz, Denkmalschutz, Naturschutz, Spielflächenleitplanung, Sportstättenplanung,

3. Änderungen oder Überarbeitungen von Teilgebieten vorliegender Grünordnungspläne mit einem erhöhten Arbeitsaufwand,

4. Grünordnungspläne in einem Entwicklungsbereich oder in einem Sanierungsgebiet.

Die Honorarberechnung für den Grünordnungsplan vollzieht sich in 4 Stu- **1**
fen, die nachfolgend kurz skizziert werden sollen:

a) Zunächst sind die Verrechnungseinheiten (VE) festzustellen. Hierfür
schafft § 46a Abs. 3 und 4 die entsprechenden Vorgaben.

b) Danach ist zu ermitteln, ob die Planung in die Normalstufe oder die
Schwierigkeitsstufe gehört. Grundlage hierfür ist § 46a Abs. 5.

c) Sodann lassen sich die Von-bis-Sätze aus der Honorartafel des Absatzes 1
ablesen.

d) Schließlich ist eine Bewertung der Leistungen nach den Vomhundertsätzen
des § 46 vorzunehmen. Je nachdem, welche Leistungsphasen aus § 46
erbracht werden, ergibt sich ein bestimmter Vomhundertsatz, aus dem Min-
dest- bzw. Höchstsätze für die betreffende Planung zu ermitteln sind.

Für die Honorare nach § 46a gelten ferner die Bestimmungen der §§ 1–9.
§ 46 gilt nur für Honorare betreffend die Grundleistungen, die Honorare für
Besondere Leistungen bemessen sich nach §§ 2 Abs. 3, 5 Abs. 4 und 5.

Absatz 1 legt die Mindest- und Höchstsätze der Honorare für Leistungen bei **2**
Grünordnungsplänen fest. Es handelt sich um Mindest- und Höchstsätze im
Sinne des § 4. Die Tabelle ist ebenfalls anwendbar für landschaftspflegerische
Begleitpläne, soweit sie im Maßstab des Bebauungsplans erstellt werden. § 49a
Abs. 3.

Absatz 2 enthält die Anleitung für die Ermittlung der Verrechnungseinheiten **3**
(VE) nach Absatz 3. Anders als im Falle des § 41 Abs. 2 ist nicht für jeden Einzelansatz nach Absatz 3 eine gesonderte VE zu ermitteln, vielmehr sind die VE
für die in Absatz 3 genannten Einzelpositionen zu addieren und erst danach die
Honorare des Absatzes 1 abzulesen. Dies ergibt sich aus der eindeutigen Formulierung des Absatzes 2: „... für die Summe der Einzelansätze..." Soweit die
im Absatz 3 definierten Ansätze mehrfach zutreffen, d. h., wenn mehrere der
dort genannten Ansätze auf einen Planungsbereich zutreffend sind, sind die
dann übereinandergreifenden Ansätze jeweils zu erfassen, entsprechend zu
kumulieren und so mehrschichtig in die Summe der Einzelanträge einzubringen.

Absatz 3 ist die Grundlage für die Ermittlung der VE. Dabei haben die **4**
Ansätze für Grünflächen sowie die Flächen mit Pflanzbindungen oder Pflanzpflichten, soweit sie in Baulandflächen liegen, wegen ihrer herausragenden
Bedeutung für die Grünordnungsplanung die höchste Anzahl VE. Mit „Flächen" ist die tatsächliche Flächenausdehnung in der Örtlichkeit gemeint. Diese
Flächen können aus Kartenunterlagen oder Flächenstatistiken abgeleitet werden und sind gegebenenfalls mit einem Neigungszuschlag (z. B. Hanglagen
oder stark reliefierte Landschaftselemente) zu versehen.

Absatz 4 ermöglicht die freie Honorarvereinbarung, sofern die Summe der **5**
Einzelansätze nach Absatz 3 höher als 1 Mio. VE liegt. Die hier mögliche freie
Vereinbarung kann nicht so verstanden werden, daß die Höchstwerte der
Honorartafel lt. Absatz 1 unterschritten werden können. Eine Vorschrift über

die Form der freien Honorarvereinbarung gibt es nicht. § 4 Abs. 1 und 4 sind nicht anwendbar, da es sich um keine Abweichung von den Mindest- bzw. Höchstsätzen handelt. Die Vereinbarung nach Absatz 4 kann demnach auch mündlich getroffen werden. Aus Beweisgründen ist jedoch Schriftform zu empfehlen. (Wie hier: Hesse/Korbion/Mantscheff/Vygen § 46 a Rdn. 3.)

6 Im Gegensatz zu vielen anderen Leistungsbereichen wird beim Grünordnungsplan nicht geregelt, welche Regelung greifen soll, wenn keine Vereinbarung eines Honorars bei Auftragserteilung getroffen worden ist. Da eine Extrapolation der Honorartafel nicht möglich ist, kann der Auftragnehmer bei Überschreiten der Summe der Einzelansätze über 1 Mio. VE und bei Fehlen einer Honorarvereinbarung lediglich die Mindestsätze aus 1 Mio. VE zugrunde legen. Absatz 4a wurde mit der 4. ÄndVO eingefügt, um den maßgeblichen Planungsstand für die Ermittlung der Verrechnungseinheiten festzulegen. Vereinbarungen, die vorherige Planungsstände (trotz Erbringen der Leistungsphase 4) zugrunde legen oder die Planung aufgrund eines ursprünglich festgelegten Ansatzes bemessen, sind damit nicht mehr möglich.

7 Absatz 5 ermöglicht die Einordnung der Planung in die Schwierigkeitsstufe. Die entsprechende Vereinbarung muß jedoch bei Auftragserteilung schriftlich getroffen werden. Die Schwierigkeitsmerkmale in Absatz 5 sind nur beispielhaft aufgeführt. Es können andere Schwierigkeitsmerkmale für die Einordnung in die Schwierigkeitsstufe ausreichen und maßgebend sein. Eine Zuordnung zur Schwierigkeitsstufe ist bereits dann anzunehmen, wenn eines der Schwierigkeitsmerkmale zutrifft (so auch Neuenfeld/Baden/Dohna/Groscurth § 46 a Rdn. 3; Jochem § 46 a Rdn. 3; Hesse/Korbion/Mantscheff/Vygen § 46 a Rdn. 4).

8 Im übrigen sind die Schwierigkeitsmerkmale so formuliert, daß sie keiner Auslegung bedürfen. Eine faktische Rechtfertigung einer Zuordnung zur Schwierigkeitsstufe läßt sich nicht abstrakt vorherbestimmen, sondern ist abhängig vom Einzelfall, d. h. von den vorhandenen Verhältnissen und der Aufgabensituation.

§ 47
Leistungsbild Landschaftsrahmenplan

(1) Landschaftsrahmenpläne umfassen die Darstellungen von überörtlichen Erfordernissen und Maßnahmen zur Verwirklichung der Ziele des Naturschutzes und der Landschaftspflege.

(2) Die Grundleistungen bei Landschaftsrahmenplänen sind in den in Absatz 3 aufgeführten Leistungsphasen 1 bis 4 zusammengefaßt. Sie sind in der nachfolgenden Tabelle in Vomhundertsätzen der Honorare des § 47a bewertet.

	Bewertung der Grundleistungen in v. H. der Honorare
1. Landschaftsanalyse	20
2. Landschaftsdiagnose	20
3. Entwurf	50
4. Endgültige Planfassung	10

(3) Das Leistungsbild setzt sich wie folgt zusammen:

Grundleistungen	Besondere Leistungen

1. Landschaftsanalyse

Erfassen und Darstellen in Text und Karten der

a) natürlichen Grundlagen

b) Landschaftsgliederung
   - Naturräume
   - Ökologische Raumeinheiten

c) Flächennutzung

d) Geschützten Flächen und Einzelbestandteile der Natur

2. Landschaftsdiagnose

Bewerten der ökologischen Raumeinheiten und Darstellen in Text und Karten hinsichtlich

a) Naturhaushalt

b) Landschaftsbild
   - naturbedingt
   - anthropogen

c) Nutzungsauswirkungen, insbesondere Schäden an Naturhaushalt und Landschaftsbild

d) Empfindlichkeit der Ökosysteme beziehungsweise einzelner Landschaftsfaktoren

e) Zielkonflikte zwischen Belangen des Naturschutzes und der Landschaftspflege einerseits und raumbeanspruchenden Vorhaben andererseits

Grundleistungen	Besondere Leistungen

3. Entwurf

Darstellung der Erfordernisse und Maßnahmen zur Verwirklichung der Ziele des Naturschutzes und der Landschaftspflege in Text und Karten mit Begründung

a) Ziele der Landschaftsentwicklung nach Maßgabe der Empfindlichkeit des Naturhaushalts
   - Bereiche ohne Nutzung oder mit naturnaher Nutzung
   - Bereiche mit extensiver Nutzung
   - Bereiche mit intensiver landwirtschaftlicher Nutzung
   - Bereiche städtisch-industrieller Nutzung

b) Ziele des Arten- und Biotopschutzes

c) Ziele zum Schutz und zur Pflege abiotischer Landschaftsfaktoren

d) Sicherung und Pflege von Schutzgebieten und Einzelbestandteilen von Natur und Landschaft

e) Pflege-, Gestaltungs- und Entwicklungsmaßnahmen zur
   - Sicherung überörtlicher Grünzüge
   - Grünordnung im Siedlungsbereich
   - Landschaftspflege einschließlich des Arten- und Biotopschutzes sowie des Wasser-, Boden- und Klimaschutzes
   - Sanierung von Landschaftsschäden

f) Grundsätze einer landschaftsschonenden Landnutzung

g) Leitlinien für die Erholung in der freien Natur

h) Gebiete, für die detaillierte landschaftliche Planungen erforderlich sind:
   - Landschaftspläne
   - Grünordnungspläne
   - Landschaftspflegerische Begleitpläne

Abstimmung des Entwurfs mit dem Auftraggeber

Grundleistungen	Besondere Leistungen
4. Endgültige Planfassung	Mitwirkung bei der Einarbeitung von Zielen der Landschaftsentwicklung in Programme und Pläne im Sinne des § 5 Abs. 1 Satz 1 und 2 und Abs. 3 des Raumordnungsgesetzes

(4) Bei einer Fortschreibung des Landschaftsrahmenplans ermäßigt sich die Bewertung der Leistungsphase 1 des Absatzes 2 auf 5 vom Hundert der Honorare nach § 47 a.

(5) Die Vertragsparteien können bei Auftragserteilung schriftlich vereinbaren, daß die Leistungsphase 1 abweichend von Absatz 2 mit mehr als 20 bis zu 43 v. H. bewertet wird, wenn in dieser Leistungsphase ein überdurchschnittlicher Aufwand für die Landschaftsanalyse erforderlich wird. Ein überdurchschnittlicher Aufwand liegt vor, wenn

1. Daten aus vorhandenen Unterlagen im einzelnen ermittelt und aufbereitet werden müssen oder

2. örtliche Erhebungen erforderlich werden, die nicht überwiegend der Kontrolle der aus Unterlagen erhobenen Daten dienen.

Die Honorierung des **Landschaftsrahmenplanes** wurde mit der 3. ÄndVO in   1
die HOAI aufgenommen. Der Landschaftsrahmenplan betrifft große Planungsgebiete (Landkreise oder Planungsregionen der Regionalplanung), für die überörtliche Erfordernisse und Maßnahmen zur Verwirklichung der Ziele des Naturschutzes und der Landschaftspflege darzustellen sind. Landschaftsrahmenpläne werden in der Regel im Maßstab 1 : 25 000 darzustellen sein. Die gesetzliche Grundlage der Landschaftsrahmenplanung ist in § 5 BNatSchG gegeben und wird in Absatz 1 nochmals angeführt.

Absatz 2 enthält die Bewertung der einzelnen Leistungen in Vomhundertsät-   2
zen der Honorare. Hierbei ist festzustellen, daß im Gegensatz zur Landschaftsplanung der **Landschaftsanalyse** und der **Landschaftsdiagnose** größeres Eigengewicht zukommt, so daß beide Teilleistungen hier getrennt bewertet werden. Die Gliederung in 4 Leistungsphasen entspricht den tatsächlichen Arbeitsabschnitten. Die Bewertung der einzelnen Leistungsphasen lehnt sich an die Bewertung der Grundleistungen für Landschafts- und Grünordnungspläne an.

Absatz 3 enthält eine detaillierte Beschreibung des Leistungsbildes und der   3
Teilleistungen in den einzelnen Leistungsphasen. Hinsichtlich der Frage des Inhalts des Leistungsumfanges und damit verbundener Haftungsfragen vgl. die Kommentierung zu § 45 a Abs. 2.

4   Leistungsphase 1   Landschaftsanalyse

Die Landschaftsanalyse entspricht weitgehend dem Leistungsbild der Bestandsaufnahme im Landschafts- und Grünordnungsplan, wobei der Landschaftsrahmenplan aufgrund seines gröberen Maßstabs keine genauen Aussagen zuläßt. Zu den **natürlichen Grundlagen** zählen neben abiotischen Landschaftselementen wie Boden, Klima, Gewässer, Grundwasserverhältnisse und Oberflächenrelief auch die biotischen Landschaftselemente wie Tier- und Pflanzenwelt. Die **Landschaftsgliederung** ist aufgeteilt in Naturräume und ökologische Raumeinheiten; diese Trennung ist aufgrund der unterschiedlichen Verteilung und des unterschiedlichen Zusammenwirkens der Landschaftselemente getroffen worden. Die **Flächennutzung,** also die tatsächlich ausgeübte Bodennutzung, ist zu erfassen, um die Auswirkungen auf den Naturhaushalt und das Landschaftsbild bewerten zu können. **Geschützte Flächen und Einzelbestandteile** der Natur umfassen zum einen Schutzgebiete (Natur- und Landschaftsschutzgebiete, Wasserschutzgebiete u. a.) und zum anderen Einzelbestandteile, wie Quellbereiche, Heiden, Naturdenkmale u. a.

5   Der Landschaftsrahmenplan erstrebt den Ausgleich zwischen dem biologisch-ökologischen Potential der freien und besiedelten Landschaft und den örtlichen, meist flächenmäßigen Ansprüchen der Gesellschaft. Um für einen derartigen Ausgleich zwischen dem natürlichen Leistungsvermögen der Umwelt und den konkurrierenden Flächenansprüchen optimale Planungsvorschläge erarbeiten zu können, ist diese Landschaftsanalyse erforderlich.

6   Leistungsphase 2   Landschaftsdiagnose

Die Leistungsphase 2 befaßt sich mit der Bewertung der Ergebnisse der Landschaftsanalyse hinsichtlich des **Naturhaushalts** und des **Landschaftsbildes** sowie der vorhandenen und vorhersehbaren menschlichen Einwirkungen (z. B. durch Industrieansiedlungen, Verkehrsbauwerke, Deponien usw.). Hierbei wird im Interesse der Ökosysteme auf die ökologischen Raumeinheiten abgestellt und damit eine Vernetzung ökologischer Systeme zugrunde gelegt.

Die Bewertung erfolgt hinsichtlich:

1. des *Naturhaushalts*
Er ist als Wirkungsgefüge der Naturfaktoren, Strukturen und Zusammenhänge von natürlichen bzw. naturnahen und anthropogenen Ökosystemen zu verstehen. Zu den Naturfaktoren zählen die abiotischen Faktoren, wie geologische Gegebenheiten, Boden, Klima und Wasser, und die biotischen, wie Pflanzen- (potentielle natürliche sowie reale Vegetation) und Tierwelt.

2. des *naturbedingten sowie des anthropogenen Landschaftsbilds,* also der Einstufung in Naturlandschaft bzw. Kulturlandschaft, der **Nutzungsauswirkungen**, insbesondere Schäden an Naturhaushalt und Landschaftsbild.

Hierbei werden die Auswirkungen der Flächennutzung, insbesondere solcher Gebiete, die aufgrund vorhandener oder früherer Nutzungen nachteilige

Auswirkungen erkennen lassen oder solche Auswirkungen absehbar sind, herausgestellt.

3. der **Empfindlichkeit der Ökosysteme** bzw. einzelner Landschaftsfaktoren.

Hierbei wird herausgearbeitet, welche Stabilität bzw. Belastbarkeit den vorhandenen Naturfaktoren des Bereiches zukommt und welcher Grad der Belastung bereits erreicht ist.

4. der **Zielkonflikte** zwischen Belangen des Naturschutzes und der Landschaftspflege einerseits und raumbeanspruchenden Vorhaben andererseits.

Dieser hauptsächlichen Aufgabe des Landschaftsrahmenplanes, also der planerischen Entwicklung ganzer Regionen, ist in dieser Leistungsphase breiteren Raum zu geben. Mit der Erkenntnis aus der Landschaftsanalyse werden die Dimension und Folgewirkung von bereits formulierten Raumbeanspruchungen, die Eingriffe in die Natur und Landschaft mit sich bringen, fundiert verdeutlicht.

Leistungsphase 3 Entwurf   7

Auch beim Landschaftsrahmenplan enthält die Leistungsphase 3 den größten Arbeitsaufwand. Dem entspricht die Bewertung mit 50 v. H.

Die Darstellung der Erfordernisse und Maßnahmen zur Verwirklichung der Ziele des Naturschutzs und der Landschaftspflege umfassen:

1. Ziele der **Landschaftsentwicklungen** nach Maßgabe der Empfindlichkeit des Naturhaushalts.

Mit den genannten Unterpunkten soll verdeutlicht werden, welche Flächennutzung nach Maßgabe der Empfindlichkeit des Naturhaushalts ökologisch vertretbar ist.

2. Ziele des **Arten- und Biotopschutzes.**

Hierbei ist dem Rückgang der Artenvielfalt und der Beeinflussung von Biotopen durch äußere Einflüsse ein entsprechender Schutz zuzuordnen.

3. Ziele zum **Schutz und zur Pflege abiotischer Landschaftsfaktoren** unter Berücksichtigung von geologischen Gegebenheiten, Boden, Klima und Wasser.

4. **Sicherung und Pflege von Schutzgebieten** und Einzelbestandteilen von Natur und Landschaft. Hierbei wird den bestehenden Schutzgebieten und Einzelbestandteilen ein hoher, im regionalen Zusammenhang zu sehender Status zugeordnet.

5. **Pflege-, Gestaltungs- und Entwicklungsmaßnahmen** zur Sicherung überörtlicher Grünzüge, Grünordnung im Siedlungsbereich und Landschaftspflege einschließlich des Arten- und Biotopschutzes sowie des Wasser-, Boden- und Klimaschutzes sowie der Sanierung von Landschaftsschäden.

Dieser wichtigste Teil überregionaler Planungsüberlegungen für Natur und Landschaft beeinflußt die nachfolgenden bauleitplanerischen Planungsstufen entscheidend: Die Aussagen des Landschaftsplanes haben die Vorgaben des Landschaftsrahmenplanes entsprechend zu beachten.

6. Grundsätze einer **landschaftsschonenden Landnutzung.**

Hierzu gehören sowohl landwirtschaftliche Nutzungen mit den Problemen der Bodenverdichtung, Grundwasserbelastung, Erosion und Schädlingsbekämpfung wie auch bauliche Nutzung und den hiermit verbundenen Problemen der Flächenversiegelung, Klimaveränderung, Emission durch Abgabe.

In einer Zeit großen Flächenverbrauchs kommt der Hervorhebung und Verdeutlichung dieser Grundsätze als planerischem Ansatz große Bedeutung zu.

7. **Leitlinien für die Erholung in der freien Natur.**

Der Ausweisung von Freizeit- und Erholungsgebieten als Ausgleich für den Flächenverbrauch in Ballungsräumen ist hier entsprechend Bedeutung gegeben.

8. Gebiete, für die **detaillierte landschaftliche Planungen** erforderlich sind.

Nicht nur die Regelung des Bundesnaturschutzgesetzes und der Naturschutzgesetze der Länder schaffen die Basis weiterführender, vertiefender landschaftsplanerischer Untersuchungen, sondern auch der Landschaftsrahmenplan kann entsprechende Forderungen zur Erstellung von Landschaftsplänen, Grünordnungsplänen und landschaftspflegerischen Begleitplänen enthalten. Insofern kann den örtlichen Erfordernissen und Maßnahmen zur Verwirklichung der Ziele des Naturschutzes und der Landschaftspflege trotz überregionaler Überlegungen hier entsprechend Rechnung getragen werden.

8 Mit der **Abstimmung des Entwurfs mit dem Auftraggeber** ist die Leistungsphase 3 abgeschlossen. Eine Abstimmung mit sonstigen Behörden ist nicht vorgesehen; soweit der Auftragnehmer hier Leistungen erbringt, handelt es sich um Besondere Leistungen.

9 **Leistungsphase 4   Endgültige Planfassung**

Mit dieser Leistungsphase bringt der Auftragnehmer den Entwurf in die mit dem Auftraggeber abgestimmte Form. Soweit er bei der Einarbeitung von Zielen der Landschaftsentwicklung in Programme und Pläne im Sinne des § 5 Abs. 1 Satz 1 und 2 und Absatz 3 des Raumordnungsgesetzes, also bei der Einarbeitung in Regionalpläne, Landschaftsentwicklungspläne, Landschaftsprogramme oder dergleichen mitwirkt, ist hier eine Besondere Leistung gegeben.

10 Weitere Besondere Leistungen werden im Leistungsbild des Landschaftsrahmenplans nicht erwähnt. Es sind jedoch verschiedene Besondere Leistungen, wie z. B. die Mitwirkung bei öffentlichen Diskussionen und Informationsveranstaltungen, die Erstellung von Informationsschriften, gegeben. Zu weiterer Besonderen Leistungen siehe die Kommentierung in § 45a Rdn. 1.

Absatz 4 regelt den Honorarrahmen bei Fortschreibung eines Landschafts- 11
rahmenplans. Hier ermäßigt sich die Bewertung der Leistungsphase 1 – Landschaftsanalyse – auf 5 v. H. Fraglich ist, wie weit hier der Rahmen einer Fortschreibung gesteckt werden kann. Soweit in der Zwischenzeit zwischen der
Erstellung des Landschaftsrahmenplanes und seiner Fortschreibung aufgrund
äußerer Umwelteinflüsse ein großer Teil der Waldflächen einer Region geschä-
digt wurde oder gar abgestorben ist – was zu einer einschneidenden Veränderung der natürlichen Grundlagen der Landschaft geführt hat –, ist möglicherweise eine völlig neue Landschaftsanalyse erforderlich. Zu den Abgrenzungsschwierigkeiten vgl. auch Hartmann § 47a Rdn. 5.

§ 47a
Honorartafel für Grundleistungen bei Landschaftsrahmenplänen

(1) Die Mindest- und Höchstsätze der Honorare für die in § 47 aufgeführten
Grundleistungen bei Landschaftsrahmenplänen sind in der nachfolgenden
Honorartafel festgesetzt:

Honorartafel zu § 47a Abs. 1

| Fläche | Normalstufe | | Schwierigkeitsstufe | |
| | von | bis | von | bis |
ha	DM		DM	
5 000	57 610	72 010	72 010	86 410
6 000	66 230	82 790	82 790	99 350
7 000	74 360	92 950	92 950	111 540
8 000	82 020	102 530	102 530	123 030
9 000	88 940	111 180	111 180	133 410
10 000	95 170	118 970	118 970	142 770
12 000	106 690	133 360	133 360	160 020
14 000	116 810	146 020	146 020	175 220
16 000	126 490	158 120	158 120	189 740
18 000	135 430	169 290	169 290	203 150
20 000	144 970	181 220	181 220	217 460
25 000	168 730	210 920	210 920	253 100
30 000	188 660	235 830	235 830	282 990
35 000	205 560	256 960	256 960	308 350
40 000	220 100	275 130	275 130	330 150
45 000	231 890	289 870	289 870	347 840
50 000	245 370	306 720	306 720	368 060
60 000	270 070	337 590	337 590	405 110
70 000	292 420	365 530	365 530	438 630
80 000	309 940	387 430	387 430	464 910
90 000	327 460	409 330	409 330	491 190
100 000	345 880	432 350	432 350	518 810

(2) § 45 b Abs. 2 bis 4 gilt sinngemäß.

(3) Landschaftsrahmenpläne können nach Anzahl und Gewicht der Schwierigkeitsmerkmale der Schwierigkeitsstufe zugeordnet werden, wenn es bei Auftragserteilung schriftlich vereinbart worden ist. Schwierigkeitsmerkmale sind insbesondere:

1. schwierige ökologische Verhältnisse,

2. Verdichtungsräume,

3. Erholungsgebiete,

4. tiefgreifende Nutzungsansprüche wie großflächiger Abbau von Bodenbestandteilen,

5. erschwerte Planung durch besondere Maßnahmen der Umweltsicherung und des Umweltschutzes.

1 Die Honorarberechnung des **Landschaftsrahmenplans** vollzieht sich in vier Stufen, die nachfolgend kurz skizziert werden sollen:

a) Zunächst sind die Flächenwerte (ha) des Planungsgebietes festzustellen.

b) Danach ist zu ermitteln, ob die Planung in die Normalstufe oder die Schwierigkeitsstufe gehört. Grundlage hierfür ist § 47a Abs. 3.

c) Sodann lassen sich die Von-bis-Sätze aus der Honorartafel des Absatzes 1 ablesen.

d) Schließlich ist eine Bewertung der Leistungen nach den Vomhundertsätzen des § 47 vorzunehmen. Je nachdem, welche Leistungsphasen aus § 47 erbracht werden, ergibt sich ein bestimmter Vomhundertsatz, aus dem Mindest- bzw. Höchstsätze für die betreffende Planung zu ermitteln sind.

2 Für die Honorare nach § 47a gelten ferner die Bestimmungen der §§ 1–9. § 47a gilt nur für Honorare betreffend die Grundleistungen; die Honorare für Besondere Leistungen bemessen sich nach §§ 2 Abs. 3, 5 Abs. 4 und 5. Absatz 1 legt die Mindest- und Höchstsätze für Honorare der Leistungen bei Landschaftsrahmenplänen fest. Es handelt sich um Mindest- und Höchstsätze im Sinne des § 4.

3 Absatz 2 verweist auf die sinngemäße Anwendung des § 45 b Abs. 2 bis 4, auf die dortige Kommentierung kann verwiesen werden.

4 Absatz 3 ermöglicht die Einordnung der Planung in die Schwierigkeitsstufe. Die entsprechende Vereinbarung muß jedoch bei Auftragserteilung schriftlich getroffen werden. Die Schwierigkeitsmerkmale im Absatz 3 sind nur beispielhaft aufgeführt. Es können andere Schwierigkeitsmerkmale für die Einordnung in die Schwierigkeitsstufe ausreichen. Eine Zuordnung zur Schwierigkeitsstufe ist bereits dann anzunehmen, wenn eines der Schwierigkeitsmerkmale zutrifft. Im übrigen sind die Schwierigkeitsmerkmale so formuliert, daß sie keiner Auslegung bedürfen. Eine faktische Rechtfertigung einer Zuordnung zur Schwierigkeitsstufe läßt sich nicht abstrakt treffen, sondern ist abhängig vom Einzelfall, d. h. den vorhandenen Verhältnissen und der Aufgabensituation.

Folgendes Beispiel soll die Honorarberechnung für einen Landschaftsrahmenplan verdeutlichen:

1. Situation

Ein Regionalverband beauftragt die Planungsleistungen eines Landschaftsrahmenplans. Die Fläche des Planungsbereichs umfaßt 24 520 ha. Aufgrund des Schwierigkeitsmerkmals „Verdichtungsraum" ist die Planung der Schwierigkeitsstufe zugeordnet.

Alle Grundleistungen des § 47 (Leistungsphase 1 bis 4) sollen erbracht werden. Es liegt bereits ein Landschaftsrahmenplan für den Planungsraum vor, der aufgrund landesgesetzlicher Änderungen und wesentlich veränderter Formerfordernisse nicht fortgeschrieben, sondern komplett neu erarbeitet werden muß. Die Leistungsphase 1 wird deshalb nicht nach § 47 Abs. 4 reduziert, sondern mit den normalen Vomhundertsätzen vergütet.

Es sind Besondere Leistungen erforderlich: Für Leistungen entsprechend § 45 a Leistungsphase 1 „Klären der Aufgabenstellung und Ermitteln des Leistungsumfangs", die bei § 47 a nicht zu den Grundleistungen gehören, aber in diesem Fall erbracht werden, sowie für Abstimmungsgespräche mit betroffenen Behörden, Verbänden und den Trägern öffentlicher Belange vor Planungsbeginn, für Zwischenberichte an diese Behörden und weitere Institutionen, Gremien und Verbände sowie für Sitzungen erfolgt die Vergütung auf Nachweis.

Es ist der Von-Satz vereinbart.

Die Nebenkosten sind wie folgt zu vergüten:
- allgemeine Nebenkosten für die Erstellung des Landschaftsrahmenplans in 1 Fertigung Pläne in Farbe   als Nettopauschale von   DM 20 000,00 sowie
- für die Vorlage digitaler, auf die DV-Programme des Regionalverbands abgestimmte Dateien für die Text- und Planfassungen   als Nettopauschale von   DM 15 000,00
- für Mehrfertigungen erfolgt eine Vergütung   auf Nachweis der entstandenen Kosten

2. HOAI-Tabellenwert

bei einem Planungsbereich von 24 520 ha und einer Zuordnung zu Schwierigkeitsstufe Von-Satz ergeben sich nach § 47 a Abs. 1 HOAI   DM 207 505,44

3.   Honorarermittlung

3.1   Leistungsphasen/Grundleistungen

Leistungsphase 1	Landschaftsanalyse	20 v. H.	DM	41 501,09
Leistungsphase 2	Landschaftsdiagnose	20 v. H.	DM	41 501,09
Leistungsphase 3	Entwurf	50 v. H.	DM	103 752,72
Leistungsphase 4	Endgültige Planfassung	10 v. H.	DM	20 750,54

3.2   Besondere Leistungen

3.2.1 Klären der Aufgabenstellung und Ermitteln des Leistungsumfangs in Anlehnung an § 45 a Leistungsphase 1
Nachweis Zeitaufwand

Auftragnehmer	20 Std. · DM 140,00	DM	2 800,00
Mitarbeiter § 6 Abs. 2 Nr. 2	100 Std. · DM 100,00	DM	10 000,00
Mitarbeiter § 6 Abs. 2 Nr. 3	entfällt		

3.2.2 Abstimmungsgespräche, Sitzungen usw. außerhalb der hierfür definierten Grundleistungen
Nachweis Zeitaufwand

Auftragnehmer	200 Std. · DM 140,00	DM	28 000,00
Mitarbeiter § 6 Abs. 2 Nr. 2	30 Std. · DM 100,00	DM	3 000,00
Mitarbeiter § 6 Abs. 2 Nr. 3	entfällt		

3.3   Nebenkosten

3.3.1 Allgemeine Nebenkosten
vereinbarte Nettopauschale von   DM   20 000,00

3.3.2 Vorlage von DV-Dateien für alle Text- und Planfassungen vereinbarte Nettopauschale von   DM   15 000,00

3.3.1 Erstellung von 3 Mehrfertigungen auf Nachweis der Unkosten (Farbkopien Pläne und Textteil)   DM   12 000,00

| Honorar und Nebenkosten netto | DM 298 305,44 |

zuzügl. gesetzl. MwSt.

§ 48
Honorarzonen für Leistungen bei Umweltverträglichkeitsstudien

(1) Die Honorarzone wird bei Umweltverträglichkeitsstudien aufgrund folgender Bewertungsmerkmale ermittelt:

1. Honorarzone I:
Umweltverträglichkeitsstudien mit geringem Schwierigkeitsgrad, insbesondere bei einem Untersuchungsraum
– mit geringer Ausstattung an ökologisch bedeutsamen Strukturen,
– mit schwach gegliedertem Landschaftsbild,
– mit schwach ausgeprägter Erholungsnutzung,

– mit gering ausgeprägten und einheitlichen Nutzungsansprüchen,

– mit geringer Empfindlichkeit gegenüber Umweltbelastungen und Beeinträchtigungen von Natur und Landschaft,

und bei Vorhaben und Maßnahmen mit geringer potentieller Beeinträchtigungsintensität;

2. Honorarzone II:

Umweltverträglichkeitsstudien mit durchschnittlichem Schwierigkeitsgrad, insbesondere bei einem Untersuchungsraum

– mit durchschnittlicher Ausstattung an ökologisch bedeutsamen Strukturen,

– mit mäßig gegliedertem Landschaftsbild,

– mit durchschnittlich ausgeprägter Erholungsnutzung,

– mit differenzierten Nutzungsansprüchen,

– mit durchschnittlicher Empfindlichkeit gegenüber Umweltbelastungen und Beeinträchtigungen von Natur und Landschaft,

und bei Vorhaben und Maßnahmen mit durchschnittlicher potentieller Beeinträchtigungsintensität;

3. Honorarzone III:

Umweltverträglichkeitsstudien mit hohem Schwierigkeitsgrad, insbesondere bei einem Untersuchungsraum

– mit umfangreicher und vielgestaltiger Ausstattung an ökologisch bedeutsamen Strukturen,

– mit stark gegliedertem Landschaftsbild,

– mit intensiv ausgeprägter Erholungsnutzung,

– mit stark differenzierten oder kleinräumigen Nutzungsansprüchen,

– mit hoher Empfindlichkeit gegenüber Umweltbelastungen und Beeinträchtigungen von Natur und Landschaft,

und bei Vorhaben und Maßnahmen mit hoher potentieller Beeinträchtigungsintensität.

(2) Sind für eine Umweltverträglichkeitsstudie Bewertungsmerkmale aus mehreren Honorarzonen anwendbar und bestehen deswegen Zweifel, welcher Honorarzone die Umweltverträglichkeitsstudie zugerechnet werden kann, so ist die Anzahl der Bewertungspunkte nach Absatz 3 zu ermitteln; die Umweltverträglichkeitsstudie ist nach der Summe der Bewertungspunkte folgenden Honorarzonen zuzurechnen:

1. Honorarzone I

Umweltverträglichkeitsstudien mit bis zu 16 Punkten,

2. Honorarzone II

Umweltverträglichkeitsstudien mit 17 bis zu 30 Punkten,

3. Honorarzone III

Umweltverträglichkeitsstudien mit 31 bis zu 42 Punkten.

(3) Bei der Zurechnung einer Umweltverträglichkeitsstudie in die Honorarzonen sind entsprechend dem Schwierigkeitsgrad der Aufgabenstellung die Bewer-

tungsmerkmale Ausstattung an ökologisch bedeutsamen Strukturen, Landschaftsbild, Erholungsnutzung sowie Nutzungsansprüche mit je bis zu sechs Punkten zu bewerten, die Bewertungsmerkmale Empfindlichkeit gegenüber Umweltbelastungen und Beeinträchtigungen von Natur und Landschaft sowie Vorhaben und Maßnahmen mit potentieller Beeinträchtigungsintensität mit je bis zu neun Punkten.

1   Die **Umweltverträglichkeitsstudie** ist durch die 3. ÄndVO als neues Leistungsbild in die HOAI aufgenommen worden. Damit hat der Gesetzgeber auf das im Referentenentwurf vorliegende Umweltverträglichkeitsprüfungsgesetz (UVPG), das der EG-Richtlinie über die Umweltverträglichkeitsprüfung vom 27. 6. 1985 Rechnung trägt, hinsichtlich des Honorarrahmens vor der Verkündung des Gesetzes vom 12. 2. 1990 reagiert.

2   Die 4. ÄndVO hat das Honorarberechnungssystem für Umweltverträglichkeitsstudien und landschaftspflegerische Begleitpläne grundlegend geändert und weiterentwickelt. Für Umweltverträglichkeitsstudien wurde der Bezug zu Bewertungsmerkmalen des § 45 aufgegeben, weil sich die Anforderungen der Umweltverträglichkeitsstudie aufgrund der Umweltgesetzgebung, vor allem des UVPG, grundlegend verändert haben. Ebenso wird auch das bisherige Honorarberechnungssystem für landschaftspflegerische Begleitpläne nach Verrechnungseinheiten und Zuordnungen in Normal- oder Schwierigkeitsstufen aufgegeben. Die Honorarermittlung erfolgt nach 3 Honorarzonen, so daß nunmehr dem einzelnen Schwierigkeitsgrad entsprechend ein leistungsgerechtes Honorar festgelegt werden kann. Die Honorarzonen werden anhand des Schwierigkeitsgrades der Bewertungsmerkmale ermittelt.

3   Mit der 5. ÄndVO wurden die Honorarberechnungssysteme für Umweltverträglichkeitsstudien an die Anforderungen der Umweltgesetzgebung angepaßt. Mit der Aufstellung des Leistungsbildes einer Umweltverträglichkeitsstudie in § 48a wird ein Leistungsbild definiert, das sich abhebt von den Leistungsbildern für Landschaftspläne, Grünordnungspläne oder landschaftspflegerische Begleitpläne, da der Leistungsschwerpunkt neben einer Bestands- und Wirkungsanalyse insbesondere auf einer vergleichenden Bewertung von Projektalternativen liegt.

4   Die Umweltverträglichkeitsstudien werden in Verbindung mit raumwirksamen Planungen und Vorhaben von Privaten oder der öffentlichen Hand in Auftrag gegeben, z. B. bei Verkehrsbauten, Gewässerbau, Deponien oder Abgrabungen. Diese erfassen, analysieren und bewerten raumbezogen und alternativ die Wirkungen eines Vorhabens auf die Umwelt und tragen so als Planungsbeitrag zur Entscheidungsfindung in Politik, Verwaltung und Öffentlichkeit bei. Umweltverträglichkeitsstudien werden verstanden als Beiträge, die für die Prüfung der Umweltverträglichkeit von bestimmten öffentlichen und privaten Projekten durch die zuständige Behörde notwendig sind. Grundlage hierfür ist die EG-Richtlinie zur Umweltverträglichkeitsprüfung, die darauf abzielt, daß bei allen technischen Planungs- und Entscheidungsprozessen die

Auswirkungen auf die Umwelt so früh wie möglich berücksichtigt werden. Hierbei wird die Umweltverträglichkeitsprüfung als behördliches Prüfverfahren verstanden, zu dem die Umweltverträglichkeitsstudie die wesentliche Informationsgrundlage darstellt.

Gegenstand der Umweltverträglichkeitsstudie ist   5

1. die Bestandserfassung und Bewertung der Empfindlichkeit der bestehenden natürlichen Gegebenheiten, die Leistungsfähigkeit des Naturhaushaltes (Wasser, Boden, Klima, Luft, Tier- und Pflanzenwelt) und des Landschaftsbildes einschließlich bestehender Nutzungen sowie Ermittlung konfliktarmer Korridore,

2. die Ermittlung und Bewertung der zu erwartenden Wirkungen des Vorhabens auf die Bereiche sowie ihrer zu erwartenden Beeinträchtigungen durch Verknüpfung ihrer Empfindlichkeit mit den Wirkungen des Vorhabens (ökologische Risikoeinschätzung) für jede Variante,

3. die Ermittlung und Bewertung von Möglichkeiten zur Vermeidung der zu erwartenden Beeinträchtigungen für jede Variante,

4. die Ermittlung und Bewertung von Vorschlägen zur Verminderung und zum Ausgleich unvermeidbarer Beeinträchtigungen für jede Variante,

5. die Ermittlung und Bewertung der voraussichtlich nicht ausgleichbaren Beeinträchtigungen für jede Variante,

6. die Ermittlung und Bewertung des Verhältnisses der voraussichtlich mit der Variante verbundenen Be- und Entlastungen für jede Variante.

Die Darstellung erfolgt in der Regel im Maßstab der anschließenden Fachplanung entsprechend der Projektgröße im Maßstab 1 : 50 000 bis 1 : 5000.

In Absatz 1 werden jetzt Honorarzonen mit eigenen Bewertungsmerkmalen   6 definiert. Die Bewertungsmerkmale unterscheiden sich in ihrer Art, ihrer Eigenheit und Planungsrelevanz erheblich. Obwohl im wesentlichen Merkmale des Naturschutzrechts angesprochen werden, müssen diese Bewertungsmerkmale auch auf außerhalb der Belange des Naturschutzes und der Landschaftspflege liegende Sachverhalte der Umweltverträglichkeitsstudie bezogen werden, z. B. auf Sachgüter, kulturelles Erbe. In Abweichung von der Landschaftsplanung verfolgt die Umweltverträglichkeitsstudie das Ziel, Wirkungen von Vorhaben oder Projekten verschiedenster Art auf die Umwelt raum- und alternativbezogen als Entscheidungsgrundlage zu erfassen, zu analysieren und zu bewerten. Folglich müssen Kriterien herangezogen werden, die u. a. neben der Ausstattung der Landschaft an ökologisch bedeutsame Strukturen, Ausprägung der Nutzungsansprüche und Merkmalen zum Landschaftsbild, insbesondere auch die potentielle Beeinträchtigungsintensität und Eingriffserheblichkeit von raumwirksamen Vorhaben, berücksichtigen. Die Eingriffsintensität und Beeinträchtigungsintensität berücksichtigen, daß Projekte hinsichtlich ihrer Eingriffe oder Beeinträchtigungen qualitativ zu bewerten sind.

Die 6 für die Zuordnung einer Umweltverträglichkeitsstudie maßgeblichen   7 Bewertungsmerkmale hängen in der Regel sehr eng zusammen. Schwierige ökologische Verhältnisse stellen oft auch hohe Anforderungen an die Beurteilung von Beeinträchtigungen der Umwelt und somit hohe Anforderungen an Umweltsicherung und Umweltschutz. Daher ist eine Differenzierung der Schwierigkeitsmerkmale über allgemeinverständliche und im Untersuchungsraum leicht erfaßbare Kriterien angezeigt.

8   Die Ausstattung eines Untersuchungsraumes an ökologisch bedeutsamen Strukturen, z. B. Gewässer, Wälder, Hecken, bedeutende Lebensräume für Pflanzen und Tiere, ist ein unschwer zu erfassendes Merkmal und dennoch für die Abschätzung der Qualität einer Landschaft ein effektives. Die Ausstattung einer Landschaft, z. B. mit gliedernden und belebenden Elementen, ist ein einfaches Hilfsmerkmal für die Beurteilung des Landschaftsbildes. Hieraus läßt sich im wesentlichen die generelle Erholungseignung ableiten, die um die grobe Erfassung der realen Nutzung einer Landschaft als „Erholungslandschaft/Erholungsraum" zu ergänzen ist. Die Einschätzung der Empfindlichkeit einer Landschaft gegenüber potentiellen Umweltbelastungen und Beeinträchtigungen von Natur und Landschaft läßt sich an den ökologischen Verhältnissen des Raumes ablesen, d. h. am Zustand des Naturhaushalts insgesamt und an den einzelnen Landschaftsfaktoren wie Wasser, Boden, Klima, Tier- und Pflanzenwelt im besonderen. Die Nutzungsstruktur ist zum einen landschaftsprägend, zum anderen auch im Hinblick auf die derzeitige Belastung der natürlichen Ressourcen ein entscheidendes Kriterium. Der Faktor „Erholung" ist für die Frage der Umweltverträglichkeit von Projekten ebenfalls ein wichtiges Kriterium. Ein wesentliches Moment, zugleich Abgrenzung zu den Bewertungsmerkmalen des § 45, ist die potentielle Beeinträchtigungsintensität, die durch das Vorhaben selbst verursacht wird. Zur generellen Einschätzung der potentiellen Beeinträchtigungsintensität sind die Schwere und die Dauer der zu erwartenden Auswirkungen eines Vorhabens auf die Umwelt (bei landschaftspflegerischen Begleitplänen in der Regel bezogen auf Naturhaushalt) ein entscheidendes Merkmal.

9   In Absatz 2 wird festgelegt, welcher Honorarzone die Umweltverträglichkeitsstudie in Zweifelsfällen zuzurechnen ist. In solchen Fällen ist die Summe der Bewertungspunkte maßgebend. Die einzelnen Bewertungsmerkmale sind nach Maßgabe von Absatz 3 zu bewerten. In die Honorarzone I werden Umweltverträglichkeitsstudien mit bis zu 16 Punkten eingeordnet, in die Honorarzone II Umweltverträglichkeitsstudien mit 17 bis 30 Punkten und in die Honorarzone III Umweltverträglichkeitsstudien mit 31 bis 42 Punkten. Mit der Anzahl der Bewertungspunkte wird noch nicht ein Honorar innerhalb der Mindest- und Höchstsätze einer Honorarzone bestimmt. Die Anzahl der Bewertungspunkte ist bei der Vereinbarung des Honorars im Rahmen der Honorarspanne lediglich ein Kriterium, das neben mehreren anderen bei der Höhe des Honorars berücksichtigt werden kann.

10   In Absatz 3 wird vorgeschrieben, mit wieviel Punkten entsprechend dem Schwierigkeitsgrad die einzelnen Bewertungsmerkmale zu bewerten sind.

Zur Aufteilung ist folgende Punkteskala vorstellbar:	gering	durchschnittlich	hoch
Honorarzone	I	II	III
Bewertungsmerkmale		Punktebewertung	
1. Ausstattung an ökologisch bedeutsamen Strukturen	2	4	6
2. Landschaftsbild	2	4	6
3. Erholungsnutzung	2	4	6
4. Nutzungsansprüche	2	4	6
5. Empfindlichkeit gegenüber Umweltbelastungen und Beeinträchtigungen von Natur und Landschaft	3	6	9
6. Vorhaben und Maßnahmen mit potentieller Beeinträchtigungsintensität	3	6	9
Gesamtpunktzahl	bis 16	17–30	31–42

§ 48 a

Leistungsbild Umweltverträglichkeitsstudie

(1) Die Grundleistungen bei Umweltverträglichkeitsstudien zur Standortfindung als Beitrag zur Umweltverträglichkeitsprüfung sind in den in Absatz 2 aufgeführten Leistungsphasen 1 bis 5 zusammengefaßt. Sie sind in der nachfolgenden Tabelle in Vomhundertsätzen der Honorare des § 48b bewertet.

	Bewertung der Grundleistungen in v. H. der Honorare
1. Klären der Aufgabenstellung und Ermitteln des Leistungsumfangs	3
2. Ermitteln und Bewerten der Planungsgrundlagen Bestandsaufnahme, Bestandsbewertung und zusammenfassende Darstellung	30
3. Konfliktanalyse und Alternativen	20
4. Vorläufige Fassung der Studie	40
5. Endgültige Fassung der Studie	7

(2) Das Leistungsbild setzt sich wie folgt zusammen:

Grundleistungen	Besondere Leistungen

1. Klärung der Aufgabenstellung
und Ermitteln des Leistungsumfangs

Abgrenzen des Untersuchungsbereichs

Zusammenstellen der verfügbaren planungsrelevanten Unterlagen, insbesondere

– örtliche und überörtliche Planungen und Untersuchungen
– thematische Karten, Luftbilder und sonstige Daten

Ermitteln des Leistungsumfangs und ergänzender Fachleistungen

Ortsbesichtigungen

2. Ermitteln und Bewerten
der Planungsgrundlagen

a) Bestandsaufnahme

Erfassen auf der Grundlage vorhandener Unterlagen und örtlicher Erhebungen

– des Naturhaushalts in seinen Wirkungszusammenhängen, insbesondere durch Landschaftsfaktoren wie Relief, Geländegestalt, Gestein, Boden, oberirdische Gewässer, Grundwasser, Geländeklima sowie Tiere und Pflanzen und deren Lebensräume
– der Schutzgebiete, geschützten Landschaftsbestandteile und schützenswerten Lebensräume
– der vorhandenen Nutzungen, Beeinträchtigungen und Vorhaben
– des Landschaftsbildes und der -struktur
– der Sachgüter und des kulturellen Erbes

b) Bestandsbewertung

Bewerten der Leistungsfähigkeit und der Empfindlichkeit des Naturhaushalts und des Landschaftsbildes nach den Zielen und Grundsätzen des Naturschutzes und der Landschaftspflege

Bewerten der vorhandenen und vorhersehbaren Umweltbelastungen der Bevölkerung sowie Beeinträchtigungen (Vorbelastung) von Natur und Landschaft

Besondere Leistungen (rechte Spalte):

Einzeluntersuchungen zu natürlichen Grundlagen, zur Vorbelastung und zu sozioökonomischen Fragestellungen

Sonderkartierungen

Prognosen

Ausbreitungsberechnungen

Beweissicherung

Aktualisierung der Planungsgrundlagen

Untersuchen von Sekundäreffekten außerhalb des Untersuchungsgebiets

Grundleistungen	Besondere Leistungen

c) Zusammenfassende Darstellung der Bestandsaufnahme und der -bewertung in Text und Karte

3. Konfliktanalyse und Alternativen

Ermitteln der projektbedingten umwelterheblichen Wirkungen

Verknüpfen der ökologischen und nutzungsbezogenen Empfindlichkeit des Untersuchungsgebiets mit den projektbedingten umwelterheblichen Wirkungen und Beschreiben der Wechselwirkungen zwischen den betroffenen Faktoren

Ermitteln konfliktarmer Bereiche und Abgrenzen der vertieft zu untersuchenden Alternativen

Überprüfen der Abgrenzung des Untersuchungsbereichs

Abstimmen mit dem Auftraggeber

Zusammenfassende Darstellung in Text und Karte

4. Vorläufige Fassung der Studie

Erarbeiten der grundsätzlichen Lösung der wesentlichen Teile der Aufgabe in Text und Karte mit Alternativen

a) Ermitteln, Bewerten und Darstellen für jede sich wesentlich unterscheidende Lösung unter Berücksichtigung des Vermeidungs- und/oder Ausgleichsgebots
   - des ökologischen Risikos für den Naturhaushalt
   - der Beeinträchtigungen des Landschaftsbildes
   - der Auswirkungen auf den Menschen, die Nutzungsstruktur, die Sachgüter und das kulturelle Erbe

   Aufzeigen von Entwicklungstendenzen des Untersuchungsbereichs ohne das geplante Vorhaben (Status-quo-Prognose)

b) Ermitteln und Darstellen voraussichtlich nicht ausgleichbarer Beeinträchtigungen

c) Vergleichende Bewertung der sich wesentlich unterscheidenden Alternativen

Erstellen zusätzlicher Hilfsmittel der Darstellung

Vorstellen der Planung vor Dritten

Detailausarbeitungen in besonderen Maßstäben

Grundleistungen	Besondere Leistungen

Abstimmen der vorläufigen Fassung der
Studie mit dem Auftraggeber

5. **Endgültige Fassung der Studie**
Darstellen der Umweltverträglichkeitsstudie in der vorgeschriebenen Fassung in Text
und Karte in der Regel im Maßstab
1 : 5000 einschließlich einer nichttechnischen Zusammenfassung

1   Absatz 1 legt fest, daß das Leistungsbild die Umweltverträglichkeitsstudien
zur Standortfindung als Beitrag zur Umweltverträglichkeitsprüfung umfassen
soll. Daraus ist zu erkennen, daß neben der Umweltverträglichkeitsstudie zur
Standortfindung für die behördlichen Prüfverfahren noch weitere Planungsschritte zur umfassenden Umweltverträglichkeitsprüfung durchgeführt werden
müssen. Mit einer Begriffsverwirrung, die sich infolge der zeitlichen Probleme
bei der Entstehung des UVP-Gesetzes einstellte, werden auch „Umweltverträg-
lichkeitsprüfungen zu bereits vorliegenden Bebauungsplänen" oder auch zu
anderen festgelegten Planungsbereichen oder Maßnahmen bestellt, bei denen
es nicht um Standortfindung geht, sondern um Eingriffsminimierung, Definie-
rung von Ausgleichsmaßnahmen oder dgl. Die Honorarregelung des § 48 a
betrifft lediglich Umweltverträglichkeitsstudien zur Standortfindung in enger
Anlehnung an das UVPG. Absatz 1 enthält die Bewertung der einzelnen Leistungen in Vomhundertsätzen der Honorare nach § 48 b. Die Gliederung in
5 Leistungsphasen entspricht den tatsächlichen Arbeitsabschnitten.

2   Absatz 2 enthält eine detaillierte Beschreibung des Leistungsbildes und der
Teilleistungen in den einzelnen Leistungsphasen. Zur Frage des Inhaltes des
Leistungsumfanges und der damit zusammenhängenden Frage der Haftung des
Auftragnehmers vgl. die Kommentierung zu § 45 a Abs. 2 (§ 45 a Rdn. 1 ff.).

3   **Leistungsphase 1**   **Klären der Aufgabenstellung
und Ermitteln des Leistungsumfangs**

Die Leistungsphase 1 ist weitgehend identisch mit der des Landschaftsplanes
im § 45 a Abs. 2 Nr. 1 und der des Grünordnungsplanes § 46 Abs. 2 Nr. 1; es
wird auf die dortige Kommentierung verwiesen. Im Gegensatz zur relativ einfachen Abgrenzung des Planungsbereiches beim Landschaftsplan und Grünordnungsplan, die dort zumeist vom Auftraggeber vorgenommen wird, ist bei der
Umweltverträglichkeitsstudie zur Standortfindung ein **Abgrenzen** durch den
Auftragnehmer erforderlich. Nur er ist im Zuge der Klärung der Aufgabenstellung und erster Eindrücke durch Ortsbegehungen in der Lage, auch ohne konkrete Kenntnisse des Bestandes und möglicher Konflikte festzulegen, welchen
Planungsbereich es im Sinne einer umfassenden Planung zu untersuchen gilt.
Anwendungsregeln des Auftraggebers, die den Planungsbereich (Benachba-

rungszone, Korridore usw.) auf feste Regelbreiten pauschal definieren, werden der individuellen, der jeweiligen Örtlichkeit zukommenden Größe des Untersuchungsbereiches nicht gerecht. Allenfalls Richtwerte oder Anhaltswerte aus ähnlichen Aufgaben können bei der Abgrenzung des Untersuchungsbereiches als Hilfswerte hinzugezogen werden. Nach Vertiefung der Planung und Herausarbeitung erster Bewertungen wird die Grundleistung im Zuge der Leistungsphase 3 nochmals überprüft und ggf. anhand der zwischenzeitlich entstandenen Erkenntnisse korrigiert. Aufgrund der Einflußnahme dieser Grundleistung auf das Honorar (nach § 48 b ist die Fläche des Planungsbereiches die Grundlage der Honorarermittlung) und entsprechender Honorarfolgen bei Änderung des Untersuchungsbereiches ist zu empfehlen, von vornherein nicht mit Richtwerten, sondern individuellen, anhand von Ortsbegehungen und Planungsunterlagen entstehenden Eindrücken abzugrenzen.

Der Auftragnehmer hat die **verfügbaren planungsrelevanten Unterlagen** **4** zusammenzustellen. Hierzu gehören die Fach- und Raumplanungen sowie die entsprechenden Fach- und Raumuntersuchungen, soweit sie für den Auftragnehmer vom Auftraggeber selbst oder mit seiner Hilfe zur Verfügung gestellt werden können. Anhand einer ersten Bewertung der verfügbaren planungsrelevanten Unterlagen auf ihre Bedeutung und Aussagekraft für landschaftsplanerische Zwecke obliegt dem Auftragnehmer das Ermitteln des Leistungsumfanges (die Erstellung eines Leistungskatalogs hingegen gehört nach wie vor zu den Besonderen Leistungen) und die Festlegung von notwendigen ergänzenden Fachleistungen. Neben den Fachleistungen, die auch beim Landschafts- und Grünordnungsplan erforderlich sein können, sind hier weitere spezielle Fachleistungen anzusprechen wie Meßwerte über Luft- bzw. Wasserverfrachtungen von denkbaren Emissionen im Planungsbereich, Untersuchungen über Folgen von Betriebsstörungen bzw. Unfällen für den Planungsbereich, Angaben über Veränderungen von Sonneneinstrahlung und Niederschlag bei ähnlichen, bereits verwirklichten Projekten.

Besondere Leistungen sind im Rahmen der Leistungsphase 1 nicht erwähnt. **5** Besondere Leistungen, die in anderen Leistungsbildern erwähnt werden, sowie weitere Leistungen können auch bei der Erarbeitung von Umweltverträglichkeitsstudien in Betracht kommen und gemäß § 2 Abs. 3 Satz 3 als Besondere Leistungen eingestuft werden (siehe die Kommentierung zu § 45 a Rdn. 1).

Leistungsphase 2 Ermitteln und Bewerten der Planungsgrundlagen **6**

Wie auch beim Landschaftsplan und beim Grünordnungsplan besteht die Leistungsphase 2 der Umweltverträglichkeitsstudie zur Standortfindung aus 3 Teilen: der **Bestandsaufnahme,** der **Bestandsbewertung** sowie der **zusammenfassenden Darstellung.** Die Bestandsaufnahme ist jedoch im Gegensatz zum Landschafts- und zum Grünordnungsplan abschließend geregelt und umfaßt auf der Basis vorhandener Grundlagen und örtlicher Erhebungen:

1. den Naturhaushalt in seinen Wirkungszusammenhängen, insbesondere durch Landschaftsfaktoren wie Relief, Geländegestalt, Gestein, Boden, oberirdische Gewässer, Grundwasser, Geländeklima sowie Tiere und Pflanzen und deren Lebensräume.

Hierbei wird deutlich, daß das Gefüge der Ökosysteme als Ganzes, also dessen Massen-, Stoff- und Energieströme, die als physiologisches Geschehen in der Landschaft aufgefaßt werden können, gemeint ist.

2. die Schutzgebiete, geschützten Landschaftsbestandteile und schützenswerten Lebensräume. Hierbei wird neben den Schutzgebieten und geschützten Landschaftsbestandteilen gemäß dem Bundesnaturschutzgesetz und den Landschaftsgesetzen der Länder auf „schützenswerte Lebensräume" abgehoben. Dies greift weit über die gesetzliche Definition des Schutzgebietes bzw. geschützten Landschaftsbestandteiles hinaus und kann vom Auftragnehmer entsprechend ausgefüllt werden. Denkbar sind hier schützenswerte Elemente der Kulturlandschaft, wie Streuobstwiesen, Windschutzheckenstrukturen, aufgelassene Industriestandorte oder Bergwerke, aber auch vorhandene naturnahe und unverbaute Landschaftsbereiche ohne Schutzstatus, wie Quellbereiche, naturnahe Bach- und Flußabschnitte, Bruch- und Auenwälder, offene natürliche Felsbildungen, Hohlwege und Trockenmauern, die aufgrund ihrer Bedeutung als Lebensraum für Mensch, Tier und Pflanzen schützenswert sind.

3. die vorhandenen Nutzungen, Beeinträchtigungen und Vorhaben.

Hierbei ist von Bedeutung, daß im Zuge der Erfassung vorhandener Nutzungen und vorhersehbarer Vorhaben das Kriterium der damit bestehenden und vorhersehbaren Beeinträchtigungen verbunden ist, die Vorbelastung des Planungsbereiches wird hierin erkennbar.

4. das Landschaftsbild und die -struktur.

Mit dem Begriff Landschaftsbild sind die in § 1 BNatSchG genannte Vielfalt, Eigenart und Schönheit der Natur und Landschaft angesprochen, die als Lebensgrundlagen des Menschen und für seine Erholung nachhaltig zu sichern sind. Unter dem Landschaftsbild wird die sinnlich wahrnehmbare Erscheinungsform von Natur und Landschaft verstanden. Elemente des Landschaftsbildes sind danach alle vorhandenen sinnlich wahrnehmbaren Faktoren, wie Relief, Vegetation, Wasser sowie Nutzungs-, Bau- und Erschließungsstrukturen, die insgesamt für die menschlichen Bedürfnisse nach Schönheit, Identifikation, Heimat und Erholung Bedeutung haben.

5. die Sachgüter und das kulturelle Erbe.

Hierbei sind zum einen die Besiedelung und deren strukturelle und traditionellen Besonderheiten von Bedeutung, es sind handwerkliche und landwirtschaftliche Ausdrucksformen auf Lebensraum und Kultur zu erfassen und damit neben anderem angestrebt, die ortstypischen Lebens-, Arbeits- und Kulturformen als Planungsgrundlagen in die Überlegungen zur Umweltverträglichkeit eines Standorts einzubeziehen.

Die Bewertung des Bestands als darauffolgender Teil der Leistungsphase 2 zieht aus den zusammengetragenen Planungsgrundlagen und der Bestandsaufnahme die fachlichen Ergebnisse zusammen. Hierbei werden die Leistungsfähigkeit und die Empfindlichkeit des Naturhaushalts und des Landschaftsbildes nach Zielen und Grundsätzen des Naturschutzes und der Landschaftspflege bewertet. Die Leistungsfähigkeit der einzelnen Landschaftsfaktoren muß hierbei getrennt voneinander bestimmt werden, insbesondere im Hinblick auf Natürlichkeit, Seltenheitswert, Diversitätsgrad, Reifegrad, Pufferungsfähigkeit (Stabilität), Erholungswert und Schutzstatus.

Unter Empfindlichkeit versteht man den Grad der Belastbarkeit der Landschaftsfaktoren, bestimmte Einwirkungen von außen abzupuffern. Hierbei ist einerseits die Beurteilung der natürlichen Kreisläufe und Wirkungsketten, die zur nachhaltigen Sicherung der natürlichen Regenerations- oder Nutzungsfähigkeit Voraussetzung sind, aber auch die strukturelle Dimension der Ökosysteme (Vielfalt, Vernetzung usw.) von besonderer Bedeutung. Die Beziehung der Landschaftsfaktoren und Nutzungen als Elemente des Ökosystems untereinander sowie deren Wirkungszusammenhänge als Maßstab der Stabilität und Empfindlichkeit sind hier zu bewerten. **7**

Die Bewertung der vorhandenen und vorhersehbaren Umweltbelastungen **8** der Bevölkerung sowie die Beeinträchtigungen (Vorbelastungen) von Natur und Landschaft sind weiter Grundleistung. Hierbei wird zum einen abgestellt auf Umweltbelastungen der Bevölkerung, also Belastungen im menschlichen Lebensbereich, wie Luftverschmutzungen, Lärmbelastungen usw., als auch auf Beeinträchtigungen (Vorbelastung) von Natur und Landschaft, die vorhanden oder vorhersehbar sind. Eine Vorbelastung des Naturhaushaltes wird bestehen, wenn die natürlichen Kreisläufe durch eine zu starke Einschleusung kreislauffremder Stoffe verlangsamt oder geschwächt, aber nicht zerstört wurden. Darüber hinaus liegt eine Überlastung oder Überforderung des Naturhaushaltes vor, wenn die Kreisläufe zerstört werden oder zusammengebrochen sind oder höchstens nach längerer Pause und mit einem starken Maß äußerer Hilfe wiederhergestellt werden können. Als Beeinträchtigungen kommen in Frage: Einfluß auf Boden, Wasser und Bodenluft durch Versiegelung, Beseitigung der Lebensräume von Flora und Fauna, Störung des Artenspektrums, Schadstoffeintrag, Lärmausbreitung, Zerschneidung von Biotopstrukturen und anderes mehr. Die Bestandsaufnahme und die Bestandsbewertung werden als Ergebnis in Text und Karte zusammenfassend dargestellt. Alle Grundleistungen dieser Leistungsphase erfolgen im Rückgriff auf die verfügbaren planungsrelevanten Unterlagen, die dem Auftragnehmer zur Verfügung gestellt werden konnten und von ihm durch örtliche Erhebungen komplettiert wurden.

Soweit in speziellen Planungsbereichen zusätzliche Untersuchungen erforderlich sind (Einzeluntersuchungen zu natürlichen Grundlagen, zur Vorbelastung und zu sozioökonomischen Fragestellungen), handelt es sich hierbei um Besondere Leistungen. Darüber hinaus ist in der Leistungsphase 2 ein breites **9**

Spektrum an Besonderen Leistungen definiert. Dazu können weitere Besondere Leistungen kommen. Die Aktualisierung der Planungsgrundlagen kann auch zur Besonderen Leistung werden, wenn wegen besonderer Umstände, z. B. wegen mehrjähriger Einzeluntersuchungen oder komplizierter Ausbreitungsberechnungen, die Arbeiten des Auftragnehmers an der Umweltverträglichkeitsstudie zur Standortfindung für diesen größeren Zeitraum unterbrochen werden müssen und dadurch nachgewiesenermaßen frühere Leistungen, wie z. B. die Bestandsaufnahme, überholt sind.

10 **Leistungsphase 3   Konfliktanalyse und Alternativen**

Die Besonderheiten des Leistungsbildes der Umweltverträglichkeitsstudie zur Standortfindung werden in dieser Leistungsphase besonders deutlich. Der Landschaftsplaner ist hier gefordert, Konflikte und Auswirkungen eines noch nicht konkretisierten Vorhabens auf die bestehende Natur und Landschaft darzulegen. Hierzu gehört im einzelnen eine Fülle von Spezialaussagen, die nicht vom Landschaftsplaner in eigener Kompetenz untersucht werden können. Dem entspricht der Wortlaut der ersten Grundleistung **Ermitteln der projektbedingten umwelterheblichen Wirkungen.** Unter „Ermitteln" versteht man hier wie in der Leistungsphase 2 oder auch den Leistungsphasen 2 des Landschafts- und des Grünordnungsplans das Zusammentragen von Aussagen und Planungsgrundlagen und deren Ergänzung oder Fortschreibung sowie die Auswertung und zusammenfassende Darstellung der vielen Einzelelemente. Damit ist festgehalten, daß das weite Feld der projektbedingten umwelterheblichen Wirkungen, so z. B. Gutachten zur Luft- oder Gewässerverschmutzung, Klimaveränderung usw., nicht vom Auftragnehmer erbracht werden, sondern von diesem als ergänzende Fachleistungen, die der Auftraggeber gesondert zu beauftragen hat, angefordert und eingearbeitet werden. Nachdem der Umweltverträglichkeitsstudie zur Standortfindung keine Planungsphase der Fachplaner vorausgeht, muß, um eine wirkungsvolle Konfliktanalyse durchführen zu können, eine grobe Vorgabe planerischer Linien und Alternativen an den Auftragnehmer weitergegeben werden. Die Abgrenzung, welche dieser Alternativen für die weitere Planung relevant sein können und deshalb vertieft zu untersuchen sind, muß der Auftragnehmer erbringen.

11 Hauptaufgabe der Leistungsphase 3 ist das **Verknüpfen** der im Rahmen der Leistungsphase 2 erfaßten und bewerteten **Empfindlichkeit des Untersuchungsgebiets** mit den vorgenannten projektbedingten umwelterheblichen Wirkungen sowie die Beschreibung der Wechselwirkungen zwischen den betroffenen Faktoren. Hierbei sind also nicht nur Empfindlichkeit und umwelterhebliche Wirkung für die einzelnen Landschaftsfaktoren zu untersuchen, sondern auch die damit aus dem Ungleichgewicht kommende Wechselwirkung aller Landschaftsfaktoren. Aufgrund der übergreifenden Verflechtungen und Zusammenhänge im einzelnen Ökosystem ist der Bezug zum ganzheitlichen Zusammenhang deutlich hervorgehoben. Von Bedeutung ist hierbei, welche Wirkungsbeziehungen sich in welchen Räumen abspielen, also welche Überlagerungen der

Zusammenhänge und welche Zwischenräume in dieser Verflechtung (Korridore) bestehen. Hierbei schälen sich konfliktarme Bereiche heraus, die als Basis der weiterführenden Planungen von Bedeutung sind. Im Zuge der Herausarbeitung dieser **konfliktarmen Bereiche** wird erkennbar, welche der vom Auftraggeber zugrunde gelegten Grobentwürfe und Alternativen nun vertretbar sein können und welche Grobentwürfe und Alternativen aufgrund ihrer Belastungsproblematik nicht weiter vertieft zu werden brauchen. Erst in dieser Phase ist die Planung in einer Konkretisierungsstufe, die mögliche Korridore, Trassen oder dergleichen erkennbar werden läßt. Deshalb wird im Rahmen der Leistungsphase 3 die Abgrenzung des Untersuchungsbereiches überprüft. Soweit erkennbar wird, daß die projektbedingten umwelterheblichen Wirkungen den im Rahmen der Leistungsphase 1 abgegrenzten Untersuchungsbereich übersteigen, muß spätestens in dieser Phase eine Vergrößerung des Untersuchungsbereiches vereinbart werden. Nachdem diese Veränderung des Untersuchungsbereiches Honorarfolgen mit sich bringt (die Größe des Planungsbereichs ist Honorargrundlage der Tabelle gemäß § 48 b Abs. 1), ist zu empfehlen, diese Veränderung der **Abgrenzung des Untersuchungsbereichs** entsprechend schriftlich zu vereinbaren. Aufgrund der Verantwortung des Auftragnehmers für die umfassende Konfliktanalyse und der daraus entstehenden Basis für alle Folgeplanungen ist auch sein Haftungsumfang groß: Die Bestandsaufnahme, Bestandsbewertung sowie die Konfliktanalyse müssen einen Untersuchungsbereich umfassen, der alle planungsrelevanten Zusammenhänge beachten läßt. Nach dem **Abstimmen** des Planungsstandes **mit dem Auftraggeber** wird die Konfliktanalyse mit Alternativen zusammenfassend in Text und Karte dargestellt.

Zu Besonderen Leistungen vgl. die Kommentierung zu § 45 a Rdn. 1.

Leistungsphase 4   Vorläufige Fassung der Studie   12

Die Erarbeitung der grundsätzlichen Lösung der wesentlichen Teile der Aufgabe in Text und Karte erfolgt für Alternativen, die vom Auftragnehmer im Zuge der Leistungsphase 3 abgegrenzt und mit dem Auftraggeber abgestimmt worden sind. Eine Festlegung, wie viele Alternativen für die jeweilige Umweltverträglichkeitsstudie zur Standortfindung sinnvoll und erforderlich sind, obliegt deshalb weitgehend dem Auftragnehmer selbst. Mit der Erarbeitung einer Alternative zur grundsätzlichen Lösung wird der von der Leistungsphase 4 gesteckte Rahmen bereits erfüllt. Eine pauschale Festlegung der Anzahl der Alternativen durch den Auftraggeber kann ebensowenig akzeptiert werden wie die Festlegung des Auftraggebers zur Untersuchung von Alternativen, deren umwelterhebliche Wirkungen gegen eine Vertiefung sprechen. Fraglich ist, ob der Honorarrahmen des § 48 b Abs. 1 bei Forderung des Auftraggebers nach einer Vielzahl von Alternativen noch ausreichend ist. Hier kann, wenn der Auftraggeber pauschal eine Mehrzahl von Alternativen verlangt, der Honorarrahmen für Grundleistungen nach § 48 a gesprengt sein und eine Besondere Leistung vorliegen (Hesse/Korbion/Mantscheff/Vygen § 48 Rdn. 12). Jede Alternative wird für sich ermittelt, bewertet und dargestellt, wobei das Vermeidungs- und/oder Ausgleichsgebot

1. des ökologischen Risikos für den Naturhaushalt
2. der Beeinträchtigungen des Landschaftsbildes
3. der Auswirkungen auf den Menschen, die Nutzungsstruktur, die Sachgüter und das kulturelle Erbe

entsprechend berücksichtigt werden müssen. Das Vermeidungsgebot verpflichtet den Verursacher eines Eingriffs, vermeidbare Beeinträchtigungen zu unterlassen, das Ausgleichsgebot hingegen verpflichtet, unvermeidbare Beeinträchtigungen eines Eingriffs innerhalb einer bestimmten Frist durch entsprechende Maßnahmen auszugleichen. Ausgeglichen ist ein Eingriff, wenn nach seiner Beendigung keine erheblichen oder nachhaltigen Beeinträchtigungen zurückbleiben und das Landschaftsbild wiederhergestellt oder neu gestaltet ist. Vergleiche hierzu § 8 Abs. 2 BNatSchG.

13   Die vergleichende Bewertung der sich wesentlich unterscheidenden Alternativen erfolgt, nachdem aufgezeigt worden ist, welche Entwicklungstendenzen für den Untersuchungsbereich bei Nichtrealisierung des geplanten Vorhabens absehbar sind (Status-quo-Prognose) und nachdem für jede Alternative ermittelt und dargestellt ist, welche Beeinträchtigungen voraussichtlich nicht ausgleichbar sein werden. Die Transparenz des planerischen Entscheidungsprozesses dieser vergleichenden Bewertung, die die Grundlage für das Ergebnis der Umweltverträglichkeitsstudie zur Standortfindung darstellt, ist von entscheidender Bedeutung. Nur bei Nachvollziehbarkeit der planerischen Logik kann die Planungsaussage bei Laien und Fachleuten entsprechende Anerkennung finden. Die vorläufige Fassung der Studie ist abschließend mit dem Auftraggeber abzustimmen; darüber hinausgehende Abstimmungen oder Vorstellungen der Planung gelten als Besondere Leistung. Als weitere Besondere Leistung ist die Erstellung zusätzlicher Hilfsmittel der Darstellung (Videofilme, Diagramme, Matrixtafeln usw.) und Detailausarbeitungen in besonderen Maßstäben festgehalten. Darüber hinaus können weitere Besondere Leistungen hinzukommen.

14 **Leistungsphase 5 Endgültige Fassung der Studie**

Mit dieser Leistungsphase bringt der Auftragnehmer die vorläufige Fassung der Studie in die mit dem Auftraggeber abgestimmte Form (Reinfassung). Abschließend hat er den Planungsprozeß und die Entscheidungsschritte in einer nichttechnischen Zusammenfassung für den weiteren Werdegang des Vorhabens entsprechend zu vereinen. Eine erneute weitere Änderung oder Korrektur von Äußerungen in Text und Karte der fertiggestellten Leistungsphase 5 kann nicht mehr als Grundleistung angesehen werden. Besondere Leistungen werden im Leistungsbild der Leistungsphase 5 nicht erwähnt. Es sind jedoch verschiedene Besondere Leistungen, wie z. B. die Mitwirkung bei öffentlichen Diskussionen und Informationsveranstaltungen, die Erstellung von Informationsschriften usw., gegeben, da diese und weitere Leistungen auch bei der Erarbeitung von Umweltverträglichkeitsstudien zur Standortfindung in Betracht kommen können. Die Aufzählung Besonderer Leistungen in anderen

Leistungsbildern kann gemäß § 2 Abs. 3 Satz 3 auch hier als Besondere Leistung eingestuft werden (vgl. die Kommentierung zu § 45 a Rdn. 1).

§ 48 b
Honorartafel für Grundleistungen bei Umweltverträglichkeitsstudien

(1) Die Mindest- und Höchstsätze der Honorare für die in § 48 a aufgeführten Grundleistungen bei Umweltverträglichkeitsstudien sind in der nachfolgenden Honorartafel festgesetzt.

Honorartafel zu § 48 b Abs. 1

Fläche	Zone I		Zone II		Zone III	
	von	bis	von	bis	von	bis
ha	DM		DM		DM	
50	13 480	16 460	16 460	19 430	19 430	22 410
100	17 970	21 940	21 940	25 900	25 900	29 870
250	29 200	36 090	36 090	42 970	42 970	49 860
500	45 200	56 560	56 560	67 920	67 920	79 280
750	59 100	74 600	74 600	90 110	90 110	105 610
1 000	71 870	91 410	91 410	110 950	110 950	130 490
1 250	83 520	106 680	106 680	129 840	129 840	153 000
1 500	94 330	121 280	121 280	148 230	148 230	175 180
1 750	106 120	136 260	136 260	166 390	166 390	196 530
2 000	116 790	149 730	149 730	182 670	182 670	215 610
2 500	136 160	174 530	174 530	212 900	212 900	251 270
3 000	154 970	197 080	197 080	239 190	239 190	281 300
3 500	170 970	216 820	216 820	262 680	262 680	308 530
4 000	186 410	235 070	235 070	283 740	283 740	332 400
4 500	199 610	251 830	251 830	304 050	304 050	356 270
5 000	213 370	268 580	268 580	323 800	323 800	379 010
5 500	228 530	285 140	285 140	341 760	341 760	398 370
6 000	242 560	300 960	300 960	359 350	359 350	417 750
6 500	255 480	316 310	316 310	377 130	377 130	437 960
7 000	267 270	331 280	331 280	395 290	395 290	459 300
7 500	282 150	349 530	349 530	416 910	416 910	484 290
8 000	296 470	366 840	366 840	437 210	437 210	507 580
8 500	310 220	384 990	384 990	459 770	459 770	534 540
9 000	323 420	402 590	402 590	481 760	481 760	560 930
9 500	336 050	420 510	420 510	504 960	504 960	589 420
10 000	348 120	437 960	437 960	527 800	527 800	617 640

(2) Die Honorare sind nach der Gesamtfläche des Untersuchungsraumes in Hektar zu berechnen.

(3) § 45 b Abs. 3 und 4 gilt sinngemäß.

1 Die Honorarberechnung für die **Umweltverträglichkeitsstudie** vollzieht sich in vier Stufen, die nachfolgend kurz skizziert werden sollen:

a) Zunächst sind die Flächenwerte (ha) des Planungsbereiches festzustellen. Dies wird bei Umweltverträglichkeitsstudien erhebliche Schwierigkeiten bereiten, zumals als Planungsbereich die Fläche zu verstehen ist, auf die sich das der Planung zugrundeliegende Vorhaben auswirken kann. Aufgrund der hohen Sensibilität der an der Entscheidungsfindung beteiligten Vertreter von Politik, Verwaltung und Öffentlichkeit hinsichtlich der Frage der Umweltverträglichkeit eines neuen Vorhabens ist es naheliegend, den Planungsbereich so weit auszudehnen, als Einflußnahmen auf die Umwelt durch das Vorhaben gegeben sein könnten. Jede enge Eingrenzung eines Planungsbereiches, die möglicherweise schwächer betroffene Bereiche aus den Planungsuntersuchungen ausklammert, kann das weitere Planungsverfahren eines Vorhabens in Zukunft entscheidend beeinträchtigen oder sogar blockieren. Dem hat der Gesetzgeber auch im Rahmen des Leistungsbildes der Leistungsphase 1 zusätzlich Rechnung getragen.

Die dort durchzuführende Abgrenzung des Untersuchungsbereiches ermöglicht auch im bereits laufenden Verfahren eine Änderung des Untersuchungsbereiches und damit des Planungsbereiches und hat damit aus sich heraus Einfluß auf die honorargrundlegende Flächenermittlung.

b) Danach ist zu ermitteln, welche Honorarzone für die Umweltverträglichkeitsstudie zutreffend ist, § 48 Abs. 1 bis 3.

c) Sodann lassen sich die Von-bis-Sätze aus den Honorartafeln des Absatzes 1 ablesen.

d) Schließlich ist eine Bewertung der Leistungen nach den Vomhundertsätzen des § 48a vorzunehmen. Je nachdem, welche Leistungsphasen aus § 48a erbracht werden, ergibt sich ein bestimmter Vomhundertsatz, aus dem Mindest- bzw. Höchstsätze für die betreffende Planung zu ermitteln sind.

2 Für die Honorare nach § 48b gelten ferner die Bestimmungen der §§ 1–9. § 48b gilt nur für Honorare betreffend die Grundleistungen, die Honorare für Besondere Leistungen bemessen sich nach §§ 2 Abs. 3, 5 Abs. 4 und 5.

3 Absatz 1 legt die Mindest- bzw. Höchstsätze der Honorare für Leistungen bei Umweltverträglichkeitsstudien zur Standortfindung fest. Es handelt sich um Mindest- und Höchstsätze im Sinne des § 4.

4 Absatz 2 legt für die Honorarermittlung die Gesamtfläche des Untersuchungsraumes unabhängig von der Anzahl der Alternativen zugrunde. Daraus folgt, daß die Anzahl der Alternativen innerhalb eines Untersuchungsbereichs nicht honorarrelevant wird. Der auszuhandelnde Honorarrahmen zwischen Von- und Bis-Satz der Tabelle ist hier einziges Regulativ.

5 Absatz 3 ermöglicht die sinngemäße Anwendung des § 45b Abs. 3 und 4. Auf die dortige Kommentierung wird verwiesen. Bei „Gesamtfläche" ist die tatsächliche Flächenausdehnung in der Örtlichkeit gemeint. Diese Fläche kann aus Kartenunterlagen oder Flächenstatistiken abgeleitet werden und ist ggf. mit einem Neigungszuschlag (z. B. Felswände, Hanglagen oder stark reliefierte Landschaft) zu versehen.

Folgendes Beispiel soll die Honorarberechnung für eine Umweltverträglich- **6** keitsstudie verdeutlichen:

1. Situation

Ein Straßenbauamt beauftragt die Erstellung einer Umweltverträglichkeitsstudie für die Trassenfindung einer zu planenden Umgehungsstraße. Nach der Überprüfung der Abgrenzung in Leistungsphase 3 umfaßt die Fläche des Untersuchungsbereichs 4205 ha. Ein durchschnittlicher Schwierigkeitsgrad führt zur Einstufung in Honorarzone II.

Alle Grundleistungen des § 48 a (Leistungsphase 1 bis 5) sollen voll erbracht werden.

Es sind besondere Leistungen erforderlich: Die zur Verfügung gestellten Planunterlagen sind unvollständig und müssen aus mehreren Planwerken ergänzt und aktualisiert werden. Diese Leistung wird auf Nachweis des Zeitaufwands vergütet.

Aufgrund von Formerfordernissen der Genehmigungsbehörden ist die Bestandsaufnahme in Form und Standard einer Biotoptypenkartierung erforderlich. Hierfür ist aufgrund der landschaftlichen Vielfalt und dem bestehenden Artenspektrum ein Honorar von netto DM 32,00/ha vereinbart.

Für Abstimmungsgespräche mit betroffenen Behörden und den Trägern öffentlicher Belange vor Planungsbeginn, für Zwischenberichte an diese Behörden sowie für Vorstellung der Planung vor Dritten erfolgt die Vergütung des Zeitaufwands auf Nachweis.

Es ist der Von-Satz vereinbart.

Die Nebenkosten sind wie folgt zu vergüten:
- allgemeine Nebenkosten für die Erstellung der Umweltverträglichkeitsstudie in 1 Fertigung Pläne in Farbe   als Nettopauschale von   DM 25 000,00

sowie
- für die Vorlage digitaler, auf die DV-Programme des Verwaltungsverbands abgestimmte Dateien für die Text- und Planfassungen   als Nettopauschale von   DM 15 000,00
- für Mehrfertigungen erfolgt eine Vergütung   auf Nachweis der entstandenen Kosten

2. HOAI-Tabellenwert

bei einem Planungsbereich von 4205 ha und einer Zuordnung zu Honorarzone II Von-Satz ergibt sich nach § 48 b Abs. 1 HOAI   DM 241 300,86

3. Honorarermittlung

3.1 Leistungsphasen/Grundleistungen

Leistungsphase 1	Klären der Aufgabenstellung und Ermitteln des Leistungsumfangs	3 v. H.	DM	7 239,03
Leistungsphase 2	Ermitteln und Bewerten der Planungsgrundlagen	30 v. H.	DM	72 390,26
Leistungsphase 3	Konfliktanalyse und Alternativen	20 v. H.	DM	48 260,17
Leistungsphase 4	Vorläufige Fassung der Studie	40 v. H.	DM	96 520,34
Leistungsphase 5	Endgültige Fassung der Studie	7 v. H.	DM	16 891,06

3.2 Besondere Leistungen

3.2.1 Ergänzen und aktualisieren der Plangrundlagen
Nachweis Zeitaufwand

Auftragnehmer	5 Std. · DM 140,00	DM	700,00
Mitarbeiter § 6 Abs. 2 Nr. 2	30 Std. · DM 100,00	DM	3 000,00
Mitarbeiter § 6 Abs. 2 Nr. 3	50 Std. · DM 75,00	DM	3 750,00

3.2.2 Biotoptypenkartierung in artenreichen und vielfältigen Landschaftsteilen 4205 ha · DM 32,00   DM 134 560,00

3.2.3 Abstimmungsgespräche mit betroffenen Behörden und den Trägern öffentlicher Belange vor Planungsbeginn, für Zwischenberichte an diese Behörden sowie für Vorstellung der Planung vor Dritten
Nachweis Zeitaufwand

Auftragnehmer	60 Std. · DM 140,00	DM	8 400,00
Mitarbeiter § 6 Abs. 2 Nr. 2	50 Std. · DM 100,00	DM	5 000,00
Mitarbeiter § 6 Abs. 2 Nr. 3	entfällt		

3.3 Nebenkosten

3.3.1 Allgemeine Nebenkosten
vereinbarte Nettopauschale von   DM 25 000,00

3.3.2 Vorlage von DV-Dateien für alle Text- und Planfassungen
vereinbarte Nettopauschale von   DM 15 000,00

3.3.3 Erstellung von 3 Mehrfertigungen auf Nachweis der Unkosten (Farbkopien, Pläne und Textteil)   DM 12 000,00

Honorar und Nebenkosten netto   **DM 448 710,86**

zuzügl. gesetzl. MwSt.

§ 49
Honorarzonen für Leistungen bei Landschaftspflegerischen Begleitplänen

Für die Ermittlung der Honorarzone für Leistungen bei Landschaftspflegerischen Begleitplänen gilt § 48 sinngemäß.

Auch das Leistungsbild des landschaftspflegerischen Begleitplanes wurde in **1**
der 3. ÄndVO neu in die HOAI aufgenommen. Der vorher im § 49 geregelte
„Landschaftspflegerische Begleitplan", der auf die Leistungsbilder des Landschaftsplanes und des Grünordnungsplanes abgestellt hat, erwies sich aufgrund
der hinzugekommenen naturschutzrechtlichen Erfordernisse nicht mehr als
ausreichend, so daß sowohl ein neues Leistungsbild als auch eine geänderte
Bewertung der Grundleistung erforderlich wurde. Mit der 4. und 5. ÄndVO
wurde das Honorarberechnungssystem des Landschaftspflegerischen Begleitplans weiterentwickelt.

Landschaftspflegerische Begleitpläne sind erforderlich, um Planungsmaß- **2**
nahmen von durch Bundesgesetz ermächtigten Fachbehörden, die damit außerhalb des Bereiches der Landschaftsplanung und Grünordnungsplanung angesiedelt sind, durch eine entsprechende Fachplanung im Sinne des Natur- und
Landschaftsschutzes zu begleiten. Vgl. die Kommentierung in § 43 Abs. 2.
Gegenstand der landschaftspflegerischen Begleitpläne ist die Darstellung der
Maßnahmen des Naturschutzes und der Landschaftspflege, die erforderlich
werden, um die durch die Fachplanung hervorgerufenen Eingriffe in Natur
und Landschaft ausgleichen zu können. Der Begleitplan ist hier Bestandteil des
Fachplans. Er baut dabei auf den Aussagen des vorangegangenen Planungsver-
fahrens, der Umweltverträglichkeitsprüfung, auf.

Der landschaftspflegerische Begleitplan umfaßt **3**

1. die Bestandserfassung und Bewertung der Empfindlichkeit bzw. der Schutz-
bedürftigkeit der natürlichen Gegebenheiten (z. B. Boden, Wasser, Luft,
Tier- und Pflanzenwelt), der Leistungsfähigkeit des Naturhaushaltes und
des Landschaftsbildes einschl. der vorhandenen Nutzungen

2. die Ermittlung und Bewertung der Wirkungen des Vorhabens auf diese
Bereiche

3. die Ermittlung und Bewertung ihrer Beeinträchtigungen durch das Vorhaben
durch Verknüpfung ihrer Empfindlichkeit mit den Wirkungen des Vorhabens

4. die Vermeidung und Verminderung der Beeinträchtigungen von Natur und
Landschaft durch Änderung des Entwurfs der Fachplanung; Darstellung der
sich hieraus ergebenden Optimierung des Entwurfs der Fachplanung im
Erläuterungsbericht

5. die Ermittlung der unvermeidbaren Beeinträchtigungen

6. die Darstellung und Begründung von Ausgleichsmaßnahmen einschl. Biotop-
entwicklungs- und Pflegemaßnahmen, ggf. Ersatzmaßnahmen sowie Maß-

nahmen mit gestalterischen, bau- und verkehrstechnischen Funktionen bzw. mit Schutzfunktionen

7. die vergleichende Gegenüberstellung von Beeinträchtigungen und Ausgleich (Bilanz)

4 In der 4. ÄndVO sind für den § 48 eigene Honorarzonen mit eigenen Bewertungsmerkmalen eingeführt worden. Diese Vorschriften sind, da sie sich auch für die Ermittlung von Honorarzonen für landschaftspflegerische Begleitpläne eignen, mit dem § 49 entsprechend eingeführt worden. Allerdings sind einige Unklarheiten entstanden, die nicht entsprechend bereinigt wurden. Die seit der 3. ÄndVO geregelten Honorare bemessen sich nämlich weiterhin (§ 49b Abs. 3) nach den Tabellen der §§ 45b und 46a, wobei nur der § 45b die Anwendung von 3 Honorarzonen zuläßt; der § 46a kennt lediglich 2 Honorarzonen („Normalstufe" und „Schwierigkeitsstufe"). Bei landschaftspflegerischen Begleitplänen im Maßstab des Bebauungsplans kollidieren demnach die Regelungen für Honorarzonen in § 49 mit denen zur Umsetzung und Honorarermittlung in §§ 49b Abs. 3, 46a. Zulässig ist es bei der Vertragsgestaltung, den Honorarrahmen zwischen Normalstufe Von-Satz und Schwierigkeitsstufe Bis-Satz in der Tabelle des § 46a Abs. 1 von der gegebenen Zweistufenteilung in eine Dreistufenteilung zu übersetzen und so neue Von- und Bis-Sätze zu unterstellen.

§ 49a
Leistungsbild Landschaftspflegerischer Begleitplan

(1) Die Grundleistungen bei Landschaftspflegerischen Begleitplänen sind in den in Absatz 2 aufgeführten Leistungsphasen 1 bis 5 zusammengefaßt. Sie sind in der nachfolgenden Tabelle in Vomhundertsätzen der Honorare des Absatzes 3 bewertet.

	Bewertung der Grundleistungen in v. H. der Honorare
1. Klären der Aufgabenstellung und Ermitteln des Leistungsumfangs	1 bis 3
2. Ermitteln und Bewerten der Planungsgrundlagen Bestandsaufnahme, Bestandsbewertung und zusammenfassende Darstellung	15 bis 22
3. Ermitteln und Bewerten des Eingriffs Konfliktanalyse und -minderung der Beeinträchtigungen des Naturhaushalts und Landschaftsbildes	25
4. Vorläufige Planfassung Erarbeiten der wesentlichen Teile einer Lösung der Planungsaufgabe	40
5. Endgültige Planfassung	10

(2) Das Leistungsbild setzt sich wie folgt zusammen:

Grundleistungen	Besondere Leistungen

1. Klären der Aufgabenstellung
und Ermitteln des Leistungsumfangs

Abgrenzen des Planungsbereichs

Zusammenstellen der verfügbaren planungsrelevanten Unterlagen, insbesondere
– örtliche und überörtliche Planungen und Untersuchungen
– thematische Karten, Luftbilder und sonstige Daten

Ermitteln des Leistungsumfangs und ergänzender Fachleistungen

Aufstellen eines verbindlichen Arbeitspapiers

Ortsbesichtigungen

2. Ermitteln und Bewerten
der Planungsgrundlagen

a) Bestandsaufnahme

Erfassen aufgrund vorhandener Unterlagen und örtlicher Erhebungen
– des Naturhaushalts in seinen Wirkungszusammenhängen, insbesondere durch Landschaftsfaktoren wie Relief, Geländegestalt, Gestein, Boden, oberirdische Gewässer, Grundwasser, Geländeklima sowie Tiere und Pflanzen und deren Lebensräume
– der Schutzgebiete, geschützten Landschaftsbestandteile und schützenswerten Lebensräume
– der vorhandenen Nutzungen und Vorhaben
– des Landschaftsbildes und der -struktur
– der kulturgeschichtlich bedeutsamen Objekte

Erfassen der Eigentumsverhältnisse aufgrund vorhandener Unterlagen

b) Bestandsbewertung

Bewerten der Leistungsfähigkeit und Empfindlichkeit des Naturhaushalts und des Landschaftsbildes nach den Zielen und Grundsätzen des Naturschutzes und der Landschaftspflege

Grundleistungen	Besondere Leistungen

Bewerten der vorhandenen Beeinträchtigungen von Natur und Landschaft (Vorbelastung)

c) Zusammenfassende Darstellung der Bestandsaufnahme und der -bewertung in Text und Karte

3. Ermitteln und Bewerten des Eingriffs

a) Konfliktanalyse

Ermitteln und Bewerten der durch das Vorhaben zu erwartenden Beeinträchtigungen des Naturhaushalts und des Landschaftsbildes nach Art, Umfang, Ort und zeitlichem Ablauf

b) Konfliktminderung

Erarbeiten von Lösungen zur Vermeidung oder Verminderung von Beeinträchtigungen des Naturhaushalts und des Landschaftsbildes in Abstimmung mit den an der Planung fachlich Beteiligten

c) Ermitteln der unvermeidbaren Beeinträchtigungen

d) Überprüfen der Abgrenzung des Untersuchungsbereichs

e) Abstimmen mit dem Auftraggeber

Zusammenfassende Darstellung der Ergebnisse von Konfliktanalyse und Konfliktminderung sowie der unvermeidbaren Beeinträchtigungen in Text und Karte

4. Vorläufige Planfassung

Erarbeiten der grundsätzlichen Lösung der wesentlichen Teile der Aufgabe in Text und Karte mit Alternativen

a) Darstellen und Begründen von Maßnahmen des Naturschutzes und der Landschaftspflege nach Art, Umfang, Lage und zeitlicher Abfolge einschließlich Biotopentwicklungs- und Pflegemaßnahmen, insbesondere Ausgleichs-, Ersatz-, Gestaltungs- und Schutzmaßnahmen sowie Maßnahmen nach § 3 Abs. 2 des Bundesnaturschutzgesetzes

Grundleistungen	Besondere Leistungen

b) Vergleichendes Gegenüberstellen von Beeinträchtigungen und Ausgleich einschließlich Darstellen verbleibender, nicht ausgleichbarer Beeinträchtigungen

c) Kostenschätzung

Abstimmen der vorläufigen Planfassung mit dem Auftraggeber und der für Naturschutz und Landschaftspflege zuständigen Behörde

5. Endgültige Planfassung

Darstellen des landschaftspflegerischen Begleitplans in der vorgeschriebenen Fassung in Text und Karte

(3) Die Honorare sind bei einer Planung im Maßstab des Flächennutzungsplans nach § 45 b, bei einer Planung im Maßstab des Bebauungsplans nach § 46 a zu berechnen. Anstelle eines Honorars nach Satz 1 kann ein Zeithonorar nach § 6 vereinbart werden.

Die 4. und die 5. ÄndVO haben in § 49 a die durch die 3. ÄndVO in die **1** Honorarordnung aufgenommenen Vorschriften aus § 49 inhaltlich unverändert übernommen. Das Leistungsbild entspricht den naturschutzrechtlichen Erfordernissen. Leistungsschwerpunkt ist es im Gegensatz zu den landschafts- und Grünordnungsplänen, die Belange des Naturschutzes und der Landschaftspflege in andere Fachplanungen einzubringen. Der landschaftspflegerische Begleitplan kann entweder als selbständiges Planwerk oder als integrierter Bestandteil einer Fachplanung erarbeitet werden und ist meist Grundlage eines Genehmigungsverfahrens.

Absatz 1 enthält eine Bewertung der einzelnen Leistungen in Vomhundert- **2** sätzen der Honorare nach Absatz 3. Im Unterschied zum § 15, jedoch ebenso wie in §§ 37 und 40, ist für die Leistungsphasen 1 und 2 kein fester Vomhundertsatz genannt, sondern Von-bis-Sätze. Die Gliederung in 5 Leistungsphasen entspricht den tatsächlichen Arbeitsabschnitten. Die ersten beiden Leistungsphasen können seinen sehr unterschiedlichen Leistungsumfang annehmen, der mit der Bewertungsmöglichkeit innerhalb der Von-bis-Sätze entsprechend eingestuft wird.

Der Honorarrahmen von Leistungsphase 2 wird in der Regel dann voll aus- **3** zuschöpfen sein, wenn der landschaftspflegerische Begleitplan in Bereichen erstellt werden muß, für die noch keine Umweltverträglichkeitsstudie zur Standortfindung in aktueller Form als Grundlage vorliegt und damit kein Rückgriff auf bereits vorhandene, ermittelte, bewertete und verwendbare Planungsgrundlagen möglich ist.

Eine geringere Bewertung als mit 22 v. H. des Honorars kann in Frage kommen, wenn

– aufgrund von vorliegenden Daten und Informationen wesentliche Teile der Bestandsaufnahme vorgegeben sind,

– EDV-Leistungen die Bestandsaufnahme wesentlich vereinfachen und deren Kosten als Nebenkosten abgerechnet werden,

– der landschaftspflegerische Begleitplan gleichzeitig oder in direktem Anschluß zu einer Umweltverträglichkeitsstudie zur Standortfindung ausgearbeitet wird und wesentliche Teile der Bestandsaufnahme vom Bearbeiter der UVS erbracht worden sind (vgl. inhaltliche Übereinstimmung der Leistungsbilder im § 48 a Abs. 2 und § 49 a Abs. 2 zur Leistungsphase 2).

4   Für die Leistungsphase 2 wird eine Bewertung zwischen 15 und 22 v. H. immer dann eine Rolle spielen, wenn es um einen landschaftspflegerischen Begleitplan geht, der nicht gleichzeitig oder in unmittelbarem Anschluß zur Erstellung einer Umweltverträglichkeitsstudie zur Standortfindung aufgestellt wird. Sobald und soweit wesentliche Teile der Bestandsaufnahme der UVS für die landschaftspflegerische Begleitplanung verwendet werden können, weil sie noch aktuell und vollständig sind, ist die dann noch zusätzliche Leistung zur Ermittlung und Bewertung der Planungsgrundlagen mit mindestens 15 v. H. der Gesamtleistung zu veranschlagen.

5   Fraglich ist, ob ohne ausdrückliche Vereinbarung die analoge Anwendung des § 45 a Abs. 5 möglich ist. Da eine solche Regelung bei § 49 a fehlt, ist dies zu verneinen. Absatz 2 enthält eine detaillierte Beschreibung des Leistungsbildes und der Teilleistungen in den einzelnen Leistungsphasen.

6   **Leistungsphase 1   Klären der Aufgabenstellung und Ermitteln des Leistungsumfangs**

Die meisten Grundleistungen der Leistungsphase 1 entsprechen denen der Leistungsphase 1 der Umweltverträglichkeitsprüfung § 48 a Abs. 2 (vgl. hierzu die dortige Kommentierung). Darüber hinaus wird vom Auftragnehmer ein verbindliches Arbeitspapier aufgestellt, aus dem Arbeitsschritte, die Zusammenarbeit der verschiedenen Beteiligten sowie der vorgesehene Zeitablauf erkennbar werden. Eingriffe in den Naturhaushalt und in das Landschaftsbild wirken sich oft weit über den Ort des Eingriffs hinaus aus. Deshalb ist der Planungsbereich so abzugrenzen, daß alle Auswirkungen des Vorhabens auf den Naturhaushalt und das Landschaftsbild sowie die Gebiete für Ausgleichs- und Ersatzmaßnahmen erfaßt werden.

7   **Leistungsphase 2   Ermitteln und Bewerten der Planungsgrundlagen**

Auch die Leistungsphase 2 des landschaftspflegerischen Begleitplanes ist weitgehend identisch mit der Umweltverträglichkeitsprüfung (§ 48 a Abs. 2). Aufgrund der Aufgabenstruktur der Begleitplanung zu einem speziellen Fachplan sind verschiedene Grundleistungen im Planungsrahmen eingegrenzt. Die geforderten Leistungen werden in 3 Schwerpunkten beschrieben. Aufgrund der Ergebnisse der Bestandsaufnahme und -bewertung kann eine Neufestlegung des Plangebietes geboten sein, insbesondere wenn sich herausstellt, daß sich ein unvermeidbarer Eingriff in den Naturhaushalt oder das Landschaftsbild über den Planungsbereich hinaus auswirkt oder wenn Ersatzmaßnahmen anderenorts erforderlich sind. Bei der Bestandsaufnahme ist die Erfassung der Eigentumsverhältnisse aufgrund vorhandener Unterlagen zusätzlich mitaufgenommen.

Leistungsphase 3 Ermitteln und Bewerten des Eingriffs   8

Im Rahmen der Konfliktanalyse sind die durch das Vorhaben zu erwartenden Beeinträchtigungen des Naturhaushaltes und des Landschaftsbildes zu ermitteln und zu bewerten. Hierbei ist abzustellen auf die jeweils relevanten Landschaftsfaktoren, also die Wert- und Funktionselemente von Naturhaushalt und Landschaftsbild im Untersuchungsraum, die vom Vorhaben potentiell beeinträchtigt werden können. Die Ermittlung und Bewertung haben sich auf Art und Umfang, Ort und zeitlichen Ablauf der Beeinträchtigung zu beziehen. Hierbei ist es sinnvoll, die homogen strukturierten Landschaftseinheiten im Untersuchungsraum jeweils für sich zu betrachten. Im Rahmen der Konfliktminderung sind in Abstimmung mit den an der Planung Beteiligten Lösungen zu erarbeiten, die zur Vermeidung oder Verminderung von Beeinträchtigungen des Naturhaushalts und Landschaftsbildes führen. Auftraggeber, Fachplaner und andere an der Planung Beteiligte werden hier in dieser Phase erstmals mit ersten Ergebnissen des Auftragnehmers konfrontiert und sind im Zuge der Abstimmung verpflichtet, die vom Auftragnehmer erarbeiteten Lösungen zur Vermeidung oder Verminderung von Beeinträchtigungen mit ihren Belangen abzustimmen und gegebenenfalls ihre Vorgaben und Fachpläne entsprechend zu revidieren. Vermeidbare Beeinträchtigungen von Natur und Landschaft sind so gering wie möglich zu halten (Minimierungspflicht). Verbleibende unvermeidbare Beeinträchtigungen sind sodann zu ermitteln und den Lösungen zuzuordnen. Sodann wird die Abgrenzung des Untersuchungsbereiches überprüft. Dabei kann aufgrund der Ergebnisse der Bestandsaufnahme und -bewertung eine Neufestlegung des Planungsgebiets erforderlich werden, wenn sich z. B. herausstellt, daß sich ein unvermeidbarer Eingriff in den Naturhaushalt oder das Landschaftsbild über den Planungsbereich hinaus auswirkt, oder wenn die Auswirkungen eines Eingriffs nicht im Planungsgebiet ausgeglichen werden können und daher Ersatzmaßnahmen andernorts erforderlich sind. Im Zuge des Planungsprozesses, insbesondere aufgrund der Bewertung der Auswirkungen des Vorhabens, kann es sich ebenfalls erweisen, daß der Planungsbereich zu erweitern ist. Nachdem eine Neuabgrenzung des Untersuchungsbereichs eine Veränderung des Planungsbereichs darstellt und das Honorar des landschaftspflegerischen Begleitplanes auf Basis der Flächenwerte des Planungsbereiches ermittelt wird, ist hiermit wie bei der Umweltverträglichkeitsstudie eine nachträgliche Korrektur der Honorarhöhe verbunden; vgl. die Kommentierung in § 48 a Abs. 2 Nr. 3. Nach der Abstimmung mit dem Auftraggeber werden die Ergebnisse von Konfliktanalyse und Konfliktminderung sowie der unvermeidbaren Beeinträchtigungen in Text und Karte zusammenfassend dargestellt.

9   Leistungsphase 4   Vorläufige Planfassung

Hier werden die zum ordnungsgemäßen Vollzug der naturschutzrechtlichen Eingriffsregelungen im einzelnen erforderlichen Planungs- und Realisierungsabschnitte festgelegt. Neben der Erarbeitung der grundsätzlichen Lösung der wesentlichen Teile der Aufgabe in Text und Karte sind Alternativen gefordert. Wie bei der Umweltverträglichkeitsstudie sind Art und Anzahl der Alternativen anhand der Ergebnisse der Leistungsphase 3 vom Auftragnehmer festzulegen, vgl. hierzu die Kommentierung im § 48 a Abs. 2 Nr. 4.

Die nach Art, Umfang, Lage und zeitlicher Abfolge darzustellenden und zu begründenden Maßnahmen des Naturschutzes und der Landschaftspflege sind im einzelnen:

1. Ausgleichsmaßnahmen einschließlich Biotopentwicklungs- und Pflegemaßnahmen

   Soweit der Naturhaushalt beeinträchtigt ist, kommen als Ausgleich alle Maßnahmen im Umfeld des Eingriffs in Betracht, die geeignet sind, die gestörten Funktionen möglichst gleichartig und insgesamt gleichwertig wiederherzustellen, z. B. durch Anlage von Feuchtbiotopen, Trockenrasen, Renaturierung von Gewässern und Mooren, Rekultivierung von befestigten Flächen. Ist das Landschaftsbild beeinträchtigt, so kommen als Ausgleich alle Maßnahmen in Betracht, die zur Wiederherstellung oder landschaftsgerechten Neugestaltung des Landschaftsbildes führen, z. B. Geländemodellierungen, Bepflanzungen.

2. Ersatzmaßnahmen

   Ist ein Ausgleich nicht möglich und haben das Vorhaben und die Einbeziehung aller Belange Vorrang vor den Belangen des Naturschutzes und der Landschaftspflege, so können nach Maßgabe der landesrechtlichen Bestimmungen Ersatzmaßnahmen vorgesehen werden. Ersatzmaßnahmen sind landschaftspflegerische Maßnahmen in dem vom Eingriff betroffenen Landschaftsraum, die ähnliche Funktionen haben und insgesamt ökologisch gleichwertig sind.

   3. Gestaltungs- und Schutzmaßnahmen sowie Maßnahmen nach § 3 Abs. 2 BNatSchG

   Hierzu gehören Maßnahmen zum Schutz von Vegetationsbeständen, Biotopflächen und Gewässerrändern, zur Sicherstellung wertvoller Einzelpflanzen oder ganzer Pflanzengesellschaften (Biotopverpflanzung, Großraumverpflanzung), zum Schutz von Tierpopulationen, die Modellierung von Erdbaukörpern, Deponien- und Entnahmestellen, Biotoppflege- und Biotopentwicklungskonzepte. Bei Eingriffen öffentlicher Planungsträger in Natur und Landschaft sind nach § 3 Abs. 2 BNatSchG nicht nur Ausgleichs- oder Ersatzmaßnahmen, sondern in der Regel auch eigene Maßnahmen des Naturschutzes und der Landschaftspflege in Unterstützung der Naturschutzbehörden geboten. Maßnahmen dieser Art sind vom Auftragnehmer im Einvernehmen mit den Naturschutzbehörden zu erarbeiten. Im Interesse des Bestandsschutzes und des schonenden Umganges mit Natur und Landschaft ist vom Auftragnehmer vorzugeben, in welcher zeitlichen Abfolge, Art und Umfang der jeweils lagemäßig eingegrenzte Eingriff erfolgen kann.

Als Grundlage für die anschließenden Genehmigungsverfahren (Planfeststellungsverfahren usw.) sind die Ausgleichs- und gegebenenfalls vorgesehenen Ersatzmaßnahmen den Eingriffen unter Darstellung von Art, Umfang und zeitlichem Ablauf gegenüberzustellen und zu vergleichen. Die verbleibenden und nicht ausgleichbaren Beeinträchtigungen sind darzustellen. Für alle durchzuführenden Maßnahmen ist vom Auftragnehmer eine Kostenschätzung vorzulegen. Die Präzisionsstufe der Kostenschätzung lehnt sich an die Regelung in der DIN 276 an. Es handelt es sich hier um einen ersten groben Kostenrahmen, der anhand des Maßstabs des Planes möglich ist. Nach der Abstimmung der vorläufigen Planfassung mit dem Auftraggeber sowie mit der für Naturschutz und Landschaftspflege zuständigen Behörde (in der Regel höhere und untere Naturschutzbehörden) ist die Leistungsphase 4 abgeschlossen. Eine Abstimmung mit sonstigen Behörden, betroffenen Gemeinden usw. ist nicht vorgesehen; soweit der Auftragnehmer hier Leistungen erbringt, handelt es sich um Besondere Leistungen.

Leistungsphase 5   Endgültige Planfassung   10

Mit dieser Planfassung bringt der Auftragnehmer die vorläufige Planfassung in die mit dem Auftraggeber und mit den für Naturschutz und Landschaftspflege zuständigen Behörden abgestimmte und vorgeschriebene Fassung. Im Leistungsbild des landschaftspflegerischen Begleitplanes werden keine Leistungen als Besondere Leistungen im Leistungsbild erwähnt. Dies liegt daran, daß verschiedene Besondere Leistungen, wie z. B. das Mitwirken an der Öffentlichkeitsarbeit des Auftraggebers einschließlich Mitwirken an Informationsschriften und öffentlichen Diskussionen, als solche bereits bei anderen landschaftsplanerischen Leistungen erwähnt sind. Diese Leistungen kommen häufig auch bei der Erarbeitung von landschaftspflegerischen Begleitplänen in Betracht und können gemäß § 2 Abs. 3 Satz 3 auch hier als Besondere Leistungen eingestuft werden.

Absatz 3 verweist hinsichtlich der Honorare für landschaftspflegerische   11
Begleitpläne im Maßstab des Flächennutzungsplanes auf § 45 b, auf solche im Maßstab des Bebauungsplanes auf § 46 a. Hinsichtlich der Abgrenzung der Planungsmaßstäbe vgl. die Kommentierung in § 43 Rdn. 4.

Beim landschaftspflegerischen Begleitplan ist die für die Honorarermittlung   12
zugrunde zu legende Fläche des Planungsbereiches von großer Bedeutung. Als

Planungsbereich gilt die zu untersuchende Fläche, auf die sich das Vorhaben der Fachplanung auswirken könnte. Der Planungsbereich ist deshalb so weit auszudehnen, als Einflußnahme auf die Umwelt durch das Vorhaben gegeben sein könnte. Jede enge Eingrenzung des Planungsbereiches, die möglicherweise schwächer betroffene Bereiche aus den Planungsuntersuchungen ausklammert, schwächt die Qualität der Aussagen des landschaftspflegerischen Begleitplans.

13   Im Rahmen der Grundleistungen der Leistungsphase 1 wird deshalb dem Auftragnehmer auferlegt, die Abgrenzung des Planungsbereiches selbst festzulegen; diese bereits anfänglich festgelegten Flächen des Planungsbereichs müssen, soweit sich nach Einstieg in die Planung herausstellt, daß darüber hinausgehende Flächen einbezogen werden müssen, im Rahmen der Leistungsphase 3 in Kenntnis der umwelterheblichen Elemente der Aufgabe und nach Abschluß der Bestandsaufnahme und -bewertung entsprechend überprüft und gegebenenfalls revidiert werden. Damit ist verdeutlicht, daß auch während der Durchführung eines landschaftspflegerischen Begleitplans ermöglicht bleiben soll, die zu untersuchende Fläche aufgrund fachlicher Kriterien zu verändern.

14   Abs. 3 Satz 2 ermöglicht anstelle der Regelung gemäß Satz 1 die Vereinbarung eines Zeithonorars nach § 6. Unter Vereinbarung ist gemäß § 4 Abs. 1 und 4 eine schriftliche Vereinbarung zu verstehen.

Folgendes Beispiel soll die Honorarberechnung für einen Landschaftspflegerischen Begleitplan im Maßstab des Bebauungsplans verdeutlichen:

15   **1. Situation**

Ein Energieversorgungsunternehmen beauftragt die Erstellung eines Landschaftspflegerischen Begleitplans für die Planung einer 12,2 km langen Gas-Fernleitung. Nach der Überprüfung der Abgrenzung in Leistungsphase 3 umfaßt der Untersuchungsbereich bei einem Bearbeitungskorridor von 200 bis 600 m eine Fläche von 305 ha. Ein durchschnittlicher Schwierigkeitsgrad führt zur Einstufung in Honorarzone II.

Alle Grundleistungen des § 49 a (Leistungsphase 1 bis 5) sollen voll erbracht werden. Es ist vereinbart, daß die Leistungsphase 1 mit dem vollen Vomhundertsatz, die Leistungsphase 2 aufgrund einer vollständig vorliegenden und qualifizierten Bestandsaufnahme mit Biotoptypenkartierung mit 15 v. H. berechnet wird.

Es sind Besondere Leistungen erforderlich: Die zur Verfügung gestellten Planunterlagen sind unvollständig, wertvoller und erhaltenswerter Baumbestand muß mit genauer Lage und Höhe aufgenommen und in den Karten ergänzt werden. Die Vergütung ist pauschal vereinbart mit DM 17 500,00.

Für Abstimmungsgespräche mit betroffenen Behörden und den Trägern öffentlicher Belange vor Planungsbeginn, für Zwischenberichte an diese Behörden sowie für Vorstellung der Planung vor Dritten erfolgt die Vergütung des Zeitaufwands auf Nachweis.

Es ist der Von-Satz vereinbart.

Die Nebenkosten sind wie folgt zu vergüten:
- allgemeine Nebenkosten für die
  Erstellung des Landschaftspflegerischen Begleitplans in 1 Fertigung
  Pläne in Farbe   als Nettopauschale von   DM 15 000,00
  sowie
- für die Vorlage digitaler, auf die
  DV-Programme des Verwaltungsverbands abgestimmte
  Dateien
  für die Text- und Planfassungen   als Nettopauschale von   DM 10 000,00
- für Mehrfertigungen erfolgt
  eine Vergütung   auf Nachweis der entstandenen Kosten

2. Einzelansätze und HOAI-Tabellenwert

2.1 für Flächen nach § 9 BauGB mit Festsetzungen einer GFZ
     oder Baumassenzahl (bestehendes Werksgelände des
     steinverarbeitenden Betriebs)   entfällt

2.2 für Flächen nach § 9 BauGB mit Festsetzungen einer GFZ
     oder Baumassenzahl und Pflanzbindungen oder Pflanz-
     pflichten (neue Gewerbebauflächen mit Festsetzungen wie
     Pflanzgebote, Festsetzungen zu Fassaden- oder Dach-
     begrünung)   entfällt

2.3 für Grünflächen nach § 9 Abs. 1 Nr. 15 BauGB, soweit
     nicht Bestand   entfällt

2.4 für sonstige Grünflächen (begrünter Dammkörper)
     21,6 ha · 400 VE   8 640 VE

2.5 für Flächen mit besonderen Maßnahmen des Naturschut-
     zes und der Landschaftspflege, die nicht bereits unter 2.2
     angesetzt sind (Rekultivierungsflächen, Flächen für Aus-
     gleichs- und Ersatzmaßnahmen)
     40,5 ha · 1200 VE   48 600 VE

2.6 für Flächen für Aufschüttungen, Abgrabungen oder für
     die Gewinnung von Steinen, Erden und anderen Boden-
     schätzen (Entnahmestellen von Kiesmaterial)
     5,5 ha · 400 VE   2 200 VE

2.7 für Flächen für Landwirtschaft und Wald mit mäßigem
     Anteil an Maßnahmen für Naturschutz und Landschafts-
     pflege (Extensivierungsflächen als Ersatzmaßnahmen)
     18,6 ha · 400 VE   7 440 VE

2.8	für Flächen für Landwirtschaft und Wald ohne Maßnahmen für Naturschutz und Landschaftspflege oder flurbereinigte Flächen von Landwirtschaft und Wald 180 ha · 100 VE	18 000 VE
2.9	für Wasserflächen mit Maßnahmen für Naturschutz und Landschaftspflege (neue Wasserflächen als Ausgleichs- oder Ersatzmaßnahmen) 2,2 ha · 400 VE	880 VE
2.10	für Wasserflächen ohne Maßnahmen für Naturschutz und Landschaftspflege	entfällt
2.11	für sonstige Flächen (Verkaufsflächen und Parkplätze ohne Begrünung) 48,8 ha · 100 VE	4 880 VE

Summe der Einzelansätze	90 640 VE

Bei einer Summe der Einzelansätze von 90 640 VE und einer Zuordnung zu Honorarzone II Von-Satz ergibt sich nach § 49 a Abs. 3 i. V. m. § 46 a Abs. 1 HOAI kein ablesbarer Tabellenwert, weil die Tabelle des § 46 a nur in 2 Stufen (Normalstufe und Schwierigkeitsstufe) gegliedert ist.

Nachdem die Honorarzone II objektiv festliegt und keine Umdeutung in Normalstufe oder Schwierigkeitsstufe zulässig ist, muß die Tabelle entsprechend angewendet werden. Hilfsweise ist deshalb die Tabelle des § 46 a in eine Dreiteilung zwischen Von-Satz der Normalstufe und Bis-Satz der Schwierigkeitsstufe zu überführen

Tabelle § 46 a

Ansätze VE bei	Normalstufe von	bis	Schwierigkeitsstufe von	bis
100 000	85 120	106 400	106 400	127 680
150 000	117 600	147 000	147 000	176 400

Rechnerische Aufteilung in 3 Honorarzonen

	Honorarzone I von	bis	Honorarzone II von	bis	Honorarzone III von	bis
100 000	85 120	99 306	99 306	113 493	113 493	127 680
150 000	117 600	137 200	137 200	156 800	156 800	176 400

Jetzt kann bei der Summe der Einzelansätze von 90 640 VE und einer Zuordnung zu Honorarzone II Von-Satz nach § 49 a Abs. 3 i. V. m. § 46 a Abs. 1 HOAI der Tabellenwert interpoliert werden   DM 125 498,33

3. Honorarermittlung

3.1 Leistungsphasen/Grundleistungen

Leistungsphase 1	Klären der Aufgabenstellung und Ermitteln des Leistungsumfangs	3 v. H.	DM	3 764,95
Leistungsphase 2	Ermitteln und Bewerten der Planungsgrundlagen	15 v. H.	DM	18 824,75
Leistungsphase 3	Ermitteln und Bewerten des Eingriffs Konfliktanalyse und -minderung	25 v. H.	DM	31 374,58
Leistungsphase 4	Vorläufige Planfassung	40 v. H.	DM	50 199,33
Leistungsphase 5	Endgültige Planfassung	10 v. H.	DM	12 549,83

3.2 **Besondere Leistungen**

3.2.1 Aufnehmen und Kartieren des wertvollen Baumbestands als Honorarpauschale von   DM 17 500,00

3.2.2 Abstimmungsgespräche mit betroffenen Behörden und den Trägern öffentlicher Belange vor Planungsbeginn, Zwischenberichte an diese Behörden sowie Vorstellung der Planung vor Dritten
Nachweis Zeitaufwand

Auftragnehmer	60 Std. · DM 140,00	DM	8 400,00
Mitarbeiter § 6 Abs. 2 Nr. 2	50 Std. · DM 100,00	DM	5 000,00
Mitarbeiter § 6 Abs. 2 Nr. 3	entfällt		

3.3 **Nebenkosten**

3.3.1 Allgemeine Nebenkosten
vereinbarte Nettopauschale von   DM 15 000,00

3.3.2 Vorlage von DV-Dateien für alle Text- und Planfassungen vereinbarte Nettopauschale von   DM 10 000,00

3.3.3 Erstellung von 3 Mehrfertigungen auf Nachweis der Unkosten (Farbkopien, Pläne und Textteil)   DM 12 000,00

Honorar und Nebenkosten netto	DM 184 613,44

zuzügl. gesetzl. MwSt.

§ 49b

Honorarzonen für Leistungen bei Pflege- und Entwicklungsplänen

(1) Die Honorarzone wird bei Pflege- und Entwicklungsplänen aufgrund folgender Bewertungsmerkmale ermittelt:

1. Honorarzone I:
Pflege- und Entwicklungspläne mit geringem Schwierigkeitsgrad, insbesondere

– gute fachliche Vorgaben,
– geringe Differenziertheit des floristischen Inventars oder der Pflanzengesellschaften,
– geringe Differenziertheit des faunistischen Inventars,
– geringe Beeinträchtigungen oder Schädigungen von Naturhaushalt und
Landschaftsbild,
– geringer Aufwand für die Festlegung von Zielaussagen sowie Pflege- und
Entwicklungsmaßnahmen;

2. Honorarzone II:
Pflege- und Entwicklungspläne mit durchschnittlichem Schwierigkeitsgrad, insbesondere
– durchschnittliche fachliche Vorgaben,
– durchschnittliche Differenziertheit des floristischen Inventars oder der
Pflanzengesellschaften,
– durchschnittliche Differenziertheit des faunistischen Inventars,
– durchschnittliche Beeinträchtigungen oder Schädigungen von Naturhaushalt
und Landschaftsbild,
– durchschnittlicher Aufwand für die Festlegung von Zielaussagen sowie
Pflege- und Entwicklungsmaßnahmen;

3. Honorarzone III:
Pflege- und Entwicklungspläne mit hohem Schwierigkeitsgrad, insbesondere
– geringe fachliche Vorgaben,
– starke Differenziertheit des floristischen Inventars oder der Pflanzengesellschaften,
– starke Differenziertheit des faunistischen Inventars,
– umfangreiche Beeinträchtigungen oder Schädigungen von Naturhaushalt
und Landschaftsbild,
– hoher Aufwand für die Festlegung von Zielaussagen sowie Pflege- und Entwicklungsmaßnahmen.

(2) Sind für einen Pflege- und Entwicklungsplan Bewertungsmerkmale aus
mehreren Honorarzonen anwendbar und bestehen deswegen Zweifel, welcher
Honorarzone der Pflege- und Entwicklungsplan zugerechnet werden kann, so ist
die Anzahl der Bewertungspunkte nach Absatz 3 zu ermitteln; der Pflege- und
Entwicklungsplan ist nach der Summe der Bewertungspunkte folgenden Honorarzonen zuzurechnen:

1. Honorarzone I:
Pflege- und Entwicklungspläne bis zu 13 Punkten,

2. Honorarzone II:
Pflege- und Entwicklungspläne mit 14 bis 24 Punkten,

3. Honorarzone III:
Pflege- und Entwicklungspläne mit 25 bis 34 Punkten.

(3) Bei der Zurechnung eines Pflege- und Entwicklungsplans in die Honorarzonen ist entsprechend dem Schwierigkeitsgrad der Planungsanforderungen das

Bewertungsmerkmal fachliche Vorgaben mit bis zu 4 Punkten, die Bewertungs-
merkmale Beeinträchtigungen oder Schädigungen von Naturhaushalt und Land-
schaftsbild und Aufwand für die Festlegung von Zielaussagen sowie Pflege- und
Entwicklungsmaßnahmen mit je bis zu 6 Punkten und die Bewertungsmerkmale
Differenziertheit des floristischen Inventars oder der Pflanzengesellschaften sowie
Differenziertheit des faunistischen Inventars mit je bis zu 9 Punkten zu bewerten.

Das Leistungsbild der Pflege- und Entwicklungspläne wurde mit der   1
3. ÄndVO neu in die HOAI aufgenommen, weil im Zuge der Neufassung des
BNatSchG und der daran anknüpfenden neuen Planungsformen dieser weitere
eigenständige Planungstyp entstanden ist, der nicht mit den anderen Planungsarten verglichen werden kann. Bis zur 3. ÄndVO fielen Pflege- und Entwicklungspläne unter die Bestimmung des § 50 „Sonstige landschaftsplanerische
Leistungen" und wurden nach freier Honorarvereinbarung honoriert. Mit der
4. ÄndVO wurde auch für die Pflege- und Entwicklungspläne eine Zuordnung
zu Honorarzonen sowie eine eigene Honorartabelle eingeführt. Die 5. ÄndVO
hat die Honorare angehoben.

Pflege- und Entwicklungspläne sind aufgrund landesgesetzlicher Festlegun-   2
gen insbesondere für Gebiete aufzustellen, die aus Gründen des Naturschutzes
und der Landschaftspflege bedeutsam sind und sich nicht selbst überlassen werden können. Im Gegensatz zu den Leistungsbildern der landschaftsplanerischen Leistungen, die Vorhaben in Natur und Landschaft begleiten oder diesen
vorgreifen, sind die Pflege- und Entwicklungspläne als Fachpläne zu verstehen,
die Natur und Landschaft durch fachliche Pflege in einer vorhandenen Form
oder einem Zustand erhalten oder in eine beabsichtigte Form oder zu einem
Zustand entwickeln.

In Absatz 1 werden Honorarzonen mit eigenen Bewertungsmerkmalen defi-   3
niert. Fachliche Vorgaben können mit der Biotopkartierung, speziellen Fach-
gutachten oder einer Schutzgebietsverordnung gegeben sein. Die Schwierigkeit
der Planung ist weiter davon abhängig, wie differenziert das floristische Inventar oder die Pflanzengesellschaften bzw. das faunistische Inventar ist. Darüber
hinaus sind die vielfach erforderlichen Maßnahmen zur Beseitigung von Schädigungen des Naturhaushalts und des Landschaftsbilds ein weiteres Bewertungsmerkmal. Der Aufwand für die Festlegung von Zielaussagen und Maßnahmen ist in der Regel mit der Differenziertheit des Landschaftsinventars
geregelt; zu bewerten ist hier nicht die Anzahl der Maßnahmen, sondern die
Schwierigkeit, fundierte Aussagen über die notwendigen Pflege- und Entwicklungsmaßnahmen aufzuzeigen.

In Absatz 2 wird vorgeschrieben, welcher Honorarzone die Pflege- und Ent-   4
wicklungspläne in Zweifelsfällen zuzurechnen sind. In solchen Fällen ist die
Summe der Bewertungspunkte maßgebend. Die einzelnen Bewertungsmerkmale
sind nach Maßgabe von Absatz 3 zu bewerten. Mit der Anzahl der Bewertungspunkte wird noch nicht ein Honorar innerhalb der Von- und Bis-Sätze einer
Honorarzone bestimmt. Die Summe der Bewertungspunkte kann lediglich als

einer von mehreren Hinweisen für die Vereinbarung eines bestimmten Honorars innerhalb der in der Honorartafel gesetzten Marge angesehen werden.

5 In Absatz 3 wird festgelegt, mit wieviel Punkten entsprechend dem Schwierigkeitsgrad die einzelnen Bewertungsmerkmale zu bewerten sind. Zur Aufteilung ist folgende Punkteskala vorstellbar:

Schwierigkeitsgrad	gering	durchschnittlich	hoch
Honorarzone	I	II	III
Bewertungsmerkmale	Punktebewertung		
1. Fachliche Vorgaben	1 (gute)	2–3	4 (geringe)
2. Differenziertheit des floristischen Inventars oder der Pflanzengesellschaften	1–3	4–6	7–9 (starke)
3. Differenziertheit des faunistischen Inventars	1–3	4–6	7–9 (starke)
4. Beeinträchtigungen oder Schädigungen von Naturhaushalt und Landschaftsbild	1–2	3–4	5–6 (umfangreiche)
5. Aufwand für die Festlegung von Zielaussagen sowie Pflege- und Entwicklungsmaßnahmen	1–2	3–4	5–6 (hoher)
Gesamtpunktezahl	bis 13	14–24	25–34

§ 49 c
Leistungsbild Pflege- und Entwicklungsplan

(1) Pflege- und Entwicklungspläne umfassen die weiteren Festlegungen von Pflege und Entwicklung (Biotopmanagement) von Schutzgebieten oder schützenswerten Landschaftsteilen.

(2) Die Grundleistungen bei Pflege- und Entwicklungsplänen sind in den in Absatz 3 aufgeführten Leistungsphasen 1 bis 4 zusammengefaßt. Sie sind in der nachfolgenden Tabelle in Vomhundertsätzen der Honorare des § 49 d bewertet.

	Bewertung der Grundleistungen in v. H. der Honorare
1. Zusammenstellen der Ausgangsbedingungen	1 bis 5
2. Ermitteln der Planungsgrundlagen	20 bis 50
3. Konzept der Pflege- und Entwicklungsmaßnahmen	20 bis 40
4. Endgültige Planfassung	5

(3) Das Leistungsbild setzt sich wie folgt zusammen:

Grundleistungen	Besondere Leistungen
1. Zusammenstellen der Ausgangs- bedingungen	
Abgrenzen des Planungsbereichs	
Zusammenstellen der planungsrelevanten Unterlagen, insbesondere	
– ökologische und wissenschaftliche Bedeutung des Planungsbereichs	
– Schutzzweck	
– Schutzverordnungen	
– Eigentümer	
2. Ermitteln der Planungsgrundlagen	
Erfassen und Beschreiben der natürlichen Grundlagen	Flächendeckende detaillierte Vegetationskartierung
Ermitteln von Beeinträchtigungen des Planungsbereichs	Eingehende zoologische Erhebungen einzelner Arten oder Artengruppen
3. Konzept der Pflege- und Entwicklungsmaßnahmen	
Erfassen und Darstellen von	
– Flächen, auf denen eine Nutzung weiter betrieben werden soll	
– Flächen, auf denen regelmäßig Pflegemaßnahmen durchzuführen sind	
– Maßnahmen zur Verbesserung der ökologischen Standortverhältnisse	
– Maßnahmen zur Änderung der Biotopstruktur	
Vorschläge für	
– gezielte Maßnahmen zur Förderung bestimmter Tier- und Pflanzenarten	
– Maßnahmen zur Lenkung des Besucherverkehrs	
– Maßnahmen zur Änderung der rechtlichen Vorschriften	

Grundleistungen	Besondere Leistungen

– die Durchführung der Pflege- und Entwicklungsmaßnahmen

Hinweise für weitere wissenschaftliche Untersuchungen

Kostenschätzung der Pflege- und Entwicklungsmaßnahmen

Abstimmen der Konzepte mit dem Auftraggeber

4. Endgültige Planfassung
Darstellen des Pflege- und Entwicklungsplans in der vorgeschriebenen Fassung in Text und Karte

(4) Sofern nicht vor Erbringung der Grundleistungen etwas anderes schriftlich vereinbart ist, sind die Leistungsphase 1 mit 1 vom Hundert sowie die Leistungsphasen 2 und 3 mit jeweils 20 vom Hundert der Honorare des § 49 d zu bewerten.

1   Mit der 4. ÄndVO wurde das Leistungsbild der Pflege- und Entwicklungspläne – vorher geregelt in § 49 a – ergänzt und mit eigenen Leistungsphasen versehen. Absatz 1 enthält mit dem Hinweis auf „die weiteren Festlegungen von Pflege und Entwicklung" eine Klarstellung, daß mögliche vorhandene Festlegungen zur Pflege und Entwicklung, z. B. aus Planungen zur Erstellung der Schutzgebiete oder aus landschaftspflegerischen Begleitplänen, hiermit weiter festgelegt und konkretisiert werden sollen.

2   In Absatz 2 wird das Leistungsbild in Leistungsphasen aufgeteilt und die Leistungsphasen nach Vomhundertsätzen des Gesamthonorars bewertet. Die Gliederung in 4 Leistungsphasen entspricht den tatsächlichen Arbeitsabschnitten. Da die Verhältnisse der einzelnen Planungsaufgaben unterschiedlich sein können, sind für die Bewertung von 3 Leistungsphasen Mindest- und Höchstsätze festgelegt. Mit diesen Bewertungsspannen kann den unterschiedlichen Gegebenheiten der einzelnen Situation durch vertragliche Vereinbarung Rechnung getragen werden. Die Mindestsätze sind insbesondere dann anzunehmen, wenn zum Planungsbereich bereits ein Pflege- und Entwicklungsplan vorliegt, der überarbeitet oder aktualisiert werden soll.

3   In der Leistungsphase 2 wird der Satz von 50 v. H. des Honorars dann anzusetzen sein, wenn sowohl eingehende floristische als auch faunistische Erhebungen durchgeführt werden müssen. Dasselbe ist anzunehmen, wenn aufgrund der Artenvielfalt, der Vielfalt unterschiedlicher Lebensräume oder der Unterschiedlichkeit von Natur und Landschaft ein erheblicher Aufwand abzusehen ist. Diese Kriterien wirken sich ebenso auf die Bemessung der Leistungsphase 3 aus.

Absatz 3 enthält eine detaillierte Beschreibung des Leistungsbildes und der 4
Teilleistungen in den einzelnen Leistungsphasen.

Leistungsphase 1   Zusammenstellen der Ausgangsbedingungen   5

Hierbei wird vom Auftragnehmer verlangt, die Grundlagen und Ziele der
Planung aufzuzeigen, wobei folgende Grundleistungen zu erbringen sind:

1. Abgrenzen des Planungsbereichs
Hierbei sind sowohl die Größe von Schutzgebieten oder schützenswerten
Landschaftsbestandteilen als auch umgebende Rahmenbedingungen, die das
Schutzgebiet oder schützenswerte Landschaftsbestandteile beeinträchtigen
können, von Bedeutung. Die Abgrenzung des Planungsbereiches kann vom
Landschaftsarchitekten als Auftragnehmer nicht selbständig, sondern nur
mit Hilfe des Auftraggebers erbracht werden. Zusammenstellen der planungsrelevanten Unterlagen als Material- und Literatursammlung unter Herausarbeitung von ökologischer und wissenschaftlicher Bedeutung des Planungsbereichs, des Schutzzwecks und der Schutzverordnungen. Der Auftragnehmer hat die Ausgangsbedingungen zusammenzustellen, d. h., er
bedient sich vorhandener Unterlagen, die ihm vom Auftraggeber selbst oder
mit dessen Hilfe sowie von sonstigen Beteiligten zur Verfügung gestellt werden.

Leistungsphase 2   Ermitteln der Planungsgrundlagen   6

Mit dem Erfassen und Beschreiben der natürlichen Grundlagen wird vor
allem auf die naturräumliche Lage, die geologischen, bodenkundlichen, klimatischen und wasserwirtschaftlichen Verhältnisse, die Pflanzen- und Tier-
bestände sowie Biotoptypen und Ökosysteme abzustellen sein. Darüber hinaus
sind alle vorhandenen Beeinträchtigungen des Planungsbereichs, insbesondere
die Flächennutzung, Einwirkungen von außen, unsachgemäße Pflege, Erho-
lungsaktivitäten, wie Baden, Reiten, Jagen und Zelten, zu ermitteln. Wie auch
in den weiteren Leistungsbildern des Teiles VI ist auch hier mit der Leistung
„Ermitteln der Planungsgrundlagen" nicht gemeint, daß der Auftragnehmer die
einzelnen Elemente durch Einzeluntersuchung selbst erheben muß. Seine Aufgabe erstreckt sich auf das Zusammentragen dieser Planungsgrundlagen, deren
Kontrolle und Ergänzung sowie die Auswertung und Zusammenfassung des
vorwiegend von den staatlichen und kommunalen Stellen und Behörden zur
Verfügung gestellten Grundlagenmaterials. Einzeluntersuchungen, Erhebungen und Kartierungen gehören wie auch bei den anderen Leistungsbildern des
Teils VI zu den Besonderen Leistungen.

Leistungsphase 3   Konzept der Pflege- und Entwicklungsmaßnahmen   7

Im Rahmen dieser Leistungsphase wird vom Auftragnehmer im einzelnen
dargelegt, wie die erforderlichen Pflege- und Entwicklungsmaßnahmen konkretisiert werden. Hierzu gehören im einzelnen:

1. Erfassen und Darstellen von Flächen, auf denen eine Nutzung weiter betrieben werden soll. Flächen, auf denen regelmäßig Pflegemaßnahmen durchzuführen sind. Dazu gehört die Mahd, das Auslichten bzw. Zurücknehmen von Gehölzbeständen, soweit dies zur Erhaltung des Charakters von Landschaftsteilen notwendig ist. Maßnahmen zur Verbesserung der ökologischen Standortverhältnisse, wie z. B. Maßnahmen gegen Nährstoffeintrag, zur Beseitigung von Ablagerungen oder Entfernung nährstoffreicher Bodenteile, Maßnahmen zur Wiedervernässung sowie zur Veränderung bestehender Flächennutzungen. Maßnahmen zur Änderung der Biotopstruktur, wie z. B. Pflanzungen von Baum- und Strauchgruppen, Hecken, Feldgehölzen sowie die Entwicklung von Feucht- und Trockenstandorten.

2. Vorschläge für gezielte Maßnahmen zur Förderung bestimmter Tier- und Pflanzenarten, wie z. B. Schutz bestehender und Neuausweisung von Brutbereichen, Erhaltung und Förderung entsprechender Standortfaktoren. Maßnahmen zur Lenkung des Besucherverkehrs. Hierzu gehört insbesondere das Auflassen oder Verlagern von Zufahrten und Wegen, die Anlage bzw. das Verlagern von Flächen des ruhenden Verkehrs sowie das Aufstellen von Informationstafeln. Maßnahmen zur Änderung der rechtlichen Vorschriften. Hierbei ist gemeint, vorhandene rechtliche Vorschriften anhand des Pflege- und Entwicklungskonzepts entsprechend zu verbessern, nicht jedoch die Neuerstellung oder erstmalige Aufstellung solcher rechtlichen Vorschriften. Die Durchführung der Pflege- und Entwicklungsmaßnahmen, insbesondere Organisation, Betreuung und Trägerschaft. Soweit hier eine Abstimmung mit Fachbehörden, Gemeinden und Verbänden erforderlich bzw. sinnvoll ist, sind diese als Besondere Leistungen einzustufen.

3. Hinweise für weitere wissenschaftliche Untersuchungen, soweit diese vom Auftragnehmer im Sinne der Entwicklung des Biotops für bedeutsam angesehen werden.

4. Kostenschätzung der Pflege- und Entwicklungsmaßnahmen, die vom Auftragnehmer vorgeschlagen werden. Die Konkretisierung und Präzisionsstufe der Kostenschätzung sind angelehnt an die Regelung in der DIN 276. Es handelt es sich hier um einen ersten groben Kostenrahmen, der anhand des Maßstabs des Planes möglich ist. Mit der Abstimmung der Konzepte mit dem Auftraggeber wird die Leistungsphase 3 abgeschlossen.

8 **Leistungsphase 4 Endgültige Planfassung**

Mit der endgültigen Planfassung bringt der Auftragnehmer das mit dem Auftraggeber abgestimmte Konzept der Pflege- und Entwicklungsmaßnahmen in einen Pflege- und Entwicklungsplan ein. Hierbei ist die jeweils vorgeschriebene Fassung gemäß den Landesregelungen (Reinfassung) zu beachten.

9 Eine Änderung der Korrektur von Aussagen in Text und Karte der fertiggestellten Leistungen der Leistungsphase 4 kann nicht mehr als Grundleistung angesehen werden.

Nur wenige Besondere Leistungen werden in Absatz 3 erwähnt. Allerdings **10** sind die Besonderen Leistungen nicht abschließend aufgezählt. Zur Anwendung weiterer Besonderer Leistungen siehe die Kommentierung zu § 45 a Rdn. 1.

In Absatz 4 wird festgelegt, welche Honorarsätze des Absatzes 2 gelten, **11** sofern nicht vor „Erbringung der Grundleistungen" etwas anderes schriftlich vereinbart ist. Aus der Formulierung wird nicht klar, ob als Zeitpunkt „vor Erbringung der Grundleistungen" die Grundleistungen im einzelnen oder als Gesamtheit gemeint sind oder ob die Vereinbarung vor Erbringung einer Leistungsphase getroffen werden soll. Die Formulierung „vor Erbringung der Grundleistungen" (also nicht „bei Auftragserteilung" und nicht „zuvor") deutet darauf hin, daß auch nach Erbringung einer geschuldeten Grundleistung eine Änderungsvereinbarung für die weiteren Grundleistungen möglich ist. Gerade bei Pflege- und Entwicklungsplänen pflegt sich das Profil der Bearbeitungsintensität oft erst im Laufe der Bearbeitung herauszustellen.

Die Honorarfindung bei Landschaftspflegerischen Begleitplänen im Maß- **12** stab des Bebauungsplans ist aufgrund redaktioneller Fehler, die im Zuge der 4. ÄndVO entstanden, unklar geworden, weil die Anwendung der Tabelle des § 46 a nur unter zwei Honorarstufen (Normal- und Schwierigkeitsstufe) möglich ist, der Verordnungsgeber jedoch in § 49 für die Landschaftspflegerischen Begleitpläne die Zuordnung zu drei Honorarzonen vorsieht. Insofern ist es erforderlich, den in zwei Stufen geteilten Tabellenrahmen des § 46 a Abs. 1 in eine Dreistufenteilung zwischen Normalstufe – Von-Satz und Schwierigkeitsstufe – Bis-Satz zu übersetzen.

§ 49 d
Honorartafel für Grundleistungen bei Pflege- und Entwicklungsplänen

(1) Die Mindest- und Höchstsätze der Honorare für die in § 49 c aufgeführten Grundleistungen bei Pflege- und Entwicklungsplänen sind in der nachfolgenden Honorartafel festgesetzt.

Honorartafel zu § 49 d Abs. 1

Fläche	Zone I		Zone II		Zone III	
	von	bis	von	bis	von	bis
ha	DM		DM		DM	
5	4 580	9 150	9 150	13 730	13 730	18 300
10	5 760	11 510	11 510	17 250	17 250	23 000
15	6 600	13 200	13 200	19 800	19 800	26 400
20	7 260	14 510	14 510	21 760	21 760	29 010
30	8 420	16 850	16 850	25 290	25 290	33 720
40	9 470	18 950	18 950	28 420	28 420	37 900
50	10 390	20 780	20 780	31 160	31 160	41 550
75	12 340	24 690	24 690	37 050	37 050	49 400
100	13 990	27 970	27 970	41 960	41 960	55 940
150	16 610	33 200	33 200	49 800	49 800	66 390
200	18 550	37 110	37 110	55 670	55 670	74 230
300	21 170	42 340	42 340	63 510	63 510	84 680
400	23 130	46 260	46 260	69 400	69 400	92 530
500	24 710	49 410	49 410	74 100	74 100	98 800
1 000	31 240	62 470	62 470	93 710	93 710	124 940
2 500	46 920	93 830	93 830	140 750	140 750	187 660
5 000	66 520	133 040	133 040	199 550	199 550	266 070
10 000	92 660	185 310	185 310	277 970	277 970	370 620

(2) Die Honorare sind nach der Grundfläche des Planungsbereichs in Hektar zu berechnen.

(3) § 45 b Abs. 3 und 4 gilt sinngemäß.

1   Absatz 1 legt mit einer im Zuge der 4. ÄndVO neu eingebrachten Honorartafel die Mindest- bzw. Höchstsätze der Honorare für Leistungen bei Pflege- und Entwicklungsplänen fest. Es handelt sich um Mindest- und Höchstsätze im Sinne des § 4. Im Gegensatz zu anderen Leistungsbildern wird in Absatz 2 als Ansatz von der „Grundfläche" ausgegangen. Damit ist festgelegt, daß bei Pflege- und Entwicklungsplänen von der Kartenfläche oder den Flächen der Horizontalprojektion auszugehen ist und tatsächliche Flächen und Neigungs-zuschläge nicht berücksichtigt werden sollen. Gerade bei Pflege- und Entwick-lungsplänen ist diese Festlegung nicht tragfähig. Viele Planungsbereiche dieser Aufgaben sind topographisch stark reliefiert, Halden oder Felswände. Es ist nicht sinnvoll, Biotope in Steilhängen und -wänden in Horizontalprojektion darzustellen. Vielmehr wird hier oft in Horizontal- und Vertikalprojektionen gearbeitet werden müssen, weil nur so einzelne Biotoptypen und Wuchsstand-orte erkennbar gemacht werden können.

2   Die Honorarberechnung der Pflege- und Entwicklungspläne vollzieht sich in 4 Stufen, die nachfolgend kurz skizziert werden sollen:

a) Zunächst sind die Flächenwerte (ha) des Planungsbereiches festzustellen.

b) Danach ist zu ermitteln, welche Honorarzone für den Pflege- und Entwicklungsplan zutreffend ist (§ 49b Abs. 2).

c) Sodann lassen sich die Von-bis-Sätze aus der Honorartafel des Absatzes 1 ablesen.

d) Schließlich ist eine Bewertung der Leistungen nach den Vomhundertsätzen des § 49c vorzunehmen. Je nachdem, welche Leistungsphasen aus § 49c Abs. 2 erbracht werden, ergibt sich ein bestimmter Vomhundertsatz, aus dem Mindest- bzw. Höchstsätze für die betreffende Planung zu ermitteln sind.

Für die Honorare nach § 49d gelten ferner die Bestimmungen der §§ 1–9.

§ 49d gilt nur für Honorare betreffend die Grundleistungen, die Honorare für Besondere Leistungen bemessen sich nach §§ 2 Abs. 3, 5 Abs. 4 und 5.

Absatz 3 ermöglicht die sinngemäße Anwendung des § 45b Abs. 3 und 4. Auf **3** die dortige Kommentierung wird entsprechend verwiesen.

Folgendes Beispiel soll die Honorarberechnung für einen Pflege- und Entwicklungsplan verdeutlichen:

1. Situation **4**

Eine Naturschutzbehörde beauftragt die Erstellung eines Pflege- und Entwicklungsplans für eine artenreiche Heidelandschaft als Teil eines Naturschutzgebiets. Nach der Abgrenzung in Leistungsphase 1 umfaßt die Fläche des Planungsbereichs 420 ha. Ein durchschnittlicher Schwierigkeitsgrad führt zur Einstufung in Honorarzone II.

Alle Grundleistungen des § 49c (Leistungsphase 1 bis 4) sollen voll erbracht werden. Für den Planungsbereich ist bisher noch keine Pflegekonzeption erarbeitet worden, ähnlich gelagerte Pflege- und Entwicklungsaufgaben mit entsprechenden Pflege- und Entwicklungsplänen liegen nicht vor. Hinsichtlich der Leistungsphasen 1 bis 3 ist deshalb vereinbart, die vollen Vomhundertsätze zugrunde zu legen.

Es sind Besondere Leistungen erforderlich: Die zur Verfügung gestellten Planunterlagen sind unvollständig und müssen aus mehreren Planwerken ergänzt und aktualisiert werden.

Für verschiedene Biotoptypen wird auf Teilflächen eine detaillierte Vegetationskartierung zur Beobachtung der Sukzession und zur Bestandsdichte von vorkommenden Rote-Liste-Arten erforderlich.

Diese Besonderen Leistungen werden auf Nachweis des Zeitaufwands vergütet. Es ist der Von-Satz vereinbart.

Die Nebenkosten sind wie folgt zu vergüten:

– allgemeine Nebenkosten für die
  Erstellung des Pflege- und Entwicklungsplans in 1 Fertigung
  Pläne in Farbe   als Nettopauschale von   DM 5 000,00
sowie
– für Mehrfertigungen erfolgt
  eine Vergütung   auf Nachweis der entstandenen Kosten

2. HOAI-Tabellenwert

bei einem Planungsbereich von 420 ha und einer Zuordnung
zu Honorarzone II Von-Satz ergibt sich nach § 49 d Abs. 1
HOAI   DM 50 232,00

3.   Honorarermittlung

3.1   Leistungsphasen/Grundleistungen

Leistungsphase 1	Zusammenstellen der Ausgangsbedingungen	5 v. H.	DM 2 511,60
Leistungsphase 2	Ermitteln der Planungs- grundlagen	50 v. H.	DM 25 116,00
Leistungsphase 3	Konzept der Pflege- und Entwicklungsmaßnah- men	40 v. H.	DM 20 092,80
Leistungsphase 4	Endgültige Planfassung	5 v. H.	DM 2 511,60

3.2   Besondere Leistungen

3.2.1 Ergänzen und Aktualisieren der Planungsgrundlagen
Nachweis Zeitaufwand

Auftragnehmer	5 Std. · DM 140,00	DM 700,00
Mitarbeiter § 6 Abs. 2 Nr. 2	30 Std. · DM 100,00	DM 3 000,00
Mitarbeiter § 6 Abs. 2 Nr. 3	50 Std. · DM 75,00	DM 3 750,00

3.2.2 Detaillierte Vegetationskartierung zur Beobachtung
der Sukzession und zur Bestandsdichte von vorkommenden Rote-Liste-Arten
Nachweis Zeitaufwand

Auftragnehmer	60 Std. · DM 140,00	DM 8 400,00
Mitarbeiter § 6 Abs. 2 Nr. 2	150 Std. · DM 100,00	DM 15 000,00
Mitarbeiter § 6 Abs. 2 Nr. 3	entfällt	

3.3   Nebenkosten

3.3.1 Allgemeine Nebenkosten
vereinbarte Nettopauschale von   DM   5 000,00

3.3.2 Erstellung von 3 Mehrfertigungen auf Nachweis der
Unkosten (Farbkopien, Pläne und Textteil)   DM   1 200,00

Honorar und Nebenkosten netto   DM 87 282,00
zuzügl. gesetzl. MwSt.

§ 50

Sonstige landschaftsplanerische Leistungen

(1) Zu den sonstigen landschaftsplanerischen Leistungen rechnen insbesondere:

1. Gutachten zu Einzelfragen der Planung, ökologische Gutachten, Gutachten zu Baugesuchen,
2. Beratungen bei Gestaltungsfragen,
3. besondere Plandarstellungen und Modelle,
4. Ausarbeitungen von Satzungen, Teilnahme an Verhandlungen mit Behörden und an Sitzungen der Gemeindevertretungen nach Fertigstellung der Planung,
5. Beiträge zu Plänen und Programmen der Landes- oder Regionalplanung.

(2) Die Honorare für die in Absatz 1 genannten Leistungen können auf der Grundlage eines detaillierten Leistungskatalogs frei vereinbart werden. Wird das Honorar nicht bei Auftragserteilung schriftlich vereinbart, so ist es als Zeithonorar nach § 6 zu berechnen.

Alle landschaftsplanerischen Leistungen, die in den §§ 44–49d gesondert   1
geregelt sind, gehören nicht zu den sonstigen landschaftsplanerischen Leistungen. Auch die in den dortigen Leistungsbildern als Besondere Leistungen herausgestellten und gesondert zu honorierenden Leistungen können nicht nach § 50 honoriert werden. Diese Unterscheidung ist von Bedeutung, weil die Voraussetzungen für die Honorierung von Leistungen nach § 50 wesentlich hinter den Anforderungen des § 5 Abs. 4 für Besondere Leistungen zurückbleibt. Schwierig ist die Abgrenzung deswegen, weil die Besonderen Leistungen in den jeweiligen Leistungsbildern nicht abschließend aufgezählt sind (§ 2 Abs. 3). Zum Spektrum der Besonderen Leistungen vgl. die Kommentierung zu § 45a Rdn. 1. Nachdem die Besonderen Leistungen anderer Leistungsbilder auch als solche der landschaftsplanerischen Leistungen behandelt werden können, bestehen in § 50 Abs. 1 Ziff. 3 und ggf. auch § 50 Abs. 1 Ziff. 4 Ähnlichkeiten der Leistung. Insofern muß § 50 aber als Sonderregelung vorgehen.

Absatz 2 läßt es zu, daß auf der Grundlage eines detaillierten Leistungskata-   2
logs das Honorar frei vereinbart werden kann. Damit soll für die freie Vereinbarung des Honorars rechtzeitig eine Grundlage geschaffen werden, die die zu erbringende Leistung präzisiert. Soweit eine Honorarvereinbarung nicht zum Zeitpunkt der Auftragserteilung schriftlich vereinbart worden ist, ist eine freie Honorarvereinbarung nicht mehr möglich. In diesem Fall ist grundsätzlich das Zeithonorar nach § 6 zu berechnen. Die Bestimmung entspricht § 42 Abs. 2. Es kann auf die dortige Kommentierung verwiesen werden.

Teil VII
Leistungen bei Ingenieurbauwerken und Verkehrsanlagen

§ 51
Anwendungsbereich

(1) Ingenieurbauwerke umfassen:

1. Bauwerke und Anlagen der Wasserversorgung,

2. Bauwerke und Anlagen der Abwasserentsorgung,

3. Bauwerke und Anlagen des Wasserbaus, ausgenommen Freianlagen nach § 3 Nr. 12,

4. Bauwerke und Anlagen für Ver- und Entsorgung mit Gasen, Feststoffen einschließlich wassergefährdenden Flüssigkeiten, ausgenommen Anlagen nach § 68,

5. Bauwerke und Anlagen der Abfallentsorgung,

6. konstruktive Ingenieurbauwerke für Verkehrsanlagen,

7. sonstige Einzelbauwerke, ausgenommen Gebäude und Freileitungsmaste.

(2) Verkehrsanlagen umfassen:

1. Anlagen des Straßenverkehrs, ausgenommen Freianlagen nach § 3 Nr. 12,

2. Anlagen des Schienenverkehrs,

3. Anlagen des Flugverkehrs.

Die Vorschriften des Teils VII wurden durch die 1. ÄndVO zur HOAI (vgl. **1** Einl. Rdn. 2) eingefügt. Sie gelten für Verträge, die seit 1. 1. 1985 abgeschlossen wurden (für die Übergangsfälle vgl. § 103). Die §§ 51–61 wurden durch die 4. HOAI-Novelle zum Teil erheblich geändert bzw. ergänzt (zur 4. HOAI-Novelle vgl. Einl. Rdn. 9). Die Neuregelungen gelten für Verträge, die seit 1. 1. 1991 abgeschlossen wurden (zu den Übergangsfällen vgl. § 103). Der Teil VII betrifft Leistungen bei Ingenieurbauwerken und Verkehrsanlagen. Die Bestimmungen der §§ 51 ff. gelten für alle **Ingenieure und Architekten**, die zur Führung des Titels „Ingenieur" befugt sind (vgl. i. e. § 1 Rdn. 22). Dagegen ist § 61 für alle Arten von Auftragnehmern anwendbar, soweit sie nicht gleichzeitig Grundleistungen nach § 55 erbringen.

Der Teil VII gilt nur insoweit, als Ingenieurbauwerke in § 51 ausdrücklich **2** aufgeführt sind. Zur Auslegung der einzelnen Bereiche ist die Objektliste nach § 54 mit heranzuziehen. Aus dem Zusammenhang beider Vorschriften ergibt sich, daß z. B. Elektrizitätswerke oder Versorgungsleitungen über Land für Elektrizität nicht von Teil VII erfaßt sind (Amtliche Begründung zu § 51; vgl. i. e. § 54 Rdn. 4). **Leistungen aus nicht erfaßten Bereichen** sind preisrechtlich nicht gebunden. Hier kann eine freie Honorarvereinbarung getroffen werden.

Werden Leistungen erbracht, die im Leistungsbild des § 55 nicht erfaßt sind, so stellt sich die Frage, ob hier die HOAI anwendbar ist. Als Beispiele seien hydrologische Untersuchungen, hydraulische Berechnungen, chemische, physikalische, biologische und ökologische Untersuchungen, verfahrenstechnische Versuche, Forschungs- und Entwicklungsarbeiten genannt. Werden diese Leistungen erbracht, so ist zu unterscheiden, ob der Auftragnehmer gleichzeitig Grundleistungen nach § 55 HOAI erbringt. In diesem Fall handelt es sich bei den zusätzlichen Leistungen um Besondere Leistungen, hinsichtlich derer das Honorar nach §§ 2 Abs. 3, 5 Abs. 4 und 5 zu berechnen ist. Werden die Leistungen dagegen isoliert erbracht, so unterliegen sie nicht der HOAI. Hier ist eine freie Vereinbarung möglich. Eine schriftliche Vereinbarung vor Ausführung der Arbeiten oder bei Auftragserteilung ist in diesen Fällen entbehrlich (§ 2 Rdn. 17).

3   **Abgrenzungsprobleme** können sich auch zwischen dem **Teil VII** und dem **Teil IX** Technische Ausrüstung ergeben. Für Verträge, die vor dem 1. 1. 1991 abgeschlossen wurden, war zu unterscheiden, ob die Anlagen aus den in § 51 aufgeführten Bereichen innerhalb von Bauwerken liegen – dann Technische Ausrüstung nach Teil IX – oder außerhalb – dann Zuordnung zu den Ingenieurbauwerken nach Teil VII. Nach der Neufassung des § 68 Satz 2 durch die 4. HOAI-Novelle ist letzteres nicht mehr der Fall: Anlagen der nichtöffentlichen Erschließung sowie Abwasser- und Versorgungsanlagen in Außenanlagen sind von der HOAI nicht mehr in Teil VII eingeordnet, vielmehr ist dafür die freie Honorarvereinbarung als Regelfall vorgesehen. Fehlt eine entsprechende, schriftlich bei Auftragserteilung getroffene Vereinbarung, dann sind die Leistungen nach Zeithonorar abzurechnen.

4   Allerdings ist die Zuordnung nunmehr von der Abgrenzung „innerhalb" oder „außerhalb von Bauwerken" nicht mehr abhängig. Außerhalb von Bauwerken befindliche Anlagen gehören jedenfalls dann noch zum Bauwerk als Technische Ausrüstung, wenn sie „im Zusammenhang" mit dem Bauwerk selbst geplant werden und stehen (§ 68 Satz 2).

5   Werden **gleichzeitig Leistungen aus Teil VII und Teil IX** erbracht, so sind diese Leistungen gesondert zu honorieren und getrennt nach Teil VII bzw. IX jeweils abzurechnen. Erbringt der Auftragnehmer des Teils II (Objektplanung für Gebäude) oder des Teils VII (Objektplanung für Ingenieurbauwerke) die Planungs- oder Überwachungsleistungen des Teils IX, so steht ihm dafür ein gesondertes Honorar nach den Vorschriften des Teils IX zu, also aus den vollen anrechenbaren Kosten des § 69 Abs. 3–6. Hinsichtlich seiner Leistungen für die Objektplanung nach Teil II bzw. Teil VII ergibt sich aber das **Problem, ob** dafür bei den anrechenbaren Kosten für diesen Bereich nach § 10 Abs. 4 bzw. nach § 52 Abs. 3 eine **Minderung der anrechenbaren Kosten** erfolgen muß. Nach der Neufassung des § 10 Abs. 4 durch die 3. HOAI-Novelle (vgl. Einl. Rdn. 6) ist dies für Verträge seit dem 1. 4. 1988 zu bejahen (vgl. § 10 Rdn. 115).

6   Ein **Abgrenzungsproblem** zwischen **Teil VII und Teil IX** ergibt sich bei der **Technischen Ausrüstung von wasserbaulichen Objekten.** Als Beispiele seien hier

genannt ein Flußwehr mit beweglichem Staukörper (bewegliches Wehr), bewegliche Verschlußeinrichtungen in Deich- und Dammbauten und die maschinentechnische Ausrüstung einer Wasserkraftanlage oder Schiffsschleuse. Die Technische Ausrüstung der in der Objektliste des § 54 aufgeführten Ingenieurbauwerke ist in der Objektliste des § 72 nicht enthalten. Hier kann die Technische Ausrüstung trotzdem nach § 68 ff. abgerechnet werden (vgl. auch unten Rdn. 22).

Es ist lediglich die Frage, wann diese Technische Ausrüstung nur im Rahmen $\quad$ 7 der anrechenbaren Kosten nach § 52 zu berücksichtigen ist und wann hinsichtlich dieser Leistungen zusätzlich ein Honorar nach den §§ 68 ff. möglich ist. Beides ist zu bejahen, soweit der Ingenieur in diesen Fällen die Technische Ausrüstung selbständig plant oder selbständig überwacht und soweit nicht nur im Hinblick auf die Technische Ausrüstung Koordinationstätigkeit anfällt. Unter Planung ist hierbei nicht die Konstruktion der Geräte zu verstehen; diese muß vom Ingenieur nicht erbracht werden. Fällt nur Koordinationstätigkeit an, so ist die Technische Ausrüstung lediglich im Rahmen der anrechenbaren Kosten zu berücksichtigen (ebenso Rusam § 52 Rdn. 4). Die gleichen Grundsätze gelten auch z. B. für die Technische Ausrüstung von Abfallbehandlungs- und Recycling-Anlagen, etwa mit Zerkleinerungs- oder Sortiereinrichtungen. Soweit die Technische Ausrüstung in § 72 aufgeführt ist, ist sie ebenso getrennt nach § 68 ff. zu honorieren und gesondert zu bezahlen. Dies ergibt sich auch aus § 73 Abs. 3, der die Technische Ausrüstung auch in Anlagen für Wasser, Abwasser und Abfall nennt.

Werden Ingenieurbauwerke und **Gebäude** oder **Freianlagen** nebeneinander $\quad$ 8 geplant und/oder gebaut, so sind sie als selbständige Objekte gesondert abzurechnen; das gilt für Freianlagen auch dann, wenn die anrechenbaren Kosten niedriger als DM 15 000,– sind, weil eine dem § 18 entsprechende Vorschrift nicht existiert. **Überschneidungen** zwischen den Auftragnehmern für die **Objektplanung nach Teil II** und für die **Objektplanung nach Teil VII** sind denkbar. Die Frage, ob die Auftragnehmer den Honoraranspruch aus dem jeweils anderen Leistungsbereich in vollem Umfang haben, kann nicht nach den unterschiedlichen Regelungen der Bundesländer für das Bauvorlagerecht für Architekten und Ingenieure entschieden werden. Es handelt sich hier um ein Honorarproblem. Soweit die Befähigung des jeweiligen Auftragnehmers für das an sich fremde Gebiet gegeben ist, dürfte auch ein voller Honoraranspruch bestehen (vgl. auch § 1 Rdn. 24). Abgrenzungsprobleme können auch dann auftreten, wenn Architekt und Ingenieur z. B. gemeinsam eine Müllverbrennungsanlage zu planen haben (vgl. § 61 Rdn. 2).

Die Abgrenzung zwischen Ingenieurbauwerken und Verkehrsanlagen kann $\quad$ 9 zu Schwierigkeiten führen, wenn **Verkehrsanlagen in Ingenieurbauwerken** ausgeführt werden. Fest steht allerdings, daß hier eine getrennte Honorierung der Leistungen für Verkehrsanlagen und für Ingenieurbauwerke vorzunehmen ist. Als Beispiele seien genannt Verkehrswege in Kläranlagen oder Verbrennungsanlagen. Hier können die Leistungen für die Verkehrswege nur nach § 56

Abs. 2 und die Leistungen für das Ingenieurbauwerk nur nach § 56 Abs. 1 abgerechnet werden. Zweifelhaft ist aber, ob bei Ausführung durch zwei verschiedene Ingenieure das jeweils andere Werk den anrechenbaren Kosten des Auftragnehmers hinzuzurechnen ist. Dies ist nach der Regelung des § 52 Abs. 3, der auf § 10 Abs. 4 verweist, vom Grundsatz her zu bejahen; jedoch greift die Minderung der anrechenbaren Kosten nach § 10 Abs. 4 (vgl. § 10 Rdn. 115).

10   Für **Verkehrsanlagen in Gebäuden** wie z. B. Flughäfen oder Bahnhöfen gelten die Regelungen der §§ 51 ff. ebenfalls nicht. Soweit es sich dabei nicht um Anlagen der Aufzug-, Förder- und Lagertechnik handelt, für die nach § 68 der Teil IX der HOAI anwendbar ist, fallen diese Verkehrsanlagen nicht unter die HOAI. Damit ist insofern eine völlig freie Vereinbarung des Honorars möglich und bei Fehlen einer Vereinbarung die übliche Vergütung (§ 632 Abs. 2 BGB) geschuldet. Für die Leistungen des **Tragwerksplaners** bei Ingenieurbauwerken gilt die Regelung des § 67 (vgl. die Kommentierung zu dieser Vorschrift und § 55 Rdn. 9).

11   Durch die 4. HOAI-Novelle (vgl. Einl. Rdn. 9) wurde § 51 neu gefaßt. Der Anwendungsbereich wurde aber nicht geändert, sondern präzisiert. Auch nach der Neuregelung bleibt es dabei, daß bei Aufträgen für mehrere Objekte diese gesondert und selbständig abzurechnen sind (vgl. unten Rdn. 24 f.).

12   Zu den Bauwerken und Anlagen der **Wasserversorgung** in Nr. 1 zählen Bauwerke und Anlagen der Wasserspeicherung, der Wasseraufbereitung und Wassergewinnung sowie die Leistungen für Trink- und Brauchwasser. Diese Objekte werden in § 54 Abs. 1 jeweils in den Honorarzonen unter Buchstabe a aufgezählt. Der Begriff Wasserwirtschaft wurde durch Wasserversorgung und Abwasserentsorgung ersetzt.

13   Zu den Bauwerken und Anlagen der **Abwasserentsorgung** unter Nr. 2 rechnen Bauwerke und Anlagen der Abwasserbehandlung, der Schlammbehandlung sowie Leitungen für Abwasser. Diese Objekte werden in § 54 Abs. 1 jeweils in den Honorarzonen unter Buchstabe b erfaßt.

14   Zu den in Nr. 3 genannten Bauwerken und Anlagen des **Wasserbaus** rechnen Pumpwerke, Wehre, Düker, Schleusen, Gewässer, Erdbau, Dämme, Deiche, Schiffahrtskanäle, Anlegestellen, Teiche und Meliorationen. Diese Objekte werden in § 54 Abs. 1 jeweils in den Honorarzonen unter Buchstabe c erfaßt. Eine gültige Definition des Begriffs Wasserbau gibt es nicht. Angesichts der Auflistung im Normenverzeichnis für das Wasserwesen und der umfassenden Objektliste des § 54 wird es jedoch keine Definitionsprobleme geben. Soweit Freianlagen geplant und/oder ausgeführt werden, ist der Teil VII nicht anwendbar (zur Abgrenzung vgl. die entsprechend gültigen Ausführungen für die Bereiche Verkehrsanlagen und Freianlagen unten Rdn. 19).

15   Die unter Nr. 4 erwähnten Bauwerke und Anlagen umfassen die **Ver- und Entsorgung mit Gasen** und Feststoffen einschließlich wassergefährdender Flüssigkeiten, ausgenommen Anlagen nach § 68 und auch Leerrohre, im übrigen wird der Anwendungsbereich im wesentlichen aus § 51 Abs. 1 Nr. 3 i.d.F. der

3. HOAI-Novelle übernommen. Diese Objekte werden in § 54 Abs. 1 jeweils in den Honorarzonen unter Buchstabe d erfaßt, nicht hierzu zählen Fernwärmeanlagen.

In Nr. 5 werden die Bauwerke und Anlagen der **Abfallentsorgung** erfaßt (vgl. **16** dazu i. e. Schnappinger, Umwelttechnik und Industriebau-Architektur für Entsorgungsanlagen, Berlin, 1996). Hierher gehören die Objekte der Abfallbehandlung und -entsorgung sowie der Wertstofferfassung. Es sind zu nennen Sortieranlagen, Wertstoffhöfe, Problemabfallzwischenlager, Kompostierungsanlagen, Vergärungsanlagen, Sickerwasseraufbereitungsanlagen, Fackelanlagen und Umladestationen, aber auch thermische Anlagen wie z. B. Schwel-Brenn-Anlagen oder Müllheizkraftwerke und solare Kraftwerke (vgl. zum Ganzen mit Definition und zahlreichen Beispielen Schnappinger, a. a. O., S. 44 ff., 116 ff.). Zum Bereich der Abfallentsorgung gehören auch Objekte aus dem Bereich der Energietechnik, und zwar z. B. Blockheizkraftwerke, Biomasseheizkraftwerke, Wasserheizkraftwerke, Windkraftanlagen, solare Kraftwerke und saisonale Wärmespeicher. Diese Objekte aus dem Bereich der Energietechnik sind selbständige Ingenieurbauwerke, soweit sie nicht als Technische Ausrüstung der Nutzung des Bauwerks dienen (dann ist Teil IX anwendbar). Sie sind gesondert nach eigenen anrechenbaren Kosten abzurechnen (vgl. Rdn. 17). Die Objekte der Abfallentsorgung werden in § 54 Abs. 1 jeweils in den Honorarzonen unter Buchstabe e erfaßt. Ihre Technische Ausrüstung fällt unter Teil IX, weil nach § 68 sowohl die Anlagen in Gebäuden als auch die entsprechenden Anlagen von Ingenieurbauwerken berücksichtigt sind.

Die in Nummer 6 erfaßten konstruktiven **Ingenieurbauwerke für Verkehrsanlagen** sind Brücken, Stützbauwerke, Lärmschutzanlagen sowie Tunnel- und Trogbauwerke sowie Lärmschutzwälle, ausgenommen Lärmschutzwälle zur Geländegestaltung. Diese Objekte werden in § 54 Abs. 1 jeweils in den Honorarzonen unter Buchstabe f erfaßt.

Bei den in Nummer 7 erfaßten **Einzelbauwerken** handelt es sich insbesondere **17** um Schornsteine, Maste, Türme, Versorgungskanäle, Silos, Werft-, Aufschlepp- und Helgenanlagen, Stollenbauten, Untergrundbahnhöfe und Tiefgaragen. Diese Objekte werden in § 54 Abs. 1 jeweils in den Honorarzonen unter Buchstabe g erfaßt. Ausgenommen werden Gebäude und Freileitungsmaste. Für Objekte der Energietechnik (vgl. Rdn. 16) im Rahmen von Bauwerken der Abfallentsorgung ist fraglich, ob sie unter § 51 Abs. 1 Nr. 7 fallen oder gar nicht von Teil VII erfaßt sind, was die freie Honorarvereinbarung und die Geltendmachung der „üblichen Vergütung" (§ 632 Abs. 2 BGB) zur Folge hätte. Richtig ist es, diese Objekte dem Teil VII zuzuordnen, weil die Nr. 7 weit gefaßt wurde.

In § 51 Abs. 2 sind die **Verkehrsanlagen** aufgeführt. Einen ersten Anhalts- **18** punkt für die Definition dieses Begriffs liefert das Bundesfernstraßengesetz (so mit Recht Hartmann § 51 Rdn. 9). Danach gehören zu den Verkehrsanlagen (§ 1 Abs. 4 FStrG) der Straßenkörper, insbesondere der Straßengrund, der Straßenunterbau, die Straßendecke, die Brücken, Tunnel, Durchlässe, Dämme,

Gräben, Entwässerungsanlagen, Böschungen, Stützmauern, Lärmschutzanlagen, Trenn-, Seiten-, Rand- und Sicherheitsstreifen, aber auch der Luftraum über dem Straßenkörper; das Zubehör (Verkehrszeichen, Verkehrseinrichtungen und -anlagen aller Art sowie die Bepflanzung). Es kommen aber weitergehend auch die Verkehrsflächen von Flug- und Landeplätzen einschließlich der Start- und Landebahnen hinzu (Amtliche Begründung zu § 51).

19 **Freianlagen** i. S. des § 3 Nr. 12 gehören nicht zu den Verkehrsanlagen. Leistungen bei Freianlagen sind in Teil II der HOAI geregelt. Leistungen aus den Bereichen des Teils II und VII der HOAI sind völlig getrennt abzurechnen nach den jeweils auf sie entfallenden anrechenbaren Kosten, nach der jeweiligen Honorarzone und den jeweils einschlägigen Honorartafeln sowie den jeweils erbrachten Leistungen. Die Abgrenzung zwischen Verkehrsanlagen und Freianlagen ist manchmal problematisch (vgl. hierzu Morlock DAB [BW] 1986, 156; Pfrommer/Viehoff DAB [BW] 1986, 299; vgl. i. e. oben § 3 Rdn. 12). Nach der Formulierung des § 51 Abs. 2 liegen in Zweifelsfällen Freianlagen vor, da der Teil VII nur gilt, wenn nicht im Einzelfall Freianlagen zu bejahen sind.

20 Anlagen des **Wasserstraßenverkehrs** gehören nicht zu den Verkehrsanlagen, sondern zu den Ingenieurbauwerken nach Absatz 1 (Amtliche Begründung zu § 51). Die Einschränkung in § 51 Abs. 2 hinsichtlich der Freianlagen war nötig wegen § 14. Wenn in Absatz 1 für Ingenieurbauwerke keine entsprechende Einschränkung gemacht ist, so bedeutet dies nicht, daß die Freianlagen von Absatz 1 erfaßt wären. Auch insoweit ist eine gesonderte Honorierung nach Teil II vorzunehmen.

21 Die **Verfahrens- und Prozeßtechnik** ist in der HOAI nicht in einem Leistungsbild geregelt. Von Verfahrens- und Prozeßtechnik spricht man, wenn der Planer zur Erreichung eines Zieles – in der Abfallwirtschaft z. B. zur Reinigung der Rauchgase einer Müllverbrennungsanlage oder der aeroben oder anaeroben Behandlung von Bioabfall zu Kompost oder Gas – die Abfolge der Aggregate, die Standards und Schnittstellenkoordination definiert. Ebenfalls aus dem Bereich der Abfallwirtschaft sei als Beispiel die Aufbereitung des Bioabfalls genannt. Soweit Planungsleistungen insoweit für Gebäude erbracht werden, gibt es noch nicht einmal eine Honorarvorschrift. Die Vertragsparteien können eine völlig freie Honorarvereinbarung treffen, und sie müssen dabei auch keine bestimmte Form einhalten. Fehlt eine solche Honorarvereinbarung für Planungsleistungen bei **Gebäuden,** dann steht dem Auftragnehmer die „übliche Vergütung" für eine solche Tätigkeit zu (§ 632 Abs. 2 BGB). Für **Ingenieurbauwerke** enthält die HOAI dagegen zumindest eine Honorarvorschrift (§ 55 Abs. 4 Satz 2). Nach dieser Bestimmung kann für Planungsleistungen ein Honorar schriftlich bei Auftragserteilung völlig frei vereinbart werden. Fehlt eine solche Vereinbarung, dann kann der Auftragnehmer Zeithonorar abrechnen (vgl. § 55 Rdn. 99). Die Abgrenzung zwischen Verfahrens- und Prozeßtechnik einerseits und Technischer Ausrüstung andererseits kann im Einzelfall schwierig sein. Anhaltspunkte können auch bei Ingenieurbauwerken der DIN 276 entnommen werden. Heranzuziehen sind hier die Kostengruppen 3.3,

3.4, 3.5.3, 3.5.4 und 5.3 der Fassung April 1981 bzw. die Kostengruppen 400 und 500 der Fassung Juni 1993. Handelt es sich um Leistungen für die Technische Ausrüstung, dann ist Teil IX hinsichtlich der Abrechnung zugrunde zu legen.

Ebenfalls nicht erfaßt sind in der HOAI Planungs- und Überwachungsleistungen für **Anlagen der Maschinentechnik.** Im Unterschied zur Technischen Ausrüstung handelt es sich hier um Apparate ohne jegliche Anschlußtechnik, die en bloc vom Hersteller geliefert werden, z. B. um Räumer für Absetzbecken bei Kläranlagen und Wasserwerken, um die reinen Stahlbauteile bei Schleusen, um Grob- und Feinrechen, um Kammerfilterpressen, um Oberflächenbelüfter oder Gasentschwefler sowie um Gasspeicher von Abwasserbehandlungsanlagen (Amtliche Begründung). Aus der Abfallwirtschaft sind hier zu nennen z. B. eine Entstaubungsanlage oder eine Homogenisierungstrommel. Sie gehören nur bei Fachplanung bzw. Fachüberwachung zu den anrechenbaren Kosten (vgl. § 52 Abs. 7 Nr. 7). **22**

Von der Frage der Honorare für Planungs- und Überwachungstätigkeiten bei der Verfahrens- und Prozeßtechnik einerseits sowie im Hinblick auf Anlagen der Maschinentechnik andererseits ist zu unterscheiden die Frage der **anrechenbaren Kosten.** Hinsichtlich der **Kosten für Anlagen der Maschinentechnik** findet sich eine klare Regelung in § 52 Abs. 7 Nr. 7. Danach gehören die Kosten für solche Anlagen zu den anrechenbaren Kosten, wenn der Ingenieur auch dies plant oder ihren Einbau überwacht. Es muß sich dabei aber um die Fachplanung oder Fachüberwachung handeln. Für die volle Anrechenbarkeit genügt es, daß der Ingenieur entweder mit Planungsleistungen oder mit Überwachungstätigkeit befaßt ist. Dagegen enthält die HOAI keine Vorschrift über die Anrechnung der **Kosten** aus dem Bereich **der Verfahrens- und Prozeßtechnik.** Das bedeutet aber noch nicht, daß die Kosten daraus überhaupt nicht zu berücksichtigen wären. Eine Anrechnung entsprechend der Vorschrift des § 52 Abs. 7 Nr. 7 scheidet aus. Die volle Anrechnung der Kosten ist ebensowenig möglich, weil diese in einer Kostenermittlung für Gebäude nicht zur Kostengruppe 3.1 nach DIN 276 gehören würden. Vielmehr wären die Kosten in diesem Fall der Technischen Ausrüstung im weitesten Sinn zuzurechnen. Sie gehören damit in die Kostengruppen 3.2 bis 3.4 nach DIN 276, Fassung April 1981, bzw. in die Kostengruppe 400 der Fassung Juni 1993. Für das Ingenieurbauwerk ist sonach § 52 Abs. 3 i. V. m. § 10 Abs. 4 unmittelbar anzuwenden. Dies führt ggf. zu einer Minderung der Kosten aus dem Bereich der Verfahrens- und Prozeßtechnik. Zum gleichen Ergebnis kommen Hartmann und Jochem, die § 52 Abs. 3 für entsprechend anwendbar halten. **23**

In allen Fällen ist zu prüfen, ob ein einheitliches Ingenieurbauwerk oder **mehrere Ingenieurbauwerke** vorliegen. Soweit das Objekt **mehrere Bereiche aus § 51 Abs. 1 abdeckt,** ist letzteres ohne weiteres zu bejahen. Aber auch dann, wenn eine einzige Fallgruppe, wie z. B. die „Abwasserentsorgung", gegeben ist, können für die Tätigkeit des Ingenieurs immer noch mehrere Objekte vorliegen. Die vertragliche Vereinbarung, daß in solchen Fällen ein einheitliches **24**

Objekt abzurechnen sei, verstößt gegen den Mindestpreischarakter. Sie ist ungültig (vgl. BGH BauR 1991, 638; ferner § 4 Rdn. 90). Der Auftragnehmer ist hier berechtigt, den richtigen Mindestsatz für die jeweils getrennten Objekte abzurechnen.

25 Um **mehrere,** selbständig abzurechnende **Objekte** handelt es sich ferner dann, wenn diese durch einen **Zwischenraum getrennt** sind (vgl. § 22 Rdn. 4). Mehrere Objekte liegen sogar dann vor, wenn sie zwar in einem Bau zusammengefaßt sind, jedoch selbständige Funktionseinheiten darstellen. Auch die Amtliche Begründung geht davon aus, daß **selbständige Funktionseinheiten** völlig getrennte Ingenieurbauwerke sind: Werden einem Auftragnehmer die Planung einer Abwasserbehandlungsanlage und eines Abwasserkanalnetzes in einem Auftrag übertragen, so handelt es sich hier um die Übertragung der Leistungen nach Teil VII für zwei Objekte mit jeweils einer eigenen funktionalen Einheit. Das Abwasserkanalsystem erfüllt die Transportfunktion für das Abwasser, die Abwasserbehandlungsanlage erfüllt die Reinigungsfunktion für das Abwasser. Aus dem Bereich der Abfallentsorgung sind z. B. als selbständige Funktionseinheiten zu nennen ein Ballenlager und eine Maschinenhalle bei einer Sortieranlage.

§ 52
Grundlagen des Honorars

(1) Das Honorar für Grundleistungen bei Ingenieurbauwerken und Verkehrsanlagen richtet sich nach den anrechenbaren Kosten des Objekts, nach der Honorarzone, der das Objekt angehört, sowie bei Ingenieurbauwerken nach der Honorartafel zu § 56 Abs. 1 und bei Verkehrsanlagen nach der Honorartafel zu § 56 Abs. 2.

(2) Anrechenbare Kosten sind die Herstellungskosten des Objekts. Sie sind zu ermitteln:

1. für die Leistungsphasen 1 bis 4 nach der Kostenberechnung, solange diese nicht vorliegt oder wenn die Vertragsparteien dies bei Auftragserteilung schriftlich vereinbaren, nach der Kostenschätzung;

2. für die Leistungsphasen 5 bis 9 nach der Kostenfeststellung, solange diese nicht vorliegt oder wenn die Vertragsparteien dies bei Auftragserteilung schriftlich vereinbaren, nach der Kostenberechnung.

(3) § 10 Abs. 3 bis 4 gilt sinngemäß.

(4) Anrechenbar sind für Grundleistungen der Leistungsphasen 1 bis 7 und 9 des § 55 bei Verkehrsanlagen:

1. die Kosten für Erdarbeiten einschließlich Felsarbeiten, soweit sie 40 vom Hundert der sonstigen anrechenbaren Kosten nach Absatz 2 nicht übersteigen;

2. 10 vom Hundert der Kosten für Ingenieurbauwerke, wenn dem Auftragnehmer nicht gleichzeitig Grundleistungen nach § 55 für diese Ingenieurbauwerke übertragen werden.

(5) Anrechenbar sind für Grundleistungen der Leistungsphasen 1 bis 7 und 9 des § 55 bei Straßen mit mehreren durchgehenden Fahrspuren, wenn diese eine gemeinsame Entwurfsachse und eine gemeinsame Entwurfsgradiente haben, sowie bei Gleis- und Bahnsteiganlagen mit zwei Gleisen, wenn diese ein gemeinsames Planum haben, nur folgende Vomhundertsätze der nach den Absätzen 2 bis 4 ermittelten Kosten:

1. bei dreispurigen Straßen	85 v. H.,
2. bei vierspurigen Straßen	70 v. H.,
3. bei mehr als vierspurigen Straßen	60 v. H.,
4. bei Gleis- und Bahnsteiganlagen mit zwei Gleisen	90 v. H.

(6) Nicht anrechenbar sind für Grundleistungen die Kosten für:

1. das Baugrundstück einschließlich der Kosten des Erwerbs und des Freimachens,

2. andere einmalige Abgaben für Erschließung (DIN 276, Kostengruppe 2.3),

3. Vermessung und Vermarkung,

4. Kunstwerke, soweit sie nicht wesentliche Bestandteile des Objekts sind,

5. Winterbauschutzvorkehrungen und sonstige zusätzliche Maßnahmen bei der Erschließung, beim Bauwerk und bei den Außenanlagen für den Winterbau,

6. Entschädigungen und Schadensersatzleistungen,

7. die Baunebenkosten.

(7) Nicht anrechenbar sind neben den in Absatz 6 genannten Kosten, soweit der Auftragnehmer die Anlagen oder Maßnahmen weder plant noch ihre Ausführung überwacht, die Kosten für:

1. das Herrichten des Grundstücks (DIN 276, Kostengruppe 1.4),

2. die öffentliche Erschließung (DIN 276, Kostengruppe 2.1),

3. die nichtöffentliche Erschließung und die Außenanlagen (DIN 276, Kostengruppen 2.2 und 5),

4. verkehrsregelnde Maßnahmen während der Bauzeit,

5. das Umlegen und Verlegen von Leitungen,

6. Ausstattung und Nebenanlagen von Straßen sowie Ausrüstung und Nebenanlagen von Gleisanlagen,

7. Anlagen der Maschinentechnik, die der Zweckbestimmung des Ingenieurbauwerks dienen.

(8) Die §§ 20 bis 22 und 32 gelten sinngemäß; § 23 gilt sinngemäß für Ingenieurbauwerke nach § 51 Abs. 1 Nr. 1 bis 5.

(9) Das Honorar für Leistungen bei Deponien für unbelasteten Erdaushub, beim Ausräumen oder bei hydraulischer Sanierung von Altablagerungen und bei kontaminierten Standorten, bei selbständigen Geh- und Radwegen mit rechnerischer Festlegung nach Lage und Höhe, bei nachträglich an vorhandene Straßen angepaßten landwirtschaftlichen Wegen, Gehwegen und Radwegen sowie bei

Gleis- und Bahnsteiganlagen mit mehr als zwei Gleisen kann frei vereinbart werden. Wird ein Honorar nicht bei Auftragserteilung schriftlich vereinbart, so ist das Honorar als Zeithonorar nach § 6 zu berechnen.

1 Bei der **Berechnung des Honorars** ist in vier Stufen vorzugehen:

a) Zunächst sind die **anrechenbaren Kosten** nach § 52 Abs. 2 bis 7 zu ermitteln. Die Unterteilung in anrechenbare Kosten für die Leistungsphasen 1–4 bzw. für die Leistungsphasen 5–9 bringt es mit sich, daß **zwei Honorarberechnungen** vorzunehmen sind.

b) Sodann ist die **Honorarzone** des Objekts nach §§ 54, 53 zu bestimmen.

c) Schließlich muß der vom Auftragnehmer erbrachte **Leistungsanteil aus dem Leistungsbild** des § 55 ermittelt werden.

d) Je nachdem, ob es sich um ein Ingenieurbauwerk handelt oder um eine Verkehrsanlage, ist für die Honorarberechnung dann maßgebend die **Honorartafel** des § 56 Abs. 1 bzw. 56 Abs. 2.

2 In Absatz 2 sind die Grundlagen für die anrechenbaren Kosten festgelegt. Der Begriff **Herstellungskosten des Objekts** ist der Oberbegriff für die genannten Kostenermittlungen, und zwar Kostenschätzung, Kostenberechnung und Kostenfeststellung. Ihm kommt keine eigenständige Bedeutung zu. Für die Kostenschätzung, -berechnung und -feststellung ist **nicht die DIN 276** maßgebend, da diese nicht für Ingenieurbauwerke und Verkehrsanlagen gilt. Die Verwendung des Formulars nach DIN 276 und die Aufgliederung in Kostengruppen nach dieser Norm kann also vom Auftragnehmer nicht verlangt werden. Die Kostenermittlungen nach DIN 276 haben dennoch Bedeutung für die Art der Kostenschätzung, -berechnung und -feststellung. So kann die Kostenschätzung entsprechend derjenigen nach DIN 276 als eine überschlägige Schätzung nach Erfahrungswerten auf der Basis der Vorplanung, die Kostenberechnung eine Ermittlung der angenäherten Gesamtkosten auf der Basis der Entwurfsplanung und die Kostenfeststellung eine Auflistung der tatsächlich entstandenen Kosten vorgenommen werden. Die Definitionen der DIN 276 für diese Kostenermittlungen gelten nicht nur für den Hochbau und sind deshalb auch hier maßgebend, obwohl die DIN 276 selbst die Ingenieurbauwerke in den Kostengruppen nicht erfaßt.

3 Welche Kosten im einzelnen im Rahmen der Kostenermittlung zu berücksichtigen sind, ergibt sich aus Absatz 3–6. Nach **Absatz 2** haben die Vertragsparteien die Möglichkeit, für die Leistungsphasen 1–4 statt der Kostenberechnung die Kostenschätzung als maßgebend zugrunde zu legen und für die Leistungsphasen 5–9 statt der Kostenfeststellung die Kostenberechnung als verbindlich zu vereinbaren. Wird eine derartige Vereinbarung aber nicht getroffen, so bleibt es bei der Kostenberechnung bzw. Kostenfeststellung als maßgebende Berechnungsgrundlagen. Eine wirksame Vereinbarung der Kostenschätzung für die Leistungsphasen 1–4 bzw. der Kostenberechnung für die Leistungsphasen 5–9 kann nur „bei Auftragserteilung" erfolgen (§ 4 Rdn. 34 ff.).

Spätere Vereinbarungen sind unwirksam, so daß eine etwa nicht erbrachte Kostenermittlung kostenlos nachzuholen ist. Für die Leistungsphasen 1–4 kann nicht einfach die Kostenschätzung ohne derartige Vereinbarung zugrunde gelegt werden (vgl. i. e. § 10 Rdn. 50, die entsprechend anwendbar sind).

Probleme können bei Vereinbarung der Kostenschätzung als maßgebende **4** Kostenermittlung für die Leistungsphasen 1–4 daraus entstehen, daß die Kostenschätzung gegenüber der Kostenberechnung zu hoch oder zu niedrig ist. Es stellt sich hier die Frage, ob eine Verletzung des Höchst- oder Mindestpreischarakters vorliegt. Dies ist jedoch zu verneinen. Da die HOAI eine Vereinbarung der Kostenschätzung zuläßt, kann der Höchst- bzw. Mindestsatz nicht nach der Kostenberechnung zu ermitteln sein. Anderes kann dann gelten, wenn der Auftragnehmer die Kostenschätzung bewußt zu hoch oder zu niedrig angesetzt hat (vgl. hierzu die entsprechenden Ausführungen zu § 10 Rdn. 53).

Für die Abrechnung der Leistungsphasen 1–4 kann problematisch werden, **5** ob die ursprüngliche Kostenberechnung oder die in Leistungsphase 7 des § 55 zu erstellende fortgeschriebene Kostenberechnung zugrunde zu legen ist. Wird das Vertragsverhältnis nach der Leistungsphase 3 oder 4 beendet, so ist klar, daß die **ursprüngliche** Kostenberechnung maßgebend sein muß. Der Zusammenhang mit § 10 Abs. 2 und die ausdrückliche Formulierung in § 52 Abs. 2 Nr. 1 ergeben, daß für die Leistungsphasen 1–4 auch bei Fortführung des Auftrags nicht die fortgeschriebene Kostenberechnung, sondern die ursprüngliche Kostenberechnung Grundlage ist. Anderes gilt hinsichtlich der Leistungsphasen 5–9. Hier kann statt der Kostenfeststellung auch die fortgeschriebene Kostenberechnung als maßgebende Kostenermittlung ausdrücklich vereinbart werden. Ebenso kann die fortgeschriebene Kostenberechnung zugrunde gelegt werden, solange die Kostenfeststellung noch nicht vorliegt. Damit wird eine größere Genauigkeit der Abschlagszahlungen in Richtung Kostenfeststellung erreicht, die ja im Ergebnis Grundlage der Abrechnung für die Leistungsphasen 5–9 sein soll. Haben die Vertragsparteien vereinbart, daß die Kostenberechnung die Abrechnungsgrundlage für die Leistungsphasen 5–9 sein soll, dann ist damit in aller Regel die fortgeschriebene Kostenberechnung gemeint. Es ist nämlich davon auszugehen, daß wegen der Zuverlässigkeit und Genauigkeit die Ausschreibungsergebnisse aus Leistungsphase 7 für alle Gewerke Grundlage sein sollten.

In **§ 52 Abs. 3** ist die entsprechende Anwendung des § 10 Abs. 3 und 4 ange- **6** ordnet. Hinsichtlich § 10 Abs. 3 gibt es für den Auftragnehmer keine Besonderheiten. Durch die 3. ÄndVO zur HOAI (vgl. Einl. Rdn. 2) wurde der neue § 10 Abs. 3a eingefügt, und es wurde auch § 10 Abs. 4 ergänzt. Beides hat für den Ingenieur erhebliche Bedeutung. Die Ausführungen bei § 10 Abs. 3a und 4 gelten entsprechend (vgl. § 10 Rdn. 89 sowie 115 ff.). Die Regelung des § 10 Abs. 4 bedeutet für den Auftragnehmer des Teils VII, daß er bei Verträgen, die nach dem 1. 4. 1988 abgeschlossen wurden, immer die Minderung nach § 10 Abs. 4 vornehmen muß (vgl. § 10 Rdn. 89 ff.).

7   Erbringt ein anderer Auftragnehmer die Grundleistungen für Ingenieurbau-
     werke, so kann der Auftragnehmer für die Verkehrsanlagen nach **Abs. 4 Nr. 2**
     10 % dieser Kosten für die Ingenieurbauwerke den anrechenbaren Kosten hin-
     zusetzen. Diese Regelung gilt nur für Verkehrsanlagen bei Ingenieurbauwer-
     ken und nicht für solche bei Objekten des Teils II der HOAI, so daß bei letzte-
     ren die vollen anrechenbaren Kosten der Verkehrsanlagen anzusetzen sind:

8   Die Regelung des **Absatzes 5** ist aus sich heraus verständlich. Sie gilt nur für
     Straßen-, Gleis- und Bahnsteiganlagen. Die Vorschrift wurde durch die
     4. HOAI-Novelle (vgl. Einl. Rdn. 9) geändert. Die Neuregelung gilt für Ver-
     träge, die seit dem 1. 1. 1991 abgeschlossen wurden (für die Übergangsfälle vgl.
     § 103).

9   In den **Absätzen 6** und **7** sind die nicht anrechenbaren Kosten entsprechend
     der Vorschrift des § 10 Abs. 5 geregelt. Nicht erwähnt ist, daß die **Umsatzsteuer**
     auf keinen Fall zu den anrechenbaren Kosten gehört. Dies ist festgelegt in der
     allgemeinen Vorschrift des § 9 Abs. 2, die für alle Auftragnehmer gilt (vgl. die
     dortige Kommentierung). Absatz 6 wurde durch die 4. HOAI-Novelle (vgl.
     Einl. Rdn. 9) geändert. Die Neuregelung brachte zusätzlich den Absatz 7. In
     beiden Absätzen ist im wesentlichen die Regelung aus dem alten Absatz 6 ent-
     halten. Während der neue Absatz 6 die auf gar keinen Fall anrechenbaren
     Kosten aufführt, enthält Absatz 7 Kosten, die dann anrechenbar sind, wenn der
     Auftragnehmer die Anlagen oder Maßnahmen entweder plant oder überwacht.

10   Die Bestimmungen der Absätze 6 und 7 werden erst durch die Parallele zu
     § 10 Abs. 5 plastisch. Zwar ist die DIN 276 auf Ingenieurbauwerke nicht
     anwendbar. Die verwendeten Begriffe beziehen sich jedoch auf die DIN 276
     und sind nur mit ihr definierbar (vgl. die entsprechende Problematik oben
     Rdn. 2). Bezüglich der Einzelheiten kann auf die Kommentierung zu § 10
     Rdn. 126 ff. und auf die Formulierung der DIN 276 für die betreffenden
     Kostengruppen verwiesen werden. Gleiches gilt für die Begriffe „weder plant
     noch ihre Ausführung überwacht" (vgl. § 10 Rdn. 114). Der Begriff „Anlagen
     der Maschinentechnik" ist von der Technischen Ausrüstung abzugrenzen (vgl.
     § 51 Rdn. 22).

11   Die Bestimmung des **Absatzes 8** ordnet die entsprechende Anwendung der
     §§ 20–22 und 32 an. Statt des dort verwendeten Begriffs „Gebäude" gelten dann
     die Begriffe „Bauwerk" oder „Anlagen". Mit der entsprechenden Anwendung ist
     der gesamte Anwendungsbereich des § 51 gemeint, so daß statt des Begriffs
     „Gebäude" nicht einfach der Begriff „Bauwerk" gesetzt werden kann. Vielmehr
     ist die Honorarminderung des § 20 auch auf Anlagen i. S. des § 51 zu erstrecken.
     Gleiches gilt für §§ 21 und 22. Liegen mehrere Ingenieurbauwerke vor, dann sind
     diese selbständig abzurechnen (vgl. i. e. § 51 Rdn. 24 und § 22 Rdn. 3). Nach der
     seit dem 1. 1. 1991 geltenden Neufassung des Absatzes 8 (vorher Absatz 7) ist
     § 23 für bestimmte Ingenieurbauwerke entsprechend anwendbar.

12   Der **Absatz 9** entspricht im wesentlichen dem früheren Absatz 8. Die Mög-
     lichkeiten zur freien Vereinbarung von Honoraren sind aber erheblich erwei-
     tert.

§ 53

Honorarzonen für Leistungen bei Ingenieurbauwerken und Verkehrsanlagen

(1) Ingenieurbauwerke und Verkehrsanlagen werden nach den in Absatz 2 genannten Bewertungsmerkmalen folgenden Honorarzonen zugerechnet:

1. Honorarzone I: Objekte mit sehr geringen Planungsanforderungen,

2. Honorarzone II: Objekte mit geringen Planungsanforderungen,

3. Honorarzone III: Objekte mit durchschnittlichen Planungsanforderungen,

4. Honorarzone IV: Objekte mit überdurchschnittlichen Planungsanforderungen,

5. Honorarzone V: Objekte mit sehr hohen Planungsanforderungen.

(2) Bewertungsmerkmale sind:

1. geologische und baugrundtechnische Gegebenheiten,

2. technische Ausrüstung oder Ausstattung,

3. Anforderungen an die Einbindung in die Umgebung oder das Objektumfeld,

4. Umfang der Funktionsbereiche oder der konstruktiven oder technischen Anforderungen,

5. fachspezifische Bedingungen.

(3) Sind für Ingenieurbauwerke oder Verkehrsanlagen Bewertungsmerkmale aus mehreren Honorarzonen anwendbar und bestehen deswegen Zweifel, welcher Honorarzone das Objekt zugerechnet werden kann, so ist die Anzahl der Bewertungspunkte nach Absatz 4 zu ermitteln. Das Objekt ist nach der Summe der Bewertungspunkte folgenden Honorarzonen zuzurechnen:

1. Honorarzone I: Objekte mit bis zu 10 Punkten,

2. Honorarzone II: Objekte mit 11 bis 17 Punkten,

3. Honorarzone III: Objekte mit 18 bis 25 Punkten,

4. Honorarzone IV: Objekte mit 26 bis 33 Punkten,

5. Honorarzone V: Objekte mit 34 bis 40 Punkten.

(4) Bei der Zurechnung eines Ingenieurbauwerks oder einer Verkehrsanlage in die Honorarzonen sind entsprechend dem Schwierigkeitsgrad der Planungsanforderungen die Bewertungsmerkmale mit bis zu folgenden Punkten zu bewerten:

	Ingenieurbauwerke nach § 51 Abs. 1	Verkehrsanlagen nach § 51 Abs. 2
1. Geologische und baugrundtechnische Gegebenheiten	5	5
2. Technische Ausrüstung oder Ausstattung	5	5

3. Anforderungen an die Ein- bindung in die Umgebung oder das Objektumfeld	5	15
4. Umfang der Funktionsbe- reiche oder konstruktiven oder technischen Anforde- rungen	10	10
5. Fachspezifische Bedingun- gen	15	5

1 Bei der Ermittlung der Honorarzone ist – entsprechend §§ 11, 12 – so vorzugehen, daß zunächst die Objektliste des § 54 auf das konkrete Objekt hin durchzusehen ist. Fällt das Objekt danach typischerweise in eine der Honorarzonen, so ist die Einordnung anhand von § 53 Abs. 1 zu überprüfen. Stimmen die Merkmale des konkreten Objekts mit der Beschreibung der Honorarzone in Absatz 1 und 2 des § 53 überein, so steht die Honorarzone fest. Zu einer Punktbewertung nach Absatz 3 und 4 kommt es dann nicht, da Absatz 3 und damit auch Absatz 4 nur anwendbar ist, wenn sich für Ingenieurbauwerke oder Verkehrsanlagen Bewertungsmerkmale „aus mehreren Honorarzonen" ergeben und dadurch Zweifel über die Zuordnung zu einer bestimmten Honorarzone bestehen.

2 Zu einer Punktbewertung nach Absatz 3 und 4 kommt es in 3 Fällen: Wenn entweder ein Objekt überhaupt nicht in § 54 verzeichnet ist oder wenn die Merkmale der Honorarzone nach § 53 Abs. 1 und 2 nicht der Einordnung nach § 54 entsprechen, sondern eine völlig andere Honorarzone betreffen, oder wenn für das konkrete Objekt Merkmale mehrerer Honorarzonen nach Absatz 1 und 2 gegeben sind.

3 Die Punktbewertung nach Absatz 3 und 4 kann auch als Argument für die Einordnung des Honorars **zwischen** Mindest- und Höchstsatz verwendet werden (vgl. § 4 Rdn. 59 ff. und Frik DAB 1978, 927).

4 Als Anhalt für die Planungsanforderungen (Schwierigkeitsgrade) bei den einzelnen Bewertungsmerkmalen kann nachfolgende Übersicht für die Verkehrsanlagen dienen:

Für die „Bewertungsmerkmale" lassen sich wie bei der Einstufung der „Zonen" Schwierigkeitsgrade angeben:

So z. B. für

1. Geologische und baugrundtechnische Gegebenheiten:

„sehr gering"	gleichmäßiger, felsiger Untergrund
„gering"	gleichmäßig sandiger, kiesiger Untergrund
„durchschnittlich"	gleichmäßig geschichteter, fester, kiesiger Baugrund
„überdurchschnittlich"	ungleichmäßig geschichteter, unterschiedlich fester Baugrund

„sehr hoch"	ungleichmäßig geschichteter, weicher Baugrund mit Fließneigung bzw. Baugrund in Hanglage mit Gleitschichtenbildung

2. Anforderungen an die Einbindung in die Umgebung:

„sehr gering"	ohne Bedingungen
„gering"	mit einfachen Bedingungen
„durchschnittlich"	mit Bedingungen auf Verträglichkeit mit Mikroklima und z. B. Verkehrsfluß auf zu kreuzende Verkehrswege
„überdurchschnittlich"	mit Bedingungen auf Landschaftsgestaltung und Stadtbild
„sehr hoch"	bei dominanten Bauwerken in besonders zu schützenden Städten und Landschaften

3. Technische Ausrüstung

„sehr gering"	Bei Bauwerken, die keine Einrichtung für die Wartung und Unterhaltung bedürfen
„gering"	Bei Bauwerken, die einfache Einrichtungen für die Wartung und Unterhaltung, z. B. für Lagerauswechseln bei Brücken, bedürfen
„durchschnittlich"	Bei Bauwerken, die Einrichtungen für die Wartung und Unterhaltung von Überbauten und Lagern bedürfen
„überdurchschnittlich"	Bei Bauwerken, die Einrichtungen für die Wartung und Unterhaltung von Überbauten, Lagern, Fahrbahnübergängen und Pfeilern bedürfen
„sehr hoch"	Bei Bauwerken wie vorher, die noch zusätzlichen technischen und Umweltbedingungen unterworfen sind

4. Konstruktive und technische Anforderungen

„sehr gering"	Bauwerke, die keinen besonderen Anforderungen unterliegen, z. B. Gewölbe, Schwergewichtsstützmauern
„gering"	Bauwerke, die den üblichen Bedingungen unterliegen, wie z. B. Stahlbetonkonstruktionen an Straßen
„durchschnittlich"	Bauwerke, die erhöhten technischen Anforderungen genügen, wie z. B. „Spannbetonbauwerke in einem Guß"
„überdurchschnittlich"	Bauwerke, die neben erhöhten technischen Anforderungen auch noch zusätzlichen Bedingungen aus der Fertigung unterworfen sind
„sehr hoch"	Bauwerke – wie vorher –, die noch weiteren Bedingungen für Konstruktionshöhe und evtl. Herstellung unter besonderen Verkehrsbedingungen (z. B. Bahnbetrieb) unterworfen sind

5. Fachspezifische Bedingungen

„sehr gering"	keine Bedingungen vorhanden
„gering"	z. B. Herstellung der Brücke mit üblichem Traggerüst möglich
„durchschnittlich"	z. B. Herstellung der Brücke mit Traggerüsten mit Öffnungen bis zu 5 m Breite
„überdurchschnittlich"	z. B. Brücke auf üblichem Traggerüst überhöht herstellen und nach dessen Ausbau absenken
„sehr hoch"	z. B. Brücke aus Fertigteilen mit Ortbetonergänzung und abschnittweisem Herstellen

5   Entsprechend dem Schema für die Verkehrsanlagen lassen sich auch die Bewertungsmerkmale für Ingenieurbauwerke aufgliedern. Dabei tritt z. B. anstelle der „Anforderungen an die Einbindung in die Umgebung" die „Einbindung in bestehende Anlagen", z. B. die Anordnung einer zusätzlichen Verfahrensstufe bei der Wasseraufbereitung in einem vorhandenen Wasserwerk.

6   Durch die 4. HOAI-Novelle wurden Absatz 2 und 4 für Verträge ab 1. 1. 1991 geändert (für Übergangsfälle vgl. § 103). Die Beschreibung von Bewertungsmerkmalen wurde erweitert.

§ 54
Objektliste für Ingenieurbauwerke und Verkehrsanlagen

(1) Nachstehende Ingenieurbauwerke werden nach Maßgabe der in § 53 genannten Merkmale in der Regel folgenden Honorarzonen zugerechnet:

1. Honorarzone I:
   a) Zisternen, Leitungen für Wasser ohne Zwangspunkte;
   b) Leitungen für Abwasser ohne Zwangspunkte;
   c) Einzelgewässer mit gleichförmigem ungegliedertem Querschnitt ohne Zwangspunkte, ausgenommen Einzelgewässer mit überwiegend ökologischen und landschaftsgestalterischen Elementen; Teiche bis 3 m Dammhöhe über Sohle ohne Hochwasserentlastung, ausgenommen Teiche ohne Dämme; Bootsanlegestellen an stehenden Gewässern; einfache Deich- und Dammbauten; einfacher, insbesondere flächenhafter Erdbau, ausgenommen flächenhafter Erdbau zur Geländegestaltung;
   d) Transportleitungen für wassergefährdende Flüssigkeiten und Gase ohne Zwangspunkte, handelsübliche Fertigbehälter für Tankanlagen;
   e) Zwischenlager, Sammelstellen und Umladestationen offener Bauart für Abfälle oder Wertstoffe ohne Zusatzeinrichtungen;
   f) Stege, soweit Leistungen nach Teil VIII erforderlich sind; einfache Durchlässe und Uferbefestigungen, ausgenommen einfache Durchlässe und Uferbefestigungen als Mittel zur Geländegestaltung, soweit keine Leistungen nach Teil VIII erforderlich sind; einfache Ufermauern; Lärmschutzwälle, ausgenommen Lärmschutzwälle als Mittel zur Geländegestaltung; Stützbauwerke und Geländeabstützungen ohne Verkehrsbelastung als Mittel zur Geländegestaltung, soweit Leistungen nach § 63 Abs. 1 Nr. 3 bis 5 erforderlich sind;
   g) einfache gemauerte Schornsteine, einfache Maste und Türme ohne Aufbauten; Versorgungsbauwerke und Schutzrohre in sehr einfachen Fällen ohne Zwangspunkte;

2. Honorarzone II:
   a) einfache Anlagen zur Gewinnung und Förderung von Wasser, zum Beispiel Quellfassungen, Schachtbrunnen; einfache Anlagen zur Speicherung von Wasser, zum Beispiel Behälter in Fertigbauweise, Feuerlöschbecken; Leitun-

gen für Wasser mit geringen Verknüpfungen und wenigen Zwangspunkten, einfache Leitungsnetze für Wasser;

b) industriell systematisierte Abwasserbehandlungsanlagen; Schlammabsetzanlagen, Schlammpolder, Erdbecken als Regenrückhaltebecken; Leitungen für Abwasser mit geringen Verknüpfungen und wenigen Zwangspunkten, einfache Leitungsnetze für Abwasser;

c) einfache Pumpanlagen, Pumpwerke und Schöpfwerke; einfache feste Wehre, Düker mit wenigen Zwangspunkten, Einzelgewässer mit gleichförmigem gegliedertem Querschnitt und einigen Zwangspunkten, Teiche mit mehr als 3 m Dammhöhe über Sohle ohne Hochwasserentlastung, Teiche bis 3 m Dammhöhe über Sohle mit Hochwasserentlastung; Ufer- und Sohlensicherung an Wasserstraßen, einfache Schiffsanlege-, -lösch- und -ladestellen, Bootsanlegestellen an fließenden Gewässern, Deich- und Dammbauten, soweit nicht in Honorarzone I, III oder IV erwähnt; Berieselung und rohrlose Dränung, flächenhafter Erdbau mit unterschiedlichen Schütthöhen oder Materialien;

d) Transportleitungen für wassergefährdende Flüssigkeiten und Gase mit geringen Verknüpfungen und wenigen Zwangspunkten, industriell vorgefertigte einstufige Leichtflüssigkeitsabscheider;

e) Zwischenlager, Sammelstellen und Umladestationen offener Bauart für Abfälle oder Wertstoffe mit einfachen Zusatzeinrichtungen; einfache, einstufige Aufbereitungsanlagen für Wertstoffe, einfache Bauschuttaufbereitungsanlagen; Pflanzenabfall-Kompostierungsanlagen und Bauschuttdeponien ohne besondere Einrichtungen;

f) gerade Einfeldbrücken einfacher Bauart, Durchlässe, soweit nicht in Honorarzone I erwähnt; Stützbauwerke mit Verkehrsbelastungen, einfache Kaimauern und Piers, Schmalwände; Uferspundwände und Ufermauern, soweit nicht in Honorarzone I oder III erwähnt; einfache Lärmschutzanlagen, soweit Leistungen nach Teil VIII oder Teil XII erforderlich sind;

g) einfache Schornsteine, soweit nicht in Honorarzone I erwähnt; Maste und Türme ohne Aufbauten, soweit nicht in Honorarzone I erwähnt; Versorgungsbauwerke und Schutzrohre mit zugehörigen Schächten für Versorgungssysteme mit wenigen Zwangspunkten; flach gegründete, einzeln stehende Silos ohne Anbauten; einfache Werft-, Aufschlepp- und Helgenanlagen;

3. Honorarzone III:

a) Tiefbrunnen, Speicherbehälter; einfache Wasseraufbereitungsanlagen und Anlagen mit mechanischen Verfahren; Leitungen für Wasser mit zahlreichen Verknüpfungen und zahlreichen Zwangspunkten, Leitungsnetze mit mehreren Verknüpfungen und mehreren Zwangspunkten und mit einer Druckzone;

b) Abwasserbehandlungsanlagen mit gemeinsamer aerober Stabilisierung, Schlammabsetzanlagen mit mechanischen Einrichtungen; Leitungen für Abwasser mit zahlreichen Verknüpfungen und zahlreichen Zwangspunkten,

Leitungsnetze für Abwasser mit mehreren Verknüpfungen und mehreren Zwangspunkten;

c) Pump- und Schöpfwerke, soweit nicht in Honorarzone II oder IV erwähnt; Kleinwasserkraftanlagen; feste Wehre, soweit nicht in Honorarzone II erwähnt; einfache bewegliche Wehre, Düker, soweit nicht in Honorarzone II oder IV erwähnt; Einzelgewässer mit ungleichförmigem ungegliedertem Querschnitt und einigen Zwangspunkten, Gewässersysteme mit einigen Zwangspunkten; Hochwasserrückhaltebecken und Talsperren bis 5 m Dammhöhe über Sohle oder bis 100 000 m³ Speicherraum; Schiffahrtskanäle, Schiffsanlege-, -lösch- und -ladestellen; Häfen, schwierige Deich- und Dammbauten; Siele, einfache Sperrwerke, Sperrtore, einfache Schiffsschleusen, Bootsschleusen, Regenbecken und Kanalstauräume mit geringen Verknüpfungen und wenigen Zwangspunkten, Beregnung und Rohrdränung;

d) Transportleitungen für wassergefährdende Flüssigkeiten und Gase mit geringen Verknüpfungen und wenigen Zwangspunkten; Anlagen zur Lagerung wassergefährdender Flüssigkeiten in einfachen Fällen, Pumpzentralen für Tankanlagen in Ortbetonbauweise; einstufige Leichtflüssigkeitsabscheider, soweit nicht in Honorarzone II erwähnt; Leerrohrnetze mit wenigen Verknüpfungen;

e) Zwischenlager, Sammelstellen und Umladestationen für Abfälle oder Wertstoffe, soweit nicht in Honorarzone I oder II erwähnt; Aufbereitungsanlagen für Wertstoffe, soweit nicht in Honorarzone II oder IV erwähnt; Bauschuttaufbereitungsanlagen, soweit nicht in Honorarzone II erwähnt; Biomüll-Kompostierungsanlagen; Pflanzenabfall-Kompostierungsanlagen, soweit nicht in Honorarzone II erwähnt; Bauschuttdeponien, soweit nicht in Honorarzone II erwähnt; Hausmüll- und Monodeponien, soweit nicht in Honorarzone IV erwähnt; Abdichtung von Altablagerungen und kontaminierten Standorten, soweit nicht in Honorarzone IV erwähnt;

f) Einfeldbrücken, soweit nicht in Honorarzone II oder IV erwähnt; einfache Mehrfeld- und Bogenbrücken, Stützbauwerke mit Verankerungen; Kaimauern und Piers, soweit nicht in Honorarzone II oder IV erwähnt; Schlitz- und Bohrpfahlwände, Trägerbohlwände, schwierige Uferspundwände und Ufermauern; Lärmschutzanlagen, soweit nicht in Honorarzone II oder IV erwähnt und soweit Leistungen nach Teil VIII oder Teil XII erforderlich sind; einfache Tunnel- und Trogbauwerke;

g) Schornsteine mittlerer Schwierigkeit, Maste und Türme mit Aufbauten, einfache Kühltürme; Versorgungsbauwerke mit zugehörigen Schächten für Versorgungssysteme unter beengten Verhältnissen; einzeln stehende Silos mit einfachen Anbauten; Werft-, Aufschlepp- und Helgenanlagen, soweit nicht in Honorarzone II oder IV erwähnt; einfache Docks; einfache, selbständige Tiefgaragen; einfache Schacht- und Kavernenbauwerke, einfache Stollenbauten, schwierige Bauwerke für Heizungsanlagen in Ortbetonbauweise, einfache Untergrundbahnhöfe;

4. Honorarzone IV:
   a) Brunnengalerien und Horizontalbrunnen, Speicherbehälter in Turmbauweise, Wasseraufbereitungsanlagen mit physikalischen und chemischen Verfahren, einfache Grundwasserdekontaminierungsanlagen, Leitungsnetze für Wasser mit zahlreichen Verknüpfungen und zahlreichen Zwangspunkten;
   b) Abwasserbehandlungsanlagen, soweit nicht in Honorarzone II, III oder V erwähnt; Schlammbehandlungsanlagen; Leitungsnetze für Abwasser mit zahlreichen Zwangspunkten;
   c) schwierige Pump- und Schöpfwerke; Druckerhöhungsanlagen, Wasserkraftanlagen, bewegliche Wehre, soweit nicht in Honorarzone III erwähnt; mehrfunktionale Düker, Einzelgewässer mit ungleichförmigem gegliedertem Querschnitt und vielen Zwangspunkten, Gewässersysteme mit vielen Zwangspunkten, besonders schwieriger Gewässerausbau mit sehr hohen technischen Anforderungen und ökologischen Ausgleichsmaßnahmen; Hochwasserrückhaltebecken und Talsperren mit mehr als 100 000 m³ und weniger als 5 000 000 m³ Speicherraum; Schiffsanlege-, -lösch- und -ladestellen bei Tide- oder Hochwasserbeeinflussung; Schiffsschleusen, Häfen bei Tide- und Hochwasserbeeinflussung; besonders schwierige Deich- und Dammbauten; Sperrwerke, soweit nicht in Honorarzone III erwähnt; Regenbecken und Kanalstauräume mit zahlreichen Verknüpfungen und zahlreichen Zwangspunkten; kombinierte Regenwasserbewirtschaftungsanlagen; Beregnung und Rohrdränung bei ungleichmäßigen Boden- und schwierigen Geländeverhältnissen;
   d) Transportleitungen für wassergefährdende Flüssigkeiten und Gase mit zahlreichen Verknüpfungen und zahlreichen Zwangspunkten; mehrstufige Leichtflüssigkeitsabscheider; Leerrohrnetze mit zahlreichen Verknüpfungen;
   e) mehrstufige Aufbereitungsanlagen für Wertstoffe, Kompostwerke, Anlagen zur Konditionierung von Sonderabfällen, Hausmülldeponien und Monodeponien mit schwierigen technischen Anforderungen, Sonderabfalldeponien, Anlagen für Untertagedeponien, Behälterdeponien, Abdichtung von Altablagerungen und kontaminierten Standorten mit schwierigen technischen Anforderungen, Anlagen zur Behandlung kontaminierter Böden;
   f) schwierige Einfeld-, Mehrfeld- und Bogenbrücken; schwierige Kaimauern und Piers; Lärmschutzanlagen in schwieriger städtebaulicher Situation, soweit Leistungen nach Teil VIII oder Teil XII erforderlich sind; schwierige Tunnel- und Trogbauwerke;
   g) schwierige Schornsteine; Maste und Türme mit Aufbauten und Betriebsgeschoß; Kühltürme, soweit nicht in Honorarzone III oder V erwähnt; Versorgungskanäle mit zugehörigen Schächten in schwierigen Fällen für mehrere Medien, Silos mit zusammengefügten Zellenblöcken und Anbauten, schwierige Werft-, Aufschlepp- und Helgenanlagen, schwierige Docks; selbständige Tiefgaragen, soweit nicht in Honorarzone III erwähnt; schwierige Schacht- und Kavernenbauwerke, schwierige Stollenbauten; schwierige Untergrundbahnhöfe, soweit nicht in Honorarzone V erwähnt;

5. Honorarzone V:

a) Bauwerke und Anlagen mehrstufiger oder kombinierter Verfahren der Wasseraufbereitung; komplexe Grundwasserdekontaminierungsanlagen;

b) schwierige Abwasserbehandlungsanlagen, Bauwerke und Anlagen für mehrstufige oder kombinierte Verfahren der Schlammbehandlung;

c) schwierige Wasserkraftanlagen, zum Beispiel Pumpspeicherwerke oder Kavernenkraftwerke, Schiffshebewerke; Hochwasserrückhaltebecken und Talsperren mit mehr als 5 000 000 m³ Speicherraum;

d) –;

e) Verbrennungsanlagen, Pyrolyseanlagen;

f) besonders schwierige Brücken, besonders schwierige Tunnel- und Trogbauwerke;

g) besonders schwierige Schornsteine; Maste und Türme mit Aufbauten, Betriebsgeschoß und Publikumseinrichtungen; schwierige Kühltürme, besonders schwierige Schacht- und Kavernenbauwerke, Untergrund-Kreuzungsbahnhöfe, Offshore-Anlagen.

(2) Nachstehende Verkehrsanlagen werden nach Maßgabe der in § 53 genannten Merkmale in der Regel folgenden Honorarzonen zugerechnet:

1. Honorarzone I:

a) Wege im ebenen oder wenig bewegten Gelände mit einfachen Entwässerungsverhältnissen, ausgenommen Wege ohne Eignung für den regelmäßigen Fahrverkehr mit einfachen Entwässerungsverhältnissen sowie andere Wege und befestigte Flächen, die als Gestaltungselement der Freianlage geplant werden und für die Leistungen nach Teil VII nicht erforderlich sind; einfache Verkehrsflächen, Parkplätze in Außenbereichen;

b) Gleis- und Bahnsteiganlagen ohne Weichen und Kreuzungen, soweit nicht in den Honorarzonen II bis V erwähnt;

c) –;

2. Honorarzone II:

a) Wege im bewegten Gelände mit einfachen Baugrund- und Entwässerungsverhältnissen, ausgenommen Wege ohne Eignung für den regelmäßigen Fahrverkehr und mit einfachen Entwässerungsverhältnissen sowie andere Wege und befestigte Flächen, die als Gestaltungselement der Freianlage geplant werden und für die Leistungen nach Teil VII nicht erforderlich sind; außerörtliche Straßen ohne besondere Zwangspunkte oder im wenig bewegten Gelände; Tankstellen- und Rastanlagen einfacher Art; Anlieger- und Sammelstraßen in Neubaugebieten, innerörtliche Parkplätze, einfache höhengleiche Knotenpunkte;

b) Gleisanlagen der freien Strecke ohne besondere Zwangspunkte, Gleisanlagen der freien Strecke im wenig bewegten Gelände, Gleis- und Bahnsteiganlagen der Bahnhöfe mit einfachen Spurplänen;

c) einfache Verkehrsflächen für Landeplätze, Segelfluggelände;

3. Honorarzone III:
   a) Wege im bewegten Gelände mit schwierigen Baugrund- und Entwässerungs-
      verhältnissen; außerörtliche Straßen mit besonderen Zwangspunkten oder
      im bewegten Gelände; schwierige Tankstellen- und Rastanlagen; innerört-
      liche Straßen und Plätze, soweit nicht in Honorarzone II, IV oder V
      erwähnt; verkehrsberuhigte Bereiche, ausgenommen Oberflächengestaltun-
      gen und Pflanzungen für Fußgängerbereiche nach § 14 Nr. 4; schwierige
      höhengleiche Knotenpunkte, einfache höhenungleiche Knotenpunkte, Ver-
      kehrsflächen für Güterumschlag Straße/Straße;
   b) innerörtliche Gleisanlagen, soweit nicht in Honorarzone IV erwähnt; Gleis-
      anlagen der freien Strecke mit besonderen Zwangspunkten; Gleisanlagen
      der freien Strecke im bewegten Gelände; Gleis- und Bahnsteiganlagen der
      Bahnhöfe mit schwierigen Spurplänen;
   c) schwierige Verkehrsflächen für Landeplätze, einfache Verkehrsflächen für
      Flughäfen;

4. Honorarzone IV:
   a) außerörtliche Straßen mit einer Vielzahl besonderer Zwangspunkte oder im
      stark bewegten Gelände, soweit nicht in Honorarzone V erwähnt; innerört-
      liche Straßen und Plätze mit hohen verkehrstechnischen Anforderungen
      oder in schwieriger städtebaulicher Situation, sowie vergleichbare verkehrs-
      beruhigte Bereiche, ausgenommen Oberflächengestaltungen und Pflanzun-
      gen für Fußgängerbereiche nach § 14 Nr. 4; sehr schwierige höhengleiche
      Knotenpunkte; schwierige höhenungleiche Knotenpunkte; Verkehrsflächen
      für Güterumschlag im kombinierten Ladeverkehr;
   b) schwierige innerörtliche Gleisanlagen, Gleisanlagen der freien Strecke mit
      einer Vielzahl besonderer Zwangspunkte, Gleisanlagen der freien Strecke
      im stark bewegten Gelände; Gleis- und Bahnsteiganlagen der Bahnhöfe mit
      sehr schwierigen Spurplänen;
   c) schwierige Verkehrsflächen für Flughäfen;

5. Honorarzone V:
   a) schwierige Gebirgsstraßen, schwierige innerörtliche Straßen und Plätze mit
      sehr hohen verkehrstechnischen Anforderungen oder in sehr schwieriger
      städtebaulicher Situation; sehr schwierige höhenungleiche Knotenpunkte;
   b) sehr schwierige innerörtliche Gleisanlagen;
   c) –.

Der erste Schritt bei der Bestimmung der Honorarzone ist ein Blick in die   1
Objektliste des § 54. Diese Einordnung ist jedoch noch nicht maßgebend. Die
endgültige Einordnung erfolgt nach § 53 (vgl. § 53 und die entsprechende
Kommentierung dazu).

In der Amtlichen Begründung zu § 54 sind zu den Honorarzonen und der   2
Objektliste folgende Hinweise gegeben:

Durchlässe sind in den Honorarzonen I und II genannt. Sie sind nach den
Begriffsbestimmungen der Technik auf einen Durchmesser bis 2 Meter

begrenzt; bei einem größeren Durchmesser handelt es sich stets um eine Brücke.

Unter den Aufbauten von Masten und Türmen sind hochliegende Räume, Plattformen sowie Auslegearme von Leitungsmasten zu verstehen.

Bei den Teichen bis 3 Meter Dammhöhe über Sohle ohne Hochwasserentlastung handelt es sich z. B. um Fischteiche.

Der in der Honorarzone I, aber auch in anderen Honorarzonen genannte Erdbau betrifft nur Objekte im Zusammenhang mit Wasserbaumaßnahmen.

Deponien ohne besondere Vorkehrungen zur Emissionsbeschränkung sind z. B. Deponien für Erdaushub in siedlungsferner Lage.

Abfallsammel- oder -beseitigungsanlagen sind in allen 5 Honorarzonen aufgezählt. Die in der Honorarzone II erwähnten „einfachen Zusatzeinrichtungen" können z. B. solche der Analytik sein. Unter den in der Honorarzone III erwähnten vielfältigen Einrichtungen sind beispielsweise solche mit Vorbehandlung zu verstehen. Die in der Honorarzone IV aufgeführten Abfallbehandlungsanlagen für Sonderabfälle werden in der Praxis häufig als sog. CP-Anlagen vorkommen.

Bei den in der Honorarzone III erwähnten verkehrsberuhigten Zonen handelt es sich nicht um Freianlagen im Sinne des § 3 Nr. 12; Freianlagen werden gemäß § 51 Abs. 2 in Teil VII nicht erfaßt, so daß keine Überschneidung mit § 14 besteht.

Die schwierigen Abwasserbehandlungsanlagen nach Honorarzone V sind z. B. solche mit mehr als 50 vom Hundert Abwasser aus Industrie und Gewerbe – mengen- und qualitätsmäßig –, Anlagen mit dritter Reinigungsstufe, Anlagen mit starken Schwankungen des Abwasseranfalls mit einem ungünstigeren Verhältnis als 2 : 1 gegenüber dem Durchschnittswert, Anlagen mit künstlicher Schlammentwässerung und -trocknung sowie Flußkläranlagen.

3 Zu den Objekten in den einzelnen Honorarzonen ist folgendes anzumerken

zu 1f: „Einfache Uferspundwände und Ufermauern" sind statisch bestimmte Konstruktionen; „einfache Durchlässe" sind Bauwerke mit mindestens 1 m Überschüttung und höchsens 2 m lichter Weite; „einfache Stützbauwerke" sind Schwergewichtsstützmauern.

zu 1g: „Einfache gemauerte Schornsteine" sind solche bis höchstens 10 m Höhe über Erdoberkante; „einfache Maste und Türme ohne Aufbauten" sind solche bis 15 m Höhe, ohne seitliche Abspannungen und ohne Bedingungen für seitliche Auslenkungen unter horizontaler Beanspruchung, z. B. Wind, Temperatur usw.

zu 2f: Hier sind statisch bestimmte „Uferspundwände und Ufermauern" mit Verformungsbeschränkungen einzuordnen. Als Durchlässe nach Zone II sind solche bis zu 2 m lichter Weite und 1 m Überschüttung anzusehen, deren Wanddicke mindestens 60 cm beträgt und deren Form nach einer Stützlinie bestimmt wird: „Gerade Einfeldbrücken einfacher Bauart" haben einen schlaffarmierten Plattenüberbau bis 18 m Stützweite, der ohne Lager auf einfachen, nicht gegliederten Stützwänden aufliegt.

„Einfache, selbständige Lärmschutzanlagen" sind z. B. auf Straßenhöhe eingespannte Konstruktionen bis 3 m Höhe, frei stehende Raumgitterwände bis 3 m Höhe.

zu 2g: „Einfache Schornsteine" sind in diesem Fall z. B. solche aus Leichtbeton-Fertigteilen bis zu 30 m Höhe; gemauerte Schornsteine bis 20 m Höhe; bei Masten und Türme bis 25 m Höhe mit den gleichen Bedingungen wie unter 1b. Unter „flach gegründete, einzeln stehende Silos ohne Anbauten" sind solche bis zu etwa 50 m³ Inhalt und mittigem Auslauf zu verstehen.

zu 3e: Hierher gehören Abfallentsorgungsanlagen, die nicht unter Honorarzone 4 erfaßt sind.

zu 3f: „Schwierige Uferspundwände und Ufermauern, Stützbauwerke mit Verankerungen" sind solche mit einer oder zwei Verankerungen ohne Vorspannung. Unter „Einfeldbrücken" sind schlaffarmierte Plattenbrücken bis zu 18 m Stützweite, die über Lager auf Kastenwiderlagern aufgesetzt sind, zu verstehen. „Einfache Mehrfeldbrücken" sind gerade Plattenbrücken mit gleichen Feldweiten ohne Vorspannung auf kiesigem Baugrund: „Einfache Bogenbrücken" sind solche mit 25 m Stützweite und einer Pfeilhöhe größer als 5 m, deren Widerlager nicht ausweichen und deren Überbau nicht vorgespannt ist.

zu 3g: „Schornsteine mittlerer Schwierigkeit" sind bis zu 35 m hoch; solche aus Betonfertigteilen bis zu 45 m hoch. Bei Masten und Türme wie nach 2b, jedoch mit Begrenzung der Auslenkungen, jedoch ohne Beachtung dynamischer Einwirkungen. Einzeln stehende Silos, wie unter 2b, jedoch bis 75 m³ Inhalt. „Einfache Kühltürme" sind solche bis 25 m Höhe ohne Schalentragwirkung.

zu 4e: Aus dem Bereich Abfallentsorgung sind hier mehrstufige Aufbereitungsanlagen zu nennen wie Vergärungsanlagen, Restabfall-Kompostierungsanlagen, Problemabfallzwischenlager, Sickerwasseranlagen.

zu 4f: „Schwierige Kaimauern und Piers" sind Stützbauwerke und Uferwände mit mehrfacher, vorgespannter Rückverhängung und Verkehrsbelastung. „Schwierige Einfeldbrücken" sind aufgeweitete, schlaffarmierte Plattenbrücken bis zu 18 m Stützweite; einfeldrige, schlaffarmierte Trägerroste bis zu 60° Schiefe. Unter „mehrfeldrige, schwierige Brücken" sind schlaffarmierte Trägerroste mit bis zu 60° Schiefe und unterschiedlichen Stützweiten zu verstehen. „Schwierige Bogenbrücken" sind solche wie unter 3a, jedoch bis 50 m Stützweite und 7 m Pfeilhöhe, jedoch ohne Ausweichen der Widerlager.

zu 4g: „Schwierige Schornsteine, Masten und Türme mit Aufbauten und Betriebsgeschoß" sind solche ohne Begrenzung oder Bauhöhe, gegebenenfalls mit
Abspannung, jedoch ohne Beachtung dynamischer Einwirkungen.

Bei den „Silos mit zusammengefügten Zellenblöcken und Anbauten" ist
„zentrische Entleerung" der einzelnen Zellen vorausgesetzt.

Unter „Kühltürmen der Zone 4" sind solche einzuordnen, die bis 40 m
hoch sind und bei denen durch die Abmessungen der Ringe die Schalentragwirkung kaum beeinflußt wird.

zu 5: In diese Honorarzone gehören alle früher nicht aufgeführten Bauwerke.

zu 5e: Hierher gehören Verbrennungsanlagen, Schwel-Brenn-Anlagen, Pyrolyseanlagen

4   Ein Widerspruch ergibt sich daraus, daß in der Amtlichen Begründung zu
§ 51 Elektrizitätswerke von § 51 ff. ausgenommen sind, daß jedoch andererseits
in Honorarzone III Ziff. 3a einfache Wasseraufbereitungsanlagen, in Honorarzone IV Ziff. 4a Wasseraufbereitungsanlagen und in Honorarzone V Ziff. 5c
Kavernenkraftwerke aufgeführt sind, die in der Regel zur Erzeugung von Elektrizität dienen. Die in der Objektliste aufgeführten Anlagen sind trotz der ent-
gegenstehenden Amtlichen Begründung nach § 51 ff. abzurechnen (ebenso
Neuenfeld/Groscurth § 54 Rdn. 4).

5   Aus dem Bereich Abfallwirtschaft seien folgende Beispiele genannt:

Sortieranlage (siehe Zeichnung)

Eine Sortieranlage besteht im allgemeinen aus einem Anliefer- und Aufbereitungsbereich, einer Maschinenhalle und einem Lagerbereich für die Wertstoff-
ballen. Ergänzende Einrichtungen sind Waagebereich und Kontrollstand am
Eingang des Geländes sowie Sozial- und Verwaltungsgebäude, Werkstatt und
Garage mit Tankstelle für die Betriebsfahrzeuge.

Kompostieranlage (siehe Zeichnung)

Eine Kompostieranlage besteht im allgemeinen aus einem Anliefer- und Auf-
bereitungsbereich, einem Rottebereich oder Rottetunneln bzw. Rottecontai-
nern, Erdenfeinaufbereitung und den Biofiltern sowie einem Kompostlager.
Ergänzende Einrichtungen sind Waagebereich am Eingang des Geländes sowie
Sozial- und Verwaltungsgebäude, Werkstatt und Garage mit Tankstelle für
Betriebsfahrzeuge.

Vergärungsanlage

Eine Vergärungsanlage besteht im allgemeinen aus folgenden Anlagenkom-
ponenten:

Anliefer- und Aufbereitungsbereich, Verfahrenstechnikhalle, Rottereakto-
ren, Tankanlage und Blockheizkraftwerk.

Die dargestellte Kompostierungsanlage besteht aus folgenden, getrennt zu
honorierenden Objekten:

– Sozial- und Verwaltungsgebäude	nach Teil II
– Werkstatt	nach Teil II
– Garage	nach Teil II
– Waagehaus	nach Teil II
– Anlieferung/Aufbereitung	nach Teil VII
– Rottebereich	nach Teil VII
– Biofilter	nach Teil VII
– Kompostlager	nach Teil VII
– Tankstelle	nach Teil VII
– Freianlagen	nach Teil II
– Verkehrsanlagen	nach Teil VII
– Waage (nicht Bauteil)	als Maschinentechnik
Die Abfolge der Aggregate zur	als Verfahrens- und
Anlieferung/Aufbereitung und	Prozeßtechnik
aeroben Behandlung des Kompostes	

Bei anderen auf dem Markt befindlichen Verfahren der Kompostierung kann beispielsweise der komplett gelieferte Rotteteil, z. B. als Rottecontainer, zur Maschinentechnik gehören (zur Abrechnung vgl. i. e. § 51 Rdn. 21 ff. und § 52 Rdn. 9 f.).

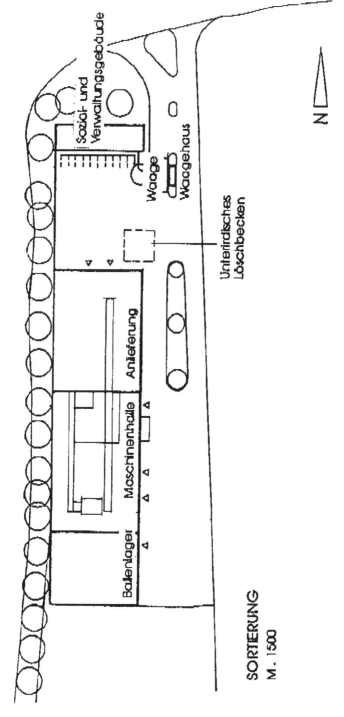

Sozial und Verwaltungsgebäude

Waage

Waagehaus

Unterirdisches Löschbecken

Anlieferung

Maschinenhalle

Ballenlager

N

SORTIERUNG
M · 1500

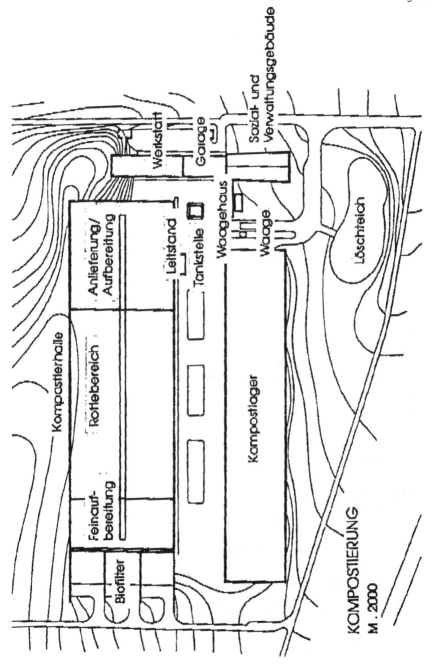

KOMPOSTIERUNG
M. 2000

Kompostierhalle: Feinaufbereitung, Rottebereich, Anlieferung/Aufbereitung

Biofilter

Leitstand

Tankstelle

Werkstatt

Garage

Waagehaus

Waage

Sozial- und Verwaltungsgebäude

Löschteich

Kompostlager

§ 55
Leistungsbild Objektplanung für Ingenieurbauwerke und Verkehrsanlagen

(1) Das Leistungsbild Objektplanung umfaßt die Leistungen der Auftragnehmer für Neubauten, Neuanlagen, Wiederaufbauten, Erweiterungsbauten, Umbauten, Modernisierungen, Instandhaltungen und Instandsetzungen. Die Grundleistungen sind in den in Absatz 2 aufgeführten Leistungsphasen 1 bis 9 zusammengefaßt und in der folgenden Tabelle für Ingenieurbauwerke in Vomhundertsätzen der Honorare des § 56 Abs. 1 und für Verkehrsanlagen in Vomhundertsätzen der Honorare des § 56 Abs. 2 bewertet.

	Bewertung der Grundleistungen in v. H. der Honorare
1. Grundlagenermittlung Ermitteln der Voraussetzungen zur Lösung der Aufgabe durch die Planung	2
2. Vorplanung (Projekt- und Planungsvorbereitung) Erarbeiten der wesentlichen Teile einer Lösung der Planungsaufgabe*)	15
3. Entwurfsplanung (System- und Integrationsplanung) Erarbeiten der endgültigen Lösung der Planungsaufgabe	30
4. Genehmigungsplanung Erarbeiten und Einreichen der Vorlagen für die erforderlichen öffentlich-rechtlichen Verfahren	5
5. Ausführungsplanung Erarbeiten und Darstellen der ausführungsreifen Planungslösung	15
6. Vorbereitung der Vergabe Ermitteln der Mengen und Aufstellen von Ausschreibungsunterlagen	10
7. Mitwirkung bei der Vergabe Einholen und Werten von Angeboten und Mitwirkung bei der Auftragsvergabe	5
8. Bauoberleitung Aufsicht über die örtliche Bauüberwachung Abnahme und Übergabe des Objekts	15
9. Objektbetreuung und Dokumentation Überwachen der Beseitigung von Mängeln und Dokumentation des Gesamtergebnisses	3

*) Bei Objekten nach § 51 Abs. 1 Nr. 6 und 7, die eine Tragwerksplanung erfordern, wird die Leistungsphase 2 mit 8 v. H. bewertet.

(2) Das Leistungsbild setzt sich wie folgt zusammen:

Grundleistungen	Besondere Leistungen

1. Grundlagenermittlung

Klären der Aufgabenstellung

Ermitteln der vorgegebenen Randbedingungen

Bei Objekten nach § 51 Abs. 1 Nr. 6 und 7, die eine Tragwerksplanung erfordern:

Klären der Aufgabenstellung auch auf dem Gebiet der Tragwerksplanung

Ortsbesichtigung

Zusammenstellen der die Aufgabe beeinflussenden Planungsabsichten

Zusammenstellen und Werten von Unterlagen

Erläutern von Planungsdaten

Ermitteln des Leistungsumfangs und der erforderlichen Vorarbeiten, zum Beispiel Baugrunduntersuchungen, Vermessungsleistungen, Immissionsschutz; ferner bei Verkehrsanlagen: Verkehrszählungen

Formulieren von Entscheidungshilfen für die Auswahl anderer an der Planung fachlich Beteiligter

Zusammenfassen der Ergebnisse

Besondere Leistungen:

Auswahl und Besichtigen ähnlicher Objekte

Ermitteln besonderer, in den Normen nicht festgelegter Belastungen

2. Vorplanung
(Projekt- und Planungsvorbereitung)

Analyse der Grundlagen

Abstimmen der Zielvorstellungen auf die Randbedingungen, die insbesondere durch Raumordnung, Landesplanung, Bauleitplanung, Rahmenplanung sowie örtliche und überörtliche Fachplanungen vorgegeben sind

Untersuchen von Lösungsmöglichkeiten mit ihren Einflüssen auf bauliche und konstruktive Gestaltung, Zweckmäßigkeit, Wirtschaftlichkeit unter Beachtung der Umweltverträglichkeit

Beschaffen und Auswerten amtlicher Karten

Erarbeiten eines Planungskonzepts einschließlich Untersuchung der alternativen Lösungsmöglichkeiten nach gleichen Anfor-

Besondere Leistungen:

Anfertigen von Nutzen-Kosten-Untersuchungen

Anfertigen von topographischen und hydrologischen Unterlagen

Genaue Berechnung besonderer Bauteile

Koordinieren und Darstellen der Ausrüstung und Leitungen bei Gleisanlagen

derungen mit zeichnerischer Darstellung und Bewertung unter Einarbeitung der Beiträge anderer an der Planung fachlich Beteiligter

Bei Verkehrsanlagen: Überschlägige verkehrstechnische Bemessung der Verkehrsanlage; Ermitteln der Schallimmissionen von der Verkehrsanlage an kritischen Stellen nach Tabellenwerten; Untersuchen der möglichen Schallschutzmaßnahmen, ausgenommen detaillierte schalltechnische Untersuchungen, insbesondere in komplexen Fällen

Klären und Erläutern der wesentlichen fachspezifischen Zusammenhänge, Vorgänge und Bedingungen

Vorverhandlungen mit Behörden und anderen an der Planung fachlich Beteiligten über die Genehmigungsfähigkeit, gegebenenfalls über die Bezuschussung und Kostenbeteiligung

Mitwirken beim Erläutern des Planungskonzepts gegenüber Bürgern und politischen Gremien

Überarbeiten des Planungskonzepts nach Bedenken und Anregungen

Bereitstellen von Unterlagen als Auszüge aus dem Vorentwurf zur Verwendung für ein Raumordnungsverfahren

Kostenschätzung

Zusammenstellung aller Vorplanungsergebnisse

3. Entwurfsplanung

Durcharbeiten des Planungskonzepts (stufenweise Erarbeitung einer zeichnerischen Lösung) unter Berücksichtigung aller fachspezifischer Anforderungen und unter Verwendung der Beiträge anderer an der Planung fachlich Beteiligter bis zum vollständigen Entwurf

Erläuterungsbericht

Fachspezifische Berechnungen, ausgenommen Berechnungen des Tragwerks

Zeichnerische Darstellung des Gesamtentwurfs

Beschaffen von Auszügen aus Grundbuch, Kataster und anderen amtlichen Unterlagen

Fortschreiben von Nutzen-Kosten-Untersuchungen

Signaltechnische Berechnung

Mitwirken bei Verwaltungsvereinbarungen

Grundleistungen	Besondere Leistungen

Finanzierungsplan; Bauzeiten- und Kostenplan; Ermitteln und Begründen der zuwendungsfähigen Kosten sowie Vorbereiten der
Anträge auf Finanzierung; Mitwirken beim
Erläutern des vorläufigen Entwurfs gegenüber Bürgern und politischen Gremien;
Überarbeiten des vorläufigen Entwurfs aufgrund von Bedenken und Anregungen

Verhandlungen mit Behörden und anderen
an der Planung fachlich Beteiligten über die
Genehmigungsfähigkeit

Kostenberechnung

Kostenkontrolle durch Vergleich der
Kostenberechnung mit der Kostenschätzung

Bei Verkehrsanlagen: Überschlägige Festlegung der Abmessungen von Ingenieurbauwerken; Zusammenfassen aller vorläufigen
Entwurfsunterlagen; Weiterentwickeln des
vorläufigen Entwurfs zum endgültigen Entwurf; Ermitteln der Schallimmissionen von
der Verkehrsanlage nach Tabellenwerten;
Festlegen der erforderlichen Schallschutzmaßnahmen an der Verkehrsanlage, gegebenenfalls unter Einarbeitung der Ergebnisse detaillierter schalltechnischer Untersuchungen und Feststellen der Notwendigkeit
von Schallschutzmaßnahmen an betroffenen Gebäuden; rechnerische Festlegung der
Anlage in den Haupt- und Kleinpunkten;
Darlegen der Auswirkungen auf Zwangspunkte; Nachweis der Lichtraumprofile;
überschlägiges Ermitteln der wesentlichen
Bauphasen unter Berücksichtigung der Verkehrslenkung während der Bauzeit

Zusammenfassen aller Entwurfsunterlagen

4. Genehmigungsplanung

Erarbeiten der Unterlagen für die erforderlichen öffentlich-rechtlichen Verfahren einschließlich der Anträge auf Ausnahmen und
Befreiungen, Aufstellen des Bauwerksverzeichnisses unter Verwendung der Beiträge
anderer an der Planung fachlich Beteiligter

Einreichen dieser Unterlagen

Grunderwerbsplan und Grunderwerbsverzeichnis

Besondere Leistungen (rechte Spalte, zu Abschnitt 4):

Mitwirken beim Beschaffen der Zustimmung von Betroffenen

Herstellen der Unterlagen für Verbandsgründungen

Grundleistungen	Besondere Leistungen

Bei Verkehrsanlagen: Einarbeiten der Ergebnisse der schalltechnischen Untersuchungen

Verhandlungen mit Behörden

Vervollständigen und Anpassen der Planungsunterlagen, Beschreibungen und Berechnungen unter Verwendung der Beiträge anderer an der Planung fachlich Beteiligter

Mitwirken beim Erläutern gegenüber Bürgern

Mitwirken im Planfeststellungsverfahren einschließlich der Teilnahme an Erörterungsterminen sowie Mitwirken bei der Abfassung der Stellungnahmen zu Bedenken und Anregungen

5. Ausführungsplanung

Durcharbeiten der Ergebnisse der Leistungsphasen 3 und 4 (stufenweise Erarbeitung und Darstellung der Lösung) unter Berücksichtigung aller fachspezifischen Anforderungen und Verwendung der Beiträge anderer an der Planung fachlich Beteiligter bis zur ausführungsreifen Lösung

Aufstellen von Ablauf- und Netzplänen

Zeichnerische und rechnerische Darstellung des Objekts mit allen für die Ausführung notwendigen Einzelangaben einschließlich Detailzeichnungen in den erforderlichen Maßstäben

Erarbeiten der Grundlagen für die anderen an der Planung fachlich Beteiligten und Integrieren ihrer Beiträge bis zur ausführungsreifen Lösung

Fortschreibung der Ausführungsplanung während der Objektausführung

6. Vorbereitung der Vergabe

Mengenermittlung und Aufgliederung nach Einzelpositionen unter Verwendung der Beiträge anderer an der Planung fachlich Beteiligter

Aufstellen der Verdingungsunterlagen, insbesondere Anfertigen der Leistungsbeschreibungen mit Leistungsverzeichnissen sowie der Besonderen Vertragsbedingungen

Grundleistungen	Besondere Leistungen

Abstimmen und Koordinieren der Verdingungsunterlagen der an der Planung fachlich Beteiligten

Festlegen der wesentlichen Ausführungsphasen

7. Mitwirkung bei der Vergabe

Zusammenstellen der Verdingungsunterlagen für alle Leistungsbereiche	Prüfen und Werten von Nebenangeboten und Änderungsvorschlägen mit grundlegend anderen Konstruktionen im Hinblick auf die technische und funktionelle Durchführbarkeit
Einholen von Angeboten	
Prüfen und Werten der Angebote einschließlich Aufstellen eines Preisspiegels	

Abstimmen und Zusammenstellen der Leistungen der fachlich Beteiligten, die an der Vergabe mitwirken

Mitwirken bei Verhandlungen mit Bietern

Fortschreiben der Kostenberechnung

Kostenkontrolle durch Vergleich der fortgeschriebenen Kostenberechnung mit der Kostenberechnung

Mitwirken bei der Auftragserteilung

8. Bauoberleitung

Aufsicht über die örtliche Bauüberwachung, soweit die Bauoberleitung und die örtliche Bauüberwachung getrennt vergeben werden, Koordinieren der an der Objektüberwachung fachlich Beteiligten, insbesondere Prüfen auf Übereinstimmung und Freigeben von Plänen Dritter

Aufstellen und Überwachen eines Zeitplans (Balkendiagramm)

Inverzugsetzen der ausführenden Unternehmen

Abnahme von Leistungen und Lieferungen unter Mitwirkung der örtlichen Bauüberwachung und anderer an der Planung und Objektüberwachung fachlich Beteiligter unter Fertigung einer Niederschrift über das Ergebnis der Abnahme

Antrag auf behördliche Abnahmen und Teilnahme daran

Grundleistungen	Besondere Leistungen
Übergabe des Objekts einschließlich Zusammenstellung und Übergabe der erforderlichen Unterlagen, zum Beispiel Abnahmeniederschriften und Prüfungsprotokolle	
Zusammenstellen von Wartungsvorschriften für das Objekt	
Überwachen der Prüfungen der Funktionsfähigkeit der Anlagenteile und der Gesamtanlage	
Auflisten der Verjährungsfristen der Gewährleistungsansprüche	
Kostenfeststellung	
Kostenkontrolle durch Überprüfen der Leistungsabrechnung der bauausführenden Unternehmen im Vergleich zu den Vertragspreisen und der fortgeschriebenen Kostenberechnung	
9. Objektbetreuung und Dokumentation	
Objektbegehung zur Mängelfeststellung vor Ablauf der Verjährungsfristen der Gewährleistungsansprüche gegenüber den ausführenden Unternehmen	Erstellen eines Bauwerksbuchs
Überwachen der Beseitigung von Mängeln, die innerhalb der Verjährungsfristen der Gewährleistungsansprüche, längstens jedoch bis zum Ablauf von 5 Jahren seit Abnahme der Leistungen auftreten	
Mitwirken bei der Freigabe von Sicherheitsleistungen	
Systematische Zusammenstellung der zeichnerischen Darstellungen und rechnerischen Ergebnisse des Objekts	

(3) Die Teilnahme an bis zu 5 Erläuterungs- oder Erörterungsterminen mit Bürgern oder politischen Gremien, die bei Leistungen nach Absatz 2 anfallen, sind als Grundleistung mit den Honoraren nach § 56 abgegolten.

(4) Die Vertragsparteien können bei Auftragserteilung schriftlich vereinbaren, daß die Leistungsphase 5 bei Ingenieurbauwerken nach § 51 Abs. 1 Nr. 1 bis 3 und 5 abweichend von Absatz 1 mit mehr als 15 bis zu 35 vom Hundert bewertet wird, wenn in dieser Leistungsphase ein überdurchschnittlicher Aufwand an Ausführungszeichnungen erforderlich wird. Wird die Planung von Anlagen der Verfahrens- und Prozeßtechnik für die in Satz 1 genannten Ingenieurbauwerke an den Auftragnehmer übertragen, dem auch Grundleistungen

für diese Ingenieurbauwerke in Auftrag gegeben sind, so kann für diese Leistungen ein Honorar frei vereinbart werden. Wird ein Honorar nach Satz 2 nicht bei Auftragserteilung schriftlich vereinbart, so ist das Honorar als Zeithonorar nach § 6 zu berechnen.

(5) Bei Umbauten und Modernisierungen im Sinne des § 3 Nr. 5 und 6 von Ingenieurbauwerken können neben den in Absatz 2 erwähnten Besonderen Leistungen insbesondere die nachstehenden Besonderen Leistungen vereinbart werden:

– Ermitteln substanzbezogener Daten und Vorschriften

– Untersuchen und Abwickeln der notwendigen Sicherungsmaßnahmen von Bau- oder Betriebszuständen

– Örtliches Überprüfen von Planungsdetails an der vorgefundenen Substanz und Überarbeiten der Planung bei Abweichen von den ursprünglichen Feststellungen

– Erarbeiten eines Vorschlags zur Behebung von Schäden oder Mängeln.

Satz 1 gilt sinngemäß für Verkehrsanlagen mit geringen Kosten für Erdarbeiten einschließlich Felsarbeiten sowie mit gebundener Gradiente oder bei schwieriger Anpassung an vorhandene Randbebauung.

Die Vorschrift des § 55 regelt das Leistungsbild Objektplanung für Ingenieurbauwerke und Verkehrsanlagen. Sie ist ähnlich aufgebaut wie andere Leistungsbilder (z. B. §§ 15, 64, 73). Hinsichtlich der Honorarermittlung (vgl. zur Honorarberechnung allgemein § 52 Rdn. 1) ist aus § 55 der vom Auftragnehmer ermittelte Leistungsanteil in Prozent des Honorars nach § 56 zu ermitteln. Es handelt sich also in erster Linie um eine Honorarbestimmung. Dennoch wird auch hier die Rechtsprechung sich ebenso wie bei § 15 HOAI (vgl. § 15 Rdn. 7 ff.) bei der Frage der Haftung und der Leistungspflichten an dem Leistungsbild des § 55 orientieren. Dabei ist klarzustellen, daß nicht alle einzelnen Grundleistungen, die in § 55 Abs. 2 aufgeführt sind, in jedem Einzelfall anfallen müssen. Die Nichterbringung von Teilleistungen muß noch keine Honorarminderung zur Folge haben (vgl. i. e. § 5 Rdn. 10 ff.). Die Frage, welches Honorar vereinbart werden darf, wenn nicht alle Leistungsphasen oder nicht alle Grundleistungen oder einzelne Grundleistungen nur zum Teil übertragen werden, ist ebenfalls in § 5 beantwortet (vgl. die Kommentierung zu § 5). **1**

In § 55 Abs. 1 wird der sachliche Anwendungsbereich der Vorschrift festgelegt. Die Begriffe Neubauten usw. entsprechen den in § 15 verwendeten (vgl. die Definitionen in § 3). Die Vorschrift des § 55 gliedert die Leistungen in 9 Leistungsphasen und bewertet diese mit einem Prozentsatz aus der Gesamtleistung. Innerhalb der einzelnen Leistungsphasen gibt es jeweils Teilleistungen (vgl. § 5 Rdn. 1). Die einzelnen Leistungsphasen mit ihren Teilleistungen sind in § 55 Abs. 2 aufgeführt. In der linken Spalte sind die Grundleistungen enthalten, in der rechten die Besonderen Leistungen (zu den Begriffen und den rechtlichen Folgen vgl. § 2 Rdn. 4 ff.). Die Aufzählung der Besonderen Leistungen **2** in § 55 ist nicht abschließend, vielmehr können andere Besondere Leistungen hinzukommen (vgl. § 2 Rdn. 6 ff.). Für die Erbringung von Grundleistungen steht dem Ingenieur auch ohne schriftliche Vereinbarung ein Honorar zu, allerdings der Mindestsatz (§ 4 Abs. 1 und 4), wenn ihm ein Auftrag erteilt wurde (vgl. dazu Einl. Rdn. 25 ff.). Dagegen ist für die Honorierung der Besonderen Leistung in der Regel eine schriftliche Vereinbarung erforderlich (vgl. i. e. § 5 Rdn. 36 ff. und § 2 Rdn. 16).

3   Das Leistungsbild des § 55 gilt auch im Hinblick auf Leistungen, die von den typischen Planungs-, Vergabe- und Überwachungsaufgaben abweichen. Soweit z. B. die Aufgabe des Ingenieurs in der Änderung der Verfahrenstechnik, der Verbesserung von Wirkungsgraden verfahrenstechnischer Einrichtungen, bau- und verfahrenstechnischen Änderungen zur Verbesserung von Betriebsabläufen, hydraulischen Berechnungen und planerischer Überarbeitung bestehender Rohrleitungsnetze (Kanalisation, Wasserversorgung), Ausbaumaßnahmen (Gewässer) oder in Schutzmaßnahmen (Wasser, Boden, Ökologie) besteht, ist zu prüfen, ob er Grundleistungen oder Besondere Leistungen i. S. des § 55 erbringt. Soweit dies zu bejahen ist, bestehen keine Besonderheiten hinsichtlich der Honorierung (vgl. i. ü. § 51 Rdn. 5).

4   Die Vorschrift des § 55 wurde durch die **5. HOAI-Novelle** geändert (vgl. Einl. Rdn. 12). Neu angefügt wurde die Kostenkontrolle durch Kostenvergleich in den Leistungsphasen 3, 7 und 8.

5   **Grundleistungen bei Leistungsphase 1   Grundlagenermittlung**

Die **Grundleistungen** im Rahmen der **Leistungsphase 1 Grundlagenermittlung** waren im Ergebnis schon bisher zu erbringen. Es werden jetzt die möglichen Leistungen aufgeführt und mit einem Honoraranteil versehen. Da es sich um eine Leistung des Ingenieurs handelt, kann die Grundlagenermittlung nicht vom Auftraggeber erbracht werden. Wird für sie kein Honorar angesetzt, so liegt ein Verstoß gegen den Mindestpreischarakter der HOAI vor, wenn nicht die Voraussetzungen des § 4 Abs. 2 vorliegen (vgl. § 4 Rdn. 85 f.).

6   Das **Klären der Aufgabenstellung** ist aus der Sicht des Auftragnehmers zu sehen. Es handelt sich dabei um das Erfassen der regelmäßig vom Auftraggeber vorgegebenen grundsätzlichen Aufgabe durch den Auftragnehmer und um die einvernehmliche Abgrenzung mit dem Auftraggeber. Es empfiehlt sich für den Ingenieur, die Aufgabenstellung schriftlich niederzulegen, eine Verpflichtung hierzu besteht jedoch nicht.

7   Grundlage für das **Ermitteln der vorgegebenen Randbedingungen** sind vorhandene Unterlagen und die Angaben des Auftraggebers. Anderenfalls wären Besondere Leistungen zur Ermittlung der Randbedingungen erforderlich. Als Randbedingungen kommen im einzelnen folgende in Frage:

Planungsaufgabe	Randbedingungen (beispielhaft)
Kläranlage	Art, Menge, Herkunft, wichtige Inhaltsstoffe, biologische Abbaubarkeit u. a. m. des zu reinigenden Abwassers
	Möglichkeiten der Schlammbeseitigung
	Entwicklung der Abwassermenge und Zusammensetzung in der Zukunft (abhängig von Flächennutzungsplan, Bevölkerungsentwicklung, Industrieansiedlung)
	Gewässergüte und Belastbarkeit des Vorfluters
	behördliche Auflagen
	Standort, Flächenverfügbarkeit
	klimatische Bedingungen
Wasserversorgung	hydrologische und geologische Gegebenheiten
	chemisch-bakteriologische Beschaffenheit des Grundwassers
	Versorgungsumfang (Haushalte, öffentliche Einrichtungen, Landwirtschaft, Gewerbe, Industrie)
	Grundstücksverfügbarkeit
Abfallbehandlungs-anlage	Menge, Art, Zusammensetzung der Abfälle
	Marktsituation für Sekundärrohstoffe
	behördliche Auflagen, politische Konstellationen
	Standort
	Reststoffendlagerungsmöglichkeiten
	Belastbarkeit der Umwelt durch Emissionen (Schadstoffe, Lärm)
Gewässerausbau	wasserwirtschaftliche, geologische und hydrologische Daten
	ökologische Vorgaben
	wasserbauliche Versuche
	alte Rechte
	Grundstücksverfügbarkeit
Straßenausbau	vorhandener Ausbaustandard außerhalb der Baumaßnahme
	Schutzzonen
	landschaftliche bzw. städtebauliche Situation

8   Diese und andere Randbedingungen müssen zweifellos für die Objektplanung bekannt sein. Ihre Ermittlung erfordert aber in der Regel erhebliche Aufwendungen, die mit dem Honorar für Leistungsphase 1 nicht abgedeckt sind. Allerdings muß der Ingenieur hierauf hinweisen und eine schriftliche Honorarvereinbarung treffen, wenn er diese Leistungen zusätzlich erbringt (zum Honorar für Besondere Leistungen vgl. § 2 Rdn. 4 und § 5 Rdn. 35 ff.).

9   Die Grundleistung **Klären der Aufgabenstellung auch auf dem Gebiet der Tragwerksplanung** bedeutet lediglich, daß der Ingenieur festzustellen hat, ob für das konkrete Objekt auch Leistungen bei der Tragwerksplanung erforderlich werden. Der Ingenieur muß also nicht die Leistungen der Tragwerksplanung selbst klären. Es gibt Fälle, in denen im Stadium der Grundlagenermittlung noch nicht geklärt werden kann, ob eine Tragwerksplanung erforderlich werden wird, wenn z. B. noch unklar ist, ob für ein Ingenieurbauwerk Massivoder Fertigbauweise gewählt wird. Die eigentliche Klärung der Aufgabenstellung kann dann erst erfolgen, wenn das Konzept des Bauvorhabens vorliegt. Bei den in der Amtlichen Begründung zu § 55 genannten Einzelbauwerken (Brücken, Maste, Türme) wird der Tragwerksplaner dagegen unmittelbar bei der Klärung der Aufgabenstellung mitwirken, da er von vornherein hinzugezogen werden muß.

10   Ziel der Grundleistung **Ortsbesichtigung** ist der visuelle Eindruck des Bauortes und dessen Umgebung sowie die Feststellung offensichtlicher Gegebenheiten, die Einfluß auf die Planung haben können (z. B. Hochspannungsleitungen, Bodenbewuchs, andere Bauwerke, Topographie). Die beabsichtigte Sanierung einer städtischen Kanalisation oder des Wasserversorgungsnetzes erfordert z. B. nicht, daß die gesamte Stadt besichtigt wird. Liegt der zu besichtigende Ort vom Sitz des Ingenieurs entfernt, so hat er Anspruch auf Nebenkosten nach § 7, also auch auf Fahrtkosten für Reisen, die mehr als 15 km über seinen Geschäftssitz hinausgehen (§ 7 Abs. 2 Nr. 4). Daneben kann unter den Voraussetzungen des § 7 Nr. 5 f. ein Anspruch auf Trennungsentschädigung oder Entschädigung bestehen (vgl. § 7 Rdn. 8 f.).

11   Die Grundleistungen **Zusammenstellen der die Aufgabe beeinflussenden Planungsabsichten** und **Zusammenstellen und Werten von Unterlagen** fassen Ergebnisse der vorangegangenen Ermittlungen zusammen. Gemeint sind hier die Planungsabsichten des Auftraggebers. Schriftform für die Zusammenstellung ist zwar nicht vorgeschrieben, jedoch zur Vermeidung von Zweifeln empfehlenswert.

12   Die Grundleistung **Erläutern von Planungsdaten** bezieht sich auf die Zusammenstellung und Bewertung der Unterlagen. Dies und die Bemessungswerte technischer Regelwerke oder behördlicher Vorgaben sind die Planungsdaten.

13   Die Grundleistung **Ermitteln des Leistungsumfangs und der erforderlichen Vorarbeiten** bezieht sich auf den vom Auftragnehmer selbst zu erbringenden Leistungsumfang und auf ihm anhand zu gebende Vorarbeiten. Als Vorarbeiten kommen z. B. Baugrund-, Wasser-, Abwasser-, Mülluntersuchungen, Vermessungsarbeiten, Erhebung statistischer Daten und bei Verkehrsanlagen Ver-

kehrszählungen in Frage. In der HOAI nicht aufgeführt sind der voraussichtliche Umfang, das Ziel und die Spezifikation der erforderlichen Vorarbeiten (z. B. Art und Umfang von Baugrund- und Grundwasseruntersuchungen, Art der Probenahme und der zu bestimmenden Stoffe bei Abwasser- und Mülluntersuchungen). Es empfiehlt sich jedoch, daß der Auftragnehmer auch diese Informationen gibt.

Die Grundleistung **Formulieren von Entscheidungshilfen für die Auswahl** **14** **anderer an der Planung fachlich Beteiligter** hat sich an Qualifikations- und Erfahrungsmerkmalen zu orientieren. Es können jedoch auch Ortsnähe und damit verbundene besondere lokale Kenntnisse in die Entscheidung einfließen (z. B. Baugrundbeschaffenheit, Grundwasserverhältnisse). Im Fachbereich Wasser- und Abfallwirtschaft ist die Mitwirkung des fachlich Beteiligten für die Technische Ausrüstung nach Teil IX von Anfang an erforderlich, soweit bei der Objektplanung technische Ausrüstungen zu berücksichtigen sind.

Das **Zusammenfassen der Ergebnisse** betrifft nicht die Vorgänge bei den **15** Ermittlungen selbst, sondern nur die daraus gewonnenen Erkenntnisse.

Besondere Leistungen bei Leistungsphase 1   Grundlagenermittlung   16

Da die Aufzählung der Besonderen Leistungen in § 55 Abs. 2 nicht abschließend ist, können weitere Besondere Leistungen als die aufgeführten hinzukommen. Denkbar ist vor allem, daß Besondere Leistungen aus Teil II hinzukommen, wie Bestandsaufnahmen, Standortanalysen, Betriebsplanungen, das Aufstellen eines Raumprogramms, das Aufstellen eines Funktionsprogramms, das Prüfen der Umwelterheblichkeit oder das Prüfen von Umweltverträglichkeit. Auch aus Teil VI kommen Besondere Leistungen in Betracht: Ausarbeiten eines Leistungskataloges, Antragsverfahren für Planungszuschüsse, Einzeluntersuchungen natürlicher Grundlagen, Einzeluntersuchungen zu spezifischen Nutzungen. Des weiteren kommen aus Teil IX in Frage: Systemanalyse (Klären der möglichen Systeme nach Nutzen, Aufwand, Wirtschaftlichkeit und Durchführbarkeit), Datenerfassung, Analysen und Optimierungsprozesse, z. B. für energiesparendes Bauen.

Grundleistungen bei Leistungsphase 2   Vorplanung   17

Die Vorplanung wird definiert als Projekt- und Planungsvorbereitung. Dabei handelt es sich um vorbereitende Leistungen, die erforderlich sind, um die nächste Leistungsphase Entwurfsplanung durchführen zu können. Diese Leistungsphase bringt deshalb keine selbständigen Arbeitsergebnisse. Sie wird vielmehr erst nutzbar im Zusammenhang mit Leistungsphase 3. Daraus ergibt sich, daß die vom staatlichen Auftraggeber in der Regel in Auftrag gegebene „Haushaltunterlage Bau" (nach RBBau) mehr als die Vorplanung nach Leistungsphase 2 darstellen muß, auch wenn gleichzeitig die Ausführungsplanung Bau (AfU-Bau) in Auftrag gegeben wird, die stets erst nach Genehmigung der Haushaltsunterlage Bau und nach besonderer Freigabe erbracht wird. Wird die

Vorplanung selbständig verlangt, so ist sie eine Einzelleistung nach § 58. Dasselbe gilt z. B. auch für den Vorlageentwurf „Vorentwurf nach RE 1985" der Straßenbauverwaltung (zu Besonderen Leistungen vgl. unten Rdn. 33).

18   Die **Analyse der Grundlagen** bezieht sich auf die Ergebnisse der Leistungsphase 1, die im Hinblick auf die Vorbereitung der Planung zu untersuchen sind (z. B. die gedankliche Gliederung von Meßergebnissen als Grundlage für die Verfahrenswahl).

19   Hinsichtlich des **Abstimmens der Zielvorstellungen auf die Randbedingungen** gilt gegenüber der Objektplanung für Gebäude (vgl. § 15 Rdn. 34) nichts Besonderes. Die vorgegebenen Randbedingungen sind in den Ergebnissen der Leistungsphase 1 zusammengefaßt. Soweit das Bauvorhaben jedoch eigene öffentliche Ordnungsverfahren erfordert, ergeben sich manche Randbedingungen erst im Zuge eines Planfeststellungsverfahrens in Form von Auflagen.

20   Für das **Untersuchen von Lösungsmöglichkeiten** ist eine Anzahl der Untersuchungen nicht genannt. Sie wird jedoch begrenzt durch die vorangegangene Abstimmung der Zielvorstellung auf die Randbedingungen. Die Untersuchung von Lösungsmöglichkeiten soll sich auf deren Einflüsse auf bauliche und konstruktive Gestaltung usw. beziehen, nicht jedoch auf andere Einflüsse, wie z. B. auf die Systemwahl oder die Funktion der technischen Ausrüstung. Andererseits kann insbesondere die Wirtschaftlichkeit nur in Verbindung mit den zur Verfügung stehenden Systemen und deren Funktion = Verfahrenstechnik beurteilt werden, so daß die Leistungsphasen 2 der Teile VII und IX stets parallel bearbeitet werden müssen, wenn das Ziel dieser Leistungsphasen erreicht werden soll. Dies gilt um so mehr, als nicht in Teil VII, sondern nur in Teil IX die „. . . überschlägige Auslegung der wichtigen Systeme und Anlagenteile . . .", d. h. die „Vorbemessung" der Technischen Ausrüstung, enthalten ist. Die Untersuchung von Lösungsmöglichkeiten bezüglich ihrer Umweltverträglichkeit wird ohne ein als Besondere Leistung ausgewiesenes „Gutachten über die Umweltverträglichkeit" kein verbindliches Ergebnis bringen können, soweit nicht allgemeingültige Erfahrungswerte zur Verfügung stehen. Gleiches gilt für die Untersuchung auf Wirtschaftlichkeit ohne die Besonderen Leistungen „Anfertigen von Nutzen-Kosten-Untersuchungen" und „genaue Berechnung besonderer Bauteile".

21   Das **Beschaffen und Auswerten amtlicher Karten** ist eine weitere Grundleistung. Die Karten müssen auf Kosten des Auftraggebers beschafft werden. Im Streitfall ermöglicht § 7 Abs. 2, der je weitere Nebenkosten als die ausdrücklich aufgeführten zuläßt, die Erstattung der entsprechenden Kosten. Das Auswerten stellt im Grunde eine Ergänzung der Grundleistung „Ermitteln der vorgegebenen Randbedingungen" in Leistungsphase 1 dar. Das Auswerten amtlicher Karten kann zum Ergebnis haben, daß keine weiteren topographischen Unterlagen im Rahmen der Entwurfsplanung erforderlich sind, weil z. B. Grenzdarstellungen und Höhenangaben für die Entwurfsbearbeitung einer Trinkwasserleitung den amtlichen Karten entnommen werden können. Das Ergebnis kann jedoch auch die Notwendigkeit zur „Anfertigung von topographischen Unter-

lagen" als Besondere Leistung sein, z. B. in Form eines Höhenlinienplanes aufgrund von Vermessungsleistungen nach Teil XIII.

Wesentliche Grundleistung in Leistungsphase 2 ist das **Erarbeiten eines Planungskonzepts einschließlich Untersuchung der alternativen Lösungsmöglichkeiten nach gleichen Anforderungen.** Diese Leistung erfordert eine „skizzenhafte Lösung", die dann auch die „zeichnerische Darstellung" zum Inhalt hat. Zu betonen ist, daß der Auftragnehmer Lösungsmöglichkeiten nur nach **gleichen Anforderungen,** also **Varianten** und nicht **Alternativen,** vorzuschlagen hat (vgl. i. e. § 15 Rdn. 37, 49 f.). Für Varianten ist charakteristisch, daß es sich um gleiche oder nur geringfügig andere Anforderungen handelt, während Alternativen erheblich andere oder nicht gleiche andere Anforderungen zum Gegenstand haben. 22

In keinem Fall kann von einem Planungskonzept, das zum erklärten Ziel hat, die Planung vorzubereiten, eine Optimierung der Aufgabenlösung erwartet werden. Die im Rahmen der Erarbeitung eines Planungskonzeptes nach Teil VII HOAI durchzuführenden „Untersuchungen" bestehen somit eher in „abwägendem Beurteilen" von Möglichkeiten gleicher Zielrichtung aufgrund von Erfahrungen als in Berechnungen oder Zeichnungen für eine Vielzahl denkbarer Möglichkeiten. Berechnungen in Form „überschlägiger Auslegung . . ." sind von den an der Planung fachlich Beteiligten nach Teil IX in Leistungsphase 2 zu erbringen, so daß durch die „Einarbeitung" dieses Beitrags in die Planungsvorbereitung für die Objektplanung wesentliche Bemessungswerte in die Planungsvorbereitung eingehen. 23

Das Beispiel „biologische Abwasserreinigung" läßt sich beliebig ersetzen durch andere Objekte, z. B. Schlammbehandlung, Müllaufbereitung, Trinkwasseraufbereitung, Talsperre, Eigenstromerzeugungsanlage; aber auch bei sog. Linienbauwerken ergeben sich Abgrenzungsschwierigkeiten bezüglich „Alternativen" oder „Varianten" gleicher oder nicht gleicher Anforderungen: der Ausbau eines Gewässers mit Neutrassierung des Gewässerbettes, Festlegung der Ausbauwassermengen, Berücksichtigung ökologischer und wasserwirtschaftlicher Ausgleichs- und Ersatzmaßnahmen führt zu Fragestellungen, die in bezug auf die Grundaufgabe – Verlegung eines Gewässers aus bestimmten Gründen – aus durchaus gleichen Anforderungen herrühren, deren verbindliche Beantwortung aber eine Vielzahl Einzeluntersuchungen erfordert, die zweifellos den Charakter von „Alternativen" aufweisen. 24

Bei **Verkehrsanlagen** kommen hier weitere Grundleistungen in Frage, die die überschlägige verkehrstechnische Bemessung der Verkehrsanlage und die Ermittlung von Schallimmissionen sowie Schallschutzmaßnahmen betreffen. Das Ermitteln der Schallimmissionen erfordert nur Berechnungen anhand von abzulesenden Tabellenwerten (Richtlinien). Für darüber hinausgehende „detaillierte schalltechnische Untersuchungen, insbesondere in komplexen Fällen" wäre ein Honorar nach §§ 80 Abs. 3, 84 zu vereinbaren (Amtliche Begründung zu § 55). 25

26 Die Grundleistung **Klären und Erläutern der wesentlichen fachspezifischen Zusammenhänge, Vorgänge und Bedingungen** formuliert die Informations- und Aufklärungspflicht des Ingenieurs gegenüber dem Auftraggeber. Sie bezieht sich auf das erarbeitete Planungskonzept.

27 Von großer praktischer Bedeutung sind auch die **Vorverhandlungen mit Behörden und anderen an der Planung fachlich Beteiligten** über die Genehmigungsfähigkeit und auch ggf. über Bezuschussung und Kostenbeteiligung. Ziel dieser Verhandlungen ist die Schaffung der für die Erteilung der Genehmigung notwendigen Voraussetzungen (zur Genehmigungsfähigkeit: vgl. § 15 Rdn. 42, 87 ff., 124).

28 Die Grundleistung **Mitwirken beim Erläutern des Planungskonzepts** bezieht sich auf die Teilnahme an Erläuterungs- oder Erörterungsterminen. Der Verordnungsgeber begründet diese Leistung mit der zunehmenden politischen Bedeutung der Planung und Ausführung von Verkehrsanlagen und Ingenieurbauwerken, die das Mitwirken beim Erläutern der Planung gegenüber Bürgern und politischen Gremien notwendig erscheinen lassen. Die Teilnahme an bis zu 5 Erläuterungs- oder Erörterungsterminen für alle Leistungsphasen des § 55 insgesamt gehört zu den Grundleistungen. Darüber hinausgehende Leistungen können als Besondere Leistung honoriert werden, wenn dies schriftlich vereinbart wird (§ 5 Abs. 4).

29 Die Grundleistung **Überarbeiten des Planungskonzepts nach Bedenken und Anregungen** ist im Zusammenhang mit den vorangegangenen Grundleistungen zu sehen. Soweit Bedenken und Anregungen aus dem Kreis der bei diesen Leistungen Beteiligten kommen, ist das Planungskonzept danach zu überarbeiten. Es kann sich hier jedoch nicht um eine vollständig neue Vorplanung handeln. Soweit die Zielvorstellungen oder Randbedingungen nicht eingehalten sind, handelt es sich um eine neue Vorplanung.

30 Die Grundleistung **Bereitstellen von Unterlagen** als Auszüge aus dem Vorentwurf zur Verwendung für ein Raumordnungsverfahren darf nicht so verstanden werden, daß die Planung vollständig abgeschlossen und für das Raumordnungsverfahren selbständig verwertbar sein müßte. Selbständig verwertbar ist erst die Entwurfsplanung. Im übrigen ist auch durch die Formulierung klargestellt, daß nur „Unterlagen als Auszüge aus dem Vorentwurf" zur Verfügung gestellt werden müssen.

31 Für die **Kostenschätzung** ist die DIN 276 nicht als Grundlage genannt. Sie wird dennoch in Anlehnung an DIN 276 vorzunehmen sein. Zu schätzen sind die auszuführenden Mengen, z. B. die Länge der Rohrleitungen mit geschätztem Durchmesser, die auszuführende Kläranlage nach vorgegebener oder geschätzter Größe (anzuschließende Einwohner und Einwohnergleichwerte), die Dränung nach Fläche und geschätzter Anzahl sowie Tiefe der Dränstränge, ein Betriebsgebäude nach geschätztem Bauvolumen, die Verkehrsanlage nach Länge oder Fläche der befestigten Anlage. Zu schätzen sind auch die hierfür anfallenden Preise. Soweit der an der Planung fachlich Beteiligte für die Technische Ausrüstung nach Teil IX an der Vorplanung mitwirkt, liegen für

diese Bereiche die Voraussetzungen für eine Kostenschätzung entsprechend DIN 276 vor.

Die Grundleistung **Zusammenstellen aller Vorplanungsergebnisse** ist der Abschluß der Vorplanung. Die Zusammenstellung muß allerdings nicht vorgelegt werden. Ebensowenig ist eine schriftliche Fixierung der Ergebnisse notwendig, sie kann jedoch im Einzelfall nützlich sein. 32

Besondere Leistungen bei Leistungsphase 2 Vorplanung 33

Häufiger Fall dürften hier **Gutachten über Umweltverträglichkeit** sein. Derartige Gutachten fallen nicht unter § 33, da von dieser Vorschrift nur Gutachten über Leistungen erfaßt sind, die in der HOAI geregelt sind (vgl. § 33). Als weitere Besondere Leistung ist die Vorlage eines sog. Bleistiftentwurfs oder eines Lageplanentwurfs zu nennen. Im Bereich Abfallwirtschaft kommen als Besondere Leistungen sowohl bei der Vorplanung als auch bei der Entwurfsplanung folgende in Betracht: die bautechnische Beurteilung der Ausschreibungsergebnisse aus der Verfahrenstechnik, weil diese schon oftmals während der ersten Planungsphasen ausgeschrieben wird, und eine Wirtschaftlichkeitsuntersuchung zu unterschiedlichen Varianten der Verfahrenstechnik.

Grundleistungen bei Leistungsphase 3 Entwurfsplanung 34

Die Entwurfsplanung ist definiert als System- und Integrationsplanung. Zu berücksichtigen sind alle Gesichtspunkte, die einen logischen, d. h. folgerichtigen vernünftigen Aufbau der Objektplanung beeinflussen können. Notwendig ist auch die Integration der Systemplanungen (z. B. Tragwerksplanung und Technische Ausrüstung) sowie der weiteren Beiträge anderer an der Planung fachlich Beteiligter und sonstiger vorangegangener Untersuchungsergebnisse (z. B. Wasser- und Abwasserbeschaffenheit, Abfallzusammensetzung, Niederschlags- und Abflußmessungen). In den einzelnen Bundesländern bestehen zum Teil unterschiedliche Vorschriften und Richtlinien über den Inhalt und die Darstellung der Entwurfsplanung. Es wird zum Teil nach Fachbereichen unterschieden wie Entwürfe für Wasserversorgungsanlagen, Entwürfe für Abwasseranlagen und Entwürfe für wasserbauliche Maßnahmen. Fachlich handelt es sich hier um nichts anderes als um die Entwurfsplanung, d. h. System- und Integrationsplanung der Leistungsphase 3.

Grundlage für das **Durcharbeiten des Planungskonzepts** ist die in Leistungsphase 2 entwickelte Vorplanung. Unter Berücksichtigung der Beiträge anderer an der Planung fachlich Beteiligter ist das Planungskonzept zum **vollständigen Entwurf** weiterzuführen. Der Entwurf selbst besteht aus Plänen, Zeichnungen, Berechnungen und Texten. Der Maßstab der Pläne und Zeichnungen richtet sich nach den länderspezifischen Festlegungen. Als „endgültige Lösung" i. S. von Abs. 1 Nr. 3 ist nicht die ausführungsreife oder auszuführende Lösung anzusehen, sondern die genehmigungsfähige Ausarbeitung der Planung. Es ist nämlich durchaus nicht selten, daß die endgültige Lösung erst nach Kenntnis 35 der zum Einbau kommenden Technischen Ausrüstung bzw. nach Abschluß des Genehmigungsverfahrens (Planfeststellung) erarbeitet werden kann. Dies ist aber erst nach Vergabe der Ausrüstungsteile und Vorlage der herstellerspezifischen Werkstatt- und Montagepläne möglich.

36 Der **Erläuterungsbericht** sollte neben der erläuternden Darstellung des geplanten Objekts auch die Begründung für die gewählte Lösung enthalten. Häufig werden auch die fachspezifischen Berechnungen in den Erläuterungsbericht aufgenommen, um den logischen Zusammenhang der Planung erkennen zu lassen. In den Bundesländern sind in der Regel Richtlinien über den erforderlichen Inhalt von Erläuterungsberichten als Grundlage der Planung verfügbar.

37 Hinsichtlich der Grundleistung **Fachspezifische Berechnungen** ist über den „Feinheitsgrad" nichts gesagt. Ein Kanalisationsnetz z. B. kann aber sowohl auf einfache Art – Listenrechnung ohne Zeitfaktor – als auch mit Hilfe komplizierter mathematisch-hydrologischer Modelle berechnet werden. Der jeweilige Berechnungsaufwand unterscheidet sich erheblich. Es wird davon auszugehen sein, daß mit der Bedeutung eines Objekts und mit zunehmender Abhängigkeit der Herstellungskosten von der Berechnungsmethode die Anforderungen an den Feinheitsgrad der Berechnungen wachsen. Handelt es sich um Berechnungen aufgrund besonderer, in den Normen nicht festgelegter Belastungen um Vergleichsrechnungen zum Zweck der Optimierung oder um genaue Berechnungen besonderer Bauteile, so sind dies Besondere Leistungen, für die ein gesondertes Honorar berechnet werden kann, wenn es schriftlich zuvor vereinbart war.

38 Die **Zeichnerische Darstellung des Gesamtentwurfs** muß auch Beiträge von Fachplanern erfassen, die der Objektplaner für seine Planung verwendet hat und deren getrennte zeichnerische Darstellung nicht sinnvoll ist. Die zeichnerische Darstellung erfolgt in der Regel in Lageplänen, Bauwerkszeichnungen und Schnitten im für die Genehmigung der Entwurfsplanung erforderlichen Maßstab. Funktionsschemata und Prinzipschaltbilder, wie sie bei komplizierten Anlagenplanungen zur besseren Übersicht der Zusammenhänge und Abhängigkeit häufig angefertigt werden, sind in Teil IX enthalten.

39 Mehrere Teilleistungen sind zusammengefaßt unter der Grundleistung **Finanzierungsplan, Bauzeiten- und Kostenplan usw.** Der **Finanzierungsplan** ist aufzustellen, soweit der Auftraggeber dies nicht selbst erledigt. Ohne detaillierte Angaben des Auftraggebers selbst ist der Auftragnehmer zur Aufstellung dieses Plans ohnehin nicht in der Lage. Der Finanzierungsplan bezieht sich einerseits auf die Möglichkeiten des Auftraggebers zur Finanzierung und andererseits auf die Zeitabschnitte, im Rahmen derer bei Durchführung des Bauvorhabens Geldmittel zur Verfügung stehen müssen. In Zusammenhang damit stehen die weiteren Leistungen: Ermitteln und Begründen der zuwendungsfähigen Kosten sowie Vorbereiten der Anträge auf Finanzierung. Der Finanzierungsplan der Verkehrsanlagen gibt die Kostenanteile der verschiedenen am Bau beteiligten Stellen an. Unter Berücksichtigung der bestehenden Gesetze und Richtlinien erledigt dies üblicherweise der Ingenieur.

In Verträgen mit öffentlichen Auftraggebern war schon bisher verschiedent- **40**
lich die Leistung „Mitwirkung im Zuwendungsverfahren" enthalten. Diese Leistung unterscheidet sich allerdings von der hier in Leistungsphase 3 zu erbringenden Leistung dadurch, daß sie sich über die gesamte Dauer der Objektausführung erstreckte und in der Regel auch den sog. Verwendungsnachweis enthielt, d. h. den Nachweis über die Verwendung der Gesamtkosten der Maßnahme mit Unterscheidung nach zuwendungs- und nichtzuwendungsfähigen
Ausgaben. Bei der Begründung der zuwendungsfähigen Kosten hat sich der
Objektplaner an den einzelnen Regelungen der Länder und an den speziellen
Richtlinien zu orientieren. Das Vorbereiten der Anträge auf Finanzierung ist
eine mitwirkende Leistung des Objektplaners auf der Grundlage der Kostenberechnung und der ermittelten zuwendungsfähigen Kosten. Sie besteht im
wesentlichen darin, daß die entsprechenden Zahlen zur Verfügung gestellt werden. Die Fertigstellung und die Einreichung der Anträge obliegen dem Auftraggeber, soweit er sie nicht dem Objektplaner als Besondere Leistung überträgt.

Der **Kostenplan,** ebenfalls eine neue Grundleistung bei der Entwurfsplanung, **41**
kann nur aus der Kostenberechnung und dem Bauzeitenplan entstehen. Auch
der Bauzeitenplan ist eine neue Grundleistung. Er ist nicht zu verwechseln mit
dem Zeitplan in Leistungsphase 8, der bisher als Bauzeitenplan bezeichnet und
in der Regel als Vertragsgrundlage für die bauausführenden Unternehmen verwendet wurde. Die Form des Bauzeitenplans nach Leistungsphase 3 ist im
Gegensatz zum Zeitplan nach Leistungsphase 8 nicht vorgeschrieben (dort Balkendiagramm). Im Rahmen der Entwurfsplanung (System- und Integrationsplanung) hat er auch eine andere Bedeutung: Es kann sich nur um die Festlegung oder die Abschätzung von Zeiträumen handeln, die im Rahmen noch
nicht bekannter Termine – Baubeginn/Bauende – für wesentliche Bau- und
Lieferleistungen erfahrungsgemäß benötigt werden. Zeit-, Kosten- und Finan-
zierungspläne sind auch in Nr. 3 des § 31 Projektsteuerung enthalten. Die entsprechenden Grundleistungen in § 55 Abs. 2 ersetzen die Leistungen des § 31
nicht. Weitere Teilleistung im Rahmen dieser Grundleistung ist das Mitwirken
beim Erläutern des vorläufigen Entwurfs gegenüber Bürgern und politischen
Gremien. Auch in der weiteren Grundleistung Überarbeiten wird von einem
vorläufigen Entwurf gesprochen. Der Entwurf soll also erst dann als endgültig
gelten, wenn Bedenken und Anregungen verarbeitet werden. Darüber, welche
Bedenken und Anregungen aufgenommen werden müssen, entscheidet allerdings nicht der Auftragnehmer, sondern der Auftraggeber. Stehen der Übernahme solcher Anregungen technische Bedenken entgegen, so hat der Auftragnehmer darauf hinzuweisen.

Die Grundleistung **Verhandlungen mit Behörden und anderen an der Planung** **42**
fachlich Beteiligten über die Genehmigungsfähigkeit schließt an die in Leistungsphase 2 enthaltene Grundleistung „Vorverhandlungen" an. Durch die Formulierung ist klargestellt, daß auch die Behörden zu den an der Planung fachlich
Beteiligten gehören. Die Verhandlungen erstrecken sich sowohl auf die Genehmigungsfähigkeit des Objekts als auch auf die Genehmigungsfähigkeit der

konkreten Planung. Dagegen ist der Auftragnehmer nicht verantwortlich dafür, daß das Objekt auch genehmigt wird. Vielmehr liegt in seinem Aufgabenbereich nur die Genehmigungsfähigkeit seiner Planung. Dies mag an folgendem Beispiel verdeutlicht werden: Eine Gemeinde hat für eine künftige Kläranlage ein bestimmtes Grundstück festgelegt. Danach genehmigt sie unter Hinweis auf den künftigen Kläranlagenstandort einem Unternehmen in unmittelbarer Nähe der künftigen Kläranlage die Errichtung eines Werkes, das auch errichtet wird. Später beauftragt die Gemeinde einen Objektplaner mit der Planung der Kläranlage an dem vorgesehenen Standort. Das Unternehmen erhebt als Nachbar Einwendungen, und die Genehmigungsbehörde lehnt die Erteilung der Baugenehmigung für die Kläranlage ab. Hier ist der Auftragnehmer für die Standortwahl natürlich nicht verantwortlich (vgl. ferner oben Rdn. 27). Die „anderen an der Planung fachlich Beteiligten" sind die Fachplaner.

43   Die **Kostenberechnung** kann in Anlehnung an die DIN 276 erstellt werden. Soweit es sich um öffentliche Bauvorhaben handelt, sind länderspezifische Vorschriften oder Richtlinien (z. B. REWas 1983 für Bayern) hinsichtlich Form und Feinheit der Kostenberechnung zu berücksichtigen. Nach der Amtlichen Begründung ist für die Kostenberechnung eine Mengenberechnung erforderlich. Darunter ist jedoch nicht die Mengenberechnung durch „Aufstellen von Mengengerüsten" entsprechend § 15 Abs. 2 Nr. 3 Besondere Leistung zu verstehen, sondern die vereinfachte Form. Die Mengenberechnung durch „Aufstellen von Mengengerüsten" ist auch für den Objektplaner bei Ingenieurbauwerken eine Besondere Leistung (vgl. § 15 Rdn. 79). Dies ergibt sich auch aus der Neufassung des § 2 Abs. 3 Satz 3. Die hier vorzunehmende oder ggf. die fortgeschriebene Kostenberechnung nach Leistungsphase 7 ist für die Honorarberechnung zugrunde zu legen (vgl. § 52 Rdn. 5). Statt der Kostenberechnung kann aufgrund Vereinbarung auch die Kostenschätzung für die Honorarberechnung bei den Leistungsphasen 1–4 zugrunde gelegt werden (vgl. § 52 Rdn. 4). Ohne ausdrückliche abweichende Vereinbarung ist für die Honorarberechnung auch nicht die „genehmigte" Kostenberechnung nach den Vertragsmustern der öffentlichen Auftraggeber (RBBau) anzuwenden. Eine vertragliche Vereinbarung, nach der die „genehmigte" Kostenberechnung für die Honorarberechnung zugrunde gelegt werden muß, ist an § 4 Abs. 2 zu messen und nur im Ausnahmefall (vgl. hierzu § 4 Rdn. 85 ff.) wirksam.

44   Durch die 5. HOAI-Novelle (vgl. Einl. Rdn. 12) wurde die Kostenkontrolle durch Kostenvergleich eingefügt. Dies läßt sich nur durch schriftliche Gegenüberstellung erledigen (vgl. ferner § 15 Rdn. 61, 74).

45   Bei **Verkehrsanlagen** treten weitere Grundleistungen hinzu. Die Festlegung der Abmessung von Ingenieurbauwerken erfolgt überschlägig, weil in diesem Stadium das Bauwerk selbst noch nicht entworfen ist. Sie ist nötig, weil das Bauwerk Einfluß auf den Verlauf und die Höhe der Verkehrsanlage hat. Die rechnerische Festlegung der Anlage beinhaltet die Einreichung des Projekts in das Koordinatennetz der Geländeaufnahme aus Teil XIII.

Nicht vorgeschrieben ist, in welcher Form das **Zusammenfassen aller Ent-** 46
wurfsunterlagen zu erfolgen hat. Im Regelfall dürfen Pausen und die für die
Einreichung bei der Baugenehmigungsbehörde erforderliche Anzahl von Ent-
wurfsfertigungen genügen.

Besondere Leistungen bei Leistungsphase 3 Entwurfsplanung 47

Die Besondere Leistung **Beschaffen von Auszügen aus dem Grundbuch usw.**
bezieht sich nicht auf das Beschaffen amtlicher Karten, da dies Grundleistung
in Leistungsphase 2 ist.

Die Besondere Leistung **Fortschreiben von Nutzen-Kosten-Untersuchungen** 48
wird regelmäßig erforderlich, wenn im Rahmen der Entwurfsplanung unterschiedliche Lösungen im Detail untersucht werden sollen mit dem Ziel wirtschaftlicher Optimierung.

Die Besondere Leistung **Mitwirken bei Verwaltungsvereinbarungen** ist eine 49
beratende Tätigkeit. Es kann sich dabei um Vereinbarungen der öffentlichen
oder privaten Verwaltung handeln. Bei Behörden kommen z. B. Vereinbarungen für Benutzungen, Gestattungen, Duldungen, Kostenteilungen und kommunale Zusammenarbeit in Frage. Im übrigen ist hier an den Erwerb oder Verkauf
von Grundstücken, Anlagen, Bauwerken, Maschinen und Geräten, an den
Erwerb oder die Abtretung von Rechten oder Erlaubnissen, Finanzierungen,
Versicherungen, den Abschluß von Verträgen usw. zu denken.

Grundleistungen bei Leistungsphase 4 Genehmigungsplanung 50

Der Begriff Genehmigungsplanung tritt an die Stelle des bisher verwendeten
Begriffs „Bauvorlagen". Sachlich ist die neue Leistungsphase gegenüber der
früheren Leistung erweitert.

Die Grundleistung **Erarbeiten der Unterlagen** bedeutet nicht, daß hier erst 51
die Entwurfplanung gemacht werden müßte. Erfaßt sind hier nur solche Unterlagen, die nicht bereits in der Entwurfsplanung erarbeitet wurden. Zu dieser
Grundleistung gehören keine Unterlagen, die in anderen Leistungsbildern der
HOAI als Grundleistungen oder Besondere Leistungen aufgeführt sind, wie
z. B. Baugrundgutachten, Immissionsschutzgutachten, Messungen gewässer-
kundlicher Daten. Ebensowenig gehören dazu Leistungen, die von der HOAI
nicht erfaßt sind, wie z. B. physikalische, chemische und biologische Untersuchungen des Wassers, Abwassers oder des Abfalls. Maßgebend dafür, welche
Unterlagen erarbeitet werden müssen, sind die zum Teil sehr unterschiedlichen
Bestimmungen der Länder (z. B. Bayern: Verordnung über Pläne und Beilagen
in wasserrechtlichen Verfahren – WPBV – oder Baden-Württemberg: Verordnung des Innenministeriums über Anträge nach dem Wassergesetz zu § 100
WG). Es ist jedoch zu betonen, daß der Auftragnehmer nicht alle Leistungen
zu erbringen hat, die in den speziellen landesrechtlichen Vorschriften enthalten
sind. Soweit diese Leistungen über die in Leistungsphase 4 aufgeführten hinausgehen, kann der Auftragnehmer eine gesonderte Honorarvereinbarung

wegen Erbringung einer Besonderen Leistung verlangen. Als **öffentlich-rechtliche Verfahren** kommen z. B. Baugenehmigungsverfahren, verschiedene wasserrechtliche und abfallrechtliche Genehmigungsverfahren, immissionsschutzrechtliche Verfahren, Planfeststellungsverfahren u. a. m. in Frage. Als **Anträge auf Ausnahmen und Befreiungen** kommen nur solche Anträge in Frage, die mit planungsrechtlichen oder bauordnungsrechtlichen Bestimmungen in Zusammenhang stehen. Das Bauwerksverzeichnis ist eine Aufstellung sämtlicher Bauwerke (Verzeichnis der Wege, Gewässer, Bauwerke und sonstiger Anlagen wie Leitungen, Sichtfelder, Lärmschutzanlagen und dergleichen einschließlich der Angabe der jeweiligen Eigentümer) und als solches ein fester Bestandteil der Planfeststellungsunterlagen. Es legt die vorgesehene Regelung über das betreffende Bauwerk fest. Nur im Rahmen des Bauwerksverzeichnisses müssen die Beiträge der anderen an der Planung fachlich Beteiligten verwendet werden.

52 Das **Einreichen dieser Unterlagen** bezieht sich auf die in der vorangegangenen Leistungsphase erarbeiteten Grundlagen. Damit ist auch der Entwurf aus Leistungsphase 3 erfaßt. Leistungsphase 4 nennt das Einreichen der Unterlagen als Grundleistung, obwohl in der Praxis **auch** der Auftraggeber die Unterlagen einreichen **kann.**

53 Weitere Grundleistungen sind der **Grunderwerbsplan** und das **Grunderwerbsverzeichnis.** Die von der geplanten Baumaßnahme berührten Grundstücke werden in einem Lageplan – in der Regel im Katasterplan – gekennzeichnet und in einem Verzeichnis aufgelistet mit Angabe der beanspruchten Fläche. Die Erhebungen über die betroffenen Grundstückseigentümer und Flurstücke aus Grundbuch, Kataster und anderen amtlichen Unterlagen sind Besondere Leistungen in Leistungsphase 3 Entwurfsplanung.

54 Als **Verhandlungen mit Behörden** kommen hier nur ergänzende Erläuterungen und Klärungen in Frage, da Verhandlungen bereits in Leistungsphase 2 und 3 Grundleistungen waren.

55 Weitere Grundleistung ist das **Vervollständigen und Anpassen der Planungsunterlagen.** Soweit möglich, wird das Vervollständigen der Planungsunterlagen vorgenommen, bevor die Unterlagen dem Auftraggeber bzw. der Genehmigungsbehörde vorgelegt werden, so daß Mehraufwand infolge evtl. Änderungen und Ergänzungen vermieden wird.

In manchen Fällen wird das jedoch nicht ohne weiteres möglich sein, weil der Genehmigung zugrunde zu legende Einzelheiten erst nach Festlegung der endgültigen Verfahrenstechnik oder nach Fertigstellung der endgültigen statischen Berechnungen und der Bewehrungspläne bekannt sind.

Nachdem jedoch bereits in Leistungsphase 1 Entscheidungshilfen für die Auswahl anderer an der Planung fachlich Beteiligter formuliert worden sind, ist der Auftraggeber gehalten, die entsprechenden Planungsaufträge rechtzeitig zu erteilen, so daß Objekt- und Fachplanung weitgehend parallel verlaufen und fachbezogene Änderungen vermieden werden können. Hinsichtlich der Leistung **Mitwirken beim Erläutern gegenüber Bürgern** gilt hinsichtlich der vorherigen Leistungsphasen nichts Besonderes.

Das **Mitwirken im Planfeststellungsverfahren einschließlich der Teilnahme an** 56
Erörterungsterminen ist eine ergänzende Leistung. Das Planfeststellungsverfahren und der Erörterungstermin sind Sache des Auftraggebers. Der Auftragnehmer kann hier nur seine fachliche Beratung einbringen.

Besondere Leistungen bei Leistungsphase 4 Genehmigungsplanung 57

Neben den aufgeführten Besonderen Leistungen wird im Bereich Wasser und Abfall vor allem die in § 15 Abs. 2 Leistungsphase 4 aufgeführte Besondere Leistung „Erarbeiten von Unterlagen für besondere Prüfverfahren" zunehmend an Bedeutung gewinnen.

Grundleistungen bei Leistungsphase 5 Ausführungsplanung 58

Der Begriff Ausführungsplanung tritt anstelle der früher verwendeten Begriffe „Ausführungszeichnungen" (LHO) und „Baureifer Entwurf" bzw. „Ausführungsunterlage" (RBBau). Der Aufwand für die Ausführungsplanung kann den der Entwurfsplanung nach Leistungsphase 3 übertreffen. Deshalb ist in **Absatz 4** vorgesehen, daß die Parteien schriftlich bei Auftragserteilung (zu den Begriffen vgl. § 4 Rdn. 26 ff., 34 ff.) die Leistungsphase 5 mit mehr als 15–35 v. H. bewerten können, wenn „ein überdurchschnittlicher Aufwand an Ausführungszeichnungen erforderlich wird" (vgl. unten Rdn. 98).

Das **Durcharbeiten der Ergebnisse der Leistungsphasen 3 und 4 ... bis zur aus-** 59
führungsreifen Lösung hat zum Ziel, die vorliegende Entwurfs- und Genehmigungsplanung ausführungsreif zu gestalten. Ausführungsreif bedeutet eine detaillierte Vorbereitung der Planunterlage für Bau und Montage. Dabei sind alle fachspezifischen Anforderungen zu berücksichtigen. Hierzu können auch solche Anforderungen gehören, die in dem Genehmigungsverfahren gar nicht angesprochen waren, für Herstellung oder Funktion des Objekts aber erforderlich sind, wie z. B. Wasserhaltungsmaßnahmen, baugrundverbessernde Maßnahmen, Hochwasserschutz (soweit dies nicht selbständiges Planungsobjekt ist), statisch-konstruktive Maßnahmen, Sicherungsmaßnahmen für vorhandene Bauwerke, Fundamente, Aussparungen, Schlitze für Maschinenaufstellungen, Leitungs- und Apparatemontagen und sonstige verfahrenstechnische Einbauteile, Brandschutzmaßnahmen, Freihaltung von Trassen für Leitungen und Kabel sowie Erschließungsmaßnahmen zur Errichtung der Baustelle und für den Baubetrieb. Soweit der Objektplaner nicht selbst mit fachspezifischen Planungen dieser Art beauftragt ist, hat er für die ausführungsreife Durcharbeitung der Objektplanung die Beiträge der entsprechenden Fachplaner zu verwenden. Die Berücksichtigung von Montage- und Werkstattzeichnungen der Lieferfirmen, z. B. für Fertigteile, maschinentechnische Ausrüstungen und dgl., erfolgt durch die Auftragnehmer für Tragwerksplanung (Teil VIII) und Technische Ausrüstung (Teil IX), so daß deren vom Objektplaner zu verwendende Beiträge auch liefer- oder herstellerspezifische Anforderungen enthalten. Dies gilt auch für Schlitze und Durchbrüche.

60   Anders als in § 15 Abs. 2 Leistungsphase 5 gehören hier in den Bereich **Zeichnerische und rechnerische Darstellung** als Grundleistung keine textlichen Ausführungen, jedoch ist das Objekt auch rechnerisch darzustellen. Die Art der zeichnerischen und rechnerischen Darstellung ist nicht vorgeschrieben; soweit länderspezifische Richtlinien nicht bestehen, ist eine Festlegung im Ingenieurvertrag zweckmäßig. Unabhängig davon wird die zeichnerische Darstellung von Ausführungszeichnungen stets in einem Maßstab zu erfolgen haben, der alle für die Bauausführung und Montage erforderlichen Einzelmaße eindeutig erkennen läßt und die Übersichtlichkeit wahrt; u. U. muß dazu die Darstellung in verschiedenen Maßstäben erfolgen; z. B. für Einzelbauwerke Übersichtszeichnungen i. M. 1 : 50 oder kleiner, Detailzeichnungen i. M. 1 : 50 oder größer, für Linienbauwerke (Kanäle, Leitungen, Gewässer, Verkehrsanlagen) Übersichtszeichnungen: Längenmaßstab 1 : 1000 oder kleiner, Abschnittszeichnungen: Längenmaßstab 1 : 1000 oder größer; Höhenmaßstab in der Regel und in Abhängigkeit von der Topographie 5- bis 10fach größer. Zur rechnerischen Darstellung gehören neben Bezugsmaßen und Maßketten die Angabe aller objektspezifischen NN-Höhen und die Kilometrierung (oder Hektometrierung) von Linienbauwerken, soweit sie aus den Planungsunterlagen ermittelt werden können. Soweit für die Bauausführung Zeichnungen anderer an der Planung fachlich Beteiligter erforderlich sind (z. B. Schal- und Bewehrungspläne, Rohrleitungsverlegepläne, Kabelpläne), sollte zur Vermeidung von Irrtümern in den Zeichnungen des Objektplaners darauf hingewiesen werden.

61   Weitere Grundleistungen sind das **Erarbeiten der Grundlagen** für die anderen an der Planung fachlich Beteiligten und das **Integrieren ihrer Beiträge** bis zur ausführungsreifen Lösung. Dabei handelt es sich vornehmlich um eine koordinierende Tätigkeit zur Abstimmung der Ausführungsplanungen des Objektplaners mit der der Fachplaner, insbesondere für Tragwerksplanung und Technische Ausrüstung, für Landschaftsplanung, Gebäude- und Freianlagen, aber auch für andere fachlich Beteiligte. Diese gegenseitige Abstimmung der an der Planung fachlich Beteiligten muß besonders sorgfältig erfolgen, um Fehler bei der Bauausführung zu vermeiden. In den Leistungsbildern anderer Teile der HOAI (Teile II, VIII und IX) sind in der jeweiligen Leistungsphase 5 entsprechende Grundleistungen vorgesehen.

62   Weitere Grundleistung ist das **Fortschreiben der Ausführungsplanung während der Objektausführung.** Die Ausführungsplanung kann häufig nicht vor Objektausführungsbeginn in allen Teilen fertiggestellt werden, z. B., weil Herstellerangaben erst nach Vergabe der betreffenden Leistungen zur Verfügung stehen. Die Ausführungsplanung muß dann später ergänzt werden. Diese Leistung ist nicht identisch mit dem Herstellen von Bestandsplänen aufgrund örtlicher Aufmessungen – z. B. nach Verlegung von Leitungen –, und sie bezieht sich auch nicht auf Planungsänderungen (soweit sie der Auftragnehmer nicht selbst verursacht hat). In der Amtlichen Begründung wird ausdrücklich darauf hingewiesen, daß diese Grundleistung „gleiche Anforderungen der Aufgabe" voraussetzt, andernfalls müsse eine Besondere Leistung vereinbart werden.

Besondere Leistungen bei Leistungsphase 5 Ausführungsplanung 63

Einzige hier aufgeführte Besondere Leistung ist das **Aufstellen von Ablauf-
und Netzplänen.** Diese Pläne betreffen nicht nur die Bauausführung, sondern
schließen in der Regel die Planung mit ein, weil sie wesentlicher Bestandteil des
Objekts ist und dessen Fertigstellung maßgeblich beeinflußt. Ablaufpläne nur
für die Planung können dagegen eigenständig, d. h. von der Bauausführung
unbeeinflußt, gelten. Als weitere Besondere Leistungen kommen die in § 15
Abs. 2 Nr. 5 bzw. § 73 Abs. 3 Nr. 5 genannten in Frage. Die Tatsache, daß das
Aufstellen von Ablauf- und Netzplänen hier als Besondere Leistung aufgeführt
ist, bringt es mit sich, daß die gleiche Leistung auch für den Objektplaner bei
Gebäuden nach Teil II eine Besondere Leistung sein muß. Soweit der Architekt
einen Planungsablauf zu erstellen hat, muß dieser die Anforderungen der
Besonderen Leistung nicht erfüllen (vgl. § 15 Rdn. 183).

Grundleistungen in Leistungsphase 6 Vorbereitung der Vergabe 64

Leistungsphase 6 enthält im wesentlichen die früheren LHO- und LAWA-
Leistungen „Massenberechnung" und „Leistungsverzeichnis" und mit dem Aufstellen der Verdingungsunterlagen und der Besonderen Vertragsbedingungen
auch Teile der bisherigen Bauoberleitung. Hinzu kam als weitere Leistung, die
Verdingungsunterlagen der an der Planung fachlich Beteiligten abzustimmen
und zu koordinieren. Der Verordnungsgeber ist mit dieser Regelung einem
echten Bedürfnis der Praxis nachgekommen, verkennt aber offenbar den damit
verbundenen Aufwand. Schon in den bisherigen Honorarordnungen haben die
Teilleistungssätze für „Massenberechnung" und „Leistungsverzeichnis" den
erforderlichen Aufwand zumindest bei kleinen und mittleren Objektgrößen
nicht decken können, so daß Auftragnehmer sich vielfach zu aufwandsmin-
dernden Vereinfachungen gezwungen sahen. Die Grundleistungen der Leistungsphase 6 gehen mit der Abstimmungs- und Koordinierungsverpflichtung
des Objektplaners aber noch über den bisherigen Leistungsumfang „Massenberechnung und Leistungsverzeichnis" hinaus bei noch geringerem Honorar als
bisher.

Im Rahmen der **Mengenermittlung und Aufgliederung** sind die Mengen der 65
Einzelpositionen zu ermitteln, wobei der Grad der Aufgliederung und damit
die Anzahl der Einzelpositionen nicht vorgeschrieben sind, so daß auch eine
Zusammenfassung mehrerer Leistungen zu einer Position möglich ist, wie z. B.
(vereinfacht) Aushub einer Baugrube einschließlich Zwischenlagerung, Wieder-
verfüllung der Arbeitsräume mit geeignetem Aushubmaterial und Abfuhr des
überschüssigen Aushubmaterials einschließlich Baugrubenverbau; dazu kommt
dann als weitere Einzelposition die pauschale Wasserhaltung und als Position
Nr. 3 das Verlegen von Kanalisationsrohren einschließlich geeigneter Lagerung; schließlich noch eine zusammengefaßte Position für eine bestimmte
Anzahl Schachtbauwerke. Eine derartige Leistungsbeschreibung für einen
Abwasserkanal genügt zwar dem Buchstaben der Verordnung, ist jedoch haf-

tungsträchtig, falls für den Auftraggeber wegen unklarer Ausschreibung und wegen Nachtragsarbeiten zusätzliche Kosten entstehen.

66 Weitere Grundleistung ist das **Aufstellen der Verdingungsunterlagen**, insbesondere **Anfertigen der Leistungsbeschreibungen mit Leistungsverzeichnissen** sowie der **Besonderen Vertragsbedingungen**. Der Begriff Verdingungsunterlagen ist gleichbedeutend mit dem seit 1973 in der VOB verwendeten Begriff „Vergabeunterlagen" (vgl. § 15 Rdn. 157 ff., 171). Die Leistung ist auch erbracht, wenn der Auftraggeber selbst die Angebots- oder Vertragsbedingungen stellt.

67 Die Grundleistung **Abstimmen und Koordinieren der Verdingungsunterlagen der an der Planung fachlich Beteiligten** ist in der Regel parallel zum Aufstellen der Verdingungsunterlagen zu erbringen. Es handelt sich hier um eigene Leistungsverzeichnisse, die die fachlich Beteiligten aufstellen und die rechtzeitig in Auftrag gegeben sein müssen, damit sie in Leistungsphase 6 koordiniert werden können.

68 Mit der Leistung **Festlegen der wesentlichen Ausführungsphasen** ist die Angabe zeitlich getrennter Ausführungsabschnitte gemeint. Die Leistung ist nicht so umfassend wie die Ablaufplanung, die eine Besondere Leistung im Rahmen der Leistungsphase 5 ist.

69 **Besondere Leistungen bei Leistungsphase 6   Vorbereitung der Vergabe**

Obwohl hier in dieser Leistungsphase keine Besonderen Leistungen ausdrücklich genannt sind, kommen vor allem aus anderen Leistungsbildern, nämlich der Teile II und IX, Besondere Leistungen in Frage:

70 das Aufstellen von alternativen Leistungsbeschreibungen für geschlossene Leistungsbereiche, das Aufstellen von vergleichenden Kostenübersichten unter Auswertung der Beiträge anderer an der Planung fachlich Beteiligter und das Anfertigen von Ausschreibungsverzeichnissen bei Leistungsbeschreibungen mit Leistungsprogramm.

71 **Grundleistungen bei Leistungsphase 7   Mitwirkung bei der Vergabe**

Hier ist zunächst genannt das **Zusammenstellen der Verdingungsunterlagen für alle Leistungsbereiche**. Die in Leistungsphase 6 aufgestellten Verdingungsunterlagen müssen zusammengestellt werden. Dies gilt auch für die nicht vom Auftragnehmer selbst abgedeckten Leistungsbereiche. Der Auftragnehmer muß hier keine eigene vertragsgestaltende Tätigkeit entfalten. Vielmehr ist die rechtliche Ausführung, soweit sie von den Formularen des Auftraggebers abweicht, Sache des Auftraggebers selbst. Auch der Auftragnehmer des Teils VII darf keineswegs zum umfassenden Baurechtsgestalter und Baurechtsberater werden (vgl. § 15 Rdn. 157 ff., 171). Schon aus Haftungsgründen sollte der Auftragnehmer hier keine eigene vertragliche Grundlage schaffen und keine eigenen Besonderen Vertragsbedingungen formulieren.

Die Art und Weise, wie das **Einholen von Angeboten** durchzuführen ist, **72** schreibt die HOAI nicht vor. Der Auftragnehmer hat nur diejenigen Angebote einzuholen, die auch in seinen Leistungsbereich fallen. Alles andere wäre Besondere Leistung, die aufgrund gesonderter Vereinbarung zusätzlich zu bezahlen wäre.

Wesentliche Grundleistung ist das **Prüfen und Werten der Angebote ein- 73 schließlich Aufstellen eines Preisspiegels.** Die Prüfung bezieht sich auf die Einhaltung der Angebotsbedingungen, das Nachrechnen der Angebote und das Preisniveau zur Feststellung, ob gegenüber der Kostenberechnung zu niedrige (Unterangebote) oder überhöhte Preise angeboten worden sind. Die Bewertung ist Folge der Prüfung und ergibt, ob das einzelne Angebot den Bedingungen entspricht und an welcher Stelle das Angebot in der Reihenfolge der geprüften Angebotssummen aller Angebote eines Leistungsbereiches einzuordnen ist. Das Aufstellen eines Preisspiegels erfolgt in der Regel bei beschränkten Ausschreibungen für alle in die Wertung einbezogenen Angebote, bei öffentlichen Ausschreibungen lediglich für die in engerer Wahl stehenden Angebote. Der zweckmäßige Grad der Aufgliederung der Angebote hängt sowohl davon ab, wie genau Mengenermittlung und Leistungsbeschreibung vorgenommen wurden bzw. unter gegebenen Umständen möglich waren, als auch von den kalkulatorischen Preisunterschieden der Angebote.

Das **Abstimmen und Zusammenstellen der Leistungen der fachlich Beteiligten, 74 die an der Vergabe mitwirken,** bezieht sich auf Auftragnehmer der Teile II, IX, X und XI und eventuell auch auf Auftragnehmer, deren Leistungen von der HOAI nicht erfaßt sind.

Das **Mitwirken bei Verhandlungen mit Bietern** bedeutet nicht, daß der **75** Objektplaner selbst mit Bietern verhandeln muß, wie dies beim Objektplaner für Gebäude nach Teil II der Fall ist. Er hat lediglich bei den Verhandlungen mitzuwirken. Die Verhandlungen selbst werden vom Auftraggeber geführt. Die Verhandlungen, an denen der Auftragnehmer mitwirken soll, müssen Verhandlungen i. S. des § 24 VOB (A) sein. Bei anderen Verhandlungen muß der Auftragnehmer nur teilnehmen, wenn er für diese Besondere Leistung ein Honorar bekommt. Die Mitwirkung des Auftragnehmers hat sich ebenfalls an § 24 VOB (A) zu orientieren.

Die Grundleistung **Fortschreiben der Kostenberechnung** steht anstelle des in **76** § 15 Abs. 2 Leistungsphase 7 aufgeführten Kostenanschlags. Aus diesem Zusammenhang ergibt sich, daß über die Leistungsphase 7 hinaus ein weiteres Fortschreiben nicht erforderlich ist. Dagegen ist die Kostenkontrolle aus Leistungsphase 8 auch danach wahrzunehmen (vgl. unten Rdn. 93). Die fortgeschriebene Kostenberechnung kann als Grundlage für die Honorarberechnung herangezogen werden (vgl. § 52 Rdn. 5).

Durch die 5. HOAI-Novelle wurde die Kostenkontrolle durch Kostenvergleich eingefügt. Diese Leistung ist durch schriftliche Gegenüberstellung zu **77** erbringen (vgl. i. e. § 15 Rdn. 61, 74).

78   Die Grundleistung **Mitwirken bei der Auftragserteilung** ist auch in den Leistungsbildern der Teile II und IX enthalten. Aus der Formulierung in Teil IX
ergibt sich, daß der Auftragnehmer des Teils VII keinen Vergabevorschlag
selbständig erstellen muß. In der Praxis wird die Mitwirkung so aussehen, daß
der Auftragnehmer nach Entscheidung des Auftraggebers über die Vergabe den
Bieter benachrichtigt, der den Auftrag erhalten soll. Es kommt auch in Frage,
daß der Auftrag namens und in Vollmacht des Auftraggebers an den Bieter
erteilt wird. Hierzu bedarf es jedoch einer gesonderten Vollmacht und eines
gesonderten Auftrags. In der Praxis wird für die Auftragserteilung häufig ein
Formblatt benutzt (z. B. „Auftragsschreiben" EVM [B/K] Atr gemäß Vergabehandbuch für die Durchführung von Bauaufgaben des Bundes im Zuständigkeitsbereich der Finanzbauverwaltungen bzw. „Auftragsschreiben" II 4.01,
Ausgabe 1983, Anlage 9 zum Vergabehandbuch Bayern für die Durchführung
von Bauaufgaben im Bereich der Staatsbauverwaltung). In diesen Leistungs-
zusammenhang fällt es auch, daß der Auftragnehmer das Ergebnis eventuell
vorausgegangener Verhandlungen bei der Auftragserteilung berücksichtigen
muß.

79   **Besondere Leistungen bei Leistungsphase 7   Mitwirkung bei der Vergabe**

Als Besondere Leistung ist das **Prüfen und Werten von Nebenangeboten und
Änderungsvorschlägen** genannt. Allerdings handelt es sich hier um eine Besondere Leistung, soweit es um grundlegend andere Konstruktionen geht. Das
Prüfen und Werten soll sich auf die technische und funktionale Durchführbarkeit beziehen. In der Regel reicht diese eingeschränkte Prüfung und Wertung
für eine Entscheidung auch unter wirtschaftlichen Gesichtspunkten nicht aus,
so daß als zusätzliche Besondere Leistung eine Wirtschaftlichkeitsberechnung
durchzuführen wäre.

80   Keine Besondere Leistung stellt es dar, wenn der Auftragnehmer bei Aufhebung von Ausschreibungen neu seine Leistungen aus den Leistungsphasen 6
und 7 erbringen muß. Hier handelt es sich um Grundleistungen, die ein zusätzliches Honorar nach den Sätzen der jeweiligen Leistungsphase bzw. nach dem
Anteil der erbrachten Leistung rechtfertigen. Ein Honoraranspruch entsteht
hier also auch ohne ausdrückliche schriftliche Vereinbarung, da der Auftragnehmer Grundleistungen erbringt.

81   Ebensowenig handelt es sich um Besondere Leistungen, wenn der Auftragnehmer mit der Bearbeitung von Nachtragsangeboten beauftragt wird. Es handelt sich hier ebenfalls um zusätzliche Grundleistungen, und zwar sowohl in
dem Fall, daß Nachträge für zusätzliche Leistungen der am Bau Beteiligten
erforderlich werden, als auch in dem Fall, daß Nachträge für Leistungen, die
anstelle anderer im Leistungsverzeichnis enthaltener Leistungen zur Ausführung kommen sollen, eingereicht werden. Auch hier bemißt sich das Honorar
nach dem jeweiligen Anteil der erbrachten Leistung aus der entsprechenden
Leistungsphase.

Grundleistungen bei Leistungsphase 8 Bauoberleitung 82

Die Bauoberleitung ist ein Spezifikum der Ingenieurbauwerke. Sie ist von der gesondert zu honorierenden örtlichen Bauüberwachung zu unterscheiden (vgl. § 57, auch zur Honorarbemessung bei gleichzeitiger Übertragung beider Leistungen).

Die erste Grundleistung ist die **Aufsicht über die örtliche Bauüberwachung** 83 sowie das **Koordinieren**. Der Begriff „Aufsicht" ist nicht definiert. Im Rahmen der örtlichen Bauüberwachung nach § 57 sind andere Grundleistungen zu erbringen als in Leistungsphase 8 (vgl. § 57 Rdn. 2 ff.). Gegenüber der örtlichen Bauüberwachung bringt die Bauoberleitung eine übergeordnete Kontrollfunktion mit sich. Dies kann vor allem dann von Bedeutung sein, wenn die Bauoberleitung und die örtliche Bauüberwachung an zwei verschiedene Auftragnehmer vergeben werden. Dem mit der Bauoberleitung befaßten Auftragnehmer steht dann ein Weisungsrecht zu. Allerdings rückt der Auftragnehmer nicht in die Stellung des Auftraggebers ein. Er ist damit nicht berechtigt, Aufträge zu entziehen und Schadensersatzansprüche geltend zu machen. Sind die Bauoberleitung und die örtliche Bauüberwachung einem Auftraggeber übertragen, so stellt sich die Frage der Doppelhonorierung (vgl. hierzu § 57 Rdn. 2).

Für die Leistung **Koordinieren** ist Voraussetzung, daß mehrere Personen an 84 der Objektüberwachung beteiligt sind. Dies ist regelmäßig der Fall, wenn für das Objekt Grundleistungen nach Teil II und/oder Teil IX zu erbringen sind und wenn nach Teil VIII und/oder andere Leistungsbilder der HOAI Besondere Leistungen bzw. Grundleistungen nach Teil XI im Zusammenhang mit der Objektüberwachung erforderlich sind. Koordinieren bedeutet insbesondere: Prüfen auf Übereinstimmung von Plänen Dritter und Freigeben von Plänen Dritter. Darüber hinaus ist hier die zeitliche Abstimmung gemeint. Prüfen auf Übereinstimmen von Plänen Dritter kann nur auf die an der Planung fachlich Beteiligten bezogen sein und nur im Hinblick auf die Objektplanung, da sonst die unmittelbare Beziehung zur vorausgehenden Grundleistung „Koordinieren..." nicht gegeben wäre. Das Prüfen von Plänen nicht an der Planung fachlich Beteiligter – z. B. von Hersteller- oder Lieferfirmen, die Werkstatt- oder Montagepläne fertigen – gehört demzufolge nicht zu den Grundleistungen der Leistungsphase 8, ebensowenig das Prüfen von Plänen fachlich an der Planung Beteiligter an anderen Kriterien als der Objektplanung, wie z. B. behördlich fachspezifischen Vorschriften, fachspezifischen Regeln der Technik, besonderen örtlichen Verhältnissen, die unabhängig von der Objektplanung Einfluß auf die Fachplanung haben können, usw. Das Prüfen bezieht sich also auf das maßgebliche Übereinstimmen der Fachplanung mit der Objektplanung (z. B. darf ein vorgefertigter Heizungskessel keine größeren Abmessungen haben als die vorgesehene Montageöffnung); es bezieht sich nicht auf die fachspezifische Richtigkeit oder Zweckmäßigkeit der Fachplanung. Das „Freigeben von Plänen Dritter" gehört ebenfalls zum „bestimmten" („insbesondere") Leistungsbestandteil des „Koordinierens..." und bezieht sich wie das vorangehende „Prüfen" auf Pläne an der Planung fachlich Beteiligter. Das Freigeben dieser Pläne erfolgt analog nur in bezug auf die maßgebliche Übereinstimmung mit der Objektplanung und beinhaltet kein Testat nach anderen Gesichtspunkten.

Falls es weder an der Planung noch an der Objektüberwachung fachlich Beteiligte gibt (weil nur Leistungen nach Teil VII zu erbringen sind), sind die gegensätzlichen Aussagen von § 5 (2) einerseits und Absatz 5 der Amtlichen Begründung zu § 55 (...Werden einem Auftragnehmer die Grundleistungen...) andererseits gegeneinander abzuwägen.

85   Die Grundleistung **Aufstellen und Überwachen eines Zeitplans** (Balkendiagramm) bezieht sich auf die Baudurchführung, nicht auf die zeitlichen Erfordernisse der Finanzierung. Der Zeitplan für die Finanzierung ist Grundleistung in Leistungsphase 3. Der Zeitplan muß sich auf das Ingenieurbauwerk beziehen. Soweit Anlagen der Technischen Ausrüstung zur Ausführung kommen, wirkt der an der Objektüberwachung fachlich Beteiligte nach Teil IX an der Aufstellung eines Zeitplanes mit, er stellt also keinen eigenen Zeitplan auf. Für die Bauoberleitung nach Teil VII entsteht somit ein Koordinierungsaufwand, wenn fachlich Beteiligte „mitwirken" oder ein anderer selbständiger Zeitplaner z. B. nach Teil II in den Zeitplan des Teils VII – Objektplaners – integriert werden soll. Der Zeitplan braucht lediglich in vereinfachter Form – als Balkendiagramm – aufgestellt zu werden. Er enthält somit keine Hinweise auf Abhängigkeiten. Er entspricht keinesfalls einem Ablauf- oder Netzplan (= Besondere Leistung in Phase 5). Als Balkendiagramm wird ein Zeitplan in der Regel objekt- und/oder gewerkbezogen aufgestellt. Das Aufstellen des Zeitplanes wird sich an üblichen Bauzeiten, an ortsüblichen Witterungsverhältnissen und an den Vorstellungen des Auftraggebers zu orientieren haben, die Bestandteil der Verdingungsunterlagen sein müssen, wenn besondere, d. h. von üblichen Bauzeiten abweichende Forderungen bestehen. Das Überwachen des Zeitplanes ist nicht in Verbindung mit der nächsten Grundleistung „Inverzugsetzen der ausführenden Unternehmen" zu sehen.

Das Überwachen des Zeitplanes ist eher eine Informationspflicht; denn Folgerungen aus der Nichteinhaltung des Zeitplanes sind als Grundleistung nicht vorgesehen.

Weitere Grundleistung ist das **Inverzugsetzen** der ausführenden Unternehmen. Es handelt sich hier um eine rechtsgeschäftliche Mahnung, die der Auftragnehmer allerdings nur im Benehmen mit seinem Auftraggeber aussprechen muß. Die rechtlichen Konsequenzen hat der Auftraggeber zu entscheiden.

86   Die **Abnahme von Leistungen und Lieferungen unter Mitwirkung der örtlichen Bauüberwachung** usw. ist ebenfalls Grundleistung. Hier handelt es sich – anders als bei § 12 VOB (B) – nicht um die rechtsgeschäftliche Abnahme, sondern um die „körperliche Hinnahme der Leistungen und Lieferungen der Unternehmen durch den Auftragnehmer" (vgl. § 15 Rdn. 187). Sie bedeutet vor allem die Überprüfung auf Mangelhaftigkeit. Der Objektplaner hat die Abnahme zu veranlassen und die Beteiligten zu verständigen. Die fachlich Beteiligten haben daran „mitzuwirken".

Der **Antrag auf behördliche Abnahmen und Teilnahme daran** ist eine neue 87
Leistung. Sie setzt die Abnahmebedürftigkeit aufgrund behördlicher oder
gesetzlicher Vorschriften voraus. Die Begriffe Rohbauabnahme und Schlußabnahme oder Gebrauchsabnahme sind in den Landesbauordnungen der Länder
definiert. Die Abnahme von Leistungen der Technischen Ausrüstung hat der
Fachplaner des Teils IX vorzunehmen. Als Abnahmeanträge werden nur solche
in Frage kommen, die bei denjenigen Behörden zu stellen sind, mit denen in
Leistungsphase 3 über die Genehmigungsfähigkeit des Objekts verhandelt
wurde.

Die Grundleistung **Übergabe des Objekts** usw. ist ebenfalls neu. Es handelt 88
sich hier ebensowenig um die rechtsgeschäftliche Abnahme. Neben den ausdrücklich genannten Unterlagen, nämlich Abnahmeniederschriften und Prü-
fungsprotokollen, sind ggf. auch Wartungsvorschriften zu übergeben.

Weitere Grundleistung ist das **Zusammenstellen von Wartungsvorschriften für** 89
das Objekt. Dabei handelt es sich um Unterlagen der beauftragten Unternehmen und nicht um vom Auftragnehmer zu fertigende Bedienungsanleitungen.
Der Auftragnehmer muß die Unterlagen anfordern und zusammenstellen. Eine
Wartungsplanung oder -organisation ist Besondere Leistung nach § 73 Abs. 3
Nr. 9, die Erstellung von Wartungs- und Pflegeanweisungen Besondere Leistung nach § 15 Abs. 2 Nr. 9. Bedienungsanleitungen für die Technische Ausrüstung werden vom Fachplaner nach § 73 Abs. 3 Nr. 8 zusammengestellt und
übergeben.

Die Grundleistung **Überwachen der Prüfungen der Funktionsfähigkeit der** 90
Anlagenteile und der Gesamtanlage war neu. Die Prüfung selbst erfolgt entweder durch das beauftragte Unternehmen oder durch den Fachplaner. Wenn
diese die Prüfung nicht vornehmen, so hat der Auftragnehmer sie dazu aufzufordern. Die Prüfung selbst wäre für ihn Besondere Leistung (vgl. § 73 Abs. 3
Nr. 8).

Das **Auflisten der Verjährungsfristen der Gewährleistungsansprüche** entspricht 91
der Leistung des Architekten nach § 15 Abs. 2 Nr. 8. Auf die dortige Kommentierung kann verwiesen werden.

Die **Kostenfeststellung** besteht aus einer Zusammenfassung der geprüften 92
Rechnungen. Eine besondere Form für die Kostenfeststellung ist nicht vorgeschrieben. Zweckmäßigerweise wird sie in Listenform erstellt, aufgegliedert
nach Unternehmen, Gewerken und Objekten.

Die Grundleistung **Kostenkontrolle** wurde durch die 5. HOAI-Novelle (vgl. 93
Einl. Rdn. 12) geändert. Sie ist nun wie in Leistungsphase 3 und 7 durch
Kostenvergleich aufzustellen. Der Ingenieur hat die Zahlen aus der fortgeschriebenen Kostenberechnung denjenigen aus der Kostenberechnung gegenüberzustellen. Dies kann nur in schriftlicher Form geschehen (vgl. die entsprechenden Ausführungen zu § 15 Rdn. 61).

94   Besondere Leistungen bei Leistungsphase 8   Bauoberleitung

In § 55 sind für die Leistungsphase 8 keine Besonderen Leistungen ausgewiesen. Die in Teil II, Teil VIII und Teil IX enthaltenen Besonderen Leistungen können hier jedoch hinzutreten (§ 2 Abs. 3 Satz 3). Als Besondere Leistungen kommen z. B. in Frage: das Prüfen von Plänen nicht an der Planung fachlich Beteiligter, also z. B. Werkstatt- und/oder Montagepläne von Hersteller- und Lieferfirmen (vgl. oben Rdn. 84); die Mitwirkung im Zuwendungsverfahren, wie z. B. Antrag auf staatliche Zuwendungen, Baustandsberichte, besondere Kostengliederungen oder sog. Verwendungsnachweise für den Zuwendungsgeber; Mitwirkung und Beratung gegenüber Dritten bei Einwendungen bzw. Widersprüchen gegen die Planung, Baudurchführung oder den Betrieb einer Anlage.

95   Grundleistungen bei Leistungsphase 9   Objektbetreuung und Dokumentation

Die Leistung **Objektbegehung zur Mängelfeststellung** . . . ist gleichbedeutend mit der Leistung des Objektplaners nach Teil II. Auf die dortige Kommentierung kann verwiesen werden (§ 15 Rdn. 222 ff.).

96   Besondere Leistungen bei Leistungsphase 9   Objektbetreuung
                                                     und Dokumentation

In Teil VII ist für die Leistungsphase 9 nur eine Besondere Leistung aufgeführt, nämlich das **Erstellen eines Bauwerksbuchs**, für das im Bereich Wasser und Abfall eine Definition nicht bekannt ist. Im Bereich Verkehrsanlagen handelt es sich um eine Dokumentation des betreffenden Bauwerks, z. B. einer Brücke oder einer Stützmauer. In einem weitgehend vorgegebenen Rahmen sind einerseits Konstruktionsdetails und andererseits ausführende Firmen, Bautermine und anderes mehr festzuhalten. Neben dieser Besonderen Leistung kommen alle in Teil II und IX zu Leistungsphase 9 aufgeführten Besonderen Leistungen auch hier in Frage (§ 2 Abs. 3 Satz 3).

97   Nach **Absatz 3** ist die Teilnahme an Erläuterungs- oder Erörterungsterminen mit Bürgern oder politischen Gremien erforderlich. Es geht hier um das Erläutern der Planung gegenüber Bürgern oder politischen Gremien. Die Teilnahme an bis zu 5 Terminen ist Grundleistung. Zusätzliche Termine müssen nur wahrgenommen werden, wenn hierfür ein besonderes Honorar vereinbart wurde (§ 5 Abs. 4 und 5). Nimmt der Auftragnehmer allerdings ohne schriftliche Vereinbarung an weiteren Terminen teil, so entsteht kein Honoraranspruch (vgl. die Kommentierung zu § 5).

98   Nach **Absatz 4** ist es möglich, daß die Leistungsphase 5 mit mehr als 15–35 % bewertet werden kann, wenn in dieser Leistungsphase ein überdurchschnittlicher Aufwand an Ausführungszeichnungen erforderlich wird. Mit dieser Regelung ist nur eine Vereinbarung zwischen den Parteien ermöglicht worden. Ein automatischer Anspruch besteht also nicht. Die Vereinbarung muß schriftlich (§ 4 Rdn. 26 ff.) und „bei Auftragserteilung" (§ 4 Rdn. 34 ff.) getroffen worden sein, da sonst ein zusätzlicher Honoraranspruch nicht besteht.

Durch die 4. HOAI-Novelle (vgl. Einl. Rdn. 9) wurde in **Absatz 4** ein neuer **99**
Satz 2 eingefügt. Die Honorarregelung betrifft die Planung von Anlagen der
Verfahrens- und Prozeßtechnik. Für diese Planungsleistungen besteht ein gesonderter Honoraranspruch. Die Vertragsparteien können schriftlich und bei Auftragserteilung eine freie Honorarvereinbarung treffen. Fehlt diese, dann kann
der Auftragnehmer auf Zeithonorarbasis (Mindestsätze) nach § 6 abrechnen.

Die Abgrenzung zwischen Verfahrens- und Prozeßtechnik einerseits und **100**
technischer Ausrüstung andererseits kann im Einzelfall problematisch sein (vgl.
auch § 51 Rdn. 21). Handelt es sich um Technische Ausrüstung, so ist das
Honorar gesondert nach Teil IX zu berechnen. Zur Verfahrens- und Prozeßtechnik gehören nach der Amtlichen Begründung z. B. Einrichtungen für die
Druckbelüftung von Wasserbelebungsbecken (etwa Rohrleitungen, Schieber,
Gebläse, Kompressoren, Filter), die komplette verfahrenstechnische Ausrüstung von Faulbehälteranlagen (also Pumpen, Rohrleitungen, Wärmeaustau-
scher, Heizkessel, Gasreinigungs- und Gastransporteinrichtungen, Gaskom-
pressoren), die verfahrenstechnische Ausrüstung von Schlammentwässerungs-
anlagen einschließlich Förder- und Lagertechnik, Eigenstrom-Erzeugungsanla-
gen mit Abwärmenutzung und die zentralen Schaltwarte mit allen Meß-,
Regel- und steuertechnischen Einrichtungen.

Der **Absatz 5** enthält für Ingenieurbauwerke eine Aufzählung von Besonde- **101**
ren Leistungen, die insbesondere bei Umbauten und Modernisierungen anfallen und vereinbart werden können. Die Liste ist nicht abschließend. Hinsichtlich der Honorierung kann auf § 5 Abs. 4 und 5 verwiesen werden.

§ 56
Honorartafeln für Grundleistungen bei Ingenieurbauwerken und Verkehrsanlagen

(1) **Die Mindest- und Höchstsätze der Honorare für die in § 55 aufgeführten
Grundleistungen bei Ingenieurbauwerken sind in der nachfolgenden Honorartafel [siehe Seite 868] für den Anwendungsbereich des § 51 Abs. 1 festgesetzt.**

(2) **Die Mindest- und Höchstsätze der Honorare für die in § 55 aufgeführten
Grundleistungen bei Verkehrsanlagen sind in der nachfolgenden Honorartafel
[siehe Seite 869] für den Anwendungsbereich des § 51 Abs. 2 festgesetzt.**

(3) **§ 16 Abs. 2 und 3 gilt sinngemäß.**

Die Honorartafel deckt die anrechenbaren Kosten zwischen 50 000 DM und **1**
50 Mio. DM ab. Zwischenwerte sind durch lineare Interpolation zu ermitteln
(§ 5a). Eine Extrapolation über 50 Mio. DM hinaus und unter 50 000 DM
kommt nicht in Frage (vgl. § 5a Rdn. 6 ff.). Die entsprechende Anwendbarkeit
des § 16 Abs. 2 und 3 bedeutet, daß für anrechenbare Kosten unter 50 000 DM
ein Pauschalhonorar oder ein Zeithonorar berechnet werden kann. Für die
Honorarvereinbarung ist jedoch der Höchstsatz für 50 000 DM die Grenze.
Mindestsätze sind die Stundensätze nach § 6 Abs. 2, höchstens jedoch die in

Honorartafel zu § 56 Abs. 1 (Anwendungsbereich des § 51 Abs. 1)

Anrechenbare Kosten DM	Zone I		Zone II		Zone III		Zone IV		Zone V	
	von DM	bis	von DM	bis	von DM	bis	von DM	bis	von DM	bis
50 000	4 650	5 850	5 850	7 040	7 040	8 240	8 240	9 430	9 430	10 630
60 000	5 400	6 760	6 760	8 120	8 120	9 490	9 490	10 850	10 850	12 210
70 000	6 110	7 630	7 630	9 160	9 160	10 680	10 680	12 210	12 210	13 730
80 000	6 790	8 470	8 470	10 150	10 150	11 820	11 820	13 500	13 500	15 180
90 000	7 470	9 290	9 290	11 120	11 120	12 940	12 940	14 770	14 770	16 590
100 000	8 140	10 110	10 110	12 080	12 080	14 040	14 040	16 010	16 010	17 980
150 000	11 290	13 920	13 920	16 550	16 550	19 170	19 170	21 800	21 800	24 430
200 000	14 240	17 470	17 470	20 700	20 700	23 920	23 920	27 150	27 150	30 380
300 000	19 750	24 060	24 060	28 370	28 370	32 680	32 680	36 990	36 990	41 300
400 000	24 910	30 200	30 200	35 490	35 490	40 770	40 770	46 060	46 060	51 350
500 000	29 820	36 010	36 010	42 210	42 210	48 400	48 400	54 600	54 600	60 790
600 000	34 530	41 580	41 580	48 640	48 640	55 690	55 690	62 750	62 750	69 800
700 000	39 100	46 970	46 970	54 840	54 840	62 700	62 700	70 570	70 570	78 440
800 000	43 560	52 200	52 200	60 850	60 850	69 490	69 490	78 140	78 140	86 780
900 000	47 890	57 290	57 290	66 690	66 690	76 080	76 080	85 480	85 480	94 880
1 000 000	52 130	62 260	62 260	72 380	72 380	82 510	82 510	92 630	92 630	102 760
1 500 000	72 290	85 770	85 770	99 290	99 290	112 730	112 730	126 210	126 210	139 690
2 000 000	91 170	107 670	107 670	124 180	124 180	140 680	140 680	157 190	157 190	173 690
3 000 000	126 440	148 370	148 370	170 300	170 300	192 240	192 240	214 170	214 170	236 100
4 000 000	159 460	186 280	186 280	213 100	213 100	239 930	239 930	266 750	266 750	293 570
5 000 000	190 880	222 230	222 230	253 570	253 570	284 920	284 920	316 260	316 260	347 610
6 000 000	221 110	256 700	256 700	292 290	292 290	327 890	327 890	363 480	363 480	399 070
7 000 000	250 370	289 990	289 990	329 610	329 610	369 220	369 220	408 840	408 840	448 460
8 000 000	278 850	322 320	322 320	365 780	365 780	409 250	409 250	452 710	452 710	496 180
9 000 000	306 630	353 800	353 800	400 970	400 970	448 130	448 130	495 300	495 300	542 470
10 000 000	333 820	384 560	384 560	435 300	435 300	486 050	486 050	536 790	536 790	587 530
15 000 000	462 910	530 060	530 060	597 210	597 210	664 360	664 360	731 510	731 510	798 660
20 000 000	583 780	665 630	665 630	747 480	747 480	829 330	829 330	911 180	911 180	993 030
30 000 000	809 550	917 620	917 620	1 025 680	1 025 680	1 133 750	1 133 750	1 241 810	1 241 810	1 349 680
40 000 000	1 020 930	1 152 410	1 152 410	1 283 890	1 283 890	1 415 380	1 415 380	1 546 860	1 546 860	1 678 340
50 000 000	1 222 200	1 375 230	1 375 230	1 528 250	1 528 250	1 681 280	1 681 280	1 834 300	1 834 300	1 987 330

Honorartafel zu § 56 Abs. 2 (Anwendungsbereich des § 51 Abs. 2)

Anrechenbare Kosten DM	Zone I von DM	Zone I bis DM	Zone II von DM	Zone II bis DM	Zone III von DM	Zone III bis DM	Zone IV von DM	Zone IV bis DM	Zone V von DM	Zone V bis DM
50 000	5 110	6 420	6 420	7 730	7 730	9 050	9 050	10 360	10 360	11 670
60 000	5 920	7 410	7 410	8 900	8 900	10 390	10 390	11 880	11 880	13 370
70 000	6 700	8 370	8 370	10 030	10 030	11 700	11 700	13 360	13 360	15 030
80 000	7 440	9 270	9 270	11 110	11 110	12 940	12 940	14 780	14 780	16 610
90 000	8 180	10 170	10 170	12 170	12 170	14 160	14 160	16 160	16 160	18 150
100 000	8 890	11 040	11 040	13 190	13 190	15 340	15 340	17 490	17 490	19 640
150 000	12 270	15 130	15 130	17 990	17 990	20 860	20 860	23 720	23 720	26 580
200 000	15 420	18 920	18 920	22 420	22 420	25 910	25 910	29 410	29 410	32 910
300 000	21 220	25 850	25 850	30 470	30 470	35 100	35 100	39 720	39 720	44 350
400 000	26 500	32 130	32 130	37 760	37 760	43 400	43 400	49 030	49 030	54 660
500 000	31 450	37 990	37 990	44 530	44 530	51 060	51 060	57 600	57 600	64 140
600 000	36 110	43 480	43 480	50 860	50 860	58 230	58 230	65 610	65 610	72 980
700 000	40 530	48 680	48 680	56 830	56 830	64 970	64 970	73 120	73 120	81 270
800 000	44 720	53 600	53 600	62 480	62 480	71 350	71 350	80 230	80 230	89 110
900 000	48 720	58 280	58 280	67 840	67 840	77 400	77 400	86 960	86 960	96 520
1 000 000	52 560	62 770	62 770	72 980	72 980	83 180	83 180	93 390	93 390	103 600
1 500 000	69 480	82 440	82 440	95 390	95 390	108 350	108 350	121 300	121 300	134 260
2 000 000	83 360	98 450	98 450	113 540	113 540	128 620	128 620	143 710	143 710	158 800
3 000 000	115 610	135 660	135 660	155 710	155 710	175 770	175 770	195 820	195 820	215 870
4 000 000	145 790	170 310	170 310	194 830	194 830	219 360	219 360	243 880	243 880	268 400
5 000 000	174 520	203 180	203 180	231 840	231 840	260 500	260 500	289 160	289 160	317 820
6 000 000	202 160	234 700	234 700	267 240	267 240	299 780	299 780	332 320	332 320	364 860
7 000 000	228 920	265 140	265 140	301 360	301 360	337 580	337 580	373 800	373 800	410 020
8 000 000	254 960	294 700	294 700	334 440	334 440	374 170	374 170	413 910	413 910	453 650
9 000 000	280 340	323 470	323 470	366 600	366 600	409 720	409 720	452 850	452 850	495 980
10 000 000	305 200	351 590	351 590	397 980	397 980	444 380	444 380	490 770	490 770	537 160
15 000 000	423 240	484 630	484 630	546 020	546 020	607 420	607 420	668 810	668 810	730 200
20 000 000	533 740	608 570	608 570	683 400	683 400	758 240	758 240	833 070	833 070	907 900
30 000 000	740 160	838 960	838 960	937 760	937 760	1 036 650	1 036 650	1 135 370	1 135 370	1 234 170
40 000 000	933 410	1 053 620	1 053 620	1 173 830	1 173 830	1 294 050	1 294 050	1 414 260	1 414 260	1 534 470
50 000 000	1 117 440	1 257 350	1 257 350	1 397 250	1 397 250	1 537 160	1 537 160	1 677 060	1 677 060	1 816 970

der Honorartafel nach Absatz 1 für 50 000 DM festgelegten Mindestsätze. Für Honorare über 50 Mio. DM kann das Honorar frei vereinbart werden. Fehlt eine Honorarvereinbarung, dann kann die „übliche Vergütung" geltend gemacht werden (str.; vgl. § 16 Rdn. 6 ff.).

2 Die Honorartafeln wurden durch die 5. HOAI-Novelle (vgl. Einl. Rdn. 12) geändert. Die neuen Werte gelten für Verträge, die nach dem 1. 1. 1996 abgeschlossen wurden (für Übergangsfälle vgl. § 103; für die neuen Bundesländer vgl. § 1 Rdn. 27 ff.).

§ 57
Örtliche Bauüberwachung

(1) Die örtliche Bauüberwachung bei Ingenieurbauwerken und Verkehrsanlagen umfaßt folgende Leistungen:

1. Überwachen der Ausführung des Objekts auf Übereinstimmung mit den zur Ausführung genehmigten Unterlagen, dem Bauvertrag sowie den allgemein anerkannten Regeln der Technik und den einschlägigen Vorschriften,

2. Hauptachsen für das Objekt von objektnahen Festpunkten abstecken sowie Höhenfestpunkte im Objektbereich herstellen, soweit die Leistungen nicht mit besonderen instrumentellen und vermessungstechnischen Verfahrensanforderungen erbracht werden müssen; Baugelände örtlich kennzeichnen,

3. Führen eines Bautagebuchs,

4. gemeinsames Aufmaß mit den ausführenden Unternehmen,

5. Mitwirken bei der Abnahme von Leistungen und Lieferungen,

6. Rechnungsprüfung,

7. Mitwirken bei behördlichen Abnahmen,

8. Mitwirken beim Überwachen der Prüfung der Funktionsfähigkeit der Anlagenteile und der Gesamtanlage,

9. Überwachen der Beseitigung der bei der Abnahme der Leistungen festgestellten Mängel,

10. bei Objekten nach § 51 Abs. 1: Überwachen der Ausführung von Tragwerken nach § 63 Abs. 1 Nr. 1 und 2 auf Übereinstimmung mit dem Standsicherheitsnachweis.

(2) Das Honorar für die örtliche Bauüberwachung kann mit 2,1 bis 3,2 vom Hundert der anrechenbaren Kosten nach § 52 Abs. 2, 3, 6 und 7 vereinbart werden. Die Vertragsparteien können abweichend von Satz 1 ein Honorar als Festbetrag unter Zugrundelegung der geschätzten Bauzeit vereinbaren. Wird ein Honorar nach Satz 1 oder Satz 2 nicht bei Auftragserteilung schriftlich vereinbart, so gilt ein Honorar in Höhe von 2,1 vom Hundert der anrechenbaren Kosten nach § 52 Abs. 2, 3, 6 und 7 als vereinbart. § 5 Abs. 2 und 3 gilt sinngemäß.

(3) Das Honorar für die örtliche Bauüberwachung bei Objekten nach § 52 Abs. 9 kann abweichend von Absatz 2 frei vereinbart werden.

Nach der Amtlichen Begründung zu § 55 soll mit der gesonderten Regelung **1**
für die örtliche Bauüberwachung in § 57 der Tatsache Rechnung getragen werden, daß das Honorar für die örtliche Bauüberwachung bei Ingenieurbauwerken
und Verkehrsanlagen nicht sinnvoll nach einer Honorartafel mit degressi-
ven Honoraren ermittelt werden kann. Ein angemessenes Honorar kann nach
der Amtlichen Begründung nur in einem bestimmten Vomhundersatz der Herstellungskosten festgelegt werden. Grund für die gesonderte Regelung war ferner, daß die örtliche Bauüberwachung dem Auftragnehmer vielfach übertragen
wird, während die Bauoberleitung (Leistungsphase 8 des § 55) vom Auftraggeber meist selbst erbracht wird. In anderen Fällen wird die Objektplanung einschließlich Bauoberleitung einem Auftragnehmer übertragen und einem anderen Auftragnehmer die örtliche Bauüberwachung.

Werden die Bauoberleitung (§ 55 Abs. 2 Nr. 8) und die örtliche Bauüber- **2**
wachung **einem Auftragnehmer** übertragen, so stellt sich die Frage, ob er die
Honorare für beides voll geltend machen kann. Hierbei ist folgendes maßgebend: Bauoberleitung und örtliche Bauüberwachung stellen völlig getrennte
Leistungsbereiche dar. Die Beschreibung der einzelnen Leistungen in § 55
Abs. 2 Nr. 8 bzw. § 57 Abs. 1 enthält keine Überschneidungen der beiden
Tätigkeiten. Die Leistungen bei der örtlichen Bauüberwachung sind nahezu
vollständig auf der Baustelle zu erbringen. Auch die Teilleistungen Führen
eines Bautagebuchs und gemeinsames Aufmaß mit den ausführenden Unternehmen haben jedenfalls einen unmittelbaren Bezug zu den Geschehnissen auf
der Baustelle und können dort erbracht werden bzw. zu erbringen sein. Demgegenüber sind die Leistungen der Bauoberleitung größtenteils auf die Koordinierung und die Einhaltung sowie Durchführung der vertraglichen Regelungen
gerichtet. Überschneidungen können sich allenfalls insofern ergeben, als die
Bauoberleitung eine „Aufsicht über die örtliche Bauüberwachung" als Teilleistung mit sich bringt. In diesem kleinen Bereich der Bauoberleitung ist allerdings zu sagen, daß der Auftragnehmer sich selbst nicht überwachen kann.
Hier würde er nicht nur in Interessenkollision geraten; vielmehr fällt für ihn
hier auch doppelter Aufwand an. Lediglich in diesem Bereich ist also eine Minderung der für die Bauoberleitung in § 55 Abs. 1 Nr. 8 vorgesehenen 15 % vorzunehmen. Im Hinblick auf die Höhe der Minderung ist jedoch zu berücksichtigen, daß die Aufsicht über die örtliche Bauüberwachung selbst noch
nicht einmal eine vollständige Grundleistung aus Leistungsphase 8 des § 55
darstellt, sondern nur eine Teilleistung. Die Honorarminderung dürfte sich
deshalb höchstens im Bereich von 1 % des Gesamthonorars abspielen. Die
Ermittlung der Höhe der Minderung im Einzelfall ist Aufgabe der Sachverständigen.

Die Leistung **Überwachen der Ausführung des Objekts** ist in Anlehnung an **3**
§ 15 Abs. 2 Nr. 8 formuliert. Es handelt sich hier ausschließlich um eine überwachende Tätigkeit. Die beauftragten Unternehmen müssen also selbständig
ihre Leistungen vertragsgemäß erbringen. Dies setzt wiederum voraus, daß Leistungsbeschreibung und Ausführungsunterlagen vollständig vorliegen müssen.

Der Überwacher ersetzt keineswegs den Bauleiter des ausführenden Unternehmens. Die Verantwortlichkeit für die Arbeit auf der Baustelle, für Unfallverhütung, Schutz von Bauteilen und dgl. obliegt dem ausführenden Unternehmen. Die Überwachungstätigkeit ist von der Grundlage her Auftraggeberleistung. Der Überwacher muß demnach auch seinen Auftraggeber auf Mängel in der Ausführung und auf Mängel des Baubetriebs auf der Baustelle hinweisen. Der Überwachende hat – soweit er nicht Bauleiter i. S. der Landesbauordnung ist – keine Sicherheitsaufgaben zu erfüllen (vgl. § 15 Rdn. 179 ff., 202). Die fachtechnische **Abnahme der Bewehrung** fällt nur bei Tragwerken der Honorarzone I und II nach § 63 Abs. 1 in seinen Aufgabenbereich. Hier gilt Entsprechendes wie für den Architekten bei der Objektplanung für Gebäude (vgl. § 15 Rdn. 189). Die Überwachungstätigkeit umfaßt nicht die ingenieurtechnische Kontrolle der Ausführung des Tragwerks auf Übereinstimmung mit den geprüften statischen Unterlagen. Diese wäre ebenso wie für den Tragwerksplaner eine Besondere Leistung. Die Überwachung erstreckt sich auch nicht auf die Kontrolle fachspezifischer Leistungen des Unternehmers (z. B. wärmetechnische Berechnung eines Dampferzeugers, Berechnung seines Wasserumlaufs, Prüfung der Schweißnahtgüte, Dimensionierung von Apparaten, Prüfung der Qualität bzw. Richtigkeit eines Betriebshandbuchs). Dies gehört allenfalls zum Teil in den Bereich der fachtechnischen Objektüberwachung seitens des Fachingenieurs.

4   Soweit nicht besondere vermessungstechnische Anforderungen gestellt werden, sind die **Hauptachsen** für das Objekt **abzustecken** und die **Höhenfestpunkte herzustellen.** „Besondere vermessungstechnische Anforderungen" dürften dann vorliegen, wenn für die Vermessungsleistungen das Bandmaß, die Kreuzscheibe oder das Winkelprisma und Nivelliergerät nicht ausreichen, und auch dann, wenn besondere Anforderungen an die Meßgenauigkeit gestellt werden. Das Herstellen objektnaher Festpunkte zur Absteckung der Hauptachsen des Objekts bringt zweifellos besondere vermessungstechnische Anforderungen mit sich, weil davon Grundstücksgrenzen und Grenzabstände betroffen sein können. Gleiches gilt für die genaue Übertragung amtlicher Höhen von objektfernen Höhenfestpunkten, weil dazu in der Regel Präzisionsnivelliere verwendet werden und bestimmte vermessungstechnische Kenntnisse und Fähigkeiten zur Fehlervermeidung vorhanden sein müssen. Das Herstellen von Höhenfestpunkten bezieht sich nicht auf die bautechnische Ausführung, z. B. eines Betonfundaments mit Höhenbolzen, sondern auf die Festlegung und Einmessung eines von einem Bauunternehmen gefertigten Festpunktes (erst durch das sog. Einnivellieren wird aus einem Festpunkt ein Höhenfestpunkt). Die Bestimmung des Abs. 1 Nr. 2 wurde durch die 4. HOAI-Novelle für Verträge ab 1. 1. 1991 der Neuregelung des § 96 Abs. 1 sprachlich angepaßt.

5   Hinsichtlich der Leistung **Führen eines Bautagebuchs** gelten gegenüber der Objektplanung für Gebäude keine Besonderheiten (vgl. § 15 Rdn. 184 f., 216). Hier werden der Baufortschritt, das Wetter und besondere Vorkommnisse im Zusammenhang mit der Überwachung eingetragen. Nach den Abnahmen der Leistungen der am Bau Beteiligten erübrigt sich in aller Regel die Führung des Bautagebuchs.

Weitere Leistung ist das **gemeinsame Aufmaß mit den ausführenden Unter-** 6
nehmen. Sinn dieser Regelung ist, daß die Feststellungen für Auftraggeber und
Auftragnehmer bindend werden (vgl. § 15 Rdn. 186, 217).

Weitere Leistung ist das **Mitwirken bei der Abnahme von Leistungen und Lie-** 7
ferungen. Es handelt sich hier nicht um die rechtsgeschäftliche, sondern um die
technische Abnahme (vgl. § 15 Rdn. 187).

Auch mit der Leistung **Rechnungsprüfung** ist gegenüber § 15 Abs. 2 Nr. 8 8
kein Unterschied gegeben (vgl. § 15 Rdn. 190, 219). Sie erfolgt anhand der
Abrechnungsunterlagen, wie Ausführungszeichnungen oder Aufmaße, und der
Preise und Bestimmungen des Bauvertrags. Die Prüfungspflicht bezieht sich
auf alle Arten von Rechnungen, also Abschlagsrechnungen und Schlußrechnungen. Es handelt sich nicht um die rein rechnerische Prüfung, sondern auch um
die Überprüfung auf Vertragsmäßigkeit der Kostenrechnungen. Diese Leistung
gehörte bisher zur Bauoberleitung. Die Mitwirkung bei der Prüfung durch
übergeordnete Verbände, kommunale Prüfungsverbände oder Rechnungshöfe
ist nicht Grundleistung des Auftragnehmers. Soweit hier Auskünfte oder Mit-
wirkungshandlungen verlangt werden, handelt es sich um Besondere Leistungen, für die nach vorheriger Vereinbarung ein zusätzliches Honorar beansprucht werden kann (§ 5 Abs. 4 und 5).

Auch die Leistung **Mitwirken bei behördlichen Abnahmen** bringt gegenüber 9
Abs. 2 Nr. 8 nichts Besonderes (vgl. die dortige Kommentierung § 15
Rdn. 194).

Im Rahmen der örtlichen Bauüberwachung ist nur das **Mitwirken beim Über-** 10
wachen der Prüfung der Funktionsfähigkeit der Anlagenteile und der Gesamt-
anlage erforderlich. Die Überwachung selbst ist Grundleistung im Rahmen der
Bauoberleitung nach § 55. Der Nachweis der Einhaltung von Leistungsgaran-
tien (z. B. Dampfleistung, Wirkungsgrade, Reingaskonzentrationen) fällt nicht
unter den Begriff „Prüfung der Funktionsfähigkeit", so daß ein „Überwachen"
des Nachweises ausscheidet.

Weitere Leistung ist das **Überwachen der Beseitigung der bei der Abnahme** 11
der Leistungen festgestellten Mängel. Für diese Grundleistung gilt gegenüber
§ 15 Abs. 2 Nr. 8 nichts Besonderes (vgl. § 15 Rdn. 198, 224).

Das **Honorar für die örtliche Bauüberwachung** regeln Absatz 2 und 3 (die 12
Prozentsätze wurden ab 1. 1. 1996 durch die 5. HOAI-Novelle erhöht). Die
anrechenbaren Kosten sind nicht identisch mit denjenigen, die für die Leistungen nach § 55 zugrunde gelegt werden. Da Grundlage der anrechenbaren
Kosten die Absätze 2, 3 und 6 des § 52 sind, entfallen die Einschränkungen,
Zulagen und Abzüge des Absatzes 4 und 5 des § 55 hier. Dies bedeutet, daß die
Erdarbeiten voll anzurechnen sind und kein Abzug für mehrstreifige Straßen
bzw. mehrgleisige Bahnstrecken vorzunehmen ist. Wird die örtliche Bauüberwachung in Auftrag gegeben, so kann ohne Vereinbarung das Mindesthonorar
von 2,1 % der anrechenbaren Kosten in Rechnung gestellt werden. Für einen
davon abweichenden höheren oder niedrigeren Prozentsatz sind die allgemei-

nen Voraussetzungen einzuhalten. Es muß also eine schriftliche Vereinbarung (vgl. § 4 Rdn. 26) getroffen werden. Bei Abweichung vom Mindestsatz nach unten müßte ein Ausnahmefall vorliegen (vgl. § 4 Rdn. 85). Für ein höheres Honorar als 2,1% müßte die schriftliche Honorarvereinbarung bereits „bei Auftragserteilung" (vgl. § 4 Rdn. 34) getroffen sein. Auch die Honorarvereinbarung nach Abs. 2 Satz 2 muß bereits bei Auftragserteilung schriftlich getroffen werden. Für die freie Honorarvereinbarung bei Objekten nach § 52 Abs. 8 gelten keine besonderen Formerfordernisse.

13 Auch bei § 57 Abs. 1 sind **Besondere Leistungen** möglich. Hier sind zahlreiche Leistungen denkbar, für die ein Honoraranspruch jedoch nur entsteht, wenn eine schriftliche Honorarvereinbarung getroffen wurde (vgl. § 5 Abs. 4, 5 und die dortige Kommentierung). Zu nennen sind z. B. die Tätigkeit im Zusammenhang mit der Insolvenz ausführender Unternehmen, die Mitwirkung bei Zuwendungsverfahren, die Mitwirkung bei Rechnungsprüfungsverfahren durch übergeordnete Behörden, die Mitwirkung bei Leistungs- und Werkstoffprüfungen, die Tätigkeit als verantwortlicher Bauleiter i. S. der Landesbauordnungen, Mengen- und Qualitätsmessungen, Einweisung des Betriebspersonals, Unterstützen des Betriebspersonals bei der Inbetriebnahme einer Anlage.

§ 58
Vorplanung und Entwurfsplanung als Einzelleistung

Wird die Anfertigung der Vorplanung (Leistungsphase 2 des § 55) oder der Entwurfsplanung (Leistungsphase 3 des § 55) als Einzelleistung in Auftrag gegeben, so können hierfür anstelle der in § 55 festgesetzten Vomhundertsätze folgende Vomhundertsätze der Honorare nach § 56 vereinbart werden:

1. für die Vorplanung	bis zu 17 v. H.,
2. für die Entwurfsplanung	bis zu 45 v. H.

1 Die Regelung des § 58 entspricht derjenigen des § 19. Sie gibt dem Auftragnehmer die Möglichkeit, ein gegenüber den Vomhundertsätzen des § 55 höheres Honorar zu vereinbaren, wenn lediglich Einzelleistungen – Leistungsphase 2 Vorplanung oder Leistungsphase 3 Entwurfsplanung – in Auftrag gegeben werden. Die erhöhte Gebühr kann nicht automatisch verlangt werden. Vielmehr muß eine Vereinbarung getroffen sein. Diese Vereinbarung muß schriftlich (§ 4 Rdn. 26) und bereits „bei Auftragserteilung" (§ 4 Rdn. 34) getroffen werden. Eine spätere schriftliche oder mündliche Vereinbarung ist unwirksam (vgl. § 19 Rdn. 1 ff.).

2 Den Vertragschließenden bleibt es unbenommen, für die Einzelleistung Vorplanung auch ein Honorar zwischen 15 und 17% bzw. für die Entwurfsplanung auch ein Honorar zwischen 30 und 45% zu vereinbaren (vgl. § 19 Rdn. 1 ff.).

3 Unter Vorplanung und Entwurfsplanung ist die gesamte Leistungsphase 2 bzw. 3 zu verstehen. Einzelleistungen genügen nicht (vgl. § 19 Rdn. 1 ff.).

Ebenso wie bei § 19 können die erhöhten Honorare nicht vereinbart werden, **4** wenn Vorplanung und Entwurfsplanung gemeinsam in Auftrag gegeben werden. Da die Entwurfsplanung ohne Vorplanung und die Vorplanung ohne Grundlagenermittlung im Grunde nicht denkbar sind, ist der praktische Anwendungsbereich des § 58 auf die Fälle beschränkt, in denen die Vorplanung bzw. Grundlagenermittlung durch einen anderen Auftragnehmer schon erbracht sind. Liegen diese Vorleistungen jedoch nicht vor, so hat der Auftragnehmer mit dem Auftrag für eine Entwurfsplanung auch gleichzeitig die Vorleistungen der Grundlagenermittlung und Vorplanung in Auftrag bekommen. Er hat dann Anspruch auf das Honorar für diese Leistungsphasen. Die Erhöhungsvorschrift des § 58 greift jedoch nicht ein.

§ 59
Umbauten und Modernisierung von Ingenieurbauwerken und Verkehrsanlagen

(1) Honorare für Leistungen bei Umbauten und Modernisierungen im Sinne des § 3 Nr. 5 und 6 sind bei Ingenieurbauwerken nach den anrechenbaren Kosten nach § 52, der Honorarzone, der der Umbau oder die Modernisierung bei sinngemäßer Anwendung des § 53 zuzuordnen ist, den Leistungsphasen des § 55 und den Honorartafeln des § 56 mit der Maßgabe zu ermitteln, daß eine Erhöhung der Honorare für die Grundleistungen nach § 55 und für die örtliche Bauüberwachung nach § 57 um einen Vomhundertsatz schriftlich zu vereinbaren ist. Bei der Vereinbarung nach Satz 1 ist insbesondere der Schwierigkeitsgrad der Leistungen zu berücksichtigen. Bei durchschnittlichem Schwierigkeitsgrad der Leistungen nach Satz 1 kann ein Zuschlag von 20 bis 33 vom Hundert vereinbart werden. Sofern nicht etwas anderes schriftlich vereinbart ist, gilt ab durchschnittlichem Schwierigkeitsgrad ein Zuschlag von 20 vom Hundert als vereinbart.

(2) § 24 Abs. 2 gilt sinngemäß.

(3) Die Absätze 1 und 2 gelten sinngemäß bei Verkehrsanlagen mit geringen Kosten für Erdarbeiten einschließlich Felsarbeiten sowie mit gebundener Gradiente oder bei schwieriger Anpassung an vorhandene Bebauung.

Die Regelung des § 59 entspricht der Vorschrift des § 24. Zu den Begriffen **1** Umbauten und Modernisierung vgl. die dortige Kommentierung. Die Vorschrift wurde durch die 4. HOAI-Novelle (vgl. Einl. Rdn. 9) ebenso geändert wie § 24. Bei durchschnittlichem Schwierigkeitsgrad – ab Honorarzone III – besteht ein Anspruch auf den Mindestzuschlag (zu den Einzelheiten vgl. § 24 Rdn. 1 ff.).

Der Zuschlag für Umbau und Modernisierung ist auf sämtliche Grundleistungen nach § 55 und § 57 anwendbar. Er gilt uneingeschränkt für sämtliche **2** Ingenieurbauwerke, d. h. auch für den Umbau oder die Modernisierung von Gewässern, kulturbautechnischen Anlagen und von Leitungsnetzen und Straßen. Hier wird zwar vielfach der Begriff „Ausbau" verwendet (vgl. § 31 WHG:

Ausbau von Gewässern). Soweit es hier aber um die Umgestaltung eines Gewässers und nicht um dessen Neuanlage oder Beseitigung geht, wie z. B. Vertiefung, Beseitigung von Inseln, Einbau von Buhnen, Vor- oder Zurückverlegung von Ufern, Bau von Ufermauern, handelt es sich um einen Umbau. Auch der Ausbau eines Abwasserkanal-, Wasserversorgungs- oder Gasversorgungsnetzes ist Umbau, wenn z. B. vorhandene Rohrnetze einschließlich der Sonderbauwerke geänderten technischen oder wirtschaftlichen Bedingungen angepaßt werden. Dasselbe gilt auch für den Ausbau oder Umbau z. B. einer bestehenden Straße. Vor allem dann, wenn diese nur verbreitert (oder verschmälert) wird mit Aufbringen nur einer neuen Deck- oder Ausgleichsschicht, entstehen relativ geringe Baukosten bei detaillierteren Planungsleistungen als bei einem völligen Neubau.

§ 60
Instandhaltungen und Instandsetzungen

Honorare für Leistungen bei Instandhaltungen und Instandsetzungen sind nach den anrechenbaren Kosten nach § 52, der Honorarzone, der das Objekt nach den §§ 53 und 54 zuzuordnen ist, den Leistungsphasen des § 55 und den Honorartafeln des § 56 mit der Maßgabe zu ermitteln, daß eine Erhöhung des Vomhundertsatzes für die Bauoberleitung (Leistungsphase 8 des § 55) und des Betrages für die örtliche Bauüberwachung nach § 57 um bis zu 50 vom Hundert vereinbart werden kann.

1 Die Vorschrift des § 60 entspricht derjenigen des § 27. Hinsichtlich der Begriffe kann auf die dortige Formulierung und Kommentierung verwiesen werden. Ein erhöhtes Honorar muß schriftlich (§ 4 Rdn. 26) und bereits „bei Auftragserteilung" (§ 4 Rdn. 34) vereinbart worden sein. Eine Erhöhungsmöglichkeit ist nur für die Bauoberleitung (Leistungsphase 8 des § 55) und die örtliche Bauüberwachung (§ 57) gegeben. Der Zuschlag im Rahmen der zulässigen Spanne von 0 bis 50 % wird sich nach dem Aufwand zu richten haben.

§ 61
Bau- und landschaftsgestalterische Beratung

(1) Leistungen für bau- und landschaftsgestalterische Beratung werden erbracht, um Ingenieurbauwerke und Verkehrsanlagen bei besonderen städtebaulichen oder landschaftsgestalterischen Anforderungen planerisch in die Umgebung einzubinden.

(2) Zu den Leistungen für bau- und landschaftsgestalterische Beratung rechnen insbesondere:

1. Mitwirken beim Erarbeiten und Durcharbeiten der Vorplanung in gestalterischer Hinsicht,

2. Darstellung des Planungskonzepts unter Berücksichtigung städtebaulicher, gestalterischer, funktionaler, technischer und umweltbeeinflussender Zusammenhänge, Vorgänge und Bedingungen,

3. Mitwirken beim Werten von Angeboten einschließlich Sondervorschlägen unter gestalterischen Gesichtspunkten,

4. Mitwirken beim Überwachen der Ausführung des Objekts auf Übereinstimmung mit dem gestalterischen Konzept.

(3) Werden Leistungen für bau- und landschaftsgestalterische Beratung einem Auftragnehmer übertragen, dem auch gleichzeitig Grundleistungen nach § 55 für diese Ingenieurbauwerke oder Verkehrsanlagen übertragen werden, so kann für die Leistungen für bau- und landschaftsgestalterische Beratung ein besonderes Honorar nicht berechnet werden. Diese Leistungen sind bei der Vereinbarung des Honorars für die Grundleistungen im Rahmen der für diese Leistungen festgesetzten Mindest- und Höchstsätze zu berücksichtigen.

(4) Werden Leistungen für bau- und landschaftsgestalterische Beratung einem Auftragnehmer übertragen, dem nicht gleichzeitig Grundleistungen nach § 55 für diese Ingenieurbauwerke oder Verkehrsanlagen übertragen werden, so kann ein Honorar frei vereinbart werden. Wird ein Honorar nicht bei Auftragserteilung schriftlich vereinbart, so ist das Honorar als Zeithonorar nach § 6 zu berechnen.

(5) Die Absätze 1 bis 4 gelten sinngemäß, wenn Leistungen für verkehrsplanerische Beratungen bei der Planung von Freianlagen nach Teil II oder bei städtebaulichen Planungen nach Teil V erbracht werden.

Baukünstlerische Beratungsleistungen kommen in Betracht, wenn Ingenieur- 1
bauwerke bei besonderen städtebaulichen oder landschaftsplanerischen Anforderungen gestalterisch in die Umgebung eingebunden werden müssen. In Absatz 2 sind einige Leistungen beispielhaft aufgezählt. Der Leistungsumfang selbst kann unterschiedlich ausfallen. So kann nach der Amtlichen Begründung z. B. bei der Vorplanung ein Planungskonzept zu erarbeiten sein, das in gestalterischer Hinsicht Probleme der Einordnung des Objekts in die Umgebung und des Objekts selbst lösen soll. Hierbei kann neben der zeichnerischen auch eine modellhafte Darstellung erforderlich werden. Denkbar sind auch weitere Leistungen im Zusammenhang mit dem Werten der Angebote. Auch bei weiteren Leistungen der Fachplaner oder der Unternehmen ist eine Mitwirkungsleistung denkbar.

Nach Abs. 3 Satz 1 ist die Berechnung eines besonderen Honorars für Lei- 2
stungen nach § 61 Abs. 1 ausgeschlossen, wenn dem Auftragnehmer zugleich Grundleistungen nach § 55 übertragen sind. Hier können die Leistungen bei der baukünstlerischen Beratung für die Festlegung des Honorars im Rahmen der Mindest- und Höchstsätze berücksichtigt werden. Der Wert der Kunstwerke ist entsprechend § 10 Abs. 4 Nr. 8 den anrechenbaren Kosten hinzuzurechnen, wenn die Kunstwerke wesentliche Bestandteile des Objekts werden.

3   Werden keine Leistungen für die baukünstlerische Beratung erbracht oder einem anderen Objektplaner übertragen, so kommt eine Minderung des Honorars für den Ingenieur nach § 55 nicht in Frage. Diese Leistungen sind nämlich nach der Regelung des § 61 keine Grundleistungen, so daß Grundleistungen nicht teilweise entfallen (vgl. hierzu § 5 Rdn. 4 ff.).

4   Durch die 4. HOAI-Novelle wurde § 61 neu gefaßt und mit „Bau- und landschaftsgestalterische Beratung" überschrieben. Die Neuregelung gilt für Verträge seit dem 1. 1. 1991 (vgl. Einl. Rdn. 9 und § 103).

Teil VII a
Verkehrsplanerische Leistungen

§ 61a
Honorar für verkehrsplanerische Leistungen

(1) Verkehrsplanerische Leistungen sind das Vorbereiten und Erstellen der für nachstehende Planarten erforderlichen Ausarbeitungen und Planfassungen:

1. Bearbeiten aller Verkehrssektoren im Gesamtverkehrsplan,

2. Bearbeiten einzelner Verkehrssektoren im Teilverkehrsplan sowie sonstige verkehrsplanerische Leistungen.

(2) Die verkehrsplanerischen Leistungen nach Absatz 1 Nr. 1 und 2 umfassen insbesondere folgende Leistungen:

1. Erarbeiten eines Zielkonzeptes,

2. Analyse des Zustandes und Feststellen von Mängeln,

3. Ausarbeiten eines Konzepts für eine Verkehrsmengenerhebung, Durchführen und Auswerten dieser Verkehrsmengenerhebung,

4. Beschreiben der zukünftigen Entwicklung,

5. Ausarbeiten von Planfällen,

6. Berechnen der zukünftigen Verkehrsnachfrage,

7. Abschätzen der Auswirkungen und Bewerten,

8. Erarbeiten von Planungsempfehlungen.

(3) Das Honorar für verkehrsplanerische Leistungen kann frei vereinbart werden. Wird ein Honorar nicht bei Auftragserteilung schriftlich vereinbart, so ist das Honorar als Zeithonorar nach § 6 zu berechnen.

Der neue § 61a wurde durch die 4. HOAI-Novelle eingefügt (vgl. Einl. Rdn. 9). Die Vorschrift gilt für Verträge ab dem 1. 1. 1991 (zu den Übergangsfällen vgl. § 103). Vor diesem Zeitpunkt galt die HOAI nicht, so daß eine freie Honorarvereinbarung möglich war und bei fehlender Honorarvereinbarung die übliche Vergütung nach § 632 Abs. 2 BGB zugrunde zu legen war. **1**

Verkehrsplanerische Leistungen betreffen die Hauptarbeitsbereiche fließender und ruhender Individualverkehr, öffentlicher Verkehr, Radverkehr und Fußgängerverkehr. **2**

In Absatz 1 werden die verkehrsplanerischen Leistungen aufgezählt. In Absatz 2 ist beispielhaft eine Reihe von verkehrsplanerischen Leistungen aufgelistet. Absatz 3 ermöglicht die freie Honorarvereinbarung und schreibt aber fest, daß dem Auftragnehmer ein Zeithonorar (Mindestsatz) nach § 6 zusteht, wenn eine Vereinbarung fehlt oder mündlich oder nicht bei Auftragserteilung getroffen wurde. **3**

Teil VIII
Leistungen bei der Tragwerksplanung

§ 62
Grundlagen des Honorars

(1) Das Honorar für Grundleistungen bei der Tragwerksplanung richtet sich nach den anrechenbaren Kosten des Objekts, nach der Honorarzone, der das Tragwerk angehört, sowie nach der Honorartafel in § 65.

(2) Anrechenbare Kosten sind, bei Gebäuden und zugehörigen baulichen Anlagen unter Zugrundelegung der Kostenermittlungsarten nach DIN 276, zu ermitteln:

1. bei Anwendung von Absatz 4
   a) für die Leistungsphasen 1 bis 3 nach der Kostenberechnung, solange diese nicht vorliegt, nach der Kostenschätzung;
   b) für die Leistungsphasen 4 bis 6 nach der Kostenfeststellung, solange diese nicht vorliegt, nach dem Kostenanschlag;
   die Vertragsparteien können bei Auftragserteilung abweichend von den Buchstaben a und b eine andere Zuordnung der Leistungsphasen schriftlich vereinbaren;

2. bei Anwendung von Absatz 5 oder 6 nach der Kostenfeststellung, solange diese nicht vorliegt oder wenn die Vertragsparteien dies bei der Auftragserteilung schriftlich vereinbaren, nach dem Kostenanschlag.

(3) § 10 Abs. 3 und 3 a sowie die §§ 21 und 32 gelten sinngemäß.

(4) Anrechenbare Kosten sind bei Gebäuden und zugehörigen baulichen Anlagen

– 55 v. H. der Kosten der Baukonstruktionen und besonderen Baukonstruktionen (DIN 276, Kostengruppen 3.1 und 3.5.1) und

– 20 v. H. der Kosten der Installationen und besonderen Installationen (DIN 276, Kostengruppen 3.2 und 3.5.2).

(5) Die Vertragsparteien können bei Gebäuden mit einem hohen Anteil an Kosten der Gründung und der Tragkonstruktionen (DIN 276, Kostengruppen 3.1.1 und 3.1.2) sowie bei Umbauten bei der Auftragserteilung schriftlich vereinbaren, daß die anrechenbaren Kosten abweichend von Absatz 4 nach Absatz 6 Nr. 1 bis 12 ermittelt werden.

(6) Anrechenbare Kosten sind bei Ingenieurbauwerken die vollständigen Kosten für:

1. Erdarbeiten,

2. Mauerarbeiten,

3. Beton- und Stahlbetonarbeiten,

4. Naturwerksteinarbeiten,

5. Betonwerksteinarbeiten,

6. Zimmer- und Holzbauarbeiten,

7. Stahlbauarbeiten,

8. Tragwerke und Tragwerksteile aus Stoffen, die anstelle der in den vorgenannten Leistungen enthaltenen Stoffe verwendet werden,

9. Abdichtungsarbeiten,

10. Dachdeckungs- und Dachabdichtungsarbeiten,

11. Klempnerarbeiten,

12. Metallbau- und Schlosserarbeiten für tragende Konstruktionen,

13. Bohrarbeiten, außer Bohrungen zur Baugrunderkundung,

14. Verbauarbeiten für Baugruben,

15. Rammarbeiten,

16. Wasserhaltungsarbeiten,

einschließlich der Kosten für Baustelleneinrichtungen. Absatz 7 bleibt unberührt.

(7) Nicht anrechenbar sind bei Anwendung von Absatz 5 oder 6 die Kosten für

1. das Herrichten des Baugrundstücks,

2. Oberbodenauftrag,

3. Mehrkosten für außergewöhnliche Ausschachtungsarbeiten,

4. Rohrgräben ohne statischen Nachweis,

5. nichttragendes Mauerwerk < 11,5 cm,

6. Bodenplatten ohne statischen Nachweis,

7. Mehrkosten für Sonderausführungen, zum Beispiel von Dächern, Sichtbeton oder Fassadenverkleidungen,

8. Winterbauschutzvorkehrungen und sonstige zusätzliche Maßnahmen für den Winterbau (bei Gebäuden und zugehörigen baulichen Anlagen: nach DIN 276, Kostengruppe 6),

9. Naturwerkstein-, Betonwerkstein-, Zimmer- und Holzbau-, Stahlbau- und Klempnerarbeiten, die in Verbindung mit dem Ausbau eines Gebäudes oder Ingenieurbauwerks ausgeführt werden,

10. die Baunebenkosten.

(8) Die Vertragsparteien können bei Ermittlung der anrechenbaren Kosten vereinbaren, daß Kosten von Arbeiten, die nicht in den Absätzen 4 bis 6 erfaßt sind, sowie die in Absatz 7 Nr. 7 und bei Gebäuden die in Absatz 6 Nr. 13 bis 16 genannten Kosten ganz oder teilweise zu den anrechenbaren Kosten gehören, wenn der Auftragnehmer wegen dieser Arbeiten Mehrleistungen für das Tragwerk nach § 64 erbringt.

Die Regelungen über die Tragwerksplanung waren in der ursprünglichen **1**
HOAI in Teil VII (§§ 51–56 a. F.) enthalten. Seit dem 1. 1. 1985 finden sie sich
im Teil VIII. Wichtige und gravierende Änderungen, vor allem in § 62, brachte
die 4. **HOAI-Novelle** (vgl. Einl. Rdn. 9; zum alten Rechtszustand vgl. die Vorauflagen dieses Kommentars).

Der Teil VIII betrifft Leistungen bei der Tragwerksplanung sowohl für **2**
Gebäude und die zugehörigen baulichen Anlagen als auch für Ingenieurbauwerke. Letzteres ist durch die HOAI 1985 hinzugekommen. Der Begriff
Gebäude ist klar definiert (vgl. § 3 Rdn. 2). Dazu gehören auch bauliche Hilfs-
maßnahmen wie Gerüste, Baugruben, Absteifungen, Gebäudeabsprießungen
und Betonschalungen. Der Begriff **zugehörige bauliche Anlagen** ist nicht so klar
festgelegt (vgl. § 3 Rdn. 2 ff.). Klar ist, daß es sich dabei nicht um selbständige
Gebäude handelt. Diese Anlagen stehen aber mit Gebäuden in engem Zusammenhang. In Frage kommen Stützmauern, unterirdische Anlagen, Schwimm-
becken, kleinere, dem Verkehr indirekt dienende Bauwerke im Bereich der
Freianlagen, aber auch Bauteile, die in direktem Zusammenhang stehen mit
Installationen, mit Anlagen der Zentralen Betriebstechnik, mit betrieblichen
Einbauten wie auch mit Werbeanlagen und Behelfsbauten (ähnlich Saar/Böhm
Rdn. 1.4.3). Die Liste der **Ingenieurbauwerke** ist umfangreich (§ 54). Soweit für
diese neben der Objektplanung entsprechend Teil VII Berechnungen des Tragwerks durchzuführen sind, kommt Teil VIII zur Anwendung. Dies gilt beispielsweise für Schornsteine, Maste, Kühltürme, Behälter, Kläranlagen, Talsperren, Brücken, Tunnelbauwerke, Ufermauern, Verbauwände, Stützbauwerke mit oder ohne Lärmschutzanlagen u. a. m.

Der Begriff **Tragwerk** ist in § 3 nicht definiert. Der Begriffsinhalt ist vor **3**
allem für die Abgrenzung bei § 66 von Bedeutung. Es wird nachfolgend die
Definition der Arbeitsgruppe HOAI der VBI-Landesverbände aus dem Ergeb-
nisprotokoll vom 13. 11. 1976 wiedergegeben:

„Unter dem Begriff Tragwerk eines Gebäudes sind alle Teile der Baukon- **4**
struktion zu verstehen, die die Eigenlasten der Bau- und Ausbaukonstruktio-
nen, die lotrechten und waagerechten Verkehrslasten, die Wind- und Schnee-
lasten sowie alle sonstigen Belastungen ableiten, und der Baugrund.“ Der frühere Begriff „tragende Bauwerksteile“ wurde aufgegeben. Der Begriff Tragwerk ist erheblich weiter.

Bei der **Berechnung des Honorars** ist folgendermaßen vorzugehen: **5**

– Zunächst sind die **anrechenbaren Kosten** nach Absatz 2–8 zu ermitteln. Die
  anrechenbaren Kosten sind derjenige Betrag, aus dem nach Bestimmung der
  Honorarzone das Honorar zu errechnen ist.

– Die zweite Komponente für die Honorarbestimmung ist die **Honorarzone
  des Objekts.** Die Einordnung in eine Honorarzone ist nach § 63 vorzunehmen. Stehen die anrechenbaren Kosten und die Honorarzone fest, so läßt
  sich aus der **Honorartafel** des § 65 der Mindest- und Höchstsatz für das
  Honorar ablesen.

– In einem dritten Schritt muß festgestellt werden, welchen **Leistungsanteil** der Auftragnehmer **nach § 64** erbracht hat.

6 Für die **Ermittlung der anrechenbaren Kosten** gilt Absatz 2–8. Dabei sind **drei Fallgruppen** zu unterscheiden:

(1) Gebäude und zugehörige Anlagen (Normalfall; Abs. 4)

(2) Gebäude mit einem hohen Anteil an Kosten der Gründung und der Tragkonstruktionen sowie Umbauten (Abs. 5)

(3) Ingenieurbauwerke (Abs. 6).

7 **(1) Anrechenbare Kosten bei Gebäuden (Normalfall; Abs. 4)**

8 a) Zunächst ist zu prüfen, ob Absatz 4 oder Absatz 5 gilt. Die Vorschrift des Absatzes 5 gilt nur, wenn eine ausdrückliche Vereinbarung getroffen ist, daß in dieser Weise abzurechnen ist. Eine entsprechende Vereinbarung ist nur wirksam, wenn sie schriftlich (vgl. § 4 Rdn. 26) und „bei Auftragserteilung" (§ 4 Rdn. 34) getroffen wurde. Wann die Vereinbarung nach Absatz 5 für ihn günstiger ist, muß der Auftragnehmer im Einzelfall ermitteln. Dabei kann die Höhe der unter Absatz 7 fallenden Kosten eine Rolle spielen, weil Absatz 7 die anrechenbaren Kosten nur bei der Abrechnung nach Absatz 5 mindert, nicht aber bei der Abrechnung nach Absatz 4.

9 b) Fehlt eine Vereinbarung nach Absatz 5, so ist Absatz 4 maßgebend. In diesen Fällen ist nach Abs. 2 Nr. 1 für die Honorarberechnung bezüglich der Leistungsphasen 1–3 die Kostenberechnung und der Leistungsphasen 4–6 die Kostenfeststellung zugrunde zu legen. Die Parteien können – schriftlich bei Auftragserteilung (vgl. oben Rdn. 8) – auch eine andere Zuordnung der Leistungsphasen zu den Kostenermittlungen vereinbaren (Abs. 2 Nr. 1, 2. Halbsatz). So können z. B. auch die Leistungsphasen 1–4 nach der Kostenberechnung abgerechnet werden bei entsprechender Vereinbarung. Die Aufteilung in zwei Abrechnungsteile muß aber erhalten bleiben, und die Kostenschätzung bzw. der Kostenanschlag kann nicht zugrunde gelegt werden. Diese beiden Kostenermittlungen sind nur maßgebend, „solange" die anderen nicht vorliegen (vgl. § 10 Rdn. 50).

c) In einem weiteren Schritt ist festzustellen, welche zusätzlichen Kosten vor allem gegenüber der Kostenfeststellung hinzukommen. Dies ergibt sich aus Absatz 3 i. V. m. § 10 Abs. 3, wonach z. B. Eigenlieferungen oder Eigenleistungen zu berücksichtigen sind, und aus § 10 Abs. 3a.

10 d) Festzustellen ist in einem weiteren Schritt, welche zusätzlichen Kosten gemäß einer etwa getroffenen Vereinbarung nach Absatz 8 hinzukommen. Abzüge nach Abs. 7 sind nicht vorzunehmen, weil dieser bei Abs. 4 nicht anwendbar ist.

11 **(2) Gebäude mit einem hohen Anteil an Kosten der Gründung und der Tragkonstruktionen sowie Umbauten (Abs. 5)**

Bei Gebäuden und bei Umbauten können die Vertragsparteien eine von Abs. 4 abweichende Honorarvereinbarung treffen. Voraussetzung ist jedoch, daß die Vereinbarung schriftlich bei Auftragserteilung niedergelegt wird (vgl. oben Rdn. 8). Weitere Voraussetzung ist, daß es sich um „Gebäude mit einem hohen Anteil an Kosten der Gründung und der Tragkonstruktionen" oder um Umbauten handelt. Der Anteil der Kosten für die Gründung bzw. der Tragkonstruktionen muß nicht besonders hoch sein. Es genügt, wenn das übliche Verhältnis zu den Kosten der nicht tragenden Teile zugunsten der anderen Teile verändert ist. Sinn dieser Sonderregelung ist es, bei Bauwerken mit geringem Ausbau zu angemessenen Honoraren zu kommen. Der Verordnungsgeber hat hier vor allem Parkhäuser, Hallen, Lager- oder Kraftwerksgebäude und Tribünen sowie ähnliche Bauwerke berücksichtigt. Bei Umbauten kommt es auf das Ausbauverhältnis nicht an. Als Grundlage für die Honorarberechnung können die in Abs. 6 Nr. 1–16 genannten Kosten sowie die Kosten für Baustelleneinrichtungen dienen (vgl. dazu unten Rdn. 16).

(3) Ingenieurbauwerke (Abs. 6) 12

Bei Ingenieurbauwerken werden die anrechenbaren Kosten nach Abs. 6, einer „Positivliste" (Jochem § 62 Rdn. 11) ermittelt (vgl. unten Rdn. 16). Ergänzend können die Parteien eine Vereinbarung nach Abs. 8 treffen. Nicht anrechenbar sind die in Abs. 7 aufgeführten Kosten („Negativliste").

Einzelheiten der anrechenbaren Kosten 13

Die in Absatz 2 genannten Kostenermittlungen sind entscheidend für die **Fälligkeit des Honorars** (vgl. i. e. § 8 Rdn. 21 ff.; § 10 Rdn. 76 ff.). Die Kostenfeststellung bzw. der Kostenanschlag sind aber Leistungen des Objektplaners für Gebäude nach Teil II der HOAI, also des Architekten und nicht des Tragwerksplaners. Der Tragwerksplaner hat keine eigenen Kostenermittlungen zu erstellen, er hat nur bei der Kostenschätzung und bei der Kostenberechnung des Architekten mitzuwirken (§ 64 Abs. 3 Nr. 2 und 3). Beim Kostenanschlag und bei der Kostenfeststellung ist keine Mitwirkung des Tragwerksplaners im Rahmen seiner Grundleistungen vorgesehen, bei der Kostenfeststellung noch nicht einmal als Besondere Leistung. Die **Kostenermittlung** ist also **Bauherrenleistung,** so daß der Auftraggeber gegenüber dem Tragwerksplaner vorlagepflichtig ist. Legt er trotz Mahnung die Kostenermittlung nicht vor, so besteht ein Anspruch auf Auskunft, Einsichtnahme und Herausgabe, den der Tragwerksplaner im Wege der Klage durchsetzen kann. Ermittelt der Tragwerksplaner aber dann auf der Basis eigener Schätzungen sein Honorar, so kann der Auftraggeber ihm die mangelnde Fälligkeit nicht entgegenhalten, da er selbst zur Herausgabe der Unterlagen verpflichtet ist und mit einem derartigen Einwand gegen Treu und Glauben verstoßen würde (ebenso LG Stuttgart v. 15. 12. 1983 – 21 O 352/83; OLG Düsseldorf BauR 1987, 465; OLG Hamm BauR 1992, 260 = NJW-RR 1991, 1430; OLG Hamm NJW-RR 1994, 1433; vgl. ferner § 10 Rdn. 63 ff. und die dort zitierte Rechtsprechung, die hier entsprechend gilt). Die Weigerung oder der Verzug des Auftraggebers enthebt den Tragwerksplaner aber nicht von der Pflicht, die richtige Kostenermittlung aufzustellen und seiner Rechnung zugrunde zu legen und auch sonst eine prüfbare Rechnung zu erstellen. Die Anforderungen an die Prüfbarkeit der Kostenermittlung sind hier gering (so mit Recht OLG Düsseldorf BauR 1995, 419 = NJW-RR 1995, 340).

14 Nach Absatz 2 sind die anrechenbaren Kosten bei Gebäuden und baulichen Anlagen gemäß DIN 276 zu ermitteln. Nach DIN 276 Teil 1 sind unter Kosten alle Aufwendungen für Güter und Leistungen, die bei der Planung und Errichtung von Hochbauten erforderlich sind, zu verstehen. Hierzu gehören alle kostenverursachenden baulichen Maßnahmen, die zur Herstellung von Gebäuden, Freianlagen, Ingenieurbauwerken oder Verkehrsanlagen erforderlich werden, soweit nicht eine der einschränkenden Bestimmungen der Absätze 5, 6 und 7 dies ausschließt.

15 Von besonderer Bedeutung für den Tragwerksplaner ist in **Absatz 3** der Hinweis auf die Vorschrift des § 10 Abs. 3 a (vgl. hierzu § 10 Rdn. 89). Die Berücksichtigung vorhandener Bausubstanz, die technisch oder gestalterisch mit verarbeitet wird, muß sich dem Umfang nach nicht mit dem bei der Gebäudeplanung nach Teil II oder bei Ingenieurbauwerken und Verkehrsanlagen nach Teil VII decken. In der Regel wird der Umfang zwar gleich sein, er kann aber im Einzelfall auch größer oder kleiner sein, je nachdem, ob der Tragwerksplaner vorhandene Bausubstanz auf ihre statisch-konstruktiven Eigenschaften oder Eignung zu untersuchen hat. So kann eine Untersuchung des Tragwerksplaners dazu führen, daß vorhandene Bausubstanz nicht mehr mit verarbeitet werden kann und daher bei der Anrechnung für den Gebäudeplaner entfällt, weil sie z. B. abgebrochen wird. Für den Tragwerksplaner sind diese Teile jedoch mit zu berücksichtigen.

16 In **Absatz 6** sind die für die Ermittlung der anrechenbaren Kosten maßgeblichen Gewerke aufgeführt. Bei Vereinbarung nach Abs. 5 können nur Nr. 1–12 herangezogen werden, bei Ingenieurbauwerken dagegen alle 16 Gewerke und die Kosten der Baustelleneinrichtungen. Die einzelnen Gewerke sind durch die DIN (VOB Teil C) hinreichend bestimmt. Erdarbeiten sind in DIN 18 300, Mauerarbeiten in DIN 18 330, Beton- und Stahlbetonarbeiten in DIN 18 331, Naturwerksteinarbeiten in DIN 18 332, Betonwerksteinarbeiten in DIN 18 333, Zimmer- und Holzbauarbeiten in DIN 18 334, Stahlbauarbeiten in DIN 18 335, Abdichtung gegen drückendes Wasser in DIN 18 336, Abdichtung gegen nichtdrückendes Wasser in DIN 18 337, Dachdeckungs- und Dachabdichtungsarbeiten in DIN 18 338, Klempnerarbeiten in DIN 18 339, Metallbau- und Schlosserarbeiten für tragende Konstruktionen in DIN 18 360, Bohrarbeiten in DIN 18 301, Verbauarbeiten für Baugruben in DIN 18 303, Rammarbeiten in DIN 18 304 und Wasserhaltungsarbeiten in DIN 18 305 geregelt. Die Nr. 8 stellt klar, daß die Kosten für Tragwerke und Tragwerksteile aus Stoffen, die anstelle der in den vorgenannten Leistungen enthaltenen Stoffe verwendet werden – wie z. B. Kunststoffe –, selbstverständlich auch zu den anrechenbaren Kosten zählen (vgl. zu Einzelfragen OLG Hamm BauR 1995, 271 = NJW-RR 1995, 658). Soweit die DIN 276 inhaltlich gegenüber den o. g. DIN Abwei-

chungen enthält, ist sie für die Höhe der anrechenbaren Kosten nicht maßgebend; die DIN 276 gilt lediglich im Hinblick auf die Form und den notwendigen Inhalt der Kostenermittlung nach Absatz 2 (vgl. oben Rdn. 14).

Für die Abrechnung nach **Absatz 5** kommt es nicht darauf an, ob der Trag- **17** werksplaner mit den betreffenden Gewerken fachtechnisch etwas zu tun hat oder nicht. Auch dann, wenn er – wie des öfteren bei Dachdeckungs-, Abdichtungs- oder Klempnerarbeiten – keine fachtechnische Leistung diesbezüglich zu erbringen hat, gehören die **vollen Summen** aus diesen Gewerken zu den anrechenbaren Kosten (ebenso für den alten Abs. 4 OLG Hamm BauR 1995, 271 = NJW-RR 1995, 658). Hierauf ist auch die Honorartafel des § 65 abgestellt. Ein (teilweises) Herausnehmen oder Herausstreichen von einzelnen Kosten aus Absatz 4 würde gegen den Mindestpreischarakter der HOAI verstoßen (vgl. § 4 Rdn. 78 f.).

Im Hinblick auf die Zuordnung einzelner Bauteile zu den anrechenbaren **18** Kosten ergeben sich zahlreiche Einzelfragen, die zum großen Teil unter Heranziehung der Bestimmungen der DIN gelöst werden können (vgl. zum Ganzen auch grundlegend Enseleit, ABC des Ingenieurhonorars, in der Zeitschrift „Beratende Ingenieure" ab Nr. 7/8, 1984 ff.). So kann zweifelhaft sein, ob eine Isolierverglasung zu den anrechenbaren Kosten nach Absatz 5 gehört. Eine Sauberkeitsschicht gehört zu den anrechenbaren Kosten auch dann, wenn sie nicht aus Beton, sondern aus Mineralbeton oder einem Kies- bzw. Schotterbett besteht, da sie zum Schutz der statisch nachgewiesenen Bodenplatte dient und damit Voraussetzung für deren Herstellung ist. Entsprechendes gilt im Hinblick auf Füllbeton unter statisch nachgewiesenen Fundamenten oder im Hinblick auf Gefällebeton. Verkleidungen mit Trapezblechen, die in der Regel als vorgefertigte, mit Wärmedämmung versehene Fassadenteile ausgeführt werden, sind dann Bestandteil der anrechenbaren Kosten für die Tragwerksplanung, wenn sie in die Tragwerksplanung einbezogen werden. Die in Abs. 7 Nr. 7 angesprochenen Mehrkosten beziehen sich auf Sonderausführungen, wozu eine Trapezblech-Fassadenbekleidung nicht gehört. Auch bei Sandwichbauweise in Stahlbeton gehören die Wärmeschutzmaßnahmen zu den anrechenbaren Kosten, da die einzelnen Teile der Sandwichplatte eine konstruktive Einheit bilden.

Unter Mauerarbeiten ist nach DIN 18330 Mauerwerk jeder Art aus natürli- **19** chen oder künstlichen Steinen zu verstehen, wozu auch Verblendmauerwerk, Sohlbänke, Gesimse, Mauerabdeckungen und dgl. gehören (OLG Hamm BauR 1995, 271 = NJW-RR 1995, 658) (Enseleit, Beratende Ingenieure 1985, Heft 3, S. 41). Besonderheiten gelten für Trennwände, die kleiner als 11,5 cm sind (vgl. unten Rdn. 23). Bodenplatten sind dann nicht anrechenbar, wenn für sie kein statischer Nachweis erbracht werden muß (Enseleit, a. a. O.). Unter Nr. 8 i. d. F. seit 1. 1. 1985 fallen Tragwerke aus anderen als in Nr. 1–7 genannten Stoffen, wie z. B. Tragwerke aus Aluminium oder Kunststoff. In der seit 1. 4. 1988 gültigen Fassung ist die Abdichtung gegen drückendes und nichtdrückendes Wasser in Nr. 9 zusammengefaßt.

20 Zusätzlich zu den anrechenbaren Kosten nach Absatz 5 können die Vertrags-parteien weitere Kosten nach Absatz 8 im Wege der Vereinbarung hinzurech-nen (vgl. unten Rdn. 25).

21 Nicht anrechenbare Kosten (Abs. 7)

In **Absatz 7** sind die Kosten aufgeführt, die nicht anrechenbar sind. Hierzu gehört auch die Umsatzsteuer aus den Rechnungen (§ 9 Abs. 2). Die Einschrän-kung des Absatzes 7 gilt nicht bei einer Abrechnung nach Absatz 4, sondern nur bei einer Vereinbarung nach Absatz 5. Die Vorschrift des Absatzes 7 ver-weist nicht mehr auf die DIN 276, außer in Nr. 8. Dies liegt daran, daß auch die Ingenieurbauwerke mit erfaßt sind, für die die DIN 276 nicht unmittelbar gilt (vgl. oben Rdn. 14).

22 Hinsichtlich des **Herrichtens des Baugrundstücks** gilt für Gebäude nach wie vor DIN 276, Kostengruppe 1.4. Der Abbruch ist als Maßnahme der Objekt-planung nicht in der HOAI erfaßt, so daß hier eine freie Honorarvereinbarung getroffen werden kann und bei Fehlen einer Vereinbarung die übliche Vergü-tung nach § 632 Abs. 2 BGB geschuldet ist. Unter **Mehrkosten für außerge-wöhnliche Ausschachtungsarbeiten** sind nur diejenigen Mehrkosten zu verste-hen, die sich aus dem Lösen besonderer Böden ergeben. Nicht anrechenbar sind nur die Mehrkosten. Als „außergewöhnliche" Ausschachtungsarbeiten wird man die Boden- und Felsklassen nach DIN 18 300 ab Klasse 6 ansehen müssen (Klasse 6 leicht lösbarer Fels; Klasse 7 schwer lösbarer Fels).

23 **Rohrgräben** nach Nr. 4 sind solche Gräben, die außerhalb des Gebäude-grundrisses angeordnet sind. Soweit hierfür ein statischer Nachweis erforder-lich ist, gehören sie zu den anrechenbaren Kosten. Rohrgräben innerhalb der Baugrube gehören dagegen immer zu den anrechenbaren Kosten. Hinsichtlich des Begriffs **Mauerwerk** in Nr. 5 kann auf DIN 1053 verwiesen werden. Mau-erwerk wird danach aus künstlichen und natürlichen Steinen unter Verwen-dung von Mörtel hergestellt. Hierher gehören auch Formsteine für Schorn-steine. Nur diejenigen Wände können nicht zu den anrechenbaren Kosten gezählt werden, die kleiner als 11,5 cm sind. Wände aus Bauplatten, wie z. B. Wandbauplatten aus Leichtbeton, Gips, Gipskarton usw., fallen nicht unter Nr. 5, da sie nicht aus Mauerwerk bestehen (a. A. Jochem § 62 Rdn. 38 unter Hinweis auf ein Urteil des OLG München). Die Ausnahmevorschrift des Absatzes 7 ist eng zu fassen. Da diese Bauteile unter Nr. 5 nicht subsumiert werden können, gehören sie zu den Mauerarbeiten nach Abs. 6 Nr. 2 und sind damit voll anrechenbar.

24 Unter **Bodenplatten** nach Nr. 6 sind Betonböden, Ausgleichsbeton, Beton-platten u. a. ohne statischen Nachweis zu verstehen. Die Kosten für Bodenplat-ten sind anrechenbar, wenn eine statische Berechnung erforderlich ist (vgl. auch oben Rdn. 6). Werden statisch nachgewiesene Bodenplatten mit Unterbe-ton verwendet, so ist der Unterbeton Bestandteil der Betonarbeiten und damit nach Abs. 4 Nr. 3 voll anrechenbar. Zu Nr. 7 gehören auch die Kosten für eine

Sichtschalung (OLG Düsseldorf BauR 1995, 271 = NJW-RR 1995, 658). Der Begriff „in Verbindung mit dem Ausbau" aus Nr. 9 betrifft den zeitlichen Zusammenhang der betreffenden Arbeiten mit dem Ausbau des Gebäudes. Ein technischer Zusammenhang wird zwar häufig vorliegen, er muß jedoch nicht immer gegeben sein (ebenso Ehrhardt/Lüdtke/Saar, Consulting 1977, Heft 1/II; vgl. zu den technischen Einzelheiten neben Enseleit, a. a. O., auch Saar/Böhm Rdn. 5.2.3.1 ff.). Sichtmauerwerk fällt nicht unter Nr. 9, wenn es im Zusammenhang mit dem Hintermauerwerk in einschaligem Verbund ausgeführt wird (vgl. oben Rdn. 16). Auch bei mehrschaligem Mauerwerk muß Nr. 9 nicht immer anwendbar sein, wenn nämlich das Sichtmauerwerk tragende Funktion hat und nicht nur eine nachträgliche Verblendung erfolgt ist. Regenrinnen und -rohre werden ebenfalls „in Verbindung mit dem Ausbau" ausgeführt und sind damit nicht anrechenbar.

Zusätzliche anrechenbare Kosten (Abs. 8) 25

Nach **Absatz 8** können zusätzliche Kosten zu den anrechenbaren Kosten hinzukommen. Es bedarf jedoch der ausdrücklichen schriftlichen (vgl. § 4 Rdn. 26) Vereinbarung „bei Auftragserteilung" (§ 4 Rdn. 34). Dies ergibt sich aus der Verweisung auf Absatz 4. Die Regelung in Abs. 8 betrifft Kosten von Arbeiten, die nicht in den Abs. 4 bis 6 erfaßt sind, Mehrkosten für Sonderausführungen nach Abs. 7 Nr. 7 sowie bei Gebäuden, deren Kosten nach Abs. 5 ermittelt werden, auch die in Abs. 6 Nr. 13–16 aufgeführten Kosten.

Die Erhöhung der anrechenbaren Kosten kann jedoch nur dann vereinbart 26 werden, wenn dem Auftraggeber ein **erhöhter Arbeitsaufwand** entsteht. Der erhöhte Arbeitsaufwand des Auftragnehmers muß sich nicht auf die in Absatz 8 genannten Arbeiten selbst beziehen, vielmehr betrifft der erhöhte Arbeitsaufwand die Leistungen bei der Bearbeitung des Tragwerks für das Objekt. Ein erhöhter Arbeitsaufwand in diesem Sinne kann z. B. gegeben sein bei Baugrubenverkleidungsarbeiten, wenn der Auftragnehmer etwa mit der Standsicherheit des Baugrubenverbaues befaßt ist.

Dem Gegenstand nach muß es sich um die in Absatz 8 aufgeführten Arbeiten 27 handeln, durch die ein erhöhter Arbeitsaufwand entsteht. Fertigteile, die zu den Stahlbetonarbeiten gehören, rechtfertigen keine Erhöhung nach Absatz 8, da diese Arbeiten bereits in den Stahlbetonarbeiten nach Absatz 6 enthalten sind. Gleiches gilt für Sichtbeton. Unter Fertigteilen, Sichtbeton- und Wandverkleidungen sind hier nur solche gemeint, die als Bestandteil der Ausbaukonstruktion anzusehen sind und auch von Betrieben des Ausbaugewerkes hergestellt und verarbeitet werden (Ehrhardt/Lüdtke/Saar, Consulting 1977, Heft 1/II).

§ 63
Honorarzonen für Leistungen bei der Tragwerksplanung

(1) Die Honorarzone wird bei der Tragwerksplanung nach dem statisch-konstruktiven Schwierigkeitsgrad aufgrund folgender Bewertungsmerkmale ermittelt:

1. Honorarzone I:
Tragwerke mit sehr geringem Schwierigkeitsgrad, insbesondere
 – einfache statisch bestimmte ebene Tragwerke aus Holz, Stahl, Stein oder unbewehrtem Beton mit ruhenden Lasten, ohne Nachweis horizontaler Aussteifung;

2. Honorarzone II:
Tragwerke mit geringem Schwierigkeitsgrad, insbesondere
 – statisch bestimmte ebene Tragwerke in gebräuchlichen Bauarten ohne Vorspann- und Verbundkonstruktionen, mit vorwiegend ruhenden Lasten,
 – Deckenkonstruktionen mit vorwiegend ruhenden Flächenlasten, die sich mit gebräuchlichen Tabellen berechnen lassen,
 – Mauerwerksbauten mit bis zur Gründung durchgehenden tragenden Wänden ohne Nachweis horizontaler Aussteifung,
 – Flachgründungen und Stützwände einfacher Art;

3. Honorarzone III:
Tragwerke mit durchschnittlichem Schwierigkeitsgrad, insbesondere
 – schwierige statisch bestimmte und statisch unbestimmte ebene Tragwerke in gebräuchlichen Bauarten ohne Vorspannkonstruktionen und ohne Stabilitätsuntersuchungen,
 – einfache Verbundkonstruktionen des Hochbaus ohne Berücksichtigung des Einflusses von Kriechen und Schwinden,
 – Tragwerke für Gebäude mit Abfangung der tragenden beziehungsweise aussteifenden Wände,
 – ausgesteifte Skelettbauten,
 – ebene Pfahlrostgründungen,
 – einfache Gewölbe,
 – einfache Rahmentragwerke ohne Vorspannkonstruktionen und ohne Stabilitätsuntersuchungen,
 – einfache Traggerüste und andere einfache Gerüste für Ingenieurbauwerke,
 – einfache verankerte Stützwände;

4. Honorarzone IV:
Tragwerke mit überdurchschnittlichem Schwierigkeitsgrad, insbesondere
 – statisch und konstruktiv schwierige Tragwerke in gebräuchlichen Bauarten und Tragwerke, für deren Standsicherheits- und Festigkeitsnachweis schwierig zu ermittelnde Einflüsse zu berücksichtigen sind,
 – vielfach statisch unbestimmte Systeme,
 – statisch bestimmte räumliche Fachwerke,
 – einfache Faltwerke nach der Balkentheorie,

– statisch bestimmte Tragwerke, die Schnittgrößenbestimmungen nach der Theorie II. Ordnung erfordern,
– einfach berechnete, seilverspannte Konstruktionen,
– Tragwerke für schwierige Rahmen- und Skelettbauten sowie turmartige Bauten, bei denen der Nachweis der Stabilität und Aussteifung die Anwendung besonderer Berechnungsverfahren erfordert,
– Verbundkonstruktionen, soweit nicht in Honorarzone III oder V erwähnt,
– einfache Trägerroste und einfache orthotrope Platten,
– Tragwerke mit einfachen Schwingungsuntersuchungen,
– schwierige statisch unbestimmte Flachgründungen, schwierige ebene und räumliche Pfahlgründungen, besondere Gründungsverfahren, Unterfahrungen,
– schiefwinklige Einfeldplatten für Ingenieurbauwerke,
– schiefwinklig gelagerte oder gekrümmte Träger,
– schwierige Gewölbe und Gewölbereihen,
– Rahmentragwerke, soweit nicht in Honorarzone III oder V erwähnt,
– schwierige Traggerüste und andere schwierige Gerüste für Ingenieurbauwerke,
– schwierige, verankerte Stützwände,
– Konstruktionen mit Mauerwerk nach Eignungsprüfung (Ingenieurmauerwerk);

5. Honorarzone V:
Tragwerke mit sehr hohem Schwierigkeitsgrad, insbesondere
– statisch und konstruktiv ungewöhnlich schwierige Tragwerke,
– schwierige Tragwerke in neuen Bauarten,
– räumliche Stabwerke und statisch unbestimmte räumliche Fachwerke,
– schwierige Trägerroste und schwierige orthotrope Platten,
– Verbundträger mit Vorspannung durch Spannglieder oder andere Maßnahmen,
– Flächentragwerke (Platten, Scheiben, Faltwerke, Schalen), die die Anwendung der Elastizitätstheorie erfordern,
– statisch unbestimmte Tragwerke, die Schnittgrößenbestimmungen nach der Theorie II. Ordnung erfordern,
– Tragwerke mit Standsicherheitsnachweisen, die nur unter Zuhilfenahme modellstatischer Untersuchungen oder durch Berechnungen mit finiten Elementen beurteilt werden können,
– Tragwerke mit Schwingungsuntersuchungen, soweit nicht in Honorarzone IV erwähnt,
– seilverspannte Konstruktionen, soweit nicht in Honorarzone IV erwähnt,
– schiefwinklige Mehrfeldplatten,
– schiefwinklig gelagerte, gekrümmte Träger,
– schwierige Rahmentragwerke mit Vorspannkonstruktionen und Stabilitätsuntersuchungen,
– sehr schwierige Traggerüste und andere sehr schwierige Gerüste für Ingenieurbauwerke, zum Beispiel weit gespannte oder hohe Traggerüste,

– Tragwerke, bei denen die Nachgiebigkeit der Verbindungsmittel bei der Schnittkraftermittlung zu berücksichtigen ist.

(2) Sind für ein Tragwerk Bewertungsmerkmale aus mehreren Honorarzonen anwendbar und bestehen deswegen Zweifel, welcher Honorarzone das Tragwerk zugerechnet werden kann, so ist für die Zuordnung die Mehrzahl der in den jeweiligen Honorarzonen nach Absatz 1 aufgeführten Bewertungsmerkmale und ihre Bedeutung im Einzelfall maßgebend.

1   Das Ermitteln der Honorarzone ist Teil der Honorarberechnung (vgl. dazu allgemein § 62 Rdn. 1 ff.). Die Vorschrift des § 63 wurde durch die 4. HOAI-Novelle an drei Stellen ergänzt (zur Novelle vgl. Einl. Rdn. 2). Die Neuregelung gilt für alle Verträge, die seit dem 1. 1. 1991 abgeschlossen wurden (für Übergangsfälle vgl. § 103): In Abs. 1 Satz 1 wurde ergänzt, daß die Honorarzone „nach dem statisch-konstruktiven Schwierigkeitsgrad" bei der Tragwerksplanung ermittelt wird. In der Honorarzone IV wurde ein weiteres Tragwerk „Konstruktionen mit Mauerwerk nach Eignungsprüfung (Ingenieurmauerwerk)" eingefügt (vgl. DIN 1053 Teil 2). Auch bei Honorarzone V wurde ein neues Tragwerk aufgenommen, nämlich „Tragwerke, bei denen die Nachgiebigkeit der Verbindungsmittel bei der Schnittkraftermittlung zu berücksichtigen ist".

2   Die GOI enthielt eine Einteilung in drei Bauklassen, die LHO 1969 eine solche in drei Klassen und eine Sonderklasse für besonders schwierige Bauwerke, Bauten mit besonders schwierigen Konstruktionen (D 10 LHO). Demgegenüber stellt die HOAI fünf Honorarzonen zur Verfügung.

3   Die Kriterien für die Einordnung in die fünf Honorarzonen sind vergleichbar mit den Bewertungsmerkmalen der §§ 11 und 13 HOAI. Nur beziehen sie sich bei § 63 nicht auf die Planungsanforderungen eines Gebäudes oder von Freianlagen, sondern auf den Schwierigkeitsgrad des Tragwerks selbst oder auf den Schwierigkeitsgrad der hierfür notwendigen statischen Berechnung.

4   Gegenüber der Regelung in den §§ 12, 14 betreffend die Architektenleistungen bei Gebäuden und Freianlagen enthält § 63 keine Objektliste. **Die HOAI verzichtet bei der Tragwerksplanung auf die Angabe von Beispielen, da die Schwierigkeit des Tragwerks nicht vom Typ des Objekts abhängig ist.** Die Einordnung ist ausschließlich nach der allgemeinen Bestimmung des § 63 vorzunehmen. Für diejenigen Fälle, in denen Zweifel über die Einordnung eines Objekts in eine bestimmte Honorarzone bestehen, stellt Absatz 2 darauf ab, welche Kriterien überwiegend vorliegen. Eine der Vorschrift des § 11 Abs. 2 und 3 entsprechende Bestimmung, nach der eine Bewertung nach Punkten vorzunehmen ist, sieht § 63 nicht vor.

5   Im Gegensatz zu der Regelung in GOI und LHO kann für Schwingungsberechnungen kein zusätzliches Honorar berechnet werden. Tragwerke, bei denen Schwingungsuntersuchungen erforderlich werden, sind in Honorarzone IV oder Honorarzone V von vornherein einzuordnen, so daß hierdurch der zusätzliche Aufwand für Schwingungsuntersuchungen berücksichtigt ist. Der

Auftragnehmer kann für derartige Berechnungsvorgänge auch kein besonderes Honorar vereinbaren, da mit der Regelung in § 63 Abs. 1 Nr. 4 und 5 die Schwingungsberechnungen zu Grundleistungen in § 64 geworden sind. Anderes gilt dagegen für rechnerische Untersuchungen über die Auswirkungen von Schwingungen auf Einrichtungsgegenstände oder Installationen (vgl. dazu § 64 Rdn. 36, 39).

Anhaltspunkte für die Auslegung der in den Honorarzonen I–V genannten **6** Tragwerke mit verschiedenen Schwierigkeitsgraden geben Opladen, Deutsche Bauzeitung 1977, Heft 5, S. 84 und Saar/Böhm, Z 5.3.3. Der Jurist wird bei der Einordnung der einzelnen Tragwerke in die Honorarzonen ohne Sachverständigen im allgemeinen nicht auskommen. Wird die Honorarzone im Rechtsstreit problematisch und vom Gegner bestritten, so muß zu den Merkmalen der Honorarzone vorgetragen werden (vgl. BGH BauR 1990, 632 = NJW-RR 1990, 1109 = ZfBR 1990, 227 zum Architektenhonorar).

§ 64
Leistungsbild Tragwerksplanung

(1) Die Grundleistungen bei der Tragwerksplanung sind für Gebäude und zugehörige bauliche Anlagen sowie für Ingenieurbauwerke nach § 51 Abs. 1 Nr. 1 bis 5 in den in Absatz 3 aufgeführten Leistungsphasen 1 bis 6, für Ingenieurbauwerke nach § 51 Abs. 1 Nr. 6 und 7 in den in Absatz 3 aufgeführten Leistungsphasen 2 bis 6 zusammengefaßt. Sie sind in der folgenden Tabelle in Vomhundertsätzen der Honorare des § 65 bewertet.

	Bewertung der Grundleistungen in v. H. der Honorare
1. Grundlagenermittlung*) Klären der Aufgabenstellung	3
2. Vorplanung (Projekt- und Planungsvorbereitung) Erarbeiten des statisch-konstruktiven Konzepts des Tragwerks	10
3. Entwurfsplanung (System- und Integrationsplanung) Erarbeiten der Tragwerkslösung mit überschlägiger statischer Berechnung	12
4. Genehmigungsplanung Anfertigen und Zusammenstellen der statischen Berechnung mit Positionsplänen für die Prüfung	30

*) Die Grundleistungen dieser Leistungsphase für Ingenieurbauwerke nach § 51 Abs. 1 Nr. 6 und 7 sind im Leistungsbild der Objektplanung des § 55 enthalten.

5. Ausführungsplanung
Anfertigen der Tragwerksausführungszeichnungen   42

6. Vorbereitung der Vergabe
Beitrag zur Mengenermittlung und zum Leistungsverzeichnis   3

7. Mitwirkung bei der Vergabe   –

8. Objektüberwachung   –

9. Objektbetreuung   –

(2) Die Leistungsphase 5 ist abweichend von Absatz 1 mit 26 vom Hundert der Honorare des § 65 zu bewerten:

1. im Stahlbetonbau, sofern keine Schalpläne in Auftrag gegeben werden,

2. im Stahlbau, sofern der Auftragnehmer die Werkstattzeichnungen nicht auf Übereinstimmung mit der Genehmigungsplanung und den Ausführungszeichnungen nach Absatz 3 Nr. 5 überprüft,

3. im Holzbau, sofern das Tragwerk in den Honorarzonen 1 oder 2 eingeordnet ist.

(3) Das Leistungsbild setzt sich wie folgt zusammen:

Grundleistungen	Besondere Leistungen

1. Grundlagenermittlung

Klären der Aufgabenstellung auf dem Fachgebiet Tragwerksplanung im Benehmen mit dem Objektplaner

2. Vorplanung
(Projekt- und Planungsvorbereitung)

Grundleistungen	Besondere Leistungen
Bei Ingenieurbauwerken nach § 51 Abs. 1 Nr. 6 und 7: Übernahme der Ergebnisse aus Leistungsphase 1 von § 55 Abs. 2	Aufstellen von Vergleichsberechnungen für mehrere Lösungsmöglichkeiten unter verschiedenen Objektbedingungen
Beraten in statisch-konstruktiver Hinsicht unter Berücksichtigung der Belange der Standsicherheit, der Gebrauchsfähigkeit und der Wirtschaftlichkeit	Aufstellen eines Lastenplanes, zum Beispiel als Grundlage für die Baugrundbeurteilung und Gründungsberatung
Mitwirken bei dem Erarbeiten eines Planungskonzepts einschließlich Untersuchung der Lösungsmöglichkeiten des Tragwerks unter gleichen Objektbedingungen mit skizzenhafter Darstellung, Klärung und Angabe der für das Tragwerk wesentlichen konstruktiven Festlegungen für zum Beispiel Baustoffe, Bauarten und Herstellungsverfahren, Konstruktionsraster und Gründungsart	Vorläufige nachprüfbare Berechnung wesentlicher tragender Teile Vorläufige nachprüfbare Berechnung der Gründung

Grundleistungen	Besondere Leistungen

Mitwirken bei Vorverhandlungen mit Behörden und anderen an der Planung fachlich Beteiligten über die Genehmigungsfähigkeit

Mitwirken bei der Kostenschätzung nach DIN 276

3. Entwurfsplanung
   (System- und Integrationsplanung)

Erarbeiten der Tragwerkslösung unter Beachtung der durch die Objektplanung integrierten Fachplanungen bis zum konstruktiven Entwurf mit zeichnerischer Darstellung

Überschlägige statische Berechnung und Bemessung

Grundlegende Festlegungen der konstruktiven Details und Hauptabmessungen des Tragwerks für zum Beispiel Gestaltung der tragenden Querschnitte, Aussparungen und Fugen; Ausbildung der Auflager- und Knotenpunkte sowie der Verbindungsmittel

Mitwirken bei der Objektbeschreibung

Mitwirken bei Verhandlungen mit Behörden und anderen an der Planung fachlich Beteiligten über die Genehmigungsfähigkeit

Mitwirken bei der Kostenberechnung, bei Gebäuden und zugehörigen baulichen Anlagen: nach DIN 276

Mitwirken bei der Kostenkontrolle durch Vergleich der Kostenberechnung mit der Kostenschätzung

4. Genehmigungsplanung

Aufstellen der prüffähigen statischen Berechnungen für das Tragwerk unter Berücksichtigung der vorgegebenen bauphysikalischen Anforderungen

Besondere Leistungen:

Vorgezogene, prüfbare und für die Ausführung geeignete Berechnung wesentlich tragender Teile

Vorgezogene, prüfbare und für die Ausführung geeignete Berechnung der Gründung

Mehraufwand bei Sonderbauweisen oder Sonderkonstruktionen, zum Beispiel Klären von Konstruktionsdetails

Vorgezogene Stahl- oder Holzmengenermittlung des Tragwerks und der kraftübertragenden Verbindungsteile für eine Ausschreibung, die ohne Vorliegen von Ausführungsunterlagen durchgeführt wird

Nachweise der Erdbebensicherung

Bauphysikalische Nachweise zum Brandschutz

Statische Berechnung und zeichnerische Darstellung für Bergschadenssicherungen

Grundleistungen	Besondere Leistungen

Bei Ingenieurbauwerken: Erfassen von normalen Bauzuständen

Anfertigen der Positionspläne für das Tragwerk oder Eintragen der statischen Positionen, der Tragwerksabmessungen, der Verkehrslasten, der Art und Güte der Baustoffe und der Besonderheiten der Konstruktionen in die Entwurfszeichnungen des Objektplaners (zum Beispiel in Transparentpausen)

Zusammenstellen der Unterlagen der Tragwerksplanung zur bauaufsichtlichen Genehmigung

Verhandlungen mit Prüfämtern und Prüfingenieuren

Vervollständigen und Berichtigen der Berechnungen und Pläne

und Bauzustände, soweit diese Leistungen über das Erfassen von normalen Bauzuständen hinausgehen

Zeichnungen mit statischen Positionen und den Tragwerksabmessungen, den Bewehrungs-Querschnitten, den Verkehrslasten und der Art und Güte der Baustoffe sowie Besonderheiten der Konstruktionen zur Vorlage bei der bauaufsichtlichen Prüfung anstelle von Positionsplänen

Aufstellen der Berechnungen nach militärischen Lastenklassen (MLC)

Erfassen von Bauzuständen bei Ingenieurbauwerken, in denen das statische System von dem des Endzustands abweicht

5. Ausführungsplanung

Durcharbeiten der Ergebnisse der Leistungsphasen 3 und 4 unter Beachtung der durch die Objektplanung integrierten Fachplanungen

Anfertigen der Schalpläne in Ergänzung der fertiggestellten Ausführungspläne des Objektplaners

Zeichnerische Darstellung der Konstruktionen mit Einbau- und Verlegeanweisungen, zum Beispiel Bewehrungspläne, Stahlbaupläne, Holzkonstruktionspläne (keine Werkstattzeichnungen)

Aufstellen detaillierter Stahl- oder Stücklisten als Ergänzung zur zeichnerischen Darstellung der Konstruktionen mit Stahlmengenermittlung

Werkstattzeichnungen im Stahl- und Holzbau einschließlich Stücklisten, Elementpläne für Stahlbetonfertigteile einschließlich Stahl- und Stücklisten

Berechnen der Dehnwege, Festlegen des Spannvorganges und Erstellen der Spannprotokolle im Spannbetonbau

Wesentliche Leistungen, die infolge Änderungen der Planung, die vom Auftragnehmer nicht zu vertreten sind, erforderlich werden

Rohbauzeichnungen im Stahlbetonbau, die auf der Baustelle nicht der Ergänzung durch die Pläne des Objektplaners bedürfen

6. Vorbereitung der Vergabe

Ermitteln der Betonstahlmengen im Stahlbetonbau, der Stahlmengen im Stahlbau

Beitrag zur Leistungsbeschreibung mit Leistungsprogramm des Objektplaners*)

*) Diese Besondere Leistung wird bei Leistungsbeschreibung mit Leistungsprogramm Grundleistung. In diesem Fall entfallen die Grundleistungen dieser Leistungsphase.

Grundleistungen	Besondere Leistungen
und der Holzmengen im Ingenieurholzbau als Beitrag zur Mengenermittlung des Objektplaners	Beitrag zum Aufstellen von vergleichenden Kostenübersichten des Objektplaners
Überschlägliches Ermitteln der Mengen der konstruktiven Stahlteile und statisch erforderlichen Verbindungs- und Befestigungsmittel im Ingenieurholzbau	Aufstellen des Leistungsverzeichnisses des Tragwerks
Aufstellen von Leistungsbeschreibungen als Ergänzung zu den Mengenermittlungen als Grundlage für das Leistungsverzeichnis des Tragwerks	
7. Mitwirkung bei der Vergabe	Mitwirken bei der Prüfung und Wertung der Angebote aus Leistungsbeschreibung mit Leistungsprogramm
	Mitwirken bei der Prüfung und Wertung von Nebenangeboten
	Beitrag zum Kostenanschlag nach DIN 276 aus Einheitspreisen oder Pauschalangeboten
8. Objektüberwachung (Bauüberwachung)	Ingenieurtechnische Kontrolle der Ausführung des Tragwerks auf Übereinstimmung mit den geprüften statischen Unterlagen
	Ingenieurtechnische Kontrolle der Baubehelfe, zum Beispiel Arbeits- und Lehrgerüste, Kranbahnen, Baugrubensicherungen
	Kontrolle der Betonherstellung und -verarbeitung auf der Baustelle in besonderen Fällen sowie statistische Auswertung der Güteprüfung
	Betontechnologische Beratung
9. Objektbetreuung und Dokumentation	Baubegehung zur Feststellung und Überwachung von die Standsicherheit betreffenden Einflüssen

(4) Bei Umbauten und Modernisierungen im Sinne des § 3 Nr. 5 und 6 kann neben den in Absatz 3 erwähnten Besonderen Leistungen insbesondere nachstehende Besondere Leistung vereinbart werden:

Mitwirken bei der Überwachung der Ausführung der Tragwerkseingriffe.

Nach Ermittlung der anrechenbaren Kosten (§ 62) und Einordnung in die **1** Honorarzone (§ 63) können die Von-bis-Sätze aus § 65 abgelesen werden. Nach Ansatz der vom Auftragnehmer erbrachten Leistungen ergibt sich dann aus § 64, wieviel Prozent des vollen Honorars berechnet werden können. Die Vorschrift wurde durch die 4. HOAI-Novelle geändert (vgl. Einl. Rdn. 9). Die

Neuregelungen gelten für Verträge, die seit dem 1. 1. 1991 abgeschlossen werden (für Übergangsfälle vgl. § 103). Auf die Änderungen wird an den betreffenden Stellen eingegangen. Mit der 5. HOAI-Novelle (vgl. Einl. Rdn. 12) wurde die Vorschrift nochmals in drei Punkten verändert. Gegenüber der 4. Novelle wurde der Anwendungsbereich für Ingenieurbauwerke wie folgt gegliedert: Grundleistungen sind für Ingenieurbauwerke nach § 51 Abs. 1 Nr. 1–5 die Leistungsphasen 1–6 und für solche nach § 51 Abs. 1 Nr. 6 und 7 (konstruktive Ingenieurbauwerke für Verkehrsanlagen und sonstige Einzelbauwerke) die Leistungsphasen 2–6. In der 4. Novelle war zwischen diesen Ingenieurbauwerken nicht unterschieden worden, und es kamen generell nur die Leistungsphasen 3–6 zur Anwendung.

2   Die Bestimmung des § 64 gliedert in 9 Leistungsphasen und bewertet diese Leistungsphasen mit einem Prozentsatz aus der Gesamtleistung. Aufgeteilt sind die Leistungen in Grundleistungen und Besondere Leistungen (vgl. im einzelnen §§ 2, 5 und die dortige Kommentierung). Sachlich zusammengehörige Grundleistungen sind in den ersten 6 Leistungsphasen aufgeführt. Die Leistungsphasen 7–9 betreffen lediglich Besondere Leistungen. Das Aufzählen der Besonderen Leistungen in § 64 ist nicht abschließend, vielmehr können andere Besondere Leistungen hinzukommen (vgl. § 2 Rdn. 5), wie Bestandsaufnahmen, Spannanweisungen im Spannbetonbau (vgl. dazu Besondere Leistungen bei der Tragwerksplanung – Nr. 3 der Schriftenreihe des Ausschusses für die Honorarordnung der Beratenden Ingenieure AHO). Erbringt der Ingenieur vereinbarungsgemäß nur einzelne Leistungsphasen oder nicht alle Grundleistungen aus den Leistungsphasen, so steht ihm nur ein Teilhonorar zu (vgl. § 5 Abs. 1–3 und die dortige Kommentierung) (§ 5 Rdn. 5 ff.). Zur Frage der Honorierung in den Fällen, in denen einzelne Teilleistungen entgegen dem Vertrag nicht oder mangelhaft erbracht sind, vgl. § 5 Rdn. 10 ff.

3   Voraussetzung für die Entstehung eines Honoraranspruchs ist neben der Erfüllung der Leistungspflichten der Abschluß eines auf die betreffenden Leistungen gerichteten Vertrags bzw. die nachträgliche Billigung oder Verwertung der Leistungen durch den Auftraggeber (vgl. im einzelnen Einl. Rdn. 25, 210 ff.). Auch im Falle der Kündigung oder einvernehmlichen Beendigung des Vertrages kann dem Tragwerksplaner gegebenenfalls ein Anspruch auf das volle Honorar zustehen (vgl. im einzelnen Einl. Rdn. 143, 217 ff. und § 5 Rdn. 2 ff.).

4   Das **Leistungsbild** des § 64 betrifft nicht den **Prüfingenieur für Baustatik.** Diese Leistungen sind auch nicht als Besondere Leistungen im Sinne des § 64 anzusehen, da die Vorschriften über Besondere Leistungen nur dann gelten können, wenn der Auftragnehmer Grundleistungen im Sinne des § 64 erbringt (vgl. auch § 1 Rdn. 2 f. und § 2 Rdn. 16 ff.).

5   Die Vorschrift des § 64 tritt anstelle von D 12.4–10 LHO. Sie fächert die Leistungen des Ingenieurs stärker auf, als dies vorher in der LHO und auch in der GOI der Fall war. Im Unterschied zu LHO und GOI ist die Objektüberwachung, die bisherige Bauüberwachung, nicht mehr Bestandteil der Grundlei-

stungen, sondern eine Besondere Leistung (Leistungsphase 8 Objektüberwachung).

Für die **Honorierung von Grundleistungen,** die trotz Übertragung der sie 6 umfassenden Leistungsphase **nicht erbracht** werden, gelten die Ausführungen zu § 5 (vgl. dort Rdn. 10 ff.). Erbringt allerdings der Tragwerksplaner wesentliche Leistungen, die mit den zentralen Leistungen (vgl. § 5 Rdn. 18) vergleichbar sind, nicht, so muß er sich eine Honorarminderung gefallen lassen. **Zentrale Leistungen,** die einen selbständigen Arbeitserfolg darstellen und auf denen die weiteren Planungsleistungen aufbauen oder die für die Planung von Gebäuden und Freianlagen von unverzichtbarer Bedeutung sind, können sein:

– In Leistungsphase 2 „Vorplanung": Mitwirken bei dem Erarbeiten eines Planungskonzepts einschließlich Untersuchung der Lösungsmöglichkeiten des Tragwerks unter gleichen Objektbedingungen mit skizzenhafter Darstellung, Klärung und Angabe der für das Tragwerk wesentlichen konstruktiven Festlegungen;
Mitwirken bei der Kostenschätzung nach DIN 276.

– In Leistungsphase 3 „Entwurfsplanung": Erarbeiten der Tragwerkslösung unter Beachtung der durch die Objektplanung integrierten Fachplanungen bis zum konstruktiven Entwurf mit zeichnerischer Darstellung; überschlägige statische Berechnung und Bemessung; grundlegende Festlegungen der konstruktiven Details und Hauptabmessungen des Tragwerks;
Mitwirken bei der Kostenberechnung nach DIN 276.

– In Leistungsphase 4 „Genehmigungsplanung": Aufstellen der prüffähigen statischen Berechnungen für das Tragwerk;
Anfertigen der Positionspläne für das Tragwerk.

– In Leistungsphase 5 „Ausführungsplanung": Anfertigen der Schalpläne; zeichnerische Darstellung der Konstruktionen mit Einbau- und Verlegeanweisungen;
Aufstellen detaillierter Stahl- oder Stücklisten.

– In Leistungsphase 6 „Vorbereitung der Vergabe": Ermitteln der Betonstahlmengen im Stahlbetonbau, der Stahlmengen im Stahlbau und der Holzmengen im Ingenieurholzbau;
Aufstellen von Leistungsbeschreibungen.

Das Leistungsbild für die Tragwerksplanung in § 64 wurde weitgehend aus 7 § 54 der bis 31. 12. 1984 geltenden Fassung übernommen und vor allem auf Ingenieurbauwerke erweitert. Hinsichtlich der Tragwerksplanung für Ingenieurbauwerke war bei den Leistungsphasen 1 und 2 eine **Fußnote** angebracht. Durch die 4. HOAI-Novelle ist diese Fußnote für Verträge ab 1. 1. 1991 dann bezüglich Leistungsphase 2 weggefallen (vgl. auch unten Rdn. 14). Darüber hinaus wurde die Fußnote neu gefaßt und klargestellt, daß nur die Grundleistungen der Leistungsphase 1 für Ingenieurbauwerke nach § 51 Abs. 1 Nr. 6 und 7 im Leistungsbild der Objektplanung des § 55 enthalten sind; sie gilt somit nicht für Ingenieurbauwerke nach § 51 Abs. 1 Nr. 1–5, also insbesondere die Ingenieurbauwerke der Wasser- und Abfallwirtschaft.

8   Das **Leistungsbild Tragwerksplanung** ist in **Abs. 3** geregelt:

Leistungsphase 1   Grundlagenermittlung

Zum **Klären der Aufgabenstellung** gehört die gesetzliche Klarstellung der Nutzungsanforderungen, der Auswirkungen von Installationsführungen auf das Tragwerk, die Zusammenstellung der öffentlich-rechtlichen Anforderungen und vor allem das Klären der Ziele des Bauherrn. Der Umfang dieser Leistungsphase kann je nach Objekt verschieden sein (zur **Amtlichen Fußnote** vgl. oben Rdn. 7).

9   Hierzu gehört auch das Klären von standortbezogenen Einflüssen unter Berücksichtigung der Bodenverhältnisse, der Einflüsse aus erdbebengefährdeten Gebieten, aus Grundwasser, aus Emissionen der Luft, aus Erschütterungen und aus nutzungsbezogenen Anforderungen und aus Maßnahmen zum Schall-, Wärme- und Brandschutz (Saar/Böhm Z 5.4.2.2.1). Die Grundleistung setzt eine enge Zusammenarbeit zwischen Auftraggeber, Objektplaner und Tragwerksplaner voraus. Eine eingehende Darstellung der Leistungsphase 1 findet sich in der „Checkliste für die Grundlagenermittlung in der Tragwerksplanung" (Gravert) Krebs/Ruffer, Beratende Ingenieure 7/8–84.

10   Die Grundleistungen des § 64, die in den ersten 6 Leistungsphasen zusammengefaßt sind, stehen in unmittelbarem Zusammenhang mit den Grundleistungen des § 15 für Gebäude und Freianlagen und sind den dortigen Grundleistungen sowohl inhaltlich als auch systematisch im Hinblick auf den zeitlichen Planungsablauf zugeordnet. So ist der Tragwerksplaner etwa mit den Leistungsphasen 1 und 2 so rechtzeitig zu beauftragen, daß der Objektplaner die Leistungen des Tragwerksplaners bei Erbringung der Leistungsphasen 2 und 3 (Vorplanung und Entwurfsplanung) berücksichtigen und diese einbeziehen kann. Die Bearbeitung der Leistungsphasen der Leistungsbilder der §§ 15 und 64 sollte synchron verlaufen, um die Planungsziele gemeinsam erreichen zu können.

11   **Besondere Leistungen** sind nicht aufgeführt. Solche Besonderen Leistungen können Bestandsaufnahmen von bestehenden Konstruktionen, Nach- oder Umrechnung vorhandener statischer Unterlagen von bestehenden Bauteilen u. a. sein.

12   **Hinsichtlich der Haftung** ist zu unterscheiden zwischen der unmittelbaren Gewährleistung bei Verletzung von Pflichten aus der Grundlagenermittlung, soweit sie dem Tragwerksplaner übertragen ist, und allgemeinen Beratungspflichten des als Tragwerksplaner eingesetzten Ingenieurs, ohne daß ihm die Leistungsphase 1 Grundlagenermittlung übertragen wäre. Ist dem Tragwerksplaner die Grundlagenermittlung übertragen, so haftet er, wenn dem Auftraggeber aus unzureichender Tragwerksplanung, etwa im Hinblick auf die Sicherheit bei erdbebengefährdeten Gebieten, wegen nicht sachgerecht berücksichtig-

ter bekannter oder bekannt schwieriger Bodenverhältnisse (vgl. Einl. Rdn. 240, unten Rdn. 30 sowie § 15 Rdn. 91), bei Unterfangungen u. ä. oder bei Verwendung von ungeeignetem Baumaterial im Hinblick auf den Brandschutz, Schaden erwächst, nach § 635 BGB. Darüber hinaus kann dem Tragwerksplaner eine Beratungspflicht obliegen, weil sich der Architekt, der grundsätzlich von der Verantwortlichkeit für die statische Berechnung freigestellt ist, darauf verlassen kann, daß der Ingenieur Bedenken, die sich ihm aufgrund seiner Fachkenntnis aufdrängen müssen, geltend macht (BGH BB 1971, 62; 1977, 61; Bohl/Döbereiner/Keyserlingk, Die Haftung der Ingenieure im Bauwesen, Rdn. 214; Jebe/Vygen, Der Bauingenieur in seiner rechtlichen Verantwortung, S. 199).

Legt ein Ingenieur in Unkenntnis der besonderen örtlichen Bodenverhält- **13** nisse seinen Berechnungen lediglich allgemeine Erfahrungswerte zugrunde und treten nach Fertigstellung des Gebäudes Risse infolge fehlerhafter Tragwerksplanung auf, so haftet er (BGH Schäfer/Finnern Z 3.01 Bl. 421). Nach DIN 1055 Teil 2 Z 4.1 und Z 4.3 sind örtliche Erfahrungswerte der statischen Berechnung zugrunde zu legen. Dann, wenn diese örtlichen Erfahrungswerte keinen hinreichenden Aufschluß über die Bodenverhältnisse geben, sind Schürfungen, Bohrungen oder sonstige Sondierungen vorzunehmen. Unterläßt der Ingenieur den Hinweis auf die Notwendigkeit dieser weiteren Maßnahmen, so macht er sich gewährleistungspflichtig.

Leistungsphase 2 Vorplanung (Projekt- und Planungsvorbereitung)   **14**

Die Teilleistung **Beraten** betrifft die Art des Tragwerks. Im Rahmen der Standsicherheit sind alle Einflüsse einschließlich des Baugrundes zu berücksichtigen. Die Gebrauchsfähigkeit bezieht sich auf die Eignung für bestimmte Zwecke aufgrund der unter Leistungsphase 1 ermittelten Einflüsse, so, wenn das Objekt wirtschaftlich nur in Stahlbeton ausgeführt werden kann oder die Verwendung einer Stahlkonstruktion aus Zeitgründen sinnvoll ist oder eine bestimmte Konstruktion aus wirtschaftlichen Gründen in Frage kommt. Eine überschlägige Dimensionierung kann – je nach Art des Tragwerks und den Anforderungen, die daran zu stellen sind – erforderlich werden, um den Auftraggeber und den Objektplaner umfassend zu beraten und Entscheidungshilfen zu geben. Durch die 4. HOAI-Novelle wurde die **Amtliche Fußnote** abgeändert (vgl. oben Rdn. 7). Gleichzeitig wurde als erste Grundleistung neu eingefügt die **Übernahme der Ergebnisse aus Leistungsphase 1 von § 55 Abs. 2**, wobei es sich um eine Folge der Änderung der Fußnote handelt.

Weitere Teilleistung ist das **Mitwirken beim Erarbeiten eines Planungskon- 15 zepts**. Der Auftraggeber hat hier das Konzept nicht selbst zu erarbeiten, sondern nur seine fachliche Leistung beizusteuern. Diese besteht in einer lediglich generellen Festlegung des Tragwerks, der Annahme der richtigen Verkehrslasten, dem Erfassen aller Funktionen und Nutzungen des Objekts, klimatischer Einflüsse u. ä.

16   Der Auftragnehmer hat ferner eine **Untersuchung der Lösungsmöglichkeiten** vorzunehmen. Diese Lösungsmöglichkeiten können das Konstruktionsraster, den Baustoff oder das Tragwerkssystem und die Gründung betreffen. Es hängt vom Umfang der Aufgabe und von den Planungsanforderungen ab, welche Lösungsmöglichkeiten unter gleichen Objektbedingungen der Tragwerksplaner durchzudenken und skizzenhaft darzustellen hat. Dagegen fallen alternative Vergleichsberechnungen verschiedener Ausführungssysteme unter die Besonderen Leistungen.

17   Die Erarbeitung verschiedener Lösungsmöglichkeiten kann jedoch nicht als Besondere Leistung vereinbart und honoriert werden, da der Auftragnehmer hierzu schon im Rahmen der Grundleistung verpflichtet ist. Im Rahmen der Teilleistung **Mitwirken bei Vorverhandlungen** können Gespräche mit Behörden zur Klärung der Genehmigungsfähigkeit, zur Absicherung der geplanten statischen Systeme mit dem Prüfstatiker oder mit anderen an der Planung fachlich Beteiligten, wie Fachingenieuren für Heizung, Lüftung, Sanitär, Elektroinstallation, Fördertechnik, Bauphysik u. a., erforderlich werden. Die Genehmigungsfähigkeit bezieht sich hierbei in erster Linie auf statisch-konstruktive Belange und nicht auf die baurechtliche Seite, für die in der Regel der Objektplaner zuständig ist.

18   Ein **Mitwirken bei der Kostenschätzung** hat grundsätzlich zu erfolgen und wird vor allem dann notwendig sein, wenn der Objektplaner keine Erfahrungswerte für das betreffende Objekt besitzt. Die Mitwirkung des Tragwerksplaners betrifft die Einflüsse des Tragwerks auf die Kosten. Es ist in diesem Stadium noch keine genaue Angabe der Kosten für das Tragwerk möglich. Sie ist in dieser Leistungsphase auch noch nicht erforderlich.

19   Zu den **Besonderen Leistungen** gehört zunächst das Aufstellen von **Vergleichsberechnungen.** Vergleichsberechnungen werden insbesondere dann notwendig, wenn nicht von vornherein Klarheit besteht, welches die günstigste Lösung für das Tragwerk ist. Es kann sich hier um statische Berechnungen und auch um Wirtschaftlichkeitsberechnungen handeln. Der Auftragnehmer muß gegebenenfalls Mengenvergleiche vornehmen. Die Vergleichsberechnungen können sich nicht nur auf das Tragwerk selbst, sondern auch auf die Ausbau- oder Unterhaltungskosten beziehen. Die Vergleichsberechnungen dienen somit dem Zweck, die günstigste Lösungsmöglichkeit des Tragwerks zu finden. Soweit der Auftragnehmer lediglich **eine** Berechnung vornimmt, ist diese mit dem Honorar für die Grundleistungen aus Leistungsphase 2 und 3 abgegolten. Vergleichsberechnungen liegen jedoch schon dann vor, wenn eine weitere zusätzliche Berechnung vorgenommen wird. Für diese Berechnung kann dann ein besonderes Honorar in Leistungsphase 2 vereinbart werden. Zum Begriff Objektbedingungen vgl. Ehrhardt/Lüdtke/Saar, Consulting 1977, Heft 1/II. Danach sind maßgebend Rastermaße, Stützweiten, Bauhöhen, Baustoffalternativen usw.

20   Ein **Lastenplan** wird vom geologischen Gutachter benötigt, um den Baugrund im Hinblick auf die Belastung durch das Tragwerk zu untersuchen. Die

vorläufige nachprüfbare Berechnung wesentlicher tragender Teile bzw. der Gründung geht der eigentlichen statischen Berechnung voraus. Es werden in diesen Berechnungen die Dimensionen oder die Gründung festgelegt. Der Begriff „nachprüfbar" ist zu unterscheiden von „prüffähig". Die Prüffähigkeit bezieht sich auf die amtliche Überprüfung, während die Nachprüfbarkeit seitens eines Fachmannes gegeben sein muß. Fraglich ist, ob als Besondere Leistungen auch „nicht nachprüfbare" Berechnungen anzusehen sind. Nicht nachprüfbare Berechnungen sind z. B. solche, die wegen ihres skizzenhaften Charakters lediglich dem Auftragnehmer verständlich und für einen Dritten nicht reproduzierbar sind. Diese Berechnungen sind jedoch in der Grundleistung „Untersuchung der Lösungsmöglichkeiten" enthalten, so daß hierfür kein besonderes Honorar vereinbart werden kann. Sinn der Aufnahme von vorläufigen, nachprüfbaren Berechnungen in den Katalog der Besonderen Leistungen ist es, den zusätzlichen Aufwand bei der Erstellung von nachprüfbaren Berechnungen zu honorieren.

Leistungsphase 3 Entwurfsplanung (System- und Integrationsplanung) **21**

Im Rahmen der ersten Teilleistung **Erarbeiten der Tragwerkslösung** wird die endgültige Lösung des Konzepts erbracht. Im Unterschied zu Leistungsphase 2 werden hier keine verschiedenen Lösungsmöglichkeiten mehr untersucht. Es werden alle wesentlichen Dimensionen und Baustoffe festgelegt und in Plänen dargestellt. Durch die Neufassung im Rahmen der 5. HOAI-Novelle (vgl. Einl. Rdn. 12) entfiel der Einschub „bei Ingenieurbauwerken": aufgrund der Ergebnisse der Leistungsphase 2 des § 55 (vgl. auch oben Rdn. 1).

Die **überschlägige statische Berechnung** dient der Ermittlung der Dimensionierung der Tragwerksteile. Eine Berechnung der Wirtschaftlichkeit wie in Leistungsphase 2 erfolgt nicht mehr. Die überschlägige statische Berechnung und Bemessung muß nicht in dem Sinne prüffähig sein, daß sie einer amtlichen Überprüfung unterzogen werden kann. Sie muß freilich insoweit nachprüfbar sein, als ein sachkundiger Dritter in der Lage sein muß, die Berechnungen zu beurteilen (wie hier Hesse/Korbion/Mantscheff § 54 Rdn. 11). Die überschlägigen Berechnungen müssen aber auf Wunsch dem Auftraggeber vorgelegt werden, um diesem die Prüfungsmöglichkeit durch einen Sachkundigen zu ermöglichen (insoweit unrichtig Saar/Böhm 5.4.2.2.3). Anders als die vorgezogene, prüffähige und für die Ausführung geeignete Berechnung, die als Besondere Leistung zu honorieren ist, ist die überschlägige statische Berechnung nicht für die Bauausführung, sondern nur für die Ermittlung der Dimensionen von Bedeutung. **22**

Die Teilleistung **Grundlegende Festlegungen** verlangt ebenfalls nur eine skizzenhafte Darstellung, da es sich hierbei noch nicht um Ausführungsunterlagen handelt. Allerdings müssen alle wesentlichen Gesichtspunkte enthalten sein. Dies schon deshalb, weil die Festlegungen mit als Grundlage für die Kostenberechnung des Objektplaners verwendet werden. **23**

24   Das **Mitwirken bei der Objektbeschreibung** bedeutet, daß der Tragwerksplaner gezwungen ist, dem Objektplaner eine Beschreibung des Tragwerks zur
Verfügung zu stellen, die in die Objektbeschreibung vom Objektplaner einbezogen werden muß. Dabei ist nach dem eindeutigen Wortlaut die Objektbeschreibung heute nicht mehr nach DIN 276 aufzustellen.

25   Beim **Mitwirken des Tragwerksplaners bei der Aufstellung der Kostenberechnung** nach DIN 276 ist die Neufassung der DIN 276 vom April 1981 zu beachten, die in Kostengruppe 3 unter 3.1.1 Gründung und unter 3.1.2 Tragkonstruktionen vorsieht. Insofern hat der Tragwerksplaner dem Objektplaner die
seine Konstruktion betreffenden Kostenangaben eigenständig zu geben.

26   Hinsichtlich des **Mitwirkens bei Verhandlungen mit Behörden** und anderen an
der Planung fachlich Beteiligten über die Genehmigungsfähigkeit wird auf die
Kommentierung zu § 15 Rdn. 72 verwiesen.

27   Durch die 5. HOAI-Novelle (vgl. Einl. Rdn. 12) wurde die Grundleistung
**Mitwirken bei der Kostenkontrolle durch Vergleich der Kostenberechnung mit
der Kostenschätzung** eingefügt. Diese Leistung korrespondiert mit derjenigen
des Objektplaners bei Gebäuden (vgl. § 15 Rdn. 61) und des Ingenieurs bei
Ingenieurbauwerken (vgl. § 55 Rdn. 44). Der Tragwerksplaner muß die von
ihm beigetragenen Zahlen schriftlich gegenüberstellen.

28   Als **Besondere Leistung** sind in Leistungsphase 3 zunächst **vorgezogene, prüfbare** Berechnungen genannt. Diese Berechnungen sollen zur Beschleunigung
des Baufortschritts dienen. Im Unterschied zu Leistungsphase 2 beziehen sich
die Berechnungen nicht mehr auf die Wirtschaftlichkeit, sondern es kann sich
hier nur noch um Berechnungen betreffend wesentlich tragende Teile oder
betreffend die Gründung handeln. In der Praxis werden dabei häufiger Berechnungen hinsichtlich der Gründung notwendig sein. Im Unterschied zu der
Besonderen Leistung in Leistungsphase 2 „Vorläufige nachprüfbare Berechnung" muß die Besondere Leistung aus Leistungsphase 3 amtlich prüfbar sein.
Bei den Berechnungen nach Leistungsphase 2 reicht es dagegen aus, wenn sie
für einen Fachmann nachprüfbar sind. Die Berechnung wesentlich tragender
Teile hat zum Ziel, daß die statische Berechnung von „unten nach oben" aufgestellt wird. Vorgezogene Berechnungen der Gründung sind nur diejenigen, die
für die Herstellung der Gründung notwendig sind, während das auf der Gründung zu errichtende Bauwerk auf üblichem Wege von „oben nach unten" nachgewiesen wird. Dies entspricht den in den Gebührenordnungen für Prüfinge-
nieure genannten Lastvorprüfungen. Daraus können sich für die Bewertung
dieser Besonderen Leistungen auch Anhaltspunkte ergeben. Werden die vorgezogenen Berechnungen in Leistungsphase 3 als Besondere Leistung in Auftrag
gegeben, so wird sich dadurch in aller Regel der Leistungsumfang der Grundleistung **Aufstellen der prüffähigen statischen Berechnungen** in Leistungsphase 4
vermindern. Soweit die Besondere Leistung aus Leistungsphase 3 jedoch nicht
an die Stelle der Grundleistung aus Leistungsphase 4 tritt, verbleibt es bei der
zusätzlichen Honorierung der Besonderen Leistung und dem vollen Vomhundertsatz aus Leistungsphase 4.

Als Besondere Leistung ist ferner genannt ein **Mehraufwand bei Sonderbauweisen oder Sonderkonstruktionen.** Unter Sonderbauweisen und -konstruktio-
nen sind alle Bauweisen zu verstehen, die eine Weiterentwicklung des Bauens
darstellen. Hierzu gehören alle Stahlbetonfertigteilkonstruktionen, Stahl- und
Holzkonstruktionen mit ungewöhnlichen Knotenpunkten, vorgespannte Konstruktionen, Stahlverbundkonstruktionen, Kunststoffkonstruktionen und Ort-
betonkonstruktionen mit hohen Bewehrungsgraden. Schließlich ist als Besondere Leistung genannt die **vorgezogene Stahlmengenermittlung.** Diese wurde
neu gefaßt durch die 4. HOAI-Novelle (vgl. Einl. Rdn. 9), was für die ab 1. 1.
1991 abgeschlossenen Verträge von Bedeutung ist. Sinn dieser Berechnung ist
es, eine vorzeitige Bestellung von Baumaterial zu ermöglichen. Hinsichtlich des
Honorars für die Besondere Leistung kann auf die entsprechenden Ausführungen zu den Berechnungen wesentlich tragender Teile und der Berechnung der
Gründung verwiesen werden. Der Aufwand und damit die Bewertung dieser
Besonderen Leistung wird entscheidend von dem geforderten Genauigkeits-
grad abhängen. Durch die 3. ÄndVO (vgl. Einl. Rdn. 6) sind die **Nachweise der
Erdbebensicherung** neu hinzugekommen. Es geht hier um die Abtragung der
Horizontallasten aus Erdbeben.

Zur **Haftung des Tragwerksplaners** wird zunächst auf Einl. Rdn. 236 ff. ver- **29**
wiesen. Hat der Tragwerksplaner im Rahmen der Vorplanung oder Entwurfsplanung seine Beratungspflichten verletzt, etwa, weil er die auf das Bauwerk
wirkenden Einflüsse nicht gebührend berücksichtigt hat oder weil er die sich
aus der Nutzung ergebenden Einflüsse falsch beurteilt hat oder weil er etwa
Zuschläge, die im Hinblick auf die Errichtung eines Bauwerks in einem erdbebengefährdeten Gebiet notwendig sind, nicht beachtet hat, so haftet er nach
§ 633 ff. BGB. Führt sein Beitrag zur Kostenschätzung oder Kostenberechnung
zu einem insoweit von ihm zu vertretenden Schaden, so setzt er sich Schadensersatzansprüchen nach § 635 BGB aus. Eine gesamtschuldnerische Haftung des
Objektplaners mit dem Tragwerksplaner scheidet in solchen Fällen aus, in
denen der Objektplaner den Kostenermittlungsbeitrag des Tragwerksplaners in
seine Kostenermittlung übernimmt, ohne daß der Fehler des Tragwerksplaners
so offensichtlich war, daß ein Objektplaner mit seinem üblichen Fachwissen
diesen erkennen mußte.

Ob der Tragwerksplaner von sich aus **Bodenuntersuchungen** zu veranlassen **30**
hat, ist nach BGH (BauR 1971, 265) eine Tatfrage. Auf keinen Fall kann er sich
hinsichtlich des Baugrunds einfach auf den Objektplaner verlassen. Er muß
sich um den Baugrund kümmern. Nach OLG Nürnberg (MDR 1975, 930) hat
er die Pläne des Architekten, die nur allgemeine Vorstellungen über die Gründung wiedergeben, in eigener Verantwortung zu prüfen und festzulegen, welche besonderen Gründungsmaßnahmen infolge der örtlichen Gegebenheiten
erforderlich sind. Dabei muß er alle zur Verfügung stehenden Erkenntnisquel-
len berücksichtigen, also nicht nur die Pläne des Architekten, sondern auch
anderweitiges Wissen von örtlichen Gegebenheiten. Betrifft der Mangel eine
Bauleistung, die allein der besonderen Kenntnis und dem Verantwortungsbe-

reich des Ingenieurs zuzurechnen ist, so haftet dieser allein, wie etwa hinsichtlich der konstruktiven Belange der Bauleistung (OLG Karlsruhe MDR 1971, 45).

31   Der Tragwerksplaner hat im Rahmen der Architektenpläne die Konstruktionsart und die Konstruktionsabmessungen in den Bewehrungsplänen so festzulegen, daß das Bauwerk standsicher ist (vgl. OLG München VersR 1977, 380). Weiterhin hat er die **Standsicherheit** der baulichen Anlage und sämtlicher Einzelteile technisch nachzuweisen (OLG Stuttgart BauR 1973, 64). Er hat in seine Berechnungen die Möglichkeiten von solchen Baufehlern einzubeziehen, die in der Baupraxis erfahrungsgemäß häufiger vorkommen (BGH Schäfer/Finnern Z 2.2.0 Bl. 6). Die statische Berechnung von Stützen einschließlich Bewehrung, Unterzügen und deren Auflager und die Materialbestimmung ist allein Aufgabe des Ingenieurs, für die er aufgrund seiner Kenntnisse einzustehen hat (OLG Karlsruhe VersR 1969, 355). Der Tragwerksplaner ist auch für die Standsicherheit der Baugrube (Rutsch- und Einsturzgefahr) zuständig. Auch insoweit gilt aber, daß der Architekt die eventuell vorher nötigen Untersuchungen des Baugrunds in die Wege leiten muß, wenn dafür Anlaß besteht (vgl. § 15 Rdn. 91). Beteiligt sich der Ingenieur an dem Entwurf der konstruktiven Verbindung **nichttragender** mit tragenden Teilen, muß er auch insoweit die Auswirkungen der Statik beachten (OLG Düsseldorf BauR 1994, 395).

32   Bei Vorgängen, die zum Spezialwissen des Ingenieurs gehören, muß dieser den Architekten auf statische Bedenken hinweisen; gegebenenfalls muß dieser Hinweis dem Auftraggeber gegenüber erfolgen (Ingenstau/Korbion B § 4 Rdn. 258 f. mit weiteren Beispielen).

33   Nicht eindeutig geklärt ist es, wer die Verantwortung für die Anordnung von **Dehnfugen** trägt (vgl. OLG Karlsruhe MDR 1969, 49, aber auch BGH BauR 1971, 267, der den Statiker für verantwortlich erachtet und den Architekten subsidiär haften läßt). Das OLG Düsseldorf (BauR 1973, 252) hält sowohl eine Haftung des Architekten wie des Statikers für möglich. In der Praxis zeigt sich, daß nur der Tragwerksplaner die Notwendigkeit von Dehnfugen bzw. die Konsequenzen von fugenlosen Baukonstruktionen überblicken und beurteilen kann. Fugenlose Bauten in Stahlbeton mit großen Längenausdehnungen sind heute nichts Außergewöhnliches mehr. Die darin auftretenden Zwängungskräfte führen zwar zu Rissen, deren Breiten sich jedoch im geforderten Rahmen beschränken lassen und die innerhalb bestimmter Toleranzen keine Mängel darstellen. Der Rahmen ist allerdings bei wasserbeaufschlagten Bauteilen eng. Auch hier ist zu beachten, daß trotz „Wasserundurchlässigkeit" eine Feuchtediffusion stattfinden kann. Den Architekten trifft dann eine Mithaftung, wenn er in Kenntnis dieser Zusammenhänge an der Entscheidung, fugenlos zu bauen, mitwirkt und dann nicht tolerable Rißbreiten auftreten.

34   Die Verantwortung des Tragwerksplaners bezieht sich auch auf den wirtschaftlichen Leistungsbereich. Selbst wenn die technische Konzeption einwandfrei ist, kann sie wirtschaftlich mangelhaft sein, etwa, wenn das Erfordernis wirtschaftlicher Planung nicht eingehalten ist (vgl. das Beispiel bei Bohl/Döbereiner/Keyserlingk, Rdn. 49). In diesem Fall hatte der Ingenieur nicht einfache Vollbetondecken, sondern wesentlich teurere Rippendecken vorgeschlagen, obwohl ihm bekannt war, daß es sich um ein Bauvorhaben handelte, das im Rahmen des sozialen Wohnungsbaues errichtet werden sollte. Insbesondere bei Renditeobjekten hat der Tragwerksplaner im Hinblick auf die Erfüllung seiner wirtschaftlichen Leistungspflicht den Zweck der Errichtung des Baues zu berücksichtigen. Zur wirtschaftlichen Seite der Leistungspflicht des Sonderfachmanns vgl. auch BGH Schäfer/Finnern Z 3.01 Bl. 348.

Es ist grundsätzlich nicht Aufgabe des Architekten, sondern des Tragwerksplaners, dafür einzustehen, wenn infolge einer Überdimensionierung der Fundamente vermeidbare Mehrkosten entstanden sind (BGH VersR 1964, 1045). **35**

Leistungsphase 4   Genehmigungsplanung   **36**

Die Grundleistungen in Leistungsphase 4 enthalten einmal das Aufstellen der prüffähigen statischen Berechnungen und zum anderen das Anfertigen von Positions- bzw. Übersichtsplänen. Als Grundleistung ist zunächst genannt das **Aufstellen der prüffähigen statischen Berechnungen.** Die Prüffähigkeit aller Nachweise ist auch hier an der amtlichen Prüfung orientiert, es reicht nicht aus, wenn eine Nachprüfbarkeit durch den Fachmann gegeben ist, wie dies in Leistungsphase 2, Besondere Leistung „Vorläufige nachprüfbare Berechnung", der Fall ist. Statische Berechnungen müssen den Nachweis über die Standsicherheit und die Gebrauchsfähigkeit erbringen. Letztere bezieht sich im wesentlichen auf Verformungen (Deckendurchbiegungen) sowie ggf. auf Schwingungsanfälligkeit der Konstruktion. Zum Verhältnis der prüffähigen statischen Berechnungen zu den vorgezogenen prüffähigen Berechnungen vgl. oben Rdn. 28. Bei den Berechnungen müssen die **bauphysikalischen Anforderungen** berücksichtigt werden. Dies betrifft den Wärme-, Schall- und Feuchtigkeitsschutz. Nachweise in diesen Bereichen sind Grundleistungen aus Teil X, XI bzw. IX und damit auch ohne schriftliche Vereinbarung zusätzlich zu honorieren. Der Nachweis des Brandschutzes ist zwar im Rahmen der Tragwerksplanung zu erbringen, aber nicht als Grundleistung, sondern als eine Besondere Leistung (vgl. Rdn. 40).

Als weitere Grundleistung ist alternativ genannt das **Anfertigen der Positionspläne** und das **Eintragen der statischen Positionen in die Entwurfszeichnungen des Objektplaners.** Positionspläne sind Pläne, die die in der statischen Berechnung enthaltenen Tragwerksteile fixieren. Es werden die Zahlen der einzelnen Tragelemente, die mit der Berechnung übereinstimmen, in die Grundrißpläne eingetragen. Beide Alternativen sind hinsichtlich der Honorierung gleichwertig. Die Eintragung der geforderten zahlreichen Angaben in Transparentpausen der Entwurfszeichnungen des Objektplaners führt häufig zu schwer entzifferbaren Zeichnungen. Deshalb ist die Neuanfertigung solcher Übersichtszeichnungen in Leistungsphase 4 als Besondere Leistung aufgeführt, die anstelle der Grundleistung treten kann (vgl. unten Rdn. 41 f.). **37**

38   Ebenfalls als Grundleistung aufgeführt ist das **Zusammenstellen der Unterlagen,** wobei es sich darum handelt, daß die Ausführungspläne, statischen Berechnungen, Positionspläne und – soweit erbracht – auch die Besonderen Leistungen aufeinander abgestimmt und geordnet werden.

39   Schließlich sind als Grundleistungen genannt die **Verhandlungen mit Prüfämtern und Prüfingenieuren** und das **Vervollständigen und Berichtigen** der Berechnungen und Pläne. Es ist hier jedoch ausdrücklich darauf hinzuweisen, daß Vervollständigen sich immer nur auf die Grundleistungen aus Leistungsphase 4 beziehen kann. Verlangt z. B. der Prüfingenieur Nachweise, die den Rahmen der Grundleistungen sprengen (z. B. Schwingungsuntersuchungen, außer bei Bauwerken der Honorarzone IV und V, oder bauphysikalische Nachweise), dann handelt es sich um Besondere Leistungen, für die ein gesondertes Honorar vereinbart und verlangt werden kann. **Schwingungsuntersuchungen** können erstens aus Gründen der Standsicherheit und zweitens wegen möglicher Beeinträchtigungen der Gebrauchsfähigkeit notwendig werden. Im ersteren Fall können Schwingungen die Schnittkräfte (Einwirkungen) erhöhen (z. B. durch Wind oder Erdbeben bei in Schwingungen versetzten Türmen, Masten oder Hochhäusern). Untersuchungen in diesen Fällen gehören zu den zu erbringenden Leistungen der Honorarzone IV bzw. V. Nicht zu diesen Leistungen dürfen Schwingungsuntersuchungen gerechnet werden, die mögliche Auswirkungen von Schwingungserregern auf schwingungsempfindliche Geräte in einem Bauwerk feststellen sollen. Als Erreger kommen u. a. Fahrzeuge außerhalb oder innerhalb des Gebäudes oder Fußgänger in Frage. Mit diesem Spezialgebiet befassen sich Ingenieurbüros für Baudynamik.

40   Als **Besondere Leistungen** sind zunächst genannt **bauphysikalische Nachweise zum Brandschutz.** Der Umfang dieser Nachweise hat sich in der Vergangenheit zunehmend erhöht. Die Vorschrift wurde auf den Brandschutz reduziert, weil die Nachweise zum Wärme- und Schallschutz in Teil X und XI besonders geregelt wurden (vgl. auch oben Rdn. 36, 39).

41   Die bauphysikalischen Nachweise sind als Besondere Leistung genannt, da sie nicht unmittelbar mit dem Tragwerk zu tun haben, sondern den Ausbau und die Gebrauchsfähigkeit betreffen. Die Bewertung dieser Besonderen Leistungen dürfte höher anzusetzen sein als in der LHO, nach der 3 v. H. vorgesehen waren. Als weitere Besondere Leistung kommen in Frage die statische Berechnung und zeichnerische Darstellung für **Bergschadenssicherungen und Bauzustände,** das Anfertigen von Zeichnungen mit detaillierten, tragwerksrelevanten Eintragungen (Tragwerksabmessungen, Verkehrslasten, Baustoffgüten u. a.), das Aufstellen der Berechnungen militärischer Lastenklassen sowie das Erfassen von Bauzuständen bei Ingenieurbauwerken, in denen das statische System von dem des Endzustands abweicht.

42   Was die o. g. **Zeichnungen** betrifft, so fertigt der Auftragnehmer die hier als Besondere Leistung genannten Pläne selbst. Soweit diese Pläne auch Bewehrungsquerschnitte enthalten, werden dadurch die Bewehrungszeichnungen keinesfalls ersetzt. Die Eintragungen müssen sich nur auf die wichtigsten Bewehrungen in den Hauptschnitten der Konstruktionsteile beziehen.

Damit ist die Liste der möglichen **Besonderen Leistungen** keinesfalls   43
erschöpft. Es werden vielmehr in der Praxis immer häufiger u. a. folgende
zusätzliche statische Nachweise erforderlich:

– Nachweis nach bautechnischen Richtlinien des Grundschutzes
– Nachweis der Erdbebenbeanspruchung
– Statische Berechnungen für Sicherungsmaßnahmen von Bauzuständen beim
  Planen im Bestand
– Erfassen von Bauzuständen beim Abbruch von Bauwerken
– Erfassen von Montage- und Transportzuständen bei Stahlbeton-Fertigteilen,
  im Holz- und Stahlbau und im Stahlverbundbau

Empfehlungen zur Honorierung und Bewertung dieser Leistungen finden
sich in Nr. 3 der Schriftenreihe des AHO.

Leistungsphase 5   Ausführungsplanung   44

Die Teilleistung **Durcharbeiten der Ergebnisse** umfaßt das Sichten, Zusammenfassen und Bewerten der Ergebnisse aus Leistungsphase 3 und 4. Ergänzungen und Änderungen der Planung aus Leistungsphase 3 und 4 sind hier
nicht erfaßt. Insoweit handelt es sich um Besondere Leistungen (vgl. unten
Rdn. 48). Als weitere Teilleistung ist das **Anfertigen der Schalpläne** genannt.
Diese Pläne dienen dem Einschalen des Betons. Sie haben meist den Maßstab
1:50, soweit nötig, auch einen größeren Maßstab. Die Schalpläne sind nach
dem Text der Leistungsphase 5 „in Ergänzung der fertiggestellten Ausführungspläne des Objektplaners" anzufertigen. Die darin enthaltenen Durchbrüche, Aussparungen und Schlitze anderer Sonderfachleute sind in die Schalpläne
zu übernehmen. Dies gehört als Begrenzung des Betons zu seiner Grundleistung (Saar/Böhm 5.4.2.2.5). Der Tragwerksplaner wird allerdings zuvor prüfen (und müßte dazu von den Sonderfachleuten befragt werden), ob die gewünschten Durchbrüche und Aussparungen statisch möglich sind. Dem Architekten
obliegt die Koordination der Leistungen der einzelnen Fachplaner.

Nicht zu den Grundleistungen gehört das Eintragen von Befestigungsmitteln   45
wie Ankerschienen und anderer Einbauteile in die Schalpläne. Wird dies verlangt, führt dies zur Besonderen Leistung einer sogenannten „Rohbauzeich-
nung" (s. unten). Sind die Ausführungspläne des Objektplaners noch nicht vollständig ausgearbeitet oder liegen sie nicht in dem notwendigen Maßstab vor, so
kann dies für den Tragwerksplaner einen erheblichen Mehraufwand mit sich
bringen. Dieser Mehraufwand kann dadurch abgegolten werden, daß ein
Honorar für die Besondere Leistung Fertigen oder Ergänzen der Ausführungspläne vereinbart wird.

Im Rahmen der Leistungsphase 5 hat der Tragwerksplaner die Konstruktion
durch **Bewehrungspläne, Stahlbaupläne, Holzkonstruktionspläne** (jedoch ohne
Werkstattzeichnungen) zeichnerisch darzustellen. Diese Grundleistung, die
nach § 64 Abs. 2 mit 26 % des Honorars nach § 64 zu bewerten ist, umfaßt im
Beton-/Stahlbetonbau das Zeichnen der Bewehrungspläne mit allen für das

Schneiden, Biegen und Verlegen notwendigen Vermaßungen, Querschnitts-
und Stahlsortenangaben wie auch die Stahlmengenermittlung.

46 Im Stahlbau kann die Konstruktionszeichnung eine einfache Strichzeich-
nung sein, soweit sie alle erforderlichen Angaben für die Fertigung der Werkstattzeichnungen enthält. Anschlußdetails müssen auf den Konstruktionszeichnungen nicht detailliert dargestellt werden. Soweit erforderlich, genügen als
Grundlage für Werkstattzeichnungen (maßstäbliche) Skizzen der Anschlüsse in
der Statik. Die zeichnerische Darstellung ist durch Verlegeanweisungen zu
ergänzen (Saar/Böhm, 5.4.2.2.5). Das **Aufstellen detaillierter Stahl- oder Stücklisten** dient als Grundlage für die Bestellung und Abrechnung hinsichtlich der
Einzelteile.

47 Durch die **4. HOAI-Novelle** wurde Absatz 2 geändert (zur Novelle vgl. Einl.
Rdn. 2). Die Neuregelung gilt für alle Verträge, die seit 1. 1. 1991 abgeschlossen wurden (für Übergangsfälle vgl. § 103). Im Stahlbetonbau bleibt es bei der
Kürzung des Honorars für die Ausführungsplanung von 42 v. H. auf 26 v. H.,
wenn keine Schalpläne in Auftrag gegeben werden, im Stahlbau und Holzbau
nur dann, wenn der AN die Werkstattzeichnungen nicht überprüft, wie auch im
Holzbau für Tragwerke der Honorarzone 1 und 2.

48 Als **Besondere Leistungen** sind zunächst **Werkstattzeichnungen** im Stahl- und
Holzbau einschließlich Stücklisten, **Elementpläne** für Stahlbetonfertigteile einschließlich Stahl- und Stücklisten genannt. Werkstattzeichnungen sind Stück-
zeichnungen mit ausführlicher Darstellung aller Einzelheiten und Maße. Sie
enthalten eine Einzeldarstellung jedes Konstruktionsteils in größerem Maßstab, um die Werkstattfertigung zu ermöglichen. Weitere Besondere Leistungen sind das Berechnen der Dehnwege, Festlegen des Spannvorganges und
Erstellen der Spannprotokolle im Spannbetonbau. Es ist hier der Spannvorgang
festzulegen. Die aufzubringenden Kräfte für die Vorspannung werden gemessen. Eigentlich handelt es sich hierbei um keine Planungsleistung, sondern um
tatsächliche Erhebungen. Weiterhin sind als Besondere Leistungen statische
Nachweise und Ausführungszeichnungen genannt, die infolge **wesentlicher
Änderungen der Genehmigungsplanung,** die vom Auftragnehmer nicht zu vertreten sind, erforderlich werden. Es kann sich hierbei etwa um Änderungswünsche des Auftraggebers handeln. Zusätzliche Anforderungen im Sinne dieser
Besonderen Leistungen können jedoch auch durch die Baubehörde gestellt
werden. Allerdings muß es sich hierbei um Anforderungen handeln, mit denen
der Auftragnehmer unter normalen Umständen nicht rechnen konnte. Es kann
sich auch um Maßnahmen handeln, die durch einen anderen Fachingenieur
veranlaßt wurden. Vereinbart der Auftragnehmer ein Honorar für diese Besonderen Leistungen, obwohl er die Änderungen bzw. Ergänzungen selbst zu vertreten hat, so verstößt die Vereinbarung gegen den Höchstpreischarakter.

49 Schließlich sind als Besondere Leistungen **Rohbauzeichnungen im Stahlbeton-
bau** genannt, die auf der Baustelle nicht der Ergänzung durch die Pläne des
Objektplaners bedürfen. Sie müssen also neben den Mindestinhalten eines
Schalplans, d. h. den Maßen und Angaben, die für das Einschalen erforderlich

sind, auch alle weiteren Angaben für die Herstellung des Tragwerks enthalten, insbesondere einzubetonierende Bauteile wie Ankerschienen, Ankerplatten, Fassadenverankerungen, Oberflächenbeschaffenheit u. a. m. (vgl. Neuenfeld/ Baden/Dohna/Groscurth § 64 Rdn. 38 b). Die Besonderen Leistungen wurden durch die **4. HOAI-Novelle** neu gefaßt und ergänzt.

Leistungsphase 6   **Vorbereitung der Vergabe**   50

Der Beitrag des Tragwerksplaners zur Mengenermittlung des Objektplaners besteht im **Ermitteln der Betonstahlmengen im Stahlbetonbau, der Stahlmengen im Stahlbau und der Holzmengen im Ingenieurholzbau** einschließlich der zugehörigen kraftübertragenden Zwischenbauteile und Verbindungsmittel. Eine weitere Grundleistung ist das **Aufstellen von Leistungsbeschreibungen** als Ergänzung zu den Mengenermittlungen als Grundlage für das Leistungsverzeichnis des Tragwerks. Hierbei hat der Tragwerksplaner alle für das Tragwerk erforderlichen Leistungen zu beschreiben. Unter Leistungsbeschreibungen ist nicht etwa das Leistungsverzeichnis selbst zu verstehen. Es handelt sich vielmehr um Beschreibungen der ausgeschriebenen Leistung, die ergänzend zu den Mengenberechnungen als Erläuterungen anzufertigen und dem Objektplaner für die Aufstellung des Leistungsverzeichnisses zur Verfügung zu stellen sind. Sie müssen die Leistung umfassend beschreiben und alle für die Kalkulation und Herstellung erforderlichen Festlegungen bezüglich Baustoffarten und -güte, besondere Qualitätsanforderungen, Herstellungsart u. a. m. enthalten. Es sind weder Einheitspreise noch der Gesamtpreis anzugeben.

Anstelle dieser Grundleistungen tritt bei **Leistungsbeschreibung mit Leistungs-** 51
programm der Beitrag des Tragwerksplaners als Besondere Leistung ohne Minderung des Grundhonorars hinzu (vgl. i. e. § 15 Rdn. 134 f.). Als Besondere Leistungen können im Rahmen der Leistungsphase 6 in Frage kommen ein Beitrag zum Aufstellen von vergleichenden Kostenübersichten des Objektplaners und das Aufstellen des Leistungsverzeichnisses des Tragwerks.

Leistungsphase 7   **Mitwirkung bei der Vergabe**   52

In dieser Leistungsphase gibt es keine Grundleistungen, sondern lediglich Besondere Leistungen. Sämtliche dieser Besonderen Leistungen beschränken sich auf ein Mitwirken bzw. einen Beitrag zu den entsprechenden Leistungen des Objektplaners. Das Mitwirken bzw. der Beitrag des Tragwerksplaners bezieht sich lediglich auf das Tragwerk selbst. Bei der Vergabe nach Pauschalpreisen hat der Tragwerksplaner vor allem zu prüfen, ob der Leistungsumfang der einzelnen Angebote den Erfordernissen entspricht. Nebenangebote können technische Sondervorschläge sein, für die prüfbare statische Vorberechnungen dem Angebot beizulegen sind. Des Tragwerksplaners Aufgabe wird es sein, diese auf ihre Richtigkeit und Übereinstimmung mit den gültigen Normen zu prüfen und zu werten.

53 **Leistungsphase 8 Objektüberwachung**

Auch diese Leistungsphase enthält ausschließlich Besondere Leistungen. Der Tragwerksplaner muß ohne ausdrückliche Vereinbarung keine Überwachungstätigkeit durchführen. Er kann die Übernahme dieser Leistung von einer wirksamen Honorarvereinbarung (vgl. § 5 Abs. 4 und 5) abhängig machen. Wird er aber zur Bauüberwachung hinzugezogen und führt er Baukontrollen durch, so muß er prüfen und darauf hinweisen, ob und daß die Planvorgaben korrekt umgesetzt wurden. Tut er dies nicht, dann haftet er bei unübersehbaren Fehlern (OLG Hamm NJW-RR 1990, 915; vgl. auch zum faktischen Bauleiter § 15 Rdn. 211). Anhaltspunkte für die Bewertung der Objektüberwachung ergeben sich aus der Bewertung der Bauüberwachung nach der LHO und den Empfehlungen des AHO in Nr. 3 der Schriftenreihe.

54 Die Objekt-(Bau-)Überwachung erfolgt anstelle bzw. in Ergänzung zur Bauüberwachung durch den vom Bauherrn zu bestellenden (Architekten) Bauleiter sowie in Ergänzung zur Bauüberwachung im bauaufsichtlichen Sinne durch die Bauaufsichtsbehörde bzw. den von ihr beauftragten Prüfingenieur. Sie kann stichprobenartig erfolgen. Auf eine Bauüberwachung durch den Tragwerksplaner wird insbesondere dann zurückgegriffen, wenn der Bauleiter nicht für alle ihm obliegenden Aufgaben die erforderliche Sachkunde und Erfahrung hat (§ 47 LBO). Der Bauleiter bleibt für das ordnungsgemäße Ineinandergreifen seiner Tätigkeit mit denen der Fachbauleitung verantwortlich. Wird kein Fachbauleiter (z. B. Tragwerksplaner) zur Bauüberwachung bestellt, so hat der Bauleiter die ordnungsgemäße, den allgemein anerkannten Regeln der Technik entsprechende Ausführung des Bauvorhabens zu überwachen. Hierzu gehört auch die Überwachung der fachgerechten Bewehrungsverlegung.

55 Im Rahmen der ingenieurtechnischen Kontrolle der Ausführung des Tragwerks ist die Kontrolle der Bewehrung vor dem Betonieren ein wesentlicher Teil der Besonderen Leistungen. Sie bezieht sich z. B. auf Stahlgüte, Anzahl, Durchmesser, Lage (Abstände, Betondeckung, Rüttelgassen, Lagesicherung), Form (Biegeradien, Verankerungslängen) und Stoßausbildung (vgl. Nr. 3 der Schriftenreihe des AHO). Das Ergebnis der Kontrolle ist schriftlich festzuhalten.

56 Zur ingenieurtechnischen Kontrolle der Ausführung der Konstruktion auf Übereinstimmung mit den geprüften Unterlagen gehört auch die Tauglichkeit der für die Konstruktion verwandten Materialien und Herstellungsarten. Des weiteren ist in besonderen Fällen die Betonherstellung und -verarbeitung auf der Baustelle zu kontrollieren sowie eine statistische Auswertung der Güteprüfungen vorzunehmen. Eine betontechnologische Beratung kommt insbesondere bei der Ausführung von WU-Beton in Frage. Letztendlich hat sich die ingenieurtechnische Kontrolle auf Bauhelfe, z. B. Arbeits- und Leergerüste, Kranbahnen und Baugrubensicherungen, zu erstrecken.

Der Rolle des Ingenieurs kommt bei der Überwachung von Umbau- und Modernisierungsmaßnahmen besondere Bedeutung zu. Eingriffe in die Bausubstanz erfordern Kenntnisse, über die nur er in ausreichendem Maß verfügt.

Leistungsphase 9 Objektbetreuung und Dokumentation 57

Als Besondere Leistung in dieser Leistungsphase kann z. B. auch vereinbart werden, daß eine Begehung und Überwachung zur Feststellung von die Standsicherheit betreffenden Einflüssen während der gesamten Nutzungsdauer erfolgen soll. Auch diese Leistungsphase enthält keine Grundleistungen.

§ 65
Honorartafel für Grundleistungen bei der Tragwerksplanung

(1) Die Mindest- und Höchstsätze der Honorare für die in § 64 aufgeführten Grundleistungen bei der Tragwerksplanung sind in der nachfolgenden Honorartafel [siehe Seite 914] festgesetzt.

(2) § 16 Abs. 2 und 3 gilt sinngemäß.

Zum Vorgehen bei der Honorarberechnung vgl. § 62 Rdn. 5 ff. Die Honorartafel wurde durch die 5. HOAI-Novelle geändert (vgl. Einl. Rdn. 12). Die neuen Werte gelten für Verträge, die seit dem 1. 1. 1996 abgeschlossen wurden (für Übergangsfälle vgl. § 103). 1

Absatz 1 enthält die Honorartafel für die in § 64 aufgeführten **Grundleistungen** bei der Tragwerksplanung. Hinsichtlich der etwa erbrachten Besonderen Leistungen steht dem Auftragnehmer ein Honorar nach §§ 2 Abs. 3; 5 Abs. 4 und 5 zu (vgl. die Kommentierung zu diesen Bestimmungen). Zur Bedeutung der Begriffe **Mindest- und Höchstsätze** vgl. im einzelnen die Kommentierung zu § 4 Rdn. 58. Für außergewöhnliche oder ungewöhnlich lange dauernde Leistungen kann unter den Voraussetzungen des § 4 Abs. 3 ein über dem Höchstsatz liegendes Honorar vereinbart werden (vgl. § 4 Rdn. 92 ff.). Das Honorar kann bis zum Höchstsatz frei vereinbart werden, ohne daß besondere Voraussetzungen hierfür vorliegen müßten und ohne daß der Auftragnehmer eine Begründung für den erhöhten Honorarsatz abgeben müßte. Allerdings muß eine vom Mindestsatz nach oben abweichende Honorarvereinbarung gemäß § 4 Abs. 1 und 4 bei Auftragserteilung (vgl. § 4 Rdn. 34) in schriftlicher Form (vgl. § 4 Rdn. 26) getroffen werden.

Im Unterschied zu den Gebührentafeln der GOI und LHO gibt die HOAI das Honorar nicht in Prozentsätzen aus den jeweiligen anrechenbaren Kosten an, sondern in festen DM-Beträgen. Die Honorarsätze erhöhen sich je nach Honorarzone. Innerhalb der einzelnen Honorarzonen sind die Sätze degressiv, d. h., bei steigenden anrechenbaren Kosten verringert sich die Zuwachsrate im Verhältnis zu den Sätzen bei niedrigeren anrechenbaren Kosten. Die Honorartafel weist Honorare von 20 000 DM bis 30 000 000 DM anrechenbare Kosten aus. 2

Die Zwischenwerte sind durch **lineare Interpolation** zu ermitteln (§ 5 a und die Kommentierung dazu). 3

Honorartafel zu § 65 Abs. 1

Anrechenbare Kosten DM	Zone I von DM	Zone I bis	Zone II von DM	Zone II bis	Zone III von DM	Zone III bis	Zone IV von DM	Zone IV bis	Zone V von DM	Zone V bis
20 000	1 990	2 320	2 320	3 130	3 130	4 100	4 100	4 920	4 920	5 240
30 000	2 790	3 230	3 230	4 320	4 320	5 630	5 630	6 720	6 720	7 160
40 000	3 530	4 070	4 070	5 430	5 430	7 050	7 050	8 410	8 410	8 950
50 000	4 230	4 870	4 870	6 470	6 470	8 390	8 390	9 990	9 990	10 630
60 000	4 920	5 650	5 650	7 480	7 480	9 680	9 680	11 510	11 510	12 240
70 000	5 590	6 410	6 410	8 460	8 460	10 910	10 910	12 960	12 960	13 780
80 000	6 220	7 130	7 130	9 390	9 390	12 120	12 120	14 380	14 380	15 290
90 000	6 870	7 860	7 860	10 330	10 330	13 290	13 290	15 760	15 760	16 750
100 000	7 480	8 550	8 550	11 220	11 220	14 420	14 420	17 090	17 090	18 160
150 000	10 440	11 880	11 880	15 480	15 480	19 800	19 800	23 400	23 400	24 840
200 000	13 210	14 990	14 990	19 440	19 440	24 790	24 790	29 240	29 240	31 020
300 000	18 420	20 820	20 820	26 820	26 820	34 030	34 030	40 030	40 030	42 430
400 000	23 320	26 290	26 290	33 700	33 700	42 600	42 600	50 010	50 010	52 980
500 000	27 990	31 490	31 490	40 230	40 230	50 710	50 710	59 450	59 450	62 950
600 000	32 520	36 520	36 520	46 510	46 510	58 490	58 490	68 480	68 480	72 480
700 000	36 890	41 370	41 370	52 550	52 550	65 980	65 980	77 170	77 170	81 640
800 000	41 170	46 100	46 100	58 440	58 440	73 240	73 240	85 580	85 580	90 510
900 000	45 350	50 730	50 730	64 170	64 170	80 310	80 310	93 750	93 750	99 130
1 000 000	49 440	55 250	55 250	69 780	69 780	87 210	87 210	101 730	101 730	107 540
1 500 000	68 930	76 750	76 750	96 290	96 290	119 750	119 750	139 290	139 290	147 110
2 000 000	87 260	96 910	96 910	121 020	121 020	149 950	149 950	174 070	174 070	183 710
3 000 000	121 700	134 660	134 660	167 050	167 050	205 930	205 930	238 320	238 320	251 280
4 000 000	154 060	170 040	170 040	209 970	209 970	257 900	257 900	297 840	297 840	313 810
5 000 000	185 000	203 790	203 790	250 750	250 750	307 110	307 110	354 070	354 070	372 860
6 000 000	214 840	236 280	236 280	289 880	289 880	354 200	354 200	407 800	407 800	429 240
7 000 000	243 780	267 760	267 760	327 690	327 690	399 620	399 620	459 560	459 560	483 530
8 000 000	272 000	298 410	298 410	364 420	364 420	443 650	443 650	509 660	509 660	536 070
9 000 000	299 570	328 330	328 330	400 210	400 210	486 480	486 480	558 370	558 370	587 120
10 000 000	326 600	357 630	357 630	435 210	435 210	528 300	528 300	605 880	605 880	636 910
15 000 000	455 420	497 000	497 000	600 940	600 940	725 670	725 670	829 610	829 610	871 190
20 000 000	576 590	627 730	627 730	755 580	755 580	909 000	909 000	1 036 850	1 036 850	1 087 990
30 000 000	804 000	872 420	872 420	1 043 460	1 043 460	1 248 710	1 248 710	1 419 750	1 419 750	1 488 170

Absatz 2 ordnet die entsprechende Anwendung des § 16 Abs. 2 und 3 an. **4**
Dies bedeutet, daß für anrechenbare Kosten von weniger als 20 000 DM die
Honorare frei vereinbart werden können, und zwar bis zur Höhe der für anrechenbare Kosten von 20 000 DM vorgesehenen Honorare. Die Höchstsätze für
alle anrechenbaren Kosten bis zu 20 000 DM sind sonach aus der Gruppe
20 000 DM zu entnehmen. Als Mindestsätze sind die Stundensätze nach § 6
Abs. 2, höchstens jedoch die Mindestsätze für anrechenbare Kosten von
20 000 DM zugrunde zu legen (vgl. § 16 und die entsprechende Kommentierung).

Für anrechenbare Kosten von mehr als 30 000 000 DM kann das Honorar **5**
frei vereinbart werden. Eine Bindung an die Höchstsätze der anrechenbaren
Kosten für 30 000 000 DM besteht sonach ebensowenig wie eine Bindung an
die Einordnung in die einzelnen Honorarzonen. Das Honorar für anrechenbare Kosten über 30 000 000 DM ist also grundsätzlich nicht durch Extrapolation zu ermitteln. Fehlt eine Vereinbarung, so können nicht die Mindest- oder
Höchstsätze zugrunde gelegt werden. Es gilt die „übliche Vergütung" (vgl. § 16
Rdn. 13). In der Praxis hat es sich eingebürgert, Extrapolationstabellen, aufgestellt nach Extrapolationskurven der Honorarermittlung, zugrunde zu legen.
So benutzte die Staatliche Hochbauverwaltung von Baden-Württemberg in der
Zeit der Gültigkeit der 4. HOAI-Novelle die nachstehend abgedruckte Tabelle:

Erweiterte Honorartafel Tragwerksplanung § 65 HOAI 1. 1. 1991

Anrechen-bare Kosten DM	Zone I von DM	bis	Zone II von DM	bis	Zone III von DM	bis	Zone IV von DM	bis	Zone V von DM	bis
40 000 000	952 800	1 034 000	1 034 000	1 236 600	1 236 600	1 480 200	1 480 200	1 682 500	1 682 500	1 763 600
50 000 000	1 137 200	1 234 100	1 234 100	1 475 900	1 475 900	1 766 600	1 766 600	2 008 100	2 008 100	2 104 900
60 000 000	1 314 100	1 426 100	1 426 100	1 705 400	1 705 400	2 041 400	2 041 400	2 320 400	2 320 400	2 432 200
70 000 000	1 484 900	1 611 400	1 611 400	1 927 100	1 927 100	2 306 800	2 306 800	2 622 000	2 622 000	2 748 400
80 000 000	1 650 700	1 791 400	1 791 400	2 142 300	2 142 300	2 564 400	2 564 400	2 914 800	2 914 800	3 055 300
90 000 000	1 812 300	1 966 700	1 966 700	2 352 000	2 352 000	2 815 400	2 815 400	3 200 100	3 200 100	3 354 400
100 000 000	1 970 100	2 138 100	2 138 100	2 556 900	2 556 900	3 060 600	3 060 600	3 478 900	3 478 900	3 646 500
110 000 000	2 124 800	2 305 900	2 305 900	2 757 500	2 757 500	3 300 900	3 300 900	3 752 000	3 752 000	3 932 900
120 000 000	2 276 500	2 470 500	2 470 600	2 954 500	2 954 500	3 536 600	3 536 600	4 020 000	4 020 000	4 213 300
130 000 000	2 425 700	2 632 400	2 632 400	3 148 100	3 148 100	3 768 300	3 768 300	4 283 300	4 283 300	4 489 300
140 000 000	2 572 500	2 791 700	2 791 700	3 338 600	3 338 600	3 996 300	3 996 300	4 542 500	4 542 500	4 761 500
150 000 000	2 717 100	2 948 700	2 948 700	3 525 300	3 525 300	4 221 000	4 221 000	4 797 900	4 797 900	5 029 200

Ob diese Werte „üblich" sind, ist im Streitfall durch Sachverständigengutachten zu klären.

§ 66
Auftrag über mehrere Tragwerke und bei Umbauten

(1) Umfaßt ein Auftrag mehrere Gebäude oder Ingenieurbauwerke mit konstruktiv verschiedenen Tragwerken, so sind die Honorare für jedes Tragwerk getrennt zu berechnen.

(2) Umfaßt ein Auftrag mehrere Gebäude oder Ingenieurbauwerke mit konstruktiv weitgehend vergleichbaren Tragwerken derselben Honorarzone, so sind die anrechenbaren Kosten der Tragwerke einer Honorarzone zur Berechnung des Honorars zusammenzufassen; das Honorar ist nach der Summe der anrechenbaren Kosten zu berechnen.

(3) Umfaßt ein Auftrag mehrere Gebäude oder Ingenieurbauwerke mit konstruktiv gleichen Tragwerken, die sich durch geringfügige Änderungen der Tragwerksplanung unterscheiden und die einen wesentlichen Arbeitsaufwand verursachen, so sind für die 1. bis 4. Wiederholung die Vomhundertsätze der Leistungsphasen 1 bis 6 des § 64 um 50 vom Hundert, von der 5. Wiederholung an um 60 vom Hundert zu mindern.

(4) Umfaßt ein Auftrag mehrere Gebäude oder Ingenieurbauwerke mit konstruktiv gleichen Tragwerken, für die eine Änderung der Tragwerksplanung entweder nicht erforderlich ist oder nur einen unwesentlichen Arbeitsaufwand erfordert, so sind für jede Wiederholung

1. bei Gebäuden und Ingenieurbauwerken nach § 51 Abs. 1 Nr. 1 bis 5 die Vomhundertsätze der Leistungsphasen 1 bis 6 des § 64,

2. bei Ingenieurbauwerken nach § 51 Abs. 1 Nr. 6 und 7 die Vomhundertsätze der Leistungsphasen 2 bis 6 des § 64

um 90 vom Hundert zu mindern.

(5) Bei Umbauten nach § 3 Nr. 5 ist bei Gebäuden und Ingenieurbauwerken eine Erhöhung des nach § 65 ermittelten Honorars um einen Vomhundertsatz schriftlich zu vereinbaren. Bei der Vereinbarung nach Satz 1 ist insbesondere der Schwierigkeitsgrad der Leistungen zu berücksichtigen. Bei durchschnittlichem Schwierigkeitsgrad kann ein Zuschlag von 20 bis 50 v. H. vereinbart werden. Sofern nicht etwas anderes schriftlich vereinbart ist, gilt ab durchschnittlichem Schwierigkeitsgrad ein Zuschlag von 20 vom Hundert als vereinbart. Bei einer Vereinbarung nach Satz 1 können bei Gebäuden die Kosten für das Abbrechen von Bauwerksteilen (DIN 276, Kostengruppe 1.4.4) den anrechenbaren Kosten nach § 62 zugerechnet werden. Für Ingenieurbauwerke gilt Satz 5 sinngemäß.

(6) § 24 Abs. 2 gilt sinngemäß.

Die Vorschrift gilt in der jetzigen Form seit dem 1. 1. 1991 (zur 4. HOAI-Novelle vgl. **Einl.** Rdn. 9). Die Absätze 1–4 enthalten eine ähnliche Regelung wie § 22 und die Absätze 5 und 6 wie § 24. Sondervorschriften über Einzelleistungen wie § 19, über mehrere Vor- oder Entwurfsplanungen wie § 22, über ein erhöhtes Honorar bei zeitlich getrennter Ausführung wie § 21 und über verschiedene Leistungen wie § 23 sind für die Tätigkeit bei der Tragwerksplanung dagegen nicht vorgesehen.

2   **Absätze 1–4** regeln das Honorar für Aufträge, die **mehrere Gebäude** umfassen (zum Begriff „mehrere Gebäude" vgl. § 22 Rdn. 4 ff.). Sie betreffen nur diejenigen Fälle, in denen **ein Auftrag** erteilt wird. Liegen **mehrere Aufträge** vor, so steht dem Statiker ein gesondertes Honorar zu. Eine Honorarminderung ist in diesen Fällen nicht vorzunehmen. Erhält der Auftragnehmer **einen Auftrag** von **mehreren** Auftraggebern, so steht ihm lediglich das einfache Honorar zu. Die mehreren Auftraggeber haften jedoch als Gesamtschuldner für das volle Honorar (§ 427 BGB).

3   Die Absätze 1–4 sehen unterschiedliche Honorarregelungen vor für Aufträge betreffend
– konstruktiv verschiedene Tragwerke,
– konstruktiv weitgehend vergleichbare Tragwerke,
– konstruktiv gleiche Tragwerke, jedoch mit wesentlichem Änderungsaufwand, und
– konstruktiv gleiche Tragwerke ohne oder nur mit geringem Änderungsaufwand.

4   Zum Begriff Tragwerk vgl. § 62 Rdn. 3 ff. Hinsichtlich der Honorierung für Leistungen bei mehreren Tragwerken sind im einzelnen folgende Fälle zu unterscheiden:

5   Umfaßt ein Auftrag mehrere Gebäude mit **konstruktiv** gleichen Tragwerken, so steht dem Auftragnehmer lediglich das Wiederholungshonorar nach Absatz 4 zu. Absatz 4 ist nur dann anwendbar, wenn die Tragwerke konstruktiv völlig identisch sind, d. h., wenn Änderungen der Tragwerksplanung überhaupt nicht erforderlich sind oder wenn für Änderungen ein nur unwesentlicher Arbeitsaufwand erforderlich wird.

Verursachen auch nur geringfügige Änderungen der Tragwerksplanung von ansonsten konstruktiv gleichen Tragwerken einen wesentlichen Arbeitsaufwand, so ist Absatz 3 anzuwenden.

Identität der Tragwerke bedeutet dabei, daß nicht etwa lediglich die gleichen Arten von Tragwerken (etwa Gebäudetragwerke aus Mauerwerk und Stahlbetondecken) vorliegen müssen, sondern daß es sich um die genau gleichen statischen Positionen handelt. Ein Wiederholungshonorar nach Absatz 4 kommt ferner überhaupt nur dann in Frage, wenn es sich lediglich um **einen** Auftrag handelt. Werden mehrere gesonderte Aufträge erteilt, so steht dem Auftragnehmer ein gesondertes Honorar auch dann zu, wenn es sich um konstruktiv gleiche Tragwerke handelt. Ohne Bedeutung ist im Rahmen des Absatzes 4, ob die mehreren Gebäude in einem zeitlichen oder örtlichen Zusammenhang oder unter gleichen baulichen Verhältnissen errichtet werden. Insoweit besteht ein Unterschied gegenüber § 22 Abs. 2. Auch Anschlußaufträge sind sonach getrennt und in vollem Umfang zu honorieren.

Das Wiederholungshonorar nach Absatz 4 ist gegenüber dem vollen Honorar um 90 v. H. vermindert. Die Minderung greift für die erste und jede weitere Wiederholung ein.

Umfaßt ein Auftrag mehrere Gebäude mit **konstruktiv verschiedenen Trag-** 6 **werken,** so steht dem Auftragnehmer nach **Absatz 1** ein jeweils getrenntes Honorar zu, sofern nicht die Voraussetzungen des Absatzes 2 vorliegen. Die Verschiedenheit der Tragwerke kann sich einmal aus der Art der Tragwerke, zum anderen aber auch daraus ergeben, daß es sich um unterschiedliche statische Positionen handelt.

Handelt es sich um konstruktiv verschiedene Tragwerke, die jedoch **weitge-** 7 **hend vergleichbar** sind und derselben Honorarzone angehören, so steht dem Auftragnehmer nach **Absatz 2** kein getrenntes Honorar zu. Vielmehr sind die anrechenbaren Kosten der verschiedenen, aber konstruktiv weitgehend vergleichbaren Tragwerke zusammenzufassen und das Honorar nach der Summe der anrechenbaren Kosten zu berechnen. Dem Auftragnehmer steht hier nur ein Honorar zu. Da die Honorartafel des § 65 degressive Sätze enthält, handelt es sich um eine Verminderung des Honorars gegenüber Absatz 1.

Absatz 2 ist nur unter zwei Voraussetzungen anwendbar:
Einmal muß es sich um verschiedene, aber **konstruktiv weitgehend vergleichbare** Tragwerke handeln. Konstruktiv weitgehend vergleichbar sind die Tragwerke dann, wenn in den Gebäuden in erheblichem Umfang die gleichen statischen Positionen enthalten sind. Es genügt hier nicht, daß die Gebäudetragwerke aus Mauerwerk und Stahlbeton bestehen, um schon von Vergleichbarkeit sprechen zu können. Vielmehr müssen die Einzelpositionen weitgehend übereinstimmen (ebenso Ehrhardt/Lüdtke/Saar, Consulting 1977, Heft 1/II). Zum anderen müssen die Tragwerke **derselben Honorarzone** angehören. Dabei ist unerheblich, ob die Einordnung in dieselbe Honorarzone nach § 63 Abs. 1 oder 2 vorgenommen wird.

Die Bestimmung des Absatzes 2 stellt gegenüber Absatz 1 eine Ausnahme 8 dar. Dies bedeutet, daß derjenige die Beweislast für die Voraussetzungen des Absatzes 2 hat, der sich auf diese Vorschrift beruft. Der Ausnahmecharakter hat ferner zur Folge, daß Absatz 2 eng auszulegen ist.

Absatz 5 sieht ähnlich wie § 24 für den Architekten einen Umbauzuschlag 9 vor. Gerade bei Umbauarbeiten ergeben sich oft besonders schwierige statische Probleme. Dem trägt der Zuschlag nach Absatz 5 Rechnung.

Der Begriff **Umbauten** ist in § 3 Nr. 2 definiert (vgl. § 3 Rdn. 9). Zur Abgren- 10 zung zwischen Umbauten und Wiederaufbauten, Erweiterungsbauten bzw. Instandsetzungen vgl. § 3 Rdn. 3, 4, 5, 10. Der Begriff **Veränderungen** ist in § 3 nicht definiert. Es handelt sich um den Oberbegriff für Erweiterungsbauten (§ 3 Rdn. 8), Modernisierungen (§ 3 Rdn. 10) und Instandsetzungen (§ 3 Rdn. 7, 15).

Absatz 5 ermöglicht zunächst die Vereinbarung eines erhöhten Honorars um 11 20 bis 50 v. H. des Honorars nach § 65. Die entsprechende **Vereinbarung** muß bereits **bei Auftragserteilung** (vgl. § 4 Rdn. 34) in **schriftlicher Form** (vgl. § 4

Rdn. 26) getroffen werden. Dies deshalb, weil auch § 66 Abs. 5 eine Abweichung von Mindestsätzen darstellt und jede Abweichung von den Mindestsätzen den Voraussetzungen des § 4 Abs. 1 und 4 entsprechen muß. Ohne eine Vereinbarung, die diesen Voraussetzungen genügt, kann ab durchschnittlichem Schwierigkeitsgrad (Honorarzone III) ein Mindestzuschlag auch ohne Vereinbarung in Höhe von 20 v. H. zum Gesamthonorar berechnet werden.

12 Abs. 5 Satz 4 ermöglicht ferner eine Erhöhung der anrechenbaren Kosten um die Abbruchkosten (DIN 276, 1.4.3.0). Auch diese Erhöhung muß jedoch bei Auftragserteilung schriftlich vereinbart werden.

§ 67
Tragwerksplanung für Traggerüste bei Ingenieurbauwerken

(1) Das Honorar für Leistungen bei der Tragwerksplanung für Traggerüste bei Ingenieurbauwerken richtet sich nach den anrechenbaren Kosten nach Absatz 2, der Honorarzone, der diese Traggerüste nach § 63 zuzurechnen sind, nach den Leistungsphasen des § 64 und der Honorartafel des § 65.

(2) Anrechenbare Kosten sind die Herstellungskosten der Traggerüste. Bei mehrfach verwendeten Bauteilen von Traggerüsten ist jeweils der Neuwert anrechenbar. Im übrigen gilt § 62 sinngemäß.

(3) Die §§ 21 und 66 gelten sinngemäß.

(4) Das Honorar für Leistungen bei der Tragwerksplanung für verschiebbare Gerüste bei Ingenieurbauwerken kann frei vereinbart werden. Wird ein Honorar nicht bei Auftragserteilung schriftlich vereinbart, so ist das Honorar als Zeithonorar nach § 6 zu berechnen.

1 Die Vorschrift des § 67 wurde eingefügt durch die 1. ÄndVO zur HOAI (vgl. Einl. Rdn. 2). Sie bringt eine besondere Regelung für Traggerüste bei Ingenieurbauwerken. Für die Tragwerksplanung von sonstigen Baubehelfen bei Ingenieurbauwerken, z. B. Hilfsbrücken, Arbeitsbrücken, Baugrubenumschließungen, sowie für Baubehelfe bei Gebäuden enthält die Vorschrift keine besonderen Honorarregelungen. Falls eine besondere Berechnung des Traggerüsts bei diesen Baubehelfen im Einzelfall erforderlich wird, kann ein Honorar hierfür frei vereinbart werden (Amtliche Begründung zu § 67).

2 In **Absatz 1** sind die Grundlagen für die Honorarberechnung geregelt. Dabei wird auf die Grundvorschriften für die Tragwerksplanung hinsichtlich Honorarzone, Leistungsphasen und Honorartafel Bezug genommen.

3 In **Absatz 2** sind die anrechenbaren Kosten festgelegt. Es sind dies die Herstellungskosten der Traggerüste. Eine Kostenermittlung ist hier also für die Fälligkeit der Honorarforderung und für die Honorarberechnung nicht erforderlich. Hätte der Verordnungsgeber nicht die Herstellungskosten, sondern die Kostenermittlungen des § 62 Abs. 2 zugrunde legen wollen, so hätte er dies ausdrücklich anordnen müssen und nicht die Herstellungskosten nennen dürfen. Die Verweisung auf § 62 hat nur hinsichtlich der Absätze 3–8 Bedeutung.

Nach **Absatz** 3 sind die §§ 21 und 66 entsprechend anwendbar. Dies bedeu- **4**
tet, daß für die zeitliche Trennung der Ausführung (§ 21) und für den Auftrag
über mehrere Tragwerke sowie Umbauten (§ 66) auf die Kommentierung dieser Vorschriften verwiesen werden kann.

Für verschiebbare Gerüste bedarf es nach Meinung des Verordnungsgebers **5**
flexiblerer Regelungen, als sie durch Absatz 1–3 erreicht werden können. Deshalb ist nach Absatz 4 die freie Honorarvereinbarung zulässig. Allerdings muß
die Vereinbarung schriftlich (vgl. § 4 Rdn. 26) und bereits „bei Auftragserteilung" (vgl. § 4 Rdn. 34) getroffen werden. Fehlt eine Vereinbarung oder ist sie
unwirksam, so ist das Honorar als Zeithonorar nach § 6 zu berechnen.

Teil IX
Leistungen bei der Technischen Ausrüstung

§ 68
Anwendungsbereich

Die Technische Ausrüstung umfaßt die Anlagen folgender Anlagengruppen von Gebäuden, soweit die Anlagen in DIN 276 erfaßt sind, und die entsprechenden Anlagen von Ingenieurbauwerken auf dem Gebiet der

1. Gas-, Wasser-, Abwasser- und Feuerlöschtechnik,

2. Wärmeversorgungs-, Brauchwassererwärmungs- und Raumlufttechnik,

3. Elektrotechnik,

4. Aufzug-, Förder- und Lagertechnik,

5. Küchen-, Wäscherei- und chemische Reinigungstechnik,

6. Medizin- und Labortechnik.

Werden Anlagen der nichtöffentlichen Erschließung sowie Abwasser- und Versorgungsanlagen in Außenanlagen (DIN 276, Kostengruppen 2.2 und 5.3) von Auftragnehmern im Zusammenhang mit Anlagen nach Satz 1 geplant, so können die Vertragsparteien das Honorar für diese Leistungen schriftlich bei Auftragserteilung frei vereinbaren. Wird ein Honorar nicht bei Auftragserteilung schriftlich vereinbart, so ist das Honorar für die in Satz 2 genannten Anlagen als Zeithonorar nach § 6 zu berechnen.

Aufbau der Honorarregelung

1

Der Begriff „Technische Ausrüstung" ist eine Neuschöpfung der HOAI. Der Aufbau des Teiles IX ist an das Gliederungsschema des Leistungsbilds für Architekten „Objektplanung für Gebäude" angelehnt. Allerdings ist eine Reihe von Teilleistungen nur als Mitwirkungspflichten im Hinblick auf den engen Zusammenhang mit der Planung von Gebäuden ausgebildet (Hesse/Korbion/Mantscheff/Vygen Vorb. § 68 Anm. 2). Zunächst wird in § 68 der Anwendungsbereich definiert. In §§ 69–74 werden die Grundlagen der Honorarermittlung für Grundleistungen geregelt, in § 69 die anrechenbaren Kosten, in § 71 die Honorarzonen mit Objektliste (§ 72). Es folgen das Leistungsbild (§ 73) und die Honorartafel (§ 74). Schließlich werden die Honorare für Umbauten und Modernisierung (§ 76) und die Vergabe von Leistungen als Einzelleistungen (§ 75) angesprochen.

Entwicklung der Regelung

2

Während die GOI 65 und LHO 69 unterschieden in „Ingenieurleistungen für Heizungs-, Lüftungs- und Gesundheitstechnik" und „Leistungen der Elektroingenieure" mit getrennten Leistungsbildern und Leistungssätzen bei einer gemeinsamen Gebührentafel und Klasseneinteilung, faßt die HOAI diese Leistungen unter dem Oberbegriff der Technischen Ausrüstung zusammen. Die Vorschriften des Teils IX wurden insbesondere durch die 4. ÄndVO und die 5. ÄndVO geändert. Die 4. ÄndVO führte in § 68 Z. 1 und § 72 die Feuerlöschtechnik ein, ließ § 70 fallen und regelte die Honorierung von Anlagen nichtöffentlicher Erschließung sowie Abwasser- und Versorgungsanlagen in Außenanlagen, die im Zusammenhang mit Anlagen nach § 68 Satz 1 geplant werden. In der 5. ÄndVO wird analog der Neuregelung bei der Objektplanung von Gebäuden, Innenanlagen und Freianlagen das Honorar nach geänderten anrechenbaren Kosten für die Leistungsphasen 5–7 berechnet. Es werden einzelne Grundleistungen im Rahmen des § 73 zusätzlich eingefügt oder erweitert sowie Besondere Leistungen, vor allem unter dem Gesichtspunkt der Umweltverträglichkeit und der rationellen Energieverwendung, aufgenommen.

3 Durch die 4. ÄndVO ist der Begriff „Technische Ausrüstung" neu gefaßt worden. Die begriffliche Beschränkung auf Anlagen **in** Gebäuden und **in** Ingenieurbauwerken ist entfallen. Vor dem 31. 12. 1990 zählten Anlagen der in § 68 Abs. 1 aufgeführten Gruppen **außerhalb** von Gebäuden und Ingenieurbauwerken nicht zur Technischen Ausrüstung des Teils IX, sondern zu den Ingenieurbauwerken des Teils VII, soweit sie in § 51 erfaßt waren. Seit dem 1. 1. 1991 gehören auch die unmittelbar neben oder auf Gebäuden und Ingenieurbauwerken befindlichen Anlagen des § 68 zur Technischen Ausrüstung nach Teil IX (Pott/Dahlhoff Vorb. § 68 Rdn. 2).

4 Sachlicher Anwendungsbereich

In § 68 wird der sachliche Anwendungsbereich der Honorarregelung des Teiles IX für die Technische Ausrüstung von Gebäuden und Ingenieurbauwerken geregelt. Nicht jede Anlage, die für den Betrieb eines Bauwerks geplant wird, unterliegt der Honorierung nach Teil IX. Die Aufzählung in § 68 ist abschließend, nicht beispielhaft. Nicht genannte Anlagen werden von der Honorarregelung des Teils IX nicht erfaßt, auch wenn für die Tätigkeit eines Ingenieurs das Leistungsbild des § 73 zutreffen würde (Neuenfeld/Baden/Dohna/Groscurth § 68 Rdn. 1). Für nicht in § 68 erfaßte Bereiche besteht keine preisrechtliche Bindung.

5 Zur Klärung des Anwendungsbereichs bedarf es mehrerer Schritte.

Zunächst ist zu prüfen, ob die Anlagengruppe in § 68 Satz 1 aufgeführt ist. Findet sie keine Erwähnung, so ist die HOAI nicht anwendbar. Erfolgt aber die Übertragung der Planung zugleich mit einer solchen für Anlagengruppen nach § 68 Satz 1, so gilt die HOAI dann nicht, wenn die Anlage nicht in DIN 276 erfaßt ist und es sich nicht um entsprechende Anlagen von Ingenieurbauwerken handelt. Handelt es sich dagegen um Anlagen nach DIN 276 (solche der nichtöffentlichen Erschließung sowie Abwasser- und Versorgungsanlagen nach Kostengruppen 2.2 und 5.3 der DIN 276 oder um entsprechende Anlagen von Ingenieurbauwerken), so ist gem. § 68 Satz 2 eine freie Honorarvereinbarung zulässig. Die Vereinbarung muß allerdings schriftlich bei Auftragserteilung erfolgen. Geschieht dies nicht, so ist das Honorar nach § 6 zu berechnen. Ist die Anlagengruppe in § 68 Satz 1 erwähnt, wird sie jedoch von der DIN 276 nicht umfaßt, so ist eine freie Honorarvereinbarung möglich. Die HOAI findet keine Anwendung.

Die Verweisung in § 68 auf die DIN 276 bedeutet eine Abgrenzung des Anwendungsbereichs gegenüber den Leistungen bei der Objektplanung für Ingenieurbauwerke und Verkehrsanlagen in Teil VII. In Teil IX ergibt sich eine Beschränkung auf solche Anlagen, die zum Betrieb eines Gebäudes oder Ingenieurbauwerks im Regelfall erforderlich sind (Amtliche Begründung zu § 68). Anlagen der Technischen Ausrüstung, die sich außerhalb von Gebäuden bzw. Ingenieurbauwerken befinden, können jetzt, soweit sie in DIN 276 erfaßt sind, gem. § 68 Abs. 2 auch dem Teil IX zugeordnet werden.

Die in Nr. 1–6 aufgeführten Anlagengruppen decken sich zum Teil nicht mit den in Spalte 3 der Kostengruppe 1 DIN 276 Teil 2 bzw. in den Anmerkungen enthaltenen Begriffen der Kostengruppen 3.2 Installationen und 3.3 Zentrale Betriebstechnik. Maßgebend hierfür ist gemäß § 10 Abs. 2 DIN 276 i. d. F. v. 1981. Die Fassung des § 68 nach der 4. ÄndVO sieht eine andere Gliederung der Kostengruppen vor. In der Praxis wird die DIN 276 (1993) für Kostenermittlungen und -kontrolle angewandt. Kostenermittlungen nach DIN 276 (1993) müssen dann für die anrechenbaren Kosten nach DIN 276 (1981) umgesetzt werden (vgl. Gegenüberstellung der Kostengruppen S. 980). Insoweit die in DIN 276 enthaltenen technischen Begriffe sich sinngemäß den betreffenden Anlagengruppen 1–6 zuordnen lassen, ergeben sich keine Schwierigkeiten. Diese können jedoch bei Anlagen in Gebäuden auftreten, die nicht von der DIN 276 erfaßt sind, wie z. B. bei Betriebs- oder Verfahrenstechniken, die bei der Planung von speziellen Anlagen auftreten können. Lassen sich derartige Anlagen nicht begrifflich unter die Kostengruppen der DIN 276 einordnen, fallen sie nach dem Wortlaut des Satzes 1 nicht unter die Bestimmungen der HOAI. Die Honorare können demnach frei vereinbart werden.

Für den Bereich der Elektrotechnik zählen hierzu z. B.:
der Gesamtbereich der Datenverarbeitungsanlagen (EDV)
der Bereich der Meß- und Fernwirktechnik
der Bereich der Kontroll- und Abrechnungsanlagen
der Bereich der Objektsicherungsanlagen
der Bereich der Verkehrssignalanlagen
der Bereich der Funkanlagen
der Bereich der Anzeigetechnik Matrixtafeln, Laufschriftanlagen, Video-Schauwände

Für den Bereich der Wärmeversorgungsanlagen zählen hierzu z. B.:
der Bereich der Prozeßwärmeversorgung
der Bereich der Wärmerückgewinnungsanlagen, z. B. in Gießereien

Jedoch sind die in den Anmerkungen DIN 276 Teil 2 enthaltenen Begriffe nur beispielhaft aufgeführt. Deshalb darf die Auslegung und Zuordnung von nicht dort aufgeführten Anlagen nicht zu eng erfolgen; ähnliche oder dem Stand der Technik entsprechend weiterentwickelte Anlagen sind sinngemäß den Anlagengruppen Nr. 1–6 zuzuordnen.

Im einzelnen zählen zu den Anlagengruppen in und außerhalb von Gebäuden i. d. R. folgende Anlagen nachstehender Kostengruppen in DIN 276:

2.1	Öffentliche Erschließung
2.2	Nichtöffentliche Erschließung
3.2	Installationen
3.3	Zentrale Betriebstechnik
3.4	Betriebliche Einbauten
3.5.2 bis	
3.5.4	Besondere Bauausführungen
4.1	Allgemeines Gerät
4.5	Beleuchtung
5.3	Abwasser- und Versorgungsanlagen
5.7	Verkehrsanlagen
6	Zusätzliche Maßnahmen

8 Ordnet man die in vorstehenden Kostengruppen aufgeführten Anlagen und Einrichtungen den Anlagengruppen Nr. 1–6 sinngemäß zu, ergibt sich folgende Einteilung:

Nr. 1 Gas-, Wasser-, Abwasser- und Feuerlöschtechnik

1.1 Gase (außer für Heizzwecke). Hierunter fallen alle Anlagen für Gase und sonstige Medien, wie Druckluft
– Entnahmeeinrichtungen
jeweils einschließlich der unmittelbar mit den Installationen verbundenen Absperreinrichtungen sowie gegebenenfalls der Schalt- und/oder der Regelarmaturen
– Gas- und Medienlagerung
– Gas- und Medienerzeugung und -rückgewinnung
– Übergabestationen und Umformer
jeweils mit allen Meß-, Steuer-, Regel- und Schalteinrichtungen
weitere zugeordnete Anlagen sind: Flüssiggasanlagen, Flüssiggaslager

1.2 Wasser (mit erforderlicher Wärmedämmung), z. B.
– Kalt- und Warmwasserleitungen
– Sanitärobjekte wie Waschtische, Spülklosetts, Badewannen, Brausetassen usw.
– dezentrale Brauchwassererwärmer
– Wassergewinnungsanlagen
– Wasseraufbereitungsanlagen
– Druckerhöhungsanlagen, Vorratsbehälter, Einrichtungen der Notwasserversorgung, jeweils mit allen Meß-, Steuer-, Regel- und Schalteinrichtungen
weitere zugeordnete Anlagen sind: Bädertechnik, Umwälzanlagen

mit Dosierungseinrichtungen zur Entkeimung, Filteranlagen zur Wasserreinigung

1.3 Abwasser (mit erforderlicher Wärmedämmung), z. B.
- Anschluß-, Fall-, Sammel- und Grundleitungen einschließlich Revisions- und Sicherheitseinrichtungen
- Einläufe, Sandfänge, Sinkkästen
  jeweils mit den unmittelbar mit den Installationen verbundenen Absperreinrichtungen sowie Schalt- und/oder Regelarmaturen
- Sammelbehälter, Abscheider
- Neutralisations-, Dekontaminations-, Entgiftungsanlagen
- Hebeanlagen, Pumpen
  mit allen Meß-, Steuer-, Regel- und Schalteinrichtungen

1.4 Feuerlöschtechnik

1.4.1 manuelle Feuerlösch- und Brandschutzanlagen
Unter manuellen Feuerlösch- und Brandschutzanlagen versteht man
- Trockenlöscher als Handfeuerlöscher
- Wandhydranten mit Schlauchanschluß
- Überflurhydranten
- Sprühwasser-Löschanlagen
die manuell ausgelöst werden.

1.4.2 automatische Feuerlösch- und Brandschutzanlagen
Zu den automatischen Feuerlösch- und Brandschutzanlagen zählen:
- Sprinkleranlagen als Naß- oder Trockenanlagen, wie sie vom Verband der Sachversicherer e. V. Köln (VdS) definiert sind.
- CO_2-Feuerlöschanlagen, ebenfalls nach den Richtlinien des VdS ausgelegt, unterschieden nach Hochdruck- und Niederdruckanlagen.
- Feuer- bzw. Brandschutzklappen, angeordnet in Lüftungskanälen zwischen zwei Brandabschnitten. Diese Feuerschutzklappen werden beim Fachgebiet „Raumlufttechnik" ausgeschrieben. Handelt es sich um eine raumlufttechnische Anlage, die der Honorarzone II zugeordnet ist, so gehören die Feuerschutzklappen ebenfalls zur Honorarzone II.
- mechanische Entrauchungsanlage als separate Anlage
- mechanische Entrauchungsanlage über das Rückluftsystem einer raumlufttechnischen Anlage
- Halon-Feuerlöschanlagen
- Schaum- und Pulverlöschanlagen
- Brandmeldeanlagen, soweit nicht unter Brandmelde- und Alarmanlagen nach Nr. 3.2 fallend
- feuerhemmende Wände, Türen, verschiebbare Wände in Tiefgaragen zählen zur Bautechnik

Nr. 2   Wärmeversorgungs-, Brauchwassererwärmungs- und Raumlufttechnik

2.1   Wärmeversorgung und Brauchwassererwärmung (mit erforderlicher Wärmedämmung), z. B.
- Heizleitungen
- Raumheizflächen
  jeweils mit den unmittelbar mit den Installationen verbundenen Absperreinrichtungen sowie Schalt- und/oder Regelarmaturen
- Brennstoffbehälter, Brennstoffübergabe einschließlich Beschickung
- Schlackenbehälter, Schlackenbeseitigungsanlagen
- Wärmeerzeuger (Nieder-/Hochdruckdampf-, Warm-, Heißwasser) einschließlich Abgaskanäle (Füchse) und Rohre bis einschließlich Schornsteinanschlüsse sowie Rauchgas-, Entstaubungs- und Filteranlagen, Wärmeübergabestationen, Umformer (Wärmetauscher), Reduzierstationen
- zentrale Brauchwasserwärmer, Warmwasserspeicher
- Pumpen, Behälter, Verteiler
  mit allen Meß-, Steuer-, Regel- und Schalteinrichtungen
- Wärmepumpen, Solareinrichtungen
- kältetechnische Anlagen, soweit nicht zur Raumlufttechnik gehörend
  weitere zugeordnete Anlagen sind: Fußbodenheizungen, Wärmerückgewinnungsanlagen, Zentralsterilisations- und Bettendesinfektionsanlagen, Anlagen zur thermischen Abwasserdesinfektion

2.2   Raumlufttechnik (mit erforderlicher Wärmedämmung), z. B.
- Luftleitungen (Luftkanäle)
- Drosselelemente, Luftdurchlässe
- Raumgeräte (Klima-Lüftungstruhen)
  jeweils mit den unmittelbar mit den Installationen verbundenen Absperreinrichtungen sowie Schalt- und/oder Regelarmaturen
- RLT-Bauelemente und Geräte zur Luftbehandlung und -förderung
- Kälteerzeugungs- und Rückkühlungsanlagen
- Wärmerückgewinnungsanlagen
  jeweils mit allen Meß-, Steuer-, Regel- und Schalteinrichtungen
  weitere zugeordnete Anlagen sind: Filteranlagen für Reinraumtechnik, Anlagen zur Luftbefeuchtung und Feuerschutzklappen

Nr. 3   Elektrotechnik

3.1   Elektrischer Strom (außer für Heizzwecke), Blitzschutz
- Leitungen, Kabel, Schalter, Dosen, Kabelbahnen, Leerrohre, Befestigungen, Verteilungen
- Auffangvorrichtungen, Ableitungen, Erdung, Abschirmungsanlagen,
- Hoch-, Mittelspannungsschaltanlagen, Transformatoren
- Ersatzstrom-Erzeugungsanlagen
- zentrale Niederspannungs- und Kleinspannungsanlagen
  jeweils mit allen Meß-, Steuer-, Regel- und Schalteinrichtungen

– Beleuchtung, allgemeine, besondere, Not- und sonstige Beleuchtung, Leuchten, Lampen für die Erstausstattung
weitere zugeordnete Anlagen sind: Anlagen zur Energieversorgung, Eigenerzeugungsanlagen, Generatoren, Kraftwerke, Batterieanlagen, BEV-Anlagen, USV-Anlagen, Meßanlagen, Flutlichtanlagen, Anlagen für Potentialausgleich, Elektrowärmeanlagen wie Anlagen zur Elektrowärmeerzeugung, Wärmewirtschaft, Wärmekraftanlagen, Abwärmegewinnungsanlagen, Frequenzumformer

3.2   Fernmeldetechnik, z. B.
– Leitungen, Verteiler, Leitungsabschlüsse, Fernsprechapparate, Antennen, Signalgeber wie Türklingel, Türöffner und Türsprechanlagen
– Zentralen für Telekommunikation wie Telefon, Telex, Datex, Direktruf, Telefax
– elektroakustische Anlagen und Sprechanlagen
– Fernsehanlagen
– Such-, Melde- und Signalanlagen wie Brandmelde- und Alarmanlagen, Kontrollmelder, Zeitdienstanlagen
– Antennenanlagen
– Fernwirk-, Fernmeß- und sonstige Datenübertragungsanlagen, zentrale Leittechnik
weitere zugeordnete Anlagen sind: drahtlose Anlagen, Funknetze, sicherheitstechnische Anlagen wie Objekt- und Tresorschutzanlagen, Überfallmeldeanlagen, Prozeßsteueranlagen, Wechselwegweisung, Geschwindigkeitsbeeinflussungsanlagen, Verkehrsrechner, Parkierungssysteme, Parkgeldabrechnung, Anzeigetafeln, Videoschauwände, Matrixtafeln, Laufschriftanlagen, soweit nicht unter § 26 fallend

Nr. 4   Aufzug-, Förder- und Lagertechnik, z. B.
– Personen- und Lastenaufzüge
– Hubvorrichtungen
– Fahrtreppen, Fahrsteige
– mechanische Stetigförderanlagen
– Rohrpost- und Saugtransportanlagen
– Krananlagen
weitere zugeordnete Anlagen sind: Entsorgungsanlagen für Abfall, Wäsche, Staub, Hebezeuge, nichtmechanische, mechanische und automatische Regelanlagen, Kommissioniersysteme, automatische Garagenanlagen, Sonderanlagen

Nr. 5   Küchen-, Wäscherei- und chemische Reinigungstechnik, z. B.
– Küchen- und Fleischereimaschinen, Koch- und Backapparate, Spül- und Reinigungsmaschinen, Ausgabe- und Verteilungsapparate, Verkaufsautomaten
– Waschmaschinen
– Abfallbehandlungs-, Abfallverbrennungsanlagen sowie sonstige Anlagen Nr. 1–4

weitere zugeordnete Anlagen sind: Müll- und Wäscheabwurfschächte

Nr. 6 Medizin- und Labortechnik, z. B. Einbauten, die einer besonderen Zweckbestimmung entsprechen, wie
– Einbauten zur Untersuchung und Behandlung, zur Leichenaufbewahrung sowie sonstige Anlagen Nr. 1–4

weitere zugeordnete Anlagen sind: Feuerungsanlagen für Krematorien

Anlagen *außerhalb* von Gebäuden und der nichtöffentlichen Erschließung sind nicht vom Teil IX erfaßt. § 68 Satz 2 stellt eine vereinfachte und praktikable Regelung dar. Das Honorar kann frei vereinbart werden ohne die Grenzziehung von 50 000 DM, die sich als wenig praktikabel erwiesen hat. Damit können die Anlagen der inneren Erschließung und der Außenanlagen sowohl als Teil der Gesamtanlage honorarmäßig betrachtet werden oder auch als eigene Anlagengruppe, die nach der HOAI abgerechnet wird. Wird jedoch im Vertrag keine schriftliche Vereinbarung **bei Auftragserteilung** getroffen, so ist das Honorar als Zeithonorar nach § 6 zu berechnen.

9 **Persönlicher Leistungsbereich**

Die Bestimmungen der §§ 68 ff. gelten für Ingenieure, die zur Führung des Titels „Ingenieur" befugt sind (vgl. § 1 Rdn. 23). Leistet ein Nichtingenieur Ingenieurleistungen bei der Technischen Ausrüstung, so bemißt sich seine Vergütung nach §§ 315, 316 BGB (a. A.: h. M.; vgl. § 1 Rdn. 12). Dem Architekten oder Ingenieur steht dann ein Honorar nach HOAI zu, wenn er im Bereich der Technischen Ausrüstung tätig wird (Architekt erbringt Leistung bei der Technischen Ausrüstung). Wie hier: Beigel DAB 1980, 217 f.; Hartmann § 1 Rdn. 9; Pott/Dahlhoff § 1 Rdn. 8. Vgl. § 1 Rdn. 24.

10 **Rechtsnatur**

Verträge über Ingenieurleistungen im Rahmen der Technischen Ausrüstung sind in aller Regel Werkverträge gem. § 631 ff. BGB. Die Tätigkeiten des Ingenieurs sind ebenso ergebnisbezogen wie die des Architekten. In der Regel besteht eine Nachbesserungspflicht, dem ein Nachbesserungsrecht korrespondiert. Auch für Mitwirkungsleistungen kann die Erfolgsbezogenheit gegeben sein (Pott/Dahlhoff Vorb. § 68 Rdn. 4). Handelt es sich jedoch um reine Beratungsleistungen, so ist Dienstvertragsrecht (§ 611 ff. BGB) anzuwenden. Vgl. zur Haftung des Ingenieurs allgemein: Locher, Das private Baurecht, 5. Aufl., Rdn. 366 ff.

§ 69
Grundlagen des Honorars

(1) **Das Honorar für Grundleistungen bei der Technischen Ausrüstung richtet sich nach den anrechenbaren Kosten der Anlagen einer Anlagengruppe nach § 68 Satz 1 Nr. 1 bis 6, nach der Honorarzone, der die Anlagen angehören, und nach der Honorartafel in § 74.**

(2) Werden Anlagen einer Anlagengruppe verschiedenen Honorarzonen zugerechnet, so ergibt sich das Honorar nach Absatz 1 aus der Summe der Einzelhonorare. Ein Einzelhonorar wird jeweils für die Anlagen ermittelt, die einer Honorarzone zugerechnet werden. Für die Ermittlung des Einzelhonorars ist zunächst für die Anlagen jeder Honorarzone das Honorar zu berechnen, das sich ergeben würde, wenn die gesamten anrechenbaren Kosten der Anlagengruppe nur der Honorarzone zugerechnet würden, für die das Einzelhonorar berechnet wird. Das Einzelhonorar ist dann nach dem Verhältnis der Summe der anrechenbaren Kosten der Anlagen einer Honorarzone zu den gesamten anrechenbaren Kosten der Anlagengruppe zu ermitteln.

(3) Anrechenbare Kosten sind, bei Anlagen in Gebäuden unter Zugrundelegung der Kostenermittlungsarten nach DIN 276, zu ermitteln

1. für die Leistungsphasen 1 bis 4 nach der Kostenberechnung, solange diese nicht vorliegt, nach der Kostenschätzung;

2. für die Leistungsphasen 5 bis 7 nach dem Kostenanschlag, solange dieser nicht vorliegt, nach der Kostenberechnung;

3. für die Leistungsphasen 8 und 9 nach der Kostenfeststellung, solange diese nicht vorliegt, nach dem Kostenanschlag.

(4) § 10 Abs. 3 und 3a gilt sinngemäß.

(5) Nicht anrechenbar sind für Grundleistungen bei der Technischen Ausrüstung die Kosten für

1. Winterbauschutzvorkehrungen und sonstige zusätzliche Maßnahmen nach DIN 276, Kostengruppe 6;

2. die Baunebenkosten (DIN 276, Kostengruppe 7).

(6) Werden Teile der Technischen Ausrüstung in Baukonstruktionen ausgeführt, die zur DIN 276, Kostengruppe 3.1 gehören, so können die Vertragsparteien vereinbaren, daß die Kosten hierfür ganz oder teilweise zu den anrechenbaren Kosten nach Absatz 3 gehören. Satz 1 gilt entsprechend für Bauteile der Kostengruppe Baukonstruktionen, deren Abmessung oder Konstruktion durch die Leistung der Technischen Ausrüstung wesentlich beeinflußt werden.

(7) Die §§ 20 bis 23, 27 und 32 gelten sinngemäß.

Absatz 1 enthält die Grundzüge der Honorarvereinbarung. Systematisch folgen die Regelungen des Teils IX denen des Teils II. Treffen die Parteien keine abweichende wirksame Honorarvereinbarung, vollzieht sich die Berechnung des Honorars in vier Stufen: | 1

a) Die **anrechenbaren Kosten** sind nach § 69 (3) zu ermitteln. Hierbei sind die anrechenbaren Kosten der Anlagen **einer** Anlagengruppe zusammenzufassen. Danach muß das Gesamthonorar in **drei Honorarberechnungen** ermittelt werden. Hierbei sind die anrechenbaren Kosten zunächst für die Leistungsphasen 1–4, sodann diejenigen für die Leistungsphasen 5–7 und dann für die Leistungsphasen 8 und 9 zu ermitteln.

b) Die zweite Komponente der Honorarbestimmung ist die **Honorarzone der Technischen Ausrüstung** gemäß §§ 71 und 72. Nach den anrechenbaren Kosten und der Honorarzone läßt sich das Gesamthonorar aus der Honorartafel § 74 (1) mit Mindest- und Höchstsätzen ablesen.

c) Der Auftragnehmer muß nun drei verschiedene Berechnungen für die Leistungsphasen 1–4, 5–7 bzw. 8 und 9 des § 73 vornehmen. Für die Ermittlung der Vomhundertsätze des Leistungsbildes § 73 sind maßgebend die übertragenen bzw. die erbrachten Leistungen. Ist bei Auftragserteilung keine schriftliche Vereinbarung getroffen worden, so gelten die Mindestsätze des § 74 gemäß § 4 Abs. 4 (siehe § 4 Rdn. 35 ff.).

d) Aus der Honorartafel des § 74 ist dann der Honoraranteil zu ermitteln.

2 Liegen nach Absatz 2 Anlagen **verschiedener Honorarzonen in einer Anlagengruppe** vor, so wird das Honorar gemäß Absatz 1 aus der Summe der Einzelhonorare der verschiedenen Honorarzonen ermittelt. Zunächst werden die anrechenbaren Kosten gemäß Absatz 3 auf die verschiedenen Honorarzonen aufgeteilt. Danach wird ein theoretisches Honorar für die Anlagen der einzelnen Honorarzonen ermittelt, wobei die gesamten anrechenbaren Kosten der Anlagengruppe zugrunde gelegt werden müssen. Die Einzelhonorare der verschiedenen Honorarzonen sind in das Verhältnis zu den anrechenbaren Kosten der Honorarzonen zu den Gesamtkosten der Anlagengruppe zu setzen und die sich hierbei ergebenden Summen zu addieren. Hierzu folgende Beispiele:

3 **Beispiel 1**

Anlagengruppe 2

Teil 1 Wärmeversorgung und Brauchwassererwärmung in einem Bürogebäude und

Teil 2 Raumlufttechnik

Teil 1 fällt gemäß §§ 71 und 72 unter Honorarzone II

Teil 2 unter Honorarzone III

anrechenbare Kosten gemäß Kostenberechnung DIN 276

Teil 1	800 000 DM
Teil 2	1 500 000 DM
gesamte anrechenbare Kosten	2 300 000 DM

anrechenbare Kosten gemäß Kostenfeststellung DIN 276

Teil 1	700 000 DM
Teil 2	1 700 000 DM
gesamte anrechenbare Kosten	2 400 000 DM

Gemäß Honorarvereinbarung, Mittelsatz § 74 der jeweiligen Honorarzone und volles Leistungsbild gemäß § 73.

Hieraus ergibt sich folgende Honorarberechnung:

Teil 1 Honorarzone II

gesamte anrechenbare Kosten gemäß Kostenberechnung	2 300 000 DM

Gesamthonorar gemäß Honorarzone II
Mittelsatz   310 523 DM
Leistungsphase 1–4 = 35 v. H. =   108 683 DM
gesamte anrechenbare Kosten gemäß Kostenfeststellung   2 400 000 DM
Gesamthonorar gemäß Honorarzone II
Mittelsatz   320 704 DM
Leistungsphase 5–9 = 65 v. H. =   208 457 DM

Teil 2 Honorarzone III

gesamte anrechenbare Kosten gemäß Kostenberechnung   2 300 000 DM
Gesamthonorar gemäß Honorarzone III
Mittelsatz   345 478 DM
Leistungsphase 1–4 = 35 v. H. =   120 917 DM
gesamte anrechenbare Kosten gemäß Kostenfeststellung   2 400 000 DM
Gesamthonorar gemäß Honorarzone III
Mittelsatz   355 389 DM
Leistungsphase 5–9 = 65 v. H. =   231 002 DM

Teil 1 Honorarzone II

Leistungsphase 1–4 $\quad \dfrac{108\,683 \cdot 800\,000}{2\,300\,000} \quad = \quad 37\,802$ DM

Leistungsphase 5–9 $\quad \dfrac{208\,457 \cdot 700\,000}{2\,400\,000} \quad = \quad 60\,799$ DM

Teil 2 Honorarzone III

Leistungsphase 1–4 $\quad \dfrac{120\,917 \cdot 1\,500\,000}{2\,300\,000} \quad = \quad 78\,858$ DM

Leistungsphase 5–9 $\quad \dfrac{231\,002 \cdot 1\,700\,000}{2\,400\,000} \quad = \quad \underline{163\,626}$ DM

Gesamthonorar Teil 1 und 2   341 085 DM

Beispiel 2

Für 5 Anlagen der Elektrotechnik in einem Gebäude wird folgende Honorarvereinbarung getroffen:

Anlage 1 Normale Elektroinstallation mit Versorgung aus dem Niederspannungsnetz
Honorarzone II Mittelwert
Anlagekosten 100 000 DM

Anlage 2 Beleuchtungsanlage mit sehr hohen Anforderungen in einem Ausstellungsraum
Honorarzone III Bis-Satz
Anlagekosten 70 000 DM

Anlage 3 Feuermeldeanlage einfache Art mittlerer Nebenstellenanlage und Wechselsprechanlage
Honorarzone III Von-Satz
Anlagekosten 35 000 DM

Anlage 4 Einfache Blitzschutzanlage mit Fundamenterdung
Honorarzone II Von-Satz
Anlagekosten 5 000 DM

Anlage 5 Umfangreiche Diebstahlsicherungsanlage und Feuerfrühwarnsystem
Honorarzone III Bis-Satz
Anlagekosten 90 000 DM

Das Honorar soll für die Leistungsphasen 1–3 = 29% des Gesamthonorars nach den anrechenbaren Kosten der Kostenberechnung nach DIN 276 ermittelt werden.

Gesamtherstellungskosten aller Anlagen zusammen 300 000 DM. Für diese Herstellungssumme sind die Gesamthonorare aus der Tabelle § 74 Abs. 1 zu entnehmen und mit den Kosten der einzelnen Anlagen in das Verhältnis zu setzen.

Honorar Anlage 1 $\dfrac{\dfrac{52\,900 + 63\,800}{2} \cdot 100\,000}{300\,000}$ = 19 450,00 DM

Honorar Anlage 2 $\dfrac{74\,700 \cdot 70\,000}{300\,000}$ = 17 430,00 DM

Honorar Anlage 3 $\dfrac{63\,800 \cdot 35\,000}{300\,000}$ = 7 443,33 DM

Honorar Anlage 4 $\dfrac{52\,900 \cdot 5\,000}{300\,000}$ = 881,66 DM

Honorar Anlage 5 $\dfrac{74\,700 \cdot 90\,000}{300\,000}$ = 22 410,00 DM

Gesamthonorar 67 614,99 DM

Das auf diesem Wege ermittelte Honorar der Gesamtanlage liegt nun eindeutig in der Honorarzone III zwischen dem Von- und Bis-Satz, weil der Großteil der Einzelanlagen höhere Anforderungen stellt.

Für das Beispiel ergaben sich bei 29% Leistung aus Leistungsphase 1–3 29% aus 67 614,99 DM = 19 608,35 DM an Honorar.

4 Fraglich kann es sein, ob „Anlagen" nur solche sind, die in § 68 Satz 1 als unterschiedlich bezeichnet sind oder ob auch innerhalb der Anlagengruppen einzelne Bestandteile nach dieser Vorschrift zu behandeln sind.

(Beispiel: Nach Neuenfeld/Baden/Dohna/Groscurth § 69 Rdn. 8: Unterscheidung zwischen stromführenden Installations- und Beleuchtungsanlagen einerseits und Fernmeldeanlagen sowie der Zentralen Leittechnik andererseits.)

Eine derartig differenzierende Unterscheidung legt die Objektliste des § 72 nahe. Soweit dort Anlagen erwähnt sind, können sie selbständig unterschiedlichen Honorarzonen zugeordnet werden.

§ 69 Abs. 3 regelt die Ermittlung der anrechenbaren Kosten. Nach der 5 5. ÄndVO ergibt sich auch hier ein „Dreischritt": Leistungsphase 1–4 nach der Kostenberechnung, hilfsweise Kostenschätzung; Leistungsphase 5–7 nach dem Kostenanschlag, hilfsweise Kostenberechnung; Leistungsphasen 8 und 9 nach der Kostenfeststellung, hilfsweise Kostenanschlag. Vergibt der Ingenieur Teile des Gesamtauftrags an andere Ingenieure, so wird deren Honorar nach den anrechenbaren Kosten der ihnen übertragenen Teilwerke berechnet, nicht anteilig nach den anrechenbaren Kosten des Gesamtprojekts (BGH BauR 1995, 787).

Nach § 69 Abs. 4 gelten § 10 Abs. 3 und 3a sinngemäß. Vorhandene oder 6 bereits beschaffte Baustoffe oder Bauteile sind mit dem ortsüblichen Preis einzurechnen. Vorhandene Bausubstanz, die technisch mitverarbeitet wird, ist angemessen zu berücksichtigen.

§ 69 Abs. 5 regelt die nicht anrechenbaren Kosten, deren Aufzählung abschlie- 7 ßend ist. Nicht anrechenbar sind die Kosten der Winterbauschutzvorkehrungen sowie die Kosten sonstiger zusätzlicher Maßnahmen nach DIN 276 Kostengruppe 6 und die Baunebenkosten der Kostengruppe 7 (Planungskosten, Baugrunduntersuchung und Vermessungskosten, Finanzierungskosten, behördliche Gebühren). Dabei fällt auf, daß Erschließungs-(Anschließungs-)Kosten an das Netz nicht aufgeführt sind. Diese sind also von den anrechenbaren Kosten nicht ausgenommen. Im übrigen unterscheidet die DIN 276 die öffentliche und die nichtöffentliche Erschließung. Die Anliegerbeiträge gehören nicht zu den anrechenbaren Kosten, dagegen die Kosten für die Herstellung der von den Eigentümern gemeinschaftlich genutzten und von Dritten (Versorgungsunternehmen) im öffentlichen Interesse betriebenen Anlagen.

§ 69 Abs. 6 ist eine Sonderregelung, nach der die Parteien vereinbaren kön- 8 nen, daß Kosten aus Kostengruppe 3.1 Baukonstruktionen DIN 276, z. B. Betonkanäle für RLT, Heizestrich oder -beton bei Fußbodenheizungen, zu den anrechenbaren Kosten nach Abs. 3 ganz oder teilweise gerechnet werden können, wenn Teile der technischen Ausrüstung in Baukonstruktionen ausgeführt werden. Dazu können auch gehören feuerbeständige Konstruktionen, die zur Verlegung von Elektrokabeln erforderlich sind.

§ 69 Abs. 7 regelt die entsprechende Anwendung von Vorschriften aus den 9 Teilen II und III. Es handelt sich um folgende Vorschriften:

§ 20 – Mehrere Vor- oder Entwurfsplanungen
§ 21 – Zeitliche Trennung der Ausführung
§ 22 – Auftrag für mehrere Gebäude
§ 23 – Verschiedene Leistungen an einem Gebäude
§ 27 – Instandhaltungen und Instandsetzungen
§ 32 – Winterbau

10   § 20 hebt ab auf „dasselbe Gebäude". Sinngemäß angewendet bedeutet dies, daß es sich um „dieselbe Anlage" handeln muß. Zweifelhaft kann sein, ob damit nur solche Anlagen gemeint sind, die in § 68 Satz 1 zu einer Anlagengruppe zusammengefaßt sind, oder ob innerhalb der Anlagengruppen einzelne Bestandteile gesondert behandelt werden müssen. Dabei darf es nicht darauf ankommen, daß mehrere Planungen auf Veranlassung des Auftraggebers für eine gesamte Anlagengruppe gefertigt wurden. Vielmehr muß es zur Anwendung der Vorschrift des § 20 ausreichen, daß die Vorentwurfs- oder Entwurfsplanungen für eine Anlage allein gefertigt werden (Hesse/Korbion/Mantscheff/Vygen § 69 Rdn. 17; vgl. i. e. Neuenfeld/Baden/Dohna/Groscurth § 69 Rdn. 17).

Beispiel

Die Elektroanlagen einer Schule, bestehend aus Normalklassengebäude, Fachklassengebäude und Sporthalle mit umfangreichen Freianlagen mit Sportplatz, sollen geplant werden.

Die Anlagekosten des Normalklassentraktes betragen 500 000 DM und fallen in Honorarzone II Mittelsatz.

Die Anlagekosten des Fachklassentraktes fallen unter Honorarzone III Bis-Satz und betragen 800 000 DM.

Dieses Gebäude wird nach Grundleistung 2 Vorplanung nach grundsätzlich verschiedenen Anforderungen umgeplant, um die Kosten auf 700 000 DM reduzieren zu können.

Die Anlagekosten der Sporthalle betragen 300 000 DM und fallen in Honorarzone III Von-Satz.

Die Anlagekosten der gesamten Außenanlagen betragen 100 000 DM und fallen in Honorarzone II Von-Satz.

Die Bearbeitung soll die Leistungsphasen
1 Grundlagenermittlung
2 Vorplanung
3 Entwurfsplanung
erfassen.

Honorarermittlung Normalklassenbau

29% aus $\dfrac{78\,190 + 92\,660}{2}$ ergibt 24 773,25 DM

Honorarermittlung Fachklassenbau

a) für erste Bearbeitung Grundlagenermittlung und Vorplanung 14% aus 157 510 DM ergibt 22 051,40 DM

b) für zweite Vorplanung
50% aus 11% zuzüglich 3% Grundlagenermittlung = 8,5% aus
140 290 DM ergibt 11 924,65 DM
c) für Entwurfsplanung
15% aus 140 290 DM ergibt 21 043,50 DM

Honorarermittlung Sporthalle

29% aus 63 800 DM ergibt 18 502 DM

Honorarermittlung Außenanlagen

Hier ist grundsätzlich eine freie Vereinbarung möglich oder, wenn keine Vereinbarung besteht, eine Abrechnung nach den Stundensätzen des § 6.

Im vorliegenden Falle ist es empfehlenswert, die gesamten Außenanlagen als eigenen Bauteil zu betrachten und nach Tabelle 7.4.1 abzurechnen.
29% aus 23 520 DM ergibt 6 820,80 DM

Bei Aufträgen öffentlicher Auftraggeber gibt es nicht selten Meinungsver- **11** schiedenheiten im Hinblick auf die Kostenansätze bei den Kostenermittlungen der Ingenieure. Der Ingenieur ist bei Vermeidung von Schadensersatzansprüchen wegen unrichtiger Kostenermittlung oder Bausummenüberschreitung verpflichtet, reale Kostenansätze seinen Kostenermittlungen zugrunde zu legen. Aus haushaltsrechtlichen Gründen, aber auch nicht selten deshalb, um das Honorar des Ingenieurs zu „drücken", verlangt der öffentliche Auftraggeber häufig, daß die Kostenermittlung „genehmigt" wird und bemißt die Vergütung des Ingenieurs nach der „genehmigten Kostenberechnung" (so RBBau-Vertragsmuster technische Ausrüstung 6.11 „genehmigte Kostenberechnung zur Haushaltsunterlage-Bau"). Hat aber der Ingenieur pflichtgemäß die Kostenmittlung nach den ihm aufgegebenen Bauherrenwünschen gefertigt, so hat er hieraus auch einen Anspruch auf Vergütung nach dieser Kostenermittlung, nicht nach einer evtl. geringeren „genehmigten" Summe. Der Auftraggeber hat die Vergütung nach der sorgfältig vorgenommenen Kostenermittlung des Ingenieurs vorzunehmen. Er würde ein einseitiges Leistungsbestimmungsrecht ausüben, wenn er von einer sorgfältig vorgenommenen Honorarermittlung des Ingenieurs zu dessen Lasten abweichen würde. Dies verstößt gegen § 9 AGBG, sofern der Vertrag AGB-Charakter hat (KG BauR 1991; Korbion/Locher, AGBG und Bauerrichtungsverträge, Rdn. 201 ff.; Osenbrück, Die RBBau, Rdn. 174). Außerdem kann eine Unterschreitung der Mindestsätze gemäß § 4 Abs. 2 HOAI vorliegen (vgl. i. e. Locher BauR 1986, 643).

§ 70

(weggefallen)

§ 71
Honorarzonen für Leistungen bei der Technischen Ausrüstung

(1) Anlagen der Technischen Ausrüstung werden nach den in Absatz 2 genannten Bewertungsmerkmalen folgenden Honorarzonen zugerechnet:

1. Honorarzone I: Anlagen mit geringen Planungsanforderungen,
2. Honorarzone II: Anlagen mit durchschnittlichen Planungsanforderungen,
3. Honorarzone III: Anlagen mit hohen Planungsanforderungen.

(2) Bewertungsmerkmale sind:
1. Anzahl der Funktionsbereiche,
2. Integrationsansprüche,
3. technische Ausgestaltung,
4. Anforderungen an die Technik,
5. konstruktive Anforderungen.

(3) § 63 Abs. 2 gilt sinngemäß.

1 Gang der Honorarfindung

Auch bei der Technischen Ausrüstung ist es für die Bestimmung der Honorare für Grundleistungen zunächst erforderlich, die anrechenbaren Kosten der Bauwerke und Anlagen nach § 69 zu ermitteln. Sodann sind die Anlagen in die entsprechenden Honorarzonen einzuordnen. Schließlich lassen sich die Honorare aus der Honorartafel des § 74 ablesen. Für Fälle, in denen die Anlagen einer Anlagengruppe verschiedenen Honorarzonen zugerechnet werden müssen, verweist § 71 Abs. 3 auf § 63 Abs. 2, der sinngemäß gelten soll. In § 72 wird zur Einordnung der Anlagen in die jeweilige Honorarzone den Bewertungsmerkmalen des § 71 eine erläuternde Objektliste zur Seite gestellt.

2 Bewertungsmerkmale

Die **Honorarzonen** sind nach dem Schwierigkeitsgrad der **Planungsanforderungen** zu bewerten.

Die **Bewertungsmerkmale** sind nach der Begründung BRDrucks. 274/80:
1. Anzahl der Funktionsbereiche
Die Anzahl der Funktionsbereiche betrifft die anlagentechnischen Funktionsbereiche. Das heißt: die Zahl sowie die Vielfalt der Nutzungsbereiche.
2. Integrationsansprüche
Die Integrationsansprüche umfassen den umwelt-, bauwerk- und systembedingten Integrationsaufwand, der vom Niveau der Anforderungen bestimmt wird, das Objektplaner, Auftraggeber und Nutzer des Bauwerks festlegen.
3. Technische Ausgestaltung
Die technische Ausgestaltung betrifft sowohl den Anteil der Technischen Ausrüstung am Bauwerk als auch den Differenzierungsgrad der technischen Anlagen.

4. Anforderungen an die Technik

Die Anforderungen an die Technik werden durch den Schwierigkeitsgrad der einzelnen Anlagen und Anlagensysteme bestimmt; diese Anforderungen beziehen sich auf die rechnerische Bearbeitung der Aufgabe.

5. Konstruktive Anforderungen

Die konstruktiven Anforderungen betreffen den bauwerk-, system- und anlagenbedingten Konstruktionsaufwand; diese Anforderungen beziehen sich daher auf die zeichnerische Bearbeitung der Aufgabe.

Im Gegensatz zu §§ 11, 12, 25, 53 und 98 fordert der Verordnungsgeber keine Punktebewertung, sondern verweist auf die **Bewertungsmerkmale in § 63 Abs. 2.**

Die drei Honorarzonen unterscheiden sich durch den Schwierigkeitsgrad der **3** Planungsanforderungen. Die Honorarzone I dürfte für Fachplanungsaufgaben nicht in Frage kommen, weil für derartig einfache Aufgaben kaum Fachplaner eingesetzt werden. In Absatz 3 wird auf § 63 Abs. 2 abgestellt. Sind für eine Anlagengruppe Bewertungsmerkmale aus mehreren Honorarzonen anwendbar und bestehen deswegen Zweifel, welcher Honorarzone die Anlagengruppe zuzuordnen ist, dann ist die Honorarzone maßgebend, in die die Mehrzahl der Bewertungsmerkmale entsprechend ihrer Bedeutung im Einzelfall fallen. Analog §§ 11 und 12 ist die Honorarzone bestimmt, wenn die Bewertungsmerkmale einer Anlage nach der Objektliste § 72 mit der Honorarzone, der diese Anlage zugeordnet ist, übereinstimmen. Ist die Anlage zwar ein Regelbeispiel einer Honorarzone aus § 72 und liegen Bewertungsmerkmale aus anderen Honorarzonen vor, dann entscheiden die Mehrzahl und die Bedeutung der Bewertungsmerkmale nach § 71 Abs. 2.

Der Unterschied zu § 69 Abs. 2 besteht darin, daß es sich in diesem Fall um **4** Anlagen verschiedener Honorarzonen einer Anlagengruppe handelt, und bei dem Hinweis auf § 63 Abs. 2 um eine Anlagengruppe, die verschiedenen Honorarzonen zugeordnet werden kann.

Beispiel

In einer Werkstatt ist eine Wasserverbrauchsanlage mit einfachem Rohrnetz zu planen. Es muß jedoch eine Wasserdruckerhöhungsanlage vorgesehen werden.

Außerdem wird für einen Raum aus Sicherheitsgründen eine Sprinkleranlage vorgeschrieben. Nach der Objektliste fällt die Anlage als solche in Honorarzone I, die Wasserdruckerhöhungsanlage in Honorarzone II, die Sprinkleranlage in Honorarzone III. Damit ergibt sich folgende Bewertung entsprechend der Bedeutung im Einzelfall gemäß § 63 Abs. 2:

Bewertungsmerkmale	Planungsanforderungen	Honorarzonen		
		I geringe	II durchschnittliche	III hohe
Anzahl der Funktionsbereiche			•	
Integrationsansprüche			•	
Technische Ausgestaltung				•
Anforderungen an die Technik			•	
Konstruktive Anforderungen		•		
Summe		1	3	1

Es gilt also Honorarzone II.

§ 72
Objektliste für Anlagen der Technischen Ausrüstung

Nachstehende Anlagen werden nach Maßgabe der in § 71 genannten Merkmale in der Regel folgenden Honorarzonen zugerechnet:

1. Honorarzone I:
   a) Gas-, Wasser-, Abwasser- und sanitärtechnische Anlagen mit kurzen einfachen Rohrnetzen;
   b) Heizungsanlagen mit direktbefeuerten Einzelgeräten und einfache Gebäudeheizungsanlagen ohne besondere Anforderung an die Regelung, Lüftungsanlagen einfacher Art;
   c) einfache Niederspannungs- und Fernmeldeinstallationen;
   d) Abwurfanlagen für Abfall oder Wäsche, einfache Einzelaufzüge, Regalanlagen, soweit nicht in Honorarzone II oder III erwähnt;
   e) chemische Reinigungsanlagen;
   f) medizinische und labortechnische Anlagen der Elektromedizin, Dentalmedi-

zin, Medizinmechanik und Feinmechanik/Optik jeweils für Arztpraxen der Allgemeinmedizin;

2. Honorarzone II:
   a) Gas-, Wasser-, Abwasser- und sanitärtechnische Anlagen mit umfangreichen verzweigten Rohrnetzen, Hebeanlagen und Druckerhöhungsanlagen, manuelle Feuerlösch- und Brandschutzanlagen;
   b) Gebäudeheizungsanlagen mit besonderen Anforderungen an die Regelung, Fernheiz- und Kältenetze mit Übergabestationen, Lüftungsanlagen mit Anforderungen an Geräuschstärke, Zugfreiheit oder mit zusätzlicher Luftaufbereitung (außer geregelter Luftkühlung);
   c) Kompaktstationen, Niederspannungsleitungs- und Verteilungsanlagen, soweit nicht in Honorarzone I oder III erwähnt, kleine Fernmeldeanlagen und -netze, zum Beispiel kleine Wählanlagen nach Telekommunikationsordnung, Beleuchtungsanlagen nach der Wirkungsgrad-Berechnungsmethode, Blitzschutzanlagen;
   d) Hebebühnen, flurgesteuerte Krananlagen, Verfahr-, Einschub- und Umlaufregalanlagen, Fahrtreppen und Fahrsteige, Förderanlagen mit bis zu zwei Sende- und Empfangsstellen, schwierige Einzelaufzüge, einfache Aufzugsgruppen ohne besondere Anforderungen, technische Anlagen für Mittelbühnen;
   e) Küchen und Wäschereien mittlerer Größe;
   f) medizinische und labortechnische Anlagen der Elektromedizin, Dentalmedizin, Medizinmechanik und Feinmechanik/Optik sowie Röntgen- und Nuklearanlagen mit kleinen Strahlendosen jeweils für Facharzt- oder Gruppenpraxen, Sanatorien, Altersheime und einfache Krankenhausfachabteilungen, Laboreinrichtungen, zum Beispiel für Schulen und Fotolabors;

3. Honorarzone III:
   a) Gaserzeugungsanlagen und Gasdruckreglerstationen einschließlich zugehöriger Rohrnetze, Anlagen zur Reinigung, Entgiftung und Neutralisation von Abwasser, Anlagen zur biologischen, chemischen und physikalischen Behandlung von Wasser; Wasser-, Abwasser- und sanitärtechnische Anlagen mit überdurchschnittlichen hygienischen Anforderungen; automatische Feuerlösch- und Brandschutzanlagen;
   b) Dampfanlagen, Heißwasseranlagen, schwierige Heizungssysteme neuer Technologien, Wärmepumpenanlagen, Zentralen für Fernwärme und Fernkälte, Kühlanlagen, Lüftungsanlagen mit geregelter Luftkühlung und Klimaanlagen einschließlich der zugehörigen Kälteerzeugungsanlagen;
   c) Hoch- und Mittelspannungsanlagen, Niederspannungsanlagen, Eigenstromerzeugungs- und Umformeranlagen, Niederspannungsleitungs- und Verteilungsanlagen mit Kurzschlußberechnungen, Beleuchtungsanlagen nach der Punkt-für-Punkt-Berechnungsmethode, große Fernmeldeanlagen und -netze;
   d) Aufzugsgruppen mit besonderen Anforderungen, gesteuerte Förderanlagen mit mehr als zwei Sende- und Empfangsstellen, Regalbediengeräte mit zuge-

hörigen Regalanlagen, zentrale Entsorgungsanlagen für Wäsche, Abfall oder Staub, technische Anlagen für Großbühnen, höhenverstellbare Zwischenböden und Wellenerzeugungsanlagen in Schwimmbecken, automatisch betriebene Sonnenschutzanlagen;

e) Großküchen und Großwäschereien;

f) medizinische und labortechnische Anlagen für große Krankenhäuser mit ausgeprägten Untersuchungs- und Behandlungsräumen sowie für Kliniken und Institute mit Lehr- und Forschungsaufgaben, Klimakammern und Anlagen für Klimakammern, Sondertemperaturräume und Reinräume, Vakuumanlagen, Medienver- und -entsorgungsanlagen, chemische und physikalische Einrichtungen für Großbetriebe, Forschung und Entwicklung, Fertigung, Klinik und Lehre.

1 Allgemeines zur Objektliste

§ 72 enthält in drei Stufen der Honorarzonen die Objektliste für die Anlagen der Technischen Ausrüstung. § 72 ist gegenüber § 71 als speziellere Norm für die Ermittlung der Honorarzone anzuwenden. Diese Vorschrift ordnet nur eine Reihe häufiger vorkommender Anlagen der Technischen Ausrüstung den Honorarzonen zu, ist also beispielhaft und nicht abschließend. Die Aufzählung ist nicht verbindlich. Das Ergebnis der Einordnung nach § 72 bedarf der Überprüfung an den Bewertungsmerkmalen des § 71, wenn besondere Verhältnisse vorliegen, also andere als die üblichen Anforderungen gestellt werden (Neuenfeld/Baden/Dohna/Groscurth § 72 Rdn. 3; Hesse/Korbion/Mantscheff/Vygen § 72 Rdn. 8). Es ergibt sich also folgendes Einordnungsverfahren: Im Normalfall ist zunächst anhand der Objektliste nach § 72 zu prüfen, ob die gesuchte Anlage aufgeführt und in welche Honorarzone sie danach eingeordnet wird. Verbleiben Zweifel, dann ist das Ergebnis nach den Bewertungsmerkmalen des § 71 zu überprüfen. Sind Bewertungsmerkmale aus mehreren Honorarzonen anwendbar, dann erfolgt die endgültige Zuordnung gem. § 71 Abs. 3 entsprechend § 63 Abs. 2.

2   Die Objektliste für Anlagen der Technischen Ausrüstung ist erweitert und in Teilen klarer gefaßt. So umfaßt die Objektliste für Anlagen der Technischen Ausrüstung in § 72 Ziff. 2 Honorarzone II a „manuelle Feuerlösch- und Brandschutzanlagen". In Ziff. 3 Honorarzone III a sind „automatische Feuerlösch- und Brandschutzanlagen" genannt (vgl. hierzu i. e. § 68 Rdn. 8). Auch für den Bereich Elektrotechnik wurde die Objektliste klarer gefaßt. Bei den Beleuchtungsanlagen wird nunmehr eindeutig auf die anzuwendende Berechnungsmethode abgestellt. Dies bedeutet, daß dann, wenn eine Beleuchtungsanlage in Honorarzone II eingeordnet wird, davon auszugehen ist, daß die Berechnungen nur nach der einfacheren Wirkungsgradmethode durchzuführen sind. Erwartet ein Auftraggeber für die Beleuchtungsanlage eine Punkt-für-Punkt-Berechnung, so hat er diese in die Honorarzone III einzuordnen. Dies gilt auch für Niederspannungsverteilungsnetze sinngemäß. Wird dort eine Kurzschlußberechnung erwartet, so ist diese in Honorarzone III einzustufen.

Die Zuordnung der in der Objektliste enthaltenen Anlagen zu den 3 Honorarzonen bezieht sich auf übliche Planungsanforderungen in der entsprechenden Honorarzone und berücksichtigt nicht besondere Verhältnisse. Liegen davon abweichende Planungsanforderungen gemäß den Bewertungsmerkmalen § 71 Abs. 2 vor, so muß die Bestimmung der zulässigen Honorarzone nach Maßgabe dieser Bewertungsmethode erfolgen.

In Honorarzone I sind keine Küchenanlagen aufgezählt. Wie sich aus **3** Honorarzone II ergibt, werden zwar Küchen kleinerer Größe der Honorarzone I zugeordnet, doch werden derartige Anlagen in der Regel nicht selten von Auftragnehmern nicht geplant, vielmehr werden derartige Leistungen von den Lieferanten erbracht. Die Kleinküchenfertigzeile (bestehend aus Spüle, Herd, motorischem Abluftausschluß) können in DIN 276 Gruppe 412 Wasseranlagen und/oder 419 (Abwasser-, Wasser-, Gasanlagen, Sonstiges) als Sanitärobjekt erfaßt werden. Die besonderen Anforderungen an Aufzugsanlagen in der Honorarzone III beziehen sich auf die Nutzung, Gebäudehöhe, Steuerung (Ausstattung), Fahrkomfort oder Sicherheit. Anlagen für die Zentrale Leittechnik und andere Anlagen, die nicht zu den in § 68 Satz 1 Nr. 1–6 genannten Anlagengruppen gehören, werden nicht erwähnt; die Honorare für Leistungen bei diesen Anlagen können vielmehr frei vereinbart werden.

Zur **Objektliste** nach § 72 ist folgendes zu ergänzen und zu erläutern: **4**

Zu Honorarzone I c
Einfache Niederspannungs- und Fernmeldeinstallationen sind Elektro- und Fernmeldeinstallationen einfacher Art in gleichen Funktionsbereichen ohne besondere Versorgungseinrichtungen und Berechnungsaufwand bei einfacher Vorschriftenlage: z. B. Installationen für Steckdosen und Beleuchtung in Einfachunterkünften, Lagerräumen und auch Einfachbauten. Leitungen für Telefone ohne Vermittlungsanlagen und Geräte in Einfachunterkünften, Lagerräumen und auch Einfachbauten. Hierbei müssen einfache Versorgungsverhältnisse vorliegen, wie Niederspannungsanschluß an das Versorgungsnetz bzw. einfacher Postanschluß der Telefoninstallation. Anlagen mit mehr als vier verschiedenen Funktionsbereichen fallen i. d. R. nicht mehr unter Honorarzone I.

Zu Honorarzone II b **5**
Hier sind Kessel/Feuerungsmaschine/Schornstein als Funktionseinheit zu betrachten und unter Berücksichtigung des Immissionsschutzes zu planen und zu bemessen. Ein häufiger Streitpunkt, insbesondere bei öffentlichen Aufträgen, bezieht sich auf die Einordnung der GWA-Anlagen. Hier wird auf Auftraggeberseite häufig versucht, eine Einordnung in die Honorarzone I mit der Begründung zu erreichen, es handele sich um einfache Rohrnetze und einfache Ausstattung. Deshalb sei die Planung einfach und wenig zeitraubend. Dies ist nicht überzeugend. Derartige Gebäude benötigen meist eine Abwasserhebeanlage, die der Honorarzone II zuzuordnen ist. Die Minimierung der Netze und Ausstattungsgegenstände verlangt häufig gerade einen besonderen Zeitaufwand und die Untersuchung von Alternativen und Preisvergleichen schon im Entwurfsstadium.

6   Zu Honorarzone II c

Die in der Objektliste aufgeführten Anlagen umfassen z. B. Umspannanlagen standardisierter Bauform, Niederspannungs-, Installations- und Verteilungsanlagen, die schwieriger als die in Honorarzone I aufgenommenen sind, nicht jedoch den Schwierigkeitsgrad der in der Honorarzone III bezeichneten haben. Kleine Fernmeldeanlagen, d. h. Vermittlungsanlagen bis 30 Nebenstellen, Uhrenanlagen bis etwa 10 Uhren, Lautsprecheranlagen mit etwa 10 Lautsprechern und einer Verstärkergruppe ohne höhere raumakustische Anforderungen. Auch hier sollte für die Einordnung in die Von-bis-Sätze vor allem die Anzahl der unterschiedlichen Funktionsbereiche sowie die Anzahl der zu integrierenden Haustechnikanlagen maßgeblich sein. Ferner ist insbesondere bei Honorarzone III ausschlaggebend, inwieweit mit der Planung neue und unübliche Anlagenbereiche bearbeitet werden müssen, die eine besondere Verantwortung und einen unüblichen Rechenaufwand bedeuten.

Ferner gehören in Honorarzone II c: Beleuchtungsanlagen für normale Anforderungen ohne besonderen Berechnungsaufwand bezüglich Vertikalbeleuchtungswerten, Blendung und Gleichmäßigkeit. Die Berechnung der Anlage muß nach dem Wirkungsgradverfahren möglich sein. Sofern der Auftraggeber eine genauere Berechnungsmethode erwartet oder die Anlage dies erfordert, ist Einzonung in Honorarzone III erforderlich. Normale Blitzschutz- und Erdungsanlagen mit Fundamenterde ohne besondere Anforderungen. Die Einordnung in Honorarzone II setzt voraus, daß ein normaler Integrationsaufwand vorliegt und keine besonders schwierigen gesetzlichen Anforderungen gestellt werden. Dies gilt z. B. für Umspannanlagen und Niederspannungsinstallation mit Verteilung in Wohnbauten, einfachen Verwaltungsbauten, Tiefgaragen, einfachen Werkstätten und Verkaufsräumen. Hierbei muß die Energieversorgung über standardisierte Umspannstationen möglich sein, die Anzahl der Funktionsbereiche nicht über etwa 10 gehen und der Berechnungsaufwand für die Beleuchtungsanlagen in normalem Umfang liegen (Wirkungsgradverfahren). Für die Einordnung in die Von-bis-Sätze ist vor allem die Anzahl der Funktionsbereiche sowie die Anzahl der zu integrierenden Anlagen maßgeblich. Objekte mit mehr als 10 unterschiedlichen Funktionsbereichen sowie mit mehr als 5 zu integrierenden Haustechnikanlagen sollten grundsätzlich in Honorarzone III eingeordnet werden.

7   Zu Honorarzone III a

Zu den dort aufgeführten Objekten gehören auch die Filter von Badewasserumwälzanlagen mit dem dazugehörigen Rohrnetz (Zuleitung und Ableitung zum Schwimmbecken, Niveausteuerung, Abwassernetz, Rückstaubecken bei Wellenbädern, Überlaufbecken mit Pumpenanlagen); Flockungs- und Entkeimungsanlagen, Ozonanlagen, Aktivkohlefilter; Meßgeräte für das Redoxpotential sind Bestandteil der Badewassertechnik und zählen i. d. R. zur Honorarzone III. Hierbei handelt es sich um Anlagen mit hohem Planungsaufwand, sie setzen die genaue Kenntnis und Durcharbeitung der einschlägigen Richtlinien voraus und erfordern ständige Zusammenarbeit mit den Gesundheitsbehörden. Moderne Bäder haben mehrere Becken, die mit unterschiedlichen Wassertemperaturen betrieben werden und damit unterschiedlichen hygienischen Bedingungen unterliegen, die sich auf die Verfahrenstechnik auswirken. Bei Mineralbädern (Thermalbädern) ist die Wasseraufbereitung chemisch so schwierig, daß häufig ein Wasserchemiker hinzugezogen werden muß. Dies entlastet den Ingenieur hinsichtlich der aus Gründen der Wasserqualität zu wählenden Verfahrenstechnik, nicht aber konstruktiv, d. h. bei der Koordination aller zusammenhängenden Anlagenteile, der notwendigen Bauangaben für den Architekten, der Entsorgung der Abwässer usw.

Zu Honorarzone III b   8

Hier sind Dampfanlagen, Heißwasseranlagen, schwierige Heizungssysteme neuer Technologien und Wärmepumpen genannt. Unter die Dampfanlagen fallen z. B. die Zentralsterilisation und Bettendesinfektion von Krankenhäusern; Abwasserdesinfektionsanlagen oder die Dampfbefeuchtung von Klimaanlagen. Zu den Heizungssystemen für moderne Technologien zählen die Verrohrung von rekuperativen Wärmerückgewinnungsanlagen, die Verrohrung und regeltechnische Disponierung von Solarsystemen und Wärmepumpen. Heißwassersysteme sind wegen ihrer sicherheitstechnischen Anforderungen in Honorarzone III einzuordnen. Hierzu gehören auch Thermo-Ölanlagen, wie sie für wärmeintensive Prozesse in der Industrie benötigt werden. Bei Wärmepumpen unterliegt nicht nur die Maschine selbst, sondern auch die Verrohrung des Verdampferkreises (Wärmeentzug) und die Wärmezuführung zum Heizkreis mit der gesamten Regeltechnik der Honorarzone III. Bei raumlufttechnischen Anlagen für Schwimmbäder werden Wärmepumpen oftmals zur Entfeuchtung der Rückluft eingesetzt. Dies wirkt sich auf den Planungsaufwand für die lufttechnische Anlage aus, deren Regelaufwand größer wird. Sie gehört deshalb unter Umständen schon in die Honorarzone III.

Zu Honorarzone III c   9

Die dort aufgeführten Anlagen umfassen z. B.: alle Hochspannungsanlagen und alle Mittelspannungsanlagen, die nicht in standardisierter Bauform geliefert werden; Niederspannungs- und Verteilanlagen mit hohem Planungsaufwand, die eine Kurzschlußstromberechnung erfordern, großem Umfang und schwieriger Integration ins Bauwerk und sonstigen höheren Planungsanforderungen und schwieriger Vorschriftenlage sowie alle Eigenerzeugungsanlagen und Umformeranlagen, Beleuchtungsanlagen mit hohem Planungsaufwand, z. B. Flutlichtanlagen, Beleuchtung für Fernsehaufnahmen, Beleuchtungsanlagen mit kritischen Anforderungen an Gleichmäßigkeit, Blendung oder auch mit hohen formalen Anforderungen, die einen hohen Rechenaufwand bei der Auslegung erfordern und u. a. auch nach der Punkt-für-Punkt-Methode berechnet werden müssen. Zu Honorarzone III gehören auch die Berechnung von Schleierleuchtdichten und Kontrastgütefaktoren oder ähnliche aufwendige Rechenverfahren.

Ferner sind umfaßt alle großen Fernmeldeanlagen, alle Anlagen, die in   10
Zone I und II nicht erwähnt sind, wie z. B.:

Meß-, Regel- und Steuertechnik
Leittechnikanlagen, Fernwirkanlagen, Fernmeßanlagen, Prozeßsteueranlagen, Leitwartentechnik, Regelanlagen, Datenverarbeitungsanlagen
Nachrichtentechnische Anlagen
Fernschreib-, Fernkopieranlagen, optisch-akustische Signalanlagen, elektroakustische Anlagen, Fernsehanlagen, drahtlose Anlagen – Funknetze, Rohrpostanlagen, Krankenrufanlagen, Krankenwechselsprechanlagen, Krankengegensprechanlagen, Suchanlagen, Datennetze, Konferenzanlagen, Simultanübersetzanlagen
Sicherheitstechnische Anlagen
Feuermeldeanlagen, Objektschutzanlagen, Tresorschutzanlagen, Raumschutztechnik, Zugangssicherungsanlagen, Überfallmeldeanlagen, Türüberwachungsanlagen, Türriegelanlagen
Verkehrssignalanlagen
Ampelanlagen, Wechselwegweisung, Geschwindigkeitsbeeinflussungsanlagen, Verkehrsrechner, Verkehrsleitwarten, Parkierungssysteme, Parkgeldabrechnung
Anzeigetechnik
Anzeigetafeln, Videoschauwände, Matrixtafeln, Laufschriftanlagen
Elektrowärmeanlagen
Anlagen zur Elektrowärmeerzeugung, Nachtspeicheranlagen, Wärmewirtschaft, Wärmekraftanlagen, Abwärmegewinnungsanlagen
Hierunter fallen auch alle Elektroanlagen in Krankenhäusern, in großen Fertigungsanlagen, in umfangreichen Verwaltungsbauten, Forschungsbauten und in Sonderbauten wie Theatern, Mehrzweckhallen, großen Ausstellungshallen, Flughäfen. Sonderbauten wie Tunnel, Kläranlagen.

§ 73
Leistungsbild Technische Ausrüstung

(1) Das Leistungsbild Technische Ausrüstung umfaßt die Leistungen der Auftragnehmer für Neuanlagen, Wiederaufbauten, Erweiterungsbauten, Umbauten, Modernisierungen, Instandhaltungen und Instandsetzungen. Die Grundleistungen sind in den in Absatz 3 aufgeführten Leistungsphasen 1 bis 9 zusammengefaßt und in der folgenden Tabelle in Vomhundertsätzen der Honorare des § 74 bewertet.

	Bewertung der Grundleistungen in v. H. der Honorare
1. Grundlagenermittlung Ermitteln der Voraussetzungen zur Lösung der technischen Aufgabe	3

	Bewertung der Grundleistungen in v. H. der Honorare
2. Vorplanung (Projekt- und Planungsvorbereitung) Erarbeiten der wesentlichen Teile einer Lösung der Planungsaufgabe	11
3. Entwurfsplanung (System- und Integrationsplanung) Erarbeiten der endgültigen Lösung der Planungsaufgabe	15
4. Genehmigungsplanung Erarbeiten der Vorlagen für die erforderlichen Genehmigungen	6
5. Ausführungsplanung Erarbeiten und Darstellen der ausführungsreifen Planungslösung	18
6. Vorbereitung der Vergabe Ermitteln der Mengen und Aufstellen von Leistungsverzeichnissen	6
7. Mitwirkung bei der Vergabe Prüfen der Angebote und Mitwirkung bei der Auftragsvergabe	5
8. Objektüberwachung (Bauüberwachung) Überwachen der Ausführung des Objekts	33
9. Objektbetreuung und Dokumentation Überwachen der Beseitigung von Mängeln und Dokumentation des Gesamtergebnisses	3

(2) Die Leistungsphase 5 ist abweichend von Absatz 1, sofern das Anfertigen von Schlitz- und Durchbruchsplänen nicht in Auftrag gegeben wird, mit 14 vom Hundert der Honorare des § 74 zu bewerten.

(3) Das Leistungsbild setzt sich wie folgt zusammen:

Grundleistungen	Besondere Leistungen

1. Grundlagenermittlung

Klären der Aufgabenstellung der Technischen Ausrüstung im Benehmen mit dem Auftraggeber und dem Objektplaner, insbesondere in technischen und wirtschaftlichen Grundsatzfragen

Zusammenfassen der Ergebnisse

Systemanalyse (Klären der möglichen Systeme nach Nutzen, Aufwand, Wirtschaftlichkeit, Durchführbarkeit und Umweltverträglichkeit)

Datenerfassung, Analysen und Optimierungsprozesse für energiesparendes und umweltverträgliches Bauen

2. Vorplanung
(Projekt- und Planungsvorbereitung)

Analyse der Grundlagen

Erarbeiten eines Planungskonzepts mit überschlägiger Auslegung der wichtigen Systeme und Anlagenteile einschließlich Untersuchung der alternativen Lösungsmöglichkeiten nach gleichen Anforderungen mit skizzenhafter Darstellung zur Integrierung in die Objektplanung einschließlich Wirtschaftlichkeitsvorbetrachtung

Aufstellen eines Funktionsschemas beziehungsweise Prinzipschaltbildes für jede Anlage

Klären und Erläutern der wesentlichen fachspezifischen Zusammenhänge, Vorgänge und Bedingungen

Mitwirken bei Vorverhandlungen mit Behörden und anderen an der Planung fachlich Beteiligten über die Genehmigungsfähigkeit

Mitwirken bei der Kostenschätzung, bei Anlagen in Gebäuden: nach DIN 276

Zusammenstellen der Vorplanungsergebnisse

Durchführen von Versuchen und Modellversuchen

Untersuchung zur Gebäude- und Anlagenoptimierung hinsichtlich Energieverbrauch und Schadstoffemission (z. B. SO_2, NO_x)

Erarbeiten optimierter Energiekonzepte

3. Entwurfsplanung
(System- und Integrationsplanung)

Durcharbeiten des Planungskonzepts (stufenweise Erarbeitung einer zeichnerischen Lösung) unter Berücksichtigung aller fachspezifischen Anforderungen sowie unter Beachtung der durch die Objektplanung integrierten Fachplanungen bis zum vollständigen Entwurf

Erarbeiten von Daten für die Planung Dritter, zum Beispiel für die Zentrale Leittechnik

Detaillierter Wirtschaftlichkeitsnachweis

Detaillierter Vergleich von Schadstoffemissionen

Grundleistungen	Besondere Leistungen

Festlegen aller Systeme und Anlagenteile

Berechnung und Bemessung sowie zeichnerische Darstellung und Anlagenbeschreibung

Angabe und Abstimmung der für die Tragwerksplanung notwendigen Durchführungen und Lastangaben (ohne Anfertigen von Schlitz- und Durchbruchsplänen)

Mitwirken bei Verhandlungen mit Behörden und anderen an der Planung fachlich Beteiligten über die Genehmigungsfähigkeit

Mitwirken bei der Kostenberechnung, bei Anlagen in Gebäuden: nach DIN 276

Mitwirken bei der Kostenkontrolle durch Vergleich der Kostenberechnung mit der Kostenschätzung

Betriebskostenberechnungen

Schadstoffemissionsberechnungen

Erstellen des technischen Teils eines Raumbuchs als Beitrag zur Leistungsbeschreibung mit Leistungsprogrammen des Objektplaners

4. Genehmigungsplanung

Erarbeiten der Vorlagen für die nach den öffentlich-rechtlichen Vorschriften erforderlichen Genehmigungen oder Zustimmungen einschließlich der Anträge auf Ausnahmen und Befreiungen sowie noch notwendiger Verhandlungen mit Behörden

Zusammenstellen dieser Unterlagen

Vervollständigen und Anpassen der Planungsunterlagen, Beschreibungen und Berechnungen

5. Ausführungsplanung

Durcharbeiten der Ergebnisse der Leistungsphasen 3 und 4 (stufenweise Erarbeitung und Darstellung der Lösung) unter Berücksichtigung aller fachspezifischen Anforderungen sowie unter Beachtung der durch die Objektplanung integrierten Fachleistungen bis zur ausführungsreifen Lösung

Zeichnerische Darstellung der Anlagen mit Dimensionen (keine Montage- und Werkstattzeichnungen)

Anfertigen von Schlitz- und Durchbruchsplänen

Fortschreibung der Ausführungsplanung auf den Stand der Ausschreibungsergebnisse

Prüfen und Anerkennen von Schalplänen des Tragwerksplaners und von Montage- und Werkstattzeichnungen auf Übereinstimmung mit der Planung

Anfertigen von Plänen für Anschlüsse von beigestellten Betriebsmitteln und Maschinen

Anfertigen von Stromlaufplänen

Grundleistungen	Besondere Leistungen

6. Vorbereitung der Vergabe

Ermitteln von Mengen als Grundlage für das Aufstellen von Leistungsverzeichnissen in Abstimmung mit Beiträgen anderer an der Planung fachlich Beteiligter

Aufstellen von Leistungsbeschreibungen mit Leistungsverzeichnissen nach Leistungsbereichen

(rechte Spalte) Anfertigen von Ausschreibungszeichnungen bei Leistungsbeschreibung mit Leistungsprogramm

7. Mitwirken bei der Vergabe

Prüfen und Werten der Angebote einschließlich Aufstellen eines Preisspiegels nach Teilleistungen

Mitwirken bei der Verhandlung mit Bietern und Erstellen eines Vergabevorschlages

Mitwirken beim Kostenanschlag aus Einheits- oder Pauschalpreisen der Angebote, bei Anlagen in Gebäuden: nach DIN 276

Mitwirken bei der Kostenkontrolle durch Vergleich des Kostenanschlags mit der Kostenberechnung

Mitwirken bei der Auftragserteilung

8. Objektüberwachung (Bauüberwachung)

Überwachen der Ausführung des Objekts auf Übereinstimmung mit der Baugenehmigung oder Zustimmung, den Ausführungsplänen, den Leistungsbeschreibungen oder Leistungsverzeichnissen sowie mit den allgemein anerkannten Regeln der Technik und den einschlägigen Vorschriften

Mitwirken beim Aufstellen und Überwachen eines Zeitplanes (Balkendiagramm)

Mitwirken beim Führen eines Bautagebuches

Mitwirken beim Aufmaß mit den ausführenden Unternehmen

Fachtechnische Abnahme der Leistungen und Feststellen der Mängel

Rechnungsprüfung

Mitwirken bei der Kostenfeststellung, bei Anlagen in Gebäuden: nach DIN 276

Antrag auf behördliche Abnahmen und Teilnahme daran

(rechte Spalte) Durchführen von Leistungs- und Funktionsmessungen

Ausbilden und Einweisen von Bedienungspersonal

Überwachen und Detailkorrektur beim Hersteller

Aufstellen, Fortschreiben und Überwachen von Ablaufplänen (Netzplantechnik für EDV)

Grundleistungen	Besondere Leistungen

Zusammenstellen und Übergeben der Revisionsunterlagen, Bedienungsanleitungen und Prüfprotokolle

Mitwirken beim Auflisten der Verjährungsfristen der Gewährleistungsansprüche

Überwachen der Beseitigung der bei der Abnahme der Leistungen festgestellten Mängel

Mitwirken bei der Kostenkontrolle durch Überprüfen der Leistungsabrechnung der bauausführenden Unternehmen im Vergleich zu den Vertragspreisen und dem Kostenanschlag

9. Objektbetreuung und Dokumentation

Grundleistungen	Besondere Leistungen
Objektbegehung zur Mängelfeststellung vor Ablauf der Verjährungsfristen der Gewährleistungsansprüche gegenüber den ausführenden Unternehmen	Erarbeiten der Wartungsplanung und -organisation
	Ingenieurtechnische Kontrolle des Energieverbrauchs und der Schadstoffemission

Überwachen der Beseitigung von Mängeln, die innerhalb der Verjährungsfristen der Gewährleistungsansprüche, längstens jedoch bis zum Ablauf von 5 Jahren seit Abnahme der Leistungen auftreten

Mitwirken bei der Freigabe von Sicherheitsleistungen

Mitwirken bei der systematischen Zusammenstellung der zeichnerischen Darstellungen und rechnerischen Ergebnisse des Objekts

(4) Bei Umbauten und Modernisierungen im Sinne des § 3 Nr. 5 und 6 können neben den in Absatz 3 erwähnten Besonderen Leistungen insbesondere die nachstehenden Besonderen Leistungen vereinbart werden:

Durchführen von Verbrauchsmessungen

Endoskopische Untersuchungen.

Aufbau und Bedeutung der Bestimmung

1

§ 73 enthält die Grundleistungen für die Technische Ausrüstung und trifft insofern eine abschließende Regelung. Die Besonderen Leistungen sind beispielhaft aufgeführt. Die Grundleistungen werden in neun in Abs. 3 im einzelnen bezeichnete Leistungsphasen unterteilt. Sie werden mit Vomhundertsätzen des aus der Honorartafel zu entnehmenden Gesamthonorars bewertet. Die Grundleistungen wurden in Anlehnung an das Leistungsbild des § 15 für die Objektplanung für Gebäude, Freianlagen und raumbildende Ausbauten festgelegt. Dabei wurden die fachspezifischen Besonderheiten berücksichtigt, wonach der Fachplaner primär Beiträge für den Objektplaner zu liefern hat. Im Hinblick hierauf sind Beschreibungen der Leistungsphasen teilweise verschieden und ist eine unterschiedliche Bewertung gegenüber der Gebäudeplanung berechtigt. Es werden deshalb höher bewertet Vorplanung, Entwurfsplanung, Mitwirkung bei der Vergabe und Objektüberwachung, geringer bewertet die Ausführungsplanung und die Vorbereitung der Vergabe. Der sachliche Anwendungsbereich des § 73 Abs. 1 umfaßt Neuanlagen, Wiederaufbauten, Erweiterungsbauten, Umbauten, Modernisierungen, Instandhaltungen und Instandsetzungen.

2   Für die Erbringung von Grundleistungen steht dem Ingenieur auch ein Honorar ohne schriftliche Vereinbarung zu (§ 4 Abs. 1, 4), dagegen ist das Honorar für die Besonderen Leistungen schriftlich zu vereinbaren (vgl. § 5 Rdn. 37 ff.). Dem Ingenieur müssen keineswegs alle Leistungsphasen oder auch alle Teilleistungen aus den einzelnen Leistungsphasen übertragen werden. Werden nur einzelne Teilleistungen übertragen, so steht dem Ingenieur nur ein Teilhonorar zu (vgl. § 5 Abs. 1–3, § 5 Rdn. 4, 5). Hiervon ist zu unterscheiden der Fall, daß der Auftragnehmer – obwohl ihm alle Leistungen übertragen wurden – Teilleistungen oder ganze Leistungsphasen nicht erbracht hat. Hier ist § 5 nicht unmittelbar anwendbar. Dennoch kann im Einzelfall eine Honorarminderung in Frage kommen, soweit es sich um eine „zentrale Leistung" handelt, die nicht erbracht wurde (vgl. § 5 Rdn. 20 ff.). Solche zentralen Leistungen stellen z. B. die Aufstellung eines Funktionsschemas, das Erarbeiten und Durcharbeiten des Planungskonzepts, das Mitwirken bei den Kostenermittlungen, die zeichnerische Darstellung der Anlagen, das Anfertigen von Schlitz- und Durchbruchsplänen, die Ermittlung der Mengen, das Prüfen und Werten der Angebote, die fachtechnische Abnahme der Leistung dar. Hat der Auftragnehmer Teilleistungen erbracht und wurde der Vertrag vorzeitig gekündigt oder einvernehmlich beendet, so kann dennoch ein Anspruch auf das volle Honorar unter Abzug der ersparten Aufwendungen hinsichtlich des nicht erbrachten Teils bestehen (hierzu i. e. Einl. Rdn. 143, 26).

3   Absatz 2 stellt eine **Sonderbestimmung** dar, wonach der Vomhundertsatz in Leistungsphase 5 Ausführungsplanung auf 14 v. H. gemindert wird, wenn das Anfertigen von Schlitz- und Durchbruchsplänen nicht in Auftrag gegeben wird. Diese Leistung muß in der Regel als erbracht angesehen werden, wenn der Ingenieur die erforderlichen Schlitze und Durchbrüche in die Ausführungspläne des Objektplaners einträgt oder bei deren Festlegung in Konstruktion und Tragwerk mitwirkt (Integration der Fachleistungen). Die Voraussetzungen des hier aufgeführten Sonderfalls dürften nur dann vorliegen, wenn es keiner Schlitz- und Durchbruchspläne bedarf oder bei Einfach- oder Systembauten, bei denen sich die Einordnung der Technischen Ausrüstung problemlos ergibt.

4   Die Bestimmungen des § 73 sind Bestandteil einer Honorarordnung. Sie können damit keine unmittelbaren Leistungspflichten begründen (a. A. Pott/ Dahlhoff § 73 Rdn. 1). Die Leistungspflichten des Ingenieurs sind im Rahmen

des Werkvertragsrechts (§ 631 ff. BGB) nicht speziell geregelt, doch wird das Leistungsbild § 73 bei der Frage des Umfangs der Leistungspflichten und bei der Frage der Haftung mit herangezogen werden (weitere Ausführungen hierzu siehe § 15 Rdn. 7).

Zur Systematik der Leistungsphasen und Ergebnisorientierung der Leistung   5
siehe § 15 Rdn. 11.

Neuregelung durch die 5. ÄndVO   6

In den Leistungsphasen 3 und 7 des § 73 wurde je eine zusätzliche Grundleistung eingefügt und in Leistungsphase 8 die letzte Grundleistung erweitert. Diese Grundleistungen beschränken sich auf ein Mitwirken bei der Erbringung dieser Leistungen durch den Objektplaner. Die Neuregelung soll der Verstärkung der Kostenkontrolle dienen. In § 73 wurden außerdem Besondere Leistungen eingefügt. Es handelt sich um Leistungen, die über die in § 73 geregelten Grundleistungen wesentlich hinausgehen. Diese Besonderen Leistungen werden in Abs. 3 in den Leistungsphasen 1, 2, 3 und 9 um typische Leistungen zum Einsatz von Techniken zur CO_2-Minderung, zur rationellen Energieverwendung und zur Nutzung erneuerbarer Energien ergänzt. Damit soll zur Optimierung der Umweltverträglichkeit neuer oder bestehender Objekte beigetragen werden. Als Beispielsfall für derartige Besondere Leistungen führt die amtliche Begründung der 5. ÄndVO die energiewirtschaftliche Systemanalyse bei Planungswettbewerben auf. Die in § 73 Abs. 3 Nr. 2 eingefügten Besonderen Leistungen beziehen sich auf die Untersuchung zur Gebäude- und Anlagenoptimierung hinsichtlich Energieverbrauch und Schadstoffemissionen und das Aufstellen von Energiekonzepten. Die Amtliche Begründung zur 5. ÄndVO führt beispielhaft auf: das Überprüfen der Möglichkeiten der passiven Energieeinsparung, das Überprüfen der Möglichkeiten der aktiven Energieeinsparung, etwa durch Einsatz von neuen energiesparenden Wärmeerzeugungstechniken, Einsatz von Brennstoffzellen, Nutzung von Wärmerückgewinnungstechniken sowie das Überprüfen der Möglichkeiten des Einsatzes erneuerbarer Energien, wie etwa Sonnenkollektoren und Absorber zur Gewinnung von Solarwärme. Ferner werden beispielhaft aufgeführt das Überprüfen der Wirtschaftlichkeit und die Durchführbarkeit für die möglichen Alternativen sowie die Überprüfung des dynamischen Energieverhaltens von Objekten. In § 73 Abs. 3 Nr. 3 werden u. a. die Besonderen Leistungen „detaillierter Vergleich von Schadstoffemissionen" und „Schadstoffemissionsberechnungen" eingefügt. Schließlich dient die Besondere Leistung, die in § 73 Abs. 3 Nr. 9 aufgenommen wurde, der meßtechnischen Erfassung und Auswertung energetischer und umwelttechnischer Daten sowie der Überwachung der Anleitung des Bedienungspersonals bei der Handhabung der neuen Techniken. Der Bundesrat hat in seinem Beschluß § 73 Abs. 3 Nr. 2 bei Besonderen Leistungen insoweit geändert, daß anstelle der Wörter „Aufstellen von Energiekonzepten" die Wörter „Erarbeiten optimierter Energiekonzepte" treten. Zur Begründung weist der Bundesrat darauf hin, daß das „Aufstellen von Energiekonzepten" (ursprüngliche Fassung) eine Grundleistung sein kann und die Klarstellung dazu diene, daß als Besondere Leistung nur eine über die Grundleistung hinausgehende Leistung angesehen werden kann. Die reine Aufstellung des Energiekonzeptes soll in der Mehrzahl der Fälle keine Besondere Leistung sein (z. B. Vorschlag zum Einbau einer Wärmepumpe), sondern allenfalls ein nachprüfbares spezifiziertes Konzept zur Energie- und Emissionsminderung.

7 Die Grundleistungen in Leistungsphase 1 Grundlagenermittlung

Mit dem **Klären der Aufgabenstellung** sollen im Benehmen mit dem Auftraggeber und dem Objektplaner die Grundsatzfragen der Technischen Ausrüstung, insbesondere in **technischer** und in **wirtschaftlicher Hinsicht**, festgelegt werden. Hierbei werden die Bedürfnisse und Ansprüche des Auftraggebers hinsichtlich der Nutzung des Objekts ausschlaggebend sein. Auf den **Ergebnissen** dieser Leistungsphase bauen die eigentlichen Planungsphasen auf. Soweit der Ingenieur nicht mit dieser Leistungsphase beauftragt ist, müssen ihm die Ergebnisse vom Auftraggeber in nachvollziehbarer, die gesamte Technische Ausrüstung umfassender Form zur Verfügung gestellt werden (so auch Neuenfeld/Baden/Dohna/Groscurth § 73 Rdn. 10). Insbesondere müssen die technischen und wirtschaftlichen Randbedingungen hierbei ausreichend geklärt sein. Das **Zusammenfassen der Ergebnisse** ist nicht in bestimmter Form vorgeschrieben. Jedoch empfiehlt es sich, bei größeren Objekten oder entsprechend der Bedeutung der Technischen Ausrüstung für das Objekt die Schriftform zu wählen (§ 15 Rdn. 19). Dazu gehört das Ermitteln der wichtigsten Verbraucher sowie die Klärung, welche Energiearten benötigt werden und wie hoch deren Sicherheit sein muß. Auch muß abgeklärt werden, ob Ersatzstromversorgung, besondere Ersatzstromversorgung oder unterbrechungslose Ersatzstromversorgung benötigt wird. Ebenso muß deren überschlägiger Leistungsbedarf ermittelt werden. Ferner muß abgeklärt werden, wie die Energieversorgung erfolgen kann. Auch ist die wirtschaftliche Voruntersuchung der günstigsten Versorgungsmöglichkeit vorzunehmen. Beispiel für Elektrotechnik: Alle Erfordernisse des Objekts mit Festlegung aller wichtigen Sonderanlagen wie Feuermeldeanlage, Objektsicherungsanlage, Zugangssicherungsanlagen, Arbeitszeiterfassungsanlagen, sind vorzunehmen. Ferner sind festzulegen alle Kommunikationssysteme wie Telefonanlagen, Durchsageanlagen, Suchanlagen, Informationssysteme. Auch ist zu bestimmen das Ausstattungsniveau in bezug auf Systemdichte, Qualitätsniveau und Repräsentationsforderungen. Hinzu kommt die Vorklärung wichtiger baurechtlicher Aspekte in bezug auf Sonderanlagen und Brandschutzanforderungen sowie gewerberechtlicher Auflagen. Auch ist ein Kostenrahmen festzulegen in Abstimmung mit dem Objektplaner und Auftraggeber. Zum Zusammenfassen der Ergebnisse gehört die konkrete möglichst schriftliche Darstellung der Grundlagenermittlung, bestehend aus: 1. Aufstellung über die benötigten Energiearten mit überschlägigem Bedarf, 2. Darstellung des Versorgungskonzeptes mit Angaben zur Netzversorgung,

Hoch-, Mittel- oder Niederspannung; 3. Art der Eigenerzeugungsanlagen, allgemeine Ersatzstromversorgung, besondere Ersatzstromversorgung, unterbrechungsfreie Spannungsversorgung, Notbeleuchtungsversorgung, jeweils mit erstem überschlägigem Bedarf; 4. bei alternativen Versorgungsmöglichkeiten ist ein wirtschaftlicher und technischer Vergleich mit Wertung und Empfehlung zu erstellen; 5. Auflistung aller erforderlichen Sachanlagen wie Feuer- bzw. Brandmeldeanlagen, Objektschutz, Sicherungsanlagen, Zugangssicherung, Türkontrolle, Leittechnik, Störmeldung, Uhrenanlage, Anzeigenanlagen, Signalanlagen u. a.; 6. Auflistung aller erforderlichen Kommunikationsanlagen wie Telefonanlage, Datensysteme, Gegensprechen, Wechselsprechen, Suchanlagen, Rufanlagen, Durchsageanlagen, Beschallungssysteme, Fernsehanlagen; 7. allgemeine Niveaufestlegungen wie Anschlußdichte, Qualitätsanforderungen, Repräsentationsanforderungen der Anlagen aus 5 und 6, jedoch auch zur Beleuchtung und den Installationsobjekten.

Die Besonderen Leistungen in Leistungsphase 1 enthalten vor allem die **8** Systemanalyse nach Nutzen, Aufwand, Wirtschaftlichkeit, Durchführbarkeit und Umweltverträglichkeit. Ihr kommt im Hinblick auf energiewirtschaftliche Forderungen eine erhöhte Bedeutung zu. Dies trifft ebenso auf Optimierungsprozesse und Datenbeschaffung und Auswertung derselben für die Analysen und Optimierungsprozesse zu, die möglicherweise zu Rückkoppelungsvorgängen bei der Gebäudeplanung führen können. Besondere Leistungen können auch Tätigkeiten für die Erschließungsplanung sein. Die 5. ÄndVO bezieht den Ingenieur bereits von Beginn der Planung ein, um eine Optimierung der Umweltverträglichkeit zu erreichen.

Haftungsfragen   9

Besondere Schwierigkeiten ergeben sich, wenn dem Ingenieur lediglich die Leistungsphase 2, nicht jedoch die Leistungsphase 1 in Auftrag gegeben ist. Häufig wird vom Auftraggeber die Grundlagenermittlung nicht sorgfältig vorgenommen. Dem Ingenieur obliegt dann eine Befragungspflicht, und ihm ist zu empfehlen, das Ergebnis der Befragung in seinen wesentlichen Punkten beweiskräftig festzuhalten. Dabei wird es zweckmäßig sein, das Klären der Aufgabenstellung beim Auftraggeber vorzunehmen, zumindest dann, wenn diese Klärung dem Architekten abgefragt wird, und auch beweiskräftig den Auftraggeber miteinzubeziehen. Grundsätzlich bildet der Ingenieur eine Zweckgemeinschaft mit dem Architekten, so daß er mit diesem gesamtschuldnerisch haftet, wenn ein Mangel sowohl auf einer Pflichtverletzung des Architekten wie des Ingenieurs beruht. Fraglich kann es sein, inwieweit der Architekt dem Ingenieur gegenüber Erfüllungsgehilfe des Auftraggebers ist. Die Beantwortung dieser Frage hängt davon ab, ob der Auftraggeber dem Ingenieur eine einwandfreie Objekt-Gebäudeplanung schuldet. Falls dies zu bejahen ist und ein Mangel schuldhaft vom Architekten mitverursacht wird, kann der Ingenieur dem Auftraggeber gegenüber den Einwand des Mitverschuldens erheben (vgl. i. e. Schmalzl, FS Locher, S. 23 ff.). Umgekehrt kann es ebenfalls fraglich sein, ob der Bauherr dem Architekten eine einwandfreie Ingenieurleistung schuldet. Ist dies zu bejahen (so OLG Köln BauR 1987, 460) und beruht der Mangel auf einer schuldhaften Pflichtverletzung des Ingenieurs, so kann der Architekt dem Auftraggeber gegenüber, sofern er in Anspruch genommen wird, den Einwand des Mitverschuldens erheben.

10 Die Grundleistung in Leistungsphase 2 Vorplanung (Projekt- und Planungsvorbereitung)

Die **Analyse der Grundlagen** umfaßt die Erfassung und Aufarbeitung aller in Leistungsphase 1 erarbeiteten Grundlagen und der vom Auftraggeber vorgegebenen Ergebnisse derselben. **Erarbeiten eines Planungskonzepts** enthält die überschlägige Auslegung der wichtigen Systeme, Anlagengruppen und Anlagen **mit skizzenhafter Darstellung**. Hierzu wird der Ingenieur in der Regel die zeichnerische Darstellung des Objektplaners aus Leistungsphase 2 verwenden. Regelmaßstab dürfte 1:200 sein, bei kleineren Bauvorhaben 1:100. Untersuchungen **alternativer Lösungsmöglichkeiten** nach gleichen Anforderungen können sich aus der Anlage selbst ergeben oder sich auf die Untersuchungen des Objektplaners in Leistungsphase 2 beziehen. Hierunter sind jedoch stets nur Varianten zu verstehen, die auf gleichen Anforderungen beruhen. Beispiele hierfür sind die Aufteilung der Wärmeerzeuger, Aufteilung des Rohrnetzes in Regelzonen, Warmwasserbereitung zentral oder dezentral, Gasbrenner als Druckzerstäuber oder als Flächenbrenner. Alternative Lösungsmöglichkeiten, die sich aus denen des Objektplaners ergeben können, sind z. B. unterirdische Öllagerung. Oder im Gebäude: Anordnung von Kessel- und Apparaterräumen, Schornsteinen und Schaltanlagen, Unterverteilern und Unterzentralen. Werden vom Objektplaner Lösungsmöglichkeiten nach grundsätzlich verschiedenen Anforderungen ausgearbeitet und sollen diese vom Ingenieur erforderlichenfalls auch untersucht werden, so geht diese Leistung über die Grundleistungen hinaus. Ferner werden gefordert **Funktionsschemas** bzw. **Prinzipschaltbilder** für jede Anlage. Für das **Klären und Erläutern** der wesentlichen fachspezifischen Zusammenhänge, Vorgänge und Bedingungen ist keine besondere Form vorgeschrieben, jedoch wird diese vom Umfang und von der Bedeutung der einzelnen Anlage für das Objekt abhängen. Zu empfehlen ist stets Schriftform. Die Grundleistung **Mitwirken bei Vorverhandlungen** mit Behörden kann je nach Einzelfall von Bedeutung sein, wie sie auch unter Umständen gar nicht anzufallen braucht, wenn die Genehmigungsfähigkeit der vom Ingenieur geplanten Anlagen nicht in Frage steht. Dagegen wird eine Vorverhandlung mit Energieträgern oder Ver- und Entsorgungsunternehmen oder -einrichtungen immer von Bedeutung sein, da von dieser die Planung wesentlich beeinflußt wird. Das **Mitwirken bei der Kostenschätzung** in Gebäuden nach DIN 276 ist analog § 15 Leistungsphase 2 eine Grundleistung von zentraler Bedeutung, da die Kostenanteile der Technischen Ausrüstung die Gesamtkostenschätzung wesentlich beeinflussen können und diese dem Auftraggeber als vorläufige Grundlage für seine Finanzierungsüberlegungen dienen soll. Die Mitwirkung wird sich jedoch

stets nur auf die Kosten der vom Ingenieur bearbeiteten Anlagen oder Anlagengruppen erstrecken. Die anzugebenden Kosten sind summarisch nach Erfah-
rungs- oder Richtwerten als Schätzzahlen zu ermitteln. Der Objektplaner
(Architekt) hat diese Kosten in die Gesamtkostenschätzung einzugliedern. Der
Ingenieur hat von sich aus seinen Beitrag dem Objektplaner – zweckmäßigerweise mit Durchschrift an den Auftraggeber – zu übermitteln. Er darf nicht auf
Abruf warten. Für das **Zusammenstellen der Vorplanungsergebnisse** ist Schriftform zu empfehlen, jedoch hängt dies im wesentlichen von Umfang und
Bedeutung der geplanten Anlagen ab.

Die **Besonderen Leistungen in Leistungsphase 2** Durchführen von Versuchen **11**
und Modellversuchen beziehen sich z. B. auf Raumstörungsversuche für lufttechnische Anlagen im eigenen oder fremden Labor. Denkbar sind gerade in
dieser Leistungsphase überschlägige Wirtschaftlichkeitsberechnungen und die
Untersuchung von alternativen Lösungsmöglichkeiten nach grundsätzlich verschiedenen Anforderungen. Das Untersuchen nach grundsätzlich verschiedenen Voraussetzungen verlangt die nochmalige Erbringung der Leistungsphase 2. Nach § 69 Abs. 7 ist § 20 anzuwenden. Die 5. ÄndVO hat die Untersuchung zur Gebäude- und Anlagenoptimierung hinsichtlich Energieverbrauch
und Schadstoffemission sowie das Erarbeiten optimierter Energiekonzepte
angefügt.

Fragen der Haftung
12

Die Ingenieurplanung muß dem Stand der Technik entsprechen, und zwar
dem Stand, der im Zeitpunkt der Abnahme der Ingenieurleistung gegeben ist
(OLG Hamm BauR 1990, 104). Davon zu trennen ist der Zeitpunkt für die
Beurteilung der Fehlerhaftigkeit der Leistung. Auch bei Beachtung der anerkannten Regeln der Technik kann eine Leistung mangelhaft sein. Die Korrektur erfolgt über das Verschulden (vgl. Rdn. 47; Locher, Das private Baurecht,
Rdn. 29). Die Systeme dürfen nicht zu groß ausgelegt werden, sonst kann der
Ingenieur, auch wenn technisch ansonsten kein Mangel vorliegt, haften. Alternativen für billigere Lösungsmöglichkeiten unter Darlegung etwaiger Nachteile
sind zu untersuchen und aufzuzeigen. Eine mangelfreie Planung hat den dem
Ingenieur bekanntgegebenen Kostenzuschnitt zu berücksichtigen. Eine aufwendige, technisch einwandfreie Planung ist eine mangelhafte Planung. Der
Wirtschaftlichkeitsvorbetrachtung, die aus Beweiszwecken schriftlich erfolgen
sollte, muß als risikoträchtiger Teilgrundleistung besondere Beachtung
geschenkt werden. Insbesondere im Bereich der Energieplanung können erhebliche Schadensersatzansprüche wegen Energieverlusten drohen.

Grundleistungen in Leistungsphase 3 Entwurfsplanung
(System- und Integrationsplanung)
13

In dieser Leistungsphase müssen die Ergebnisse aus Leistungsphase 2 zum
Planungskonzept durchgearbeitet werden, das unter Berücksichtigung aller

fachspezifischen Anforderungen und unter Beachtung weiterer durch den Objektplaner **integrierter Fachplanungen** bis zum vollständigen Entwurf weiterentwickelt wird. Wichtig ist hierbei, daß der Stand aller Fachplanungen der gleiche ist und deren Integration vom Objektplaner rechtzeitig erfolgt, um Fehlplanungen in den einzelnen Fachdisziplinen zu vermeiden. Das **Festlegen** aller **Systeme** und **Anlagenteile** setzt eine Integration aller Fachplanungen voraus, damit der weitere Planungsablauf durch keine Änderungen mehr gestört wird. Jedoch ist hierunter nicht die Festlegung jedes Einzelteils zu verstehen; es handelt sich also nicht um die ausführungsreife Lösung, die erst in Leistungsphase 5 Ausführungsplanung erarbeitet wird. Das gleiche gilt für die **Berechnung** und **Bemessung** sowie die **zeichnerische Darstellung** und **Anlagenbeschreibung**. Diese Angaben müssen so genau sein, daß bei der Ausführungsplanung keine grundsätzlichen Änderungen notwendig werden; sie brauchen jedoch noch nicht zur Ausführungsreife gediehen zu sein. Sie werden Bestandteil der gesamten Entwurfsplanung des Objektplaners und sind Grundlagen der weiteren Bearbeitung. Angabe und Abstimmung der für die Tragwerksplanung notwendigen Angaben über **Durchführungen** und **Lastangaben** sind ein wichtiger Teil der Integrationsplanung, die vom Objektplaner für alle Fachdisziplinen frühzeitig und umfassend durchgeführt werden muß. Das **Mitwirken bei Verhandlungen** mit **Behörden** und anderen an der Planung fachlich Beteiligten über die **Genehmigungsfähigkeit** wird sich immer nur auf den jeweiligen Anlagenbereich des Auftragnehmers beziehen. Hierzu gehören auch die endgültige Klärung und Festlegung mit Energieträgern, Versorgungs- und Entsorgungseinrichtungen (a. A. Besondere Leistungen: Neuenfeld/Baden/Dohna/Groscurth § 73 Rdn. 29) und Fragen des Umweltschutzes. Das **Mitwirken** bei der **Kostenberechnung** – bei Anlagen in Gebäuden nach **DIN 276** – ist eine für den Auftraggeber wichtige Entscheidungshilfe, da von der Ermittlung der **angenäherten Gesamtkosten** die Entscheidung der Auftraggeber abhängt, ob die Baumaßnahme wie geplant durchgeführt wird und Grundlage für die erforderliche Finanzierung ist. Außerdem hängt die Fälligkeit der Honorarforderung des Fachingenieurs von der ordnungsgemäß erbrachten Kostenberechnung ab (vgl. § 10 Rdn. 7 ff.). Entsprechend der Kostengliederung DIN 276 Anhang A 1 Teil 2 müssen in Spalte 3 die Kostengruppen in die einzelnen Installationen, z. B. 3.2.1 Abwasser, 3.2.2 Wasser, 3.2.3 Heizung usf., aufgeteilt werden. Die Kosten sind gemäß DIN 276 Teil 3, soweit nicht Erfahrungswerte oder pauschalierte Angaben vorliegen, aus Mengen- und Kostenansatz summarisch zu ermitteln. Der Objektplaner (Architekt) hat diese Angaben in die Gesamtkostenberechnung einzugliedern. Durch die 5. ÄndVO wurde das Mitwirken bei der Kostenkontrolle durch Vergleich der Kostenberechnung mit der Kostenschätzung neu aufgenommen.

14 **Besondere Leistungen in Leistungsphase 3** wie das **Erarbeiten von Daten** für die **Planung Dritter** können Angaben für alle weiteren am Objekt vorkommenden Fachplanungen umfassen, z. B. für die zentrale Leittechnik. Ist die Planung für Technische Ausrüstung auf mehrere Fachplaner verteilt, so kann es an der

Voraussetzung der Honorierung als Besondere Leistung fehlen, weil nun ein nicht wesentlicher Arbeitsaufwand verursacht werden kann (vgl. die Beispiele bei Hartmann § 73 Rdn. 4). **Detaillierte Wirtschaftlichkeitsnachweise** wie auch die **Betriebskostenberechnungen** können für die beim Auftraggeber anstehende Entscheidung, ob die Maßnahme wie geplant durchgeführt werden soll, von Wichtigkeit sein. Hierunter fallen alle Berechnungen, die über die in Leistungsphase 2 geforderte Wirtschaftlichkeitsvorbetrachtung hinausgehen. In der Regel wird der Wirtschaftlichkeitsnachweis von Anlagen nach VDI-Richtlinie 2067 Teil 1–5 „Wirtschaftlichkeitsberechnung von Wärmeverbrauchsanlagen" durchgeführt. Der Wirtschaftlichkeitsnachweis schließt auch Vergleiche mit Anlagen anderer Art ein. **Betriebskostenberechnungen** sind nicht Bestandteil des Wirtschaftlichkeitsnachweises. Sie umfassen das Berechnen der Betriebskosten für jede Einzelanalyse jeder Anlagengruppe. Dabei sind Strom-, Wärme-, Wasser- und Abwasserkosten zu erfassen und die Tarifstaffelungen (Hoch-, Nieder-, Sonder- und Wärmepumpentarife), Leistungs- und Arbeitspreise, Kosten für Meßeinrichtungen und -gebühren in die Berechnung einzuarbeiten. **Erstellen des technischen Teils eines Raumbuches** als Beitrag zur **Leistungsbeschreibung mit Leistungsprogrammen** des Objektplaners ist eine sehr anspruchsvolle Leistung und setzt umfassendes Wissen und entsprechende Erfahrung im jeweiligen Wissensgebiet voraus. Durch die 5. ÄndVO wurde als Besondere Leistung u. a. der detaillierte Vergleich von Schadstoffemissionen und Schadstoffemissionsberechnungen aufgenommen.

Fragen der Haftung   15

Hier ist zunächst auf die Ausführungen zu Rdn. 12 zu verweisen. Die Berechnung und Bemessung der Anlage müssen sorgfältig erfolgen; der Ingenieur kann sich Schadensersatzansprüchen nach § 635 BGB aussetzen wegen Nutzungsnachteilen und erhöhten Betriebskosten; er kann für derartige Nachteile des Auftraggebers für die gesamte Betriebsdauer der Anlage haften müssen. Falsche Angaben in der Anlagenbeschreibung können zu Fehlverhalten des Auftraggebers und zu Schadensersatzansprüchen desselben führen. Werden dem Tragwerksplaner falsche Angaben hinsichtlich der für die Tragwerksplanung notwendigen Durchführungen oder hinsichtlich von Lastangaben gemacht, so ist bei Vorliegen eines Verschuldens der Ingenieur schadensersatzpflichtig.

Grundleistungen in Leistungsphase 4   Genehmigungsplanung   16

Diese Leistungsphase steht in engem Zusammenhang mit § 15. Wenn dem Ingenieur aufgegeben wird, die **Vorlagen für die nach den öffentlich-rechtlichen Vorschriften erforderlichen Genehmigungen oder Zustimmungen einschließlich der Anträge auf Ausnahmen und Befreiungen** zu erarbeiten, so hat er alle Unterlagen zusammenzustellen, die für die öffentlich-rechtliche Genehmigung der Anlage erforderlich sind. Soweit Betriebsgenehmigungen von Anlagen der Technischen Ausrüstung hierunterfallen, sind diese eingeschlossen. In der Regel handelt es sich um Beiträge zur Genehmigungsplanung des Architekten, etwa für die Kaminanlagen, Heizräume, Öllagerung, Brandschutzanlagen im Bereich der Technischen Ausrüstung, Anlagen der Sicherheitsbeleuchtung, Feuermeldeanlagen für gewerbeaufsichtliche Verfahren oder derartige der Technischen Überwachungsvereine. Hierunter fallen auch Sicherheitsbestimmungen, Unfallverhütungsvorschriften und die Richtlinien für Arbeitsstätten (Arbeitsstättenverordnung), soweit sie die Technische Ausrüstung betreffen. Jeder Fachplaner hat für seinen Bereich die erforderlichen **Unterlagen für das Genehmigungs- oder Zustimmungsverfahren zusammenzustellen** und außerdem erforderlichenfalls die **Planungsunterlagen, Beschreibungen und Berechnungen zu vervollständigen und anzupassen.** Die Fertigung des Entwässerungsgesuchs gehört zu den Grundleistungen der Technischen Ausrüstung. Die Auffassung von Wingsch (BauR 1984, 261), das Entwässerungsgesuch sei eine Ohnehin-Leistung des die Entwässerungsanlage ausführenden Unternehmers, ist falsch. Das Leistungsbild des § 73 umfaßt alle Leistungen, die zur ordnungsgemäßen Erfüllung des Ingenieurs für Haustechnik erforderlich sind. Diese Leistung umfaßt die Fachkenntnis des Fachplaners für den Bereich der Entwässerungsanlagen (so richtig Hartmann § 73 Rdn. 12; Hesse/Korbion/Mantscheff/Vygen § 73 Rdn. 15; Neuenfeld/Baden/Dohna/Groscurth § 73 Rdn. 41). Der Ingenieur für Haustechnik wird mit der Erstellung des **Entwässerungsgesuchs** beauftragt, oder es werden ihm die Leistungen der Genehmigungsplanung übertragen. Er hat das Entwässerungsgesuch zu fertigen, das der Architekt seinen Genehmigungsunterlagen beifügt. Nicht in jedem Fall sind die Kosten der Grundleistungen bei den Abwasseranlagen, die der Ingenieur ausschreibt, enthalten. Gegebenenfalls sind die Kosten hierfür vom Objektplaner für das Gebäude dem Ingenieur zur Ermittlung des Honorars gemäß § 69 Abs. 1–3 und 6 zur Verfügung zu stellen und gemäß § 69 Abs. 6 zu vereinbaren, oder diese sind gemäß § 69 Abs. 3 zu ermitteln. Die Bestimmungen des § 5 Abs. 2 und 3 sind zu beachten. Basis der Dimensionierung der Entwässerungsleitungen ist die Sanitäranlage (Be- und Entwässerung) innerhalb des Gebäudes.

17 Besondere Leistungen in Leistungsphase 4

Dabei ist analog zu § 15 an das Erarbeiten von Unterlagen für besondere Prüfverfahren und die fachliche Unterstützung des Auftraggebers im Widerspruchsverfahren zu denken (vgl. § 15 Rdn. 121).

18 Fragen der Haftung

Der Fachingenieur hat sich mit dem neuesten Stand der einschlägigen öffentlich-rechtlichen Vorschriften vertraut zu machen und die DIN-Vorschriften und die behördlichen Auflagen zu berücksichtigen. Wird durch Verschulden des Ingenieurs die Baugenehmigung verzögert oder nicht erteilt, so kann er nach § 635 BGB auf Schadensersatz in Anspruch genommen werden. Soweit sich seine mangelhafte Leistung noch nicht in der Bausubstanz niedergeschlagen hat, ist er nachbesserungsberechtigt und -pflichtig.

Grundleistungen in Leistungsphase 5   Ausführungsplanung 19

Das **Durcharbeiten der Ergebnisse** der Leistungsphasen 3 und 4 als **stufenweise Erarbeitung** und **Darstellung der Lösung** setzt die koordinierende Tätigkeit des Objektplaners und seine zeichnerische Darstellung des Objekts voraus. Den Fachplanern für die Technische Ausrüstung werden entsprechend der stufenweisen Erarbeitung der Ausführungsplanung des Objektplaners diese für die spezifischen Fachplanungen zur Verfügung gestellt. Hierbei sind alle **fachspezifischen Anforderungen** zu berücksichtigen und die vom Objektplaner zu koordinierenden und in seine Planung integrierten **Fachleistungen** wie Tragwerksplanung und Bereiche der Technischen Ausrüstung zu beachten und zur **ausführungsreifen Lösung** zu entwickeln. Die Durcharbeitung muß in ständiger Rückkoppelung mit dem Objektplaner und den anderen an der Planung fachlich Beteiligten, z. B. Tragwerksplanern, erfolgen. Aufgabe des Objektplaners ist die Koordinierung der Fachplaner. Die **zeichnerische Darstellung** der Anlagen muß die Dimensionierung enthalten, jedoch sind hierunter nicht die Montage- oder Werkstattzeichnungen zu verstehen, die in der Regel von den ausführenden Unternehmern gefertigt werden. Eine Dimensionierung ist in Nenngrößen anzugeben, da sich verbindliche Abmessungen häufig erst nach dem Ergebnis der Ausschreibung zeigen. Die verbindlichen Größen sind in den Montageplänen der ausführenden Unternehmen anzugeben. Für die Ausführung hat die Darstellung unmißverständlich zu erfolgen im üblichen M. 1 : 50, aber auch 1 : 100 je nach Einzelfall und Größe des Objekts. Details sind i. d. R. ab 1 : 25 und größer darzustellen. Das **Anfertigen** von **Schlitz- und Durchbruchsplänen** erfolgt auf der Basis der Ausführungsplanung der Technischen Ausrüstung und des Objekt- und/oder Tragwerksplaners. Zwar werden schon in den Leistungsphasen 2 und 3 Angaben hierzu gemacht, in Leistungsphase 5 handelt es sich jedoch um verbindliche Angaben, die eine ausführungsreife Lösung ermöglichen müssen. Die Darstellungen der Fachplaner sollen jedoch nicht die Montage- und Werkstattzeichnungen der ausführenden Firmen ersetzen. So können insgesamt oder zum Teil aus wirtschaftlichen oder technischen Überlegungen Kernbohrungen vorgesehen werden. Daß Durchbrüche infolge fehlender Angaben des Auftraggebers zur Anordnung von Kernbohrungen führen, stellt einen Einzelfall dar. In jedem Fall hat der Auftragnehmer in der Leistungsphase 3 Angaben für die Durchbrüche zu machen oder hier in der Leistungsphase 5 Schlitz- und Durchbruchspläne anzufertigen. Im Falle der Kernbohrung ist dies nicht anders. Angaben an Ort und Stelle kann es nur in der Leistungsphase 8 geben. Während der **Objektausführung** ist die fachspezifische **Ausführungsplanung fortzuschreiben** (a. A. Neuenfeld/Baden/Dohna/Groscurth § 73 Rdn. 48). Das betrifft vor allem die Überprüfung und Übernahme von auszuführenden oder ausgeführten Alternativen aus dem Ergebnis der Ausschreibung.

20 Besondere Leistungen in Leistungsphase 5

Das Anfertigen der Montage- und Werkstattzeichnungen für Anlagen der Technischen Ausrüstung gehört nicht zu den Grundleistungen des Ingenieurs. Deshalb ist das **Prüfen und Anerkennen** von **Montage- und Werkstattzeichnungen** auf **Übereinstimmung** mit der **Planung** des Ingenieurs eine Besondere Leistung, ebenso wie das **Prüfen** von **Schalplänen** des **Tragwerksplaners** in Hinsicht auf Schlitze und Durchbrüche. Weitere Besondere Leistungen können sein Anfertigen von **Plänen** für **Anschlüsse** von beigestellten **Betriebsmitteln** und **Maschinen,** was eine intensive Bearbeitung und Kenntnis der Produktionsabläufe und -einrichtungen voraussetzt. Das Anfertigen von **Stromlaufplänen** ist in der Regel eine Leistung des ausführenden Unternehmers. Bei einer funktionalen Ausschreibung entfallen die Grundleistungen der Ausführungsplanung. Statt dessen sind entsprechende **Ausführungszeichnungen** zu fertigen (Technischer Teil des Raumbuchs).

21 Grundleistungen in Leistungsphase 6 Vorbereitung der Vergabe

Das **Ermitteln von Mengen** kann nur anhand einer ausführungsreifen Ausführungsplanung erfolgen, damit es als **Grundlage für das Aufstellen von Leistungsverzeichnissen** dienen kann. Die Mengen sind mit den Beiträgen anderer an der Planung fachlich Beteiligter abzustimmen. Die einzelnen Leistungsbereiche sind gegeneinander abzugrenzen, so daß keine Mehrfachausschreibung stattfindet oder Anlagenteile nicht berücksichtigt werden. Ferner ist als Grundleistung aufgeführt das Aufstellen von **Leistungsbeschreibungen mit Leistungsverzeichnissen nach Leistungsbereichen,** d. h. nach den Anlagen der Anlagengruppe § 68 (vgl. § 15 Rdn. 147). Üblich ist die Aufstellung von Leistungsverzeichnissen nach den Standardleistungsbüchern.

22 Besondere Leistungen in Leistungsphase 6

Das **Anfertigen von Ausschreibungszeichnungen bei Leistungsbeschreibung mit Leistungsprogramm** steht in unmittelbarem Zusammenhang mit § 9 Nr. 10 ff. VOB (A) und der Besonderen Leistung in Leistungsphase 3 „Erstellen des technischen Teils eines Raumbuchs". Ausschreibungszeichnungen können sich auf spezielle Einzelanlagen oder auf ganze Anlagengruppen beziehen. Ein enges Zusammenwirken von Objektplaner und allen Fachingenieuren für die einzelnen Anlagengruppen ist Voraussetzung sowie die erforderliche Qualifikation des betreffenden Fachplaners.

23 Fragen der Haftung

Werden die Mengen nicht zuverlässig ermittelt, so kann es zu Bausummenüberschreitungen mit Haftung des Ingenieurs kommen. Ist die Leistungsbeschreibung nicht vollständig und kommt es zu verteuernden zusätzlichen Leistungen (z. B. Stundenlohnarbeiten), so kann der Ingenieur nach § 635 BGB auf Schadensersatz in Anspruch genommen werden. Zur Haftung wegen fehlerhafter Ausschreibung von Leuchten: OLG Hamm BauR 1990, 104.

Grundleistungen in Leistungsphase 7   Mitwirken bei der Vergabe   24

Das **Prüfen und Werten der Angebote** erfolgt getrennt nach Leistungsbereichen und enthält die sachliche und rechnerische Prüfung der Angebote auf Vollständigkeit, richtige Ausführung, Vorbehalte oder Alternativen, technische Angaben zu fabrikationsneutral ausgeschriebenen Positionen und die Wertung eventueller Nebenangebote; ferner die Prüfung auf Auskömmlichkeit der Preise und gegebenenfalls das Nachprüfen von Referenzangaben. Das **Aufstellen** von **Preisspiegeln** nach **Teilleistungen** muß mindestens die wesentlichsten kostenverursachenden Positionen enthalten, die in einer Anlagengruppe oder deren Teilbereichen den Schwerpunkt der Preisbildung des Angebots darstellen (vgl. § 15 Rdn. 161). Das **Mitwirken bei der Verhandlung mit Bietern** hat unter Beachtung von § 24 VOB Teil A, soweit die VOB Vertragsbestandteil ist, zu erfolgen. Diese Leistung ist vor allem eine beratende gegenüber dem Auftraggeber und Objektplaner. Das Erstellen des **Vergabevorschlages** verlangt die fachspezifische Auswertung des Preisspiegels und eine fachliche Beurteilung der Bieter, um eine technisch und wirtschaftlich ausgereifte Leistung des ausführenden Unternehmers zu erhalten. **Mitwirken beim Kostenanschlag** aus Einheits- oder Pauschalpreisen der Angebote – bei Anlagen in Gebäuden nach DIN 276 – ist eine wichtige Entscheidungshilfe für den Auftraggeber und die Grundlage für die Kostenkontrolle durch den Ingenieur während der Objektausführung bzw. Objektüberwachung. Durch die 5. ÄndVO ist das Mitwirken bei der Kostenkontrolle durch Vergleich des Kostenanschlags mit der Kostenberechnung eingefügt worden. Damit soll aufgezeigt werden, ob Differenzen zwischen Kostenanschlag und Kostenberechnung auf Marktpreisentwicklungen oder Planungsänderungen beruhen. **Mitwirken bei der Auftragserteilung** enthält die Vorbereitung und Anpassung der Verträge im Hinblick auf die fachspezifischen Anforderungen im Benehmen mit Auftraggeber und Objektplaner, dagegen nicht den Abschluß der Verträge selbst. Dies ist eine Aufgabe des Auftraggebers. Nicht aufgeführt ist wie in § 15 Leistungsphase 7 Prüfen und Werten der Angebote aus Leistungsbeschreibung mit Leistungsprogramm als Besondere Leistung. Da diese in § 15 im Bedarfsfall zur Grundleistung wird, kann unterstellt werden, daß sie auch in § 73 in dieser Leistungsphase zur Grundleistung wird und ganz oder teilweise zu werten ist (vgl. § 15 Rdn. 160).

Grundleistungen der Leistungsphase 8   Objektüberwachung   25
(Bauüberwachung)

Die Leistungsphase 8 ersetzt bei den Ingenieurleistungen für Heizungs-, Lüftungs- und Gesundheitstechnik die Leistungen Ziff. 13.9 Oberleitung und 13.10 Abnahme, 13.12 Rechnungsprüfung ohne Aufmaß, 13.13 Aufmaß und 13.14 örtliche Bauaufsicht in Ziff. 13 LHO 69. Das Zusammenfassen in einer Leistungsphase kommt den Erfordernissen der Praxis entgegen und beseitigt Unklarheiten und Überschneidungen, insbesondere auch in der Leistungsabgrenzung zum Objektplaner bzw. Architekten. Die Unterscheidung zwischen örtlicher Bauaufsicht und Oberleitung ist aufgegeben. Zentrale Leistung ist das Überwachen der Ausführung des Objekts auf Übereinstimmung mit der Baugenehmigung oder Zustimmung, den Ausführungsplänen – hierunter zählen auch die geprüften Montage- und Werkstattpläne des ausführenden Unternehmers –, den Leistungsbeschreibungen oder Leistungsverzeichnissen mit den anerkannten Regeln der Technik und den einschlägigen Vorschriften, z. B. VDE-Richtlinien. Soweit für Anlagen der Technischen Ausrüstung keine eigenen Genehmigungsverfahren durchgeführt werden, muß sich der Ingenieur mit den baurechtlichen Auflagen und Hinweisen befassen, die i. d. R. mit der Genehmigung für das Gesamtbauwerk bestimmt werden. Diese Tätigkeiten können sowohl selbständig als auch unter der Koordinierung des Objektplaners und/ oder Projektsteuerers erbracht werden, das wird vom Einzelfall abhängen. **Mitwirken** beim **Aufstellen** und **Überwachen** eines **Zeitplanes** nach Balkendiagramm erfolgt wiederum als Tätigkeit im Rahmen des vom Objektplaner aufzustellenden Zeitplanes und umfaßt alle Leistungsbereiche der Technischen Ausrüstung. Das Aufstellen eines Zahlungsplanes ist eine Besondere Leistung, wie auch das Aufstellen von Ablaufplänen für die Netzplantechnik, die durch einen Projektsteuerer oder eigens hierfür beauftragten Fachingenieur aufgestellt wird, erfordert in der Regel höhere Aufwendungen als beim Aufstellen und Überwachen eines Balkendiagramm-Zeitplanes und ist je nach Einzelfall als Besondere Leistung zu vereinbaren (vgl. § 15 Rdn. 183). Das **Mitwirken** beim Führen eines **Bautagebuches** erfolgt in Zusammenarbeit mit dem objektüberwachenden Architekten. **Mitwirken beim Aufmaß** mit den ausführenden Unternehmen bezieht sich auf die vom Fachingenieur geplanten und überwachten Anlagen der Technischen Ausrüstung. Der Fachingenieur wirkt beim Aufmaß der einzelnen Anlagenbereiche gemeinsam mit den ausführenden Unternehmern insofern mit, daß er die Richtigkeit der aufgenommenen Maße oder Stückzahlen bestätigt und für die korrekte Aufstellung des Aufmaßes nach Leistungsverzeichnis oder Leistungsbeschreibung Sorge trägt und die Zusammenhänge mit anderen Leistungsbereichen erkennbar werden. Die **fachtechnische Abnahme** der **Leistungen** und das **Feststellen der Mängel** bei oder vor Abnahme ist eine wichtige und zentrale Leistung des Fachingenieurs. Für raumlufttechnische Anlagen ist die VDI-Richtlinie 2079 Standard für die Abnahmeprüfung. Nicht berührt davon ist die rechtsgeschäftliche Abnahme durch den Auftraggeber. Der Ingenieur hat auch für die Teilabnahme zu sorgen bei Anlagen oder Anlagenteilen, die später nicht mehr oder nur noch teilweise zugänglich sind oder deren Funktion für die Gesamtanlage von wesentlicher Bedeutung ist. Die **Rechnungsprüfung** und das **Mitwirken bei der Kostenfeststellung** – bei Anlagen in Gebäuden nach DIN 276 – bezieht sich auf alle vom Fachingenieur bearbeiteten Anlagen der Technischen Ausrüstung, und zwar sowohl für Abschlagszahlungsanforderungen als auch für die Prüfung der Schlußrechnung. Soweit **behördliche Abnahmen** bei Anlagen vorgeschrieben sind, müssen diese bei den zuständigen Behörden **beantragt** werden, und der Fachingenieur hat daran **teilzunehmen.** Für die von ihm bearbeiteten Anlagen **stellt** er die **Revisionsunterlagen, Bedienungsanleitungen** und **Prüfprotokolle zusammen** und **übergibt** sie entweder dem Architekten oder dem Auftraggeber unmittelbar unter Abgabenachricht an den Architekten. Zu den Grundleistungen gehört aber nicht das Erstellen dieser Unterlagen. Des weiteren listet er für seine Fachbereiche die **Verjährungsfristen** für die Gewährleistungsansprüche auf und übergibt die Auflistung dem Architekten. Bei Mängeln, die **bei Abnahme** der Leistungen festgestellt werden, hat er deren Beseitigung zu veranlassen und zu **überwachen,** dagegen ist er nicht verpflichtet und i. d. R. nicht berechtigt, für den Auftraggeber rechtsgestaltende Erklärungen abzugeben (vgl. § 15 Rdn. 184 f.). Das **Mitwirken** bei der **Kostenkontrolle** (siehe auch § 73 Rdn. 187) wird durch die 5. ÄndVO präzisiert „durch Überprüfen der Leistungsabrechnung der bauausführenden Unternehmen im Vergleich zu den Vertragspreisen und dem Kostenanschlag". Die Kostenkontrolle soll den Verlauf von Ist- und Soll-Kosten unter ständiger Kontrolle halten, um dem Auftraggeber die Möglichkeit zu geben, bei drohender Überschreitung der Soll-Kosten entsprechende Entscheidungen zu treffen. Der Begriff **Mitwirken** schränkt die Kostenkontrolle auf die vom Fachingenieur bearbeiteten Anlagen ein.

Besondere Leistungen in Leistungsphase 8 26

Das **Durchführen** von **Leistungs-** und **Funktionsmessungen** kann vor oder nach der Abnahme erforderlich werden. Sie kann je nach Sachlage vom Fachingenieur selbst vorgenommen oder von ihm durch den ausführenden Unternehmer veranlaßt werden. Die Begriffe sind in den VDI-Richtlinien 2079 und 2080 für raumlufttechnische Anlagen fixiert. Im übrigen gelten die einschlägigen DIN-Normen. **Ausbilden** und **Einweisen** von **Bedienungspersonal** erfolgt in der Regel durch die ausführenden Unternehmer, kann im Einzelfall jedoch durch den Fachingenieur erforderlich werden. **Überwachen** und **Detailkorrektur beim Hersteller** ist eine Leistung, die sich auf werkstattgefertigte Einzelteile oder serienmäßig hergestellte Anlagenteile erstreckt und in der Regel beim Hersteller, also nicht auf der Baustelle, stattfindet. **Aufstellen, Fortschreiben** und **Überwachen** von **Ablaufplänen** in Netzplantechnik kann dem Fachingenieur selbst in Auftrag gegeben sein oder sich auch nur auf ein entsprechendes Mitwirken beim Aufstellen und Fortschreiben von Netzplänen durch Dritte beschränken.

Fragen der Haftung 27

Wird in Abweichung von der Baugenehmigung oder nicht in Übereinstimmung mit den Plänen gebaut und konnte der Ingenieur dies durch Anweisungen an Bauunternehmer nicht verhindern, so hat er beweiskräftig dies dem Architekten, aber tunlichst auch seinem Auftraggeber mitzuteilen. Die Rechnungsprüfung hat sorgfältig und ohne unmittelbare Mitteilung des Ergebnisses an den ausführenden Unternehmer **dem Auftraggeber gegenüber** zu erfolgen. Dabei ist u. U. zu berücksichtigen, daß Anlagen unter Eigentumsvorbehalt geliefert werden. Zwar muß der Ingenieur insoweit nicht in schwierige rechtliche Prüfungen eintreten. Ein Hinweis an den Auftraggeber, daß möglicherweise Eigentumsvorbehalte auf Anlagenteilen ruhen und der Eigentumsvorbehalt nicht durch wesentliche Bestandteilseigenschaft untergegangen ist, dürfte aber Haftungsrisiken abwenden. Besonders haftungsträchtig ist die Mitwirkung beim Auflisten der Gewährleistungsfristen für die auf den Fachbereich des Ingenieurs entfallenden Gewerke. Hierzu gehört die Feststellung des Abnahmezeitpunkts und die Unterbrechung auf Dauer der Hemmung der Verjährung (Prüfung, Beseitigung von Mängeln).

28   Grundleistungen in Leistungsphase 9   Objektbetreuung und Dokumentation

Da der Ingenieur die Auflistung der Gewährleistungsfristen der ausführenden Unternehmen der von ihm bearbeiteten Anlagen vornimmt, sind ihm diese Fristen bekannt. Er hat daher die **Objektbegehung** rechtzeitig vor **Ablauf der Verjährungsfristen für Gewährleistungsansprüche** gegen den ausführenden Unternehmer durchzuführen und eventuelle **Mängel** festzustellen. Begrenzt ist die Leistungspflicht **Überwachen** der **Beseitigung von Mängeln,** die innerhalb der Verjährungsfristen der Gewährleistungsansprüche auftreten, auf längstens 5 Jahre seit Abnahme der betreffenden Leistungen bzw. Anlagen oder Anlagenteile. Dabei handelt es sich nicht um bei Abnahme festgestellte Mängel. Die Überwachung von deren Beseitigung gehört zu den Grundleistungen der Leistungsphase 8. Das **Mitwirken bei der Freigabe von Sicherheitsleistungen** steht in engem Zusammenhang mit der zuvor aufgeführten Leistung (vgl. § 15 Rdn. 227). Der Ingenieur berät den Auftraggeber im Rahmen dieser Leistungspflicht, jedoch ist er nicht berechtigt, die Sicherheitsleistung selbst freizugeben; dies ist Sache des Auftraggebers. **Mitwirken** bei der systematischen **Zusammenstellung** der **zeichnerischen Darstellungen** und **rechnerischen Ergebnisse** ist für die Nutzung des Objekts bzw. der betreffenden Anlage oder Anlagenteile von wesentlicher Bedeutung und erleichtert die Beurteilung von Planung und Ausführung künftiger Anlagen, Erweiterung oder Umbau der ausgeführten Anlagen. Hierunter sind jedoch nicht die Revisions- oder Bestandspläne zu verstehen, die entweder eine vertragliche Leistung des ausführenden Unternehmens sind oder dem Ingenieur als Besondere Leistung in Auftrag gegeben werden. Durch die 5. ÄndVO wurde als Besondere Leistung eingefügt: „Ingenieurtechnische Kontrolle des Energieverbrauchs und der Schadstoffemission." Damit soll aufgezeigt werden, wenn sich diese Werte etwa durch mangelhafte Wartung erhöhen und dadurch erhöhte Kosten oder Umweltschäden entstehen.

29   Besondere Leistungen in Leistungsphase 9

Erarbeiten der **Wartungsplanung** und **-organisation** ist vor allem eine beratende Tätigkeit des Ingenieurs, die für den Auftraggeber oder Nutzer von großer Bedeutung im Hinblick auf wirtschaftliche Aspekte sein kann, insbesondere, wenn er selbst nicht fachkundig ist. Im allgemeinen hängt von einer zuverlässigen Wartung der Anlagen deren Lebensdauer und Betriebszuverlässigkeit ab. Dies gilt vor allem für alle Anlagen, bei denen eine regelmäßige Wartung nicht durch Vorschriften festgelegt ist.

Absatz 4 regelt die Besonderen Leistungen bei Umbauten und Modernisie- 30
rungen

„Durchführen von Verbrauchsmessungen"

„Endoskopische Untersuchungen"

Bei Umbauten und Modernisierung sind diese Leistungen bereits im Rahmen der Grundlagenermittlung zu erbringen, um den vorhandenen Bestand
abklären zu können. Diese Leistungen sind hinsichtlich ihres Aufwands in der
Regel nicht von vornherein im einzelnen vorhersehbar. Deshalb ist eine Honorierung nach Aufwand angezeigt, wobei vor allem der Aufwand an Geräten
und Einrichtungen zu berücksichtigen ist. Der Zeitaufwand ist nach § 6 abzurechnen.

§ 74
Honorartafel für Grundleistungen bei der Technischen Ausrüstung

(1) Die Mindest- und Höchstsätze der Honorare für die in § 73 aufgeführten
Grundleistungen bei einzelnen Anlagen sind in der nachfolgenden Honorartafel
festgesetzt.

Honorartafel zu § 74 Abs. 1

Anrechenbare Kosten DM	Zone I von DM	bis	Zone II von DM	bis	Zone III von DM	bis
10 000	2 890	3 750	3 750	4 610	4 610	5 470
15 000	4 050	5 230	5 230	6 410	6 410	7 590
20 000	5 090	6 550	6 550	8 000	8 000	9 460
30 000	7 070	9 020	9 020	10 960	10 960	12 910
40 000	8 910	11 340	11 340	13 770	13 770	16 200
50 000	10 650	13 560	13 560	16 480	16 480	19 390
60 000	12 300	15 700	15 700	19 110	19 110	22 510
70 000	13 890	17 750	17 750	21 600	21 600	25 460
80 000	15 390	19 710	19 710	24 020	24 020	28 340
90 000	16 900	21 610	21 610	26 310	26 310	31 020
100 000	18 390	23 520	23 520	28 640	28 640	33 770
150 000	25 020	31 930	31 930	38 850	38 850	45 760
200 000	31 090	39 500	39 500	47 900	47 900	56 310
300 000	42 000	52 900	52 900	63 800	63 800	74 700
400 000	52 600	65 300	65 300	77 990	77 990	90 690
500 000	63 730	78 190	78 190	92 660	92 660	107 120
600 000	74 840	91 040	91 040	107 240	107 240	123 440
700 000	86 200	104 230	104 230	122 260	122 260	140 290
800 000	97 470	117 480	117 480	137 500	137 500	157 510
900 000	108 880	130 700	130 700	152 510	152 510	174 330
1 000 000	120 330	143 920	143 920	167 520	167 520	191 110
1 500 000	175 570	206 100	206 100	236 640	236 640	267 170
2 000 000	228 130	262 700	262 700	297 260	297 260	331 830
3 000 000	327 990	363 860	363 860	399 720	399 720	435 590
4 000 000	424 360	460 850	460 850	497 350	497 350	533 840
5 000 000	518 450	559 140	559 140	599 840	599 840	640 530
6 000 000	607 730	650 660	650 660	693 580	693 580	736 510
7 000 000	688 830	733 890	733 890	778 960	778 960	824 020
7 500 000	726 620	772 550	772 550	818 490	818 490	864 420

(2) § 16 Abs. 2 und 3 gilt sinngemäß.

(3) Die Vertragsparteien können bei Auftragserteilung abweichend von § 73 Abs. 1 Nr. 8 ein Honorar als Festbetrag unter Zugrundelegung der geschätzten Bauzeit schriftlich vereinbaren.

1   Sind die anrechenbaren Kosten nach § 69 und § 10 Abs. 3 in Verbindung mit § 68 und die Honorarzonen gemäß § 71 ermittelt, dann lassen sich die Mindest- und Höchstsätze aus der Honorartafel Absatz 1 für die Grundleistungen ablesen. Hierbei ist zu berücksichtigen, daß, wenn keine anderen Vereinbarungen getroffen sind (wie Vereinbarung eines Pauschalhonorars), die Honorare für die Leistungsphasen 1–4, 5–7 und Leistungsphasen 8 und 9 getrennt gemäß § 69 Abs. 3 ermittelt werden müssen, wenn, was in der Regel der Fall ist, die

Kosten der Kostenberechnung, des Kostenanschlags und der Kostenfeststellung nach DIN 276 unterschiedlich sind (vgl. § 16 Rdn. 1 und § 10 Rdn. 18 ff.). Zur Bedeutung der Begriffe Mindest- und Höchstsätze siehe § 4 Rdn. 58. Zur Honorierung von Besonderen Leistungen: § 2 Abs. 3 und § 5 Abs. 4 und 5. Für außergewöhnliche oder ungewöhnlich lange dauernde Leistungen kann unter der Voraussetzung des § 4 Abs. 3 ein über dem Höchstsatz liegendes Honorar vereinbart werden. Im übrigen kann das Honorar bis zum Höchstsatz vereinbart werden, ohne daß besondere Voraussetzungen vorliegen müßten. Für Honorare unter dem Mindestsatz siehe § 4 Abs. 2.

Die Honorare der Honorartafel sind nicht in Vomhundertsätzen angegeben, **2** sondern in festen Beträgen in bezug auf die anrechenbaren Kosten. Die Honorartafel beginnt mit anrechenbaren Kosten von 10 000 DM und endet mit anrechenbaren Kosten von 7,5 Mio. DM. Dazwischenliegende Werte sind gemäß § 5 a geradlinig zu interpolieren (vgl. § 16 Rdn. 6). Grundlage der Honorartafel ist die Vergütungstabelle des früheren RB-Bau-Vertragsmusters „Betriebstechnische Anlagen" i. d. F. von 1977.

Das Honorar für Grundleistungen unter anrechenbaren Kosten von **3** 10 000 DM kann als Pauschalhonorar oder als Zeithonorar nach § 6 berechnet werden, höchstens jedoch bis zum Höchstsatz für 10 000 DM. Als Mindestsätze sind die Stundensätze nach § 6 Abs. 2, höchstens jedoch die Mindestsätze für anrechenbare Kosten von 50 000 DM, zugrunde zu legen. Eine unter Berücksichtigung von § 16 Abs. 2 zu treffende Pauschalhonorierung bedarf der Schriftform. Bei einer Vereinbarung nach Zeithonorar sind die Voraussetzungen des § 6 zu beachten, es ist also eine Vorausschätzung des Zeitaufwandes vorzunehmen.

Bei anrechenbaren Kosten über 7,5 Mio. kann das Honorar frei vereinbart **4** werden. Es bestehen weder Bindungen an Höchst- und Mindestsätze noch an die Einordnung in Honorarzonen. Warum der Verordnungsgeber ähnlich wie in §§ 16 und 17 auch hier bei 7,5 Mio., also anrechenbaren Kosten, die heute relativ häufig überschritten werden, die Honorartabelle enden läßt, ist unerklärlich. Es kann nur vermutet werden, daß bei anrechenbaren Kosten in dieser Höhe dem freien Spiel der Kräfte Raum gegeben werden sollte. Die Vereinbarung von Honorar über 7,5 Mio. anrechenbaren Kosten kann mündlich erfolgen. Haben die Parteien jedoch keine Honorarvereinbarung getroffen oder kann der Auftragnehmer die behauptete Honorarvereinbarung nicht beweisen, so ist es zweifelhaft, welchen Honoraranspruch er hat (vgl. § 16 Rdn. 13). Eine Extrapolation – Fortschreibung der Honorartafel über den Honorarrahmen hinaus – stößt auf rechtliche Bedenken, da die Honorartafel des § 74 in sich abgeschlossen ist. (Für Fortschreibung: Jochem § 74 Rdn. 3, vgl. i. e. § 16 Rdn. 6 ff.)

Absatz 3 sieht vor, daß die Vertragsparteien bei Auftragserteilung, also bis **5** zur Annahme des Angebots, abweichend von § 73 Abs. 1 Nr. 8, also für die Objektüberwachung, eine Honorar als Festbetrag unter Zugrundelegung der geschätzten Bauzeit schriftlich rechtswirksam vereinbaren können. Diese Möglichkeit tritt neben die Berechnung nach § 73 Abs. 1 Nr. 8. Damit werden Honorarungerechtigkeiten ausgeglichen, die gerade bei der Technischen Ausrüstung immer wieder zu Schwierigkeiten geführt haben. So etwa, wenn, durch die Baumethode des Rohbaus, die notwendige Einbauten technischer Einrichtungen in den Rohbau bedingt, sich eine überlange Bauzeit ergab oder wenn durch bauliche Taktverfahren oder Bauarbeiten im Schichtbetrieb (z. B. Tunnelbau) der Einbau der technischen Einrichtungen auch eine Überwachung in der Nacht oder an Sonn- und Feiertagen erfordert.

6   Die 5. ÄndVO hat die Honorare der Honorartafel um 6 v. H. erhöht.

§ 75

**Vorplanung, Entwurfsplanung und Objektüberwachung
als Einzelleistung**

Wird die Anfertigung der Vorplanung (Leistungsphase 2 des § 73) oder der Entwurfsplanung (Leistungsphase 3 des § 73) oder wird die Objektüberwachung (Leistungsphase 8 des § 73) als Einzelleistung in Auftrag gegeben, so können hierfür anstelle der in § 73 festgesetzten Vomhundertsätze folgende Vomhundertsätze der Honorare nach § 74 vereinbart werden:

1. für die Vorplanung   bis zu 14 v. H.,
2. für die Entwurfsplanung   bis zu 26 v. H.,
3. für die Objektüberwachung   bis zu 38 v. H.

1   Analog zu § 19 gibt § 75 dem Auftraggeber die Möglichkeit, ein höheres Honorar zu vereinbaren, als in § 73 ausgewiesen, wenn die Leistungsphase 2 Vorplanung oder die Leistungsphase 3 Entwurfsplanung oder die Leistungsphase 8 Objektüberwachung als Einzelleistungen in Auftrag gegeben sind. So können für die Vorplanung bis zu 14 v. H., für die Entwurfsplanung bis zu 26 v. H. angesetzt werden. Für die Objektüberwachung können als Einzelleistung bis zu 38 v. H. vereinbart werden. Voraussetzung ist die schriftliche Vereinbarung **bei Auftragserteilung** für die Einzelleistungen Vor- oder Entwurfsplanung. Für die Objektüberwachung genügt die schriftliche Vereinbarung ohne zeitliche Festlegung (vgl. i. e. § 19 Rdn. 3). Die Frage ist streitig. Vgl. zum Stand der Diskussion: Hartmann § 75 Rdn. 3; Jochem § 75 Rdn. 2; Motzke/Wolff, S. 403: Neuenfeld/Baden/Dohna/Groscurth § 75 Rdn. 3.

2   Unter Vorplanung oder Entwurfsplanung sind jeweils die vollen Grundleistungen der Leistungsphasen zu verstehen, wobei die Leistungen der Vorplanung nicht erbracht werden müssen, wenn nur die Entwurfsplanung in Auftrag gegeben worden ist, ebensowenig, wenn zur Entwurfsplanung noch zusätzlich die Leistungsphase 1 Grundlagenermittlung in Auftrag gegeben ist. Letzteres gilt aber nur, wenn kein anderer Architekt oder Dritter die Vorplanung gefertigt hat. Liegt die Architektur in einer Hand, so erfordert die Entwurfsplanung eine Vorplanung. Anderseits kann der Auftragnehmer kein zusätzliches Honorar für Leistungsphase 2 verlangen, wenn er nur mit der Einzelleistung

Leistungsphase 3 Entwurfsplanung beauftragt war und die aus Gründen des Planungsablaufes gefertigte Vorplanung ebenfalls dem Auftraggeber vorlegt.

Die als Einzelleistung in Auftrag gegebene Objektüberwachung kann bis zu **3** 38 v. H. der Honorare des § 74 vereinbart werden. Diese Regelung unterscheidet sich von § 19 Abs. 3, der gestaffelte Honorarsätze der anrechenbaren Kosten in den Honorarzonen II–V vorsieht, während nach § 75 ein Honorarsatz bis zu 38 v. H. des Gesamthonorars vereinbart werden kann. Wird keine schriftliche Honorarvereinbarung getroffen, gilt gemäß § 3 Abs. 4 nur der Mindestsatz (a. A. Hartmann § 75 Rdn. 3).

§ 76
Umbauten und Modernisierungen von Anlagen der Technischen Ausrüstung

(1) Honorare für Leistungen bei Umbauten und Modernisierungen im Sinne des § 3 Nr. 5 und 6 sind nach den anrechenbaren Kosten nach § 69, der Honorarzone, der der Umbau oder die Modernisierung bei sinngemäßer Anwendung des § 71 zuzurechnen ist, den Leistungsphasen des § 73 und der Honorartafel des § 74 mit der Maßgabe zu ermitteln, daß eine Erhöhung der Honorare um einen Vomhundertsatz schriftlich zu vereinbaren ist. Bei der Vereinbarung nach Satz 1 ist insbesondere der Schwierigkeitsgrad der Leistungen zu berücksichtigen. Bei durchschnittlichem Schwierigkeitsgrad der Leistungen nach Satz 1 kann ein Zuschlag von 20 bis 50 vom Hundert vereinbart werden. Sofern nicht etwas anderes schriftlich vereinbart ist, gilt ab durchschnittlichem Schwierigkeitsgrad ein Zuschlag von 20 vom Hundert als vereinbart.

(2) § 24 Abs. 2 gilt sinngemäß.

Die Begriffe Umbauten und Modernisierung sind in § 3 Ziff. 5 und 6 erläu- **1** tert. Hierzu und auf die Abgrenzungsschwierigkeiten zu Wiederaufbauten, Erweiterungsbauten und Instandsetzungen wird auf § 3 Rdn. 8 ff. und § 24 Rdn. 1 ff. verwiesen. Die Vereinbarung der Honorarhöhe muß in schriftlicher Form erfolgen. Dies muß nicht bei Auftragserteilung geschehen (vgl. § 24 Rdn. 22; a. A. Neuenfeld, Baden/Dohna/Groscurth § 76 Rdn. 2; wie hier Pott/ Dahlhoff § 76 Rdn. 1; Hartmann § 76 Rdn. 4).

§ 76 wird durch die 4. ÄndVO ergänzt. Nach dem Wortlaut ist **eine Erhö- 2 hung der Honorare um einen Vomhundertsatz bei Umbau und Modernisierung** zu vereinbaren. Bei durchschnittlicher Schwierigkeit kann ein Zuschlag von 20 bis 50 v. H. vereinbart werden. Wird nichts vereinbart – sei es, daß die Vereinbarung vergessen wurde, daß sie unwirksam ist oder daß sich die Parteien über den zugrunde zu legenden Schwierigkeitsgrad nicht einigen konnten –, so wird ein Zuschlag von 20 v. H. fingiert. Im allgemeinen wird die Ausnützung des Rahmens von 20 bis 50 v. H. ausreichen, um normalen Schwierigkeitsgraden gerecht zu werden. Darüber hinaus können nach § 73 Abs. 4 Honorierungen von Besonderen Leistungen vereinbart werden. Für die Objektüberwachung ist es aber auch möglich, den erhöhten Aufwand im Rahmen des neugefaßten § 74 Abs. 3 als erhöhtes Pauschalhonorar geltend zu machen. Wird ein Gebäude saniert, bei dem die Haustechnik neu eingeplant werden muß, so liegt hinsichtlich der Technischen Ausrüstung ein Umbau vor. Das zu sanierende Gebäude stellt für den Planer der Haustechnik keinen Rohbau dar. Der schon bestehende Rohbau ist eine Vorgabe, nach der sich der Ingenieur zu richten hat. Sie erschwert die Planung von wasserführenden Installationen, Raumluft-, Elektro- und Fördertechnik.

Beispiel für die Honorarermittlung nach HOAI

3   Im folgenden Beispiel soll eine Honorarermittlung für die Technische Ausrüstung für eine Schule mit mehreren Gebäuden durchgeführt werden. Die Honorarermittlung erfolgt getrennt nach Gebäuden und nach Leistungsphasen.

Bauherr ist eine Kommunalverwaltung mit eigenem Hochbauamt, jedoch ohne maschinentechnische Abteilung. Vereinbart wird das volle Leistungsbild ohne Leistungsphase 9 (Objektbetreuung). Ferner wird vereinbart gemäß Honorartafel § 74 Abs. 1:

für Teil 1 der Von-Satz
für Teil 2 + 3 der Mittelsatz

Gebäudeunterteilung: Klassenbau (mit Heizzentrale)
Fachklassenbau
Sporthalle (Turn- und Versammlungshalle als Mehrzweckhalle), Fernleitungen, Außenanlage, Sportplatz mit Beleuchtung, Verbindungsleitungen zwischen den Bauteilen

Leistungsphasen: 1–4 mit anrechenbaren Kosten gemäß Kostenberechnung nach DIN 276
5–7 mit anrechenbaren Kosten gemäß Kostenanschlag nach DIN 276
8   mit anrechenbaren Kosten gemäß Kostenfeststellung nach DIN 276

§ 68 Teil 1 HOAI   GWA (Gas-, Wasser- und Abwassertechnik)
§ 68 Teil 2 HOAI   WBR (Wärmeversorgungs-, Brauchwassererwärmungs- und Raumlufttechnik)
§ 68 Teil 3 HOAI   ELT (Elektrotechnik)

Anrechenbare Kosten gemäß Kostenberechnung DIN 276:

	Klassenbau	Fachklassenbau	Sporthalle	Fernleitg./ Außenanl.
	DM	DM	DM	DM
Teil 1 GWA	100 000	200 000	150 000	20 000
Teil 2 WBR	250 000	400 000	300 000	60 000
Teil 3 ELT	300 000	500 000	300 000	100 000

Teil 1 GWA fällt gemäß §§ 71 und 72 teilweise in (Honorarzone) HZ II und HZ III.

Klassenbau	II	Anteil 100 000	
Fachklassenbau	II	Anteil 120 000	
	III	Anteil 80 000	für eine Wasseraufbereitungsanlage und eine Abwasserbehandlungsanlage (Neutralisation)
Sporthalle	II	Anteil 10 000	
Fernleitung	II	Anteil 20 000	

Teil 2 WBR fällt teilweise in HZ II und in HZ III, und zwar

Klassenbau (mit Heizzentrale)	II	Anteil 250 000	
Fachklassenbau	II	Anteil 400 000	
Sporthalle	II	Anteil 200 000	
	III	Anteil 100 000	(Wärmepumpe für Brauchwassererwärmung)
Fernleitungen	II	Anteil 60 000	

Teil 3 ELT fällt wegen der unterschiedlichen Anforderungen in den verschiedenen Bauteilen in unterschiedliche Honorarzonen:

Klassenbau	II	Mittelwert	Anteil 300 000
Fachklassenbau	III	Bis-Satz	Anteil 500 000
Sporthalle	III	Von-Satz	Anteil 300 000
Außenanlagen	II	Von-Satz	Anteil 100 000

Anmerkungen:

Der Normalklassenbau ist niederspannungsseitig versorgt und hat sehr einheitliche Funktionsbereiche.

Der Fachklassentrakt hat umfangreiche Installationen für Experimentierzwecke, eine hausinterne Klassenfernsehanlage, Medienschränke und Experimentierverteiler.

Die Sporthalle ist für Mehrzwecknutzung angelegt und hat eine kleine Bühne mit Sondereinrichtungen und eine komplizierte Beschallungsanlage.

Außenanlagen bestehen aus den Verbindungsleitungen zwischen den Bauteilen, einer Wegebeleuchtung sowie einer einfachen Außensportplatzbeleuchtung. Sie sind wie ein eigenes Bauwerk zu behandeln, da sie vor allem aus einer Sportplatzbeleuchtung bestehen, die nach der Punkt-für-Punkt-Methode zu berechnen ist.

Es ergibt sich folgende Honorarberechnung:

Teil 1 – GWA

Klassenbau

Anrechenbare Kosten gemäß Kostenberechnung	100 000 DM	
HZ II Von-Satz =	23 520 DM	
Leistungsphasen (Lph) 1–4	35 v. H.	8 232 DM

Fachklassenbau

Anrechenbare Kosten	200 000 DM	
HZ II Von-Satz =	39 500 DM	
Anteil $\dfrac{39\,500 \cdot 120\,000}{200\,000} =$	23 700 DM	
Lph 1–4	35 v. H.	8 295 DM
HZ III Von-Satz =	47 900 DM	
Anteil $\dfrac{47\,900 \cdot 80\,000}{200\,000} =$	19 160 DM	
Lph 1–4	35 v. H.	6 706 DM

Sporthalle

Anrechenbare Kosten	150 000 DM	
HZ II Von-Satz =	31 930 DM	
Lph 1–4	35 v. H.	11 175 DM

Fernleitungen

Anrechenbare Kosten	20 000 DM	
HZ II Von-Satz =	7 275 DM	
Lph 1–4	35 v. H.	2 546 DM
Honorar GWA Lph 1–4		36 954 DM
zuzüglich Mehrwertsteuer		

Teil 2 – WBR

Klassenbau (mit Heizzentrale)

Anrechenbare Kosten gemäß Kostenberechnung nach DIN 276	250 000 DM	
HZ II Mittelsatz =	51 025 DM	
Lph 1–4	35 v. H.	17 858 DM

Fachklassenbau

Anrechenbare Kosten	400 000 DM	
HZ II Mittelsatz =	71 645 DM	
Lph 1–4	35 v. H.	25 075 DM

Sporthalle

Anrechenbare Kosten	300 000 DM
HZ II Mittelsatz =	58 350 DM

$$\text{Anteil } \frac{58\,350 \;\cdot\; 200\,000}{300\,000} = \qquad 38\,900 \text{ DM}$$

Lph 1–4	35 v. H.	13 615 DM
HZ III Mittelsatz	69 250 DM	

$$\text{Anteil } \frac{69\,250 \;\cdot\; 100\,000}{300\,000} = \qquad 23\,083 \text{ DM}$$

Lph 1–4	35 v. H.	8 079 DM

Fernleitungen

Anrechenbare Kosten	60 000 DM	
HZ II Mittelsatz =	17 405 DM	
Lph 1–4	35 v. H.	6 091 DM
Honorar WBR Lph 1–4		70 718 DM
zuzüglich Mehrwertsteuer		

Teil 3 – ELT

Klassenbau

Anrechenbare Kosten gemäß Kostenberechnung	300 000 DM	
HZ II Mittelsatz =	58 350 DM	
Lph 1–4	35 v. H.	20 422 DM

Fachklassenbau

Anrechenbare Kosten	500 000 DM	
HZ III Bis-Satz =	107 120 DM	
Lph 1–4	35 v. H.	37 492 DM

Sporthalle

Anrechenbare Kosten	300 000 DM	
HZ III Von-Satz	63 800 DM	
Lph 1–4	35 v. H.	22 330 DM

Außenanlagen

Anrechenbare Kosten	100 000 DM	
HZ II Von-Satz =	23 520 DM	
Lph 1–4	35 v. H.	8 232 DM
Gesamtsumme ELT Lph 1–4		88 476 DM
zuzüglich Mehrwertsteuer		

Für die Abrechnung der Leistungsphase 5–7 werden die anrechenbaren Kosten gemäß Kostenanschlag zugrunde gelegt.

	Klassenbau DM	Fachklassenbau DM	Sporthalle DM	Fernleitungen DM
§ 68 Teil 1 GWA	105 000	210 000	140 000	18 000
§ 68 Teil 2 WBR	260 000	390 000	305 000	59 000
§ 68 Teil 3 ELT	310 000	480 000	290 000	110 000

Teil 1 – GWA

Klassenbau

Anrechenbare Kosten	105 000 DM	
HZ II Von-Satz =	24 361 DM	
Lph 5–7	29 v. H.	7 064 DM

Fachklassenbau

Anrechenbare Kosten	210 000 DM	
HZ II Von-Satz	40 840 DM	
Anteil $\dfrac{40\,840 \cdot 120\,000}{210\,000}=$	23 337 DM	
Lph 5–7	29 v. H.	6 767 DM
HZ III Von-Satz	49 490 DM	
Anteil $\dfrac{49\,490 \cdot 90\,000}{210\,000}=$	21 210 DM	
Lph 5–7	29 v. H.	6 150 DM

Sporthalle

Anrechenbare Kosten	140 000 DM	
HZ II Von-Satz =	30 248 DM	
Lph 5–7	29 v. H.	8 771 DM

Fernleitungen

Anrechenbare Kosten	18 000 DM	
HZ II Mittelsatz =	6 693 DM	
Lph 5–7	29 v. H.	1 941 DM
Honorar GWA Lph 5–8		30 693 DM
zuzüglich Mehrwertsteuer		

Teil 2 – WBR

Klassenbau

Anrechenbare Kosten	260 000 DM	
HZ II Mittelsatz =	52 490 DM	
Lph 5–7	29 v. H.	15 222 DM

Fachklassenbau

Anrechenbare Kosten	390 000 DM	
HZ II Mittelsatz =	70 315 DM	
Lph 5–7	29 v. H.	20 391 DM

Sporthalle

Anrechenbare Kosten	305 000 DM	
HZ II Mittelsatz	59 014 DM	
Anteil $\dfrac{59\,014 \cdot 200\,000}{305\,000} =$	38 698 DM	
Lph 5–7	29 v. H.	11 222 DM
HZ III Mittelsatz	70 004 DM	
Anteil $\dfrac{70\,004 \cdot 105\,000}{305\,000} =$	24 099 DM	
Lph 5–7	29 v. H.	6 989 DM

Fernleitungen

Anrechenbare Kosten	59 000 DM	
HZ II Mittelsatz =	17 166 DM	
Lph 5–7	29 v. H.	4 978 DM
Honorar WBR Lph 5–7		58 802 DM
zuzüglich Mehrwertsteuer		

Teil 3 – ELT

Klassenbau

Anrechenbare Kosten	310 000 DM	
HZ II Mittelsatz =	59 679 DM	
Lph 5–7	29 v. H.	17 307 DM

Fachklassenbau

Anrechenbare Kosten	480 000 DM	
HZ III Bis-Satz =	103 834 DM	
Lph 5–7	29 v. H.	30 111 DM

Sporthalle

Anrechenbare Kosten	290 000 DM	
HZ III Von-Satz =	62 210 DM	
Lph 5–7	29 v. H.	18 040 DM

Außenanlagen

Anrechenbare Kosten	110 000 DM	
HZ III Von-Satz =	30 682 DM	
Lph 5–7	29 v. H.	8 897 DM
Honorar ELT Lph 5–7		74 355 DM
zuzüglich Mehrwertsteuer		

Für die Abrechnung der Leistungsphase 8 werden die anrechenbaren Kosten gemäß Kostenfeststellung zugrunde gelegt.

	Klassenbau DM	Fachklassenbau DM	Sporthalle DM	Fernleitungen DM
§ 68 Teil 1 GWA	100 000	210 000	150 000	19 000
§ 68 Teil 2 WBR	260 000	390 000	300 000	60 000
§ 68 Teil 3 ELT	300 000	480 000	300 000	100 000

Teil 1 – GWA

Klassenbau

Anrechenbare Kosten	100 000 DM	
HZ II Von-Satz =	23 520 DM	
Lph 8	33 v. H.	7 761 DM

Fachklassenbau

Anrechenbare Kosten	210 000 DM	
HZ II Von-Satz	40 840 DM	
Anteil $\dfrac{40\,840 \cdot 120\,000}{210\,000} =$	23 337 DM	
Lph 8	33 v. H.	7 701 DM
HZ III Von-Satz	49 490 DM	
Anteil $\dfrac{49\,490 \cdot 90\,000}{210\,000} =$	21 210 DM	
Lph 8	33 v. H.	6 999 DM

Sporthalle

Anrechenbare Kosten	150 000 DM	
HZ II Von-Satz =	31 930 DM	
Lph 8	33 v. H.	10 536 DM

Fernleitungen

Anrechenbare Kosten	19 000 DM	
HZ II Mittelsatz =	6 984 DM	
Lph 8	33 v. H.	2 304 DM
Honorar GWA Lph 8		35 301 DM
zuzüglich Mehrwertsteuer		

Teil 2 – WBR

Klassenbau

Anrechenbare Kosten	260 000 DM	
HZ II Mittelsatz =	52 490 DM	
Lph 8	33 v. H.	17 321 DM

Fachklassenbau

Anrechenbare Kosten	390 000 DM	
HZ II Mittelsatz =	70 315 DM	
Lph 8	33 v. H.	23 204 DM

Sporthalle

Anrechenbare Kosten	300 000 DM	
HZ II Mittelsatz	58 350 DM	
Anteil $\dfrac{58\,350 \cdot 200\,000}{300\,000} =$	38 900 DM	
Lph 8	33 v. H.	12 837 DM
HZ III Mittelsatz	69 250 DM	
Anteil $\dfrac{69\,250 \cdot 105\,000}{300\,000} =$	24 237 DM	
Lph 8	33 v. H.	7 998 DM

Fernleitungen

Anrechenbare Kosten	60 000 DM	
HZ II Mittelsatz =	17 405 DM	
Lph 8	33 v. H.	5 743 DM
Honorar WBR Lph 8		67 103 DM
zuzüglich Mehrwertsteuer		

Teil 3 – ELT

Klassenbau

Anrechenbare Kosten	300 000 DM	
HZ II Mittelsatz =	58 350 DM	
Lph 8	33 v. H.	19 255 DM

Fachklassenbau

Anrechenbare Kosten	480 000 DM	
HZ III Bis-Satz =	103 834 DM	
Lph 8	33 v. H.	34 265 DM

Sporthalle

Anrechenbare Kosten	300 000 DM	
HZ III Von-Satz =	63 800 DM	
Lph 8	33 v. H.	21 054 DM

Außenanlagen

Anrechenbare Kosten	100 000 DM	
HZ III Von-Satz =	28 640 DM	
Lph 8	33 v. H.	9 451 DM
Honorar ELT Lph 8		84 025 DM
zuzüglich Mehrwertsteuer		

Zusammenstellung

Teil 1	GWA Lph 1–4	36 954 DM	
	GWA Lph 5–7	30 693 DM	
	GWA Lph 8	35 301 DM	
Summe	Teil 1 GWA gesamt	102 948 DM	zuzügl. MwSt.
Teil 2	WBR Lph 1–4	70 718 DM	
	WBR Lph 5–7	58 802 DM	
	WBR Lph 8	67 103 DM	
Summe	Teil 2 WBR gesamt	196 623 DM	zuzügl. MwSt.
Teil 3	ELT Lph 1–4	88 476 DM	
	ELT Lph 5–7	74 355 DM	
	ELT Lph 8	84 025 DM	
Summe	Teil 3 ELT gesamt	246 856 DM	zuzügl. MwSt.

Gegenüberstellung der Kostengruppen der DIN 276 4/1981 und der DIN 276 6/1993

§ 10 (5)	Kostengliederung DIN 276 4/1981		Kostengliederung DIN 276 6/1993	
2	Herrichten	1.4	210	Herrichten
4	Nichtöffentliche Erschließung	2.2	230	Nichtöffentliche Erschließung
4	Abwasser- und Versorgungsanlagen	5.3	541	Abwasseranlagen
			542–549	Wasseranlagen und Sonstiges
4	Verkehrsanlagen	5.7	520	Befestigte Flächen
5	Außenanlagen	5.0	500	Außenanlagen
6	Anlagen und Einrichtungen aller Art in Ag	4.0 4.1–4.4	610 611–613	Ausstattung Allgemeine Ausstattung Besondere Ausstattung Sonstiges
7	Beleuchtung	4.5	445	Beleuchtungsanlagen
7	Wirtschaftsgegenstände	5.4	550	Einbauten in Außenanlagen
8 9	Kunstwerke	5.5	620	Kunstwerke
10	Winterschutzmaßnahmen und sonstige zusätzliche Maßnahmen	6.2 6.3	390	Sonstige Maßnahmen für Baukonstruktionen
			490	Sonstige Maßnahmen für Technische Anlagen
			590	Sonstige Maßnahmen für Außenanlagen
12	Baunebenkosten	7	700	Baunebenkosten

§ 10 (6)	Kostengliederung DIN 276 4/1981			Kostengliederung DIN 276 6/1993	
1	Gebäude Bauwerk Sonst wie Abs. (5)	3	300 400	Bauwerk – Baukonstruktionen Bauwerk – Technische Anlagen	
§ 10 (4)	Installationen	3.2	400	Technische Anlagen	
	Zentrale Betriebstechnik Betriebliche Einbauten entsprechend	3.3 3.4 3.5.2 – 3.5.4	410–490		

Teil X
Leistungen für Thermische Bauphysik

Allgemeines   1

Das Fachgebiet „Thermische Bauphysik" nimmt im gesamten Planungs- und Bauprozeß eine wichtige Stellung ein. Was frühere Zeiten an empirischer Erfahrung in den Bauprozeß einbringen konnten, reicht für die aus dem heutigen Stand der Technik, der Erkenntnisse und Entwicklung abgeleiteten Anforderungen nicht mehr aus. Dies besonders im Hinblick auf neue Baustoffe, Baukonstruktionen, Baumethoden und Planungsziele, aber auch neue Erkenntnisse und Bedürfnisse auf hygienischem Gebiet wie Umwelt – Wohnen – Medizin fordern wissenschaftlich fundierte Auseinandersetzung mit diesem Fachgebiet. Zugleich mit der Zunahme der Bedeutung von energiesparenden, volkswirtschaftlichen und wirtschaftspolitischen Maßnahmen im Planungs- und Bauprozeß hat die Fachdisziplin „Thermische Bauphysik" eine eigenständige Position erlangt, die weit über die in den Grundleistungen der verschiedenen Leistungsbilder, z. B. §§ 15, 55, 65 HOAI, geforderten Planungsleistungen hinausgeht. Hierzu die Amtliche Begründung 274/80, Teil X:

Leistungen für Thermische Bauphysik haben in den Jahren zunehmend Bedeutung erlangt. Spezielle gesetzliche Vorschriften, wie insbesondere die Wärmeschutzverordnung vom 16. 8. 1994, die auf den Bestimmungen des Energieeinsparungsgesetzes (EnEG) v. 22. 7. 1976 beruht, stellten Anforderungen an die Begrenzung des Wärmedurchgangs und der Wärmeverluste, die den bauordnungsrechtlichen Vorschriften bei Erlaß der Honorarordnung nicht gestellt wurden. Insoweit sind diese Leistungen in das Leistungsbild von § 15 nicht eingerechnet. Allgemeine wirtschaftspolitische Erwägungen erfordern die Planung energiesparender Maßnahmen. Zudem gestattet die fortgeschrittene technische Entwicklung weitergehende Leistungen in diesem Bereich als vorher. Leistungen für Thermische Bauphysik gehören daher zu den Ingenieurleistungen im Bauwesen, für die Honorarregelungen in die Verordnung aufgenommen werden sollen.

Die Vorschriften des Teils X wurden durch die 1. Änderungsnovelle zur   2
HOAI festgelegt. Sie galten ab 1. 1. 1985 (für die Übergangsfälle vgl. § 103). Durch die 3. Änderungsnovelle wurde in § 78 eine Honorartafel eingefügt, und die Absätze 2–4 wurden neu gefaßt. Durch die 4. Änderungsnovelle vom 13. 12. 1990 wurde § 77 Abs. 2 geändert. Die Ziffern 8 und 9 entfielen, weil diese Leistungen (fachtechnisches Prüfen der Ausführungs-, Detail- und Konstruktionszeichnungen und bauphysikalische Messungen) bei allen – auch unter Ziff. 1–7 ausgeführten – Leistungen üblich sind. Die in Abs. 2 Nr. 9 gestrichene Leistung wurde in Absatz 3 erwähnt als eine Leistung, die zusätzlich bei den in Abs. 1 Nr. 1–7 genannten Leistungen anfallen kann. In § 78 wurde Absatz 1 durch eine weitere Teilleistung „Mitwirken bei der Ausführungsüberwachung" ergänzt. Der Auftragnehmer, der Leistungen nach § 78 erbringt, wirkt häufig auch bei der Überwachung der Ausführung mit. Die Teilleistung „Mitwirken

bei der Ausführungsüberwachung" wurde nicht bewertet. Das Honorar kann insofern frei vereinbart werden. Die 5. ÄndVO brachte eine Erhöhung der Honorare in § 78.

3 In Absatz 4 wird klargestellt, daß auch § 5 Abs. 1 und 2 sinngemäß gilt.

4 In § 79 wurde neu der Hinweis aufgenommen, daß im Rahmen der freien Vereinbarung die Vorschriften für die Honorare für den Wärmeschutz nach § 77 Abs. 2 Nr. 2 bis 7 und Abs. 3 sinngemäß angewandt werden können.

5 Neben den §§ 77 ff. sind für alle Aufträge aus dem Bereich der Thermischen Bauphysik die allgemeinen Vorschriften der §§ 1–10 anwendbar. Des weiteren gelten die Vorschriften der §§ 101–103.

Bei der Honorarberechnung ist folgendermaßen vorzugehen:

a) Zunächst ist zu prüfen, ob die erbrachten Leistungen zu denjenigen des § 77 Abs. 2 Nr. 1 oder zu solchen nach § 77 Abs. 2 Nr. 2–7 und Abs. 3 gehören. Gehören sie zu den Leistungen des § 77 Abs. 2 Nr. 2–7 und Abs. 3, so kann gemäß § 79 ein Honorar frei vereinbart werden. Wird ein Honorar bei Auftragserteilung nicht schriftlich vereinbart, so ist das Honorar als Zeithonorar nach § 6 zu berechnen. Gehören die Leistungen zu denjenigen des § 77 Abs. 2 Nr. 1, so ist die Bewertung nach § 78 Abs. 1 vorzunehmen, und das Honorar richtet sich nach den anrechenbaren Kosten des Gebäudes, der Honorarzone, der das Gebäude nach §§ 11 und 12 zuzurechnen ist, und nach der Honorartafel zu Absatz 3.

b) Das Honorar für Leistungen nach § 77 Abs. 2 Nr. 1 bei Gebäuden, deren anrechenbare Kosten über 50 Mio. DM liegen, kann dagegen frei vereinbart werden.

§ 77
Anwendungsbereich

(1) Leistungen für Thermische Bauphysik (Wärme- und Kondensatfeuchteschutz) werden erbracht, um thermodynamische Einflüsse und deren Wirkungen auf Gebäude und Ingenieurbauwerke sowie auf Menschen, Tiere und Pflanzen und auf die Raumhygiene zu erfassen und zu begrenzen.

(2) Zu den Leistungen für Thermische Bauphysik rechnen insbesondere:

1. Entwurf, Bemessung und Nachweis des Wärmeschutzes nach der Wärmeschutzverordnung und nach den bauordnungsrechtlichen Vorschriften,

2. Leistungen zum Begrenzen der Wärmeverluste und Kühllasten,

3. Leistungen zum Ermitteln der wirtschaftlich optimalen Wärmedämm-Maßnahmen, insbesondere durch Minimieren der Bau- und Nutzungskosten,

4. Leistungen zum Planen von Maßnahmen für den sommerlichen Wärmeschutz in besonderen Fällen,

5. Leistungen zum Begrenzen der dampfdiffusionsbedingten Wasserdampfkondensation auf und in den Konstruktionsquerschnitten,

6. Leistungen zum Begrenzen von thermisch bedingten Einwirkungen auf Bauteile durch Wärmeströme,

7. Leistungen zum Regulieren des Feuchte- und Wärmehaushaltes von belüfteten Fassaden- und Dachkonstruktionen.

(3) Bei den Leistungen nach Absatz 2 Nr. 2 bis 7 können zusätzlich bauphysikalische Messungen an Bauteilen und Baustoffen, zum Beispiel Temperatur- und Feuchtemessungen, Messungen zur Bestimmung der Sorptionsfähigkeit, Bestimmungen des Wärmedurchgangskoeffizienten am Bau oder der Luftgeschwindigkeit in Luftschichten anfallen.

Absatz 1 beschreibt, was unter Thermischer Bauphysik zu verstehen ist: **1** Wärme- und Kondensatfeuchteschutz. Die Leistungen hierfür dienen zur Erfassung und Begrenzung thermodynamischer Einflüsse auf Gebäude und Ingenieurbauwerke, auf Menschen, Tiere und Pflanzen und auf die Raumhygiene. Diese Leistungen sind also an den Erfordernissen und Ansprüchen an die Raumnutzung auszurichten. **Die Mindestanforderungen** für den Wärmeschutz sind durch bauordnungsrechtliche Vorschriften festgelegt. Der wirtschaftliche Nutzen einer Wärmeschutzmaßnahme bzw. die Steigerung der Wertbeständigkeit und der Nutzungsqualität eines Gebäudes wird jedoch mit der Erfüllung der Mindestanforderungen nicht ausgeschöpft. In welchem Umfange der wirtschaftliche Ertrag eines Gebäudes optimiert werden soll, ist eine Frage des zu definierenden Planungszieles. Soweit aus der Nutzung heraus höhere Anforderungen an das Raumklima bzw. an die Raumhygiene gestellt werden, sind diese im Rahmen des Planungsauftrages zu fordern.

Die Anforderungen an den Wärmeschutz hängen vom Planungsziel und Pla- **2** nungsauftrag ab. Als Anhalt für das erforderliche Maß der Beratung auf dem Gebiet der Thermischen Bauphysik können die nachfolgenden Stufen des Wärmeschutzes – Wärmeschutzstufen – dienen:

Stufe 1   3

Wärmeschutz der Gebäudehüllflächen entsprechend den bauordnungsrechtlichen Vorschriften, Einhaltung der Normwerte. Die im Rahmen des § 78 zu erbringenden Leistungen beschränken sich auf das Planungsziel, die bauordnungsrechtlichen Vorschriften hinsichtlich der Begrenzung des Wärmedurchganges durch die Hüllfläche eines Gebäudes zu erfüllen, wobei nach der seit Januar 1995 gültigen Wärmeschutzverordnung auch solare Energiegewinne über transparente Außenbauteile in einer Energiebilanz Berücksichtigung finden. Notwendige Wärmedämmaßnahmen erfolgen ohne Berücksichtigung der Randbedingungen der nachfolgenden Wärmeschutzstufen. Die Leistungen beschränken sich auf die Bemessung des Wärmeschutzes, die energetische Dimensionierung der transparenten Außenbauteile (z. B. Fenster, Verglasungen) und Angaben zur Gebäudelüftung, um den zulässigen Jahres-Heizwärmebedarf (QH) des Gebäudes nicht zu überschreiten. Zusätzlich zum winterlichen Wärmeschutz ist auch der sommerliche Wärmeschutz nachzuweisen. Für den Nachweis nach der Wärmeschutzverordnung ist der konstruktiv bedingte erhöhte Wärmedurchgang durch 2- und 3dimensionale Ecken oder Wärmebrücken nicht zu berücksichtigen, soweit der in der DIN 4108 Teil 2, Tabelle 1, Spalte 3.2 genannte k-Wert für die ungünstigste Stelle nicht überschritten wird. In besonderen Fällen ist der Nachweis zu erbringen.

Stufe 2

Wärmeschutz sämtlicher raumumschließenden Flächen mit dem Ziel, daß die Temperaturdifferenz zwischen Raumluft und Wandoberfläche einen vorgegebenen Wert, der in der Regel durch die Fallluftgeschwindigkeit definiert wird, nicht überschreitet. Weitere Randbedingungen können z. B. durch Wasserdampfkondensationsbedingungen oder einen zulässigen Strahlungsaustausch gegeben sein (vorwiegend für Krankenhäuser, Schulen, Altersheime, Sitzungsräume, Schalterräume, spezielle Produktionsräume).

Stufe 3

Wärmeschutz der Gebäudehüllfläche unter Berücksichtigung der Wirtschaftlichkeit der Wärmedämmaßnahmen. Es sind dann die gesamten Aufwendungen für Wärmedämmaßnahmen und Heizkosten über eine festzulegende Nutzungsdauer des Gebäudes auf den Barwert zum Zeitpunkt der Investition zurückzurechnen und für unterschiedliche Wärmeschutzmaßnahmen zu vergleichen. Der geringste Barwert für die Aufwendungen bei gleichartiger Nutzung definiert in der Regel die wirtschaftliche Maßnahme. Der wirtschaftlich optimale Wärmeschutz wird ermittelt, indem der Einfluß der nutzungsbedingten Abwärme sowie der Solarstrahlung durch die transparenten Flächen und der Raumlüftung auf Raumklima und Heizlast erfaßt werden (Bilanzverfahren). Da der Arbeitsaufwand zur optimalen Wärmedämmung mit Zunahme der Einflußfaktoren steigt, sind die Berechnungen je nach Methode und Einflußfaktoren differenziert zu honorieren.

Stufe 4

Der Wärmeschutz eines Gebäudes oder Bauwerkes bzw. Bauteiles kann erforderlich werden, um die thermische Belastung von Tragwerken/Konstruktionen so weit zu mindern, daß die thermisch bedingten Eigenspannungen im Bereich der für das Material zulässigen Spannungen bleiben. Die zu erwartenden Formänderungen dürfen keine unzulässigen Zwängungsspannungen bzw. Auflagerbedingungen hervorrufen. Hierzu sind der Bemessung die Randbedingungen und Formänderungsgrenzwerte zugrunde zu legen.

Stufe 5

Wärmeschutz eines Gebäudes oder Bauwerks kann erforderlich werden, um Wasserdampfkondensation auf der Bauteiloberfläche bzw. im Querschnitt eines Bauteiles zu verhindern bzw. auf das zulässige Maß zu beschränken. Hierzu sind Diffusionsberechnungen durchzuführen. Sollte die Wasserdampfkondensation die Planungsforderungen nicht erfüllen, so sind Maßnahmen zu deren Begrenzung zu entwerfen und nachzuweisen. Die Planungsforderungen können sich z. B. aus folgenden Punkten ergeben:

- Aufrechterhaltung der Raumhygiene
- Sicherung der Produktion
- Schutz der Konstruktion
- Erhalt der Funktion der Wärmedämmung

Die der Berechnung zugrunde zu legenden Randbedingungen sind in der Regel mit dem Entwurfsberater als Konstanten festzulegen oder Tabellen zu entnehmen.

Stufe 6

Wärmeschutz eines Gebäudes oder Bauwerkes gegen die Wirkung der sommerlichen Wärme bzw. Sonneneinstrahlung. Berechnung zu erwartender Raumtemperaturen oder der Häufigkeit des Auftretens vorgegebener Raumtemperaturen unter Berücksichtigung der strahlungstechnischen Parameter (k-Wert, g-Wert) transparenter Ausbauteile sowie der Wärmespeicherfähigkeit innenliegender Bauteile und des Raumluftwechsels. In die Berechnung eingehende Klimadaten (Außentemperatur, Solarstrahlung) sind abhängig vom Standort des Gebäudes. Dynamische Temperatursimulationen in Räumen übersteigen im Aufwand den Rahmen üblicher Wärmeschutzberechnungen (z. B. nach WSVO) erheblich und sind gegebenenfalls gesondert zu honorieren.

Absatz 2 zählt die hauptsächlichen Aufgabengebiete auf, die im Rahmen der **4** Thermischen Bauphysik anfallen.

Nr. 1   **5**

Entwurf, Bemessung und Nachweis des Wärmeschutzes nach der Wärmeschutzverordnung und nach den bauordnungsrechtlichen Vorschriften. Der Absatz umschreibt die unabdingbare, unteilbare Grundleistung für Entwurf, Bemessung und Nachweis des Wärmeschutzes nach der Wärmeschutzverordnung und den bauordnungsrechtlichen Bestimmungen. Das Leistungsbild für den Wärmeschutz wird in § 78 Abs. 1 beschrieben.

Nr. 2   **6**

Leistungen zum Begrenzen der Wärmeverluste und Kühllasten

Leistungen zum Begrenzen der Wärmeverluste und Kühllasten können erforderlich werden, um die im Rahmen der Erweiterung von Gebäuden oder Kühlräumen entstehenden Heiz- und/oder Kühllasten mit der frei verfügbaren Leistung der bestehenden Heiz- und Kühlanlagen abdecken zu können. Die Wirtschaftlichkeitsuntersuchung der erforderlichen Maßnahmen berücksichtigt die erhöhten Aufwendungen, die im Regelfall für eine Erweiterung der Heizungs- und Kühlanlagen erforderlich werden würden.

7 Nr. 3

Leistungen zum Ermitteln der wirtschaftlich optimalen Wärmedämmaßnahmen, insbesondere durch Minimieren der Bau- und Nutzungskosten

Das sind Tätigkeiten zur Ermittlung der wirtschaftlich optimalen Wärme- dämmaßnahmen auf der Grundlage des Barwertes der Investitionskosten für die Wärmedämmaßnahmen und der für die Dauer der vorzugebenden Lebens- dauer des Gebäudes entstehenden Aufwendungen für die Heiz-/Kühlenergie- kosten, die auf den Tag der Inbetriebnahme abzuzinsen sind. Der wirtschaft- lich optimale Wärmeschutz für beheizte Gebäude kann nur in Verbindung mit der Grundleistung nach Nr. 1 in Auftrag gegeben werden, wenn die Randbe- dingungen gemäß Wärmeschutzverordnung erfüllt werden müssen. Ein wirt- schaftlich optimaler Wärmeschutz kann auch für gekühlte Räume bzw. Gebäude ermittelt werden. Die Leistung ist stets mit der Leistung nach Nr. 5 zu koppeln. Die wirtschaftlichste Wärmeschutzmaßnahme ist dadurch nachzuwei- sen, daß die Summe aus Investitionskosten für die Wärmedämmaßnahmen und der Barwert der Betriebskosten für Heizung und/oder Kühlung für die Lebens- dauer der Anlagen möglichst gering gehalten wird. Die hierfür erforderlichen Planungsvorgaben des Bauherrn sind schriftlich festzulegen (so auch Neuen- feld/Baden/Dohna/Groscurth § 77 Rdn. 20).

Die Angaben müssen enthalten:

– Raumnutzung
– Lebensdauer des Gebäudes
– Kapitalzins
– Kreditzins für die Tilgungsdauer (Mittelwert)
– Energiekosten
– Wirkungsgrad der Heiz- bzw. Kühlanlage

8 Nr. 4

Leistungen zum Planen von Maßnahmen für den sommerlichen Wärmeschutz in besonderen Fällen

Die Leistungen können folgende Planungsziele zum Gegenstand haben:

4.1 Ermitteln der von Wand- oder Deckenflächen absorbierten Solarstrahlung

4.2 Ermitteln der in den Raum eintretenden Wärmemenge in Abhängigkeit von der Solarstrahlung und der Phasenverzögerung der Wand-/Deckenkon- struktion. Anhand der ermittelten Werte kann entweder die Entwicklung der Raumtemperatur oder die Kühllastkurve des Raumes berechnet wer- den. Die Leistung nach 4.2 setzt die Leistung nach 4.1 voraus.

4.3 Ermitteln des Einflusses verschiedener Dach- und Wandkonstruktionen auf die Ergebnisse nach 4.2

4.4 Ermitteln des Einflusses der Solarstrahlung durch transparente Flächen (Fenster) auf die Raumklimaentwicklung im Jahreszyklus

4.5 Ermitteln des Einflusses von Sonnenschutzmaßnahmen im Bereich von transparenten Flächen auf Raumklimaentwicklung und Blendschutz am Arbeitsplatz

4.6 Ermitteln des Einflusses von Luftwechselraten auf das durch Solarstrahlung beeinflußte Raumklima

4.7 Ermitteln des Einflusses der durch Solarstrahlung bedingten instationären Temperaturverteilung in Bauteilen und Bauelementen, um deren Eigenspannngszustand bzw. Verformung zu erfassen. Diese Leistung hat das Planungsziel, die thermodynamischen Belastungen von Tragwerks- und Konstruktionselementen so in der statischen Berechnung berücksichtigen zu können, daß Bauschäden infolge thermisch bedingter Eigenspannungen vermieden werden.

Diese Berechnungen sind nicht nur für Gebäude erforderlich, sondern oft von besonderer Bedeutung für Ingenieurbauwerke.

Nr. 5   9

Leistungen zum Begrenzen der dampfdiffusionsbedingten Wasserdampfkondensation auf und in den Konstruktionsquerschnitten

5.1 Leistungen zum Begrenzen der dampfdiffusionsbedingten Wasserdampfkondensation auf und in den Konstruktionsquerschnitten sind nach den technischen Regeln der DIN 4108 Teil 5 Abs. 11 für den Funktionsnachweis der Wärmedämmschichten notwendig. Da der Wärmeverlust mit der Durchfeuchtung von Wärmedämmschichten steigt, ist nachzuweisen, daß im Querschnitt entweder keine Wasserdampfkondensation auftritt oder daß die anfallende Kondensatmenge nur eine unbedeutende Minderung der Wärmedämmung verursacht und im Jahreszyklus wieder austrocknet. Falls progressive Durchfeuchtungen der Querschnitte zu erwarten sind, müssen im Rahmen der Leistung Maßnahmen zur Begrenzung der Kondensatmengen auf unschädliche, nur zeitweise auftretende Mengen entworfen und nachgewiesen werden.

5.2 In Sonderfällen ist aus Gründen der Raumhygiene das Entstehen von Oberflächenkondensation auf den raumseitigen Oberflächen der Decken, Wände und Fußböden in jedem Klimazustand zu verhindern.

Die hierfür erforderlichen Maßnahmen verlangen eine weitergehende Untersuchung, als sie nach den technischen Regeln nötig wäre. Für diese Räume – Operationsräume, pharmazeutische Produktionsstätten, Großküchen, Lagerräume für verderbliche Lebensmittel usw. – ist durch Ermitteln und Beeinflussen der räumlichen Temperaturverteilung in den gefährdeten

Eckzonen sicherzustellen, daß keine Oberflächenkondensation in diesen Zonen auftreten kann, die die Ansiedlung und das Wachstum von Pilzbelägen fördern könnte.

10 Nr. 6

Leistungen zum Begrenzen von thermisch bedingten Einwirkungen auf Bauteile durch Wärmeströme

Diese Leistungen können umfassen:

6.1 Die Berechnung des Einflusses der thermischen Wechselbelastung auf die Formänderungen des Tragwerkes. Die Abschätzung der Dehnfugenuferbewegungen ermöglicht eine Aussage über die Notwendigkeit der Dehnfugen und deren Lage. Soweit Dehnfugen durch Reduzierung der thermischen Wechselbelastung und konstruktive Gestaltung entbehrlich werden, ist dieses in der Regel mit einer Minderung der Nutzflächenkosten des Gebäudes verbunden. Die hierfür erforderlichen Untersuchungen sind in der Regel im Rahmen des Vorentwurfes durchzuführen, da der konstruktionsbedingte Raumbedarf für Fugenkonstruktionen zu diesem Zeitpunkt bereits berücksichtigt werden muß.

6.2 Berechnung des Einflußbereiches von Wärmebrücken. Im Bereich der sogenannten Wärmebrücken ist die räumliche Temperaturverteilung in den Bauteilen/Bauelementen zu berechnen und der Wärmedurchgang zu ermitteln.

Aus der Temperaturverteilung an der raumseitigen Oberfläche ist auf die Bedingungen für eine Wasserdampfkondensation zu schließen, die einen Rückschluß auf die Raumhygiene ermöglichen.

6.3 Ermitteln der aus der räumlichen Temperaturverteilung in monolithischen Querschnitten resultierenden Eigenspannungen und Verformungen. Die hierdurch ermittelten Nebenspannungen im Tragwerk werden bei der statischen Bemessung der Querschnitte berücksichtigt, um Bauschäden zu vermeiden.

6.4 Berechnung des Einflusses von strahlenden Wärmequellen auf die Verformung von Bauteilen/Bauelementen und Entwurf von Maßnahmen zur Minderung des Einflusses.

11 Nr. 7

Leistungen zum Regulieren des Feuchte- und Wärmehaushaltes von belüfteten Fassaden- und Dachkonstruktionen

Die Leistungen verwirklichen folgende Planungsziele:

7.1 Der Luftwechsel in den hinterlüfteten Fassaden soll sicherstellen, daß die im Bereich des Luftspaltes durch Dampfdiffusion anfallende Wasserdampfmenge zu jeder Jahreszeit so abgeführt wird, daß keine progressive Durchfeuchtung der Wärmedämmschicht und/oder des Verblendmaterials entstehen kann. Außerdem ist sicherzustellen, daß die Tragkonstruktion von Fassaden aus nichtsaugenden Materialien nicht durch Wasserdampfkondensat angegriffen wird. Der Verlauf der Wasserdampfkonzentration im Luftspalt ist nachzuweisen und die Luftgeschwindigkeit so weit zu begrenzen, daß die Erosion von Wärmedämmschichten vermieden wird. Den Berechnungen ist der Einfluß der Raumklimata, Witterung und Solarstrahlung zugrunde zu legen.

7.2 Der Luftwechsel in der hinterlüfteten Fassade soll sicherstellen, daß die durch Solarstrahlung erwärmte Verblendschale/Dachhaut durch den Luftwechsel in deren hinterlüfteten Bereich nicht übermäßig erwärmt wird, so daß die zu erwartenden thermisch bedingten Formänderungen keine zur Zerstörung des Systems führenden Spannungen erzeugen. Ferner kann mittels des Luftwechsels im hinterlüfteten Bereich die Wirkung der Solarstrahlung auf die durch die Verblendschale geschützte Konstruktion gemindert werden. Der thermisch bedingte, konvektive Luftwechsel im Luftspalt zwischen Verblendschale und Tragwerk ist zu ermitteln und so zu begrenzen, daß Erosionen an der Wärmedämmung vermieden werden.

Falls Leistungen, die bauphysikalische Messungen umfassen, für die Erfüllung der vereinbarten Leistungen erforderlich sind, trifft Absatz 3 hierfür eine honorarrechtliche Regelung. Die Honorierung solcher in Absatz 3 bezeichneten Leistungen erfolgt nach § 79 (vgl. § 79 Rdn. 1). **11**

§ 78
Wärmeschutz

(1) Leistungen für den Wärmeschutz nach § 77 Abs. 2 Nr. 1 umfassen folgende Leistungen:

	Bewertung in v. H. der Honorare
1. Erarbeiten des Planungskonzepts für den Wärmeschutz	20
2. Erarbeiten des Entwurfs einschließlich der überschlägigen Bemessung für den Wärmeschutz und Durcharbeiten konstruktiver Details der Wärmeschutzmaßnahmen	40
3. Aufstellen des prüffähigen Nachweises des Wärmeschutzes	25
4. Abstimmen des geplanten Wärmeschutzes mit der Ausführungsplanung und der Vergabe	15
5. Mitwirken bei der Ausführungsüberwachung	–

(2) Das Honorar für die Leistungen nach Absatz 1 richtet sich nach den anrechenbaren Kosten des Gebäudes nach § 10, der Honorarzone, der das Gebäude nach den §§ 11 und 12 zuzurechnen ist, und nach der Honorartafel in Absatz 3.

(3) Die Mindest- und Höchstsätze der Honorare für die in Absatz 1 aufgeführten Leistungen für den Wärmeschutz sind in der nachfolgenden Honorartafel [siehe Seite 993] festgesetzt.

(4) § 5 Abs. 1 und 2, § 16 Abs. 2 und 3 sowie § 22 gelten sinngemäß.

1 Absatz 1 enthält das Leistungsbild für die in § 77 Abs. 2 Nr. 1 aufgeführten Leistungen für Entwurf, Bemessung und Nachweis des Wärmeschutzes. Das Leistungsbild der Gesamtleistung ist in 5 Teilleistungen aufgeteilt, die etwa dem Begriff der Leistungsphasen der übrigen Leistungsbilder der HOAI gleichzusetzen sind. Die Teilleistungen werden nach Vomhundertsätzen des Gesamthonorars bewertet. Der Objektplaner hat den Wärmeschutznachweis nicht als Grundleistung zu erbringen. Übernimmt der Objektplaner den Wärmeschutznachweis mit, so ist er nach § 78 Abs. 1 und 2 zu honorieren, auch wenn er auf Daten und Vorarbeiten zurückgreift, die er ohnehin erbringen müßte (so mit ausführlicher Begründung Neuenfeld/Baden/Dohna/Groscurth § 78 Rdn. 3). Ihm steht ein Honorar unter den Voraussetzungen des § 5 Abs. 4 Satz 1 zu (OLG Düsseldorf BauR 1991, 797).

2 Leistung Nr. 1

Erarbeiten des Planungskonzepts für den Wärmeschutz

Hierbei sind in erster Linie die Anforderungen des Auftraggebers oder Nutzers an das Objekt zu berücksichtigen unter Beachtung der Wärmeschutzverordnung und der bauordnungsrechtlichen Vorschriften. Diese Leistung wird in der Regel im Rahmen der Leistungsphase 1 „Grundlagenermittlung" und Leistungsphase 2 „Vorplanung" der Objektplanung für Gebäude, Ingenieurbauwerke und Anlagen, §§ 15 und 55, sowie der Tragwerksplanung § 64 und der Planung für die Technische Ausrüstung § 73 erbracht werden. Das der Wärmeschutzverordnung nunmehr zugrundeliegende Bilanzprinzip zwischen Wärmegewinnen und Wärmeverlusten über die Gebäudehülle ermöglicht dabei bereits in der frühen Planungsphase eine Abschätzung der energetischen Konzeption des Gebäudes. Die Aufgabe der Abstimmung und Koordinierung wird im wesentlichen beim jeweiligen Objektplaner liegen, der auch den Auftraggeber auf die rechtzeitige Beauftragung und Einschaltung des Sonderfachmannes für Thermische Bauphysik im Rahmen seiner Beratungspflicht aufmerksam zu machen hat (vgl. auch Teil II § 15 Rdn. 17, 32), wenn er die erforderlichen Leistungen der Thermischen Bauphysik nicht selbst erbringen kann.

Honorartafel zu § 78 Abs. 3

Anrechen-bare Kosten DM	Zone I		Zone II		Zone III		Zone IV		Zone V	
	von DM	bis DM	von DM	bis DM	von DM	bis DM	von DM	bis DM	von DM	bis DM
500 000	1 060	1 220	1 220	1 440	1 440	1 760	1 760	1 980	1 980	2 140
1 000 000	1 380	1 640	1 640	2 000	2 000	2 520	2 520	2 880	2 880	3 140
5 000 000	3 770	4 370	4 370	5 160	5 160	6 350	6 350	7 140	7 140	7 740
10 000 000	5 660	6 560	6 560	7 760	7 760	9 560	9 560	10 760	10 760	11 660
50 000 000	23 590	26 210	26 210	29 710	29 710	34 960	34 960	38 460	38 460	41 080

3 Leistung Nr. 2

Erarbeiten des Entwurfes der Wärmeschutzmaßnahmen hinsichtlich der zu wählenden Baustoffe unter Berücksichtigung der Gebäudenutzung, des Tragwerksentwurfes sowie der gestalterischen Anforderungen. Der Wärmeschutz ist auf der Grundlage der Wärmeschutzverordnung und der bauordnungsrechtlichen Vorschriften unter Beachtung der Wirtschaftlichkeit der Anordnung der Wärmedämmaßnahmen überschlägig zu bemessen. Die Ergebnisse werden in der Regel in der Leistungsphase 3 „Entwurfsplanung" der jeweiligen Objektplanung erforderlich, um dort in die Gesamtleistung integriert zu werden. So ist in Leistungsphase 3 § 15 „Entwurfsplanung" oder auch „System- und Integrationsplanung" das Planungskonzept unter Verwendung der Beiträge anderer an der Planung fachlich Beteiligter – hier des Fachingenieurs für Thermische Bauphysik – zum vollständigen Entwurf durchzuarbeiten. Die Beiträge für die Thermische Bauphysik müssen dem Objektplaner nicht nur eine genaue Beschreibung des Objekts mit allen Maßnahmen zum erforderlichen Wärmeschutz ermöglichen; er muß auch in die Lage versetzt werden, diese Maßnahmen von der Kostenseite in die Kostenberechnung DIN 276 aufzunehmen. Der erhöhte Wärmedurchgang an den Gebäudeecken bleibt im Rahmen des Nachweises unberücksichtigt, soweit die Mindestwerte nach DIN 4108 Teil 2, Tabelle 1, Spalte 3.2 und Tabelle 2 nicht überschritten werden. Sollten, bedingt durch die Formgebung des Gebäudes bzw. der Fassade, Untersuchungen zur Ermittlung des Wärmedurchganges an zwei- oder dreidimensionalen Ecken erforderlich werden, um die Einhaltung der Mindestwerte für den Wärmedurchgang sicherzustellen, so sind diese als „Besondere Leistungen" gemäß § 77 Abs. 2 Nr. 6 zu vereinbaren. Der Bemessung sind die mit dem Objektplaner abgestimmten Baustofflisten zugrunde zu legen. Die Baustofflisten enthalten die für die Berechnung der k-Werte der Bauteile/Bauelemente erforderlichen Angaben.

Neben den objektbezogenen Angaben und der Baustofflistennummer sollten die Baustofflisten enthalten:

1. Bezeichnung des Raumes, in welchem die Bauteile/Bauelemente z. B. auftreten

2. Bezeichnung des Bauteiles/Bauelementes

3. die bauphysikalische Einordnung des Elementes

4. die Wärmeübergangswiderstände an den Oberflächen

5. den Wärmedurchlaßkoeffizienten, k-Wert, des Elementes

6. den Querschnittsaufbau des Elementes mit folgenden Angaben:

6.1 Materialdefinition

6.2 Rohdichte

6.3 Schichtdicke

6.4 Wärmeleitzahl

6.5 Quotient aus Schichtdicke und Wärmeleitzahl

Soweit in den Formularen der Länder weitere Angaben gefordert werden, sind diese zu ermitteln und einzutragen. Die im Rahmen der überschlägigen Bemessung festgelegten Wärmedämmaßnahmen und Schichtdicken sind in die Baustofflisten einzutragen. Die bautechnische Anordnung bzw. Durchführung der Wärmedämmaßnahmen ist zu skizzieren und mit dem Objektplaner abzustimmen und von diesem in die Entwurfs- und Genehmigungsplanung einzuarbeiten.

Leistung Nr. 3

4

Das Aufstellen des prüffähigen Nachweises des Wärmeschutzes

Dieser erfolgt anhand der Entwurfsunterlagen des Objektplaners und der mit ihm abgestimmten Baustofflisten. Der Wärmeschutznachweis ist für den **winterlichen** und **sommerlichen** Wärmeschutz zu erstellen. Für den winterlichen Wärmeschutz ist nachzuweisen, daß der Jahres-Heizwärmebedarf einen nach dem *A/V*-Verhältnis (*A* = Umfassungsfläche; *V* = durch Umfassungsfläche eingeschlossenes Bauwerksvolumen) des Gebäudes festgelegten Anforderungswert nicht übersteigt. Das Nachweisverfahren ist ein Bilanzverfahren, in dem die Transmissions- und Lüftungswärmeverluste über die Gebäudehülle den Wärmegewinnen durch solare Zustrahlung und internen Wärmequellen gegenübergestellt werden. Der Jahres-Heizwärmebedarf wird auf das beheizte Bauwerksvolumen (Q_H') oder die Gebäudenutzfläche (Q_H'') bezogen und angegeben. Die Orientierung des Gebäudes nach der Himmelsrichtung ist für die Ermittlung der solaren Wärmegewinne über transparente Außenbauteile zu berücksichtigen. Nach der Wärmeschutzverordnung vom 16. 8. 1994 ist der Heizwärmebedarf für das Jahr nachzuweisen. Ein differenziertes Nachweisverfahren, das den Heizwärmebedarf auch monatsweise ermittelt (Monatsbilanzverfahren), ist als Vornorm (DIN V 4108-6) gegenwärtig in der Diskussion.

Leistung Nr. 4

5

Abstimmen des geplanten Wärmeschutzes mit der Ausführungsplanung und der Vergabe

Der geplante und nachgewiesene Wärmeschutz ist in die Ausführungspläne des Objektplaners von diesem einzuarbeiten (so auch Neuenfeld/Baden/Dohna/Groscurth § 78 Rdn. 7). Hierzu hat der Berater für die Thermische Bauphysik die getroffenen Maßnahmen des Wärmeschutzes mit dem Objektplaner in der Ausführungsplanung und bei der Vorbereitung zur Vergabe abzustimmen. Der Aufbau der Bauteile/Bauelemente muß eindeutig bezeichnet sein, entweder durch Hinweis auf die Baustofflistennummer oder durch Beschriftung der Details. Der Inhalt der Leistungsbeschreibung und Leistungsverzeichnisse muß mit den Ausführungsplänen und den Baustofflisten übereinstimmen. Sollten zu den Wärmedämmaßnahmen Alternativen der Bieter vorliegen, so ist eine fachtechnische Prüfung derselben als „Besondere Leistung" zu vereinbaren.

6 Bei gegebenem Anlaß ist auch eine zusätzliche, über DIN 4108 hinausgehende Wärmedämmung geschuldet, weil diese dem Stand der Technik entspricht. Unter Umständen muß eine zusätzliche Wärmedämmung im Eckbereich bei Gebäuden mit einem Außenmauerwerk geplant und eingebracht werden. Geschieht dies nicht, so liegt ein Planungsfehler vor. Die Ordnungsmäßigkeit einer Bauleistung ist nicht allein an den schriftlich fixierten technischen Normen zu messen, sondern an den allgemeinen, nicht notwendigerweise schriftlich fixierten Regeln der Bautechnik. Die DIN 4108 legt lediglich die Mindestwärmedämmung im Regelquerschnitt der Wand fest; sie regelt nicht die Frage, wie die Wärmedämmung im Eckbereich (geometrische Wärmebrücken) zweckmäßigerweise vorzunehmen ist (OLG Hamm BauR 1983, 174 mit Anm. Kamphausen).

7 Leistung Nr. 5

Mitwirken bei der Ausführungsüberwachung

Im Gegensatz zu den Leistungen gemäß Ziff. 4 hat das Mitwirken bei der Ausführungsüberwachung grundsätzlich auf der Baustelle zu erfolgen, kann sich jedoch auch auf eine Überwachung an der Fertigungsstätte erstrecken, etwa bei der Herstellung von Betonfertigteilen, Sandwichplatten, Fassadenteilen. Die Regelleistung nach § 78 Abs. 1 umfaßt nicht die Ermittlung der Wärmedurchgangskoeffizienten im Bereich der Wärmebrücken, soweit diese unberücksichtigt bleiben.

8 Ergibt sich die Notwendigkeit, die in der Entwurfsplanung zu erkennenden Wärmebrücken hinsichtlich des Wärmedurchgangs zu untersuchen, so sind die hierfür erforderlichen Leistungen als Besondere Leistungen zu vereinbaren und zu vergüten, da die Ermittlung des Wärmedurchgangs in diesen Bereichen nur mit einem erhöhten Arbeitsaufwand möglich ist.

9 **Haftungsfragen**

Der Ingenieur für Thermische Bauphysik haftet ebenso wie der Architekt – sofern ein Ingenieur für Thermische Bauphysik nicht eingeschaltet ist – nach § 631 ff. BGB dafür, daß die Leistungen für Wärme- und Kondensatfeuchteschutz entsprechend den Regeln der Technik, sofern Bauzuschnitt oder Baubeschreibung oder sonstige Zusagen davon abweichen, – entsprechend diesen – erbracht werden. Entstehen Mängel hinsichtlich des Wärme- und Kondensatfeuchteschutzes, so hat der Architekt bzw. Ingenieur nach § 631 ff. BGB einzustehen. Insbesondere kommt dabei ein Schadensersatzanspruch nach § 635 BGB in Frage, wobei der Vertragspartner des Architekten bzw. Ingenieurs Ersatz des Schadens verlangen kann, der neben den Kosten einer etwa erforderlichen Neuplanung auch die Kosten der Beseitigung der wegen der fehlerhaften Planung im Bauwerk selbst eingetretenen Mängel umfaßt (BGH BauR 1981, 396). Grundsätzlich ist dieser Schadensersatzanspruch auf Geld gerichtet. Das – an sich notwendige – Setzen einer Nachfrist i. S. des § 634 Abs. 1

BGB erübrigt sich, wenn sich der Planungsmangel bereits im Bauwerk verkörpert hat und durch Nachbesserung der Planung nicht mehr ungeschehen gemacht werden kann.

Auch wenn die Mindestwerte der DIN 4108 erreicht sind, kann ein Verstoß 10 gegen die Regeln der Technik vorliegen. Ein Mangel ist insbesondere dann gegeben, wenn gerade die DIN-Mindestwerte beim Wärmeschutz erreicht sind, aber die besondere Örtlichkeit unter Berücksichtigung der klimatischen Bedingungen einen höheren Wärmeschutz erfordert oder wenn in der Baubeschreibung spezielle Zusagen hinsichtlich der Wärmedämmung gemacht werden wie „Vollwärmedämmung an der Außenseite" und „extrem hoher Wärmedämmwert" (BGH, BauR 1981, 397). Ein Verstoß gegen die Regeln der Technik mit der Folge der Gewährleistung des Architekten bzw. Ingenieurs kann auch vorliegen, wenn zwar die Mindestwerte der DIN 4108 erheblich überschritten sind, durch vermeidbare Ausführungsfehler jedoch (z. B. falsche Verlegung) der bei mangelfreier Ausführung zu erwartende Wärmeschutz nicht erreicht wird, sofern dem Auftragnehmer die Objektüberwachung als Besondere Leistung übertragen ist. Wenn ein Mangelbeseitigungsanspruch gegenüber dem Unternehmer besteht, so stellt sich häufig die Frage, ob die Mangelbeseitigung einen unverhältnismäßig hohen Aufwand erfordert und ob bejahendenfalls ein Minderwert verbleibt und in welcher Höhe dieser feststellbar ist (vgl. zu diesen Fragen: Mantscheff BauR 1982, 438). Es ist dann eine Kosten-Nutzen-Analyse zu erstellen, also die Aufwendungen für die Mängelbeseitigung den zu erwartenden Heizungsmehrkosten für die Nutzungsdauer gegenüberzustellen, und den technischen Minderwert, der vornehmlich in den Mehrkosten für erhöhte Heizenergieaufwendungen besteht, gerechnet auf die Restnutzungsdauer des Gebäudes, zu ermitteln (vgl. zur Berechnung i. e. Mantscheff BauR 1982, 439).

Nach der Rechtsprechung ist der Architekt für die Einhaltung der Normen 11 für Wärme- und Kondensatfeuchteschutz verantwortlich. Er muß diese seiner Planung zugrunde legen. Wird ein Ingenieur für Thermische Bauphysik eingeschaltet, so kann der Architekt sich zunächst einmal auf das speziellere Wissen des Sonderfachmanns verlassen. Er bleibt jedoch nicht von jeder Haftung befreit. Er muß die Arbeit des Ingenieurs für Thermische Bauphysik überprüfen und haftet als Gesamtschuldner mit diesem, sofern die Fehlerhaftigkeit der Ingenieurleistungen des Sonderfachmanns für den Architekten erkennbar war, wobei als Maßstab der Beurteilung das normale Fachwissen eines Architekten zu gelten hat. Zu den Fragen der Kerndämmung (zweischaliges Mauerwerk für Außenwände nach DIN 1053 Teil 1 Abschnitt 5.2.1) Gross/Riensberg BauR 1986, 533; BauR 1987, 633; Lühr BauR 1987, 390; Glitza BauR 1987, 388.

Grundzüge der Honorarberechnung 12

Absatz 2 enthält die Bestimmungen für das Honorar für die Leistungen nach Absatz 1. Danach richten sich die anrechenbaren Kosten des Gebäudes nach § 10, der Honorarzone nach § 11 und § 12 sowie den Honorarsätzen nach

Absatz 3 in Vomhundertsätzen der anrechenbaren Kosten. Diese Bestimmung gilt nur für Gebäude im Sinne von § 3 in Verbindung mit §§ 10, 11 und 12. Das bedeutet, daß die Leistungen für Thermische Bauphysik nur im Zusammenhang mit Gebäuden dieser Bestimmung unterliegen, Leistungen der Thermischen Bauphysik für alle anderen Objekte dagegen frei vereinbart werden können (vgl. § 79).

13   Die anrechenbaren Kosten sind nach § 10 zu bestimmen. Die Leistungen nach § 78 Nr. 1 und 2, die in der Regel bis zur Leistungsphase 3 „Entwurfsplanung" § 15 erbracht werden, sind nach den anrechenbaren Kosten der Kostenberechnung DIN 276 für das Gebäude zu berechnen und, solange diese nicht vorliegt, nach der Kostenschätzung DIN 276. Die Leistung Nr. 3 § 78, die mit der „Genehmigungsplanung" Leistungsphase 3 § 15 zusammenfällt, gehört ebenfalls unter die anrechenbaren Kosten der Kostenberechnung DIN 276. Dagegen wird die Leistung Nr. 4 § 78 in der Regel bis zur Leistungsphase 6 § 15 erbracht, so daß hier die anrechenbaren Kosten dem Kostenanschlag DIN 276 zugrunde zu legen sind; solange dieser nicht vorliegt, die Kosten der Kostenberechnung DIN 276. Der Auftragnehmer der Leistungen für Thermische Bauphysik bei Gebäuden hat in der Regel keinen Einfluß auf die Kostenermittlungsverfahren des Objektplaners des Gebäudes. Schwierigkeiten könnten sich deshalb dort ergeben, wo die Leistungserfüllung gestört oder unterbrochen wird und dem Auftragnehmer für die Leistungen der Thermischen Bauphysik keine anrechenbaren Kosten zur Verfügung gestellt werden.

14   Nach Absatz 3 kann entsprechend den anrechenbaren Kosten des Gebäudes nach § 10 und der Honorarzone, der das Gebäude nach den §§ 11 und 12 zuzurechnen ist, das Honorar im Rahmen der Honorartafel § 78 Absatz 3 vereinbart werden. Dazwischenliegende Werte sind geradlinig zu interpolieren (so auch Pott/Dahlhoff § 78 Rdn. 21). Wird bei Auftragserteilung keine schriftliche Honorarvereinbarung getroffen, so gelten die Mindestsätze nach § 78 Absatz 3 als vereinbart. Frei vereinbart werden kann das Honorar bei anrechenbaren Kosten für Gebäude über 50 Mio. DM.

15   Absatz 4 verweist auch auf § 5 Abs. 1 und 2, der sinngemäß gelten soll. Die Vorschriften des § 5 Abs. 1 und 2 gelten für Leistungsphasen von Leistungsbildern und Grundleistungen von Leistungsphasen. In den Leistungsbildern werden die Leistungen nach Grundleistungen und Besonderen Leistungen gegliedert. Eine solche Gliederung ist in Absatz 1 nicht vorgenommen, so daß diese Leistungsbeschreibung bei strenger Betrachtung nicht als Leistungsbild i. S. der Honorarordnung angesehen werden kann. Deshalb war es vor der 4. Änderungsnovelle streitig, wie zu verfahren sei, wenn wesentliche Teile von Grundleistungen dem Auftragnehmer nicht übertragen worden sind, und ob es richtig ist, den Begriff „Besondere Leistungen" für nicht in § 78 Abs. 1 aufgeführte Leistungen zu verwenden (Hartmann § 78 Rdn. 8). Nunmehr wird diese Unklarheit durch die sinngemäße Geltung von § 5 Abs. 1 und 2 beseitigt und soweit die mit der 1. ÄndVO eingeführte Rechtslage wiederhergestellt.

Die Bestimmungen des § 22 „Auftrag für mehrere Gebäude" sind gemäß **16**
Absatz 4 sinngemäß anzuwenden. Hierzu siehe § 22 Rdn. 1 ff. § 16 Abs. 2 und
3 gilt ebenfalls für Leistungen der Thermischen Bauphysik.

Offengelassen hatte der Verordnungsgeber, ob bei Umbauten und Moderni- **17**
sierungen § 24 anzuwenden war. Nachdem ausdrücklich nur auf die Honorarminderung des § 22 verwiesen war, mußte angenommen werden, daß honorar-
erhöhende Regelungen, wie sie in § 24 getroffen sind, im Rahmen der Mindest-
und Höchstsätze berücksichtigt und vereinbart werden müssen. Seit der Neufassung vom 1. 4. 1988 ist diese Unklarheit beseitigt.

Beispiel für eine Honorarermittlung für Leistungen gemäß § 77 Abs. 2 Ziff. 1 **18**
– anrechenbare Kosten des Gebäudes gemäß § 10
– zulässige Honorarzone des Gebäudes gemäß §§ 11 und 12
– Gesamthonorar gemäß § 78 Abs. 3 im Rahmen der Von-bis-Sätze (Interpolation)
– Leistungsbild gemäß § 78 Abs. 1, wobei die Leistungsphasen 1–3 nach den
  anrechenbaren Kosten der Kostenberechnung DIN 276, die Leistungsphase 4 nach den anrechenbaren Kosten des Kostenanschlages DIN 276
  unter Maßgabe von § 10 Abs. 2 zu berechnen sind.

Vereinbart sind die Höchstsätze der zulässigen Honorarzone IV bei vollem
Leistungsbild § 78 Abs. 1, anrechenbaren Kosten des Gebäudes nach Kostenberechnung DIN 276: 600 000 DM Honorarzone IV Höchstsatz.

Interpolation

1 000 000	= 2 880
500 000	= 1 980
Differenz	900

$$1\,980 + \frac{100\,000 \cdot 900}{500\,000} \qquad = 1\,980 + 180 = 2\,160$$

Leistungsphase 1–3 = 85 % =   DM 1 836,00
anrechenbare Kosten des Gebäudes nach
Kostenanschlag DIN 276: 650 000

Interpolation

$$1\,980 + \frac{150\,000 \cdot 900}{500\,000} = 1\,980 + 270 = 2\,250$$

Leistungsphase 4 = 15 % =   DM 337,50
Gesamthonorar   DM 2 173,50

§ 79
Sonstige Leistungen für Thermische Bauphysik

Für Leistungen nach § 77 Abs. 2 Nr. 2 bis 7 und Abs. 3 kann ein Honorar frei
vereinbart werden; dabei kann bei den Leistungen nach § 77 Abs. 2 Nr. 2 bis 7

der § 78 Abs. 1 sinngemäß angewandt werden. Wird ein Honorar nicht bei Auftragserteilung schriftlich vereinbart, so ist das Honorar als Zeithonorar nach § 6 zu berechnen.

Für alle nicht in § 78 Abs. 1 aufgeführten Leistungen gemäß § 77 Abs. 2 Ziff. 2–7 und Abs. 3 kann das Honorar frei vereinbart werden, ohne daß die Mindest- und Höchstpreisbegrenzung tangiert würde. Kommt keine schriftliche Honorarvereinbarung bei Auftragserteilung zustande, so kann unter den Voraussetzungen des § 6 ein Zeithonorar berechnet werden. Dabei ist zu berücksichtigen, daß nach § 7 Abs. 2 Ziff. 8 im Falle der Vereinbarung eines Zeithonorars nach § 6 die Kosten für Vermessungsfahrzeuge und andere Meßfahrzeuge, die mit umfangreichen Meßinstrumenten ausgerüstet sind, sowie für hochwertige Geräte, die für Messungsleistungen und für andere meßtechnische Leistungen verwendet werden, berechnet werden könnten.

Es ist darauf hinzuweisen, daß im Rahmen der freien Vereinbarung die Vorschriften über die Honorare für den Wärmeschutz nach § 77 Abs. 2 Nr. 1 sinngemäß angewandt werden können.

Teil XI
Leistungen für Schallschutz und Raumakustik

§ 80
Schallschutz

(1) Leistungen für Schallschutz werden erbracht, um

1. in Gebäuden und Innenräumen einen angemessenen Luft- und Trittschallschutz, Schutz gegen von außen eindringende Geräusche und gegen Geräusche von Anlagen der Technischen Ausrüstung nach § 68 und anderen technischen Anlagen und Einrichtungen zu erreichen (baulicher Schallschutz),

2. die Umgebung geräuscherzeugender Anlagen gegen schädliche Umwelteinwirkungen durch Lärm zu schützen (Schallimmissionsschutz).

(2) Zu den Leistungen für baulichen Schallschutz rechnen insbesondere:

1. Leistungen zur Planung und zum Nachweis der Erfüllung von Schallschutzanforderungen, soweit objektbezogene schalltechnische Berechnungen oder Untersuchungen erforderlich werden (Bauakustik),

2. schalltechnische Messungen, zum Beispiel zur Bestimmung von Luft- und Trittschalldämmung, der Geräusche von Anlagen der Technischen Ausrüstung und von Außengeräuschen.

(3) Zu den Leistungen für den Schallimmissionsschutz rechnen insbesondere:

1. schalltechnische Bestandsaufnahme,

2. Festlegen der schalltechnischen Anforderungen,

3. Entwerfen der Schallschutzmaßnahmen,

4. Mitwirken bei der Ausführungsplanung,

5. Abschlußmessungen.

Unter **Schallschutz** sind Maßnahmen zu verstehen, die zum Schutz gegen   1
Lärm (unerwünschten Schall) getroffen werden. Die Leistungen hierfür sind in den §§ 80 bis 84 beschrieben. Bei der **Raumakustik** handelt es sich um Maßnahmen zur Beeinflussung der Schallausbreitung innerhalb von Räumen. Diese Leistungen sind in §§ 85 bis 90 geregelt. Zu unterscheiden ist beim Schallschutz zwischen **baulichem Schallschutz** und **Schallimmissionsschutz**. Zum baulichen Schallschutz gehört der Schutz gegen von außen eindringende Geräusche und gegen Geräusche von Anlagen der Technischen Ausrüstung sowie ein angemessener **Luft- und Trittschallschutz**. Durch den **Schallimmissionsschutz** wird die Umgebung geräuscherzeugender Anlagen gegen schädliche Umwelteinwirkungen durch Lärm geschützt. Bei der **Bauakustik** handelt es sich um Leistungen zur Planung und zum Nachweis der Erfüllung von Schallschutzanforderungen, soweit über die vom Objektplaner im Rahmen der Objektplanung (§§ 14 und 55) zu erbringenden Leistungen nach den Leistungsbildern der §§ 15 und 55 auch Leistungen für den Schallschutz zu erbringen sind (Amtliche Begründung Abs. 2 Nr. 1).

2 Mit der Aufführung der Leistungen für den Schallimmissionsschutz wurde angestrebt, ein Standardleistungsprogramm für die Bearbeitung schallimmissionstechnischer Probleme aufzuzeigen, ohne daß damit festgelegt werden soll, daß alle genannten Teilleistungen stets erbracht werden müssen.

3 Die Honorarsätze sind in der HOAI nur für die Beratungsleistungen nach § 81 Abs. 1 für Bauakustik und für die raumakustische Planung und Überwachung nach § 86 Abs. 1 festgelegt. Für die Beratungsleistungen für Schallimmissionsschutz und die übrigen Leistungen für Raum- und Bauakustik (z. B. Messungen und Modelluntersuchungen) ist es nicht möglich, nach anrechenbaren Kosten bemessene Honorare festzulegen, weil der Zeit- und Meßgeräteaufwand zu sehr von den Besonderheiten des Einzelfalles abhängt. Für diese Leistungen können deshalb Honorare frei vereinbart werden. Insgesamt handelt es sich um Beratungsleistungen, deren Ergebnisse in andere Planungen (z. B. für Gebäude, Ingenieurbauwerke, Industrie-, Verkehrs- und Freizeitanlagen, Städtebau- und Landschaftsplanung) integriert werden.

4 Die Vorschriften des Teiles XI wurden durch die 1. Änderungsnovelle zur HOAI eingefügt. Durch die 3. ÄndVO erfuhr § 80 Abs. 2 Nr. 1 eine begriffliche Neubestimmung für die Fachleistung Bauakustik. Die 4. ÄndVO führte die Luft- und Trittschalldämmungsmessungen in § 80 Abs. 2 Nr. 2 beispielhaft auf und berücksichtigte, daß auch durch Messungen anderer Art die bauakustischen Verhältnisse charakterisiert werden können. Anstelle der Installationsgeräusche sind im zweiten Satzabschnitt in umfassender Weise Geräusche von Anlagen der Technischen Ausrüstung aufgeführt. Statt auf Außenlärmbelästigung wird allgemein auf Außengeräusche abgestellt.

5 Im November 1989 ist die neue DIN 4109 „Schallschutz im Hochbau" mit den Beiblättern 1 und 2 „Ausführungsbeispiele und Rechenverfahren" sowie „Hinweise für Planung und Ausführung" als umfangreiches technisches Regelblatt erschienen. Die Vorschläge für einen erhöhten Schallschutz sind nicht in der Norm, sondern im Beiblatt 2 enthalten. Die Norm 4109 hat im Gegensatz zu derjenigen des Jahres 1962 nicht mehr die Schalldämmung einzelner Bauteile (Wände und Decken) zum Inhalt. Sie ermöglicht die komplexe Betrachtung der Schalldämmung (Gebäude) aus massiven und leichten Bauteilen. Die bisherigen Kriterien für die Leistungsabgrenzung zwischen der Objektplanung und der Fachplanung für Schallschutz werden dadurch unklar. Für die Objektplanung kommt erschwerend hinzu, daß bei höheren Schallschutzanforderungen z. B. die Luftschalldämmungen im Wand- und Deckenbereich differenziert werden. Es muß hier auf die Formulierung in Abs. 2 Nr. 1 hingewiesen werden. Der bereits in der 3. ÄndVO enthaltene Wortlaut stellt die „objektbezogene schalltechnische Berechnung und Untersuchung" in den Vordergrund. Es handelt sich also nicht mehr um die Schalldämmung einzelner Bauteile, sondern um die Schalldämmung zwischen Räumen, die jedoch dem jeweils trennenden Bauteil wie z. B. der Decke oder der Wand „angelastet" wird.

6 Der Teil XI betrifft die Leistungen für Schallschutz und Raumakustik. Die Bestimmungen der §§ 80 ff. gelten für alle **Ingenieure und auch Architekten,** die zur Führung des Titels „Ingenieur" befugt sind (vgl. i. e. § 1 Rdn. 23, entgegen h. L.). Neben den §§ 80 ff. sind für alle Aufträge aus dem Bereich Schallschutz und Raumakustik die Allgemeinen Vorschriften der §§ 1 bis 9 anwendbar. Des weiteren gelten die Vorschriften der §§ 101 bis 103.

Leistungen nach § 80 Abs. 2 Nr. 2 und Abs. 3 können in der Regel nur nach   7
dem Aufwand abgerechnet werden. Bei entsprechenden Planungsvorgaben können z. B. in einem großen Gebäude wenige Messungen zur Überprüfung der Ausführung ausreichend sein. Bei relativ kleinen Gebäuden können jedoch aufgrund der Planungsvorgaben (aus Konstruktion und Anforderung) viele Messungen erforderlich werden.

Honorarberechnung

Bei der Honorarberechnung ist folgendermaßen vorzugehen: Es ist zunächst   8
zu prüfen, ob es sich um Leistungen für Schallschutz oder Raumakustik handelt. Gehören die Leistungen nicht zu diesen Bereichen, so kann das Honorar frei vereinbart werden. Handelt es sich um Leistungen der Bauakustik im Rahmen des Schallschutzes, so richtet sich das Honorar nach den anrechenbaren Kosten gemäß § 81 Abs. 2 und 3 mit der besonderen Vereinbarungsmöglichkeit des § 81 Abs. 5, nach den Honorarzonen des § 82 und der Honorartafel des § 83. Handelt es sich um sonstige Leistungen für Schallschutz nach § 80 Abs. 2, soweit sie nicht in § 81 erfaßt sind, oder um Leistungen gemäß § 80 Abs. 3 des Schallimmissionsschutzes, so kann ein Honorar frei vereinbart werden. Wird das Honorar nicht bei Auftragserteilung schriftlich vereinbart, so ist es als Zeithonorar nach § 6 zu berechnen.

Bei Leistungen für Raumakustik ist zunächst zu prüfen, ob es sich um Lei-   9
stungen der raumakustischen Planung und Überwachung gemäß § 86 Abs. 1 handelt. Ist dies der Fall, so sind die anrechenbaren Kosten gemäß § 86 Abs. 2, 3 und 4 zu ermitteln. Bei Freiräumen kann gemäß § 86 Abs. 6 das Honorar frei vereinbart werden. Wird das Honorar bei Auftragserteilung nicht schriftlich vereinbart, so ist das Honorar als Zeithonorar nach § 6 zu berechnen. Liegen jedoch sonstige Leistungen für Raumakustik vor, also Leistungen nach § 85 Abs. 2, soweit sie nicht in § 86 erfaßt sind, so kann ein Honorar frei vereinbart werden. Wird ein Honorar bei Auftragserteilung nicht schriftlich vereinbart, so ist das Honorar als Zeithonorar nach § 6 zu berechnen.

In § 80 Abs. 3 werden die wesentlichen Leistungen für den Schallimmissions-   10
schutz aufgezählt. Der Schallimmissionsschutz hat die Aufgabe, die Umgebung geräuscherzeugender Anlagen gegen schädliche Lärmeinwirkungen zu schützen. Der Schallimmissionsschutz umfaßt vor allem folgende Leistungsbereiche:

1. Schalltechnische Bestandsaufnahme

Dies ist bei bestehenden Anlagen die Erfassung aller geräuscherzeugenden Anlagen, Teile und Geräte und deren Schalleistungspegel, bei geplanten Anlagen die Erfassung bereits vorhandener Schallimmission im Einwirkungsbereich. Aufgrund der örtlichen Verhältnisse und des Bebauungsplanes sind im Einwirkungsbereich für die rechnerische Bestimmung der Schallimmissionen und deren meßtechnische Überprüfung Immissionsorte festzulegen. Außerdem ist in diesem Leistungsbereich erforderlichenfalls auf bauliche Lösungen hinzuweisen, die den Schallimmissionsschutz mit möglichst geringem Aufwand gewährleisten.

2. Festlegen der schalltechnischen Anforderungen

Hierbei werden aufgrund rechnerischer Untersuchungen der Schallausbreitung unter einzuhaltenden Immissionsrichtwerten an den Immissionsorten schalltechnische Anforderungen festgelegt, so die maximal zulässigen Schallemissionen der Anlagen, Teile und Geräte, Schalldämmwerte der Umfassungsbauteile von Anlagen, Abschirmungen u. a. Die hierbei festgelegten schalltechnischen Anforderungen sind die Grundlage für den Entwurf von Schallschutzmaßnahmen. Immissionsrichtwerte sind z. B. in der Technischen Anleitung zum Schutz gegen den Lärm v. 16. 7. 1986 (TA Lärm) und in der VDI-Richtlinie 2058 Blatt 1 festgelegt.

3. Entwerfen der Schallschutzmaßnahmen

In Zusammenarbeit mit dem Objektplaner und gegebenenfalls mit anderen an der Planung fachlich Beteiligten werden die Schallschutzmaßnahmen entworfen, so etwa die Umfassungsbauteile der Anlagen mit einem ausreichenden Schallschutz, Schalldämpfer, Abschirmungen u. a.

4. Mitwirken bei der Ausführungsplanung

Hierbei werden die Detailfragen – wiederum in Zusammenarbeit mit den Objektplanern und gegebenenfalls mit anderen an der Planung fachlich Beteiligten – geklärt, damit diese in der Ausführungsplanung und bei der Vorbereitung zur Vergabe berücksichtigt werden können.

5. Abschlußmessungen

Diese werden beim Betrieb geräuscherzeugender Anlagen und Geräte i. d. R. an den Immissionsorten durchgeführt. Sie dienen dazu, die Erfüllung der schalltechnischen Anforderungen zu überprüfen und gegenüber dem Auftraggeber und/oder der Baurechtsbehörde nachzuweisen.

Dies ist insbesondere erforderlich, wenn die Genehmigungsbehörde oder andere im Genehmigungsverfahren eingeschaltete Institutionen besondere Schallschutzanforderungen stellen. Die Messungen sind mit geeichten Schallpegelmeßgeräten nach den einschlägigen Richtlinien und DIN-Normen durchzuführen.

11 Haftungsfragen

Sowohl der objektplanende Architekt wie der Tragwerksplaner und erst recht der hierfür eingesetzte Ingenieur für Schallschutz- und Raumakustik haben die Gesichtspunkte des Schallschutzes bei der Planung zu beachten. Die Anforderungen an die Kenntnis der Theorie und Praxis beim Ingenieur für

Schallschutz und Raumakustik sind höher als beim objektplanenden Architekten. Der objektplanende Architekt wird jedoch durch den Einsatz eines Sonderfachmanns nicht von der Haftung grundsätzlich befreit. Trifft beide eine Verantwortung, weil auch mit normalem Fachwissen eines Architekten der zu geringe Schallschutz zu vermeiden gewesen wäre (Nichtanbringung einer Trennfuge, Schallbrücken), so haften beide, gegebenenfalls mit dem Tragwerksplaner, dem Auftraggeber als Gesamtschuldner.

Dabei ist für die Haftung zu prüfen, ob die Nachbesserung – etwa durch **12** eine Trennfuge – unverhältnismäßig i. S. d. § 633 Abs. 2 Satz 3 BGB ist. Häufig wird sich der Auftragnehmer mit einem Anspruch auf Minderung zufriedengeben müssen.

Enthält der Bau-, Architekten- oder Ingenieurvertrag Angaben über die **13** Anforderungen an den Schallschutz, so haftet der Unternehmer, Architekt oder Ingenieur für deren Einhaltung unter dem Gesichtspunkt der Zusicherung von Eigenschaften. Solche Angaben können sich jedoch auch daraus ergeben, daß nicht eine bestimmte dB-Zahl oder „Vorschläge für erhöhten Schallschutz" ausdrücklich in den Vertrag aufgenommen sind, sondern in Leistungsbeschreibungen oder Prospekten Angaben wie „ruhige Waldlage" o. ä. enthalten sind. Die Abgrenzung zwischen Beschaffenheitsangaben und qualifizierten Angaben (zugesicherte Eigenschaften) kann im Einzelfall schwierig sein. Eigenschaften können auch durch schlüssiges Verhalten zugesichert werden. Die Rechtsprechung neigt jedoch dazu, Beschreibungen im Leistungsverzeichnis lediglich als nähere Beschreibung oder einfache Zusicherung anzunehmen (vgl. Weiß, Rechtliche Probleme des Schallschutzes, Baurechtliche Schriften, 2. Aufl., Nr. 3, S. 74).

Sind keine Eigenschaften zugesichert, so sind vom Unternehmer, Architek- **14** ten und Ingenieur für Schallschutz und Raumakustik die allgemein anerkannten Regeln der Technik einzuhalten, wobei die Vermutung besteht, daß die geltende DIN-Norm (DIN 4109) in der jeweiligen Fassung den allgemein anerkannten Regeln der Technik entspricht. Dies war hinsichtlich der DIN 4109 (1962) streitig. Sowohl hinsichtlich des Luft- wie auch des Trittschallschutzes wurde in Literatur und Rechtsprechung die Auffassung vertreten, daß der Schallschutz, wie ihn die Mindestanforderungen der DIN 4109 1962 festlegen, nicht mehr dem Stand der Technik entspricht (Döbereiner BauR 1980, 291; Weiß, a. a. O., S. 76 ff.; Bötsch-Jovicic BauR 1984, 564 ff.; OLG Frankfurt BauR 1980, 361; OLG Köln BauR 1981, 475; OLG Hamm NJW-RR 1989, 602; OLG Stuttgart BauR 1977, 279; LG Tübingen SFH Nr. 6 zu § 634 BGB). Die neue Ausgabe der DIN 4109 vom November 1989 hat nunmehr wieder die Vermutung für sich, daß die Bestimmungen dieser Norm den allgemein anerkannten Regeln der Technik entsprechen. Die im Beiblatt 2 aufgeführten Vorschläge für einen gehobenen Schallschutz, die nach Ansicht der Normverfasser einer besonderen Vereinbarung bedürfen, können jedoch auch dann Gegenstand der Leistungspflicht sein, wenn sie nicht ausdrücklich zum Vertragsgegenstand gemacht wurden. Die allgemein anerkannten Regeln der Technik können einen gehobenen Schallschutz erfordern, wenn sich dies aus dem Verwendungszweck ergibt, oder auch dann, wenn es sich um ein ausdrücklich als Komfortwohnungshaus bezeichnetes Bauwerk handelt oder es sich aus Ausführungsart und Preis sowie der für den Schallschutz vorgesehenen Ausführungsart ergibt, daß die Vertragsparteien davon ausgingen, daß einem erhöhten Schallschutz besondere Beachtung geschenkt werden soll. Es bedarf also nicht in jedem Fall einer besonderen Vereinbarung, wenn erhöhter Schallschutz geschuldet werden soll (vgl. OLG Hamm NJW-RR 1989, 602; LG Nürnberg-Fürth, NJW-RR 1989, 1106; OLG Hamm BauR 1988, 340).

Zu den Haftungsfragen i. e. Weiss, Rechtliche Probleme des Schallschutzes, 2. Aufl., Baurechtliche Schriften 3, S. 89 ff.

§ 81
Bauakustik

(1) Leistungen für Bauakustik nach § 80 Abs. 2 Nr. 1 umfassen folgende Leistungen:

	Bewertung in v. H. der Honorare
1. Erarbeiten des Planungskonzepts Festlegen der Schallschutzanforderungen	10
2. Erarbeiten des Entwurfs einschließlich Aufstellen der Nachweise des Schallschutzes	35
3. Mitwirken bei der Ausführungsplanung	30
4. Mitwirken bei der Vorbereitung der Vergabe und bei der Vergabe	5
5. Mitwirken bei der Überwachung schalltechnisch wichtiger Ausführungsarbeiten	20

(2) Das Honorar für die Leistungen nach Absatz 1 richtet sich nach den anrechenbaren Kosten nach den Absätzen 3 bis 5, der Honorarzone, der das Objekt nach § 82 zuzurechnen ist, und nach der Honorartafel in § 83.

(3) Anrechenbare Kosten sind die Kosten für Baukonstruktionen, Installationen, zentrale Betriebstechnik und betriebliche Einbauten (DIN 276, Kostengruppen 3.1 bis 3.4).

(4) § 10 Abs. 2, 3 und 3a gilt sinngemäß.

(5) Die Vertragsparteien können vereinbaren, daß die Kosten für besondere Bauausführungen (DIN 276, Kostengruppe 3.5) ganz oder teilweise zu den anrechenbaren Kosten gehören, wenn hierdurch dem Auftragnehmer ein erhöhter Arbeitsaufwand entsteht.

(6) Werden nicht sämtliche Leistungen nach Absatz 1 übertragen, so gilt § 5 Abs. 1 und 2 sinngemäß.

(7) § 22 gilt sinngemäß.

§ 81 Abs. 1 unterscheidet bei der Bauakustik fünf Leistungsbereiche oder 1
Leistungsphasen, deren Reihenfolge in der Systematik der Bearbeitung liegt,
wobei jede auf dem Ergebnis der vorhergehenden aufbaut.

Leistungsphase 1: Das **Erarbeiten des Planungskonzepts** und das **Festlegen der
Schallschutzanforderungen** bilden die wichtigsten Grundlagen als Vorentscheidung für den erforderlichen Aufwand. Hierbei sind die Wünsche des Auftraggebers, die einschlägigen Normen, Richtlinien, Gesetze und Verordnungen zu berücksichtigen. Die Schallschutzanforderungen sollen durch wirtschaftliche Lösungen erfüllt werden; sie sind mit dem Auftraggeber, Objektplaner und ggf. mit anderen an der Planung fachlich Beteiligten abzustimmen.

Leistungsphase 2: Das **Erarbeiten des Entwurfs** erfolgt auf der Grundlage des Planungskonzepts in Zusammenarbeit mit dem Objektplaner und ggf. mit anderen an der Planung fachlich Beteiligten und in Abstimmung mit dem Auftraggeber. Für den Entwurf ist der **Nachweis des Schallschutzes** zu führen. Bei Wohnungstrennwänden und Decken muß die Schallübertragung über flankierende Bauteile berücksichtigt werden (so auch Neuenfeld/Baden/Dohna/Groscurth/Schmitz § 81 Rdn. 11). Sie ist häufig Ursache für mangelnden Schallschutz, besonders bei erhöhten Anforderungen.

Leistungsphase 3: Das **Mitwirken bei der Ausführungsplanung** bezieht sich auf die entsprechenden Leistungsphasen beim Objektplaner und ggf. bei anderen an der Planung fachlich Beteiligten. Hierbei sind alle für die Ausführung erforderlichen Angaben, Detailskizzen und Erläuterungen zu machen, um die Schallschutzanforderungen zu erfüllen.

Leistungsphase 4: Beim **Mitwirken bei der Vorbereitung der Vergabe** macht der beratende Ingenieur für Bauakustik die Angaben für die Leistungsbeschreibung in Form von eindeutigen Formulierungen der schalltechnischen Anforderungen. Hierzu gehören Angaben über Mengen, Material, Qualitäten, Ausführungsarten und -möglichkeiten entsprechend der Entwurfs- und Ausführungsplanung in Abstimmung mit dem Objektplaner und ggf. mit anderen an der Planung fachlich Beteiligten. Das **Mitwirken bei der Vergabe** verlangt die Beurteilung der Angebote und eventueller Alternativen im Hinblick auf die geforderten schalltechnischen Maßnahmen und Leistungen.

Leistungsphase 5: Das **Mitwirken bei der Überwachung schalltechnisch wichtiger Ausführungsarbeiten** umfaßt die Überwachung der ordnungsgemäßen Ausführung der schalltechnischen Maßnahmen und Leistungen in Übereinstimmung mit der Ausführungsplanung, der Leistungsbeschreibung, den anerkannten Regeln der Technik und den einschlägigen Vorschriften in Zusammenarbeit mit dem Objektplaner und ggf. mit anderen an der Planung fachlich Beteiligten. Hierzu gehören auch das Mitwirken bei der Abnahme der schallschutztechnischen Maßnahmen und Leistungen sowie die Feststellung von Mängeln. Die Tätigkeit des beratenden Ingenieurs für Bauakustik ist beschränkt auf die Überwachung der wichtigsten Ausführungsarbeiten, deren Umfang im Einvernehmen mit dem Objektplaner festzulegen ist. Erforderlich werdende Messungen – mit Ausnahme einfacher Schallpegelmessungen – sind in diesen Leistungen nicht enthalten, sie sind getrennt festzulegen, wobei das Honorar frei vereinbart werden kann. Solche Messungen werden häufig nach oder kurz vor Fertigstellung eines Bauvorhabens durchgeführt, um die Erfüllung der schalltechnischen Anforderungen zu überprüfen und dem Auftraggeber oder Käufer nachzuweisen. Messungen werden mitunter auch von Behörden gefordert, sofern öffentliche Mittel investiert werden, sozialer Wohnungsbau vorliegt und besondere Schallschutzanforderungen gestellt werden – z. B. bei Gaststätten in Wohnhäusern.

2   § 81 Abs. 2 enthält die Bestimmungen für die **Berechnung des Honorars** der Leistungen nach Absatz 1, wobei die anrechenbaren Kosten nach den Absätzen 3–5 zu bestimmen sind und die zulässige Honorarzone sich nach § 82 ergibt. Das Honorar ist dann nach der Honorartafel in § 83 zu berechnen.

3   Nach § 81 Abs. 3 gehören zu den anrechenbaren Kosten folgende Kosten

gemäß DIN 276 4/1981 für	gemäß DIN 276 6/1993 für
3.1 Baukonstruktionen	300 Bauwerk – Baukonstruktionen
3.2 Installationen	
3.3 Zentrale Betriebstechnik	400 Bauwerk – Technische Anlagen
3.4 Betriebliche Einbauten	

4   § 81 Abs. 4 enthält den Hinweis auf die Bestimmungen des § 10 Abs. 2 und 3. Für die Berechnung der Honorare nach §§ 80 und 81 gilt die stufenweise Ermittlung gemäß § 10 Abs. 2 (vgl. § 10 Rdn. 49 ff.). Für die Leistungen nach § 81 Abs. 1 Nr. 1 und 2 sind die Kosten nach der Kostenberechnung, hilfsweise nach der Kostenschätzung, für die Leistungen nach § 81 Abs. 1 Nr. 3–4 nach dem Kostenanschlag, hilfsweise nach der Kostenberechnung, für die Leistungen nach § 81 Abs. 1 Nr. 5 nach der Kostenfeststellung, hilfsweise nach dem Kostenanschlag zu ermitteln. Die Bestimmung kann zu erheblichen Schwierigkeiten führen, da der beratende Ingenieur für Schallschutz und Raumakustik – in § 86 wiederholt sich der Hinweis auf § 10 Abs. 2 und 3 – in den seltensten Fällen Einfluß auf die Kostenermittlungsverfahren nach DIN 276 des Objektplaners hat. Mit dieser Bestimmung ist der beratende Ingenieur auf die Kostenangaben des Objektplaners angewiesen. Hat er das volle Leistungsbild gemäß § 81 übertragen erhalten, so sind seine Mitwirkung und Einflußnahme auf die Kosten, insbesondere in den Leistungsphasen 3, 4 und 5, gegeben. Wird der Ingenieur dagegen nur bis Leistungsphase 3 beauftragt, dann ist er für die Grundlagen seiner Honorarermittlung von den Angaben des Objektplaners oder des Auftraggebers abhängig. Schon rein zeitlich gesehen könnte diese Situation zu erheblichen Verzögerungen in der Honorierung für den beratenden Ingenieur wegen § 10 Abs. 2 HOAI führen. Die Vereinbarung einer Honorarpauschale ist für solche Fälle empfehlenswert.

5   Von besonderer Bedeutung ist in Absatz 4 der Verweis auf § 10 Abs. 3a. Dieser hat bei Umbauten einen hohen Stellenwert, da die vorhandene Bausubstanz Bestandteil der Fachplanung sein muß. Häufig sind zur Bestimmung der Schalldämmeigenschaften vorhandener Bauteile Messungen gemäß § 80 Abs. 2 Nr. 2

erforderlich. Das Honorar ergibt sich dann aus den anrechenbaren (Herstellungs-)Kosten der Baumaßnahme, aus den anrechenbaren (geschätzten und vereinbarten) Kosten für die vorhandene (und weiter zu verwendende) Bausubstanz und aus den Kosten für die Messungen. Die Fachplanung ist bei Umbaumaßnahmen mit einem höheren Arbeitsaufwand verbunden als bei vergleichbaren Neubaumaßnahmen. Zwischen dem Auftraggeber und dem Auftragnehmer sollte daher der zu berücksichtigende Kostenanteil zur Bewertung der vorhandenen Bausubstanz in angemessener Weise vereinbart werden. Die „Bewertung" bezieht sich hierbei weniger auf den Zeitwert. Sie sollte aus dem Umfang und den Kosten einer vergleichbaren Neubaumaßnahme hergeleitet werden.

§ 81 Abs. 5 bestimmt, daß vereinbart werden kann, daß die Kosten von **6** besonderen Bauausführungen wie

3.5.1 Besondere Baukonstruktionen	300 Bauwerk – Baukonstruktionen
3.5.2 Besondere Installationen	
3.5.3 Besondere zentrale Betriebstechnik	400 Bauwerk – Technische Anlagen
3.5.4 Besondere betriebliche Einbauten	
nach DIN 276 4/1981	nach DIN 276 6/1993

ganz oder teilweise zu den anrechenbaren Kosten gehören, wenn dem Auftragnehmer ein erhöhter Arbeitsaufwand entsteht. Dieser wird immer dann entstehen, wenn der Auftragnehmer beratend, planend oder mitwirkend entsprechend dem Leistungsbild nach § 80 Abs. 3 oder § 81 Abs. 1 für besondere Bauausführungen tätig wird und diese dem Schallschutz dienen oder Einfluß auf die Schallschutzmaßnahmen nehmen. Diese Kosten der Kostengruppe 3.5 müssen in die anrechenbaren Kosten einbezogen werden, wenn Schallschutzmaßnahmen im Gründungsbereich eines Hauses erforderlich sind oder wenn durch andere Maßnahmen sonst zusätzlich erforderliche Maßnahmen im Gründungsbereich eingespart werden. Offen bleibt die Frage der Kosten für zusätzliche Maßnahmen nach der Kostengruppe 6. Auch hier können Leistungen des beratenden Ingenieurs für Maßnahmen des Schallimmissionsschutzes während der Bauzeit erforderlich werden. Sinngemäß können diese Kosten, wenn der beratende Ingenieur mit Beratung, Planung, Mitwirkung bei Vergabe und Objektüberwachung befaßt ist, zu den anrechenbaren Kosten gezählt werden.

Nach § 81 Abs. 6 ist § 5 Abs. 1 und 2 sinngemäß anzuwenden, wenn nicht **7** sämtliche Leistungen nach Absatz 1 übertragen werden (vgl. § 5 Rdn. 14 ff.). Da die Leistungsphasen in § 81 Abs. 1 ergebnisorientiert sind und aufeinander aufbauen, ist bei einem Auseinanderreißen der Leistungsphasen dem Auftragnehmer das Ergebnis der vorausgegangenen Leistungsphasen zugänglich zu machen, sofern vorausgehende Leistungsphasen ihm nicht übertragen worden sind. In solchen Fällen wird immer ein zusätzlicher Koordinierungsaufwand entstehen, der in angemessener Höhe zu berücksichtigen ist (vgl. § 5 Rdn. 34). Einer speziellen Vereinbarung bedarf es in diesem Falle nicht. § 22 „Auftrag für mehrere Gebäude" gilt nach § 81 Abs. 7 sinngemäß. Denkbar ist es, daß Maßnahmen des Schallimmissionsschutzes trotz gleicher oder im wesentlichen gleichartiger Gebäude verschiedenartig sein können. Die Bestimmung des § 22 gilt also nur, wenn es sich um gleiche oder im wesentlichen gleiche Maßnahmen für den Schallschutz handelt. Insofern ist der Einzelfall maßgebend. Im übrigen ist die Übertragung der Regelung im § 5 Abs. 2 gemäß Absatz 6 im § 81 auf die Fachplanung „Bauakustik" nur schwer vorstellbar. Zum Beispiel dürften Leistungen nach § 81 Abs. 1 Nr. 2 durch den Fachplaner in sinnvoller Weise nur dann zu erbringen sein, wenn er zuvor das Planungskonzept mit den Schallschutzanforderungen nach § 81 Abs. 1 Nr. 1 erarbeitet hat.

§ 82
Honorarzonen für Leistungen bei der Bauakustik

(1) Die Honorarzone wird bei der Bauakustik aufgrund folgender Bewertungsmerkmale ermittelt:

1. Honorarzone I:
Objekte mit geringen Planungsanforderungen an die Bauakustik, insbesondere
   - Wohnhäuser, Heime, Schulen, Verwaltungsgebäude und Banken mit jeweils durchschnittlicher Technischer Ausrüstung und entsprechendem Ausbau;

2. Honorarzone II:
Objekte mit durchschnittlichen Planungsanforderungen an die Bauakustik, insbesondere
   - Heime, Schulen, Verwaltungsgebäude mit jeweils überdurchschnittlicher Technischer Ausrüstung und entsprechendem Ausbau,
   - Wohnhäuser mit versetzten Grundrissen,
   - Wohnhäuser mit Außenlärmbelastungen,
   - Hotels, soweit nicht in Honorarzone III erwähnt,
   - Universitäten und Hochschulen,
   - Krankenhäuser, soweit nicht in Honorarzone III erwähnt,
   - Gebäude für Erholung, Kur und Genesung,
   - Versammlungsstätten, soweit nicht in Honorarzone III erwähnt,
   - Werkstätten mit schutzbedürftigen Räumen;

3. Honorarzone III:
Objekte mit überdurchschnittlichen Planungsanforderungen an die Bauakustik, insbesondere
   - Hotels mit umfangreichen gastronomischen Einrichtungen,
   - Gebäude mit gewerblicher und Wohnnutzung,
   - Krankenhäuser in bauakustisch besonders ungünstigen Lagen oder mit ungünstiger Anordnung der Versorgungseinrichtungen,
   - Theater-, Konzert- und Kongreßgebäude,
   - Tonstudios und akustische Meßräume.

(2) § 63 Abs. 2 gilt sinngemäß.

§ 82 Abs. 1 enthält die Bewertungsmerkmale für drei Honorarzonen: 1
Honorarzone I mit geringen Planungsanforderungen
Honorarzone II mit durchschnittlichen Planungsanforderungen
Honorarzone III mit überdurchschnittlichen Planungsanforderungen
Entsprechend diesen Planungsanforderungen an die Bauakustik sind die Objekte beispielhaft für die drei Honorarzonen aufgeführt. Im Einzelfall sind bei der Zuordnung die Komplexität des Objekts und die Zahl der Schallquellen zu berücksichtigen:

– versetzte Grundrisse
– Außenlärm
– Mischnutzung
– Nachbarschaft von „lauten" und „leisen" Räumen
– überdurchschnittliche Technische Ausrüstung
– umfangreiche Betriebseinrichtungen
– besonders empfindliche Nutzungen

Objekte der Honorarzone I werden in der Honorarzone II nochmals aufge-   2
führt, sofern diese mit einer überdurchschnittlichen Technischen Ausrüstung und einem entsprechenden Ausbau versehen sind. Eine Vielzahl von Schallquellen oder Leitungsführungen führt dazu, daß die schalldämmenden Bauteile in ihrer Wirkung stark gemindert oder aufgehoben werden können. Dadurch ergeben sich für den Auftragnehmer erhöhte Schwierigkeiten, die zusätzlichen Anforderungen aus der Technischen Ausrüstung umzusetzen und mit anderen Fachplanern abzustimmen (Hartmann § 82 Rdn. 3). Die Formulierung „Krankenhäuser ... mit ungünstiger Anordnung der Versorgungseinrichtungen" in Honorarzone III bedarf der Klärung. Bauakustisch ist eine Versorgungseinrichtung (z. B. Klimaanlage) ungünstig angeordnet, wenn sie **über** Bettenräumen oder **über** einem OP-Trakt liegt. Bei dieser Anordnung ist ein wesentlich höherer Planungsaufwand im Vergleich zum Planungsaufwand bei einer Anlage im Keller des Gebäudes erforderlich. Dies ergibt sich aus den Schallübertragungswegen und ihren Mechanismen. Krankenhäuser mit umfangreicheren haustechnischen Anlagen oder anderen akustisch relevanten Versorgungseinrichtungen in unmittelbarer Nähe von schutzbedürftigen Räumen (vgl. informativ auch DIN 4109/89 Tabelle 3 Ziff. 4 und 5) gehören grundsätzlich in die Honorarzone III.

Die 4. ÄndVO hat den Begriff der Mischnutzung in § 82 Abs. 1 Nr. 3 ersetzt   3
durch die Worte „mit gewerblicher und Wohnnutzung".

§ 82 Abs. 2 bestimmt die sinngemäße Anwendung von § 63 Abs. 2.   4

§ 83
Honorartafel für Leistungen bei der Bauakustik

(1) Die Mindest- und Höchstsätze der Honorare für die in § 81 aufgeführten Leistungen für Bauakustik sind in der nachfolgenden Honorartafel festgesetzt.

Honorartafel zu § 83 Abs. 1

Anrechen-bare Kosten DM	Zone I von DM	bis	Zone II von DM	bis	Zone III von DM	bis
500 000	3 140	3 600	3 600	4 140	4 140	4 770
600 000	3 500	4 020	4 020	4 630	4 630	5 340
700 000	3 850	4 420	4 420	5 090	5 090	5 870
800 000	4 190	4 800	4 800	5 540	5 540	6 380
900 000	4 520	5 180	5 180	5 970	5 970	6 870
1 000 000	4 810	5 520	5 520	6 370	6 370	7 350
1 500 000	6 250	7 170	7 170	8 270	8 270	9 530
2 000 000	7 530	8 630	8 630	9 950	9 950	11 470
3 000 000	9 810	11 250	11 250	12 980	12 980	14 960
4 000 000	11 850	13 590	13 590	15 680	15 680	18 070
5 000 000	13 730	15 750	15 750	18 170	18 170	20 950
6 000 000	15 490	17 770	17 770	20 490	20 490	23 620
7 000 000	17 150	19 670	19 670	22 690	22 690	26 150
8 000 000	18 740	21 490	21 490	24 790	24 790	28 570
9 000 000	20 260	23 240	23 240	26 800	26 800	30 890
10 000 000	21 720	24 910	24 910	28 740	28 740	33 130
15 000 000	28 430	32 610	32 610	37 610	37 610	43 350
20 000 000	34 420	39 480	39 480	45 530	45 530	52 490
30 000 000	45 080	51 710	51 710	59 640	59 640	68 750
40 000 000	54 590	62 620	62 620	72 220	72 220	83 260
50 000 000	63 340	72 650	72 650	83 790	83 790	96 590

(2) § 16 Abs. 2 und 3 gilt sinngemäß.

1   Die Honorare für die Leistungen gemäß § 81 sind der Honorartafel des § 83 unter Maßgabe der Bestimmungen des § 81 Abs. 1–7 zu entnehmen (vgl. auch § 16 Rdn. 1 ff.), die gegenüber der alten Honorartafel linear um 6 % angehoben wurden.

2   Der Verweis in Absatz 2 auf § 16 Abs. 2 und 3 enthält die sinngemäß anzuwendenden Bestimmungen für die Interpolation der Zwischenstufen der angegebenen anrechenbaren Kosten. Nach § 16 Abs. 3 können Honorare für Leistungen bei Objekten, deren anrechenbare Kosten unter 500 000 DM liegen, als Pauschalhonorare oder als Zeithonorare nach § 6 berechnet werden, höchstens jedoch bis zu den Höchstsätzen für anrechenbare Kosten von 500 000 DM (Hesse/Korbion/ Mantscheff/Vygen § 83 Rdn. 4) (vgl. für das Zeithonorar: § 6 Rdn. 1–9).

Beispiel: Honorarermittlung 3

für Leistungen nach § 81 Abs. 1:
- anrechenbare Kosten des Gebäudes nach § 81 Abs. 3–5
- Honorarzone des Gebäudes nach § 82
- Gesamthonorar gemäß § 83 im Rahmen von Von-Bis-Sätzen (Interpolation)
- Leistungsbild nach § 81 Abs. 1, wobei sich nach der Neufassung des § 10 Abs. 2 die anrechenbaren Herstellungskosten nunmehr ergeben für:
- Leistungsphasen 1 und 2 aus der **Kostenberechnung**
- Leistungsphasen 3 und 4 aus dem **Kostenanschlag**
- Leistungsphase 5 aus der **Kostenfeststellung**

Für ein kleineres Kongreßzentrum sind bei vollem Leistungsbild nach § 81 Abs. 1 die Mindestsätze für Honorarzone III vereinbart.

a) anrechenbare Herstellungskosten nach Kostenberechnung:
Interpolation: DM 29 000 000,–

$$30\,000\,000 = 59\,640$$
$$20\,000\,000 = 45\,530$$
$$\Delta = \overline{14\,110}$$

$$45\,530 + \frac{9\,000\,000 \cdot 14\,110}{20\,000\,000} = 45\,530 + 6\,349 = 51\,879$$

Leistungsphasen 1 und 2:
45 v. H. aus Gesamthonorar: DM 23 345,50

b) anrechenbare Herstellungskosten nach Kostenanschlag: DM 30 500 000
Interpolation:

$$40\,000\,000 = 72\,220$$
$$30\,000\,000 = 59\,640$$
$$\Delta = \overline{12\,580}$$

$$72\,220 + \frac{500\,000}{30\,000\,000} \cdot 12\,580 = 72\,220 + 210 = 72\,430$$

Leistungsphasen 3 und 4:
35 v. H. aus Gesamthonorar: DM 25 350,50

c) anrechenbare Herstellungskosten nach Kostenfeststellung: DM 31 200 000

$$72\,220 + \frac{1\,200\,000}{30\,000\,000} \cdot 12\,580 = 72\,220 + 503 = 72\,723$$

Leistungsphase 5:
20 v. H. aus Gesamthonorar DM 14 544,60

Honorar gesamt für a) DM 23 345,50
Leistungsphasen 1–5 b) DM 25 350,50
  c) DM 14 544,60
  DM 63 240,60

Alternative Honorarberechnung auf der Grundlage der Angabe anrechenbarer Herstellungskosten aus Kostenberechnung. Es erfolgt eine spätere Hono- 4 raranpassung nach Vorliegen der Herstellungskosten aus Kostenanschlag bzw. aus Kostenfeststellung.

Vereinbart sind wiederum das volle Leistungsbild nach § 81 Abs. 1 und die Mindestsätze für Honorarzone III.

anrechenbare Herstellungskosten: DM 29 000 000,–
nach Kostenberechnung

Interpolation:

$$30\,000\,000 \quad = \quad 59\,640$$
$$20\,000\,000 \quad = \quad 45\,530$$
$$\Delta \quad = \quad 14\,110$$

$$45\,530 + \frac{9\,000\,000 \cdot 14\,110}{20\,000\,000} = 45\,530 + 6\,349 = 51\,879$$

a) alle Leistungsphasen 1–5:
100 v. H. aus Gesamthonorar: DM 51 879,00

Daraus ergeben sich die **Bezugshonorare** für nachfolgende Honoraranpassungen:

Leistungsphasen 3 und 4
35 v. H. aus Honorar nach a: DM 18 087,70

Leistungsphase 5
20 v. H. aus Honorar nach a: DM 10 335,80

Honorarplanungen:

b) für Leistungsphasen 3 und 4 nach Vorliegen des **Kostenanschlages:**
anrechenbare Herstellungskosten: DM 30 500 000,–

Interpolation:

$$40\,000\,000 \quad = \quad 72\,220$$
$$30\,000\,000 \quad = \quad 59\,640$$
$$\Delta \quad = \quad 12\,580$$

$$72\,220 + \frac{500\,000 \cdot 12\,580}{30\,000\,000} = 72\,220 + 210 = 72\,430$$

Daraus Honorar für Leistungsphasen 3 und 4:
DM 72 430,– · 0,35 = DM 25 350,50

Honoraranpassung = Honorar – Bezugshonorar
Δ = DM 25 350,50 – 18 087,70 = **DM 7 262,80**

c) für Leistungsphase 5 nach Vorliegen der **Kostenfeststellung:**
anrechenbare Herstellungskosten: DM 31 200 000,–

$$72\,220 + \frac{1\,200\,000 \cdot 12\,580}{30\,000\,000} = 72\,220 + 503 = 72\,723$$

Daraus Honorar für Leistungsphase 5:
DM 72 723,– · 0,20 = DM 14 544,60

Honoraranpassung:
Δ = DM 14 544,60 – DM 10 335,80 = **DM 4 208,80**

Honorar gesamt:

a) Honorar für Leistungsphasen: 1–5 nach Kostenberechnung	DM 51 879,00
b) Honoraranpassung für Leistungsphasen 3 und 4: (Kostenanschlag)	DM 7 262,80
c) Honoraranpassung für Leistungsphase 5: (Kostenfeststellung)	DM 4 208,80
	DM 63 350,60

Für das vorläufige Honorar, ermittelt aus den anrechenbaren Herstellungskosten nach Kostenberechnung, ist eine Pauschalierung möglich.

Die hier dargelegte „alternative Honorarberechnung" hat sich in der Praxis weitgehend durchgesetzt und dürfte, soweit sie im Rahmen der Mindest- und Höchstsätze liegt, auch nach § 9 AGBG zulässig sein.

§ 84
Sonstige Leistungen für Schallschutz

Für Leistungen nach § 80 Abs. 2, soweit sie nicht in § 81 erfaßt sind, sowie für Leistungen nach § 80 Abs. 3 kann ein Honorar frei vereinbart werden. Wird ein Honorar nicht bei Auftragserteilung schriftlich vereinbart, so ist es als Zeithonorar nach § 6 zu berechnen.

Hierzu gehören z. B. schalltechnische Messungen nach § 80 Abs. 2 Ziff. 2   1
und alle Leistungen des Schallschutzes nach § 80 Abs. 3. Für diese Leistungen kann ein Honorar bei Auftragserteilung schriftlich vereinbart werden. Geschieht dies nicht, so ist es als Zeithonorar nach § 6 zu berechnen (vgl. § 6 Rdn. 1 ff.).

§ 85
Raumakustik

(1) Leistungen für Raumakustik werden erbracht, um Räume mit besonderen Anforderungen an die Raumakustik durch Mitwirkung bei Formgebung, Materialauswahl und Ausstattung ihrem Verwendungszweck akustisch anzupassen.

(2) Zu den Leistungen für Raumakustik rechnen insbesondere:

1. raumakustische Planung und Überwachung,

2. akustische Messungen,

3. Modelluntersuchungen,

4. Beraten bei der Planung elektroakustischer Anlagen.

In § 85 Abs. 1 werden die Leistungen für Raumakustik umschrieben. Danach   1
bestehen die Leistungen des beratenden Ingenieurs in der Mitwirkung bei Formgebung, Materialauswahl und Ausstattung, um Räume mit besonderen

Anforderungen an die Raumakustik ihrem Verwendungszweck, wie er in der Objektliste des § 88 beispielhaft aufgeführt ist, akustisch anzupassen. Die Beratung für die Formgebung erfordert eine sehr frühzeitige Tätigkeit, also spätestens in Leistungsphase 2 „Vorplanung" des Objektplaners.

2   § 85 Abs. 2 zählt Leistungen für Raumakustik auf. Leistungsbilder und Honorarsätze sind in den folgenden Paragraphen nur für die Leistungen unter 1 raumakustische Planung und Überwachung aufgeführt. Für die übrigen Leistungen (Messungen, Modelluntersuchungen, Beratung bei der Planung elektroakustischer Anlagen) und für Freiräume kann ein Honorar frei vereinbart werden.

3   Der Schallpegel kann in einem Raum durch die Erhöhung der Schallabsorption (Reduzierung der Nachhallzeit) gesenkt werden. Dies kann in lärmerfüllten Räumen den Charakter des Immissionsschutzes für die dort tätigen Personen haben. Durch die stärkere akustische Bedämpfung einer Werkhalle kann durch die Senkung des Schallpegels in der Halle auch an benachbarten Immissionsorten eine – wenn in der Regel auch sehr begrenzte – Pegelminderung erreicht werden. Es handelt sich hierbei also tatsächlich um eine Schallimmissions-Schutzmaßnahme. Die Maßnahme muß durch raumakustische Berechnungen hinsichtlich Bemessung und Wirkung bestimmt werden. Raumakustische Berechnungen sind somit nicht ausschließlich mit der Zielsetzung einer guten Hörsamkeit durchzuführen. Sie können im Zuge der Planung die Senkung der Schallpegel in bestimmten Frequenzbereichen zum Inhalt haben. Leistungen dieser Art sind jedoch eher § 80 Abs. 3 zuzuordnen.

§ 86
Raumakustische Planung und Überwachung

(1) Die raumakustische Planung und Überwachung nach § 85 Abs. 2 Nr. 1 umfaßt folgende Leistungen:

	Bewertung in v. H. der Honorare
1. Erarbeiten des raumakustischen Planungskonzepts, Festlegen der raumakustischen Anforderungen	20
2. Erarbeiten des raumakustischen Entwurfs	35
3. Mitwirken bei der Ausführungsplanung	25
4. Mitwirken bei der Vorbereitung der Vergabe und bei der Vergabe	5
5. Mitwirken bei der Überwachung raumakustisch wichtiger Ausführungsarbeiten	15

(2) Das Honorar für jeden Innenraum, für den Leistungen nach Absatz 1 erbracht werden, richtet sich nach den anrechenbaren Kosten nach den Absätzen 3 bis 5, der Honorarzone, der der Innenraum nach den §§ 87 und 88 zuzurechnen ist, sowie nach der Honorartafel in § 89. § 22 bleibt unberührt.

(3) Anrechenbare Kosten sind die Kosten für Baukonstruktionen (DIN 276, Kostengruppe 3.1), geteilt durch den Bruttorauminhalt des Gebäudes und multipliziert mit dem Rauminhalt des betreffenden Innenraumes, sowie die Kosten für betriebliche Einbauten, Möbel und Textilien (DIN 276, Kostengruppe 3.4, 4.2 und 4.3) des betreffenden Innenraumes.

(4) § 10 Abs. 2, 3 und 3a gilt sinngemäß.

(5) Werden bei Innenräumen nicht sämtliche Leistungen nach Absatz 1 übertragen, so gilt § 5 Abs. 1 und 2 sinngemäß.

(6) Das Honorar für Leistungen nach Absatz 1 bei Freiräumen kann frei vereinbart werden. Wird ein Honorar nicht bei Auftragserteilung schriftlich vereinbart, so ist das Honorar als Zeithonorar nach § 6 zu berechnen.

Honorarberechnung   1

Zunächst ist zu klären, ob die zu vergütenden Leistungen betreffen:
die raumakustische Planung und Überwachung bei **Innenräumen**
die raumakustische Planung und die Überwachung bei **Freiräumen**
sonstige Leistungen (§ 85 Abs. 2 Nr. 2–4)
Nur bei Innenräumen richtet sich die Vergütung nach § 86 Abs. 2–5 i. V. m. §§ 87–89. Bei Freiräumen ist § 86 Abs. 6 maßgebend, bei „sonstigen Leistungen" § 85 Abs. 2 Nr. 2–4. Geht es um die Honorierung raumakustischer Leistungen bei Innenräumen, so sind getrennt für den einzelnen Innenraum zu ermitteln:
– die anrechenbaren Kostten nach Abs. 3 und 4
– die Honorarzone
– der zulässige Honorarrahmen (Von-Bis-Satz nach der Honorartafel zu § 89)
– der zulässige v.-H.-Anteil vom Gesamthonorar nach der Tabelle zu § 86 unter Berücksichtigung des Umfangs der übertragenen Leistungen.

Aus der Formulierung ergibt sich nunmehr eindeutig, daß das Honorar für   2
jeden Innenraum einzeln berechnet wird. Meist befindet sich in einem Gebäude (z. B. Kongreßzentrum) eine Vielzahl von Räumen, die über entsprechende Hörsamkeiten verfügen müssen. Da jeder Raum raumakustisch ein in sich geschlossenes System darstellt, ist die getrennte Ermittlung für jeden Raum erforderlich. Außerdem ist hier eingefügt, daß § 22 unberührt bleibt. Bei der Planung von raumakustisch wirksamen Maßnahmen ist es somit nicht zulässig, bei mehreren gleichartigen Räumen für die „gleichartigen" Räume die Leistungen durch ein Wiederholungshonorar gemäß § 22 abzugelten. Die Honorarermittlung erfolgt für jeden zu behandelnden Raum neu. Im Zusammenhang hiermit wurde der Absatz 6 der alten Fassung durch die 4. ÄndVO gestrichen. Der Inhalt von Absatz 7 wird in der neuen Fassung zu Absatz 6.

Die **fünf Leistungsphasen** in Absatz 1 sind ähnlich denen in § 81 Abs. 1 für   3
Leistungen für Bauakustik; der Schwerpunkt liegt aber hier stärker bei den ersten beiden Leistungsphasen, auf die 55 % des Honorars entfallen. Im übrigen gilt das zu § 81 Abs. 1 Ausgeführte.

4   Die Bestimmungen für die **Grundlagen des Honorars** entsprechen § 81 Abs. 2. Jedoch beziehen sie sich auf das Objekt „Innenräume" gemäß den Bestimmungen der §§ 87 und 88 und der Honorartafel des § 89.

5   Die Ermittlung der **anrechenbaren Kosten** erfordert eine spezielle Berechnung. Anrechenbar sind einmal die anteiligen Kosten des betreffenden Raumes an den Kosten für Baukonstruktion, ermittelt aus den Kosten für die Baukonstruktion des ganzen Gebäudes durch Umrechnung vom Bruttovolumen des Gebäudes auf das Raumvolumen des betreffenden Innenraumes. Hinzu kommen die Kosten für folgende Kostengruppen nach DIN 276:

3.4 Betriebliche Einbauten	470 Nutzungsspezifische Anlagen
4.2 Möbel (bewegliches Mobiliar)	} 610 Ausstattung
4.3 Textilien	
nach DIN 276 4/1981	nach DIN 276 6/1993

weil sie die akustischen Eigenschaften eines Raumes wesentlich mitbestimmen und vom Akustiker in seine Berechnungen einbezogen werden müssen.

5   Nach § 86 Abs. 4 gilt auch § 10 Abs. 2 sinngemäß. Dies bedeutet, daß für die Leistungen nach § 86 Abs. 1 Nr. 1–2 die Kosten nach der Kostenberechnung, soweit diese nicht vorliegt, nach der Kostenschätzung nach DIN 276 zugrunde zu legen sind, für die Leistungen nach § 86 Abs. 1 Nr. 3 und 4 nach dem Kostenanschlag, hilfsweise nach der Kostenberechnung, und für die Leistungen nach § 86 Abs. 1 Nr. 5 nach der Kostenfeststellung, hilfsweise nach dem Kostenanschlag.

6   Nach § 10 Abs. 3 a ist die „*vorhandene Bausubstanz, die technisch oder gestalterisch mitverarbeitet wird, bei den anrechenbaren Kosten angemessen zu berücksichtigen*". Dieses ist zwingend notwendig, da bei den Arbeitserfordernissen den Honoraren nach der Tabelle zu § 89 entsprechende anrechenbare Kosten zugrunde liegen. Der Honorarermittlung können keinesfalls nur die Umbaukosten zugrunde gelegt werden.

7   **Beispiel für ein Verwaltungsgebäude:**

Die Kosten für die Baukonstruktion DIN 276, Kostengruppe 3.1, betragen	3 820 000 DM
Der Bruttorauminhalt des Gebäudes beträgt	10 870 m³
Der Rauminhalt des betreffenden Innenraums	7 200 m³
Die Kosten für die Kostengruppen 3.4, 4.2 und 4.3 betragen	420 000 DM

Somit ergibt sich folgende Berechnung für die anrechenbaren Kosten:

$$\frac{3\,820\,000}{10\,870} \cdot 7\,200 + 420\,000 = 2\,530\,267 + 420\,000 = \quad 2\,950\,267 \text{ DM}$$

Aus Absatz 4 ergibt sich die sinngemäße Anwendung der Bestimmungen des § 10 Abs. 2 und 3 (vgl. § 81 Rdn. 4). Das gleiche gilt für den Absatz 5 (vgl. § 81 Rdn. 6).

Absatz 6 regelt den Sonderfall bei Leistungen nach Absatz 1 für Freiräume, z. B. Freilichttheater, offene Versammlungsstätten u. a. Das Honorar kann frei vereinbart werden. Wird es bei Auftragserteilung nicht schriftlich vereinbart, so ist das Honorar nach § 6 als Zeithonorar zu berechnen (vgl. § 6 Rdn. 1 ff.).

§ 87
Honorarzonen für Leistungen bei der raumakustischen Planung und Überwachung

(1) Innenräume werden bei der raumakustischen Planung und Überwachung nach den in Absatz 2 genannten Bewertungsmerkmalen folgenden Honorarzonen zugerechnet:

1. Honorarzone I: Innenräume mit sehr geringen Planungsanforderungen;
2. Honorarzone II: Innenräume mit geringen Planungsanforderungen;
3. Honorarzone III: Innenräume mit durchschnittlichen Planungsanforderungen;
4. Honorarzone IV: Innenräume mit überdurchschnittlichen Planungsanforderungen;
5. Honorarzone V: Innenräume mit sehr hohen Planungsanforderungen.

(2) Bewertungsmerkmale sind:

1. Anforderungen an die Einhaltung der Nachhallzeit,
2. Einhalten eines bestimmten Frequenzganges der Nachhallzeit,
3. Anforderungen an die räumliche und zeitliche Schallverteilung,
4. akustische Nutzungsart des Innenraums,
5. Veränderbarkeit der akustischen Eigenschaften des Innenraums.

(3) § 63 Abs. 2 gilt sinngemäß.

Absatz 1 enthält die Bewertungsmerkmale für fünf Honorarzonen. Die Bewer- **1** tungsmerkmale in Absatz 2 bestimmen die Planungsanforderungen für Innenräume analog den Planungsanforderungen in § 11. Die Bewertungsmerkmale beziehen sich jedoch ausschließlich auf die Innenräume und nicht auf das Objekt, in dem sich diese Innenräume befinden. Der Schwierigkeitsgrad ergibt sich aus der Beurteilung der fünf Bewertungsmerkmale des Absatzes 2, wobei im Zweifel, wenn Bewertungsmerkmale aus mehreren Honorarzonen anwendbar sind, die Mehrzahl der in den jeweiligen Honorarzonen nach Absatz 1 angeführten Bewertungsmerkmale und ihre Bedeutung im Einzelfall maßgebend sind.

§ 88
Objektliste für raumakustische Planung und Überwachung

Nachstehende Innenräume werden bei der raumakustischen Planung und Überwachung nach Maßgabe der in § 87 genannten Merkmale in der Regel folgenden Honorarzonen zugerechnet:

1. Honorarzone I: Pausenhallen, Spielhallen, Liege- und Wandelhallen;
2. Honorarzone II: Unterrichts-, Vortrags- und Sitzungsräume bis 500 m³, nicht teilbare Sporthallen, Filmtheater und Kirchen bis 1000 m³, Großraumbüros;
3. Honorarzone III: Unterrichts-, Vortrags- und Sitzungsräume über 500 bis 1500 m³; Filmtheater und Kirchen über 1000 bis 3000 m³, teilbare Turn- und Sporthallen bis 3000 m³;
4. Honorarzone IV: Unterrichts-, Vortrags- und Sitzungsräume über 1500 m³, Mehrzweckhallen bis 3000 m³, Filmtheater und Kirchen über 3000 m³;
5. Honorarzone V: Konzertsäle, Theater, Opernhäuser, Mehrzweckhallen über 3000 m³, Tonaufnahmeräume, Innenräume mit veränderlichen akustischen Eigenschaften, akustische Meßräume.

Die beispielhaft aufgeführten häufigsten Objekte werden in der Regel eine Zuordnung in die zulässige Honorarzone ermöglichen. Es fällt aber auf, daß in der Objektliste die Größe der Innenräume bewertet wird, während die Bewertungsmerkmale keine Größenangaben enthalten. Dabei geht die Verordnung lt. Amtlicher Begründung davon aus, daß sich „die raumakustischen Schwierigkeiten vergrößern … annähernd proportional zur Größe der Räume".

§ 89
Honorartafel für Leistungen bei der raumakustischen Planung und Überwachung

(1) Die Mindest- und Höchstsätze der Honorare für die in § 86 aufgeführten Leistungen für raumakustische Planung und Überwachung bei Innenräumen sind in der nachfolgenden Honorartafel festgesetzt.

(2) § 16 Abs. 2 und 3 gilt sinngemäß.

Honorartafel zu § 89 Abs. 1

Anrechen- bare Kosten DM	Zone I von DM	bis	Zone II von DM	bis	Zone III von DM	bis	Zone IV von DM	bis	Zone V von DM	bis
100 000	2 120	2 760	2 760	3 400	3 400	4 030	4 030	4 670	4 670	5 310
200 000	2 450	3 190	3 190	3 920	3 920	4 660	4 660	5 390	5 390	6 130
300 000	2 770	3 600	3 600	4 430	4 430	5 250	5 250	6 080	6 080	6 910
400 000	3 070	3 990	3 990	4 920	4 920	5 840	5 840	6 770	6 770	7 690
500 000	3 370	4 380	4 380	5 400	5 400	6 410	6 410	7 430	7 430	8 440
600 000	3 680	4 780	4 780	5 880	5 880	6 980	6 980	8 080	8 080	9 180
700 000	3 950	5 140	5 140	6 330	6 330	7 520	7 520	8 710	8 710	9 900
800 000	4 240	5 510	5 510	6 780	6 780	8 060	8 060	9 330	9 330	10 600
900 000	4 530	5 880	5 880	7 240	7 240	8 590	8 590	9 950	9 950	11 300
1 000 000	4 790	6 230	6 230	7 670	7 670	9 120	9 120	10 560	10 560	12 000
1 500 000	6 140	7 980	7 980	9 810	9 810	11 650	11 650	13 480	13 480	15 320
2 000 000	7 410	9 630	9 630	11 850	11 850	14 080	14 080	16 300	16 300	18 520
3 000 000	9 860	12 810	12 810	15 760	15 760	18 720	18 720	21 670	21 670	24 620
4 000 000	12 200	15 860	15 860	19 510	19 510	23 170	23 170	26 820	26 820	30 480
5 000 000	14 470	18 810	18 810	23 150	23 150	27 490	27 490	31 830	31 830	36 170
6 000 000	16 700	21 710	21 710	26 720	26 720	31 720	31 720	36 730	36 730	41 740
7 000 000	18 890	24 550	24 550	30 220	30 220	35 880	35 880	41 550	41 550	47 210
8 000 000	21 050	27 360	27 360	33 670	33 670	39 990	39 990	46 300	46 300	52 610
9 000 000	23 180	30 130	30 130	37 080	37 080	44 040	44 040	50 990	50 990	57 940
10 000 000	25 290	32 880	32 880	40 460	40 460	48 050	48 050	55 630	55 630	63 220
15 000 000	35 610	46 290	46 290	56 970	56 970	67 650	67 650	78 330	78 330	89 010

Beispiel:

Ein kleines Kongreßzentrum mit einem Bauvolumen von 35 000 m³ wird bei anrechenbaren Herstellungskosten von 29,57 Mio. DM errichtet.
a) ein großer Saal mit $V = 3\,200$ m³
b) ein kleiner Saal mit $V = 1\,700$ m³
c) drei Konferenzsäle mit je $V = 320$ m³
Der große Saal ist als Mehrzwecksaal teilbar.

Der Raum b soll ausschließlich für Musikaufführungen benutzt werden.

Nach § 88 erfolgt die nachstehende Zuordnung:
a) großer Saal   Zone V, gewählt: Mindestsatz

b) kleiner Saal   Zone V, gewählt: Mittelsatz
c) Konferenzsäle   Zone II, gewählt: Mindestsatz

Nach der erfolgten Neufassung von § 10 Abs. 2 ergeben sich auch hier die anrechenbaren Herstellungskosten für die Leistungsphasen § 86 Abs. 1:

- Leistungsphasen 1 und 2 aus der **Kostenberechnung**
- Leistungsphasen 3 und 4 aus dem **Kostenanschlag**
- Leistungsphase 5 aus der **Kostenfeststellung**

Bereits für Leistungen der Bauakustik nach § 81 Abs. 1 wurde gezeigt, daß damit die Honorarermittlung komplizierter wird. Für die Honorarberechnung der Leistungen nach § 86 Abs. 1 gilt das besonders, da hier auch noch die Berechnung für jeden Innenraum getrennt erfolgen muß.

Vorzuschlagen ist deshalb, die vorher beschriebene **Alternative Honorarberechnung** (vgl. § 83 Rdn. 4) auf der Basis anrechenbarer Herstellungskosten nach **Kostenberechnung** durchzuführen und so eine vorläufige Honorarsumme zu ermitteln. Später erfolgt dann bei Vorliegen des Kostenanschlages bzw. der Kostenfeststellung die endgültige Honoraranpassung.

Großer Saal

Anrechenbare Herstellungskosten nach Kostenberechnung

$$\frac{29\,750\,000}{35\,000} \cdot 3\,200 = \hspace{5cm} 2\,720\,000 \text{ DM}$$

Kosten aus Kostengruppen
3.4, 4.2 und 4.3 $\underline{\hspace{2cm} 680\,000 \text{ DM}}$
     3 400 000 DM

Honorar nach Honorartafel zu § 89
4 Mio. DM = 26 820 DM
3 Mio. DM = $\underline{21\,670}$ DM
Δ = $\underline{5\,150}$ DM

$$21\,670 + \frac{5\,150}{1} \cdot 0{,}4 = \hspace{4cm} 23\,730{,}00 \text{ DM}$$

Kleiner Saal

Anrechenbare Herstellungskosten nach Kostenberechnung

$$\frac{29\,750\,000}{35\,000} \cdot 1\,700 = \hspace{5cm} 1\,445\,000 \text{ DM}$$

Kosten aus Kostengruppen
3.4, 4.2 und 4.3 $\underline{\hspace{2cm} 530\,700 \text{ DM}}$
     1 975 700 DM

Nach der Honorartafel zu § 89

Kosten	Tafel von	Mittelwert	Tafel bis
2,0 Mio. DM	16 300 DM	17 410 DM	18 520 DM
1,5 Mio. DM	13 480 DM	14 400 DM	15 320 DM
		$\Delta = $ 3 010 DM	

$$14\ 400 + \frac{3\ 010}{0,5} \cdot 0,4757 = \qquad\qquad 17\ 263,70 \text{ DM}$$

Konferenzsäle

Anrechenbare Herstellungskosten

$$\frac{29\ 750\ 000}{35\ 000} \cdot 320 = \qquad\qquad 272\ 000 \text{ DM}$$

Kosten der Kostengruppen
3.4, 4.2 und 4.3

78 000 DM
350 000 DM

Honorar nach Honorartafel zu § 89

400 000 DM	3 990 DM
300 000 DM	3 600 DM
$\Delta = $	390 DM

$$3\ 600 + \frac{390}{1,0} \cdot 0,5 = \qquad\qquad 3\ 795,00 \text{ DM}$$

1. Konferenzsaal	3 795,00 DM
2. Konferenzsaal	3 795,00 DM
3. Konferenzsaal	3 795,00 DM
	11 385,00 DM

Vorläufiges Gesamt-Grundhonorar „Raumakustik"

Großer Saal a	23 730,00 DM
Kleiner Saal b	17 263,70 DM
3 Konferenzsäle c	11 385,00 DM
	52 378,70 DM

Honoraranteile gemäß § 86 Abs. 2

1.	20 %	10 475,70 DM	Honoraranpassung
2.	35 %	18 332,60 DM	
3.	25 %	13 094,70 DM	Kostenanschlag
4.	5 %	2 618,90 DM	
5.	15 %	7 856,80 DM	Kostenfeststellung
		52 378,70 DM	

Die für die Leistungsphasen 3 und 4 sowie 5 später auf der Grundlage des Kostenanschlages bzw. der Kostenfeststellung vorzunehmenden Honoraranpassungen sind dabei für jeden behandelten Raum durchzuführen.

§ 90
Sonstige Leistungen für Raumakustik

1 Für Leistungen nach § 85 Abs. 2, soweit sie nicht in § 86 erfaßt sind, kann ein Honorar frei vereinbart werden. Wird ein Honorar nicht bei Auftragserteilung schriftlich vereinbart, so ist das Honorar als Zeithonorar nach § 6 zu berechnen.

Für akustische Messungen, Modelluntersuchungen und das Beraten bei der Planung elektroakustischer Anlagen kann ein Honorar frei vereinbart werden. Wird ein Honorar nicht bei Auftragserteilung schriftlich vereinbart, so ist das Honorar als Zeithonorar nach § 6 zu berechnen.

Teil XII
Leistungen für Bodenmechanik, Erd- und Grundbau

§ 91
Anwendungsbereich

(1) Leistungen für Bodenmechanik, Erd- und Grundbau werden erbracht, um die Wechselwirkung zwischen Baugrund und Bauwerk sowie seiner Umgebung zu erfassen und die für die Berechnung erforderlichen Bodenkennwerte festzulegen.

(2) Zu den Leistungen für Bodenmechanik, Erd- und Grundbau rechnen insbesondere:

1. Baugrundbeurteilung und Gründungsberatung für Flächen- und Pfahlgründungen als Grundlage für die Bemessung der Gründung durch den Tragwerksplaner, soweit diese Leistungen nicht durch Anwendung von Tabellen oder anderen Angaben, zum Beispiel in den bauordnungsrechtlichen Vorschriften, erbracht werden können,

2. Ausschreiben und Überwachen der Aufschlußarbeiten,

3. Durchführen von Labor- und Feldversuchen,

4. Beraten bei der Sicherung von Nachbarbauwerken,

5. Aufstellen von Setzungs-, Grundbruch- und anderen erdstatischen Berechnungen, soweit diese Leistungen nicht in den Leistungen nach Nummer 1 oder in den Grundleistungen nach § 55 oder § 64 erfaßt sind,

6. Untersuchungen zur Berücksichtigung dynamischer Beanspruchungen bei der Bemessung des Bauwerks oder seiner Gründung,

7. Beraten bei Baumaßnahmen im Fels,

8. Abnahme von Gründungssohlen und Aushubsohlen,

9. allgemeine Beurteilung der Tragfähigkeit des Baugrundes und der Gründungsmöglichkeiten, die sich nicht auf ein bestimmtes Gebäude oder Ingenieurbauwerk bezieht.

Die Vorschriften des Teils XII wurden durch die 1. Änderungsnovelle zur 1 HOAI (vgl. Einl. Rdn. 2) eingefügt. Sie gelten seit dem 1. 1. 1985 (für Übergangsfälle: vgl. § 103). Durch die 4. HOAI-Novelle (vgl. Einl. Rdn. 9) wurden für Verträge ab dem 1. 1. 1991 der § 92 Abs. 2–5 und die Honorartafel des § 94 geändert (vgl. dort). Die 5. HOAI-Novelle brachte für Verträge seit dem 1. 1. 1996 eine erneute Änderung dieser Honorartafel.

Der Teil XII betrifft die Leistungen für Bodenmechanik, Erd- und Grund- 2 bau. Nach neuer Normung soll künftig die Bezeichnung „Bodenmechanik, Erd- und Grundbau" durch den Begriff „Geotechnik" ersetzt werden. Hier wird die HOAI sprachlich in einer künftigen Novelle angepaßt werden müssen.

Die Bestimmungen der §§ 91 ff. gelten für alle **Ingenieure und auch Architekten,** die zur Führung des Titels „Ingenieur" befugt sind (vgl. i. e. § 1 Rdn. 7 ff.). Neben den §§ 91 ff. sind für alle Aufträge aus dem Bereich Bodenmechanik, Erd- und Grundbau die allgemeinen Vorschriften der §§ 1–9 anwendbar. Des weiteren gelten die Vorschriften der §§ 101–103.

3   Schwierigkeiten können sich daraus ergeben, daß nach § 4 Abs. 1 und 4 jede Honorarvereinbarung bezüglich eines Honorars oberhalb der Mindestsätze sowohl schriftlich als auch „bei Auftragserteilung" erfolgen muß (vgl. § 4 Rdn. 26, 34). Umstritten ist, ob auch bei einer Abweichung vom Mindestsatz nach unten neben der Schriftform die Vereinbarung „bei Auftragserteilung" bereits getroffen werden muß, was nach der in diesem Kommentar vertretenen Auffassung nicht der Fall ist (vgl. § 4 Rdn. 76). Eine Unterschreitung des Mindestsatzes ist seit dem 14. 6. 1985 jedoch nur noch „in Ausnahmefällen" möglich (vgl. § 4 Rdn. 85). Vereinbart werden muß sowohl bei einer Überschreitung der Mindestsätze als auch bei einer Unterschreitung der Mindestsätze im Ergebnis nur der betreffende Satz, nicht jedoch die Honorarzone. Für die Honorarzone gilt § 93, der dazu beiträgt, daß die im Ergebnis richtige Honorarzone für die Honorarberechnung zugrunde gelegt wird.

4   Auftraggeber und Auftragnehmer sind also nicht auf erste Erkenntnisse im Zeitpunkt der Baugrunderkundung und Gründungsbeurteilung angewiesen. Die im Ergebnis zutreffende Honorarzone kann in der Regel frühestens nach den Untergrunderkundungen eindeutig bestimmt werden. Deshalb ist es zweckmäßig, die richtige Honorarzone offenzulassen und Vereinbarungen nur hinsichtlich der Abschlagszahlungen zu treffen und hierfür vorläufig eine Honorarzone festzulegen.

5   Bei der **Honorarberechnung** ist folgendermaßen vorzugehen:

a) Zunächst ist zu prüfen, ob die erbrachten Leistungen zu den Bereichen Bodenmechanik, Erd- und Grundbau gehören (§ 91 Abs. 2; vgl. Rdn. 7). Gehören die Leistungen **nicht** zu diesen Bereichen, so kann das Honorar frei vereinbart werden. Fehlt eine Vereinbarung, so kann dem Auftragnehmer nach § 632 Abs. 2 BGB die übliche Vergütung zustehen. § 95 gilt nicht, soweit es um Leistungen aus anderen Bereichen als der Bodenmechanik, des Erd- und Grundbaus geht. Gehören die Leistungen zu den Bereichen Bodenmechanik, Erd- und Grundbau, so sind die folgenden Punkte zu berücksichtigen.

b) Handelt es sich um Leistungen für Bodenmechanik, Erd- und Grundbau i. S. von § 91 Abs. 2, so muß geprüft werden, ob Leistungen nach § 92 Abs. 1 erbracht wurden, d. h., ob es sich um Leistungen der **Baugrundbeurteilung** und **Gründungsberatung** handelt. Ist dies **nicht** der Fall, so greift § 95 ein mit der Möglichkeit der Vereinbarung eines freien Honorars, obwohl auch hier Leistungen aus den Gebieten Bodenmechanik, Erd- und Grundbau vorliegen; fehlt eine Honorarvereinbarung, so kann auf Zeithonorarbasis nach § 6 abgerechnet werden. Für Leistungen aus den Bereichen Baugrundberatung und Gründungsberatung gelten die folgenden Ausführungen.

c) Aus § 92 Abs. 1 lassen sich die erbrachten Leistungen und die dafür verdienten Prozentsätze ablesen.

d) Zu ermitteln ist dann die Honorarzone nach § 93.

e) Das Honorar kann dann aus der Honorartafel des § 94 abgelesen werden.

Nicht erfaßt von § 91 sind die Kosten für Untergrundaufschlüsse, deren **6** Umfang zwar vom Ingenieur festgelegt ist, deren Ausführung aber durch einen Unternehmer erfolgt. Geregelt sind nur die reinen Ingenieurleistungen. Soweit es sich dagegen um Ingenieurleistungen handelt, die in den Bereich der Bodenmechanik, des Erd- und Grundbaus gehören, aber im Leistungsbild des § 92 Abs. 1 nicht aufgeführt sind, gilt die Vorschrift des § 95 (vgl. die dortige Kommentierung).

Aufgabe der Leistungen in dem Fachgebiet „Bodenmechanik, Erd- und **7** Grundbau" ist es insbesondere:

– Bauwerkslasten wirtschaftlich (d. h. mit möglichst geringem Kostenaufwand), sicher (d. h. mit ausreichender Sicherheit gegen ein Versagen des Bodens durch einen Grundbruch, Geländebruch, ein Auftreiben der Baugrubensohle, das Einstürzen einer Verbauwand o. ä.) und für das Bauwerk schadlos (d. h. ohne Risseschäden, Schiefstellungen, zu große Setzungen bzw. Setzungsunterschiede, die die Gebrauchsfähigkeit des Bauwerkes nachteilig beeinträchtigen) in den Untergrund abzutragen.

– Baugruben wirtschaftlich, ausreichend trocken (Wasserhaltung, Untergrundabdichtung) und sicher (auch ohne schädlichen Einfluß auf Nachbargebäude) herzustellen.

– Erdbaumaßnahmen im Untergrund und Boden (Geländeeinschnitte, Tunnel, Schächte u. a.) und Erdbauwerke (z. B. Geländeauffüllungen und Erddämme) wirtschaftlich und ausreichend sicher auszuführen.

Hierzu ist es erforderlich, über eine ausreichende Kenntnis der örtlichen **8** Untergrund- und Grundwasserverhältnisse sowie der bodenmechanischen Eigenschaften der vorhandenen Erdstoffe zu verfügen.

Absatz 1 umreißt den Anwendungsbereich des Teils XII: **9**

Die **Bodenmechanik** befaßt sich mit der Erkundung der Untergrund- und Grundwasserverhältnisse (Baugrunderkundung), der Ermittlung der physikalischen Eigenschaften des Bodens (Bodenkennwerte), insbesondere auch bezüglich der wesentlichen Verformungs- und Tragfähigkeits- sowie Wasserdurchlässigkeitseigenschaften, und den Auswirkungen von Belastungen bzw. Durchströmungen des Bodens. Zur Bodenmechanik gehören auch alle erdstatischen Berechnungen und Standsicherheitsnachweise.

Der **Erdbau** befaßt sich mit dem Boden als zu bearbeitendem Stoff, z. B. beim Aushub von Geländeeinschnitten im Straßenbau, als Baustoff bei der Schüttung von Erddämmen mit der Verbesserung der Verdichtbarkeits- und anderer Bodeneigenschaften u. ä.

Der **Grundbau** befaßt sich als Anwendung der Bodenmechanik mit den zur Erstellung von Bauwerken erforderlichen Bauverfahren im Untergrund, wie

z. B. der Sicherung von Baugruben durch einen Verbau (z. B. rückverankerte Bohlträgerwände, Schlitzwände, Spundwände), Abdichtungen und Bodenverfestigungen (Dichtungswände, Injektionen, Bodenverbesserungen u. a.), der Abtragung von Bauwerkslasten in den Untergrund durch Gründungselemente (Fundamente, Pfeiler, Pfähle) sowie Grundwasserabsenkungen (Gravitationsbrunnen, Unterdruckbrunnen, offene Wasserhaltungen u. a.).

10 Die **Wechselwirkung zwischen Baugrund und Bauwerk** besteht darin, daß die vom Bauwerk in den Untergrund übertragenen Belastungen Verformungen (Setzungen und seitliche Verschiebungen) des Untergrundes verursachen, die wiederum Auswirkungen auf die Beanspruchung und Verformung des Bauwerks haben. Durch **Bodenkennwerte** werden die mechanischen Eigenschaften des Untergrundes (insbesondere die Verformungseigenschaften bei Belastungsänderungen, die die Tragfähigkeit bestimmenden Scherfestigkeitseigenschaften, die Wasserdurchlässigkeit, die Verdichtbarkeit u. a.) als Grundlage bodenmechanischer, erdbaulicher und grundbaulicher Überlegungen und Berechnungen festgelegt.

11 In **Absatz 2** sind die wesentlichen Leistungen für Bodenmechanik, Erd- und Grundbau aufgeführt. Diese Aufzählung ist nicht abschließend („insbesondere"), so daß weitere Leistungen in Frage kommen können. (Zur Honorierung der nicht aufgeführten Leistungen: vgl. § 95.)

12 Die in **Abs. 2 Nr. 1** genannte **Baugrundbeurteilung** besteht aus einer Beschreibung und Darstellung der örtlichen Untergrund- und Grundwasserverhältnisse einschließlich der Angabe der wesentlichen Bodenkennwerte.

13 Die **Gründungsberatung** empfiehlt unter Berücksichtigung der örtlichen Untergrund- und Grundwasserverhältnisse sowie der durch das Bauwerk vorgegebenen Bedingungen an die Baugrube und die Bauwerksgründung bei den gegebenen Verhältnissen eine möglichst wirtschaftliche und zweckmäßige Gründungsart einschließlich der für die Tragwerksplanung und die Bauausführung erforderlichen Angaben zur Belastbarkeit des Baugrundes, der zu erwartenden Verformungen (Setzungen, Setzungsunterschiede, Schiefstellungen u. a.) sowie der Ausbildung der Baugrube. Die **Abtragung der Bauwerkslasten in den Untergrund** erfolgt über Flach- oder Tiefgründungen. Flachgründungen kommen dann zur Ausführung, wenn die unterhalb der Bauwerkssohle vorhandenen Erdstoffe eine ausreichende Tragfähigkeit aufweisen, um die in den Untergrund abzutragenden Bauwerkslasten mit ausreichender Sicherheit schadlos für das Bauwerk aufzunehmen. Die im allgemeinen wirtschaftlichste Gründungsart ist die Flachgründung auf Streifen- bzw. Einzelfundamenten. Sind zu große Setzungen oder Setzungsunterschiede zu erwarten, oder reicht das Bauwerk teilweise in das Grundwasser, kann eine Flachgründung auf einer durchgehenden Gründungsplatte erforderlich werden. Zur Verbesserung der Tragfähigkeits- und Verformungseigenschaften eines nicht ausreichend tragfähigen Untergrundes können zur Vermeidung einer Tiefgründung bautechnische Maßnahmen (z. B. Vorbelasten bzw. Nachverdichten des Untergrundes, Bodenersatz, Verfestigen des Bodens u. a.) ergriffen werden, die dann eine

Flachgründung ermöglichen. **Tiefgründungen** kommen dann zum Einsatz, wenn unter der Bauwerkssohle bis in begrenzte Tiefe nicht ausreichend tragfähige Erdstoffe vorhanden sind, die auch durch Bodenverbesserungsmaßnahmen wirtschaftlich nicht ausreichend verbessert werden können. Die Bauwerkslasten werden dann über besondere Bauteile (wie z. B. Pfähle, Pfeiler, Schlitzwandelemente o. a.) in ausreichend tragfähigen Boden im tieferen Untergrund abgetragen.

In einfachen Fällen (einheitlicher tragfähiger Untergrund, gering setzungs- **14** empfindliche Bauwerke) ist es möglich, die Belastbarkeit des Untergrundes durch Flachgründungen auf Einzel- oder Streifenfundamenten (DIN 1054) oder Pfählen (z. B. DIN 4014) aus Tabellen zu entnehmen. Die Anwendung derartiger Tabellen beinhaltet im allgemeinen erhebliche Sicherheitsreserven zur Abdeckung von Unsicherheiten. Im Vergleich zu einer eingehenden Gründungsberatung entsprechend HOAI Teil XII können sich daher unwirtschaftliche Gründungen ergeben. Dies sollte insbesondere bei größeren Bauvorhaben berücksichtigt werden. Soweit in „einfachen Fällen" von untergeordneter Bedeutung (gering setzungsempfindliches Bauwerk, einheitlicher Untergrund von hoher Tragfähigkeit und geringer Setzungsfähigkeit) der Ingenieur oder auch der Architekt bzw. der Tragwerksplaner auf der Grundlage von Tabellen oder anderen Angaben die Baugrundbeurteilung vornehmen kann, wird nach der Formulierung des Abs. 2 Nr. 1 keine honorarpflichtige Grundleistung erbracht.

In **Abs. 2 Nr. 2** ist das Ausschreiben und Überwachen der Aufschlußarbeiten **15** aufgeführt. **Aufschlußarbeiten** bestehen im allgemeinen aus Bohrungen, Schürfen und Sondierungen. Hierbei können in den Aufschlüssen erforderlichenfalls auch Versuche ausgeführt bzw. Erdstoffproben entnommen werden. Die Aufschlußarbeiten werden – abgesehen von Sondierungen – im allgemeinen nicht vom Fachingenieur, sondern von Fremdfirmen ausgeführt. Das Festlegen der erforderlichen Aufschlüsse nach Art, Lage und Tiefe, das Ausschreiben, Überwachen und Auswerten dieser Arbeiten sind Bestandteile der Leistungen für Bodenmechanik, Erd- und Grundbau.

Nach **Abs. 2 Nr. 3** gehört das Durchführen von Labor- und Feldversuchen **16** zu den Leistungen des Teils XII. Durch **Labor- und Feldversuche** werden die bodenmechanischen Kennwerte ermittelt, die Grundlage der bodenmechanischen, erdbaulichen und grundbaulichen Überlegungen und Berechnungen sind. Großversuche geben außerdem Auskunft über das Tragverhalten von Bauteilen (wie z. B. von Pfählen, Ankern) bzw. über die Tragfähigkeit und das Verformungsverhalten des Untergrundes (z. B. bei Probeschüttungen u. a.).

Weitere Leistung in **Abs. 2 Nr. 4** ist das Beraten bei der Sicherung von Nach- **17** barbauwerken. Die **Sicherung von Nachbargebäuden** wird notwendig, wenn durch einen geplanten Neubau ein Nachbargebäude gefährdet wird. Die Gefährdung kann durch Abgraben bzw. Abschachten vor dem Nachbargebäude im Zuge der Baugrubenherstellung durch Verformungen des Untergrundes bzw. wirksame Erddrücke, die Auswirkungen von Erschütterungen durch den Baubetrieb o. ä. verursacht werden.

18   In Abs. 2 Nr. 5 ist das Aufstellen von Setzungs-, Grundbruch- und anderen erdstatischen Berechnungen genannt. Diese Leistungen gehören allerdings nicht zum Teil XII, soweit sie nicht in Abs. 2 Nr. 1 erfaßt sind oder soweit sie in den Grundleistungen nach §§ 55 oder 64 enthalten sind. Durch **Setzungs-, Grundbruch- und andere erdstatische Berechnungen** werden das zu erwartende Zusammenwirken des Bauwerks und des Untergrundes und die dadurch bedingten Auswirkungen auf das Bauwerk sowie Nachbargebäude, die Sicherheit gegen ein Versagen der Gründung, die Größe der auf Bauteile wirksam werdenden Erddrücke und der damit verbundenen Verformungen im Untergrund sowie deren Auswirkungen, der Umfang und die Zweckmäßigkeit von Bauhilfsmaßnahmen (wie z. B. Wasserhaltungen, Verbau der Baugrube, Abböschungen u. a.) abgeschätzt.

19   In **Abs. 2 Nr. 6** sind enthalten Untersuchungen zur Berücksichtigung dynamischer Beanspruchungen bei der Bemessung des Bauwerks oder seiner Gründung. Dynamische Beanspruchungen (Erdbebenerschütterungen, Schwingungen von Maschinen u. a.) können auf die Ausbildung der Baukonstruktion bzw. der Gründung einen erheblichen Einfluß haben. Sie erfordern deshalb besondere Untersuchungen.

20   In **Abs. 2 Nr. 7** ist das Beraten bei Baumaßnahmen im Fels aufgeführt. **Baumaßnahmen im Fels** können als Folge der Ausbildung des Felses (Klüftung, Art der Kluftfüllung, Lösungshohlräume o. a.) besondere Untersuchungen notwendig machen.

21   In **Abs. 2 Nr. 8** ist die Abnahme von Gründungssohlen und Aushubsohlen genannt. Einer Baugrundbeurteilung und Gründungsberatung liegen nur einzelne stichprobenartige Untergrundaufschlüsse zugrunde. Durch eine **Abnahme von Gründungs- und Aushubsohlen** wird sichergestellt, daß die Angaben der Gründungsempfehlungen nochmals auf Übereinstimmung mit den dann großflächig an der Aushubsohle ersichtlichen Boden- und Grundwasserverhältnissen überprüft werden.

22   In **Abs. 2 Nr. 9** ist die allgemeine Beurteilung der Tragfähigkeit des Baugrundes und der Gründungsmöglichkeiten, die sich nicht auf ein bestimmtes Gebäude oder Ingenieurbauwerk bezieht, genannt. Häufig (z. B. bei der Erschließung von Neubaugebieten, beim Ankauf eines Grundstückes ohne konkrete Bauplanung o. ä.) sind die **Tragfähigkeit des Baugrundes und die Gründungsmöglichkeiten** nur allgemein ohne Bezug auf ein bestimmtes Bauwerk zu beurteilen.

23   In **Absatz 2** sind die **anrechenbaren Kosten** aufgeführt. Dabei ist Bezug genommen auf § 62 Abs. 2–8. Es kann hier auf die dortige Kommentierung verwiesen werden. Da die §§ 63–65 keine geeigneten Maßstäbe abgeben, wird im übrigen hinsichtlich der Honorarberechnung auf die Honorarzonenregelung in § 93 und die Honorartafel des § 94 verwiesen.

§ 92
Baugrundbeurteilung und Gründungsberatung

(1) Die Baugrundbeurteilung und Gründungsberatung nach § 91 Abs. 2 Nr. 1 umfaßt folgende Leistungen für Gebäude und Ingenieurbauwerke:

	Bewertung in v. H. der Honorare
1. Klären der Aufgabenstellung, Ermitteln der Baugrundverhältnisse aufgrund der vorhandenen Unterlagen, Festlegen und Darstellen der erforderlichen Baugrunderkundungen	15
2. Auswerten und Darstellen der Baugrunderkundungen sowie der Labor- und Feldversuche; Abschätzen des Schwankungsbereiches von Wasserständen im Boden; Baugrundbeurteilung; Festlegen der Bodenkennwerte	35
3. Vorschlag für die Gründung mit Angabe der zulässigen Bodenpressungen in Abhängigkeit von den Fundamentabmessungen, gegebenenfalls mit Angaben zur Bemessung der Pfahlgründung; Angabe der zu erwartenden Setzungen für die vom Tragwerksplaner im Rahmen der Entwurfsplanung nach § 64 zu erbringenden Grundleistungen; Hinweise zur Herstellung und Trockenhaltung der Baugrube und des Bauwerks sowie zur Auswirkung der Baumaßnahme auf Nachbarbauwerke	50

(2) Das Honorar für die Leistungen nach Absatz 1 richtet sich nach den anrechenbaren Kosten nach § 62 Abs. 3 bis 8, der Honorarzone, der die Gründung nach § 93 zuzurechnen ist, und nach der Honorartafel in § 94.

(3) Die anrechenbaren Kosten sind zu ermitteln nach der Kostenberechnung oder, wenn die Vertragsparteien dies bei Auftragserteilung schriftlich vereinbaren, nach einer anderen Kostenermittlungsart.

(4) Werden nicht sämtliche Leistungen nach Absatz 1 übertragen, so gilt § 5 Abs. 1 und 2 sinngemäß.

(5) Das Honorar für Ingenieurbauwerke mit großer Längenausdehnung (Linienbauwerke) kann frei vereinbart werden. Wird ein Honorar nicht bei Auftragserteilung schriftlich vereinbart, so ist das Honorar als Zeithonorar nach § 6 zu berechnen.

(6) § 66 Abs. 1, 2, 5 und 6 gilt sinngemäß.

1   Die Vorschrift des § 92 enthält Bestimmungen über die Honorarberechnung. Sie wurde durch die 4. HOAI-Novelle für Verträge seit 1. 1. 1991 geändert. Die Änderungen betrafen die Absätze 2–6.

In **Absatz 1** ist das Leistungsbild für die Baugrundbeurteilung und Gründungsberatung geregelt. Soweit es um andere Leistungen für Bodenmechanik, Erd- und Grundbau geht, ist entweder § 92 Abs. 4 oder § 95 anwendbar (vgl. hierzu die dortige Kommentierung). Werden nur einzelne Leistungsphasen oder nur einzelne Grundleistungen aus den Leistungsphasen in Auftrag gegeben, so kann dafür nur das entsprechende Honorar vereinbart werden (vgl. §§ 2, 5 und die dortige Kommentierung). Werden alle Leistungen in Auftrag gegeben, jedoch nur ein Teil davon erbracht, so ist entscheidend, ob die Einzelleistungen im konkreten Fall überhaupt erforderlich waren oder nicht. Waren die Leistungen nicht erforderlich, so ist eine Honorarminderung nicht angebracht, da das Leistungsbild die möglichen Leistungen und nicht die im Einzelfall notwendigen Leistungen aufführt (vgl. i. e. § 5 Rdn. 20 ff.). Besondere Leistungen kennt das Leistungsbild nicht. Vereinbaren die Vertagsparteien Abzüge für sog. „Vorleistungen" des Auftraggebers, so ist zu prüfen, ob dieser tatsächlich Leistungen des Auftragnehmers erbringt und der Auftragnehmer dadurch entlastet wird. Andernfalls sind solche Vereinbarungen nämlich nur wirksam, wenn ein „Ausnahmefall" i. S. von § 4 Abs. 2 vorliegt. Der Auftragnehmer kann den Mindestsatz trotz gegenteiliger Vereinbarung beanspruchen, wenn kein Ausnahmefall gegeben ist (vgl. § 4 Rdn. 79 f.).

Die Vorschrift des § 92 gilt für alle Leistungen betreffend Gebäude und Ingenieurbauwerke, also alle in der HOAI enthaltenen Objekte. Verkehrsanlagen sind zwar nicht ausdrücklich aufgeführt. Sie sind als Objekte dennoch erfaßt, da sie zu den Ingenieurbauwerken zu rechnen sind.

2   In **Abs. 1 Nr. 1** ist eine Art Grundlagenermittlung enthalten. Bei der **Ermittlung der Baugrundverhältnisse aufgrund vorhandener Unterlagen** kann meist auf geologische Karten (in einzelnen Städten gibt es auch Baugrundkarten bzw. Bohrlochkarteien), Ergebnisse von Baugrunderkundungen bzw. Erfahrungen von Bauvorhaben in der näheren Umgebung des zu untersuchenden Geländes zurückgegriffen werden. Angaben zu dem zu erwartenden Wechselbereich des Grundwasserstandes können für bestimmte Bereiche bei den zuständigen Wasserwirtschafts- oder Bauämtern erfragt werden. Aufgrund der vorliegenden Erkenntnisse werden die Art und der Umfang der erforderlichen Aufschlüsse sowie der Feld- und Laborversuche festgelegt und in die Planungsunterlagen eingetragen. Hierbei können sich jedoch im Zuge der Ausführung dieser Arbeiten Änderungen und Ergänzungen ergeben, wenn die festgestellten Verhältnisse von den zu erwartenden beachtenswert abweichen.

3   In **Abs. 1 Nr. 2** sind das Auswerten und Darstellen aufgeführt. Die **ausgewerteten Ergebnisse der Baugrunderkundung** und der Abschätzung des Schwankungsbereiches der Grundwasserstände (z. B. aufgrund der längerfristigen Beobachtung von Grundwasserregeln, die in einzelne Untergrundaufschlüsse eingebaut werden, in Verbindung mit Angaben der zuständigen Behörden sowie Erfahrungen des Fachberaters) werden – möglichst im Zusammenhang mit dem geplanten Bauwerk – dargestellt und zusammen mit den Ergebnissen der Labor- und Feldversuche in einem Bericht mitgeteilt. Dieser enthält auch eine Beurteilung des Baugrundes sowie die Angabe der maßgebenden Bodenkennwerte.

In **Abs. 1 Nr.** 3 ist der Vorschlag für eine zweckmäßige und wirtschaftliche   4
Gründung gefordert. Dabei wird zurückgegriffen auf die Leistungen des Abs. 1 Nr. 2.

Aufgrund dieser Angaben wird ein **Vorschlag für eine zweckmäßige und wirtschaftliche Gründung** des Bauwerks einschließlich der erforderlichen Angaben zur Belastbarkeit des Untergrundes (zulässige Bodenpressung in Abhängigkeit von den Fundamentabmessungen bei Streifen- und Einzelfundamenten, Mantelreibungs- und Spitzendruckweite bei Pfahlgründungen u. a.) und den zu erwartenden Setzungen und Setzungsunterschieden (als Grundlage für die konstruktiven Überlegungen und Berechnungen des Tragwerksplaners) ausgearbeitet. Außerdem enthält die Gründungsberatung Hinweise zur Herstellung von Baugruben (Abböschung, Verbau) und deren Trockenhaltung (Art der Wasserhaltung, sofern erforderlich), zur Notwendigkeit von Abdichtungsmaßnahmen am Bauwerk (Grundwasserwanne o. ä.) und zu möglichen Auswirkungen der Baumaßnahme auf Nachbarbauwerke (durch Verformungen des Untergrundes, Erschütterungen durch den Baubetrieb, erforderliche Baumaßnahmen wie Verbau, Unterfangungen o. ä.).

Hinsichtlich der anrechenbaren Kosten verweist **Absatz 2** auf § 62 Abs. 3 bis   5
8. Es handelt sich hier um die vom Auftragnehmer ermittelten anrechenbaren Kosten und nicht um die vom Auftraggeber gewünschten oder „korrigierten". Die Kostenermittlung des Auftragnehmers ist nur dann nicht maßgebend, wenn es sich um eine „grobe Fehlschätzung" handelt (vgl. § 10 Rdn. 53).

Bei den im Leistungsbild des Absatzes 1 enthaltenen Grundleistungen kön-   6
nen sich **Haftungsprobleme** ergeben:

Eine Baugrundbeurteilung und Gründungsberatung ist im allgemeinen mit einem vergleichsweise hohen Haftungsrisiko verbunden, da sich Fehler hierin auf das gesamte neue Bauwerk, auf bestehende Nachbarbauwerke bzw. auf die Kosten der Bauausführung erheblich auswirken können.

Die Leistungen für Bodenmechanik, Erd- und Grundbau sollten daher durch eine Haftpflichtversicherung mit einer Deckungssumme für Sach- und Vermögensschäden von mindestens 1 000 000 DM, besser 2 000 000 DM abgesichert sein.

Besondere Haftungsprobleme ergeben sich nach den Leistungsbildern der HOAI gegenüber den bisherigen Verfahrensweisen nicht.

Ursachen von Schadensfällen sind insbesondere:

– ungenügende Untergrundaufschlüsse
– Fehleinschätzungen der Grundwasserverhältnisse und deren Auswirkungen
– unzutreffende Annahmen bei erdstatischen Berechnungen
– Verwendung ungeeigneter Berechnungsmethoden

Um Kosten einzusparen, sind Auftraggeber häufig bestrebt, die Untergrundaufschlüsse nach Art, Anzahl und Tiefe möglichst gering zu halten. Hier können sich bei ungenügenden Untergrundaufschlüssen Fehleinschätzungen bei der Beurteilung der örtlichen Untergrundverhältnisse und dadurch bedingte Auswirkungen auf die Bauausführung, die Standsicherheit sowie Gebrauchsfähigkeit des Bauwerks ergeben. Schwierigkeiten und Haftungsprobleme können sich insbesondere dann ergeben, wenn der Auftraggeber die Art, Anzahl und Tiefe der Untergrundaufschlüsse festlegt, die Aufschlußarbeiten ausschreibt, ausführen läßt und überwacht, bevor der Fachberater überhaupt hinzugezogen wird.

Die Übernahme der Baugrundbeurteilung und Gründungsberatung kann in derartigen Fällen unüberschaubare Risiken für den Fachberater enthalten und sollte möglichst vermieden werden. Wenn ein Auftraggeber aus Kostengründen die Aufschlußarbeiten selbst veranlassen und überwachen will, so sollte der Fachberater zumindest bei der Festlegung der Untergrundaufschlüsse nach Art, Anzahl und Tiefe beraten, die Ausführung stichprobenartig überprüfen und die Auswertung vornehmen.

Zahlreiche Schadensfälle sind auf Fehleinschätzungen der Grundwasserverhältnisse zurückzuführen. Häufig wird in bindigen Böden bei den Bohrarbeiten nicht einmal erkannt, daß Grundwasser abgeschnitten wurde, weil die geringe Durchlässigkeit des Bodens ein Füllen des Bohrlochs mit Grundwasser in der vergleichsweise kurzen Bohrzeit nicht ermöglicht. Der Schwankungsbereich des Grundwassers ist oft nur schwer abzuschätzen, wenn bei den zuständigen Behörden keine entsprechenden Angaben erhältlich sind oder längerfristige Erfahrungen von Nachbargebäuden fehlen. In diesen Fällen empfiehlt es sich, diese Unsicherheit durch entsprechende konstruktive Maßnahmen auszugleichen.

Die Übertragung von Erkenntnissen aus der Baugrundbeurteilung in Rechenmodelle kann durch vereinfachende Annahmen zu Ergebnissen führen, die die tatsächlichen Verhältnisse zu günstig beschreiben und deshalb zu Schadensfällen führen können.

7 Durch die 4. HOAI-Novelle wurden für Verträge ab dem 1. 1. 1991 die Absätze 2–5 geändert. Wichtig war dabei vor allem der neue Absatz 3, wonach die Kostenberechnung maßgebend ist, wenn keine abweichende Vereinbarung getroffen wurde. Damit kann der Ingenieur heute erheblich früher abrechnen. In den Absätzen 4 und 5 wurden die bisherigen Absätze 3 und 4 übernommen. Absatz 5 erklärt § 66 bei Aufträgen für mehrere Gebäude oder Ingenieurbauwerke für entsprechend anwendbar.

§ 93
Honorarzonen für Leistungen
bei der Baugrundbeurteilung und Gründungsberatung

(1) Die Honorarzone wird bei der Baugrundbeurteilung und Gründungsberatung aufgrund folgender Bewertungsmerkmale ermittelt:

1. Honorarzone I:
Gründungen mit sehr geringem Schwierigkeitsgrad, insbesondere
– gering setzungsempfindliche Bauwerke mit einheitlicher Gründungsart bei annähernd regelmäßigem Schichtenaufbau des Untergrundes mit einheitlicher Tragfähigkeit (Scherfestigkeit) und Setzungsfähigkeit innerhalb der Baufläche;

2. Honorarzone II:
Gründungen mit geringem Schwierigkeitsgrad, insbesondere
– setzungsempfindliche Bauwerke sowie gering setzungsempfindliche Bauwerke mit bereichsweise unterschiedlicher Gründungsart oder bereichsweise stark unterschiedlichen Lasten bei annähernd regelmäßigem Schichtenaufbau des Untergrundes mit einheitlicher Tragfähigkeit und Setzungsfähigkeit innerhalb der Baufläche,
– gering setzungsempfindliche Bauwerke mit einheitlicher Gründungsart bei unregelmäßigem Schichtenaufbau des Untergrundes mit unterschiedlicher Tragfähigkeit und Setzungsfähigkeit innerhalb der Baufläche;

3. Honorarzone III:
Gründungen mit durchschnittlichem Schwierigkeitsgrad, insbesondere
– stark setzungsempfindliche Bauwerke bei annähernd regelmäßigem Schichtenaufbau des Untergrundes mit einheitlicher Tragfähigkeit und Setzungsfähigkeit innerhalb der Baufläche,
– setzungsempfindliche Bauwerke sowie gering setzungsempfindliche Bauwerke mit bereichsweise unterschiedlicher Gründungsart oder bereichsweise stark unterschiedlichen Lasten bei unregelmäßigem Schichtenaufbau des Untergrundes mit unterschiedlicher Tragfähigkeit und Setzungsfähigkeit innerhalb der Baufläche,
– gering setzungsempfindliche Bauwerke mit einheitlicher Gründungsart bei unregelmäßigem Schichtenaufbau des Untergrundes mit stark unterschiedlicher Tragfähigkeit und Setzungsfähigkeit innerhalb der Baufläche;

4. Honorarzone IV:
Gründungen mit überdurchschnittlichem Schwierigkeitsgrad, insbesondere
– stark setzungsempfindliche Bauwerke bei unregelmäßigem Schichtenaufbau des Untergrundes mit unterschiedlicher Tragfähigkeit und Setzungsfähigkeit innerhalb der Baufläche,
– setzungsempfindliche Bauwerke sowie gering setzungsempfindliche Bauwerke mit bereichsweise unterschiedlicher Gründungsart oder bereichsweise stark unterschiedlichen Lasten bei unregelmäßigem Schichtenaufbau des Untergrundes mit stark unterschiedlicher Tragfähigkeit und Setzungsfähigkeit innerhalb der Baufläche;

5. Honorarzone V:
Gründungen mit sehr hohem Schwierigkeitsgrad, insbesondere
– stark setzungsempfindliche Bauwerke bei unregelmäßigem Schichtenaufbau
des Untergrundes mit stark unterschiedlicher Tragfähigkeit und Setzungsfähigkeit innerhalb der Baufläche.
(2) § 63 Abs. 2 gilt sinngemäß.

1   Die Vorschrift sieht 5 Honorarzonen vor, die sich durch die Schwierigkeit
der Planungsanforderungen unterscheiden. Überschneidungen der Merkmale
für die einzelnen Honorarzonen sind ausgeschlossen, weshalb der Verordnungsgeber hier keine Punktbewertung wie z. B. bei der Objektplanung oder
bei der Tragwerksplanung vorgesehen hat.

2   **Gering setzungsempfindliche Bauwerke** sind Bauwerke, bei denen sich die
Fundamente unabhängig voneinander setzen können und die auftretenden Setzungen und Setzungsunterschiede ohne Bedeutung für die Standsicherheit des
Bauwerks sind und dessen Gebrauchsfähigkeit nicht nachteilig beeinflussen
(z. B. statisch bestimmte Systeme wie Einfeldbrücken).

3   **Setzungsempfindliche Bauwerke** sind Bauwerke, bei denen auftretende Setzungsdifferenzen in einer geringen Größenordnung (etwa 1 cm auf eine Entfernung von 5 m) ohne Bedeutung für die Standsicherheit des Bauwerks sind und
dessen Gebrauchsfähigkeit nicht nachteilig beeinflussen, auch wenn sie bei der
Tragwerksbemessung nicht berücksichtigt werden.

4   **Stark setzungsempfindliche Bauwerke** sind Bauwerke, bei denen bereits sehr
geringe Setzungsdifferenzen die Gebrauchsfähigkeit des Bauwerks nachteilig
beeinflussen können.

5   **Annähernd regelmäßiger Schichtenaufbau** des Untergrundes mit einheitlicher
Tragfähigkeit und Setzungsfähigkeit liegt vor, wenn der Untergrund in dem
für das geplante Bauwerk maßgebenden Bereich als einheitlich bei der rechnerischen Abschätzung der Tragfähigkeit des Untergrundes und der zu erwartenden Setzungen und Setzungsunterschiede betrachtet werden kann.

6   **Unregelmäßiger Schichtenaufbau** des Untergrundes liegt vor, wenn in dem
für das geplante Bauwerk maßgebenden Bereich bei der rechnerischen Abschätzung der Tragfähigkeit des Untergrundes und der zu erwartenden Setzungen
und Setzungsunterschiede Schichten unterschiedlicher Tragfähigkeits- und
Verformungseigenschaften berücksichtigt werden müssen.

7   **Stark unterschiedliche Tragfähigkeit und Setzungsfähigkeit** des Untergrundes
innerhalb der Baufläche erfordert besonders eingehende Überlegungen und
Untersuchungen bei der Ermittlung der Standsicherheit sowie der zu erwartenden Setzungen, Setzungsunterschiede und Schiefstellungen und bei der Beurteilung der Auswirkungen auf das Bauwerk.

8   **Stark unterschiedliche Lasten** können schädliche Setzungsdifferenzen verursachen. Es sind deshalb besondere Überlegungen und gegebenenfalls Vorgaben
zur Planung und Ausführung der Gründung erforderlich, um die unterschiedli-

chen Setzungen in den für die Sicherheit und Gebrauchsfähigkeit des Bauwerks zulässigen Grenzen zu halten (z. B. durch eine Abstufung der zulässigen Bodenpressung auf der Grundlage von Setzungsberechnungen).

Unterschiedliche Gründungsarten können durch unterschiedliche Konstruk- 9 tionsarten des Bauwerks und ungleiche Lasten der Bauwerksteile sowie durch wechselnde Baugrundverhältnisse bedingt sein. Sie ergeben sich zum Beispiel, wenn ein Bauwerk teilweise auf Streifen- und Einzelfundamenten und teilweise wegen lokal auftretender Weichböden auf Pfählen gegründet wird.

Die Vorschrift des **Absatzes 2** bedeutet, daß keine Punktbewertung erforder- 10 lich ist. Vielmehr entscheidet die Mehrzahl der in den jeweiligen Honorarzonen aufgeführten Bewertungsmerkmale und ihre Bedeutung im Einzelfall, wenn Zweifel an der Einordnung in eine der Honorarzonen bestehen sollten (§ 63 Abs. 2 entsprechend).

§ 94
Honorartafel für Leistungen bei der Baugrundbeurteilung und Gründungsberatung

(1) Die Mindest- und Höchstsätze der Honorare für die in § 92 aufgeführten Leistungen für die Baugrundbeurteilung und Gründungsberatung sind in der nachfolgenden Honorartafel [siehe Seite 1038] festgesetzt.

(2) § 16 Abs. 2 und 3 gilt sinngemäß.

Die Honorartafel deckt anrechenbare Kosten zwischen 100 000 DM und 1 50 Mio. DM ab. Zwischenwerte sind durch lineare Interpolation zu ermitteln (§ 5a). Eine Extrapolation über 50 Mio. DM hinaus und unter 100 000 DM kommt nicht in Frage (vgl. § 5a Rdn. 1 ff.). Die entsprechende Anwendbarkeit des § 16 Abs. 2 und 3 bedeutet, daß für anrechenbare Kosten unter 100 000 DM ein Pauschalhonorar oder ein Zeithonorar berechnet werden kann. Für die Honorarvereinbarung ist jedoch der Höchstsatz für 100 000 DM die Grenze. Mindestsätze sind die Stundensätze nach § 6 Abs. 2, höchstens jedoch die in der Honorartafel nach Absatz 1 für 100 000 DM festgelegten Mindestsätze. Für Honorare über 50 Mio. DM kann das Honorar frei vereinbart werden.

Beispiel: Die anrechenbaren Kosten für eine Mehrfeldbrücke werden mit 2 6 800 000 DM abgeschätzt. Erwartet wird ein Untergrund aus weitgehend einheitlichem sandigem Kies. Das Objekt fällt danach zunächst in die Honorarzone II, da es sich um ein setzungsempfindliches Bauwerk bei erwartetem, annähernd regelmäßigem Schichtenaufbau des Untergrundes mit einheitlicher Tragfähigkeit und Setzungsfähigkeit innerhalb der Baufläche handelt. Es wird ein Honorar entsprechend dem Mittelwert der Honorarzone II (15 093 DM) mit dem Vorbehalt einer späteren Erhöhung der Honorarzone vereinbart, wenn ungünstigere Untergrundverhältnisse als angenommen angetroffen werden. Als Abrechnungsgrundlage wird für diesen Fall ebenfalls der Mittelwert der höheren Honorarzone festgelegt. Für das Ausschreiben und Überwachen

Honorartafel zu § 94 Abs. 1

Anrechenbare Kosten DM	Zone I von DM	Zone I bis DM	Zone II von DM	Zone II bis DM	Zone III von DM	Zone III bis DM	Zone IV von DM	Zone IV bis DM	Zone V von DM	Zone V bis DM
100 000	930	1 680	1 680	2 420	2 420	3 170	3 170	3 910	3 910	4 660
150 000	1 160	2 050	2 050	2 930	2 930	3 820	3 820	4 700	4 700	5 590
200 000	1 350	2 350	2 350	3 350	3 350	4 340	4 340	5 340	5 340	6 340
300 000	1 660	2 850	2 850	4 030	4 030	5 220	5 220	6 400	6 400	7 590
400 000	1 940	3 280	3 280	4 620	4 620	5 950	5 950	7 290	7 290	8 630
500 000	2 170	3 640	3 640	5 110	5 110	6 590	6 590	8 060	8 060	9 530
600 000	2 400	3 990	3 990	5 580	5 580	7 160	7 160	8 750	8 750	10 340
700 000	2 600	4 290	4 290	5 980	5 980	7 680	7 680	9 370	9 370	11 060
800 000	2 790	4 580	4 580	6 370	6 370	8 150	8 150	9 940	9 940	11 730
900 000	2 960	4 840	4 840	6 720	6 720	8 600	8 600	10 480	10 480	12 360
1 000 000	3 130	5 090	5 090	7 060	7 060	9 020	9 020	10 990	10 990	12 950
1 500 000	3 870	6 200	6 200	8 530	8 530	10 850	10 850	13 180	13 180	15 510
2 000 000	4 520	7 140	7 140	9 760	9 760	12 380	12 380	15 000	15 000	17 620
3 000 000	5 580	8 680	8 680	11 780	11 780	14 890	14 890	17 990	17 990	21 090
4 000 000	6 500	9 990	9 990	13 490	13 490	16 980	16 980	20 480	20 480	23 970
5 000 000	7 300	11 130	11 130	14 960	14 960	18 800	18 800	22 630	22 630	26 460
6 000 000	8 030	12 160	12 160	16 290	16 290	20 420	20 420	24 550	24 550	28 680
7 000 000	8 710	13 110	13 110	17 510	17 510	21 910	21 910	26 310	26 310	30 710
8 000 000	9 340	13 990	13 990	18 630	18 630	23 280	23 280	27 920	27 920	32 570
9 000 000	9 930	14 810	14 810	19 690	19 690	24 560	24 560	29 440	29 440	34 320
10 000 000	10 500	15 600	15 600	20 690	20 690	25 790	25 790	30 880	30 880	35 980
15 000 000	13 010	19 020	19 020	25 030	25 030	31 040	31 040	37 050	37 050	43 060
20 000 000	15 130	21 890	21 890	28 650	28 650	35 410	35 410	42 170	42 170	48 930
30 000 000	18 720	26 690	26 690	34 660	34 660	42 630	42 630	50 600	50 600	58 570
40 000 000	21 780	30 730	30 730	39 680	39 680	48 640	48 640	57 590	57 590	66 540
50 000 000	24 490	34 280	34 280	44 080	44 080	53 870	53 870	63 670	63 670	73 460

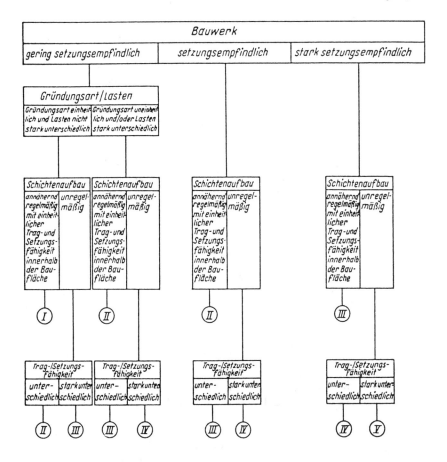

der Aufschlußarbeiten wird eine zusätzliche Pauschale vereinbart. Es wird außerdem festgelegt, daß die erforderlichen Feld- und Laborversuche nach der Gebührenliste des Fachberaters abgerechnet werden. Da eine der Zwischenstützen der Brücke in einem steilen Hang zu gründen ist, sind besondere Standsicherheitsuntersuchungen (Geländebruchberechnungen) erforderlich, für die ebenfalls ein Pauschalhonorar vereinbart wird. Für die Abnahme der Gründungs- und Aushubsohlen wird festgelegt, daß diese auf Nachweis zu einer Pauschale je Ortstermin einschließlich der Ausarbeitung einer Aktennotiz über die Abnahme vergütet wird. Die Baugrunderkundung ergibt jedoch, daß der Untergrund innerhalb der Baufläche bereichsweise Lagen und Linsen aus steifen, bindigen Erdstoffen von mittlerer Setzungsfähigkeit enthält. Ein entsprechender Mehraufwand bei der Baugrundbeurteilung und Gründungsberatung ist daher nicht zu umgehen. Die endgültige Abrechnung erfolgt nach dem Mittelwert der tatsächlich zutreffenden Honorarzone III zu 19 439 DM, da es sich um ein setzungsempfindliches Bauwerk bei unregelmäßigem Schichtenbau des Untergrundes mit unterschiedlicher Trag- und Setzungsfähigkeit innerhalb des Baugrundes handelt.

3   Die Honorartafel wurde durch die 5. HOAI-Novelle angepaßt. Die neue Tabelle gilt für Verträge, die seit 1. 1. 1996 abgeschlossen wurden (für Übergangsfälle vgl. § 103). Für das Gebiet der neuen Bundesländer galt die Honorartafel modifiziert (vgl. § 1 Rdn. 27).

§ 95
Sonstige Leistungen für Bodenmechanik, Erd- und Grundbau

Für Leistungen nach § 91 Abs. 2, soweit sie nicht in § 92 erfaßt sind, kann ein Honorar frei vereinbart werden. Wird ein Honorar nicht bei Auftragserteilung schriftlich vereinbart, so ist das Honorar als Zeithonorar nach § 6 zu berechnen.

1   Nicht geregelt durch das Leistungsbild des § 92 Abs. 1 sind verschiedene Leistungen im Fachgebiet Bodenmechanik, Erd- und Grundbau. Für sie ist § 95 anwendbar. Im einzelnen handelt es sich dabei um folgendes:

- Beratungen in dem Fachgebiet Bodenmechanik, Erd- und Grundbau für Ingenieurbauwerke mit großer Längenausdehnung (sog. Linienbauwerke [§ 92 Abs. 4]), wie z. B. Dammschüttungen, Geländeeinschnitte, Bodenverbesserungen u. a.
- Ausschreibung und Überwachung der Aufschlußarbeiten (Bohrungen, Schürfe, Vermessungsarbeiten u. a.), § 91 Abs. 2 Nr. 2.
- Feld- und Laborversuche, Messungen während der Bauausführung, § 91 Abs. 2 Nr. 3.
- die Beratung bei der Sicherung von Nachbargebäuden, soweit diese über die Beurteilung der Auswirkungen der Baumaßnahme auf Nachbarbauwerke hinausgeht, § 91 Abs. 2 Nr. 4.
- erdstatische Berechnungen (Standsicherheitsnachweise, Setzungs- und Verformungsuntersuchungen, Erddruckermittlungen, Analysen von Grundwas-

serproblemen u. a.), sofern diese nicht im Rahmen der Baugrundbeurteilung und Gründungsberatung oder bei der Tragwerksplanung erbracht werden, § 91 Abs. 2 Nr. 5.

– Untersuchungen und Beratungen zur Berücksichtigung von dynamischen Beanspruchungen, § 91 Abs. 2 Nr. 6, bei der Bemessung des Bauwerks oder seiner Gründung bzw. bei besonderen Baumaßnahmen im Fels, § 91 Abs. 2 Nr. 7.

– die Teilnahme an Besprechungen und Ortsbesichtigungen nach Abgabe des Gründungsgutachtens, Beratung und Überwachung der das Fachgebiet betreffenden Arbeiten während der Bauausführung, die Abnahme von Gründungs- und Aushubsohlen, § 91 Abs. 2 Nr. 8.

– die allgemeine Beurteilung der Tragfähigkeit des Baugrundes und der Gründungsmöglichkeiten, die sich nicht auf ein bestimmtes Gebäude oder Ingenieurbauwerk beziehen, z. B. bei der Beurteilung der Bebaubarkeit von geplanten Neubaugebieten u. ä., § 91 Abs. 2 Nr. 9.

Das Honorar kann frei vereinbart werden. Allerdings muß es „bei Auftragserteilung" (§ 4 Rdn. 26) und schriftlich (§ 4 Rdn. 34) vereinbart sein. Ohne schriftliche Vereinbarung und bei späterer Vereinbarung ist das Honorar als Zeithonorar nach § 6 zu berechnen. Hier gilt allerdings nur der Mindestsatz. **2**

Teil XIII
Vermessungstechnische Leistungen

§ 96
Anwendungsbereich

(1) Vermessungstechnische Leistungen sind das Erfassen ortsbezogener Daten über Bauwerke und Anlagen, Grundstücke und Topographie, das Erstellen von Plänen, das Übertragen von Planungen in die Örtlichkeit sowie das vermessungstechnische Überwachen der Bauausführung, soweit die Leistungen mit besonderen instrumentellen und vermessungstechnischen Verfahrensanforderungen erbracht werden müssen. Ausgenommen von Satz 1 sind Leistungen, die nach landesrechtlichen Vorschriften für Zwecke der Landesvermessung und des Liegenschaftskatasters durchgeführt werden.

(2) Zu den vermessungstechnischen Leistungen rechnen:

1. Entwurfsvermessung für die Planung und den Entwurf von Gebäuden, Ingenieurbauwerken und Verkehrsanlagen,

2. Bauvermessung für den Bau und die abschließende Bestandsdokumentation von Gebäuden, Ingenieurbauwerken und Verkehrsanlagen,

3. Vermessung von Objekten außerhalb der Entwurfs- und Bauphase, Leistungen für nicht objektgebundene Vermessungen, Fernerkundung und geographisch-geometrische Datenbasen sowie andere sonstige vermessungstechnische Leistungen.

Die Vorschriften des Teils XIII wurden durch die 1. HOAI-Novelle (vgl. **1** Einl. Rdn. 2) eingefügt. Sie gelten seit dem 1. 1. 1985 (für die Übergangsfälle vgl. § 103). Der Teil XIII betrifft vermessungstechnische Leistungen. Die Bestimmungen der §§ 96 ff. gelten für alle Ingenieure, die zur Führung des Titels „Ingenieur" befugt sind (vgl. i. e. § 1 Rdn. 7 ff.). Neben diesen Vorschriften gelten die allgemeinen Bestimmungen der §§ 1–9 und die Übergangsregelungen der §§ 101–103 (vgl. zu den Honoraren für die Vermessung grundlegend Egle, HOAI-Zentralvermessung [Objektvermessung], Ingenieurblatt BW 1986, 53).

Der Teil XIII wurde durch die 4. HOAI-Novelle (vgl. Einl. Rdn. 9) mit Wirkung für ab dem 1. 1. 1991 abgeschlossene Verträge grundlegend geändert. Während bis zu diesem Zeitpunkt eine detaillierte Regelung nur für die Vermessung außerörtlicher Straßen bestand, sind nun vermessungstechnische Leistungen erfaßt, die im Zusammenhang mit der Planung und Bauausführung eines Objekts erbracht werden. Die Vorschriften gelten damit – neben außerörtlichen Straßen – auch für Gebäude, bestimmte Ingenieurbauwerke, Verkehrsanlagen und Freianlagen (zur Neuregelung vgl. Müller BdB-BW 1991, 41).

2 Die Leistungen des Teils XIII sind – wie alle Teile der HOAI – klar voneinander abgegrenzt. Die in § 96 ff. enthaltenen Aufgaben erfordern die Tätigkeit eines Vermessungsfachmanns. Aufmaßleistungen, wie sie z. B. im Rahmen der Objektüberwachung (§ 15 Abs. 2 Nr. 8) enthalten sind, sind damit nicht gemeint. Die Leistungen für Vermessung umfassen die Herstellung von Plangrundlagen der vorhandenen Örtlichkeit, der Erstellung von Bezugssystemen für die spätere Übertragung der Planung in die Örtlichkeit sowie die Übertragung selbst. Ferner sind Bestandsaufnahmen nach Fertigstellung eines Objekts sowie beratende, kontrollierende und überwachende Tätigkeiten während der Planung, der Ausführung und nach der Fertigstellung von Objekten aller Art aufgeführt. Die Abgrenzung zu den Leistungen der Teile II–XII ist damit eindeutig. Die in Teil XIII enthaltenen Leistungen können von Auftragnehmern der Teile II–XII im Regelfall nicht erbracht werden.

3 Gegenstand der Vermessungsleistungen sind Gebäude, Freianlagen und Bauwerke aller Art. Der gesamte Bereich der **hoheitlichen Vermessung** (Kataster- und Landesvermessung) ist in § 96 ff. nicht geregelt (ebenso LG Kiel BauR 1991, 372). Für diese Leistungen gibt es Honorarvorschriften der einzelnen Länder. Für die Geltendmachung dieser Gebühren ist der öffentliche Rechtsweg zu den Verwaltungsgerichten gegeben. Dies gilt z. B. für die Gebühren eines öffentlich bestellten Vermessungsingenieurs betreffend die Abmarkung einer Grenze (vgl. OLG Frankfurt BauR 1985, 603; OLG Hamm BauR 1984, 670).

4 Honorarvereinbarungen, mit denen vom Mindestsatz abgewichen werden soll, unterliegen den Voraussetzungen des § 4. Honorare zwischen den Mindest- und Höchstsätzen müssen schriftlich (§ 4 Rdn. 26) und „bei Auftragserteilung" (§ 4 Rdn. 34) vereinbart sein. Auch vom Mindestsatz nach unten kann nur im Wege der schriftlichen Vereinbarung abgewichen werden. Umstritten ist, ob eine derartige Vereinbarung bereits „bei Auftragserteilung" erfolgen muß (§ 4 Rdn. 76). Eine Unterschreitung des Mindestsatzes ist wirksam nur dann möglich, wenn ein „Ausnahmefall" vorliegt (vgl. § 4 Rdn. 85). Bei Verstoß gegen den Mindestpreischarakter steht dem Auftragnehmer das Mindesthonorar zu. Dies gilt z. B. auch dann, wenn die Parteien im Vertrag für die Vermessung außerörtlicher Straßen kein gesondertes Honorar zu dem Honorar für die Objektplanung vereinbart haben.

5 Der § 96 definiert in Absatz 1 die vermessungstechnischen Leistungen. In Absatz 2 sind abschließend aufgezählt diejenigen vermessungstechnischen Leistungen, die von der HOAI erfaßt sind. Andere Leistungen – soweit nicht hoheitliche Vermessung vorliegt (hierzu oben Rdn. 3) – fallen nicht unter die HOAI, so daß das Honorar dafür frei, und zwar auch mündlich, vereinbart werden kann; bei Fehlen einer Honorarvereinbarung kann die für die betreffende Leistung übliche Vergütung (§ 632 Abs. 2 BGB) beansprucht werden.

6 In **Absatz 2** sind nun die **drei Gruppen von vermessungstechnischen Leistungen** aufgeführt. In die Gruppe 1 **Entwurfsvermessung** gehören neben der schon früher geregelten Vermessung von außerörtlichen Straßen insbesondere die

Vermessungsleistungen in der Planungs- und Entwurfsphase von Gebäuden und Ingenieurbauwerken. In der Entwurfsvermessung werden sämtliche Grundlagen für die Entwurfsplanung des Objektplaners geschaffen. Die in Gruppe 2 geregelte **Bauvermessung** befaßt sich mit der Übertragung der Objektplanung in das Bauwerk und der abschließenden Bestandsdokumentation. Für diese beiden Gruppen ist eine detaillierte Honorarregelung in §§ 97 ff. enthalten. Die Gruppe 3 erfaßt die **sonstigen vermessungstechnischen Leistungen.** Das Honorar dafür kann frei vereinbart werden. Fehlt eine (wirksame) Vereinbarung nach § 10 Abs. 2, dann hat der Auftragnehmer Anspruch auf Zeithonorar. Nach der Amtlichen Begründung gehören diese Leistungen in die Phasen Betrieb, Verwaltung und Unterhaltung. Dazu werden gerechnet die langfristige vermessungstechnische Bauwerksüberwachung, die spätere Bauwerksdokumentation oder wissenschaftliche Untersuchungen. Neu aufgenommen ist der Begriff der Fernerkundung. Darunter sind nach der Amtlichen Begründung die Verfahren zur Datengewinnung aus der Bildmessung, sei es im Nahbereich, sei es vom Flugzeug aus, erfaßt wie die in der Entwicklung befindlichen Scannerverfahren. Ferner werden die vermessungstechnischen Leistungen zum Aufbau von geographisch-geometrischen Datenbasen für raumbezogene Informationssysteme mit einbezogen. Solche Informationssysteme haben z. B. Bedeutung für die kommunale Planung, für kommunale Einrichtungen und den kommunalen Verwaltungsvollzug. Unter die anderen sonstigen vermessungstechnischen Leistungen fallen diejenigen, die keinem in der Honorarordnung erfaßten Objekt und auch nicht in den vorerwähnten vermessungstechnischen Leistungen zuzuordnen sind, wie z. B. Vermessungen und Auswerten im wissenschaftlichen Bereich, Schlauchwaagen, Messungen, barometrische Messungen oder Schwingungsmessungen (Amtliche Begründung).

§ 97
Grundlagen des Honorars bei der Entwurfsvermessung

(1) Das Honorar für Grundleistungen bei der Entwurfsvermessung richtet sich nach den anrechenbaren Kosten des Objekts, nach der Honorarzone, der die Entwurfsvermessung angehört, sowie nach der Honorartafel in § 99.

(2) Anrechenbare Kosten sind unter Zugrundelegung der Kostenermittlungsarten nach DIN 276 nach der Kostenberechnung zu ermitteln, solange diese nicht vorliegt oder wenn die Vertragsparteien dies bei Auftragserteilung schriftlich vereinbaren, nach der Kostenschätzung.

(3) Anrechenbare Kosten sind die Herstellungskosten des Objekts. Sie sind zu ermitteln:

1. bei Gebäuden nach § 10 Abs. 3, 4 und 5,

2. bei Ingenieurbauwerken nach § 52 Abs. 6 bis 8 und sinngemäß nach § 10 Abs. 4,

3. bei Verkehrsanlagen nach § 52 Abs. 4 bis 8 und sinngemäß nach § 10 Abs. 4.

(4) Anrechenbar sind bei Gebäuden und Ingenieurbauwerken nur folgende Vomhundertsätze der nach Absatz 3 ermittelten anrechenbaren Kosten, die wie folgt gestaffelt aufzusummieren sind:

1. bis zu 1 Mio. DM	40 v. H.,
2. über 1 Mio. bis zu 2 Mio. DM	35 v. H.,
3. über 2 Mio. bis zu 5 Mio. DM	30 v. H.,
4. über 5 Mio. DM	25 v. H.

(5) Die Absätze 1 bis 4 sowie die §§ 97a und 97b gelten nicht für vermessungstechnische Leistungen bei ober- und unterirdischen Leitungen, innerörtlichen Verkehrsanlagen mit überwiegend innerörtlichem Verkehr – ausgenommen Wasserstraßen –, Geh- und Radwegen sowie Gleis- und Bahnsteiganlagen. Das Honorar für die in Satz 1 genannten Objekte kann frei vereinbart werden. Wird ein Honorar nicht bei Auftragserteilung schriftlich vereinbart, so ist das Honorar als Zeithonorar nach § 6 zu berechnen.

(6) § 21 gilt sinngemäß.

(7) Umfaßt ein Auftrag Vermessungen für mehrere Objekte, so sind die Honorare für die Vermessung jedes Objekts getrennt zu berechnen. § 23 Abs. 2 gilt sinngemäß.

1   Die §§ 97, 97a und 97b regeln die Honorare für die **Entwurfsvermessung**. In § 97 Abs. 1 sind die Komponenten für die Honorarberechnung festgelegt. Es handelt sich hierbei um die gleichen Grundlagen wie in anderen Teilen der HOAI: die anrechenbaren Kosten, die Honorarzone und die Honorartafel. Nicht erwähnt ist das Leistungsbild des § 97b, das die Prozentsätze für die erbrachten Leistungen wiedergibt. Die anrechenbaren Kosten sind in § 97 Abs. 2 bis 5, die Honorarzone ist in § 97a und das Leistungsbild in § 97b niedergelegt. Die Honorartafel ist in § 99 enthalten.

2   Die **anrechenbaren Kosten** sind in Absatz 2–5 geregelt. Im Unterschied zu verschiedenen Teilen der HOAI läßt Absatz 2 eine einheitliche Berechnung des Honorars für alle Leistungsphasen zu. Eine Aufteilung und Abrechnung bestimmter Leistungsphasen nach der Kostenberechnung einerseits und nach der Kostenfeststellung andererseits ist also nicht erforderlich. Im Regelfall ist die **Kostenberechnung** die maßgebende Kostenermittlung. Diese soll „unter Zugrundelegung der Kostenermittlungsarten nach DIN 276" (vgl. hierzu § 10 Rdn. 9 ff.) aufgestellt werden. Nach der Formulierung ist die Gliederung nach DIN 276 nicht zwingend, zumal dies für Ingenieurbauwerke und Verkehrsanlagen ohnehin nicht verlangt werden kann. Es wird jedoch insoweit eine Anlehnung an die DIN 276 notwendig sein, als die sieben Kostengruppen aufgeführt sein müssen. Die Einzelheiten, welche der in dieser Kostenermittlung enthaltenen Kostengruppen dann für die Berechnung maßgebend sind, ergeben sich aus Absatz 3 und 4. Anrechenbar sind in aller Regel die Summen aus Kostengruppen 3 und 5 der DIN 276 – letztere deshalb, weil in den Plänen regelmäßig auch Außenanlagen darzustellen sind und nicht nur das eigentliche Bauobjekt.

Anstelle der Kostenberechnung kann die **Kostenschätzung** als maßgebende **3** Kostenermittlungsgrundlage vereinbart werden. Dafür ist allerdings eine schriftliche Vereinbarung (vgl. § 4 Rdn. 26) erforderlich, die bereits „bei Auftragserteilung" (vgl. § 4 Rdn. 34) getroffen sein muß. Sind beide Voraussetzungen nicht eingehalten, so gilt die Kostenberechnung, die nachzuholen ist, wenn sie nicht vorgelegt wurde.

Durch die 5. HOAI-Novelle wurde zum 1. 1. 1996 die Zeichensetzung in **4** **Absatz 5** geändert. Damit wurde klargestellt, daß nur Wasserstraßen von der freien Honorarvereinbarung bzw. von der Honorierung nach Zeithonorar ausgenommen sind (Amtliche Begründung).

In Absatz 6 ist auf § 21 verwiesen. Bei zeitlicher Trennung sind die anrechen- **5** baren Kosten der einzelnen Bauabschnitte zu ermitteln und jeweils das Honorar zu berechnen. Damit wirkt sich die Degression der HOAI zugunsten des Auftragnehmers aus. In Absatz 7 ist die Vorschrift des § 23 Abs. 2 für entsprechend anwendbar erklärt.

§ 97a
Honorarzonen für Leistungen bei der Entwurfsvermessung

(1) Die Honorarzone wird bei der Entwurfsvermessung aufgrund folgender Bewertungsmerkmale ermittelt:

1. Honorarzone I:
Vermessungen mit sehr geringen Anforderungen, das heißt mit
   - sehr hoher Qualität der vorhandenen Kartenunterlagen,
   - sehr geringen Anforderungen an die Genauigkeit,
   - sehr hoher Qualität des vorhandenen Lage- und Höhenfestpunktfeldes,
   - sehr geringen Beeinträchtigungen durch die Geländebeschaffenheit und bei der Begehbarkeit,
   - sehr geringer Behinderung durch Bebauung und Bewuchs,
   - sehr geringer Behinderung durch Verkehr,
   - sehr geringer Topographiedichte;

2. Honorarzone II:
Vermessungen mit geringen Anforderungen, das heißt mit
   - guter Qualität der vorhandenen Kartenunterlagen,
   - geringen Anforderungen an die Genauigkeit,
   - guter Qualität des vorhandenen Lage- und Höhenfestpunktfeldes,
   - geringen Beeinträchtigungen durch die Geländebeschaffenheit und bei der Begehbarkeit,
   - geringer Behinderung durch Bebauung und Bewuchs,
   - geringer Behinderung durch Verkehr,
   - geringer Topographiedichte;

3. Honorarzone III:
Vermessungen mit durchschnittlichen Anforderungen, das heißt mit

- befriedigender Qualität der vorhandenen Kartenunterlagen,
- durchschnittlichen Anforderungen an die Genauigkeit,
- befriedigender Qualität des vorhandenen Lage- und Höhenfestpunktfeldes,
- durchschnittlichen Beeinträchtigungen durch die Geländebeschaffenheit und bei der Begehbarkeit,
- durchschnittlicher Behinderung durch Bebauung und Bewuchs,
- durchschnittlicher Behinderung durch Verkehr,
- durchschnittlicher Topographiedichte;

4. Honorarzone IV:
Vermessungen mit überdurchschnittlichen Anforderungen, das heißt mit
- kaum ausreichender Qualität der vorhandenen Kartenunterlagen,
- überdurchschnittlichen Anforderungen an die Genauigkeit,
- kaum ausreichender Qualität des vorhandenen Lage- und Höhenfestpunktfeldes,
- überdurchschnittlichen Beeinträchtigungen durch die Geländebeschaffenheit und bei der Begehbarkeit,
- überdurchschnittlicher Behinderung durch Bebauung und Bewuchs,
- überdurchschnittlicher Behinderung durch Verkehr,
- überdurchschnittlicher Topographiedichte;

5. Honorarzone V:
Vermessungen mit sehr hohen Anforderungen, das heißt mit
- mangelhafter Qualität der vorhandenen Kartenunterlagen,
- sehr hohen Anforderungen an die Genauigkeit,
- mangelhafter Qualität des vorhandenen Lage- und Höhenfestpunktfeldes,
- sehr hohen Beeinträchtigungen durch die Geländebeschaffenheit und bei der Begehbarkeit,
- sehr hoher Behinderung durch Bebauung und Bewuchs,
- sehr hoher Behinderung durch Verkehr,
- sehr hoher Topographiedichte.

(2) Sind für eine Entwurfsvermessung Bewertungsmerkmale aus mehreren Honorarzonen anwendbar und bestehen deswegen Zweifel, welcher Honorarzone die Vermessung zugerechnet werden kann, so ist die Anzahl der Bewertungspunkte nach Absatz 3 zu ermitteln. Die Vermessung ist nach der Summe der Bewertungspunkte folgenden Honorarzonen zuzurechnen:

1. Honorarzone I:
Vermessungen mit bis zu 14 Punkten,

2. Honorarzone II:
Vermessungen mit 15 bis 25 Punkten,

3. Honorarzone III:
Vermessungen mit 26 bis 37 Punkten,

4. Honorarzone IV:
Vermessungen mit 38 bis 48 Punkten,

5. Honorarzone V:
Vermessungen mit 49 bis 60 Punkten.

(3) Bei der Zurechnung einer Entwurfsvermessung in die Honorarzonen sind entsprechend dem Schwierigkeitsgrad der Anforderungen an die Vermessung die Bewertungsmerkmale Qualität der vorhandenen Kartenunterlagen, Anforderungen an die Genauigkeit und Qualität des vorhandenen Lage- und Höhenfestpunktfeldes mit je bis zu 5 Punkten, die Bewertungsmerkmale Beeinträchtigungen durch die Geländebeschaffenheit und bei der Begehbarkeit, Behinderung durch Bebauung und Bewuchs sowie Behinderung durch Verkehr mit je bis zu 10 Punkten und das Bewertungsmerkmal Topographiedichte mit bis zu 15 Punkten zu bewerten.

Die Bestimmung des § 97a enthält die Einteilung in Honorarzonen für die 1
Entwurfsvermessung. In Absatz 1 sind die Bewertungsmerkmale für die einzelnen Honorarzonen festgelegt. Der Absatz 2 bestimmt, wie in Zweifelsfällen eine Vermessung einer Honorarzone zuzuordnen ist, wenn Bewertungsmerkmale aus mehreren Honorarzonen vorliegen (zum Vorgehen vgl. die entsprechenden Anmerkungen zu §§ 12; 11).

§ 97b
Leistungsbild Entwurfsvermessung

(1) Das Leistungsbild Entwurfsvermessung umfaßt die terrestrischen und photogrammetrischen Vermessungsleistungen für die Planung und den Entwurf von Gebäuden, Ingenieurbauwerken und Verkehrsanlagen. Die Grundleistungen sind in den in Absatz 2 aufgeführten Leistungsphasen 1 bis 6 zusammengefaßt. Sie sind in der nachfolgenden Tabelle in Vomhundertsätzen der Honorare des § 99 bewertet.

	Bewertung der Grundleistungen in v. H. der Honorare
1. Grundlagenermittlung	3
2. Geodätisches Festpunktfeld	15
3. Vermessungstechnische Lage- und Höhenpläne	52
4. Absteckungsunterlagen	15
5. Absteckung für Entwurf	5
6. Geländeschnitte	10

(2) Das Leistungsbild setzt sich wie folgt zusammen:

Grundleistungen	Besondere Leistungen
1. Grundlagenermittlung	
Einholen von Informationen und Beschaffen von Unterlagen über die Örtlichkeit und das geplante Objekt	Schriftliches Einholen von Genehmigungen zum Betreten von Grundstücken, zum Befahren von Gewässern und für anord-

Grundleistungen	Besondere Leistungen

Beschaffen vermessungstechnischer Unterlagen

Ortsbesichtigung

Ermitteln des Leistungsumfangs in Abhängigkeit von den Genauigkeitsanforderungen und dem Schwierigkeitsgrad

nungsbedürftige Verkehrssicherungsmaßnahmen

2. Geodätisches Festpunktfeld

Erkunden und Vermarken von Lage- und Höhenpunkten

Erstellen von Punktbeschreibungen und Einmessungsskizzen

Messungen zum Bestimmen der Fest- und Paßpunkte

Auswerten der Messungen und Erstellen des Koordinaten- und Höhenverzeichnisses

Netzanalyse und Meßprogramm für Grundnetze hoher Genauigkeit

Vermarken bei besonderen Anforderungen

Bau von Festpunkten und Signalen

3. Vermessungstechnische Lage- und Höhenpläne

Topographisch/Morphologische Geländeaufnahme (terrestrisch/photogrammetrisch) einschließlich Erfassen von Zwangspunkten

Auswerten der Messungen/Luftbilder

Erstellen von Plänen mit Darstellen der Situation im Planungsbereich einschließlich der Einarbeitung der Katasterinformation

Darstellen der Höhen in Punkt-, Raster- oder Schichtlinienform

Erstellen eines digitalen Geländemodells

Graphisches Übernehmen von Kanälen, Leitungen, Kabeln und unterirdischen Bauwerken aus vorhandenen Unterlagen

Eintragen der bestehenden öffentlich-rechtlichen Festsetzungen

Liefern aller Meßdaten in digitaler Form

Orten und Aufmessen des unterirdischen Bestandes

Vermessungsarbeiten unter Tage, unter Wasser oder bei Nacht

Maßnahmen für umfangreiche anordnungsbedürftige Verkehrssicherung

Detailliertes Aufnehmen bestehender Objekte und Anlagen außerhalb normaler topographischer Aufnahmen, wie zum Beispiel Fassaden und Innenräume von Gebäuden

Eintragen von Eigentümerangaben

Darstellen in verschiedenen Maßstäben

Aufnahmen über den Planungsbereich hinaus

Ausarbeiten der Lagepläne entsprechend den rechtlichen Bedingungen für behördliche Genehmigungsverfahren

Erfassen von Baumkronen

4. Absteckungsunterlagen

Berechnen der Detailgeometrie anhand des Entwurfes und Erstellen von Absteckungsunterlagen

Durchführen von Optimierungsberechnungen im Rahmen der Baugeometrie (Flächennutzung, Abstandflächen, Fahrbahndecken)

Grundleistungen	Besondere Leistungen

5. Absteckung für den Entwurf
Übertragen der Leitlinie linienhafter
Objekte in die Örtlichkeit
Übertragen der Projektgeometrie in die
Örtlichkeit für Erörterungsverfahren

6. Geländeschnitte
Ermitteln und Darstellen von Längs- und
Querprofilen aus terrestrischen/photo-
grammetrischen Aufnahmen

In § 97b ist das Leistungsbild für die Entwurfsvermessung niedergelegt. Bei **1** allen Leistungsphasen können landesrechtliche Verhältnisse eine Rolle spielen, und die Anforderungen können im Einzelfall deshalb unterschiedlich sein.

Die Aufnahme ist nach Nr. 3 die erste Teilleistung und die Ausarbeitung der **2** Aufnahme nach Nr. 6 des Absatzes 2 abzurechnen.

§ 98
Grundlagen des Honorars bei der Bauvermessung

(1) Das Honorar für Grundleistungen bei der Bauvermessung richtet sich nach den anrechenbaren Kosten des Objekts, nach der Honorarzone, der die Bauvermessung angehört, sowie nach der Honorartafel in § 99.

(2) Anrechenbare Kosten sind unter Zugrundelegung der Kostenermittlungs-arten nach DIN 276 nach der Kostenfeststellung zu ermitteln, solange diese nicht vorliegt oder wenn die Vertragsparteien dies bei Auftragserteilung schriftlich ver-einbaren, nach der Kostenberechnung.

(3) Anrechenbar sind bei Ingenieurbauwerken 100 vom Hundert, bei Gebäuden und Verkehrsanlagen 80 vom Hundert der nach § 97 Abs. 3 ermittelten Kosten.

(4) Die Absätze 1 bis 3 sowie die §§ 98 a und 98 b gelten nicht für vermessungstech-nische Leistungen bei ober- und unterirdischen Leitungen, Tunnel-, Stollen- und Kavernenbauwerken, innerörtlichen Verkehrsanlagen mit überwiegend innerörtli-chem Verkehr – ausgenommen Wasserstraßen –, Geh- und Radwegen sowie Gleis-und Bahnsteiganlagen. Das Honorar für die in Satz 1 genannten Objekte kann frei vereinbart werden. Wird ein Honorar nicht bei Auftragserteilung schriftlich verein-bart, so ist das Honorar als Zeithonorar nach § 6 zu berechnen.

(5) Die §§ 21 und 97 Abs. 3 und 7 gelten sinngemäß.

Die Vorschrift des § 98 enthält die Grundlagen für die Honorarberechnung **1** bei der Bauvermessung. Inhaltlich entspricht die Bestimmung derjenigen des § 97 (zur Änderung der Zeichensetzung durch die 5. HOAI-Novelle vgl. § 97 Rdn. 4).

2   In § 98 sind in Absatz 1 die Grundlagen für die Honorarberechnung und in Absatz 2–4 die Grundlagen für die anrechenbaren Kosten niedergelegt. Letztere entsprechen denjenigen der Entwurfsvermessung (vgl. § 97 Rdn. 2). Grenzvorweisungen für Außenanlagen wie Mauern, Hecken, Zäune u. a. sind als Besondere Leistungen zusätzlich zu honorieren. § 98 a enthält die Regelung über die Honorarzonen, und § 98 b regelt das Leistungsbild.

3   Die Ingenieurkammern der Länder haben zum Teil Empfehlungen erarbeitet, die für die Honorarvereinbarung und -abrechnung wertvolle Hinweise enthalten. Entsprechendes gilt auch für die Veröffentlichungen des AHO (derzeit Nr. 2 der Schriftenreihe).

§ 98 a
Honorarzonen für Leistungen bei der Bauvermessung

(1) Die Honorarzone wird bei der Bauvermessung aufgrund folgender Bewertungsmerkmale ermittelt:

1. Honorarzone I:
Vermessungen mit sehr geringen Anforderungen, das heißt mit
– sehr geringen Beeinträchtigungen durch die Geländebeschaffenheit und bei der Begehbarkeit,
– sehr geringen Behinderungen durch Bebauung und Bewuchs,
– sehr geringer Behinderung durch den Verkehr,
– sehr geringen Anforderungen an die Genauigkeit,
– sehr geringen Anforderungen durch die Geometrie des Objekts,
– sehr geringer Behinderung durch den Baubetrieb;

2. Honorarzone II:
Vermessungen mit geringen Anforderungen, das heißt mit
– geringen Beeinträchtigungen durch die Geländebeschaffenheit und bei der Begehbarkeit,
– geringen Behinderungen durch Bebauung und Bewuchs,
– geringer Behinderung durch den Verkehr,
– geringen Anforderungen an die Genauigkeit,
– geringen Anforderungen durch die Geometrie des Objekts,
– geringer Behinderung durch den Baubetrieb;

3. Honorarzone III:
Vermessungen mit durchschnittlichen Anforderungen, das heißt mit
– durchschnittlichen Beeinträchtigungen durch die Geländebeschaffenheit und bei der Begehbarkeit,
– durchschnittlichen Behinderungen durch Bebauung und Bewuchs,
– durchschnittlicher Behinderung durch den Verkehr,
– durchschnittlichen Anforderungen an die Genauigkeit,
– durchschnittlichen Anforderungen durch die Geometrie des Objekts,
– durchschnittlicher Behinderung durch den Baubetrieb;

4. Honorarzone IV:
Vermessungen mit überdurchschnittlichen Anforderungen, das heißt mit
– überdurchschnittlichen Beeinträchtigungen durch die Geländebeschaffenheit
  und bei der Begehbarkeit,
– überdurchschnittlichen Behinderungen durch Bebauung und Bewuchs,
– überdurchschnittlicher Behinderung durch den Verkehr,
– überdurchschnittlichen Anforderungen an die Genauigkeit,
– überdurchschnittlichen Anforderungen durch die Geometrie des Objekts,
– überdurchschnittlicher Behinderung durch den Baubetrieb;

5. Honorarzone V:
Vermessungen mit sehr hohen Anforderungen, das heißt mit
– sehr hohen Beeinträchtigungen durch die Geländebeschaffenheit und bei der
  Begehbarkeit,
– sehr hohen Behinderungen durch Bebauung und Bewuchs,
– sehr hoher Behinderung durch den Verkehr,
– sehr hohen Anforderungen an die Genauigkeit,
– sehr hohen Anforderungen durch die Geometrie des Objekts,
– sehr hoher Behinderung durch den Baubetrieb.

(2) § 97a Abs. 2 gilt sinngemäß.

(3) Bei der Zurechnung einer Bauvermessung in die Honorarzonen ist entsprechend dem Schwierigkeitsgrad der Anforderungen an die Vermessung das Bewertungsmerkmal Beeinträchtigungen durch die Geländebeschaffenheit und bei der Begehbarkeit mit bis zu 5 Punkten, die Bewertungsmerkmale Behinderungen durch Bebauung und Bewuchs, Behinderung durch den Verkehr, Anforderungen an die Genauigkeit sowie Anforderungen durch die Geometrie des Objekts mit je bis zu 10 Punkten und das Bewertungsmerkmal Behinderung durch den Baubetrieb mit bis zu 15 Punkten zu bewerten.

§ 98 b
Leistungsbild Bauvermessung

(1) Das Leistungsbild Bauvermessung umfaßt die terrestrischen und photogrammetrischen Vermessungsleistungen für den Bau und die abschließende Bestandsdokumentation von Gebäuden, Ingenieurbauwerken und Verkehrsanlagen. Die Grundleistungen sind in den in Absatz 2 aufgeführten Leistungsphasen 1 bis 4 zusammengefaßt. Sie sind in der nachfolgenden Tabelle in Vomhundertsätzen der Honorare des § 99 bewertet.

	Bewertung der Grundleistungen in v. H. der Honorare
1. Baugeometrische Beratung	2
2. Absteckung für die Bauausführung	14

3. Bauausführungsvermessung   66

4. Vermessungstechnische Überwachung
der Bauausführung   18

(2) Das Leistungsbild setzt sich wie folgt zusammen:

Grundleistungen	Besondere Leistungen

1. Baugeometrische Beratung

Beraten bei der Planung insbesondere im Hinblick auf die erforderlichen Genauigkeiten

Erstellen eines konzeptionellen Meßprogramms

Festlegen eines für alle Beteiligten verbindlichen Maß-, Bezugs- und Benennungssystems

Erstellen von Meßprogrammen für Bewegungs- und Deformationsmessungen, einschließlich Vorgaben für die Baustelleneinrichtung

Besondere Leistungen:

Erstellen von vermessungstechnischen Leistungsbeschreibungen

Erarbeiten von Organisationsvorschlägen über Zuständigkeiten, Verantwortlichkeit und Schnittstellen der Objektvermessung

2. Absteckung für Bauausführung

Übertragen der Projektgeometrie (Hauptpunkte) in die Örtlichkeit

Übergabe der Lage- und Höhenfestpunkte, der Hauptpunkte und der Absteckungsunterlagen an das bauausführende Unternehmen

3. Bauausführungsvermessung

Messungen zur Verdichtung des Lage- und Höhenfestpunktfeldes

Messungen zur Überprüfung und Sicherung von Fest- und Achspunkten

Baubegleitende Absteckungen der geometriebestimmenden Bauwerkspunkte nach Lage und Höhe

Messungen zur Erfassung von Bewegungen und Deformationen des zu erstellenden Objekts an konstruktiv bedeutsamen Punkten (bei Wasserstraßen keine Grundleistung)

Stichprobenartige Eigenüberwachungsmessungen

Besondere Leistungen:

Absteckung unter Berücksichtigung von belastungs- und fertigungstechnischen Verformungen

Prüfen der Meßgenauigkeit von Fertigteilen

Aufmaß von Bauleistungen, soweit besondere vermessungstechnische Leistungen gegeben sind

Herstellen von Bestandsplänen

Ausgabe von Baustellenbestandsplänen während der Bauausführung

Fortführen der vermessungstechnischen Bestandspläne nach Abschluß der Grundleistung

Grundleistungen	Besondere Leistungen

Fortlaufende Bestandserfassung während der Bauausführung als Grundlage für den Bestandsplan

4. Vermessungstechnische Überwachung der Bauausführung

Kontrollieren der Bauausführung durch stichprobenartige Messungen an Schalungen und entstehenden Bauteilen	Prüfen der Mengenermittlungen
	Einrichten eines geometrischen Objektinformationssystems
Fertigen von Meßprotokollen	Planen und Durchführen von langfristigen
Stichprobenartige Bewegungs- und Deformationsmessungen an konstruktiv bedeutsamen Punkten des zu erstellenden Objekts	vermessungstechnischen Objektüberwachungen im Rahmen der Ausführungskontrolle baulicher Maßnahmen
	Vermessungen für die Abnahme von Bauleistungen, soweit besondere vermessungstechnische Anforderungen gegeben sind

(3) Die Leistungsphase 3 ist abweichend von Absatz 1 bei Gebäuden mit 45 bis 66 vom Hundert zu bewerten.

Die Empfehlungen der Ingenieurkammern sind auch beim Leistungsbild von   1
Bedeutung (vgl. § 98 Rdn. 3). Das gilt z. B. für die Bewertung der Schnurgerüstangabe, der Absteckung des Bauvorhabens für den Erdaushub und die Höhenangaben.

§ 99
Honorartafel für Grundleistungen bei der Vermessung

(1) Die Mindest- und Höchstsätze der Honorare für die in den §§ 97b und 98b aufgeführten Grundleistungen sind in der nachfolgenden Honorartafel [siehe Seite 1056] festgesetzt.

(2) § 16 Abs. 2 und 3 gilt sinngemäß.

Die Honorartafel entspricht in der Form den anderen aus der HOAI. Es   1
ergeben sich im einzelnen die gleichen Fragen wie bei § 16 HOAI (vgl. die entsprechenden Anmerkungen dort).

Honorartafel zu § 99 Abs. 1

Anrechen-bare Kosten DM	Zone I		Zone II		Zone III		Zone IV		Zone V	
	von DM	bis DM	von DM	bis DM	von DM	bis DM	von DM	bis DM	von DM	bis DM
100 000	4 000	4 700	4 700	5 400	5 400	6 100	6 100	6 800	6 800	7 500
200 000	6 000	6 900	6 900	7 800	7 800	8 700	8 700	9 600	9 600	10 500
300 000	7 800	8 900	8 900	10 000	10 000	11 100	11 100	12 200	12 200	13 300
400 000	9 300	10 500	10 500	11 800	11 800	13 000	13 000	14 300	14 300	15 500
500 000	10 600	12 000	12 000	13 400	13 400	14 800	14 800	16 200	16 200	17 600
600 000	11 800	13 300	13 300	14 800	14 800	16 300	16 300	17 800	17 800	19 300
700 000	13 000	14 600	14 600	16 300	16 300	17 900	17 900	19 600	19 600	21 200
800 000	14 200	16 000	16 000	17 700	17 700	19 500	19 500	21 200	21 200	23 000
900 000	15 400	17 300	17 300	19 200	19 200	21 000	21 000	22 900	22 900	24 800
1 000 000	16 600	18 600	18 600	20 600	20 600	22 600	22 600	24 600	24 600	26 600
1 500 000	20 400	22 800	22 800	25 200	25 200	27 600	27 600	30 000	30 000	32 400
2 000 000	24 400	27 000	27 000	29 800	29 800	32 600	32 600	35 400	35 400	38 200
3 000 000	32 000	35 400	35 400	39 000	39 000	42 600	42 600	46 200	46 200	49 800
4 000 000	39 600	43 800	43 800	48 200	48 200	52 600	52 600	57 000	57 000	61 400
5 000 000	47 200	52 200	52 200	57 400	57 400	62 600	62 600	67 800	67 800	73 000
6 000 000	54 800	60 600	60 600	66 600	66 600	72 600	72 600	78 600	78 600	84 600
7 000 000	62 400	69 000	69 000	75 800	75 800	82 600	82 600	89 400	89 400	96 200
8 000 000	70 000	77 400	77 400	85 000	85 000	92 600	92 600	100 200	100 200	107 800
9 000 000	77 600	85 800	85 800	94 200	94 200	102 600	102 600	111 000	111 000	119 400
10 000 000	85 200	94 200	94 200	103 400	103 400	112 600	112 600	121 800	121 800	131 000
15 000 000	123 200	136 200	136 200	149 400	149 400	162 600	162 600	175 800	175 800	189 000
20 000 000	161 000	178 200	178 200	195 400	195 400	212 600	212 600	229 800	229 800	247 000

§ 100
Sonstige vermessungstechnische Leistungen

(1) Zu den sonstigen vermessungstechnischen Leistungen rechnen:

1. Vermessungen an Objekten außerhalb der Entwurfs- oder Bauphase,

2. nicht objektgebundene Flächenvermessungen, die die Herstellung von Lage- und Höhenplänen zum Ziel haben und nicht unmittelbar mit der Realisierung eines Objekts in Verbindung stehen, sowie Vermessungsleistungen für Freianlagen und im Zusammenhang mit städtebaulichen oder landschaftsplanerischen Leistungen,

3. Fernerkundungen, die das Aufnehmen, Auswerten und Interpretieren von Luftbildern und anderer raumbezogener Daten umfassen, die durch Aufzeichnung über eine große Distanz erfaßt sind, als Grundlage insbesondere für Zwecke der Raumordnung und des Umweltschutzes,

4. vermessungstechnische Leistungen zum Aufbau von geographisch-geometrischen Datenbasen für raumbezogene Informationssysteme,

5. Leistungen nach § 96, soweit sie nicht in den §§ 97 b und 98 b erfaßt sind.

(2) Für sonstige vermessungstechnische Leistungen kann ein Honorar frei vereinbart werden. Wird ein Honorar nicht bei Auftragserteilung schriftlich vereinbart, so ist das Honorar als Zeithonorar nach § 6 zu berechnen.

Diese Vorschrift knüpft an § 96 Abs. 2 Nr. 3 an. Erfaßt sind alle Tätigkeiten außerhalb der Entwurfs- und Bauvermessung. Werden sonstige vermessungstechnische Leistungen neben der Entwurfs- und Bauvermessung erbracht, dann handelt es sich um Besondere Leistungen. Diese sind nur honorarfähig, wenn die Voraussetzungen des § 5 Abs. 4 – insbesondere: schriftliche Honorarvereinbarung – vorliegen.

Die Honorarregelung in Abs. 2 ist eindeutig: Die freie Vereinbarung ist zwar zulässig. Sie ist aber nur wirksam, wenn sie schriftlich bei Auftragserteilung getroffen wurde. Fehlt sie oder ist sie unwirksam, dann besteht ein Anspruch auf Zeithonorar (Mindestsätze).

Teil XIV
Schluß- und Überleitungsvorschriften

§ 101

(Aufhebung von Vorschriften)

§ 102

Berlin-Klausel

(gegenstandslos)

§ 103

Inkrafttreten und Überleitungsvorschriften

(1) Diese Verordnung tritt am 1. Januar 1977 in Kraft. Sie gilt nicht für Leistungen von Auftragnehmern zur Erfüllung von Verträgen, die vor ihrem Inkrafttreten abgeschlossen worden sind; insoweit bleiben die bisherigen Vorschriften anwendbar.

(2) Die Vertragsparteien können vereinbaren, daß die Leistungen zur Erfüllung von Verträgen, die vor dem Inkrafttreten dieser Verordnung abgeschlossen worden sind, nach dieser Verordnung abgerechnet werden, soweit sie bis zum Tage des Inkrafttretens noch nicht erbracht worden sind.

(3) Absatz 1 Satz 2 und Absatz 2 gelten entsprechend für die Anwendbarkeit der am 1. Januar 1985 in Kraft tretenden Änderungen dieser Verordnung auf vor diesem Zeitpunkt abgeschlossene Verträge.

(4) Absatz 1 Satz 2 und Absatz 2 gelten entsprechend für die Anwendbarkeit der am 1. April 1988 in Kraft tretenden Änderungen dieser Verordnung auf vor diesem Zeitpunkt abgeschlossene Verträge.

(5) Absatz 1 Satz 2 und Absatz 2 gelten entsprechend für die Anwendbarkeit der am 1. Januar 1991 in Kraft tretenden Änderungen dieser Verordnung auf vor diesem Zeitpunkt abgeschlossene Verträge.

(6) Absatz 1 Satz 2 und Absatz 2 gelten entsprechend für die Anwendbarkeit der am 1. Januar 1996 in Kraft tretenden Änderungen dieser Verordnung auf vor diesem Zeitpunkt abgeschlossene Verträge.

1   Die ursprüngliche Fassung der HOAI trat am 1. 1. 1977 in Kraft. Sie galt damals nicht für die laufenden Verträge, sondern für die seit 1. 1. 1977 abgeschlossenen. Dem Gegenstand nach war sie beschränkt auf alle Architektenverträge und auf Verträge betreffend die Tragwerksplanung bei Gebäuden.

2   Die HOAI erfuhr bis heute 5 Novellierungen (vgl. Einl. Rdn. 2 ff.). Durch die jeweiligen Novellen wurden die Absätze 3–6 in § 103 eingefügt. Mit der 1. HOAI-Novelle, die am 1. 1. 1985 in Kraft trat, wurde die Übergangsregelung in § 103 niedergelegt. Zuvor fand sich die entsprechende Vorschrift in § 59 a. F.

3   Der Grundsatz, in welcher **Fassung** die HOAI für den **jeweiligen Vertrag** gilt, ergibt sich aus Abs. 1 und 2. Maßgebend ist diejenige Fassung der HOAI, die zum **Zeitpunkt des Vertragsabschlusses** gilt. Das Problem stellt sich bei jeder HOAI-Novelle neu und wird vom Verordnungsgeber durch entsprechende Anwendbarkeit von Abs. 1 S. 2 sowie Abs. 2 genauso gelöst.

4   Auf den Zeitpunkt der konkreten Auftragserteilung kommt es auch bei **Beauftragung mit Teilleistungen** an. Werden Teilleistungen erst nach dem Inkrafttreten einer bestimmten HOAI-Novelle in Auftrag gegeben (**stufenweise Beauftragung**), dann gilt für diese Leistungen die HOAI in der Neufassung. Entsprechendes gilt auch für solche Fälle, in denen nach dem Stichtag zusätzliche Bauabschnitte beauftragt werden (**abschnittsweise Beauftragung**). Für beide Fälle ist hier maßgebend, daß ein neuer Vertrag nach dem Stichtag zustande kommt und deshalb die Neufassung der HOAI für die später in Auftrag gegebenen Leistungen verbindlich ist (unstr.; LG Hamburg v. 16. 12. 1992 – 319 O 343/92; Löffelmann/Fleischmann, Rdn. 5; Werner, BauR 1992, 695). Dabei spielt es keine Rolle, ob – wie bei Ziff. 3.2 des RBBau-Musters – kein Anspruch auf weitere Beauftragung besteht oder – wie z. B. im Kommunalen Muster – im Falle der Verwirklichung der Baumaßnahme innerhalb eines bestimmten Zeitraums der Auftragnehmer ein Recht auf Beauftragung hat. In beiden Fällen – auch bei Annahme eines Optionsrechts des Auftraggebers – kommt der Auftrag hinsichtlich der zusätzlichen Leistungen später zu den Bedingungen der jeweiligen Neufassung der HOAI zustande. Andernfalls könnte der Auftraggeber durch vertragliche Vereinbarung den zutreffenden Mindestsatz nach HOAI unterschreiten (ebenso Werner a. a. O.).

Vertragliche **Vereinbarungen,** wonach die HOAI in der bei Vertragsabschluß   5
gültigen Fassung zugrunde liegen soll, sind unwirksam, soweit damit der richtig berechnete Mindestsatz nach der zwischenzeitlich in Kraft getretenen
Novelle unterschritten wird (ebenso Werner a. a. O.). Sie verstoßen gegen § 4
Abs. 2 HOAI und in Formularverträgen gegen den Leitbildcharakter dieser
Vorschrift (§ 9 Abs. 2 AGBG; vgl. dazu § 8 Rdn. 67 f.). Die Neufassung der
HOAI gilt bei stufenweiser und abschnittsweiser Beauftragung auch dann,
wenn der Vertrag eine Regelung enthält, wonach „der Auftragnehmer aus der
stufen- bzw. abschnittsweisen Beauftragung allein keinen Anspruch auf Erhöhung des Honorars oder auf Schadensersatz ableiten kann". Diese Bestimmung
stellt im Hinblick auf die Honorierung lediglich auf § 21 HOAI ab. Es soll
klargestellt werden, daß eine Abrechnung nach Maßgabe dieser Vorschrift nur
unter deren Voraussetzungen möglich ist und diese Voraussetzungen nicht
allein durch die stufen- bzw. abschnittsweise Beauftragung zu bejahen sind.

Für Verträge, die vor dem Stichtag des Inkrafttretens einer neuen HOAI-   6
Novelle abgeschlossen sind, gilt die HOAI in der alten Fassung weiter. Die
Vertragsparteien haben aber nach **Abs. 2** die Möglichkeit, die HOAI in der
Neufassung für die **bis zum Stichtag noch nicht erbrachten Leistungen** zu ver-
einbaren.

Als **noch nicht erbrachte Leistungen** in diesem Sinne sind sowohl vollständige   7
Leistungsphasen als auch einzelne Grundleistungen und schließlich sogar Teilleistungen anzusehen. Ist z. B. für ein Ingenieurbauwerk die Genehmigungsplanung noch im Jahre 1995 abgeschlossen worden, so kann für die Leistungen ab
der Ausführungsplanung die HOAI 1996 zugrunde gelegt werden. Ist für die
Technische Ausrüstung z. B. in Leistungsphase 6 des § 73 im Jahre 1995 nur
das Ermitteln von Mengen erbracht worden, so kann hinsichtlich der weiteren
Grundleistung „Aufstellen von Leistungsbeschreibungen" nach dem 1. 1. 1996
die Vereinbarung getroffen werden, daß das Honorar nach HOAI 1996 abzurechnen ist. Gleiches gilt auch für Teile von Grundleistungen, soweit also z. B.
einzelne Leistungsverzeichnisse 1995 fertiggestellt wurden und nach dem 1. 1.
1996 weitere hinzukommen.

Die **Vereinbarung** nach Abs. 2 bedarf **keiner speziellen Form.** Es genügt also   8
auch eine mündliche Vereinbarung. Bestreitet der Auftraggeber diese Vereinbarung, so muß der Auftragnehmer den Beweis dafür erbringen. Soweit allerdings
eine Vereinbarung getroffen wird, mit der von den Mindestsätzen nach oben
oder nach unten abgewichen werden soll, sind die Voraussetzungen des § 4 einzuhalten. Ansonsten kann die Vereinbarung jedoch auch konkludent getroffen
werden. Es genügt sogar, wenn die Parteien in einem Rechtsstreit übereinstim-
mend davon ausgehen, daß für die nach dem Stichtag erbrachten Leistungen
die Neufassung der HOAI gelten soll (so OLG Stuttgart v. 17. 12. 1980 – 1 U
93/80 für den insoweit gleichlautenden § 59 Abs. 2 a. F.).

Die jeweilige **Neuregelung** der HOAI kann auch bereits im **ursprünglichen**   9
Vertrag zugrunde gelegt werden. Dies ist auch dadurch möglich, daß die
HOAI in der jeweils bei Erbringung der Leistungen gültigen Fassung vereinbart

wird. Die gegenteilige Entscheidung des OLG Nürnberg (NJW-RR 1989, 407) betraf den Sonderfall, daß eine Vertragspartei AGB mit diesem Inhalt vorlegt und die Neuregelung der anderen Vertragspartei nachteilig ist. Sie ist jedoch auch für diesen Sachverhalt nicht zutreffend, weil § 103 Abs. 2 es den Parteien ermöglicht, für noch nicht erbrachte Leistungen die Neufassung zugrunde zu legen. Die Absätze 2–6 schreiben für derartige Vereinbarungen keinen bestimmten Zeitpunkt vor.

Stichwortverzeichnis

Inhaltsverzeichnis des Anhangs

DK 69.003.12 : 624.9 : 001.4   DEUTSCHE NORMEN   **April 1981**

Kosten von Hochbauten Begriffe	**DIN** **276** Teil 1

Building costs; terms
Coûts de bâtiment; termes

Die fortschreitende technische Entwicklung im Hochbau, z. B. die steigenden Anforderungen an den Nutzwert und die Einführung neuer Bauarten, erfordern einheitliche Berechnungsverfahren bei den Kostenermittlungen. Die dazu notwendigen Begriffe, Unterscheidungsmerkmale und Voraussetzungen für die Zusammenstellung und die Aufgliederung von Kostenermittlungen werden in dieser Norm festgelegt.

DIN 276 besteht aus den folgenden Teilen:
DIN 276 Teil 1 Begriffe,
DIN 276 Teil 2 Kostengliederung,
DIN 276 Teil 3 Kostenermittlungen sowie
DIN 276 Teil 3 Auswahl 1 Kostenermittlungen, Auswahl für den Wohnungsbau.

1 Kosten
Kosten sind Aufwendungen für Güter, Leistungen und Abgaben einschließlich Umsatzsteuer, die für die Planung und Errichtung von Hochbauten erforderlich sind.

2 Kostengruppe
Kostengruppe ist die Zusammenfassung der Kosten für gleichgerichtete Aufwendungen (siehe DIN 276 Teil 2).

3 Gesamtkosten
Gesamtkosten sind die Summe aller Kostengruppen (siehe DIN 276 Teil 2).

4 Kostenermittlung
Kostenermittlung ist der Oberbegriff für Verfahren, mit deren Hilfe die Kosten entsprechend dem Stand der Planung und Durchführung ermittelt oder festgestellt werden. Dies geschieht durch Kostenschätzung, Kostenberechnung, Kostenanschlag und Kostenfeststellung (siehe DIN 276 Teil 3).

5 Hochbauten
Hochbauten sind aus Baustoffen und Bauteilen hergestellte und fest mit dem Baugrund verbundene bauliche Anlagen.

6 Baugrundstücke
Baugrundstücke sind Flächen nach öffentlich-rechtlichen Vorschriften bebauter oder bebaubarer Grundstücke.

7 Erschließung
Erschließung ist die Gesamtheit der Maßnahmen, die es ermöglichen, Grundstücke baulich zu nutzen, z. B. durch Anschluß an Verkehrs-, Versorgungs- und Abwassernetze.

8 Bauwerk
Bauwerk ist der Baukörper, dessen Kosten zu ermitteln sind. Ein Bauwerk kann auch aus mehreren Baukörpern bestehen.

Fortsetzung Seite 2
Erläuterungen Seite 2

Normenausschuß Bauwesen (NABau) im DIN Deutsches Institut für Normung e. V.

Seite 2   DIN 276 Teil 1

Weitere Normen und Unterlagen

DIN	276 Teil 2	Kosten von Hochbauten; Kostengliederung
DIN	276 Teil 3	Kosten von Hochbauten; Kostenermittlungen
DIN	276 Teil 3	Auswahl 1 Kosten von Hochbauten; Kostenermittlungen, Auswahl für den Wohnungsbau
DIN	277 Teil 1	Grundflächen und Rauminhalte von Hochbauten; Begriffe, Berechnungsgrundlagen
DIN	277 Teil 2	Grundflächen und Rauminhalte von Hochbauten; Gliederung der Nutzflächen, Funktionsflächen und Verkehrsflächen (Netto-Grundrißfläche)
DIN	283 Teil 1	Wohnungen; Begriffe
DIN	283 Teil 2	Wohnungen; Berechnung der Wohnflächen und Nutzflächen
DIN	1356	Bauzeichnungen
DIN	18 960 Teil 1	Baunutzungskosten von Hochbauten; Begriff, Kostengliederung
VOB	Verdingungsordnung für Bauleistungen, Teil C: Allgemeine Technische Vorschriften für Bauleistungen	

Erläuterungen

Die vorliegende Norm beruht auf den bisherigen Festlegungen der DIN 276 seit ihrer erstmaligen Ausgabe im Jahre 1934. Von dem seither bei Bauherren und Bauplanern für den Begriff „Kosten von Hochbauten" überlieferten und üblich gewordenen Sprachgebrauch sind jedoch zu unterscheiden die wissenschaftlichen Begriffsbestimmungen für „Kosten und Preise", welche in der Betriebswirtschaftslehre bestehen.

Für den Auftraggeber sind die Preise des Auftragnehmers Kosten. Für den Auftragnehmer bestehen die Preise aus Kosten, Wagnis und Gewinn. Bei Anwendung der Norm sind diese Unterschiede zu beachten.

DK 69.003.12 : 624.9   DEUTSCHE NORMEN   April 1981

Kosten von Hochbauten
Kostengliederung

DIN
276
Teil 2

Building costs; costs division
Coûts de bâtiment; division de coûts

DIN 276 besteht aus den folgenden Teilen:

DIN 276 Teil 1   Begriffe,
DIN 276 Teil 2   Kostengliederung,
DIN 276 Teil 3   Kostenermittlungen   sowie
DIN 276 Teil 3   Auswahl 1   Kostenermittlungen, Auswahl für den Wohnungsbau.

Die Gesamtkosten gliedern sich in Kostengruppen für:

Kosten des Baugrundstückes (siehe Abschnitt 1),

Kosten der Erschließung (siehe Abschnitt 2),

Kosten des Bauwerkes (siehe Abschnitt 3),

Kosten des Gerätes (siehe Abschnitt 4),

Kosten der Außenanlagen (siehe Abschnitt 5),

Kosten für Zusätzliche Maßnahmen (siehe Abschnitt 6),

Baunebenkosten (siehe Abschnitt 7).

1 Kosten des Baugrundstückes

1.1 Wert

Der Grundstückswert richtet sich nach dem Verkehrswert [1]) zum Zeitpunkt der Kostenermittlung. Dies gilt auch, wenn der Kaufpreis vom Verkehrswert zum Zeitpunkt der Kostenermittlung abweicht.

Sind Teile des Grundstückes unentgeltlich oder gegen Entgelt für den Gemeinbedarf abzutreten oder abgetreten worden, so sollen diese Flächen bei der Ermittlung des Verkehrswertes [1]) berücksichtigt werden (siehe Abschnitt 2.1).

Der Wert eines bebauten Grundstückes, dessen bauliche Anlagen ganz oder teilweise wegen der Durchführung eines geplanten Bauwerkes umgebaut, abgebrochen oder beseitigt werden müssen, richtet sich nach dem Verkehrswert [1]) von Grundstück und baulichen Anlagen.

Bei Grundstücken, für die ein Erbbaurecht bestellt wird, darf der Grundstückswert nicht eingesetzt werden.

1.2 Erwerb

Hierzu gehören die Nebenkosten im Zusammenhang mit dem Erwerb eines Baugrundstückes (Grundstücksnebenkosten), z. B. für Beurkundung, Untersuchungen und Gutachten über Baugrund und Bebaubarkeit — soweit diese zur Beurteilung des Grundstückswertes dienen — ferner für Vermessung und Katasterunterlagen, Grunderwerbsteuer, Gebühren, Provisionen, Bodenneuordnung, Grenzregulierung und gegebenenfalls Bestellung eines Erbbaurechtes.

Bei Anpassung des Kaufpreises an den Verkehrswert (siehe Abschnitt 1.1) ist darauf zu achten, daß die Grundstücksnebenkosten nicht mehrfach angesetzt werden.

1.3 Freimachen

Hierzu gehören die Kosten, die aufzuwenden sind, um die freie Verfügung über ein erworbenes Grundstück zu erhalten, das noch mit Miet- oder Pachtverträgen belastet ist.

1.4 Herrichten

Hierzu gehören die Kosten für das Herrichten des Grundstückes oder einer Teilfläche (Baufläche) für die geplante bauliche Anlage.

2 Kosten der Erschließung

2.1 Öffentliche Erschließung

Hierzu gehören die anteiligen Kosten aufgrund gesetzlicher Vorschriften (Erschließungsbeiträge/Anliegerbeiträge) und die aufgrund öffentlich-rechtlicher Verträge entstehenden Kosten für

a) die Beschaffung oder den Erwerb der Erschließungsflächen gegen Entgelt durch den Träger der öffentlichen Erschließung,

b) die erstmalige Herstellung oder den Ausbau der öffentlichen Verkehrsflächen, der Grünflächen und sonstiger Freiflächen für öffentliche Nutzung [2]),

c) die Herstellung oder Änderung gemeinschaftlich genutzter technischer Anlagen, z. B. zur Ableitung von Abwasser sowie zur Versorgung mit Wasser, Wärme, Gas und Elektrizität.

Bei der Abgabe von Erschließungsflächen gegen Entgelt (siehe Aufzählung a)) soll der Wertausgleich des Grundstückes bei den Anliegerleistungen vorgenommen werden.

2.2 Nichtöffentliche Erschließung

Hierzu gehören die Kosten für Verkehrsflächen und technische Anlagen, die ohne öffentlich-rechtliche Verpflichtung oder Beauftragung mit dem Ziel der späteren Übertragung in den Gebrauch der Allgemeinheit hergestellt und ergänzt werden.

[1]) Bundesbaugesetz (BBauG) § 142, Verordnung über Grundsätze für die Ermittlung des Verkehrswertes von Grundstücken (Wertermittlungsverordnung — WertV —) i.d.F. v. 15. Aug. 1972 (BGBl I S. 1416)

[2]) Bundesbaugesetz (BBauG) §§ 127 bis 130

Fortsetzung Seite 2 bis 23
Erläuterungen Seite 23 und 24

Normenausschuß Bauwesen (NABau) im DIN Deutsches Institut für Normung e. V.

Das gilt auch für Kosten, die in nichterschlossenen Baugebieten, z. B. im Außenbereich [3]), aufgrund von Einzelregelungen entstehen.

Dagegen gehören Kosten für die Herstellung oder Ergänzung von Anlagen auf dem eigenen Grundstück, die der Erschließung dienen und im alleinigen Gebrauch des Eigentümers bleiben, zu den Außenanlagen (siehe Abschnitt 5).

2.3　Andere einmalige Abgaben

Hierzu gehören Kosten, die dem Grundstückseigentümer bzw. dem Bauherrn aufgrund landesrechtlicher Bestimmungen oder eines Ortsstatutes aus Anlaß des geplanten Bauvorhabens einmalig und zusätzlich zu den Erschließungsbeiträgen (siehe Abschnitt 2.1) entstehen.

3　Kosten des Bauwerkes

Hierzu gehören die Kosten aller in den Abschnitten 3.1 bis 3.5 aufgeführten Bau- und sonstigen Leistungen, die aufgrund der dem Bauwerk zugrunde liegenden Planung und der vorgesehenen Zweckbestimmung entstehen.

Maßgebend für die Abgrenzung gegenüber der Kostengruppe 5 — Außenanlagen — ist die Berechnung der Brutto-Grundrißfläche und des Brutto-Rauminhaltes nach DIN 277 Teil 1, abgesehen von geringfügigen Abweichungen, wenn sie technisch bedingt sind.

Bei Umbau, Wiederaufbau oder Wiederherstellung von Bauwerken zählen hierzu auch die Kosten von Teilabbruch-, Sicherungs- und Demontagearbeiten.

Der Wert wiederverwendeter Bauteile ist gesondert auszuweisen.

Werden Eigenleistungen erbracht, so sind dafür die Kosten einzusetzen, die für die entsprechenden Auftragnehmerleistungen entstehen würden.

3.1　Baukonstruktionen

Hierzu gehören die Kosten der Bauleistungen und der sonstigen Leistungen für den gesamten Roh- und Ausbau des Bauwerkes, einschließlich der dazu notwendigen Baustelleneinrichtung, jedoch ohne die Installationen (siehe Abschnitt 3.2), die Zentrale Betriebstechnik (siehe Abschnitt 3.3), die Betrieblichen Einbauten (siehe Abschnitt 3.4) und die Besonderen Bauausführungen (siehe Abschnitt 3.5).

3.2　Installationen

Hierzu gehören die Kosten für alle in das Bauwerk eingebauten, daran angeschlossenen oder damit fest verbundenen Rohrleitungen, Verteilungssysteme, Entnahme- und Anschlußstellen einschließlich aller installierten Objekte, die Bestandteil [4]) des Bauwerkes werden.

Es sind dies in der Regel

— Installationen für Abwasser, Wasser, Wärme, Raumlufttechnik (RLT), Gase, elektrischen Strom, Fernmeldetechnik und Blitzschutz sowie

— Installationen zum Anschluß von betrieblichen Einbauten und ferner

— das zur Bedienung, zum Betrieb oder zum Schutz der Installationen gehörende, erstmalig zu beschaffende, nichteingebaute oder nichtfestverbundene Zubehör [5]).

3.3　Zentrale Betriebstechnik

Hierzu gehören die Kosten für die Teile technischer Anlagen, die zum Betrieb der in Abschnitt 3.2 genannten Installationen erforderlich sind [6]).

Es sind dies in der Regel Anlagenteile zur Erzeugung, Aufbereitung oder Umwandlung, z. B.

a) bei zentraler Energieversorgung mit Wärme oder elektrischem Strom:

— die Wärme- oder Stromerzeuger, Wärmetauscher und Pumpen, jeweils mit Schaltanlagen und Zubehör [5]);

b) bei zentral betriebenen Anlagen für Raumlufttechnik (RLT):

— die RLT-Bauelemente mit Schaltanlagen und Zubehör [5]);

c) bei privater Wasserversorgung:

— die Vorrats- oder Sammelbehälter, Pumpen und Aufbereitungsanlagen, jeweils mit Zubehör [5]);

d) bei Abwasseranlagen, die nicht an das öffentliche Netz angeschlossen sind:

— die Sammelbehälter und Aufbereitungsanlagen mit Zubehör [5]);

e) bei Anlagen für Flüssigkeiten und Gase:

— zentrale Anlagenteile zu deren Betrieb;

f) bei Anlagen für die Fernmeldetechnik:

— Fernsprech-, Brandmelde- und Uhrenzentralen.

Außerdem gehören hierzu Aufzugs- und sonstige Förderanlagen sowie Abfallbeseitigungsanlagen.

3.4　Betriebliche Einbauten

Hierzu gehören die Kosten für alle mit dem Bauwerk festverbundenen Einbauten, die seiner besonderen Zweckbestimmung dienen. Das sind auch Einbauten, die im Zusammenhang mit den Installationen und der Zentralen Betriebstechnik stehen und benutzt werden (siehe Abschnitte 3.2 und 3.3).

Betriebliche Einbauten werden in Verbindung mit technischen Hilfsmitteln aufgestellt, angebracht oder umgesetzt.

Für die Abgrenzung gegenüber der Kostengruppe 4 — Gerät — ist maßgebend, daß sie durch ihre Beschaffenheit, z. B. Maße, Gewicht, Installationsanschlüsse und Befestigung, technische und/oder bauplanerische Maßnahmen erfordern, z. B. Anfertigen von Werkplänen oder statischen Berechnungen, Anschlüsse von Installationen, Einsatz von Hebezeugen.

3.5　Besondere Bauausführungen

Hierzu gehören die Kosten für die Baukonstruktionen, Bauteile, Bauelemente, Installationen, Zentrale Betriebstechnik und Betriebliche Einbauten, die durch besondere Bedingungen des Geländes, des Baugrundes, der Umgebung oder durch Forderungen außerhalb der Zweckbestimmung des Bauwerkes verursacht werden.

4　Kosten des Gerätes

Hierzu gehören die Kosten für alle beweglichen oder zu befestigenden Sachen, die zur Ingebrauchnahme und zur allgemeinen Benutzung des Bauwerkes erforderlich werden, soweit sie vom Bauherrn zu beschaffen sind und sofern sie nicht bereits in den Abschnitten 3.2 bis 3.4 erfaßt sind.

---

[3]) Bundesbaugesetz (BBauG) § 35

[4]) Bürgerliches Gesetzbuch (BGB) § 93 und § 94

[5]) Bürgerliches Gesetzbuch (BGB) § 97

[6]) Die Installationen (Kostengruppe 3.2) und die Zentrale Betriebstechnik (Kostengruppe 3.3) ergeben die jeweiligen Betriebstechnischen Anlagen. Die Kostengruppen 3.2 und 3.3 können auch zusammengefaßt werden (siehe DIN 276 Teil 3, Anhang B, Variante der Kostenberechnung und Anhang C, Variante des Kostenanschlages).

5   Kosten der Außenanlagen

Hierzu gehören die Kosten für die Herstellung aller Anlagen außerhalb des Bauwerkes, einschließlich der Verbindung mit den öffentlichen oder nichtöffentlichen Erschließungsanlagen, ferner die Kosten, die durch die Erschließung (siehe Abschnitt 2.2, Absatz 3) und die Oberflächengestaltung des Baugrundstückes entstehen.

Es sind dies in der Regel Kosten für: Einfriedungen, Geländebearbeitung, Versorgungs- und Abwasseranlagen, Wirtschaftsvorrichtungen, Straßen, Wege, Plätze, Treppen, Grünflächen, ferner Außenanlagen für besondere Zweckbestimmungen.

Bei größeren baulichen Anlagen können die jeweiligen Kosten der Außenanlagen auch einzelnen Bauwerken bzw. Baukörpern zugeordnet werden.

Beim Umbau von Außenanlagen gehören hierzu auch die Kosten von Teilabbruch-, Sicherungs- und Demontagearbeiten.

Der Wert wiederverwendeter Bauteile ist gesondert auszuweisen. Werden Eigenleistungen erbracht, so sind dafür die Kosten einzusetzen, die für die entsprechenden Auftragnehmerleistungen entstehen würden.

6   Kosten für Zusätzliche Maßnahmen

Hierzu gehören die Kosten, die durch besondere Maßnahmen bei der Herstellung des Bauwerkes und/oder der Außenanlagen verursacht werden, die jedoch den Wert nicht erhöhen, z. B. Vorkehrungen zum Schutz von Personen und Sachen, gegen die Behinderungen des Baubetriebes durch Witterungseinflüsse, Maßnahmen zur Beschleunigung des Baubetriebes.

7   Baunebenkosten

Hierzu gehören die Kosten, die bei der Planung und Durchführung auf der Grundlage von Honorarordnungen, Gebührenordnungen, Preisvorschriften oder nach besonderer vertraglicher Vereinbarung entstehen.

Es sind dies in der Regel Kosten für: Vorbereitung, Planung, Durchführung, behördliche Prüfungen, Genehmigungen und Abnahmen, besondere künstlerische Gestaltung, Finanzierungen und Abgaben.

Werden Eigenleistungen erbracht, so sind dafür die Kosten einzusetzen, die für entsprechende Fremdleistungen entstehen würden.

Anhang A
A1. Kostengliederung

Im nachfolgenden Kostengliederungsschema sind die Kosten von Hochbauten systematisch geordnet. Sie sind nach Kostengruppen in den Spalten 1 bis 4 begrifflich unterteilt; sie sind ferner mit Ordnungsziffern versehen, damit Leistungen und Kosten bei der Aufstellung von Kostenermittlungen unverwechselbar zugeordnet werden können. Erläuternde Angaben zu den Kostengruppen der Spalten 1 bis 4 enthält die Spalte „Anmerkungen".

Diese Systematik ist anwendbar auf alle Arten von Kostenermittlungen, wobei sich die Unterteilung nach die Unterteilung nach der jeweils erforderlichen Genauigkeit der Planungs- und Berechnungsunterlagen richtet (siehe DIN 276 Teil 3).

In Kostenschätzungen soll sich die Unterteilung bis zur Spalte 2 erstrecken; in der Kostenberechnung kann sie, je nach den gegebenen Umständen, bis zur Spalte 3 verfeinert werden. Im Kostenanschlag und bei der Kostenfeststellung soll sie bis zur Spalte 4 gehen. Bei der Kostenfeststellung kann sich die Unterteilung in den Fällen, in denen eine Auswertung der Kosten zu Vergleichszwecken nicht in Betracht kommt, auf die Spalten 1 und 2 beschränken.

Eine weitergehende Unterteilung der Kostengruppen, d. h. über die zu den einzelnen Kostenermittlungen vorstehend genannten Gesichtspunkte hinaus, bleibt freigestellt, denn sie richtet sich nach der jeweiligen Bauaufgabe und kann erfolgen

— nach den in Betracht kommenden Allgemeinen Technischen Vorschriften (ATV) der VOB Teil C,
— nach den in der Spalte „Anmerkungen" genannten Bauteilen bzw. Bauelementen oder
— nach anderen für die jeweiligen Ausschreibungs- oder Herstellungsverfahren geeigneten Gliederungsmerkmalen.

Wenn durch besondere Bauausführungen (siehe Kostengruppe 3.5) an bestehenden baulichen oder technischen Anlagen wesentliche Veränderungen oder Erweiterungen verursacht werden, so sind die entstehenden Kosten in einer besonderen Kostenermittlung, z. B. als „Folgearbeiten" zu erfassen.

| | | Kostengruppen | | Anmerkungen |
1	2	3	4	
1 Baugrundstück	1.1 Wert	1.1.1 Verkehrswert		
	1.2 Erwerb	1.2.1 Vermessung		
		1.2.2 Gerichtsgebühren		
		1.2.3 Notariatsgebühren		
		1.2.4 Maklerprovisionen		
		1.2.5 Grunderwerbsteuer		
		1.2.6 Wertgutachten und dafür notwendige Baugrunduntersuchungen		
		1.2.7 Amtliche Genehmigungen		
		1.2.8 Bodenordnung und Grenzregulierung		
		1.2.9 Sonstige Erwerbskosten		

1	2	3 Kostengruppen	4	Anmerkungen
	1.3 Freimachen	1.3.1 Abfindungen und Entschädigungen für Miet- und Pachtverträge		
		1.3.2 Ablösung dinglicher Rechte		
		1.3.9 Sonstige Freimachungskosten		
	1.4 Herrichten	1.4.1 Abräumen von Einfriedungen und Hindernissen	Die Kostengruppen 1.4.1 bis 1.4.9 sollen, soweit erforderlich und möglich, im Kostenanschlag nach den zugehörigen Allgemeinen Technischen Vorschriften für Bauleistungen (ATV) der VOB Teil C unterteilt werden,	z. B. nach Maßgabe der
		1.4.2 Sichern von zu erhaltendem Bewuchs		DIN 18 300 Erdarbeiten,
		1.4.3 Roden von Bewuchs		DIN 18 306 Entwässerungskanalarbeiten,
		1.4.4 Abbrechen von Bauwerken oder Bauteilen		DIN 18 307 Gas- und Wasserleitungsarbeiten im Erdreich,
		1.4.5 Beseitigen von Verkehrsanlagen		DIN 18 320 Landschaftsbauarbeiten,
		1.4.6 Abtrennen von Versorgungs- und Abwasserleitungen		DIN 18 451 Gerüstarbeiten; Richtlinien für Vergabe und Abrechnung.
		1.4.7 Sicherung von Oberboden		
		1.4.8 Bodenbewegungen, Herrichten der Geländeoberfläche, Planieren		
		1.4.9 Sonstige Herrichtungskosten		

1	2	Kostengruppen 3	4	Anmerkungen
2 Erschließung	2.1 Öffentliche Erschließung	2.1.1 Abwasseranlagen/ Kanalisation	Die Kostengruppen 2.1.1 bis 2.3.9 sollen, soweit Leistungen auftreten, die nicht pauschal erhoben oder abgegolten werden, z. B. als Beiträge oder Zuschüsse, und soweit erforderlich und möglich, im Kostenanschlag weiter nach den zugehörigen Allgemeinen Technischen Vorschriften (ATV) der VOB Teil C unterteilt werden.	z. B. nach Maßgabe der
		2.1.2 Wasserversorgung		DIN 18 300 Erdarbeiten,
		2.1.3 Fernwärmeversorgung		DIN 18 301 Bohrarbeiten,
		2.1.4 Gasversorgung		DIN 18 302 Brunnenbauarbeiten,
		2.1.5 Elektrische Stromversorgung		DIN 18 306 Entwässerungskanalarbeiten,
		2.1.6 Fernmeldetechnik		DIN 18 307 Gas- und Wasserleitungsarbeiten im Erdreich,
		2.1.7 Verkehrsanlagen einschließlich Beleuchtung		DIN 18 308 Dränarbeiten für landwirtschaftlich genutzte Flächen,
		2.1.8 Grünflächen		DIN 18 310 Sicherungsarbeiten an Gewässern, Deichen und Küstendünen
		2.1.9 Sonstige öffentliche Erschließung		DIN 18 315 Straßenbauarbeiten; Oberbauschichten ohne Bindemittel,
	2.2 Nichtöffentliche Erschließung	2.2.1 Abwasseranlagen/ Kanalisation		DIN 18 316 Straßenbauarbeiten; Oberbauschichten mit hydraulischen Bindemitteln,
		2.2.2 Wasserversorgung		DIN 18 317 Straßenbauarbeiten; Oberbauschichten mit bituminösen Bindemitteln,
		2.2.3 Fernwärmeversorgung		DIN 18 318 Straßenbauarbeiten; Steinpflaster,
		2.2.4 Gasversorgung		DIN 18 320 Landschaftsbauarbeiten,
		2.2.5 Elektrische Stromversorgung		DIN 18 330 Mauerarbeiten,
		2.2.6 Fernmeldetechnik		DIN 18 331 Beton- und Stahlbetonarbeiten,
		2.2.7 Verkehrsanlagen einschließlich Beleuchtung		DIN 18 335 Stahlbauarbeiten,
		2.2.8 Grünflächen		DIN 18 363 Anstricharbeiten,
		2.2.9 Sonstige nichtöffentliche Erschließung		DIN 18 364 Korrosionsschutzarbeiten an Stahl- und Aluminiumbauten.
	2.3 Andere einmalige Abgaben	2.3.1 Ansiedlungsgebühren/ Ansiedlungsleistungen		
		2.3.2 Beiträge zum Bau von Kfz-Stellplätzen		
		2.3.9 Sonstige einmalige Abgaben		

Kostengruppen				Anmerkungen
1	2	3	4	
3 Bauwerk	3.1 Baukonstruktionen		Die Kostengruppen 3.1.1.1 bis 3.1.9.1 sollen im Kostenanschlag, soweit erforderlich und zweckmäßig, weiter unterteilt werden, entweder nach den in Betracht kommenden Allgemeinen Technischen Vorschriften (ATV) zur VOB Teil C oder nach den in der Spalte „Anmerkungen" genannten Bauteilen/Bauelementen oder nach anderen geeigneten Abschnitten (siehe auch Vorbemerkung zu dieser Kostengliederung).	
		3.1.1 Gründung	3.1.1.1 Baugrube	Baugrube einschließlich Aushub, Abtransport und Hinterfüllen
			3.1.1.2 Fundamente, Unterböden	Fundamente, z. B. Einzel- und Streifenfundamente, Fundamentplatten, einschließlich Aushub; Unterböden, z. B. Unterbeton, Schüttungen, Bauwerkssohle, einschließlich Aushub
		3.1.2 Tragkonstruktionen	3.1.2.1 Tragende Außenwände, Außenstützen	jeweils ohne Bekleidungen [1], ab Oberfläche der Fundamente
			3.1.2.2 Tragende Innenwände, Innenstützen	jeweils ohne Bekleidungen [1], ab Oberfläche der Fundamente
			3.1.2.3 Tragende Decken, Treppen	Deckenkonstruktionen, z. B. Balken, Träger, Platten, Plattenbalken, Überzüge, Unterzüge, Bogen, Gewölbe, Kappen, einschließlich füllender Teile wie Schüttungen, jedoch ohne Bekleidungen [1] und Beläge [2]; Treppen einschließlich Zwischenpodeste, sonst wie vor
			3.1.2.4 Tragende Dächer, Dachstühle	Dachkonstruktionen, z. B. Balken, Träger, Platten, Überzüge, Unterzüge, Dachstühle, Gitter- und Raumträgerwerke, Kuppeln, jedoch ohne Dachbekleidungen [1] und Dachbeläge [2]

[1] Bekleidungen befinden sich unter Decken, Treppen und Dächern oder auf Wänden und Stützen
[2] Beläge liegen auf Unterböden, Decken, Treppen und Dächern

Kostengruppen				Anmerkungen
1	2	3	4	
		3.1.3 Nichttragende Konstruktionen	3.1.3.1 Nichttragende Außenwände und zugehörige Baukonstruktionen	Wände außen, auch Wandteile, Ausfachungen, ohne Bekleidungen¹); Außentüren und -fenster einschließlich Verglasung, Oberflächenbehandlung, Beschläge sowie Fenster- und Türumrahmungen; Wandbekleidungen¹) außen an tragenden und nicht-tragenden Außenwänden und -stützen einschließlich aller Leistungen zur Herstellung des fertigen Zustandes, z. B. Abdichtung gegen nichtdrückendes Wasser, Dämmschichten, Putz, Anstrich; Wandbekleidungen¹) innen an tragenden und nicht-tragenden Außenwänden und -stützen, sonst wie vor; Fassadenelemente einschließlich Fenster, Türen, Wandteile, Fugendichtungen; Schutzelemente außen fest oder beweglich, z. B. für Sonnenschutz, sowie Brüstungen, Geländer
			3.1.3.2 Nichttragende Innenwände und zugehörige Baukonstruktionen	Trennwände, auch Wandteile, Ausfachungen, ohne Bekleidungen¹); Innentüren und -fenster einschließlich Verglasung, Oberflächenbehandlung, Beschläge, Fenster- und Türumrahmungen; Innenwandbekleidungen¹) für tragende und nicht-tragende Innenwände einschließlich aller Leistungen zur Herstellung des fertigen Zustandes, z. B. Dämm-, Sperr- und Dichtungsschichten, Putz, Anstrich, Fliesen, Sockel, Täfelungen mit Hilfskonstruktionen; Wandelemente einschließlich Fenster, Türen, Hilfskonstruktionen, z. B. Montagewände, Falt- und Schiebewände, Wandelemente für WC und Duschen; Schutzelemente innen, z. B. Brüstungen, Gitter, Stoßabweiser

¹) Siehe Seite 7

Kostengruppen				Anmerkungen
1	2	3	4	
			3.1.3.3 Nichttragende Konstruktionen der Decken, Treppen und zugehörige Baukonstruktionen	Bodenbeläge [2]) auf tragenden Decken und Unterböden einschließlich aller Leistungen für die fertige Konstruktion, z. B. Dämm-, Sperr-, Ausgleichs-, Klebe- und Dichtungsschichten, Estriche, Fußbodenbeläge; Treppenbeläge [2]) auf Treppenstufen und Zwischenpodesten, sonst wie vor; Deckenbekleidungen [1]) einschließlich Abhängungen und Oberflächenbehandlung, z. B. Putz, Anstrich, Deckenabhängungen mit Hilfskonstruktionen; Treppenbekleidungen [1]) für Treppenläufe und Zwischenpodeste einschließlich Wangen; Schutzelemente für Decken und Treppen, z. B. Abdeckungen, Schachtdeckel, Roste, Geländer, Brüstungen
			3.1.3.4 Nichttragende Konstruktionen der Dächer und zugehörige Baukonstruktionen	Dachbeläge [2]) auf tragenden Dachkonstruktionen einschließlich aller Leistungen für Unterkonstruktionen und die fertige Konstruktion, z. B. Gefälle-, Dämm-, Sperr- und Dichtungsschichten, Randabdeckungen, Anschlüsse, Entwässerungen bis zum Fallrohr; Dachbekleidungen [1]) unter tragenden Dachkonstruktionen einschließlich Abhängung und Oberflächenbehandlung, z. B. Putz, Anstrich, Deckenabhängungen mit Hilfskonstruktionen; Dachöffnungen einschließlich aller Leistungen für Randausbildungen, die Öffnungen schließende Bauteile, Oberflächenbehandlung und Beschläge, z. B. Lichtkuppeln, Ausstiegluken, Shedöffnungen; Schutzelemente für Dächer, z. B. Laufbohlen, Schutzgitter, Schneefänge, Dachleitern
		3.1.9 Sonstige Konstruktionen, soweit nicht in 3.1.1 bis 3.1.3 enthalten	3.1.9.1 Baustelleneinrichtung	Einrichten und Räumen aller nicht in 3.1.1 bis 3.1.3 enthaltenen Baustelleneinrichtungen und Rüstungen, z. B. Material- und Geräteschuppen, Lager-, Wasch-, Toiletten- und Aufenthaltsräume, Unterkünfte, Bauwagen, Betonmischanlagen, Energie- und Bauwasseranschlüsse, Zufahrten, Lagerplätze, Innen- und Außengerüste; Vorhalten der Baustelleneinrichtung und Rüstungen

[1]) und [2]) siehe Seite 7

1	2	3 Kostengruppen	4	Anmerkungen
	3.2 Installationen		Die Kostengruppen 3.2.1 bis 3.2.9 sollen im Kostenanschlag, soweit erforderlich und zweckmäßig, nach den Allgemeinen Technischen Vorschriften (ATV) der VOB Teil C unterteilt oder nach den in der Spalte „Anmerkungen" aufgeführten Leistungsabschnitten gegliedert werden.	
		3.2.1 Abwasser³)		z. B. Anschluß-, Fall-, Sammel- und Grundleitungen einschließlich Revisions- und Sicherheitseinrichtungen⁴); Einläufe, Sandfänge, Sinkkästen⁴);
		3.2.2 Wasser³)		z. B. Kalt- und Warmwasserleitungen; Sanitärobjekte⁵); dezentrale Wassererwärmer⁴)
		3.2.3 Heizung einschließlich Wärmedämmung		z. B. Heizleitungen⁴); Raumheizflächen, Einzelgeräte⁴)
		3.2.4 Gase (außer für Heizzwecke) und sonstige Medien		z. B. Leitungen⁴); Entnahmeeinrichtungen⁴)
		3.2.5 Elektrischer Strom (außer für Heizzwecke) und Blitzschutz		z. B. Leitungen, Kabel, Schalter, Dosen usw.⁶), einschließlich Kabelbahnen, Leerrohren und Befestigungen, Verteilungen; Auffangeinrichtungen, Ableitungen und Erdung
		3.2.6 Fernmeldetechnik		z. B. Leitungen, Verteiler, Leitungsabschlüsse; Fernsprechapparate⁷); Antennen; Signalgeber⁷) ⁸)
		3.2.7 Raumlufttechnik (RLT)³)		z. B. Luftleitungen; Drosselelemente, Luftdurchlässe⁴); Raumgeräte⁴)
		3.2.9 Sonstige Installationen		z. B. Sammelantriebe für Tor-, Tür- oder Sonnenschutzanlagen⁹); hierzu gehören auch ergänzende Leistungen zu den Installationen, z. B. Rohrbrücken, Verankerungen, Anstriche, soweit sie nicht in anderen Kostengruppen berücksichtigt sind.

³) Hierzu gehören auch gegebenenfalls erforderliche Wärmedämmungen.

⁴) Jeweils einschließlich der unmittelbar mit den Installationen verbundenen Absperreinrichtungen sowie gegebenenfalls der Schalt- und/ oder der Regelarmaturen.

⁵) Sanitärobjekte sind Waschtische, Spülklosetts, Badewannen, Brausetassen usw.

⁶) Betriebsmittel gemäß VDE-Bestimmungen.

⁷) Soweit nicht in der Kostengruppe 3.3.6 enthalten.

⁸) Hierzu gehören auch Türklingel-, Türöffner- und Türsprechanlagen.

⁹) Einzelne, direkt mit Toren, Fenstern oder Sonnenschutzanlagen verbundene Antriebe sind bei diesen Bauteilen in Kostengruppe 3.1 zu erfassen.

1	2	Kostengruppen 3	4	Anmerkungen
	3.3 Zentrale Betriebstechnik	3.3.1 Abwasser	Die Kostengruppen 3.3.1 bis 3.3.9 sollen im Kostenanschlag, soweit erforderlich und zweckmäßig, nach den Allgemeinen Technischen Vorschriften (ATV) der VOB Teil C unterteilt oder nach den in der Spalte „Anmerkungen" aufgeführten Leistungsabschnitten gegliedert werden.	z. B. Sammelbehälter, Abscheider [10]; Neutralisations-, Dekontaminations-, Entgiftungsanlagen [10]; Hebeanlagen [10]
		3.3.2 Wasser		z. B. Wassergewinnungsanlagen [10] [11]; Wasseraufbereitungsanlagen [10]; Druckerhöhungsanlagen, Vorratsbehälter [10] [11]
		3.3.3 Heizung einschließlich Wärmedämmung		z. B. Brennstoffbehälter, Brennstoffübergabe einschließlich Beschickung; Schlackenbehälter, Schlackenbeseitigungsanlagen; Wärmeerzeuger einschließlich Abgaskanäle (Füchse) und -rohre bis einschließlich Schornsteinanschlüsse sowie gegebenenfalls einschließlich Rauchgas-Entstaubungs- und Filteranlagen, Wärmeübergabestationen, Umformer, Reduzierstationen [10]; zentrale Wassererwärmer, Warmwasserspeicher [10]; Pumpen, Behälter, Verteiler [10]
		3.3.4 Gase (außer allein für Heizzwecke) und sonstige Medien		z. B. Gas- und Medienlagerung [10]; Gas- und Medienerzeugung und -rückgewinnung [10]; Übergabestationen, Umformer [10]
		3.3.5 Elektrischer Strom (außer allein für Heizzwecke)		z. B. Hoch-, Mittelspannungsschaltanlagen, Transformatoren [10]; Ersatzstrom-Erzeugungsanlagen [10]; zentrale Niederspannungs- und Kleinspannungsanlagen [10]

[10] Hierzu gehören alle Meß-, Steuer-, Regel- und Schalteinrichtungen, soweit nicht in Kostengruppe 3.2 erfaßt.
[11] Hierzu gehören gegebenenfalls auch entsprechende Einrichtungen für Notwasserversorgung.

Kostengruppen				Anmerkungen
1	2	3	4	
		3.3.6 Fernmeldetechnik		z. B. Zentralen für Telekommunikation wie Telefon, Telex, Datex, Direktruf, Telefax[12]; elektroakustische Anlagen einschließlich Sprechanlagen[12]; Fernsehanlagen[12]; Such-, Melde- und Signalanlagen wie Brandmelde- und Alarmanlagen[12], Kontrollmelder, Zeitdienstanlagen; Antennenanlagen[12]; Fernwirk-, Fernmeß- und sonstige Datenübertragungsanlagen einschließlich zentraler Leittechnik (ZLT)[12]
		3.3.7 Raumlufttechnik (RLT)[3]		z. B. RLT-Bauelemente und -Geräte zur Luftbehandlung und -förderung[10]; Kälteerzeugungs- und Rückkühlungsanlagen[10]; Wärmerückgewinnungsanlagen[10]
		3.3.8 Fördertechnik		z. B. Personen- und Lastenaufzüge; Hubvorrichtungen; Fahrtreppen, Fahrsteige; mechanische Stetigförderanlagen; Rohrpostanlagen; sonstige Saugtransportanlagen; Krananlagen
		3.3.9 Sonstige zentrale Betriebstechnik		z. B. kältetechnische Anlagen[13]; Wärmepumpen, Solaranlagen[14]; Abfallbehandlungs-, Abfallverbrennungsanlagen; Feuerlöschanlagen[14]; hierzu gehören auch ergänzende Leistungen für die zentrale Betriebstechnik, z. B. Rohrbrücken, Verankerungen, Anstriche, soweit sie nicht in anderen Kostengruppen berücksichtigt sind.

3) Siehe Seite 10.
10) Siehe Seite 11.
12) Soweit nicht in 3.2.6 enthalten.
13) Außer kältetechnischen Anlagen für die Raumlufttechnik (siehe 3.3.7).
14) Soweit nicht in anderen Kostengruppen erfaßt.

Kostengruppen			Anmerkungen
1	2	3	4
	3.4 Betriebliche Einbauten	3.4.1 Einbaumöbel	Die Kostengruppe 3.4 kann in der Kostenberechnung und im Kostenanschlag nicht nach den Allgemeinen Technischen Vorschriften (ATV) der VOB Teil C unterteilt werden. Die nebenstehenden Anmerkungen sind als beispielhafte Aufzählung zu verstehen. In bestimmten Fällen ist auch eine Untergliederung nach Nutzungsarten (siehe DIN 277 Teil 2) möglich.	z. B. Sitz- und Liegemöbel, Gestühl, Podien, Tische; Theken, Pulte, Schranken, Vitrinen, Tresore, Garderoben, Schränke, Regale, Bibliothek- und Archivgestelle, Magazin- und Lagergerüste, Ladeneinbauten, Schaukästen, Wandtafeln, Anzeigetafeln, Projektionswände, Verdunkelungsanlagen; Werkbänke, Arbeits- und Labortische
		3.4.2 Maschinen und Apparate		z. B. Küchen- und Fleischereimaschinen, Koch- und Backapparate, Spül- und Reinigungsmaschinen, Ausgabe- und Verteilungsapparate, Verkaufsautomaten, Waschmaschinen
		3.4.9 Sonstige betriebliche Einbauten		z. B. Einbauten, die einer besonderen Zweckbestimmung entsprechen, u. a. – in Theatern: Bühnenvorhänge und -prospekte, Souffleurkästen, bühnentechnische Anlagen; – in Kirchen: Altäre, Kanzeln, Taufsteine, Beichtstühle, Orgelemporen; – in Sporthallen: Tribünen, Klettergerüste, Einbaugeräte, Ballfänge; – in Räumen für medizinische Zwecke: Einbauten zur Untersuchung und Behandlung, zur Leichenaufbewahrung; – in Räumen für Tierhaltung: Stalleinbauten, Boxen, Käfige, Futtertröge

1097

1	2	3	4	Anmerkungen
			Kostengruppen	
	3.5 Besondere Bauausführungen zu 3.1 bis 3.4			Die Kostengruppe 3.5 soll gegebenenfalls im Kostenanschlag, soweit erforderlich und zweckmäßig, nach den Allgemeinen Technischen Vorschriften (ATV) der VOB Teil C unterteilt werden.
		3.5.1 Besondere Baukonstruktionen	3.5.1.1 Außergewöhnliche Gründung	
			3.5.1.2 Felssprengung, Baugrundverbesserung	
			3.5.1.3 Unterfangung, Abstützung	
			3.5.1.4 Schächte und Hohlräume	
			3.5.1.5 Wasserhaltung, Drainage, wasserdruckhaltende Dichtung	
			3.5.1.6 Schutzbauteile	
			3.5.1.7 Anschluß-, Verbindungs-, Ergänzungsbauteile	
			3.5.1.9 Sonstige besondere Baukonstruktionen	
		3.5.2 Besondere Installationen 3)	3.5.2.1 Abwasser	
			3.5.2.2 Wasser	
			3.5.2.3 Heizung einschließlich Wärmedämmung	
			3.5.2.4 Gase und sonstige Medien 15)	
			3.5.2.5 Elektrischer Strom 15)	
			3.5.2.6 Fernmeldetechnik	
			3.5.2.7 Raumlufttechnik (RLT)	
			3.5.2.9 Sonstige besondere Installationen	

3) Siehe Seite 10. 15) Außer allein für Heizzwecke.

1	2	Kostengruppen 3	4	Anmerkungen
		3.5.3 Besondere zentrale Betriebstechnik ³)	3.5.3.1 Abwasser	
			3.5.3.2 Wasser	
			3.5.3.3 Heizung einschließlich Wärmedämmung	
			3.5.3.4 Gase (außer für Heizzwecke) und sonstige Medien	
			3.5.3.5 Elektrischer Strom (außer allein für Heizzwecke)	
			3.5.3.6 Fernmeldetechnik	
			3.5.3.7 Raumlufttechnik (RLT)	
			3.5.3.9 Sonstige besondere zentrale Betriebstechnik	
		3.5.4 Besondere betriebliche Einbauten ³)	3.5.4.1 Einbaumöbel	
			3.5.4.2 Maschinen und Apparate	
			3.5.4.9 Sonstige besondere betriebliche Einbauten	
		3.5.5 Kunstwerke künstlerisch gestaltete Bauteile ¹⁶)	3.5.5.1 Kunstwerke	
			3.5.5.2 Künstlerisch gestaltete Bauteile ¹⁷)	
			3.5.5.9 Sonstige künstlerische Gestaltung am Bauwerk	

³) Siehe Seite 10.

¹⁶) Hier sind nur die zusätzlichen Kosten für die besondere künstlerische Gestaltung zu erfassen.

¹⁷) Als künstlerisch gestaltete Bauteile kommen in Betracht, z. B. tragende Konstruktionen, Außenwandflächen, Fenster, Türen, Gitter, Geländer, Innenwandflächen, Decken-flächen, Fußbodenflächen u. a. m.

1	2	3	Kostengruppen 4	Anmerkungen
4 Gerät	4.1 Allgemeines Gerät	4.1.1 Schutzgerät	Die Kostengruppe 4 kann in der Kostenberechnung und im Kostenanschlag nicht nach den Allgemeinen Technischen Vorschriften (ATV) der VOB Teil C unterteilt werden.	z. B. Handfeuerlöscher, Rettungsleitern, Strahlenschutzgerät, Fußabstreifmatten
		4.1.2 Beschriftung und Schilder		z. B. Wegweiser, Orientierungstafeln, Raumbezeichnungsschilder, Bekanntmachungstafeln
		4.1.3 Hygienegerät		z. B. Spiegel, Handtuchhalter, Händetrockner, Papierrollenhalter
		4.1.9 Sonstiges allgemeines Gerät		
	4.2 Möbel	4.2.1 Sitzmöbel		z. B. Stühle, Hocker, Sessel
		4.2.2 Liegemöbel		z. B. Sofa, Betten einschließlich Matratzen
		4.2.3 Tische		z. B. Schreibtische, Eßtische
		4.2.4 Kastenmöbel		z. B. Truhen, Schränke
		4.2.5 Regale, Ablagen		
		4.2.6 Garderobenständer		
		4.2.9 Sonstige Möbel		
	4.3 Textilien	4.3.1 Fensterbehänge		z. B. Dekorationen, Gardinen
		4.3.2 Wandbehänge		z. B. Wandteppiche, Türvorhänge
		4.3.3 Bodenbeläge		z. B. Teppiche, Brücken, Läufer
		4.3.4 Wäsche		z. B. Tischwäsche, Bettwäsche
		4.3.5 Fahnen		
		4.3.9 Sonstige Textilien		
	4.4 Arbeitsgerät	4.4.1 Wirtschafts- und Hausgerät		z. B. Abfallbehälter, Aschenbecher, Reinigungsgerät, Gartenpflegegerät, Landwirtschaftliches Gerät
		4.4.2 Sportgerät		z. B. Turngeräte, Bälle, Matten, Leinen, Rettungsringe
		4.4.3 Wissenschaftliches Gerät		
		4.4.4 Medizinisches Gerät		
		4.4.9 Sonstiges Arbeitsgerät		
	4.5 Beleuchtung	4.5.1 Allgemeine Beleuchtung		z. B. Leuchten und Lampen für die Erstausstattung
		4.5.2 Besondere Beleuchtung		
		4.5.3 Notbeleuchtung		
		4.5.9 Sonstige Beleuchtung		
	4.9 Sonstiges Gerät	4.9.1 Gerät für besondere Zwecke		z. B. in Kindergärten, Altenpflegeheimen

1	2	3	4	Anmerkungen
		Kostengruppen		
5 Außenanlagen	5.1 Einfriedungen	5.1.1 Zäune einschließlich Türen und Tore	Die Kostengruppe 5 kann in der Kostenberechnung und im Kostenanschlag nur bedingt nach den Allgemeinen Technischen Vorschriften (ATV) der VOB Teil C unterteilt werden; soweit dies nicht möglich ist, ergibt sich die Unterteilung aus den Umständen des Einzelfalls.	
		5.1.2 Mauern einschließlich Türen und Tore		
		5.1.3 Schranken		
		5.1.9 Sonstige Einfriedungen		
	5.2 Geländebearbeitung und -gestaltung	5.2.1 Stützmauern und -vorrichtungen		
		5.2.2 Vegetationstechnische Oberbodenarbeiten		
		5.2.3 Bodenabtrag und -einbau		
		5.2.4 Bodenaushub für Stützmauern usw., Fundamente		
		5.2.5 Freistehende Mauern		
		5.2.6 Vegetationstechnische Bodenverbesserung		z. B. Voranbau, Zwischenbegrünung
		5.2.7 Bachregulierung, offene Gräben einschließlich Uferbefestigung		
		5.2.8 Wasserbecken		
		5.2.9 Sonstige Geländebearbeitung und -gestaltung		
	5.3 Abwasser- und Versorgungsanlagen	5.3.1 Abwasser		z. B. Oberflächenentwässerung, Bauwerksentwässerung, Dränung, Öl- und Benzinabscheider, Hebeanlagen, Pumpen, Sammelgruben, Revisions- und Absperrvorrichtungen, Leitungen, Entnahmestellen, Kabel einschließlich Schutzabdeckungen und Isolierungen
		5.3.2 Wasser		
		5.3.3 Heizung einschließlich Wärmedämmung		
		5.3.4 Gase und sonstige Medien 15)		
		5.3.5 Elektrischer Strom 15)		
		5.3.6 Fernmeldetechnik		
		5.3.7 Raumlufttechnik (RLT)		
		5.3.8 Gemeinsame Anlagen für Abwasser und Versorgung, soweit nicht in 5.2.1 bis 5.2.8 enthalten		
		5.3.9 Sonstige Abwasser- und Versorgungsanlagen		z. B. Gräben, bekriech- oder begehbare Rohr- und Leitungskanäle, Schächte, Rohr-, Leitungs- und Kabelbrücken im Freien

15) Siehe Seite 14

1101

Kostengruppen				Anmerkungen
1	2	3	4	
	5.4 Wirtschafts-gegenstände	5.4.1 Müll- und Abfallbehälter		
		5.4.2 Teppichklopfstangen, Fahnenmaste		
		5.4.3 Wäschepfähle, Trockenvorrichtungen		
		5.4.4 Fahrradständer		
		5.4.5 Rankgerüste, Sichtschutzwände, Schutzgitter		
		5.4.6 Pflanzbehälter, -kübel		
		5.4.7 Ortsfeste Gartenbänke und -tische		
		5.4.8 Beschriftungen und Schilder		
		5.4.9 Sonstige Wirtschaftsgegenstände		
	5.5 Kunstwerke und künstlerisch gestaltete Bauteile im Freien	5.5.1 Freistehende Kunstwerke		
		5.5.2 Künstlerisch gestaltete Bauteile[18]		
		5.5.9 Sonstige künstlerische Gestaltung im Freien		
	5.6 Anlagen für Sonderzwecke	5.6.1 Sportanlagen		z. B. für Lauf, Sprung, Wurf, Rasensport, Wassersport; Absperrungen, Geländer, Zuschauertribünen, Treppen, Rampen, Beleuchtung (Flutlicht), elektroakustische Übertragungsanlagen, Anzeigetafeln
		5.6.2 Spiel- und Pausenplätze		
		5.6.3 Übungsbahnen, Schießstände		
		5.6.4 Lagerbehälter, -flächen		
		5.6.5 Tiergehege		
		5.6.6 Hub- und Förderanlagen		
		5.6.7 Regenschutz- und Gartenlauben		
		5.6.9 Sonstige Anlagen für Sonderzwecke		z. B. Anstrahlbeleuchtung einschließlich Kabel

18) Als künstlerisch gestaltete Bauteile der Außenanlagen kommen in Betracht, z. B. Stützmauern, Mauern, Wandflächen, Geländer.

1	2	Kostengruppen 3	4	Anmerkungen
	5.7 Verkehrsanlagen	5.7.1 Wege		z. B. Auskofferung, Unterbau, Randeinfassung, Deckschicht
		5.7.2 Straßen		
		5.7.3 Befahrbare Plätze, Höfe		
		5.7.4 Kfz-Stellplätze		
		5.7.5 Beleuchtung		z. B. Lichtmasten, Leuchten, Lampen
		5.7.6 Gleisanlagen		
		5.7.7 Rampen, Treppen, Stufen		
		5.7.8 Markierungen, Verkehrszeichen, Sicherheitsvorrichtungen		z. B. Verkehrssignalanlagen, Rampen- und Fahrbahnheizungen
		5.7.9 Sonstige Verkehrsanlagen		
	5.8 Grünflächen	5.8.1 Bodenbearbeitung		z. B. Bodenlockerung, Bodenverbesserung, Düngung
		5.8.2 Pflanzarbeiten		z. B. Bäume, Gehölze, Stauden, einschließlich Fertigstellungspflege
		5.8.3 Rasenarbeiten		z. B. Ansaat, Fertigrasen, einschließlich Fertigstellungspflege
		5.8.4 Sicherungsarbeite		z. B. Sicherungsbauweisen mit lebenden und nichtlebenden Baustoffen und Bauteilen, kombinierte Sicherungsbauweisen
		5.8.9 Sonstige Grünflächenarbeiten		
	5.9 Sonstige Außenanlagen			

1	2	3 Kostengruppen	4	Anmerkungen
6 Zusätzliche Maßnahmen	6.1 Zusätzliche Maßnahmen bei der Erschließung	6.1.1 Schutz von Personen und Sachen 6.1.2 Schlechtwetterbau 6.1.3 Trockenhalten der Arbeitsstellen 6.1.4 Vergütung außertariflicher Arbeitszeit 6.1.5 Leistungsprämien 6.1.9 Sonstige zusätzliche Maßnahmen bei der Erschließung	Die Kostengruppe 6 kann in der Kostenberechnung und im Kostenanschlag nur bedingt nach den Allgemeinen Technischen Vorschriften (ATV) der VOB Teil C unterteilt werden; soweit dies nicht möglich ist, ergibt sich die Unterteilung aus den Umständen des Einzelfalls.	z. B. Bereitstellung von Unterkünften, Abdeckungen und Umhüllungen, Erwärmung der Baustelle, Schneeräumung, Frostschutzmittel zur Behandlung der Baustoffe
	6.2 Zusätzliche Maßnahmen beim Bauwerk	6.2.1 Schutz von Personen und Sachen 6.2.2 Schlechtwetterbau 6.2.3 Künstliche Bautrocknung 6.2.4 Vergütung außertariflicher Arbeitszeit 6.2.5 Leistungsprämien 6.2.6 Grundreinigung 6.2.9 Sonstige zusätzliche Maßnahmen beim Bauwerk		z. B. Notverglasung, Abdeckungen und Umhüllungen, Erwärmung des Bauwerkes bzw. der Baustelle, Schneeräumung, Frostschutzmittel zur Behandlung der Baustoffe
	6.3 Zusätzliche Maßnahmen bei den Außenanlagen	6.3.1 Schutz von Personen und Sachen 6.3.2 Schlechtwetterbau 6.3.3 Trockenhalten der Arbeitsstellen 6.3.4 Vergütung außertariflicher Arbeitszeit 6.3.9 Sonstige zusätzliche Maßnahmen bei den Außenanlagen		z. B. Bereitstellen von Unterkünften, Abdeckungen und Umhüllungen, Erwärmung der Baustelle, Schneeräumung, Frostschutzmittel zur Behandlung der Baustoffe

1	2	Kostengruppen 3	4	Anmerkungen
7 Baunebenkosten	7.1 Vorbereitung von Bauvorhaben	7.1.1 Grundlagenermittlungen von Architekten und Ingenieuren	Die Kostengruppe 7 kann in der Kostenberechnung und im Kostenanschlag nur nach den Umständen des Einzelfalls unterteilt werden. Die nebenstehenden Anmerkungen sind als beispielhafte Aufzählung zu verstehen, wobei sich die konkrete Kostenermittlung der Baunebenkosten auch nach der Art der Bauaufgabe und den dazu im einzelnen getroffenen vertraglichen Vereinbarungen richtet.	z. B. Grundlagenermittlungen entsprechend den Leistungsbildern der HOAI, Leistungen nach anderen Gebührenordnungen oder Verwaltungsvorschriften
		7.1.2 Grundlagenermittlungen von Sonderfachleuten		
		7.1.3 Grundlagenermittlungen von Gutachtern und Beratern		
		7.1.4 Verwaltungsleistungen von Bauherr und Betreuer		
		7.1.9 Sonstige Kosten der Grundlagenermittlungen		z. B. Ideenwettbewerbe, Baugrunduntersuchungen
	7.2 Planung von Baumaßnahmen	7.2.1 Leistungen von Architekten und Ingenieuren		z. B. Vorplanungen, Entwurfsplanungen und Genehmigungsplanungen entsprechend den Leistungsbildern der HOAI, Leistungen nach anderen Gebührenordnungen oder Verwaltungsvorschriften
		7.2.2 Leistungen von Sonderfachleuten		
		7.2.3 Leistungen von Gutachtern und Beratern		
		7.2.4 Verwaltungsleistungen von Bauherr und Betreuer		
		7.2.5 Leistungen für besondere künstlerische Gestaltung [19]		
		7.2.9 Sonstige Leistungen		z. B. Realisierungswettbewerbe
	7.3 Durchführung von Baumaßnahmen	7.3.1 Leistungen von Architekten und Ingenieuren		z. B. Ausführungsplanungen, Vorbereitung der Vergaben, Mitwirkung bei den Vergaben, Objektüberwachungen sowie Objektbetreuung und Dokumentationen entsprechend den Leistungsbildern der HOAI, Leistungen nach anderen Gebührenordnungen oder Verwaltungsvorschriften
		7.3.2 Leistungen von Sonderfachleuten		
		7.3.3 Leistungen von Gutachtern und Beratern		
		7.3.4 Verwaltungsleistungen von Bauherr und Betreuer		
		7.3.5 Leistungen für besondere künstlerische Gestaltung [19]		
		7.3.9 Sonstige Leistungen		z. B. Baubestandszeichnungen

[19] Hierunter sind ausschließlich die Kosten künstlerischer Wettbewerbe, für Ausführungsentwürfe, Modelle, Gutachten zur Auswahl von Entwürfen usw. zu verstehen, nicht jedoch die Kosten für die Kunstwerke selbst.

1	2	3	4
		Kostengruppen	Anmerkungen
	7.4 Finanzierung	7.4.1 Beschaffung der Finanzierungsmittel einschließlich Umfinanzierungen	z. B. Makler- und Kreditprovisionen, Gerichts- und Notarkosten, Hypothekendisagio, Kreditspesen, Werberechnungs-, Bereitstellungs- und Bearbeitungsgebühren
		7.4.2 Finanzierungen während der Vorbereitung und Durchführung	z. B. Fremd- und Eigenkapital, Zinsen für Vor-, Zwischen- und Dauerfinanzierungsmittel
		7.4.3 Erbbauzinsen während der Vorbereitung und Durchführung	
		7.4.4 Mehrzinsen für Zwischenfinanzierungsmittel, soweit sie nach der Bezugsfertigkeit entstehen	
		7.4.9 Sonstige Kosten der Finanzierung	
	7.5 Allgemeine Baunebenkosten	7.5.1 Behördliche Prüfung, Genehmigung und Abnahme	z. B. Vermessung, Einmessung, Standsicherheit, Baugenehmigung, genehmigungspflichtige Anlagen, sonstige behördliche Prüfungen, Genehmigungen und Abnahmen
		7.5.2 Bewirtschaftung [20]	z. B. Baustellenbewachung, Nutzungsentschädigungen während der Bauzeit, Unterbringung der Baustellenbüros, Beheizung, Beleuchtung, Reinigung
		7.5.3 Bemusterung und Messungen	z. B. Modelle, Musterstücke, Eignungsversuche, Eignungsmessungen
		7.5.9 Sonstige Baunebenkosten	z. B. Grundsteinlegung, Eignungsprüfungen an Baustoffen und Bauteilen, Richtfest, Fotoaufnahmen zur Dokumentation, Vervielfältigungen, Porto, Fernsprechgebühren, Reisekosten, Wasser- und Energieverbrauch bis zur Ingebrauchnahme des Bauwerkes bzw. der baulichen Anlage

[20] Hierzu gehören auch Steuern während der Bauzeit oder andere Abgaben wie z. B. Versicherungen.

Weitere Normen und Unterlagen

DIN   276 Teil 1   Kosten von Hochbauten; Begriffe

DIN   276 Teil 3   Kosten von Hochbauten; Kostenermittlungen

DIN   276 Teil 3   Auswahl 1   Kosten von Hochbauten; Kostenermittlungen, Auswahl für den Wohnungsbau

DIN   277 Teil 1   Grundflächen und Rauminhalte von Hochbauten; Begriffe, Berechnungsgrundlagen

DIN   277 Teil 2   Grundflächen und Rauminhalte von Hochbauten; Gliederung der Nutzflächen, Funktionsflächen und Verkehrsflächen (Netto-Grundrißfläche)

DIN   283 Teil 1   Wohnungen; Begriffe

DIN   283 Teil 2   Wohnungen; Berechnung der Wohnflächen und Nutzflächen

DIN   1356   Bauzeichnungen

DIN 18 960 Teil 1   Baunutzungskosten von Hochbauten; Begriff, Kostengliederung

VOB Verdingungsordnung für Bauleistungen, Teil C: Allgemeine Technische Vorschriften für Bauleistungen

Erläuterungen

In Übereinstimmung mit den Grundsätzen der Normungsarbeit (DIN 820 Teil 1) hatte sich der Arbeitsausschuß „Kostenberechnung von Hochbauten — Unterausschuß DIN 276 — routinemäßig mit der Überprüfung der DIN 276 — Ausgabe September 1971 — auf Aktualität zu befassen, da in der Zwischenzeit einige gesetzliche Bestimmungen geändert waren oder entsprechende Änderungen bevorstanden.

Im Zusammenhang damit mußte über einen im Jahre 1975 gestellten Normungsantrag entschieden werden, der eine Änderung der DIN 276 Teil 2, insbesondere die Gliederung bei der Kostengruppe 3.1 — Kosten der Baukonstruktionen — betraf.

Daraufhin hat der Arbeitsausschuß neben einigen Anregungen zur redaktionellen Überarbeitung auch dem vielfach geäußerten Wunsch nach Aufzeigen von Vereinfachungsmöglichkeiten entsprochen und die Ergebnisse bei der nun vorliegenden Folgeausgabe der DIN 276 berücksichtigt.

Aufbau, Gliederung und Systematik der DIN 276 bleiben im übrigen jedoch unverändert.

Auf folgende Änderungen im Hauptteil von DIN 276 Teil 2 wird hingewiesen:

In der Kostengruppe 1 „Kosten des Baugrundstückes" mußte die Fußnote 1 infolge Änderung des Bundesbaugesetzes und der Wertermittlungsverordnung dem neuesten Stand angepaßt werden.

Bei der Kostengruppe 3 „Kosten des Bauwerkes" wird im ersten Absatz ein Zusatz eingefügt, der die Abgrenzung zwischen den Kosten des Bauwerkes und der Außenanlagen beschreibt, wobei die äußeren Maße der begrenzenden Bauteile als maßgebend zu berücksichtigen sind, die der Berechnung der Bruttogrundrißfläche bzw. des Bruttorauminhaltes nach DIN 277 Teil 1 zugrunde gelegt werden.

In gleicher Weise ist in der Kostengruppe 3.4 „Betriebliche Einbauten" ein ergänzender Absatz angefügt worden, der allgemeine Merkmale von Betrieblichen Einbauten und ihre Abgrenzung gegenüber der Kostengruppe 4 „Gerät" aufzeigt.

Zur besseren Abgrenzung gegenüber der Kostengruppe 3.2 „Installationen" wurde die Kostengruppe 3.3 „Zentrale Betriebstechnik" benannt, weil der bisher verwendete Begriff

„Betriebstechnische Anlagen" nur für die zusammengefaßten Kostengruppen 3.2 und 3.3 gelten kann.

Ferner ist im Hinblick auf die seit 1. Januar 1977 gesetzlich eingeführte HOAI und in Erwartung weiterer Honorar-Ordnungen der Text zur Kostengruppe 7 „Baunebenkosten" redaktionell entsprechend ergänzt bzw. angepaßt worden.

Anhang A „Kostengliederung"

Die Kostengliederung und der Vortext bilden den Anhang A der Norm. Der Vortext ist damit vom Hauptteil der Norm deutlich getrennt und sein unmittelbarer Bezug zum Gliederungsschema verdeutlicht worden.

Der Text des Vorspanns ist zwar ebenfalls redaktionell umgestellt worden, die Aussagen und Festlegungen bleiben im wesentlichen unverändert. Hervorzuheben ist jedoch, daß die weitergehende Unterteilung der Kostengruppen, d. h. über die für die jeweilige Kostenermittlungsart (z. B. Schätzung, Berechnung oder Anschlag) maßgebenden Gesichtspunkte hinaus, nach wie vor freigestellt bleiben muß, weil dies nicht für alle denkbaren Fälle und Möglichkeiten im voraus normiert werden kann.

Noch deutlicher als bisher wird nun herausgestellt, daß sich die weitere Untergliederung der Kostengruppen stets nach den Umständen des Einzelfalles zu richten hat, wobei sowohl eine „Gewerkeunterteilung", z. B. in der Form einer Zusammenstellung von Teilleistungen nach den Merkmalen der ATV zur VOB in Betracht kommen kann, oder Aufteilungen nach Bauteilen/Bauelementen — sofern sie in geeigneter Form für Kostengruppen stehen — aber auch andere, dem Ausschreibungs- oder Herstellungsverfahren entsprechende Untergliederungen.

In bezug auf die Kostengliederung wird deshalb allgemein in der vierten Spalte auch nicht mehr zwischen Bauteil/ Bauelement- und ATV-Gliederungen als Alternativen unterschieden, sondern es wird an den entsprechenden Kopfzeilen der Kostengruppen ein Hinweis vorangestellt, welche weiteren Untergliederungsmöglichkeiten in Betracht kommen bzw. welche nicht in Betracht kommen, wobei die danebenstehende Spalte „Anmerkungen" in der Regel beispielhafte Aufzählungen enthält.

Analog zu der verfeinerten Unterteilung in anderen Kostengruppen ist die Kostengruppe 3.1 „Baukonstruktionen"

— dem eingangs erwähnten Normungsantrag entsprechend — künftig einheitlich nach Konstruktionsmerkmalen untergliedert worden, und zwar insbesondere in den Fällen Kostenberechnung und Kostenanschlag. Die dazu erforderlichen Festlegungen werden in den Spalten 3 und 4 ausgewiesen und in der Spalte „Anmerkungen" beispielhaft erläutert.

Ausgehend von den dazu in Spalte 3 (Kostenberechnung) genannten Merkmalen ist aber unmißverständlich darauf hinzuweisen, daß die vorgesehenen Gliederungen nicht etwa mit Elementgliederungen zu verwechseln sind. Vielmehr soll an die Stelle der bisherigen horizontalen Unterteilung der Baukonstruktionen (Gründung, Geschosse im Erdreich, Geschosse über dem Erdreich, Dach) die Unterscheidung Gründung, Tragkonstruktionen, Nichttragende Konstruktionen und Sonstige Konstruktionen treten. Dies geschieht — von der Gründung abgesehen — u. a. auch zu dem Zweck, um jeweils über das gesamte Bauwerk hinweg die anteiligen Leistungen und Kosten für die Baukonstruktionen in Berechnungen, Ausschreibungen, Angeboten und Abrechnungen, deutlicher trennen oder besser zusammenfassen zu können.

Soweit es schließlich zum besseren Verständnis von Kurzbezeichnungen erforderlich erscheint, sind in dem Kostengliederungsschema zusätzliche erläuternde Fußnoten aufgenommen worden.

Der besseren Übersichtlichkeit und der Klarstellung dienen im übrigen zahlreiche redaktionelle Verbesserungen, die an mehreren Stellen der Kostengliederung eingearbeitet sind und hier nicht besonders erwähnt werden.

Eine Umstellung wurde dagegen erforderlich im Bereich der Kostengruppe 3.5.5 „Kunstwerke und künstlerisch gestaltete Bauteile", soweit sie zu den „Besonderen Bauausführungen" gerechnet werden sollen, und bei der Kostengruppe 5.5 „Kunstwerke und künstlerisch gestaltete Bauteile im Freien". Dazu ist folgendes zu erläutern: Obwohl in diesem Bereich die praktische Handhabung und die Interessengesichtspunkte für die Zuordnung der Kosten von Fall zu Fall so unterschiedlich sind, wie sonst bei keiner

anderen Kostengruppe, kann nicht darauf verzichtet werden, wenigstens eine Untergliederungsmöglichkeit anzubieten.

Dies geschieht hier in der einfachsten und unverfänglichsten Weise, die überhaupt denkbar ist, dadurch, daß lediglich zwischen Kunstwerken und künstlerisch gestalteten Bauteilen unterschieden wird, wobei noch für nicht vorhersehbare Möglichkeiten „sonstige künstlerische Gestaltung" offen gehalten wird.

Problematisch bleibt weiterhin die Trennung der „materiellen Kosten" für Kunst am Bau, die zum Bauwerk rechnen, und der „immateriellen Kosten", z. B. Honorare und andere Nebenkosten, die in der Regel den „Baunebenkosten" zugerechnet werden.

Im Bereich der Kostengruppe 7 „Baunebenkosten" wird neben der erforderlich gewordenen Anpassung der Begriffe an die neueren gesetzlichen Verordnungen (z. B. HOAI) und Richtlinien (z. B. GRW 77) eine Vereinfachung angestrebt, z. B. dadurch, daß eine Anzahl weniger kostenrelevanter Leistungen (Behördliche Prüfungen u. a.), die bisher auf mehrere Kostengruppen verteilt waren, in der Kostengruppe 7.5 zusammengefaßt und als „Allgemeine Baunebenkosten" bezeichnet werden.

Die Gliederung der hauptsächlichen Baunebenkosten nach der zeitlichen Reihenfolge der Tätigkeiten bleibt — wenn auch unter anderen Überschriften — bestehen, z. B. Vorbereitung von Bauvorhaben, Planung von Baumaßnahmen und Durchführung von Baumaßnahmen, wobei unter jedem Tätigkeitsabschnitt die am Bau Beteiligten — bei Untergliederung bis zur 3. Spalte — jeweils mit ihrem Leistungsanteil, z. B. Architekten, Ingenieure, Gutachter, Bauherr usw., ausgewiesen sind.

Dem steht nicht entgegen, daß die Kosten gegebenenfalls auch zusammengefaßt werden können, wenn entsprechende Verfahrens- oder vertragliche Regelungen dies vorsehen. Beispielhaft und nicht vertragsgestaltend sind deshalb die Hinweise in der Anmerkungsspalte speziell bei diesen Kostengruppen zu verstehen.

DK 69.003.12 : 624.9   DEUTSCHE NORMEN   April 1981

Kosten von Hochbauten Kostenermittlungen	**DIN** **276** Teil 3

Building costs; costs ascertainments

Coûts de bâtiment; établissement de coûts

DIN 276 besteht aus den folgenden Teilen:

DIN 276 Teil 1 Begriffe,
DIN 276 Teil 2 Kostengliederung,
DIN 276 Teil 3 Kostenermittlungen sowie
DIN 276 Teil 3 Auswahl 1 Kostenermittlungen, Auswahl für den Wohnungsbau.

Kostenermittlungen haben den Zweck, die zu erwartenden Kosten als Grundlage für Planungs- oder Ausführungsentscheidungen möglichst zutreffend vorauszuberechnen oder entstandene Kosten in tatsächlicher Höhe festzustellen.

Art, Umfang und Genauigkeit der Kostenermittlungen sind abhängig vom jeweiligen Stand der Planung, von den verfügbaren Angaben und Erfahrungswerten sowie — im Falle der Kostenfeststellung — von den Abrechnungsunterlagen.

Den Kostenermittlungen ist die Systematik der Kostengliederung nach DIN 276 Teil 2 zugrunde zu legen.

Bei der Ermittlung der Kosten der Kostengruppen 3.1 bis 3.4 nach DIN 276 Teil 2 sind als Bezugseinheiten vorzugsweise Grundflächen oder Rauminhalte nach DIN 277 Teil 1 zu berücksichtigen. Wenn Baunutzungskosten berechnet werden, sind diese auf die gleichen Bezugseinheiten zu beziehen.

Besteht ein Bauwerk aus mehreren zeitlich oder räumlich abgrenzbaren Abschnitten, so ist dafür die Aufstellung getrennter Kostenermittlungen zweckmäßig; die Abgrenzung der Bauabschnitte soll bei allen später folgenden Kostenermittlungen und möglichst auch bei der Ermittlung der Baunutzungskosten nach DIN 18 960 Teil 1 beibehalten werden.

Folgende Arten von Kostenermittlungen sind zu unterscheiden:

Kostenschätzung   (siehe Abschnitt 1)
Kostenberechnung   (siehe Abschnitt 2)
Kostenanschlag   (siehe Abschnitt 3)
Kostenfeststellung (siehe Abschnitt 4)

1 Kostenschätzung

Die Kostenschätzung dient zur überschlägigen Ermittlung der Gesamtkosten und ist vorläufige Grundlage für Finanzierungsüberlegungen.

Grundlagen für die Kostenschätzung sind:

a) möglichst genaue Bedarfsangaben, z. B. Flächen (Bruttogrundrißflächen, Nutzflächen, Wohnflächen), Nutzungseinheiten (z. B. Arbeitsplätze, Bettplätze, Tierplätze), Rauminhalte;

b) Planunterlagen, z. B. versuchsweise zeichnerische Darstellungen, Strichskizzen;

c) gegebenenfalls erläuternde Angaben.

In der Kostenschätzung wird das Bauvorhaben als eine geschlossene Einheit gesehen; die einzelnen Kostengruppen werden je nach Art des Bauvorhabens höchstens bis zur Spalte 2 der Kostengliederung berücksichtigt (siehe DIN 276 Teil 2, Anhang A). Bei der Kostenermittlung durch Kostenschätzung soll das Muster nach DIN 276 Teil 3, Anhang A, gegebenenfalls unter Benutzung von Erfahrungswerten, z. B. DM/m², DM/Nutzeinheit, DM/m³ verwendet werden. Die darin enthaltenen Spalten sind so vollständig auszufüllen, daß Prüfung und Vergleich sichergestellt werden.

Normenausschuß Bauwesen (NABau) im DIN Deutsches Institut für Normung e. V.

2 Kostenberechnung

Die Kostenberechnung dient zur Ermittlung der angenäherten Gesamtkosten und ist Voraussetzung für die Entscheidung, ob die Baumaßnahme wie geplant durchgeführt werden soll, sowie Grundlage für die erforderliche Finanzierung.

Grundlagen für die Kostenberechnung sind:

a) genaue Bedarfsangaben, z. B. detaillierte Raumprogramme (Flächen in m^2, Rasterflächeneinheiten), Nutzungsbedingungen (Raumnutzung, Betriebstechnik, Außenanlagen)

b) Planunterlagen, z. B. durchgearbeitete, vollständige Vorentwurfs- und/oder Entwurfzeichnungen (Maßstab nach Art und Größe des Bauvorhabens), gegebenenfalls auch Detailpläne mehrfach wiederkehrender Raumgruppen

c) ausführliche Erläuterungen, z. B. eingehende Beschreibung aller Einzelheiten, die aus den Zeichnungen und den Berechnungsunterlagen nicht zu ersehen, aber für die Berechnung und Beurteilung der Kosten von Bedeutung sind.

In der Kostenberechnung sollen alle Leistungen je nach Art des Bauvorhabens innerhalb der Kostengruppe bis zur Spalte 3 der Kostengliederung (siehe DIN 276 Teil 2, Anhang A) erfaßt und aufgegliedert werden. Dabei sollen die Kosten, soweit nicht Erfahrungswerte oder pauschalierte Angaben vorliegen, aus Mengen- und Kostenansatz summarisch ermittelt werden. Bei der Kostenermittlung durch Kostenberechnung soll das Muster nach DIN 276 Teil 3, Anhang B, verwendet werden; ergänzende Berechnungen sind beizufügen.

3 Kostenanschlag

Der Kostenanschlag dient zur genauen Ermittlung der tatsächlich zu erwartenden Kosten durch die Zusammenstellung von Auftragnehmerangeboten, Eigenberechnungen, Honorar- und Gebührenangaben und anderen für das Baugrundstück, die Erschließung und die vorausgehende Planung bereits entstandenen Kosten. Der Kostenanschlag kann auch ein Hilfsmittel zur Kostenkontrolle werden, um nach Abschluß der Ausführungsplanung die Übereinstimmung der veranschlagten Kosten mit den in der vorausgegangenen Kostenberechnung ermittelten Kosten zu prüfen.

Grundlagen für den Kostenanschlag sind:

a) genaue Bedarfsberechnungen, z. B. für Standsicherheit, Wärmeschutz, Installationen und Betriebstechnik u. a. m., einschließlich aller Massenberechnungen;

b) Planunterlagen, z. B. die endgültigen, vollständigen Ausführungs-, Detail- und Konstruktionszeichnungen im Maßstab 1 : 50 bis 1 : 1;

c) Erläuterungen zur Bauausführung, z. B. Hinweise, die zum Verständnis der in den Planungs- und Berechnungsgrundlagen enthaltenen Einzelheiten und Absichten nötig sind, gegebenenfalls auch Abweichungen von früheren Plänen und Beschreibungen, Angaben über vorgesehene Herstellungs- und Konstruktionsmethoden, Terminplanung und -überwachung, Finanzierungsraten, sonstige finanzwirtschaftliche Angaben, gegebenenfalls auch Kosten der Folgearbeiten und der Baunutzungskosten.

Im Kostenanschlag werden alle Leistungen in Leistungspositionen beschrieben und innerhalb der Kostengruppen, soweit möglich, in der Reihenfolge des Herstellungsvorganges geordnet. Dabei können die Bauleistungen nach Bauteilen bzw. Bauelementen oder nach Teilleistungen im Sinne der Verdingungsordnung für Bauleistungen (VOB) Teil C: Allgemeine Technische Vorschriften für Bauleistungen (ATV) gegliedert bzw. zusammengefaßt werden. Die Systematik der Kostengliederung (siehe DIN 276 Teil 2) ist anzuwenden.

Für die Kostenansätze können Einheitspreise aus Angeboten oder ortsübliche aus der Erfahrung gewonnene Preise eingesetzt werden. Bei der Kostenermittlung durch Kostenanschlag soll das Muster nach DIN 276 Teil 3, Anhang C, verwendet werden.

4 Kostenfeststellung

Die Kostenfeststellung dient zum Nachweis der tatsächlich entstandenen Kosten und ist Voraussetzung für Vergleiche und Dokumentationen.

Grundlagen für die Kostenfeststellung sind:

a) Nachweise, z. B. geprüfte Schlußrechnungen, Kostenbelege, Eigenleistungen;

b) Planunterlagen, z. B. Ausführungszeichnungen;

c) Fertigstellungsbericht, z. B. die Bestätigung, daß Planung und Ausführung übereinstimmen, die Begründung und Beschreibung von Änderungen oder nachträglichen bzw. zusätzlichen Leistungen gegenüber dem Kostenanschlag.

Bei der Kostenfeststellung werden alle durch Baubuch, Bauausgabebuch, Haushaltsüberwachungsliste oder dergleichen nachgewiesenen und durch Abrechnungsunterlagen belegten Kosten nach der Systematik der Kostengliederung (siehe DIN 276 Teil 2, Anhang A) geordnet bzw. zusammengefaßt. Bei der Kostenfeststellung soll in der Regel das Muster nach DIN 276 Teil 3, Anhang C, verwendet werden (siehe auch DIN 276 Teil 2, Anhang A, Vorbemerkung. 3. Absatz, letzter Satz).

Hinweis: Die nachfolgenden Anhänge A, B und C enthalten Muster für die vollständige Zusammenstellung aller Kostengruppen.

Um normgerechte Kostenermittlungen (Kostenschätzung, Kostenberechnung oder Kostenanschlag) aufzustellen, wird empfohlen, den sachlichen Erfordernissen entsprechend, aus den beispielhaften Mustern maßgebende Formblätter zu erarbeiten.

Die Gestaltung der Formblätter sollte sich dabei nach den Umständen des Einzelfalles bzw. der Fallgruppen, z. B. Wohnungsbau, Schulbau, Verwaltungsbau, Industriebau, Institutsbau usw. richten, wobei in der Regel damit zu rechnen ist, daß nur ein Teil und nicht dem aus dem Gliederungsschema aufgeführten Kostengruppen in den Formblättern erfaßt werden müssen, sondern nur diejenigen, die nach aller Erfahrung bei den jeweiligen Bauaufgaben auch tatsächlich vorkommen.

Anhang A
Muster Kostenschätzung
DIN 276 Teil 3

Kosten von Hochbauten
Kostenschätzung

Allgemeine Angaben
Bei Verwendung dieses Musters als Formblatt für die Kostenschätzung ist es notwendig, kennzeichnende und erläuternde Angaben zu machen, z. B.

— Bauherr

— Bezeichnung des Bauvorhabens, Planverfasser

— Ort und Kennzeichnung des Baugrundstückes

— Zweckbestimmung, vorgesehene Nutzung

— Gebäudeform, Grundflächen und Rauminhalte

— Bauart

— Grundlagen der Kostenermittlung wie Kostenkennwerte, Kosteneinflüsse usw.

— Finanzierung

— Hinweis auf Pläne, Berechnungen und Erläuterungen, die beigefügt werden

— Vorgesehene Ausführungszeit

— Aufsteller, Bearbeiter, Datum der Aufstellung

— Prüf- und Genehmigungsvermerke

Zusammenstellung der Kosten von den Seiten 4 und 5

Kostengruppen	Teilbetrag DM	Gesamtbetrag DM
Summe 1 Baugrundstück		
Summe 2 Erschließung		
Summe 3 Bauwerk		
Summe 4 Gerät		
Summe 5 Außenanlagen		
Summe 6 Zusätzliche Maßnahmen		
Summe 7 Baunebenkosten		
Zur Abrundung		
Geschätzte Gesamtkosten		

Seite 4   DIN 276 Teil 3

Muster Kostenschätzung (Fortsetzung)

Nr	Kostengruppe	Teilbetrag DM	Gesamtbetrag[5] DM
1	**Kosten des Baugrundstückes**		
1.1	Wert	DM	
1.2	Erwerb	DM	
1.3	Freimachen[1]	$m^2 \times$ DM	
1.4	Herrichten[1]	$m^2 \times$ DM	
	Summe 1 Baugrundstück[2]		
2	**Kosten der Erschließung**		
2.1	Öffentliche Erschließung		
2.2	Nichtöffentliche Erschließung		
2.3	Andere einmalige Abgaben		
	Summe 2 Erschließung[2]		
3	**Kosten des Bauwerkes**		

Baukörper A	Menge (Einheit)[4] × Kosten je Einheit = DM
Baukörper B	Menge (Einheit)[4] × Kosten je Einheit = DM
Baukörper C	usw.

3.1
bis
3.4

Zwischensumme 3.1 bis 3.4

davon entfallen auf	Baukörper A DM	Baukörper B DM
3.1 Baukonstruktionen		
3.2 Installationen[4]		
3.3 Zentrale Betriebstechnik[4]		
3.4 Betriebliche Einbauten[4]		

	Baukörper C DM	usw.
3.1 Baukonstruktionen		
3.2 Installationen[4]		
3.3 Zentrale Betriebstechnik[4]		
3.4 Betriebliche Einbauten[4]		

(nach Erfordernis)

3.5	Besondere Bauausführungen

Summe   3 Bauwerk

[1]) bis [5]) siehe Seite 5

Muster Kostenschätzung (Fortsetzung)

Nr	Kostengruppe	Teilbetrag DM	Gesamtbetrag[5] DM
4	**Kosten des Gerätes**		
4.1	Allgemeines Gerät		
4.2	Möbel		
4.3	Textilien		
4.4	Arbeitsgerät		
4.5	Beleuchtung		
4.9	Sonstiges Gerät		
	Summe 4 Gerät[2]		
5	**Kosten der Außenanlagen**		
5.1	Einfriedungen		
5.2	Geländebearbeitung und -gestaltung		
5.3	Abwasser- und Versorgungsanlagen		
5.4	Wirtschaftsgegenstände		
5.5	Kunstwerke und künstlerisch gestaltete Bauteile im Freien		
5.6	Anlagen für Sonderzwecke		
5.7	Verkehrsanlagen		
5.8	Grünflächen		
5.9	Sonstige Außenanlagen		
	Summe 5 Außenanlagen[2]		
6	**Kosten für zusätzliche Maßnahmen**		
6.1	Zusätzliche Maßnahmen bei der Erschließung		
6.2	Zusätzliche Maßnahmen beim Bauwerk		
6.3	Zusätzliche Maßnahmen bei den Außenanlagen		
	Summe 6 Zusätzliche Maßnahmen[2]		
7	**Baunebenkosten**		
	summarisch als Zuschlag in Höhe von ____% auf die Summe der anrechnungsfähigen Kostengruppen		
	alternativ		
	nach Einzelberechnung/Pauschal[3]:		
	Summe 7 Baunebenkosten[2]		
	Zur Abrundung		
	geschätzte Gesamtkosten		

[1] Bezugsgröße ist die Fläche des Baugrundstücks.
[2] Gegebenenfalls überschlägig ermittelte Pauschale
[3] Nichtzutreffendes streichen
[4] Berechnungsgrundlage, z. B. Bruttogrundrißfläche nach DIN 277 Teil 1 (in m^2) oder Bruttorauminhalt nach DIN 277 Teil 1 (in m^3) oder Nutzeinheiten (z. B. Garagenstellplätze) usw.
[5] Alle Gesamtbeträge einschließlich Umsatzsteuer

Anhang B
Muster Kostenberechnung
DIN 276 Teil 3

Kosten von Hochbauten
Kostenberechnung

Allgemeine Angaben

Bei Verwendung dieses Musters als Formblatt für die Kostenberechnung ist es notwendig, kennzeichnende und erläuternde Angaben zu machen, z. B.

— Bauherr

— Bezeichnung der Baumaßnahme, Planverfasser

— Ort und Kennzeichnung des Baugrundstückes

— Zweckbestimmung, vorgesehene Nutzung

— Gebäudeform, Grundflächen und Rauminhalte

— Bauart

— Grundlagen der Kostenermittlung wie Massenangaben, Mengen- und Einzel-Kostenansatz

— Finanzierung

— Hinweis auf Pläne, Berechnungen und Erläuterungen, die beigefügt werden

— Vorgesehene Ausführungszeit

— Aufsteller, Bearbeiter, Datum der Aufstellung

— Prüf- und Genehmigungsvermerke

Zusammenstellung der Kosten von den Seiten 7 bis 17

Kostengruppen	Teilbetrag DM	Gesamtbetrag DM
Summe 1 Baugrundstück		
Summe 2 Erschließung		
Summe 3 Bauwerk		
Summe 4 Gerät		
Summe 5 Außenanlagen		
Summe 6 Zusätzliche Maßnahmen		
Summe 7 Baunebenkosten		
Zur Abrundung		
Gesamtkosten		

Muster Kostenberechnung (Fortsetzung)

Nr	Kostengruppe	Teilbetrag DM	Gesamtbetrag [3]) DM
1	**Baugrundstück**		
1.1	Wert		
1.1.1	Verkehrswert [1])		
	Summe 1.1		
1.2	Erwerb		
1.2.1	Vermessung		
1.2.2	Gerichtsgebühren		
1.2.3	Notariatsgebühren		
1.2.4	Maklerprovisionen		
1.2.5	Grunderwerbsteuer		
1.2.6	Wertgutachten und dafür notwendige Baugrunduntersuchungen		
1.2.7	Amtliche Genehmigungen		
1.2.8	Bodenordnung und Grenzregulierung		
1.2.9	Sonstige Erwerbskosten		
	Summe 1.2		
1.3	Freimachen		
1.3.1	Abfindungen und Entschädigung für Miet- und Pachtverträge		
1.3.2	Ablösung dinglicher Rechte		
1.3.9	Sonstige Freimachungskosten		
	Summe 1.3		
1.4	Herrichten		
1.4.1	Abräumen von Einfriedungen und Hindernissen		
1.4.2	Sichern von zu erhaltendem Bewuchs		
1.4.3	Roden von Bewuchs [2])		
1.4.4	Abbrechen von Bauwerken oder Bauteilen		
1.4.5	Beseitigen von Verkehrsanlagen		
1.4.6	Abtrennen von Versorgungs- und Abwasserleitungen		
1.4.7	Sicherung von Oberboden		
1.4.8	Bodenbewegungen, Herrichten der Geländeoberfläche, Planieren [2])		
1.4.9	Sonstige Herrichtungskosten		
	Summe 1.4		
	Summe 1		

[1]) Bezugsgröße ist die Fläche des Baugrundstückes
[2]) Bezugsgröße ist die Fläche selbst.
[3]) Alle Gesamtbeträge einschließlich Umsatzsteuer.

1115

Muster Kostenberechnung (Fortsetzung)

Nr	Kostengruppe	Teilbetrag DM	Gesamtbetrag[3] DM
2	**Erschließung**		
2.1	Öffentliche Erschließung		
2.1.1	Abwasseranlagen, Kanalisation		
2.1.2	Wasserversorgung		
2.1.3	Fernwärmeversorgung		
2.1.4	Gasversorgung		
2.1.5	Elektrische Stromversorgung		
2.1.6	Fernmeldetechnik		
2.1.7	Verkehrsanlagen einschließlich Beleuchtung		
2.1.8	Grünflächen		
2.1.9	Sonstige öffentliche Erschließung		
	Summe 2.1		
2.2	Nichtöffentliche Erschließung		
2.2.1	Abwasseranlagen, Kanalisation		
2.2.2	Wasserversorgung		
2.2.3	Fernwärmeversorgung		
2.2.4	Gasversorgung		
2.2.5	Elektrische Stromversorgung		
2.2.6	Fernmeldetechnik		
2.2.7	Verkehrsanlagen einschließlich Beleuchtung		
2.2.8	Grünflächen		
2.2.9	Sonstige nichtöffentliche Erschließung		
	Summe 2.2		
2.3	Andere einmalige Abgaben		
2.3.1	Ansiedlungsgebühren, Ansiedlungsleistungen		
2.3.2	Beiträge zum Bau von Kfz-Stellplätzen		
2.3.9	Sonstige einmalige Abgaben		
	Summe 2.3		
	Summe 2		

[3] Alle Gesamtbeträge einschließlich Umsatzsteuer.

Muster Kostenberechnung (Fortsetzung)

Nr	Kostengruppe	Teilbetrag DM	Gesamtbetrag [3] DM
3	**Bauwerk**		
3.1	Baukonstruktionen		
3.1.1	Gründung		
3.1.2	Tragkonstruktionen		
3.1.3	Nichttragende Konstruktionen		
3.1.9	Sonstige Konstruktionen, soweit nicht in 3.1.1 bis 3.1.3 enthalten		
	Summe 3.1		
3.2	Installationen		
3.2.1	Abwasser		
3.2.2	Wasser		
3.2.3	Heizung einschließlich Wärmedämmung		
3.2.4	Gase (außer für Heizzwecke) und sonstige Medien		
3.2.5	Elektrischer Strom (außer für Heizzwecke) und Blitzschutz		
3.2.6	Fernmeldetechnik		
3.2.7	Raumlufttechnik (RLT)		
3.2.9	Sonstige Installationen		
	Summe 3.2		
3.3	Zentrale Betriebstechnik		
3.3.1	Abwasser		
3.3.2	Wasser		
3.3.3	Heizung einschließlich Wärmedämmung		
3.3.4	Gase (außer für Heizzwecke) und sonstige Medien		
3.3.5	Elektrischer Strom (außer für Heizzwecke)		
3.3.6	Fernmeldetechnik		
3.3.7	Raumlufttechnik (RLT)		
3.3.8	Fördertechnik		
3.3.9	Sonstige zentrale Betriebstechnik		
	Summe 3.3		

[3] Alle Gesamtbeträge einschließlich Umsatzsteuer.

Anhang 1   DIN 276 Fassung April 1981

Muster Kostenberechnung (Fortsetzung)

Nr	Kostengruppe	Teilbetrag DM	Gesamtbetrag [3] DM
3.4	Betriebliche Einbauten		
3.4.1	Einbaumöbel		
3.4.2	Maschinen und Apparate		
3.4.9	Sonstige Betriebliche Einbauten		
	Summe 3.4		
3.5	Besondere Bauausführungen		
3.5.1	Besondere Baukonstruktionen		
3.5.2	Besondere Installationen		
3.5.3	Besondere Zentrale Betriebstechnik		
3.5.4	Besondere Betriebliche Einbauten		
3.5.5	Kunstwerke und künstlerisch gestaltete Bauteile		
	Summe 3.5		
	Summe 3		
4	Gerät		
4.1	Allgemeines Gerät		
4.1.1	Schutzgerät		
4.1.2	Beschriftung und Schilder		
4.1.3	Hygienegerät		
4.1.9	Sonstiges Allgemeines Gerät		
	Summe 4.1		

[3] Alle Gesamtbeträge einschließlich Umsatzsteuer.

Muster Kostenberechnung (Fortsetzung)

Nr	Kostengruppe	Teilbetrag DM	Gesamtbetrag [3] DM
4.2	Möbel		
4.2.1	Sitzmöbel		
4.2.2	Liegemöbel		
4.2.3	Tische		
4.2.4	Kastenmöbel		
4.2.5	Regale, Ablagen		
4.2.6	Garderobenständer		
4.2.9	Sonstige Möbel		
	Summe 4.2		
4.3	Textilien		
4.3.1	Fensterbehänge		
4.3.2	Wandbehänge		
4.3.3	Bodenbeläge		
4.3.4	Wäsche		
4.3.5	Fahnen		
4.3.9	Sonstige Textilien		
	Summe 4.3		
4.4	Arbeitsgerät		
4.4.1	Wirtschafts- und Hausgerät		
4.4.2	Sportgerät		
4.4.3	Wissenschaftliches Gerät		
4.4.4	Medizinisches Gerät		
4.4.9	Sonstiges Arbeitsgerät		
	Summe 4.4		

[3] Alle Gesamtbeträge einschließlich Umsatzsteuer.

Anhang 1

DIN 276 Fassung April 1981

Seite 12   DIN 276 Teil 3

Muster Kostenberechnung (Fortsetzung)

Nr	Kostengruppe	Teilbetrag DM	Gesamtbetrag [3] DM
4.5	Beleuchtung		
4.5.1	Allgemeine Beleuchtung		
4.5.2	Besondere Beleuchtung		
4.5.3	Notbeleuchtung		
4.5.9	Sonstige Beleuchtung		
	Summe 4.5		
4.9	Sonstiges Gerät		
4.9.1	Gerät für besondere Zwecke		
	Summe 4.9		
	Summe 4		
5	**Außenanlagen**		
5.1	Einfriedungen		
5.1.1	Zäune einschließlich Türen und Tore		
5.1.2	Mauern einschließlich Türen und Tore		
5.1.3	Schranken		
5.1.9	Sonstige Einfriedungen		
	Summe 5.1		
5.2	Geländebearbeitung und -gestaltung		
5.2.1	Stützmauern und -vorrichtungen		
5.2.2	Vegetationstechnische Oberbodenarbeiten		
5.2.3	Bodenabtrag und Bodeneinbau		
5.2.4	Bodenaushub für Stützmauern usw., Fundamente		
5.2.5	Freistehende Mauern		
5.2.6	Vegetationstechnische Bodenverbesserung		
5.2.7	Bachregulierung, offene Gräben einschließlich Uferbefestigung		
5.2.8	Wasserbecken		
5.2.9	Sonstige Geländebearbeitung und -gestaltung		
	Summe 5.2		

[3] Alle Gesamtbeträge einschließlich Umsatzsteuer.

1120

Muster Kostenberechnung (Fortsetzung)

Nr	Kostengruppe	Teilbetrag DM	Gesamtbetrag [3] DM
5.3	Abwasser- und Versorgungsanlagen		
5.3.1	Abwasser		
5.3.2	Wasser		
5.3.3	Heizung einschließlich Wärmedämmung		
5.3.4	Gase		
5.3.5	Elektrischer Strom		
5.3.6	Fernmeldetechnik		
5.3.7	Raumlufttechnik (RLT)		
5.3.8	Gemeinsame Anlagen für Abwasser und Versorgung, soweit nicht in 5.2.1 bis 5.2.8 enthalten		
5.3.9	Sonstige Abwasser- und Versorgungsanlagen		
	Summe 5.3		
5.4	Wirtschaftsgegenstände		
5.4.1	Müll- und Abfallbehälter		
5.4.2	Teppichklopfstangen, Fahnenmaste		
5.4.3	Wäschepfähle, Trockenvorrichtungen		
5.4.4	Fahrradständer		
5.4.5	Rankgerüste, Sichtschutzwände, Schutzgitter		
5.4.6	Pflanzbehälter, -kübel		
5.4.7	Ortsfeste Gartenbänke und -tische		
5.4.8	Beschriftungen und Schilder		
5.4.9	Sonstige Wirtschaftsgegenstände		
	Summe 5.4		
5.5	Kunstwerke und künstlerisch gestaltete Bauteile im Freien		
5.5.1	Freistehende Kunstwerke		
5.5.2	Künstlerisch gestaltete Bauteile		
5.5.9	Sonstige künstlerische Gestaltung im Freien		
	Summe 5.5		

[3] Alle Gesamtbeträge einschließlich Umsatzsteuer.

Muster Kostenabrechnung (Fortsetzung)

Nr	Kostengruppe	Teilbetrag DM	Gesamtbetrag[3] DM
5.6	Anlagen für Sonderzwecke		
5.6.1	Sportanlagen		
5.6.2	Spiel- und Pausenplätze		
5.6.3	Übungsbahnen, Schießstände		
5.6.4	Lagerbehälter, -flächen		
5.6.5	Tiergehege		
5.6.6	Hub- und Förderanlagen		
5.6.7	Regenschutz- und Gartenlauben		
5.6.9	Sonstige Anlagen für Sonderzwecke		
	Summe 5.6		
5.7	Verkehrsanlagen		
5.7.1	Wege		
5.7.2	Straßen		
5.7.3	Befahrbare Plätze, Höfe		
5.7.4	Kfz.-Stellplätze		
5.7.5	Beleuchtung		
5.7.6	Gleisanlagen		
5.7.7	Rampen, Treppen, Stufen		
5.7.8	Markierungen, Verkehrszeichen, Sicherheitsvorrichtungen		
5.7.9	Sonstige Verkehrsanlagen		
	Summe 5.7		
5.8	Grünflächen		
5.8.1	Bodenbearbeitung		
5.8.2	Pflanzarbeiten		
5.8.3	Rasenarbeiten		
5.8.4	Sicherungsarbeiten		
5.8.9	Sonstige Grünflächenarbeiten		
	Summe 5.8		
5.9	Sonstige Außenanlagen		
	Summe 5.9		
	Summe 5		

[3] Alle Gesamtbeträge einschließlich Umsatzsteuer.

Muster Kostenberechnung (Fortsetzung)

6	**Zusätzliche Maßnahmen**	
6.1	Zusätzliche Maßnahmen bei der Erschließung	
6.1.1	Schutz von Personen und Sachen	
6.1.2	Schlechtwetterbau	
6.1.3	Trockenhalten der Arbeitsstellen	
6.1.4	Vergütung außertariflicher Arbeitszeit	
6.1.5	Leistungsprämien	
6.1.9	Sonstige Zusätzliche Maßnahmen bei der Erschließung	
	Summe 6.1	
6.2	Zusätzliche Maßnahmen beim Bauwerk	
6.2.1	Schutz von Personen und Sachen	
6.2.2	Schlechtwetterbau	
6.2.3	Künstliche Bautrocknung	
6.2.4	Vergütung außertariflicher Arbeitszeit	
6.2.5	Leistungsprämien	
6.2.6	Grundreinigung	
6.2.9	Sonstige Zusätzliche Maßnahmen beim Bauwerk	
	Summe 6.2	
6.3	Zusätzliche Maßnahmen bei den Außenanlagen	
6.3.1	Schutz von Personen und Sachen	
6.3.2	Schlechtwetterbau	
6.3.3	Trockenhalten der Arbeitsstellen	
6.3.4	Vergütung außertariflicher Arbeitszeit	
6.3.9	Sonstige Zusätzliche Maßnahmen bei den Außenanlagen	
	Summe 6.3	
	Summe 6	

[3]) Alle Gesamtbeträge einschließlich Umsatzsteuer.

1123

Muster Kostenberechnung (Fortsetzung)

Nr	Kostengruppe	Teilbetrag DM	Gesamtbetrag [3] DM
7	**Baunebenkosten**		
7.1	Vorbereitung von Bauvorhaben		
7.1.1	Grundlagenermittlung von Architekten und Ingenieuren		
7.1.2	Grundlagenermittlung von Sonderfachleuten		
7.1.3	Grundlagenermittlung von Gutachtern und Beratern		
7.1.4	Verwaltungsleistungen von Bauherr und Betreuer		
7.1.9	Sonstige Kosten der Grundlagenermittlung		
	Summe 7.1		
7.2	Planung von Baumaßnahmen		
7.2.1	Leistungen von Architekten und Ingenieuren		
7.2.2	Leistungen von Sonderfachleuten		
7.2.3	Leistungen von Gutachtern und Beratern		
7.2.4	Verwaltungsleistungen von Bauherr und Betreuer		
7.2.5	Leistungen für besondere künstlerische Gestaltung		
7.2.9	Sonstige Leistungen		
	Summe 7.2		
7.3	Durchführung von Baumaßnahmen		
7.3.1	Leistungen von Architekten und Ingenieuren		
7.3.2	Leistungen von Sonderfachleuten		
7.3.3	Leistungen von Gutachtern und Beratern		
7.3.4	Verwaltungsleistungen von Bauherr und Betreuer		
7.3.5	Leistungen für besondere künstlerische Gestaltung		
7.3.9	Sonstige Leistungen		
	Summe 7.3		
7.4	Finanzierung		
7.4.1	Beschaffung der Finanzierungsmittel einschließlich Umfinanzierungen		
7.4.2	Finanzierungen während der Vorbereitung und Durchführung		
7.4.3	Erbbauzinsen während der Vorbereitung und Durchführung		
7.4.4	Mehrzinsen für Zwischenfinanzierungsmittel, soweit sie **nach** der Bezugsfertigkeit entstehen		
7.4.9	Sonstige Kosten der Finanzierung		
	Summe 7.4		

[3]) Alle Gesamtbeträge einschließlich Umsatzsteuer.

Muster Kostenberechnung (Ende)

Nr	Kostengruppe	Teilbetrag DM	Gesamtbetrag [3] DM
7.5	Allgemeine Baunebenkosten		
7.5.1	Behördliche Prüfung, Genehmigung und Abnahme		
7.5.2	Bewirtschaftung		
7.5.3	Bemusterung und Messungen		
7.5.9	Sonstige Baunebenkosten		
	Summe 7.5		
	Summe 7		

Variante
zum Muster Kostenberechnung Nr 3.2 und 3.3
für Sonderfälle bei Zusammenfassung von Installationen (Nr 3.2) und Zentrale Betriebstechnik (Nr 3.3)
(Teilweiser Ersatz für Seite 9)

Nr	Kostengruppe	Teilbetrag DM	Gesamtbetrag [3] DM
3.2 + 3.3	Installationen und Zentrale Betriebstechnik		
3.2.1 + 3.3.1	Abwasser		
3.2.2 + 3.3.2	Wasser		
3.2.3 + 3.3.3	Heizung einschließlich Wärmedämmung		
3.2.4 + 3.3.4	Gase (außer für Heizzwecke) und sonstige Medien		
3.2.5 + 3.3.5	Elektrischer Strom (außer für Heizzwecke)		
3.2.6 + 3.3.6	Fernmeldetechnik		
3.2.7 + 3.3.7	Raumlufttechnik (RLT)		
3.3.8	Fördertechnik		
3.2.9 + 3.3.9	Sonstige Installationen und Sonstige Zentrale Betriebstechnik		
	Summe 3.2 + 3.3		

[3] Alle Gesamtbeträge einschließlich Umsatzsteuer,

Anhang C
Muster Kostenanschlag
DIN 276 Teil 3

Kosten von Hochbauten
Kostenanschlag

Allgemeine Angaben
Bei Verwendung dieses Musters als Formblatt für den Kostenanschlag ist es notwendig, kennzeichnende und erläuternde Angaben zu machen, z. B.

— Bauherr

— Bezeichnung der Baumaßnahme, Planverfasser

— Ort und Kennzeichnung des Baugrundstückes

— Zweckbestimmung, vorgesehene Nutzung

— Gebäudeform, Grundflächen und Rauminhalte

— Bauart

— Grundlagen der Kostenermittlung, genaue Massenangaben, Mengen- und Einzel-Kostenansatz

— Finanzierung

— Hinweis auf Pläne, Berechnungen und ausführliche Beschreibungen, die beigefügt werden

— Vorgesehene Ausführungszeit

— Aufsteller, Bearbeiter, Datum der Aufstellung

— Prüf- und Genehmigungsvermerke

Zusammenstellung der Kosten von den Seiten 19 bis 33

Kostengruppen	Teilbetrag DM	Gesamtbetrag DM
Summe 1 Baugrundstück		
Summe 2 Erschließung		
Summe 3 Bauwerk		
Summe 4 Gerät		
Summe 5 Außenanlagen		
Summe 6 Zusätzliche Maßnahmen		
Summe 7 Baunebenkosten		
Zur Abrundung		
Gesamtkosten		

Muster Kostenanschlag (Fortsetzung)

Nr	Kostengruppe	Teilbetrag DM	Gesamtbetrag[1] DM
1	**Baugrundstück**		
1.1	Wert		
1.1.1	Verkehrswert		
	Summe 1.1		
1.2	Erwerb		
1.2.1	Vermessung		
1.2.2	Gerichtsgebühren		
1.2.3	Notariatsgebühren		
1.2.4	Maklerprovisionen		
1.2.5	Grunderwerbsteuer		
1.2.6	Wertgutachten und dafür notwendige Baugrunduntersuchungen		
1.2.7	Amtliche Genehmigungen		
1.2.8	Bodenordnung und Grenzregulierung		
1.2.9	Sonstige Erwerbskosten		
	Summe 1.2		
1.3	Freimachen		
1.3.1	Abfindungen und Entschädigung für Miet- und Pachtverträge		
1.3.2	Ablösung dinglicher Rechte		
1.3.9	Sonstige Freimachungskosten		
	Summe 1.3		
1.4	Herrichten		
1.4.1	Abräumen von Einfriedungen und Hindernissen		
1.4.2	Sichern von zu erhaltendem Bewuchs		
1.4.3	Roden von Bewuchs		
1.4.4	Abbrechen von Bauwerken oder Bauteilen		
1.4.5	Beseitigen von Verkehrsanlagen		
1.4.6	Abtrennen von Versorgungs- und Abwasserleitungen		
1.4.7	Sicherung von Oberboden		
1.4.8	Bodenbewegungen, Herrichten der Geländeoberfläche, Planieren		
1.4.9	Sonstige Herrichtungskosten		
	Summe 1.4		
	Summe 1		

[1] Alle Gesamtbeträge einschließlich Umsatzsteuer.

Anhang 1   DIN 276 Fassung April 1981

Muster Kostenanschlag (Fortsetzung)

Nr	Kostengruppe	Teilbetrag DM	Gesamtbetrag ¹) DM
2 2.1	**Erschließung** Öffentliche Erschließung		
2.1.1	Abwasseranlagen, Kanalisation		
2.1.2	Wasserversorgung		
2.1.3	Fernwärmeversorgung		
2.1.4	Gasversorgung		
2.1.5	Elektrische Stromversorgung		
2.1.6	Fernmeldetechnik		
2.1.7	Verkehrsanlagen einschließlich Beleuchtung		
2.1.8	Grünflächen		
2.1.9	Sonstige öffentliche Erschließung		
		Summe 2.1	
2.2	Nichtöffentliche Erschließung		
2.2.1	Abwasseranlagen, Kanalisation		
2.2.2	Wasserversorgung		
2.2.3	Fernwärmeversorgung		
2.2.4	Gasversorgung		
2.2.5	Elektrische Stromversorgung		
2.2.6	Fernmeldetechnik		
2.2.7	Verkehrsanlagen einschließlich Beleuchtung		
2.2.8	Grünflächen		
2.2.9	Sonstige nichtöffentliche Erschließung		
		Summe 2.2	
2.3	Andere einmalige Abgaben		
2.3.1	Ansiedlungsgebühren, Ansiedlungsleistungen		
2.3.2	Beiträge zum Bau von Kfz.-Stellplätzen		
2.3.9	Sonstige einmalige Abgaben		
		Summe 2.3	
		Summe 2	

¹) Alle Gesamtbeträge einschließlich Umsatzsteuer.

Muster Kostenanschlag (Fortsetzung)

Nr	Kostengruppe	Teilbetrag DM	Gesamtbetrag [1] DM
3.0.0.0	**Bauwerk**		
3.1.0.0	Baukonstruktionen		
3.1.1.0	Gründung		
3.1.1.1	Baugrube		
3.1.1.2	Fundamente, Unterböden		
	Summe 3.1.1.0		
3.1.2.0	Tragkonstruktionen		
3.1.2.1	Tragende Außenwände, Außenstützen		
3.1.2.2	Tragende Innenwände, Innenstützen		
3.1.2.3	Tragende Decken, Treppen		
3.1.2.4	Tragende Dächer, Dachstühle		
	Summe 3.1.2.0		
3.1.3.0	Nichttragende Konstruktionen		
3.1.3.1	Nichttragende Außenwände und zugehörige Baukonstruktionen		
3.1.3.2	Nichttragende Innenwände und zugehörige Baukonstruktionen		
3.1.3.3	Nichttragende Konstruktionen der Decken, Treppen und zugehörige Baukonstruktionen		
3.1.3.4	Nichttragende Konstruktionen der Dächer und zugehörige Baukonstruktionen		
	Summe 3.1.3.0		
3.1.9.0	Sonstige Konstruktionen, soweit nicht in 3.1.1.0 bis 3.1.3.0 enthalten		
3.1.9.1	Baustelleneinrichtung		
	Summe 3.1.9.0		
	Summe 3.1.0.0		
3.2.0.0	Installationen		
3.2.1.0	Abwasser		
	Summe 3.2.1.0		
3.2.2.0	Wasser		
	Summe 3.2.2.0		

[1] Alle Gesamtbeträge einschließlich Umsatzsteuer.

Seite 22   DIN 276 Teil 3

Muster Kostenanschlag (Fortsetzung)

Nr	Kostengruppe	Teilbetrag DM	Gesamtbetrag[1] DM
3.2.3.0	Heizung einschließlich Wärmedämmung		
	Summe 3.2.3.0		
3.2.4.0	Gase (außer für Heizzwecke) und sonstige Medien		
	Summe 3.2.4.0		
3.2.5.0	Elektrischer Strom (außer für Heizzwecke) und Blitzschutz		
	Summe 3.2.5.0		
3.2.6.0	Fernmeldetechnik		
	Summe 3.2.6.0		
3.2.7.0	Raumlufttechnik (RLT)		
	Summe 3.2.7.0		
3.2.9.0	Sonstige Installationen		
	Summe 3.2.9.0		
		Summe 3.2.0.0	

[1] Alle Gesamtbeträge einschließlich Umsatzsteuer.

Muster Kostenanschlag (Fortsetzung)

Nr	Kostengruppe	Teilbetrag DM	Gesamtbetrag [1] DM
3.3.0.0	Zentrale Betriebstechnik		
3.3.1.0	Abwasser		
	Summe 3.3.1.0		
3.3.2.0	Wasser		
	Summe 3.3.2.0		
3.3.3.0	Heizung einschließlich Wärmedämmung		
	Summe 3.3.3.0		
3.3.4.0	Gase (außer für Heizzwecke) und sonstige Medien		
	Summe 3.3.4.0		
3.3.5.0	Elektrischer Strom (außer für Heizzwecke)		
	Summe 3.3.5.0		
3.3.6.0	Fernmeldetechnik		
	Summe 3.3.6.0		

[1] Alle Gesamtbeträge einschließlich Umsatzsteuer.

1131

DIN 276 Fassung April 1981

Muster Kostenanschlag (Fortsetzung)

Nr	Kostengruppe	Teilbetrag DM	Gesamtbetrag [1]) DM
3.3.7.0	Raumlufttechnik (RLT)		
	Summe 3.3.7.0		
3.3.8.0	Fördertechnik		
	Summe 3.3.8.0		
3.3.9.0	Sonstige Zentrale Betriebstechnik		
	Summe 3.3.9.0		
	Summe 3.3.0.0		
3.4.0.0	Betriebliche Einbauten		
3.4.1.0	Einbaumöbel		
	Summe 3.4.1.0		
3.4.2.0	Maschinen und Apparate		
	Summe 3.4.2.0		
3.4.9.0	Sonstige betriebliche Einbauten		
	Summe 3.4.9.0		
	Summe 3.4.0.0		

[1]) Alle Gesamtbeträge einschließlich Umsatzsteuer.

Muster Kostenanschlag (Fortsetzung)

Nr	Kostengruppe	Teilbetrag DM	Gesamtbetrag ¹) DM
3.5.0.0	Besondere Bauausführungen zu 3.1.0.0 bis 3.4.0.0		
3.5.1.0	Besondere Baukonstruktionen		
3.5.1.1	Außergewöhnliche Gründung		
3.5.1.2	Felssprengung, Baugrundverbesserung		
3.5.1.3	Unterfangung, Abstützung		
3.5.1.4	Schächte und Hohlräume		
3.5.1.5	Wasserhaltung, Dränage, Wasserdruckhaltende Dichtung		
3.5.1.6	Schutzbauteile		
3.5.1.7	Anschluß-, Verbindungs-, Ergänzungsbauteile		
3.5.1.9	Sonstige besondere Baukonstruktionen		
	Summe 3.5.1.0		
3.5.2.0	Besondere Installationen		
3.5.2.1	Abwasser		
3.5.2.2	Wasser		
3.5.2.3	Heizung einschließlich Wärmedämmung		
3.5.2.4	Gase und sonstige Medien		
3.5.2.5	Elektrischer Strom		
3.5.2.6	Fernmeldetechnik		
3.5.2.7	Raumlufttechnik (RLT)		
3.5.2.9	Sonstige besondere Installationen		
	Summe 3.5.2.0		
3.5.3.0	Besondere Zentrale Betriebstechnik		
3.5.3.1	Abwasser		
3.5.3.2	Wasser		
3.5.3.3	Heizung einschließlich Wärmedämmung		
3.5.3.4	Gase (außer allein für Heizzwecke) und sonstige Medien		
3.5.3.5	Elektrischer Strom (außer allein für Heizzwecke)		
3.5.3.6	Fernmeldetechnik		
3.5.3.7	Raumlufttechnik (RLT)		
3.5.3.9	Sonstige besondere Zentrale Betriebstechnik		
	Summe 3.5.3.0		

¹) Alle Gesamtbeträge einschließlich Umsatzsteuer.

1133

Muster Kostenanschlag (Fortsetzung)

Nr	Kostengruppe	Teilbetrag DM	Gesamtbetrag[1] DM
3.5.4.0	Besondere Betriebliche Einbauten		
3.5.4.1	Einbaumöbel		
3.5.4.2	Maschinen und Apparate		
3.5.4.9	Sonstige besondere Betriebliche Einbauten		
	Summe 3.5.4.0		
3.5.5.0	Kunstwerke und künstlerisch gestaltete Bauteile		
3.5.5.1	Kunstwerke		
3.5.5.2	Künstlerisch gestaltete Bauteile		
3.5.5.9	Sonstige künstlerische Gestaltung am Bauwerk		
	Summe 3.5.5.0		
	Summe 3.5.0.0		
	Summe 3.0.0.0		
4.0.0.0	**Gerät**		
4.1.0.0	Allgemeines Gerät		
4.1.1.0	Schutzgerät		
4.1.2.0	Beschriftung und Schilder		
4.1.3.0	Hygienegerät		
4.1.9.0	Sonstiges Allgemeines Gerät		
	Summe 4.1.0.0		
4.2.0.0	Möbel		
4.2.1.0	Sitzmöbel		
4.2.2.0	Liegemöbel		
4.2.3.0	Tische		
4.2.4.0	Kastenmöbel		
4.2.5.0	Regale, Ablagen		
4.2.6.0	Garderobenständer		
4.2.9.0	Sonstige Möbel		
	Summe 4.2.0.0		

[1]) Alle Gesamtbeträge einschließlich Umsatzsteuer.

1134

Muster Kostenanschlag (Fortsetzung)

Nr	Kostengruppe	Teilbetrag DM	Gesamtbetrag[1) DM
4.3.0.0	Textilien		
4.3.1.0	Fensterbehänge		
4.3.2.0	Wandbehänge		
4.3.3.0	Bodenbeläge		
4.3.4.0	Wäsche		
4.3.5.0	Fahnen		
4.3.9.0	Sonstige Textilien		
	Summe 4.3.0.0		
4.4.0.0	Arbeitsgerät		
4.4.1.0	Wirtschafts- und Hausgerät		
4.4.2.0	Sportgerät		
4.4.3.0	Wissenschaftliches Gerät		
4.4.4.0	Medizinisches Gerät		
4.4.9.0	Sonstiges Arbeitsgerät		
	Summe 4.4.0.0		
4.5.0.0	Beleuchtung		
4.5.1.0	Allgemeine Beleuchtung		
4.5.2.0	Besondere Beleuchtung		
4.5.3.0	Notbeleuchtung		
4.5.9.0	Sonstige Beleuchtung		
	Summe 4.5.0.0		
4.9.0.0	Sonstiges Gerät		
4.9.1.0	Gerät für besondere Zwecke		
	Summe 4.9.0.0		
	Summe 4.0.0.0		

[1) Alle Gesamtbeträge einschließlich Umsatzsteuer.

Muster Kostenanschlag (Fortsetzung)

Nr	Kostengruppe	Teilbetrag DM	Gesamtbetrag [1]) DM
5.0.0.0	**Außenanlagen**		
5.1.0.0	Einfriedungen		
5.1.1.0	Zäune einschließlich Türen und Tore		
5.1.2.0	Mauern einschließlich Türen und Tore		
5.1.3.0	Schranken		
5.1.9.0	Sonstige Einfriedungen		
	Summe 5.1.0.0		
5.2.0.0	Geländebearbeitung und -gestaltung		
5.2.1.0	Stützmauern und -vorrichtungen		
5.2.2.0	Vegetationstechnische Oberbodenarbeiten		
5.2.3.0	Bodenabtrag und Bodeneinbau		
5.2.4.0	Bodenaushub für Stützmauern usw., Fundamente		
5.2.5.0	Freistehende Mauern		
5.2.6.0	Vegetationstechnische Bodenverbesserung		
5.2.7.0	Bachregulierung, offene Gräben einschließlich Uferbefestigung		
5.2.8.0	Wasserbecken		
5.2.9.0	Sonstige Geländebearbeitung und -gestaltung		
	Summe 5.2.0.0		
5.3.0.0	Abwasser- und Versorgungsanlagen		
5.3.1.0	Abwasser		
5.3.2.0	Wasser		
5.3.3.0	Heizung		
5.3.4.0	Gase und sonstige Medien		
5.3.5.0	Elektrischer Strom		
5.3.6.0	Fernmeldetechnik		
5.3.7.0	Raumlufttechnik (RLT)		
5.3.8.0	Gemeinsame Anlagen für Abwasser und Versorgung, soweit nicht in 5.2.1.0 bis 5.2.8.0 enthalten		
5.3.9.0	Sonstige Abwasser- und Versorgungsanlagen		
	Summe 5.3.0.0		

[1]) Alle Gesamtbeträge einschließlich Umsatzsteuer.

Muster Kostenanschlag (Fortsetzung)

Nr	Kostengruppe	Teilbetrag DM	Gesamtbetrag [1) DM
5.4.0.0	Wirtschaftsgegenstände		
5.4.1.0	Müll- und Abfallbehälter		
5.4.2.0	Teppichklopfstangen, Fahnenmaste		
5.4.3.0	Wäschepfähle, Trockenvorrichtungen		
5.4.4.0	Fahrradständer		
5.4.5.0	Rankgerüste, Sichtschutzwände, Schutzgitter		
5.4.6.0	Pflanzbehälter, -kübel		
5.4.7.0	Ortsfeste Gartenbänke und -tische		
5.4.8.0	Beschriftungen und Schilder		
5.4.9.0	Sonstige Wirtschaftsgegenstände		
	Summe 5.4.0.0		
5.5.0.0	Kunstwerke und künstlerisch gestaltete Bauteile im Freien		
5.5.1.0	Freistehende Kunstwerke		
5.5.2.0	Künstlerisch gestaltete Bauteile		
5.5.9.0	Sonstige künstlerische Gestaltung im Freien		
	Summe 5.5.0.0		
5.6.0.0	Anlagen für Sonderzwecke		
5.6.1.0	Sportanlagen		
5.6.2.0	Spiel- und Pausenplätze		
5.6.3.0	Übungsbahnen, Schießstände		
5.6.4.0	Lagerbehälter, -flächen		
5.6.5.0	Tiergehege		
5.6.6.0	Hub- und Förderanlagen		
5.6.7.0	Regenschutz- und Gartenlauben		
5.6.9.0	Sonstige Anlagen für Sonderzwecke		
	Summme 5.6.0.0		

[1) Alle Gesamtbeträge einschließlich Umsatzsteuer.

1137

Muster Kostenanschlag (Fortsetzung)

Nr	Kostengruppe	Teilbetrag DM	Gesamtbetrag [1]) DM
5.7.0.0	Verkehrsanlagen		
5.7.1.0	Wege		
5.7.2.0	Straßen		
5.7.3.0	Befahrbare Plätze, Höfe		
5.7.4.0	Kfz.-Stellplätze		
5.7.5.0	Beleuchtung		
5.7.6.0	Gleisanlagen		
5.7.7.0	Rampen, Treppen, Stufen		
5.7.8.0	Markierungen, Verkehrszeichen, Sicherheitsvorrichtungen		
5.7.9.0	Sonstige Verkehrsanlagen		
	Summe 5.7.0.0		
5.8.0.0	Grünflächen		
5.8.1.0	Bodenbearbeitung		
5.8.2.0	Pflanzarbeiten		
5.8.3.0	Rasenarbeiten		
5.8.4.0	Sicherungsarbeiten		
5.8.9.0	Sonstige Grünflächenarbeiten		
	Summe 5.8.0.0		
5.9.0.0	Sonstige Außenanlagen		
	Summe 5.9.0.0		
	Summe 5.0.0.0		

[1]) Alle Gesamtbeträge einschließlich Umsatzsteuer.

Muster Kostenanschlag (Fortsetzung)

Nr	Kostengruppe	Teilbetrag DM	Gesamtbetrag¹⁾ DM
7.4.0.0	Finanzierung		
7.4.1.0	Beschaffung der Finanzierungsmittel einschließlich Umfinanzierungen		
7.4.2.0	Finanzierungen während der Vorbereitung und Durchführung		
7.4.3.0	Erbbauzinsen während der Vorbereitung und Durchführung		
7.4.4.0	Mehrzinsen für Zwischenfinanzierungsmittel, soweit sie **nach** der Bezugsfertigkeit entstehen		
7.4.9.0	Sonstige Kosten der Finanzierung		
	Summe 7.4.0.0		
7.5.0.0	Allgemeine Baunebenkosten		
7.5.1.0	Behördliche Prüfung, Genehmigung und Abnahme		
7.5.2.0	Bewirtschaftung		
7.5.3.0	Bemusterung und Messungen		
7.5.9.0	Sonstige Baunebenkosten		
	Summe 7.5.0.0		
	Summe 7.0.0.0		

¹) Alle Gesamtbeträge einschließlich Umsatzsteuer.

Variante
zum Muster Kostenanschlag Nr 3.2 und 3.3
für Sonderfälle bei Zusammenfassung von Installationen (Nr 3.2) und Zentrale Betriebstechnik (Nr 3.3)
(Teilweiser Ersatz für die Seiten 21 bis 24)

Nr	Kostengruppe	Teilbetrag DM	Gesamtbetrag¹⁾ DM
3.2.0.0 + 3.3.0.0	Installationen und Zentrale Betriebstechnik		
3.2.1.0 + 3.3.1.0	Abwasser		
	Summe 3.2.1.0 + 3.3.1.0		
3.2.2.0 + 3.3.2.0	Wasser		
	Summe 3.2.2.0 + 3.3.2.0		

¹) Alle Gesamtbeträge einschließlich Umsatzsteuer.

Seite 34   DIN 276 Teil 3

Variante Muster Kostenanschlag (Ende)

Nr	Kostengruppe	Teilbetrag DM	Gesamtbetrag [1] DM
3.2.3.0 + 3.3.3.0	Heizung einschließlich Wärmedämmung		
	Summe 3.2.3.0 + 3.3.3.0		
3.2.4.0 + 3.3.4.0	Gase (außer für Heizzwecke) und sonstige Medien		
	Summe 3.2.4.0 + 3.3.4.0		
3.2.5.0 + 3.3.5.0	Elektrischer Strom (außer für Heizzwecke) und Blitzschutz		
	Summe 3.2.5.0 + 3.3.5.0		
3.2.6.0 + 3.3.6.0	Fernmeldetechnik		
	Summe 3.2.6.0 + 3.3.6.0		
3.2.7.0 + 3.3.7.0	Raumlufttechnik (RLT)		
	Summe 3.2.7.0 + 3.3.7.0		
3.3.8.0	Fördertechnik		
	Summe 3.3.8.0		
3.2.9.0 + 3.3.9.0	Sonstige Installationen und Sonstige zentrale Betriebstechnik		
	Summe 3.2.9.0 + 3.3.9.0		
	Summe 3.2.0.0 + 3.3.0.0		

[1] Alle Gesamtbeträge einschließlich Umsatzsteuer.

Weitere Normen und Unterlagen

DIN	276 Teil 1	Kosten von Hochbauten; Begriffe
DIN	276 Teil 2	Kosten von Hochbauten; Kostengliederung
DIN	276 Teil 3	Auswahl 1 Kosten von Hochbauten; Kostenermittlungen, Auswahl für den Wohnungsbau
DIN	277 Teil 1	Grundflächen und Rauminhalte von Hochbauten; Begriffe, Berechnungsgrundlagen
DIN	277 Teil 2	Grundflächen und Rauminhalte von Hochbauten; Gliederung der Nutzflächen, Funktionsflächen und Verkehrsflächen (Netto-Grundrißfläche)
DIN	283 Teil 1	Wohnungen; Begriffe
DIN	283 Teil 2	Wohnungen; Berechnung der Wohnflächen und Nutzflächen
DIN	1356	Bauzeichnungen
DIN 18960 Teil 1		Baunutzungskosten von Hochbauten; Begriff, Kostengliederung

VOB Verdingungsordnung für Bauleistungen, Teil C: Allgemeine Technische Vorschriften für Bauleistungen

Erläuterungen

In Übereinstimmung mit den Grundsätzen der Normungsarbeit (DIN 820 Teil 1) hatte sich der Arbeitsausschuß „Kostenberechnung von Hochbauten" — Unterausschuß DIN 276 — routinemäßig mit der Überprüfung der DIN 276 — Ausgabe September 1971 — auf Aktualität zu befassen, da in der Zwischenzeit einige gesetzliche Bestimmungen geändert waren oder entsprechende Änderungen bevorstanden.

Im Zusammenhang damit mußte über einen im Jahre 1975 gestellten Normungsantrag entschieden werden, der eine Änderung der DIN 276 Teil 2, insbesondere die Gliederung bei der Kostengruppe 3.1 — Kosten der Baukonstruktionen —, betraf.

Daraufhin hat der Arbeitsausschuß neben einigen Anregungen zur redaktionellen Überarbeitung auch dem vielfach geäußerten Wunsch nach Aufzeigen von Vereinfachungsmöglichkeiten entsprochen und die Ergebnisse bei der nun vorliegenden Folgeausgabe der DIN 276 berücksichtigt.

Aufbau, Gliederung und Systematik der DIN 276 bleiben im übrigen jedoch unverändert.

Zum Verständnis der in der Neufassung von DIN 276 Teil 3 enthaltenen Änderungen gegenüber der Ausgabe 1971 wird auf folgendes hingewiesen:

Mit dem Erscheinen der DIN 277 Teil 1 Grundflächen und Rauminhalte von Hochbauten; Begriffe, Berechnungsgrundlagen, und der DIN 18960 Teil 1 Baunutzungskosten von Hochbauten; Begriff Kostengliederung, sind inhaltliche Änderungen erforderlich geworden, die, neben redaktionellen Verbesserungen, in den Text der Norm eingearbeitet sind.

Aus den gleichen Gründen sowie aus der Tatsache, daß an einer Norm „Kostenrichtwerte" nicht weitergearbeitet wird, ergaben sich im Text bei den Abschnitten 1 „Kostenschätzung", 2 „Kostenberechnung", 3 „Kostenanschlag" und

4 „Kostenfeststellung" entsprechende redaktionelle Änderungen.

Wesentlich umgearbeitet werden mußte jedoch der Anhang, insbesondere deshalb, weil die der Norm beigegebenen Formblätter weitgehend mißverständlich angewendet wurden, denn sie sind teilweise unverändert abgedruckt und als „Formulare" verwendet worden.

Deshalb wird hiermit nochmals betont, daß die in den Anhängen A, B und C enthaltenen Muster zwar die vollständige Zusammenstellung aller denkbaren Angaben, teilweise bis in die kleinste Unterteilung der Kostengruppen, enthalten, daß dies aber nicht als Vorbild für Universal-Formblätter mißverstanden werden darf, sondern daß es vielmehr von den individuellen Gesichtspunkten und Verfahrensregelungen sowie auch vom Verwendungszweck und der Interessenlage, z. B. im staatlich geförderten Schulbau, im steuerbegünstigten Wohnungsbau oder im gewerblichen Sektor — aber auch von der jeweiligen Bauaufgabe bzw. Aufgabengruppe, z. B. Verwaltungsbau, Industriebau, Institutsbau, abhängt, wie und in welcher Weise aus dem Muster — dem sachlichen Bedürfnis oder den gesetzlichen Bestimmungen gemäß — dann Vordrucke gestaltet werden. Dieser Klarstellung soll auch die Vereinfachung des Musters Kostenschätzung, Anhang A, sowie die Variante zur Kostenberechnung, Anhang B, Seite 17, mit der für Sonderfälle die Möglichkeit der Zusammenfassung von Installationen und zugehörigen Teilen der Zentralen Betriebstechnik aufgezeigt wird, dienen. Das gleiche gilt für die Variante zum Kostenanschlag — Anhang C, Seite 33 und 34, sinngemäß.

Aus den gleichen Gründen wird auch davon abgesehen, als Anhang ein (weiteres) Muster beizufügen, welches die Aufzählung aller ATV und sonstiger Leistungsmerkmale enthält, zumal es selbstverständlich erscheint, daß eine derartige Zusammenstellung in geeigneten Fällen sich von selbst ergibt.

DK 69.003.12 : 624.9 DEUTSCHE NORM Juni 1993

Kosten im Hochbau	$\underline{\text{DIN}}$ 276

Building costs Coûts de bâtiment	Ersatz für DIN 276 T 1/04.81, DIN 276 T 2/04.81, DIN 276 T 3/04.81 und DIN 276 T 3 Aw 1/04.81 Siehe jedoch Vorbemerkung!

Die Normen der Reihe DIN 276/04.81 können für die Ermittlung der anrechenbaren Kosten im Rahmen der Honorarermittlung nach HOAI (Verordnung über die Honorare für Leistungen der Architekten und Ingenieure) bis zur Anpassung der HOAI an die jetzige Norm DIN 276/06.93 weiterhin angewendet werden.

Inhalt

1 Anwendungsbereich

Diese Norm gilt für die Ermittlung und die Gliederung von Kosten im Hochbau. Sie erfaßt die Kosten für Maßnahmen zur Herstellung, zum Umbau und zur Modernisierung der Bauwerke sowie die damit zusammenhängenden Aufwendungen (Investitionskosten); für Baunutzungskosten gilt DIN 18 960 Teil 1.
Die Norm legt Begriffe und Unterscheidungsmerkmale fest und schafft damit die Voraussetzungen für die Vergleichbarkeit der Ergebnisse von Kostenermittlungen. Die nach dieser Norm ermittelten Kosten können bei Verwendung für andere Zwecke (z. B. Honorierung von Auftragnehmerleistungen, steuerliche Förderung) den dabei erforderlichen Ermittlungen zugrunde gelegt werden. Eine Bewertung der Kosten im Sinne der entsprechenden Vorschriften nimmt die Norm jedoch nicht vor.
Die Norm gilt für Kostenermittlungen, die auf der Grundlage von Ergebnissen der Bauplanung durchgeführt werden. Sie gilt nicht für Kostenermittlungen, die vor der Bauplanung lediglich auf der Grundlage von Bedarfsangaben durchgeführt und z. B. als „Kostenrahmen" bezeichnet werden.

2 Begriffe
2.1 Kosten im Hochbau

Kosten im Hochbau sind Aufwendungen für Güter, Leistungen und Abgaben, die für die Planung und Ausführung von Baumaßnahmen erforderlich sind.
ANMERKUNG: Kosten im Hochbau werden in dieser Norm im folgenden als Kosten bezeichnet.

2.2 Kostenplanung

Die Kostenplanung ist die Gesamtheit aller Maßnahmen der Kostenermittlung, der Kostenkontrolle und der Kostensteuerung. Die Kostenplanung begleitet kontinuierlich alle Phasen der Baumaßnahme während der Planung und Ausführung. Sie befaßt sich systematisch mit den Ursachen und Auswirkungen der Kosten.

2.3 Kostenermittlung

Die Kostenermittlung ist die Vorausberechnung der entstehenden Kosten bzw. die Feststellung der tatsächlich entstandenen Kosten. Entsprechend dem Planungsfort-

Fortsetzung Seite 2 bis 18

Normenausschuß Bauwesen (NABau) im DIN Deutsches Institut für Normung e.V.

Alleinverkauf der Normen durch Beuth Verlag GmbH, Burggrafenstraße 6, 1000 Berlin 30
06.93
DIN 276 Jun 1993 Preisgr. 11
Vertr.-Nr. 0011

schritt werden die in den Abschnitten 2.3.1 bis 2.3.4 aufgeführten Arten der Kostenermittlung unterschieden.

2.3.1 Kostenschätzung

Die Kostenschätzung ist eine überschlägige Ermittlung der Kosten.

2.3.2 Kostenberechnung

Die Kostenberechnung ist eine angenäherte Ermittlung der Kosten.

2.3.3 Kostenanschlag

Der Kostenanschlag ist eine möglichst genaue Ermittlung der Kosten.

2.3.4 Kostenfeststellung

Die Kostenfeststellung ist die Ermittlung der tatsächlich entstandenen Kosten.

2.4 Kostenkontrolle

Die Kostenkontrolle ist der Vergleich einer aktuellen mit einer früheren Kostenermittlung.

2.5 Kostensteuerung

Die Kostensteuerung ist das gezielte Eingreifen in die Entwicklung der Kosten, insbesondere bei Abweichungen, die durch die Kostenkontrolle festgestellt worden sind.

2.6 Kostenkennwert

Ein Kostenkennwert ist ein Wert, der das Verhältnis von Kosten zu einer Bezugseinheit (z.B. Grundflächen oder Rauminhalte nach DIN 277 Teil 1 und Teil 2) darstellt.

2.7 Kostengliederung

Die Kostengliederung ist die Ordnungsstruktur, nach der die Gesamtkosten einer Baumaßnahme in Kostengruppen unterteilt werden.

2.8 Kostengruppe

Eine Kostengruppe ist die Zusammenfassung einzelner, nach den Kriterien der Planung oder des Projektablaufes zusammengehörender Kosten.

2.9 Gesamtkosten

Die Gesamtkosten sind die Kosten, die sich als Summe aus allen Kostengruppen ergeben.

3 Kostenermittlung

3.1 Grundsätze der Kostenermittlung

3.1.1 Zweck

Kostenermittlungen dienen als Grundlagen für die Kostenkontrolle, für Planungs-, Vergabe- und Ausführungsentscheidungen sowie zum Nachweis der entstandenen Kosten.

3.1.2 Darstellung

Kostenermittlungen sind in der Systematik der Kostengliederung zu ordnen und darzustellen.

3.1.3 Art

Die Art und die Detaillierung der Kostenermittlung sind abhängig vom Stand der Planung und Ausführung und den jeweils verfügbaren Informationen z.B. in Form von Zeichnungen, Berechnungen und Beschreibungen.

Die Informationen über die Baumaßnahme nehmen entsprechend dem Projektfortschritt zu, so daß auch die Genauigkeit der Kostenermittlungen wächst.

3.1.4 Vollständigkeit

Die Kosten der Baumaßnahme sind in der Kostenermittlung vollständig zu erfassen.

3.1.5 Kostenermittlung bei Bauabschnitten

Besteht eine Baumaßnahme aus mehreren zeitlich oder räumlich getrennten Abschnitten, sollten für jeden Abschnitt getrennte Kostenermittlungen aufgestellt werden.

3.1.6 Kostenstand

Bei Kostenermittlungen ist vom Kostenstand zum Zeitpunkt der Ermittlung auszugehen; dieser Kostenstand ist durch die Angabe des Zeitpunktes zu dokumentieren.

Sofern Kosten auf den Zeitpunkt der Fertigstellung prognostiziert werden, sind sie gesondert auszuweisen.

3.1.7 Grundlagen und Erläuterungen

Die Grundlagen für die Kostenermittlung sind anzugeben. Erläuterungen zur Baumaßnahme sollten in der Systematik der Kostengliederung geordnet werden.

3.1.8 Besondere Kosten

Sofern Kosten durch außergewöhnliche Bedingungen des Standortes (z.B. Gelände, Baugrund, Umgebung), durch besondere Umstände des Projekts oder durch Forderungen außerhalb der Zweckbestimmung des Bauwerks verursacht werden, sollten diese Kosten bei den betreffenden Kostengruppen gesondert ausgewiesen werden.

3.1.9 Wiederverwendete Teile, Eigenleistungen

Der Wert wiederverwendeter Teile sowie der Wert von Eigenleistungen sollen bei den betreffenden Kostengruppen gesondert ausgewiesen werden. Für Eigenleistungen des Bauherrn sind die Kosten einzusetzen, die für entsprechende Auftragnehmerleistungen entstehen würden.

3.1.10 Umsatzsteuer

Die Umsatzsteuer kann entsprechend den jeweiligen Erfordernissen wie folgt berücksichtigt werden:

— in den Kostenangaben ist die Umsatzsteuer enthalten („Brutto-Angabe"),

— in den Kostenangaben ist die Umsatzsteuer nicht enthalten („Netto-Angabe"),

— nur bei einzelnen Kostenangaben (z.B. bei übergeordneten Kostengruppen) ist die Umsatzsteuer ausgewiesen.

In der Kostenermittlung und bei Kostenkennwerten ist immer anzugeben, in welcher Form die Umsatzsteuer berücksichtigt worden ist.

3.2 Arten der Kostenermittlung

In den Abschnitten 3.2.1 bis 3.2.4 werden die Arten der Kostenermittlung nach ihrem Zweck, den erforderlichen Grundlagen und dem Detaillierungsgrad festgelegt.

3.2.1 Kostenschätzung

Die Kostenschätzung dient als eine Grundlage für die Entscheidung über die Vorplanung.

Grundlagen für die Kostenschätzung sind:
- Ergebnisse der Vorplanung, insbesondere Planungsunterlagen, z.B. versuchsweise zeichnerische Darstellungen, Strichskizzen,
- Berechnung der Mengen von Bezugseinheiten der Kostengruppen, z.B. Grundflächen und Rauminhalte nach DIN 277 Teil 1 und Teil 2,
- erläuternde Angaben zu den planerischen Zusammenhängen, Vorgängen und Bedingungen,
- Angaben zum Baugrundstück und zur Erschließung.

In der Kostenschätzung sollen die Gesamtkosten nach Kostengruppen mindestens bis zur 1. Ebene der Kostengliederung ermittelt werden.

3.2.2 Kostenberechnung

Die Kostenberechnung dient als eine Grundlage für die Entscheidung über die Entwurfsplanung.

Grundlagen für die Kostenberechnung sind:
- Planungsunterlagen, z.B. durchgearbeitete, vollständige Vorentwurfs- und/oder Entwurfszeichnungen (Maßstab nach Art und Größe des Bauvorhabens), gegebenenfalls auch Detailpläne mehrfach wiederkehrender Raumgruppen,
- Berechnung der Mengen von Bezugseinheiten der Kostengruppen,
- Erläuterungen, z.B. Beschreibung der Einzelheiten in der Systematik der Kostengliederung, die aus den Zeichnungen und den Berechnungsunterlagen nicht zu ersehen, aber für die Berechnung und die Beurteilung der Kosten von Bedeutung sind.

In der Kostenberechnung sollen die Gesamtkosten nach Kostengruppen mindestens bis zur 2. Ebene der Kostengliederung ermittelt werden.

3.2.3 Kostenanschlag

Der Kostenanschlag dient als eine Grundlage für die Entscheidung über die Ausführungsplanung und die Vorbereitung der Vergabe.

Grundlagen für den Kostenanschlag sind:
- Planungsunterlagen, z.B. endgültige, vollständige Ausführungs-, Detail- und Konstruktionszeichnungen,
- Berechnungen, z.B. für Standsicherheit, Wärmeschutz, technische Anlagen,
- Berechnung der Mengen von Bezugseinheiten der Kostengruppen,
- Erläuterungen zur Bauausführung, z.B. Leistungsbeschreibungen,
- Zusammenstellungen von Angeboten, Aufträgen und bereits entstandenen Kosten.

Im Kostenanschlag sollen die Gesamtkosten nach Kostengruppen mindestens bis zur 3. Ebene der Kostengliederung ermittelt werden.

3.2.4 Kostenfeststellung

Die Kostenfeststellung dient zum Nachweis der entstandenen Kosten sowie gegebenenfalls zu Vergleichen und Dokumentationen.

Grundlagen für die Kostenfeststellung sind:
- geprüfte Abrechnungsbelege, z.B. Schlußrechnungen, Nachweise der Eigenleistungen,
- Planungsunterlagen, z.B. Abrechnungszeichnungen,
- Erläuterungen.

In der Kostenfeststellung sollen die Gesamtkosten nach Kostengruppen bis zur 2. Ebene der Kostengliederung unterteilt werden. Bei Baumaßnahmen, die für Vergleiche und Kostenkennwerte ausgewertet und dokumentiert werden, sollten die Gesamtkosten mindestens bis zur 3. Ebene der Kostengliederung unterteilt werden.

4 Kostengliederung

4.1 Aufbau der Kostengliederung

Die Kostengliederung nach Abschnitt 4.3 sieht drei Ebenen der Kostengliederung vor; diese sind durch dreistellige Ordnungszahlen gekennzeichnet.

In der 1. Ebene der Kostengliederung werden die Gesamtkosten in folgende sieben Kostengruppen gegliedert:

    100 Grundstück

    200 Herrichten und Erschließen

    300 Bauwerk — Baukonstruktionen

    400 Bauwerk — Technische Anlagen

    500 Außenanlagen

    600 Ausstattung und Kunstwerke

    700 Baunebenkosten

Bei Bedarf werden diese Kostengruppen entsprechend der Kostengliederung in die Kostengruppen der 2. und 3. Ebene der Kostengliederung unterteilt.

Über die Kostengliederung dieser Norm hinaus können die Kosten entsprechend den technischen Merkmalen oder den herstellungsmäßigen Gesichtspunkten oder nach der Lage im Bauwerk bzw. auf dem Grundstück weiter untergliedert werden.

Darüber hinaus sollten die Kosten in Vergabeeinheiten geordnet werden, damit die projektspezifischen Angebote, Aufträge und Abrechnungen mit den Kostenvorgaben verglichen werden können.

ANMERKUNG: In Vergabeeinheiten werden Kostengruppen ganz oder in Teilen nach projektspezifischen Bedingungen zusammengefaßt.

4.2 Ausführungsorientierte Gliederung der Kosten

Soweit es die Umstände des Einzelfalls zulassen (z.B. im Wohnungsbau) oder erfordern (z.B. bei Modernisierungen), können die Kosten vorrangig ausführungsorientiert gegliedert werden, indem bereits die Kostengruppen der ersten Ebene der Kostengliederung nach herstellungsmäßigen Gesichtspunkten unterteilt werden.

Hierfür kann eine Gliederung in Leistungsbereiche entsprechend dem Standardleistungsbuch für das Bauwesen — wie in Abschnitt 4.4 wiedergegeben — oder Standardleistungskatalog (StLK) oder eine Gliederung entsprechend anderen ausführungs- bzw. gewerkeorientierten Strukturen (z.B. Verdingungsordnung für Bauleistungen VOB Teil C) verwendet werden. Dies entspricht formal der 2. Ebene der Kostengliederung.

Im Falle einer solchen ausführungsorientierten Gliederung der Kosten ist eine weitere Unterteilung, z.B. in Teilleistungen, erforderlich, damit die Leistungen hinsichtlich Inhalt, Eigenschaften und Menge beschrieben und erfaßt werden können. Dies entspricht formal der 3. Ebene der Kostengliederung.

Auch bei einer ausführungsorientierten Gliederung sollten die Kosten in Vergabeeinheiten geordnet werden, damit die projektspezifischen Angebote, Aufträge und Abrechnungen mit den Kostenvorgaben verglichen werden können (siehe Abschnitt 4.1, Anmerkung).

4.3 Darstellung der Kostengliederung

Die in der Spalte „Anmerkungen" aufgeführten Güter, Leistungen oder Abgaben sind Beispiele für die jeweilige Kostengruppe; die Aufzählung ist nicht abschließend.

Tabelle 1

Kostengruppen	Anmerkungen
100 Grundstück	
110 Grundstückswert	
120 Grundstücksnebenkosten	Kosten, die im Zusammenhang mit dem Erwerb eines Grundstücks entstehen
121 Vermessungsgebühren	
122 Gerichtsgebühren	
123 Notariatsgebühren	
124 Maklerprovisionen	
125 Grunderwerbsteuer	
126 Wertermittlungen, Untersuchungen	Wertermittlungen, Untersuchungen zu Altlasten und deren Beseitigung, Baugrunduntersuchungen und Untersuchungen über die Bebaubarkeit, soweit sie zur Beurteilung des Grundstückswertes dienen
127 Genehmigungsgebühren	
128 Bodenordnung, Grenzregulierung	
129 Grundstücksnebenkosten, sonstiges	
130 Freimachen	Kosten, die aufzuwenden sind, um ein Grundstück von Belastungen freizumachen
131 Abfindungen	Abfindungen und Entschädigungen für bestehende Nutzungsrechte, z. B. Miet- und Pachtverträge
132 Ablösen dinglicher Rechte	Ablösung von Lasten und Beschränkungen, z. B. Wegerechten
139 Freimachen, sonstiges	
200 Herrichten und Erschließen	Kosten aller vorbereitenden Maßnahmen, um das Grundstück bebauen zu können
210 Herrichten	Kosten der vorbereitenden Maßnahmen auf dem Baugrundstück
211 Sicherungsmaßnahmen	Schutz von vorhandenen Bauwerken, Bauteilen, Versorgungsleitungen sowie Sichern von Bewuchs und Vegetationsschichten
212 Abbruchmaßnahmen	Abbrechen und Beseitigen von vorhandenen Bauwerken, Ver- und Entsorgungsleitungen sowie Verkehrsanlagen
213 Altlastenbeseitigung	Beseitigen von Kampfmitteln und anderen gefährlichen Stoffen, Sanieren belasteter und kontaminierter Böden
214 Herrichten der Geländeoberfläche	Roden von Bewuchs, Planieren, Bodenbewegungen einschließlich Oberbodensicherung
219 Herrichten, sonstiges	
220 Öffentliche Erschließung	Anteilige Kosten aufgrund gesetzlicher Vorschriften (Erschließungsbeiträge/Anliegerbeiträge) und Kosten aufgrund öffentlich-rechtlicher Verträge für — die Beschaffung oder den Erwerb der Erschließungsflächen gegen Entgelt durch den Träger der öffentlichen Erschließung, — die Herstellung oder Änderung gemeinschaftlich genutzter technischer Anlagen, z. B. zur Ableitung von Abwasser sowie zur Versorgung mit Wasser, Wärme, Gas, Strom und Telekommunikation, — die erstmalige Herstellung oder den Ausbau der öffentlichen Verkehrsflächen, der Grünflächen und sonstiger Freiflächen für öffentliche Nutzung. Kostenzuschüsse und Anschlußkosten sollen getrennt ausgewiesen werden.
221 Abwasserentsorgung	Anschlußbeiträge, Anschlußkosten
222 Wasserversorgung	Kostenzuschüsse, Anschlußkosten
223 Gasversorgung	Kostenzuschüsse, Anschlußkosten
224 Fernwärmeversorgung	Kostenzuschüsse, Anschlußkosten
225 Stromversorgung	Kostenzuschüsse, Anschlußkosten
226 Telekommunikation	einmalige Entgelte für die Bereitstellung und Änderung von Netzanschlüssen

(fortgesetzt)

Tabelle 1 (fortgesetzt)

Kostengruppen	Anmerkungen
227 Verkehrserschließung	Erschließungsbeiträge für die Verkehrs- und Freianlagen einschließlich deren Entwässerung und Beleuchtung
229 Öffentliche Erschließung, sonstiges	
230 Nichtöffentliche Erschließung	Kosten für Verkehrsflächen und technische Anlagen, die ohne öffentlich-rechtliche Verpflichtung oder Beauftragung mit dem Ziel der späteren Übertragung in den Gebrauch der Allgemeinheit hergestellt und ergänzt werden. Kosten von Anlagen auf dem eigenen Grundstück gehören zu der Kostengruppe 500. Soweit erforderlich, kann die Kostengruppe 230 entsprechend der Kostengruppe 220 untergliedert werden.
240 Ausgleichsabgaben	Kosten, die aufgrund landesrechtlicher Bestimmungen oder einer Ortssatzung aus Anlaß des geplanten Bauvorhabens einmalig und zusätzlich zu den Erschließungsbeiträgen entstehen. Hierzu gehört insbesondere das Ablösen von Verpflichtungen aus öffentlich-rechtlichen Vorschriften, z.B. für Stellplätze, Baumbestand.
300 Bauwerk – Baukonstruktionen	Kosten von Bauleistungen und Lieferungen zur Herstellung des Bauwerks, jedoch ohne die Technischen Anlagen (Kostengruppe 400). Dazu gehören auch die mit dem Bauwerk fest verbundenen Einbauten, die der besonderen Zweckbestimmung dienen, sowie übergreifende Maßnahmen in Zusammenhang mit den Baukonstruktionen. Bei Umbauten und Modernisierungen zählen hierzu auch die Kosten von Teilabbruch-, Sicherungs- und Demontagearbeiten.
310 Baugrube 311 Baugrubenherstellung 312 Baugrubenumschließung	Bodenabtrag, Aushub einschließlich Arbeitsräumen und Böschungen, Lagern, Hinterfüllen, Ab- und Anfuhr Verbau, z.B. Schlitz-, Pfahl-, Spund-, Trägerbohl-, Injektions- und Spritzbetonwände einschließlich Verankerung, Absteifung
313 Wasserhaltung 319 Baugrube, sonstiges	Grund- und Schichtenwasserbeseitigung während der Bauzeit
320 Gründung	Die Kostengruppen enthalten die zugehörigen Erdarbeiten und Sauberkeitsschichten.
321 Baugrundverbesserung	Bodenaustausch, Verdichtung, Einpressung
322 Flachgründungen[1]	Einzel-, Streifenfundamente, Fundamentplatten
323 Tiefgründungen[1]	Pfahlgründung einschließlich Roste, Brunnengründungen; Verankerungen
324 Unterböden und Bodenplatten	Unterböden und Bodenplatten, die nicht der Fundamentierung dienen
325 Bodenbeläge[2]	Beläge auf Boden- und Fundamentplatten, z.B. Estriche, Dichtungs-, Dämm-, Schutz-, Nutzschichten
326 Bauwerksabdichtungen	Abdichtungen des Bauwerks einschließlich Filter-, Trenn- und Schutzschichten
327 Dränagen 329 Gründung, sonstiges	Leitungen, Schächte, Packungen
330 Außenwände	Wände und Stützen, die dem Außenklima ausgesetzt sind bzw. an das Erdreich oder an andere Bauwerke grenzen
331 Tragende Außenwände[3]	Tragende Außenwände einschließlich horizontaler Abdichtungen
332 Nichttragende Außenwände[3]	Außenwände, Brüstungen, Ausfachungen, jedoch ohne Bekleidungen
333 Außenstützen[3]	Stützen und Pfeiler mit einem Querschnittsverhältnis $\leq$ 1 : 5
334 Außentüren und -fenster	Fenster und Schaufenster, Türen und Tore einschließlich Fensterbänken, Umrahmungen, Beschlägen, Antrieben, Lüftungselementen und sonstigen eingebauten Elementen
335 Außenwandbekleidungen außen	Äußere Bekleidungen einschließlich Putz-, Dichtungs-, Dämm-, Schutzschichten an Außenwänden und -stützen

[1] Gegebenenfalls können die Kostengruppen 322 und 323 zusammengefaßt werden; die Zusammenfassung ist kenntlich zu machen.
[2] Gegebenenfalls können die Kosten der Bodenbeläge (Kostengruppe KG 325) mit den Kosten der Deckenbeläge (KG 352) in einer Kostengruppe zusammengefaßt werden; die Zusammenfassung ist kenntlich zu machen.
[3] Gegebenenfalls können die Kostengruppen 331, 332 und 333 bzw. 341, 342 und 343 zusammengefaßt werden; die Zusammenfassung ist kenntlich zu machen.

(fortgesetzt)

Tabelle 1 (fortgesetzt)

Kostengruppen	Anmerkungen
336 Außenwandbekleidungen innen[4])	Raumseitige Bekleidungen, einschließlich Putz-, Dichtungs-, Dämm-, Schutzschichten an Außenwänden und -stützen
337 Elementierte Außenwände	Elementierte Wände, bestehend aus Außenwand, -fenster, -türen, -bekleidungen
338 Sonnenschutz	Rolläden, Markisen und Jalousien einschließlich Antrieben
339 Außenwände, sonstiges	Gitter, Geländer, Stoßabweiser und Handläufe
340 Innenwände	Innenwände und Innenstützen
341 Tragende Innenwände[3])	Tragende Innenwände einschließlich horizontaler Abdichtungen
342 Nichttragende Innenwände[3])	Innenwände, Ausfachungen, jedoch ohne Bekleidungen
343 Innenstützen[3])	Stützen und Pfeiler mit einem Querschnittsverhältnis < 1 : 5
344 Innentüren und -fenster	Türen und Tore, Fenster und Schaufenster einschließlich Umrahmungen, Beschlägen, Antrieben und sonstigen eingebauten Elementen
345 Innenwandbekleidungen[5])	Bekleidungen einschließlich Putz, Dichtungs-, Dämm-, Schutzschichten an Innenwänden und -stützen
346 Elementierte Innenwände	Elementierte Wände, bestehend aus Innenwänden, -türen, -fenstern, -bekleidungen, z. B. Falt- und Schiebewände, Sanitärtrennwände, Verschläge
349 Innenwände, sonstiges	Gitter, Geländer, Stoßabweiser, Handläufe, Rolläden einschließlich Antrieben
350 Decken	Decken, Treppen und Rampen oberhalb der Gründung und unterhalb der Dachfläche
351 Deckenkonstruktionen	Konstruktionen von Decken, Treppen, Rampen, Balkonen, Loggien einschließlich Über- und Unterzügen, füllenden Teilen wie Hohlkörpern, Blindböden, Schüttungen, jedoch ohne Beläge und Bekleidungen
352 Deckenbeläge[6])	Beläge auf Deckenkonstruktionen einschließlich Estrichen, Dichtungs-, Dämm-, Schutz-, Nutz- schichten; Schwing- und Installationsdoppelböden
353 Deckenbekleidungen[7])	Bekleidungen unter Deckenkonstruktionen einschließlich Putz, Dichtungs-, Dämm-, Schutzschichten; Licht- und Kombinationsdecken
359 Decken, sonstiges	Abdeckungen, Schachtdeckel, Roste, Geländer, Stoßabweiser, Handläufe, Leitern, Einschubtreppen
360 Dächer	Flache oder geneigte Dächer
361 Dachkonstruktionen	Konstruktionen von Dächern, Dachstühlen, Raumtragwerken und Kuppeln einschließlich Über- und Unterzügen, füllenden Teilen wie Hohlkörpern, Blindböden, Schüttungen, jedoch ohne Beläge und Bekleidungen
362 Dachfenster, Dachöffnungen	Fenster, Ausstiege einschließlich Umrahmungen, Beschlägen, Antrieben, Lüftungselementen und sonstigen eingebauten Elementen
363 Dachbeläge	Beläge auf Dachkonstruktionen einschließlich Schalungen, Lattungen, Gefälle-, Dichtungs-, Dämm-, Schutz- und Nutzschichten; Entwässerungen der Dachfläche bis zum Anschluß an die Abwasseranlagen
364 Dachbekleidungen[8])	Dachbekleidungen unter Dachkonstruktionen einschließlich Putz, Dichtungs-, Dämm-, Schutzschichten; Licht- und Kombinationsdecken unter Dächern
369 Dächer, sonstiges	Geländer, Laufbohlen, Schutzgitter, Schneefänge, Dachleitern, Sonnenschutz
370 Baukonstruktive Einbauten	Kosten der mit dem Bauwerk fest verbundenen Einbauten, jedoch ohne die nutzungsspezifischen Anlagen (siehe Kostengruppe 470). Für die Abgrenzung gegenüber der Kostengruppe 610 ist maßgebend, daß die Einbauten durch ihre Beschaffenheit und Befestigung technische und bauplanerische Maßnahmen erforderlich machen, z. B. Anfertigen von Werkplänen, statischen und anderen Berechnungen, Anschließen von Installationen

[3]) Siehe Seite 5
[4]) Gegebenenfalls können die Kosten der Außenwandbekleidungen innen (KG 336) mit den Kosten der Innenwandbekleidungen (KG 345) zusammengefaßt werden; die Zusammenfassung ist kenntlich zu machen.
[5]) Gegebenenfalls können die Kosten der Innenwandbekleidungen (KG 345) mit den Kosten der Außenwandbekleidungen innen (KG 336) zusammengefaßt werden; die Zusammenfassung ist kenntlich zu machen.
[6]) Gegebenenfalls können die Kosten der Deckenbeläge (KG 352) mit den Kosten der Bodenbeläge (KG 325) zusammengefaßt werden; die Zusammenfassung ist kenntlich zu machen.
[7]) Gegebenenfalls können die Kosten der Deckenbekleidungen (KG 353) mit den Kosten der Dachbekleidungen (KG 364) zusammengefaßt werden; die Zusammenfassung ist kenntlich zu machen.
[8]) Siehe Seite 7

(fortgesetzt)

Tabelle 1 (fortgesetzt)

Kostengruppen	Anmerkungen
371 Allgemeine Einbauten	Einbauten, die einer allgemeinen Zweckbestimmung dienen, z. B. Einbaumöbel wie Sitz- und Liegemöbel, Gestühl, Podien, Tische, Theken, Schränke, Garderoben, Regale
372 Besondere Einbauten	Einbauten, die einer besonderen Zweckbestimmung dienen, z. B. Werkbänke in Werkhallen, Labortische in Labors, Bühnenvorhänge in Theatern, Altäre in Kirchen, Einbausportgeräte in Sporthallen, Operationstische in Krankenhäusern
379 Baukonstruktive Einbauten, sonstiges	
390 Sonstige Maßnahmen für Baukonstruktionen	Übergreifende Maßnahmen im Zusammenhang mit den Baukonstruktionen, die nicht einzelnen Kostengruppen der Baukonstruktionen zuzuordnen sind oder nicht in anderen Kostengruppen erfaßt werden können
391 Baustelleneinrichtung	Einrichten, Vorhalten, Betreiben, Räumen der übergeordneten Baustelleneinrichtung, z. B. Material- und Geräteschuppen, Lager-, Wasch-, Toiletten- und Aufenthaltsräume, Bauwagen, Misch- und Transportanlagen, Energie- und Bauwasseranschlüsse, Baustraßen, Lager- und Arbeitsplätze, Verkehrssicherungen, Abdeckungen, Bauschilder, Bau- und Schutzzäune, Baubeleuchtung, Schuttbeseitigung
392 Gerüste	Auf-, Um-, Abbauen, Vorhalten von Gerüsten
393 Sicherungsmaßnahmen	Sicherungsmaßnahmen an bestehenden Bauwerken; z. B. Unterfangungen, Abstützungen
394 Abbruchmaßnahmen	Abbruch- und Demontagearbeiten einschließlich Zwischenlagern wiederverwendbarer Teile, Abfuhr des Abbruchmaterials
395 Instandsetzungen	Maßnahmen zur Wiederherstellung des zum bestimmungsgemäßen Gebrauch geeigneten Zustandes
396 Recycling, Zwischendeponierung und Entsorgung	Maßnahmen zum Recycling, zur Zwischendeponierung und zur Entsorgung von Materialien, die bei dem Abbruch, bei der Demontage und bei dem Ausbau von Bauteilen oder bei der Erstellung einer Bauleistung anfallen
397 Schlechtwetterbau	Winterbauschutzvorkehrungen wie Notverglasung, Abdeckungen und Umhüllungen, Erwärmung des Bauwerks, Schneeräumung
398 Zusätzliche Maßnahmen	Schutz von Personen, Sachen und Funktionen; Reinigung vor Inbetriebnahme; Maßnahmen aufgrund von Forderungen des Wasser-, Landschafts- und Lärmschutzes während der Bauzeit; Erschütterungsschutz
399 Sonstige Maßnahmen für Baukonstruktionen, sonstiges	Schließanlagen, Schächte, Schornsteine, soweit nicht in anderen Kostengruppen erfaßt
400 Bauwerk — Technische Anlagen[9])	Kosten aller im Bauwerk eingebauten, daran angeschlossenen oder damit fest verbundenen technischen Anlagen oder Anlagenteile. Die einzelnen technischen Anlagen enthalten die zugehörigen Gestelle, Befestigungen, Armaturen, Wärme- und Kältedämmung, Schall- und Brandschutzvorkehrungen, Abdeckungen, Verkleidungen, Anstriche, Kennzeichnungen sowie Meß-, Steuer- und Regelanlagen.
410 Abwasser-, Wasser-, Gasanlagen	
411 Abwasseranlagen	Abläufe, Abwasserleitungen, Abwassersammelanlagen, Abwasserbehandlungsanlagen, Hebeanlagen
412 Wasseranlagen	Wassergewinnungs-, Aufbereitungs- und Druckerhöhungsanlagen, Rohrleitungen, dezentrale Wassererwärmer, Sanitärobjekte
413 Gasanlagen	Gasanlagen für Wirtschaftswärme: Gaslagerungs- und Erzeugungsanlagen, Übergabestationen, Druckregelanlagen und Gasleitungen, soweit nicht zu den Kostengruppen 420 oder 470 gehörend
414 Feuerlöschanlagen	Sprinkler-, CO_2-Anlagen, Löschwasserleitungen, Wandhydranten, Feuerlöschgeräte
419 Abwasser-, Wasser-, Gasanlagen, sonstiges	Installationsblöcke, Sanitärzellen

[8]) Gegebenenfalls können die Kosten der Dachbekleidungen (KG 364) mit den Kosten der Deckenbekleidungen (KG 353) zusammengefaßt werden; die Zusammenfassung ist kenntlich zu machen.
[9]) Bei Bedarf können die Kosten der technischen Anlagen in die Installationen und die zentrale Betriebstechnik aufgeteilt werden.

(fortgesetzt)

Tabelle 1 (fortgesetzt)

Kostengruppen	Anmerkungen
420 Wärmeversorgungsanlagen	
421 Wärmeerzeugungsanlagen	Brennstoffversorgung, Wärmeübergabestationen, Wärmeerzeugung auf der Grundlage von Brennstoffen oder unerschöpflichen Energiequellen einschließlich Schornsteinanschlüsse, zentrale Wassererwärmungsanlagen
422 Wärmeverteilnetze	Pumpen, Verteiler; Rohrleitungen für Raumheizflächen, raumlufttechnische Anlagen und sonstige Wärmeverbraucher
423 Raumheizflächen	Heizkörper, Flächenheizsysteme
429 Wärmeversorgungsanlagen, sonstiges	Schornsteine, soweit nicht in anderen Kostengruppen erfaßt
430 Lufttechnische Anlagen	Anlagen mit und ohne Lüftungsfunktion
431 Lüftungsanlagen	Abluftanlagen, Zuluftanlagen, Zu- und Abluftanlagen ohne oder mit einer thermodynamischen Luftbehandlungsfunktion, mechanische Entrauchungsanlagen
432 Teilklimaanlagen	Anlagen mit zwei oder drei thermodynamischen Luftbehandlungsfunktionen
433 Klimaanlagen	Anlagen mit vier thermodynamischen Luftbehandlungsfunktionen
434 Prozeßlufttechnische Anlagen	Farbnebelabscheideanlagen, Prozeßfortluftsysteme, Absauganlagen
435 Kälteanlagen	Kälteanlagen für lufttechnische Anlagen: Kälteerzeugungs- und Rückkühlanlagen einschließlich Pumpen, Verteiler und Rohrleitungen
439 Lufttechnische Anlagen, sonstiges	Lüftungsdecken, Kühldecken, Abluftfenster; Installationsdoppelböden, soweit nicht in anderen Kostengruppen erfaßt
440 Starkstromanlagen	
441 Hoch- und Mittelspannungsanlagen	Schaltanlagen, Transformatoren
442 Eigenstromversorgungsanlagen	Stromerzeugungsaggregate einschließlich Kühlung, Abgasanlagen und Brennstoffversorgung, zentrale Batterie- und unterbrechungsfreie Stromversorgungsanlagen, photovoltaische Anlagen
443 Niederspannungsschaltanlagen	Niederspannungshauptverteiler, Blindstromkompensationsanlagen, Maximumüberwachungsanlagen
444 Niederspannungsinstallationsanlagen	Kabel, Leitungen, Unterverteiler, Verlegesysteme, Installationsgeräte
445 Beleuchtungsanlagen	Ortsfeste Leuchten, einschließlich Leuchtmittel
446 Blitzschutz- und Erdungsanlagen	Auffangeinrichtungen, Ableitungen, Erdungen
449 Starkstromanlagen, sonstiges	Frequenzumformer
450 Fernmelde- und informationstechnische Anlagen	Die einzelnen Anlagen enthalten die zugehörigen Verteiler, Kabel, Leitungen.
451 Telekommunikationsanlagen	
452 Such- und Signalanlagen	Personenrufanlagen, Lichtruf- und Klingelanlagen, Türsprech- und Türöffneranlagen
453 Zeitdienstanlagen	Uhren- und Zeiterfassungsanlagen
454 Elektroakustische Anlagen	Beschallungsanlagen, Konferenz- und Dolmetscheranlagen, Gegen- und Wechselsprechanlagen
455 Fernseh- und Antennenanlagen	Fernsehanlagen, soweit nicht in den Such-, Melde-, Signal- und Gefahrenmeldeanlagen erfaßt, einschließlich Sende- und Empfangsantennenanlagen, Umsetzer
456 Gefahrenmelde- und Alarmanlagen	Brand-, Überfall-, Einbruchmeldeanlagen, Wächterkontrollanlagen, Zugangskontroll- und Raumbeobachtungsanlagen
457 Übertragungsnetze	Kabelnetze zur Übertragung von Daten, Sprache, Text und Bild, soweit nicht in anderen Kostengruppen erfaßt
459 Fernmelde- und informationstechnische Anlagen, sonstiges	Verlegesysteme, soweit nicht in Kostengruppe 444 erfaßt; Fernwirkanlagen, Parkleitsysteme
460 Förderanlagen	
461 Aufzugsanlagen	Personenaufzüge, Lastenaufzüge
462 Fahrtreppen, Fahrsteige	
463 Befahranlagen	Fassadenaufzüge und andere Befahranlagen
464 Transportanlagen	Automatische Warentransportanlagen, Aktentransportanlagen, Rohrpostanlagen
465 Krananlagen	Einschließlich Hebezeuge
469 Förderanlagen, sonstiges	Hebebühnen

(fortgesetzt)

Tabelle 1 (fortgesetzt)

Kostengruppen	Anmerkungen
470 **Nutzungsspezifische Anlagen**	Kosten der mit dem Bauwerk fest verbundenen Anlagen, die der besonderen Zweckbestimmung dienen, jedoch ohne die baukonstruktiven Einbauten (Kostengruppe 370)
	Für die Abgrenzung gegenüber der Kostengruppe 610 ist maßgebend, daß die nutzungsspezifischen Anlagen technische und planerische Maßnahmen erforderlich machen, z.B. Anfertigen von Werkplänen, Berechnungen, Anschließen von anderen technischen Anlagen.
471 Küchentechnische Anlagen	Einrichtungen zur Speisen- und Getränkezubereitung, -ausgabe und -lagerung einschließlich zugehöriger Kälteanlagen
472 Wäscherei- und Reinigungsanlagen	Einschließlich zugehöriger Wasseraufbereitung, Desinfektions- und Sterilisationseinrichtungen
473 Medienversorgungsanlagen	Medizinische und technische Gase, Vakuum, Flüssigchemikalien, Lösungsmittel, vollentsalztes Wasser; einschließlich Lagerung, Erzeugungsanlagen, Übergabestationen, Druckregelanlagen, Leitungen und Entnahmearmaturen
474 Medizintechnische Anlagen	Ortsfeste medizintechnische Anlagen, soweit nicht in Kostengruppe 610 erfaßt
475 Labortechnische Anlagen	Ortsfeste labortechnische Anlagen, soweit nicht in Kostengruppe 610 erfaßt
476 Badetechnische Anlagen	Aufbereitungsanlagen für Schwimmbeckenwasser, soweit nicht in Kostengruppe 410 erfaßt
477 Kälteanlagen	Kälteversorgungsanlagen, soweit nicht in anderen Kostengruppen erfaßt; Eissportflächen
478 Entsorgungsanlagen	Abfall- und Medienentsorgungsanlagen, Staubsauganlagen, soweit nicht in Kostengruppe 610 erfaßt
479 Nutzungsspezifische Anlagen, sonstiges	Bühnentechnische Anlagen, Tankstellen- und Waschanlagen
480 **Gebäudeautomation**	Kosten der anlagenübergreifenden Automation einschließlich der zugehörigen Verteiler, Kabel und Leitungen
481 Automationssysteme	Automationsstationen, Bedien- und Beobachtungseinrichtungen, Programmiereinrichtungen, Sensoren und Aktoren, Kommunikationsschnittstellen, Software der Automationsstationen
482 Leistungsteile	Schaltschränke mit Leistungs-, Steuerungs- und Sicherungsbaugruppen
483 Zentrale Einrichtungen	Leitstationen mit Peripherie-Einrichtungen, Einrichtungen für Systemkommunikation zu den Automationsstationen
489 Gebäudeautomation, sonstiges	
490 **Sonstige Maßnahmen für Technische Anlagen**	Übergreifende Maßnahmen im Zusammenhang mit den Technischen Anlagen, die nicht einzelnen Kostengruppen der Technischen Anlagen zuzuordnen sind oder nicht in anderen Kostengruppen erfaßt werden sollten
491 Baustelleneinrichtung	Einrichten, Vorhalten, Betreiben, Räumen der übergeordneten Baustelleneinrichtung, z.B. Material- und Geräteschuppen, Lager-, Wasch-, Toiletten- und Aufenthaltsräume, Bauwagen, Misch- und Transportanlagen, Energie- und Bauwasseranschlüsse, Baustraßen, Lager- und Arbeitsplätze, Verkehrssicherungen, Abdeckungen, Bauschilder, Bau- und Schutzzäune, Baubeleuchtung, Schuttbeseitigung
492 Gerüste	Auf-, Um-, Abbauen, Vorhalten von Gerüsten
493 Sicherungsmaßnahmen	Sicherungsmaßnahmen an bestehenden Bauwerken; z.B. Unterfangungen, Abstützungen
494 Abbruchmaßnahmen	Abbruch- und Demontagearbeiten einschließlich Zwischenlagern wiederverwendbarer Teile, Abfuhr des Abbruchmaterials
495 Instandsetzungen	Maßnahmen zur Wiederherstellung des zum bestimmungsgemäßen Gebrauch geeigneten Zustandes
496 Recycling, Zwischendeponierung und Entsorgung	Maßnahmen zum Recycling, zur Zwischendeponierung und zur Entsorgung von Materialien, die bei dem Abbruch, bei der Demontage und bei dem Ausbau von Bauteilen oder bei der Erstellung einer Bauleistung anfallen
497 Schlechtwetterbau	Winterbauschutzvorkehrungen wie Notverglasung, Abdeckungen und Umhüllungen, Erwärmung des Bauwerks, Schneeräumung
498 Zusätzliche Maßnahmen	Schutz von Personen, Sachen und Funktionen; Reinigung vor Inbetriebnahme; Maßnahmen aufgrund von Forderungen des Wasser-, Landschafts- und Lärmschutzes während der Bauzeit; Erschütterungsschutz
499 Sonstige Maßnahmen für Technische Anlagen, sonstiges	

(fortgesetzt)

Tabelle 1 (fortgesetzt)

Kostengruppen	Anmerkungen
500　Außenanlagen	Kosten der Bauleistungen und Lieferungen für die Herstellung aller Gelände- und Verkehrsflächen, Baukonstruktionen und technischen Anlagen außerhalb des Bauwerks, soweit nicht in Kostengruppe 200 erfaßt In den einzelnen Kostengruppen sind die zugehörigen Leistungen, wie z. B. Erdarbeiten, Unterbau und Gründungen, enthalten.
510　Geländeflächen	
511　Geländebearbeitung	Bodenabtrag und Bodenauftrag; Boden- und Oberbodenarbeiten
512　Vegetationstechnische Bodenbearbeitung	Bodenlockerung, Bodenverbesserung, z. B. Düngung, Bodenhilfsstoffe
513　Sicherungsbauweisen	Vegetationsstücke, Geotextilien, Flechtwerk
514　Pflanzen	Einschließlich Fertigstellungspflege
515　Rasen	Einschließlich Fertigstellungspflege; ohne Sportrasenflächen (siehe Kostengruppe 525)
516　Begrünung unterbauter Flächen	Auf Tiefgaragen, einschließlich Wurzelschutz- und Fertigstellungspflege
517　Wasserflächen	Naturnahe Wasserflächen
519　Geländeflächen, sonstiges	Entwicklungspflege
520　Befestigte Flächen	
521　Wege[10])	Befestigte Fläche für den Fuß- und Radfahrerverkehr
522　Straßen[10])	Flächen für den Leicht- und Schwerverkehr; Fußgängerzonen mit Anlieferungsverkehr
523　Plätze, Höfe[10])	Gestaltete Platzflächen, Innenhöfe
524　Stellplätze[10])	Flächen für den ruhenden Verkehr
525　Sportplatzflächen	Sportrasenflächen, Kunststoffsportflächen
526　Spielplatzflächen	
527　Gleisanlagen	
529　Befestigte Flächen, sonstiges	
530　Baukonstruktionen in Außenanlagen	
531　Einfriedungen	Zäune, Mauern, Türen, Tore, Schrankenanlagen
532　Schutzkonstruktionen	Lärmschutzwände, Sichtschutzwände, Schutzgitter
533　Mauern, Wände	Stütz-, Schwergewichtsmauern
534　Rampen, Treppen, Tribünen	Kinderwagen- und Behindertenrampen, Block- und Stellstufen, Zuschauertribünen an Sportplätzen
535　Überdachungen	Wetterschutz, Unterstände; Pergolen
536　Brücken, Stege	Holz- und Stahlkonstruktionen
537　Kanal- und Schachtbauanlagen	Bauliche Anlagen für Medien- oder Verkehrserschließung
538　Wasserbauliche Anlagen	Brunnen, Wasserbecken, Bachregulierungen
539　Baukonstruktionen in Außenanlagen, sonstiges	
540　Technische Anlagen in Außenanlagen	Kosten der Technischen Anlagen auf dem Grundstück einschließlich der Ver- und Entsorgung des Bauwerks
541　Abwasseranlagen	Kläranlagen, Oberflächen- und Bauwerksentwässerungsanlagen, Sammelgruben, Abscheider, Hebeanlagen
542　Wasseranlagen	Wassergewinnungsanlagen, Wasserversorgungsnetze, Hydrantenanlagen, Druckerhöhungs- und Beregnungsanlagen
543　Gasanlagen	Gasversorgungsnetze, Flüssiggasanlagen
544　Wärmeversorgungsanlagen	Wärmeerzeugungsanlagen, Wärmeversorgungsnetze, Freiflächen- und Rampenheizungen
545　Lufttechnische Anlagen	Bauteile von lufttechnischen Anlagen, z. B. Außenluftansaugung, Fortluftausblas, Kälteversorgung

[10]) Gegebenenfalls können die Kostengruppen 521, 522, 523 und 524 zusammengefaßt werden; die Zusammenfassung ist kenntlich zu machen.

(fortgesetzt)

Tabelle 1 (fortgesetzt)

Kostengruppen	Anmerkungen
546 Starkstromanlagen	Stromversorgungsnetze, Freilufttrafostationen, Eigenstromerzeugungsanlagen, Außenbeleuchtungs- und Flutlichtanlagen einschließlich Maste und Befestigung
547 Fernmelde- und informationstechnische Anlagen	Leitungsnetze, Beschallungs-, Zeitdienst- und Verkehrssignalanlagen, elektronische Anzeigetafeln, Objektsicherungsanlagen, Parkleitsysteme
548 Nutzungsspezifische Anlagen	Medienversorgungsanlagen, Tankstellenanlagen, badetechnische Anlagen
549 Technische Anlagen in Außenanlagen, sonstiges	
550 Einbauten in Außenanlagen	
551 Allgemeine Einbauten	Wirtschaftsgegenstände, z.B. Möbel, Fahrradständer, Schilder, Pflanzbehälter, Abfallbehälter, Fahnenmaste
552 Besondere Einbauten	Einbauten für Sport- und Spielanlagen, Tiergehege
559 Einbauten in Außenanlagen, sonstiges	
590 Sonstige Maßnahmen für Außenanlagen	Übergreifende Maßnahmen im Zusammenhang mit den Außenanlagen, die nicht einzelnen Kostengruppen der Außenanlagen zuzuordnen sind
591 Baustelleneinrichtung	Einrichten, Vorhalten, Betreiben, Räumen der übergeordneten Baustelleneinrichtung, z.B. Material- und Geräteschuppen, Lager-, Wasch-, Toiletten- und Aufenthaltsräume, Bauwagen, Misch- und Transportanlagen, Energie- und Bauwasseranschlüsse, Baustraßen, Lager- und Arbeitsplätze, Verkehrssicherungen, Abdeckungen, Bauschilder, Bau- und Schutzzäune, Baubeleuchtung, Schuttbeseitigung
592 Gerüste	Auf-, Um-, Abbauen, Vorhalten von Gerüsten
593 Sicherungsmaßnahmen	Sicherungsmaßnahmen an bestehenden baulichen Anlagen, z.B. Unterfangungen, Abstützungen
594 Abbruchmaßnahmen	Abbruch- und Demontagearbeiten einschließlich Zwischenlagern wiederverwendbarer Teile, Abfuhr des Abbruchmaterials
595 Instandsetzungen	Maßnahmen zur Wiederherstellung des zum bestimmungsgemäßen Gebrauch geeigneten Zustandes
596 Recycling, Zwischendeponierung und Entsorgung	Maßnahmen zum Recycling, zur Zwischendeponierung und zur Entsorgung von Materialien, die bei dem Abbruch, bei der Demontage und bei dem Ausbau von Bauteilen oder bei der Erstellung einer Bauleistung anfallen
597 Schlechtwetterbau	Winterbauschutzvorkehrungen wie Notverglasung, Abdeckungen und Umhüllungen, Erwärmung des Bauwerks, Schneeräumung
598 Zusätzliche Maßnahmen	Schutz von Personen, Sachen und Funktionen; Reinigung vor Inbetriebnahme; Maßnahmen aufgrund von Forderungen des Wasser-, Landschafts- und Lärmschutzes während der Bauzeit; Erschütterungsschutz
599 Sonstige Maßnahmen für Außenanlagen, sonstiges	
600 Ausstattung und Kunstwerke	Kosten für alle beweglichen oder ohne besondere Maßnahmen zu befestigenden Sachen, die zur Ingebrauchnahme, zur allgemeinen Benutzung oder zur künstlerischen Gestaltung des Bauwerks und der Außenanlagen erforderlich sind. (Siehe Anmerkungen zu den Kostengruppen 370 und 470)
610 Ausstattung	
611 Allgemeine Ausstattung	Möbel, z.B. Sitz- und Liegemöbel, Schränke, Regale, Tische; Textilien, z.B. Vorhänge, Wandbehänge, lose Teppiche, Wäsche; Haus-, Wirtschafts-, Garten- und Reinigungsgeräte
612 Besondere Ausstattung	Ausstattungsgegenstände, die einer besonderen Zweckbestimmung dienen wie z.B. wissenschaftliche, medizinische, technische Geräte
619 Ausstattung, sonstiges	Wegweiser, Orientierungstafeln, Farbleitsysteme, Werbeanlagen
620 Kunstwerke	
621 Kunstobjekte	Kunstwerke zur künstlerischen Ausstattung des Bauwerks und der Außenanlagen einschließlich Tragkonstruktionen, z.B. Skulpturen, Objekte, Gemälde, Möbel, Antiquitäten, Altäre, Taufbecken
622 Künstlerisch gestaltete Bauteile des Bauwerks	Kosten für die künstlerische Gestaltung, z.B. Malereien, Reliefs, Mosaiken, Glas-, Schmiede-, Steinmetzarbeiten

(fortgesetzt)

Tabelle 1 (fortgesetzt)

Kostengruppen	Anmerkungen
623 Künstlerisch gestaltete Bauteile der Außenanlagen 629 Kunstwerke, sonstiges	Kosten für die künstlerische Gestaltung, z. B. Malereien, Reliefs, Mosaiken, Glas-, Schmiede-, Steinmetzarbeiten
700 Baunebenkosten	Kosten, die bei der Planung und Durchführung auf der Grundlage von Honorarordnungen, Gebührenordnungen oder nach weiteren vertraglichen Vereinbarungen entstehen
710 Bauherrenaufgaben 711 Projektleitung	Kosten, die der Bauherr zum Zwecke der Überwachung und Vertretung der Bauherreninteressen aufwendet
712 Projektsteuerung	Kosten für Projektsteuerungsleistungen im Sinne der HOAI sowie für andere Leistungen, die sich mit der übergeordneten Steuerung und Kontrolle von Projektorganisation, Terminen, Kosten und Qualitätssicherung befassen
713 Betriebs- und Organisationsberatung	Kosten für Beratung, z. B. zur betrieblichen Organisation, zur Arbeitsplatzgestaltung, zur Erstellung von Raum- und Funktionsprogrammen, zur betrieblichen Ablaufplanung und zur Inbetriebnahme
719 Bauherrenaufgaben, sonstiges	Baubetreuung
720 Vorbereitung der Objektplanung 721 Untersuchungen	Standortanalysen, Baugrundgutachten, Gutachten für die Verkehrsanbindung, Bestandsanalysen, z. B. Untersuchungen zum Gebäudebestand bei Umbau- und Modernisierungsmaßnahmen, Umweltverträglichkeitsprüfungen
722 Wertermittlungen	Gutachten zur Ermittlung von Gebäudewerten, soweit nicht in Kostengruppe 126 erfaßt
723 Städtebauliche Leistungen	vorbereitende Bebauungsstudien
724 Landschaftsplanerische Leistungen	vorbereitende Grünplanstudien
725 Wettbewerbe	Kosten für Ideenwettbewerbe und Realisierungswettbewerbe nach den GRW 1977
729 Vorbereitung der Objektplanung, sonstiges	
730 Architekten- und Ingenieurleistungen 731 Gebäude 732 Freianlagen 733 Raumbildende Ausbauten 734 Ingenieurbauwerke und Verkehrsanlagen 735 Tragwerksplanung 736 Technische Ausrüstung 739 Architekten- und Ingenieurleistungen, sonstiges	Kosten für die Bearbeitung der in der HOAI beschriebenen Leistungen (Honorare für Grundleistungen und Besondere Leistungen) bzw. nach vertraglicher Vereinbarung
740 Gutachten und Beratung 741 Thermische Bauphysik 742 Schallschutz und Raumakustik 743 Bodenmechanik, Erd- und Grundbau	Kosten für die Bearbeitung der in der HOAI beschriebenen Leistungen (Honorare für Grundleistungen und Besondere Leistungen) bzw. nach vertraglicher Vereinbarung
744 Vermessung	Vermessungstechnische Leistungen mit Ausnahme von Leistungen, die aufgrund landesrechtlicher Vorschriften für Zwecke der Landvermessung und des Liegenschaftskatasters durchgeführt werden (siehe Kostengruppe 771)
745 Lichttechnik, Tageslichttechnik 749 Gutachen und Beratung, sonstiges	

(fortgesetzt)

Tabelle 1 (abgeschlossen)

Kostengruppen	Anmerkungen
750 Kunst	
751 Kunstwettbewerbe	Kosten für die Durchführung von Wettbewerben zur Erarbeitung eines Konzepts für Kunstwerke oder künstlerisch gestaltete Bauteile
752 Honorare	Kosten für die geistig-schöpferische Leistung für Kunstwerke oder künstlerisch gestaltete Bauteile, soweit nicht in der Kostengruppe 620 enthalten
759 Kunst, sonstiges	
760 Finanzierung	
761 Finanzierungskosten	Kosten für die Beschaffung der Dauerfinanzierungsmittel, die Bereitstellung des Fremdkapitals, die Beschaffung der Zwischenkredite und für Teilvalutierungen von Dauerfinanzierungsmitteln
762 Zinsen vor Nutzungsbeginn	Kosten für alle im Zusammenhang mit der Finanzierung des Projektes anfallenden Zinsen bis zum Zeitpunkt des Nutzungsbeginns
769 Finanzierung, sonstiges	
770 Allgemeine Baunebenkosten	
771 Prüfungen, Genehmigungen Abnahmen	Kosten im Zusammenhang mit Prüfungen, Genehmigungen und Abnahmen, z. B. Prüfung der Tragwerksplanung, Vermessungsgebühren für das Liegenschaftskataster
772 Bewirtschaftungskosten	Baustellenbewachung, Nutzungsschädigungen während der Bauzeit; Gestellung des Bauleitungsbüros auf der Baustelle sowie dessen Beheizung, Beleuchtung und Reinigung
773 Bemusterungskosten	Modellversuche, Musterstücke, Eignungsversuche, Eignungsmessungen
774 Betriebskosten während der Bauzeit	Kosten für den vorläufigen Betrieb insbesondere der Technischen Anlagen bis zur Inbetriebnahme
779 Allgemeine Baunebenkosten sonstiges	Kosten für Vervielfältigung und Dokumentation, Post- und Fernsprechgebühren, Kosten für Baufeiern, z. B. Grundsteinlegung, Richtfest
790 Sonstige Baunebenkosten	

1157

Anhang 2   DIN 276 Fassung Juni 1993

4.4   Gliederung in Leistungsbereiche

Als Beispiel für eine ausführungsorientierte Ergänzung der Kostengliederung werden im folgenden die Leistungsbereiche des Standardleistungsbuches für das Bauwesen (StLB) in einer Übersicht dargestellt. Diese Gliederung kann entsprechend der Weiterentwicklung des StLB angepaßt werden.

Tabelle 2: Übersicht über die Leistungsbereiche

000 Baustelleneinrichtung	042 Gas- und Wasserinstallationsarbeiten
001 Gerüstarbeiten	— Leitungen und Armaturen —
002 Erdarbeiten	043 Druckrohrleitungen für Gas, Wasser und Abwasser
003 Landschaftsbauarbeiten	044 Abwasserinstallationsarbeiten
004 Landschaftsbauarbeiten, Pflanzen	— Leitungen, Abläufe —
005 Brunnenbauarbeiten und Aufschlußbohrungen	045 Gas-, Wasser- und Abwasserinstallationsarbeiten
006 Verbau-, Ramm- und Einpreßarbeiten	— Einrichtungsgegenstände —
007 Untertagebauarbeiten	046 Gas-, Wasser- und Abwasserinstallationsarbeiten
008 Wasserhaltungsarbeiten	— Betriebseinrichtungen —
009 Entwässerungskanalarbeiten	047 Wärme- und Kältedämmarbeiten an betriebstech-
010 Dränarbeiten	nischen Anlagen
011 Abscheideranlagen, Kleinkläranlagen	049 Feuerlöschanlagen, Feuerlöschgeräte
012 Mauerarbeiten	050 Blitzschutz- und Erdungsanlagen
013 Beton- und Stahlbetonarbeiten	051 Bauleistungen für Kabelanlagen
014 Naturwerksteinarbeiten, Betonwerksteinarbeiten	052 Mittelspannungsanlagen
016 Zimmer- und Holzbauarbeiten	053 Niederspannungsanlagen
017 Stahlbauarbeiten	055 Ersatzstromversorgungsanlagen
018 Abdichtungsarbeiten gegen Wasser	056 Batterien
020 Dachdeckungsarbeiten	058 Leuchten und Lampen
021 Dachabdichtungsarbeiten	060 Elektroakustische Anlagen, Sprechanlagen, Perso-
022 Klempnerarbeiten	nenrufanlagen
023 Putz- und Stuckarbeiten	061 Fernmeldeleitungsanlagen
024 Fliesen- und Plattenarbeiten	063 Meldeanlagen
025 Estricharbeiten	065 Empfangsantennenanlagen
027 Tischlerarbeiten	067 Zentrale Leittechnik für betriebstechnische Anlagen
028 Parkettarbeiten, Holzpflasterarbeiten	in Gebäuden (ZLT-G)
029 Beschlagarbeiten	069 Aufzüge
030 Rolladenarbeiten; Rollabschlüsse, Sonnenschutz-	070 Regelung und Steuerung für heiz-, raumluft- und
und Verdunkelungsanlagen	sanitärtechnische Anlagen
031 Metallbauarbeiten, Schlosserarbeiten	074 Raumlufttechnische Anlagen
032 Verglasungsarbeiten	— Zentralgeräte und deren Bauelemente
033 Gebäudereinigungsarbeiten	075 Raumlufttechnische Anlagen
034 Maler- und Lackiererarbeiten	— Luftverteilsysteme und deren Bauelemente
035 Körrosionsschutzarbeiten an Stahl- und Aluminium-	076 Raumlufttechnische Anlagengen
baukonstruktionen	— Einzelgeräte —
036 Bodenbelagarbeiten	077 Raumlufttechnische Anlagen
037 Tapezierarbeiten	— Schutzräume —
039 Trockenbauarbeiten	078 Raumlufttechnische Anlagen
040 Heizungs- und zentrale Brauchwassererwärmungs-	080 Straßen, Wege, Plätze
anlagen	

Zitierte Normen und andere Unterlagen

DIN 277 Teil 1   Grundflächen und Rauminhalte von Bauwerken im Hochbau; Begriffe, Berechnungsgrundlagen

DIN 277 Teil 2   Grundflächen und Rauminhalte von Bauwerken im Hochbau; Gliederung der Nutzflächen, Funktionsflächen und Verkehrsflächen (Netto-Grundfläche)

DIN 18 960 Teil 1   Baunutzungskosten von Hochbauten; Begriff, Kostengliederung

Standardleistungsbuch für das Bauwesen (StLB)[11])

HOAI Verordnung über die Honorare für Leistungen der Architekten und der Ingenieure (Honorarordnung für Architekten
und Ingenieure[12])

Grundsätze und Richtlinien für Wettbewerbe auf den Gebieten der Raumplanung, des Städtebaus und des Bauwesens —
GRW 1977[12])

Standardleistungskatalog (StLK)[13])

VOB Verdingungsordnung für Bauleistungen; Teil C: Allgemeine Technische Vertragsbedingungen für Bauleistungen
(ATV)[14])

Weitere Normen und andere Unterlagen

DIN 13 080   Gliederung des Krankenhauses in Funktionsbereiche und Funktionsstellen

Verordnung über wohnungswirtschaftliche Berechnungen (Zweite Berechnungsverordnung — II. BV)[14])

Frühere Ausgaben

DIN 276: 08.34, 08.43, 03.54x,

DIN 276 Teil 1: 09.71, 04.81

DIN 276 Teil 2: 09.71, 04.81

DIN 276 Teil 3: 09.71, 04.81

DIN 276 Teil 3 Auswahl 1: 04.81

Änderungen

Gegenüber DIN 276 T 1/04.81, T 2/04.81, T 3/04.81 und T 3 Aw 1/04.81 wurden folgende Änderungen vorgenommen:

    a)   der Titel wurde dem Anwendungsbereich angepaßt,

    b)   der Text wurde gekürzt und zu einer Norm zusammengefaßt,

    c)   die Muster für Kostenermittlungen wurden gestrichen,

    d)   der Anwendungsbereich wurde definiert und gegenüber anderen Bereichen im Bauwesen abgegrenzt,

    e)   die Begriffe wurden entsprechend dem Stand der Technik geändert und ergänzt,

    f)   die Grundsätze der Kostenermittlung wurden mit dem Ziel verbesserter Wirtschaftlichkeit und Kostensicherheit
überarbeitet,

    g)   die Beschreibungen der Kostenermittlungen wurden neu gefaßt,

    h)   für die praktische Anwendung bei Kostenermittlungen wurden Wege aufgezeigt, wie die Kostengliederung, insbe-
sondere ausführungsorientiert, ergänzt werden kann,

    i)   die Kostengliederung wurde vereinfacht und durchgängig auf drei Kostengliederungsebenen reduziert,

    k)   die Kostengruppen wurden entsprechend dem Stand der Technik angepaßt; sie wurden mit dem Ziel einer besse-
ren Ausgewogenheit und einer besseren Eignung für die Kostenermittlung neu abgegrenzt,

    l)   dazu wurde insbesondere die Kostengruppe Bauwerk in die zwei Kostengruppen Baukonstruktionen und Techni-
sche Anlagen aufgelöst und innerhalb dieser Bereiche neu gegliedert,

    m)   als Beispiel für eine ausführungsorientierte Gliederung der Kosten wurde eine Übersicht der Leistungsbereiche
des Standardleistungsbuches für das Bauwesen (StLB) aufgenommen.

Erläuterungen

Gegenüberstellung der Kostengliederung mit den Normen der Reihe DIN 276/04.81

Durch die Vereinfachung und Reduzierung der Kostengliederung auf drei Kostengliederungsebenen sowie die Anpassung
der Kostengruppen entsprechend dem Stand der Technik ergaben sich notwendigerweise Änderungen gegenüber der
Ausgabe April 1981

Um diese Änderungen für die Übergangszeit transparenter zu machen, werden in Tabelle 3 den Kostengruppen der gültigen Kostengliederung die Kostengruppen der Ausgabe April 1981 gegenübergestellt. Diese Gegenüberstellung ist aus
praktischen Gründen auf die 1. und 2. Kostengliederungsebene beschränkt.

---

[11]) Zu beziehen durch Beuth Verlag GmbH, Burggrafenstr 6, 1000 Berlin 30

[12]) Zu beziehen durch Bundesanzeiger-Verlagsgesellschaft mbH, Postfach 10 80 06, 5000 Köln 1

[13]) Zu beziehen durch Forschungsgesellschaft für Straßen- und Verkehrswesen e.V., Konrad-Adenauer-Straße 13, 5000 Köln 50

Tabelle 3

Gültige Kostengliederung	Ausgabe April 1981
100 Grundstück	1 Baugrundstück; — ohne 1.4 Herrichten
110 Grundstückswert	1.1 Wert
120 Grundstücksnebenkosten	1.2 Erwerb
130 Freimachen	1.3 Freimachen
200 Herrichten und Erschließen;	2 Erschließen; — zuzüglich 1.4 Herrichten
210 Herrichten	1.4 Herrichten
220 Öffentliche Erschließung	2.1 Öffentliche Erschließung
230 Nichtöffentliche Erschließung	2.2 Nichtöffentliche Erschließung
240 Ausgleichsabgaben	2.3 Andere einmalige Abgaben
300 Bauwerk — Baukonstruktionen	3.1 Baukonstruktionen; — zuzüglich Teile aus 3.4 Betriebliche Einbauten, — zuzüglich 3.5.1 Besondere Baukonstruktionen, — zuzüglich Teile aus 3.5.4 Besondere betriebliche Einbauten, — zuzüglich Teile aus 6.2 Zusätzliche Maßnahmen beim Bauwerk
310 Baugrube	3.1.1.1 Baugrube; — zuzüglich Teile aus 3.5.1 Besondere Baukonstruktionen
320 Gründung	3.1.1.2 Fundamente, Unterböden; — zuzüglich Teile aus 3.5.1 Besondere Baukonstruktionen — zuzüglich Teile aus 3.1.3.3 Nichttragende Konstruktionen der Decken (Bodenbeläge auf Boden- und Fundamentplatten)
330 Außenwände	3.1.2.1 Tragende Außenwände, Außenstützen und 3.1.3.1 Nichttragende Außenwände; — zuzüglich Teile aus 3.5.1 Besondere Baukonstruktionen
340 Innenwände	3.1.2.2 Tragende Innenwände, Innenstützen und 3.1.3.2 Nichttragende Innenwände; — zuzüglich Teile aus 3.5.1 Besondere Baukonstruktionen
350 Decken	3.1.2.3 Tragende Decken, Treppen und 3.1.3.3 Nichttragende Konstruktion der Decken, Treppen; — ohne Bodenbeläge auf Boden- und Fundamentplatten, — zuzüglich Teile aus 3.5.1 Besondere Baukonstruktionen
360 Dächer	3.1.2.4 Tragende Dächer, Dachstühle und 3.1.3.4 Nichttragende Konstruktionen der Dächer; — zuzüglich Teile aus 3.5.1 Besondere Baukonstruktionen
370 Baukonstruktive Einbauten	Teile aus 3.4 Betriebliche Einbauten; — zuzüglich Teile aus 3.5.4 Besondere betriebliche Einbauten
390 Sonstige Maßnahmen für Baukonstruktionen	3.1.9 Sonstige Konstruktionen; — zuzüglich Teile aus 3.5.1 Besondere Baukonstruktionen, — zuzüglich Teile aus 6.2 Zusätzliche Maßnahmen beim Bauwerk
400 Bauwerk — Technische Anlagen	3.2 Installationen und 3.3 Zentrale Betriebstechnik; — zuzüglich Teile aus 3.4 Betriebliche Einbauten, — zuzüglich 3.5.2 Besondere Installationen, — zuzüglich 3.5.3 Besondere zentrale Betriebstechnik, — zuzüglich Teile aus 3.5.4 Besondere betriebliche Einbauten, — zuzüglich 4.5 Beleuchtung, — zuzüglich Teile aus 6.2 Zusätzliche Maßnahmen beim Bauwerk

(fortgesetzt)

Tabelle 3 (fortgesetzt)

Gültige Kostengliederung	Ausgabe April 1981

410 Abwasser-, Wasser-, Gasanlagen	3.2.1 Abwasser
	und
	  — 3.2.2 Wasser,
	  — 3.2.4 Gase und sonstige Medien,
	  — 3.3.1 Abwasser,
	  — 3.3.2 Wasser,
	  — 3.3.4 Gase und sonstige Medien,
	  — 3.5.2.1 Abwasser,
	  — 3.5.2.2 Wasser,
	  — 3.5.2.4 Gase und sonstige Medien,
	  — 3.5.3.1 Abwasser,
	  — 3.5.3.2 Wasser,
	  — 3.5.3.4 Gase und sonstige Medien,

420 Wärmeversorgungsanlagen	3.2.3 Heizung
	und
	  — 3.3.3 Heizung,
	  — 3.5.2.3 Heizung,
	  — 3.5.3.3 Heizung

430 Lufttechnische Anlagen	3.2.7 Raumlufttechnik (RLT)
	und
	  — 3.3.7 Raumlufttechnik (RLT),
	  — 3.5.2.7 Raumlufttechnik (RLT),
	  — 3.5.3.7 Raumlufttechnik (RLT)

440 Starkstromanlagen	3.2.5 Elektrischer Strom und Blitzschutz
	und
	  — 3.3.5 Elektrischer Strom,
	  — 3.5.2.5 Elektrischer Strom,
	  — 3.5.3.5 Elektrischer Strom,
	  — 4.5 Beleuchtung

450 Fernmelde- und informationstechnische Anlagen	3.2.6 Fernmeldetechnik, (ohne Zentrale Leittechnik)
	und
	  — 3.3.6 Fernmeldetechnik, (ohne Zentrale Leittechnik)
	  — 3.5.2.6 Fernmeldetechnik,
	  — 3.5.3.6 Fernmeldetechnik

460 Förderanlagen	3.3.8 Fördertechnik
470 Nutzungsspezifische Anlagen	Teile aus 3.4 Betriebliche Einbauten; — zuzüglich Teile aus 3.5.4 Besondere betriebliche Einbauten
480 Gebäudeautomation	Teile aus 3.2.6 und 3.3.6 Fernmeldetechnik und neu definierte Leistungen

490 Sonstige Maßnahmen für Technische Anlagen	Teile aus 3.2.9 Sonstige Installationen;
	  — zuzüglich Teile aus 3.3.9 Sonstige zentrale Betriebstechnik,
	  — zuzüglich Teile aus 6.2 Zusätzliche Maßnahmen beim Bauwerk

500 Außenanlagen	5 Außenanlagen;
	  — ohne 5.5 Kunstwerke und künstlerisch gestaltete Bauteile im Freien,
	  — zuzüglich 6.3 Zusätzliche Maßnahmen bei den Außenanlagen

510 Geländeflächen	5.2.2 Vegetationstechnische Oberbodenarbeiten
	und
	  — 5.2.3 Bodenabtrag und -einbau,
	  — 5.2.6 Vegetationstechnische Bodenverbesserung,
	  — 5.2.9 Sonstige Geländebearbeitung und -gestaltung,
	  — 5.8 Grünflächen

520 Befestigte Flächen	5.7 Verkehrsanlagen;
	  — ohne 5.7.5 Beleuchtung,
	  — ohne 5.7.7 Rampen, Treppen, Stufen,
	  — ohne 5.7.8 Markierungen, Verkehrszeichen, Sicherheitsvorrichtungen,
	  — zuzüglich Teile aus 5.6 Anlagen für Sonderzwecke (insbesondere Sportplatz- und Spielplatzflächen)

(fortgesetzt)

Tabelle 3 (abgeschlossen)

Gültige Kostengliederung	Ausgabe April 1981
530 Baukonstruktionen in Außenanlagen	5.1 Einfriedungen und — 5.2.1 Stützmauern und -vorrichtungen, — 5.2.4 Bodenaushub für Stützmauern usw., Fundamente, — 5.2.5 Freistehende Mauern, — 5.2.7 Bachregulierungen, offene Gräben, einschließlich Uferbefestigung, — 5.2.8 Wasserbecken, — 5.7.7 Rampen, Treppen, Stufen
540 Technische Anlagen in Außenanlagen	5.3 Abwasser- und Versorgungsanlagen; — zuzüglich 5.7.5 Beleuchtung — zuzüglich Teile aus 5.6 Anlagen für Sonderzwecke
550 Einbauten in Außenanlagen	5.4 Wirtschaftsgegenstände; — zuzüglich Teile aus 5.6 Anlagen für Sonderzwecke
590 Sonstige Maßnahmen für Außenanlagen	5.9 Sonstige Außenanlagen; — zuzüglich 6.3 Zusätzliche Maßnahmen bei den Außenanlagen
600 Ausstattung und Kunstwerke	4 Gerät; — ohne 4.5 Beleuchtung, — zuzüglich 3.5.5 Kunstwerke, künstlerisch gestaltete Bauteile, — zuzüglich 5.5 Kunstwerke und künstlerisch gestaltete Bauteile im Freien
610 Ausstattung	4 Gerät; — ohne 4.5 Beleuchtung,
620 Kunstwerke	3.5.5 Kunstwerke, künstlerisch gestaltete Bauteile und — 5.5 Kunstwerke und künstlerisch gestaltete Bauteile im Freien
700 Baunebenkosten	7 Baunebenkosten
710 Bauherrenaufgaben	7.1.4, 7.2.4, 7.3.4 Verwaltungsleitungen von Bauherr und Betreuer;
720 Vorbereitung der Objektplanung	7.1.9 Sonstige Kosten der Grundlagenermittlungen;
730 Architekten- und Ingenieurleistungen	7.1.1 Grundlagenermittlungen von Architekten und Ingenieuren und — 7.2.1, 7.3.1 Leistungen von Architekten und Ingenieuren
740 Gutachten und Beratung	— 7.1.2, 7.1.3 Grundlagenermittlungen von Sonderfachleuten sowie Gutachtern und Beratern und 7.2.2, 7.2.3, 7.3.2, 7.3.3 Leistungen von Sonderfachleuten sowie von Gutachtern und Beratern
750 Kunst	7.2.5, 7.3.5 Leistungen für besondere künstlerische Gestaltung
760 Finanzierung	7.4 Finanzierung
770 Allgemeine Baunebenkosten	7.5 Allgemeine Baunebenkosten
790 Sonstige Baunebenkosten	

Internationale Patentklassifikation

E 04 B

Anhang 3
Zuordnungstabelle der Kostengruppen nach DIN 276 von April 1981 und Juni 1993 für die einzelnen Paragraphen und Absätze der HOAI

Die HOAI ist auch nach der 5. HOAI-Novelle noch an der Terminologie und Systematik der alten DIN 276 von April 1981 orientiert. Soweit in einzelnen Bestimmungen der HOAI auf Kostengruppen der alten DIN Bezug genommen ist, fällt es dem Benutzer schwer, dies auf die Formblätter nach der neuen DIN 276 Fassung Juni 1993 zu übertragen. Die nachfolgende Tabelle will dies erleichtern, indem sie den in der HOAI vorkommenden Angaben und Bezugnahmen auf die alte DIN bzw. deren Begriffe die Kostengruppen der neuen DIN 276 von Juni 1993 gegenüberstellt.

HOAI §	DIN 276 4/81 Kostengruppen	OZ	DIN 276 6/93 Kostengruppen	OZ
10 Abs. (4)	Installationen	3.2	Abwasser-, Wasser-, Gas-anlagen	410
			Wärmeversorgungsanlagen	420
			Lufttechnische Anlagen	430
			Starkstromanlagen	440
			Fernmelde u. inf. Anlagen	450
			Gebäudeautomation	480
			Sonstige Maßnahmen für techn. Anlagen	490
	Zentrale Betriebstechn.	3.3	in den Kostengruppen enthalten	410–490
	Betriebliche Einbauten	3.4	Baukonstruktive Einbauten	370
			Nutzungsspezifische Anlagen	470
	Besondere Installation.	3.5.2	in den Kostengruppen	
	Besondere zentr. Betr.	3.5.3	enthalten	410–490
	Besondere betriebl. Einb.	3.5.4		
Abs. (5) Ziff. 1	Wert des Baugrundstücks	1.1	Grundstückswert	110
	Erwerb Baugrundstücks	1.2	Grundstücksnebenkosten	120
	Freimachen Baugrundstück	1.3	Freimachen	130
Ziff. 2	Herrichten	1.4	Herrichten	210
Ziff. 3	Öffentliche Erschl.	2.1	Öffentliche Erschl.	220
	andere einmalige Abg.	2.3	Ausgleichsabgaben	240
Ziff. 4	Nichtöffentliche Erschl.	2.2	Nichtöffentliche Erschl.	230
	Abwasser- und Versorgungs-anlagen	5.3	Technische Anlagen in Außen-anlagen	540
	Verkehrsanlagen	5.7	Befestigte Flächen	520
Ziff. 5	Außenanlagen	5	Außenanlagen	500
Ziff. 6	Gerät	4	Abwasser – Sonstiges	419
			Beleuchtungsanlagen	445
			Ausstattung	610
	Wirtschaftsgegenstände	5.4	Ausstattung	610
Ziff. 7	siehe OZ 6			
Ziff. 10	Zusätzliche Maßnahmen	6	Sonstige Maßnahmen für Baukonstruktionen	390
			Sonstige Maßnahmen für Technische Anlagen	490
			Sonstige Maßnahmen für Außenanlagen	590
Ziff. 12	Baunebenkosten	7	Baunebenkosten	700
Abs. (6) Ziff. 1	Gebäude	3	Bauwerk – Baukonstruktion	300
			Bauwerk – Techn. Anlagen	400
15 Abs. (2) Ziff. 2	Kostenschätzung bis Spalte 2	1–7	Kostenschätzung bis zur 1. Ebene	100–700

HOAI §	DIN 276 4/81 Kostengruppen	OZ	DIN 276 6/93 Kostengruppen	OZ
15 Abs. (2) Ziff. 3	Kostenberechnung bis Spalte 3	–	Kostenberechnung bis zur 2. Ebene	–
Ziff. 7	Kostenanschlag nach Angeboten (Einheitspreise) nach Muster Teil 3 Anhang C		Kostenanschlag nach Angeboten, mindestens bis zur 3. Ebene oder gewerksweise Kostengliederung	
Ziff. 8	Kostenfeststellung Nachweis der tatsächlichen Kosten, Muster wie Kostenanschlag	.	Kostenfeststellung nach Kostengruppen bis zur 2. Ebene als Vergleichswert bis zur 3. Ebene oder gewerksweise Kostengliederung	
52 Abs. (6) Ziff. 2	Andere einmalige Abgaben	2.3	Ausgleichsabgaben	240
Abs. (7) Ziff. 1	Herrichten des Grundstücks	1.4	Herrichten	210
Ziff. 2	Öffentliche Erschließung	2.1	Öffentliche Erschließung	220
Ziff. 3	Nichtöffentl. Erschließung Außenanlagen	2.2 5	Nichtöffentl. Erschließung Außenanlagen	230 500
62 Abs. (2)	Kostenermittlungen nach DIN 276		Kostenermittlungen nach DIN 276	
Abs. (4)	Baukonstruktionen Besondere Baukonstruktionen	3.1 3.5.1	Bauwerk – Baukonstruktionen in den Kostengruppen enthalten	300 300–390
	Installationen bes. Installationen	3.2 3.5.2	Bauwerk – Technische Anlagen wie oben	410–450 450
Abs. (5)	Gründung	3.1.1	Gründung	320
	Tragkonstruktion	3.1.2	Außenwände*) Innenwände*) Decken*) Dächer*)	330 340 350 360
Abs. (7) Ziff. 8	Winterschutzvorkehrungen u. Sonstige zusätzliche Maßnahmen	6	Sonstige Maßnahmen für Baukonstruktionen	390
64 Abs. (3) Ziff. 2 Ziff. 3 Ziff. 7	Kostenschätzung Mitwirken Kostenberechnung Mitwirken Kostenanschlag Mitwirken		Kostenschätzung Mitwirken Kostenberechnung Mitwirken Kostenanschlag Mitwirken	
66 Abs. (5)	Abbrechen von Bauwerksteilen	1.4.4	Abbruchmaßnahmen	394

*) Jeweils nur die tragenden Bauteile.

HOAI §	DIN 276 4/81 Kostengruppen	OZ	DIN 276 6/93 Kostengruppen	OZ
68	Anlagen, soweit in DIN 276 erfaßt		Anlagen, soweit in DIN 276 erfaßt	
	Nichtöffentl. Erschließung	2.2	Nichtöffentl. Erschließung	230
	Abwasser-, Versorgungs-		Techn. Anlagen in Außen-	
	anlagen in Außenanlagen	5.3	anlagen	540
69 Abs. (3)	Kostenermittlungen nach DIN 276		Kostenermittlungen nach DIN 276	
Abs. (5) Ziff. 1	Winterschutzvorkehrungen u. Sonstige zusätzliche Maß- nahmen	6	für techn. Anlagen Sonstige Maßnahmen	490
Abs. (6)	Teile von Baukonstruktionen	3.1	Teile von Bauwerk-, Baukon- struktionen	300
73 Abs. (3) Ziff. 2 Ziff. 3 Ziff. 7 Ziff. 8	Kostenschätzung Mitwirkung Kostenberechnung wie Ziff. 2 Kostenanschlag wie Ziff. 2 Kostenfeststellung wie Ziff. 2		Kostenschätzung Kostenberechnung wie Ziff. 2 Kostenanschlag wie Ziff. 2 Kostenfeststellung wie Ziff. 2	
81 Abs. (3)	Baukonstruktionen Installationen Zentr. Betriebstechnik Betriebliche Anlagen	3.1 3.2 3.3 3.4	Bauwerk – Baukonstruktionen Bauwerk – Techn. Anlagen	300 400
Abs. (5)	Besondere Bauausführungen	3.5	in den Kostengruppen n. enthalten	300–390 400–490
86 Abs. (3)	Baukonstruktionen betriebliche Einbauten Möbel Textilien	3.1 3.4 4.2 4.3	Bauwerk – Baukonstruktionen Baukonstruktive Einbauten Nutzungsspezifische Anlagen Ausstattung Ausstattung	300 370 470 610 610
97 Abs. (2)	Kostenermittlungen nach DIN 276		Kostenermittlungen nach DIN 276	
98 Abs. (2)	wie § 97 Abs. (2)		wie § 97 Abs. (2)	

Honorartafel zu § 16 Abs. 1, Zone I

Anrechenbare Kosten DM	Von-satz DM	Viertel-satz DM	Mittel-satz DM	Drei-viertel-satz DM	Bis-satz DM
100.000	7.760	8.168	8.575	8.983	9.390
110.000	8.535	8.978	9.421	9.863	10.306
120.000	9.310	9.788	10.266	10.744	11.222
130.000	10.085	10.598	11.112	11.625	12.138
140.000	10.860	11.409	11.957	12.506	13.054
150.000	11.635	12.219	12.803	13.386	13.970
160.000	12.410	13.029	13.648	14.267	14.886
170.000	13.185	13.839	14.494	15.148	15.802
180.000	13.960	14.650	15.339	16.029	16.718
190.000	14.735	15.460	16.185	16.909	17.634
200.000	15.510	16.270	17.030	17.790	18.550
210.000	16.286	17.076	17.865	18.655	19.444
220.000	17.062	17.881	18.700	19.519	20.338
230.000	17.838	18.687	19.535	20.384	21.232
240.000	18.614	19.492	20.370	21.248	22.126
250.000	19.390	20.298	21.205	22.113	23.020
260.000	20.166	21.103	22.040	22.977	23.914
270.000	20.942	21.909	22.875	23.842	24.808
280.000	21.718	22.714	23.710	24.706	25.702
290.000	22.494	23.520	24.545	25.571	26.596
300.000	23.270	24.325	25.380	26.435	27.490
310.000	24.045	25.124	26.203	27.282	28.361
320.000	24.820	25.923	27.026	28.129	29.232
330.000	25.595	26.722	27.849	28.976	30.103
340.000	26.370	27.521	28.672	29.823	30.974
350.000	27.145	28.320	29.495	30.670	31.845
360.000	27.920	29.119	30.318	31.517	32.716
370.000	28.695	29.918	31.141	32.364	33.587
380.000	29.470	30.717	31.964	33.211	34.458
390.000	30.245	31.516	32.787	34.058	35.329
400.000	31.020	32.315	33.610	34.905	36.200
410.000	31.795	33.109	34.424	35.738	37.052
420.000	32.570	33.904	35.237	36.571	37.904
430.000	33.345	34.698	36.051	37.403	38.756
440.000	34.120	35.492	36.864	38.236	39.608
450.000	34.895	36.286	37.678	39.069	40.460
460.000	35.670	37.081	38.491	39.902	41.312
470.000	36.445	37.875	39.305	40.734	42.164
480.000	37.220	38.669	40.118	41.567	43.016
490.000	37.995	39.463	40.932	42.400	43.868
500.000	38.770	40.258	41.745	43.233	44.720
510.000	39.370	40.883	42.397	43.910	45.423
520.000	39.970	41.509	43.048	44.587	46.126
530.000	40.570	42.135	43.700	45.264	46.829
540.000	41.170	42.761	44.351	45.942	47.532
550.000	41.770	43.386	45.003	46.619	48.235
560.000	42.370	44.012	45.654	47.296	48.938
570.000	42.970	44.638	46.306	47.973	49.641
580.000	43.570	45.264	46.957	48.651	50.344
590.000	44.170	45.889	47.609	49.328	51.047

Honorartafel zu § 16 Abs. 1, Zone I

Anrechenbare Kosten DM	Von-satz DM	Viertel-satz DM	Mittel-satz DM	Drei-viertel-satz DM	Bis-satz DM
50.000	3.880	4.090	4.300	4.510	4.720
51.000	3.957	4.171	4.385	4.599	4.813
52.000	4.034	4.252	4.470	4.688	4.906
53.000	4.111	4.333	4.555	4.777	4.999
54.000	4.188	4.414	4.640	4.866	5.092
55.000	4.265	4.495	4.725	4.955	5.185
56.000	4.342	4.576	4.810	5.044	5.278
57.000	4.419	4.657	4.895	5.133	5.371
58.000	4.496	4.738	4.980	5.222	5.464
59.000	4.573	4.819	5.065	5.311	5.557
60.000	4.650	4.900	5.150	5.400	5.650
61.000	4.729	4.983	5.237	5.491	5.745
62.000	4.808	5.066	5.324	5.582	5.840
63.000	4.887	5.149	5.411	5.673	5.935
64.000	4.966	5.232	5.498	5.764	6.030
65.000	5.045	5.315	5.585	5.855	6.125
66.000	5.124	5.398	5.672	5.946	6.220
67.000	5.203	5.481	5.759	6.037	6.315
68.000	5.282	5.564	5.846	6.128	6.410
69.000	5.361	5.647	5.933	6.219	6.505
70.000	5.440	5.730	6.020	6.310	6.600
71.000	5.516	5.810	6.104	6.398	6.692
72.000	5.592	5.890	6.188	6.486	6.784
73.000	5.668	5.970	6.272	6.574	6.876
74.000	5.744	6.050	6.356	6.662	6.968
75.000	5.820	6.130	6.440	6.750	7.060
76.000	5.896	6.210	6.524	6.838	7.152
77.000	5.972	6.290	6.608	6.926	7.244
78.000	6.048	6.370	6.692	7.014	7.336
79.000	6.124	6.450	6.776	7.102	7.428
80.000	6.200	6.530	6.860	7.190	7.520
81.000	6.279	6.613	6.947	7.281	7.615
82.000	6.358	6.696	7.034	7.372	7.710
83.000	6.437	6.779	7.121	7.463	7.805
84.000	6.516	6.862	7.208	7.554	7.900
85.000	6.595	6.945	7.295	7.645	7.995
86.000	6.674	7.028	7.382	7.736	8.090
87.000	6.753	7.111	7.469	7.827	8.185
88.000	6.832	7.194	7.556	7.918	8.280
89.000	6.911	7.277	7.643	8.009	8.375
90.000	6.990	7.360	7.730	8.100	8.470
91.000	7.067	7.441	7.815	8.188	8.562
92.000	7.144	7.522	7.899	8.277	8.654
93.000	7.221	7.602	7.984	8.365	8.746
94.000	7.298	7.683	8.068	8.453	8.838
95.000	7.375	7.764	8.153	8.541	8.930
96.000	7.452	7.845	8.237	8.630	9.022
97.000	7.529	7.925	8.322	8.718	9.114
98.000	7.606	8.006	8.406	8.806	9.206
99.000	7.683	8.087	8.491	8.894	9.298

Honorartafel zu § 16 Abs. 1, Zone I

Anrechenbare Kosten DM	Von-satz DM	Viertel-satz DM	Mittel-satz DM	Drei-viertel-satz DM	Bis-satz DM
1.500.000	85.485	89.491	93.498	97.504	101.510
1.550.000	87.971	92.087	96.203	100.319	104.435
1.600.000	90.456	94.682	98.908	103.134	107.360
1.650.000	92.942	97.277	101.613	105.949	110.285
1.700.000	95.427	99.873	104.319	108.764	113.210
1.750.000	97.913	102.468	107.024	111.579	116.135
1.800.000	100.398	105.064	109.729	114.395	119.060
1.850.000	102.884	107.659	112.434	117.210	121.985
1.900.000	105.369	110.254	115.140	120.025	124.910
1.950.000	107.855	112.850	117.845	122.840	127.835
2.000.000	110.340	115.445	120.550	125.655	130.760
2.100.000	115.315	120.640	125.965	131.289	136.614
2.200.000	120.290	125.835	131.379	136.924	142.468
2.300.000	125.265	131.029	136.794	142.558	148.322
2.400.000	130.240	136.224	142.208	148.192	154.176
2.500.000	135.215	141.419	147.623	153.826	160.030
2.600.000	140.190	146.614	153.037	159.461	165.884
2.700.000	145.165	151.808	158.452	165.095	171.738
2.800.000	150.140	157.003	163.866	170.729	177.592
2.900.000	155.115	162.198	169.281	176.363	183.446
3.000.000	160.090	167.393	174.695	181.998	189.300
3.100.000	165.057	172.579	180.101	187.623	195.145
3.200.000	170.024	177.766	185.507	193.249	200.990
3.300.000	174.991	182.952	190.913	198.874	206.835
3.400.000	179.958	188.139	196.319	204.500	212.680
3.500.000	184.925	193.325	201.725	210.125	218.525
3.600.000	189.892	198.512	207.131	215.751	224.370
3.700.000	194.859	203.698	212.537	221.376	230.215
3.800.000	199.826	208.885	217.943	227.002	236.060
3.900.000	204.793	214.071	223.349	232.627	241.905
4.000.000	209.760	219.258	228.755	238.253	247.750
4.100.000	214.728	224.446	234.163	243.881	253.598
4.200.000	219.696	229.634	239.571	249.509	259.446
4.300.000	224.664	234.822	244.979	255.137	265.294
4.400.000	229.632	240.010	250.387	260.765	271.142
4.500.000	234.600	245.198	255.795	266.393	276.990
4.600.000	239.568	250.386	261.203	272.021	282.838
4.700.000	244.536	255.574	266.611	277.649	288.686
4.800.000	249.504	260.762	272.019	283.277	294.534
4.900.000	254.472	265.950	277.427	288.905	300.382
5.000.000	259.440	271.138	282.835	294.533	306.230
5.100.000	264.628	276.472	288.316	300.160	312.004
5.200.000	269.816	281.807	293.797	305.788	317.778
5.300.000	275.004	287.141	299.278	311.415	323.552
5.400.000	280.192	292.476	304.759	317.043	329.326
5.500.000	285.380	297.810	310.240	322.670	335.100
5.600.000	290.568	303.145	315.721	328.298	340.874
5.700.000	295.756	308.479	321.202	333.925	346.648
5.800.000	300.944	313.814	326.683	339.553	352.422
5.900.000	306.132	319.148	332.164	345.180	358.196

Honorartafel zu § 16 Abs. 1, Zone I

Anrechenbare Kosten DM	Von-satz DM	Viertel-satz DM	Mittel-satz DM	Drei-viertel-satz DM	Bis-satz DM
600.000	44.770	46.515	48.260	50.005	51.750
610.000	45.272	47.046	48.820	50.594	52.368
620.000	45.774	47.577	49.380	51.183	52.986
630.000	46.276	48.108	49.940	51.772	53.604
640.000	46.778	48.639	50.500	52.361	54.222
650.000	47.280	49.170	51.060	52.950	54.840
660.000	47.782	49.701	51.620	53.539	55.458
670.000	48.284	50.232	52.180	54.128	56.076
680.000	48.786	50.763	52.740	54.717	56.694
690.000	49.288	51.294	53.300	55.306	57.312
700.000	49.790	51.825	53.860	55.895	57.930
710.000	50.221	52.285	54.349	56.413	58.477
720.000	50.652	52.745	54.838	56.931	59.024
730.000	51.083	53.205	55.327	57.449	59.571
740.000	51.514	53.665	55.816	57.967	60.118
750.000	51.945	54.125	56.305	58.485	60.665
760.000	52.376	54.585	56.794	59.003	61.212
770.000	52.807	55.045	57.283	59.521	61.759
780.000	53.238	55.505	57.772	60.039	62.306
790.000	53.669	55.965	58.261	60.557	62.853
800.000	54.100	56.425	58.750	61.075	63.400
810.000	54.462	56.817	59.171	61.526	63.880
820.000	54.824	57.208	59.592	61.976	64.360
830.000	55.186	57.600	60.013	62.427	64.840
840.000	55.548	57.991	60.434	62.877	65.320
850.000	55.910	58.383	60.855	63.328	65.800
860.000	56.272	58.774	61.276	63.778	66.280
870.000	56.634	59.166	61.697	64.229	66.760
880.000	56.996	59.557	62.118	64.679	67.240
890.000	57.358	59.949	62.539	65.130	67.720
900.000	57.720	60.340	62.960	65.580	68.200
910.000	58.011	60.660	63.309	65.957	68.606
920.000	58.302	60.980	63.657	66.335	69.012
930.000	58.593	61.299	64.006	66.712	69.418
940.000	58.884	61.619	64.354	67.089	69.824
950.000	59.175	61.939	64.703	67.466	70.230
960.000	59.466	62.259	65.051	67.844	70.636
970.000	59.757	62.578	65.400	68.221	71.042
980.000	60.048	62.898	65.748	68.598	71.448
990.000	60.339	63.218	66.097	68.975	71.854
1.000.000	60.630	63.538	66.445	69.353	72.260
1.050.000	63.116	66.133	69.150	72.168	75.185
1.100.000	65.601	68.728	71.856	74.983	78.110
1.150.000	68.087	71.324	74.561	77.798	81.035
1.200.000	70.572	73.919	77.266	80.613	83.960
1.250.000	73.058	76.514	79.971	83.428	86.885
1.300.000	75.543	79.110	82.677	86.243	89.810
1.350.000	78.029	81.705	85.382	89.058	92.735
1.400.000	80.514	84.301	88.087	91.874	95.660
1.450.000	83.000	86.896	90.792	94.689	98.585

Honorartafel zu § 16 Abs. 1, Zone I

Anrechen-bare Kosten DM	Von-satz DM	Viertel-satz DM	Mittel-satz DM	Drei-viertel-satz DM	Bis-satz DM
15.000.000	778.305	805.524	832.743	859.961	887.180
15.500.000	804.249	832.287	860.326	888.364	916.403
16.000.000	830.192	859.051	887.909	916.768	945.626
16.500.000	856.136	885.814	915.492	945.171	974.849
17.000.000	882.079	912.577	943.076	973.574	1.004.072
17.500.000	908.023	939.341	970.659	1.001.977	1.033.295
18.000.000	933.966	966.104	998.242	1.030.380	1.062.518
18.500.000	959.910	992.867	1.025.825	1.058.783	1.091.741
19.000.000	985.853	1.019.631	1.053.409	1.087.186	1.120.964
19.500.000	1.011.797	1.046.394	1.080.992	1.115.589	1.150.187
20.000.000	1.037.740	1.073.158	1.108.575	1.143.993	1.179.410
21.000.000	1.089.627	1.126.422	1.163.217	1.200.011	1.236.806
22.000.000	1.141.514	1.179.686	1.217.858	1.256.030	1.294.202
23.000.000	1.193.401	1.232.960	1.272.500	1.312.049	1.351.598
24.000.000	1.245.288	1.286.215	1.327.141	1.368.068	1.408.994
25.000.000	1.297.175	1.339.479	1.381.783	1.424.086	1.466.390
26.000.000	1.349.062	1.392.743	1.436.424	1.480.105	1.523.786
27.000.000	1.400.949	1.446.007	1.491.066	1.536.124	1.581.182
28.000.000	1.452.836	1.499.272	1.545.707	1.592.143	1.638.578
29.000.000	1.504.723	1.552.536	1.600.349	1.648.161	1.695.974
30.000.000	1.556.610	1.605.800	1.654.990	1.704.180	1.753.370
31.000.000	1.608.497	1.658.802	1.709.107	1.759.412	1.809.717
32.000.000	1.660.384	1.711.806	1.763.224	1.814.644	1.866.064
33.000.000	1.712.271	1.764.806	1.817.341	1.869.876	1.922.411
34.000.000	1.764.158	1.817.808	1.871.458	1.925.108	1.978.758
35.000.000	1.816.045	1.870.810	1.925.575	1.980.340	2.035.105
36.000.000	1.867.932	1.923.812	1.979.692	2.035.572	2.091.452
37.000.000	1.919.819	1.976.814	2.033.809	2.090.804	2.147.799
38.000.000	1.971.706	2.029.816	2.087.926	2.146.036	2.204.146
39.000.000	2.023.593	2.082.818	2.142.043	2.201.268	2.260.493
40.000.000	2.075.480	2.135.820	2.196.160	2.256.500	2.316.840
41.000.000	2.127.367	2.188.888	2.250.409	2.311.929	2.373.450
42.000.000	2.179.254	2.241.956	2.304.657	2.367.359	2.430.060
43.000.000	2.231.141	2.295.023	2.358.906	2.422.788	2.486.670
44.000.000	2.283.028	2.348.091	2.413.154	2.478.217	2.543.280
45.000.000	2.334.915	2.401.159	2.467.403	2.533.646	2.599.890
46.000.000	2.386.802	2.454.227	2.521.651	2.589.076	2.656.500
47.000.000	2.438.689	2.507.294	2.575.900	2.644.505	2.713.110
48.000.000	2.490.576	2.560.362	2.630.148	2.699.934	2.769.720
49.000.000	2.542.463	2.613.430	2.684.397	2.755.363	2.826.330
50.000.000	2.594.350	2.666.498	2.738.645	2.810.793	2.882.940

Honorartafel zu § 16 Abs. 1, Zone I

Anrechen-bare Kosten DM	Von-satz DM	Viertel-satz DM	Mittel-satz DM	Drei-viertel-satz DM	Bis-satz DM
6.000.000	311.320	324.483	337.645	350.808	363.970
6.100.000	316.509	329.818	343.127	356.435	369.744
6.200.000	321.698	335.153	348.608	362.063	375.518
6.300.000	326.887	340.488	354.090	367.691	381.292
6.400.000	332.076	345.824	359.571	373.319	387.066
6.500.000	337.265	351.159	365.053	378.946	392.840
6.600.000	342.454	356.494	370.534	384.574	398.614
6.700.000	347.643	361.829	376.016	390.202	404.388
6.800.000	352.832	367.165	381.497	395.830	410.162
6.900.000	358.021	372.500	386.979	401.457	415.936
7.000.000	363.210	377.835	392.460	407.085	421.710
7.100.000	368.399	383.171	397.942	412.714	427.485
7.200.000	373.588	388.506	403.424	418.342	433.260
7.300.000	378.777	393.842	408.906	423.971	439.035
7.400.000	383.966	399.177	414.388	429.599	444.810
7.500.000	389.155	404.513	419.870	435.228	450.585
7.600.000	394.344	409.848	425.352	440.856	456.360
7.700.000	399.533	415.184	430.834	446.485	462.135
7.800.000	404.722	420.519	436.316	452.113	467.910
7.900.000	409.911	425.855	441.798	457.742	473.685
8.000.000	415.100	431.190	447.280	463.370	479.460
8.100.000	420.288	436.525	452.761	468.997	485.234
8.200.000	425.476	441.859	458.242	474.625	491.008
8.300.000	430.664	447.194	463.723	480.253	496.782
8.400.000	435.852	452.528	469.204	485.880	502.556
8.500.000	441.040	457.863	474.685	491.508	508.330
8.600.000	446.228	463.197	480.166	497.135	514.104
8.700.000	451.416	468.532	485.647	502.763	519.878
8.800.000	456.604	473.866	491.128	508.390	525.652
8.900.000	461.792	479.201	496.609	514.018	531.426
9.000.000	466.980	484.535	502.090	519.645	537.200
9.100.000	472.169	489.871	507.572	525.274	542.975
9.200.000	477.358	495.206	513.054	530.902	548.750
9.300.000	482.547	500.542	518.536	536.531	554.525
9.400.000	487.736	505.877	524.018	542.159	560.300
9.500.000	492.925	511.213	529.500	547.788	566.075
9.600.000	498.114	516.548	534.982	553.416	571.850
9.700.000	503.303	521.884	540.464	559.045	577.625
9.800.000	508.492	527.219	545.946	564.673	583.400
9.900.000	513.681	532.555	551.428	570.302	589.175
10.000.000	518.870	537.890	556.910	575.930	594.950
10.500.000	544.814	564.653	584.493	604.333	624.173
11.000.000	570.757	591.417	612.077	632.736	653.396
11.500.000	596.701	618.180	639.660	661.139	682.619
12.000.000	622.644	644.944	667.243	689.543	711.842
12.500.000	648.588	671.707	694.826	717.946	741.065
13.000.000	674.531	698.470	722.410	746.349	770.288
13.500.000	700.475	725.234	749.993	774.752	799.511
14.000.000	726.418	751.997	777.576	803.155	828.734
14.500.000	752.362	778.760	805.159	831.558	857.957

Honorartafel zu § 16 Abs. 1, Zone II

Anrechenbare Kosten DM	Von-satz DM	Viertel-satz DM	Mittel-satz DM	Drei-viertel-satz DM	Bis-satz DM
100.000	9.390	9.930	10.470	11.010	11.550
110.000	10.306	10.894	11.481	12.069	12.656
120.000	11.222	11.857	12.492	13.127	13.762
130.000	12.138	12.821	13.503	14.186	14.868
140.000	13.054	13.784	14.514	15.244	15.974
150.000	13.970	14.748	15.525	16.303	17.080
160.000	14.886	15.711	16.536	17.361	18.186
170.000	15.802	16.675	17.547	18.420	19.292
180.000	16.718	17.638	18.558	19.478	20.398
190.000	17.634	18.602	19.569	20.537	21.504
200.000	18.550	19.565	20.580	21.595	22.610
210.000	19.444	20.498	21.553	22.607	23.661
220.000	20.338	21.432	22.525	23.619	24.712
230.000	21.232	22.365	23.498	24.630	25.763
240.000	22.126	23.298	24.470	25.642	26.814
250.000	23.020	24.231	25.443	26.654	27.865
260.000	23.914	25.165	26.415	27.666	28.916
270.000	24.808	26.098	27.388	28.677	29.967
280.000	25.702	27.031	28.360	29.689	31.018
290.000	26.596	27.964	29.333	30.701	32.069
300.000	27.490	28.898	30.305	31.713	33.120
310.000	28.361	29.800	31.240	32.679	34.118
320.000	29.232	30.703	32.174	33.645	35.116
330.000	30.103	31.606	33.109	34.611	36.114
340.000	30.974	32.509	34.043	35.578	37.112
350.000	31.845	33.411	34.978	36.544	38.110
360.000	32.716	34.314	35.912	37.510	39.108
370.000	33.587	35.217	36.847	38.476	40.106
380.000	34.458	36.120	37.781	39.443	41.104
390.000	35.329	37.022	38.716	40.409	42.102
400.000	36.200	37.925	39.650	41.375	43.100
410.000	37.052	38.803	40.554	42.304	44.055
420.000	37.904	39.681	41.457	43.234	45.010
430.000	38.756	40.558	42.361	44.163	45.965
440.000	39.608	41.436	43.264	45.092	46.920
450.000	40.460	42.314	44.168	46.021	47.875
460.000	41.312	43.192	45.071	46.951	48.830
470.000	42.164	44.069	45.975	47.880	49.785
480.000	43.016	44.947	46.878	48.809	50.740
490.000	43.868	45.825	47.782	49.738	51.695
500.000	44.720	46.703	48.685	50.668	52.650
510.000	45.423	47.440	49.457	51.474	53.491
520.000	46.126	48.178	50.229	52.281	54.332
530.000	46.829	48.915	51.001	53.087	55.173
540.000	47.532	49.653	51.773	53.894	56.014
550.000	48.235	50.390	52.545	54.700	56.855
560.000	48.938	51.128	53.317	55.507	57.696
570.000	49.641	51.865	54.089	56.313	58.537
580.000	50.344	52.603	54.861	57.120	59.378
590.000	51.047	53.340	55.633	57.926	60.219

Honorartafel zu § 16 Abs. 1, Zone II

Anrechenbare Kosten DM	Von-satz DM	Viertel-satz DM	Mittel-satz DM	Drei-viertel-satz DM	Bis-satz DM
50.000	4.720	5.003	5.285	5.568	5.850
51.000	4.813	5.101	5.389	5.676	5.964
52.000	4.906	5.199	5.492	5.785	6.078
53.000	4.999	5.297	5.596	5.894	6.192
54.000	5.092	5.396	5.699	6.003	6.306
55.000	5.185	5.494	5.803	6.111	6.420
56.000	5.278	5.592	5.906	6.220	6.534
57.000	5.371	5.690	6.010	6.329	6.648
58.000	5.464	5.789	6.113	6.438	6.762
59.000	5.557	5.887	6.217	6.546	6.876
60.000	5.650	5.985	6.320	6.655	6.990
61.000	5.745	6.085	6.426	6.766	7.106
62.000	5.844	6.186	6.528	6.877	7.222
63.000	5.935	6.286	6.637	6.987	7.338
64.000	6.030	6.386	6.742	7.098	7.454
65.000	6.125	6.486	6.848	7.209	7.570
66.000	6.220	6.587	6.953	7.320	7.686
67.000	6.315	6.687	7.059	7.430	7.802
68.000	6.410	6.787	7.164	7.541	7.918
69.000	6.505	6.887	7.270	7.652	8.034
70.000	6.600	6.988	7.375	7.763	8.150
71.000	6.692	7.085	7.478	7.871	8.264
72.000	6.784	7.183	7.581	7.980	8.378
73.000	6.876	7.280	7.684	8.088	8.492
74.000	6.968	7.378	7.787	8.197	8.606
75.000	7.060	7.475	7.890	8.305	8.720
76.000	7.152	7.573	7.993	8.414	8.834
77.000	7.244	7.670	8.096	8.522	8.948
78.000	7.336	7.768	8.199	8.631	9.062
79.000	7.428	7.865	8.302	8.739	9.176
80.000	7.520	7.963	8.405	8.848	9.290
81.000	7.615	8.063	8.510	8.958	9.405
82.000	7.710	8.163	8.615	9.068	9.520
83.000	7.805	8.263	8.720	9.178	9.635
84.000	7.900	8.363	8.825	9.288	9.750
85.000	7.995	8.463	8.930	9.398	9.865
86.000	8.090	8.563	9.035	9.508	9.980
87.000	8.185	8.663	9.140	9.618	10.095
88.000	8.280	8.763	9.245	9.728	10.210
89.000	8.375	8.863	9.350	9.838	10.325
90.000	8.470	8.963	9.455	9.948	10.440
91.000	8.562	9.059	9.557	10.054	10.551
92.000	8.654	9.156	9.658	10.160	10.662
93.000	8.746	9.253	9.760	10.266	10.773
94.000	8.838	9.350	9.861	10.373	10.884
95.000	8.930	9.446	9.963	10.479	10.995
96.000	9.022	9.543	10.064	10.585	11.106
97.000	9.114	9.640	10.166	10.691	11.217
98.000	9.206	9.737	10.267	10.798	11.328
99.000	9.298	9.833	10.369	10.904	11.439

Honorartafel zu § 16 Abs. 1, Zone II

Anrechen-bare Kosten DM	Von-satz DM	Viertel-satz DM	Mittel-satz DM	Drei-viertel-satz DM	Bis-satz DM
1.500.000	101.510	106.853	112.195	117.538	122.880
1.550.000	104.435	109.924	115.413	120.902	126.391
1.600.000	107.360	112.996	118.631	124.267	129.902
1.650.000	110.285	116.067	121.849	127.631	133.413
1.700.000	113.210	119.139	125.067	130.996	136.924
1.750.000	116.135	122.210	128.285	134.360	140.435
1.800.000	119.060	125.282	131.503	137.725	143.946
1.850.000	121.985	128.353	134.721	141.089	147.457
1.900.000	124.910	131.425	137.939	144.454	150.968
1.950.000	127.835	134.496	141.157	147.818	154.479
2.000.000	130.760	137.568	144.375	151.183	157.990
2.100.000	136.614	143.714	150.815	157.915	165.015
2.200.000	142.468	149.861	157.254	164.647	172.040
2.300.000	148.322	156.008	163.694	171.379	179.065
2.400.000	154.176	162.155	170.133	178.112	186.090
2.500.000	160.030	168.301	176.573	184.844	193.115
2.600.000	165.884	174.448	183.012	191.576	200.140
2.700.000	171.738	180.595	189.452	198.308	207.165
2.800.000	177.592	186.742	195.891	205.041	214.190
2.900.000	183.446	192.888	202.331	211.773	221.215
3.000.000	189.300	199.035	208.770	218.505	228.240
3.100.000	195.145	205.173	215.201	225.228	235.256
3.200.000	200.990	211.311	221.631	231.952	242.272
3.300.000	206.835	217.448	228.062	238.675	249.288
3.400.000	212.680	223.586	234.492	245.398	256.304
3.500.000	218.525	229.724	240.923	252.121	263.320
3.600.000	224.370	235.862	247.353	258.845	270.336
3.700.000	230.215	241.999	253.784	265.568	277.352
3.800.000	236.060	248.137	260.214	272.291	284.368
3.900.000	241.905	254.275	266.645	279.014	291.384
4.000.000	247.750	260.413	273.075	285.738	298.400
4.100.000	253.598	266.554	279.510	292.465	305.421
4.200.000	259.446	272.695	285.944	299.193	312.442
4.300.000	265.294	278.836	292.379	305.921	319.463
4.400.000	271.142	284.978	298.813	312.649	326.484
4.500.000	276.990	291.119	305.248	319.376	333.505
4.600.000	282.838	297.260	311.682	326.104	340.526
4.700.000	288.686	303.401	318.117	332.832	347.547
4.800.000	294.534	309.543	324.551	339.560	354.568
4.900.000	300.382	315.684	330.986	346.287	361.589
5.000.000	306.230	321.825	337.420	353.015	368.610
5.100.000	312.004	327.794	343.585	359.375	375.165
5.200.000	317.778	333.764	349.749	365.735	381.720
5.300.000	323.552	339.733	355.914	372.094	388.275
5.400.000	329.326	345.702	362.078	378.454	394.830
5.500.000	335.100	351.671	368.243	384.814	401.385
5.600.000	340.874	357.641	374.407	391.174	407.940
5.700.000	346.648	363.610	380.572	397.533	414.495
5.800.000	352.422	369.579	386.736	403.893	421.050
5.900.000	358.196	375.548	392.901	410.253	427.605

Honorartafel zu § 16 Abs. 1, Zone II

Anrechen-bare Kosten DM	Von-satz DM	Viertel-satz DM	Mittel-satz DM	Drei-viertel-satz DM	Bis-satz DM
600.000	51.750	54.078	56.405	58.733	61.060
610.000	52.368	54.734	57.101	59.467	61.833
620.000	52.986	55.391	57.796	60.201	62.606
630.000	53.604	56.048	58.492	60.935	63.379
640.000	54.222	56.705	59.187	61.670	64.152
650.000	54.840	57.361	59.883	62.404	64.925
660.000	55.458	58.018	60.578	63.138	65.698
670.000	56.076	58.675	61.274	63.872	66.471
680.000	56.694	59.332	61.969	64.607	67.244
690.000	57.312	59.988	62.665	65.341	68.017
700.000	57.930	60.645	63.360	66.075	68.790
710.000	58.477	61.231	63.985	66.738	69.492
720.000	59.024	61.817	64.609	67.402	70.194
730.000	59.571	62.402	65.234	68.065	70.896
740.000	60.118	62.988	65.858	68.728	71.598
750.000	60.665	63.574	66.483	69.391	72.300
760.000	61.212	64.160	67.107	70.055	73.002
770.000	61.759	64.745	67.732	70.718	73.704
780.000	62.306	65.331	68.356	71.381	74.406
790.000	62.853	65.917	68.981	72.044	75.108
800.000	63.400	66.503	69.605	72.708	75.810
810.000	63.880	67.021	70.163	73.304	76.445
820.000	64.360	67.540	70.720	73.900	77.080
830.000	64.840	68.059	71.278	74.496	77.715
840.000	65.320	68.578	71.835	75.093	78.350
850.000	65.800	69.096	72.393	75.689	78.985
860.000	66.280	69.615	72.950	76.285	79.620
870.000	66.760	70.134	73.508	76.881	80.255
880.000	67.240	70.653	74.065	77.478	80.890
890.000	67.720	71.171	74.623	78.074	81.525
900.000	68.200	71.690	75.180	78.670	82.160
910.000	68.606	72.135	75.664	79.192	82.721
920.000	69.012	72.580	76.147	79.715	83.282
930.000	69.418	73.024	76.631	80.237	83.843
940.000	69.824	73.469	77.114	80.759	84.404
950.000	70.230	73.914	77.598	81.281	84.965
960.000	70.636	74.359	78.081	81.804	85.526
970.000	71.042	74.803	78.565	82.326	86.087
980.000	71.448	75.248	79.048	82.848	86.648
990.000	71.854	75.693	79.532	83.370	87.209
1.000.000	72.260	76.138	80.015	83.893	87.770
1.050.000	75.185	79.209	83.233	87.257	91.281
1.100.000	78.110	82.281	86.451	90.622	94.792
1.150.000	81.035	85.352	89.669	93.986	98.303
1.200.000	83.960	88.423	92.887	97.351	101.814
1.250.000	86.885	91.495	96.105	100.715	105.325
1.300.000	89.810	94.567	99.323	104.080	108.836
1.350.000	92.735	97.638	102.541	107.444	112.347
1.400.000	95.660	100.710	105.759	110.809	115.858
1.450.000	98.585	103.781	108.977	114.173	119.369

Honorartafel zu § 16 Abs. 1, Zone II

Anrechenbare Kosten DM	Von-satz DM	Viertel-satz DM	Mittel-satz DM	Drei-viertel-satz DM	Bis-satz DM
15.000.000	887.180	923.471	959.763	996.054	1.032.345
15.500.000	916.403	953.787	991.172	1.028.556	1.065.941
16.000.000	945.626	984.104	1.022.581	1.061.059	1.099.536
16.500.000	974.849	1.014.420	1.053.990	1.093.561	1.133.132
17.000.000	1.004.072	1.044.736	1.085.400	1.126.063	1.166.727
17.500.000	1.033.295	1.075.052	1.116.809	1.158.566	1.200.323
18.000.000	1.062.518	1.105.368	1.148.218	1.191.068	1.233.918
18.500.000	1.091.741	1.135.684	1.179.627	1.223.570	1.267.514
19.000.000	1.120.964	1.166.000	1.211.037	1.256.073	1.301.109
19.500.000	1.150.187	1.196.316	1.242.446	1.288.575	1.334.705
20.000.000	1.179.410	1.226.633	1.273.855	1.321.078	1.368.300
21.000.000	1.234.806	1.285.865	1.334.924	1.383.983	1.433.042
22.000.000	1.291.202	1.345.098	1.395.993	1.446.889	1.497.784
23.000.000	1.345.998	1.404.330	1.457.062	1.509.794	1.562.526
24.000.000	1.408.994	1.463.563	1.518.131	1.572.700	1.627.268
25.000.000	1.466.390	1.522.795	1.579.200	1.635.605	1.692.010
26.000.000	1.523.786	1.582.028	1.640.269	1.698.511	1.756.752
27.000.000	1.581.182	1.641.260	1.701.338	1.761.416	1.821.494
28.000.000	1.638.578	1.700.493	1.762.407	1.824.322	1.886.236
29.000.000	1.695.974	1.759.725	1.823.476	1.887.227	1.950.978
30.000.000	1.753.370	1.818.958	1.884.545	1.950.133	2.015.720
31.000.000	1.809.717	1.876.791	1.943.866	2.010.940	2.078.014
32.000.000	1.866.064	1.934.625	2.003.186	2.071.747	2.140.308
33.000.000	1.922.411	1.992.459	2.062.507	2.132.554	2.202.602
34.000.000	1.978.758	2.050.293	2.121.827	2.193.362	2.264.896
35.000.000	2.035.105	2.108.126	2.181.148	2.254.169	2.327.190
36.000.000	2.091.452	2.165.960	2.240.468	2.314.976	2.389.484
37.000.000	2.147.799	2.223.794	2.299.789	2.375.783	2.451.778
38.000.000	2.204.146	2.281.628	2.359.109	2.436.591	2.514.072
39.000.000	2.260.493	2.339.461	2.418.430	2.497.398	2.576.366
40.000.000	2.316.840	2.397.295	2.477.750	2.558.205	2.638.660
41.000.000	2.373.450	2.455.479	2.537.508	2.619.537	2.701.566
42.000.000	2.430.060	2.513.663	2.597.266	2.680.869	2.764.472
43.000.000	2.486.670	2.571.847	2.657.024	2.742.201	2.827.378
44.000.000	2.543.280	2.630.031	2.716.782	2.803.533	2.890.284
45.000.000	2.599.890	2.688.215	2.776.540	2.864.865	2.953.190
46.000.000	2.656.500	2.746.399	2.836.298	2.926.197	3.016.096
47.000.000	2.713.110	2.804.583	2.896.056	2.987.529	3.079.002
48.000.000	2.769.720	2.862.767	2.955.814	3.048.861	3.141.908
49.000.000	2.826.330	2.920.951	3.015.572	3.110.193	3.204.814
50.000.000	2.882.940	2.979.135	3.075.330	3.171.525	3.267.720

Honorartafel zu § 16 Abs. 1, Zone II

Anrechenbare Kosten DM	Von-satz DM	Viertel-satz DM	Mittel-satz DM	Drei-viertel-satz DM	Bis-satz DM
6.000.000	363.970	381.518	399.065	416.613	434.160
6.100.000	369.744	387.487	405.230	422.973	440.716
6.200.000	375.518	393.457	411.395	429.334	447.272
6.300.000	381.292	399.426	417.560	435.694	453.828
6.400.000	387.066	405.396	423.725	442.055	460.384
6.500.000	392.840	411.365	429.890	448.415	466.940
6.600.000	398.614	417.335	436.055	454.776	473.496
6.700.000	404.388	423.304	442.220	461.136	480.052
6.800.000	410.162	429.274	448.385	467.497	486.608
6.900.000	415.936	435.243	454.550	473.857	493.164
7.000.000	421.710	441.213	460.715	480.218	499.720
7.100.000	427.485	447.183	466.881	486.578	506.276
7.200.000	433.265	453.153	473.046	492.939	512.832
7.300.000	439.035	459.123	479.212	499.300	519.388
7.400.000	444.810	465.094	485.377	505.661	525.944
7.500.000	450.585	471.064	491.543	512.021	532.500
7.600.000	456.360	477.034	497.708	518.382	539.056
7.700.000	462.135	483.004	503.874	524.743	545.612
7.800.000	467.910	488.975	510.039	531.104	552.168
7.900.000	473.685	494.945	516.205	537.464	558.724
8.000.000	479.460	500.915	522.370	543.825	565.280
8.100.000	485.234	506.884	528.535	550.185	571.835
8.200.000	491.008	512.854	534.699	556.545	578.390
8.300.000	496.782	518.823	540.864	562.904	584.945
8.400.000	502.556	524.792	547.028	569.264	591.500
8.500.000	508.330	530.761	553.193	575.624	598.055
8.600.000	514.104	536.731	559.357	581.984	604.610
8.700.000	519.878	542.700	565.522	588.343	611.165
8.800.000	525.652	548.669	571.686	594.703	617.720
8.900.000	531.426	554.638	577.851	601.063	624.275
9.000.000	537.200	560.608	584.015	607.423	630.830
9.100.000	542.975	566.578	590.181	613.783	637.386
9.200.000	548.750	572.548	596.346	620.144	643.942
9.300.000	554.525	578.518	602.512	626.505	650.498
9.400.000	560.300	584.489	608.677	632.866	657.054
9.500.000	566.075	590.459	614.843	639.226	663.610
9.600.000	571.850	596.429	621.008	645.587	670.166
9.700.000	577.625	602.399	627.174	651.948	676.722
9.800.000	583.400	608.370	633.339	658.309	683.278
9.900.000	589.175	614.340	639.505	664.669	689.834
10.000.000	594.950	620.310	645.670	671.030	696.390
10.500.000	624.173	650.626	677.079	703.532	729.986
11.000.000	653.396	680.942	708.489	736.035	763.581
11.500.000	682.619	711.258	739.898	768.537	797.177
12.000.000	711.842	741.575	771.307	801.040	830.772
12.500.000	741.065	771.891	802.716	833.542	864.368
13.000.000	770.288	802.207	834.126	866.044	897.963
13.500.000	799.511	832.523	865.535	898.547	931.559
14.000.000	828.734	862.839	896.944	931.049	965.154
14.500.000	857.957	893.155	928.353	963.551	998.750

Honorartafel zu § 16 Abs. 1, Zone III

Anrechenbare Kosten DM	Von-satz DM	Viertel-satz DM	Mittel-satz DM	Drei-viertel-satz DM	Bis-satz DM
100.000	11.550	12.365	13.180	13.995	14.810
110.000	12.656	13.542	14.428	15.313	16.199
120.000	13.762	14.719	15.675	16.632	17.588
130.000	14.868	15.895	16.923	17.950	18.977
140.000	15.974	17.072	18.170	19.268	20.366
150.000	17.080	18.249	19.418	20.586	21.755
160.000	18.186	19.426	20.665	21.905	23.144
170.000	19.292	20.602	21.913	23.223	24.533
180.000	20.398	21.779	23.160	24.541	25.922
190.000	21.504	22.956	24.408	25.859	27.311
200.000	22.610	24.133	25.655	27.178	28.700
210.000	23.661	25.243	26.824	28.406	29.987
220.000	24.712	26.353	27.993	29.634	31.274
230.000	25.763	27.463	29.162	30.862	32.561
240.000	26.814	28.573	30.331	32.090	33.848
250.000	27.865	29.683	31.500	33.318	35.135
260.000	28.916	30.793	32.669	34.546	36.422
270.000	29.967	31.903	33.838	35.774	37.709
280.000	31.018	33.013	35.007	37.002	38.996
290.000	32.069	34.123	36.176	38.230	40.283
300.000	33.120	35.233	37.345	39.458	41.570
310.000	34.118	36.278	38.438	40.598	42.758
320.000	35.116	37.324	39.531	41.739	43.946
330.000	36.114	38.369	40.624	42.879	45.134
340.000	37.112	39.415	41.717	44.020	46.322
350.000	38.110	40.460	42.810	45.160	47.510
360.000	39.108	41.506	43.903	46.301	48.698
370.000	40.106	42.551	44.996	47.441	49.886
380.000	41.104	43.597	46.089	48.582	51.074
390.000	42.102	44.642	47.182	49.722	52.262
400.000	43.100	45.688	48.275	50.863	53.450
410.000	44.055	46.681	49.307	51.933	54.559
420.000	45.010	47.675	50.339	53.004	55.668
430.000	45.965	48.668	51.371	54.074	56.777
440.000	46.920	49.662	52.403	55.145	57.886
450.000	47.875	50.655	53.435	56.215	58.995
460.000	48.830	51.649	54.467	57.286	60.104
470.000	49.785	52.642	55.499	58.356	61.213
480.000	50.740	53.636	56.531	59.427	62.322
490.000	51.695	54.629	57.563	60.497	63.431
500.000	52.650	55.623	58.595	61.568	64.540
510.000	53.491	56.515	59.539	62.563	65.587
520.000	54.332	57.408	60.483	63.559	66.634
530.000	55.173	58.300	61.427	64.554	67.681
540.000	56.014	59.193	62.371	65.550	68.728
550.000	56.855	60.085	63.315	66.545	69.775
560.000	57.696	60.978	64.259	67.541	70.822
570.000	58.537	61.870	65.203	68.536	71.869
580.000	59.378	62.763	66.147	69.532	72.916
590.000	60.219	63.655	67.091	70.527	73.963

Honorartafel zu § 16 Abs. 1, Zone III

Anrechenbare Kosten DM	Von-satz DM	Viertel-satz DM	Mittel-satz DM	Drei-viertel-satz DM	Bis-satz DM
50.000	5.850	6.273	6.695	7.118	7.540
51.000	5.964	6.394	6.825	7.255	7.685
52.000	6.078	6.516	6.954	7.392	7.830
53.000	6.192	6.638	7.084	7.529	7.975
54.000	6.306	6.760	7.213	7.667	8.120
55.000	6.420	6.881	7.343	7.804	8.265
56.000	6.534	7.003	7.472	7.941	8.410
57.000	6.648	7.125	7.602	8.078	8.555
58.000	6.762	7.247	7.731	8.216	8.700
59.000	6.876	7.368	7.861	8.353	8.845
60.000	6.990	7.490	7.990	8.490	8.990
61.000	7.106	7.614	8.122	8.630	9.138
62.000	7.222	7.738	8.254	8.770	9.286
63.000	7.338	7.862	8.386	8.910	9.434
64.000	7.454	7.986	8.518	9.050	9.582
65.000	7.570	8.110	8.650	9.190	9.730
66.000	7.686	8.234	8.782	9.330	9.878
67.000	7.802	8.358	8.914	9.470	10.026
68.000	7.918	8.482	9.046	9.610	10.174
69.000	8.034	8.606	9.178	9.750	10.322
70.000	8.150	8.730	9.310	9.890	10.470
71.000	8.264	8.852	9.440	10.028	10.616
72.000	8.378	8.974	9.570	10.166	10.762
73.000	8.492	9.096	9.700	10.304	10.908
74.000	8.606	9.218	9.830	10.442	11.054
75.000	8.720	9.340	9.960	10.580	11.200
76.000	8.834	9.462	10.090	10.718	11.346
77.000	8.948	9.584	10.220	10.856	11.492
78.000	9.062	9.706	10.350	10.994	11.638
79.000	9.176	9.828	10.480	11.132	11.784
80.000	9.290	9.950	10.610	11.270	11.930
81.000	9.405	10.073	10.741	11.409	12.077
82.000	9.520	10.196	10.872	11.548	12.224
83.000	9.635	10.319	11.003	11.687	12.371
84.000	9.750	10.442	11.134	11.826	12.518
85.000	9.865	10.565	11.265	11.965	12.665
86.000	9.980	10.688	11.396	12.104	12.812
87.000	10.095	10.811	11.527	12.243	12.959
88.000	10.210	10.934	11.658	12.382	13.106
89.000	10.325	11.057	11.789	12.521	13.253
90.000	10.440	11.180	11.920	12.660	13.400
91.000	10.551	11.299	12.046	12.794	13.541
92.000	10.662	11.417	12.172	12.927	13.682
93.000	10.773	11.536	12.298	13.061	13.823
94.000	10.884	11.654	12.424	13.194	13.964
95.000	10.995	11.773	12.550	13.328	14.105
96.000	11.106	11.891	12.676	13.461	14.246
97.000	11.217	12.010	12.802	13.595	14.387
98.000	11.328	12.128	12.928	13.728	14.528
99.000	11.439	12.247	13.054	13.862	14.669

Honorartafel zu § 16 Abs. 1, Zone III

Anrechenbare Kosten DM	Vonsatz DM	Viertelsatz DM	Mittelsatz DM	Dreiviertelsatz DM	Bissatz DM
1.500.000	122.880	130.894	138.908	146.921	154.935
1.550.000	126.391	134.625	142.858	151.092	159.326
1.600.000	129.902	138.356	146.809	155.263	163.716
1.650.000	133.413	142.086	150.760	159.433	168.107
1.700.000	136.924	145.817	154.711	163.604	172.497
1.750.000	140.435	149.548	158.661	167.774	176.888
1.800.000	143.946	153.279	162.612	171.945	181.278
1.850.000	147.457	157.010	166.563	176.116	185.669
1.900.000	150.968	160.741	170.514	180.286	190.059
1.950.000	154.479	164.472	174.464	184.457	194.450
2.000.000	157.990	168.203	178.415	188.628	198.840
2.100.000	165.015	175.667	186.319	196.970	207.622
2.200.000	172.040	183.131	194.222	205.313	216.404
2.300.000	179.065	190.565	202.126	213.656	225.186
2.400.000	186.090	198.060	210.029	221.999	233.968
2.500.000	193.115	205.524	217.933	230.341	242.750
2.600.000	200.140	212.988	225.836	238.684	251.532
2.700.000	207.165	220.452	233.740	247.027	260.314
2.800.000	214.190	227.917	241.643	255.370	269.096
2.900.000	221.215	235.381	249.547	263.712	277.878
3.000.000	228.240	242.845	257.450	272.055	286.660
3.100.000	235.256	250.300	265.344	280.388	295.432
3.200.000	242.272	257.755	273.238	288.721	304.204
3.300.000	249.288	265.210	281.132	297.054	312.976
3.400.000	256.304	272.665	289.026	305.387	321.748
3.500.000	263.320	280.120	296.920	313.720	330.520
3.600.000	270.336	287.575	304.814	322.053	339.292
3.700.000	277.352	295.030	312.708	330.386	348.064
3.800.000	284.368	302.485	320.602	338.719	356.836
3.900.000	291.384	309.940	328.496	347.052	365.608
4.000.000	298.400	317.395	336.390	355.385	374.380
4.100.000	305.421	324.856	344.291	363.725	383.160
4.200.000	312.442	332.317	352.191	372.066	391.940
4.300.000	319.463	339.777	360.092	380.406	400.720
4.400.000	326.484	347.238	367.992	388.746	409.500
4.500.000	333.505	354.699	375.893	397.086	418.280
4.600.000	340.526	362.160	383.793	405.427	427.060
4.700.000	347.547	369.620	391.694	413.767	435.840
4.800.000	354.568	377.081	399.594	422.107	444.620
4.900.000	361.589	384.542	407.495	430.447	453.400
5.000.000	368.610	392.003	415.395	438.788	462.180
5.100.000	375.165	398.851	422.536	446.222	469.907
5.200.000	381.720	405.699	429.677	453.656	477.634
5.300.000	388.275	412.547	436.818	461.090	485.361
5.400.000	394.830	419.395	443.959	468.524	493.088
5.500.000	401.385	426.243	451.100	475.958	500.815
5.600.000	407.940	433.091	458.241	483.392	508.542
5.700.000	414.495	439.939	465.382	490.826	516.269
5.800.000	421.050	446.787	472.523	498.260	523.996
5.900.000	427.605	453.635	479.664	505.694	531.723

Honorartafel zu § 16 Abs. 1, Zone III

Anrechenbare Kosten DM	Vonsatz DM	Viertelsatz DM	Mittelsatz DM	Dreiviertelsatz DM	Bissatz DM
600.000	61.060	64.548	68.035	71.523	75.010
610.000	61.833	65.379	68.925	72.470	76.016
620.000	62.606	66.210	69.814	73.418	77.022
630.000	63.379	67.041	70.704	74.366	78.028
640.000	64.152	67.873	71.593	75.314	79.034
650.000	64.925	68.704	72.483	76.261	80.040
660.000	65.698	69.535	73.372	77.209	81.046
670.000	66.471	70.366	74.262	78.157	82.052
680.000	67.244	71.198	75.151	79.105	83.058
690.000	68.017	72.029	76.041	80.052	84.064
700.000	68.790	72.860	76.930	81.000	85.070
710.000	69.492	73.620	77.748	81.877	86.005
720.000	70.194	74.381	78.567	82.754	86.940
730.000	70.896	75.141	79.386	83.630	87.875
740.000	71.598	75.901	80.204	84.507	88.810
750.000	72.300	76.661	81.023	85.384	89.745
760.000	73.002	77.422	81.841	86.261	90.680
770.000	73.704	78.182	82.660	87.137	91.615
780.000	74.406	78.942	83.478	88.014	92.550
790.000	75.108	79.702	84.297	88.891	93.485
800.000	75.810	80.463	85.115	89.768	94.420
810.000	76.445	81.156	85.868	90.579	95.290
820.000	77.080	81.850	86.620	91.390	96.160
830.000	77.715	82.544	87.373	92.201	97.030
840.000	78.350	83.238	88.125	93.013	97.900
850.000	78.985	83.931	88.878	93.824	98.770
860.000	79.620	84.625	89.630	94.635	99.640
870.000	80.255	85.319	90.383	95.446	100.510
880.000	80.890	86.013	91.135	96.258	101.380
890.000	81.525	86.706	91.888	97.069	102.250
900.000	82.160	87.400	92.640	97.880	103.120
910.000	82.721	88.019	93.316	98.614	103.911
920.000	83.282	88.637	93.992	99.347	104.702
930.000	83.843	89.256	94.668	100.081	105.493
940.000	84.404	89.874	95.344	100.814	106.284
950.000	84.965	90.493	96.020	101.548	107.075
960.000	85.526	91.111	96.696	102.281	107.866
970.000	86.087	91.730	97.372	103.015	108.657
980.000	86.648	92.348	98.048	103.748	109.448
990.000	87.209	92.967	98.724	104.482	110.239
1.000.000	87.770	93.585	99.400	105.215	111.030
1.050.000	91.281	97.316	103.351	109.386	115.421
1.100.000	94.792	101.047	107.302	113.556	119.811
1.150.000	98.303	104.778	111.252	117.727	124.202
1.200.000	101.814	108.509	115.203	121.898	128.592
1.250.000	105.325	112.239	119.154	126.068	132.983
1.300.000	108.836	115.970	123.105	130.239	137.373
1.350.000	112.347	119.701	127.055	134.409	141.764
1.400.000	115.858	123.432	131.006	138.580	146.155
1.450.000	119.369	127.163	134.957	142.751	150.545

Honorartafel zu § 16 Abs. 1, Zone III

Anrechenbare Kosten DM	Von-satz DM	Viertel-satz DM	Mittel-satz DM	Drei-viertel-satz DM	Bis-satz DM
15.000.000	1.032.345	1.086.784	1.141.223	1.195.661	1.250.100
15.500.000	1.065.941	1.122.019	1.178.097	1.234.176	1.290.254
16.000.000	1.099.536	1.157.254	1.214.972	1.272.690	1.330.408
16.500.000	1.133.132	1.192.489	1.251.847	1.311.204	1.370.562
17.000.000	1.166.727	1.227.724	1.288.722	1.349.719	1.410.716
17.500.000	1.200.323	1.262.959	1.325.596	1.388.233	1.450.870
18.000.000	1.233.918	1.298.195	1.362.471	1.426.748	1.491.024
18.500.000	1.267.514	1.333.430	1.399.346	1.465.262	1.531.178
19.000.000	1.301.109	1.368.665	1.436.221	1.503.776	1.571.332
19.500.000	1.334.705	1.403.900	1.473.095	1.542.291	1.611.486
20.000.000	1.368.300	1.439.135	1.509.970	1.580.805	1.651.640
21.000.000	1.433.042	1.506.632	1.580.222	1.653.811	1.727.401
22.000.000	1.497.784	1.574.129	1.650.473	1.726.818	1.803.162
23.000.000	1.562.526	1.641.625	1.720.725	1.799.824	1.878.923
24.000.000	1.627.268	1.709.122	1.790.976	1.872.830	1.954.684
25.000.000	1.692.010	1.776.619	1.861.228	1.945.836	2.030.445
26.000.000	1.756.752	1.844.116	1.931.479	2.018.843	2.106.206
27.000.000	1.821.494	1.911.612	2.001.731	2.091.849	2.181.967
28.000.000	1.886.236	1.979.109	2.071.982	2.164.855	2.257.728
29.000.000	1.950.978	2.046.606	2.142.234	2.237.861	2.333.489
30.000.000	2.015.720	2.114.103	2.212.485	2.310.868	2.409.250
31.000.000	2.078.014	2.178.626	2.279.239	2.379.851	2.480.463
32.000.000	2.140.308	2.243.150	2.345.992	2.448.834	2.551.676
33.000.000	2.202.602	2.307.674	2.412.746	2.517.817	2.622.889
34.000.000	2.264.896	2.372.198	2.479.499	2.586.801	2.694.102
35.000.000	2.327.190	2.436.721	2.546.253	2.655.784	2.765.315
36.000.000	2.389.484	2.501.245	2.613.006	2.724.767	2.836.528
37.000.000	2.451.778	2.565.769	2.679.760	2.793.750	2.907.741
38.000.000	2.514.072	2.630.293	2.746.513	2.862.734	2.978.954
39.000.000	2.576.366	2.694.816	2.813.267	2.931.717	3.050.167
40.000.000	2.638.660	2.759.340	2.880.020	3.000.700	3.121.380
41.000.000	2.701.566	2.824.607	2.947.649	3.070.690	3.193.731
42.000.000	2.764.472	2.889.875	3.015.277	3.140.680	3.266.082
43.000.000	2.827.378	2.955.142	3.082.906	3.210.669	3.338.433
44.000.000	2.890.284	3.020.409	3.150.534	3.280.659	3.410.784
45.000.000	2.953.190	3.085.676	3.218.163	3.350.649	3.483.135
46.000.000	3.016.096	3.150.944	3.285.791	3.420.639	3.555.486
47.000.000	3.079.002	3.216.211	3.353.420	3.490.628	3.627.837
48.000.000	3.141.908	3.281.478	3.421.048	3.560.618	3.700.188
49.000.000	3.204.814	3.346.745	3.488.677	3.630.608	3.772.539
50.000.000	3.267.720	3.412.013	3.556.305	3.700.598	3.844.890

Honorartafel zu § 16 Abs. 1, Zone III

Anrechenbare Kosten DM	Von-satz DM	Viertel-satz DM	Mittel-satz DM	Drei-viertel-satz DM	Bis-satz DM
6.000.000	434.160	460.483	486.805	513.128	539.450
6.100.000	440.716	467.332	493.947	520.563	547.178
6.200.000	447.272	474.181	501.089	527.998	554.906
6.300.000	453.828	481.030	508.231	535.433	562.634
6.400.000	460.384	487.879	515.373	542.868	570.362
6.500.000	466.940	494.728	522.515	550.303	578.090
6.600.000	473.496	501.577	529.657	557.738	585.818
6.700.000	480.052	508.426	536.799	565.173	593.546
6.800.000	486.608	515.275	543.941	572.608	601.274
6.900.000	493.164	522.124	551.083	580.043	609.002
7.000.000	499.720	528.973	558.225	587.478	616.730
7.100.000	506.276	535.821	565.367	594.912	624.457
7.200.000	512.832	542.670	572.508	602.346	632.184
7.300.000	519.388	549.519	579.650	609.780	639.911
7.400.000	525.944	556.368	586.791	617.215	647.638
7.500.000	532.500	563.216	593.933	624.649	655.365
7.600.000	539.056	570.065	601.074	632.083	663.092
7.700.000	545.612	576.914	608.216	639.517	670.819
7.800.000	552.168	583.763	615.357	646.952	678.546
7.900.000	558.724	590.611	622.499	654.386	686.273
8.000.000	565.280	597.460	629.640	661.820	694.000
8.100.000	571.835	604.308	636.782	669.255	701.728
8.200.000	578.390	611.157	643.923	676.690	709.456
8.300.000	584.945	618.005	651.065	684.124	717.184
8.400.000	591.500	624.853	658.206	691.559	724.912
8.500.000	598.055	631.701	665.348	698.994	732.640
8.600.000	604.610	638.550	672.489	706.429	740.368
8.700.000	611.165	645.398	679.631	713.863	748.096
8.800.000	617.720	652.246	686.772	721.298	755.824
8.900.000	624.275	659.094	693.914	728.733	763.552
9.000.000	630.830	665.943	701.055	736.168	771.280
9.100.000	637.386	672.792	708.197	743.603	779.008
9.200.000	643.942	679.641	715.338	751.038	786.736
9.300.000	650.498	686.490	722.481	758.473	794.464
9.400.000	657.054	693.339	729.623	765.908	802.192
9.500.000	663.610	700.188	736.765	773.343	809.920
9.600.000	670.166	707.037	743.907	780.778	817.648
9.700.000	676.722	713.886	751.049	788.213	825.376
9.800.000	683.278	720.735	758.191	795.648	833.104
9.900.000	689.834	727.584	765.333	803.083	840.832
10.000.000	696.390	734.433	772.475	810.518	848.560
10.500.000	729.986	769.668	809.350	849.032	888.714
11.000.000	763.581	804.903	846.225	887.546	928.868
11.500.000	797.177	840.138	883.099	926.061	969.022
12.000.000	830.772	875.373	919.974	964.575	1.009.176
12.500.000	864.368	910.608	956.849	1.003.089	1.049.330
13.000.000	897.963	945.843	993.724	1.041.604	1.089.484
13.500.000	931.559	981.078	1.030.598	1.080.118	1.129.638
14.000.000	965.154	1.016.314	1.067.473	1.118.633	1.169.792
14.500.000	998.750	1.051.549	1.104.348	1.157.147	1.209.946

Honorartafel zu § 16 Abs. 1, Zone IV

Anrechenbare Kosten DM	Von-satz DM	Viertel-satz DM	Mittel-satz DM	Drei-viertel-satz DM	Bis-satz DM
100.000	14.810	15.350	15.890	16.430	16.970
110.000	16.199	16.787	17.374	17.962	18.549
120.000	17.588	18.223	18.858	19.493	20.128
130.000	18.977	19.660	20.342	21.025	21.707
140.000	20.366	21.096	21.826	22.556	23.286
150.000	21.755	22.533	23.310	24.088	24.865
160.000	23.144	23.969	24.794	25.619	26.444
170.000	24.533	25.406	26.278	27.151	28.023
180.000	25.922	26.842	27.762	28.682	29.602
190.000	27.311	28.279	29.246	30.214	31.181
200.000	28.700	29.715	30.730	31.745	32.760
210.000	29.987	31.041	32.096	33.150	34.204
220.000	31.274	32.368	33.461	34.555	35.648
230.000	32.561	33.694	34.827	35.959	37.092
240.000	33.848	35.020	36.192	37.364	38.536
250.000	35.135	36.346	37.558	38.769	39.980
260.000	36.422	37.673	38.923	40.174	41.424
270.000	37.709	38.999	40.289	41.578	42.868
280.000	38.996	40.325	41.654	42.983	44.312
290.000	40.283	41.651	43.020	44.388	45.756
300.000	41.570	42.978	44.385	45.793	47.200
310.000	42.758	44.197	45.637	47.076	48.515
320.000	43.946	45.417	46.888	48.359	49.830
330.000	45.134	46.637	48.140	49.642	51.145
340.000	46.322	47.857	49.391	50.926	52.460
350.000	47.510	49.076	50.643	52.209	53.775
360.000	48.698	50.296	51.894	53.492	55.090
370.000	49.886	51.516	53.146	54.775	56.405
380.000	51.074	52.736	54.397	56.059	57.720
390.000	52.262	53.955	55.649	57.342	59.035
400.000	53.450	55.175	56.900	58.625	60.350
410.000	54.559	56.310	58.061	59.811	61.562
420.000	55.668	57.445	59.221	60.998	62.774
430.000	56.777	58.579	60.380	62.184	63.986
440.000	57.886	59.714	61.542	63.370	65.198
450.000	58.995	60.849	62.703	64.556	66.410
460.000	60.104	61.984	63.863	65.743	67.622
470.000	61.213	63.118	65.024	66.929	68.834
480.000	62.322	64.253	66.184	68.115	70.046
490.000	63.431	65.388	67.345	69.301	71.258
500.000	64.540	66.523	68.505	70.488	72.470
510.000	65.587	67.604	69.621	71.638	73.655
520.000	66.634	68.686	70.737	72.789	74.840
530.000	67.681	69.767	71.853	73.939	76.025
540.000	68.728	70.849	72.969	75.090	77.210
550.000	69.775	71.930	74.085	76.240	78.395
560.000	70.822	73.012	75.201	77.391	79.580
570.000	71.869	74.093	76.317	78.541	80.765
580.000	72.916	75.175	77.433	79.692	81.950
590.000	73.963	76.256	78.549	80.842	83.135

Honorartafel zu § 16 Abs. 1, Zone IV

Anrechenbare Kosten DM	Von-satz DM	Viertel-satz DM	Mittel-satz DM	Drei-viertel-satz DM	Bis-satz DM
50.000	7.540	7.823	8.105	8.388	8.670
51.000	7.685	7.973	8.261	8.548	8.836
52.000	7.830	8.123	8.416	8.708	9.002
53.000	7.975	8.273	8.572	8.870	9.168
54.000	8.120	8.424	8.727	9.031	9.334
55.000	8.265	8.574	8.883	9.191	9.500
56.000	8.410	8.724	9.038	9.352	9.666
57.000	8.555	8.874	9.194	9.513	9.832
58.000	8.700	9.025	9.349	9.674	9.998
59.000	8.845	9.175	9.505	9.834	10.164
60.000	8.990	9.325	9.660	9.995	10.330
61.000	9.138	9.478	9.819	10.159	10.499
62.000	9.286	9.632	9.977	10.323	10.668
63.000	9.434	9.785	10.136	10.486	10.837
64.000	9.582	9.938	10.294	10.650	11.006
65.000	9.730	10.091	10.453	10.814	11.175
66.000	9.878	10.245	10.611	10.978	11.344
67.000	10.026	10.398	10.770	11.141	11.513
68.000	10.174	10.551	10.928	11.305	11.682
69.000	10.322	10.704	11.087	11.469	11.851
70.000	10.470	10.858	11.245	11.633	12.020
71.000	10.616	11.009	11.402	11.795	12.188
72.000	10.762	11.161	11.559	11.958	12.356
73.000	10.908	11.312	11.716	12.120	12.524
74.000	11.054	11.464	11.873	12.283	12.692
75.000	11.200	11.615	12.030	12.445	12.860
76.000	11.346	11.767	12.187	12.608	13.028
77.000	11.492	11.918	12.344	12.770	13.196
78.000	11.638	12.070	12.501	12.933	13.364
79.000	11.784	12.221	12.658	13.095	13.532
80.000	11.930	12.373	12.815	13.258	13.700
81.000	12.077	12.525	12.972	13.420	13.867
82.000	12.224	12.677	13.129	13.582	14.034
83.000	12.371	12.829	13.286	13.744	14.201
84.000	12.518	12.981	13.443	13.906	14.368
85.000	12.665	13.133	13.600	14.068	14.535
86.000	12.812	13.285	13.757	14.230	14.702
87.000	12.959	13.437	13.914	14.392	14.869
88.000	13.106	13.589	14.071	14.554	15.036
89.000	13.253	13.741	14.228	14.716	15.203
90.000	13.400	13.893	14.385	14.878	15.370
91.000	13.541	14.038	14.536	15.033	15.530
92.000	13.682	14.184	14.686	15.188	15.690
93.000	13.823	14.330	14.837	15.343	15.850
94.000	13.964	14.476	14.987	15.499	16.010
95.000	14.105	14.621	15.138	15.654	16.170
96.000	14.246	14.767	15.288	15.809	16.330
97.000	14.387	14.913	15.439	15.964	16.490
98.000	14.528	15.059	15.589	16.120	16.650
99.000	14.669	15.204	15.740	16.275	16.810

Honorartafel zu § 16 Abs. 1, Zone IV

Anrechenbare Kosten DM	Von-satz DM	Viertel-satz DM	Mittel-satz DM	Drei-viertel-satz DM	Bis-satz DM
1.500.000	154.935	160.278	165.620	170.963	176.305
1.550.000	159.326	164.815	170.304	175.793	181.282
1.600.000	163.716	169.352	174.987	180.623	186.258
1.650.000	168.107	173.889	179.671	185.453	191.235
1.700.000	172.497	178.426	184.354	190.283	196.211
1.750.000	176.888	182.963	189.038	195.113	201.188
1.800.000	181.278	187.500	193.721	199.943	206.164
1.850.000	185.669	192.037	198.405	204.773	211.141
1.900.000	190.059	196.574	203.088	209.603	216.117
1.950.000	194.450	201.111	207.772	214.433	221.094
2.000.000	198.840	205.648	212.455	219.263	226.070
2.100.000	207.622	214.722	221.823	228.923	236.023
2.200.000	216.404	223.797	231.190	238.583	245.976
2.300.000	225.186	232.872	240.558	248.243	255.929
2.400.000	233.968	241.947	249.925	257.904	265.882
2.500.000	242.750	251.021	259.293	267.564	275.835
2.600.000	251.532	260.096	268.660	277.224	285.788
2.700.000	260.314	269.171	278.028	286.884	295.741
2.800.000	269.096	278.246	287.395	296.545	305.694
2.900.000	277.878	287.320	296.763	306.205	315.647
3.000.000	286.660	296.395	306.130	315.865	325.600
3.100.000	295.432	305.460	315.488	325.515	335.543
3.200.000	304.204	314.525	324.845	335.166	345.486
3.300.000	312.976	323.589	334.203	344.816	355.429
3.400.000	321.748	332.654	343.560	354.466	365.372
3.500.000	330.520	341.719	352.918	364.116	375.315
3.600.000	339.292	350.784	362.275	373.767	385.258
3.700.000	348.064	359.848	371.633	383.417	395.201
3.800.000	356.836	368.913	380.990	393.067	405.144
3.900.000	365.608	377.978	390.348	402.717	415.087
4.000.000	374.380	387.043	399.705	412.368	425.030
4.100.000	383.160	396.116	409.072	422.027	434.983
4.200.000	391.940	405.189	418.438	431.687	444.936
4.300.000	400.720	414.262	427.805	441.347	454.889
4.400.000	409.500	423.336	437.171	451.007	464.842
4.500.000	418.280	432.409	446.538	460.666	474.795
4.600.000	427.060	441.482	455.904	470.326	484.748
4.700.000	435.840	450.555	465.271	479.986	494.701
4.800.000	444.620	459.629	474.637	489.646	504.654
4.900.000	453.400	468.702	484.004	499.305	514.607
5.000.000	462.180	477.775	493.370	508.965	524.560
5.100.000	469.907	485.697	501.488	517.278	533.068
5.200.000	477.634	493.620	509.605	525.591	541.576
5.300.000	485.361	501.542	517.723	533.903	550.084
5.400.000	493.088	509.464	525.840	542.216	558.592
5.500.000	500.815	517.386	533.958	550.529	567.100
5.600.000	508.542	525.309	542.075	558.842	575.608
5.700.000	516.269	533.231	550.193	567.154	584.116
5.800.000	523.996	541.153	558.310	575.467	592.624
5.900.000	531.723	549.075	566.428	583.780	601.132

Honorartafel zu § 16 Abs. 1, Zone IV

Anrechenbare Kosten DM	Von-satz DM	Viertel-satz DM	Mittel-satz DM	Drei-viertel-satz DM	Bis-satz DM
600.000	75.010	77.338	79.665	81.993	84.320
610.000	76.016	78.382	80.749	83.115	85.481
620.000	77.022	79.427	81.832	84.237	86.642
630.000	78.028	80.472	82.916	85.359	87.803
640.000	79.034	81.517	83.999	86.482	88.964
650.000	80.040	82.561	85.083	87.604	90.125
660.000	81.046	83.606	86.166	88.726	91.286
670.000	82.052	84.651	87.250	89.848	92.447
680.000	83.058	85.696	88.333	90.971	93.608
690.000	84.064	86.740	89.417	92.093	94.769
700.000	85.070	87.785	90.500	93.215	95.930
710.000	86.005	88.759	91.513	94.266	97.020
720.000	86.940	89.733	92.525	95.318	98.110
730.000	87.875	90.706	93.538	96.369	99.200
740.000	88.810	91.680	94.550	97.420	100.290
750.000	89.745	92.654	95.563	98.471	101.380
760.000	90.680	93.628	96.575	99.523	102.470
770.000	91.615	94.601	97.588	100.574	103.560
780.000	92.550	95.575	98.600	101.625	104.650
790.000	93.485	96.549	99.613	102.676	105.740
800.000	94.420	97.523	100.625	103.728	106.830
810.000	95.290	98.431	101.573	104.714	107.855
820.000	96.160	99.340	102.520	105.700	108.880
830.000	97.030	100.249	103.468	106.686	109.905
840.000	97.900	101.158	104.415	107.673	110.930
850.000	98.770	102.066	105.363	108.659	111.955
860.000	99.640	102.975	106.310	109.645	112.980
870.000	100.510	103.884	107.258	110.631	114.005
880.000	101.380	104.793	108.205	111.618	115.030
890.000	102.250	105.701	109.153	112.604	116.055
900.000	103.120	106.610	110.100	113.590	117.080
910.000	103.911	107.440	110.969	114.497	118.026
920.000	104.702	108.270	111.837	115.405	118.972
930.000	105.493	109.099	112.706	116.312	119.918
940.000	106.284	109.929	113.574	117.219	120.864
950.000	107.075	110.759	114.443	118.126	121.810
960.000	107.866	111.589	115.311	119.034	122.756
970.000	108.657	112.418	116.180	119.941	123.702
980.000	109.448	113.248	117.048	120.848	124.648
990.000	110.239	114.078	117.917	121.755	125.594
1.000.000	111.030	114.908	118.785	122.663	126.540
1.050.000	115.421	119.445	123.469	127.493	131.517
1.100.000	119.811	123.982	128.152	132.323	136.493
1.150.000	124.202	128.519	132.836	137.153	141.470
1.200.000	128.592	133.056	137.519	141.983	146.446
1.250.000	132.983	137.593	142.203	146.813	151.423
1.300.000	137.373	142.130	146.886	151.643	156.399
1.350.000	141.764	146.667	151.570	156.473	161.376
1.400.000	146.154	151.204	156.253	161.303	166.352
1.450.000	150.545	155.741	160.937	166.133	171.329

Honorartafel zu § 16 Abs. 1, Zone IV

Anrechenbare Kosten DM	Von-satz DM	Viertel-satz DM	Mittel-satz DM	Drei-viertel-satz DM	Bis-satz DM
15.000.000	1.250.100	1.286.391	1.322.683	1.358.974	1.395.265
15.500.000	1.290.254	1.327.638	1.365.023	1.402.407	1.439.792
16.000.000	1.330.408	1.368.886	1.407.363	1.445.841	1.484.318
16.500.000	1.370.562	1.410.133	1.449.703	1.489.274	1.528.845
17.000.000	1.410.716	1.451.380	1.492.044	1.532.707	1.573.371
17.500.000	1.450.870	1.492.627	1.534.384	1.576.141	1.617.898
18.000.000	1.491.024	1.533.874	1.576.724	1.619.574	1.662.424
18.500.000	1.531.178	1.575.121	1.619.064	1.663.007	1.706.951
19.000.000	1.571.332	1.616.368	1.661.405	1.706.441	1.751.477
19.500.000	1.611.486	1.657.615	1.703.745	1.749.874	1.796.004
20.000.000	1.651.640	1.698.863	1.746.085	1.793.308	1.840.530
21.000.000	1.727.401	1.776.460	1.825.519	1.874.578	1.923.637
22.000.000	1.803.162	1.854.058	1.904.953	1.955.849	2.006.744
23.000.000	1.878.923	1.931.655	1.984.387	2.037.119	2.089.851
24.000.000	1.954.684	2.009.253	2.063.821	2.118.390	2.172.958
25.000.000	2.030.445	2.086.850	2.143.255	2.199.660	2.256.065
26.000.000	2.106.206	2.164.448	2.222.689	2.280.931	2.339.172
27.000.000	2.181.967	2.242.045	2.302.123	2.362.201	2.422.279
28.000.000	2.257.728	2.319.643	2.381.557	2.443.472	2.505.386
29.000.000	2.333.489	2.397.240	2.460.991	2.524.742	2.588.493
30.000.000	2.409.250	2.474.838	2.540.425	2.606.013	2.671.600
31.000.000	2.480.463	2.547.537	2.614.612	2.681.686	2.748.760
32.000.000	2.551.676	2.620.237	2.688.798	2.757.359	2.825.920
33.000.000	2.622.889	2.692.937	2.762.985	2.833.032	2.903.080
34.000.000	2.694.102	2.765.637	2.837.171	2.908.706	2.980.240
35.000.000	2.765.315	2.838.336	2.911.358	2.984.379	3.057.400
36.000.000	2.836.528	2.911.036	2.985.544	3.060.052	3.134.560
37.000.000	2.907.741	2.983.736	3.059.731	3.135.725	3.211.720
38.000.000	2.978.954	3.056.436	3.133.917	3.211.399	3.288.880
39.000.000	3.050.167	3.129.135	3.208.104	3.287.072	3.366.040
40.000.000	3.121.380	3.201.835	3.282.290	3.362.745	3.443.200
41.000.000	3.193.731	3.275.760	3.357.789	3.439.818	3.521.847
42.000.000	3.266.082	3.349.685	3.433.288	3.516.891	3.600.494
43.000.000	3.338.433	3.423.610	3.508.787	3.593.964	3.679.141
44.000.000	3.410.784	3.497.535	3.584.286	3.671.037	3.757.788
45.000.000	3.483.135	3.571.460	3.659.785	3.748.110	3.836.435
46.000.000	3.555.486	3.645.385	3.735.284	3.825.183	3.915.082
47.000.000	3.627.837	3.719.310	3.810.783	3.902.256	3.993.729
48.000.000	3.700.188	3.793.235	3.886.282	3.979.329	4.072.376
49.000.000	3.772.539	3.867.160	3.961.781	4.056.402	4.151.023
50.000.000	3.844.890	3.941.085	4.037.280	4.133.475	4.229.670

Honorartafel zu § 16 Abs. 1, Zone IV

Anrechenbare Kosten DM	Von-satz DM	Viertel-satz DM	Mittel-satz DM	Drei-viertel-satz DM	Bis-satz DM
6.000.000	539.450	556.998	574.545	592.093	609.640
6.100.000	547.178	564.921	582.664	600.407	618.150
6.200.000	554.906	572.845	590.783	608.722	626.660
6.300.000	562.634	580.768	598.902	617.036	635.170
6.400.000	570.362	588.692	607.021	625.351	643.680
6.500.000	578.090	596.615	615.140	633.665	652.190
6.600.000	585.818	604.539	623.259	641.980	660.700
6.700.000	593.546	612.462	631.378	650.294	669.210
6.800.000	601.274	620.386	639.497	658.609	677.720
6.900.000	609.002	628.309	647.616	666.923	686.230
7.000.000	616.730	636.233	655.735	675.238	694.740
7.100.000	624.457	644.155	663.853	683.550	703.248
7.200.000	632.184	652.077	671.970	691.863	711.756
7.300.000	639.911	659.999	680.088	700.176	720.264
7.400.000	647.638	667.922	688.205	708.489	728.772
7.500.000	655.365	675.844	696.323	716.801	737.280
7.600.000	663.092	683.766	704.440	725.114	745.788
7.700.000	670.819	691.688	712.558	733.427	754.296
7.800.000	678.546	699.611	720.675	741.740	762.804
7.900.000	686.273	707.533	728.793	750.052	771.312
8.000.000	694.000	715.455	736.910	758.365	779.820
8.100.000	701.728	723.378	745.029	766.679	788.329
8.200.000	709.456	731.302	753.147	774.993	796.838
8.300.000	717.184	739.225	761.266	783.306	805.347
8.400.000	724.912	747.148	769.384	791.620	813.856
8.500.000	732.640	755.071	777.503	799.934	822.365
8.600.000	740.368	762.995	785.621	808.248	830.874
8.700.000	748.096	770.918	793.740	816.561	839.383
8.800.000	755.824	778.841	801.858	824.875	847.892
8.900.000	763.552	786.764	809.977	833.189	856.401
9.000.000	771.280	794.688	818.095	841.503	864.910
9.100.000	779.008	802.611	826.214	849.816	873.419
9.200.000	786.736	810.534	834.332	858.130	881.928
9.300.000	794.464	818.457	842.451	866.444	890.437
9.400.000	802.192	826.381	850.569	874.758	898.946
9.500.000	809.920	834.304	858.688	883.071	907.455
9.600.000	817.648	842.227	866.806	891.385	915.964
9.700.000	825.376	850.150	874.925	899.699	924.473
9.800.000	833.104	858.074	883.043	908.013	932.982
9.900.000	840.832	865.997	891.162	916.326	941.491
10.000.000	848.560	873.920	899.280	924.640	950.000
10.500.000	888.714	915.167	941.620	968.073	994.527
11.000.000	928.868	956.414	983.961	1.011.507	1.039.053
11.500.000	969.022	997.661	1.026.301	1.054.940	1.083.580
12.000.000	1.009.176	1.038.909	1.068.641	1.098.374	1.128.106
12.500.000	1.049.330	1.080.156	1.110.981	1.141.807	1.172.633
13.000.000	1.089.484	1.121.403	1.153.322	1.185.240	1.217.159
13.500.000	1.129.638	1.162.650	1.195.662	1.228.674	1.261.686
14.000.000	1.169.792	1.203.897	1.238.002	1.272.107	1.306.212
14.500.000	1.209.946	1.245.144	1.280.342	1.315.540	1.350.739

Honorartafel zu § 16 Abs. 1, Zone V

Anrechenbare Kosten DM	Von-satz DM	Viertel-satz DM	Mittel-satz DM	Drei-viertel-satz DM	Bis-satz DM
100.000	16.970	17.378	17.785	18.193	18.600
110.000	18.549	18.992	19.435	19.877	20.320
120.000	20.128	20.606	21.084	21.562	22.040
130.000	21.707	22.220	22.733	23.247	23.760
140.000	23.286	23.835	24.383	24.932	25.480
150.000	24.865	25.449	26.033	26.616	27.200
160.000	26.444	27.063	27.682	28.301	28.920
170.000	28.023	28.677	29.332	29.986	30.640
180.000	29.602	30.292	30.981	31.671	32.360
190.000	31.181	31.906	32.631	33.355	34.080
200.000	32.760	33.520	34.280	35.040	35.800
210.000	34.204	34.994	35.783	36.573	37.362
220.000	35.648	36.467	37.286	38.105	38.924
230.000	37.092	37.941	38.789	39.638	40.486
240.000	38.536	39.414	40.292	41.170	42.048
250.000	39.980	40.888	41.795	42.703	43.610
260.000	41.424	42.361	43.298	44.235	45.172
270.000	42.868	43.835	44.801	45.768	46.734
280.000	44.312	45.308	46.304	47.300	48.296
290.000	45.756	46.782	47.807	48.833	49.858
300.000	47.200	48.255	49.310	50.365	51.420
310.000	48.515	49.594	50.673	51.752	52.831
320.000	49.830	50.933	52.036	53.139	54.242
330.000	51.145	52.272	53.399	54.526	55.653
340.000	52.460	53.611	54.762	55.913	57.064
350.000	53.775	54.950	56.125	57.300	58.475
360.000	55.090	56.289	57.488	58.687	59.886
370.000	56.405	57.628	58.851	60.074	61.297
380.000	57.720	58.967	60.214	61.461	62.708
390.000	59.035	60.306	61.577	62.848	64.119
400.000	60.350	61.645	62.940	64.235	65.530
410.000	61.562	62.876	64.191	65.505	66.819
420.000	62.774	64.108	65.441	66.775	68.108
430.000	63.986	65.339	66.692	68.044	69.397
440.000	65.198	66.570	67.942	69.314	70.686
450.000	66.410	67.801	69.193	70.584	71.975
460.000	67.622	69.033	70.443	71.854	73.264
470.000	68.834	70.264	71.694	73.123	74.553
480.000	70.046	71.495	72.944	74.393	75.842
490.000	71.258	72.726	74.195	75.663	77.131
500.000	72.470	73.958	75.445	76.933	78.420
510.000	73.655	75.168	76.682	78.195	79.708
520.000	74.840	76.379	77.918	79.457	80.996
530.000	76.025	77.590	79.155	80.719	82.284
540.000	77.210	78.801	80.391	81.982	83.572
550.000	78.395	80.011	81.628	83.244	84.860
560.000	79.580	81.222	82.864	84.506	86.148
570.000	80.765	82.433	84.101	85.768	87.436
580.000	81.950	83.644	85.337	87.031	88.724
590.000	83.135	84.854	86.574	88.293	90.012

Honorartafel zu § 16 Abs. 1, Zone V

Anrechenbare Kosten DM	Von-satz DM	Viertel-satz DM	Mittel-satz DM	Drei-viertel-satz DM	Bis-satz DM
50.000	8.670	8.880	9.090	9.300	9.510
51.000	8.836	9.050	9.264	9.478	9.692
52.000	9.002	9.220	9.438	9.656	9.874
53.000	9.168	9.390	9.612	9.834	10.056
54.000	9.334	9.560	9.786	10.012	10.238
55.000	9.500	9.730	9.960	10.190	10.420
56.000	9.666	9.900	10.134	10.368	10.602
57.000	9.832	10.070	10.308	10.546	10.784
58.000	9.998	10.240	10.482	10.724	10.966
59.000	10.164	10.410	10.656	10.902	11.148
60.000	10.330	10.580	10.830	11.080	11.330
61.000	10.499	10.753	11.007	11.261	11.515
62.000	10.668	10.926	11.184	11.442	11.700
63.000	10.837	11.099	11.361	11.623	11.885
64.000	11.006	11.272	11.538	11.804	12.070
65.000	11.175	11.445	11.715	11.985	12.255
66.000	11.344	11.618	11.892	12.166	12.440
67.000	11.513	11.791	12.069	12.347	12.625
68.000	11.682	11.964	12.246	12.528	12.810
69.000	11.851	12.137	12.423	12.709	12.995
70.000	12.020	12.310	12.600	12.890	13.180
71.000	12.188	12.482	12.776	13.070	13.364
72.000	12.356	12.654	12.952	13.250	13.548
73.000	12.524	12.826	13.128	13.430	13.732
74.000	12.692	12.998	13.304	13.610	13.916
75.000	12.860	13.170	13.480	13.790	14.100
76.000	13.028	13.342	13.656	13.970	14.284
77.000	13.196	13.514	13.832	14.150	14.468
78.000	13.364	13.686	14.008	14.330	14.652
79.000	13.532	13.858	14.184	14.510	14.836
80.000	13.700	14.030	14.360	14.690	15.020
81.000	13.867	14.201	14.535	14.869	15.203
82.000	14.034	14.372	14.710	15.048	15.386
83.000	14.201	14.543	14.885	15.227	15.569
84.000	14.368	14.714	15.060	15.406	15.752
85.000	14.535	14.885	15.235	15.585	15.935
86.000	14.702	15.056	15.410	15.764	16.118
87.000	14.869	15.227	15.585	15.943	16.301
88.000	15.036	15.398	15.760	16.122	16.484
89.000	15.203	15.569	15.935	16.301	16.667
90.000	15.370	15.740	16.110	16.480	16.850
91.000	15.530	15.904	16.278	16.651	17.025
92.000	15.690	16.068	16.445	16.823	17.200
93.000	15.850	16.231	16.613	16.994	17.375
94.000	16.010	16.395	16.780	17.165	17.550
95.000	16.170	16.559	16.948	17.336	17.725
96.000	16.330	16.723	17.115	17.508	17.900
97.000	16.490	16.886	17.283	17.679	18.075
98.000	16.650	17.050	17.450	17.850	18.250
99.000	16.810	17.214	17.618	18.021	18.425

Honorartafel zu § 16 Abs. 1, Zone V

Anrechenbare Kosten DM	Vonsatz DM	Viertelsatz DM	Mittelsatz DM	Dreiviertelsatz DM	Bissatz DM
1.500.000	176.305	180.311	184.318	188.324	192.330
1.550.000	181.282	185.398	189.514	193.630	197.746
1.600.000	186.258	190.484	194.710	198.936	203.162
1.650.000	191.235	195.570	199.906	204.242	208.578
1.700.000	196.211	200.657	205.103	209.548	213.994
1.750.000	201.188	205.743	210.299	214.854	219.410
1.800.000	206.164	210.830	215.495	220.161	224.826
1.850.000	211.141	215.916	220.691	225.467	230.242
1.900.000	216.117	221.002	225.888	230.773	235.658
1.950.000	221.094	226.089	231.084	236.079	241.074
2.000.000	226.070	231.175	236.280	241.385	246.490
2.100.000	236.023	241.348	246.673	251.997	257.322
2.200.000	245.976	251.521	257.065	262.610	268.154
2.300.000	255.929	261.693	267.458	273.222	278.986
2.400.000	265.882	271.866	277.850	283.834	289.818
2.500.000	275.835	282.039	288.243	294.446	300.650
2.600.000	285.788	292.212	298.635	305.059	311.482
2.700.000	295.741	302.384	309.028	315.671	322.314
2.800.000	305.694	312.557	319.420	326.283	333.146
2.900.000	315.647	322.730	329.813	336.895	343.978
3.000.000	325.600	332.903	340.205	347.508	354.810
3.100.000	335.543	343.065	350.587	358.109	365.631
3.200.000	345.486	353.228	360.969	368.711	376.452
3.300.000	355.429	363.390	371.351	379.312	387.273
3.400.000	365.372	373.553	381.733	389.914	398.094
3.500.000	375.315	383.715	392.115	400.515	408.915
3.600.000	385.258	393.878	402.497	411.117	419.736
3.700.000	395.201	404.040	412.879	421.718	430.557
3.800.000	405.144	414.203	423.261	432.320	441.378
3.900.000	415.087	424.365	433.643	442.921	452.199
4.000.000	425.030	434.528	444.025	453.523	463.020
4.100.000	434.983	444.700	454.418	464.135	473.852
4.200.000	444.936	454.873	464.810	474.747	484.684
4.300.000	454.889	465.046	475.203	485.359	495.516
4.400.000	464.842	475.219	485.595	495.972	506.348
4.500.000	474.795	485.391	495.988	506.584	517.180
4.600.000	484.748	495.564	506.380	517.196	528.012
4.700.000	494.701	505.737	516.773	527.808	538.844
4.800.000	504.654	515.910	527.165	538.421	549.676
4.900.000	514.607	526.082	537.558	549.033	560.508
5.000.000	524.560	536.255	547.950	559.645	571.340
5.100.000	533.068	544.910	556.752	568.593	580.435
5.200.000	541.576	553.565	565.553	577.542	589.530
5.300.000	550.084	562.219	574.355	586.490	598.625
5.400.000	558.592	570.874	583.156	595.438	607.720
5.500.000	567.100	579.529	591.958	604.386	616.815
5.600.000	575.608	588.184	600.759	613.335	625.910
5.700.000	584.116	596.838	609.561	622.283	635.005
5.800.000	592.624	605.493	618.362	631.231	644.100
5.900.000	601.132	614.148	627.164	640.179	653.195

Honorartafel zu § 16 Abs. 1, Zone V

Anrechenbare Kosten DM	Vonsatz DM	Viertelsatz DM	Mittelsatz DM	Dreiviertelsatz DM	Bissatz DM
600.000	84.320	86.065	87.810	89.555	91.300
610.000	85.481	87.255	89.029	90.803	92.577
620.000	86.642	88.445	90.248	92.051	93.854
630.000	87.803	89.635	91.467	93.299	95.131
640.000	88.964	90.825	92.686	94.547	96.408
650.000	90.125	92.015	93.905	95.795	97.685
660.000	91.286	93.205	95.124	97.043	98.962
670.000	92.447	94.395	96.343	98.291	100.239
680.000	93.608	95.585	97.562	99.539	101.516
690.000	94.769	96.775	98.781	100.787	102.793
700.000	95.930	97.965	100.000	102.035	104.070
710.000	97.020	99.084	101.148	103.212	105.276
720.000	98.110	100.203	102.296	104.389	106.482
730.000	99.200	101.322	103.444	105.566	107.688
740.000	100.290	102.441	104.592	106.743	108.894
750.000	101.380	103.560	105.740	107.920	110.100
760.000	102.470	104.679	106.888	109.097	111.306
770.000	103.560	105.798	108.036	110.274	112.512
780.000	104.650	106.917	109.184	111.451	113.718
790.000	105.740	108.036	110.332	112.628	114.924
800.000	106.830	109.155	111.480	113.805	116.130
810.000	107.855	110.210	112.564	114.919	117.273
820.000	108.880	111.264	113.648	116.032	118.416
830.000	109.905	112.319	114.732	117.146	119.559
840.000	110.930	113.373	115.816	118.259	120.702
850.000	111.955	114.428	116.900	119.373	121.845
860.000	112.980	115.482	117.984	120.486	122.988
870.000	114.005	116.537	119.068	121.600	124.131
880.000	115.030	117.591	120.152	122.713	125.274
890.000	116.055	118.646	121.236	123.827	126.417
900.000	117.080	119.700	122.320	124.940	127.560
910.000	118.026	120.675	123.324	125.972	128.621
920.000	118.972	121.650	124.327	127.005	129.682
930.000	119.918	122.624	125.331	128.037	130.743
940.000	120.864	123.599	126.334	129.069	131.804
950.000	121.810	124.574	127.338	130.101	132.865
960.000	122.756	125.549	128.341	131.134	133.926
970.000	123.702	126.523	129.345	132.166	134.987
980.000	124.648	127.498	130.348	133.198	136.048
990.000	125.594	128.473	131.352	134.230	137.109
1.000.000	126.540	129.448	132.355	135.263	138.170
1.050.000	131.517	134.534	137.551	140.568	143.586
1.100.000	136.493	139.620	142.748	145.875	149.002
1.150.000	141.470	144.707	147.944	151.181	154.418
1.200.000	146.446	149.793	153.140	156.487	159.834
1.250.000	151.423	154.879	158.336	161.793	165.250
1.300.000	156.399	159.966	163.533	167.099	170.666
1.350.000	161.376	165.052	168.729	172.405	176.082
1.400.000	166.352	170.139	173.925	177.712	181.498
1.450.000	171.329	175.225	179.121	183.018	186.914

Honorartafel zu § 16 Abs. 1, Zone V

Anrechenbare Kosten DM	Vonsatz DM	Viertelsatz DM	Mittelsatz DM	Dreiviertelsatz DM	Bissatz DM
15.000.000	1.395.265	1.422.484	1.449.703	1.476.921	1.504.140
15.500.000	1.439.792	1.467.830	1.495.869	1.523.907	1.551.946
16.000.000	1.484.318	1.513.177	1.542.035	1.570.894	1.599.752
16.500.000	1.528.845	1.558.523	1.588.201	1.617.880	1.647.558
17.000.000	1.573.371	1.603.869	1.634.368	1.664.866	1.695.364
17.500.000	1.617.898	1.649.216	1.680.534	1.711.852	1.743.170
18.000.000	1.662.424	1.694.562	1.726.700	1.758.838	1.790.976
18.500.000	1.706.951	1.739.908	1.772.866	1.805.824	1.838.782
19.000.000	1.751.477	1.785.255	1.819.033	1.852.810	1.886.588
19.500.000	1.796.004	1.830.601	1.865.199	1.899.796	1.934.394
20.000.000	1.840.530	1.875.948	1.911.365	1.946.783	1.982.200
21.000.000	1.923.637	1.960.432	1.997.227	2.034.021	2.070.816
22.000.000	2.006.744	2.044.916	2.083.088	2.121.260	2.159.432
23.000.000	2.089.851	2.129.400	2.168.950	2.208.499	2.248.048
24.000.000	2.172.958	2.213.885	2.254.811	2.295.738	2.336.664
25.000.000	2.256.065	2.298.369	2.340.673	2.382.976	2.425.280
26.000.000	2.339.172	2.382.853	2.426.534	2.470.216	2.513.896
27.000.000	2.422.279	2.467.337	2.512.396	2.557.454	2.602.512
28.000.000	2.505.386	2.551.822	2.598.257	2.644.693	2.691.128
29.000.000	2.588.493	2.636.306	2.684.119	2.731.931	2.779.744
30.000.000	2.671.600	2.720.790	2.769.980	2.819.170	2.868.360
31.000.000	2.748.760	2.799.065	2.849.370	2.899.675	2.949.980
32.000.000	2.825.920	2.877.340	2.928.760	2.980.180	3.031.600
33.000.000	2.903.080	2.955.615	3.008.150	3.060.685	3.113.220
34.000.000	2.980.240	3.033.890	3.087.540	3.141.190	3.194.840
35.000.000	3.057.400	3.112.165	3.166.930	3.221.695	3.276.460
36.000.000	3.134.560	3.190.440	3.246.320	3.302.200	3.358.080
37.000.000	3.211.720	3.268.715	3.325.710	3.382.705	3.439.700
38.000.000	3.288.880	3.346.990	3.405.100	3.463.210	3.521.320
39.000.000	3.366.040	3.425.265	3.484.490	3.543.715	3.602.940
40.000.000	3.443.200	3.503.540	3.563.880	3.624.220	3.684.560
41.000.000	3.521.847	3.583.368	3.644.888	3.706.409	3.767.929
42.000.000	3.600.494	3.663.195	3.725.896	3.788.597	3.851.298
43.000.000	3.679.141	3.743.023	3.806.904	3.870.786	3.934.667
44.000.000	3.757.788	3.822.850	3.887.912	3.952.974	4.018.036
45.000.000	3.836.435	3.902.678	3.968.920	4.035.163	4.101.405
46.000.000	3.915.082	3.982.505	4.049.928	4.117.351	4.184.774
47.000.000	3.993.729	4.062.333	4.130.936	4.199.540	4.268.143
48.000.000	4.072.376	4.142.160	4.211.944	4.281.728	4.351.512
49.000.000	4.151.023	4.221.988	4.292.952	4.363.917	4.434.881
50.000.000	4.229.670	4.301.815	4.373.960	4.446.105	4.518.250

Honorartafel zu § 16 Abs. 1, Zone V

Anrechenbare Kosten DM	Vonsatz DM	Viertelsatz DM	Mittelsatz DM	Dreiviertelsatz DM	Bissatz DM
6.000.000	609.640	622.803	635.965	649.128	662.290
6.100.000	618.150	631.459	644.768	658.076	671.385
6.200.000	626.660	640.115	653.570	667.025	680.480
6.300.000	635.170	648.771	662.373	675.974	689.575
6.400.000	643.680	657.428	671.175	684.923	698.670
6.500.000	652.190	666.084	679.978	693.871	707.765
6.600.000	660.700	674.740	688.780	702.820	716.860
6.700.000	669.210	683.396	697.583	711.769	725.955
6.800.000	677.720	692.053	706.385	720.718	735.050
6.900.000	686.230	700.709	715.188	729.666	744.145
7.000.000	694.740	709.365	723.990	738.615	753.240
7.100.000	703.248	718.020	732.791	747.563	762.334
7.200.000	711.756	726.674	741.592	756.510	771.428
7.300.000	720.264	735.329	750.393	765.458	780.522
7.400.000	728.772	743.983	759.194	774.405	789.616
7.500.000	737.280	752.638	767.995	783.353	798.710
7.600.000	745.788	761.292	776.796	792.300	807.804
7.700.000	754.296	769.947	785.597	801.248	816.898
7.800.000	762.804	778.601	794.398	810.195	825.992
7.900.000	771.312	787.256	803.199	819.143	835.086
8.000.000	779.820	795.910	812.000	828.090	844.180
8.100.000	788.329	804.566	820.802	837.039	853.275
8.200.000	796.838	813.221	829.604	845.987	862.370
8.300.000	805.347	821.877	838.406	854.936	871.465
8.400.000	813.856	830.532	847.208	863.884	880.560
8.500.000	822.365	839.188	856.010	872.833	889.655
8.600.000	830.874	847.843	864.812	881.781	898.750
8.700.000	839.383	856.499	873.614	890.730	907.845
8.800.000	847.892	865.154	882.416	899.678	916.940
8.900.000	856.401	873.810	891.218	908.627	926.035
9.000.000	864.910	882.465	900.020	917.575	935.130
9.100.000	873.419	891.121	908.822	926.524	944.225
9.200.000	881.928	899.776	917.624	935.472	953.320
9.300.000	890.437	908.432	926.426	944.421	962.415
9.400.000	898.946	917.087	935.228	953.369	971.510
9.500.000	907.455	925.743	944.030	962.318	980.605
9.600.000	915.964	934.398	952.832	971.266	989.700
9.700.000	924.473	943.054	961.634	980.215	998.795
9.800.000	932.982	951.709	970.436	989.163	1.007.890
9.900.000	941.491	960.365	979.238	998.112	1.016.985
10.000.000	950.000	969.020	988.040	1.007.060	1.026.080
10.500.000	994.527	1.014.366	1.034.206	1.054.046	1.073.886
11.000.000	1.039.053	1.059.713	1.080.373	1.101.032	1.121.692
11.500.000	1.083.580	1.105.059	1.126.539	1.148.018	1.169.498
12.000.000	1.128.106	1.150.406	1.172.705	1.195.005	1.217.304
12.500.000	1.172.633	1.195.752	1.218.871	1.241.991	1.265.110
13.000.000	1.217.159	1.241.098	1.265.038	1.288.977	1.312.916
13.500.000	1.261.686	1.286.445	1.311.204	1.335.963	1.360.722
14.000.000	1.306.212	1.331.791	1.357.370	1.382.949	1.408.528
14.500.000	1.350.739	1.377.137	1.403.536	1.429.935	1.456.334